台江县志

（1991—2010）

台江县地方志编纂委员会　编

方志出版社
Publishing House of Local Records

图书在版编目（CIP）数据

台江县志. 1991—2010 / 台江县地方志编纂委员会编. -- 北京：方志出版社，2017.10

ISBN 978-7-5144-2597-0

Ⅰ. ①台… Ⅱ. ①台… Ⅲ. ①台江县—地方志—1991-2010 Ⅳ. ① K297.34

中国版本图书馆 CIP 数据核字（2017）第 265921 号

台江县志（1991—2010）

编　　者：台江县地方志编纂委员会
责任编辑：张　颢

出 版 人：冀祥德
出 版 者：方志出版社
地址　北京市朝阳区潘家园东里 9 号（国家方志馆 4 层）
邮编　100021
网址　http://www.fzph.org
发　　行：方志出版社图书经销中心
电话　（010）67110500
经　　销：各地新华书店
排　　版：北京中文天地文化艺术有限公司
印　　刷：北京华联印刷有限公司

开　　本：889 × 1194　　1/16
印　　张：66.25
字　　数：2191 千字
版　　次：2017 年 10 月第 1 版　2017 年 10 月第 1 次印刷
印　　数：0001 ～ 2300 册

ISBN 978-7-5144-2597-0　　**定价**：780.00 元

序

当前，在以习近平同志为核心的党中央的坚强领导下，全国各族人民正在全面建成小康社会的决胜阶段奋勇向前、阔步迈进。全面建成小康社会，最艰巨最繁重的任务是在革命老区、民族地区、边疆地区、贫困地区。消除贫困、改善民生、实现共同富裕，是中国特色社会主义的本质要求，是中国共产党的重要使命。为了全面实现小康，党中央高度重视扶贫开发工作，全力推进脱贫攻坚工程，实施精准扶贫、精准脱贫。习近平总书记明确提出，全面实现小康，一个民族也不能少，不能落下一个贫困家庭，丢下一个贫困群众。扶贫开发是个系统工程，发展是第一要务，只有发展，因地制宜找准路子，才能最终实现精准扶贫、精准脱贫。“治贫”必先“治愚”，在加强经济和基础设施建设、提高教育水平等方面的同时，扶贫开发还要注重文化扶贫，特别是通过挖掘革命老区、民族地区、边疆地区、贫困地区的文化内涵、历史底蕴、地情资源，让广大干部群众了解地情、了解历史、了解本地区的优势和劣势，在思想上脱贫，尤为关键。

赓续不断地编修地方志是我国独有的优秀文化传统，绵延千年而不断。党中央、国务院高度重视地方志工作，近几年来，习近平总书记、李克强总理、刘延东副总理作出了一系列的重要指示。2015 年 8 月，国务院办公厅印发《全国地方志事业发展规划纲要（2015—2020 年）》（以下简称《规划纲要》），明确要求到 2020 年必须全面完成第二轮修志规划任务，这是全国地方志工作在全面建成小康社会进程中的硬性任务，也是全国地方志系统为全面建成小康社会的献礼。届时，将同步实现省省有省志、市市有市志、县县有县志，这不仅在中国文化发展史上是绝无仅有的，在世界文化发展史上也是罕见的。从目前来看，要实现这一目标任务，还存在不少困难和问题，特别是民族地区与贫困地区，面临着缺乏人才、资金等诸多困难。实现到2020年必须全面完成第二轮修志规划任务，一个省、一个市、一个县都不能少。自 2015 年 8 月，经中国地方志指导小组批准，中国地方志指导小组办公室启动民族地区与贫困地区志书出版资助工程（以下简称“资助工程”），对经国务院扶贫开发领导小组办公室认定的国家级贫困县（区、旗、县级市），中西部地区、少数民族边疆地区、经济欠发达地区存在出版经费困难的省市县三级综合志书进行出版资助。截至目前，已经确定资助两批 20 多部志书。2016 年 4 月，该工程成功入选国家新闻出版广电总局实施的“十三五”国家重点图书、音像、电子出版物出版规划项目。当前正处于全面推进扶贫开发工程的攻坚阶段，深入推进资助工程，是全国地方志系统配合推进精准扶贫、精准脱贫的重要工作，必须引起高度重视。

资助工程是地方志系统的政治工程。革命老区、民族地区、边疆地区、贫困地区蕴含着极为丰富的文化内容，编纂出版志书，对于继承和发扬优秀传统文化、民族文化、革命文化，加强民族团结、促进当地经济社会建设意义重大。革命老区、民族地区、边疆地区、贫困地区的志书是充分展示在中国共产党领导下这些地区经济社会建设取得的巨大成就、各族人民生活幸福安定的历史依据。特别是边疆地区的志书，是历代王朝、社会主义新中国对该地区行使主权的文化宣示，是真实记录边疆地区与祖国一脉相承、荣辱与共的重要载体。《规划纲要》明确要求到2020年全面完成第二轮修志规划任务，是党中央、国务院对各级政府和地方志工作机构的政治要求，必须不打折扣坚决完成，革命老区、民族地区、边疆地区、贫困地区也不能例外。资助工程既是全国地方志系统的文化扶贫工程，又是确保到2020年全面完成第二轮修志规划任务的推进工程，具有重要的政治意义。

资助工程是促进民族地区与贫困地区文化建设的基础工程。地方志书是全面系统地记述本行政区域自然、政治、经济、文化和社会的历史与现状的资料性文献，记述内容包罗万象，记述对象丰富多彩，是对一个地方的文化普查和历史资料的全面梳理。一个地方的经济社会建设，离不开文化支持。发展是硬道理，只有真正实现全面、协调、可持续发展，才能最终实现小康。与此同时，发展也必须是有序的而不是盲目的，必须是实事求是的而不是凭空设想的，必须是因地制宜的而不是照搬照抄的。实践证明，脱离当地的自然条件、历史基础、文化传承、人文习俗等搞所谓的建设，要么是盲人摸象、坐井观天，要么是揠苗助长、掩耳盗铃，要么是削足适履、画蛇添足，最终会落得个水土不服、无疾而终。对于民族地区与贫困地区来说，立足本地的资源、市场、人文旅游等优势，因地制宜找准发展路子，是确保科学发展的首要任务。民族地区与贫困地区，尤其是那些自古以来还没有编修过志书的地区，开展志书编纂既是对当地自然、政治、经济、文化、社会、生态等方面的发展历史、发展脉络、发展规律的全面摸底和调查，又是总结历史经验、汲取历史教训、挖掘历史智慧的全面梳理和探求。通过学习、利用地方志书，让各级领导干部、广大人民群众了解当地的历史、了解实实在在的地情，从历史中汲取营养和智慧为现实提供借鉴和服务，是确保民族地区与贫困地区发展不走弯路、不走冤枉路的有效手段。

资助工程是全国地方志事业协调发展的促进工程。第五届中国地方志指导小组成立以来，一直把走基层、探实情作为一项重要任务，截至目前，已经到30个省（自治区、直辖市）开展了调研。通过座谈、实地考察等多种形式，充分了解了当前全国地方志事业发展面临的主要困难和问题。其中，区域发展不平衡，中西部地区特别是边疆少数民族地区地方志工作与东部地区相比还存在不少差距，是制约全国地方志事业实现全面、协调、可持续发展的瓶颈所在。有的地方甚至出现了花费了大量的人力、物力，经过十余年的艰辛努力编纂出志书，因为缺乏出版经费迟迟未能出版的状况。正是基于以上了解到的情况，中国地方志指导小组及其办公室才下定决心启动资助工程。到2020年全面建成小康社会时，地方志事业区域发展不平衡问题必须得到妥善解决，这也是深入贯彻《规划纲要》的应有之义。而作为主业的修志编鉴，到2020年全面完成第二轮修志规划任务、实现综合年鉴编纂全覆盖的“两全目标”，是中西部地区特别是边疆少数民族地区地方志工作发展的重中之重。从现实意义来说，资助工程对于实现全国地方志事业全面、协调、可持续发展具有重要的促进作用。

在党中央、国务院的高度重视下，全国地方志事业发展迎来重大战略机遇。越是发展的关键时期，越要有大局观，越要从全国一盘棋的角度考虑问题。《规划纲要》作为顶层设计，确定的各项目标任务都要落到实处，而作为“两全目标”之一的到2020年全面完成第二轮修志规划任务，实现省、市、县一个都不能少的目标，是关键中的关键。希望借助资助工程的深入推进，进一步引起全国地方志系统对实现“两全目标”的重视，确保按期保质完成，用志书客观而忠实地记述中国共产党人带领全国各族人民全面建成小康社会的光荣与曲折历程，为全面建成小康社会贡献“志”礼。

是为序。

中国社会科学院院长、党组书记
中国地方志指导小组组长

2016年10月于北京

民族地区与贫困地区志书出版资助工程领导小组

组　　长：王伟光　中国社会科学院院长、中国地方志指导小组组长

常务副组长：李培林　中国社会科学院副院长、中国地方志指导小组常务副组长

副　组　长：冀祥德　中国地方志指导小组秘书长，中指办党组书记、主任

成　　员：刘玉宏　中国地方志指导小组办公室副主任

邱新立　中国地方志指导小组办公室副主任

民族地区与贫困地区志书出版资助工程领导小组办公室

主　任：冀祥德　中国地方志指导小组秘书长，中指办党组书记、主任

副主任：邱新立　中国地方志指导小组办公室副主任

成　员：于伟平　方志出版社总编辑

陈　旭　中国地方志指导小组办公室方志处处长

李　沛　方志出版社首席编辑、省志编辑部主任

徐　宏　方志出版社地方史编辑部副主任

王丹林　中国地方志指导小组办公室方志处副处长

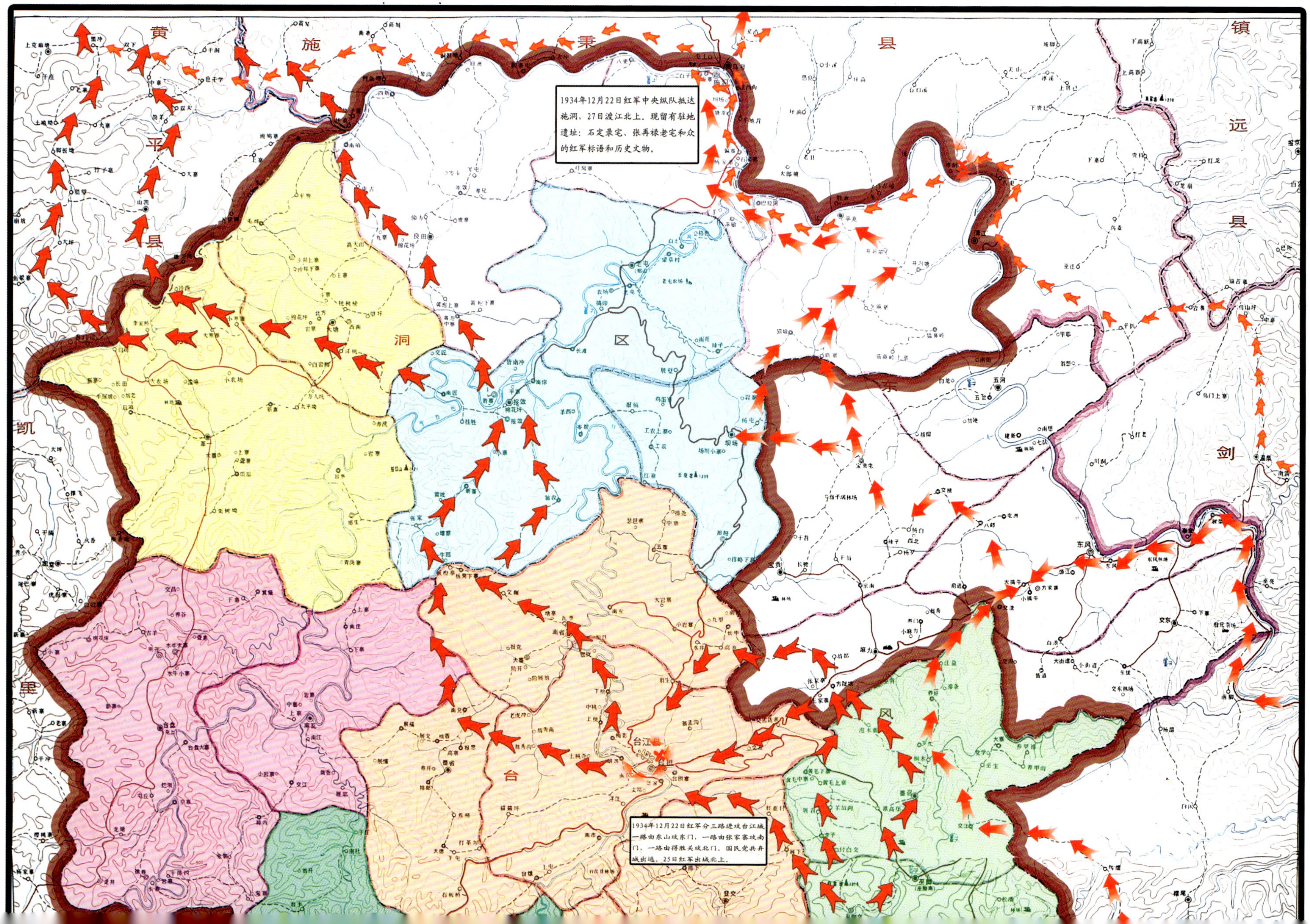
1934年12月22日红军中央纵队抵达施洞，27日渡江北上。现留有驻地遗址：石定录宅、张再禄老宅和众的红军标语和历史文物。
1934年12月22日红军分三路进攻台江城一路由东山攻东门，一路由张家寨攻南门，一路由得胜关攻北门。国民党兵弃城出逃。25日红军出城北上。
镇远县
施秉县
黄平县
剑
凯
里
台江
东
风
台
洞
区

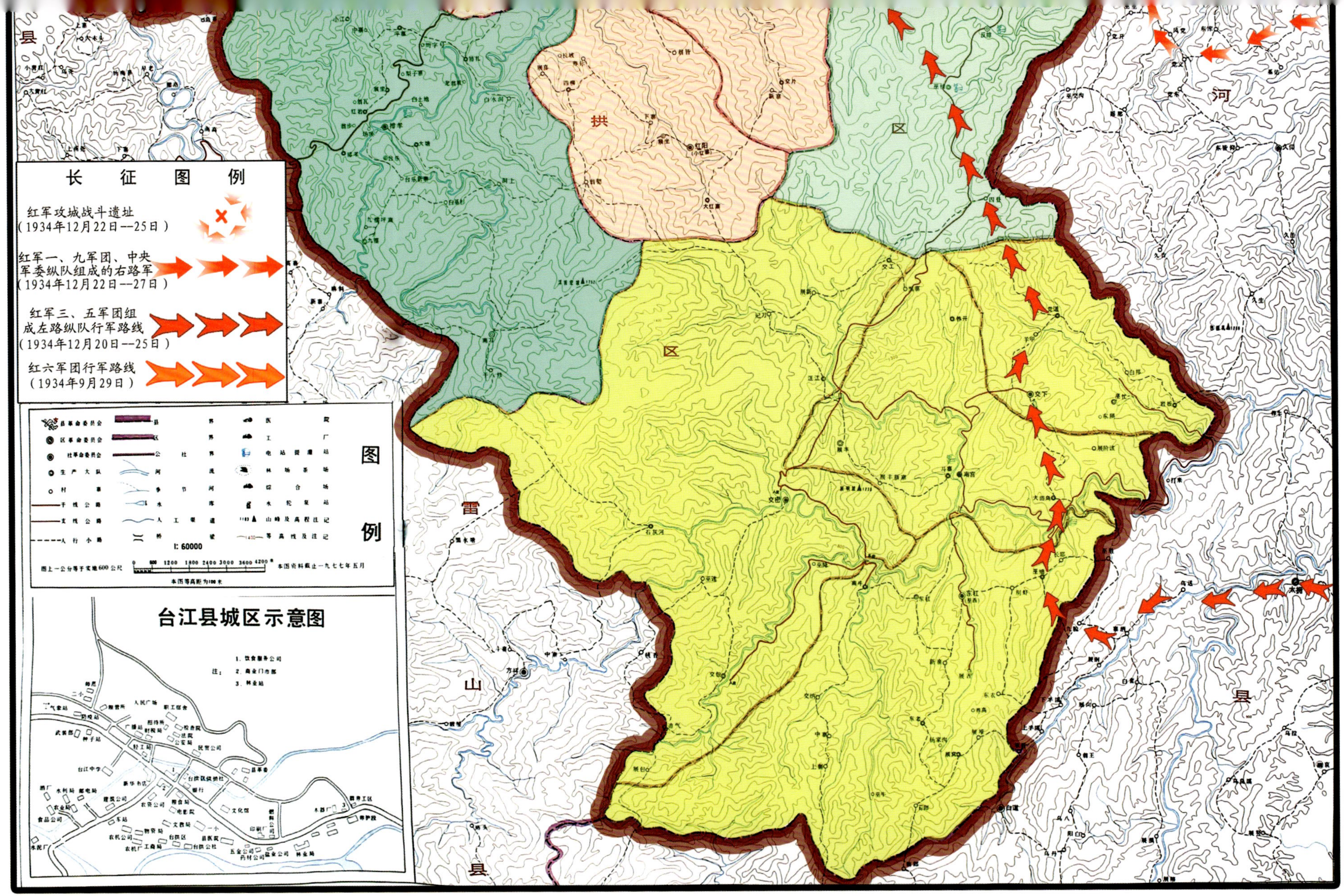
长征图例
红军攻城战斗遗址
（1934年12月22日--25日）
红军一、九军团、中央军委纵队组成的右路军
（1934年12月22日--27日）
红军三、五军团组成左路纵队行军路线
（1934年12月20日--25日）
红六军团行军路线
（1934年9月29日）
图例
1:60000
台江县城区示意图
1. 饮食服务公司
注： 2. 商业门市部
3. 林业站
县
河
区
拱
雷
山

红军长征转战台江图

◎台江名片

天下苗族第一县

1997年，台江县总人口152700人，其中苗族人口146026人，占总人口的96%，是全国苗族人口比例最高的县。为此，时任中共台江县委书记龙昌海提出“天下苗族第一县”，得到省苗学会及其会长王朝文的赞同，王朝文为台江题字“天下苗族第一县”。美术大师韩美林也为台江题“天下苗族第一县”牌匾。

中国十佳最具原生态旅游大县

2007年9月23日，由中国传统文化促进会、中国生态学会旅游生态专业委员会、中国县域旅游网、影响力传媒机构联合主办的“中国县域旅游可持续发展高峰论坛”和“中国生态旅游大县推介结果发布暨颁奖盛典”在北京举行。台江县委常委、副县长黄采艺在会上介绍台江县旅游发展情况。此次活动于2007年6月启动，经过3个多月的推举，最终推出66个“中国生态旅游大县”，从中选出十佳“最具原生态的旅游大县”“最具魅力的旅游大县”“最具民俗风情的旅游大县”和“最具发展潜力的旅游大县”。台江县同时荣获十佳“最具原生态的旅游大县”和十佳“最具民俗风情的旅游大县”称号。

中国刺绣之乡

2008年10月，中国工艺美术行业特色区域荣誉称号评估小组对台江申报“中国刺绣之乡”民族刺绣工艺进行考察。认为台江至今还传承着良好的刺绣工艺，绣法多种多样，是一笔丰富的世界文化遗产，也是世界刺绣艺术中的一朵奇葩。中国工艺美术协会刺绣专业委员会主任虞美华总结说：“台江苗族刺绣，绣法多种多样，工艺炉火纯青，图案精致美观，内容丰富多彩，集人类学、民族学、民俗学、人种学、历史学、社会学、文学、美学、工艺美术等学科领域于一身，与中国‘四大名绣’媲美毫不逊色。”经评估组考核评估，决定授予台江县“中国刺绣之乡”称号。

世界著名文化旅游县

2009年8月13日，世界文化旅游论坛在西安落幕，台江县被评为“世界著名文化旅游县”，为贵州省唯一获此殊荣县。世界文化旅游论坛是由国际旅游营销协会主办的国际会议，是目前国际旅游界关于文化旅游产业发展的高规格、国际化论坛，宗旨是“促进文化元素与旅游资源的融合与发展”，汇聚文化界和旅游界精英人士，展开“论坛、推介、合作、奖励、博览”。本次论坛以“文化创意——旅游发展核动力”为主题，来自中国、孟加拉、尼泊尔、埃及等16个国家200多位嘉宾出席。台江以原生态的民族风情、深厚的苗族文化底蕴以及原生态自然风光，获得组委会专家一致好评。经过认真评选，台江县被授予“世界著名文化旅游县”荣誉称号，并吸纳台江县为国际旅游营销协会会员。

贵州省长寿之乡

2009 年，台江县百岁以上老年人有 8 人，占总人口的 5.4 / 10 万，高出全州 2.7 / 10 万的一倍。8 位百岁老人身体健康，生活能够自理。全县 60 岁以上老人 16823 人，占总人口的 11.27%，80 岁以上老年人 1929 人，占总人口的 1.3%，其中，98 岁、99 岁的老人有 20 人，预计将来几年百岁以上老年人还会有所增加。全县人口预期平均寿命 71.4 岁，高出全省平均水平。随着经济的发展、人民生活水平的提高、医疗保健事业的进步，台江人民的健康水平将会达到更高层次。

2009 年，台江县政府向省老龄委申报，经省老龄委派专家到台江进行实地考核，同意授予台江“贵州省长寿之乡”称号。

中国绿色名县

2010 年 3 月 28 日，在北京人民大会堂召开的第二届中国县镇绿色发展论坛上，台江县被授予“中国绿色名县”荣誉称号。来自全国人大常委会、环保部、国家发改委、住房城乡建设部、科技部、中共中央党校等有关部委的领导、专家学者出席了会议，全国近 60 个县镇的 180 多位名代表参加会议。1998 年以来，台江县先后实施“天保工程”、退耕还林、通道绿化等重点绿化项目建设，到 2009 年年底建设营造林 2.45 万公顷，建成县乡绿色通道 130 公里，全县林木覆盖率达 67%，森林覆盖率 60.81%。先后投资 2700 多万元实施了路面改造、亮化改造等五期城市建设工程，城市面貌焕然一新，建设城区绿地面积 105.2 公顷，绿地率达 36%，人均绿地面积 45.1 平方米。

中国最佳民族特色文化旅游县

由中国民族旅游文化研究中心主办，国家民族事务委员会支持，2010年9月19日在北京召开的“中国民族文化旅游品牌发展高峰论坛”上，台江县因民族文化底蕴深厚，人文景观和自然景观丰富，原生态环境保存良好，旅游资源得天独厚，被中国民族旅游文化研究中心授予“中国最佳民族特色文化旅游名县”荣誉称号，同时授予台江县委书记杨德涛“旅游品牌建设突出贡献奖”荣誉称号。

苗寨迎远客（熊克武 摄）

◎县城

台江县城全景（县委宣传部 提供）

台拱镇南省村全图（县委宣传部 提供）

中国绿色名县（县委宣传部 提供）

雷公坪（县委宣传部 提供）

◎生态台江

南宫森林公园一角（李勋 摄）

玉龙潭（县委宣传部 提供）

白基山瀑布群（县委宣传部 提供）

红阳草场（县委宣传部 提供）

红阳梯田（张晓荣 摄）

翁密河漂流（县委宣传部 提供）

清水江风光（张建林 摄）

长滩田园（县委宣传部 提供）

原始森林（县委宣传部 提供）

岑效村岑斗寨的千年铁树（熊克武 摄）

番省村桃香寨的两棵千年榉木（熊克武 摄）

登交楠木林（熊克武 摄）

登交楠木林（熊克武 摄）

登鲁楠木林（熊克武 摄）

◎台江新貌

2008 年建成的行政中心大门（田代元 摄）

2008 年竣工的行政中心（熊克武 摄）

河滨景观（县委宣传部 提供）

2007 年建成的南门风雨桥（县委宣传部 提供）

秀眉广场（县委宣传部 提供）

姊妹广场（县委宣传部 提供）

姊妹街（张少华 摄）

苗疆大道（熊克武 摄）

台江汽车站（县委宣传部 提供）

浙华小区（李玉国 摄）

滨江一号小区（熊克武 摄）

台江县福江苗都锦城（熊克武 摄）

苗家湾一期（李玉国 摄）

台江第一座电梯楼房——御江宛（李玉国 摄）

建材厂移民区（李玉国 摄）

建材厂移民区一角（李玉国 摄）

2006 年竣工的台江民族中学教学楼（熊克武 摄）

2010 年 12 月竣工的县医院住院部大楼（李玉国 摄）

施洞古镇（县委宣传部 提供）

施洞古镇码头集市（熊克武 摄于 2011 年 6 月）

老屯乡政府驻地（熊克武 摄于 2016 年 8 月）

◎领导调研

2005年8月5日，贵州省委书记钱运录（前左六）在黔东南苗族侗族自治州委书记刘光磊（前左四）陪同下，到台江指导抗旱救灾工作，台江县委书记杨静（前左五）、县长潘亮（前右五）、县人大常委会主任杨光福（前右一）、县政协主席刘耀密（前左一）等领导陪同（县委宣传部 提供）

2010年11月30日，贵州省委副书记、省长赵克志（右二）到台江红阳村调研，台江县委书记杨德涛（右一）、县长杨昌彪（左一）陪同调研（县委宣传部 提供）

2008 年 6 月 5 日，贵州省副省长刘晓凯（左一）到台江调研，台江县县长杨昌彪（左四）、县人大常委会主任何平勇（右三）陪同调研（县委宣传部 提供）

2008 年 6 月 27 日，贵州省政协主席王正福（前左二）到台江调研城镇建设（县委宣传部 提供）

2009 年 10 月，卫生部监察专员马群（左一）在省、州、县领导配同下调研南宫卫生院（县委宣传部 提供）

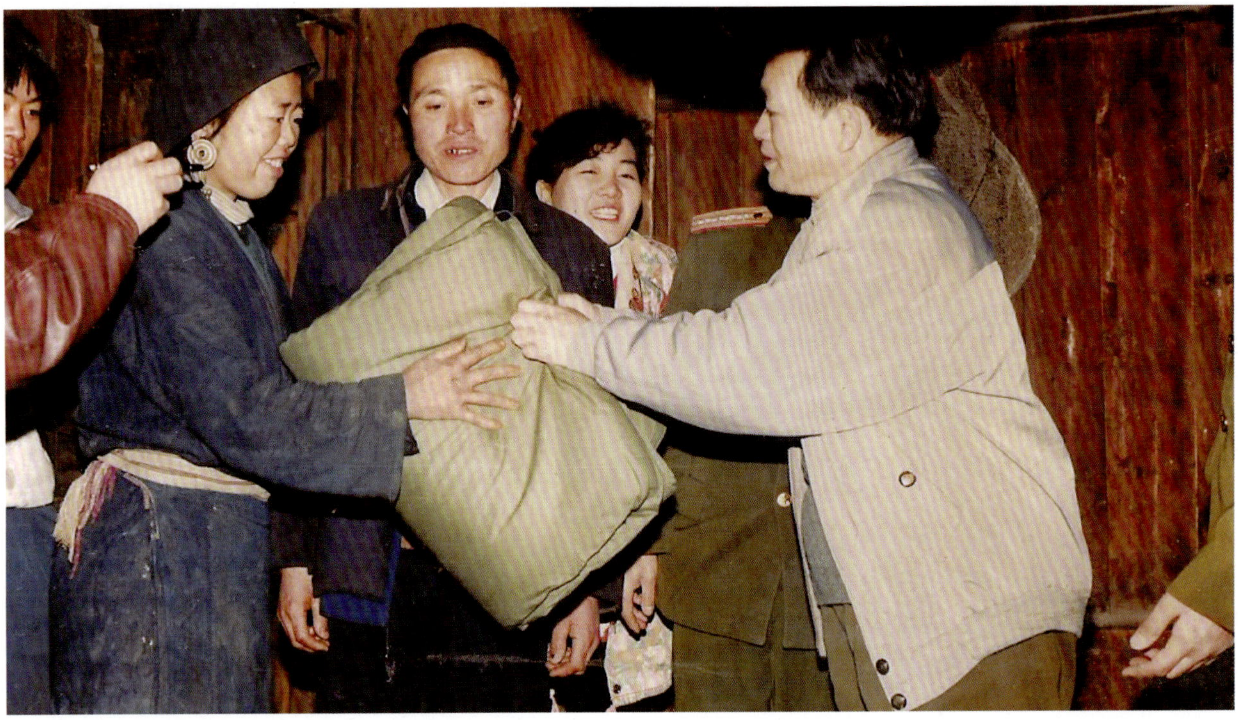

1998 年 10 月，中共贵州省委常委、省军区政委俞忠桂（右一）到台江县方召乡慰问困难户（县武装部 提供）

2014 年 11 月，贵州省人大常委会原副主任、省苗学会会长杨光林（前中）到台江县反排村参加古村落文化周活动，台江县政协原主席刘耀密（前左）、县人大常委会副主任李碧云（前右）陪同（张少华 摄）

2013 年 8 月 1 日，贵州省人大常委会副主任张群山（右）、黔东南州人大常委会副主任石干昌（左）、台江县人大常委会主任张云良（中）到老屯乡指导抗旱救灾工作（县委宣传部 提供）

1998 年 11 月，黔东南苗族侗族自治州委书记刘光磊（右四）在台江县委书记龙昌海（右三）、县长潘亮（右五）、县人大常委会主任张建武（左一）、县政协主席刘耀密（左五）陪同下到施洞镇调研（龙昌海 摄）

1999 年 12 月，黔东南苗族侗族自治州州长刘晓凯（右一）到台江调研金秋梨种植情况，台江县委书记龙昌海（右三）、县长潘亮（左二）陪同调研（龙昌海 摄）

2006 年 7 月 2 日，黔东南苗族侗族自治州州长李月成（左一）到台江调研农业产业（县委宣传部 提供）

2013 年 7 月 3 日，黔东南苗族侗族自治州委书记李飞跃（左三）、州长廖飞（右二）、常务副州长冯仕文（左二）到台江调研（县政府办公室 提供）

◎重要活动

1998 年第一届贵州苗族姊妹节开幕式（县委宣传部 提供）

1999 年 4 月 29 日，姊妹节期间，台江古生物化石博物馆举行开馆仪式（县委宣传部 提供）

2001 年 9 月 1—2 日，第七届国际寒武系会议在台江举行，来自国内外 140 余名专家参加会议（县委宣传部 提供）

2007 年 3 月，台江县举办梨花节活动（张林 摄）

2008 年 6 月 28 日，台雄水库开工典礼（熊克武 摄）

2008 年 3 月 7 日，举行抗冰灾保供电“户户复电”庆功大会（熊克武 摄）

2011年4月1日，黔东南苗族侗族自治州副州长姜学东（左四）以及台江县领导参加苗岭国家地质公园举行剪彩仪式（县委宣传部 提供）

2012年5月21日，黔东南苗族侗族自治州5县100个项目集中开工仪式在台江经济开发区举行，州委书记李飞跃（右四）、州人大常委会主任罗亮权（左三）等领导参加开工仪式（县委宣传部 提供）

2012 年 6 月 27 日，凯里二龙至台盘城市主干道在台盘举行开工仪式（熊克武 摄）

2012 年 12 月 9 日，来自亚洲十多个国家的摄影家走进台江，并举行摄影展，贵州省政协副主席陈海峰（右三）参加活动（张少华 摄）

2012 年 3 月，台江县县长成兵（前右一）参加创建文明县城签字活动（县政府办公室 提供）

台江县居民打扫街边卫生（县精神文明建设委员会办公室 提供）

◎现代农业

农业示范园（县农业局 提供）

技术员在指导种植管理技术（县农业局 提供）

农户种植的蔬菜（县农业局 提供）

方召朝天椒（县农业局 提供）

田间管理（县农业局 提供）

台江金秋梨（县农业局 提供）

农户种植的巨峰葡萄（县农业局 提供）

枇杷（县农业局 提供）

苦丁茶基地（县农业局 提供）

◎工业

建设中的开发区一角（吴天平 摄）

入驻开发区的企业（吴天平 摄）

入驻开发区的企业（吴天平 摄）

县人大代表参观企业（县人大常委会办公室 提供）

水泥厂（熊克武 摄）

红阳风力发电场（县委宣传部 提供）

2010 年落户于台盘工业园区的全成木屋公司房屋样品展示（熊克武 摄于 2011 年 6 月）

◎交通

2006 年沪昆高速通车经过台江（熊克武 摄）

通往贵州台江经济开发区的大道（吴天平 摄）

沪昆高铁过台江（张少华 摄）

◎水利

革一烂塘水库（熊克武 摄）

台雄水库大坝（熊克武 摄）

岩寨库区（曾皎飞 摄）

◎苗族风采

2008 年贵州苗族姊妹节开幕式（熊克武 摄）

苗族盛装游行演出（张少华 摄）

苗族情歌对唱（熊克武 摄）

2012 年贵州台江苗族姊妹节开幕式主会场全景（田代元 摄）

龙舟竞赛（宁克强 摄）

群龙汇集（县委宣传部 提供）

龙舟下水（县委宣传部 提供）

挂彩（县委宣传部 提供）

元宵节舞龙嘘花（熊克武 摄）

反排木鼓舞（县委宣传部 提供）

苗族芦笙舞（县委宣传部 提供）

苗家女（县委宣传部 提供）

捞鱼（熊克武 摄）

鼓藏祭牛角（熊克武 摄）

“二月二”敬桥（县委宣传部 提供）

◎苗族服饰

方旋型盛装（熊克武 摄）

台拱型妇女装（熊克武 摄）

妇女便装（熊克武 摄）

方翁型盛装（县委宣传部 提供）

方翁型女便装（县委宣传部 提供）

方翁型中年妇女装（县委宣传部 提供）

翁芒型女盛装（熊克武 摄）

翁芒型女盛装（熊克武 摄）

翁芒型女装（熊克武 摄）

翁芒型男装（熊克武 摄）

方纠型便装（熊克武 摄）

方南型便装（熊克武 摄）

方黎型女装（熊克武 摄）

后哨型便装（熊克武 摄）

方秀型女装（熊克武 摄）

方秀型男装（熊克武 摄）

方白型男装（熊克武 摄）

方白型女装（熊克武 摄）

苗族剪纸（熊克武 摄）

苗族刺绣（熊克武 摄）

苗族织锦（熊克武 摄）

◎科普文化

苗岭国家地质公园门牌（熊克武 摄）

全国科普教育基地——古生物化石博物馆（县委宣传部 提供）

专家们在革一实地考察古生物化石（县委宣传部 提供）

古生物化石（县地质公园局 提供）

九摆苗族鼓楼（熊克武 摄）

张秀眉塑像（田代元 摄）

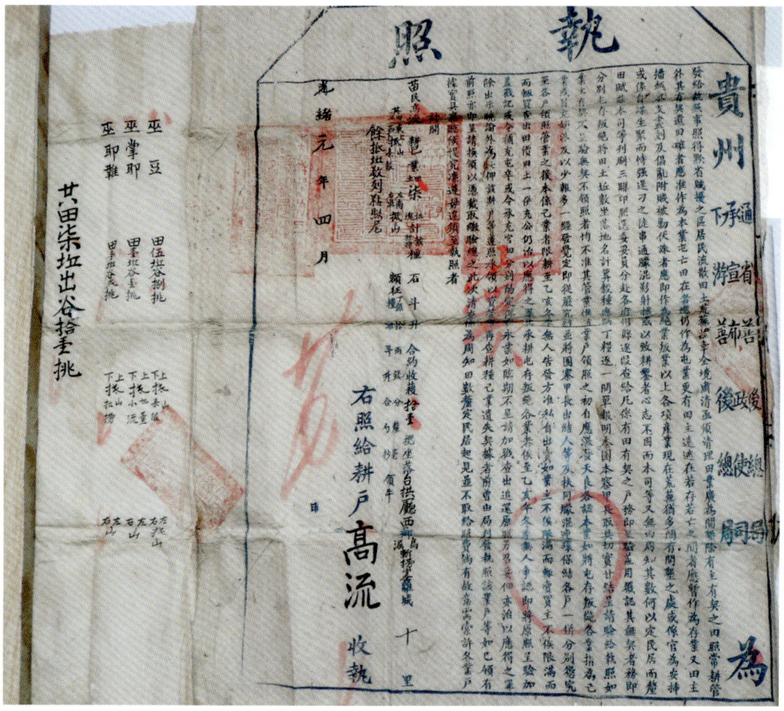
執照
貴州
右照給耕戶高流 收執
光緒元年四月
廿田柒坵出谷拾叁挑

清水江文书（县档案局 提供）

◎评审会

2014 年 12 月 17 日,《台江县志（1991—2010）》县级评审会议（县史志办公室 提供）

2014 年 12 月 30 日,《台江县志（1991—2010）》州级评审会议与会人员合影（县史志办公室 提供）

2015年9月21日，《台江县志（1991—2010）》省级终审会议与会专家合影（县史志办公室 提供）

《台江县志》编纂委员会

（2015—2016 年）

名誉主任 吴世胜　张运良　吴　元

主　　任 成　兵

副 主 任 龚循政　刘作东　李志勇

成　　员 曾武松　宁吉身　欧　达　杨腾秋　熊克武　李廷付　王央骞
唐　华　李宏明　龙　峰　王　浩　熊士学　陆德俊　李　峰
张显塘　吴胜平

主　　编 张志发（2003—2017 年）　熊克武（2007—2017 年）

副 主 编 张廷振（2003—2007 年）　熊跟东（2003—2010 年）
唐　毅（2012—2014 年）　王志安（2012—2014 年）
张少华（2014—2017 年）　张天闻（2014—2017 年）
李玉国（2015—2017 年）　徐俊荣（2015—2015 年）

编　　辑 张志发（2003—2017 年）　张少华（2003—2017 年）
张天闻（2003—2017 年）　刘泽华（2003—2007 年）
李家禄（2003—2007 年）　徐俊荣（2003—2015 年）
熊克武（2007—2017 年）　唐　毅（2012—2014 年）
王志安（2012—2014 年）　李玉国（2014—2017 年）

总　　纂 熊克武　吴谋高　李元星

分　　纂

熊克武分纂：概述、大事记、国土环保、中共组织、社会团体、政权政协、军事、社会管理、教育科技、文化体育、计划生育、语言文字、苗族风采、人物、附录、后记

张志发分纂：民族人口、旅游、城乡建设、交通通信

张少华分纂：经济综合管理、工业贸易、财税金融

张天闻分纂：地理建置、军事、政法、乡镇

李玉国分纂：卫生医疗、附录

徐俊荣分纂：农业水利

审　　稿

县级初审　李志勇　刘耀密　王兴德　杨昌明　张正辑　潘昌基　曾武松
欧　达　熊克武　王　浩　张志发　张少华　张天闻　杨　阳
李玉国　李晓奇

州级复审　吴寿昌　吴谋高　陆　震　陈秋萍　张利敏　龙昭栋　李元星
车秀琴　杜建安　龙荣森　吴学农　潘世仁　顾先文　潘通祥
杨通林　龙昭杨　杨华庚　付晓翡　龙显正　潘进华

省级终审　归　然　黄远良　钟　莉　车秀琴　范同寿　翁家烈

校　　对　熊克武　欧　健　李玉国　张明成　张志发　张少华　张天闻

编　　务　李兴华　王　浩　李　俊　付晓红

图片供稿　熊克武　李玉国　田代元　何平勇　张少华　曾皎飞　龙昌海
张　林　李　波　张建林　李碧云　吴天平　宁克强　县委办
县政府办　县人大办　县政协办　县人武部　创建办　县农业局
地质公园局　史志办　档案局
除署名外，其余为县委宣传部、县文联提供

文字资料提供

县委　县委办公室
纪委　熊克武
组织部　张少华
宣传部　张志发
统战部　张志发
政法委　刘师荣
编委办　雷小燕
县委党校　李建民
离退局　王文德
机关工委　欧明俊　杨光应
史志办　熊克武
总工会　杨再恩
工商联　李玉国
文联　张少华
妇联　余绍立
团县委　团县委办公室
残联　张　亮
科协　杨　杰
政府　熊克武
人大　张云生

政协 张云生
军事 张志发 张天闻 熊跟东
检察院 吴通锡
法 院 张宽荣 张天闻
公安局 张天闻
发改局 杨勇军 张秀发
财政局 吴绍辉
教育局 欧德洲 张秀发
环保局 杨朝武
国土局 王东方
水务局 郃德胜
卫生监督局 向 欣
民政局 张天闻 李绍亮
审计局 吴治华
人社局 人社局办公室
林业局 王平冲 张天闻
调处办 王德林
工商局 工商局办公室
质监局 吴通银
统计局 王 鹏
科技局 欧明生
文广局 李美仁
体育中心 刘 鹤
安监局 卜 轶
民宗局 张志发
住建局 张志发
农业局 张天闻
畜牧局 欧明生
工信局 张少华
旅游局 旅游局办公室
司法局 张天闻 潘昌驰
卫生局 卫生局办公室
计生局 计生局办公室
移民局 移民局办公室
档案局 王胜利 张志发
政务中心 吴必信
疾控中心 欧德冲
供销社 石昌胜 张天闻
开发区 吴天平
乡镇 张天闻
气象局 杨定江
国税局 田 泉
地税局 任正华
供电局 张少华
公积金办 杨通澎
电信 张志发
邮政 张志发
移动 张志发
联通 张志发
人行 县人行办公室
农行 县农行办公室
银监办 刘 奇
人寿保险 县人寿保险公司办公室
太平洋保险 熊 军
人物 熊克武 张志发 张少华
附录 熊克武 李玉国

提供乡镇基础资料单位

台拱镇人民政府 施洞镇人民政府 老屯乡人民政府 革一乡人民政府
台盘乡人民政府 排羊乡人民政府 方召乡人民政府 南宫乡人民政府

序

盛世修志是中华民族的优良传统,《台江县志（1991—2010）》修编是县委、县政府贯彻落实党的十七大和十八大精神所实施的一项重要文化建设工程。是继 1993 年 12 月出版的《台江县志》后的第二部县志，它的出版问世，是全县人民政治文化生活中的一件大事，是精神文明建设的丰硕成果。在此，特向为本书出版付出辛勤劳动的全体编纂人员致以诚挚的谢意！

《台江县志（1991—2010）》以其图文资料的完整性和权威性，集中展现了台江县在改革开放新的历史时期发生的重大变化，是一部充分展示台江县政治、经济、文化和社会各项事业蓬勃发展的宏伟画卷。在此期间，全县各族人民在县委、县人民政府的正确领导下，进一步解放思想，抢抓机遇，锐意进取，真抓实干，全县国民经济稳步增长，经济实力显著增强，基础设施明显改善，城乡面貌焕然一新，人民群众安居乐业，生活水平逐年提高。

20 年来，台江紧紧抓住国家实施西部大开发的历史机遇，大力实施对外开放发展战略，掀起思想大解放、改革大手笔、经济大发展的热潮，实施一系列经济、教育、卫生等体制改革，出台一系列促进发展的政策措施，极大地调动了人们投资兴业的积极性，使台江成为极具吸引力的一方人文厚土、创业热土、居家乐土。

20 年间，台江建设发展成就丰硕辉煌。经济建设突飞猛进，社会事业全面进步，城乡面貌变化巨大，贵州台江工业园区建设方兴未艾。这些发展变化都记录在《台江县志》当中，这是一部承前启后、继往开来的一部重要志书。

鉴古才知今，继往为开来。修志之意，旨在激励当代，启迪后世，兴吾台江。古人云:“以铜为镜，可以正衣冠。以史为镜，可以知兴替。”《台江县志（1991—2010）》是一部县情大全书，是一面很好的镜子。希望全县广大干部认真开展读志用志工作，进一步加深对台江县情的认识，了解我们工作环境的优势和不足，以及成功与失误，从而更加有效地改进我们的工作。

新一届中共台江县委、县人民政府举全县之力，牢固树立创新、协调、绿色、开放、共享的发展理念，大力实施“生态立县、工业强县、农业稳县、旅游活县、城镇带县”五大发展战略，施发展大计，展小康蓝图，共创台江美好明天。诚望全县广大干部群众承先辈壮志，尚拼搏精神，人尽其才，物尽其用，货畅其流，续写台江新篇章。

台江县人民政府县长　杜贤伟

2017 年 10 月

凡　例

一、本志记述上限为1991年，下限为2010年。某些事物为反映其全貌，体现志书系统性并与前志科学衔接，适当上溯和下延。前志遗漏的人物本志予以补记。

二、本志以马克思列宁主义、毛泽东思想、邓小平理论、“三个代表”重要思想、科学发展观、习近平新时代中国特色社会主义思想为指导，坚持辩证唯物主义和历史唯物主义的立场、观点和方法，力求做到思想性、资料性、科学性的有机统一。

三、本志使用篇、章、节目体，采用述、记、志、传、图（照）、表、录体裁，以志为主。

四、本志由卷首、概述、大事记、正篇、人物、附录六大部分组成，并以此为序排列。卷首由序、地图和照片组成，概述采用板块结构记述，大事记采用编年体记述，正篇志采用章节体编纂，根据内容需要内附图表和照片就近放置，人物和附录采用分类条目体记载。

五、本志纪年、数字用法、计量单位、标点符号的书写，以国家规定为准。为尊重本地居民习惯，书中部分内容仍使用亩作为计量单位，不作换算。

六、本志对组织机构、官员职务等的称谓，首次出现时用全称，其后用简称。个别频率较高的称谓，如中国共产党台江县委员会、台江县人民政府，简称为中共台江县委、台江县人民政府或县委、县政府。以不产生歧义为原则。

七、本志与前志有些内容重复交叉，按照实事求是和方便读者阅读（如地理、民族部分）的原则，允许适当与前志重复。

八、本志所记人物，坚持生不立传、以事系人、本籍为主、正面为主的原则。入志人物为正县团级以上，获高级职称以上或业绩突出、影响较大的人物。前志已列传的人物，本志不再重复。人物传按出生先后顺序排列，在世人物列入名录，分类编排。

九、本志资料均由有关部门提供。各种数据除以县统计局公布的为准外，均以各单位提供的资料为主。

十、本志经县委保密局审核，没有涉密问题。

目录

第三篇 中共组织

第四篇 政权 政协

第五篇 社会团体

第六篇　军事

第七篇　政法

第八篇 社会管理

第九篇 经济综合管理

第十篇 国土 环保

第十一篇 农业 水利

第十二篇 工业 贸易

第十三篇 城乡建设

第十四篇　交通　通信

第十五篇　财税　金融

第十六篇 教育 科技

第十七篇 文化 旅游

第十八篇 医药卫生

第十九篇 苗族风采

第二十篇 人物

概　述

一

台江，苗族人口占全县总人口的97%，是苗族人口高度聚居的一个县，堪称“天下苗族第一县”。台江是中国十佳最具原生态旅游大县，中国苗族刺绣之乡，世界著名文化旅游县，中国绿色名县，贵州省长寿之乡。

台江地处黔东南苗族侗族自治州中部，苗岭主峰雷公山北麓，清水江中游南岸，东南与剑河毗邻，西南连接雷山，西邻凯里，北与黄平、施秉隔江相望，南北长50.4公里，东西宽30.7公里，全县总面积1108平方公里。

唐朝始置陁隆县，隶应州，羁縻于唐。元、明两朝为“化外生苗地”。清雍正六年（1728年），朝廷开辟苗疆，登记户名，赐苗族汉姓，编设保甲。雍正十一年（1733年）建台拱厅。民国2年（1913年）改台拱厅为台拱县。1941年，撤丹江县，以丹江河、羊排小溪向东顺山脉为界，东北部地域划入台拱县，取台拱之“台”，丹江之“江”为县名，更名台江县。

1949年12月3日台江解放。全县设3区10镇，乡下沿袭保甲制，隶属镇远专区。1953年1月，改台江县为“台江苗族自治区”，将10个乡镇划为44个小乡镇。1954年4月台江苗族自治区改为台江苗族自治县。将第一、二、三区改为台拱区、施洞区和革东区。1956年7月，黔东南苗族侗族自治州成立，12月，台江苗族自治县改为台江县。1958年9月，废区设公社，全县设前进（驻台拱）、旭光（驻南宫）、幸福（驻革一）、清江（驻施洞）、和平（驻革东）5个人民公社。1958年12月台江并入剑河县。1962年5月恢复台江县置。全县设11个人民公社，公社下设生产大队。1963年1月，全县调整行政区划，把11个公社划为29个公社，恢复台拱、施洞、革东区。1968年废除区置，将29个公社合并为10个公社，1970年4月恢复区置，将10个公社改为28个小公社。1984年4月增设南宫区，废公社设乡镇。全县设台拱、施洞、革东、南宫4个区，下辖28个乡镇。1991年3月，实施撤区建镇并乡，全县辖9个乡镇，村组建制不变。2003年因建设三板溪电站，剑河县城搬迁，根据上级指示，将台江县革东镇划给剑河。2010年，台江县辖台拱镇、施洞镇、老屯乡、台盘乡、革一乡、排羊乡、方召乡、南宫乡8个乡镇156个村居委员会。

二

台江苗族文化丰富独特，保存完好。千百年来，这里的苗族人民一直过着自给自足的自然经济生活，以创世纪史诗苗族古歌为主脉络的语言风俗，以原始宗教服饰、舞蹈、节日、科学技术为表现形式的苗族传统文化较为完整，苗族古歌文化为光辉灿烂的中华民族文化花园中的一朵奇葩。苗族古歌、多声部情歌、苗族姊妹节、龙舟节、苗族服饰、苗族刺绣、苗族银饰等多项目被列入国家级非物质文化遗产名录。

台江有丰富而独特的口头遗产，尤以苗族古歌著称。古歌是一种古老的叙事诗，它讲述了苗族祖先对世界起源的认识和苗族祖先创造历史、繁衍生存、生产生活的发展史。古歌篇幅宏大，内容丰富，是苗族历史的一部教科全书，是人类罕见的珍贵遗产。台江有令人目眩的服饰文化和刺绣艺术。台江苗族因长期历史演变，在小小一县之间，竟有九个支系，每一支系都有独特的服装体系。银饰制作精美绝伦，造型多样，图案中蕴藏着丰富的文化信息。苗族刺绣更是民间文化中的精品，刺绣图案极其丰富，从远古神话到身边事物，皆入绣品中，这里的刺绣手艺极精，历史悠久，文化极厚，韵味极浓，风格极美，为中国五大名绣之一。台江有远古婚俗遗存的姊妹节，节日期间，姑娘们聚集清水江边歌唱，盛装起舞，展示她们的青春、美丽和爱情，等待着小伙子的追求。这种习俗流韵，可上溯到千万年前。姊妹节是古老的，又是年轻的；是传统的，又是现代的；是人类普遍经历过又是硕果仅存的。台江有动作新颖、韵律别致的反排木鼓舞，还有天籁之音的方召多声部情歌，更有壮观神秘的、庄严的、盛大的鼓藏节，有令人狂欢的舞龙嘘花。台江苗族民间文化遗产可以说是项项珠玑、件件珍宝，充分展示出台江苗族天才的想象和创造，这是一个博大精深、奥秘无穷的文化空间。一个不大的县域集中了这么多古老珍奇的文化遗产，在我国苗族文化中少有，在中国民间文化中不多，在全世界是独一无二的。

境内有国家级风景名胜区雷公山保护区、贵州台江国家森林公园等。南宫省级森林公园原始森林面积达 12 万亩，海拔 800～1200 米。公园内的红阳景区距离台江县城仅 3 公里，南宫景区距离台江县城 43 公里，森林资源保护良好，除有大面积的原生态常绿阔叶景观外，还有连绵起伏的红阳万亩草场景观。公园内分布着较多的古树、大树及珍稀保护植物，古树、大树多分布在道路、村寨附近，观赏性强。森林景观林相优美，季相色彩丰富，生态系统复杂多样。公园有“龙虎盘踞”景观，有清澈秀丽的风景河段、山涧溪流，有雪景、云海、雾海等景观，更有至今保持着本民族语言、特有的生产、生活方式和民族风情等“原汁原味”的原生态苗族文化风情。公园内冬无严寒，夏无酷暑，气候凉润舒适，秋高气爽，春暖花香，这里森林气息浓郁，空气清新宜人，大气质量达到国家大气环境质量一级标准，山泉清澈甘甜，环境恬静优雅，实为理想的“天然氧吧”。每当进入森林公园会感到神清气爽、心旷神怡，是理想的休闲度假、消夏避暑、生态旅游的场所。省级风景名胜区有清水江风光，省级以下风景名胜区有百鸡山瀑布群、施洞苗族风情旅游区等。

台江以原生态的民族风情、深厚的苗族文化底蕴以及原生态自然风光，被授予“世界著名文化旅游县”荣誉称号。台江县因民族文化底蕴深厚，人文景观和自然景观丰富，原生态环境保存良好，旅游资源得天独厚，被中国民族旅游文化研究中心授予“中国最佳民族特色文化旅游名县”荣誉称号。

台江至今还传承着良好的刺绣工艺，平绣、皱绣、破线绣、挑绣、褶绣、辫绣、锁绣、双针绣等应有尽有，是一笔丰富的世界文化遗产，也是世界刺绣艺术中的一朵奇葩。台江苗族刺绣，绣法多种多样，工艺炉火纯青，图案精致美观，内容丰富多彩，集人类学、民族学、民俗学、人种学、历史学、社会学、文学、美学、工艺美术等学科领域于一身，与中国“四大名绣”媲美毫不逊色。被中国工艺美术行业协会授予台江县“中国刺绣之乡”称号。

1998 年 6 月中央电视台《焦点访谈》栏目报道台江砍伐天然林事件后，引起中央高度重视。此后，台江积极开展天然林保护，实施退耕还林，到 2009 年营造林 36.8 万亩，建成绿色通道 130 公里，全县森林覆盖率 60.81%，林木覆盖率 67%，被授予“中国绿色名县”称号。台江县还荣获十佳“最具原生态的旅游大县”和十佳“最具民俗风情的旅游大县”“贵州省长寿之乡”称号。

如果说贵州是古生物的王国。那台江就是王国里金碧辉煌的王宫。1990年11月《贵州日报》报道:“一组沉睡千古具有划时代研究意义的古生物化石群最近在贵州省台江县境内的八郎山上发现”以来，台江就成为国内外古生物学界朝圣的地方了。中国科学院院士、国际著名地层古生物学家卢衍豪指出:“凯里动物群是我国古生物学科有史以来少数几个重大发现之一，这不但是中国科学史上一大光荣，也是亚洲科学史上一大光荣。”美国东华盛顿大学地质系主任、国际寒武系委员会委员林德教授赞誉:“台江是古生物化石的摇篮!”

2010年，中国管理科学研究院特约研究员、黔东南州科普专家、凯里四中教师巫宜山到台江县进行古地质野外考察时，在革一乡北方、西南村公路边发现的古生物化石群面积约40平方公里，距今约5.25亿年，比八郎生物群早1万年。台江革一古生物群的发现，将带动和推动该县域经济的快速发展，同时也为“贵州公园省”的“园中园”增添一道亮丽的景观，成为台江旅游的一个新亮点。

三

1991—2010年的20年间，台江得到突飞猛进的发展。20年来，在中国共产党的正确领导下，以经济建设为中心，坚持改革开放，全县上下万众一心，团结奋斗，全县经济总量成倍增长，农工贸快速发展，基础设施日趋完善，科教文卫全面发展，城乡面貌焕然一新，人民生活水平发生了翻天覆地的变化。

2010年，全县生产总值达到97035万元，年均增长13.5%，超过“十一五”12%的规划目标，比“十五”期间年均增长11.5%高2个百分点。“十一五”期末人均生产总值7057元，比2005年2982元高出4075元。“十一五”期末财政总收入完成10040万元，是“十五”期末的3.3倍，年均增长26.8%，超过“十一五”15%的规划目标。2010年地方财政收入完成6680万元，是“十五”期末的3.1倍，年均增长25.1%，超过“十一五”14%的规划目标。“十一五”期末完成全社会固定资产投资73000万元，比规划目标值31125万元增加41875万元，年均增长45.3%，超过20%的规划目标。农民人均纯收入从2005年的1662元增长到2010年的2981元，增长79.4%。“十一五”期间农民人均纯收入年均增长12.4%左右，超过6.5%的规划目标；全县城镇居民人均可支配收入达到8100元，年均增长7.1%，超过6%的规划目标。节能减排工作扎实推进，单位生产总值能耗每年降低5%以上，主要污染物二氧化硫排放率减少2.2%，化学需氧量排放率减少1.7%。生态建设成效明显，生态环境得到有效治理，县城污水处理厂建成并投入运行，垃圾填埋场已动工建设，天然林资源保护工程、以巩固退耕还林为重点的生态建设工程扎实推进，全县森林覆盖率为60.81%。

农业基础地位进一步巩固，成功申报获批国家农业综合开发项目县，农业基础设施不断得到完善，农业综合生产能力进一步增强，农业和农村经济结构调整初见成效，畜牧林渔业比重上升。实施了5万亩的粮食增产工程，2010年再创历史新高，产量达5.25万吨。全县投入抗旱资金401.6万元，出动2.1万人投入到抗旱救灾中，使2.16万亩旱地得到有效浇灌，4.18万人、1.63万头大牲畜饮水困难得到解决。积极引导农民搞好田土翻犁和育苗保障，在旱情较为严重的台拱、革一等地大力推广旱育秧、抛秧、地膜全覆盖栽培、节水栽培等技术措施。全县粮食播种15.7万亩，粮食总产量5.25万吨。不断调整农业产业结构，实施了5万亩的粮食增产工程，推广反季节蔬菜2150亩，进一步加强稻田养鱼等富民工程建设，积极推进农民专业合作社和无公害认证工作。启动实施老屯长滩等农业综合开发项目，建设标准农田63亩。开发验收21个土地开发项目，新增耕地5773亩。全县林改完成发证面积107万亩，发证7万宗地，发证率达95.89%。封山育林1.6万亩，巩固退耕还林补植补造面积7600亩。突出培育山苍子、金银花、绿茶三大特色产业，使产业规模不断壮大，农业综合生产能力大幅提高，农民增收渠道逐步拓宽。不断优化养殖结构，大力推进品种改良和新技术，探索出集约化、规范化、小区化养殖的新模式。完成台拱镇润丰养殖场和革一乡生态园养殖场建设，投入430万元启动生猪标准化养殖场、肉羊标准化良种扩繁场建设。全县30头以上的中大型规模养殖场达75个，存栏8500头左右。实现畜牧水产产值11980万元，同比增长41.8%。

工业得到快速发展。通过几年努力，把台盘革一工业聚集区建设成为贵州台江经济开发区。工业结构调整力度加大，新能源、电冶、森工等优势产业发展较快，尤其是岩寨电站于2010年5月顺利实施发电，红阳草场风电场项目已经省发改委评审通过，2台样机组成功试运行，开创了“绿色能源”基地新篇章。台盘至革一工业快速通道打通，革一工业园区3.5万千伏的变电站建设完成。完善了分包重点企业责任制和服务机制，对22家县级重点企业实行“一对一”帮扶和一厂一策，帮助企业解决困难170余件，为国光铝业、隆晟矿业等企业解决流动资金1750万元。全成木屋、岩寨电站两个企业列入规模以上企业。岩寨电站实现正式投产发电，隆晟矿业公司、新太元研磨材公司技改升级项目启动实施。规模以上企业生产总值完成49284万元，增长28%，工业增加值完成16629万元，增长26.6%，工业企业销售收入完成42635万元，增长22.8%。

第三产业发展迅速，依托“雷公山原生态苗族文化旅游经济圈”，充分发挥得天独厚的原生态民族风情文化和自然风光等旅游资源优势，加快“苗疆文化生态旅游县”建设，大力打造反排、交宫等民族旅游村寨，深度开发森林大草原、展水坪景区，不断完善旅游标识标牌和道路等基础设施，旅游景点的综合实力提高。在“大节庆推动大旅游，大旅游带动大发展”理念的指引下，不断加强旅游资源的开发、保护和宣传，打造文化生态旅游品牌，成功承办了“多彩贵州”第二届贵州民族体育旅游节暨2010年贵州苗族姊妹节、施洞独木龙舟节等节庆旅游会展活动。翁密河漂流景点驶入发展“快车道”，影响力、知名度不断提高。全年旅游综合收入提高，接待游客达16.2万人次，实现收入2600万元，同比分别增长102.5%、18.2%。滨江一号、文昌佳园等房产开发蓬勃发展，快速推动城镇化进程，实现9760万元的投资总额。宾馆、酒店业发展势头良好，较大改善了旅游接待条件。批发零售贸易业完成26360万元，同比增长18%，住宿和餐饮业完成3922万元，同比增长21%，交通运输、仓储和邮政业完成增加值2778万元，同比增长22.5%。第三产业的快速发展有力地促进了城乡消费，改善了群众生活质量，同时，缓解了就业压力。三产从业人员占所有就业人员的比重已达43%以上，成为吸纳就业的主渠道。第三产业增加值已达46228万元，同比增长17.3%，成为台江县经济发展的重要支撑。

教育质量不断提高。20年来，在社会各界的大力支持下，通过全县人民的共同努力，全县教育和科技设施设备得到不断完善，教育教学质量、科技创新能力得到不断提高，教育和科技事业得到了长足发展。2008年通过了“两基”复查和“普实”验收，2009年实现了“两基国检”目标，各级各类学校的办学条件及学校管理水平得到了进一步的改善与提高，办学与管理步入了科学轨道，教学质量不断提升，全县教育事业得到了蓬勃发展；全县科学和技术工作紧紧围绕发展大局，积极推进科技创新，坚持为经济建设服务、为企业服务、为群众服务的方针，积极引进、示范、推广先进适用技术，大力实施科技项目、科技扶贫、科技特派员制度，建立了科技示范基地，加快了科技成果的转化，促进了科技与经济的结合，提高了科技对经济发展的贡献份额。2010年，全县共有各级各类学校110所，其中小学95所（含教学点49个），初级中学8所（含九年一贯制学校1所），普通高中1所，职业高中1所，幼儿园5所（含社会力量办园3所）。小学在校生15750人，初中在校生7118人，普通高中在校生1956人，职业高中在校生1908人，全县在园幼儿2218人。全县共有教职工1697人，其中专任教师1631人，专任教师中高中教师170人，学历合格率为82.94%；初中专任教师545人，学历合格率为100%；小学专任教师900人，学历合格率为100%；幼儿园教师16人，学历合格率为100%。

卫生事业发展迅速，各类卫生资源均有明显提高。2010年，全县各级各类卫生医疗机构数共计180个，其中：医院2个，疾控中心、卫生监督局、妇幼保健站、合医局各1个，乡镇卫生院8个，村卫生室148个，诊所18个。卫生系统有国家正式工作人员265人，其中卫生技术人员254人。卫生技术人员中有执业（助理）医师115人，注册护士58人，药剂师（士）17人，其他卫生技术人员64人。全县医疗机构床位数为373张，医疗机构业务用房面积达35000平方米。

四

1991年以来，台江的经济发展、社会进步、民族团结、各项建设事业取得辉煌的成就，总结出许多好的经验和做法，有些经验得到省、州的肯定，并全面推广。

台江各族人民，以解放思想为先导，不断深化对县情的认识，不断探索和制定符合台江实际的发展战略。20世纪90年代，提出“山、水、路、民”的发展思路。2005年，根据农村实际，提出“一户一技能”发展思路，以家庭为单位，以农户掌握一门以上技能为切入点，以一户一规划、一户一路子、一户一对子为措施，充分发挥农村基层党组织的堡垒作用，通过强化党员特别是基层党组织书记的“双带”能力，引领农村“一户一技能”创建活动从星火燎原到全面发展，党员创业带富呈现一片蓬勃生机。台江的这一发展思路得到上级肯定，并在全州、全省推广。

由于历史和自然原因，台江的发展与其他县市相比，还比较落后，还处于“欠发达、欠开发”阶段，被列为国家级贫困县。这一客观实际，迫切要求全县把经济发展作为紧迫任务来抓。坚持发展才是硬道理，坚持把加快发展作为富民兴县的第一要务，坚持以经济建设为中心，提出全面深化改革，实施开放带动战略、科教兴台战略，加强农业和基础设施建设，开发山地资源，发展民族风情旅游，突出种养业、乡镇企业和个体私营经济，实现脱贫致富，促进兴台富民。

历年来，各届县委、县政府始终把解决事关民生的突出问题摆在经济社会发展的首位，坚持全县人民共享改革发展成果，在人民生活水平提高的同时，大力推进城乡居民医疗保险、社会保障、劳动就业和安居工程，致力于谱写以人为本、造福百姓、各民族和谐共荣的新篇章。

纵观20年不凡历程，也看到台江发展中难免还存在一些问题和不足：一是与科学发展的美好愿景比，思想还需进一步解放，科学发展观念和开拓创新精神还需进一步加强；二是与本县经济发展的宏大目标比，经济增长方式还需进一步转变，以商贸、现代服务为取向的经济结构还需进一步优化，经济发展质量还需进一步提高；三是与执政为民的要求和人民群众的殷切期望比，还需进一步处理好发展与公平、发展与稳定和谐的关系，更好地为全县人民谋福祉。

大事记

1991 年

2 月 8 日 方召乡基甲村与同乡交汪上、下寨村因九龙坡山林权属争议发生群体性械斗的恶性案件，造成交汪 3 人死亡 1 人重伤，基甲村多户房屋被砸烂。

是月 县民委与县文化局在县城举办第十三届民族民间文艺调演，参加调演的有全县各乡村共 7 个农民业余文艺队 140 多名队员，他们精湛的表演受到上万观众的热烈欢迎，赢得了上级有关领导的好评。

3 月 6 日 中共台江县第六届三次全委会召开，会议听取并审议通过《中共台江县委关于制订台江县国民经济和社会发展十年规划和“八五”计划的意见》《中共台江县委关于“七五”计划执行情况的报告》《中共台江县委一九九〇年工作总结》《中共台江县委一九九一年工作安排意见》。

3 月 18—24 日 政协台江县委员会第三届第二次会议在县税务局会议室召开，到会委员 105 名。会议听取潘万宁副主席作政协第三届常务委员会工作报告，张世明副主席作提案工作报告。全体委员列席县人大十一届二次会议，听取“一府两院”工作报告。

是月 全县实施建镇并乡撤区工作，撤台拱、施洞、南宫、革东 4 个区，把原台浓、登交、红阳、番省、南省乡并入台拱镇，原四新、良田、良田、平兆乡并入施洞镇，原交东、五河、宝贡、麻栗乡并入革东镇，原南瓦乡并入台盘乡，原大塘乡并入革一乡，原报效、坝场乡并入老屯乡，原巫脚乡并如方召乡，原交密、东扛、交下乡并入南宫乡，排羊乡辖地不变。至 10 月，建镇并乡撤区工作结束，设台拱、施洞、革东 3 个镇，台盘、革一、老屯、排羊、方召、南宫 6 个乡。乡镇级别由原来的股级提升为科级，村组建制不变。

4 月 1 日 县委发文《关于国营厂规格及其标准的规定》。明确农机厂、纺器厂为正科级企业，水泥厂、建材厂、大理石厂、酒厂等定为副科级企业。

4 月 7 日 县委发出《关于组织县区党政机关干部下农村的通知》，抽调 30 名县、区党政机关领导干部下到农村帮助工作。

4 月 16 日 县委常委会研究决定，成立台江县建镇并乡撤区工作领导小组。县委书记张钦庭任组长。

4 月 29 日 县委研究决定成立社会治安综合治理委员会，张钦庭任主任，吴儒辉、余世权、姬安荣任副主任。

5 月 22 日 县委研究决定撤销中共台江县委办信访科、台江县政府办信访科，建立台江县信访办公室，属局级机构。

7 月 3 日 台江县召开文学艺术界联合会第一次代表大会，台江县文学艺术界联合会正式成立。

会议选举杨文明为主席，田代元、李正品、白俊敏、李美仁为副主席，杨仪泮为秘书长。

7月25日 撤销台拱镇人民法庭，设立排羊、台盘、革一、老屯、方召5个乡人民法庭。将原“台江县精神建设委员会”改称为“台江县精神文明建设指导委员会”。

8月6日 县委研究决定，从县直机关、企事业单位选派一批科技人员到各乡镇担任科技副乡长。

8月10—12日 台江再次降暴雨，加上7月中旬的一次暴雨，两次降雨量共计达310毫米，使稻田受灾面积达到4882亩，成灾面积2822亩，受灾人口15700人，死亡大牲畜9头，倒塌房屋52间，冲毁堤防0.9公里、涵洞2座、公路8.37公里，直接经济损失159.54万元，主要受灾乡镇为革一、施洞、革东。

8月19日 县委下发《关于开展农村社会主义思想教育加强村级组织建设的实施意见》，决定从当月起，在全县农村开展为期一年的社会主义思想教育。

8月21日 “台江县民兵应急分队”成立，由县武装部管理。

9月3日 县委研究决定，将县委机要室更名为县委机要局；县委办调研、督查科更名为县委政策研究室；县委行政科更名为县委行政办公室；建立县委保密局。

9月5日 县委将“台江县建镇并乡撤区工作领导小组”更名为“台江县基层政权建设领导小组”。同时，将“台江县信访办公室”更名为“台江县信访局”，其规格、编制、职责不变。

9月10日 台江县召开国防教育会议，制定了《关于台江县开展国防教育实施方案》，拟定1991年至1993年的工作计划，要求在三年内完成全民性国防教育系统工程。

是月 反排木鼓舞队万正文等8人随中国贵州民族民间艺术团赴香港参加由香港区域市政局主办的“中国少数民族艺术节”表演，深受港人欢迎。

10月10日 县委发出《关于干部管理权限的若干规定》。

10月18日 县委、县政府决定成立台江县人口和计划生育领导小组，刘昌明任组长，欧阳忠富、张昌宗任副组长，领导小组下设办公室在县计生委。

10月29日 县委批转县人武部《关于进一步组织全县民兵开展以劳养武活动的意见》。

12月 反排木鼓舞队应邀赴南宁参加全国第四届民运会表演。

1992年

1月 县人武部被贵州省军区表彰为“1991年度军事训练先进单位”。

2月6日 贵州省军区司令员朱启少将到台江县检查人武部工作。

2月15日 县委发出《关于农村社会主义思想教育的安排意见》。要求全县的农村社会主义思想教育工作一次性进行完毕，从1992年3月开始，到6月底结束。

2月20日 县委在县林业局会议室召开中共台江县委第六届三次全委会扩大会议。

2月27日 县委成立台江县拥军优属拥政爱民工作领导小组，具体负责协调“双拥”工作中的有关问题，刘昌明任组长，领导小组办公室设在县民政局。

是月 省民委、台江县政府在南宫乡共同举办“雷山、台江、剑河、榕江四县毗邻地区春节芦笙会”，参加芦笙会的有雷山方详队、剑河太拥队和翁王队、榕江小丹江队、台江交下队、南宫队和方召反排木鼓舞队，芦笙会展现了苗族大芦笙的风姿，增强了民族团结。

3月9—13日 政协台江县第三届委员会第三次会议在县税务局会议室召开，到会委员104名。会议听取张举副主席作政协工作报告，张世明副主席作提案工作报告。全体委员列席县十一届人民代表大会第三次会议，听取和讨论“一府两院”工作报告。县委副书记欧光辉到会并作讲话。

3月18日 贵州省军区司令员朱启少将到台江视察工作。

3月25日 根据州委安排，免去吴儒辉台江县人民政府副县长职务，调任中共锦屏县委委员、常委、书记。

4月11日 按省委组织部和州委通知，张钦庭调省民政厅工作，免去中共台江县委书记、常委、委员职务。由中共台江县委副书记刘昌明主持中共台江县委工作。

4月13日 县委研究决定，欧光辉兼任中共台江县委政法委书记、担任台江县社会治安综合治理委员会主任。

5月17日 县委、县政府开展第二次“全国助残日”活动。

5月19日 县委明确县委机要局和县委政策研究室为局级行政机构，归口县委办公室管理。

5月20日 撤销老屯、方召、排羊、革一人民法庭，保留台盘人民法庭。原老屯、方召、排羊、革一人民法庭的人事由人大常委会依法免职后，其机构再由县编委行文撤销。

6月16日 县委将原县直行政、事业、企业3个机关党委合并为中国共产党台江县直属机关委员会，由原3个县直机关党委的委员组成。

同日 县委发出《关于加快台江县经济发展的几条规定》，从16个方面作出加快经济发展的具体规定。

是月 台江县民兵在成都军区接受军事训练检查，获西南三省十个受考核单位总分第一名、步兵兵种第一名的好成绩，受到贵州省军区、贵州省人民政府通报表彰。

7月3日 县委、县政府作出关于《加快台江县经济发展的几条规定》。规定凡外县到台江县投资兴办、创办、领办开发经营性企业的，给予政策优惠。

7月8日 县委研究决定成立台江县工商业联合会，办公室设在工商局。

7月22日 县人大常委会组织人大代表对县人民法院、县人民政府劳动局、城建局进行评议。

7月31日 县委成立“中共台江县委党史工作领导小组”，将“县委党史办”更名为“中共台江县委党史研究室”。

9月10日 县委发出《关于对县级“文明单位”命名的通报》，1991年和1992年被评为县级“文明单位”的单位有台江县纪委、县监察局、县人事局、县劳动局、县农机厂、县职中等23家单位。

10月27日 县委、县政府成立台江县经济综合开发领导小组，赵少伏任组长，县经济开发办公室即是领导小组的下属办公室。

是月 台江县征兵工作被省委、省人民政府评为“三化一廉”先进单位。

11月5日 县委将社会综合治理工作划分为县委区域，人大、政协区域，党校区域和工会、老干局区域4个治理区域，并成立相应的社会治安综合治理区域领导小组。

11月24日 县委转发县人大常委会党组《关于认真做好1993年县、乡两级人大换届选举工作的意见》的通知。

是月 以州人民政府副秘书长孙永福为团长、州教委副主任卢仕忠为副团长的扫盲工作指导团，代表省、州人民政府对台江县“扫除青壮年文盲”进行低标准验收。

12月31日 县委、县政府作出《关于进一步加快台江县造林绿化和林业改革开放步伐的决定》。

是月 县人武部被成都军区授予民兵军事训练先进单位。

1993年

1月5日 县委决定在全县开展评选表彰“双学双比”“巾帼建功”“三八红旗手”“五好家庭”

竞赛活动先进集体及个人评选活动。

1月5—16日 在贵州省第八届一次代表大会上，政协台江县委员会副主席张明达、排羊乡人民政府副乡长欧明珍当选为第八届全国人大代表，任期5年。

2月4日 刘昌明任中共台江县委书记。

2月9日 县委发出《关于计划生育工作管理的若干规定》。

2月10日 县委发出《关于贯彻省委、省人民政府〈关于加快发展乡镇企业的决定〉的若干规定》。

2月12日 包和辉任中共台江县委委员、常委、副书记。

3月1—6日 政协台江县第四届委员会第一次会议在县城召开，到会委员113名，会议听取潘万宁副主席作政协工作报告，张世明作提案工作报告，列席县人大第十二届一次会议。会议选举张建武为第四届委员会主席，潘昌基、万雷、龙秀明、欧明珍为副主席，潘昌基兼秘书长。

3月2—7日 台江县第十二届人民代表大会第一次会议在县城召开，杨昌明当选为人大常委会主任，杨秀元、张天皓、欧光祥当选为副主任，包和辉当选为第十二届人民政府县长，欧阳中富、张昌宗、龙云茂、朱江华、张文英当选为副县长，王成玉当选为法院院长，姜文富当选为检察院检察长。

3月23日 县委决定在全县开展“扫黄”斗争活动。

3月25—28日 中共台江县第七次代表大会召开。会议听取和审议中国共产党台江县第六届委员会工作报告，并作出决议；听取和审议中国共产党台江县纪律检查委员会工作报告，并作出决议；选举中共台江县第七届委员会和中共台江县纪律检查委员会。

3月26日 县委常委会研究决定，对县政府党组班子进行调整，包和辉任书记，欧阳忠富任副书记，成员为张昌宗、朱江华、龙云茂、张文英；对县人大党组进行调整，杨昌明任书记，成员为杨秀元、欧光祥；对县政协党组进行调整，张建武任书记，成员为潘昌基、刘昌德。

4月12日 县委批复县纪委《中共台江县纪律检查委员会台江县监察局合署办公机构设置方案和有关问题的请示》，同意合署办公。

4月28日 县委、县政府决定，在全县范围内开展创建“四无”村（居）、单位竞赛活动。

5月15日 县委同意批转《政协台江县委员会关于政治协商民主监督的暂行规定》。

5月16日 县委研究决定调整县人民武装委员会，包和辉任主任，刘耀密、余世权、张明珍任副主任；调整县国防教育领导小组，欧光辉任组长，刘耀密、余世权、杨文明任副组长。

5月26日 县委研究决定调整中共台江县委政法委员会，张明珍任书记，姬安荣、杨光成任副书记。

5月30日 台江县武警中队被贵州省武警总部表彰为“学雷锋先进集体”。

是月 省委副书记、全国人大常委会委员、民族委员会主任委员长王朝文到台江视察。

5月底至8月中旬 全县累计降雨量达656毫米，先后遭受4次洪灾，受灾4.4万人，损坏房屋35间，倒塌房屋37间，塌方压死1人，企业停产5个（次）。冲毁农桥33座，毁坏路基30公里，供电线路中断8条（次），损坏通信杆40根，交通中断达10天之久。农作物受灾642.69公顷，成灾230.9公顷，绝收143.85公顷，粮食减产1292.59吨，南宫冲走木材260立方米。

6月1日 县内粮食经营和价格放开，居民定量口粮供应证停止使用，全国通用粮票，贵州省地方粮票同时作废，停止流通。粮食企业面向全体社会敞开供应，原执行的非农业、农业各项控制指标同时废除，杂粮搭配政策终止，由购买者自由选购。购粮证由个人保存备用。

6月14日 台江县第十二届人大常委会第十次会议免去包和辉县长职务，任命刘耀密为代理县长。

7月1日 武警台江县中队党支部被武警总部表彰为“先进党支部”。

7 月 14 日 县委决定，刘耀密任中共台江县人民政府党组书记，免去其中共台江县人民武装部党委书记、委员职务；免去包和辉中共台江县人民政府党组书记职务。

是月 台江苦丁茶获贵州保健精品奖和中国保健科技精品奖。

8 月 10 日 县委发出《关于在乡镇机关开展社会主义思想教育工作的安排意见》。

8 月 21 日 南宫乡白帮村持证在党富荣山采伐集体林木，剑河县久吉村部分村民去抢砍倒的林木，双方发生火药枪战，造成白帮村被打死 1 人，伤 2 人。

8 月 25 日 县委、县政府研究决定，从县直有关单位抽调部分干部组成城关工作队、革东大稿午工作队、台盘龙井组工作队集中整治农村社会治安，集中整治时间从 8 月 20 日至 10 月底。

10 月 7 日 县委研究决定成立县反腐倡廉领导小组，刘昌明任组长，包和辉、潘应成任副组长，领导小组下设办公室在县纪委，曲钦山兼任办公室主任。并发出《关于发腐败斗争近期要抓好几项工作的决定》。

11 月 24 日 县委研究决定从县直机关抽调一批干部到乡、镇包村造林，包村时间从 1993 年 12 月 1 日起到 12 月 31 日止。

12 月 17 日 县委研究决定成立县基本普及初等教育验收领导小组，张昌宗任组长，领导小组下设办公室在县教委，秦大洲兼任办公室主任。

是月 革东镇从湖南怀化引进金秋梨树苗在革东大展溜试种，面积 200 亩。第三年全部挂果，果品质量优良，试种成功。县委、县政府决定在全县大面积推广。

1994 年

1 月 20 日 台江县武警中队被武警贵州总队评为“1993 年度基层建设先进单位”“基层建设标兵中队”，指导员韩华被总队记二等功一次。

2 月 20 日 县人民政府、县人武部通报表彰民兵预备役参加社会主义“两个文明”建设，在抢险救灾、维护社会治安、开展学习雷锋活动和加强民兵建设工作中成绩突出的 20 名先进个人和 15 个先进集体。

2 月 24 日 县委研究决定表彰在改革开放、加快经济发展中成绩显著的台拱梅影等 30 个先进基层党支部和罗文州等 45 名优秀党支部书记。

2 月 26 日 台江县召开民兵基层建设工作会议，县四大班子领导和凯里军分区政委刘宗宇出席会议。

3 月 1 日 县人武部被贵州省军区评为“1992 年度军事训练先进单位”。

3 月 20—23 日 政协台江县第四届委员会第二次会议在县法院会议室召开，到会委员 111 名，会议听取和审议潘昌基副主席作政协工作报告，万雷副主席作提案工作报告。委员列席县人大十二届二次会议。

3 月 21—24 日 台江县第十二届人民代表大会第二次会议在县城召开。

4 月 1 日 县内临时恢复粮食凭证供应，不分工种、不论年龄，每人每月定量 10 公斤。

4 月 18 日 县委、县政府决定，将“台江县经济综合开发领导小组”更名为“台江县扶贫开发领导小组”，调整后县委副书记潘正学任组长，县政府副县长朱江华任副组长兼办公室主任。

4 月 25 日 县委研究决定成立台江县政法干警集中教育整顿临时领导小组，领导小组下设办公室，人员从公、检、法、司和纪检部门抽调。

5 月 11 日 州武警支队在台江县中队召开正规化建设现场会，黔东南州 16 个县市武警中队负责人参加会议。

5月16日 县委发出《关于继续深入抓好反腐败斗争的意见》。

5月25日 县内山洪暴发，全县受灾6个乡镇75个行政村297个村民小组8961户34467人，稻田受灾面积1522亩，成灾7263亩，绝收2666亩，当年不能恢复2135亩，粮食减产4846吨，倒塌房屋183间4581平方米，损坏房屋6间168平方米，冲毁猪、牛圈15间，冲走耕牛2头，木材45立方米，冲毁公路15公里，损坏桥涵28座，损坏堤防42公里，冲毁水利渠道71.3公里，提灌站4站105千瓦，山塘1座，水车235架，木槽275处1985米，通信线路0.2公里，输电线路13.4公里。

6月 台江县第一轮《台江县志》出版发行。

7月25日 台江武警中队被州委、州政府评为“全州民族团结进步先进单位”。

7月27日 台江县对库存粮票307018.65公斤实施销毁，其中全国通用粮票108312.15公斤，地方粮票198706.5公斤，新版贵州省地方粮票148491.1公斤，旧地方粮票30.85公斤。

8月6日 县委研究决定从第三季度起到1995年年底，加强全县农村基层党组织建设，重点落实“四个一”工作，即配强一个领导班子，选好一个支部书记、走出一条致富路子，建立健全一套切合实际的行之有效的管理和服务制度。

8月13日 县委发出《关于印发中共黔东南州委、黔东南州人民政府〈关于集中整治农村社会治安的意见〉》，要求各乡镇党委、政府和县直各部门完成集中整治农村社会治安的各项任务。

8月15日 县委、县政府研究决定，从县直有关单位抽调部分干部组成城关组工作队、革东大稿午组工作队、台盘龙井组工作队，集中整治农村社会治安，集中整治时间从8月20日至10月底。

9月19日 北京市向台江县捐赠衣被共1300包，其中台拱镇200包，施洞镇200包，革东镇200包，南宫乡100包，排羊乡80包，台盘乡120包，革一乡120包，老屯乡120包，方召乡160包。捐赠对象为极贫户、灾民、“五保户”、孤儿等。

是月 台拱镇朗等村因土地纠纷发生群体性械斗，参与人员120多人，被打死2人。

是月 台江民族中学教师卢起中被省人民政府授予“中学特级教师”称号。台拱镇水井小学教师被中国教育发展基金会授予“希望工程园丁奖”。

11月5—8日 省、州部分人大代表一行24人到台江视察。主要视察国民经济和社会发展计划执行情况，社会治安综合治理情况等。县领导刘昌明、杨昌明、包和辉、张建武等陪同视察。

11月15日 县委、县人民政府发出关于进一步加快台江县经济发展的若干政策规定。规定从深化企业改革、发展个体私营经济、发展乡镇企业等16个方面对台江县发展经济作了详细规定。

12月20日 县委批复县委统战部《关于成立贵州省台江县商会的请示》，同意成立贵州省台江县商会，挂靠县工商联，实行两块牌子，一套人马，合署办公。

12月23日 经县委、县政府研究决定，从县直机关抽调31名干部深入有关乡镇村进行包村指导冬春造林工作。

1995年

1月1日 县公安干警和县调处办干部一行7人到南宫乡交包村查看被不法分子破坏的森林公路，遭到剑河县昂英村100多名村民围攻，被抢去手枪4支，子弹45发，砸坏相机一部，4名干警被劫持到昂英村，直到次日下午才被放回，枪支子弹如数退还。

3月10日 县委发出《关于认真抓好台江县当前植树造林工作的紧急通知》，要求各部门单位，组织劳力上山植树造林，确保三月底前完成今年全县造林任务。

3月21—24日 政协台江县第四届委员会第三次会议在县城召开，委员113名。会议听取潘昌基副主席作政协工作报告，万雷副主席作提案工作报告。委员列席县人大十二届三次会议。会上表彰了三个先进集体和21名先进个人。

3月22—25日 台江县第十二届人民代表大会第三次会议在台江县城关召开。会议听取和审查县人大常委会、县人民政府、县人民法院、县人民检察院1994年的工作报告；审查和批准台江县1994年国民经济和社会发展计划执行情况及1995年国民经济和社会发展计划草案的报告等。

4月10日 县委决定成立台江县普及初等教育验收工作领导小组，领导小组下设办公室在县教委。

5月18日 经县委常委会议研究决定，在县农牧局、县林业局、县教委、县卫生局等19个县直机关设党组。

5月20日 县委发出《关于死亡绝户、农转非户、外迁户不能清退集体已收回其责任地的通知》。

5月25日 县委发出《关于实施〈中国教育改革和发展纲要〉的决定》。从教育工作目标任务、教育体制改革、增加教育投入、加强教师队伍建设等方面作出具体规定。

5月31日 县委研究决定成立张秀眉塑像筹备领导小组，刘昌明任组长，杨昌明、刘耀密、张建武任副组长，领导小组下设办公室，张明达任办公室主任。

6月19日 为迎接国家民委、中国社科院对台江县苗文的论证验收，县委、县政府决定成立台江县苗族文字论证验收工作领导小组，刘昌明、刘耀密、张建武、张明达任顾问，张文英任组长，领导小组下设办公室在县民委，李正品兼任办公室主任。

6月25日至7月2日 县内连降暴雨，降雨量达115毫米，造成山洪暴发，全县9个乡镇遭受不同程度的水灾，严重的有5个乡镇103个村7725户3.5万人，死亡2人，重伤6人，直接经济损失806万元。

7月1日 县委发出《中共台江县委关于表彰先进党支部和优秀共产党员的决定》，对台拱镇南冬村、南宫乡汪江村等30个先进党支部，欧阳鹏、潘孟美等57名乡镇优秀共产党员，姬安荣、王通才等42名县直机关优秀共产党员进行表彰。

7月30日 河北省涿鹿县四大班子复函台江县四大班子，同意与台江县结成姊妹县。

8月3—4日 县委召开四大班子领导成员会议，专题研究台江县经济开发工作情况。

8月10—11日 县委召开全县经济工作会议。

是月 全县发生严重旱灾，稻田受旱面积73395亩，其中轻旱28800亩，重旱24500亩，水田开裂14000亩，枯萎14000亩。

是月 省人民政府批准台江县职业中学为省级重点中学。

11月6日 投资215万元建设的2000门程控电话正式开通。

11月16日 省教委主任龚贤永代表省、州人民政府对台江县"基本普及六年义务教育"进行检查验收，台江县基本普及初等教育工作达标。

1996年

2月6日 县委研究决定成立县机构改革领导小组，潘应成任组长，领导小组下设办公室在县委组织部，周南生兼任办公室主任。

3月23日 中共台江县第七届委员会第四次全体会议召开，讨论通过《中共台江县委1996年工作要点》《中共台江县委关于制订台江县国民经济和社会发展“九五”计划和2010年远景目标的建议》。

3月27日 县人民政府武装部收归军队建制，升为正县团级。第一书记由县委书记兼任，设部长、政委，政委参加县委常委，为党委中的政治委员。下设军事科、政工科、后勤科。

3月27—30日 政协台江县第四届委员会第四次会议在县法院会议室举行，到会委员112名。会议听取潘昌基副主席作政协工作报告，万雷副主席作提案工作报告，委员列席县人大十二届四次会议。

3月28—31日 台江县第十二届人民代表大会第四次会议在县城召开，会议选举蒋光荣、刘昌明、雷子江、杨昌明、杨秀元、李碧云、吴元、杨木林、吴秀文、王智才、刘泽掌、余光祥、欧明珍、李枝荣为黔东南州第十届人民代表大会代表。

4月23日 根据州委决定，县人大常委会任命唐大明、马义成为台江县人民政府副县长，挂职2年期满，所任职务自然免除。

4月25日 县委明确台江县国有林开发公司机构级别为正局级机构。

5月4日 台江县四大班子主要领导赴河北省涿鹿县考察。

6—8月 台江县各乡镇先后降了六次大暴雨，造成山洪暴发，河水暴涨，紧急转移27700人，损失房屋1325间26500平方米，倒塌房屋633间12660平方米。农作物受灾7909公顷，其中成灾5693公顷，绝收2662公顷，毁坏耕地468公顷，粮食减产6174吨，死亡和冲走耕牛、猪1249头。毁坏公路307公里、桥涵26座，2个乡镇交通中断；毁坏通信电杆3305根、线路227公里，使3个乡镇通信中断；毁坏水库2座、防洪堤决口937处286公里；毁坏防洪护岸156处、山塘95座、水利管理设施77处、输电线路174公里，供电中断5条（次）。全县9个乡镇184个村，16819户84000多人受灾，直接经济损失9156万元。

7月1日 县委对台拱镇南冬村、南宫乡汪江村等30个先进党支部，欧阳鹏、潘孟美等57名乡镇优秀共产党员，姬安荣、王通才等42名县直机关优秀共产党员进行表彰。

7月28日 根据中共贵州省委、省人民政府、省军区（1996）省通第4号文件精神，县委、县人民政府、县人武部决定成立台江县国防动员委员会，刘昌明任第一主任，刘耀密任主任，李金富、欧光辉、杨秀元、潘昌基、姜先奎任副主任，县国防委员会下设4个办公室，负责处理国防动员委员会的日常事务工作。

8月6日 台江县私营企业代表大会在县工商局会议室召开，会议选举产生台江县私营企业协会第一届理事会选举杨佩霖为主席，张宽文、王天豪、李云学为副主席，杨秀辑为秘书长。

10月15—16日 黔东南州十六县（市）人大工作联席会第六次会议在台江举行，来自全州16个县市人大常委会和州人大常委会部分领导参加会议。县委书记龙昌海在会上致辞。

10月24—25日 黔东南州16个县市政协主席联谊会在台江召开，来自全州16个县市的政协以及州政协领导参加会议。

12月8日 宁波市城建委主任马行元、北仑区委书记陈旭、区长戴诚惠、副区长冯虎冀一行到台江考察，并与县委、县政府签订对口帮扶台江协议，双方达成第一批帮扶项目。

同日 贵州省委常委、省军区政委喻忠桂少将到台江检查扶贫、民兵预备役和武器库建设等方面工作。

12月10日 为使宁波市对口帮扶台江县工作顺利开展，县委决定成立县对口帮扶工作协调领导小组，龙昌海任组长，刘耀密、杨昌明、张建武、潘应成、黄华英、周南生、唐大明、朱江华、龙云茂任副组长，领导小组下设办公室在县扶贫办，任朝勋兼任办公室主任。

12月13日 县委发出《关于表彰杨昌武等三十名先进个体工商户和私营企业主的决定》。

是月 为了巩固林业的支柱地位，台江提出“上好山”的发展思路，加大林业和山地综合开发力度，采取“公司＋农户”“基地＋农户”方法，户均1亩经济林、村均1个经济林基地，乡均一个经济林示范基地，部门均1个示范点，不断调整林种结构，逐步向用材林、经济林、药材林三分天下格局转变。

是月 武警台江中队被武警贵州总队评为“基层建设先进中队”。

是年 全县粮食产量创历史最高水平，总产量达40913吨。

1997年

1月31日 县委、县人民政府决定对已基本越过温饱线的95个村（展坐、南冬、南宫、九摆等）和在扶贫工作中做出突出成绩的3个服务部门（县扶贫开发办、国有林开发公司、中国农业发展银行台江信贷组）、两个先进个人（王益明、张志发）、一个村民小组（台拱镇翁秀南）进行表彰。

是月 投资642万元，全长29公里的台江县汪江至剑河县白道公路竣工通车，经省公路局验收合格。

2月20日 县委发出《关于明确县级领导干部定点联系、帮扶村的通知》和《关于明确县直部门定点联系、帮扶村的通知》，要求从1997年起，继续实行县级党员领导干部、部门联系点、村制度。

2月25—27日 台江县第十二届人大常委会第29次会议补选龙昌海为黔东南州第十届人大代表。

3月1日 县政府副县长张昌宗在凯里开会期间，因脑溢血抢救无效而去世。

3月15日 县委发出《关于尽快解决农村贫困人口温饱问题的决定》，确定了扶贫攻坚的具体目标、具体任务等20个方面的要求。

3月17—21日 政协台江县第四届委员会第四次会议在县法院会议室召开，应到会委员112人，因事因病请假18人，实到94人。会议听取张建武主席作政协工作报告，万雷副主席作提案工作报告。委员列席县人大十二届五次会议。会议对革东镇和施洞镇两个先进政协联络组合17名先进政协委员进行表彰。

3月18—22日 县人大十二届五次会议召开。

5月8日 为接受省综治委实施治安综合治理“平安工程”检查考核达标，县委发出《关于进一步加强社会治安综合治理“平安工程”实施工作的意见》。

5月14日 县委发出《关于组织党员认真学习贯彻〈中国共产党党员领导干部廉洁从政若干准则（试行）〉和〈中国共产党纪律处分条例（试行）〉的通知》。

5月19日 县委出台台江县机构改革方案，县级党政机构由65个调整为36个，比原有机构减少29个，精简44.62%，全县行政编制386名调整为368名。

5月25日 为加强台江县国家安全工作，县委研究决定成立县国家安全领导小组，龙昌海任组长，张明珍任副组长，领导小组下设办公室在县政法委，杨天权兼任办公室主任。

6月4日 县委研究决定成立台江县城乡规划建设指挥部，刘耀密任指挥长，杨光福、杨秀元、姜学东、龙秀明、吴伟任副指挥长，指挥部下设办公室在县城建局。

6月12日 县委印发《关于1997年度乡镇企业目标考核兑现办法》，规定目标考核内容和记分标准，基本分为100分，达100分的兑现奖金1500元，每超1分另奖励60元，未达100分的不兑现奖金，并由乡镇党委书记书面向县委、县政府说明原因。

6月27—30日 湖南省城步县、怀化市、洪江市、绥宁县、会同县、通道县，广西壮族自治区融水县、龙胜县、三江县、融安县和贵州省从江县、天柱县、锦屏县、黎平县、剑河县、台江县等三省17县市政协联谊会在台江召开。

6月28日 县委发出《关于县级党政机构设置的通知》，并印发《关于台江县县级党政机构改革的实施意见》。

7月8日 台江县公安局消防科改建为台江县公安消防大队，中国人民武装警察部队台江县消防大队，正营级单位。

8月11日 贵州省军区司令员陈庆云少将在凯里军分区司令员饶生德的陪同下，到台江县人武部检查工作。

8月20—22日 县十二届人大常委会第33次会议任命方程为县人民政府副县长，同意王成玉辞去法院院长职务，姜文富辞去检察院检察长职务；任命谢树林为法院副院长，代理院长，郑国勋为检察院副检察长，代理检察长。

8月24日 县委发出《关于领导干部离任审计的实施意见（试行）》，从12个方面提出干部离任审计工作要求。

9月18—21日 黔东南州九县市核界工作会议在台江召开，参加会议的有雷山、台江、剑河、施秉、黄平、凯里、丹寨、三穗、天柱9个县市的分管副县市长和省、州、县勘界技术人员共40余人。会议核定11条全长368公里的县际边界线，确定9个交点，签订了核界协议书。

10月25日 台江县城市总体规划初步方案在宁波会审。按照县里规划，拟将台江汽车站与县城环路连接的道路命名为“宁波大道”来规划建设。该方案由宁波市编制。

11月4日 贵州省军区副司令员刘世果少将在凯里军分区政委王正华的陪同下，到台江县人民武装部检查工作。

11月11日至12月 全省“中央农村固定观察点会议”在台江召开，省农办、黔东南州农办和遵义、纳雍、铜仁、普定、罗甸、盘县、安龙、平坝、乌当、台江十县市区农办负责人及部分观察点调查人员58人参加会议。

12月12日 潘亮任中共台江县委副书记，姜希钦任常委。免去曲钦山县委常委、纪委书记职务，免去姜先奎县委常委职务。

12月17—19日 台江县第十二届人大常委会第29次会议决定任命潘亮、李先为副县长，同意刘耀密辞去县长职务，决定潘亮为代理县长。

12月24日 县委、县政府在县体育场举行村村通电典礼，至1997年12月，全县187个村实现了村村通电。

是月 地质学家在革东八郎发现动物化石群。从1982年11月开始，中国科学工作者赵元龙教授等在台江县革东镇八朗村山中首次发现早中寒武纪古生物化石群，并命名为“凯里动物群”。是月又在附近发现一动物群，并命名为“台江动物群”，两个动物群包括海绵动物、腔肠动物、菌藻及疑源类等11个以上大门类化石，168类化石库。其中有2个门类为中国首次发现，有4个门类在中国中寒武纪中首次发现。其规模仅次于加拿大的布尔吉斯页岩石库和我国云南澄江化石库，居世界第三位。

是年 县内的国有企业纺织器材厂、胶合板厂、酒厂以及乡镇企业办的小厂纷纷停产倒闭。

是年 台江县总人口15.27万人，其中苗族人口14.64万人，占总人口的96%，是天下苗族人口比例最高的县。时任中共台江县委书记龙昌海提出“天下苗族第一县”，得到省苗学会及会长王朝文赞同，王朝文会长为台江题字“天下苗族第一县”。美术大师韩美林也为台江题字“天下苗族第一县”挂于台江行政中心大门上方。

1998 年

1 月 10 日　以林业部副部长刘于鹤为团长的林业部赴黔慰问团一行 8 人在省政府副秘书长李克强、省林业厅副厅长张礼安以及州政府副州长陈锡望的陪同下到台江。慰问团先听取了县政府代理县长潘亮就抓好山区综合扶贫开发，加大全县脱贫致富步伐的汇报，参观了汪一马尾松速生丰产试验示范基地，慰问了革东镇方陇村、元江村 3 户扶贫户并捐赠了 300 元至 1000 元的慰问金。

1 月 19 日　在贵州省第九届一次人民代表大会上，方召乡人民政府副乡长李碧云当选为第九届全国人民代表大会代表，任期五年。

1 月 21 日　县委发出《关于表彰和表扬农村基层组织建设先进集体和先进个人的决定》，对台拱镇南街等 9 个村“五个好”先进村党支部、革东镇五岔村等 6 个后进变先进村党支部、中共台江县委宣传部等 5 个联系村工作先进单位、张云生等 8 人党建扶贫工作队员等给予表彰。

1 月 22 日　中共台江县七届七次全委扩大会议召开，会上讨论通过了中共台江县第八次党代会会议时间、地点、日程；讨论审定中共台江县委工作报告、中共台江县纪律检查委员会工作报告。

是月　县人武部被贵州省军区评为先进人民武装部。

2 月 6 日　县委、县政府成立姊妹节组委会，开始筹备第一届苗族姊妹节，发出《关于印发〈“贵州苗族姊妹饭节”实施方案〉的通知》，通知要求有关部门根据方案做好筹备工作，以确保“98 华夏城乡游”贵州苗族姊妹节如期举办。

2 月 14—16 日　中国共产党台江县第八次代表大会召开，会议选举产生中共台江县第八届县委常、副书记、书记，书记龙昌海，副书记潘亮、杨光福。会议通过了中共台江县第七届委员会工作报告和县纪委工作报告。

2 月 18—23 日　政协台江县五届一次会议在县城县人民法院大会堂召开，应到委员 113 名，因事请假 3 名，实到 110 名。会议先后听取并审议了常务委员会工作报告。委员列席了县人大第十三届第一次会议。会议选举刘耀密政协台江县第五届委员会主席，张明珍、潘昌基、万雷、欧明珍为副主席，杨昌权为秘书长。

2 月 19—24 日　台江县第十三届人民代表大会第一次会议召开，会议审议通过了县人大常委会和“一府两院”的工作报告，审查批准了计划和财政工作报告。会议选举张建武为县人大常委会主任，欧阳中富、杨秀元、欧光祥、龙秀明为副主任。选举潘亮为县长，姜学东、龙云茂、李先、吴元为副县长。选举谢树林为县人民法院院长，郑国勋为县人民检察院检察长。

3 月 1 日　县委印发《关于行政事业单位兴办经济实体的若干规定》，从 11 个方面作了具体的要求。

3 月 5—19 日　台江县方召乡副乡长李碧云出席第九届全国人民代表大会第一次会议，会议期间，得到江泽民、乔石、李鹏、李瑞环等党和国家领导人的接见。

3 月 28 日　县委发出《关于台江县县乡镇两级人大机构设置的通知》和《关于台江县县级政协机构设置的通知》，明确了县人大和县政协二级机构。

4 月 11—12 日　由政府组织举办的第一届苗族姊妹节——“'98 华夏城乡游·贵州苗族姊妹节”在台江隆重举行。前来观看节日活动的国内外游客、群众达 10 万人，其中新闻媒体近 300 名。节日期间达成捐赠、投资开发意向性协议项目 9 个，总金额 5000 万元。

4 月 25 日　县委发出《关于台江县人民法院机构设置的通知》和《关于台江县人民检察院机构设置的通知》，明确了县人法院、县人民检察院内部机构。

4月29日 县委发出《关于严格执行和实施学校编制管理的决定》，要求严格编制管理原则，配好教职员比例；实行城乡学校统一管理，搞好教职员工交流；严格财政盘子包干，实行超编超员自找工资；实行分级管理，严格配置制度。

5月1日 县委举行庆祝“五一”国际劳动节108周年纪念大会，县委书记龙昌海在会上作“庆香港回归，迎十五大召开”重要讲话。

5月6日 县委、县政府抽调县直机关、企事业单位200多名干部职工组成九个农村工作队分赴全县九个乡镇就计划生育、扶贫开发、党建扶贫、春耕生产等工作进行帮扶，抽调时间为5月底至12月底。

5月22日 县委发出《关于表彰红旗文明单位和命名县级文明单位县级文明村的通知》，表彰县人民银行、县人武部、县国税局、县台拱镇民族中学、武警中队等红旗文明单位，命名县财政局、县委统战部为县级文明单位，台雄村、翁孟村、阳汪村为县级文明村。

6月4日 县委发出《关于计划生育工作若干规定》，规定分组织领导、生育政策、节育措施、流动人口的计划生育管理、奖励措施、处罚措施、附则七大方面，共46条。

7月22—24日 台江县遭受洪涝灾害，降雨量达120毫米，全县9个乡镇有127个村556个村民小组2699户2.6万人受灾。农作物受灾面积314公顷，房屋倒塌22间，损坏40间，粮食减产560吨，造成直接经济损失达282万元。

8月6日 省委常委、省人大常委会副主任李万禄率《贵州气象条例》立法调研组一行23人到台江开展立法调研工作。

8月7日 县委、县政府发出《关于乡镇级党政机构设置的通知》，明确了乡镇党的工作机构、政府工作机构、人大主席团、群团组织机构的设置。

8月13日 县委召开台江八郎古生物化石保护开发座谈会，邀请国际中、上寒武纪界研究组美国东华盛顿大学地质系系主任、国际寒武系委员会委员林德博士、贵州工业大学古生物化石及生物成矿研究所所长、贵州省古生物学会副理事长赵云龙教授等专家教授参会，县各有关单位部门负责人列席了座谈。

8月28日 在贵阳“8·28”西南旅游推展会上，经专家评鉴，“苗疆”牌台江金秋梨荣获“贵州省名优果品”称号，并被推荐为旅游产品。

9月 排羊乡龙翁小学杨通祥被中国青少年发展基金会评为希望工程园丁奖。

10月13日 县委、县政府发出《关于开展台江县延长土地承包工作的通知》。在坚持土地集体所有和土地承包规定用途前提下，经发包方同意，农户对土地经营权和使用权可以自愿有偿转包、转让、入股。

是月 投资1393万元、全长5.3公里的台江县环城公路竣工通车。

11月13日 省人大代表李仁山、杨启云、阿旺、龙秀渊、王廷孝等在州人大常委会副主任沈光旭的陪同下，到台江视察扶贫工作，并到革东参观金秋梨示范基地。

11月21日 省军区副司令员陆科习少将在凯里军分区政委刘建华的陪同下，到台江人武部视察工作。

11月21—26日 台江县召开优质果品基地建设大会，号召全县人民以发展国家星火项目贵州省优质果品“台江金秋梨”为重点，加快台江优质果品基地建设。

11月27日 县委研究决定，由县委、县政府组织举办“'99中国生态环境游·贵州苗族姊妹节”，并成立“'99中国生态环境游·贵州苗族姊妹节组织委员会”。

12月18日 为加快台江县320国道第三产业经济发展，县委发出《关于加快台江县黄金通道建设和发展有关政策的决定》，对县内、县外的投资业主推出9条优惠政策。

是月　武警台江中队被武警贵州总队评为“基层建设先进中队”。

1999 年

1 月 27 日　老屯乡羊屯村发生一起特大火灾，受灾 67 户 256 人，直接经济损失 82 万元。

是月　县人武部被贵州省军区评为 1998 年度民兵武器管理先进单位。

3 月 8 日　中共台江县八届二次全委扩大会在县城召开，八届县委委员、候补委员，纪委委员，国家机关各部门、县委各工作部门、群众团体以及乡（镇）的负责人共计 117 人出席了会议。会议听取和讨论并通过了县委、县政府及县纪委工作报告，会议还讨论并通过县委、县政府《关于推动农业产业化发展的决定》。

3 月 11—16 日　政协台江县第五届委员会第二次会议在县法院会议室召开，委员 113 名。会议听取和审议张明珍副主席作政协工作报告，万雷副主席作提案工作报告。委员列席县人大十三届二次会议。

3 月 12—17 日　台江县第十三届人民代表大会第二次会议召开。

3 月 25 日　县委、县政府作出关于《推动农业产业化发展的决定》。鼓励各机关、事业单位创办涉农性有利于促进台江县农业产业化的经济实体。机关、事业单位干部和在职职工创办、领办、承办具有一定规模的优质农业品产业基地，政治上享受挂职干部的待遇，成绩突出的要提拔重用。创办非国有性质优质农业产业化基地 20 亩以上，愿意离岗三年充实基地开发、管理的，享受 70% 的工资，其他待遇不变。

3 月 29 日　县委、县人民政府下发《中共台江县委台江县人民政府关于全县党风廉政建设责任制的实施意见（试行）》。《实施意见（试行）》有总则，党委、党组及其成员的责任，政府及其工作部门和领导成员的责任，纪委、纪检组的责任，考核与奖惩，附则六章内容。

4 月 21—22 日　省人大常委会副主任司徒桂美一行到台江调研工作，县委、县政府、县人大主要领导陪同调研。

4 月 30 日　台江古生物化石博物馆开馆，贵州省人民政府副秘书长李克强、中国科学院院士杨遵仪教授出席开馆仪式。

5 月 3 日　施洞镇四新村与施秉县双井镇平寨村寨当寨发生枪击伤害案件。

5 月 12 日　根据省委、州委精神，县委决定在县级领导干部中开展“讲学习、讲政治、讲正气”的“三讲”教育活动，并成立县“三讲”教育领导小组，龙昌海任组长，杨光福、周南生、何平勇、吴伟任副组长，制定出台《中共台江县委关于在县级领导班子和领导干部中开展“三讲”教育的实施方案》。

5 月 17—18 日　世界卫生组织官员及卫生部专家到台江进行计划免疫调研活动。

5 月 29 日　以宁波市委常委、副市长郭正伟为团长的宁波市党政代表团一行 15 人在贵州省省长助理章力健、州委书记刘光磊的陪同下，到台江进行对口帮扶考察。

6 月 3 日　县委办、政府办联合发出《关于在全县范围内开展募捐活动的通知》。此次募捐是在全县范围内开展张秀眉塑像和纪念馆募捐活动。

6 月 28 日　中央电视台《焦点访谈》栏目报道台江天然林盗砍事件，引起中央和省委领导的高度重视，江泽民总书记作指示。次日，省长钱运录、副省长莫时仁以及州长刘晓凯、副州长陈锡望深入台江县南宫乡牛角坡现场查看天然林被砍伐情况，县委书记龙昌海、县长潘亮陪同。

是月　县委、县人民政府出台《关于放开搞活国有企业的决定》，对国有企业进行改革。

7 月 2 日　州政府在台江县召开全州各县林业局长紧急会议，传达江泽民总书记的重要指示和钱运录省长等领导的讲话精神，布置各县自查自纠工作。

7月3—4日 州委书记刘光磊等领导到台江与省林业调查工作组共同商议工作方案，并到牛角坡采伐现场实地调查。

7月4日 县委、县政府召开“贯彻落实省、州加强天然林保护工作会议”，全县副科级以上干部和林业站长共300余人参加会议，对实施和落实天然林保护工作及开展专项斗争作了具体部署。县委书记龙昌海在会上讲话。次日县委将《龙昌海在全县天然林保护工作会议上的讲话》印发至全县各单位、乡镇。

7月7日 县委成立台江县光彩事业促进会，促进会顾问龙昌海、潘亮，主任潘昌基，副主任张少发、刘昌德。促进会将充分发挥以非公有制经济人士参与主体、以帮助贫困地区培训人才、开发项目、开发资源为主要内容的开发性扶贫工作作用，积极做好台江光彩事业的统战工作。

7月20日 县委、县政府联合发出表彰1998年度人口与计划生育工作先进单位的决定。施洞镇、革东镇、南宫乡获一等奖，老屯乡、台拱镇、台盘乡获二等奖。

7月21日 全国人大常委会民族委员会主任委员王朝文到台江调研。

8月6日 台江县中队8名战士在中队长汪东林率领下，协助公安机关在台江县“九州快餐店”内抓获持枪通缉犯肖劲强，缴获七七式手枪1支，子弹16发，弹匣2个，现金和港币合计6万余元及金戒指等一批赃物。战士熊长应荣立二等功，中队长汪东林等荣立三等功。

8月24日 县委、县政府成立台江县个体私营经济领导小组，加强对个体私营经济的领导，促进个体私营经济持续、健康、快速发展。

8月26日 县委、县政府发出《关于1999年台江县大中专毕业生就业工作的意见》。

同日 全州林业优质果品基地建设会议在台江召开，16个县（市）分管林业的副县（市）长、林业局局长参加会议，州长刘晓凯、副州长陈锡望到会并作重要讲话。

8月27日 全州政协主席联席会议在台江闭幕，这次会议先后在天柱、三穗、剑河、台江召开，会议的主题是探讨非公有制经济的发展和城镇建设发展的思路。全州16个县（市）政协主席、副主席共62人参加会议。

8月30日 省人大常委会副主任龚贤永到台江视察，县委、县政府、县人大主要领导陪同。

同日 省政协副主席杨光林到台江视察工作，并为张秀眉塑像建设捐款500元。

9月14日 县委办县政府办转发省委办公厅、省人民政府办公厅《关于台江等县滥伐天然林案件的情况通报》。

9月24日 台江施洞苗族龙舟队38人应邀赴湖南岳阳参加中国体育协会和中国龙舟协会举办的中国首届水上运动大赛暨岳阳第十届龙舟赛表演。大赛组委会主任刘鄂称赞说:“台江独木龙舟真是天下一绝。”

10月 施洞镇教育辅导站张宽海荣获教育部颁发的烛光奖。

是月 县人武部被黔东南州国防教育委员会评为第三个三年规划先进单位；被黔东南州人民政府、凯里军分区评为1998年度征兵工作先进单位。

11月11日 县委发出《关于教育系统干部管理权限的补充规定》。

11月20日 县城区翁你河防洪堤工程开工建设，整个工程分一期工程、二期工程和收尾工程，工程总长3.1公里。一期工程位于县城新区新大桥至南门闸坝河道两岸，二期工程位于南门闸坝至老城区老大桥河道两岸及新大桥上游河道右岸，收尾工程位于老大桥下游河道右岸。

12月2日 省委副书记王三运到台江调研，县几大班子主要领导陪同。

12月28日 张秀眉塑像奠基仪式在秀眉广场举行，县四大班子领导及有关部门负责人参加奠基仪式。

12月31日 施洞镇杨家沟村发生一起火灾，烧毁房屋26栋89间，受灾37户181人，直接经济损失60多万元。

是月 省委、省政府、省军区授予台江县“双拥模范县”称号。

是月 台江县古生物化石博物馆被列为首批“全国科普教育基地”之一。

是月 台江武警中队被武警贵州总队评为“基层建设先进中队”中队荣立“集体三等功”一次，指导员汪东林被武警总部评为“优秀基层带兵干部”。

是年 台拱工商所被评为全国工商系统先进工商所。

是年 工商行政管理部门实行省以下垂直领导，原技术监督局、物价局原班人员从工商行政管理局分离出来。

是年 全县农村最低生活保障工作启动。全县农低保户对象有179户327人。其中，“五保户”69户86人，残疾人60户127人，困难户26户69人，其他24户45人。年保障金标准400元，人年均补差185.45元，年保障金60.64万元。

2000年

1月3日 县委、县政府成立台江县迎接西部大开发领导小组，龙昌海任组长，潘亮、杨光福、何平勇、石龙任副组长。

1月10日 县政府办驾驶员徐忠明驾驶一辆吉普车从方召返回县城途中，在10公里处翻下75米高的陡坡，造成死亡4人、伤2人的重大交通事故。

1月26—30日 政协台江县第五届委员会第三次会议在县人民大礼堂召开，应到委员115名，实到112名。县委书记龙昌海到会讲话。会议听取和审议欧明珍副主席作政协工作报告，万雷副主席作提案工作报告。委员列席了县人大第十三届三次会议。

1月27—31日 台江县第十三届人民代表大会第三次会议在大礼堂召开。

2月14日 省政府副秘书长李克强到台江进行古生物化石专题调研。

3月20日 县委、县政府联合发出《关于台江县农村电网改造工程涉及用地和林地通道问题的会议纪要》。要求各级党委、政府及各部门要千方百计完成这项建设工程任务。

3月22日 县委、县政府联合发出《关于在全县开展创建“无毒社区”活动的实施方案》。

4月14日 晚上10点许，革东镇稿午村发生一起火灾，烧毁房屋20余栋37间，受灾22户127人，造成直接经济损失34万余元。

4月16日 县委、县政府联合发出《关于在全县集中开展“西部大开发，台江怎么干”大讨论的通知》。

4月19日 在苗族姊妹节之际，张秀眉塑像举行落成典礼。省人大常委原副主任李仁山、省苗学会常务副会长李廷贵、凯里军分区司令员饶生德以及县四大班子领导参加落成典礼。

4月29日 国家民委经济发展司副司长曲本林古、国务院扶贫开发办计划处王春燕等一行4人在省民委副主任黄平、副州长杨斌等陪同下，到台江县开展社会经济发展和贫困现状调研。

5月10日 县委发出《台江县委、县人大、县政府、县政协及县纪律、县法院、县检察院领导班子和领导干部集中开展“三讲”教育工作情况报告》。总结台江县这次领导班子、领导干部集中进行“三讲”教育的基本做法、主要收获、基本经验和体会，提出带领全县人民进一步解放思想，统一认识，为实现富民兴台，做出新的、更大的贡献。

5月15日 州委副书记粟多能到台江县老屯乡开展农业产业结构调整调研。

是月 老屯乡岩脚村妇女主任张庭珍被评为全国劳动模范，并赴京参加表彰大会。方召乡李子小学五年级学生雷秀兰被全国妇联、中国少年儿童基金会授予“全国十佳春雷女童”荣誉称号，并赴京参加表彰活动。

是月 县信访办被省委办公厅、省人大常委会办公厅、省政府办公厅表彰为“1994—1999 年度全省信访工作先进集体”。信访办主任蒲天福被表彰为“全省信访工作先进个人”。

6 月 7 日 县委发出《关于进一步加强和改善对共青团工作领导的意见》。

6 月 8 日 台江县 9 个乡镇普降暴雨，受灾 138 个行政村 5.2 万人，损坏房屋 64 间 1280 平方米，倒塌房屋 22 间 440 平方米，农作物受灾面积 2400 公顷，成灾 833 公顷，毁坏耕地面积 14 公顷，粮食减产 4928 吨，损失淡水养殖面积 6 公顷，损坏水库 2 座，损坏堤防 9 公里，护岸 13 处，冲毁路基、路面 13.4 公里。洪灾发生后，转移人口 1300 人，抢运物资 178 吨，全县投入抢险人数 4500 人（次），麻袋 3000 条，编织袋 3700 条，铅丝 3 吨，木材 365 立方米，车辆 18 辆。

6 月 9 日 台拱镇南省“翁嘎”铅矿场在实施矿洞爆破时，造成死亡 2 人、重伤 1 人的重大事故。

6 月 21 日 县委发出《关于开展向全国劳模张庭珍学习的通知》。通知要求按照“山、水、路、民”发展战略，抓住西部大开发的历史机遇，认真组织党员干部群众积极开展向张庭珍学习的活动。

是月 台江县老屯乡岩脚村妇女张庭珍荣获全国“双学双比”女能手称号。

7 月 18 日 成立中共台江县委督查局。

7 月 29 日 县委发出《关于落实党风廉政建设责任制的实施办法》。

9 月 8 日 施洞镇南哨村发生一起特大杀人案。当晚，施秉县马号乡村的龙某、廖某某、龙某某等 9 人持长短不一的 9 只火药枪在南哨村寨脚伏击路过此地的四新村村民张某平、张某强，当场将二人枪击至一死一伤。之后，又把死者和伤者抛入附近河中。作案后 9 人游泳泅渡清水江逃跑，其中 4 人溺水死亡，另外 5 人同犯外逃，案发 4 天后在清水江下游处发现 6 具尸体。

9 月 14 日 中共台江县八届四次全委扩大会议在县人民礼堂召开，县委书记龙昌海、县人民政府常务副县长何平勇分别讲话；会议还讨论通过《中共台江县委关于进一步加强人口与计划生育工作的实施意见》。

同日 县委发出《关于进一步加强人口与计划生育工作的实施意见》。意见指出到 2005 年年末，全县人口出生率控制在 17‰以下，自然增长率下降到 10‰以下，总人口控制在 17.3 万人以内；到 2010 年年末，全县人口出生率要降到 16.5‰左右，人口自然增长率控制在 9‰以下，总人口控制在 18.4 万人以内。

10 月 25 日 县委发出《关于加强和改进思想政治工作的意见》。意见提出开展思想政治教育、形势政策教育、民主法制教育和维护社会稳定教育。

11 月 以州人民政府副州长王先琼为团长，王国芳为副团长，代表省、州人民政府对台江县“基本普及六年义务教育”进行复查验收。

是年 台江“基本普及六年义务教育”顺利通过省人民政府复查验收。

2001 年

1 月 县委、县政府作出《关于实施两基攻坚的决定》。决定认真抓好中小学基础设施建设，解决“两基”攻坚必需的教学条件和教学设备。重点实施好第二期“国家贫困地区义务教育工程”“中小学危房改造工程”“希望工程”。建立县级中小学教师信息技术培训基地，提高计算机教育的普及率。解决“普九”问题。

2 月 20 日 中共台江县八届五次全委扩大会议在县城召开。大会审议并通过中共台江县第八届五次委员会和中共台江县纪律检查委员会的工作报告，讨论并通过《关于制定台江县国民经济和社会发展第十个五年计划的建议（草案）》的决定。表决出席中共黔东南州第七次党代会代表候选人的预备人选。

2 月 26 日 根据上级安排部署，县委决定在全县农村开展“三个代表”重要思想学习教育活动，并成立台江县农村“三个代表”重要思想学习领导小组，县委书记杨静任组长，杨光福、吴伟、徐鹏、龙云茂任副组长。

2 月 27 日 中共台江县八届六次全委扩大会议在县城召开，会议提名关于台江县出席中共黔东南州第七次党代会代表候选人预备人选的名单，表决出席中共黔东南州第七次党代会代表候选人的预备人选。

3 月 2 日 中共台江县第八届代表大会在县城召开。会议传达了《关于中共黔东南州第七次代表大会选举工作的通知》，部署了当前经济工作，选举出席中共黔东南州第七次代表大会的代表。

3 月 10 日 台江县公安局被公安部授予“全国优秀公安局”称号。

3 月 15 日 县委、县政府联合发出《关于表彰“八七”扶贫攻坚工作先进集体、先进个人的决定》。

3 月 17—21 日 政协台江县第五届委员会第四次会议在县人民大礼堂召开，应到委员 115 名，实到 108 名。县委书记杨静到会作讲话，会议听取和审议潘昌基副主席作政协工作报告，万雷副主席作提案工作报告。委员列席了县人大十三届四次会议。

3 月 18—22 日 台江县第十三届人民代表大会第四次会议在县人民大礼堂召开。

3 月 26 日 为切实解决当前农村存在的突出问题，转变干部工作作风，县委办发出《关于组织“万名干部下基层、进村入户办实事”的通知》。

4 月 7—9 日 台江县在中国民俗摄影协会和中国美术家协会韩美林工作室参与组织下，成功举办“2001 年神州世纪游·贵州苗族姊妹节”。省委宣传部部长张健、州委书记刘光磊、中华全国新闻工作者协会副主席刘习良以及国家有关部委、省有关厅局、州内各县市领导到会祝贺。奥运体操冠军、北京申奥形象大使刘璇、中国著名导演邵学忠、中央电视台海外中心著名英语主持人高原等嘉宾以及美国、法国、日本、意大利、澳大利亚及省内外游客近 8 万人参加。中央电视台、香港凤凰卫视台、贵州有线电视台、黔东南电视台和《人民日报》《贵州日报》《黔东南日报》等数十家新闻媒体单位 300 余名记者莅临采访报道。

4 月 28 日 晚上 8 点 30 分至 9 点，南宫乡展阿、东老、展吉、皆利等村遭受特大冰雹灾害。冰粒大如鸡蛋，击死田鱼、青蛙、蛇、鸟等动物。据统计，受灾农户 200 余户 930 人，损坏房屋 281 间、牛圈 139 个，打破瓦片 142 万块，淋湿稻谷 100 吨，损失秧田 108 亩，损坏油菜和马铃薯 278 亩，共造成直接经济损失 168 万元。

5 月 10 日 在省林业厅自然保护处处长、考察团副团长李明晶的带领下，贵州省自然保护科学考察团一行 30 余人到台江县雷公山自然保护区南宫进行为期 10 天的考察，考察的内容有自然保护区的地质、地貌、水文、土壤、气象、昆虫、两栖爬行动物、兽类、鸟类、真菌、苔藓、蕨类、种子植物、花卉、中草药、森林生态、森林植被、森林资源、社会经济、森林旅游等 30 多个科目。

5 月 11—12 日 州委副书记杨正国、州政协副主席黄明光到台江县排羊、台盘、老屯等乡对农业、农村和农民进行调查研究。

5 月 24—25 日 省政协副主席吴静波带领政协社会法制委员会一行 7 人到台江就依法行政工作进行调研。

5 月 28 日 下午 6 点 30 分，对台江客车站一栋高近 30 米、建筑面积 2000 多平方米的建筑成功实施定向爆破拆除，成为黔东南州境内的“第一爆”。

6月 县人武部党委被中共贵州省军区党委评为先进团级党委。

7月10日 台江县人民政府与台江县佳祥房地产开发有限责任公司签订《台江县苗疆商贸城土地使用出让开发合同书》，出让土地面积18000平方米，转让总金额328万元。

8月6—7日 贵州省政府副省长顾庆金在副州长龚绍涛、州人大常委会副主任杨谷生陪同下，到台江县考察金秋梨基地和城镇基础设施建设，县委书记杨静、县长潘亮、县人大主任杨光福等领导参加。

8月7日 在全省残疾人事业工作会上，贵州省人民政府残疾人工作协调委员会代表国务院残疾人工作协调委员会授予台江县“全国残疾人工作先进县”。

8月26日 由县委、县政府主办,《中国特产报》贵州记者站筹办的“苗疆牌”台江金秋梨新闻发布会在贵阳贵州饭店举行。省人大常委会副主任杨序顺、省政协副主席杨光林、国务院发展研究中心农村部王西玉、农业部农业司原副司长张世贤、中国特产报社社长刘真、中国特产之乡推荐委员会秘书长崔国清、科技部王强博士等领导、专家应邀参加新闻发布会。

9月1—2日 由中国科学院南京地质古生物研究所主办，贵州工业大学协办的国际第七届寒武系再划分野外工作会议在台江县召开，来自美国、法国、德国、瑞典、俄罗斯、澳大利亚、阿根廷、韩国等12个国家和地区以及中科院南京地质古生物研究所、台湾“清华大学”、贵州工业大学的古生物古地质权威专家、教授、学者共70余人参加会议。

9月6日 县委、县政府联合发出《关于推行新阶段扶贫开发干部与农户结帮扶对子的实施意见》。意见强调全县各级干部要把加快农村经济结构调整，发展农村社会生产力作为首要前提，以与农户结成帮扶对的形式，不断推进全县扶贫开发。

9月9日 省长石秀诗、省政府秘书长陈大卫在州委书记刘光磊、州长刘晓凯的陪同下，到台江进行调研。石秀诗高度赞赏“天下苗族第一县”这个创意，还对台江今后的发展提出要求。

9月18日 县委、县政府联合发出《关于推行计划生育“村为主”的意见》。

是月 县委信访办主任蒲天福被国家信访局评为“全国优秀信访工作者”。

10月8日 占地18600平方米，总投资1600万元，建设面积2万平方米的台江商贸城奠基开工。该工程是县委、县政府招商引资的重点项目之一，拥有底层门面218个，摊位328个，住房48套。

10月12日 州长刘晓凯率州政府副秘书长周乐职、州林业局局长陈文华、扶贫局局长潘积明、财政局局长刘正华、民政局局长王涛等一行到台江县台盘、革一进行扶贫工作调研。

10月22日 国家林业局组织专家对黔东南实施1998—1999年天然林保护工程的情况进行检查，重点抽查了台江、锦屏的实施情况。

是月 台江金秋梨被省评为“优质农产品”。

11月12日 县委、县政府发出《关于县党政机构设置的通知》。根据县党政机构设置规定：党的机构设置8个，政府工作部门设置27个；政府议事协调机构的常设办事机构设置2个；受政府委托行使部分行政管理职能的事业机构设置为3个。

11月22日 省军区司令员陈庆云少将在凯里军分区司令员朱建军大校和政委冉鄂生大校的陪同下，率领工作组到台江人武部检查指导工作。

11月25日 英国驻华大使高德年爵士、英国驻重庆总领事艾琳女士及中国驻外使节团一行共30人到台江县排羊乡排羊村进行考察。

11月28日 在贵州的九届全国人大代表视察组在州委书记刘光磊、州人大常委会主任粟多能、副主任沈光昶等领导的陪同下到台江县视察农业扶贫开发、生态建设工程、县城基础设施建设等，在台江的九届全国人大代表李碧云参加视察。

是月 县人民政府建立“南宫自然保护区”，对南宫原始森林进行保护。

12 月 16 日 县委、县政府决定成立台江县苗族文化保护委员会暨台江县世界遗产申报委员会，县委书记杨静任主任委员，县长潘亮、县人大常委会主任欧阳中富、县政协主席刘耀密、县委副书记周南生任副主任委员，县政府常务副县长何平勇任常务副主任委员。委员会下设办公室，徐德俊任办公室主任，张志发、熊克武任副主任，工作人员从各单位抽调。

是月 县武警中队被贵州省武警总队评为“基层建设先进中队”，中队荣立集体三等功。中队长惠恒银荣、班长杨文举荣立个人三等功。

2002 年

2 月 25 日 县委、县政府在凯里举办贵州苗族姊妹节旅游推介座谈会，州委常委、副州长李再勇参加会议，并提出办节思路：政府引导，民间承办，市场运作，确保社会效益、经济效益最大化。

3 月 12 日 台江县实现连续 40 年 41 次无责任退兵，为国家输送了一大批合格兵员，此项纪录在全国名列第二位。

3 月 18—22 日 政协台江县第五届委员会第五次会议在县人民大礼堂召开，应到委员 115 名，实到 112 名。县委副书记、县长潘亮到会讲话。会议听取和审议了张文英副主席作的政协常务委员会工作报告，万雷副主席作的提案工作报告。委员列席了县人大十三届五次会议。

3 月 19—23 日 台江县第十三届人民代表大会第五次会议在县人民大礼堂召开。

3 月 26 日 台江县启动“卫生与秩序”主题创建活动，以整治交通秩序、街道卫生、市场秩序为重点，集中清理城市公共场所、旅游景点、江河水域和交通干线的垃圾和白色污染，清理乱贴、乱画、乱挂非法广告及张贴物，清理占道经营摊位，对环境卫生搞得不好的单位和经营户限期整改。

4 月 5 日 州长刘晓凯在州人民政府副秘书长白跃军、县长潘亮的陪同下，到施洞镇考察镇台公路油路改造施工、施洞大桥选址和施洞中学义教工程落实情况。

4 月 7—8 日 台江遭受有史以来的大风和冰雹袭击，短时风力达 8 级以上，冰雹直径最大 4 厘米，重 0.6 公斤，冰雹持续时间约 20 分钟，致使房屋及农作物遭受严重损失。全县受灾 6 个乡镇 38 个村 177 个组 22899 人，因灾受伤 1 人。损坏房屋 16853 间，农作物受灾面积 418 公顷，损失粮食 155 吨。

4 月 8—10 日 省高级人民法院院长、国家二级大法官张林春一行到台江调研法院工作。

4 月 27 日至 5 月 4 日 台江隆重举办“2002 年生态环境游・贵州苗族姊妹节”，省、州有关领导和海内外游客参加了活动。节日期间引进资金 450 万元，签订意向投资协议 8 个，意向投资金额 3000 多万元。

5 月中旬 县政协主席刘耀密率计划局、旅游局、城建局、国土局负责人和 9 个乡镇的党委书记赴云南大理、丽江、西双版纳等地考察旅游业。

6 月 28 日 县委、县政府发出《关于改进全县教育系统干部队伍管理工作的意见》和《关于在全县中心完小以上学校全面推行“四制一目标”的学校内部管理体制改革办法的实施意见》。

7 月 15 日 县委、县政府命名台江县地方税务局为县级文明单位。

8 月 5 日 副省长顾庆金在州长刘晓凯、副州长龚绍涛陪同下，到台江进行税费改革、产业结构调整和城镇建设工作调研。

8 月 9 日 州政协主席邓锦洲，副主席赵文隽、杨昌忠带领凯里地区州政协委员 50 余人到台江视察民族文化与世界非物质文化保护和申报工作。

8月10日 台江县武警中队被省人民政府授予“文明单位”称号。

8月12—17日 黔东南州2002年度“朝霞工程”少儿艺术培训在台江县城举办，有天柱、剑河、岑巩、镇远、凯里等几个县市的学生参加培训。

8月19日晚至20日中午 台江县境连降暴雨，翁你河水位迅猛上涨，大片农田被淹，县境内320国道线多处塌方，交通中断，县城断水断电，全县78个村3.6万人受灾，山体滑坡67处，房屋倒塌76间，损坏126间，死亡2人，重伤1人，紧急转移780人。农作物受灾面积384公顷，绝收169公顷，减产928吨，共造成直接经济损失1230.4万元。

8月25日 宁波市北仑区委副书记、区长戴国华、区委常委、纪委书记张锡雄率领北仑区帮扶考察团到台江进行帮扶考察，与台江县政府达成帮扶协议：南门风雨桥建设15万元，城关一小饮水工程建设6万元，友谊中学饮水工程8万元，共投入帮扶资金29万元。

是月 县人武部被中共贵州省委、省人民政府评为1999—2002年度文明单位。

11月27日 中央电视台西部频道摄制组到台江采访拍摄。

12月7日 凌晨3点30分，台拱镇大红寨村发生一起重大火灾，烧毁房屋38栋167间，烧死生猪75头，烧毁粮食2.56万公斤，损失折款人民币21.3万元。

12月20日 州人民政府州长刘晓凯到州政府办公室对口帮扶联系乡镇台盘乡进行调查研究。

2003年

1月6—10日 政协台江县第六届委员会第一次会议在县人民大礼堂召开，应到委员115名，实到113名。县委书记杨静到会讲话，会议听取和审议刘耀密主席作的政协常务委员会工作报告，万雷副主席作提案工作报告。委员列席县人大十四届一次会议。会议选举刘耀密为第六届委员会主席，杨秀元、万雷、张文英、欧明珍、李碧云为副主席，秘书长为杨昌权。

1月7—11日 台江县第十四届人民代表大会第一次会议在县人民大礼堂召开。

1月24日 革东镇展架村发生寨火，烧毁房屋29栋，因灾造成直接经济损失13.6万元。灾情发生后，县委、县政府成立灾民安置领导小组，县民政局立即下拨被条120床、被套120床、衣物1691件、鞋子133双、救济粮3840公斤等。并每户救济200元，每人安排1.5公斤肉、0.5公斤酒过春节。

1月27日 在全省第五次双拥模范城（县）表彰会上，台江县被省委、省人民政府、省军区命名为“双拥模范县”。

是月 台江县医保中心成立，挂靠县劳动局。

2月24日 为切实打好“两基”攻坚战，确保台江县如期实现“两基”目标，县委办、县政府办联合发出《关于明确各乡镇党委和政府以及县属各有关工作部门“两基”工作职责的通知》。

3月4日 在福建省福州市召开的“中国民间艺术之乡”命名暨现场经验交流会上，文化部命名75个“中国民间艺术之乡”，方召乡反排村名列其中。

3月11日 省委副书记、省纪委书记曹洪兴一行在州委副书记丁治学、常务副州长龚绍涛、副州长陈锡望的陪同下到台江视察指导工作。

3月20日 县四大班子针对台江县民族中学迁建选址问题召开现场办公会，决定台江县民族中学新校址选在朗等村下坝。总体规划设计占地160亩。

3月25日 台江县林业生态建设民兵团成立，主要负责统一协调全县民兵预备役队伍植树造林、还林还草等有关事宜，协调军地之间的协作配合。

4月15—17日 台江县举办第六届苗族姊妹节活动，著名电影表演艺术家黄婉秋、著名电影演员张金玲、著名歌手杭天琪、著名国际美术大师韩美林、中国民俗摄影协会会长沈澈、中国世界民族文化交流促进会常务副秘书长等莅临。

4月28日 县委、县政府联合发出《关于切实抓好非典型肺炎防治工作的意见》。意见提出：统一思想，提高认识，加强对非典型肺炎防治工作的领导；加大宣传力度，提高防范意识；强化防范措施，乡镇狠抓落实，部门齐抓共管。

4月29日 台江县民族中学新校开工建设。

4月30日 县四大班子议军会议在县人武部会议室召开，杨静主持，潘亮、杨光福、刘耀密、何平勇、徐鹏、吴光贵、杨光礼等19人出席会议。会议对县人武部营院建设达标所需经费等事宜进行讨论。

是月 州人民政府批准“南宫自然保护区”为州级自然保护区。

5月9日 省政协副主席王录生率省政协文史与学习委员会一行9人到台江对古生物化石群的挖掘和保护情况进行调研。

5月10日 县委、县政府建立农村独生子女户、二女结扎户养老基金，为逐步建立健全计划生育利益导向机制和农村社会养老保障体系，

5月20日 县委、县政府联合发出《关于实施“两基”攻坚的决定》。同时明确各乡镇党委政府和各有关工作部门“两基”工作职责。

5月23日 根据县委第九次党代会报告中提出举全县之力打好“普九”攻坚战，力争2004年实现“两基”目标的要求，县委、县政府在县人民礼堂召开全县“两基”攻坚动员大会。

6月6日 县委、县政府联合发出《关于开展向欧文锋同志学习的决定》。欧文锋，男，台江县老屯乡排略村人，1981年参军，1984年退伍。2003年5月15日，欧文锋在由台江开往凯里的大巴车上与两名持刀抢劫英勇搏斗，身负重伤，为维护人民群众的生命财产安全，欧文锋用鲜血谱写了一曲正义与邪恶斗争的英雄壮歌。

6月18日 由于三板溪电站建设，剑河县城搬迁，经省政府批准将台江县革东镇划归剑河，县委、县政府主要领导及有关部门负责人赴剑河参加划归交接仪式。

6月18日 台江县生态建设民兵团在县城丁字路口召开隆重的成立暨授旗仪式。州委常委、州委秘书长罗亮权，州人大常委会副主任莫章海，凯里军分区司令员江贻灿，凯里军分区政治委员冉鄂生，县委书记、人武部第一书记杨静，县委副书记、县长、国动委主任潘亮，县人大、县政协的主要领导参加仪式。

6月23日 县委书记、民兵团第一政委杨静在县人武部部长、民兵团团长高开祥和县人武部政委、民兵团政委吴光贵的陪同下，深入民兵团调研了解情况。

7月1日 凯里军分区政委冉鄂生、司令员江贻灿到台江革一青岗坡看望民兵团官兵。

7月14日 台江民族中学应届初中毕业生共青团员邰斌舍己救人光荣牺牲。

8月18日 县委办、县政府办联合发出《关于鼓励科技人员创办科技示范点的实施意见》。鼓励全县有实践经验的科技干部或有一定业务特长的机关干部带职带薪带资金下农村、进市场，创办科技示范基地或科技实体。

8月20日 县委办、县政府办联合发出《关于台江县人口与计划生育工作责任追究制试行办法》。办法落实计划生育工作不力的领导干部、计生工作员、医疗、保健、技术服务机构责任追究制度以及人口与计划生育综合管理的责任追究制度，并落实“一票否决”“通报批评”“末位发言”制度。

8 月 25—26 日 副省长顾庆金到帮扶点台江进行调研，了解台江粮食购销企业改革、产业结构调整、种草养畜、“两基”工作以及小城镇建设等。

9 月 12 日 县党政联席会议议定：(1) 把租赁的凯里监狱所属德立农场这一片区命名为“台江县革一生态农业园区”，突出生态观光农业的特点；“园区”发展要以产业为支撑，突出优质牧草养殖、苦丁茶、旅游产业。(2) 在总体规划的前提下，拟两个方案组织实施，争取用 2～3 年的时间初步建成“园区”。(3) 成立“台江县革一生态农业园区建设领导小组”，由徐鹏任组长，任朝勋、吴元、杨昌智任副组长。

10 月 23 日 省国防教育办公室副主任田俊到台江指导国防教育和民兵团建设工作。

是月 县人民政府根据全县“两基”工作进展情况，特向省人民政府提出提前一年实现“两基”验收目标申请，并经省人民政府同意批复，决定 2004 年对台江县进行“两基”验收。

11 月 5 日 凯里军分区司令员江贻灿到革一青岗坡看望民兵团，视察民兵团养牛基地。

11 月 15 日 全国政协常委、中国民主促进会中央副主席、中国文联副主席、中国民间文艺家协会主席、天津大学冯骥才文学艺术研究院院长、著名作家冯骥才一行到台江考察苗族文化工作，深入方召乡反排村进行实地调研。

11 月 21 日 县人武部举行新兵欢送仪式，送新兵进西藏。县委书记杨静，县委副书记、县纪委书记徐鹏，县人大主任杨光福，县委常委、县政法委书记、县公安局局长李安国，县人武部部长高开祥、政委吴光贵及近千名群众参加了欢送仪式。

12 月 县人武部被贵州省军区评为军事训练先进单位。武警中队被贵州省总队评为“基层建设先进中队”，中队军械室被总队后勤部授予“红旗兵器室”。

2004 年

1 月 8 日 县委、县政府联合发出《关于表彰龙山等同志为“十佳”政法干警的决定》。“十佳”政法干警为龙山、周顺、顾永光、杨长海、余昌荣、张定辉、邰秀平、杨秀英、龙飞、杨秀琼。

1 月 9 日 为解决县民中校址搬迁征用朗等村土地有关问题，解决好农民被征用土地后的后顾之忧，妥善解决好农民的一些实际问题，县委、县政府联合发出《关于解决好县民中校址搬迁征用朗等村土地有关政策的通知》。

1 月 10—15 日 苗族歌手张本云、方少保（女）、唐龙、唐光华、吴通林、赵格随（女）、唐翁瓮（女）、张再保（女）8 人在中央电视台举办的“2004 年清逸佳雪杯 CCTV 西部民歌大赛”中，以反排苗族多声部情歌组合《假如你是一朵花》和方召苗族情歌组合《春天来了》获得本次大赛最高荣誉奖——金奖。

1 月 18—19 日 由韩国文化公司和北京文化公司牵头的韩国国家电视台等组成的民族文化考察团到台江考察拍摄民族风情。

1 月 31 日至 2 月 4 日 政协台江县第六届委员会第二次会议在县人民大礼堂召开，应到委员 112 名，实到 106 名。县委副书记吴治国到会讲话，会议听取和审议副主席杨秀元作的政协常务委员会工作报告，副主席万雷作的提案工作报告。委员列席县人大十四届二次会议。

2 月 1—5 日 台江县第十四届人民代表大会第二次会议在县人民大礼堂召开。

2 月 4 日 县委、县政府召开全县“两基”攻坚动员大会。为顺利实现 2004 年的“两基”达标，共筹措资金 2200 万元，贷款 1500 万元，专项经费 356 万元，中央危改经费 365 万元，财政扶贫 100 万元，“321”工程捐款 43 万元，财政拨款 200 万元，全部投入学校硬件设施建设。

是月 县政府在原南门大桥（太平桥）旧址重建具有民族特色的木制大桥，称“南门风雨桥”。

3月1日 县委、县政府联合印发《关于对县招商局进行表彰的决定》。决定授予县招商局招商引资突出奖，奖金20000元，其中：奖励招商局正职2000元，副职1000元，剩余作为招商引资基金。同时对先进单位台盘乡、排羊乡、台拱镇、县国税局、县电信局、县建设局、县国土局、县财政局、县电力局和先进个人龙坚（县国税局局长）、汪杨松（县招商局局长）、邓品祥（台盘乡纪委书记）、潘文彬（县残联副理事长）、周乐江（县工商局注册股股长）进行表彰。

3月初 县委、县政府联合下达了《关于在革一青岗坡开展全民国防教育活动的通知》，要求省、州驻台单位、县直机关企事业单位、群众团体的干部职工利用双休日、节假日，按步骤、有计划地前往全民国防教育基地体验军营生活，接受国防教育。

3月8日 施洞大桥破土动工，大桥总投资790万元，总长217.88米，主孔跨度2×90米，桥面宽10.5米。

3月9日 州委书记刘光磊到台江检查指导工作。

3月12日 省教育厅厅长孔令中、副厅长霍健康等一行13人在州政府副州长孙国吉、州教育局局长龙则池和县委书记杨静、县长潘亮、县委副书记吴治国、副县长王晓琴的陪同下，对台江县“两基”工作进行调研。

3月24日 黔东南州消防支队派消防官兵15人进驻台江县，成立台江县公安消防执勤点。

4月5日 县委、县政府在贵州饭店召开“贵州台江苗族姊妹节”新闻发布会，来自中央、各省市28家新闻媒体和26家旅行社的代表参加了新闻发布会。

同日 县委组织县直机关干部、县城中小学生、县武警中队、县消防大队全体官兵等1000余人在县革命烈士陵园举行革命传统教育活动，县委副书记吴治国出席活动并讲话。

4月8—13日 “中国非物质文化遗产·民间剪纸学术研讨会”在北京召开，台江县民间艺人刘妹沙和姜文英应邀参加会议表演，受到国内外专家的称赞。

5月2日 中国文联主席周巍峙在省文联主席杨长槐的陪同下到台江考察苗族文化和姊妹节，周巍峙为台江县文联书写了“民族文化繁荣，人民团结愉快”几个大字。

同日 台江县苗学研究会召开成立大会，会议选举政协主席刘耀密为会长，副会长若干人。全国人大民族委员会原主任王朝文等领导到会祝贺。

6月4日 黔东南州委副书记罗亮权及州委机关干部三十余人到台江县革一民兵团基地进行调研。

7月29日 县委、县政府联合发出《关于成立县“西部计划”青年志愿者项目管理领导小组的通知》。吴治国任组长，陆再义、王晓琴任副组长。

是月 县人武部党委被中共贵州省军区党委评为先进团级党委。

8月3日 县委办公室、县政府办公室联合转发《中共黔东南州人民政府办公室〈关于严禁大操大办酒席借机敛财的规定的通知〉的通知》。

8月11日 州委书记刘光磊带领几个县的书记（县长）一行十余人到台江县革一民兵团基地进行调研。

8月17日 县委、县政府联合发出《关于县政府机构设置的通知》。通知设置县政府工作部门25个，议事协调常设办事机构3个，行使部分行政管理职能的直属事业单位5个。

8月20日 苗族歌手张本云、唐龙、吴通林、方少保（女）、赵格随（女）、张再保（女）参加中国第二届南北民歌擂台赛中，以苗族情歌组合《春天来了》和苗族飞歌组合《乘花开正红》获得最佳歌手奖。

是月 省消防总队批准成立台江县消防中队，正连级单位，设党支部，编制15人，隶属台江县消防大队，台江县消防大队由党支部改为党委。

9月7日 成都军区军需物资油料部副部长马武苏一行，在贵州省军区副政委何洪江、凯里军分区司令员宫浩和政治部主任宋兴尧视察了台江县生态建设民兵团革一青岗坡种草养畜基地。

9月9日 县委、县政府联合发出《台江县国家公务员非领导职务设置管理办法的通知》。

同日 县委、县政府联合发出《台江县党政群机关事业单位人员流动调配暂行办法的通知》，进一步加强干部队伍管理，规范台江县机关、事业单位干部调动程序，保证干部调动工作健康有序地进行。

9月18日 “九一八”事变73周年，县人武部、县委宣传部，县教育局一起联合在县人民礼堂举行了“勿忘国耻，强我国防”演讲比赛，全县八个乡镇的中、小学校均派出代表参加了比赛活动。

10月8日 县委、县政府成立台江县实施西部大开发战略规划领导小组，杨静任组长，潘亮、姜庭桂任副组长。

11月1—5日 以省政府副省长刘鸿庥为团长，李小健、王国芳为副团长，代表省、州人民政府对台江县“基本普及九年义务教育”进行验收。

是月 台江县“两基”攻坚工作通过省政府评估验收，实现了“普及九年义务教育”的目标任务。

是月 老屯乡个体户张庭珍代表非公有制经济人士到北京出席中国共产党第十六次全国代表大会，受到中央领导的亲切接见。

12月2日 全县绿色生态园绿化、坡改梯、用水、公路建设会议在县绿色生态园管委会召开，杨静主持，徐鹏、吴光贵、杨光礼、任朝勋、杨昌智等14人出席会议。会议要求：力争在三年内把园区建设成一个初具规模的具有民族特色的休闲娱乐园区。

12月8日 为推进台江县“文明卫生县城”创建工作的深入开展，抓好“文明卫生县城”创建各项工作任务的落实，县委、县政府办公室联合印发《台江县文明卫生县城创建考核办法的通知》。

是月 县中队被武警贵州总队评为“基层建设先进中队”，一班荣立“集体三等功”，中队长周伟、指导员蒙卫民荣立、班长尚华分别荣立“个人三等功”。

2005年

1月28日 县委、县政府联合作出《关于加强和改进体育工作的意见》。

1月28—30日 政协台江县第六届委员会第三次会议在县人民大礼堂召开，应到委员115名，实到108名。县委副书记吴治国到会讲话，会议听取和审议张文英副主席作的政协常务委员会工作报告，提案委主任杨智槐作的提案工作报告。委员列席县人大十四届三次会议。

1月29—31日 台江县第十四届人民代表大会第三次会议在县人民大礼堂召开。

3月18日 县委、县政府召开“两基”攻坚表彰大会，会上要求要坚持不懈地抓好保学控辍工作，巩固和提高“两基”成果。

是月 修建郎等大桥挖基，出土古大阴沉木5根，最大一根长30余米，大头径粗1米，存放在县政府院内。

是月 岩寨电站建设开工，装机容量为2.5万千瓦，总投资16000万元。

4月2日 县委、县政府在贵阳贵州饭店召开“贵州苗族姊妹节恳谈会”，省、州有关领导，省内外有关新闻媒体记者参加会议。

4月22日 由县政府组织举办的第八届贵州苗族姊妹节在县城开幕。

6月1日 县委、县政府联合发出《关于人才强县战略的实施意见》。意见提出：以能力建设为核心，以高素质人才队伍建设为重点，推进人才资源整体开发；以引进紧缺急需人才为重点，创造人才汇集的吸引环境，以较大的竞争力引进人才；坚持改革创新，建立人才辈出、人尽其才的激励机制，激发人才的积极性和创造性。

6月13日 县公安局在福建莆田警方的协助下，将犯罪嫌疑人龙某和廖某平捕获，台江2000年“9·8”特大杀人案告破。

6月16日 县委、县政府联合印发《关于严禁党政机关和事业单位干部职工在工作时间饮酒的规定》。

是月 县人武部获国务院表彰“全国民族团结进步模范集体”称号。

7月11日 县委、县人民政府联合发出《关于加强森林采伐木材生产加工和流通管理的意见》。

7月17日 省军区司令员邱型柏少将在省军区政治部组织处处长杨光芒、军分区司令员宫浩、参谋长孙光的陪同下，莅临台江县生态建设民兵团进行调研。

7月25日 县委办公室、县人民政府办公室联合发出《台江县创建省级卫生县城活动实施方案的通知》。

7月30日 县工商联召开第六届会员代表大会，会议选举龙光卫为工商联合会主席。县委副书记、县长杨昌彪代表县四大班子在会上作讲话。

8月1日 台江县委书记杨静，县委副书记、县长潘亮到县人武部部慰问全体干部职工，赠送慰问金2000元，并赠送了一套价值4000多元的科技书籍。

8月5日 省委书记钱运录率省委常委、省委秘书长庹文升，省委常委、省公安厅厅长刘光磊和省财政厅厅长李昌龙、省农业厅厅长陶性潜等在州县有关领导的陪同下，到台江县生态建设民兵团视察指导工作。

8月12日 县委、县政府联合印发县委九届五次全体扩大会议通过的《关于加快城镇建设的意见》《关于加快畜牧水产养殖业发展的意见》《关于加快工业经济发展的意见》《关于加快苦丁茶产业发展的意见》《关于加快旅游业发展的意见》《关于进一步推进林业产业发展的意见》。

9月12—16日 县政府县长潘亮到福建省福州市台江区考察，并与该区建立友好区县。

9月26日 由省兼职督学王国芳团长带队的省人民政府“两基”复查团对台江县“两基”工作进行复查。

10月 以省教育厅副厅级督学王国芳为团长，代表省政府对台江县“普九”薄弱环节进行复查验收。

11月11—13日 由贵州省苗学会主办，台江县委、县政府承办，以“苗族生计与健康”为主题的贵州省苗学会2005年学术年会在台江召开，来自全省各地的苗族专家学者代表120多人参加会议，王朝文、喻忠桂、李月成参加会议。会议期间，与会全体人员到台盘乡阳芳村参加民族旅游村寨揭牌仪式。

是月 1999年开工建设的县城防洪堤工程竣工，工程总投资1126万元，其中，南门闸坝投资226万元，风雨桥投资67万元。

12月 县林业局委托国家林业局编制《南宫省级森林公园可行性研究报告》并通过省林业厅组织的专家评审。

是年 全县生产总值42032万元，社会固定资产投资45800万元，社会商品零售总额11000万元，财政总收入3062万元，农民人均纯收入1662元。

2006年

1月7日 县委、县政府联合发出《关于成立县实施农村细胞发展工程和平安工程领导小组的通知》。县委书记杨静任组长，杨光礼、陆再义、欧光祥、吴元、杨秀元任副组长。

1月12日 省林业厅批准建立“台江南宫省级森林公园”。

1月27日 台拱镇排汪村一农户烧木炭出窑放在家，引发火灾，受灾28户，受灾人口136人，烧毁房屋144间，烧毁粮食85750公斤、电器56台、现金86330元、银首饰49件，烧死生猪6头和棉被、衣物、农具、炊具等，直接经济损失折款69万元。灾情发生后，县委书记杨静、县长潘亮、县委副书记何平勇，政府办以及县民政局、台拱镇党委、政府领导赶到火灾现场，指导救灾，慰问灾民。灾情发生后县民政局调运衣物2500件，军被80床，现金10340元，同时县红十字现场捐赠棉被24床，毛毯24床，衣物若干，现金2400元，现场发放到灾民手中。

2月9日 县委、县政府联合发出《关于命名县信用联社等单位为县级文明单位的决定》。

2月21—23日 政协台江县第六届委员会第四次会议在县人民大礼堂召开，应到委员112名，实到108名。县委副书记何平勇到会讲话，会议听取和审议刘耀密主席作的政协常务委员会工作报告，提案委主任杨智槐作的提案工作报告。委员列席县人大十四届四次会议。

是月22—24日 台江县第十四届人民代表大会第四次会议在县人民大礼堂召开。

3月1—2日 在福建省福州市委副书记周宏的带领下，福州市台江区委书记陈为民一行9人到台江县考察，州委副书记李碧川陪同。

4月5日 贵州省军区政委蒋崇安在凯里军分区司令员陶曙明、政委江贻灿的陪同下，到县人武部和生态建设民兵团基地检查指导工作。

4月18日 全州农村“一户一技能”活动现场会在台江县召开，学习和推广台江县开展的“一户一技能”活动的经验。州四大班子领导和省委先进性教育活动办公室副主任张启亮出席了会议，全州各县市委书记、县市长、县市组织部门、农办主任、州直各部门负责人了参加会议。

4月20日 台拱镇排朗村发生寨火，烧毁18户，打烂7户，直接经济损失73万元。火灾发生后，省民政厅、州民政局的领导亲临灾区慰问灾民。

5月10日 县委、县政府联合发出《关于成立台江县社会主义新农村建设领导小组的通知》。

5月20日 台江县非物质文化遗产项目“苗族古歌”“苗族姊妹节”“反排木鼓舞”三项被列为国务院公布的第一批国家级非物质文化遗产名录。

7月7日 中央电视台“红色大益，爱心活动”栏目组记者一行7人在中共台江县委常委、县委宣传部部长张林的陪同下到方召乡巫脚交村，拍摄张堂开一家四代为红军守墓故事。

7月19日 总投资42.64亿元、全长88.21公里的三穗至凯里高速公路凯里至台江段建成通车。三（穗）凯（里）高速公路路线起自三穗，接玉屏至三穗高速公路，经剑河、台江，止于凯里市三棵树镇，与已建成的凯里至麻江高速公路相连，全长88.21公里。

8月2日 在由中央电视台举办的“第十二届全国青年歌手电视大奖赛”上，台江县歌手演唱的《朵蝶朵阿》获优秀奖。

8月6日 县委书记杨静在出差兴义时因心脏病突发去世。

8月12日 州人大常委会主任粟多能到台江县进行县乡两级换届选举工作调研。

9月5日 宁波市北仑区委副书记、北伦区人大常委会主任王银泽一行12人到台江考察对口帮扶工作。考察团捐赠50万元修建一所希望小学，捐赠3万件衣物折合人民币105万元，捐助25万元修建乡级卫生院和购买设备，资助阳芳村2000元，还走访4户贫困户，每户送300元。

10月14日 县委、县政府召开岩寨电站工程申报CDM项目咨询会，参加会议的有北京天擎公司及省州有关部门负责人、专家。县委副书记、代理县长杨昌彪在会上代表台江县委、县政府致辞。

10月21日 中共台江县委十届一次全会和纪委一次全会召开，会议分别选举产生了新的县委班子和纪委班子，杨德涛当选为县委书记，杨昌彪当选为县委副书记，张运良、张林、李斌、游全香、杨伟、王刚、姚元良当选为县委常委，张运良当选为县纪委书记。

10月30—31日 州长李月成率州政府办、州发改委、州经贸局、州农业局等领导到台江调研。

11月17日 老屯乡姜志荣驾驶贵084157临时号牌变型拖拉机载12人由施洞往台盘方向行使，至旧州道班路段时，冲出公路翻入水沟中。事故造成3人死亡，7人受伤。

11月19日 三凯高速公路排羊岩寨隧道发生一起交通事故，当场死亡2人，伤两人。

11月20日 施秉县马号乡胜秉村村民潘应光驾驶自用船，载客26人到施洞赶集，在施洞镇偏寨滩因操作不当导致触礁船体断裂，造成一起水上交通安全事故，致死亡3人。

11月25—27日 政协台江县第七届委员会第一次会议在县人民礼堂召开，应到会委员136名，实到委员122名。会上，刘耀密主席作政协常委会工作报告，欧光祥副主席作提案工作报告。委员列席县人大十五届一次会议。会议选举产生了新的县政协班子，刘耀密当选为县政协主席，张文英、欧光祥、杨昌智、张秋敏当选为县政协副主席。

11月26—28日 台江县第15届一次代表大会在县人民礼堂召开，会议听取和审议“一府两院”工作报告。大会选举何平勇为县人大常委会主任，吴元、任朝勋、余光祥、许荣莉为副主任；杨昌彪为县人民政府县长，杨伟、王刚、李碧云、文瞳昽为副县长；谢文英为县人民法院院长，杨俊为县人民检察院检察长。会议补选台江县出席中国共产党黔东南州第八次代表大会代表。

11月28日 副省长刘鸿庥到台江县对新型农村合作医疗和爱国卫生工作情况进行调研。

12月5—6日 州委副书记、代州长李飞跃一行到台拱镇大红寨村、县民中和台盘工业园区调研。

12月10日 县委、县人民政府联合发出《关于开展台江县新型农村合作医疗试点工作的实施意见》。

是月 施洞教育辅导站刘永清被贵州省政府评为全省“两基”先进工作者。

2007年

1月15日 台拱至南省公路改扩建工程开工建设，台拱至南省公路总投资80万元，全长5公里。

1月17日 县委、县政府召开全县经济工作会议，分析当前全县经济形势，提出2007年的目标任务和工作重点。

1月24日 南宫翁密河漂流合作开发项目签字仪式在县政府会议室举行，凯里开发商吴士明与县有关部门负责人在项目开发书上签字，县长杨昌彪出席签字仪式并讲话。

是月 县委、县政府联合信访办改为信访局，划归县政府管理。

2月1日 台江县新型农村合作医疗正式启动。

2月12日 台江县民族中学搬迁至朗等下坝新校区。

2月17日 州长李飞跃、凯里军分区政委江贻灿一行到台江农家过年。

是月 县委决定将“台江县苗族文化保护委员会”和“台江县世界遗产申报委员会”更名为“台江县非物质文化遗产保护委员会”，县委副书记、县长杨昌彪为主任委员，县委常委、宣传部部长张林，县政府副县长李碧云为副主任委员，委员会下设办公室在县文化局。

3月9日 首届贵州赏花游·台江梨花节在革一乡金秋梨基地举行，来自省、州和兄弟县的新闻媒体和游客参加了节日赏花活动。

3月23日 省林业厅天保办主任廖杰到台江进行新农村建设调研。

4月18日 县委办公室和县人民政府办公室联合印发《关于转发〈中共黔东南州委办公室黔东南州人民政府办公室印发关于加强党员干部廉洁自律严禁大操大办酒席的规定的通知〉的通知》。

4月25日 省政协副主席许乐仁一行到台江就民族旅游商品开发进行调研。

5月23—28日 台江县43人组成的反排木鼓舞队赴成都参加首届中国成都国际非物质文化遗产节，该节日是由文化部、四川省政府主办，成都市政府、四川省文化厅和中国非物质文化遗产研究中心承办，台江反排木鼓舞队作为国家级非物质文化遗产名录代表贵州参加。

5月25日 在全国公安系统英雄模范和立功集体表彰大会上，台江县公安局获“全国优秀公安局”称号。

6月19日 州人大常委会主任罗亮权一行到台江调研，实地考察台拱镇希望养殖基地和杨梅基地。

6月21日 国务院公布第一批国家级非物质文化遗产代表性传承人名单，台江县台盘乡棉花坪村古歌师王安江、施洞镇芳寨村古歌师刘永洪名列其中。

7月11—13日 台江县党政考察团一行66人在县政协主席刘耀密，县委常委、县纪委书记张运良，县人大常委会副主任吴元，县政府副县长文曈昽，县政协副主席张秋敏的带领下，赴广西宜州市、柳江县学习考察种桑养蚕。

8月1日 县长杨昌彪在贵阳参加宁波对口帮扶台江签约仪式。

9月5日 县委书记杨德涛、县长杨昌彪率队到雷山县考察学习。发展茶叶种植、生产加工、经营管理的先进经验，积极探索农民增收的好路子，推进台江县农业产业结构调整。

9月11日 州长李飞跃率州政府政策研究室、州发改委等部门负责人到台江调研指导工作。

9月15日 中宣部原常务副部长、中国文化扶贫委员会主任、全国青少年爱国主义读书教育活动组委会主任徐惟诚一行5人在省委宣传部常务副部长周忠良，州委副书记李碧川，州委常委、宣传部部长耿生茂的陪同下，到台江县方召中学，出席中国文化扶贫委员会万册学生字典台江县捐赠活动，向台江中小学捐赠1万册学生字典、100套少儿大百科全书。

9月23日 由中国传统文化促进会、中国生态学会旅游生态专业委员会、中国县城旅游网和传媒机构联合举办的中国生态旅游大县推介活动揭晓，台江县以全国综合第三名的优势入选66强“中国生态旅游大县”，同时被评为十佳“最具发展潜力的旅游大县”和十佳“最具民俗风情的旅游大县”。

11月9日 南宫乡拥党村发生寨火，烧毁房屋133户399间，受灾人口617人，烧毁粮食182000公斤、大牲畜364头、家禽339只和电器、棉被、衣物、农具、家具等物资，直接经济损失207.9万元。灾后，县委、县政府立即成立灾民安置领导小组，县民政局立即下拨救济款40500元、被条890床、踏花被91床、衣物38692件、鞋子950双，救济粮82700公斤安排到灾民的手中。县捐赠办收到衣物4万件（套），现金29万元的捐助款送到灾民手中。其后，县里对拥党村的重建进行规划，每户安排20000～25000元给灾民重建家园。

11月10日 州委常委、州政府常务副州长李再勇到南宫乡拥党村慰问灾民。是日，省公安厅副厅长张宜华、省武警消防总队政委邹通等领导也到拥党村慰问灾民。

11月18日 由《人民日报》、新华社、《光明日报》等几家媒体组成的中央新闻媒体采访团一行到台江施洞镇进行采风活动。

12 月 6 日 国家林业局造林司、计资司在省林业厅领导的陪同下，到台江考察 20 年来林业对口扶贫项目实施情况。

12 月 10 日 《台江县旅游产业发展总体规划》州级评审会在凯里举行，经专家评审，一致同意通过。州领导李再勇、耿生茂、黄明光，县领导杨德涛、何平勇、杨昌彪、刘耀密出席会议。

12 月 12 日 县委、县政府办公室联合印发《关于鼓励科技人员和其他工作人员带头创办种桑养蚕和绿茶示范基地的暂行办法的通知》。

12 月 25—27 日 政协台江县第七届委员会第二次会议在县人民礼堂召开，应到会委员 134 名，实到委员 130 名。县委书记杨德涛到会讲话，会议听取和审议刘耀密主席作政协常委会工作报告，欧光祥副主席作提案工作报告。委员列席县人大十五届二次会议。

12 月 26—28 日 台江县第 15 届一次代表大会在县人民礼堂召开，会议听取和审议“一府两院”工作报告。

2008 年

1 月 17 日 为做好台江县深化集体林权制度改革工作，县委、县政府联合印发了《关于台江县深化集体林权制度改革工作实施方案》。

1 月 21 日 台江县公安局看守所民警欧光权因劳累过度突发脑溢血倒在值班岗位上，以身殉职。

是月 台江在内的黔东南遭遇一场罕见的持续大范围低温、雨雪、冰冻极端天气灾害，形成了 1952 年有气象记录以来范围最大、持续时间最长、受灾程度最深的雪凝灾害。县内市水、电一度停供，交通运输基本中断，通信、信息无法传递，人民群众生命财产严重受损，正常生活生产无法开展。据统计，此次灾害全县直接经济损失 528317.9 万元。

2 月 19 日 县委、县政府联合发出《关于印发台江县灾后重建与发展工作方案的通知》。通知要求，台江县当前恢复重建工作必须实现三大目标：一是要确保农民有饭吃、有衣穿、有居所、有干净水喝、有病能医、学生新学期有学可上；二是全县正常供电，道路交通、通信畅通，加强对卫生防疫和地质灾害的防范；三是要确保经济发展，在抓好台盘工业园区企业恢复生产的同时，尽快恢复灾区群众生活生产，努力实现年初确定的经济社会发展目标。

2 月 20 日 文化部公布第二批国家级非物质文化遗产代表性传承人名单，台江县方召乡反排村反排木鼓舞传承人万正文名列其中。

是月 台江县公安局监狱干警欧光权在雪凝灾害期间因公牺牲，公安部追授欧光权为“全国公安二级英模”，省委追授“全省优秀共产党员”称号，省总工会追授“贵州省五一劳动奖章”。省委书记石宗源、省长林树森等接见欧光权的妻子欧衣福、女儿欧小英、儿子欧中华。2 月 5 日，州委、州政府召开学习欧光权先进事迹大会，并发出向欧光权学习的决定。

3 月 17 日 为落实好台江县党政机关、人民团体事业单位工作人员年休假制度，确保工作、年休假两不误，县委办、县政府办联合发出《关于落实机关事业单位工作人员带薪年休假制度有关问题的通知》。

3 月 20 日 台江县革一工业经济区规划建设领导小组成立，县委书记杨德涛任组长，县长杨昌彪、县政协主席刘耀密、县政府常务副县长杨伟、县政府副县长王刚任副组长。领导小组下设办公室，开始对革一工业经济区进行规划开发。

4 月 11 日 县委、县政府联合发出《关于印发〈台江县 2008 年国民经济和社会发展集团承包方案和目标管理考核办法〉的通知》。

是月 14 日 县委、县政府办公室联合发出《关于印发〈台江县投资软环境考核评价办法和台江县软环境建设效能投诉暂行办法〉的通知》。

同日 县委、县政府办公室联合发出《关于建立台江县加强境外非政府组织活动管理工作联席会议制度的通知》。

4 月 15 日 台江县优化投资环境现场会在台盘工业园区兴顺铁合金厂召开。州政协副主席、招商局局长吴荣阳，州经贸委主任唐有祥，县四大班子主要领导，各有关部门负责人，在台外来投资企业负责人共 100 多人参加了会议，会议由县委常委、副县长王刚主持。

4 月 18 日 贵州省红十字会“情系灾区 灾后重建——红十字博爱送万家”活动慰问团到台江县，将价值 30 万元的慰问物资和 30 万元的灾后重建项目资金发放给台江县受灾严重的乡镇。省红十字会还给 10 名贫困大学生发放了 2 万元的助学金，向在抗凝救灾中光荣牺牲的欧光权烈士家属颁发 5000 元慰问金，向红阳村特困老人每人发放 200 元。

4 月 29 日 黔东南州党委、州政府召开“抗雪凝、保民生、促发展”工作表彰大会，台江县人武部、消防中队、民政局、电力局和排羊乡九摆村党支部被表彰为先进集体。县电力局局长潘殿祥，县委宣传部部长王永刚，台拱镇梅影村党支部书记欧阳鹏，武装部警卫员张永贵，台拱镇人武部部长张文祥，方召乡人武部部长龙睿，老屯乡政法委书记、副乡长张海，县民政局主任科员石光吏，县环卫站工人欧兴林，县公安局交警大队大队长刘熙江，县交通局局长刘诗文，县消防中队副指导员何戎 12 人被表彰为先进个人。

4 月 30 日 省委、省政府召开“抗凝冻、保民生”工作总结表彰大会，台江县公安局看守所民警欧光权被追授为先进个人，县电视台获集体一等功，为县人武部部长陆远武、县政府办公室信息管理中心科员刘德斌、县自来水公司副经理王家文记个人一等功。

5 月 5 日 经县委、县政府研究，决定成立台江县茶叶产业发展办公室。

5 月 12 日 方召乡基甲村大寨发生一起火灾，烧毁房屋 79 栋，受灾 85 户 386 人。火灾造成损失折款 84.8 万元。火灾原因系该村 2 名未成年儿童吸烟，将未熄灭的烟头扔在谷斗下面的纸壳中，引起火灾。

5 月 19 日 县委办、县政府办联合发出《关于向四川汶川大地震遇难同胞哀悼的紧急通知》。

同日 县公安局“全国抗御雨雪冰冻灾害优秀共产党员”“全国二级公安英模”欧光权的家属在县公安局举行的沉痛哀悼汶川大地震遇难者仪式上，现场捐款 5000 元。

5 月 26—28 日 以省政协副主席、省教育厅厅长孔令中为团长，国家督学吴育英为副团长的省政府复查验收团一行 16 人在州政府副州长、州教育局局长刘晓春等陪同下，到台江进行“两基”巩固提高复查和“普实”攻坚验收，通过复查验收，认真评议，初步认定为合格。并评选台江民族中学、台盘中学和城关二小为贵州省普及中小学实验教学示范学校。

5 月 29 日 县委、县政府办公室联合发出《关于印发〈台江县 100 户以上自然村寨消防建设规划及实施方案〉的通知》。

6 月 1—6 日 应澳门之邀，县政府副县长李碧云率领台江 20 余名儿童赴澳门参加“六一”国际儿童节文化交流活动。

6 月 5 日 省政府副省长刘晓凯到台江县调研，县四大班子领导陪同调研。

6 月 13 日 贵州电网公司主要领导到台江县革一工业区进行凯里火电厂迁建选址工作调研，县委书记杨德涛，常务副县长杨伟，县长助理、县政府办公室主任潘金海等陪同调研。

6 月 14 日 经国务院批准，文化部公布第二批国家级非物质文化遗产名录，台江县“多声部情歌”“苗族独木龙舟节”“苗族服饰艺术”3 个项目名列其中。

6 月 28 日 台雄水库举行开工典礼，省水利厅副厅长涂集、州人大常委会副主任杨谷生、州政府副州长姜学东、州政协副主席黄明光以及省、州有关部门领导、县四大班子领导和县直各部门负责人参加了开工仪式。

7月3日 全县开展2008年创建全国科普示范县活动和公民道德建设工程——“满意在台江”主题活动启动仪式，县四大班子领导、各乡镇书记、乡镇长、县人武部、县委各部委、县级国家机关工作部门、县民族中学、职业中学、镇民族中学、方召中学各100人，青年志愿者，武警中队，中央、省、州驻台单位，各人民团体参加了启动仪式。

7月17日 县委、县政府联合发出《关于印发〈县农村消防“大寨改小寨”工程实施意见〉的通知》。意见将加强农村消防安全，将200户以上大寨改为小寨。

9月1日 工商行政管理机关停止收取“市场管理费”和“个体工商户管理费”。

10月10日 台江民族中学被评为州级一类示范性高中。

是月 中国工艺美术行业特色区域荣誉称号评估小组抵达台江，对台江申报“中国刺绣之乡”民族刺绣工艺进行考察。台江至今还传承着良好的刺绣工艺，绣法多种多样，平绣、皱绣、破线绣、挑绣、褶绣、辫绣、锁绣、双针绣等应有尽有，是一笔丰富的世界文化遗产，也是世界刺绣艺术中的一朵奇葩。经评估组考核评估，决定授予台江县“中国刺绣之乡”称号。

11月18日 由《人民日报》、新华社、《光明日报》等几家媒体组成的中央采访团到台江县施洞镇进行采风活动。

12月18日 县委、县政府联合印发《台江县关于贯彻落实中央扩大内需促进经济增长十项措施的实施意见》。意见中提出的十项措施是：加快建设保障性安居工程；加快农村民生工程和农村基础设施建设；加快城市基础设施建设；加快医疗卫生、教育、文化、村级活动室等社会事业发展；加快节能减排和生态建设工程；加快自主创新和产业结构调整；加快灾后恢复重建各项工作；提高居民收入特别是农民和城乡低收入群体收入；全面实施增值税转型改革；积极争取银行信贷对经济发展的支持。

12月25日 县委、县政府召开台江县纪念改革开放30周年座谈会。县长杨昌彪在会上介绍台江县改革开放30年来经济社会发展情况。

2009年

1月20日 县委、县政府召开全县经济工作会议。县委书记杨德涛、县长杨昌彪分别在会上作讲话，安排经济工作的奋斗目标。

2月21日 省委常委、纪委书记王正福，州委常委、纪委书记王德玉，州委常委、政法委书记、副州长张仕福一行到台江检查全县新增中央投资项目建设和涉农专项资金监督管理情况。县长杨昌彪，常务副县长杨伟，副县长王刚、文瞳昽陪同。

2月22日 国务院参事郭廷结一行考察清水江重点通村航道工作，副县长王刚陪同。

2月26日 县委、县政府发出《关于大力推进农村改革发展的实施意见》。意见提出加强基础设施建设，不断夯实农业农村发展基础；大力发展城郊农业，努力提升农村发展水平；着力改变二元结构，加快城乡经济社会一体化建设进程；实施“手拉手”帮扶工程，深入推进扶贫开发工作等措施。

3月8—11日 政协台江县第七届委员会第三次会议在县政协五楼会议室召开，应到会委员126名。县纪委书记张运良受县委书记杨德涛委托到会并讲话，会议听取和审议刘耀密主席作政协常委会工作报告，欧光祥副主席作提案工作报告。委员列席县人大十五届三次会议。

3月9—12日 台江县第十五届三次代表大会在县人民礼堂召开，会议听取和审议“一府两院”工作报告。

3月18日 州人大常委会主任罗亮权、州政协副主席黄明光在州人大常委会秘书长王家祥、州政协智力支边办主任韩彬的陪同下，深入到帮扶联系点台江县南宫乡开展帮扶调研。罗亮权一行还深入到拥党村察看灾后重建情况，看望受灾的农户，向受灾农户送去了州人大机关职工捐赠的5000元现金。县委书记杨德涛、县人大常委会主任何平勇、县政协主席刘耀密以及相关负责人陪同调研。

3月23日 县委办、县政府办联合印发《台江县农村危房改造扩大试点实施方案》。

3月25日 县委召开农村工作暨人口和计划生育工作会议，县委副书记、县长杨昌彪在会上讲话。

5月1日 县委决定成立台江县城乡规划管理委员会，县委副书记、县长杨昌彪任组长，杨伟、王刚、余光祥、杨昌智任副组长。

5月26日 文化部公布第三批国家级非物质文化遗产项目代表性传承人名单，台江县施洞镇岑孝村古歌师张定祥名列其中。

5月27—30日 台江独木龙舟参加在广州番禺举行的首届中国龙舟文化节比赛获金奖。

6月4日 为认真做好台江县高校毕业生就业创业工作，县委、县政府研究决定成立台江县高校毕业生就业创业工作领导小组，发出《关于进一步加强高校毕业生就业创业工作的实施意见》。

6月14日 在中央电视台举办的国家级非物质文化遗产精品节目大展演中，代表贵州出演的台江县反排木鼓舞技惊四座，中央电视台科教频道作了转播，让全国电视观众欣赏到了“苗疆腹地”原生态风情。

6月24日 州长李飞跃到台江检查指导工作，杨昌彪县长作《台江县融入凯里城市经济圈的发展共识和工作建议汇报》。

是月 台江县“两基”教育顺利通过“国检”。

7月10日 为抢抓西部大开发的历史机遇，营造健康有序的投资环境，更好地吸引各种投资，促进台江县经济社会又好又快发展，县委、县政府印发《台江县招商引资若干优惠政策规定》。

7月14日 县委、县政府联合向州委发出《关于台江县人民政府机构改革方案的请示》。政府机构改革后保留16个，调整13个。

7月17日 贵州省惠明台江电力有限公司资产转让签字仪式在台江县举行，国电贵州电力有限公司正式收购台江岩寨电站。岩寨电站距离县城20余公里，装机容量2×1.25万千瓦，年发设计电量1亿千瓦时，已完成工程量90%以上。县委书记杨德涛、副县长杨伟等出席签字仪式。

同日 台江县苗学会召开第二届会员代表大会，全面总结五年来台江县苗学研究工作的经验和成果，并对下一步工作做了安排部署。省苗学会会长杨光林、州苗学会会长吴德海、常务副会长龙昌海等领导应邀出席会议，县委书记杨德涛出席会议并讲话，会议由县政协主席、县苗学会会长刘耀密主持，县150余名苗学会会员代表参加了会议。会议还选举产生了新一届县苗学会领导班子，县政协主席刘耀密继续担任台江苗学会会长。

7月18日 台江县举行“翁密河森林之漂”试漂活动。翁密河位于台江南宫森林公园内，全长200多公里，被开发的漂流河段7公里。开漂仪式当天，来自贵州各地的500多名游客参加了试漂活动。

7月29日 台江县的长滩、巴拉河、杨家寨、芳寨等村龙舟队应邀参加在麻江下司举行的全国龙舟暨独竹漂邀请赛，台江参赛队分别获得第一、二、三、五名。

8月7日 县委、县政府联合发出《关于表彰台江县非公有制经济先进企业优秀个体工商户的决定》，鼓励先进，营造有利于非公有制经济发展的良好环境，大力推动台江县非公有制经济又好又快发展。

8月13日 世界文化旅游论坛在西安落幕，台江县被评为“世界著名文化旅游县”，并被吸纳为国际旅游营销协会会员，为贵州省唯一获此殊荣县。

是月 国土资源部地质环境司批准建立苗岭国家地质公园，该地质公园包含四个区，包括台江境内山原地貌景观、民族风情和生态漂流等。

9月1日 县委副书记、县长杨昌彪与广东东兴风盈风电设备有限公司签订了投资开发台江红阳草场风力资源协议，这将是贵州省第一个风力发电开发项目。

9月2日 州委常委、常务副州长冯仕文率州经贸委、财政局、交通局、国土局等部门负责人到台江就经济社会发展情况进行调研。县委书记杨德涛，县委副书记、县长杨昌彪，县委常委、常务副县长杨伟和相关部门负责人陪同调研。冯仕文常务副州长先后视察了台江县革一工业聚集区的全成木屋有限公司、兴顺铁合金厂等重要企业，深入企业车间一线，向企业负责人和员工了解生产运行情况和存在的问题。在台江县政府召开的座谈会上，杨昌彪汇报了台江县2009年1—8月经济社会发展情况。

9月7日 经县委、县政府研究决定成立创建“无邪教县”工作领导小组，杨伟任组长，姚元良、任朝勋、欧光祥、谢文英、杨俊、张勇任副组长。

同日 县民族中等职业技术学校新校区举行落成揭牌仪式，省教育厅副厅长蔡志君和县四大班子领导参加了揭牌仪式。

9月9日 台江县召开庆祝教师节暨教育工作表彰大会，县委书记杨德涛出席会议并作讲话，县四大班子领导、县直各部门负责人、各乡（镇）乡（镇）长、各学校校长和受表彰的教师参加会议。大会对25个先进集体、181名先进个人进行表彰。

9月11日 为切实转变工作作风，提高工作质量和工作效率，县委办、县政府办联合发出《关于进一步整顿会风会纪的通知》。

9月17日 县委、县政府办公室联合发出《关于对农村基层党风廉政建设进行专项检查的通知》。

9月23日 县委召开全县个体私营等非公有制经济工作会议，会议传达省委十届五次全体（扩大）会议、州委八届六次全体（扩大）会议主要精神，讨论通过《中共台江县委台江县人民政府关于大力推进个体私营等非公有制经济又好又快发展的实施意见》。县委书记杨德涛、县长杨昌彪分别在会上讲话。

10月10日 经县委、县政府同意，成立县工程建设领域突出问题专项治理工作领导小组。进一步规范工程建设领域市场交易行为和领导干部从政行为，维护社会主义市场经济秩序，促进反腐倡廉建设工作，

10月15日 县委办、县政府办联合转发州纪委《关于进一步加强党政干部因公出国（境）管理工作的通知》。

11月13日 全省涉法涉诉工作暨培训会在台江召开，县长杨昌彪出席会议并致欢迎词。

11月30日 县委、县政府办联合印发了《台江县农村居民最低生活保障工作责任追究制度》，进一步明确农村居民最低生治保障工作责任，强化责任追究意识，保障农村居民的基本生活。

11月24日 省、州部分人大代表到台江视察工作，副县长李碧云陪同。

12月1—7日 科技副县长杨胜刚率县经贸、文化产业办等部分负责人和银饰、刺绣部分企业代表赴香港参加“2009香港中小企业国际推广博览会”。

12月3—4日 省老龄委有关专家和领导到台江县考察申报“贵州省长寿之乡”工作。

12月4日 成都军区副部长黄勇，省军区副参谋长杜卫和在凯里军分区领导的陪同下，到台江县视察征兵工作。

12 月 7 日 为实施好旅游兴县战略，进一步搞好反排村的旅游开发和宣传推介工作，推动旅游业的快速发展，经县委、县政府研究决定成立方召乡反排村旅游开发工作领导小组，何平勇任组长，杨胜刚、张文英、杨昌智任副组长。

12 月 10 日 台江县风电项目工作促进领导小组办公室为贵州风盈能源科技有限公司进驻台江开发风力发电项目举行揭牌仪式。县委书记杨德涛等领导参加揭牌仪式。

12 月 15 日 县委、县政府联合发出《关于进一步加快旅游业发展的意见》。

12 月 21 日 县政府召开全县农村居民最低生活保障工作会议。会议总结台江县农村低保工作取得的成效和存在的不足，建立起以县为单位的规范、公正、有效的农村低保制度。杨昌彪县长在会上讲话。

2010 年

1 月 6 日 宁波市北仑区民营企业家一行 13 人到台江县革一乡排生村参加“台江北仑善济希望小学竣工仪式”。

1 月 15 日 台江县举行城镇生活污水处理厂运行仪式。该项目新建处理能力 0.3 万吨 / 日，厂区建筑物总面积 440.27 平方米，总用地面积 10.07 亩，项目总投资 2069.44 万元。

3 月 22 日 省委常委、常务副省长王晓东到台江县台拱镇展福村看望受灾的苗族同胞，为苗族同胞送去甘泉水。王晓东看望孤寡老人潘应明老两口，并送上慰问金。

3 月 23—25 日 政协台江县第七届委员会第四次会议在县政协五楼会议室召开，应到会委员 138 名，实到委员 126 名。县委书记杨德涛到会并讲话，会议听取和审议刘耀密主席作的政协常委会工作报告，欧光祥副主席作的提案工作报告。委员列席县人大十五届四次会议。

3 月 24—26 日 台江县第十五届人民代表大会第四次会议在县政协五楼召开，会议听取和审议“一府两院”工作报告。

3 月 28 日 在北京人民大会堂召开的第二届中国县镇绿色发展论坛上，台江县被授予“中国绿色名县”荣誉称号。

4 月 15 日 贵州省首支综合应急救援大队在台江县消防大队挂牌成立。贵州省人民政府应急办副主任金世全、省消防总队参谋长黄东亚、黔东南州公安局局长温贵钦、州消防支队政委戴波参加挂牌仪式，县委书记杨德涛、县有关领导和单位负责人参加仪式。

4 月 27 日 台江县在红阳草场举行风电项目样机试运行仪式。州政协副主席吴荣阳，县委书记杨德涛，县人大常委主任杨伟，县委常委、副县长王刚，县政协副主席杨昌智，广东风盈公司董事长罗意自，珠海中恒通公司董事长余永等州、县领导企业家代表参加运行仪式并剪彩。

4 月 27—28 日 省农业综合开发办公室受国家农业综合开发办公室委托，组织专家评估组，就台江县申报新增国家农业综合开发项目进行考察。考评组通过实地考察、听取汇报、查阅资料后认为，该县具备列为新增国家农业综合开发县的条件，并批准年内以老屯乡项目区 9 个村为起点逐步开展台江县农业综合开发工作。

5 月 8 日 台江县在革一乡工业聚集区隆重举行凯里学院民族医药研究开发中心、新华大地民族医药公司生产基地开工仪式。项目第一期总投资 7000 万元，年产值预计达 3.5 亿元。该项目是首个落户革一工业聚集区革一园区的企业。

5 月 26 日 全省党委督查工作理论研讨会在台江县召开，州委副书记韩卉出席会议并讲话，县委书记杨德涛致辞，来自全省各地、州、市、县党委领导和督查室负责人参加了会议。

5 月 27—28 日 州长李飞跃率州交通、旅游、林业等部门到台江县就旅游公路建设、旅游发展规划等工作进行调研。调研组一行先后深入到南宫翁密河起漂点、红阳草场风电项目、施洞镇等景点，实地察看各景区基础设施、景点布局等各项工作情况，认真听取各相关的工作情况汇报。

5 月 28 日 台江县最大的水利工程——岩寨水电站举行发电庆典仪式，标志着台江县水利水电开发迈上一个新的里程碑。

同日 中央民族大学在台江县施洞镇杨家寨举行了少数民族体育文化研究基地揭牌仪式暨龙舟下水仪式。州委常委、副州长赵至敏等应邀参加揭牌仪式。

6 月 12 日 台江县委书记杨德涛特邀中国科学院博士崔芳鹏、州国土局古生办处处长郜通树，在县经贸、科协等部门负责人的陪同下，到革一大塘村、北方村和南宫森林公园玉龙潭景区对古生物化石群进行考察和调研。

6 月 25 日 “第九届人类学高级论坛暨首届原生态民族文化高峰论坛、海峡两岸圆桌论坛”在凯里开幕后，接着到台江金红阳继续召开。此次会议由凯里学院及人类学高级论坛组委会主办，台江县政府承办。来自台湾高校的教授和国内专家学者共百余人在金红阳生态园会场进行了文化旅游学术交流，台江学者熊克武应邀参会。

8 月 1 日 方召乡反排民族文化旅游村举行揭牌仪式。县委书记杨德涛、县长杨昌彪为反排民族文化旅游村揭牌，县政协主席刘耀密、县委组织部部长游全香分别为反排木鼓舞传承基地、反排村民表演队授牌。

8 月 2 日 县委、县政府在县委会议室召开 2010 年县委军（警）暨国防动员委会议。台江县委书记杨德涛、县长杨昌彪、县政协主席刘耀密、县人大主任杨伟等四大班子领导出席会议。台江县人武部、武警中队、消防大队和县相关单位主要负责人参加会议。会议对县人武部、消防大队、武警中队在全县的维护稳定、应对突发事件、抗洪抢险、防灾救灾、重大节庆安保等工作中发挥的重要作用给予充分肯定。

8 月 9 日 台江县“忠实践行宗旨、勤政廉政为民”教育活动专题辅导报告暨先进人物事迹报告会在县政协五楼会议室举行。县四大班子领导，县直各机关、企事业单位股级以上干部，各乡镇副科级以上领导干部共计 500 余人参加了报告会。报告会由县委常委、县委组织部部长游全香主持。

9 月 16 日 省委巡视四组巡视台江县退休干部座谈会在县政府会议室召开。省委巡视四组副组长、副厅级巡视员葛木兰，州纪委派驻司法局纪检组组长时敏参加了座谈会。

9 月 17 日 省委书记栗战书在省委常委、省委秘书长张群山，黔东南州州委、州政府，省委办公厅负责人的陪同下到台江县南宫乡汪江村、交宫苗寨进行考察。实地调研了特色种植养殖业和乡村旅游发展等情况，并分别同当地干部群众进行座谈。

9 月 19 日 由中国民族旅游文化研究中心主办、国家民委支持、人民网现场直播的中国民族文化旅游品牌发展高峰论坛在北京召开，会上台江县被授予“中国最具民族特色文化旅游名县”称号。

11 月 11 日 省人民政府副省长辛维光率省住房城乡建设厅、省国土厅、省消防总队一行到台江县就廉租房建设情况进行调研。辛维光对台江县高度重视廉租房项目建设工作，并在建设实施中摸索出的售建并举滚动式发展模式予以高度评价。

11 月 25 日 台盘乡南庄村约 300 余名村民组成非法游行请愿队伍，以堵塞、阻断台江县境内的 320 国道和沪昆高速公路的方法示威，阻挠县交通局实施仅差约 50 米左右即可修通路基的南庄通村公路的恢复施工，逼迫县委、县政府另行修建一条缺乏合法性、合理性、必要性和科学性的南庄通村公路的恶性群体性事件。事件发生后，县委、县政府高度重视，立即启动突发事件应急预案。县委书记杨德涛、县人大主任何平勇、县政协主席刘耀密等县党政领导第一时间赶到现场。事件引起省委政法委、省公安厅，州委、州政府、州委政法委领导的高度关注。省委常委、省公安厅厅长崔亚东，州委常委、州政法委书记，副州长张仕福相继作出批示。州委政法委、州公安局、州水利局、州移民办等相关领导亲临现场指导，州公安局紧急从凯里、剑河、麻江抽派警力到台江支持现场处置工作。经州、县参加现场处置的领导和干部同心协力进行宣传、教育、说服、劝解和疏导，16 时 30 分，村民陆续离开现场，返回南庄。17 时，事态平息，公路恢复畅通。

11 月 30 日 省委副书记、省长赵克志在省有关部门负责人的陪同下，到台江县开展调研工作。赵克志现场检查了第二期廉租住房建设情况，深入台拱镇红阳村了解农村危房改造建设情况，并对部分困难群众进行慰问。在听取经济社会发展情况汇报后，赵克志对台江县取得的成绩给予充分肯定。指出台江要按照“快速发展，加快转型，推进跨越”工作思路，借助资源，抢抓机遇，克服困难，扎实推进，实现经济社会又好又快发展。州委主要领导，州委副书记、州长李飞跃，州级有关部门负责人，以及县委书记杨德涛，县委副书记、县长杨昌彪和相关部门负责人陪同调研。

12 月 3 日 省人民政府副省长刘晓凯率省卫生厅一行到台江县，就县医院基础设施建设、合作医疗制度报销、医院创先争优工作等情况进行调研。刘晓凯强调，医院要把各项工作做好，用先进的医技和优质的服务回报社会。

12 月 17 日 台江县召开全县工业发展暨招商引资会议，县委书记杨德涛作重要讲话。县委出台建立“重奖招商引资有功人员”的激励政策，由县财政每年拿出 200 万元建立招商引资基金，奖励招商引资有功人员。对县外有功人员给予物质奖励，对县内招商引资有功人员，除物质上给予奖励外，还在政治上重用，为其干事创业提供更加广阔的舞台。

12 月 27 日 贵州省人大常委会原副主任、省苗学会会长杨光林到台江进行民族文化旅游考察调研，县委书记杨德涛、县人大常委会主任杨伟、副县长杨胜刚以及有关部门负责人陪同考察，杨光林一行先后到施洞镇巴拉河村、施洞苏公馆、码头等地调研。

12 月 30 日 凌晨 1 时 50 分，台江县施洞镇猫坡村上寨发生一起重大火灾，烧毁房屋 40 栋 120 间，受灾 46 户 220 人，经济损失达 180 万元。火灾发生后，台江县紧急筹备和调运救灾物资，及时送到灾区群众手中。

第一篇

地理　建置

台江县位于贵州省东南部，黔东南苗族侗族自治州中部，苗岭主峰雷公山北麓，清水江中游南岸。地处贵州高原东部向湘西丘陵过渡的斜坡地带，境内群山起伏，总体地势由西南向东北徒降。地理位置：北纬26° 24′～26° 53′，东经108° 03′～108° 31′，东南与剑河交界，西南连接雷山，西邻凯里，北与黄平、施秉、镇远毗邻。南北长50.4公里，东西宽36.7公里，面积为1108平方公里，县人民政府驻台拱镇，距州府凯里47公里。

第一章　自然地理

第一节　地质　地层

一、地质

台江县地处两个一级大地构造单元的接壤地带，大致以施洞口断裂带为界，东南侧属华南褶皱带，西北侧为扬子准地台，两者地层分布、构造形态均有明显差异。华南褶皱带范围内主要出露下江群浅变质岩，扬子准地台区分布了早古生代碳酸盐岩及粗—细碎屑岩。地质构造形态也有一定差异：华南褶皱带在县境内主要是雷公山复背斜，扬子区主要是一组北东向断裂构造，地层多呈单斜构造。

主要的褶皱构造（自西而东）有青岗背斜、三穗向斜（境内的台江—革东段）、新寨背斜、雷公坪向斜、提庆背斜等；主要的断裂构造有施洞口断裂、料洞断裂（施秉向县境延伸部分）、革东断裂、昂因断裂（剑河向县境延伸部分）等。

二、地层

台江地层大致分为下江群、震旦系、寒武系、奥陶系、志留系、白垩系、第四系等地层。

下江群　甲路组由千枚岩、绢云母板岩、钙质千枚岩组成，下部夹透晶状绢云母大理岩；乌叶组由变余粉——细砂岩、粉砂质板岩及黑色灰质绢云母板岩、绢云母千枚岩组成，上部夹变余砂岩及变余凝灰岩；方召组命名于台江方召，为变余砂岩与绢云母板岩互层，夹少量凝灰质板岩；清水江组主要由变余砂岩、凝灰质板岩、变余凝灰岩、变余层凝灰岩组成，夹变余砂岩、粉砂质板岩等；平略组由绢云母板岩、粉砂质绢云母板岩、中部夹变余沙岩及沙砾岩透晶体组成。

震旦系　分布在台江城郊——五河一带。由页岩、灰质页岩及沙砾岩组成，上部有数米厚的白云岩。

寒武系　下部为页岩、灰质页岩夹少量石英砂岩，中及上部以白云岩及白云质灰岩、少量灰岩组成，底部有薄层硅质岩。硅质岩之上产磷矿及石煤。分布于台江—革东及施洞口断层以西。

奥陶系　仅有下统，由白云岩、石灰岩及泥灰岩、钙质页岩、钙质矿岩组成。中部石灰岩是优质水泥原料。分布于施洞口断层以西的西部边境。

志留系　仅在大寨以西边境地带小片出露。岩性主要有页岩、砂岩、粉砂岩等，上部夹灰岩透晶体。

白垩系　见于石板桥等地。由砖红色砾岩、钙质砂岩组成。

第四系　沿河流、沟谷有沙砾层堆积，缓坡地带有坡积，残积亚黏土、沙土等堆积物。

第二节 地貌

台江县城位于苗岭山区的北段，山体走向受地质构造及地层、岩石的制约而多呈北东—南西向展布。总的地势由南西向北东（清水江）倾斜。县境西部一带的最高山峰海拔1468米。在南北长约60公里的范围内，按海拔高度可划分出三个台阶：西南部山峰顶面高程在海拔1500米左右，宽数公里，向东北有一个数公里宽的斜坡；之后进入第二台阶，其山峰顶面在海拔1300米左右；第三台阶大致在养你坡—方召一线以北，地势突降到海拔1000米左右，直至清水江边。清水江及其主要支流翁你河、小江河（巴拉河）是在1000米台面基础上强烈而下发育起来的。

地貌大致为剥蚀、侵蚀中山、溶蚀及河谷三个不同的地貌类型区。中山区施洞口断层西北的绝大部分地区，其地貌特征是：出露地层为粗—细碎屑岩和浅岩、浅变质凝灰岩，各地层中岩石软、硬相间产出，并发育有北东向断层，除造勺东北向排列外，亦造成中等切割的沟谷，山顶形态多呈尖顶山、圆顶山，平顶脊状山则表现为刃状；山坡为凸坡；谷窄壁陡，多为“V”形谷，常见嶂谷、峡谷。此区内相对高差（切割深度）常达500米，属中切割中山地貌。貌区主要分布在施洞口—洋桃—龙井街以西地区，该区分布寒武系—奥陶系碳酸盐地表水及地下水双重溶蚀作用，形成一系列岩溶地貌景观，如溶丘、峰丛、溶沟、溶洞等。大塘及古羊溶洞长数公里，最宽处可达10～20米，内有石笋、石钟乳，形成地下河。岩溶区地势较低，海拔在1000米以下，切割深度在50～200米。貌区（成因类型属构造侵蚀地形及侵蚀堆积地形）的范围包括主流清水江及翁你河的两侧，呈长条带状展布。河水流向常受地层、构造的制约，即河间断层和软弱地层的控制。上述河流均为成形河。河谷特征是谷坡陡、谷底平，瀑在地层岩石软弱或构造交会地段，形成一定规模的河谷盆地。较大的河谷盆地平兆、革东等河谷盆地，宽200～500米，长大约1公里，支流的南市—南省地段河床宽1公里左右，河曲发育并见牛桅湖。干流及主支流发育了河漫滩、可流堆积阶地。各级阶地的比高及性质见表1–1。

台江县河流阶地的参数及性质一览表

表1–1　　单位：米

名　称	比　高	性　质	堆积物
五阶地	70～80	基座阶地	残留砾石
四阶地	40	基座阶地	沙砾层及亚黏土、黏土
三阶地	25	基座阶地	沙砾层及亚黏土
二阶地	10～15	嵌入阶地	沙砾层及亚黏土、亚沙土
一阶地	4～7	嵌入阶地	沙砾层及沙土、亚沙土
漫　滩	＜2	—	沙砾层或有少量沙土

一、山脉、山峰

山脉　台江县在雷公山北麓，境的山脉主要有两条，一条是掌水坪山脉及其分脉，一条是南刀坡山脉。掌水坪山脉由西向东走向，一条走台拱镇红阳村形成红阳山群，在红阳山群中分一支走昌明坳形成昌明坳山群。在昌明坳山顶分若干支。主干有：一支走方召乡巫苏村四登山形成四登山群，在四登山群中分两支，一支走剑河县久吉村，一支走黑山下南宫乡交下村交迷河边。一支走方召乡，在方召播香肚山群中分数支，分支后一支走台拱镇养茂山，一支走到老屯乡的巴拉河边，一支走到施洞镇的猫坡山，一直下到清水江边。南刀坡山脉由南向北走向，北坡走雷山县空拜，蜿蜒到县境的排羊乡分两支，一支走翁开形成翁开山群，主干支走台盘乡阳芳村的巴拉河边；另一只走台拱镇番省形成掌福山群，主干山脉向北走到老屯乡巴拉河与翁你河的交汇处。革一播养大山脉是从凯里市三棵树镇的板溪境内伸延出来，经县境台盘乡棉花坪村，形成古养山往北延伸至革一大寨后山，形成播养大山群，分出若干小山脉，其中延伸至施洞镇喊天坡山是最长的山脉。

养茂坡山脉。位于台拱镇水井村高寨东南部，主峰高 1037 米。养茂山脉始于方召乡播香肚主峰，是黄茅岭山脉的姊妹山脉，延至养茂分三支：一支往回至台江县城大炮台，一支下至南冬村的翁你河边，一支走老屯乡坝场村。

翁岗白山脉。位于台盘乡翁香上寨西面，主峰高 1260 米。翁岗白山脉上至排羊乡南刀村，下至台盘乡阳芳村巴拉河，全长 53 公里，居住有上南村、下南村、九摆村、排羊村、岩寨村、小江村、排内村、阳芳村。发源小江溪、九摆溪、翁你河、排内溪等支流。

播养瓦山脉。位于排羊乡境九摆（寨）西面，主峰高 1147 米。播养瓦山脉与翁岗白山脉在九摆村境内分出，下走排羊乡的白鸡山、台乐、大唐、排扎村的翁你河河面，全长 28 公里，最高山峰是翁扳鸡山，海拔 1333 米。

播南刀山脉。位于排羊乡南刀寨东面，主峰高 1842.4 米，因山靠南刀村故名。播南刀山脉由西南走向西北，在九摆村境内分出两支，一支是翁岗白山脉，一支是播养瓦山脉。发源翁你河、九摆河。

养嘎宏山脉。位于台拱镇翁腮白寨南面，主峰高 1752 米。养嘎宏山脉是雷公山北麓的一支主要山脉，从雷公坪至掌水坪分出两支，西南至东北走向支洋嘎宏山脉，西南向东南走向是翁拜山脉。洋嘎宏山脉分支由西南向西北的有养你山山脉，由西南向东北走向的有昌明坳山脉、播笨山脉、九龙坡山脉、播香肚山脉、养茂山山脉等，几乎覆盖了台江县、剑河县。

养你山山脉。养你山山脉上至洋嘎宏山，下至翁你河与翁相溪交汇处，全长 28 公里。发源翁相溪、翁腮溪支流，汇入翁你河，注入巴拉河。居住有红寨、翁腮、展坐、四柳 4 个村和 7 个自然寨。

播蒿山脉。播蒿山脉至洋嘎宏坡有三支分脉：一支迂回走形成“播养陆”山脉，与养你山山脉形成姊妹山脉，以红阳溪和交片溪为分岭，下至大岩沟与翁你河会合，全长 31 公里，居住有红阳、交片苗寨，孕育交片溪、红阳溪；一支往东北走，经播福到方召乡覃高堡的播香肚分支（一支称“排条”分支山脉，全长 63 公里，孕育交片溪、巫脚溪；一支称“黄茅岭”分支山脉，全长 15 公里，孕育翁当溪和巫备溪）；一支称“养茂”山脉，与黄茅岭山脉为姊妹山脉，从黄茅岭中段分出，至剑河县方柳塘和台江县的交孟寨山凹。

掌水坪山脉。位于南宫乡交密村西南面，主峰高 1980 米。掌水坪山脉下走交密村东龙凹，上升到展丰山至松该玉凹（地名），下至翁密河与南宫河的交汇处，全长 60 余公里。孕育南宫河和翁密河，是南宫河的发源之地。

九坡山脉。位于方召乡东部，主峰高 1275 米。起于昌明坳山脉，经乌苏、巫脚交、反排、巫脚南、反排至交汪村的九龙坡，直到剑河县都江的清水江面。

白当坡山脉。昌明坳山脉的分支，至方召乡巫脚村与李子村交界分支，一支往台拱镇展下村至白当坡，全长 20 余公里，主峰海拔 1318 米。发源李子溪。

报信山山脉。始于排羊乡南刀坡，下到雷山麻料（地名），委延至排羊乡的岩寨村，走台拱镇大德村，过排朗村升延到展福村，下到老屯的岩寨村巴拉河河面，全长 90 余公里，主峰 1121 米。其山脉是巴拉河和翁你河的分水岭，发源翁你河及其支流。

播养太山脉。始于雷公山主峰，山脉顺巴拉河委延至凯里市三棵树镇，走格冲、棉花坪、古养至革一大寨的播养太，称播养太山脉，主峰高 1105 米。在革一大寨万人坑分支，一支走良田下到施洞喊天坡，称喊天坡山脉，全长260余公里，覆盖雷山、凯里、台江三县，是清水江和巴拉河的分水岭；另一支走老屯乡，委延至施洞镇巴拉河村，即巴拉河与清水江交汇处，称黄泡岭山脉。

山　峰　台江县的山峰主要分布在县境西南面，其次在东南。最高的山峰是南刀坡，海拔1980米，海拔1000米以上的山峰有47座，有29山峰为军事航空坐标。西南山峰海拔在1300米以上，红阳万亩草场系“群雄汇聚”之地，风力资源十分丰富。100米以上主要山峰如下。

养茂坡。位于台拱镇南省村境东南部，主峰高1037米。

翁岗白。位于台盘乡翁香上寨西面，主峰高1260米，原称为翁冈排。

播养瓦。位于排羊乡境九摆（寨），主峰高1147米。原称为养瓦坡。

翁扳鸡。位于排羊乡白基杉南面，主峰高1333米。因山脚下有翁鸡沟得名。

播南刀。位于排羊乡南刀寨东面，主峰高1842.4米。因山靠南刀村故名。原称为南刀坡。

养恩马。位于排羊南刀寨北面，主峰高1529米。

养嘎宏。位于台拱镇翁腮白寨南面，主峰高1752米。原称为洋皆宏坡。

播果。位于排羊南刀寨东北面，主峰高1723.5米。原称为波果。

白皆腮。位于台拱镇红阳翁腮白寨西面，主峰高1444米。

播掌喜。位于排羊乡掌喜村南面故名。主峰高1081米。原称为展洗坡。

播蒿。位于台拱镇登交乡境内，海拔1341米。原称为昌明坳。

播掌下。位于台拱镇登交村掌下寨西南，主峰高1249米。原称为展下坡。

播养秀。位于南宫乡皆闹寨西面，主峰高1101米。原称为养秀坡。

播交晒。位于南宫乡皆闹寨西面，主峰高1511米。原称为焦洒坡。

掌水坪坡。位于南宫乡交密村西南面，主峰高1980米。

掌阿就山。位于南宫乡松皆玉（寨）屋脊，主峰高1270.4米。

黑山。位于南宫乡养开寨南面，主峰高1358米。

养下坡。位于南宫乡松照寨东面，主峰高1053米。

交系坡。位于南宫乡皆利寨南面（与剑河交界处），主峰高1413米。原称为鸠系坡。

播养轰。位于南宫乡交下村东面，主峰高1223米。原称为交下坡。

播固吾。位于南宫乡交下村西北面，主峰高1321米。原称为羊白坡。

松九里坡。位于南宫乡拥党村东北面，主峰高1167米。

白秀坡。位于南宫乡拥党村北面，主峰高1309米。

播长溜。位于南宫乡拥党村北面，主峰高1330米。

猫坡。位于施洞镇平兆村白秀寨西面，主峰高1150米。

养你坡。位于台拱镇红阳村西部，主峰高1021米。

皆同白。位于排羊乡境内，主峰高1050米。原称为甘同八。

养播太。位于革一乡境内，主峰高1105米。原称为报北太。

播信山。位于老屯乡报效村境内，主峰高1121米。

播沙碾。位于台拱镇南省村境内，主峰高1116米。原称为报沙岭。

播开吼。主峰高1053米。

交片山。位于台拱镇登交村境内，主峰离1471米。

猫鼻岭。位于施洞镇平兆村境内，主峰高1073米。

白秀那。位于台拱镇红阳村西南部，主峰高1741米。原称为伯秀沙坡。

播九生。位于方召乡东部，主峰高1275米。有军事三脚架。原称为九龙坡。

播福山。位于方召乡巫脚村西部，主峰高1318米。

播乃谢。位于方召乡巫脚村与台拱镇登交村之间，主峰高 1369 米。原称为昂谢坡。

白果斗利。位于方召乡巫梭村四登寨背后，主峰高 1433 米。

翁皆满。位于方召乡交汪寨与剑河县翁溜寨之间，主峰高 1209 米。

白就山。位于台拱镇红阳村西南，主峰高 1582 米。原称为芭蕉坡。

播养浓。位于台拱镇红阳村东面，主峰高 1515 米。原称为波卧坡。

翁该坡。位于台拱镇红阳村东北面，主峰高 1382 米。

掌陇坡。位于老屯乡坝场村境内，主峰高 1192.5 米。

二、湿地

台江零星湿地区共有湿地斑块 40 个，湿地总面积 1291.6 公顷。占全县总面积 108370 公顷的 1.19%，其湿地类型有永久性河流、库塘和洪泛平原 3 类，湿地类型相对单一，湿地资源相对贫乏。全县湿地以永久性河流湿地为主，面积 1100.3 公顷；其次为库塘，面积 172.5 公顷；最少为洪泛平原湿地，面积 18.8 公顷。40 个湿地斑块中，最大湿地斑块为清水江，面积 268.9 公顷；最小湿地斑块为昂英溪，面积 2.4 公顷。

受喀斯特地形地貌的影响，全县湿地分布与地形地貌特征基本吻合。河流基本为西东走向，向东汇入清水江。库塘为筑坝拦蓄河流而成，最大库塘为岩寨水库，面积 133.7 公顷。

多年来，台江县对湿地进行开发利用，已建的岩寨水库、滥塘水库、杨家沟水库等库塘湿地，是人为修建的拦蓄设施，蓄存河流湿地水资源，以保障人畜饮水、企业生产、旅游开发、农田灌溉等经济社会发展活动的用水需求。在全区湿地斑块中；尤以巴拉河的开发利用负荷最重，从最初的垂钓撒网，到今天的修建拦蓄设施发电，正逐步渗透和改变着巴拉河的物种结构、功能结构、生态效用。

台江县零星湿地区还是少数苗族集中地区，有南宫乡原始森林漂流景点，保护好、利用好、开发好台江县零星湿地区湿地资源，对推动台江旅游发展、维护生态安全、促进科学发展具有重要的现实意义。

第三节　土地　土壤

一、土地类型与分布

台江县土地总面积为 1108 平方公里，其中山地面积 1011 平方公里，占土地总面积的 83.88%。有中山、低中山和中低山、低山山地。中山山地分布于南部的排羊、南刀、红阳、汪江、交宫、党道、掌包、掌窝、翁腮、方召一带，绝对高度一般在 1200 米以上，相对高差 400～900 米，由下江群砂岩组成。山地多呈南北向排列。属于深切割构造山地类型。低中山、中低山山地分布于南部的南宫、东扛、交密；东部的方召、麻栗、宝贡、坝场；西部的排羊、棉花坪；中部的番省等地。绝对高度在 800～1200 米之间，相对高度 400～800 米，由下江群砂岩和古生代砂页岩组成，属深切割侵蚀类低中山、中低山。低山山地分布于北部的施洞、四新、良田、老屯、大塘、革一；中部的南省、南瓦及巴拉河；南部的翁密河流域沿岸地带。绝对高度 600～800 米，相对高度 300～400 米，由下江群砂岩组成，属于深切割侵蚀低山。各类山地均盛产松、杉、油桐。

丘陵分布于县境的大塘至革一一线的西北部，及革一至台盘的山麓地带，海拔高度 500～800 米，相对高度小于 200 米，由寒武系白云岩、白云质砂岩、泥质白云岩等组成低山丘陵，属粮油及经济作物产区。

坝子分布于清水江、巴拉河、翁你河及20条小溪沿岸的施洞、榕山、台拱等地的宽谷地带，形成小坝子，属侵蚀盆地或侵蚀—溶蚀盆地，盆地中心多为石灰岩，四周或边缘为下江群砂页岩，由石灰岩溶蚀洼地发育而来。盆地内部平坦，河曲发育均有三级阶地，为县内的主要稻油产区。

台江的土地主要分为耕地、林地、住宅、交通、水域、园地、牧地和未开发利用的荒地。耕作占地93平方公里，占总土地面积7.72%。农业人口人均耕地0.07公顷，劳动力人均耕地0.18公顷，其中田13613公顷，农业人口人均0.022公顷，旱地2360公顷，农业人口人均0.018公顷。林地面积53946.6公顷，占总土地面积44.7%，农业人口人均占有林地0.43公顷。疏林地23446公顷，灌木林地3160公顷，未成林造林地733公顷，迹地1093公顷。住宅用地632.5公顷，占总土地面积的0.53%。人均住房占0.005公顷。交通用地共306公顷，占总土地面积的0.25%，其中公路190公顷，农村道路116.2公顷。水域共1746.7公顷，占总土地面积的1.45%，其中河流1493公顷，水库面积370.9公顷。山沟渠207.7公顷，占总土地面积的0.21%。草地面积41333公顷，占总土地面积的16.37%，其中天然草场19493公顷，人工草地253公顷。荒地34666公顷，占总土地面积的28.74%，其中宜林地19406公顷，宜牧地15260公顷。

二、土壤类型与分布

台江总土地面积1206平方公里，分为5个土纲、6个土类、10个亚类、25个土种。计有自然土面积100.7平方公里，占总土地面积的8.35%；旱作土面积23.6平方公里，占总土地面积1.96%；水稻土面积69平方公里，占总土地面积的5.7%。

自然土　山地黄棕壤分布在冷凉地区和海拔1400～1800米的南部地区，面积为58平方公里。主要由砂页岩风化而成，质地在中壤和重壤之间。有硅质黄棕壤和硅铝质黄棕壤两个土属。硅质黄棕壤主要分布在红阳、南刀、大塘、大红寨、翁脮、石灰河等地，面积43.8平方公里，由砂岩残坡积物发育而成。其物理化学特征为：土层浅薄，在40～80厘米之间，剖面层次较明显，轻、重壤小块状结构，通透性好，肥力较差。表层有机质含量为9.4%。全氮含量为0.45%，速效磷为4ppm，速效钾为205ppm，pH值为4.7，呈酸性反应。硅铝质黄棕壤主要分布在石灰河、登交仓门坳、交片坡等处，面积106.3平方公里。由砂岩、页岩风化发育而成。其物理化学特征为：土壤呈现A、B、C构型，深度在60～70厘米之间。A层呈灰黄，粒状结构，pH值为4.7；B层呈淡黄，块状结构：C层呈棕黄，重壤，块状结构。有机质含量在7.2%～10.29%之间，全氮含量为0.28～0.35之间，速效磷为25ppm，速效钾在94～178ppm之间，pH值在4.2～5之间。

黄壤土　属地带性土壤，全县各地均有分布，总面积为860.8平方公里。有黄壤一个亚类和三个土属。硅质黄壤面积为411.5平方公里，由砂岩残坡积物发育而成，全县各地均有分布。其物理化学特征为：土层平均厚度为75厘米，粒状或块状结构。有机质含量为3.03%，全氮含量在0.08%～0.23%之间，速效磷在2～4ppm，速效钾在73～241ppm之间，pH值在4.7～6.1之间，呈酸性和微酸性反应，土壤肥力较差。硅铁质黄壤面积为60平方公里，由粉砂质板岩残坡积物发育而成，分布于交包、掌里、巫脚南、方白等地。其物理化学特征为：土层深度在35～80厘米之间，呈现A、B、C构型。A层灰黄，质地轻黏，粒状结构；B层棕黄，重黏，块状结构；C层多数情况为半风化母质。有机质含量在3.36%～7.08%之间。全氮含量在0.15%～0.27%之间，速效磷在2～4ppm之间，速效钾在114～188ppm之间，砾石含量在2%～2.6%之间。硅铝质黄壤面积为323.9平方公里，由砂页岩残坡堆积物发育而成，全县各地均有分布。其物理化学特征为：土层厚度在30～85厘米之间，呈现A、B、C构型。A层灰黄轻壤，粒状结构；B层灰黄中壤和粒状结构；C层为黄色半风化母质。有机质含量变化幅度在1.61%～6.78%之间，全氮含量在0.08%～0.23%之间，速效磷在2～3ppm之间，速效钾在82～205ppm，pH值在4.1～5.8之间，全剖面呈酸性反应。

石灰土 面积为76平方公里，分布在台盘、大塘、革一等地，由白云质灰岩风化而成，有黄包、淋溶黄包和次生黄包三个石灰土属。黄色石灰土面积为9.6平方公里，由石灰岩、白云岩风化发育而成，主要分布在大塘、良田、革一等地。其物理化学特征为：土层厚度在60～80厘米之间，呈A、B、C构型，A层暗灰包，轻黏，块状结构；B层灰黄包，重黏，核状结构：C层由半风化母质发育而成。有机质含量在1.9%～6.8%之间，全氮含量0.21%，速效磷为3ppm，速效钾在72～241ppm之间，pH值为7.5，可营造耐碱的柏木、构树、白杨、核桃、油桐等树种。淋溶黄色石灰土面积为53平方公里，由石灰岩、白云质灰岩残坡积物发育而成，主要分布在台盘、革一和革东等地。其物理化学特征为：土层厚度在50～80厘米之间，A层黄灰包，轻黏至重黏，核粒状结构；B层中黏，块状结构；C层为同源母质。有机质含量为4%左右，全氮含量在0.1%～0.25%之间，速效磷在3ppm左右，速效钾在72～197ppm之间，pH值在5.3～8之间，宜发展核桃、板栗、漆树等经济林。次生黄包石灰土面积为13.6平方公里，由石灰岩、白云质灰岩残积和坡积物发育而成，主要分布在革一和大塘等地。其物理化学特征为：土层深度在30～67厘米之间，剖面层次发育不明显，灰黄包中黏，粒状结构。有机质含量在3.02%～5.9%之间，全氮含量在0.13%～0.24%之间，速效磷为2ppm，速效钾为160ppm。

紫色土 面积为10.5平方公里，零星分布在番省、排羊等地。主要由硅质紫色砂岩和酸性紫包砂岩的残积物发育而成，有紫色沙土和酸性紫包沙土两个土属。其物理化学特征是：土层较薄，质地疏松，土体夹半风化母质碎屑多，易受侵蚀，呈A、B、C构型。A层暗紫色，中黏；B层紫色，重壤粒状结构；C层系半风化母质。有机质含量在1.65%～3.23%之间，全氮含量为0.24%，速效磷在2.5ppm左右，速效钾在81～143ppm之间，pH值在5左右，呈酸性反应，平缓处可开垦作农地，陡坡处宜发展油茶、油桐、生漆、松杉等经济林。

黄泥土 面积为16.7平方公里，广泛分布在全县的山腰、山脚、谷地及河流两岸，由黄壤垦殖后熟化而成，有黄泥土、黄沙泥土和石沙土3个土属。黄泥土面积为0.95平方公里，主要分布在台盘、革一、番省、东扛、巫脚等地，由硅铁质黄壤和硅铝质黄壤开垦耕作熟化而成。其物理化学特征为：耕层厚度在13～25厘米之间，灰黄色，块粒状结构，轻黏。有机质含量在1.57%～8.7%之间，全氮含量在4.5%左右，速效磷在2～42ppm之间，速效钾在61～281ppm之间，pH值在4.7～7.1之间，土质带黏对作物生长有一定限制。黄沙泥土面积为12平方公里，由硅质或硅铝质黄壤开垦熟化而成，成土母质为砂岩、砂页岩，有黄油沙土、黄沙泥土和豆面泥土3个土种。其物理化学特征是：耕层厚度在80～100厘米之间，质地轻，通透性良好，保水保肥能力较差。有机质含量在2.18%～3.29%之间，全氮含量在0.13%～0.18%之间，速效磷为15ppm左右，速效钾在134～195ppm之间，pH值在5.8～6.4之间。呈酸性反应。石砂土面积仅为649亩，零星分布在宝贡、番省、排羊和南宫等地。由硅质、硅铝质黄壤开垦而成。云土母岩为砂岩、砂页岩，有火石沙土、扁沙土和石渣子土3个土种。其物理化学特征为：耕层厚度为15厘米左右，质地为石砂或沙土，砾石含量高达25%～55.3%。有机质含量在5.5%左右，全氮含量在0.16%左右，速效磷为6.5ppm，速效钾为94～125ppm，pH值在5.5左右。剖面发育不明显，漏水、漏泥、漏肥严重，对作物生长极不理想，产量低而不稳定。

大土泥土 大土泥土面积为5.5平方公里，分布在革一、大塘、台盘等地，由石灰土类垦殖熟化而成。有大土泥、小土泥和白沙土3个土属。大土泥土面积为3.27平方公里，分布在台盘、革一、大塘等地，由灰岩坡积物母质发育的黄色石灰土垦殖熟化而成。有黑油沙土、大土泥土和岩泥土3个土种。其物理化学特征为：土层厚度在80厘米左右，耕层深度在15～20厘米，质地重黏，团粒或小块结构。有机质含量在3.3%左右，全氮含量为1.9%左右，速效磷为9ppm，速效钾在62～216ppm，pH值在7～8.1之间，呈中性或弱碱反应，保肥保水能力强，宜种性广，常为一年

两熟，是较好的旱作土。小土泥土面积为0.87平方公里，主要分布在革东和宝贡等地，由石灰岩山麓的次生黄色石灰土垦殖而成，土壤呈中性或微酸，熟化程度高，保水保肥力强，宜种玉米、小麦、油菜。白沙土面积为0.43平方公里，主要分布在革一和大塘等地，由白云岩或白云质灰岩风化成的黄色石灰土开垦而成，其特点是地势高，坡度大，水土流失较为严重，石砂含量多。耕种作物产量一般。

紫泥土　紫泥土面积为0.54平方公里，主要分布在台盘、排羊等地，属于岩性土，有紫色土和紫沙土两个土属。紫色土面积0.2平方公里，主要分布在台盘，由中性紫色页岩坡积物垦殖而成，地势高，坡度大，易受冲刷，质地疏松，结构不良，肥力差，具有浅薄的特征，作物生长不良。紫沙土面积为314亩，主要分布在排羊等地，由酸性紫色砂页岩母质风化发育成的酸性紫色砂土垦殖而成，有紫油沙土和紫沙土两个土种。其物理化学特征为：土层薄、耕层厚，夹半风化母质碎块多，暗紫或紫色，轻壤或重壤。粒状与块状混合。有机质含量在2%左右，全氮0.11%，速效磷为6.5ppm，速效钾为165ppm，pH值在5～6.2之间，呈酸性反应，砾石含量高达31%，耕作种植差。

潮土　潮土面积为0.46平方公里，主要分布在施洞、老屯和台盘等地的河流两岸，由近代河流冲积物开垦耕作而成。其物理化学特征为：土壤含砂较重，剖面层次不明显，土层厚度为80～100厘米，耕层深度在17～28厘米之间，粒状结构，质地为沙壤。有机质含量为1.77%，含氮0.11%，速效磷为132ppm，pH值在6.3～7之间，呈中性或弱酸性反应，砾石含量为1.6%。

淹育型水稻土　淹育型水稻土面积为26.4平方公里，土壤剖面为A、B、C构型。有螃坡黄泥田和大泥田两个土属。螃坡黄泥田面积为25.5平方公里，除巫脚之外，其余各地均有分布，由黄壤或黄泥土水耕而成。有死黄泥、寡黄泥和黄沙泥3个土种。其物理化学特征为：耕层较浅，质地重黏，漏水漏泥严重。有机质含量在1.8%～8.3%之间，全氮在0.24%，速效磷9ppm，速效钾150ppm，pH值为5.1，呈酸性反应。大泥田面积为0.89平方公里，主要分布在革一、革东、五河、台盘等地，由黄色石灰土和大土泥土水耕而成。有黄大泥、大泥、苦大泥3个土种。其物理化学特征为：质地轻黏至重黏，粒状或块状结构，灰黄至棕黄色。有机质含量在0.16%左右，速效磷17ppm，速效钾133ppm，pH值为7.1，呈中性反应，砾石含量为4.7%，水耕起浆，保水保肥较好。

潴育型水稻土　潴育型水稻土面积为39.5平方公里，土层深，结构好，层次明显，剖面构型多为A、B、C型，有大眼泥田、黄泥田、紫泥田、潮泥田、冲沟沙泥田和冷水田6个土属。黄泥田面积为16.6平方公里，主要分布在四新、登交、报效、排羊、交下、巫脚等地，由黄泥土和螃坡黄泥田水耕熟化而成。有黄泥田、黄胶泥田、小黄泥田和黄沙泥田4个土种。其物理化学特征是：土层厚度30～50厘米，耕层深度在16～25厘米之间，黄灰色，轻黏至重黏，带锈纹或锈斑。耕层有机质在3.5%～5.5%之间，全氮在0.18%～0.24%之间，速效磷7～21ppm，速效钾138～177ppm，pH值为4.9～5.6，呈酸性反应，宜耕宜种宜肥，是高产稻田之一。大眼泥田面积为4.3平方公里。主要分布在革一、台盘、四新等地的灰岩地区的岩溶坝地、槽谷地及坡脚，由石灰土和螃坡大泥田长期水耕而成，有大眼泥田和龙凤大眼泥田两个土种。其物理化学特征为：土层厚度为60～80厘米，耕层厚20厘米左右，灰黄至暗黄色，轻黏至重黏，粒状和块状结构混合。有机质和全氮量较高，pH值小于7，呈酸性反应，系稳产高产农田。紫泥田面积为0.6平方公里，主要分布在番省等地的酸性紫色砂页岩的坡脚、山冲、坝地，由紫色土、紫泥土和血肝泥土水耕熟化而成。有紫泥田、紫油沙泥田和溅泥田3个土种。质地适中，疏松宜耕，保水保肥供肥性好，为一年两熟高产农田。潮泥田面积为6.1平方公里。主要分布在施洞、老屯、排羊、台浓、台拱等地的河流两岸，多由近代河流中冲积物质或潮泥土水耕而成。有潮沙泥田、潮泥田和黑潮泥田3个土种。质地疏松，粒状结构，土层厚度在80～100厘米乏间。有机质含量在2.7%～5.5%之间，全氮含量在0.15%～0.25%之间，速效磷为13ppm，速效钾为113ppm，pH值为5.8，呈酸性反应。排灌方便，保水保肥，禾苗长势好，多为一年两熟多产田。冲沟沙泥田面积为 11.7 平方公里，主要分布在四新、坝场、台浓、交密、排羊等地的沟谷、小溪两岸，均为冲积物、洪积物和坡积物母质发育而成。有冲沟粗沙田、冲沟细沙田、冲沟黑沙田 3 个土种，其物理化学特征为：沙性重，多砾石，土层厚度在 30～60 厘米之间。耕层厚度在 15～20 厘米之间，灰色或黄灰色，粒状结构。有机质含量在 4.2% 左右，全氮含量平均为 0.29%，速效钾在 113～199ppm 之间，pH 值平均 5.5，呈酸性反应。冷水田面积为 0.18 平方公里，零星分布在宝贡、良田、大塘、革一等地的阴山峡沟和坡脚地段，成土母质为砂页岩。其物理化学特征为：土层厚度为 45 厘米，井层厚度为 15 厘米，灰色重壤，粒状结构；有机质含量 3.42%，全氮含量为 0.18%，速效磷为 4ppm，速效钾 114ppm，pH 值 5.2，量酸性反应。砾石含量 4%。

潜育型及渗育型水稻土　潜育型及渗育型水稻土面积 3.5 平方公里，分布在各地平坝低洼和槽谷沟边，其特点为地下水位较高，地表水与地下水季节性交替，犁层下出现青泥层，影响水稻生长。有鸭屎泥田、冷浸田、烂泥田、矿毒田 4 个土属。鸭屎泥田面积仅 0.13 平方公里，零星分布在台盘、革一、大塘、施洞、良田等地。由大眼泥田长期泡冬退化而成。犁时不翻坯，脱水后胶结紧实，不易分散，灌水后出现外湿内干的泥团，形似鸭屎状，土性冷，通透性差，供肥力前劲差，后劲好，栽秧后返青慢，分蘖少，易坐兜。后期易贪青晚熟，属于中下等稻田。冷浸田面积 1.42 平方公里，主要分布在东扛、红阳、巫脚、交密、南刀等地，由砾岩坡积物或冲积物母质水耕而成，有冷浸田和冷沙田两个土种。土层厚度在 40～60 厘米左右，耕层厚度在 17～35 厘米之间，灰色或青灰色，重壤，粒状或块状结构；有机质含量高，全氮、速效磷钾含量低，呈碱性反应，属下等稻田。烂泥水稻土面积 0.34 平方公里，零星分布在台浓、南省、革一、大塘等地，多数由腐殖质沼泽土或淤泥沼泽土水耕而成，有烂泥田和浅脚烂泥田两个土种。耕层泥脚深，青灰至暗灰，犁层不发育，烂泥层以下为强度潜育层，耕作十分困难，宜肥宜种均差，秧苗返青迟，有烂根、坐兜返红现象。矿毒型水稻土面积 1.3 平方公里，主要分布在排羊、台浓、台盘、南瓦等地，由煤层浸出的酸性锈水和铁矿水浸灌稻田而成，有锈田、烂锈田知锈水田 3 个土种。其共同特征是均含锈毒，土壤表层面浮有铁质化合物，形成油质锈膜或绣色絮状物，严重影响水稻的正常生长，锈毒严重的稻田有种无收。

第二章　自然资源

第一节　气候资源

一、日照

台江县 1991 年日照时数 1195.3 小时，2010 年日照数为 1110.6 小时。县城附近年平均日照时数为 1236.3 小时。1991—2010 年日照最多是 1992 年，为 1412.7 小时；最少是 2008 年，为 889.9 小时。日平均日照 4 小时，处于全国低值区。全县日照时空分布不均，北部日照时数多，南部时数少；夏季最多为 472.8 小时，占全年总日照数的 33.8%，冬季最少为 167.6 小时，占全年日照时数 11.4%；7 月最多，为 182.7 小时，占全年总日照时数 15%；1 月最少，为 51 小时，占全年总日照时数 4%。其中，大于或等于 10℃期间是日照时数为 980 小时，占全年总日照时数的 79%。

二、太阳辐射

县城附近太阳年总辐射平均值为 86.48 千卡 / 平方厘米，其中最多是 1991 年，为 98.37 千平方厘米，最少是 1996 年，为 56.28 千卡 / 平方厘米。按季节比较，夏季最多，辐射量平均为 32.28 千卡 / 平方厘米，占年平均总辐射量的 39.6%；冬季最少，平均为 12.38 千卡 / 平方厘米，占年平均总辐射量的 14.1%。按月份比较，7 月太阳辐射量最高，平均为 56 千卡 / 平方厘米，占年平均总辐射量的 14.1%；12 月太阳辐射量最低，平均为 4.03 千卡 / 平方厘米，占年平均总辐射量的 4.8%。大于或等于 10℃期间的年总辐射量平均为 64.12 千卡 / 平方厘米，占年总辐射量平均值的 78.89%。

三、气温

境内北部、中部和南部气温有明显差异。北部温热地区，包括清水江沿岸和巴拉河下游的南哨、四新、旧州、八更、柏梓坪、方寨、施洞街、偏寨、巴拉河、平兆、报效、南你、长滩、稿仰、榕山、岩脚、望虎屯、白土、小河等村寨，大部分村寨年平均气温 16.1℃，年总积温为 5800℃～5900℃。日平均气温稳定通过 10℃者，初日在 3 月 30 日至 4 月 1 日，终日在 11 月 9—12 日，持续期长达 222～228 天，其间积温为 4676℃～4860℃。中部温暖地区，包括排略、南省、番省、大塘、良田、台浓、方召、巫脚、台盘、登交、排羊、南瓦、革一等地的大部分村寨年平均气温 15℃～15.9℃。日平均气温稳定通过 10℃者，初日在 4 月 2—8 日，终日在 11 月 4—9 日，持续期长达 211～222 天，其间积温为 4335℃～4076℃之间。南部温凉地区，包括南宫、交密、交下、东扛、红阳、登交、巫脚等地的部分村寨，大部分村寨年平均气温 13℃～14.9℃，年总积温为 4745℃～5439℃。日平均气温稳定通过 10℃者，初日在 4 月 8—20 日，终日在 10 月 24 日至 11 月 3 日，持续期长达 188～210 天，其间积温为 3609℃～4296℃之间。

1991—2010年台江县（平均、最高、最低）气温、日照、降水量统计表

表1-2

年份	年极端最高温度（℃）	年极端最低温度（℃）	年平均温度（℃）	年日照时数（小时）	年总降水量（毫米）	年雷暴日数（天）	年霜冻日数（天）
1991	35.6	−4.0	15.7	1195.3	1191.1	41	4
1992	35.7	−3.0	15.7	1412.7	1071.8	47	21
1993	34.9	−6.5	15.5	1157.8	1183.0	43	23
1994	36.4	−4.7	15.9	1103.7	1487.7	54	7
1995	36.2	−3.4	15.9	1194.1	1049.8	46	11
1996	34.8	−4.5	15.5	1082.1	1258.7	39	8
1997	35.4	−2.5	15.6	1099.4	1265.3	69	4
1998	35.2	−3.8	16.6	1356.8	1129.5	46	8
1999	34.9	−5.8	16.4	1276.5	1095.5	41	16
2000	36.4	−3.5	15.6	1173.5	1151.6	59	0
2001	35.9	−3.4	16.2	1132.3	925.3	44	10
2002	36.5	−5.5	16.4	1253.6	1272.6	49	10
2003	36.9	−4.0	16.5	1283.7	1081.7	34	14
2004	35.3	−2.6	16.3	1053.3	1277.9	56	14
2005	38.6	−3.1	16.0	933.7	903.8	43	7
2006	36.2	−2.8	16.5	996.8	938.7	53	10
2007	34.6	−2.4	16.5	978.5	1081.8	45	6
2008	35.5	−5.2	15.9	889.9	1136.2	40	6
2009	36.3	−1.8	16.5	1121.3	861.6	33	9
2010	36.8	−2.8	16.1	1110.6	991.0	31	4

四、积温

城关地区日均气温稳定通过≥0℃，初日在2月8日，终日在12月27日，持续期长达323天，其间积温为5541℃；日均气温稳定通过≥5℃，初日在3月6日，终日在12月2日，持续期长达272天，其间积温为5185℃；日均气温稳定通过≥1℃，初日在4月3日，终日在11月8日，持续期为219天，其间积温为4587℃；日均气温稳定通过≥12℃，初日在4月19日，终日未详；日均气温稳定通过≥15℃，初日在5月4日，终日在10月6日，持续期为156天，其间积温为3580℃；日均气温稳定通过≥20℃，初日在6月6日，终日在9月11日，持续期为98天，其间积温为2388℃；日均气温稳定通过≥22℃，初日在6月22日，终日在8月26日，持续期为66天，其间积温为1649℃。

五、四季划分

台江县的四季划分一般是1—3月为春季，4—6月为夏季，7—9月为秋季，10—12月为冬季。按气候学划分四季，以日平均气温稳定小于10℃为冬季，稳定在10℃～22℃之间为春季和秋季，稳定大于22℃为夏季。则施洞镇全境、台拱镇城郊、排羊乡的南刀村由东北向西南3个不同海拔点的四季划分：冬季较长，平均天数为152.6天；夏季较短，平均天数为58天；春秋两季相近，其中春季平均天数为82.3天，秋季平均天数为72天。随着海拔高度的递增，冬夏天数的差异越大。施洞地区冬夏

相差 72 天，南刀村冬夏相差 133 天。两地冬季相比，天数相差 27 天；夏季相比，天数相差 34 天。

六、无霜期

城关附近平均初霜日在 12 月 10 日，终霜日在次年 2 月，霜期为 79 天，无霜期为 286 天。初霜最早为 11 月 14 日，最晚为次年 1 月 6 日；终霜 12 月 26 日，最晚为次年 4 月 6 日；无霜期最长为 337 天，最短为 225 天。北部地区初霜日在 12 月 28—30 日，终霜日在次年 3 月 15—17 日，霜期为 76～80 天，无霜期 285～289 天。中部地区初霜日在 12 月 22—27 日，终霜日在次年 3 月 17 日至 23 日，霜期为 81～92 天，无霜期为 273～284 天。南部地区初霜日在 12 月 8—21 日，终霜日在次年 3 月 23 日至 4 月 4 日，霜期为 92～118 天，无霜期为 247～273 天。1991 年台江县无霜期为 264 天，2010 年为 280 天，最长的无霜期是 1998 年，为 365 天。

1991—2010 年台江县月日照时数百分率统计表

表 1-3

单位：%

年 月	1991	1992	1993	1994	1995	1996	1997	1998	1999	2000
1	3	6	15	13	16	10	18	6	9	11
2	14	17	22	13	7	27	12	17	24	4
3	15	14	23	11	17	23	17	21	24	19
4	20	31	28	24	24	18	17	42	27	16
5	36	27	23	32	28	19	41	28	28	38
6	32	27	30	27	32	21	29	19	29	30
7	28	44	26	44	44	21	23	30	34	53
8	43	63	25	45	44	39	55	49	37	30
9	52	36	31	22	29	49	33	42	40	32
10	27	36	32	28	28	38	17	44	25	19
11	26	46	31	21	25	6	24	34	19	36
12	18	29	28	9	21	19	3	34	46	18
年 月	2001	2002	2003	2004	2005	2006	2007	2008	2009	2010
1	8	24	16	5	6	6	12	4	20	12
2	19	12	24	22	11	11	28	11	20	29
3	22	26	25	14	9	9	19	14	25	26
4	15	42	26	36	30	30	18	20	15	16
5	25	28	22	25	21	21	36	21	18	13
6	25	30	23	16	19	19	19	23	27	11
7	46	37	49	31	42	42	27	28	31	39
8	34	39	46	34	31	31	38	24	43	52
9	42	32	44	31	30	30	19	25	44	25
10	17	28	21	19	25	25	8	23	20	24
11	34	23	29	20	12	12	30	21	29	30
12	12	13	16	29	7	7	6	22	8	23

七、风

台江县境内风向以季节变化最为显著，冬季盛行西北风，夏季盛行东南风，各个季节偶尔有其他风向。1991—2010 年，每年各月平均风速为 0.4 米／秒，2002 年 4 月平均风速为 1.7 米／秒。

1991—2010 年台江县月平均风速统计表

表 1-4 单位：米／秒

月＼年	1991	1992	1993	1994	1995	1996	1997	1998	1999	2000
1	0.1	0.1	0.4	0.6	0.6	0.4	0.6	0.6	0.6	0.9
2	0.3	0.3	0.6	0.8	0.7	0.7	0.4	0.8	1.0	0.7
3	0.3	0.3	1.0	0.6	0.7	0.9	0.6	0.9	0.9	0.9
4	0.2	0.2	0.8	1.3	1.1	0.8	0.7	1.3	1.2	0.9
5	0.1	0.1	0.9	1.0	0.8	0.7	0.7	0.8	0.9	0.8
6	0.1	0.1	0.7	0.9	0.8	1.1	0.5	0.7	0.9	0.9
7	0.4	0.4	0.6	0.8	1.2	0.9	0.6	1.3	0.6	1.3
8	0.5	0.5	0.4	0.7	1.0	0.8	0.7	1.2	0.6	0.9
9	0.3	0.3	0.3	0.8	0.9	0.6	0.6	0.9	0.6	1.4
10	0.2	0.2	0.3	0.6	0.6	0.6	0.3	1.0	0.7	1.0
11	0.3	0.3	0.4	0.4	0.3	0.5	0.7	0.6	0.6	1.1
12	0.2	0.2	0.4	0.6	0.6	0.7	0.6	0.6	1.1	0.8

月＼年	2001	2002	2003	2004	2005	2006	2007	2008	2009	2010
1	0.9	0.9	0.9	0.9	0.8	0.7	0.5	0.6	0.7	0.9
2	1.1	0.7	1.4	1.0	0.6	0.6	1.1	0.6	0.9	1.2
3	1.2	1.4	1.3	0.9	0.6	0.7	0.7	0.6	1.0	1.1
4	1.2	1.7	1.6	0.9	1.1	0.9	0.5	0.9	0.7	0.9
5	1.0	1.5	1.2	1.0	1.0	0.8	0.7	0.7	0.9	1.0
6	1.0	1.4	1.0	0.7	0.5	0.6	0.7	0.7	0.7	0.8
7	1.0	1.0	1.5	0.7	0.9	0.6	1.1	0.9	0.7	1.2
8	1.0	1.2	1.1	0.7	0.9	0.5	0.4	0.7	0.9	1.2
9	0.9	1.5	0.5	0.6	0.9	0.6	0.4	0.7	0.8	0.9
10	0.8	1.0	0.7	0.5	0.7	0.6	0.5	0.6	0.6	0.7
11	0.7	0.9	1.1	0.6	0.6	0.7	0.5	0.6	0.9	0.7
12	0.6	1.1	0.8	0.5	0.7	0.7	0.5	0.7	0.8	0.6

八、降水

台江县境的年降水量为 1050～1400 毫米。1991—2010 年间，2009 年降水量为 861.6 毫米，为 1991—2010 年 20 年间降水量最少的年份；1994 年降水量 1487.7 毫米，为 20 年降水最多的年份。降水地区分布由北向南递增，北向南的年平均降水量是：北部施洞地区 1050 毫米，中部城关地区 1133

毫米，东南部的排羊乡 1300 毫米，西部台盘地区 1249 毫米，南部交密地区 1440 毫米。雨日平均为 182 天，占全年日数 49.5%，其中 5 月最多，为 19 天；最少为 13 天。全年日雨量 5 毫米的为 57.7 天，占全年总日数 15.8%。日雨量 10 毫米的为 35.2 天，占全年总日数 9.64%。日雨量 25 毫米的为 11.7 天，占全年总日数 3.2%。日雨量 50 毫米的为 1.7 天，占全年总日数 0.46%。日雨量 100 毫米的为 0.1 天，占全年总日数 0.03%。

降水量年变化：春季（3—5 月）平均变化率为 33%，夏季（6—8 月）平均变化率为 40%，秋季（9—11 月）平均变化率为 46%，冬季（12 月至次年 2 月）平均变化率为 45%。

1991—2010 年台江县（平均、最高、最低）气温、日照、降水量等统计表

表 1-5

年份	年极端最高温度（℃）	年极端最低温度（℃）	年平均温度（℃）	年日照时数（小时）	年总降水量（毫米）	年无霜期（天）
1991	35.6	−4.0	15.7	1195.3	1191.1	264
1992	35.7	−3.0	15.7	1412.7	1071.8	270
1993	34.9	−6.5	15.5	1157.8	1183.0	291
1994	36.4	−4.7	15.9	1103.7	1487.7	303
1995	36.2	−3.4	15.9	1194.1	1049.8	312
1996	34.8	−4.5	15.5	1082.1	1258.7	285
1997	35.4	−2.5	15.6	1099.4	1265.3	337
1998	35.2	−3.8	16.6	1356.8	1129.5	365
1999	34.9	−5.8	16.4	1276.5	1095.5	318
2000	36.4	−3.5	15.6	1173.5	1151.6	366
2001	35.9	−3.4	16.2	1132.3	925.3	310
2002	36.5	−5.5	16.4	1253.6	1272.6	274
2003	36.9	−4.0	16.5	1283.7	1081.7	283
2004	35.3	−2.6	16.3	1053.3	1277.9	294
2005	38.6	−3.1	16.0	933.7	903.8	287
2006	36.2	−2.8	16.5	996.8	938.7	323
2007	34.6	−2.4	16.5	978.5	1081.8	302
2008	35.5	−5.2	15.9	889.9	1136.2	283
2009	36.3	−1.8	16.5	1121.3	861.6	295
2010	36.8	−2.8	16.1	1110.6	991.0	280

第二节　野生植物及动物

一、野生植物

植被　台江全境属于雷公山山地植被区，植被类型多种，相互交错分布，根据国内植被分类原则，分为阔叶林、针叶林、针阔混交林、竹林、灌丛、灌草丛等类型。

常绿阔叶林为地带植被。1991年后，由于经营活动的影响植被遭受很大破坏，仅在南部地带及东北部报效一些零星地点有分布。常绿阔叶林遭受破坏后的地带，一些生长迅速、种子萌生力强的落叶林次生植被，在雷公山自然保护区台江交密片区（以下简称“自然保护片区”）海拔约1500～2000米地带为原生植被，其下多为次生植被。常绿阔叶林主要树种有红栲、大叶栲、栎类和楠木类。次为青皮木、香果树、水青冈、银木荷、猴喜欢、杜英、蜡瓣花、枫香等成分伴生。林下为杜鹃、柃木、山茶、榉木等科属植物。偶有杉柏科植物散生或秃杉混生其中，集中在南部的交密、交下、南宫、东扛地带。分布上限约为海拔1300米，层次结构比较明显，是县内亚热带湿润温暖气候的指示植被，林中含有多种珍稀树种，是天然的物种基因库。

常绿阔叶混交林分布上限为海拔1300～1850米。常绿树种有青冈、细叶青冈、木莲、木荷、甜槠、包石栎、凯里石栎及栲类等；落叶树种有水青冈、槭、野茉莉、樱桃、花椒、枫香、白辛树、短柄栀等；林下有木姜子、冬青、野雅椿、榆树、柃木、山茶、卫茅等科属植物。其植被除在南部大部和东北部有零星分布外，在海拔800米以上的地带村寨周围亦有零星分布。

落叶阔叶林在排羊乡海拔1300～1800米一带有不成片分布。树种有壳斗科的栎类、槭树科的槭树，胡桃科的化香，杨柳科的响叶杨等。林下有杜鹃花科的映山红、满山红，金缕科的木，五加科的鹅掌楸等。尤以麻栎林为主的薪炭林为主要植被。次为栓皮林、青冈林、扬华林、枫香林、鹅掌楸林、云贵鹅耳枥林等。

针叶林主要为松科、杉科和柏科植物，具有四季常青的群落外貌，亦称亚热带常绿针叶林。在县内以麻栗—台拱—排羊一线以南地带，杉林为主，松林次之；以北地带松林最多，杉林次之，多有成片桐林散布。杉林以人工林生长快速，成林早，自然林面积大，兼有秃杉天然林并生；松林中自然林、飞播林均为密集，储量以经济林为主。柏木林有零星分布，是县内发展集约经济的植物类型。

混交林由常绿、落叶等多种树种侵入迹地而生成。其植被中针叶树种主要有杉木、柏木、马尾松、华山松及少量秃杉；阔叶树种有青冈栎、栲类、水青冈、板栗、楠木、檫木、香樟、润楠、木荷、柃木及木莲等。在麻栗—台拱—排羊一线以南的方召、登交及交下、南宫、东扛至掌包和交密一带有群落分布；北部的龙井、交碾、皆洼、坝场等地有零星分布。大部分为疏林坡，少部分被次生林改造。

竹林为常绿群落类型。楠竹林系人工栽培，斑竹林、淡竹林、水竹林、慈竹林，麻竹林在溪河沿岸及村寨旁有群落和零星分布，方竹林、箭竹林分布于自然保护片区海拔1300米以上的山涧地带，呈天然分布。

灌丛及灌草丛在县境自然保护片区内有原生性分布，系森林迹地上灌木及草类种子侵入而生成。灌丛成群落分布于南刀、翁脮、基甲、方召、五河、良田至四新、大塘南部一带。灌丛植被主要有油茶、大叶胡枝子灌丛；火棘、小果蔷薇、悬钩子灌丛；白栎、桷栎灌丛；茅栗灌丛；映山红灌丛；白栎灌丛；牡荆灌丛；马桑灌丛；箭竹、大箭竹灌丛；冷箭竹灌丛；箬叶竹、箬竹灌丛。灌草丛主要分布于南刀、石灰河、交宫至红阳、茅坪—革一—台盘一线与黄平、凯里的接界地带。主要有铁芒萁灌草丛；蕨菜灌草丛；白茅灌草丛；五节芒、荩草灌草丛，龙须草灌草丛等。

植物种类　全县野生植物按植物分类法分为孢子植物和种子植物。

孢子植物：有藻类、菌类、苔藓类、地衣类和蕨类。

藻类：属于低等植物，多数生活在水中，有绿藻门、硅藻门和褐藻门。绿藻门有3科3种：即丝藻、鼓藻和水网；硅藻门有羽纹藻；褐藻门有马尾藻。

菌类：有112科22种。马鞍菌科有羊肚菌。银耳科有银耳。木耳科有木耳。牛肝菌科有牛肝菌、香菇、松蕈、蛤蟆菌、鬼笔鹅膏菌、冻菌、毒红菇、青头菌。齿菌科有猴头菌。多孔菌科有多孔菌、茯灵菌。毛霉科有黑根、猪苓。白粉菌科有白粉菌。麦角菌科有麦角菌。担子菌科有黑粉菌。马勃科有马勃。

苔藓类：有3科3种。地钱、葫芦藓和大金发藓。

地衣类：仅有松萝，大片悬于县境南部高山针叶林枝干间，少数生于中部岩石上。

蕨类：全县各地均有，共18科26种。石松科有石子藤石松，地刷子石松。卷柏科有卷柏、翠羽草。木贼科有土木贼、节节草。瓶尔小草科有瓶尔小草。紫萁科有紫萁、海金沙。里白科有芒萁。骨碎补科有骨碎补、阴地蕨、肾蕨。凤尾蕨科有蕨、凤尾草。乌毛蕨科有狗脊。鳞毛蕨科有贯众。水龙骨科有石苇、鹅掌金星草、水龙骨。铁线蕨科有厚叶铁角蕨。水蕨科有长生铁角蕨。金星蕨科有浙尖毛蕨。

种子植物：按植物分类法可分为裸子植物和被子植物两个部分。全县常见的野生种子266种，其中裸子植物6科17种，被子植物80科249种。

裸子植物：银杏科有银杏。红豆科有南方红豆杉。三尖杉科有三尖杉。松科有马尾松、长苞铁杉、华山松、冷杉。杉科有杉木、秃杉、柔毛油杉、柳杉。柏科有柏木、翠柏、圆柏、福建柏。

被子植物：按植物分类法有双子叶植物和单子叶植物。双子叶植物分为离瓣花类植物与两个部分。

离瓣花植物：植物有45科126种：三百草科有三百草、鱼腥草。金粟兰科有及己。杨柳科有毛白杨、小柳叶、垂柳、水柳。杨梅科有杨梅、水杨梅。胡桃科有野核桃、化香树、黄杞、山板栗、锥栗、钩栲、白麻栎、红麻栎、大叶青冈、细叶青冈。桑科有构树、桑树、大麻、小构树。马蔸铃科有土青木香、细辛、杜衡。蓼科有水蓼、何首乌、萹蓄。藜科有地肤子。苋科有鸡冠花、牛膝。睡莲科有莼菜。商陆科有商陆。马齿苋科有半枝莲。金鱼藻科有金鱼藻。毛茛科有威灵仙、白头翁、打破碗花、黄连、乌头、铁线莲。木通科有木通。大血藤科有大血藤。小蘖科有十大功劳、淫羊藿、八角莲、华南十大功劳。木兰科有厚朴、木莲、八角茴香、五味子。樟科有香樟、云南樟、野黄樟、肉桂、鳄梨楠木、山胡椒、山苍子、毛叶山苍子、红叶山苍子、擦木、猴獐。罂粟科有紫堇。十字花科有狗脊、荠菜、大青草。茅膏菜科有茅膏菜。虎尔草科有绣球花、虎耳草。金缕梅科有榉木、枫树、杜仲。蔷薇科有棣棠花、野山楂、野枇杷、木瓜、石楠、豆梨、沙梨、三裂叶、龙牙草、悬钩子、蛇莓、野樱桃、野李树、金樱子。豆科有合欢、山槐、皂角树、鸡血藤、刺槐、黄檀木、葛根、苦参、山豆根。芸香科有野花椒、吴茱萸、黄檗、枳壳。苦木科有臭椿、苦木。楝科有香椿、楝树。大戟科有油桐、蓖麻、乌桕、大戟、交让木、山乌柏、算盘子。远志科有瓜子金。漆树科有盐肤木、野漆树、漆树。鼠李科有野李、鼠李。葡萄科有常青藤、白蔹。杜英科有杜英。猕猴桃科有猕猴桃。山茶科有山茶、茶、木荷。堇菜科有紫花地丁。千屈菜科有紫薇。石榴科有石榴。八角枫科有八角枫、使君子。五加科有通脱木、五加皮树、椽木、九眼独活、刺楸。伞形科有积雪草、水芹、川芎、蛇床子、当归、白花前胡、紫花前胡、北前胡、牛尾独活。

合瓣花类植物有21科66种：杜鹃花科有映山红、大白杜鹃。报春花科有大金钱草。柿树科有野柿。木樨科有木樨、女贞树、野茉莉。马钱科有醉鱼草。龙胆科有龙胆草、双飞蝴蝶。萝藦科有白薇、白前、徐长卿、夜来香。旋花科有牵牛花。马鞭草科有马鞭草、黄荆、臭梧桐、臭牡丹、筋骨草。唇形科有黄芩、耳挖草、夏枯草、益母草、薄荷、紫苏、藿香。爵床科有穿心莲。玄参科有泡桐。透骨草科有透骨草。车前草科有车前草。茜草科有水冬瓜、钩藤、栀子、白马骨、茜草。忍冬科有接骨木、蒴藋、金银花。败酱科有败酱草、缬草、甘松香、蜘蛛香。川续断科有续断。葫芦科有木鳖、瓜蒌。桔梗科有桔梗、半边莲、山梗菜。菊科有紫菀、翠菊、鬼针草、鼠曲草、野菊花、千里光、白术、牛蒡、黄花蒿、飞廉、青蒿、大蓟、小蓟、茵陈、蓝芙蓉、蒲公英、艾纳香。

单子叶植物有14科57种：木鳖科有木鳖、苔草。禾本科有苦竹、箭竹、毛竹、紫竹、淡毛、青皮仟、麻竹、水竹、芦苇、画眉草、知风草、鹅观草、牛筋草、狗尾草、野古草、芒、白茅、金茅、龙须草、竹叶莀草、茅叶莀草。莎草科有莎草、十字苔草、针叶苔草、大序苔草、条穗苔草。棕榈科有棕榈。天南星科有白菖蒲、石菖蒲、独脚莲、半夏、天南星。浮萍科有青萍、三叉浮萍、紫萍。鸭趾草科有鸭趾草。灯芯草科有灯芯草。百部科有百部。百合科有萱草、吉祥草、黄精、麦冬、天门冬、土茯苓、百合、卷丹。石蒜科有仙茅。薯蓣科有红山药、白山药。鸢尾科有鸢尾、射干。兰科有白芨、天麻、兰花、大苞石兰。

在野生种子植物中，比较常见的还有68种：细柄草、紫芒、臭根子草、飘拂草、独穗飘拂草、黄背茅、黄茅、胡枝子、西南杭子梢、山蚂蟥、小叶三点金、木蓝、紫藤、羊耳菊、高杆珍珠茅、南烛、金丝桃、鹅不食草、鹿衔草、虎杖、伸筋草、天葵子、急性子、夜交藤、蒲草、青风藤、朱砂莲、八爪金龙、血龙、紫金牛、洋金花、水田七、大金银花、滇黄精、旋鸡尾、百蕊草、五香血藤、三块瓦、朝天锁、牛舌草、虎掌草、铧头草、石用、鸡肫草、女娄菜、小青藤香、长柄秋海、红马蹄草、构骨草、血盆草、土党参、豆豉草、八月瓜、龙舌箭、母猪精、鸡骨香、披头草、黄毛岩白菜、柳叶八爪金龙、雷公连、大香附子、铜锤玉带草、长瓣马铃苣苔、叉唇角盘兰、假万寿竹、铁筷子、红旱莲、当药。

二、珍稀树种

县境内国家一级保护树种有秃杉，别名水杉、水松，系第三纪孑遗植物。国家二级保护树种中，系古老残存植物的有鹅掌楸（别名马褂木、千层皮、黄心树、妹仔树）、香果树。系第三纪孑遗植物的有福建柏（又名建柏、托杉）、马尾树、喙核桃、水青树、钟萼木（别名柏乐树、牛肚椿）、杜仲、黄杉、黄枝油杉（别名岩杉）。系中国特有树种的有水青树、观光木（别名香花木、香花楠）、香果树、杜仲、银杏，木瓜红、黄杉、黄枝油杉。国家三级保护树种中，系古老植物的有柔毛油杉（别名丛杉、老鼠杉）。系中国特有树种的有青檀。此外还有凹叶厚朴、厚朴、红花木莲、白辛树、楠木、桂南木莲、深山含笑、阔瓣含笑等。

三、野生动物

脊椎动物分兽类、鸟类、两栖类、爬行类及鱼类。

兽类有8目20科56种，其中食虫目4种，翼手目7种，灵长目2种，鳞甲目1种，兔形目3种，啮齿目20种，食肉目19种。

1991年县境哺乳类动物常见的尚有狗熊、黄山羊、刺猬、蝙蝠、猕猴、穿山甲、松鼠、鼠、田鼠、仓鼠、竹鼠、箭猪（别名“豪猪”“刺猪”）、狗獾、豺小猫熊、黄鼠狼、山獾（别名“猸子”）、金钱豹、豹猫、獐子、野猪、大小灵猫、小家鼠等。

鸟类动物有12目29科162种。有鹳形目4种，鸡形目4种，鹤目3种，鸽形目4种，鹃鹗形目2种，雨燕目1种，佛法僧目1种。主要分布于自然保护片区。1996年个别猎人用烈性农药灭鼠，食谷、食鼠鸟类受害，鹰、金雕、猫头鹰已经少见，常见的有鸬鹚、池鹭、牛背鹭、白鹭、老鹰、苍鹰、雀鹰、游隼、鹧鸪、竹鸡、白鹇、野鸡、长尾野鸡、锦鸡、丹顶鹤、秧鸡、杜鹃（布谷鸟）、小杜鹃、鸺、猴面鹰、夜莺、翠鸟、犀鸟、啄木鸟、黄鹂、乌鸦、（种类较多）、画眉、伯劳、麻雀（种类较多）等。两栖类动物有2目9科40种。自然保护片区较多，种类齐全。其中髭蟾，头上长着肉角一对，俗称“角怪”，为贵州特有动物。1991年后爬行动物常见的有大鲵、肥螈、癞蛤蟆、棘胸蛙、青蛙、蝌蚪、水獭、水蛇、团鱼、蝾螈等。爬行类动物有3目11科86种。有龟鳖目2种，蜥蜴目7种，蛇目57种。以南部地区种类全，年年有蛇伤害人命。常见的有赤链蛇、青竹标、银环蛇、眼镜蛇、烙铁头蛇、竹叶青蛇、乌梢蛇、壁虎、石龙子等，偶有蟒蛇可见。鱼类有4目8科62种，分布于全县溪河、清水江，拉巴河鱼类常见的鱼类有鲤鱼、鲫鱼、鲮鱼、青鱼、草鱼、马口鱼、鲢鱼、泥鳅、胡子鲶、鲶、黄鳝、鳜鱼、蛇花鱼、黄尾鱼、麻钩岩将、角角鱼、七星鱼、黑背鱼、鼎罐鱼、哑巴鱼、细鱼、白鳝等。无脊椎动物主要有腔肠动物、扁形动物、环节动物、软体动物和昆虫等100余种：蚯蚓、山蚂蟥、田螺、钉螺、蜗牛、蚌壳、巨马陆、蜈蚣、米虾、溪蟹、河蟹、蜘蛛（草蛛、姬蛛、圆网蛛、蚁蛛、水蜘蛛等）、螳螂、蝗虫（东亚飞蝗、稻蝗、竹蝗、虾蜢等）、纺织娘、灶马、蟋蟀、油葫芦、蝼蛄、蚂蚁、蚱蝉、稻叶蝉、稻飞虱、五倍蚜、棉蚜、桃蚜、麦蚜、菜蚜、大豆蚜、稻螟虫、玉米螟、菜螟、松毛虫、茶毛虫、大螟、天蛾、桑蚕、稻苞虫、菜粉蝶、萤火虫、斑鳌、铁甲虫、蜻蜓类、蝴蝶类、蜂类、蝇类、蚊类等。

珍稀动物有猕猴（俗名“黄猴”）、林麝（俗名“麝羊”）、鲵（俗名“娃娃鱼”）、鸳鸯（俗名“花鸭”）、狗熊。

第三节 矿产资源

县境内矿产资料调查研究程度较低，限于地层、构造条件，经地质勘探发现的矿产有铅锌矿、水泥石灰岩、磷矿、石煤、大理石等，其矿床、矿点、矿化点如下。

一、铅锌矿

主要有7个矿点：水井寨铅锌矿点位于台城北东5公里。矿体产于下江群地层中，与断裂构造密切相关，断层有近南北向、北东东向两组。围岩蚀变有硅化、碳酸盐化、重晶石化、黄铁矿化、绿泥石化、褐铁矿化等。矿体7个，其中2号、4号、6号矿体为工业矿体。2号矿体长252米，厚0.39～1.79米，平均1.01米。4号矿体长140米，厚0.55～1.39米，平均厚度0.99米。6号矿体长84米，厚0.54～1.39米，平均厚度0.96米。

南省铅锌矿点位于县城北西6公里。矿体产于下江群清水江组地层中，主要断层有北东、北东东阿两条。矿体长180米，厚0.40～1.32米，平均厚度1.03米。

翁尧铅锌矿点位于台江县城北6公里。矿体产于下江群清水江组地层中。矿体长670米，厚0.47～1.06米。矿体不连续，未计算储量。

南冬铅锌矿化点矿石品位未达工业要求品位，称其为矿化点。

报效铅锌矿位于县城北西10公里。产于下江群清水江组地层中。仅在一个工程中见矿，未计算储量。

龙井街铅锌矿位于县城南西18公里。矿体产于寒武系下统清虚洞组白云岩中。见5个矿体，长30～170米，厚1.50～5.97米，工作程度低，未计算储量。

大塘铅锌矿位于县城北西16公里。矿体产于寒武系下统清虚洞组白云岩中。含矿层断续出露长300余米，厚2～4米。工作程度低，未计算储量。

石灰岩 县城西郊水泥石灰矿床，矿层为寒武系下统九门冲组顶部石灰岩，已控制长2000米，厚0.26～11.25米，平均7～8米。化学分析结果为：

CaO	50.50%～54.34%	K_2O	0.11%～0.15%
MgO	0.23%～0.95%	Na_2O	0.06%
SiO_2	1.10%～4.70%	SO_3	0.22%～0.23%
Fe_2O_3	0.16%～0.70%	烧碱	42.02%～42.32%

计算矿石储量123.46万吨。

二、大理石

矿体呈透镜状，产于下江群甲路组地层中。矿体7个，分别长100～900米，厚55～107米。大理岩为暗红、褐黄、灰色等，岩石为绢云母化大理岩，层厚一般在0.5米左右，发育有垂直或斜交层面的节，只能作小面积的装饰材料。估算石料远景储量724.5万立方米。

三、磷矿

良田（南哨）磷矿，层厚 0.06 ~ 1.06 米，平均 0.26 米。矿石含磷（P_2O_5）8.64% ~ 20.38%，远景储量 930 万吨，工业意义不大。另在县城西效亦见磷矿层出露，长 3000 ~ 4000 米，厚 0.2 ~ 0.08 米，矿层中含磷结核 252 公斤 / 立方米，矿石含磷 8.40% ~ 19.59%。属结核状矿石，可选性差，工业价值不大。

四、石煤

县城西郊有石煤矿点，产于磷矿层之上，厚 0.27 ~ 0.68 米，发热量可达 1100 ~ 3743 卡 / 克，不易燃，县内居民不用此煤。

第四节 水资源

一、河流

台江县境内有大小河流 20 余条，最大的河流是清水江，其次为巴拉河、翁密河、翁你河。翁密河、巫梭溪、巫脚溪流入剑河县境注入清水江外，其余在县境内注入清水江。

清水江 发源自都匀市、贵定县交界的斗篷山，经都匀、麻江、凯里入县境西北革一乡后哨村入境，沿县界北面向东流经施洞到平兆，向南流经猫鼻岭村后出境入剑河县。县境河长 42 公里，平均流量 145 立方米 / 秒，流域面积为 344 平方公里。主要支流有巴拉河、猫坡河，总长 105.2 公里，河网密度为 30.4 公里 / 百平方公里。清水江片区理论蕴藏量为 6532 千瓦，占总理论蕴藏量的 8.12%，可开发量为 4725 千瓦。

巴拉河 源出雷山县雷公山之交腊山，流经雷山、凯里挂丁，由德眷村入境。经台盘大寨、南瓦、南庄、排生、报效、老屯等村寨，于巴拉河寨脚注入清水江，总长 70 公里，平均流量 34.1 立方米 / 秒，流域面积为 265 公里。主要支流有龙塘溪、篷簸溪、小江河、辣子溪和翁你河，总长 122.9 公里。河网密度为 46.4 公里 / 百平方公里。巴拉河片区理论蕴藏量为 32034 千瓦，占总理论蕴藏量的 39.89%，可开发量为 12920 千瓦。

翁密河 发源于雷公山，有西南二源，以南源格头河为主。经雷山县的方祥，向东北流入县境内西南部，经交密、南宫，在掌皆归流入剑河县境。县境河长 31.7 公里，平均流量 9.8 立方米 / 秒，流域面积为 283 平方公里。主要支流有交包溪、南牛溪、翁西溪、翁芒溪、交工溪、记刀溪和石灰河。河网密度为 44.5 公里 / 百平方公里。翁密河片区理论蕴藏量为 21303 千瓦，占理论总蕴藏量的 26.53%，可开发量为 21240 千瓦。

翁你河 发源于县境雷公山北坡南刀村境。流经排羊、台拱、南省、于南你村注入巴拉河。总长 84 公里，流域面积为 316 平方公里，平均流量 8.9 立方米 / 秒。主要支流有九摆溪、翁腮溪、红寨溪、交片溪、排当溪、排汪溪、五寨溪等，总长 140.7 公里，河网密度为 44.5 公里 / 百平方公里。翁你河片区理论蕴藏量为 20452 千瓦，占总理论蕴藏量的 25.47%，可开发量为 14820 千瓦。

二、溪沟

境内溪沟长于 10 公里的共有 14 条，分别为：

巫梭溪 发源于方召乡巫梭村四登自然寨境内，流经反排村至剑河县境，注入清水江。全长 18 公里，建有反排村水电站。

巫脚溪 发源于方召乡巫脚交、巫梭村境内，流经巫脚交、巫脚南、方召村、交汪村、歹忙村、基甲村、流入剑河县境，注入清水江。全长38公里，建有方召水电站。

九摆溪 发源于雷山县西江镇空被村，流经县境排羊乡九摆村、屯上村注入南刀溪汇流成翁你河，全长13公里。

翁腮溪 发源于红阳万亩草场深山箐，流经翁腮村，在排羊乡白水洞注入翁你河，全长12公里。

红阳溪 发源于台拱镇红寨村万亩草场山箐，流经红阳村、展坐村、四柳村，在南市村境内注入翁你河，全长18公里。

交片溪 发源于博蒿山下，流经交片村、登鲁村、排下村，在打岩沟注入翁你河，全长17公里。

翁炯溪 发源于凯里市三棵树镇板溪村，流经台江县台盘乡翁炯村、南尧村、平水村、篁簸，在南庄村注入巴拉河，全长21公里。

五寨溪 发源于剑河县光条村境内，流经台江县老屯乡排略村、台拱镇五寨村注入翁你河，全长13公里。

记刀溪 发源于红阳万亩草场山上，由翁道溪、荣尚溪在记刀寨境内汇合成记刀溪，流到汪江寨境内与交工溪汇合成南宫河，在南宫村境内与翁密河汇合，全长19公里。

交工溪 发源于博蒿山箐，流经交工村得名，在汪江寨境内与记刀溪汇合，全长12公里。

翁拉溪 发源于四登山箐，流经南宫乡养开村，在汪江寨境内与交工溪汇合，全长10公里。

交包溪 发源于雷公山下，流经交包村得名，在南牛村境内注入翁密河，全长13公里。

翁晒溪 发源于南宫乡东老村杨家湾寨境内，流经掌吉村、翁晒村，在南宫村境内注入翁密河，全长12公里。

番省溪 发源于台拱镇排朗村，流经牛打坪村、报恩村、南兄村，在南省村汇入翁你河，全长15公里。

小江溪 发源于排羊乡小江自然寨境内，流经小江、台盘乡的李家湾村，在南瓦村境注入巴拉河，全长10公里。

黄泡溪 发源于黄泡村与革一乡的松里报自然寨境内，流经施洞镇黄泡村，在老屯乡长滩村境内注入巴拉河，全长12公里。

坎兰溪 发源于施洞镇的良田村境内，流经井上、井斗等自然寨，在旧州村境内注入清水江，全长10公里。

革一溪 发源于革一乡革一村境内，流经烂塘水库，注入清水江，全长6公里。

猫坡溪 发源于施洞镇猫坡自然寨境内，流经平兆村，注入清水江，全长4公里。

坝场溪 发源于老屯乡坝场村境内，流经坝场村、辣子村、老屯村，在老屯村境内注入巴拉河，全长12公里。

李子溪 发源于方召乡李子村播福山，流经李子村、黄毛村、展下村。在台拱镇村注入翁你河，全长12公里。

翁忙溪 发源于南宫乡党道村境内，流经党道村、白帮村、展忙村。在岩板村境内注入翁密河，全长13公里。

三、地下水

县境内的大塘、革一、台盘一带可溶性岩层出露地区，地下水较为丰富。其余地区地势起伏性强，地下水甚少，分为中等富水带和弱水带。中等富水带分布在大塘、革一、台下水出露点较多，大于1升／秒共22个地下水点，地下径流模数为4立方米／秒·平方公里，深度50米左右；弱水带主要分布在施洞口断裂以南地区，植被较好，地下径流模数为2.13立方米／秒·平方公里。全县地下水储量在6200万～11000万立方米／年，多年平均天然储量8900万～23000万立方米／年左右，其中岩溶地下水年储量2047立方米／年，占全县地下水量24%。

第三章　建置　区划

第一节　建置沿革

台江，唐朝始置陀隆县，隶应州，羁縻于唐。五代时，苗族割据，拒绝向朝廷纳贡。元、明两朝为“化外生苗地”，无建制。清雍正六年（1728年），朝廷决定开辟苗疆，镇远知府方显至台拱诸寨招抚苗民，登记户名，赐苗族汉姓，编设保甲。雍正十一年（1733年）五月二十五日，建台拱厅，由镇远府设理苗同知一员分驻台拱，建台拱城。雍正十二年（1734年）施秉县置主簿分驻台拱。

清乾隆二年（1737年），台拱厅下设土官建置：高坡土千总辖交宫、汪江、交密、南牛、南宫、翁细、翁西、四登、掌吉等寨，方召土千总辖李子、桐木、待忙、基甲、交汪、交架、方召、巫脚交、巫脚南、养门、麻栗等寨，南市土千总辖南市、台雄、白扎、红寨、乌龟箐、掌皆归、在帮、大德等寨；乌漏土把总辖乌漏、乌尧、排略、掌我、翁相等寨，方陇土把总辖方陇、稿午、交洗、八郎、东郎、南蒿、翁笋等寨，龙塘土把总辖龙塘、龙井、平水、台盘屯、交江、铝厂、南瓦、德卷、南垌等寨，榕山土把总辖榕山、平敏、格色、白土、老屯、羊屯、稿仰、长滩、南开、岩寨、偏寨、新寨等寨，掌下土把总辖登鲁、交片、黄茅、掌下等寨。乾隆三年（1738年）十一月二十日，丹江厅打格坝（今大德村）等寨改隶台拱厅。至道光末年，龙塘土把总无嗣而废。咸丰、同治年间农民起义废除各土官建置。光绪二年（1876年）清理咸同善后事，高坡、方召土千总，方陇、榕山土把总复职。至光绪中叶，高坡土千总停袭，方召土千总、方陇土把总无嗣，榕山、掌下土把总停袭。厅下编制保、甲、牌，以10户为牌，10牌为甲，10甲为保，直隶于厅。宣统三年（1911年）贵州反正，成立大汉贵州军政府，台拱厅同知汪荫畏势而逃，省军政府派王子雍为台拱厅知事，接管厅事，直隶于省。基层沿袭保、甲、牌制。

民国2年（1913年）9月，改台拱厅为台拱县，隶镇远道，为二等县。置革东、来同（今台雄）、台盘、南省、在浓（今丈浓）、施洞六区。区下沿袭保、甲制。民国4年（1915年），镇远县龙塘（天堂）、偏寨、柏梓坪、八更溪、施洞口、平地营、石家寨、塘龙等寨拨归台拱县。设中、东、南、西、北五区，区下设保、甲。

民国21年（1932年），改区保、甲制为区、乡（镇）闾邻制。全县设六区。第一区所驻台阳（台拱城），辖台阳镇、台拱、在浓、斐略（今排略）、梅影、桃赖、南省、番省、李子乡；第二区公所驻麻栗，辖麻栗、九龙（今交汪）、覃膏（今方召）、乌南（今巫脚）、惠林（今宝贡）、横经（今坝场）乡；第三区公所驻革东镇（今隶属剑河县），辖革东镇、博爱（今掌架）、沅江、内寨（今剑河县温泉）、五岔（今五河）、交榜乡；第四区公所驻来同（今台雄），辖来同、怀化（今白扎）、交密、乌山（今交片、红阳）、登楼（今登鲁）乡；第五区公所驻南江（今南瓦），辖南瓦、德卷、瑞花（今台盘棉花坪）、南垌、台盘乡；第六区公所驻清河（今施洞），辖清河镇、大雅（今偏寨）、鸣风（今榕山）、明德（今大塘）、尚志（今报效）、维新（今南哨、四新）、蕴经（今方寨、八更）、开化（今良田）乡。

民国27年（1938年）1月，改区为联保，置联保办事处，下设保甲，废牌。全县共9个联保83保876甲。台雄联保驻台雄，台盘联保驻台盘屯上，交下联保驻交下，覃膏联保驻待忙，革东联保驻革东街（今隶剑河县），五岔联保驻五岔，猫坡联保驻猫坡，台阳联保驻城关，清河联保驻施洞。民国29年（1940年）恢复区置，区统联保，联保统保，保统甲。全县4区11联保78保856甲。

民国30年（1941年）6月27日，撤丹江县，以丹江河、养排小溪向东顺山脉为界，东北部地域划入台拱县，取台拱之“台”，丹江之“江”为县名，更名为台江县。同时调整地域，划拨插花地带。黄平县的革一、冷西、大小黑寨、白岩脚、万人坑（地名）、新寨、后哨、旧司、四新、屯上、革一大寨、田坝、梨树坳划归台江；施秉县的平兆、景洞塘、景洞坳、猫鼻岭、芝麻寨、新寨划属台江。台江县属的五岔、川洞、打老、巫门、岩寨、白神、张往、寨章、干俄、屯州、内寨、下岩寨拨划剑河；平地营、施洞堡（今施秉县马号）、甘荫塘划归施秉。是年冬编整保甲，全县设5区17联保106保1108甲。

民国31年（1942年）10月，台江县废区置，改设乡镇，全县分为萃文镇（台拱）、永安乡（台盘）、友助镇（施洞）、德立乡（革一）、蹈和乡（平兆）、德风乡（革东）、覃膏乡（方召）、孝弟乡（南宫）、尚志乡（报效）、绥阳乡（排羊）、西江镇、白建乡、开觉乡、黄里乡、陶尧乡。民国33年（1944年）4月，设立雷山设治局，原划入台江县的西江镇、黄里乡、震威乡、培墉乡、陶尧乡划为雷山设治局的行政区域；绥阳乡仍归台江，民国33年（1944年）5月，全县辖10个乡镇。

中华人民共和国成立后，1949年12月3日，台江解放。全县设第一、二、三区：第一区政府驻县城，辖萃文镇、水安乡、绥阳乡、孝弟乡；第二区政府驻施洞街，辖友助镇、尚志乡、德立乡；第三区政府驻革东街（今隶剑河县），辖德风乡、覃膏乡、蹈和乡。乡下沿袭保甲制。隶镇远专区。1950年4月，匪患干扰，县人民政府迁施洞，9月18日，匪患平息后，县人民政府复移县城，全县各乡（镇）废保甲，建村组。

1953年1月，改台江县为“台江苗族自治区”，隶镇远专区。剑河县的翁掌阿、东依下寨、养哥、掌皆归下寨等寨划归台江县辖。3月，实行民主建政，把全县10个大乡（镇）划分为44个小乡（镇）。1954年4月，台江苗族自治区改称台江苗族自治县，区域隶属不变。1955年4月，全县设台拱、施洞和革东区。

1956年4月18日，国务院国设习字第30号文件批复镇远专区，成立黔东南苗族侗族自治州筹备委员会，拟台江苗族自治县为台江县。7月23日，黔东南苗族侗族自治州成立。12月21日至25日，台江苗族自治县第二届人民代表大会第一次会议召开，会议将台江苗族自治县改名为台江县。1957年2月，全县进行乡镇区域调整，撤台拱区的台雄、桃赖、交江、德眷、李子、九龙乡。全县有台拱、台浓、南省、番省、南瓦、台盘、排羊、九摆、红阳、登交、南宫、交密、交下、东杠、施洞、平兆、坝场、老屯、报效、滥田、南哨、革一、大塘、革东、麻栗、交东、宝贡、方召、巫脚、水井乡（镇）。

1958年9月，建立前进（驻台拱）、旭光（驻南宫）、幸福（驻革一）、清江（驻施洞）、和平（驻革东）人民公社。

1958年12月29日，台江县并入剑河县，撤区建大公社，原台江县地域划为剑河县的台拱、施洞、革东公社。1959年1月，原台江地区的前进、幸福公社合并称台拱公社；清江公社改称施洞公社；和平公社改称革东公社；旭光公社辖的南宫、交密、交下、东杠划归太拥公社。

1962年5月30日，恢复台江县置，原属剑河县的五河公社划归台江县。全县设11个人民公社，社下设生产大队。1965年3月27日，把台拱人民公社划为台拱镇和台浓人民公社，原滥田公社更名为良田公社。1967年1月，革东区易名东风区。7月，台拱镇并入台浓人民公社，九摆人民公社并入排羊人民公社，南哨人民公社并入良田人民公社。1968年，废除区置，将29个人民公社又再次合并为台拱、台盘、排羊、南宫、施洞、老屯、革一、宝贡、方召、革东人民公社。1970年4月，恢复区置，改10个人民公社为28个小公社。台拱区驻台拱，辖台拱、南省、番省、南瓦、台盘、排羊、红阳、登交、南宫、交密、交下、东杠人民公社。施洞区驻施洞街，辖施洞、平兆、坝场、老屯、报效、良田、革一、大塘、南哨人民公社。东风区驻革东街，辖革东、交东、五河、宝贡、麻栗、方召、巫脚人民公社。1980年7月，台拱人民公社划为台拱镇和台浓人民公社，良田人民公社复划为良田人民公社和南哨人民公社。1982年，改东风区为革东区，至此，全县下辖3个区30个社镇。

1984年7月，废人民公社设乡镇，增设南宫区，台拱镇升格为区级镇，革东人民公社、施洞人民公社分别改为革东镇和施洞镇。全县辖4区1镇：台拱区、施洞区、革东区、台拱镇；28个乡（镇）：施洞镇、革东镇和台浓、番省、南省、南瓦、台盘、排羊、登交、红阳、南宫、交密、交下、东杠、革一、大塘、报效、良田、四新（原南哨公社）、平兆、坝场、老屯、麻栗、宝贡、五河、交东、方召、巫脚乡。1984年7月将人民公社管理委员会改称为乡镇人民政府。乡镇下设村民委员会、居民委员会及村民、居民组。

1991年3月，实施建镇并乡撤区。撤台拱、施洞、南宫、革东区，把原台浓、登交、红阳、番省、南省乡并入台拱镇；原四新、良田、平兆乡并入施洞镇；原交东、五河、宝贡、麻栗乡并入革东镇；原南瓦乡并入台盘乡；原大塘乡并入革一乡；原报效、坝场乡并入老屯乡；原巫脚乡并入方召乡；原交密、东杠、交下乡并入南宫乡；排羊乡辖地不变。2003年6月18日，台江县革东镇划归剑河县。至2010年，台江县辖8个乡（镇），村组建置不变。

第二节　建制乡镇

一、台拱镇

位于台江县中部，东与剑河县革东镇接壤，东南与方召为邻，南连南宫乡，西南与排羊乡相邻，西邻老屯乡，北接革一乡。总面积226平方公里。镇人民政府驻东街村，是县人民政府驻地。

1965年建台拱镇，1991年将台拱区撤并入台拱镇，由此得名。清雍正十二年（1734年）置台拱厅。民国2年（1913年）设台阳镇，民国21年（1932年）称萃文镇。新中国成立后，1950年9月建制沿用萃文镇之名，1953年改称为城关镇，辖台浓、桃赖、水井、番省、台雄、红阳、登交等乡。1958年9月撤销片区党委建公社，1965年撤销台拱公社建台浓公社、台拱镇。1967年，台拱镇并台浓乡。1980年7月恢复台拱镇建制。1984年7月台拱镇升格为区级镇（县科局级）。1990年9月将台拱区撤，将红阳乡、登交乡、南省乡、番省乡、台浓乡并入台拱镇。2010年年末，辖萃文、文昌、秀眉3个社区，南省、排汪、板凳、交辗、南冬、五寨、长中、九里、下桃、上桃、桃尧、展福、桃香、牛打坪、排朗、报恩、南兄、梅影、西街、东街、翁孟、台拱、张家、朗等、阳汪、南市、台雄、大德、泗柳、翁腮、大红寨、展坐、交片、登鲁下、登鲁上、展下、排下37个村民委员会，共40个村（居）民委员会。下辖232个村民（居民）小组。2010年年末，辖区总人口44837人，其中城镇常住人口2.9万人，城镇化率63%。总人口中，男性25354人，占56.5%；女性19483人，占43.5%。总人口中以苗族为主，达42435人，占95%。2010年人口出生率7.12‰，死亡率8.35‰，人口自然增长率1.22‰。辖区东西最大距离13.75公里，南北最大距离10.9公里，总面积226平方公里。其中陆地213平方公里，占94%；水域13平方公里，占6%。人口密度为198人／平方公里。

境内大部为高山区，地势略为南高北低、地面高程一般在海拔560～1750米，最高点红阳草场蒿郎山海拔 1750 米，最低点五寨村河谷海拔 560 米。

气候属亚热带季风湿润气候区，其特点是水热同季，四季分明，冬长而无严寒，夏短而无酷热，光照充足，无霜期长。多年平均气温 18.5℃，极端最高气温 37.1℃（1971 年 7 月 26 日），极端最低气温 -6.3℃（2008 年 12 月 30 日）；年平均日较差 9℃。生长期年平均 286 天，无霜期年平均 265 天，最长 287 天，最短 247 天。年平均日照时数 1030～1500 小时，年总辐射 137.4 千卡／平方厘米。0℃以上持续期 330 天（一般为 2 月 1 日至 12 月 27 日）。年降水量 1050～1120 毫米，极端年最大降水量 1120 毫米（1970 年 7 月 11—13 日），极端年最少降水量 1050 毫米（2010 年 7 月 28 日）。境内河流有翁你河，翁你河由西南向北流经镇境内，全长有 26.8 公里。境内矿产资源主要有铅锌为主，地质储量 1 亿立方米，可采储量为 0.6 亿立方米，集中分布在北部的番省、南省一带。境内主要自然灾害有冰雹、旱涝、风灾、低温、霜冻、雷击等。雹灾平均 5 年 3 遇，最严重一次发生在 1998 年 6 月 16 日，降雹时间约 30 分钟，涉及境内长中、水井、两村，受灾面积达 900 余亩。风灾每年在秋季都发生，最严重的一次发生在 1960 年 9 月 22 日，主要是高海拔的红阳、登交片区，造成 4000 亩水稻受灾，成灾减产达六成。

2010 年，农业总产值 4678 万元，耕地面积 35115 亩，人均 0.78 亩。粮食作物以水稻为主。2010 年水稻产量 5653 吨，人均 126 公斤。主要经济作物为蔬菜。2010 年蔬菜种植面积 2737 万亩，产量 54.7 万吨。畜牧业以养牛、猪为主。牛存栏 7492 头，猪年末存栏 20800 头。牛出栏 1088 头，猪出栏数 13690 头。农民人均纯收入 3753 元。

2010 年，台拱镇境内仅有 5 家私营企业，职工 192 人；实现工业增加值 589 万元，比上年增长 7.1%。商业网点 13 个，职工 203 人；2011 年社会商品零售总额达 1614 万元，比上年增长 10.5%；城乡集贸市场 1 个，年成交额 1022 万元。年财政总收入 1865 万元，比上年增长 36.4%。其中地方财政收入 0.49 亿元，比上年增长 23.7%。

2010 年，境内有 65 号高速、国道 320 主道东西并行贯穿镇境中部，65 号高速全长 12 公里，国道全长 16 公里。乡村公路实现村村通。有邮政局 1 处，邮政业务总量 48 万元，其中纯收入 252 万元。报纸、杂志累计期发行 1.3 万份。电信企业 4 家，服务网点 2 个，电话交换机总容量 2 万门，固定电话用户 2.2 万户，电话普及率 96%；移动电话用户 2.8 万户，互联网用户 1.9 万户。全年电信业务收入 1100 万元。

2010 年年末，台拱镇有镇文化站 1 处，有村级文化活动中心 40 处，各类文化专业户 35 户，各类图书室 40 个，藏书 1.8 余万册，音乐、美术、书法、摄影及文学业余创作队伍达 103 人，有省、州、县级文物保护单位 11 处。

2010 年年末，台拱镇有幼儿园 8 所，在园幼儿 2315 人，专任教师 129 人；中心小学 10 所，初级小学教学点 56 个，在校学生 5733 人，专任教师 346 人，小学适龄儿童入学率 100%；初中 2 所，初中在校学生 2292 人，专任教师 392 人。高中 1 所，在校学生 1100 人，专任教师 87 人，职业中学 1 所，在校学生 430 人，专任教师 66 人。初中适龄人口入学率、小升初升学率、九年义务教育覆盖率均达 100%。2010 年财政预算内教育经费 3600 万元，比上年增长 29%。预算内教育经费占财政总支出比例为 34%，比上年增长 11%。

2010 年年末，台拱镇有各级医疗卫生机构 5 个，门诊部（所）13 个；床位 318 张，每万人拥有病床 32.3 张；固定资产总值 7600 万元。专业卫生人员 306 名，其中执业医师 28 人，执业助理医师 94 人，注册护士 102 人。2011 年医疗机构（门诊部以上）完成诊疗 3.26 万人次。40 个村村民全部参加新型农村合作医疗，参保率 100%。

2010 年年末，台拱镇有学校体育场 2 个，均安装了健身器材，经常参加体育活动的人员占常住人口的 23%。

1979年10月，台拱镇建成台江县电视地面卫星接收站；1998年开通台江有线电视；2010年3月，开通调频广播，覆盖台拱镇40个村和3个社区。有线电视用户0.7万户，其中数字电视0.7万户，电视覆盖率100%。

2010年城镇最低生活保障户数1127户，人数1935人，支出3858万元，比上年增长15%，月人均187元，比上年增长7%；医疗救助437人次，民政部门资助参加合作医疗11015人次，共支出79万元，比上年增长21%。农村最低生活保障户数3227户，人数11015人，支出475万元，比上年增长15%，月人均35.9元，比上年增长20%。国家抚恤、补助各类优抚对象103人，抚恤事业费支出40.6万元，比上年增长10%。参加新型农村养老保险11682万人，参保率25%。

二、施洞镇

施洞镇地处台江县北部，东与剑河县革东镇接壤，南与老屯乡交界，西与革一乡相连，北与施秉县马号、六合、双井乡镇相望。人民政府驻施洞居委会，距县政府驻地54公里，距州府驻地凯里市91公里。

施洞原名石洞，亦称石洞口，相传清水江北岸有一石洞而得名。清朝建石洞汛，民国时期为北区，也称为二区，区公所驻友助镇施洞街上。1949年12月3日，建立二区工委，工委驻施洞街上，辖友助镇、尚志乡、德立乡工委。1951年6月二区改为施洞区委。1957年12月施洞区委下辖施洞、平兆、坝场、老屯、报效、良田、大塘、革一和南哨乡改称为公社。1984年4月施洞公社改建镇，隶属施洞区辖。1990年12月实行并建撤，施洞镇、平兆乡、四新乡、良田乡合并，镇政府驻施洞。

2010年年末，辖施洞街1个居民委员会，街上、方寨、塘坝、柏子坪、平兆、小河、猫坡、井洞坳、景洞塘、巴拉河、八更、良田、黄泡、岑孝、南哨、四新、旧州、杨家沟、猫鼻岭、偏寨20个村民委员会，共21个（居）民委员会。下辖97个村民小组。

2010年年末，辖区总人口18623人，其中常住人口15330人，城镇化率21.5%。总人口中，男性9621人，占51.6%；女性9002人，占48.4%。总人口中以苗族为主，达17118人，占92%。2010年人口出生率11.61‰，死亡率3.02‰，人口自然增长率5.04‰。辖区东西最大距离21公里，南北最大距离7.3公里，总面积101平方公里。其中陆地89平方公里，占88%；水域12平方公里，占12%。人口密度为184人/平方公里。

境内大部为高山区，由西向东倾斜，最高点猫鼻岭主峰，海拔1150米，最低点景洞塘村河谷，海拔488米。镇境内属亚热带季风湿润气候区，其特点是水热同季，四季分明，冬长而无严寒，夏短而无酷热，光照充足，无霜期长。多年平均气温18.5℃，极端最高气温37.1℃（1971年7月26日），极端最低气温-4.3℃（2008年12月30日）；年平均日较差9℃。生长期年平均286天，无霜期年平均265天，最长287天，最短247天。年平均日照时数1030～1500小时，年总辐射137.4千卡/平方厘米。0℃以上持续期330天（一般为2月1日至12月27日）。年降水量900～1400毫米，极端年最大降水量1300毫米（1970年7月），极端年最少降水量700毫米（2010年7月）。

镇境河流有清水江、巴拉河。清水江是台江的第一大河，清民时期是台江县水路运输的主要航道，由西向东流经施洞镇境内，全长32公里，水域面积有9.6平方公里。矿产资源主要有丰富的铀、钒、稀土矿资源，尤其是铀矿，露天矿带有10余公里，深埋未有勘测。主要自然灾害有水灾、旱灾。水灾最严重一次发生在1970年7月12日，在全县境内连续降雨，降雨量达217毫米，平兆村被洪水冲走30余户，死77人。

2010年，施洞镇农业总产值4015万元，耕地面积12067亩，人均0.65亩。粮食作物以水稻为主。2010年水稻产量6175吨，人均332公斤。主要经济作物为蔬菜。2010年蔬菜种植面积950亩，产量1500吨。畜牧业以养牛、猪为主。牛存栏6280头，猪年末存栏19460头。牛出栏5240头，猪出栏数 7690 头。农民人均纯收入 3015 元。2010 年年末，共有商业网点 9 个，职工 56 人。2010 年财政总收入 1256 万元，比上年增长 72%。各类金融机构存款余额 7735 万元，比上年增长 60%，各种贷款余额 4735 万元，比上年增长 12.23%。

2010 年年末，镇文化站 1 处，村级文化活动中心 21 处，各类文化专业户 2 户，各类图书室 22 个，藏书 20 余万册，音乐、美术、书法、摄影及文学业余创作队伍达 32 人，有省、县级文物保护单位 11 处。幼儿园 1 所，在园幼儿 186 人，专任教师 7 人；小学 9 所，在校学生 1515 人，专任教师 92 人，小学适龄儿童入学率 100%；初中 1 所，初中在校学生 506 人，专任教师 30 人。初中适龄人口入学率、小升初升学率、九年义务教育覆盖率均达 100%。

2010 年，施洞镇有各级医疗卫生机构 1 个，门诊部（所）4 个；有床位 30 张，每万人拥有病床 20 张；固定资产总值 350 万元。专业卫生人员 19 名，其中执业医师 2 人，执业助理医师 4 人，注册护士 4 人。2010 年医疗机构（门诊部以上）完成诊疗 1.2 万人次。21 个村村民全部参加新型农村合作医疗，参保率 95%。

2010 年，农村最低生活保障户数 1307 户，人数 3542 人，支出 208 万元。医疗救助 89 人次，共支出 34 万元。国家抚恤、补助各类优抚对象 57 人，抚恤事业费支出 6000 元。参加新型农村养老保险 3800 人，参保率 52%。

2010 年，镇境内有镇远至凯里，台江至镇远省道公路。2010 年全镇 21 个行政村居委都通了公路。邮政局 1 处，邮政业务总量 170 万元，其中纯收入 119 万元。报纸、杂志累计期发行 430 份。电信企业 1 家，服务网点 4 个，电话交换机总容量 600 万门，固定电话用户 1294 户，电话普及率 93%；移动电话用户 6858 户，互联网用户 1390 户。全年电信业务收入 324 万元。镇境内建有 110 千伏变电站。

三、革东镇

革东镇位于县境东北部的清水江畔，东与剑河县柳川镇、岑松镇接壤，南与台江县方召乡交界，西与台拱镇毗邻，北与施洞镇、施秉县马号乡，总面积 136 平方公里。镇人民政府驻街上村，距离县城 17 公里。下辖街上、革东、沅江、展架、白浪、大稿舞、小稿舞、方家寨、交洗、养窝、八郎、屯州、交架上寨、交架下寨、松陇、小皆道、大皆道、五河、五岔、建新、戛丢、南蒿、松郎、皆翁、交榜、宝贡、辣子、翁拜、麻栗、养门 30 个行政村。2003 年 6 月 18 日，因三板溪电站建设需要，革东镇划归剑河县管辖。

四、老屯乡

老屯乡地处苗岭腹地，东与革东镇相邻，南与台拱镇交界，西与革一乡相连，北与施洞镇接壤。距台江县城 33 公里。

清雍正年间（1723—1735 年）曾设屯于此，后迁屯于望虎屯，故得名“老屯”。民国 35 年（1946 年）属尚志乡。1953 年建老屯乡，辖白羊、坝场、报效 3 个村；1958 年属清江公社；1959 年为老屯管理区；1962 年建老屯公社。1984 年改为乡；1991 年 3 月坝场、老屯、报效合并为老屯乡。

2010 年年末，老屯乡辖榕山、老屯、长滩、望虎屯、白土、辣子、稿仰、岩脚、报效、皆蒿、南匠、岩寨、南你、岑邦、翁农、皆洼、坝场、阳屯、排略、工农 20 村民委员会，下辖 47 个自然寨，102 个村民小组。总面积 94.65 平方公里。辖区总人口 15838 人，其中常住人口 14100 人，城镇化率 14%。总人口中，男性 8432 人，占 53%；女性 7406 人，占 47%。辖区东西最大距离 13.3 公里，南北最大距离 8.4 公里，总面积 94.65 平方公里。其中陆地 90 平方公里，占 95%；水域 4.65 平方公里，占 5%，人口密度为 167 人 / 平方公里。

全乡地面高度一般在海拔 568 米，最高点坝场龙坡顶海拔 1193 米，最低点格色寨角巴拉河面，海拔509米。

全乡属亚热带季风湿润气候区，其特点是水热同季，四季分明，冬长而无严寒，夏短而无酷热，光照充足，无霜期长。春季干旱多风，季风气候明显。多年平均气温18.5℃，极端最高气温37.1℃（1971年7月26日），极端最低气温-6.3℃（2008年12月30日）；年平均日较差9℃。生长期年平均286天，无霜期年平均265天，最长287天，最短247天。年平均日照时数1030～1500小时，年总辐射137.4千卡/平方厘米。0℃以上持续期330天（一般为2月1日至12月27日）。年降水量1050～1120毫米，极端年最大降水量1120毫米（1970年7月11—13日），极端年最少降水量1050毫米（2010年7月28日）。

境内巴拉河为台江第二大河流，由报效至望京村格色寨流经施洞巴拉河村注入清水江，全长20公里。矿产资源主要有丰富的铀、钒、稀土矿资源，尤其是铀矿，露天矿带有8公里。

自然灾害有冰雹、旱涝、风灾、低温、霜冻、雷击等。水灾最严重一次发生在1970年7月12日，在全乡境内连续降雨，被洪水冲走5户。

2010年，全乡耕地面积9463.2亩，人均0.6亩，全部为水浇地，以种植水稻、玉米、蔬菜为主。2010年农业总产值6.034万元，占全乡国内生产总值的49%。粮食作物以水稻、玉米为主。2010年生产粮食4551万吨，人均287公斤，其中水稻3638吨、小麦28吨、玉米885吨。主要经济作物为蔬菜。2010年蔬菜种植面积328公顷，产量6599吨，主要品种有大白菜、西红柿、茴香等。畜牧业以猪、牛、羊、家禽为主。2010年生猪饲养量7000头，年末存栏6902头；牛饲养量4200只，年末存栏3418只；羊年末存栏515只；家禽年饲养量14015羽。商业网点3个，职工10人；2011年社会商品零售总额213万元，比上年增长24.4%；城乡集贸市场2个，年成交额194万元。

2010年财政总收入756.36万元，比上年增长13.7%。2010年年末，境内金融机构各类存款余额2689.57万元，比上年增长32.2%；各项贷款余额4096.53万元，比上年增长17.54%。

2010年年末，全乡有文化站、有村级文化活动中心20处，各类文化专业户2户，各类图书室24个，藏书24万册，音乐、美术、书法、摄影及文学业余创作队伍15人，有州、县级文物保护单位2处。

2010年年末，全乡有学前班1个，在校100人，专任教师6人；小学8所，在校学生1414人，专任教师88人，小学适龄儿童入学率100%；初中1所，初中在校学生563人，专任教师47人。初中适龄人口入学率、小升初升学率、九年义务教育覆盖率均达100%。2010年财政预算内教育经费795.2万元，比上年增长30%。预算内教育经费占财政总支出比例为95%，比上年增长28%。

2010年，城镇最低生活保障户数8户，人数12人，支出24004.8元，医疗救助101人次，民政部门资助参加合作医疗101人次，共支出8.4万元。农村最低生活保障户数1273户，人数2730人，支出187.86万元。国家抚恤、补助各类优抚对象51人，抚恤事业费支出17.64万元，比上年增长1.1%。敬老院1家，床位8张，收养农村"五保"人员3人，参加新型农村养老保险5757万人，参保率50.5%。

乡境内有828县道贯穿其间，上通台江县城，下达施洞镇。邮政局代办所1处，邮政业务总量120万元，其中纯收入100万元。报纸、杂志累计期发行165份。电信服务网点1个，固定电话用户1200户，电话普及率75%；移动电话用户5060户，互联网用户260户。全年电信业务收入96万元。2010年投资100万元建成报效通信基站投入使用。

五、方召乡

方召乡地处台江县东部，东与剑河县久仰乡接壤，北与剑河县革东镇相邻，南连南宫乡，西与台拱镇交界。乡政府驻覃高坳，电话区号0855，邮政编码556300，距县政府驻地12公里。

清同治十年（1871年）设覃高堡，民国23年（1914年）设覃高乡。1950年建用覃高乡工委，隶属三区工委。1953年建方召、九龙、李子、巫脚乡。1957年2月，撤方召乡，并入革东公社。1961年9月恢复建制。1984年改建巫脚、方召乡。1991年3月实行并建撤，将巫脚乡并入为方召乡，乡政府设在覃高坳。

2010年年末，方召乡辖巫梭、反排、巫脚交、巫脚南、李子、展茗、黄毛、方召、泡木、歹忙、养蒿、基甲、交汪上寨、交汪下寨、汪一15个村民委员会，下辖131个村民小组。全乡总人口20803人，其中城镇常住人口13000人。总人口中，男性11124人，占53%；女性9679人，占47%。总人口中以苗族为主，达20594人，占99%。2010年人口出生率6.12‰，死亡率4.65‰，人口自然增长率1.47‰。辖区东西最大距离17公里，南北最大距离6公里，总面积100平方公里。其中陆地97平方公里，占97%；水域3平方公里，占3%。人口密度为208人/平方公里。

方召境内大部为高山区，地势略为南高北低、海拔一般在600～1488米，最高点四登山，海拔为1488米；最低点汪一村汪一水库与剑河县革东镇交界处，海拔为600米。全乡境内属亚热带季风湿润气候区，其特点是水热同季，四季分明，冬长而无严寒，夏短而无酷热，光照充足，无霜期长。多年平均气温18.5℃，极端最高气温37.1℃（1971年7月26日），极端最低气温-6.3℃（2008年12月30日）；年平均日较差9℃。生长期年平均286天，无霜期年平均265天，最长287天，最短247天。年平均日照时数1030～1500小时，年总辐射137.4千卡/平方厘米。0℃以上持续期330天（一般为2月1日至12月27日）。年平均降水量1000～1300毫米，极端年最大降水量1400毫米（1970年7月），极端年最少降水量900毫米（2010年7月）。

境内河流有巫脚交溪，翁根溪由西南向北流经镇境内，全长有36.8公里，水域面积3平方公里。

主要自然灾害有冰灾、低温秋风秋雨等。秋风秋雨灾害时有发生，最严重一次发生在1960年9月22日，主要是高海拔的李子、巫脚交、巫梭、四登等地，造成2000亩水稻受灾，因灾减产达七成。

2010年，全乡耕地面积11034亩，人均0.53亩；2011年农业总产值3652万元。粮食作物以水稻为主。2010年水稻产量5517吨，人均265公斤。主要经济作物为蔬菜。2010年蔬菜种植面积737亩，产量2万吨。畜牧业以养牛、猪为主。牛存栏3186头，猪年末存栏9800头。牛出栏1000头，猪出栏数3690头。商业网点1个，职工12人。

2010年财政总收入220万元，比上年增长13.7%。2010年年末，境内金融机构各类存款余额3687.27万元，比上年增长11.8%，各类存款余额1507.71万元，比上年增长4.6%。

2010年年末，方召乡有镇文化站1处，有村级文化活动中心15处，各类文化专业户1户，各类图书室11个，藏书0.8万余册，音乐、美术、书法、摄影及文学业余创作队伍3人，有省、县级文物保护单位1处。学校体育场6个。

2010年年末，全乡有小学15所，在校学生1572人，专任教师88人，小学适龄儿童入学率100%；九年义务教育覆盖率均达100%。2010年财政预算内教育经费388万元，比上年增长15%。预算内教育经费占财政总支出比例为34%，比上年增长11%。

2010年年末，全乡有各级医疗卫生机构1个，门诊部（所）2个；有床位15张，每万人拥有病床32.3张；固定资产总值150万元。专业卫生人员8名，其中执业医师2人，注册护士2人。2010年医疗机构（门诊部以上）完成诊疗1.3万人次。16个村村民全部参加新型农村合作医疗，参保率89%。城镇最低生活保障户数8户，人数9人，支2.1万元，比上年增长15%，月人均187元，比上年增长8%；医疗救助154人次，民政部门资助参加合作医疗197人次，共支出36万元。农村最低生活保障户数1735户，人数4255人，支出55万元。五项保险基金6.6万元，参加新型农村养老保险1703万人，参保率20%。

全乡境内有南宫至台江的864县道老路，为方召乡的交通主干线，2010年油路铺设到反排村，全长 26 公里。有邮政代办点 1 处，邮政业务总量 50 万元，其中纯收入 2 万元。报纸、杂志累计期发行 1.3 万份。电信企业 1 家，服务网点 2 个，固定电话用户 0.2 万户，电话普及率 60%；移动电话用户 2800 户，互联网用户 47 户。全年电信业务收入 2.8 万元。

六、排羊乡

排羊，原乡政府驻地为排羊村，乡名以该村名命名。1962 年迁至排羊屯上村。

排羊乡地处云贵高原向湘西丘陵过渡的斜坡上，即苗岭山麓、翁你河畔、雷公山脚下，台江县西南部。东与台拱镇红阳及南宫乡交密接界，西南与雷山县的方样、黄里、大沟、麻料为邻，西抵凯里市的脚高村，北与台拱镇的台雄、大德、台盘乡的贵寨、排内等寨接壤。乡人民政府驻屯上村，距县城 20 公里。

排羊乡清末属丹江厅辖。民国 22 年（1933 年）设绥阳乡，民国 30 年（1941 年），归属台江。民国 33 年（1944）设绥阳乡，1950 年仍称绥阳乡。1953 年分建为白扎、排羊、九摆乡。1957 年合并为排羊乡，1958 年建排羊公社，后属前进公社，1959 年为排羊管理区，1962 年复建排羊公社。1984 年改为排羊乡。1991 年撤并建后，仍为排羊乡。2010 年年末，全乡辖排羊屯上、岩寨、排羊寨、白扎、掌喜、平寨、掌里、大塘、小江、九摆、台乐、上南刀、下南刀 13 个村民委员会，下辖 33 个自然寨，52 个村民小组。2010 年年末，全乡辖区有 2230 户，总人口 8906 人，其中城镇常住人 2000 人，城镇化率 10%。总人口中，男性 5021 人，占 56%；女性 3885 人，占 44%。苗族人口 8638 人，占 97%；2010 年人口出生率 12.9‰，死亡率 6.5‰，人口自然增长率 6.4‰。辖区东西最大距离 8 公里，南北最大距离 20 公里，总面积 123 平方公里。其中陆地 120 平方公里，占 98%；水域 3 平方公里，占 2%。人口密度为 73 人 / 平方公里。

排羊乡地处云贵高原向湘西丘陵过渡的斜坡上，即苗岭山麓、翁你河畔、雷公山脚下。地面高度一般在海拔 820 米，最高点南刀坡，海拔 1980 米，最低点展喜村翁你河水面，海拔 704 米。全乡境内属暖温带季风区中的大陆性气候，其特点是四季分明，雨热同季，光照充足，全乡年平均气温在 13.2℃～15℃之间，年日照时数 1100～1200 小时，年降水量 1200～1400 毫米，无霜期在 250 天以上。乡境内河流主要有翁你河、九摆河、白水河等，可开发水能达 12000 千瓦。台江最大河流翁你河发源于该乡南刀村，流经乡境全长 50 公里。山地资源丰富，有南刀万亩天然草场，950 亩灌木林地，2043 亩疏林地，4.26 万亩低产林地，1.55 万亩的未利用地。可开发和利用的山地资源是 9.74 万亩；有丰富木材资源，森林覆盖率 64.3%，木材基积量 65.3 万立方米；有丰富的野生药材资源，有冰球子、杜仲、黄檗、天麻等。野生绿色食品有滚菜、实心竹等。自然灾害有冰雹、旱涝、风灾、低温、霜冻、雷击等。其中最严重一次的旱灾发生在 2010 年 7 月，造成 2100 亩稻田改种其他作物，全乡共有 5771 亩的耕地成灾减产达七成。

全乡耕地面积 6915 亩，人均 0.78 亩，全部为水浇地，以种植水稻、玉米、蔬菜为主。2010 年农业总产值 4540 万元，占国内生产总值的 90%。人均纯收入 3163 元。粮食作物以小稻谷、玉米为主。2010 年生产粮食 4390 吨，人均 492 公斤，其中稻谷 2695 吨，玉米 1000 吨。主要经济作物为蔬菜。2010 年蔬菜种植面积 2300 亩，产量 3000 吨，主要品种有大白菜、大葱、西红柿、茴香等，其中大白菜 2500 吨、葱 5 吨、西红柿 450 吨。畜牧业以猪、牛、羊、家禽为主。2010 年生猪饲养量 9221 头，年末存栏 5121 头；牛饲养量 2044 头，羊饲养量 1315 只，年末存栏 360 只；家禽年饲养量 9250 羽。

乡境内盛产油茶、杨梅农副产品，天麻、杜仲、冰球子等野生中药材和薇菜等山野菜资源，以及鲤鱼、七星鱼等水产品资源极为丰富。有建池稻田养鱼 875 亩。

2010 年，排羊乡工业生产总值 1500 万元，占全乡国内生产总值的 10%。拥有工业企业 2 家，职工 100 人；实现工业增加值 560 万元，比上年增长 20%。商业网点 50 个，职工 100 人；2010 年，社会商品零售总额 56 万元，比上年增长 20%；城乡集贸市场 1 个，年成交额 50 万元。2010 年，财政总收入 1092 万元，比上年增长 20%。

2010 年年末，全乡有镇文化站、广播电视站各 1 处，各类文化专业户 1 户，各类图书室 15 个，藏书 15 万余册，音乐、美术、书法、摄影及文学业余创作队伍 10 人，有州、县级文物保护单位 1 处。2010 年年末，有学前班 1 个，在校学生 40 人，专任教师 1 人；小学 7 所，在校学生 650 人，专任教师 52 人，小学适龄儿童入学率 100%；初中 1 所，初中在校学生 199 人，专任教师 23 人。初中适龄人口入学率、小升初升学率、九年义务教育覆盖率均达 100%。2010 年财政预算内教育经费 565 万元，比上年增长 15%。学校体育场有 1 个，能容 1000 余人。有各类科技人才 88 人。

2010 年年末，全乡有各级医疗卫生机构 1 个，门诊部（所）1 个，有床位 1 张；固定资产总值 90 万元。专业卫生人员 13 名，其中执业医师 1 人，执业助理医师 2 人，注册护士 4 人。2010 年医疗机构（门诊部以上）完成诊疗 1.2 万人次。13 个村村民全部参加新型农村合作医疗，参保率 95%。城镇最低生活保障户数 12 户，人数 18 人，支出 2.6 万元。农村最低生活保障户数 609 户，人数 1757，支出 148.3 万元。敬老院 1 家，床位 7 张，收养农村“五保”人员 5 人，参加新型农村养老保险 5100 人，参保率 75%。

排羊乡有 320 国道主干线和 67 号三凯高速公路穿境内，全长 13 公里，交通便利，是台江县的南大门。除了有排羊、岩寨、展里、坪寨 4 个村寨住在原 320 国道边外，屯上、台乐、九摆、排扎、小江、展喜、大塘等 9 个村已全部开通了乡村公路。

2010年年末，排羊乡有邮政局代办所1处，邮政业务总量150万元，其中纯收入120万元。报纸、杂志累计期发行 5000 份。电信企业 2 家，服务网点 3 个，全乡 13 个行政村已经开通有线电话或无线电话。固定电话用户 551 户，电话普及率 24%；移动电话用户 2506 户，互联网用户 77 户。全年电信业务收入 33 万元。

七、革一乡

革一乡地处台江县西北部，东与老屯乡、施洞镇交界，南与台盘乡接壤，西与凯里市凯棠乡相连，北与黄平县苗陇乡相望。人民政府驻革一屯上村，电话区号 0855，邮政编码 556300，距县政府驻地 35 公里。

民国 30 年（1941 年），后哨村、江边村、革一屯上村由黄平县划入建德立乡。1953 年分建革一、排生两个乡，隶属施洞区工委。1958 年与南瓦、台盘合并建设幸福公社。1959 年属施洞公社革一管理区。1962 年建立革一公社。1984 年 4 月更名革一乡，1990 年 12 月实行并建撤，将大塘乡合并，乡政府驻革一，辖屯上、田坝、大寨、新寨、江边、后哨、排生、台水、白方、沙帮、西南、茅坪 12 个村民委员会，下辖 69 个村民小组。

2010 年年末，全乡辖区总人口 15847 人，其中常住人口 15611 人，总人口中，男性 8255 人，占 52%；女性 7592 人，占 48%。总人口中以苗族 15217 人，占 96%。2010 年人口出生率 7.27‰，死亡率 4.3‰，人口自然增长率 3.9‰。辖区东西最大距离 9.9 公里，南北最大距离 14.3 公里，总面积 94 平方公里。其中陆地 91 平方公里，占 97%；水域 3 平方公里，占 3%。人口密度为 169 人 / 平方公里。

革一境内大部为高山区，地势略为南高北低，海拔一般在 520～1105 米，最高点海拔 1105 米，最低点茅坪清水江边海拔 520 米。全乡境内属亚热带季风湿润气候区。多年平均气温 18.5℃。生长期年平均 286 天，无霜期年平均 265 天，年降水量 1050～1120 毫米。境内河流有清水江，由西南向北流经乡境内，全长有 12 公里，水域面积 3.7 平方公里。主要自然灾害以旱灾为主。最严重一次发生在 2010 年 7 月，造成 5000 亩稻田改种，全乡共有 9771 亩的耕地受灾减产达七成。

全乡耕地面积 9771 亩，人均 0.62 亩。2010 年农业总产值 4072 万元。粮食作物以水稻为主，

2010年水稻产量5164吨，人均326公斤。主要经济作物为蔬菜。2010年蔬菜种植面积1800亩，产量3240吨。畜牧业以养牛、猪、鸡为主。牛存栏3156头，猪年末存栏5440头，鸡32421羽。牛出栏1088头，猪出栏数13690头。农民人均收入2930元。

全乡企业有9家，其中革一工业园区有3家，2010年实现总产值6.4亿元，税收4000万元。有商业网点1个，职工19人；2010年，社会商品零售总额达623万元，比上年增长13.8%；城乡集贸市场1个，年成交额428万元。

2010年财政总收入2051万元，比上年增长36.4%。2010年年末，境内各类金融机构各类存款余额4914万元，比上年增长122.9%，各类贷款余额28.6万元，比上年增长130%。

2010年年末，全乡有文化站1处，有村级文化活动中心12处，各类文化专业户35户，各类图书室10个，藏书0.4万余册，音乐、美术、书法、摄影及文学业余创作队伍达3人。有省、县级文物保护单位1处。有中心小学9所，小学教学点6个，在校学生1516人，专任教师81人，小学适龄儿童入学率100%；初中1所，初中在校学生673人，专任教师51人。小升初升学率、九年义务教育覆盖率均达100%。2011年财政预算内教育经费872万元，比上年增长27%。预算内教育经费占财政总支出比例为96.9%，比上年增长23%。

2010年，全乡有各级医疗卫生机构1个，有床位20张，每万人拥有病床12张；固定资产总值190万元。专业卫生人员13名，其中执业医师8人，执业助理医师3人，注册护士4人。2010年医疗机构（门诊部以上）完成诊疗1.1万人次。12个村村民全部参加新型农村合作医疗，参保率95%。

2010年，城镇最低生活保障户数12户，人数14人，支出30720元；医疗救助129人次，共支出412122万元，比上年增长21%。农村最低生活保障户数1488户，人数5270人，支出3177001元。国家抚恤、补助各类优抚对象48人，抚恤事业费支出178588元，参加新型农村养老保险8075人，参保率79.4%。全乡境内有镇远至凯里公路干线通过乡境内，为乡境内的交通主干线，全长14公里。2010年，全乡11个村都建有村委活动室11个和村卫生室，村道路面硬化6.3公里。

2010年年末，全乡邮政代办点1处，邮政业务总量50万元，其中纯收入36万元。报纸、杂志累计发行1.3万份。电信企业1家，服务网点1个，固定电话用户493户，电话普及率52%；移动电话用户5049户，互联网用户122户。全年电信业务收入56万元。

八、台盘乡

台盘乡地处台江县东南部，东南面与台拱镇接壤，南与排羊乡相邻，西与凯里市凯棠乡相邻，北与革一乡交界。人民政府驻台盘村，距县城23公里，距州政府凯里26公里。清雍正年间设屯。民国27年（1938年）建台盘联保。民国30年（1941年）第三区公所驻台盘，民国31年（1942年）建永安乡。当地解放初为永安乡。1953年建台盘、南瓦、交江、德眷、平水乡。人民公社化时期改为台盘、南瓦公社。1984年改建为台盘、南瓦乡，1997年合并为台盘乡。2010年年末辖有台盘、阳芳、龙井、排内、交江、基保、棉花、南瓦、南江南庄、水寨、平水、空寨、德卷、南尧15个村民委员会，下辖45个自然寨，77个村民小组。

2010年，全乡有15个行政村，总人口17204人。其中男性9097人，占53%；女性8107人，占47%。总人口中苗族16996人，占99%。辖区东西最大距离9公里，南北最大距离15公里，总面积96平方公里。其中陆地92平方公里，占96%；水域4平方公里，占4%。人口密度为179人/平方公里。

全乡地处县境西北部，山势较高，土多田少。乡境以巴拉河为界，西北岸山坡较平缓，近于丘陵地带，属酸性红壤，间有白色沙土，树木很少，乡境东南面山势陡峻，地表为黑沙土，树林较多。地形呈高山与冲击小坝并存，地面高程一般在海拔700米，最高点翁岗白坡海拔1260米，最低翁炯河口海拔 522 米。

乡境内属亚热带季风湿润气候区，其特点是水热同季，四季分明，冬长而无严寒，夏短而无酷热，光照充足，无霜期长。春季干旱多风，季风气候明显。多年平均气温 12.8℃，1 月平均气温 -1.6℃，极端最低气温 -6℃（2008 年 12 月 30 日）；7 月平均气温 26.7℃，极端最高气温 39℃（2010 年 7 月 28 日）。年平均气温日较差 9℃。生长期年平均 286 天，无霜期年平均 265 天，最长 287 天，最短 247 天。年平均日照时数 2847.6 小时，年总辐射 137.4 千卡 / 平方厘米。0℃以上持续期 330 天（一般为 2 月 1 日至 12 月 1 日）。年平均降水量 687 毫米，极端年最大降水量 900 毫米（1970 年 7 月 13 日），极端年最少降水量 200 毫米（2010 年 7 月）。

乡境内主要河流有巴拉河、翁炯、小江溪等，巴拉河由该乡德卷村流入，贯穿乡境后，由排生村流出经革一台水。矿产主要有铅锌等，主要分布在龙井和德卷村。

自然灾害主要自然灾害有旱涝、风灾、低温、霜冻、冰雹、雷击等。旱灾最严重的一年在 1960 年，春、夏、秋、冬连旱，粮食总产降至最低。

2010 年，全乡耕地面积 8582.4 亩，人均 0.5 亩，全部为水浇地，以种植水稻、玉米、蔬菜为主。2010 年农业总产值 2677 万元，占国内生产总值的 80%。粮食作物以小麦、玉米为主。2010 年生产粮食 3352 吨，人均 195 公斤。主要经济作物为蔬菜。2010 年蔬菜种植面积 300 亩，产量 60 吨，主要品种有白菜、葱、西红柿、茴香等，其中白菜 40 吨、大葱 8 吨、西红柿 10 吨。畜牧业以猪、羊、家禽为主。2010 年生猪饲养量 4900 头，年末存栏 4900 头；牛饲养量 1200 只，年末存栏 1100 头；家禽年饲养量 9 万羽。

2010 年，全乡主要工业企业有 5 家，职工 512 人。2010 年工业生产总值 17990 万元，比上年增长 39.2%。商业网点 3 个，职工 16 人。

2010 年年末，全乡有文化站 1 处，有村级文化活动中心 15 处，各类文化专业户 2 户，各类图书室 9 个，藏书 9 万余册，音乐、美术、书法、摄影及文学业余创作队伍达 5 人，有州、县级文物保护单位 2 处。线电视用户 100 户，入户率 32.2%。

2010 年年末，全乡有小学 7 所，在校学生 1946 人，专任教师 176 人，小学适龄儿童入学率 100%；初中 1 所，初中在校学生 814 人，专任教师 62 人。初中适龄人口入学率、小升初升学率、九年义务教育覆盖率均达 100%。全乡有学校体育场 3 个，看台设座椅 1500 张。有各类科技人才 247 人。

2010 年年末，全乡有各级医疗卫生机构 1 个，门诊部（所）1 个；有床位 16 张，每万人拥有病床 8 张；固定资产总值 120 万元。专业卫生人员 9 名，其中执业医师 5 人，执业助理医师 1 人，注册护士 3 人。2010 年医疗机构（门诊部以上）完成诊疗 6.5 万人次。15 个村村民全部参加新型农村合作医疗，参保率 100%。

2010 年，全乡农村最低生活保障户数 1429 户，人数 5705 人，支出 434 万元，比上年增长 19.8%，月人均 63.4 元，比上年增长 13.3%；医疗救助 117 人次，民政部门资助参加合作医疗 5705 人次，共支出 23 万元，比上年增长 13%。城乡最低生活保障户数 14 户，人数 14 人，支出 2.7 万元。国家抚恤、补助各类优抚对象 39 人，抚恤事业费支出 15 万元。敬老院 1 家，床位 8 张，收养农村“五保”人员 4 人，参加新型农村养老保险 1810 万人，参保率 74.4%。

境内有 320 国道和镇台旅游公路穿境而过，交通便利。

1998 年建成 1 个村委活动室，2002 年建成 1 个村委活动室，2003 年新建 3 个活动室。至 2010 年，全乡建成 15 个活动室，15 个村级卫生室，村道路面硬化 26 公里。

全乡有邮政局代办所 1 处，邮政业务总量 130 万元，其中纯收入 106 万元。报纸、杂志累计期发行 2450 份。电信企业 2 家，服务网点 3 个，固定电话用户 1500 户，电话普及率 78%；移动电话用 3600 户，互联网用户 450 户。全年电信业务收入 120 万元。

九、南宫乡

南宫乡地处台江县城南部，东南与剑河太拥乡交界，西与排羊及雷山县方祥乡接壤，北与台拱镇方召、登交、红阳等地相邻。乡政府驻地南宫村河湾岸上，距县城42公里。

民国4年（1915年）建南区；新中国成立后，1953年分建南宫、交密、交下、东扛四乡；1959年属太多拥公社管理区。人民公社化时期，分别改建南宫公社、交密公社、交下公社、东扛公社；1984年设南宫区，辖南宫、交密、交下、东扛4个乡。1991年5月，南宫、交密、交下、东扛4个乡并为南宫乡。2010年年末，全乡辖有南宫、展丰、养开、巫西、东杠、巫细、大田、展规、展忙、交密、石灰、松老、展吉、交宫、汪江、拥党、白帮、岩板、南牛、阶利、展啊、东衣、交下、交包24个村民委员会，下辖58个自然寨，91个村民小组。

2010年年末，全乡辖区有4026户，总人口16507人。总人口中，男性8892人，占54%；女性7615人，占46%。辖区东西最大距离16公里，南北最大距离20公里，总面积273平方公里。其中陆地265平方公里，占97%；水域8平方公里，占3%；人口密度为60人/平方公里。

南宫乡境内为雷公山脉，地势略为西高东低、南高北低，地面高度一般在海拔800米，最高处是掌水坪，海拔1980米，最低处是交下岩板村翁密河口处，海拔555米。境内属亚热带季风湿润气候区，其特点是水热同季，四季分明，冬长而无严寒，夏短而无酷热，光照充足，无霜期长。春季干旱多风，季风气候明显。境内年平均日照时数为1230～1240小时。年均气温14℃～20℃，年降水量1200～1440毫米，无霜期250～285天。

全乡境内主要有翁密河、南宫河、交包河3条河流。矿藏主要有铅锌，分布在交下、白帮等村。其他自然资源有百里原始森林画廊，有惊险刺激的“翁密河”森林漂流，避暑气候明显。

主要自然灾害有旱涝、低温、霜冻、冰雹、雷击等。水灾平均一年一次，最严重一次发生在1970年7月12日，受灾面积达1公顷。旱灾一年四季均有发生，最严重一次发生在2010年7月，农作物受旱面积达0.85万亩。

全乡耕地面积12003亩，其中田面积10950亩，土面积1053亩。森林覆盖率为84%，全部为水浇地，以种植水稻、玉米、蔬菜为主。2010年农业总产值5113万元，占国内生产总值的8%。粮食作物以水稻、玉米为主。2010年生产粮食6977吨，人均423公斤，主要经济作物为蔬菜。2011年蔬菜种植面积1300亩，产量260吨，主要品种有白菜、葱、西红柿、茴香等，其中白菜200吨、葱10吨、西红柿50吨。畜牧业以猪、羊、家禽为主。2010年生猪饲养量11020头，年末存栏11020头；牛饲养量7254头，年末存栏7254只；羊饲养量2017只，年末存栏2017只；家禽年饲养量20314羽。实现肉类总产量561.4吨。农民人均纯收入2117元。2010年工业生产总值80万元，占国内生产总值的10%。拥有工业企业1家，职工50人；实现工业增加值80万元，比上年增长15%。2010年年末，共有商业网点10个，职工50人。

2010年年末，全乡有文化站1处，有村级文化活动中心24处，各类文化专业户2户，各类图书室26个，藏书26万余册，音乐、美术、书法、摄影及文学业余创作队伍达15人，有州、县级文物保护单位1处。有学前班2个，在园幼儿79人，专任教师2人；小学11所，在校学生1084人，专任教师98人，小学适龄儿童入学率100%；初中1所，初中在校学生619人，专任教师55人。初中适龄人口入学率、小升初升学率、九年义务教育覆盖率均达100%。全乡有学校体育场2个，可容观众2000余人。经常参加体育活动的人员占常住人口的15%。2010年年末，有各类科技人才166人。

2010年年末，全乡有各级医疗卫生机构1个，门诊部（所）1个；有床位38张，每万人拥有病床24张；固定资产总值900万元。专业卫生人员11名，其中执业医师3人，执业助理医师1人，注册护士1人。2010年医疗机构（门诊部以上）完成诊疗1.26万人次。24个村村民全部参加新型农村合作医疗，参保率 95%。

2010 年年末，全乡城镇最低生活保障户数 14 户，人数 22 人，支出 54670 元；医疗救助 174 人次，共支出 24.7 万元。农村最低生活保障户数 1182 户，人数 2527 人，支出 172 万元。

2010 年，乡境内有 864 县道过境，通往剑河的白道和榕江等地；有 11 个村 16 个自然寨修通公路；有邮政局代办所 1 处，邮政业务总量 120 万元，其中纯收入 50 万元。报纸、杂志累计期发行 5000 份。电信企业 2 家，服务网点 6 个，固定电话用户 1500 万户，电话普及率 70%；移动电话用户 4000 户，互联网用户 320 户。全年电信业务收入 96 万元。

第三节　特色村寨

一、民族村寨

反排村　方召乡的一个行政村，地处台江县城东南面，北纬 26º 31′，东经 108º 24′，距县城 26 公里，全寨 362 户，1800 余人，皆为苗族，居住有张姓、唐姓、万姓、杨（阳）姓、邰姓。山寨位于两山夹溪的山洼，苗家房舍吊脚楼，鳞次栉比，依山而建，掩映在翠竹绿树之中，层层梯田绕其苗寨依着山势，从山脚直至山顶。

村内有斗牛坪，祭鼓山、议榔坪、藏鼓洞等别具特色的景致。文学艺术丰富多彩，形式多样，苗族文艺在此多有体现，国内外专家、学者推崇备至。声乐有木鼓、芦笙、芒筒、木叶等，舞蹈有以木鼓舞、芦笙舞为主。工艺有挑花、刺绣等。挑花刺绣主要包括挑花、织花、刺绣、剪纸等。它们既有区别，又相互融汇，构成一幅幅图案，表现出不同的思想内容。银饰工艺有其独特处，男人有头花、项圈、手镯、项链、烟盒、单耳环等；女人有头花、银冠、凤尾牌、耳环、耳柱、项链、压领、手镯、戒指等。其样式有空心、实心、泡花、圆柱等。民间口头文学有神话、童话、故事传说、古歌、叙事歌、酒礼歌、苦歌、情歌、季节歌、生产劳动歌、婚姻歌、节日歌、丧葬歌、祭祖歌、理歌、巫词、儿歌、谜语、谚语等。主要节日有十三年一次的鼓藏节、芦笙节、二月二敬桥节。

反排村自有一套社会组织——“江略”执法，“议榔”立法，“理老”司法。议榔时，全寨人都要到议榔坪，由“榔头”站在石前向众人背诵“理词”，他手持芭茅和梭镖，当他念到对其事或人的惩罚时，就用梭镖在石头上戳几下，一直到榔规念完。

反排木鼓舞在反排村世代相袭。每逢丑年，十三年一次的祭祖节到来，反排木鼓舞便要大跳一次，与宰牛祭祀和盛大的节庆活动相配合。反排木鼓舞由五个鼓点章节组成，其内容反映了苗族迁徙过程中的跋山涉水、打猎、欢庆等过程。其艺术特点以鼓导舞，启、承、转、合结构完整，舞蹈动作简练，组合丰富，风格粗犷奔放，激越豪迈，变化莫测，气势磅礴，令人赏心悦目，是苗族舞蹈的精华，其精湛的舞技深得国外友人的青睐，被誉为“东方迪斯科”。每逢喜庆节日，全村男女老少围鼓而歌，围鼓而舞，人人能舞，个个会鼓。几十年来反排村苗族木鼓舞以其豪迈的舞姿，先后在全国少数民族运动会、亚运艺术节、中华羊城博览会、昆明第三届艺术节等获得殊荣，走遍中国大江南北，还远涉美国、澳大利亚、新西兰、荷兰、比利时、西班牙、法国等国家展现英姿。

2003 年，反排村被文化部命名为“中国民间艺术（苗族木鼓舞）之乡”。“上海摄影家协会创作基地”“深圳摄影家协会创作基地”两块牌子又相继落户反排村。

方召村　是方召乡的一个行政村，苗语叫“Fangb Xed”，音译“方秀”。由方召大寨、方召小寨、覃高、桐木四个自然寨，共 477 户 2162 人。该村位于台江县东南面，方召乡政府就在该村境内。从县城出发，沿着山区公路，爬行十余公里，即到了方召，这里海拔 1200 米以上，常年云雾缭绕，山高谷深，生息在这片土地上的苗族先民开山辟土，建立家园，一层梯田从山脚直接到坡顶，极为壮观，小河田间，寨角油杉片片，衬托着苗寨，更显风光这边独好。该村虽离县城仅 12 公里，但其语言、服饰、风俗习惯却与县城附近村寨不同，独自成型，且至今保持完好，在 2004 年春节中央电视台西部频道民歌大赛中荣获金奖的苗族多声部情歌就出自该村。

方召服饰称为“方秀型”，盛行于方召全乡十多个村寨，该村 60 岁以上的男性老人，都留有一撮长发于顶，外用青布包缠。现在的中青年则是新式短发，习惯包长 3 米、宽 20 厘米的青色头帕。包法为将帕折叠成 5 厘米宽，由左向右平整环缠于头的周围。每次缠到前额，将头帕反折成人字形，包成后，再将前额各轮人字形处稍捏为翘，使整个包头帕形成前高后低，在耳角处斜插一束银花，显示出雄伟英俊的模样。身穿无领大襟、右衽短衣，腰束青白相间的花格腰带，下着大脚长裤，领挂银项链，有的还戴手镯。妇女挽盘髻，外用长方形青布头巾，由前往后包扎成上尖下宽的三角形，把发髻罩住，横插弯月形木梳于后边发髻下。盛装时不包头帕，而戴银冠，顶部插银凤尾，左边系有红、绿、黄色丝线，长及肩膀，颈挂项圈项链。外衣为纯青色，无花无领右衽服，衣襟以白布镶边，内穿右衽白内衣，袖口绣有简单的花纹并长于外衣，下着百褶筒裙，前系围裙帕，织锦带束腰，给人以朴素洁净之感。

方召节日与反排、巫脚交基本相同，其中以农历二月初二的敬桥节和十三年一度的祭祖节最为热闹。

敬桥是方召的一个盛大节日，敬桥节这天，各家各户去敬自家桥后，大家集中带祭品去敬共享有的桥，喝酒唱歌踩芦笙，十分热闹，敬桥节期间，方召村还在覃高堡斗牛。附近村寨都拉牛来参斗，观众人山人海，有些还抬酒肉到斗牛场邀亲戚朋友共享，一边喝酒一边观看斗牛。

祭祖节是方召村的一个盛大节日，13 年一次。在民国时期这节日没有间断过，中华人民共和国成立后，1953 年曾举行过。后来反对铺张浪费、禁止屠宰耕牛，政府下令制止。2001 年，方召村召集展苕、黄毛、李子等村共同举行一次盛大的庆典活动。

祭祖节都是从子年开始，到卯年才结束，连续四年。第一年子年，举行招龙谢土，选举鼓主，买祭牛、迎接子孙鼓、唤醒祖宗鼓、砍鼓树等活动。第二年丑年活动有迎接祖宗回鼓堂，开展斗牛活动等。第三年寅年，举行审牛、号牛、斗牛、制祖宗鼓和宰牛祭祖活动，这一年的活动比较多，仪式复杂，前后经过 14 天才完成。第四年卯年过白鼓节活动，宰猪祭鼓，送祖宗鼓入鼓山。

祭祖节是一项神秘、庄重的祭祀活动。节日期间有很多规定，尤其是几个鼓主，语言和日常生活都必须按古规执行，否则被认为是对祖先不虔诚。

桃树榜苗寨　地处台江县西北面 50 余公里处，凯里经施洞至镇远的公路绕寨而过，交通十分便利。这里是典型的喀斯特地貌，山林郁郁葱葱。寨中古木参天，翠竹掩映，苗家人的青瓦木楼掩映在翠竹、绿棕之间，环境优美，风景独特。这里村路寨道，石板铺墁，村容寨貌，参差错落，是台江县独具特色的旅游景区。2005 年，桃树榜苗寨被黔东南州列为全州民族文化旅游村寨。

桃树榜苗寨历来盛长桃树，春来桃花吐艳，一片云霞，桃树榜因而得名。寨中还有众多的杏树、李树、梨树与银杏竹林。寨中东、南、西、北 4 个路口，都有先民栽种的以柏香树为主的成片古树林，浓荫遍地。古柏树下，设有供人们乘凉娱乐的石板或木长凳，景致幽雅。尤其值得一提的是山寨中的两棵硕大的银杏树，需要 5 个人合围才能抱拢。树干长到约 2 米处又分成两枝大树干，苍翠葱茏，当地人们称之为“姊妹树”“兄弟树”“夫妻树”。

地表上怪石林立，地表下方园几公里散布着 20 多个溶洞，最著名的双龙洞就从山寨底下穿过，山寨坐落在双龙洞约 4000 平方米的大厅之上，双龙洞里有两条长约 5 米的彩带，七彩如长虹，双龙洞因此而得名。20 多年前，桃树榜寨因解决人畜饮水需要，经过 18 年奋斗，打通了一个长 250 米的石洞，接通洞内大厅，将水引入寨中饮用。

双龙洞又称姜央父根洞。此洞上方悬崖险峻，有上、下两洞，洞内钟乳石、石幔、石柱景观奇特。下洞长约1500米，洞内有姜央田、猴子望月、阴河等景观。洞口上方正中央翘生一根酷似男人生殖器的石笋，苗语称之为“告央”，即姜央的生殖器，因而得名姜央父根洞。在距此约2000米外的九寨的山坡上有一口与之对应的母亲洞，苗语称为“康炸弥”（意为央婆洞），这个洞酷似女人的外阴。洞高20余米，宽10余米，周围绿树荫映。

山寨脚下的大塘，面积约6000平方米，池塘的水来源于塘中底部的阴河，塘底阴洞大如竹席，终年涌泉不断，冬暖夏凉，明澈如镜，四周是垂柳、青竹、翠柏。

这里民族节日主要有农历正月初一、十五日姑娘们都要下田捉鱼捞虾过的姊妹节，二月初二过祭桥节，三月过清明节，四月初八过祭牛节，五月过龙舟节包粽粑，六月过吃新节，七月遇天旱举行抬狗祈雨活动，九月二十七日过斗牛节，十一月过苗年节。每一个节日，都有一个美丽的传说。每逢节日到来，山寨的青年男女“游方”对歌，吹木叶、唱飞歌。主、客相逢或分手时都以二声部飞歌合唱迎送客人。

交包苗寨　交包苗寨坐落在雷公山北面，距台江县城60余公里，是一个苗汉杂居的山寨，有200多户，1200余人。交包是一个宁静而美丽的寨子，一条清澈小河从寨中通过，在这个寨子的上游再没有村寨人烟，全是原始森林，小河上有两座风雨桥横跨于河上，连接着溪河两岸的农房，真有那种“小桥流水人家”的美景。

每年的农历七月戌日，是交包“喉饧”的节日。“喉饧”，是南宫地区乃至周边村寨独有的节日。据苗族古歌及史料记载，几百多年前，方圆一二百里之内的台江、剑河、雷山等地的苗族同胞，均为“方”支系“希”的同族血缘关系，不能开亲。男婚女嫁，要择百里乃至数百里之外的“西”氏族支系才能同婚。

交包苗寨地理位置特殊，是雷山、剑河、榕江、台江四县的交界线，因此男女姻联也遍及四县。而周边很多村寨都过卯节，没有过戌节的，每到交包“戌日”节，邻近四县的苗族都来参加，许多远嫁的姑娘都要赶回寨中欢度节日。节日不论什么情况都没有停办过。

交包的“戌日”节不仅传承了一个地区的民族节日文化，同时也记载了一段重要的苗族由严禁族内通婚到打破族内通婚的重要历史。

塘坝村　位于台江县施洞镇中心，依清水江南岸而建，风景秀丽，景致怡人。与施洞镇偏寨村、杨家沟村、街上村接壤，与施秉县金井村望江而居，是凯里市、台江县、镇远县、施秉县四县市的交通临界点。距州府凯里71公里，据台江县城39公里，距镇远县城36公里，距施秉县66公里。全村152户751人，其中苗族742人，占总人口98.8%，是典型的苗族聚集村寨，民族文化底蕴浓重深厚，拥有天下闻名的苗族独木龙舟，独具一格的苗族银饰刺绣。苗族姊妹节、独木龙舟节闻名四海。塘坝村党支部曾多次被县委、镇党委评为先进集体，于2011年7月被州委评为“新进基层党组织”。

近年来，在各级党委政府的关怀和支持下，该村作为施洞镇重点打造的银饰刺绣产业发展村寨，依托传统的高超苗族文化手工艺技术，紧紧抓住社会主义新农村建设发展机遇，不断壮大、扩展银饰刺绣产业。全村共有72户197人专业从事加工、制作、经营银饰刺绣，产业普及面达47%。年制作银饰近万件，刺绣产品800余件。2010年，该村党支部带头，以户为单位的成立了银饰刺绣协会。涌现出了吴水根、张秀英、刘忠嫦等一大批能工巧匠。产品质量精致、上乘，远销国内外，深受国内外藏家喜爱。产品经常在全国各地展览会上参展，深受好评。2009年多彩贵州银质奖杯就是在该村银匠吴水根的作品。2010年销售量达到3000万元以上，年创收800万元。有效地推动了全村经济发展。

偏寨村　位于清水江南岸，施洞镇镇区东面，沿江而下约1.5公里处。距台江县城35公里，距州府凯里70公里，村边公路可直达凯里、台江和镇远等地，清水江穿境而过，沿江而上可至凯里，沿江而下直至剑河、湖南，水陆交通方便。全村包括偏寨、杨家寨、石家寨3个自然寨，辖8个村民组，405户1956人，其中农业人口占98%以上，村内居民均为苗族，有村两委成员9人，各小组组长8人，中共党员39人，其中妇女党员2人，35岁以下党员3人。耕地面积66.62公顷。偏寨村历史悠久，相传是北宋时期由江西迁移到此，全村共有古建筑20多处，如百花山神庙、悬崖藏鼓洞、红军长征遗址、关帝庙等，有老码头3个，独木龙舟6艘，偏寨村民族风情浓郁，文化底蕴深厚，是施洞地区苗族姊妹节的故乡。

偏寨村的村寨风貌很体现一个“古”字，四周群山环抱，郁郁葱葱；村前是万人踩鼓场；村寨之下是玉带一样环绕而过的清水江。一年四季，江水晶莹剔透，寨中耸立着许多建于清朝年间的窨子屋，外观讲究。湘军提督龚继昌的公馆便建于此村，可见偏寨村当时的繁荣。

偏寨村有浓厚的苗族风情文化，集中了苗族地区典型的剪纸、刺绣和银饰文化。刺绣以其浓厚的民族风格，构图的美感和夸张，造型的独特和色彩的丰富而闻名。偏寨又是剪纸和织布之村，剪纸工艺精妙、传统，它是刺绣的底样和蓝本，其构图主要以苗族古歌中的神话人物、各种动植物、苗族起义领袖张秀眉和务冒席的故事为主。村里还有许多能工巧匠，其雕龙画凤栩栩如生，特别是龙舟模型的雕刻，可谓神龙活现。村内苗族传统文化保存得比较完好，民族风情绚丽多姿，人们勤劳善良，和平相处，路不拾金，夜不闭户，无论是男女老少，都喜欢唱飞歌、情歌、酒歌，敲木鼓，跳踩鼓舞。无论你从哪里来，心地善良的偏寨人都会热情接待。他们捧着风格独特的“牛角酒”来拦客，端着香醇扑鼻的苗家自酿糯米酒来待客，煮着腌肉、腊肉、酸汤鱼、血豆腐、鸡粥饭、酸汤菜及一些原汁原味的苗家菜来宴客。他们总是担心客人喝不醉吃不饱，那淳朴而谦虚的话语，那热情而又热烈的场景，常常使客人心醉神迷而乐不思归。

偏寨村的节日很多，有敬桥节、吃新节、龙舟节等，但最令人难以忘怀的，就是一年一度的姊妹节。每年农历三月十三日那天，姑娘们相约到坡上采摘南烛木叶、姊巅、蜜蒙花等各色花草树叶制成染料，和着糯米浸泡，蒸做五彩姊妹饭。三月十四日下田捕鱼捞虾，筹钱购置鸡、鸭、蛋、肉等“阿嘎良”（苗语，聚餐的意思）；晚上，苗族年轻人成群结队地来“挠嘎良”（意思是讨要姊妹饭吃），和姑娘们自由自在地对唱情歌，谈情说爱，跳木鼓舞。

二、旅游村寨

红寨村　红寨苗寨现有239户，1200余人。居住有张姓、吴姓、杨姓、邰姓、罗姓。张姓为建寨始祖，人口占全村95%。相传他们的祖辈游猎到这里，视其地势宽阔，物产丰富，环境优雅，适宜居住。于是安身下来，开疆辟土，繁衍后代，迄今已有1000多年的历史。

红寨村苗语称之“纠象”（其含意：一为河源上游的大寨子，二为在河源上游居住的“象氏”部落寨子），史书称之“交上寨”（清雍正《朱批玉旨》）。传说在明清时期人口发展到360余户，为雷公山北麓地区的一个大寨子。在清雍乾年间，爆发了包利、红银领导的苗民大起义，红寨为义军的活动中心。清政府为了镇压包利王起义，任命湖广总督张广泗为七省经略，授哈元生为扬威将军率7省兵力前来会剿，现在在红寨村山顶到处都看到古战场战斗遗址。

红寨村有了千百年的历史，他们的民族文化底蕴十分丰富，有口碑传说、音乐舞蹈、制作、医药、纺织、印染、土建、历法、生态环境保护等，都是一些人类生存的基本法则，值得令人参考和借鉴。

红寨村的风景，房前屋后绿树成荫，在寨子的西边有两幅原始森林，称之为“护寨山”庇护着这个寨子，在四周树林映衬之下，寨子显得美丽无比。如此美丽风光，都是来源于寨人与生态环境朝夕相伴，人与自然的和谐相处，有苗歌唱道：“有树子的荫护寨子才美丽，有姑娘（小伙）的相伴方能成完人。”这是红寨苗民建寨为人的基本要求，也是他们追求美好生活的愿望。

红寨村的口碑传说更加丰富多彩。有人物传说、神话、童话、古歌、情歌、酒歌等。如“包利王的故事”“噶这爸拿”“榜今力”“聊噶赛上省诉状”等。他们把这些编成故事、编成情歌、编成酒歌、编成曲艺来传唱，心传口授传承至今。此外，还有丰富的民族节日，有农历二月二“祭桥节”、农历六月卯日“游方节”、八月卯日“吃新米节”、农历十月丑日“苗年节”等。二月二“祭桥节”尤为隆重，是日全寨人汇集于三岔河下面祭祀寨桥，杀猪宰羊，高歌畅饮，好不热闹。身入其境，即有“我与嘉宾，鼓瑟吹笙”的一番感慨。

2008年，县政府将红寨村列为民族旅游村寨农家乐接待点，即将红寨苗寨的人文景观重新修复，雍乾年间的古军事寨门、美丽的传说“龙女潭”、千年古樟祭祀树、姜央睡石、“噶这爸拿”等人文景观再现，以让游客领略。从2008年开放以来，红寨村接待了中外来客270余次。2009年贵州省中医学院组织学生到红寨村采集植物标本，收集到了蕨类植物的珍稀科目。2010年贵州省摄影协会组织贵州省摄影协会会员到红寨村来采风。

洋汪村　系台拱镇的一个行政村，位于县城南面3公里的一个山坳里，320国道线从寨前经过，公路边就是清澈的翁你河。寨子三面绿树成荫，郁郁葱葱。有两个村民小组，72户375人，全系苗族。除3户是其他性外，其余都姓张，2007年被县政府列为农家乐接待点。

巴拉河村　系施洞镇的一个行政村，地处清水江与巴拉河交汇的河谷山地，距镇政府驻地3公里。全村辖4个自然寨5个村民小组，136户635人，其中苗族人口占全村人口的99%；耕地面积342.2亩，森林覆盖面积达72%；巴拉河村外群山矗立，绿荫萦绕，古木参天，村内花街、翠竹、流水、吊脚楼、放牛娃和谐相处，怡然自得；鸟声、锤布声、鼓声、读书声不绝于耳；流水潺潺，青山幽幽，糯米酒、苗族情、飞歌、古歌、铜鼓舞体现着苗族人民的独特风情。这里苗族文化底蕴浓郁，民风淳朴，是一个远离都市喧嚣、领略民族风情的理想休闲去处，能给游客一片“世外桃源”般的田园风光，巴拉河村盛产猕猴桃、杨梅、柿花、柚子、枇杷等果品，在农技推广部门的推广指导下，金秋梨、苦丁茶、杨梅等一系列优质果树也在该村落了户。

九摆村　系排羊乡的一个行政村，位于台江县西南部，苗岭主峰雷公山脚下，地处台江县城—排羊—西江—雷山—凯里的民族风情旅游环线。九摆苗寨村寨风光优美，民居建筑典雅古朴、别具一格。有林荫障天的祭鼓仪式圣地“播养里”起鼓山，有珍藏历届祭鼓节木鼓的山间岩洞，有全国唯一的苗族独柱鼓楼。

全村分为播丢上寨、播丢下寨和臧西3个自然寨，7个村民小组，262户人家，均为苗族，由龚、杨、李、陆、吴、熊、蒋、唐等11个姓氏组成，境内现还有许多民族文化遗存。1999年，贵州省民族委员会将九摆村列为省级民族保护村寨。

阳芳村　阳芳原名大寨，距黔东南州府凯里18公里，位于台江县城西面26公里处的巴拉河东岸，320国道经寨子北面而过，交通便利。阳芳寨是背山面水，寨子背面山上森林茂密、松柏苍翠、生态优美。巴拉河似一条彩带，自阳芳寨南面上游而来，缓缓地绕过阳芳寨脚，向东北方向流去。阳芳地理独特，历史悠久，民间文化丰富多彩，民间刺绣银饰工艺别致，民风淳朴，民族民间文化深厚。如古朴的铜鼓舞、木鼓舞与芦笙舞，原生态的节日文化，传统的古歌、情歌，生产劳动歌，以及神秘宗教祭祀等，具有极高的研究价值。阳芳村是州级民族文化村寨之一。

阳芳村现有318户，近1400人。大姓主要有姓杨与姓李。杨姓最多，有200来户；李姓第二，40多户；此外还有张、王、潘、吴、龙、文等姓，约占寨子户数的五分之一，大都是清末、民初年间从各地迁来的杂姓。

阳芳村像一弯新月，静卧在巴拉河畔，寨子又分上寨、中寨和下寨。三寨房屋相连，寨道相通，纵横交错，路面或鹅卵石漫铺，或石板砌级，规整有序。寨子下部分为中寨和下寨，地形较平坦，民居多为木结构平房瓦顶，四排三开间五柱四瓜十一檩。明朝年间开吞口燕窝门，少有厢房和偏厦。上寨近鬼水边地形较陡，屋基大多先用青石砌成两级保坎基脚，建吊脚楼，吊脚楼多数为每排中柱以后部分立在上层屋基上，中柱前半边楼的金柱，边柱和廊柱柱脚加长，立到下层屋基上，形成半边吊脚楼。寨里有水沟引鬼水经寨中流过，寨中两个消防池，平常作鱼塘。寨子中下角是一个宽大的踩鼓场，可容两三千人吹笙踩鼓。

民间工艺主要有男子们的木制工艺、竹藤编制工艺、银饰工艺与妇女们剪纸、刺绣、织锦工艺和纺织、染布工艺等。节日集会主要是苗年节、吃新节、鼓藏节。阳芳寨的踩木鼓（木鼓舞）形式多样、多为圆圈旋转，或拉手，或相随而跳，跳时脚踏鼓点，或向左或向右，或向前或向后，步伐统一，甩手一致，手舞足蹈，气氛热烈。木鼓舞与铜鼓一样，人数不限，旁观者随时即兴加入，舞者随时退出作旁观。踩鼓同时也是一种群体健身运动。

三、传统村落

台拱寨　台拱苗语叫“DaxG hongd”，音译“打拱”，是台拱镇的一个行政村，全村 338 户 1658 人，全是苗族，主要是邰姓和王姓。20 世纪 90 年代以前，该村位于台江县城东郊，随着县城规模的不断扩大，至 2000 年，县城与该村紧密相连，县城的文化活动广场——秀眉广场就修在该村寨脚。该村虽然位居县城，但至今仍保持传统的民居建筑、风俗习惯。

台拱寨的王姓是从方召乡交汪村分支，王姓是从汪江西沟（今汪江木材加工厂）迁徙来的，至今已有三百多年历史。台拱寨苗族服饰与台盘、排羊、南宫、老屯等乡镇的部分村寨一样，属台江划分的方你型服饰。男子服饰历来比较简单朴素，地区差异不大，一般都是对襟短衣，下着长裤。女士便装与其他乡镇不同，头饰挽髻于顶，包一张宽八寸、长一尺三寸的藏青色头帕，木梳插后，两耳挂耳环。上身穿蓝色右衽衣，下着深色裤。盛装为大领半体衣，袖、肩等部位均用绣花装饰，绣花大模大样，构图密集，几乎不见底色。一等盛装花饰色彩以红色为主，二等盛装以绿色为主。盛装布料以自织自染的斜纹布为主，有些用蓝色缎子为底布。穿着时，头戴银冠，颈挂项链、压领，衣服前后贴满银片，手戴两三对手镯，下穿百褶筒裙，裙层多达 2400 层，有些筒裙外还套百叶裙，或在前面围一张绣花落地围腰。

台拱寨的节日比较多，有春节、元宵节、敬桥节、清明节、吃新节、重阳节、苗年等。而正月十五日的元宵节最有特色，也最热闹。春节刚过，从初五开始，人们就开始编龙，编龙以家族为单位，有些年编两条龙，其他地方以村寨为单位，各家自愿参与。

板凳村　板凳村是张秀眉故居，位于台江县城北面约 15 公里的台拱镇板凳村下寨。建于清嘉庆年间（1796—1820 年），背北面南，系穿斗式建筑，4 间 7 柱 11 檩，杉木结构，上盖小青瓦。面阔 14.9 米，通面阔 17.6 米；进深 9.6 米，通进深 8.9 米；檐高 3.26 米，通高 6.9 米。右起第二间和第四间各退一柱设堂屋，大门为板门两扇启闭，柳条式窗，整体建筑严谨大方、典雅古扑。故居曾被清廷焚毁，其后裔于清末在原址上按原样重建。

张秀眉故居于 1982 年被台江县政府公布为县级文物保护单位。

黄泡村　黄泡村位于施洞镇西北方向，距镇政府驻地 12 公里，828 县道穿村而过，全村辖面积 5.12 平方公里，有 3 个自然寨，6 个村民小组，分散聚居共 189 户 742 人，其中贫困户 91 户 364 人，全村劳动力 470 人，外出务工近 400 余人。境内有村级卫生所 1 处，小学 1 所（1～2 年级）。篮球场 1 个，文化活动室 1 个。

该村 3 个自然寨散落而居，平均海拔在 567～635 米之间，气候温和，常年气温在 18℃～21℃，适宜种植各种作物。虽海拔不高，由于人多地少，深沟水冷、阴，烂田占 65% 以上，粮食产量较低，2010 年度人均占有粮食仅为 296 公斤，人均纯收入 2528 元，低于全镇平均水平。全村森林植被覆盖率达 90% 以上。一直以来黄泡村是一个以农业为主导产业的农业村，随着市场经济的发展，外出务工人员的逐年递增，村民发展观念逐步得到改变，人民群众的生活不断得到改善。

南哨村 位于施洞东南部距镇区大约13公里处。全村有182户812人，两个自然寨，一为南哨，二为屯古。

南哨村有一个凄美的故事，相传其祖先是唐朝时代从西江省吉安府油榨街迁徙而来的，那个时候吉安府油榨街有两兄弟各生育一个孩子，在孩子未成年二弟就去世了，二弟的孩子就由大哥来抚养。有一天，大哥带着两个孩子上山干活在回家的路上突然下起了大雨，大哥急忙一边背起侄子，一手牵着自己的儿子赶路回家。他的儿子走了一段路程觉得太累了，就问爸爸：“爸爸，您为什么背弟却总是让我走路呢？”爸爸回答说：“如果我背着你，让堂弟走路，你不知道他有多伤心和受苦啊！他没有父母，你是知道的。”

神仙听到后非常的感动，就对他们说：“原来人间还有这样美好的事啊！那你就搬到贵州来居住吧，你到那里以后，在五月初五（也就是龙舟节）在门的两边挂上‘水仙草’，我便下凡来看你们。”

于是，大哥带着两个孩子来到了现施秉县双井镇平寨村河对面，以打猎为生，过着清苦的生活。有一天他打猎来到现称为南哨的地方，看到一口水井，口渴的他喝了这一井水后感觉十分香甜、酣纯，坐在井边休息感觉十分舒服和惬意，就决定把家搬到这边生活。他日出而作、日落而息，在神仙的关照下，得以繁衍生息，发展到了今天的南哨村。现在的南哨村人在共产党的光辉照耀下，过着快乐、幸福的生活，全村上下正一心一意、齐心协力，为建设社会主义新农村而努力奋斗着。

旧州村 旧州村位于台江县北部，施洞镇西北部，地处苗岭山脉，清水江畔，东邻828县路，南邻山脉，西邻四新村，北邻清水江，距台江县城36公里，西距黔东南州府凯里57公里，北距施秉县城67公里，镇远县城37公里。

旧州村有1个自然寨4个村民小组，共133户707人。其中劳动力292人，耕地总面积为418.8亩，森林覆盖率达45%。属二类贫困村，均为苗族。现阶段村民家庭主要经济收入是靠种植、养殖，农民人均纯收入1500元，农民人均占有粮270公斤。全寨112户拥有了电视机，100%的农户用上了电灯和饮用清洁的自来水，有12户新建了砖瓦房，适龄儿童入学率达100%，计划生育率达97.5%。

白枝坪村 位于台江县北部清水江南岸，与施秉县马号乡隔河相望，距州政府驻地凯里70公里，距台江县城38公里，距镇远县城35公里，距施秉县城60公里，距剑河新县城（革东）县城25公里，距镇政府驻地约600米。总面积5.14平方公里，耕地面积37.3公顷，全村有两个自然寨4个村民小组，229户人口976人，苗族人口占98%，是典型的少数民族聚居区。白枝坪地处清水江中游，这里河床宽阔，水流平缓，水质洁净，是清水江主要码头之一，上通凯里和黄平重安江，下通锦屏直至湖南的洞庭湖；陆上公路，有镇远到凯里柏油公路与省道镇远至台江公路交会于此，地理位置得天独厚，水陆交通便利，是周边地区的交通枢纽。主要旅游景点有一品夫人墓、苏公馆、红军渡。产业有种植、养殖、饮食、银饰刺绣，许多农户靠生产刺绣实现了发家致富，具备较好的“农家乐”接待条件。

大塘村 位于排羊乡政府东南方向，据乡政府5公里，辖2个自然寨、3个村民小组。现有112户508人，田地面积37公顷，土地面积2公顷，山林面积1107公顷。人均收入1970元，人均产粮470公斤。

大塘村是个山清水秀、人杰地灵的村庄，拥有现正在开发的“百鸡山瀑布群”旅游景点，旅游资源极其丰富。

山林资源丰富，养牛习惯历史悠久，村民积极性高，经济效益和社会效益较高。发展中药材如太子参种植和猕猴桃种植，增加农民收入。

大塘村白基山有獭猫谭瀑布高约50多米，宽30多米，气势恢宏，有“小黄果树”之称。顺河而下约1500米处，又有龙缸口瀑布，瀑高约100多米，有“银河落九天”的气势。瀑布上下河两岸悬崖峭壁，原始森林遮天蔽日，是深受游客喜爱的旅游胜地。

台乐村 是排羊乡管辖的行政村之一，位于排羊乡东南部，东至排羊乡屯上村，西邻排羊乡九摆村，南连排羊乡九摆村，北接排羊乡排羊村，海拔在900～1400米之间，地表沟壑纵横，山体切割极深，森林植被保存较为完好；年日照时数在1100～1200小时之间，年降雨量在1100毫米左右，年平均气温为13℃～15℃，较为适宜农作物的生长。

全村下辖2个自然寨、2个村民小组，有125户516人（其中劳动力人口328人）；全村耕地面积384亩，（田369亩、土15亩）；人均纯收入1224元，人均占有粮530公斤，年末生猪存栏数226头，年末牛存栏数80头。境内气候适中，适于农业生产，两个村民小组间已通公路。全村已通电、通广播电视、通程控电话，是新阶段扶贫开发工作的重点村之一。

岩寨村 岩寨村苗语称“客勒”。是台江县排羊乡的一个行政村，位于原320国道旁，离乡政府驻地1公里，共有9个村民组、3个自然村寨，全村213户900余人。原320国道从寨脚经过，“三凯”高速公路也经过其境内。该村位于台江县南面，东距台江县城18公里，西距凯里38公里，交通十分便利。这里民居吊脚楼很有特色，习俗古朴，民风淳厚，风情浓郁，是传统文化保护比较完整的一个苗族村寨，2000年5月，曾接待法国、德国、意大利等16国驻沪领事馆官员到此参观考察。总人口932人，现有党员43名，劳动人口691人，常年外出务工400多人，耕地面积451亩。

岩寨村属纯农业村。农作物以稻谷为主，人均年收入2000元左右。在县、乡两级的大力支持下，率先完成电改工程，先后开通了四、六组两条通组公路，人畜饮水工程解决了全村的喝水难题，2010年完成路面硬化3000多米，使岩寨村的村容村貌发生了根本性的变化。

据说早年一位苗族首领来到这里，看中了背山的雄伟气势和山岗以及山岗下的平坦土地，加上翁密河环绕而过，是理想的风水宝地。平时高居山岗，可以便捷耕种和守护脚下的土地，即使发生战乱，可以迅速退蔽背山，藏进原始森林中。于是，在山岗上兴建了第一座规模较大的苗族风格木楼。后来，人们跟随着在周边建造了自己的房屋，经几百年风雨，几十代营造，形成了这座独具风格的古堡村落。

平水村 系台盘乡的一个行政村，1853年苗族英雄张秀眉盟誓起义的地方。这里有当年千军万马的拜将台，有苗族英雄的议事厅和日夜操练千军万马的练兵场。在离平水小学（东面）400米处的镇台公路侧，有一个石洞藏有张秀眉起义时遗留下来的芒筒，铜鼓已被人盗走无存。

在平水村寨脚对面的这个长满柏树等绿葱树木的小山包，是当年张秀眉领导农民起义的拜将台。张秀眉等十余万苗民，汇聚在此宰一头白水牯牛盟誓起义，“展麻你”（苗语，宰牛的地方）由此而名。清徐家干在《苗疆闻见录》这样描述：“斩麻也，在九股河西北，有上下五六寨，距火烧寨十余里，为台拱入凯里间道。咸丰间苗酋金大五等分踞火烧寨，恒特此为藩篱。其前篝簸寨则外藤也。同治间楚军由排生进袭，夺其地利，乃毁之。”现在“展麻你”改为平水村，系台盘乡的一个行政村，有230户1012人，居住有张、王、汪等姓氏。凯里至镇远公路穿寨而过，交通便利。

田坝村 系革一乡的一个行政村，位乡政府东南面，距乡政府1.5公里，是出入革一的南大门。镇远往革一过台盘到凯里的旅游干线公路穿腹而过，距县城和州府凯里不足40公里，下施洞37公里，到镇远69公里。周边与排生、篝簸、交昌、梅香、凯哨、后哨、屯上、大寨等村寨接壤，是革一最大的行政村。全村8个村民小组，391户1865人，全是苗族。居有杨、潘、张、邰、田、顾、龙、王、李等姓。杨氏家族占90%以上，与大寨杨氏家族同宗共祖，分支通婚已达15代人，由黄平县谷陇杨家牌迁徙而来已达24代人。

全村耕地面积1168.1亩，其中田地面积978.9亩，土地面积189.2亩。两冲一坝四塝田，是革一乡粮食主产区，素有鱼米村之称。主产水稻、玉米、小麦、红苕、马铃薯、黄豆、花生、油菜、烤烟等。气候温和，平均海拔750米。村后“养播太”，为全乡最高点，海拔1105米，森林资源丰富，松、杉、青杠树种面积最大。养播太逶迤山脉，系“天保林”工程，山下为岩寨电站库区。登高远眺，清水江、巴拉河流域云山雾海令人流连忘返，雷公山、香炉山、金钟山、高大山等名山尽收眼底。

村境内人文景观风情浓郁，名胜众多。有今已辟为斗牛场的古战场；有“养播太”顶的古军事设施——烟墩（烽火台）；有今仍遗存的清朝官军营房；有军师潘九松的故居，有副帅保禾、高禾议事厅、兵工厂遗址和被官军挖掉的祖坟遗址；有被官军焚毁的“别炸高”、梨树坳苗寨及“包阳纠”俘寨遗址；还有官军挖断的“翁皆松”龙脉；有“阳告”寺庙遗址与藏鼓室。2008 年，村内完成斗牛场建设和进村公路及主要支道路面硬化，建成村两委活动室和卫生室。独柱钢化玻璃篮球灯光球场，芦笙踩鼓场为全县一流。

村内设完小一所，有教师 6 人，其中小学高级教师 4 人，代课教师 2 人。校舍砖砼结构，由集体筹资，村民投工投劳，国家匹配 12 万元建成。设有村校互动远程教育室。1987 年实现山泉人畜饮水工程。有小（1）型水库一座，积雨面积 1.7 平方公里，蓄水 26 万立方米，灌溉面积 500 多亩。跨县公路贯通麦哨冲全境。2010 年架设成麦哨冲农业观光输电线路。农业发展配套设施逐步完善，2011 年，百万元“农发”项目覆盖村里。

大寨村　系革一乡的一个行政村，位乡政府东面，距乡政府 2 公里。周边与台水、排生、田坝、屯上、江边、新寨为邻。村委会辖 5 个村民小组，207 户 917 人，全是苗族。居有杨、潘、田、张、王、顾等姓。2003 年开通进村公路。全村耕地有 705.5 亩，其中田 594.5 亩、土 111 亩。主产水稻、玉米、小麦、红苕、花生、马铃薯、黄豆、烤烟、油菜。村后“包影丢”山脉，森林资源丰富，主要树种有松、杉及青杠林。

村设民办小学一所，有一、二年级，两个民办教师先后转为正式教师。2008 年 9 月全部拆并到中心完小。村里建有村两委活动室和卫生室，由上级统一安排资金修建。进村公路拓宽，与田坝上寨连通。寨内主要行道也用水泥硬化，村容村貌不断改善。2011 年，百万元“农发”项目覆盖村里。

新寨村　系革一乡的一个行政村，位乡政府东北面，村委会距乡政府 7 公里。辖“皆翁”“新寨”“炸当”“翁醒”4 个自然寨，5 个村民小组，192 户 866 人，全是苗族。周边与台水、大寨、屯上、江边、棉花坪、白方为邻。居有杨、张、欧、邰、何、万、唐等姓。杨姓由大寨村杨氏家族分支出，集居皆翁（太平坳）、新寨、翁醒（万人坑）。翁醒居杨、欧 2 姓，炸当（白岩脚）居张姓。

全村现有耕地 616 亩，其中田 454.3 亩、土 161.7 亩。主产水稻、玉米、小麦、红苕、马铃薯、花生、烤烟、油菜、黄豆。传统果品有梨、梅、李、桃、杏，素有花果村之称。各自然寨均通公路。炸当寨山泉井水，为地下径流，曾用于发电碾米和照明。村境森林资源丰富，主要树种为杉、松及青杠林。

村委会驻地设有初小，规模至三年级。校舍木结构。为民房式，复式教学。2008 年撤并到乡中心完小。村两委活动室由国家统一修建。驻地周围有矿体 7 个，长度 100～900 米、厚度 55～107 米不等，远景储量 725.5 万立方米。

江边村　系革一乡的一个行政村，位乡政府西北面。村委会设于大黑寨，距乡政府 5 公里，辖冷溪、大黑寨和小黑寨，6 个村民小组，269 户 1254 人，全是苗族。大黑寨居有杨、邰、龙、张等姓。小黑寨居邰、龙、雷姓。冷溪居杨、邰、张、潘等姓。西北面以清水江为界同黄平县三凯乡相望，其余与茅坪、沙帮、白方、大寨、屯上、后哨村为邻。全村耕地面积 857.7 亩，其中田 667.8 亩、土 189.9 亩。主产水稻、玉米、小麦、红苕、花生、西瓜、烤烟、油菜、黄豆等。森林资源丰富，主要树种为松、杉、青杠树。果林有梅、桃、李、金秋梨、大枇杷和柑橘，种植面积居全乡之首，大枇杷果品享誉周边县市。

公路开通全村各自然寨，寨寨实现自来水。村委会驻地设完小一所。全村主要寨道都用水泥硬化。“大跃进”时期，县人民政府在江边村办蚕桑学校，向全县招生，学生毕业分配到全县各地指导养蚕。

后哨村　系革一乡的一个行政村，位于乡政府西南面，村两委活动室与德立（浙江北仑商会）

小学近在咫尺，距乡政府3.5公里。辖6个村民小组和自然寨，292户1267人，为多姓氏杂居村。居有杨、张、田、吴、何、潘、李、龙、顾、王、白、宋等姓氏。何氏为汉族，系何土司后裔。其余姓氏，大部分为民国期间，由黄平谷陇、苗陇、加巴、山凯一带移民进来的，有的是何土司的佃户，之后置地生根。其生活习惯、服饰、宗教信仰、风俗及语音语言等，均为黄平型，极少与革一型苗胞通婚。

村周边与田坝、凯哨、江边、屯上村为邻，与黄平县岩门司、石家寨隔清水江相望。全村耕地1022.5亩，其中田614亩、土408.5亩。第五村民小组靠清水江地盘，有岩门司零星插花地。村民以农耕为业，主产水稻、玉米、小麦、红苕、马铃薯、花生、黄豆、油菜、烤烟等，近期产业结构调整，有相当的农户种上了西瓜、葡萄、柑橘、金秋梨等。

旧司（今第六村民小组）河口，史为革一通商口岸，至20世纪70年代凯（里）革（一）公路修通后，生活用品及农产品改由陆路。旧司紧靠清水江，地势低矮，气候温湿，隔离性好，是繁育水稻或玉米良种的好基地。

20世纪70年代前，全村居民住的都是茅草房，四壁或筑土墙，或编竹篱笆用牛粪粉刷而成，至90年代始消除。6个村民小组实现人饮工程，通路通车。2007年，被黔东南州委组织部作为整村推进的直接帮扶联系村，村情变化发展很快，砖房、小洋房取代了茅草屋杈杈房。

村内设有小学一所，规模至四年级，砖木结构，民办公助建成。2005年，后哨、德立两校合一建成宁波北仑商会希望小学。

2008年村级领导换届选举，村两委一把手实行“一肩挑”。板凳舞和芦笙舞独具民族特色，各种喜庆场合都少不了欢跳。

大田村　大田村系南宫乡的一个行政村，地处雷公山腹地距南宫乡政府驻地东南方向7公里，距台江县城54公里，坐落于台江县城西南面雷公山山脚，处国家级保护区范围内，是黔东南州“两山”和省级重点二类扶贫村之一，享有森林公园之美称。

大田村得益于得天独厚的自然条件，自然资源非常丰富，拥有富饶的森林资源和丰富多彩的苗族文化。村内的苗族风俗古朴、淳厚，村旁及村内树木苍翠欲滴，林中鸟鸣青翠悠长，森林植被保存完好。全村辖2个自然寨5个村民小组，142户672人，耕地面积647.7亩（田446.1亩、土201.6亩），森林覆盖率59%。

交密村　系南宫乡的一个行政村，坐落于雷公山自然保护区内，距乡政府驻地23公里，是石灰河村、南牛村、阶利村、交包村必经之地，是雷公山自然保护区交密保护站设置点。全村7个自然寨8个村民小组，耕地面积990亩，274户1165人。有中心完小1所，教师9人，学生189名。全村沿河而建，坐落在翁密河畔，环境优美，具有得天独厚的水资源优势。全村主要以种植水稻，养猪、养鱼、养牛及外出打工作为经济收入支撑点，村集体无经济积累，农民增收缓慢，全村外出打工有368人。

洞寨水车，洞寨是背靠波共山，面向翁密河和刀壁斧削的养当山，由于养当山熏黑和近逼，一般只看到寨头寨尾的几幢木房，俨如一座山洞中的村寨。8月、9月之后，太阳西斜，养当山形成阴影，唯有寨尾的数间房屋被阳光所照，形成了强烈的明暗对比。河边这些无数的大小水车就围着寨前的这一弯农田转。构成了苗寨田园风光。据说洞寨的居民是侗族民众，他们首先使用了水车，把河中的水提升到高于农田的水槽灌溉秧苗，同时也把水车的扎制和使用技艺传授给上游以及邻边的苗族群众，提高了劳动生产效率。

交下村　位于雷公山北麓，距台江县城61公里，距南宫乡政府驻地7.5公里，苗族人口占100%。全村辖1个自然寨7个村民小组，218户976人，共有党员65名，其中预备党员3名，女党员17名。耕地面积734.5亩，其中田面积664.5亩、土面积70亩。2008年人均纯收入1940元，人均占有粮食365公斤。该村群山起伏，河谷切割极深，垂直气候明显，海拔1120米，属国家“两山”重点扶贫开发二类村。

交下村具有悠久的民族文化历史，素有“芦笙之乡”的美誉，有地筒芦笙舞、木鼓舞、上刀梯、下火海等节日表演，每年举办的“苗岭交下‘6·16’芦笙节”享誉省内外。该村属亚热带季风湿润气候，年平均气温15.7℃，全村依交下水库两岸而建，风景秀丽。

拥党村　地处苗疆腹地，距南宫乡驻地东南方向25公里，属省级和“两山”重点一类扶贫村。辖拥党、羊甲2个自然寨9个村民小组，213户1017人，劳动力515人，苗族人口占全村人口99.8%，贫困人口占全村人口89%。全村耕地面积1058亩（田978亩、土80亩），森林覆盖率69%，海拔1000多米。

拥党村位于台江县东南面，与剑河县太拥乡接壤，是南宫乡甚至全县最边远的一个苗族村寨。该村地势陡峭、险要，周围原始森林茂密，植被保持完好。加上村中林木葱郁，翠竹掩映，一副“山中有树、树中挂楼，楼上生树”的佳境，蔚为壮观，素有“嵌在岩壁上的村庄，挂在树梢上房屋”之称，令人敬而生畏，叹为观止。这里群山景秀，溪水清澈碧透，鱼儿自由自在畅游。先民们开辟的梯田直上云霄，保护完好的原始森林蕴藏着多种珍稀动植物，从南宫五星桥沿翁密河而下至拥党村，青山绿水，风光无限，美不胜收。

居住在拥党村的苗民中，有李、邰、万、傅等姓氏家族。傅姓最早迁到这里，他们的祖宗是由剑河巫领苗寨搬迁而来的。随后，李家、邰家、万家、傅家，又由台江的四登、台拱寨、三穗县的谢岛抓洋（寨头）、台江的交宫寨等地相继迁入。

南宫村　南宫村系南宫乡的一个行政村，苗语叫“Nangl Ghongd”，位于台江县东南面，距县城45公里，地处雷公山北麓，东与剑河太拥乡相邻，西与雷山县方祥乡接壤，是南宫乡政府驻地。该村由南宫、护党、平寨三个相邻的自然寨组成，共有317户1526人，其中苗族人口占全村总人口的98.8%，汉族人口占0.4%，其他少数民族人口占0.8%。南宫村是个多姓氏、多家族的大村，姓氏主要以王氏、董氏、尹氏、欧氏、唐氏居多。

四、新农村建设示范村

交宫村　系南宫乡的一个行政村，坐落在南宫河流上游，属南宫乡的行政村，辖有4个村民小组。距乡政府所在地15公里，住于南宫乡北部，东至黑山，南至汪江，西至红阳，北至巫梭，全村总耕地面积519亩，总户数179户，人口783人，全是苗族。现有小学一所，在校生54人，教师2人。全村住房全部是木结构房。全村山地起伏不平，土质肥沃丰厚，生态繁茂，森林覆盖率85%，主要产业以农作物粮食为主，养殖业为辅，产业单调、薄弱，经济发展滞后，人均收入不足2000元，属南宫乡二类村别。

稿仰村　位于老屯乡境内巴拉河岸高山上，距乡政府驻地约1.5公里。辖2个自然寨4个村民小组、共106户563人，党员12人，全村贫困户14户46人，占全村总人口的11%；低收入户23户88人，占全村总人口的15%。文盲、半文盲有51人。全村土地面积4982.4亩，耕地面积258.5亩，其中田228.5亩、土30亩；有效灌溉面积160亩，25度以上耕地面积120亩，人均耕地面积0.46亩；林地面积3256.5亩，人均林木5.78亩。长期以来，经济收入靠粮食作物和牲畜、家禽养殖收入为主，经济总产值低，村无集体经济收入。2007年人均产粮265公斤，人均纯收入1145元。加上该村位于巴拉河岸，交通便利，信息连通，但基础设施薄弱，目前通电、通闭路电视和通毛坯路。活动室等基础设施建设差，生产生活条件中等，劳动者素质低下，科学意识差，经济发展滞后，是老屯乡经济落后的村寨之一。

展里村　位于排羊乡政府驻地东北面，东、西、南、北分别与本乡的排扎村、岩寨村、屯上村、坪寨村相邻，距乡政府驻地 2 公里，位于原 320 国道边，全村有 4 个自然寨 4 个村民小组、134 户 511 人。全村共有耕地 530 亩（其中田 330 亩、土 200 亩），人均耕地面积 0.83 亩。2010 年全村人均纯收入为 2530 元，人均占有粮 395 公斤。非农业人口为 8 人，低保户 34 户 109 人；全村总面积 6576 亩，森林面积 5946 亩。

五、移民新村

排生村　系革一乡的一个行政村，位于乡政府东南面，距乡政府 10 公里。村委会辖排生上寨、下寨、青岗及 3 个移民点 6 个村民小组，260 户 1282 人，全是苗族。全村居有杨、姜、潘、文、张等姓。

全村耕地 823.68 亩，其中田 707.52 亩、土 116.16 亩。主产水稻、玉米、小麦、油菜、黄豆、红苕等。村域周边与报效黄坡、长仿、阳固鲁、南垌、基保、田坝、大寨、台水等村寨交界为邻。境内森林资源丰富，主要树种有杉、松、青杠、枫、白杨、橡栗等。

民国时期隶尚志（报效）乡第五保，新中国成立后建排生乡人民政府，辖排生、青岗、台水村，后并入革一乡至今。2008 年，开通由平水经基保村的进村公路。岩寨电站建成蓄水，库区被淹村民受到政府妥善安置，居住条件比移民前大为提高，住上了砖砼结构的单元房。

村内设完小一所，青岗寨设教学点一个。村两委活动室和卫生室由国家拨款修建，活动室为木结构，造型美观新颖。移民后的新校舍在投资修建中。2010 年 11 月，高速铁路由村境内修过，水陆交通便利，生活、文化教育提升较大。

台水村　系革一乡的一个行政村，位于乡政府东北面，距乡政府 17 公里。2008 年，进村公路开通至巴拉河西岸。村委会辖养喜上寨和下寨、岩寨、台水 4 个自然寨及村民小组，126 户 742 人，全是苗族。台水寨居部、吴、李、龙等姓；岩寨居张姓；养喜下寨居龙姓；上寨居杨姓，由大寨杨氏家族分支出。村与报效的交匠、南匠、挂顺、黄坡交界，与本乡排生、大寨、新寨、西南村相邻。全村耕地面积 520.8 亩，其中田 332 亩、土 188.8 亩。主产水稻、玉米、小米、小麦、红苕、花生、油菜等。村境森林资源丰富，主要树种有杉、松、青杠、白杨、枫、橡栗等。油桐、五倍子、节骨茶及蕨类植物和山竹等资源丰富。

新中国成立前隶尚志（报效）乡第五保，新中国成立初属排生乡，再后并入革一乡至今。巴拉河流经全境，岩寨电站建成蓄水，被淹村民政府给予妥善安置。2010 年高速铁路由村境内修过。

村内设养喜、台水两所小学，其中养喜小学为隔年招生，多级复式教学，台水小学一般办到三年级。

白邦村　是台江县南宫乡的一个行政村，位于乡府住地东南部，位于雷公山腹地，与剑河县的久仰乡、太拥乡接壤，距台江县城 70 余公里，有 3 个自然寨，交通闭塞，经济、文化较为落后。全村辖两个自然寨。有 147 户人口 667 人。其中男性 385 人、女性 282 人，劳动力 411 人。山林覆盖面积 4545 亩，人均占有粮 167 公斤，人均纯收入 290 元。

白邦以前住在山谷溪边，后来溪水暴涨，山体滑坡，他们才搬到现在的半山腰居住，为了记住那次灾难，就把村名叫作“白邦”。“白邦”是苗语音译，意思是塌的地方。白邦祖先在此安居乐业已有 300 年之久。寨子坐落在山腰窝里，仿佛人躺在靠椅上怡然自得。寨子四周古木参天，果树飘香，那层层梯田如飘带伸展，极目四放，崇山峻岭，原始森林莽莽苍苍。这里海拔 1000 多米，森林覆盖率达 70% 以上，是著名的林海山乡。

白邦服饰精细美观，别具一格。男式头上包有四五丈长的包头帕，身穿对襟短衣。女式挽云形头发髻，外缠长方形青布头帕，上衣为无小领的右衽短衣，襟上戴铜扣，窄袖长及手腕，衣长盖过腹部。下着细褶短裙，裙长 30 厘米左右，平时穿两条裙，走亲或节日时穿六七条裙子。前面围一张长 50 厘米、宽 40 厘米的桃花围裙帕，小腿上用裹腿帕缠着，从后面看去，半截大腿露在外面。这里刺绣、银饰较少，衣、裙全不用刺绣，只有在围裙帕、裹腿、腰带、背带和童帽等用上刺绣，故无盛装、便装区别。银饰很少，妇女一般只有两三对手镯，两根银锁链，一对大耳环。妇女包裹腿比较讲究，有热、冷两季裹腿帕，热季裹腿帕长 50 厘米，宽 34.5 厘米，只能围腿一转。冷季裹腿帕长 190 厘米，宽 16 厘米，可围腿数转，两种裹腿都用绣花的花带束紧，花带两端留有线头，有许多花线，形成两束五彩穗子。

大德新村　大德村是台拱镇的一个村，原住在离 320 国道线 2 公里的山坡上，清朝时期派兵住，所以又称大德堡，亦称打革屯，共有 130 多户，杂姓多，有陆、郭、杨、张、黄、熊、吴、蒋、姜、刘、龙、曾、丁、宋、欧、李、龚、潘 18 个姓氏。分上屯下屯，上下屯相距数百米。以前都是汉族居住，村民都说汉话。改革开放后，苗汉杂居。1985 年，下屯开始有农户从屯上搬到大坝子的公路边居住，之后陆续有农户搬下来。2000 年，320 国道线改造经台盘至凯里，上屯农户便开始搬到顺字号国道线边建房，2001—2002 年是大搬迁时期，至 2005 年已全部搬迁完毕，成了现在的大德新村。

第二篇

民族　人口

第一章　苗族

第一节　支系　分布

一、支系姓氏

苗族是一个具有悠久历史的民族。早在5000年前（前26世纪初），苗族先民“九黎”部落就生息于黄河中下游，其部落联盟称“九黎”，蚩尤乃其首领。迁到台江的有“方”“黎”“柳”“打”4个部落；“黎”部落有“九姜黎”（九个氏族），源于古代“九黎”集团，最初居住在黄河下游一带；“方”部落有“十姜方”，源于古代的“虎方”，居住在西起黄淮平原，东至山东、江苏滨海一带。这两个部落联盟相近，紧密相处，仍借助优越的地理条件，不断地辛勤开拓，使生产力不断提高，社会经济不断发展，是雄居祖国东方的一个强大部落。后来，黄帝部落由喀剌昆仑山沿黄河之源向中原挺进，与“九黎”部落争夺黄河流域这片肥沃的平原地带而发生历史所称的“逐鹿大战”。在我国历史上最初部落的战争中，就是黄帝与炎帝之战和炎黄与蚩尤之战。在战争中黄帝与炎帝联合作战，“九黎”首领蚩尤被黄帝擒杀，其势大衰，被迫南渡黄河溃退入长江中下游，开始了历史性的南迁。在前21世纪初到前11世纪的数千年中，苗族先民又在“左洞庭右彭诼”建立起三国苗，然后又被尧、舜、禹在今襄阳、樊城、洞庭湖和鄱阳湖一带相继征剿，先是尧失利于“丹水之浦”，继是舜“道死苍梧”，直到禹才“分北三苗”“窜三苗于三危”。苗族先民因此举族西迁。

据汉文献的资料记载，唐虞时，“苗”的称呼正式在樊倬《蛮书》、朱辅《溪蛮丛笑》等汉文献中出现。苗族族称，则分别有民族族称、部落族称和氏族族称3种。

台江苗族自称为“Hmongb”音译“蒙”，是苗族的共同族称。中华人民共和国成立之后，统称“苗族”。部落族称有“方”（fangs）和“黎”（dlib）两大部落族称。苗族氏族是由两个以上血缘相近的个体家庭所组成，各个氏族族称来历有二：一为沿用部落族称，或加以音变为氏族族称；二为氏族族称来源于每个氏族的始祖名字。现在苗族都有了汉姓，而这些汉姓绝大多数是各个氏族族称的音译。流传在苗族古歌中常有“九千个姜略”的诗句，故有“九支（鼓）黎，十支（鼓）方”之称；汉族史书中说古代以蚩尤为首的苗族“九黎”部落，有“九九八十一个兄弟氏族”；后世称苗族为“九股（鼓）苗”“苗”等。

二、迁徙分布

苗族是由祖国东海之滨和黄淮平原迁徙而来的。“九黎”首领蚩尤在“逐鹿大战”中失利，被黄帝擒杀，其势大衰，苗族被迫南渡黄河，开始了历史性的南迁。但从流传在台江和黔东南苗族各种有关迁徙古歌和所传“心史”，却没有提到因这次战争而迁徙的痕迹。

苗族“方”和“黎”两大部落互相杂居，紧密相处，因而在迁徙之时，便相伴同行。苗族先民们在榕江古州一带住了很长一段时间，因人多地窄，一千七八百年前，才从古州分支进入周边各县。苗族先民迁徙的历程极为漫长，迁徙古歌《跋山涉水》叙述：开始迁徙时，是由奶奶、婆婆和妈妈，即女性氏族长们带头行行止止，止止行行，所到之处，频频祭主。适则住，不适则走。到黔东南定居时，各支领头人都成了男性，可见迁徙过程之漫长。

第二节 语言 文字

一、语言

苗族语言属汉藏语系苗瑶语族苗语支。县内苗语属黔东方言北部土语。除居住在城镇的少部分人不以苗语为第一语言外，97% 的苗族都以苗语为第一语言，并在语音、词汇、语法以及修辞等方面有自己独特的规律和完整的体系。由于社会历史发展不平衡和居住分散，形成若干个次土语点，即方旎、方南、方白、南宫、方纠、方西等。方旎次土语点以台拱镇为中心，包括台盘乡的南庄村，老屯乡的排略村、坝场村、报效片；方南次土语点包括老屯、施洞两个乡镇；方白次土语点分布在方召乡各村寨；南宫次土语点主要是南宫乡；方纠次土语点分布在排羊乡和台盘乡各村寨，方西次土语点分布在革一乡。这些次土语点的语音大部分相同，少部分略有差异，分别表现在声母、韵母和声调调值上。如“太阳”，方旎叫“hnab”，方白叫“naib”，南宫叫“nab”，排羊叫“hab”，方西叫“hnaib”。这里的声母就有送气、不送气和喉舌音之别。方南的声母与其他次土语点差别较大，其他点的“z”“s”声母在方南变为“s”和“hs”，如“平地”，方旎叫“ghab zangx”，方南叫“ghab sangx”；“钱”，方旎叫“saix”，方南叫“hsaix”；韵母的差异较小，只有少部分略有差别，如“做”，方旎叫“at”，方南叫“ait”，方白叫“it”；调值上也有差别，如“去”，大部分次土语点是 22 调，方白、南宫是 21 调，其尾音稍降而短促。各次土语点里也存在个别差异，如台拱次土语点里，“家”，大部分村寨叫“zaed”，只有台拱寨叫“jeed”；“草”，大部分村寨叫“nangx”，而番省展福和排朗村的两开寨却叫“rangx”。

语音　苗语的声、韵、调结合，有它严格的规律性，语音音素有元音和辅音两大类。其辅音音素的结合方式为：辅音加元音加声调，即声母加韵母加声调，个别零声母的除外。

现以方旎次土语点为例，说明如下：

（1）声母

声母	例词	
b	bad 爸	bangx 花
p	pib 缝	pangb 件
m	maf 砍	mangb 你们
hm	hmangt 狼、晚	hmid 牙齿
f	fix 挂	fangd 宽
hf	hfed 线、超	hfab 搓
w	wil 我、锅	wangb 簸箕
d	deeb 厚	dangd 剑
t	tangb 梯子	tongb 桶
n	neux 吃	nangb 蛇
hn	hnab 太阳	hnangd 听
dl	dlab 骗	dlangd 鹰

hl	hlib 想	hlangt 滑
l	lix 田、量	laib 猴
z	zab 五	zaid 果子
c	caob 吹	ceud 簸
s	saix 钱	saod 早
hs	hsait 米、染	hsongb 陡
j	jib 蒸	jex 九、骑
q	qib 关	qeb 捡、扫
x	xib 砍	xed 虎、盐
hx	hxak 歌	hxangd 血、熟
y	yib 秧	yangt 飞
g	gix 哭、芦笙	gangb 虫
k	kib 热	kenk 篮子
ng	ngax 肉	ngangt 看
v	vib 抓	vangt 年轻
hv	hvib 新、高	hvangd 快
gh	ghab 鸡	ghangt 挑
kh	khab 捆	kheet 客人
h	hangt 臭	heeb 鞋子

方旎次土语点共有 31 个声母，“r”声母一般只作借词用，在个别村寨也有出现；方南次土语点没有“z”“s”声母，“z”“s”声母在方南变为“s”“hs”；方白次土语点没有送气音“hm、hn”声母，“hm、hn”声母变为“m、n”，有“r”声母。

（2）韵母

韵母	例词	
a	at 做	dax 来
o	od 撬	dot 斧子
ee	deex 桌子	leex 烂
ai	aib 苦	daib 孩子
ae	aed 姐	zaeb 家
ao	aob 斜	daos 跟
eu	neux 吃	kheud 穷
ei	eit （叹词）	deit 没
en	enb 鞍	dens 缎子
ang	angt 肿	tangb 梯子
ong	ongt 坛子	tongb 桶
i	ib 一	wil 我
ia	diak 跳	lias 熟悉
io	niox 搅	lios 推
ie	diet 斗	liek 像
iee	dieeb 打	diees 是
u	diub 抬	nius 种子

in	dinl 席子	nins 记得
iang	niangb 嫂子	dliangb 鬼
iong	diongb 中	dliongb 槽
ou	ghout 公	wouk 奶

方旎次土语点共有 21 个韵母，有些村寨略有变化，其他次土语点也有差异。

（3）声调

声调：	b	x	d	l	t	s	k	f
调值：	33	53	55	22	35	13	24	31
例词：	gib	gix	gid	gil	git	gis	gik	gif
	螺丝	哭	伤疤	旱	柜子	显露	剪	挖

县境内 8 个次土语点都是 8 个声调，调符相同，调值略有差异，如“去”大部分次土语点是 22 调，方白、南宫是 21 调，其尾音稍降而短促。

词汇　苗语词汇包含基本词汇、外来词汇和专用词汇三大类。基本词汇指苗语中固有的基本词汇，是本民族语言的核心；外来词汇是苗族与其他民族长期交流而相互借用的词汇；专用词汇是基本词汇和外来词汇中对某些事物专用的词汇。按词的组成可分为单纯词、合成词、四音格词三类。

单纯词：单纯词只包含一个词素，在意义上不可分割。台江苗语的单纯词有单音和多音两类。单音单纯词如 neux 吃、jit 风、hniongd 重、naix 人等；多音单纯词有双声单纯词，如 diuk diak 蹦跳、qobqib 啰唆；叠韵单纯词，如（dlaib）geb meb（黑）漆漆、（xok）gal lial（红）彤彤；非双声叠韵单纯词，如 ghab jib 火坑、ghout hfat 叫花子。

合成词：即由两个或两个以上的词组成，如 vongt niux 美貌、fangb nael 家乡、joud ghangb nangx 甜酒、deexdangk 桌凳、ongbhlieb 大河、neuxgeed 吃饭等。

四音格词：台江苗语四音格词是苗语词汇的一大特色，四音格词在苗语词汇中比较丰富，如 hlieb hlieb diangs diangs 肥肥大大、ngax ngax joud joud 酒酒肉肉、ghab vongd ghab gongk 丛林、ghad laix ghad dail 个别、hsaod hfoud hsaod naex 披头散发、zax hsod keeb kak 农具、qid daeb xit wix 开天辟地等。

语法　台江苗语的语法与其他土语点一样。根据词义和语法特点，台江苗语的词可划分为 12 类，即名词、动词、形容词、数词、量词、代词、副词、状词、介词、连词、助词、叹词。现以台拱次土语点排朗村为例简要介绍如下：

名词。即表示人或事物名称的词。有普通名词和专有名词两类。普通名词：如 hnab 太阳、hlat 月亮、naix 人。专有名词：如 FangbNix 台江、Zangb Xongt Mil 张秀眉。时间名词：如 hnab nangd 今天、hsaib yil 后天、xit deet 早上。方位名词：如 dangl hfoud 前面、bael daix 右边。部分名词带词头，如 ghout xed 老虎、ghab bongl 朋友、jib daib 小孩；名词修饰名词，被修饰在前，修饰在后，如 dif ongb 水桶、hleet liod 牛绳。

动词。即表示人或事物动作行为发展变化的词，如 neux 吃、henb 走，动词后面常支配名词和代词，如 dongflaix 读书、hengbged 走路，有的补足动词前面还加形容词，如 xad haok 难喝、vongt henb 好走。还有特殊的动词重叠形式，如 diuk diak 奔跳、muf maf 乱砍、ud od 乱撬。

形容词。即表示人或事物的形状、性质或动作行为发展变化的状态，如 daed 长、hniongd 重、xok 红等。形容词一般可放在普通名词和量词的后面修饰普通名词和量词，如 naix yangf 坏人、bad ghab fangx 黄公鸡。在形容词前面有时可补足动词，使之成为偏正词组，如 hxad vongt 写好、said dongx 砍齐。在句子中形容词可重叠，重叠后表示某种动作行为的强化或表示某种性状、颜色的强化，如 naif jongt jongt 压紧紧、at jox hvib daed daed 心胸放宽。

数词。苗语数词通常包括基数词和序数词两种。苗语基数词如 ib 一、ob 二、jef 十、bieet 百、hsangb 千、wangs 万，还有一个特殊基数词 ghaed 一，如 jefghaed 十一、hsangb ghaed 一千一。苗语序数表示法有名词加数词，如 hnab ghaed 初一（农历每月第一天）、hlat ob 二月。约数词常常用基数词来表示，方法与现代汉语相同，如 xongs yaf laib 七八个、ob baeb bieet laib 两三百个、jef neet laib 十多个、ghad hsangb laib 千把个。

量词。是表示事物或行为单位的词。一般有名量词和动量词两种，其中名量词又有个体量词、集体量词、度量衡量词、临时量词和情状量词。个体量词，如 jox 条、dail 棵、diangb 根等；集体量词，如 niouf 双、mail 群等；度量衡量词，如 jiangb 斤、liangl 两、dongt 尺、dliangx 庹、hxenb 升等；临时量词，如 xangd 碗、deex 桌、wil 锅等；情状量词，如 ghais、mif、tongl 等都是“个”的意思，含有人的感情状态。动量词，如 diees、gad，相当于“次”“回”等。

代词。苗语代词通常有人称代词、指示代词、疑问代词三种。苗语人称代词有单数人称代词，如 wil 我、nenx 他（她）；复数人称代词如 bib 我们、mangx 你们、nenxdol 他们；反身人称代词，如 nongs 自己；泛指人称代词，如 dangx dol 大家。指示代词有近指和远指两种，近指代词，如 hangd nad 这里、hangd mal 那里；远指代词，如 hangd yab 那里、hangd al 那里。疑问代词，如 dail xid 哪个、hangd dees 哪里、at dees 怎么等。

副词。是修饰或限制动词和形容词，表示动作行为发展变化的程度、范围、时间、肯定和否定的词。如 hsat 最、bongt wat 很、jus 仅仅、xangf xangf 常常、bael diangl 还没、ged ged 慢慢等。

状词。是一种没有具体词汇意义且表示动作行为或事物发展变化的性状、情貌、速度、颜色、味道和声音等的词。状词通常用来修饰接在它前面的动词和形容词，如 diek gik hnik 笑咪咪、fangx gal lial 黄澄澄。苗语中的部分状词可以重叠，用以表示动作的连续或性状普及程度的加深，如 liaf dlinl dlinl 一闪闪、yangx bongl yongl bongl yongl 缓缓地融化。状词常与动词和方位词连用，表示动作的重复，如 gib lib mel nangl gib lib mel jes 忽而上忽而下。

介词。是用在名词、代词或词组前共同组成介词词组，作动词和形容词的附加成分，表示动作行为的方向、对象、处所和时间的词，这类词有 gangl 从、hxangt 比、lait 到、niangb 在等。如 Wil gangl Fangb Nix dax 我从台江来、wil laol lait zaed yangx 我回到家了、mongx niangb hangd yab dangl wil 你在那里等我。

连词。是连接两个或两个以上的词或词组的词。如 sul 同、daos 跟、hangd 要是、nongf……hu。连词通常不能单说，也不能充当句子成分，要与其他词连接才有意义，如 Mongx dax ghok wil dax? 你来还是我来？连词在词、词组或句子中只起到连接作用，不能起到修饰和补充作用。如 Wil sul nenx diees jus laib vangl，我同他是同一个寨子；Wil daos nenx mel，我跟他去。

助词。是附在词、词组或句子上，表示某种附加意义的词，一般有语气助词、时态助词和结构助词三种。语气助词有 nent 呢、mangf 吧等，如 Mongx mel hangd dees nent? 你去哪里呢？Mongx at dit mangf，hsout wil jel，你做着吧，有错由我负责。时态助词有 yangx 了、dit 着等，如 Wil neux geed yangx，我吃饭了。Mongx ved dit，你守着。结构助词有 bangf 的、ged 得等，如 Pangb oud nangd diees wil bangf，这件衣服是我的；Hlib mongx ged das mel，想你想得要死。

叹词。是表示感叹、呼唤或答应的词，如 haf 哈、hangb mais 啊哟、oud houk 欧嚯。表示一种喜悦心情，如 Haf!Ob hsat laex deit xit jas yongl，哈！我俩好久没见面了。oud houk “欧嚯”表示一种惋惜，如 oud houk，nenx at hsout yangx。欧嚯，他做错了。zaif youf “啧哟”表示一种痛恨，如 zaif youf，yangf khangd niangs bongt nend neuf。啧哟，心这么狠啦。

称谓　台江苗语称谓在语法上与汉语有区别，除自己的父母外，在人多地方称呼某人时，往往在后面加其苗名。

祖父 ghout sangx wix	祖母 wuk sangx wix	爷爷 ghout	奶奶 wouk
外公 ghout kheet	外婆 wouk kheet	父亲 bad	母亲 mais
伯伯 bad hlieb	叔叔 bad yet	哥 diel	嫂 niangb
舅 daib nail	舅妈 doud mub	姑爹 daib yous	姑妈 dak

姐、妹出嫁前分别叫 aed、niek，出嫁后一般都跟小孩称姑妈。姐夫、妹夫也有不同称呼，未婚的兄弟称姐夫叫“bed”或“hvit”，称妹夫叫“hvit”，结婚有小孩后，都跟小孩称为姑爹“daib yous”。弟 ot yet（或直呼其名），弟媳叫“niul”或“mais yet”。

二、文字

新中国成立前，苗族没文字，新中国成立后国家派专家经过充分调查，给苗族创造了文字，才结束苗族没有文字的历史。台江苗族文字方案是由 26 个拉丁字母组成的，有 32 个声母，26 个韵母，8 个声调。属黔东方言，以凯里养蒿为标准音点。苗文不但能记录本民族的语音，而且还能为汉语注音释义，对学习第三种语言也有帮助。其结构和书写形式简单易学、易记。苗族文字方案于 20 世纪 50 年代在台江开始试行，后因极“左”路线的干扰，苗文试行工作被迫中断。中共十一届三中全会以后，党的民族语言文字政策重新得到贯彻落实，台江苗文试行工作于 1982 年开始恢复。

台江苗文恢复试行以来，先后举办了苗文师资培训班 10 期，共 426 人，其中苗文扫盲教师 208 人，双语文实验教师 123 人，机关干部 95 人。在农村开办苗文夜校 136 所（287 个班），参加学习的 7160 人，经验收脱盲 6292 人，其中男 3363 人，女 2929 人。自学掌握苗文的 314 人（机关 166 人，农村 148 人）。苗文进入各级各类学校 41 所（师范 1 所、中学 4 所、小学 36 所）共 2253 人。小学部分包括县民委开办的张家寨、巴拉河、稿午（2003 年划给剑河县）3 所双语实验小学，9 个班，学生 206 人。1992 年暑假，分别选送 6 人和 7 人到凯里民族师范和黔东南民族行政管理学校参加“双语”师资培训班学习。1993 年 8 月，又选派 7 人到凯里民族师范参加“双语”师资培训班学习。截至 1994 年年底，先后举办 11 期师资培训班，共培训 572 人。其中双语师资六期，学员 123 人，选送到省、州学习的共 42 人次，全县共培训双语教师及苗文扫盲教师计 614 人次。

为推动台江苗文试行工作，县苗文推行领导小组办公室在县民委的具体指导下，搜集整理了《张秀眉之歌》300 余本，编写《台江苗文通讯》35 期，印发 3500 多份，创办《台江苗文报》发行 6 期 1.8 万份。翻译编印小学课本 1～12 册《小学语文词汇苗汉对译手册》5000 多本，发至各双语文教学实验班供教师和学生参与学习。编印小学读物《亲闻》4 期共 1500 份。1992 年以来，全县参加学习苗文共 10155 人，能掌握运用苗文的有近万人。

双语教学工作有了较大的发展。全县开展双语教学的有 20 所小学，33 个班级，870 名学生。其中男生 474 人，女生 396 人，教学成绩显著。1992 年，全县开展双语教学的有 12 所学校 22 个班级，学生 526 人（男生 323 人、女生 203 人），其中实验小学 3 所 7 个小班，学生 142 人。

自 1995 年通过国家民委和中国社会科学院的论证验收后，1996 年继续加以巩固，并在施洞镇偏寨小学五年级新开了一个双语文教学班。1995—1996 学年度第二学期，张家、稿午、巴拉河三所双语实验小学有 8 个班级，学生 163 人。1996 年 7 月，3 所学校都有学生升入普通小学，其中张家三年级的 14 人，稿午一年级 36 人，巴拉河四年级 7 人。9 月开学后，3 所学校又新招了 3 个班级。另外在施洞镇偏寨小学五年级新开了一个双语文教学班。1996 年学生总数 177 人，从事双语教学的教师 10 名。1998 年，台江有双语学校 2 所，7 个班，学生 138 人。双语教师 5 人，其中 3 人属民办教师，2 人从民管校苗语班学习毕业后安排到双语小学任教。1999 年，台江有双语小学 2 所，6 个班，学生 108 人，有双语教师 5 人，辅导员 4 人。2000 年，台江有稿午和巴拉河双语小学 2 所，6 个班，教师

4人，学生98人。2001年，有双语小学2所，6个班，教师4人，学生107人。2002年，台江有3所学校10个班开展双语文教学，学生297人。

第三节　婚姻家庭

一、婚姻缔结

台江苗族婚姻的缔结，主要分为媒人介绍说合，或父母说合包办，或由青年男女双方经恋爱自主结合等几种形式。形式间也没有严格的界限，有的经媒人介绍说合或父母包办说合后，两个年轻人又经恋爱来决定是否结婚；有的开始是由两个年轻人恋爱相识，后又为了慎重，征求双方父母同意后由父母承办。要说区别，就在是否征得双方父母同意上，苗语把得到双方父母同意的婚姻称为“Ait Khat Naix Lul”，汉译为“老人办的婚姻”，按古礼大多走此渠道，所以有“走大路”与“走小路”的说法。“走大路”即他们的婚事是经过双方父母同意的，也就是明媒正娶；“走小路”即男女双方的婚事还没有经过父母的同意，是男女间的自主结合。

台江苗族婚姻，一般有“说合婚”和“自由婚”两类。说合婚姻大都按古礼进行，有一套严格的礼仪，婚姻要得到社会认可，一般要经过提亲、择日、嫁娶、回门等礼仪程序。其过程非常复杂，详情见婚姻习俗。

自主婚姻一般不经过双方父母商量同意，由男女双方在“游方场”上多次交往了解后自主决定，互定终身。这类婚姻较为简朴，结婚的时辰通常是在夜间进行。到了约定婚期的那天晚上，新郎约几个密友，乘风清月明之夜，按事先约定的时间，到女方寨边的游方场上或双方约定的地点，向新娘发出信号，如打口哨、吹木叶、唱歌等，以尽量不惊动女方家人。姑娘悄悄拿起早已备好的衣裙、首饰和一把必带的雨伞，交由一两个知情的女伴悄悄带出门，转交给来迎亲的新郎及同伴。然后，姑娘像往常出去游方一样从容出门，到与新郎约定的地点，跟着男方和邀来的伙伴们往男方家去。接亲的小伙们也可到女方家鸡鸭圈捉只鸡或鸭带来。此时，新娘最相好的同寨姐妹们要送一程，一般送到途中便返回（在南宫、交密一带，陪同的姐妹要一直送到男方家，并住三天三夜才回）。送亲的姐妹们在半路分手时，新郎要拿出一些钱分给她们，以作酬谢，俗称“草鞋钱”。走到新郎寨边，开始燃放鞭炮，请新郎父母开门迎接。

来到新郎家门口，同样要由新郎的小妹或堂妹举行接伞仪式。接雨伞后，新娘先用左脚跨进屋内，由接伞的妹妹携手带新娘进入新房，迎亲的妇女们陆续进入新房陪伴休息。当夜，新郎父母杀公鸭一只祭祀祖宗神灵，并以酒、肉食简单地宴请房族、寨老及接亲的人员，表示给儿子娶来了媳妇，完成了婚姻大事。公鸭必须由一父母健全、儿女双全的中老年男子宰杀，以示吉祥，预言着新婚夫妇日后也一样儿孙满堂，兴旺发达。

第二天，新郎父母即请一名至两名善于辞令、有涵养的中老年男子，带一只捆于伞梢上的绿头公鸭子，携米酒一壶，前往新娘家“报信”，要求认亲，并代新郎新娘向女方家“认错”“请罪”，请求宽恕。如果女方家同意开亲，即将男方家送来的鸭子宰杀，设宴招待报信人，并邀请房族、寨老一同欢宴。然后，双方定下新娘回门日期及应办的礼品。若女方家不满这门亲事，则拒绝接收处理报信人带来的鸭、酒等礼物，对报信人可接待，也可不接待。遇到这种情况，报信人要尽量耐心，一而再，再而三地赔罪请求，最后实在不行时，只好回来如实向男方家汇报。一般情况下，女方家开始时可能会说几句表示拒绝的话，以表示女方家的自尊，往往经多次请求后，女方家也就承认这门亲事了。认了亲以后，新郎家就准备礼物，办婚礼，送新娘回门。婚礼和回门仪式基本与“说合婚”相同。新娘结婚回门后，同样要在娘家居住一两年。

二、离婚与再婚

苗族男女结婚后，若是夫妻双方感情不和，或因某些其他原因导致感情破裂，双方可以离婚。因离婚或夫妻双方中的一方过世，可选择再婚。

离婚　结婚后，夫妻双方经过共同生活，发现夫妻感情不和，或因婆媳关系不好，或双方中的一方有某些重大过失错误，或久婚不育而导致双方感情破裂等，在这些情况下，有的选择离婚。离婚时，若双方都有离婚的意愿，即请双方老人或寨老作证即可，双方互不补偿。若其中一方不愿意，双方即在父母的陪伴下请寨老、理老或房族长老邀约到半路上的某个地方说理调解裁决。一般情况下，经老人们听取双方陈述觉得该离的，也只得离婚，前提是先提出离婚的一方必须向对方支付一定数量的费用及其他钱物补偿。

若女方已生育有子女而男方提出离婚，则男方必须将房产和田土分一部分给女方，作为女方养育子女的财产。女方怀孕和产期，男方不得提出离婚。达成离婚协议后，即用一节竹子刻上印记，破为两半，男女双方各持一半，作为婚姻关系解除的凭证。双方婚姻关系解除后，男婚女嫁，对方不得再干涉。处理离婚案件时，得到补偿的一方必须抽出十分之一给寨老或理老，作为他们的酬劳。新中国成立后，苗族男女的婚姻离异，大多经法院判决。

再婚　婚后如果女方过世了，男方可另寻配偶再婚。若男方过世，而男方家又有未婚或离婚且年龄相宜之兄弟，只要他愿意，应优先娶寡嫂或寡媳转房为妻；如果女方不愿意而要求他嫁，要先征求亡夫家族的意见，若遇阻拦，寡妇要给亡夫家一些钱才能再嫁。此外，夫亡后，如果女方尚未生育，一般多回娘家居住，以后自行改嫁。有子女的改嫁时，年幼子女多随母下堂。长大后，男子可回生父家继承遗产，或在继父家生活，均随其便，若在继父家生活，则与亲生子女一样，照样相应分给他一份财产；女子长大后大都在继父家出嫁。男方再娶时，没有限制，但要备礼去亡妻舅家通报一声，显示对舅家的敬重。新妻接到家时，必须由后门进，没有后门则拆板壁而入。民间认为，大门有前妻的灵魂阻挡，后妻的灵魂进不了屋，须从后门进屋，将前妻的灵魂赶走，才能住的平安。照例请房族聚餐，以示举行了婚礼。女子再嫁时，必须在夜间从亡夫家后门走出，表示对亡夫家族的尊敬。

三、家庭、房族

家庭　苗族先民迁徙到台江县境定居时，已是母系氏族社会过渡到父系氏族社会的交替阶段。这时各个支系的家庭以男性为家长，妻从夫居，世系以父系计，开始使用子父连名，财产继承权以父系计。这种父系氏族社会家庭组织，一直延续到现今县境苗族社会。

家庭结构：严格执行一夫一妻婚制，妻从夫居。若无子嗣，丈夫希望续娶次妻，必须征得正妻及其娘家同意方可。个别富豪有也娶妾的情况。

世系计算：世系以父系计，并采取子（女）父联名的命名方式加以巩固。如此代代子（女）父连名，即为家谱。

财产继承：财产继承归男子，女子无财产继承权。女子出嫁时，衣服、首饰等嫁妆尽量多给，以尽骨肉之情和对女子出嫁前在家劳动的补偿。富有之家，女子父母兄弟还给予一些田地，谓“姑娘田”“姑妈田”。这些田地由父母兄弟义务代为耕种，收获交给女子处理。尽管如此，女子所得，仍少于兄弟继承祖业所得。从经济上看，子女经济利益是不平等的。

家庭成员：一般实行小家庭制度。成员有父母、夫妻、子女。通常三代同堂。兄弟成家以后，都要分家。

分家情况：多数家庭在长子结婚后即开始分家，另住新屋。其余各子与未嫁女子与父母同居老屋。以下各子谁结婚，谁就分出去。父母与幼子和未出嫁的女子同住，直至寿终为止。父母先逝，未出嫁的姐妹，可与任何一个兄弟同住，直至出嫁为止。若幼子不守孝道，父母则可与任何一子同居。有些人家，由于经济负担或不和睦原因，父母不同时与某子同居，而分别与各自心爱的儿子同居。有些人家，直到幼子结婚时，各子才分居。还有些人家，让大媳妇、二媳妇相处几年后，幼子结婚时，大家才分家。若某子娶了妻子，与其他家庭成员不睦，则不分长幼次序，可以提前分居。凡是独子，结婚后不能与父母分居，不然会遭到房族和社会的指责。以下情况，三代以上同居的家庭也有。其一，苛捐杂税太多，如果分家负担太重。其二，富有之家，家长掌握大权，不愿把财产分散。这类家庭子弟，大都不爱劳动，都想依靠长辈荫护而不想分家。分家时，须请房族长辈出面作证。先由父亲提出分产计划，母亲若有意见，再做一些补充说明。儿子们一般没有大的异议，才正式分家。若有异议，可通过协商调整，达成一致，再正式分家。

财产分配：县境苗族基本上是农民家庭，财产主要是田土、山林。分家时，除留一部分“养老田”给父母作晚年生活资料来源外，其财产，按儿子人数，价值相等每人一份。对未成年的幼子，一般多给一些，以示全家对他的怜爱和照顾。生产工具、现金、债权、债务，也是平均分配和平均负担。各自的衣物和媳妇带来的私产，不在分配之列。父母的“养老田”，归与父母同居的儿子耕种和继承。分家时，分出者所住新屋，一般由父母和兄弟共同建造。分居者若有能力，则可自行建造。分家后，逢年过节，或平时有什么好吃的，各子请父母前来共享，保持尊老尽孝的优良家风。

按照习俗，分居的儿子及其妻子，在开始分炊的那天早上，要回到父母与幼子同居的老屋点取火种带来新屋，以示不忘祖宗。

房族 房族是氏族内部血缘更为接近的若干小的分支，这些房族，大都同住一个村寨，少数分住几个村寨。这些房族都有自称，这些自称大都以本房族始祖之名为名。如台拱镇养你寨住有三个房族，均属“待方”部落内部一个氏族的分支，但自称各异，即“当家”“里家”“雄家”。当、里、雄原为三兄弟，当，安稳之意；里，田地之意；雄，立起之意。他们原来居住在外地，以后才迁徙到本寨来分开居住，繁衍子孙，形成三个房族。他们的子孙便以他们的名字为本房族的称号。这三个房族现在都有了汉姓，即唐姓、李姓、熊姓。他们使用汉姓，是清代以后的事。清雍正、乾隆年间（1723—1795 年），清廷军事征服黔东南苗族后，三兄弟被官府抓去当兵，问他们叫什么名字，以便造册，领取口粮。他们不懂汉话，无法回答，由懂得汉话的同伴代为回答，官府就用与三兄弟的苗名“dangl”（当）、“lix”（里）、“xongt”（雄）谐音的“唐”“李”“熊”三个汉字作为他们的姓名，从此以后，三个房族才有汉姓。但直到如今，三个房族，在寨子内部，仍自称“当家”“里家”“雄家”，出门与汉人交往，才自我介绍为“姓唐”“姓李”“姓熊”。现在县境苗族各个房族都有了汉姓，其来源有的与养你寨唐、李、熊三个汉姓房族相同。有的则是雍正十一年（1733 年）在县境设台拱厅，登记户口，用与各个房族自称苗语谐音的汉字为姓。如自称“柳家”（liux zaid），则写成“姓刘”；自称“告家”（gud zaid），则写成“姓顾”；自称“方家”（fangs zaid），则写成“姓方”等。有的则效法他人，这类人见到别人有汉性，出门很方便，便跟别人（大多为好友）使用同一汉姓。因此，现今县境苗族各个房族的汉姓，绝大部分是他们房族自称的苗语音译。可以说，现在县境苗族有多少个汉姓，即有多少个苗族房族。

第四节 生产习俗

一、生产季节

台江县苗族的春、夏、秋、冬的概念划分与汉族不同。相当于春天的气候从夏历（以下均用夏历）2 月下旬至 4 月底，共约 70 天。相当于夏天的气候从 5 月至 7 月中旬，共约 80 天。相当于秋天的气候从7月下旬至10月上旬，共约80天。相当于冬天的气候从10月下旬至次年2月中旬，共约120天，4月至5月多雨，6月雨较少，7月多毛毛细雨和刮秋风，入冬后雾罩很大，常常10月无晴日。10月下旬开始下雪，11月冻、结凌，直到次年正月、2月初解冻，各地生产活动及耕作季节大致如下。

正月（立春、雨水）：男的割草喂牛、砍柴，晴天修田坎、犁田、掏水沟，女的主要是采集猪菜（捞浮萍、挖野菜），挖干田。

2月（惊蛰、春分）：男的修田坎，晴日犁田，老年妇女掏沟，年轻妇女捞浮萍喂猪。

3月（清明、谷雨）：月初，男的浸种，并大量犁田，男女共同施肥，下旬开始撒种育秧。青年妇女挖土种小米、玉米、蓝靛、瓜豆等。

4月（立夏、小满）：男的犁田，男女共同割秧草（绿肥）撒秧种。妇女往土中施肥。下旬开始插秧。

5月（芒种、夏至）：月初，男女插秧5天至10天，中旬高寒山区开始包兜（即按身窝上粪，约10天），女的往土中施肥并拔草。包完兜后，男的割草喂牛。5月20日以后，女的开始薅秧（分责任田到户后，男女均去薅秧）。

6月（小暑、大暑）：女的薅秧、薅辣椒、薅茄子等。男的割田坎、割草喂牛、砍柴、迎秋收等。

7月（立秋、处暑）：男的割草喂牛，女的种青菜、薅蓝靛、绣花等。

8月（白露、秋分）：月初，部分地区男女开始收割稻谷，女的开始摘割蓝靛叶炮制蓝靛、收割小米。本月妇女较忙。

9月（寒露、霜降）：大部分地区男女均忙于收割、打谷。女的兼炮制蓝靛，烧草木灰，纺纱、织布、染布等，最为繁忙。

10月（立冬，小雪）：秋收结束，月初开始种小季，过苗年。月末妇女收甘薯，男子挖土，做副业，捕捉候鸟等。

11月（大雪，冬至）：男子伐木、修房、盖屋，犁泡冬田等。妇女绣花、纺织等。

12月（小寒，大寒）：妇女主要从事纺织，饲养家畜家禽以及处理家务。男子上山砍柴、捕鸟、打猎等。

二、生产种类

台江县苗族社会生产分种植、养殖和采集几类。

种植　县境内苗族种植生产的作物有粮食作物、经济作物、蔬菜等。粮食作物有稻谷、小米、玉米、高粱、薯类、豆类等。经济作物有金秋梨、棉花、油菜、茶、油茶、烟草、花生、葵花、油桐、蓝靛、漆树、梨树、桃树、李树、杏树、柿子树、柑、橘、柚、猕猴桃、板栗树、转栗树、杨梅树、核桃树、樱桃树、椿芽树、竹子（毛竹、紫竹、慈竹、芦笙竹、山竹、水竹、种竹）等。蔬菜有青菜、辣椒、萝卜、芋头、白菜、广菜、大蒜、茄子、番茄、葫芦、南瓜、韭菜、生姜、竹笋、豆类等。这些蔬菜中，种得最多的是青菜、辣椒和南瓜。

其种植业的设备，包括场地设备、工具设备、灌溉设备、肥料来源、贮藏设备、晾晒设备、加工设备等。场地设备有田、园、土等。工具设备有犁、耙、锄头、钉耙、薅锄、柴刀、镰刀、斧头、摘刀、挞斗、箩篼、炕笼、粪筐、撮箕、粪篮、扁担、秧田耙等。灌溉设备有沟渠、枧槽、水车等。肥料来源主要是圈肥、灰肥、绿肥、人粪、化肥等。贮藏设备有两种，即两层楼房的上层“楼仓”和独立的“谷仓”。晾晒设备有四种，即禾架、晾台、晒坝、晒席。加工设备有两种，即米碓和水碾。

中华人民共和国成立后，苗族除继续使用米碓舂米外，很多村寨已使用由电力运作的“打米机”碾米。

养殖　台江苗族养殖的种类很多，计有水牛、黄牛、猪、马、羊、狗、猫、鸡、鸭、鹅、鱼、蚕、蜜蜂等。

采集 一年四季均可采集，主要由少女及妇女承担。采集用作副食品、饲料和燃料等。品种很多，主要有蕨菜、蕨根、苦青菜、水芹菜、干芹菜、苦马菜、竹笋、折耳根、石灰菜、清明菜、蛤蟆叶、鱼香菜、野百合、薅菜、菌子、板栗、杨梅、洋桃、拐爪、野鸟果、老鸦果、核桃、五倍子等。

三、农耕习俗

台江苗族以水稻种植为主，在旱地也种植一些小米、玉米、麦类、豆类、薯类等粮食作物和麻类、烟叶、花生、棉花、油菜、蔬菜等经济作物。在长期的农耕作业中，形成了一系列与农耕相适应的习俗。

动土 俗称“起活路”，春节至正月十五期间，除日常生活必需的如打柴割草外，是不准动锄挖土、抬粪上坡以及纺纱织布的。最近几十年来此礼虽有所改变，但也必须在春节过后的正月初七、初八才开始上坡做农活。大家上坡做农活前，每个寨子先由活路头“动土”“起活路”。活路头一般选择“子”“丑”“未”等吉日，于凌晨带上锄头、钉耙，到自家的田或土里，焚香烧纸，向东朝拜，用锄头在东面挖三锄，插上一把芭茅草，草尖朝东，念咒祈祷，预祝一年风调雨顺、人畜安康、五谷丰登。并象征性地挖土或平整一下田埂，然后回家向各户宣布一年农事开始。有的村寨的动土仪式，由活路头规定日期，通知各户在自家田边土头举行，仪式基本相同。

开秧门 每年将要插秧的季节，必须由某些人到田里先插上几兜秧，叫“开秧门”，“开秧门”后各家各户才动手插秧，若不这样，则认为当年可能歉收。台拱、施洞、革一、台盘一带，过去每个寨子都有一块公认的“母田”，由这丘“母田”的主人祭祀插秧后，其他各家的田才能开始插秧。到插秧的季节，田的主人即选定日子，带一只公鸭、香纸、酒、饭、五根茅草和一根拇指粗长约六尺至七尺去了皮留有五个杈支的五倍子树，一起带到田里。到后，把五倍子树和茅草插在田内，象征性地在五倍子树周围插上几兜秧苗，再以祭品供祭。前去的路途中避免与人相遇，或与人相遇也不要问询或作答，否则认为不吉利。敬田后，大家才可以插秧。这个首先插秧的人，俗称“秧头”。如果“母田”所有权转让，新的主人就当“秧头”。但南宫村的“秧头”，就固定在尹姓某家，据说长期以来他家的庄稼长得好，从而把他家固定下来当“秧头”。除“秧头”外，其他人家敬田时可不用鸭而用鸭蛋代替，五倍子树也可免去，其他供品则相同。时间在白天，也没有避人的禁忌。

巫脚一带虽然没有“秧头”，但插秧前也必须由各家开自己的“秧门”。“开秧门”时，每户都要由一男人，选择在和他的生日同一属相的那天清晨，携带酒、肉等供品到自家的田去祭祀。到了“秧门田”后，先插三五棵芭茅草（认为芭茅草是大刀，鬼见了就害怕，不敢再来损害庄稼了），然后再插三五根兜秧苗于其周围，并滴酒、掐肉少许于田中，表示敬开辟田地的祖先；回家后再以鸡、鸭、鱼、肉等祭祖，请求祖先保佑。

如果尚未“开秧门”有人提前插秧的话，一旦被发现即给予处罚，所罚的钱物用作买猪，以猪头和香、纸、酒、饭等去敬“秧门田”，然后全寨子聚餐，以作警示。“开秧门”仪式，一直到20世纪50年代农村办集体农业社田土入社后，仍有人按入社前田土所有者煮蛋去祭。

垦土造田 相传，当年台江苗族先民迁徙到台江一带定居时，在田土山林的划分与管理使用上，仍然是“插草为标”。比如想在某地开垦田土，即在地上挖几锄泥土，用一根木棒捆上芭茅草插在地上做标记，表示某片山地已为其所先占有，并准备开发利用，其他人不得再去抢占。他人看见草标后，便自觉执行。人民公社集体生产时期，有的家庭生活困难，仍用这种方法在集体荒坡荒地上占地，劈土开荒，弥补家用。垦土造田时，在选好的地点烧纸，点三炷香朝地叩拜三下，滴酒掐肉，有的还要杀一只大公鸡，以鸡血淋地，念词祈祷，才能开垦。苗族认为土地有灵，怕开荒劈土误伤了土地神灵。田土开垦将完成时，在田中央留一小土包，名为“田心”，要请舅或姑爷来挖。舅或姑爷来时带香纸、一壶酒、一只鸭、一篮糯米饭，到新垦的田焚香烧纸祭“田心”。主人杀一只鸭及酒饭招待客人，庆贺垦田竣工，以预祝来年有好收成。

敬秧　台江有的地区有敬秧的习俗，苗语称为“能莫戛依”，也叫“吃秧卯”，庆贺插秧完毕和预祝新谷丰收。相传，古时候人们还不会插秧，开春后，人们便将田翻犁后耙平，撒上谷种，任其自由生长，一直到秋收，产量很低。有一天，一牧童放牛在河里洗澡。由于牧童贪玩，牛跑到一块已插了秧的田里滚澡，把秧苗滚坏了。牧童非常害怕，就偷偷把两边的秧扯来，再按每兜几株补插上。当年，这块田获得了丰收，以后逐步推广，就形成了现在的插秧。人们为了纪念这一创举，在插完秧后进行敬秧活动。巫脚交的敬秧在栽秧完毕并给秧包兜肥后的卯日举行。一般由家中的男子去田里取嫩秧兜三株回家，剥取秧心放在饭上，烧香焚纸，滴酒和掐饭、肉于地上，以示敬秧，预祝当年有好收成。

插白刺　在台江革一、台盘一带，每年的农历六月初六日早上，还有到田间地头插上一根白刺的习俗。相传古时候，有两姊妹去走客，来到一个山坳口上遇到一只狗。狗问两姊妹：“你们去哪里？”两姊妹说去走客。狗说：“你们去走客，包点糯米饭和肉给我吃，好吗？”两姊妹说：“好嘛！那明天你就在这坳口上等。”第二天两姊妹包糯米饭、肉回到坳口，不见了那只狗，却见一满头白发的老人坐在坳口的一块石板上。两姊妹悄声议论说：“哎，昨天讲好那只狗在坳口上等我们，怎么又不见了呢？”不料那老人却问：“你们包糯米饭，肉回来了吗？”两姊妹回答说：“包来了。”就把昨天在坳口上碰到一只狗的事说了一遍。老人说：“那只狗就是我，我是狗菩萨。你们人类的谷种就是我带来的，有三穗稻谷、三穗小米，后来人类有了谷种种植并获得了丰收，吃饱喝足后，日久天长了却把我忘记了，我才放出鸟雀害虫来祸害你们的庄稼。今天看到你们对我这样好，你们回去后，看你们的田土在哪里，在每块田土插上一根白刺，鸟雀害虫等就不敢来祸害你们的庄稼了。”两姊妹听老人这么一说，赶忙把糯米饭和肉给老人吃了，并顺便问了一句：“哪还需要什么供祭？”老人说：“不用了，如果你们真的要供祭，就用三斤肉、三坨糯米饭、三斤酒、三把香纸，到坳口或坡上哪个地方祭都可以。”两姊妹回家后，按老人说的去做了，果然那年她们家的田土没有鸟雀虫害，获得了丰收。以后大家纷纷效仿。而两姊妹回来的那天正好是农历六月初六，于是大家便都在每年的这天，砍上一节白刺插在田土上，表示驱走鸟雀虫害，祈求丰收。

祭田　台江苗族民间认为，过苗年时，不仅人要过年，田土也要过年，一些地方至今还有祭田的习惯。如巫脚、交下一带，在农历十月过苗年（丑日）的那天早上，每家由一男子用三根芭茅草和一包牛粪到田里去祭田，苗语叫“起里”，表示田也要加餐过年。民间认为，祭田后，才能犁田，才能获得好收成；否则，得罪了田，可能会导致来年歉收。台拱城郊一带，也在丑日天亮以前，每家由一人带一小撮牛粪、一块刀头肉、一些酒饭、香纸到自己的田里去祭田，用五根芭茅草插在牛粪上，表示对田的酬劳的致谢。

四、渔猎习俗

渔业生产　台江苗族很早就从事渔业生产，主要以稻田养鱼为主，一些居住在江河沿岸附近的村寨，人们便利用农闲时间到河里捞虾捕鱼。

养鱼得先培育鱼苗，以前几乎每家每户都养有种鱼来培育鱼苗。每年开春后的农历三月、四月，将种鱼捞出放在繁殖田里，让种鱼交尾产卵培育鱼苗，20来天后，将鱼苗捞出分放到养殖田中。鱼苗的放养密度，以田的肥力情况而定，每亩可放50～80尾。此后，不用再投放饲料，鱼就以田里的肥泥、水生杂物及稻谷抽穗扬花后的稻花为食，秋收后每尾可达三四两重。

河里捕鱼的方法很多，比较传统的有用渔网捞、钓钩钓、堆石拦水捕捉、扒砂安筛捕捉、药闹等。堆石拦水捕捉，即选择一些溪沟一边有小积水塘鱼儿汇集的地方，用石头堆砌成拦水堤并用细沙或泥土铺上，将水流拦到一边去不让其再进入水塘中，用小盆或其他水具将塘水舀干后捕捉。扒沙捉鱼就是在河的浅滩处安放上鱼筛、鱼篓等捕鱼工具，并用沙石、树叶伪装好，然后从下游六七米远处扒开河中沙石，将躲在岩缝中的小鱼、虾往上赶，从而钻进以岩砂及树叶伪装的鱼筛或鱼篓里去。当把沙石扒到鱼筛或鱼篓口时，快速扒掉沙石、树叶，将鱼筛或鱼篓提起来，便可捉鱼。药闹鱼，主要有化香树叶、辣蓼树叶、茶油枯、石灰、地瓜籽等，将它们捣烂后放入水中，鱼被药物闹晕后浮出水面，捉起来非常容易。

狩猎　苗族最擅长狩猎。狩猎的时间一般在插秧或秋收过后的农闲季节，或大雪封山的冬季。方法主要有枪击、箭射、猎狗围猎、安绳套、设陷阱、安铁夹等。猎物有野猪、山羊、野猫、野兔、狸、旱獭、刺猬、穿山甲、飞鼠、竹鼬等，过去还有熊、虎、豹、狼等凶悍猎物。狩猎的人数，以猎物的大小而定，少则一人，多则几人、十几人，体型大而凶悍的猎物如熊、虎、豹、狼、野猪等，可能几十人乃至整个寨子的成年男子都参加。过去，在冬季农闲或大雪封山的时候，不少苗族村寨都有集体围猎的习惯。围猎时，除猎狗外，参加的人员还分为“枪手”或“箭手”“看山”“撵山”等。“撵山”人员最多，负责跟踪在猎狗后边追赶猎物。“看山”和“枪手”也由两三人或多人组成，特别是“看山”人基本上每个路口或每个山头都有一两人，负责观察猎物去向，猎物接近枪手位置时，即向枪手发出准备狙击猎物信号。集体围猎时狩获猎物后，人数较多时，留部分给猎狗外，大家共同聚餐，寨上不参加围猎的人也可请来享用，意为让大家一起来担当“灾祸”责任。民间认为，猎获猎物，是山神的赐予，如果吃独食，可能要受到土地山神的惩罚，会给猎获猎物的人带来灾祸。如果猎物较多需要分配时，参加的人员包括猎狗都有一份，猎获时有人看见，也是见者有份。

捕鸟　捕鸟也是台江苗族农闲时一项重要活动，传统的主要有安鸟套、网捕、竹夹、鸟铳击杀、沾膏等几种方法。捕捉的鸟类主要有候鸟、画眉鸟、黄豆雀、野鸡、斑鸠、锦鸡等。一般根据季节和各种鸟类的生活习性，选用不同的捕捉方法，捕鸟的时间大多数选在鸟类还在群居的那一时段最为适宜。如捕捉画眉鸟、黄豆雀选在繁殖出窝后、群居生活前的夏季或冬季。

第五节　生活习俗

一、人居环境与房屋

居住环境　县境内的苗族，历来喜于山川秀丽的河边或平坝傍水地带为寨，聚族而居，有的以一个房族或氏族为一寨，有的以一个房族或氏族分居几个连片村寨。寨子有的十几户，有的几百户，单家独户少见。

县境中部、西南部、北部、西北部苗族，多居住在较开阔低平易垦田畴地带，东南部雷公山麓苗族，多建寨于山腰、山梁险地。

苗族人民自古以来就有美化村寨环境的优良传统，村落周围绿树环绕，形成天然木栅。数人合抱的枫树、青松古柏四季常青。每个村寨常在寨子出入要道或寨旁名胜之地，设置一对对造型古朴的长条木登或石凳，供过往行人小憩或供青年男女“游方”。有些寨子用石板或鹅卵石铺砌巷道，使寨子格外整洁朴实。有的在跨溪处，搭建长廊式的“风雨桥”。桥洞两侧设有栏杆和长凳，形同游廊，供人们休息。接待宾朋时，常以“风雨桥”为迎客“酒卡”。农家房舍鳞次栉比，错落有致。有的村寨新近几年盖起新颖的小楼房所，增添现代化气息，令人赏心悦目。

房屋形式　县境农舍建筑艺术是独具匠心的，有平房、曲栏回廊式吊脚楼和吊脚半边楼。建材多是杉木，构架独特，组合得体。房屋结构全系卯榫衔接，不用寸钉，斜穿直套，纵横交错，结构精巧，其坚固程度，可延续两三百年不损。房顶材料各异，有小青瓦盖、草盖、杉树皮盖，多为山架结

构，“歇山”屋顶，两面淌水。

居县境中部、西南部、北部、西北部河谷地带的苗族村寨，多为“吞口”式平房。常见五柱四瓜，四联三间：即一明间两次间。明间，俗称堂屋，面阔一丈二尺，面壁内缩一柱形成吞口。两次间各宽一丈一尺。进深一般在一丈九尺至二丈一尺之间；最大进深是七柱六瓜的房架，可达二丈二尺。房架中柱通常最高为二丈二尺八寸，最矮为一丈四尺八寸。

苗族住房结构、装修，与苗族民俗息息相关，许多重要活动，诸如办喜事、办丧事、宴请宾客时，多在堂屋举行，为适应民俗的需要，堂屋楼枕要较两次间高且宽大。装板后，上面可存放东西。两次间楼上楼下可装修住人。正中间堂屋，通常隔成前后间，前间面壁中开一窗，装几何图形木质格子窗口，是一家人饮食、休息、取暖、待客的活动中心，也是安灵设位祭祖之场所。堂屋正壁有的人家依照汉俗设神龛，供祖宗牌位；有的则保存民族传统习俗，存放历届祭鼓节留作供奉的水牛角。“长命树”（用全竹制作）竖于正堂屋左中柱边。中设火塘，通常用石条镶成正方形，四周糊泥，中设一铁三脚架，供煮菜烧饭用。其上悬一炕架，旋转需要烘烤的食品。火塘还是一家取暖之所，因而终年火种不断。堂屋后间只能住老人，不能住已婚男子和刚生育的媳妇，以免得罪祖先。堂屋两侧（即两次间），也隔成前后两间，前设客房，后安卧室，地基宽大。家庭经济状况较好的，还在门院两侧建厢房。猪牛圈与厕所建在住宅附近。

居住在东南部雷公山麓的苗族住房，多为曲栏回廊的吊脚楼和吊脚半边楼。因耕地少，平地留为稻田栽种粮食，房屋多建于倾斜度较大的山坡上，就坡面通常辟为上下两级屋基，下级竖长柱，上级竖短柱，使前半部楼板与后半部地基平行相接，形成吊脚半边楼，若每排柱的最外一根自上而下截齐上级屋基，这便形成吊脚楼、曲栏回廊式的吊脚楼和吊脚半边楼，多数是三间正房带一顺屋面而稍低于正屋的吞口偏厦。吊脚楼吊脚的一面，置连接两吊脚柱宽尺许的坐方回廊伸出，饰以数十根弯月形木条，形成靠背式座椅曲栏，苗语称“嘎息”，是一家人小憩的场所。回廊两端各安有楼梯，可供上下。曲栏回廊式的吊脚楼和吊脚半边楼多为三层，一般上层作仓廒，两边安置纺织机；下层堆放杂物，或关牲畜家禽，安碓杵；中层住人。

谷仓多建于离住宅几十米处，均为高脚仓。喜种摘糯及小米的村寨，多在寨边向阳地带竖两柱，上盖杉树皮，连两柱横架十数层木条的晾禾架挂晾糯谷，谷仓和禾架立于离寨边较远的地方，为的是防止不慎失火，粮食不致被烧毁。

起房造屋　苗族把起房造屋当作一件极重大的事，既讲究又慎重。其营建方法和步骤是：择地基、备料、发墨、大兴土木、立架上梁等。上梁礼仪结束后，设酒宴请宾客，在畅饮中，吹芦笙踩鼓助兴，狂欢至兴尽方休。

新房落成后，大门安装好时要举行踩门仪式，请舅、姑爹或寨上有名望的老人前来踩门，凡被主人请来踩门的人，须带一壶酒、一只鸭、一篮糯米饭、糕点和鞭炮等，踩门后，主人宴请欢乐一番。建房用工多是互相帮忙，全村协作，只供酒饭，不付酬，这是自古就形成的民风。

凡买旧屋，必须换中梁，因中梁象征吉祥，而原中梁的吉祥，已为原来屋主所有。今买人屋，不买吉祥，故中梁必须更换，另请号墨师傅制作并封赠，以示紫气东来，发财发富，人丁兴旺，但忌讳购买绝嗣户旧屋。

二、饮食习俗

县境苗族居民历来主食大米，包括糯米与黏米，辅以玉米、小米、小麦、红薯、洋芋等杂粮，副食为豆类、瓜类、蔬菜，都为自己栽种。野菜是从坡上采集而得。日常调味品有辣子、葱、蒜、芫荽、木姜子、木姜花、花椒等。肉食除猪、牛、羊是自养或在市场上购买外，鸡、鸭、鱼、鸟全系自养或捕获。很少杀牛，以杀猪较为普遍，屠宰猪主要在节日丧葬、至亲往来的情况下进行，平常不轻易宰杀，所喂的猪以出售为主。杀鸡杀鸭，也主要在以上情况下进行，平常很少吃。过去食油的人家极少，中等以上人家才偶尔用油炒菜。党的十一届三中全会后，年终杀猪过年的人家已逐渐增多，赶场天和平常买肉吃的人家也已不少。

县境苗族饮食具有重视糯食、爱好喝酒、爱酸爱辣的特点。

重视糯食 其原因是县境高寒山区的田多属冷水田，只宜种芒糯，因而居住在这些地区的苗族，多种芒糯和多吃糯米饭。过去县境苗族大都贫苦，吃饭无菜下的人家极为普遍，糯米饭味香且甜，单吃亦可，而且抵饿。此外，糯米可以加工成粑粑、粽子、甜酒、彩色饭（节日用）、新娘饭（嫁女用）等。据说，清末、民国以前，县境苗族大约以 70% 的田栽种糯谷。反映清咸丰、同治年间苗民起义反抗清廷的《张秀眉之歌》，描写义军东征湖南时，曾有“身背糯米饭，打下沉州称好汉”的诗句。以糯食为贵，成为饮食习俗。婚丧嫁娶、祭祀祖宗等重大节日活动，都要备有糯食，新娘回门必带糯食，子女出远门必煮糯食，接亲待友以糯食为尊。

爱好喝酒 这又是县境苗族另一特点，老年人及成年男女绝大多数都能饮酒。酒系自酿，有泡酒、甜酒和烧酒等，甜酒是将糯米蒸熟，倒在簸箕上，撒上酒曲，和拌均匀，装进坛中，经三日发酵而成，味香且甜。甜酒除单独食用外，还是制作腌鱼、糟辣等食品必不可少的佐料。泡酒是将纯净清凉的泉水冲进甜酒中而成，盛行于比较贫困的高寒山区，具有又当酒喝，又是饮料的双重作用。境内以“重阳酒”和“糯米酒”著名，请客会友、祭神敬祖都要相聚畅饮，主人以有酒盛为荣，客人以酒醉为幸。

爱酸爱辣 是县境苗族的口味特点，并按此二味制成许多富有民族风味的菜肴。酸汤菜是县境苗族的常年菜，时时都有，不停上桌。酸汤菜是由酸水和各种蔬菜、瓜豆混合煮成的。酸水是用米水酿成，其法是：煮饭时，将米下锅，待水开后，成为米汤，将米汤倒入坛中，数日成酸。县境每户苗族家庭都有这样一坛酸水，它不仅供煮酸汤菜用，夏天还可以当茶水喝，有解暑作用。煮酸汤菜的烹调方法是：先将酸水放入锅中，兑水熬成酸汤，同时撒进一把米同煮，使酸汤有甜味，并略带稀粥状，让酸汤菜味道更为浓厚。酸汤煮沸以后，放进青菜、各种菜薹、瓜瓜豆豆、竹笋乃至蕨菜、野菜等同煮。这样，煮好后的酸汤菜，各种美味都有，吃时加上盐巴、干辣椒面、木桨花等为调料，吃了味道特香，美味可口。炎夏季节，吃顿酸汤菜，顿觉清凉解渴，消暑提神。

进餐方式 县境苗族的进餐，无论从时间、进餐方式等都有着自己的特点。进餐时间，春夏秋三季，一般都是三餐。冬季白日短，天气冷，生产活动少，每天只吃两餐。

进餐方式在过去，菜饭都置于堂屋正中地上或火炕边，一家席地而坐食用。近代以后，进餐方式已逐渐改变。就餐时，菜饭摆在桌上，一家人坐凳围桌而食。婚丧大宴，用长桌长凳。开宴时，酒菜置于长桌上面，与宴者围坐长桌两端和两旁，相对交谈畅饮。这种方式，颇有民族特点。主客长者，坐首位，年轻人坐于两边和末位。若人数过多，则让客方男女就座，主方男女在后站着，以示礼待客人。开宴之际，主客双方老人都要端好酒面向全场，致祝颂词，内容多为祝愿主客双方家道平安、青年有为、亲谊永存之类的话。青年人中，有能说者也起身致辞，祝贺主客双方长辈健康长寿、保佑晚辈儿孙迅速成长，以示懂礼。致辞完毕，大家才开怀畅饮。佳肴之中，凡是鸡肝、鸭肝、猪肝，一律夹给老人，表示敬老。鸡腿、鸭腿赏给小孩，表示关心溺爱。鸡翅鸭翅、鸡脚鸭膀，散给青年，鼓励他们鹏程万里，抓金抓银，进餐场面欢乐愉快。

三、特色食品

酸汤鱼 用酸汤水煮鲜鱼。煮时，先将酸汤煮沸，把活鲜鱼宰杀后取出苦胆，然后放入锅中煮到半熟，再放适量食盐，将广菜、白菜、青菜、韭菜、鱼香菜或豆腐等放入其中伴煮。待鱼煮熟后，将鱼舀出放于盂或盘中，然后将青椒或辣椒粉、葱花、花椒粉等拌成浆倒在鱼肉上拌匀而食。鲜鱼酸

汤肉嫩汤鲜，香辣可口。

腌鱼　清水江和巴拉河流域一带苗寨名菜之一。制法是将鲜鱼洗净、宰杀后剖开取出内脏，用食盐、辣面、花椒粉等拌匀后稍作浸渍，然后放在热锅或炭火上烘烤至半干，再拌上甜酒糟或糯米粉，贮于坛内密封即成。吃时将鱼取出油煎或煮熟，其味酸、甜、辣具备。

鸡粥　将宰杀的鸡取出内脏，洗净后拌以半斤籼米或少许糯米和清水同煮，鸡煮熟时将鸡捞出。鸡可切成块状食用。米煮至糊状而食，香甜可口。

冻鱼　冬季将鲜鱼放入锅内，亦可加上其他杂菜、黄豆等，加适量的水煮熟后，盛于大碗内或盆内，撒上适量食盐、辣椒粉、花椒粉，次日冻后可食用，清凉可口。

炸肉：做法是将肥瘦兼有鲜猪肉切成片，将放有盐巴、花椒面的糯米粉包在肉片表面，一层一层地叠置于坛内封好，半月左右，取出炒吃，味极鲜嫩，清香可口。

辣粑　将榨辣子面取出后，视榨辣面的水分情况，用适量的清水调成面团，切成片后放入锅中温火油煎即成，吃起来既有糯米粑的糯性，又酸而微辣，非常可口。

酸菜　有干制和水腌两种。干制的俗称“水盐菜”，夏初，将青菜叶洗净晒干，有的还掺有晒至半干的野葱、蒜苗或蒜薹等切细，拌少量食盐及白酒或甜酒糟后揉匀，置于土坛内密封约半月即成。吃时，可取出与适量辣椒粉、大蒜末凉拌而食；也可用来与田螺、细鱼、蝌蚪等同煮，撒上适量食盐和辣椒粉后食用。水腌的主要是豇豆、萝卜、青菜叶、莲花白等，先将水烧开后置于一边冷却，加入适量的食盐后放入土坛中，将豇豆、萝卜、青菜叶、莲花白等洗净后放入坛中密封腌制四五天即成，取出来几颗食用。

四、生育习俗

在台江苗族社会，婴儿出生时，一般由家族中的长辈妇女为其接生，如今在离医院近的或条件许可的地方也有到医院接生的。婴儿出生后，一般都不穿衣服，只是用背包包裹着，这是在婴儿临出生前就已准备好的。到了第三天的早上，由房族中辈分较高的妇女为婴儿穿衣，后抱出产妇的起居卧室与家人及亲戚见面，让婴儿触摸器具。一般男婴儿摸的是笔墨纸张、犁耙、柴刀、书包之类，女婴摸的则是丝线、绣花针、剪刀、竹篮等，祈愿婴儿长大后在这些方面有一技之长。同时，还杀鸡敬供祖宗，并用酒肉宴请房族亲友，在台江县城附近及南宫一带，这个时候就给婴儿取名了。然后，向舅家及亲戚朋友报喜，在婴儿未满月之前，外婆、舅妈、姑妈等亲戚都带鸡或猪肉、酒等前来慰问和祝贺。每当亲戚到来，主人都杀鸡备酒热情款待。婴儿满月前，家中要设一凳子专供产妇就座，其他人不能坐也不准将凳子带进别家。其间，产妇不准到左邻右舍去串门，也不准参加祭祀或集体性娱乐活动，认为可能会带来不吉利，实际上是对产妇产后的身体疗养与保护。满月时，择吉日让产妇及另外几名妇女，带婴儿到外婆或择定的亲戚家走客，外婆或亲戚家即设宴招待，参加就餐的舅家或亲戚家人员，一般都以衣服、布匹或钱物相赠。

在革一、台盘一带，在婴儿未满月，十多天或二十来天时，主人家要择日通知亲戚朋友来祝贺，名为“诓婴”。来“诓婴”的都是中年或老年妇女，一般要带一只鸡、一块猪肉、一壶酒，主人家则杀猪宰鸡鸭相待，主人家房族中老年男女都来作陪就餐。主家来参加就餐的中老年男女，都要送婴儿一定的礼品，男的一般送点钱，女的则送衣服、布料或棉花等，主家即以一坨糯米饭、几块刀头肉回赠。满月后，主人家再择吉日，邀约房族的中老年妇女带婴儿到舅家去走客。去舅家时，主人家必须携带一腿猪肉、糯米、酒及鸡鸭等物，具体数量以舅家房族人数及主人家的经济条件而定。舅家则将这些猪肉、糯米及鸡鸭等煮熟后，通知房族中的中老年男女作陪。舅家及舅家作陪就餐的人，也要送婴儿一些礼物，对这些送礼的人，均以一坨糯米饭和几块刀头肉回赠。这些礼物，意为给婴儿添福加寿，祝福婴儿健康成长。

五、婚礼习俗

游方择偶 恋爱交友俗称“游方”，是台江苗族青年社交和择偶的主要渠道。在台江，每个寨子都设有专供男女青年娱乐和恋爱择友的固定场所，即“游方场”和“游方坡”。设多少“游方场”或“游方坡”，由寨子内居住人员的构成而定，一个寨子是由同一家族或同一宗支聚居，设一个“游方场”或“游方坡”。寨内是多个家族或宗支杂居，则以家族或宗支各设自己“游方场”，以避免同一家族或同一宗支的兄弟姊妹混杂在一起，起到兄妹间回避的作用。在台江苗族社会中，同一宗支即同一个家族，同宗平辈的男女即为兄弟姐妹，不能通婚，自然也就不能在一起谈情说爱，否则，即认为是有违伦理，犯忌。寨子的“游方场”设在寨边或寨中，“游方坡”则设在寨子附近的坡上。这些“游方”场所，有的栽有大树，设有石凳、木凳，供青年男女歇息。

很多地方都设有固定的节日或规定一定的时期作为“游方”的活动期，如革一、台盘一带的青年男子春节过后至农历正月十五期间就走村串寨“游方”；方召一带于农历二月、六月、七月轮流举行3次青年男女“坡会”活动；坝场、井洞塘、良田等地的青年男女也于农历二月十五日举行“坡会”；老屯、施洞等地则有农历三月十五的姊妹节；排羊、台盘于农历六月吃新节后，规定场期为青年男女“游方”活动。这些节日聚会或活动，都为青年男女们交朋结友、谈情说爱提供方便。

青年男女“游方”多数是在夜间进行的。每当夜幕降临，男青年们便来到“游方场”上以吹口哨或唱歌方式，邀约姑娘们来“游方”，但这些行为只能在村头寨尾或“游方场”中进行，在寨内街巷吹口哨或唱情歌，将被视为对女方寨子的不恭。青年男女们初次“游方”见面，大都是群体性的活动，或对唱情歌，或嬉戏玩乐。经过多次交往了解后，感情较深的情侣，可成双成对坐到稍为清静的地方，或窃窃私语，或轻声吟唱；但不得超越“游方场”范围，必须在同伴视线范围之内。也有的地方，夜间“游方”是在女方家门口或阁楼窗口边进行。男在外，女在内，相向唱谈，长夜倾诉；夜深后，征得女方同意，男青年们可到女方屋内围炕私语或对唱。关心自己女儿的母亲，有时还来指导女儿唱歌，以免唱输，并以此为借口，看小伙子长得是否帅气。

白天“游方”一般在节日或特定的活动期间内进行，如过年、坡会、姊妹节或吃新节等，地点一般在“游方坡”或集会附近。其间，小伙子们走村串寨，可十天半月不归，也不用自带盘缠，所到之处，全由姑娘招待。经恋爱交往彼此认为情投意合后，女方主动相约到男方家中去，表面上是相互邀约往来，实则是女方刺探男方家是否热情及家境状况。这一现象，有的地方又称“看新房”。

在“游方”过程中，男女双方经过多次交往谈心了解，确定感情后，开始商量婚事。有的还互赠信物，女方多半是手镯、项链，男方一般是戒指、头巾或新衣物，以表决心。若在正式结婚之前，一方或双方感情有变化，不愿结合，信物可以互相退还。不过，这只是感情的确定，婚姻关系的最后确立，必须通过结婚礼仪来体现。

提亲 即男方家认为某家有适合自家儿子为婚的姑娘后，就请家中老人健在、儿女双全、善于辞令并与女方家有些瓜葛亲戚关系的中老年妇女为媒，携带公鸭一只，到女方家提亲。女方家如果同意这门亲事，即将鸭子宰杀设宴招待媒人，并用两根表示吉祥的彩礼带赠送媒人，另准备两条彩礼带、母鸡一只，请提亲人带给男方家，作为同意缔结婚姻的彩礼，也就等于订婚。女方家以后如有反悔，男方家便以这些礼物为凭证，进行说理。

多数情况下，媒人来提亲，女方家一般不会轻易承诺，以需要征求舅家或家族意见为借口搪塞。后经男方家多次请媒人反复说亲后，才肯答应，以示女方家的慎重。如果去提亲的对象是某家的长女，旧时还有送“外甥钱”的习俗，即舅家有优先娶接姑妈家长女的权利，甥女如果他嫁，甥女婿得通过一定程序给舅家一笔叫“外甥钱”的财礼。

择日　择日就是商量婚期。届时，男方家挑选男或女一人至两人作为证婚人，随同媒人到女方家去，所带的礼物是几包饼干或白糖。仪式为：入夜时，女方家杀一只公鸡煮熟后，用大碗或小盆盛上摆于堂屋中的长条桌上，双方共同观看鸡眼。这时，女方家长说完吉利话后，便端鸡给男方证婚人和提亲人观看鸡眼，然后依次递给在场的人看。若鸡的双眼睁闭一致，则预示为吉利，意为可以结婚。如左右眼睁闭不一致，则认为不太吉利，暗示着这门婚姻不宜缔结。一方或双方表示愿意解除婚约，男方即把提亲时所收的彩礼退回女方家。如果双方家长执意要包办到底，则不计较鸡眼的好坏，照样开亲。过去，有的姑娘不同意父母包办的婚事，在煮鸡时，就悄悄用木棍或筷子把鸡眼戳烂，让老人无法分辩吉凶，包办不成。

看鸡眼认为吉利后，双方就商议确定婚期。嫁娶的时间一般选择在农历的正月、二月以及十月至十二月。结婚吉日，大多喜用卯、丑、子、午日，苗族认为这些日子的属相，象征着吉祥，忌讳在寅、申日举行婚礼。

嫁娶　嫁娶的时间有的在夜间举行，有的在白天举行。县城附近村寨去接娶的礼物是一只绿头公鸭、一壶酒。去接娶时，将绿头公鸭用麻线捆好挂于伞梢，由一年轻后生扛着在前带路。革一、台盘一带的礼物是绿头公鸭一只、白糖或饼干若干，视男方家经济情况和女方家父亲兄弟多少而定；将绿头公鸭用麻线捆好挂在一根全竹（即一根连根带泥，竹梢、枝丫都完整无缺的竹子）上，这全竹必须青枝绿叶，不生虫，由一接亲后生用肩扛着，中途不能换肩，以示今后新郎新娘感情如竹万古长青。男方家前往女方家的人员全是男的（新郎不得前往接新娘，否则会认为不懂礼貌），有老有少，老的须配偶健在，有儿有女，少的要父母双全。

来到女方家门前，女方家要设卡敬酒，要过两三道“酒卡子”才准进屋。过卡时实在喝不下，可以讨让。喝酒时，只能在对方酒杯递过来时用嘴喝，不能用手接，用手接杯中酒必须喝干。女方家在堂屋中摆一张至两张长条桌，靠神龛的一方摆有煮熟的公鸡、猪头、猪肝、猪腰、猪心、猪肺、猪脚爪，一盆糯米饭，三碗酒。正中座位坐着女方家长，右边依次坐着男方家“司酒”“中人”及同来接亲者。左边坐着女方家“司酒”“中人”及陪客的亲友。宾主坐定后，开始举行仪式，先滴酒掐肉于地，接着唱祝词：“今天是吉祥的日子，今夜是平安的夜晚；宾主坐满两边，人生最幸福莫过今天，最美满莫过今夜。今丹喜欢才成双，阿姣愿意才成对。祖先有礼在先，子孙照办在后。祝愿宾主两家亲上加亲，祝愿新郎新娘白头偕老。”词毕，端酒敬给双方的“司酒”“中人”。在台拱、番省、南省一带，女方家还给接亲人彩礼带。女方家族、亲友也分别为每个接亲人赠送各自带来的彩礼带。拴彩礼带结束，房族和亲友向新娘赠送礼品，有的送钱，有的送衣服或布料。礼毕，宾主开怀畅饮，上了年纪的人，则对唱酒歌喝酒；接亲的小伙们可以继续在席上喝酒，也可到“游方场”上和女方寨上的姑娘们“游方”玩乐。至亲的姐妹们则陪伴新娘，说惜别话，祝贺新娘成双对，幸福美满。

天将破晓时，男方“司酒”催促让新娘及早上路。新娘动身前，女方家的送亲人即向男方家接亲人索要“草鞋钱”，他们往往都故意不给，逗趣说：“早晓得你们要草鞋钱，我们干脆一人买一双带来给你们穿，好送你们的姐妹。”送亲的女伴们听了，就佯装搜身或脱下小伙们的衣服作抵押。一直等到大家嬉戏逗趣够了，小伙们才假装为难地把“草鞋钱”取出来交给新娘的女伴们。随后，举行出阁仪式：在堂屋摆上一张长条桌，上面放四碗酒，伯妈、叔妈或姨妈以及亲兄弟姐妹围站在桌子四周，新娘随即盛装从闺房走出。此时，先由一位亲哥或亲弟，端一碗酒上前为新娘喝送行酒，然后所有的兄弟姐妹都要同新娘喝告别酒。新娘随后向父母辞别，这时，妈妈则赠送姑娘一把雨伞，作为路上遮风挡雨之用。新娘接过伞后，右脚先跨出门槛，表示从此成了姑妈。新娘手拿着伞在房族姐妹亲友的陪同下，离开家门，人们一直送到村外才止步，极目远送。

接亲队伍由扛着捆有鸡、鸭于伞梢的小伙子在前面开路，跟着是背新娘人，随后是挑抬礼物的接亲人、陪伴新娘出嫁的人及送亲人等。新娘家回赠的礼物是：杀后去毛不取内脏的鸡和鸭各一只，肥猪一头；一挑糯米饭，其上放着十几个染色的鸭蛋，两个白瓷碗，两双红色的新竹筷，一坛酒。沿路上，由新娘家挑出来糯米饭、彩蛋可分送给路人吃，认为凡吃到新娘糯米饭者，来年吉祥如意。过去，沿途寨子的一些小孩知道某日有接亲的队伍经过时，在半路上搭“草木桌”，并按人数多少在“草木桌”上置放筷子，然后躲在路边的树丛中，表示向接亲人“讨糯米饭”吃。接亲的人们经过时，便按每对筷子置一坨糯米饭。有时遇到“讨糯米饭”的人过多，也必须留一些带到新郎家来，作为烧纸拜祭祖宗的供品。

新娘来到新郎家门前，要举行接伞仪式。在新郎家门口备一盆清水，由一中年妇女用一块新面巾，在盆里浸点水，在新娘的脚上擦一擦，表示洗尘。然后，新娘把从娘家带来的雨伞递给站在门内的新郎的妹妹，用左脚先跨进屋去，表示从此成了新郎家的主妇，也祈愿早生男孩。接着其他人陆续进屋。

新娘接到家后，新郎家要举行婚礼。婚礼有的在当天就举行，有的则在新娘回门的那天举行。婚礼前，先举行“挑喜水”“扫地”“舂碓”等仪式。“挑喜水”即由新郎的姊妹引新娘到井边去挑“喜水”，执行舀水的是新郎的姊妹，舀单不舀双，一般舀三瓢，一瓢表示舀吉祥，两瓢表示舀富贵，三瓢表示舀子孙。挑完“喜水”，新娘又拿起扫把在新房地上扫几下，又走到碓房象征性地舂舂米。礼仪结束，即引新娘进入新房休息。举行婚礼时，堂屋正中摆上长条桌，桌上放有一只里面盛有三条熟鱼的碗，三坨捏成坨的糯米饭，煮熟了的猪头、猪心子、猪脚爪和猪尾巴以及三碗酒等。新郎的家长面对供物就座。由一名长者先滴酒和掐少许猪肝、猪心、猪肉于地上，表示祭祀祖先。随即说吉利话：今天是吉祥的日子、喜气的时辰，满屋宾主，无比高兴，祝愿新郎新娘百年偕老、相亲相爱，养女像朵花，生儿多如浮萍。祝毕，端酒一杯献给新娘并掐少许鱼肉等供品送到新娘嘴里，新娘不用手接，只张嘴象征性地尝一点，祈愿新郎新娘子孙兴旺，家业发达。仪式毕，即由新郎家的房族和亲友向新娘敬献礼物。献礼时，先是新郎父母，然后是兄弟，再后是房族和亲友。礼物中，有的是钱，有的是布料、绸缎，也有的是银饰。新郎家摆酒宴，宴请房族、亲友。凡送礼的女客，主人家将赠一坨糯米饭、一块熟猪肉带回家，让人们知道主人家喜事隆重。然后，定好吉日，送新娘回门。

回门　新娘回门的时间，各地略有不同。县城城郊附近一带苗寨，双方家庭距离较近的地方，新娘即在婚礼的当天随同女方送亲人返回家；也有的不管双方家庭距离远近，主人家要留送亲人住一夜，第二天返回。很多地方，新娘要在夫家住上三五天，多的十几天后才送新娘回门。婚礼后仅表示男女双方婚姻关系的确立，但新婚夫妇还不能同房。在这期间，新娘由新郎的妹妹陪宿，若无妹妹，就由与新郎同一辈分的堂妹陪宿。

城郊附近一带，男方家的妇女们带上做好的鸡、鱼、肉、糯米饭和酒，陪新娘回门，娘家亦邀约妇女十数人至半路，在一个约好地点迎接。施洞地区还要抬半边猪肉或赶一头活猪送新娘回门。双方到约好的地点后，即把备好的酒菜就地摆开宴席，相互敬酒、唱歌，称为“半路酒”。到太阳落山双方酒足兴尽后，女方家接走新娘，男方家亦才回家。

革一、台盘一带，在新娘回门的这天，男方家要物色两名歌师、十余或几十名男子送新娘回门；新娘家还要选派十名至几十名姊妹、嫂子结队到新郎家来接新娘。来迎接新娘回门的妇女、小孩在走出新郎家门时，给每人赠一坨包有肉的糯米饭，新郎家还安排一至两人在门口给她们发“草鞋钱”，一般发 5 元、10 元或更多，钱的多少以新郎家的经济情况而定。

送新娘回门的礼物有：一只用麻线捆拴在竹子上的绿头公鸭，一只约三四十斤带尾巴的猪腿，一至两挑糍粑，一挑上面放有一块熟猪肝，猪肝上插一对捆麻线竹筷的糯米饭，饼干糖或白糖几十包。有的人家为显示富有和隆重，专门挑每个有十余斤重的两个铜锣式糍粑。此外，还要准备届时在新娘家用的“烟叶”“茶叶”“丝线”“棉线”等物。临出门时，先由一家中老人还健在、有儿有女的中年妇女为新娘穿戴打扮。出发时，由扛竹子上栓有绿头公鸭的人在前开路，依次是背嫁妆的人，抬糍粑、糯米饭、猪腿的人，新娘，男方家送新娘回门的人和女方家来接新娘的人。此时新娘家，事先摆设了三四道拦门“酒卡子”。待送新娘的人到达后，就按队伍顺序一个个地过“酒卡子”喝“拦门酒”，抬礼物的人也要喝“拦门酒”后才帮接下肩上的担子，才准进屋。送新娘回门的客人当晚就在新娘家吃饭，也可串到别的亲戚家。新娘家接到抬来的糍粑、糖后，就派两个人挨家挨户去散发糍粑和糖报信，意即姑娘回门来了，通知房族兄弟带酒肉来陪客人。

晚上九时许，新娘家摆起长桌，将男方抬来的鸭子和自家的鸭子宰杀煮熟后，用一个大盘子或大土钵放在长桌中央。其他房族兄弟陆续带一斤米酒、一碟菜汇集到新娘家。客人聚齐后，先由新郎家请去的歌师起场唱“开亲歌”。唱“开亲歌”仪式后，才将摆在长桌上的鸭子砍成小块，分给所有在场人员吃。吃完了鸭肉，新娘家就派人轮流敬“转转酒”，敬到谁，都要讲一句祝酒的话，如祝大家高升发财，大家健康平安，或赞美主人家米酒香甜等，大家齐声附和。如果谁不祝酒而把酒先喝了，则罚酒一杯，谁不附和也要罚酒一杯。敬罢“转转酒”，老年人找歌手对唱古歌、酒歌，年轻人猜拳行令，互相敬酒。

次日，房族兄弟到新娘家把客人接到自家去吃早饭。早饭过后，又集中轮流一家家地去喝酒、唱歌，直到天黑才集中到主人家。如此反复进行了两天两夜后，到最后一天集中在新娘家吃团圆酒时，新娘寨子的妇女就端着酒碗来向客人讨要“茶叶”“烟叶”“丝线”“棉线”等，如果准备有这些东西交给她们后，就免了喝酒。否则，就要被罚喝酒。而那些大小姑娘则端着酒碗向客人讨要“放鱼钱”。这时，客人就将准备好的零钱放在酒碗里，之后将酒碗递送给姑娘喝，待喝干了才捡钱，即“开干水田捉鱼”。

待结束以上活动送客时，主人还将“喜印”分别盖在客人的额头及两边脸庞上。出门时，还要喝一碗“拦门酒”（送行酒），谁也不能推脱，喝了才准放行。客人回家时，新娘家还退了一只鸭、一只猪腿，一些糍粑、糯米、糖，一半边猪肝。其他房族兄弟及妇女，每户还拿一包糖送客，有的还将帕子或彩带系在客人身上。妇女们则边歌边送，一直送到寨子边，妇女们便趁着酒兴拿糯米饭去喂客人，客人亦用糯米饭去喂这些妇女。

回到新郎家后，新郎家即将新娘家退送的鸭、猪腿等煮好后，把参加送新娘回门的人员和房族兄弟全部请来聚餐。至此，整个回门的程序完成。

坐家　新娘结婚回门后，一般还要在娘家居住一两年，俗称“坐家”，也叫“不落夫家”。在这期间，只有在逢年过节或农忙季节时，才由夫家母亲或妹妹去接来，小住一段时间后，又送回娘家去。这样，经过一年至两年的多次接送后，新娘才在夫家定居下来，夫妻才逐渐同房，被称为“落夫家”的夫妻生活才算真正开始。

六、丧葬习俗

台江苗族实行土葬，根据死者死亡时的情况，民间有正常死亡与非正常死亡之分，凡衰老死亡或有病的中年人因病死亡的，属正常死亡；难产死、缢死、服毒药死、溺水死、跌死、刀枪死、麻风病死、夭折等为非正常死亡。正常死亡与非正常死亡，其葬俗不同。

台江苗族民间，对正常死亡者比较讲究，一般有送终、停尸、守灵、吊丧、安埋、送魂等一系列仪式。

送终　老人病重垂危时，要通知亲戚朋友们来探视。特别是母亲病危时，首先要通知舅家，以显示对舅家的敬重。舅家及亲戚朋友来探视时，一般要带一只鸡或猪肉、一壶酒等，有的地方舅家还要带来一小包饭，与病人一同吃，既表示对病人的安慰，同时也表示与病人作最后的聚餐。临终前，必须把老人移到堂屋或火坑边，搭铺护理，子女们都在旁侍候，聆听老人的遗嘱，直到老人落气。落气后，即鸣炮送终。接着，取井中清水为死者洗面、擦身、梳头剃发，为死者整容、净身。请房族或亲友中与死者同性别的中老年人给死者着寿衣，一般须着死者生前穿过的衣裤，身着一、三、五等单数，不能用双，裤或裙只穿一条。这些衣裤或裙，都忌呢绒质和棉衣，忌有铜质或胶质纽扣。但在穿着时，与活人有所不同，如活人的裹腿和包头帕由左向右缠绕，死者则必须由右向左缠绕。如果是对襟或右衽衣服，则将右衽穿成左衽，巫梭一带还有将衣服反穿的习俗。脚穿纸底卷鼻黑布鞋。老人死时如果牙齿齐全，必须打掉一颗牙齿。

停尸守灵　净身着衣后，在堂屋或火坑旁边搭架铺设木板作为灵床，停尸守灵。木板单数，一般三张，垫上白布尸单。近年来也有垫蓝绸单的，然后将死者停放在正面，仰面正寝，头朝里，脚朝外，并盖上孝子的红缎夹被。在床头放一米升或小盆，盛上些许稻谷。将香火点燃后插在稻谷上，一直到出殡后才收起，用来喂鸡鸭，意为鸡鸭等家禽快长快大，兴旺发达。还用一小碗盛上青油，制作草灯点“长明灯”。在方召乡有的村寨，老人过世不搭灵床，而是将其端坐于椅凳上，用一根布带绑住使其不偏倒。脸上用一张白纸或白布予以遮盖。出殡下葬时，连同椅凳一起抬往墓地。停尸一至三天后，即择日下葬，下葬当天各方亲友都来吊丧。

挖墓穴　在停尸守灵期间，丧家即请一熟知地理风水的师傅一起选择墓地，墓地一般在家族共有的公共墓地上选择，这种墓地只能埋葬本家族的人，不能埋葬外人。如果是别家族的墓地，只能出钱购买。墓地选好后，在出殡安葬的那天早上，由孝子们戴孝在前打伞带路，请精通葬俗的长者和四五个帮忙挖墓穴的人一起，带上一只鸡、一小绺猪肉、一壶酒、一小袋米及香纸等祭品前往墓地。在墓地择定好方位后，挖墓穴前，先将鸡宰杀后与猪肉一起放在火上烤熟，取出心肝，摆上祭品，焚香烧纸祭祀。孝子打伞围跪于墓地前摆好围腰，巫师则打伞站在墓地中央，一边念祭词，一边撒米，先撒在墓地上，表示购买墓地；后撒在孝子们的围腰上，表示给孝子们添富贵。撒完米后，孝子们则将围腰中的米包好。然后，由一孝子在墓地正中开锄破土，挖出第一块泥土，称为“挖地心”，这块泥土放置于附近人们不易碰到的地方，待坟垒砌好后再将其放在坟顶上。此时，帮忙的人才开始动锄挖墓穴。

吊丧　亲友接到通知后，即准备礼物前来吊丧。吊丧的时间，大部分地方是在下葬的那一天，一般是将死者抬出寨子上山后。但革一有的地方是在安埋死者后的第二天。亲友来吊丧时，除香纸、寿单、碎银等须在入棺出殡前提前送到外，还要邀约房族亲友一起来。带的礼物有：一篮糯米饭、一壶酒、鞭炮、礼钱等，至亲的还带一只鸡或鸭，有的地方女婿还要抬猪、挑稻谷等。到丧家门口，即鸣放鞭炮，表示客人已来到，这时丧家即安排人来接礼物，这些礼物一般都进行登记，除糯米饭、酒、鸡或鸭由丧家代为保管外，其余由丧家接收。随后，即安排他们在丧家邻近的叔伯兄弟家就餐。这时，拿出他们带来的糯米饭、酒，就餐的肉、汤菜则由丧家提供，丧家可派一人至两人来作陪。餐毕，即给妇女们每人包一坨糯米饭、几片肉，如果死者为六十岁以上或更高寿的老人，另发两个“寿碗”，由她们带回家去享用，表示她们及家人多福多寿。随后，安排两人到丧家去酌酒敬丧家亲属，送礼钱，表示对丧家的安慰和帮助。这些礼仪完毕后，吊丧的人除至亲的男客外，一般都不留宿，要回家时，还要从丧家领一碗肉、三个空碗到寨边路口举行“哈给”仪式。即铺上树叶，将糯米饭、酒、肉等摆上，由一精通此俗的男性长者念祭词，倒三杯酒，掐一点饭、肉于地。

出殡安葬　出殡前，由一长者为死者整装束腰，束腰的带子包有碎银，主家及叔伯兄弟的包在左边，舅家、女婿等客人的包在右边，这些碎银意为给死者路上买水喝的钱。还包有米饭、熟的猪肝及肉等，放在死者左侧身边，意为死者配备路途中的午餐。这些祭品都和死者一起入棺。此时在一中老年长者的主持下，孝子们在棺内垫白纸，每人垫三张。垫毕，即喊“爸”或“妈”三声。出殡的顺序是：由一孝子背盛有糯米饭、鱼、肉、辣椒和清水的竹筒，手持砍牛刀，刀上挂一双新草鞋，打伞在前开路，其他孝子则按年龄大小依次跟上，然后是抬棺人，送葬的人随棺后，孝女们则于队伍最后，把灵柩送到寨边即返回。革一、台盘一带则是由年长的孝子背一笆篓稻谷和装清水的竹筒打伞在前开路。出殡后，搭铺灵床的木架、木板、稻草及死者留下的衣物等，则用一元两角钱请一老年长者清理拿到寨边稍偏僻的地方烧掉。

灵棺抬到墓地后，众人将灵棺放入墓穴内，摆正方向，如果要开棺整理，孝子则还要围灵棺撑伞遮盖。在棺木与死者分开抬到墓地的地区，即先把棺木放入穴内安正，再把死者放入棺内整容。入葬时，先检查棺内是否有其他杂物或铜器，方盖上棺盖。孝子们按年龄大小依次填土，主家先左边填三锄，再右边填三锄，客人则相反。每填一锄，均喊死者一声。孝子填后，由女婿填，随后，众人一起填土垒墓。

复山　安葬的第二天早晨，孝子及房族亲友又前往墓地，填整坟包，称为“复山”。“复山”出发时，舅家要准备些饭菜给孝子吃，叫“包饭”。饭菜要求是从舅家包来的，舅家离得不太远时，即从舅家煮好包来；若舅家离得太远，来回不方便或时间不容许时，也可以由舅家拿到寨上请某家煮熟后包来，包来的多或少，孝子们都要礼节性地吃上一点才去“复山”。“复山”有的地方只垒坟，不设墓门，有的地方还要安设墓门。垒好坟后，孝子和至亲亲友杀鸡祭坟。主家从左侧墓门开始，将鸡宰杀后提着绕坟包绕转一圈，将鸡血滴在坟上，扯些鸡羽毛插于坟包上；客人则从墓门右侧绕转。然后烧香化纸在坟上，并鸣炮。回家后，召集房族亲友、参与上坡复山的人员、帮厨及宾客再来就餐。就餐后，奔丧的客人和亲友即陆续回去。如果死者是女性，丧家指派一稳重、善于辞令的长者将一只带尾的猪腿、一块肉和一壶酒挑到村头献给舅家。多数情况下，舅家只带走猪腿和酒，肉则再回赠丧家，表示双方的亲戚关系还继续走下去，永远是亲戚。丧事到此基本完成。

台江苗族民间对那些非正常死亡的人，尸体不许进屋，也不再停尸守灵，就在屋外给尸体沐浴、更衣、整容后，用木匣装殓，抬至深山安埋；或抬到固定的场所焚烧，用白布把骨灰包回，按正常死亡的葬礼安埋。若死于夏季谷物未收获时节，就不能火化，认为此时进行火化，其烟火会给当年的谷物造成歉收。这样，先用木匣或木板镶棺装殓，抬到深山停放，待秋收结束后，再行火化安葬。有的地区，则把尸体草草安埋于山林内，待两三年后，又挖出火化安葬，葬礼如正常死亡者一样。儿童夭折，则用木匣装尸，在寨子边找个偏僻的空地安埋，无葬礼。

七、禁忌

生产禁忌　大年初一到十五不能上坡搞生产，在家不能碾米、纺纱线，不能拿针线，不能扫地。据说这样怕把一年的雨水带到外地去，可能会造成干旱。初年春雷未打三次之前，忌从事农田活动。插秧以后，不准烧死人，认为烧死人会熏坏庄稼。做活回家，忌扛着锄头、钉耙进屋，只能提着放进门角或其他地方。耕牛犁田忌见孕妇，忌妇女上屋盖瓦等。

生活禁忌　办喜事或过年节，忌说不吉利的话，忌弄破锅、碗、盆、酒杯等，忌老鹰及乌鸦等栖息于屋顶，忌别家的鸡、狗到自家生蛋、产仔。忌鸡、狗上屋顶。正月初一忌倒水出门，吃饭忌敲碗。产妇未满月，忌进他人家门；忌他人进产房。客人出门前，忌扫地。忌蛇进屋。晚上忌梳头。忌在家戴斗笠。男人忌穿女人衣服。忌将米饭或汤菜等食物倒弃于粪便上。上厕所忌听第一声杜鹃啼。自家房屋被烧时忌在寨子内乱窜或进别人家中。出门做事、经商忌第一个遇到的是女人。出门求医忌遇扛锄头或钉耙的人。过年过节、结婚等红喜事，忌去看望病人。忌用白公鸡送礼。架新桥或敬桥时，忌孕妇、出嫁的姑娘和背小孩的妇女从桥上过。忌坐于大门门槛上。祭用脚踩火坑中的三脚架。忌在火坑上烘烤鞋及衣裤。忌触动堂屋中柱下敬供祖先用的牛角。门口插草标，意为家中有病人，忌外人进屋。忌母鸡吃自己孵抱或刚生下的鸡蛋，忌猪睡食槽或食猪仔等。忌吐口水或泼污水淋他人，不准进他人屋内或门口大小便，也不准以大小便泼淋他人或房屋。

婚姻禁忌　姑娘出嫁或接亲时，忌遇下雨，遇雨被认为婚后多流泪，不幸福；忌半路遇抬死人，忌听雷响。出嫁途中，忌跌倒。未答应女儿婚事前，不能宴请媒人。嫁女时，忌续弦或鳏寡之人当送亲人或接亲人。父母新故未满三年，忌儿女婚嫁。婚嫁时，忌用家中男女不全、父母不全或夫妻不全的人从事接伞、杀鸡鸭、杀猪等重要活动。

节日禁忌　祭桥时，忌祭别人家的桥。四月初八敬牛节，忌用牛耕地或做其他活动。龙船节期间忌打翻东西，忌说“翻”之类的话。敬新谷节忌把未成熟的谷子打回家煮吃等。

丧葬禁忌　丧事期间，忌在屋内商量丧事和在尸体旁吃食。未唱“焚巾曲”送走亡灵前，忌猜拳行令劝酒。出丧未满三天忌扫地。有丧事的人家忌吹笙，丧家未引亡灵“走客”前，忌家人洗衣服，忌借钱财给别人。

修造禁忌　抬房梁时，主人抬树脚，客人抬树梢，路上不许换肩、不许换人，不准将中梁木放在地上。起房造屋时，“发墨”后的中柱忌跨越或骑坐；孕妇忌过木工工场。修房屋受伤出血忌擦于柱头，买旧房须更换中梁。

饮食禁忌　结婚新娘“吃鱼”仪式：新娘尝剩的鱼，男子不能吃，妇女才能吃。结婚时，凡新娘家陪嫁食物礼品，如猪、糯米饭、鸡、鸭、鱼等，女方家人不能吃，要留给男方家房族吃。新娘回门时，男方家陪送食物礼品，男方家陪送人员不能吃，要留给女方家及其房族吃。祭鼓时，主方送给客方的猪牛肉等食物礼品，只能由客方人吃，不能再用来招待代表主方的人员。办丧事时，祭奠亡魂的食品，只能由丧家儿女吃，外人不能用。因为这些祭品，含有亡魂阴德，应由丧家儿女继承享受，不可外流。祭祖和过节，不能杀狗为祭品，因为狗曾找来谷种，祖宗才能栽种五谷，养育子孙，以示不忘狗的恩德。扫寨时，各户吃饭后，将锅碗瓢盆通通洗净，然后才带回屋中。这一禁忌，意在驱邪。以上这些习俗禁忌，有些纯属迷信，早已成为历史。

第六节　节日集会

台江苗族节日很多，此处记述的有春节、苗年、捞鱼节、敬桥节、吃新节等。具有浓郁特色姊妹节、龙舟节、元宵舞龙嘘花节、鼓藏节在第十九篇《苗族风采》中详记。

一、春节

春节，苗语称“nongx niangx diel”，音译“农酿丢”，意思就是过客家年。据老辈人们说，苗家过客家年是近八九十年来才兴的，尤以新中国成立后才逐渐盛行。一些居住边远地区，不与汉族杂处的村寨，如巫脚、方白、交下、东杠一带不过春节，有的村寨虽过春节，但并不如过苗年隆重。如排羊、台盘、革一等地区。过春节比较热闹的地区是台拱、施洞、老屯这些与汉族毗邻而居的村寨。这些地区苗族过客家年，完全是向汉族学习而来。因而春节一些仪式，也向汉族学习，如贴对联、十五玩龙灯、耍狮子等。春节期间，这些地区的苗族，凡与汉人有交往的都兴互相拜年、互相请酒，民族友爱关系充分得到体现。

春节前，家家户户都在忙备年货，杀年猪，做豆腐，打糍粑。杀年猪还讲究日子，亥日不能杀猪，因为亥日是猪日。在外做工、读书的人都回到家，大年三十晚，一家人聚在一起吃团圆饭。吃之前，先烧香，掐肉、滴酒敬祖先，之后大家围坐桌边，听老人致酒词，老人先喝一口酒后大家才能端杯动筷。半夜鸡叫第一遍时，年轻人起来热饭菜，烧香烧纸敬祖先，放鞭炮迎接新年的到来。初一互相拜年，家族间轮流相聚喝酒。饭后吹芦笙、踩鼓、唱歌跳舞、斗牛、捕鸟、打猎、后生“游方”等，嫁出去的姑娘都挑酒、肉、糍粑回家拜年。

初一的早上，老人们都穿上新衣，到各户房族或寨邻去“拜年”，互相祝福问好，喝酒唱歌。有的村寨举行吹芦笙、踩鼓、跳舞联欢，有的村寨集体捕鸟、打猎或闹鱼，有的村寨放牛打架。这种活动，有的以一村一寨为单位进行；有的几个寨联合举行。若属后者，情况更为热烈。斗牛赛中的每头斗牛，都是披红挂彩，若是打赢，牛的主人无比自豪，人人羡慕。有些村寨还相约把春节食物如酒、肉、糯米饭等，带到斗牛场共同吃喝，见人走过，不管认识与否，一把拉住，称兄道弟，一起享用，气氛极为欢乐友爱。有些未婚男子，借此佳节，到附近各寨去找姑娘们“游方”，谈情说爱。并由姑娘们凑饭凑肉，热情招待，情上加情，极尽欢乐。有些人家则大办喜事，如立房盖屋、迎亲嫁女等。改革开放后，有些村寨青年还举行篮球赛，增添新时代欢乐气氛。总之，春节时期，寨寨歌声，村村笑语，是一年当中最幸福的日子。

苗族过春节虽然仿照汉族而来，可又不完全按照汉族的风俗习惯来进行节日活动。有些规矩与禁忌也和过苗年一样的讲究。如年三十晚上，有的老年人要用黄豆来测雨水。方法是：用一截稍比黄豆大的竹管，放进 12 粒黄豆（代表 12 个月）。然后加水，到正月十五过小年时（即元宵节），再取出观察，第几粒黄豆泡胀，第几月的雨水就好。反之为干旱，届时要设法防患。大年初一清晨，要观察天色和听鸟叫，预测吉凶征兆，如哪边天的天色好，说明那个方向今年的收成好。喜鹊叫，宜于养鸡；乌鸦叫，宜于养鸭。以前春节期间还有一些禁忌，如年三十夜不能去串门，扫地不能把垃圾倒出去。大年初一、初二不能舀米、纺棉花、扫地。舀米，会把雨水吓跑；纺棉花，会把雨水车到别处去，造成干旱等，如今已不讲究这些了。

二、苗年

苗年是苗族祭祀祖宗和庆祝丰收的传统节日。苗年有大年和小年之分，时间分别在农历十月、十一月子、丑、卯、辰这些传统吉日，一般要举行三五天的娱乐活动。在这些吉日中，各寨过年之日有所不同，如城郊地区是以十月第一个丑日为大年，不兴过小年。南宫、方召一带是以十月或十一月第一个丑日为大年的正日，第三个丑日为小年。革一地区在十一月的卯日，老屯地区在十一月的第二个辰日过年，都无大小之分。施洞一带不过苗年只过春节，与汉族无异。

革一地区苗年俗定在农历十一月中旬及第二个（兔）日。阴历十一月刚到，人们便开始为过年忙碌起来，砍柴割草、烤酒，这些都得提前准备。苗年前夕，忙着打米、做豆腐、浸泡糯米等。刚接新媳妇的人家，要备大糍粑送媳妇回娘家，一个糍粑要五斤左右的糯米打制，送多少根据女方家族多少人来定，女方父母家十来个，其他家族一家一个。年前还要准备各种年料，打扫卫生，妇女们还要忙碌着为出嫁或要去接亲女孩们制银衣盛装。

革一一带大年前几天都要宰年猪，有要办喜事的家庭甚至要准备两头大肥猪，一头宰了过年，过年第二天接媳妇或嫁女办喜事时再宰一头招待亲友。其间人们还要将自家的水田把水放浅，捉了鲤鱼来过年。男孩们则穿着新衣服，抱大公鸡行斗鸡比赛，展示自家大公鸡的肥大、漂亮和雄壮，放它们决斗几天再杀了过年。有的家还把大公鸡抱到寨子附近自家桥边的土地菩萨前，行礼后才杀，将鸡血淋在菩萨门前，表示先向菩萨献牲礼，希望菩萨保佑代代子孙繁衍兴旺。

苗族农耕离不开牛，牛每年为人们耕田犁地，就像人们的衣食父母一样，因此，过年时对牛也很敬重，先以大米和菜煮好牛饭喂牛，也有的家直接用糯米饭喂牛，好饭好料将牛喂饱后，人们再过年。过年不忘祖宗，饭前各家主人先把酒、肉、鱼、磁粑供于神龛前烧香烧纸祭祖，并在各大小门边包括猪牛圈边房前屋后路口插香祭祖和各种神灵，放礼花爆竹贺岁，全家人才围着餐桌过团圆年，其乐融融。过节吃饭时，再冷的天，也不能关大门，表示让祖先神灵们自由出入，共享年宴。以前大家和现在有一部分人家过年还必须蒸糯米饭，切大块肉，用簸箕盛糯米饭和酒肉摆在桌子上。吃年夜饭时不用筷子，喝酒、用手抓糯米团和大块肉吃，这是古老习俗的遗风。糯米饭是苗族传统的礼仪食品和祭祖重要食品，人们过年过节吃糯米饭，祭祖祭神要糯米饭，接待宾客吃糯米饭，馈赠亲友要糯米饭及糯米制作的糍粑或粽粑。

三、捞鱼节

捞鱼节是县境革一、大塘苗族青年男女们的节日。每到农历正月初一和十五，不管是细雨绵绵，还是冰天雪地，姑娘们都要收拾打扮，携带鱼具，成群结队到寨上去过“捞鱼节”，苗语称“ait gad wangl nail”，音译“阿格王娜”，即过捞鱼节。

“捞鱼节”是青年男女们谈情说爱、物色对象的日子，他们利用赶场相遇的机会，相互提出邀请，首先由男青年提出邀请，约女青年到他们寨子去过捞鱼节。女青年如果答应了，双方便商定时间，决定参加人数。大年初一到了，姑娘们便到男青年寨子去捞鱼，不管她们上哪“丘田”，田主都不得干涉和说是“偷鱼”。平日养鱼舍不得吃的田主人，这时却无限大方，任由姑娘们捕捞。小伙子们在田坎边看姑娘们捞鱼逗笑，告诉她们那是谁家的田，指点姑娘们去捕捞，没有鱼的说是有很多鱼，水深的说是水浅的，有意骗姑娘们。有的姑娘们看破机密，不愿上当，小伙们便把姑娘们的渔具抢过来往深水田里扔去。这样，姑娘们只好走下又深又冷的水里去捕捞。鱼捕捞完了，全由小伙子们烹调，姑娘们坐享其成。吃完夜饭后，小伙子和姑娘们便开始“游方”唱歌，尽情地欢乐。夜深了，各家后生的母亲们把姑娘们请到家去过夜休息。

第二天，后生和姑娘们又继续谈情说爱。午饭后，姑娘就要回家，小伙们却故意拖延午饭，姑娘走时，他们送了一程又一程，一路歌声一路情，难舍难分。痴情的姑娘们常常故意慢慢地走，拖延时间，然后借口天黑害怕，叫小伙子们相送到家去，小伙子们当然求之不得，一直把姑娘们送到她们的寨子去。这时，姑娘们又凑酒肉来回报后生们的款待，他们又继续“游方”唱歌，有说不尽的快乐。这样，一双双的情侣和幸福家庭，就在“捞鱼节”中开始结成。

四、敬桥节

台江苗语称桥为“jux”，音译“久”，称敬桥节为“taob jux”，音译“涛久”。敬桥节为什么规定在每年农历二月初二日呢？传说从前有一对夫妻，膝下无儿无女，常常痛苦叹息。屋档头有双燕子听到后，深为同情，就告诉他们说：“对门河有群娃娃想过来这边投生人间，就是无桥，不能过河。若你俩行好，在河上架一座桥，那群娃娃就能过来，你们就得孩子，生活就会美满幸福。”夫妻俩听了，非常高兴，马上在河上架了一座桥。第二年二月二日，果然生了个胖娃娃，他俩便背着娃娃，携带祭品到桥上去敬桥。这事传开后，没有子女的人家争着去架桥，之后都生儿育女。于是大家认为架桥是好事，年年敬祭，约定俗成，沿袭至今。基于以上意识与心愿，县境苗族在溪沟、河流、山坳道路必经之地、田坝等处，架设木桥或石桥，安置木凳石凳，方便过往行人行走、歇息，修阴积德，以求子孙。每年农历二月初二，携带供品前往敬桥。对损坏的桥都在二月初二之前维修好，以便敬桥节时敬祭。

在台江，苗族架设的桥有三种：一是独家桥，二是家族桥，三是公共桥。独家桥多是为无儿无女，或只生女不育男的人家所架。架这种桥地点不拘，小沟、田坝、路中都可以架。这种桥桥身短小，几块木板或一块石板即可。若用木板，则须三块，中间必须是椿木板，两边为杉木板。每块长二尺，宽三寸，三块并排加固而成。中间用椿木板，是因椿木有香味，地龙闻了才喜欢，多给子孙。这种私人桥，若架在平路或自己家里，则先挖一与桥身宽长相等的土坑，然后将桥置于其中，周围塞泥捶紧，让桥面露于外，与地平整即成。家族或全村所架的桥，地点多选在既当路而又有溪河之处，用料多是杉树原木，由三根（也有用五根）并排加固而成。若溪河跨度长，则中间加桥墩，每根杉木必须削成方形，然后并列加固成一整块作为桥面。根据地势在桥两头栽木坐凳或铺石块供人歇息，有的还建有菩萨，供祭祀。桥两头普遍栽常绿树，郁郁葱葱，形成一村一寨的名胜之地。

人们在桥架时，都要举行一定的仪式，首先要准备一尺两寸白布，一元两角仪式钱（均代表一年 12 个月），五斤大米作为请巫师酬礼。其次要三条母鲤鱼，三个煮熟染色鸭蛋，一团糯米饭，一只活公鸭和一壶米酒，作为架桥祭品。用母鲤鱼和公鸡作祭品，都是古代苗族图腾意识，认为它们具有多子多孙、长命富贵的吉祥意义。染色蛋和糯米饭，是娃娃最喜欢吃的食品，用它们作祭品，能“引诱”娃娃前来“投胎”。将供品陈列于桥的两端，若是架独家桥，巫师念的祝颂词大意是：“×× 两人，结发为夫妻，和睦相爱，只恨久无一男半女，甚为孤单，今特备办礼品，架桥铺路，修阴积德，祈求桥公桥婆，多加恩赐，送给多子多孙，百年幸福”。若是家族桥或公共桥，巫师所念的祝颂词大意为：“×× 家族（或 ×× 寨子），今天备办礼物，特地架桥，修阴积德，盼望桥公桥婆，多予庇护，寨子平安，家族和睦，子孙昌盛。”巫师念毕，将公鸭宰杀，用鸭血淋桥身。鸭煮熟后，再次举行仪式，烧香化纸倾酒，掐供品于地敬桥，巫师再度念以上颂词。仪式完后，大家就地畅饮。以上仪式苗语称为“dit jux”，音译“地久”，意即“架桥”。

架桥以后，每年农历二月初二清晨，都要备办糯米饭、红蛋、粑粑、酒肉、香纸等祭品前往桥上敬祭。私人架桥，三年内若生小孩，应在小孩出生后的第三年举行“hsat jux”，（音译“啥久”），意为“谢桥”。“谢桥”祭品，要根据架桥时的祭品而定，如架桥时用鸭蛋，“谢桥”时要用鸭；架桥时用鸭，“谢桥”时要用一头小猪，以示重报答。如三年之内不育，则不举行“谢桥”，只是每年按时敬桥。

传说敬桥节这一天，桥公桥婆要发配很多的婴儿投胎世间。到处都在敬桥，每家除敬自家的桥外，要敬家族桥和公共桥。有的村寨，如方召、交汪、巫脚、方白、登鲁兴集体敬桥，举行吹芦笙、踩鼓、唱歌跳舞、放牛打架，极为热闹。这一天，堪称苗族的“儿童节”，每家儿童穿戴一新，每个娃娃，胸前都挂几个网袋装红红绿绿彩蛋，他们到哪家去哪家都要送个彩蛋，并祝福他们快快长大。若孩子拜祭哪座桥，或架了桥后才生长，家长们还备办供品，带他们去敬桥，向桥盍头。因此，敬桥这一天，小孩子们一个个喜气洋洋，特别愉快。

敬桥节这天，有的人家还要敬常绿大树、大石头、水井等，原因是小孩经常生病，生长不好，经巫师卜占应拜上述某一事物，才能得到保佑，使之长命富贵。各家为求子架设的桥凳，只限于架设之家去祭敬，他人不得偷敬，更不得破坏损毁。敬桥期间，也有一些禁忌。如妇女不能背孩子走亲；不许孕妇或新媳妇走过桥上（怕怀着的孩子投胎到别人家去）；不准偷敬别家的桥（否则，被视为抢夺人家孩子之罪），等等。敬桥节期间，方召一带还有斗牛、踩芦笙舞，热闹非凡。

五、吃新节

吃新节，苗语称“nongx mol”，音译“农莫”。在台江县境内，不同村寨过节日期各异，农历的六月、七月、八月 3 个月都有过这个节日的。过这个节的共同点是都到田中摘秧苞（八月过的是摘新谷穗）祭祖，有的地方与陈米同蒸，象征着吃到新谷，预祝丰收。大部分地方是六月第一个卯日过，台盘逢寅日过，方召和巫脚等寨逢丑日都过，一直到收完谷子过苗年才结束。大红寨和交包相传古时姑娘远嫁到古州的黎岛、排待，由于路途遥远，到戌日才赶到娘家，没赶上吃卯，姑娘们很难过，父母兄弟也感到内疚，于是决定每年在姑娘们回到家的戌日那天，再过一次；在交下村，则分别于插秧结束过“卯干呀”，得新辣子吃时过“卯干蔸”，八月左右再过“卯更酉”。特别是过的六月十六日“卯干蔸”比较热闹和具有当地的特色。当天，大家聚集在寨子的坝子上吹跳芦笙，举行上刀山、下火海以及唱苗歌比赛等活动。方召一带村寨选七月第一个丑日，苗语称“鲁秀”，以后逢丑均过。有的村寨在八月第一卯日过节，苗语称“鲁莫格新”，意为吃新谷。这些先后不一的吃新节，其过节食品都是粽粑、酒、鱼、鸡、鸭。已出嫁的女儿照例回娘家探视父母兄弟，各地于节日中都举行规模不同的斗牛、踩鼓、吹笙、“游方”等活动。排羊、台盘、革一等处，青年男女还流行登山“游方”等活动。

每年农历六月头一个卯日，县境各个苗寨普遍过“吃卯节”，苗语称“镶莫”意译“吃新节”。有些寨子，从六月头卯至打谷之前，每逢卯日，都过“吃新节”。过此节日，意在预祝丰收。每当六月到来时，瓜、豆挂果，水稻怀胎，鱼苗长。一年作物大局将定，苗族即祭祀农神和五谷神以及先祖。临近节日期间，各家各户都忙着包粽粑、酿米酒、开田捉鱼，准备过节。各家出嫁姑娘，此时也挑抬礼物，回门省亲，参加过节，共叙天伦。过节当天，各家都到田里去摘下三棵秧包，拿回家来，取秧芯与饭同蒸。象征新米饭，秧叶挂于神龛、中柱或火炕上的炕架，然后杀鸡杀鸭、煮鱼、备酒，连同象征性的新米饭，摆于神龛关或地下祭祀祖宗，预告丰收，接着全家围着过节，共享佳肴。

节日当天，各寨根据习俗，举行种种活动，如踩鼓、踩芦笙、赛马、斗牛、斗鸡、赛球、捕鸟、打猎等，处处唱着节日歌："四五月间插秧忙，六月秧苗长满行，秧苗青青已孕包／穰莫，踩鼓喜洋洋！啊依哟！"指望秋收谷满仓。

排羊、台盘、城郊各寨青年男女还举行"爬坡会"，有的相约赶场，乘机进行"游方"，谈情说爱。有些后生，花上十天半月跑到很远的地方去"游方"，直到秋收来临。才尽兴转回家来。

除上述节日外，还有祭祖节、姊妹节、龙舟节等（见苗族文化篇）。

台江苗族节日一览表

表 2-1

节日时间（农历）	节日名称	节日地点	主要活动内容
正月初一、十五	捞鱼节	革一乡一带	年轻男女相约捞鱼打平伙
正月十五	元宵节	台拱、施洞、排羊、革一	玩龙灯、舞龙、嘘花
二月二	敬桥节	县境各地	敬桥、踩芦笙、放牛打架
二月二	芦笙节	南宫	踩芦笙
二月十五至十七	姊妹节	良田、四新、平兆、景洞	吃姊妹饭、踩鼓、"游方"
三月十五至十七	姊妹节	县城、老屯、施洞	吃姊妹饭、踩鼓、"游方"
四月八	敬牛节	革一大塘、施洞	敬牛、吃乌糯米饭
四月末至五月初	开秧门	台拱、排羊、方召	祭秧
五月卯日	敬秧节	县境部分地区	祭秧
五月二十五至二十七	龙舟节	施洞、老屯	祭祀、划龙舟
六月第一个卯日	吃新节	台拱、台盘、排羊等地	年轻人"游方"
七月第一个戌日	吃新节	南宫交包村等地	踩芦笙、放牛打架
七月丑日	吃丑节	方召乡	踩芦笙、放牛打架
七月十三	七月半	台拱、施洞、排羊	烧香化纸、放河灯
八月第一个戌日	吃新节	南宫	踩芦笙、放牛打架
九月二十七	斗牛节	施洞良田、革一大塘	放牛打架
十月第一个卯日	大苗年	县境各地	踩鼓、踩芦笙、放牛打架
十一月第二个卯日	小苗年	老屯、革一	踩鼓、放牛打架、办婚事
十二月三十至正月十五	春　节	县境各地	踩鼓、玩龙灯
每十三年一次	祭祖节	县境东南地区	祭祖、放牛打架、踩鼓、踩芦笙

第七节　织染工艺

台江苗族传统纺织技艺相当繁杂，从收棉花到织成布，要经过多道工序才能完成。有扎花—弹花—卷花—纺纱—浆纱—络纱—牵纱—背纱—织布等。这些工序除扎花和弹花要由男人完成外，其余工序都由妇女手工完成。扎花是将采来晒干了的棉花用轧花机将棉花和棉籽分开成无籽棉，弹花是用弹花机将无籽棉花弹散弹松便于使用。卷花是将弹松的棉花分成薄片铺在桌上，然后一手持竹竿做成的卷棉梃，一手持木质盖板压着卷梃来回滚动，将棉花卷成条状，最后抽出卷梃，形成空心棉条。纺纱是用特制纺车将棉条纺成纱锭，纺纱时一手摇纺车，一手拉棉条，用脚丫护线，使纱线缠成纱锭。南宫乡的翁芒、白帮一带的纺车与台拱一带有很大差别，台拱是用手摇纺车，南宫翁芒、白帮是人坐在特制的高凳上，用脚踩纺车。浆纱是将纺成的纱锭放入稻草灰调制成的碱水锅里用文火慢慢煮，然后再加米汤再煮，之后捞出拧干晾晒，反复2～3次的浆洗后，再用清水清洗、晒干。络纱是将浆洗过的纱线用络车络成纱锭的过程。牵纱是织布前的最后一道工序，也是一道非常重要的一道工序。一般在自家房前较宽敞的空地上，打几根木桩，两头相隔十来米，然后围绕木桩来回牵纱。牵纱完成后，接着是背纱，即由一妇女背“羊角”（即卷经轴）于腰前，将牵好的经纱卷在轴上，其他人在旁边协助梳理经纱，边梳理边卷，卷轴完成，还要上筘、挂综，才能将经轴装到织机上。织布时，两脚踩在踏板上，一踩一放反复交替，使综片带动经线分成两组上下张合，同时一手投梭，一手接梭，同时拉动扣板，击紧纬纱。织平纹布和斜纹布，要通过加减综片来控制，在穿综上筘时根据需要安排，斜纹布一般要加五综。

台江苗族传统衣料都是自己染色，即使是在现代工业生产的衣料充斥市场的今天，妇女们在制作传统苗装时，依然喜欢选用自染的传统手工来染布料。因此形成了一套完整的种植蓝靛草、沤靛、制染水、浆布、捶布、染色等相关的染布工艺程序。台江苗族妇女染布用的染料主要是蓝靛，以前各家各户都种植有蓝靛草，如今种得少了，大部分是直接从市场上买蓝靛泥来制染水。老屯、施洞妇女种植蓝靛草多些，主要有四种，即“窝干骨”“窝亚”“窝安”“窝辽”，以“窝亚”最为普遍。在过去，种植蓝靛草成为每个家庭的生计之需，每年的农历二月至三月，妇女们便在自家预留种植蓝靛草的地里下种（除“窝安”以草根为种外，其余的于年前预留种子），经5个月的精心培育，到农历八月底即可以收割沤靛了。她们将收割回来的蓝靛草放入专用的木盆（或木桶、瓷缸）里，加入清水，放置卵石压在草上，使每根草叶都浸泡在水中。泡一两天后，再将蓝靛叶捞出，加入石灰水，接着用木瓢或小盆不停地将蓝靛液搅动，直到石灰水完全溶解入蓝靛液中。等半天后，蓝靛完全沉淀于盆底。去掉盆中的水，余下的就是用于染色的蓝靛泥。一般要把蓝靛泥倒入陶瓮中，放在屋内阴凉之处，要避免日照雨淋，以免蓝靛泥发生变质。染布前首先要制作染水，染水的制法是先将用草木灰与开水冲捣、过滤制成的碱水倒入木缸内，然后加入少量的沤靛水或一些酒，经十天左右发酵成“活水”，再加入一定量的蓝靛泥，染水即算制成，就可以染布了。

施洞亮布一般采用冷染法，其工序繁多，耗时费力，染色程序为：浆布—染色—洗晒—捶布—染色—捶布—浆布—洗晒—浆布—染色—捶布—洗晒，其间多次反复。在染色前，先用清水将布洗净晾干，然后用生黄豆浆浆过，晒干后才将之放入染缸里染色。染色具体操作是将布投入染缸中浸染约两小时，取出搭在缸边或缸口的木架上任其氧化，再投入缸中加染，一天内这样反复几次。晚上将布从染缸里捞出，晾在木架上任其氧化，并往染缸里添加蓝靛泥和自家酿烤的米酒，使染水恢复浓度以利次日继续染色。以后的染色基本上是第一天工序的反复，染10天左右，布已呈现出浅蓝色时，拿到江中清洗、捶打、晒干。之后又将布投入染缸中染六七天，再取出清洗捶打。然后用牛蹄或牛皮熬制而成的牛胶水浆布，接着又投入染缸里再染一天，第二天用当地一种野生的“红刺子根”熬制成的红色染水加染，晒干后再捶打一次。这样反复地染红刺根水和捶打3～4次，最后还要浆一次牛胶水，加染，清洗，晒干，又捶打，然后用旧布、棉被、稻草等将染好晒干的布包裹严实，放入甑子里蒸，蒸时甑底的锅里还放入黄色植物染料，目的是还原色彩和固色。经几个小时的熏蒸，把布取出晾干，此时所染的布已呈现紫褐色，布面平滑发光，染色才告结束，其间经过20多天。

捶布这一工序在施洞染色工艺中比较重要。在施洞一带每户房前屋后都摆放有几个平滑光洁的巨石，这些石头就是捶布石。妇人们在染布期间，妇女们用特制的木槌在捶布石上细心地捶打每一段布，经过这样反复洗染锤打多次后，布面才平滑光亮。

第八节 文学艺术

一、传说

往都科播都玲　传说往都科播都玲是一位英雄，有了宝刀显示神奇作用以后，苗家推他为“王”而给他的尊称。这个传说在黔东南各个苗族县区都有流传。

从前有个孩子，名叫往播，生下来就是哑巴。长大以后到坡上砍柴，遇到一个白胡子公公，提着一条大鱼，迎面走来。往播喜欢那条鱼，才会说话，马上向白胡子公公买了那条鱼拿回家去。丢在锅里煮，却煮不死，捞出来划开鱼肚一看，发现鱼肚子里有一把小巧的宝刀。他拿刀指鸡，鸡头掉，指狗，狗头落，苗家认为他是能人，举他为“爸往”，希望他保护苗家。“爸往”的名声像铜鼓在山顶上敲，传到东方国王的耳朵里去。听到苗家出了“爸往”，怕和他争王位，便下令他的几万官兵像蝗虫一样遮天盖地向苗家扑来。“爸往”用他的宝刀与来犯者展开一场恶战。“爸往”宝刀飞舞，敌兵人头落地；再飞舞宝刀，敌兵纷纷倒下。恶战了一个早上，国王的兵死成堆。但是国王不服输，又从别处调来兵马，将苗寨团团围住，“爸往”与敌人战斗，又杀了个半天，官兵全死光了。东方国王打不赢苗家，就把女儿嫁给“爸往”，和亲了事。谁知东方国王这样做是个阴谋，他不是诚心把女儿嫁给“爸往”做妻子，而是嘱咐女儿来做暗探，设法整坏“爸往”的宝刀，然后再派兵来打苗家。东方国王的女儿嫁给“爸往”后，找到了“爸往”的宝刀，并且把它弄坏，然后写信告诉东方国王，立即派兵来打苗家。这时“爸往”的宝刀失灵了，杀不死官兵，而苗家的兄弟们死伤殆尽。“爸往”失败后，就骑着一匹配有铜铃的飞马，飞到凯里的香炉山上去，踏破岩山，捡石头继续打官兵。但是官兵来得太多，寡不敌众，“爸往”最后被活捉。他对官兵说：“你们打个铁柜，把我关在里面，抬到东方去向你们的国王请赏。”官兵们把“爸往”抬到了东方去，东方国王听说活捉了苗家“爸往”，高兴得急匆匆地亲自出来打开铁柜，想先审问，然后把他杀掉。谁知“爸往”变成成千上万只大马蜂，从铁柜里飞了出来，直扑东方国王和他的大小官吏，蜇得他们喊天叫地，抱头乱窜，他们全部被蜇死了。马蜂们愤怒跃入空中，只听一声雷鸣，金光四射，马蜂纷纷落地化成苗家。这样，苗家才又繁荣兴旺起来。

往留牟　即“留牟王”之意。从前苗家本来住在平原地方，有吃有穿，后来东方国王心狠侵占了苗家的大坝子，把苗家赶上高山，大家靠开荒过日子。一天，有个苗家老头子在坡上挖荒，听到下边山坳上有两个一老一少的仙人讲话，老仙人说路的右边地势好，能出皇帝。小的仙人说路的右边只能出大官，路的左边才出皇帝。两人争执不下，打赌插树枝，谁的开红花，谁的话就是对的。老仙人把树枝插在路的左边，小仙人把树枝插在路的右边，隔日来看，小仙人插的树枝开了红花，老仙人输了。但是他说：“还要有个命合的人埋在这里才出皇帝。”小仙人说：“什么是命合的人？”老仙人说：“哪家死了老人，抬到这里走来走去，索子断了，棺材恰恰掉在开红花的地方，把他埋在这里，这样才出皇帝。”两个仙人的这些谈话，开荒的老头子全都听清了，回到家里，把以上情况告诉大儿子往留牟和二儿子金留牟，并且交代他们：“以后我死了，你们就抬到我开荒下边的那个山坳去，要来来回回地走，棺材掉在哪里，你们就埋我在哪里。这样，以后你们就有好处。”不久，老人生了一场大病死了，两兄弟把他抬到山坳上去来来回回地走，索子一下子断了，棺材恰恰掉在开红花的地方，两兄弟就把老人埋在那里。当天夜里，老人托梦给两个儿子，叫他们在十二天之内不要出门，十三天早上，当太阳升起的时候，他们拿着箭往东方射去，然后再出门。两兄弟听了老人的话，关门在家里坐。过了几天，寨上有人来到门外来劝他们不要太难过，应该出门去走走，两兄弟不便答话，没有出去。又过几天，有人说他们园里的菜被猪吃了，叫他们赶快去撵，两兄弟照样没有出动。到了第十二天早上，有人说他们家的小米秧被哪家的牛吃了，叫他们快出去撵，这时弟弟忍不住了，冲出大门去撵牛。往留牟劝不住，只好取下壁头上的弓箭，打开窗子，“嗖”地朝着东方射去，跟着也跑出去撵牛。这时东方国王正在吃早饭，只听“当”的一声，正射中国王饭碗掉在地上，旁边躺着一支箭。东方国王拣起一看，大吃一惊，晓得苗家地方出了能人，要来和他争夺天下，就派人到苗家地方来寻射手。东方国王派来的差人，经过调查，知道往留牟是能人，不敢杀他，想哄他到东方去当大官，让东方国王自己杀掉。但出发时，死去的父亲托梦给往留牟，教他把石头打成马，然后骑着到东方去，差人看见了，吃了一惊，派人提早回去告诉东方国王，做好应对办法。东方国王听了，认为往留牟太厉害，对付不了，就派兵到半路来杀往留牟。在这当中，老人一再显灵，教往留牟一次又一次地冲过险关。最后来到京城，防城的官兵太多，老人显灵把往留牟变为小猪崽，一滚一身稀泥浆，从人缝中窜进京城里去。然后把往留牟还原成人，跑进皇宫，举起九千斤重的铜鼎，东方国王知道大势已去，宣告退位，由往留牟当国王。往留牟当上国王后，按照老人托梦的话，治理国家，把东方国王所有的兵器打成锄头，交给百姓种田种地，这样，苗家重新回到平原大坝，做吃做穿，过着幸福的生活。但是这时往留牟还年轻，还没成家，人们关心他的幸福，派一些后生，陪他到天上去找嘎良姑娘（即天上仙女）“游方”，找个最美丽的仙女做妻子。他们到天上玩了一天就想回来，嘎良姑娘舍不得，要留他再玩两天。谁知天上的一天等于地下三千年。在这当中，东方国王又起黑心，重新登基压迫苗家，把苗家赶上高山，靠开荒过日子。大家在痛苦之中，天天抬头望天上，用锄头指天上，声声地呼唤：“往留牟，你快回来吧！东方国王又在压迫我们了，你快回来救我们呀！”

二、故事

俩兄弟分家　从前有俩兄弟，哥哥狡猾，弟弟老实。后来分家，哥哥要一头牛，弟弟得一只狗。到了春天，开始做活路了，弟弟没牛，就用狗犁田。一天，有两个过路的花线客看见了，就和弟弟打赌，说弟弟能用狗犁完一块大田，他们愿输两挑花线给弟弟。说完了，弟弟用饭粑团一次又一次地往前面甩，狗为了想吃饭粑团，一次又一次地背着犁往前面跑，不一会工夫，就把一块大田犁完了，两个花线客输了两挑花线给弟弟。哥哥知道了，非常羡慕，就向弟弟借狗去犁田，同样碰到另外两个花线客，同样打赌，可是狗就是不跑，犁不完一块大田，得不到两挑花线，哥哥就把狗打死了。弟弟把狗捡了回来，埋在菜园角角，生出一根竹子，非常好看，弟弟无事就去摇，落下很多金片银片，结果发了大财。哥哥知道了，又来央求弟弟，让他去摇一回竹子，谁知落下的全是毛毛虫，蜇得他全身红肿，哥哥几柴刀把竹子砍倒了。弟弟又把竹子捡了起来，划成篾条，编成一个鸡笼和一个鱼篓，鸡笼放在屋当头，鱼篓安在河里。结果寨上的母鸡都到他的鸡笼里来生蛋，河里的鱼都钻进他安的鱼篓里，这样，弟弟天天都有鸡蛋和鱼肉吃。哥哥知道了，就来讨鸡笼放在他的屋当头，讨鱼篓安在河里，可是寨上的鸡都跑到他放的鸡笼里来屙屎，河里的蛇都钻进他安的鱼篓，哥哥气极了，几脚就把鸡笼和鱼篓踩扁了。弟弟把鸡笼和鱼篓捡起来，烧成了灰，拿去壅苞谷蔸，结果苞谷长得比人还高，苞谷有牛角大，猴子们看到了，夜夜都来偷吃，弟弟觉得可惜，就夜夜去守。一夜，他睡着了，猴子们认为是个死人，把他抬去孝敬老虎，谁知抬到山洞，猴子们拿出金杯银碗来摆，准备大请宴席，闹声惊醒了弟弟，睁眼一看，吓了一跳，大吼一声，翻身爬起，猴子们认为死人复活，一定有鬼，逃出山洞，弟弟把所有金杯银碗捡个满怀抱回家来。哥哥知道，更是眼红，又来请求弟弟，让他去守一夜苞谷。这夜猴子们又来了，看到哥哥躺在土边，以为是昨夜的弟弟又来哄他们，就一拥而上，把哥哥捆个死紧，然后抬去孝敬老虎，谁知到了半路，哥哥放了一个屁，猴子们闻到臭味，认为是个烂家伙，就把哥哥扔到万丈悬崖底下摔死了。

俩姐妹出嫁　从前有俩姐妹，父母早亡，由奶奶抚养她们，奶奶待他们极好。后来她们长大成人，奶奶却老了，要靠她们来照扶。妹妹很懂事，侍奉奶奶很好。姐姐却忘恩负义，讨厌奶奶，不但不照扶奶奶反而骂奶奶不早点死！由于妹妹贤惠，处处都来求亲，比姐姐提前出嫁。当她离家的时候，奶奶封赠她说："遇黑水井你洗头，过白水河你洗脸，爬鸡屎坡提高裙子，下茑嘎（汉语称火麻草，叶有毒针）沟放矮裙脚。"妹妹记好了就离开家门，路上遇到黑水井，停下来洗头，头发变得像青丝一般的好看。过白水河。她停下来洗脸，脸上变得像鸭蛋一样的漂亮。爬鸡屎坡，她提高裙子，路上的鸡屎一点也沾不着她的身上。下茑嘎沟，她放矮裙脚，路边的茑嘎一点也挨不着她的脚杆。到公婆家，她像仙女一般的美丽，公婆家说不出的高兴。姐姐听到妹妹出嫁变得漂亮，就跑来问原因，妹妹把奶奶对自己的封赠说了出来，姐姐觉得自己待奶奶不好，不好请奶奶封赠，就对妹妹说："好，那以后我也想法出嫁到你这边来，路上照你一样的做。"不久，姐姐果然出嫁到妹妹附近的寨子，路上遇到黑水井，她停下来洗头，黑水井忽然变成白水井，把她的头发洗得像麻线一般的灰白。过白水河，她停下来洗脸，白水河忽然变成黑水河，把她的脸洗像锅底一样的黑。爬鸡屎坡时，她虽然把裙子提得高高的，但鸡屎却纷纷向她的身上跳去，巴得她一身脏兮兮的。下茑嘎沟，她虽然把裙子放得矮矮地走，但茑嘎却向她脚下乱钻，螫得她的脚杆肿得像碓杆一样粗，痛得她哇哇地叫。路上这一切，接亲的人们全都看到了，他们认为姐姐一定有鬼，不能接这样的人去给主人家做媳妇，拔腿就跑，姐姐跟着就追。来到寨边，人们看到姐姐那副怪样，以为老变妈来了，就关门的关门，逃跑的逃跑。接亲人跑进婆婆家，把路上的一切说了出来，婆婆家壮起胆子，跑出来吼姐姐，不要她做媳妇。寨上的人也跟着助威，不让姐姐进寨子。姐姐没法，只好转回家来，当一辈子的老姑娘。

钓鱼郎　又名"龙妻"，以前有个穷后生，以钓鱼为生。他听说海里有个龙女非常能干，谁要娶得她做妻子，生活就会幸福。他知道自己是穷人，娶不起龙女，每次到河边钓鱼，总是难过地唱到："讨不到龙女做妻子，得个龙螺蛳来也可以。"龙女听了，同情钓鱼郎穷苦，就变个螺蛳来上钩。钓鱼郎把它带回家来，丢在水缸里养。后来螺蛳变成姑娘，说明自己是龙女，就和钓鱼郎做夫妻，帮助钓鱼郎起房盖屋，开田开土，并生了一个孩子，使钓鱼郎变成一个有吃有穿的幸福人家。有些坏人看见钓鱼郎过好日子，心里嫉妒，搞阴谋，诬蔑龙女是小偷，要钓鱼郎把她赶走。钓鱼郎想到自己什么都有了，名誉要紧，不听龙女辩白和苦心劝告，狠心把龙女赶下河里去。龙女一走，所有房屋田土，鸡鸭猪牛也齐跟着她走了，钓鱼郎一下子又变成了穷人，后悔莫及。以后龙女仍然同情钓鱼郎和想念孩子，曾教钓鱼郎一些办法，使她能回来重做夫妻。但钓鱼郎太笨，一再听坏人的愚弄，龙女无法回来，只好把孩子要到龙宫去和自己在一起。现在钓鱼郎什么都没有了，终日坐在河边哭，最后死在河岸，变成一只小鸟，就是现在人们叫的"打鱼郎"，它天天在河面上飞，寻找妻子和小孩。

三娘崽打老虎　以前有个老妈妈，生有一男一女，当男孩长大成人，老妈妈教他找媳妇的时候，要找那把绣花针插在头上的姑娘，因为把绣花针插在裙脚下的姑娘，往往是老虎变的。不料这话被一只小老虎听到了，就变成一个漂亮的姑娘，到"游方场"上来找老妈妈的儿子，千方百计地讨好老妈妈的儿子，想利用嫁给他的机会，到人世间来吃人。老妈妈的儿子看见她长得漂亮，绣花针又插在头上，就把她引来做媳妇。谁知一天，老妈妈叫小女儿引嫂嫂到坡上打猪草，小母虎忽然恢复原形，变成一只大母老虎，把跟她们到坡上的一只小狗咬死吃掉了。这样，一家人才知道老虎已经进家，害怕之后，三娘崽共商对策，先用计杀死进家老虎，然后再用计杀死其同类家族，从而化险为夷，重新过平安日子。

牛为什么没有牙齿　从前有一个人，拉着一头大水牛犁田，老虎在一旁看了，很不服气。当人把牛放去吃草的时候，老虎走过去问牛："牛！你长这么粗大，为什么对细颈子那样服服帖帖？"牛说："细颈子本事大得很！"老虎说："你凭力气打他嘛！"牛说："打不赢。"老虎不信，回转身到人的面前，说："细颈子，我俩来打个赌！"人说："赌什么？"老虎说："赌打架，你打得赢了，就杀我，我打得赢你，就吃你。”人说：“可以，不过我还要回家吃饭。”老虎说：“那就快去快回。”人说：“我怕你跑掉。”老虎说：“我不跑，专门等你。”人还是不相信，老虎又说：“那怎么办？”人说：“我把你捆在树桩上，你才不跑。”老虎说：“可以。”于是人解下牛索，把老虎死死地捆在树桩桩上，然后大声说：“你看我的本事吧！”接着举起斧头“咚咚”朝着老虎的脑壳打去，老虎痛得嗷嗷地叫，牛看见了，一阵地笑，把牙齿都笑脱了，所以牛没牙齿。

三兄弟　从前有个老人，生有三个儿子。一天，老人给三个儿子各人若干银子，叫他们出门去谋生，有成就再回家来。若干年后，大儿子做了大官，衣锦还乡；二儿子经商得利，挑金挑银回来，老人都很高兴。唯独三儿子只带着一只芦笙和一个葫芦回家来，老人很不高兴，把他撵到对面山上一块荒地上去住，自谋出路。三儿子为什么没有成就回来呢？原来他出门以后，遇到人们吹芦笙，觉得好听，就拿父亲给的银子买了一只学吹，一学就会，而且吹得比谁都好听。龙王听了，就请他到家里去做客，吹芦笙给龙王听。这样，龙王的小女儿认识了三儿子，而且爱上了他。当他离开龙宫回家的时候，龙王的小女儿说：“我父亲给你什么都不要，你只要我家的那个小葫芦。”三儿子照龙女的话说了，龙王果然给他一个小葫芦带回家来。当他被赶到对面山上以后，龙女从葫芦里跳出来，和他做夫妻。那夜，老人听到对面山上“叮叮当当”地响个不停，第二天清早一看，只见三儿子住的荒山盖起了高楼大厦，原来这是龙女叫龙宫里的家人前来给他们立的。接着三儿子派人来请老人去看他们的新居，只见满屋金碧辉煌，宾客如云，老人羞愧至极，转回家来，碰灶而死。

三、诗歌

台江苗族诗歌种类繁多，从早期的神话歌谣到现代的新民歌，每个时期的作品都是难以估计的。按民间分类，有古歌、叙事歌、酒礼歌和祝词、苦歌和造反歌、情歌、季节歌、生产劳动歌、婚姻歌、节日歌、理歌理词、新民歌、鼓社歌、巫歌、儿歌、谜语等。篇幅有长有短，有几行的，也有几十行的，还有百行以上的，千行一首的也很普遍。短的多是抒情歌，长的多是叙事歌，抒情歌也有世代流传下来的，也有即兴而做的。叙事歌（也叫故事歌）均为传统诗歌，大多由好几组合成。并采用轮回问答形式，因而把这歌比做解结儿一样称之“疙瘩歌”。苗族口头诗歌的格律，一般是五言体，大多讲押韵。但在祭祀词和巫歌中，为了朗诵，有不押韵的。

叙事诗　流传在台江县的叙事长诗有《仰阿莎》和《娥娇、金丹》。

《仰阿莎》的故事内容是这样的：很古很古以前，有两个代表大地的古待公公和婺露婆婆要让地里的一个小姑娘出世，螃蟹、地神和百鸟知道了，就到“九条河相汇在一处／九座山相挨在一起／千次降喜雨／万次降喜雨／都降在这里的／好地方”来挖井、架桥，迎接小姑娘的诞生。在一个雷雨交加、转眼天晴的时刻真的从水井里冒出来了。因为她是水井生的，所以叫“仰阿莎”，意为清水姑娘。小姑娘出生后。“一天就睁眼／两天就会笑／三天会说话／四天上坡打猪草／歌声满山满岭飘”，“美丽盖过九条江”，樱桃花、蜜蜂、画眉争着和她“游方”，过着天真烂漫、自由自在的生活。媒婆乌云看见她是“世上一枝花”，为了贪图财礼，千方百计诱劝她嫁给天上最发财的太阳。仰阿莎由于缺乏人生经验，上了乌云的当。太阳是个冷酷无情、歧视妇女的大男权主义者，他和仰阿莎结婚后，“头天同桌子吃饭／第二天共火炕谈心／到了第三天／就要想出门”。因为他认为：“柴刀已经有了把／树子已经有了根／家务已经有妻子／万事不用我操心／我的银子多／应该出门做生意／我会讲道理／应该出去争名气。”这样他就丢下仰阿莎，跑到东方去。“早上做生意／晚上做生意／卖牛又卖马／一本生万利／吃好又穿好／到处要阔气。”除了做生意之外，太阳还“早上也讲道理／晚上也讲道理／理片挞得叭叭响／灰尘蓬得满屋里／嘴巴直是哇啦啦／让人说他了不起”。太阳就这样在东方花天酒地，忘乎所以，六年不归。仰阿莎独守空房，日夜盼望，终于积郁成疾。太阳在出走之前，请穷人月亮来家当长工，帮他割草喂牛马，犁田种地。月亮是个诚实憨厚、勤劳善良的后生。他看到仰阿莎痛苦成疾，极为同情，除了本分活路外，还代替仰阿莎做挑水、舂米等家务，细心照料仰阿莎，使仰阿莎得以恢复健康。经过这一相处，仰阿莎觉得月亮才是她心爱的意中人，就大胆地爱月亮，鼓励月亮也大胆地爱她，最后他们双双私奔到天涯海角去成家，过着幸福的生活。仰阿莎走后，太阳的房族兄弟星星，跑到东方去报信，六年"心里没有仰阿莎"的太阳，顿时火气冲天，跑回家来，打狗、打猪、打牛、打马，怪他们没有把仰阿莎看好，接着拿起刀箭，跑出去追杀仰阿莎和月亮，他一路跑一路骂："碰到仰阿莎／我要宰她成肉渣／抓到那月亮／我要砍他成两段。"路上碰到白鹤、鹭鸶、猫头鹰、乌龟等，都问是否知道仰阿莎和月亮的去向？白鹤、鹭鸶等都恨太阳无情无义，同情仰阿莎，不给太阳说实话。最后碰到做鱼生意的水獭，太阳愿把江河里的鱼全给它，水獭贪财好利，才把实话告诉太阳，说月亮带着仰阿莎沿着天河，逃往天涯去了。这样，太阳就追到天涯，找到月亮和仰阿莎。太阳质问仰阿莎为什么私自逃走？仰阿莎骂太阳无情无义，心中没有她。太阳骂月亮为什么拐走自己妻子，月亮说仰阿莎真诚爱他。太阳理屈词穷，弯弓搭箭，想射死仰阿莎和月亮。月亮和仰阿莎绝不示弱，力争反抗。百鸟全来帮助月亮和仰阿莎，啄太阳双手，遮太阳眼睛，使太阳无法射箭。斗争正在不可开交的时候，天狗忽然一声怒吼，从天而降，制止了太阳的暴行。接着由天狗为理老，为双方讲理，仰阿莎乘机向太阳进行面对面的说理斗争，天狗觉得太阳无理，斥他空手回家。判仰阿莎和月亮结为夫妇，在天涯成家。同时规定：以后白天太阳出，夜里月亮升，各走各的路，不准狭路相逢互相伤害，否则，谁不听话，天狗就吃谁。最后，长诗的尾声唱道："得了镰刀不会用／得了柴刀不会拿／得了好田不好种／得好秧不会插／得了仰阿莎不会爱／太阳真是大傻瓜／太阳听了发脾气／咬牙切齿把脸垮／放出银针千万颗／好比雨脚漫天撒／要把大家眼睛刺／不让世上再看他。"全诗一派浪漫气氛，神话情节，把日月星辰，飞禽走兽，花草虫鱼，拉进仰阿莎和太阳的婚姻纠纷之中，个个表态。借助于它们所说的话、所抒之情，来表达苗族人民崇尚婚姻自由、主张男女平等这一人生观念和社会伦理道德思想。长诗富有独特的艺术表现手法，在各民族民间文学中极为罕见。

《娥娇、金丹》是一首叙述追求纯真爱情和婚制改革的叙事长诗。长诗产生的社会背景是：过去居住在清水江和都柳江的苗族，是两个不同的氏族，各自内部的男女是兄妹关系，不能互相通婚，两个氏族之间的男女才能互相通婚，因此，当时两个地区的苗族是两个婚姻集团。相传，当时居住在现今台江县的苗族女子，必须嫁到现今榕江县的力岛、排对一带去，那一带的女子也必须嫁到现今台江县这一带来。古人如此规定，是为了防止近亲结婚，提倡文明和维护伦理道德，具有进步意义。但过了若干世代以后，两个地区的人口繁衍多了，近亲血缘关系随之趋于淡漠，两个婚姻集团内部的青年男女，一方面由于朝夕相处，共同劳动，接触频繁，产生互相爱恋之情，另一方面由于远距离开亲，一般女子视为苦事，不愿出嫁到力岛、排对去，有诗为证："以前那些年／开亲到力岛／山岭高又高／上坡钻云霄／山沟深又深／下坡心发跳／遇到太阳出／晒得真难熬／碰到河水涨／娘家回不了／冬天带粑粑／冻像硬石包／七月带腌鱼／半路就臭了／看样要改俗／大家心一条／开亲在近处／莫再去力岛。"在这一社会背景下，在现今台江县地区，有一对青年男女，首先站了出来，冲破过时了的婚制藩篱，在本氏族内部自由恋爱。这对男女青年，男的叫金丹，女的叫娥娇，他们是同一氏族女，过去是同宗共祖，按照氏族血缘关系，现在是兄妹相称。诗里说他们几乎是同时出生，从小起，在一起玩泥巴、打鼓、跳舞，过着青梅竹马、两小无猜、天真无邪、亲昵嬉戏的生活。长到十五六岁的时候，他俩情窦初开，互相爱慕，常常借砍柴、犁田、打猪草、捞鱼等机会在一起"游方"，谈情说爱。他们这样做，一般老年人是看不惯的，认为是伤风败俗，违反伦常，纷纷责难。但是娥娇、金丹全不理会，照样"游方"、相爱。后来，在一次过年的跳舞会上，娥娇、金丹不和大家一起同欢，而到一边去谈恋爱，被老年人发现了，当场进行指责，于是引起老年人和青年人一场冲突。老年人说："娥娇是妹妹／金丹是哥哥／好比同娘养／好比鸡同窝／哪能在一起／'游方'和唱歌。"青年人则唱："田里的蝌蚪／本是同娘养／围着稻根转／

日久便成双／娥娇和金丹／不是同娘养／为何不能够／‘游方’配成双。”氏族长姜千火了，大发雷霆：“娥娇不规矩／金丹不规矩／违反了古礼／氏族不允许。”事情闹大了，金丹的父母只好搬家，不让儿子和娥娇往来。但这隔不了金丹想念娥娇的心，他跑回本地方来和娥娇相会，两人继续“游方”。天黑了，金丹就睡在山上。吃饭的时候，娥娇吃一口，留一口，悄悄带到山上去给金丹吃。娥娇和金丹相爱的事，很快就被力岛舅家知道，认为违反古礼，就来捆亲，要娶娥娇去做儿媳，娥娇不依，舅家就提出很重的财礼，诗中形容财礼说：“放在牛背牛弯腰／放在马背马背垮／放在桌子桌子断／放在仓里装不下。”金丹能给舅家这笔财礼，就可以娶娥娇，否则，娥娇就要嫁到舅家去，为这，娥娇极为发愁，但是金丹则说：“娥娇好妹妹／请你莫悲伤／我有一双手／年年去挖山／不到三五年／谷子堆满仓／舅家要财礼／包在我身上。”金丹这样表态以后，娥娇就坚决抗婚。舅家逼婚不成，就来抢亲，把娥娇鼓倒（强行）拉到力岛去。娥娇到舅家后，死不屈服，舅家喊她去挑水，她就用扁担戳浑水井，把泥巴沙子一起挑回来。舅家叫她煮菜，她就掺猪草一起煮，把菜煮成猪潲。舅家叫她簸米，她就把米撒个满地。舅家拿她没办法，想让她回家，但提出很重的退亲财礼：“牛要七十头／银要七十斤／娥娇出得起／可以转回门。”娥娇觉得这财礼太重，不能出，照样“活路不去做／天天在生气。”舅家觉得实在不能强迫娥娇了，为了不失面子，把退亲条件降低下来：“牯牛要一头／银子要一斤／刻在拨米棍／朝着碓房扔／娥娇看见了／脸上喜盈盈／急忙拿柴刀／划开拔米棍／自己要一半／马上转回程。”娥娇也不回家，直接到金丹家去找金丹，把舅家降低退亲条件说了出来，金丹听了，非常高兴，马上把财礼交清，准备和娥娇结婚。但是，这时氏族长姜千更是发怒，认为娥娇、金丹目无族规，要把他们拉来杀掉。有的老年人觉得这太过分，主张把他们赶到远方去，不承认他们是本氏族成员。有些老年人比较开明，提出折中办法，说：“娥娇和金丹／生死要成家／要杀或要撵／他们都不怕／若再逼下去／事情要闹大／后生和他们／指着我们骂／只知老规矩／不懂立新法／到了那时候／我们像哑巴／丢掉了面子／威望可没啦／想做点哪样／没人再听话／与其是那样／不如快想法／传话给金丹／买头牛来杀／一来敬祖宗／二来请大家／三来是赔礼／四来算处罚／从此分开鼓／好比秧分插／宗支各不同／可以结亲家／各结各的果／各开各的花／青年可‘游方’／自由去成家／大家全成对／齐把我们夸／这样做多好／古礼就算啦。”大家一致同意这个办法。但氏族长姜千还要为难，一定要娥娇、金丹买条白牛来杀，否则，还是不准他们结婚。这也难不了金丹，他对娥娇说：“只要和妹妹做一家／哪怕白牛在天涯／哪怕牛价像山大／我也要设法买到它。”于是他们双双出门去买牛，走遍清水江，找遍小江河，天无绝人之路，最后在雄翁、抗姜地方买到了白牛，拉了回来交给氏族，杀来祭祖。大家议完，把原来共同祭的一个鼓打烂，另立新的九个鼓，每个鼓代表一个氏族，每个氏族各祭一个新鼓，从此，各氏族之间可以互相开亲，不再限制。这时，为追求纯真爱情、受尽折磨的娥娇与金丹才幸福地结成夫妇。他们原来称双方的父母为“爸爸”“妈妈”，这时全改口了，诗中说：“娥娇走进金丹家／称金丹的妈妈叫什么／称金丹的爸爸叫什么？”“娥娇走进金丹家／称金丹的妈妈叫姑妈（苗俗，媳妇对婆婆的称呼）／称金丹的爸爸叫姑爹（苗俗，媳妇对公公的称呼）。”“金丹走进娥娇家／称娥娇的妈妈叫什么／称娥娇的爸爸叫什么？”“金丹走进娥娇家／称娥娇的妈妈叫舅妈（苗俗，女婿对岳母的称呼）／称娥娇的爸爸叫舅爹（苗俗，女婿对岳父的称呼）。”长诗尾声是群众对娥娇、金丹冲破旧婚制斗争胜利，表示感激与歌颂：“感谢金丹好后生／感谢娥娇好姑娘／反对出客去力岛／带头开亲本地方／新娘今天在婆家／明天回去望爹娘／亲亲戚戚满寨上／老老少少喜洋洋。”全诗到此结束。

古歌　苗语称“夏娄夏告”，意即“老歌”“古歌”，现在通称为“古歌”。这部古歌，长达万言以上，全部是五言盘问体。全书分四大组十二首，也是根据台江县歌手所唱资料规定。由于它世代相传，不断丰富和发展，才形成了今天的面貌。古歌产生的年代现在还不能肯定，不过，从它所反映的生活和一些现在已经不用了的词汇来看，肯定古歌产生的年代距今已是相当久远了。从古歌的表现手法来看，有夸张、对比、排比、反比、反复重叠、拟人等。每首歌都有一定的人物和故事情节，即使歌中叙述的不是人物而是动植物和非生物，也总是把它们拟人化，给人一种与人无异的实诚。古歌在结构上采取设问作答的方法，辗转反复地唱下去。值得探讨的是，远古的苗族先民曾力图探求自然的奥秘，对天地的形成以及日月星辰的变化，产生了种种臆测和遐想，因而创作了许多富于特色的古歌。从内容看，当然都属于神话传说，但想象丰富，立意积极，曲折地反映了苗族先民开拓天地、战胜自然的伟大功绩和理想，赞颂了人的力量。

酒礼歌与祝词　苗族人民走客访友，迎亲嫁女，过年过节，宴席上总要唱一些歌，说一些吉利话，以资助兴，因而产生酒歌和祝词。这些酒歌与祝词，有些是代代相传，有些是即兴而作，数量之多，浩如烟海。酒歌和祝词，一般都短小，有的十来句，但也有少数则数十句乃至百来句，而且有故事性。酒歌基本是五言体，短的一律押词押一脚调，长的可以换调。有的各句相对音节均押同一声调，即同步声调，唱起来抑扬顿挫，铿锵有致，增强音乐美感。祝词多为长短句式，即每两相挨句子，词虽各异，义却相同或相近，朗诵起来，亦有明显的音乐美。酒歌一般都要唱，有“高亢”“吟咏”“叙述”三种唱法和曲调。这三种唱法和曲调，县内各地不尽相同，城关附近、施洞、革一、高坡各地，各有各的酒歌调和唱法。祝词只能朗诵，朗诵音调，全县基本相同。

祝词一般在节日和喜庆之时朗诵，例如起房盖屋时，主人家把许多粑粑放在屋梁上，请一位歌师爬到上面，对着前来观看的喜庆的人群念道：“今天是吉祥的日子／今早是平安的时辰／吉祥的日子主人家才立门／平安的时辰主人家才盖屋／屋基下的极牢固／房子造的很扎实／柱脚立在龙王的宝石上／柱头撑到雷公的蓝天底／让地下冒出金银宝／让天上落下官家印／金银宝不冒在偏僻的深山／官府印不落在遥远的排莫（地名）／金银宝冒在主人家的中柱脚／官府印掉在主人家的中柱头／一对金银宝生男孩／一对官府印生女孩／一对金银宝变田地／一对官府印变鱼塘／一对金银宝变牛马／一对官府印变鸡鸭／让主人家田地满山坡／子孙遍四方／主人家发财由今天起／主人家昌盛从此刻起／让处处夸奖／让人人羡慕／夸奖主人家最发财／羡慕主人家最繁荣。”接着歌师一边丢高粱粑，一边继续念道：“各位老少／各位亲友／你们听啊／我现在丢下金银宝／我现在撩下官府印／你们伸开手来接／用围腰来包／接去做福寿／包去做富贵／各位老少／各位亲友／我撒下一批／你们捡得一把／就成千挑田／就成万担家／我撒下两批／你们拣得一抱／就得子孙遍地方／就得牛马遍山坡／愿大家长寿也由今天起／发财也由今天起。”

结婚时有结婚的祝词，有的祝贺新婚夫妇相亲相爱，如：“新郎新娘结成双／结得最相当／新郎新娘配成双／配得最适宜／从今以后／丈夫扛锄头／妻子背笆篓／一起做活路／一道割柴草／山上呼／山下应／暖和和／甜蜜蜜／钢磨完了斧头钝／你们还相爱／刀用老了背背细／你们还相亲／亲戚们／朋友们／我们喝足了酒／吃够了肉／回家缝背带／转去绣花帽／不是明年／就是后岁／我们准能来抱男／我们一定来背女。”有的祝贺所有参加婚礼的人，分享幸福，如：“昨夜是好的夜晚／哥哥才来去接嫂嫂／今天是好的日子／嫂嫂才到家中／好的夜晚我才来贺喜／好的日子我才来祝福／嫂嫂来了／头顶炕架／谷子满仓／脚踩屋基／家道平安／堂屋撒谷子／鸡多得像浮萍／灶边蒸米饭／子孙多得像花开／现在主人家杀了只鸡／办了一桌／日子好／酒菜香／我们老年人／请快洗金手／请快洗银手／吃肉在桌上／喝酒在坛中／吃就吃个够／喝就喝个醉／各位青年人／各位姑娘们／你们到坝子上去跳舞吧／你们到寨边去恋爱吧／有花的开花／有果的结果／是好的牯牛不让翻过山去／是有情的人唯愿成对成双／祝贺我们大家／世世代代／共一个火炕烤火／同一个地方开亲。”有的客人看见主人家老人健在，儿女成行，则祝福道：“主人家田地大水口大／房子宽心也宽／今天杀了一只／办了一桌／我们吃了要感谢／我们喝了要祝福／祝愿主人家的老人有福有寿／老像南良（地名）的石头／平安像香炉山的岩石／南良的石头朽了／主人家老人还不老／香炉山的岩石倒了／主人家的老人还活着／活得像养耶（地名）的大杉／活得像茂密的苍松／上面的话／是祝贺主人家的老人／下面的话／是祝贺主人家的儿女／愿他们个个健康／有力有气／精神抖擞／满面红光／以后男的接媳妇／女的嫁丈夫／男的生九男在前／女的生七女在后／九男个个骑大马／七女个个戴银花／客家见了客家羡慕／苗家见了苗家喜欢／人人争着夸奖／个个争着传名。”

此外，各种节日都有祝词，内容语言，因人而异，没有固定的格式。

苗族起义斗争歌　清咸丰、同治年间（1851—1874年）的苗族起义斗争歌，通称为《张秀眉之歌》。歌的开头，首先指出那次起义的原因。接着描写苗族人民在天灾人祸双重压迫下的惨状，有的同封建领主借贷活命；有的无力交粮，被捉去坐牢；有的挖开祖坟，取出送葬银，交给官厅；革一老人阿吾，为民请命，跑到衙门讲理，要求免粮，被官府杀死。在唱完上述暗无天日的惨状以后，歌里马上揭开一幅“官逼民反”的局面，初步点出了张秀眉的领导作用。张秀眉就带着部分起义弟兄攻打台拱厅城，台拱首战告捷，四方响应，各地英雄豪杰，如雷山南杨大陆、革一老人九松、坝场李宏基、平寨包大度、寨头刚宝略、八埂九大白、报效张开国、展福潘老卯、黄泡女英雄阿姣与阿娥、云集台江县展里昂约，杀牛议榔，商定起义事项，公推张秀眉为起义领袖，提出起义口号与目的。

展麻尼议榔后，各地领袖返回原地，发动群众起来造反，青年们受到鼓舞，无心“游方”，唱起义飞歌，邀约姑娘们参加起义军，一起打官兵。“洪水啊很快就要涨起来了／地方啊很快就要乱起来了／妹妹呀赶快换上裤子吧／跟着哥哥打仗去／总有一天我们会胜利／那时成家才美好。”

村村寨寨掀起父送子、妻送夫参军的热潮。父亲嘱咐儿子说：“去吧我的儿／狠狠打官兵／得胜再回来／不胜莫回门。”妻子鼓励丈夫：“去吧我的哥／田地我会种／老人我照扶／你哥安心去／狠狠打官府／得胜转回来／才是好丈夫。”

各地起义军组成了，张秀眉指挥大家，四面开花，向各地屯堡展开全面进攻，歌里形容各路起义军互相配合作战：“你们从河边打上来／我们从高坡上打去／撵官兵好比撵野猪／打官兵像打过街狗。”“你们从西边打向东／我们从东边打向西／打官兵好比打耗子／撵官兵好比撵野鸡。”在这样锐不可当的打击下，不多久，雷、台、剑所有屯堡、厅城全被攻下，成为起义军的根据地。

张秀眉接着移师进攻镇远，攻下镇远，起义军气势更盛，张秀眉决定东征，东征战果很大，一直攻入湖南。打退了湘军，接着又西征。歌里唱道：“朝着西边打／个个争先锋／一天过九寨／一夜跨九冲／官兵不敢打／逃的无影踪／冲过龙里城／贵阳全震动。”

以上是起义军的极盛时期，但随着太平军瓦解，清廷减去负担，调派湘、川、桂军入黔，合力围攻起义军。敌军当中，湘军席宝田部首先反扑，在敌强我弱、武器低劣的情况下，张秀眉采取缩短战线、保存实力的策略，率领起义军退守清水江南岸腹地，倚险抵抗。

湘军席宝田长驱直入，一面进攻，一面招抚，结果五岔投敌，镇远、三穗等邻县村寨，如柏京、嗄东也跟着受抚，给敌军入侵起义军腹地有了突破口。

张秀眉闻讯，马上向苗族同胞进行教育，指出投降绝没有好下场，歌里唱道：“养刚张秀眉／硬像石头样／马上说出话／大家莫投降／要是投官兵／就像生疥疮／越抓越是痛／越烤（火）越是痒／大家不要怕／继续闹造反／打退狗官兵／地方才安康。”但与此同时，另一不幸发生了，即敌人猛攻三穗县属的寨头，起义领袖之一刚宝略壮烈牺牲，给起义军带来严重的损失。但是张秀眉并没有气馁，马上发出号召：“大家要稳住／千万莫慌张／妇女留砍柴／男子来打仗／一寨来一批／保卫好家乡。”在这风声鹤唳、危急存亡之际，有些妇女气愤填膺，换上男装，冲出家门，去找丈夫一起打官兵，歌里反映出她们的悲愤与决心：“雷电啊劈打着山岭／洪水啊冲击着山谷／我们的好人儿啊／如今在何处／丢下我守着火坑好孤独／何必再这样忍下去呢／赶快换上裤子去找丈夫／和他们一起打仗去／杀尽官兵把气出。”因此，当时起义军中有很多“娘子军”，阿姣、阿娥就是当中的女将。传说张秀眉在三穗、镇远至台拱各处高山上，设置很多石碓，发动这些妇女们去春，日夜“嘎谷喽嘎谷喽”地响个不停，清军以为起义军有大炮，不敢前进一步。但终因力量差距过大，张秀眉在台江县境内打了几次大战以后，就撤往雷公山，与当地起义军领袖杨大陆汇合，一起上雷公山，据险抵抗。此时起义军生活极为艰苦，此时的雷公山完全处于敌人包围之中，清将领毛树勋于乌东山，阵擒张秀眉。波澜壮阔，轰轰烈烈，十八年反抗民族压迫的起义斗争，至此作悲痛的结束。

苦歌　苦歌的内容一般都是叙述苗族人民在旧时代所受的民族压迫苦和阶级压迫苦。如："走遍了高高的山上／找遍了深深的山谷／刚刚得来一小把／兵差忽然跑进屋／估倒抢去一大半／我们有苦说不出／不要做活路了啊朋友们／越做越是气破肚。"这首苦歌反映了旧时代封建统治阶级爪牙横行乡里、抢劫掳掠的凶残行为和苗族人民的愤怒心情。

四、音乐

曲调　苗族民间音乐的曲调，苗语称"夏唷"。其曲调大体有以下四种：

叙述调：苗语称"夏地"，即"念的歌""叙述的歌"。其特点是重复一个乐句，节奏中速，音域不宽，音量不大，演唱省力，吐词清楚，可以说是音乐似的说话和说话似的音乐。适宜演唱大型叙事性的古歌、起义斗争歌、生产劳动歌、爱情叙事歌、曲艺、丧歌、祭祀歌、巫歌、婚俗歌、新民歌等。短小的酒歌和情歌，都有各自的叙述调。所有叙述调，都要随着歌词声调的变化而变化。

情歌叙述调：情歌叙述调也有地区差别，并随着歌词声调的变化而变化。

拖腔调：拖腔调苗语称"夏嘿"即"拖腔"之意。其特点是：用假声演唱，节奏缓慢，音域宽阔，口音、鼻音、额音、胸音、腹音同时使用或交替使用，旋律曲折委婉、优美动听，拖音长，虚词多，适宜于演唱抒情性强的酒歌和情歌，这种曲调有地区差别。

高亢调：苗语称"夏样"，即"飞歌调"。这种曲调也有地区差别，台拱区、施洞区、革东区、方白寨、交下寨、革一乡等地区，都各有各的高亢调。这种曲调的特点是：用真假声相结合演唱，口音、额音、胸腹音同时并用。音域宽，声音粗犷，这山唱那山能听，旋律自由优美，婉转奔放，浑厚雄伟，虚词多，拖音长，口形随着歌词声调和拖音需要不断变化。歌词不宜多，一般至多五六句。凡抒发爱情、赞美家乡景色、歌颂劳动、迎送宾客内容的歌，都可以用这一曲调演唱。

另外还有劳动号子：台江县历来盛产木材，过去木工抬木头时，有一种鼓劲的号子，很有气派和特点。

乐器　县境民间乐器有芦笙、木鼓、皮鼓、铜鼓和木叶等。这些乐器所发出的乐音与和声，和与它们同时产生的芦笙舞、皮鼓舞、木鼓舞紧密相连，是这些舞蹈的舞曲。

芦笙。是苗族人民逢年过节以及平时吹来娱乐的乐器，苗语称"给"。苗族人民最热爱芦笙，哪里有苗族，哪里就有它；哪里有欢乐，哪里就吹它，堪称苗族的民族乐器。当代艺术家常在一些有关苗族事物上绘制芦笙以为装饰，因而芦笙无形中变成苗族的象征与标志。

县境苗族芦笙是经过数千年不断加工完善而成的。有大、中、小和特大四种型号。大号长丈余，4 管一音，发出"5"的声调；中号长 2 米多、6 管 3 音，发出"5""1""5"的音调；小号 1 米，6 管 5 音，发出"5""1""2""3""5"的音调。特大号为芒筒，苗语称"蜜筒给"，1 管 1 音。音管长 385.5 厘米。在音管下端，套上一个大木筒，发出"5"的共鸣音。为使声音和谐柔美，大、中、小各型芦笙的"3""5"音管末端各套一个大于音管的竹筒为共鸣器。小芦笙音色带金属声，中芦笙音色柔和，大芦笙音色雄厚，特大芦笙音色沉重。

芦笙的组成形式，有独笙、姊妹笙和排笙三种。独笙为一支小芦笙；姊妹笙由两支大小相同的小芦笙组成；排笙有 3 支一组、4 支一组，乃至五六支、七八支一组不等。3 支一组的排笙，由高音、中音、低音 3 支芦笙组成。4 支一组的排笙，由以上三支芦笙加上芒筒组成。5 支一组的排笙，由特高音、高音、中音、低音和芒筒组成。6 支一组的排笙由特高音、高音、中音、次中音、低音和芒筒组成。7 支一组的排笙由特高音、高音、中音、次中音、低音、倍低音和大芒筒、小芒筒组成。此外，也有芒筒配备 13 支和 16 支组成的，依人们的爱好习惯而定。吹奏时，4 支和 5 支一组的排笙，由一支小芦笙领奏。6 支以下一组的排笙，就由特高和高音两支小芦笙领奏，其声之大，数里之外均可听闻。

木鼓。是苗族祭祀祖宗时敲来跳舞的乐器，苗语称为“略峒”，或者“略姜”。鼓社节所祭的鼓有两种：一为单鼓，苗语称“略绍”。是男性始祖姜央制作来祭祀苗族女性始祖“妹榜妹留——蝴蝶妈妈”的，每次祭鼓节要制作一个祭鼓抬到氏族特定的鼓山存放。另一种鼓的含义也是祖宗鼓，是一对，苗语称为“略朋”，意为“双鼓”。传说这对鼓象征苗族男性始祖姜央及其妻子，故这对鼓又被称为“央公、央婆鼓”。还有说这对鼓能赐给氏族子孙，意为“子孙鼓”。

“单鼓——祖宗鼓”和“央公央婆——子孙鼓”都是长圆柱形，是用一节楠木抠空而成。鼓必须做成 12 柞长，就是依据神话中蝴蝶妈妈生 12 个蛋来的，意为即使把苗族分为 12 个支系（一般为九鼓支系）也应不忘是同一个宗族。“单鼓”略小，鼓身长 165 厘米，外围直径 18 厘米，内围直径 11 厘米。两头蒙黑毛黄牛皮，绷紧，竹钉固定而成。“子孙鼓”略大，鼓身长 174 厘米。外围直径 30 厘米。央围直径 21 厘米。逢年过节可敲来跳舞，故在内壁镶嵌三层簧竹片作共鸣。两头同样蒙黑毛黄牛皮，绷紧，竹钉钉固而成。木鼓有五个鼓点音。

皮鼓。是台江县老屯、施洞等地苗族过龙舟节吃姊妹饭节时敲来踩鼓的乐器。皮鼓只有“5”“1”“3”三个鼓点音。

铜鼓。为苗族祭鼓节和一般节日时敲来跳舞的乐器。敲打之前，把铜鼓抬至舞场，用绳拴住鼓耳，悬于架上，先淋酒祭奠然后敲打。敲打者共两人：一个左右两手各持一棍，按照不同的节奏，一手横击鼓面（中心的太阳纹，发出“咚”即“1”音，一般以“D”为鼓点标记）；一手竖敲鼓身，发出“卡”的和谐的响声。另一人拿一无耳木桶，当打鼓人敲打鼓面时，将桶口向铜鼓的敞口一送，把空气赶入鼓中，使“咚”音在鼓发出“咚嗡”的回声。如此来回操作，声波时短时长，铜鼓不停“咚翁！咚嗡”地响，远近听了，都有一种奇特的美感。

木叶。苗语称“拜哝”。是通过贴于嘴边吹奏发出声音的。吹气强可用老叶，方能经吹，发音高亢，清而优美；吹气弱可用嫩叶，发音低沉，柔和悦耳。

嘎百福 嘎百福是苗族特有的曲艺，历史悠久。从嘎百福的流传情况来看，从一定的历史人物、事件以及社会生活背景上来推断，可以追溯到唐宋时期。因为此时期苗族先民跋山涉水西迁完成后，在黔东南一带定居下来，正休养生息，发展生产。后由于私有制的产生，导致贫富分化和阶级对立，产生了不少歪风邪气和纠纷，尤其是表现在婚姻方面的种种不良现象，致使苗族地区的社会生活和社会矛盾日趋纷繁复杂。前人为使社会文明，纯正社会道德，对苗族社会中的真、善、美、假、丑、恶等进行歌颂或批判，使民族加速进步。曲艺嘎百福就是在这样的土壤气候里应运而产生的。

当时苗族社会正处于发展缓慢、生产水平一直很低的状态。作为上层建筑的文化艺术长期处于不发达的境地。除民间故事、民歌、民乐、民间舞蹈、民间工艺这些上古时代的产物外，真正意义的文学无从建立，新兴艺术形式的创造难上加难。苗族人民被迫在艺术苑中辛勤栽培浇灌，使古老的艺术形式——曲艺嘎百福焕发了瑰丽多彩的火焰。

苗族苗艺嘎百福，曲目丰富，段子繁多，风格各异，实为苗族人民精神生活必需品。苗族人民在长期的劳动生活中创造了这一曲艺，又给了他们以生活的慰藉和鼓舞。这一苗族苗艺无不凝结着苗族人民的生活特点和浓郁的乡土气息。它以极其丰富的思想内容和寓意深刻的独特民间说唱艺术结构，以及具有较高的艺术价值和研究价值，赢得了苗族人民的喜爱。嘎百福具有理词规劝、教训人和辩论性等特点，理词规劝旨在说理和击败对方，常常运用说典故出奇制胜，充满着论辩。嘎百福是含有哲理性很强的艺术，它的内容就像山坡上的套子，用这一广义的艺术形式来套住对方，来启发教育对方，以求得问题的解决。

嘎百福的演唱方法，一般是以散文的传说故事为主。在重要情节和对事件的评论时，则运用概括力较强的韵文方式来唱，形成说唱相兼、散韵结合，表现事物非常活泼生动。韵文是根据诗歌的形式演变的。句型一般是五言体，间或夹杂长短句。押调与一般苗族诗歌相同，并且有情歌的抒情和叙事诗歌的叙述，重复对唱、反复咏叹等特点。由于韵文是作品的重要部分并配有曲调，故称“嘎百福歌”。演唱时，有的以一曲演唱到底；有的则是开头和结尾是散文，中间是散文和韵文夹杂。韵文部分着重抒发思想感情；散文部分着重交代事件和描绘人物动作。韵文部分是作品中某一人物唱的或某几个人物对唱的歌。如果是对唱，则采取重复演唱的形式，即甲方唱完后，乙方要全部或扼要地重唱甲方所唱的内容，然后再唱自己所要唱的内容。这种重复演唱，有针锋相对、掀起矛盾冲突、烘托紧张气氛的作用，为一般歌手所爱用，听众也喜欢听。再是由于嘎百福自己的结构形式所决定，因以叙述为主，代言为辅，对话、歌唱与叙述相结合，来完成段子内容中的思想性和哲理性。它必须采取重唱才能表达其以物喻物、以物喻人的手法，否则一唱而过没有回味，起不到应有的效果。每段韵文的开头，均须提名唤姓，加“嗬嗬哎！某某”，这一形式一方面表示客气，另一方面表示演唱是针对一定的对象。最后一句要重唱一次，借以加重语气和表示一段歌的结束。唱时，演唱者的曲调前后要一致，气氛要浓才能压堂。

演唱嘎百福的，大都是中老年人。由于这些人生活丰富、阅历广阔，对人生世态体会深刻，演唱时又能掌握住散、韵结合的特点，往往能触景生情，联想万千。无数艺人、歌手们在无须配角和不用他人分别扮演角色的情况下，可以一人单独说唱，扮演全部角色。有一人多角、跳出跳进、忽这忽那的演唱特点。对作品中的人物的言行进行客观的评价时，一般以叙述为主、代言为辅的原则下，让作品中的人物和故事去感染听众，演唱者不需作过多的体形活动和面部表现。在各段散文中，除少数因刻画人物心理和描写人物动作略长外，一般都很简短。有的只三言两语，类似戏剧中的独白。由于苗族曲艺嘎百福的结构完整，一说一唱都是一个完整的故事，加之故事情节波澜起伏，矛盾冲突强烈，富有戏剧性，因而听众总是为之折服。唱到兴致时，观众往往随声附和，使演唱者和听众一起沉浸在作品人物和事件之中。

苗族曲艺嘎百福的创作也逐渐丰富起来。因各地生活、生产水平不同，经济发展不平衡，历史发展、地理条件的不同，而呈现在各地区的嘎百福中既表现具有各自独特的风格和色彩，也不可避免地存在着相互吸收和影响的印迹。

五、舞蹈

县内民间舞蹈历史悠久，形式与内容都极其丰富。有木鼓舞、皮鼓舞、芦笙舞、板凳舞四种。舞蹈是人体动作姿态的艺术。情动于中而形于外是对舞蹈艺术的高度概括。没有情就不能创造精美形象；只有二者融为一体，才构成舞蹈的整体美。然而，各个民族的舞蹈艺术却有着不同的审美特征。它在形成与发展的过程中融进了自己的审美追求和对美的理解，并通过表情达意和转承启合的舞蹈语汇及动作姿态来表达自己民族的审美感受和体验，使动态形象与人们内心的动态情感相互对应，从而给人深刻的情感感受。

木鼓舞　苗语称“助略姜”。它经历了从自娱至祭祀，模仿劳作、表现人的社会生活、传达表述了人的内在的情感这样一个形成发展时期。

方白寨木鼓舞有五个自然章节，即略高斗、略高斗大、略虾地福、略渣厦、略渣厦耨。这五个章节的名称是依据它们的内在含意、动作或表现而起的。又因其伴奏鼓点而更显出舞蹈臆想的古朴旷远、高峻深邃。舞蹈动作是用身体中段为动力，带动四肢的协调运动，特点是踏二四拍，用手、脚、胯于同一拍节空间进行同边甩，交替进行。通过侧身顺走变换身体形态，要求头、肩、腰、臀各部间的动律均稳定在一节拍中统一进行，使人体在不协调运动之中达到高度的和谐和统一，头、手、脚开合度大，摆动幅度宽。在造型上，它有些变形，主要表现在顺拐和拧身，曲成一团，然后再把它放开。速度上，它一般都是中速稍快进行，如果慢一些，动作就可以放大。从整个舞蹈的编排来看，有一定的技法：一个动作有大有小，有向前，有后退，有转圈。从支作分解，基本上是“顺拐”而且很顺。木鼓舞是以圆圈的队形出现，这除了适合广场活动外，是团结的象征。木鼓舞刚劲有力，是力的象征，也是生命力的流露和倾泻。

方白寨木鼓舞由于具有独特风格，获得了新生，得到了发展，赢得荣誉，被誉为“东方迪斯科”。多年来，在人们的记忆里，方白寨不知迎送了多少来观光览胜的各级领导和贵宾，木鼓舞演出队的足迹踏遍祖国各地，甚至漂洋过海远涉美洲和欧洲。1990 年 10 月，方白木鼓舞应邀到中南海演出，受到了江泽民、李鹏、杨尚昆等党和国家领导人的亲切接见。

皮鼓舞　苗语称“助略度”。盛行于台江施洞一带和革东稿午等地，每逢划龙船、吃姊妹饭节、过年、吃新等节日都敲来跳助兴的舞蹈。皮鼓白手为两人，由中青年女性担任。舞蹈者为青年男女，男内圈、女外圈地围圈面对着鼓翩翩而舞。

皮鼓舞的舞步有六个独立章节：第一章“略梭方”，苗语称“四方舞”；第二章“略地雕”，即“啄木鸟舞”；第三章“略丢方”，即“方方舞”；第四章“略刚降南”，即“昆虫下东方舞”；第五章“略将多”，即“染布舞”；第六章“略恰刚”，即模拟鸟用脚寻虫而食的动作舞。

铜鼓舞　苗语称“助略过”。是苗族祭典喜庆舞蹈，以欢乐、轻盈的风格注目。铜鼓舞有“略啥客”即迎客舞、“略送客”即送客舞、“略高斗”即斑姓鸠舞、“略牙卡”即喜鹊舞、“略恰刚”即捞鱼虾舞、“略勒”即荡漾舞等。现在除“略勒舞”有人会跳外，其他的铜鼓舞鼓点和舞步已经失传。

芦笙舞　苗语称“助给”。在苗族社会中是最群众化的一种集体舞蹈，凡逢年过节、走亲，男女老少都要跳来自娱。祭鼓节时，要跳来娱神祭祖。

第九节　苗医苗药

一、苗医源流

根据传说，县境苗族先民，在距今约七八千年的古代，就发明了医药和治病方法。当时县境苗族先民居住在现今的黄淮平原，即苗族所谓的“黄水浑水”（eb fangx eb niel）和“东方”（ged nangl）老家乡，从事农业生产，经常与寄生在沼泽和草丛中的害虫病菌接触，受到咬伤和毒害，因而发明了医药和治疗方法。根据苗族传说，在前 26 世纪初，苗族祖先蚩尤曾发明 120 种“神药”，栽在山野，用以治病，有很多苗医，游走四方，贩卖草药，为人治病，享有盛名。

苗族医药历史悠久，在民间传说、歌谣和汉文医书中均有记载。在民间流传的歌中就有：“药王药王，身明睛亮，穿山越谷，行走如常，披星戴月，身在四方”，“三千苗药，八百单方”。西汉刘向著的《说苑辨物》说：“吾闻古之医者曰苗父，苗父之为医者也，行医于乡里。”《神农本草经》记载的药物“有 100 多种与苗药同名同义”（《湘西苗药汇编》）。

明代李时珍《本草纲目》第一册有 15 种、第二册有 27 种苗族药物记载。该书菖蒲条引宋代苏颂的记载：“黔蜀蛮人常将随行，以治卒患心痛。其生蛮谷中尤佳。人家移植者也堪用，但干后辛香不及蛮人持来者，此皆医方所用菖蒲也。”清代吴其濬《植物名实图考》也收载了不少苗药，如“白芨根，苗妇取以浣衣……白芨为补肺要药”。

苗族医药作为一种传统医药和派别体系被人们认识重视乃是清代以后的事。黔东南苗族山区，在乾隆前还未入“官籍”，被视为生界，有“蛮不入境，汉不入峒”之禁令。中医没有传入这些地方。苗族地区的医学颇负盛名，“苗地多产药……或吞或敷，奏效甚捷”，也有起死回生之术。苗医医术高明，为后来的军政要人重视，如咸丰、同治年间（1851—1874 年）张秀眉领导的起义军就有苗医为义军治刀伤和疾病。长征时期的红军将领贺龙非常重视苗医，多次指示“不但要物色好的苗族向导，而且要动员苗医随军前进”。

二、疾病诊断

苗医在认识疾病及辨病立症等方面，都有自己的特色。苗医把病分为症和疾，在辨症分类上有两纲（冷病、热病）五经（冷经、热经、半边经、快经、慢经）36症72疾等辨症原则和理论线索。换句话说即36经、72疾、108症。108症疾中包括了人体消化、呼吸、神经、生殖、内分泌等十大系统；也包括了病症的分科，内科、外科、妇科、儿科、皮肤科、五官科、传染科、精神科等。有的苗医认为：气、血、水是构成人体的基本物质，人之所以生病，外为水毒、气毒、火毒所犯，内有情感、信念所动，亦因劳累损伤所致。许多苗医的观点是，人体内胃是最主要的器官，为人生之本。胃能纳，百病除；胃不纳，百病起，甚至会死。

在临床实践中，对病先辨是冷病或热病，任何病都要按五经辨明属哪经，36症中属哪症，72疾中属哪疾。如腹泻，首先辨是冷经或热经。若是冷经腹泻，病人会怕冷，大便稀，次数增多，欲解又不出。又如咳嗽，同样辨明属哪经，“日咳为肺有内火，夜咳为肺有冷痰”，显然，分别是热经、冷经。对昏迷、失语、偏瘫病人，要辨明是半边经还是快经。因此每个病人都存在纲、经、症、疾的辩证隶属关系。

苗族认识疾病有一定局限性，特别是对大脑、五脏六腑等器官的认识更是如此，但苗医在长期的医疗活动中，对人体产生疾病的种种症状、形态、变化的观察都非常细致，并通过这些现象来认识疾病。对疾病的命名他们多以植物、动物、矿物的名来命名，这种取类比象，以明比隐和以形赋虚的命名，便于理解，这是苗医的一大特点。

对疾病的诊断，苗医不同于中医，也与民间医有区别，苗医还因方言土语不同，诊病手法也不尽一致，但在主体上是基本相同的。

望诊，和中医有共性但又有自己的特色。如中医一般只看头发，苗医认为眉毛不乱而光泽正常，病不重；眉毛散乱，皱眉时眉举不良。汗毛直立则说明病重。又如看指纹，中医苗医都用在小儿疾病上，但苗医多以看指纹和手心静脉阴影。如看大拇指颜色，黑为失水，红为受惊，绿色为损伤。苗医还重视看指甲，多用在妇产科的诊断上，按住妇女的中、小指甲，放开后淡红色者为口干舌燥，黄色为月经紊乱。嗅诊用得较少，主要用于呕吐、拉肚、小便异样的疾病。问诊主要问病史、发病时间、发病情况，苗医很重视发病时间，他们以12时辰的生肖属相，推断病况及预后。拿（脉）诊十分讲究，苗医把脉分为11种脉（中医是24脉）。拿脉部位和中医有别，中医多重寸口脉诊法，而苗医拿脉部位有寸口、腕部、五指、内外踝、内外膝眼、足背、左侧乳房的上中部。按照《黄帝内经》记载，过去脉诊是三部九候法。此法分上、中、下三部。分别诊头部、手部、脚部（下肢）的脉搏变化，借以分析头、胸、内脏之病。三部九候法之后又出现察上、中、下三部的三部诊法，依次是：人迎脉（颈侧动脉）法，扣脉（桡动脉法，趺阳脉法），是背部高起之处的动脉搏动诊法。

自东汉以后，人迎脉法、趺阳脉法逐渐被废弃不用，只保持寸口脉法至今，而苗医保持得完好。

苗医还有弹筋法，是用手指在病人肌腱或穴位上有节奏有一定张力地弹数次，然后观察所弹部位的颜色和形态变化，以此推断疾病所在部位及属性。

苗医诊断特点，以望、脉二诊为主。望可知其表，脉可知其里，表里结合再加上其他诊法，可以准确诊病。

三、苗药

苗药品种繁多，含植物、动物、矿物等，以植物药最多。贵州是我国著名四大药材产区之一，有“云贵川广，道地药材”之称。已记载的药用植物就有2810多种，约占全国药用植物的57%。苗药已有1000多种。苗族常用药按止痛、祛风除湿等分类有180多种，其中大部分是采集利用的苗药。在长期的医疗活动中，不断扩大药物品种。苗医把药分为冷药、热药两大类。用药原则是热病用冷药，冷病用热药。除上述理论外，还根据药物性味归入五经：原则上，味甜、麻、香、辣的药属热药，归冷经；香、辣的药同时归快经、半边经；凡酸、涩、苦属冷药，归热经。苗医按药物的功效将苗药分为清、消、汗、吐、下、补六大类。其中补药又有热补、温补及清补之分。

苗药基础理论的形成，经历了漫长的历史过程，并随着历史的前进而发展，长期以来，成为苗医临床（症）用药的指导原则。

苗药成为独特药学流派除上述外，还有如下特色。

命名的民族性，用药的季节性，朴素的药理，加工的特殊性，处方的简明性。其中处方要点是：处方简单。多是1～3味，具有少而精的特点，5味药以上配方很少；喜用鲜药，以保证药效；针对性强，多是一方一病，一药一方。

苗药剂型多样，不拘一格，有煎剂、粉剂、酊剂、鼻嗅剂、口嚼剂、捣泥外敷剂、浴剂、膏剂等。但总的分为两大样，即外用、内服。外用多为鲜品生药，内服可用生或干药。

苗药历史悠久，清《植物名实图考》载：“黔中苗峒，焚菜作淀，远贩江汉。”苗族地区，在“改土归流”后促进了苗族医药发展，形成了繁荣的“场期市场”，每逢乡民赶场，广大苗民采药运上市场，有的专售药物，有的兼以行医。在集市即可看病求医，亦可购售药物。

据1985年对全县药物进行普查，县境有动、植物药材421种（其中重点药材182种，珍稀名贵药材8种）。

四、疾病治疗

苗医把一切病症纳入冷病和热病两大范畴，从而制定出“冷病热治”“热病冷治”两大治疗原则。主要采用内治法和外治法，其外治法特别丰富。内治法由口腔吞服药物通过胃肠吸收治病，药品主要有植物药、动物药、矿物药及部分食品。外治法主要有放血疗法、刮治法、暴灯火疗法、气角疗法、滚蛋疗法、发泡疗法、佩戴药疗法、熏蒸疗法、抹酒火疗、烧药火疗法、针挑疗法、外洗法、外敷法、拍击疗法、体育疗法、热熨疗法。另外有精神疗法等。

历代苗族先民发明和积累下来的治病方法，县境苗族依然保存得很多，而且很大众化，几乎人人都懂，个个会用。这些治病方法是：

刮痧 适用伤风感冒，受凉头痛。其方法是用铜币、汤匙等为刮器，蘸取桐油、菜油或灰水，在病者的印堂、太阳穴、鼻梁、颈部、肩胛区、胸部、背部、四肢关节内曲等处，反复刮擦，直至皮肤出现红紫为止。此法有活血、散瘀、止育等作用。

拔筒 刮用于感冒头痛，风湿疼痛，关节炎、筋骨酸痛，瘀血肿痛、蚊虫叮咬、脓疱等疾。此方法分火拔与水拔两种。火拔为选口子削磨光的牛角或筒，将蘸有酒精的纸团或棉球点燃后，迅速投入其中，立即覆盖在患处，筒内空气被排出，拔筒固定于此肤，十来分钟后，拔筒脱落，被拔处出一红包，起到去毒、散瘀、止痛等作用。水拔为用沸水将竹筒烫热后，将筒口迅速按在患处，待竹筒变冷，空气收缩，即起到吸拔患处病毒、散瘀、止痛等作用。

提将 适用于伤风感冒，发冷发热，周身酸软诸症状。其方法是将右手食指与中指并拢伸直，然后向内弯曲，将峡谷指中骨节开成的夹钳状，在患者背部椎骨两侧、肩胛区、颈部周围、喉头、额门间、连皮带肉夹紧，然后提将，反复进行，直至此肤出现红肿为止。此法能起到散瘀、活血、去毒、解痛等作用。

放血 适用于解除因冻包所引起的胀痛、瘙痒。其方法是将瓷片、陶片尖端或粗针头，向胀痛、

瘙痒部位，刺扎数处，让瘀血出，胀痛、瘙痒即可解除。

滚蛋 适用于感冒发烧。其方法是将生鸡（鸭）蛋置于手掌中，然后覆在患者背部、腹部、胸部、面庞、额门等处，不断滚动（一蛋因吸收患者体温变热，即另换一蛋），能使患者退烧，减轻感冒所引起的疼痛。

拔罐 适用于医治背部因被打伤，有较大面积瘀血红肿部分。其方法是先用陶、瓷片尖端或粗针头，在患处刺扎数下，然后将选一口子平整的陶罐作拔具，将蘸有酒精的纸团或棉球点燃，迅速投入罐中，立即将罐口仆于患处，罐口紧紧吸住患处皮肤，肌肉收缩将瘀血挤出体外，使患处不致因瘀血积滞太久引起溃烂，患者变因而减轻疼痛。

推拿、按摩 适用于伤风感冒、跌打损伤所引起的酸软疼痛、活动无力等症。其方法是用双手的手头、掌心或两手挖拳，在患者背部、肩胛区、手腕、手背、大腿、小腿等处，不停地抓挠，或按摩或捶打，能起到活血、散瘀之效。

县境苗族使用药物治病的事例很多，如南宫村乡支下村苗族方德富用海金沙、散血草、野菊花冲服，治疗尿道结石，极有疗效。又如台拱镇翁茂沟寨苗族欧农三行医 30 余年，对尿道结石、淋巴结核、疔毒、背痈、扁桃体炎、骨折等疾病，均有独特的药物医治，颇有声誉。排羊乡的杨胜文行医 30 余年，治疗各种疑难杂症、不育不孕、毒蛇咬伤等都有独特的疗效。

第二章　汉族及其他民族

第一节　汉族

一、迁徙与分布

迁徙　汉族迁入境内在地区上是先入西部革一、北部施洞、东部革东边缘集镇，然后是中南部台拱、南宫地区；时间上是元、明两朝有少数迁入定居，清朝雍乾、咸同两次苗民大起义失败后，大量屯军进入县内中南部地区；光绪中期到民国时期迁入者多为商人。

县境西部革一原隶黄平。黄平于元代建军民府谭氏家族定居革一已 30 代，约于元代至元年间。革一范氏及台盘的张氏家族其祖先均曾任黄平千户所属官百户，然后定居下来，时间当在明朝。县北施洞陈氏家族已定居 15 代，约始于明万历年间（1573—1620 年）。清乾隆帝镇压“雍乾起义”后于境内安置屯军 1039 户，革东王氏和石氏家族就是这一时期定居下来的。白扎的龙氏家族，祖籍为北京大石板龙家湾，始祖随明兵南征，初居贵州平越府瓮安县，旋居黄平邱家寨，于清乾隆年间（1736—1795 年）迁居白扎。覃膏堡赵氏家族，于雍正十一年（1733 年）由瓮安迁人，乾隆《台拱厅志略》载:“台拱厅境，除台拱、革东、施洞诸地，偶有他乡寄籍者外，四境全系苗人。”说明当时除屯军外，中南部地区尚无汉人涉足。嘉庆二十五年（1820 年），屯军增至 2601 户 10628 人，遍及中部的台拱、南市塘、大德堡、白扎、排羊屯上；南部地区的覃膏堡、交密、交包、石灰河、松老等地。咸同张秀眉起义，屯军官兵外逃者众，汉族人口下降。光绪年间，两湖及江西商人曾先后于施洞、台拱、革东等地集资修建江西会馆和两湖会馆，有的也定居下来。民国时期或因天灾，或因战祸，有少量汉族流入境内定居。2010 年全县汉族总人口 5233 人。

新中国成立初，原籍山东、河南、山西、江西、湖南等省南下、西进干部及以后部队转业、学校分配等多省籍的汉族干部进入境内，大部分在县内杂居。

分布　据 1990 年统计，除部分乡（镇）机关及农村教师外，居住于县城的有 2192 人，占全县汉族人口总数的 43.1%；此外，分驻在台浓乡的台雄村 221 人；番省乡的大德村 150 人；排羊乡的先锋村 271 人，白扎村 74 人；施洞镇居委会 110 人，街上村 527 人，方寨 28 人，柏梓坪 30 人，八更 17 人；平兆乡的平兆村 54 人；老屯乡的望虎屯 264 人；革一乡的屯上村 276 人，后哨村 25 人；革东镇的革东街 141 人，镇机关 68 人；方召乡的覃膏堡 31 人；交密乡的交密村 114 人，交包村 84 人，石灰河 29 人，汪江村 31 人；东扛乡的松老村 315 人，翁细村 38 人。

二、语言

语音　台江汉语方言属汉语北方言区西南次方言（西南官话），有声母 19 个，韵母 27 个，声调 4 个。

声母：b p m f d t n l g k h j q x y z c s r

与普通话比较，台江话没有声母 zh、ch、sh，遇到普通话音节中的 zh、ch、sh、r 读为 z、c、s、r，不卷舌。

台江话把声母 n 读成 l。如男 nan—lan31、囊 náng—lang31、脑 nǎo—lao53、农 nong—long31、努 nǔ—lu53。

普通话声母 j 在台江话中有时变为 g，如街 jīe—gai33、届 jie—gai35。

普通话声母 q 在台江话中有时变为 k，如敲 qiāo—kao33。

普通话声母 h 在台江话中有时变为 f，如欢呼 huanhu—fang33 fu33、花 hua—fa33。

普通话开口呼零声母音节 a、ou、an、en、ang，台江话需加上 ng。如哀 āi—ngai33、敖 ao—ngao31、欧 ōu—ngou55、安 āi—ng ā n33、肮 āng—ngang33、恩 ēn—ngen33。

普通话“硬”ying，台江话读成 ngeng35。

普通话开口呼零声母音节 o，台江话有“我”wo，台江话读成 ngo53。

普通话 hu 音节，台江话都读成 fu，如呼 hu—fu33，胡 hú—fu31、虎 fǔ—fu53，户 hù—fu35。

韵母：a o i u ü an ao ee ai en er ei ou ang ong eng i ia iu ie in u n ua uo ue ui iao ian iangiong

普通话 e 韵母，台江话读成 ee 或 o。如额 è—ee31、德 dé—dee31、特 tè—tee31、遮 zhē—zee33、车 chē—cee33、赊 shē—see33、恶 è—wo31、乐 lè—lo31、哥 gē—go33、科 kē—ko33、喝 hē—ho33、学 xè—xo31。

在普通话中，声母 d、t、n、l、zh、ch、sh 与带韵母 u 相结合的音节，台江话将 u 读成 e。如堆 duī—dei33、推 tuī—tei33、敦 dūn—den33、吞 tūn—ten33、伦 lun24—len31、尊 zun—zen33、村 cūn—cen33、孙 sūn—sen33。

普通话含后鼻音尾韵母 eng、ing 的音节，台江话都读成前鼻音韵母 en、in。如更 geng—gen33、英 ying—yin33、争 zheng—zen33、京 jing—jin33、声 sheng—sen33、青 qing—qin33。

台江话没有儿化韵，韵母 er 自成音节，主要用于而、儿、二、耳、尔等字的读音。

台江话有四个声调，普通话阴平 55、阳平 35、上声 214、去声 51 对应台江话 55、21、53、35。

个别词有 22 调，如情状量词：（一）把（读 bia22）、（一）栋（读 dong22）、（一）顶（读 din22）。

台江话与普通话不同的称谓：父亲—dia33，爷爷—公公，外公—戛公，外婆—戛婆。

词汇 台江汉语方言所用的词，大部分与普通话相同，只有少部分不同。不同的部分，一般口头上使用，书面语很少使用。

名词：蟑螂叫偷油婆；鱼腥草叫折耳根；地瓜叫菓苕；西红柿叫毛辣果；笨蛋叫憨包，拳头叫锭子。

动词：强迫即估倒，骗即哄，折断即撇断，理睬即张。

形容词：普通话“用力”台江话叫“展劲”；无力即葩气；胖即肥，瘦即囊（lāng）；厌烦即饱颈；软即葩；丢脸即扫脸；吝啬即细啬，麻烦即裹绞。

其他词：一会儿即一哈哈，一赶赶。

量词 台江话量词与普通话相同，但在台江还有一种特殊带有感情色彩的量词，叫情状量词。如一把（读 bia22）、一栋（读 dong22）、一顶（读 din22）。

台江特色方言词：呆子—nga53zi53，山芋—nia33kou53sao31，搞—xo53，软—pa33，粘—nia33，乳房—nee33nee33，棉棉的—dio35。

语法 台江话语法与普通话语法基本相同，仅在句子语气方面有自己的特点。在疑问中，一般不用疑问助词“吗”，而是用肯定否定相迭的形式表示。如普通话的“你吃饭了吗？”说“你吃饭了没？”。这种疑问句最习惯于用“没”字。在感叹句中，当形容词作谓语或补语时，后面往往加“得很”来表达感情。如“他好得很”“他跑快得很”。在祈使句中，动词或名词的后面往往加“倒”字，以起强调作用。如“等我回来倒再办”。有的名词重叠使用，起到一定的语气作用。如“坡坡上到处是草草”“你这个崽崽想吃果果”“那边都是沟沟坎坎”。

三、习俗

婚姻家庭　境内汉族严格奉行父系家长制，家庭结构以两代、三代同堂者居多，独子不分家，多子者结婚生育一两年后即与父母分居，父母大都与幼子居住，也偶有随父母意愿跟任何一个儿子同住的。稍富有者留有养老田产，由赡养者养老送终并继承其产业；贫穷者，从养老到寿终安葬均由兄弟分担。境内县城、施洞、革东、革一、台盘等地具有一定文化素养的富有之家，大部保持三代同堂的大家庭。家长（一般是男性）待到晚年才主持分家并达成协议，或立遗嘱，未死之前主权仍掌握于家长手中，死后儿子按分家协议或遗嘱分配财产。男子有财产继承权，女儿只是婚嫁时给予较丰盛的嫁妆。

汉族婚姻缔结，新中国成立前大都是父母包办，听从父母之命、媒妁之言，严格执行同姓不婚。民国中后期，偶有自由恋爱者，也须取得家长同意。其程序有下定（讨八字）、受聘（订婚）、过礼、接亲、办喜酒、回门、吃会亲酒等。过礼时，男方出一笔礼金，所有铺笼帐被、家具衣物，均由女方备办。迎亲时，备轿三乘，新娘坐花轿，另两乘由女方的嫂子、婶娘或姐姐乘坐，名为送亲客，全权处理新娘到男家的一切事务，男方家待如上宾。开席前，所有女方的送亲客于男方堂屋入席。燃放鞭炮，然后开席，稍有礼数不到，送亲客可提出刁难，直到满意为止。

新中国成立初，凡国家干部职工，恋爱后经领导批准，在单位领导的主持下举行婚礼。然后吃一点葵花瓜子、糖果之类，不办酒席、嫁妆。20世纪60年代以后，无须领导批准，婚姻由男女双方自定，衣笼帐被由男女双方共同备办。农村自由婚姻为多数，废除坐花轿，程序和礼数也从简。进入80年代，随着经济条件的改善，机关厂矿职工及农村，大都恢复原来的程序，小的程序诸如下定、受聘等有的已经省去，有的只作象征性的手续，而迎亲就特别隆重。彩礼很重，农村一般是千元左右，城镇多达四五千元。陪嫁品除常规的衣被外，还有电视机、洗衣机、缝纫机、收录机、电风扇等，甚有陪嫁冰箱、金耳坠、金戒指等。农村路程不远的，新娘、送亲客多为步行；较远就乘汽车，城镇的乘坐小车、大车或步行兼有。农村仍由女方备办家具，县城已改由男家自备。

生产习俗　境内汉族，除集镇有部分从事商业外，大部从事农业，长期奉行“男耕女织”的老传统。清朝时期，田间劳作，全由男人负担。妇女只种菜、做家务、饲养猪鸡鹅鸭、织布缝衣、抚育孩子等。到清末及民国年间因与苗族长期共处，受到苗族的影响，放足妇女大都参加扯秧、栽秧、薅秧、割稻、栽玉米、薅玉米、薅油菜等田间活路；所有犁、耙、砍柴割草、挑运稻谷、肥料等重活多由男人承担。农事季节活，多按二十四节气掌握，民谚有“清明下早种，各雨撤迟秧”流传，其栽插收割与苗族无异，唯南部因气候寒冷，乾隆年间屯军曾由外地引进耐寒籼稻种，试种成功后推广。其种收时间，播种约早10天至半个月，收割则要晚10天至半个月。

生活习俗　境内汉族由于城乡经济条件和文化素养的不同，生活习俗亦有差异。

居住。城镇富有者住房多为外砖内木结构，但为数不多，一般平民多为五柱四瓜、四联三间，四壁全装木板，屋面为小青瓦。特别是高坡地区，其住居或依山势或依地形，其建筑风格基本上融合于苗族。

饮食嗜好。境内汉族主食以大米为主，家常副食喜欢炒一两个菜；城镇婚宴则盛行八盘八碗一汤，极为丰盛。农村因送礼甚薄、酒宴略简，凡家宴（过节、亲朋来访）则视经济情况而定。其中一个特点，由于和苗族长期共处，苗族的酸汤鱼、酸汤菜具有解渴、解腻、开胃的特点，已为汉族所接受，为家宴中必备的一道菜。平常每餐必备，城镇也不例外。辣椒是不可缺少的佐料。

喜庆。境内汉族生儿育女要“打三朝”，请“满月酒”；立房盖屋中要“上梁”“开财门”，以及给老年人“祝寿”等。其礼仪与其他汉族地区无异，所不同的是自清末到民国时期兴起的唱酒歌。在上述这些宴会中。男的猜拳行令，妇女就唱酒歌，其内容大都是和主家的喜事相关。好客的主家，还特请一些歌手来唱“盘歌”，直至通宵达旦。以苗语为主要交际语言的村寨，则以唱苗族古歌为主，城镇已与苗族通婚或交朋友的，在上述酒宴中，大多苗汉民歌互相交替穿插，情绪极为活跃。

节日集会　境内汉族节日基本与内地相同，由于与苗族长期共处、互相吸收而略有差异。

春节。为汉族的重大节日，自夏历腊月中旬起就做过节准备，少数富有之家杀年猪，烘烤腌肉、香肠、血豆腐，为一家人添置新衣，购买水果。进入下旬更忙，到二十五日以后，男的忙于打糍粑，杀年猪，女的忙于烘烤腌肉、捏糍粑、制米花、做彩色米粉等，到二十三日夜要“送灶神”回天庭向玉皇大帝汇报人间善恶。除夕当天煮腌肉、制香肠、杀鸡、宰鸭、做年饭，县城有的人家还按婚宴菜谱，做三桌至五桌蒸扣以备春酒之用。除夕合家吃“团年饭”，老年人要守年。到初一凌晨1点，要点香烛，摆供果，迎接汇报归来的“灶神爷”，然后睡觉。年初二起接春酒，新婚青年要相偕到岳父母家拜年，中年妇女则回娘家探亲等，一直忙到初八。新中国成立后多年淡化，到20世纪80年代又重新兴起，接春酒中互相攀比，菜肴丰盛。到1985年以后，春酒复趋淡化，只是直系亲属，例如亲家或族中女儿回家探亲，在小范围内接酒。

元宵节。是境内汉族一个集会节日，县城、旋洞、革东等集镇都举行盛大的集会，组织舞龙灯、狮子灯、玩花灯等活动，自清末民国时期均未间断。自1958年以后被视为“四旧”而中断，直至20世纪80年代又重新恢复，一般在初七或初九出灯。到元宵节，县城郊区龙 灯、狮子灯全部集中县城。有的年份，连施洞、革东的龙灯队伍都赶赴县城欢聚。文化部门也组织歌舞、电影参加活动，还组织评比。当晚，城乡各族人民都集中县城观灯，常达万余人，歌声、锣鼓声、鞭炮声持续不断，城郊台拱、丈浓、梅影等苗族村寨，与汉族长期共处，已融合于汉族集会中，自己组织龙灯及狮子灯参加，其中以梅影寨的狮舞最为出色，能攀缘重叠的五张方桌，上下如履平地。

祭桥，煮红蛋。本来是苗族的节日，为汉族所接受，但一般只是改善生活，煮红蛋哄小孩；凡祈求生子而实现者，敬桥仪式隆重，称为“还愿”。富有着还杀猪，大宴宾朋。

清明节。在节日前后几天扫墓，分两种情况，一般的只是各家自备酒肉，到祖墓上祭扫，不通知亲友，俗称“插白”，祭扫完毕，将祭品拿回家中与家人共进晚餐。另一种是立碑，大都通知亲朋，凡参加扫墓者，带一壶酒、香纸、鞭炮到坟上参加祭扫，在坟地野餐。进入20世纪80年代，恢复立碑，城镇汉族有的宾朋多达三四十桌，用汽车迎送。

端阳节。五月初五日是端阳节，境内汉族都过这个节日，家家包粽子，午餐从简，晚餐丰盛，约于下午四五点钟进餐，全家喝雄黄酒，并将酒倾倒于室内四周，意在驱除蛇虫；晚餐后出游，或登山或散步于河堤井坎，称为“游脱百病”，全家安康。

中元节。俗称“七月半”。境内汉族于初九日（有的于十一二日）于堂屋一侧安置祖神坛，备干果迎祖，之后香烟不断，餐前祭祀；并用刚冒出的谷穗数穗置于祭桌，意为祖先备马料。家家户户封包写包，包面写明其父祖辈以上亡灵名字，然后将冥钞装入包内，富有者还用特制的烫金（银）纸，折叠金银锭参入，还请人用纸扎四合院灵房（对因亡故于屋外他乡者，还纸扎“蒙山”并插上三角纸旗，旗上书写亡者之名）金银山等，意为祝愿祖先于阴间住四合院，金银财宝堆积成山。于节日夜送祖，将冥钞、灵房等堆于院中焚化，意为送给祖先带到阴间受用，将所备的谷穗投入包堆中焚化，意为给祖先送马料。这一节日不接亲友，只是家宴。

中秋节。家家户户改善生活，入夜，合家吃月饼、瓜果，农村大多自制糖果，葵瓜子、花生等，也偶有买月饼的，小孩们园中偷瓜、偷豆煮吃，主人不得唾骂。

重阳节。打重阳粑，酿重阳酒。除改善生活外，主要活动是登山，老年人互访谈天。

丧葬　境内汉族丧葬可分为送终、守灵、开吊、入棺、出殡、复山等程序。

送终。老人临终，子女守候身旁，聆听遗嘱，俗称“送终”。临咽气时，用一洁净火盆锅烧冥钞，称为“落气钞”，钞灰用作亡人枕芯。随即燃放一小串鞭炮，邻居听到鞭炮声，知道某家老人已辞世，纷纷到来，帮助设灵堂、灵床、净身、梳妆等后事，丧家立即请道士择日安葬，日子确定后，丧家向至亲报丧。

入棺。一般在第二天进行，将寿木抬进灵堂，子女送的兜单垫底，寿被盖面，入棺时孝子长跪，遗体安放完毕，燃放鞭炮、但不封棺，待开吊后，所有吊丧亲友都进灵堂向死者致哀告别，然后封棺。

守灵。身边子女，自老人咽气时起，一直在灵堂守灵，邻居做伴。一般是三天至五天，富有者做七天至九天，贫穷者只做一天。灵堂上道士做法式和念经，其余亲友于灵堂以外击鼓唱孝歌。

开吊。一般都在上山的前一天举行。女婿必备猪、鸡、酒、祭碗、祭幛等前来吊孝，内侄、外甥、姨侄等也备此厚礼；其余亲戚朋友只送祭幛和礼金。所有吊丧者都备冥纸、香、烛、鞭炮，一到灵堂就燃放鞭炮，点香，燃烛，烧冥纸。凡死者之小辈，都行跪拜礼，孝子跪拜答礼。丧家除给送重礼的亲属披麻戴孝外，其余的送一段孝布（也有不送的），当天只备便饭，不开宴席。

出殡。出殡时由道士发丧，然后将灵柩抬出，捆绑结束，棺盖放一只活公鸡，然后覆以扎有白鹤和彩画、彩花棺罩。出殡时，以一人丢纸钞者为领先，燃放鞭炮，吹奏唢呐随后，然后由执孝幡者领队，依次是执孝幛、孝联者，才到一手捧死者灵牌的孝子（一般是幼子或长孙，傍由一人打伞搀扶），众孝子（子侄）执丧杖紧随其后，旁系孝子和女婿分左右两排拉孝纤，众孝女由人搀扶于棺后哭泣相送。过去灵柩路过的街坊住户，都在自家的门前摆有九品架的祭桌，以送亡灵；孝子经过时，都在桌前拜谢，现已淡化。每过一桥，孝子须横卧于桥上让抬棺者跨过，执孝幛及孝女和送葬亲友送出寨外即回，当天中午宴谢宾客。新中国成立后，一切从简，仪式程序，有的省去，有的只做一点象征性的礼仪。20 世纪 80 年代以后又重新恢复。

安葬。葬地较为讲究，一般都要请地理先生择地，挖好墓井，灵柩抬至墓地后，由孝子将孝帕解开，横铺在墓穴旁边作垫，灵柩在孝帕之上，然后除去棺罩及红毯。下葬时，孝男背向灵柩跪拜，由道士用茅草扫除墓穴余孽，把公鸡丢进穴井跳出，意为一切阴魂让位，孝子随即向穴井内烧纸钱，众人将棺吊入井中，由执葬者开棺整容。封棺后，孝子先在井的四角挖土填棺，左三锄、右三锄，表示亲自安埋老人。之后，众人一齐动手填井，坟垒成后，在坟头点三晚长明灯。

复山。安葬的第二天或第三天，孝男孝女若干人与亲友一起，携带工具及酒菜，前往墓地，垒好坟包，安设墓门等。之后，用酒菜置于墓前祭祀。回来时，孝男用衣兜包一点坟上的泥土回家，路上不得说话，不许回头，直至堂屋，把泥土放在神龛上，表示把死者接到家来享受香火，庇护子孙。遗像置于堂屋，以示怀念。安葬后，视具体情况再为死者立碑，往后每年清明都要到坟上祭扫一次。

服饰　清朝时期，男性留长辫，戴青色缎料小帽，身着长衫，富有者还外套团花锦缎马褂。农村中，青年多穿对襟短衣，包头帕。民国中晚期老年人仍着长衫，剃光头，包头帕；中年人以对襟短衣为主，偶有着中山服、留分头的；青年人与中年人相反，以中山装、留分头为主，部分仍穿对襟短衣。新中国成立后着中山装，进入 20 世纪 80 年代着西装。城镇中老年人大都着中山装，戴制帽或皮帽、棉帽等。农村有少部分仍着长衫或对襟衣，不再套马褂。

清朝时期妇女缠足。未婚者留满头，梳长辫；已婚者挽发髻于脑后，别玉簪，个别富有者别金簪、带金耳坠，贫者带玉耳坠。上身着右衽布扣衣，前后摆呈半月形，前后摆沿边及左右衣脚分岔处及右衽沿边和两袖口均钉两三厘米宽的丝织绣花边；下着长裤，及小腿肚略下，裤脚大约尺许，订花边，包裹脚布，脚穿剪刀口绣花鞋。布料视经济情况而定。富有者多用绸缎，贫者用机织布。颜色有果绿、乳白、浅蓝等色，嫁衣用大红。便装多用机织布，贫者用粗布。老年妇女头饰从简，富有者带金耳环、玉手镯。上衣宽松，长至半膝，外套无袖右衽褂，裤长至脚背，用丝带捆扎于脚腕处，脚穿素包剪刀口布鞋。民国中晚期废除缠足。30岁以下的少女少妇，城镇改穿阴丹士林布旗袍，留短发。脚穿青帮白底宽口布鞋。农村多穿紧身父母装，一律不加花边，也偶有穿旗袍的，老年妇女变化不大，只是脚腕不再扎丝带。新中国成立后，20世纪50年代盛行穿列宁服；60年代以后，逐步变化为上衣单排扣的小翻领；80年代一律着时装，花样年年翻新，款式包采各异，下装有裙、裤和健美裤等。

第二节 其他民族

中华人民共和国成立前，县内除苗族、汉族外，其他民族迁入的有侗族、壮族。壮族只有黄姓一家，居住在交包村，于民国时期迁入；侗族极少，分散在平兆等村寨。他们除保留一些民族传统习俗外，大都融合于汉族或苗族之中，以汉语或苗语为交际语。

中华人民共和国成立后，根据人口普查记载，1953年有侗、布依、彝族、壮族4个民族，以侗族为最多；1964年增加水族、土家族、回族、瑶族；1982年又增加仡佬族；1990年增加满族。1991年各族人口依次是：侗族629人，回族36人，布依族27人，壮族7人，瑶族18人，土家族21人，彝族8人，仫佬族1人，仡佬族8人，水族3人。2010年各族人口依次是：侗族1118人，回族86人，布依族49人，壮族33人，瑶族48人，土家族46人，彝族17人，仫佬族8人，仡佬族21人，满族3人，水族14人，白族8人，蒙古族8人，其他民族4人。

第三章　民族关系

第一节　语言交往

中华人民共和国成立前，台江属“管外地区”，社会封闭，不通汉语，仅台江、施洞、革东等城镇，以汉语为通用语言，其他集市如革一、台盘、排羊等仅在赶集中苗汉两种语言并用，广大农村则以苗语为通用语言。特别是女性，大部分不通汉语，男性中不通汉语的也很多。

新中国成立以来，随着各项建设事业的发展，特别是教育事业的发展，形成了机关、学校、厂矿、集镇居民以说汉语为主、农村以说苗语为主的语言格局。县城郊区及集市附近苗族的成年男性，大都能说流利的汉语，在苗汉杂居的村寨，两种语言都通用。所调查的 4 个点中，白扎、望虎屯主要说汉语，也通苗语；18 岁以下的汉族青少年和儿童，平时讲汉语，听懂苗语，但不会说或说得不流利。平兆的熊氏家族（汉族）有 6 户，其中 5 户因家庭主妇是苗族，不懂汉语，其子女以苗语为主，但也能说流利的汉语；另有姚、熊各一户，家庭成员都是汉族，在家说汉语，外出与苗族交往也能说流利的苗语。覃膏因地处偏僻，周围村寨都是苗族，本寨苗族比例大，多数家庭主妇是苗族，以说苗语为主，其子女上学读书，才说汉语，在家及村寨中以说苗语为主。

第二节　文化技术交流

一、文化交流

汉苗两民族的文化交流，以民间文学的交流为最早，也较普遍，互相渗透。如苗族的童话故事、神话故事被译成汉语流传于汉族村寨，而汉族的《孟姜女》《梁山伯与祝英台》等民间故事，又被译作苗语，流传于苗族村寨。苗族的酒歌，不管大小宴席、婚丧嫁娶都要唱；有的还以古歌对唱，相互敬酒，通宵达旦。台江汉族与苗族长期共处，入乡随俗，一些歌手能通苗、汉两种语言，能唱苗汉两种民歌。新中国成立后，在县城及城郊的酒席场合中，常见苗汉两种酒歌交替进行演唱，苗族歌手能唱汉族酒歌，汉族歌手也能唱苗族酒歌，互相交融，情绪热烈。在新民歌的创作中，苗汉两种民歌都出现以苗汉语言交融进行编唱的情况。

二、技术交流

台江在明清以前，生产技术较为落后。乾隆初年，屯军及汉民带进的生产工具、生产技术和优良高产的籼稻、打糯、杂粮以及多种蔬菜，促进了生产发展。新中国成立后，人民政府组织引进的生产工具及粮油优良品种，农业生产得到飞跃的发展。1990 年粮食总产较 1949 年翻了一番。

烹调技术，也在汉苗两民族间互相交融。苗族的菜肴，以酸、辣为其特征，广大农村的家常菜，是以酸汤菜为主，逢年过节，还备酸汤鱼，因其具有解渴、解腻、生津、健胃等功能，早为境内汉族所接受。县城、施洞、革东等地汉族较集中的城镇，汉族家庭几乎每餐必备。而县城、革东、台盘等集市的郊区苗族，也学会了汉族盛餐的烹调技术；原县城郊区丈浓寨的张金良，就是汉族盛餐小有名气的苗族厨师。

苗族医术在刀伤、蛇伤、骨折、推拿等，均有独到之处，其中的推拿术（俗称“刮痧”），对于轻重感冒、中暑等症，均有特效，其方法简单，无须服药，只用铜钱或调羹一个，沾上酒或水，在脑门、手、脚腕、肩部、背脊两侧等主要筋络处来回推刮，病轻者起红斑，病重者呈乌块，刮后即愈，苗族男女成年人都会。因其方法简单易学，见效快，早为境内汉族和其他民族所接受，并普遍使用。

第三节 风俗交融

汉苗民族的风俗交融反映在节日上，汉族的元宵节和苗族的龙船节表现得较为突出。元宵节的集会，以汉族为主，苗族也参加；龙船节以苗族为主，汉族和其他民族也参加。汉苗民族的风俗交融也反映在婚姻习俗上，新中国成立前苗族女子嫁汉族按苗规，汉族女子嫁苗族则两种习俗并行，即到女方家按汉族规矩，过门的酒宴等则又按当地苗族习俗办事；新中国成立后有所变化，凡城镇、汉苗通婚一律按汉族礼仪，农村则相反，汉苗通婚，大都从苗俗。丧葬习俗中，为亡人立碑，这在苗族过去是没有的，随着汉文化的传入，凡城镇及郊区，生活较好的苗族人家，都为亡人立碑。

青年男女的社交活动，在清末民初，汉苗两族是不允许的。民国中晚期，汉族劳动人民的子女受苗族的影响，也参加“游方”活动，对唱情歌，但婚配则仍决定于父母者多。新中国成立后，农村汉族男女青年参加“游方”活动较为频繁，有的就通过“游方”相识、恋爱，并经过父母同意而婚配。

汉苗经过长期共处及相互婚配，在衣着服饰上也有所变化，深处苗族村寨中的覃膏、宝贡等屯堡，由于苗族大量进入屯堡内居住，汉族人口比例逐渐减少，屯堡内，除少数女学生仍着汉族装束外，其余妇女均着苗族服饰。在城内及革东、施洞、白扎、台雄、台盘、革一、排羊等地，嫁于汉族的苗族妇女，一般保留苗族服饰，部分改着汉装，其子女大多穿汉族服饰。在全县范围内，凡进校读书的苗族女生及城内、城郊的苗族青少年女子，大都穿时装，有时也穿苗族服装。出嫁后，居住苗族村寨的一般穿苗族服饰；居住城镇的，有的穿汉族服饰，有的仍穿苗族服饰。

第四节 民族通婚

新中国成立后，经过民族平等政策的贯彻，民族歧视已不复存在，民族隔阂的心理基本消除，出现了民族团结、民族平等。在婚姻关系上，据台拱镇 1982—1990 年的结婚统计共 526 对，汉苗通婚的 150 对，占 28.5%，苗族与其他少数民族通婚 59 对，占 11.2%；汉族与苗族以外的少数民族通婚的 30 对，占 5.7%；汉、苗两个民族以外的少数民族通婚的 3 对，占 0.6%。在汉苗通婚的 150 对中，汉族女性嫁苗族的 87 对，占汉苗通婚的 58%；苗族女性嫁汉族的 63 对，占 42%。1991 年以后，境内各民族通婚情况相当普遍，婚姻的缔结不再以民族为条件。

第四章　人口

第一节　人口发展

1991年7月1日第四次人口普查，台江县有27551户242951人，其中男性73964人，女性68987人；农村134250人，城镇108701人。2000年11月1日第五次人口普查统计，全县有35936户163700人；农村148134人，城镇15566人，其中男性85386人，女性78314人。2010年第六次全国人口普查，全县41159户158565人。其中，男性人口为85796人，占54.1%；女性人口为72769人，占45.9%。

1991—2010年台江县人口基本情况一览表

表2-2

年　度	总户数	其　中	总人口	其　中		
		农业户		男	女	农业人口
1991	27551	26325	142951	73964	68987	134250
1992	28374	27137	144071	74889	69182	135017
1993	29184	27941	145506	75698	69808	136034
1994	30020	28763	146837	76359	70478	136743
1995	31398	29575	149145	77646	71499	136342
1996	31642	30387	150870	78807	72063	137490
1997	32461	31237	152700	79997	72703	138839
1998	33444	32026	154041	80814	73227	139924
1999	34155	32821	155300	81791	73509	140892
2000	35936	33637	163700	85386	78314	148134
2001	36011	34329	160063	84062	76001	145112
2002	37022	35040	163045	85741	77304	146469
2003	38079	35721	140070	74053	66017	124489
2004	39140	36532	140315	75333	64982	126973
2005	40189	37986	140907	74893	66014	124456
2006	41251	39871	144753	76724	68029	128302
2007	36240	31479	146307	78661	67646	129169
2008	35988	31032	147708	78886	68822	130363
2009	37338	32145	149271	80173	69098	131615
2010	41159	35793	158565	85796	72769	140322

说明：表中数据源于县统计局的人口统计数据

根统计部门统计，2010 年全县总户数 41159 户，其中农业 35793 户。总人口 158565 人，其中男性人口 85796 人，女性人口 72769 人。常住本地人口 136473 人，其中男性人口 71078 人，女性人口 65395 人。外出半年以上人口 18208 人，其中男性人口 11558 人，女性人口 6650 人。外来人口 3985 人，其中本县的 2372 人、本乡镇的 59 人、省内其他县的 973 人、外省的 581 人。

第二节 人口分布

1991—2010 年，台江县人口密度不断增大，1991 年第四次人口普查统计，全县人口为 142951 人。2000 年第五次人口普查统计，常住人口 142418 人。2010 年第六次人口普查统计，全县人口为 158565 人。人口主要分布在县城、交通沿线的乡村，边远村寨较少。随着市场经济的发展，人口逐步向经济、文化中心地位的地区流动，城区及交通便捷之地人口密度越来越大，山区越来越多的人外出打工或经商并居住，人口密度逐年下降。人口密度增加速度最快的是台拱镇，由 1990 年每平方公里 144 人增加到 2010 年的 198 人，而方召乡则由每平方公里 176 人上升到 208 人。

第三节 人口变动

一、自然变动

从 1991 年起，全县继续加大计划生育工作力度，使人口自然增长速度减慢，逐年稳定为低生育、低死亡水平。2010 年，全县共出生人口 1586 人，死亡人口 886 人，迁出人口 1153 人，迁入人口 1777 人。

二、迁移变动

三板溪水电站水库将淹没剑河老县城，县城要往台江县革东镇搬迁，并且将台江县的革东镇划入剑河县管辖，台江县人口因此变动大。此外，人口变动还有婚出婚入，学生升学和毕业分配，青年应征入伍、军人退役返县，职工调动分流，社会就业谋生等途径。

1991—2010 年台江县人口变动情况一览表

表 2-3 单位：人

年 度	出生人数	死亡人数	迁出人口	迁入人口
1991	2334	971	1410	1321
1992	2386	1090	1544	1253
1993	2406	929	1524	1425
1994	2457	941	1742	1512
1995	3044	1044	2797	3107
1996	2857	1076	2013	1864
1997	2962	1055	1982	1844
1998	2721	1058	1415	1903

续表 2-3 单位：人

年　度	出生人数	死亡人数	迁出人口	迁入人口
1999	2412	916	1211	974
2000	1873	838	1324	1289
2001	2159	1163	1516	1643
2002	2078	893	1771	1867
2003	1438	648	989	1463
2004	1408	652	1392	726
2005	1132	507	1794	1516
2006	1440	720	868	1089
2007	1795	784	1600	1231
2008	1551	521	1529	1272
2009	2057	920	951	949
2010	1586	886	1153	1777

说明：表中数据源于县公安局提供的数据

第四节　人口构成

一、民族构成

居住在县境内的苗族、汉族是世居民族，人口也最多，其他民族是后来迁入民族，人口较少。2010 年，境内有苗族、汉族、侗族、彝族、布依族等 18 个民族，总人口 158565 人。其中苗族 151862 人，占 95.8%；汉族 5233 人，占 3.3%；侗族 1118 人，占 0.7%；其他民族 352 人，占 0.2%。

二、性别构成

1990 年第四次人口普查统计，全县男性人口 72879 人，占 51.6%；女性人口 68333 人，占 48.4%。男女性别比例为 106∶100。2000 年第五次人口普查统计，全县男性人口 85386 人，占 52.1%；女性人口 78314 人，占 47.9%。男女性别比例为 108.8∶100。2010 年第六次人口普查统计，全县男性人口为 85796 人，占 54.1%；女性人口为 72769 人，占 45.9%。男女性别比例为 118∶100。由此可见，男性比例逐年提高。

三、文化结构

2010 年第六次人口普查资料表明，全县人口中，具有大学（指大专以上）程度的人口 4399 人，具有高中（含中专）程度的人口 7186 人，具有初中程度的人口 30166 人，具有小学程度的人口 41867 人（以上各种受教育程度的人包括各类学校的毕业生、肄业生和在校生）；全县常住人口中，文盲人口（15 岁及以上不识字的人）为 17790 人。

四、就业状况

在业人口中，第一产业占 90.79%，第二产业占 2.19%，第三产业占 7.02%。不在业人口中，在校学生比重为 30.74%，料理家务为 28.31%，离退休人员为 9.21%，丧失劳动能力为 16.04%，从未工作正在找工作为 9.69%，失去工作正在找工作 2.54%，其他原因不在业为 3.47%。

五、育龄妇女生育

育龄妇女年龄别生育率及总和生育率，15～19 岁为 30.83‰，20～24 岁为 199.29‰，25～29 岁为 107.80‰，30～34 岁为 37.59‰，35～39 岁为 11.25‰，45～49 岁为 1.34‰，总和生育率为 194.06‰。

第五章　计划生育

第一节　宣传教育

1991—2010年，台江县人口与计划生育局始终把宣传教育作为计划生育工作的主要内容来抓，采取多形式、多渠道开展计划生育宣传活动，提高人民群众的计划生育意识。

宣传内容　由县计生局牵头，在全县范围内深入开展《中华人民共和国人口与计划生育法》《贵州省人口与计划生育条例》《流动人口管理办法》《贵州省计划生育管理办法》《计划生育技术服务管理条例》《关爱女孩行动》《农村部分计划生育奖励扶助》等法律法规的宣传活动。同时还经常对优生优育、避孕节育、晚婚晚育、生殖保健等知识进行宣传和培训。此外举办计划生育业务人员培训班，传授计划生育管理和技术业务知识，征订《人口与家庭》《人口墙报》《人之初》和“计划生育宣传画”等计划生育报刊发送到全县各村组。

宣传方式　20年来，为切实转变广大群众的生育观念，改变早婚早育、多子多福、重男轻女观念，开展了深入广泛的宣传。一是利用民族节日、集会建立各乡镇计划生育咨询台，通过“元宵节”“姊妹节”“龙舟节”等迎接群众的咨询，累计咨询5万多人次。二是发放宣传品进村入户。1991年以来，印制计划生育宣传画50万张；给育龄夫妇的一封信1.2万张；奖励扶助知识宣传单20万张；《人口与计划生育法》手册15万本；刷写宣传标语8000条，其中永久性标语3000条；制作计生宣传资料袋5万个、宣传挂历25万张；举办农村远程教育计生知识讲座500次。三是利用各村人口学校阵地定期或不定期组织育龄妇女学习计划生育政策、优生优育和生产生活等知识10万余人次。四是结合“天下苗族第一县”的特点，采用苗语配音，录制“计生政策、优先优育”讲座，发给全县各乡镇和各村寨，利用广播、电视播放6000次。开展“苗族苗歌唱计生”活动，制作光碟2.5万个，发放到各家各户。其中《少生快富苗家乐》《婚育新风进苗乡》参加贵州省文化会演分别获得优秀节目奖和三等奖。五是举办大型“农村部分计划生育家庭奖励扶助暨关爱女孩行动”宣传仪式600次，对扶助对象给予奖励。

第二节　政策措施

政策制定　根据国家、省、州有关计划生育的政策法规，1998年10月，台江县第十三届人大常委第七次会议审议通过《关于台江县贯彻〈贵州省计划生育条例〉的具体规定》(以下简称《规定》)，1998年11月，台江县人民政府正式颁布实施。该《规定》对全县的生育、独生子女、晚婚晚育、节育、限制与处罚作了具体的规定。

限制与处罚 1991年，随着国家计划生育工作的不断深入推进，中共台江县委、县人民政府加大计划生育工作力度，坚持“三不变”（即人口和计划生育工作要坚持各级党政一把手亲自抓、负总责不变，坚持现行的生育政策不变，坚持既定的人口控制目标不变）、落实“三为主”（即人口和计划生育工作要以宣传教育为主、避孕为主和经常性工作为主）、推行“三结合”（即计划生育工作与发展农村经济相结合，与帮助群众勤劳致富奔小康相结合，与建设文明幸福家庭相结合），采取了一系列新的举措。一是加强了乡镇计划生育机构和队伍建设，建立基础工作网络，把计划生育工作纳入村党支部、村民委员会的日常工作，把计划生育日常管理、计划生育工作宣传下放到村，实行计划生育工作“村为主”，使台江县计划生育工作网络建设趋于完善，工作的面更广、层次更深，取得效果更加明显。二是推选计划生育“三结合”。对实行计划生育贫困户实行帮扶，全面纳入“八七”扶贫攻坚计划，对计划生育贫困户从政策、技术、资金等方面给予倾斜。三是定期召开县委、人大、政府、政协四大班子领导会议，专题研究和解决人口与经济协调发展问题；实行以乡镇为单位的包干责任制，扶贫目标实行分级管理，层层包干；乡镇落实到村、组和农户，在限期内确保计生贫困户脱贫；实行机关、企事业单位定点挂钩扶贫责任制。四是从县、乡（镇）机关、企事业单位中抽调92名年轻干部，并择优录用100名大中专毕业生派驻192个村，分别担任村党支部书记或村委会主任助理等职务，实施“八七”攻坚和计划生育工作。

1997年以后，坚决贯彻《规定》精神，认真执行《中华人民共和国人口与计划生育法》《贵州省人口与计划生育条例》等法律法规。加强基层基础工作，加快实现计划生育“村为主”推行村（居）民自治，进一步完善目标管理责任制，全面推进全县人口与计划生育工作向新的水平发展。

加强领导，明确责任，着力抓好“一把手”工程。建立领导负责制，坚持一把手亲自抓、负总责、负全责，计划生育和有关部门直接抓、负专责。实行层层领导负责制，分级管理，明确责任，逐步建立和完善了各级人口与计划生育目标管理责任制。县、乡（镇）、村三级都成立了以党政一把手为正副组长的人口与计划生育领导小组，层层签订了人口与计划生育目标管理责任制，制定和完善工作督查指导、考核、评估兑现奖惩办法和人口与计划生育“一票否决”制度、人口与计划生育责任追究制度等。促使各级党委、政府对人口与计划生育工作的高度重视，加大了对人口与计划生育的投入。

夯实基层基础工作，实现计划生育“村为主”，推行村（居）民自治，取得显著成效。全省余庆县“村为主”工作现场会议之后，台江县在全县范围内积极推广余庆“村为主”工作经验，进一步推行村民（居）自治工作，由于方法得当、措施有力，工作进展顺利，涌现了一批像老屯乡望虎屯村的先进典型，有力地推进了台江县人口与计划生育工作。全州于2001年4月在台江召开了“村为主”工作现场会，推行望虎屯工作经验。台江县于2002年经过省级验收，基本实现了“村为主”。到2004年，全县实现“村为主”达90%，推行村（居）民自治达到45%。为台江县下一步全面推行和不断实现村（居）自治打下坚实的基础。

全面实行计划生育“村为主”，推行“村民自治”，落实好计划生育优先优惠政策，建立计划生育扶助奖励制度，积极为农村计划生育“两户”提供养老保障，转变了育龄群众的婚育观念，有力推动了人口与计划生育工作的健康发展。同时抓好计划生育帮扶，让群众在得到实惠中自觉实行计划生育。将扶贫开发与人口计划生育工作结合起来开展，县委、县政府坚持安排四大班子联系乡镇，县部门定点联系村，实行目标管理，把人口与计划生育工作作为重点，有力推动了扶贫与人口和计划生育相结合工作的落实。

坚持依法行政，文明执法。在贯彻实施人口与计划生育工作“既要抓紧，又要抓好”的指导方针中，认真贯彻“一法三规”（即《中华人民共和国人口与计划生育法》《流动人口计划生育工作管理办法》《计划生育技术服务管理条例》《社会抚养费征收管理办法》），强化公民依法生育意识。在全县90%的村（居）委会推行了计划生育村（居）民自治，依法制定了计划生育村民自治章程，计划生育村规民约，由村（居）委会直接与育龄群众家庭签订人口与计划生育系列合同，明确计划生育公民的权利和义务，实行计划生育村务公开，接受群众监督。把人口与计划生育事业纳入依法管理的轨道，完善和规范了计划生育干部依法行政、公正执法、文明执法的程序，做到持证上岗、文明执法。对违法生育的对象进行惩处与教育相结合，对党员、干部、职工违法生育从重处罚。

建立了育龄妇女家庭信息化管理和流动人口计划生育信息平台管理，建立了育龄妇女信息数据库，实现了计划生育的科学化、信息化管理。

逐年加大督查力度，县委、人大、政府、政协落实一名领导具体抓计划生育工作，担任督查组组长，定期不定期下乡（镇）村督查指导工作。县人口计划生育局也狠抓业务开展情况，成立协调督查办公室。局班子成员包乡指导责任制。督查组采取面上指导和进村入户明察暗访，发现问题及时反馈并提出整改意见。严格执行责任追究制度，各乡镇实行党委、政府第一责任人与干部签订人口计划生育责任书，实行绩效挂钩和奖惩制度。

第三节　计划生育服务

一、服务设施

1991年，县计划生育委办公楼和服务楼共5层2000平方米，设备简陋，仅能应付工作。台拱、方召、革一等乡镇还没有专门的计划生育服务阵地。2002年10月，县人口与计划生育综合楼第一期工程建设规模为2360平方米已全面竣工投入使用。2004年8月完成综合楼扩建面积为820平方米的二期工程。

2010年，县计划生育服务站置有B超2台、微波1台、电子阴道镜1个、生化仪1台、乳腺诊断仪1台、万能手术床2张等。全县各乡镇计划生育服务站的设施也逐年完善。计划生育工作以“村为主”后，各村级计划生育服务室也相继建立。截至2006年，没有专门用房的有方召乡基甲村、反排村，南宫乡交密村、巫细村，施洞镇巴拉河村，老屯乡岑邦村，台盘乡棉花坪村，革一乡排水村，台拱镇九里村等。

2010年全县络乡镇计划生育服务站设施情况一览表

表2-4

乡镇	业务建筑面积（平方米）	B超（台）	微波（台）	电子阴道镜（个）	生化仪（台）	乳腺诊断仪（台）	万能手术床（张）
台拱	320	1	1	0	0	1	1
施洞	840	1	1	0	0	1	1
台盘	500	1	1	0	0	1	1
革一	400	1	1	0	0	1	1
老屯	240	1	1	0	0	1	1
排羊	260	1	1	0	0	1	1
方召	240	1	1	0	0	1	1
南宫	480	1	1	0	0	1	1

二、技术服务

随着扶贫开发和扶贫攻坚各项措施的落实，全县计划生育基础设施建设不断加强，技术服务水平有所提高，可开展男扎、女扎、人流、引产、放环、取环、皮埋、输卵管吻合术等技术服务，同时还开展妇产科、内科、外科、儿科诊疗项目。

三、保健服务

1991 年以来，在计划生育工作过程中融入“人文关怀”，围绕育龄群众生产、生活、生育开展计划生育服务，开展农村普查普治工作，主要有术后回访、妇女病普查治疗和转诊等服务项目。2003 年，免费为育龄群众提供优质高效的避孕药具，全县创建优质服务点 131 个，占村（居）总数的 81.9%，示范点 34 个，平均每乡镇创建示范点 4 个以上。

第四节 扶贫与奖励

一、计划生育扶贫

1999 年起，开展计划生育扶贫，当年帮扶 19 户，脱贫 13 户。2002 年，实施扶贫济困与计划生育“三结合”，帮扶 44 户 216 人，采取生活救济和生产扶持形式，发给救济粮 7530 公斤，衣服 406 件，临时救济 1650 元，解决住房补助 15400 元，建房 46 间，扶持养殖 1035 元（养猪）。2003 年，扶助有女无男户共 11 户 45 人，并与帮扶对象签订了帮扶责任状，累计投入资金 3300 元。2004 年，出台《关于人口与计划生育综合治理暨“三结合”工作实施意见》，帮扶 24 户 91 人，帮扶资金 7280 元。2005 年，下拨帮扶经费 7000 元，扶贫 14 户，其中独生子女 2 户 1000 元。2006 年，帮扶 5 户，扶持资金 2070 元。2007 年，计划生育“三结合”帮扶 8 户，其中独生子女 7 户，帮扶资金 4000 元，主要用于种养殖。2008 年，计划生育“三结合”帮扶 8 户，其中独生子女 7 户，帮扶资金 4500 元，主要用于种魔芋和养猪。

二、奖励扶助

2006 年，全县办理独生子女证 172 户，落实一次性奖励 172 户；领取独生子女保健费 91 户；已办理养老保障 131 户；农村二女户 218 户，其中 33 户已落实养老保障。国家农村部分计划生育家庭奖励 172 户，每人每年 600 元奖金已全部兑现。独生子女户和两女结扎户子女入学免收学杂费兑现率为 100%。

第三篇

中共组织

第一章　中共台江县委

第一节　党员代表大会

1990—2010年，中国共产党台江县委员会召开了第六、七、八、九、十、十一次代表大会，其中，第六届委员会任期三年，之后每届任期五年。

一、第六次代表大会

中国共产党台江县委员会第六次代表大会于1990年3月27—30日在台江县城关召开。出席会议的代表202人，其中，各级干部113名，占55.9%，各类专业人员16名，占7.9%，少数民族代表183名，占90.6%，妇女代表30名，占14.9%，大专以上文化程度代表23名，占11.4%。

大会听取、审议并通过了张钦庭代表上届县委所作的工作报告和潘家齐代表上届纪委所作的纪律检查工作报告。会议选举产生第六届县委委员27名、候补委员2名，县纪律检查委员会委员15名。3月30日第六届委员会第一次会议选举刘昌明、刘耀密、张正辑、张昌宗、张钦庭、欧光辉、潘应成为县委常委，张钦庭为书记。

1990年4月，刘洪任中共台江县委委员、常委、副书记。1992年4月，张钦庭调省民政厅工作，免去张钦庭中共台江县委委员、常委、书记职务，由中共台江县委副书记刘昌明主持中共台江县委工作。1992年7月，沈洪勘任中共台江县委委员、常委、副书记。1993年2月4日，刘昌明任中共台江县委书记。1993年2月12日，包和辉任中共台江县委委员、常委、副书记。

第六届县委常委名录

表3-1

姓　名	性　别	民　族	籍　贯	职　务	文化程度	任职时间	备　注
张钦庭	男	汉	江苏赣榆	书　记	大　学	1990年3月—1992年4月	
刘昌明	男	苗	贵州台江	副书记	高　中	1990年3月—1993年2月	县长
欧光辉	男	苗	贵州台江	副书记	高　中	1990年3月—1993年2月	
沈洪勘	男	汉	—	副书记	—	1992年7月—1994年6月	挂职
赵少伏	男	汉	—	副书记	—	—	挂职
刘　洪	男	汉	—	副书记	—	—	挂职
张正辑	男	苗	贵州台江	常　委	初　中	—	
刘耀密	男	苗	贵州台江	常　委	大　专	1985年5月—1994年5月	武装部政委
潘应成	男	苗	贵州台江	常　委	大　专	—	组织部部长
张昌忠	男	苗	贵州台江	常　委	大　专	—	副县长

二、第七次代表大会

中国共产党台江县委员会第七次代表大会于1993年2月24日至27日在台江县城关召开。出席会议的代表221人，其中，各级领导干部89名，占40.3%；各类专业技术员和知识分子33名，占14.9%；各条战线先进人物56名，占25.3%；军事部门、公安（武警）3名，占1.4%；妇女代表27名，占12.2%；大专以上文化42名，占19%；45周岁以下中青年代表115名，占52%；汉族代表21名，占9.5%。

大会听取、审议和通过了刘昌明、吴治录分别代表上届县委、县纪委作的工作报告。会议选举产生第七届县委委员27名、候补委员2名，县纪律检查委员会委员11名。2月27日，第七届委员会第一次会议选举刘昌明、包和辉、刘耀密、潘应成、张明珍、曲钦山、周南生为县委常委，刘昌明为书记，包和辉、潘应成为副书记。

1994年3月，潘正学任中共台江县委委员、常委、副书记。1997年12月，免去曲钦山中共台江县委委员、常委、纪委书记职务，调锦屏县工作；免去姜先奎中共台江县委委员、常委职务，调锦屏县工作。龙昌海任中共台江县委常委、书记，潘亮任中共台江县委常委、副书记，姜希钦任中共台江县委委员、常委。

第七届县委常委名录

表3-2

姓　名	性　别	民　族	籍　贯	职　务	文化程度	任职时间	备　注
刘昌明	男	苗	贵州台江	书　记	高　中	1993年2月—1996年8月	
包和辉	男	苗	贵州凯里	副书记	大　学	1993年2月—1994年6月	县长
潘应成	男	苗	贵州台江	副书记	大　专	1993年3月—	
欧光辉	男	苗	贵州台江	副书记	高　中	1993年3月—1998年2月	
刘耀密	男	苗	贵州台江	副书记	大　专	1994年6月—1997年12月	县长
黄华英	女	侗	山东齐河	副书记	大　学	1996年10月—1998年8月	挂职
唐大明	男	汉	—	副书记	大　学	1996年4月—1998年4月	挂职
潘正学	男	汉	—	副书记	大　专	1994年3月—1996年2月	挂职
曲钦山	男	汉	山东昌邑	常　委	大　学	1993年3月—1997年12月	纪委书记
周南生	男	苗	江西临川	常　委	大　学	1993年2月—1998年12月	组织部部长
姜先奎	男	侗	贵州三穗	常　委	大　学	1994年8月—1997年6月	武装部政委
常　青	女	汉	—	常　委	大　学	—	挂职

三、第八次代表大会

中国共产党台江县委员会第八次代表大会于1998年2月14日至16日在县人民礼堂召开。出席会议的代表273人，其中，各级干部146名，占53.5%；各类专业技术员47名，占17.2%；先进人物和劳动模范48名，占17.6%；解放军和公安武警部队代表5名，占1.8%；妇女代表53名，占19.4%；苗族以外的其他民族代表34名，占12.5%；大专以上文化程度87名，占31.9%；青年代表166名，占60.8%。

大会听取、审议并通过了龙昌海代表上届县委所作的题为《高举十五大伟大旗帜，以“三个有利于”为标准，一心一意抓经济建设，为全面实现台江“两个文明”建设和经济腾飞宏伟目标而努力奋斗》的工作报告和邰金培代表上届纪委所作的纪律检查工作报告。会议选举产生第八届县委委员31名、候补委员6名，县纪律检查委员13名。2月16日第八届委员会第一次会议选举龙昌海、潘亮、杨光福、周南生、姜学东、吴伟、何平勇为县委常委。龙昌海为书记，潘亮为副书记。

是年2月，涂祥闻挂任中共台江县委常委。3月，景诗韵、黄以黔挂任中共台江县委副书记。2000年4月，杨静任中共台江县委常委、副书记。2001年1月，徐鹏任台江县委常委、纪委书记。2月，杨静任中共台江县委书记。2002年2月，周南生调三穗县委工作，免去其中共台江县委副书记、常委、委员职务；吴治国任中共台江县委常委、副书记；免去杨光福中共台江县委副书记职务。5月，王崇松任中共台江县委常委。11月，姜庭桂、陆再义任中共台江县委常委。

第八届县委常委名录

表3-3

姓 名	性 别	民 族	籍 贯	职 务	文化程度	任职时间	备 注
龙昌海	男	苗	贵州凯里	书 记	大 学	1996年8月—2001年2月	
潘 亮	男	苗	贵州黄平	副书记	大 学	1997年12月—2001年	县长
杨光福	男	侗	贵州天柱	副书记	大 专	1997年4月—2002年3月	
周南生	男	苗	江西临川	常 委	大 学	1998年2月—2002年2月	纪委书记、县委副书记
姜学东	男	侗	贵州剑河	常 委	大 学	1997年4月—1998年6月	副县长
姜希钦	男	苗	贵州锦屏	常 委	大 专	1997年12月—2000年7月	武装部政委
何平勇	男	苗	贵州台江	常 委	大 专	1998年2月—2003年1月	副县长
吴 伟	男	苗	贵州台江	常 委	大 学	1998年2月—2003年1月	组织部部长、宣传部部长

四、第九次代表大会

中国共产党台江县委员会第九次代表大会于2003年1月3日至5日在县人民礼堂召开。出席会议的代表278人，其中，各级干部149名，占53.6%；各类专业技术员48名，占17.3%；先进人物和劳动模范50名，占18%；解放军和公安武警部队代表5名，占1.8%；妇女代表55名，占19.8%；苗族以外的其他民族代表35名，占12.6%。

大会听取、审议并通过了杨静代表上届县委所作的工作报告和周南生代表上届纪委所作的纪律检查工作报告。会议选举产生第八届县委委员31名、候补委员6名，县纪律检查委员13名。1月5日，第九届委员会第一次会议选举杨静、潘亮、吴治国、何平勇、徐鹏、杨光礼、姜庭桂、王崇松、李安国、陆再义、吴光贵、张林为县委常委，杨静为书记，潘亮、吴治国、何平勇为副书记。

2006年1月，罗镜喜任中共台江县委委员、常委。7月，免去王崇松、陆再义中共台江县委常委、委员职务；免去潘亮中共台江县委副书记、常委、委员职务；杨昌彪任中共台江县委委员、常委、副书记。8月，免去徐鹏中共台江县委副书记、常委、委员和县纪委书记、常委、委员职务；张运良任台江县委委员、常委、纪委书记；免去罗镜喜中共台江县委常委、委员职务；游全香任中共台江县委委员、常委。9月，杨德涛任中共台江县委委员、常委、书记；免去李安国、杨光礼中共台江县委常委、委员职务。10月，免去姜庭桂中共台江县委常委、委员职务；王刚任中共台江县委委员、常委。

第九届县委常委名录

表 3-4

姓　名	性　别	民　族	籍　贯	职　务	文化程度	任职时间	备　注
杨　静	男	苗	贵州清镇	书　记	大　学	2001 年 2 月—2006 年 8 月	
潘　亮	男	苗	贵州黄平	副书记	大　学	2001 年 2 月—2006 年 9 月	县长
吴治国	男	苗	贵州黄平	副书记	大　学	2002 年 2 月—2005 年 3 月	
何平勇	男	苗	贵州台江	副书记	大　学	2003 年 2 月—2006 年 11 月	
徐　鹏	男	侗	贵州黎平	常　委	大　学	2001 年 1 月—2006 年 8 月	纪委书记、县委副书记
杨光礼	男	苗	贵州台江	常　委	大　学	2001 年 1 月—2006 年 10 月	县委办主任
姜庭桂	男	苗	贵州剑河	常　委	大　学	2002 年 11 月—2006 年 8 月	副县长
王崇松	男	苗	贵州凯里	常　委	大　学	2002 年 5 月—2006 年 7 月	组织部部长，2005 年 7 月任县委副书记
李安国	男	汉	山东淄博	常　委	大　专	2003 年 1 月—2006 年 9 月	政法委书记、公安局局长、党委书记
陆再义	男	侗	贵州黎平	常　委	大　学	2002 年 11 月—2006 年 7 月	宣传部部长，2005 年 7 月县委办主任
吴光贵	男	侗	贵州黎平	常　委	大　学	2001 年 2 月—2006 年 7 月	武装部政委
张　林	女	汉	四　川	常　委	大　学	2005 年 4 月—2005 年 7 月	宣传部部长

五、第十次代表大会

中国共产党台江县委员会第十次代表大会于 2006 年 10 月 19 日至 21 日在县人民礼堂召开。出席会议的代表 286 人，代表全县 6121 名党员，其中，各级领导干部代表 185 名，占 64.7%；各类专业技术员 50 名，占 17.5%；各类先进模范人物代表 51 名，占 17.8%；解放军和武警部队代表 3 名，占 1%；妇女代表 53 名，占 18.5%；苗族以外的其他民族代表 39 名，占 13.6%；45 岁以下代表 163 名，占 57%。

第十届县委常委名录

表 3-5

姓　名	性　别	民　族	籍　贯	职　务	文化程度	任职时间	备　注
杨德涛	男	汉	贵州普安	书　记	大　学	2006 年 9 月—	
杨昌彪	男	苗	贵州雷山	副书记	大　学	2006 年 11 月—	县长
张运良	男	侗	贵州岑巩	常　委	大　学	2006 年 11 月—	纪委书记
张　林	女	汉	四川德阳	常　委	大　学	2005 年 7 月—2009 年 4 月	宣传部部长
游全香	女	苗	贵州天柱	常　委	大　学	2006 年 8 月—2010 年 11 月	组织部部长
杨　伟	男	苗	贵州台江	常　委	大　学	2006 年 10 月—2010 年 3 月	常务副县长
王　刚	男	侗	贵州从江	常　委	大　学	2006 年 10 月—	副县长
李　斌	男	汉	四川蓬安	常　委	研究生	2006 年 7 月—2008 年 4 月	武装部政委
姚元良	男	侗	贵州岑巩	常　委	研究生	2006 年 10 月—	政法委书记
陆远武	男	汉	贵州桐梓	常　委	大　学	2008 年 4 月—	人武部部长
何　成	男	汉	四川阆中	常　委	大　专	2010 年 11 月—	武装部政委
龚循政	男	苗	贵州榕江	常　委	研究生	2010 年 11 月—	组织部部长
潘金海	男	苗	贵州台江	常　委	大　学	2009 年 12 月—	宣传部部长
刘作东	男	苗	贵州三穗	常　委	大　学	2010 年 3 月—	常务副县长

大会听取、审议并通过了杨德涛代表上届县委所作的工作报告和张运良代表上届纪委所作的纪律检查工作报告。会议选举产生第十届县委委员33名、候补委员8名，县纪律检查委员会委员17名。10月21日第十届委员会第一次会议选举杨德涛、杨昌彪、张运良、张林、李斌、游全香、杨伟、王刚、姚元良为县委常委，杨德涛为书记，杨昌彪为副书记。

第二节　全体委员会议

中共台江县每届委员会召开全体委员会议若干次，除第一次全会在每届代表大会结束时召开选举常委并明确分工外，其余各次全会时期不定期，内容各不相同。

一、第六届全委会

本届全委会代表136人，任期3年，从1990年至1992年年底共召开5次会议，会议内容主要是传达上级文件、会议精神，听取和讨论县委、县政府、县纪委、县委统战部的工作报告，选举出席中共黔东南苗族侗族自治州第五次代表大会的代表。

二、第七届全委会

本届全委会代表136人，任期5年，从1993年至1997年共召开7次全委会。会议内容有：听取和讨论《县委工作报告》《纪委工作报告》《中国共产党台江县第七届委员会第六次全体会议关于召开中国共产党台江县第八次代表大会的决议（草案）》《中共台江县委关于第八次党代会选举工作的通知》，表决通过《中国共产党台江县第七届委员会第六次全体会议关于召开中国共产党台江县第八次代表大会的决议》，讨论通过召开八次党代会会议时间、地点，讨论中共台江县委第八次党代会日程（草案），县委书记龙昌海作讲话。

三、第八届全委会

本届全委会代表158人，1998年至2002年共召开7次会议，会议主要内容有：听取和讨论县委工作报告、县纪委工作报告，以及《关于推动农业产业化发展的决定》，表决通过两个报告和《关于推动农业产业化发展的决定》。传达州委刘光磊在州委六届八次全委扩大会上的讲话，州委刘晓凯在州委六届八次全委扩大会上的讲话；通过县委《关于进一步加强人口与计划生育工作实施意见的决议》；讨论和通过县委《关于制订台江县国民经济和社会发展第十个五年计划的建议》。传达省委农村工作会议精神，选举出席中共黔东南州第七次党代会代表。

四、第九届全委会

本届全委会代表158人，2003年至2007年共召开7次会议，会议主要内容有：贯彻落实党的十六大、十六届四中全会和全省经济工作会议精神；传达省委九届三次全会和州委七届会议精神，审议《关于加快畜牧养殖等六个产业发展的意见》；传达全省、全州经济工作会议精神。兴起学习贯彻“三个代表”重要思想新高潮；讨论中国共产党台江县第九届委员会向中国共产党台江县第十次代表大会所作的报告（讨论稿），通过中国共产党台江县第十次代表大会决议，县委领导讲话。

五、第十届全委会

本届全委会代表158人，2008年至2010年共召开5次会议，会议主要内容有：听取和讨论县委工作报告，认真学习贯彻党的十七大精神，通过《中共台江县委十届二次全体会议关于认真学习贯彻党的十七大精神进一步推进全县经济社会又好又快发展的伟大历史进程的意义的决议》。听取县委组织部2008年干部选拔任用工作情况报告，评议县委常委会2008年领导干部选拔任用工作情况和测评2008年度新提拔科级干部任职情况，讨论、通过县委工作报告和《中共台江县委关于大力推进农村改革发展的实施意见》。听取和讨论通过《中共台江县委台江县人民政府关于大力推进个体私营等非公有制经济又好又快发展的意见》。

第三节 常务委员会议

中共台江县委常务委员会不定期召开会议，主要讨论决定全县政治、经济和社会发展中比较重大的问题，以及人事任免和其他有关事项。

一、第六届常委会

中共台江县委第六届常务委员会共召开10次会议。主要内容有：汇报对各乡镇各部门党风党纪检查、抽查情况，听取纪委汇报老屯电站财务审查情况、人大党组报告，安排当前工作，讨论党员培训经费问题，讨论干部人事编制与管理，讨论干部管理权限的有关规定，讨论决定出席州委六届代表大会的候选代表，决定选举出席州党代会代表的选举形式，听取当前农村党员培训进展情况汇报，讨论县委工作总结、安排今冬明春农村工作。

二、第七届常委会

中共台江县委第六届常务委员会共召开10次会议，主要内容有：传达全州政法系统领导干部交流工作会议精神，讨论研究公路两边违章建筑拆迁问题，研究台江县企业改制工作，听取全州农村社会养老保险工作会议精神汇报，做好人代会和政协会的准备，新一届常委的分工，讨论当前的农业和农村工作，传达全省政法工作会议精神，明确班子人员变动后的党组成员，讨论二级班子名单，出差补助规定，治理针对个体户的乱收费情况，讨论三板溪电站建设以及加快革东电站启动基本情况，讨论妇代会及科协换届筹备工作情况和人事安排。

三、第八届常委会

中共台江县委第六届常务委员会共召开8次会议。主要内容有：讨论台江县社会保障职能和机构调整，成立县委督查局、县招商局、文化和广播电视局分设，开展事业单位人事制度改革试点，县妇联、团县委召开县、乡两级代表大会，国道320（台江段）改扩建工程，听取州委指导组关于“三讲”回头看《征求意见》情况反馈，讨论行政机关、事业单位超编人员和部分事业单位工资实行差额拨款问题；传达省委、省政府召开紧急会议研究处理台江牛角坡乱伐天然林问题，讨论提出台江县具体的贯彻落实意见，听取欧光旭到省林业厅汇报县国有林开发公司异地采伐黑山天然林木情况的汇报，向州委、州政府和省州工作组报告台江县查处乱砍滥伐天然林案件的工作进展情况，收看中央电视台《焦点访谈》关于台江县乱砍滥伐天然林报道并进行讨论；讨论台江县古生物化石保护开发利用的具体工作事宜。

四、第九届常委会

中共台江县委第六届常务委员会共召开19次会议。主要内容有：按省标准补发全县干部职工的职务津贴，成立台江县军事志编纂委员会，办好姊妹节及“多彩贵州旅游形象大使”选拔活动；成立

8个乡镇安全生产监督管理站，讨论2006年县直各部门、单位办公经费预算，汇报台江县申请国家开发银行贷款项目情况，抓好农村“一户一技能”活动培训工作，制定农村“一户一技能”活动示范户的具体标准，建立“抗清英雄张秀眉陈列室”和编辑张秀眉画册，成立台江县公共财产管理办公室及县国有资产经营运行公司，安排部署全县的整脏治乱工作，成立县“整脏治乱”专项行动工作领导小组，推荐参加全州保持共产党员先进性教育活动表彰的先进单位和先进个人，安排部署台江县的乡镇领导班子换届工作；成立县人口计划生育工作督查组，对台江县人口计划生育工作存在的问题进行“十查十整改”，进一步深化改革台江县国有森工企业，召开全县纪念中国共产党成立85周年暨先进性教育活动表彰大会，专题研究全县人口计划生育工作，提高符合条件的检察干部的职级待遇、工作津贴并增加编制，讨论中共台江县第十次代表大会工作报告，县政协增设人口与资源环境委员会，讨论通过中国共产党台江县第十次代表大会工作报告。

五、第十届常委会

中共台江县委第六届常务委员会共召开10次会议。主要内容有：讨论台江县人大、政府、政协、法院、检察院换届候选人问题，通报台江县当前安全生产工作情况并对今后工作作出部署，讨论中共台江县第十届委员会常委分工，讨论县二级领导班子成员调整的问题，讨论通过县委十届五次全会有关事项，讨论通过全县经济工作会议有关事项，讨论通过《台江县城镇化推进工作实施意见》，成立台江县县级矛盾纠纷调解中心，增设县新闻宣传管理办公室，成立中共台江县委教育科技等4个工作委员会，完善《台江县被征地农民安置办法》，讨论通过《台江县关于选派优秀党员干部到村挂任党组织第一书记实施方案》，成立台江县机关事务局，成立县低温雨雪冰冻灾害恢复建设工作领导小组，县城保洁工作试行承包责任制，恢复“县委台湾工作办公室、县政府台湾事务办公室”机构，增设县人民政府外事办公室及应急管理办公室，增设县委政策研究室，选派干部组建县委赴乡镇党建扶贫工作队，成立“三农”讲师团，增设县人民政府督查室、成立县知识产权局，县民族中学申报省级示范性高中，建立党务服务中心，增设县委党的建设领导小组办公室、县委竞争性公开选拔领导干部办公室、县委干部考核办公室，成立县对外宣传办公室，建立台江县反腐倡廉教育基地。

第四节 工作机构

一、机构改革

1991年，县委工作机构有县委办公室、县纪委、县委组织部、县委宣传部、县委统战部、政法委员会、县直机关党委、政策研究室、编委办、县委党校、县委县政府联合信访办、机要局、保密局、老干局。1992年设党史研究室。2003年，党史研究室与县地方志办公室合并为县史志办。

2001年，全县机构改革后，不再单独设置政策研究室，其职能划转县委办公室。2005年，成立县委督查室。2007年年初，县委、县政府联合信访办改为信访局，划归县政府办管理。2008年8月，县委恢复政策研究室。

2010年，机构调整后，县委机构有办公室、县纪委、县委组织部、县委宣传部、县政法委员会、县委统战部、县委督查室、县委政策研究室、编委办、县直机关工委、县机要局、县保密局、县老干局、县史志办、县委党校。

二、职能机构

县委办公室 2010年编制29人（含县委正副书记），实有编制23人，其中行政编制13人，事业编制1人，工勤人员9人。设主任1名，副主任3名，下设秘书一股、秘书二股、信息股、文秘股、行政股、后勤服务中心。其中，县委督查室、政策研究室、保密局、机要局由县委办公室管理。

历任（1991—2010年，下同）县委办公室主任：张昌忠（县委常委）、张有光、杨光礼（县委常委）、陆再义（县委常委）、刘龙、李志勇、张文明、石登；副主任：欧品强、刘公孚、李廷付、刘龙、王安康、徐德俊、欧林、李志勇、欧健、张明兰、张廷振、王家成、张仁勇、宁吉身、周文雪、姜勇、欧江税、石兴燕、曾武松、王浩、李小锋、姚发欧、杨剑波。

历任县委政研室主任：莫昌波、杨通澎、徐德俊、张仁勇、欧健；副主任：徐德俊、李廷付、伍永兰、邰诚。

历任县委督查室主任：刘龙、李志勇、王家成、杨剑波；副主任：张光义、徐彬、侯陆德。

历任保密局局长：刘秀英、龙碧珍、张桂川、欧文、吴光宝、张英、杨军。

历任机要局局长：吴祖平、张秀光、王央骞、张光义、邰政明。

县委组织部 1991年，县委组织部内设机构有组织股、干部股（含知工办、青干办）、秘书股、电教股、档案室，组织员办公室。1992年，建立县委政策落实办公室（又称信访办公室），与组织部合署办公。1994年下半年，县委成立“台江县农村基层组织建设领导小组”，下设办公室，与县委组织员办公室合署办公。1995年，进行机构改革，组织部内设机构有办公室（附设有干部招考办、机构设置办）、组织室、组织员办公室、干部一室、干部二室、干部教育室（包括电化教育）、知识分子办公室、干部监督室等股室。2001年，组建干部室，撤销干部一室、干部二室、干部教育室、干部监督室和知工办，其职能并入干部室，组织员办公室的职能并入组织室。调整后组织部内设机构有办公室、组织室、干部室3个室。2007年1月，组织部内设机构增设“公务员管理股”和“信息股”，组织室更名为组织股；干部室更名为干部股；干部教育监督室更名为干部教育监督股（该股加挂“人才股”牌子）。4月2日，增设研究中心。2010年12月，县委成立“中共台江县委党的建设领导小组办公室”，为县委组织部管理的副乡级事业机构，还成立“中共台江县委竞争性公开选拔领导干部办公室”“中共台江县委干部综合考评办公室”。至此，组织部内设机构有办公室、组织股、干部股、公务员管理股、信息股、干部教育监督股、档案室、党建办、考评办、公选办等股、办、室。

历任部长：潘应成、周南生、吴伟、吴治国、王崇松、罗镜喜、游全香、龚循政；历任副部长：李天芬、潘应成、徐建州、张文华、吴元、梁文贵、石光利、欧林、刘跃武、欧幸福、李家禄、杨文文、姜利辉、李廷付、刘宁、欧达、杨富春、潘林林、刘正明、王锦、李江洪。

县委宣传部 内设机构为办公室、宣传室、理论教育办公室、县精神文明建设指导委员会办公室。行政编制8人，事业编制3人。领导职数：部长1名，副部长3名（其中1名兼文体广电局局长，不占编；1名兼文明办主任）；文明办专职副主任由副科级干部担任。主任科员或副主任科员1名。

历任部长：欧阳忠富、杨文明、欧阳乾、何平勇、张文英、陆再义、张林、潘金海；副部长：刘泽华、田代元、姜先奎、李美仁、汤昌镜、张云生、杨华、石平燕、王锦、申爱琴。

县文明办主任：申爱琴；专职副主任：李红、杨虹、李江洪、杨喆。

县委统战部 1991年，内设办公室、台湾工作办公室；2003年6月，设县委台湾工作办公室、县人民政府台湾事务办公室、县人民政府侨务办公室归口县委统战部管理。

历任部长：潘万宁（兼政协副主席）、潘昌基（兼政协副主席）、张文英（兼政协副主席）、全宏超（兼县委副书记）、杨胜刚（县委常委、组织部部长）；副部长：刘昌德（兼工商联党组书记）、石昌林、董林、吴必信（兼工商联党组书记）、潘洪德（兼县民族宗教事务局局长）、刘清香、潘燕（兼县民族宗教事务局局长）、杨学宁、张玉梅（兼县民族宗教事务局局长）、邰文福、潘学发（兼工商联党组书记）、杨昌权（兼县民族宗教事务局局长）。

县委政法委　1991年县委政法委、县综治办行政编制7名，事业编制2名。领导职数：书记1名、副书记2名、县综治办主任1名、副主任1名，正副主任科员2名。内设办公室、案件督查股、综合治理股、综治办公室，行政编制7名，事业编制2名。

历任书记：张钦庭、欧光辉、张明珍、李安国、姚元良；副书记：吴儒辉、舒大孝、姬安荣、杨光成、徐德信、李先银、张仁光、王家成、禹子贵、张勇、刘诗荣。

县委机构编制委员会办公室　1991年至2001年1月，县机构编制委员会办公室一直挂靠在县人事局（人事劳动局），行政编制2名。2001年12月，县机构编制委员会办公室不再挂靠人事劳动局，列入县委管理，独立机构，行政编制3名。2001年，成立台江县事业单位登记管理局，隶属台江县机构编制委员会办公室，实行一套人马、两块牌子。2007年，县机构编制委员会办公室行政编制增加到4名，另核准工勤人员编制1名。

历任编委办主任：徐建州、潘玉清、刘耀武、欧林、刘龙、王锦、张波；副主任：刘昌德、潘玉清、申爱群、李通文。

事业单位登记管理局局长：欧醒春。

县直属机关工作委员会　其前身为直属机关党委。1997年1月撤销直属机关党委，建立直属机关工作委员会。

历任书记：张世英、万文国、欧林、董林。

县委老干局　1991年，老干工作机构称县委离退休干部管理局，编制3人。1997年5月，更名为县委离退休干部工作局，归口县委组织部管理，撤销县老龄委员会，将其职能改由县委离退休干部工作局承担，对外挂靠县老龄委员会牌子。2001年11月，县老龄委员会职能从县委离退休干部工作局剥离，将其划给县民政局。2007年3月，成立县关心下一代工作委员会办公室，设在县委离退休干部工作局。

历任局长：龙施学、欧林、刘耀武、石光利、杨文文、杨富春；副局长：明远荣、金恒、宋明武、张志祥、潘克盛。

县史志办公室　1992年县委成立“中共台江县党史工作领导小组”，将县委党史办更名为“中共台江县党史研究室”。1997年撤销县党史研究室，其工作职责由县委办承担。县志办于1982年成立，1997年撤销县志办公室，县志业务工作由县政府办公室管理。2003年11月，恢复成立县志办公室和县党史研究室，两块牌子、一套人马，合称县史志办公室，编制6人，属政府下属单位。2010年划为县委部门。

历任党史办主任张钦庭、杨光修、张志发、熊克武；党史办副主任：盛道恒、杨光修、莫昌波、张廷振、熊跟东、唐毅、王志安、李玉国；历任县志办主任：任继贤、陈学智、石光祥；历任县志办副主任：陈学智、欧光成、李长辉、徐法信、张延振、熊跟东、唐毅、王志安、李玉国。

县委党校　2001年机构改革后，县委党校与县行政学校实行两块牌子、一套人马，编制6人，内设机构为办公室和教务处。

历任校长：刘泽华、欧光辉、杨光福、吴治国、王崇松、罗镜喜、游全香、龚循政；常务副校长：刘泽华、张秀光、张建军、肖其龙。

第五节　重大决策

一、“三农”问题决策

振兴林业经济　1992年12月，如何加快林业发展步伐，做到尽快地增资源、增活力、增效益。

尽快地绿化起来、活起来、富起来；做到以市场为向导，以效益为中心。县委研究决定：在注重经济效益、社会效益和生态效益的同时，适时地把林业推向市场，建立起充满生机活力和符合台江县实际的林业市场经济体系；根据市场的需求，通过林种、树种的合理调整，建立起以林为主，用材林、经济林、果木林、药用林合理布局；建立营林、造林、木材生产、林副产品加工、多种经济并重齐上，一、二、三产业协调发展的格局；通过林业的发展与山区的综合开发，形成全方位、多功能发展林业的战略措施。实行县长、局长、乡镇长、村主任、组长“五长”办示范点，分级负责，任务包干责任制。县、乡两级机关与村、组挂钩多种形式造的林办法，每个示范点面积不得少于50亩。要求造具清册，并注明姓名、地点、面积、林种、树种、营造规格。各乡镇人民政府要把造林绿化逐级分配到村（街）、组、农户、山头地块。县、乡两级的造林绿化，由同级绿化委员会按有关检查、验收标准进行检查、督促、验收，由县绿化委员会核实后兑现奖惩。

1992年12月31日，县委、县政府作出《关于进一步加快台江县造林绿化和林业改革开放步伐的决定》下发全县实施。

发展乡镇企业 加快发展乡镇企业，1993年2月县委研究决定：鼓励党政机关、事业单位的干部职工和科技人员停薪留职、城堡、领办、创办、协办乡镇企业，承包、领办亏损乡镇集体企业实现扭亏为盈的，从企业纯利润中给予30%的奖金进行奖励；创办乡镇集体企业的，在乡镇集体企业工作期间每年按所实现利润总额的10%给予奖励；协办乡镇企业，使企业年增税收部分由受益财政按新增税收总的10%提取奖励。实行税收优惠政策。从1993年起，凡上缴所得税的乡镇集体企业，经批准，减半征收所得税；企业开发新产品，经州有关部门鉴定属于填补州内空白的，从正式投产之日起，免征产品税或增值税两年、所得税四年。实行土地多形式使用政策，在稳定家庭联产承包责任制的前提下，对开发前后承包的地块使用权问题要坚持使用权不变，谁开发，谁管理，谁受益的原则；在资源互惠互利的前提下，可允许用承包的耕地调换耕地或非耕地，以利连片开发，实行规模经营；在开发期间内未形成规模效益前要在土地承包使用费、集体提留、农林特产税等方面给予优惠和照顾，稳定五年不变，鼓励开发者的积极性，同时对蓄意破坏开发生产、哄抢、盗窃开发产品的违法行为，有关执法部门必须严肃查处。

为此，1993年2月10日，县委、县政府发布《关于贯彻省州委和省州人民政府〈关于加快发展乡镇企业的决定〉的若干规定》。

农业产业化 为推动农业产业化发展，1999年3月县委研究决定：财政、计划、金融部门对农业产业化经营发展项目、生产基地、产品加工、市场建设等要列出专项资金，重点给予支持，农业综合开发、扶贫开发等方面的资金要向产业化倾斜；水、电、路、通信等基础设施项目要集中投向产业化基地，要支持和引导各行各业进入农业领域，参与产业化经营。继续推进并进一步完善“政府+公司+基地+干部+农户”的开发模式，根据县情探索并按照入社自愿、退社自由、民主管理、利润返还原则，组建以产业为牵动，能够在农民与市场之间架起桥梁，实现“小生产”与“大市场”对接的各类经济合作社，为农民提供产前、产中、产后服务，让农民购买生产资料放心，出卖产品欢心，搞生产安心，从而建立起“龙头”与农民之间的利益共同体。时分散的农产品以产业化形式通过统一规划、统一技术、统一品牌、统一销售而构筑一个具有市场竞争力的统一完善的产业经济板块，从而引导、推动企业、农户由分散经营、粗放管理尽快走向集约化经营、产业化发展。加大小城镇建设力度，培育农业产品的购销市场，使之于农业产业化建设有机地结合起来，力争在年内扩建台拱、革东、施洞农贸市场，使之上规模。两年内建好老屯、排羊、台盘、革一、方召、南宫农贸市场，并逐渐形成几个独具特色并能覆盖和辐射周边县份的专业批发市场。搞好“两城”建设，依托国道、省道发展第三产业，增大台江县市场容量，激发商品交易活力，促进农业产业化经营。鼓励各机关、事业单位创办涉农性有利于促进台江县农业产业化的经济实体。机关、事业单位干部和在职职工创办、

领办、承办具有一定规模的优质农业品产业基地，政治上享受挂职干部的待遇，成绩突出的要提拔重用。创办非国有性质优质农业产业化基地20亩以上，愿意离岗三年充实基地开发、管理的，享受70%的工资，其他待遇不变。

1999年3月25日，县委、县政府发布《关于推动农业产业化发展的决定》。

二、经济发展决策

经济发展措施 1992年7月县委研究决定：凡外县到台江县来投资兴办、创办、领办开发经营性企业的，免征所得税5年，从第6年起按7.5%计征所得税，投资从事种植养殖开发性产业的，免征农业特产税。凡来台江县办企业的，台江县负责提供场地并优惠10%～20%的地价标准费，土地使用权80年，在使用期内可以出租、转让、抵押或者作为合资经营的条件。引进外来非贷款资金、先进设备的人员，由受益单位给予3%的引导费，引进技术是有偿转让的，按转让费的3%由收益单位付给。无偿转让技术的收益单位按照新技术价格的3%奖给；属独资企业的由县人民政府按投资额的3%奖给；以上几项奖励免征个人免征个人收入调节税。党政机关、事业单位干部职工、科技人员，可以投资入股合办乡镇企业、个体企业和第三产业，也可以在完成本职工作的前提下，利用业余时间为本县企业推销产品和协助企业从事其他经济活动，允许领取合理报酬。科技人员研制出新产品或改进产品，效益好的，按新创税利总额10%给予奖励，创国优、部优、省优产品的给予重奖。凡是创办集中连片面积在500亩以上的用材林场和100亩以上的经济林园，经技术鉴定，质量达标的，由县人民政府一次性奖励2000元。

1992年7月3日，县委、县政府发布《关于加快台江县经济发展的几条规定》。

发展银饰刺绣产业 2008年12月县委研究决定：紧紧抓住省、州大力发展旅游业和国内旅游目的地向西部转移的契机，充分利用台江县银饰刺绣工艺品的品牌优势，积极整合力量，建立银饰刺绣产业市场化运作机制，不断将资源优势转化为经济优势，加快银饰刺绣实现规模化、产业化发展，力争用三年左右时间，将台江银饰刺绣产业培育成具有一定市场份额和市场竞争力的特色旅游产品产业。银饰刺绣产业发展的工作重点是完善银饰刺绣产业化经营机制、打造银饰刺绣产业基地、搭建银饰刺绣产业展销平台、发展银饰刺绣中介服务组织、强化银饰刺绣工艺创新能力。重点抓好施洞银饰刺绣基地和老屯、台拱、革一刺绣基地及九摆银饰基地建设，做好凯里体育馆台江民族文化展馆的展示工作，充分发挥窗口作用，宣传展示民族工艺产品，扶持开发好秀眉广场、萃文园、施洞银饰刺绣一条街民族工艺品市场，在红阳、九摆等旅游村寨建设旅游小商品展销市场，抓紧建设台江非物质文化遗产博物馆（苗族刺绣博物馆），为银饰刺绣提供更好的展示平台。发展的措施是：加大财政支持力度、加大金融支持力度、优化产业发展环境、大力培养产业人才、加大宣传推介力度。

2008年12月24日，县委、县政府发布《台江县苗族银饰刺绣产业发展的意见》。

加大招商引资 为发展台江经济，2009年7月县委研究决定：除国家法律和政策明令禁止或者限制的产业领域外，县内其他产业领域的招商引资全部放开，重点鼓励开发工业地产、中药材深加工、旅游、高新技术、交通、能源、冶金、生态农业、农产品深加工、城镇基础设施、环保和出口创汇型产业、嫁接改造现有企业，鼓励县内外单位和个人为台江县招商引资牵线搭桥，欢迎投资者提出投资项目意向。

对企业使用土地实施优惠：投资企业所需用地，可通过依法出让方式取得土地使用权；通过依法出让取得的土地使用权，在法律规定范围内，可依法转让、出租、抵押、赠予和继承；投资企业厂区周边涉及的连片生态林地、草地，在不改变土地现状的前提下，企业可采取出让、承包、租赁等方式获得土地使用权和管理权，使用期限为30～50年；在城镇规划区外符合台江县土地利用总体规划，或者规划工业区的，土地使用权可以依法按协议出让方式提供；对符合国家产业政策、投资大、见效快，年纳税500万元以上，对地方经济发展有明显拉动作用的项目，选址符合台江县土地利用总体规划的，可优先安排供地；用地情况特殊，需要特别处理的，可以结合实际需要，按“一事一议，特事特办”的方法，依法灵活办理。

对投资企业税费优惠：2010年前经批准投资兴办的符合国家西部大开发产业政策目录项目的企业，自依法生产经营之日起，按西部大开发税收优惠政策，实行企业所得税三免两减半，或两免三减半，予以优惠；对投资规模在1000万元以上，产品科技含量高，经济效益显著，具有较强经济带动作用的企业，以及落户在革一工业聚集区的项目，在不违背国家政策的前提下，可采取“一企一策、特事特办”的办法，由县人民政府专项优惠。对投资企业征收的各项规费，一律按最低下限收取。

强化对企业的服务：县人民政府招商部门具体履行招商引资宣传、推介、联络、洽谈、咨询、协调等职能；属于县级权限范围内的行政审批事项，投资者提交完备申报资料，相关职能部门能够当场办结的应该当场办结，不能够当场办结的应该在3个工作日内予以办结；需多个部门审批的，首办部门在投资者将申报资料提交完备后，会同有关部门在7个工作日内予以办结，需由上级部门审批的事项，相关部门要及时予以告知，并协助办理；供水、供电、交通、广播电视、通信等单位要保障投资企业的正常供水、供电、交通、广播电视、通信等需要；供水、供电、交通、广播电视、通信等设施设备的安装、检修、改造等作业，可能影响企业正常运行的，有关作业单位必须在24小时前告知投资企业，并尽量缩小影响时间和范围；县内相关部门确需对投资企业进行可能影响其正常生产和营业的执法检查时，必须拟定检查方案，提前两天上报县委、县人民政府批准，并将检查结果以书面形式报告县委、县人民政府；投资者依法申请保护其合法人身、财产权益的，有关行政或者司法机关应该及时依法处理，并将案件处理情况报告县委、县人民政府；外来投资者投诉中心设在县监察局，依据急事急办、特事特办的要求受理投资者在建设、生产、经营过程中的各种投诉，并将处理结果答复投诉人；严禁向投资企业乱收费、乱摊派、乱罚款；对投资者举报的“三乱”，经查证属实的，该单位的违规所得由纪检、监察部门责令全部退还企业，并按有关规定追究该单位主管领导及直接责任人员的责任。

发展非公有制经济 2009年9月，县委研究决定：台江县非公有制经济发展的基本目标是，三年有突破，五年上台阶，十年大跨越。到2012年，非公有制经济占全县生产总值的比重力争达到50%，个体工商户超过3950户，私营企业超过310户；到2015年，非公有制经济占全县生产总值比重达到60%左右，个体工商户超过4570户，私营企业超过360户；到2020年，非公有制经济占全县生产总值的比重达到70%左右，个体工商户超过5830户，私营企业超过460户；到2012年，工业增加值力争达26170万元；到2015年，工业增加值力争达45220万元；到2020年，工业增加值力争达112520万元。

台江县将从坚持平等准入、鼓励全民创业、放宽登记条件、实行优惠政策、加大财政扶持、拓宽融资渠道、依法保障用地、积极扶优扶强、支持自主创新、鼓励创建品牌等方面对非公有制经济发展提供政策支持；从简化行政审批、减轻企业负担、改进监管方式、加强投资引导、改进服务方式、维护企业权益、强化社会保障等方面优化非公有制经济发展的政务环境；采取严格依法经营、引导科学发展、加大智力支持等措施努力提升非公有制企业的自身素质；通过加强组织协调、建立激励机制、加强企业党建、营造舆论氛围、加强统计监测、加强督促检查等措施为非公有制经济发展提供协调指导。

2009年9月22日，县委、县政府发布《关于大力推进个体私营等非公有制经济又好又快发展的实施意见》。

加快发展旅游业 2009年12月县委研究决定：台江县旅游发展的目标任务是，在民族节庆活动的拉动，翁密河漂流、红阳草场等景点的开发上，全方位启动台江县及周边地区的客源市场，

2010—2015年，实现年接待国内外游客30万人次、旅游总收入0.5亿元左右，接待人数和旅游总收入逐年递增30%以上的目标。通过5年的努力，把台江县建设成为城市环境优美、旅游设施功能完善、旅游产品结构合理、旅游服务质量与管理水平较高的苗疆文化生态旅游城，建设成为全省乃至全国的民族文化休闲度假旅游目的地。台江县旅游工作重点是高标准、科学规划全县旅游业发展，加强以交通为重点的基础设施建设，加强旅游接待基础设施建设，加大投入为旅游业发展提供资金保障，开辟精品旅游线路，制定激励政策为旅游业发展创造良好环境，打造台江民族文化旅游品牌，规范和优化旅游市场秩序，加强旅游队伍建设，加大宣传促销力度。

2009年12月15日，县委、县政府发布《关于进一步加快旅游业发展的意见》。2010年11月15日，县委、县政府出台《关于民族文化旅游村寨保护的实施意见》，将红阳村、板凳村、洋汪村、阳芳村等22个村作为首批重点保护的民族文化旅游村寨，加强保护，打造旅游品牌。

发展工业经济　2010年12月县委对台江县工业经济的发展作出决策，决定："十二五"期间台江县工业发展的奋斗目标为实现"三个突破"，提高"四个比重"。"三个突破"，即工业增加值年均递增30%，实现工业增加值突破9亿元；工业基础设施建设累计突破100亿元；按每年50%递增，招商引资累计突破66.5亿元。提高"四个比重"，即到2015年，工业占全县生产总值比重提高到40%以上，非公有制经济占全县生产总值的比重提高到75%以上，装备制造和高新技术产业占工业比重提高到18%以上，第二次产业从业人员占全社会从业人员比重提高到20%以上。重点研究了台江县在做大做强特色新型工业产业的意见，坚持把招商引资的着力点放在工业项目上，坚持大、中、小项目一起抓，内外资一起引。围绕主导产业抓招商，围绕工业园区抓招商。重点抓好金属镁冶炼和深加工产业、钒矿深加工产业、城市工业矿产产业（废旧金属回收再利用）、建材产业（陶瓷、铝型材）、民族制药（苗侗医药开发），力争使工业园区逐步成为台江县建设的亮点、对外开放的窗口、招商引资的阵地。围绕县城周边发展节能环保型、劳动密集型产业。大力发展风力发电、节能灯、酿酒、苗族工艺品加工（银饰、刺绣、蜡染等）、服装、电子、农副产品加工（金银花、山苍子、茶叶）等产业。重点发展旅游商品、特色农产品、森工、电冶、制药、建材、水电、新能源等"八大产业"。到2015年，实现工业总产值达30亿元以上。工作的主要任务是加快革一工业聚集区基础设施建设步伐，做好招商引资工业项目编制工作，积极支持企业改造升级，做好工业经济和招商引资工作，建立健全工作激励机制和招商引资激励政策。

2010年12月10日，县委、县政府发布《关于实施工业强县战略暨招商引资实施意见》。

三、其他决策

天然林保护　1999年6月28日，台江县发生天然林盗伐事件后，引起中央、省、州领导高度重视，江泽民总书记为此作了重要指示。

台江县委、县政府认真吸取教训，切实采取措施，加强天然林保护工作，一律禁止天然林采伐，关停相关木材企业，认真实施退耕还林政策，建立森林生态效益补偿制度，森林生态效益年补偿总量为2688万元，以林权证核定经营面积由县林业局直接兑现到广大农户。通过实施天保工程以来，天然林得到有效的保护，全县森林绿化率从1999年的43%上升到2010年的68%。

实施"两基"攻坚　2003年1月，县委研究决定：认真抓好中小学基础设施建设，解决"两基"攻坚必需的教学条件和教学设备。重点实施好第二期"国家贫困地区义务教育工程""中小学危房改造工程""希望工程"。建立县级中小学教师信息技术培训基地，提高计算机教育的普及率。解决"普九"问题，要大力发展初中教育，扩大初中办学规模，提高初中生的入学率、完成率，降低辍学率。特别要解决好贫困生、残疾人儿童和女童的入学、辍学问题。加强教师队伍建设，通过"中小学教师继续教育工作""西部地区中学现代远程教育扶贫示范工程""中升专、专升本"学习、课堂教学达标活动等渠道和途径，加快教师的培训步伐，提高教师整体素质。解决好贫困生入学、辍学问题。将二期“义教工程”中助学金和免费提供教科书资金、社会各界的捐赠和赞助金、“希望工程”助学金等资金，用于台江县特困生入学资助。大力提倡国家干部职工开展特困生“一帮一”助学活动；对因贫困而辍学的学生，要对其采取“减、缓、免、补”等有效措施，及时使辍学学生复学。

2003 年 1 月，县委、县政府发布《关于实施两基攻坚的决定》。

乡镇党代表大会常任制　为充分发挥党代表在党代会闭会期间的作用，切实加强党内监督，促进党内决策民主化、科学化和制度化，县委研究决定在台拱镇和革一乡两个党委试行党代表大会常任制，明确党代表的任期与党代表大会相同，明确乡镇党代表的权利、义务以及履行职责的权益保障，明确党代表通过参加党代表大会及闭会期间的活动，在任期内始终发挥参与决策、监督、示范、参谋和桥梁作用。2008 年 6 月，县委发布了《台江县乡镇党代表大会常任制试点工作方案》，为保障方案得以顺利实施，配套制定了《台江县乡镇党代表大会常任制暂行办法》。

毕业生就业创业　2009 年 6 月，县委研究决定：为切实做好台江县高校毕业生就业工作，促进高校毕业生就业创业，要引导高校毕业生树立正确的就业观和成才观，进一步完善高校毕业生面向基层就业的各项优惠政策，鼓励高校毕业生到中小企业和非公有制企业就业，鼓励骨干企业吸纳高校毕业生就业，加强高校毕业生就业服务和指导，提升高校毕业生就业创业能力，支持和鼓励高校毕业生自主创业和灵活就业，强化对困难高校毕业生的就业援助。

6 月 4 日，县委、县政府发布《关于进一步加强高校毕业生就业创业工作的实施意见》。

第六节　学习教育活动

一、农村社会主义思想教育

1991 年年初，中共中央、国务院在《关于 1991 年农业和农村工作的通知》中明确指出：从 1990 年冬开始，用三年时间，分期分批在农村普遍开展农村社会主义思想教育，用社会主义思想占领农村阵地。1991 年 8 月 19 日，为贯彻落实省发〔1991〕11 号文件和州党发〔1991〕10 号文件精神，中共台江县委下发《关于开展农村社会主义思想教育加强村级组织建设的实施意见》，在全县农村普遍开展社会主义思想教育。10 月 10 日，成立以县委副书记欧光辉为组长的县农村社会主义思想教育领导小组（简称“社教”工作组），下设办公室并抽调人员具体办公。各区、乡（镇）、村（街）相继成立了“社教”领导小组。执行省、州要求，采取先试点、后铺开，先培训、后入村的办法开展工作。县委选定排调区孔庆乡刘家寨村和龙泉区长青乡排中村作为试点，由各区委书记亲自挂帅，深入村里开展试点工作。

本次教育活动旨在用社会主义思想占领农村阵地；全面正确贯彻落实党在农村的各项方针政策，进一步稳定和完善以家庭联产承包为主的责任制，建立健全统分结合的双层经营体制，发展农村社会化服务体系，逐步壮大集体经济实力；加强以党支部为核心的农村基层组织建设；抓好社会治安管理工作，狠狠打击各种犯罪活动，为农村“两个文明”建设创造良好的治安环境。

教育活动分 6 个阶段进行：第一阶段是调查摸底、制定方案、打好基础；第二阶段是思想教育、提高认识；第三阶段是组织建设；第四阶段是制度建设；第五阶段是制定经济社会发展规划；第六阶段是总结完善和检查验收。整个教育活动于 1991 年 8 月开始，至 1992 年 12 月结束。

通过农村社会主义思想教育，农村党的组织建设得到加强，农村党支部的核心作用得到体现；农村党员的先锋模范作用充分发挥，“双带”作用成效明显；农村村民委、共青团、妇联、民兵、治保、调解等基层组织机构健全、制度落实、活动正常、干部团结、工作有成效；农村一度存在的“四难”（提留难、定购任务完成难、计划生育工作难和积累工作难）问题明显缓解，党在农村的各项方针政策顺利完成，农村统分结合的双层经营体制逐步建立和完善，农村经济发展；农村精神文明建设有效开展，农村业余党校、政治夜校、实用技术学校、精神文明中心逐步建立，“五好家庭”“双文明户”“文明村寨”活动普遍开展；农村社会治安综合治理各项措施得到落实，治安形势有所好转。

二、“三讲”教育

1999年2月，贯彻落实中共中央和中共贵州省委《关于在县级以上党政领导班子、领导干部中深入开展以“讲学习、讲政治、讲正气”为主要内容的党性党风教育的意见》，制定出台《中共台江县委关于在县级领导班子和领导干部中开展“三讲”教育的实施方案》，成立中共台江县委“三讲”教育领导小组，龙昌海任组长。是年3月1日，召开全县“三讲”教育动员大会，全面部署“三讲”教育工作。整个教育活动分5个阶段进行：第一阶段为调查摸底，充分准备；第二阶段为思想动员，学习提高；第三阶段为总结反思，对照检查；第四阶段为认真整改，健全制度；第五阶段为总结提高，检查验收。“三讲”教育期间，全县7个县级班子党组成员认真学习领会江泽民“三个代表”重要思想和精神实质，对照“三个代表”重要思想的要求深刻反思，思想境界得到明显提高。同时县级领导班子和领导干部立说立行，广泛深入基层调查研究，了解民情，并牵头联系各级各部门，边整边改，即知即改，纠正错的，退还借的，狠刹歪的，清理乱的，调减高的，解决难的，出台“干”的，协调各项资金60万元，为基层群众办实事76件，先后制定各项规章制度93个，整理出需要解决的热点难点问题95个（其中长期32个、中期23个、近期40个）。在“三讲”集中教育和“回头看”中，实现了“未学先改不等靠、边讲边改出实招、集中整改抓重点、整改过程看实效”的目标要求，各级各部门领导干部以亲人的姿态置身于群众中，抓关键，抓热点、抓难点，切实解决了理想信念问题、群众普遍关心的问题和经济发展中的突出问题。受到了广大干部群众的好评。

三、“三个代表”重要思想教育

2001年，根据中共中央办公厅《关于在农村开展“三个代表”重要思想学习教育活动的意见》文件精神，县委按照省委、州委的统一部署和安排，从2001年3月至2002年1月，分别在乡镇、县部门、村级开展“三个代表”重要思想学习教育活动。县委制定下发《台江县“三个代表”重要思想学习教育活动的实施方案》和《工作安排意见》。成立台江县“三个代表”重要思想学习教育领导小组及其办公室，学习教育活动分三批进行：第一批为乡（镇），于2001年3月16日开始至6月15日结束；第二批为部门，于6月15日开始至9月14日结束；第三批乡镇为11月12日开始，至2002年1月10日结束，

学习教育活动共分为学习培训、对照检查、整改提高3个阶段进行。在历时10个月的学习教育活动中，县委书记切实履行“第一责任人”的职责，乡镇党委书记、县直部门党组书记、村委支部书记也切实履行了“直接责任人”和“具体责任人”的职责，坚持一级抓一级层层抓落实，使学习教育活动工作进展顺利，成效明显。通过认真开展农村“三个代表”重要思想学习教育活动，学教对象都受到了深刻的马列主义教育，思想政治素质得到了不同程度的提高工作责任心、事业心和理想信念得到了增强，思想作风、工作作风、生活作风和学风有了明显转变。

学教活动开展以来，通过全县各级干部的共同努力，累计协调投入各种资金410万元，新修和维修了34条进村公路，解决29个村5800人3000多头大牲畜的饮水困难问题，新修和维修村级活动室29个，救助失学儿童182人，修缮水渠31条计49.5公里，解决了16个自然寨看电视难的问题，硬化了12个村3.6公里的村道，开展农业实用科技培训42期3000多人次，发放科技宣传资料3万余份。总之，通过学教活动，达到了“干部受到教育、农民得到实惠、群众感到满意”的目标要求。

四、保持共产党员先进性教育

2005年1月，为贯彻落实《中共中央关于在全党开展以实践“三个代表”重要思想为主要内容的保持共产党员先进性教育活动的意见》《中共贵州省委关于在全省开展以实践“三个代表”重要思想为主要内容的保持共产党先进性教育活动的实施意见》精神，县委在全县开展以实践“三个代表”重要思想为主要内容的保持共产党员先进性教育活动。成立台江县保持共产党员先进性教育领导小组，杨静任组长。此次教育活动分三批进行。2005年1月15日启动，2006年6月底前基本结束。

这次先进性教育活动，分“学习动员、分析评议、整改提高”3个阶段进行。第一阶段重点是抓好学习培训，搞好思想发动，组织党员开展新时期保持先进性具体要求大讨论，明确新时期保持先进性的具体要求，为整个教育活动打牢思想、理论基础。第二阶段重点抓广泛征求意见，开展谈心活动，撰写党性分析材料，开好专题组织生活和专题民主生活会议，提出评议意见和通报评议情况六个环节，巩固和扩大学习动员阶段成果。第三阶段重点把握3个环节：即制定整改方案和措施；认真进行整改；向群众公布整改情况。县委常委会在先进性教育中按照“提高党员素质、加强基层组织、服务人民群众、促进各项工作”和“让党员受教育，使群众得利益”的目标要求，在扎实开展学习动员，分析评议阶段工作的基础上，集中时间、集中精力抓好整改提高阶段的各项工作。针对征求和查找到的意见和建议，梳理归纳出涉及执政能力建设、工业、农业、旅游、非公经济、综治工作、城市管理、党风廉政建设等15个方面的突出问题62条。根据县委领导的工作分工，由县委书记、副书记牵头进行整改。

五、深入学习实践科学发展观

2008年9月，省委出台了《中共贵州省委关于在全省开展深入学习实践科学发展观活动的实施意见》（黔党发〔2008〕14号）文件，2009年1月4日县委成立了县委升入学习实践科学发展观活动领导小组，县委书记杨德涛为组长，县委副书记、县长杨昌彪，县委常委、县纪委书记张运良，县委常委、县委宣传部部长张林，县委常委、县委组织部部长游全香为副组长，有关18个单位负责人为成员，县委出台《关于在全县开展深入学习实践科学发展观活动的实施意见》。

根据中央、省委和州委的安排部署，台江县开展学习实践科学发展观活动于2009年3月开始，全县共有84个参学单位96个党支部，1443名党员参加。3月18日县委召开全县动员大会，各参学单位也在3月23日前召开动员会议。县委抽调24名干部分成10个工作组深入各参学单位指导检查工作。活动开展以来，全县各参学单位严格按照省委、州委的统一部署，认真开展活动。县委常委集中学习10次，组织全县党员干部听取有关领导、专家辅导报告6次，认真开展交心谈心，沟通思想，加强团结，广泛征求意见，认真分析存在的问题，理清发展思路，确定了“主动融入凯里城市经济圈，努力实现台江跨越式发展”为实践主题。创新举措，大力加强经济社会建设，以实际行动体现实践特色，以实际改进赢得群众满意，以实际行动推动科学发展。

第二章　纪检工作

第一节　纪委全委会

一、第六次至第十次全委会

第六次全委会　1990 年 3 月 27 日至 30 日，中共台江县委第六次党代会召开，选举产生台江县第六届纪律检查委员会委员 15 名。在全委会第一次会议上，吴治禄、张有光、邰金培、吴征和、宋明武当选常委。吴治禄为书记，张有光、邰金培为副书记。

第七次全委会　1993 年 2 月 24 日至 27 日，中共台江县第七次党代会召开，选举产生台江县第七届纪律检查委员会委员 11 名。在全委会第一次会议上，曲钦山、邰金培、陈玉林、宋明武、张言谨当选常委。曲钦山为书记，邰金培、陈玉林为副书记。

第八次全委会　1998 年 2 月 14 日至 16 日，中共台江县第八次党代会召开，选举产生台江县第八届纪律检查委员会委员 13 名。在全委会第一次会议上，周南生、杨本昌、欧幸福、戴玉林、王毅、陈兴焱、张先成当选常委。周南生为书记，杨本昌、欧幸福、戴玉林为副书记。

第九次全委会　2003 年 1 月 3 日至 5 日，中共台江县第九次党代会召开，选举产生台江县第九届纪律检查委员会。在全委会第一次会议上，徐鹏、欧琦、王毅、张先成、邰文福、熊建英、张建军当选常委。徐鹏为书记，欧琦、王毅为副书记。

第十次全委会　2006 年 10 月 19 日至 21 日，中共台江县第九次党代会召开，选举产生台江县第六届纪律检查委员会委员 17 名。在全委会第一次会议上，张运良、欧林、熊建英、吴必信、邰胜军、杨林、杨再评当选常委。张运良为书记，欧林、熊建英为副书记。

二、工作机构

1991 年，县纪委内设办公室、信访举报室、纪检监察室、案件审理室、教育研究室、党风政风督查室。1993 年 4 月 12 日，县纪委、县监察局合署办公，内设办公室、执法监察室、信访举报室、纪检监察室、案件审理室、教育研究室、党风政风督查室。2010 年，县纪委内设办公室、政策法规宣传教育室、党风廉政建设室、信访室、案件检查室、案件审理室、执法监察室、非公有制经济投诉中心，机构规格均为副科级。纪委（监察局）总行政编制数 15 名。职数设置：设县纪委常委 7 名（其中，书记 1 名、副书记 2 名）；县监察局局长 1 名（由纪委 1 名副书记兼任，不占副书记职数）、副局长 2 名（其中一名由县纪委常委兼任，另一名为非党副局长）；室主任 7 名（其中 3 名由县纪委常委兼任）；投诉中心主任 1 名（事业编制）。

1991 年 8 月，在台拱镇、施洞镇、革东镇、南宫乡、排羊乡、方召乡、老屯乡、革一乡、台盘乡人民政府设置行政监察机构，设立派驻监察室。1992 年 2 月建镇并乡撤区，合并的 9 个乡镇建立了党的纪律检查委员会，设专职书记 1 人、专兼职委员各 1 人。1992 年 4 月，在县公安局、工商局、教委、商业局、经委、卫生局、粮食局、财政局、水电局、农牧局、林业局、供销社、司法局、交通局、城建局、文广局、计委、科委、乡镇企业等部门设置行政监察机构，设立派驻监察室。2001 年 12 月，在县农业局、林业局、水利局、教育局、卫生局、财政局、国土资源管理局、粮食局等单位设置纪检组，县属机关党委设置纪委。纪检组或纪委配备纪检组组长或纪委书记 1 名、兼职纪检监察员 2 名。2002 年，在各个部门设置纪检组，配备纪检组组长和专兼职纪检员；在县公安局设置纪委；在县国土局、计生局、林业局、教育局、财政局、法院 6 个部门设置监察室。2010 年全县各单位都设纪检组组长、纪检员。

第二节　廉政建设

1991 年 11 月下旬至 12 月上旬，县纪委、县委组织部、县监察局组成联合检查组，对全县党风廉政建设工作开展情况进行抽查，共检查了 6 个乡镇和 4 个县直机关党委、党组。乡镇党委好的 3 个，中的 1 个，差的 2 个；县直机关党委、党组好的 3 个，中的 1 个。1991 年，根据省委、省政府的安排部署，全县撤区并乡建镇工作开始实施，县委、县政府下发《关于做好建镇并乡撤区前国家集体资金财产及档案清理工作的决定》，要求全县领导干部在撤并建中，认真办理财产、资金及档案移交，严禁以任何借口，巧立名目侵吞私分公款和滥发钱物，1992 年 6 月撤并建结束，全县未发现滥发钱物的违法违纪行为。

1992 年年初，在全县农村社教工作中，抽调各级纪检干部 21 人。从 3 月 20 日至 6 月底，深入各乡村开展社会主义思想教育，加强党支部、村委会的思想组织、作风和制度建设，协助各级党委抓党风廉政建设。是年，按照中央《关于认真开好党员、领导干部民主生活会的通知》精神，各乡镇党委、县直各机关和省州驻从单位党组织都认真开了领导干部民主生活会。通过民主生活会找出工作中的差距，开展批评与自我批评，针对工作中的不足提出改进措施。全县 584 个党支部 7271 名党员参加了民主评议，共评出优秀党员 113 人，评出不合格而受到组织处理的党员 62 人，其中劝退而不退被除名 11 人，取消预备资格 8 人，限期改正错误的 43 人。

1993 年 10 月 12 日，县委、县政府作出《关于反腐败斗争近期要抓好几项工作的决定》。决定结合本县实际，实事求是地估价本县反腐败斗争现状，要求副县级以上领导干部不能在企业或营利性事业单位兼职；不准在公务活动中接受礼金和各种有价证券；不准到下属单位或其他企事业单位报销个人应支付的各种费用；停止个人经商办企业或参与其他营利性活动。规定党政机关不准乱收费；不准经商办企业；不准以罚代法；不准用公款出境出国旅游，不准用公款大吃大喝，挥霍浪费。

1997 年 11 月，县委、县政府成立台江县党风廉政建设责任制领导小组，由县委书记任组长，成员单位有财政、审计、公安、法院和检察院等 12 个单位，制定了《台江县党风廉政建设责任制》，对领导干部明确了责任内容，每年年初，把党风廉政建设工作任务分解细化落实到各部门，明确责任人，并层层签订责任状，年终进行检查考核，作为对领导干部奖惩和提拔任用的重要依据，对不认真履行职责，致使管辖范围内发生责任事故的领导干部实施责任追究。

1998 年，县纪委对全县领导干部使用通信工具进行检查清理。全县公款安装的住宅电话共 165 部，其中，符合条件安装的 20 部，因工作特殊或工作需要的 100 部，不符合条件安装的 45 部，已折价过户给个人的 165 部，过户率 100%。用公款购置的移动电话 7 部，用公款购置的 BP 机 95 部，其中，中文机 67 部、数字机 28 部。还对企业用公款安装购置的通信工具进行清理，全县企业单位用公款安装的住宅电话有 30部，已过户给个人的 16部，其中，过户款上缴财政的 12户，企业暂收的 4部，正在催促过户的14户。以上两项共收缴财政的过户费10200元。同时加强对领导干部廉洁自律检查，督促各单位认真贯彻执行领导干部廉洁自律的“八条规定”和国有企业领导“八个不准”，要求各单位按照中央的要求进行自查自纠，对照八条规定开好专题民主生活会。全县应召开专题民主生活会的单位110个，实际召开的99个，占应召开数的90%；应到会人数520人（含部分单位的投级干部在内），实参会人数502人，占应参会人数的96.5%。通过专题民主生活会，使各单位和部门内部存在的问题和群众反映强烈的问题得到有效解决和控制，增强了党员领导干部廉洁从政的意识。

1999年3月29日，县委、县政府印发了《关于全县党风廉政建设责任制的实施意见（试行）》。意见共6章20条，包括总则、党委党组及其成员的责任、政府及其工作部门和领导成员的责任、纪委纪检组的责任、考核与奖惩、附则等，为进一步贯彻落实党风廉政建设责任制，坚持不懈地推进台江县的党风廉政建设起到了指导作用。

2000年，县纪委分3个工作组下到各乡镇、县直各机关单位检查清理通信工具配置、使用行为，收缴了不符合规定配置的移动电话32部。之后，制定了《台江县党政机关公务电话，公务移动电话，传呼机管理办法》。根据州纪委《关于对公车私用进行监督检查的意见》，对领导干部用公费办理驾照、审照等问题进行了摸底调查，制定了《关于严禁科级领导顾客驾驶公务车的规定》，进一步规范公务车使用，杜绝“玩车风”。根据审计部门对全县9个乡镇经济开发公司的账务进行全面审计，发现有很多干部，特别是乡科级干部借用公款、欠拖不还的现象相当严重，县纪委及时发出通知，要求各乡镇、单位对干部借用公款情况自查上报，并组织人员深入各乡镇、县直各单位开展督促检查。

2003年，县委、县政府制定《领导干部谈话打招呼制度》，对领导干部实行了“三项谈话”。一是纪委组织部主要领导同下级党政主要负责人谈话，二是对新提拔和交流的领导干部进行任前廉政谈话，三是对存在问题或错误苗头的领导干部进行诫勉谈话打招呼。是年至2005年，县纪委、组织部主要领导同各乡镇和县直机关的党政主要领导谈话117人次，对新提拔和交流的领导干部进行任前廉政谈话354人次，县纪委领导对有错误苗头的领导干部进行诫勉谈话打招呼70人次。有效地把领导干部的问题解决在萌芽状态。

2006年，为落实好党风廉政建设责任制，于4月25日前，全县63个目标责任单位均签订了《台江县2006年党风廉政建设责任制目标管理责任书》。积极开展党风廉政建设宣传，利用台江赶集天，组织人员上街设点开展政策宣传、咨询3次，深入乡镇开展接访工作8次，分发资料5000余份，接待前来咨询人数1215人次。7月至8月，共有27名县级干部和366名科级干部进行了述职述廉。全年县纪委领导与下级党委（党组）主要负责人谈话3人次，开展诫勉谈话6人次，开展任前廉政谈话106人次。

2007年，县纪委先后下发了《关于严肃上下班工作纪律的通知》《关于了禁止机关工作人员上班时间内炒股的通知》《关于贯彻中共中央纪委〈关于严格禁止利用职务上的便利谋取不正当利益的若干规定〉的实施意见》，县委办下发了《关于进一步加强公务用车管理使用的通知》，县委办、政府办联合下发了《关于加强党员干部廉洁纪律严禁大操大办酒席的规定》，开展党员干部自查自纠和专项清理，切实解决领导干部廉洁从政方面存在的突出问题。县换届选举后，对县二级机构新任职的一把手进行廉洁谈话，县纪委党风廉政室协助县委书记对全县8个乡镇的党委书记及乡镇长和县直属单位新任职的领导主要负责人共80人进行廉政谈话，各单位的“一把手”结合各自的工作岗位和自身实际谈了对反腐倡廉工作的认识，作出廉政承诺，并签订承诺书。对近年来党政机关修建的楼堂馆所进行全面清查，严格控制办公楼建设规模、占地面积、装修及设备标准及工程造价，没有发现违规行为。

2008年，根据审计部门对5个单位进行经济责任审计，发现有些单位存在乱发放值班补助、白条列支、挪用专项资金、招待费超标、财务管理制度不完善等行为，县纪委要求问题单位加强财务管理、建立健全内部控制制度、禁止挪用专项资金、严格控制招待费支出。3 月 17 日，县委书记分别与 8 个乡镇和 88 个县直部门签订了 2008 年度党风廉政建设责任书，5 月制定下发《2008 年台江县党风廉政建设和反腐败工作主要任务分工》。对公务用车做好清理工作，制定《关于对公务用车进行登记的通知》，全县共登记 111 辆车，其中有待办控购手续车 1 辆、挂靠车 1 辆。同时对全县 107 个单位进行清查，发现超编车 1 辆，超标车 1 辆，已做清退清理工作，并对 4 位驾驶公车的领导干部进行打招呼和诫勉谈话。

2009 年，成立台江县农村基层党风廉政建设工作专项检查活动领导小组，并下发《开展农村党风廉政建设工作专项检查活动实施方案》，在全县 8 个乡镇和 13 个涉农部门开展自查工作。由 26 人组成 8 个检查工作组，分赴各乡镇及部门进行督察检查。共检查 156 个村 811 个村民小组，检查面达 100%；走访农户 12956 人，达 36%；问卷调查 7255 人，达 56%；发现问题 72 个，整改 72 个。在自查工作中健全和完善了涉农资金、项目台账，工作中坚持查纠结合，对自查中发现的问题及时纠正处理。5 月，根据中央、省、州关于对“小金库”开展专项治理的指示，县政府办制定并印发了《台江县小金库治理工作实施方案的通知》，并成立领导小组和设立办公室，对“小金库”进行专项治理。全县 74 个单位开展自查自纠，其中有县级党政机关 44 个，事业单位 22 个，县级以下党政机关 8 个。通过自查自纠和重点检查，没有发现“小金库”现象存在。

2010 年，县纪委根据州纪委《关于清明节期间上坟祭祖活动有关规定的紧急通知》，于 3 月 18 日、4 月 1 日用短信向全县各级部门领导班子成员发出温馨提示，严禁公车上坟，倡导文明新风。4 月 4—15 日，县纪委、监察局、县“三力”办协同州委暗访组对全县 8 个乡镇和县城周围公墓进行检查和暗访发现有两辆公务车违规使用。8 月，县委党建办、县纪委、县委组织部联合下发了《关于开好党员领导干部民主生活会的通知》，以“忠实践行宗旨、勤政廉政为民”为主题，切实加强领导干部作风建设，要求各党员干部认真组织学习、广泛征求意见、开展好会前谈心、撰写好发言材料、认真开好会议，同时加强组织指导、搞好统筹协调、做好工作安排。

第三节　纠风工作

在纠风工作中，县纪委通过细化分解，明确责任，把党风廉政建设工作的任务目标层层落实，纳入各单位的重要工作日程，与各项工作同落实、同部署、同检查，有力促进了全县党风廉政建设工作的深入开展。

1998 年，开展执法监察和民主评议行风检查，由纪委、监察、物价、教育等部门成立联合调查组，对城关中小学的收费情况进行调查，发现这 4 所中小学都有违反规定收费现象。对工商、供电两部门进行了行风评议，评议分 5 个阶段进行，经过代表的走访、调查和综合打分评议，促进两行业作风的改进，达到较好效果，群众较为满意。

2000 年 5 月初，聘请 10 名评议代表组成评议组，在全县 13 个医疗卫生单位全面开展评议工作，发放问卷调查 1000 多份，提出整改措施 68 条，已落实 51 条，完善规章制度 53 项。对群众反映强烈的医疗费偏高问题，全县医疗卫生单位通过降价让利，全年累计直接减少病人负担 24.7 万元。督促国税、地说、工商、邮政、电信等系统，按高标准、严要求、讲实效的原则开展“七看七查”活动，使这些系统的民主评议行风“回头看”活动取得了明显成效。会同物价、审计、教育等部门组成调查组对全县 23 所中小学校（义务教育阶段）的 2000 年春季收费进行了为期 45 天的调查，核实到县中小学校乱收费数额高达 37.34 万元，违规收费项目达 22 项，除 10 万余元上缴财政外，其余均清退给学生。为避免再次反弹，秋季开学初，县委、县政府责成县教育局、县物价局联合下发了《关于规范中小学校、幼儿园收费标准的通知》，使该现象得到遏制。对纠正医药购销不正之风情况，纪委组织公安、工商、经贸、监察、财政、技监、物价等部门组成联合检查组，对县城关两个医疗单位、8个个体药店、15个个体诊所进行了为期3天的检查，纠正了部分药店、诊所隶关系混乱的局面，取缔无证照的药品经营店2个，销毁过期、假劣药品标值1.5万元，8种药品的价格得到切实降低。对各乡镇开展扶贫资金发放专项执法检查，发现大部分乡镇政府在发放农户小额信贷时，每户要强行扣除100～300元不等的款项，涉及金额近10万元，及时进行了纠正。认真落实“收支两条线”管理规定和会计委派制度。由清理小组对全县60个单位150个账户进行清理，取消多设账户92个，清理收费项目17个，取消不合理收费项目6个，涉及金额12万多元，具有行政事业性收费的51个单位有96%已纳入财政专户管理，有效地杜绝收单位坐收坐支行为。

2003年，为了加大干部人事制度改革力度，防止用人上的不正之风，县纪委配合县委组织部认真贯彻《党政领导干部选拔任用条例》，为全县480名科级领导干部设立了廉政档案。档案实行微机化管理，平时将民主生活会上干部职工对领导干部的评议情况、违纪违法受处分情况、上级领导进行谈话打招呼的情况、表现突出受表彰的情况以及群众反映经核实的情况记入廉政档案，2003—2005年，共为组织部门送来的76名领导干部进行了廉政鉴定，为县委、县政府提拔任用领导干部提供了重要依据。为了加强县直机关廉政建设，促进社会经济的全面发展，把党风廉政建设纳入了党建工作的重要内容，列入了各级领导班子、领导干部的重要议事日程和目标考核范固。各单位和各部门的主要负责人，把党风廉政建设放在改革、发展、稳定的大局中认识和把握，增强了责任意识，提高了“两手抓”的自觉性，一些业务部门主动把党风廉政建设纳入行业管理之中。

2005年，县纪委出台《党政机关和事业单位干部职工禁酒规定》。严禁干部职工在星期一至星期五的中午没有公务接待任务时饮酒，严禁干部职工在值班时间内饮酒，严禁干部职工身着制服在公开场所饮酒，严禁干部职工特别是单位驾驶员在酒后驾驶机动车辆。对违反规定者，分别给予严肃处理。是年，贯彻执行《中华人民共和国行政许可法》，开展行政效能监察工作，推进行政审批制度改革。重点在国土、教育、卫生、建设、公安、交通、农业、水利、技监、环保、发改革、工商12个单位，开展对《行政许可法》的贯彻执行情况进行监督检查。公安、工商、国税、地税、国土、交警及信用社实行了“一厅式审批”制度。在县卫生局、教育局、民政局、人事劳动和社会保障局开展行政效能监察工作，通过开展行政效能监察工作，4个单位依法行政水平都不同程度的得到提高。为进一步规范医疗市场秩序，确保人民群众身体健康和生命安全，医疗行政机关每季度抽调有关人员对全县医疗机构门诊的医疗执行情况进行专项检查，积极开展县级医院医疗器具和药品集中采购工作，杜绝医疗部门的不正之风。通过采取经济、行政等手段，严格办理拖欠工程款和农民工工资清理工作。全县施工单位拖欠农民工资9.1万元，已兑现3.2万元，其余部分要求施工单位于年底前全部兑现完毕。取消针对出租车的收费项目1个，减轻出租车车主8.25万元的负担。

2007年，县纪委联合国土、工商、质监、公安等部门认真开展土地市场、矿产资源开发、安全生产领域、招投标程序活动的监督检查力度，共检查企业141次、处安全事故4起，作出行政处罚3次。全县69个单位参加机关作风教育整顿活动，加大对财政资金运行、干部选拔任用的监管，着力整治学校违规收取费用、哄抬涉农价格、行贿受贿等违纪违规行为，确保各项工作取得实效。

2008年，县纪委监察局在全县开展了对医疗教育乱收费、节能减排工作监督、部门公车超编超标、公职人员兼职营利活动等专项整治工作，加大了对党员干部公款吃喝、公款旅游、大操大办酒席等违纪违规行为监督力度，强化对干部到岗到位、工作执行情况的监督检查，提高干部队伍的执行力、创造力、公信力，切实解决了一些党员干部存在的“庸、散、懒、慢、拖”的问题，在全县营造了“想干事、能干事、干成事”的良好氛围。

2009年，县纪委联合组织、财政等部门下发《关于贯彻落实中央厉行节约八项要求工作任务分工的通知》《关于制止党政干部公款旅游〈含出国出境〉专项工作实施方案》，重申了元旦、春节期间党政机关、党员干部廉洁自律和禁止奢侈浪费有关规定文件，对执行“八项要求”、制止公款旅游和奢侈浪费等作出安排部署，牵头对全县8个乡镇和财政、交通、民政、劳动和社会保障等30个县直单位开展厉行节约八项要求工作情况进行督促检查，及时制止以培训为名外出考察学习，严刹了公款旅游、公款请客送礼等不正之风；严格控制社会求助和单位赞助行为，节约办公经费，杜绝各种铺张浪费，节约了行政成本。继续深化机关作风建设和“三力”建设活动，县纪委牵头组织县委督察室、“三力”办加强对干部到岗到位、工作执行情况的监督检查，促使机关作风得到明显改善，领导干部执行力、创造力、公信力显著提高。

2010年，县纪委监察局紧紧围绕管好“权、钱、事、人”4个方面，加强对重点对象、重点领域、重点部门、重点环节的监督和管理，加大从源头上预防和治理腐败的工作力度。强力推行行政审批事项清理、取消和调整工作，促使公安、工商、国税等10个部门全面实行了“一厅式”审批服务。在干部调整上，县纪委、县委组织部设立了举报电话和举报电子邮箱，对3起反映干部选拔任用的信访举报进行了调查处理。加大建设工程招投标、经营性土地使用权出让、产权交易和政府采购的监督力度，全年组织政府采购90次，采购预算资金5438.36万元，实际采购资金5014.41万元，节约资金423.95万元。各部门单位及企业、学校、医疗机构深入开展公开工作，“三公开”工作得到了进一步规范。在农村基层党风廉政建设方面，配齐全县156个村的村级纪检员，落实了劳动报酬，整合了监督力量，直接将监督的触角延伸到农村，及时有效地解决侵害群众利益的热点、难点问题。县纪委监察局在总结机关内部管理工作的基础上，建立和完善了县纪委常委议事规则、信访接待、首位责任制等规章制度，有力地推进了机关管理制度化、规范化。结合“践行宗旨”“创先争优”“四帮四促”活动，扎实推进纪检监察系统开展的“做党的忠诚卫士、当群众的贴心人”主题实践活动，进一步提升了服务、保障、推动科学发展的能力和水平。

第四节　案件查处

1991年，县纪委共立案查处党内违纪案件36起，结案35件，占立案数的97.22%；其中，严重官僚主义渎职1起，赌博4起，行贿受贿2起，侵犯国家和群众利益1起，腐化堕落、道德败坏1起，违反计划生育政策19起，其他7起。处分违纪党员35人，其中，开除党籍20人、留党察看2人、严重警告2人、警告9人、批评教育2人；科局级4人、股级6人、党员干部6人、一般党员19人。县监察局共受理各种案件21起，其中立案查处10件。处理9人，其中开除工作籍2人、撤职1人、行政记大过处分3人、行政记过处分3人。

1992年，县纪委立案43件，结案42件。处理违纪党员41人，其中，开除党籍34人、严重警告2人、警告5人、免予处分1人；受党纪处分人员中，乡局级干部2人、股级干部10人、一般党员干部5人、农村党员25人、同时受到政纪处理5人、法纪处理4人；错误性质：贪污挪用公款6人、受贿2人、赌博1人、侵权2人、违反计划生育政策24人、故意伤害3人、其他3人。县监察局对严重违纪的6名干部进行了立案调查，其中有股长、站长、所长5名，一般干部1名，已办结处理5件5人。在作出处理的5件5人中有开除工作籍2件2人，撤职1件1人，降级2件2人。

1993年，全县党纪立案12件，结案11件，结案率91.7%。开除党籍11名，其中股级党员干部2名、一般党员干部1名、一般党员8名。行政立案4件，结案4件，受记大过处分3人次，降一级工资1人，其中股级2人（3件），一般干部1人。案件性质：党内违反计划生育政策案件6件，嫖娼案件3件，腐化堕落1件，强奸妇女1件；行政渎职失职受贿1件，嫖娼3件。

1998年，全县纪检监察机关共立案10件，审结10件，其中党纪立案6件、政纪立案4件。涉及副科级干部3人、一般干部4人、一般党员3人。开除党籍6人、开除公职3人、行政记大过1人、降级处分1人、建议人事部门解聘的1人。按照《党章》和《公务员暂行条例》的有关规定，给予恢复党员权利的2人，给予行政解除处分的3人。对被处分党员进行回访教育的9人，占被处分人员的31%。是年2月，县纪委、监察局、物价局、教育局成立联合调查组，对城关中小学的收费情况进行了调查。通过调查，4所中小学共违反规定收费214775元，其中，民中违反规定收费134400元，台拱民中违反规定收费16500元，城关一小违反规定收费60600元，城关二小违反规定收费3275元，调查组提出了处理意见。

2001年，全县共立案16件，其中万元以上案件1件，党纪立案12件12人；政纪立案4件4人。审结案件15件15人，未结1件，结案率94%。涉及一般党员干部7人、农村党员8人。开除党籍10人、政纪警告1人、记大过1人、开除公职2人、开除党籍和公职1人。

2002年，全县共立案19件，其中党纪立案16件16人，政纪立案3件3人。审结案件19件19人，结案率100%。挽回经济损失3.58万元；完成复审案件1件1人，按期解除处分2件2人。

2004年，监察机关立案6件，涉及科级党员干部1件1人、一般干部1件1人、其他人员4件4人。其中违反计划生育4件4人、违反社会主义道德类1件1人、其他类1件1人。以上违纪人员中，开除党籍5人，党内警告1人。

2006年，县纪检监察机关共立案8件，有7件属于党纪案件，1件属于政纪案件。涉及人员8人，其中，乡科级2人，一般干部4人，其他2人。案件性质：贪污案3件3人，失职类案件2件2人，妨害社会管理秩序类案件3件3人。结案8件涉及8人，其中，开除党籍5人，撤销党内职务1件1人，党内警告1件1人，行政警告1件1人。

2007年，共受理移送审理的案件10件，已审查处理违反党政案件9件13人，涉及违纪人员13人，审结率为100%。党纪处分7件9人，其中，开除7人、警告2人；受政纪处受分2件4人。涉及科级干部4件5人，万元以上经济案件2件。

2008年，纪检监察机关共立案8件，有7件属于党纪案件、1件属于政纪案件；涉及人员8人，其中，乡科级2人、一般干部4人、其他2人。案件性质：贪污案3件3人，失职类案件2件2人，妨害社会管理秩序类案件3件3人。结案8件涉及8人，其中开除党籍5人，撤销党内职务1件1人，党内警告1件1人，行政警告1件1人。

2009年，县纪委立案24件34人（含2008年度遗留案件1件3人），其中，涉及乡科级干部11人、一般干部14人、其他人员9人。党政纪处分共30人，其中，党纪处分21人、政纪处分9人、双重处分4人；涉及乡科级干部11人，一般干部14人，其他人员9人。党纪处分中受党内警告处分9人，党内严重警告1人，留党察看3人，开除党籍8人。全年收缴违纪资金37.7万元，挽回经济损失87.83万元。

2010年，县纪委立案26件30人，全部结案，其中，涉及乡科级干部11人（主任科员4人）、一般干部6人、农村党员13人。违反党政纪律人员处分28人，免予党政纪处分2人；在受处分的28人中，给予党纪处分18人、政纪处分9人、受双重处分1件1人（撤销党内职务和行政撤职处分），属责任追究11人；在党纪处分18人中，警告5人、严重警告5人、留党察看一年1人、留党察看两年1人、开除党籍6人；在政纪处分9人中，行政警告5人、记大过3人、开除1人。全年共查处财政扶贫资金、阳光工程资金、救灾资金等涉农资金案件5件，涉案金额290万元；通过执纪办案追缴违纪资金52万元，没收车辆3辆，挽回经济损失470万元。

第五节 信访办理

1991 年，县纪委共收到群众来信 78 件，其中，党纪申诉 3 件、揭控 37 件、其他 38 件；接待来访 18 件，其中，揭控 14 件、党纪申诉 1 件、其他 3 件。初信初访 78 件，已办结 78 件，办结率 100%，重信重访 1 件，越级信访 1 件。

1992 年，县纪委受理群众来信 75 件，其中，申诉 9 件、检告 48 件、其他 18 件；来访 14 件，其中，申诉 1 件、检告 11 件、其他 2 件。信访合计 89 件，其中，重信重访 3 件、越级信访 2 件、属于非纪检部门处理的 15 件、属于纪检部门处理的 69 件，已办结 68 件，办结率 76.4%。县监察局共接待群众来信来访 36 件，除 9 件不属于监察局办理转给有关部门处理以外，其余 27 件中，以权谋私 10 件、贪污 4 件、贿赂 3 件、违反计划生育政策 2 件、违反财经纪律 4 件、违反经济政策 1 件、打击报复 2 件、官僚主义渎职失职 1 件；涉及县级干部 1 人，正副局级干部 7 人，厂长、经理、股长 19 人，其他 4 人。对这些举报材料，监察机关都按照“分级负责，归口办理”的原则作了调查和处理。由于在案件调查处理过程中，监察机关注意了把好事实关、证据关，定性、量纪做到事实清楚、证据确凿、量纪适当、程序完善，从而保证了案件质量。

1993 年，县纪委共收到来信 84 件，接待来访 6 人次，信访合计共 90 件次。其中，党纪控告 48 件次，占信访数 53.3%，政纪举报 21 件次，占信访数 23.4%，党申 3 件次，占信访数 3.3%，批评建议 18 件次，占信访数 20%。信访立案 18 件次，结案 17 件，结案率 94.4%。

1998 年，县纪检监察机关共接到群众来信来访和电话举报 67 件次，其中，来信 61 件次，来访 5 件次，电话举报 1 件次。属检举控告类 66 件次，占信访举报总数的 98.5%；属批评建议类的 1 件次，占 1.5%；涉及县级干部的 2 件，占 3%；涉及乡科级干部的 26 件次，占 38.8%；涉及一般干部的 25 件次，占 37.3%；涉及其他人员的 14 件次，占 20.9%；涉及党员 42 件，占 62.7%；涉及监察对象的 48 件，占 71.6%。这些信访案件中，转纪检监察室立案查处 6 件，信访初查了结或给予口头批评教育的 7 件，已在初查待研究的 4 件，转有关部门处理的 19 件，存查的 31 件。在初查的案件中，属经济类案件 6 件，属违反计生政策的 1 件，属其他性质的 4 件。涉及违纪资金 25 万多元，为国家挽回经济损失 15 万多元，其中，收缴转交县财政的 5 万多元，正在追缴的 6 万多元。

1999 年，共受理群众来信来访 61 件，其中，来信 55 件、来访 6 件。来信来访中，属于检举控告类 57 件，占信访总数的 93.4%，批评建议和其他类各 2 件，各占 3.3%。检举控告类中，涉及县处级干部的 1 件，占检举控告类的 1.8%；乡科级 22 件，占 38.6%；一般干部 24 件，占 42.1%；其他人员 10 件，占 17.5%。涉及党员 36 件，涉及监察对象 32 件。在处理过程中坚持“分级负责，归口管理”的原则，转有关部门处理的 20 件，信访初查 25 件（其中，信访初查转立案查处的 19 件、信访初查了结 6 件），去信答复来信者作信访了结的 3 件，正在初查的 3 件，存查 10 件。信访案件当年结案率达 95.1%，信访问题当年办结率达 100%，按期结案率达 80.3%，优质结案率达 95.6%。

2000 年，纪检监察机关受理群众来信来访和电话举报 55 件次，初核 40 件，初查 22 件 22 人，转有关部门办理 10 件，存查 5 件。立案 15 件 15 人，结案 14 件、处分 14 人，其中，县纪委监察局自办案件 4 件、乡镇纪委自办案件 11 件。

2001 年 9 月，为抓好台江县信访建设，充分调动离退休老人参与党风廉政建设和反腐败斗争的积极性，经请示县委同意，聘请 10 位离退休老人为县纪委义务信访联络员。同时，为了更好地了解民情、体察民意，方便基层群众反映问题，在全县设立 39 个信访联络点，就地推选了 39 人为信访联络员，县纪委定期对信访联络员进行业务培训。到 2004 年年底，全县 381 个村全部建立了信访联络点，有效地将信访问题解决在基层，解决在萌芽状态，群众上访和越级上访事件得到了有效控制。

2002 年，全县各级纪检监察机关共受理人民群众来信来访、电话举报 56 件次，其中来信 55 件、电话举报 1 件。这些信访件中，反映乡科级干部的 21 件，一般干部 21 件，其他人员 14 件。信访初查 33 件，了结 33 件（含督办了结 2 件）。

2006 年，全县纪检监察机关共处理群众来信来访、电话举报 47 件次。查处违纪案件 8 件，涉及违纪人员 8 人，其中，涉及乡（科）级干部 2 件 2 人、一般干部 4 件 4 人、其他人员 2 件 2 人。开除党籍 5 人，撤销党内职务 1 人，党内警告 1 人，行政警告处分 1 人。通过案件查处，为国家挽回经济损失 5.1 万元。

2007 年，县纪检监察机关共受理群众来信来访、电话举报55件次，其中，来信48件、来访5件、来电 2 件。属于检举控告类的 40 件，业务范围外的 15 件。检举控告类 40 件中，违反组织人事纪律行为 1 件，违反廉洁自律 1 件，贪污贿赂行为的 8 件，违反财经纪律行为 1 件，失职渎职行为 1 件，侵犯党员权利、公民权利行为 2 件，严重违反社会主义道德行为 3 件，妨害社会管理秩序行为 6 件，其他检举控告类 17 件。反映乡科级干部 16 人，一般干部 14 人，其他人员 10 人。重复来信来访和电话举报 13 件，署名举报 19 件次。检举控告类 40 件中，办理初核 33 件、存查 7 件。

2008 年，全县纪检监察机关共受理群众来信来访、电话举报 51 件次，其中，来信 42 件，来访 5 件，来电 4 件。属于检举控告类的 40 件，业务范围外的 11 件。检举控告类 40 件中，违反组织人事纪律行为 5 件，违反廉洁自律行为 4 件，贪污贿赂行为 8 件，失职渎职行为 8 件，侵犯党员权利、公民权利行为 1 件，严重违反社会主义道德行为 3 件，妨害社会管理秩序行为 1 件，其他检举控告类的 10 件。反映县处级 1 人，乡科级干部 10 人，一般干部 16 人，其他人员 14 人。重复来信来访和电话举报 2 件，署名举报 19 件次。办理信访初核 35 件，存查 5 件。

2009 年，全县纪检监察机关共受理群众来信来访、电话举报 59 件次，其中来信 51 件次、其他方式 8 件次。属于检举控告类的 53 件，业务范围外的 6 件。检举控告类 53 件中，违反组织人事纪律行为 1 件，违反廉洁自律规定行为 1 件，贪污贿赂行为 9 件，失职渎职行为 11 件，侵犯党员权利公民权利行为 6 件，严重违反社会主义道德行为 4 件，妨害社会管理秩序行为 16 件，其他检控类 5 件。反映乡科级干部 20 人，一般干部 12 人，其他人员 21 人。重复来信来访和电话举报 2 件，署名举报 19 件次。开展初步核实线索 41 件，其中转立案 23 件，信访了结 18 件。全年收到上级纪检监察机关转来信访 9 件。

2010 年，全县纪检监察机关共受理群众来信来访、电话和其他形式举报 42 件次，其中，来信 39 件、其他方式举报 3 件。涉及乡科级干部 17 件次，一般干部 12 件次，其他人员 13 件次。上级交办 4 件，重复来信来访和电话举报 4 件次，署名举报 6 件。

第三章　组织工作

第一节　基层组织建设

一、基层组织

党委　1991年，全县共有35个基层党委，分别为县直机关党委、人武部党委、公安局党委、台拱区党委、革东区党委、施洞区党委、南宫区党委以及台拱镇、施洞镇、革东镇、台浓乡、番省乡、南省乡、南瓦乡、台盘乡、排洋乡、登交乡、南宫乡、交密乡、东杠乡、交下乡、交东乡、五河乡、宝贡乡、麻力乡、方召乡、巫脚乡、革一乡、大塘乡、四新乡、良田乡、老屯乡、报效乡、坝场乡、平兆乡党委。

1992年建并撤后，基层党委机构减少至12个，即县直机关党委、人武部党委、公安局党委、台拱镇党委、革东镇党委、施洞镇党委、南宫乡党委、台盘乡党委、排羊乡党委、方召乡党委、革一乡党委、老屯乡党委。

2003年革东镇划归剑河后，基层党委有11个，即8个乡镇党委和县直机关党委、公安局党委、人武部党委。

党组　1990年全县有6个党组，即人大党组、政府党组、政协党组、法院党组、检察院党组、教委党组。2001年有党组33个。2010年全县党组发展到35个，分别为人大党组、政府党组、政协党组、法院党组、检察院党组、县人大机关党组、县政府办党组、县政协机关党组、县总工会党组、县工商联党组、县文联党组、县发展改革和工业贸易局党组、县人社局党组、县财政局党组、县文体广电局党组、县民政局党组、县司法局党组、县环保局党组、县水利局党组、县移民局党组、县林业局党组、县交通局党组、县民族事务局党组、县教育和科技局党组、县卫生和食品药品监督管理局党组、县医院党组、县统计局党组、县审计局党组、县住建局党组、县计生局党组、县档案局党组、县供销社党组、县卫生监督局党组、县安监局党组、县农扶局党组。

党总支　1999年，全县建有党总支部7个。2000年，增加党总支2个。2006年，党总支调整为8个。

党支部　1991年全县共有359个党支部，其中，县直机关党支部82个（行政党支部34个、机关党委12个、企业机关党委36个），区机关党支部48个，乡镇219个（行政村186个），公安党委6个，人武部党委4个。1997年，全县有党支部398个，其中，农村党支部295个、机关党支部（包括企事业党支部）96个、公安党支部7个。2006年，全县党支部调整为340个。2010年年底，全县有党支部348个。

二、组织建设

1991 年 9 月，全县村级组织建设工作全面展开，通过村级组织建设工作，对全县 36 个后进村党支部进行整顿，新建立村生产福利委员会 173 个，调解委员会 65 个，治保委员会 80 个，计划生育委员会 173 个，教科文卫委员会 173 个，妇代会 25 个，村一级组织进一步完善，工作职责、工作制度得到落实，理顺了各组织之间的关系，农村党支部进一步加强，村级组织的整体功能和协调效应得到进一步发挥。

1993—1997 年，为加强农村党支部及村级其他配套组织的建设，巩固和提高基层组织的战斗堡垒，本着“多换脑子少换人，不换脑子必换人”的原则，对全县农村党支部进行整顿，共调整支部班子成员 287 人，其中支部书记 85 人。同时调整村委会成员 484 人，其中村委会主任 107 人；调整村级其他组织成员 600 人。

1998 年，全县进行第二轮农村基层组织整顿建设。县委制定了《台江县 1998—2000 年农村基层组织建设规划》，组成党建扶贫工作队，每年重点整顿 10 个后进村，建成 20 个“五个好”（一个好班子，一个好领导，一个好阵地，一套好制度，一条好路子）村党支部。至 2000 年，“五好村党支部”的创建活动有明显的上档升位，187 个行政村党支部中，有 135 个达到或接近“五好”标准；二类党支部为 47 个；三类党支部仅为 5 个。

2004 年，按照中共中央、贵州省委、黔东南州委的文件精神，县委下发了《关于在全县深入开展农村党的建设“三级联创”活动的意见》，通过“三级联创”活动，取得明显成效。至 2004 年年底，全县 273 个村达到“五个好”标准，消除了“两无”（无村级积累，无办公用房）村。

2005 年，农村干部任职推行村支部书记与村主任“一肩挑”。台盘南江村、台拱镇排下村等村在 2005 年年初的村级换届选举中，推行了村党支部书记与村主任一人兼。这样做一方面减轻了农民负担，另一方面提高了村干部的报酬，探索出了解决村干部报酬的新机制。

2006 年，为进一步深化农村基层组织建设，切实推动农村经济发展，台江制定了“素质强村、科技兴村、民主管村、制订建村”的建设目标。建立健全“党支部基本任务”“村党支部议事规则”“党支部书记工作职责”“村务公开制度”“村委会工作职责”“外出外来党员管理制度”“村级财务管理制度”“村‘两委’联席会议制度”等 22 项制度。组织部与民政局投入 2 万余元，为 40 个行政村统一制作了村级组织工作制度牌。通过各种制度的建立和完善，进一步健全了村党组织的工作机制以及村党组织领导下的村民自治运行机制，使村级议事制度得到坚持，村党员大会、村民代表大会的作用得到重视和发挥。

2008 年，开展“村民组管理委员会”试点工作，将经济发展较好、村民团结和睦、党员发挥作用明显的村作为“组管委”试点，实施“党员创业带富工程”。充分发挥党员在农村经济社会发展中的示范带动作用和调动广大组民积极参与村组各项建设，不断推动村级经济和基础设施建设的向前发展。全县“党员创业带富”示范基地发展到 21 个。如在方召乡方召村开展“六建”试点，结合方召村人口基数大、党员人数多、寨邻相隔远、集体经济收入稳定的村情实际，在该村建立以“一会六站”为框架的农村基层党建工作运行模式。通过整合资源，把农村“五老”、优秀人才、经济能人都凝聚到党组织周围，为农村建设和党建工作献计献策。

2010 年，按照优化结构、提高素质、增强带富能力的原则，经过调查摸底、推荐公示和投票选举等阶段进行村支部、村委会换届选举工作。在 160 个村（居或社区）新一届班子中，实行“一肩挑”的有 6 个，大学生到村任支部书记、村委会主任和副主任 10 人。换届结果，新一届村级组织班子趋向年轻化，整体文化素质有所提高。同时，各乡镇还以村级换届为契机，在党员群众中大力加强党的方针政策宣传和思想政治教育，及时发现管理漏洞，完善村级管理机制，促进了村级换届、更新机制与提高党员群众思想认识工作的协调统一。抓好党建带妇建工作，采取“四抓四带”措施抓党建带妇建，妇建工作服务中心工作活力不断增强。即抓组织领导，夯实“带”的保证。建立健全各级党建带妇建组织机构，配强配齐领导班子，切实强化对“党建带妇建”工作的领导。抓典型示范，营造“带”的氛围。扶持建立妇女党员“苗族刺绣和银饰加工”传承示范基地等，带动致富。抓平台搭建，提升“带”的动力。出台优惠政策，采取项目补贴、加大农村小额信贷力度和政府贴息贷款等扶持措施，帮助发展种桑养蚕等产业，妇女党员创办实业4家，农村妇女成为促发展的重要力量。

三、基层创建活动

1991年，在梅影村建立农村村级组织建设和农村党建工作联系点，帮助村里制订村党支部、村委会、妇代会、共青团工作职责、制度，建立了党员、青年、妇女之家，建立文化室和订阅报纸杂志，赠送书刊，并建立电化教育播放点，为农村村级组织建设和农村党建工作开辟了探讨路子。

1993年9月，开始在台拱镇党委、革一乡党委开展“六个好”乡镇党委试点建设，其他7个乡镇党委也按试点乡镇要求进行部署。1993—1997年，在全县9个乡镇广泛开展“双带”“双学”、争当“文明示范户”“劳动能手”“致富标兵”等活动，激发广大农村党员建设家乡，带领群众勤劳致富积极性，推动农村经济发展。1995—1997年，组织了3800多名农村党员参加了各项活动。全县187个村支部建立起了经济组织，制定了种植、养殖、加工等经济发展规划。

1999年，组织指导、督促“六个好”乡镇党委试点乡镇完成各种软件、硬件工作，发挥“小政府、大服务”功能，经州委“六个好”乡镇党委建设试点验收检查工作组验收合格，台拱镇党委和革一乡党委被州委命名为“六个好”乡镇党委，革一乡党委被表彰为先进基层党委，其他乡镇基本达到“六个好”标准。全县有革一屯上村、台拱镇梅影村等6个村被州委评为“红旗村党支部”。全县187个党支部中，一类89个、二类79个、三类19个。是年，基本实现村村通电，118个村通公路，49个村开通程控电话，131个村建有地面卫星差转台202座，145个村建人饮工程205个，公房建的农村党员活动室107个。

2000年，全县132个村制定了村级经济发展规划，79个村创办经济实体，年稳定收入1000元以上的有128个村，其中5000元以下71个村，5000元至10000元的30个，10000元至50000元的27个。当年全县“三级联创”取得新进展，达到和基本达到“六个好”标准的9个乡镇党委中有8个，即台拱、革东镇、革一、南宫、老屯、排羊、台盘、方召乡党委。

2001年，采取“抓两头，促中间”的办法，继续巩固“六个好”乡镇党委和“五个好”村党支部，并按标准做好创建工作。年中有3个乡党委和42个农村党支部达到和基本达到“六好”“五好”标准。

2002年，全县围绕县委“三围绕、四产业、一示范”经济发展思路，树立以望虎屯、排洋、龙井3个村为“示范”工程点，示范、辐射、带动全县农村工作，于12月17日组织在龙井村召开农村基层组织建设现场会。全县农村因地制宜努力调整产业结构，积极推进农业产业化，培育新的经济增长点，使全县农村基层组织建设工作上了新台阶。为做好创建工作，派员深入基层督促、指导，加强跟踪考察和管理。制定了《台江县2002—2004农村基层组织建设规划》《台江县2002年农村基层组织建设工作安排意见》和《中共台江县委关于继续深入开展“三级联创”工作的意见》。

2003年，认真制定和实施《2003—2005年度台江县农村基层组织建设“三级联创”活动规划》，表彰命名了一批先进乡镇党委和先进村党支部，创建2个“六个好”乡镇党委和44个“五个好”村党支部，年末分别达到6个和74个。台盘龙井村和老屯乡望虎屯村被州委列为全州仅有的11个“农村基层组织建设综合示范村”。

2004年，深入开展农村党的建设“三级联创”活动，按照中央、省委和州委的要求，制定了《关于在全县深入开展农村党的建设“三级联创”活动的意见》《台江县开展“三级联创”活动的实施方案》和《台江县创建“五个好”村党支部、“五个好”乡镇党委、农村基层组织建设先进县考评标准和考评办法》，提出了创建目标、创建要求、组织措施。通过严格考核验收，有37个村被县委命名表彰为“五个好村党支部”，有111个村达到“五个好村党支部”标准，涌现了排羊乡九摆村等一批先进典型示范村。深入开展“三学、三带、三比”活动，充分发挥党员、科技示范户的带动作用，推动农村经济社会的发展。

2005年，结合台江实际，启动“1234”工程，整体推进全县农村基层党建工作。即树立一批示范典型，实施“555”示范带动工程。在全县农村树立5个以上基层党组织示范基地，树立50名以上党员致富示范带头人，树立500名以上致富能手入党积极分子，树立一批小康村。在全县创建“群众满意的乡镇办站所”和“基层满意的县直部门”的“双满意”活动，开展“三级联创”活动、农村“无职党员”设岗定职活动、“三学、三带、三比”活动等。抓好村党支部书记队伍建设、党员队伍建设、驻村干部队伍建设、党务工作者队伍建设等“四支队伍”的建设。围绕全面建设小康社会宏伟目标及农村改革、发展、稳定的工作大局，以“强核心，创一流班子；强素质，创一流队伍；强管理，创一流机制；强服务，创一流形象；强实力，创一流业绩”的“五强五创”为目标，扎实推进“三级联创”活动深入开展，有力地推动了农村基层组织建设。年中全县有37个村被命名为“五个好”村党支部，有8个乡镇的62个村申报了“五个好”村党支部，7个乡镇申报了“五个好”乡镇党委，次年初呈报州委命名表彰。

2006年，在全县范围内开展创建“基层满意的县直部门”和“群众满意的乡镇站所”的“双满意”活动，有17个部门通过考核验收被县委命名为“基层满意的县直部门”。年中全县创建“农村基层党组织示范基地”3个，培养党员致富示范带头人24人，培养致富能人入党积极分子86人，培养农村党员科技示范户43户。

2008年，全年创建基层党组织示范基地8个，党员致富示范带头人63人，致富能人入党积极分子510人，培养农村党员科技示范户390多户。通过在新华社、各级电视台、广播电台、互联网、中央和地方各级党报党刊等媒体上广泛宣传，树立了梅影、九摆、望虎屯等一批有群众基础、有推广价值的先进村级党支部。树立了党的十六大代表、全国劳模张庭珍，中国视觉第一行动先进个人张量等具有时代特征的一批优秀共产党员，发挥了积极的示范带动和辐射作用。

2010年，开展“创先争优”“双万”“县级领导干部和县部门定点联系帮扶村”和党员“一帮一”等活动，以“四帮四促”为载体，各级党组织和党员领导干部深入基层一线和联系帮扶村帮助谋发展和解决实际问题，加强与群众的沟通，听取群众的意见和建议，切实转变观念，进一步优化服务“三农”机制。同时，为全面发挥8个乡镇党务政务、便民利民综合服务中心职能，先后投入30余万元，完善了办公条件，不断提高了乡镇服务农村和农民的质量及效率。开展建党89周年系列活动，对全县22个“五好”基层党组织进行了表彰，积极营造了“赶、比、超”的创先争优良好氛围。大力实施“百千万示范带动工程”，1个省级和3个县级新农村建设示范点，6个州级和5个县级“一户一技能”示范点示范带动和辐射效应进一步增强。

四、整顿后进村

1990年，调查全县农村后进支部的基本情况，结合农村党员培训和评议活动，安排了后进支部的整顿工作。全县22个后进农村党支部进行整顿19个，改选村党支部书记14名，把有文化、有能力、年纪轻、在群众中有威信、执行党的方针政策、公道正派、能带领群众脱贫致富的党员提任支部书记。通过整顿，有原8个后进支部变为先进支部，13个由三类支部升为二类支部，还有6个仍处于后进状态。结合整顿工作，对6个后进村提出了具体整顿措施。

1991年4月中旬，组织部与共青团、妇联、民政局等单位在革东街上村开展组织建设试点工作，试点工作经验在全州现场会上交流。9月上旬，全县村级组织建设工作全面展开，对36个后进村党支部进行整顿，分别新建立173个村生产福利、教科文卫、计划生育委员会，65个村调解委员会和80个治保委员会，25个妇代会。

1994年下半年，对全县187个村支部进行摸底调查，通过分类、汇总决定整顿41个问题严重的村支部；拟定将22个村作为重点整顿“软散瘫”村抓好整顿工作，以达到抓住重点，突破难点，以点带面，推动全面整顿的目的。

1995年，县里把整顿农村软弱涣散党支部作为全县农村工作的一项中心任务来抓，全县整顿排队清理出20个软弱涣散党支部，经分析比较从中选出10个村进行重点整顿。为确保成效，县委分别从县直机关抽调20名、乡镇机关17名党员干部配合省州工作队到10个软瘫村进行整顿工作。通过整顿，10个软瘫村有4个支部上升为一类支部，有4个上升为二类支部。在重点整顿取得成效的同时，面上整顿也收到了较好的效果。全县188个村，先进支部由34个上升到37个，一类支部由75个上升到123个，二类支部53个，三类支部由20个下降到12个。

1999年9月，为进一步贯彻落实好十一届三中全会以来党中央关于加强农村基层组织建设的总体思路，把农村基层组织建设工作抓死抓实，抓出成效。县委、县农村基层组织建设领导小组对朗等等10个后进村和翁腮村等13个不稳定村进行整建，重点帮扶台盘等8个贫困村。通过整建，全县187个村，有一类支部村89个，二类支部村79个，三类支部村19个，6个村党支部被州委表彰为“红旗村党支部”。

2000年和2001年，加大对张家村等8个后进瘫软村，大寨村等6个不稳定村，台水村等8个贫困村，红寨村等77个中间状态村进行整建。以“巩固一类、提高二类、帮助三类整顿”为农村党建工作目标，采取“抓两头、促中间”的办法，从有关部门抽调18名干部定期深入农村调查研究和指导、督促党建工作，使农村党支部转化工作取得了明显的进展，基本消除了三类村党支部。

2004年，针对全县少数党组织软弱涣散的问题，开展基层党组织综合整顿建设工作，县委成立综合整顿软弱涣散基层党组织领导小组，各乡镇也相应成立整顿领导小组。通过摸底调查，全县156个农村党支部中，发挥作用好的有124个村；处于软弱涣散和瘫痪状态的有32个村。整顿工作采取思想整顿、组织调整等办法分门别类地工作，调整充实了支部书记156人，建立了794人的村级后备干部队伍。

2005年，把村级集体经济发展与扶贫攻坚有机结合起来，实行县级领导干部联系集体经济后进村的“整村推进”帮扶制度，努力打造一批特色产业村，消除村集体经济“空壳村”现象，切实解决农村“无钱办事”的问题，为村级党组织办事奠定了重要的物质基础。

2007年，继续强化农村党的组织队伍建设，抓好在农村发展党员工作，不断扩大党的工作覆盖面，培养入党积极分子和后备干部5名以上。

2009—2010年，针对部分村级组织存在的凝聚力、战斗力和号召力不强，群众不满意，村干不力的情况，采取“抓准结症、开好处方、深入理疗、经常指导、强化监管”措施。实行领导包干分片指导，有针对性地联合信访、司法、计划生育和民政等部门开展集中整顿。带法律、带适当的帮扶资金和扶持政策下乡，集中召开学习会，教育村干部、党员和群众如何依法管理、依法上访、依法维权、依法生育和依法勤劳致富，并鼓励他们依法行使权利。村民对“有意见如何反映”“有问题如何诉求解决”有了新认识，对村“两委”工作更加信任和支持。通过对症下药和常抓不懈，实施整顿的23个村级组织面貌都焕然一新。

第二节　党员和党费管理

一、发展新党员

1990年，全县有党员总数4413人。1991年，发展新党员181人名。1994—1997年，发展新党员2574人，全县党员总数5628名，其中乡镇党员4239名、机关党员1389名。1998—2006年，发展新党员2162名。2007年上半年，全县发展党员182名，培养入党积极分子860名。2008—2009年，共发展党员320名，其中女党员66名，占20.6%；中专及以上学历113名，占35.3%；35岁以下的179名，占55.9%；培养入党积极分子849名。2010年，共发展党员302名，其中少数民族党员294名，女党员75名，35岁以下党员200名。全县党员总数7142名，其中男5907人，女1235人。党员队伍结构不断改善，质量不断提高。

二、党费收缴和管理

1990年以来，县委组织部统一印制了党费收缴、使用、管理所需的各种簿、册、表，完善了设施，强化了基础建设，对使用方法和管理工作作出了统一的规定。各级党组织认真执行中央组织部党费管理工作的要求，健全制度，强化党费管理工作的监督机制。县委组织部对全县党费收缴、使用、管理情况，每年向全委会作一次书面报告。

1993—1997年，全县各基层党委上缴党费142981.52元，流动党员交纳党费104.39元，党费利息405.88元，总收入143491.79元。截至1998年2月，党费收支相抵结余28119.57元。

2000年，党费应收缴67831元，实收缴62060.83元，欠5770.17元。党费总支出49256.77元。其中，党报党刊征订36508.37元，党员培训费和党员困难补助费4800元，上解州委组织部党费4412元，购党费证等有关证书3536.4元。收支相抵余额12804.06元。

2005年，组织部加强党费收缴管理工作，对部分基层党组织的党费收缴进行全面检查，对检查出来的21个较差党组织和不按标准缴纳或长期不缴纳党费的39名党员提出了整改意见，不断增强党员的党性修养，规范了党费缴纳程序。

2006—2010年，全县党员共缴纳党费1377120.94元，缴纳抗震救灾“特殊党费”122804.8元，上级组织下拨党费267400元，党费银行利息收入3273.91元，收入共计1770599.65元。党费使用具体情况是：上缴中组部抗震救灾“特殊党费”122804.8元，上缴州委组织部301000元，返还各基层党委206568.14元，订购党报党刊及图书费用314245.56元，抗旱、抗雪凝期间补助遭受严重自然灾害困难党员及慰问英模费用109060元，“两节”“七一”期间慰问生活困难党员、老党员、老村干、老红军等费用218980元，表彰先进基层党组织、优秀共产党员、优秀党务工作者等费用125000元，党员及村干培训费112350元，党员教育设施建设及维修费用125864.6元，下拨各基层党组织经费51453.88元，其他7927.1元。截至2010年12月31日，上述使用合计1695254.08元。2006年年初结余21970元，收支相抵后，党费结余为97315.57元。

台江县党费的收缴严格按照中共中央组织部《关于中国共产党党费收缴、管理和使用的规定》的工资基数和比例计算和收缴，全体党员能按规定比例及时、足额缴纳党费。对党费的管理工作由党委指定专人负责，党费的使用严格贯彻执行中央组织部有关党费只用于党的事业和党的活动这个范围的规定，主要用于开展党员活动等。做到专款专用，开支合理，审批严格，手续完备，账目清楚。

第三节　干部队伍管理

一、考核、监督

1990年以来，县委组织部对干部实行年度考核机制，提拔干部时进行全面考察。结合县乡换届，通过推荐、考察、酝酿、讨论，决定对乡科级干部进行调整充实，积极推行干部考察预告制和考察结果反馈制，进一步改进考察工作方式，按照“用好的作风选人，选作风好的人”的要求，坚持走群众路线，多层次、多角度了解每一位考察对象的工作实绩、思想素质、德才表现，以及干部八小时以外的交际圈和生活圈的情况。开展和完善民主推荐、民主测评制度，坚持做到提拔干部必须经过民主推荐提出考察对象。

1998年，科级领导干部年度考核审定334人，重点检查《平时纪实手册》记录情况。严格执行干部离任审计，坚持领导干部打招呼制度，给4个县直科级领导班子和2个乡镇领导班子打招呼。与县纪委、县直机关工委对55个单位进行指导、督促召开专题民主生活会，315名领导干部递交了书面报告。会同有关单位开展企业领导班子民主评议工作，考核企业班子7个，调整班子成员3人，对33个企业班子进行民主评议，评议厂长、经理82人，参加会议评议473人。

2000年，组织部分别与全县9个乡镇签订组织工作目标管理责任书，并有量化考核评分标准。抽调18名干部定期深入9个乡镇进行专项督促工作并对驻村干部进行跟踪考察，达90人次。完成319名科级领导干部的年度考核审定。

2003年8月，针对乡镇换届选举后，党政领导班子变动大、新成员多的实际，组织考察组对各乡镇班子运行及新任成员适应岗位情况进行考察。

2004年，分别对30名科级领导干部进行了任前谈话，对72名科级领导干部进行了调整任免谈话，对8个县直部门27名科级领导干部进行了打招呼和诫勉谈话。要求各乡镇、各部门党员干部观看警示教育片《绝路》，并写心得体会。对县水利局等7个单位进行了经济责任审计，与县纪委等单位联合召开2次干部监督联席会议。

2005年，以事前防范为重点，对群众意见较大、工作或生活中存在一定问题的9名科级领导干部进行了诫勉谈话。加强和改进组织部门信访举报工作，及时发现并查处领导干部和干部选拔任用工作中存在的问题。

2009年，对全县71个部门及8个乡镇领导班子和领导干部换届以来整体运行及履职情况进行考核。全面加强干部审查、审计工作，及时处理各类信访案件和办理干部出国政审，协调审计局等5个单位进行了经济责任审计；建立完善了函询回复、干部监督联席会议等制度，进一步拓宽监督渠道，把党内监督、法律监督、群众监督、民主党派的监督和舆论监督等多方面的监督结合起来，形成监督合力。

2010年，严格干部考核任免程序，采取公开述职、公开评议的方法，对27名委任制干部进行考察，对15名新提拔试用期满的科级领导干部进行考核，对胜任现职的13名干部予以办理正式任职手续，对2名需要进一步考察的干部进行诫勉谈话并延期转正。完成了2009年全县386名科级领导干部年度考核资料的收集、审批及归档和反馈工作，对2009年度考核被评定为优秀等次的56名公务员进行了公示，对公示期间没有举报违法违纪情况的55名公务员分别奖励800元，对连续三年被评为优秀等次的16位公务员记三等功，颁发了荣誉证书并奖励1500元。对政府机构改革新任命的23名政府部门单位主要负责人实行“任职承诺”，对拟办实事、廉政建设等方面进行表态，并在县电视台等媒体上公告。

二、培养、任用

1990 年，县委、县政府换届，有 2 名后备干部分别进入县委、县政府班子。换届后，对县级党政班子后备干部名单进行了调整和充实，淘汰了部分经过一定时间培养、但不成熟的后备干部，并按 1∶1 的比例，重新确定了后备干部名单。这批名单中，年龄最大 48 岁，最小 30 岁，平均年龄 39 岁，大专以上文化 64.3%，年龄基本呈现梯度结构，文化结构也进一步改善。

1991 年，多层次地建立后备干部制度，截至 10 月，建立全县科局（乡镇）、村三级后备干部名单 438 名，其中县级 15 名，科局（乡镇）51 名，村级 372 名，并建立了管理办法和培养措施，后备干部队伍的年龄结构和文化程度也进一步改善。

1998 年，为推进干部人事制度改革，根据《公务员管理暂行规定》，在选拔人才上按照“公开、公平、公正、择优”的原则，实行“八公开”的办法，公开选拔团县委副书记、县商业局副局长、县档案局副局长、县供销社副主任、保健站站长 4 名副科级领导。

2001 年，乡镇换届选举，坚持按照“德才兼备，任人唯贤”的选人用人原则，组织部、纪委、机关党委、人事劳动局抽调 15 人分 3 个小组，每个组由一名县委常委任组长，对 9 个乡镇科级领导班子及成员进行届末考察，对干部群众推荐出来的优秀年轻后备干部进行深入考察，先后考察干部 128 名。乡镇领导换届共配备班子成员 102 名，其中，女干部 17 名，非党干部 8 名，大学本科文化 8 名，大学专科文化 56 名，中专文化 21 名，提拔 38 名；年龄最大 51 岁，最小 25 岁，平均年龄 35.4 岁。

2002 年，为县委承办领导干部任免 251 人，其中，县级任职 11 人、科级任职 188 人、免职 52 人；分别向县人大党组、县政府党组提名干部任免 106 人，其中任职 79 人、免职 27 人；办理股级干部任职 86 人。

2003 年，抓好县级、科级后备干部队伍建设，调整补充县级后备干部名单，对全县科级后备干部做安排，建有后备干部 99 人。办理干部任免 255 人，其中任职 222 人、免职 33 人；办理股级干部任职 10 人，干部调动 61 人。

2004 年 10 月，对 53 个单位的二级领导班子开展以提高执政能力建设为主要内容的领导班子和领导干部进行考察，考察后对 81 个岗位进行调整。

2005 年，制定出台《中共台江县委关于进一步做好培养选拔优秀年轻干部、妇女干部和党外干部工作的意见》。先后对 17 个单位进行科级领导干部推荐工作，共推荐 19 个职位。在提拔的 21 名科级干部中，45 岁以下的 21 名，占提拔人数的 100%。提拔妇女干部 4 名，占提拔人数的 19.05%；非党干部 2 名，占提拔人数的 9.5%；少数民族干部 21 名，占提拔人数的 100%。

2009 年，进一步完善人才管理考核激励机制，明确县管“专业技术拔尖人才”工作目标任务，强化考核，抓好人才待遇落实。制定出台《2009—2020 年台江县党政领导班子后备干部队伍建设规划》等文件，加强后备干部队伍建设，干部任免程序逐步科学化、规范化、制度化。是年，全县共提拔科级领导干部 44 人，其中，正科级 11 人、副科级 25 人、非领导职务 8 人；具有本科学历 28 人，大专学历 15 人，中专学历 1 人；女干部 10 人，非党干部 9 人，30 岁以下 3 人。

2010 年，委托清华大学继续教育学院开办为期 15 天的清华大学·台江县后备干部领导力提升高级研修班，组织全县 51 名科级以下年轻干部参加培训；选派六部门单位科级领导干部 12 人分三期赴清华大学参加“清华大学教育扶贫中青年后备干部培训”学习。全年审批股级干部任免 7 人次。提拔科级干部 26 人，其中正科级领导干部 9 人，正科级干部 4 人，副科级领导干部 13 人，女干部 5 人，少数民族干部 25 人，非党干部 3 人，具有本科学历的 20 人，具有大专学历的 3 人。

三、教育、培训

为适应新时期干部队伍建设，县委组织部自1990年以来，每年都选送部分干部进入各级党校和成人高校离岗学习、短期培训或函授教育。1990—2002年，共有236名干部获得大专和本科教育文凭。

1991年，输送7名干部参加省、州党校各类培训班学习。1997年7—12月，举办领导干部轮训班，参加轮训人员143人。1998年7月，分三期举办科级领导干部进行培训，参加培训人员175人；10—12月，举办第二轮领导干部轮训班，参加学员有正科级、副科级和股级干部共216名。1999年，先后举办两轮干部培训班，参加学习干部共350人；11月，选派乡镇和县计生局干部33人赴南京人口学院参加培训学习。

2000年7月，举办两期乡科级领导干部培训班，共106人。8—9月，举办乡镇副科级领导干部培训班，共30人。9—12月，举办第二轮第三期领导干部函授轮训班，参加培训人员有县乡各部门科股级干部201人，其中科级干部70人。

2001年4—5月，举办两期中青年优秀后备干部培训班，共120名。8—9月，举办两期女干部培训班，共104人。是年，组织乡镇领导干部到县外考察学习党建扶贫工作3次，共50人；其中县委组织部部长带9个乡镇党委书记、副书记30余人先后到三穗滚马乡、锦屏茅坪镇、施秉牛大肠镇就农村基层组织建设、乡镇集团承包、干部竞争上岗、农业产业结构调整等工作进行3天考察学习；县扶贫局和乡镇党委负责人十余人到宁波就党建和扶贫开发工作进行考察学习；机关工委带领机关党支部书记6人到宁波、上海等地学习机关党支部工作。

2002年，全年有24人到省、州及省外、境外参加培训学习。5月中下旬，对全县318名科级干部分三期进行轮训；6月底对全县各乡镇、各部门的办公室主任94人进行专题培训；7月底和8月中旬，对324人进行两期《党政领导干部选拔任用工作条例》培训；10月底，举办一期76人的通讯员培训班。选派4名优秀中青年干部到州委党校参加全州中青年班培训学习。

2003年年初，制定《2003年干部教育培训工作计划》，全年投入培训经费10.4万元，开展干部培训12期，培训1069人。选调57名干部分别参加了省委党校、州委党校、上海同济大学、上海浦东新区区委党校的学习培训和研讨。

2004年，开展干部培训班16期，培训人员1300人。此外，县委还分期分批组织全县8个乡镇党委书记和乡镇长到境外考察学习，拓宽了乡镇领导的视野。

2008年，认真完成省委组织部和州委组织部下达给台江县的各级各类班次的干部调训任务，共选派28人到省委党校、州委党校、上海浦东新区区委党校等院校进修及到宁波考察学习。充分发挥县委党校的阵地作用，抓好中青年后备干部、党外干部和妇女干部以及新任职副科级干部培训工作，全年共举办5期培训班，培训科级干部275人，一般干部319人。

2010年，围绕"大规模培训干部，大幅度提升素质"要求，依托县级党校和高校等资源，不断深化以党的十七大，党的十七届四中、五中全会为重点的政治理论学习培训。组织编制《2011—2015年党校全面建设发展规划（含队伍建设发展规划、校园建设发展规划、科研发展规划）》，制定《台江县2011—2015年干部教育培训总体规划》。继续深化"走出去"的干部教育培训教育方式，委托清华大学继续教育学院开办为期15天的清华大学·台江县后备干部领导力提升高级研修班，组织全县51名科级以下年轻干部参加培训；选派六部门单位科级领导干部12人分三期赴清华大学参加"清华大学教育扶贫中青年后备干部培训"学习。依托县委党校举办非党干部、后备干部和新任科级领导干部培训班，共培训干部86人；配合省州完成17人的调训工作；落实"清华大学教育扶贫"现代远程培训计划，举办了为期5天的"中国富强教育精英——清华（教育扶贫）县域经济与机遇高级研修班”，部门及乡镇分管或从事经济工作的领导和一般干部共40人参加培训。通过深入开展对重大战略思想的学习和不断加强新理念教育，各级干部思想政治素质、政策理论水平进一步提高，推动发展的能力逐步增强。

除了教育培训外，还选派干部挂职锻炼。

1991年4月，从县直机关中选拔6名年轻干部到厂矿企业担任党内职务，建镇并乡撤区后，从县直机关选派10名科技人员到乡镇担任科技乡镇助理。1999年，从革东财政所选派1名干部到县委组织部挂职；选派1名女干部到中国滋根基金会挂职锻炼2年。1999年12月，从县直、乡镇机关、事业单位选派两批190名干部下村担任村支部副书记和村主任、副主任助理，时间3年。此外还选派99名干部赴99个村帮扶，并担任村党支部副书记、村主任、副主任助理。2000年，选派4批干部139人下村任职，选派1名干部到州政法委挂职，由乡镇选派2名干部由到县直机关挂职。2001年，从学校选派1名女干部挂任县教育局副局长；从乡镇、学校选派5名干部到县委办、政府办挂职。2002年12月，选派10名干部到外地挂职。2004年，从文化局选派1名干部到州文化局挂职；从基层选派3名干部到县纪委等县直机关挂职。2005年，从县直机关和乡镇选派16名年轻干部到8个乡镇的16个村任村主任助理或村党支部副书记。2009年，选派35名县直机关优秀党员干部到全县35个一类贫困村挂任第一书记；选派12名副科级领导干部到县信访局、应急办等县直部门挂职。2010年，从县直机关选派8名优秀年轻干部到乡镇挂职党建副书记。

四、知识分子管理

1991年，县委、县政府重视知识分子工作，建立知识分子管理、使用、调动等项制度，一年研究一次知识分子工作和召开各种座谈会，了解知识分子工作、学习、生活情况。是年，为关心知识分子做了七件事：一是从县直单位选派10名科技人员到乡镇任科技乡镇长助理；二是培养、吸收547名优秀知识分子入党；三是培养、提拔优秀知识分子为科县级干部110人；四是对1990年度在册的专业技术员1476进行职称考核复查，评初级职称332人；五是对知识分子工资福利待遇按有关政策规定进行落实，严格人才流动管理，调动知识分子70人；六是组织229名中级职称和50岁以上的知识分子参加体检；七是与劳动部门协调、帮助解决29名知识分子子女就业。

1999年年初，乡镇换届中有67名中专以上知识分子走上了领导岗位，9个乡镇中有6个乡镇配有1名科技副乡镇长。在管理上，全县110名大学本科生和343名高级职称知识分子全部进行微机化管理。选拔县级拔尖人才11名，其中州级后备拔尖人才5人；建成45岁以下中高级职称优秀知识分子档案42人，建成乡土科技人才档案135人，并推荐5名优秀乡土人才报州委组织部参加评选。

2000年10月，为加强与各行业高级知识分子的联系，增进队知识分子的了解，县委决定建立领导干部联系高级知识分子制度，联系领导有龙昌海等20名县领导，联系高级知识分子有张德成等29名。

2003年，按照《台江县乡土科技人才队伍建设发展规划》，调整和充实了知识分子工作领导小组，建立和完善了《领导干部联系专家制度》和《台江县科技人才队伍建设长、中、短期规划》，建立县级后备拔尖人才名单12人，县管专家后备名单33人，乡土科技人才620人，并分类纳入微机管理和跟踪考核。完成3名省管专家候选人申报材料。

2005年6月，为加强科技人才队伍建设，进一步推动科技进步和经济社会发展，及时将符合条件的拔尖人才纳入管理范围，充分调动他们的工作积极性，鼓励他们多出成果，并带动广大人才为社会主义现代化建设事业多做贡献。选拔首批县管专家的对象和条件要求是在台江县生产、科研第一线工作的热爱社会主义、年龄在55周岁以下、具有发展潜力的中青年优秀职业技术人才。选拔工作分四个步骤进行：一是公布条件及评选办法，二是推荐，三是初审，四是讨论决定。选定后，由县委、县政府命名表彰，颁发“台江县优秀专业技术拔尖人才”荣誉证书，每人每月发放 100 元专业技术津贴；每年安排一次体检，20 天休假。同年 12 月底，完成首批县管“专业技术拔尖人才”人选推荐工作。2007 年，制定了《台江县县管“专业技术拔尖人才”评审办法》《台江县管“专业技术拔尖人才”评审工作职责》《评审组评审县管“专业技术拔尖人才”实施细则》等措施，严把县管“专业技术拔尖人才”的筛选、评审、公示、决定关，于 4 月完成了首批县管“专业技术拔尖人才”评审工作，对首次评出的 10 名县管“专业技术拔尖人才”进行表彰。

2009 年，进一步完善了人才管理考核激励机制，明确了县管“专业技术拔尖人才”工作目标任务，强化考核，抓好人才待遇落实，全年发放县管“专业技术拔尖人才”岗位补贴 8160 元，营造了尊重知识、尊重人才的氛围，凝聚了智慧，形成了推动发展合力。

2010 年，对 9 名县管专业技术拔尖人才进行登记备案，不断强化了对县级专业技术拔尖人才的管理。颁布并落实《台江县 2010—2020 年人才发展纲要》。

第四节　农村人才培训

1994—1997 年，培训乡土人才 1800 人次，县乡镇举办培训班 41 期，培训农村乡镇党员 3720 人次。1996 年春，在乡、村两级组织换届工作结束后，为提高村组干的政治、业务素质，切实履行好职责，全县 9 个乡镇组织 18 期村组干部和 11 期党员骨干培训班，分别培训 1651 人和 1073 人。主要学习内容为党的路线、方针、政策以及实用农业技术。同时，先后组织 9 个乡镇书记、乡镇长及 10 个村支书、主任等 40 人到雷山脚尧村、贵阳市乌当区 5 个乡、遵义地区参观学习。

1999 年，为全面提高农村基层干部的业务素质和科学文化水平，县里决定从当年开始，用 6 年时间对村级在职干部和后备干部实施中专学历教育。为提高党员和村级干部素质，选送 8 名农村党支部书记到宁波参观考察学习；制定村级在职干部和后备干部中专学历计划，当年有 40 名村级后备干部参加县农广校中专学历培训。各乡镇举办各类培训班 59 期 3326 人，其中，培训村支书、主任、文书 25 期 1403 人；基层干部、实用技术等专题培训 24 期 1290 人，其他内容培训 10 期 633 人。

2000 年 10 月，为进一步加强农村组织村级班子建设，努力提高村级干部队伍的政治素质和工作能力，按组织工作计划和组织工作目标管理责任书要求，对全县 150 名农村后备干部进行培训，时间 3 天。

2001 年 10 月，举办 100 名 35 岁以下、初中以上文化程度的村后备干部培训班，参加培训人员由乡镇推荐。组织方召乡 13 个村组干部、台盘乡 2 个村组干部和一些青年骨干 60 余人到贵阳参加学习及到黄平县旧州镇草绿坪村进行考察学习，进一步开阔视野，增长才干，提高带领群众脱贫致富的能力。12 月 23—25 日，为让新认村干部及时履行本职工作，带领人民群众按照县委“三围绕、四产业、一示范”大力发展集体经济，组织举办 174 名新上任村党支部书记、村民委员会主任参加的干部培训班。全年组织举办村党支部书记、村委会主任进行 5 期轮训，共培训 1870 人。

2002 年，举办种草养畜、金秋梨管理、苦丁茶种植、松脂采割等农村技术培训班，受训 819 人。通过加强农村优秀分子的政治思想和实用农业技术培训，吸引农村骨干参与村级事务处理和决策，建立了一支 632 人的农村后备干部队伍。

2003 年 10 月，举办村干及村级后备干部中专学历教育培训班，参训学员 40 人。学习内容有应用写作、法律基础和农村法规、种植技术等 16 个科目。把加强村级后备干部队伍建设作为党建工作的重要内容，做到村村都有 3～5 名后备干部，确保村干部后继有人。

2004 年，村干部中专班中增设计算机知识课程，重点对村干部进行远程教育计算机管理使用技术培训。到 2005 年 8 月，全县有 65 名村干部接受了中专学历教育。2004—2005 年，选派 3 名村支部书记到州委党校村支部书记班学习培训，组织 6 名村支书、村主任到宁波考察学习，带领 13 名村干部到周边县市考察学习。

2005 年起，开展“一村一名大学生”试点工作，并结合试点工作，将符合报名资格、具备入学条件的 10 名村干部纳入电大台江工作站进行登记注册，成为中央电大的正式学员。7 月 27 日至 8 月 12 日，组织全县农村党支部书记、村委会主任、副主任、村务公开监督小组组长、村理财小组组长及驻村干部共 930 多名进行培训。

2006 年，为有效地提高农村党员干部的综合素质，切实增强村干部“双带”能力和打造一村一品、一户一业的技能，县里充分利用远程教育资源，为村干部、村级后备干部和党员举办组织理论、法律法规、农业科技等各类培训 87 场次，受训党员、干部、群众 9583 人，发放技术资料 13242 份，政策法规类资料 95126 份，各类教育光碟 3104 盘。

2008 年，全县各级党组织和广大党员通过采取集中学习、专题辅导、科技党课等方式开展集中学习 7200 多场次；县党建办举办了“科技党课培训”和“农村一类贫困村和矿区所在地党支部书记、村委会主任培训班”；5 月 11—17 日整合县委组织部、县农办、县扶贫办等 12 家单位的资源，投入 12 余万元对全县新一届 160 个村（居）的 480 名村干部进行为期一周的大规模培训，着力培育适应社会主义新农村建设的人才，提高村干部带民致富的能力。培训的内容涉及党的十七大、中央四个长效机制、省委“1+9”文件精神和全省党的基层组织建设年活动精神，农村扶贫开发、环境保护、信访、土地使用、科普知识等基本知识和法律法规，学习农村实用技术等。

2010 年，对全县 160 个村（居委会）480 名村干部进行了大规模轮训，利用“清华大学教育扶贫现代远程贵州台江教学站”、州委党校、省委党校、江苏华西村、凯里市石龙寨、黄平县寨碧村等培训基地开展学习。整合县劳动、农业等部门资源，投入资金近百万元，通过聘请技术专家、讲师，采取理论教学、经验交流和现场参观等形式，分期举办村干培训班，培训村级干部 770 人。其间，邀请省委党校教授张犁现场讲课，黄平县寨壁村“土”专家王清华支书“现身说法”等；联合县纪委、民政和农业等部门成立“宣讲团”，及时深入全县 8 个乡镇为农村党员干部“送政策”“送技术”。协调县委党校、县扶贫办等单位组织 110 名返乡农民工党员开展了就业技能培训。依托远程教育平台，整合有关部门资源，采取苗语课件教学，现场观摩等方式，认真开展农村党员干部群众日常培训，全年集中学习培训 3348 期，培训农村党员干部和农民群众 31320 余人次。抓目标定位，深化“带”的层次。抓好农村妇女实用技术培训，着力提高农村妇女科技素质，促“一户一技能”创建活动深入开展。举办各类妇女实用技术培训班 10 期，培训妇女 500 余人次。党建带妇建工作效果明显，黔东南州党建带妇建工作分会场之一在台江召开，党建带妇建工作得到了省妇联、州委、州妇联领导的充分肯定。

第五节　老干部工作

一、机关老干部工作

1991 年前，全县共有 68 位老人分别离职休养，享受离休干部待遇。1999 年，县财政拨款解决拖欠离休干部工资、医药、住院费 76750 元。2000 年上半年，解决拖欠离退休老干部“养老保险金”59 万元、离休干部医药费 4 万元。在“三讲”教育期间，邀请老干部参加有关会议，征求他们的意见。县人民政府将原在企业离休并发放工资的干部 12 人，全部纳入行政发放，解决了因企业破产改制或停产停工造成发放工资困难的问题。从 2001 年开始，每年给副县级以上离退休干部个人征订一份《贵州日报》《黔东南日报》《当代贵州》学习，还给离休老干部调配一辆生活、治病、出差、开会用小车。

在政治待遇方面，县委、县政府召开的重大会议、开展重大政治活动和上级领导的重大政治理论报告都请离退休干部参加。县人大、政协每年一次的两会，都邀请老干部代表参加。对县委、县政府等四大班子换届、届中和届末考核等，都向老干部代表广泛征求意见。县委在开展“三讲”、“三个代表”重要思想、保持共产党员先进性学习教育活动和整脏治乱等重大活动都请部分离退休老干部出来担任督查组组长或副组长，协助县委、县政府工作。在每年春节、老人节等重大节假日中，县委、县政府都召开离休干部、副县级以上退休干部和退休高级知识分子座谈会，组织开展走访慰问老干部及其遗属，同时向他们宣传党的方针政策和全县经济社会发展情况；半年和年终分别进行一次经济社会发展情况工作报告。

1995—2001年，根据上级有关文件，先后明确县政协张举，县人大刘永发、郑泽明、吴子良4人享受正县级干部待遇；徐登荣、郃昌元、周业深、杨登美、杨元铭、彭南松、张玉碧、姚本国、吴德芳、潘文龙、潘光忠、石光祥、石光钧、龙正美、李文成、李泽林、石永贵、黄美寿、任继贤、杨明久、吴作义、张呈华享受副县级干部待遇。

1992年12月16日，贵州省公安厅黔公通〔1988〕88号和中共台江县委组织部台组干〔1992〕148号文件，明确姬安荣、李先银两人为副处级侦察员。

2001年12月31日，中共黔东南州委州党干任〔2001〕206号和台党干任〔2001〕81号文件，明确姜文富为正县级干部，明确杨光成为副县级干部。

2007年，为27位离休干部和43位副县级以上退休干部每人征订一份《贵州日报》《黔东南日报》《晚晴》等报纸杂志；购置羽毛球、篮球、象棋、跳棋、麻将、扑克等文体娱乐用品供老干部锻炼、娱乐，成立离退休干部工作局工会组织。

2009年2月，兑现13位离休干部2008年医药费节约奖6.6万元，给生病住院的离休干部报销医药费26.6万元，在政府行政中心老干部局办公楼前建成一个老年门球场。

2010年，为14位离休干部和23位新中国成立初期参加工作的老干部按工龄每年增加一个月基本工资，人均提高110元。

二、农村老干部补助

1999年2月，为体现组织对历任村干部和贫困老党员的关心，对全县9个乡镇的130名历任村干部和贫困老党员进行生活困难补助，补助经费13000元。

2004年，为落实激励保障措施，调动村干部工作的积极性，建立“村干风险基金”，落实离任村干部生活补贴，发放离任村干部生活补贴，解决村干部的后顾之忧。2007年，解决离任村干部生活补贴，对连续任职满10年以上、年龄在60周岁以上的108名优秀离任村干部，每人年补助100元的生活补贴。2008年，对历任村干部的生活补助覆盖面进一步扩大，由原来的107名扩大到300多名。做好“两节”、雪凝灾害和“七一”期间的生活困难党员和老党员的慰问工作，县委领导班子多次深入受灾一线开展慰问。此外，还建立全县生活困难党员台账，全面掌握困难党员的基本情况，定期开展慰问关爱活动。2010年，进一步完善村干部“在任有奔头，离任有依靠”的保障机制。优秀离任村干部生活困难补助标准由原来的每年100元增加到700～1500元不等。协调县劳动保障部门做好村干部的养老保险问题，建立养老保险信息库，解决他们的后顾之忧。做好老党员和困难党员的慰问工作，在“两节”和抗旱期间，按照每人300元标准下拨慰问经费10万元，分别对全县334名老党员、老村干部、生活困难党员和受灾贫困党员进行慰问。

第六节 农村现代远程教育

2003年，台江县被列为全国农村党员干部现代远程教育工程首批试点县之一。县、乡两级财政共投入资金181.33万元，发动群众义务投工投劳2600多人次，建成了农村党员干部现代远程教育党校C级站1个，中学信息站9个，小学站点137个，村党员活动室接收站32个，共计179个站点，覆盖乡镇和行政村100%。2004年，因村校撤并等原因缩减为171个，全县156个行政村都实现了“村村通”，实现乡镇和行政村全覆盖。

2005年，以“提高素质，增强服务意识”为重点，进一步加强了专兼职管理员队伍和“三支队伍”建设；加强站点建设和远教宣传工作；建立健全各项管理制度，切实抓好教学组织和管理；明确任务，落实责任，建立责任机制；创建示范站点，制定培训计划加强培训等，进一步提升远程教育服务水平。通过强化学习培训，认真实践，促进了广大党员干部群众在学用上取得明显成效，提高群众农业适用技术知识，党员干部群众基本上掌握1～2门农业适用技术，为有力推广农业实用技术提供了良好基础。全县建有8个示范基地，每村都有1～2户示范户，主要集中是种植、养殖两大产业。同时也给各所学校教学带来极大帮助，尤其是中学生能充分地得到操作微机的条件，懂得了微机的一些实际操作技术，开展远程教育效果进一步明显。

2006年，对全县179个站点的36名三支骨干队伍进行调整充实，使操作管理队伍、教育培训队伍、农业科技教学辅导队伍中具有大专以上文化程度的人员分别达到了16.27%、38.2%和51%，专业覆盖行政、医药、法律、农业等领域。加强课件开发，全年刻录近600张光盘发放到156个农村党支部，丰富了农村教育活动的内容，确保第三批保先教育活动取得实效。以实施“一户一技能”工程为载体开展工作，建有县级示范村1个，乡级示范村8个。通过示范带动，发展了刘光文、欧德锋、郃通英等为代表的48名示范户，大棚蔬菜逐渐成为支撑村级经济的一大产业，农民人均纯收入突破2000元，为带动全县落后村寨寻求多元化的经济发展之路树立了典范。开展各类技术培训133场次，受训人员4362名。

2007年，发放各种宣传数据35000余份，免费刻录光盘1000多张，接收群众咨询3500人次；强化示范建设，完成示范村“远程教育促进社会主义新农村建设”和“利用远程教育开展‘一户一技能’示范村”立牌和示范基地、示范户档案的整理工作，在示范村开展了20多期技术培训，全年共开展培训1000余期，培训党员干部群众12000余人次。及时更新网页，加大远程教育网站信息建设，共上传经验成果信息150条，图片50张，其他文字材料40篇，对全县远程教育及党建工作进行了有力的宣传。

2008年，进一步建立健全《台江县农村党员干部现代远程教育站点设备维修维护保障制度》《远程教育“村校共建互动”工作流程图》等30项工作制度和图表，并规范上墙。抓实队伍培训，对全县站点操作管理人员、村“三大头”、信息系统管理人员共计1000余人次举办了3期培训班，对经培训考核合格的180名站点操作管理人员发放了岗位资格聘任证书。技术员共11人参加了由省远程办举办的课件开发、设备维修操作和信息管理系统的技术培训，开发“农村消防安全知识”“乡村旅游”“农村社保政策”等课件14个。在2006年的基础上建立了以种桑养蚕、绿茶、大棚蔬菜、稻田养鱼等为主要产业的6个“远程教育促进一户一技能”示范点和650户示范户。新增桑蚕基地建设1806亩，绿茶基地建设1520亩，落实3100亩的绿茶种植地块，实施了6400亩的稻田生态养鱼，80亩的中药材种植，122亩的梅影村大棚蔬菜种植等。实现桑蚕养殖惠及553户，养蚕2709张，产值200万余元，广大群众切实从中得到了实惠。全县共开展远程教育学习培训4063期，培训党员干部群众79000余人次。发放各种宣传资料50000余份，免费刻录光盘1000多张，接收群众咨询6500人次，悬挂宣传标语 50 余幅，向省、州网站录入经验成果信息 300 余条。

2009 年，对全县站点操作管理员、村“三大头”、信息系统管理人员开展 3 期业务培训，培训人员 900 余人次，并选派 18 名站点操作管理员、技术员到省参加培训。各乡镇都配备 2 名以上技术保障人员，保证了远程教育设备“软件故障不出乡、硬件故障不出县”。选聘 130 余名“土专家”“田秀才”组成县级教学辅导队伍，统一管理、兼职使用，全县共举办专家辅导、现场咨询、巡回讲课、适用技术培训等活动 600 多场次，帮助群众解决生产生活难题 400 多个。整合教学资源，信息共享，制作远程教育课件 16 个，其中苗语课件 12 个。县、乡两级教学资源库拥有教学光盘 5000 余张。利用远程教育举办农业科技培训班 400 多期、专题普法辅导 100 余场次，培训育龄妇女 2 万余人次。发放各种宣传资料 60000 余份，免费刻录光盘 2000 多张，接受群众咨询 8000 余人次。整合县直 22 个部门单位资源，集中抓好远程教育示范点建设，不断强化示范效果，以示范带动全局，全县共建成桑蚕基地 2900 亩、绿茶基地 5000 余亩、山苍子基地 2250 亩、稻田生态养鱼 6500 亩，中药材、大棚蔬菜、果树种植等产业得到了快速发展，牛、猪、羊、鸡、兔等养殖示范点建设效果良好，畜牧业发展进一步扩大。

2010 年，培训 2690 期，培训农村党员干部和农民群众 39750 余人次。积极挖掘课件开发，制作、翻译、刻录了一批通俗易懂、富有地方特色的苗语、汉语乡土课件 20 余个。免费刻录发放光盘 1850 余张，接受群众咨询 3100 余人次，远程教育活动教学、课件教学、集中教学、基地示范教学等工作有效开展。

第四章　宣传工作

第一节　干部理论学习

一、干部理论学习考试

1991 年以来，台江县干部理论教育学习文献以中国共产党的十四届、十五届和十六届全国代表大会文件精神和邓小平、江泽民、胡锦涛等领导人的重要讲话为主，充分领会党在新时期的路线、方针、政策的精髓。同时，结合时代的前进和发展，组织全县党员干部学习《马克思主义哲学》《坚持四项基本原则，反对资产阶级自由化》《建设有中国特色的社会主义》《邓小平文选（第三卷）》和社会主义市场经济理论。1995 年以后，组织党员、干部学习《邓小平同志建设有中国特色社会主义理论学习纲要》《社会主义市场经济基本知识十讲辅导教材》《党的十五大理论读本》《新时期农村政策读本》和《干部理论教育读本》。

1991—2000 年，根据省委宣传部、州委宣传部的工作安排，县委宣传部的干部理论教育主要是组织干部学习《建设有中国特色社会主义理论》读本，并每年进行统一考试。

2001—2005 年，先后组织学习《讲学习、讲政治、讲正气教育》《公民道德建设实施纲要》《中共中央关于加强和改进党的作风建设的决定》、WTO 知识和法律知识,《"三个代表"重要思想学习纲要》《牢固树立和落实科学发展观》等文献及辅导教材。

自 1995 年起，每年都组织干部学习《干部理论教育读本》和有关资料汇编。据不完全统计，县委宣传部、组织部和党校共同举办理论学习培训班培训党员干部，订购干部理论读本及有关资料，组织干部职工参加理论教育学习考试，参加普法学法用法考试。2001—2010 年，全县将"三个代表"重要思想和"保持共产党员先进性教育"作为干部的理论学习教育重点。干部人手一册《干部政治理论读本》，参学率和考试及格率达 98% 以上。

二、中心学习组集中学习

1990 年 7 月，由县级领导干部组成县委中心学习组，由县委书记、副书记分别担任组长、副组长组织学习。之后，各机关党委、党组、党总支和乡镇党委相继建立了学习组。全县各乡镇和机关基层党委、党组、总支学习都建有学习制度。按照县委部署，台江县干部理论学习教育工作分三个层次进行，一是县委负责抓县委中心学习组成员学习；二是县委宣传部抓基层党委、党组、党总支学习；三是基层党委、中心组、党组、党支部抓一般干部职工学习。干部理论教育学习方式是以自学为主，集中辅导为辅以及办墙报、办简报、撰写心得体会、撰写论文和考试等方式结合进行。

县委中心学习组每月集中学习一次，学习内容主要有马克思列宁主义、毛泽东思想、邓小平理论、"三个代表"重要思想、科学发展观及哲学、政治学、经济学、法学、历史学、科学技术及各阶段形势政策、会议精神等。学习形式包括阅读学习材料，集中研讨，专题辅导，收看录像，参观考察，座谈交流，撰写学习心得、调研报告和论文等。县直各机关党委、党组和乡镇党委中心学习组均参照县委中心学习组的做法开展学习。至2010年，各种类型的中心学习组集中学习成为常态化。

第二节　宣传报道

节庆对外宣传　1998年，举办“贵州苗族姊妹节”。开始由政府正式参与对外推介，接待游客数量及旅游综合收入逐年上升。1998年来，每年的姊妹节前分别在省、州召开了“贵州苗族姊妹节媒体座谈会”和新闻发布会等，通过中央、省、州新闻媒体发布节日相关信息。据节日期间调查显示，很多游客都是通过这些媒体发布的信息而决定到台江旅游观光的。

姊妹节期间都有诸多媒体采访报道，省内媒体新华社贵州分社、《贵州日报》、贵州省电视台、《黔东南日报》、黔东南州电视台每年都参与宣传报道。1998—2008年期间共接待中央电视台、《光明日报》、凤凰卫视、香港亚洲卫视、重庆卫视等中央、省级媒体140家1000余人次。

其中2008年“十年姊妹节庆典”，各级各类媒体宣传报道姊妹节盛况的新闻稿件有120多条，姊妹节开幕式现场直播收视率达300万人次，姊妹节相关信息网上点击率达10万次。

舞龙嘘花节、红阳金秋红叶节、翁密河漂流节、施洞独木龙舟节、革一梨花节、反排二月二等节庆也吸引了大量媒体采访。

媒体对外宣传　1998年2月开始，“贵州苗族姊妹节”在贵阳举行新闻发布会，在省、州召开了“贵州苗族姊妹节媒体座谈会”，与省、州电视台合作制作并播放反映台江专题电视片，利用互联网宣传举办姊妹节状况。第一届“贵州苗族姊妹节”期间，新华社、中央电视台、《光明日报》《贵州日报》、贵州电视台等20家新闻单位，对第一届姊妹节盛况进行采访报道。

1999—2007年，成功举办了贵州苗族姊妹节、舞龙嘘花节、红阳金秋红叶节、翁密河漂流节、革一梨花节、反排二月二、国际记者节等大型重大节庆活动的对外新闻宣传工作。新华社、中国新闻社、中央电视台、国际在线城市频道、重庆电视台、《贵州日报》、贵州电视台等多家新闻主流媒体对活动进行了全方位的宣传报道。

2008年，贵州苗族姊妹节“十年姊妹节庆典”开幕式现场，中央电视台、贵州电视台、新华社、香港《大公报》、《广西日报》、中央电视台、辽宁电视台、广东电视台、福建电视台等40家新闻单位200多名记者对“十年姊妹节庆典”盛况进行采访报道。辽宁电视台、广东珠江卫视制作播出《远去的古歌》《魂牵木鼓》《写在身上的历史》《苗族姊妹节》《反排木鼓舞》5个专题。

2009年，北京、上海、重庆等电影电视制作公司到台江实地考察，并成功合作拍摄了电视专题片《远山晴朗》，《远山晴朗》电视专题片还获得了中宣部“五个一”工程奖。中央电视台《寻找歌王》和《姊妹花开》摄制组先后到台江拍摄。

2010年，“多彩贵州”第二届民族体育旅游节暨第十二届贵州苗族姊妹节在台江成功举办。抓住这大好的宣传平台，共邀请了中央人民广播电台7频道、新华社、《经济日报》、中央人民广播电台国际在线城市频道、《贵州日报》《当代贵州》、贵州电视台、贵州人民广播电台、《贵州都市报》、重庆电视台、《贵阳晚报》《黔东南日报》、黔东南电视台等30多家新闻媒体的130余名记者到台江现场采访报道“两节”盛况。《人民日报》（海外版）、《中国旅游报》《经济日报》对“两节”活动盛况进行了报道；中央电视台第七频道分别制作了《贵州台江苗族姊妹节》《台江斗牛》两个专题片。

对外宣传品　1998年，摄制纪录片《第一届贵州苗族姊妹节》。2005年，制作光碟《梦起的地方——台江》，宣传和展示台江县浓郁的苗族文化，展示苗族银饰、民族银饰盛装演示长达10分钟，

《梦起的地方——台江》共刻制光碟4000张，向外商和贵宾赠送，向游客宣传。此外，还制作《相约台江》等宣传光碟5000余张，编制精美的宣传画册4500册、宣传邮册1000册、挂历10000份等，起到良好的对外宣传作用。2006年，编辑《苗疆文艺》4期，每期300册免费赠送。印制台江简介宣传画册3000份。申报的《苗族古歌》《贵州苗族姊妹节》《反排木鼓舞》3个项目被列为首批国家级和省级非物质文化遗产代表作名录。

2007年，制作电视专题片向外宣传。制作电视专题《走进苗疆腹地台江》《走进南宫森林公园》《翁密河漂流宣传片》《梦回白鸡山瀑布》《静锁深山的巫脚交》5个，积极宣传台江丰富的旅游资源。

有线电视建设　台江县电视站网建设随着广播电视技术的发展，1991—1997年以开路电视建设为主，1997—2005年以闭路电视为主，2004—2005年则以模拟设备改为数字设备和兴建50户以上村寨有线电视站为主。

据统计，1992—1997年间，共建设卫星地面接收站57个；1995—1999年建设有线电视站36座；1999—2005年实施“村村通广播电视”工程建设中，共完成广播电视站建设165座，其中70座系“模改数”有线电视站。2005年年末，台江县有线电视站150座，电视用户10300户，电视覆盖率93.7%。2008年，电视覆盖率96%。至2010年，县有线电视宣传共计播出自制电视节目12208条，自制电视专题片9部，话题131期。

第三节　精神文明建设

1991年，成立台江县精神文明指导委员会，下设办公室，挂靠县委宣传部。当时委员会成员由20个有关部门主要负责人组成，县委副书记任主任，副县长、县委常委县委宣传部部长任副主任，县直机关相应成立了精神文明建设领导小组。1992年建并撤后，各乡镇陆续建立健全了精神文明建设领导小组。村和居委员精神文明建设领导小组由村（居委会）支书分管。县、乡（镇）两级机构组成成员随着县、乡人事更迭而不断调整补充。精神文明建设工作从组织上得到了保障。

文明县城创建　1993年起，参加黔东南州文明县城创建活动，把精神文明建设纳入重要议事日程。1996年经过县文明委、县委常委联席会议和县长办公会议审议修改通过了文明办起草的《台江县城镇管理规定》，由县政府下发给各单位执行。1999年9月起实施《台江县环境卫生管理办法》。2004年7月，出台《台江县“门前三包”责任管理办法》。这一系列管理办法规定引领了台江文明县城创建工作。

文明单位创建　县城文明单位建设，由县精神文明建设指导委员会及其办公室指导，县直各部门单位的领导小组组织实施。为了使创建工作形成规范化制度化，县文明办先后制定完善了《台江县精神文明建设目标考核办法》《台江县文明委议事制度》《台江县文明办主任职责》，并建立了省州级文明单位组成的行业联席会议制度。台江县精神文明建设工作在逐步深入发展的基础上申报、评审、命名了一批文明单位。2006年9月评选结果，省级文明单位1个：县国税局；州级文明单位19个：县人武部、县人行、县委统战部、县纪委、县公安局、县农行、县国税局、县人保公司、县气象局、县财保公司、县电信局、县武警中队、县邮政局、县地税局、县养护段、台拱镇政府、县电力局、县财政局、县移动公司。

文明窗口创建　台江县文明窗口建设以“服务人民，奉献社会”为主要内容的创建文明行业活动。县文明办积极配合各有关行业开展“十佳”评选、县级岗位能手、青年文明号、诚信企业、纳税先进单位、消费者信得过企业、质量计量信得过企业、文明个体工商户和“三八红旗手”等创建活动，文明单位队伍逐年壮大，文明之风吹遍城乡。

文明村寨和文明家庭创建 农村精神文明建设主要由乡镇和村或居民委员会精神文明建设领导小组负责实施。文明家庭建设是文明建设的重要组成部分。文明家庭的创建、申报、检查、评审、命名由乡镇负责组织实施。2004年以来，按照文明村寨创建的基本要求，将文明村寨创建活动与“民族旅游村”建设、农村三治五改和沼气推广、广播电视村村通、农村党员现代远程教育工程工作结合起来，率先将经济基础比较好、群众思想觉悟高、交通条件便利、有民族特色的村寨建成文明村寨。2006年年底，全县创建州级文明村寨是9个，县级文明村寨15个，树立望虎屯村、九摆村等一批典型的文明卫生村寨，充分发挥典型示范带头作用，引导更多的村寨向文明卫生靠近，向小康新村迈进。州级文明村寨是老屯乡望虎屯村、台拱镇台雄村、梅影村、南宫乡拥党村、施洞镇白子坪村、排羊乡九摆村、排羊村、台盘乡阳芳村。

第五章　统战工作

第一节　党外干部培养

台江县历来重视民族干部、党外干部和党外知识分子的管理和培养。1991 年，统战部组织干部到县直机关、厂矿、学校、乡镇调查党外干部和知识分子情况，并建立健全非党知识分子档案。1992 年，县委统战部经考查审核，向州委组织部推荐 7 名党外干部，其中 1 人在 1993 年 4 月恢复工商联机构时被选为县工商联主委，2 人送州委党校参加全州党外干部学习培训。1994 年年底，统战部向组织部门推荐非党副县级后备干部 12 名，非党科级后备干部 12 名，推荐到经济管理部门和企业任职的非党后备干部 22 人。

1995 年，统战部对全县行政、事业、企业单位的党外干部和知识分子作了全面清理登记，把条件成熟的党外人士举荐担任领导职务。经统战部考核，推荐州政协委员 8 人，其中 6 人是党外人士；安排 6 名乡（镇）长助理，其中 4 人是党外人士。

1996 年，全县党外知识分子获得高级技术职称的 3 人，获得中级技术职称的知识分子 134 人。组织部门安排非党干部 14 名担任副乡（镇）长和乡（镇）长助理，体现了党的民主政治和德才兼备的用人原则。

1999 年乡（镇）换届期间，统战部配合县委组织部积极推荐德才兼备的非党人士担任一定的领导职务。全县 9 个乡镇中，非中共人士占 30%，其中有两个乡的乡长由非党人士担任。是年下半年，经州委组织部和统战考核，配备了 1 名非党副县长，结束了连续三届县人民政府无党外副县长的历史。同时，统战部为了更进一步掌握全县非党干部情况，对全县非中共副股级以上干部进行了造册登记；对非党副科级以上干部建档建卡并上报州委统战部备案，还建立了党外后备干部人员名单和党外高中级和知识分子名册，较全面地掌握了台江统战对象的基本情况。统战部与组织部、党校联合举办培训班 2 期，共培训中共副科级以上干部 40 人，省、州非中共人大代表、政协委员 3 人。

2000 年，统战部配合组织部做好党外干部的培养、选拔工作，派出非党科级以上干部到江苏社会主义学院和州委党校参加学习培训两批次 5 人。从副科级提升为正科级 1 人，从一般干部提升到副科级 2 人。全县非党副县级 4 名，其中担任人大常委会副主任 1 人、副县长 1 人、政协副主席 2 人；正科级 11 名，副科级 29 名，正副股级干部 126 名。为了更好地了解党外干部情况，县委统战部建立了副股级以上党外领导干部名册和党外后备干部队伍名单，还分别聘请 7 位党外人士担任了特约检查、审计员、教育督导员和监察员。

2001 年，台江派到省外培训的非党干部（副处级）1 人，参加州级以上培训的非党干部 3 人；统战部与县委组织部、县委党校共同举办培训班 5 期，参加培训的非党干部 112 人次，乡级干部 18 期，参加培训的非党干部 378 人次。

2003 年，县政协换届，依据政协章程，按照“非党委员由统战部推荐，中共党员委员由组织部推荐，最后由统战部统一汇总”的规定。经过反复协商，广泛征求意见，完成了 70 名非党委员的提名和 115 名县政协委员的汇总并报请县委审定工作。

2004 年，统战部在搞好集中培训的基础上，根据全县 26 名正副科级非党干部所在岗位职责和他们所从事的专业技术工作实际，组织 9 名非党科级干部分别到贵阳和遵义考察学习。

2005 年，统战部举办非党后备干部、统战委员培训班两期，培训时间为 3 个月，参加培训人数 131 人，其中非党干部 62 人，股级干部 52 人，股级以下干部 10 人。组织 11 名科级干部到湖南省凤凰县和铜仁等地进行考察。

2006 年，县、乡两级班子都要进行换届，统战部派员下到乡镇和县属有关部门搞好非党干部的调查摸底，每到一个乡镇和县属有关部门都组织召开非党干部座谈会，充分听取他们对统战工作的意见、建议和批评，做好他们的思想政治引导工作，关心他们的生活和工作，积极给组织举荐非党优秀后备干部，使他们感受到党组织的关怀和温暖。全县从县到乡镇党员领导干部联系非党干部、非党知识分子 130 多人，联系非公有制经济人士 169 人。至 2007 年，全县配备非党副县级领导干部 4 人，非党正科级领导干部 6 人，非党副科级领导干部 22 人，非党股级干部 90 人，非公有制经济代表人士 109 人。配齐配强 8 个乡镇、43 个县属部门统战委员，在村一级明确了统战、宗教工作联络员，由村支书或村文书兼任，确保了县、乡、村统战工作有人抓，建立健全了统战网络。

2008 年，县委落实县四大班子党员领导干部联系党外人士、党外知识分子和非公有制经济人士制度，并将这一制度延伸到基层乡镇和相关的县属部门。全县党员领导干部联系党外干部 57 人，党外知识分子 72 人，非公有制经济代表人士 109 人。是年有 3 名非党股级干部提拔为副科级干部，2 名非党副科级干部提拔为正科级干部，11 名优秀股级干部被选送到乡镇挂职锻炼。

2010 年，全县 8 个乡镇均配备了非党副乡镇长，在县直部门班子中配备了 28 名党外科级干部，加强了党外代表人士队伍建设。

第二节　经济统战

为加快台江县个体私营经济的发展，县委统战部强调落实县委、县政府新出台的私营经济发展政策，为个体私营经济营造公平竞争的环境。对民营企业实行政治上给地位、政策上给鼓励、服务上给方便、发展上给支持、经营上给指导、法律上给保护。

1991 年，根据中发〔1991〕15 号文件精神，统战部积极筹备恢复县工商联组织，同年 11 月成立筹备领导小组，1992 年 11 月正式恢复成立县工商联。坚持“团结、扶助、引导、教育方针”的八字方针，深入非公有制经济人士中宣传党的路线、方针、政策，掌握他们的思想动态，指导他们按照党和国家的法律、法规、法令进行经营，提高执行党的路线、方针、政策的自觉性，从而达到爱国、敬业、守法、照章经营依法纳税的目的。至 1993 年年底，全县非公有制共有 1497 户（其中 1993 年新增加 183 户），从业人员 1860 人，注册资金 278.8 万元，上缴国税 136 万元。

1994 年，统战部积极宣传党关于发展非公有制经济的方针、政策，使非公有制经济业主放心、放胆、放手地发展自身的事业；帮助协调非公有制企业和业主与其他部门的关系，排除一切不应有的干扰；邀请他们参加一些座谈会和茶话会，同他们谈心交朋友，听取他们的意见和建议，帮助、引导他们依法经营，向健康方向发展；安排非公有制经济人士代表担任人大代表或政协委员，让他们参政议政。通过一系列经济统战工作，使台江非公有制经济得到了迅速发展。是年年底，全县非公有制经济个体工商户已达 1544 户，从业人员 1959 人，注册资金 341.2 万元，年上缴税金 144 万元。

1995—1997年，统战部与工商联贯彻落实党的十四届五中全会精神，大力发展个体私营经济。至1997年，全县个体私营经济发展到1937户，上缴国税上升到419万元，成为台江财政收入的支柱之一。

2001年，工商联换届，统战部配合县工商联党组做了大量工作，使县工商联换届工作圆满完成。有5名非公有制经济代表人士任副会长，6名任常委，20名任执委，已发展会员368名。

2002年，统战部召开非公有制经济人士会议，举荐非公有制经济人士当选县政协常委2人，委员11人。

2003年，通过建立和实行副县级以上领导干部联系非公有制经济代表人士制度，随时倾听他们的呼声，切实帮助他们解决生产和生活中的实际问题。同时注意加强对工商联工作的指导，做好非公有制经济人士思想政治和服务工作，使他们感到在台江发展放心，有组织和领导关心。全县有相当部分的非公有制经济人士通过“爱国、敬业、守法”经营，已走上致富之路。尤其是党的十五大、十六大和国家宪法明确了个体、私营经济的性质和地位后，非公有制经济人士致富思源、踊跃投身光彩事业。据不完全统计，至2003年年底，全县共引进外来投资企业24家，总投资2.28亿元，强发松香厂、贵家福、铁合金厂、苗疆商贸城、康太公司等一批企业落户台江并投入生产经营。捐赠的私营企业、慈善机构有8家14人，捐赠资金330.75万元，受捐学校11所，修建教学楼9栋。

2004年6月，为进一步做好非公有制经济组织的党建工作，由县工商联党组牵头，台拱镇党委配合，在城关3个社区和有一定规模的私营企业逐一进行党员摸底登记，共有党员69人，建有党支部2个。2008年7月1日，湖南商会党支部正式成立，为抓好非公有制经济领域党的基层组织建设探索出了一条新的路子。

2010年，在抗旱救灾和玉树地震中，统战部和工商联积极倡议和组织全县非公经济人士捐助资金10900元。组织非公有制经济人士为留守儿童、贫困学生捐款23000多元。动员非公有制企业以实际行动参与新农村建设，无偿援助资金3000元。

第三节　对台侨务

1990年以来，县侨联小组在元旦、春节期间召开座谈会，邀请侨联眷属参加，县委、县政府主要领导到会讲话。1998年，全县侨眷属8户，台属26户。2001年8月统计，全县侨眷属共23户，其中，台属24户，侨眷属9户。

统战部利用工作会、培训会、座谈会等形式，宣传党的方针、政策，组织学习十六大报告中关于和平解决台湾问题的论述，以及台办2000年“5·17”关于当前两岸关系问题的声明，《中华人民共和国反分裂国家法》《台湾工作通讯》等，共印发宣传资料100余份，召开各种座谈会、培训会10次，坚决反对和遏制一切形式的“台独”活动，维护祖国的领土完整和和平统一。为了更好地掌握“台属台胞”“涉台婚姻”的情况，每年都对全县台胞台属，涉台婚姻情况作调查，建立台属个人信息档案，实行动态管理。

随着两岸各种交往交流和人员往来的增加，各类涉台事务逐年增加，台江县台办认真履行职责，积极争取有关方面的支持和配合，依照政策和法律，协调处理赴台探亲、涉台婚姻、台胞申诉、台胞延期签证等事务。对入境台胞，认真按照政策、原则和要求，在交通、食宿、办证、政策咨询、寻亲访友、治安等方面给予协调和服务，排忧解难，为台胞提供方便。2005年6月接待台湾“中视”电视台摄制组到台江施洞拍摄民族风情电视片；8月接待台胞蒙彪、张莉华夫妇及姐姐张莉群、女儿蒙珍珍一行4人。办理赴台探亲2人次，办理涉台婚姻4起，办理台胞申诉1起。如台胞蒙彪先生为外公外婆捐款50万元修建新居一事，积极协调交通部门，城建部门给予解决，并于2005年8月落成新居。

按照中央、省、州统战部的要求，每逢中秋、元旦、春节等节日召开“三胞两属”座谈会，开展慰问活动，县委、县人民政府都拨出一定数量的慰问金，对台属、台胞、侨眷、原工商业者、少数民族代表人士、起义投诚人员进行慰问，使他们倍感党的关怀和温暖，促进社会和谐。

在统战部的热情接待和宣传下，一些台胞纷纷支持家乡建设。如1996年台胞刘德元捐助5000元为基甲村养甲寨修建饮水工程；台胞张青回家探亲时，资助黄毛小学1000元建设操场。

1990—2010年，共接待台胞186人次；接待“三胞两属”来信来访37人次，基本做到件件有着落，事事有交代。如台胞潘年和老先生两次写信要求统战部派员协调其侄孙的抚养权更改问题，统战部及时派人员到革东、施洞、老屯等乡镇调查，予以协调解决。

第四节　光彩事业

自1999年台江县光彩事业促进会成立，至2010年，光彩事业促进会积极发挥作用，得到县内外有关基金会、企业人士的热情参与，为台江的经济、社会的发起到积极的促进作用。

在经济建设方面，先后有遵义夏民公司投资50万元建立台江县塑料管厂；黔东南州金秋梨总公司投资250万元组建台江县生态旅游公司；湖南怀化个体户刘桥兴投资1500万元修建台江商贸城；广东东莞大朗食品公司张胜昔投资2500万元从事台江苗疆东大道改造；贵阳六合金属有限责任公司投资300万元建铁合金厂；湖南小石化刘桥兴投资1300万元建苗疆商贸城；中国四海工程公司投资260万元修建县农牧大厦；浙江丽水蓝赤兵投资800万元建岩寨电站；浙江兰溪私营企业主黄仲杰投资218万元恢复台江水泥厂生产；贵阳肖似春投资200万元建草食鸡养殖场；浙江腾琴投资80万元建南市苗木基地等。

在社会建设方面，20世纪90年代，香港爱心慈善组织、福慧慈善基金会、香港爱心旅行社、志诚集团、主力集团，以及台胞朱英龙、宁波市北伦区具发公司、南京金蛙集团等组织和个人，共捐资台江教育330.75万元。其中，香港志诚集团魏凤英女士捐资30万元修建台拱镇民族中学教学楼，在竣工庆典上又捐赠10万元作该校奖学金；香港佛教会慈善基金会捐资22万元给老屯中学修建教学楼；香港中国星火基金会捐资20万元修建城关一小教学楼；台湾嘉隆实业有限公司朱英龙先生捐资64万元修建4所中小学校；香港主力电器制品有限公司董事长李国基先生从1998年在贵州省实施“主力贵州教育发展计划”以来，资助台江50名特困高中生和4名在边远山区执教20年以上的优秀教师，分别每人每学年1000元和3000元。

2003年，全县共获捐赠金额330.5万元，受捐学校11所，建教学楼9栋。2004年，北京景山教育发展投资有限公司总经理洪洪一行专程到台江捐资25万元，设立“台江县北京景山高等教育助学金”。2005年，香港主力集团李建国先生援助3.3万元扶持台江县民族中学33名品学兼优贫困学生完成高中学业；劳国钊先生捐赠18万元建革一江边小学教学楼；香港主力集团贵州总代理陈湘溶女士资助空寨小学15万元修建教学楼，并组织23名初中毕业以上待业青年到香港主力集团深圳分公司就业。2007年，陈湘蓉女士援助2万元资助台江民高品学兼优的24名学生；主力集团和小平兹恩基金会援建台盘乡空寨小学和革一江边小学教学楼资金27.47万余元。

第六章　政法委及综治办工作

第一节　队伍建设

1992 年 5—7 月，根据省、州政法委的部署，在全县政法队伍中开展“百日无违法违纪”竞赛活动。按照“百日无违法违纪”竞赛活动实施意见，结合“做好不适合做政法工作人员的清理调离工作”，有 3 名干警被清理调离政法部门。全县政法系统 184 名干警无一人违法违纪。

1994 年 4 月 25 日，成立台江县政法干警集中教育整顿临时领导小组，对全县政法干警进行集中教育整顿。

1996 年在贵州省“严打”表彰会上，台江县政法委书记张明珍被评为“先进个人”。县委政法委组织对全县政法系统的执法执纪情况进行了历时 10 天的大检查活动。有效扭转了台江县政法系统工作作风。

1999 年，开展乡镇党委政法委书记、综治办主任的培训活动。2000 年，县综治委与各乡镇党委签订 2000 年综治“平安工程”目标管理责任书。2001 年，县委政法委开展“三个代表”重要思想教育活动，并成立领导小组，组长杨光成，副组长禹子贵，成员李江洪（兼活动办公室主任）。

2002 年 1 月，根据州文明委《关于开展行业“十佳”评选活动的实施意见》的要求，在全县政法各部门开展创“十佳”政法干警活动。2002 年 4 月，开展“台江县青少年法律与公民道德建设知识竞赛活动”，成立组委会。2002 年 5 月，根据州综治办〔2002〕01 号《黔东南州 2002 年社会治安治理宣传工作要点既宣传月活动安排》要求，县综治委在全县开展宣传月活动。

2003 年 7 月，在参加全州社会综合治理知识竞赛活动中，县综治办、县水利局、台拱镇综治办获组织奖，19 人获个人优秀奖。是年，台江县委政法委获得年度党风廉政建设责任制兑现奖。有 10 名政法干警受到台江县委、台江县人民政府表彰。

2004 年 3 月，在全县委政法系统开展“公正执法树形象”活动，7 月在全县政法系统开展“向任长霞学习活动”。12 月 20 日，为了进一步贯彻落实中央、省委和州委关于进一步加强政法干部队伍建设的意见精神，县委组织部、县委政法委联合起草了“关于进一步加强政法干部队伍建设的实施意见”报县委。12 月 31 日经县委同意，以台党办通〔2004〕86 号通知印发该实施意见。

2005 年，根据州委政法委关于“规范执法行为，促进执法公正”专项整改活动的部署和要求，特成立台江县规范执法行为促进执法公正专项活动领导小组，何平勇任组长，姜庭桂、李安国、任朝勋、杨秀元任副组长，下设办公室在县政法委，负责领导小组日常工作。

2006 年，县综治委被州综治委评为“三五规划先进集体”。县委政法委书记、县综治办副主任王家成在 2004—2005 年被州国安办评为人民防线先进个人。

2007 年 3—6 月，开展“台江县政法委机关作风教育整顿活动”，活动分为学习动员、查找问题、整改提高、总结验收4个阶段进行。10月，成立县政法委“三力”建设活动领导小组，组长：姚元良，副组长：张勇、王家成、刘师荣，成员：张仁光、禹子贵、张凯、石秀勇，办公室下设在政法委办公室，张勇兼任办公室主任。

2008年，开展党的十七大精神和胡锦涛总书记在全国政法工作会议代表和全国大法官、大检察官座谈会上重要讲话的“大学习、大讨论”活动。

2009年，组织县综治办、维稳办、防处办正副主任，乡镇政法委书记、综治办主任到州政法委在州委党校举办的政法领导干部培训。

2010年，组织乡镇政法委书记到州政法委和州委组织部联合在凯里学院举办的政法领导干部培训。

第二节 社会治安综合治理

一、“一五”综治工作

1991—1995年，为台江县社会治安综合治理“一五”规划时期。

1991年1月25日，县委、县政府表彰1990年社会治安综合治理先进集体37个，先进个人46人。

1991年4月29日，县委成立台江县社会治安综合治理委员会，县委书记张钦庭任主任，副县长吴儒辉、人武部部长余世权、公安局局长姬安荣任副主任，委员会下设办公室在县委政法委，与政法委办公室合署办公，杨明久兼任办公室主任。是年，全县共建立治保组织297个1148人，调解组织267个994人，内保组织9个96人，护村护寨队188个2718人，护校队15个254人，护厂队7个139人，义务消防队482个5712人，治安联防队168个2348人，帮教组织187个732人。共办法制学习班33期，参加学习违法人员329人，学习后改好人员241人；群防群治队伍配合公安提供案件线索86条，破获刑事案件27起，抓获违法犯罪人员185人，查处治安案件73起，收缴赃款赃物合款3169元，制止违法犯罪53起；重点整治交通线段14条，公共场所63个，特种行业60个，集贸市场8个，乡镇6个，村寨30个。

1992年，根据省、州安排，台江县被列为全省20个社会治安综合治理“一五”规划先行达标县之一。为顺利达标，县委、县政府制定《台江县1991年至1995年社会治安综合治理规划》，明确了指导思想、基本原则、奋斗目标、重点要求、实施步骤、主要措施等。主要做了六项工作：

一是加强组织领导，成立各级综治机构。全县成立县直机关、企事业等20个系统和9个乡镇社会治安综合治理委员会及其办公室，148个县直机关、企事业单位相应成立社会治安综合治理领导小组，全县186个村、2个居委会都成立社会治安综合治理领导小组。

二是广泛宣传。在全县城乡广泛宣传中共中央、国务院和全国人大常委会关于加强社会治安综合治理的两个决定。利用400名社教工作队员入村宣传两个决定，出动宣传车8台次，分别到施洞镇、革东镇、台盘乡、排羊乡、革一乡、南宫乡进行宣传，还利用有线广播、图片在“姊妹节”“龙船节”、赶场天开展法律咨询，散发宣传资料，张贴宣传标语。1992年7月3日，举办有14个队参加的综治知识竞赛活动。通过广泛宣传，全县受教育群众达11万余人次。

三是逐级签订责任书。县委、县政府与县直机关、企事业单位20个系统综治委、9个乡镇综治委签订社会治安综合治理目标管理责任书，29个综治委分别向下属302个综治领导小组签订治安责任书，各综治领导小组又围绕“管好自己的人、看好自己的门、办好自己的事”，把治安责任延伸到农户和干部职工家庭，全县有28330户农户和居民户分别与村委会和单位签订了社会治安责任书，占全县应签户数的99.2%。

四是组建群防群治队伍。全县组建治安联防队168支，有队员1839名；护校队15支，队员224名；治保会279个，成员590名；调解委员会267个，成员460名；护路队12支，队员129名；护厂队7支，队员128名；护村护寨队188支，队员2342名；义务消防队482支，队员4856名。机关、企事业单位内保组织9个，成员96名。

五是开展帮教活动。全县组建帮教组织187个，帮教人员732人，将430名轻微违法犯罪青少年全部纳入帮教对象，主要采取定人、定期和集中组织学习法律法规等，组织与家庭相结合进行帮教。通过帮教，改好的青少年265名，改好率61.63%；表现一般的青少年137名，占帮教对象的31.9%；重新违法犯罪青少年28名，占帮教对象6.5%。

六是开展重点整治。先后抽调250多人，对排羊、展里、麻栗、展架、白子坪、新寨、基甲、交汪、南宫、东老等村寨进行了重点整治。

1992年12月3—6日，省社会治安综合治理达标考核团对台江县社会治安综合治理工作进行了检查、考核，认为台江县社会治安综合治理工作扎实、成绩突出、发案下降、治安稳定。经省社会治安综合治理委员会审定，于1993年2月授予台江县“社会治安综合治理达标红旗单位”。1993年3月29日，县委、县政府以台党发〔1993〕4号文件授予方召乡、台盘乡、施洞镇、县委、金融、邮电6个综治委为社会治安综合治理达标红旗单位；授予县政府、台拱镇、革东镇、排羊乡、革一乡、南宫乡、老屯乡、养护段、农牧局、卫生局、商业局、供销社、水利局、林业局、经委、文化局、城建局、教委、交通局、粮食局、物资局、税务局、政法委23个综治委为社会治安综合治理达标合格单位。

1993年，县、乡（镇）两级换届选举结束后，县委、县政府对县综治委委员作了调整，县委书记刘昌明任主任，县委副书记沈洪勘、县委常委、政法委书记张明珍、县政府副县长张昌宗、县人大副主任杨秀元、县政协副主席潘昌基、县人武部部长余世权、县公安局局长姬安荣、县委政法委副书记杨光任副主任。新成立工商局、县直机关企事业单位综治委21个。

为了进一步加强社会治安综合治理，保持社会长期稳定、发展，巩固1992年的达标成果，1993年4月28日，县委、县政府决定在全县范围内开展创建“四无村（居）”、单位竞赛活动。其主要内容是乡（镇）综治委以村（居）为单位，行政、企事业综治委以单位为单位，开展“无刑事、治安案件、无违法犯罪人员、无火灾事故、无群众性械斗”的竞赛。12月，县综治委按照县委《关于开展创建“四无村（居）”、单位竞赛活动的通知》要求，组织工作检查组对各行政村进行检查。1994年3月17日，县综治委授予四柳村等79个村为“四无村”。

1995年，开展创建“四无”和“遵纪守法户”活动，实行县综治委成员定点联系乡镇督促指导综治工作，明确7名综治委副主任、21名综治委委员、14名工作人员分别定点联系9个乡镇的综治工作，规定了具体时间、任务，联系点的治安状况与联系人员的工作政绩挂钩。是年，全县实现“四无”村101个，无刑事案件村134个，无治安案件村119个，无群众性械斗村188个，无火灾事故村181个，无违法犯罪人员71个，分别占全县188个村的53.7%、71.3%、63.3%、100%、96.3%、37.8%。在开展遵纪守法户工作的台拱镇、方召乡，有“遵纪守法户”5180户，占全县总户数的16.5%。

二、“二五”综治工作

1996—2000年，为台江县社会治安综合治理“二五”规划时期。

1996年6月5日，县综治委下发了《台江县1996—2000年社会治安综合治理工作五年规划》和《台江县社会治安综合治理“平安工程”实施方案》。6月24日，县委、县政府下文调整乡镇、县直机关社会治安综合治理委员会成员，将县直机关、企事业21个系统综治委调整为44个单位和系统综治委，9个乡镇综治委保持不变。因人事变动，县委于11月20日调整县社会治安综合治理委员会成员，县长刘耀密任主任，张明珍、周南生、杨秀元、张昌宗、潘昌基、李金富、杨光成等人任副主任。之后，开展整顿学校治安秩序工作，共召开各类会议31次1350人次，破刑事案件2起，查处治安案件9起，抓获违法人员15人，送劳教1人，判处死刑1人，清查在校外租房居住学生620人，收缴管制刀具3把，清除饮食点15个，解决不安全因素23个。集中整治14个治安秩序较为复杂的路段、村寨和学校。查破种植罂粟案4起4人，铲除罂粟1563株，收缴罂粟膏5克，种子100克，大烟壳600克。

1997年5月8日，《中共台江县委、台江县人民政府关于进一步加强社会治安综合治理“平安工程”实施工作的意见》下发。为了贯彻落实综治工作“抓系统，系统抓”和“条块结合，以块为主”的方针，县委、县政府于9月25日决定，县城社会治安综合治理卫作实行属地管理，县直各机关、企事业单位社会治安综合治理委员会改为社会治安综合治理领导小组，归台拱镇综治委领导。原县直综治委正副主任改任正副组长，由县直各党组（党委）任命。10月20日，县社会治安综合治理委员会作出决定，对“四无村”台拱镇南市村、施洞镇井洞坳村、革东镇街上村、老屯乡搞仰村、革一乡田坝村、南宫乡展规村、台盘乡南庄村、排羊乡屯上村、方召乡李子村等105个村，对“安全文明单位”台拱镇县民中、施洞镇中学、革东镇粮管所、老屯乡、革一乡信用社、南宫乡供销社、台盘乡医院、排羊乡粮管所、方召乡党委办等72个单位，“安全文明村”台拱镇台拱村、施洞镇塘坝村、革东镇街上村、老屯乡搞仰村、革一乡田坝村、南宫乡汪江村、台盘乡水寨村、排羊乡屯上村、方召乡李子村等75个村进行表彰。同时，评出安全文明小区64个，遵纪守法户28896户，守法户占全县总户数的89.9%。

1998年4月1日，县综治委下发《关于进一步开展基层安全创建活动的意见》。在开展基层安全创建活动中，全县9个乡镇、192个村、967个村民小组、240个机关企事业单位、2970名干部职工、50084户农户签订了“平安工程”责任书。全县有专业联防队4支22人，义务联防队128支1993人，护村队143支2032人，护寨队143支1236人，护校队48支280人，护厂队5支42人，护路队3支22人。4月28日，县综治委授予建材厂、人民银行为实施社会治安综合治理平安工程模范单位，授予排羊乡、台盘乡、老屯乡、县委机关、人武部、农牧局、国土局、交通局、工商局、物资公司、农机局、烟草局、石油公司、供销社、水电局、养护段、文化局、职中、卫生局、县医院、计生局、国税局、地税局、工行、建行、农行、保险公司、信用联社、农机厂、水泥厂为实施社会治安综合治理平安工程合格单位。台拱镇、革一乡、施洞镇、革东镇、南宫乡、方召乡、民政局、粮食局、民中、国有林、电力局、建设局、政法系统、政府机关、纺器厂、财政局、商业局、教育局、邮电局、经贸局为实施社会治安综合治理平安工程不合格单位。

1999年4月6日，县委因人事变动调整县社会治安综合治理委员会成员，县长潘亮任主任，周南生、杨秀元、龙云茂、万雷、李金富、徐德信任副主任。2000年3月27日，县综治委授予台拱镇、排羊乡、老屯乡为1999年度社会治安综合治理工作模范乡镇，授予革东镇、施洞镇、台盘乡、革一乡、方召乡、南宫为1999年度社会治安综合治理工作合格乡镇。

2000年，先后开展“城关地区治安防范整治”“整治治安复杂村寨”等专项活动。在开展整治治安复杂村寨活动中，共整治了南宫乡交包村、交下村，施洞镇四新村，革东镇的街上村、光条村，破获大小案件64起，处理违法犯罪人员69人，收缴非法民用枪支129支。是年9月27日，县人民政府授予县委办等154个单位、县民中等23所学校、东街等188个行政村为“无毒社区”。2001年1月19日，县综治委表彰2000年社会治安综合治理平安工程模范单位为革东镇；红旗单位为排羊乡、台拱镇；合格单位为老屯乡、南宫乡、革一乡、方召乡。

三、“三五”综治工作

2001—2005年，为台江县社会治安综合治理“三五”规划时期。

2001年4月11日，县委调整县社会治安综合治理委员会成员，县长潘亮任主任，周南生、欧阳忠富、龙云茂、万雷、李金富、杨光成任副主任。7月9日，县委常委会决定成立县见义勇为基金会，并从县财政划拨5000元作为见义勇为基金会基金。是年，实施“平安工程”，开展基层创建活动。全县创“四无村（居）”94个，“安全文明村（居）”98个，“安全文明单位”121个，“安全文明小区”12个，“遵纪守法户”34118户，“十星级文明户”19户。

2002年1月23日，中共台江县委办下发《台江县社会治安综合治理第三个五年规划》及《实施方案》。为加强对社会治安综合治理工作的领导，县委于6月13日决定，将乡镇党委政法委与社会治安综合治理办公室合署办公，明确一名乡镇党委副书记兼任政法委书记和综治办主任，设一名专职政法委副书记兼综治办副主任，是年开展“治暴缉枪”专项行动，共检查清理涉爆单位55家，查处安全隐患56处，依法收缴民用枪支183支、炸药821公斤、雷管830枚、导火线1262米。全年受理治安案件358件，查处344件，查处率96%。打掉犯罪团伙10个34人。

2003年4月10日，县委台党通〔2003〕17号文件调整县社会治安综合治理委员会成员，县长潘亮任主任，何平勇、李安国、任朝勋、万雷、高开祥、张仁光任副主任，有关单位负责人任成员。5月，县综治委表彰2002年社会治安综合治理模范单位为老屯乡、方召乡、排羊乡；合格单位为南宫乡、革一乡、台拱镇、革东镇、施洞镇、台盘乡。5月15日下午，在台江开往凯里的班车途中，有两男子欲在车上盗窃手机，台江县老屯乡排略村退伍军人欧文锋与歹徒英勇搏斗负重伤。6月30日，县委、县政府召开欧文锋见义勇为先进事迹报告暨表彰会，作出《关于开展向欧文锋学习的决定》，省综治办奖励欧文锋见义勇为3000元，县委、县政府从县见义勇为基金中拿出2000元慰问欧文锋。7月14日下午，台江民族中学应届初中毕业生部斌斌，中考结束后到凯里龙头河游泳时，勇救落水少年而牺牲。9月23日，台江县见义勇为基金会与凯里市见义勇为基金会在台江县民中举行部斌斌见义勇为先进事迹报告暨表彰会，两县市分别给予部斌斌家长慰问金3000元。

2004年3月8日，县委、县人民政府作出《关于进一步实施社会治安综合治理“三五”规划的决定》，并成立创模工作领导小组。4月13日，县综治委制发了《关于建立社会治安综合治理四个长效防范机制的实施意见》，并精心组织、周密部署、全面落实四个长效防范机制。8月17日、9月27日，县委办、县政府办分别制发《关于加强青少年道德和法制教育的意见》和《关于转发县综治办关于进一步加强机关企事业单位综合治理治安防范工作的意见的通知》，动员全县都来关心和参与青少年道德与法制教育工作，加大综合治理力度，为青少年健康成长营造积极向上的育人环境。按照“属地管理”“谁主管，谁负责”原则，做好单位和管理区的治安防范工作。11月10日，下发《关于加强社会治安防控体系建设的实施意见》，打造平安台江。

2005年，以创建“四个长效防范机制”为契机，进一步加强农村的治安防控体系建设，形成城乡一体化治安防控网络。全年举办领导干部法制讲座2期、法律培训9期，开展民主法制示范点41个，开展“送法下乡”6期，组织干部学法用法考试3期，组织农村人民调解法律知识考试1期，参考人数703人；开展法制教育活动15场次，给青少年上法制课54堂，召开青少年法制教育报告会19次。全县共创建安全文明小区17个，安全文明单位80个，安全文明村（居）86个，遵纪守法模范户2921户，遵纪守法户26010户，覆盖率达96.5%。台江县被贵州省民政厅命名为村民自治模范县。

四、“四五”综治工作

2006年至2010年，为台江县社会治安综合治理“四五”规划时期。

2006年，县委结合实际制发了台党发〔2006〕3号文件，将创建“平安工程”作为全县2006年三大工程之一，成立了以县人民政府县长为组长的创建“平安工程”领导小组，周密部署，全面开展“平安工程”创建活动。针对经济发展带来的大量人流、物流、资金流动可能触发社会不稳定因素，积极组织动员各族群众参与，在全县建立起以城关为点、主要交通要道为线、县乡镇为面的“点、线、面”结合，城乡互动的群防群治网络。把创建“平安乡镇”“平安单位”“平安小区”“平安家庭”等活动作为平安创建载体，进一步丰富了创建活动内容。6月16日，县综治委、县纪委、县委组织部、县人事劳动和社会保障局、县监察局下发《关于在全县干部职工中开展社会治安综合治理知识学习考试活动的通知》，组织全县干部职工进行社会治安综合治理知识考试，并将学习考试情况作为干部职工参与社会治安综合治理工作的重要依据和年度考核评定等次的重要依据。2007年3月15日，县委、县人民政府表彰2006年社会治安综合治理先进集体为方召乡、革一乡、南宫乡、县信用联社、县财政局、县综治办、县地税局。

2007年，综治工作以创建“平安建设”为载体，大力开展遵纪守法户、遵纪守法模范户、安全村寨等细胞工程活动。全县共创建遵纪守法户26210户，遵纪守法模范户2088户，安全文明村92个，“四无村”110个。11月30日，县委办、县政府办印发《台江县社会治安综合治理委员会关于实行社会治安综合治理领导责任查究制的规定（试行）的通知》。规定分为总则、查究的范围及内容、查究程序、处罚措施、附则5章，共16条，实行白牌查究，责令限期整改；黄牌查究，予以黄牌警告，通报全县，并责令限期整改；实行红牌查究，予以一票否决。

2008年，县委、县政府将社会治安综合治理工作纳入一把手工程，严格履行保一方平安、维护一方稳定的政治责任，在全县开展“创建平安台江，构建和谐社会”活动。按照县五部门《关于领导干部履行综治职责考核与奖惩实施细则》的有关规定，对各乡镇、各部门主要领导和分管领导履行社会治安综合治理工作职责情况进行考评。县委、县政府从源头上预防和解决影响社会稳定的突出问题，研究制发了《关于台江县对涉及群众利益的重大决策事项实行稳定风险评估的意见的通知》，明确规定稳定风险评估的重大意义、指导思想、应坚持的原则、评估的重点范围、评估的程序、评估成果的运用。县综治委组织全县县直机关、企事业单位和乡镇近2000名干部职工在台拱镇民中进行平安建设知识考试，并将考试成绩作为干部职工年度考评评定等次的重要依据之一。

2009年，开展对文化娱乐场所清理整顿专项整治工作，依法取缔“黑网吧”5个，暂扣20台电脑设备，取缔无证经营电子游戏场所5家，收缴电子游戏机10台，对1家违规接纳未成年人的电子游戏场所依法责令停业整顿15天，收缴非法音像制品1800张。

2010年，全县共创建遵纪守法户32126户，遵纪守法模范户3088户，安全文明村102个。

第三节　维护社会稳定

1991年，县委要求各级党委、政府要牢固树立“稳定压倒一切”的指导思想，把维护稳定作为十分重要的政治任务来抓。要坚决贯彻“谁主管谁负责”的原则，全面落实社会治安综合治理措施，加强政法队伍建设，提高政法干警素质，充分认识新形势下政法工作的地位和作用，进一步加强党对政法工作的领导。

1992—1994年，在全县政法系统开展了“百日无违法违纪”竞赛活动，开展“反盗窃”“追捕三逃犯”“林业专项斗争三年为期”“打黄扫非”以及“百日破案会战”等专项斗争。特别是“百日破案会战”专项行动，成立了由县委常委、政法委书记、公安局局长、政委为正副组长的破案领导小组，制定了方案，抽调42名干警，分成3个组，以城关为重点开展侦破工作。经过100天奋战，破获刑事案件23起，其中特大案件4起，重大案件8起，摧毁犯罪团伙2个，成员13人，缴获赃款赃物33380元。

1996年5月4日，召开全县“严打”斗争动员大会，传达全州“严打”斗争紧急会议精神，部署“严打”工作。要求进一步强化各级各部门领导“保一方平安”的政治责任感，依法严厉打击严重违法犯罪分子。2000年，实施维护稳定领导责任制，成立了以县委、县政府主要负责人担任组长，各相关部门负责人参加的维护稳定领导小组，相继制定了《维护社会政治稳定的工作意见》，明确规定各级党政一把手为维稳工作的第一责任人。严格实行维护稳定部门、单位责任制，按照“谁主管、谁负责”的原则和分级管理、归口督办制度，及时明确承担解决问题的牵头和配合部门，落实维稳领导责任制。

2001年，县委、县政府转发县维稳办、县综治办《关于加强矛盾纠纷排查调处工作的意见》，制定了《矛盾纠纷定期排查制度》《调处工作责任制度》《防范工作联席会议制度》《协调工作制度》《分级负责、归口管理制度》和《情报信息报告制度》，确保维护稳定各项措施真正落到实处。开展不安全因素的排查活动，积极调处人民内部矛盾，妥善处置群体性事件4起。

2004年，为抓好“三凯高速”、苹文园区和县民中新校建设、老屯乡岩寨电站等重点工程的工作，全县针对这些项目加大矛盾纠纷排查力度，积极妥善处理群体性事件。为使处理涉法上访工作规范化、制度化，有效控制和减少涉法上访问题，制定了《台江县处理涉法上访工作暂行规定》。同时，由县维稳办、县文明办、县公安局、县科协等单位共同配合，开展以“崇尚科学、关爱家庭、珍惜生命、反对邪教”为主题的反邪教警示教育活动。

2007年，开展各类矛盾纠纷排查化解工作，不断建立和完善维稳工作机制，全力做好敏感时期的维稳工作，开展定期回访机制。如县委、县政府在老屯岩寨电站的征地补偿、拆迁中，成立了回访工作组和法律宣传组，逐家逐户与被拆迁征地户的群众开展法律宣传和调查，确保当地社会稳定。

2008年，从7月15日开始，全县开展了为期半年的大接访活动。通过此次活动，集中解决了一批涉法涉诉重点信访问题，有效减少涉法涉诉非正常上访。在开展防范和处理邪教工作中，上街开展宣传18次，发放资料2万余份，培训反邪教警示教育骨干118人。

2010年，深入推进社会矛盾化解，开展矛盾纠纷排查化解工作，全年没有发生较大的群体性事件和突发性事件，涉法涉诉信访案件6件全部办结。

第四节　执法监督

1994年，制定《县委政法委员会督办案件的暂行规定》。规定了督办的范围、督办的内容、督办的程序及办理方法。

2001年，制定完善了《县委政法委案件协调规则》《县政法委案件督办制度》以及“县政法委督办案件登记表”“案件协调督办审批表”等。对县公安局看守所羁押情况进行5次检查，均未发现超期羁押情况。2002年，根据州委政法委《关于对黔东南州基层人民检察院、驻所检察室开展专项执法检查的通知》要求，县委政法委部署了全县的党内执法监督工作。县委政法委和县检察院进行了认真自查并形成自查报告上报州委政法委。2003年3—6月，根据州委政法委的工作部署，县委政法委从县公、检、法三家抽调业务骨干组成检查组，对县人民法院1993年以来的各类诉讼档案进行了严格有序的检查。是年，共接待群众来信107件，来访314人次，讨论、过问案件4件，信访转办41件，办结38件，协调、督办各类案件4件。

2004年，开展党内执法监督和集中处理涉法上访工作。制定了《涉法上访首办责任制》《涉法上访案件处理回访制度》《涉法上访领导包案制度》，使集中处理涉法上访工作做到有章可循。对 2003 年 1 月以来发生的涉法上访案件和一批历年上访老案、积案进行了认真清理和审慎处理，共摸排出各类涉法上访案件 5 起，全部处理结案。县委政法委发出协调督办通知 2 份，信访督办通知 2 份，实地督办 3 次。全县各级政法部门接待群众来信 124 件，来访 206 人次，其中，县政法委接待群众来信 6 件，来访 22 人次，办理信访转办 8 件，督办案件 2 件，协调案件 4 件。

2005 年年初，县委政法委下发了《关于认真做好 2005 年全县党内执法监督工作的意见》，对 2005 年的党内执法监督工作作了总体安排。全年共办理督办案件（事项）1 件，协调 2 件。全年处理来信 7 件，作信访转办 5 件，要求有关部门办理并报告 1 件。全年共接待上访群众 24 人次。

2006 年，县委政法委按照中央、省委、州委政法委的部署，组织全县政法机关推进执法规范化建设，开展执法质量考评、案件质量评查活动。2007 年，通过开门整顿、明察暗访等，着力解决人民群众反映强烈的执法不公正、不规范、不文明、不作为等问题，提高群众满意度。推进执法公开，将司法机关职权范围、执法依据、执法过程和执法结果向社会公开，保障群众知情权，提高执法透明度，增强接受群众监督的自觉性，以公开促公平，以公开促公正。通过加强执法责任体系、执法质量和效率考评体系、执法工作信息化建设，健全完善执法工作制度体系，着力规范执法行为。全县政法机关党风廉政建设取得明显成效，干警违法违纪现象明显减少。

2009 年，设立涉法涉诉救助资金及管理制度，全县涉法涉诉救助资金为每年 5 万元，滚动使用。2010 年，继续开展集中清理涉法涉诉信访积案活动和三年案件评查活动，成立了领导小组。开展了对涉法涉诉信访积案的排查摸底、数据录入工作，共排查出涉法涉诉信访积案 6 件。开展化解工作，已化解 5 件，化解率为 83.33%，特别是化解了一些信访老案，使信访人彻底息诉罢访。

第七章　史志编纂

第一节　党史资料征编

1991年，县党研室与凯里、雷山、麻江、丹寨4县市共同编辑《雷公山地区合围》剿匪斗争专辑。台江主要负责征集五五六团的资料及台江的剿匪资料，编写整理成“概述”“一八六师组织序列”“五五六团组织序列”“第十六纵队概况”“第十六纵出笼与覆灭经过”“雷公山地区的剿匪斗争”“俘毙匪首时间地点考”“大事记”等篇计十余万字，于1996年印刷成书。同时，搜集整理编写成《台江县土地改革综述》，上报州委党研室编成《黔东南南土地改革》一书。

1992年，搜集整理撰写成《台江县剿匪综述》《合围雷公山地区土匪概述》报州委党研室编成《黔东南的解放和剿匪斗争》一书。经过多年搜集挖掘资料，整理成中共台江县历史大事记（1933年至1990年），约12万字，1997年将大事记编印成《台江党研》1期。搜集整理在台江牺牲的革命烈士多篇，报州委党研室，编成《黔东南革命烈士传》第二集。

2003年，台江县史志办成立后，加强对党史资料的征编工作，完成了《国民经济“调整、巩固、充实、提高”方针在台江的贯彻执行》《台江县农村基层组织建设的成就和经验》等调研，对全县各族人民在共产党的领导下进行的革命、建设和改革的经验作了尝试性的总结。完成新农村建设口述史《贫困村变小康村——台江县梅影村建设史》《清水江畔小康村——台江县塘坝村的变迁》《中共凯里党小组在台江的活动》和台江非公有制经济的发展共4个典型材料的调查采写；发挥“史志合一”的优势，紧扣县委、县政府的工作重心，立足于台江县情特色，撰写反映红军长征过台江的《苗疆腹地故事多》《长征路上新贵州》（台江部分）、《黔东南的红色旅游》（台江部分）等材料。

2007年，根据州党史研究室的工作部署，史志办启动《中国共产党台江县历史》编写工作，到档案馆和有关部门查阅大量历史资料，搜集到资料80多万字，编写成《中国共产党台江县历史》初稿。之后，编印25万字的《中国共产党台江县历史大事记》内部出版，编辑完成18万字的《台江解放与剿匪纪实》，由沈阳出版社出版发行。党史研究成果先后有40多篇文章编入省州党史资料书刊。

2010年，县史志办根据州委党史研究室的通知要求，在全县范围内开展革命遗址普查。通过普查发现台江革命遗址共有8处，即凯里党小组到台江开展革命活动地、红军总政治部行居、施洞红军渡口、报效红军渡口、杨光文烈士故居、革命烈士陵园、阳芳会议遗址、县城保卫战遗址、熊天牧故居，其中熊天牧故居在县城建设中已毁。

第二节　志书年鉴编纂

一、县志修编

1982年，启动第一轮县志修编工作，成立编写领导小组和县志编纂委员会，先后抽调欧德祥、张德麟、潘金海、徐德信等 12 名干部参加县志修编。1991 年年底，有 16 个部门完稿。1993 年各部门完稿，5 月进入总纂，完稿后经县编委会、州志办、省志办审核通过，1993 年年底交付印刷，1994 年 6 月,《台江县志》由贵州人民出版社出版。共印 2000 册。全书 124 万字，插图（照）17 页，分别由序、概述、大事记和地理、民族、党群、政权政协、军事、司法、人事劳动民政、国民经济管理、农业、工建交邮、商贸、财政税收审计、金融、教育、医药卫生、科技文化教育、人物篇及附录、修志始末组成。主编欧德祥、张德麟，副主编潘金海、徐德信。

2003 年，成立台江县第二轮修志编纂委员会，启动第二轮县志修编工作，拟出编修篇目，要求各单位成立相应的部门志编写领导小组。2007 年 2 月，召开全县各单位、各乡镇负责人参加的第二轮县志修编工作会议，全面开展第二轮县志修编工作。史志办按县志篇目分工，由各位编辑负责指导督促篇目涉及单位、乡镇，对没完成部门志的办公室主任亲自督促。由于人事变动，对分工不断调整。至 2010 年，大部分部门志稿基本完成，部分乡镇和部门还在编写当中。

二、年鉴编写

《贵州年鉴》《黔东南年鉴》创刊以来，根据省年鉴社和黔东南州志办年鉴科的要求，每年收集本县文字和图片资料，编写台江年鉴稿件，按时报送省、州。

三、编辑台江政府公报

根据省、州政府要求，县政府从 2009 年开始编辑《台江政府公报》，将《台江政府公报》交由史志办编辑。《台江政府公报》为双月刊，辟有领导讲话、县委、县政府文件、县委办、县政府办文件、人事任免、大事记等栏目。每期编印 600 册，发送州政府办、州内兄弟县市政府办，县内各单位、各乡镇村、企业、学校、报刊亭等。

四、部门志及其他

多年来，县史志办协助、指导部门编写专业志稿 80 多部，经审核出版的有《台江烟草志》《台江税务志》《台江粮食志》《台江工会志》《台江商业志》《台江军事志》《政协台江县委员会志》等志书，编成贵阳中医学院苗族文化教材，参与《台江苗族姊妹节志》、中国节庆文化丛书《台江苗族姊妹节》编写。编辑出版《台江苗族历史文化》（2010 年中国文化出版社出版）、《台江非物质文化遗产》（2012 年由沈阳出版社出版）。

第三节　史志宣传

2003 年以来，史志部门积极融入参与，利用史志资料进行革命传统教育和县情宣传，利用清明节机关干部职工、中小学生到烈士陵园扫墓、敬献花圈、重温入党入团誓词和组织少先队员入队宣誓等契机，邀请老革命家到烈士陵园讲述革命先辈的英勇事迹，进行革命传统教育，制作宣传展板在烈士陵园展览供大家参观，对台江早期共产党员熊天牧、杨光文的革命事迹、红军长征过台江的情况及党和国家领导人胡锦涛到台江视察工作情况等进行宣传，并向群众赠阅史志书籍，接受群众参观、咨询等。这些工作，在提升史志工作影响力的同时，让干部群众认识和了解台江县情历史，增强自豪感、责任感和使命感，激发爱祖国、爱家乡和建设家乡的热情。

第八章　党校教育

第一节　干部培训

1991—2010年间，县委党校与县委组织部、宣传部、县直属机关工委、县人事劳动局、县妇联等有关单位配合，对全县的党员领导干部、妇女干部和公务员进行了大规模的培训。培训内容主要为中共党史、邓小平理论、“三个代表”重要思想、科学发展观和中共十五大、十六大、十七大精神，以及时事政治、法律知识、党建知识、科学知识、计算机常识和安全生产知识等。

1997—2010年党校培训干部一览表

表3-6

培训时间	培训班名称	人数
1997年9—12月	领导干部函授轮训班	152
1998年10—12月	领导干部函授轮训班	216
1999年9—11月	领导干部函授轮训班	167
2001年8—9月	乡镇副科级干部培训班	30
	妇女干部培训班（2期）	93
2002年12月	股干十六大培训（2期）	276
2003年4—5月	科级领导干部培训（2期）	101
2003年7月	妇女干部培训班（2期）	125
2003年11月	党员干部现代远程教育工作培训班（2期）	101
2004年3—7月	科级干部远程教育及政治理论工作培训班（6期）	326
2005年5月	部分新任科级干部培训班	46
2006年7月	农村三大头培训班（3期）	468
2007年2—12月	新任科级干部培训（2期）	69
	妇女干部培训班	63
	中青年干部培训班	30
	统战委员和非党干部培训	44
	中青年干部培训班	32
	统战委员和非党干部培训班	52
2008年1—12月	新任科级干部培训	65
	妇女干部培训班	38
	中青年干部培训班	30
	统战委员和非党干部培训班	44
	高考辅导系列讲座	42
	清华教育扶贫乡镇医疗卫生高级研修班	61
	清华教育扶贫依法行政高级研修班	35
	清华教育扶贫第七期校长教育管理培训班	41
	清华教育扶贫第十期校长教育管理培训班	49
	清华大学教育扶贫城乡规划建设高级研修班	18
	清华大学初中英语讲师词汇教学法培训班	39
2009年1—12月	新任科级干部培训班	41
	妇女干部培训班	43
	科学发展观培训班	45
	清华大学教育扶贫高考辅导培训班	600
	清华大学教育扶贫环保与可持续发展高级研修班	42
	辉瑞医学继续教育培训班	276
	清华大学教育扶贫校长管理培训班	101

续表 3-6

培训时间	培训班名称	人数	培训时间	培训班名称	人数
2010 年 1—12 月	中青年干部培训班	32	2010 年 1—12 月	中青年干部培训班	30
	统战委员和非党干部培训班	52		统战委员和非党干部培训班	44
	新任科级干部培训	65		高考辅导系列讲座	42
	妇女干部培训班	38		—	—

第二节　干部继续教育

1998 年，根据上级要求，县委党校开始办“以学养校”模式，举办州委党校业余大专班台江教学点，2001 年举办省委党校函授学院台江函授站。主要有大专、本科两种学历层次，开设有法学、经济管理等多个专业。2008 年后停办。

1998—2007 年州委党校业余大专班台江教学点招生毕业情况统计一览表

表 3-7

办班时间	专业名称	人　数	办班时间	专业名称	人　数
1998 年	经济管理专科	42	2003 年	法律本科（春）	49
1999 年	经济管理专科	19	2003 年	法律本科（秋）	46
2000 年	经济管理专科	16	2004 年	法律本科	32
2001 年	经济管理专科	24	2005 年	法律本科	67
2001 年	法律本科	24	2006 年	法律本科	28
2002 年	法律本科	29	2007 年	法律本科	44

第四篇

政权　政协

第一章　地方人民代表大会

第一节　县人民代表大会

一、代表选举

按照法律程序，台江县人民代表大会召开前，依法进行选民登记、公布选民，发给选民证，按规定日期组织选举工作。首先划定选区，将代表名额分配到各个选区，在广泛宣传、公布候选人名单后，根据投票结果，选出正式代表。

1990—2010年，台江县共进行五届人民代表大会代表选举，各界代表名额分配如下表。

历届县人大代表名额分配一览表

表4-1

届别	总数	台拱	施洞	革东	台盘	革一	老屯	排羊	南宫	方召
十一	147	61	9	16	8	9	13	7	13	11
十二	153	68	11	15	10	9	9	8	11	12
十三	157	62	13	17	12	10	11	7	12	13
十四	157	57	16	12	11	14	9	13	12	13
十五	156	45	17	—	17	16	15	13	15	18

说明：2003年革东划归剑河后，第十五届没有革东代表

历届县人大代表结构一览表

表4-2

届别	代表总数	其中									
		男	女	苗族	其他民族	中共党员	工人	农民	干部	知识分子	中专以上文化
十一	148	123	24	129	18	99	1	15	131	1	24
十二	153	129	24	137	16	122	1	11	139	2	34
十三	157	132	25	139	18	124	3	16	135	3	60
十四	157	123	34	139	18	103	1	16	138	2	71
十五	156	133	23	138	18	114	2	89	61	4	69

二、代表大会

第十一届人代会 1990年3月20日至25日，台江县第十一届人民代表大会第一次会议在县城召开，出席会议的代表147人，列席会议代表33人。会议听取并审议通过了《台江县人民政府工作报告》《台江县1989年计划执行情况和1990年计划安排及“八五”计划的报告》《台江县1989年财政决算和1990年财政预算的报告》、台江县人民法院和县人民检察院的工作报告。会议选举张正辑为县人大常务委员会主任，欧德科、欧阳华、夏艳玉为副主任。会上刘昌明当选为县政府县长，吴儒辉、张建武、欧阳中富、张明珍当选为副县长。杨昌明当选为县人民法院院长，姜文富当选为县人民检察院检察长。县人大常委会委员11人。

本届共召开人代会3次，常委会会议18次，听取和审议“一府两院”工作报告30个，作出决议、决定28个。

第十二届人代会 1993年3月3日至7日，台江县第十二届人民代表大会第一次会议在县城召开，会议听取和审议县政府工作报告和县法院、县检察院的工作报告。会议选举产生新一届县人大、县政府领导班子和县人民法院院长、县人民检察院检察长。经10人联名提议，杨昌明作为县人大常委会主任候选人，经过选举，杨昌明当选主任，副主任杨秀元、张天皓、欧光祥，县人民政府县长包和辉，副县长龙云茂、朱江华、张文英、张昌宗、欧阳中富，县人民法院院长王成玉，县人民检察院检察长姜文富。县人大常委会委员11人。

本届共召开人代会5次，常委会会议33次，听取和审议“一府两院”工作报告44个，作出决议、决定48个。

第十三届人代会 1998年2月19日至23日，台江县第十三届人民代表大会第一次会议在县城人民礼堂召开，会议听取和审议县政府工作报告和县法院、县检察院的工作报告。会议选举产生新一届县人大、县政府领导班子和县人民法院院长、县人民检察院检察长。台江县人大常委会主任张建武，副主任欧阳中富、杨秀元、欧光祥、龙秀明，县人民政府县长潘亮，副县长姜学东、龙云茂、李先、吴元、石龙，县人民法院院长谢树林，县人民检察院检察长郑国勋。县人大常委会委员10人。

本届共召开人代会5次，常委会会议33次，听取和审议“一府两院”工作报告50个，作出决议、决定54个。

第十四届人代会 2003年1月7日至11日，台江县第十四届人民代表大会第一次会议在县城人民礼堂召开，会议听取和审议县人民政府工作报告和县法院、县检察院的工作报告。会议选举产生新一届县人大、县政府领导班子和县人民法院院长、县人民检察院检察长。台江县人大常委会主任杨光福，副主任吴伟、张明珍、欧光祥、龙秀明、任朝勋、余光祥，县政府县长潘亮，副县长杨伟、李先、姜庭桂、王晓琴、杨昌智；县人民法院院长谢树林，县人民检察院检察长郑国勋。县人大常委会委员19人。

本届共召开人代会4次，常委会会议40次，听取和审议“一府两院”工作报告86个，作出决议、决定46个。

第十五届人代会 2006年11月26日至28日，台江县第十五届人民代表大会第一次会议在县人民礼堂召开，会议听取和审议“一府两院”工作报告，选举产生新一届县人大班子和县政府领导班子以及县人民法院院长、县人民检察院检察长。县人大常委会主任何平勇，副主任吴元、任朝勋、余光祥、许荣莉，县政府县长杨昌彪，副县长杨伟、王刚、李碧云，县人民法院院长谢文英，县人民检察院检察长杨俊。县人大常委会委员21人。

本届共召开人代会5次，常委会会议46次，听取和审议“一府两院”工作报告89个，作出决议、决定56个。

第二节 常务委员会

一、组成人员

1990—2010年，县人大共经历五届常委会，每届均由人民代表大会选举产生。常委会设主任、副主任和委员若干名，负责大会闭幕期间的日常工作。历届常委会主任、副主任名录如下表：

第十一届县人大常委会主任、副主任名录

表4-3

姓 名	性 别	民 族	文化程度	籍 贯	职 务	任职日期
张正辑	男	苗	初中	台江	主 任	1990年3月—1993年2月
欧德科	男	苗	高中	台江	副主任	1990年3月—1993年2月
欧阳华	男	苗	中专	台江	副主任	1990年3月—1993年2月
夏艳玉	女	汉	大学	江西	副主任	1990年3月—1993年2月

第十二届县人大常委会主任、副主任名录

表4-4

姓 名	性 别	民 族	文化程度	籍 贯	职 务	任职日期
杨昌明	男	苗	高中	台江	主 任	1993年3月—1998年2月
杨秀元	男	汉	大学	台江	副主任	1993年3月—1998年2月
张天皓	男	苗	大学	台江	副主任	1993年3月—1998年2月
欧光祥	男	苗	大专	台江	副主任	1993年3月—1998年2月

第十三届县人大常委会主任、副主任名录

表4-5

姓 名	性 别	民 族	文化程度	籍 贯	职 务	任职日期
张建武	男	苗	大学	台江	主 任	1998年3月
欧阳中富	男	苗	大专	台江	副主任	1998年3月—2003年1月
杨秀元	男	汉	大学	台江	副主任	1998年3月—2003年1月
欧光祥	男	苗	大专	台江	副主任	1998年3月—2003年1月
龙秀明	男	苗	高中	台江	副主任	1998年3月—2003年1月

第十四届县人大常委会主任、副主任名录

表4-6

姓 名	性 别	民 族	文化程度	籍 贯	职 务	任职日期
杨光福	男	侗	本科	天柱	主 任	2003年1月—2006年11月
吴 伟	男	苗	本科	凯里	副主任	2003年1月
张明珍	女	苗	大专	台江	副主任	2003年1月—2006年11月
欧光祥	男	苗	大专	台江	副主任	2003年1月—2006年11月
龙秀明	男	苗	高中	台江	副主任	2003年1月—2006年11月
任朝勋	男	土家	本科	台江	副主任	2003年1月—2006年11月
余光祥	男	苗	本科	台江	副主任	2003年1月—2006年11月

第十五届县人大常委会主任、副主任名录

表 4-7

姓　名	性　别	民　族	文化程度	籍　贯	职　务	任职日期
何平勇	男	苗	本科	台江	主　任	2006 年 11 月—2010 年 2 月
杨　伟	男	苗	本科	台江	主　任	2010 年 3 月—2011 年 8 月
吴　元	男	苗	本科	台江	副主任	2006 年 11 月—2011 年 11 月
任朝勋	男	土家	本科	台江	副主任	2006 年 11 月—2011 年 11 月
余光祥	男	苗	本科	台江	副主任	2006 年 11 月—2011 年 11 月
许荣莉	女	苗	本科	台江	副主任	2006 年 11 月—2011 年 11 月

第十六届县人大常委会主任、副主任名录

表 4-8

姓　名	性　别	民　族	文化程度	籍　贯	职　务	任职日期
张运良	男	侗	本科	台江	主　任	2011 年 11 月—
杨光礼	男	苗	本科	台江	副主任	2011 年 11 月—
余光祥	男	苗	本科	台江	副主任	2011 年 11 月—
李碧云	女	苗	本科	台江	副主任	2011 年 11 月—
刘开新	男	侗	本科	天柱	副主任	2011 年 11 月—
黄国盛	男	苗	本科	台江	副主任	2011 年 11 月—
张博根	男	苗	本科	台江	副主任	2011 年 11 月—
姜学政	男	侗	本科	剑河	副主任	2011 年 11 月—

二、机构设置

1990 年，县人大常委会机构设置人大办公室、法制工作委员会、财政经济工作委员会、代表工作委员会、信访工作委员会；1998 年，增设民族教科文卫工作委员会；2003 年，法制工作委员会改为内务司法工作委员会，代表工作委员会改为代表选举任免联络工作委员会，民族教科文卫工作委员会分为民族宗教侨务工作委员会和教科文卫工作委员会。2006 年，机构设置有人大办公室、内务司法工作委员会、财政经济工作委员会、代表选举任免联络工作委员会、民族宗教侨务工作委员会、教科文卫工作委员会、农业农村工作委员会、环境与资源保护工作委员会。

1990—2010 年，县人大常委会内设机构负责人为：

办公室：

历任主任：欧德科　蒋霜沛　王　鹏　杨本昌　万昌贵　吴光文　宁吉身

副 主 任：张仁光　杨桂香　张继东　张志发　王　鹏　张剑波　李美福　田如军
王嘉毅　张　洪　杨光勇　邰　忠　张　勇

内务司法工作委员会（法制工作委员会）：

历任主任：李世光　张继东　杨正达　龙光卫

副 主 任：石远志

财政经济工作委员会：

历任主任：邰文质　杨忠平　杨腾秋　张云生

副 主 任：李　平

代表选举任免联络工作委员会（代表工作委员会）：
历任主任：田文辉　李德成　李正辉　张先成　吴光文
副 主 任：张继东　欧　达　潘林林
信访工作委员会：
历任主任：姜彦直　张绍福
副 主 任：吴祖平
民族宗教侨务工作委员会：
历任主任：刘跃英　杨引珍　申爱群
科教文卫工作委员会（民族教科文卫工作委员会）：
历任主任：张文峰　李正辉　刘跃英　万昌贵　何平军
副 主 任：李正辉　刘跃英
农业农村工作委员会：
历任主任：欧品强　张剑波
环境与资源保护工作委员会：
历任主任：杨　飞　张先成

三、常务委员会会议

委员会议　县人民代表大会常务委员会全体委员会议由县人大常委会主任主持，全体委员出席。根据会议内容需要，邀请县委、县人民政府、县政协、县人民法院、县人民检察院以及县有关部门负责人、乡镇人大主席团主席列席。

县人大委员通过全体委员会议，学习相关法律法规及党和政府文件，着重听取和审议县人民政府、县人民法院、县人民检察院（以下简称“一府两院”）工作报告、县人大常委会工作报告，以及部分工作部门的单项工作报告，内容涉及政治、经济、文化、教育、民生以及社会其他方面；通过会议任免“一府两院”组成人员、县人大机关部门负责人、“两院”的审委会委员、检委会委员、审判员、检察员；对县人大会议的召开和工作事项、重要文件进行审议，作出有关决议。

1991—2010年，共召开常委会170次，听取审议“一府两院”的工作报告和有关单位的专题汇报。常委会坚持民主集中制的原则，集体行使职权，讨论、决定县政大事，决议人事任免及其重要事项，办理人民代表大会交办的事务，处理重要的群众来信来访等。20年来，县人大常委会组成人员由第十届的15人增加到第十六届的21人，其知识和年龄结构均有较大改善。同比大专以上文化的由35%增至90%，平均年龄由50岁下降到43岁。

为更好地做好人大工作，县人大常委会先后制定和完善了《台江县人大常委会会议工作程序》《台江县人民代表大会会议工作程序》《信访领导接待日制度》《台江县人民代表大会常务委员会讨论、决定重大事项办法》《台江县人民代表大会常委会主任会议议事规则》《台江县人民代表大会代表述职办法（试行）》《台江县人民代表大会常务委员会讨论、决定重大事项办法（试行）》《台江县人民代表大会常务委员会关于对人民法院、人民检察院和公安机关司法工作监督办法（试行）》《台江县人民代表大会常务委员会关于审议“一府两院”工作报告实行投票表决的决定》等一系列制度和决定。

主任会议　根据地方组织法的规定，台江县人大常务委员会主任会议由县人大常委会主任、副主任组成。根据工作需要，常委会办公室主任、常委会委员、常委会各工作委员会负责人，县人民政府、人民法院、人民检察院负责人及其有关部门负责人可以列席会议。

主任会议的职责：处理常务委员会的重要日常工作，决定常委会每次会议的召开日期和会期，拟定会议议程草案，决定列席人员名单和会议其他有关准备事项；向常委会提出属于常委会职权内的议案；对本级政府提出的议案，决定提请常委会会议审议；对常委会组成人员联名提出的议案，决定是否提请常委会会议审议；对向常委会书面提出对本级政府、人民法院、人民检察院的质询案，决定受质询机关答复的时间、地点和方式；向常委会提请组织特定问题调查委员会，由常委会决定；提出本级人大常委会代表资格审查委员会组成人员名单，由常委会会议审议；对常委会审议工作报告所提出的意见，决定是否交付表决，作出决议、决定，或要求有关部门作出说明；对重大的申诉、控告、检举作出决定，或提请常委会会议审议；向常委会提出由其提请任命人员的免职案，以及属于常委会职权内的撤职案，由常委会会议审议；对本级人大常委会组成人员提出的撤职案，决定是否提请常委会会议审议；拟定常委会年度工作要点，听取有关问题的调查汇报，组织本级人大代表活动，研究处理上级人大常委会交办的事项；听取县政府及其工作部门、人民法院、人民检察院的专题工作汇报，提出建议意见；讨论乡镇人大提出的有关事项，提出建议意见；讨论决定人大常委会机关工作的组织、思想、作风、业务、制度建设等重大事项。

主任会议可以定期召开，也可以不定期召开。主任会议对任何问题的决定，都要充分发扬民主，听取各方面意见，以少数服从多数的原则决定，实行集体领导负责制。

第三节　法律监督和工作监督

一、法律监督

县人大常委会对本级政府、人民法院、人民检察院（以下简称“一府两院”）实施法律监督，主要是通过召开常委会议，听取和审议工作报告或专题汇报的形式进行，就审议的议题和决定、决议的执行情况，开展调查和检查。

1990 年 6 月，听取和审议了《台江县人民代表大会常务委员会议事规则（试行）》、反贪污贿赂斗争、维护社会稳定和搞好综合治理等工作情况报告。

1991 年 5 月，听取和审议了贯彻执行《中华人民共和国乡村集体所有制企业条例》工作报告；6 月，听取和审议了县人民检察院关于打击经济犯罪工作报告；10 月，听取和审议了县人民法院贯彻执行《中华人民共和国行政诉讼法》工作报告；11 月，听取和审议了《贵州省计划生育条例》贯彻执行情况工作报告。

1992 年 7 月，听取和审议了县人民法院执行工作、县人民检察院关于打击经济犯罪工作、“二五”普法等工作报告；8 月，人大财经调查组对财政局贯彻执行《贵州省预算外资金管理条例》进行调查。

1993 年，贯彻《贵州省各级人民代表大会常务委员会人事任免暂行办法、罢免和补选人民代表程序的规定》《贵州省乡镇人民代表大会主席团工作暂行条例》《贵州省各级人民代表大会常务委员会监督条例》，社会治安及“二五”普法等工作监督，听取和审议了县人民法院上半年审判工作、县人民检察院关于打击经济犯罪工作等工作报告。

1994 年 1 月，对《中华人民共和国土地管理法》贯彻执行情况进行调查；8 月，听取和审议了县人民法院上半年审判工作进展情况的报告、县人民检察院 1993 年以来打击经济犯罪情况的报告；10 月，调查《中华人民共和国教师法》贯彻落实情况；12 月，听取和审议了国家领导人员履行职责遵纪守法情况进行监督的情况报告。

1995 年，开展《中华人民共和国教师法》《中华人民共和国审计法》《中华人民共和国劳动法》《中华人民共和国妇女权益保障法》等贯彻落实情况的监督。

1996 年，开展《中华人民共和国人民警察法》《中华人民共和国检察官法》《中华人民共和国法官法》《中华人民共和国国家赔偿法》等贯彻落实情况的监督；对革一乡贯彻执行《中华人民共和国农业技术推广法》情况进行调查。

1997年，开展《中华人民共和国水法》《中华人民共和国劳动法》《中华人民共和国土地管理法》《中华人民共和国环境保护法》《中华人民共和国城市规划法》《贵州省建筑市场管理条例》等法律法规贯彻落实情况的监督。

1998年，开展《中华人民共和国刑法》《中华人民共和国刑事诉讼法》《中华人民共和国预算法》、"三五"普法等贯彻落实情况的监督。对台拱镇贯彻实施《中华人民共和国义务教育法》情况进行调查。

1999年，开展《贵州省广播电视管理条例》《贵州省计划生育条例》《贵州省粮食收购条例》《中华人民共和国保守国家秘密法》《中华人民共和国档案法》，修改后的《刑法》《刑事诉讼法》等法律法规贯彻落实情况的监督。

2000年，开展《黔东南苗族侗族自治州个体工商户私营企业条例》、台拱镇依法治镇等调查监督工作。

2001年，开展《中华人民共和国母婴保健法》《中华人民共和国未成年人保护法》《中华人民共和国预防未成年人犯罪法》等贯彻落实情况的监督，审议《贵州省公路路政管理条例（草案）》《黔东南州农村消防条例（草案）》《黔东南州教育经费投入、使用管理条例（草案）》，对各局拟任局长进行法律知识考试。

2002年，听取和审议了县人民法院关于审判和执行、县人民检察院关于打击经济领域犯罪、县社会治安综合治理等工作报告。

2003年，开展《中华人民共和国人口与计划生育法》《中华人民共和国环境保护法》《中华人民共和国大气污染防治法》《中华人民共和国种子法》等贯彻落实情况的监督，听取和审议了县人民法院关于审判监督及错案追究责任制、县人民检察院关于预防职务犯罪及错案追究责任制、实施州农村消防条例等工作报告。

2004年，开展《中华人民共和国食品卫生法》《中华人民共和国城市房地产管理法》《中华人民共和国工会法》《中华人民共和国行政诉讼法》《中华人民共和国行政复议法》《中华人民共和国水污染防治法》《中华人民共和国科学技术普及法》《中华人民共和国职业病防治法》《贵州省城镇卫生管理条例》等法律法规贯彻落实情况的监督。

2005年，主要督促检查《中华人民共和国行政许可法》的贯彻执行情况，重点监督对职务犯罪案件的查处工作。

2006年，开展对县人民法院和县人民检察院的工作调查及工作监督。

2007年，听取和审议《关于在公民中开展法制教育的第五个五年计划》，通过《台江县矿产资源管理办法》。

2008年，开展《中华人民共和国劳动合同法》等法律贯彻落实情况的监督，组织学习《中华人民共和国各级人民代表大会常务委员会监督法》《贵州省各级人民代表大会常务委员会监督条例》等，听取和审议县人民政府关于"五五"普法工作开展情况的报告。

2009年，组织学习《劳动合同法》《中华人民共和国各级人民代表大会常务委员会监督法》《贵州省各级人民代表大会常务委员会监督条例》等。

2010年，开展《环境保护法》等法律贯彻落实情况的监督，听取和审议县政府关于"五五"普法工作开展情况的报告。

二、工作监督

听取和审议"一府两院"工作报告，是人民代表大会进行工作监督的基本形式。每次召开的县人民代表大会，对“一府两院”以及县计划、财政部门的工作报告作出审议和决定。县人大常委会围绕政治稳定和经济协调发展，结合县内各个时期的工作重点以及群众普遍关心迫切需要解决的问题，要求“一府两院”做好相关议题的工作情况报告，常委会就会议议题开展调查研究，对某些重大议题，组织常委会主任（或副主任）、委员、人大代表和常委会机关、执行机关有关负责人以及工作人员参加调查。对所审议的议题需要作出决议、决定的依照“权在集体”和少数服从多数的原则表决通过；作出决议、决定后，督促“一府两院”认真组织实施，并将实施结果书面报告县人大常委会。常委会闭会期间，主任会议按照常委会的工作要点，听取“一府两院”相关工作报告，常委会各办事机构根据各自工作范围，召开不同类型的会议，听取县人民政府有关工作部门的专题汇报。形成县人民代表大会、常委会、主任会、人大办事机构监督“一府两院”工作的四个层次。

1990 年，听取和审议了县政府关于实施“温饱工程”、1—5 月工业生产、计划生育工作、1—7 月财政预算执行情况、医疗卫生改革、水电经营管理承包责任制执行情况、工商行政管理工作、物价管理工作、收回扶贫资金和优抚救济工作、林业“两金”使用情况、科技工作、监察工作等工作报告。

1991 年 5 月，听取和审议了县政府关于春耕备耕生产和落实实施“温饱工程”、科技兴农、实行乡级财政包干、国营工业企业生产经营等工作报告；6 月，听取和审议了县政府关于农业生产“双抢”、收回和滚存使用救灾扶贫资金、支农周转金和农业发展基金发放使用和收回滚存使用情况、物价工作、监察工作、审计等工作报告；8 月，听取和审议了县政府关于民族工作、粮食工作、工商行政管理工作、城乡土地管理和清理违章占地处理等工作报告；10 月，听取和审议了县政府关于文化市场管理工作、城市规划监察管理工作、卫生工作、计划生育等工作报告；12 月，听取和审议了县政府关于林业工作、教育工作、财政预算执行情况等工作报告。

1992 年 5 月，听取和审议了县政府关于春耕生产工作、农田水利建设、今春造林工作、生产救灾工作报告；7 月，听取和审议了县政府关于上半年财政预算执行情况、国营工业企业生产完成情况、乡镇企业生产完成情况、商业工作、人民银行资金管理调度、农行农贷发放、工行贷款、保险公司工作、供销社实行“四放开”等工作报告；9 月，听取和审议了县政府关于社会治安、工商行政管理、监察、审计、物价、乡村医疗卫生、计划生育、县十一届人大第三次会议以来代表意见建议办理情况等工作报告，决定组织人大代表对县劳动局、城建局、县人民法院开展工作评议。

1993 年 4 月，听取和审议了县政府关于烤烟生产、去冬今春农田水利建设、去冬今春造林完成情况、工业生产计划落实及生产完成情况、第一季度乡镇企业生产计划落实及生产完成情况等工作报告；8 月，听取和审议了县政府关于夏收夏种、上半年财政预算执行情况、国民经济计划执行情况、文化市场管理等工作报告；10 月，听取和审议了县政府关于工商行政管理、审计、乡村医疗卫生及教育、县十二届人大第一次会议以来代表意见建议办理情况等工作报告；12 月，听取和审议了县政府关于南市至白道和台盘至革一公路建设、农贸市场建设、减轻农民负担调查等工作报告，听取县人大常委会组织本级人大代表对县林业局、民政局的工作评议情况报告。

1994 年 2—4 月，听取和审议了县政府关于社会治安、去冬今春水利建设、去冬今春造林护林及商品材砍伐销售情况、工业生产计划落实及第一季度生产完成情况、1992 年“温饱工程”以粮还贷 80 万元资金使用情况、以工代赈坡改梯完成情况等报告；6—8 月，听取和审议了县政府关于夏收夏种、上半年国民经济计划执行情况、上半年财政预算执行情况和 1993 年财政决算、上半年工业生产计划执行情况、上半年税收完成情况、税制改革及组建中央和地方税务机构、粮食局实行粮油价格放开、供销社化肥农药农膜购销、技术监督工作、民政工作及评议后整改情况、邮政报刊发行及业务工作、工商市场建设和收费使用、畜禽防疫检疫费使用和品种改良、农机工作、预算外资金管理及惩治腐败等工作报告；10—12 月，听取和审议了县政府关于减轻农民负担、教育工作、审计工作、计划生育及超生子女费收取和管理使用、县城自来水改造工程和巴拉河两岸改水进展情况、县十二届人大第二次会议以来代表意见建议办理情况等工作报告。

1995 年 4 月，听取和审议了县政府关于工业生产计划落实、乡镇企业生产计划落实等工作报告；8 月，听取和审议了县人民法院上半年审判工作、县人民检察院上半年打击经济犯罪工作、“二五”普法等工作报告；10—12 月，听取和审议了县政府关于技术监督管理、述职监督检查总结、民族经费有偿扶贫周转金清理收回、计划生育、审计等工作报告。

1996 年 4—6 月，听取和审议了县政府关于科技扶贫项目资金使用情况、扶贫开发资金效益、供销社化肥农药农膜购销、夏收夏种、去冬今春水利建设、去冬今春造林护林和商品材砍伐销售情况及 1996 年计划安排等工作报告；7 月至 8 月，听取和审议了县政府关于上半年国民经济计划执行情况、上半年财政预算执行情况和 1993 年财政决算、上半年工业生产计划执行情况、上半年税收完成情况等工作报告；10 月至 12 月，听取和审议了县政府关于教育工作、计划生育工作、粮油工作、审计工作、县十二届人大第四次会议以来代表意见建议办理情况等工作报告。

1997 年，听取和审议了县政府关于春耕备耕和农田基本建设、烤烟生产、去冬今春水利建设、扶贫攻坚计划落实情况、计划生育工作、粮油工作、人事工作、城南公路和环城公路修建情况、木材采伐及收购情况、工商工作、税收完成情况、建筑公司安全生产、矿产安全生产、县十二届人大第五次会议以来代表意见建议办理情况等工作报告。

1998 年，听取和审议了县政府关于春耕备耕、上半年国民经济和社会发展计划执行情况、上半年财政预算执行情况、上半年税收完成情况、上半年经济运行情况、非公有制经济发展情况、上半年乡镇企业生产计划执行情况、教育工作、农业工作、扶贫攻坚工作、计划生育工作、社会治安等工作报告。

1999 年，听取和审议了县政府关于春耕备耕、去冬今春水利建设、土地延包、夏收夏种、粮油收购、扶贫攻坚、山林土地纠纷、木材经营、依法治县、社会治安综合治理等工作报告。制定《关于对任命部分国家机关工作人员进行述职评议实施方案》，对县水电局、农业局、交通局等局长进行了述职评议。

2000 年，听取和审议了县政府关于上半年国民经济和社会发展计划执行情况、上半年财政预算执行情况、上半年工业经济运行情况、计划生育工作、公路建设、“两基”工作、《政府工作报告》中 11 件实事办理情况、《关于修建老屯水电站渠道防护栏杆的议案》办理情况、县十三届人大第三次会议以来代表意见建议办理情况等工作报告。对县扶贫局、公安局、乡镇企业局、文化广播电视局等局长进行了述职评议。

2001 年，听取和审议了县政府关于林业体制改革和实施天然林保护工程实施情况、《台江县城市管理办法》实施情况、文化市场管理、计划生育、义教工程等工作报告。

2002 年，听取和审议了县政府关于退耕还林和天然林保护工程、农田水利基本设施建设、城镇建设、公路建设、县城二期供水改造工程和取水点确定、扶贫工作、人口与计划生育工作、旅游产业开发和姊妹节工作、农业生产和沼气建设、《政府工作报告》中 13 件实事办理情况、县十三届人大第五次会议以来代表意见建议办理情况等工作报告。

2003 年，听取和审议了县政府关于 2002 年以来城镇建设以及治理县城脏乱差工作、落实县城二期水改工程整改工作、农田水利基本设施建设工作、苗族非物质文化遗产申报与保护工作、发展旅游产业及 2003 年姊妹节工作情况、上半年国民经济和社会发展计划执行情况、上半年财政预算执行情况、计划生育工作、扶贫工作、审计工作、畜牧产业规划实施情况、农业生产情况、沼气工作、城镇医疗保健改革情况、发展非公有制经济工作、2002 年以来天然林保护工程及退耕还林实施情况、苦丁茶产业实施情况、义教工程实施情况、中小学开展“四制一目标”和“普九”以及苗歌苗舞进课堂工作情况、高速公路在台江县境内实施情况、县城汽车站建设情况、2002年以来西部大开发项目拟报和招商引资工作、县十四届人大第一次会议以来代表议案建议批评和意见办理情况等工作报告。

2004年，听取和审议了县政府关于水利工作、职工医疗保险工作、畜禽屠宰市场管理、教育“两基”攻坚工作、二期改水工程取水点落实、招商引资工作、县城卫生管理工作、台江民间苗族文化保护工作、电信事业发展工作、农村公路建设项目申报情况、粮食企业改革工作、县城治安管理工作、个体私营企业发展情况、扶贫项目实施情况、计划生育工作、县十四届人大第二次会议以来代表议案建议批评和意见办理情况等工作报告。对文化广播电视局、林业局、卫生局、计生局等局长和法院副院长进行了述职评议。

2005年，紧紧围绕全县经济工作重点，听取和审议了县政府关于上半年国民经济和社会发展计划执行和财政预算执行情况、人民法院和人民检察院上半年工作情况、县十四届人大第三次会议以来代表议案建议批评和意见办理情况等工作报告。加强和改进财政预算的审查监督，加强对县部门预算和专项资金的审查监督力度。对人事局、物价局、发改局等局长和人民检察院副检察长、县政府一名副县长进行了述职评议。

2006年，听取和审议了县政府关于春耕备耕、岩寨电站建设及移民工作进展情况、林业生产、环境保护、上半年国民经济和社会发展计划执行和财政预算执行情况、人民法院和人民检察院上半年工作等工作报告。对民族宗教事务局、民政局、农业局财政局等局长进行了述职评议。

2007年，听取和审议了县政府关于农业产业结构调整、岩寨电站建设及移民工作进展情况、新型农村合作医疗工作、招商引资工作、旅游工作、通村公路工作、“两基”教育督导检查、人民法院和人民检察院上半年工作、《政府工作报告》中10件实事办理情况等工作报告。

2008年，听取和审议了县政府关于台江县遭受雪凝灾害的抗灾救灾和灾后重建与发展工作、农业产业结构调整、“两基迎国检”及“普实”工作、2007年度财政预算执行和财政收支审计、调整2008年财政预算、上半年国民经济和社会发展计划执行及财政预算执行情况、物价工作、县城自来水改造工作、工业经济发展情况、城镇和农村合医工作开展情况、县城“两溪”工作治理情况、民族宗教事务工作、工商行政管理工作、住房公积金工作、交通工作、地方税务工作、全县林改工作等工作报告。审查和批准县政府2007年度财政决算。

2009年，听取和审议了县政府关于农资市场管理、林改工作、全县工业生产情况、全县旅游产业发展情况、台雄水库防洪灌溉工程项目建设、新型农村合作医疗和村级卫生室建设、落实新增中央投资项目建设、人口与计划生育工作、2008年度财政预算执行和财政收支审计、上半年国民经济和社会发展计划执行及财政预算执行情况、人民法院和人民检察院上半年工作、“两基迎国检”工作、全县农村危房改造、全县乡村公路和四条油路建设、“十一五”规划实施中期评估、苗疆西大道路网改造工作、南市至梅影防洪项目落实情况、人民体育场落实建设工作、招商引资工作、统计工作、整脏治乱工作、普法工作、县十五届人大第三次会议以来代表议案建议批评和意见办理情况等工作报告。审查和批准县政府2008年度财政决算。

2010年，听取和审议了县政府关于全县畜牧业发展情况、全县旅游基础设施及环境建设、农村安全饮用水工作、2009年度财政预算执行和财政收支审计、上半年国民经济和社会发展计划执行及财政预算执行情况、人民法院和人民检察院上半年工作、农村寄宿制学校建设、县乡国有土地开发工作、地税工作、公安工作、全县扶贫工作、劳动和社会保障工作、县十五届人大第四次会议以来代表议案建议批评和意见办理情况、《政府工作报告》中10件实事办理情况等工作报告。审查和批准县人民政府2009年度财政决算。

第四节 人事任免和述职评议

一、人事任免

根据《中华人民共和国地方各级人民代表大会和地方各级人民委员会地方组织法》和贵州省人大常委会《人事任免暂行办法》，县人大常委会行使人事任免权。

1990—2006年，通过县人民代表大会选举产生人大常委会主任4人，副主任11人，委员44人；选举县长5人，副县长18人。16年来，报请县人大常委会任命“一府两院”组成机构领导成员及其国家机关工作人员共768人，未予通过的2人，免职的316人（包括退休、调动），其中同意接受辞职的17人。因违法犯罪，暂停人大代表资格的3人，罢免州人大代表的1人。

2006—2010年，报请县人大常委会任命“一府两院”组成机构领导成员及其国家机关工作人员共94人，免职的34人（包括退休、调动）。

二、述职评议

根据《贵州省各级人民代表大会常务委员会监督条例》，县人大常委会把依法对任命干部的工作监督列入人大常委会监督工作的重要议事日程，把任命权与监督权、监督事与监督人有机结合起来，开展对任命干部的述职评议。整个述职评议分为准备、调查了解、述职评议、整改、总结5个阶段。1994年，县人大常委会对任命的39名正科级干部履职情况进行调查了解，听取他们的述职。1995—1996年，先后对22名局长（主任）、2名县人民检察院副检察长进行述职评议。通过评议，3名局长评为优秀，19名局长、主任、副检察长评为称职，2名局长（主任）评为基本称职，被免去职务。

第十三届人大常委会期间，县人大常委会对被任命的局长、主任、县人民法院副院长及庭长，县人民检察院副检察长及检察员计30人的工作进行评议。通过认真细致的调查了解，在充分肯定成绩的同时，提出整改意见110余条，督促被评议者进行认真整改。在被评议的30人中，评为优秀3人，称职26人，基本称职1人。对评为基本称职者，由人大常委会及时向县委提出处理意见，县委作出免去职务的决定；对评为优秀的3人，除1人年龄偏高外，其余2人分别提升为副县级领导干部，述职评议为党委考察任用干部提供依据。

第十四届人大常委会期间，县人大常委会加强对人大常委会任命干部的监督。一是建立“一府两院”组成人员履职档案，对干部履职情况实行全程监督；二是修订《述职评议工作办法》，规定在述职评议前，对被述职人员进行任期经济责任审计，再听取其述职报告，提出整改意见，被评议人员接到常委会整改意见后一年内进行整改，待次年同期再对其评定履职档次。2004—2006年，县人大常委会评议18人，其中，2人获优秀档次，15名获称职，1人不称职。获不称职者，由于对常委会述评整改意见拒不整改而致，常委会根据相关法律规定，在本届常委会第30次会议通过票决，罢免其局长职务。2007年4月，经县委常委会议同意，干部述职评议工作不再进行。

第十五届人大常委会期间的2009年，县人大常委会依法开展工作评议，把监督事与监督人结合起来。当年9月25日，县人大对县公安局、县教育局、县水利局、县交通局、县人事劳动和社会保障局的各项工作进行了评议。经过宣传发动、调查走访、会议评议和整改落实4个阶段，评定县公安局为满意单位，并全县通报表扬；对其余4个单位评定为基本满意单位。

第五节 讨论决定重大事项

县人民代表大会及其常委会是全县地方最高权力机关。县行政、司法及其他重要改革事宜，均须人民代表大会及其常委会审议并对其中重要事项作出决议、决定。十多年来，县人大及其常委会共讨论、决定重要事项191项。县人民代表大会作出收回救扶贫资金滚动使用、巩固台江县乡村林场、完成凯革公路龙井段、治理贯城河、修建老屯电站渠道防护栏杆、解决方召乡驻地人畜饮水、民中迁建、苗疆西大道硬化、建立大学本科贫困生助学金、贷款改善“两基”办学条件、贷款修建台江民族中学、贷款改善县乡计划生育硬件设施、城市建设规划、秋冬季农业工作、县城禁放烟花爆竹、加强苗族民间文化的保护及开发和利用，南宫森林公园建设等86项决议、决定。县人大常委会作出加强民主政治建设、“二五”普法、“三五”普法、“四五”普法、述职评议、依法治县、表彰优秀人大主席团及议案办理先进单位、评议司法机关工作、财政预算决算、财政预算调整、“八五”计划、“九五”计划、“十五”计划、“十一五”规划、县城规划修编、县城二期水改取水点等105项决议、决定。

1992年7月9日，县第十一届人大常委会第15次会议决定撤销县人大常委会法制、财经、教卫、代表、信访工作办公室，设立法制、财经、教卫、代表、信访工作委员会。

1993年，县第十届人大常委会第19次会议根据地方组织法第二章第十九条的规定，撤销老屯乡第十一届人大主席团以及五河乡第十一届人大主席团不适当决议。

1994年3月21—24日，县第十二届人民代表大会第二次会议决定，撤销与国家法律、法规相抵触的台府发〔1994〕3号《关于处理赌博有关问题的通知》，并责成县政府在此次会议闭会后认真研究予以及时办理。

2001年3月18—22日，县第十三届人民代表大会第4次会议经过认真审议，决定批准县政府《关于台江县国民经济和社会发展计划第十个五年计划纲要》的报告，县人大积极支持“一府两院”工作，会议号召全县各级国家机关和全县各族人民更加紧密团结起来，进一步解放思想、开拓创新、抢抓机遇、乘势而上，以新的观念、新的创造，为全面实现“十五”计划建功立业。

为加快台江县教育的发展，到2005年全县基本实现“两基”目标。2003年8月22日县第十四届人大常委会5次会议通过了《关于贷款改善“两基”办学条件的决议》，号召加大对教育的投入，举全县之力打好“两基”攻坚战，《贷款改善“两基”办学条件办法》的执行，对全县教育事业的发展起到积极的作用。

2004年12月31日，第十四届人大常委会第17次会议通过《关于禁止在台江县城燃放烟花爆竹的规定（试行）》的决定。禁止在台江县城然放烟花爆竹有利于保障国家、集体财产和公民人身财产的安全，有利于减少环境污染、维护社会秩序，在台江县城创造良好的工作、学习、生活环境，有利于促进台江创建文明县城的创建工作，提高了苗疆生态旅游城对外新形象。

2005年8月4日，县第十四届人大常委会第24次会议听取和审议了县政府关于提请审议贷款修建台江民族中学新校的议案。会议审议认为：为进一步促进台江民族中学新校建设进度，必须加大教育投入，切实改善办学条件。决定批准县政府关于提请审议贷款修建台江民族中学新校的议案。

2007年1月17日，县第十五届人大常委会第2次会议审议和通过《台江县人民政府关于用县财政预算资金偿还县国有林场实施贵州省台江县绿茶产业化建设工程1550万元贷款本息的议案》。1月19日，县第十五届人大常委会第3次会议审议和通过《台江县人民政府关于用县财政预算资金偿还贵州省凯里香料公司实施贵州省台江县德立农场优质山苍子香料林基地建设项目1120万元贷款本息的议案》。会议审议认为：台江县绿茶产业化建设项目和优质山苍子香料林基地建设项目的实施，将有利于山区土地资源的开发利用，把台江县优越的自然资源优势转化为经济优势，带动贫困山区农民脱贫致富，促进经济社会快速发展。9月底，审议和通过《台江县人民政府关于利用国家开发银行贷款建设县城市政主干道、义务教育基础设施建设、金牛建材有限公司环保技改等三个项目工程的议案》，核定项目投资4786.26万元，其中自筹1586.26万元，贷款3200万元。

2008年4月，审议和通过关于台雄水库防洪灌溉工程项目建设资金有关问题的议案；12月22日，县第十五届人大常委会第16次会议审议和通过县人民政府关于用县财政预算资金偿还台江县交通局实施排羊至西江（台江段）油路建设工程600万元贷款本息的议案。

第六节 议案和信访办理

一、代表意见建议议案办理

1990—2006年，在历次县人民代表大会中，县人大代表共提出书面建议、批评和意见1845件。代表提出的这些建议、批评和意见，除少数部分因客观原因没有能解决外，绝大多数均得到了解决。没有解决的原因是：有的建议、批评和意见的提出牵涉到县级财力和国家有关政策等问题。办理县人大代表书面建议的程序，县人大常委会召开代表大会期间提出的书面议案，由大会主席团提交大会审议作出相应的决议。对不符合条件的议案改作建议、批评和意见，大会主席团交给县人大常委会按程序处理。在代表大会结束后，县人大常委会选任联系工委按不同分类交县政府、县人民法院、县人民检察院办理，并于收到之日起6个月内将办理结果书面答复代表，同时抄报县人大常委会。

16年来，经大会议案审查委员会审查，提请大会主席团决定，符合条件作为议案的共14件，均办理完毕。这些议案分别是：（1）《关于巩固和发展台江县乡村林场》；（2）《关于撤销台府发〔1994〕3号文件》；（3）《关于要求施洞农贸市场允许木材上市交易》；（4）《关于修通革一至凯棠公路的问题》；（5）《修通老屯电站引水渠防护栏》；（6）《关于治理贯城河》；（7）《兴建方召乡政府驻地人畜饮水工程》；（8）《建立反排民族文化旅游示范村》；（9）《关于台江民中搬拆建设》；（10）《关于加快苗疆西大道及扶贫路路面硬化》；（11）《关于对台江县考上大学本科贫困学生助学基金》；（12）《关于打造“苗疆文化生态旅游城”必须搞好县城卫生秩序》；（13）《关于创建反排村安全文明、卫生旅游村寨示范点》；（14）《关于尽快续建苗疆西大道至梅影大道的连接段》。

二、来信来访办理

接待人民群众来信来访是各级人大常委会义不容辞的责任，是人大常委会的一项长期性工作，它是党和政府联系人民群众的桥梁和纽带，是促进地区经济繁荣和发展的重要保证，因此县人大常委会非常重视，每届都明确一名常委会副主任负责信访工作，并且建立和完善了信访工作各项规章制度，认真办理各类信访案件，得到群众的充分信任。特别是县十四届人大常委会任期的四年中，共接待群众来信来访案件378件次，其中，来信233件次，占信访总数的61.6%；接待群众来访145件次，占信访总数的38.4%。根据群众来信来访的内容，通过转办、交办、督办等程序，转办378件，答复378件，回复率100%，通过听证会、协调会等形式，与政府职能部门协调解决106件，向来信来访群众解释有关法律、法规和政策，当场解决的有56件。为保护人民群众的合法权益，发挥人大依法监督的作用。

第七节 代表联系与活动

一、代表联系

1991年至2010年，县人大常委会先后制定了《台江县人大常委会联系县人民代表大会代表工作制度》《关于县直机关下选的县人大代表联系选民的通知》《台江县人民代表大会常务委员会议事规则》等规章，通过邀请部分县人大代表及驻台江的省、州人大代表列席县人大常委会会议、人大机关干部走访代表等渠道，充分听取代表对办理建议和议案情况、选举和任命的国家机关工作人员的现实表现和人民群众思想倾向、愿望要求等方面的情况和意见，进一步发挥人大代表当家做主的作用。十多年来，通过积极开展联系代表活动，县人大常委会组成人员深入到各乡镇、村寨，与代表共同学习相关法律和人大工作业务知识，交流代表活动和联系群众的经验，及时了解和反映当地群众关心的热点、难点问题，从而进一步增强了人大代表与选民的感情和人大代表的使命感和责任感。

根据代表分配原则和代表选举规定，全国人大代表由省人民代表大会选举产生，台江有2名代表当选第八届全国人大代表，有1名代表当选第九届全国人大代表。省人大代表由黔东南州人民代表大会选举产生，每届台江有3名代表当选。州人大代由县人民代表大会选举产生，每届有14～16名代表当选，其中少部分代表是州直机关下县参选。

驻台江县全国、省、州人民代表大会代表名录

表4-9

级 别	届 别	任 期	代表姓名
全国人大代表	八 届	1993年4月—1998年3月	张明达、欧明珍
	九 届	1998年3月—2003年2月	李碧云
贵州省人大代表	七 届	1988年1月—1993年1月	张正辑、张国芝、卢起中
	八 届	1993年1月—1998年1月	欧光辉、王定贤、刘光英
	九 届	1998年1月—2003年1月	张建武、张文英、杨昌智
	十 届	2003年1月—2008年12月	杨光福、李碧云、潘晓晓
	十一届	2008年12月—	何平勇、杨昌美、顾永伟
黔东南州人大代表	九 届	1993年2月—1998年2月	杨恒昌、吴德海、张正辑、刘昌明、张德成、李应明、熊银昭、姬周和、吴海洋、欧德宇、杨昌明、李光荣、欧明珍、潘英发、张国芝
	十 届	1998年2月—2003年2月	王智才、刘昌明、刘泽掌、杨木林、杨昌明、李枝荣、李碧云、吴元、吴秀文、余光祥、欧明珍、杨秀元
	十一届	2003年2月—2007年2月	杨光福、杨静、潘亮、龙秀明、龙峰、刘清香、杨通发、王春发、夏红兰、吴胜英、周绍明、潘晓晓、范余金、张建武
	十二届	2007年2月—	杨德涛、杨昌彪、何平勇、许荣莉、王亚平、周华、杨礼旦、杨昌美、陆明、吴水根、张海忠、夏红兰

二、代表考察调查

1991年以来，根据省、州人大常委会工作安排，县人大常委会组织部分驻县的省、州、县人大代表对本县国民经济和社会发展计划执行情况、财政预算执行情况、医疗卫生、工业企业、财政金融、教育以及群众反映强烈的行业不正之风和热点、难点问题等进行考察和调查。考察采取“一听、二看、三集中”的方法，分若干个考察组，对本县医疗机构、企业、财政税务、学校等开展考察，代表们通过考察，提出很多合理化的意见和建议。

1991年11月，组成两个考察小组，采取实地考察和座谈汇报的方式分别对革一乡、南宫乡和县属五户国营企业进行了考察；12月，组织驻会委员和在台江的省人大代表分别到九个乡镇与所在地的县人大代表一起就地考察和开展联系工作。

1992年10月10日，县人大常委会组织在本县的张正辑等三位省人大代表和县人大常委会部分驻会委员共10人，采取座谈会的形式，分别对计委、财政局的工作进行考察。在考察中代表共提出4条意见和建议。调查施洞镇1991年水毁农田的恢复情况、民政工作生产救灾情况、医疗卫生工作情况；调查革东镇乡镇企业发展情况；调查台盘乡社会综治情况；调查方召中小学教学质量情况。

1993年，调查了革一乡烤烟种植情况、台拱镇乡镇企业发展情况，水泥厂、页岩砖厂、农机厂、酒厂的产销情况，台盘乡交江村桐梓生产情况，革一中学教学质量和老屯中学建校情况。

1994年3月，对1993年以来"温饱工程"以粮还贷资金使用和乡镇企业发展情况进行调查；5月，对1993年以来民族经费使用情况进行调查；7月，对革一乡1993年以来教育附加费管理情况进行调查；10月，对排羊乡教育质量进行调查。

1995年3月，调查种子安排、化肥农药购销安排；9月，调查施洞镇和革一乡夏收夏种工作、施洞镇实施《中华人民共和国教师法》情况和社会治安工作、革东镇普法工作和乡镇企业发展情况。

1996年5月，调查台拱镇以工代赈坡改梯和城南公路施工及资金使用情况；7月，调查施洞镇上半年国民经济计划执行情况、南宫乡乡镇企业发展情况；11月，调查部门预算外资金及罚没收入管理情况。

1997年，开展对南宫乡3个村汪江、巫细、白帮越过温饱线的调查，开展施洞镇水打沙压恢复情况、农机厂和纺器厂生产销售情况、台拱镇环保站工作情况、革东镇税收等调查活动。

1998年，开展老屯乡夏收夏种、施洞镇上半年国民经济计划执行情况和财政预算执行情况、排羊乡普法和社会治安综合治理情况、台拱镇计划生育工作、农机厂上半年生产经营情况等调查活动。

1999年，开展农业投入、农业技术推广、基本农田保护、稳定土地承包、减轻农民负担、保护农民合法权益等调查活动。

2000年，开展页岩砖厂生产经营情况、革一乡林业工作、革一至台盘公路建设、方召乡"两基"工作等调查活动。

2001年，开展县城饮用水源水质和供水、南市至红阳公路、排羊至西江公路、县城防洪堤、秀眉广场建设、《黔东南苗族侗族自治州个体工商户私营企业条例》执法情况等调查活动。

2002年，开展社会治安和维护稳定工作、天然林保护及退耕还林工作、义教工程实施、旅游产业开发等调查活动。

2003年，开展关于加强和改善投资环境、依法治县、9个乡（镇）人大主席团工作情况以及常委会听取和审议的各项工作报告的调查；考察2003年国民经济和社会发展计划及财政预算执行情况、人民群众反映强烈的热点难点问题等。

2004年，开展职工医疗保险工作、畜禽屠宰市场管理、教育"两基"攻坚工作、台江民间苗族文化保护工作以及常委会听取和审议的各项工作报告的调查。

2005年，开展对县城近期规划、城市总体规划部分用地等调查活动。

2006年，考察国民经济和社会发展计划及财政预算执行情况、县人民政府办理县第十四届人民代表大会第四次会议议案办理情况等。

2007年，开展农业产业结构调整、岩寨电站建设及移民工作进展情况、新型农村合作医疗工作等调查，考察县人民政府办理县第十五届人民代表大会第一次会议议案办理情况等。

2008 年，开展农业产业结构调整、全县物价管理工作、县城自来水改造工作、上半年国民经济计划执行和财政预算执行情况、人民法院及人民检察院上半年工作情况等调研活动。考察人民群众反映强烈的市场猪牛肉注水等热点、难点问题。

2009 年，开展农资市场管理、全县水利设施建设、全县乡镇交通工作、人民法院和人民检察院上半年工作、上半年国民经济和社会发展计划执行及财政预算执行情况等工作调研。考察“两基迎国检”工作、社会主义新农村建设情况等。

2010 年，开展全县畜牧业工作、全县旅游基础设施及环境建设、全县水利设施建设、全县规模以上工业企业基本情况、上半年国民经济和社会发展计划执行及财政预算执行情况、农村寄宿制学校建设、《政府工作报告》中 10 件实事办理情况等工作调研。考察全县中心工作开展情况等。

三、代表执法检查

2003 年 7 月 8 日，省人大常委会副主任刘思培、州人大常委会和省、州团委等一行 16 人对台江《中华人民共和国未成年人保护法》等“两法一条例”进行执法检查。

2004 年 7 月 12 日至 13 日，州人大常委会副主任杨叔驹，委员杨文俊、欧德山，秘书长龙安荣等一行 11 人到台江进行《中华人民共和国食品卫生法》执法检查。8 月 6 日，州人大常委会副主任欧阳武、州工会主席王洪光等一行 4 人到台江进行《中华人民共和国工会法》执法检查。9 月 27 日，州人大常委会副主任杨谷生等一行 10 人到台江进行《中华人民共和国城市房地产管理法》等“一法两条例”执法检查。

2005 年 5 月 18 日，任朝勋副主任带执法检查组赴排羊乡、台拱镇进行《贵州省民兵预备役工作条例》《贵州省征兵工作条例》执法情况检查。

2006 年 3 月 1—2 日，县人大常委会对台江县贯彻实施《中华人民共和国专利法》和《贵州省专利保护条例》情况进行检查；3 月 8 日，县人大常委会对台江县贯彻实施《中华人民共和国职业教育法》和《贵州省职业技术教育暂行条例》情况进行检查；5 月 12—14 日，根据州人大常办发〔2006〕20 号《关于检查实施〈中华人民共和国劳动法〉情况的通知》要求，台江县人大常委会对台江县贯彻实施《中华人民共和国劳动法》情况进行检查；5 月 25—28 日，县人大常委会对台江县贯彻实施《中华人民共和国行政复议法》和《贵州省行政复议条例》情况进行检查；9 月 19 日，县人大常委会组织县人大、县政府、县卫生局负责人参加的执法检查组，开展对本县红十字会“一法一条例”贯彻实施情况进行执法检查。

2007 年 3 月 12 日，根据州人大教科文卫委员会《关于开展〈中华人民共和国义务教育法〉执法检查的通知》要求，台江县人大常委会组织人大执法检查组，深入到县教育局、中小学对《中华人民共和国义务教育法》贯彻实施情况进行执法检查；3 月 28 日，根据州人大常委会《关于开展〈中华人民共和国民族区域自治法〉执法检查工作方案》要求，台江县人大常委会对《中华人民共和国民族区域自治法》《国务院实施〈中华人民共和国民族区域自治法〉规定》《贵州省实施〈中华人民共和国民族区域自治法〉若干规定》在本县的贯彻实施情况进行了执法检查；5 月 18 日至 20 日，根据州人大《关于组织检查〈中华人民共和国行政许可法〉实施情况的通知》要求，县人大常委会组织相关部门对贯彻实施《中华人民共和国行政许可法》情况进行检查；6 月 26 日至 28 日，根据州人大《关于印发人口与计划生育“一法一条例”执法检查工作方案的通知》要求，县人大常委会组织相关部门对台江县贯彻实施《中华人民共和国人口与计划生育法》《贵州省人口与计划生育条例》（简称“一法一条例”）情况进行检查。

2008—2010 年，县人大常委会组织开展《中华人民共和国劳动合同法》《中华人民共和国环境保护法》等法律贯彻落实情况和县人民政府“五五”普法工作开展情况的检查。

第八节 乡（镇）人大

一、代表大会

1991 年 7 月，根据上级有关文件精神规定，台江县实行撤区并乡建镇。新建立了 9 个乡（镇），除排羊乡外，其余 8 个乡（镇）分别增加召开了新一届人民代表大会，比排羊乡多一届人民代表大会。

2003 年 6 月，根据上级要求，为促使三板溪电站尽快上马，台江县将革东镇划入剑河县管辖。6 月 19—23 日，进行代表移交和政权移交工作。

从 1991 年以来，除排羊乡少一届代表大会外，各乡（镇）分别进行了 5 次换届选举，每年举行一次代表大会，代表大会由每届第一次会议选举出的主席团主持召开。根据工作需要，人大主席团可以决定召开临时代表大会。代表大会的主要议题有：听取和审议乡政府报告，乡人大主席团工作报告，审查、批准乡镇年度财政预决算；讨论、决定本行政区域内的重大事项，代表提出议案、建议、批评和意见办理事项，罢免、增选补选代表乡（镇）人大主席团和政府组成人员。

二、主席团

乡（镇）人大第一次代表大会选举产生主席团，由 5～7 人组成，任期一届。主席团设主席、专职副主席负责乡（镇）人民代表大会闭会期间的日常工作，主要活动形式有：组织人大代表团围绕乡（镇）政府的中心工作和群众普遍关心的热点、难点问题，采取集中与分散、专题与综合相结合的方式，开展调查、考察活动；组织代表评议乡（镇）政府副乡（镇）长以下，县直机关派驻乡（镇）机构的工作，提出批评、建议和意见；组织人大代表学习宪法和法律，增强人大代表的民主意识和法制观念。此外，乡（镇）人大主席团还负责召开乡（镇）人民代表大会的筹备工作，接待、办理人大代表和人民群众来信来访，依法办理补选和罢免的具体事务，办理上级人大交办的有关事项。同时，对历届村级组织政权换届和建设有关工作给予工作指导和具体支持和落实。

乡（镇）人大工作包罗万象，许多新的工作方式方法、新的监督手段需不断探索和实践。如审查政府一些不适当的决定和命令，一些临时性制度，保障公民人身权利、民主权利和其他权利，各种经济组织的合法权益，少数民族的合法权益等，需多方面的深入探索和实践，才能科学、规范有效地制定法律法规，为社会服务，推动社会发展，建设和谐的中国社会。

第二章　地方人民政府

第一节　县政府领导机构

台江县政府领导班子由县长、副县长组成。每届县长均由本届人民代表大会代表根据《中华人民共和国选举法》等额或差额不计名投票选举产生。副县长按差额选举产生。挂职副县长、科技副县长由上级委派。

第十二届县政府任期从 1993 年 3 月至 1998 年 1 月。1993 年 3 月 3—7 日，台江县第十二届人民代表大会第一次会议在县城召开，会议选举包和辉为县政府县长，选举龙云茂、朱江华、张文英、张昌宗、欧阳中富为副县长。

第十三届县政府任期从 1998 年 2 月至 2003 年 1 月。1998 年 2 月 19—23 日，台江县第十三届人民代表大会第一次会议在县城人民礼堂召开，会议听取和审议县政府工作报告、县法院、县检察院的工作报告。会议选举潘亮为县政府县长，选举姜学东、龙云茂、李先、吴元、石龙为副县长。

第十四届县政府任期从 2003 年 2 月至 2006 年 11 月。2003 年 1 月 7—11 日，台江县第十四届人民代表大会第一次会议在县城人民礼堂召开，会议选举潘亮为县政府县长，选举杨伟、李先、姜庭桂、王晓琴、杨昌智为副县长。

2006 年根据上级指示，县级换届选举工作提前，因此第十五届政府任期从 2006 年 12 月开始，至 2011 年 11 月结束。2006 年 11 月 26—28 日第十四届人民代表大会第一次会议在县人民礼堂召开，会议选举杨昌彪为县政府县长，选举杨伟、王刚、李碧云为副县长。

台江县历任县长、代理县长名录

表 4-10

姓　名	性　别	民　族	籍　贯	学　历	职　务	任职时间
包和辉	男	汉	贵州镇远	大　学	县长	1993 年 3 月—1994 年 6 月
刘耀密	男	苗	贵州台江	大　专	代理县长	1994 年 6 月—1995 年 3 月
					县长	1995 年 3 月—1997 年 12 月
潘　亮	男	苗	贵州黄平	大　学	代理县长	1997 年 12 月—1998 年 2 月
					县长	1998 年 2 月—2006 年 7 月
杨昌彪	男	苗	贵州雷山	大　学	代理县长	2006 年 7 月—2006 年 12 月
					县长	2006 年 12 月—2011 年 8 月
成　兵	男	汉	贵州凯里	在职本科	代理县长	2011 年 9 月—2011 年 10 月
					县长	2011 年 11 月—

台江县历任副县长名录

表 4-11

届 别	姓 名	性 别	民 族	籍 贯	学 历	任职时间	备 注
第十二届	龙云茂	男	侗	贵州天柱	大学	1993 年 3 月—1998 年 1 月	
	朱江华	男	汉	江西	大学	1993 年 3 月—1997 年 4 月	
	张文英	女	苗	贵州台江	在职大专	1993 年 3 月—1997 年 4 月	
	张昌宗	男	苗	贵州台江	大学	1993 年 3 月—1997 年 3 月	
	欧阳中富	男	苗	贵州台江	大专	1993 年 3 月—1998 年 1 月	
	唐大明	男	汉	—	大学	1996 年 4 月—1998 年 4 月	挂职
	马义成	男	汉	—	大学	1996 年 4 月—1998 年 4 月	挂职
	姜学东	男	侗	贵州剑河	大学	1997 年 4 月—1998 年 1 月	
	李 先	男	苗	贵州雷山	大学	1997 年 12 月—1998 年 1 月	
第十三届	姜学东	男	侗	贵州剑河	大学	1998 年 2 月—1998 年 7 月	
	龙云茂	男	侗	贵州天柱	大学	1998 年 2 月—2003 年 2 月	
	李 先	男	苗	贵州雷山	大学	1998 年 2 月—2003 年 2 月	
	吴 元	男	苗	贵州台江	大学	1998 年 2 月—2003 年 2 月	
	刘君昂	男	汉	—	大学	1998 年 4 月—2000 年 3 月	挂职
	涂祥闻	男	汉	—	大学	1998 年 4 月—2000 年 3 月月	挂职
	何平勇	男	苗	贵州剑河	大学	1999 年 6 月—2002 年 12 月	
	石 龙	男	苗	湖南古丈	大专	1999 年 6 月—2003 年 2 月	
第十四届	姜庭桂	男	侗	贵州剑河	大学	2002 年 11 月—2006 年 10 月	
	李 先	男	苗	贵州雷山	大学	2003 年 1 月—2006 年 8 月	
	吴 元	男	苗	贵州台江	在职本科	2003 年 1 月—2006 年 11 月	
	杨 伟	男	苗	贵州台江	在职本科	2003 年 1 月—2006 年 11 月	
	王晓琴	女	汉	四川青神	大学	2003 年 1 月—2006 年 8 月	
	杨昌智	男	苗	贵州台江	大学	2003 年 1 月—2006 年 11 月	
	王 燕	女	苗	贵州黄平	大学	2003 年 2 月—2005 年 1 月	挂职
	刘 岚	女	苗	贵州锦屏	大学	2006 年 3 月—2008 年 2 月	挂职
	王 刚	男	侗	贵州从江	在职本科	2006 年 10 月—2006 年 11 月	
第十五届	杨 伟	男	苗	贵州台江	在职本科	2006 年 12 月—2010 年 3 月	
	刘作东	男	苗	贵州三穗	大学	2010 年 4 月—2011 年 11 月	
	王 刚	男	侗	贵州从江	在职本科	2006 年 12 月—2011 年 11 月	
	李碧云	女	苗	贵州台江	在职本科	2006 年 12 月—2011 年 11 月	
	杨胜刚	男	苗	贵州黄平	在职研究生	2008 年 5 月—2010 年 12 月	科技副县长
	黄彩艺	男	汉	—	—	2007 年 4 月—2009 年 3 月	挂职
第十六届	刘作东	男	苗	贵州三穗	大学	2011 年 11 月—	
	潘金海	男	苗	贵州台江	在职本科	2011 年 11 月—	
	杨喜平	男	侗	贵州岑巩	大学	2011 年 11 月—	
	李志勇	男	苗	四川中江	在职本科	2011 年 11 月—	
	李凤华	女	汉	山东东阿	大学	2011 年 11 月—	

台江县县长助理名录

表 4-12

姓 名	性 别	民 族	籍 贯	学 历	任职时间	备 注
石 龙	男	苗	湖南古丈	大学	1998 年 3 月—1999 年 5 月	兼城建局局长
李碧云	女	苗	贵州台江	大学	2000 年 11 月—2001 年 10 月	专职
潘金海	男	苗	贵州台江	大学	2008 年 3 月—2009 年 12 月	兼政府办主任
刘开新	男	侗	贵州天柱	大学	2008 年 3 月—2009 年 11 月	兼发改局局长
黄国盛	男	苗	贵州台江	大学	2008 年 3 月—2009 年 11 月	兼财政局局长
何立锐	男	汉	贵州施秉	大学	2008 年 3 月—2009 年 11 月	兼住建局局长
刘诗文	男	苗	贵州台江	大专	2009 年 2 月—2009 年 4 月	专职

第二节 工作机构

一、机构设置

1993 年，县政府机构设置：办公室、公安局、民政局、财政局、人事局、劳动局、粮食局、交通局、监察局、卫生局、计划委员会（计委）、教育委员会（教委）、经济贸易委员会（经委）、科学技术委员会（科委）、民族事务委员会（民委）、体育委员会（体委）、计划生育委员会（计生委）、城乡建设环境保护局、农牧局、林业局、物价局、税务局、工商行政管理局、统计局、文化局、水利电力局、乡镇企业管理局、土地管理局、商业局、标准计量管理局、司法局、审计局、烟草专卖局。

2001 年，机构改革后县政府机构设置：政府办公室（含国防教育、外事、侨务、人防、经济体制改革调研、调处等工作，法制办公室、联合信访办公室设在政府办公室，为副科级机构），发展计划局（含招商引资和外协工作），经济贸易局，教育局，科学技术局，民族宗教事务局，公安局，监察局（与纪委合署办公，不占政府机构限额），民政局，司法局，财政局，人事劳动和社会保障局，国土资源局，建设局，交通局，水利局，农业局，林业局，卫生局，计划生育局，审计局，统计局，粮食局，乡镇企业局，文化广播电视局，环境保护局，物价局。

2004 年，县政府机构调整后政府设置工作部门 27 个，即政府办（含国防教育、外事、侨务、人防、信访局、法制办、战备办）、发展和改革局（含外协工作）、经济贸易局、教育局、科学技术局、民族宗教事务局、公安局、监察局、民政局、司法局、财政局、人事劳动和社会保障局、国土资源局、建设局、交通局、水利局、农业局、林业局、卫生局、人口和计划生育局、审计局、统计局、粮食局、乡镇企业局、文体广播电视局、环境保护局、物价局。设议事协调机构 3 个，即农业办公室、山林水土权属争议调处办公室、扶贫开发办公室。受政府委托行使部分行政管理职能的直属事业单位 5 个，即档案局、旅游事业局、供销合作社、安全生产监督管理局、招商引资局。

2010 年 12 月，机构改革后，县政府机构调整为 23 个，即政府办、发展改革和工业贸易局、教育和科技局、民族事务局、公安局、司法局、统计局、财政局、民政局、人力资源和社会保障局、国土资源局、住房和城乡建设局、交通运输局、农业和扶贫开发局、水利局、林业局、环境保护局、文体广电旅游局、卫生和食品药品监督管理局、人口和计划生育局、审计局、安全生产监督管理局、监察局（与纪委合署办公，列入政府工作部门，不占政府机构个数）。

县政府直属机构有：县水利水电工程移民局、县档案局（档案馆）、县卫生监督局、县合作医疗局、县招商和商务局、县科学技术局、县旅游发展和风景名胜管理局、县地质公园管理局、县农村公路管理局、县新农村建设办公室、县畜牧兽医局、县农机中心、县供销联社、县公产办（国有资产管理办公室、国有资产投投公司）、县农业办公室。

二、机构改革

1994 年，根据中共中央、国务院《关于党政机构改革的方案》和三年内完成机构改革任务的要求，坚持“积极、慎重、求实、稳妥”的方针与“精简、统一、高效”的原则，成立县机构改革领导小组，制定县直党政机构和乡政机构改革方案，职能职责汇编及配套措施准备，按照先县级后乡镇的原则，统一部署，分别组织实施。

1996 年，《台江县党政机关机构改革方案》经黔东南州委、州政府批准公布实施，在具体实施中，注重抓好新老机构接轨和机关“三定方案”（即定职能、定机构、定编制）工作的落实。并确定党政机关行政人员编制总额分配比例。

2001 年 10 月，政府在转变职能、理顺关系的基础上精简机构和人员编制。不分组成部门和直属机构，统称政府工作部门，机构名称一律称局、办，内设机构一般称股、室。

机构调整如下：扶贫开发局更名为扶贫开发办公室，与农业办合设；撤销国土局、地矿局，组建国土资源局；撤销商业局，其行政职能划入经济贸易局；不在保留农业机械事业局，其行政职能划入农业局；撤销文化局、广播电视局、体育事业局，组建文体广播电视局；不再保留国有资产管理局，其职能有财政局承担；联合信访办公室设在政府办公室，承担县委、县政府的信访工作；物价局与物价检查所合署办公，一个机构、两块牌子；民族事务局更名为民族宗教事务局；计划局更名为发展计划局；水利电力局更名为水利局；老龄委员会更名为老龄工作委员会，其办事机构设在民政局。

2004 年 8 月，根据省委、省政府办公厅《关于市（州、地）、县（市、区、特区）政府机构改革实施意见》，不设国有资产监督管理机构，将发展计划局更名为发展和改革局；将计划生育局更名为人口和计划生育局；组建安全生产监督管理局，为政府直属事业单位，正科级；畜牧事业局设在县农业局；法制办提升为正科级；其他机构不变。

2010 年 12 月，县委、县政府以台党发〔2010〕9 号文件，印发《关于县人民政府机构改革的实施意见》，对政府机构再行调整。组建农业和扶贫开发局，将农业办公室、农业局、扶贫开发办公室、畜牧兽医局、农业机械服务中心的行政管理职责，整合划入农业和扶贫开发局。不再保留农业办公室、农业局、扶贫开发办公室、畜牧兽医局、农业机械服务中心。农业综合开发办公室职责由财政局承担，不再保留农业综合开发办公室。组建发展改革和工业贸易局，将发展和改革局、物价局、招商引资局、粮食局、台盘工业办、经贸乡企局除农产品加工行政管理以外的职责，整合划入发展改革和工业贸易局，不再保留发展改革和工业贸易局，将发展和改革局、物价局、招商引资局、粮食局、台盘工业办、经贸乡企局。组建教育和科技局，将教育局、科学技术局的职责整合划入教育和科技局，不再保留教育局、科学技术局。组建人力资源和社会保障局，将人事局、劳动和社会保障局的职责整合划入人力资源和社会保障局，不再保留人事局、劳动和社会保障局。组建住房和城乡建设局，将建设局、市政管理局除指导和管理客运以外的职责整合划入住房和城乡建设局，不再保留建设局。组建交通运输局，将交通局、市政管理局指导和管理城市客运的职责，整合划入交通运输局。不再保留交通局、市政管理局。组建县文体广电旅游局，将文化体育广播电视局、旅游事业局的职责，整合划入文体广电旅游局，不再保留文化体育广播电视局、旅游事业局。组建县卫生和食品药品监督管理局，将卫生局、省以下垂直管理的食品药品监督管理局职责，整合划入县卫生和食品药品监督管理局，不再保留卫生局、省以下垂直管理的食品药品监督管理局。将县安全生产监督管理局由政府直属机构调整为政府工作部门。不再保留县山林田土纠纷调处办公室，其职责划入林业局。不再保留县公产办（国投公司），将其职责划入县财政局。将县史志办调整为党委部门管理系列。

对县直属事业单位进行清理和归并后，设置事业单位2个，即县档案局（档案馆）、县水利水电工程局，将水利局的原水利水电移民办公室的职能整体划入。保留县供销合作联社。

三、政府组成部门

政府办公室 1991年，政府办公室内设秘书科、行政科、接待科。1997年，内部设置改为秘书股、信息督查股、机要股、综合股。2010年，内设有信息中心（副科级）、文书室、秘书一室、秘书二室、秘书三室、文印室（档案室）。

挂靠县政府办公室的科级单位有法制办、外事办、人防办、信访局、金融办、调处办、国防教育办、督查室、政务中心等。

1991年年初成立信访科，5月改为信访办。1993年与复议办合署办公。2007年3月改为信访局，2010年与县委信访办合并。

1991年3月，成立县政府行政复议委员会，下设行政复议办。1993年，复议办、信访办合署办公。

1991年，县山林纠纷调处办公室设在县林业局；1992年11月，成立县政府调处山林土地水利权属争议办公室；2002年与法制办合并。2004年8月恢复调处办。

1995年3月成立法制办，复议办合并到法制办。2002年，法制办、调处办合署办公；2004年12月分开。

1997年成立信息督查股，2001年成立督查室。

2007年6月成立县应急管理办公室。

历任政府办主任：潘昌基、欧光旭、张晓荣、徐德江、潘金海、龙耀银、刘朝勇；副主任：潘昌基、陆道祥、肖维岳、王治明、杨光礼、罗国天、王素平、潘金海、潘学发、张仁标、姜学政、游道华、潘炀、杨阳、刘同明、李子英、张天柱、伍永棋、侯厅、欧阳勇。

发展和改革局 1991年，称计划委员会，内设办公室、信息中心（二级机构），编制6人。1997年7月，更名为计划局，行政编制4人，实有6人。2000年8月，设立县招商引资局。2001年11月，更名为发展计划局，行政编制5人，事业编制1人，内设办公室、综合股。2001年12月，撤销物价局，管理职能并入发展计划局，设置物价管理办公室，保留价格监督检查局和价格认证中心。2004年8月，更名为县发展和改革局，内设办公室、综合股、信息中心（二级机构），行政编制5人，事业编制2人。2010年12月，发展和改革局、物价局、招商引资局、粮食局、台盘工业办、经贸乡企局合并为发展改革和工业贸易局。

历任主任（局长）：杨秀元、马保增、田维生、刘开新、唐华；副主任（局长）：杨勇军、王素平、王迎北、姜定伦、刘同明、张仁勇、唐华。

经贸局 1991年，设有经济委员会、轻工业局、商业局、乡镇企业局、轻纺集体工业联社，对外经济协作办公室。1997年，经济委员会、轻工业局、外协办合并为经贸局。1998年1月，机关内设人秘股、企业股、综合股、非国有经济股、经济运行股，下设事业机构有轻工业联社（股级）、企业管理站、经济协作办公室、技术改造及经济技术情况站。2001年10月，商业局合并到经贸局。2007年1月，乡镇企业局、经贸局合并为经贸和乡企局。2010年12月，并入发改局。

历任经济委员会主任：周启洪；副主任：杨先辉、欧德武。

历任经贸局局长：汪杨松、吴启健、谢贵平、刘朝勇；副局长：部通树、冉光明、吴祖平、曲红、胡明森、杨志林、李美福、刘耀全。

历任商业局局长：姬安成、周启云。曾任副局长：龙碧华、杨志林、潘平英。

历任乡镇企业局局长：姬周和、明传耀、王德林、姜定文。曾任副局长：杨秀国、韦绍勇、熊福才、杨学芬。

历任对外经济协作办公室主任：杨正科；副主任：吴祖平、韦绍勇。

教育和科技局　1991 年至 1997 年 8 月，称县教育委员会，1997 年 9 月以后改称县教育局。1991 年，内设办公室、人事股、普教股、成教股、教研室、招生办、中函站、纪监室、财会室、教育督导室、职教办。1993 年，撤销成教股和职教办；1994 年，将中函站改为中小继教办。1997 年，定行政编制 16 人，事业编制 3 人，内设办公室、人事股、财务审计股、基建股、教育股、教育督导室（挂县人民政府教育督导室牌）、招生办公室（自考办）。2002 年，内设机构仍为 6 个，行政编制 13 人，事业编制 4 人。2004 年，增设电化教育管理站和青少年活动中心办公室。2010 年 12 月，教育局和科技局合并为教育科科技局，内设办公室、政工股、教育股、计财股、电教站、基建股、招生办、教研室、学生资助办、科技办、青少年活动中心。

历任教委主任（局长）：杨文明、欧阳毅、李承权、龙耀银、龙峰；副主任（局长）：欧阳毅、李存权、秦大洲、杨昌培、欧德洲、李德敏、龙峰、郃秀军、王荣、霍盛琼；科技办主任：李万军；副主任：杨学芬。教育督导室历任主任：欧阳毅、秦大州、欧德州、欧琦、郃秀军；副主任：张文芳；副科级专职督学：杨昌勇。

民族宗教事务局　1991 年，称县民族事务委员会，内设办公室、苗文办，行政编制 4 人，事业编制 5 人。1997 年，民委改名为县民族局；2002 年，民族局更名为民族宗教事务局，内设机构有办公室、苗文办，行政编制 4 人，事业编制 8 人。2005 年，内设机构调整为办公室、宗教股、民族文化中心，行政编制 3 人，事业编制 9 人。

历任主任（局长）：李正品、欧阳光富、潘洪德、潘燕、张玉梅、杨昌权；副主任（局长）：吴国权、熊克武、王浩、廖庆山。

民政局　1991 年，县民政局内设办公室、财务室、社救股、退伍军人安置办公室。1992 年，设立地名办公室。1993 年 4 月至 1996 年，内设机构为人秘股、社救股、计财股、民政股、优抚股。1997 年，内设机构为人秘股、计财股、社救股、优抚股，撤销民政股和地名办，设立社会行政事务股；残疾人联合会从民政局分离。2002 年 3 月，县老龄工作委员会办公室设在县民政局，实行两块牌子、一套人员。2004 年，全省收容遣送站改为救助站，县民政局设置设立流浪乞讨人员救助站。2008 年，成立城乡社会救助管理局，为县民政局下属副乡级事业机构。

历任局长：李美荣、张有光、石光利、刘城龙、唐望远；副局长：刘正和、欧文和、王浩（兼农村社会养老保险事业局局长）、周长树、李绍亮、张玉梅、金恒、潘梅、姚千云、杨学宁；老龄办主任：李绍亮、李仲金；城乡社会救助管理局局长：唐毅。

人力资源和社会保障局　前身为县人事劳动局。1991 年，县人事局和劳动局分开；1997 年 8 月，县人事局、县劳动局合并组成县人事劳动和社会保障局。1995 年 5 月，设立县劳动局劳动监察队。1997 年 8 月，劳动监察机构撤销，其职能归并到县人事劳动和社会保障局劳动安全监察股。同年 11 月，原县人事局的社保机构和县劳动局的社保机构合并，设立县机关企事业社会保险事业局。2002 年 4 月，县人事劳动局更名为县人事劳动和社会保障局。2003 年 6 月，重新设立县劳动保障监察大队。7 月，成立县社会医疗保险管理中心，同时撤销县机关企事业社会保险事业局医疗保险股。2006 年 11 月，县劳动就业办公室更名为县就业局，并升格为副科级。2010 年 12 月，县人事局、县劳动和社会保障局合并为人力资源和社会保障局。县人事劳动和社会保障局除内设机构有办公室、干部职工调配股（县军转干部安置工作领导小组办公室）、科技干部股（县职称改革办公室）、工资计划股、劳动安全监察股（挂县安全生产委员会办公室牌子）、人事劳动争议仲裁股和 3 个二级机构。

历任局长：徐建洲、梁文贵、刘耀武、姜利辉、刘公孚；副局长：潘玉清、刘耀武、杨富春、吴胜平、刘耀清、刘县平。历任社保局局长：杨光龙、吴胜平。

财政局　1991 年，县财政局内机构有人秘股（含财务室）、预算股、农财股（含农税）、企财股、行财股、会计股、综合股，下辖各乡镇财政所。1995 年，增设国有资产管理局，同年改为国资办。1993 年至 1998 年间，设立税收财务物价大检查办公室；2002 年后设会计结算中心、基层财政管理局和政府采购中心。

历任局长：田文胜、石光钧、潘忠明、仇明章、黄国盛、王央骞；副局长：令佑英、潘忠明、仇明章、欧光雄、王云、黄国盛、潘昌金、田维生、黄节武、张慧。

国土资源局　1991 年，称县土地管理局，内设机构有办公室、地籍站、土地利用规划站、矿产资源管理站、土地开发中心、移民办和直属台拱、施洞、革东 3 个区级站，共有工作人员 25 人。各乡（镇）建立土地管理所，每所配备 2 个工作员，其中所长 1 人。1995 年，内设机构有：办公室（即人秘股）、计划财务股、政策法规股、监督检查股、地籍管理股、土地管理执行室，局机关编制 27 人，县属 9 个乡（镇）土地管理所有工作人员 12 人，全局共有专职办事人员 39 人。2001 年，撤销台江县国土局、地矿局，组建台江县国土资源局，内设机构有 2 个股、4 个站及土地开发中心，9 个乡（镇）国土资源管理站改为国土资源管理所，为县国土资源局直属派出机构。行政编制人员 6 人，事业编制 52 人。2005 年，内设办公室、人事教育股、纪律检查审计室、土地利用股、地籍管理股、地质矿产资源股、测绘管理股、政策法规股、土地执法监察大队、土地收购储备股、国土资源勘测所、土地交易整理中心、信息中心，专职人员共计 46 人。

历任局长：杨元明、欧通杰、郃文洪、罗幸权、龙秀刚；副局长欧大权、欧通杰、郃文洪、王东方、姜定文、杨秀钟、邓沛勇、李宏明、万鹏、徐德军、张伟。

住房和城乡建设局　1991 年，称县城乡建设环境保护局，内设人秘股、设计室、施工管理站、质量监督站、房地产管理站、环境保护站、城乡规划管理站、县区村镇建设管理站、城市规划管理监察分队、城管监察大队、自来水公司。2003 年 10 月，成立市政管理局（二级局），内设办公室、城建监察大队、环卫站、园林绿化站、城市公共交通客运管理办公室，事业编制 30 人。2004 年，县建设局改为住房和城乡建设局。2010 年，内设机构有办公室、建筑施工管理站、建筑项目监理站、工程质量安全监督站、规划设计室、城乡建设规划管理站、房地产管理站。行政编制 7 名，事业编制 74 名。

历任局长：余忠荣、李彪、石龙、何立锐、张显唐；副局长：潘进辉、何立锐、张金平、张祖祺、张胜地、黄全明、石元贵

交通运输局　1991 年，称为交通局，内设机构有办公室、财务室、工程股、安全站，编制 5 人。局属单位有公路运输管理所、县乡公路管理所。1999 年，成立交通建设管理站，股级事业单位，编制 3 人。2001 年，内设机构调整为办公室、基本建设管理股、建设管理站（事业），行政编制 5 人，事业编制 3 人。2008 年，交通建设管理站事业编制增加至 13 人。局属单位有公路运输管理所、地方公路管理局、地方海事处。

1991 年至 1996 年 7 月，公路运输管理所为股级事业单位，编制 8 人。1996 年 8 月升为副科级单位。2009 年 4 月，编制增加至 10 人。地方公路管理局前身为养护工区，股级事业单位，编制 5 人。1997 年 11 月，升格为副科级单位，更名为县乡公路管理所。2008 年 2 月，更名为地方公路管理局，编制 10 人；3 月，成立乡镇地方管理站，编制 10 人。2010 年 3 月，地方公路管理局更名为农村公路管理局。地方海事处成立于 2002 年，副科级事业参公单位，编制 3 人。

历任交通局局长：潘盛禧、杨晓东、杨哲鉴、刘诗文、欧光雄。曾任副局长：罗德忠、郑泽友、杨晓东、潘进辉、欧明鹏、姜富强、罗才光、马秋云、叶忠华。曾任公路运输管理所所长：屠家驯、田兵、田宏军。曾任县乡公路管理局局（所）长：潘东月、廖庆松。历任地方海事处副处长：刘万辉、蔡中勇。

水利局　1991 年，水利局内设办公室、水政水资源办公室、防汛抗旱指挥部及其办公室，9 个乡镇设水利管理站。1993 年 6 月，内设 7 个业务机构：办公室、水政公安室、水利水电综合经营管

理站、水利水电设计施工队、计划财会股、木制品工艺厂、水电专业公司。

1994年12月，水电专业公司划与县供电局。成立台拱镇、施洞镇、革东镇、南宫乡4个水利水电管理中心站。1995年5月，恢复建设股和工程管理股。1998年7月，设置汪一水库管理所、烂塘水库管理所。2000年2月，成立水土保持监督站，与水政办合署办公。2001年1月，成立县城河道管理处，为股级事业单位。同年12月，县水利电力局更名为县水利局，将台拱镇、施洞镇、革东镇、南宫乡4个水利水电管理中心站机构划出交由有关乡（镇）领导，业务上接收县水利局指导；落实县水利局行政编制7人。2002年1月，重新核定县水利局事业编制为21人。2003年12月，成立台江县台雄水库管理所，为副科级事业单位，隶属县水利局管理。2007年8月，增加事业编制4人，总数为24人。同年9月，成立交下水库管理所，为股级事业机构，编制2人，职数1人。同年10月，重新核定台江县烂塘水库管理所为县水利局下设股级事业机构，编制3人，职数1人。同年12月，增设饮水安全办公室，为股级事业单位，编制5人，主任1人。2008年3月，明确县水利水电建设移民办公室为县水利局下属副科级参公事业机构，参公事业编制2人，主任1人。

历任局长：黄美寿、刘诗文、张继东、李一中、欧明光；历任副局长：黄明炳、杨治华、刘诗文、唐成辉、欧阳钦、廖庆松、张诚、李一中、杨晓东、邰永贵、熊士学、马电伟。

农业和扶贫开发局 1991年称县农牧局，内设机构有畜牧中心（副科级事业编制）、草原站、兽医防疫站（兽防站）、品种改良站（品改站），兽医监督所设在兽防站（两块牌子、一套人马），下辖台拱、施洞、革东、南宫4区设农牧综合站，人员由县局派驻。2003年3月，畜牧局独立为正科级事业单位。2010年12月，农业局、农业办公室、扶贫开发办公室、畜牧兽医局、农业机械服务中心合并为农业和扶贫开发局。

历任局长：龙云茂、王治明、欧明义、张秋敏、杨昌权、张玉梅、欧成忠；副局长：欧明义、熊克汉、吴辉、张永谦、李美清、欧光雄（兼农管校校长）、何明福、潘昌金（兼农管校校长）、毛光福、邰昌源、游道华（扶贫办副主任）、潘存录（农办主任）。曾任畜牧局局长：何明福、杨剑波；副局长：张玉梅、杨冠群。

林业局 1991年，县林业局内设人秘股、纪检组、营林股（造林公司）、林业技术推广站、林工商公司、基物股、财统股、林政股、林业公安派出所、资源站、检疫站、林业车队。基层单位有台江县国营林场、台拱林业站、施洞林业站、革东林业站、南宫林业站、方召林业站、台盘林业站、革一林业站、排羊林业站、老屯林业站及排羊、方召、革东、台盘4个木材检查站。全局职工人数为188人，其中行政事业干部31人，林业公安干警12人，森工企业职工145人。2006年，局机关设人秘股、营林站、退耕办、资源站、种苗站、检疫站、世行办、财务室、天保办、林政股、林业公安派出所，行政上领导木材公司、台江县国营林场、国有林林场，下辖台拱镇、施洞镇、南宫乡、方召乡、排羊乡、台盘乡、革一乡、老屯乡8个乡（镇）林业工作站及排羊、方召、台盘、台雄4个林业检查站。全局职工人数102人，其中公务员7人，林业公安干警13人，事业干部66人，聘请人员16人。

历任局长：杨光松、万文国、欧光旭、姬武兴、唐成万；副局长：龙明远、姬武兴、唐望远、李万军、杨昌智、唐成万、石昌林、杨礼旦、潘成武。

卫生局 1991年，县卫生局内设办公室，行政编制6人。1997年，增设事业编制1人。2001年12月，内设爱卫办、人秘股，编制7人，其中行政编制5人，事业编制2人。2010年，内设办公室、爱卫办、财务室、红十字会、医政股，编制12人，实有12人。

计生局 1991—2009年，县计生局内设办公室、政策法规股、规划统计股。2001年，内设办公室、发展规划信息股、政策法规股、流动人口管理办，行政编制16人。2010年，内设办公室、发展规划信息股、政策法规股（流动人口服务管理股）、流动人口管理办，行政编制16人。历任局长：林瑞华、张晓荣、明传耀；历任副局长：刘泽安、洪德梅、吴通学、张建华、邰勇。

审计局　1991年，县审计局内设综合审计股、企业审计股、行政事业审计股，编制10人，实有12人。1995年，设综合审计股、企业审计股、行政事业审计股、财政金融审计股、基建审计股，编制10人，实有16人。1997年，撤销综合审计股。2003年，调整为行政事业审计股、经济责任审计股，预决算审查中心。2004年，下设基建审计股、企业审计股、行政事业审计股、经济责任审计股。2010年，内设机构有办公室、行政事业审计股、财政金融审计股、基本建设投资审计股、建设工程预算决算审查中心、经济责任审计办公室6个职能股室，编制18人。1991—1995年，有24个部门建立内部审计机构，1996年以后内部审计机构取消。1992—2000年，审计局下设审计事务所，承担社会事务审计。

历任局长：王通明、李可忠、刘开新、田维生；副局长：宋人义、李可忠、刘开新、张建强、杨昌美、王勇。

统计局　1991年，县统计局内设机构有办公室、农村经济调查队。1993年，成立台江县统计事务所，为统计局股级自收自支事业单位，人员由统计局统一调剂。2010年，县统计局有干部职工25人。

历任局长：马小蓉、欧光旭、吴昌成、金恒、刘朝勇、王鹏；副局长：罗文富、杨通哲、李定光、欧光旭、吴昌成、李仲金、邓佩勇、张明昌、杨阳。

文化体育广播电视局　1991年，机构分别是文化局、体育运动委员会、广播电视局。1997年8月，文化局与广播电视局合并为文化广播电视局，体委改称体育事业局。2001年11月，与体育事业局合并为文化体育广播电视局。2010年，内设机构有办公室、文化馆、图书馆、文物管理所、综合执法大队、非物质文化遗产办公室、农村电影放映宣传站、文化产业办公室、新华书店、广播电视台、广播电视事业建设站、体育中心、旅游发展办公室。下辖全县8个乡（镇）文化站。行政编制5人，工勤2人，事业编制57人，实有52人。

历任局长：李美仁、汤昌镜、徐德俊、张云生、杨华、张文明、李廷付；曾任副局长：杨勇军、吴昌明、李红、杨定勇、邵明华、张秀光、曲钦林、杨红、杨喆、张平、杨利、肖其龙、邹卫华、王平秀、向宽兵。

环境保护局　1991年，环境保护工作归县建设局管，设环境监测监理站。1992年改称排污收费管理站。1997年8月，环境保护工作划归县国土局管理，另挂台江县环境保护局，设环境监理站。2001年12月，环境保护局单列，行政编制4人。2003年4月，内设办公室、环境监察大队、减排办公室。

历任局长：罗国天、姜定文、黄权明、李美福；副局长：张金平、姜定文、潘晓晓、万鹏。

监察局　1991年，监察局独立，内设监察股、审理股、纠风办。1993年4月，与纪委合并办公。

安监局　成立于2004年，内设综合股、安全监管股，事业编制5人。2006年，增加事业编制3人。至2010年年底，内设机构、人员编制不变。曾任局长欧德风、欧崎、潘洪德、向长顺、刘公孚；曾任副局长：胡明森、王豫贵、丁俊文。

司法局　1991年，县司法局内设机构有办公室、政工科、公证处。2010年，内设办公室、政工科（副科级）、依法治县办（副科级）、公证处、律师事务所、基层工作指导管理股、公律工作管理股、法律援助中心、社区矫正工作管理办公室，编制27人。

历任局长：王成玉、杨秀贵、徐德江、张仁光、杨震、王毅、张晓荣；副局长：禹子贵、邰文福、邰文福、李正刚、王贵、龙山、李晓奇、伍永棋、张胜杰、李通文。

公安局　1991年，县公安局内设机构有政工科、秘书科、政保科、内保科、治安科、法制科、预审科、刑侦队、看守所、消防科、交警队，下辖10个派出所，有干警65人，武警24人，消防干警4人，交警6人。此外还有以工代警4人，林业干警20人，乡民警24人。2009年，设立110指挥中心、警官培训中心。2010年，内设机构有纪检监察室、法制室、政工监督室、警务保障室、指挥中心（办公室）、治安大队、出入境管理大队、国家安全保卫大队、禁毒大队、刑事侦查大队、特巡警大队、交通管理大队、行政拘留所、看守所和台拱、施洞、台盘、革一、老屯、排羊、南宫、方召派出所。编制139人，消防官兵23人。

历任局长：姬安荣、杨天权、李安国、姚元良、杨顺灯；副局长：刘世松、姬安荣、李先银、张民书、曲钦山、罗福春、杨天权、张玉民、周启明、杨昌胜、龙永红、侯美佳、杨春贵、肖文斌、李顺恒、杨林、刘煦江、姚远；政委：石永贵、舒大孝、李先银、肖文斌、姚城远。

物价局　1991年，物价局与县工商局合并，1999年恢复物价局，2000年11月明确为县政府工作部门。内设机构有办公室、物价检查所。2001年2月，成立价格认证中心。2008年8月，价格监督检查所改为价格监督检查局，由股级升为副科级机构。2010年12月并入发改局，改为物价办，内设综合股、价格和收费管理股，保留价格监督检查局、价格认证中心。历任局长罗国天、龙光卫、张晓荣、潘洪德，曾任副局长王文才、姚元平、卢林。

四、政府直属事业单位

旅游局　成立于1997年，编制3人。2010年12月并入县文化体育广播电视旅游局，与台江县南宫森林公园风景管理处合并为台江县旅游发展办公室（南宫森林风景管理办公室），为台江县文体广电旅游局内设机构，内设综合办公室、风景名胜管理办公室、项目规划办公室、旅游服务中心，编制15人。

历任局长（主任）：杨华、王云、李峰；副局长（主任）：杨飞、李峰、冯金国、曾武松、郃世国、张平、刘海荣、方康、杨迎忠。

公共财产管理办公室（国有资产投资公司）　2006年12月成立，公产办为政府直属事业机构，编制5人，内设综合股和资产管理股。国投公司属台江县人民政府国有企业单位，定编10人，设正科级经理1人，副科级经理2人，内设办公室、投资股、经营股。2008年2月，公产办与国投公司合并为公共财产管理办公室（加挂台江县国有资产经营投资有限公司牌子），内设综合股、国有资产管理股、国有资产处置股。参公事业编制8人。

扶贫办　1991年，县扶贫办编制5人，1997年6月改为扶贫开发局，2010年12月与农业局合并为农业与扶贫局。历任主任：任朝勋、王云；副主任：张明海、张洪。

县供销社　1991年，县供销社内设人秘、财会、计统、业务、储运保卫、检察6个股室，下辖台拱、施洞、革东、南宫4个基层社及土产、农资日杂、综合贸易、批发4个专业公司。1997年，撤销供销检察室。1999年，县供销社改革，设办公室、经济发展股、计财审计股，行政编制4人。2003年6月，革东镇划归剑河县，革东基层社随之并入剑河。2007年，县社内设机构不变，下辖3个专业公司，3个基层社，21个分销点、店（收购、销售门市部151个）。

历任主任：欧阳勇、任朝勋、杨腾秋、欧光雄、张仁勇；副主任：王志达、杨卫建、王豫贵、龚德胜、韦绍勇、郃昌英、王安康。

档案局　1991年，内设办公室，编制5人。1994年，县档案局（馆）有档案工作干部6人。1998年，县档案局（馆）有干部职工10人。2002年，县档案局编制6人，实有干部7人，内设办公室、业务股、管理利用股。历任局党组书记：田文武、王鹏、吴胜平；历任局（馆）长：杨桂香、翟茂刚、王鹏、杨智槐、吴胜平；副局长：余敏英、翟茂刚、龙碧珍、林昌清、潘黔、张黔生、杨光健、龙清、王华、陈芳、李晓奇；纪检组组长：刘泽爱。

招商局　成立于2000年8月，隶属台江县计划局，为二级局单位。2003年3月，单列为正科局事业单位。2007年，县招商局编制6人。正局长1人，副局长2人。内设机构有办公室、项目股、综合股。历任局长：姜定伦、汪杨松；历任副局长：杨正科、蒋红艳、龙清。

科技局　1991年至1997年6月，称科学技术委员会，简称“科委”，1997年7月更名为科学技术局。2001年11月前，内设机构有新技术实验所、科技情报所，行政编制3人，事业编制4人。内设机构仍保留科技情报所和新技术试验所，编制7人，其中行政3人，事业4人。2008年，成立知识产权局，与科技局合署办公，一套人员、两块牌子。2010年12月与教育局合并，组成教育和科技局（知识产权局）。

1993年10月，成立苗族中草药研究所；1994年至2002年11月编制属科技局；2002年12月后单列。

历任主任（局长）：罗康尧、杨昌汉、唐望远、龙峰；曾任副主任（局长）：邰通真、杨冠群、张仁勇、李万军、邰昌源、杨光龙、杨学芬、张玉梅。

水利水电工程移民局　2004年11月成立移民办，为水利局股级事业单位。2007年4月升格为水利局下属副科级事业机构。2010年12月成立台江县水利水电工程移民局，为县人民政府直属正科级事业单位（参公管理）。内设办公室、移民规划安置股、移民后期扶持股、政策法规股和财务审计股5个股室，编制待定。历任局长：李一中；副局长：杨光龙、邰胜军。

粮食办　1991年称粮食局，为县政府组成部门，内设人事秘书股、保卫股、会计股、统计股、业务股、储运股（含基建、加工业务）。1997年列为县人民政府直属事业局，内设机构为人事秘书股、财务会计股、计划统计股、储备调运股，编制23人，其中行政21人，事业2人。2001年12月，内设机构为人秘股、计财股、业务股，行政编制5人。2010年12月并入发改局，该为粮食办公室。历任局长：杨晓华、肖维岳、杨光永、王素平、潘燕。

食品药品监督管理局　2002年2月成立，前身为台江县药品检验所。内设机构为办公室，综合业务股，财务股，编制9人，其中行政编制8人，事业编制1人。

卫生监督局　成立于2010年，局长熊建英，副局长洪德梅。

爱国卫生委员会办公室　1991年，县爱国卫生运动委员会由部门组成，办公室设专职副主任1名，工作人员2名。2001年12月至2005年12月，爱卫办由卫生局统一管理，没有人员编制。2006年，经县政府同意配编制1名。

新型农村合作医疗管理局　成立于2006年12月，隶属于县卫生局，编制6人。2010年内设机构有办公室、审核监察股、信息股、财务室，编制11人。

历任局长：吴春云、张勇飞、吴红萍。

第三节　政务会议

县政府实行政府全体会议、县长办公会议、组阁部门工作报告会议、专题会议等。

县政府全体会议每年召开两次，一般在1月、7月召开，如遇特殊情况，可提前或推迟召开。主要议题是通报国民经济和社会发展情况，讨论通过决定的事项，县政府及其组成人员报告工作，全面对政府工作进行阶段性总结，研究、部署下一阶段的工作，决定事关全县经济社会发展的重大问题和其他有关问题。县政府全体会议由县长主持，也可由县长委托副县长主持，出席会议人员为县政府各组阁部门和议事办事机构的正职领导。县政府全体会议邀请县委、县人大、县政协领导参加。

县长办公会议每月召开一次，一般在每月底举行。会议主要议题是传达上级的决定和命令，研究贯彻执行措施，研究执行县委、人代会有关决议决定；讨论和审定报上级的请示、报告和以政府名义发布的决定、命令和规范性的文件；讨论提请县委、县人大及其常委会议审议的重要报告和议案；讨论决定各工作部门和乡镇请示的重要事项，决定重大开支项目安排；讨论政府机关工作人员的奖惩及人事任免事项；讨论政府工作中的其他重要问题；检查、总结上月工作，安排下月工作。县长办公会议决定的重大事项，都以纪要形式予以确定和公布。县长办公会议由县长或县长委托的副县长主持。出席会议人员为县长、副县长、县长助理和办公室主任，县人武部部长、政府办公室副主任与会议内容有关的政府工作部门负责人及其他有关人员列席会议。列席县长办公会议的部门负责人及其他人员，按会议通知时间提前到县政府办公室等待，会议研究涉及本部门的议题时及时进入会议室参加会议，议题转移到与本部门无关的问题时，退出会场。

部门工作报告会议一般每月月初召开一次，根据需要也可以不定期由分管县长主持，参加人员为有关分管部门的正副职负责人。会议议题是听取分管工作部门汇报，研究和安排分管部门的下步工作。对工作交叉的部门会议，有关的副县长和县长助理参加会议，特别重大的事项县长参加。

专题会议是针对某专项工作涉及多个部门，需要协同完成，或某个问题需要相关的多个部门共同协商解决等具有协同作战性质的必要，由县长或分管县长主持召开的会议。会议的主要目的是讨论研究、协商完成任务、解决问题的措施、意见和办法。专题会议根据工作需要不定期召开，形成的决议以会议纪要予以确定和公布。

第四节 政事纪略

一、国企改革

1996 年，抓好国有企业产权制度改革，加强企业管理，加快技改进程，推进工业生产和商贸经营的发展，围绕提高企业效益为中心，按照“产权清晰，权责明确，政企分开，管理科学”的要求，抓好 5 个国有企业产权制度改革试点和在全县实施国有企业产权制度改革。对经营运转困难的企业，要区别情况，实行一厂一策，分别采取兼并、转产、转让、租赁、拍卖、破产等改革的办法，实行优化重组，促进生产、经营要素向科技含量高、产出高、效益高的产业和企业流动。

1999 年，进一步深化企业改革，按照“改制、盘活、引资”的方式，加大改革步伐，对大理石厂、康泰食品公司、内燃机配件厂、五交化公司等 14 户经营不善、扭亏无望、严重资不抵债的国有工商企业实行破产改制，推出市场，安置破产企业职工。对水泥厂实行民营化改制，对农机厂进行资产置换开发，对供销、粮食企业进行资产重组和改革改制。

通过改革，理顺和调整企业的“责、权、利”重大关系，解决企业在制度、体制和机制上存在的一系列深层次矛盾和问题，充分调动企业所有者、经营者和生产者的积极性，增强企业生产活力。加强企业内部管理，以质量、资金、成本、营销四项专业管理为核心内容，全面提高企业的素质，管理水平和经济效益。加速内配厂、水泥厂等的扩大技改，确保工业生产任务的完成和扭亏增盈目标的实现，加大商业、供销、粮食体制改革力度，搞活企业，搞好经营，稳定市场。

二、“八七”扶贫攻坚

1994 年，国家实施“八七”扶贫攻坚计划，县政府结合实际，制定了《台江县 1994—2000 年扶贫攻坚计划》，围绕扶贫攻坚计划，并采取了一系列措施，全面深入地开展了扶贫开发工作。

加强扶贫工作的领导，明确党政一把手负总责，层层落实扶贫攻坚责任制。全县始终以解决农村贫困户温饱问题为各级党委、政府工作的中心任务，并作为一项重大的政治任务来抓，落实了“三个责任制”。1994—2002 年的 8 年间，共派出干部 4400 多人次到乡村第一线开展帮扶工作。全县 20

多名副县级以上领导干部定点联系20多个贫困村、86个机关、企事业单位定点帮扶156个村，300多名干部驻村挂职帮扶，1200多名股级以上干部与全县1200多户贫困户结成了帮扶对子。这些干部下去后，积极发挥真抓实干精神，为受扶村和农户出主意想办法，跑项目争资金，捐钱捐物办实事。8年来，全县机关、企事业单位干部职工及社会各界共向农村捐赠衣物、被褥1.1万件（床），资助发展生产资金和物资折款40余万元，更重要的是耐心细致地做群众的思想工作，逐渐克服了“等、靠、要”的思想。

狠抓温饱工程，着力推广优良品种，粮食产量逐年提高。县政府紧紧抓住解决农民温饱问题，以实施高产示范工程为载体，以“两杂”（杂交水稻、杂交玉米）良种推广为龙头，年均滚动投入“温饱工程”扶贫贷款和财政资助200万元，每年实施面积7.1万亩，农业科技含量和耕地复种指数得到提高，抗御自然灾害能力得到加强，粮食产量逐年提高，人均占有粮食逐年增长。全县粮食总产量由1992年的2.1万吨上升到2002年的4.14万吨，年均增长16.12%。农民人均占有粮食也由1992年的151公斤上升到2002年的283公斤，年均增长13.1%。

狠抓扶贫项目开发，大力发展特色经济。1992—2002年，全县共争取到位扶贫贷款8011万元，以优势产业为龙头，以发展特色经济为突破口，为农村经济发展闯出新路子。先后投入3200余万元，进行山区农业综合开发，一批种养殖项目正向规模化方向发展。建成金秋梨基地11.6万亩，苦丁茶1.8万亩，杨梅0.4万亩，猕猴桃0.2万亩，大板栗2.25万亩，中草药材等0.2万亩。2002年年末，大牲畜存栏2.76万头，生猪存栏8.86万头，羊1.6万只，家禽17万只。一批以农副产品为原料的加工项目逐步产生效益。初步形成了以金秋梨、茶叶、杨梅、魔芋、辣椒等为代表的特色产品，并逐步形成为“一村一品”的农村经济新格局。

狠抓基础设施建设，改善农村生产生活条件。全县狠抓以“水、电、路、通信、广播电视”为主的基础设施建设，累计投入资金8140万元，实施电力、交通、电信、饮水等项目建设，扶贫开发取得了一定成果。1998年，全县实现了乡乡通电、通公路、通电话、通自来水、通广播电视的目标。2002年，实现了村村通电。有187个村寨5.87万人、4.49万头牲畜解决了饮水困难。完成坡改梯2.4万亩，中低产田改良1.4万亩，通过兴修农田水利基础设施，新增和改善灌溉面积3.2万亩。

狠抓教育科技卫生扶贫。自1992年以来，共完成农民科技培训3.7万人次，骨干培训3000人次。农村每户至少有1名劳动力掌握了1～2项农业适用技术。农村扫盲取得新成果，非文盲率达97.5%。建立了农村三级预防网络，有效地控制了传染病的发生和流行，县医院自1996年开始创建二乙医院和爱婴医院，并分别于1997年和1998年通过了上级验收。乡镇卫生院医疗条件有所改善，农村卫生室建设也得到一定的发展，农民“因病致穷”的现象得到有效遏制。

积极开展劳务输出，增加农民收入，加快脱贫致富步伐。县政府把剩余劳动力的输出作为一项重要工作来抓，成立专门机构，帮助外出务工人员牵线搭桥。全县年均常年外出务工人员11000余人，劳务净收入5000余万元，部分贫困村、贫困户通过劳务输出直接摆脱了贫困。

从1994年实施扶贫攻坚计划以来，全县人民奋力攻坚，使农村的贫穷面貌发生了很大变化，县域经济社会有了长足的发展。同时，农村的生产生活条件有了明显的改善，城乡基础设施建设和精神文明得到了加强。人均拥有0.51亩稳产高产基本田，户均建有1.43亩经济林果基地，户均向非农产业转移1.1个劳动力，户均饲养1.1头黄牛，户均有一项比较稳定收入来源的家庭副业。

三、“两基”攻坚

2000年，台江县顺利通过省政府“普六”复查验收以后，台江进入了“普九”攻坚阶段。为开展好普及九年义务教育的攻坚工作，教育行政部门再次对小学布局进行调整，全县有城关小学2所，乡镇完小9所，村级完小41所，初小32所，教学点118个（革东镇在内），促进了城乡教育资源的平衡。2001年以后，台江县在原有“普六”的基础上，努力巩固和提高“普六”成果，争取实现“普九”目标。因此，教育行政部门从2001年以后就开始着手加大保学控辍的力度，为落实“普九”工作的目标责任制，县委、县政府制定以乡推进“普九”的实施方案，县教育局与州教育局签订“两基”目标管理责任书。将指标、责任落实到各乡（镇），并与各乡（镇）教育辅导站签订“两基”目标管理责任书，层层签订责任状，加强目标责任落实到位。

2002年，在认真贯彻落实《国务院关于基础教育改革与发展的决定》的同时，进一步深化各项改革，积极推进“四制一目标”。县教育局认真组织实施第二期“义教工程”的启动，加大城乡教育费附加的管理、使用和征收力度，促进教育费附加的足额征收并全部用于教育，做好学校基础设施建设所需匹配资金和部分农村学校危房修缮资金的投入；逐步改善各级各类学校的办学条件，确保“普九”工作顺利推进。2003年，县委、县政府提出“举全县之力，打好‘两基’攻坚战”，力争在2004年通过“普九”验收的目标，进一步加强和推进全县学校内部管理体制的改革，把苗族文化走进课堂深化到办学体制改革之中。

2004年是台江教育发展史上的历史跨越和“两基”攻坚年，县委、县政府先后下发台党办《关于调整县“两基”攻坚办公室及各工作组成员的通知》《关于将台江县“两基”工作领导小组更名为台江县“两基”攻坚领导小组的通知》《关于全面实施“两基”攻坚的决定》和台府办《关于对台盘乡等四个乡镇以乡推进普九督导评估验收工作的通知》等文件。县委书记在全县“两基”工作会议上提出：“两基”攻坚期间不准调动教师，县城学校每年实行末位淘汰制，实现良好循环的教师流动机制，确保教育教学质量的提高；“两基”工作要分别实行党政线、教育线量化考核机制，依法推进；“两基”工作中的基建重心要往下移，增强乡镇党委、政府和施工学校的责任。是年，县委、县人民政府贷款1500万元投入学校基础设施建设，使全县中小学校生均校舍面积达到验收要求。11月1日至5日，贵州省人民政府赴台江县“两基”验收分团对全县各乡镇“两基”工作进行面上的评估核查，宣布台江县“基本普及九年义务教育，基本扫除青壮年文盲评估验收”基本合格。

2005—2007年，全县教育经费经省审计组认定，已达到黔教督发〔1998〕295号文件关于教育经费的基本要求，财政对教育的拨款做到了“三个增长”：县级财政经常性收入分别为1944万元、2258万元、2516万元，分别比上年增长-0.84%、16.14%、11.43%；预算内教育经费拨款分别为3938万元、4356.72万元、4707万元，分别比上年增长10.62%、8.03%、34.54%；生均教育经费分别为小学1335.74元、1407.2元、1678元，初中1028.52元、1338.31元、1551元。生均公用经费分别为小学21元、175元，初中为30元、287元。预算外杂费用于公用经费生均小学为45.89元、76.5元、78.1元，初中83.53元、104.28元、107.26元；预算内外公用经费总支出数分别小学生均45.89元、97元、168.24元，初中83.53元、134.28元、278元。

2008年5月26—28日，贵州省人民政府赴台江县“两基”巩固提高复查检查组和普及实验教学验收组对台江县“两基”巩固提高工作进行复查，宣布台江县“普实”验收合格。2009年6月，台江县“两基”通过了“国检”。

四、十件实事

从1998年开始，台江县每年政府工作报告中都提出要为民办十件以上实事。这些实事提出后，政府各职能门都认真组织实施，基本保证了各项实事的如期完成。

1998年10件实事：（1）举办1998年华夏城乡游·贵州苗族姊妹节；（2）城镇建设全面铺开，县城主要街道路面硬化，革东、施洞、革一编制完成城建规划；（3）绿色走廊、黄金通道初具规模；

（4）交通建设稳步发展，改造国道320线龙井段、交孟至排羊段，修通10条村级公路；（5）建10所希望小学；（6）实施渴望工程；（7）实施翁你河防洪治污工程；（8）建成10个村级文化室，建成20个地面卫星接收站；（9）新建林业科技大楼及政府宾馆；（10）兴建张秀眉纪念馆。

1999年13件实事：（1）解决30个农村地面卫星电视接收站；（2）全面启动农村和城关电网改造工程；（3）积极筹资上马城关防洪堤工程；（4）举办1999年生态环境游·贵州苗族姊妹节；（5）完成1万亩优质果品基地建设，成立台江县金秋梨有限责任公司，建成果品果袋厂，抓好保鲜项目的启动工作；（6）完成10个村程控电话工程；（7）新建8所希望小学义教工程；（8）加快宁波大道建设，完成油库至文昌宫、张家寨至水泥厂的水泥路面硬化工作，启动新区供水、供电、主要骨干道路线路建设工程；（9）解决4000人、3000头牲畜饮水困难；（10）完成100户移民扶贫工程；（11）张秀眉塑像奠基；（12）力争完成12个村级公路通车；（13）建成台江古生物化石博物馆。

2000年11件实事：（1）城乡闭路电视联网工程，实现广播电视村村通；（2）建县酒厂至内燃机配件厂一条街；（3）建成600吨水果气调库；（4）启动文化广场和河滨路绿化工程；（5）实现县城新区供水工程；（6）兴建5所议教工程学校；（7）建成100亩反季节蔬菜基地；（8）继续抓好城关防洪堤建设；（9）建成张秀眉塑像，办好神州世纪游，贵州苗族姊妹节；（10）实施好天然林保护和水土保持工程；（11）力争10个村通公路。

2001年10件实事：（1）积极配合省州搞好国道320建设和国家65号干道前期工程工作，并以此为契机，建立与之相联系的县乡公路网络，实施台盘到凯堂、九摆至西江县级公路，改善台江与邻县的交通联系，完成县城至方召、县城至南省公路改造；（2）争取施洞大桥、镇台公路改造工程立项和前期准备工作，修建6个村寨公路；（3）全面启动实施台雄防洪灌溉工程前期工作，完成县城1700米防洪堤和闸坝工程，新建12个村级人畜饮水工程，解决4100人、1000头牲畜饮水困难；（4）完成南宫、方召城镇规划，打通县城新老城区连接线，用土地资产置换方式加大革东、施洞、台盘、革一集镇建设，并力争革东集镇建设初见成效；（5）续建酒厂至内燃机配件厂民族商品一条街，全面启动县城农产品商品市场；（6）完成文化广场及周围环境的公厕、下水道、绿化工程；（7）完成全县城乡宽带闭路电视联网工程；（8）启动和实施无线通信扩容工程，增设革一、台盘、排羊、老屯移动通信设施；（9）全面实施县城自来水二期改造工程；（10）启动“普九”义务教育工程。

2002年13件实事：（1）改造镇台公路台江段；（2）完成台雄水库设计报告，烂塘水库除险加固；（3）建成县城二期防洪堤工程；（4）建成南门风雨桥；（5）启动县医院门诊大楼建设，启动新修台江汽车站；（6）建成县城垃圾填埋场；（7）建成3座旅游卫生公厕；（8）建成县城2500米道路改造和绿化；（9）启动施洞供水工程；（10）建成10条村级公路；（11）解决农村1.5万人饮水；（12）完成600人异地移民搬迁；（13）建设民中学生公寓，建成友谊中学教学楼，施洞中学教学楼。

2003年11件实事：（1）启动民族中学的迁建；（2）设立大学本科贫困助学基金；（3）完成苗疆西大道及扶贫路的路面硬化；（4）新建12条村级公路；（5）开建设台江县汽车站；（6）争取开工建设台雄水库和完成烂塘水库除险加固工程；（7）完成县城第三期防洪堤工程和南门风雨桥工程建设；（8）基本建成县“四大班子办公区”；（9）建成两座旅游公厕和一个民族风情旅游示范村；（10）建成三所义务教育工程，新增校舍面积5650平方米；（11）解决农村6900人饮水困难问题。

2004年12件实事：（1）加快台江民中和方召中学建设搬迁工作；（2）开工建设施洞大桥；（3）开工建设老屯岩寨电站；（4）继续实施县城防洪堤工程；（5）实施百万科技扶贫项目；（6）实施旧城改造，开工建设“萃文园区”；（7）完成汪一水库除险加固；（8）建成10条村级公路；（9）解决3000人的饮水困难；（10）建成县疾控中心大楼；（11）建设台盘阳芳（大寨）民族旅游村；（12）开工建设200户易地移民扶贫开发工程。

2005年10件实事：（1）建成台盘11万千伏安变电站；（2）修建5所初中寄宿制学校（革一、台盘、施洞、老屯、台拱民中）；（3）开工建设朗等大桥；（4）启动施洞民族文化小城镇建设；（5）完成新修10条以上村级公路；（6）解决2个乡镇所在地和农村4000人以上的安全饮用水；（7）实现村村通电话、寨寨通闭路电视，新建和改建30座电视卫星收转站；（8）实施县城污水处理和供水管网建设改造工程；（9）实施10个100户以上村寨的农村消防“五改”建设；（10）开工建设县传染病院，台盘、排羊乡政府办公楼。

2006年10件实事：（1）启动施洞码头工程建设；（2）完成10条村级公路通车；（3）完成10个村消防“五改”；（4）启动施洞、南宫汽车站建设；（5）完成台盘乡政府驻地和解决4000人饮用水工程；（6）完成50个村级卫生室建设；（7）启动红阳至汪江公路建设；（8）完成文昌宫周边环境治理；（9）建成县城35千伏变电站；（10）创建州级文明县城。

2007年10件实事：（1）完成20个村的消防“五改”建设；（2）建设红阳、梅影、望虎屯3个社会主义新农村建设试点工作；（3）建成县医院医技大楼；（4）建成1条通乡油路；（5）建成10条通村公路；（6）启动台江职业中学择址重建工程；（7）解决5000人安全饮用水问题；（8）完成台拱镇梅影至上桃村河道治理工程；（9）启动红阳至万亩草场旅游公路建设；（10）完成7所薄弱中小学校改扩建工程。

2008年10件实事：（1）建设老屯至施洞、排羊至西江台江段油路改造，建成10条通村公路。（2）完成县城主干道油路改造、县城西区路网建设和主大街路灯改造和人行道铺青石板第一期改造工程；（3）完成汪一水库除险加固工程和台雄水库第一期工程；（4）完成2万人的安全饮用水工程；（5）建成1500亩桑园和1000亩绿茶基地；（6）完成红阳、反排2个民族村寨旅游景点建设，启动九摆、塘龙、田坝3个新农村试点和旅游景点建设；（7）完成6所农村中小学校改造工程，启动建设公安刑侦大楼工程；（8）协助完成西式木屋和新太园亚白刚玉招商引资项目建设工程；（9）全面建设县城临街单位办公楼“穿衣戴帽”工程；（10）完成四大班子办公区基础设施建设主体工程，启动张家大坝建设项目。

2009年10件实事：（1）完成600人的扶贫易地移民搬迁，9300平方米廉租住房和3000户农村危房改造工程建设；（2）完成台盘、施洞两所小学寄宿制试点工程、县青少年活动中心工程建设、8个乡镇文化站建设；（3）完成县城“两河”（交孟河、贯城河）治理工程；（4）完成200公里通村公路建设；（5）新建标准桑园和标准茶园各1000亩；（6）完成1.5万人的安全饮用水工程；（7）完成九摆、田坝新农村试点基础设施工程建设，启动排羊岩寨、南宫汪江、方召反排新农村试点基础设施工程建设；（8）完成张家大坝滨河路路基工程建设，启动台江星级（三星级以上）宾馆建设；（9）完成8个乡镇卫生院、3个村卫生室建设3个乡兽医站新建和施洞镇、南宫乡兽医站改建；（10）完成县城污水处理厂和启动县城垃圾填埋场建设。

2010年10件实事：（1）完成2.5万人的农村安全饮用水工程建设；（2）完成通村公路100公里以上；（3）完成农村1497户危房改造和建设廉租房669套；（4）完成85个村级活动室的新建和改扩建任务；（5）完成方召乡反排村、排羊乡岩寨村新农村试点建设任务和启动南宫乡汪江村新农村试点建设；（6）完成苗疆东大道河滨公园景观灯、东城区景观灯工程、新大桥至民中段路灯和县城绿化美化工程；（7）启动1万亩并验收5000亩的土地开发任务；（8）完成县医院综合大楼主体工程；（9）启动梅影大桥建设；（10）完成农村广播电视120个项目村“户户通”工程，投资5300万元建设农村电网改造工程。

五、政务公开

台江县政务公开工作始于2000年3月，以试点的形式进行。在试点时，县政府推行政务公开的重点部门为计划、审议、财政、建设、教育、民政、工商、税务、公安、扶贫、国土、医药、卫生、交通、计划生育、经贸、物价、人事劳动、农业、林业、水利、技术监督等，乡镇政务公开的重点是具有上述职能的部门和单位。工作开展后，教育部门首先公示全县各级中小学校的收费标准，医院在候诊大厅公示各种医疗、药品价格，接着各有收费职能的部门亦公开收费标准，在社会上引起反响。

2001 年 8 月，县人民政府在试点基础上，制定了《关于在县直行政机关单位推行政务公开的实施意见》，决定在全县推行。实施意见对公开的主要内容、形式等都作出要求。政务公开的主要内容是公开与部门、单位的职责相关的法律、法规、规章、政策和其他规定公开的事项，一般包括办事依据、办事职责、办事条件、办事程序、办事纪律、办事结果，特别是要公开办事过程中容易引发矛盾和滋生消极问题的环节和事项。通过印发文件、简报等形式或利用广播、电视等新闻媒体进行公开；召开情况通报会，逐步实行政务会议群众旁听制度；建立橱窗发布政务公开的内容，将有关公开内容张贴上墙；实行窗口办公或“一条龙”服务等。

政务公开的重点部门是直接掌握人、财、物和与群众直接打交道的公共服务行业、单位，主要包括计划、经贸、建设、公安、教育、科技、财政、劳动社会保障、工商、质量监督、药品监督、物价、人事、卫生、国土、环保、交通、民政、邮政、电信、林业、水利、电力、扶贫、计划生育等部门。政务公开的重点事项是重大工程和重点项目的招投标、项目审批、基建工程审批、公安执法、用地审批、城市规划、收缴和减免税、证照办理、职称评审、人员调动、干部录用、享受政府特殊津贴专家选拔、技工考评、退伍转业军人安置、计划生育指标管理、计划外生育费的收缴和使用、扶贫救灾款物分配、农民负担情况、罚没款收缴和管理使用等。同时，各单位成立相应的领导小组及办公室，负责抓好本单位的政务公开工作。县人事局负责县行政单位政务公开的组织实施工作，并具体负责组织检查、考核和验收；县监察局负责对实施政务公开的监督工作，并对政务公开过程中发生和暴露出来的违纪问题进行查处；新闻媒体负责对推行政务公开的宣传报道和舆论监督。

县政府根据实际情况，每年选择 3～5 个部门，对其政务公开工作情况进行评议，并将评议结果及时向被评议部门反馈。对评议反映出来的问题，责成有关部门限期整改并答复。对政务公开实施情况，每年进行一次全面检查。检查的主要内容是是否已经实施政务公开，公开的项目是否齐全，政务公开是否列入了部门责任制、领导负责制和年度考核内容，是否落实了公开监督和信息收集、反馈的有关要求。凡没有按要求实施政务公开或政务公开不认真、公开内容不真实的，责成有关部门限期改正。

六、举办苗族姊妹节

苗族姊妹节是流传于清水江中游以台江施洞为中心的苗族传统节日，该节日与苗族传统的婚姻制度、婚姻习俗密切相关，节日以苗族男女青年为活动对象，以苗族男女青年恋爱婚姻为活动内容，有着特定的人群，以特别的食物作为节日活动的道具，用特殊的方式表达青年人交往感情，按固定的程序完成节日的全过程。苗族姊妹节历史久远，代代相传。当地民间叫“nongx gad liangl”，即“吃姊妹饭”。

20 世纪 90 年代后，县委、县政府为宣传民族文化，打造民族节日文化，发展民族文化旅游事业，从“吃姊妹饭”引申为“姊妹饭节”，后又派生出“苗族姊妹节”。1998 年年初，县委、县政府决定组织举办姊妹节，并成立姊妹节组委会，县委书记、县长亲自挂帅，组委会下设办公室、表演组、接待组、保卫组等若干个小组。组织举办了第一届“贵州台江苗族姊妹节”。在县委、县政府的争取下，得到上级的大力支持，被国家旅游局列入“'98 华夏城乡游”23 个重大少数民族旅游节日之一，从而被冠以“'98 华夏城乡游·贵州苗族姊妹节”称谓。第一届成功举办后，反响很好，姊妹节声誉大振，从此之后，每届姊妹节政府都成立组委会，并从财政拨几十万元至百万元组织举办姊妹节。为丰富活动内容，除传统的踩鼓外，还增加开幕式及歌舞表演、苗族盛装游演、服装展示、独木龙舟表演、舞龙嘘花、情歌赛、斗牛、斗鸟、斗鸡、篝火晚会、文化论坛等，并通过文化搭台，开展招商引资。每年签订若干个项目，引资数额逐年增多。

第五节 政府事务

一、行政督查

台江县政府督查工作的主体是县政府县长、副县长，县政府办公室、县政府督查室以及县政府组成部门和临时组织的综合督查组织。县政府督查室是同级政府的专职督查机构。

督查内容：县政府以文件形式作出的重大决策和工作部署落实情况；县政府全体会议、县长常务会议、政府组阁部门工作报告会议，专题会议议定的重大事项的落实情况；县政府县长、副县长作出的重大事项的落实情况；群众反映强烈，上级领导十分关注的热点问题处理情况和县长、副县长批示的重大信访问题办理情况。

督查形式与方法：一是书面督查。通过发出督办通知书就某项工作进展情况对有关责任单位进行督促催办；印发通报、简报对某个单位交办的工作任务完成情况及其经验教训进行督查通报。二是电话督查，通过电话向有关单位询问、了解实行的情况，并传达政府领导要求和意见。三是现场督查。深入有关单位召开会议了解情况，进行现场调查督办。县政府县长、副县长以现场督查、会议督查为主；政府督查室、政府办公室以书面督查、电话督查为主。县政府组织有关部门、有关人员组成专门督查组，对某项涉及部门较多并多次督查见效不大的重大问题解决情况进行督查。

对督查中发现的问题，主要在政府督查室主编的《督查情况》上反映。对存在的问题或严重滞后的工作，发出督查整改通知，限期进行完成或整改，并建立督查情况档案，作为单位年终评比和考核的依据之一。

二、法治工作

台江县法制办成立以来，主要做了以下工作：

一是规范性文件审核把关。2000年起，凡是县政府制定规范性文件，事前均向法制办公室进行法律咨询，听取意见和建议。凡文件不符合法律依据，或与有关法律、法规相悖，则进行修改或停止发布。对一些法律性和政策性强调规范性文件的起草工作，有时直接交由法制办公室完成。对各工作部门需以县政府或政府办公室名义发布的规范性文件，由法制办审查，符合法律原则的予以通过，并报县人民政府发布。

二是开展行政复议和应诉工作。2000年起，法制办开始依法办理行政复议和行政应诉案件。在办案中，严守法律程序，注意调查取证，充分保证当事人享有的各项合法权利。至2008年年底，共受理行政复议案件55起，通过审理，结案44起，未结11起。当事人撤回复议申请2起，撤销和部分撤销6起，维持24起。代理县政府应诉案98起，代理民事应诉案4起，民事上诉案2起。另外，处理申诉案2起。上述案件的审（办）理，均在期限内完成，符合“事实清楚，证据确凿，定案准确，处理恰当，手续完备，程序合法”的要求，做到客观公正，准确及时。未出现徇私舞弊、枉法裁判的现象。

三是培训行政执法人员。为使行政执法人员熟悉法律、法规，依法行政，县法制办多次对各部门、各乡镇行政执法人员进行培训，以提高他们的依法行政水平。2003年9月3日至23日，县法制办先后到南宫、方召、排羊、台盘4个乡，对调处办办案人员进行法律知识和调处业务培训，共30人。2004年3月26日，县法制办公室对全县乡镇党委书记、乡镇长、分管乡镇长、县直各部门和省、州垂直单位主要领导进行《中华人民共和国行政许可法》培训，共125人；5月至10月，县法制办对全县行政执法人员和县、乡部分人大代表进行《中华人民共和国行政许可法》培训，共180余人。

四是依法行政责任制。1993年，县政府成立全面推进依法行政工作领导小组，下设办公室于法制办。各县直执法单位、各乡镇均相应成立依法行政领导小组，明确专职人员负责日常工作。每年县政府领导都要与各乡镇和52个县直行政执法单位负责人签订依法行政责任状，明确依法行政主体、权限、责任和执法依据。

三、来信来访

台江县信访工作在县政府的领导下，坚持属地管理，分级负责，谁主管，谁负责，依法及时、就地解决问题与疏导教育相结合的原则进行处理和答复，从1991—2008年年底，共接访1975件，其中来信1073件次、来访902件次，上访人数达3242人（集体上访人数达1692人，占上访人数的52%）。2009—2010年，共接访707件，其中来信269件（次）、来访438件（次），上访人数达1773人。

1991年以来，台江县信访工作逐步从简单的信访接待走向制度化、规范化，在正常开展信访接待的前提下，2007年1月开始实行县委常委和政府领导接访制度，领导轮流挂牌接访，及时解决许多来自基层的信访问题。每半月一次，据不完全统计已达192次。与此同时，还坚持领导批阅重要信访件的制度和坚持定期与不定期的召开信访联席会议，坚持领导检查制度，做到各级党委书记亲自抓，分管县长具体抓，信访部门专门管，专职干部认真管的信访格局，使一些信访事项的具体问题得到及时解决。

四、纠纷调处

1991年至2009年，全县共发生山林土地水利权属争议案577件，其中县内案件547件，县际案件30件，纠纷面积64271亩，争议面积最大的有11440亩，最小的0.034亩。这些山林土地权属争议，有的曾多次发生集体性抢砍林木案件。如台拱镇展福村5组与台盘乡南庄村6组争议“翁根”麻栗树山林，从1999年到2005年多次发生集体性哄抢砍伐林木。有的因土地纠纷而引发群体性械斗，造成人员伤亡。如1994年9月，台拱镇朗等村因土地纠纷，在收割水稻时发生群体性械斗，参与人员120多人，打死2人。经过努力协商教育调解，结案384件，其中县内374件，县际10件。

五、外事侨务

1991年后，政府外事侨务工作健全了组织机构，而且在全县8个乡（镇）和6个重点民族旅游村（镇）设立了外事信息联络员，建立了外事信息直报制度，建立和完善了县外事工作联席会议制度、县境外非政府组织活动管理工作联席会议制度、县加强境外非政府组织在县内活动及县内社会组织涉外活动管理工作联席会议（小范围）协调机制工作制度等一系列制度，使外事工作有章可循，有序开展。

2007年至2010年，外事办主要开展以下工作：一是做好因公出国（出境）审批工作；二是积极利用涉外资金援助本县社会事业建设，共联系申报涉外资金无偿援助项目6个，涉及教育、卫生、农业等领域，3个项目资金总计186万元；三是完成了全县侨属、侨眷摸底调查、建档立卷；四是做好在台江县举办的第17届国际寒武纪内部再划分野外工作会议暨凯里生物群发现30周年国际会议、亚洲摄制旅游节暨亚洲影艺联盟第23届大会等国际性大型会议的外事协调接待工作。

六、教育督导

1990年，制定了《台江县普通中学学校教育督导评估方案》。1991年，实施对台江县普通中学的督导评估试点工作，开展全县范围内的德育工作督导评估。1992年，开展对乡（镇）政府多渠道筹措教育经费的督导评估。1993年，开展对乡（镇）政府教育工作督导评估。1994年，履行对乡镇政府教育工作督导评估后的整改工作，促进教育战略地位的落实，为1995年基本实现普及六年义务教育，具体落实《中华人民共和国义务教育法》开展过程督导。1995年，开展全县范围内普及六年义务教育的过程督导，开展对乡镇目标管理责任书执行情况的督导评估。

1996年开展对基础教育“五项内容”督导检查评估，对校长负责制履行岗位目标开展督导评估。1997年根据州政府《关于对县市人民政府教育目标管理责任书执行情况进行督导评估的通知》，开展“双线”教育目标自查自评。1998年完成台江县“双线”教育目标管理执行情况的督导评估报告。1999年根据州《关于开展基础教育三项内容检查通知》精神，开展督导评估，查教育经费政策的落实情况，查执行课程计划情况，查薄弱学校建设情况。2000年开展“两基”“普六”复查验收的过程督导。依法开展对“双线”目标管理责任书的执行情况进行督导检查。

2001年开展完成“普九”规划，实施对台拱镇的“普九”评估验收，开展高完中的办学水平评估。2002年开展对施洞、革东的“普九”评估验收，对台江县中小学校长负责制开展任期内评估。2003年开展对老屯、革一、南宫等乡以乡推进“普九”的评估验收。2004完成对台盘、排羊、方召等乡镇的以乡推进“普九”评估验收，全面推动全县实现普及验收工作，开展全面的“普九”过程督导。2005年以后全面开展督导复查，巩固“普九”成果，针对“普九”工作之中的突出指标开展督导检查，促进乡镇政府的控辍保学工作。完成州政府对县政府的教育工作督导评估。

七、议案提案办理

1993—2007年，共收到人大代表、政协委员的议案、提案、建议1492件，其中人大代表议案、建议、批评和意见213件，政协委员议案、建议、批评和意见1279件。

在办理议案提案时，主要采取以下措施：

加强领导，提高认识，明确责任。县人民政府将办理政协委员提案作为一件重要事务来抓，落实了办理政协委员提案责任制，做到分工明确、职责清楚、归口办理。县政府明确由常务副县长分管，办公室明确一名副主任和秘书股具体负责，各承办单位均明确了主要领导亲自抓、分管领导具体负责的办理工作职责。通过严格办理程序，加大提案办理力度，提升提案办理层次和办理质量。如县教育局明确由一名副局长负责，各个股室分头抓落实，所承办的提案均在规定的时限内按质按量完成。

健全工作措施，着重解决实际问题。在收到政协委员提案后，将收到的提案进行归类、登记、疏理，严格按照县政府《关于认真办理人大代表建议政协委员提案的通知》精神抓好办理和落实工作。及时召开有相关部门单位负责人参加政协委员提案交办会，专题研究办理政协委员提出需解决的实际问题的方案和措施。提案交办会上，邀请县委、县人大、县政协有关领导到会指导。会上要求所有承办单位和部门一定要统一思想，提高认识，及时办理好提案和落实解决提案中提出的问题。要求强化服务意识，以办理提案为契机，切实改变本单位、本部门工作作风，努力提高工作效率，提升工作质量，自觉接受政协委员对政府工作批评和建议，把委员宝贵的意见和建议作为推动工作的动力并融于工作之中，为今后工作起到一个引导作用。同时将这项工作列入年终考核内容之一，对办理好的进行表彰，差的进行通报批评。

严格办理提案程序和落实督办制度。县政府责成办公室明确专人负责对政协提案进行梳理、登记和分类，根据所承办内容发送到各承办单位。要求承办单位要深入调查研究，努力寻找解决问题的捷径和办法，加大工作力度，实事求是地对委员提出的意见和建议进行落实，并将办理结果经单位主要负责人签批后，按时以书面报县政府办公室。对承办单位不按时承办的，县政府办公室发出督办通知书，要求限时办理完毕。对一些提案所涉及的问题难度大的，县政府办公室负责牵头、协调、定期不定期向分管领导汇报提案办理进度情况及遇到的实际困难，以便及时解决办理中存在的问题和困难。县政府办公室在收到各承办单位承办结果后，以统一的印件格式将答复稿呈送分管县长审批后，统一交县政协转送政协委员。

严格办理质量关，提高案件的办理质量。县政府对承办单位所答复的意见一一进行审核，严把政策法律关、答复质量关、行文规范关，对答复内容不清、措施不力、行文不规范的，能办而不办的，一律退回承办单位重新办理。

加强督促检查落实。为使提案办理落到实处，避免重答复、轻办理的现象，加大案件办理情况的督查力度，下发督办通知书、电话、电传、到承办单位检查、与委员直接会面等方式了解各部门单位办理提案的进展情况。此外，县长、副县长带领有关部门负责人深入基层，通过召开座谈会、现场办公，切实解决了一些人民群众多年来反映多次而未解决的热点、难点问题，并就提案答复对委员进行回访，一直到委员们满意为止。

第三章　政协台江县委员会

第一节　历届政协委员会

一、委员产生

政协委员的产生是由上届政协常务委员会议提出建议名单，提交县委组织部、县委统战部会同基层党组织考察后确定。政协委员的界别划分每届略有变化，界别名额均按比例。

第三届至第五届政协委员人数一览表

表 4-13

界别 人数 历届	中共	共青团	农林	工会	无党派	妇女联合会	工商经济	文学艺术	科学技术	教育	医药卫生	体育	少数民族	特邀	合计
第三届	9	3	26	7	6	4	9	3	11	12	7	1	5	2	105
第四届	10	3	5	8	3	6	15	2	7	11	9	1	27	6	113
第五届	10	3	5	8	3	6	14	3	8	10	9	1	26	7	113

第六届至第七届政协委员人数一览表

表 4-14

界别 人数 历届	中共	工、青、妇	工商联、经济	科学技术、农林水	教育、文化艺术、医药卫生	少数民族	特　邀	合　计
第六届	16	15	22	18	16	13	15	115
第七届	18	17	35	16	19	15	16	136

二、历届委员会

第三届委员会政协台江县第三届第一次会议于 1990 年 3 月 18—24 日在台江县城召开。本届共有委员 105 名，实际到会委员 101 名。会议听取并审议王兴德作政协第二届常务委员会工作报告，张举作的政协第二届常务委员会提案工作报告和本次会议提案审查情况报告，列席县第十届一次人民代表大会，听取和讨论政府工作报告以及县人大常委会、县人民法院、县人民检察院工作报告，会议通过了《中国人民政治协商会议贵州省台江县第三届委员会第一次会议决议》。会上选举产生政协台江县第三届委员会主席、副主席、秘书长及常务委员。主席王兴德，副主席潘万宁、张举、张明达、欧德祥、熊银昭、张世明，秘书长潘万宁（兼），常务委员石光祥、李正品、周启云（女）、卢起中、余忠荣、黄明炳、杨引珍（女）、万雷、龙秀明、杨光前、陈德湘、余武夷、钟少文、吴远衡、罗康尧、陆通权。本届委员会共召开三次会议。

第三届政协台江县委员会主席、副主席名录

表 4-15

职　务	姓　名	性　别	民　族	文化程度	籍　贯	任职日期
主　席	王兴德	男	苗	高中	台江	1990 年 3 月—1993 年 2 月
副主席	潘万宁	男	侗	高中	天柱	1990 年 3 月—1993 年 2 月
副主席	张　举	男	苗	高中	台江	1990 年 3 月—1993 年 2 月
副主席	张明达	男	苗	高中	台江	1990 年 3 月—1993 年 2 月
副主席	欧德祥	男	苗	大学	台江	1990 年 3 月—1993 年 2 月
副主席	熊银昭	女	汉	大学	梅县	1990 年 3 月—1993 年 2 月
副主席	张世明	男	苗	大专	台江	1990 年 3 月—1993 年 2 月

第四届委员会　政协台江县第四届委员会第一次会议于 1993 年 3 月 1—6 日在台江县城召开。共有委员 113 名。会议先后听取并审议了上届副主席潘万宁代表上届主席王兴德（王兴德因公出差）作的政协台江县第三届委员会常务委员会工作报告，上届副主席张世明作的第三届委员会提案办理情况报告，第四届委员会第一次会议提案审查情况报告，全体与会人员列席县人大第十二届一次会议，听取并审议了刘昌明作的第十一政府工作报告，以及县人大、县法院、县检察院、县计委、县财政局的工作报告。会议选举产生了政协台江县第四届委员会正副主席、秘书长及常务委员。主席张建武，副主席潘昌基、万雷、龙秀明、欧明珍，秘书长潘昌基（兼），常务委员王平海、王兴海、王志才、王定贤、卢起中、李正品、李光辉、余武夷、吴远衡、张明达、张明莲、罗康尧、郑德芝、唐成辉、杨引珍、杨光前、杨启辉、潘存禄。

第四届政协台江县委员会主席、副主席名录

表 4-16

职　务	姓　名	性　别	民　族	文化程度	籍　贯	任职日期
主　席	张建武	男	苗	大学	台江	1993 年 3 月—1998 年 2 月
副主席	潘昌基	男	苗	高中	台江	1993 年 3 月—1998 年 2 月
副主席	万　雷	男	汉	大学	仪陇	1993 年 3 月—1998 年 2 月
副主席	龙秀明	男	苗	高中	吉首	1993 年 3 月—1998 年 2 月
副主席	欧明珍	女	苗	大专	台江	1993 年 3 月—1998 年 2 月

第五届委员会　政协台江县第五届委员会第一次会议于 1998 年 2 月 18—24 日在台江县城召开。共有 15 个界别，委员 113 名，实到 110 名委员。会议选举产生了政协台江县第五届委员会正副主席、秘书长及常务委员。主席刘耀密，副主席张明珍、潘昌基、万雷、欧明珍，秘书长杨昌权，常务委员龙昭云、曲钦林、刘仲春、杨文文、迟庆黔、李美辉、肖洪钧、张诚、张志发、张明达、张秋敏、欧阳光富、赵盛平、禹子贵、莫仲春、唐成万、唐成辉。

第五届政协台江县委员会主席、副主席名录

表 4-17

职　务	姓　名	性　别	民　族	文化程度	籍　贯	任职日期
主　席	刘耀密	男	苗	大专	剑河	1998 年 3 月—2003 年 2 月
副主席	张明珍	女	苗	大专	台江	1998 年 3 月—2003 年 2 月
副主席	潘昌基	男	苗	高中	台江	1998 年 3 月—2003 年 2 月
副主席	万　雷	男	汉	大学	仪陇	1998 年 3 月—2003 年 2 月
副主席	欧明珍	女	苗	大专	台江	1998 年 3 月—2003 年 2 月

第六届委员会　政协台江县第六届委员会第一次会议于 2003 年 1 月 6—10 日在台江县城召开。共有 15 个界别，委员 115 名。会议选举产生了政协台江县第六届委员会正副主席、秘书长及常务委员。主席刘耀密，副主席杨秀元、万雷、张文英、欧明珍、李碧云，秘书长杨昌权，常务委员仇明章、龙千里、龙昭云、吴寿山、陈应平、陈兴权、邰昌源、邰胜河、张志发、张天皓、杨礼旦、徐有谋、唐克强、唐毅、潘存禄、潘洪德，届中增补常务委员刘德林、杨智槐、张云生、潘燕。

第六届政协台江县委员会主席、副主席名录

表 4-18

职　务	姓　名	性　别	民　族	文化程度	籍　贯	任职日期
主　席	刘耀密	男	苗	大专	剑河	2003 年 1 月—2006 年 11 月
副主席	杨秀元	男	汉	大学	台江	2003 年 1 月—2006 年 11 月
副主席	万　雷	男	汉	大学	仪陇	2003 年 1 月—2006 年 11 月
副主席	张文英	女	苗	大学	台江	2003 年 1 月—2006 年 11 月
副主席	欧明珍	女	苗	大专	台江	2003 年 1 月—2006 年 11 月
副主席	李碧云	女	苗	大学	台江	2003 年 1 月—2006 年 11 月

第七届委员会　政协台江县第七届委员会第一次会议于 2006 年 11 月 24—27 日在台江县城召开。共有 12 个界别，委员 136 名，122 名委员参加会议。会议选举产生了政协台江县第五届委员会正副主席、秘书长及常务委员。主席刘耀密，副主席张文英、欧光祥、杨昌智、张秋敏，秘书长王家彪，常务委员龙光卫、龙昭云、李强、李正辉、杨华、杨毅、杨志林、杨昌美、杨学芬、吴正光、张云生、张志发、邰昌源、潘燕、潘晓晓。

第七届政协台江县委员会主席、副主席名录

表 4-19

职　务	姓　名	性　别	民　族	文化程度	籍　贯	任职日期
主　席	刘耀密	男	苗	大专	剑河	2006 年 11 月—2011 年 11 月
副主席	张文英	女	苗	大学	台江	2006 年 11 月—2011 年 11 月
副主席	欧光祥	男	苗	大专	台江	2006 年 11 月—2011 年 11 月
副主席	杨昌智	男	苗	大学	台江	2006 年 11 月—2011 年 11 月
副主席	张秋敏	男	侗	大学	台江	2006 年 11 月—2011 年 11 月

第二节 政协常务委员会

一、机构设置

1990年以前，政协常委工作机构设有办公室、学习委员会、工作组委员会（财贸工作组、工商及城乡建设工作组、农林科技工作组、妇女工作组、卫生工作组、教育工作组、文化体育工作组、老龄工作组、祖国统一及民族工作组）、提案工作委员会。1990年4月，常委会研究将工作组委员会调整如下：文教卫生体育老年工作组、工建交工作组、财贸工作组、群众团体工作组、祖国统一及民族工作组、农林科技工作组。1990年10月25日，协商决定调整第三届委员会工作机构及人员，名单如下：办公室、学习委员会、提案委员会（含法制）、经济科技委员会（下设3个工作组：工建交组、财经组、农林水组）、教育文化卫生体育委员会（含老龄、计划生育）、文史资料委员会、社会联谊委员会（含工会、共青团、妇联、民族、宗教、祖国统一）。第四届常委会第一次会议协商决定设置：政协办公室、学习委员会、提案工作委员会、社会联谊委员会、文史资料委员会、文教卫生体育老龄委员会、经济科技委员会（工建交组、工商财贸组、农林组）。第五届常委会第一次会议协商决定设置：政协办公室、提案法制委员会、经济科技委员会、社联教文卫体老委员会、学习文史委员会。第七届委员会工作机构调整为提案法制委员会、经济科技委员会和办公室，各乡镇设联络组。

二、第三届工作委员会任职人员

政协办公室主任：彭南松，副主任：吴朝恩；

学习委员会主任：姚本国、潘万宁（兼），副主任：刘泽华（兼）、刘荣典（兼）；

提案委员会主任：张玉碧、张世明（兼），副主任：龙施学（兼）、潘昌基（兼）；

工作组委员会主任：李正品，副主任：黄明炳、余忠荣；

文史资料委员会主任：彭南松，副主任：吴朝恩；

经济科技委员会主任：张明达（兼），副主任：黄明炳（兼）、罗康尧（兼）、余忠荣（兼）、张玉超（兼）；

教育文化卫生体育委员会（含老龄、计划生育）主任：姚本国，副主任：陈德湘（兼）、卢起中（兼）、王安贵（兼）；

社会联谊委员会（含工会、共青团、妇联、民族、宗教、祖国统一）主任：熊银昭（兼，女），副主任：李正品（兼）、周启云（兼，女）、杨引珍（兼，女）、李维良（兼）。

三、第四届工作委员会任职人员

政协办公室主任：陆道祥，副主任：张思祥、吴朝恩、唐毅；

学习委员会主任：潘昌基（兼），副主任：姜先奎；

提案工作委员会主任：万雷（兼），副主任：陆道祥、王治明；

社会联谊委员会主任：欧明珍（兼，女），副主任：李正品、刘昌德；

文史资料委员会主任：吴朝恩，副主任：杨光前；

文教卫生体育老龄委员会主任：张明达，副主任：卢起中、吴远衡、郑德芝（女）；

经济科技委员会主任：龙秀明（兼），副主任：罗康尧、杨启辉。

四、第五届工作委员会任职人员

政协办公室主任：杨昌权，副主任：李芳菲；

政协台江县委提案法制委员会主任：万雷、唐毅，副主任：唐毅；
政协台江县委经济科技委员会主任：宋明武；
政协台江县委社联教文卫体老委员会主任：欧明珍（女），副主任：张言谨（女）；
政协台江县委学习文史委员会主任：莫杰夫。

五、第六届工作委员会任职人员

政协办公室主任：杨昌权，副主任：吴正光；
政协台江县提案法制委员会主任：唐毅、杨志槐，副主任：王安康、万昌贵、禹子贵；
政协台江县学习文史委员会主任：张志发、张云生，副主任：张云生、张少华；
政协台江县经济科技委员会主任：龙昭云，副主任：仇明章、潘成禄、邰昌源；
政协台江县社联教文卫委员会主任：刘德林，副主任：潘燕（女）、唐克强。

六、第七届工作委员会任职人员

政协办公室主任：王家彪，副主任：邰胜光、张小奇；
政协台江县提案法制委员会主任：吴正光；
政协台江县学习文史委员会主任：张云生；
政协台江县经济科技委员会主任：龙昭云；
政协台江县社联教文卫委员会主任：石开碧（女）；
政协台江县人口与资源环境委员会主任：李正辉。

七、常务委员会议

在全体委员会议闭会期间，设常务委员会议，由主席、副主席、秘书长、常务委员组成。常务委员会议的主要任务是传达上级重要会议精神；学习重要文件；决定常委会工作的重大问题；组织实现政协章程规定的任务和执行全国、省、市政协委员会、县政协全体委员会议的决议；协商讨论中共台江县委、县人民政府的重大决策；讨论群众普遍关心的社会热点、难点问题并提出建议和意见；审查重要的委员考察报告、专题调研报告和提案；审议通过向县委、县政府提交的建议案；决定县政协工作机构的设置和变动，并任免其领导成员；协商决定下届政协参加单位、委员名额和人选以及换届有关事宜；组织全体委员学习宣传贯彻党和政府的方针政策及重要决议，推动委员为实现祖国统一、建设社会主义物质文明和精神文明积极贡献力量。凡属政协内部和县委、县政府的一些重大事项，均召开常委会进行充分协商讨论。常委会议一般每季度召开一次，每次会议都邀请县领导、有关部门负责人及其他员列席。

会议由主席或主席委托的副主席主持。在常务委员会议闭会期间，讨论处理常务委员会的重要会务工作，以召开主席会议的形式进行。

第三届委员会共召开 13 次常务委员会议，会议的主要内容是学习有关文件，讨论有关工作、人事安排，传达有关会议精神，听取各专委工作汇报，听取县政府提案办理情况通报等。

第四届委员会共召开 21 次常务委员会议，主要是讨论专委工作，通过有关交通建设议案，听取政府有关工作情况通报，学习中央、省、州、县有关文件，学习江泽民总书记的有关讲话，传达有关会议精神。

第五届委员会共召开 26 次常务委员会议，会议主要内容是学习政协章程，讨论政协工作规则，政协机构设置，听取讨论政府相关工作报告，讨论筹建张秀眉塑像，讨论农业林业工作，人事任免。

第六届委员会共召开 19 次常务委员会议，讨论政协工作要点，规则，人事任免，听取政府“四大产业”、招商引资、“普九”“两基”工作、筹办姊妹节和非物质文化遗产申报保护、提案办理情况等工作报告。

第七届委员会至2010年年底共召开20次常务委员会议，会议主要是讨论县政府扶贫开发和新农村建设、农村合作医疗、雪凝灾害、工业发展、“两基”迎国检、交通建设、文化市场管理、台江县州政协委员名单、县民中申办省级示范性高中情况等工作报告，并对工作提出建设性建议。

八、主席会议

主席会议由主席、副主席、秘书长组成，处理常务委员会的重要日常工作。关于主席会议的召集、会期、议程和主持，主席会议一般每月举行一次，必要时可临时召集。会议的议程由主席提出，或由秘书长提出，报主席决定。会议由主席主持，也可由主席委托的副主席主持，与议程有关的其他负责人可列席会议。主席会议的职权和任务是常务委员会闭会期间，讨论处理常务委员会的重要会务工作；协商讨论群众生活中普遍关心的重大问题；审查以政协名义向县委、县政府提出的重要建议案；决定常务委员会召开会议的日期、议程，审议提交常务委员会会议的文件；讨论决定委员视察、专门委员会年度计划以及其他重要活动。

第三届委员会共召开32次主席会议，会议主要是研究主席分工、政协机构设置、人事安排、政协工作、传达会议精神。第四届委员会共召开42次主席会议，会议主要是讨论有关会议议程、委员视察事宜、政协工作报告、参加3省18县政协联谊会、传达有关会议精神。第五届委员会共召开35次主席会议，会议主要是讨论主席分工、各专委工作要点、政协经济实体情况。第六届委员会共召开31次主席会议，会议主要是分别听取政府教育、建设、交通等20多个部门的工作情况报告，并提出建议。第七届委员会共召开45次主席会议，会议主要是讨论主席工作分工、有关会议日程，分别听取政府文广局、教育局等22个部门的工作情况报告，并就存在的问题提出建议。

第三节　主要工作

1991—2010年，县政协在县委的领导下，按照《政协章程》规定，认真履行政治协商、民主监督、参政议政的职能，通过每年召开一次政协全体委员会议，每季度召开一次政协常委会议，每月召开一次主席会议等会议形式；通过全体政协委员列席每年的县人民代表大会，政协主席、副主席分别列席县委常委会、县人大常委会、县政府常务会议等形式；通过政协常委会、专门委员会、专题视察调研、民主评议、对口协商等活动，参与全县性重大问题的协商讨论，并通过批评建议进行民主监督和参政议政。

一、政治协商

属全县性重大问题，由县委、县政府提出，交县政协全委会、常委会、主席会进行协商，或召开听证会、专题会，县委、县政府与社会各界人士进行面对面协商。政治协商的主要内容是紧紧围绕贯彻执行党和国家方针政策，地方性政策的制定，地方重大事务的决策和重要人事安排来进行。每年全委会认真收集委员建议案，交由政府办理。案例如下：

《关于320国道进城线路改道建议案》（台协发〔1993〕7号），1993年6月30日政协台江县第四届委员会常务委员会第二次会议通过。

据查，国道320线台江段目前昼夜行车流量已达千台（次）以上，该线贯穿县城繁华闹市区，由于集贸市场狭小，人车并行，人流拥挤，车辆受阻，环境污染日益严重，交通事故时有发生，公路路面又难以拓宽，群众要求改道迫切。常委会议认为，该线由于历史等原因，目前已时有危及到人民群众生命财产的安全，对城镇的建设和经济建设的发展都受到一定的影响。该线的改道，事关台江县经济建设和人民群众普遍关心的大事，非常必要，并提出两种改道方案。方案一是从盐库经台拱寨建大桥直插张家寨；方案二是从油库经鱼苗繁殖场转建设局到车站。请县人民政府责成有关部门对上述改道方案进行测设比较，尽快上报上级政府和有关部门定案，并组织实施；采取措施，抓紧从车站到政协楼段的街道建设，解决目前县城市场容量狭小的紧张状况，缓解国道 320 的压力。加强市场管理，严禁在国道线有效路面摆摊设棚，尤其是逢场天的市场管理以防恶性事故的发生。

办理情况：政府接到建议案后，即召集有关部门进行研究，一方面组织测量预算，一方面积极向省、州有关部门呈报立项，凑集建设资金。最后采用第一方案，于 1996 年开工，1997 年基本建设完成。

《关于修建岩寨电站的建议案》，水库的主要功能是灌溉、防洪、发电。设计防洪保护面积 8980 亩，灌溉面积 3868 亩，装机容量 2×1.25 万千瓦，年发电量 10001.2 千瓦时，工程总投资 1.86 亿元。通过招商由贵州省惠明电业台江有限公司筹资建设，于 2004 年开工，2009 年 10 月下闸蓄水，2010 年 5 月并网发电。

二、民主监督

民主监督主要是通过委员提案、委员视察、民主评议、参与听证等形式进行。例如,《关于提高台江城关生活饮用水质量的建议案》于 2015 年 1 月 30 日政协台江县第六届委员会第三次会议通过。政府收到建议案后，召集相关部门进行调查，对存在的问题进行整改落实。对自来水公司班子进行调整，强化管理，对水质监测技术人员强化业务学习，规范超作程序，加强对设备管理检修，加强对水源区域保护，确保水源干净不被污染。

《关于切实加强对我县网吧管理，坚决杜绝未成年人进入网吧的建议》于 2009 年 3 月 11 日政协七届三次全委会议通过。县城网吧监督管理不到位，学生进入多，造成学生逃学、彻夜不归，荒废学业，有些未成年人为了上网去骗、去偷、去抢，有的强收保护费，社会影响恶劣。对如何治理提出可行性建议。政府收到建议案后，高度重视，采取五条措施，加强对网吧的管理，通过有效监督管理，使未成年人进入网吧得到有效控制。

三、调查研究

县政协的调查研究工作紧紧围绕全县工作的中心和人民群众普遍关心的热点、难点问题来开展。

（一）始终以经济建设和社会发展为中心开展调查研究。1994 年，共组织委员视察 4 次，委员写出调查报告 6 份，建议 7 份，就有关重大决策和工作部署与有关部门进行对口协商，较好地发挥了专门委员会的协同、联络功能，使一些可行性建议能尽快转化为有关部门的决策和行动。对《台江县教育工作存在的问题及建议》《关于台江县伍倍子生产情况的调查报告》《台江县大板栗生产现状及发展的建议》《利用自然优势，发展台江水果》等均提出了很多科学、深刻、有见地的看法和对策性建议，对有关部门在决策时能尽量做到科学化和民主化起到不可估量的作用。2000 年 11 月，配合驻台江的省、州政协委员视察了台江县小额信贷扶贫资金的管理和使用情况，通过听取汇报和进村入户实地视察，撰写了详细的视察报告。2000 年，为了进一步转变工作作风，结合“三讲”教育，政协正副主席和秘书长深入基层，选准农村及社会生活中的热点、难点问题认真调查研究，写出《加大渔政执法力度势在必行》《关于对台江县城关中小学校学生组织帮会情况的调查》等多篇调研文章。这些视察报告和调研文章，引起上级领导和县委、县政府的重视。组织委员就台江县经济社会发展中的重大决策、重大建设发展项目和人民群众关心的热点等问题，以求真务实的精神，深入机关、部门、学校、企业、农村进行专题调研。撰写了《关于台江县实施“普九”工作进展情况的调查报告》《关于台江县发展非公有制经济的调研报告》《台江县非公有制经济工业园区建设及招商引资情况调研报告》《关于推行城镇职工基本医疗制度改革运作情况的调研报告》等调研报告。2008 年，政协主席、副主席、各专委都围绕全县经济建设、中心工作和热点问题自选专题开展调研，主席刘耀密就加强县级领导班子执政能力建设和新农村建设进行调研；副主席张文英就社会阶层人士思想政治工作、少数民族人士在农村基层组织建设中的作用进行调研；副主席欧光祥就红阳和九摆村旅游景区景点建设进行调研；经科委就绿茶产业、种桑养蚕进行调研；社联委就外出务工人员子女管护问题、职业中学教育问题进行调研；提案委就法院强制执行问题、消防安全问题、提案办理情况进行调研；学习文史委就旅游景区景点开发情况、民族文化进课堂情况进行调研；人口与资源环境委就县城环境保护问题进行调研。大家都写出了调研报告，得到县委、县政府的重视。2009 年，围绕“农业稳县、工业强县、城镇带县、旅游活县、科教兴县”发展战略开展考察调研活动，撰写了《协助党委、政府化解矛盾，促进台江县工业企业的发展》《金融危机影响台江县企业生产和职工生活情况》《施洞旅游开发之我见》等 9 份调研报告。

（二）抓住热点、难点问题开展调查研究，积极反映社情民意。1990 年 10 月，教文卫体委员会得知本县退休职工烤火费、书报费几年来一直没有得到解决，退休教师反映较为强烈，教文卫体委员会与有关部门联系协商，使全县 104 名离退休教师烤火费、书报费都得到兑现，进一步密切了党和人民群众的关系。

切实保护老年人的合法权益不受侵犯。1992 年 7 月，应县老龄办邀请，县政协文教卫体委员会组织部分委员对台拱镇翁孟村、城关街道居委会进行视察。2002 年，按照“精、深、实、新”的要求，认真抓好专题调研和委员视察活动。组织政协委员就人民群众普遍关注的社会热点、难点问题深入机关、企业、学校、农村进行专题调研，写出了涉及小城镇建设、非公有制经济、中小学生帮派问题、电网改造收费和工业运行情况问题等方面的调查报告。2005 年 12 月，围绕人民群众关心的热点问题和全县经济社会发展的重点，组织委员视察了县城创卫工作，方召乡反排旅游发展情况，老屯乡秋冬种情况和岩寨电站建设情况，台盘工业园区和阳芳文化旅游村建设情况。视察中，委员们以为人民负责的态度，实地视察，听取汇报，召开座谈会，就视察中发现的问题坦诚建言，提出了许多富有建设性的意见和建议，切实履行了人民政协委员的职责。2007 年，政协常委会组织委员就台江县社会主义新农村建设、新型农村合作医疗、县城及周边部分村寨的整脏治乱进行视察，积极建言献策。2009 年，组织委员视察工业和非公有制经济、中央新增投资项目建设、城镇管理、生态旅游开发建设、整脏治乱、县城“两河”治理等，撰写视察报告，形成意见建议 22 条。

第四节　专委工作

一、学习文史委工作

1990 年以来，学习委员会每年为各位委员订阅《贵州政协报》《政协章程》等学习资料，将委员编成若干个学习活动小组，采取集体、个人、报告会等学习形式，认真学习党的方针、政策、时事政治，学习中央、省、州、县委有关文件。征集编辑出版《台江文史资料》第二、三、四集和《台江文史资料——旅游专辑》，编辑《委员之声》，组织编纂《台江人物录》，编成《台江政协志》，完成上级布置的台江相关文史资料征集工作。

二、社会联谊教文卫体老工作

1992 年，组织委员排羊乡调查中小学教育教学状况和开展群众性体育活动，到台拱镇翁孟村调查关于维护老年人合法权问题，在县城开展《食品卫生法》贯彻实施情况。1993 年，组织委员到黄平学习中小学教育工作经验，到方召乡开展教育、扫盲、体育达标情况调查，苗汉双语文教学调查。1994 年，围绕社会热点问题，组织委员开展 4 次调查，写出 6 份调查报告。1997 年，与县有关部门开展第三届老年人运动会，利用香港回归时机，与有关部门开展祖国统一和社会联谊宣传活动。2001 年，配合省政协文教卫委员会抓好香港“爱心力量慈善组织”捐资 20 万元修建台盘南庄小学工作，并协调资金和物资支持农村小学课桌 40 套，教师办公桌 10 套。2003 年，完成《关于实施“普九”工作进展情况调研报告》和《关于苗族文化走进课堂调研报告》。2004 年，引进贫困学生助学金 20 万元发放到 1040 名贫困学生手中。2007 年，对网吧管理、农村合作医疗、民办幼儿园安全问题、中小学“两免一补”等群众反映强烈的问题开展专题调研，写出 4 篇调研报告，得到县委、县政府及有关部门的肯定。2008 年，组织委员深入各乡（镇）开展外出务工人员子女管护情况调研，民政救灾款物落实情况调研和职校教育教学情况调研，并写出 3 篇调研报告。2009 年，围绕全县中心工作和群众反映的热点、难点问题，组织专委开展县医院建设、农村小学寄宿制、农村早婚现象进行调研。2010 年，联谊工作进一步加强纵横联系，扩大与海内外的交流合作，积极撰写文章参与全国、省、州政协经验交流。1991 年以来，每年春节或中秋节都与县委统战部、台办等召开“三胞、两属”及各界人士座谈会。

三、经济科技工作及智力支边

1991 年以来，围绕翁秀南联系点开展智力帮扶工作，为南宫乡藤制工艺品厂拓展市场，促销产品 5000 套；积极与省州政协支边办联系，推荐优秀学子上大学，与有关部门举办妇女技术培训班 10 期培训 270 人。1996 年，引资 25 万元为方召乡巫梭村建成电视差转台，安装 100 千瓦变压器，实现户户亮灯。多方筹集项目资金 70 万元在方召乡 6 个村发展养羊，筹资 26 万元在方召乡 3 个村建立金秋梨基地面积 340 亩。此外，还推广魔芋种植 55 亩，建立茶叶基地 250 亩。1998 年，建立 100 亩优质果品示范基地，协调资金 10 万元在南刀村建天麻种植基地，协调资金 28 万元支持智力支边联系点方召乡方召村安装闭路电视和人饮工程建设。1998 年，投入资金 20 多万元，对方召村和南刀村进行交通和种养业扶贫开发。积极申报项目，与县扶贫办一起向上申报项目，2001 年争取到项目资金 2400 多万元。2002 年，参与制定台江县扶贫开发规划。2003 年，在台盘大寨建立 8 亩的种草养畜示范基地，牛存栏6头。与有关单位配合，举办各种技术培训班142期，培训人员1600余人次。2004年，围绕全县经济建设中心，完成 3 个调研报告。2005 年，完成《台江县移民搬迁扶贫工作调研情况报告》。2007 年，完成《新时期台江水能资源开发及管理浅析》《台江县杂稻情况调研报告》，引起县委、县政府的高度重视。2008 年，组织农村政协委员对本县种桑养蚕、绿茶等项目开发进行考察，同时专委开展调研，指出存在的问题亟待解决。2009 年，在台拱、台盘整合土地 30 亩，进行韭菜示范种植。2010 年，韭菜种植基地扩大到 40 亩，亩产收入达 6522 元；建成 1.5 亩野山药种植示范点，亩收入达 15960 元。

四、人口与环境资源工作

2007 年，专委通过调研，形成《关于台江县城环境保护的调研报告》。2008 年，完成《台江县流动人口计划生育管理工作调研报告》和《台江县旅游产品开发工作调研报告》。2009 年，参加赴云南考察旅游工作，会同考察人员完成《云南旅游见闻及台江旅游发展随想》文章。

五、提案法治工作

台江县政协历届委员会常务委员会都十分重视提案，把提案作为履行政协职能的重要方式，并在工作中不懈探索，创新工作方法，着力提高提案质量、提案办理质量、提案服务质量。通过超前服务、提前征集、修正打印、严肃立案、加强督办、现场办案、协商办案等措施，提案工作不断向制度化、规范化和程序化推进。历届县委、县政府都重视政协提案，认真研究政协提案，采取加强领导，明确分管领导，派专人负责，紧抓办理程序和办理质量，强抓督查督办，狠抓办理落实，强调部门“一把手”负责，严格答复质量等措施办理提案。各提案承办单位认真按照县委、县政府和县政协关于办理提案的要求，积极主动办理提案。提案工作形成了政协主动，县委、县政府重视，承办单位积极配合的格局。县政协历届历次会议提案得到较好办理落实，提案作用得到较好发挥。

政协台江县委员会从1990年第三届委员会第一次会议起，到2010年第七届委员会第三次会议止，共向中共台江县委、县政府提出提案1488件，建议案16件，共1504件。其中，第三届委员会提案198件；第四届委员会提案343件，建议案5件；第五届委员会提案396件，建议案3件；第六届委员会提案314件，建议案3件；第七届委员会第一、二、三次会议提案237件，建议案5件。

法治工作是政协工作的重要组成部分，县政协重视法治工作，把法制工作作为推进社会主义法治国家和依法治县建设的一项基本工作。主要做法是：认真抓好普法宣传教育，对单位部门执行《宪法》、法律法规和党的路线方针政策进行民主监督；协助县委、县政府做好释疑解惑、化解矛盾工作，积极维护社会稳定。

六、文史资料编辑

1990年以来，根据贵州省文史资料委员会第四次会议精神，文史资料的征集工作重点在新中国成立后的经济、科技、文化、教育、卫生等方面，着重征集对象是20世纪50年代初期参加工作的人员。文史资料研究委员会有2名专职人员，征集文史资料稿件近百篇，数十万字，编撰成《台江县文史资料》第三、四辑，编成《台江县政协志》，编成台江县政协《历届组织概况》一书，同时为《黔东南州文史资料》第十二辑（名优土特产）专辑提供13篇约4万余字稿件。为州政协《希望之源》和《政协历程》撰稿多篇；发动委员针对社会热点、难点问题深入调研和剖析，形成调研文章或论文，编辑《委员之声》。组织稿件在《贵州文史丛刊》创办台江专栏，撰写反映台江的民族风情、历史人物、历史事件、民族文化、名胜古迹等内容的文章26篇，其中《红军长征过台江》《张秀眉起义大事记》《苗族诗歌概述》《台江社会经济发展概况》《翁你河畔苗族婚俗》《震撼全球的台江古生物化石》《爱国爱乡的孙总统府秘书——张伯修》《赴法勤工俭学的革命先驱——熊天牧》《为官廉洁的集团军副总司令——张卓》《台江县署制始创小考》《台江县苗族服饰及银饰工艺》《东方民俗奇葩——苗族姊妹节》《施洞独木龙舟》《反排木鼓舞》《施洞苏公馆》《台江文昌宫》《张秀眉故里》《莲花书院》《苗族鼓楼》19篇文章刊出。

第五篇

社会团体

第一章　工会

第一节　代表大会

一、组织机构

1990年至1994年年底，全县职工由4841人增加到6130人，增加26.6%，基层工会组织由124个发展到127个，增加2.4%；工会会员由4127人发展到4452人，增加7.9%；工会专职干部由5人增加到6人。建立女职工委员会17个，经济审查委员会26个。2003年，全县建立基层工会组织227个，会员7689名（女会员1098名）；建立女工委15个，经审委217个。2010年年底，全县共建立基层工会组织290个，会员23562人（其中农民工10855人），职工入会率达98.5%。县总工会共有职工6人，其中主席1人（人大常委会副主任兼），副主席2人（党组书记兼副主席1人），工作人员3人。

二、代表大会

第六次代表大会　1990年9月20日，台江县总工会第六次会员代表大会在县城召开，出席代表130人。会议分别听取并审议通过叶如金代表第五届委员会作《工会工作报告》和杨木林作《经费审查报告》。六届一次全委会选举叶如金、杨木林、杨昌发、张明莲、邰光禄、肖厚光、黄杏花7人组成第六届工会常务委员会，叶如金当选主席，黄杏花、徐通芝当选副主席。

第七次代表大会　1996年5月27日，台江县总工会第七次会员代表大会在县城召开，应到人数130人，实到112人。会议分别听取并通过姜利辉代表第六届委员会作的《工会工作报告》和邰光禄作的《经费审查报告》。七届一次全委会选举25人组成第七届委员会，由姜利辉、邰光禄、杨文文、杨昌发、刘泽芬、谢仲勋、潘忠明组成常务委员会，姜利辉任主席，邰光禄、杨文文（兼）任副主席。

1999年5月10日，七届六次全体委员（扩大）会议增补吴寿山为工会副主席。2000年3月30日，七届七次全委扩大会议增补杨再恩为七届常委。2000年10月17日，七届八次全委扩大会议选举姜利辉、吴寿山、陈世华、杨昌权、欧照文、田亚美、吕振群、黄昌琼、夏红兰、李存祥为出席黔东南州总工会第八次代表大会代表。2001年12月3日，七届十次全委扩大会议增补杨飞任七届委员会副主席，潘燕任常委。

第八次代表大会　2001年12月12日，台江县总工会第八次会员代表大会在县城召开，应到代表131名，实到114名。八届一次全委会选举23人组成第八届委员会，由杨飞、潘燕、杨再恩、杨昌权、周桂兰5人组成常务委员会，杨飞当选主席，潘燕当选副主席。

2003年3月20日，八届三次全委扩大会增补李贵红为副主席，免去潘燕第八届副主席职务。

第九次代表大会　2006年12月27日，台江县总工会第九次会员代表大会在县城召开，应到代表100名，实到82名。九届一次全委会选举12人组成第九届委员会，由许荣莉、杨明梯、李贵红、张言谨、姜定杰5人组成常务委员会，许荣莉任主席，杨明梯、李贵红任副主席。

第二节　职工培训和劳动竞赛

1991—2010年，先后选送6人到全国总工会培训学习，8人到省总工会培训学习，2人次到省外参观学习，4人到州总工会培训学习。县总工会组织以会代训5期150人次；组织职工在岗培训400人次。通过培训学习，不断提高基层工会干部政治、业务素质和实际工作能力。

全县各级工会组织开展职工技能比武、技术练兵、技能竞赛共10次，参赛职工1200人次。全县职工共提合理化建议882条，被采纳423条，已实施360条，其中25条在实施中为国家节约资金400万元。参加职工业余文化、技术教育和读书活动8102人次，其中结合本职工作学习7381人次。参与各种球类活动420个队次、7000多人次。县工会俱乐部每年订有各种报纸14种，各类刊物25种，供职工业余时间阅读，共创建省级“职工书屋”5家。

第三节　实施送温暖就业工程

1991年为职工办实事，筹集资金20810元，救济特困职工334人次；1992年，部分乡镇水灾严重，54个基层工会共634人积极捐资捐物，共筹集资金3024.34元、大米33.5公斤、粮票1484公斤支援灾区。全县共建立特困职工档案412户，帮扶特困职工家庭42户，实现基本脱贫；帮扶困难企业7家，实现减亏35.6万元；筹集资金11.72万元，走访困难企业35家，慰问特困职工590户；组织职工向灾区捐款1.27万元，捐衣物1945件；成立下岗职工再就业服务中心，培训下岗职工600人次，实现安置再就业302人，办理下岗证并领取下岗职工基本生活保障金310人。走访困难职工及困难劳模家庭464户次，累计发放慰问金14.72万元。同时，县总工会积极争取县人民政府支持，对11名历届困难劳模发放生活补贴，从财政按月划拨，县总工会统一发放，累计发放生活补贴6.4万元。成立“困难职工帮扶中心”，帮扶职工109人次，帮扶资金0.9万元。接待职工群众来信来访95件，代表职工1461人，其中政策咨询28人，法律援助7人次。同时，积极配合政府部门为下岗失业人员再就业培训599人，实现再就业546人。开展“百万职工五月温暖”和“金秋助学”活动，共有71个单位1444名职工参加捐款活动，捐款金额2.6万元，全部上交上级工会统一安排。在开展“金秋助学”活动中，共筹集资金9250元，帮助61名困难职工子女圆了入学梦。

1991—2010年开展送温暖工程，共救助困难职工、农民工、劳模等521人次，发放慰问金32.5万元；救助困难职工、农民工及农民子女96人，发放助学金2.88万元。开展培训8期，共培训职工502人次，提供职业介绍66人次，帮助困难职工实现就业再就业23人次；与县有关部门帮助农民工追回欠薪74.9万元；接待职工来信来访36件次88人次。2008年，全县各级工会组织广大干部职工向地震灾区四川汶川捐款共计18825.3元，同时，县总工会与团县委、县妇联联合发出倡议书后，社会各界人士捐款共计11384元；县总工会与工商联共同为拥党村受火灾群众送去大米7700公斤，食用油700公斤，衣物180件，布料300米，现金7000元，资助村“两委”办公经费3000元；县总工会组织本单位职工向基甲村灾民捐款950元。

第四节 其他工作

一、女职工工作

1990—2010年，根据新的《工会女职工委员会工作条例》，凡有女职工10人以上的单位和部门建立女职工委员会，不足10人的建立女职工小组，或在工会中设立女职工委员，建全率达95%。2007年，完成《中国妇女发展纲要》中期监测评估自查报告，建立困难女职工档案，帮助解决女职工劳动纠纷5起。认真督促企业执行女职工“四期劳动保护”和“禁止安排女职工从事禁忌劳动”的落实，能按规定执行的企业比例达85%以上。配合有关部门搞好下岗职工再就业培训，帮助下岗失业女职工重树再就业和自我创业的勇气和信心，使全县“4050”下岗失业女职工85%实现再就业。积极动员和组织女职工广泛实施“女职工建功立业工程”和“女职工素质提升工程”，全县共有9个行业770人参加竞赛，其中教育系统开展了优质课比赛，卫生系统开展了白衣天使行动，行政行业开展了推广普通话、通用能力学习考试等学习活动，企业单位开展了岗位练兵、技术比武等各项劳动竞赛，为培养各技能女职工队伍搭建了平台。

二、经费审计

1990年至2010年年底，全县工会经审会（组）发展到278个，组建率达97%，专（兼）职人员573人。组织建设的完善，保证了经审工作的良好运行。县经审会不断加强对工会经费的收缴和资产管理的审查审计，工会经费共收入279.95万元，支出271.75万元，其中向上级工会上解经费支出28.5万元，并完成了各年度本级工会经费的审计和专项资金的审查工作，同时对33个基层工会进行了实务审计。工会固定资产42万元。县总经审会按照州总经审会《关于对县市级工会、州直企业单位工会经审工作实施量化考核办法》，认真组织实施，使经审工作从不规范走向规范，从而为全县工会经审工作规范化建设打下了良好基础。

三、表彰先进

1991年，县邮电局施洞支局张元极、县农资公司邰金勤、平兆乡平兆村张志华获州劳动模范。1993年，台江建材厂工会获省“模范职工之家”；县建材厂职工欧先明被省总工会评为“优秀工会工作者”，邰胜坤被评为“优秀工会积极分子”。1995年，县农机厂职工罗敬文获“全省劳动模范”称号。1998年，县总工会被省、州总工会分别授予“创新达标先进单位”称号；省总工会给台江县委、县政府授予“重视支持工会工作”奖牌。2000年5月，老屯乡岩脚村农民张庭珍获“全国劳动模范”称号。2003年，县自来水公司安装组工会小组获省总工会“模范职工小家”；县电力局台江变电站获省“五一劳动奖”。2005年，县工商局职工周乐江获“全国文明家庭”称号；农机厂职工唐湘源获“全省劳动模范”称号。2006年，县总工会女职工委员会被州总工会评为“先进女职工委员会”；县民中龙峰获省“五一劳动奖章”；县烟草专卖局王亚明被省总工会评为“优秀工会积极分子”。2008年，县电力局城关供电所、县自来水公司供水抢修组被黔东南州总工会授予“工人先锋号”荣誉称号；县劳动和社会保障局刘明被省总工会评为“优秀工会积极分子”。

第二章　工商联

第一节　组织机构与代表大会

一、组织机构

1991年，台江县委批准县工商联组织机构为科局级单位，编制3人（主委、副主委、秘书长各1名），同意恢复台拱、施洞、革东3个工商联分会，恢复排羊、台盘、革一、老屯、方召、南宫6个工商联小组。此后至2010年不变。

2007年，成立台江县工商业联合会湖南商会。

二、代表大会

第三届会员代表大会　1992年4月17—18日，台江县工商联第三届会员代表大会在县人武部会议室召开，参会代表118人。县长刘昌明到会祝贺并讲话。会议选举执委21人，冉高吟、唐世权、张建华、张国芝、钟传华当选常委，王定贤当选主委，张桂川、杨佩林当选副主委，潘黔当选秘书长。

本次会员代表大会还选举产生新一届乡镇工商联分会负责人：台拱分会主任冉高吟，副主任张国芝、钟传发，秘书杨政勋；施洞分会主任陈兴明，副主任吴太华，秘书雷建明；革东分会主任伍政淑，副主任潘盛华，秘书王佑勇；排羊小组组长周长海，副组长蒋志德；台盘小组组长张明成，副组长张明杰；革一小组组长范余胜，副组长杨昌英；老屯小组组长姜先义，副组长张庭珍；方召小组组长杨胜英，副组长田文魁；南宫小组组长李朝辉，副组长杨光德。

第四届会员代表大会　1997年4月8—9日，台江县工商业联合会第四届会员代表大会在县工商局四楼会议室召开，参会代表58名，其中企业代表3名，乡镇代表43名，特邀代表10名。会议选举执委25人，刘仲春、刘昌德、李云学、杨秀文、杨秀国、郁世权、唐明辉、钟传华为常委，张志发当选主委，姜富强（驻会）、潘黔（驻会）、欧鸣飞、肖洪均、张国芝、王天毫当选副主委，秘书长由姜富强兼任。

本次会议的主要任务是动员和鼓励全县工商联会员和非公有制经济人士，积极投身改革开放和建设有中国特色社会主义事业，努力为振兴台江经济做出新的更大的贡献。县委副书记潘应成代表县委到会祝贺并作讲话，鼓励广大非公有制经济人士要进一步解放思想，用好用活发展非公有制经济的各项政策大力发展非公有制经济。希望工商联干部职工转变工作作风，强化服务意识，不断营造良好的非公有制经济快速发展的环境。

第五届会员代表大会　2001年11月6日，台江县工商业联合会第五届会员代表大会在县人民法院召开，出席大会代表58名，其中个体会员代表36名，团体和企业代表9名，特邀代表13名。大会选举执委 29 人，甘小林、伍孝和、韦绍勇、杨秀文、李云学、张国芝、钟传发、郁世权、王建基为常委，李碧云（县政协副主席兼）当选为会长，王平（驻会）、张毅、肖强、邰胜河、吴昌明、肖洪钧、张庭珍当选为副会长，龙胜英当选为秘书长。

本次会议动员全县工商联会员和非公有制经济人士积极投身到改革开放和社会主义两个文明建设。县委副书记杨光福到会作《大力培育和壮大非公有制经济，全面推进台江县经济持续快速健康发展》的讲话，鼓励会员抓住新阶段扶贫开发的历史机遇，进一步开拓进取，为台江非公有制经济发展和社会建设做出更大贡献。

第六届会员代表大会　2006 年 7 月 10 日，台江县工商业联合会（商会）第六届会员代表大会在县委五楼会议室召开，有 60 名会员代表出席大会，其中机关 11 人，乡镇会员 20 人，民营企业代表 6 人。县委副书记何平勇代表县四大班子出席本次大会并作了《以科学发展观统领全局，促进非公有制经济又好又快发展》的报告。大会选举执委 29 人，许荣莉、杨学宁、万昌刁、肖强、张毅、邰胜河、吴昌明、李强、王兴河、龙胜英为常委，许荣莉为会长，万昌刁（驻会）、肖强、张毅、邰胜河、王星河、吴昌明、李强为副会长，龙胜英为秘书长。

2007 年 1 月 11 日，召开六届二次执委会，同意许荣莉辞职，选举龙光卫为工商联第六届会长，补选龙光卫、李强、庄建才为黔东南州工商联七届执委。同年 2 月，秘书长龙胜英调离工商联；6 月，县委组织部任命李玉国为工商联六届秘书长。

根据《中华全国工商业联合会章程》规定，从 2008 年 2 月开始，台江县工商联会长、副会长称谓统一变更为主席、副主席。

第二节　主要工作

一、维权

维护非公经济人士和企业的合法权益是工商联的责任和义务，1992 年台江县工商联恢复成立以来，一直在致力维护广大非公有制经济人士和企业的合法权益。如：1996 年 6 月，县工商局、供销社共同下文不准个人经营加工棉花棉絮，经调查，根据国发〔1994〕53 号和工商字〔1994〕第 274 号文件规定，棉花棉絮收购行为主要是在棉区限制，而不是针对非产棉区，所以台江的个体棉花棉絮加工不违规；10 月，撤销了县工商局和供销社的联合行文，为棉花棉絮加工个体户解决了困难；1999 年，帮助台江湖南籍个体工商户解决集资建房的困难；2005 年 4 月，县城内某个体户未经工商登记，在自己门头悬挂广告牌被工商查处，以高限 500 元罚款，经工商联协调和教育，该个体户及时到工商局进行登记，管理部门也同意从轻处罚；2005 年，撰写《台江县个体户税费情况的调查报告》《迅速发展台江县非公有制经济应解决的 20 个问题》等报告，建议政府规范针对非公有制经济的各种收费和税费标准，制止个别管理单位乱收费等不合法行为的发生；2007 年 6 月，协调解决了位于台盘乡的宏远木业公司反映企业职工饮用水困难；2009 年 5 月 8 日，由于施工停电，造成宏达木业公司正在加工的一锅价值近 3 万元的黏胶报废，为避免类似事件的发生，县工商联与供电部门达成停电检修等活动必须提前通知企业的制度。

二、参政议政

1992 年 4 月中旬，台江县工商联恢复成立以来，工商联界别人大代表、政协委员关心政治经济建设积极参政议政。1992—2010 年，工商联界别人大代表、政协委员提出的意见建议有 200 多条。其中，1995 年，工商联原主委王定贤《建议表彰先进私营企业和先进个体工商户》；1996 年，龙秀明《关于恢复〈台江县工商联烟花爆竹厂生产经营的建议〉》；1999年，工商联《台江县个体户税费负担情况的调查报告》《我县与临县个体户税费负担情况调查报告》；2001年，张志发《采取措施，切实保护个体工商户利益的建议》；2003年，吴水根《加强旅游景点保护，确保旅游旅游事业发展》；2006年，李碧云《要求设立非公担保公司的建议》；2007年，周仲仪《依托松脂资源，发展好松脂产业》、肖强《关于我县反排木鼓舞、独木龙舟依法进行商标注册的建议》；2008年，龙光卫、万昌习《关于对非公经济企业实行县级领导干部挂牌联系制度的建议》等好的提案，得到县委、县政府重视，提高了非公有制经济人士参政议政的热情。特别是在1996年3月和2009年8月，县委、县政府根据《关于民营企业和非公经济人士进行表彰的建议》提案，分别于1996年表彰了1户企业296户个体户，2009年表彰了36户人体工商户和6家民营企业，对非公有制经济在经济社会中作用的肯定和支持。

三、光彩事业

台江县非公有制经济人士致富不忘反哺社会，涌现了一批像台江龙达建筑有限公司、国光铝业、台江林化有限公司、湖南商会、庄建才、邰胜河、吴昌明等积极投身光彩事业的企业、组织和个人，他们在救济灾民、农民建设等方面做出了较大贡献。1996年，龙达建筑公司捐资2.4万元修建职中教师宿舍。2006年1月27日，台拱镇排汪村发生寨火，受灾29户117人，工商联及时组织非公有制经济人士为该村捐资4000多元，衣物420件套，棉被4床。2007年11月9日，南宫乡拥党村发生重大火灾，受灾91户586人，11月20日捐得衣物2456件（条）、鞋29双、棉被8床、爱心款5468元送往该村。2008年年初的雪凝灾害中，县城内有的商家趁机囤积物资哄抬物价，平时几角钱一根的蜡烛叫价两元钱一根，不到五角钱的蜂窝煤也是到了一元多钱一块。为稳定市场，工商联连夜召集会员和部分非公经济人士召开会议，制止借机哄抬物价的行为，工商联会员们积极响应，特别是以贩卖日用品为主的湖南商会会员不哄抬物价、不囤积物品，使台江市场在雪凝灾害期间能平稳过渡带了个好头。同年5月12日，四川汶川大地震，县内非公有制经济企业、人士捐资12万余元。2010年春，大旱，为帮助受旱灾群众解决困难，3月31日，隆晟公司（原兴顺公司）、宏远木业、国光铝业等非公企业集中在县工商联慷慨解囊，捐资抗旱13155元。又如在2007—2010年期间，台江县喜庆爆竹厂多次搬迁，在选址、协调民事等工作中，县工商联做了大量工作，并专门到台盘、排羊、台拱等地帮助物色迁厂用地，最后确定到台拱镇排朗村重新建厂，之后又帮助该厂协调解决贷款80多万元。据不完全统计，2000年以来，全县民营企业和非公有制经济共为社会捐资120万元以上，捐物不计其数。

四、商会活动

工商联会员十分活跃，除经营活动以外，还积极参与各种社会活动。在姊妹节、春节、元宵节等各种节庆活动中，他们自己筹资，组队参与活动。如2005年，来自南宫、台盘、台拱等乡镇非公有制经济人士30余人组成的台江工商联队，赴雷山参加全州“东信杯”篮球比赛，获得第三名。2006年“三八”节拔河比赛中，工商联队夺得第一名。2006年10月，在“龙达杯”聚心工程运动会上，工商联男、女篮球队都获得第三名。在2008年元宵节“舞龙嘘花”比赛中，工商联湖南商会龙灯荣获一等奖。2009年8月，工商联女子篮球队（均由非公有制经济人士组成）在首个“全民健身日”活动的篮球比赛中获得第二名。在2010年和2011年的元宵节“苗疆美食”大赛活动中有老地王河鱼庄、今朝红河鱼庄、南宫生态园、四海通酒店、公路宾馆、苗乡醉酒楼等30多家宾馆饭店组队参加比赛，向前来参加台江元宵节活动的宾客展示酸汤鱼、腤辣子、干炒打屁虫、米豆腐、牛羊瘪等独特而精品的台江美食。同时，在2006—2010年间，工商联组织会员120余人赴香港、台湾、福建、浙江、云南、上海等沿海地区考察学习20余次。

第三章　共青团

第一节　组织机构与代表大会

一、组织机构

1991年，台江县有团委20个，团总支1个，团支部323个，团员2900人。1992年5月5日，团县委对“建并撤”中乡镇代表会选举结果进行批复，台江县乡级团委由原来的22个并为9个，组织发展新团员525人。2003年，革东镇划归剑河县，全县区划调整为6个乡、2个镇，乡镇团委更设为8个，学校团委10个。2010年，全县共有基层团委18个，团总支1个，团支部293个，团员4789人。

二、代表大会

第十六次代表大会　共青团台江县第十六次代表大会于1993年7月11日至13日在台江县城召开，参会代表和特邀代表共198名，代表平均年龄24岁。会议听取并审议通过共青团台江县第十五届委员会工作报告；选举产生共青团台江县第十六届委员会委员12名，龙耀银、杨伟、杨飞、欧光乾、赵立新、王剑雄为常委，杨伟任书记，赵立新任副书记。

第十七次代表大会　共青团台江县第十七次代表大会于2000年12月7日至9日在台江县人民法院会议室召开，参会代表和特邀代表共138名，代表平均年龄26.07岁。会议听取并审议通过共青团台江县第十六届委员会工作报告；选举产生共青团台江县第十七届委员会委员名，李凤华、李封祥、欧洪、唐英、游道华、熊进兰为常委，欧洪任团县委书记，熊进兰任副书记。

第十八次代表大会　共青团台江县第十八次代表大会于2004年6月5日至7日在县法院礼堂召开，参会代表和特邀代表共144人，代表平均年龄为27岁。会议听取并审议通过共青团台江县第十七届委员会工作报告；选举产生共青团台江县第十八届委员会委员名，杨十大、李凤华、余志军、郃忠、顾先科、姬明为常委，李凤华任书记，杨十大任副书记。

第十九次代表大会　共青团台江县第十九次代表大会于2009年1月4日至6日在台江县城召开，参会代表和特邀代表共146名，代表平均年龄25.29岁。会议听取并审议通过共青团台江县第十八届委员会工作报告；选举产生共青团台江县第十九届委员会委员20名，李家荣、杨拯、杨亚群、杨胜龙、程兴亮为常委，杨拯同任书记，杨胜龙任副书记。

第二节　团员培训与未成年人保护

一、团员培训

1991—2010年，共青团台江县委通过多渠道、多形式加强青年思想教育，开展团员民主评议，增强团员意识，提高团员队伍素质。团县委把团员青年的思想政治教育同农村社会主义思想教育结合起来进行安排部署，采取上党课、团课，对青年进行理论灌输。推行村团支部书记兼任村科技副主任的制度，培训村团员、团支部书记4550余人，使其成为懂政治、懂经济的两用人才。

1993年，团县委举办“农村青年烤烟生产技术培训班”，历时4天，参加人员102人。协调和组织团员青年参加各种农业科学技术培训113期，培训团员青年7910人。1997年，团县委主要以培养“青年星火带头人”为依托，以培养青年致富能手为目标，共对团员青年进行科技培训360人次，形成一支科技兴农的有生力量。1998年，各级团组织与其他部门协作，共对青年团员进行各种技术培训380人次。

2000年，举办各类培训活动5期，解决1000余名从事农业生产的科技难题。推荐到省团校参加团干培训4人次。2001年5月，结合农村实际，开展稻瘟病的防治，农药基本知识，科学养猪和病害的防治以及烤烟移栽技术培训，参训人员130名。同时，各级团委结合实际，采取灵活多样的方式开展内容丰富的培训活动，共培训8期1500余人。2002年，在全县团员青年中开展为期3个月的理论学习，要求各级团组织要把深入学习“三个代表”重要思想同学习省九次党代会以及十六大精神结合起来。2003年，团县委共举办团员青年培训6期，培训897人，其中，政治理论培训2期164人，科技培训4期733人。建立农村科技星火带头人示范基地75个。2004年，团县委组织开展集中培训2次，培训团干160人次。推荐20名团干部到贵州省团校培训“三个代表”重要思想、共青团知识、少先队知识。

2005年，团县委组织基层团委书记集中培训团的知识、春晖行动知识；团县委认真拟定培训计划，有步骤地组织培训，其中对青年中心进行团知识培训2次，农技培训1次，法律法规知识培训1次，农民维权知识培训1次。

二、未成年人保护

为加强未成年人思想道德建设，团县委在城关一小、二小试行思想道德建设积分并建立了孝心卡，对学生使行孝心教育，从而让学生从小养成尊老爱幼的中华民族传统美德。团县委于1992年12月1日成立“台江县未成年人保护委员会”及其办公室，将台江县未成年人合法权益工作纳入党政议事日程，为青少年维权工作提供了组织保证。在清明节、“六一”节期间配合有关部门开展《中华人民共和国未成年人保护法》和《贵州省未成年人保护条例》宣传、咨询活动。利用“三下乡”活动组织法律宣传队深入乡镇小学和边远山区进行法律宣传咨询，利用“六一”儿童节、“6·26”国际禁毒日和未成年人保护法颁布实施纪念日在城关和各乡镇进行宣传；同时加强维权监督，维护青少年合法权益。开展纪念《未成年人保护法》、禁毒知识、反邪教知识竞赛和演讲比赛及大型主题队会等形式多样的纪念活动。团县委与台江县政法委等有关部门联合在台江县各中小学开展预防青少年犯罪法制教育活动。

第三节　希望工程　春晖行动

一、希望工程

1991年，台江县作为全国首批“希望工程”受援县，得到中国青少年发展基金会的第一笔资助，使100名失学儿童重返校园，同时台江县希望工程正式启动。自“希望工程”实施以来，结对贫困学生总人数为3812人，学生总受助金额为41.5万元，共建校24所，其中青少年活动中心1所，受捐款共计625.1万元。主要是：

1996年，老屯乡榕山小学（知行希望小学）15万元。1997年，台拱镇大德小学（宁波二安希望小学）15万元；平兆爱心小学（施洞镇平兆村）49万元（每月支补校长500元、一般老师400元，每年支助困难学生费3000元，并从2000年起，每年新增1000元的快报费，2000元的正常维修费）。1998年，台拱镇台拱小学（宁波贝发小学）20万元。1999年，排羊乡岩寨小学（爱才小学）4万元；老屯乡长滩小学（长滩金蛙大金山希望小学）35万元；县友谊中学志成楼30万元；歹忙希望小学（方召乡歹忙村）8万元。2000年，台江县城关一小〔中国星火基金会（香港）台江县城关英华第六学校〕26万元；汪一希望小学（方召乡汪一村）7.8万元；龙翁坡小学（排羊乡龙翁坡村）20万元。2001年，方召乡覃高小学（福慧陆永贤小学）16万元；方召乡交汪小学（福慧张慧瑛小学）9.5万元；老屯乡老屯中学（福慧李丽琼希望中学）22万元。2002年，老屯乡报效小学（鸨田国希望小学）19万元。2003年，台盘乡棉花坪小学10万元。2004年，南省小学（南省村悟宿助学长征苗圃希望小学）20万元；施洞中学琴初楼80万元；交包小学18万元。2005年，与香港福慧慈善基金会签订2所希望小学援建协议，预计捐款23万元。2006年，香港佛教民生讲堂捐资23万元，修建希望小学2所，团州委牵线中铁五局北京办事处捐资16.3万元，修建学生宿舍1幢。2007年，香港佛教民生讲堂划拨台盘空寨小学、方召巫脚交小学尾款7万元；团州委划拨南宫交密小学尾款6.3万元；香港“两地一心”基金会划拨革一江边小学第一、二期建校款7万元；上海裴迷活动中心、凯里华兴文化公司资助知行小学、报效小学希望书库款项4万元。2008年，美国叶浩霖基金会支助修建方召李子小学教学楼30万元；中国青基会支助排略小学22.5万元；香港“两地一心”支助基堡、江边、板凳小学尾款9万元。2009年，老屯排略小学11.5万元；方召李子小学12万元；基堡小学3万元；板凳小学3万元。另通过上级团委争取到财政部为县青少年活动中心补助资金50万元。

二、春晖行动

2007年春节期间，团县委在台江电视台制作宣传片《春晖行动在台江》，连续60天滚动播出；同时举办“春晖行动”我与家乡共发展座谈会3场，聘请“春晖使者”60名、举办文艺晚会1场，召开全县“春晖行动”推进会，发放宣传画册及资料2000余份。春节过后，团县委还联合光大药房开展了“春晖映晚情——山君‘一贴通’温暖万名老人”特别行动，共将总价值10800元的300盒“一贴通”药膏发放到8个乡（镇）的150名贫困老人手中，同时还为4个敬老院、30名离退休老干部免费赠订了2007年全年《晚晴》杂志34份。2月，县团委召开“春晖行动”工作推进会，在县、乡（镇）两级成立“春晖行动”的领导小组办公室，村成立“春晖行动”理事会。台江团县委利用姊妹节、台江民中校庆之际，加大“春晖行动”的宣传力度，发放宣传画1000份、《致游子的一封信》1000多封。建立“春晖行动”项目库。11月，牵线贵州大学经济学院王明黔教授为台盘中学和革一中学捐赠价值2万余元的图书、文具。2008年，联合邮政局开展“绿色邮政，春晖真情——我与家乡话发展”座谈会，会上，礼聘了11名在外务工青年作为台江县的“春晖创业使者”。是年，在团州委表彰会上，台江县团委和台江苗学会贵阳外联分会被评为“春晖行动先进集体”,“春晖使者”刘跃筑、顾文被评为“优秀春晖使者”，团县委副书记曾武松被评为“春晖行动先进工作者”。

第四节　青年志愿者与文明创建

一、青年志愿者

2006—2010年，全县共注册7500多名“青年志愿者”，成立“青年志愿者服务点”3个、“青年志愿者服务小组”11个。五年中参与“整脏治乱”、禁毒宣传、消防宣传、计划生育“三下乡”、姊妹节服务活动等13500余人次，开展打扫街道、清理贯城河、植绿护绿等义务劳动12000余人次，发放禁毒、消防宣传资料15000余份，开展计划生育宣传演出17场，从事姊妹节志愿服务6项2000余人次。2007年7月，台江县迎来首批西部计划青年志愿者14名，按照省项目办的有关规定将14名志愿者送到了各自的服务岗位。当年在台江服务的西部计划志愿者伍晓秋、吴杨英等4人被评为“全州优秀青年志愿者”。2008年7月，迎来第二批16名西部计划青年志愿者。2009年，台江县被团省委确定为全省“三支一扶”项目实施重点项目县，选派42名青年志愿者到台江服务。2010年，选派80名青年志愿者到台江服务，其中国家级西部计划志愿者2人，省级西部计划志愿者7人，省级“三支一扶”计划志愿者71人。为做好志愿者的管理服务工作，团县委通过与服务单位协商，解决了青年志愿者的食宿问题和部分津贴补助，团县委领导班子还多次深入各个服务单位看望志愿者，开展丰富多彩的集体联欢活动，使他们安心台江、服务台江。

二、文明创建

1991年以来，共青团台江县委充分发挥共青团的职能作用，紧紧围绕台江县委员会和台江县政府的中心工作开展活动，按照“活动促发展，活动塑灵魂”的工作思路，组积极组织青年参加植树造林活动、“整脏治乱”、消防安全宣传、“保护母亲河行动”、“三下乡”服务、“计生、禁毒志愿者服务”、“青工技术比武活动”、清明节扫墓活动、“五四”纪念活动、姊妹节志愿服务等大型活动，团员青年和少年儿童参加人数累计达8万人次。

1998年以来，团县委在全县开展“青年文明号”“青年岗位能手”创建活动，涌现了一大批杰出青年。全县共有州级“青年文明号”2个（国税局、地税局），县级“青年文明号”5个（县人民检察院、消防中队、移动公司、石油公司、台拱镇派出所），“青年文明号”创建工作得到健康发展。

第四章　妇联

第一节　组织机构与代表大会

一、组织机构

1991 年，县妇联有主任、副主任各 1 名。2001 年，县妇联行政编制 2 名，事业编制 2 名，领导职数主席 1 名、副主席 1 名、办公室主任 1 名。2010 年，县妇联增加事业编制 3 名。

1991 年，各乡镇妇联有主任、副主任各 1 名，委员共 43 名；村妇代会 156 个，有主任 156 名，委员共 778 名。2007 年，有县直机关妇委会 32 个，主任 32 名；村级妇代会 156 个，主任 131 名。

二、代表大会

台江县妇女代表大会从 1991—2010 年共召开 3 次。

第七次代表大会　1993 年 11 月 21—24 日，台江县妇女第七次代表大会在县城召开，出席代表 135 名。县委书记刘昌明到会讲话，县妇联主席周启云代表第六届妇联执委作工作报告。大会选举产生常委 4 名，执委 19 名，周启云为主席，杨文文为副主席。

第八次代表大会　2000 年 11 月 25—26 日，台江县妇女第八次代表大会在县城召开，出席代表 115 名。县委书记龙昌海到会讲话，张林代表第七届执委作工作报告。大会选举产常委 3 名，执委 19 名，张林为主席，石平燕为副主席。

第九次代表大会　2006 年 12 月 28 日，台江县妇女第九次代表大会在县城召开，出席代表 80 名。县委书记杨德涛到会讲话，张言谨代表第八届执委作工作报告。大会选举产生常委 3 名，执委 19 名，张言谨为主席，周尚艳为副主席。

第二节　宣传工作与节日活动

1991 年，为纪念“六一”儿童节 70 周年，开展儿童权益保障、儿童游行、联欢晚会和慰问残疾儿童等活动，表彰少先队员、好儿童 100 名，优秀辅导员、先进幼儿教师 40 名。1992 年“六一”儿童节，进行文艺演出比赛，表彰优秀少先队员 75 名、“好儿童”25 名、辅导员 40 人。1994 年“六一”儿童节，表彰优秀少先队员 80 名、优秀辅导员 30 名。1995 年“六一”儿童节，举办韵律操、讲故事比赛，表彰优秀少先队员 100 名、优秀辅导员 40 名。

1996 年“六一”期间，争取妇女干部及社会爱心人士为 640 名失学儿童和 1960 名辍学儿童捐款 51200 元，使他们重返校园。开展儿童权益维护宣传活动，发放《未成年人保护法》等宣传资料 5000

份。表彰优秀少先队员100名、优秀辅导员30名。

1997年，开展“三八”妇女节活动，表彰“先进基层妇女组织”3个，“五好文明家庭”20户。“六一”儿童节期间，举办舞蹈、拔河等比赛，表彰“优秀少先队员”35名、“优秀春蕾”“好儿童”200名。慰问困难儿童50名，为他们送去学习用品、生活用品等。

1998年，开展“春蕾计划”，倡导县直机妇委会为28名失学儿童捐款2360元，捐赠学习用品、衣物等共5278件，折合人民币6085元，争取社会爱心人士资助200名失学儿童，表彰“优秀春蕾女童”1名、“优秀春蕾园丁”1名、“优秀春蕾之友”2名、优秀少先队员40名、优秀工作者15名。

1999年“六一”儿童节，举办游行、体操、拔河、接力赛等，表彰“优秀少先队员”“优秀春蕾”“好儿童”共100名。慰问困难儿童100名，送去慰问物资折合人民币5万元。开展“尊老爱幼”活动，走访慰问五保户、孤儿、军烈属、困难户等64户，为他们送去问候及生活用品。

2000年“六一”儿童节，开展作文、朗诵、游行比赛等活动，表彰优秀辅导员、优秀园丁26名、优秀少先队员30名、“好儿童”13名、“优秀春蕾女童”8名。2001年，制定《2001—2010年妇女儿童发展纲要》。“六一”儿童节，表彰优秀辅导员20名、优秀少先队员40名。

2002年，充分利用赶场等群众集会机会，组织宣传《妇女权益保障法》《未成年人保护法》《新婚姻法》《儿童权利公约》等法律法规11次，参加单位达30个，悬挂宣传标语150幅，发放资料350份。

2002年，实施《中国“小公民”道德建设计划》，推进“春蕾计划”，加强“春蕾女童班”管理，为失辍学女童建档立卡。“六一”儿童节期间，组织在校小学生举行了体操、拔河、迎面接力、游行比赛等活动，共表彰优秀辅导员31名、优秀少先队员52名、“优秀春蕾女童”3名、“好儿童”19名。

2003年，推进《2001—2010年妇女儿童发展纲要》的实施，积极向党委、政府推荐优秀妇女人才，加大女性参政力度，提拔进入县级班子的女干部1人，进入副科级班子的女干部4人；组织机关妇女220多名参加妇女病健康普查。开展“春蕾计划”，争取美国滋根基金会援助方召乡4所小学4万元购置教学用具。“六一”儿童节期间，组织开展“爱我家园，从我做起，做合格小公民”为主题的知识竞赛、演讲比赛、“你丢我捡”等活动，表彰优秀辅导员30名、优秀少先队员31名、“优秀春蕾女童”4名、“好儿童”12名。协调有关部门慰问学校36所，送去慰问金4600元。

2004年，“春蕾计划”工作不断规范，一年中全县共有1110多名贫困女童得到资助金额20多万元；反排小学木鼓舞特色班获得资金3000元；李子、脚交、反排3所小学获得电视机和DVD各1台；泡木、四登、巫梭、反排、李子5所小学各获得价值1000元的教学挂图、图书；革一小学获得价值1万元的安康教室1个。组织1000余名家长开展家庭教育活动，成立家长学校10所。积极构建社会化维权机制，保障妇女儿童合法权益，全年培训下岗失业人员188人，其中妇女108人，通过慈善总会为71名困难妇女儿童实施救助金额8万元。“三八”妇女节宣传各类妇女典型38人次，表彰妇女典型38人。“六一”儿童节期间，表彰优秀少先队员、好儿童691名，杨世美同学参加州妇联组织的演讲比赛获一等奖。妇儿工委成员单位给各中小学捐款近3万元，赠物折价3000元，赠书1000多册。

2005年，开展“春蕾计划”和“滋根”活动，其中“春蕾计划”资助困难儿童1105名14445元，“滋根”资助946人173000元。“六一”儿童节活动举办了少先队检阅仪式，慰问困难儿童30名，送去慰问金4万元及书包、文具盒等学习用品。

2006年“六一”儿童节，举办英语、绘画、拔河等比赛，表彰优秀少先队员、优秀学生、好儿童共1000名，先进集体6个，慰问儿童10名，送去慰问金1000元。

2007年“三八”妇女节，举办登山、接力、跳绳等比赛，来自台拱镇妇联、县直机关妇委会1000余名妇女参加活动。活动中表彰“三八红旗手”30名、“五好文明家庭”120户。“六一”儿童节，开展儿童权益保障宣传活动，发放《儿童权益保障法》《未成年人保护法》等宣传资料2000多份，举办游行和木鼓舞比赛等，来自各中小学师生5000余人参加了活动，表彰“双合格”家长46名、“先进雏鹰学校”3个、优秀少先队员25名、优秀辅导员25名。帮扶老屯乡小学资金5000元、图书500册，为南宫乡拥党村捐款320元、衣物21件。

2008年，开展“三八”维权周宣传活动，为妇女群众提供法律咨询服务，发放宣传资料8000余份。开展以“迎奥运、树新风、构和谐、展风采”为主题的“三八”节庆祝活动，举办游行和拔河比赛，来自县直机关妇委会、村（社区）共31个队参加了比赛，经过激烈角逐，台拱镇东街村队获得拔河比赛第一名，工商联队、翁孟村队获得第二名，城关一小队、公路段队、西街队获得第三名。开展“迎奥运、庆六一”活动，深入到各小学、村、社区慰问困难学生，送去慰问金1849元，书包、文具盒等学习用品3492件。

2009年，开展“三八”维权周活动，充分利用电视广播、宣传栏等载体，加强宣传妇女、儿童权益保障法、男女平等基本国策，提高妇女儿童维护权益意识，发放宣传资料5000份。开展以“迎国庆、庆‘六一’、爱祖国、爱家乡”为主题的系列庆祝活动，县城8000多名儿童参加。在歌唱比赛中，城关二小获得第一名。活动中，发放留守儿童倡议书2000份，慰问困难儿童30名，帮扶学校桌椅、电脑、文具及现金等合计5万元。

2010年，举办“祖国好，家乡美”系列“六一”庆祝活动，城关二小获得比赛第一名。活动期间，慰问困难儿童50名，送去慰问品折合计人民币8万元。

第三节 “双学双比”与“巾帼建功”

1991年始，在全县城乡妇女中开展“双学双比”“巾帼建功”活动，评比、表彰妇女工作先进集体和先进个人。1991年，培训妇女实用技术3440人次，建立科技示范户60户，带领妇女群众完成水稻高产栽培54088亩、完成两段育秧栽培70124亩、种植烤烟3182亩、推广杂交玉米种植面积5303亩。建立“三八”绿色示范点86个，完成“绿色”工程示范林2650亩。开展联系帮扶活动，建立联系点39个，帮扶困难户117户。是年“三八”节活动中，共表彰“三八红旗手”75名、“三八”绿色活动先进个人30名、女能手30名、优秀联络员5名。1992年，开展帮扶联系工作，建立联系点16个，联系帮扶31户。表彰“巾帼建功”先进集体10个、先进妇女干部40、先进女能手30名、“文明家庭”30户。

1993年，开展“三八”绿色工程活动，参加活动妇女11000名，义务植树22263株，完成造林任务43342亩。表彰“双学双比”基层先进协调组织3个，女能手30名、“巾帼建功”先进集体5个、先进个人30人、“三八红旗手”40名、“文明家庭”266户。

1994年，发动妇女自产自助，协调组织共建水稻高产丰产坝10个9843亩，优质烤烟基地10个1000亩。组织21410名妇女建设“三八”绿色工作示范点44个3144亩，义务植树44.7万株，完成坡改梯工程4964亩。开展联系帮扶活动，建立帮扶联系点146个，帮扶困难户658户。是年，表彰“双学双比”先进个人40名，“文明家庭”200户

1995年，组织妇女完成造林任务5140.2亩，完成水利维修工程270米、实现灌溉面积4310亩。建立帮扶联系点40个、帮扶困难户63户。表彰“双学双比”先进协调小组3个、先进协调单位2个、女能手30名，表彰“巾帼建功”先进集体2个、先进个人30人，表彰“三八红旗手”118人。

1996年，开展结对帮扶活动，帮扶150户。表彰“五好文明家庭”130户。

1998年，开展“巾帼建功文明示范岗”活动，对县工商所、县农行、县医院3个“巾帼建功文明岗”挂牌。

1999年，表彰“五好文明家庭”10户，县妇联主席张林家被省、州妇联评为“五好文明家庭”。

2000年，培训农村妇女农业生产技术，培育“妇字号”龙头企业1家，建立“三八”科技示范基地3个，联系帮扶困难户10户。表彰郑泽美等19名“巾帼建功”女能手，石光英等7名优秀妇女干部，表彰县医院等5个“巾帼文明示范岗位”。2001年，表彰“双学双比”女能手11名、“巾帼建功”女能手20名。

2002年，在“巾帼文明示范岗”创建活动中，对91个先进妇女代表进行了表彰，其中，“三八红旗手”10名，“双学双比”女能手30名，“巾帼建功女能手”20名。2003年，在“巾帼建功”活动中，中国农业银行台江县支行表现突出，荣获“全国巾帼文明示范岗”和“贵州省巾帼文明示范岗”荣誉称号。

2004年，在开展“巾帼扶贫”行动中，组织大型科普宣传活动2次，悬挂科普挂图172幅，发放科普宣传资料24000份，科技人员现场指导42人次，参与组织了有史以来最具影响的种草养现场会，到场人员5000人，完成生牛交易300头。全县有全国文明示范岗1个，省级巾帼文明示范岗1个，县级巾帼文明示范岗10个。

2005年，县建设局妇委会被省妇联授予“先进基层组织”称号，革一乡杨胜芳被省妇联评为“三八红旗手”，县建设局、县国税局、县地税局被州妇联评为“巾帼文明示范岗位”称号。2007年，创建县级“巾帼文明示范岗位”9个，州级“巾帼文明示范岗位”3个，全国“巾帼文明示范岗位”1个。

2008年，举办“双学双比”活动12次，参加妇女1480人次，培养了张庭珍、张志梅等12名妇女生产能手和致富带头人。2009年，表彰“双学双比”女能手40名，“巾帼建功标兵”6名，“三八红旗手”50名。

2010年，开展“双学双比”活动10次，发挥妇女“半边天”的作用，展现妇女“巾帼建功”风采，表彰妇女创业带头人30人。

第四节　实用技术与扫盲培训

1992年，开展妇女学习活动，举办扫盲班131期，帮助800名妇女脱盲。

1993年，举办农村妇女实用技术培训班34期，培训妇女487人。组织妇女骨干26人到贵阳、凯里、罗甸、黎平、从江等地考察学习；组织张庭珍等10人到北京、上海、西安等地销售民族刺绣品，创外汇10万元。

1994年，举办文明扫盲650班次，帮助12700名妇女脱盲。举办妇女技术培训班280期，培训妇女10650人次，培育农民技术员5名。

1996年，举办妇女文化科学技术培训班4期，培训妇女1449人。推广宽夹行水稻种植5060亩，种植蔬菜10亩、金秋梨500亩。

1997年，举办扫盲班30期，参加学习200人；举办农村实用技术培训班98期，培训妇女800人。举办刺绣培训4期，培养刺绣妇女400人。

1998年，举办扫盲班35期，参加学习妇女1365人，脱盲1365人。在金秋梨种植基地举办“绿色证书”培训班5期，培训妇女280人，有15名妇女获得“绿色证书”合格证。举办魔芋种植、种桑养蚕、养猪等实用技术17期，培训妇女900人。

1999年，举办扫盲班33期，参加学习213人。举办农村实用技术培训班102期，培训妇女1100人。举办刺绣培训，培养刺绣能手张庭珍，被评为“双学双比”女能手。

2001 年，举办妇女种养殖技术培训 2 期，培训妇女 88 人。

2002 年 2 月 7 日，开展下岗职工摸底调查和培训活动，全年共培训妇女 95 余人，完善了人才库建设，树立了老屯乡岩寨村吴岗成、方召巫脚村杨胜梅等 20 多位妇女创业致富能手和杨玲等“巾帼建功能手”。

2003 年，推动“三大主体”活动纵深发展，即借助“双学双比”竞赛活动与计生、农业、卫生、科协等部门联合举办各种形式的培训班 17 期，参加学习的妇女 1496 人次。培训内容有种草养畜、还耕还草、大棚蔬菜等。同时，以“五好文明家庭”创建活动为载体，重点对计生户实施稻鱼工程、沼气工程、卫生改厕等，通过计生“三结合”方式，建立农业示范基地 1 个，帮扶联系农户 130 户。表彰“五好文明家庭”36 户。

2004 年，挂牌成立 40 所农村妇女培训学校，开设 187 个科技扫盲夜校，参加学习妇女 5610 人，80% 以上妇女掌握了两门以上种养及管理技术。

2005 年，举办妇女培训班 160 期，培训妇女 2080 人次。开展“美德在农家”下乡活动，发放资料 28000 份，悬挂横幅 54 幅。

2006 年，结合县政府实施的“一户一技能”致富工程，在帮扶联系村举办农业种植、稻田养鱼等技术培训，培育农村科技带头人 4 名。举办台江苗族刺绣技术培训活动，于 11 月 11 日至 30 日，先后到台拱镇、施洞镇、老屯乡举办刺绣技术培训，培训妇女 512 人次，提高了妇女刺绣水平，推动了台江刺绣产业发展。是年，表彰“五好文明家庭”44 户、“好媳妇”100 名。

2007 年，开展“送政策、送法律、送技术”下村活动，创建“双学双比”示范基地 1 个，推进“生态文明富裕村”建设。举办妇女实用技术培训班 24 期、培训妇女 1410 人次。举办下岗妇女培训班，实现就业 60 人。表彰“五好文明家庭”120 户。2010 年，表彰“平安家庭”100 户、“少生快富文明户”100 户、“勤廉家庭”20 户。

第五节 “两纲”监测评估

1993 年，开展《九十年代台江县儿童发展规划纲要》工作，维护儿童权益，优化儿童生活环境。1995 年，婴儿死亡率降到 92.1‰，孕产妇死亡率降到 21.1 / 万，适龄儿童入学率达到 96.3%，认可自然增长率为 10.4%。

1996 年，实施《妇女发展纲要》和《九十年代儿童发展规划纲要》，新生儿破伤风发病率下降到 4.3‰，新生儿死亡率下降到 34.92‰，5 岁以下儿童死亡率下降到 45.75 / 千万。1998 年，实施《贵州省九十年代儿童发展规划纲要》和《贵州省妇女发展规划》，开展宣传活动，扩大群众知晓率。1999 年，开展“两纲”评估工作，小学入学率、脱盲率等基本达标，村卫生室覆盖率 99.5%，农村安全饮水人口覆盖率达 46.46%。2002 年，制定妇女发展规划、实施意见及新“两纲”宣传、实施方案与措施。2006 年，开展妇女、儿童疾病普查，为妇女、儿童共 4827 人检查身体，完成了“两纲”中期评估工作。2007 年，开展“关爱女性、送医助困、构和谐贵州”活动，贵阳现代女子医院为全县 100 名妇女检查身体，为 10 名患妇科疾病妇女免费治疗。

第五章　文联

第一节　组织机构与代表大会

一、组织机构

1991年7月3日，召开台江县文学艺术界联合会第一次代表大会，台江县文学艺术界联合会正式成立。2001年12月31日，县委明确县文联人员编制和领导职数为参照事业编制1名，专职文联副主席兼秘书长1名。2008年1月，县机构编制委员会办公室明确县文联领导职数2名，其中主席1名，副主席1名。

县文联下设：书法、美术、摄影摄像、文学、音乐舞蹈、诗词楹联协会。

第一届书法协会会员7名，美术15名，摄影摄像13名，文学21名，音乐舞蹈16名，诗词楹联15名。第二届书法协会会员18名，美术20名，摄影摄像15名，文学23名，音乐舞蹈21名，诗词楹联16名。第三届书法协会会员19名，美术23名，摄影摄像17名，文学24名，音乐舞蹈20名，诗词楹联17名。第四届书法协会会员20名，美术22名，摄影摄像18名，文学18名，音乐舞蹈23名，诗词楹联17名。第五届书法协会会员22名，美术20名，摄影摄像19名，文学18名，音乐舞蹈22名，诗词楹联18名，民间文艺协会13人。

二、代表大会

第一次代表大会　1991年7月3日，台江县文学艺术界联合会第一次代表大会在台江县教委电教大楼召开。到会代表66名，特邀代表20名；正式代表中，有妇女12名。会议选举产生第一届委员会委员21人，会议选举杨文明为主席，田代元、李正品、白俊敏、李美仁为副主席，杨仪泮为秘书长。

第二次代表大会　1996年6月21日，台江县文学艺术界联合会第二次代表大会在县总工会会议室召开。到会代表47名。会议听取第一届文联主席所作的工作报告，选举产生25名委员，会议选举欧光辉为主席，汤昌镜、田代元、杨仪泮、姜先奎、李美仁、杨昌权、李正品为副主席，杨仪泮兼秘书长。

第三次代表大会　2004年8月15日，台江县文学艺术界联合会第三次代表大会召开。应到会代表49名，实到36名，列席代表19名。会议听取上届工作报告，选举产生新一届17名委员，选举张少华为主席，杨昌权、张志发为副主席，县政协主席刘耀密任名誉主席。

第四次代表大会　2008年6月19日，台江县文学艺术界联合会第四次代表大会在县委五楼会议室召开，应出席会议的代表68名，实到59名。会议听取上届工作报告，会上选举杨利为主席，李芳菲为副主席。

第二节　笔会采风与刊物创办

一、笔会采风活动

2001年10月下旬，文联组织代表到革东镇五岔村举办“金秋笔会”，撰写散文4篇、诗歌25首，学生习作17篇，并组织编写了笔会专集。

2002年12月24日，县文联在大塘地区举办“苗疆笔会暨大塘苗年文化节”活动。邀请《贵州日报》《黔东南日报》、黔东南电视台、《凯里晚报》、贵阳市文联、黔东南州作协、岑巩县文联、湖南省花恒县文联及本县文联和有关部门的领导参加，笔会后撰写文章13篇、诗歌103篇，刊登摄影201余幅。编辑出版笔会专集，约15万字。

2005年3月，在大塘、高坡山、九寨等地举办“边寨行”采风活动，参加采风活动人员40余人，采写了《走进姊妹节的故乡》等文章在《黔东南日报》上刊登，文协会员石崇安写了100余首诗歌。

2007年4月2—3日，县文联在省供电公司龙征礼以及国税局等的支持下，组织了30余名文艺工作者到施洞镇南哨村举办“南哨姊妹节笔会”。同年8月27日，县文联组织20余名文艺工作者到排羊白鸡山举办“獭猫潭笔会”活动。

2009年11月5日，组织20多名文艺工作者参加“红叶节”徒步穿越南宫森林公园笔会活动，摄影照片1000余张。是年，组织到红阳、台雄、长滩、方召等地举办7次笔会采风活动。

二、刊物创办

《台江报》 1986年1月，县委办、县委宣传部创办《台江信息》，至1987年7月底停刊共出版29期。1989年3月,《台江信息》复刊，更名为《台江信息报》。1990年1月,《台江信息报》更名为《台江报》，至1991年出刊共25期。1992年,《台江报》编辑部与县民委合办，当年出刊4期。至1992年4月，由于经费困难而停刊。

2007年4月10日，县苗学会成立，创办一期《台江苗学》，刊物有风情习俗、故事传说、轶闻传奇3个栏目。5月，县文联配合县委宣传部恢复创办了第一期《台江报》。之后，台江每年出资14万元，由《黔东南日报》每个月出两个台江专版刊登台江新闻。

《苗疆文艺》 2007年年初，县文联创办《苗疆文艺》刊物，当年编成一期。2008年以后,《苗疆文艺》的办刊经费按每年办三期的经费列入财政预算，每年办刊经费3万元。至2010年已编成8期。

第三节　文艺演出与培训

一、文艺演出

1990年年初，组织表演队参加贵州省芦笙会演，获特别奖。同年，组织反排木鼓舞队赴北京参加亚运会演出，并应邀为中央领导表演，得到党和国家主要领导人的接见。1994年，县文联、县音舞协会于元宵节在城关地区举办了专场音乐舞蹈晚会，以县内老文艺骨干及在外地艺术院校表演团体回家乡探亲青年为主。演出形式有独唱、独奏、器乐合奏、重唱、双人舞、集体舞多种节目。1995年，音舞协会助团县委组织了一台较大规模和较高水平的群众性文艺晚会——台江县纪念“一二·九”运动60周年暨“希望工程”答谢晚会，与黔东南州歌舞团联合演出，共演出32个节目。

2000年，反排木鼓舞队先后组队到全国各地进行演出，演出154场。2001年，组织参加“黔东南好”歌咏比赛，获歌咏赛组织奖第一名；合唱的《秋风遥》获合唱奖第一名；石金玉演唱的《请你喝杯苦丁茶》获歌咏赛第三名。2002 年 5 月，杨亚群编导舞蹈《好花红》《苗寨舞》获州级二等奖。6月26日至7月9日，反排小学9名学生先后参加了全省、全州及全国进行的“朝霞工程”汇报演出，节目有《反排木鼓舞》《芦笙独奏》等。11 月，反排木鼓舞艺人唐思成一家 4 口应邀到北京参加神州大舞台“全国欢乐之家”表演活动，获一等奖。2002 年，反排木鼓舞队及其他文艺队先后组队 20 余支，分别到全国各地演出 300 余场。是年，方少保参加“中国南北民歌大赛”获“国王奖”。2004 年，方少保随“反排多声部情歌”组参加“中国西部民歌大赛”，获大赛金奖。

2003 年 10 月，参加“黔东南州苗侗民歌大赛”，方康、刘俊获集体一等奖，编导舞蹈《军民背靠背》获州级三等级。2004 年 1 月，张本云、张玉兰、方少保等人组织反排民间艺人参加“西部民歌大赛”演唱《假如你是一朵花》《春天来了》获大赛金奖。5 月下旬，台江县 6 名参赛的中小艺术人才在贵阳参加“全省少儿影视比赛”，有 3 名选手获得优胜奖，有 2 名选手进入决赛，反排小学万元同学、城关一小顾瑞聊同学分别获优秀奖。11 月 27 日晚，在凯里地区成功举办“杨仪泮二胡独奏音乐会”。2004 年，县文联与贵州省民间专家协会，县文体广播电视局共同举办“2004 年姊妹节苗歌大赛”，比赛内容有古歌、情歌、飞歌 3 个项目，共有 60 名古歌、情歌、飞歌选手参演。是年，在姊妹节期间举办全县“苗歌大赛”和在南宫交下举办“六月十六”苗歌赛。

2006 年，组织 6 名歌手参加全国青年歌手比赛活动，并获得优秀奖；组织做好“黄果树杯”“多彩贵州”等节目编排工作。2009 年，方康、方少保、张玉兰、邰胜衡等在山西参加全国民歌大赛中荣获银奖；苗疆艺术团在凤凰县参加全国苗族银饰比赛中荣获金奖；苗疆艺术团在石家庄参加“女娃杯”比赛中荣获银奖。2010 年 5 月，组织编写和编排《对号入座》《卖眼镜》等小品参加“多彩贵州”小品大赛活动。 6 月，配合省民协组织长滩龙舟 27 人代表贵州赴广州东莞参加第二届（东莞中堂）龙舟文化节活动，并获得表演银奖。10 月，组织牵头举办台江—雷山苗歌擂台赛活动。

二、文艺培训

1995 年夏，县音乐舞蹈协会举办了 1995 年中学生暑假音乐舞蹈培训班，培训人数 21 名。1996 年春，县音乐舞蹈协会举办了寒假音乐舞蹈补习班，培训人数 39 名。1991 年 7 月，书法协会举办了一期书法培训班，学员 40 多名，学习内容有楷、行、草、隶等篆刻。1992 年 8 月 1 日至 30 日，进行了一次全县书法培训班，主要学习书法基本知道，楷、草、行、隶、篆仿字。1995 年，协会以个人名义举办暑假书法培训班，学员 20余名。2002年8月12日至17日，黔东南州2002年度“朝霞工程”少儿艺术培训在台江县城举办，有天柱、剑河、岑巩、镇远、凯里等几个县市的学生参加培训。

第四节　美术　书画　摄影

1991 年 6 月 30 日，为纪念中国共产党诞辰 70 周年，举办书法、美术、摄影、根雕作品展览。展出作品 320 幅，其中，书法作品 120 幅，美术作品 50 幅，摄影作品 30 幅，根雕作品 20 幅，刺绣作品 100 幅。1992 年 6 月，举办台江、镇远、三穗书法、美术联展。1993 年元旦、春节期间，举办书法、美术、摄影作品展览，共展出作品 148 幅，其中，书法作品 73 幅，美术作品 52 幅，摄影作品 23 幅。10 月 20 日，为纪念毛泽东 100 周年诞辰，举办书法、美术、摄影作品展览 40 余幅。

1995 年元旦、春节期间，在城关地区举办美术、书法展和楹联比赛活动。展出书法作品 73 幅，美术作品 52 幅，摄影作品 23 幅。1996 年 3 月 2 日，在县文化宫举办台江县 1996 年新春美术、书法、摄影作品展览。共展出作品 123 幅，其中，美术作品 70 幅，书法作品 27 幅，摄影作品 26 幅。

2000 年 10 月 1—9 日，举办“2000 年国庆书画摄影展”，共展出作品 187 幅，其中，书法作品

50幅，美术作品107幅，摄影作品30幅。2003年姊妹节期间，举办“杨再平钢笔画展活动”，展出作品30余幅。7月份，美协主席欧阳宏宇的作品《春》《三月风》分别获“贵州五爱教育书画影展”三等奖和优秀奖。2004年10月30日，台江县“两基”教育验收书法、美术、摄影展览暨诗歌、散文比赛在星光宾馆举行，展出诗歌作品40篇，美术作品105幅，书法作品33幅，摄影作品44幅。2005年1月上旬，县文联与县委宣传部、创卫办、县文体广电局联合举办“创建文明卫生城市书画影展”活动。

2006年4月，配合县国税局举办一期国税宣传摄影展活动，11月下旬，配合县“两代会”召开，举办摄影展活动。是年，与天柱县文联分别在姊妹节和重阳节期间，在台江县城和天柱县城举办两县书画联展，展出作品175幅，其中，天柱书法作品87幅、美术作品45幅、台江书画作品43幅。

2008年姊妹节期间，组织举办第一届全国性摄影大赛，展出作品200余幅，有十余名作者的作品获得入围奖。2009年，与凯里、麻江、雷山、剑河4市县举办国庆书画摄影联展。2010年姊妹节期间，组织举办第二届全国性“红叶节摄影大赛”，展出作品3000余幅。台江县有张林、田代元、张少华等获得二、三等奖，其中获得二等奖1名，三等奖3名，优秀奖20名。

第五节　会员成果

刘耀密　县书法协会会员，台江县政协主席。1989年参加全国首届“黄河杯”硬笔书法大赛，作品《弘扬黄河文化，振奋民族精神》荣获优秀奖。在应邀参加全国邓小平100周年诞辰书画大赛中，作品《邓公魂》荣获二等奖。撰写的理论文章曾在《人民日报》《红旗》、新华社和《光明日报》上刊登。

潘昌基　台江县政协原副主席，退休干部。编辑出版《中国人民政治协商会议台江县委员会历届组织概况》（内资）；由贵州省新闻出版局出版《入世遐想录》（内部书刊号）；由作家出版社出版《昌言说论集》文集；由天马出版社出版《我是这样走过来》散文集。

刘公乎　台江县政协副主席。有《憨七》《深山疑案》《温馨在冬》《真实再现了另类土匪形象——观电影〈浴血疆城〉》等小说、散文、随笔、杂文、政论、新闻通信、调研报告共100余篇累计十余万字见诸各级报刊。

熊克武　台江县史志办主任。著有多篇民间文化理论文章，多次参加国际、国内民间文化研讨会，代表作《抢救、保护、刻不容缓——谈新世纪少数民族文化保护问题》参加在北京召开的“中国少数民族艺术遗产保护及当代艺术发展国际学术研讨会”；《苗族古歌与剪纸——谈苗族古歌文化的传承问题》发表于中国非物质文化遗产·民间剪纸国际学术研讨会文集《关注母亲河》；《传统文化保护与苗族社区发展》发表于贵州省苗学会《贵州苗学》刊物；《原生态文化视野中的水资源管理——台江县方召乡巫脚南村的调查与分析》参加在凯里举办的“全国人类学高峰论坛暨首届原生态高级论坛”学术研讨会；参与编著《苗人的灵魂——台江苗族文化空间》（获贵州省2007年民间文艺一等奖）、《黔东南风物志》台江部分、《苗族姊妹节志》；主编《台江苗族历史文化》《中国共产党台江县历史大事记》《台江解放与剿匪纪实》；编著《台江非物质文化遗产》等。

李廷付　台江县文体广电旅游局局长。1986年以来有摄影作品和通信、消息、散文等在《贵州日报》《贵州民族报》《贵州政协报》《黔东南日报》《凯里晚报》及贵州人民广播电台、海峡之声广播电台（福建）等省内外报刊、电台刊（播）用。其中采写的消息《苗寨，有一所女子夜校》获黔东南州首届好新闻三等奖，参与采写的《黔东南日报》专栏《今日村寨堡垒》获全州、全省好新闻一等奖和全国民族地区报纸好新闻一等奖。

张少华　台江县文联主任科员。著有《方旎苗俗》一书，由中国文联出版社出版，全书20多万字；与姬安荣合撰20多万字的《侦破手记》纪实文学作品。撰写《浪花里的节日》电视专题脚本，编写拍摄《苗家过年》《狂欢的元宵节》《远去的木叶声》《苗族老人与红军的故事》等电视专题先后在县、州电视台播出。摄影作品《方召坡会》获台江县60周年国庆书画摄影大赛三等奖，《希望音符》获第二届贵州·台江“天下苗族第一县”风情风光摄影作品大赛三等奖，《百岁老人》获优秀奖。

熊金江　台江职业中学校长。由熊金江编导的舞蹈《少生快富苗家乐》获全省计划生育文艺会演二等奖。曾代表贵州省计生委参加全国计划生育文艺调演，受国家计生委、广播电影电视部、中国文联、中国作家协会、中国人口文化促进会5家单位表彰为第五届中国人口文化奖“赛立特尔杯”优秀奖。2000年，编导舞蹈《少生优生进苗寨》获全省计划生育文艺调演三等奖；舞蹈作品《木鼓芦笙寄深情》在2001年参加黔东南州中学生第一届文艺调演获第三名。合作合唱作品《秋风谣》在2003年参加“黔东南好”合唱比赛获一等奖。

石崇安　台江县台拱镇卫生院干部。自筹资金由作家出版社出版的《春梦雨花》诗集，为台江第一部公开出版的诗集；自筹资金由作家出版社出版17.5万字《秋静明月》诗集。

邰磊　在报纸上发表新闻报道多篇，著有《走进苗疆腹地》一书，由贵州民族出版社出版。

张文生　台江县文体广电旅游局干部。主要文章《龙源型再探》《苗族习俗今昔管窥》《浅谈苗族吊脚楼的特色和功用》《革一地区苗年及婚俗》《台江苗绣》《离骚“吾”“余”及其主人公形象》《施洞姊妹节探源》分别发表于《黔东南文化》《黔东南民族师专文报》《贵州民族研究》等刊物上；《从台江施洞苗族姊妹节习俗看远古妇女史与两性社会性关系史》被国际人类学暨泸沽湖摩梭母文化研讨会评为优秀论文；《概说东方情人节》《独具特色的施洞龙舟节》《大塘民族村寨及旅游资源》先后被《黔东南日报》采用刊登。此外，还有小说、散文等文艺作品在《苗疆文艺》上刊登。

姜志斌　在《中国校园文学》《中学生周报》《诗潮》《凯里晚报》《农村工作通讯》《黔东南日报》《贵州日报》《贵州民族报》《赤水诗词》等各级刊物媒体发表诗歌、散文、通信、新闻等文章百余篇。其中诗作《黑夜·黎明》荣获宁夏银川市1995年全国诗文大赛三等奖，并被入选《中国当代新青年作家诗词》一书；《为民寻水的执着五年》获建党86周年黔东南州“中兴房产杯”征文大赛三等奖；《走进黔灵山》荣获2010年黔灵山全国征文大赛优秀奖。

李家禄　台江县委党校原教师。发表有长篇小说《香火》，有短篇小说《七色》《红蜃族》《墨宝》《县长》。发表散文《小镇及有风景》《永远的窗》《啊，清江号子》等50多篇。自筹资金由中国广播电视出版社出版18万字的理论著作《天道》，其《解读穷人经济》在黔东南州论文评选中获一等奖。

龙千里　贵州省台江县苗族医药研究所所长、外科副主任医师。长期从事医药研究，代表作有《腕背伸位夹板固不定期治疗Colles骨折》，被收入《中国九五科学研究成果选》丛书；《基层诊治老年急腹症临床探讨》获中华临床医学编辑部评为优秀论文三等奖。发表《应用苗医折顶手法治疗长骨骨折移位》《茴香酒红外线辐射治疗骨折后期软组织肿胀》《儿童肱骨髁上骨折治疗的临床探讨》（刊于《中国骨伤》）、《折耳根联合用药治疗婴幼儿上呼吸道感染》（刊于《中国民族民间医药群杂志》）、《氟氯化钡：铕高速增感屏在X线摄影中的应用》（刊于《实用新医学》）等15篇医学科研理论。

鑫河　在武汉《九州诗词》、黔东南《霜枫》诗刊、广东《浮云诗草》等刊发表诗作多首。在《黔东南诗词》《苗疆夕阳情》发表不少诗歌和对联。其代表作有《自勉》《上网感赋》《骂官谣》《咏台江苗族姊妹节》《哭欧光杰贤弟》《挽欧光杰贤弟》等。有楹联《预祝台江东山文学杂志社胜利成立》《致〈霜枫〉诗刊常务主编杨再将及其胞兄弟杨再相二位诗翁》《励志联》《赠友联》等发表。

白俊敏　台江县交通警察大队退休干部。自幼酷爱书画，20年来，在省、州、县的参赛作品有1000多幅，多幅作品被图书馆、民间收藏。其书法擅长行草，多幅作品被世人收藏。

张正显　台江县养护段退休干部。擅长书法，作品曾多次在省、州公路系统展览，一幅作品参加西南四省公路职工书画展获奖并被收藏。在 1989 年，一幅书法作品获贵州省公路职工书法、美术摄影赛三等奖；一幅楷书作品获甘肃、四川、云南、贵州四省公路职工书画赛佳作奖；一幅行书刊于《贵州交通报》；楷书作品《愚公移山》被选入凯里市美术书法、摄影展；两幅草书作品获台江县书法、美术、摄影赛书法第一名。

王小平　台江县台拱镇台拱村人。曾参加州、省、全国及国际书画影大赛，其作品和事迹刊登在《贵州政协报》《贵州民族报》《黔东南报》上。作品被中外名人研究中心、吉林省图书馆、黑龙江省书协、贵州少博物馆、盐城艺术家画廊等收藏。1994 年春节，曾在台江县举办首次个人书画作品展。

龚学奎　台江民族中学教师。他擅长画油画、钢笔画，作品《童贞》获州级一等奖。2002 年撰写《色彩透明种植法尝试》获全国“师魂”论文一等奖。其代表作有《歌声冲天》《琴声悠悠》《心锁》《艰难起步》《苗寨》《心灵》《共鸣》《灵魂守望者》。2003 年 10 月，组织学生送美术作品参加“黔东南州联通新时空杯书画大赛”，本人的《轮回的希望》作品获得一等奖。2004 年参加黔东南州联通新时空杯书画大赛，作品《轻问》获一等奖，毛家的蛋壳拼贴画作品《新月夜》获二等奖。

杨再评　台江县政协干部。在《贵州民族报》《音体美报》上发表了《施洞龙船节》《阿婆故事多》《苗岭景秀》《高原夜》《苗岭冬情》《苗乡橘园》《月朦胧寨朦胧》《白云深处有苗寨》等 10 幅钢笔画作品；1993 年在《贵州教育》杂志发表《秋日的文昌宫》。代表作有《清江情》《苗乡橘园》《白云深处有苗寨》，以及张秀眉等起义英雄人物头像画。

杨昌发　台江县公安局干警。设计的苗族壁挂系列产品先后获得轻工业部中国工艺美术百花奖优秀新产品二等奖，获贵州省工艺美术品百花奖优秀创作二等奖及金马一等奖，第二届北京国际博览会二等奖。设计的挑花首饰袋获中国民族民间小小型旅游商品设计制作大奖；创作的《回荡蓝天》获台江雷山、剑河三县联展二等奖。主要代表作有《回荡蓝天》《吉祥如意》以及苗族姊妹节会徽（现同时是台江电视台的频道标志和出租车标志）。创作的《苗寨》作品获贵州全省公安系统文化艺术大赛第一名。

杨学　台江县台拱镇民族中学教师。多年来潜心于毛笔书法创作实践与研究，2003 年获黔东南州“首届联通杯文艺作品大奖赛”书法创作三等奖；2004 年获“台江县书画、摄影大赛”书法三等奖；2005 年获“台江县姊妹节”书法大赛二等奖；2007 年获“台江姊妹节”书法大赛二等奖；2008 年获台江县“迎奥运，‘两基’迎国检书画大赛”书法二等奖；2009 年获“首届西柏坡杯全国书画大展赛”三等奖，其作品被西柏坡博物馆收藏。

杨仪泮　台江县文联退休干部。擅长二胡、竹笛演奏，并多次登台独奏。二胡独奏曾获“黔东南首届职工青年文化艺术节”器乐组一等奖。其创作的歌曲《建行的同志哎我为你唱支歌》获黔东南州声乐专业新作品创作奖；创作歌曲《美丽的黔东南》参加第二届“多彩贵州”全省征歌评选活动；创作歌曲《我们是祖国的税务员》被选送参加全国国税系统反腐倡廉优秀歌曲评选活动。

田代元　台江县委宣传部退休干部。摄影作品《节日祝贺》《欢歌》在北京展览；《香菇》获贵州省林海珍奇二等奖；《十二国科学家考察古生物化石》获全州十大新闻奖；《春的使节》获“魅力黔东南”大赛优秀奖；《远眺仙人峰》等 8 幅作品获“苗疆腹地（国际）摄影大赛”优秀奖；《如今农家》等 9 幅作品分别获“天下苗族第一县摄影大赛”三等奖和优秀奖。摄制《四十年腾飞的台江》《台江苗族风情》《百年神庙》《反排鼓社节》《苗族招龙》等 11 集专题片。文学、理论作品《浅谈群众文化传承与发展》《民族文艺与经济》获州二等奖；《嘎百福之曲艺属性》由贵州人民出版社编辑出版。《翁岗掌就村》《苗族独术地鼓楼》《反排木鼓舞》《浅谈群文传承与发展》《民族文艺与经济》分别获州三等奖。创作文学剧本《镆铘依天》《清江平叛》《隆波赛雅》。主编《中国民间故事、歌谣、谚语三套集成·台江卷》。画册有《神秘的苗疆腹地》和《台江原创歌曲·苗疆余音》。

侯秋梅　台江县报效小学教师。侯秋梅从小爱好唱歌、弹钢琴、跳舞等。曾获“黔东南州民歌大赛”三等奖、“多彩贵州形象大使才艺大赛”台江赛区一等奖。在台江庆祝新中国成立60周年“爱国歌曲大家唱”的合唱比赛中荣获一等奖。获贵阳学院音乐系“声乐技能大赛”优秀奖。

唐忠平　台江民中音乐教师。曾获省教育厅表彰为“先进艺术工作者”，辅导多名学生考取一级艺术院校，并在国家级各项比赛中获奖。辅导学生参加第三届全州中小学文艺会演获州级辅导一等奖；辅导学生多声部苗歌参加全省中小学生文艺会演获二等奖，教师获辅导二等奖；辅导“苗歌合唱”参加全国中学生录像文艺会演评比获一等奖；辅导学生合唱参加黔东南州文艺会演获辅导二等奖。参加州纪委组织反腐倡廉创作大赛获优秀创作奖；发表、编写台江民中校本教材《苗族文化艺术》，并改编和整理多首苗族歌曲。

万政文　台江县方召乡反排村农民，反排木鼓舞队主要艺术骨干。参加在凯里举行的全州芦笙调演获一等奖；带队参加在新疆举行的全国第三届少数民族运动会演出；参加由贵州省文化厅组织的“贵州酒、蜡染、民族节日”文化艺术团演出；参加中国贵州民间文艺代表团赴美国斯波坎市为纪念华盛顿建州一百周年艺术节活动，并被美国人称为“特别艺术团”。1990年9月，木鼓舞队应邀赴北京参加亚运会开幕式表演；木鼓舞队员应中共中央办公厅邀请，赴中南海参加国庆表演，江泽民、李鹏、杨尚昆等国家领导人与他们共舞。还先后带队到上海、香港等地参加首届中华民族风情大型游艺会、中国少数民族艺术节等活动演出。

唐汪报　台江县方召乡反排村农民。反排木鼓舞队主要艺术骨干。1985年以后，开始随木鼓舞队外出演出。先后到过凯里、贵阳、重庆、西安、乌鲁木齐、北京、上海、深圳、昆明、广州、香港等地和美国演出；先后参加在新疆举办的全国第三届少数民族运动会，在美国举办的四国艺术节，在重庆举办的蓉城之秋，在广州举办的“羊城中华博览会”，在北京举办的亚运会开幕式，在上海举办的首届中华民俗风情大型游艺会，在香港举办的中国少数民族艺术节和在深圳举办的企业杯90广场艺术展等十多个全国性和世界性活动演出，足迹踏遍全国各大中城市和许多国家。

唐翁瓮　台江县方召乡反排村农民，反排木鼓舞队骨干队员之一。1986年，参加在凯里举行的“全州新春文艺晚会”，演唱苗歌《浓黛洛加略》荣获三等奖，之后，随木鼓舞队到全国各地参加各种大型活动演出。

第六章　残联

第一节　组织机构与代表大会

一、组织机构

1990年11月26日，召开台江县残疾人联合会第一次代表大会，台江县残疾人联合会诞生。1997年11月，县残联内设人秘计财股和业务股，编制7名。2006年7月，内设办公室、业务股、综合服务中心，编制6名。

全县建立乡镇残疾人联合会8个，明确了专职干部；156个行政村、3个社区成立了残疾人协会，明确村主任（或支书、文书）为残协主席，共聘用残疾人专职委员12名。

二、代表大会

第一次代表大会　1990年11月26日，台江县残疾人联合会第一次代表大会在县人武部召开，出席代表大会的正式代表67名，其中残疾人代表35名，占代表总数的52.2%，特邀代表8名。副县长张明珍代表台江县人民政府致祝词，李美荣致开幕词，翟茂刚作工作报告，郑仁清致闭幕词。大会选举李美荣为台江县残疾人联合会第一届主席团主席，郑仁清、翟茂刚、李泽忠当选为副主席。选举翟茂刚为台江县残疾人联合会第一届执行理事会理事长，李泽忠当选副理事长，黄大明当选为理事。

第二次代表大会　1995年8月25日，台江县残疾人联合会第二次代表大会在县人武部召开，出席代表大会的代表51名，其中残疾人代表26名，占代表总数的51%，特邀代表16名。副县长张文英代表台江县政府致祝词，李美荣致开幕词，刘正和作工作报告，张量致闭幕词。代表大会选举张文英为台江县残疾人联合会第二届主席团主席，李美荣、张量、郑德英、欧文和为副主席。选举张量为台江县残疾人联合会第二届执行理事会专职理事长，欧文和当选为专职副理事长，蒋红燕当选为专职理事。

1998年4月28日，召开台江县残疾人联合会第二届主席团第二次委员会议，出席会议的主席团委员19名。会议听取县残联理事长张量作工作报告，选举龙云茂为台江县残疾人联合会第二届主席团主席，张量为副主席。选举张量为台江县残疾人联合会第二届执行理事会理事长，潘文斌当选为副理事长，蒋红燕当选为理事。

第三次代表大会　2005年1月16日，台江县残疾人联合会第三次代表大会召开，出席代表大会的正式代表63名，其中残疾人代表39名，占代表总数的61.9%。县委常委、县委办公室主任杨光礼代表县委到会致祝词，县妇联主席张言谨代表县总工会、团县委、县科协、县文联、县妇联致贺词，理事长张量作《树立科学发展观，提高执政能力，把台江残疾人事业推向前进》工作报告，县政府副县长李先致闭幕词。大会选举产生台江县残疾人联合会第三届主席团委员 19 名，选举李先为台江县残疾人联合会第三届主席团主席，潘忠明为主席团副主席。选举潘忠明为台江县残疾人联合会第三届执行理事会理事长，王豫贵、潘文斌为副理事长，张宽兰为理事。

2007 年 1 月 31 日，台江县残疾人联合会第三届主席团第二次全体会议召开，出席会议的主席团委员 16 名，因病因事请假 3 人，会议同意潘忠明辞去台江县残疾人联合会第三届主席团副主席和执行理事会理事长职务，同意王豫贵辞去副理事长职务；会议补选刘泽爱为台江县残疾人联合会第三届主席团委员、副主席、执行理事会理事长，补选胡明森为台江县残疾人联合会第三届主席团委员、执行理事会副理事长。

第五次代表大会 2007 年 9 月 29—30 日，台江县残疾人联合会第五次代表大会召开（注：本次大会应属于台江县残疾人联合会第四次代表大会，为与中国残疾人联合会第五次代表大会衔接，根据上级要求，全国统一按第五次代表大会名称召开）。出席代表大会的代表 65 名，其中残疾人及其亲友代表 40 名，占代表总数的 61.54%，特邀人员 15 名，列席人员 19 名。会议由第五次代表大会主席团主持，中共台江县委常委、宣传部部长张林致开幕词，县妇联主席张言谨代表县总工会、团县委、县科协、县文联、县工商联、县妇联致贺词，县残联理事长刘泽爱作第三届执行理事会工作报告，副理事长胡明森宣读第五次代表大会选举办法，县人民政府副县长、残疾人工作委员会主席李碧云致闭幕词。代表大会选举产生台江县残疾人联合会第五届主席团委员 17 名，推选出席州残疾人第五次代表代会代表 4 名，会议选举李碧云为台江县残疾人联合会第五届主席团主席，选举刘泽爱为副主席、执行理事会理事长，选举胡明森、潘文斌为执行理事会副理事长，张宽兰为执行理事会理事。

第二节 联络工作

1993 年，推荐龙翁浓、张也闹两名残疾人参加全省爬山比赛，分别获第二、三名。

1997 年，推选残疾人张习智参加黔东南州残疾人爬山竞赛获第二名。推荐残疾人姬德珍、欧通鲜参加第四届全国残疾人艺术会演大赛，《妹妹邀哥来唱歌》获声乐优秀奖。

1998 年，推选残疾人张习智为贵州省残疾人联合会第三次代表大会代表，并当选为代表大会主席团委员，评议委员会委员。县残联获全州残联目标考核康复工作先进单位。

1999 年，获国家残疾人扶贫资金 100 万元，以小额信贷方式扶持全县贫困残疾人。县人民政府出台了《台江县残疾人优惠政策若干规定》《台江县分散按比例安排残疾人就业实施细则》，建立了台江县残疾人法律援助领导小组。

2000 年，获残疾人扶贫资金 50 万元，投放给全县贫困残疾人。县残联理事长张量获贵州省人民政府残疾人工作协调委员会表彰为“贵州视觉第一中国行动”先进个人。

2001 年，争取到香港李嘉诚先生捐资 10 万元，改善残联办公条件。投入帮扶资金 13000 元，县残疾获国务院残疾人工作协调委员会表彰台江为全国残疾人工作先进县。县委印发《党办通报》号召全县各级各部门向县残联学习。

2002 年，县残联副理事长周长树、张宽兰、石秀权赴浙江省宁波市，与北仑区结成帮扶对子。

2003 年，县残联理事长张量出席北京第三次全国自强模范暨扶残助残先进集体和先进个人表彰大会，被国务院残疾人工作协调委员会、人事部、中国残疾人联合会表彰为全国残联系统先进工作者，并在北京人民大会堂参加中国残疾人联合会第四次全国代表大会，受到胡锦涛主席、温家宝总理等党和国家领导人接见并合影留念。

2006年，开展全国第二次残疾人抽样调查工作，台江县被贵州省人民政府残疾人工作委员会表彰为先进办公室和先进调查队，王豫贵被国务院残疾人工作协调委员会表彰为先进个人，张宽兰被贵州省人民政府残疾人工作委员会表彰为先进个人。

2007年，《台江县残疾人康复“十一五”实施方案》出台。县残联积极协调财政、地税部门搞好残保金代征、代扣工作，年内共征收残保金23万元。做好残疾人维权工作，联系协调司法部门推荐2个“残疾人维权示范岗”。

2008—2010年，分别征收残保金20万元、27万元、43.67万元。

第三节 康复工作

从1991年开始，开展以白内障复明、儿麻矫治和聋哑儿语训为中心的“三项康复”工作，组织部分适合手术的患者到医院治疗。1991年，县残联邀请省康复医疗队到台江为24名白内障病人作复明手术。1995年，邀请黔东南州人民医院眼科专家到台江作白内障复明手术，完成复明手术32例。邀请贵州省假肢厂到台江做假肢装配，完成假肢装配28例。邀请凯里418医院骨科专家到台江做儿麻矫治，完成儿麻矫治78例。是年，台江残疾人康复工作名列黔东南州第一名。1997—2000年，全县完成白内障复明手术122例。

2001年，完成白内障复明手术32例。台江被贵州省人民政府残疾人工作协调委员会表彰为“全省视觉第一中国行动”先进单位，县残联理事长张量获全省“视觉第一中国行动”先进个人。

2003年，争取得到康复扶贫资金300万元，投入香港“健康快车”大扶贫活动，完成白内障复明手术44例。排羊乡李洪升被国务院残疾人工作协调委员会、卫生部、民政部、财政部、公安部、教育部、中国残联评为全国残疾人康复工作先进个人。2004—2005年，共完成白内障复明手术25例，康复训练聋儿5名，假肢装配4名。

2007年，完成白内障摘除复明手术108例，为患者免除手术费41.04万元，同时给每人发放生活补助费和车费100～200元不等，共发放2.08万元。完成普及型小腿假肢装配2例，为患者免除材料和安装费1.2万元；免费发放轮椅车、坐便器、拐杖、助行器等各类辅助器具95件，约1.1万元。

2008年，组织输送白内障患者到上级医疗机构做白内障摘除复明手术，完成手术90例，为患者免除手术费34.2万元，共发放生活补助费和车费1.8万元。完成普及型小腿假肢装配5例、普及型大腿假肢装配2例，为患者免除材料和安装费6.6万元。安装矫形器1例。免费发放轮椅车、坐便器、手杖、助行器等各类辅助器具136件，约1.3万元。

2009年，完成白内障复明手术99例，为患者免除手术费37.62万元，发放生活补助费和车费共1.92万元。

2010年，完成白内障复明手术142例，为患者免除手术费53.96万元，发放生活补助费和车费2.8万元。

第四节 教育培训

一、学校教育

1994年8月，台江县育智学校建成，学校教师编制9人，设校长1人、教师5人、保育员1人、校医 1 人、炊事员 1 人，由县教委、县残联共同管理。2000 年，中国残联陈振声一行 17 人专程到台江考察聋儿语训部。1995 年，育智学校与州残联挂牌办校，重命名为黔东南州聋儿语训部，接受州残联的培训指导和办学资助。挂牌办学初期设有两个班级，共有学生 25 人，其中 10 人为弱智班，7 周岁以下的 15 人为语训班。2002 年，县聋儿语训部被贵州省人民政府残疾人工作协调委员会表彰为全省康复工作先进集体。

特殊教育学校的经费来源主要以政府投入为主，办学条件由教育行政部门筹措，县残联援引资助，倡导社会捐资。2003—2004 年，争取扶残助学“春雨行动”资金 3.34 万元，资助县聋哑儿童学校。康复训练聋哑儿童 11 名，培训聋哑儿童及家长 24 名。2008 年，落实“彩票公益金”活动项目，招收聋儿 12 名，输送到台江县育智学校学习和训练，并争取上级资金 2.4 万元及时送到残疾学生手中，为他们解决学费、书费和部分生活费。2009—2010 年，落实“彩票公益金”活动项目，争取资金 15.6 万元，为台江县育智学校残疾学生解决学费、书费和部分生活费。安装矫形器 1 例。免费发放轮椅车、坐便器、拐杖、凳式手杖、助行器等各类辅助器具共同社 320 件，约 3.6 万元。

2010 年，根据省州有关特殊教育学校办学调整，由于台江县人口基数小，办学规模不大，因此台江育智学校停办，合并到凯里市育智学校。

二、就业培训

1992 年，台北曹原基金会捐赠残疾人轮椅车 21 部，香港太兴公司捐赠残疾人皮鞋 120 双，扶助台江县残疾人。1993 年，安排残疾人就业 58 名，获黔东南州残联劳动就业三等奖。1994 年，北京市捐赠衣服扶助残疾人 580 户 660 人。

1996 年，州、县残联共同举办聋儿家长培训 25 人，安排残疾人就业 63 名。撰写补碘工作评选报告材料，获全国补碘工作先进县（贵州省仅台江一个县），老屯乡获全省残疾人工作先进乡，欧文和获全省残疾人工作先进个人，县教育局局长李承权被评选为全省扶残助残先进个人。

1997 年，争取康复扶贫资金 40 万元，台湾曹庆基金会捐献轮椅车 2 部。1998 年，安排残疾人就业 49 名。2000 年，县公路养护段安排残疾人就业率达 15.2%，超过国家规定 1.5%的标准，被黔东南州残疾人工作协调委员会表彰为全州残疾人就业工作先进单位。

2002 年，选派 4 人分别参加州、省残联系统手语培训班和按摩培训班。创办了台江县盲人按摩保健中心，争取扶残助学资金 4750 元。输送 9 名残疾人到凯里市润莲刺绣厂就业。

2004 年，发展盲人按摩就业 2 名。2006 年，输送 10 名残疾人到贵阳金康公司就业，发展盲人按摩 3 名。

2007—2010 年，举办残疾人职业技能培训和残疾人农村实用技术培训 8 期，培训残疾人学员 320 人。免费为盲人定向行走训练 7 人，低视力儿童、聋哑儿、智残儿童家长培训 20 人，收训聋哑儿 27 名，智残儿童 15 名。输送 6 名盲人参加省残联举办的盲人按摩师培训。

第七章　科协

第一节　组织机构与代表大会

一、组织机构

1984 年，台江县科学技术协会成立。至 2010 年，全县学会、协会发展到 14 个，乡镇科普协会 9 个，会员 900 余人。

团体学会、协会有农学会、畜牧学会、水电学会、气象学会、医药卫生学会、教育学会、林学会、建筑学会、会计学会、农机学会、科普创作协会、青少年辅导员协会、气功协会、篮球协会以及 9 个乡镇科普协会。2003 年 6 月，革东镇划给剑河后，有 8 个乡镇科普协会，188 个村科普分会。

二、代表大会

第四次代表大会　1990 年 12 月 6 日，台江县第四次科协代表大会在县城召开，大会选举产生新一届科协委员 27 名，石祯华、刘诗文、卢启忠、杨昌国、明传耀、罗康尧、欧阳毅、郑泽芳、姬武兴、熊银昭、谭家礼 11 人为常委，石祯华为主席，姬武兴为副主席（兼）。

第五次代表大会　1993 年 11 月 23 日，台江县第五次科协代表大会在县城召开，出席会议代表 72 人，其中农、林、水、农机、气象代表团 21 人，教育、卫生、篮球、乒乓、气功、科普、监督、青少年、建筑代表团 23 人，乡镇代表团 28 人，列席代表 21 人，特邀代表 17 人。大会选举产生第五届委员 34 人，石祯华、唐成辉、冉秀实、姬武兴、明传耀、吴通恒等 9 人为常委，吴通恒为主席，明传耀为副主席（兼）。

2002 年 1 月，吴通恒调离，杨智槐调任科协主席，2 月，杨光健调任副主席。2003 年 2 月，杨学芬调任副主席。

第六次代表大会　2005 年 4 月，台江县第六次科协代表大会在县城召开，大会选举产生第六届委员 24 人，黄国胜、杨光健、张秋敏、刘诗文、吴春云、龙耀银、李美福、李美辉、邰昌源、杨礼旦等 11 人为常委，李美福为主席，杨光健、邰昌源为副主席（兼）。2006 年 12 月，周长树调任副主席。

第二节　主要工作

一、科普宣传

2002 年 6 月,《中华人民共和国科学技术普及法》颁布实施以后，每年利用“科普活动周”“全国科普日”以及台江苗族节日、赶场天开展科普宣传活动。2004 年 3 月，县科协和教育局组织城关一小、二小的老师和学生 600 多人参观苗族刺绣、古生物化石博物馆。通过这次活动，使青少年了解苗族刺绣种类和古生物化石的演化过程，增强了他们学科学、爱科学的积极性。

2005 年 9 月 20 日，由州、县科协和教育局开展“未成年人家庭教育”科普报告会，参加听报告的有各中小学教师、妇儿工委成员、未成年人关工委成员单位的领导和学生家长计 400 余人。是年，“全国科普日”着重开展“预防疾病，科学生活，共创州级文明县城”的宣传，深入各乡镇开展宣传，先后开展活动 8 次，出动科技人员 130 人次，发放资料 1 万余份；在姊妹节期间组织各学（协）会做好参展工作，制作科普展板 80 块，展线长 100 余米，宣传台江各条战线科技成果。

2006 年，县科协与组织部、农业局等单位在全县 8 个乡镇开展科普宣传活动，内容涉及法律法规、农村饮用水安全、森林消防、养殖技术、农村合作医疗和社会主义新农村建设的有关政策等，发放资料近万份，接收群众咨询 1500 多人次。

2008 年 4 月，县科协牵头，举办大型科普一条街活动，有 9 个学会、40 名会员参加，展出科普展板 309 块，展线长 250 米，发放科普资料 2050 册（份），布设科普摊位 5 处，接待科技咨询 2500 人，放科普录像 6 场次，观众 5200 人次。

2008 年，县委、县政府将“全国科普示范县”创建工作纳入了重要议事日程，县科普工作以贯彻落实《中华人民共和国科普法》和《全民科学素质行动计划纲要》为动力，全县各级党政部门统一思想、创新思路，大兴科普、广推科技，创建工作做到有计划、有安排、有规划、有部署、有总结，资料建档规范。按照创建全国科普示范县的标准和要求，依托文化资源优势，不断加大工作力度，创新工作方法，增添工作措施，拓展创建工作内涵，持续巩固和提高创建成果，有力地推动了全县创建工作的顺利开展。

2010 年 3 月，“全国科普示范县”创建工作通过中国科协验收。4 月，在姊妹节期间，县科协邀请省科协的科普大篷车到台江开展宣传，共展出挂图 400 余幅，科普教具 287 件，发放资料 2 万多份，咨询人数 3000 余人。

二、科普培训及服务

2007 年 5 月，组织各学（协）会利用“科普活动周”，深入各乡镇开展科学适用技术培训，出动科技人员 160 人，受益人数 4560 人。

2009 年，与关工委配合，开展“两山培训”，举办培训班 9 期，培训内容有种草养畜、沼气建设、稻田养鱼、苦丁茶栽培、金秋梨栽培、农产品加工等，参加培训人数 1452 人。

医药卫生学会完成制定“台江县卫生科技十五计划及 2010 年发展规划”“台江县医疗卫生体制改革方案”等项目，大力开展城市卫生支农工作，深入 150 个村开展义诊和卫生咨询，发放宣传资料 10 万余份。

县科协积极办好示范带动作用，推动农村经济发展。围绕全县“一户一技能”工作思路，强化办好示范促发展，在梅影村指导蔬菜协会发展，建起 50 个蔬菜大棚，推广 100 亩反季节蔬菜种植，推动全村蔬菜产业发展。在上桃村指导村民发展养猪，有 80 户养猪 10 头以上；指导文昌社区唐湘源建养猪场，发展养猪 400 多头。

三、科普成果

农学会积极开展新品种、新技术的试验示范与推广工作，积极引进两段育秧、水稻旱育稀植、叶龄模式栽培、玉米育苗栽培、水稻玉米规范化栽培、蔬菜破季节栽培、油菜育苗移栽及管理、平衡配套施肥、病虫害综合防治、抛秧技术、脱毒马铃薯免耕及地膜栽培、稻田生态养鱼、果树高接换头、种草养畜等科学生产技术。引进了超级稻等十多种高产、优质、抗逆性强的新品种。大力推广良种良法，促进农业生产稳步增长，2010 年，农业总产值、粮食总产量、农民人均纯收入均比 1993 年有较大增长，特别是农民人均纯收入，从 2005 年的 1662 元增长到 2010 年的 2981 元，增长 79.4%。

畜牧学会充分发挥科技人员的优势，大力推广畜牧生产适用技术，如种草养畜、生猪、牛、羊品种改良、青贮饲料和短期育肥等，实现了由传统饲养向科技饲养的转变，提高科技含量，推动了畜牧业的较快发展。2010 年，农民人均来自畜牧业收入占比提高，全县 30 头以上牲畜的中大型规模养殖场达 75 个，存栏 8500 头左右，年实现畜牧水产产值 11980 万元。

林学会强化人才兴县战略，外聘中南林学院、贵州农学院专家教授现场授课和指导培训，积极开展和探索台江县马尾松、大板栗、金秋梨、苦丁茶的栽培技术，大力实施“天然林资源保护工程”“退耕还林工程”，取得一定成果，获得各种奖项 13 个。

医药卫生学会申报科研项目 11 项，其中 1 项获科技优秀进步奖；发表论文 116 篇，其中省级以上刊物 98 篇，县民族医院有 1 篇获国家表彰奖。

教育学会积极开展教育学术探讨，撰写相关论文多篇，获国家、省、州各种奖项 33 个。

第六篇

军事

第一章　机构　驻军

第一节　机构

一、台江县人民武装部

1991年，台江县人民武装部归地方管理，为副县团级建制。设部长、政委各1人，下设办公室、军事科、政工科，分别设主任、科长各1人，科室分别设助理员、参谋、干事2～3人。至1990年，台江县人武部有干部职工21人，5个区（镇）、28个乡镇均配置基层人民武装部部长，担负人民武装工作。

县人武部历任部长、政委、副部长名录

表6-1

职　务	姓　名	民　族	籍　贯	任职时间
部　长	李金富	苗	贵州雷山	1994年8月—2003年1月
	余世全	侗	贵州三穗	1988年1月—1994年8月
	高开祥	汉	贵州织金	2003年3月—2007年3月
	陆远武	汉	贵州桐梓	2007年3月—2011年3月
	尹兴邦	汉	贵州德江	2011年3月—2014年1月
	杨　云	汉	贵州正安	2014年1月—
政　委	刘耀密	苗	贵州台江	1986年1月—1994年6月
	姜先奎	侗	贵州三穗	1994年8月—1997年6月
	姜希钦	苗	贵州锦屏	1997年6月—1998年12月
	吴光贵	侗	贵州黎平	2000年3月—2003年1月
	李　斌	汉	四川南充	2006年3月—2008年3月
	杨　俊	侗	贵州麻江	2008年4月—2010年4月
	何　成	汉	四川南充	2010年4月—2012年3月
	陈　俊	汉	云南普洱	2012年3月—
副部长	全洪江	侗	贵州天柱	1997年4月—1997年10月
	彭义鸿	汉	贵州岑巩	1997年10月—1998年6月
	李祥顺	汉	河南	1998年6月—2000年3月
	徐书祥	汉	贵州榕江	2000年3月—2002年3月
	吴先哲	侗	贵州三穗	2002年3月—2003年1月
	施遵怀	汉	河北怀来	2004年10月—2010年4月
	吴　华	苗	贵州黄平	2010年4月—2013年12月
	何华强	汉	四川广安	2014年1月—

1996 年 4 月，人民武装部收归部队管理，改为正县团级建制。设部长、政委，第一政委由县委书记兼任。下设军事科，配科长 1 人、参谋各 3 人；政工科配科长、干事各 1 人；后勤科配科长、助理员各 1 人。

2010 年，台江县人民武装部有干部、职工 46 人，8 个乡镇均设人民武装部，配部长 1 人、专武干事 1 人。武装部部长为乡镇同级党委委员，副科级待遇，全面负责基层武装工作。

二、基层人民武装部

1991 年 3 月，实施建镇并乡撤区。撤台拱、施洞、南宫、革东区，把原台浓、登交、红阳、番省、南省乡并入台拱镇；原四新、良田、平兆乡并入施洞镇；原交东、五河、宝贡、麻栗乡并入革东镇；原南瓦乡并入台盘乡；原大塘乡并入革一乡；原报效、坝场乡并入老屯乡；原巫脚乡并入方召乡；原交密、东杠、交下乡并入南宫乡；排羊乡辖地不变。全县有 9 个乡镇，各设专武干部 1 人，共计 9 人。

1999 年 7 月 6 日，中共中央办公厅、国务院办公厅、中央军委办公厅下达《关于基层人民武装部机构设置、干部配备原则等问题的通知》，明确基层武装部的职能是同级党委的军事部门和同级人民政府的兵役机关，主要任务是负责本区域的民兵组织建设、政治教育、军事训练、武器装备管理；组织带领民兵完成战备执勤任务，配合公安部门维护社会治安；发动和组织民兵参加两个文明建设，开展以劳养武活动，完成急难险重任务；战时组织带领民兵参军参战，支援前线；会同有关部门进行战争潜力调查，做好相关动员准备工作；协同预备役部（分）队落实参训人员，做好兵员管理、动员集结等工作；协助有关部门开展国防教育，做好退伍军人的安置和烈军属的优抚工作；协助军队做好本区域的军事设施保护工作；完成地方党委、人民政府和上级军事机关交给的其他工作任务。基层武装部接受同级党委、政府和上级军事机关的双重领导，编配部长、干事各 1 人。专职武装干部的选拔、配备和管理，实行双重领导，按国家公务员制度执行，仍可实行聘用制，选拔对象为大专院校、人武学校毕业生和优秀退伍士兵。乡镇武装部部长参加同级党委，为副乡（镇）长级职务，部长任职最高年龄为 45 岁、干事为 40 岁。按照上述要求，基层人武部开始配备武装干事。2003 年 6 月 18 日，台江县革东镇划归剑河县，革东镇人民武装部亦随之移交剑河县人武部。至 2010 年，台江县辖台拱、施洞、台盘、革一、老屯、方召、南宫、排羊 8 个乡（镇），各设专武干部 2 人，共计 16 人。

三、国防教育委员会

1991 年 5 月，根据省、州有关设立全民国防教育机构的指示精神，对原有的国防教育领导小组及办公室人员进行了调整，县委副书记欧光辉担任组长，县政府常务副县长吴儒辉、人武部政委刘跃密、县宣传部部长杨文明为领导小组成员；县委宣传部部长、人武部政工科科长分别兼任国防教育办公室正、副主任，并从县人武部抽两名人员，从县委宣传部抽一名人员作办公室工作人员，具体办理国防教育的各种事宜；明确国防教育办公室设在人武部政工科。翌年 5 月，成立台江县国防教育委员会，代理县长刘耀密任主任，姜先奎、李金富、张明珍、张文英为副主任。下设办公室，人武部政工科科长刘军任办公室主任，办公室设在人武部。2000 年 3 月，刘军调走，吴均接任。2003 年，国教办主任由地方官员担任，设主任一人。2005 年，县人民政府县长潘亮担任国防教育委员会主任，武装部部长高开祥、武装部政委吴光贵、副县长王晓琴为副主任。2006 年 7 月，县人民政府县长杨昌彪担任国防动员委员会主任、武装部部长陆远武、武装部政委李斌为副主任。

第二节 驻军

一、武警台江县中队

1983年1月，划归中国人民武装警察部队黔东南州支队，直接受武警黔东南州支队领导，至今未变。现有办公楼及住宿楼各1栋，军事训练场1个，占地面积1264平方米，建筑面积373平方米。连级编制，设队长、指导员、司务长各1人，有一个连的兵力配备和装备编制。1995年4月，中队进行勤务专项治理整顿，全面落实组织领导、勤务教育、执勤秩序、领班员和干部值班、查哨、勤务部署、执勤方案、执勤事故预防、执勤设施管理等制度措施，促进执勤任务完成。1997年3月，中队组建应急防暴小分队，突出抓好执勤哨兵情况处置、防逃制逃和实兵战术演练，提高了中队执勤能力。1999年4月，中队组织进行勤务治理整顿，组织官兵学习《执勤规定》《关于加强看守执勤工作的规定》，要求官兵熟悉驻地敌社情情况、地理环境、治安状况，掌握哨兵职责、口令及信（记）号规定和情况处置的方法。中队营和房看守所于5月开始改造，关押人犯押送至剑河县看守所代管，中队派出14名官兵担负押解任务。2000年，中队全面贯彻《执勤正规化检查验收标准》。5月，看守所改造完毕，中队派12名官兵配合公安干警从剑河押回罪犯。7月，中队与看守所开展“三共”（即共建、共管、共保安全）活动。2002年6月，武警部队执勤“三级网系统”在中队开通，中队勤务值班员、州支队值班室和省总队值班首长可24小时电视监控哨兵执勤情况，使中队执勤条件得到改善。2003年5月，县政府投入资金25000元改造执勤哨位，改善了官兵的执勤条件。2004年12月，中队通过支队检查验收，被评为“一级执勤单位”。2005年，实施了生活、执勤、训练、学习“四配套”设施建设，官兵的生活执勤环境得到大大改善，还发扬艰苦奋斗的精神，官兵自己动手修筑保坎30余米，修整道路200多米。2010年，中队营区内外共栽种铁树、雪松、金梨、香樟、梧桐、玉兰等近30个品种的花草树木，营区实现了“春有花，夏有荫，秋有果，冬有绿”的良好环境。

二、台江县消防大队

1997年以前，消防工作属县公安局管，内设消防科，为副科级。1997年7月8日，台江县公安局消防科改建为台江县公安消防大队，又称中国人民武装警察部队台江县消防大队，正营级单位。2004年3月24日，黔东南州消防支队派消防官兵15人进驻台江县，成立台江县公安消防执勤点。2004年8月，经省消防总队批准成立台江县消防中队，正连级单位，隶属台江县消防大队。现有办公楼及住宿楼各1栋，训练场1个，占地面积2646.15平方米，建筑面积1404平方米。营级编制，设大队长、教导员各1人；下设一个中队，连级编制，设中队长、指导员各1人，有一个连的兵力配备和装备编制。2004年3月22日，台江县消防大队搬迁至台江县台拱镇丈帮寨，在国道320旁，营区占地面积2646.13平方米，建筑总面积为860平方米。大队办公楼、中队营房各一栋整合连在一起，方便官兵办公。县消防大队隶属黔东南州公安消防支队，下辖1个消防中队，2010年大队有消防官兵20人，两个战斗班，一个后勤班。

1999年，县财政拨款购置第一辆消防车；2005年，增购第二辆消防车；2006年，购置第三辆消防车。中队拥有空气呼吸器14具、战斗服14套、抢险救援服16套、避火服1套、隔热服2套、缓降器2个、呼救器14个。装备的完善，大大提高了消防救援能力，增强了城镇防火安全系数。

第二章　武装部建设

第一节　党组织建设

1991年，县人武部设党委会，下设机关党支部。按中国共产党章程规定，人武部党委、支部认真贯彻党的创新理论，努力学习“三个代表”重要思想和江泽民总书记的重要讲话，始终做到高举旗帜，听从指挥，着力抓好党组织能力建设，严格落实组织生活制度，坚持党管党员、党管干部的原则，党员密切联系群众，严于律己，以身作则，率先垂范，清正廉洁，起到了先锋模范作用，形成了坚强的战斗堡垒。

1993年，党委进行思想整顿，制定党委成员加强团结协作，端正党风，接受群众监督的“十要十不要”的规定。即：要坚决执行党委的决定，不要擅自改变；要勇于坚持真理，不要固执己见；要讲原则、讲团结，不要是非不分，一团和气；要职责分明，相互支持，不要分工分家；要谦虚谨慎，不要故步自封，目中无人；要学新的知识，积极探索，不要畏难偷懒；要勇于承担责任，纠正错误，不要争功诿过，争名争利；要诚恳待人，言行一致，不要口是心非，言行不一；要有主心骨，不要随大流，随风倒；要旗帜鲜明，批评不良现象，纠正不正之风。

1994年，武装部党委把坚持反腐倡廉、勤政为民摆到党委一切工作的首要位置，把反腐倡廉的斗争同各项工作融为一体。制定了《党委廉政建设制度》。即：从精神文明建设着眼，从思想教育入手，教育党员、干部树立全心全意为人民服务的思想，反对腐败作风；坚持艰苦奋斗，勤俭节约，反对向钱看的思想；开展批评与自我批评，反对一团和气；坚持原则不受贿，坚决反对拜金主义、享乐主义和极端个人主义。

1996年4月，人武部收归军队建制，成立了临时党委。党委以加强理论学习和贯彻民主集中制为主要内容加强党委自身建设。重新修订了《党委自律要则》。同时，加强作风和纪律整顿。认真贯彻党委集体领导下的首长分工负责制，严格执行党委议事规则，重大问题提交党委集体讨论决定。

1998年，党委班子调整后，认真贯彻“集体领导、民主集中、个别酝酿、会议决定”的方针，制定了《党委议事规则》。

1999年，党委的建设主要抓了中心小组学习和党的思想作风建设。共完成了党的基本路线和基本纲领、党的思想作风建设、邓小平新时期军队建设思想和我国社会主义建设的理论和实践4个专题的学习。特别是第二专题：党的思想作风建设，开展批评与自我批评，使党委班子的思想进一步纯洁，作风得到了端正，班子成员的政策理论水平和决策能力有了较大的提高，树立了良好的形象，为抓好“四件”实事打下了坚实的基础。

2000年，党委把江泽民在全军政治工作会议上的重要讲话、中央《关于改革开放发展社会主义市场经济条件下军队思想政治建设若干问题的决定》纳入党委中心组学习内容，大力加强思想政治建设。注重把学习成果转化为科学的世界观和方法论，转化成党委的决策能力和领导能力。完善党委议事规则和加强自身建设的制度措施。

2001年，开展学习实践“三个代表”重要思想保持共产党员先进性教育活动。完成“党的三代领导核心关于改进领导作风的理论”和“三个代表”重要思想两个专题的学习，共写心得体会文章32篇。同年，被省军区表彰为“先进团级党委”。

2002年，党委围绕“八个坚持、八个反对”，按照民主集中制原则，研究制定了人武部党委加强和改进作风建设的具体措施，强化了对人、财、物、车的管理，建立有效的监督机制，党风廉政建设得到进一步加强。

2003年，认真组织党委成员和全体干部学习党的十六大报告。采取学习、监督管理、督促整改、疏导结合的方法，抓好牢记“两个务必”、保持艰苦奋斗，廉政从政的优良作风。用科学的眼光认识社会，用正确的标准规范行为。建立完善了理论学习组织领导、考勤登记、检查讲评、调查研究等12项制度，检查学习效果9条标准。积极参加西部大开发，为建设小康社会做贡献。

2004年，坚持用《党委工作条例》规范人武部党委工作，提高党委班子的凝聚力和战斗力。使党委成员熟悉党委的工作原则、职责、程序、制度和基本要求，提高党委议事水平和质量。认真修订了《党委议事规则》，规范了党委办事程序，坚持了党委办事公开化。充分运用学习先进模范事迹和反面典型警示教育，增强了抵御资产阶级腐朽思想侵蚀的能力。

2005年，以《论“三个代表”重要思想》《论党的建设》《论国防和军队建设》及两个《纲要》为基本教材，深入学习贯彻科学发展观，扎实开展“保持共产党员先进性”“使命论”、荣辱观等主题教育活动，采取统一安排，集中辅导，个人自学，集体讨论，专题交流和检查评比等方法，自觉做到理论与实践，学习与运用，思想与行动相统一，党委成员的理想信念进一步坚定，宗旨意识进一步增强，决策能力和理论水平得到较大提高。同时，制定完善《关于加强党委自身建设的措施》《党委成员律己规则》《党委中心组理论学习制度》《党委民主生活会》等制度和措施。还坚持把党风廉政建设列入年度综合目标管理考核的内容，坚持对重大事项进行决策监督和跟踪检查，重视管好领导干部的生活圈、交往圈、娱乐圈。特别是在每年征兵期间，针对应征青年多、关系兵多的特点，强化依法征兵、廉洁征兵，有效防止领导干部以权谋私，保证兵员质量，实现44年45次无责任退兵。

2006年，按照军委《关于提高各级党委贯彻落实科学发展观能力的措施》，认真抓党委“一班人”科学发展观理念的树立，认真贯彻民主集中制“十六字”原则，党委科学决策、民主决策、依法决策的能力得到了进一步加强。注重加强党支部建设，按照“支部是主体、党员是基础、制度是保证”的原则，认真抓党支部的能力建设和党员的先进性教育，党支部的战斗堡垒作用和党员的先锋模范作用得到了充分发挥。认真开展政治教育，按照军分区统一部署，认真开展了四项重大教育和“四爱”主题实践活动，开展“使命论”主题教育、科学发展观教育、党员先进性教育、增强干部事业心责任感等教育和党的十六届六中全会精神的学习。组织优秀党员到三穗杨至诚将军纪念馆、黎平会议会址开展“重走长征路、缅怀革命先辈”教育活动；为纪念红军长征胜利70周年，组织全体干部职工和“兴农强武”基地民兵到台江烈士陵园敬献了花圈，重温了入党誓词。

2007年，按照中共中央〔2006〕13号文件精神，认真开展民兵预备役思想政治工作，坚持抓好党委议教制度，扎实开展教育，切实把干部职工的思想引导到履职尽责和以饱满的政治热情迎接十七大上来。注重把主题教育与“四爱”主题实践、“宗旨”教育和机关作风教育整顿等教育活动结合起来，按照军分区《关于学习宣传贯彻十七大精神的实施意见》要求，人武部党委以大事大抓的力度，把学习十七大精神作为首要政治任务，分三部分严密组织专题学习，并开展组织交流、展评活动等形式多样的配合活动。

2008年，人武部党委按照“抓班子强素质，抓基层建队伍，抓建设谋发展，抓安全促稳定”的工作思路，认认真真搞教育，扎扎实实抓落实，一心一意谋发展，殚精竭虑保安全，各项工作有了新的进步。坚持用“十六字”原则规范党委工作，着力在完善制度、坚持程序、保证质量上下功夫，党委班子的民主决策和科学决策水平有了较大提高；将思想政治建设作为头等大事来筹划，作为重大工作来部署，作为根本要求来落实，作为首要任务来完成，作为政治宣言来领悟，作为行动纲领来把握，扎扎实实地组织干部职工开展主题教育、专题教育和十七大精神学习活动。是年，被省军区表彰为“人才培养”先进单位。

2009 年，坚持用“十六字”原则规范党委工作，着力在完善制度、坚持程序、保证质量上下功夫，党委班子的民主决策和科学决策水平有了较大提高；狠抓党委班子的能力建设，增强党委“一班人”的凝聚力、战斗力；重视风气建设，营造风清气顺、团结心齐的干事局面，充分发挥党委的核心领导作用。政治教育有新提高。扎实开展学习实践活动、主题教育、专题教育和十七大精神学习活动。成立学习领导小组，拟制教学计划，由党委正、副书记分专题进行授课辅导。努力创造学习成才的学习氛围，支持干部职工开展读书成才活动。

2010 年，人武部党委狠抓省军区《关于推进学习型党组织建设实施办法》的落实，同时，努力建设学习型党组织、打造学习型军营、争创学习型机关、争当学习型干部（职工），切实把学习摆上突出位置，牢固树立学习是生活第一需要、工作第一需求。积极开展军事理论和政工干部网上学习，坚持“干什么学什么、缺什么补什么、未来战争需要什么钻什么”的原则，把打仗所需、岗位急需、素质必需的内容作为学习的第一选择。组织班子成员参加纲要培训，重点学习党的“三代领导”核心和胡锦涛总书记关于《民主集中制》的重要论述。认真贯彻全军党的建设座谈会精神，严格落实省军区《关于党的基层组织建设和党员中深入开展创先争优活动的实施意见》，扎实开展《政治工作条例》学习，规范党委工作程序，严格执行学习、工作、考核测评、民主监督和总结讲评制度。先后进行了“学法规、严纪律、查隐患、纠歪风”“深入学习贯彻党的十七届四中全会精神，大力推进省军区部队学习型党组织建设”“深入学习胡锦涛主席关于国防和军队建设重要论述，大力加强基于信息系统的体系作战能力建设”3 个专题党委中心组理论学习，培养坚强党性、锻炼优良党风、模范遵守党纪。狠抓成果转化，切实增强了党管干部党管党员的能力，特别是增强了党管主官的能力。

第二节　干部队伍建设

一、干部管理

党员干部队伍是人武部建设以及完成各项工作任务的核心力量，为加强干部队伍建设，台江县人武部党委制定了《党委成员律己规则》《党员干部管理规定》等制度和措施，以制度的落实约束干部的言行。同时，坚持把理论学习作为加强干部队伍思想政治建设的头等大事来抓，采取自学与集中学习结合、讨论交流与写心得体会结合、专题发言与检查评比结合等方法，做到年前有规划，季度有计划，月月有安排，每周有内容，月底有检查，年底有考核，大大增强了干部的思想政治理论功底。并按照江泽民“四自”“五个模范”的要求，引导干部自觉抵制各种诱惑和影响，安心少数民族贫困地区。为不断强化干部综合素质，打造人才方阵，人武部还认真抓了高科技知识的学习，不断请来地方专业人员进行计算机技术辅导，定期对干部职工网上作业的能力进行考核。人武部 7 名干部全部取得国家计算机等级考试一级或二级证书。多年来，人武部共提升干部 16 人，其中，提升为正团 5 人、副团 3 人、正营 4 人、调入上级机关提升任职 4 人。干部立功人员 8 人，受各级表彰 18 人。

干部退出现役安置，主要有复员还乡、转业地方、离退休等渠道，均由军分区批准。干部复员安置由武装部派人到复员干部的当地与安置办公室联系安置，当地有困难不能接收安置的复员干部，由武装部和当地安置办公办协商，妥善安置。干部转业安置，干部宣布转业后，离队前进行科学文化轮训和专业训练，由转业干部自主择业，采取就地安置、跨地区安置和分散安置。干部离退休由军分区安置。干部病休未退出现役而回原籍的由武装部管理，退出现役的由武装部和民政局共同管理。

二、思想政治教育

邓小平理论教育 1992—1993年，重点围绕邓小平南方谈话、中共十四大和十四届三中全会精神，以及社会主义市场经济理论进行。1993—1994年，重点围绕《邓小平文选》第三卷和再版的《邓小平文选》第一、二卷进行。1994—1995年，重点围绕党的十四届四中全会精神和《邓小平同志建设有中国特色社会主义理论学习纲要》进行。1995—1996年，重点围绕中共十四届五中、六中全会精神，以及邓小平关于发展的理论和精神文明建设的理论进行。1997—1999年，重点围绕江泽民在中央党校以及全国学习邓小平理论工作会议上的重要讲话、中共十五大精神、十五届一中、二中全会精神和邓小平经济理论、人才人事理论等进行。中共十五大把邓小平理论写进了《中国共产党章程》作为党的指导思想。1998年6月，按照中共中央下发《关于在全党深入学习邓小平理论的通知》和省委发出的《关于贯彻落实（中共中央关于在全党深入学习邓小平理论的通知）的通知》，对深入学习邓小平理论的工作进行了具体部署，在全体干部职工中掀起了学习邓小平理论的新高潮。1999—2000年，重点围绕马克思主义唯物论和无神论、江泽民关于讲学习讲政治讲正气的论述以及在中央思想政治工作会议上的讲话、"三个代表"重要思想、党的十五届五中全会精神、中央实施西部大开发战略决定和邓小平关于"两个大局"思想进行学习教育。先后组织开展了弘扬科学精神，反对封建迷信，揭批"法轮功"邪教组织活动和党员学习党章，坚定理想信念教育活动，副部以上党员领导干部参加了"三讲"教育活动。通过学习教育，邓小平理论深入人心，全体广大党员特别是党员领导干部对邓小平理论是当代中国的马克思主义达成了共识，对邓小平理论的科学体系和精神实质有了较深入的认识，提高了在改造客观世界的同时对改造主观世界改造的自觉性，增强了党性观念和坚持党的基本理论、基本路线、基本纲领的坚定性，加深了对党的性质、宗旨的认识，划清了一些重大问题的是非界限。广大党员干部在理论联系实际、理论指导实践上有了明显进步，领导班子也提高了决策的科学性和针对性。通过学习教育，提高了广大党员、干部和群众的思想政治理论水平，有力地推动了人民武装部两个文明建设的协调发展。

"三个代表"重要思想教育 2001年7月1日，江泽民《在庆祝中国共产党成立八十周年大会上的讲话》（以下简称《讲话》）发表后，武装部把学习宣传贯彻《讲话》作为第一位的政治任务，掀起了有声势、有深度地学习、宣传、贯彻《讲话》的热潮。部党委、党支部组织把学习《讲话》作为党员干部理论学习和教育培训的重要内容，作为一项重要任务，抓中心组的学习，抓学习效果。在抓好学习、宣传、贯彻《讲话》的同时，紧密结合思想与工作实际，努力把学习的过程作为研究和思考问题的过程，作为进一步解放思想、求实创新的过程，作为推动各项工作全面提高的过程，做到带头自学，带头讲，带头撰写学习心得和理论文章，促进了广大党员干部的理论学习，使理论学习收到较好效果。

2002年5月31日，江泽民在中央党校省部级干部进修班毕业典礼上发表重要讲话再次阐述了"三个代表"重要思想。根据中共贵州省委的要求，部党委把学习江泽民讲话与学习"七一"讲话、学习江泽民在西部六省、区、市西部大开发工作座谈会上的重要讲话、学习马克思主义发展史、学习中共贵州省第九次代表大会精神相结合。组织广大干部职工进行了认真学习。中共十六大以后，根据中共中央的部署，部党委周密部署，精心组织，广大干部职工进行认真学习贯彻。

2003年7月1日，胡锦涛在"三个代表"重要思想理论研讨会上的讲话和在省部级主要领导干部学习贯彻"三个代表"重要思想专题研讨班上的重要讲话发表后，部党委及时组织集中学习，把学习贯彻“三个代表”重要思想作为思想政治教育和党团组织活动的重要内容。通过几年的学习宣传活动，广大党员干部进一步加深了对“三个代表”重要思想的认识和理解，增强了学习贯彻“三个代表”重要思想的自觉性和坚定性，激发爱武强军的积极性和创造性。

辩证唯物主义和历史唯物主义教育 1999 年 7 月，按照中共贵州省委的要求组织中共党员和干部群众选学《关于费尔巴哈的提纲》《费尔巴哈论》《反杜林论》《实践论》《矛盾论》《解放思想，实事求是，团结一致向前看》等著作的有关章节，学习中共中央《关于共产党员不准修炼“法轮大法”的通知》和江泽民有关“法轮功”问题的重要讲话。通过学习教育活动的开展，使广大干部和群众进一步划清唯物论与唯心论、无神论与有神论、科学与迷信的界限，明辨是非和抵制错误的能力，提高了学习贯彻中共基本理论、基本路线、基本纲领的自觉性。

此外，1999 年和 2000 年，人武部按照上级要求，开展“三讲”教育。2001 年，在全县民兵党员队伍中深入开展“保持共产党员先进性”专题教育活动。2002 年，以党员领导干部为重点，在民兵预备役官兵中开展“四自”主题教育，引导官兵树立正确的人生观和价值观。2003 年，根据省军区和军分区的统一部署，开展“践行‘三个代表’重要思想，争做‘五个模范’”的主题教育活动。2004—2005 年，人武部根据上级军事机关的安排部署，根据胡锦涛对军队“三个发挥，一个提供”新使命的要求，开展以“强化战斗精神，提高打赢能力”为主题的教育活动。

践行科学发展观教育 2006 年，按照军委《关于提高各级党委贯彻落实科学发展观能力的措施》，认真抓了党委“一班人”科学发展观理念的树立，认真开展政治教育，按照军分区统一部署，认真开展了四项重大教育和“四爱”主题实践活动，开展“使命论”主题教育、科学发展观教育、党员先进性教育、增强干部事业心责任感等教育和党的十六届六中全会精神的学习。组织优秀党员到三穗杨至诚将军纪念馆、黎平会议会址开展“重走长征路、缅怀革命先辈”教育活动；为纪念红军长征胜利 70 周年，组织全体干部职工和“兴农强武”基地民兵开展以重温了入党誓词、党的先进性为主体的系列教育活动。

2007 年，按照中共中央〔2006〕13 号文件精神，认真开展了民兵预备役思想政治工作，扎实开展教育，切实把干部职工的思想引导到履职尽责和以饱满的政治热情迎接十七大上来。注重把主题教育与“四爱”主题实践、“宗旨”教育和机关作风教育整顿等教育活动结合起来，按照军分区《关于学习宣传贯彻十七大精神的实施意见》要求，人武部党委以大事大抓的力度，把学习十七大精神作为首要政治任务，分三部分严密组织专题学习，并开展组织交流、展评活动等形式多样的配合活动。

2008 年，扎扎实实地组织干部职工开展主题教育、专题教育和十七大精神学习活动；开展培育当代革命军人核心价值观教育活动。是年，被省军区表彰为“人才培养”先进单位。

培养当代革命军人核心价值观教育 2009 年，政治教育有新提高。扎实开展学习实践活动、主题教育、专题教育和十七大精神学习活动。成立学习领导小组，拟制教学计划，由党委正、副书记分专题进行授课辅导。努力创造学习成才的学习氛围，支持干部职工开展读书成才活动。

2010 年，先后进行了“学法规、严纪律、查隐患、纠歪风”“深入学习贯彻党的十七届四中全会精神，大力推进省军区部队学习型党组织建设”“深入学习胡锦涛主席关于国防和军队建设重要论述，大力加强基于信息系统的体系作战能力建设”3 个专题党委中心组理论学习教育，培养坚强党性、锻炼优良党风、模范遵守党纪。

三、文化教育

1996 年以后，台江县人武部按照江泽民关于“学习、学习、再学习”和“努力学习，艰苦奋斗，做无愧于新时代的高素质青年军人”的题词要求，扎实开展学习成才活动。为使学习走上制度化，鼓励青年军官和职工在本职岗位上学习成才，相继制定《学习成才活动奖励办法》和每周二、四的学习日制度，每年订阅报纸杂志及购买书籍达1万元，充实了图书学习室内容。为使干部职工真正达到高素质的要求，人武部采取相应的奖励措施，积极鼓励他们参加函授、刊授学习，并规定，凡获得毕业证书者，单位报销50%的学费。到2000年，人武部97%以上的干部都取得了本科以上学历，职工也突破大专文凭"零"的纪录，有3人获大专文凭。2001年，台江县人武部按照"三个代表"重要思想总体要求，努力开展党员先进性学习活动，涌现了大批模范人物。2002年，台江县人武部按照上级统一安排部署，积极开展学习成才活动，鼓励干部、职工岗位练兵，自学成才。通过换岗锻炼活动，强化了综合能力，培养了一批复合型人才。2003—2006年，按照军委统一部署，台江县人武部重点开展了争创学习型军营活动，从改善硬件设施着手，加大宣传力度，浓厚政治氛围；在软件管理上，制定争创学习性军营实施方案，分三年、五个步骤、八个方面逐步展开，落实责任追究和目标管理，进一步提升了军队文化素养。2007—2008年，台江人武部进一步深化学习成才活动，扎实开展文化进军营、文化下乡活动，利用军地资源，着力培养一专多能式的干部、职工，加大民兵学习成才和职业技能培养，2008年被省军区表彰为"人才培养"先进单位。2009—2010年，台江县人武部响应上级号召，积极争取打造正规化管理示点单位，经过一年时间的努力工作，从硬件上求完善，从软件上拼实力，圆满完成了正规化示点任务，被省军区表彰为正规化示点和争创学习型军营先进单位。

第三节　军事训练

一、首长军事训练

台江县人武部首长机关军事训练多年来始终以毛泽东思想、邓小平新时期军队建设思想、江泽民"五句话"总要求和胡锦涛关于国防和军队建设有关论述为指导，以军委新时期军事战略方针为统揽。认真贯彻落实中央军委从严治军、科技强军的指示精神，大力开展科技大练兵活动，以不断适应新时期、新阶段军事战争需求为目标，从难、从严、从实战出发，严施细训，确实提高机关干部的组织指挥、决策参谋的能力。主要采取个人自学与集中辅导相结合、拟写心得与撰写论文相结合的方法，每年相对利用50天时间，合理安排，重点对军事理论、军事高科技知识、军事法规等进行学习，辅之以兵员动员、决策与组织，年终进行考核验收。人武部先后多次被成都军区、省军区、凯里军分区评为"军事训练先进单位"。

二、干部军事训练

县人武部干部训练主要以集中训练、在职训练和军事理论学习为重点，培养提高干部的综合指挥能力和谋略水平。除参加军分区组织的军事科目培训、集训外，每年按照上级要求完成训练内容和训练时间。主要进行各种轻武器的操作、分解结合练习，便于组织民兵军事训练。1990年后，贯彻邓小平新时期建军思想，强调质量建军。人武部除强化岗位练兵外，有重点地组织参谋业务、战术训练，微机操作，以参谋"六会"和技术训练为中心课题，强化谋略训练。1996年4月，人武部收归军队后，干部军事训练，以江泽民主席"五句话"（政治合格、军事过硬、作风优良、纪律严明、保障有力）总要求为指导，以实现"军事过硬"为目标，认真开展高科技知识学习。1997年，贯彻中央军委制定《"九五"期间军队建设计划纲要》，强调贯彻"质量建军、科技强军"的战略思想，加强高科技知识学习，开展科技练兵。2000年，以新时期军事战略方针为统揽，以对台斗争连锁反应条件下的军事斗争准备为牵引，狠抓训练"四落实"，重点突出参谋新"六会"（会画、会写、会传、会读、会记、会算）技能和网络知识。2003年，贯彻落实新军事大纲和新训练条例，以科技练兵为重点，在难点问题上突破，不断改进训练方法，规范训练秩序，强化训练管理，完成防备连锁反应条件下，快速动员和处置突发事件等问题的研究，强化室内作业和机上训练，拟制作战文书和组织指挥程序，不断提高指挥能力和技能。2004年，以多媒体互动训练系统、办公自动化系统为重点，以军分区已建成的信息化建设平台，狠抓计算机基本操作训练和考核，完成了基层武装部的规范化建设。2005年，完成了首长机关室内作业训练。2006—2010年，积极响应胡锦涛和中央军委号召，全面掀起军事大练兵热潮，扎实筑牢军事斗争准备，人武部党委立足自身实际，下大力抓好民兵训练基地建设和民兵团成建制训练，党委重点抓好首长机关和干部指挥技能训练，民兵应急骨干分队突出应急应战、抢险救灾、维稳处突等专业训练，通过不懈努力，全县民兵队伍快速集结、高效处置和防备连锁反应能力明显增强，"双应能力"建设明显提高，台江县国防后备力量建设水平得到大幅提升。

台江县人武部获奖情况统计表

表6-2

获奖时间	获奖单位	颁奖单位	荣誉称号
1992年1月	台江人武部	省军区	军事训练先进单位
1992年12月	台江人武部	成都军区	民兵军事训练先进单位
1993年1月	台江人武部	省军区	军事训练先进单位
1998年9月	台江人武部	成都军区	民兵刊授教育先进单位
1999年1月	台江人武部	省军区	民兵武器装备管理先进单位
1999年7月	台江县	省委、省政府、省军区	双拥模范县
1999年9月	台江人武部	省国教委	国防教育宣传先进单位
2001年6月	台江人武部	省军区	先进团级党委
2001年8月	台江征兵办	成都军区征兵办	征兵工作先进单位
2001年9月	台江人武部	省国教委	国防教育宣传先进单位
2001年12月	台江人武部	省军区	基层全面建设先进单位
2002年8月	台江人武部	省委、省政府	文明单位
2003年1月	台江县	省委、省政府、省军区	双拥模范县
2003年12月	台江人武部	省军区	军事训练先进单位
2004年7月	台江人武部	省军区	先进党委
2004年12月	台江人武部	省国防教育委员会	全民国防教育先进集体
2004年12月	台江人武部	省军区	基层全面建设先进单位
2005年1月	台江人武部	省军区	安全稳定工作先进单位
2005年5月	台江人武部	国务院	全国民族团结进步模范集体
2005年12月	台江人武部	省军区	通信值勤维护管理先进单位
2006年3月	台江人武部	省军区	参加和支援西部大开发先进单位
2006年7月	台江人武部	省军区	先进团级党委
2006年12月	台江人武部	省军区	省预备役军官登记管理先进单位
2007年2月	台江县	省委、省政府、省军区	双拥模范县
2008年12月	台江人武部	省军区	保密工作先进单位
2009年8月	台江人武部	国防部	全国征兵工作先进单位

第三章　兵役

根据《征兵工作条例》关于“省军区（卫戍区、警备区）、军分区（警备区）和县、自治县、市、市辖区的人民武装部兼各该级人民政府的兵役机关，县以上地方各级人民政府应当组织兵役机关和公安、卫生及其他有关部门组成征兵办公室，负责办理本区域的征兵工作”的规定，台江县每年征兵工作开始前成立征兵工作领导小组，依法开展征兵。征兵工作领导小组组长由县政府主要领导担任，副组长常务副县长、人武部部长和政委担任，成员由县宣传、教育、民政、劳动、人事、财政、卫生、纪检等有关单位的领导组成。

县征兵办公室设在县人武部，办公室主任由人武部部长担任，副主任由军事科科长担任，成员由县宣传、教育、民政、劳动、人事、财政、卫生、纪检等有关单位抽调人员组成。下设政审组、体检组、宣传组、后勤保障组。

第一节　组织程序

自 1986 年以来，征兵办公室依据变化中的形势，积极协调各方面的关系，多次组织力量对如何做好年度征兵工作进行研讨，不断完善征兵工作的组织程序，为高质量完成各年度的征兵奠定了坚实的基础。在多年实践和深入研究的基础上，征兵办公室逐步完善征兵的组织程序，从 5 个方面规范全县的征兵工作。

一、前期准备工作

1. 调查摸底。上年度征兵工作结束后，由人武部积极协调参加年度征兵工作的公安、卫生、民政、教委等部门，拟定计划，对下年度的兵员储备情况进行摸底。具体时间一般定在每年的 7 月、8 月进行。调查的主要内容为：符合服兵役条件的适龄青年数量及分布；适龄青年中高中、初中及小学文化青年各占的比例；城镇非农户口和农业户口的比例；本地区可能招工的情况和高中考落选学生补习的情况；本地区可能会出现的流行性疾病等方面的情况。调查工作完成后，及时向州征兵办公室有针对性地反映情况，争取年度征兵工作的主动权。

2. 落实年度预征对象。在征兵工作全面展开前的准备阶段，即每年的 10 月，由县人武部根据上级的通知精神，组织力量落实好年度预征对象。落实预征对象的条件按新兵征集的政治和身体条件进行初步的政审和目测，合格者确定为预征对象。落实预征对象的数量。根据本地区兵员合格率高低情况，一般为上年度征集任务数的 3～5 倍。预征对象落实好后，由县人武部进行审查，并逐级上报。

3. 跟踪调查服务。年度预征对象落实后，因距年度征兵工作展开还有一段时间，在这段时间内，预征对象的思想比较活跃，与适龄青年数量相比较，人数已大大降低，在这样的情况下，县、乡、村三级都要明确专人负责对预征对象的跟踪调查，搞好宣传教育。这一阶段重点了解预征对象的病史情况和现实表现，为征兵期间的病史调查和现实表现调查准备可靠的依据。

二、征兵开始前的各项准备工作

1. 收集上报有关材料。根据上级的部署和统一要求，及时将本单位完成的情况逐级上报。主要上报：年度预征对象落实情况、完成年度征兵工作任务的具体计划、本级要采取的措施规定和根据需要上报事迹材料和征兵问题的检查等项。

2. 下发做好年度征兵准备工作的通知。主要内容：对年度征兵工作大体时间进行通报，对年度征兵工作的要求和准备阶段需要完成的工作任务做出布置。

3. 到上一级受领征兵工作任务。一般为上级召开征兵工作会议，部署年度征兵工作任务。必须弄清年度征集政策、体检规定、文化和年龄的规定、完成时限及有关要求。

4. 研究本级征兵工作实施办法。根据上级布置的任务数和有关规定要求，确定本级任务分配、拟制实施计划和有关安排、确定本级召开征兵工作会议的有关事项等。

5. 召开本级征兵工作会议。布置征兵工作任务。根据上级的规定，按时召开本级征兵工作会议，部署任务，提出工作要求，对上年度完成任务情况进行通报，兑现奖惩经费。

6. 上报准备阶段的工作情况。一般内容包括本级领导机构的设置，组织实施计划，工作中的具体打算，准备采取的工作措施，对基层的部署及安排。

7. 收集了解、汇报基层准备工作情况。在上级规定的时限内，按要求对基层落实工作的情况，进行收集、汇总，逐级综合上报。

三、征兵实施阶段

1. 宣传、动员、报名。根据上级的总体部署和要求，通过电视、广播，张贴标语，出墙报、板报或设立依法征兵工作咨询站、派出宣传车巡回宣传等形式广泛开展征兵工作的宣传、发动工作。在广泛宣传、深入动员和全面发动的基础上，展开适龄青年的报名登记工作。

2. 乡级初检、初审。根据年度确定的预征对象情况和适龄青年的报名情况，按照上级分配的任务数，在目测登记的报名青年中，组织一定比例的人员进行初检初审，合格的送县级体检、政审。

3. 县级体检、政审。拟定好有关通知，明确各基层单位的送检人员，在总体计划下，组织体检、政审队伍，对送检青年进行政治身体全面检查和政治现实表现的全面审查。

4. 集中走访调查。在县全面体检后，确定合格的青年，由县征兵办公室划分片区，组织部分人员同公安干警和接兵部队干部一道进行基层走访，进一步调查核实体检合格青年的政治思想情况，搞好全面的政审工作。

5. 集体预定新兵。根据体检、政审组织的意见，对政审、体检合格的青年在规定时间内，由县级征兵办公室召开集体定兵会，实施集体定兵，并张榜公布预定名单。

6. 组织实施家访。预定入伍对象确定后，县征兵办公室，指定专人同接兵部队干部一道对预定入伍对象进行家访，同预定入伍对象进行座谈了解情况，进一步做好巩固工作。

7. 集中新兵。根据上级通报的新兵起运时间，一般提前 1～2 天集中新兵，主要进行身体全面复查、政审全面了解，进行起运前的安全常识教育，并在起运前夕交接新兵。

8. 组织起运。根据部队运输计划，县级征集部门，协同接兵部队联系好车辆，办理好各种手续，组织召开欢送会，保证接兵部队按时起运新兵。

四、征兵总结阶段

1. 汇总报表。县征集部门一般在新兵起运后，即完成新兵数量、质量报表的统计工作，并根据上级征集部门的要求，按时上报报表。

2. 搞好总结。征兵工作结束后，按要求完成征兵总结工作，总结完成任务的情况，总结好的做法和好经验，分析工作中存在的问题和下阶段征集工作中可能出现的问题，确定好新的对策和措施。

五、征兵后期保障工作

1. 写好第一封回信。新兵入伍后，由乡镇武装部负责帮助入伍新兵家长写好第一封回信。

2. 搞好跟踪调查服务。根据本单位的实际，组织人员或函件与部队联系，全面了解新兵到达部队后的思想情况，协助部队做好新兵的思想工作。

3. 向新兵所在部队提供家乡经济发展和人才需求情况。依据跟踪服务调查情况，以乡为单位向部队提供本地区经济发展和人才需求情况，共同开发培养好军地两用人才，为振兴地方经济做准备。

4. 做好新兵家长的稳定工作。一般以村为单位，组织人力了解掌握新兵家长的思想情况，帮助解决好生活中、生产中遇到的各类问题，帮助其正确对待新兵去向及艰苦锻炼等问题，保证新兵家长的思想稳定，以进一步促进新兵的思想稳定。

5. 落实好义务兵家庭的优抚政策。一是兑现年度优抚金；二是落实义务兵家庭财产保险；三是优先给义务兵家庭提供生产资料和帮助出售农副产品；四是兑现一定数量的困难补助；五是以村为单位组建抓军优属服务队，帮助义务兵家庭搞好收种工作；六是主动向各有关部门介绍义务兵的专业特长；七是筹集扶持资金为退伍义务兵发挥特长。

第二节 兵役登记

一、应征公民登记

台江县人武部兵役登记，结合一年一度的民兵军事训练，民兵组织整顿进行统筹安排，一般于当年9月底前完成。兵役登记分两种类型：一种是登记18～20周岁的男性公民，年满17周岁的本人及家长愿意的也可登记，高中毕业青年年满21周岁的也要登记；另一种是登记年满18～28周岁的青年。在登记时侧重身体好、思想好、文化高、无政治问题的青年。兵役登记的目的：一是为每年的征兵工作打下坚实的基础，使征兵工作进展顺利；二是为战时快速动员打下基础，保证战时快速动员的集结。兵役登记后，由县兵役机关在兵役登记人员中筛选预征对象，同时拟定预征对象、缓征对象、免服兵役人员名单，分别发给适龄青年具有法律效力的《预征对象通知书》《缓征对象通知书》《免服兵役人员通知书》等，明确各类人员的兵役义务的时限、要求，并将各类人员名单公布于众，接受群众监督，做到本人、家长、单位、社会群众“四知道”。

1996年，按照《贵州省公民兵役管理办法》的规定，对年满18～22周岁的男性公民，逐个进行查户口、政治审查等，符合条件的均通知本人到站登记，外出打工不在家的青年，也要求他们的父母、兄妹代其到兵役登记站进行登记，对登记的青年作出服兵役结论，收取照片，颁发兵役证。

二、预备役登记

1993年，台江对退伍军人预备役核对登记工作，经过逐项核对，建立人、卡、表、册档案。1995年，对退伍军人预备役进行登记核对，为防止错登、漏登，采取了逐人逐项核对，做到人、卡、表、册反复核对，对个别有疑问的，再次进行核对，能够比较准确地掌握了各乡镇退伍军人的数量、质量和分布情况。

三、预备役军官登记

台江预备役军官登记工作始于1992年，作为有效管理预备役军官，县人武部先后集中预备役军官组织学习了《中华人民共和国预备役军官法》《中华人民共和国兵役法》《中华人民共和国国防法》《民兵工作条例》《中国人民解放军预备役军官任免规定》等法规政策，使之增强国防建设事业。每年县人武部都要对全县预备役军官登记管理情况进行检查，发现问题，及时纠正，确保了预备役军官登记工作的落实。

根据《预备役军官法》和〔2004〕政联字第12号文件《关于做好预备役军官登记工作的通知》要求，县人武部严格落实登记制度，对符合服军官预备役条件的，持有行政关系介绍信和评定授予预备役军官军衔报告表的，做到随到随时登记，一人一个档案。对不符合服军官预备役条件的，人武部及时出具了相应的证明。在登记管理上，每年进行一次核对，亲自走上门，面对面地了解情况，防止了数据库与现实人员数量和情况不相符的现象。对死亡、调离和满服预备役年限的，及时作出注销和办理转移、退出预备役手续。登记工作近10年，台江县没有出现漏登、错登和重登现象。通过严格登记制度，不断规范了工作程序，使登记管理工作进一步走向法制化、制度化、正规化轨道。

第三节　兵员征集

1991—2010年，台江县征兵工作严格按照上级征兵命令，把好政治、年龄、文化、身体四关，在“双合格”的基础上择优录取，保质保量圆满完成各个年度的征集任务。

在征兵工作中，重点做好宣传、体检和政审工作。

在宣传工作中，每年利用宣传车、广播、闭路电视、黑板报、宣传栏、征兵咨询服务站等形式，在城关和各乡镇广泛宣传征兵工作的重要意义，发动广大青年踊跃报名应征。近20年来，全县广播宣传1040次，闭路电视宣传690次，张贴标语10660条，发放宣传提纲2890张，悬挂大幅标语1200幅，编发征兵工作简报184期，召开各种会议380次，设咨询点186个，咨询人数17200人，到县城重点中学上国防教育课162次，受教育人数达158000人，适龄青年受教育达94%以上。通过深入广泛地开展宣传教育，适龄青年积极响应国家号召，踊跃报名参军，亲属大力支持子女入伍。每年全县报名应征青年达700余人（其中大中专毕业生不少于60人），许多在外打工的青年返乡参加应征，涌现了众多父母送子，哥姐送弟入伍的感受人事迹。

在政审工作中，坚持实行由组、村、派出所、乡（镇）武装部和政府五级推荐制。每年的征兵工作中，一是县政府、县武装部与公安局签订政审责任状。明确由公安局局长任政审组长，对政审负完全责任。要求局领导明确分工，分片负责，责任细化到人。二是从全县公安系统抽调政治思想好、业务技术精、工作责任心强的干警组成政审组，以保证政审队伍素质。三是组织政审人员进行业务培训，使其熟悉政审的内容、标准和要求。四是划片包干，明确分工，责任到人，增强责任感。政审时，把体检合格人员名单印发到各乡（镇）派出所并张榜公布，在全县范围内联审，个别需要与邻近县市公安局联审的，及时向其提供名单，请求帮助审查。政审中，政审人员与应征对象见面，了解其入伍的真实动机；与应征对象的家长见面，了解其子入伍的真实想法以及应征青年的成长经历和性格；与村干部见面，了解应征青年的主要社会交往和道德品质；与班主任老师和校长见面，了解应征青年在校学习情况和现实表现。按“四不放过、四清楚”的原则进行审查。即：有违法犯罪嫌疑的不放过，旁证材料清楚；群众有反映的不放过，一件一件查清楚；没有把握的不放过，一贯表现查清楚。要求政审人员在政审中坚持标准，严格把关。做到“五不”，即：不到应征对象家吃请、不收受贿赂、不听打招呼、不理递条子、不查清不放手。做到“两个坚持”，即：一是坚持政审把关，凡是送体检的青年必须由村（居）、乡镇或企业单位逐级推荐，出具推荐函加盖公章，签字负责。送体检人员必须持户口本、毕业证、身份证、基层组织推荐证明等材料。二是坚持交叉联审，为确保政审万无一失，扩大政审范围，搞好交叉联审，对曾在异乡镇派出所政审认为合格的对象，再经过公安内部的政保、治安、刑侦、禁毒、法制、巡警等科室一一审查过滤，签字盖章，最后提交局领导审查把关。

在体检工作中，严格按照上级有关规定，从且县医疗系统抽调有征兵体检工作经验的医生担任体检，并坚持“谁签字，谁负责”的原则，严把体检关。

1962—2005年，台江县连续44年45次无责任退兵，居全国第二，先后被黔东南州、贵州省、成都军区和国防部评为“征兵工作先进单位”。石永贵、曹德凤、许惠芳、晏英群、熊银召、黄家勋、杨永珍等被国防部授予参加征兵、体检工作荣誉证书；吴春云被国防部表彰为“全国征兵工作先进个人”。

2006—2010年，征兵工作在县委、县政府和上级军事机关的指导下，在各有关单位和部门的大力支持以及全体征兵工作人员的共同努力下，完成州人民政府、凯里军分区赋予征集新兵的任务，实现了“党委政府满意，社会群众满意，应征青年满意，新兵家属满意，兵役机关满意，征接双方满意”的总目标。

第四节　优待抚恤

一、优待

1991年，根据台府发〔1991〕25号文件规定，全年兑现优待金150元／人。是年，对新兵实行人身保险，每个农村义务兵每月可领取养老保险金67.3元，对农村义务兵实行兑现30%给现役军人家属，剩余70%存入银行。

1993年，贯彻省人民政府关于“穷不能穷子弟兵，苦不能苦军烈属，亏不能亏军队转业干部、退伍军人”的要求，筹集优待金29401元，对189户现役军人家属发给优待金25430元（1991年前入伍的优待金150元，1992年后入伍的优待金200元），优待面达100%，并为28名农村义务兵实行义务养老保险，支付保险费5600元。

1994年，按照县政府台府通〔1994〕6号文件规定，筹集优待金36272元，对全县214户现役军人家属进行优待，农村军人家属优待金由200元提高到300元，城镇军属由50元提高到100元。1997年，收缴优抚金27988元，占应收的56%，兑现军属户174户，兑现金额5.04万元。

2001年，根据县人民政府《关于征收现役义务兵军属优待金农村教育费附加的通知》要求，共收缴优待金15.4万元，基本保证全县186户军属户年均800元的优待兑现工作。2002年，全县义务兵家属应享受优待金共185户，在上年户均优待800元的基础上提高到1300元，农村义务兵和城镇义务兵享受同等待遇。2003年，全县义务兵家属符合享受优待金91户，每户优待标准从上年的1300元提高到1350元，达到上年农民人均纯收入的100%。2004年，全县义务兵家属享受优待金的有89户，在上年户均优待1350元的基础上提高到1421元，共发放优待金126825元。2005年，全县有现役军人家庭80户，兑现优待金12.34万元。2006年，全县义务兵家属有85户，优待金由上年的1421元提高到1682元，共发放14.12万元。2007年，全县义务兵家属有87户，发放优待金14.63万元；2008年，全县义务兵家属有92户，发放优待金15.47万元；2009年，全县义务兵家属有106户，发放优待金17.83万元；2010年，全县义务兵家属有121户，发放优待金20.35万元。

2007年以来，共接待退役士兵95人，按政策规定符合安排工作有18人，已安置18人，安置率100%，其中，安排工作5人，占28%，自谋职业13人，占72%，共领取一次性经济补助资金35.54万元，待分配期间生活补助费2.76万元，城镇退役士兵安置共支出经费40.56万元。同时，与劳动社保部门联系，积极开展城镇退役士兵职业技术培训共4次，取得了较好效果。

二、抚恤

1993年，贯彻省人民政府关于"穷不能穷子弟兵，苦不能苦军烈属，亏不能亏军队转业干部、退伍军人"的指示精神，对全县烈属15户20人按月给予抚恤救济，年支付抚恤金7774元；对1954年11月1日前复员在乡、家庭生活比较困难的300名复员军人实行定期定量补助，定补面达79.7%，按每人每月15元，年发给救济费54000元。1997年，在乡的复员军人享受补助300人，年补助金额5.4万元。

2001年3月，县重点优抚对象普查工作领导小组组织人员开展普查，查明在乡复员军人264人，比普查前285人少21人；失散红军2人，与普查前相同；在乡伤残人员12人，比普查前11人多1人；在职伤残人24人，比普查前25人少1人；武警人员6人，比普查前14人少8人；烈属（含因公牺牲和病故军人家属）15人，比普查前14人多1人；带病回乡6人，全县重点优抚对象共计329人，比普查前352人少23人。在乡伤残军人13人，年抚恤金17280元；在职伤残人员24人，年保健金9780元；烈属、因公、因病军人家属15人，年抚恤金21660元；失散红军2人，年补助金2880元；在乡复员军人264人，由480元提高到600元，年定期补助金158400元。四项抚恤和补助总额21万元。2002年，在乡复员军人的定补，在上年600元的基础上提高到840元，定补面达100%。是年10月，对在乡革命伤残人员13人，在职革命伤残人员21人，烈属3人，因公牺牲军人家属3人，病故军人家属6人，红军失散人员2人的材料建档归档。

2003年，根据上级的文件精神，提高在乡复员军人补助标准，从上年每人每月60元提高到90元，全年每人1080元。2004年提高到1092元。2006年提高到1812元，全年补助金41.31万元。

2007—2010年，全县义务兵家属按县内上年度农民人均纯收入的100%发放（其中，2007年优待标准1766元、2008年优待标准2041元、2009年优待标准2365元、2010年优待标准2588元），其发放优待金67万元。按省民政厅、省财政厅、省卫生厅黔民发〔2004〕92号和黔民发〔2005〕24号及黔民发〔2006〕44号文件的规定，2010年，在乡复员军人定期生活补助年人均村标准达4370元，比上级标准高于补助金额650元，2007年以来，共发放在乡复员军人定补金额178.36万元。对"三属"和残疾军人抚恤补助，按民政部规定的现行标准与地方补贴合并计算执行。2007—2010年，共发放"三属"抚恤金15.72万元，残疾军人抚恤金65.86万元，参战退役人员生活补助费176.46万元。2007年以来，帮助重点优抚对象享受农村低保待遇的有158户475人，季度领取保障金5.4万元，确保重点优抚对象生活水平不低于当地居民生活水平。

第四章　民兵

第一节　组织建制

民兵组织以基干民兵和普通民兵分别编组，每年按上级要求通过整组编队，建立健全各种活动制度。民兵组织中编有多种分队。

1994 年 3 月，由于民兵应急分队队员外出务工人员较多，严重缺员，无法担任应急任务，经县政府、县人武部研究决定在县城内街道组建民兵应急分队。

1996 年 8 月 1 日至 9 月 30 日进行民兵整组。整组后民兵组织和各种活动制度都相应建立健全。

1999 年根据黔东南州政府、凯里军分区《关于做好 1999 年民兵整组等五项工作的指示》精神，是年的民兵整组等五项工作与民兵组织进行调整改革，时间从 8 月 10 日开始至 9 月 15 日结束，历时 37 天。2004 年，县人武部按照军分区关于颁发《黔东南州乡镇、街道武装部规范化建设规划》的通知，制定下发《台江县乡镇武装部规范化建设规划》通知。军事科按照规范化建设的要求，对基层武装部规范化建设进行指导和督促。在是年基层武装部达标验收中，着重对每个基层武装部的设施建设进行了规范，并按照实施细则进行认真对照检查，不规范的重来；通过扎实有效的工作，实现了“三室”建设规范，图表资料上墙，各种花名册登记统计表齐全，建立健全各项制度，完成了 8 个基层武装部的达标验收。

民民兵应急分队：1994 年 3 月，由于民兵应急分队队员外出务工人员较多，严重缺员，无法担任应急任务，经县人民政府、县人武部研究决定在县城内街道组建民兵应急分队。1999 年 4 月 28 日，根据州府发〔1998〕52 号《关于深化民兵工作调整改革的意见》和凯里军分区就民兵工作“九五”发展规划的要求，台江县按照“招之即来，来之能战，战之必胜”的要求，民兵应急分队由“八五”期间的 50 人扩编到 120 人。

2003 年 6 月 18 日，人武部以成建制组织民兵参与地方生态建设为目的，按照县委、县政府的部署，成立了生态建设民兵团，由一个直属营和 8 个机动营组成，分布在全县各乡（镇）。

第二节　生态建设民兵团

根据《黔东南州人民政府、凯里军分区关于组织民兵参加林业生态建设的决定》，台江县林业生态建设民兵团于 2003 年 6 月 18 日正式授旗成立。

民兵团作为县委、县政府领导下的民兵组织，民兵团第一政委、第一团长分别由县委书记和县长担任，政委和团长分别由县武装部政委和部长担任。直属营营长、教导员分别由人武部军事科科长、政工科科长兼任，其他营营长、教导员由各乡镇乡镇长分别兼任，副营长由乡镇武装部部长兼任，连长、排长由民兵担任。全团编制9个营，台拱为第一营，台盘为第二营，革一为第三营，排羊为第四营，老屯为第五营，施洞为第六营，方召为第七营，南宫为第八营，团直属队为直属营。

民兵团实行军事化管理，制定有《民兵团建制流程图》《民兵团组织指挥流程图》《人员职责》《人员管理规定》《一日生活制度》《安全作业管理规定》等12项规章制度，确保各项工作有章可循。

2003年9月，民兵团在革一乡青岗坡创建集政治、社会、军事等效益为一体的基地，占地总面积1130亩。2005年4月5日，省军区政委蒋崇安考察基地时，将基地命名为“兴农强武”基地，并作出要发挥基地“民兵军事训练、全民国防教育、培训农村适用技术人才、农村产业结构调整示范、培养农村后备干部和青少年德育教育”六大功能的指示。台江生态建设民兵团被省军区定为“台江模式”。至2006年12月，基地建成216平方米的办公楼，120平方米的远程教育室，670平方米的民兵住宿楼和接待楼，105平方米的食堂，并设有阅览室、学习室的教学生活区，建成200平方米的7间旧猪舍和1200多平方米24间猪舍的生猪养殖区，804平方米的29间牛羊养殖区，310平方米的鸡养殖场，3个540平方米的蔬菜大棚，150余平方米的平菇培植区，245亩的种植区，6.5亩的鱼塘和10个拦山水池。基地存栏猪57头、牛27头、羊41只、鸡500余只。基地配有文体、工作、教学、娱乐、生活设备。基地建设在三流的环境下做出了一流的成绩，受到了各行、各业、各界的关注和支持。八一电影制片厂、省报社、省电台、省电视台多家新闻媒体聚焦生态建设民兵团基地，对民兵团进行了宣传报道；省武警消防总队、铜仁军分区、安顺军分区及各县市人武部纷纷前往民兵团基地参观学习。省军区司令员邱型柏、政委蒋崇安，贵州省委书记钱运录等军地领导先后到基地视察指导工作，并给予大力支持和充分肯定。

第三节　军事训练

一、民兵军事训练

1991年2月1日，组织基干民兵应急分队训练，训练科目为队列、步兵武器射击、体能、单兵战术，应用训练为捕俘、攀登、自救互救、战斗勤务，训练时间步兵20天、其他30天。乡镇专武干部担任教员和班长、排长。

1994年7月5—24日进行军事训练，编为2个排10个班进行训练，班长、排长由专武干部担任。

1995年3月20日至4月10日进行军事训练，训练合格率为95%。5月20日，开展民兵应急训练，训练合格率为95%。

1997年度，台江基干民兵训练任务共82人，其中，应急分队50人、82迫击炮10人、话务10人、有线9人、报务3人（由分区训练）。为保障民兵训练能按时按量完成，县政府拨款2万元，保证民兵训练的按时进行。训练于4月21日开始至5月5日结束，历时15天，训练中按纲施训，严格教学，经考核，取得了炮兵（82迫）队列总评及格，炮兵理论总评优秀，用炮、收炮总评优秀，表尺装定与改装总评良好，实弹射击总评优秀，政治理论考核总评良好；话务兵队列总评及格，军语总评良好，密语总评及格，机上通话总评及格，政治理论考核总评良好；有线兵队列总评优秀，有线理论总评良好，500米放收线总评良好，线头接续总评优秀，政治理论考核总评良好；应急分队队列总评良好，武器常识总评良好，实弹射击总评良好，战术理论总评良好，战术动作总评及格；手榴弹常识总评优秀，投弹动作总评优秀，擒敌拳总评及格，政治理论考核总评优秀的成绩。全县民兵军事训练参训率达100%，合格率达95%。

1998年以来，台江县民兵军事训练以《民兵军事训练大纲》为标准，紧紧围绕科技强兵的目标，扎扎实实搞好规范化训练，努力提高民兵快速应急、遂行各项任务的能力。民兵干部训练的对象主要以新进专武干部和新任基干民兵干部为重点，采取以会代训、岗前培训、岗位互换等方式，对新进专武干部进行基础性训练，对新任基干民兵干部进行本级指挥和教学法训练。民兵应急分队训练始终按照年度实有人数成建制组织训练，利用15天时间对共同科目、作战技术、应急维稳、政治教育等进行训练。专业技术分队训练中的高炮、通信分队按照“专业技术训练为主、基础队列训练为辅”的原则，由县人武部和地方对口专业单位共同组织实施。1992年，在成都军区举行的西南三省军事大比武中，台江民兵获得团体第一名的佳绩，并多次在省、州举行的民兵军事竞赛中夺魁。

2003年，县人武部按照《民兵军事训练大纲》和条令、条例为依据，以提高质量为重点，狠抓落实，采取由浅入深，由简到繁，循序渐进的方法进行训练。是年，应训民兵197人，实训197人，参训经考核，训练成绩合格率达100%，优秀率达80%。

2004年，人武部党委认真贯彻新时期军事战略思想，围绕“打得赢”，以《民兵军事训练大纲》和条令、条例为依据，以提高质量为重点，狠抓训练工作的落实。建立健全了军事训练领导小组和教学队伍。训练中，严密组织，严格训练，确保了人员、时间、内容、效果的“四落实”。是年，受训民兵284人，实训284人，参训率达100%。经考核，训练成绩合格率达100%，优秀率达80%。为了增强专武干部的军事素质和管理能力，人武部还对12名专武干部进行培训。此外，为提高干部职工军事训练的科技水平，是年与县电信局联合成立了民兵信息化分队，增设了高科技知识，电脑操作与运用等课目，不断增强了人武部机关人员学习高科技、使用高科技的能力。

2005年，县人武部党委认真贯彻新时期军事战略思想，以《军事训练大纲》和条令、条例为依据，认真抓干部职工、民兵骨干、应急分队、专业技术兵种人员的训练。是年，全县应训民兵194人，实训224人，参训率达115%。其中，应急分队150人，基干民兵连排干部14人，专业技术分队30人（82迫击炮分队），对口专业技术分队30人（信息化分队10人、医疗分队10人、运输分队10人）。训练内容除共同进行队列、实弹射击第一练习和政治教育外，重点突出各专业分队的专业技术和遂行任务能力的训练。每科训练结束，均按大纲要求进行考核，通过考核，及格率达100%，良好率达60%，优秀率达30%。

2006年，全县应训民兵210人，实训220人，参训率达100%以上。其中，应急分队120人，基干民兵连排干部14人，专业技术分队20人（82迫击炮分队），对口专业技术分队30人（信息化分队10人、医疗分队10人、运输分队10人），通过考核，及格率达100%，良好率达60%，优秀率达30%。

2007年3月1—15日，为期15天，共计训练民兵194人。其中，交通指挥分队24人、卫生勤务分队30人、应急维稳分队50人、步兵分队90人。圆满完成了上级交给的训练任务。

2008年4月15—30日，2008年度训练，总任务数为175人。其中，交通运输分队20人、卫生勤务分队20人、应急维稳（救援）分队50人、步兵分队85人。圆满完成了上级交给的训练任务。

2009年2月18日至3月30日，总任务数为185人。其中，交通运输分队20人、卫生勤务分队15人、应急维稳（救援）分队55人、步兵分队60人、工兵分队15人、通信分队20人。圆满完成了上级交给的训练任务。

2010年6月3—12日，历时10天，民兵分队训练人数为20人，训练时间为10天。应训46人，实训36人，参训率达78%。专武干部训练内容为共同科目、队列基础训练、专武干部基本素养、征兵工作常识、武器常识、射击训练和国防潜力调查工作常，民兵应急分队训练内容为格斗基本动作、基本功、腿功、拳术散开、靠拢、捕俘拳、捕俘刀、警棍、盾牌操、抢险救灾和应急维稳知识等，以专业训练和基础训练为重点，突出技术能手和协同保障的能力训练。

1998—2010年民兵部（分）队训练情况统计表

表6-3

年度	专业技术分队				应急分队		民兵干部		对口专业技术分队					
	通信兵		82迫击炮		人数	平均成绩	人数	平均成绩	信息化分队		医疗分队		运输分队	
	人数	平均成绩	人数	平均成绩					人数	平均成绩	人数	平均成绩	人数	平均成绩
1998	22	86	10	89	50	90	3	90	10	80	10	80	10	76
1999	22	88	10	87	50	91	3	94	10	85	10	78	10	80
2000	22	90	10	85	150	86	25	92	10	83	10	84	10	79
2001	22	89	10	88	150	87	25	93	10	88	10	86	10	82
2002	22	90	10	90	138	88	25	92	15	84	15	82	10	85
2003	22	93	10	87	150	89	25	90	15	82	15	86	10	82
2004	11	95	30	87	120	90	28	89	17	86	18	78	14	88
2005	11	94	30	88	120	92	28	91	17	87	18	80	14	90
2006	11	96	20	87	120	91	28	90	17	82	18	79	14	89
2007	20	92	20	86	50	93	28	92	20	87	30	85	24	90
2008	20	95	20	89	50	90	27	93	20	90	20	84	20	91
2009	20	90	20	91	55	91	25	91	20	88	15	87	20	90
2010	20	90	20	89	36	89	25	89	20	89	20	90	20	89

二、学生军事训练

学生军训 为了给国家培养大量预备役兵员，根据上级有关文件和《兵役法》相关规定，台江县从1993年起，对一所中学和一所职业中学的200余名学生进行军事训练，内容主要有队列、擒敌拳和民兵基础知识、国防教育等，训练5天时间。1996年，县人武部抽调2名干部、3名职工、4名专职武装干部担任教员，完成台江民中和职业中学共1000多名学生的军训任务。同时，还组织参训新生到革命烈士陵园扫墓，对学生进行革命传统教育和革命英雄主义教育。

1998—1999年，县人武部两年共完成台江民中和职业学校210名新生的军训任务，加上武警中队和消防大队开展的学生军训活动，共计完成300多名学生军训任务。

2001年，遵照国务院办公厅、中央军委办公厅转发教育部、总参谋部、总政治部《关于在普通高等学校和高级中学开展军事训练工作意见的通知》（国办发〔2001〕48号），县人武部抽调2名干部、3名职工和5名专职武装干部担任教员，由学校校长、一年级班主任、专职武装干部组成军训小组，共同加强对学生军训工作的组织和领导。是年，共完成台江民中和职业中学9个班级、450名新生的军训任务。

2004年，县人武部完成学生军训100人，市武警中队、消防大队完成300多人。训练内容主要有队列、擒敌拳、民兵基础知识等，训练时间5天。

2005年，按照以往的惯例，由学校校长、班主任、专武干部组成军训小组，由县人武部干部、职工担任教员，利用暑假 7 天时间，对台江民中和职业中学 100 名学生集中进行军事训练，加上武警中队和县消防大队开展的学生军训活动，全县共计完成 300 多名学生的军训任务。

2006 年，县人武部、武警中队和县消防大队共完成军训任务 760 多人，训练时间 5 天。2007 年，县人武部、武警中队和县消防大队共完成军训任务 900 多人，训练时间 7 天。2008 年，县人武部、武警中队和县消防大队共完成军训任务 850 人，训练时间 7 天。

2009 年，县人武部、武警中队和县消防大队共完成军训任务 1000 多人，训练时间 7 天。2010 年，县人武部、武警中队和县消防大队共完成军训任务 1100 多人，训练时间 10 天。

第四节　政治教育

1991 年后，民兵政治教育的重点是开展全民性的国防教育。此外，在民兵中还开展坚持四项基本原则，反对资产阶级自由化的教育。1994 年，县武装部安排在台拱镇应急分队、施洞镇 1 个基干民兵连、排羊乡 1 个普通民兵连进行政治理论教育。基干民兵以“青年民兵之家”为阵地，用进步的思想占领农村文化阵地，抵制拜金主义、享乐主义、无政府主义和极端个人主义腐朽思想的侵蚀。1995 年，加强民兵对党的十四大、邓小平新时期军事思想、《中国民兵》和《西南民兵》的学习，按照基干民兵每季一课，普通民兵半年一课，采取刊授教育为主，有条件的村寨以排、班为单位集中学习。人武、专武干部经常下村督促检查，全县民兵的教育面达到 75% 以上。革东镇光条村、台盘水寨村、施洞白子坪村、南宫乡交下村等利用民兵之家组织文艺宣传队，宣传党的方针政策。

1997 年度县人武部举办“邓小平文选和中国社会主义特色理论”培训班，参加培训人员是乡镇专武干部，学习党第十四届六中全会精神和十五大精神。由乡镇武装部组织基干民兵学习《邓小平文选》《中国民兵》《西南民兵》《国防教育普及读本》《国防法》《民兵工作条例》《兵役法》等。

2000 年后，重点是在民兵中开展“三个代表”重要思想学习教育活动。2003 年，县人武部把民兵团思想政治教育作为一项重要工作来抓，拟制学习教育计划，加大学习教育力度，使民兵的思想政治素质得到了不断提高。

2005 年，县人武部把“保先”教育深入开展到民兵基层队伍中去。按照军分区《关于深入开展保持共产党员先进性教育活动的实施意见》的总体部署和要求，坚持把教育活动作为当前部队党的建设的中心任务和各项工作的重中之重来抓。2 月 27 日，县人武部举办一期乡镇专武干部理论培训班，之后以乡镇为单位培训村居民兵骨干，全县有 115 个民兵基层连举办学习班，有 5436 人参加学习。4 月 20 日，县人武部下到革一乡江边村组织举办民兵思想政治教育试点，结合实际，开展“一帮一”帮扶活动，先后为江边村协调水泥、沼气池设备等物资帮助他们进行基础设施建设，并带动他们发展种养殖业。同时，每位党委成员自掏腰包分别为大黑寨村特困农户购买一头基础母牛，供其饲养，以实际行动体现共产党员的先锋模范作用。

2006 年 7 月 4 日，台江县人武部为把“赞颂新成就，履行新使命，迎接十七大”主题教育活动引向深入与纪念建军八十周年系列活动结合起来，组织人武部全体干部、职工，深入到我国第二坝高的水电站——锦屏县三板溪水电站进行参观见学，让干部职工在教育中增长见识，开阔视野，深切感受身边苗乡侗寨的变化。并通过党的十六大以来的变化，引导干部职工从成就看党的政策，从政策看党的理论和领导，用家乡鲜活的事例感染和启发干部职工，从而进一步强化知党恩、报党恩的军魂意识和政治觉悟，以推动下半年工作的全面落实。

2007 年 6 月 25 日晚，台江县党、政、军机关和各事业单位的干部职工及家属数百人集聚一堂，在县人民礼堂共同观看由湖北省军区陆军预备役歌舞团演出的“心系国防”大型专题晚会，让干部职工和广大群众在文化艺术享受的同时，加强国防知识教育。

2008 年 7 月 3 日，台江县人武部部长陆远武一行代表人武部党委，在台江县人大副主任余光祥、县水利局局长李一中、县教育局党组书记王安康和方召乡武装部部长龙睿、方召乡分管教育的副乡长邰庆红等的陪同下，再次深入“东方迪斯科”的故乡——方召乡反排村小学，积极帮扶该校“两基”教育达标攻坚各项工作，给该校师生送去了 10 吨水泥和 2000 块砖的实用物资，以供该校学生食堂和生活垃圾池建设。同时，针对 6 月 21 日在该校与学校领导和反排村两委座谈调研时了解到的饮用水困难、楼房漏雨等急需解决的问题，协调了县水利部门对水源地到学校的实际距离进行了实地丈量。

2010 年 4 月 5 日，组织干部职工及中小学生 200 余人开展缅怀先烈、牢记使命的国防教育活动。4 月 27 日至 6 月 30 日，开展以“实事求是查找问题、知耻后勇正视问题、忠诚履职解决问题”为主题的“增强党性，严守纪律”专题教育整顿“回头看”活动。为确保“回头看”活动扎实有效开展。

第五章　国防教育

第一节　教育机构

台江县人民武装委员会和台江县国防动员委员会实行两块牌子、一套人员、合署议事。根据发展需要适时组织召开委员会议，对某一阶段的武委会和国动委工作进行统一安排部署。

台江县国防动员委员会下设 5 个办公室，负责处理国防动员委员会的日常事务工作。国防动员委员会办公室设在县人武部，办公室主任由人武部副部长兼任，由地方政府配备副主任 1 名；人民武装动员办公室设在人武部军事科，县人民政府办公室主任兼任办公室主任，人武部军事科科长兼任副主任；国防动员办公室设在县计划局，配备主任、副主任各 1 名；人民防空办公室、交通战备办公室均设在县交通局，分别配备主任、副主任各 1 名。

台江县全民国防教育委员会常设办公室设在县人民政府，办公地点设在县人武部，配备主任、副主任各 1 名，具体负责全县的国防教育工作。2003 年，8 个乡（镇）相继成立国防教育领导小组，配置专职办公人员，党委书记亲自担任国防教育委员会主任，健全了领导机制。

2004 年，台江县委、县政府联合行文，把生态建设民兵团革一乡青岗坡基地列为台江县全民国防教育基地，采取爱国主义教育、军事日、拥军慰问三位一体的方式，要求县直机关各部门利用双休日，按要求有计划地开展全民国防教育活动。近 20 年来，台江县全民国防教育委员会多次被省全民国防教育委员会评为“全民国防教育宣传先进单位”。

第二节　干部教育

1993 年，县人武部为各级领导干部征订《国防教育系列讲座》和《国防教育普及读本》50 册。1995 年 3 月，召开有各乡镇党委书记、乡（镇）长、县直各有关部门主要领导参加的国防教育工作会议，部署国防教育工作。县委把国防教育作为党政干部的必修课，列入党校的教育内容。1996 年 9 月 27 日，国防动员委员会第一次会议在县人武部召开。会后，全体成员共 55 人进行了半自动步枪和手枪实弹练习射击。

1997—1999 年，县委宣传部举办 4 期学习邓小平理论读书班，每次都邀请县人武部领导进行国防知识讲座，受教育者达 350 人次。“国防教育月”活动期间，全县 220 名县科级以上领导干部参加了国防知识考试。2002 年“八一”期间，组织县四大班子领导、科局领导和乡镇主要领导 80 余人次过军事日。

2003 年，在全县设立 8 个乡（镇）国防教育机构，配置专职办公人员，党委书记担任国防教育委员会主任，健全了领导机制。同时，成立生态建设民兵团全民国防教育基地，坚持全县领导干部到基地过“军事日”制度，接受国防教育，作为一种制度固定下来。是年，全县机关单位、各乡镇干部职工1320人先后到民兵团兴农强武接受国防教育。2004年，在全县副科级以上干部和中青年干部培训期间，邀请人武部领导举办3期国防知识讲座，受教育党员干部达320人次。省、州驻台单位、县直机关企事业单位、群众团体的2600余名干部职工全部进入全民国防教育基地体验军营生活，接受国防教育。2005年，有30多个县内外行政、企事业单位，1200余干部职工进入基地接受教育。

2009年，在开展全民国防教育活动中，以党政领导干部，学生和预备役人员为重点，以爱国主义、社会主义荣辱观为核心内容，采取多形式、多层次、多渠道宣传教育，努力实现国防教育经常化、社会化、规范化、法治化。在“八一”建军节开展军事日比武活动中，县委、县人大、县政府、县政协、县人武部领导和国防动员委员会成员踊跃参加座谈会，进行实弹射击，参观国防教育图片展览等。

2010年，举办乡镇武装部部长、专武干事国防教育培训班2期，受训86人，开展了“国防在我心中”演讲比赛。

第三节　群众教育

1991年8月，县人武部开展国防教育月活动。结合庆祝“八一”建军节，举办一期13天的培训班，培训专武干部21名，基干民兵骨干45名。培训期间，县委副书记、县国防教育领导小组组长欧光辉到会作报告。9月10日，召开全县国防教育工作会议，制定“关于台江县开展国防教育实施方案”，拟定1991—1993年的工作计划，要求在三年内完成全民性的国防教育系统工程。同时将台供镇西街村、革东镇街上村列为全县国防教育试点，采取分发教材、派人授课等方式，给干部、基干民兵和预备役人员灌输强国习武和自尊自重的意识，先后培训骨干75名，其中基干民兵60名，民兵应急分队队员15名。

1992年5月，贯彻落实《贵州省国防教育三年规划》，制定《台江县1992年全民国防教育工作意见》，将省国教办编印的《国防教育系列讲座》教材印发各乡镇学习，按时完成参加全省国防教育办组织的“全省首届国防知识竞赛”答卷。县国防教育办表彰全县首届国防知识答题活动先进单位25个。1993年，县人武部为各级领导干部征订《国防教育系列讲座》和《国防教育普及读本》50册。6月，在施洞举办国防教育图片展览，观看人数达2万人次。11月，在“国防教育月”活动中，印发国防知识竞赛试题发放全县副科级以上干部，答题及格率达100%。此外，还组织人员到台拱、施洞、革东、台盘、排羊、南宫等乡镇开展国防教育活动，展出的图片有500多幅。1995年，在纪念抗日战争胜利50周年活动中，举办“国防杯”体育竞赛活动，参赛的有23队69人，项目有登山、五公里越野、射击、投弹等。

1997年，县人武部给民兵连队订阅《中国民兵》《中国国防报》《西南民兵》《国防大视野》等报刊500余份，印发函授试卷3000余份，并对600名基干民兵进行教育考试。在迎接香港回归和纪念建军70周年期间，组织全县1200余民兵参加国防知识竞赛活动。县人武部与县职业高级中学联合举办“国防教育班”，较系统地开设国防理论课程，进行队列、射击、投弹、战术、军事地形学、行军、外军知识、兵器常识等科目的教育与训练。

2001年，《中华人民共和国国防教育法》颁布后，为开展第一个“全民国防教育日”活动，县全民国防教育委员会布置在全县广泛开展学习《国防教育法》的一系列活动。从10月9日起，县电视台、广播站宣传《国防法》《国防教育法》《兵役法》《贵州省征兵工作条例》36场次，有线广播26次。

全县张贴标语1200条幅，办板报17期、宣传栏11期，印发国防教育宣传资料10000余份。组织县、乡两级党政机关、中学生、广大民兵、预备役人员5000人次参加全国国防知识竞赛。2002年，县国防教育委员会提出把国防教育同公民道德教育、人民防空工作、国防交通工作、民兵预备役工作、“双拥”工作等有机结合起来，拓展教育空间，创新和丰富教育形式，促进国防教育的落实。2004年，在第四个全民国防教育日中，县国防教育委员会组织在全县开展“勿忘国耻，强我国防”演讲及万人签名活动，发放传单10000份。2005年1月23日，台江县召开国防动员委员会暨民兵团第六次团务会，对新年度国防动员工作进行系统安排，并宣读各乡镇“第一部长”命令。7月，组织全县四大班子办公室和各乡镇11个代表队，进行“心系国防、爱我中华”国防知识竞赛和庆“八一”军事大比武活动。

2006年3月，县人武部响应党中央号召，加快国防教育实施计划，积极参与支持地方经济建设，在参加和支持西部大开发中，出动民兵参与地方种植、养殖基础设施建设1900余人次。县人民武装部被评为参加和支持西部大开发先进单位。2007年，国防动员委员会利用当地红色资源，开辟国防教育讲座专栏，宣传国防教育的重要意义、地位作用和基本任务，以当前国际形势、国防历史、国防经济、国防动员、国防常识等为重要节点，积极参治参建，推进军民鱼水融洽和谐发展，并荣获“双拥模范县”称号。2009年，国防教育活动以党政领导干部，学生和预备役人员为重点，以爱国主义、社会主义荣辱观为核心内容，采取多形式、多层次、多渠道宣传教育，努力实现国防教育经常化、社会化、规范化、法治化。军地关系融洽，社会秩序和谐，青年应征入伍积极性空前高涨，高质量地完成了征兵任务，被国防部评为全国征兵工作先进单位。

2010年，为进一步增强全民国防观念，县人武部在全县广泛开展国防教育，振奋精神，促进国防建设和经济建设。举办国防教育展，对全县各乡镇武装部部长、专武干事举行两期国防教育培训班，受训人数86人，并开展了国防在我心中演讲比赛。先后免费发放国防教育材料2000余份，举办了全县军民参加的国防知识竞赛活动。对280余名民兵进行为期7天的国防教育和科技知识培训，在强化后备力量的同时，引导群众走向致富道路。

第七篇

政法

第一章　公安

第一节　队伍建设

1990年，为了地方公安队伍的发展壮大，台江县政府招聘了一些退伍军人充实到公安队伍来。为提高干警的思想政治、业务素质水平，举办了两期培训班，每期40天，共计74人，另有17人报名参加公安等专业中等自学考试。

1991年，干警培训班举办两期，每期30天，第一期为刑侦班，培训对象为刑侦人员及新调入干警；第二期为治安班，培训对象为派出所干警及驻乡民警。2002年1月，局党委组织成立了以局党委书记、局长李安国任组长，政委姚元良任副组长，副局长周启明、张玉明、肖文斌、纪委书记张玉国、政工科科长张世发为成员的领导小组，制定实施细则，明确“竞争上岗”、“双向”选择以及党委任命的职位及条件，设有38个股级职位，共有50名民警参加报名（其中有两名女民警）。1月22日上午8点30分至晚上12点，在县委组织部、县纪委、县人事劳动局监督指导下，民警的演讲和答辩，通过17个小时进行股级职位竞争上岗大会，坚持公开、平等、竞争、自愿的原则，群众当场测评，评委当场打分，当场宣布分数；局党委把关、考核，以德才兼备、注重实绩、任人唯贤的原则，依照分数排名，择优聘任，真正体现出干部能者上、平者让、庸者下的重大举措。1月23日公开公布竞争上岗职位及人员名单，共有31名民警竞争上任各科长、所长、大队长（其中有两名女民警），其中，党员27人，非党员4人；本科文化有2人，大专17人，中专6人，高中1人，初中1人；25～39周岁的有28人，40～44周岁的有3人，平均年龄32岁。新科、所、大队班子的组成，在年龄结构、文化结构和专业结构得到了提高。1月23日报县委领导批准，进行“双向”选择；1月25日新上任的科、所、队领导带兵走上新的工作岗位。此次人事制度改革有4名民警在“双向”选择中未被聘用，待岗学习一个月，并于1月28日开始组织待岗民警学习。

1996年4月，举办第一期科（所、队）长、指导员（含副职）培训班共30人，培训时间20天。培训期间，局长、政委都有授课。通过培训，不断提高队伍的政治业务素质，增强队伍的战斗力。同年9月，举办第二期培训班，时间为20天，共有24人参加培训。

1998年先后录用30多名新民警，为使新录用民警尽快掌握公安知识，熟悉公安业务，提高政治素质，县局党委会议研究决定，从9月20日至30日为期11天，进行新录用民警政治、业务培训。在培训开学典礼上，县政府副县长龙云茂、县政法委书记杨光成、州公安局干训科长孙华军到会讲话，要求参训民警要珍惜时间，刻苦钻研，学好知识，指导工作实践，成为一名出色的人民警察。同年11月14日，县局户政股举办派出所户籍内勤培训班，参培民警11人。到2000年后，公安干警基本从警校进入，局里不定期送老干部到州里参加一些培训。

2003年2月18日，开展为期一个月的警务技能培训。此次警务技能培训，采取集中培训和测验，除台拱派出所外，其余8个乡镇派出所和交密保护区派出所根据安排的培训项目，自行组织培训，利用早上6点30分至7点30分进行最后划分片区测验，培训和测验的内容有：100米跑、男1000米跑、女800米跑、男俯卧撑、女仰卧起坐、手枪射击、擒敌拳（40周岁以下）、24式太极拳（40周岁以上）。此次警务技能培训得到局党委的高度重视，并成立专门的领导小组，县委常委、县委政法委书记、公安局局长李安国任组长，政委姚元良及副局长周启明、肖文斌、侯美嘉任副组长，加强对此次警务技能培训的领导。为保证培训顺利进行，制定了严格的纪律，培训实行签到制度，凡擅自无故不参加1人次，扣单位目标管理0.5分，并通报批评。通过此次警务技能培训，将有力地推动县局民警身体等各方面素质的提高，为发挥公安机关的职能作用打下坚实的基础。2007年6月10日，台江县公安局第三批计算机信息通信能力培训班全体人员在台江县职业中学电教室考试结束，标志台江县公安局干警人人掌握计算机信息通信应用能力。

台江县公安队伍警员统计表

表7-1

年份	民警（人）		文化程度				
	总数	女	硕士	本科	专科	中专、高中	初中以下
1991	76	5	0	0	11	24	41
1992	76	5	0	0	12	29	35
1993	90	4	0	0	14	37	39
1994	80	5	0	0	14	35	31
1995	82	6	0	0	15	35	32
1996	87	8	0	0	23	35	29
1997	104	10	0	0	26	50	28
1998	140	11	0	0	34	78	28
1999	141	11	0	5	40	65	31
2000	135	9	0	3	46	63	23
2001	123	9	0	4	44	57	18
2002	132	10	0	9	48	57	18
2003	132	10	0	9	48	57	18
2004	130	10	0	9	48	57	16
2005	133	10	0	12	48	57	16
2006	131	10	0	12	48	57	14
2007	129	10	0	12	48	57	12
2008	133	12	2	23	96	8	4
2009	126	10	2	26	86	8	4
2010	140	13	2	35	91	8	4

第二节 治安管理

2003年1—3月，全县受理治安案件查处违法人员85人，其中治安罚款69人、行政拘留4人、警告3人、其他9人。4月，全县共受理治安案件30起，查处29起，查处率为96.67%。查处违法人员40人，其中，警告12人、罚款25人、拘留2人、其他1人。5月，全县共受理治安案件21起，查处20起，查处率为95.24%。处理行政违法人员27人，其中治安罚款22人、其他处理5人。6月，受理治安案件17起，查处14起，查处率为82.35%。本月全县各辖区治安案件基本得到控制，台拱派出所受理6起，查处6起，查处率为100%；施洞派出所受理1起，查处1起，查处率为100%；排羊派出所受理1起，查处1起，查处率为100%；台盘派出所受理3起，查处2起，查处率为66.67%；革一派出所受理4起，查处1起，查处率为25%；老屯派出所受理1起，查处2起，查处率为200%；方召派出所受理1起，查处1起，查处率为100%；南宫派出所本月没有治安案件。7月，受理治安案件13起，查处12起，查处率92.31%。8月，受理治安案件23起，查处18起，查处率为78.26%。查处各类违法人员26人，其中移送有关部门5人、警告1人、罚款17人、拘留2人、其他1人。各所受理治安案件情况：台拱派出所受理12起，查处9起；施洞派出所受理3起，查处1起；台盘派出所受理2起，查处1起；革一派出所受理2起，查处3起；老屯派出所受理2起，查处2起；南宫派出所受理2起，查处2起；排羊派出所、方召派出所无治安案件。9月，共受理治安案件12起，查处16起，查处率为133.33%。查处各类违法人员26人，其中送劳教2人、警告2人、罚款17人、拘留1人、其他4人。各所受理治安案件情况：台拱派出所受理10起查处7起，老屯派出所受理2起查处1起，施洞派出所查处2起，台盘派出所查处2起，革一派出所查处1起，排羊派出所查处1起，南宫派出所查处2起，方召派出所无治安案件。10月，受理行政案件24起，查处14起，查处率为58.33%。查处各类违法人员21人，其中警告5人、罚款6人、其他处理10人。各所受理治安案件情况：台拱派出所受理6起，查处5起；施洞派出所受理12起，查处5起；革一派出所受理2起未查处；南宫派出所受理4起，查处4起；老屯派出所、排羊派出所、台盘派出所、方召派出所没有治安案件。11月，受理行政案件14起，查处30起，查处率为214.29%。查处各类违法人员51人，其中劳教1人、警告5人、行拘2人、罚款27人、其他16人。各所受理治安案件情况：台拱派出所受理5起，查处11起；施洞派出所受理2起，查处9起；革一派出所受理1起，查处3起；老屯派出所受理1起，查处1起；排羊派出所受理2起，查处3起；方召派出所受理1起，查处1起；南宫派出所受理2所，查处2起；台盘派出所没有案件。12月，共受理行政案件12起，查处9起，查处率为75%。查处各类违法人员12人，其中警告1人、治安罚款8人、行政拘留1人、其他2人。老屯派出所、排羊派出所无治安案件。

2009年5月10日，台江县公安局根据4月27日公安部组织召开全国公安机关“社会治安整治行动”电视电话会议的统一部署和省公安厅要求，台江县公安局决定从5月起至年底，在全县开展为期8个月的“社会治安整治行动”(以下简称专项行动)。为确保专项行动顺利开展，制定《台江县公安机关社会治安整治专项行动方案》，为认真贯彻落实公安部部长孟建柱和省委常委、政法书记、公安厅厅长崔亚东关于加强社会治安工作的重要批示精神，特制定本方案。县公安局成立“社会治安整治专项行动”领导小组。领导小组下设办公室在治安大队。总体目标：以“打黑除恶”专项斗争为龙头，依法严厉打击杀人、绑架、爆炸等严重暴力犯罪，严厉打击“两抢一盗”、电信诈骗等侵财犯罪，大力整治“黄、赌、毒”等社会丑恶现象，侦破一批大、要案件，打掉一批犯罪团伙，抓获一批违法犯罪分子，集中清理整治一些治安问题突出的地区、场所，全面强化治安管理和防范控制，牢牢把握社会治安的主动权，不断增强人民群众的安全感和满意度。治安问题突出的重点整治乡镇是台拱镇、施洞镇、台盘乡。工作重点是要加强“两抢一盗”案件的防范和打击力度，要重点整治地方恶势力猖獗、毒情蔓延和赌博问题。其他各乡镇都要结合本地治安实情，确定工作重点，开展有针对性的治安整治行动。专项行动分三个阶段进行：4月29日至5月4日为动员部署阶段；5月5日至12月18日，为排查整治阶段；12月19—31日为总结验收阶段。12月30日，为切实加强对社会治安“冬季行动”暨两节、两会安全保卫工作的统筹协调，保障警令警务畅通，保证各个环节不发生问题，特成立社会治安“冬季行动”暨两节、两会安全保卫工作领导小组，组长由县委常委、政法委书记、公安局长姚元良担任。常务副组长：肖文斌，副组长：张玉国、龙永红、张玉明、杨林、杨春贵、李顺衡、姚远、刘熙江、杨长海、欧洪、张文勇，成员：邰通政、龙海、余昌荣、张明生、杨辉伦、熊国勇、迟秀兰、侯绍国、杨昌发、梁勇、龙瑞雪、欧阳凯、龙章永、刘泽凯、张德成、潘和、杨胜银、潘金保、杨昌仁，领导小组下设办公室，办公室在公安局治安大队，杨林兼任办公室主任，邰通政、余昌荣、张明生兼任副主任。总体任务是：进一步深化社会治安整治行动，始终保持对严重刑事犯罪的高压态势，将打击的锋芒对准严重威胁群众安全的街头“两抢”、入室盗窃、电信诈骗等多发性侵财犯罪，对准社会影响恶劣的黑恶势力犯罪和涉枪涉爆、拐卖儿童妇女等严重刑事犯罪，对准群众反映强烈的互联网和手机淫秽色情、网络赌博、涉众型经济犯罪、毒品等犯罪。继续排查治理治安乱点区域和治安隐患部位，巩固前期整治效果；继续排查化解矛盾纠纷，牢牢把握社会治安的主动权，不断提高全县公安机关驾驭社会治安形势的能力，进一步增强人民群众的安全感和满意度，为人民群众欢庆元旦、春节和两会安全顺利召开创造良好的社会治安环境。

2010 年 1 月 1 日，为抓好台江县社会治安“冬季行动”和两节、两会安全保卫工作，严厉打击各类违法犯罪活动，营造良好的社会治安环境，让全县人民平安、祥和地欢度元旦、春节，确保两节、两会期间社会稳定。台江县公安局党委高度重视社会治安“冬季行动”和两节、两会安全保卫工作，在公安部、省公安厅和州公安局召开的社会治安“冬季行动”和两节、两会安全保卫工作电视电话会议结束后，立即拟订工作方案，成立以县委常委、政法委书记、公安局局长姚元良为组长、公安局政委肖文斌为常务副组长，其他局党委成员为副组长，各科、所、队、室负责人为成员的工作领导小组。4 月 14 日，为了构建和谐的警民关系，提高农村老百姓治安防范意识，筑牢农村社会治安第一道防线，台江县公安局在县政协五楼举办了一期农村社会治安防范知识讲座，县委常委、政法委书记、公安局局长姚元良亲自授课。参加听课的有全县 156 个行政村、4 个居委会的村（居）委主任和妇女主任共 320 人。5 月 16 日，按照《全州公安机关“5・16”社会治安环境大排查大整治行动方案》要求，县公安局决定在 5 月 16 日 20 时至 24 时在全县组织开展社会治安环境大清理大排查大整治专项行动。为切实加强此次专项行动的组织领导，确保整治成效，县公安局成立“5・16”社会治安环境大清理大排查大整治专项行动指挥部。指挥长由县委常委、政法委书记、姚元良亲自挂帅担任。指挥部下设办公室在局指挥中心，公安局副局长李顺衡兼任办公室主任。排查整治工作的任务是对城乡接合部、出租房屋、旅店、网吧、住宅小区、商场门面、洗浴场所等进行集中清查。重点对象是对一切可疑人员、外来人员、流窜人员实行治安排查，逐一比对身份，做到一人不漏，一屋不漏；对在清查中发现的违法可疑人员以及可能损害群众利益、破坏社会秩序的可疑人员，一律由公安机关依法进行传唤核查；对特种行业是否按规定进行登记管理开展检查，凡是不按规定进行管理的一律从重处罚，对屡教不改的坚决取缔特种行业经营许可证；县际、乡际及城区治安卡点设立检查点，对过境可疑车辆和人员进行检查，一旦发现被盗抢车辆和可疑人员一律依法扣押或传唤进行比对核实；对在行动中发现有违反治安管理的现行违法行为一律依法从重进行处罚。工作分工是：第一组，肖文斌为组长，负责对县城所有网吧行业的清查。第二组，龙永红为组长，负责对台拱派出所至南市塘一线两边的行业场所（含金红阳山庄）、房屋租赁、街道铺面的清查。第三组，杨林为组长，负责对信合宾馆至喜晨楼一线两边的行业场所、街道铺面、房屋租赁的清查。第四组，张玉明为组长，负责对电信局至水利局至朗等大桥一片的行业场所、街道铺面、房屋租赁的清查。第五组，杨春贵为组长，负责商贸城中心一片（含花晨苗浴）的行业场所、街道铺面、房屋租赁的清查。第六组，张玉国为组长，负责扶贫办至新公安局至第一移民区一片的行业场所、街道铺面、房屋租赁的清查。第七组，姚远为组长，负责祥和酒楼至经贸局至教育局一片的行业场所、街道铺面、房屋租赁的清查。第八组，欧洪为组长，负责粮食局至林业局至养护段至老油库一片的行业场所、街道铺面、房屋租赁的清查。第九组，杨长海为组长，负责萃文园至新龙巷至上水卡至镇民中一片的行业场所、街道铺面、房屋租赁的清查。第十组，欧阳凯为组长，负责农行至方召中学至武装部至施洞方向候车点一片的行业场所、街道铺面、房屋租赁的清查。第十一组，熊国勇为组长，负责老公安局、粮管所、看守所、二小、新街一片的行业场所、街道铺面、房屋租赁的清查。第十二组（设卡组），刘熙江为负责人，负责对过往可疑车辆和人员进行检查。第十三组，李顺衡为组长，负责指挥调度及材料信息收集，上传下达。第十四组（治安巡逻组），吴光华为组长，主要负责城关地区当晚的接处警和各居民住宅小区的治安巡逻。这次大排查、大整治行动从5月16日20时开始至5月17日凌晨结束，共出动警力160人，警车19辆，检查旅店业35家、网吧6家、住宅小区3处、商场门面166家、出租房屋49家、洗浴场所1家，检查过往车辆62台、城乡接合部3处、工地等其他部位20处，检查流动人员162人，查处违法人员2人。10月12日，县政协副主席欧光祥、张秋敏率领县政协委员等一行8人到县公安局听取台江县治安管理工作情况汇报会议。县公安局副局长、分管治安工作的杨林作了汇报工作，县政协欧光祥副主席听取了公安局对县城治安管理工作开展情况后，提出几点建议：一是公安机关要加大对违法犯罪活动的打击力度，特别是加大对毒品违法犯罪的打击力度，巩固台江无毒县成果。二是要加强法律宣传，要让群众积极主动配合公安工作，特别是青少年犯罪和吸食毒品问题要宣传到位、教育到家，让家长加强对自己子女的管理和教育，减少违法犯罪案件的发生。三是要加大对公安基层经费的投入，解决他们的后顾之忧。11月1日，根据州社会治安重点地区整治办的《全州社会治安乱点重点整治工作方案》的工作通知要求和《贵州省治安重点地区排查整治工作考核验收办法》精神，台江县公安局根据实际情况，针对县城“两抢一盗”案件频发的态势，以及毒情蔓延和赌博问题，及时制定了《社会治安乱点重点整治》工作实施方案，主要针对台江县治安混乱地区的治安问题和安全隐患，开展严厉打击和整治各类违法犯罪行为的活动。在整治期间，各部门、各警种全力配合共破获“两抢一盗”案件38起，打掉盗窃犯罪团伙8个，抓获违法犯罪人员42名，抓获在逃人员2人，加强对公共娱乐场所、旅馆业、网吧、涉爆单位民爆物品检查的重点整治工作，坚决扫除“黄、赌、毒”社会丑恶现象，对不按照规定登记的18家旅馆、4家网吧进行了处罚，对不符合安全规定的5家公共娱乐场所提出了整改，对一家违反民爆物品管理的涉爆单位进行了处罚，打掉一个利用“滚地龙”进行赌博的窝点，查处卖淫嫖娼案件3起，查处色情网站1个，抓获吸毒人员2名，从而有效地净化社会环境。通过整治，县城社会治安明显好转，使社会治安混乱的地区和台江县城的“两抢一盗”案件得到有效遏制，增强了人民群众的安全感。是年，全县受理行政案件374起，查处339起，查处率90.6%；查处违法人员307人，其中移送有关部门6人、警告3人、罚款64人、拘留31人、其他处理203人。以案件性质划分：扰乱公共秩序受理1起，查处1起；扰乱单位秩序受理1起，查处1起；寻衅滋事受理12起，查处6起；非法携带枪支受理1起，查处1起；非法携带管制刀具受理5起，查处5起；发送信息干扰他人正常生活受理1起，查处1起；损毁公共设施受理2起，查处3起；殴打他人受理180起，查处158起；故意伤害受理32起，查处15起；盗窃受理28起，查处15起；诈骗受理3起，未查处；故意损毁财物受理25起，查处20起；侮辱、诽谤、诬告、陷害他人受理1起，查处1起；违反旅馆业管理受理40起，查处40起；收购赃物受理2起，查处2起；卖淫嫖娼受理3起，查处3起；吸毒受理5起，查处5起；违反互联网信息相关管理规定受理8起，查处8起；违反民爆物品安全管理受理1起，查处1起；违反出入境管理受理1起，查处1起；其他受理22起，查处52起。以案件管辖划分：台拱派出所受理246起，查处209起，查处率85%；施洞派出所受理22起，查处23起，查处率104.5%；革一派出所受理11起，查处11起，查处率100%；南宫派出所受理23起，查处24起，查处率104.3%；台盘派出所受理7起，查处6起，查处率85.7%；老屯派出所受理23起，查处22起，查处率95.7%；排羊派出所受理6起，查处6起，查处率100%；方召派出所受理9起，查处11

起，查处率 122.2%；治安大队受理 21 起，查处 21 起，查处率 100%；出入境受理 1 起，查处 1 起，查处率 100%；禁毒大队受理 5 起，查处 5 起，查处率 100%；调解治安纠纷 178 起，其中，矛盾纠纷 120 起、打架斗殴 33 起、损毁他人财物 8 起、其他 17 起，调解成功率达 100%。

1990—2010 年台江县治安案件受理查处一览表

表 7-2

年度	受理	查处	查处率（%）	年度	受理	查处	查处率（%）
1990	214	192	89.72	2001	354	330	93.22
1991	176	165	93.75	2002	358	344	96.09
1992	180	170	94.44	2003	231	228	98.70
1993	141	135	95.74	2004	204	176	86.27
1994	82	79	96.34	2005	300	288	96.00
1995	110	108	98.18	2006	201	192	95.52
1996	145	143	98.62	2007	284	274	96.48
1997	123	118	95.93	2008	249	238	95.58
1998	133	122	91.73	2009	358	338	94.41
1999	167	161	96.41	2010	374	339	90.64
2000	290	284	97.93				

第三节　刑事案件侦查

社会不断进步，经济不断发展，新的问题接二连三迎来，在全县范围内，刑事案件的发案率也居高不下。1991 年 1 月 10 日台浓乡铁桥国道 320 发生一起抢劫案，作案人杀伤 5 人，抢走现金 140 元。案发后，县局成立专案组开展侦破，于 13 日将犯罪嫌疑人抓获。2 月 8 日，方召乡基甲村与交汪上、下村因山地权属纠纷，发生恶性群众性斗殴，造成 3 人死亡，1 人重伤，1 人轻伤的群体性事件。事件发生后，县委、县政府成立 14 人的工作组，开展调查工作，经过 74 天艰苦工作，双方达成山地权属协议，并赔偿安埋死者、治疗伤者等费用。公安机关依法逮捕了 1 人，收审 2 人，妥善处理了三村村斗事件。

2002 年 1 月 28 日，根据公安部、省厅、州局《行动方案》精神，结合台江县涉枪涉爆违法犯罪活动和“黄、赌、毒”的实际情况，局党委高度重视，局领导亲自挂帅，精心安排，统一部署。从 1 月 28 日起，在全县范围内深入开展打击涉枪涉爆违法犯罪活动和查禁“黄、赌、毒”等社会丑恶现象集中统一行动，关闭群众反映强烈、社会影响较大的 6 家茶馆。清理整顿烟花爆竹市场，全县办理烟花爆竹销售证 112 份，并对销售点签订治安责任书 112 份，对违法销售烟花爆竹的单位和个人进行收缴扣押。对全县 64 名吸毒人员进行调查。2 月 28 日，施洞镇偏寨村七组以杨某某为首的 40 余人冲击围攻施洞派出所，殴打派出所所长，抢走所长手机，不让报警，强行带走正在接受传讯的杨某银和杨某军，并将派出所办公室窗子玻璃打破，造成派出所工作中断，扰乱派出所正常工作长达 1 个多小时。2 月 28 日，施洞镇白子坪村与芳寨村因部分青年人相互殴打，在镇招待所附近发生群体性械斗事件，波及 100 多人，造成 3 人重伤，多人轻伤。接到报警，县公安局局长李安国亲自率队赴施洞处置。4 月 15—16 日在全州开展破案追逃统一行动。按照州局的通知精神，局领导对各片区进行综合分析、周密部署，成立领导小组，由副局长周启明统一指挥，调动刑侦、巡警、经侦、国安、禁毒、台拱派出所6个科、所、大队35名民警，分成5个小组，出动5辆车，分别对县城重点部位、地段、石场、建筑工地等发案率高、外来人员多的地方进行清查，清查房屋租赁20户，宾馆、旅店50家，清查复杂场所32处，工地工棚6个，流动人口310人，盘查嫌疑人员5人，经上网查询，没有发现该5人违法行迹。此次行动从4月15日的12时开始到4月17日的凌晨7时结束。5月8日，犯罪嫌疑人郃某某（男，17岁，苗族，台江县台拱镇民族中学学生，家住台拱镇南冬村四组），诱骗一名3岁幼女到台拱镇胜利街租房内实施强奸。25日，摧毁一伙以学生为主体的盗窃团伙，抓获作案成员6人。6月2日，犯罪嫌疑人郃某某［男，18岁，镇民族中学初二（2）班学生］、郃某某［男，17岁，镇民族中学初三（3）班学生］、姜某某［男，17岁，民族中学初三（4）班学生］、张某（男，19岁，台江县大德村四组人）借故坐吴云海的三轮车去大德，途经小河饭店时，用准备好的砖头，将三轮车驾驶员砸伤，抢走吴摩托罗拉998型号手机一台（价值1850元）和50元现金。8月24日，张某某、龙某、张某某三人对居住在台江县台拱镇的吴某某（男，9岁，即张某某同母异父兄弟）实施绑架到凯里，打电话索要赎金2万元，经台拱派出所及刑侦大队全力侦破，于25日11时许成功将人质解救出，并抓获犯罪嫌疑人2人，缴获赎金1万多元。28日，犯罪嫌疑人熊某某、李某某在台江县国营舞厅强拉一名少女王某某（17岁）到县供销社宿舍二楼一房间实施轮奸。29日，犯罪嫌疑人龙某、黄某某、刘某某将一名少女龙某某（16岁）强行拉至国道320快活林处进行暴力侮辱。9月19日，刑侦大队台拱中队摧毁一个涉嫌少年犯罪团伙，3名盗窃犯罪嫌疑人徐某（女，侗族，13岁，中学生）、邵某（女，苗族，12岁，中学生）、袁某（女、苗族、14岁，小学生）被抓获。经审查，该团伙从2002年5月以来，以佯装购物为名频频作案近20起，盗窃现金2400余元和手机、发票等物。

1994年1—3月，按照上级公安机关的安排部署，县局开展“追逃犯、打流窜”专项斗争，主要是摸清逃犯底数，列出名单，落实抓捕任务，从4月下旬至11月底围绕“破大案、追逃犯、打团伙、抓现行”这个重点开展了七次“严打”集中统一行动，共破获各类刑事案件53起，其中重大案件27起，摧毁犯罪团伙9个成员32名，抓获逃犯17名。是年，共立刑事案件57起，破案52起，破案率91.2%。其中重大案件27起，破案24起，破案率88.9%；一般案件30起，破案28起，破案率93.3%。

1998年，台江县公安局坚持和强化“严打”方针，严厉打击各类刑事犯罪活动。在严打整治中，以“打团伙、破大案、抓现行、追逃犯”为主攻目标。适时开展“百日破案会战”“打击车匪路霸”等专项斗争，同时大力推行刑侦改革侦审一体化，落实破案责任制。刑侦力量在破案中的主导作用得到充分体现。1998年，共破获各类刑事案件102起，摧毁犯罪团伙9个38人，抓获逃犯25人（其中协州抓获4人）；立刑事案件94起，破案78起，破案率83%。

2003年1月，全县刑事案件立案4起，破案1起，破案率为25%。2月，全县刑事案件立案2起，破案3起，破案率为150%。3月，全县刑事案件立案13起，破案7起，破案率53.85%。4月，全县刑事案件立案9起，破案7起，破案率77.78%。5月，全县刑事案件立案7起，破案6起，破案率85.71%。6月，全县刑事案件立案22起，破案6起，破案率27.27%。7月，全县刑事案件立案11起，破案6起，破案率54.55%。8月，全县刑事案件立案14起，破案7起，破案率50%。9月，全县刑事案件立案18起，破案13起，破案率72.22%。10月，全县刑事案件立案32起，破案21起，破案率65.63%。11月，全县刑事案件立案21起，破案20起，破案率95.24%。12月，全县刑事案件立案4起，破案3起，破案率75%。

2008年2月21日，台拱派出所捣毁一个赌博窝点，接到群众报警立即出击，在台拱村一举抓获参赌人员16人，扣押赌资14974元，销毁赌具一副，罚款3000元。台拱派出所经过精心组织安排，于3月29日上午11时在台拱村捣毁一个“滚地龙”赌博窝点，抓获8人，扣押赌资5888元。4月5

日，施秉马号乡娄寨村村民吴某某（男，1983年9月25日生）等青年到施洞镇过完生日后准备离开，与方寨青年发生口角引起打架，吴被刀子刺伤，抢救无效死亡。局党委高度重视，局长姚元良与常务副局长龙永红、副局长杨林亲赴现场处理，并抓获犯罪嫌疑人刘某某等人。6月11日下午，接到群众举报，台江、黄平、施秉三县交界的施洞镇南哨村发现聚众赌博，县局高度重视，局党委委员、副局长龙永红、姚远迅速赶赴现场，并通知施洞、老屯、革一和台盘4个派出所干警出动，当场抓获参赌人员28人，收缴赌资4万余元，受到当地党委政府领导和人民群众称赞。7月13日，破获轮奸女学生案件。7月11日15时30分许，台拱镇排汪村吴某到县公安局报案称：7月5日23时许，被3人强行带至其家下面公路上对其实施轮奸，直到7月9日下午6时犯罪嫌疑人用摩托车将其带到台江县城内百货公司大楼门口将其放下车后驱车逃跑。局长姚元良听到汇报后高度重视，及时组织力量侦破，由刑侦大队长余昌荣为组长，认真分析案情，通过两天艰苦细致的工作终于锁定下桃村李某某（男，15岁）有重大作案嫌疑，经秘密传讯，李交代了伙同李某某（男，17岁）、李某某（男，19岁）以谈朋友为由将吴某带出轮奸。12月24日，发生命案，当日19时，接到欧某某报警称：其亲戚潘某某在方召中学住宿楼内死在床上。经查，潘某某系县教育局干部姬某某之妻，因家庭不和睦，矛盾加深被姬某某杀死。姬某某已被判刑。

2009年2月20日，台拱镇大红寨村发生杀人案。当日16时4分许，110指挥中心接到报警：台拱镇大红寨村一名小孩被人杀害，要求公安机关调查并追捕杀人凶手。局长姚元良高度重视，及时向县委和上级公安机关报告，请求支援帮助，并亲自带领专案组赶赴现场指挥破案，经过两天两夜紧张抓捕于2月22日凌晨4时许，将犯罪嫌疑人张某某抓获。经审讯，张某某（27岁，大红寨四组人）对杀人犯罪供认不讳。3月25日，破获一起特大诈骗案。3月3日15时许，黄某报案称他在台江街上被他人用秘鲁币诈骗，损失现金10.3万元。因案情重大，县局高度重视，及时组织刑警调查，经20余天工作，于3月24日15时许，在凯里将犯罪嫌疑人潘某某（女，42岁，住黄平县浪洞乡大冲村九组）、曾某某（男，38岁，住麻江县宣威镇翁保村三组）、谢某某（男，26岁，住施秉县马号乡茶元村一组）、谢某某（女，25岁，住施秉县马号乡茶元村一组）等抓获归案并依法刑事拘留。4月4日，台盘乡发生特大抢劫案。当日凌晨3时30分许，台江县金牛建材有限公司在台盘乡驻地发生抢劫特案，老板黄某某与其妻在卧室休息，被3个蒙面人翻窗入室实施抢劫，持西瓜刀和棍棒威胁并用黄色包装胶带捆住黄夫妇手脚后抢去现金18万元和两台价值3000元的三星牌手机。县公安局接到报警后，局长姚元良亲自带领刑侦民警及时赶赴现场组织破案。“4・10”专案组在贵阳市公安局大力支持配合下，4月15日凌晨0时30分许，在贵阳火车站附近将“4・10”入室持刀抢劫案两名犯罪嫌疑人杨某某（男，1984年4月2日生，黄平县谷陇镇下场村一组人）、张某某（男，1981年5月18日生，凯里市旁海镇大普村一组人）抓获。经审讯，二人对抢劫犯罪供认不讳，同时交代同伙杨某某、田某某、张某某等人共同作案。8月6日，查获杀亲案，吴某某（男，1975年10月16日生，老屯乡报效村四组人）与其弟吴某某因家庭琐事发生争执，心里不服，其父吴某某出面劝阻被吴某某用锄头击中胸部，当场死亡。8月8日，县局刑侦大队派人调查并将吴某某抓获归案，待案件审查结束后依法处理。8月17日17时许，台拱镇板凳村和排汪村纠纷山展玉（地名）坡处发生一起火药枪杀人案件。板凳村三组村民李某某到展玉砍树被正在持土枪守林的排汪村三组村民吴某某发现，当吴走到展玉路段时碰到李某某扛一根杉木在路上走即开枪射击，将李击倒在地，后李被送医院抢救，生命垂危。县局刑侦大队将犯罪嫌疑人吴某某抓获并予以刑事拘留审查。9月8日，排羊乡南刀村三组村民李某某家从市场购得一台电冰箱，于当日杀猪庆贺，19时40分许，其堂兄李某银到李某某家帮忙，突然被手持杀猪刀正在处理猪内脏的李某某一刀砍在李某银右胸部，李某银受伤后从李某某家逃出来，因流血过多死在村支书李成贵家屋后路上。李某某砍死人后外出，又跑回家中躲藏被随后赶到的公安民警抓获。

2010年，全县共立各类刑事案件338起，破案116起，破案率34.3%。抓获各类刑事案件犯罪嫌疑人107人，打掉犯罪团伙14个、成员53人，刑事拘留65人，取保候审34案41人。

1990—2010年台江县刑事案件查破一览表

表7-3

年度	受理	查处	查处率（%）	年度	受理	查处	查处率（%）
1990	210	120	57.14	2001	157	84	53.50
1991	205	145	70.73	2002	154	111	72.08
1992	75	61	81.33	2003	155	97	62.58
1993	78	73	93.59	2004	151	92	60.93
1994	73	65	89.04	2005	150	114	76.00
1995	69	58	84.06	2006	194	136	70.10
1996	52	47	90.38	2007	168	110	65.48
1997	69	62	89.86	2008	219	111	50.68
1998	94	78	82.98	2009	265	158	59.62
1999	81	72	88.89	2010	338	116	34.32
2000	139	87	62.59				

第四节 “严打”专项斗争

1991年，县公安局按照县委办〔1989〕9号文件精神，县局抽调以派出所为主的力量组成专案组，先后6次分赴广东、浙江、福建、安徽、山东等地调查取证，解救受害者，共抓获拐犯39名，摧毁拐卖团伙7个、成员29名，解救受害者20名，追回拐卖赃款25093元。

1998年，按照上级部署，开展严打第二阶段。从11月下旬开始在国道320开展打击车匪路霸专项斗争，行动中采取内线监控与蹲点守候相结合的措施，到1999年1月15日，摧毁以黄平县谷陇镇杨某某、杨某为首的7名盗窃团伙，破获爬车盗窃案10起，缴获摩托车3辆、石英炉8个，折合人民币2万余元。2007年7月6日，被害人王某某一伙于当晚在台江“光辉岁月”酒吧与犯罪嫌疑人杨某某发生口角纠纷，杨借口上厕所之机打电话叫其朋友刘某和叶某某来后，邀被害人一起去夜市，刘某趁机用刀把王某某捅伤，抢救无效死亡。随后犯罪嫌疑人逃跑。杨某某逃往老屯乡被抓获，刘某在逃。在公安机关紧急追捕下，刘某走投无路，无可奈何，于7月14日15时许，在凯里吞服大量农药自杀身亡。7月24日，接到黄平县公安局通报，要求协助侦破黄平汽车被盗至台江县台盘乡平水切割案件。刑侦大队及时开展调查，在排羊乡玉凯高速公路南约沟地段一便道内当场抓获切割汽车的犯罪嫌疑人龙某某、杨某某、谭某某、全某某、龙某某、谭某某及运输赃物的王某某、王某某，经审讯，他们对犯罪供认不讳。8月5日，台盘乡发生重大抢劫案。8月5日上午，南尧村一组村民王某某到台盘信用社贷款4000元，12时许在铝合金废渣场附近被开着面包车的3男1女拦路抢劫。9月3日，抓获在逃12年的杀人犯。赵某某（男，37岁，苗族，方召乡歹忙村三组人）于1996年7月23日在方召乡政府门口将田某某杀死后逃跑。方召乡派出所在采集基础信息工作中获悉网上在逃12年之久的赵某某在浙江省温州市双柴镇打工，县局及时派人员前往，在当地公安的大力支持配合下将赵某某抓获归案。2007 年 9 月 25 日，县局破获一起强奸幼女案。李某某（女，1994 年 10 月 17 日生，中学生）于 9 月 18 日晚被人强奸，刑侦大队进行认真调查，于 25 日抓获犯罪嫌疑人部某某。

根据州公安局安排，2010 年 9 月 20—21 日为全州公安机关严打整治集中统一行动时间，为打好这一仗，县公安局党委高度重视，对这次集中统一行动作了精心安排部署，由县公安局党委副书记、政委肖文斌任严打整治集中统一行动指挥长，局党委委员、常务副局长龙永红任副指挥长，制定了《台江县公安局 9 月 20 日严打整治集中统一行动工作方案》，抽调警力 100 人、警车 16 辆，分成旅店业检查组、娱乐场所检查组、网吧业检查组、管制刀具收缴检查组、出租房屋流动人口检查组、案件线索摸排组、逃犯线索摸排组、公路设卡组等 10 个行动小组，在全县范围内开展了严打整治统一行动。共检查旅店业 55 家、旅客 116 人，娱乐场所 16 家，网吧业 11 家，出租房屋户 29 家、流动人口 73 人，寄存点 1 家，租赁行 2 家，废旧物品收购点 6 家，摩托车维修点 6 家，二手机店 8 家，门市部及摊点 12 家；收缴管制刀具 6 把，现场抓获嫖娼卖淫人员 2 人，已移交台拱派出所调查处理；检查各类机动车 123 辆次，对 60 名驾驶人进行酒精测试，查扣无牌无证摩托车 3 辆，查扣酒后驾驶车辆 1 辆，扣留驾驶证 1 本、行驶证 1 本，现场处罚驾驶人 2 人次，现场警告、教育轻微交通违法驾驶人 32 人次。此次行动中，对台江县上网的 23 名逃犯进行了一次核对清理和摸排，未发现新线索。

在检查中，发现有两家旅店业存在登记不全面情况，已当面提出整改；对“星星”网吧 19 号机、“香格里拉”网吧 16 号机和 21 号机和“一片天”网吧 24 号机上网人员未持身份证上机的行为，治安部门开展调查处理工作。在集中统一行动中，县公安局还抓获了 9 月 20 日在台江二中门口发生的故意伤害案犯罪嫌疑人 3 人。

第五节　户口管理

人口统计　1990 年，配合全国第四次人口普查工作，开展户口整顿，比较准确地统计全县人口数字。1990 年年底，台江县共有 27551 户 141212 人，其中男性 72879 人、女性 68333 人。2010 年年末，全县总户数 41159 户，总人口 158565 人。

人口普查　1990 年，为配合全国第四次人口普查工作，根据上级的安排，于 4 月间抽调警力 28 人配合区、乡干部开展户口整顿，圆满完成户口整顿工作，为人口普查打下了基础。

2010 年 7 月，全国第六次人口普查将进行，县里成立人口普查领导小组。8—10 日，在县城召开第六次人口普查地图绘制和摸底调查等培训会。参加培训会人员为乡镇分管人口普查工作的乡镇长或副乡镇长、乡镇人口普查办主任和普查技术人员，县人口普查领导小组成员。

“农转非”　1990 年，按照上级指示精神，对 1989 年停办“农转非”以来的粮户管理工作进行清理，是否有违反规定办理“农转非”的现象。同时严格执行“农转非”的审批程序，即派出所将申报人有关证明材料审查齐全后报县公安局，由县计委、公安局、粮食局三家共同审查研究，符合政策的经县政府同意后，按计划指标数向州上报材料，公安局、粮食局只有办理户口落户和粮油供应手续，没有审批权。

居民身份证管理　1987 年，台江县组建“台江县颁发居民身份证领导小组”后，从有关单位抽调 15 名工作人员在台拱镇进行试点工作。1988 年，全县颁证全面铺开，到 1990 年 11 月应办证人数 86486 人，已完成任务 83795 人，占应办证人数的 96.89%。

1996 年，台江县公安局将制发居民身份证纳入目标责任管理，细化职责，明确分工，确保质量。8 月，推行身份证管理，增强办证意识，台拱镇政府下发通知，明确规定：凡是进入 16 周岁的公民，必须到派出所申领居民身份；凡入学、参军、招工、招干等，一律凭身份证或户口册身份证栏自己办理登记的身份证号码报名；凡到镇政府、派出所办理任何证明、证件、手续的，必须持有家庭户口册和居民身份证方予以出具证明或办理手续。当年县公安局共办理居民身份证 3676 张。

2003 年，全县共制发长期居民身份证 4434 人，临时居民身份证 2013 人。长期居民身份证中第一次申领 869 人，占制证总数的 19.6%；丢失补领证件 3185 人，占制证总数的 71.83%；换领证件 380 人，占制证总数的 8.57%；质检不合格 11 人，占送检总数的 0.25%。

2004 年，为贯彻落实《中华人民共和国居民身份证法》和公安部〔2004〕6 号《关于认真做好全国换发第二代居民身份证工作的通知》的文件精神，认真抓好各项准备工作，确保全县换发第二代居民身份证工作的顺利实施，制定《全县换发第二代居民身份证工作方案》（以下简称《方案》）。方案总体目标是从 2005 年 1 月 1 日起在全国全面实施，到 2008 年，基本完成全县为年满 16 周岁的公民换发二代身份证工作。2004 年 7—12 月底前完成换发二代身份证的各项准备工作，在启动集中换发二代身份证工作的同时，停止制发第一代居民身份证。《方案》的第一阶段从 2004 年 7—12 月，各乡镇派出所要抓紧完成换发二代身份证的各项准备工作。按照上级业务部门的要求，结合台江县实际，及时开展对操作技术人员的培训，完成人员信息中心数据库系统的安装、调试等工作；完成户口核对和公民身份证号码清理纠错工作；完成人口信息管理系统的升级、改造和建设工作。第二阶段从 2005 年 1 月至 2008 年，对全面启动集中换发二代身份证工作进行工作部署，2005 年 1 月正式启动，争取平均每年完成 3 万人的换发二代身份证任务。第三阶段从 2009 年 1—3 月，全县集中换发二代身份证工作基本结束后，在认真总结工作经验的基础上，对各乡镇工作成绩表现突出的先进集体和个人给予表彰和奖励。

2004 年 1—6 月，全县共制发居民身份证 2801 人，其中第一次申领 520 人，占制证总数的 18.56%；丢失补领 2031 人，占制证总数的 72.51%；换领证件 250 人，占制征总数的 8.93%；质检不合格 7 人，占送检总数的 0.25%。

暂住人口管理　1990 年坚持登记办证制度，加强流动人口管理，对全县 1092 名暂住人口全部按户口管理规定办理暂住证。

1996 年，根据省州关于加强流动人口管理工作的要求，成立了台江县流动人口管理工作协调领导小组，抽调公安、劳动、计划生育、工商、民政、城建等部门开展流动人口清理工作。1995 年 12 月 14 日开始到 1996 年 7 月 24 日结束，共清理流动人口 8985 人，其中暂住人口（流入人口）572 人、流出人口 8413 人。通过宣传发放办证卡、通知以及上门服务，对暂停人口全部作了登记，16 周岁以上的 451 名应办证人员全部办理暂住证。同时结合清理整顿，打击处理了流动人口中的各类违法犯罪人员 25 人。

2009 年 8 月 7 日，根据公安部全国公安机关“社会治安整治行动”电视电话会议精神和黔东南州社会治安综合治理委员会流动人口管理工作领导小组的文件通知精神，为进一步加强流动人口和租赁房屋治安管理工作，从 2009 年 8 月 6 日到 10 月 25 日，在全县组织开展流动人口和租赁房屋清理整顿专项行动。

2010 年 2 月 8 日，为切实加强台江县公安局流动人口计划生育综合治理的工作领导，认真落实计划生育目标责任制，经局党委召开专题会议，决定成立台江县公安局流动人口计划生育综合治理工作领导小组。组长由姚元良县委常委、政法委书记、公安局局长担任。领导小组下设办公室，张玉国兼任办公室主任，具体分管此项工作。7 月 13 日，为了加强对流动人口协作工作的领导，切实贯彻落实好《贵州省人口计生委办公室〈关于转发和实施国家人口计生委办公厅 2010 年流动人口计划生育区域“一盘棋”工作方案的通知〉的通知》精神，经局长办公会议研究决定，成立流动人口协作工作领导小组，县委常委、政法委书记、公安局局长姚元良任组长，领导小组办公室下设治安大队，杨林兼任办公室主任，负责具体工作。

特种行业、娱乐场所管理　1991年6月6日，召开公安、工商、供销等几家负责人会议，成立领导小组和工作组，抽调8人，制定清理范围和措施，翻印有关文件。9日召开各乡镇派出所、工商所、供销社负责人会议，传达公安部、国家工商局等文件，布置任务。经调查摸底，全县共有废旧收购业45家，其中集体6家、个体39家，有照11家、无照34家。通过清理整顿，对无证经营人员作出处理。1992—2010年，每年不定期对特种行业和娱乐场所开展检查，对违反规定的进行处罚并责令整改。

1991—2010年台江县特种行业管理一览表

表7-4

年度	总数	其中				
		旅店业	网吧	娱乐场所	印刷刻字复印业	寄买寄卖业
1991	28	15	—	12	1	—
1992	30	18	—	11	1	—
1993	33	20	—	12	1	—
1994	36	21	—	13	2	—
1995	44	22	—	20	2	—
1996	45	24	—	18	3	—
1997	51	28	—	19	4	—
1998	55	30	—	21	4	—
1999	56	32	—	20	4	—
2000	58	33	—	22	3	—
2001	61	35	—	22	3	1
2002	64	38	—	23	3	—
2003	72	40	4	24	4	—
2004	75	43	4	24	4	—
2005	79	44	6	25	4	—
2006	83	48	6	25	4	—
2007	88	51	6	26	5	—
2008	92	53	8	26	5	—
2009	95	56	8	26	5	—
2010	103	60	10	28	5	—

第六节　危险物品管理

枪支管理　1990年，遵照国务院及省政府《关于加强民爆物品、枪支弹药安全管理电话会议精神》，对枪支弹药开展清理工作，这次清理范围，主要是清查公、检、法、司、保卫、金融部门以及个人持有的火药枪、猎枪、小口径步枪、气枪为重点。严格枪支管理，凡配发干警枪支必须经过局党委研究方可配发，未经过训练，没有局党委批准一律不予配发，探亲、节假日回家一律将枪支交治安保管，平时各科所队经常检查，节日大检查，确保枪支安全。

2003年3月27日，台江公安局刑侦大队接到110指令，在南宫岔路口老油库处，将3名神情慌张、形迹可疑的男女带回大队审查。经审查，均系在革东88酒楼对面的一施工队住处作案的团伙，从车上搜出大量作案工具，赃物手机1台、仿“六四”式手枪1支、子弹2发。是年，春节临近，台江县公安局按照省州公安厅、局安排部署，制定了翔实的“治爆缉枪”专项整治工作方案，并成立了领导小组，得到各级党委、政府的大力支持，在全体干警的共同努力下，共收缴民用枪支176支。是年3月2日，县公安局治安大队在城关镇南市打岩沟集中销毁民用枪支176支。

2006年8月，按照公安部和省公安厅及州公安局8日电视电话会议精神，结合台江县实际，决定从8月9日至9月15日在全县范围内组织开展集中整治爆炸物品、枪支弹药、管制刀具专项行动。为切实加强对专项行动的领导，确保专项行动的顺利开展，县公安局成立专项行动工作领导小组，县委常委、政法委书记、公安局局长李安国，领导小组下设办公室，办公室设在治安大队，部通政任办公室主任。8月9日至8月10日为动员部署阶段；8月10日至9月15日为集中整治阶段，各科、所、队要按照工作任务和措施要求，全面开展专项整治工作，在各相关单位、部门的有力配合下，抓好对重点区域、重点单位、重点人员的检查、整改、建章立制和收缴工作。8月15日，县委常委、常务副县长姜庭桂在台江电视台作了《关于集中整治爆炸物品枪支弹药管制刀具危险化学品专项行动》电视讲话，广泛发动群众，积极主动协助配合开展专项工作。全县共发放宣传资料20000余份。通过宣传教育，发动群众，民警统一认识，统一思想，认真履行职责，扎扎实实开展工作，取得收缴管制刀具65把、民用火药枪7支的良好效果。

2010年6月25日，为吸取镇远县公安局民警喻国锋“6·20”丢枪案件的深刻教训，根据州公安局《关于在全州公安机关开展“严格枪支和内部管理，加强队伍建设”集中教育整顿活动的实施方案》要求，台江县公安机关开展为期一个月的“严格执行枪支和内部管理，加强队伍建设”集中教育整顿活动，全面开展自查自纠，整顿纪律作风，严格落实领导责任制，坚决杜绝此类案件的再次发生，特制定《台江县公安局关于开展“严格枪支和内部管理加强队伍建设”集中教育整顿活动的实施方案》。为确保方案的顺利开展，县公安局成立以县委常委、县委政法委书记、公安局党委书记、局长姚元良为组长，局党委副书记、政委肖文斌为常务副组长，其他党委委员为副组长，各所、队、室负责人为成员的集中教育整顿领导小组。领导小组下设办公室在局纪委，由局党委副书记、纪委书记张玉国兼任办公室主任，具体负责活动工作。按州局要求和县局的工作方案开展检查、督查3次，检查15个所（队、室）。督促7个所（队）整改13个问题。通过边查边改，科（所、队、室）都有了武器、警械专用保管设施，枪库安装防盗门、铁窗栅，保险柜一律实行双人双锁。派出所、看守所、刑侦、治安、禁毒都设置枪柜；武器、警械建立了台账，武器、警械的领取、携带、使用、归还制度已全面健全和规范。

爆炸物品管理　1990年，遵照国务院及省政府《关于加强民爆物品、枪支弹药安全管理电话会议精神》，对涉爆单位、生产使用点等开展清理工作，先后清理检查15个道班，6个铅矿场28个洞，3个采石场，1个爆竹生产厂，2个作坊，14个炸药库，查封氯酸钾1000公斤，没收大小爆竹51783响。同时，针对台江县烟花爆竹生产、储存销售混乱的状况，积极配合工商等部门进一步落实台江县烟花爆竹安全生产归口产销规定，对有生产许可证的合法企业的台拱镇东门爆竹厂、排羊生产作坊只能生产，不能自行销售。

2003年，县公安局在各村治保会的积极配合下，认真开展“四防”安全检查，共检查出存在治安隐患的企业48家，其中41家已当场责令整改，给7家下发了限期整改通知书，并责成村委督促整改；检查了1个矿场、2个沙场、1个工程工地，并与业主签订了治安责任书，查出2个无证销售烟花爆竹点，已当场给予批评教育，办证并签订销售烟花爆竹治安责任书。

台江县公安局按照省州公安厅、局安排部署，制定翔实的“治爆缉枪”专项整治工作方案，并成立了领导小组，得到各级党委、政府的大力支持，共收缴半成品鞭炮20余万响、大炮2000余响、冲天炮1200响、烟花431根、炸药80公斤、导火索1462米、制药物品180余公斤。为维护国庆期间的安全，按照县委、县政府的安排部署，针对“三凯”高速全线开工，石场迅猛增多，造成管理混乱的局面，于9月21日配合县政府组织有关职能部门对全县的采石场进行一次彻底的联合大检查。

2006年6月17日，台江县局刑侦大队接到老屯乡派出所报称：正在修建的老屯乡翁农村公路工地被盗炸药19.2公斤，雷管47枚，导火索25米。接到报警后，县公安局迅速成立了由县委常委、县政法委书记、公安局局长李安国任指挥长，姚元良政委任副指挥长，肖文斌、侯美嘉、龙永红副局长为成员的侦破“6·17”爆炸物被盗案指挥部，抽调刑侦、治安、派出所、经侦、禁毒20名精干民警组成专案组。在州局刑侦支队、治安支队的大力指导下，18日将携带被盗爆炸物准备外逃的犯罪嫌疑人部满秀抓获。是年，共收缴炸药235.8公斤，雷管4950发，导火索1400米。

第七节　禁赌禁毒

一、禁赌

1991年后，由于政府建设需要、大量征地建设、扩宽基础设施，有些农民工有事做、有钱赚，自身的温饱问题基本得到解决。有部分生活充裕的农民在农闲中经常在家聚集打牌消遣，又有部分不安分守己、游手好闲的人，利用农民身上有钱但没有赌博经验的薄弱环节，发明了五花八门的赌博工具，“滚地龙”在赌场中比较通俗易懂，参加人数多，又适宜于城乡地区发展，于是在1991年至2008年中“滚地龙”赌博风行一时，有一些唯利是图的组织在“滚地龙”现场放贷，使有些嗜赌如命的人深陷毒害。台江县公安局对禁赌抓赌工作坚持不懈，1991年共查获19个赌博团伙，抓获参赌人员231名，其中城关109名、施洞86名、革东36名。没收赌资926元，治安罚款22000元。

2009年5月1日，施洞派出所接到台江县公安局局长姚元良指令，出动警力5人，翻山越岭，冒雨徒步3个多小时，在四新村背后康行坡一举捣毁一个赌博窝点。收缴散落赌资2400余元，缴获销毁滚球1副，烧毁“滚地龙”盒子1个、棚子1个。5月31日，台盘派出所接到110指令称，有人在台盘龙井村利用“滚地龙”赌博。接警后，所长刘泽凯、教导员欧阳忠立即组织民警和协警迅速赶往现场，到达现场时参赌人员已逃离，只在龙井村与德卷村交界的山坡上和田坝中发现赌博工具，民警当场对赌博工具进行了销毁。6月17日11时许，台拱派出所接到群众报警，打革坝公路有人进行赌博。接到报警后，值班民警舒显清带领5名队员直奔打革坝，当民警赶到现场时，参赌人员已逃离，现场只遗留有赌博工具，出警民警当场对赌博工具进行了销毁。8月25日，县公安局110指挥中心接到群众报警，施洞镇四新村山坡上有人进行赌博活动。接警后，派出所所长潘和迅速组织警力赶到现场，由于交通不便，民警到达现场后，赌博人员已经逃离，只剩下赌博工具，民警当场对赌博工具进行销毁，同时到该地附近四新村和南哨村进行了解调查，村民们反映该赌博窝点没有规律和定点时间，都是外地人参赌。最后民警对两村村委会作了具体要求，以后不准有赌博行为发生，更不允许提供场所进行赌博，若发现从重从严处理。

2010年1月7日，台盘派出所接到群众匿名举报，在台盘乡水寨村山上有人进行赌博活动。接到报警后，台盘派出所立即组织民警及协警6人驱车迅速赶往现场。由于赌博位置山路崎岖，民警赶到赌博位置后，参赌人员都已逃散，只剩下赌博工具，民警对赌博工具当场进行销毁。1月21日，110指挥中心接到群众报称，台拱至方召6公里处有人进行赌博。接到报警后，指挥中心立即指令台拱派出所出警。派出所所长欧阳凯立即组织民警和队员亲自带队赶到现场进行抓赌。由于6公里处雾气蒙蒙，民警花费很长时间才找到赌博窝点，错失了抓捕最佳时机，涉赌人员早已逃离现场，现场只遗留有赌博工具“滚地龙”盒子一副，未发现涉赌人员，民警当场对赌博工具进行了销毁。11月11日，台拱派出所接到报警称，下桃村有人利用“滚地龙”进行赌博。接警后，派出所当班领导梁勇带领队员迅速驱车前往。当到达下桃村六组水沟桥边赌博窝点时，涉赌人员已逃跑，只发现赌博工具“滚地龙”盒子一副，民警当场对赌博工具“滚地龙”盒子进行了烧毁。

二、禁毒

台江是一个以苗族为主体的小县城，县城人口2万余人，外来台江就业的人员很少，毒品流入台江很晚，20世纪90年代后才发现有人吸食。1998年结合“6·26”国际禁毒日，开展为期一个月的禁毒专项斗争。当年共开展法律咨询9次，出动警力50人次，展出图片32张，散发宣传资料1500份，张贴标语1000余幅，利用广播电视宣传2次，受教育群众达6万余人，破获毒品案件1起，种植罂粟案件2起，查获吸毒人员23人。铲除罂粟367株，收缴罂粟壳2000克、烟膏40克。

2003年1月7日，为了加强台江县禁毒工作，进一步巩固“无毒县”的成果，根据州公传发〔2003〕1238号传真电报和1月6日晚县局会议精神，结合台江县实际，制定《台江县公安局春节扫毒行动方案》，公安局局长李安国任组长，副局长肖文斌、侯美嘉任副组长，下设办公室，杨长海任办公室主任，负责具体指挥、协调这次行动工作。方案的行动时间是2004年1月12日至2月7日，工作目标是扫除本县仍在吸毒的人员，力争破获一些贩毒案件，通过严惩毒品违法犯罪，巩固“无毒县”成果，极力维护社会稳定。按照“内深查、外堵截、重帮教、抓责任、勤宣传”的禁毒工作思路。在全县范围内全面开展禁毒工作宣传，发放禁毒宣传资料8700余份。巡回乡（镇）宣传4次，受教育群众2万余人。按省、州的统一安排，开展了“打零包、端窝点”“路上堵、公开查”的专项行动。全年在开展毒品公开查缉中，打击处理外地涉嫌贩毒人员8人，协助抓获外地涉嫌贩毒人员1人，收缴赃款50500余元，海洛因3.8克，麻醉药品4瓶388粒。

2006年1月20日至2月20日开展为期30天的禁毒专项行动。6月16日，省禁毒委检查组到台江检查“无毒乡镇”巩固工作，肯定了成绩并作工作指示，要求继续做好巩固工作，为禁绝毒品做出贡献。是年，在全县范围内全面开展深入学校、深入农村、深入社会、深入公共娱乐场所的“四深入”禁毒宣传教育活动，继续开展无毒社区，加大打击毒品犯罪力度，狠抓禁吸戒毒工作，降低复吸率。禁毒工作宣传6次，特别是在“6·26”禁毒宣传采取多种方式，取得较好的效果，一是口头讲解，答复群众咨询；二是散发宣传资料；三是展示禁毒展板；四是播放禁毒片；五是举行签字仪式，共有1000余人参加签字，受教育群众2000余人。

2009年9月9日，刑侦大队侦查人员杨军获悉欧某某在台江街上出现，于是秘密跟踪布控，最终在城关苗疆大道一门面将其抓获。经传讯，欧斌斌主动交出自身携带的16个海洛因“零包”（重0.5克），并供述其于2009年9月7日贩卖一个海洛因“零包”的犯罪事实。是年，共抓获贩毒人员3人，缴获毒品3.4克。

2010年3月20日，台江县禁毒办民警利用“四帮四促”活动，开展禁毒宣传活动，共发放禁毒资料700份，禁毒宣传图片80张，禁毒挂历60幅。9月13日，台江县公安局民警在工作中发现，现住台江县台拱镇的罗某某、邹某某夫妇有吸毒嫌疑，遂将二人依法传唤到禁毒大队。经询问和尿检，罗某某、邹某某对自己于2010年9月13日在台江县台拱镇秀眉大道出租门面内吸食毒品海洛因的违法事实供认不讳。根据《中华人民共和国禁毒法》的有关规定，已责令罗某某、邹某某接受社区戒毒3年。11月1日，在萃文园内抓获贩卖毒品2人，从身上缴获毒品海洛因共17个“零包”。

第八节 消防工作

防火安全是公安的一项重要工作，在公安局内设机构中设有消防科。1997 年 7 月 8 日，台江县公安局消防科改建为台江县公安消防大队，中国人民武装警察部队台江县消防大队，正营级单位。2004 年 3 月 24 日，黔东南州消防支队派消防官兵 15 人进驻台江县，成立台江县公安消防执勤点，2004 年 8 月，经省消防总队批准成立台江县消防中队，正连级单位，隶属台江县消防大队。现有办公楼及住宿楼各 1 栋，训练场 1 个，占地面积 2646.15 平方米，建筑面积 1404 平方米。营级编制，设大队长、教导员各 1 人；下设一个中队，连级编制，设中队长、指导员各 1 人，有一个连的兵力配备和装备编制，为台江县消防的专业队伍。

1991 年始，公安把村级治保工作建设抓得有声有色，全县各级村委都建立治安保卫委员会，治保主任系村委委员成员之一，专抓村级社会治安综合治理和防火安全工作，每年入冬，村治保会组织村委进行防火安全检查，尤其是春节期间，有条件的村委会、治保会成员都轮流值班，公安局对工作表现突出的村治保会给予通报表彰。

1996 年，利用少数民族的传统节日进行宣传，围绕元旦、春节、6 月“安全生产周活动”、“119 消防安全宣传月”，先后组织 95 人次、制作 20 多个宣传图板利用赶场天深入各乡镇开展消防宣传。在城关还聘请会说苗话的老公安民警用喇叭在闹市区向群众宣传《贵州消防条例》。是年，主要对县内木材加工厂、酒厂、易燃易爆场所、加油站、公共娱乐场所等进行专项排查治理，共检查 52 个单位场所，发现隐患 78 处，下发整改通知书 40 份。在 1996 年和 1997 年间，台拱镇台拱村和红寨村的消防工作都分别得到州公安局的表彰。

1998 年 1 月 28 日，县铁木加工厂发生火灾。县公安局干警、消防武警官兵火速赶到现场，在局长杨天权、政委姜文富的带领下全力扑救，经过 3 个多小时奋力扑救，扑灭大火。此次火灾，共烧毁 6 间 7 房，10 间职工住房，受灾 23 户 33 人，总损失 21.6 万余元。

2 月 15 日，施洞镇塘坝村二组发生火灾。接到报警后，县公安局局长杨天权、副局长杨昌胜率领消防大队官兵火速赶到现场救火，此次火灾受灾 3 户 24 人，烧毁房屋 6 间、粮食 7125 公斤以及生产生活用具，共损失 46935 元。另外烧去群众的现金 31300 元，烧死 1 人。

2003 年 1 月 24 日，革东镇展架村发生一起火灾，烧毁房屋 29 栋，受灾 29 户 174 人，烧死生猪 1 头、耕牛 1 头，以及烧毁大量的粮食和生产生活用具，损失折款 13.6 万元。12 月 13 日 19 时 13 分，方召乡政府驻地发生一起火灾，烧死 1 人，烧伤 1 人。是年，全县已实现村村通公路，消防工作得到全面改善，地方政府与消防大队在各村建立了消防池，组建了村消防队，安装了消防栓，对居住密集的自然寨进行移民疏散。

2004 年，在消防安全大检查中，全年共对各乡（镇）及各类场所进行消防安全大检查 11 次，查出火灾隐患 187 处，提出整改意见 187 条，下达整改通知书 24 份，全年共发生火灾 2 起，经济损失 38301 元，无人员伤亡。

2006 年，县政府拨入消防经费 18 万元，保证全县消防工作顺利开展提供了保障。半年来强化宣传力度，加大农村消防“五改”工作，大力开展消防检查，全面提高农村消防抵御火灾的能力。组织开展消防宣传 7 次，发放宣传资料 3000 余份，到各乡镇上消防课 10 人次，对各乡（镇）及各类场所开展消防安全检查 6 次，查出火灾隐患 20 处，提出整改意见 5 条，半年共发生火灾 3 起，受灾 31 户，无人员伤亡，全体消防官兵、公安民警、群众齐心协力扑救，抢救人民群众财产，将直接经济损失控制到最低限度 24 万元。是年，全县建有各级防火领导小组 247 个，有成员 1235 人，群众义务消防队 240 支 3000 人，其中农村 50 户以上 190 支 2490 人，机关、企事业单位、学校组建义务消防队 50 支 510 人，消防重点保卫单位组建义务消防队 31 支 320 人，各类灭火器 1800 余具。2005—2006 年，农村实施消防“五改”，使全县农村拥有消防水池 123 个，消防机动泵 25 台。

2007 年 3 月 6 日 15 时 30 分许，台江城关建材厂背后拐弯处住户部某搭建在田坎边的临时住棚发生火灾，棚内的 5 岁男孩被烧死。

2008 年 5 月 12 日，方召乡基甲村发生一起寨火，烧毁房屋 79 栋 85 户，受灾群众 383 人。5 月 13 日，县委、县人大、县政协、县人武部部长等领导率从县各部门抽调的干部职工、公安民警、武警消防官兵、民兵应急分队 300 多人赶赴方召乡基甲村，开展清理抢救受灾物资、灾民救助、善后安置等工作。

2009 年 1 月，县公安局根据省、州消防工作会议的要求和部署，县局结合实际，制定了《台江县公安局关于开展消防安全“苗乡侗寨”一号专项整治行动方案》。2 月 5 日，县局开展民警学习会，学习和贯彻落实县人民政府《关于禁止在台江县城区燃放烟花爆竹的规定》。3 月 19 日，县局开会，传达学习并贯彻落实县委、县政府重要会议精神，安排部署全县消防工作，抓好森林防火和村寨防火，确保安全。

2010 年 3 月 3 日，根据全州抗旱暨森林防火工作电视电话会议和县委办、县政府办发的《关于进一步做好当前抗旱森林防火村寨消防和春耕备耕工作的紧急通知》精神，切实抓好台江县抗旱和森林防火、村寨消防工作，帮助群众解决因旱存在的困难，严防森林火灾的发生，经局党委会议研究，下发抗旱暨森林防火、村寨消防工作通知如下：（1）提高认识，增强抗旱、森林防火、村寨消防工作的重要性和紧迫感。今年的旱情是多年来极为罕见的，旱情持续时间长，干旱面广，干旱程度深，给当前的抗旱、森林防火、村寨消防工作带来极大难度，所面临的形势极为严峻，广大人民群众的切身利益和生命财产安全受到严重威胁。为此，要站在抗大旱抗大灾的高度紧急动员起来，积极做好长时间的抗灾工作，采取积极有效的措施全力做好抗旱和“农村两防”工作，确保人民群众的生命财产安全，保证大灾之年农民不减收。（2）认真组织，深入一线，积极参加抗灾救灾。一是分管所辖区的局领导带领帮扶队（室）及时深入辖区乡镇开展调查，开展生产自救、抗灾救灾工作；二是在 17 日、18 日县局要深入帮扶村开展抗旱、“农村两防”和春耕备耕工作指导及再次动员工作，并搞好灾情的统计工作，以户为单位于 3 月 20 号前汇总上报县委办、县政府办、防汛抗旱指挥部和森林放火指挥部，制定具体帮扶措施，切实解决实际困难和问题；三是派出所要做好辖区“五保户”、农村留守老人和儿童、孤寡、残疾等无劳动力家庭，组织专人送水和解决一些实际问题；四是抓好森林防火、农村消防工作宣传和建立相应的有效机制；五是各派出所对因水源引起的纠纷要及时配合乡镇进行调解，不能因水源引起较大的纠纷。（3）加大督查和各项信息材料的上报。督查时间为 2010 年 3 月 5 日至 5 月 5 日，主要督查各组深入辖区乡镇开展调查和生产自救、抗灾救灾的工作情况；督查森林防火责任制的落实情况，火警、火灾控制和火灾案件查出情况，及森林防火、农村消防工作宣传和建立有效机制的情况；督查维护稳定、社会治安和规范信访秩序情况。各组和辖区派出所在抗旱、森林防火、村寨消防工作中的信息材料要每星期上报一次给县局办公室。为进一步加强公安机关对消防工作的组织领导，建立完善多警联勤整治火灾隐患的工作机制，确保全县火灾形势的总体平稳，2010 年 5 月 7 日经县局党委研究，成立由公安局副局长杨林为组长，消防大队大队长杨辉伦为副组长，政工、纪委、督察、治安、刑侦、派出所等部门负责人为成员的多警联勤领导小组成员，领导小组下设办公室在消防大队，主任由杨辉伦兼任。领导小组及其办公室全面负责多警联勤的组织、领导、协调、指导、检查、督察、考核等项工作。

6 月，根据《州人民政府办公室关于印发黔东南州火灾隐患排查整治专项行动方案的通知》（黔东南府办〔2010〕201 号）和县政府下发的《台江县火灾隐患排查整治专项行动方案》，与相关部门联合对全县火灾隐患开展排查整治，共检查了72家单位场所，发现火灾隐患37处，责令当场整改21处，下发责令改正通知书13份。是年，共开展消防安全监督检查566家（个），其中城镇开展检查471家，开展农村村寨检查95个，发现火灾隐患116处，当场整改74处，下发责令限期改正通知书27份。在开展消防设施专项治理工作，加强消防基础设施建设。县公安局、综治办、安监局联合下发了《台江县建筑消防设施专项治理实施方案》，抽调相关部门专业力量对全县27个公众聚集场所和在建工地消防基础设施建设开展专项治理工作，通过排查，发现7家公众聚集场所和在建工地未按要求落实消防基础设施建设，及时提出了整改意见，下发了整改通知书7份。按照省公安厅消防总队构筑社会消防安全"防火墙"工程要求和"8·20"构筑"防火墙"工程建设推进会的精神，县公安消防大队提请政府下发了构筑"防火墙"工程方案。6月3日，各乡镇、部门与县政府签订《台江县构筑社会消防安全"防火墙"工程责任书》13份，组织全县69家消防安全重点单位的负责人和消防安全管理人共138人，召开社会单位"四个能力"教育培训会，按照"四个能力"建设要求切实做好本单位防控火灾能力。8月29日，对新招聘的全县中、小学40名保安人员进行了消防安全知识培训。8月30日，对台江县一中680名高一新生进行了消防知识宣传。

1991—2010年台江县火灾事故一览表

表7-5

年度	火灾事故（起）	经济损失（万元）	死（人）	伤（人）	受灾户数（户）	受灾人数（人）	烧毁房屋		备注
							栋	间	
1991	3	115.5	—	—	93	525	64	280	
1992	0	0	—	—	—	—	—	—	
1993	8	60.0	1	—	—	—	—	—	
1994	2	9.0	—		—	—	—	—	
1995	8	98.0	—	—	69	315	52	280	
1996	6	9.3	—	—	—	—	—	—	
1997	4	4.2	—	—	—	—	—	—	
1998	9	38.0	2	—	—	—	—	—	
1999	11	55.0	2	—	135	273	—	—	
2000	6	13.8	—	—	50	248	—	—	
2001	9	29.7	1	—	—	—	—	—	
2002	7	54.0	—	—	—	—	—	—	
2003	5	20.0	1	—	—	—	—	—	
2004	2	3.8	—	—	—	—	—	—	
2005	3	5.2	1	—	—	—	—	—	
2006	6	40.0	—	—	—	—	—	—	
2007	10	114.6	—	—	110	624	—	—	
2008	5	87.9	1	—	93	410	—	—	
2009	7	106.0	—	—	53	291	—	—	
2010	6	29.3	—	—	86	438	—	—	

2010年，全县共发生火灾6起，无人员伤亡，直接财产损失292505元。12月13日，全县进行冬春消防安全大检查。明文规定，在检查中发现存在有隐患的地方立即责令整改。

第九节 保卫工作

公安保卫工作分有内保和外保，但是由于人力有限，内保外保工作均为一套人马一肩挑，公安内保任务主要是对全县各机关单位内部的保卫进行督促和指导，对重要部门明确责任单位按照公安内保制度完善保卫措施，如仓库、学校、金融以及重要的军事目标等。外保是对重大活动、中央首长、重大会议、重要人物以及社会治安综合治理中开展的保卫工作。

1991 年，全县内设保卫人员的单位有 16 个，专职保卫人员 39 人，公安局准许农行、人行、建行、工商行、供销社、信用社等重要单位配置枪支保卫。1994 年，有一窃贼在县商业大楼行窃，拒捕跳跑中被内保人员开枪打死。之后，由于全国各地枪支配置泛滥，公安部门将枪支收回管理，重新审核发配，现只有金融部门配置防暴枪和步枪。但是，部门保卫机构设立增多，保卫制度逐步完善，保卫队伍发展壮大。2010 年，台江设置内保单位的有机关、学校、社区、园区、金融等。据不完全统计，全县各部门设内保的单位有 87 个，保卫专职人员 216 人。

外保是公安部门的一项议事日程工作，1991 年后，外保工作日益繁忙起来，除了每年的高考和中考的保卫工作外，还承担了县委、县政府的重要会议保卫、首长保卫工作。尤其是这几年来，在地方活动保卫和处置地方矛盾中，公安保卫工作是当今重中之重。

1998 年，县公安局开展节日保卫活动 8 次，处置民众各类纠纷保护 13 次，出动车辆 108 车次，警员 516 人次。尤其是 4 月在台江举行的“'98 华夏城乡游・贵州苗族姊妹节”活动，因此次活动在台江是有史以来规模空前盛大的一次民族节日，前来观光的中央、省、州领导和群众达 5 万人，根据组委会的安排，成立了保卫领导小组，制定具体实施方案，调集政法几家警力和民兵应急分队共 225 人，分成 12 个保卫小组，全体保卫人员以对党和人民高度负责的精神，认真履行职责，坚守岗位，圆满完成保卫工作任务，受到中央、省、州的好评。

2003 年，出动警员处置民事纠纷保卫 14 次，节日活动保卫 8 次，节日保卫 2 次，共出动警员 543 人次，车辆 215 车次。9 月 27 日，县委常委、县委政法委书记、公安局局长李安国主持、传达全州公安局局长紧急会议精神，安排部署国庆安全保卫工作。

根据州公安局《关于加强“十一”黄金周道路交通安全保卫的实施方案》《黔东南州公安机关 2003 年秋冬民爆物品、剧毒鼠药、公务用枪集中整治工作方案》《关于黔东南州国庆期间消防安全保卫方案》和《黔东南州公安机关 2003 年秋冬季“旋风行动”方案》，结合台江县的具体实际，就国庆期间的安全保卫工作作了具体的安排部署。要求各部门、各警种要以“三个代表”重要思想为指导，立警为公，执法为民，结合本部门、本警种的工作特点，牢固树立“大局意识、政治意识、忧患意识、群众意识、法治意识”，切实搞好国庆期间的安全保卫工作，确保社会政治稳定，使人民群众过上一个平安祥和的国庆节。于是在节日前，公安组织村级、社区、园区、学校等单位临时成立综治领导小组，对全县有隐患的地方进行排查。

2009 年，全县共出警处置保卫工作 13 次，其中，节日 6 次、会议活动 2 次、群众矛盾纠纷 5 次，共出警 426 人次，车辆 145 车次。4 月 9—12 日，一年一度的“贵州苗族姊妹节”在台拱镇、施洞镇、老屯乡、台盘乡同时举行，其中有千人民族盛装游演、千人苗装踩鼓、独木龙舟演示、大型经典歌舞展演《牯藏鼓》、“姊妹情深”文艺晚会、斗牛、斗鸟、民族民间旅游工艺品展销、首届环保徒步穿越南宫森林公园越野竞赛、千人狂喜东方情人节、千人苗族式婚礼和吃姊妹饭以及台盘乡阳芳村 13 年一次的古藏节等丰富多彩的活动，吸引来自海内外的团体、游人共 2 万余人参加。为做好“贵州苗族姊妹节”活动的各项安全保卫工作，创建一个安全、文明、和谐的节日氛围，县公安狠抓各项安全保卫工作的落实，确保了“贵州苗族姊妹节”活动的安全。公安抽调警车 27 辆、警力 191 人参加姊妹节安全保卫工作。

2010年，县公安局出警保卫18次，人员538人次，车辆274车次。4月27日至30日，“多彩贵州”第二届贵州民族体育旅游节暨第十二届“贵州苗族姊妹节”活动在台拱镇、老屯乡、施洞镇同时举行，安全保卫活动共抽调警车34辆、警力271人参加此次安保工作。5月1日至10月31日在上海举行世博会。为确保上海世博会圆满成功举办，根据公安部、省公安厅、州公安局和县委、县政府对上海世博会期间安全保卫工作进行安排，县委常委、政法委书记、公安局党委书记、局长姚元良担任领导小组组长，负责全面工作。同时，制定详细的处理突发事件的方案和预案，明确一定警力，切实做好预防和妥善处置影响上海世博会的群体性事件和进京、进沪上访人员的劝返和接送以及其他意外事故的救援工作，切实维护当地社会政治治安稳定。在县里的努力下，在上海世博会中，台江的社会治安是稳定、和谐的。

第十节　道路交通安全管理

一、道路交通秩序管理

1996年，深入开展向济南交警学习活动，以“保畅通、压事故、促安全”为重点，加强交通管理，使交通管理工作走向制度化、规范化、正规化。是年，全县共发生交通事故161起，死亡6人，重伤5人，直接经济损失134000元，与上年同期相比，事故起数下降4.7%，死亡人数下降57.1%，受伤人数上升20%，经济损失下降7.26%，均没有超出下达的四项指标数。

1998年，全县以“保畅通、压事故、促安全”为工作重点，加强交通管理工作，创建交通安全文明试点村1个。

2000年10月24日，凯里市三棵树镇南高村28号农民皮某某（男，38岁）酒后无驾驶证驾驶两轮摩托车载一人上公路行驶，行至国道320线1908km+150m处（台江县台拱镇洋汪村处）时翻车肇事，造成乘坐在后座上的李某（男，38岁，台江县自来水公司职工）死亡的重大交通事故。2001年6月14日经台江县人民检察院批捕，交警大队曾多次组织人员抓捕，但都未抓获。2002年7月22日晚，副大队长刘熙江同州支队抓捕小组精心组织、周密部署，将批捕在逃一年之久的逃犯皮某某抓获归案。

2003年，在抓好消防和交通安全管理，努力减少火灾、交通事故中，交警部门坚持以“保畅通、压事故、促安全”为工作重点，切实加强道路交通管理和公路治安防范工作力度，全县全年发生各类交通事故297起，死亡16人，追究刑事责任的6起6人，直接经济损失331608元，与上年相比，事故上升6%，死亡上升12.5%，经济损失上升89%。

2009年元宵节期间，各乡镇派出所要切实加强路面巡逻，民警带领交通协管员上路每天不得少于6个小时，人均纠正违章不得少于6起。对交通违法行为坚决予以打击，该拘留的一律拘留。2月20日至3月31日，根据公安部、省公安厅的文件精神，在全国开展为期40天的严重交通违法行为集中整治的统一部署。结合台江辖区道路交通安全工作实际，制定《台江县公安局集中整治严重交通违法行为实施方案》，重点整治一批交通违法行为突出、秩序比较混乱、事故隐患多的地区和路段，依法查处一批严重违法驾驶人，查纠一批严重违法车辆，消除一批客运安全隐患，全力遏制机动车超速、客车超员、酒后驾驶、疲劳驾驶等严重交通违法行为，坚决预防和减少特大道路交通事故，为两会的召开创造良好的道路交通环境。在整治工作中，抽调乡镇26名交通协管员到交警大队协助工作。9月11日，在认真贯彻落实州公安局、州人民检察院、州人民法院、州司法局、州安全生产监督管理局、州工商局、州监察局联合发布的《关于严厉打击摩托、低速货运、三轮汽车、拖拉机等交通违法违规行为的通告》，严厉打击严重交通违法行为，创造一个良好的交通秩序。对交警、治安、巡警、乡镇公安派出所等部门的警力资源进行整合，按照通告要求，充分运用吊扣证件、暂扣车辆、行政拘留、劳动教养等管理手段，依法从严从重处罚摩托车无牌无证、无证驾驶、酒后驾驶、驾乘摩托车不戴头盔等违法行为，发现一起坚决纠正一起，做到严查、严管、严控、严治，形成强大的震慑、教育和警示作用，达到预防和减少交通事故的目的。在开展持续性的新闻报道中，设立曝光台、公益广告等方式进行重点宣传，营造严管氛围。目的是要以运输企业驾驶人、中小学生及农村群众为重点，组织开展巡回宣传。通过摆放展板、播放交通安全宣传片等方式，增强宣传教育的针对性，以案说法，宣传摩托车、低速货车、拖拉机违法载人的严重危害，利用群众身边的事例教育群众，保持宣传声势。狠抓“三落实”：（1）责任落实。把进一步贯彻执行通告作为当前的一项重要工作来抓，主要领导要亲自过问，分管领导要投入主要精力具体抓，研判当地道路交通安全形势，协调解决通告执行中存在的问题。把工作任务分解到各警种、各乡（镇）派出所，纳入综合业绩考核，做到目标清楚、责任明确。（2）力量投入落实。进一步贯彻执行通告光靠交警部门不行，治安、巡警、乡（镇）派出所、法制、督察、拘留所等部门要各司其职，联动互动。充分发挥乡镇派出所参与维护道路交通秩序的职能作用，把县乡道路交通安全工作作为乡镇公安派出所的一项重要工作内容进行部署和考核，调动乡镇公安派出所民警管理道路交通安全的积极性，弥补交警警力不足，延伸管理触角。（3）督查落实。督促检查的面一定要宽、点一定要多、工作一定要细。对发现的问题和漏洞要及时通报，限期整改并跟踪督查；对失职、渎职的要给予纪律处分。提高通告的执行力，确保通告得到有效执行。9月17日，遵照全省、全州中秋、国庆安保视频会议精神，台江县公安局通知各乡镇派出所必须结合实际制定中秋、国庆期间道路交通安全工作计划，并根据计划组织实施。通知强调：中秋、国庆期间旅游客车、自驾车增多，各派出所要加强对民警和交通协管员的执法规范化和自我保护教育。值勤中注重礼节，坚持“理性、平和、规范”执法，避免因执法不当造成负面影响。10月15日，方召派出所会合乡政府安监站、综治办等相关部门，以悬挂宣传展板、现场进行口头宣传等形式，在乡政府驻地和深入村寨进行交通安全教育，以活生生的事例向人民群众宣传道路交通安全知识。

2010年1月4日，全省安全生产会议精神，确保春节及两会期间全县道路的有序畅通，结合州公安局的相关安排和部署，台江县公安局于1月5日至3月1日，在辖区内开展摩托车交通违法专项整治行动。为保证行动的顺利开展，特制定《关于开展摩托车、低速货车、拖拉机严重交通违法专项整治行动工作方案》，为了切实加强春节及两会道路交通安全保卫工作的领导，确保各项措施落实到位，取得成效，特成立两节、两会交通安全保卫领导小组。工作目标是以预防道路交通事故为重点，加强道路交通管控力度，进一步深化无证驾驶摩托车、酒后驾驶、农用车及低速货车违法载人等严重交通违法的整治行动，做到严防、严管、严控，力争在行动期间道路交通事故同期比有所下降，为人民群众欢庆春节和两会顺利召开创造安全、良好、畅通道路交通环境。工作措施是加强路面管控，严查交通违法。所有警力、装备投入路面管控，采取错时联勤、固定执勤与巡逻相结合等有效手段合理安排路面勤务，在春节前利用赶集日在8个乡（镇）开展一次集中整顿。重点查处无证驾车、低速货车、拖拉机违法载人等交通安全违法行为，坚决做到违法行为不消除不放行，教育处罚不到位不放过。强化农村道路交通安全管理，在政府的统一领导下，进一步明确乡镇政府在县乡道路交通安全管理工作上的责任，协调和组织乡镇政府、农机部门、公安派出所和交通安全协管员，及时掌握春运期间赶场日、村民婚丧嫁娶等短途客运出行集中的情况，严查拖拉机、低速载货汽车和三轮汽车违法载人行为。根据上级公安机关的相关要求和州委、州政府关于两节、两会安全保卫工作的统一部署，结合辖区实际，制定《台江县公安局2010年春运道路交通安全工作方案》，从1月30日至3月10日总计40天，在春运启动前，结合公路客运交通安全隐患排查整治工作，对客运企业驾驶人和安全主管人员进行一次春运前的交通安全教育，督促和提醒驾驶人注意安全驾驶。对参加2010年春运驾驶人的驾驶资质进行审查，严格按照省厅交管局规定的流程对符合条件的公路客运车辆发放“2010年春运车辆资格审查合格证”，准予从事春运。未取得合格证的客运车辆及驾驶人严禁从事春运；对2009年交通违法记满12分、驾驶证逾期未审验的客运车辆驾驶人，通知运输企业督促驾驶人接受教育和处罚；对一年内有两次超员20%以上、超速50%以上的交通违法行为或发生负主要责任道路交通事故的驾驶人，通报安监和交通运输部门处理。同时，协调安监、交通运输部门对客运企业和场站进行检查，重点检查客运企业安全生产制度是否健全完善，参加春运的车辆安全性能是否合格。对于客运企业安全主体责任不落实，内部安全管理混乱的，责令限期整改；未通过年检或达不到机动车安全技术条件的车辆严禁参加春运；1月30日前，会同交通运输部门在春运前对辖区危险路段整治工作进行一次督促检查；对未完成治理的，设置警告或提示标志。彻底排查辖区易结冰路段，协调交通运输部门、公路经营管理单位及时除冰或铺设防滑材料，并设置提示标志，严防危险路段发生特大交通事故。2月2日，利用施洞赶集之机，县公安局副局长刘熙江带领交警大队和施洞派出所民警及交通协警共十余人，对施洞片区交通秩序进行集中整治。共查处、扣押无牌、无照、无证两轮摩托车38辆，纠正违章20人次。确保施洞地区道路畅通，预防了道路交通事故的发生。根据公安部“8·12”紧急视频会议精神，吸取锦屏县“7·27”特大交通事故教训，从8月14日起在全县范围内进行为期一个月的道路交通安全集中整治行动，成立“台江县公安局道路交通安全集中整治活动领导小组”，县委常委、政法委书记、公安局局长姚元良担任组长，县公安局政委肖文斌，县公安局常务副局长龙永红，县公安局副局长、交警大队大队长刘熙江担任副组长。成员有交警队、公安局治安大队、各乡镇派出所的所长、指导员担任。领导小组办公室在县公安局交警大队，由郑晨松兼任办公室主任。办公室负责集中整治活动的信息收集、整理、上报等日常工作。

二、交通事故

1990年3月4日，国道线革东镇麻力坡发生一起特大恶性交通事故，造成15人死亡，31人受伤。3月19日，台拱镇望城坡发生一起特大交通事故，造成3人死亡，61人受伤。是年，全县共发生交通事故19起，死亡24人，受伤108人，为历史最高一年，直接经济损失26万元。

1998年，全县共发生交通事故23起，死亡16人，受伤4人，直接经济损失18.9万元，与上年同期相比起数下降2起，死亡人数上升9人，受伤人数上升2人，经济损失下降2.17万余元。全县共开展交通宣传16次，到学校上交通安全课5次。

2003年，道路交通事故突出，台江县共发生大小交通事故24起，结案19起，其中重大交通事故2起（1起为便道重大交通事故），死亡2人，伤6人；一般交通事故1起；轻微交通事故21起，直接经济损失1万余元。发生在国道320线的交通事故23起，占发生交通事故总数的95%，事故发生的主要原因是驾驶员疏忽大意、超速、超载行驶、操作不当等违章行为。台盘国道320线1886km+350m处安装的原减速带已全部损坏，致使事故有所上升。

2006年，台江发生的交通事故有17起，造成9人死亡。是年11月17日，肇事人姜某某驾驶变形拖拉机乘载12人（驾驶室3人、车厢9人）和一头牛由施洞往良田方向行驶，行至旧州道班弯道路段翻车，造成3人死亡的特大交通事故。20日，施洞镇偏寨村清水江河段发生一起翻船致3名妇女当场死亡的水上交通事故。21日，州委、州公安局、县委领导及州、县安监、公安、海事等相关职能部门领导到施洞镇，就台江施洞接连发生陆路和水路特大交通事故召开“11·20”事故专案现场会。会上，就“11·20”事故的发生原因、事故善后工作、下步整治工作重点作了具体指示，并责成公安机关对事故原因进行全面调查，依法从重从快惩处肇事人员。

2009年，台江发生重大交通事故13起。3月23日19时许，驾驶员张某某驾驶一辆车牌号为贵HA3610中巴车，从台江往南宫方向行驶至864线53km+200m处（施工段）时，撞到南宫乡东扛村三组村民李某某之女李某（女，3岁，苗族），致其当场死亡。10月1日，发生交通肇事死亡事故。当日17时30分许，方召乡基甲村驾驶员王某某（男，29岁）持C照驾驶贵H63606号小货车拉谷子，由台乐村新寨方向行驶，行至排羊至台乐村便道2公里处上坡段时，王某某下车查看道路情况，车辆后翻造成乘车人李某某（女，排羊乡台乐村一组人）坠车受重伤，经医治无效于次日凌晨1时死亡。

2010年1月3日18时30分，根据州局指挥中心指令，台江县公安局迅速组成特勤小组，抽调4名民警由交警大队副大队长郑晨松带队到高速公路协助高速交警疏导因连日路面凝冻而滞留的车辆。4日凌晨4时10分，冒雪连夜奋战的特勤小组正在老寨大桥指挥车流，一名湖南籍驾驶员紧急停车报称，他驾驶的车辆驾驶室被一辆农用车刮擦损坏，肇事农用车已往剑河方向逃逸，现刚过执勤点不久。接报后，特勤小组立即驾车带着受损车辆驾驶人沿剑河方向追缉，4时37分，特勤小组在麻栗大桥受困车队中找到了肇事车和驾驶人，肇事者潘某对自己驾车肇事的事实供认不讳，但否认肇事逃逸，辩称自己是因为肇事地点太滑不敢停车才开车离开现场。经查，1月4日4时05分，贵州省松桃县大平场镇驾驶人潘某（男，34岁）驾驶川17-06175号运输型拖拉机由台江往剑河方向行驶，行至玉凯高速公路老寨大桥刮擦同向行驶的一辆湖南籍货车后驶离现场。此事故已移交省直属交警支队玉凯大队立案处理。

第十一节　监所管理

一、武警看守

台江监狱主要是由县武警中队看守。1995年4月，中队进行勤务专项治理整顿，全面落实组织领导、勤务教育、执勤秩序、领班员和干部值班、查哨、勤务部署、执勤方案、执勤事故预防、执勤设施管理等制度措施，促进执勤任务完成。1997年3月，中队组建应急防暴小分队，突出抓好执勤哨兵情况处置、防逃制逃和实兵战术演练，提高了中队执勤能力。1999年4月，中队组织进行勤务治理整顿，组织官兵学习《执勤规定》《关于加强看守执勤工作的规定》，要求官兵熟悉驻地社情情况、地理环境、治安状况，掌握哨兵职责、口令及信（记）号规定和情况处置的方法。中队营房和看守所于5月份开始改造，关押人犯押送至剑河县看守所代管，中队派出14名官兵担负押解任务。2000年，中队全面贯彻《执勤正规化检查验收标准》。5月，看守所改造完毕，中队派12名官兵配合公安干警从剑河押回罪犯。7月，中队与看守所开展“三共”（即共建、共管、共保安全）活动。2002年6月，武警部队执勤“三级网系统”在中队开通，中队勤务值班员、州支队值班室和省总队值班首长可24小时电视监控哨兵执勤情况，使中队执勤条件得到改善。2003年5月，县政府投入资金25000元改造执勤哨位，改善了官兵的执勤条件。2004年12月，中队通过支队检查验收，被评为“一级执勤单位”。2005年实施了生活、执勤、训练、学习“四配套”设施建设，官兵的生活执勤环境得到大大改善。官兵自己动手修筑保坎30余米，修整道路200多米。2010年，中队营区内外共栽种铁树、雪松、金梨、香樟、梧桐、玉兰等近30个品种的花草树木，营区实现“春有花、夏有荫、秋有果、冬有绿”的良好环境。

二、监所管理

1996年，按照目标管理要求，建立健全各项规定，严格依法办事，邀请人大代表到看守所考察指导工作，强化监督，结合“严打”开展打击牢头狱霸整治监所秩序专项斗争，确保监所安全，是年共关押各类人员94人，收审129人，未发生任何大小事故。预审工作按照上级要求狠抓目标管理，严格审核，确保案件质量，是年，办理刑事案件28起53人，及时率、准确率、结案率、合格率均达100%，深挖线索25条，破获案件6起。

1998年，县局党委对看守所等级达标工作高度重视，调整领导班子，充实警力，看守所由原来的4人增加到7人。成立看守所党支部，发挥党支部堡垒作用，管理工作由过去“一看、二守、三送走”的旧模式变为“一看、二教、三改造”的新模式，开展“百日安全无事故”活动，狠抓各项管理制度的落实，强化关押人员一日生活管理，维护监所秩序。因看守所重建，11月22日，将全部在押人员搬迁到剑河县看守所关押。是年，共关押人员118人，未发生重大责任事故。

2003年，加强监管场所管理。看守所始终以达标升级活动为动力，把确保监所安全放在首位，围绕“收得下、看得住、管得好”的工作目标，强化管理与教育转化工作，促进各项工作协调开展。是年，看守所共收押各类犯罪嫌疑人157人（含上年的61人），为办案单位提供案件线索12条（其中破刑案3起，治安案件8起）。

2004年，看守围绕“收得下、看得住、管得好”的工作目标，强化管理与教育转化工作，促进各项工作协调开展。全年看守所共收押各类犯罪嫌疑人142人（含上年的40人），行政拘留所拘留人员28人（含上年的3人），为办案部门提供案件线索15条。全年监所均未发生各种安全责任事故。

2006年上半年，看守所共关押各类人员98人，其中上半年末余在押28人，新收押70人，共处理出所25人，用政策教育，以情感人。强化管理与教育转化工作，动员在押人员检举揭发犯罪，深挖犯罪线索，为办案部门提供破案线索，上半年提供9条线索，破获3起案件。

2009年4月11日，省公安厅督察总队案件督察处处长张传福一行在黔东南州公安局督察支队长曾广碧的陪同下，到看守所督查“4・10”公安部召开的“全国公安机关切实加强执法安全电视电话会议”的贯彻落实情况。张传福到内监区查看监控器的运行情况，以及对关押人员进行细致的询问和查看是否有外伤、是否存在牢头狱霸、民警是否打骂关押人员等情况。4月30日，县局分管副局长杨林、县检察院分管副检察长陆代敏、驻所科科长肖文波以及武警中队和看守所全体民警共18人对监管场所进行了逐号、逐间、逐人的安全大检查。在检查中，副检察长陆代敏和副局长杨林对两名故意杀人的重点人员分别进行了谈话教育，教育他们要遵守监规、服从管教、认罪伏法，争取得到宽大处理；了解到两名患病人员（一名患有心脏病、一名患有尿路感染和肾结石）的病情，要求看守所要引起重视，注意观察和给予治疗。5月21日，县长杨昌彪在县公安局分管看守所工作的副局长杨春贵的陪同下，到县看守所考察工作。在考察中，杨昌彪深入到内外监区，对看守所工作情况和存在需要整改的安全隐患向分管局长和看守所领导进行了解，并听取局领导和所领导就当前看守工作存在的困难和隐患治理措施的汇报。考察后，杨昌彪就看守所的基础设施建设和隐患治理工作提出了严格要求，同时强调看守所一定要做好安全工作，保证刑事诉讼活动的顺利进行。8月5日，县综治办牵头，组织公安局、人民法院、人民检察院、司法局、发改委、财政局、建设局、卫生局、规划局等部门负责人，研究部署看守所安全管理大检查专项活动工作。12月8日，省厅等级达标评定工作组匡隆文一行3人和州公安局党委委员潘光泽、监管支队政委吴红燕等领导在县委常委、政法委书记、公安局局长姚元良和县公安局政委肖文斌的陪同下到台江县看守所检查验收二级所达标工作。检查组首先在会议室听取看守所等级创建工作汇报，随后分成3个组，分别对看守所的各项台账、信息化、厨房卫生、监区卫生、在押人员管理等进行了认真细致的检查，详细询问了关押人员的生活情况和学习情况。通过实地察看、进监询问和对各项材料的检查，检查结束后，看守所立即对检查出的问题进行了整改。

2010年10月5日，全省公安监管场所紧急电视电话会议结束后，局党委副书记、局纪委书记张玉国与分管监管工作的副局长杨春贵以及督察大队负责人组织民警对监区内各监室门、窗、锁、线路、监控设施及周边安全设施进行全方位检查。值班民警（含医务人员）按照各岗位职责要求认真履行工作职责，加强值班监控和巡视力度，医务人员加强巡诊和防病治病工作力度，确保监所安全。是年，看守所围绕“收得下、看得住、管得好”的工作思路，以达标为目标，把监所安全放在首位，大力加强执勤目标安全隐患排查整治力度，强化管理与教育转化工作。根据公安部3月16日召开的全国公安机关集中整治执法过程中涉案人员非正常死亡问题电视电话会议精神，看守所每一位民警都行动起来，认真排查安全隐患，及时整改，确保监管场所安全，杜绝了非正常死亡问题的发生。同时，看守所还以人为本，做好在押人员的思想教育感化工作。

第二章　检察

第一节　机构沿革

1991年，县人民检察院内设机构有办公室、贪污贿赂检察科、起诉检察科、批捕检察科、民事行政检察科。1992年10月，将贪污贿赂检察科更名为贪污贿赂侦查工作局。1996年3月，将贪污贿赂侦查工作局更名为反贪污贿赂侦查工作局。1997年，反贪污贿赂侦查工作局组建为“反贪污贿赂局”，设综合科、侦查科、预防科，将司法警察正式组建为“司法警察支队”（简称法警队）。2002年，将起诉科和批捕科分别更名为公诉科和侦查监督科，将原来的办公室分为计财科和办公室。2005年9月，根据高检院和省、州院《实行各级检察院人民监督员制度的通知》精神，经过近一年的筹备、考察考核、上报审核等，成立了人民监督员办公机构，聘请5人为县人民检察院监督员，其机构隶属办公室。2006年3月，将原来的法纪检察科更名为“反渎职侵权局”，下设综合科、侦查科。

2010年末，县检察院内设机构有纪检组、政工科、反贪污贿赂局、反渎职侵权局、公诉科、侦查监督科、监所检察科、控告申诉检察科、民事行政检察科、检察技术科、计财科、法警队、办公室，共有八科二局、一组、一队、一室13个部门。

第二节　反贪污贿赂

1991年，按照上级检察院提出的“反贪贿斗争要深入”的指导精神，县检察机关反贪污贿赂部门认真抓了以下几项工作：一是抓宣传，发动群众举报；二是抓大案，扩大影响；三是抓经验交流，不断鼓劲，特别认真学习全州检察机关5月在黎平县召开的反贪污贿赂斗争现场会精神；四是抓好调查研究，提高办案质量。由于抓好以上工作的做法较好地保证和提高了所查办案件的质量，全年共受理贪贿等经济案件线索32件，依法立案22件27人，加上上年积转的3件5人，全年共列入侦查案件25件32人。在全院干警和经济检察科干警共同努力下，侦结案件15件19人。1992年，共受理各类经济犯罪案件线索27件，依法立案侦查19件23人，已侦结15件19人。其中贪污案6件6人，受贿2件2人，偷税4件7人，挪用公款3件4人。通过办案共为国家集体挽回经济损失18万余元。1992年，县检察机关查办贪贿等经济案件工作中出现了“四多、两高、一突出”的特点，即：立案多，立贪污案件多，侦结大案多，追赃挽回多；起诉率高，办案准确率高；结大案突出。为全院打击各种经济犯罪活动开创了新的局面，工作步入了新的台阶。1993年，县检察机关坚决贯彻执行党中央反腐败斗争的统一部署，集中力量查处贪污贿赂等经济犯罪大案为重点，重点打击和查办“三机关、一部门”工作人员犯罪案件和万元以上大案。全年受理各种经济犯罪线索29件，经过初查，依法立案 14 件 18 人，加上上年积转的 3 件 3 人，全年共列入侦查 17 件 21 人。在反贪污贿赂侦查工作局和全院干警以及各检察室共同努力配合下，侦结案件 10 件 13 人。其中贪污案 5 件 8 人，占侦结案件总数的 50%。通过办案，共挽回经济损失 10 万余元。

1994 年，县检察机关认真按照最高人民检察院提出的“用严格执法、狠抓办案统揽检察工作全局”的总体要求，在反腐败斗争中，集中力量重点查办发生在党政机关、司法机关、行政执法机关和经济管理部门的贪污贿赂等经济犯罪案件，特别是领导干部犯罪案件。在明确办案目标管理任务的前提下，积极依法办案，努力实现全年办案目标，经过全体干警一年的艰苦奋斗，反贪污贿赂工作取得了较好的成绩。全年共受理各类经济犯罪案件线索 16 件，经初查后决定立案 11 件 11 人，加上上年积转的 7 件 8 人，全年共列入侦查 18 件 19 人，已侦结案件 12 件 12 人。通过办案，共为国家集体挽回经济损失 12 万余元。经过一年的查办经济犯罪案件，使一批“粮食蛀虫”“木材蛀虫”被挖出来，使其曝光，在社会上引起强烈的震动，推动了反腐败斗争的纵深发展。

1995 年，根据州院反贪污贿赂检察工作要求，认真贯彻落实党中央关于《要把反腐败斗争深入持久地坚持下去》的指示精神，按照最高人民检察院关于重点查办发生在党政领导机关、司法机关、行政执法机关和经济管理部门（简称“三机关、一部门”）中的大要案的工作部署，坚持“一要坚决，二要慎重，务必搞准”的原则，积极查办贪污、贿赂等经济犯罪案件，力求追赃和挽回经济损失。全年共受理贪污贿赂等经济犯罪案件线索 17 件，经初查决定立案侦查 9 件 9 人，加上上年积转的 7 件 8 人，全年共列入侦查的案件 16 件 17 人。其中万元以上的大案 8 件，占立案数的 50%（贪污 6 件、挪用 2 件）。侦查终结的案件 10 件 10 人，其中贪污案 7 件 7 人、贿赂案 1 件 1 人、挪用公款案 2 件 2 人，在侦结以上案件中，移送审查起诉 4 件 4 人、免诉 5 件 5 人、撤案 1 件 1 人。通过办案，共为国家、集体挽回经济损失 43 万余元。是年，查处贪污贿赂案件有以下特点：即大案多，立万元以上大案 8 件，占立案总数的 50%；“三机关、一部门”的案件多，立案 7 件，占立案总数的 43.56%；挽回经济损失多，全年共挽回经济损失 43 万余元。1996 年，查办各类经济犯罪案件线索 16 件，经过初查认为构成犯罪立案侦查 5 件 7 人，加上上年积转的 6 件 7 人，全年共列入立案侦查 11 件 14 人。其中万元以上大案 7 件（贪污 5 件、挪用 2 件），占立案总数的 60%。已侦查终结的案件 6 件 8 人，其中贪污案件 2 件 3 人，行贿案件 1 件 1 人，挪用公款 2 件 2 人，偷税案件 1 件 2 人。通过办案，为国家和集体追回赃款和挽回经济损失 17.26 万元。1997 年加大查办力度，全年共受理各类经济犯罪线索 11 件，经初查构成犯罪决定立案侦查 5 件 6 人，加上上年积转的 4 件 5 人，全年列入侦查案件 9 件 11 人。在全院反贪干警和有关科室干警共同努力下，侦查终结 4 件 5 人，已全部移送审查起诉，其中贪污案 3 件 3 人、偷税案 1 件 2 人。通过办案共为国家和集体追回赃款和挽回经济损失 15 万余元。1998 年，共受理各类经济案件线索 9 件，决定立案侦查 4 件 4 人（万元以上的大案 3 件 3 人），侦查终结移送审查起诉 4 件 5 人，追赃挽回经济损失 5 万余元。

2000 年，认真贯彻最高人民检察院提出的“公正执法，加强监督，依法办案，从严治检，服务大局”的工作方针，按照中央和上级院的部署和要求，继续坚持重点查办发生在党机关、行政执法机关、司法机关、经济管理部门和县处级以上领导干部的贪污贿赂案件，司法人员贪赃枉法、徇私舞弊犯罪案件，金融、建筑领域中发生的贪污贿赂犯罪案件，强调对查办贿赂案件要有针对性突破，对危害极大的“豆腐渣工程”扶贫工作中发生的贪污挪用案件要深查严究；采取有效措施，加大查处力度，竭力扭转查办职务犯罪案件下滑及工作发展不平衡等问题。通过各种途径加强举报宣传，搞好案件初查，检察长的靠前指挥，严把案件质量关等多种措施，使院反贪污贿赂工作取得了新的成绩。是年，共受理各类贪污等案件线索 11 件，初查 11 件，决定立案侦查 7 件 7 人，比 1998 年的 4 件 4 人上升了 75%，其中涉嫌贪污犯罪 4 件 4 人。已侦查终结的案件 10 件 10 人（含近年来积转在内），移送审查起诉 6 件 6 人，移送公安机关管辖的税案 1 件 1 人，因犯罪嫌疑人潜逃下落不明而提请中止侦查的案件3件3人，挪用公款案3件3人。当年通过办案，追赃挽回经济损失共21.9万余元。2003年5月，按照最高人民检察院关于“深化检察改革”和贵州省人民检察院关于“成立分州分院反贪局指挥中心，尽快形成以省检察院为指导、市州分院为主体、基层院为支点的一体化侦查指挥运行机制”的指示精神，检察院从有关部门推荐2名政治素质好、侦查技能强、作风过硬的人选充实到全州检察机关侦查骨干人才库，纳入了全州的统一管理，随时调遣，为整体推进反贪等工作的开展，按照上级院的要求，检察院检察长和分管检察长带头办案，尤其是带头查办和组织指挥查办大案和疑难案件，既当指挥员，又是战斗员，善于战斗到办案工作的第一线，对每个案件的初查、立案、侦查、侦结、起诉等各个环节，都能做到精心部署、检查到位、严格把关，确保案件质量和办案规范，排除各种干扰和阻力，克服各种困难，使一系列贪污贿赂案件得以成功侦破。查办贪污贿赂工作得到稳步发展，2002年共受理各类经济犯罪案件线索12件，初查12件，初查率为100%。依法决定立案6件6人，立案数比2001年相比下降了17%。新立的案件中，贪污案4件4人，挪用公款案2件2人，已侦查终结并移送审查起诉5件5人，未结转下年办理1件1人。通过办案，为国家挽回经济损失16余万元。2003年，共受理各类经济犯罪案件7件，初查7件，初查率为100%。经初查依法决定立案侦查7件8人（包括上年积转的1件），新立的案件均为贪污案件，其中5万元以上大案2件3人，涉及副科级以上干部3件3人。已侦查终结3件3人，其中移送审查起诉1件1人、作撤案处理2件2人，未结案件4件5人。通过办案，共为国家和集体挽回经济损失36万余元。

2004年，按照贵州省人民检察院关于“全省检察机关反贪部门办案工作，既要全面推进，又要突出重点”的要求，紧紧围绕“强化法律监督，维护公平正义”这一主题，始终以服务于经济建设大局为根本，切实履行职责，依法查办了一批贪污贿赂等职务犯罪案件，为惩治腐败和促进勤政廉政做出了一定的成绩。全年共受理各种经济犯罪案件线索13件15人，初查10件。经初查，依法决定立案侦查4件4人，其中贪污1件1人、受赂1件1人、挪用公款2件2人。已侦结案件6件7人（含上年积转的2件3人），侦结率为100%。通过办案，共勉回经济损失28.75万余元，所侦结的案件均全部移送审查起诉。2005年，反贪污贿赂部门深入贯彻全国全省检察长会议以及全国、全省检察机关第六次反贪污贿赂侦查工作会议精神，坚持科学的发展观和正确的执法观，认真落实“加大工作力度，提高执法水平和办案质量”的总体要求，进一步推进侦查一体化机制和规范化建设，突出查办重点，加大办案力度，提高办案效率，保证办案安全，确保办案质量，使各项工作有了新的进展。全年共受理贪污贿赂等案件线索13件14人，初查14件15人（含上年受理积转的1件1人）。经初查，依法决定立案侦查6件7人，其中贪污案2件2人、挪用公款案2件3人、受贿案2件2人。侦查终结移送审查起诉的案件5件6人。通过办案，共为国家和有关部门挽回各种经济损失40.14万元。2006年，共受理各类经济犯罪线索11件，其中接收举报线索5件、反贪部门自行发现5件、州院交办1件。新受理的案件线索已全部初查，初查率为100%。经初查决定立案侦查6件6人，其中贪污5件5人（其中大要案3件3人）、其他1件1人。全年侦查终结5件5人，已移送审查起诉，经提起公诉后，同级法院均作出有罪判决。通过办案，共为国家挽回经济损失65.8万元，其中案内挽回31.4万元、案外挽回34.4万元。2007年，共受理案件线索9件，初查9件，初查率100%。经初查决定立案5件5人，加上恢复侦查2件2人、上年积转1件1人，全年共列入侦查8件8人。其中，贪污4件4人、集体私分国有资产2件2人、挪用公款1件1人、行贿1件1人。侦查终结的案件7件7人均移送审查起诉，转下一年侦查的案件1件1人。通过办案为国家挽回经济损失86.2万元。2008年，加强对窝案、串案的查办力度，依法查办了一批有影响、有震动的大要案件，较好履行了法律赋予的职责，进一步发挥了反贪工作的职能作用。全年共受理各类经济犯罪线索7件，初查率为100%。经初查决定立案侦查5件5人（其中1件1人为上年积转），其中贪污2件2人、挪用公款1件1人、受贿1件1人、行贿1件1人。在新立的5件案件中，大要案3件3人，科局级干部2人。侦查终结

5 件 5 人已移送审查起诉，同级人民法院均作了有罪判决。通过办案共为国家挽回经济损失达 135 万元。

2010 年，继续坚持“加大工作力度，提高执法水平和办案质量”的总体要求，切实履行反贪工作职责，不断加大查办职务犯罪，特别是窝案、串案犯罪力度；继续坚持“初查精确、立案准确、结案正确”的办案要求，依法查办一批职务犯罪案件，为反腐败促进党风廉政建设健康发展做出了积极的贡献。全年共受理各类经济犯罪线索 11 件，初查 11 件，初查率为 100%。经初查决定立案的 7 件 7 人，恢复侦查 1 件 1 人，全年列入侦查 8 件 8 人，其中大要案 5 件 5 人，副科级干部 2 人。案件性质为贪污 1 件 1 人，挪用 1 件 1 人，受贿 5 件 5 人，行贿 1 件 1 人。所立的 8 件案件已全部终结，并移送审查起诉，同级法院均作有罪判决。

第三节　反渎职侵权

1991 年，为贯彻落实最高人民检察院提出的“法纪检察就是要加强抓得更紧一些，提高得更高一些”的重要指示精神，在积极寻找和收搜案件线索、坚持办案原则的同时，讲究工作方法与策略，积极主动向当地党委、人大请示和汇报，争取党委人大的领导、监督和支持，形成了各级领导重视，上级院加强指导，业务部门狠抓办案的工作格局。全年共受理各类法纪案件线索 8 件，经初查决定立案侦查 3 件 3 人，内有非法管制 1 件 1 人，诬告陷害 2 件 2 人。所立的 3 件案件全部侦结，移送审查起诉的 2 件 2 人，作撤案处理的 1 件 1 人。通过查办“侵权”渎职犯罪和认真履行法纪检察职能使犯罪分子受到了法律的惩处，从而保障了公民的人身权利和民主权利。

1992 年，检察工作依照第九次全国检察工作会议，对检察机关查办侵权、渎职犯罪案件作出总体部署，从维护社会主义与法制、保护人权、维护党和政府的崇高威望的高度，进一步深化对加强法纪检察工作重要性和必要性的认识，紧紧围绕“加强”二字下功夫，积极开展法纪检察工作。全年共受理案件线索 9 件，经初查决定立案侦查 3 件 3 人，属于公安管辖而转处的 2 件，不构成犯罪转有关部门的作党政纪处理的 4 件。所立的 3 件 3 人已全部侦结（诬告陷害 2 件 2 人，非法侵入他人住宅 1 件 1 人），移送审查起诉 1 件 1 人，免诉 1 件 1 人，作撤案处理 1 件 1 人。

1993 年，在认真贯彻“执法要为经济建设服务”的指导思想，自觉履行服务职责，抓好案前、案中、案后的服务工作，严格区分罪与非罪的界限，努力做到办案的法律效果与社会效果的有机统一。全院法纪科的人员充分认识在新形势下法纪检察工作的重要性，为寻找案源，主动加强与纪委、监察、审计等有关部门的联系，深入到厂矿、企业、乡镇进行调查，从中寻找案源，扭转了往年那种坐等案件上门的不良现象。另一方面结合本科工作特点的宣传法制，积极参加社会治安综合治理，把群众性的民事械斗纠纷消灭在萌芽状态。如在受理施洞镇井洞塘村村民潘某某与另一村民张某某纠纷一案中，张某某于 1990 年由于打砸抢夺被判刑，回家后出于报复，多次砸断潘某某家种的秧地水管故意放干田水，被潘抓住后反映到村委、施洞镇综治办要求调处，因张某某与该村支书、村主任等人是亲戚等原因，故作潘是故意诬告张的调处决定，处罚潘某某“三个一百二”用以洗寨并限期凑齐款物，逾期则强行撤房夺物。对于这一反映诉求，本院法纪科的干警立即采取果断措施，一是对受害人潘某某做工作，劝其要冷静对待不要冲动；二是去电去信给施洞镇综治办出面制止事态的发生，及时通知该村委会立即废除对潘的处罚决定；三是传唤被告人张某某到本院进行讯问。在法律和政策的攻心下，在证据面前，张某某承认了破坏潘家秧地田的事实，于是令张某某立即赶回井洞塘向村委交代和向潘某某认错。通过上述措施，制止了一起重大的恶性案件的发生。全年共受理各类案件线索 5 件，经初查依法立案，结案 2 件，不构成犯罪转有关部门处理的 3 件。

1994年，根据最高人民检察院提出的“严格执法，狠抓办案”统揽检察工作的总体要求，强调“查办法纪犯罪案件，既是反腐败的重要任务，又是保障严格执法的重要方面，要大力加强这项工作。为打击经济犯罪和刑事犯罪创造良好的执法环境”。对纪检检察工作提出的任务，就是要把查办“三机关、一部门”的工作人员侵权渎职案件列为工作重点内容来抓，尤其是要把徇私舞弊列入“重中之重”的位置予以重视。一是全面承担起法纪检察所管辖的16类案件，确保办案数量的相对稳定，不断打开法纪检察工作的新局面。二是继续推行工作目标管理责任制，按照“定时、定人、定任务、包质量”的要求，分工具体，责任明确，确保完成工作任务。三是强化备案审查工作制度，把好案件质量关。从立案、结案、处理等各个环节，实行专人负责，提出处理意见，部门负责人审核，分管检察长审定，重大疑难案件提交检委会讨论的“三级”审查制度，严格按照事实清楚，证据确实充分，程序合法的原则，把好案件立案关、定性关、处理关，确保办案质量。四是注重横向联系，搞好与有关部门的相互配合。当案件在认识上发生分歧时，加强与内部制约部门的配合，主动交换意见；在办理重特大和复杂案件时，主动邀请审查批捕，起诉部门提前介入，快捕快诉，以提高办案工作效率和法律社会效果。按照以上措施和结合工作实际，法纪检察干警主动出击，开辟案源，并结合案情正确运用法律赋予的职责和政策以及工作方法，化解矛盾，维护社会稳定。1994年，共受理案件线索9件，经初查决定立案7件8人。其中，玩忽职守2件2人、非法拘禁1件1人、重大责任事故1件1人、妨碍公务1件2人、移送审查免诉2件2人。通过办案直接挽回经济损失8万余元。1995年，共受理案件线索11件，经初查决定立案4件4人，已全部侦结，其中玩忽职守2件2人，非法拘禁2件2人。侦结后移送审查起诉的1件1人，移送审查免诉3件3人。通过办案直接挽回经济损失2万余元。

1996年，法纪检察是深入开展反腐败斗争的重要内容，要以查办徇私舞弊为龙头，尤其是要注意查办不严格执法现象背后的贪赃枉法、徇私舞弊等司法腐败案件，带动对发生在党政机关、司法机关、行政执法机关和经济管理部门的案件及玩忽职守、重大责任事故、刑讯逼供、非法拘禁案件的查处，为实现中央提出的“在全国范围内进一步造成声势，引起震动，震慑犯罪，鼓舞群众，推动反腐败斗争深入发展”的目标做出贡献。为此，检察院领导予以高度重视，在人力、物力、财力上给予法纪部门大力支持，积极主动深入到厂矿、企业事业单位调查了解，开辟案源，查办了一批侵权渎职的犯罪案件。全年共受理各种侵权渎职案件线索8件，经初查确认有犯罪事实，依法立案5件5人，其中玩忽职守2件2人、重大责任事故2件2人、交通肇事1件1人。所立的案件已全部终结移送审查起诉部门审查。通过办案，为企业挽回经济损失3万余元。

1997年，修改后的《中华人民共和国刑事诉讼法》从1月1日起施行，修订后的《中华人民共和国刑法》从10月1日起施行。“两法”的修改和修订，对我国的刑事诉讼制度进行了重大的调整。根据修改后的刑事诉讼法的规定，检察机关法纪检察部门所查办的侵权渎职犯罪案件的主体仅限于“国家机关工作人员，非国家机关工作人员的渎职犯罪案件，检察机关不再管辖”。为此，最高人民检察院指出：“要正确对待案件管辖范围的调整，做到一不失职，二不越权，关键是要正确履行法律赋予的职权，把职责范围内的事办好。”院法纪部门认真贯彻最高人民检察院的指示精神，对受理的法纪案件线索，凡不属于检察机关管辖范围的，按照规定移送有管辖权的机关办理。按照法律界定的管辖范围，把工作重心尽快地转移到查办具有特殊主体的职务犯罪案件上，加大打击司法腐败和官吏犯罪的力度。同时根据法纪案件管辖范围的调整，办案程序的变化，侦查难度的增大以及法纪干警业务素质状况等，转变指导作风，在抓指挥、抓协调上下功夫，确保“两法”实施过程中在检察环节不出现执法的“空档”，推动台江县法纪检察工作稳步发展。

1998年始，根据党的十五大确立的依法治国方略和全国政法工作会议提出的今后五年政法工作总体思路，以及最高人民检察院要求全国检察机关要坚持“严格执法、狠抓办案、加强监督”的工作方针，以此统揽检察工作全局。在渎职侵权检察方面，要重点查办发生在“三机关、一部门”的犯罪案件，特别是县处级以上的领导干部犯罪案件，尤其要重点查办官吏腐败和司法腐败这两方面的犯罪案件。为适应犯罪案件管辖范围调整后的新形势，检察院紧密结合开展的集中教育整顿活动，组织干警加强对修改后和修订后的“两法”反复学习，并要求学懂、弄通、会用，特别是对新的刑事诉讼原则、制度以及新型渎职犯罪构成的理解和把握，树立正确的执法观念；在执法活动中，严格按照法律规定的案件管辖范围办案，坚决执行中央政法委和最高人民检察院的各项办案纪律，从受理案件开始严格把关，对不属于管辖范围的案件主动说明情况，按规定转有关部门办理。对管辖范围内的案件要本着有一件查办一件，重点查办了国家机关工作人员滥用职权、玩忽职守、徇私舞弊、刑讯逼供、非法拘禁等犯罪案件。1998 年，共受理案件线索 3 件，经初查决定立案调查、侦结后移送审查起诉的 1 件，其余 2 件属于一般违纪行为转有关部门处理。在工作中始终坚持打防结合、预防为主的方针开展法律宣传 4 次，提出书面检查建议 3 份，接待政策法律咨询 5 人，解决民事疑难纠纷一起。1999 年，共受理渎职侵权案件线索 3 件，初查 3 件，构成犯罪决定立案 1 件，已侦查终结移送审查起诉，其余 2 件属于一般违纪行为均转有关部门处理。2000 年，共受理渎职侵权案件线索 5 件，初查 5 件，其中 4 件不构成犯罪属于违纪行为均转有关部门处理，1 件构成玩忽职守罪决定立案侦查终结移送审查起诉，如县公安民警张某某由于工作严重不负责任，不认真履行法定职责和义务，玩忽职守造成关押在看守所监内拐卖人口犯罪嫌疑人李某某身患严重疾病，不采取相应的急救措施而导致李某某死亡的严重后果，检察院法纪科当即决定立案侦查，依法追究其干警的责任。2001 年，共受理渎职、侵权案件线索 12 件，经初查后决定立案侦查 1 件 2 人，已侦结移送审查起诉部门审查起诉。其他 11 件经查属于有关部门管辖范围均已转办。

2005 年，按照上级院提出的“进一步加大办案工作力度，提高执法水平和办案质量”的总体要求和部署，以深化“强化法律监督，维护公平正义”为主题，采取多种途径，加强和规范查处渎职侵权的办案工作。一是制定目标管理责任制，明确工作任务和办案方法，增强干警的使命感和责任感，是年共受理渎职侵权案件线索 3 件，初查 3 件。经初查依法立案侦查 1 件，侦结后移送审查起诉，填补了上年任务数的空白，使渎职侵权检察工作保持了稳步发展的良好势头。

2007 年，在认真贯彻全国全省检察长会议和全国检察机关第四次反渎职侵权侦查工作会议精神以及全州反渎职侵权工作部署，紧紧围绕“强化法律监督，维护公平正义”的检察工作主题，始终以开展的“社会主义法治理念”教育活动为契机，坚决执行上级院提出的“加大办案力度，提高办案质量和执行水平”的总体要求，认真学习《最高人民检察院关于反渎职侵权案件立案标准的规定》，切实履行反渎职侵权工作职责，收到了较好的社会执法效果。是年，共受理渎职侵权犯罪线索5件5人，其中玩忽职守 3 件 3 人、非法拘禁 1 件 1 人、滥用职权 1 件 1。初查 5 件 5 人，初查率为 100%。经初查决定立案的 1 件 1 人，侦查终结移送审查起诉，同级法院作了有罪判决，其他 4 件均转有关部门处理。2010 年，共受理案件线索 2 件，其中滥用职权 1 件、重大责任事故 1 件。初查 2 件，初查率为 100%。

第四节　侦查监督

1991 年，审查批捕工作随着“严打”统一行动的深入，针对社会治安的突出问题，积极与公安、法院紧密配合，开展扫“六害”、反盗窃、打击“车匪路霸”、拐卖妇女儿童、破坏通信、电力和水利设施的专项斗争。批捕工作按照“以事实为依据，以法律为准绳”的执法原则执行，坚持“两个基本”从重从快打击刑事犯罪的指导思想，积极配合专项斗争，正确行使批捕权，确保批捕质量。全年共受理公安机关、检察院自侦部门移送审查批捕案件 44 件 66 人，其中公安机关移送 37 件 58 人，自侦部门移送 7 件 8 人。经审查确认构成犯罪，依照《中华人民共和国刑事诉讼法》的规定作批准逮捕 51 人；构成犯罪，没有逮捕必要，不批捕 3 人；不构成犯罪，不批准逮捕 2 人；事实不清、证据不足，退回补充侦查 10 人。在审查批捕工作中，始终坚持严把事实证据关，对证据不足、事实不清的不予批捕。1992 年，审查批捕工作认真贯彻执行中央关于“两手抓，两手都要硬”的指示，始终把重点打击严重危害社会治安的“七类”案件，积极参与“打流窜、追逃犯”的专项斗争，强化法律监督为主要目标，认真执行省检察院、公安厅联合下发的《关于启用新的批捕决定通知》，对逮捕人犯实行回执制，对批准逮捕的人犯执行逮捕的监督进一步规范化。全年共受理公安机关和自侦部门提请逮捕和移送审查批捕人犯 74 人（其中公安 67 人、自侦部门 7 人）已全部审结。经审查后，批准逮捕和决定逮捕的 78 人（含追捕 17 人），不捕 7 人，退回补充侦查 6 人。在审查批捕过程中，发现公安机关遗漏同案犯提出追捕的 17 人（盗窃 2 人、拐卖人口 8 人、故意伤害 4 人、诈骗 3 人），发现无罪不批捕的 7 人。使有罪的人受到法律的制裁，让无罪的人得到法律的保护，维护了国家法律的尊严。1993 年，在贯彻执行“严格执法、狠抓办案”的工作中，突出“两个坚持”，即坚持不懈地开展严厉打击严重刑事犯罪活动，坚持不懈地开展反贪污、贿赂斗争，对发生在青少年的一般刑事犯罪贯彻“教育、挽救、感化”的方针，对未成年人犯罪案件不搞“以拘代侦”“以捕代侦”，切实加强侦查监督职能。全年共受理公安机关呈捕的各类刑事案犯 57 人，受理本院自侦部门移送审查逮捕案犯 5 人，共计 62 人。经审查批准逮捕的 58 人（含追捕的 6 人），决定逮捕的 5 人，不构成犯罪不予批捕的 1 人，有罪而没有逮捕必要不予逮捕的 1 人，主要事实不清、证据不足退回公安机关补侦的 8 人。在审查批捕工作中，认真履行职责，严格把关，切实加强侦查监督力度，收到了较好的法律效果和社会效果。1994 年，全院审查批捕工作紧紧围绕检察工作中心，继续坚持依法从重从快“两个基本原则和两手抓，两手都要硬，”强化法律监督职能，严格执法，狠抓办案，打击各种犯罪活动，维护政治稳定，社会安定，更加自觉地为建设社会主义市场经济服务，为改革开放和现代化建设创造良好的法制环境，认真履行职责，严格把好批捕质量关。一年来共受理公安机关呈捕的各类刑事案犯 63 人，受理本院自侦部门移送审查批捕案犯 5 人，共计 68 人。经审查作出批准逮捕的 67 人（含追捕 7 人），决定逮捕 5 人，不构成犯罪不予逮捕的 3 人。在审查批捕过程中，对公安提请审查批捕和本院自侦部门移送审查决定逮捕的案犯，均在法定时限内审结，没有出现超期违法现象。同时认真履行侦查监督职责，严格把关，通过侦查监督和认真核实证据，发现公安机关遗漏同案犯的 7 人依法提出追捕，发现无罪不予批捕的 3 人。为严格执法，充分发挥批捕部门“惩罚犯罪，打击敌人，保护人民”的职能作用，维护了法律的尊严。

1995 年，按照贵州省人民检察院 3 月 16 日《关于开展集中打击行动，严惩严重刑事犯罪的通知》精神，始终把严打斗争作为维护稳定的重要性工作和审查批捕检察工作的首要任务来抓，突出打击重点，对重特大案件坚持提前介入，依法快审快捕，严厉打击那些杀人、抢劫、强奸等恶性犯罪分子、犯罪团伙以及拐卖妇女儿童和重大盗窃的犯罪分子，加大打击力度，加强执法监督。严格把握主要证据，坚持两个基本原则，使每一个案件不在检察（批捕）环节发生阻塞，同时注意深挖余罪漏犯，有效地防止了执法不严、打击不力的现象，保持“严打”声威。1995 年，共受理公安机关和自侦部门提请逮捕和移送审查批捕人犯共 58 人，审结 58 人，审结率为 100%。经认真审查批准逮捕 43 人，决定逮捕 3 人，不予批捕 9 人，监视居住 1 人，退侦 4 人。批准逮捕的人犯中，杀人、强奸、拐卖等严重危害社会治安的 24 人，占批捕总数的 60% 以上，突出了打击重点。为了做到从快打击，全年提前介入重特大案件 11 人，为快审快捕打下基础。在做好以上工作的同时，依法进行了侦查监督，重点监督有罪不究、以罚代刑的问题。全年对公安机关侦查活动有违法情况提出纠正意见 3 次，向公安机关对 9 名人犯作出不批准逮捕决定，对 11 名漏捕漏诉的人犯及时作出追捕决定，对 4 名犯罪嫌疑人由于证据不足而作出退侦决定。依照《中华人民共和国刑事诉讼法》第十三条的有关规定，进行了直接立案侦查，追究2件2人的刑事责任。1996年，全院审查批捕工作根据党中央关于深入开展“从重从快打击严重刑事犯罪”的指示精神，认真按照中央、省委、州委工作部署，与公安、法院密切配合，积极投入“严打”统一行动，切实履行审查批捕检察职责，依法批捕了一批刑事案犯，从重从快打击了一批严重刑事犯罪分子，维护了台江县社会稳定。是年，共受理审查批准的各类刑事案犯37件65人，其中公安机关呈捕的33件61人、检院自侦部门移送审查批捕的4件4人。经审查批捕和决定逮捕的32件56人，不捕的2件6人，对3件3人由于证据不足作出退回补充侦查。为了使“严打”斗争打出声威，提高办案效率和快审快捕，全年共对杀人、抢劫、爆炸案等重大恶性案件提前介入13次，并参加公安机关开棺验尸和解剖死尸3次。对复杂、疑难案件主动参与公安机关和自侦部门对案件的讨论，提出对案件的看法，得到公安机关和自侦部门的肯定，为快审快捕创造条件。对影响大、后果严重的案件，不分节假日，随到随审查，并在不超过24小时作出批准逮捕决定，有效地打击了犯罪。对认定犯罪构成与行为不相符合的1件1人，建议自侦部门作撤案处理，对公安机关以罚代刑，降格处理的2件2人。按照《中华人民共和国刑事诉讼法》第十五条规定，直接立案侦查，依法追究2人的刑事责任，同时把加强监督，严防错漏予以高度重视，注意对呈捕共犯案中的“另处”“待处”对象进行审查，对公安机关漏报的15人依法提出了追捕决定。

1997年，修改后的《中华人民共和国刑事诉讼法》于1月1日起正式实施，新的刑事诉讼法对逮捕条件由原来的“主要犯罪事实已经查清”改为“有证据证明有犯罪事实”，同时还增加了检察机关对公安机关管辖案件实行立案监督。1月30日，最高人民检察院又下发《人民检察院实施〈中华人民共和国刑事诉讼法〉规则（试行）》，对逮捕条件作了进一步明确、具体的解释。为了正确理解和修改后的逮捕条件，保证新刑诉法的正确实施，检察院年初就召开全院干警会议，传达全国、全省、全州政法工作会议和检察长工作会议精神，紧密结合全县治安形势的实际，部署安排1997年各项工作任务，提出在社会治安明显好转的基础上，继续遵循最高人民检察院确立的“严格执法，狠抓办案”的工作方针，深入开展反腐败斗争，继续保持“严打”的声势和力度，采取打击、专项斗争和经常性“严打”相结合，重点打击杀人、抢劫、爆炸、强奸等严重暴力犯罪和重大盗窃犯罪。3月14日，第八届全国人大第五次会议公布修订后的《中华人民共和国刑法》，按照上级院的要求，检察院检察长、刑检业务负责人和业务骨干参加了州院举办的“全州检察机关刑法学习班”，为10月1日修订后的刑法实施做好准备。1997年，受理公安机关提前批捕案件26件46人，受理本院自侦部门移送审查批捕案件1件1人，共27件47人。经审查批捕案件24件39人，不捕3件8人，在批捕的人犯中，杀人、抢劫、爆炸、强奸、拐卖妇女儿童、盗窃等几类严重犯罪嫌疑人有25人，突出了打击重点。在履行审查批捕职责中，把实行法律监督贯穿于始终，对公安机关应立案而不立案的，要求公安机关说明不立案理由，依法发出立案通知书1件，对不符合法定逮捕条件的，决定不予批准逮捕3件8人，对已构成犯罪而公安机关未报捕的1人作追捕决定，对未构成犯罪的自侦案件，自侦部门作撤案处理的1件1人。

1998年，在审查批捕部门认真贯彻全国、全省检察长工作会议精神，根据本院1998年工作的总体部署，对全县新社会治安状况进行了全面分析，高度重视重大恶性发案有增无减的严重性，把维护社会稳定作为一项长期的重大政治任务，在实际工作中，紧紧围绕“严格执法、狠抓办案，加强监督”的工作方针，积极参与配合“破大案、追逃犯、打团伙”和打击毒品犯罪的专项斗争。严格执行修订后的《中华人民共和国刑法》和修改后的《中华人民共和国刑事诉讼法》，坚持不懈地依法严厉打击严重刑事犯罪活动，突出打击严重暴力犯罪、毒品犯罪、流氓恶势力和黑社会性质的犯罪，依法惩治发生在国家机关工作人员中的职务犯罪活动，突出打击贪贿大要案，为社会稳定、反腐倡廉做出新贡献。全年受理公安机关移送提请批捕案件38件52人，受理本院自侦部门移送决定逮捕案件4件4人，共42件56人。在批准逮捕和决定逮捕的犯罪嫌疑人中，涉嫌贪污贿赂和徇私舞弊等职务犯罪

4人，均属于“三机关、一部门”工作人员；涉嫌杀人、抢劫、抢劫、重大盗窃、拐卖人口的13人，突出了打击重点。同时依法进行刑事侦查监督，对公安机关侦查活动中的违法行为提出了书面意见，均得到较好的纠正和答复。

1999年，在全面正确履行检察监督职能，继续执行“稳定压倒一切”的方针，毫不动摇地和坚持不懈地依法从重从快打击严重刑事犯罪活动，始终把打击锋芒指向对人民群众生命财产危害大，社会影响大的各种严重刑事犯罪。认真开展法律监督，维护司法公正和法律统一正确实施，加强对自侦案件的内部制约，把内部制约延伸到对撤案和不起诉案件的环节上。全年共受理公安机关提请批捕案件60件98人，受理本院自侦部门报捕案件2件2人，共62件100人，审结62件100人，审结率为100%。经过依法审理，批准逮捕56件82人，占受理数的90.3%和82%。不批准逮捕6件18人，占受理数的9.67%和18%。

2000年，在认真贯彻全国、全省、全州检察长会议精神，遵循“公正执法、加强监督、依法办案、从严治检、服务大局”二十字工作方针，依法严厉打击各类刑事犯罪活动和惩治职务犯罪，积极配合打假、打拐、打黑恶势力等专项斗争，为促进经济建设、维护改革开放、发展和社会稳定尽职尽责。当年共受理公安机关提请逮捕案件41件84人，经审查批准逮捕36件74人，不批捕5件10人。受理本院自侦部门的移送审查批捕7件7人，经审查决定逮捕6件6人，不批捕1件1人，审结率为100%。在履行审查批捕职责中，严防错漏，特别注重立案监督和侦查监督。全年共受理立案监督线索5件9人，经审查，要求公安机关说明不立案理由2件6人。公安机关说明后，认为其不立案理由不能成立的1件4人，本院批捕部门依法向公安机关发出了立案通知书。经公安机关立案侦查后，该案已起诉至县人民法院，4名被告人均受到法律的惩处，被害人的合法权益得到了法律的保护。在审查批准工作中发现公安机关应当提请批准逮捕而未提请的3件3人，依法向公安机关发出追捕决定，使应当追究刑事责任的人受到了应有的刑事追究。

2001年，在贯彻落实全省检察会议精神和上级院批捕部门2001年审查批捕工作意见，始终把维护稳定作为侦查监督工作的首要任务，继续依法从重从快打击各类刑事犯罪活动，把打击的锋芒指向杀人、重伤、爆炸、抢劫、强奸、拐卖、重大盗窃、暴力犯罪以及危害社会治安，危害国家经济安全，破坏社会主义市场经济秩序的刑事犯罪活动。继续加大对国家机关工作人员职务犯罪的惩治力度，在工作中积极参与各项打击犯罪的专项斗争，继续坚持适时介入，参与侦查机关对重特大案件的讨论，提出侦查建议，完善侦查方案，积极探索建立质量和效率有机统一的完备高效的侦查工作机制，尤其是要严格把握修改后的《刑事诉讼法》，将“主要犯罪事实已经查清”修改为“有证据证明有犯罪事实”这一由主要犯罪事实变成有犯罪事实，证明标准从已经查清向有证据证明的转变。是年，受理公安机关提请批准逮捕的案件65件95人，受理本院自侦部门移送审查决定逮捕6件7人，共71件102人。经审查，依法作出批准逮捕和决定逮捕的共68件96人，依法作出不批准逮捕3件6人，审结率和准备率均为100%。在审查批准工作中追捕公安案件1人，提前介入2起，参与出现现场的5起，参加由县政法委组织讨论重大疑难案件4次，依法进行立案监督1件1人，即吴某某交通肇事一案。经监督后公安机关立案并提请审查逮捕，检察院已作逮捕决定，使其受到法律应有的惩罚。2002年，共受理公安机关和本院自侦部门呈捕案件63件94人，其中公安机关62件93人，本院自侦部门1件1人。

2003年，继续贯彻执行“严打”方针，加强与公安机关、人民法院等部门的相互配合，保持对严重刑事犯罪严厉打击的高压态势，继续加大对刑事立案监督的力度，注重监督方法和策略，提高侦查监督水平和办案效果。全年受理公安机关提请批捕案件45件66人，受理本院自侦部门提请决定逮捕案件2件3人，共47件69人。审结47件69人，审结率为100%。经审查依法作出批捕逮捕39件56人，决定逮捕2件3人，不批捕的6件10人。为确保“严打”声威，在审查批捕工作中，对杀人、强奸、爆炸、绑架等严重影响人民生命财产安全的9件10人，坚持做到加班加点，均在2日内作出逮捕决定，对公安机关漏报的2人依法作出追捕决定，对公安机关进行立案监督2件。为确保案件质量和快审快结，积极与公安机关进行立案监督，坚持对重大疑难案件提前介入，参与现场勘验，引导和制定侦查方案12件次，为案件的侦查献计献策，受到较好的执法效果。为认真贯彻执行《中华人民共和国未成年人保护法》和宽严相济的刑事政策的规定，坚持教育，挽救为主，惩办为辅，依法慎用批捕权。如当年在受理公安机关移送审查批捕的刘某某、龙某某、黄某某猥亵侮辱妇女案件中，审查时发现刘某某等3人均不满16周岁，且又系在校（初中）学生，根据这一情况和不影响其3人的学习，依法作出不批捕决定，同时建议公安机关直接移送审查起诉。

2004年，检察院侦查监督检察部门认真贯彻落实全省、全州检察长会议精神和全州2004年侦监部门的工作部署，紧紧围绕“强化法律监督，维护公平正义”这一主题，继续保持严打高压态势，依法从重从快打击各种刑事犯罪；严惩破坏社会主义市场经济秩序犯罪，加大严厉打击职务犯罪的力度，及时审查批捕刑事、职务犯罪案件，全力维护社会稳定。全年共受理呈捕案件51件71人，其中公安呈捕47件67人，本院自侦部门报捕4件4人。所受理的案件均全部审结，审结率100%。经审查，依法批准（决定）逮捕45件63人，不批捕5件7人，建议公安机关撤回1件1人。在批捕的案件中，重点打击爆炸、故意杀人、抢劫、强奸、拐卖妇女儿童、重伤、重大盗窃等达46人。继续坚持对重大、疑难案件实行提前介入，确保案件快审快结，全年共提前介入侦查9件次。在审查批捕工作中依法作出追捕2人，立案监督1件1人。根据《人民检察院刑事诉讼规则》的规定和最高人民检察院侦查监督工作会议精神，及时报送州院下达通知的“七类”案件的备案材料和数据，认真开展打击制假、售假侵犯知识产权犯罪专项立案监督工作。这一年，侦查监督部门还认真贯彻中共中央、国务院《关于进一步加强和改进未成年人思想道德建设若干意见》精神，结合办案，开展“青少年维权岗”活动，坚持对未成年人实行“教育、感化、挽救”的方针，坚持正面教育为主，打击为辅的原则，与台江县二中、台江县职中、城关一小、城关二小建立未成年人维权教育基地，并兼学校的法制副校长，多次深入到学校对失足青年回访，采取在当年审理审查批捕的青少年犯罪案件（9件11人）和有关利用典型案例有针对性地上法制课，以案释法深受学校师生的好评。

2005年，根据全国、全省检察长会议和全省政法工作会议精神，强化法律监督为根本，以提高办案水平、办案质量和执法效率为主线，以规范建设为切入点，全面履行“三项职责、八大任务”，全力维护社会稳定。继续加大对严重危害市场经济秩序犯罪的打击力度，依法严厉打击境内外敌对势力、恐怖组织犯罪活动和“法轮功”等邪教组织犯罪活动；重点打击黑恶势力犯罪、暴力犯罪和毒品犯罪和抢劫、盗窃等多发性犯罪，积极参加打击“两抢”、禁毒、赌博、扫黄、打假以及打击破坏电力安全、盗窃电力设施等专项斗争和集中统一行动。做到对重大案件适时提前介入确保批捕环节从重从快。全年共受理公安机关提请审查批准逮捕各类刑事案件49件83人，受理本院自侦部门移送审查决定逮捕的1件1人，共50件84人（含立案监督2件2人）。经审查，依法作出批捕和决定逮捕44件72人，不批捕的5件12人，审结率为100%。在审查批捕工作中，认真履行法律赋予的职责，积极开展立案监督。如根据群众举报和控告，发现立案监督线索2件，依法提出立案侦查，均得到立案。为保证审查的案件，在侦查监督环节不发生梗阻和没有发生超期违法现象，坚持认真审查每一个案件的事实和使用法律，做到快审快结和保证案件质量。2006年，全年共受理公安机关、本院自侦部门提请批准逮捕的各类犯罪案件43件65人，其中，公安机关提请批捕案件42件64人、本院自侦部门移送审查逮捕1件1人。经审查，依法作出批准逮捕和决定逮捕40件56人，不批准逮捕3件9人，审结率100%。在审查批捕工作中，积极开展法律监督，提高执法水平，确保案件质量。当年在审查公安机关以诈骗和盗窃报捕的2件案件中，经审查，本院认为公安机关定性不准，应分别定为合同诈骗罪和盗窃爆炸物罪。后经县人民法院分别以合同诈骗、盗窃爆炸罪作出了有罪判决。2007年，始终坚持“强化法律监督，维护公平正义”的检察工作主题，认真按照全州检察机关侦查工作要点和本院年度部门目标管理量化考核办法，切实履行职责，不断强化监督职能，提高监督水平。全年共受理公安机关提请逮捕和本院自侦部门移送审查决定逮捕的各类刑事案件 54 件 83 人，其中公安机关 48 件 77 人、自侦部门 6 件 6 人。经审查依法作出逮捕和决定逮捕 52 件 80 人，不捕 2 件 3 人，追捕犯罪嫌疑人 2 件 2 人，所受理的案件审结率为 100%。2008 年，全年共受理公安机关和本院自侦部门提请审查批捕的各类刑事犯罪案件 53 件 95 人。其中，公安机关提请逮捕 48 件 90 人、本院自侦部门移送审查逮捕 5 件 5 人。经审查，依法作出逮捕 52 件 94 人，不捕 1 件 1 人，审结率为 100%。

2010 年，在认真贯彻落实全国、全省、全州政法工作会议和检察长会议精神，以“强化法律监督，维护公平正义”为主题，紧紧围绕全州侦查监督工作计划要点，不断加大工作力度，提高执法水平和办案质量，充分履行审查批捕职能，严厉打击和批捕了一批严重刑事犯罪，为维护社会和谐稳定做出了积极的贡献。全年共受理提请批准逮捕各类刑事犯罪案件 51 件 89 人，其中公安机关移送 45 件 83 人、本院自侦部门移送 6 件 6 人。经审查依法作出逮捕的 45 件 82 人（其中批捕在逃的 9 件 16 人），决定逮捕 3 件 3 人，不批捕的 3 件 4 人，审结率为 100%。

第五节　公诉

1991 年，根据全省、全州检察长会议精神，围绕“稳定压倒一切，为经济建设服务”这个中心，坚决贯彻依法从重从快和“一要坚决、二要慎重、务必搞准”的“两打方针”，在突出重点起诉“七类”刑事犯罪的前提下，对一般刑事犯罪案件亦要抓紧审查起诉，既防止打击不力，又要防止草率，特别是对情节轻微的偶犯、从犯、胁从犯有悔改表现的就免予起诉或不诉。全年共受理公安机关、本院自侦部门移送审查起（免）诉，案件 47 件 68 人，其中公安机关移送 31 件 50 人，自侦部门移送 16 件 18 人已全部审结。报送州院审查起诉的 3 件 5 人，向同级人民法院起诉的 32 件 47 人（含上年积转的 2 件 3 人），免诉的 13 件 17 人（含上年积转的 1 件 1 人），不起诉的 3 件 5 人，向同级人民法院起诉的 32 件 47 人（含上年积转 2 件 3 人），免诉的 13 件 17 人（含上年积转的 1 件 1 人），不起诉的 2 件 2 人（上年积转），退回作撤案处理的 2 件 2 人。全年共出庭支持公诉 25 次，发表公诉词 25 篇。1992 年，共受理各类刑事案件 48 件 84 人（含追诉 2 人），其中，公安机关移送审查 35 件 66 人、本院自侦部门移送审查 13 件 17 人。通过认真细致地审查，向同级人民法院起诉 40 件 69 人，作免诉处理 7 件 13 人，未结 1 件 1 人。全年共出席法庭支持公诉 34 次，并根据每一个案件的性质，精心准备发表公诉词，做到以理服人，抓住重点，言及要害，所起诉的案件法院均已作有罪判决。作出免诉的案件当事人不提出申诉，有关单位对被告人的决定免诉处理也感到满意。同时还认真开展审判监督，依法对法院一审判决量刑畸轻的 2 件提起抗诉，经二审终结，改判 1 件，发回重审的 1 件。1993 年，在贯彻最高人民检察院提出的“严格执法，狠抓办案”和“一要坚决、二要慎重、务必搞准”的工作方针，全年起诉部门共受理移送审查起诉案件 35 件 54 人，其中，公安部门移送 29 件 44 人、本院自侦部门移送 6 件 10 人。经审查向同级人民法院起诉 28 件 39 人，报请州检察院审查起诉 3 件 4 人，免予起诉 2 件 4 人，不起诉的 1 人，退回公安机关补侦 1 件 5 人，退回自侦部门撤案 1 件 1 人。1994 年，共受理移送审查起诉案件 48 件 91 人，其中公安案件 35 件 75 人，自侦案件 13 件 16 人。经审查向同级人民法院起诉 33 件 67 人，报请州检察院审查起诉 5 件 7 人，免予起诉 9 件 16 人，退侦 1 件 1 人。审查以上案件，均在法定时限内办结，没有超期违法现象。在本院作出免予起诉的 9 件 16 人中，被告人没有提出申诉，并表示感谢政府的宽大处理，决心洗心革面重新做人。在向同级人民法院提起抗诉的案件中，一审法院已开庭审理 30 件 61 人，均作了有罪判决。

1995年，按照全省、全州检察长会议精神及“关于1995年工作计划要点”的部署，对重特大案件提前介入依法快捕快诉；协调配合，分工负责，依法办事；加强报告工作等四项要求。始终把切实履行职责，狠抓办案作为年度工作重心。在审查起诉环节，把提高出庭支持公诉质量和加强法律监督作为另两项主要工作来抓，同时紧密结合案情开展综合治理。是年，审查起诉部门共受理移送审查起诉案件56件60人，其中，公安机关移送42件46人、本院自侦部门移送14件14人。经审查，向同级人民法院提起公诉38件41人，决定免于起诉13件13人；移送上级检察机关审查2件4人，退侦2件2人，实现了年初提出的工作目标，审结率为100%。由于起诉工作措施得力，向县人民法院提出的公诉案件中，有罪判决率达100%。1997年，全年共受理公安机关移送审查起诉22件26人，受理本院自侦部门移送审查起诉和不起诉5件6人，共27件32人。经审查向同级人民法院起诉22件25人，提请报州院审查起诉3件4人，退回自侦部门作撤案处理1件1人，依法不予起诉1件2人，切实有效地控制了不起诉的适用。1998年，在贯彻全国、全省、全州检察长会议精神和按照本院的工作部署，继续执行严厉打击严重危害社会治安秩序、打击贪污贿赂、渎职等职务犯罪为重点，为维护政治稳定和社会稳定，促进经济发展服务。是年，共受理移送审查起诉案件42件56人（其中公安的38件52人、本院自侦部门的4件4人）。经审查，报送上级检察院起诉2件2人，向同级人民法院移送起诉36件48人（公安案件45人、本院自侦案件3人），作存疑不诉1件1人，绝对不诉的2人，建议公安机关撤案的3件3人。1999年，受理公安机关移送审查起诉案件50件67人，受理本院自侦部门移送审查案件6件6人，共56件73人。经过认真审查，依法向同级人民法院起诉45件56人，移送州检院审查起诉2件5人，依法作出相对不起诉的2件3人，取保候审1人，建议本院自侦部门撤案的2件2人，退回公安机关补充侦查的5件6人。依法追诉的1人，抗诉的1件1人（终审法院已作改判）。在做好以上审查起诉工作的同时，还根据上级起诉部门的部署，在全州起诉部门开展“提高公诉水平年”活动，为使这一活动取得实效，选择在台江县影响大而又是修订后刑法新罪名的刑事案件作为全州出庭评查活动的重点案件。2000年，共受理各类刑事犯罪案件68件92人（含退查重报4件5人），其中，公安案件61件85人、本院自侦案件7件7人。经依法审查，决定向同级人民法院提起公诉50件71人，决定不起诉4件4人，建议公安机关撤案1件1人，退回补充侦查8件9人，报送州检院审查起诉5件7人，审结率100%。2001年，根据全国、全省、全州检察长会议精神和工作部署，继续坚持检察机关工作的“二十字”方针，依法从重从快打击严重危害社会治安秩序和破坏社会主义市场经济秩序的犯罪，严惩贪污贿赂、渎职犯罪案件，在全面推行主诉检察官办案责任制的基础上，不断推行公诉方式改革，使公诉工作得以有序进行。为确保“严打”整治活动畅通，使案件在起诉环节不出现梗阻，检察人员在节假日加班加点工作。对重大案件提前介入两次，突出打击重点，始终以“打黑除恶”为龙头，将打击的锋芒直接指向杀人、爆炸、抢劫、强奸、重伤、重大盗窃等重点犯罪案件。全年共受理移送审查起诉案件64件84人（含退查重报6件7人），其中，公安机关移送51件70人、本院自侦部门移送13件14人（含退查重报4件4人）。经审查，移送州院审查起诉3件7人，依法向县人民法院提起公诉49件63人，对不符合起诉条件的2件3人分别作出不起诉决定，其中，存疑不起诉1件1人、相对不起诉1件2人。建议公安机关撤案2件2人，退回补充侦查8件9人。在做好审查起诉工作的同时，认真履行法律赋予的职责，依法开展侦查监督和审判监督。

2002年，根据台江县刑事发案呈上升趋势的实际情况，认真贯彻落实全省检察长会议和全省刑事检察工作会议精神，切实按照上级院的工作部署，继续坚持检察工作二十字方针和依法从重从快打击各种刑事犯罪和破坏社会主义市场经济秩序犯罪，严惩贪污贿赂、渎职等职务犯罪，在全面推行主诉检察官办案责任的基础上，按照州检察院下发的《被告人认罪案件简化审理实施办法（试行）》的通知，推行被告人认罪案件简化审理改革，积极与人民法院联系沟通，用简化审理程序审理了一批案件，切实履行公诉检察职能，保证了全年公诉工作顺利进行并有所创新。在审查起诉工作中，结合实际，从案件呈上升趋势这一特征出发，始终把深入开展“严打”整治斗争作为公诉部门的首要政治任务。严格按照“两个基本”和从重从快的“严打”方针，把带黑社会性质的组织犯罪、流氓恶势力犯罪和杀人、爆炸、抢劫、绑架、车匪路霸等暴力犯罪，盗窃、抢夺、拐卖妇女儿童等影响人民生命财产的多发性犯罪为重点，同时对农村突出的影响群众生产生活秩序的偷牛盗马犯罪进行严厉打击，确保社会稳定。全年共受理移送审查起诉案件 91 件 123 人（含退查重报 11 件 14 人）。在所受理的案件中，公安机关 78 件 108 人、本院自侦部门 13 件 15 人。经审查，依法向同级人民法院提起公诉的 77 件 103 人，移送州检察院审查起诉的 2 件 5 人。依法决定作出相对不起诉的 3 件 4 人，存疑不起诉的 3 件 3 人，绝对不起诉的 1 件 1 人，退回补充侦查的 5 件 7 人。在审查起诉工作中，为能做到快审快诉，特别是对重特大恶性案件，做到适时介入公安机关侦查活动。如当年台江县发生的“7・6”新大桥杀人案、“9・3”南庄特大杀人案、板凳寨杀人案等提前介入侦查的 4 起。认真履行职责，依法进行侦查监督和审判监督，年内发现公安机关漏诉的 2 件 3 人，依法提出追诉决定。对同级人民法院判决畸轻的1件1人依法提出抗诉，获得州检察院支持，二审法院改判，从而维护了法律的公正性。

2003 年，受理公安机关移送审查起诉案件 53 件 71 人，受理本院自侦部门移送审查起诉 2 件 4 人，共 55 件 75 人。经审查，移送州检院审查起诉的 2 件 2 人，依法向同级法院提起公诉的 40 件 55 人，作出不起诉处理的 4 件 8 人，因事实不清、证据不足退回补充侦查的 5 件 5 人，因证据不足而又无法取证（补证）、建议侦查部门撤回作其他处理的 4 件 5 人。2004 年，全年共受理移送审查起诉案件64件85人，其中公安机关移送59件79人、本院自侦部门移送5件6人。所受理的案件已全部审结，审结率为 100%。经审查，依法提起公诉的 56 件 80 人（含退查重报 3 件 5 人），移送州检察院审查起诉4件4人，因犯罪情节轻微作不起诉的3件5人，因事实不清、证据不足退回补充侦查 1 件 1 人。所提起公诉的案件，法院均依法作有罪判决，准确率达 100%。2005 年，按照全国、全省检察长会议提出的“规范执法行为，促进执法公正”的要求以及省检察院下发的《贵州检察机关公诉部门实行办案质量预警机制的规定（试行）》对公诉案件各项预警指标实行监控的要求。为使这些指示、要求得到贯彻实施，制定了 2005 年公诉工作计划要点，根据全州刑事检察工作会议精神。在全面开展“保持共产党员先进性教育活动”的推动下，使公诉检察工作有所创新。全年共受理移送审查起诉案件 60 件 94 人（不含退查重报案件），其中，公安机关移送刑事案件 55 件 88 人、本院自侦部门移送 5 件 6 人。经审查，向同级人民法院提起公诉 49 件 77 人，报送上级检察院审查起诉 7 件 12 人，依法作出不起诉的 3 件 3 人，其中因事实不清、证据不足作存疑不起诉的 1 件 1 人。移送侦查部门撤回 1 件 1 人，因犯罪嫌疑人未在案退回的 1 件 1 人。退回补充侦查的 1 件 2 人，依法追诉的 2 人，抗诉的1件1人。2006年，共受理各类审查起诉案件69件106人，其中，公安机关移送刑事案件64件101人、本院自侦部门移送贪贿等案件 5 件 5 人。所受理的案件均已审结，审结率为 100%。经审查，依法提起公诉 64 件 100 人，移送州检院审查 2 件 2 人，公安机关撤回 2 件 3 人，退回公安机关补充侦查 1 件 1 人。所提起公诉的案件法院均作出有罪判决，无一错案，准确率为 100%。2007 年，按照上级业务部门的工作计划要点，努力提高公诉队伍的法律监督能力、检察公诉水平，积极推进执法规范化、队伍专业化和管理科学化建设，充分发挥审查起诉职能作用，为促进台江县和谐稳定社会环境、良好的法制环境做出了积极的贡献。全年共受理审查起诉案件 62 件 80 人，其中公安机关移送 53 件 71 人，本院反贪部门移送 7 件 7 人，反渎部门移送 2 件 2 人。经审查，依法向同级人民法院提起公诉 48 件 64 人，作出绝对不诉的 1 件 1 人，相对不诉 4 件 4 人，存疑不起诉 2 件 3 人，移送其他县检院审查 1 件 1 人，向黔东南州人民检察院移送审查 2 件 5 人，中止审查 1 件 1 人，退回补充侦查 1 件 1 人，重报 2 件。审结率为 100%。

2008 年，以开展“满意在检察院”活动为契机，全面实施“创品牌、争一流”战略，始终坚持严厉打击刑事犯罪，切实维护社会稳定作为首要工作任务，把贯彻严打方针和“宽严相济”的刑事政策紧密结合起来，认真履行审查起诉职责，努力提高侦查、审判监督能力，维护司法公正。全年共受理审查起诉案件70件96人，其中，公安机关移送64件89人、本院自侦部门移送5件6人、重报1件1人。经审查，依法向同级人民法院提起公诉的69件95人，法院均作出有罪判决，审结率和有罪判决率为100%。2010年，按照全州检察机关公诉检察工作计划要点，以开展“刑事审判法律监督”活动为契机，始终坚持“办案质量是检察工作生命线”的总体要求，坚持把打击犯罪，维护国家安全，和创建平安台江，充分发挥指控犯罪职能作用，积极化解社会矛盾，努力维护社会和谐稳定，作为公诉检察工作的首要任务。全年共受理审查起诉案件81件136人，其中，公安机关移送68件122人、本院反贪局移送8件8人、丹寨县院反贪局移送2件3人、镇远县院反贪局移送2件2人、本院反渎局移送1件1人。经审查，报送黔东南州人民检察院审查起诉3件6人，移送施秉县人民检察院审查起诉2件24人，退回公安机关补充侦查2件4人，依法作出不起诉1件1人，向同级人民法院提出公诉61件90人，法院均作出有罪判决，有罪判决率为100%。

第六节 监所检察

1991年，按照驻所检察工作细则的规定，为加强监所管理和安全，全年共对看守所开展大检查46次，给看押人员上法制课3次，基本做到了每月一次定期检查，重大节日必须检查，根据工作需要随时检查。在进行检查中，切实履行法律赋予的职责，对看守所执行各项监管制度的情况，发现问题，及时提出纠正意见和建议，全年先后向看守所和办案部门提出意见和建议23次，使问题得到及时解决，促进了监所的文明管理和依法关押，杜绝了非法关押、混关、混押和随意体罚打骂关押人员等违法现象的发生，保证了监所的安全和各部门办案工作的顺利进行。在做好以上工作的同时，还对25名（上年的8名、当年的17名）“五种人”（缓刑、假释、管制、暂予监外执行人员和社区矫正人员）进行回访考察，对他们的管理、帮教情况及其表现和生活、生产等情况进行全面了解，并针对管理、帮教中存在的问题，及时向有关部门提出意见和建议，使“五种人”的管理、帮教工作得到进一步加强。在回访考察中发现2名保外就医人员已病愈后，建议予以收监，维护了法律判决的严肃性。1992年，积极与公安看守所干警和武警战士密切配合，全年共对在押人员进行教育9次，个别谈话教育24次，有5人写了交代余罪的材料，有11名写了举报材料，16条线索已交有关办案部门查处。同时，还对监所内进行大小检查32次。通过检查，发现问题并对不安全因素提出了纠正意见和建议6次，使问题得到及时解决；对有超时限办案的单位提出检察建议11次。从而促进了监管场所的文明看管和依法关押，督促了政法部门依法办案，保证了监所看管工作的绝对安全和办案工作的顺利进行，充分发挥了驻所检察的职能作用。同时，为了保证司法机关判决、裁定的全面执行，先后对社会上负罪服刑的“五种人”41人（内有缓刑22人、保外就医13人、假释6人）进行全面的回访考察，并做到“五见面、五了解”，为促使监外执行人犯减少犯罪和社会治安综合治理工作的开展，收到较好的社会效果。

1993年，根据全国、全省检察长会议精神强调的“严格执法，强化法律监督，要解决超期羁押”等问题的精神，切实履行职责，认真开展工作，年内共进行大小检查17次，收缴各种危险物品32件，消除各种隐患6起，对超期羁押、混关、混押等各种问题及时依法提出建议11次，使问题得到了及时解决，从而促进了各办案部门文明执法，积极配合看守部门共同对在押人员上法制课8次，开展法律、政策教育116次，在政策的感召下有12名在押人员写了举报案件线索15起，均及时转有关办案单位查办。1994年，依照监所检察工作细则的要求，认真履行检察监督职责，深入到县看守所，积极与公安干警、武警战士紧密配合，开展大检查4次，单独进行安全检查12次，收缴各种危险物品13件，消除各种安全隐患6起。对关押人员教育改造，促使其认罪服法，有针对性地进行法制、政策、前途道德教育97次，找个别人犯谈话教育22次。通过教育和在政策的感召下，在押人员检举揭发案件线索12起，均已转有关办案部门查办。通过开展以上检察工作和认真履行法律监督职责，发现问题及时提出建议，并协助解决，有效地控制和避免了各种事故的发生，监内秩序一直保持稳定状态，从而保证了在押人员刑事诉讼活动的顺利进行。1995年，积极配合公安、法院、武警中队等单位先后进行各种大检查11次，收缴各种危险物品16件，消除各种隐患5起，上法制课16次，个别谈话教育44次。同时还帮助看守所建章立制，严格审查在押人员的收监和消化处理，及时对每一名在押人员都立档建卡、注册登记，做到心中有数，节假日与公安干警、武警战士昼夜值班，逐步形成了驻所检察的经常化、制度化，保证了监所的绝对安全。

1996年，按照驻所检察工作的要求，建立健全驻所检察的各种制度，积极与公安看守所干部和中队武警官兵密切配合，先后对监所进行各种安全大检查13次，收缴各种危险物品18件，消除各种隐患4起，对在押人员上法制课6次，法制宣传教育68次，敦促在押人员写悔罪决心书12份，写检举揭发犯罪线索31起。加强法定羁押期限的监督，对发生在公安环节上超期羁押的1件4人、检察环节（外县羁押在台江县）的1件1人、法院环节的1件1人，共提出口头建议5次，均得到了纠正，有效地缓解了监管场所的压力。1997年，按照上级院机构建设的要求，经县委批复，本院正式成立了监所检察科，监所检察科认真按照监所检察工作细则和巩固检察室达标成果，认真履行职责，进一步建立健全和完善各种制度，积极配合公安、法院、武警中队等单位加强对在押人员进行法制、政策、道德教育和加强对在押人员的管理。全年进行大小检查41次，依法进行对收押、释放、送劳改、提审、会见等实行监督3件，提出检察建议4次，口头提出纠正意见11次。同时，还对“五种人”考察教育24人，占应考察人数的80%。1998年，监所检察工作重点：一是对收押、释放的监督；二是对判决裁定的监督；三是对减刑、保外就医的监督；四是对超期羁押的监督；五是对执行刑罚的监督；六是对其他执法活动的监督。通过以上监督，本院监所检察部门年内纠正应释放而未立即释放的1人，发现超期羁押向人民法院提出纠正意见1次，口头建议3次，向公安机关提出纠正意见2次，口头建议4次，发现看守所监内不安全因素以及2名余刑犯不符合在监号外劳动的依法向其提出纠正意见和建议6次。在考察“五种人”时，发现有脱管和管教不严等问题，向当地派出所以及“五种人”所在的村委会等提出整改和纠正意见9次，并协助其建立、完善了有关监外执行管教措施，促进管教工作的制度化做到有章可行，不断加强监外执行人犯的教育和管理，预防和杜绝“五种人”重新犯罪，维护社会稳定。

1999年，根据最高人民法院、最高人民检察院、公安部联合下发的《关于严格执行刑事诉讼法对犯罪嫌疑人、被告人羁押期限的规定，坚决纠正超期羁押问题的通知》精神，切实认真地履行监所检察职责。结合台江县监管场所实际，对在押人员均逐人立档建卡，注册登记。对每名人员的入监时间、涉嫌犯罪、诉讼环节、开庭、判决刑期等做到心中有数，以便掌握在押人员的各种情况以及思想动态，依法实行监督。年内对监内在押人员上法制课4次，个别谈话教育14次，受教育达100人次。特别是元旦、春节、国庆50周年和澳门回归等重大节日前夕，本院分管领导和监所检察干警会同监管、武警等部门召开安全防范联席会议4次，作安全检查8次，清除各种安全隐患6起，维护了监管场所的绝对安全和保障在押人员的诉讼活动顺利进行，较好地履行了监所检察的职能作用。2000年，对台江县犯罪嫌疑人大多羁押于剑河县看守所的情况，克服了异地关押、监督工作难度大的困难，认真履行职责，对在押人员逐人立档建卡、对册登记，年内发现监管执行场所有违规违法行为，依法进行监督，先后12次提出口头建议并得到了纠正。积极与该看守所干警共同配合，深入监内大检查3次，与监内在押人员作教育谈话21人次，依法向法院提出纠正超期羁押建议5件6人，纠正公安机关超期羁押 3 件 6 人。9 月，由于剑河县看守所监内发生了严重的传染性疾病并已造成 1 名在押人员死亡，另有 12 名在押人员受到感染，情况紧急。对此，全院领导和监所检察科干警立即主动与公安、法院领导联系，一同深入到剑河县看守所现场办公，采取有效措施，凡符合取保候审条件的在押人员当场决定取保，该医治的及时组织人员送到当地医院治疗等，有效遏制了疾病的传染，没有发生在押人员死亡的事故。

2001 年，认真按照州院制定的监所检察目标管理责任制的要求，切实加强对监管场所活动的监督，一是继续对在押人员逐人立档建卡，注册登记；二是严格执行《中华人民共和国刑事诉讼法》规定，依法纠正公安机关违法超期羁押 3 件 5 人（石某、石某故意伤害案，杨某某、文某某盗窃案和欧某某的故意伤害案），向黔东南州中级人民法院作出书面违法超期羁押 5 件 5 人，特别是对欧某某的故意伤害再审案，不仅向州中级人民法院提出书面纠正，还作出 4 次口头电话通知等，致使州中级人民法院超期羁押的 5 件案件均先后得到了纠正；三是加强监内管理和监督。2003 年，深入到看守所监内给在押人员上法制课 3 次，大小检查 6 次，个别谈话教育 33 次；参加看守所联席会议 2 次，配合武警中队战士、看守所干警清监 2 次，针对监内出现的安全隐患等问题先后提出建议 4 次，使存在的问题及时得到解决。对州中级人民法院限期羁押的 3 件 8 人及时地向州检院监所处报告；对黄平县法院寄押在台江县看守所的 1 件 1 人出现超期羁押现象依法发出纠正超期羁押检察建议通知书，使超期羁押现象得到了纠正，维护了犯罪嫌疑人、被告人的合法权益。在做好以上工作的同时，认真对“五种人”进行回访考察，在考察中发现因犯强奸、拐卖罪被判 20 年有期徒刑的案犯王某某保外就医条件已消失而滞留社会多年等，及时向县公安机关发出检察建议，公安机关采纳建议后依法将王庄培收监并送凯里监狱进行劳动改造，收到了很好的执法效果。2003 年“非典”疾病流行期间，根据省、州检察院“关于进一步配合做好监管场所‘非典’防治工作的通知”精神，本院检察长分管副检察长和监所检察科干警从讲政治的高度，多次深入看守所监内检察“非典”疫情的防治工作，做到每周星期三向州检察院汇报“非典”疫情情况，保证互通情报，有事及时处置的要求。由于措施得力，台江县监管场所未受到“非典”的入侵。

2004 年，按照“抓纠超，带全局；抓规范，打基础；抓办案，强监督；抓队伍，促工作，整体推进”的工作方针，根据“两院、两部”（最高人民法院、最高人民检察院、公安部、司法部）《关于减刑、假释、保外就医专项检查活动》的精神，认真开展减刑、假释、保外就医专项检查，制定专项检查实施方案，并成立院专项检查领导小组，对看守所 2004 年 4 月 30 日以前办理的减刑、假释、保外就医（含法院决定暂予监外执行）情况进行逐人逐案检查。通过检查，对有违法减刑、假释、保外就医等，监所检察部门共发出检察建议 5 份。为了防止超期羁押反弹，监所检察部门采取了如下措施：从规范制定及宣传“检务公开”入手，印发最高人民检察院制定的《人民检察院逮捕羁押期限及权利告知书》《延长侦查羁押期限告知书》《重新计算审查起诉期限告知书》《审查起诉期限告知书》和州检院制作“检察机关自侦案件犯罪嫌疑人异地关押登记表”等，发放到本院各职能部门以及公安机关、人民法院，起到了促进公正司法、互相监督和自觉接受监督的作用。年内监所检察部门配合看守所深入监内作安全检查 5 次，给在押人员上法制课 2 次，依法向看守所提出建议 5 次，均得到及时的纠正和改进。认真按照上级院监所检察部门的要求，建立倒查制度和监督信息通报制度。并在看守所监内设立建议、意见、举报箱，接受在押人员及其家属的检举、揭发与监督，确保公、检、法办案单位的公正、文明。

2005 年，本院将刑罚执行监督和执法活动监督作为监所检察工作重点，认真按照公安部、最高人民检察院关于在全国看守所、驻所检察室开展和创建“加强执行监督，加强法律监督，保障刑事诉讼顺利进行，保障在押人员合法权益”活动的要求，积极开展“双加强、双保障”活动，进一步加大监所检察工作力度，结合驻所检察工作实际，建立和健全案件跟踪监督制度，并主动与本院公诉部门、侦查机关和审判机关建立和完善信息交流和案件通报制度。为维护看守所的安全和稳定，消除各种不安全因素，全院驻所检察室干警先后深入监内进行法制宣传和对个别在押人员教育46次，积极配合监管机关清监和安全检查3次，参加监管机关联席会议5次，给在押人员上法制课4次，举办监务公开宣传4期。依法对监管机关作出检察建议2次，给侦查机关发出检察建议1份，被建议的机关均得到被采纳并及时改进和纠正。通过开展以上工作，依法对监管场所活动实行动态管理，适时督促监管机关和提醒办案单位等，年内使办案时限又一次实现了"零超期"羁押，保障了在押人员的合法权益。

2006年，认真贯彻全国、全省检察长会议和全省检察机关监所检察工作会议精神，按照全州检察机关2006年工作计划要点，牢固树立"立检为公，执法为民"思想，深化"强化法律监督，维护公平正义"这一工作主题，以强化执法监督为核心，以办案为先导，以规范化检察室建设为基础，以实现驻所检察创新发展为目标，充分发挥检察监督职能，密切配合监管部门切实做好监管工作，确保看守所安全稳定，无事故发生。全年共驻所244天，特别是在元旦节、春节、元宵节、五一节、国庆节期间坚持驻所，并在每个节日前配合看守所干警、武警战士进行清监，做好防范安全工作，消除各种隐患3起，依法提出检察建议4次。全年共清监16次，其中检察长、分管检察长参加7次。根据上级院监所部门的要求，主动商请公安、法院有关部门的人员参与，对台江县辖区内的缓刑、暂予监外执行（含保外就医）等案犯23名进行彻底摸查，并将摸底考察情况书面报告上级院。为了保障在押人员的合法权益，驻所检察干警进行了逐人调查分析，找有关在押人员谈话了解情况和个别教育46人次，全年共给在押人员上法制课4次。同时定期、不定期地对看守所的食堂及监室的卫生进行检查和清理，突出了人性化特点，不断完善和促进监管场所的文明管理措施。当年检察长、分管检察长深入看守所及驻所检室检查8次，给驻所及看守所提出许多要求和宝贵意见，有效地协调监所检察与监管的关系。为确保监管场所正常运转，全院驻所检察室建立健全和完善了羁押期限告知、期限届满提示制、超期羁押投诉制和责任追究制等，重点对该交付执行而未执行、该收监执行而未收监执行，对减刑、解释、保外就医等问题进行检查，适时督促监管部门提醒办案单位注意办案期限，实现了检察环节无超期羁押，监督公安机关、审判机关纠正和防止超期羁押，杜绝了诉讼活动中超期羁押现象的发生，继续实现了"零超期"成果。

2007年，认真执行全州检察机关监所检察部门2007年工作计划要点，按照最高人民检察院关于《人民检察派驻监管场所新规范化等级标准和评定办法》的要求，进一步抓好、巩固基础工作，提高规范化水平，落实监督措施，切实做好对刑罚执行和监管活动的监督工作，始终以扎实有效地做好创建二级规范化检察室为目标，充分发挥监所检察职能作用。为加强对刑罚执行和监管活动的日常监督工作，保证驻所检察干警每月驻所20天以上，认真填写检察日志，全年共驻所242天，在元旦、春节、"五一"、"十一"假期坚持驻所，全年共配合看守所干警绕监8次，进行安全大检查4次，本院分管检察长到监管场所检查12次，发现安全隐患6起，均发出检察建议，其中有1份建议得到县委、县政府及有关部门的重视，召开专门会议，协调有关部门解决，督促监管场所进行整改，有力地配合看守所做好安全防范，得到州检察院、州公安局的肯定。为了更好地给在押人员教育转化和化解矛盾等工作，全年共给在押人员集体上法治课4次，与在押人员个别谈话教育46人次，参加看守所联席会议7次，促进监管场所依法文明管理发挥了驻所检察职能作用。加强对减刑、假释、暂予监外执行人员情况的监督，当年对看守所提请、呈报的5名罪犯的减刑进行同步监督，对符合减刑条件的3人依照法律规定同意给予减刑，对2人认为不符合减刑条件的，依法提出不同意减刑呈报，确保了法律的严肃性和公正性。在巩固驻所检察三级规范化达标的基础上，积极创造条件地争创二级规范化检察室活动，切实按照《人民检察院派驻监管场所检察室规范化等级标准和评定办法》的要求，结合台江县监管场所和本院驻所的实际，制订相关达标工作计划和实施方案，以及落实措施，争取多方支持与配合，为争创二级规范化检察室打下良好的基础。依法防止和纠正超期羁押，全年共纠正 3 件（其中州法院 1 件、县公安机关 2 件），均及时得到纠正。通过“送案”换押制度的执行落实，坚持执行情况周报制，并提前预警告知等进行加强监督，减少和防止超期羁押的现象发生，保障在押人员诉讼活动的顺利进行。认真做好监外执行罪犯脱管、漏管问题的检察监督。组织干警到各乡镇派出所、协管单位对监外执行罪犯情况进行调查了解，对出现脱管、漏管的违法情况依法提纠正意见，完善了监管措施。

2008 年，以深入学习“社会主义法治理念”和“大学习、大谈论”教育活动为契机，以争创“二级规范化检察室”为主线，认真贯彻全国全省政法工作会议和检察长会议精神，不断加大依法监督力度，积极履行监所检察职能，切实维护监管秩序稳定和在押人员的合法权益，取得了较好的法律、社会效果。继续重点对该交付执行而未执行，该收监执行而未收监执行；对减刑、假释、监外执行等问题进行检查，防止滥用职权的发生。当年县看守所呈报减刑、假释、监外执行 16 人，经审查，对符合减刑、假释和监外执行条件的 12 人同意呈报，对不符合条件的 4 人不同意呈报，并依法向公安机关发出纠正通知书 4 份。坚持抓好羁押期限监督，实行案件诉讼流程跟踪，对在押人员实行案件进程同步跟踪，通过各种诉讼环节的监督，年内无超期羁押现象发生，切实维护了在押人员的合法权益。不断强化安全防范，做到常抓不懈，特别是每个重大节假前，积极配合监管场所进行清监安全大检查，消除各种安全隐患，维护监管场所的安全。全年共进行大检查 8 次，消除安全隐患 6 起。给在押人员上法治课 3 次，与在押人员个别谈话教育 80 余次。通过上述措施，确保了看守所无安全事故，保障了监管秩序的稳定。认真办理发生在监管场所内的职务犯罪案件，做到发现 1 件坚决查办 1 件。当年初查 1 件县看守所干警吴某某职务犯罪案件，因此案达不到立案标准，建议相关部门将涉嫌犯罪的吴某某调离看守所。同时利用这一案件召开监管场所干警会议，进行预防职务犯罪活动 2 次，并将其相关情况上报州检察院。同时积极做好监管场所内外设立“检察信箱”和定期约见在押人员方式，包括控告举报、超期羁押投诉等。建立和落实“检察官接待日”制度，当年共接待被监管人员的亲属 13 余次，对他们反映的情况和提出的要求，按照法律和政策都作了答复。为使全院驻所检察达到二级规范化标准，在院领导的重视和本院有关科室积极支持配合下，加大对软件、硬件基础设施建设力度，确保监所检察室的规范化建设。是年 11 月底，经省、州院的检查验收，全院监所检察室以 108.5 的高分达到“二级规范化驻所检察室”标准，实现了本院监所检察工作质的跨越。

2010 年，在认真贯彻落实全国、全省检察长会议精神，按照全州检察机关监所检察工作计划要点，深入实践“强化法律监督，维护公平正义”的检察工作主题，在巩固“二级规范化检察室”的基础上，以争创“一级规范化检察室”为主线，不断加大依法监督力度，积极履行监所检察职能，切实维护监管秩序稳定和在押人员的合法权益，保证诉讼活动的顺利进行，发挥了职能作用。一是实行事前和同步监督，全面深入在押人员的生活、劳动、学习三大现场，与在押人员谈话教育共 80 余次，了解掌握在押人员的思想动态和改造情况。二是积极配合看守所干警做好管理工作，全年共清监和安全防范大检查 8 次，消除安全隐患 4 起，为在押人员上法治课 4 次。三是积极参加与看守所联合召开联席会议 11 次，分析在押人员的相关情况，做到心中有数，同时视其情况提出检察建议 5 起，促进了监管场所依法文明管理，确保看守所年内无安全事故，保障了监管秩序的稳定。四是坚持打预防职务犯罪并举，注重预防的方针，当年初查监管场所职务犯罪案件 1 件，并将初查结果移送相关部门调查处理，同时运用这一案例，以召开座谈会的形式先后开展预防职务犯罪活动 2 次，监督监管场所完善措施，防止和减少职务犯罪的发生。五是坚持“检察官接待日”制度和检察长到驻所检察室检查工作制度，年内共接待被监管人员的亲属 13 人次，对他们提出的要求及反映的情况，依照政策和法律都作了答复，全年本院检察长和分管检察长亲自到看守所、驻所检察室检查工作共 13 次，并提出宝贵的意见和建议，促进了监管场所与驻所检察工作的密切联系。六是依法对减刑、假释的提请、裁定和监外执行人员的呈报、审批活动情况实行全程同步监督，当年县看守所呈报减刑、假释、监外执行8人，经审查对符合条件的8人同意呈报。七是坚持抓好羁押期限的监督，实行对每一件案件诉讼流程跟踪监督制度，使当年各个诉讼环节实现无超期羁押现象，切实维护了在押人员诉讼活动顺利进行，同时维护了监管场所的安全稳定和法律的正确统一实施和公平正义。

第七节 民事行政检察

1993年9月，共受理案件3件，其中民事2件、经济1件，经调查核实终结1件，正在调查的2件。1994年，共受理民行申诉案件4件，已办结4人，其中息诉2件，确认判决有误向州人民检察院依法提请抗诉2件。1995年，进一步提高民事行政检察工作重要性的认识，努力克服畏难情绪和“等、靠、看”的思想，增强依法开展民事行政检察工作的自觉性。强化法律监督，突出办案，对人民法院确有错误的民事、行政判决，裁定依法提出抗诉，对办理抗诉案件过程中发现的审判人员贪赃枉法、索贿行贿、徇私舞弊的犯罪案件，直接或配合反贪、法纪部门立案查办。坚持“敢抗、会抗、抗准”的办案原则。进一步做好与人民法院的沟通协调工作扩大案源，使其主动自觉地依法接受监督，逐步改善民事行政检察的执法环境。并结合工作实践，不断完善民事行政检察工作的各项具体工作制度和办案制度，使民事行政工作真正趋于规范化、制度化。是年，共受理民事行政案件线索14件，通过调卷了解调查，立案审查3件，向州人民检察院提请抗诉2件，依法作出息诉、疏导工作处理的12件。1996年，按照贵州省人民检察院关于对民事行政检察工作实行目标管理的要求，相应制定了目标考核办法。民行科与其他职能科室一样分别与检察长签订了目标管理责任状，真正落实了民事行政检察科的内设机构单例。同时还把业务骨干或业务能力较强的中青年干部充实到民行检察队伍中，积极创造条件地为民行检察干警的办案，学习培训提供了保障。通过民事行政检察干警的努力和扎实工作，积极办案，取得了超额完成目标的可喜成绩。全年共受理民事、经济、行政申诉案件10件，经过调卷和调查了解，作息诉处理的4件、决定立案审查的6件，年内已全部审结。

1998年，在认真贯彻最高人民检察院提出的“已办理抗诉案件为重点，抓好办案效率、质量、效果三个基本环节的民行检察工作”方针，主要是加大对一审法院判决裁定不服而又多次申诉的民事行政案件的力度，遵照“公开、公正、合法、敢抗、会抗、抗准”的基本原则。是年，共受理一审民事行政申诉案件5件，经调查立案1件，报请州检院已依法提抗，另外的4件均作息诉处理。在办理民事申诉案件的同时，还接待了申诉60多人次，对当事人多次的诉求和不服人民法院正确判决的案件，积极耐心做好服判息诉等工作，从而维护了人民法院的正确判决、裁定的权威。

1999年，按照最高人民检察院《人民检察院民事行政申诉案件公开审查程序试行规则》的精神和黔东南州人民检察院关于推行民事行政主办检察官制度的要求，全院推行了民事行政主办检察官制度，对主办检察官资格的确认以及“责、权、利”相结合的奖惩办法等若干内容予以明确，积极探索有效办理民事行政抗诉案件的工作机制，健全了业务学习培训、案件管理、案件汇报、案件审批等工作制度，进一步增强民行工作干警的责任心和紧迫感，提高工作效率和办案质量。当年共受理各类民事、经济、行政申诉案件5件，经初查发现同级人民法院确有错误判决而决定审查的1件，按照程序提请抗诉并得到黔东南检察院的支持，其他4件均作息诉处理。在做好以上工作的同时，还派人员出席再审法庭2件次，接待来访群众88人次，对他们的来访和诉求，依照法律、政策，结合案情认真进行讲解、疏导并做好息诉工作，发挥了民事行政检察工作的职能作用。

2001年，共受理民事行政申诉案件4件，决定立案审查提请州院抗诉，州检察院抗诉后依法改判1件（行政案件），其他3件经审查后，认为同级法院判决、裁定符合法律规定，认定法律事实清楚，均作息诉处理，维护了人民法院的公正判决。2003年，共受理民事行政申诉案件2件，其中不服一审民事判决1件，不服二审行政判决1件。经审查，依法立案审查1件，并经本院检委讨论后提请州检察院抗诉1件（州院不支抗）。对不服二审行政判决的1件经审查后移送有管辖权的州检察院民事行政检察处办理。

2004年，共受理民事行政申诉案件4件，初查4件。经初查，本院认为一审法院的判决适用法律正确，程序合法，申诉人的申诉理由不充分，均作不立案处理，并书面答复申诉人，同时耐心地给申诉人做好息诉服判工作。2005年，坚持“敢抗、会抗、抗谁”的基本原则，切实按照《人民检察院民事行政抗诉案件办案规则》指导民事行政检察工作，紧紧围绕“强化法律监督，维护公平正义”的主题，积极拓宽民事行政监督渠道，大胆办理刑事附带民事诉讼案件，充分运用再审检察建议开展监督，注重监督实效，各项工作取得了新成绩。是年，共受理不服人民法院生效判决的各类民事行政案件5件，其中，不服一审民事判决的2件、不服二审民事判决的3件。经初查，依法决定立案审查并经本院检委会讨论提请州检察院抗诉的1件（已得到上级院支持抗诉）；申诉人的申诉理由不成立，且一审法院判决正确而作终止审查处理，做好申诉人息诉服判的1件；对不服二审民事判决的3件（均属州院民行处管辖）。本院领导和民行科干警在履行告知申诉人义务的同时，充分听取申诉人的申诉意见，先后深入案发地进行调查和了解，结合案件事实，撰写审查报告移送上级院。在上级院审查得出结论后，还派出干警陪同上级院领导深入到申诉人家中分别进行息诉服判工作，较好地履行了工作职责。

2006年，按照全国、全省检察长会议精神和全州检察机关2006年民事行政工作计划要点，坚持以加大民事行政诉讼法律监督为目标，积极开展工作。全年共受理民事行政案件12件，其中民事案件10件，行政案件2件。经审查决定立案7件，在立案审查的案件中属于二审判决生效的4件，属于一审判决生效的3件。通过调卷审查和补证等，建议州检察院提请省检察院拆诉的3件，决定提请州检察院抗诉的1件，向同级人民法院提出再审检察建议的1件（同级法院已裁定再审），作终止审查的2件。在审查民事行政案件中，对人民法院的正确判决、裁定的，且又适用法律得当的，本院民事行政检察干警严格依法律和政策的有关规定，耐心细致地做好申诉人的息诉服判工作，息诉处理率为100%。2007年，开展以“社会主义法治理念”教育活动为契机，深入实践“强化法律监督，维护公平主义”为主题，认真按照《人民检察院民事行政抗诉案件办案规则》的规定，依法对审判活动和行政诉讼活动实行法律监督，切实维护当事人的合法权益和司法公正。全年共受理各类行政申诉案件15件，其中，不服一审人民法院生效的民事判决10件、行政判决1件、不服二审生效的民事判决4件（州检院转办2件）。经审查决定立案5件，其中一审法院民事判决2件、行政判决1件、二审法院民事判决2件。所立的5件案件已全部审结，建议州检察院提请省检察院提抗的1件，建议县法院再审的1件，终止审查3件。不予立案的10件均作了息诉，全年审结率为100%。2008年，坚持“立检为公，执法为民”的宗旨，不断增强做好民事行政检察的工作责任感和紧迫感，始终把维护人民群众的根本利益作为民事行政检察工作的出发点和落脚点。继续把办理民事行政抗诉案件及查办审判执行人员职务犯罪为工件的主要任务，加强民事行政监督能力建设，加大民事行政检察工作力度，提高民事行政检察队伍的政治业务素质，保障民事行政检察工作持续、有序、健康发展。全年共受理各类民事行政案件16件，其中，不服一审人民法院生效民事判决14件、不服二审人民法院生效民事案件2件。经依法审查决定立案5件（含州院转办2件）。所立的5件案件中，建议县人民法院再审的1件，提请州检院抗诉1件，建议州检院提请省检院抗诉的1件，2件终止审查。同时当年民行科办理2件刑事附带民事诉讼，均已移送本院公诉科随案起诉，办理1件督促起诉案件。另外6件不予立案均作息诉处理，其他2件职务犯罪线索移送本院反渎部门，并积极配合立案侦查。当年在开展民事行政检察工作中主要有两个方面的经验。第一，将息诉工作与首办责任制相结合，为了避免无理缠诉和越级上访，特别是对于立案后不抗诉、不提起抗诉和终止审查的案件当事人，正确运用法律和政策以及事实依据，耐心解答他们的提问和咨询；第二，坚持公开透明的原则，切实做到程序公正、正确疏导，充分保障双方当事人行使宪法和法律赋予的各项民事权利。

2010 年，认真贯彻落实贵州省人民检察院《关于进一步加强民事行政检察工作意见》的要求，以办理抗诉案件为重点，继续抓好查办审判和执行人员职务犯罪案件，创新工作思路，积极探索监督领域，改革工作机制，规范执法行为，切实履行民事行政检察监督职能作用。全年共受理各类民事行政案件 12 件，其中，一审法院判决生效的民事申诉案件 8 件、二审法院判决生效的案件 3 件、行政案件 1 件。依法决定立案 5 件，不立案的 7 件。在所立 5 件案件中，依法提抗获得州检察院支抗的 1 件，终止审查的 4 件。在开展民事行政检察工作中，依法查办审判执行人员职务犯罪 2 件。经初查，1 件属举报失实，1 件因数额小达不到立案标准，并根据受理案件及初查情况，依法向县人民法院及有关部门提出检察建议 3 件，办理民事执行监督 2 件，均被法院及有关单位采纳。同时依法向方召乡人民政府、县金融部门督促起诉 4 件，避免了数十万元国有资产的流失。对立案后不提抗而终止审查的 4 件，认真尽力地做好当事人的息诉工作，有效地维护了社会的稳定。结合新形势下检察工作发展的需要，县人民检察院创办了“阳光检务，共建和谐”工程，在全县 8 个乡（镇）设立联系点，以乡（镇）政法书记为协调领导，以乡（镇）司法所长为联络员，形成了以检察院干警、特约检察员、人民监督员为主力，联络员为“纽带”“脉络”，使检察服务职能辐射到全县 8 个乡（镇）、156 个行政村、县直机关和各企事业单位，积极拓宽法律宣传领域，使广大人民群众在学法、用法的同时，更加注重对法律程序的了解。是年，共接待来访群众 50 多人次。

第三章　法院

第一节　机构

一、内设机构

1991 年年初，县法院内设机构有刑事审判庭、民事审判庭、行政审判庭、经济审判庭、执行庭、办公室、台拱区法庭、台拱镇法庭、施洞区法庭、革东区法庭、南宫区法庭。7 月成立告诉申诉庭。10 月全县撤区并乡建镇后，经县委批准，增设老屯、革一、台盘、排羊、方召 5 个乡（镇）级人民法庭。1992 年 6 月，撤销老屯、革一、排羊、方召、台拱 5 个乡（镇）级人民法庭。12 月，根据省高院文件精神，县法院驻县工商局、县土管局、县水利局 3 个执行室挂牌成立。1993 年 6 月，县法院驻县人民银行、工商银行、农业银行、建设银行 4 个金融法庭挂牌成立。一年后，3 个执行室、4 个金融法庭被撤销。1993 年 6 月成立政工科、纪检组。1994 年 1 月，设立经济纠纷调解中心，同年 9 月，设立司法警察队。1998 年 4 月撤销告诉申诉庭，成立立案庭、审判监督庭、司法警察大队。2001 年 7 月成立执行局，执行局和执行庭是两块牌子、一套人员。2002 年 4 月，撤销台拱、台盘、革东法庭、经济庭，成立民一庭、民二庭、书记官室。2010 年，法院内设机构有办公室、政工科、纪检组、执行局（执行庭）、刑事审判庭、民事一庭、民事二庭、行政审判庭、审判监督庭、立案庭、司法警察大队、书记官室、施洞法庭、南宫法庭。

二、审判委员会

1990 年 3 月，县第十一届人民代表大会第一次会议召开，杨昌明当选人民法院院长，新的审判委员会成立，其成员是杨昌明、田景德、郑泽宏、汪万书、高应兰。1991 年 4 月，田景德调州卫校，审判委员会委员随即被免职。1993 年 3 月上旬，县第十二届人民代表大会第一次会议召开，王成玉当选人民法院院长，审判委员会成员调整为王成玉、王贵、张志成、汪万书、郑泽宏、陆代敏。1996 年 4 月，增补潘年文为审判委员会委员。1998 年 3 月，县第十三届人民代表大会第一次会议召开，谢树林当选人民法院院长，审判委员会成员是谢树林、欧明光、陆代敏、田如祥、张志成、潘年文。2002 年 4 月，增补刘泽智、王彪为审判委员会委员。2003 年 3 月，县第十四届人民代表大会第一次会议召开，谢树林继任人民法院院长，审判委员会沿袭上届审判委员会成员。2006 年 12 月，县第十五届人民代表大会第一次会议召开，谢文英当选人民法院院长，审判委员会成员是谢文英、潘年文、田如祥、饶兴祥、刘泽智、王彪、潘文海、张志成。2007 年 5 月免去王彪审判委员会委员。至 2010 年，审判委员会成员没有变动。

第二节 刑事审判

1991 年，按照全省人民法院院长工作会议和县委、县政法委的统一部署，针对台江县社会治安的突出问题，积极开展反盗窃、破坏通信设备、电力设施、抢劫和拐卖人口等专项斗争，依法及时地审结了一批刑事案件，严惩了一批严重危害社会治安的犯罪分子。是年共审结的刑事案件中，有“七个方面”的严重刑事犯罪案件 16 件，审结 16 件，结案率为 100%。上诉抗诉案 9 件，二审均维持原判，其余被告均服判。在县城发案地和治安问题多的乡、村召开各种规模不等的宣判会 8 次，宣判处理 33 案，51 名罪犯，参加群众达 6 万人次，有力地打击了犯罪分子的嚣张气焰，激发了人民群众同违法犯罪分子作斗争的积极性。

1992 年，贯彻中央、省政法工作会议的部署和要求，继续坚持“严打”的方针，积极开展以反盗窃为重点，打击抢劫和贪污、贿赂、拐卖妇女儿童为目标的专项斗争。是年，共受理各类刑事案 67 件，审结 66 件，结案率为 98.5%。判处 10 年以上有期徒刑的 10 人，判处 5 年以上不满 10 年以下的 16 人，判处 5 年以下有期徒刑的 29 人，判处缓刑的 14 人，判处免予刑事处分的 11 人，判处拘役的 4 人，处理其他（含撤诉、退侦、中止）33 人。从审结案件的性质上看，有“三突出”“二上升”“二危害”的特点。“三突出”即一是盗窃案件突出，即 11 件 17 人，占判刑人数的 20%；二是聚众“打、砸、抢”案件突出，即4件11人，占判刑人数的13%；三是伤害案件突出，即11件19人，占判刑人数的 28.4%。“二上升”即一是经济犯罪案件上升，特别是贪污、偷税、盗伐滥伐林木、诈骗案件；二是拐卖人口案件上升，以 1983—1990 年内拐卖人口案件共 9 件，被拐卖妇女 11 人，而本年就受理 7 件，被拐卖妇女、儿童达 43 人。1993 年，刑事审判共受理刑事案件 58 件 93 人，其中，自诉案件 12 件 17 人。在受理的 58 件 93 人的刑事案件中，已审结 57 件 92 人、未结的 1 件 1 人。在审结期限上，一个月内审结的33件188人，在一个半月内审结的11件16人。超时限审结的2件2人，上诉重发回重审的 1 件 1 人，由于刑事审判庭的全体干警在办案中注重学习，严格把关，认真掌握量刑尺度，在所判处的案件中，既体现了党的“从重从快”打击刑事犯罪分子的方针，又体现了党的实事求是、宽严相济。罪该重判的重判，罪该轻判的轻判，使有罪的人受到惩罚，使无罪的人不受追究的刑事政策。

1994 年，全县共受理各类刑事案件 50 件 110 人，其中，自诉案件 7 件 12 人、公诉案件 43 件 98 人，审结 50 件 110 人，结案率为 100%。判处 15 年以上有期徒刑的 4 人，判处 10 年以上 15 年以下有期徒刑的12人，判处5年以上不满10年有期徒刑的27人，判处5年以下有期徒刑、缓刑的37人，判决免予刑事处分的 2 人，宣告无罪的 2 人。从案件质量来看，上诉二审的 12 件，二审维持原判的 7 件，改判和发回重审的各 1 件，二审未结案的 3 件。

1995 年，共受理各类刑事案件 50 件 78 人，其中，自诉案件 14 件 26 人，审结 50 件 78 人，审结率 100%。

2008 年，全县刑事审判工作是认真贯彻执行宽严相济的刑事政策，最大限度地减少社会对立面，以“打黑除恶”专项斗争为契机，依法打击各类刑事犯罪活动。是年，共受理各类刑事案件 89 件 133 人，审结 89 件 133 人，审结率为 100%。在刑事处罚量刑上，公诉案件 71 件 97 人，自诉案件 1 件 2 人，附带民事案件 17 件 34 人。当庭宣判 54 件，占判决结案的 61%，在审判中认真落实全国刑事审判工作座谈会精神，加强自诉案件和刑事附带民事案件的调解工作，采取多种调解方式，促成当事人达成调解协议，刑事附带民事案件调解率为 82%，兑现率达 90%。认真开展“打黑除恶”工作，积极与公安、检察院搞好协调配合，加强缓刑案件和监外执行案件的回访和摸底排查工作，掌握该类人员的心理动态，有针对性地做好他们的思想工作，最大限度地降低该类人员重新犯罪的可能。

2009 年，全县共受理各类刑事案件 65 件 90 人，其中公诉案件 55 件 77 人，自诉案件 10 件 13 人，在审限内审结 65 件 90 人，审结率 100%。判决 56 件，占 86.15%；当庭宣判 38 件，当庭宣判率为 58.46%；调解 3 件，占 4.6%；撤诉 6 件，占 9.23%。在所结案件中，适用普通程序 22 件，占 33.85%；适用简易程序 43 件，占 66.15%。上诉 4 件，二审维持 4 件，维持率 100%。判处罚金 16 万元，已收罚金 10 万元。

2010 年，全县共受理各类刑事案件 86 件 118 人，审结 86 件 118 人，结案率为 100%，与上年同期相同。在收案中，公诉案件 84 件 116 人，自诉案件 2 件 2 人。在所结案件中，适用普通程序 60 件，适用简易程序 26 件，普通程序中人民陪审员陪审 32 件，陪审率为 53.3%。刑事附带民事案件 17 件，判决 3 件，调解 14 件，调解率为 82.4%，兑现 14 件，兑现率为 100%。上诉案件 7 件，上诉率为 8.1%。

1991—2010 年台江县人民法院刑事案件受理审判一览表

表 7-6

年 度	受理案件数		审理结案数		结案率（%）
	件 数	人 数	件 数	人 数	
1991	51	63	50	61	98.04
1992	67	108	66	107	98.51
1993	58	93	57	92	98.28
1994	50	110	50	110	100.00
1995	49	80	49	80	100.00
1996	51	71	50	70	98.04
1997	30	30	30	30	100.00
1998	48	52	48	52	100.00
1999	54	82	52	82	96.30
2000	62	100	62	100	100.00
2001	70	108	70	108	100.00
2002	86	122	86	122	100.00
2003	63	87	63	87	100.00
2004	65	85	65	85	100.00
2005	58	95	58	95	100.00
2006	67	104	67	104	100.00
2007	56	81	56	81	100.00
2008	89	133	89	133	100.00
2009	65	90	65	90	100.00
2010	86	118	86	118	100.00

第三节 民事审判

1991 年，台江民事案件收案数仍持上升趋势，在新问题增多的情况下，从稳定大局出发，积极稳妥地运用法律武器保护公民、法人的合法权益。制裁民事违法行为。防止矛盾激化、维护安定团结、促进社会主义精神文明建设等方面发挥了应有的积极作用。是年，全县共受理各类民事案件222件，审理221件，结案率为99.5%。从受理的民事案件看，婚姻家庭方面的纠纷案104件，占受理数的46.85%，居民事案件之首；债务纠纷案43件，占受理数的19.37%；赔偿纠纷案11件。人身权、荣誉权等新类型案件较上年有所增加，房屋、财产、山林、土地、继承等方面的案件比上年也略有上升。从结案方式看，调解结案的113件，裁判结案的108件，裁判提起上诉的26件。随着改革开放的不断深入和发展，商品市场不断开放，人民群众参与社会、政治、经济活动的能力不断增加，范围不断扩大，导致民事纠纷案件逐渐增多。1993年，全县共受理各类民事案件233件，已审结229件，结案率为98.28%。从受理的民事案件看，婚姻家庭方面的纠纷案件125件，占受理数的53.6%，居民事案件之首；债务纠纷案件44件，占受理数的18.88%；赔偿纠纷案件26件，占受理数的11.16%。从结案方式看，调解结案的83件，裁判结案的128件，裁判上诉的18件。

1994年，台江县人民法院始终贯彻为维护社会稳定和促进经济发展的指导思想，在认真总结上年民事审判工作经验和存在问题的基础上采取有力措施，将办案任务按各地发案情况，以不同任务基数落实到庭、到人，从而加大了民事审判工作的力度。是年，全县共受理各类民事案件609件，审结591件，结案率97%。从审结案件类型来看，离婚56件、解除非法同居50件、损害赔偿49件、债务纠纷411件、其他案件25件。

2009年，全县共受理各类民事案件414件，其中，婚姻家庭类案件94件、合同纠纷类189件、权属纠纷类131件。在审限内审结的案件412件，占总受理数的99.52%，未结2件，占受理总数的0.48%。在所结案件中，适用普通程序32件、适用简易程序360件、适用督促程序22件。

2010年，全县共受理各类民事案件663件，与上年同期414件相比，增加了249件，增长率为60.14%。审结660件，结案率为99.55%。在所结案件中，适用简易程序审理的案件624件、普通程序审理的案件39件。

1991—2010年台江县人民法院民事案件受理审判一览表

表7-7

年　度	受理案件数	审结数	结案率（%）	年　度	受理案件数	审结数	结案率（%）
1991	242	241	99.59	2001	259	258	99.61
1992	271	267	98.52	2002	286	286	100.00
1993	391	375	95.91	2003	302	299	99.01
1994	924	905	97.94	2004	246	246	100.00
1995	600	586	97.67	2005	176	169	96.02
1996	556	553	99.46	2006	208	203	97.60
1997	543	532	97.97	2007	224	220	98.21
1998	481	478	99.38	2008	260	260	100.00
1999	392	390	99.49	2009	254	251	98.82
2000	305	297	97.38	2010	249	247	99.20

民事审判工作在构建社会主义和谐社会中承担着推进经济发展、保障群众利益、调节经济关系、化解社会矛盾、维护社会和谐稳定等多重职责，发挥着不可替代的重要作用。为此，在民事审判中，紧紧围绕保障社会和谐和服务大局这一目标，进一步强化审判工作的政治效果、社会效果和法律效果的有机统一，做到“调判结合、案结事了、案结事好”。一是妥善审理婚姻家庭和继承纠纷案件，注

重保护老年人、未成年人和妇女儿童的合法权益，引导当事人正确处理婚姻家庭及财产关系，确保社会和谐稳定；二是高效、稳妥地审理权属侵权案件，注重辨法析理，化解矛盾纠纷；三是认真审理合同纠纷及劳动争议案件，依法平等保护各类市场主体的合法权益，维护交易安全，保障平等竞争，有效地维护了社会主义市场经济秩序；四是进一步加大司法调解力度，把“调判结合、调解优先”的司法原则贯穿诉讼全过程，加大了庭前调解及执行力度，明理析法，有效引导当事人依法和解，减少诉讼对抗，节约司法资源，促进社会和谐。

第四节　行政审判

1991 年，全县共受理各类行政案件 22 件，审结 22 件，结案率为 100%。其中，治安案件 4 件，山林权属案件 6 件，土地、宅基、罚款、房屋搬迁案件各 2 件，其他案件 4 件。1992 年始，行政审判是一项新的审判工作。通过行政案件的审理，从而保护公民、法人和其他组织的合法权益，维护和促进行政机关依法行政。1992 年的行政案件处于下降趋势，全年共受理 9 件，审结 9 件，结案率为 100%。其中，申请强拆宅基地案件 4 件，占收案数的 44.44%；不服林政处罚、山林权属、责任田承担、审计决定、行政处罚案件各 1 件，各占收结案的 11.11%。判决 8 件，其中服判 6 件，占判决数的 75%；上诉 2 件，占判决数的 25%；撤诉 1 件。在已审结的案件中，已发生法律效力的 7 件，占审结数的 78%；未生效的 2 件，占审结数的 22%。1993 年，全县共受理行政案件 20 件，审结 19 件，结案率为 95%。其中，不服山林权属处理决定的 4 件，不服林政处罚的 4 件，不服土地处罚决定的 5 件，不服治安处罚的 2 件，要求履行法定职责的 2 件，不服相邻处理决定、不服房屋处理决定的各 1 件，撤诉 1 件。

行政审判庭共有干警 2 人，其中一名干警在夜大学习，在办案力量不足的情况下，副庭长欧文江主动与其他庭室配合，不仅积极办理本庭室管辖的案件，还认真办理民事经济纠纷案件。其中，审理民事纠纷案件 7 件，审结 6 件，审法率为 85.71%；受理经济纠纷案件 44 件，审结 44 件，审结率为 100%。1993 年，行政审判受理各类案件 72 件，审结 70 件，审结率为 97.22%，超 5 倍完成了年初下达的承基数 14 件的任务。

1994 年，行政审判工作是在执法环境和执法条件尚未得到较好改善的情况下开展的审判工作，尽管困难较多，但为了维护法律的尊严和执行党的领导地位，广泛宣传法律，大胆受理各类行政案件。是年，共受理各类行政案件 24 件，审结 22 件，结案率为 91.67%。从受理案件类型来看，治安案件 4 件、林业案件 10 件、土地案件 5 件、税务案件 1 件、其他案件 4 件。从审结方式来看，判决维持 6 件、判决撤诉 3 件、部分维持部分撤诉的 2 件、原告自动撤诉 2 件、被告改变其行政行为后原告撤诉的 2 件、驳回起诉 3 件、不予受理 2 件、其他结案方式的 2 件。通过开展行政审判，有效地维护了行政机关依法行政和保护当事人的合法权益。

1995 年，法院要求行政审判干部进一步解放思想，克服畏难情况，充分认识新形势下行政审判工作的地位和作用，严格执法，既坚持依法保障公民、法人和其他组织的合法权益，又要维护和监督行政机关依法行使职权，依法积极大胆地受理行政案件。全年共受理各类行政案件 14 件（含旧存 1 件），审结 13 件，审结率为 92.86%。其中，山林土地权属纠纷案件 7 件、林政处罚案件 3 件、计划生育案件 1 件、其他案件 3 件。在审结的行政案件中，判决维持 5 件，判决撤销 4 件，部分撤销 3 件，履行法定职责 1 件。通过开展行政审判工作，较好地保护了公民、法人和其他组织的合法权益，维护了行政机关的依法行使职权。

1991—2010年台江县人民法院行政案件受理审判一览表

表7-8

年　度	受理案件数	审结数	结案率（%）	年　度	受理案件数	审结数	结案率（%）
1991	22	22	100.00	2001	8	8	100.00
1992	9	9	100.00	2002	16	16	100.00
1993	20	19	95.00	2003	8	8	100.00
1994	24	22	91.67	2004	3	3	100.00
1995	14	13	92.86	2005	10	10	100.00
1996	13	13	100.00	2006	7	7	100.00
1997	12	12	100.00	2007	3	3	100.00
1998	14	13	92.86	2008	1	1	100.00
1999	10	10	100.00	2009	2	2	100.00
2000	8	8	100.00	2010	2	2	100.00

2009年，共受理行政案件11件，在审限内审结11件，结案率为100%。受理非诉行政执行案件52件，经审查后，裁定准予执行36件，占受理总数的69.23%；裁定准予撤诉16件，占受理总数的30.77%。

2010年，共受理各类行政案件11件，审结11件，结案率为100%，收案数、结案数、结案率均与上年相同。在收结案中，山林土地行政确权案件5件、林业行政管理行政许可3件、土地行政管理行政确认2件、土地行政管理行政许可1件。在结案方式上，判决7件、协调撤诉4件。上诉案件3件，均维持原判。审查非诉行政执行案件30件，已审结30件，其中，计划生育行政管理行政征收24件、公路行政管理行政处罚1件、治安管理处罚1件、工商行政管理处罚4件。裁定准予执行14件，和解撤回申请16件。在审理行政案件时，一是坚持维护与监督并举、支持与制约并重的方针，严格执法，做到既监督行政机关依法行政又保护行政管理相对人的合法权益；二是依法审查行政行为的合法性，依法办案，坚决杜绝“人情案、关系案、金钱案”的发生，发现具体行政行为存在问题的，积极向行政机关提出了司法建议，均得到行政机关的采纳。

第五节　经济审判

1991年，共受理经济案件20件，审结20件，结案率为100%。在审结的经济案件中，劳动争议2件、建筑承包合同5件、借贷案11件、其他2件。解决争议标的金额共25万余元。

1992年，经济审判是稳定经济秩序，保障经济体制改革的顺利进行和促进商品经济发展，依法保护公民、法人合法权益的一项审判工作。一年来，经济庭共受理经济纠纷案38件，审结38件，结案率为100%。从审结方式看，调解26件、判决5件、撤诉3件、支付令1件、驳回起诉2件、不予受理1件。为法人、公民挽回经济损失31万余元。

1993年，经济审判庭共受理经济合同纠纷、借贷合同纠纷案件103件，审结102件，审结率为99.03%。在办理的经济纠纷案件，共为国家、集体和公民个人挽回经济损失31万元。1993年经济审判力量严重不足，全庭只有2名经济审判干警，其中有一名干警一边工作一边在大学学习，全年不足半年的工作时间。在人员少、任务重的情况下，庭长欧光贤树立为社会主义市场经济服务的思想，人员少不是等着看，而是积极想办法与其他兄弟庭室互相配合、互相调剂。案源不足，不是等案上门，而是走出去，深入农村、厂矿、企事业单位，一方面宣传法制，一方面开辟案源。经过艰苦细致地工作，提高了法人和公民的法律意识，使他们懂得了运用法律武器，维护公民合法权益。这样一来，不仅解决了案源不足的问题，而且体现了人民法院运用法律武器，保护合法，制裁违法，使市场经济能够健康、正常的发展。1993 年年初，院党组下达给经济庭的案件承包基数是 24 件，经过经济庭的努力，完成 102 件，超承包基数的 4.25 倍，超额完成了全年任务。

1994 年，加强经济审判工作的力度，是为市场经济提供法律保障和法律服务的关键。在社会主义市场经济条件下，用法律的手段调节各种经济活动和经济关系的重要性越来越突出。县人民法院全体干警在“解放思想、更新观念”的基础上，坚决克服“坐堂办案”“等案上门”的旧思想，积极送法上门，拓宽法律服务领域，在机关、厂矿、企事业单位广辟案源，理顺了多年来难以理顺的债权债务关系，解决了厂矿、企事业单位存在的三角债问题，维护了债权人的合法权益。1994 年，共受理各类经济案件 315 件，审结 314 件，结案率为 99.7%，受理案件数和审结数分别是 1993 年的 3 倍。从审结案件类型看，借款合同纠纷 297 件，占结案数的 94.6%；其他案件 17 件，占结案数的 5.4%。从审结方式来看，调解 292 件，占结案数的 93%；判决 13 件，占结案数的 4.1%；其他结案方式 9 件，占结案数的 2.9%。

1995 年的经济审判工作是人民法院运用法律职能，直接为市场经济提供法律服务的具体体现。所以，要努力发挥经济审判，依法调节经济关系的职能，注意妥善处理涉及生产、经营、流通、分配等领域的各种经济纠纷，依法保护平等的正当竞争，规范经济活动，维护经济秩序，为经济建设提供司法保障和服务。是年，共受理各类经济纠纷案 107 件，审结 105 件，结案率为 98.1%。其中，判决 10 件，占结案数的 9.5%；调解 90 件，占结案数的 85.7%；撤诉 5 件，占结案数的 4.8%。

第四章　司法行政

第一节　普法工作

一、普法领导小组

“一五”普法期间，成立台江县“一五”普法宣传教育工作领导小组，由县委书记张钦庭任组长，副组长刘殿会。办公室人员有主任刘殿会（兼），副主任潘万宁（兼职）、石永双（兼职）。“二五”普法宣传教育工作领导小组组长为县委书记张钦庭兼任，副县长吴如辉任副组长，县委宣传部部长杨文明任副组长，司法局副局长禹子贵任副组长。

1996 年 11 月 20 日，成立台江县普法依法治理工作领导小组。组长由县人大主任杨昌明兼任，副组长张明珍（政法委书记）、张昌宗（副县长）、汤昌镜（宣传部副部长）、杨秀贵（司法局局长），领导小组办公室主任禹子贵（兼）。1998 年 4 月 27 日，调整县普法依法治理工作领导小组成员。组长张建武（县人大主任），副组长周南生（组织部部长）、龙云茂（副县长）、欧阳乾（宣传部部长）、张仁光（司法局局长），郜文福（司法局副局长）兼任领导小组办公室主任。

1998 年 5 月 6 日，台江县“普法宣传教育工作领导小组”更名为“普法依法治理工作领导小组”。组长龙昌海（县委书记），副组长潘亮（县长）。

2001 年 8 月 1 日，调整依法治县领导小组成员。调整后的领导小组组长杨静（县委书记），副组长潘亮（县长）、何平勇（常务副县长），司法局局长张仁光兼领导小组办公室主任，李正刚（司法局副局长）任副主任。

2003 年 8 月 6 日，杨震（司法局局长）兼任办公室主任，副主任由王贵（司法局副局长）、刘龙（县委办主任）、李晓奇（司法局副局长）兼任。

根据贵州省委《关于全省各级普法宣传教育领导小组统一更名为普法依法治理领导小组的通知》，1997 年 1 月 7 日，“台江县普法办公室”更名为“台江县普法依法治理办公室”。2004 年 12 月 31 日，唐毅任普法依法治理办公室主任。

二、普法

为推动“二五”普法工作，1991 年 11 月，县委、县政府选择台盘乡为普法试点乡，并决定抽调县直 16 名干部组成普法试点工作队，工作队队长为刘殿会，副队长杨秀贵。

1992 年，第七届全国人大第五次会议审议通过了我国第一部全面保障妇女权益的基本法律——《中华人民共和国妇女权益保障法》和新修订的《中华人民共和国工会法》。5 月 30 日，县委宣传部、县司法局、妇联、县总工会四家单位组织，在县体育场召开全县各机关、厂矿、学校、企事业单位全体职全体干部、职工计 2000 余人参加的纪念大会，县委常委、县委办公室主任张昌宗代表县四大班子作了纪念讲话，县农牧局妇代会主任陆绍珍、县纺器厂厂长朱江华、县农具厂工会主席姜定文分别就学习贯彻“两法”作了发言，随后举行集会游行，并对游行队伍评定了20个单位获得一、二、三等奖和组织奖。普法工作的核心是对宪法的宣传，全年开展了《中华人民共和国宪法》、中央关于社会治安综合治理的决定、全国人大《关于禁毒的决定》《中华人民共和国妇女权益保障法》以及黔东南州委、州政府《关于禁赌的决定》等法律法规的宣传。1—6月，共开展法制宣传151场次，处理来信来访3件，办法制宣传栏26期。

1994年4月，根据县委《关于在全县开展九十天扫毒大行动工作方案》，县司法局、监察局、统计局、林业局共同组成工作组对排羊乡进行扫毒工作，开展禁毒普法宣传。工作组深入各村寨，共散发禁毒宣传单500份，召开宣传动员会3次，营造了较大的禁毒宣传声势。

1996年下半年，县政府成立了以政法系统、卫生、教育等部门主要领导组成的整治学校社会治安领导小组，对县民中、职中以及9个乡镇中学、完小的社会治安进行了全面综合治理。同时对老屯乡报效小学周边村寨部分青年扰乱学校的突出问题进行了为期10天的整治工作，帮助学校建章立制，成立了12人的护校队。1997年11月，县委、县政府根据台盘乡龙井村群众抵抗公路改道的治安刑事复杂问题，组织了以政法系统为主力，抽调十多个有关单位和部门的人员组成整治工作组在龙井村进行为期1个月的蹲点整治和法治宣传教育工作。在整治的同时，大力开展法制宣传教育活动，采取深入组织召开村组干部、村委会、村支部、村八大组织、村民群众等会议组织村民群众学法，印发法律学习资料入户，在村内以张贴标语、播放录音广播等形式进行法制宣传教育。通过大力开展法制宣传教育，大大提高了龙井村广大村民群众的法制意识，确保了龙井国道路段的顺利开通。

1998年，台江县继续抓好领导干部为重点的普法用法工作，开展了副县级以上领导干部考试。并举行了92名副科级以上领导干部的普法学习，请邀请了州普法办主任陈代清讲课。6月，县组织部、人事局、司法局联合行文，把干部职工参加“三五”普法法考试作为干部年终考核的重要内容之一。7月，全县共有76家单位3308人参加了普法考试。为抓好干部学法用法，县司法局邀请州司法局宣教科科长陈代清对全县60名副科级以上领导授课，陈代清从“一种方略、两个基础、三大工程、四条意义、五项要求”讲授了依法治国的理论与实践问题，提高了领导干部依法治理的工作理念。县普法办公室把工商局、县地税局、台拱民中、台拱镇4个单位作为普法依法治理试点单位，并派专人进行指导和监督，重点以治为主，抓村寨治理、抓部门治理、抓行业治理，推动依法治局、依法治镇、依法治校。县司法局汇编530册《中华人民共和国刑事诉讼法》等十四法、三条例的《常用法律汇编》送到县、乡镇和各村民委员会，并使全县每村村主任人手一册。11月，全县举行干部职工普法学法考试，共有76个单位3332人参加考试，其中副科级以上干部233人、股级以上干部和职工3099人，干部参考率99.8%

1999年，“6·28”天然林盗伐事件发生后，县委、县人民政府领导高度重视，台江县及时举办了以《中华人民共和国森林法》(以下简称《森林法》)为主的领导干部法律培训班，对全县股级以上领导干部进行了轮训。同时，按照县委的要求，组织了由副县级以上领导干部任组长，各有关部门的人员为成员的9个法制宣传工作组，分别深入到全县9个乡镇展开法制宣传教育工作。工作组下乡后，组织乡镇领导干部认真学习以《森林法》为主的各种法律法规和中央、省、州关于保护森林资源的有关文件精神。在此期间，县林业局、县司法局、县依法治理办公室联合编印了以《森林法》为主要内容的法律法规学习、宣传资料30000册发放到各个农户手中。通过加大宣传教育力度，大大提高了全县公民的法律意识，有力推动了台江县依法治林工作。10月，施洞镇实现了村村通“地波”电话，镇司法所利用这一契机，每周利用“地波”电话进行两次法制宣传，起到了较好的宣传效果。

2000年2月，为提高全民保护生态环境意识，加强依法治林，县林业局成立了林业法律法规法规学习、宣传、贯彻领导小组，共投入资金1.8万元，印发法律资料40000份，并在3月15日组织500

多人参加大型游行宣传活动，组织宣传小组到8个乡镇巡回宣传。3月，在《中华人民共和国森林法实施条例》（以下简称《实施条例》）颁布后，县林业局举行大型宣传活动，翻印了30000份《实施条例》发到各村寨，发放《林业法律法规常识咨询问答》宣传资料10000份，制作彩车并组织500人的巡回城关游行，利用赶场日，设立咨询服务台、播放录音到全县9个乡镇开展宣传活动。5月，县计生局把计划生育知识翻译成苗文，并制作录像带20盒、录音带200盒，分发到9个乡（镇）和192个村（居）。

2001年10月，为提高领导干部依法行政、依法决策的能力，县人大常委会举办了领导干部法制讲座，8名县级干部和16名科局级干部和9名乡镇人大主席参加了法制讲座。讲座上学习了《贵州公路路政管理条例》等法律法规。2002年2月，县委办公室、县人民政府办公室联合制定了《关于开展“送法进万家”活动工作方案》，并成立了由时任县委副书记吴治国任组长，县委常委、县人民政府副县长姜庭桂，县人大副主任杨秀元，县政协副主席万雷为副组长，政府系统各部门主要领导为成员的“送法进万家”活动工作领导小组。活动方案以台党办发〔2002〕21号文件下发后，各有关部门认真组织人员组成工作组，在城关、深入到各乡镇、各村寨利用群众赶集日、“12·4”法制宣传日等有利契机，采取法律咨询、送法进农户、法律讲座、法律援助等方式大力开展“送法进万家”活动。在全县范围内做到家喻户晓、人人皆知。

2004年2月，结合“四五”普法规划，县司法局开展“法律进社区”活动，重点对台拱镇秀眉社区、文昌社区、萃文社区3个社区，开展以提高公民法律素质、推进依法治理、促进社会文明为主题的送法进社区，进行法律培训和法制宣传活动，逐步延伸到全县各个乡镇及村寨。4月，县委组织部、民政局、司法局作出了关于进一步加强农村基层民主法制建设的安排，并明确了台拱镇排汪村为“民主法制示范村”。截至年底，台江县共确定“民主法制示范村”17个，其中县机关1个、乡镇村16个。是年，县政府法制办组织举办了4期台江县机关公务员《行政许可法》法制讲座。

2009年3月，为深入贯彻实施县委、县政府《关于台江县开展法制宣传教育和依法治县工作的第五个五年规划》和县人大常委会《关于加强法制宣传教育的决议》，根据中央宣传部、司法部、全国普法办《关于开展“法律六进”活动的通知》和黔东南州《“法律八进”活动实施方案》、县《“法律八进”活动实施方案的通知》精神结合，特制定2009年开展法律进机关、进乡村、进社区、进学校、进企业、进单位、进班子、进家庭活动（以下简称“法律八进”活动）实施方案，要求各乡镇和各部门要进一步加强对普法依法治理工作的组织领导，要根据人员变动的情况及时调整和充实依法治乡镇领导小组，坚持和完善党委领导、人大监督、政府实施、政协支持、各部门配合、全社会共同参与的普法依法治理领导体制和工作机制，切实发挥各级普法依法治乡镇领导小组和成员单位的作用，调动全社会的力量参与普法工作，努力营造大普法的格局。在开展“法律八进”活动中，各乡镇、各部门要深入开展形式多样、富有实效的“法律八进”活动。要通过制度建设，使“法律八进”活动责任化、经常化。要根据不同行业、不同地域、不同对象和不同时间段的情况采取不同方式和方法，有针对性地开展宣传工作。是年，全县共举办法治讲座2期、法律培训85期次。开展法律咨询活动35场次，上青少年法治教育课65堂次，举办法治文艺演出5场，利用电视栏目宣传法治25场次，办法治宣传栏80余期，举办法治教育图展活动60场次。开展送法下乡、送法进村入户活动80余场次，送法进社区活动3次，送法进校25场次，送法进机关、进单位、进班子30次。举办法治知识竞赛4场次，举办干部普法统一考试和其他法律考试4期，订购干部普法学习资料3400余册，编印法治宣传资料50000余份，制作各种法治宣传物品5000份，创建法治示范点20个，开展专项治理活动5期。实行聘请法律顾问169个单（包括村）。法治宣传受教育人数约达15万人次。

2010年，台江的“五五”普法依法治理工作，全县共成立普法依法治理领导机构247个，建立普法骨干队伍169个，创建“法治”示范单位86个，开展执法大检查活动6次、普法依法治理工作大检查6次，举办领导干部法治讲座15期、各种法律培训2028期、各种法律考试23期，开展各种法律咨询活动532场次、法治图展215场次、法治文艺演出51场次、法律知识竞赛活动46场次，利用电视报道宣传法治225次，采取游行宣传法治15场次，制作标语6800条，举办法治宣传栏660期，开展青少年法治教育课288堂，开展“法律八进”活动812次，订购各种普法书籍53930册、其他法律资料74500份，编印有关法律书籍16000册、其他法律宣传资料140000余份；开展依法治理活动15项、专项整治活动35期。共投入经费150余万元。

第二节 人民调解

1992—2003年，人民调解组织共201个，其中乡镇街道调委会9个，村、居委会192个，调解人员778人。2004—2010年，人民调解组织共171个，其中乡镇街道调委会9个，村、居委会159个，社区3个，调解人员670人。1990—2007年，共排查民间纠纷6655件，调处6589件，成功6390件，调解率达99%，成功率达96%。

为进一步加强各乡（镇）调解组织队伍建设，优化调解队伍，提高调解人员的依法调解水平，各乡镇采取不同的形式对调解人员进行业务培训。全县共培训330余场次，共24720余人参加了培训。在矛盾纠纷排查调解过程中，始终坚持“以防为主，调防结合”的工作方针，配合有关部门进行社会治安综合治理，筑成防止民间纠纷激化的第一道防线。

1991年10月，黔东南州司法局拨给县司法局部分调解业务经费2000元，下拨到9个乡（镇）司法所，补助人民调解人员业务培训。

1993年9月，南宫乡举行为期2天的乡治保、调解主任培训会，参加会议45人，会上培训了《人民调解组织条例》《民间纠纷调处办法》，并具体讲解了治保、调解、综治、消防、普法、帮教工作。

1998年3月，台盘乡大寨村和排内村就“桐留补”山地权属发生纠纷，大寨村发现排内村在自己的山地内植树造林，并派人进行干涉阻止，为此双方发生矛盾。为防止事态扩大，县司法局组织以副局长部文福为队长的工作组，在台盘乡政府的配合下，深入两村进行森林法、刑法、民法等法律宣传，对双方矛盾进行调处，通过说服教育，平息了双方矛盾。

1999年5月，施洞镇井洞坳村张某病故，其责任田被集体收回重新发包给本村其他村民，张某之女不服，向施洞司法所申请调解，镇司法所通过调查了解，张某系有女无男户，召开村集体干部与当事人调解会议，通过用法律说服教育，该村集体主动退回了责任田，成功化解了责任田纠纷矛盾。

2000年3月，为做好民间纠纷调解，彻底消除农村不安定因素，台拱镇组织村（居委会）干部对全镇未处理和调处未果的民间纠纷按照纠纷类别进行了全面调查和统计，有的放矢地将民间纠纷消除在萌芽状态之中。同年，针对南宫乡、革东镇在实施“农村电网改造工程”存在的农村群众热点问题，两乡镇大力开展法律宣传和调解，耐心细致做好群众动员工作，解除群众的思想疙瘩，使电网改造工作按期完成。

2004年，台江县春季共排查民间纠纷219起，调处214起，调处成功188起，其中山林纠纷27起，赔偿纠纷15起，婚姻纠纷50起。为搞好纠纷调解，8个乡镇司法所对村级调解员进行了培训，同时方召乡对乡各办、站、所人员负责人进行了调解知识培训。台拱镇、施洞镇还召开调解工作专题研讨会。9月，施洞司法所针对当地农村民间纠纷增多的情况，组织全镇21个村居共62名调解员开展培训，培训了民间纠纷调解流程、调解书的制作以及相关法律法规。

2007年，台江县共有8个乡（镇）、156个行政村、3个社区，人口约15万人。建立各类人民调解组织168个，其中，村调解委员会156个、乡镇调解委员会8个、社区调解委员会3个、其他调解组织 1 个，有调解人员 825 名。2007—2009 年，共排查纠纷 696 起，其中，山林纠纷 153 起、婚姻纠纷 59 起、土地纠纷 93 起、邻里纠纷 110 起、水利纠纷 43 起、宅基地纠纷 82 起、财产纠纷 24 起、抚养赡养纠纷 10 起、口角纠纷 54 起、合同纠纷 30 起、赔偿纠纷 16 起、劳动纠纷 14 起、其他纠纷 8 起。调处 696 起，调解成功 687 起，成功率 98.7%。通过对上述案件特别是绝大多数案件的成功调解，大量减轻了行政机关和司法机关的工作压力，有力维护了台江县的社会稳定与和谐，为促进经济社会健康快速发展奠定了良好的基础。

2010 年，全县共建立各类人民调解组织 169 个，其中村居调解委员会 157 个、乡镇街道调委会 9 个、区域性行业性调委会 3 个。有调解人员 830 人，其中高中以上文化程度 312 人。近三年来，全县各类调解组织共调处各类民间纠纷 611 件，成功调处 602 件，成功率达 98.5%。防止化解激化事件 11 件，防止群体性械斗 14 起，防止群体性上访事件 5 件。830 名调解人员中，初中以下文化 518 人，占 62.4%。

1991—2007 年人民调解情况一览表

表 7-9　　单位：件

年　份	调解纠纷数	调解成功	其　中					
			婚姻纠纷	继承纠纷	赡养纠纷	房屋宅基地纠纷	邻里纠纷	其他
1991	516	506	106	10	5	84	126	175
1992	562	540	82	7	4	65	145	237
1993	421	405	90	10	12	91	106	96
1994	460	442	112	8	10	72	97	143
1995	373	359	72	10	8	65	114	90
1996	506	476	81	31	26	72	140	126
1997	203	199	36	10	4	32	85	32
1998	805	792	164	102	30	141	185	170
1999	593	551	59	34	27	64	59	308
2000	642	613	71	12	8	86	130	306
2001	385	358	56	8	10	72	116	96
2002	438	405	72	11	11	69	127	115
2003	404	362	32	7	9	42	91	181
2004	409	386	123	21	10	57	53	122
2005	232	226	10	14	21	4	5	172
2006	170	162	8	15	10	9	11	109
2007	90	88	10	—	3	3	25	47

第三节　律师工作

根据司法部“关于对律师队伍和律师管理工作整顿”的决定，县司法局加强对律师整顿工作，结合县局执法大检查，律师围绕职业道德和工作作风问题作自查，并邀请公安、人民法院、人民检察院和政法委领导参加，对律师工作提出意见和建议，同时发动全局职工检举揭发律师的违法违纪行为。在整顿工作中，制定了《台江县法律顾问处工作管理制度》《台江县法律顾问律师办案出差费用以及提供法律服务过程中所需费用的暂行规定》。

1991 年 4 月 2 日，台江县法律顾问处正式更名为台江县律师事务所。1998 年改为振法律师事务所。截至 2010 年，先后有禹子贵、徐德江、王成玉、龙山、郜俊、杨桃花、张德忠 7 人取得律师资格。

2004 年 4 月，台江县律师事务所开展律师队伍集中教育整顿工作，整顿工作分为学习动员、自查自纠、集中查处、建章立制、整改验收 5 个阶段。在这次教育整顿中，共向社会发放 200 余份征求意见表。同年 7 月，召开了公、检、法等部门参加的座谈会，广泛听取对台江县律师的工作意见和建议。没有发现律师事务所和律师违法执业和被投诉情况，增强了律师的职业道德和执业纪律。

2010 年，办理各类案件 48 件，其中刑事辩护和代理 13 件、民事案件 25 件、非诉讼案件 3 件、行政案件 4 件、法律援助案件 3 件，担任法律顾问 5 家，解答法律咨询 258 人次，参加县委、县政府信访接待 11 次，参加法律宣传 2 场次，简报 5 期，调研 2 篇，发放服务卡 38 张，收入 3 万元，为当事人挽回和避免经济损失 56 万元。

律师事务所历年办案情况一览表

表 7-10

年 份	办 案（件）				担任法律顾问（家）	法律代书（份）	法律咨询（人次）	收费（元）
	总 数	刑 事	民事经济行政	非诉讼案件				
1991	38	14	22	2	3	53	320	9800
1992	39	19	20	—	3	4	300	10000
1993	51	12	34	5	3	—	240	9000
1994	64	20	34	10	3	—	260	9000
1995	48	14	30	4	3	—	280	9000
1996	106	29	67	10	3	35	400	9800
1997	64	20	36	8	3	36	320	10000
1998	93	27	56	10	5	64	300	15000
1999	83	20	58	5	7	65	500	16000
2000	71	25	41	5	6	50	510	16000
2001	66	26	34	6	5	37	530	14800
2002	73	31	42	—	5	36	550	12000
2003	84	20	61	3	4	40	480	12000
2004	67	16	50	1	5	25	600	11300
2005	35	5	28	2	5	28	700	11600
2006	24	8	15	1	6	15	800	12100
2007	12	5	7	—	4	14	300	8000

第四节　公证工作

1991 年，县公证处按照司法部《关于公证人员清廉服务若干规定》开展执法执纪检查，公证处

3 名人员结合自己的工作对照检查，主要纠正片面追求经济效益和一切向钱看的错误行为，树立讲文明、有礼貌、守纪律、拒腐蚀、有道德的风尚，办证实行“两公开”，不办理“关系证”“人情证”。并要求县局干部和当事人对公证工作发现的问题进行揭发，帮助公证人员做好清廉服务。

1992 年 4 月，为纪念《公证暂行条例》颁布十周年，提高群众公证意识和法律意识，县司法局用汉语、苗语对《公证暂行条例》进行宣传，并印发宣传提纲 400 份，同时还宣传了《中华人民共和国收养法》和黔东南州人民政府《关于严禁干部职工赌博的决定》。

1994 年 5 月，县司法局制定《关于律师所公证处内部激励机制试行办法》，对律师所、公证处实行统收统支，按 40% 提交司法局，留成部分由律师所、公证处按照规定具体确定基本建设基金、业务发展基金、福利基金和奖励基金。

1998 年 5 月，经县人民政府同意，县公证处对全县农村家庭联产户对集体土地承包签订的农业生产承包经营合同实行公证，发包方和承包方就承包合同的内容达成一致，报公证机关进行公证后，承包合同才发生效力，以保证对农业承包经营合同证明合同的统一性，防止农业行政主管部门和乡镇政府分散鉴证而产生的证明不统一、不便于管理和监督现象。10 月，县公证处对台江县发行 120 万元的福利彩票进行了现场公证，保证福利彩票发行的真实性和合法性。

1999 年 5 月，为进一步推动计划生育“不再生育合同”公证工作的开展，县公证处在县计生局设立了公证联络员，并对联络员进行了相关业务培训，对县计生局公证联络员办理的“不再生育合同”公证每批量办理 100 件后，必须交由县公证处进行审核、归档。推行这一项规定，增强了计生合同公证工作力度，仅 5 月 21 日至 27 日就办理了 10 件计生合同公证。10 月 1 日，《中华人民共和国合同法》（以下简称《合同法》）开始施行，台江县公证处开始运用新的《合同法》审查合同，纠正合同借款条款，保证合同的合法性。10 月 26 日，县公证处受理台拱镇张家村张某申请办理的租赁合同事项时，发现该合同租赁期限为 30 年，超过了《合同法》规定的租赁期限，通过法律宣传，说服当事人对合同进行了变更。为把计划生育纳入法律管理轨道，县委、县政府决定开展计生合同公证试点，并逐步铺开。县公证处在县计生局的配合下，在全县开展计划生育合同公证。1999 年共办理计生合同公证 90 件，2000 年共办理计生合同公证 354 件，2001 年共办理计生合同公证 70 件。

2000 年 7 月 1 日，开始对保全证据等三类公证书实行要素式格式公证。要求公证书格式的范围暂定为在国内使用的保全证据、现场监督、合同（协议）三类公证书。公证处及公证员不得随意扩大要素式公证书格式的适用范围。为搞好试行工作，分为学习、试点和推广 3 个阶段。在学习的基础上提高法律、公证业务、语文和文书写作水平。参与试点的公证员应为三级以上或有大学学历的四级公证员，要具有丰富的公证实践经验、较高的文字表达水平和良好的办证质量，并经省级以上组织的要素式公证书格式培训合格。2000 年年底，台江县人民政府决定招标投建台江县宁波大道路段后，因牵涉搬迁 100 多户居民，且属台江县首次大面积拆迁，公证人员运用法律进行的宣传动员工作，于 2001 年 3 月 9 日至 10 日全部签订了《拆迁补偿安置协议》，并进行了公证。所涉及的 100 多户被拆迁居民，没有一户进入诉讼程序，被拆迁居民各自拿着公证书领取补偿费，接受了安置，并按协议规定履行了拆迁义务。

2004 年 5 月，州司法局公证律师管理股对县公证处档案进行检查，没有发现违规现象，所办理公证事项真实、合法，但对办证中谈话笔录和借款合同的证言格式提出了改进意见。

2005 年 3—9 月，台江县依据公证员职业道德基本准则，开展公证队伍教育规范树形象活动。活动内容为忠于事实忠于法律、爱岗敬业规范服务、加强修养提高素质、清正廉洁同业互助，此次活动提高了全体公证人员的职业道德和公证的公信力。

2010 年，公证处共办理各类公证事项 331 件，终止 2 件，拒绝 51 件，办结出证 278 件，收取公证费 2 万余元，经济事项涉及标的 300 万元，提出司法建议 4 件，被采纳 4 件，接待来访 82 人次，为当事人拟定法律文书 78 件。

1991—2006 年公证案件情况一览表

表 7-11 单位：件

年 份	办理公证件数	出 证		年 份	办理公证件数	出 证	
		民事事项公证	经济事项公证			民事事项公证	经济事项公证
1991	203	32	171	1999	413	106	307
1992	156	28	128	2000	401	150	251
1993	261	34	227	2001	1025	722	303
1994	200	29	171	2002	525	181	344
1995	245	31	214	2003	456	78	378
1996	367	56	311	2004	526	94	432
1997	529	30	499	2005	386	31	355
1998	556	93	463	2006	754	13	741

第五节 刑释解教工作

1999 年，台江县成立刑释解教安置领导小组，领导小组下设办公室，称之刑释解教股，副科级编制，办公室设在司法局，由司法局领导开展帮教工作。刑释解教安置帮教工作是党委、政府的一项重要工作。刑释解教人员安置帮教工作对象是刑满释放五年或解除劳动教养三年之内的所有人员。安置帮教工作是维护社会稳定的一项基础性措施。组织制度由县政法委副书记，综治办主任为组长，司法局局长为副组长，县委宣传部、公安、检察院、法院、劳动、工商、教育、妇联、共青团等部门负责人为成员的县刑释解教人员安置帮教工作领导（协调）小组，具体负责全县刑释解教人员的安置帮教工作，办公室设在司法局。乡（镇）要成立以党政主官为组长，分管社会治安综合治理的领导为副组长，综治办、派出所、司法所、民政、妇联、工商所主要负责人为成员的安置帮教工作领导小组，并设立刑释解教人员安置帮教工作站，由乡镇综治办具体负责对刑释解教人员的安置、帮教工作。村（居）也同步成立安置帮教工作领导小组，由村两委主要负责人任组长，抓好本辖区刑释解教人员安置帮教的落实工作。在村（居）要建立由党员、村（组）干部和刑释解教人员家庭成员组成的“三帮一”帮教小组，做到“两定一包”（定对象、定责任、包转化）和“四有”（有帮教人员、有帮教措施、有帮教协议、有检查落实）。把安置帮教工作作为社会治安综合治理的一项重要内容纳入乡镇的综合检查、评比之中。衔接工作制度。县安置帮教工作办公室收到《刑满释放人员通知书》和《解除劳动教养人员通知书》后，应当在一周内通知刑释解教人员原户籍所在地乡镇安置帮教工作站。乡镇安置帮教工作站接到通知后，应当在三日内通知刑释解教人员所在村（居）委会安置帮教小组及刑释解教人员家属。对监所部门派人送回住地的刑释解教人员，帮教人员应主动与公安派出所联系，尽快掌握情况，有针对性地采取联防联帮措施。对有重新犯罪可能的，监所部门通知并派人送回的刑释解教人员应作为重点帮教对象予以登记。协助和督促刑释解教人员在一周内到原户籍所在地办理入户手续。刑释解教人员“回归”后不到公安派出所报到入户，时间超过二十日的，应在耐心动员的同时，必须向户籍所在地上级公安机关和同级安置帮教工作领导小组办公室报告。对见档不见人的刑释解教人员，安置帮教工作站应协助公安派出所及其家属全力进行查找，督促其返乡进行登记，并落实相应帮教措施。

2004 年，县人民政府县长潘亮任台江县刑释解教人员安置帮教工作领导小组组长，何平勇（县委副书记）、姜庭桂（县委常委、常务副县长）、李安国（县委常委、政法委书记、公安局局长）、高开祥（县人武部部长）等任副组长。

2007年，全县刑释解教人员共254人，其中刑满释放人员224人、刑释解教30人。

2009年，为进一步加强社区矫正管理工作和安置帮教工作的领导，台江县全面调整了领导机构人员，机构人员由县党政机关主要领导和法院、检院、公安、司法、财政、民政、劳动和社会保障等具有管理、教育、安置、扶助、求济等职能部门的有关负责人组成，同时建立了由基层司法所、社会事务办、财政所、社会志愿者、退休干部和社区聘用等人员组成的社区矫正管理和安置帮教工作队伍及信息员。县政府出台了《台江县全面试行社区矫正工作实施意见》（台府办发〔2011〕180号文件），并创建刑释解教人员和社区矫正对象法律培训阵地，县刑释解教人员和社区矫正对象法律培训中心基地正在由本局实施创建。制定了社区矫正管理和安置帮教工作流程，作了定位管理，明确了职责。建立了接收、管理、教育、考核奖惩、社会保障、档案管理、监护、矫正、解除、安置帮教等制度。2009年以来，全局积极与公安、法院、监狱、看守所搞好对接工作，对刑释解教人员和社区矫正对象及时造册建档登记、及时家访和帮教，做到无缝对接，抓好各方面的落实。2009年3月，台江县落实了1万元的社区矫正工作经费。至5月，台江司法局先后3次到凯里、贵定监狱接收刑满释放人员3人，积极搞好释放、安置、帮教衔接工作。7月11日举行了社区矫正工作启动仪式。县刑释解教人员和社区矫正对象法律培训中心正在创建中。社区矫正管理工作已初步形成司法行政部门牵头组织、相关部门协调配合、司法所具体实施、社会力量广泛参与的工作流程。年末，全县3个社区和8个乡镇共有刑释解教人员45人，45人的生活都有着落，劳动都有场地；共有矫正对象52人，全部列入社区矫正管理范围。通过扎实开展工作社区矫正和刑释解教工作，矫正对象和刑释解教人员无一脱管漏管和重新犯罪。在安置帮教工作中，各乡镇相继成立了安置帮教工作领导小组和工作接待站。对刑释解教人员进行造册登记，并明确帮教对象，制定帮教措施。同时，加强对安置帮教人员进行业务培训。

2010年，刑释解教工作进行整合社会力量，齐抓共管帮教安置工作。动员全社会关心、关注刑释解教人员的工作和生活。落实帮教组织，有针对性地和看守所实行帮教对接，开展延伸帮教。充分发挥成员单位作用，动员和组织社会力量参与安置工作。采取成员单位帮扶乡镇，乡镇帮扶村居，村居挂钩户的办法，分解安置帮教任务，并积极帮助刑释解教人员解决一个到两个实际困难；积极探索社区矫正的方式方法，加强与法院、检察院、公安等部门沟通协调，共同研究制定适合台江的社区矫正工作办法。是年，全县建立各级帮教组织161个，帮教工作人员410余名。一年来，共回归刑释解教人员31人，登记31人，安置31人，安置率达100%。

第六节　法律援助

2001年，全县共接受民事案件援助申请5件，受理5件，办结案5件。接受刑事案件法院指定辩护1件，审结1件，刑事辩护申请1件，受理承办1件。2002年，全县共接受民事案件援助申请8件，受理7件，办结案7件。接受刑事案件法院指定辩护1件，审结1件，刑事辩护申请2件，受理承办2件。2003年，全县共接受民事案件援助申请6件，受理5件，办结案5件。接受刑事案件法院指定辩护2件，审结2件，刑事辩护申请1件，受理承办1件，公证援助申请42件，受理37件。开展法律宣传活动12场次，共散发《贵州省法律援助条件》及其他部门宣传资料3000余份，接受群众咨询400多人次。

2004年，全县共接受民事案件申请7件，受理5件，均结案件。办理刑事案件6件，其中，接受刑事案件法院指定辩护3件、审结3件。刑事辩护申请4件，受理承办3件，办结2件，行政案件

1件，非诉讼案件1件。开展法律宣传活动4场次，共散发国务院《法律援助条例》《贵州省法律援助条例》及其他部门法宣传资料3000余份，接受群众咨询200多人次。2005年，全县共接受民事案件申请25件，受理20件，均已结案。开展法制宣传活动8场次，共散发国务院《法律援助条例》《贵州省法律援助条例》及其他部门法宣传资料3500余份，接受群众咨询400多人次。2006年，全县共接受民事案件申请50件，受理47件，办结46件。开展法治宣传活动4场次，共散发国务院《法律援助条例》《贵州省法律授受条例》及其他部门法宣传资料3000余份，接受群众咨询170人次。

2009—2010年，全县共受理法援案件272件，其中民事诉讼案件136件，刑事案件10件，代书9件，非诉讼117件；共接待来访1583人次，来电8520人次，投诉为零。

2010年，法律援助案件3件，担任法律顾问5家，解答法律咨询258人次，参加县委、县政府信访接待11次，参加法律宣传2场次，简报5期，调研2篇，发放服务卡38张，收入3万元，为当事人挽回和避免经济损失56万元。法律援助中心共办理法律援助案件161件，其中，民事案件62件、刑事案件3件、非诉讼案件96件。基层法律服务所共担任法律顾问85家，代理诉讼事务66件，代理非诉讼事务58件，宣讲法律35余场次，解答法律咨询8.6万人次，协助基层政府调处社会矛盾37件，防止群体性上访16件，防止群体性械斗8件，参与“严打”整治及专项治理19人次，参与司法行政工作8人次，挽回经济损失200万余元。

第八篇

社会管理

第一章　编制

第一节　机构改革

一、县机关机构改革

1991—1996年，县级党政群机构有县委办、纪委、组织部、宣传部、统战部、政法委、老干局、保密局、政研室、人武部、机关工委、人大常委、政府办、政协办、计划委员会、经济委员会、体改委、经济协作办、科技局、财政局、劳动局、人事局、编委办、建设环保局、民族事务局、监察局、审计局、物价局、工商行政管理局、税务局、计量局、土地管理局、商业局、粮食局、乡镇企业局、农牧局、林业局、水利电力局、文化局、教育委员会、卫生局、计划生育委员会、体育运动委员会、档案局、人防办、信访局、工会、团委、妇联、科协、残联、机要局、农业经济委员会、扶贫办、农机局、房产管理局、老龄办等63个，行政编制393人，实有478人。公、检、法、司四大系统行政编制167人，实有156人。1997年7月台江县党政机构改革，将县级原有党政工作部门65个精简为36个，比原有机构减少29个。调整后，党委机构的离退休干部管理局更名为县委离退休干部工作局，县委台湾工作办公室与县政府台湾事务办公室、县政府侨务办公室，实行一个机构、三块牌子，归口统战部管理，撤销党史办，其工作职能并入县委办。政府工作机构撤销县信访局，信访工作分别由县委办公室和县政府办公室承担，对外挂中共台江县委信访办公室和台江县人民政府信访办公室牌子。撤销县经济体制改革委员会、县经济研究室，其工作职能由县人民政府办公室承担。撤销县外事办公室，其工作职能由县人民政府办公室承担。撤销县战备办公室，其工作职能由县人民政府办公室承担。撤销县安全生产委员会及其办公室，其工作职能并入县人事劳动局。撤销县文化局、广播电视局，组建县文化广播电视局。撤销县经济委员会、县对外经济协作办公室，组建县经济贸易局。县城乡建设环保局更名为县建设局，其环保工作职能由国土局承担。县国土管理局更名为国土局，对外挂环境保护局和地质矿产局牌子。县计划委员会更名为县计划局，县教育委员会更名为县教育局，县科学技术委员会更名为科学技术局，县计划生育委员会更名为县计划生育局，县民族事务委员会更名为民族事务局，县扶贫开发办公室更名为扶贫开发局，农牧局更名为县农业局。撤销县房改办，其工作职能由建设局承担。撤销农村经济委员会、县农业区划办公室，组建县农业办公室。撤销县志办公室，其工作职能并入县政府办公室。撤销县人事局、劳动局，合并为县人事劳动局。县旅游局改名为县旅游事业局，县农业机械管理局改名为县农业机械事业局，县体育运动委员会改名为县体育事业局。县档案局与档案馆合并，实行一个机构、两块牌子的直属事业单位。县政府教育督导办公室归口教育局管理。1988—1989年，工商局、地税局及质量技术监督局相继上划由省州垂直管理。2001年党政机构改革，县直机关（不含公、检、法、司系统）行政编制总精简25%，编制由354人减为265人。将县扶贫开发局更名为扶贫开发办公室。撤销国土局、地矿局，组建国土资源局。撤销商业局，其工作职能划入经济贸易局。撤销农业机械事业局，其工作职能划入农业局。撤销文化广播电视局、体育事业局，组建文体广播电视局。撤销国有资产管理局，其工作职能划入县财政局。县民族事务局更名为民族宗教事务局，县计划局更名为发展计划局，县水利电力局更名为水利局。2001 年，省政府同意成立台江古生物化石群省级自然保护区。2003 年，因省级自然保护区所处的地理位置属于革东镇辖区，革东划归剑河后，该“保护区”也划归剑河县管理。乡镇行政编制总精简 16%，编制由 289 人减为 243 人，乡镇党的机构设纪律检查委员会、党政办公室、政法委员会、人民武装部，政府机构设社会事务办公室、计划生育办公室、经济发展办公室、城镇管理办公室。群团机构设团委和妇联，乡镇人大主席团单设。2003 年，县建设局下设市政管理局，副科级机构。同年 11 月，成立县史志办。2004 年，政府机构改革中增设县山林水土权属争议调处办公室、县安全生产监督管理局和县招商引资局 3 个局级办事机构。将发展计划局更名为发展和改革局，人事劳动局更名为人事劳动和社会保障局，计划生育局更名为人口和计划生育局。2005 年，县委增设县委督查室和县委县政府接待科；政府工作部门增设县生态园管理委员会和县住房公积金管理部。2006 年，政府工作部门增设县南宫森林公园风景管理处、县公共财产管理办公室、县台盘工业协调管理办公室、县新型农村合作医疗管理局。将县乡镇企业局合并到县经贸局，将县人事劳动和社会保障局分设为县人事局、劳动社会保障局。撤销县畜牧事业局，组建县畜牧兽医局。2007 年，县委办机要局更名为中共台江县委机要局，同时成立台江县国家密码管理局，实行一个机构、两块牌子。县委县人民政府信访办公室更名为中共台江县委县人民政府联合信访局，正科级建制。增设台江县新型农村合作医疗管理局，台江县公安局南宫森林公园景区治安派出所，台盘工业治安派出所和交警大队施洞中队，副科级建制。根据党的十七大、十七届二中全会关于深化行政管理体制改革的精神和《中共中央、国务院关于地方政府机构改革的意见》（中发〔2008〕12 号）、《中共贵州省委、贵州省人民政府关于市（自治州、地区）、县（市、区、特区）政府机构改革的指导意见》（黔党发〔2009〕8 号）的要求，2008—2010 年，县人民政府机构改革，政府机构调整设置，工作部门为 22 个。组建农业和扶贫开发局，将农业办公室、农业局、扶贫开发办公室、畜牧兽医局、农业机械服务中心的行政管理职责和经贸乡企局的农产品加工行政管理的职责，整合划入农业和扶贫开发局，不再保留农业办公室、农业局、扶贫开发办公室、畜牧兽医局、农业机械服务中心。农业综合开发办公室职责由财政局承担，不再保留农业综合开发办公室。组建发展改革和工业贸易局，将发展和改革局、物价局、招商引资局、粮食局、台盘工业办、经贸乡企局除农产品加工行政管理以外的职责，整合划入发展改革和工业贸易局，不再保留发展和改革局、物价局、招商引资局、粮食局、台盘工业办、经贸乡企局。组建教育和科技局，将教育局、科学技术局的职责，整合划入教育和科技局，不再保留教育局、科学技术局。组建人力资源和社会保障局，将人事局、劳动和社会保障局的职责，整合划入人力资源和社会保障局，不再保留人事局、劳动和社会保障局。组建住房和城乡建设局，将建设局、市政管理局除指导和管理局客运以外的职责，整合划入住房和城乡建设局，不再保留建设局。组建交通运输局，将交通局、市政管理局指导和管理城市客运的职责，整合划入交通运输局，不再保留交通局、市政管理局。组建文体广电旅游局，将文化体育广播电视局、旅游事业局的职责，整合划入文体广电旅游局，不再保留文化体育广播电视局、旅游事业局。组建卫生和食品药品监督管理局，将卫生局、省以下垂直管理的食品药品监督管理局职责，整合划入卫生和食品药品监督管理局，不再保留卫生局、省以下垂直管理的食品药品监督管理局。将安全生产监督管理局由政府直属机构调整为政府工作部门，不再保留南宫森林公园管理处，其行政管理职责划入林业局。不再保留山林田土纠纷调处办公室，其职责划入林业局。不再保留公产办，其职责划入财政局。政府直属事业单位进行清理和归并后，设置事业单位 2 个：档案局（档案馆、地方志编纂委员会办公室），水利水电工程局。其他机构 1 个：台江县供销合作社联合社。

二、乡镇机构改革

1991 年，经省人民政府批准，台江县区乡（镇）行政机构实行“建镇并乡撤区”改革。撤销台拱、革东、施洞、南宫 4 个区，把台拱镇、台浓乡、南省乡、番省乡、红阳乡、登交乡合并为台拱镇；把施洞镇、平兆乡、良田乡、四新乡合并为施洞镇；把革东镇、交东乡、五河乡、麻栗乡、宝贡乡合并为革东镇；把乡南宫乡、交密乡、东扛乡、交下乡合并为南宫乡；把台盘乡、南瓦乡合并为台盘乡；把方召乡、巫脚乡合并为方召乡；把老屯乡、报效乡、坝场乡合并为老屯乡；把革一乡、大塘乡合并为革一乡；排羊乡辖地不变。合并后的乡镇升格为正科级。9 个乡镇内设党委办、政法委（含综治办）、纪委、人武部、人大办、政府办、计划生育办、教科文卫办、民政办、农林办、团委、妇联 12 个职能办事机构，乡镇行政编制 310 人，实有 336 人。

1991 年至 1998 年年底，9 个乡镇的行政编制及机构体制基本保持不变，但人员有所变化（见表 8–1）。1999 年年初，乡镇人员编制进行缩编改革，行政编制由 310 人压缩到 284 人，精减 26 人。2001 年，乡镇行政编制再次从 284 人压缩到 243 人，精减 41 人，实有人员有所变化（见表 8–1）。2001—2007 年（2003 年革东镇划归剑河县辖管），原 9 个乡镇变为 8 个乡镇，行政编制从 243 人降到 215 人，乡镇机构体制设有党政办、政法委（含综治办）、纪委、人武部、人大办、计划生育办、经济发展办、社会事务办、城镇建设管理办、团委、妇联 11 个职能办事机构。2008—2010 年，乡镇的行政编制及机构体制基本保持不变。

第二节 事业单位管理

一、编制管理

1991 年后，台江县事业机构主要在教育、卫生和农林水三大事业类别中延伸发展，教育系统有县民族中学 1 所，职业高中 1 所，乡镇中学 9 所，完小 43 所（含城关一小、二小），教学点 118 个，机关幼儿园 1 所，育智学校 1 所，乡镇教育工作站 9 个，全县教职工和人员编制有所变化（见表 8–2）。卫生系统继 1976 年乡镇卫生院有 12 所，1991 年机构实行“建镇并乡撤区”改革变化后，乡镇卫生院保留 8 所，县城关有台江县人民医院、妇幼保健站、防疫站和药检所（该所在 2001 年 11 月上划垂管）。2002 年，县苗族医药研究所由县科技局划归县卫生局管理，挂台江县民族医院牌子，全县卫生系统人员编制有所变化（见表 8–2）；2003 年，将县防疫站分设为县疾病预防控制中心和县卫生监督所两个单位。农业系统在 1999 年设有畜牧兽医服务中心、农业中心、农技站、土肥站、植保站、农经站、果蔬站、信息站、品改站、兽防站、饲草饲料站、种子站、种子公司、水产站、渔政站，9 个乡镇分别各设农技推广站和畜牧水产站，全县农业系统定编 66 人，实有 70 人。林业系统在 1999 年设有局机关、有林业派出所、国有开发林场、国有林场、森防办、林业检疫防治站、林业技术推广站、林业产品工业加工管理站、机械物资管理站、城关木材检查站、排羊木材检查站、南宫木材检查站、方召木材检查站和 9 个乡镇林业工作站。2001 年，林业事业编制裁减 20%。2003 年，林业业编制又核定减少到 87 人。水利系统设水利局和乡镇水利站，事业编制 39 人（其中 9 个乡镇水利站 19 人）。文化系统在 1999 年设有广播电台、文化稽查队、文化馆、文物管理所、图书馆和 9 个乡镇文化广播电视站，编制核定 51 人，实有 45 人。2005 年，台江县成立台江县苗疆艺术团。2007 年，乡镇中学、县水利水电建设移民办公室、县爱国卫生委员会办公室升格为副科级事业机构，县建设局下属 5 个股级单位转为财政全额拨款预算，定编 11 人，成立乡镇畜牧兽医站、乡镇新型农村合作医疗管理办公室，成立台江县红十字会、县人口与计划生育协调督查办公室。2008—2010 年，县乡事业单位实施统一收编调整管理。

二、登记管理

设立登记 1998年,《事业单位登记管理暂行条例》（以下简称《条例》）颁布实施。2001年，在政府机构改革中，编办在“三定”（定职能、定机构、定编制）方案中建立了市事业单位登记管理局，隶属市编办管理，定事业编制2人。

年度检查 《条例》规定：凡核准登记的事业单位，每年3月底以前要向登记管理机关（县登记管理局）报告上年执行《条例》的情况，并提交《事业单位法人年度报告书》及财务报表。经审查合格，在“事业单位法人证书”上给予贴上年检合格的标记。2002年始，对已核准登记的事业单位进行年度检查工作。2002年年检33个，2003年年检60个，2004年年检63个，2005年年检71个，2006年年检75个，2007年年检76个，2008年年检78个，2009年年检84个，2010年年检86个。每年的年检结束，将经年检合格的事业单位年检情况刊登在《黔东南日报》上，接受社会的监督。

变更登记 已经核准登记的事业单位，所登记的事项发生变更时，需办理变更登记。2002年至2010年，逐年变更登记分别为13个。

注销登记 2001—2010年，经过年检，因单位合并、撤销等原因，全县共注销单位4个。

1991—2010年台江县编制变化情况一览表

表8-1　　单位：人

年度	全县		县级		乡镇级		公检法司		备注
	行政编制	实有人员	行政编制	实有人员	行政编制	实有人员	行政编制	实有人员	
1991	870	970	393	478	310	336	167	156	
1992	870	996	393	503	310	322	167	161	
1993	870	1036	393	534	310	328	167	174	
1994	890	1004	393	544	310	291	187	169	
1995	890	849	393	535	310	297	187	177	
1996	890	1074	388	564	310	303	192	207	
1997	944	990	388	509	310	292	246	189	
1998	908	971	373	488	289	290	246	193	地税上划编制13人
1999	889	967	354	488	289	285	246	194	工商质监上划编制19人
2000	889	977	354	486	289	286	246	205	
2001	827	782	354	298	289	278	184	206	
2002	692	740	265	297	243	235	184	208	
2003	694	729	265	301	243	218	186	210	
2004	666	700	265	301	215	213	186	186	革东镇划剑河管理
2005	670	669	265	294	215	186	190	189	
2006	704	681	292	334	217	154	195	193	
2007	744	718	292	351	217	135	235	232	
2008	765	783	299	367	217	163	249	253	
2009	765	785	299	370	217	165	249	250	
2010	770	816	299	478	216	169	255	225	

1991—2010年台江县事业单位人员编制情况一览表

表8-2　　单位：人

年度	全县		县级		乡镇	
	编制数	实有数	编制数	实有数	编制数	实有数
1991	2445	1823	827	797	1618	1026
1992	2496	2531	853	828	1643	1703
1993	2503	2567	850	830	1653	1737
1994	2482	2507	830	922	1652	1585
1995	2455	2495	794	985	1661	1510
1996	2473	2484	793	980	1680	1504
1997	2461	2508	763	988	1698	1520
1998	2463	2527	765	1002	1698	1525
1999	2496	2531	765	1004	1671	1527
2000	2496	2543	848	1010	1671	1533
2001	2533	2529	853	1009	1680	1520
2002	2541	2517	853	987	1688	1530
2003	2547	2371	2246	2085	301	286
2004	2517	2371	2240	2070	277	301
2005	2500	2394	2235	2088	265	306
2006	2515	2459	2307	2205	208	254
2007	2518	2445	2334	2219	184	226
2008	2735	2509	2507	2295	228	214
2009	2794	2441	2496	2187	298	254
2010	3087	2541	2767	2291	322	250

第二章　人事

第一节　干部人事制度改革

一、制度改革及实施

1991年，县委下发《关于干部管理权限的若干规定》文件，理顺和完善干部人事管理制度，促进干部人事制度改革。1997年，贯彻党的干部政策，坚持干部“四化”方针和德才兼备原则，大力选拔和任用年轻干部，让优秀人才脱颖而出，完善干部管理权限，建立适应于社会主义市场经济的人才竞争机制，县委组织部先后制定了《干部管理权限若干规定》《干部激励机制》等有关规定。针对全县机构和人员情况，拟订机构改革实施方案。着手和推进机构改革，对机构合并、人员分流作妥善安排。

1999年，制定《台江县党政机关、事业单位竞争上岗暂行办法》《关于县直机关单位实行竞争上岗的意见》《台江县机关事业单位人员分流的处理意见》《关于贯彻执行领导干部任前公示制的实施意见》和《台江县国家公务员公开考试选拔工作暂行办法》。根据《公务员管理暂行规定》，干部任用和录用、招聘采取公开考试（笔试和面试）、严格“双考”的办法。公开招考5个县直机关事业单位中层干部10人，司法干警8人，选调农村教师到城关中小学任教22人，招聘计划生育工作人员27人。公开考试择优聘用师范类大中专毕业生就业50人，清退聘用人员177人。公开招考100名大中专毕业生，安排到100个村去任村支部副书记和主任助理，任职期限为三年，工资由乡镇发放。

2000年，推进人事制度改革，试行乡镇集团承包、竞争上岗工作，选派30名干部到锦屏、三穗、施秉考察取经，结合台江实际，在台拱、台盘、革东、革一、施洞、排羊、方召、老屯8个乡镇试行，272人参加“双向选择”竞争，240人通过竞争走上新的工作岗位，32人落聘待岗。制定股级干部任前公示制，全年对股级干部公示6人，任用4人。打破用人格局，引入竞争机制，面向全省公开选拔县交通局正、副局长，采取公开报名、统一笔试、答辩面试、考核政审等严格程序。2002年，公开招考县直机关副科级领导3名，完成县、乡股级以下干部竞争上岗工作，有263名干部竞聘上合适的岗位。2003年，公开招考选拔县医院、县教育局各1名医院院长和教育局副局长。2008年后，落实抓好优秀村干部考录公务员的试点工作，先后推荐13名优秀村干部参加公务员考试，其中2名被录取为公务员。

2010年，积极探索建立干部初始提名、差额推荐考察制度。建立完善了全委会推荐提名乡镇党政正职人选、差额推荐乡镇人民政府正职人选等相关机制，采取差额提名、差额推荐、差额考察、差额酝酿的办法推荐考察3个乡镇人民政府正职人选和5名乡镇副科级组织员。在政府机构改革过程中，对县交通运输局、水利局、住房和城乡建设局3个局长职位按1：3的比例，各差额推荐提名初步人选3人；对县发展改革和工业贸易局、县农业和扶贫开发局、县教育和科技局、县卫生和食品药品监督管理局、县文体广电旅游局5个局长职位按1：2的比例，各差额推荐提名初步人选2人，实现了由“少数人选干部”向“多数人选干部”的转变。

按照优化结构、整合资源、提高效率和人尽其才、才尽其用的原则，人事部门认真制定政府机构改革人事安排方案，为县委、县政府当好参谋助手，在班子主要负责人配备过程中，大力推行差额选拔干部办法，拓宽选人用人视野。在考察任用工作中，重视干部群众公认度，不简单以票取人，坚持既要看才、更要看德，突出德在干部标准中的优先地位和主导作用，把德作为选人用人的前提和先决条件，按照人才特长调整工作岗位，及时为政府机构改革部门配齐配强班子。

二、任前公示和试用期制度

从2001年开始，为了提高干部选拔任用工作透明度，避免用人失察失误，对拟选任的科、股级领导，通过张贴公告、闭路电视公告等方式进行任前公示，公示期为7～10天。

根据《党政领导干部选拔任用工作暂行条例》，制定《台江县国家公务员公开考试考核选拔工作实施办法》《台江县干部考察预告制度（试行）》《台江县领导干部诫勉谈话制度实施意见》《台江县党政领导干部任职试用期实施意见（试行）》等制度。

2002年，对53名科级领导干部和竞争上岗的263名干部进行任前公示，有反映的3人，对其进行核实，1名实行暂缓使用。推行差额考察制，试行对1个副科级岗位实行3名差额考察对象。2005年，完善领导干部任前公示、新任干部试用期制、常委会议讨论干部任免票决制。

2010年，不断增强干部工作的公开透明度，全面推行考核公告制，在干部考察中将考察要求、考察组名单、举报信箱、网址、电话进行公示，更广泛地接受群众监督。对政府机构改革新任命的23名政府部门单位主要负责人实行“任职承诺”，对拟办实事、廉政建设等方面进行表态，并在县电视台等媒体上公告。

为有利于党组织进一步考察和使用干部，对不称职的干部早发现、早帮助，早调整，从2003年开始对新提拔的科级领导干部实行试用期制度，试用期为一年。

三、整合人才资源

2004年，贯彻全国、全省、全州人才工作会议精神，围绕人才强县战略的实施，加强人才工作领导，加强人才队伍建设，牢固树立人才资源是第一资源的理念，建立人才工作目标责任制，努力营造拴心留人的良好环境和“四个尊重”的浓厚氛围，为全面建设小康社会的实施提供了坚强的人才保障和智力支持。抓好源头稳定工作，防止“用非所学、岗职不称”的现象。在人员调动、招聘等方面，合理利用各项增人指标，做到专业对口，用其所长，人适其位，人尽其才。打破人才“单位所有”“部门所有”的用人格局。变“单位人”为“社会人”，扭转县城人才集中、边远乡镇人才紧缺、分布不合理的状况，统一调剂部门之间、城乡之间的人才，促进人才从相对密集的县城向乡镇、部门间流动，促进了城乡、部门间人才合理布局。是年，招考本县急需的大中专毕业生51人到教育系统工作，引进和安排26名大学本科应届毕业生到台江工作。

2005年，《中共台江县委、台江县人民政府关于人才强县战略的实施意见》（以下简称《实施意见》）出台，提出了实施人才强县战略的总体思路、总体目标以及推进人才资源整体开发的具体措施。《实施意见》以能力建设为核心，以加强高素质人才队伍建设和引进紧缺急需人才为重点，坚持建立和完善人才评价机制，建立有利于优秀人才脱颖而出的选人用人机制、人才分配激励机制、人才奖励制度、人才保障制度，为加快推进人才工作的规范性和有效性营造了良好的环境。同时，制定下发《关于选拔首批县管优秀专业技术拔尖人才的通知》和《台江县专业技术拔尖人才选拔管理试行办法》。搞好乡土人才管理，完善高层次人才和优秀专业技术人才的人才库建设，建立全县首批县管优秀专业技术拔尖人才推荐人选花名册72人，乡土人才450人；完成黔东南州首批州级拔尖人才推荐人选材料上报工作，全县推荐上报12人参加评选。以引智为重点，采取面向全省公开招考、招聘等形式开展人才引进工作。全年通过公开招考招聘等形式录用74名大中专毕业生到教育、卫生、人口和计划生育、林业等系统工作，录用9名国家公务员到县直机关单位工作。

2010年，继续深化人才工作。紧紧围绕县委、县政府确立的发展战略，采取多种形式广泛宣传各级人才工作会议精神、先进事例和典型任务，努力营造“尊重知识、尊重人才”的良好氛围。组织召开全县人才工作调研会，进一步加大对人才工作的组织领导。对9名县管专业技术拔尖人才进行登记备案，不断强化了对县级专业技术拔尖人才的管理。继续做好引导和鼓励高校毕业生面向基层就业工作，组织实施“一村一名大学生”工程和农村优秀青年素质提升工程，不断增强人才工作服务中心工作的活力。

第二节　干部来源及调配

一、干部来源

台江县新增干部职工，主要来源于社会吸收录用、军转干部安置和大中专毕业生分配、招考录用。

吸收录用。1991年以来，按照公开、平等、竞争、择优的原则，先后从城镇待业的“五大”（职业大学、业余大学、函授大学、夜大学、电视大学）毕业生、自费大中专毕业生、乡镇聘用合同制干部、民办教师、以工代干人员及优秀工人中吸收录用，补充乡镇财政所、林业站、计划生育站、教育等部门所需的人员。至2006年年底，全县从社会吸收录用共416人，其中，从乡镇聘用合同制干部择优录用104人、录用以工代干128人、民办教师转为公办教师184人。

军转安置。1991—2006年，全县根据国家有关安置军队转业干部的政策规定，按照“热情欢迎，妥善安置，认真培训，合理使用”的方针，共接收军转干部6人。

毕业分配及面向社会招考。1991—1997年，本着“专业对口，充实基层和生产第一线”的原则进行分配。计划内自费和电大普通班毕业生属指导性计划，国家分配就业的政策是自主择业，不包分配。1996年前黔东南州有的县分配计划内自费生，有的县不分配。1997年各县都不分配。当时台江人才缺乏，经请示分管县长签字同意后才变通执行，分配当年这批计划内自费毕业生。1998年，根据县里的财力研究决定，全县只分配台江生源师范类大中专毕业生，分配大专以上学历的医学类毕业生和个别急需的特殊专业毕业生。当时分配毕业生78人，其中本科8人、专科12人、中专53人、计划内自费5人。计划内自费毕业生，均分配到有单位接收的企业或自收自支财政不拨款的事业单位。1999年以后，高校全面推行并轨扩招，大中专毕业生分配就业制度改革，毕业生不再实行统一的毕业分配。党政机关及财政全额拨款的事业单位原则上不进毕业生，确实需进毕业生的由人事部门会同相关单位，采取公开考试或其他选拔人才方略，择优录取或聘用。“大中专毕业生分配”这项工作从此结束。

1991—2006年，全县共接受大中专毕业生就业1444人，其中1999—2006年面向社会公开招考大中专毕业生672人。2007年至2010年年底，面向社会公开招考招聘209人（含招聘工勤人员15人），政策性安置6人（含因公殉职子女2人）。

二、干部调配

1991—2006年，干部调配坚持在编制范围内实行计划调配，全县共调动1601人，其中县内调动1379人、调出县外129人、调入县内93人。

对于干部调配，一是干部跨乡镇（含县直部门下延单位）、跨县境调动的，按干部管理权限审批，由县委组织部、县人事局办理手续。二是具有大专以上学历或中级以上职称的干部申请调出县外工作的，由主管部门提出意见，县委组织部统一研究，报县委审批，然后按有关程序办理调动手续。三是教育系统教师的调动，在本乡镇内调动的，由乡镇党委提出意见，县教委统一办理；跨乡镇调动的，由教委提出意见，并征得乡镇党委的同意，报县人民政府分管教育工作的副县长审批，县教委统一办理；跨县境调动的，由县教委提出意见，并征得单位的同意，报县人民政府审批，县教委办理；跨系统调动的，经教委同意，报县人民政府审批，按有关程序办理。

1998年，根据中央有关文件精神，按照“党管干部”的原则，对1991年干部调配纪律进行修改，并制定了以下三条干部调配纪律：一是跨乡镇、部门、县外调动，按干部管理权限审批，由县委组织部、县人事劳动局办理调动手续；二是具有大专以上学历或中级以上职称人员申请调出县外和县外职工要求调进台江县的，须经县委、县政府同意办理，由县委组织部、县人事劳动局按程序办理调动手续；三是调配干部按台机编字〔1997〕09号文件规定办理。是年，全县共调配200人，其中县内调动174人、调出县外10人、县外调入16人。

1999年，根据州编委《关于清理、清退州县机关借用和临时聘用人员的通知》《关于清理、清退各级事业单位借用和临时聘用人员的通知》和《关于重申继续清退各级机关及事业单位借用和临时聘用人员的紧急通知》精神，共清理清退合同聘用人员和临时聘用人员178人，其中乡镇选聘干部21人，合同聘用干部14人，事业单位合同聘用50人，乡镇兽医、赤脚医生69人，机关事业单位（含乡镇）工勤人员24人。2007—2010年，全县共调配828人，其中县内调动714人、调出县外40人、调入本县74人。

第三节 公务员管理

一、制度实施

1994年，为推行国家公务员制度做准备，县人事部门派人员参加州举办的两期公务员骨干培训班，有4人取得公务员培训合格证。1996年，成立以县长为组长的推行国家公务员制度领导小组；县委办、政府办制定《台江县实施和参照试行国家公务员制度的实施方案》；7月上旬举办为期7天的国家公务员过渡骨干培训班，参加培训的有县四大班子领导、组织人事、纪检监察和部门负责人等共97人，经考试全部合格；8月中旬组织901人参加全省统一的国家公务员过渡培训考试，成绩合格率100%。1997年，县委组织部、人事局制定下发《关于贯彻执行〈贵州省国家公务员、党的机关工作者平时考核办法（试行）〉的实施细则》和《关于实施和参照试行国家公务员制度工作中有关问题规定的通知》，并举办一期69名公务员参加的过渡培训考试，合格68人。1999年，举办国家公务员过渡培训考试一期84人，经考试全部合格。为使国家公务员制度实施稳定推进，采取先县直机关，后乡镇机关的办法。至2000年，完成全县43个科级单位的“三定”方案和496个职位的审核工作，其中正科级职位68个，副科级职位98个，股级职位144个，主任科员或副主任科员职位44个，科员职位115个，办事员职位27个。经过严格的公务员资格审查，共526人过渡为国家公务员。在实施过渡中，为确保公务员制度的平稳顺利入轨，还按与之配套的单项法规严格管理，对富余人员采取妥善办法进行分流。实施过渡后，公务员队伍的平均年龄、文化程度得到改善，素质明显增强，促进了机关作风的好转与工作效率的提高。

2006年是实施《中华人民共和国公务员法》（以下简称《公务员法》）的第一年，制定《台江县贯彻落实〈中华人民共和国公务员法〉实施方案》，对列入公务员登记范围的工作人员进行了明确的界定。截至2006年11月30日，全县行政编制682人，实有699人，登记为公务员的578人，暂缓登记的112人，不予登记的9人。

2006—2010年台江县录用人员情况一览表

表8-3 单位：人

年份	公务员登记			干部调配			干部任免职、转正定级				录用为公务员
	登记人员数	暂缓登记人员数	不予登记人数	县内调动人数	外县调入人数	本县调出人数	任股级干部人数	免去股级干部人数	转正定级人数	辞去公务员人数	公务员人数
2006	578	112	9	—	—	—	—	—	—	—	6
2007	—	—	—	—	—	—	—	—		—	7
2008	63	29	—	21	1	6	48	2	15	2	30
2009	66	—	—	3	2	—	9	4	16	2	5
2010	89	67	—	3	10	—	5	4	—	—	4

二、选拔任用

1994年起，结合推行公务员制度，对党政机关事业单位国家工作人员年度考核，逐步由原单纯年终评奖定性考核，改为按德、能、勤、绩评分确定等次进行定性、定量结合的全面考核，为选拔任用干部提供重要依据。同时，积极培育人才，建立人才信息库，实行人才交流与干部调配有机结合，以信息为向导，引进紧缺人才，输出富余人才，促进人才合理流动。

1995年以来，配合县、乡（镇）机构改革和领导班子换届，开始干部换岗交流和竞争上岗。1999年，全面推行股级以下职位竞争上岗6次327人。2002年，开展县、乡（镇）机关行政事业单位股级以下职位竞争上岗，全县共有741人参加，确定竞争上岗640人。

1996年后，随着人事制度改革力度加大，干部选拔任用步入制度化、规范化管理。严格执行1995年中共中央颁布的《党政领导干部选拔任用工作暂行条例》和2002年中共中央颁布的《党政领导干部选拔任用工作条例》。选调补充党政机关干部时，除坚持按规定的条件、资格、程序和党管干部、德才兼备、任人唯贤、群众公认、注重实绩、依法办事等原则严格考核考察外，还将拟定提任股级以上干部情况进行公示，设立举报箱与电话，广泛接受社会监督。干部任用方式由原来的委任制为主逐步改为委任制与选任制、聘任制、考任制相结合，实行任前把关、任期监督、离任审计。对企业负责人采取聘任、选举、招标、考任等多种形式选任，加强任期的监督管理。

三、考核任免

考核 1993年前，县属机关事业单位工作人员每年年终进行自我总结，在会上鉴定其优、缺点，再评选出先进工作者。1994年起，把试行公务员过渡与开展民主评议领导干部以及岗位责任制考核相结合，专业技术人员参照考核标准同步进行。通过民主评议、测评、生活会等形式，对考核对象的政治素质、专业知识和工作能力、态度、实绩进行鉴定，确定其称职与否，为工作人员工资、职务升降、奖惩、调动等提供依据。1997年，开始实施平时考核与年度考核相结合，将德、能、勤、绩表现量化为100分，实行量化测评。考核时经群众、领导分别进行定量“考”，定性“评”，领导测评平均分占60%，群众测评平均占40%，客观公正地确定等次。县委管理的干部，只写评语，不定等次。1999年，考核等次由原来的优秀、称职（合格）、不称职（不合格）3个等次，增加为优秀、称

职（合格）、基本称职（基本合格）、不称职（不合格）4 个等次。考核成绩与评先评优、晋薪晋级、续聘解聘紧密挂钩，使各类工作人员增强工作责任感。到 2006 年年底，全县党政机关事业单位工作人员累计参加年度考核 40897 人次，其中，被评为优秀等次的 4479 人次、称职的 33611 人次、基本称职的 43 人次、不称职的 41 人次、未定等次的 2723 人次。2006 年至 2010 年年底，全县机关事业单位工作人员累计参加年度考核 12648 人次，其中，被评为优秀等次的 1609 人次、称职（合格）的 10601 人次、基本称职的（基本合格）2 人次、不称职（不合格）的 1 人次、未定等次的 427 人次、不参加考核的 8 人次。

任免　县内国家工作人员的任免，除县级党政领导干部由州任免外，科级以下由县按管理权限审批任免。

干部管理权限划分：正副科级干部由县委管理；县委机关（群团组织）、人大机关、政协机关、公安、法院、检察院的正副股级以下干部由县委组织部管理；县政府工作部门（直属企事业单位）的正副股级以下干部由县人事劳动局管理；乡镇正副股级以下干部由乡镇党委管理。

干部任免权限划分：正副科级干部的任免由县委考核，县委常委集体讨论决定，其中属县委管理的县直机关企事业单位和乡镇党内正副职领导干部由县委直接任免；属县人大、政府工作机构的行政正职和检察院、法院副职领导干部，由县委提名县人大常委会决定任免；乡镇人大、政府正副职领导干部，由县委审批、乡镇人大会议选举通过；属县政府工作机构行政副职和其直属办事机构及科级企事业单位的行政正副职，均为县委提名，县政府决定任免。地方和部门双重管理单位的干部任免，由主管方征求协管方意见后办理。

正副股级干部的任免，县委各部委、各人民团体由其单位提出人选，报县委组织部考核任免；县人大机关、政协机关、公安、法院、检察院，由其单位党组（党委）提出人选，报县委组织部考核，依照有关组织法和法律规定任免；县政府各工作部门，由其单位党组提出人选，由县人事局考核，报县人民政府批准任免；乡镇党政直属工作机构（除派出所、司法所、国土站），由乡镇党委集体讨论，征求主管部门意见，由乡镇党委政府任免，报组织人事部门备案；各企业的负责人，按有关法律规定任免。

1991—2006 年，由县人事局承办的任职 891 人，免职 150 人。2007—2010 年，由县人社局承办的股级任职 90 人，免职 19 人。

四、奖惩、培训

奖惩　1991—2010 年，根据国务院《关于国家行政机关工作人员奖惩暂行规定》和省、州有关奖惩的文件精神，县属机关事业单位在年终总结中，注重结合目标管理，严格把握条件，经自我总结、民主评议、领导审批程序，共评出先进工作者 324 人次，记功奖 42 人次。按照干部分级管理权限，坚持“惩前毖后，治病救人”的方针和实事求是原则，共处分 66 人次，其中，记大过 6 人次、记过 7 人次、降级 8 人次、撤职 9 人次、开除 18 人次、警告 15 人次、辞退 3 人次。

培训　1991 年以来，全县采取脱产集中学习与分散自学、函授与面授及长短班相结合等形式，通过举办各种类型培训班，对机关事业单位工作人员和企业管理人员进行政治业务与管理能力等方面的素质培训，共培训 12023 人次。其中，1996—1999 年公务员过渡培训 1219 人次；1998—2006 年计算机培训 5164 人次（其中初级 2664 人次、中级 2500 人次）；1998—1999 年公务员初任培训 269 人次；2002 年为迎接我国加入世界贸易组织的需要，组织全县机关事业单位工作人员培训 3151 人，经考试全部合格；2005 年为提高公务员学法用法，积极开展《公务员法》学习活动，共有 1170 人参加，经考试合格率达 100%；2006 年，举办国家公务员普通话培训班 5 期 510 人，经考试合格 503 人；举办国家公务员通用能力培训 4 期 467 人，经考试全部合格；2007—2010 年，参加事业单位新进人员初聘培训 73 人，其中县级单位参加培训 42 人、乡镇级单位参加培训 31 人，参加培训人员经考试、考核全部合格，并颁发继续教育培训合格证。

第四节　专业技术人员管理

1990 年，全县共有专业技术职称 1597 人，其中高级 9 人、中级 323 人、初级 1265 人。1991 年，按上级职称改革管理部门要求，开展对专业技术人员清理和考核，组织人员清理首次专业技术职务人员的在岗情况和中高级专业技术职务指标结余情况。1992 年完成对全县 2150 名专业技术人员进行考核和聘任。此后，全县在加强岗位培训的基础上，通过专业技术职务的评聘，对各单位具有中专以上学历或取得技术员以上职务的人员实行分类管理，并按照“政治上充分信任、工作上放手使用、生活上关心照顾”原则，为专业技术人员提供各种服务。适时解决晋升中高级职务聘任指标和家属农转非户口，对有特殊贡献的拔尖人才晋升工资、组织体检、发放“知补”，做好省、州、县三级管理专家的推荐上报与管理工作。

1991 年起，职称评审工作由县人事局统管，随后成立职称改革领导小组和职称评审委员会，负责初级职务考评与中高级职务申报。并不断完善专业技术考试考核发证制度，按照上级的有关规定，在全县机关企事业单位推行专业技术职务聘任制。截至 2006 年年底，全县共有专业技术职务 1982 人，其中高级 38 人、中级 508 人、初级 1436 人。

1997 年前，实行专业技术职务评审即聘，1997 年起改为由单位申请，经岗位考核后，办理任命手续。2005 年起实行专业技术职务评、聘分开。专业技术职务的聘任，初级由县人事局下文聘任，中高级由县人事局按结构比例审查合格后报县人民政府审批聘任。

根据黔人发〔2007〕9 号、州人发〔2008〕3 号等文件精神，台江县事业单位岗位设置管理工作在 2008 年 5 月 17 日州级召开各县“事改”工作培训后，于同年 5 月 19 日印发了《关于印发台江县事业单位岗位设置管理实施方案的通知》（台人通〔2008〕15 号）下发各事业单位，做好政策宣传和开展工作动员。2009 年 4 月全县事业单位启动实施，到 2010 年 3 月 20 日，历时近 2 年时间，全县的“事改”工作全部结束。

事业单位改革工作，列入“事改”范围的事业单位有 140 个（整合后）2169 人。县编委办核定的事业编制数为 2518 人（不含参公编制），设 2518 个岗位。其中管理岗位设置 176 个（七级岗位设 4 个、八级岗位设 22 个、九级岗位设 120 个、十级岗位设 30 个），占 7%；专业技术岗位设置 2317 个（副高级岗位设 116 个、中级岗位设 741 个、初级岗位设 1460 个），占 92%；工勤技能岗位设置 25 个（三级工设 2 个、四级工设 11 个、五级工设 4 个、普工设 8 个），占 1%。

完成岗位聘用和聘用合同签订 2148 人，聘期均为 3 年。其中管理岗位 176 人、专业技术岗位 1951 人、工勤技能岗位 21 人。以上岗位聘用时间除乡镇辖事业单位从 2010 年 1 月 1 日起至 2012 年 12 月 31 日止外，其他事业单位均从 2009 年 12 月 1 日起至 2012 年 11 月 30 日止。工资待遇均从聘用后下月起执行。

全县的“事改”工作于 2010 年 3 月 20 日人员聘用结束后全面转入后期合同管理工作。至 2010 年 7 月 22 日黔东南人社局通〔2010〕50 号文件出台前，除县外调入人员能办理空岗补员外，县内各事业单位的空岗补员手续一律暂停办理。黔东南人社局通〔2010〕50 号文件出台后，本县事业单位空岗补员工作于 2010 年 10 月份开始办理。到 2010 年年底，完成各级岗位的空岗补员手续九级管理岗位 48 个，七级专业技术岗位 3 个，八级专业技术岗位 10 个，九级专业技术岗位 32 个，十级专业技术岗位 42 个，十一级专业技术岗位 81 个，十二级专业技术岗位 107 个，十三级专业技术岗位 30 个；

三级工 5 人；专业技术高职低聘的 3 人。专业技术人员聘用到管理岗位的 7 人，聘用到工勤技能岗位的 2 人；管理人员聘用到专业技术岗位的 1 人、聘用到工勤技能岗位的 1 人；工人身份聘用到专业技术岗位的 3 人，聘用到管理岗位的 8 人。

因机构改革和工作的需要，有些事业单位被撤并，同时也新成立了一些新的单位，经调整后的单位有 30 多个，已完成岗位设置的有 32 个，共设 534 个岗位，完成人员聘用 31 个，共重新聘用人员 447 人。以上办理空岗补员手续的人员全部签订有聘用合同或聘用合同变更书。

第五节　工资福利

一、工资管理

1993 年前，县内机关事业单位工作人员，均统一执行 1985 年工资改革以职务工资为主要内容的结构工资制。1993 年后，根据国务院国发〔1993〕9 号文件精神，全县实施机关事业单位工资制度改革。按机关事业单位各自特点实行不同的工资制度，即行政机关由职务、级别、基础、工龄四项组成的职级工资制，事业单位专业技术人员由职务、活津贴两项组成的职务等级工资制，其管理人员则执行职员等级工资制。

工资改革　1993 年参加改革的 3776 名机关事业单位工作人员（含离退休人员），均按各自执行的工资制度及其对应的工资标准进行套改。套改后，全县月增资额为 325340 元，人均月增工资 86.16 元，增加工资从 1993 年 10 月起执行。

2006 年 7 月起，全县实施机关事业单位工资制度改革，行政机关公务员（含参公单位）实行由职务工资、级别工资两项组成的职级工资制，机关工人实行由岗位工资、技术等级（职务）工资两项构成岗位技术等级工资制，事业单位实行岗位工资、薪级工资两项构成基本工资。2006 年 6 月 30 日前已办理离退休手续的人员，从 2006 年 7 月 1 日起增加离退休费，具体标准按规定执行。全县符合 2006 年 6 月 30 日在册在职工作人员参加套改单位的有 158 个 3228 人，其中，机关公务员 938 人，人均月增资 325.38 元；全额拨款事业单位 1936 人，人均月增资 275.34 元；差额拨款事业单位 194 人，人均月增资 218.03 元；自收自支 160 人，人均月增资 214.64 元。3228 人在职实施艰苦边远地区津贴，人均月均资 41.7 元。离退休人员增加离退休费的有 1223 人，人均月增资 274.16 元。离退休人员增加边远地区津贴的有 1223 人，人均月增资 28.89 元。

根据黔人发〔2007〕9 号和州人发〔2008〕3 号文件的规定，于 2008 年 5 月开始，全县事业单位全面进入人事制度改革和人员全员聘用工作的部署。教育部门于 2009 年 11 月底前完成岗位设置和人员聘用工作，12 月全部兑现所聘用岗位工资；县城事业单位于 2009 年 12 月底前完成岗位设置和人员聘用工作，2010 年 1 月全部兑现所聘用岗位工资，乡镇事业单位（除中小学）于 2010 年 1 月底前完成岗位设置和人员聘用工作，2010 年 2 月全部兑现所聘用岗位工资。至此，全县事业单位人事制度改革和人员全员聘用工资全面完成，并实现了岗位工资与职务相对应。

调资升级　1992 年，按黔人资〔1991〕21 号文件规定，办理 1190 名行政事业人员调升工资，其中有 986 人调升一级，人均月增资 5.95 元；有 146 人调升二级，人均月增资 11.87 元；有 53 人调升三级，人均月增资 17.86 元；有 5 人调升四级，人均月增资 23.8 元。按黔人资〔1991〕6 号文件规定，办理提升职务 106 名调资手续，其中有 101 人晋升一级，人均月增资 7.73 元；有 2 人晋升二级，人均月增资 11.5 元；有 3 人晋升三级，人均月增资 17.5 元。按文件规定，办理 2680 名干部职工奖励工资，人均月增资 20.44 元。按黔人退〔1992〕15 号文件规定，办理 366 名行政事业单位离退休人员增加 10% 离退休费，人均月增资 15.73 元，其中行政单位离休 24 人、退休 141 人，事业单位离休5人、退休196人。

1996年，按黔府发〔1996〕12号文件规定，审批机关事业单位离退休人员增加离退休费的627人，其中离休33人、退休594人，人均月增资20元。根据州党通〔1996〕4号文件批复，审批一次性退休干部改按正常退休计发退休费34人，人均月增资420元。审批晋升级别工资的64人，人均月增资19.5元，其中正科级15人、副科级49人。审批提升职务增资的48人，其中正科级22人、副科级26人，人均月增资25元。审批提升技术职务增资的47人，其中高级职务1人、中级职务44人、助理级职务2人，人均月增资30元。按黔人资〔1996〕11号文件规定，审批机关事业单位3062人正常晋升职务工资，其中机关1122人，人均月增资15.5元；事业单位1940人，人均月增资18.5元。审批技术工人晋升岗位和技术等级工资6人，人均月增资38元。

1997年，审批正常晋升工资档次的305人，人均月增资185元；审批连续三年考核为优秀等次晋升级别工资的21人，提前晋升级别工资档次的36人，人均月增资22.5元；审批提升行政职务和晋升技术职务调升工资的156人，人均月增资12.4元；审批达到晋升级别工资工作年限而晋升级别工资的106人，人均月增资13元；因工作岗位变动而重新确定工资的127人。按黔人资〔1997〕12号、黔人发〔1997〕107号文件规定，调整机关事业单位工作人员工资标准3694人，人均月增资20人；审批增加离退休费734人，人均月增资40元。

1998年，审批机关事业单位工作人员按1996年度、1997年度考核称职以上正常晋升职务工资档次的2663人，其中行政1077人，人均月增资15.5元；事业1586人，人均月增资23元。审批提升职务和晋升技术职务而调升工资147人，人均月增资18元。因工作岗位变动重新确定工资102人。审批连续三年考核为优秀等次而提升工资档次32人，其中晋升级别工资5人、职务工资27人，人均月增资21元。

1999年，审批因职务职称变动晋升工资的129人，人均月增资21元，其中晋升职务工资89人，人均月增资19.5元；晋升级别工资39人，人均月增资15元；降低工资1人。按黔人发〔1998〕36号文件审批连续五年称职晋级工资629人，人均月增资15元；连续两年（1997年、1998年）考核称职晋档的378人，人均月增资19元；重新确定工资的81人，其中行政49人、事业11人、工人21人。

2000年，审批行政机关事业单位1998—1999年连续两年考核称职晋升工资档次2594人，月增资59578.5元，人均月增资23元；审批1995—1999年连续五年考核称职晋升级别工资157人，月增资4649元，人均月增资30元。

2001年，审批职务职称晋升工资219人，月增资5185元，人均月增资23.8元，其中晋升职务工资187人，月增资4219元，人均月增资22.6元；晋升级别工资32人，月增资966元，人均月增资30.2元。因工作变动而重新确定工资30人，其中行政9人、事业12人、工人9人。审批1996—2000年连续五年考核称职（合格）晋档434人，月增资6181元，人均月增资14.2元。办理考核连续三年优秀提升工资档次124人，月增资3904元，人均月增资31.5元。审批在乡（镇）工作的大中专毕业生及具有初级以上专业技术职务的人员，向上浮动一档职务工资的1409人，人均月增资19元。审批行政机关事业单位2000年12月31日在册人员调整工资标准和实施边远地区津贴的4843人，调整工资标准的人均月增资98元，实施边远地区津贴的人均月增资86元。按国办发〔2001〕70号和黔府办发〔2001〕108号文件规定，审批行政机关事业单位2001年9月30日在册人员参加调整工资标准4913人，月增资366559元，人均月增资74.6元；增加遗属生活困难补助费369人，月增加补助费15000元，人均月增资40.7元。

2002年，按黔人通〔2002〕31号和64号文件精神，审批行政机关事业单位2000—2001年连续两年考核称职（合格）以上晋升工资档次的有2764人，月增资87778元，人均月增资31.8元。审批机关事业单位离退休人员增加离退休费1328人，月增资27317元，人均月增资20.6元。审批连续三年（1999—2001 年）考核为优秀等次晋升工资 60 人，月增资 2148 元，人均月增资 35.8 元；审批在乡镇（除台拱镇）工作的农、水专业技术人员浮动转固定工资 18 人。审批职务晋升工资 247 人，其中晋升职务工资 204 人、晋升级别工资 43 人，月增资 7665 元，人均月增资 31 元。岗位变动重新确定工资 57 人，其中行政 21 人、事业 32 人、工人 4 人。

2003 年，审批行政机关 1998—2002 年五年考核称职以上晋升级别工资的 518 人，月增资 19942 元；审批 2001—2002 年连续两年考核称职（合格）以上晋升工资档次 696 人，月增资 17486 元；审批连续三年（2000—2002 年）考核为优秀等次晋升工资 59 人，月增资 2362 元，人均月增资 40 元；审批浮动工资转为固定工资 8 人，月增资 296 元；审批职务晋升工资 183 元，月增资 5595 元；审批岗位变动重新确定工资 52 人。

2004 年，审批 1999—2003 年五年考核称职以上晋升级别工资 47 人，月增资 1395 元；审批 2002—2003 年两年考核连续称职（合格）以上晋升工资档次 2401 人，月增资 80035 元；办理离退休人员增加离退休费 1309 人，月增资 26898 元；审批连续三年（2001—2003 年）考核为优秀等次晋升工资 64 人，月增资 2432 元，人均月增资 38 元；审批浮动工资转为固定工资 6 人，月增资 222 元；审批职务、职称提升晋升工资 174 人，月增资 4358 元；审批岗位变动重新确定工资 54 人，其中行政 16 人、事业 30 人、工人 8 人。

2005 年，审批行政机关 2000—2004 年五年考核称职以上晋升级别工资 96 人，月增资 4799 元；办理 2003—2004 年两年考核连续称职（合格）以上晋升工资档次 707 人，月增资 19097 元。按省人事厅关于机关事业单位工作人员 2005 年正常晋升工资档次的函和黔人通〔2005〕152 号文件要求，提前办理 2004—2005 年连续两年考核称职（合格）以上晋升工资档次 2353 人，月增资 78170 元。增加离退休费 1377 人，月增资 28068 元。办理连续三年（2002—2004 年）考核为优秀等次晋升工资 72 人，月增资 2774 元，人均月增资 38.5 元。审批浮动工资转为固定工资 13 人，月增资 481 元；审批职务、职称变动晋升工资 274 人，月增资 6474 元；审批岗位变动重新确定工资 155 人，其中行政 28 人、事业 111 人、工人 16 人。

2006 年，审批职务、职称变动晋升工资 90 人，月增资 1752 元，人均月增资 19.5 元；审批连续五年（2001—2005 年）考核称职晋升级别工资 82 人，月增资 3644 元，人均月增资 44.4 元。办理 2003—2005 年连续三年考核为优秀等次晋升工资 75 人，月增资 3036 元，人均月增资 40.5 元。审批浮动工资转为固定工资 695 人，月增资 24356 元，人均月增资 35 元。因岗位变动重新确定工资 31 人，其中行政 10 人、事业 12 人、工人 9 人。

2007 年，审批职务、职称变动晋升工资 82 人，月增资 1886 元，人均月增资 23 元；审批滚动晋升级别工资 110 人，月增资 1756 元，人均月增资 16 元。办理事业单位 2007 年正常晋升薪级工资 2364 人，月增资 52008 元，人均月增资 22 元。因岗位变动重新确定工资 25 人，其中行政 13 人、事业 12 人。

2008 年，审批职务、职称变动晋升工资 93 人，月增资 2232 元，人均月增资 24 元；审批滚动晋升级别工资 85 人，月增资 1329 元，人均月增资 15.6 元。审批两年考核连续称职（合格）以上办理晋升工资档次 912 人，月增资 36414 元。办理事业单位 2008 年正常晋升薪级工资 2403 人，月增资 62478 元，人均月增资 26 元。因岗位变动重新确定工资 38 人，其中行政 13 人、事业 24 人、工人 1 人。

2009 年，审批职务、职称变动晋升工资 87 人，月增资 2088 元，人均月增资 24 元；审批滚动晋升级别工资 113 人，月增资 1921 元，人均月增资 17 元。审批两年考核连续称职（合格）以上办理晋升工资档次 104 人，月增资 3851 元。办理事业单位 2009 年正常晋升薪级工资 2465 人，月增资 69020 元，人均月增资 28 元。因岗位变动重新确定工资 52 人，其中行政 17 人、事业 35 人。

2010 年，审批职务、职称变动晋升工资 103 人，月增资 18849 元，人均月增资 183 元；审批滚动晋升级别工资 124 人，月增资 2356 元，人均月增资 19 元。审批两年考核连续称职（合格）以上办理晋升工资档次 918 人，月增资 36571 元。办理事业单位 2010 年正常晋升薪级工资 2604 人，月增资 72912 元，人均月增资 28 元。因岗位变动重新确定工资 18 人，其中行政 7 人、事业 7 人、工人 4 人。

基金管理　从 1991 年起，全县机关事业单位基金统一由编制、人事两部门共同管理。即编制部门审核单位人员编制，人事部门审核单位人员、工资情况。1992 年，完成全县行政事业单位在职职工的工资档案建卡登记工作，为下步工资改革奠定了基础。1994 年换发《工资基金管理手册》，认真开展机关事业单位 53 户的工资基金计划发放的月审工作，控制计划外工资基金增长。1996 年，按月审批 54 个行政事业单位工资基金，清除财政预算外人员 52 人，堵塞了财政漏洞。1998 年，严格按月审批全县 47 个预算单位 5636 人 163 万元的工资基金。纠正乱造、乱加工资 6.5 万元。1997—2006 年，严格执行工资基金管理，共办理工资转移 1717 人次。县直机关事业单位、各乡镇按月报批工资手续。对违反规定不按时申报工资基金的单位，财政不拨款，开户银行拒付，人事部门不予办理。积极推行增人计划卡和户口式工资制。各单位需招收、调入工作人员，须经审批同意，凭增人计划卡片登记手续。实行按卡拨付工资，一人一卡，卡随人走，无卡就无工资。随着财政实行统一报账统发工资，机关事业单位工资基金管理逐步走上正轨。

二、福利补助

1992 年，按规定审批 12 位退休干部办理易地安家费和建房补助费 4200 元，人均补助 350 元。办理 9 人一次性抚恤费 13595 元，办理遗属生活困难补助费 26 人，月补助费 886 元，其中 9 人月享受补助 40 元，13 人月享受补助 35 元，1 人月享受补助 11 元，2 人月享受补助 5 元。按中共黔东南州委州党字〔1992〕21 号文件精神，办理已离退休干部和在职知识分子 134 人生活补贴，人均月增资 6 元。

1994—2006 年，办理 46 名病故职工一次性抚恤金，遗属生活困难补助费 579 人；审批知识分子生活补贴 1636 人，人均月补 6 元；发放高龄补贴 45 人，人均月补 20 元；发放护理费 14 人，其中 1999 年人均月发 80 元，2000 年后人均月发 100 元。

从 2002 年起，年终考核称职（合格）的工作人员发给本人当年 12 月份一个月标准工资的奖金；离休人员发给本人当年 12 月份一个月工资的生活补助费；退休人员发给本人当年 12 月份半个月工资的生活补助费。

从 2002 年 1 月起发放交通费、洗理费、书报费共 52 元。从 2004 年 1 月起发放菜篮子补贴 30 元，至 2005 年 1 月由 30 元提高为 48 元。

从 2004 年 12 月份起执行职务补贴，其中正处级（含副高职称）月补贴 400 元，副处级月补贴 350 元，正科级（含中级职称）月补贴 300 元，副科级（含高级工）月补 250 元，科员助理级以下 200 元。

2006 年 7 月 1 日，机关事业单位实行工资制度改革后，之前的一些津贴、补贴被取消或规并，重新规范津贴、补贴的发放范围和标准，不允许个别单位在国家规范津贴、补贴之外另行增加发放津贴、补贴。

2007 年，根据台纪发〔2007〕15 号文件，全县公务员（工勤人员）规范津贴、补贴，发放标准如下表：

台江县公务员规范津贴、补贴发放标准一览表

表 8-4

职 级	在职公务员（工勤人员）发放标准（元）			离退休人员发放标准（人）	
	合 计	生活性津贴	工作性津贴	离休人员	退休人员
正处	1340	650	690	1340	965
副处	1140	650	490	1140	821
正科	1000	550	450	1000	720
副科	900	550	350	900	648
科员	790	510	280	790	569
办事员	690	490	200	—	497
技师	930	550	380	—	670
高级工	850	550	300	—	612
中级工	790	510	280	—	569
初级工	690	490	200	—	497
普工	690	490	200	—	497

说明：1. 离休人员标准执行在职人员的标准；
2. 退休人员标准按在职人员标准的 72% 计算确定

根据台纪发〔2007〕16 号文件，2008 年 1 月 1 日起，县内公务员（工勤人员）执行通信费补贴，发放标准如下表：

台江县公务员通信费补贴发放标准一览表

表 8-5 单位：元

职 级		发放标准
正 处	领导职务	400
	非领导职务	350
副 处	领导职务	350
	非领导职务	300
正 科	领导职务	300
	非领导职务	150
副 科	领导职务	200
	非领导职务	100
科 员	领导职务	100
	非领导职务	80
办事员		50
高级工		100
中级工		80
初级工		50
普通工		50

说明：1. 从事驾驶工作的机关工勤人员，发放标准上浮 100 元；
2. 没有列入通信补贴发放的单位，仍由各单位从本单位公用经费中自行解决，标准按台府办发〔2005〕24 号文件规定执行

第六节 退休人员管理

1991年以来，县内机关事业单位工作人员退休，仍按国发〔1978〕104号、国办发〔2001〕14号、黔府办〔1985〕31号、黔人退〔1993〕6号和黔人退〔1994〕05号文件执行，分别为男性60周岁、女性55周岁或行政机关工龄满30年退休。其审批权限为：党群系统和科级相当职务由县委组织部研究报县委审批，国家机关事业单位股级及相当职务以下由县人事局统一报县政府审批。1996年、1997年，为解决机构改革中富余人员分流问题，办理提前退休113人，离岗退养3人。1992年至2006年年底共办理离退休人员859人。至2006年年底，全县共有离退休人员1223人（其中离休27人）。

对退休人员的管理服务，主要是落实政治和生活两项待遇，使其老有所为，安度晚年。每年坚持重大会议请老干部列席参加，组织老干部学习、传达上级有关精神，逢年过节对退休人员走访慰问、优先发放退休人员工资。此后，每年元旦、春节看望老职工，检查“两项待遇”的落实情况。并建立信访制度与督办制度，对来访退休人员热情接待，及时督促解决问题，使其满意而归。

随着县机关事业单位社会保障不断建立完善，退休人员的“两项待遇”得到进一步落实。广大退休人员深感党和政府的关怀，自觉为社会再献余热。有的带领村民植树，改变宜林荒山面貌；有的义务为家乡修公路、兴办公益事业；有的则为村里捐款建学校；还有的成立老龄组织，定期召集老年人学习时事政治，协助村委会调解民间纠纷，教育青少年遵纪守法，消除刑事隐患。

2006年7月，全省实施机关事业单位工资收入分配制度改革以来，机关事业单位工作人员办理退休（提前退休、退职）手续，根据人事管理权限，一律按《省人民政府关于印发机关事业单位工资收入分配制度改革实施意见等意见的通知》（黔府发〔2006〕45号）、《关于机关工作人员工资制度改革后有关离退休（职）问题处理意见的通知》（黔人通〔2007〕115号）和《关于事业单位工作人员工资制度改革后有关离退休（职）问题处理意见的通知》（黔人通〔2007〕116号）相关规定贯彻执行。行政机关实职副科级及以上和事业单位副高级及以上人员由县委组织部办理，其余人员由人事部门办理。

2007年，全县共办理退休人员23人，其中，提前退休3人、正常退休16人、退职4人。

2008年，全县共办理退休人员22人，其中，提前退休5人、正常退休16人、退职1人。

2009年，全县共办理退休人员15人，其中，提前退休2人、正常退休11人、退职2人。

2010年，全县共办理退休人员41人，其中，提前退休25人、正常退休14人、退职2人。

第三章　劳动管理

第一节　劳动就业

1991年，全县新增待业青年364人，共安置250人，招收技校新生94人。1997年，县内的国有企业纺织器材厂、胶合板厂、酒厂以及乡镇企业办的小厂纷纷停产倒闭，经济呈下滑的趋势，是年仅安置就业人员219人。1998年，全县待业人员210人，进入再就业登记280人，企业招收工人23人。1999年，新登记城镇失业人员165人，安置再就业的失业人员62人，其中国有企业招工接收24人、集体企业招工接收28人、从事个体经营10人。

2001年，新登记城镇失业人员260人，实行再就业失业人员85人，进入再就业中心登记304人，签订托管协议304人。2002年，进入再就业中心登记267人，签订托管协议267人。

2003年9月，在全县8个乡镇建立劳动保障事务站，配置办公电脑及其设备，专门负责乡镇的劳动力资源摸底调查、人员培训以及劳动力转移就业等。是年，安置就业青年241人，协助国有企业招工3人，办理合同制工作转移9人，办理工人转正定级2人。安排“4050”人员（指下岗失业人员女40岁，男50岁）再就业61人。根据中办发《关于进一步做好下岗人员再就业工作的通知》和《关于下岗失业人员从事个体经营有关优惠政策的通知》精神，给失业人员办理“再就业优惠证”510本。

2005年，完成城镇新增就业503人，占目标任务的100.6%，其中，下岗失业人员再就业231人，“4050”人员再就业32人。免费办理“再就业优惠证”110本，累计达916本（男467人、女449人），其中“4050”人员151人（男46人、女105人），享受扶持优惠420人次。同时还根据有关文件规定，通过派遣中心派遣给下岗职工牵线搭桥，有48名国有企业下岗职工实现了再就业，使符合享受社会保险补贴人数增加到343人，共补贴50.8万元。

2006年，办理“再就业优惠证”31本，城镇新增就业420人，占目标任务的105%，其中下岗失业人员再就业153人。城乡统筹培训308人，完成年目标任务数123%。有组织劳务输出681人，完成年目标任务数的272.4%。本地区城镇登记失业率4.3%。

2007年，城镇新增就业468人，占目标任务的117%，其中促进92户“零就业家庭”实现就业。完成农村劳动力技能就业培训9728人，有组织劳务输出545人，发放小额担保贷款6笔，贷款金额12万元，有力地促进了下岗失业人员实现再就业。

2008年，办理求职登记428人，政策咨询、职业指导等680余人次，农村劳动力转移培训任务数1000人，培训完成575人，统筹培训任务数300人，完成培训368人，转移农村劳动力4420人，城镇新增就业491人。

2009年，开展农民工技能和创业培训16期1145人，下岗职工及城镇失业人员技能培训5期220人，实现城镇新增就业522人，城镇登记失业率控制在4.5%以内，转移农业劳动力就业2150人，占州下达指标 2100 人的 102%。

2010 年，安置公益性岗位人员 998 人，累计发放小额担保贷款 44 万元，扶持帮助 22 名下岗职工实现创业，农村富余劳动力转移 3.18 万人（其中有组织劳务输出 209 人），开展劳动技能培训 1078 人，占县下达任务数 700 人的 154%，城镇新增就业 421 人，完成上级下达目标任务 400 人的 105%，城镇失业率控制在 4.3% 以内。

1991—2010 年台江县劳动就业一览表

表 8-6

年 度	待业人数	安置人数	年 度	待业人数	安置人数	“4050”人员再就业
1991	364	250	2001	260	85	—
1992	339	191	2002	333	210	
1993	413	200	2003	370	241	61
1994	477	231	2004	434	250	70
1995	544	262	2005	503	231	32
1996	194	188	2006	630	260	166
1997	247	219	2007	602	468	98
1998	210	193	2008	382	338	—
1999	165	62	2009	726	522	50
2000	234	245	2010	1230	1048	141

第二节　就业培训

1991 年，培训农村电焊工 26 人，工厂焊工 4 人，司炉工 2 人。其后，为了适应新时期的发展，劳动局举办的各类培训班逐年增多。

1999 年，以西部大开发为契机，大力开展乡土人才和下岗职工培训。劳动局与县农业办、科技局及各乡镇开展以“四支队伍”建设为重点的乡土人才培训。培训乡土人才 680 余人次，有 132 名乡村科技人员被认证为农民技术员，并给下岗人员及农民工建立人才信息库，随时为乡镇企业、集体企业、国有企业提供人才和人事服务。2000 年，举办下岗职工转岗培训 3 期，参加培训 365 人，使他们提高了再就业能力。全县国有企业下岗职工 305 人，进入再就业中心的 115 人，签订托管协议的 78 人，协议期满出中心的 54 人，开展下岗职工和求职者培训的 365 人。2001 年，举办下岗职工培训 2 期，参加培训 262 人。2002 年，举办下岗职工培训 3 期，参加培训 245 人，有 187 人获得绿色技能资格证书。2003 年，举办再就业培训班 4 期，参加培训 303 人（初级计算机专业）。2005 年，举办再就业培训班 2 期，参加培训 170 人。2006 年，举办农民工培训班 4 期，参加培训 1400 人；举办再就业培训班 2 期，参加培训 197 人。2007 年，完成农村劳动力技能培训 9728 人，其中劳务输出培训 1701 人（含省、州级培训机构到台江县培训 1000 人），创业培训 7465 人，预备制培训 562 人。2008 年，由于上级拨发劳动就业培训资金有限，农村劳动力转移培训任务完成 575 人，统筹培训完成 368 人。2009 年，开展农民工技能和创业培训 16 期 1145 人，下岗职工及城镇失业人员技能培训 5 期 220 人。2010 年，开展劳动技能培训 1078 人，农民工技能和创业培训 394 人，下岗职工及城镇失业人员技能培训 56 人，全县村干就业政策培训 628 人。

第三节 劳务输出

据1991年统计，台江县农村富余劳动力自发到省外就业有187人。1992年，县里对农村富余劳力外出就业有所重视，有组织输送和自发转移有640人。1995年猛增到6600人。1996年，在9个乡（镇）都建立劳动服务站，拓宽劳务输出路子，有组织输送287人，自发转移6600人。1998年自发转移6800人，有组织输出363人。1999年有组织输送320人，自发转移7000余人。

城乡农动力的转移，逐步解决了城镇失业人员和农村富余劳动力的就业问题。2005年，县里把此项工作作为议事日程来抓，建立3个劳务输出机构，在浙江、福建、广东、北京、上海等地设立联络点。举办多期技能培训班，参加学习人员1400人，完成组织输送1400人，自发转移26300人，占全县劳动力的60%。据县邮政局统计，劳务工通过邮政汇回资金3600万元。2006年，全县劳动力外出务工达2.6万人，其中有组织输送1683人。2007年，全县劳动力外出务工达2.8万人，其中有组织输送545人。2008年，全县劳动力外出务工达33400人，其中有组织输送1120人。2009年，全县劳动力外出务工达32000人，其中有组织输送268人。2010年，全县劳动力外出务工达25900人，其中有组织输送209人。

第四节 劳动安监与争议仲裁

1991年，设立劳动仲裁股，配备仲裁人员2人，对全县34个企业和8个州属企业成立调解委员会和对基层企业进行业务指导和检查工作。1993年，发生劳动争议案3起，申诉仲裁3人，其中，工资2人2起，解除合同1人1起。1996年，发生劳动争议案1起，申诉1人。完善和建立调解组织40个，人员120人。1997年，积极推行劳动合同制度，完成35家用人单位的企业与职工办理签订劳动合同审查鉴定手续，并举办法律法规知识竞赛，提高企业职工遵纪守法的自觉性。发生劳动争议案件3起，其中不符合受理案件的2起，仲裁1起。1999年，全面推行劳动合同制度，妥善处理劳动争议，一年中鉴证全员劳动合同43份，解除劳动合同1份。受理办结申诉案件2起。2003年，受理劳动争议仲裁案件1起，调解成功1起，办理劳动合同20份。

1991年，对35个企业（乡、镇矿山）进行检查84次，查出事故隐患46处，督促整改39个。没有发生矿井开采死亡事故。1992年，对全县各个矿山、施工单位进行检查41次，查出隐患27处，提出整改21条。

1995年，贯彻“安全第一，预防为主”的方针，实行“企业责任，行政管理，国家监察，群众监督，劳动者遵守”的新体制。对全县111个施工单位3438人进行92次检查，查出问题16条，提出整改48条，企业落实48条。1996年，对全县143个施工单位进行检查86次，查出问题65处，提出整改意见52条，企业落实40条，处理建筑伤亡事故2起。

1997年，对42家国有企业、18家集体企业进行检查，受检2914人。先后对125家建筑施工单位3488名用工进行生产安全检查，查出存在问题141人，向用人单位提出整改意见100条，发出整改指令书30份。一年中企业发生伤亡事故2起，其中死亡1人、轻伤1人。1998年，审查鉴证集体劳动合同书10份，办理企业职工全员劳动合同鉴证手续132人。对54个企业单位进行劳动用工年检，办理安全生产许可证4家，施工企业安全资格证1户，培训厂长、经理27人。

1999年，开展以“两个确保”和劳动用工为主的劳动监察活动，督促各企业征缴失业金和发放下岗职工的基本生活保障费，使下岗职工基本生活得到保障，维护了社会稳定。积极开展用工年检，对全县40个企业进行用工年检，其中36个企业合格。2001年，经常组织人员下到厂矿、企业和施工单位进行不定期检查41次，发放《劳动保障监察条例》72份，对安全状况较差的厂矿、企业和施工单位发出指令书19份。审查、鉴定集体劳动合同3份，全员劳动合同223份，作出不予受理通知2份。

2002年，严格执行《中华人民共和国劳动法》（以下简称《劳动法》）及相关的法规和政策，开展劳动合同的鉴证11件，规范劳动关系。

2003年，受理劳动争议仲裁案件1起，调解成功1起，办理劳动合同鉴证20份，进一步规范劳动关系，主动到“三凯”高速公路开展劳动保障监察，依法保护劳动者的合法权益，实行劳动监察年度审查制度，保障用人单位劳动者的合法权益，办理单位劳动保障用工年检10个，促进了用人单位的用工管理。

2004年，受理劳动争议仲裁案件2起，调解成功1起，办理劳动合同鉴证394份，进一步规范劳动关系。实行劳动监察年度审查制度，保障用人单位和劳动者的合法权益，办理单位劳动监察年度审查制度，保障用人单位和劳动者的合法权益，办理单位劳动保障用工年检2个，促进了用人单位的用工管理。为贯彻落实《劳动法》，积极会同工商局、“两基”办等单位深入到县城内的私营企业、个体工商户、建筑施工工地等开展劳动监察，检查清理出非法使用童工15起19人，责令清退童工19人，依法清欠农民工工资，兑现农民工工资71.52万元，兑现率达96.4%。

2005年，受理劳动争议仲裁案件4起，调解成功4起，办理劳动合同鉴证200份，进一步规范劳动关系。实行劳动监察年度审查制度，保障用人单位和劳动者的合法权益，办理单位劳动监察年度审查制度，保障用人单位和劳动者的合法权益，办理单位劳动保障用工年检2个，促进了用人单位的用工管理。为贯彻落实《劳动法》，积极会同工商局、建设局等单位深入到县城内的私营企业、个体工商户、建筑施工工地开展劳动监察，检查清理出非法使用童工6起11人，责令清退童工11人，依法清欠农民工工资，兑现农民工工资11.1万元，兑现率达96.4%。

2006年，按照劳动法及相关法规规定，仲裁机构受理劳动争议仲裁案件2起，不予受理1起，调解成功1起、开庭裁决1起。开展劳动合同鉴定163份，事业单位聘用职工合同87份。工伤认定2人次，劳动监察12起，责令改正12起。

2007年，共开展了“农民工工资支付情况专项行动”“清理整顿劳动力市场秩序”“打击非法劳动用工专项检查”“劳动用工情况监察检查活动”“签约行动”5次专项执法检查。主动监察用人单位26户，涉及职工674人；督促补签订劳动合同220人；追发劳动者工资5万元，涉及劳动者20人，其中农民工工资5万元，涉及农民工20人；受理举报专查案件立案5件，结案5件，受案和结案率均为100%，做到全年无一起劳动监察案件被行政复议或行政诉讼；清退风险抵押金金额0.1万元，涉及劳动者1人；工伤认定2人，涉及工伤赔偿金额14.5万元；成功协调工伤赔偿4人，协调赔偿金额7.4万元。大力宣传《中华人民共和国劳动合同法》（以下简称《劳动合同法》），以主动进企业和利用赶集日宣传形式，发放宣传资料700余册（份）。接待各类劳动者来信来访72人次，对来信来访者本着“接待热情，服务周到，答复及时”的原则，细心听取来访者的陈述、耐心解答疑问，及时按规定受理处理，做到事事有记录，件件有结果，使来访者高兴而来，满意而归。

2008年，尽心尽力为职工群众解决实际问题，以《中华人民共和国就业促进法》《劳动合同法》和《中华人民共和国劳动争议调解仲裁法》的贯彻实施为契机，为构建和谐劳动关系，进一步加大法律法规的宣传力度（发放宣传资料3000余份）和劳动执法监察力度，切实维护劳动者合法权益。共接受来访来电人员200余人次，共处理劳资纠纷5起，涉及劳动者78人，为当事人追讨工资22万余元。开展专项检查3次（“五小”用人单位检查、非法用工专项检查、《劳动合同法》执行情况检查），检查用人单位15个，涉及劳动者674人，签订劳动合同546人，劳动合同签订率81%；处理劳动争议仲裁案件 1 件，结案率 100%，涉及职工 2 人；工伤认定 8 人。

2009 年，继续加大《劳动合同法》和《劳动争议调解仲裁法》的贯彻实施，制定《台江县劳动和社会保障局预防和解决企业工资拖欠工作方案》，努力构建和谐劳动关系，进一步加大法律法规的宣传力度和劳动执法监察力度，全年开展“农民工工资支付专项检查”“清理整顿人力资源市场秩序”“四入活动”等专项行动 5 次，共接受各类群众来访 120 余人次；共处理劳资纠纷 5 起，涉及劳动者 385 人，为当事人追讨工资 64.54 万元；检查用人单位 12 户，涉及劳动者 480 人，签订劳动合同 680 人，劳动合同签订率 84%；协调工伤赔偿 2 人，赔偿金额 5500 元；建立建筑行业农民工工资保障金制度，交存工资保障金 10.2 万元，有效预防了拖欠农民工工资风险。

2010 年，深入主要劳动密集型企业 20 家，开展《劳动合同法》执行情况检查，其中包括：砖厂 3 家、木材加工企业 5 家、水泥制造企业 1 家、冶炼企业 6 家、采矿业 3 家、超市 1 家、电力企业 1 家。共接到拖欠农民工工资投诉 12 起，共清理拖欠农民工工资 130.7047 万元，涉及农民工 295 人。协调工伤 5 人，涉及工伤赔偿金额 56.208 万元，其中，一般工伤 2 人，涉及赔偿金额 2.908 万元；死亡工伤 3 人，涉及赔偿金额 53.3 万元。

第四章　民政

第一节　基层政权建设

一、村（居）换届选举

1991 年，根据黔府发〔1991〕6 号文件精神，台江县为贵州省建镇并乡撤区试点县之一，为切实做好基层政权机构变更，完成了 9 个乡（镇）建镇并乡撤区的并建与选举工作。县民政部门把《中华人民共和国村民委员会组织法》和《中华人民共和国城市居民委员会组织法》作为工作的重中之重来抓，在深入基层宣传的同时，进行调查研究，向县委、县政府提出《关于做好村级组织换届选举工作意见》的报告。1997 年在第四届村（居）委会换届选举工作中，各乡镇采取以会代训等形式，举办培训会 2 次，参加培训人员 384 人次，选出村居委会成员 923 人，并颁发当选证书。

2001 年，台江县第五届村（居）换届选举，依据有关法律法规，对全县 187 个村委会、5 个居委会进行了换届。全县共有 157720 人，其中选民 95900 人，占总人口的 61%；选民参选 89263 人，参选率达 93%。选举产生新一届村委会主任 191 人，副主任 192 人，委员 644 人，选举成功率分别达 99%、100%、98.2%。

2004 年，在第六届村（居）委会换届选举中，县政府拟制《台江县第六届村（居）民委员会换届选举工作实施方案》，县财政下拨 3 万元作为选举经费。1 月 20 日，村（居）级选举结束，选举产生新一届村委会主任 154 人，副主任 154 人，委员 498 人。县民政局及乡镇对新上任的村委成员进行了培训。

2007 年 10 月 15 日，召开第七届村（居）民委员会换届选举工作，县人民政府出台《台江县第七届村（居）委员会换届选举工作方案》（台府发〔2007〕31 号），对选举工作规范和指导，并落实换届选举工作经费 5 万元，为换届选举工作提供经费保障。是年 10 月 25 日前，以乡镇为单位举办村（居）换届选举工作骨干培训会，县民政局派人员参加民政部在四川成都举办的第四期换届选举培训班。12 月 4 日全县第七届村（居）换届选举结束，选举产生村（居）委员会主任 155 人，副主任 156 人，委员 511 人。

2010 年 10 月 14 日召开村（居）委会换届选举培训会，对全县的第八届村（居）委会换届选举工作人员进行集中培训，下拨选举工作经费 18.15 万元。2015 年 2 月 28 日完成换届选举工作，选举产生第八届村（居）委员会主任 151 人，副主任 160 人，委员 562 人。

二、村民自治及村务公开

1991 年，村（居）级换届选举结束后，即举办基层干部培训班 239 期，参加人数 3789 人次，其中县级培训 5 期，乡（镇）培训 42 期，村（居）级培训 192 期，县里投入培训经费 6.5 万元。1999 年，开展村民自治示范活动后新建的办公用房43个。2000年，开展村民自治示范活动的有9个乡（镇）、24个村，其中，台拱镇4个村（街）、施洞镇2个村、革东镇2个村、台盘乡2个村、革一乡5个村、排羊乡3个村、老屯乡2个村、方召乡2个村、南宫乡2个村，经自查验收均合格。申报革一乡为示范乡镇和规范化建设乡镇。2002年，组织部、民政局、计划生育局联合筹资3万余元制作136个村务公开栏，全县187个村，村村均有固定公开栏板。全县9个乡（镇）都开展了政务公开工作，建有固定规范化公开栏9个，以不同方式公开政务136期（次），公开面达100%。全县举办新当选村（居）委会骨干培训两期2031人次，其中，县级培训一期564人，各乡（镇）以不同的形式各培训一期1467人，共投入经费9000余元。是年，全县9个乡（镇）有22个村创建村民自治示范达标。

2004年，按台党办发〔2004〕19号文件《关于进一步完善村务公开工作的实施意见》规范了村务公开的各项规章制度，如：村民自治章程、村规民约、村民会议制度、村民代表会议制度、村务公开制度、村委会工作报告制度等27种。为加强对乡（镇）政务公开工作的领导，成立了以县政府分管副县长为组长、相关单位主要负责人为成员的乡（镇）政务公开领导小组，县民政局统一制定乡（镇）政务公开制度下发到各乡（镇）。截至12月20日，乡（镇）政务公开281期，8个乡（镇）年平均公开35期；村务公开739期，月平均公开47期。2005年，台江推进村民自治，实行政务“十公开、四规范、一满意”制度，完善了村级重大事务决策程序和村民代表会议制度，规范了村务公开的形式、内容、时间和程序，以“民主选举、民主决策、民主管理、民主监督”为核心内容的村民自治活动取得了明显成效，被省民政厅命名为“村民自治模范县”称号。2007年，在创建示范乡镇活动中，获州局命名示范乡（镇）的有台拱镇、施洞镇、老屯乡、台盘乡、革一乡、排羊乡6个乡（镇），示范村创建120个。

2008年，全县以会代训等形式举办村干部培训31期，参加培训3200余人次，全县8个乡（镇）村务公开868期，乡（镇）政务公开369期。2010年，县、乡（镇）采取分级培训方式，对工作骨干和村干部进行轮训，全年培训乡村干部580人次。

三、社区建设

2002年8月，出台《台江县城镇社区建设的实施意见》。次年5月16日，成立台江县城关社区建设领导小组，拟定《台江县城社区建设实施方案》。针对县政府所在地台拱镇原有的3个居委会由于行政区域界线不详，各居委会的驻地单位、人口比例失衡，不适应社会发展需要的情况，将原3个居委会重新划分为文昌、秀眉、萃文3个社区居民委员会。县委组织部、县委宣传部、县公安局、县文体广播电视局、县民政局、台拱镇政府等单位抽调20名精干人员到社区建设领导小组办公室工作。6月12日，县委宣传部、县民政局、县文体广播电视局、台拱镇政府等单位联合组织了台江县城关二小、贝发小学的腰鼓队、锣鼓仪仗队等500余名学生及其民政局全体干部职工开展了以“社区是我家、建设靠大家”“遵守社会公德、创建文明社区”“爱我家园，建设社区”等为主题的游行活动。11月，分别建立了3个社区党支部，并选举产生第一届支部委员和正副书记。12月20日，召开社区成员代表大会，选举产生3个社区居委会主任、副主任和委员。

2005年，文昌、秀眉、萃文3个社区配合县委、县政府创建“省级文明卫生县城”工作，义务执勤120人次，清理遗留垃圾14吨，义务游行宣传600余次；开展“警务进社区”，启动社区“110”，实现“110”服务联动。2006年，结合万家社区图书援建要求，援建社区2个，援建图书1900册。2007年，文昌、秀眉、萃文3个社区均有办公用房。在建设社区中，民政局拟制《台江县关于构建和谐社区的实施意见》报县委转发，县委办将秀眉社区列为2006—2008年创建和谐社区示范点。2008年，建立社区服务志愿者队伍，义务上街执勤280人次，义务游行宣传650余次。2009年，指导社区建立各项规章制度，完善基础设施建设，进一步规范社区管理。2010年，成立社区居家养老服务中心，确立居家养老服务对象67人，与服务对象结对帮扶。

第二节 最低生活保障

一、城镇居民最低生活保障

1998年，台江县城镇居民最低生活保障工作启动。是年，县政府驻地的台拱镇非农业人口月人均80元以下的共有67户150人，人均月补差39元，年保障金7万余元；不在县城的非农业人口月人均70元以下的共有15户40人，人均月补差26.44元，年保障金1.27万元。全年共发放低保金8.27万元。1999年，经县民政局反复调查和核实，审批29户65人为城镇低保户。根据县政府《城镇居民最低生活保障实施办法》和《城镇居民最低生活保障金管理办法》，对城镇低保户实行一户一档管理。2000年，对全县企事业单位特困职工、下岗人员、无生活自救能力等人员进行第二次调查摸底。经核实，原低保对象44户95人中已脱保的有4户11人，“三无”对象有6户11人，下岗职工有13户28人，失业人员9户16人，其他有12户29人，保障面达100%。城镇低保金月人均标准104元，人均月补差65.57元，年兑现保障金5.82万元。是年，上级下拨专款4.8万元，县财政解决2.6万元，使城镇低保工作得到了保障。

2001年，县委、县政府决定由县民政局牵头，财政、审计、总工会、经贸、林业、商业、供销、教育、人事劳动等单位以及9个乡（镇）协调配合，组成24个调查小组，分别于10月和12月深入到全县5个居委、4个系统（粮食、供销、林业和商业）、11个厂矿、5个公司以及车队、电影院和6个乡镇居民进行了城镇低保普查与重点调查。经核实，全县居民应保对象584户1400人，占非农业人口14667人的9.5%；已保对象542户1268人，占应保对象人数的90.6%，占非农业人口的8.6%，其中，在职职工103户241人、下岗职工106户248人、退休人员38户89人、失业人员84户196人、“三无”人员27户63人、其他人员184户431人。县属国有企业有303户708人，集体企业有55户119人。是年，城镇低保资金支出总额29万元，保障4738人次。为了确保杜绝错保、漏保，达到应保尽保的原则，对享受城镇低保对象采取动态管理，每月进行一次小调查，每季度进行一次大调查。2002年4月，县政府抽调有关单位人员组成4个排查组，对城镇低保户进行复核排查。通过排查，达到应保尽保的有569户1307人，月人均补差44.95元，1—11月累计发放56.2万元，保障10430人次，结余低保金11.3万元。

2003年，全县城镇低保对象共有628户1169人。全年累计发放城镇低保经费47.7万元，解决低保对象10492人次，人均补差45.46元，上级下拨低保金53万元，县财政拨8万元。所有城镇低保户都建一户一卡，每户档案都有申请书、户口簿、申请表、调查表、审批表、调整表、停发表等，档案资料齐全。

2004年，全县城镇低保对象有717户1305人。全年预算资金6万元，到位3.1万元，州下拨68万元。1—12月累计发放低保金71.8万元，保障人数15069人次，月人均补差47.65元。按照落实民政部、省民政厅、州民政局“分类施保”要求，是年5月分类施保所增发低保金的对象和标准是：（1）“三无”人员在享受原保障金的基础上增加30%；（2）家庭成员中无业重度残疾人和患重大疾病的病人，在享受原保障金的基础上增加30%；（3）家庭中有70岁以上老年人的家庭，在享受原保障金的基础上增加20%；（4）单亲和子女就学的家庭，在其享受原保障金的基础上，每个未成年子女或就学子女增发10%；（5）原工商业者无工作的配偶，按台江县城低保标准发给生活费；（6）其他城镇低保对象，按其家庭成员人均收入低于本县最低生活保障标准差额领取城镇低保金。

2006年，减免城镇低保对象100户的有线电视维护费7500元、15户的有关营业税费1.4万元、7户的有关工商管理和市场管理费1680元、649户的生活垃圾处理费4200元，共减免各种税费2.7万元。全县低保对象815户1500人，占非农业人口15871人的9.5%。是年，州下拨款112万元，全年累计发放低保金117.83万元，保障人数17414人次。

2007年，全县低保对象854户1600人。全年累计发放低保金173.28万元，保障人数18644人次，月人均补差92.9元。减免低保对象100户的有线电视维护费8400元、15户的有关营业税费14400元、7户的有关工商管理和市场管理费1680元、685户的生活垃圾处理费41100元。

2008年，全县城镇低保对象941户1722人。全年累计发放城镇低保经费219.2万元，保障人数20054人次，月人均补差109.3元，上级下拨城低保经费154.87万元，县财政匹配资金11万元。经县政府批准，城镇低保标准从130元提高到140元。是年，实行分类施保，得到分类施保对象1388人次，共增发保障金23510元，1—3月发放物价补贴244890元。减免城镇低保对象100户的有线电视维护费8400元、15户的有关营业税费14400元、7户的有关工商管理和市场管理费1680元、685户的生活垃圾处理费41100元。

2009年，严格城镇低保审定程序，做好城镇低保规范管理和动态管理工作，取消32户64人低保，同时将108户154人困难人员纳入了城镇低保，做到了人员有进有出，标准有升有降，达到了保障基本生活。是年，全县城镇低保对象1025户1820人，累计发放城镇低保金276.8万元，保障人数21289人次。

2010年10月1日起，城镇低保标准由原140元提高到200元。全年共注销22户34人，新增111户139人，实行城镇低保动态管理。全县城镇低保对象1107户1926人，累计发放低保金313.491万元，保障人数2.06万人次。

2000—2010年台江县城镇低保情况一览表

表8-7

年　度	保障户数（户）	保障人数（人）	年低保金（万元）
2000	29	65	5.82
2001	542	11268	29.00
2002	451	740	67.50
2003	628	1169	47.70
2004	717	1305	71.80
2005	742	1324	103.40
2006	815	1500	117.80
2007	854	1600	173.28
2008	941	1722	219.20
2009	1025	1820	276.80
2010	1107	1926	303.49

二、农村居民最低生活保障

1999年，台江县农村最低生活保障工作启动。是年，全县农村低保户对象有179户327人，其中，“五保户”69户86人、残疾人60户127人、困难户26户69人、其他24户45人。年人均补差

185.45 元，年需保障金 60.64 万元。2001 年，农村最低生活保障对象 191 户 337 人，年人均补差 180 元，年需农村低保资金总额 60642 元。2002 年，县人民政府出台了《台江县农村最低生活保障制度实施办法》。是年，全县农村低保对象共有 337 户 628 人，其中“五保户”107 户 130 人、特困户 85 户 206 人、残疾人 87 户 184 人、其他 57 户 90 人。年人均标准 400 元，年人均补差 173.12 元，年需保障金 10.87 万元。2003 年，农村低保工作取消，转为农村特困救助对象，2006 年恢复。

2007 年，根据贵州省《关于全面建立实施农村居民最低生活保障制度的意见》和《台江县农村居民最低生活保障实施办法》（以下简称《农村低保办法》）精神，对全县农村特困户进行全面核查。严格按照《农村低保办法》的审批程序，严格审批，坚持做到“一查、两审、三评议”“三榜公示”和“四公开、一监督”。全县享受农村低保对象 5026 户 15181 人，其中，一类一档 238 户 328 人、二类二档 2010 户 5437 人、三类三档 2599 户 8645 人、四类四档 154 户 680 人、五类五档 25 户 91 人。享受增发保障金特殊困难家庭人员 2682 人，农村低保标准 700 元 / 年人，年均补差水平 29.7 元 / 月人，全年发放农村低保金额 270.12 万元。

2008 年，及时调整县农村低保工作领导小组及办公室，明确了职责，规范了程序，扩大了覆盖范围。实行社会化发放和一户一档规范化管理，进一步完善低保制度，台江县被州推荐为全国、全省农村低保规范化工作先进集体候选单位。是年，全县农村低保对象 6530 户 18504 人，其中，一类一档 280 户 378 人、二类二档 2457 户 6266 人、三类三档 1060 户 2914 人、四类四档 2631 户 8565 人、五类五档 102 户 381 人。全年发放农村低保金 931.58 万元。2009 年，农低保全县农村低保对象 6553 户 18532 人，其中，一类一档 280 户 379 人、二类二档 2462 户 6254 人、三类三档 1080 户 2966 人、四类四档 2630 户 8559 人、五类五档 101 户 374 人。全年发放农村低保金 1192.25 万元。2010 年，全县农村低保对象 11754 户 36714 人，其中，长期保障户 788 户 1255 人、重点保障户 3429 户 9613 人、一般保障户 7537 户 25846 人。享受增发补助特殊困难对象人数 5793 人。1—4 季度发放农低保金 1909.94 万元。是年，开展“农村低保规范化建设年”活动，重点开展农村低保对象的复查工作。全年共注销 86 户 304 人，新增 250 户 1118 人，做到了“应保尽保、应退则退”的动态管理。

第三节　救济救助

一、自然灾害救济

1991 年 6—8 月，全县有 169 个村、752 个组、8966 户、40507 人受灾，农作物受灾 2073.33 公顷，成灾 800 公顷，绝收 333.33 公顷。损坏房屋 193 户 344 间，因灾死亡 3 人、重伤 1 人，死亡牲畜 705 头。灾情发生后，省内外、香港同胞向台江捐赠物资折合人民币 40 万元。

1994 年，全县有 9 个乡（镇）受灾，涉及 180 个村、938 个组、22842 户、113336 人。成灾人口 62139 人，农作物受灾面积 7206.67 公顷，占播种面积的 55.3%。是年，用于救济人民群众生活困难的救济款 17.2 万元。

1997 年，全县 191 个村、700 个组、18800 户、82600 人受灾，成灾人口 24200 人，农作物受灾面积 3569 公顷，绝收面积 1069 公顷，死亡 3 人，死亡牲畜 36 头。县财政下拨救济款 37 万元，解决 7834 户 32000 人的温饱问题。

2003 年，全县受灾 8 个乡（镇）、156 个村、803 个组、20200 户，受灾人口 85000 人，成灾人口 41135 人，受灾面积 6054 公顷，绝收面积 4480 公顷，减产粮食 7500 吨，倒塌房屋 12 间，损坏房屋 224 间，农业直接经济损失 2579.26 万元。为帮助灾民和特困群众解决实际困难，下拨救济粮

432.4 吨，发放救灾款 41 万元，发放捐赠衣服 6 万件、被条 300 床、鞋子 120 双、床单 101 床、被套 201 床，衣物折款 32.02 万元，救济 8381 户 38717 人，使灾区灾民迅速恢复生产。

2005 年 6 月 5—10 日，县境有 7380 户 31200 人遭受洪灾，倒塌房屋 6 间，损毁房屋 120 间，造成农业直接经济损失 210 万元。接着在 7—8 月间全县广大地区伏旱严重，农作物受灾面积 3526.67 公顷，绝收面积 720 公顷，造成直接经济损失 780 万元。全县投入抗旱人数达 50500 人，抗旱用电 16 万千瓦时，抗旱设备 120 台，投入抗旱经费 91 万元（其中省级财政和涉农部门 35 万元、县级财政和涉农部门 11.5 万元、群众自筹 44.5 万元）。在解决灾民和特困群众的生产、生活困难中，共下拨救灾救济款44.2万元（其中购买救灾粮款 24 万元、灾民建房补助款3.26万元、下拨救济款 11 万元、临时救济 5.94 万元），救助 32700 人次。

2006 年，根据《贵州省春荒、冬令灾民生活救助制度》，民政局制定了“台江县（贵州省）灾民临时救济卡”，8 个乡（镇）与县局的内部计算机联网，各种救灾材料全部录入计算机管理，及时核灾、报灾。同时制定了《台江县自然灾害救助应急预案》《台江县救灾物资紧急调运制度》《台江县自然灾害应急响应规程》《台江县灾区民房恢复重建工作规划》。全年投入灾区民房恢复重建资金 25.7 万元，解决灾民住房困难 36 户 166 间。共发放减灾宣传资料 3000 份。接收社会捐赠款 13282.1 元，衣物 3529 件，全部发到灾民手中。

2008 年，发生雪凝灾害，共持续 34 天，全县 8 个乡（镇）受灾，受灾人口 12.41 万人，有 141 个村 29064 户停电，电杆毁损 2797 根，线路损坏 28 条，设备毁损 27 台（套），农作物受灾面积 5373 公顷，绝收面积 2200 公顷，经济林受灾面积 6590 公顷，因灾伤病人口 6522 人，损坏房屋 1180 间，直接经济损失达 28329 万元。县境内因灾滞留旅客 3918 人次，车辆 609 辆。是年，累计发放救灾款 264.4 万元，下拨救济粮 41.91 万公斤，使 6506 户 42288 人次得到救助；财政扶贫资金 40 万元，救灾捐赠款 134.6 万元，保证了灾民和困难群众基本生活。

2009 年，累计发放救灾款 160 万元，救济粮 34.31 万公斤，使 1.6 万余户 6.8 万人次得到不同程度的救助。2010 年，累计发放救济款 203 万元，下拨救济粮 26.955 万公斤，下拨抗旱救灾捐赠饮用水 60 吨、水桶 2000 个，下拨救济棉被 1321 床、衣物 3720 件，救济 2.3 万余户 6.8 万人次。

2000—2010 年台江县自然灾害救济一览表

表 8-8

年度	受灾村数（个）	受灾户数（户）	受灾人口（人）	作物受灾面积（公顷）	因灾房屋倒塌（间）	发放救灾款（万元）	发放救灾粮（万公斤）	发放救灾衣裤（件）
2000	187	3504	15006	3420.00	166	17.00	60.00	18222
2001	187	24523	103000	4153.33	162	19.00	29.60	21607
2002	187	31134	133900	4666.67	178	30.20	41.20	49914
2003	156	20200	85000	6533.33	12	41.00	86.40	61000
2004	156	13053	56065	933.33	769	57.00	18.30	34720
2005	156	7380	31200	3466.67	120	44.20	139.80	18900
2006	156	25740	70379	1006.67	151	146.00	335.20	25060
2007	156	4071	10743	126.67	109	234.00	222.70	81000
2008	156	27578	124106	5372.67	5	264.40	41.91	5680
2009	156	20923	91454	4080.00	6	160.00	34.31	4730
2010	156	17248	77619	3260.00	3	203.00	26.95	3720

二、火灾救济

台江农村房屋大都为木质结构，火灾经常发生。1991 年，全县共发生寨火 3 起，受灾 93 户 525 人，烧毁房屋 64 栋 280 间，打烂房屋 30 栋 99 间，造成损失 115.5 万元。县民政局紧急调拨被条 55 床、棉毯 14 床、衣裤 539 件、铁锅 53 口、锑锅 53 个、油毛毡 53 卷、现金 600 元进行救助。1995 年，全县共发生寨火 2 起，受灾 69 户，受灾人口 315 人，烧毁房屋 52 栋 280 间，打烂房屋 17 栋计 33 间，造成损失 98 万元。县民政局紧急调拨被条 65 床、棉毯 38 床、衣裤 1280 件、鞋子 235 双、大铁锅 59 口、小铁锅 59 口等救济物资进行救助。1999 年，全县共发生寨火 9 起，受灾 135 户，受灾人口 273 人，因火灾死亡 2 人。全年发放救济粮 170 吨，发放被条 270 床，衣服 2.75 万件，其他救济物资 365 万件，帮助贫困村解决防火、饮水资金 1.6 万元。

2000 年，发生火灾 6 起，受灾 50 户 248 人。民政局下拨救济粮 300.1 吨，折款合 30.1 万元。2002 年 12 月 7 日，台拱镇红寨村发生火灾，烧毁房屋 63 户，打烂房屋 23 户，受灾人口 311 人，直接经济损失 109.9 万元。县政府召开“12・7”火灾事故灾民安置会，成立安置领导小组，县民政局、共青团台江县委、台江县妇联、台江县总工会联合向全县广大干部、群众倡议捐助。县民政局下拨救济粮 3000 公斤、救济款 15400 元、被条 218 床、解放鞋 75 双、被套 63 床，捐赠物资 62 袋（4340 件）。

2003 年 1 月 24 日，革东镇展架村发生寨火，烧毁房屋 29 栋，因灾损失 13.6 万元。灾情发生后，县民政局立即下拨被条 120 床、被套 120 床、衣物 1691 件、鞋子 133 双、救济粮 3840 公斤等，并每户救济 200 元，每人安排 1.5 公斤肉、0.5 公斤白酒过春节。

2006 年 1 月 27 日，台拱镇排汪村发生火灾，受灾 28 户 136 人，烧毁房屋 144 间、粮食 85750 公斤、电器 56 台，现金 86330 元、银首饰 49 件及棉被、衣物、农具、炊具等，直接损失折款 69 万元。灾情发生后，县民政局调运捐赠衣物 50 包（2500 件）、军被 80 床、现金 10340 元；县红十字会捐赠棉被 24 床、毛毯 24 床，衣物若干，现金 2400 元，现场发放给灾民手中。1 月 28 日上午，州委、州政府领导亲自到火灾现场慰问灾民，捐送军被 30 床，慰问金 8700 元（每户 300 元），猪肉 72.5 公斤（每户 2.5 公斤）、白酒 56 瓶、大米 700 公斤、衣物 3500 件。县民政局发放油毛毡 56 卷、彩色塑料布 56 米，县粮食局送大米 300 公斤，台江贵家福超市老板捐助 1000 元，保障了灾民春节生活。

2007 年 11 月 9 日，南宫乡拥党村发生一起寨火，烧毁房屋 399 间，受灾 133 户 617 人，烧毁粮食 18 万公斤、大牲畜 364 头、家禽 339 只及电器、棉被、衣物、农具、家具等，直接经济损失 207.9 万元。受灾后，县委、县政府立即成立灾民安置领导小组，县民政局下拨救济款 40500 元、被条 890 床、踏花被 91 床、衣物 38692 件、鞋子 950 双、救济粮 82700 公斤安排到灾民手中。12 月 17 日，县捐赠办公室收到衣物 4 万件（套）、现金 29 万元，及时将捐助款物送到灾民手中。其后，县里对拥党村的重建进行规划，每户安排 20000～25000 元给灾民重建家园。

2008 年 5 月 12 日，方召乡基甲村发生一起寨火，将 85 户 79 栋 212 间房屋化为灰烬，造成 380 多人无家可归。火灾发生后，县委、县政府及有关部门及时组织人员在第一时间赶到火灾现场，指导救灾，组织扑火，慰问灾民。县民政局于灾后第二天，及时将救灾款 3 万元、棉被 200 床、衣物 3000 余件、油毛毡 200 卷、彩色塑料布 100 卷、大米 5000 公斤、菜油 100 桶及生活用品安排到灾民手中。5 月 19 日，县捐赠办将收到捐款 82691 元、衣物 1600 余件送到灾民手中。

2009 年 5 月 20 日，施洞镇井洞塘村发生一起寨火，烧毁房屋 20 栋 35 间，受灾人口 112 人。火灾发生后，县民政局于当天紧急调运大米 650 公斤、青油 23 桶、猪肉 50 公斤、油毛毡 90 卷、彩布条 40 件、饮食餐具 23 套、棉被 80 床、衣物 1000 件和现金 9400 元发放到灾民手中。

2010年12月30日，施洞镇猫坡村发生一起寨火，烧毁46栋138间，受灾人口320人，烧毁粮食、电器、棉被、衣物、农具、家具等物资。火灾发生后，县民政局于当日下午将救灾款 25800 元、棉被 336 床、衣物 84 包、油毛毡 168 卷、彩色塑料布 84 卷、大米 8400 公斤、菜油 84 桶及生活用品等发放到灾民手中。次年 1 月 1 日，县捐赠办接收捐赠款 141746 元、衣物 3000 余件，于当日全部发放到灾民手中。

三、社会救助

1991 年，县财政局下拨 5000 元，解决在剑河县麻风村就医生活的 11 户 22 人生活补助费。1993 年，县财政局下拨救济物资 25.5 万元，作为临时生产生活补助“五保”、孤儿、孤老、困难户，救助外流人员 99 人次，下拨 4800 元给在剑河麻风村长期治疗的 12 人生活补助费。1994 年，收容救助外来困难人员 92 人次，发给补助费 500 元。1997 年，发放救济款 37 万元，救济 7834 户 3.2 人。1999 年，为特殊民政对象治病发放 3.7 万元，“五保”供养对象户年人均标准 860 元。2001 年，困难临时救济 697 户 7.4 万元；解决住房困难 21 户，补助金额 1.95 万元。安排救灾款 100 万元，其中，州财政局下拨救灾款 96.5 万元（含粮差款式 3.5 万元），县财政局下拨“1704”科目 3.5 万元，全部用于安排特困户和其他定补人员的生活、生产。

2003 年，县政府出台《台江县建立和完善农村特困群众社会救助制度实施方案》，确保“五保”对象供养标准：定期救济标准，每年每人原则上不低于 200 元；临时救济标准，每年每人原则上不低于 60 元。全县共有“五保”对象 449 户 610 人，每年每人原则上不低于 625 元。

2004 年，对农村特困家庭进行全面排查，全县救助对象有 814 户 1346 人，占农业人口的 1%，其中“五保”343 户 455 人，因残、因病的有 471 户 891 人。年发放救助金 30.15 万元，其中粮食 739623 公斤，使农村弱势群体生活得到保障。为加强社会救助管理工作，使流浪乞讨人员得到救助，是年先后制定和完善了各项规章制度，如《救助人员须知》《救助管理站工作职责》《受助人员管理规定》《救助管理站工作人员行为规范》等。全年接待救助人数 57 人，救助金额 1466 元。办理弃婴收养登记 2 例，送养 3 名弃婴到州福利院。

2005 年，分别对 8 个乡（镇）156 个村的特困户、“五保户”进行重新调查核实，新增 1015 户 2618 人，并建立了一户一档，全年发放定期补助款 84.56 万元，解决 42330 人次生活问题，使农村特困户生活有保障。接待救助人数 38 人，救助金额 940 元。送养 3 名弃婴到州福利院。

2006 年，下发《台江县建立和完善农村特困群众社会救助制度实施方案的通知》。对农村特困救助对象实行建档管理，救助对象户都持有“农村特困群众救助证”。全县农村特困救助对象有 1524 户 3620 人，比上年的 1015 户 2618 人增加 509 户 1002 人。全年发放救助金 74.57 万元，救助农村特困户 43458 人次。“五保”供养对象 136 人，其中分散供养 112 人、集中供养 24 人。集中供养老人，每人每季度补助 475 元，年供养标准 1900 元；分散供养老人，每人每季度补助 210 元，年供养标准 840 元；分散供养孤儿（“五保”），每人每季度补助 156 元，年供养标准 625 元。全年发放“五保”供养金 11.58 万元。

2007 年，全县“五保”对象 129 人，其中分散供养 105 人、集中供养 24 人。集中供养老人每人每季度补助 360 元，年供养标准 1440 元；分散供养老人每人每季度补助 210 元，年供养标准 840 元；分散供养孤儿（“五保”）每人每季度补助 210 元，年供养标准 840 元。全年共发放“五保”供养金 11.75 万元。2008 年，全县“五保”对象 129 人，其中分散供养 105 人、集中供养 24 人。全年发放“五保”供养金 11.89 万元。全年救助城市流浪乞讨人员 55 人，救助资金 3774 元。2009 年，共救助城市流浪乞讨人员 81 人，救助资金 2961 元。2010 年，累计临时救助 340 人次，支出救助资金 15.6 万元。全年共救助城市流浪乞讨人员 81 人，救助资金 4225 元；救助贫困家庭中患精神病人急救 45 人，救助住院费 22 万元。

四、农村医疗救助

2004年农村医疗救助工作开始启动，7月13日，县人民政府出台《台江县农村医疗救助实施细则（试行）》，规范农村医疗救助制度。当年发放农村医疗救助金26683元，救助98人。

2005年，贯彻“以民为本，为民解困”的工作方针，在县农行设立农村医疗救助基金专户，实行专户管理，专款专用。全年发放医疗救助金8.02万元，救助118人。2006年，贯彻执行《台江县农村医疗救助实施细则（试行）》，进一步规范和完善农村医疗救助制度。全年发放农村医疗救助金5.31万元，救助311人。2007年，发放农村医疗救助金16.97万元，救助187人。2008年，发放农村医疗救助金18.66万元，救助120人。2009年，对8个乡（镇）因病困难的农村家庭341户363人进行医疗救助，支出医疗救助资金56.8万元。2010年，对8个乡（镇）因病困难的农村家庭822户822人进行医疗救助，支出农村医疗救助资金131.32万元。

第四节　优抚安置

一、优待

1991年，全县有军属249户，其中，农村义务兵234人、城镇非农业义务兵15人，每人每年兑现优待金150元。是年，对新兵实行人身保险，每个农村义务兵每月可领取养老保险金67.3元，其中兑现30%给现役军人家属，剩余70%存入银行。1993年，根据台府发〔1991〕25号文件规定，筹集优待金29401元，对189户现役军人家属发给优待金25430元（1991年前入伍的优待金150元，1992年后入伍的优待金200元），优待面达100%，并为28名农村义务兵实行义务养老保险，支付保险费5600元。

1994年，按照台府通〔1994〕6号文件规定，筹集优待金36272元，对全县214户现役军人家属进行优待，农村军人家属优待金由200元提高到300元，城镇军属由50元提高到100元。1997年，收缴优抚金27988元，占应收的56%，兑现军属户174户，兑现金额5.04万元。2001年，收缴优待金15.4万元，基本保证全县186户军属户年均800元的优待兑现工作。2002年，全县义务兵家属应享受优待金的有185户，在上年户均优待800元的基础上提高到1300元，农村义务兵和城镇义务兵享受同等待遇。2003年，全县义务兵家属符合享受优待金的91户，每户优待标准从上年的1300元提高到1350元。2004年，全县义务兵家属享受优待金的有89户，在上年户均优待1350元的基础上提高到1421元，共发放优待金126825元。

2005年，全县有现役军人家庭80户，兑现优待金12.34万元。2006年，全县义务兵家属有85户，优待金由上年的1421元提高到1682元，全年发放14.12万元。2008年，全县义务兵家属有80户，每户优待金标准2014元，全年发放优待金16.122万元。2009年，全县义务兵家庭79户，每户优待金标准2158元，全年发放优待金16.4万元。2010年，全县义务兵家属67户，每户优待金标准2588元，全年发放优待金17.3396万元。

二、抚恤

1993年，对烈属15户20人按月给予抚恤救济，年支付7200元，支付抚恤金7774元，对1954年10月31日前复员在乡、家庭生活比较困难的300名复员军人实行定期定量补助，定补面达79.7%，按每人每月15元，年发给救济费54000元。1997年，在乡的复员军人享受补助的有300人，年补助金额5.4万元。

2001 年 3 月，县重点优抚对象普查工作领导小组组织人员开展普查，在乡复员军人有 264 人，比普查前的 285 人少 21 人；失散红军有 2 人，与普查前相同；在乡伤残人员有 12 人，比普查前的 11 人多 1 人；在职伤残人员有 24 人，比普查前的 25 人少 1 人；武警人员有 6 人，比普查前 14 人少 8 人；烈属（含因公牺牲和病故军人家属）15 人，比普查前的 14 人多 1 人；带病回乡 6 人。全县重点优抚对象共计 329 人，比普查前 357 人少 28 人。在乡伤残军人 12 人，年抚恤金 17280 元；在职伤残人员 24 人，年保障金 9780 元；烈属、因公、因病军人家属 15 人，年抚恤金 21660 元；失散红军 2 人，年补助金 2880 元；在乡复员军人 264 人，由 480 元提高到 600 元，年定期补助金 158400 元。四项抚恤和补助总额 21 万元。

2002 年，在乡复员军人的定补在上年 600 元的基础上提高到 840 元，定补面达 100%。是年 10 月，对在乡革命伤残人员 13 人、在职革命伤残人员 21 人、烈属 3 人、因公牺牲军人家属 3 人、病故军人家属 6 人、红军失散人员 2 人的材料建档归档。

2003 年，根据上级文件精神，对在乡复员军人从上年每人每月补助 60 元提高到每人每月 90 元。2004 年，全县对乡复员军人 228 人，从上年每人每月补助 1080 元的基础上提高到 1092 元，提高 1%，超过上级规定的定补标准。2006 年，对乡复员军人的补助从上年的 1092 元提高到 1812 元，全年补助金兑现 41.31 万元。2007 年，全县义务兵家属有 87 户，按县内上年度农民人均纯收入的 100% 发放，每户优待金标准 1766 元，共发放 15.36 万元。对乡复员军人定补，在 2006 年定补标准 2050 元的基础上每人每年提高 130 元，定补标准达 2180 元，共发放 32.05 万元。帮助重点优抚对象 165 人缴纳新型农村合作医疗费。

2008 年，全县在乡复员军人有 228 人，在上年定补标准 2430 元的基础上每人每年提高 502 元，定补标准达 2932 元，共发放在乡复员军人定补经费 66.85 万元。2009 年，全县在乡复员军人 209 人，每人年定补标准 3480 元，共发放在乡复员军人定补经费 72.73 万元。残疾军人和“三属”有 46 人，发放抚恤补助金 22.5 万元；参战退役人员 453 人，发放生活补助费 70.7 万元。2010 年，在乡复员军人有 114 人，每人年定补标准 4370 元，共发放定补金 49.82 万元，比上年递增 9.56%。“三属”和残疾军人有 43 人，共发放抚恤补助金 25.87 万元。参战退役人员 301 人，共发放生活补助费 72.24 万元。

三、安置

退伍军人均按照国家《退伍义务兵安置条例》进行安置。1993 年，共接收退伍军人 56 人，其中农村退伍军人 52 人、城镇退伍军人 3 人、志愿兵 1 人。解决 36 名退伍军人安家费 3000 元。1994 年，共接收退伍军人 43 人，其中农村退伍军人 34 人、城镇退伍军人 7 人、志愿兵 1 人、伤残军人 1 人。通过牵线搭桥，有 16 名农村退伍军人被国家企事业单位录用。1997 年，共接收退伍军人 41 人，其中农村退伍军人 37 人、城镇退伍军人 3 人、志愿军 1 人。符合政策规定安排工作的 6 人已全部安置。通过牵线搭桥，有 22 名农村退伍军人到企事业单位工作。1998 年，共接收退伍军人 31 人，其中农村退伍军人 28 人，经牵线搭桥，28 名农村退伍军人全部到国家企事业单位工作。是年，帮助重点优抚对象户新建、维修住房 21 户，投入资金 3.2 万元，其中新建 9 户 2.2 万元，维修 12 户 9600 元。1999 年，按照县人民政府《关于征收现役义务兵军属优待金农村教育附加费的通知》要求，优待金以“农业人口和城镇居民每年每人收缴 1 元，行政企事业单位每年每人收缴 5 元”开展“爱心献功臣”，为 19 名农村退伍军人牵线搭桥，安排到机关企事业单位工作。

2001 年，投入资金 3 万元，帮助 16 户重点优抚对象修建房屋，其中建房 9 户、维修 7 户。城镇退伍军人符合安置 7 人，安置率达 100%，一次性经济补偿费共 30248 元。2003 年，共有 27 名退伍军人回乡，其中符合安置条件的城镇退伍军人 7 人，全部安置完毕，其中 3 人为一次经济补偿安置，自谋职业，每人补偿 17488 元。2004 年，按照台府发《关于城镇退役士兵自谋职业实行一次性经济补偿意见》，符合城镇退伍军人安置的有 14 人，安置率达 100%，其中，安排工作 3 人，转到母亲在省驻台单位工作的子女 1 人，自谋职业 10 人，每人领取一次性经济补助费 16894 元。解决复员军人住房困难的维修和新建住房 14 户，支出 9800 元。

2005 年，共接收退伍军人、转业和复员士官 47 人，其中回农村安置 37 人，城镇退伍军人符合安置的 10 人（安排工作 3 人、自谋职业 7 人），安置率 100%。2006 年，共接收退伍军人 37 人，其中回农村安置 27 人，城镇退役军人符合安置的 10 人（安排工作 5 人、自谋职业 5 人）。年支出优待补助、安置费 13.94 万元。2007 年，共接收退伍军人 25 人，其中回农村安置 21 人、城镇退伍军人符合安置 4 人，领取一次性经济补助费共 107392 元；领取待分配期间生活补助费 2380 元，共支出安置经费 112456.8 元。2008 年，共接收退伍军人 33 人，其中回农村安置 27 人、城镇退役军人符合安置 6 人，自谋职业每人领取一次性经济补助费 26848 元，共领取一次性经济补助费 161088 元，领取待分配期间生活补助费 5580 元，共支出安置经费 193516 元。

2009 年，共接收退伍军人 19 人，其中回农村安置 15 人、城镇退伍军人符合安置 4 人，领取一次性经济补助 78848 元，待分配期间生活补助费 8375 元，共支出安置经费 100307 元。2010 年，共接收退伍军人 21 人，其中回农村安置 16 人、转业士官 1 人、复员士官 1 人、城镇退伍军人 3 人。符合国家政策安置条件的城镇退伍军人和转业士官 4 人，按自谋职业为主、竞争考试安置为辅的安置原则，安置 2 人，自谋职业 2 人，共领取一次性自谋职业补助金 8.43 万元。

四、“双拥”活动

台江县在每年“八一”建军节、春节期间，都组织干部、群众到军人家属、烈属家进行慰问。1997年，县里拨2万元作慰问金，走访慰问军烈属917户，解决124名退伍军人住房、生活困难问题。1998 年，县委、县政府与有关部门组成 11 个慰问组，共慰问军烈属 25 户，慰问金 3.8 万元。是年，省委、省政府、省军区授予台江“双拥”模范县称号。按照省人民政府关于创建“双拥”模范县的标准，现役军人家属优待金按上年农民人均纯收入的 70% 兑现，优待标准 770 元，从上年的 300 元增加 470 元，增加 157%；提高在乡复退军人待遇，年人均补助达 400 元，从上年的 180 元增加 220 元，增长 122%。2002 年，在建军 75 周年纪念活动中，县拥军优属领导小组成员单位和县直有关部门捐赠款 5000 元，补助退伍军人住房困难 7 户，建房 18 间。2003 年，通过协调有关部门投入 10 万元，修建农业局至县武警中队的水泥路面硬化 1450 米；投入 6000 元，维修革命烈士陵园纪念建筑物和围墙。全年拥军优属经费达 9.05 万元。2004 年，县财政局下拨 13000 元作为人武部“八一”建军节开展慰问活动经费，资助民兵团 8000 元、消防大队 2000 元购置设备。

2005 年春节期间，组织县、乡（镇）、村领导分组对 80 户军属、2 户烈属、4 户因公牺牲军人家属、13 名伤残军人、228 名复员退伍军人及 3 个军（警）部队进行走访慰问，为优抚对象送去现金 5.27 万元，送食物折款 1.27 万元。同时采取县民政局补助、个人自筹相结合的办法，为 17 户重点优抚对象新建住房 6 栋，维修 11 户。2006 年，县委、县政府组织党政军慰问团对驻军部队、武警官兵、革命伤残军人、军队离退休老干部进行节日慰问，共召开各类座谈会、联欢会 22 次；发放慰问金额 3.04 万元。2007 年，慰问各类民政对象 1129 人，共发慰问金共计 8.3 万元，物资折款 0.98 万元，赠送对联 186 副、年画 298 张、“光荣之家”匾 40 块。慰问驻台江部队即人武部、武警中队、武警消防大队，共发慰问金 6000 元。

2008 年，慰问各类优抚对象 41 人，赠送“光荣之家”匾 41 块，发慰问金 2 万元。下拨 8 个乡（镇）“八一”建军节座谈会补助经费 13600 元。8 月 1 日，县委、县政府慰问驻台江部队，送去慰问金 9000 元。2009 年，慰问各类优抚对象 122 人，发放慰问金 3.75 万元，赠送对联 207 副、年画 669 张、“光荣之家”匾 36 块。“八一”期间，下拨乡（镇）座谈会补助经费 13600 元，慰问驻军部队 3 万元。

7月31日，县委、县政府表彰“拥军优属先进单位”5个、“拥政爱民先进单位”1个、“拥军优属先进工作者”19人、“拥政爱民先进个人”3人，共发奖金3700元。2010年，慰问军（警）部队慰问金3万元，民政对象4.34万元。“八一”期间，向军（警）部队发放慰问金1.8万元，向军烈属发放慰问金4800元，下拨乡（镇）座谈补助经费13600元。为驻台江部队解决标语牌、喷水池、球场维修等发放资金13万元，为县武警中队、县消防大队解决困难发放补助费4万元。

第五节 社会福利

一、敬老院

1994—2005年，台江县先后建成施洞、排羊、台盘、老屯4所敬老院。施洞敬老院1994年开工，1995年6月竣工投入使用；排羊敬老院1995年开工，1997年竣工投入使用；台盘敬老院1998年开工，2002年10月竣工投入使用；老屯敬老院1998年开工，2005年竣工投入使用。总占地面积2927平方米，建筑面积2057平方米。

2005年，4所敬老院共有床位58张，供养人数27人，床位利用率46.6%。住房每人1间，每间建筑面积12～15平方米。伙食标准每人每天平均5元，供养标准年人均1800元，年投入敬老院经费8000元。

2006年，全县“五保”供养对象136人，其中分散供养112人、集中供养24人。集中供养老人每人每季度补助475元，年供养标准1900元；分散供养老人每人每季度补助210元，年供养标准840元；分散供养孤儿（“五保”）每人每季度补助156元，年供养标准624元。是年，敬老院供养的24人均为“五保”老人，年人均供养标准1900元，共发放“五保”供养金11.58万元，经费由县财政转移支付资金解决。2008—2010年，敬老院供养人数分别为24人、18人、17人，年人均供养标准2160元。

二、福利彩票

1993年，开展社会福利有奖募捐活动，销售奖券40万元，筹集福利资金8万元。1995年，发行100万元福利彩票，销售97万元。1998年，社会福利彩票销售完成40万元，筹集福利资金8万元。2001年，发行福利彩票60万元，贵州风采电脑福利彩票销售17060元。2002年5月1日，发行福利彩票100万元，销售5.7万元，占州下达任务20万元的28.5%。全县设电脑彩票投注点2个，年末总销售2.7万元。2004年5月，完成福利彩票销售13.75万元。2006年，福利彩票工作列入目标考核内容，明确专人负责，年上缴福利彩票资金53.28万元。2007年，资金归集上缴115万元，完成省下达任务的100%。2008年，共销售电脑福利彩票200.76万元。2009年，共销售电脑福利彩票314.04万元。2010年，共销售电脑福利彩票312万元。

三、福利活动

1991年，县民政局开展老人白内障义务治疗活动，治愈24例。局领导出席全省三项康复会，受省、州领导的表彰。2002年，按照州民政局的安排，落实“星光计划”建设项目，投资27万元在台拱镇秀眉大道旁修建星光老年服务中心，室内活动室210平方米，室外活动场所800平方米。2006年，全县有7600余人次到“星光老年之家”开展健身活动，为老年人们的身心健康创造一个良好的和谐环境。2007年，县民政局出台《台江县星光老年之家管理办法》以及完善各项规章制度，发挥“星光老年之家”的服务作用，全年老年人到“星光老年之家”活动达8000人次。

第六节 社会事务管理

一、殡葬管理

台江殡葬大都沿袭传统，殡葬改革尚未普及推广。在1999年殡葬改革中，全县完成火化遗体数102具，火化率61%。2002年，台江县完成火化遗体数52具。2003年，根据国务院和贵州省《殡葬管理条例》的有关政策法规，成立台江县坟墓治理整顿工作领导小组，实行政府负责、部门配合、乡（镇）实施、坟主包干治理责任制，在望城坡坳以西一带斜坡上选地9公顷作为公墓。2006年，完成编制殡仪服务设施和公墓建设，纳入县人民政府“十一五”规划，公墓建设采取对外招商的方式开发。

二、区划与地名勘界

区划　2001年，对台江县行政区划进行统计工作。2003年6月18日，革东镇划归剑河县，次年对行政区划调整。按照有利于地方稳定、有利于行政管理、有利于经济发展、有利于资源共享等原则，对县境进行近期、中期、远期规划。是年，规划台拱镇秀眉、文昌、萃文3个社区的行政区域图及绘制工作。完成金秋梨、苦丁茶、畜牧业、旅游业、革一生态园区“四产业一园区”的经济发展区划以及区划图的绘制。2006年，完成台盘工业园区、南宫森林公园风景管理处的区划以及区划图的绘制工作。

地名勘界　1993年，完成9个乡（镇）、425个自然寨的地名补查和资料更新。1994年，完成9个乡（镇）的门牌和县城、街、巷的界牌27499块。1997年，集资2300元完成国道320线村寨地名标志设置。1998年，完成周边界线215公里的踏查工作。1999年11月20日，县人民政府下发《台江县地名管理实施办法的通知》，进一步明确了县地名规范化建设，使台江县地名管理步入正轨。完成台江县乡镇行政名称用字译音及上报工作；完成215公里划界、测绘，11个界牌埋设和材料归档。2000年，完成县境内5条界线、5个交会点、227.01公里的勘界、测绘和11个界碑埋设以及材料归档工作。2001年，完成中国县市名录的收集和台江县城21条道路、街、巷的命名、更名工作。2002年，完成《中国古今地名大词典》台江词系、词素收集整理和村级行政区划工作。2004年，完成县城4条街道的14块地名标牌设置工作，在县城6条主要街道共埋设26块地名标牌，填补了全城街道无标牌的历史。

2005年，完成对全县156个村名的用字和读音规范工作；对县边界的台盘、沙子坡、石灰河、平兆界桩进行维护检查。2006年，完成县城所在地的街、路、巷地名标志牌32块，居民门（楼）牌的中门牌1594块，小门牌3216块，栋牌137块，单元牌218块，并对本辖区内地名建立数据库，以及其他地名资料的录入归档。2007年，完成县城8条路、街（巷）的17块地名标志牌和南宫乡、台盘乡政府驻地2条路（巷）的6块地名标志牌设置。2008年，完成8个乡（镇）地名标志设置和400多条地名数据的收集整理录入。2009年，完成城关地区和施洞镇、台盘乡、革一乡、老屯乡、排羊乡政府驻地路、街、巷牌设置工作，并栽立路牌85块。2010年，完成460条地名数据库整理录入，补栽被损坏路牌35块。

三、社团管理

1991年，全县清理登记社会团体组织23个。1992年，依法批准成立社会团体组织2个。1993年，依法批准成立社会团体组织12个。1994年，按照《社会团体登记条例》和《国务院办公厅转发民政部关于清理社会团体请示的通知》要求，县民政局对社会团体进行清理整顿和复查登记，依法批准成立社会团体15个。通过复查审核，使社会团体工作逐步走上正轨。2002年，按照《社会团体登记管理条例》，对全县9个社团进行清理整顿和换证，注销不合格的社会团体组织4个，新增2个。2003年，发展农村专业经济协会，成立“台拱村优质果品科技协会”“梅影村蔬菜协会”和“下桃村葡萄协会”。2004年，对社会团体进行年检，符合社会团体4个，民办非企业单位3个，注销3个。同时规范社会团体的更换新证工作。

2005年，对民间组织管理坚持“依法登记、严格管理”的原则，共培育登记5个农村专业经济协会，并对6个民间组织实行实地调查。如台江县机动车驾驶员协会，配合县交警大队上街开展《中华人民共和国道路交通安全法》宣传，发放宣传资料5000余份（本），编写《苗疆驾友》周刊8期，关心会员（驾驶员）生活，看望会员住院18人次，送慰问金3000余元；台拱镇梅影村蔬菜协会，举办4期科技培训班，组织协会班子和会员集中学习4次，扩建80个蔬菜大棚；台江苗族刺绣艺术学校，全年招收学员155人，并进行培训，输送55人到浙江、上海、广东等地就业；南宫乡汪江村种草养畜协会，饲养632头牛，新增牛存栏92头、出栏58头，牧草3亩以上的有81户，养牛10头以上的有12户。

2006年，发展农村专业经济协会和民间组织9个，即台拱镇大德村女子造林协会、台江县画眉鸟协会、台江县苗学研究协会、台江县民族民间节日活动协会、台拱镇兴旺养殖协会、台江县苦丁茶产业协会、台江县兰花协会、台江县药品质量协会。是年，全县的民间组织有23个，符合年检的社会团体有13个。2007年，完成民间组织年检19个，其中优秀1个、合格17个、注销2个。2008年，完成民间组织年检22个，其中优秀2个、合格20个。2009年，完成民间组织年检22个。2010年，完成民间组织年检22个和社会组织“小金库”清理工作，完成4个社会组织和1个民办非企业单位注册登记工作。

四、婚姻登记管理

结婚登记 1991年，全县开展新《中华人民共和国婚姻法》（以下简称《婚姻法》）宣传教育，使县内居民逐渐对《婚姻法》有了认识。全县有1783对夫妇办理结婚登记和补办结婚登记手续。1993年，贯彻《婚姻法登记办法》和《贵州省婚姻登记办法实施细则》，积极开展婚姻登记管理工作，全县共结婚606对，依法登记368对，占结婚总数的61%。1994年，民政局加强《婚姻法》和《婚姻登记管理条例》的宣传工作，结婚登记办理有所提高，全年办理结婚登记886对。1997年4月，在台盘乡召开全县婚姻登记管理培训会，组织学习《婚姻法》《婚姻登记管理条例》和《贵州省婚姻登记管理办法》。通过培训考试合格，给20人发婚姻登记管理员证书，持证上岗。是年，全县共办理结婚登记716对。1998年5月，建立“台江县民政婚姻家庭服务中心”，依法开展婚姻服务工作。

2001年，在全县各乡（镇、村）及县直机关单位发放和张贴新《婚姻法》450余份。县乡（镇）婚姻登记办公室认真按照《婚姻法》的规定，坚持“三审查、八必须、八不登”的婚姻登记工作制度，认真审核婚姻当事人的婚姻登记证件、手续是否完备齐全，符合结婚条件的给予办理结婚登记，并清理以民间举行婚礼而未登记的违法婚姻，提高了婚姻登记率。全县办理结婚登记和补办结婚登记的共2641对，结婚登记率达188.2%。2002年，各乡（镇）社会事务办实行收费挂牌公示，接受群众监督。全县办理结婚登记共1318对，结婚登记率达98%。2003年9月，对全县各乡（镇）的社会事务办公室主任、工作人员进行《婚姻登记条例》业务培训。10月，民政局下发《婚姻登记条例》和《婚姻法》100余份给各乡镇张贴宣传。2004年1月，根据《贵州省婚姻登记机关设置方案》，全县共设8个婚姻登记处，实行收费挂牌公示，接受群众监督。同年3月和8月，县民政局分别举办两期婚姻登记培训，参训人员72人次。8个婚姻登记处登记员通过培训考试合格后均持证上岗。2006年后，全县8个婚姻登记处都实行计算机出证，进一步提高婚姻登记的工作效率。2007年，全县共办理结婚登记997对。2008年，共办理结婚登记1018对。2009年，共办理结婚登记1105对。2010年，共办理结婚登记 1358 对，发放婚姻宣传资料 3500 余份。

离婚登记 20 世纪 90 年代，台江境内苗族居住地区在离婚方面仍有沿袭传统的习俗，夫妻离婚通知双方老人约定在某一地集中调庭。首先讲和，不和即由一人用刀划破竹筒，或砍断手帕，一人持一半，以示离婚。随着人们对《婚姻法》的认识不断深入，一般没有家庭财产纠纷的，直接到民政局办理离婚手续。1992 年后，办理离婚的数据如下：1993 年离婚 5 对，1994 年离婚 8 对，2002 年离婚 13 对，2003 年离婚 16 对，2004 年离婚 35 对，2005 年离婚 30 对，2006 年离婚 29 对，2007 年离婚 62 对，2008 年离婚 52 对，2009 年离婚 96 对，2010 年离婚 81 对。

第七节 社会捐赠

1998 年，县民政局倡议社会捐赠，共收到捐款 2.07 万元、物资 247 件。2002 年，成立了台江县经常性社会捐助领导小组，组长由分管民政的副县长担任，成员由县委办、政府办、宣传部、民政、共青团、妇联等部门负责人组成，制定了实施方案。社会捐助接收站设在县民政局社会救助股，9 个乡（镇）社会事务办公室为接收点，负责捐赠款物的清点、接收、保管、运送等工作。是年 11 月，县委、县政府下发了《关于在全县范围内开展集中性救灾捐助活动的意见》，捐助活动于 11 月 1 日至 20 日，历时 20 天，共接收捐赠款 3124 元，衣服 173 件。是年，各乡（镇）接收点共接收捐赠款 15720 元，捐赠衣服 7124 件、被褥 10 床、大米 5000 公斤。

2003 年，台江县遭受多次严重的自然灾害，给人民群众造成严重的经济损失，根据省州的文件精神，为了及时解决灾区人民的生产、生活困难，县委、县政府下发了《关于在全县范围内开展集中性救灾捐助活动的意见》和倡议书，县直机关单位干部职工、广大居民发扬了“一方有难、八方支援”的传统美德，有物捐物，有钱捐钱，共收到 26 个单位 520 人次的捐赠款 5580 元、衣物 310 件（条）、被条 40 床、粮食 150 公斤等，全部送达灾民手中。

2004 年，县委下发《关于开展向灾区捐款捐物活动的通知》后，共收到捐赠款 4352.9 元、衣物 723 件。同时收到省外对口帮扶捐赠衣物 585 袋，其中被条 80 床。2005 年，开展“慈善一日捐”活动，共收到捐赠款 20323.6 元。2006 年共收到社会捐赠款 1.3 万元，衣物 3.5 万件。2007 年，共接收社会捐赠款 30 万元，衣物 35000 件。2008 年，共接收社会救灾捐赠款 134.6 万元。2010 年，共接收社会捐赠款 14.17 万元，衣物 3000 余件。

第八节 老龄工作

台江县老龄工作委员会于 1987 年 8 月 5 日成立，委员会下设办公室在县劳动人事局。2001 年 11 月 12 日，根据《中共台江县委、台江县人民政府关于县党政机构设置的通知》（台党通〔2001〕54 号）文件精神，台江县老龄工作委员会办公室设在台江县民政局，为股级机构，2008 年 8 月由股级行政机构升为副科级行政机构。

2003 年，县委、县政府制定《台江县老龄事业发展“十五”计划纲要（2001—2005 年）》。在实施中，一是加强组织领导，理顺完善机构。在机构改革中，调整充实了县老龄委员会组成人员，加强老龄工作的力度。2005 年 6 月底，全县 8 个乡（镇）已建立了老龄工作委员会，领导小组由乡镇党委副书记、副乡（镇）长及社会事务办公室主任、司法所所长、财政所所长、文化中心主任、教育辅导站站长、妇联主席、团委书记、卫生院院长等负责人组成，共计 80 人。与此同时，为了进一步加强基层老龄工作开展，县老龄委、县老干局协助县老年大学成立乡（镇）老年学校3所、村（社区）老年学校7所。二是逐步加强和改进老年人服务设施工作。县城所在地建有老年人活动中心2所，面积1320平方米。中心内设老年人教室1个，可容纳56名老年大学学员上课学习；棋牌室6个，一次可容纳76人参与活动；健身房2个；阅览室3个；室外设有老年人门球场2个和老年人健身器材2处，专供老年人开展健身运动。此外，革一乡屯上村专为本村老年人建棋牌室、阅览活动室，较好地保障了本村50多名老年人开展正常的文体娱乐活动。三是加大《老年人权益保障法》的宣传力度，联手协力做好老年人的维权工作。1996年以来，县司法部门牵头，工会、青年团、妇联等成员单位配合，在全县进行“三五”“四五”普法宣传活动中，涉及老年人维权宣传13次，散发传单6500余份，受宣传教育人数达9.86万人次，老年人受法律援助6件次。村委、居委（社区）调解老年人各种维权事务工作2475件次。四是建立和完善老年社会保障制度。2004年，全县行政事业离退休职工1316人，离退休人员工资全部足额按月发放；企业离退休职工521人，人均按月领取养老金696元。乡（镇）敬老院有4所，全县农村乡镇敬老院覆盖率达50%，现供养孤寡老年人24人。农村“五保”老人有395人，每人每月民政供给52元基本生活保障金。农村常年生活困难的有4863户，其中困难家庭老年人2518人，占全县老年人总数的17%。县、乡（镇）两级老年医疗机构初步形成。全县有医院12所，其中，县城所在地医院4所、乡（镇）卫生院8所，总病人床位235张［县城病床145张、乡（镇）卫生院病床90张］。五是发挥老年大学和老年人体育协会组织作用，推动“六个老有”工作的正常开展。全县城乡建有老年大学11所，其中，县城1所、乡（镇）3所、村委（社区）7所。全县实有学员421人，其中，县老年学员168人、乡镇学员87人、村（社区）学员166人。

2006年，出台《台江县老龄事业“十一五”发展规划》，进一步完善养老保障机制。在城镇，对离退休干部生活待遇优先照顾，政治待遇略为从优，保证离退休人员养老保险金按时足额发放。进一步落实最低生活保障制度，对家庭人均收入低于城镇、农村最低生活保障线的老年人，全部纳入“低保”范围。全县城镇老年人符合低保条件的226人，全部享受到低保金；农村老年人符合低保条件的7792人，全部享受到低保金。全县对特困无房、险房的老年人给予住房补贴和首批安排廉租住房。为了弘扬中华民族敬老、爱老、助老的传统美德，促进老年人健康长寿，从2006年开始为百岁老人每人每月匹配100元的生活补贴，2009年为90～99岁老人每人每月匹配50元的生活补贴。

2008年12月，县人民政府印发《台江县社区居家养老服务试点实施方案》，2009年5月经县领导同意，确定台拱镇秀眉社区为开展居家养老服务工作试点。2009年，全县有百岁老人8人，被贵州省老年学会评审为“贵州长寿之乡”称号。

根据州老龄委〔2010〕2号文件《关于印发〈2010年黔东南州全面推进居家养老服务工作实施方案〉的通知》要求，经县委和县长办公会议研究，出台了台府函〔2010〕27号文件，决定在台拱镇城镇社区和农村试点村（台拱村）开展居家养老服务工作。进一步完善老年医疗保障体系，全县离休干部全部参加医疗保险，医药费百分之百核销。退休人员与在职人员一样参加医疗保险，切实保障了离退休人员的基本医疗需求。城镇居民和农村老年人全部参加了农村合作医疗保险，符合低保条件的老年人，全部由县民政局为其交纳合作医疗保险费，同时对困难的老年人还实行大病医疗救助，确保老年人患大病、重病能得到及时救助治疗。加强老年福利服务设施建设，全县建有乡镇敬老院4所，床位共60张。在县城还建立了县老干部活动中心和县星光老年之家，面向全社会的广大离退休干部及农村老年人，为广大离退休干部提供了展示自己文采及娱乐的平台。

第五章　民族宗教事务管理

第一节　民族干部成长

县委、县政府和各级组织不仅大力培养少数民族干部，而且还大胆使用少数民族干部，使少数民族干部真正有职权，充分体现了中国共产党在民族地区让少数民族当家做主的政策。据统计，1991年，全县少数民族干部有2115人，其中具有大专以上文化程度的仅有287人，而且大部分在机关单位工作。为了提高全县民族干部的文化水平和业务水平，民委配合县委组织部，输送了21名少数民族干部到贵州民族学院干训部学习，1991年4月学业结束，现在大部分都担任了各乡（镇）的正副书记、镇长等职务。

1993年，在州民委招办、县招委的指导下，民委全体职工积极认真地投入黔东南民族行政干部管理学校招生工作。3月20—22日进行预选考试，参加考试的考生计119人，除3人系汉族外，其余都是苗族。预选结果200分以上的有33人，预考后有10名考生参加统考，录取3人。

培养和使用少数民族干部是民委工作的一个重要工作任务之一。自黔东南民族行政干部管理学校建立以来，民委积极配合县委组织部、县教委抓好民管校定向全县的招生和分配工作。至1993年，从民管校毕业并工作的干部达35人，不少人在县一些机关和乡镇担任了一定的职务，为全县的两个文明建设做了大量的工作。1990年，民委积极协助县委和县政府，将全县21名干部送到贵州民族学院干训一年，大大提高了他们理论水平和文化知识水平。随着市场经济体制的不断深化，全县少数民族干部不断发展，据不完全统计，到1993年年底，全县干部总数2816人，其中少数民族干部有2447人，占干部总数的86.9%。县级干部35名，占同级干部的54.3%；科级干部361名，占同级干部的90.85%。

1995年，为了掌握和全县少数民族干部和少数民族专业人才，便于组织人事部门选送人才，民委建立了副科级事业少数民族干部和获中级以上职称的少数民族专业人才库，并把副县级以上和获高级职称以上的少数民族干部和专业人才报州民委存档。民委还与县教委一起，抓好黔东南民管校在全县的单独招生工作。在全州民委系统的争取下，黔东南民管校学习招收一批苗文教师，原州民委仅给本县4个名额，为了多几个名额，民委积极争取，最后有6名教师进民管校学习。

2002年，县委选派10名少数民族科级干部到河北省涿鹿县挂职锻炼，使他们开阔视野，积累经验，提高能力。2003年二级班子换届后，对比较成熟的20多名优秀少数民族干部通过下派、上挂、任科技副职等，让他们经受锻炼，促其尽快成长。县委还对67名少数民族科级干部进行了党政轮岗交流，乡镇与县直机关上下交流。通过交流，培养锻炼了一批既懂经济又懂党务，既有基层领导工作经验又有机关宏观管理经验的少数民族干部，开阔少数民族干部的视野，优化领导班子的整体结构，使少数民族干部经受了不同层面、多岗位的锻炼。

2005 年年底，全县有少数民族干部 3142 人，占全县干部总数的 97.56%。在县、乡（镇）党政领导班子成员中，少数民族干部分别占 83.33% 和 96.62%。县四大班子主要领导及县人民法院院长、县人民检察院检察长都是少数民族。少数民族干部队伍的发展壮大，为加强全县各民族的大团结，促进各民族的共同繁荣，保持社会稳定，促进社会经济发展起到了十分重要的作用。

第二节 民族事务

一、民族文化体育活动

1991 年，县民委配合县文化局举办第十三届民族民间文艺调演，参加调演来自县内 7 个农民业余文艺队 140 多个队员。9 月，县民委主任李正品及方召反排木鼓舞队万正文等 8 人，随贵州民族民间艺术团赴香港参加“中国少数民族艺术节”表演；10 月，组织方召反排木鼓舞队到深圳参加“'91 广场艺术展”演出；12 月，组织方召反排木鼓舞队赴南宁参加全国第四届民运会表演，组织方召反排木鼓舞队赴金沙县参加运动会表演。1992 年，受省委的委托，县民委在南宫乡举办了雷山、台江、剑河、榕江 4 县毗邻地区春节芦笙会，参加芦笙会的有雷山方详队、剑河太拥队和翁王队、榕江小丹江队、台江交下队、南宫队和方召反排木鼓舞队。同时，应深圳市华侨城中国民俗文化村表演部的邀请，民委组织方召反排木鼓舞队 12 个队员和交下 6 个队员赴深圳进行为期 3 个月的演出。1993 年，为了适应市场经济的需要，县民委积极把民族文化推向市场，组织输送 21 名男女队员到州民委歌舞厅、贵州民族学院、红枫湖旅游管理处等单位进行苗族风情表演。同时组织 16 名方召反排木鼓舞队员赴北京进行相对固定的民族风情表演。

1996 年，民委与县文化局配合，组织 30 人的芦笙队、盛装队参加州庆 40 周年纪念活动。协助凯里市民委组织老屯乡 20 人龙舟表演队赴沈阳浑河乐园参加表演。协助红枫湖风情旅游服务公司到台江招收 30 名苗族男女青年到红枫湖苗寨作民族风情表演演员。1998 年，协助县委、县政府办好“'98 华夏城乡游，贵州苗族姊妹节”活动。2000 年，神州世纪游・贵州苗族姊妹节活动期间，根据县姊妹节组委会的安排，作为姊妹节主要内容之一的苗族服饰大会展暨苗歌演唱擂台赛由民族局牵头承办。组织参展的服饰、刺绣及工艺品共 500 余件，参加苗族盛装表演的有 80 人，参加苗歌演唱擂台赛的有 62 人。

2005 年，完成“两兄弟”“阿葛玖”等 17 个古籍条目的登录工作。2006—2010 年，主要做好优秀苗族文化的抢救和保护：一是深入双语教学点台盘中学和番省小学督促指导工作，组织双语教师召开双语教学经验交流座谈会；二是完成了台江民中、方召中学等 6 所民族文化走进校园试点项目学校的材料上报，县职中、城关二小、方召中学、施洞小学已获批项目学校；三是完成姊妹节期间县委、县政府交办的民族民间文化旅游商品展和原生态民族文化遗产展等相关任务；四是启动了《台江县苗族文化知识读本》的编撰工作，为深入开展苗族文化走进校园、走进社区、走进机关提供较为规范和系统的读物；五是组织编排《反排木鼓操》，多渠道地扩大台江苗族歌舞的影响力；六是收集上报台江县苗族古籍 123 条，积极实施“民族古籍抢救保护工程”；七是统计上报民族民间歌师 155 名，完成方绍保等 12 人的民族古籍传承人的普查登记上报工作；八是编辑出版《贵州魅力民族村寨——反排村》《台江县苗寨风情》《苗寨桃源——交宫》民族文化旅游宣传书籍和画册以及《2011 年台江县民族文化宣传台历》，完成《施洞民族贸易产品开发的思考》撰写任务；九是对九摆、阳芳、田坝、塘坝、反排、大红寨 6 个县级旅游示范村开展民族歌舞培训；十是组织县芦笙协会参加姊妹节的表演活动和大红寨苗族歌舞比赛活动。

二、民族经费使用

1991年，州民委、州财政局联合下拨给台江民族机动金6万元，之后又追加1.2万元，省州民委补助苗文教育经费0.97万元，州拨扶贫项目经费0.5万元，共计8.67万元。根据州民委黔族字〔1991〕17号文件精神，结合台江实际情况，经研究并报县政府审批安排项目11个：苗文教育经费2.97万元，主要用于师资培训，苗文扫盲双语教学、教师工资等经费；苗族女生寄读0.5万元，作为寄读班女生的生活补助；科技扶贫项目0.65万元，主要用于支助扶贫联系点、举办科技培训班及购买种子和肥料等；订报刊及为《贵州民族报》写稿刊载鼓励费0.53万元；苗文广播0.06万元；民族文工队1万元；《台江报》苗文版编印及稿费0.1万元；《台江民族志》编写0.12万元；《民间舞蹈集成》编写0.07万元；民族干部培训0.6万元；民委业务、公务费2.07万元。

1995年，州民委、州财政局联合下拨给台江民族机动金6万元，安排为：农村补助2.8万元，其中，方召乡歹忙村输电设备0.5万元、排羊乡小江村四组修建小水电站0.1万元、革一乡台水村接电网0.5万元、排羊乡上南刀村输电设备0.4万元、台拱镇台拱村人畜饮水0.3万元、老屯乡报效电区地面卫星接收站0.5万元、老屯乡皆洼村输电线路0.5万元；民委业务及其他费用3.2万元，其中，民委职工宿舍楼基建费2万元、苗文验收经费0.5万元、苗文业务经费0.3万元、民委业务经费0.4万元。是年，州民委、州财政局拨民族经费7万元，其中民族教育经费4万元，安排给台拱镇民族中学3万元、老屯中学1万元；水电路项目3万元，补助给台盘乡的交江村和南江村接电网。

1996年，省、州民委拨给台江民族经费共计9.8万元，其中省级民族经费补助方召乡巫脚南村接电网1.5万元，州级民族经费补助水、电、路、桥、文教、卫生等项目款4.3万元，州拨扶贫专项款1万元，项目培训费0.5万元，农村建房经费2.5万元。到12月底，以上经费只到位0.8万元，尚有9万元在县财政未划拨到位。拨出的0.8万元，民委已如数拨给方召乡李子村和台拱镇台雄村。

1998年，民宗局上报项目12个，水、电、路、教育、卫生等各种请示、报告30多个，争取各种民族经费38.5万元。1999年，台江共得上级划拨各种民族经费26.3万元。

2000年，民宗局在全面深入调研的基础上，按照省、州民族局的要求，于3月18日完成了台江县民族科技培训中心、南宫乡交包输电线路、台盘乡德卷村民用桥、方召乡巫梭村公路和老屯乡岑帮村民用桥等8个少数民族发展资金、财政民族扶贫资金项目材料，以及20多个民族扶贫经费请示、报告的申报工作。在项目建设过程中，实行项目跟踪管理、责任到人，并采取按照项目工程进度实行分期付款等一系列措施，确保了经费的专款专用和项目的如期完成。台盘德卷吊桥、空寨民用桥、革一的排生人行桥、施洞的平敏大桥、老屯岑帮人行桥、排羊台乐人饮工程等项目已竣工并投入使用，取得了良好的经济效益和社会效益。

2001年，完成“方召乡李子村公路建设”等6个新增财政扶贫资金项目材料，以及十多个民族扶贫和教育经费请示报告的申报工作，省、州批给7个项目，共得民族经费29万元。2002年，完成“老屯乡辣子村公路建设”等十多个水、电、路、桥项目材料的申报工作。项目总投资94万元，其中自筹18万元，申请资金76万元。省、州民宗委共批7个项目，共得民族经费40万元。2003年6月底前，完成了财政扶贫资金1个、少数民族教育经费4个、少数民族发展资金10个项目材料的编制及申报工作。年底，革一中心小学教学楼、方召乡基甲人饮工程、老屯乡皆洼村人饮工程、革一乡茅坪村人饮工程和西南村人饮工程都已竣工验收并投入使用。2004年，民族局向省民委申报项目16个，获批实施9个项目共计30万元。其中，民族发展资金项目6个共25万元，民族教育专项资金项目2个共计3万元，这些项目工程到8月低全部竣工验收合格，并已投入使用。2005年，民族局向省民委申报13个项目，获准实施9个项目，共29万元。2006年，到位资金涉及科技培训、水利、种养殖、桥梁建设等方面共6个项目，其中投入科技培训资金5万元，从铜仁地区印江县购进适宜台江发展的莱茵鹅并购买畜禽饲养管理使用技术的有关书籍；投入民宗局示范养殖场项目资金4万元，在县城郊区台拱镇南浓村建立了局示范养殖场；投入南宫乡展包南阶石拱桥项目资金4.2万元，解决了相距12公里的交包村和展包寨191户926人的生产、生活交通困难问题；投入革一乡西南村农田灌溉建设项目资金4.1万元，项目覆盖278户1446人的生产、生活，解决了该村21公顷望天水田灌溉用水问题；投入革一乡屯上村人饮工程项目资金4.5万元，解决了该村175户760人、510头大牲畜的人畜饮水困难问题。2006年，完成了南宫乡白帮村人饮、台盘乡水寨村人饮等13个少数民族发展资金项目的调查、论证及编制上报工作。省、州批复项目9个，共争取民族经费26万元，安排的少数民族发展资金项目建设6个。年底，除老屯乡长滩铁索桥因资金缺口大尚未完成工外，其余5个项目都已竣工验收并投入使用。

2007—2009年，完成编制项目89个，申报资金1258万元，共争取得到民族项目35个、资金298万元，项目涵盖基础设施建设、农业产业结构调整、民族文化抢救保护、民生等领域。投入60万元，完善革一乡田坝村新农村基础设施建设，完成了平均宽度为3.8米的主道硬化1550米和平均宽度为1.5米的分道路面硬化1000米；建成一个面积为1570多平方米的斗牛场；建成中型垃圾池6个；修建了一个具有当地民族特色、面积为2400多平方米的芦笙场，风雨长廊20米，并铺设花街式步道300米；修通田坝至大寨两村连接公路300米；改厕、改厨、改圈各25个；举办了一期养殖培训，受训90多人，并为80户农户无偿提供二元能繁母猪各1头发展养殖业；扶持村民种桑养蚕1.53公顷；组织实施稻田养鱼工程2.67多公顷，枇杷、杨梅等5.33多公顷。

2010年，完成18个共计279.84万元的项目编制及上报工作，其中，少数民族发展资金项目10个108万元，民族文化教育专项补助资金项目6个51.84万元，少数民族特需品定点生产企业项目2个120万元（台江县水根民族银饰有限责任公司、台江县精美宛苗族刺绣厂）。获得民族项目经费共计105.5万元，其中，中央财政扶贫发展资金项目6个23万元，省级民族发展资金5个64万元，中央维稳工作经费3万元，省级民族文化教育专项补助经费项目5个10.5万元，省级工作经费5万元。这些项目工程建设已竣工验收并投入使用。

三、扶贫周转金发放与清收

1984—1992年，县民委共得省、州民委投放的民族有偿扶贫周转金46.5万元，先后投放到交东、巫脚、南宫、登交、红阳、台盘、革一、台拱、宝贡、番省、施洞等地，扶助村民发展养殖、加工、烧砖、烧瓦和种植业。投资大小项目20个，有种植业、养殖业、加工业、民族贸易等。1990年，县民委根据上级民委通知精神，对1984年以来所投放的各项周转金进行清理，至1992年年底，收回8.78万元，占应收回的22%；1993年收回6.13万元；1994年收回3.2万元；1995年收回3.9万元。

1996年，县政府《关于清收民族周转金的意见》要求：（1）凡有欠款的单位、农户，必须在1996年12月底以前还清，此期限还清的不加收利息和资金占用费；（2）在规定期限内未还清的，所欠款部分从应到期还款之年算起，按银行最近调整的贷款利息计收；（3）除收取利息外，每年还加收5%的资金占用费，至1997年年底，已收回27.5万元，尚欠16.5万元；1998年收回0.6万元；1999年收回1.65万元；2000年以后上级没有要求，回收工作停止。

四、农村建房经费使用

从1986年开始，上级民委每年对农村少数民族住房困难户实施补助政策，补助困难户维修新建房屋。1991年，上级拨给台江农村住房困难建房经费3万元补助给7个乡（镇）、20个村的24户，最高补助1500元，最低补助500元，户均1108元，共计26600元，剩余3400元作为1990年度建房扫尾工程补助。1992年，州民委下拨农村建房经费2.75万元，安排给7个乡（镇）、23个村的26户

122 人，最高补助 1700 元，最低补助 400 元，户均 1058 元。1993 年，州民委、州财政局拨给台江农村少数民族建房经费 2.75 万元，补助到 9 个乡（镇）、32 个村的 36 户 139 人，其中建房补助 27 户，补助最高户为 1200 元，最低户 700 元，户均 919 元；补助危房维修户 9 户，最高补助 600 元，最低补助 200 元。1994 年补助 35 户，有 32 户已竣工，其中 28 户住进了新居，32 户建筑面积 1440 平方米，户均 40 平方米，总造价 11.52 万元。其中，民委补助 2.48 万元、受益户自筹 6.5 万元、亲友支助 2.54 万元。1995 年，州民委下达建房补助经费 3 万元，补助给 9 个乡镇、32 个村的 35 户 133 人，最高补助 1500 元，最低补助 400 元，次年验收有 80% 的受益户建房竣工，其余的 32 户已搬进新居。1996 年，州下拨给台江建房经费 2.5 万元，补助 27 个村的 28 户 113 人，最高补助 1200 元，最低补助 400 元。1997 年，上级下拨给台江的农村住房困难房经费 3.2 万元，安排补助 34 户 163 人，总建筑面积为 3002.4 平方米。1998 年，上级下拨给台江的农村建房经费 3.2 万元，补助 20 个村的 21 户 97 人，最高补助 1500 元，最低补助 700 元。1999 年，上级下拨给台江的农村建房经费 3.3 万元，补助 27 个村的 27 户 127 人，最高补助 1500 元，最低补助 500 元。为更好地开展建房此项工作，民族局还给排羊、老屯、方召、台拱 4 个乡（镇）配置了农村建房工作专用相机各 1 部。

2000 年 3 月底，1998 年度的建房工程已全部竣工并通过验收和建档上报，总投资 30.25 万元，总建筑面积为 1556 平方米。1999 年安排的 26 户，于 2001 年 3 月底已全部竣工并通过验收上报，总建筑面积为 2001 平方米。2001 年补助 18 户 93 人，最高补助 1500 元，最低补助 800 元。2002 年共安排 18 户 93 人，至年底除 1 户外出打工未修建外，其余的 17 户已全部竣工通过验收，总建筑面积为 1315 平方米。2003 年补助 18 个村的 18 户 81 人，全部竣工并通过验收，总建筑面积为 1762 平方米。2004 年安排到革一乡移民搬迁 30 户，每户补助 2000 元，总建筑面积为 2000 多平方米。2007 年上级拨给台江农村住房困难建房经费 2 万元，补助 5 户 24 人，每户 4000 元，共计 20000 元。

2008 年，重点围绕以下 8 个示范村开展工作：

展里村：投入资金 84.46 万元（其中国家补助 20.8 万元、县级匹配 9.48 万元、农户自筹 54.18 万元），组织水泥 286 吨，沙石 1160 立方米，农民投工 8740 个。对展里村进行各项建设：完成组道建设及硬化 565 平方米，完成庭院地坪硬化 3616.6 平方米，开挖机耕道 1.2 公里；建沼气池 29 口，改厨 41 户，改厕 35 个，改圈 29 间。按照农村消防安全“大寨改小寨”要求，撤迁 3 户，新建房屋 20 户，改造房屋 43 栋。

红阳村：完成改厨 20 户，改厕 25 个，改圈 21 间；完成村内步道石板铺砌 605 米共 908 平方米，架设木桥 4 座；完成进村石板道路 362 米，进寨石板道路 550 米，进户石板道路 662 米；完成庭院硬化 1500 平方米，砌筑各类挡土堡坎 1112 立方米；建成休闲亭 2 座；建成宽 12.5 米、高 7.3 米、进深 3.5 米的寨门 1 座和配套观赏水车 1 个，村两委活动室 1 个；按照旅游村规划，完成搬迁新建房屋 2 栋，改造房屋 20 栋，拆迁改造猪舍 14 间，建成 6 个蹲位小公厕 1 栋；完成踩鼓场 1 个 1302 平方米，风雨长廊 1 栋长 41.8 米；完成西山步道简易寨门 1 个，简易休闲座凳 19 张；完成祭祀树坛场坪 1 个 246 平方米。培育农家乐接待户 15 户，并赠送冰柜、消毒柜 4 套。

九摆村：完成进寨农耕文化展示路长 480 米、宽 3 米；完成寨内步道修砌硬化长 2600 米、宽 1.5 米；完成踩鼓场建设 1 个 1100 平方米和鼓楼场修复 1 个 460 平方米；建成进寨通车道路 56 米；完成砌筑各类堡坎 645 立方米；完成新建房屋 8 栋，改造房屋 28 栋；完成风雨长廊 2 个，寨门 1 个。农户房前屋后改造 200 户，整治地坪 4200 平方米。

塘坝村：完成环河堤步道建设 38 米。

梅影村：完成沼气池建设 17 口；完成庭院改造和整治面积 1100 平方米；完成村寨道和水利灌溉沟渠建设 2500 米。

望虎屯村：完成村花岩石道路建设 866 米，面积 2800 平方米；修建水沟 134.2 米；建沼气池 16

口，改厨13户，改厕11个，改圈11间；搬迁和改造猪、牛圈舍20户22间；完成种桑养蚕6.67公顷，建立桑苗基地4公顷，建蚕棚160平方米。

田坝村：完成斗牛场1个，面积1600平方米；完成寨道硬化1430米；建成垃圾池5个，每个10立方米；完成改灶、改电线、改厨共326户。

2009年，补助10户47人，每户补助5000元，全部竣工并通过验收，总建筑面积为1165平方米。2010年，补助10户60人，每户补助5000元。

五、更改民族成分

1990年5月，国家民委、国务院第四次人口普查领导小组、公安部颁布《关于中国公民确定民族成分的规定》："民族成分在满十八周岁以前由父母或养父母商定，满十八周岁者由本人决定，年满二十周岁者不再更改民族成分。"按照规定，更改民族成分，需有本人或父母向县民委提出申请，并附相关证明材料，经初审后报州民委审核签署变更意见，到户口所在地派出所办理变更手续。2009年4月，国家民委、教育部和公安部三部门办公厅联合下发《关于严格执行变更民族成分有关规定的通知》，首次对具体实施民族成分变更的受理和程序进行了明确规范，即："申请变更民族成分，应先向县级民族事务主管部门申请，并提交相应的证明文件，县民族事务部门应在对相关材料的真实性进行严格审查后，做出初审意见，初审同意后，上报地市级民族事务主管部门核实并签署审核意见，符合变更条件的，转由户口所在地公安派出所办理，经逐级呈报地市级公安机关户政部门审核后办理变更手续。"

办理民族成分变更的主要人群：农村学生占90%，干部职工子女占10%。变更人群主要来自人口多，且汉族、苗族混居的乡镇，如台拱镇、施洞镇、革一乡。1991—2010年，县民委共办理由汉族变更为少数民族86户226人。

第三节 苗文教学及苗族文化进课堂

一、师资培训

1991年2月，在施洞镇偏寨举办了一期苗文师资培训班，参加学习的有19名公民办教师。7月在报效举办一期培训班，有25名公民办教师参加学习。1991年暑假，在老屯乡报效中心小学举办了一期双语教学师资培训班，培训学员26人，其中男学员24人、女学员2人。1992年暑假，分别选送6人和7人到凯里民族师范和黔东南民族行政管理学校参加双语师资培训班学习。1991年2月在施洞镇偏寨片举办了一期苗文师资培训班，参加学习的有19名公民办教师。7月在报效举办一期培训班，有25名公民办教师参加学习。1993年8月，选派7人到凯里民族师范参加双语师资培训班学习。

1982年至1994年年底，先后举办11期师资培训班，共计培训572人。双语师资有6期，学员123人，其中男学员113人、女学员10人，选送到省、州学习的共42人次，全县共培训双语教师及苗文扫盲教师计614人次。

2005年1月3—5日，民宗局在台拱镇番省小学举办了一期为期5天的双语教学师资培训班，参加学习的有25人。培训结束，经考试全部合格。此外，还先后选送6人次到中央民族干部学院、贵州民族学院参加民族语文工作和双语师资培训。

2006年8月10日，在县职中举办了一期苗族文化走进课堂师资培训班，训期5天，参加培训的学员有51人，均来自城关地区和县旅游景区的中小学教师。培训内容主要是苗族历史文化和苗族歌舞。通过培训，有力推动了台江苗族文化进课堂活动的深入开展。

二、双语文教学

台江在校生中苗族学生占绝大多数，1991 年以来分别在 33 所公办学校开展双语文教学。通过实践证明，台江苗族小学生先学苗文，后学汉语，学习成绩提高较快，是学好汉语的最好渠道。1992 年，张家寨双语文教育实验小学有 11 名学生参加中考，有 7 名学生录取中学。而张家汉语小学校只有一名学生考入中学。另外，巴担河双语文教学实验学校 15 名毕业生中有 11 名考入施洞中学。

1992 年，全县开展双语文教学的有 20 所小学，33 个班级，870 个学生。其中男生 474 人、女生 396 人，教学成绩显著。如展下小学二年级自开展双语文教学以来，成绩不断提高。1990—1991 年第二学期期终考试，语文、数学两科人均 73.3 分，名列该片区 4 个平行班的第一名；屯古小学一年级两科人均 66.8 分，语文名列该片区第一名，数学第二名。总的来看，开展双语文教学的班级都比未开展双语文教学的班级成绩高。

1993 年，全县有完全中学 1 所，职业中学 1 所，初级中学 9 所。中学教师共计 350 人，其中苗族教师 345 人，占中学教师总数的 98.6%。中学在校生 5489 人（高中生 445 人），其中苗族学生 5269 人，占中学在校生总数的 96%。全县共有小学 224 所，其中完小 60 所，小学教师 770 人（男教师 669 人、女教师 101 人），其中苗族教师 760 人，占小教总数的 98.7%。小学在校生 22884 人（男生 13830 人、女生 9054 人），其中苗族小学生 21968 人，占小学在校生的 96%。全县学龄儿童总数 18219 人，其中男童 9543 人、女童 8676 人。全县适龄儿童入学率达 91.16%，女童达 81.5%。

自 1995 年通过国家民委和中国社会科学院的论证验收后，1996 年继续加以巩固，并在施洞镇偏寨小学五年级新开了一个双语文教学班。1995—1996 年第二学期，张家、稿午、巴拉河 3 所双语实验小学有 8 个班级，学生 163 人，没有学生留学现象，但是期末考试，成绩有所下降。1996 年 7 月，3 所学校都有学生升入普通小学，其中张家三年级的 14 人、稿午一年级的 36 人、巴拉河四年级的 7 人，由于教室、教师有限，这些学生都升入了当地的普通小学。9 月开学后，3 所学校又新招了 3 个班级，分别是张家学前班 16 人，稿午学前班 28 人，巴拉河一个年级 10 人。另外，在施洞镇偏寨小学五年级新开了一个双语文教学班。1996 年学生总数 177 人，从事双语文教学的教师 10 名。

1997 年，苗文通过论证验收后，民族局加强对双语文教学的管理和指导，按照年度工作计划，指派专人定期到学校进行督促、检查和了解教学情况。是年，台江有双语文实验小学 2 所 6 个班，有学生 124 人。为把台江的双语文教学工作做得更好，迎接苗文正式推行，民族局于 1997 年 6 月 29 日在县里召开了双语文教学工作总结会，对 1996 年度以来的教学工作进行了总结交流，并对 5 位教学成绩突出的教师进行表彰。1997 年 5 月，州民族局在凯里召开了全州民族语文工作总结交流暨表彰会，对 1992—1996 年的双语文教学工作进行总结交流，成绩突出的单位和个人给予表彰。民族局获得集体一等奖，稿午双语文小学教师吴正杰、巴拉河双语文小学教师张荣琪获得了先进个人奖。

1998 年，台江有双语文学校 2 所 7 个班，有学生 138 人。双语文教师 5 人，其中 3 人属民办教师，2 人从民管校民语班学习毕业后就安排到双语小学任教，工资由政府行政科发，致使教师有关待遇得不到落实，编制不挂事业，也不靠行政，给管理和教学工作带来许多不利的因素。尽管如此，民族局除做好教师的思想工作和经常派人下去督促、检查、指导外，还帮助学校解决一些实际困难和问题，做好各年度的双语文命题、监考和评卷等工作，使台江的双语文教学工作得以巩固下来。

1999 年，台江有双语文小学 2 所 6 个班，有学生 108 人、双语教师 5 人、辅导员 4 人。但随着全县教育体制改革的不断深化自 1997 年台江的双语文教师纳入民办教师管理并相继转正后，工资由教育局统一发放，教师由各乡（镇）教辅站统一调配使用，双语文教学的教师编制得不到保证，给台江的双语文教学管理工作带来许多不便。尽管如此，民族局在积极协调各种关系和做好教师思想工作的同时，还经常派人下到学校去进行督促、检查和辅导工作，并拿出一定资金帮助学校解决一些实际困难和问题，使台江的双语文教学工作得以顺利进行。

2000 年，台江有稿午和巴拉河双语文小学 2 所 6 个班，有教师 4 人、学生 98 人。2001 年，有双语文小学 2 所 6 个班，有教师 4 人、学生 107 人。下半年在台盘中学一年级又开设 3 个班的双语课。2002 年，台江有 3 所学校 10 个班开展双语文教学，学生 297 人。其中，小学 2 所 6 个班，有学生 107 人；中学 1 所 4 个班，有学生 190 人。2003 年，台江有 3 所学校 10 个班开展双语文教学，学生 343 人。2004 年，台江有 3 所学校 8 个班开展双语文教学，学生 325 人。期末双语文统一命题考试中，人均分达 75.4 分。

2005 年，台江有双语文教学点 3 个 9 个班，有双语文教师 5 人，学生 371 人。其中，台盘中学有 5 个班，1 名教师，278 名学生；番省小学有 2 个班，2 名教师，60 名学生；巴拉河小学 3 个班，2 名教师，33 名学生。

2005 年至 2006 年第一学期，全县有番省小学、巴拉河小学和台盘中学 3 个双语文教学点，8 个班级共有学生 348 人，4 个双语文教师（其中一人已退休）。2006 年，全县有双语文教学点 2 个 6 个班，有学生 315 人、教师 2 名。其中，台盘中学 5 个班，学生 275 人；番省小学 1 个班，学生 40 人，教师 1 名。

三、苗族文化进课堂

2002 年 8 月，县委书记杨静在一次会议上提出，要将苗族文化走进中小学“音、体、美”课堂，并将其作为台江县发展民族特色旅游业、全面实施素质教育的一个重要工作来抓。为此，县教育局及时组织全局干部职工、全县中心完小以上校长，邀请文化专家、学者、民间艺人共 80 多人召开专题座谈会，共同商讨推进“苗族文化进课堂”的发展对策。暑假期间，还组织全县各中小学校 52 名“音、体、美”教师进行为期 40 天的“双语教学及苗族歌舞、工艺走进课堂”培训，聘请专家、学者、民间艺人讲解苗族文化、苗风苗俗，传授苗歌演唱、苗族舞蹈及苗族刺绣工艺的基本技能技巧，为开展苗族文化走进课堂工作做好前期准备。

2002 年秋季开学后，县属各中小学校都开设了苗族歌舞、苗族刺绣课，将苗族文化课排入课程表，纳入教学计划内容之一来考核。县教育局还成立了一个督查小组，不定时地下到各中小学校检查其落实情况，同时还积极采取措施抓紧落实：一是成立民族文化素质教育大纲和教材编写领导小组，组织专家、学者、老教师、民间艺人编写了苗族文化教学大纲、教材以及教学参考书，供全县各中小学校使用；各中小学校还适时聘请专家、学者、民间艺人进入课堂去传授苗族历史、苗族礼仪、苗族音乐、苗族工艺美术等知识与技能。二是在保证开足、开齐中小学九年义务教育阶段和高中阶段国家安排课程的前提下，利用“音、体、美”课堂以及课外活动时间开设苗族文化课，把苗族歌舞引入课堂。教学大纲规定的每周两节体育课，其中安排一节课上苗族舞蹈，主要是要求教师教会学生跳芦笙舞、反排木鼓舞，革东、施洞的木鼓舞、四方舞及踩桥舞等；音乐课结合古歌、儿歌、情歌、飞歌、酒歌等苗歌进行教学，美术课结合苗族刺绣、民间工艺等进行授课。三是加大经费投入力度，在县财政十分困难的情况下，仍挤出一定资金投入到此项工作，保证各种教学器材购置、师资培训以及苗族文化教材编写所需的费用，同时，还在县职中开设一个民族导游班，由县财政拨款补贴民族导游班学生的学费。

由于安排妥当，措施有力，苗族文化走进课堂工作一开展便赢得了学生、家长、教师的热烈欢迎，也赢得了社会各界人士的一致赞扬。台江传统文化氛围历来浓厚，群众文化基础良好，推行苗族文化走进课堂后，校园里不单是课堂活跃起来，课外也活跃起来，各中小学校学生都会说苗话、唱苗歌、跳苗舞、穿苗衣。截至 2010 年，全县各所中学和重点完小都开设有苗语、苗舞、苗歌、苗族工艺美术课堂等，推行“双语”“三语”教学。多数学校都组建了苗族歌舞表演队，随时可以参加各种民族民间活动，县里面举办的苗族姊妹节、苗族文化大舞台等各种文娱活动中，演员基本上都是来自县属各中小学校的学生。总之，台江通过几年的文化推广、运作，培养了年轻的传承人，点亮了台江县传承苗族文化的希望之火。

第四节　宗教事务

一、宗教活动

据调查，台江没有宗教组织、宗教团体和宗教教职人员，但有为数不多的宗教信教群众。1994年，台江县城关东街群众自发集资在原东山被拆寺庙遗址重新修建3栋亭子和角楼，恢复东山寺庙，当年竣工。之后，每年的农历2月19日、6月19日和9月19日，部分善男信女（妇女居多）前往寺庙烧香许愿。2002年9月11日，群众自发成立以东街街委、居委和居民代表人士参加东山旅游园管委理事会民间组织，指定理事委员17人，制定安全保护规则。群众还自发筹钱筹米请李元春看守东山寺庙。2004年8月4日，台江境内善男信女和镇远等地信教群众在东山寺庙内开展祭祀活动，内容多样，规模盛大，各种封建迷信活动掺杂在一起，前来朝拜的人数有3000余人。

二、宗教事务管理

台江县委、县政府十分重视宗教工作，把宗教工作纳入县委和县政府的重要议事日程，定期或不定期地召开有关会议，听取专题汇报，及时研究解决宗教工作的重点、难点和热点问题，对重大问题做到分管领导亲自协调指导，部分乡镇把宗教工作列入党委、政府目标管理或基层工作责任制，作为一项重要内容进行考评，促进了宗教工作的顺利开展。2004年8月3日，县委下发台党办发〔2004〕24号文件并统一规范了协调小组工作职责。11月24日，县编委办批准县民宗局成立宗教业务股（行政机构）。2005年12月2日，县委办、县府办明确了乡镇村宗教工作联络员，乡镇宗教工作联络员由各乡镇党委副书记兼政法委书记担任，各村宗教工作联络员由村党支部书记或村委会主任担任，由各乡镇党委行文明确。全县各乡（镇）、村（居）也相应成立了宗教工作协调小组，并相应明确了各村宗教工作联络员，在全县形成上下联动的三级宗教工作网络。

民宗局为县直有关单位和乡镇及部分行政村订阅《宗教工作普法读本》《中国宗教》等政策性较强的图书、杂志。利用党校举办干部培训班和各种宗教重大节日活动的机会，采取上课、讲座或以会代训的方法进行宣传和贯彻。利用各乡镇召开乡镇干部会议的机会，派员到会上就党的宗教政策、法律法规进行宣传贯彻。利用全县召开人大会议、政协会议期间召集少数民族界和统战对象的人大代表及政协委员举行座谈会进行宣传贯彻。积极开展宗教法规和政策咨询活动，举办全县宗教工作培训班3期，发放宣传资料12000余份，出墙报和简报38期。

第六章　安全生产

第一节　安全生产防范

2004年以前，安全生产管理主要由县劳动局负责。2004年机构改革，县人民政府设置安全生产监督管理局，负责安全生产管理工作。县安监局与有关部门配合，制定和完善各项安全制度，采取大排查、专项治理、执法检查等监督管理机制，对水陆交通安全、消防安全、非煤矿山企业生产安全、危险化学物品、烟花爆竹等行业的生产经营单位以及建筑施工单位贯彻执行安全生产方面法律、法规情况及“三同时”情况进行监督检查，对分管领域的安全生产条件、劳动保护用品、设备设施安全、安全标志和作业场所职业卫生情况进行监督检查。依法组织调查处理生产安全事故，监督事故查处的落实情况。

2005年，全县逐级逐层签订了安全生产管理目标责任书，使安全生产工作做到有人抓有人管，各司其职。积极组织落实安全生产责任保证金制度。进一步强化日常监管监控力度，认真开展道路交通、水上交通、消防、非煤矿山、民爆物品、烟花爆竹等专项治理工作。全县在元旦、春节、元宵节、姊妹节、两会、“五一”、6月“安全生产月”、“十一”前后开展安全生产大检查。交通安全方面，出动执法检查人员150人次，查扣违章车辆140辆，查处违章行为141人。

2006年，全县继续执行安全生产控制指标和安全生产工作责任目标管理，强化“一岗双责”制度，各乡镇、各部门、各生产经营单位层层签订了安全生产责任状，强化安全生产协调联动机制，落实各项安全措施。开展安全生产大排查，突出抓好重点时段、重点节假日道路交通、消防安全、非煤矿山、危险化学品、烟花爆竹等专项检查。严厉打击农用车、拖拉机违章旅客的行为，出动执法检查人员160人次，查扣违章车辆110辆，查处违章行为130人。检查宾馆酒店、歌舞娱乐场所、商场、超市、招待所、商住楼等34处，深入8个乡（镇）和部分村寨进行消防安全检查，出动检查人员60人次，发现火灾隐患27处，当场整改12处，限期整改15处。组织县国土、监察、公安、电力、环保、工商等部门人员对全县15家非煤矿山开展2次安全生产联合整治。对非煤矿山的监督监察47次，查处事故隐患50起，下达限期整改50起。开展4次特种设备专项整治活动，共出动执法人员36人次，车辆18辆次。开展危险化学品烟花爆竹安全专项检查8次，检查烟花爆竹销售点139家（次）。

2007年，召开安全生产专题会议7次，认真分析各阶段安全生产形势，安排部署安全生产大检查和专项检查工作。通过完善各项制度，强化安全防范，开展生产安全隐患排查治理行动。重点排查治理道路交通、水上交通、农机、消防、非煤矿山、民爆物品、烟花爆竹、危险化学品、建筑行业。通过排查，共发现安全隐患单位6家，发现安全隐患12条。其中，完成整改单位4家、未完成整改单位2家，安全隐患已整改10条、未整改完成2条。对非煤矿山的监督监察51次，查处事故隐患57起，完成事故隐患整改57起。检查危险化学品5家，监督监察26次。检查烟花爆竹125家，监督监察次数609次。严格审批条件，严格市场准入。

2008年是全国安全生产“隐患治理年”，台江县把安全生产专项整治和隐患排查治理工作有机结合起来，各乡（镇）、各部门在2007年开展隐患排查治理专项行动的基础上，有序推进引向深入，相继出台和下发了相关文件通知，对工作进行了全面细致的安排部署，促进了隐患排查治理和专项整治工作在台江县的深入开展。在各乡镇、各部门的共同努力下，隐患排查治理和专项整治工作取得初步成效，1—12月全县共排查一般隐患475条，其中整改417条，整改率为88%；重大隐患2条，累计投入治理资金30多万元，已整改2条，整改率100%。

2009年，实际监管监察生产经营单位159个，监管监察生产经营单位次数439次。金属、非金属等工矿企业排查治理隐患企业单位35家，排查出一般隐患71条，其中已整改63条，整改率为88.7%。危险化学品经营企业和单位排查出一般隐患23条，已整改20条，整改率86%；烟花爆竹生产企业2家，排查出隐患10条，已整改10条，整改率100%。交通运输等重点行业（领域）企业单位，排查治理隐患企业单位174家，排查出一般隐患265条，重大隐患2条，其中已整改的分别为236条、2条，整改率分别为89%、100%。同时，道路交通方面，修建钢筋混凝土挡墙785.3米，波形防护栏1347.4米，钢绳护栏685.4米，防护引道墩指示桩等共1009.5米，永久性标志标牌103块，临时标志标牌78块，宣传板41块。共排除安全隐患202处（条）。

2010年，本行政区应监管监察生产经营单位166个。实际监管监察生产经营单位166个，监督监察覆盖率100%。实际监管监察生产经营单位422次，监督监察复查率154.2%。金属、非金属矿山等工矿企业，排查治理隐患企业单位213家，排查出一般隐患42条，已整改38条，整改率90.5%。交通运输等重点行业（领域）企业，排查治理隐患企业单位266家，排查出一般隐患252条，其中已整改206条，整改率为81.7%。

2005—2010年台江县安全生产事故一览表

表8-9

年份	发生事故总数（起）	死亡人员总数（人）	按事故发生的行业划分									
			道路交通		消防火灾事故		金属与非金属矿山事故		工矿商贸企业事故		烟花爆竹事故	
			事故起数	死亡人数	事故起数	死亡人数	事故起数	死亡人数	事故起数	死亡人数	事故起数	死亡人数
2005	13	11	6	6	3	1	—	—	4	4	—	—
2006	15	12	7	10	6	0	—	—	2	2	—	—
2007	17	7	6	6	10	0	1	1	—	—	—	—
2008	19	20	12	18	6	1	—	—	1	1	—	—
2009	15	8	8	8	7	0	—	—	—	—	—	—
2010	12	8	6	8	6	0	—	—	—	—	—	—

第二节　安全生产执法

安全生产执法主要包括执法检查和执法处理，指导或参与安全生产事故应急救援等。2005年，全县对“七证”不齐全或安全生产条件不合格的非煤矿山企业进行拉闸断电，立即停止生产。下发了停产停业整顿通知8份，并依法取缔了9家非煤矿山。检查发现1家铅锌矿企业无民用爆炸物品使用证，对其下发整改通知书，并扣押炸药168公斤、雷管232发、导火线500米。

2006年，关闭不具备安全生产条件的非煤矿山9家，严厉打击非法生产经营行为和非法盗采行为。查处烟花爆竹销售点1家，没收非法销售爆竹36件，整治爆竹厂2家、加油站3家、液化气充装站1家、松香厂1家。

2007年，督促交通、交警、运管、公路管理，加强对公路检查、道路运输源头管理和施工路口的整治，认真抓好客运站安全管理制度的落实，严格执行车辆出站签字、登记制度，严禁超员超载；严厉打击农用车、拖拉机违章载客的行为。结合各重大节日情况，由政府统一组织、多部门联合，重点对专项治理对象单位场所开展联合执法检查。

2008年，安全生产工作重点是抓好“隐患治理年”“基础夯实年”“管理水平提升年”“安全生产百日督查”和安全生产大检查等，对所有重点行业领域进行了执行专项检查。深入矿山企业、危险化学品和烟花爆竹生产、经营企业开展专项的监察督查，全年共出动执法人员245人次，共计查出事故隐患94条，实际完成隐患整改87条，限期整改7条，监管监察生产经营单位140个，行政处罚5家，对事故发生单位和主要负责人进行经济处罚5次，全部结案。同时，针对道路交通事故多发的严峻形势，认真总结吸取事故教训，强化路面监管，强化危险路段监管，强化重点路面（学校门口路段和人员密集路面）监管，加大对无牌证车辆和劣种车辆的打击力度，严查酒后驾车和疲劳驾车，道路交通事故多发局面得到有效控制。道路交通违法专项整治行动中，共计行政拘留13人，查处交通违法757起，罚款79850元。其中驾驶安全设施不全的机动车255起，占查处交通违法总数的33.69%；无证开车55起，占总数的7.27%；货车违反规定载人41起，占总数的5.41%；不按规定行驶13起，占总数的1.72%；客运超员13起，占总数的1.72%；机动车未按规定进行安全技术检验的27起，占总数的3.56%；其他交通违法353起，占总数的46.63%。

2009—2010年，全县共开展执法行动419起，其中，无证照或证照不全的105起，关闭取缔后又擅自建设、生产经营的1起，其他非法违法建设、生产经营的313起。

第三节　安全生产宣传

2005年，组织全县企业开展安全管理安全培训1期，组织烟花爆竹零售网点责任人安全知识培训1期，参加培训人员100人。举办全县特种作业人员培训班1期（由州技校老师组织授课），参加培训人员142人，经过培训考试考核合格，全部取得特种作业操作证书。组织安全生产宣传教育活动7次。“安全生产月”活动期间，各乡镇、各部门共张贴宣传画25张，发放宣传挂图2250张，发放宣传单25830张，挂宣传标语横幅52幅，群众现场咨询达1260人。

2006年，结合对各项安全监督检查和专项治理工作，重点宣传贯彻《中华人民共和国安全生产法》《贵州省安全生产条例》《安全生产违法行为行政处罚办法》《安全生产许可证条例》等有关安全生产方面的法律、法规。在6月“安全生产月”活动期间，采取办专栏、广播电视宣传，开展咨询活动，散发资料，送法上门等形式开展安全生产宣传教育活动。活动期间共悬挂宣传横幅17幅、宣传画（展板）13张，共发放各种安全生产法律法规、常识21980份，直接受教育人数达3万人。非煤矿山方面共张贴宣传标语125条，发放宣传资料900份。

2007年，坚持“安全第一，预防为主，综合治理”的方针，积极开展了形式多样、内容丰富的安全生产宣传活动。以宣传标语形式，把安全生产警示教育工作延伸到每个企业、车间、工地。严格审批条件，严格市场准入。对危险化学品和烟花爆竹从业单位主要负责人、安全生产管理人员、特种作业人员和其他从业人员进行安全生产培训，严格考核发证工作，依法严肃查处无证上岗行为。督促企业加大安全投入，健全安全生产各项制度，加强对施工人员的安全教育培训，使全县安全生产进一步规范化和制度化。

2008 年，按照州、县《2008 年安全生产工作安排意见》和《黔东南州 2008 年“安全生产月”活动方案》要求，积极组织安委会成员单位部门搞好“安全宣传月”工作，利用广播、电视（视频）、手机短信、宣传资料、图标、展板、标语等方式向群众进行宣传，并深入厂矿、企业、学校广泛宣传《安全生产法》《道路交通安全法》《劳动法》《烟花爆竹经营许可办法》《生产安全事故报告和调查处理条例》《道路交通安全管理条例》《消防条例》《建设工程安全生产管理条例》《工程保险条例》，以及与人民群众生产生活密切相关的农村用电知识、消防知识、防雷知识、道路交通安全知识、农机安全等，开展法律咨询服务，解答人民群众关心的各种热点难点安全生产问题，使广大人民群众不同程度地懂得和获得了安全生产知识和常识，不断增强人民群众安全意识和安全素质。一年中共开展安全生产宣传教育活动 3 次，受教育人 2 万余人次；开展送法进厂、进企业、进校活动 3 场次，受教育人 5000 余人次，发放宣传资料 1.5 万余份。

2009 年，应培训特种作业人员 5 人，其中培训持证 5 人，持证率 100%。应培训安全生产管理人员 144 人，其中培训持证 139 人、未持证的非煤矿山管理人员 2 人、危化品生产管理人员 3 人，安全生产管理人员培训持证率 96.5%。应培训生产经营单位主要负责人 24 人，其中培训持证 20 人、未持证的未危化品 4 人，培训持证率 83.3%。按照执法资格要求，全县安全监察人员参加执法新训 2 人、复训 11 人。

2010 年，在“安全生产月”活动中，全县共计出动干部职工 128 余人，悬挂各种安全宣传标语 35 条幅，摆放各种安全生产法律法规和事故图片展板及挂图 55 余张，发放宣传资料、传单 13000 余份，提供咨询服务 70 余人次，解答咨询问题 80 余个。全县安全生产培训持证情况：应培训特种作业人员 20 人，其中培训持证 20 人，持证率 100%；应培训安全生产管理人员 168 人，其中培训持证 157 人，安全生产管理人员培训持证率 93.5%；应培训生产经营单位主要负责人 20 人，生产经营单位主要负责人培训持证率 100%。

第七章　社会保险

第一节　养老保险

1991 年，全县征收合同制工人养老保险金单位 66 个，合同制工人 344 人，征收 76018.51 元。养老保险金收缴实行固定职工按工资的 3%缴纳。1995 年，全县参加养老保险单位 36 个，在册工资人数 569 人，缴纳保险金 259610.97 元。全县合同制工人 1487 人，缴纳保险金 20020.88 元。1996 年参加养老保险国有企业单位 34 个，有固定职工 596 人，缴纳保险金 22.7 万元。集体单位 3 个，职工 36 人，缴纳保险金 323.8 元。根据黔府发〔1995〕92 号文件精神，给全县企业离退休职工进行普调，人月增资 9.01 元。1997 年参加统筹的单位 38 个，参加统筹人员 1596 人，收缴资金 40.06 万元。1998 年收缴企业养老金 14.17 万元，统筹金 9.5 万元。6 月，启动行政事业养老保险的收缴，全县有 61 个机关、事业单位，在册职工 3835 人，收缴养老保险金 3.13 万元。1999 年，加强保险基金征缴力度，采取组织人员上门收缴办法开展基金征缴，提高了收缴率。截至 9 月 30 日，共收缴机关事业单位基本养老金 25.53 万元，收缴率为 72.4%，企业基本养老金 98.35 万元；一次性补发拖欠参统企业 11 户 143 名离退休人员基本养老金 69.19 万元；建立 1 个企业 8 个人的个人账户；实行社会保险基金财政专户，张榜公布 1999 年度 34 个单位 1280 人的养老金缴纳情况。1999 年，共发放下岗职工基本生活保障费 21.84 万元。2001 年，共收缴养老保险金 170.68 万元，发放养老保险金 15.31 万元。建立企业离退休人员数据库 44 个 473 人。

2002 年 7 月，县社保局对基本养老保险费如何缴纳行文规定：2001 年前单位缴纳比例为 15%，2001 年后单位缴纳比例为 22%；个人缴纳比例 1996 年以前为 3%，1997 年、1998 年为 4%，1999—2000 年为 5%，2001—2002 年为 6%，2003—2004 年为 7%，2005 年以后为 8%。10 月，县人事劳动和社会保障局转发《规范国家机关、事业单位养老保险缴纳费比例》的通知，从 2002 年 1 月起，全县机关、事业单位、合同制工人和聘用制干部，养老金缴费比例为单位 20%、个人 6%（2002—2003 年），由社保局发放退休人员基本养老金的事业单位和自发自支的事业单位缴费比例仍为单位 22%、个人 6%。企业职工审批退休后，基本养老金的发放：1998 年 10 月 1 日及以后参加工作缴费年限累计满 15 年的职工，退休后计月基础养老金办法，第一部分按退休时上一年全省职工平均工资的 20% 计算，第二部分按个人账户储存额的 1 / 120 计算。缴费不满 15 年的，达到退休年龄的人员不享受基础养老金待遇，其个人的账户储存额一次性支付给本人。1998 年 9 月 30 日及以前参加工作，1998 年 10 月及以前退休缴费累计满 15 年的，退休后月基本养老金计算办法为：第一部分基础养老金，按退休时上一年全省职工月平均工资的 20% 计算；第二部分为个人账户储存额 1 / 120 计算；第三部分为过渡性养老金。是年，全县有企业 47 个，1650 人参加养老保险，机关事业单位有 95 个，2999 人参加养老保险。失业企业参加养老保险有 42 个，参加养老保险 746 人。全年收缴养老保险金 231

万元，其中，企业基本养老保险金182万元、行政事业单位养老保险金49万元。

2003年3月，台江县人事劳动和社会保障局转发《关于调整全州企业及其职工缴纳基本养老保险费比例有关问题》的通知：从2003年1月1日起，凡参加黔东南州基本养老保险统筹的企业，企业缴纳费比例统一调整为21%，职工个人缴费比例为7%。是年，建立企业养老保险个人账户1460人。全县35个企业，其中11个企业单位已改制、破产，20个企业单位处于停产或半停产状态，1821人参加养老保险，73人参加农村养老保险。养老保险金共收缴309万元，为州下达任务300万元的103%，养老保险清欠50万元，为州下达任务50万元的100%；企业养老保险扩面完成129人，占下达任务300人的43%；失业扩面完成122人，为下达任务500人的24%。2003年，给518个企业离退休人员发放基本养老金217万元。享受定期生活困难补助的遗属115人，发放定期生活困难补助144.4万元。企业离退休人员死亡13人，发放抚恤金12.33万元。根据《台江县人民政府关于暂停开展机关事业基本养老保险工作的批复》，退回全县行政机关事业单位干部职工个人养老金215万元。

2005年，社会养老保险完成社会养老保险费征收339.13万元。至11月底，发放企、事业单位离退休人员基本养老金321万元，其中，企业养老金发放297万元、事业单位养老金发放24万元。

第二节　失业保险

1991年，全县职工待业保险金收缴单位41个，缴纳金额1万元。1995年，失业保险金缴纳单位52个，缴纳4.3万元。1998年，全县有企业52个，缴纳失业金的企业41个，正常缴纳的仅有12个，全年缴纳按1%应缴纳失业金9.7万元，实收3万元。2001年，建立失业保险基金个人账户、卡。2002年，审批办理申请失业救济人数355人，发放失业救济金5.5万元。2003年有714名失业人员参保，失业基金征缴4.5万元，为州下达任务15万元的30%。2005年，失业保险基金征缴完成6.7万元，为州下达任务6万元的112%；失业保险基金征缴完成44万元。2006年，全县有35个企、事业单位742人参保，其中，企业34个共714人参保（国有企业594人、集体企业120人），事业单位1个共28人参保。2006年12月底前，台江县企业单位改制、破产13个，20个企业单位处于停产或半停产状态。能正常缴纳失业保险的单位仅有4个，计39人。个体工商户至此没有人员参保。基金征缴根据省、州有关文件的规定，征缴比例单位部分2%，个人部分1%；征缴基数按企业职工工资总额缴纳，达不到当年省平均工资60%的按省平均工资60%缴纳。

2000—2010年台江县企业失业保险金收支一览表

表8-10

年度	参保单位（个）	参保人数（人）	缴纳（万元）	支出（万元）
1991	41	821	1.0	0.8
1992	41	821	1.0	0.6
1993	41	821	2.0	0.8
1994	41	821	2.0	1.0
1995	52	821	4.3	0.9
1996	41	821	3.0	3.0
1997	41	821	3.0	0.6
1998	41	821	3.0	0.7

续表 8-10

年度	参保单位（个）	参保人数（人）	缴纳（万元）	支出（万元）
1999	37	746	29.0	4.0
2000	37	746	3.0	0.5
2001	37	746	4.0	1.0
2002	37	746	13.0	24.0
2003	35	714	4.5	0
2004	35	742	4.0	0
2005	35	742	6.7	8.0
2006	35	742	7.0	8.0
2007	35	742	7.0	8.0
2008	35	742	13.0	2.3
2009	35	742	36.0	4.4
2010	35	742	19.0	0

第三节 医疗保险

2003 年 1 月，医保中心成立，有职工 6 人，专职负责全县医保工作。4 月，全县医疗保险启动，参保单位有 71 个。其中，县直属机关事业单位 63 个，中央、省、州驻台单位 7 个，自收自支事业单位 1 个。参保职工 4424 人（在职 3141 人、退休 1283 人）。是年，医疗保险个人账户基金 98 万元，个人缴纳 99.93 万元，单位缴纳 109.14 万元。2005 年医疗保险工作有序发展。定点医疗机构和定点零售药店引入竞争机制。县计生站、县疾控中心纳入定点医疗机构增加到 13 个，把怀仁药房纳入定点零售药店，定点零售药店增加到 9 个，定点医疗机构和定点零售药店的不断增多，方便了广大职工看病购药。2006 年参保单位有 95 个，参保人数 4448 人，其中在职职工 3249 人、退休人员 1199 人，分别占总参保人数的 73% 和 27%，在职职工与退休人员之比为 3∶1。参保人数比上年同期增加 43 人，增长率为 0.98%。参保人员中属于行政机关单位的有 1381 人，事业单位的有 3067 人，分别占总参保人数的 31% 和 69%。

2003—2010 年台江县医疗保险情况一览表

表 8-11

年度	参保单位（个）	参保人数（人）	单位实缴（万元）	个人实缴（万元）	统筹基金（万元）	个人账户支出（万元）	基金支出（万元）
2003	71	4424	109.14	99.93	54.60	52.90	31.81
2004	75	4340	213.21	64.55	135.24	119.70	101.23
2005	77	4405	213.83	69.84	130.34	121.74	119.99
2006	95	4448	171.92	92.13	65.88	138.99	129.32
2007	109	4872	312.21	284.27	122.82	200.05	163.02

续表 8-11

年度	参保单位（个）	参保人数（人）	单位实缴（万元）	个人实缴（万元）	统筹基金（万元）	个人账户支出（万元）	基金支出（万元）
2008	110	5316	350.28	347.65	375.35	274.56	175.97
2009	118	5394	562.89	177.49	361.20	312.07	237.15
2010	130	5639	677.56	212.85	303.36	446.39	257.15

第四节　农房灾害统保

台江县农户住房绝大部分是木房，且住房密集连片，一旦灾害发生，影响面大，尤其是火灾，给农户带来较大的损失。每次灾害发生后，县委、县政府及县民政部门虽然高度重视，但主要是依靠受灾户的自力更生、生产自救。自然灾害已成为一些受灾户致贫、返贫的重要原因。为此，2008 年，台江县政府率先在全省首开农房统保工作，探索农村防灾、减灾、救灾的新渠道，建立社会救助新机制，提高农民灾后的自救能力。保险范围包括火灾、爆炸、雷击、台风、龙卷风、暴雨、暴风、洪水、雹灾、冰凌、泥石流、崖崩、突发性滑坡、飞行物体及其他空中运行物体坠落，外来不属于被保险人所有或使用的建筑物和其他固定物体的倒塌等造成农民房屋的损失等，都纳入保险范围。

台江县农房灾害统保工作启动实施以来，主要采取农户自缴和政府补贴筹集方式。2008 年，每户保费 10 元，其中农户缴 1 元、县财政补贴 9 元，保额为 4000 元。全县 2.8 万户农户共缴纳保险费 28 万元，总保险金额达 1.12 亿元。2008—2009 年，全县有 123 户农户受灾，县财保公司共理赔资金 29.72 万元。2009 年，每户保费增加至 20 元，其中农户缴纳 3 元、县财政补贴 17 元，每户保额 7000 元。全县 2.8 万户共缴纳保费 56 万元，总保险额 1.96 亿元。2009 年 8 月至 2010 年 8 月，全县有 79 户农户受灾，保险公司共理赔 35.79 万元。2010 年再提高保费标准，每户保费 25 元，其中农户缴纳 5 元、财政补贴 20 元，保费增至 8000 元。全县 2.8 万户农户共缴纳保险费 70 万元，保额 2.24 亿元。保期内有 117 户因火受灾，保险公司共理赔 85.05 万元。

第九篇

经济综合管理

第一章　国民经济管理

第一节　经济发展

一、国内生产总值

1990年，全县实现国内生产总值6129万元，到2010年达到97035万元，增长14.8倍。三次产业比重由1986年的65.3∶16.0∶18.7调整到1993年的68.5∶14.9∶16.6。2003年，三次产业结构出现了第二次质的飞跃，即44.1∶17.8∶38.1。2010年，三次产业结构进一步调为24.9∶24.7∶50.4，产业结构不断优化。全县人均地区生产总值为1986年302元，1989年445元，1993年623元，1997年1094元，2003年2160元。到2010年，全县人均地区生产总值达到7231元，比1986年增长22.9倍，年均增长14.1%。

二、财政收支

财政收入　1990年，全县财政收入432万元；1994年，全县财政收入613万元；1997年，全县财政收入1203万元；2003年，全县财政收入2150万元；2006年，全县财政收入3540万元。2007年比2006年净增652万元；2008年比2007年净增1059万元，达5251万元；2010年，全县财政收入达10040万元，为1990年的23.2倍。1990—2010年，全县财政收入累计5.18亿元。

财政支出　1990年，全县财政支出1303万元；1994年，全县财政支出1769万元；1997年，全县财政支出3410万元；2003年，全县财政支出10445万元；2006年，全县财政支出18443万元；2007年比2006年净增6211万元；2008年比2007年净增10036万元，达34690万元；2010年，全县财政支出达59514万元，为1990年的45.7倍。

三、固定资产投资

1989年，全县投资仅为451万元。“八五”期间，启动招商引资工作，基础设施建设和企业技术改造投资有重大突破。1995年，完成固定资产投资1648万元，比1990年增长3.7倍，年均增长36.7%。5年累计完成投资6043万元，是“七五”期间的2.7倍。“九五”期间，扩大投资需求，增加社会投资，民营投资增势明显。2000年，完成全社会投资6377万元，比1995年增长287%，年均增长31.1%。5年累计完成投资1.41亿元，是“八五”期间完成额的2.34倍。“十五”期间，坚持以招商引资、项目推进为主线，投资总额保持高速增长态势。2005年，完成全社会投资4.26亿元，比2000年增长568%，年均增长46.2%。5年累计完成投资14.02亿元，是“九五”期间完成额的9.91倍。“十一五”期间，坚持新型工业化和城镇化“双轮”驱动，强力主攻招商引资，坚定不移地实施项目推进。2010年，完成全社会固定资产投资7.2亿元，比2005年增长69.3%，年均增长11.1%。当年完成规模以上工业投资2.1亿元，占总投资额的29.1%，比2005年增长140%。民营投资成为全县投资的主体，当年实际完成投资4.32亿元，占全社会投资额的60%，比2005年增长1482%。基础设施和房地产开发投资得到强化，全年完成城镇固定资产投资5.6亿元，占全部投资的77.6%，比2005年增长77.9%；完成房地产开发投资0.9亿元，比2005年增长302%。

四、城乡居民储蓄

1990年，境内城乡居民的储蓄余额为1594万元，人均储蓄存款仅为112.5元。2010年年末，城乡居民储蓄存款余额为7.63亿元，比1990年增长46.8倍，年均增长47.2%，人均储蓄存款达4809元。

五、社会消费品零售总额

1990年，全县实现社会消费品零售总额2153万元，人均152元。2010年，全县实现社会消费品零售额31466亿元，是1990年的14.6倍，年均增长14.3%，人均达1984元，是1990年的13倍。

1990—2010年台江县经济发展情况一览表（一）

表9-1　　单位：万元

年度	国内生产总值	第一产业	第二产业	第三产业	地方财政收入
1990	6129	3952	831	1346	432
1991	6875	4523	854	1498	443
1992	8362	5676	1133	1553	501
1993	9016	6172	1346	1498	727
1994	10064	6917	1298	1849	613
1995	13050	9317	1580	2153	784
1996	14884	10831	1531	2522	1019
1997	16192	11367	1699	3126	1203
1998	18211	12680	1877	3654	1503
1999	18650	12623	2037	3990	1319
2000	20992	14796	1973	4223	1584
2001	25446	17079	3186	5181	1736
2002	25680	16536	2940	6204	2011
2003	28410	13539	7145	7726	2150
2004	32950	14455	9835	8660	2582
2005	42032	16035	10184	15813	2172
2006	47919	15619	10715	21585	3540
2007	58061	18416	13293	26352	4192
2008	74883	22560	18024	34299	5251
2009	81974	23777	19535	38662	5139
2010	97035	27808	22999	46228	10040

1990—2010年台江县经济发展情况一览表（二）

表9-2

年度	工农业总产值（万元）	工业产值（万元）	农业产值（万元）	粮食产量（吨）	肉类产量（吨）
1990	8118	1674	6444	36336	1800
1991	8794	1970	6824	37812	2000
1992	10686	2513	8173	33811	2000
1993	12728	3895	8833	27093	2100
1994	15653	5350	10303	24822	3100
1995	15891	3133	12758	37871	3200
1996	18743	4055	14688	40913	3400
1997	20871	5491	15380	45631	4100
1998	22166	5359	16807	47533	3791
1999	14685	3897	10788	49716	4105
2000	20477	3666	16811	49970	4617
2001	23685	4273	19412	51508	4900
2002	22070	3200	18870	40625	5301
2003	24499	4181	20318	40622	5203
2004	31560	10432	21128	44933	6089
2005	43399	20186	23213	46138	6444
2006	46280	19952	26328	47880	7134
2007	66630	40431	26199	49891	8745
2008	80049	47970	32079	50400	3661
2009	82910	49341	33569	52217	4086
2010	101374	62006	39368	52493	4215

第二节 经济结构

一、所有制结构

农业所有制结构　县内农业经济所有制，20世纪80年代以来，全面推行农业生产家庭承包责任制。土地为集体所有，个人承包经营。90年代后，农村剩余劳动力逐年向发达地区转移，农村外出打工者逐年增多，弃耕撂荒现象不断出现，农村土地的经营方式相应发生了变化，出现了土地以户经营转向劳动力多、有丰富农事经验的家庭经营的趋势。由于经营有方，全县农业生产平稳发展。2010年，全县农业总产值为39368万元，比“承包”前的1979年增长19.5倍；粮食总产量52492吨，增长75.1%。

工业所有制结构　为适应经济发展，执行国家产业政策，针对部分县属国有工业生产经营体制陈旧、机器设备老化、资金负债过多、银行贷款居高不下、企业经营效益低下、政府负担过重的问题，采取相应措施，从20世纪90年代起，对县属国有企业，分期分批进行了破产、改制、转体、重组。进入21世纪，县属国有企业已全部改革完毕，工业企业实行政企分开、自主经营、自担风险、自负盈亏，成为市场经济的主体，全县工业生产发展较快，2010 年工业总产值为 62006 万元，比 1990 年增长 37.04 倍，新增净产值 61450 万元，年均增长 36.9%。

二、产业结构

1990 年以来，通过经济体制改革，调整产业布局，推进工业化进程，大力发展非公有制经济，二、三产业得到较快发展，县内生产总值结构发生了较大变化。2010 年，全县国内生产总值 97035 万元，比 1990 年增长 15.83 倍。其中第一产业绝对值 27808 万元，年均增长 6.5%，占总值 28.7%；第二产业绝对值 22999 万元，占生产总值的 23.7%；第三产业绝对值 46228 万元，占生产总值的 47.6%。

三、工农业结构

2000 年前，农业绝对值比重一直占 80%或接近 80%以上，2000 年始，台江县对工农业结构进行了调整，加快工业与农业协调发展。到 2010 年，县内农业绝对值比重从 2000 年的 82.1%降为 38.7%，下降 43.4 个百分点；工业绝对值由 2000 年的 13.1%上升到 61.3%，上升 48.2 个百分点。

四、农业内部结构

1990 年以来，台江县在改革农业计划管理、扩大市场调节、实行农产品大包干的基础上，“决不放松粮食生产，积极发展多种经营”，对农业内部的生产结构进行了调整，使有限的耕地和丰富的劳动力资源优势得到较好的发挥，农村产业结构趋向合理。2010 年，县内种植业绝对值从 2000 年占总产值比重的 69.1%，下降到 2010 年占总产值比重的 47.39%，降了 21.71 个百分点；林牧渔业和服务业由 2000 年占总产值比重的 30.9%，上升到 2010 年占总产值比重的 52.7%，上升了 21.8 个百分点。

五、工业内部结构

1990—1994 年，是各项政策措施出台较多的时期，中心任务是整顿经济秩序，遏制通货膨胀，控制投资规模，加强宏观调控。此间，县内轻、重工业经济结构未出现明显的变化。1995 年后，通过工业内部生产结构进行调整，打破轻、重工业各占比重一半的常规，重工业发展较快，所占比重也较高。2010 年年底，全县工业产值 62006 万元，其中重工业绝对值 43062 万元。

第三节　经济效益

1990—2006 年，改革开放步伐加快，产业结构调整力度加大，多种经济成分并存，非公有制经济发展速度较快，所占经济总量比重上升。通过转换机制，改革管理体制，社会劳动者积极性得到充分调动，经济效益大幅度提高。2010 年，全县人均国内生产总值由 1990 年的 434 元上升到 2010 年的6120元，上升 14.1 倍；人均工农业总产值由 1990年的574元上升到2010年的6393元，上升 11.1 倍；人均财政收入由 1990 年的 30.59 元上升到 2010 年的 633.18 元，上升 20.7 倍。

第二章　计划管理

第一节　管理体制

一、体制调整

1991 年，贯彻中央提出的“调整、改革、提高、发展”的方针，县内计划管理执行“统一计划，分级管理；条块结合”的管理体制，坚持计划经济与市场调节相结合的原则，实行指令性计划与指导性计划相结合，对国营经济实行指令性计划，对其他经济实行指导性计划，对农贸市场小商品实行市场调节。对钢材、水泥、生铁、圆针、棉纱、棉布等 29 种主要工业产品实行计划分配，对基本建设投资额下达指令性计划，对工业生产、农业生产、商品流通等实行指导性计划。

1992 年，继续缩小指令性计划范围，扩大指导性和市场调节范围，加强计划的宏观控制和综合平衡，平价的物资供应量逐渐减少或取消。计划钢材、生铁、焦炭等物资，石油、成品油、农用柴油等专项供应指标，一律放开价格，实行计划内外一个价。

1993—1994 年，按照建设社会主义市场经济体制的目标，计划工作突出宏观性、战略性和政策性，主要农产品的指令性计划全部取消，物资分配、收购和调拨的商品分别有不同程度的减少。

1995 年后，随着社会主义市场经济体制的初步建立，计划分配物资全部放开，取消了计划物资的供应，计划工作职能由微观经济管理转向宏观经济管理，计划管理职能主要是加强对经济运行情况进行调查研究、督促检查、监测分析和经济信息的发布，编制国民经济和社会发展计划及其中长期计划（或规划），综合协调财政、信贷等经济杠杆作用，培育、发展和完善市场体系。

二、计划监督

1990—1993 年，对乡镇的粮油产量、工农业总产值、乡镇企业产值、计划生育、植树造林、财政收入等实行综合考核，行使计划监督。

1994 年后，台江县紧紧围绕经济建设这个中心，积极开展解放思想大讨论，加快建设社会主义市场体制的步伐。通过有效的计划监督，全县生产总值连年上升。1994 年，全县生产总值 10064 万元，比上年增长 11.6%；1995 年，全县生产总值 13050 万元，比上年增长 29.7%；1996 年，全县生产总值 14884 万元，比上年增长 14%；1997 年，全县生产总值 16332 万元，比上年增长 9.7%；1998 年，全县生产总值 18211 万元，比上年增长 11.5%，计划监督起到了较好的作用。

进入 21 世纪后，台江县在计划监督上加大力度，人民代表参政议政，民主监督更加有力。一是“十五”计划和“十一五”规划的编制，在充分调查研究、广泛听取各方意见的基础上，反复酝酿后报人大审议通过，编制的内容更加科学合理、具体实在。二是在认真总结上一个国民经济和社会发展规划的基础上，实事求是地编制国民经济和社会发展计划，执行以市场配置为主，在政策上实行开放和搞活，通过宏观调控、协调平衡，充分调动各方面的积极性，确保国民经济有计划、按比例协调发展。三是人大按照职能分工，积极行使监督的权利，保证了计划的有效执行，国民经济和社会发展保持了健康、稳定的发展。

第二节 计划编制与实施

一、年度计划

年度计划的编制，一般依据五年计划的要求，结合上年计划实施的实际和当年的情况，根据需要与可能，具体规定本年度的具体任务和实现任务的有关措施。1991 年到 2006 年，台江县先后编制 16 个年度计划，这些年度计划的具体内容，大多体现在“七五”“八五”“九五”“十五”和“十一五”5 个五年计划（规划）之中。

1991—2010 年台江县主要指标执行情况一览表（一）

表 9-3

年度	国内生产总值			工业总产值			农业总产值		
	计划（万元）	实绩（万元）	完成率（%）	计划（万元）	实绩（万元）	完成率（%）	计划（万元）	实绩（万元）	完成率（%）
1991	6500	6875	105.8	1700	1970	115.9	5000	6824	136.5
1992	8000	8362	104.5	2500	2513	100.5	7000	8173	116.8
1993	9000	9016	100.2	3600	3895	108.2	8000	8833	110.4
1994	10000	10064	100.6	5000	5350	107.0	9000	10303	114.5
1995	10500	13050	124.3	5000	3133	62.7	9770	12758	130.6
1996	14000	14884	106.3	5000	4055	81.1	10000	14688	146.9
1997	16000	16192	101.2	5000	5491	109.8	12000	15380	128.2
1998	18000	18211	101.2	5000	5359	107.2	14000	16807	120.1
1999	18000	18650	103.6	5000	3897	77.9	15000	10788	71.9
2000	21100	20992	99.5	4000	3666	91.6	13300	16811	126.4
2001	20130	25446	126.4	4100	4273	104.2	14180	19412	136.9
2002	21320	25680	120.5	3000	3200	106.7	14970	18870	126.1
2003	28900	28410	98.3	3000	4181	139.4	26750	20318	76.0
2004	32890	32950	100.2	5000	10432	208.6	21330	21128	99.1
2005	36130	42032	116.3	12520	20186	161.2	22165	23213	104.7
2006	47650	47919	100.6	—	19952	—	24550	26328	107.2
2007	51425	58061	112.9	12655	40431	319.5	18015	26199	145.4
2008	69125	74883	108.3	18060	47970	265.6	28425	32079	112.9
2009	71065	81974	115.4	21505	49341	229.4	23735	33569	141.4
2010	79350	97035	122.3	27351	62006	226.7	24107	39368	163.3

台江县 1991—2010 年主要指标执行情况表（二）

表 9-4

年度	粮食总产量			地方财政收入			肉类总产量		
	计划（吨）	实绩（吨）	完成率（%）	计划（元）	实绩（元）	完成率（%）	计划（吨）	实绩（吨）	完成率（%）
1991	35000	37812	108.0	420	443	105.5	2100	2000	95.2
1992	35000	33811	96.6	450	501	111.3	2200	2000	91.0
1993	35000	27093	77.4	500	727	145.4	2340	2100	89.7
1994	35000	24822	70.9	500	613	122.6	2370	3100	130.8
1995	35000	37871	108.2	647	784	121.2	2400	3200	133.3
1996	35000	40913	116.9	700	1019	145.6	3000	3400	113.3
1997	40000	45631	114.1	800	1203	150.3	3200	4100	128.1
1998	45000	47533	105.6	1200	1503	125.3	3400	3791	111.5
1999	48000	49716	103.6	1200	1319	110.0	3600	4105	114.0
2000	49716	49970	100.5	1480	1584	107.0	6670	4617	69.2
2001	51500	51508	100.0	1390	1736	124.9	5000	4900	98.0
2002	52000	40625	78.1	1553	2011	129.5	5065	5301	104.7
2003	50000	40622	81.2	1868	2150	115.1	5600	5203	93.0
2004	42000	44933	107.0	1922	2582	134.3	5800	6089	105.0
2005	42000	46138	109.9	2161	2172	100.5	5930	6444	108.7
2006	46000	47880	104.1	2370	3540	149.3	—	7134	—
2007	47000	49891	106.2	2583	4192	162.3	—	8745	—
2008	50000	50400	100.8	3298	5251	154.2	—	3661	—
2009	52000	52217	100.4	3569	5139	144.0	—	4086	—
2010	53800	52493	97.6	4200	10040	239.0	—	4215	—

二、中短期计划

“八五”计划　1990 年编制第八个五年计划（1991—1995 年）。“八五”计划的奋斗目标：1995 年国内生产总值达 8300 万元，五年年均递增 6%；工农业总产值达 5900 万元，递增 5.1%；粮食总产量达 4000 万公斤，递增 2.7%；地方财政收入达 635 万元。

执行情况：到 1995 年，工农业总产值完成 15891 万元，为“八五”计划的 269%，比 1990 年增长 96%，年均增长 15%；农业总产值 12758 万元，为“八五”计划的 297%，年均增长 15%；工业总产值 3133 万元，为“八五”计划的 196%，年均增长 13%；国内生产总值 13050 万元，为“八五”计划 157%，年均增长 17%；国民收入 9486 万元，为“八五”计划的 122%，年均增长 17%；社会总产值 14578 万元，为“八五”计划的 121%，年均增长 14%；粮食总产量 37871 吨，为“八五”计划的 95%，年均增长 0.8%；地方财政收入 784 万元，为“八五”计划的 123%，年均增长 13%；肉类总产量 3200 吨，为“八五”计划的 133%，年均增长 12%。

“九五”计划　1996 年编制第九个五年计划（1996—2000 年）。“九五”计划的奋斗目标是：2000 年国内生产总值比 1995 年增长 70.5%，五年年均增长 11.3%，工农业总产值年均增长 10.2%，农民人均纯收入 800 元，人均国内生产总值比 1980 年翻 2.1 番。

执行情况：到2000年，国内生产总值完成20992万元，为“九五”计划的117%，比1995年增长60%，年均增长9.9%。工农业总产值20477万元，为“九五”计划的85%，年均增长8.6%；农业总产值16811万元，为“九五”计划的129%，年均增长5.8%；工业总产值3666万元，为“九五”计划的33%，年均增长3%；粮食总产量49970吨，为“九五”计划的118%，年均长5.8%；肉类总产量4617吨，为“九五”计划的69%，年均增长7.6%；地方财政收入1584万元，为“九五”计划的158%，年均增长15%。

“十五”计划　2000年编制第十个五年计划（2001—2005年）。“十五”计划的奋斗目标：2001—2005年，国内生产总值年均递增100%，工农业总产值递增8.6%，地方财政收入递增15%，粮食总产量递增2%，农民人均纯收入递增4%，肉类总产量递增5%，人均国内生产总值比1995年翻一番。

执行情况：到2005年，国内生产总值完成42032万元，为“十五”计划的122%，比2000年增长88%，年均递增14%；工农业总产值40835万元，为“十五”计划的116%，年均递增7.6%；农业总产值23213万元，为“十五”计划的108%，年均递增5.7%；工业总产值17622万元，为“十五”计划的128%，年均递增37%；粮食总产量46138吨，为“十五”计划的84%；地方财政收入2172万元，为“十五”计划的87%，年均递增6.6%；肉类总产量6444吨，为“十五”计划的109%，年均递增7.1%；农民人均纯收入1662元，为“十五”计划的83%，年均递增6.1%；人均国内生产总值2900元，比1995年翻1.3番。

“十一五”规划　2005年编制第十一个五年规划（2006—2010年）。从“十一五”开始，五年计划改为五年规划，发展指标由指令性转为指导性，规划内容由政策导向阐述为主转为项目规划为主，预期目标由定量描述为主转变为定性描述为主。规划比计划内容更实在、更具体、更具操作性，既是台江县国民经济和社会发展的行动纲领，更是各部门申报项目的依据。

发展目标：国民经济保持12%以上的增长速度，到2010年实现人均GDP比2005年翻一番的目标，达5600元以上，第一产业年均增长保持在5%左右，第二产业年均增长28%以上，第三产业年均增长15%以上；经济结构战略性调速取得初步成效，实现稳定和优化第一产业、发展第二产业、提高第三产业的目标；实施西部大开发战略取得重点突破，基本建成具有一定规模的支柱产业、优势产业和特色经济体系；新阶段扶贫开发取得阶段性成果，初步建立起农民增收的长效机制，基本解决现有农村贫困人口的温饱问题；生态建设和环境保护得到加强，科技教育得到快速发展；构建社会主义和谐社会取得实质性进展，建设社会主义新农村得到稳步推进。

中期计划主要确定经济和社会发展的战略目标、战略步骤和战略重点，1990年以来，台江县没有专门编制过十年以上综合性的计划（或规划），只是在编制五年计划中，有的主要指标加编十年、二十年甚至更长年限的设想。这些长期计划，由于国家政策调整，大都没有具体实施和检查其执行情况。

“八五”计划至“十一五”规划主要指标执行情况一览表（一）

表9-5　　单位：万元

	国内生产总值			工农业总产值			农业总产值			工业总产值		
	计划	实绩	完成率（%）	计划	实绩	完成率（%）	计划	实绩	完成率（%）	计划	实绩	完成率（%）
“八五”计划	8300	13050	157	5900	15891	269	4300	12758	297	1600	3133	196
“九五”计划	17940	20992	117	24000	20477	85	13000	16811	129	1100	3666	333
“十五”计划	34590	42032	122	35220	40835	116	21510	23213	108	13710	17622	129
“十一五”规划	85694	—	—	108562	—	—	28313	—	—	80249	—	—

"八五"计划至"十一五"规划主要指标执行情况一览表（二）

表 9-6

	粮食总产量			地方财政收入			肉类总产量		
	计划（吨）	实绩（吨）	完成率（%）	计划（万元）	实绩（万元）	完成率（%）	计划（吨）	实绩（吨）	完成率（%）
"八五"计划	40000	37871	95	635	784	123	2400	3200	133
"九五"计划	42500	49970	118	1000	1584	158	6670	4617	69
"十五"计划	55170	46138	84	2500	2172	87	5930	6444	109
"十一五"规划	42000	—	—	4345	—	—	—	—	—

三、专项规划

1990 年以来，先后编制出《台江县 1990—2010 年农业综合规划》《台江县生态环境建设规划（1999—2030）》《台江县以工代赈"八五"计划和 2000 年设想》《1994—2000 年以工代赈规划》《台江县计委"三五"普法规划》《2001—2010 年台江县以工代赈建设规划》《台江县沿河沿路产业经济发展规划》《台江县实施西部大开发战略规划》《台江县四产业一园区"十一五"发展战略规划》《台江县库区经济发展和基础设施建设规划》《台江县易地搬迁规划（修订）》11 个专项规划。这些专项规划内容具体，可操作性强，为台江县各类项目的申报打下了良好的基础。

第三节　项目监督及管理

一、投资管理

1991—1998 年，全县投资管理主要是计划管理为主，按照上级下达的投资计划及规模，完成建设任务即完成投资管理任务。

1999 年后，投资管理进行了改进，投资管理步入正轨。主要的投资管理方式有：一是项目管理进度拨款制度；二是实行招标投标制；三是实行法人制度，每个项目都要有法人代表，全权负责项目的实施工作；四是实行项目监理制，"项目监理"作为第三方参与整个项目的建设；五是项目合同制，在项目开工建设前，中标单位与项目单位签订施工合同，规范甲乙双方的行为，确保工程按合同条款实施完成；六是项目审计制，项目竣工后，项目建设单位将项目决算报告、项目审批文件、项目完成情况总结报审计部门，要求审计部门对项目进行审计，经审计结束后，方能组织验收；七是项目验收制，项目建设完成后，由项目实施单位向项目主管部门提出验收申请并附审计报告，项目主管部门在接到验收申请后，根据实情定时组织有关部门对项目进行验收，验收合格后随之办理移交手续，交付使用。

二、项目监督

"八五"承接"七五"时期的经济管理体制，1991—1994 年，台江县项目监督也承接往年的惯例，采取以政府监督为主。

1994 年，国务院《关于投资体制改革的决定》出台，国家和地方财政"分灶吃饭"，一改往年的投资监督模式。按照决定，谁投资、谁受益谁管理的原则，台江县 1995—1998 年项目监督发生了较大的变化。

1998 年 11 月 18 日，国务院颁发了《建设项目管理条例》。按照条例，台江县仅 1999 年和 2000

年两年就先后审批项目63个，总投资9185万元，建设规模98982平方米，为拉动内需，促进经济发展增添了后劲。由于监督有力，项目实施进展顺利，并收到了较好的经济效益和社会效益。

2001年以后，台江县继续实行和完善项目法人责任制、招标投标制、建设监理制、合同管理制等项目监督模式。

第四节　其他事务

一、以工代赈

台江县实施以工代赈工作经历了一个由公路交通、水利建设逐步拓展到农田基本建设、改造中低产田、人畜饮水以及输电线路和小水电建设、绿色工程开发、小流域综合治理的过程。至2006年，全县投入以工代赈粮棉布、中低档工业品等实物折款和专项资金4834万元，国债资金1479万元，省、州配套资金940万元，共计7253万元，建设项目317个。通过以工代赈，台江县新建、改造南市至汪江、施洞至革一、台盘至凯堂、排羊至西江等四级公路和农村简易公路63条（段），全长435公里，小型水利建设589处，新增、改善灌溉面积2002公顷；坡改梯132处，面积2750公顷；恢复水打沙压田37处，面积232公顷；改造中低产田18处，面积109公顷；水库维修及除险4座，改善灌溉面积167公顷；绿色工程开发6处，面积227公顷；小流域综合治理3处，覆盖面积12平方公里；渠道防渗4处，全长29公里；防洪堤4处，全长12公里；改造农话1条，全长27公里；修复水毁的粮食供销商业网点3处，规模1900平方米；新建修改完善小型水电站4座，装机容量200千瓦；人畜饮水34处，解决饮水困难34785人、牲畜12750头，易地移民搬迁156户620人。这些项目的实施，进一步改善了人民群众的生产和生活条件，为发展经济增添了造血功能，加快了全县经济发展步伐，以工代赈拉动经济的作用日益显现。

二、西部大开发

2000年以来，台江县把发展作为富民兴县的第一要务，特别是抢抓西部大开发的历史机遇，按照“四产业、一园区”的发展战略，大力推进经济结构，不断深化改革，国家投入进一步加大，专项资金6469万元，项目155个，加之三凯高速公路、台盘非公有制工业园区的建设，易地移民扶贫搬迁以及招商引资等，使全县固定资产投资大幅度增长，财政收入增加，市场销售平稳，人民生活提高。2010年，全县固定资产投资完成72115万元，比1999年的2808万元增长24.7倍，年均增长34.3%。地方财政收入6647万元，比1999年的1319万元增长4.04倍，年均增长15.8%。社会消费品零售额26537万元，比1999年的3790万元增长6倍，年均增长19.3%。农民人均纯收入2981元，比1999年的1218元上升1.45倍，年均上升8.5%。全县固定资产投资增长十分明显，西部大开发加速了台江县经济社会的发展。

三、固定资产投资

1992年以前，由于受国家治理整顿宏观经济和压缩基建规模政策的影响，全县固定资产投资总量增速减缓，累计7年投资3608万元，年均投资量515万元。

1993年后，省里适当放宽固定资产投资的审批权限，全民所有制基建项目总投资10万元以下，集体固定资产投资项目50万元以下由县计委审批，审批权限的扩大，减少了项目审批环节，提高了工作效率，县内的固定资产投资有所增加，1993—1995年累计完成4669万元，年均投资量1556万元，比1992年前年均投资量提高2倍。

1996—2010年，全面执行“九五”计划、“十五”计划和“十一五”规划，实施“以大建设促进大发展”战略，强化城乡基础设施建设，投资空间扩宽，融资渠道增多，投资总量快速增长。全县“十一五”累计完成固定资产投资235661万元，年均投资量47132万元，比“九五”时期年投资量增加44302万元，增长15.6倍。固定资产投资额总量增加，建设规模随之加大，2010年建设总规模为72115平方米，是1996年建设规模的50倍，固定资产投入资金与规模同时增大，实现了量和质的飞跃，为经济加速发展增添了后劲。

1991—2010年台江县择年固定资产投资情况统计一览表

表9-7

年 份	固定资产投资额（万元）	比上年增长（%）	年均增长（%）
1991	688	99.0	—
1993	1611	135.0	53.0
1995	1648	16.9	12.2
1997	13488	−1.9	—
2000	6377	127.1	—
2002	9192	91.1	—
2005	42595	−8.5	—
2007	35826	40.0	—
2010	72115	27.2	—

四、招商引资

县招商引资局属事业建制的二级机构，2000年8月成立，隶县计划局，2004年8月划出。该局在计划部门代管期间，共收集大小项目40个，与外商达成协议签约29个，合同引资42126万元。项目建设涉及改善工业、科技、电力、畜牧、农贸等基础设施条件，新建兴顺铁合金厂、松香厂、香精香料厂、台盘选矿厂、牌旺选矿厂、岩寨电站、萃文园区商住楼、交通商住楼、县城农贸市场、苗都科技开发有限公司、众达置业有限公司、秀眉广场等建设工程项目。招商引资项目的实施，有力拉动了县域经济的发展，为台江经济注入了新的活力。

五、移民工作

易地扶贫搬迁开发建设是新阶段扶贫工作的主要内容和实施西部大开发战略的重大举措，是一项德政工程、民心工程，是解决居住在地处生态恶劣环境，一方水土养不活一方人的地区贫困农民尽快脱贫致富的重要途径。

台江县于2002年开始实施该工程项目试点工程，计划总投资473万元，规模达142户601人。实行依托城镇“搬富挪穷”的置换形式，采取集中与分散安置相结合，以集中安置为主。到2005年，实际完成安置农户156户620人，其中集中安置83户321人、分散安置73户299人。资金投入473万元（国债资金300万元，省、县配套各12万元，农户自筹149万元）。退让耕地18.13公顷，调剂给未迁出人多地少的贫困户。建成住房24519平方米，组成长600米、宽12米的移民街。2004年8月经省、州验收合格，属优良工程。第二期工程于2004年4月实施，规模176户676人，投资731万元（国家专项资金300万元、省配套12万元、县配套42万元、农户自筹377万元）。第三期工程2005年5月实施，规模198户805人，投资376万元（国家专项资金350万元，省、县配套各11万元，部门配套4万元）。三期工程累计投资1580万元，共安置530户2101人。通过实施易地扶贫搬迁项目，移民退让耕地转包给当地人多地少的贫困户，减少了农村土地承载量，实现人与自然环境的和谐；搬迁户安置扩容城镇人口，为推动小城镇建设步伐，壮大第三产业，推动经济社会发展起到重要的作用。

2000—2010年台江县易地扶贫搬迁项目投资情况一览表

表9-8　　　　单元：万元

项　目	规　模		资金总额	资金来源					
	户数	人口		国债资金	国家专项资金	省配套资金	县配套资金	部门配套资金	农户自筹资金
试点工程	156	620	473	300	—	12	12	—	149
第二期工程	176	676	731	—	300	12	42	—	377
第三期工程	198	805	376	—	350	11	11	4	—
合计	530	2101	1580	300	650	35	65	4	526

六、大中专毕业生分配

1991—1997年，本着“专业对口，充实基层和生产第一线”的原则进行分配。计划内自费和电大普通班毕业生属指导性计划，国家分配就业的政策是自主择业，不包分配。1996年前黔东南州有的县分配计划内自费生，有的县不分配。1997年各县都不分配。当时台江人才缺乏，经请示分管县长签字同意后才变通执行，分配当年这批计划内自费毕业生。

1998年，根据县里的财力研究决定，全县只分配台江生源师范类大中专毕业生，分配大专以上学历的医学类毕业生和个别急需的特殊专业毕业生。当时分配毕业生78人，其中本科8人、专科12人、中专53人、计划内自费5人。计划内自费毕业生，均分配到有单位接收的企业或自收自支财政不拨款的事业单位。

1999年以后，高校全面推行并轨扩招，大中专毕业生分配就业制度改革，毕业生不再实行统一的毕业分配。党政机关及财政全额拨款的事业单位原则上不进毕业生，确实需进毕业生的由人事部门会同相关单位，采取公开考试或其他选拔人才方略，择优录取或聘用。“大中专毕业生分配”这项工作从此结束。

七、“农转非”

1990—1992年，“农转非”计划指标归口县计委统一管理与实施。县计委牵头，会同相关单位按“农转非”事项和条件整理材料报州审批。1990—1992年“农转非”重点对象：民办教师转公办、落实政策收回的职工及其相关子女和高学历专业技术干部家属、建设征用土地无耕地农户、有病丧失劳动能力的职工家属。其间，州计委分配下达台江县“农转非”各类指标273人，实际办理277人，超4人扣减次年指标。1993年后，县计委只管“农转非”指标，具体操作改由公安部门实施。

第三章　物价管理

第一节　物价调整

一、城镇供水价格

1993年4月，台江县对水价进行调整。居民生活用水由0.35元/吨调为0.4元/吨，普通工业生产性用水价格由0.5元/吨调为0.55元/吨。1996年10月，再次对县城水价进行调整。居民生活用水由现行价0.4元/吨元调为0.65元/吨，非居民生活用水价格由0.5元/吨调为0.75元/吨，经营用水价格定由0.5元/吨调为0.85元/吨。1998年8月，第三次对县城水价进行调整。居民生活用水和非居民生活用水调为0.8元/吨，经营性用水调为0.9元/吨。

2001年12月，制定革东、施洞、南宫3个乡镇政府所在地人饮工程供水价格，其中，革东、南宫供水价格0.65元/吨，施洞供水价格0.7元/吨。2003年7月，通过召开价格听证会，第四次对县城水价进行调整，并将供水类别细化为生活用水、工业用水、行政事业用水、经营服务用水、特种用水五类，水价定为生活用水1.2元/吨、工业用水1.4元/吨、行政事业用水1.4元/吨、经营服务用水1.8元/吨、特种用水2元/吨。同时随水价一并征收每吨0.2元的污水处理费。

2009年，通过召开价格听证会，第五次对县城水价进行调整，居民生活用水价格由1.2元/吨调为1.8元/吨，工业用水1.4元/吨调为2元/吨，行政事业用水1.4元/吨调为2元/吨，经营服务用水1.4元/吨调为3.6元/吨，特种用水2元/吨调为5元/吨。同时随水价一并征收每吨0.8元的污水处理费。

二、电价调整

1993年9月进行电价调整，照明及生活用电保持0.26元/千瓦时不变，普通工业用电价格每千瓦时由0.21元调为0.23元，民用动力加工用电价格每千瓦时由0.23元调为0.25元，农业排灌用电价格保持每千瓦时0.09元不变。

1995年10月，再次调整电力价格，居民生活用电价格每千瓦时调为0.37元，经营性用电价格每千瓦时调为0.4元，其他电价不作调整。

1999年以后，台江县逐步实施农村电网改造，由贵州电网统一供电，电价执行贵州电网统一电价，县级无权单独调整电价。

三、出租车价格调整

2004年11月，根据台江县发展的需要，物价局组织召开了台江县出租车价格听证会，制定了台江县出租车价格。2006年6月，由于物价总水平的上升，物价局组织召开了台江县出租车价格调整听证会，调整台江县出租车价格。

四、其他商品价格调整

1991—2010年，汽油、柴油、化肥、食盐、药品、客运车票等政府定价和政府指导价商品及服务性收费价格，根据上级价格主管部门的规定，统一调整价格和收费标准，政府定价和政府指导价以外的商品和服务价格进行市场化管理，由市场确定价格。台江县物价部门在此阶段主要是加强价格监测工作，加强对粮、油、肉、禽、蛋、液化气等重要生活必需品进行价格及服务价格动态监测，进行分析预测，随时掌握物价动态，对价格趋势进行预警，稳定物价，稳定市场。历年价格的调整见“1991—2010年台江县重要商品和服务价格统计一览表”。

第二节　收费管理

一、收费标准的调整

义务教育阶段收费调整　从2002年秋季开学起，台江县按照教育部、国家计委、财政部以及省物价局有关规定，在全县义务教育阶段中小学试行“一费制”收费。“一费制”标准为各乡镇小学每学年每名学生160元，初中每学年每名学生260元。除按照规定标准收费外，不得再向学生收取任何费用。从2006年秋季开学起，台江县按照省人民政府决定：全部免除农村义务教育阶段中小学生学杂费，免费向农村义务教育阶段家庭贫困学生提供教科书，对农村初中家庭困难寄宿学生给予生活补助。规范义务教育阶段中小学住宿费，县、乡镇所在地中小学住宿费标准统一为每学期每名学生30元，村级小学为每学期每名学生25元。

从2007年秋季学期开始，台江县按照国家决定：免费向农村义务教育阶段学生提供国家课程的教科书。从2008年春季学期开始，免费向农村义务教育阶段学生提供地方课程的教科书，所需资金由地方财政承担。从2009年春节开学起，按照省物价局的规定，台江县取消农村义务教育阶段学校住宿费。至此，台江县农村义务教育阶段学校所有收费项目取消，农村义务教育阶段学校不再办理“收费许可证”。

高中教育阶段收费调整　2001年秋季开学起，上调台江县民族中学学费，每名学生每学期学费由280元调为320元，择校费（当时称为捐资助学收费）定为每名学生不超过1600元，一次性收费。2004年秋季开学起，上调台江县民族中学学费，每名学生每学期学费由320元调为360元。2006年秋季开学起，上调台江县民族中学学费，每名学生每学期由360元调为380元，择校费上调每名学生4500～6000元，择校费为三年高中阶段一次性收费，收取择校费后，不得再向择校生收取学费。

城市生活垃圾处理费调整　2003年10月，根据县建设局的申请，物价局组织召开台江县县城生活垃圾处理费听证会，台江县开始征收城市生活垃圾处理费。

2006年1月，根据县市政局的申请，物价局组织召开调整台江县县城生活垃圾处理费听证会，调整台江县城市生活垃圾处理费征收标准，此次听证会由于设置涉及城市生活垃圾处理费收费项目不符合规定，州物价局未批准调整台江县城市生活垃圾处理费征收标准。6月，根据施洞镇人民政府的申请，物价局到施洞镇召开施洞镇政府所在地生活垃圾处理费听证会，施洞镇开征生活垃圾处理费。

2010年5月，根据南宫乡人民政府的申请，物价局在南宫乡政府召开了台江县南宫乡人民政府所在地生活垃圾处理费听证会，南宫乡开征生活垃圾处理费。

二、收费许可证的管理

为了做好清费、治乱减负工作，建立了收费申报许可制度、收费项目公示制度、收费年审制度和定期检查制度。收费单位在收费前必须向物价部门提出收费申请，办理收费许可、持证收费。规定收费实行年审制度，各收费单位必须按时到物价部门进行收费年审。1991—2010年收费许可证办理审验情况见下表。

1991—2010年台江县收费许可证审验情况统计一览表

表9-9

年　度	年审证数（个）	年审收费金额（万元）	年　度	年审证数（个）	年审收费金额（万元）
1991	—	—	2001	202	420.50
1992	—	—	2002	206	432.02
1993	—	—	2003	174	412.36
1994	138	798.27	2004	176	2948.60
1995	139	796.50	2005	176	281.29
1996	137	971.04	2006	158	282.36
1997	110	1044.63	2007	127	268.00
1998	123	554.70	2008	143	269.36
1999	97	686.85	2009	125	211.60
2000	180	460.70	2010	125	311.50

第三节　价格和收费检查

一、物价大检查

1991—1997年开展的物价大检查，共查出价格违法金额90.99万元，没收上缴财政8万元，罚款0.45万元，责令清退38.53万元，由被查单位自行处理30.77万元。

二、专项检查和重点检查

物价专项检查是由国务院或国家发展改革委、省人民政府规定，对关系国计民生、关系农村农民利益的重要商品和服务价格进行的价格监督检查。

1991—2010年间，物价局按照上级物价部门的要求，开展了对审批价格、服务价格和行政事业性收费等价格专项检查，共查处价格违法案件116件，价格违法金额232.06万元。实施经济制裁237.99万元，其中，退还消费者178.31万元、没收违法所得52.67万元、罚款5.65万元、上缴财政1.36万元。1991—2010年价格监督检查情况见“1991—2010年台江县价格检查统计一览表”。

1991—2010 年台江县重要商品和服务价格统计一览表（一）

表 9-10

年度＼品种	90 号汽油（元／升）	0 号柴油（元／升）	煤油（元／升）	尿素（元／公斤）	碳铵（元／公斤）	复合肥（元／公斤）	农膜（元／公斤）	食盐（元／包）	食糖（元／公斤）
1991	2.61	1.83	1.62	1.13	0.41	0.60	6.70	0.60	3.30
1992	2.49	2.17	1.54	0.89	0.41	0.60	6.70	0.60	3.30
1993	2.49	1.90	1.90	0.91	0.44	0.70	8.74	1.00	5.00
1994	2.49	2.58	2.68	1.49	0.51	0.80	8.25	0.94	6.00
1995	3.19	2.84	2.68	2.23	0.57	1.19	8.37	1.94	5.40
1996	3.20	2.80	2.70	2.42	0.75	1.36	1.00	1.30	6.00
1997	3.20	2.80	2.70	2.10	0.73	1.30	9.10	1.30	5.40
1998	2.50	2.80	4.41	2.10	0.67	1.09	9.20	1.30	5.40
1999	3.48	3.04	4.41	1.40	0.46	0.90	9.20	1.40	5.40
2000	4.45	4.63	4.41	2.10	0.60	1.00	9.20	1.40	5.00
2001	4.45	4.63	4.41	2.10	0.60	1.00	11.00	1.40	4.80
2002	4.45	4.63	4.41	2.10	0.60	1.00	15.50	1.40	4.40
2003	4.45	4.63	5.40	2.10	0.60	1.00	15.50	2.00	4.40
2004	4.45	4.63	5.40	2.10	0.60	1.00	15.50	2.00	4.40
2005	4.45	5.00	5.40	2.40	0.64	1.00	15.50	2.00	4.40
2006	5.10	5.00	—	2.40	—	1.00	16.00	2.00	4.40
2007	5.15	5.02	—	2.40	—	1.00	16.00	2.00	5.00
2008	5.22	5.08	—	2.40	—	1.00	18.00	3.20	5.00
2009	6.53	6.32	—	2.40	—	1.00	16.00	3.30	5.00
2010	7.03	6.85	—	2.40	—	1.00	16.00	3.30	5.00

1991—2010 年台江县重要商品和服务价格统计一览表（二）

表 9-11

年度＼品种	煤炭（元／公斤）	生活用水（元／吨）	民用电（元／千瓦时）	大米（元／公斤）	食用油（元／公斤）	猪肉（元／公斤）	活鸡（元／公斤）	鲜鸡蛋（元／公斤）	白菜（元／公斤）
1991	0.20	0.33	0.23	0.50	4.36	4.20	8.00	6.00	0.50
1992	0.20	0.35	0.23	0.76	4.36	5.00	8.00	6.00	0.50
1993	0.20	0.40	0.26	1.00	4.60	6.40	10.00	6.00	0.60
1994	0.20	0.40	0.35	1.60	9.40	12.00	16.00	11.60	1.00
1995	0.18	0.40	0.37	1.80	8.80	10.00	14.00	10.00	1.60
1996	0.22	0.65	0.40	2.20	8.00	10.00	16.00	12.00	1.20
1997	0.22	0.65	0.40	2.20	8.00	10.00	16.00	14.00	1.20
1998	0.22	0.80	0.405	2.20	8.00	10.00	16.00	14.00	1.20
1999	0.22	0.80	0.405	2.20	8.00	11.00	16.00	14.00	1.00
2000	0.25	0.80	0.405	2.20	9.00	11.00	17.00	14.00	1.00
2001	0.25	0.80	0.405	2.20	10.00	10.00	17.00	15.00	1.00
2002	0.25	0.80	0.405	2.20	11.00	11.00	18.00	16.00	1.00
2003	0.30	1.20	0.405	2.20	9.60	11.00	18.00	15.00	1.40
2004	0.30	1.20	0.405	2.20	9.60	12.00	20.00	14.00	1.40
2005	0.31	1.20	0.405	2.40	9.60	12.00	20.00	14.00	1.40
2006	0.37	1.20	0.455	2.20	9.00	12.00	9.00	9.00	2.00
2007	0.68	1.20	0.455	3.00	16.00	20.00	10.00	12.00	2.00
2008	0.70	1.20	0.455	3.20	16.00	24.00	13.00	10.00	3.00
2009	1.20	1.80	0.455	4.00	14.00	18.00	12.00	10.00	3.00
2010	1.40	1.80	0.455	4.00	18.00	24.00	16.00	14.00	3.00

1991—2010 年台江县价格检查统计一览表

表 9-12

单位：万元

年度	查处价格违法情况						退还金额	没收违法金额	罚款金额	上缴金额	总金额
	商品价格		服务价格		行政事业性收费						
	件数	金额	件数	金额	件数	金额					
1991	—	—	—	—	12	10.55	8.49	0.70	0.45	1.36	11.00
1992	1	0.74	—	—	4	5.04	5.74	0.34	—	—	6.08
1993	1	0.44	—	—	3	1.85	1.75	0.54	—	—	2.29
1994	2	5.35	3	5.69	5	6.98	13.31	4.71	—	—	18.02
1995	—	—	2	4.43	—	—	4.43	—	—	—	4.43
1996	—	—	1	1.28	7	29.62	28.00	2.90	—	—	30.90
1997	1	11.25	—	—	2	3.76	3.50	11.51	3.00	—	18.01
1998	—	—	—	—	—	—	—	—	—	—	0
1999	—	—	—	—	2	8.81	2.81	6.00	—	—	8.81
2000	—	—	1	4.20	1	18.00	22.20	—	—	—	22.20
2001	—	—	—	—	—	—	—	—	—	—	—
2002	—	—	—	—	2	31.10	29.25	1.85	—	—	31.10
2003	1	0.20	—	—	18	14.76	9.03	5.93	—	—	14.96
2004	—	—	3	7.46	1	0.50	3.26	4.90	0.10	—	8.26
2005	—	—	4	4.81	9	1.70	2.91	3.60	0.10	—	6.61
2006	1	0.58	1	0.20	1	0.15		0.93	—	—	0.93
2007	1	5.30	1	7.40	—	—	7.40	5.30	1.00	—	13.70
2008	—	—	1	6.40	—	—	6.40	—	1.00	—	7.40
2009	—	—	2	16.63	—	—	16.50	0.13	—	—	16.63
2010	—	—			22	16.88	13.33	3.33	—	—	16.66
合计	8	23.86	19	58.50	89	149.70	178.31	52.67	5.65	1.36	237.99

第四章　统计管理

第一节　统计制度

1983 年 12 月 8 日，国务院颁布《中华人民共和国统计法》后，台江县统计工作走上了制度化和法律化。县统计局统一执行国家统计局制定的统计制度和标准，按照国家颁布的统计法律法规进行统计。统计报表由县统计局发各乡镇人民政府，县行政、企业、事业单位和人民团体等填报，由县统计局汇总上报。各单位设立统计员，定期进行统计业务培训。

1991—2010 年，统计报表的种类有“农业统计报表”“工业统计报表”“交通运输、邮政及通信业统计报表”“基本建设统计报表”“物资统计报表”“商业、外贸、物价统计报表”“劳动工资统计报表”“文化统计报表”“教育统计报表”“卫生、体育统计报表”“财税、金融、审计统计报表”“国民经济核算统计报表”12 大类。随着农村社会经济的发展，有的报表制度和填报内容每年有所调整，表的个数有增有减。工业统计报表制度和调查方法在不断发生变化，计算方法有改进。基本建设统计中的统计制度有分离，有的统计范围发生变化。文化事业统计报表自 1990 年的 19 个表式增至 2005 年的 59 个表式，教育统计报表从 1990 年的 67 个表式增加到 2005 年的 156 个表式。

第二节　统计普查

按照上级的统一部署，全县从 1993 年开始，开展了多项国情国力普查工作。主要有：1993 年第三产业普查，时点为 1992 年年底从事第三产业的单位。1995 年 1% 人口抽样调查，标准时间是 10 月 1 日零时。1996 年第三次全国工业普查，时点为 1995 年工业资料。1996 年第一次全国基本单位普查，时点为 1996 年 12 月 31 日，普查资料的调查年度为 1996 年。1996 年第一次全国农业普查，时点指标的标准时间是 1996 年 12 月 31 日，时期指标是 1996 年 1 月 1 日至 12 月 31 日，访问登记工作和复查工作从 1997 年 1 月 1 日开始到 1 月 31 日止。2002 年第二次全国基本单位普查，普查的标准时点为 2001 年 12 月 31 日，普查资料的调查年度为 2001 年。2004 年第一次全国经济普查，普查的标准时点是 2004 年 12 月 31 日，时期资料为 2004 年度，工作时间为 2004 年至 2006 年，普查的主要内容包括单位标志、从业人员、财务收支、资产状况、企业主要生产经营活动和生产能力，主要原材料和能源消耗及科技开发的投入状况等。

我国人口普查每十年进行一次。继 1990 年进行全国第四次人口普查之后，2000 年进行第五次全国人口普查，普查标准时间为 2000 年 11 月 1 日零时。

这次人口普查从 1999 年 5 月开始着手准备至 2001 年 5 月底全部数据录入完毕，历时两年时间，共分四阶段进行。第一阶段为前期准备工作阶段，时间从1999年5月至2000年10月底，开展了以下工作：乡及乡以下行政区划名录搜集、清理、核查；普查区域划分和普查区域地图绘制；户口整顿；普查工作人员的选调和培训；试点和摸底。第二阶段为入户普查登记阶段，时间从2000年11月1日至15日。第三阶段为普查数据复查，审核、编码，手工汇总工作阶段，时间从2000年11月16日至20日，登记复查工作采取自查、互查、议查等方式进行，重点对总人口、死亡人口等3个总量指标进行核查和复查。各调查小区集中过录，各普查区手工汇总，县普查办于2000年12月10日完成县普查小区的手工汇总和编码工作上交州人口普查办公室光电录入。第四阶段为后期工作阶段，主要为资料发布、总结和表彰阶段。

第六次全国人口普查。2009年5月，国务院下发《关于认真做好第六次全国人口普查工作的通知》，决定于2010年开展第六次全国人口普查。这是21世纪我国开展的第一次人口普查，是和平时期最大的社会动员。这次普查的登记对象是在中华人民共和国境内居住的自然人，包括居住在中国内地的港澳台和外国人。登记原则是按现有人口登记，即每个人都在其居住的普查区登记。对离开户口登记地的人在其户口登记地也要收集相关信息。普查标准时间是2010年11月1日零时。普查登记方法主要采用普查员入户查点询问、当场填报的方式进行。与历次普查相比，此次普查情况极为复杂，困难程度空前，任务十分艰巨。在县委、县政府的正确领导下，全县广大普查工作者充分发扬不怕苦、不怕累的精神，经过近两年的艰苦努力，圆满完成了前期各项工作任务。组建了县、乡、村各级普查机构；制定了普查工作规划和进度图；层层开展了普查专项试点和综合试点；落实了普查工作经费；制作了各级普查所需物资；开展了全县范围的宣传动员；选调了普查员和普查指导员，并逐级开展了业务培训；完成了全县普查小区名称和行政区划代码的核实、边界认定和地图绘制；开展了户口整顿暨流动人口清查；完成了清查摸底和入户登记；组织了复查和事后质量抽查；对普查数据进行了快速汇总；完成了普查表编码、光电录入和审核汇总，得重大阶段性胜利。2010年5月6日根据《全国人口普查条例》和国务院的决定，全国以2010年11月1日零时为标准时点进行第六次全国人口普查。

说明：（1）普查登记的对象是指普查标准时点在中华人民共和国境内的自然人以及在中华人民共和国境外但未定居的中国公民，不包括在中华人民共和国境内短期停留的境外人员。（2）常住人口包括居住在本乡镇街道、户口在本乡镇街道或户口待定的人；居住在本乡镇街道、离开户口登记地所在的乡镇街道半年以上的人；户口在本乡镇街道、外出不满半年或在境外工作学习的人。（3）户籍人口包括：户口登记在本村（居）委会、居住在本村（居）委会或本乡镇街道其他村（居）委会的人；户口登记在本村（居）委会、离开本乡镇街道外出不满半年或半年以上的人和居住在本户、户口待定的人。（4）家庭户是指以家庭成员关系为主、居住一处共同生活的人组成的户。（5）文盲率是指全县常住人口中15岁及以上不识字人口所占比重。

第三节　统计调查

1992—1995年，统计调查的主要大类项目为：（1）综合（国民经济主要指标完成情况、行政区划、民族人口、计划生育、人口增长、国民生产总值）；（2）农业（乡镇基本情况、农业机械、能源、物耗及水利情况、农业主要产品生产情况、林业生产情况、畜牧业生产情况、渔业生产情况、水果产量生产情况、农林牧渔业总产值、农村经济收益情况）；（3）工业、交通、邮电业（全部工业总产值、主要工业产品产量、全社会客货运输量、民用车辆和船舶拥有量）；（4）固定资产投资（投资总额、竣工房屋面积、建设施工项目）；（5）商业；（6）劳动工资（从业人员情况、从业人员劳动报酬）；

（7）财政、金融（财政收支、银行存贷款情况）;（8）文化、广播、卫生事业（文化广播事业基本情况、各类学校基本情况、卫生机构和人员基本情况）。

1996年至2000年，统计调查的主要项目与1991年至1995年基本相同；1997年开始，增加“第三产业”（交通仓储及邮电业、批发零售贸易及餐饮业、金融保险业、房地产业、其他服务业）统计项目；1998年增加移动电话和传呼机用户统计项目；2000年增加互联网用户统计项目。

2002年开始，第三产业类别从原5类增加到14类；2003年始，统计大类中增加“农村住户调查和贫困监测”；第三产业中，增加房地产管理业、房地产开发与经营业、城市居民自有住房、科研和综合技术服务业等统计项目；2005年始，统计项目增加“国内贸易和招商、旅游”；2009年统计大类中，增加“劳动就业与社会保障”“环境保护”。

1991—2010年台江县社会发展情况一览表

表9-13

年度	在岗职工年末人数（人）	在岗职工年均工资数（元）	各类学校基本情况		居民年末银行存数余额（元）	卫生机构基本情况	
			学校（所）	在校生（人）		机构（个）	技术人员（人）
1991	5800	1561	215	23072	1987	—	—
1992	5700	1976	215	23256	2642	—	—
1993	5600	2008	215	22721	3457	—	—
1994	6700	2603	215	23167	3046	—	—
1995	6900	2836	215	29578	5355	—	—
1996	6600	3180	214	21321	6885	—	—
1997	6900	3508	112	26686	8063	10	270
1998	6518	3809	112	25245	10716	11	317
1999	6900	4617	217	24294	12516	10	208
2000	5600	4857	104	24490	11714	10	197
2001	5100	7834	81	24524	15982	10	193
2002	4800	9450	77	24138	18863	10	245
2003	4200	10622	168	24176	23512	10	177
2004	3847	11145	167	23013	28432	11	178
2005	4697	12565	80	24714	34345	13	216
2006	3945	18980	162	22927	40653	13	199
2007	4083	22496	158	22525	46279	13	199
2008	4205	26773	151	25975	56305	12	235
2009	4201	28391	133	26953	64402	162	256
2010	4258	28682	106	26712	76253	162	256

第四节　统计服务

1991—2010年，县统计局每年编辑一本《台江县统计年鉴》，作为县委、县人民政府制定国民经济和社会发展计划以及决策的依据。同时下发各乡镇人民政府及县相关工作部门参考。

县统计局通过统计各类数据之后，发布年度《国民经济和社会发展统计公报》。统计公报内容包括农业、工业、固定资产投资、交通运输和邮电通信业、国内市场和物价、金融保险和福利事业、科教文卫和体育、人口与人民生活等几大类，从公报中了解上一年全县经济运行情况。统计公报入编统计年鉴。

统计分析是在统计调查和统计资料整理的基础上，运用统计分组、对比、动态、指数、平衡等方法，依据党的方针政策和社会经济发展规律进行分析研究，编写有情况、有数据的统计分析报告。统计分析把数据、情况、问题、建议等融为一体，既有定量分析，又有定性分析，比一般统计数据更集中、更系统、更清楚地反映客观实际，又便于阅读、理解和应用，是发挥统计的信息、咨询、监督的主要手段。多年来，统计分析作为对外展示各种统计成果的重要窗口，向各级党政领导和社会各界传递了大量信息，同时评述台江经济、剖析问题、提出建议，为领导决策提供了必要的数据和有价值的参考。

第五章　审计

第一节　行政事业审计

1990年，县审计局对8个行政事业单位1989年的财务收支进行定期审计，审计金额41.95万元，违纪金额0.24万元，主要存在的违规：报支差旅费及乱列支其他费用和将预算外收入列支职工福利、医药费等，已进行酌情处罚。

1991年，县审计局对行政事业18个单位1990年财务收支进行送达审计，审计金额285万元，其中预算内资金249万元，预算外资金36万元。违纪金额2.2万元。应上缴6200元，已全部入库。审计表明，除商业局、民政局等3个单位无违纪违规资金外，其余15个单位都存在不同程度的违纪违规事项发生，主要是财务管理、会计账务处理失误、乱发钱物、漏缴预算调节基金（“两金”）等。以上都区别不同情况，适度作了处罚。另外还对县交警队1990年的财务收支进行了审计。交警队无单独财务核算，实行报账制，未设专职财务人员，其有关经费存在多人经手现象。审查金额54261元，查出违纪金额11575元，应上缴377元。审计表明，县交警队报账制单位，无专职财务人员，以致出现自行销毁发票及其他违纪现象。同年还对县防疫站1990年至1991年6月财务收支及县政协1984年4月至1991年6月的财务收支进行了审计。

1992年，县审计局对工商局、司法局、计量局的财务收支进行审计，查出的主要问题是预算外收入未按规定缴纳预算调节基金和交通能源基金。超发奖金和各项补贴，均按财政法规作收缴18893元处理。

1993年，县审计局对团委捐款希望工程资金审计，审计资金9390元，支助120名贫困生，资金使用较好。对教育局世行贷款项目审计，审计资金806400元，资金使用较好。对台拱镇政府1992年财务收支审计，审计资金148万元，存在不按规定核销问题违纪资金9400元，处罚70元。对县水电局1990—1992年小型水利资金使用情况审计，审计资金151万元存在违纪资金23万元，审计处罚1493元，主要问题是挤占挪用专项资金176400元、乱发药费补助7700元、转移资金46000元，本局物资站库存材料与账面金额混乱，账物不清。对方召乡财政所1991—1992年财务收支审计，审计金额785700元，查出违纪资金29600元，处罚1540元。主要问题是无据冲减库存现金科目1800元，虚报冒领211元，漏缴调节税500元，不合规核销资金26950元，漏税634元，漏作下拨经费542元，违规收取土地使用费527元，收取土地有偿使用费48650元，不据实入账，分别由所长经手12900元，由出纳经手2900元，挤占挪用10000元，由其他人经手38950元。对农办以工代赈坡改梯资金1991—1992年进行审计，审计资金52万元，查出违纪资金172000元，主要问题：到水泥厂、原农机公司开具假发票套取专项资金17.2万元，用于其他开支。1993年5月，对建设局1992年财务收支审计，审计金额410600元，存在违纪金额11100元，处罚4678元。主要问题是漏作账4800元、漏缴营业税4727元。8月，对民委1991—1992年财务收支审计，审计资金447000元，查出违纪资金40700元。主要问题：违规核销4274元，挪用专项资金36465元，违反《中华人民共和国会计法》规定，会计、出纳一人兼，全局所有财务没有按照会计规定核算，以出纳收支流水记录反映财务情况投资损失4万余元。对农办、水利局1991—1992年农业资金总投入进行审计，共审计资金16704400元，查出违纪资金40.19万元（农办17.2万元、水利局22.99万元），主要问题是水利局挪用专项资金27378元，转入工会1500元，购木制品机械147565元，发放各种补助7678元，办公挪用45373元；农办挪用支农资金17.2万元，以购人力车（农资公司出具）水泥发票（水泥厂出具）套取资金17.2万元转入单位账户开支。

1994年4月，县审计局对保健站1993年度财务收支审计，审计资金146326元。存在问题：核算不规范，以流水记录反映财务情况。4月，对征费稽查所、县交通局、方召乡财务收支审计，审计资金1309924元。方召乡存在的问题是核算不规范，无据冲减现金科目2011元，违纪资金8694元，给予处罚1055元。对劳动局1990—1993年财务收支审计，审计资金2109482元，查出挪用社保资金2538元、虚列支出520元、利息不作收入5000余元，给予520元处罚。7月，对台盘乡1991—1993财务收支审计，审计资金1849258元，存在政府为农民工加盖行政章收取费用，加重农民负担，违纪资金989元，处罚540元。对国土资源局1993年财务收支审计，审计资金180738元，查出违纪资金12235元。主要问题是乱发补贴10540元、以领代报21034元、漏税1365元，处罚1895元。6月，对公安局1993年财务收支审计，审计金额1080224元，查出违纪金额66618元。主要问题是漏缴营业税453元、不合规核销7935元、漏缴能源交通基金5197元，给予单位处罚5650元。8月，对老屯乡政府1991—1993年财务收支审计，审计资金2142648元，查出违纪资金31184元，处罚877元。对县林业局1993年财务收支审计，存在漏缴能源交通基金20682元，处罚31342元。对县农机公司1993年财务收支审计，审计资金1566055元，查出违纪资金29277元。主要问题是漏税644元、挤占成本14235元、乱提基金3194元，处罚844元。

1995年1月，县审计局对县林业局1991—1994年林业规费基金进行收支审计，审计资金11625055元，查出违纪资金54607元，主要问题是漏作应收款科目49400元、漏缴能源交通基金32990元、漏缴投资调节税21617元，给予处罚54607元。10月，对台拱镇政府1994年财政、财务收支审计，审计金额1216370元，查出违纪资金10336元，主要问题是违规核销医疗费2438元、漏缴能源交通调节基金4129元，给予处罚上缴4129元。对工商局1994年财务收支审计，审计金额833806元，查出违纪资金70323元。主要问题是漏缴投资调节税1028元、能源交通基金10287元，对工商局处罚11390元。5月，对公安局1994年财务收支审计，审计金额1047685元，查出违纪资金194245元，主要问题是应缴未缴财政预算管理资金、漏缴投资调节税6923元，给予处罚6923元。6月，对南宫乡政府1994年财政、财务收支审计，审计资金1070473元，查出违纪资金283648元。主要问题是职工拖欠现款不还107892元、违规收费10150元、出纳短款1187元、漏记资产90418元、违规核销8980元、漏税900元、漏缴能源交通基金43860元，给予处罚47293元。同月，对县人民法院1994年财务收支审计，审计资金325889元。查出主要问题是违纪资金10500元；财务管理混乱，将预算外资金全部以个人名义存入小金库，逃避财政监督，给予处罚500元。同月，对检察院、广播电视局1994年财务收支审计，审计金额438685元。主要问题是广电局会计核算不规范。

对县教委1996年教育事业收支审计，审计金额8831793元，查出违纪资金32758元，处罚1293元。对地税局1995年财务审计，审计金额783062元，违纪资金85958元。主要问题：超报差旅费、错误列账、漏计税收入等，处罚2000元。4月，对民政局、施洞镇政府1995年财政、财务收入审计处罚6986元，民政核算不规范，以出纳流水记录代账、会计事项的真实，施洞镇财务收支存在漏缴各项税款6306元。5月，对台拱林业站1995年财务收支，查出漏缴增值税22192元、所得税

41749.36元，给予处罚63941.06元上解国库。对国有林场1994年、1995年财务收支审计。主要问题：会计不规范，漏缴各项税费、调节基金等，处罚16280元。6月，对县水电局群众自筹资金及1995年预算内外收支审计，挪用专项资金31459元，盘盈库存物资66378元转入预算外，应缴预算收入4516元转入预算外，挤占防汛专项资金7888元，漏计应税科目1052元，已处罚上解入库。同月，对农牧局1994年、1995年财务收支审计查出售房款10000元，漏缴调节基金1000元、农特税1374元。对台江外协办1990—1995年财务收支审计，查出漏税3650元，违规核销驾驶费等4900元，列支假发票5600元，用公款列支烟酒、毛毯等费用8349元，短少散装茅台酒现金6807元，个人列支吃喝费用9479元。7月，对计生委1994—1995年收支审计，查出将预算内61289元转入小金库，财务外存放现金2391元，白条列支11430元，虚列支出2953元，漏计资产85923元，给予处罚1617元。对排羊乡政府1994年、1995年收支审计存在白条列支13025元，漏税费879元已收缴入库。对县医院1994年、1995年收支审计，主要问题是漏作资产233543元。

1997年，县审计局对县教委1996年教育事业收支审计，存在挪用教育费附加31365.41元，用于其他开支，处罚3136.54元。对地税局1996年财务收入审计存在往来账与明细账不相符，相差19762.42元，虚列收支2000元，漏计门面收入等38627元，短款2086元。4月，对革东镇1994—1996财政财务收支审计，主要问题是不合规列支92668.60元，漏计税6298元，处罚6397.58元。对种子公司1995—1996财务收支审计，主要问题是漏缴调节税3360元、所得税1351元。对革一乡政府1994—1996财务收支审计，主要问题是预算外收入漏计营业税6591元，不合规列支146129元，审计收入600元，个人借款长期未清理10440元。对土管局1994—1996财务收支审计，主要问题是不合规列支74543元、截留预算管理收入19919元、漏缴能源交通基金83067元、工款支出38432元，处罚23228元。对企业局1994—1996财务收支审计，主要问题是漏缴营业税918元。对农机公司1996年财务审计，存在招待就餐费超支17330元，职教超支5745元，挤占成本7568元，少列亏损乱发奖金等75857元，处罚1846元。对水利局1996—1997年6月财务审计，查出将停薪职工工资5318元转入预算外列支，挪用抗旱救灾经费7761元，出租收入漏计税1898元，挪用防汛抗旱经费借给职工个人7761元，下属上解其他收入不入账直接转入工会使用19088元。对劳动局待业保险基金审计，存在少列基金收入20000元，挪用社保基金30000元建办公楼，漏计调节税16391元，处罚2000元。对全县1994—1996的实施扶贫资金审计，主要问题：有些项目盲目上马，没有科学论证，使康泰公司亏损14.3万元，刺绣厂亏损170000元，科委损失150000元，革东开发公司亏损220000元，不少单位挪用扶贫资金现象普遍，占用生产性资金严重。对县级1994—1996年度以工代赈资金使用情况审计，查出农委挪用坡改梯资金购车、办公用品60000元；革东开发公司财务管理混乱，会计出纳一人兼，库存现金科目余额700000余元，实际盘存只有20000元。对县级1994—1996年不发达资金审计，存在上级下达资金491.32万元，本级欠拨给项目单位249.62万元，其中农牧局挪用3.23万元。

1998年2月，县审计局对交通局1996—1997年财务审计，收取各种费用150506元，漏计税8127元，乱发奖金计入公路成本11200元，公款购服装、外出旅游等21759元，乱发福利计入成本17150元，不合规列支36472元，漏计税1969元，处罚10022元。4月，对文广局1996—1997年财务审计，查出无据冲减现金科目17500元，截留预算收入61170元，公款配手机8280元，漏计税10070元。对公安局1996—1997年财务审计，查出坐支预算收入214923元，违规超标准收费113500元，截留罚没收入94468元，不合规列支8467元，国有资产收入列支福利费27754元，漏计税13030元。对自来水公司1996—1997年财务审计，存在问题是漏计税1061元，公款配手机1730元。对烟草局1996—1997年财务审计，存在漏计税1205元。对农机局1996—1998年财务审计，存在漏计税9298元，挪用专项资金35000元，截留预算管理收入53824元。

县审计局对国有林 1995—1998 年收支审计，主要问题超标列支就餐费 67916 元，小车费用超支 51721 元，调材损失 129071 元，凯里综合楼投资失误造成投资 1130974 元，又转让给凯里市，损失 90 余万元，违规列支肇事车辆 2 次，损失 29869 元。对革一乡政府 1998 年收支审计，存在问题是财务管理混乱，公款私借长期不收回 137000 元。对职业中学收支审计、施洞旅游公司审计，存在欠税 5582 元。

1999 年，县审计局对县法院 1997—1998 年财务收支审计，查出违规核销 13750 元，收职工电费未按规定科目进行核销，将应收款 52000 元，修建南宫法庭 104040 元借款，其他借款 5000 元，直接列支，不按往来科目进行核算。对汽车站 1997—1998 年财务收支审计，存在公房租金收入漏计税 1474 元。对南宫乡政府 1998 年收支审计，存在财务核算的规范，漏税 309 元。对国土局 1997—1998 年财务收支审计，存在租金收入转入小金库 38749 元；挪用截留耕地占用税、土地收益金 926859 元，处罚 2000 元。对县民中 1997—1999 年财务收支审计，存在挪用学杂费 28934 元发放补贴，处罚 1447 元。对台江县扶贫资金借欠款审计，存在 9 个乡镇计欠扶贫资金 4490187 元，其中工程借款 578388 元、以物放贷 1061029 元、单位之间借欠 1841413 元、个人借款 1009357 元。对林业引资费、国有林公司利润上解使用情况审计，主要问题是财政未通过上缴预算，直接批条在林业引资费和各种费用 1893362 元，林业局直接扣除手续费 740454 元，支付国有林清理组费用 176800 元，其他单位与个人借支等 1350751 元，在国有林公司利润科目中直接批条支付有关单位及个人借款 3735307 元，总计 10981390.46 元，除上解财政预算 3084717.1 元以外，其余 7896673.36 元，脱离预算控制，形成预算外拨款，其中发生的业务发票去向还可产生重复报销，后患严重。

2000 年，县审计局对种子公司 1998—1999 年收支审计存在问题漏税 3311 元。对文化局 1998—1999 年收支审计存在不合规核销 7988 元，坐支预算资金 6000 元，处罚 3000 元。对计生局 1998—1999 年收支审计，事业收入 20640 元，漏计税 1082 元，不合规核销 30097 元，漏计税 1577 元。对司法局 1998—1999 收支审计，存在事业收入 48258 元，未计税 486 元。对农业局 1998—1999 收支审计，查出少冲减现金科目 9000 元，事业收入 25000 元，漏计税 1350 元，挪用兽防资金 28741 元，不合规核销，就餐费 11789 元，漏计税 1986 元，处罚 2561 元。对工商局 1998—1999 年收支审计，存在截留罚没收入 26164 元，无据调增国有资产 1324874 元，处罚 5000 元。对社保局 1997—1999 年待业养老保险基金审计，存在利息 9198.35 元不入账，增加本金，挪用社保基金 75200 元用于基建、就餐等。

县审计局对房改办 1995 年 7 月—1999 年 6 月收支审计，存在随意批条借出 30 万元用于企业，225 万元用于其他集资工程，94.4 万用于其他支出，41.5 万用于代扣各项税目，挪用 43459 元用于建设局开支，转移 10 万元用于建设局支出。对房改办借支情况审计，存在问题：管理失控，随便批条供给与建房无关的单位使用，造成建房款不能收回，其中供给无力偿还企业 30 万元，借给与房改项目无关工程 2094000 元，其他用途 90 万元（商品房安居工程 200 万元，只收回 120 万元）。

县审计局对计划局下拨施洞开发公司金秋梨开发 30 万元审计，经查，无育苗基地，全部由四川等渠道提供购苗发票套取资金，用途无核销凭证。

2001 年，县审计局对人事局 1998—2000 年收支审计，主要问题是利用各项培训机会，收取各种证费 164350 元，全部按分成用于本单位开支，漏缴税 8874.90 元。对物价局 1999—2000 年收支审计，存在行政性收费 30890 元，未按规定实行专户管理，直接坐支，漏计税 1668 元，违规乱发各项津贴 13140 元，处罚 2628 元。

县审计局对水利局 2000—2001 年收支审计，查出水费收入 28273 元，漏计税 1527 元，违规核销漏计税 4878 元，挪用专项资金 72200 元，挪用专项资金购手机 34869 元，转移收入 43739 元，挪用专项资金修建职工楼 343476.21 元；虚列工程材料套现 17006 元，已完工程未取得发票 1219055 元，造成漏税36572元，挪用专项资金152318元转入工会发福利、挪用专项资金列支就餐249799元，发红包150000元，列支差旅费109537元，公杂费515421元，违规提高工程管理费147024元，外单位、职工工程逾期借款4120018元，处罚25992.39元。

县审计局对台拱镇预算执行审计；对机关幼儿园收支审计，查出结余资金35740元未入账核算、违规核销20525元，漏计税1108元，挪用学杂费2093元旅游。对民政局救灾专项资金审计，查出挪用救灾资金31788元修建综合楼，挪用救灾资金25000元安装工程，挪用专项资金65000元修建综合楼，违规开支就餐等64469元，漏计税3481元，假发票列支救灾支出套现金4820元，挪用救灾资金131252元支付公杂费等。对科技局开发公司审计，存在将州下拨9万元直接转入当事人账户支付购苗木，经查，购苗合同未履行，苗木质量太差，货款先付完，苗木后收宁波北仑科委支助67952元，购办公设备，结果只拿一台报废传真机作样子摆设，所经营的收入未入单位账，纯属公款私营。对水利局2000年专项资金、林业局1996—2001年帮扶资金、台盘开发公司1995—2001年财务收支进行审计，查出银行账与会计账不符，相差80734.41元，有13笔业务不入账，少存入利息1187.49元，林业转党建6万元未入账，行息16478.83元未入账，现金科目余额红字484558.42元，提取13万元未计入现金科目，收州国有林场购基地款124000元未计入现金科目，无据冲减现金科目2万元，有两笔34000元未入账，向信用贷款60000元未入账，无据冲减现金12841元，应收账款与实际相差263926.62元，向林业局收党建费176000元不入账等。对职中欧阳乾经济责任审计。

2002年，县审计局对南市—汪江公路资金审计，查明1994—2001年计划以工代赈投入313万元，省安排30万元，交通厅安排105万元，县配套206万元，共计654万元。实际到位资金449.5万元，审计时工程投资完成5067062元，其中路基工程2754903元、路面工程236870元、涵洞工程152286元、桥梁工程421229元、材料等其他支出1501774元。对农业局2001年预算执行审计，存在预算外收入漏计税521元。对扶贫局宁波扶贫资金审计，表明从1996年至2001年11月30日，实际到位资金519.48万元，其中，本局账面418.5万元、拨相关单位74.45万元、捐赠物资折款26.53万元，存在挪用扶贫帮扶资金14.5万元。对林业局预算执行审计，存在漏计税15329元，借入财政资金155万元未计入债务反映，处罚3000元。对教育局义教工程资金审计，存在挪用义教经费4.8万元用于公杂支出，2.09万元支付土地增值税，挪用9万元支付管理费，挪用4.29元支付工程维修，处罚2000元。对国土局2000—2001年收支审计，存在征地管理费漏计税3204.99万元，应缴未缴财政2777.19元，其他税3265.86元。对民族局经济责任审计存在不合规列支漏计税494.42元，挪用专项资金修办公楼等106827.11元。对县医院经济责任审计，存在不合规列支漏计税1464.26元。对商业破产清算费用审计，存在收支特别混乱，债权会议开支16822元，自行就餐发票支出36201.72元，挪用购手机5849元，车油费发票无具体使用内容，有些票据不真实。个人借款25388.8元，现金、银行存在收支不符，存在多计或少计职工优先受偿及安置补偿等问题，清理组及留守人员开支失控。对社保局2001年企业养老保险基金审计，存在问题欠交基金427.88万元。

县审计局对国道320扩建资金审计，存在问题：政府用45000元，纪委借用20000元逾期未归还。对林业局退耕还林资金审计，存在管理不严，社会效率低。对施洞镇政府经济责任审计，财务管理混乱，收入不入账，私设小金库，乱拆会计凭证，开具假发票503007.20元，非法套现417259.4元，不合规列支漏计税2072.14元，用预算外资金购买农业四税，个人借款等63700元，逾期不归还，销售资产3万元不入账，开假发票套取现金4000元不入账，漏计税5232.19元。

2003年，县审计局对文广局2001—2002年预算执行审计，存在漏缴税1950.03元，截留应缴预算收入25865元，处罚800元。对建设局2001—2002预算执行审计，存在漏税27670.62元，截留罚没收入5800元。对乡镇企业2001—2002年收支审计，存在收入漏计税8315.57元。对交通局2002年收支审计，短少款1196.66元，漏税款8769.71元，处罚3000元。对计划局2001—2002年收支审计，存在不合规列支 87403.45 元，漏计税 4241.7 元。对民政局 2002 年收支审计，存在挪用救济款 77678.13 元列支购手机、旅游、工程、水果基地等，挪用救济款 130000 元支付工程。对扶贫专项资金审计，存在挪用资金 412687.33 元用于其他开支，挪用扶贫资金 119689.56 元修建综合楼，拨金秋梨公司信贷资金被挪用 91110 元，不合规列支 1894026.9 元，处罚 31352.09 元。对建设局经济责任审计，存在截留 5800 元，罚没收入漏计税 5102.73 元。对交通局经济责任审计，存在重复列支税 11 万元，挪用专项资金购车 142322 元，不合规列支漏计税 282.70 元，挪用排羊—西江公路资金 176201.75 元，处罚 3000 元。对革一乡政府 2002 年收支审计，存在截留统筹费 44634.02 元。对南宫乡政府 2002 年收支审计，存在漏计税 1080 元，截留统筹费 28918 元。对水利局 2002 年收支审计，存在挪用各项专款 2229268.68 元支付办公宿舍工程、购车、业务费就餐、临时工资等，截留应纳入预算资金 16763.31 元，预算外收入漏计税 156457.92 元，虚列工程支出 123388.72 元，不合规核销漏税 6761.75 元，以领代报 47200 元。对排羊乡政府 2002 年收支审计，存在挪用扶贫资金 6763.54 元，不合规核销 15064.6 元，截留计划生育统筹费 62200 元。对金秋梨公司 2001—2003 年收支审计，存在不合规列支 51500 元，漏计税 2781 元，汇单列支 10000 元，将财政拨入 131778 元计入其他科目非法套现 2000 元。同时，还完成了对国土局 2002 年财务收支、县委办 1998—2000 年收支、本级 2002 年预算执行、2003 年非典资金审计等。对文化局法人经济责任审计，存在不合规列支漏计税 456.86 元，其他预算外收入 11670 元，漏计税 583.5 元，处罚 800 元。对计划局法人经济责任审计，存在不合规列支 215740.4 元，漏计税 11711.9 元，违规收费 10000 元，挪用专项 142267.32 元。对乡镇企业局法人经济责任审计，存在不合规列支 2656 元，截留预算管理资金 9500 元，转让土地使用权 164670.15 元，漏计税 8233.5 元。对革一乡政府法人经济责任审计，存在截留计划生育统筹费 44634.02 元。对水利局 2000—2002 年解困工程资金、抗旱排劳收支审计，存在不合规列支 10000 元，漏计税 540 元，违规提取管理费 2722.59 元。对排羊乡 2002 年收支进行了审计。

2004 年，县审计局对台盘乡政府法人经济责任审计，存在挪用计生统筹费 32500 元，遗失收费收据 7 本已成被盗案件，暂付款科目余额不按期收回 48855 元。对民政局 2003 年救灾资金审计，查出挪用救灾款支付工程及服装等 114346.4 元，租金收入 55090 元，漏计税 2974.86 元。对国土局 2003 年收支审计，存在不合规列支 131251.7 元，漏计税 2388.56 元，超发各种费用 114948 元，截留预算资金 888275.36 元，转移预算外收入 104840 元，应收未收耕地占用款 204621.13 元，公费购手机 14270 元，旅游 140818.56 元，逾期应收款不核销 728337.04 元，资产 112600 元未入账。

县审计局对计划生育局2003年预算执行审计，公费购手机6760元，挪用社会抚养费448934元，假发票列支 14945 元。对建设局 2003 年收支审计，存在违规列支固定资产 5000 元，应收未收行政性收费 2013 元，漏计税 8056.3 元，不合规列支 7050 元，转让土地收入 9191.82 元，漏计税 1510.49 元。对农业局经济责任审计，存在漏计税 1178.09 元，违规收费 2 万元，挪用专款 91170 元，处罚 4558.5 元。

县审计局对水利局 2003 年收支审计，查出挪用专款 1111820.42 元用于修建办公楼 378674.89 元，装修办公楼 9576.05 元，经济实体 30000 元，公杂费 693569.48 元。截留预算收入 107810.63 元，公款购手机 22910 元。

县审计局对畜牧局经济责任审计，存在挪用专款 14174 元，其他漏计税 106.95 元。对施洞镇政府 2003—2004 年经济责任审计，存在虚收农特税四税 99484 元，公款购手机 14950 元，预算外收入漏计税 2543.13 元，截留挪用计划生育统筹费 37200 元。对老屯乡 2003 年预算审计，存在挪用社会抚养费 50628.53 元，公款购手机 9729 元。对林业局 2003—2004 年经济责任审计，存在挪用天保资金 40900 元购车，挪用天保工程款 1505728.74 元列支其他，不合规列支 21800 元，漏计税 1308.78 元，截留挪用木材变价收入 115548.42 元，罚没收入 70202.40 元、林业应缴预算收入 311168.79 元。

对水利局刘诗文经济责任审计，存在挪用专项资金购服装3820元，发话费等25350元，补助7405.5元，公务费12553.08元，不合规列支漏计税5716元，以领代报15405.5元，未纳入预算管理收入569497.26元，长期未清理工程及其他借支5929981.17元。对文化局法人经济责任审计，存在挪用专项23475元，未纳入预算管理收入99792元，超发各种补贴79468.45元。对卫生局法人经济责任审计，存在挪用专项资金159670.62元，未经审计擅自进行工程决算973000元。对台拱镇2003年收支审计，存在虚列收入134375.95元，截留社会抚养费217720元，不合规核销50010.1元，漏计税2700.55元。对农办经济责任审计，存在挪用坡改梯资金124737.15元，未纳入预算管理收入48021元，漏计税2593.13元。对扶贫办经济责任审计，存在挪用扶贫款137707.3元，处罚6885.37元。对法院经济责任审计，存在收费票据短少45450元，不合规列支84654.5元，漏计应款4571.34元，截留预算管理资金11789.68元，坐支诉讼费845426.68元，漏计税45653.04元，截留预算资金20680元，转让国有资产87600元，漏计税45653.04元，租金漏计税486元，截留预算管理资金480222.65元，用于发各种补贴、小金库9487.40元。对技术监督局2003年收支审计，存在设备变价收入漏计税162元，截留上缴收入83870元，处罚13426.43元。对商业破产清算费用审计，查出国有资产变价收入不入账15000元，重复作账2340元，挪用破产资金105912.58元供给个人使用，少列存款收入38586.59元、408720.88元，少列存款支出68954.77元，超支破产费用210280.38元，重复发放安置费3852.54元。对住房公积金审计，挪用公积金48.7万元。对移民搬迁项目收支审计，存在违规收费153500元。对计划生育局张晓荣经济责任审计，存在挪用社会抚济费13260元购手机，截留挪用社会抚养费448934元，固定资产不入账185050元，违规返还手续费86835元。对建筑行业拖欠工程资金、民工工资审计调查，存在拖欠工人工资37.5万元，拖欠工程款218.4万元。同时，还对南市—汪江公路资金使用情况、方召乡政府2003年收支情况进行了审计。

2005年，县审计局对2001—2004年义教专项资金审计，表明义教投入下降，欠拨教育附加虚列教育事业支出415万元，欠拨民中基建10万元，挪用义教工程26.2万元。对失业保险基金审计，存在转移失业基金10万元，姜忠芳贪污93014.63元。对工商局2004年收支审计，存在不动产变价收入，不合规列支漏税10074.32元。对农办2004年收支审计，存在预算外收入漏计税4804.92元，挪用专项资金197252.12元，处罚9863元。

县审计局对国土局预算执行审计，存在发放奖金福利各种津贴242690元，漏计个人所得税12134.50元，不合规核销欠税433.84元，预算外收入未纳入核算3654.9元，公款购手机9060元，截留土地出让金21824.54元、耕地占用税3035.5元，应收不收耕地占用税111836.56元，挪用专项资金6100元。对环保局经济责任审计，存在以赞助名义收取排污费等16500元，发各种奖金补贴52994元，欠缴税2629.7元。对苦丁茶公司2002—2005年6月县财政收支审计，存在公款列支手机6110元，假发票列支14390.54元，在实施茶苗采购中大量造假，如购苗合同在余庆，发票从雷山开出，经对5个乡镇、12个村的调查，查出在销售与赠送苗木过程中质量太差，数量严重不足，成活率低，表册反映领购苗人的数量与实际相差大，甚至造成假名字领苗等。对卫生局经济责任审计，存在挪用专项资金26011.98元，截留预算收入20万元，行政性收费35630元。对物价局经济责任审计，存在坐支预算管理资金58925元，收入不入账4942.5元。对计划局经济责任审计，存在租金收入漏计税2018.4元。对旅游局2003—2005年4月收支审计，存在不合规列支漏税4849.4元，应收款科目余额及时清理1059754元，其他工程款借支724000元。对人事社保局经济责任审计，存在资金支付培训授课3200元，医保利息未计入参保人账户，预算外收入未统一核销，直接发放职工176244元，收取各种培训、书费476994.4元未进入预算管理。收入不入账14557元，医保基金未按规定进入预算管理4674714.08元，企业养老保险基金挂暂存科目未进入基金核算，购置资产设备518016.49元，未计入资产账户，违反规定在往来科目中核销各项费用697864.53元，租金收入欠税417.6元。

对经贸局经济责任审计，存在违规使用票据收取财产处置费254074.9元，直接坐支、多冲减支出套现4807.8元，不合规列支14978.5元，欠款808.84元，公款私存五金公司资产收入15万元，其他收入14789.78元，处罚2000元。对南宫乡政府2004年收支审计，存在不动产变价收入35000元，截留挪用欠税1890元，挪用专项资金63793.68元，各项收入不按规定统一核算。对水利局2004年专项资金审计，存在截留预算收入1003062.08元，截留预算管理收入364439元，挤占挪用各项专款2903122.95元，公款购手机31190元，虚列支出套现挪用81500元，不合规列支38085元，乱发各种补贴210517.64元，乱发各种津贴135300元。对检察院经济责任审计，存在挪用罚没收入54109元，不合规列支欠款2149.2元。对台拱镇经济责任审计，存在隐瞒收入列往来账使用1473105.19元，购买资产不入账20255元，截留预算管理资金56602元，违规使用票据收费15863元，欠税1014元。对文广局经济责任审计存在乱发各种补贴53870元，欠税39420元。对台盘乡政府收支审计，存在不合规列支欠税1518.81元，挪用社会抚济费购手机3280元，以借代报列支6800元。对民族局经济责任审计，存在挪用专项资金140505.45。对环保局2003—2005年5月收支审计存在截留预算收入7130元。

2006年，县审计局对台盘乡政府经济责任审计，挪用专项资金61492.99元，不合规列支10311.20元，欠税556.8元，应收支长期挂账68930元。

县审计局对体育中心经济责任审计，列支借款1600元，欠税209.27元。对林业天然保护工程资金审计，存在挪用专项资金5万元购车。对县医院法人经济责任审计，存在发放补助欠税5587.50元，会计核算不规范，没有真实反映会计活动全部情况。对供销社法人经济责任审计，存在挪用预算收入63001元。对物价局经济责任审计，存在欠缴个人能源税2938.6元。对革一乡政府收支审计，存在租金收入欠税756元。对方召乡政府2005年预算执行审计，存在发补贴漏交个人所得税3718元，公款购手机6536元，收取计划生育统筹费4010元未入账。同时，还对计划生育局1998—2006年5月财务收支进行审计。

2007年3月15日至2007年5月20日，县审计局对台江县2006年度预算执行及其他财政收支情况进行了审计，同时延伸了对县地税局2006年税收完成情况的审计。2006年度台江县财政总收入完成3540万元，占预算3521万元的100.54%，同比增长15.61%，增收478万元。其中，地方财政收入完成2375万元，占预算2384万元的99.62%，同比增长9.35%，增收203万元；上划中央、省级增消两税974万元，比上年771万元多划203万元；上划企业所得税和个人所得税95万元，比上年119万元下降24万元。审计查出主要问题如下：（1）虚列一般预算收入26万元；（2）虚列一般预算支出506万元；（3）漏缴各种税费2万元；（4）混税缴库479万元。此外，还存在年初预算安排不够细化，年中追加资金大，如台江县2006年部门公用经费预算安排经县人大批准为1692.8万元，年中追加资金2030.61万元，公用经费支出共计3723.41万元，占年初预算的219.96%；县财政局机关公用经费开支较大，年初公用经费预算安排为39万元，财政实拨公用经费1295140元（年中追加资金905140元）。公用经费支出1804714元，其中招待费375702.47元。通过审计，责成县财政局和县地税自行纠正处理以上问题，并补缴各种税费。

2008年3月17日至2008年5月20日，县审计局对台江县财政局2007年度预算执行及其他财政收支情况进行了审计，同时延伸了对县地税局2007年税收完成情况的审计。2007年度全县财政一般预算收入完成4192万元，占年预算4013万元的104.46%，比上年执行数3540万元比增长18.42%，增收652万元，审计查出主要问题如下：（1）隐瞒一般预算收入152万元；（2）虚列一般预算支出1807万元；（3）漏缴各种税费1万元；（4）应缴漏缴个人所得税19万元；（5）应缴未缴一般预算收入13万元；（6）违规用公款购买通信工具1万元。通过审计，责成县财政局和县地税局自行纠正以上有关问题外，补缴应缴未缴的税费。

2009年，查出虚增一般预算收入100万元、虚列一般预算支出917.68万元、无预算支出1296.84

万元、白条列支 5 万元、违规发放各项补助漏缴税费 1.5 万元、应缴未缴一般预算收入 6.4 万元等违纪违规事项共计 2355.92 万元。对金库收付、划付、拨付情况审计，发现违规退库 42.17 万元（县社保局款项违规划拨）。

2010 年，通过审计，查出全县预算虚列一般预算支出 116.90 万元，县财政局本部搞税收奖励及支付赞助费 1.88 万元、白条列支 5.8 万元、应缴未缴一般预算收入 1.14 万元等违纪违规事项共计 125.72 万元。对县地税局税收完成和财务收支情况审计，发现存在缓征税款 215.81 万元；发放奖金、福利、补贴、加班费、值班费等计 108.93 万元，造成漏缴个人所得税 15.97 万元。审计责成县地税局对缓征税款作自行纠正处理，对漏缴部分个人的所得税作全额上缴处理。

1991—2010 年行政事业单位审计情况一览表

表 9-14

年度	被审计单位	审计项目	审计金额（万元）	违纪金额（万元）	处罚金额（元）
1991	商业局、民政局等 18 个单位	财务收支审计	285.0000	2.2000	6200.00
1991	交警队	财务收支审计	5.4261	1.1575	337.00
1992	工商局、司法局、计量局	财务收支审计	—	—	18893.00
1993	水电局	小型水利资金使用情况审计	151.0000	23.0000	1493.00
1993	建设局	财务收支审计	41.0600	1.1100	4678.00
1993	农办、水利局	农业资金总投入审计	1670.4400	40.1900	—
1994	征费稽查所、交通局、方召乡财政所	财务收支审计	130.9924	8.6940	1055.00
1994	国土资源局	财务收支审计	18.0738	1.2235	1895.00
1994	公安局	财务收支审计	108.0224	6.6618	5650.00
1994	林业局	财务收支审计	—	2.0682	31342.00
1994	老屯乡	财务收支审计	214.2648	3.1184	877.00
1995	林业局	林业规费基金审计	1162.5055	5.4607	54607.00
1995	台拱镇	财政财务收支审计	121.6370	1.0336	4129.00
1995	工商局	财务收支审计	83.3806	7.0323	11390.00
1995	公安局	财务收支审计	104.7385	19.4245	6823.00
1995	南宫乡政府	财政财务收支审计	107.0473	28.3648	47293.00
1995	县法院	财务收支审计	32.5889	1.0500	500.00
1996	县教委	教育事业收支审计	883.1793	3.2758	1293.00
1996	地税局	财务收支审计	78.3062	8.5958	2000.00
1996	台拱林业站	财务收支审计	—	—	63941.06
1996	国有林场	财务收支审计	—	—	16280.00
1996	计生委	财务收支审计	—	16.3986	1617.00
1997	县教委	教育事业收支审计	—	3.1365	3136.54
1997	革东镇	财政财务收支审计	—	9.8966	6397.58
1997	土管局	财务收支审计	—	21.5961	23228.00
1997	农机公司	财务收支审计	—	10.6500	1846.00
1998	交通局	财务收支审计	—	24.7183	10022.00
1998	公安局	财务收支审计	—	47.2142	—

续表 9-14

年度	被审计单位	审计项目	审计金额（万元）	违纪金额（万元）	处罚金额（元）
1998	国有林场	财务收支审计	—	114.8708	—
1999	国土局	财务收支审计	—	96.5608	2000.00
1999	县民中	财务收支审计	—	2.8934	1447.00
2000	工商局	财务收支审计	—	135.1038	5000.00
2000	房改办	财务收支审计	—	614.6459	—
2001	物价局	财务收支审计	—	4.5698	2628.00
2001	水利局	财务收支审计	—	597.3189	25992.39
2001	民政局	救灾专项资金审计	—	32.5810	—
2002	林业局	预算执行审计	—	156.5329	3000.00
2002	教育局	义教工程资金审计	—	20.1800	2000.00
2002	国土局	财务收支审计	—	3205.5940	—
2002	施洞镇政府	经济责任审计	—	102.8271	—
2003	民政局	财务收支审计	—	272.5192	31352.09
2003	交通局	经济责任审计	—	42.8806	3000.00
2003	水利局	财务收支审计	—	258.0130	—
2003	排羊乡政府	财务收支审计	—	8.4028	—
2003	金秋梨公司	财务收支审计	—	18.8059	—
2004	民政局	救灾资金审计	—	17.2411	—
2004	国土局	财务收支审计	—	244.2350	—
2004	计生局	预算执行审计	—	47.0639	—
2004	农业局	经济责任审计	—	11.2348	4558.50
2004	水利局	财务收支审计	—	124.2541	—
2004	施洞镇政府	经济责任审计	—	15.4177	—
2004	林业局	经济责任审计	—	206.6657	—
2004	扶贫办	经济责任审计	—	13.7707	6885.37
2004	技术监督局	财务收支审计	—	8.4032	13426.43
2004	国资办	住房公积金审计	—	48.7000	—
2004	移民办	移民搬迁项目审计	—	15.3500	—
2004	建筑行业	建筑行业拖欠工资资金、民工工资审计	—	255.9000	—
2005	劳动局	失业保险基金审计	—	19.3014	—
2005	农办	财务收支审计	—	20.2057	9863.00
2005	国土局	预算执行审计	—	41.0768	—
2005	卫生局	经济责任审计	—	26.1642	—
2005	人事社保局	经济责任审计	—	656.1591	—
2005	经贸局	经济责任审计	—	43.9459	2000.00
2005	水利局	专项资金审计	—	476.7217	—
2005	台拱镇	经济责任审计	—	156.6839	—

续表 9-14

年度	被审计单位	审计项目	审计金额（万元）	违纪金额（万元）	处罚金额（元）
2006	台盘乡政府	经济责任审计	—	14.1261	—
2006	方召乡政府	预算执行审计		1.4264	—
2007		年度预算执行及其他财政收支情况审计		1013.0000	—
2008		年度预算执行及其他财政收支情况审计		1992.0000	—
2009		年度预算执行及其他财政收支情况审计		4670.4400	—
2010		年度预算执行及其他财政收支情况审计		242.6200	—

第二节　企业收支审计

1990 年，县审计局对建材厂 1989 年承包经营运行审计，总金额 107229 元，违纪金额 11305 元，乱挤成本 978 元，不合规核销 322 元，漏计税 1253 元，处罚 1253 元。对纺器厂 1989 年财务收支审计，存在违纪金额 78830 元，给予处罚 56532 元。对综合贸易公司 1989 年承包经营审计，查出违纪金额 11611 元，其中乱挤成本 11600 元。对县酒厂产品税审计，存在多征产品税 2534 元。对县医院 1989 年收支审计，存在违纪金额 53748 元，处罚 4866 元。对民贸 1989 年收支审计，存在违纪金额 59300 元，处罚 399 元。对综合贸易公司一轮承包经营审计，存在违纪金额 33186 元，处罚 530 元。

1991 年，县审计局对物资公司 1990 年收支审计，存在违纪金额 2453 元，处罚 905 元，乱挤成本 2470 元。对纺器厂 1988—1990 年承包审计，查出违纪金额 23429 元，欠缴能缴调节基金 3712 元，处罚 3712 元。对县委招待所 1986—1991 年收支审计，存在资产变价收入 1000 元漏作更改基金科目，挤占成本 7247 元，漏计税 2832 元，能源交通调节基金 1009 元。

1992 年，县审计局对农资日杂公司 1991 年收支审计，审计金额 156 万元，查出违纪金额 14884 元，多提福利 741 元，提高差费标准 1259 元，挤占成本 12884 元，欠缴能缴调节基金 3721 元，处罚 3721 元。对石油公司 1991 年财务收支审计，审计金额 529195 元，违纪金额 3684 元，挤占成本 1928 元，漏税 1756 元，处罚 2238 元。对盐业公司收支审计，审计金额 583000 元，查出违纪基金 80833 元，超发奖金 8783 元。挤占成本 794 元，虚列支 14445 元，欠缴能缴调节资金 12089 元，处罚 12089 元。对农机厂 1990—1991 年财务收支审计，审计金额 9124357 元，查出违纪资金 130145 元，截留销售收入 102420 元，截留利润 21302 元，挤占成本 27726 元，欠缴“两金”3120 元，处罚 31764 元。对农机公司 1990—1991 年财务收支审计，审计金额 1006734 元，查出违纪资金 2450 元，不列有价证券 500 元，应收账款 9000 元，应收款损失 20000 元，挤占成本 1525 元，超发奖金 1993 元，库存物资无记账处罚 925 元。

1993 年，县审计局对土产公司 1992 年财务收支审计，审计金额 1546457 元，违纪金额 12921 元，挤占成本 6921 元，乱提工资 1281 元，欠缴“两金”900 元，处罚 900 元。对五金公司 1992 年财务审计，审计金额 900012 元，违纪资金 568 元，挤占成本 317 元，多提福利 245 元，就餐费、医药费超标，销售环节失控，存在货款短少 25084 元。对房地产公司 1992—1993 年财务审计，审计金额 1011533 元，违纪资金 11549 元，挤占成本 6807 元，截留利润 8089 元，多计各项税 3325 元，欠缴能缴基金 1335 元，处罚 4660 元。对林业经济开发公司财务审计，查出违纪资金 13523 元，挤占成本 3191 元，乱发奖金 24002 元，欠税 10332 元，处罚 10332 元。对建材厂 1991—1992 财务收支审计，查出违纪资金 3250 元，企业会计核算混乱，资产不清，挤占成本 595 元，未按规定转固定资产 2531902 元，折旧 13289 元。对林业局基建存款利息审计，存在违纪资金 6496 元，处罚 6496 元。对种子公司 1991—1992 年财务收支审计，违纪资金 12602 元，挤占成本 1127 元，超发奖金漏税 4776 元，不按时计提折旧 4285 元，欠税 678 元，处罚 5455 元。对建筑公司 1991—1992 年财务收支审计，违纪资金 3991 元，挤占成本 1164 元，欠税 2827 元，处罚 2827 元。对房地产预制场承包经营审计，违纪资金 148530 元，应收款 8280 元不列账，欠计税 104121 元。对粮食企业 1992 财务收支审计，违纪资金 103894 元，查出多转平价粮成本 38508 元，挤占成本 10151 元，虚增利润 42791 元。

1994 年，县审计局对纺器厂 1993 年财务收支审计，查出挤占成本 17700 元，欠税 17343 元，处罚 13734 元。对冶炼公司资产责任审计，查出挤占成本 28807 元，截留收入 4480 元，欠缴“两金”4280 元，处罚 4280 元。对盐业公司财务收支审计，查出违纪资金 52778 元。

1995 年，县审计局对供电局 1993—1994 财务审计，查出违纪资金 38070 元，挤占成本 3118 元，应收款不列账 1800 元，多提折旧 6551 元，多提招待费 11638 元，实收资本 15 万元不列账，挤占其他资金 77000 元，处罚 3000 元。对水电专业公司财务收支审计，违纪资金 12880 元，不合规核销 10485 元，无据核销 2400 元，处罚 5400 元。对石油公司 1994 年财务收支审计，违纪资金 6913 元，欠缴投资调节税 1932 元，挤占成本 4981 元，处罚 1932 元。对农资公司 1994 财务收支审计，违纪资金 12337 元，欠税 612 元，处罚 612 元。对内配厂 1994 年财务收支审计存在资产与实际不实 5 万元，负债不实 2 万元，利润不实 3486 元。对中医药公司财务审计，查出领双份工资 3177 元，违规核销驾照费 2941 元，甲地进药、乙地开发票 28581 元，违规核销电话安装 1435 元，负责人自行核销费用等。同时，还对自来水公司收支、食品公司 1991 年收支进行审计。

1996 年，县审计局对水泥厂财务收支审计。

1997 年，县审计局对建材厂 1996 年资产经济责任审计，查出不计入销售收入 50800 元，欠缴税 4622 元，就餐超标等处罚 5222 元。对农机厂 1996 财务收支审计，存在少列应税收入 6599 元，少计企业利润 8000 元，欠缴税 4087 元。

1998 年，县审计局对国有林场 1996—1997 财务收支审计，存在截留收入 4957 元，欠各项税 104957 元。对盐业公司 1997 年资产负债损益审计，查出虚列成本 5256 元，少计税 2149 元，转移收入 1258 元，虚列未发生货运发票 11324 元计入应付款核销，处罚 2000 元。对内配厂 1997 年资产负债损益审计，查出存货盘盈 20760 元，盘亏 18232 元未按规定转入相关科目核算，违反科目列支，错列国有资产 7810 元，未按规定列支劳保费 22680 元。对自来水公司 1991—1998 年收支审计。

1999 年，县审计局对建材厂 1997—1998 年财务收支审计，查出用其他科目列支冲减应收款 11222 元，违规核销 104904 元，欠计投资调节税 5216 元，处罚 5615 元。对农资公司 1998 年财务收支审计，查出销售收入不入账 13800 元，挤占成本 2590 元，虚列成本 7800 元，少提费用虚列利润 4289 元，转移营业收入计入应付款 10999 元，处罚 2265 元。对农机公司经济审计，查出长期按估计成本列账，虚增利润，账实不符相差 309566 元，乱提福利，少列亏损 34882 元，乱发补贴 103616 元，应收款超期未清理 32053 元，应付款余额 1180589 元，累计亏损 1273481 元，亏损越大，工资福利奖金越高，调出人员照样继续领取各项补贴等。对县酒厂 1993—1996 年财务收支审计，查出财务管理混乱，负责人乱批发货不收款造成损失 42094 元，吃喝费用超标，差旅费超标，乱发工资补助 7590 元，个人借款不还多达 39390 元。

2000 年，县审计局对县酒厂破产审计，主要问题：累计亏损 188429 元，资产负债率 437.60%，负债 1133068 元，特别是 1991 年以后生产经营严重混乱，乱发货产品不入库，随意拿产品送人，仅 1993 年至 2000 年 6 月，管理费用高达 1322315 元。对内配厂 1991—2000 年财务收支审计，主要问题：全部财务科目与实际完全不相符，资产与实际相差 792445 元，应收款相差 113300 元，户付账款相差

27000元，其他应收款相差82238元，存货相差538548元，原材料相差217479元，易耗品相差4181元，固定资产相差2678元，负债相差578263元，所有者权益相差751847元，现金科目相差1872元，少提贷款息725650元，少提养老保险87340元，少提税8057元，销售人员超领业务费79440元。对康泰公司1994—2000年破产审计，主要问题累计亏损1888813元，资产账面与实际相差167699元，负债账面与实际相差532066元，应收款相差39136元，应付款及债务相差61211元。亏损主要原因：论证失误，造成投资损失119435元，非生产费用过大，管理费用高达802605元，其中就餐达216629元，未提贷款息475524元。对民贸公司破产审计，主要问题：资产与实际不符相差45971元，负债相差239477元，资产负债率为215.3%。对糖酒公司破产清算审计，主要问题：会计核算不规范，累计亏损1149759元，存在财务管理混乱，随心所欲收款不入账，多收款少入账，会计经办收货款不交出纳入账等5633元，无据报损存货7773元，收货款少存票5052元，下一月抽取上一月发票重复报销3200元，无据冲减存货25500元，负责人直接向欠货款人收取货款跨月甚至跨年不交财务核算，有些会计事项由会计一人处理，逃避出纳监督。盲目进货，造成商品沉淀18万元，应收款不真实412952元，主要表现在无据冲减存货计入应收款。假发票列支9376元计入应收款，会计收款不入账24672元计入应收款，会计、经理重复报账32600元计入应收款，无据冲减库存套取现金32457元计入应收款，会计重复报审领款4000元计入应收款，无据调整库存7000元计入应收款。无据报审库存及承包期工资58717元计入应收款，无据列在建工程款套取现金15000元计入应收款等，资产账与实际相差226338元。对百货公司破产清算审计，累计亏损1045702元，亏损主要原因：财务管理混乱，会计核算失真，负责人乱批条发货不交会计入账，财务与库存长期不进行对账；大量进不适销商品，管理费用失控，开支达1365105元，购货款应计入应付账款列在应收账款，减少其他应收款237笔，计90976元，少提贷款利息255205元，职工工资47699元，虚增企业利润等。对纺织品公司破产审计，累计亏损657283元，主要问题：资产账与实际相差154609元，负债与实际相差516637元，账面亏损与实际相差381028元，多提行息、工资40.1万元，加大企业亏损，在往来账户中列进销差价17.2万元，减少企业利润，费用科目多列支6万元，虚增企业利润等。对五金公司破产清算审计，查出会计核算极为混乱，账实不相符，账面反映亏损113.99万元，经审查核减亏损30.56万元，资产与实际相差76982元，负债与实际相差506470元，所有者权益与实际相差303282元。亏损主要原因：由于管理不善，残次商品大量积压，三角债居高不下，占流动资金89.47%；财务核算不规范，随心所欲，少存货款，存款重复入账，多列、无据冲减存款科目，事项应列贷方而列借方，有抽逃原始凭证行为。到清算日止，未经同意将十余本原始凭证拿回家中重新拆订，现编报表及记账凭证等。

2001年，县审计局对制茶厂1999—2000年财务审计，存在欠税930元，虚增国有资产90万元，出纳短款282元，购原材料12251.47元未入账，漏提特产税2120元。对盐业公司2000年资产负债审计，主要问题：少提折旧21137元，进项税抵扣列待摊费用核销，账面资产不实，多提应付工资14420元，上年结转补助收入5638元未入账，截留房产税罚没收入1070元，漏计增值税2657元，所得税2141元。对建材厂经济责任审计，查出存货与实际少70092元，应收款总账与明细账相差122231元，固定资产账面与实际相差16000元，长期借款账面与实际相差266434元，无据列支就餐2000元，无据冲减应收款5113元，违纪核销手机等7650元。对电力局网改资金进行审计，存在挪用专项资金452896元购车，挪用专项资金882351元支付就餐、公办差旅费，挪用307156元借给外单位使用等。同时还对水泥厂1996—1999年财务清理审计。

2005年，县审计局对自来水公司2004年财务审计，查出一、二期工程列支就餐、差费、杂费支出812729.35元计入工程成本，虚增工程支出。应计入管理费科目332809.42元计入产品销售成本，虚增工程支出。各项租金收入漏计税2628元，截留坐支预算管理资金21093.3元。

第三节 财政收支审计

1996 年 1 月，县审计局对本级 1995 年预算执行情况审计，主要问题：本级存在预算外拨款 122 万元，通过国有林上缴利润及林业引资费支付，脱离预算控制，拨款无预算，除工资专款以外，全部费用采取批条拨付，资金分配不合理，存在拨入人情。

县审计局对本级预算执行审计，存在挪用专项指标 374.4 万元，支出无预算，批条拨款，随意性大，农税减免不兑现，未按要求转入第二年预算安排，继续挂往来账。地税局在划拨手续费时不是先行入库，而是在收入过程中直接退库，造成收入不实，地税收入混缴库，随意调整收入科目，进行数字搬家，违规提手续费等，不能反映各项税收的真实性，本级收入虚数过大。

县审计局对本级预算执行情况审计，继续存在资金分配无预算的问题，一切费用（除专项）均为批条拨款，预算虚收虚支较大，专项资金存在只拨不检查落实情况，决算反映各项支出以拨为准。

县审计局对 1999 年本级预算执行审计，继续存在无单位支出预算，全部费用批条拨付，资金分配不合理，农税减免不兑现，农税收入反映不实，其他信用资金重拨轻管，未按会计规定进行核算，专项资金使用不清楚，仍然存在虚报虚支现象。

县审计局对本级 2000 年预算执行审计，继续存在预算支出无细化，批条拨款，任意调整各项收支，虚收虚支金额较大；对地税局 1999—2000 年财务收支审计，存在门面租金 24805 元，漏计税 1339 元；违规列支 79248 元，漏计税 2568 元。

县审计局对本级预算执行审计，存在问题：经贸局挪用 6 万元购车，文化局挪用 6 万元支付其他，交通局挪用 5 万元购车。

县审计局对 2003 年本级预算执行审计，存在虚收 325 万元。

县审计局对本级预算执行情况审计，继续存在虚列财政收支 370 万元，截留资产变价收入 33 万元，挪用征地费 27 万元，挪用专项资金 121842 元，地税局未经控办购车 21.9 万元，混税缴库 19.07 万元，处罚 35134 元。

县审计局对本级 2005 年预算执行审计，存在虚列本级收入 40.54 万元，挪用专项指标 294 万元，漏缴税 17754 元，国有资产转让收入 2.52 万元未入库，无据冲销借支 149.5 万元。对地税局 2005 年预算执行审计，存在应征未征款 43.31 万元，混款缴库 168.6 万元，欠缴个人所得税 15168 元。

2006 年，县审计局根据州局安排，对县建设局 2006 年度部门预算执行情况进行了审计，审计情况表明，台江县建设局 2006 年度财政预算资金在管理和使用上总体情况是好的，但还存在：（1）挤占、挪用预算资金及专项拨款 11.8 万元，用于行政性支出，基本建设以及其他支出等；（2）出售车子收入漏缴税费 0.3 万元；（3）已完工工程未及时结转固定资产；（4）内控制度不严，费用支出手续无据入账等违规行为。通过审计，责成被审计单位及时纠正处理有关问题，对挤占、挪用资金的责成其限期归还原渠道资金。

2007 年，共完成县委组织部安排的经济责任审计项目 5 个，县审计局切实执行贯彻《台江县党风廉政建设责任分解表》的有关精神，在审计工作中积极取得协办单位的支持配合，按质按量完成了关于县教育局、县委党校、县乡镇企业局、县粮食局和排羊乡经济责任审计。审计坚持以资金为主线，揭露各种违规违纪行为，此次共审计资金 1780 多万元，查处违规违纪资金 230 万元，违规资金主管责任 92 万元，提出审计意见和建议 15 条，提交审计信息及简报 3 篇，有力推进了全县经济责任审计步伐。

2008 年，开展部门财务收支审计共 6 个。审计查出违规违纪资金共 2032.88 万元，其中，县水利局违规资金 704.28 万元，县交通局违规资金 470.14 万元，县林业局违规资金 173.41 万元，县国土局违规资金 685.05 万元。提出审计建议共 35 条。

2009 年，开展对县环保局部门预算执行情况审计。发现排污费收入 1 万元未及时缴存国库，造成当年少列排污费收入；业务招待费支出控制不严格，2008 年业务招待费开支达 15.55 万元，占全年各项公务经费支出总额 47.67 万元的 32.62%。

2010 年，开展对县民宗局 2008—2009 年度财务收支审计，通过审计，发现该局存在严重违纪违规行为：（1）虚报套取财政资金 16.68 万元；（2）挤占、挪用各项民族专款及财政扶贫资金 44.77 万元；（3）公款私存；（4）截留专项资金列支账外 1.08 万元；（5）虚列收入、转移专项资金列支账外 8.59 万元；（6）工程建设项目漏缴建安税 1.14 万元。通过审计，揭示了全县民族经费存在着严重违纪违规问题，审计责成县民宗局对存在的问题进行整改，并将整改情况书面报告县审计局。

1991—2010 年财政收支审计情况一览表

表 9-15

年度	被审计单位	审计项目	审计金额（万元）	违纪金额（万元）	处罚金额（元）
1996		本级预算执行情况审计	—	496.4000	—
2003		本级预算执行情况审计	—	325.0000	—
2004		本级预算执行情况审计	—	442.1842	—
2004	地税局	本级预算执行情况审计	—	40.9400	35134
2005		本级预算执行情况审计	—	488.3354	—
2005	地税局	本级预算执行情况审计	—	213.4268	—
2007	建设局	部门预算执行情况审计	—	11.8000	—
2007		经济责任审计项目 5 个	1780	322.0000	—
2008	水利局、交通局、林业局、国土局等 6 个单位	部门财务收支审计	—	2032.8000	—
2008	卫生局、建设局、畜牧局、文广局、南宫乡政府	部门、单位法人代表离任、任期内经济责任审计	—	145.7200	—
2009	环保局	部门预算执行情况审计	—	16.5500	—
2010	民宗局	财务收支审计	—	72.2600	—
2010	市政局、物价局、农业局、农业办、排羊乡	任期内经济责任审计	—	627.7200	—

第四节　金融审计

1990 年，县审计局对农行 1989 年财务收支审计，违纪金额 40903 元，存在乱挤成本 2862 元，挪用专项搞基建 21736 元，不合规核销 1764 元，处罚 10351 元。

1991 年，县审计局对建行 1985—1990 年基建拨改贷款审计，存在挤占成本 1953 元，转移收入 1000 元，超发奖金 2859 元，公款转移 15 万元入储蓄所，处罚 1236 元。同月，对建行购置彩电情况审计，存在假发票列支 2059 元，处罚 200 元。

1992 年，县审计局对工商行 1991 年财务收支审计，存在违纪金额 2686 元，存在挤占成本 2166 元，超发奖金 2009 元，欠税 402 元，处罚 502 元。

1996 年，县审计局对农行 1995 年财务收支审计，违纪金额 7500 元，处罚 7500 元。对财险公司审计，违纪资金 6667.30 元，处罚 6667.30 元。

1998 年，县审计局对财险公司 1997 年资产负债损益审计，查出少列收入 25024 元，少计税 12550 元，处罚 500 元。

2000 年，县审计局对工商行 1998 年资产负债损益审计，主要问题：把超支费用 176671 元列入其他应收款科目核销，造成利润不实。贷款总额 1837.3 万元，其中不良贷款 1637.6 万元，占贷款总额的 89.13%，贷款损失风险很大。

2001 年，县审计局对财保公司资产负债损益审计，查出少列保费收入 41063 元，超标列支就餐费 41106 元，工资科目违规列支奖金 13878 元，营业外支出列支所得税 1322 元，造成减少利润，多提折旧 1115 元，少计列分出保费 17514 元，少计列摊回分保、费用 30624 元，多计列摊分保赔付 4012 元，少提保障基金 1813 元，多计提未决赔付准备金 50452 元，违规列支 5898 元，其中无据付款 3238 元，账外国有资产 165000 元，在赔款支出科目中列支公杂费、差费等 33625 元，无据支付车辆赔付 5500 元，违规现金支付无赔付奖励 42192 元。

2002 年，县审计局对财险 1999—2000 年资产负债损益审计，存在欠计税 3424 元，资产不入账 165000 元，赔付手续不符，没有相应制约机制，存在一个人经办的违规现象。

2005 年，县审计局对信用社 2005 年资产负债损益审计，存在贷前手续简单化，程序违规，未按合同计收利息，贷款用途不符，资产净值与所有者权益比重超标。

1991—2010 年金融审计情况一览表

表 9-16

年度	被审计单位	审计项目	审计金额（万元）	违纪金额（万元）	处罚金额（元）
1994	农行	乡镇企业贷款审计	594.4	2.9771	—
1995	建行	房地产信贷	80.9616	4.8769	200
1995	建行	房改资金收入审计	—	143.7409	29549
1995	建行	财务收支审计	12965.14	228.6805	23725
1996	农行	财务收支审计	—	0.7500	7500
1996	财险公司	资产负债损益审计	—	3.7574	500
2001	财保公司	资产负债损益审计	—	39.9246	—

第五节 国有资产投资审计

1995 年，县审计局对林业局培训中心工程投资审计，投资 145218 元，核减造价 5551 元。对电力局办公宿舍工程审计，投资 457991 元，核减 34087 元。对土管局办公室工程审计投资 745503.27 元，核减 49966.37 元。1996 年，对林业局住宅楼工程审计，投资 879134 元，核减 6257 元。对建设局办公楼工程审计，投资 915963 元，核减 12136 元。对康泰公司工程审计，投资 496424.63 元，核减 8122.20 元。

1997 年，对地税局车库、住宅楼工程审计，投资 148460 元，核减 7068 元，对城关农贸市场工程审计，投资 615814 元，核减 39983.37 元。对纺器厂住宅楼工程审计，投资 447636 元，核减 6092 元。对农机厂制胶车间工程审计，投资 115878 元。对计委住宅楼工程审计，投资 241079 元，核减 7400 元。对种子公司办公楼工程审计，投资 26191 元，核减 458 元。对档案局工程审计，投资 403671 元，核减 20442 元。9 月，对供电公司、电力局职工楼工程审计，核减投资 130292 元。

1998 年，对宁波二安小学工程审计，投资 198000 元。对就业办职工楼工程审计，投资 619481 元。对改水高位水池工程审计，工程投资 228857 元。对国有林场工程审计，投资 146173 元，核减 6615 元。对农牧局种兔场工程审计，投资 44800 元，核减 4672 元。对政协工程新投资 151775 元，核减 5306 元。对政协续建审计，投资 155861 元。对水改办清水池工程审计，投资 500505 元。对国税局住宅楼工程审计，投资 590433 元，核减 3717 元。对施洞国税所工程审计，投资 203679 元。对林业科技楼工程审计，投资 702598 元，核减 846 元。对农机厂工程审计，投资 343153 元，核减 7038 元。对革东财政所工程审计，投资 21885 元，核减 19347 元。对台拱镇住宅楼工程审计，投资 946386 元，核减 22526 元。对县政府职工楼工程审计，投资 862718 元，核减 62559 元。对县委维修工程审计，投资 123902 元。对贝发小学工程审计，投资 274996 元。

1999 年，对国有林基础工程审计，投资 373504 元，核减 16224 元。对水泥厂基础工程审计，投资 191395 元，核减 5200 元。对台拱镇经济实体工程审计，投资 93855 元，核减 12220 元。对人民银行办公楼工程审计，投资 611866 元，核减 21432 元。对内配厂工程审计，投资 766734 元，核减 14408 元。对老屯长滩（金蛙）小学工程审计，投资 300429 元。对林业局南市平桥审计，投资 58901 元，核减 821 元。对建筑公司职工楼工程审计，投资 510012 元，核减 60575 元。对运管所工程审计，投资 497670 元，核减 1610 元。对电力局调度工程审计，投资 941402 元。对革东镇基础设施工程审计，投资 297955 元。对自来水公司工程审计，投资 98198 元，核减 25923 元。对台盘街道硬化工程审计，投资 686525 元。对制茶厂车库围墙工程审计，投资 139435 元，核减 47286 元。对国土局职工楼审计，投资 1630128 元，处罚 7300 元。对二中风英楼工程审计，投资 29.5 万元。对台江一小涂装工程审计，投资 57609 元。

2001 年，对安居工程审计，投资 2363316 元。对县委办开发中心工程审计，投资 110635 元，核减 27638 元。对林业职工楼工程审计，投资 900650 元，核减 5889 元。对法院职工楼工程审计，投资 1367527 元，核减 142450 元。对社保职工楼工程审计，投资 512795 元。对政协门面工程审计，投资 99087 元。对纪委职工楼工程审计，投资 629537 元，核减 177928 元。对自来水职工楼审计，投资 747954 元，核减 33803 元。对一小梯坎工程审计，投资 239815 元，核减 6208 元。对革东供销社农贸市场工程审计，投资 4122241 元，核减 33638 元，多付工程款 27638 元。对公安局职工楼工程审计，投资 483529 元，核减 33638 元，多付工程款 7308 元。对交通局商住楼工程审计，投资 712489 元，核减 16811 元。对苗疆宾馆工程审计，投资 928040 元，核减 33180 元。对国税局职工楼工程审计，投资 1064482 元，核减 28267 元。对扶贫办职工楼工程审计，投资 1075715 元，核减 13587 元。对建设局办公楼工程审计，投资 664454 元，核减 1354 元。对农资公司工程审计，投资 1492659 元，核减 126050 元。对民族商品街工程审计，投资 287157 元，核减 9640 元。对地税局办公住宿楼工程审计，投资 2866377 元，核减 126845 元。对民政局工程审计，投资 1615136.24 元，核减 293747 元。

2002 年，对县委职工楼工程审计，投资 1932491 元，核减 919447 元。对商业清算维修工程审计，投资 195222 元，核减 24109 元。对桃赖小学工程审计，投资 295534 元，多支付工程款 10740 元。对南瓦小学工程审计，投资 345694 元，核减 534 元。对革东小学工程审计，投资 1694552 元，核减 431506 元。对南宫小学工程审计，投资 368435 元，核减 4202 元。对龙翁湖小学工程审计，投资 254918 元，核减 439 元。对国土局职工楼工程审计，投资 1533855 元，核减 17806 元。对大塘小学工程审计，投资 399236 元，核减 16105 元。对县委办经济实体工程审计，投资 497031 元，多付工程款 71339 元。对文广局工程审计，投资 449320.44 元，核减 72035.09 元。对地税招待所工程审计，投资 629593.08 元，核减 86957 元。对台盘敬老院工程审计，投资 316299 元，核减 27232.18 元。对公安局看守所工程审计，投资 1091808.22 元，核减 137081.84 元。对检察院工程审计，投资 1835239.28 元，核减 132180.6 元。

2003 年，对移民搬迁道路工程审计，投资 870351.77 元，核减 16073.63 元。对自来水改扩建工程审计，投资 4060280.16 元，核减 595466.91 元。对统计局工程审计，投资 117077.27 元，核减 13352.22 元。对计划生育局工程审计，投资 926873.09 元，核减 101776.61 元。对民族局职工楼工程审计，投资 839702.12 元，核减 172729 元。对施洞中学工程审计，投资 1330305.74 元，核减 25913.16 元。对苗疆西街硬化工程审计，投资 1728699.97 元，核减 2845.28 元。对方召黄毛小学工程审计，投资 109407.94 元，核减 24273.89 元。

2004 年，对老屯中学工程审计，投资 739432.29 元，核减 24273.89 元。对文化局续建工程审计，投资 369995.18 元，核减 44982.98 元。对红阳小学工程审计，投资 447333.74 元，核减 1790.17 元。对友谊中学工程审计，投资 148104.95 元，核减 24555.48 元。对方召中学工程审计，投资 556359.21 元，核减 830.79 元。对翁你河东段硬化工程审计，投资 394112.24 元，核减 23232.81 元。对台盘小学工程审计，投资 397987.16 元，核减 350.36 元。对桃赖小学附属工程审计。对洋汪踩鼓场工程审计，投资 204251.54 元，核减 5444.46 元。对工商局工地审计，投资 765312.62 元，核减 2921.87 元。对苗疆一、二期道行硬化工程审计，投资 291494.58 元，核减 5142.98 元。对南省小学工程审计，投资 510976.07 元，核减 2385.36 元。对运管所工程审计，投资 708825.28 元。对交孟防供堤工程审计，投资 192797.8 元。

2005 年，对国土局各乡（镇）站工程审计，投资 679906.69 元，核减 47208.38 元。对老屯敬老院工程审计，投资 254917.50 元，核减 29954.29 元。对工商联工程审计，投资 55457.44 元，核减 51986.92 元。对台盘大寨防洪堤工程审计，投资 294854.63 元，核减 14225.12 元。对县城二期移民设施工程审计，投资 911582.49 元，核减 39143.25 元。

2006 年，对台盘—凯棠公路工程审计，投资 1802903.77 元，核减 3998.6 元。对电力局工会楼工程审计，投资 886637.21 元，核减 108606 元。对台盘中学工程审计，投资 350833.12 元，核减 10800.18 元。对施洞国土站工程审计，投入 796309.36 元，核减 37885.08 元。对自来水改造工程审计，投资 1205814.17 元，核减 76043.54 元。对方召政府工程审计，投入 249541.59 元，核减 9951.41 元。对县政府二号楼工程审计，投资 4400949.74 元，核减 510011.58 元。对疾病防治楼工程审计，投入 915078.71 元，核减 59815.21 元。

2007 年，共完成基建审计项目 20 个，完成送审金额 2530 万元，审计金额 2365 万元，核减 165 万元，核减率为 6.5%。

通过审计，有力地遏制了建筑工程领域高套定额，高估冒算的违规现象，同时，有效控制了国有资金的流失和损失浪费的行为。

2008 年，完成基建审计项目 13 个，主要的项目包括：县城防洪堤 C 段、法院大楼、县医院住院大楼，排西公路台江段的审计等。完成送审金额 1362 万元，审定金额 1115 万元，核减金额 247 万元，核减率 22.15%。另完成“两基”教育工程审计 49 项工程。送审资金 3034.32 万元，审定资金 2874.31 万元，核减资金 160 万元。

2009 年，全县完成固定资产投资项目审计 24 个，送审数 1810 元，审定数 1640 元，查出多计工程造价 170 余万元，核减率 9.4%。

2010 年，全县完成固定资产投资项目 78 个，送审数 12697 万元，审定数 12328 万元，查出多计工程造价 369 万元。对中央新增投资项目竣工决算审计 15 个，送审金额 1440.51 万元，审计金额 1403.63 万元，核减工程投资 36.88 万元。

1991—2010 年国有资产投资审计情况一览表

表 9-17

单位：元

年度	被审计单位	审计项目	投资金额	核减造价
1995	林业局	培训中心工程投资审计	145218.00	5551.00
1995	电力局	办公宿舍工程审计	457991.00	34087.00
1995	土管局	办公室工程审计	745503.27	49966.37
1996	林业局	住宅楼工程审计	879134.00	6257.00
1996	建设局	办公楼工程审计	915963.00	12136.00
1996	康泰公司	工程审计	496424.63	8122.20
1997	地税局	车库、住宅楼工程审计	148460.00	7068.00
1997	经贸局	城关农贸市场工程审计	615814.00	39986.37
1997	纺器厂	住宅楼工程审计	447636.00	6092.00
1997	农机厂	制胶车间工程审计	115878.00	—
1997	计委	住宅楼工程审计	241079.00	7400.00
1997	种子公司	办公楼工程审计	26191.00	458.00
1997	档案局	工程审计	403671.00	20442.00
1997	供电公司电力局	职工楼工程审计	—	130292.00
1998	教育局	宁波二安小学工程审计	198000.00	—
1998	就业办	职工楼工程审计	619481.00	—
1998	水改办	改水高位水池工程审计	228857.00	—
1998	国有林场	国有林场工程审计	146173.00	6615.00
1998	农牧局	兔场工程	44800.00	4672.00
1998	政协	工程新投资审计	151775.00	5306.00
1998	政协	工程续建审计	155861.00	—
1998	水改办	清水池工程审计	500505.00	—
1998	国税局	住宅楼工程审计	590433.00	3717.00
1998	施洞国税所	工程审计	203679.00	—
1998	林业局	林业科技楼工程审计	702598.00	846.00
1998	农机厂	工程审计	343153.00	7038.00
1998	革东财政所	工程审计	21885.00	19347.00
1998	台拱镇	住宅楼工程审计	946386.00	22526.00
1998	县政府	职工楼工程审计	862718.00	62559.00
1998	县委	维修工程审计	123902.00	—
1998	教育局	贝发小学工程审计	274996.00	—
1999	国有林场	基础工程审计	373504.00	16224.00
1999	水泥厂	基础工程审计	191396.00	5200.00
1999	台拱镇	经济实体工程审计	93855.00	12220.00
1999	人民银行	办公楼工程审计	611866.00	21432.00
1999	内配厂	工程审计	766734.00	14408.00
1999	教育局	老屯长滩（金蛙）小学工程审计	300429.00	—
1999	林业局	南市平桥审计	58901.00	821.00

续表 9-17

单位：元

年度	被审计单位	审计项目	投资金额	核减造价
1999	建筑公司	职工楼工程审计	510012.00	60575.00
1999	运管所	工程审计	497670.00	1610.00
1999	电力局	调度工程审计	941402.00	—
1999	革东镇	基础工程审计	297955.00	—
1999	自来水公司	工程审计	98198.00	25923.00
1999	台盘乡	街道硬化工程审计	686525.00	—
1999	制茶厂	车库围墙工程审计	139435.00	47286.00
1999	国土局	职工楼审计	1630128.00	—
1999	教育局	二中风英楼工程审计	295000.00	—
1999	一小	台江一小涂装工程审计	57609.00	—
2001	建设局	安居工程	2363316.00	
2001	县委办	开发中心工程审计	110635.00	27638.00
2001	林业局	职工楼工程审计	900650.00	5889.00
2001	法院	职工楼工程审计	1367527.00	142450.00
2001	人事局	社保职工楼工程审计	512795.00	—
2001	政协	门面工程审计	99087.00	—
2001	纪委	职工楼工程审计	629537.00	177928.00
2001	自来水公司	自来水职工楼工程审计	747954.00	33803.00
2001	一小	一小梯坎工程审计	239815.00	6208.00
2001	革东供销社	农贸市场工程审计	4122241.00	33638.00（多支付 27638 元）
2001	公安局	职工楼工程审计	483529.00	33638.00（多支付 7308 元）
2001	交通局	商住楼工程审计	712489.00	16811.00
2001	建设局	苗疆宾馆	928040.00	33180.00
2001	国税局	职工楼工程审计	1064482.00	28267.00
2001	扶贫办	职工楼工程审计	1075715.00	13587.00
2001	建设局	办公楼工程审计	664454.00	1354.00
2001	农资公司	工程审计	142659.00	126050.00
2001	建设局	民族商业街工程审计	287157.00	9640.00
2001	地税局	办公住宿楼工程审计	2866377.00	126845.00
2001	民政局	工程审计	1615136.24	293747.00
2002	县委	职工楼工程审计	1932491.00	919447.00
2002	经贸局	商业清算维修工程审计	195222.00	24109.00
2002	教育局	桃赖小学工程审计	295534.00	（多支付 10740 元）
2002	教育局	南瓦小学工程审计	345694.00	534.00
2002	教育局	革东小学工程审计	1694552.00	431506.00
2002	教育局	南宫小学工程审计	368435.00	4202.00
2002	教育局	龙翁湖小学工程审计	254918.00	439.00

续表 9-17

单位：元

年度	被审计单位	审计项目	投资金额	核减造价
2002	国土局	职工楼工程审计	1633866.00	17806.00
2002	教育局	大塘小学工程审计	399236.00	16105.00
2002	县委办	经济实体工程审计	497031.00	71339.00
2002	文广局	工程审计	449320.44	72035.09
2002	地税局	招待所工程审计	629593.08	86957.00
2002	民政局	台盘敬老院工程审计	316299.00	27232.18
2002	公安局	看守所工程审计	1091808.22	137081.84
2002	检察院	工程审计	1835239.28	132180.60
2003	建设局	移民搬迁道路工程审计	870351.77	16073.63
2003	自来水公司	自来水改扩建工程审计	4060280.16	595466.91
2003	统计局	工程审计	117077.27	13352.22
2003	计划生育局	工程审计	926873.09	101776.61
2003	民族局	职工楼工程审计	839702.12	172729.00
2003	施洞中学	施洞中学工程审计	1330305.74	25913.16
2003	建设局	苗疆西街硬化工程审计	1728699.97	2845.28
2003	教育局	方召黄毛小学工程审计	109407.94	24273.89
2004	老屯中学	老屯中学工程审计	739432.29	24273.89
2004	文广局	续建工程审计	369995.18	44982.98
2004	教育局	红阳小学工程审计	447333.74	1790.17
2004	友谊中学	友谊中学工程审计	148104.95	24555.48
2004	方召中学	方召中学工程审计	556359.21	830.79
2004	建设局	翁你河东段硬化工程审计	394112.24	23232.81
2004	教育局	台盘小学工程审计	397987.16	350.36
2004	建设局	洋汪踩鼓场工程审计	204251.54	5444.46
2004	工商局	工程审计	765312.62	2921.87
2004	建设局	苗疆一、二期道行硬化工程审计	291494.58	5142.98
2004	教育局	南省小学工程审计	510976.07	2385.36
2004	运管所	工程审计	708825.28	—
2004	水利局	交孟防洪堤工程审计	192797.80	—
2005	国土局	各乡镇站工程审计	679906.69	47208.38
2005	民政局	老屯敬老院工程审计	254917.50	29954.29
2005	工商联	工程审计	55457.44	51986.92
2005	水利局	台盘大寨防洪堤工程审计	294854.63	14225.12
2005	建设局	县城二期移民设施工程审计	911582.49	39143.25
2006	交通局	台盘至凯棠公路工程审计	1802903.77	3998.60
2006	电力局	工会楼工程审计	886637.21	108606.00
2006	台盘中学	台盘中学工程审计	350833.12	10800.18

续表 9-17

单位：元

年度	被审计单位	审计项目	投资金额	核减造价
2006	国土局	施洞国土站工程审计	796309.36	37885.08
2006	自来水公司	自来水改造工程审计	1205814.17	76043.54
2006	方召乡政府	工程审计	249541.59	9951.41
2006	县政府	二号楼工程审计	4400949.74	510011.58
2006	疾控中心	疾病防治楼工程审计	915078.71	59815.21
2007		基建审计项目 20 个	25300000.00	1650000.00
2008		基建审计项目 13 个	13620000.00	2470000.00
2008		“两基”教育工程审计 49 项	30343200.00	1600000.00
2009		固定资产投资项目审计 24 个	18100000.00	1700000.00
2010		固定资产投资项目审计 78 个	126970000.00	3690000.00
2010		中央新增投资项目竣工决算审计 15 个	14405100.00	368800.00

第六节　世行贷款使用审计

1995 年，县审计局对教育世行贷款、林业局 2623 个项目、卫生局 2539 个项目进行审计。1997 年对教育局 1996 年 2339 个项目进行世行贷款审计，表明当年到位资金 2738722 元，总体项目资金执行较好。对林业森林资源发展保护 2623 个项目审计，1996 年到位资金 389310 元，项目资金执行较好。对卫生局疾病预防 2794 个项目进行世行贷款审计，存在问题：县级资金不配套，省级资金到位缓慢，影响工程进度。对卫生农村人力开发 2539 个项目资金审计，项目资金使用较好。1998 年，对教育局 1997 年贫困省教育进行世行贷款 2339 个项目、卫生局疾病预防 2794 个项目、卫生农村人力开发 2539 个项目、1997 年林业森林资源开发与保护 2623 个项目等进行审计，普遍存在项目执行缓慢，县级配套不到位，有挪用贷款资金情况。

2000 年，县审计局对卫生农村人力开发 2539 个项目、疾病预防 2794 个项目、林业森林资源开发保护 2623 个项目资金审计，普遍存在县级资金配套不到位的问题。2001 年，对卫生农林人力开发 2539 个项目、疾病预防 2794 个项目、森林资源开发保护 2623 个项目审计，依然存在县级配套资金不到位，挪用项目资金等问题。2002 年，对卫生疾病预防、农村人力开发、森林资源开发保护项目审计，继续存在县级配套不到位，执行项目单位挪用资金问题。

2005 年，县审计局对结核病防治项目进行审计。

1995—2010 年国有资产投资审计情况一览表

表 9-18

单位：元

年度	投资金额	核减金额	多付金额
1995	1348712.27	89604.37	—
1996	2291521.78	16515.20	—
1997	1998729.00	211672.37	—

续表 9-18 单位：元

年度	投资金额	核减金额	多付金额
1998	6145202.00	140244.00	—
1999	7550648.00	204980.00	—
2001	18573578.24	1058943.00	27638.00
2002	136744670.02	1869634.50	82079.00
2003	10012697.00	952430.70	—
2004	7201411.90	138096.95	—
2005	2697718.60	182517.95	—
2006	10608067.00	817177.99	—
2007	25300000.00	1650000.00	—
2008	13620000.00	2470000.00	—
2009	18100000.00	1700000.00	—
2010	126970000.00	3690000.00	—

第七节　乡镇财政决算执行审计

2008 年根据州局安排，审计局对两个乡级财政决算情况进行审计，具体是革一乡和施洞镇财政决算审计。通过审计，责成被审计单位及时纠正截留村级运转经费、挤占挪用各项专项资金等问题，进一步规范了被审计单位的财务收支管理。

第八节　经济责任审计

2008 年 7—10 月，审计局开展了对县卫生局、县建设局、县畜牧局、县文体广播电视局和南宫乡人民政府乡长等五部门、单位法人代表进行了离任和任期内经济责任审计，审计查出违纪违规金额 72.86 万元，违规主管责任 72.86 万元，提出意见和建议 14 条。

2010 年 6 月中旬起，审计局陆续派出 5 个审计组分别对县市政局、县物价局、县农业局、县农业办和排羊乡 5 个单位进行任期经济责任审计。实施审计前，全局对以上 5 部门单位责任人实行审前公告，对经济责任审计进一步明确了审计的对象、范围、时限、方法以及对有关举报电话等问题的处理办法，使经济责任审计工作进一步走向规范化、制度化。截至 11 月底已全面完成任务，通过审计查出违纪违规金额 345.86 万元，违纪违规主管责任 281.86 万元，其中，(1) 市政局 2008—2009 年实施政府行政中心广场景观灯安装工程和文昌路道路建设等工程共计 64 万元，未经政府采购程序而自行实施；(2) 县农业局存在问题：应缴未缴财政资金 25 万元，违规收取费用 2.4 万元，漏缴税费 3.4 万元；(3) 排羊乡财务公款私存 100 余万元；(4) 县农办财务存在问题：挤占、挪用专项资金 86.32 万元，2007—2009 年违规发放加班费 5.4 万元，用虚假发票套取现金 12.23 万元，以虚报工程套取专项资金 3.34 万元，以不符合规定发票入账漏缴税费 16 万元等违纪违规行为，并责成违规单位进行积极整改。

第六章　工商行政管理

第一节　市场管理

一、市场建设

1991年，根据贵州省人民政府关于加快集贸市场建设的决定，结合台江实际，县工商局制定全县“八五”期间和十年规划的市场建设初步规划，重点解决城关公路市场。

1991年，县工商局投入资金25万元，在台拱区供销社院坝内修建室内商场一个，占地2000多平方米，1992年投入使用。1993年，县工商局在革东镇政府的支持下，投入资金4万元，修建革东牛市，占地0.33公顷，四周修有围墙，设有食宿站和开水供应，每场入市耕牛约200多头，大量销往湖南新晃、怀化一带。至1997年，共投资修建和维修市场经费46万元，均系市场管理费支付。

1998年3月，遵照国务院办公厅《关于工商行政管理机关限期与所办市场彻底脱钩的有关问题意见的通知》精神，台江县工商局修建的城关农贸综合市场和革东牛市移交县人民政府。投入资金约49万元。从而工商行政管理机关既管市场又办市场，既当“运动员”又当“裁判员”的历史宣告结束，工商行政管理机关不再从事市场建设，职能职责转到市场监管和行政执法上来。

台江县市场建设一览表

表9-19

市场名称	原有面积（平方米）	上市人数	建设地点	面积（平方米）	建设名称	投入资金（万元）	完成时间	备　注
城关	10500	20000	台拱区供销社院坝	2000	棚顶	15.0	1992年	百日场“菜篮子”
城关	—	—	种子公司和人武部	2000	水泥路面	2.0	1992年	仔猪市
台盘	4000	12000	老街两边	3000	水泥路面	3.0	1993年	
革一	3500	5000	老场地	4000	水泥路面	1.5	1993年	
交密	2000	500	林场门口一带	1000	水泥路面	0.5	1993年	
排羊	2000	5000	仓库门口和桥头	2000	水泥路面	3.0	1994年	
方召	3000	500	老场地	800	水泥路面	2.0	1994年	解决马路市场
南宫	2000	2000	老球场	3000	棚顶	30.0	1995年	解决公路市场
革东	4000	15000	瓦厂一带	5000	棚顶	50.0	1995年	综合批发市场
施洞	12000	15000	—	4000	鹅卵石路面	5.0	1997年	修补
城关	—	—	邮电局后面	6000	棚顶	80.0	2000年	综合批发市场

二、市场管理与服务

工商行政管理部门对集贸市场实行管理，按照“管而不死，活而不乱”的原则，维护合法经营，限制和处罚非法经营，规范市场秩序，为广大群众提供农副产品以及其他日用工业品服务。根据集市的需要，帮助国营商业、私营企业、个体工商户扩大服务项目，增添饮食、修理、旅店等服务网点，促使购销方便、渠道畅通。各级市场管理人员，既是集市贸易的服务员，又是维持市场秩序、查处投机违法活动的行政执法人员。在工作中，正确贯彻执行计划经济为主市场调节为辅的原则，进一步解放思想，开拓进取，积极疏通流通渠道，制止违法经营，打击投机倒把，大力促进商品生产的发展。

1999 年 11 月，根据国务院文件，市场实行“管办脱钩，移交地方政府管理”，全县所有集贸市场全部移交县市场建设服务中心管理，工商行政管理部门的工作职能主要转变到市场监管和行政执法上。

1991—2000 年，县境内有台拱、施洞、革东、台盘、革一、排羊、南宫 7 个市场，各市场赶场时间按农历推算轮流进行。台拱市场逢辰（龙）、戌（狗）赶场；施洞市场逢丑（牛）、未（羊）赶场；革东市场逢子（鼠）、午（马）赶场；台盘市场逢寅（虎）、申（猴）赶场；革一市场逢卯（兔）、酉（鸡）赶场；排羊市场逢卯（兔）、酉（鸡）赶场；南宫市场逢星期日赶场。2003 年革东划给剑河后，台江 6 个市场。

1991 年，针对个体工商户分散不集中的实际，全县 9 个乡均设有基层工商所，负责辖区市场的管理和日常监管工作。1997 年，设台拱工商所、施洞工商所、台盘工商所、南宫工商所、革东工商所 5 个派出机构，设直属机构兴隆桥工商所，1998 年增设直属机构车辆管理所。2001 年 9 月，保留台拱工商所、施洞工商所，撤销革东工商所、南宫工商所、台盘工商所、兴隆桥工商所、车辆管理所。2001 年 11 月增设革东工作站，直至 2003 年革东镇划给剑河县后撤销。2007 年，设立南宫工作站，负责南宫乡的市场监管和行政执法工作。2010 年，工商机构改革后，基层工商所升格为副科级建制单位，全县设立台拱工商分局和施洞工商分局，台拱工商分局辖区有台拱镇、方召乡、排羊乡、南宫乡、台盘乡 5 个乡镇，施洞工商分局辖区有施洞镇、老屯乡、革一乡 3 个乡镇。

第二节　注册登记

国家先后颁布《中华人民共和国全民所有制工业企业法》《中华人民共和国公司法》《中华人民共和国乡镇企业法》《中华人民共和国合伙企业法》《中华人民共和国反不正当竞争法》等法律，以及与上述法律相配套的《注册登记管理条例》。企业注册登记工作实现了法制化、规范化、科学化和系统化。

2001 年 9 月机构改革时，将企业登记管理股更名为“注册登记股”，负责全县的各类企业、非公有制经济的登记管理，以及对个体私营企业协会的监督指导工作。在计划经济体制下，注册登记的范围很小，全县只有商业局和 8 个公司，县供销社设在各乡镇的一些分社、代购代销点，县粮食局及其各区粮管所。这些企业经营的是计划商品，一律从规定的渠道进货，执行的是国家统一的价格，市场没有竞争对手，注册登记的作用显现不出来。

2004 年 2 月，省工商局制定了《贵州省工商行政管理局企业登记一审一核制试行办法》，将企业登记程序由原来的受理、审查、审核、审批 4 个程序精简为受理、审批 2 个程序，大大缩短了办照时间。

全县企业注册登记管理采取的主要措施，一是建立健全办事机构，选派好工作人员；二是公示办事程序，建立一套简便、快捷、规范的办事制度；三是实行不限规模、不限速度、不限经营方式、不限隶属关系，降低门槛，给工商企业注册登记的优惠政策；四是对工商企业采取“一放、二帮、三扶持”的方式依法予以注册登记后，对企业进行回访，帮助企业排忧解难，指导企业依法经营，及时给予变更登记，规范企业经营行为；五是招商引资，引进外地企业，带动地方经济增长；六是建立健全企业档案数据库，为党委和政府决策提供依据。

2006年，全面推进企业、个体登记“一审一核”制，将应该公开办事程序和企业、个体审理登记所需材料、审核制度上墙公示。对服务“三农”（即农业、农村、农民）和农村小商贩经营者实行备案制，免收登记费和管理费，同时完成2005年度企业年检和个体工商户的验照贴花工作。

2007—2008年，继续推行“一审一核”注册登记管理模式，减少行政审批程序和申请受理时间，结合“首问责任制”，公开办事程序和注册登记所需资料，方便业主，提高办事效率。

2009年，按照“一审一核”注册登记管理模式，进一步简化办事程序，将登记注册程序由原受理、审查、核准三个环节改为受理、准核两个环节。工商所直接办理个体登记。同时，从接待咨询、登记注册方面全部实现一站式服务，实行“一个窗口”对外，“一条龙”服务，推行政策咨询“一口清”，承办材料“一手清”和群众办事“一趟成”的“阳光作业流程”“首问责任制”“服务承诺制”“限时办结制”等公开办事制度进一步得到落实。2010年，按照《贵州省市县两级工商行政管理局（分局）机构改革实施方案》（省编办字〔2010〕127号）文件精神，“注册登记股”更名为“注册监督管理股”，负责辖区企业的核准登记、指导服务和监督管理等职能，在服务各类企业发展上发挥了更大作用。

1991—2010年台江县企业注册登记一览表

表9-20

年份	企业（户）	注册资金（万元）	从业人员（人）	年份	企业（户）	注册资金（万元）	从业人员（人）
1991	78	982	146	2001	257	7215	435
1992	131	1197	179	2002	188	7514	332
1993	172	1836	217	2003	177	7017	416
1994	276	2654	308	2004	179	9653	636
1995	291	2873	313	2005	149	4342	714
1996	307	3215	338	2006	225	11966	956
1997	326	3978	389	2007	238	12937	1267
1998	347	4657	491	2008	258	23594	1563
1999	294	7259	387	2009	292	30963	1693
2000	254	7257	427	2010	309	34136	1739

第三节　个体私营经济管理

1991年以后，台江县个体私营经济在国家政策的扶持下发展迅速，对发展社会主义市场经济，满足群众的消费需求起到了积极作用。工商行政管理部门依法对个体私营经济活动进行监督管理，实行注册登记，审核市场准入，规范经营行为，保护合法经营，取缔非法经营。

2001年，全县开始实行分层分类管理，未涉及前置审批手续的，申请人可以直接到各工商所申办并现场领取营业执照，个体私营经济业主依法取得合法资格，进入市场经营，促进了个体私营经济快速发展。在管理中，工商行政管理部门及人员大胆创新，采取了公开办事程序，简化办事手续，承诺办事效能，实施种植业、养殖业减免登记费；对农村边远地区、城镇低收入人员、下岗职工从事个体经营的，一律免收管理费。

2006年，加强对私营企业、个体工商户信用分层分类监管工作，将全县226户个体工商户，根据其自身的生产经营表现进行A、B、C三等级分类，其中A级187户、B级25户、C级8户、D级6户。工商管理人员在市场巡查中，对不守信企业或信誉不好的经营主体重点进行监管，违法经营者给予处罚。

截至2008年12月，台江县个体工商户实有3166户，从业人员3432人，注册资金3732.27万元。其分类如下：（1）农、林、牧、渔业3户，从业人员4人，注册资金7万元；（2）采矿业8户，从业人员16人，注册资金86万元；（3）制造业309户，从业人员421人，注册资金599.17万元；（4）运输业120户，从业人员140人，注册资金450.5万元；（5）信息传输、计算机服务业49户，从业人员49人，注册资金65.77万元；（6）批发零售业1725户，从业人员1763人，注册资金1552.94万元；（7）住宿餐饮业530户，从业人员595人，注册资金527.94万元；（8）租赁和商务服务业12户，从业人员12人，注册资金22.5万元；（9）居民服务和其他服务业376户，从业人员388人，注册资金366.8万元；（10）卫生及社会福利业22户，从业人员26人，注册资金12.25万元；（11）文化娱乐业12户，从业人员18人，注册资金41.4万元。

1991—2010年台江县个体户发展情况统计表

表9-21

年度	户数	人数	个体管理费（元）	缴税（万元）	注册资金（万元）
1991	807	1039	1842	—	112.00
1992	1314	1628	24046	—	229.90
1993	1503	1871	552610	—	281.10
1994	1549	2006	1366	154.00	313.00
1995	2001	2565	75540	419.00	389.00
1996	1937	2364	73021	252.30	441.00
1997	1935	2352	141186	537.20	539.30
1998	2267	2715	155081	—	708.00
1999	1990	2630	281315	—	564.00
2000	2352	2800	372024	—	1505.00
2001	1593	2180	350597	—	1572.00
2002	1727	1994	381787	—	1461.58
2003	1787	2058	422681	—	1754.32
2004	2159	2406	448102	—	2071.50
2005	2409	2702	491517	—	2367.80
2006	2593	2850	482178	—	2745.60
2007	2765	3054	521436	—	3127.38
2008	3190	3486	359545	—	3683.00
2009	3502	3813	—	—	4256.47
2010	4007	4289	—	—	6448.62

说明：财政部、国家发改委、国家工商总局等部门联合下文，从2008年9月1日停止“两费”征收

2008—2010年，继续贯彻执行国务院《关于鼓励支持和引导个体私营经济发展的若干意见》和省工商局《关于进一步支持企业和非公有制经济发展的若干意见（试行）》。县工商局制定《台江县工商局优化服务发展环境16条措施》，进一步简政放权、降低准入门槛，在市场准入中，以摒弃限制为主的把关思想为核心，深化“非禁即允”，创新服务理念，通过“推宽、推新、推优”的便捷服务，实现企业登记受理工作的平稳运行，凡法律法规未明令禁止的经营领域和项目，都最大限度依法许可，打破经营限制。

第四节 合同商标广告管理

一、经济合同

台江县工商局注重对《中华人民共和国经济合同法》《中华人民共和国担保法》《中华人民共和国拍卖法》《中华人民共和国物权法》的学习，宣传和培训。加大对合同的行政执法力度，严厉打击合同欺诈行为，加强对买卖、加工承揽、旅游重要生产资料等合同的行政监管力度。严厉打击设置合同陷阱、签订虚假合同、骗取合同保证金，实施合同欺诈等违法行为。开展“守合同、重信用”单位的推荐工作。1992年台江县纺织器材厂首家被贵州省工商行政管理局授予“守合同、重信用”先进单位。也是台江县获得这一殊荣的第一位厂家。

1994年8月新《中华人民共和国仲裁法》出台后，县工商管理局撤销仲裁部门，不再行使仲裁工作。

随着社会主义市场经济体制改革的不断深入和市场交易活动的多元化，出现了经纪人。经纪人，俗称“掮客”，亦称“子”，是指在各类市场经济活动中，为促成他人交易进行的中介行为，收取佣金，并独立承担民事责任，享有民事权利的自然人、个体合伙、非法人经济组织和企业法人。台江县经纪人的出现是在1994年，1993年革东片牛市开业后，卖方都是台江人，买方大多数是湖南人。1995年10月，国家工商行政管理局颁布了《经纪人管理办法》。办法对工商行政管理机关监督管理经纪人的职责作了明确规定。台江县工商行政管理局对经纪人的管理是从2004年以后开始的。近年来，台江县工商行政管理局对经纪人进行五次集中培训，引导他们为支持台江农业产业结构调整做出有益的贡献。对经纪人管理工作主要是：实施合同帮助工作，大力发展农村经纪人，推荐订单农业，彻底改变台江农村市场信息闭塞、农副产品销路不畅的实际，促进台江农副产品快速发展，早日脱贫致富。经过培训和调查摸底，按照有关规定，台江县工商行政管理局核发经纪人营业执照12份。从而对经纪人的管理工作开始走上正规化和规范化。

1984—1995年，台江县工商行政管理局经济合同仲裁委员会共受理经济合同纠纷案88起，总值1246万元，其中调解63起，仲裁25起，总价款143万元。在这11年中，解决一大批经济合同纠纷案，特别是解决了多年难以解决的旧案。如农贷款纠纷案，原是农村集体贷款，后将贷款分别到户偿还。台江县工商局经济合同仲裁委员会根据农行提供的情况，派人员到南宫乡南牛村进行调查，经过深入细致地工作和耐心地说服教育，将原南牛村集体贷款100多万元分到各户偿还的问题查清，除一部分确实无力偿还的老、弱、病、残户外，其他能偿还的40多户在3天之内全部如数偿还，共计归还贷款40多万元。

台江县工商局对企业近年来的1620份合同进行检查，为企业找出合同中存在的问题，当即给予纠正。同时，还监督检查农业订单合同57份，金额为486万元。2008年8月26日，台江县工商局举办一期《合同法》培训班，参加培训的企业有金融、电力、电信、房地产、经纪人共82人。在培训班上学习了《合同法》《物权法》《担保法》等法律法规，提高企业签订合同的严肃性。合同鉴证采取自愿的原则，除国家规定强行鉴证的以外。在鉴证经济合同过程中，工商部门严格坚持原则。经过鉴证，大大地减少了合同纠纷，保护当事人的合法权益，维护《经济合同法》的尊严。做好经济合同的鉴证是工商行政管理部门监督当事人依法签订经济合同的有力手段之一，是审查合同主要内容合法性、可行性的一种证明活动，是防止虚假性的有效措施，是证实或指导当事人确立、完善权利义务关系的有益方法。工商部门通过对合同的鉴证，加强了对经济合同的管理。2010 年 1 月 1 日《贵州省合同监督条例》颁布实施，进一步加强工商行政管理机关对合同监管领域的职能职权，《贵州省工商行政管理机关合同格式条款监督工作办法》的出台，对合同格式条款的监管作了具体规定，对各级工商行政管理机关的职责作了明确细化。2010年，共审查备案合同格式条款样本9个类别34份。其中，供水合同2份、供电合同 2 份、建筑施工合同 5 份、商品房买卖合同 14 份、农产品订单合同 2 份、汽车租赁合同 3 份、购销合同 4 份、借款合同 1 份、抵押合同 1 份，促进市场经营主体的社会信用体系建设。2010 年 10 月，全省工商系统合同监督备案工作现场会在台江召开，台江县工商局局在会上作交流发言。

二、商标管理

县工商局行使对商标的监督管理，受理商标申请注册，查处假冒侵权商标行为。从 1991 年至 2000 年，县工商行政管理局共组织企事业单位和个体工商户及自然人参加的商标知识培训班（会）11 次，参加培训的各类人员共 643 人次，发放各种资料 3120 份，查处各类商标侵权和假冒商标案件共 64 起，销毁假冒商标标识 12 万枚（件）；收缴假冒著名商标标识 2000 余枚，没收非法所得 16800 元，罚款 30000 元，没收侵权仿冒中国人民解放军“3537”商标的解放鞋 85 双。

2000 年以后，因商标注册实行代理制，工商行政管理部门对商标管理的职能主要是查处假冒侵权违法商标案件，开展商标验证工作，加大商标法律法规的宣传，制定和建立基层工商所商标基础档案管理制度，积极帮助和指导企业、事业、个体工商户及自然人申请注册商标。

2008 年以来，台江县工商行政管理部门出动执法人员 138 人次，检查经营户 465 户，商品交易场所 7 个，查处 3 起侵犯他人注册商标专用权案件，罚款 700 元，没收 2000 件商标标识。对一户经营假冒侵权商标注册的卷烟案责令停止销售；对一起从广州地下黑窝点购进的“耐克”“阿迪达斯”“彪马”等驰名商标标识共 19 种 2500 多枚予以没收。

1991—2010 年，台江县共申请注册商标 26 件。反排木鼓舞、独木龙舟、苗族姊妹节等 6 件已成功注册。台江县工商行政管理局与有关乡镇和企业联合，做好“方召辣椒”“施洞银饰”等地理标志的申报注册工作。同时做好“红阳草山海”、中国“苗疆银都”的注册工作，逐步提高台江农产品、旅游产品的知晓力，引导农业生产、经营者运用地理标志增产增收。

三、广告管理

县工商局内设经济合同广告管理股，其主要职能是行使广告经营行为的监督管理，查处利用广告弄虚作假，蒙蔽欺骗，误导消费者，损害消费者权益，违反国家法律法规及政策，损害国家和各民族人民尊严，反动、淫秽、丑恶的非法广告。

1991 年 5 月，台江县工商行政管理局对 56 家企事业的 133 人从事商标广告工作的人员进行培训两天，主要是学习《广告管理条例》和《广告管理条例施行细则》。培训会上发放各种有关广告知识的材料 380 份，当场销毁户外非法广告 50 幅。

1992 年，县工商行政管理局执法人员在城内拆除凯里联合广告公司发布的青酒广告 7 幅，三株公司路牌广告 3 幅，收缴三株公司自行印制的广告 2000 余份，同时动员本地企业自制广告 10 幅，为企业设计路牌广告 3 幅，培训企业广告审查员 35 人次。

1994 年 10 月 27 日，第八届会国人民代表大会常务委员会第十次会议通过了《中华人民共和国广告法》。台江县的广告管理工作才走上正轨。

1995 年 12 月，国家工商行政管理局发布《户外广告登记管理规定》后，台江县工商行政管理局对户外广告进行清理整顿，组织执法人员对城乡随意张贴的广告进行清除，对过期失效和未经审查的广告清除，对张贴单位和个人进行广告知识培训，引导他们走上经营广告的正确方向。对特殊商品的广告加大监管力度。主要是对药品、农药、化妆品、保健品、烟草、烈性酒等广告的管理，共清除户外广告 2820 多条（幅），净化了城乡市容。1996 年，工商行政管理执法人员收缴非法印制的广告 4000 多份，涂盖各种户外药品非法广告 180 幅。为台江县广播站、台江县家庭服务中心到州工商行政管理局办理“广告经营许可证”。

1998 年，台江县工商行政管理局执法人员对户外广告检查 35 次，检查店堂批发部 486 户，广告装潢部 5 户，其他 80 多户。查处违法违章案件 2 起，罚款 1200 元，纠正店堂广告 25 幅，加盖“未经审查，谨防上当”印章的广告 900 余幅，拆除店堂广告 8 幅，违章横幅 14 幅。2001 年，查处违法广告案件 5 起，罚款 4810 元。收缴非法广告 300 多份、店堂牌匾 2 块、横幅 30 幅，加盖“未经审查，谨防上当”印章的广告 1000 多份，核发“广告经营许可证”6 户。2002 年，收缴非法印刷品广告 2000 余份，检查各类广告主和广告经营户 226 户，下达责令改正通知书 158 份，对处罚未登记而发布的广告主 19 户，受理务类广告案件 33 起，罚款 12590 元。

2003—2007 年，台江县工商行政管理局出动执法人员 690 人次，出动执法车 69 台（次），在全县范围内开展对药品、保健食品、医疗广告整治 58 次。其中，药品广告 30 次、保健食品广告 20 次、医疗服务广告 8 次。治理整顿网上非法性药品广告和性病广告 18 次，保健食品广告 15 次，其他食品广告 12 次，开展广告大检查 27 次，其中户外广告 176 条，印刷品广告 156 条，其他形式广告 115 条。对保健食品广告 112 条（幅）、化妆品广告 117 条（幅）、美容广告 49 条（幅）进行监测，对其中一条未按规定发布，责令其停止发布。办理广告登记 24 户，查处广告违法案件 5 起，罚款 7800 元。“3·15”期间，共开展宣传咨询活动 5 次，散发商标、广告法律法规宣传资料 6000 多份。在开展“3·15”消费与环境活动中，监测广告 11 次，监测各类广告 265 条，其中户外广告 120 条、印刷品广告 62 条、保健品广告 36 条、医疗广告 27 条、其他 20 条，查获一起发布虚假广告推销科普 DVD 系列产品案，罚款 5000 元。收缴非法印制的虚假广告 1000 余份。2006 年 9 月，县工商行政管理局组织执法人员 15 人，对辖区内的商贸城、专卖店、特许经营店、餐饮店进行全面检查，发现摆放有领导题词、照片的镜框广告 4 幅，根据有关规定，责令该销售点负责人将其全部撤除。

2008—2010 年，县工商行政管理局办理广告登记 56 户，查处广告违法案件 16 件。

台江县广告经营单位台账一览表

表 9-22

企业名称	许可证号	注册资金（万元）	从业人员（人）	负责人	经营场所
台江县广播电视事业局	522630-001	10	5	李美仁	广电局
建设开发广告中心	522630-011	5	4	金书	农业局
创意广告	522630-004	4.5	5	杨晓明	国税局
世纪广告设计制作中心	522630-007	3.5	2	吴婧梅	保险公司
精华广告装饰部	522630-005	3	5	邓沛敏	县政府
腾飞广告	—	1.5	2	吴必军	鸿福酒店
台江县福源广告经营部	—	—	1	田应杰	武装部
台江县智强广告经营部	—	—	1	潘金智	运管所

第五节 监督检查

经济监督检查是以市场监督为主，以商品生产者和经营者行为对象实施监督检查的活动，主要是查处投机倒把和其他违法、违章案件。经济监督检查所检查的行为主要是不正当竞争行为，损害消费者利益行为，市场垄断行为，走私贩私行为以及其他违法经营行为。

1999 年，国务院发布《粮食收购条例》，黔东南州工商行政管理局下发《关于进一步加强粮食市场管理，维护粮食收购秩序的工作意见》，县工商行政管理局先后出动执法人员 1872 人次，出动执法车 167 辆（次），查处粮食案件 64 起，没收粮食 39449 公斤。县工商行政管理局台拱工商所被评为全国工商系统先进工商所，文宗海被评为全国工商系统粮食监督管理先进个人。

2001 年，开展“绿色消费”讲座 8 次，听众达 1500 人，志愿者参加 200 多人次，销毁各种变质过期食品 20 多个品种，价值 3 万多元。

2004 年 8 月 14 日，台拱工商所在公安部门的配合下，在台拱移民区移民新村捣毁一非法传销窝点，涉案 23 人，移送司法机关 1 人，驱散、遣送 22 人回原籍。

2005 年，台江县工商行政管理局开展大规模“红盾护农打假护春耕、诚信维权到农村”专项活动。工商执法人员深入商场农村，大力宣传为“三农”服务的各种优惠政策，编发辨别真假农资知识资料 11000 多份发到农户手中，查处不合格化肥 24 吨，不合格“良种”80 公斤，不合格农药 480 多瓶，帮助台拱镇翁生村农民因使用不合格化肥而造成的经济损失 14348 元得到赔偿，为农民挽回各种经济损失 21600 元。

2006 年 3 月，台江县工商行政管理局成立治理商业贿赂专项工作领导小组，开展治理商业贿赂专项工作，立案查处一起医药购销商业贿赂案件。台江县委、县政府成立“台江县打击传销工作领导小组”，办公室设在台江县工商行政管理局。在州工商行政管理局和台江县人民政府的直接领导下，台江县工商行政管理局在“萃文社区、秀眉社区”创建无传销社区。印制联系卡 3000 多张发到居民手中，大力宣传传销活动的危害性。

2007 年，开展机动车市场监管工作，对汽车配件、汽车维修行业和低速车（摩托车）经营户、报废汽车回收、汽车货运、客运服务行业进行专项检查，下发责令改正通知书 6 份，查处报废汽车回收案一起，无照从事货运服务案件 2 起，无照从事客运服务案件 1 起。

加强对农资市场的监管，全县有化肥经营户 60 户，农药经营户 51 户，种子经营户 54 户。除平常监管外，每逢春耕季节，组织强执法队伍对农资市场进行全方位监控，在有关部门的支持配合下，近几年来，共查处不合格化肥 200 多吨，不合格种子 400 多斤，不合格农药 2000 多瓶，罚款 40000 多元，取缔无照经营农药 6 户。

根据国务院《关于加强食品等产品安全监督管理特别规定》，台江县工商行政管理局于 2008 年 3 月开展“产品质量和食品安全专项治理”，在台盘市场开展“农村食品示范点活动”，严厉打击制售假冒伪劣食品的违法行为，全面落实“工商部门监管、经营者自律、社会监督”三位一体的长效机制。建立“示范点”，“示范点”内 30 户食品经营户证照齐全，手续完整，合法有效，制度健全规范，食品卫生合格，店面整治，食品摆放有序，全面建立了《索证索票进货台账制度》达到了预期的目的。

在做好“示范点”工作的同时，台江县工商行政管理局还组织执法人员深入开展食品安全专项执法检查，查处“三无”水袋 200 公斤，粮食及制品 44.8 公斤，儿童食品 10 公斤，奶制品 15 公斤，饮料 48 公斤，保健食品 10 公斤，罐头 57 公斤，未经检验检疫的猪肉 400 公斤，其他 58 公斤，不合格辣椒拉面 40.4 公斤，“三无”饼干 25 公斤，罚款 16000 余元。

2008 年，县工商局共检查市场 5 个，检查经营单位 101 户。其中，检查肥料经营单位 15 户、检查种子经营单位 40 户、检查农药经营单位 26 户、检查农膜经营单位 10 户、检查农机具经营单位 10 户。查处黑网吧 1 个，查获一起发布虚假广告推销科普 DVD 系列产品案。

2008 年 9 月，震惊全国的“三鹿奶粉”事件，造成全国 29 万名婴幼儿患病，引起党中央、国务院的高度重视。台江县工商行政管理局先后出动执法车 26 台（次），执法人员 308 人次，对全县城乡所有经营奶粉的企业、个体工商户进行 406 次检查，下架问题奶粉 135.5 公斤，毒奶粉 99.9 公斤，下架不合格奶制品 1558.5 公斤。10 月 14 日，县工商行政管理局又出动执法人员 36 人次，检查两户超市，责令下架 2008 年 9 月 13 日前生产的婴幼儿配方奶粉和普通奶粉 751 包、液态奶 893 瓶。

自 2009 年 6 月 1 日《中华人民共和国食品安全法》颁布实施以来。县工商局加大流通环节食品安全监管执法力度，在强化日常规范管理、开展专项执法检查和构建长效管理机制上下功夫，切实提高监管效能和执法水平。开展了元旦、春节等市场大检查，出动执法人员 600 人次，执法车辆 62 台，检查乡镇 8 个，收缴、销毁未经检验检疫猪牛肉 300 公斤，收缴过期变质食品及无 QS 认证食品 321 公斤，收缴过期食品 100 公斤，办理食品经营违法案件 5 件。推行农资市场挂牌监督和先行赔偿制度，对全县 17 户农资经营户实行挂牌监督，占农资经营总户数的 23%。强化农资监管，成立台江县农资经营协会，加强对农资经营户的管理和行业自律。开展联合执法，加强市场巡查，严把市场主体准入关，加大对无证、无照经营农资违法行为的查处力度，共出动执法人员 100 人次，出动执法车辆 10 辆，共检查农资经营点 100 家，送检化肥产品 11 个样品，封存不合格化肥 40 吨，立案查处销售不合格化肥案 10 件，查处无照经营或擅自改变经营地址经营化肥案件 4 件，罚款 39898 元。

2010 年，县工商局加强竞争执法工作，查处商业贿赂案 2 件，案值 15.6 万元，罚款 12000 元；取缔黑网吧 6 家，查处网吧案件 6 件，查扣电脑 34 台，罚没款 14178 元。在“家电下乡”“汽车摩托车下乡”市场专项整治中认真履职，确保国家优惠政策惠民利民，出动执法人员 262 人次，检查经营主体 140 户（次），下发责令整改通知书 31 份。加大茅台知识产权等保护力度，查处假冒侵权商标 14 件，罚没款 17100 元。查处无照经营案件 125 件，罚没款 123748 元。2009 年 6 月，在上海黄金搭档有限责任公司人员的配合下，查获假冒伪劣黄金搭档 50 盒，受到该公司赠送“秉公执法、扫清假冒”锦旗。推行案件评查工作，促进依法行政，2010 年，案件评查范围基本涵盖了全县工商行政管理的所有行政行为，共评查各类执法案卷 310 件，开展行政指导 17 件（提示 8 件、建议 6 件、告诫 3 件）。2010 年，州“五五”普法办到台江县检查验收，县工商局被县人民政府指定为重点检查交流单位。

第七章　质量监督管理

第一节　标准化管理

1991—1999年期间，标准化工作几乎处于空白状态，1999年质监系统实行省垂直管理以后，县标准化工作步入了规范化管理的轨道。明确了专人负责标准化工作，1999年5月为配合省、州政府关于开展消灭无标生产的要求，积极向县政府请示，县政府随即下发《关于开展消灭无标生产的通知》（台府办通〔1999〕49号）文件。县局也克服了人手少、资金不足等困难，多次深入企业摸底调查并有针对性地对企业进行帮扶指导。经过一年多的努力，台江县消灭了无标生产并于2000年12月顺利通过了省、州政府的检查验收。此后，台江县的标准化管理工作一直实行动态管理。2005年上半年，全县开展了一次大规模的企业标准复审清理工作，对企业产品执行标准情况进行普查登记，并建立了企业标准档案82个，其中国家标准44个、行业标准6个、地方标准28个、企业标准4个。2006—2010年，为进一步提高企业的自主创新意识，根据《黔东南州关于标准化工作的意见》（黔东南府发〔2010〕34号）文件精神，县局加大了开展标准化工作的力度，联合农业、林业、旅游、文化、科技等部门启动了对本县《金秋梨种植技术规程》《冰球子种植技术规程》以及《苗族银饰苗族刺绣》地方标准的起草、申报等筹备工作。

第二节　质量计量监督管理

一、质量监督

1991—1999年期间，质量监督管理主要是对辖区内重点工程建设原材料进行抽样检查，其质量监管业务比较薄弱。2000年9月，新修改的《中华人民共和国产品质量法》实施以后，质量监管工作范围不断扩大，监管领域涉及国民经济的各个生产环节。仅2007年，检查五金销售店56家，查处无生产许可证潜水泵6台、电刨12台、电钻20台、电锯18台，标识不符电线50卷及其他假冒伪劣产品；配合州局对1家水泥厂、3家预制板厂、2家红砖厂等企业进行抽样检查；检处计量违法行为60起，没收不合格计量器具45支。对3家预制板厂、2家饮用水厂进行监督检查；在检查建筑材料中，查处不符合标准规定的水泥600吨。检查大米、面条、奶粉、食用油、纯净水、水泥等36家；对十多种与群众市场生活密切相关的定量包装产品进行检查，对产品净含量不合格的7家企业责令限期整改，对3家企业予以行政处罚；对建筑工程质量安全监督站在没有取得计量认证合格资格情况下擅自开展检验工作，并出具公证数据检验报告的行为立案查处。加强获证企业的证后监管工作，对3家涉及5个产品获证企业的普查登记和建档。

2008年，联合县建设局、县工商局、县公安局、县电力局等部门开展建材市场专项整治工作，重点检查了县城秀眉大道、苗疆大道和环城路的建材市场、建材生产企业、房地产开发及学校建筑工程使用和销售的建筑材料进行重点检查；先后对全县26家企业质量状况进行了普查登记，建立比较完善的质量信息系统；对全县2家眼镜制配店进行了抽样检验，对其中一家责令整顿；检查7个乡镇的6家棉絮加工店，查出黑心棉絮22床、黑心枕芯14个；对液化气站在用的3.23万只民用液化气钢瓶的管理和钢瓶质量进行督查；对全县农资产品肥料生产企业、农资经营点进行农资产品的监督检查，共检查经营点32个，对数量较大的肥料抽取送检样品7个，杜绝不合格农资产品流入市场。2009年，开展元旦、春节期间出动执法人员32人次，对28大类食品质量安全市场准入工作专项检查；出动执法人员24人次，对全县学校周边食品经营商店进行质量检查；对全县2家眼镜制配店进行了抽样检验，对其中一家责令整顿；检查7个乡镇的6家棉絮加工店，查出黑心棉絮22床；共抽样36家生产企业（小作坊），其中有混凝土普通砖、烧结普通砖、混凝土空心板、米酒、米粉、面条等生产的38个批次产品进行质量检验，检验结果为36个合格、2个不合格，对不合格的产品进行了处罚；开展5类产品质量专项整治，对5家家具厂进行质量检验，并对家具标准进行宣贯，对检验不合格的家具厂下达整改通知书；开展了水暖器材产品及其附件的监督检查。

2010年对全县范围内的建材市场、建材生产企业、房地产开发及学校医院在建工程进行执法检查，共抽取混凝土普通砖、烧结普通砖、混凝土空心板、螺纹钢等产品进行21批次的产品进行质量检验抽检，经检验18个产品合格，3家烧结普通砖不合格，对不合格的产品进行了处罚，并指令限期进行整改，整改合格后方能生产；并对全县各生产企业进行不定期的巡查，在巡查中出现的问题，要求生产企业进行整改；还对全县8家农业机械经营单位及门市部销售的微耕机、打谷机等产品进行生产许可证执法检查；联合消防对全县14家五金店销售的烤火箱进行“强制性认证”安全执法检查。

二、计量监督

1991年，县计量局根据《中华人民共和国计量法》规定，历时两个月对全县21个单位的计量衡器进行周检，没收不合格杆秤、配件等器具56把（件）。1993年至1995年，协同县工商局发出《零售商品称重计量监督规定》《关于在公众贸易中限制使用杆秤的通知》等文件，淘汰杆秤。县以下集镇从1996年6月起逐步淘汰杆秤，开始使用电子秤、双面显示弹簧度盘秤和其他性能稳定、显示清晰、不易作弊的衡器。

1997年，县计量局从州技术监督局争取到砝码5吨，开展全县计量周检。1998年会同州局对本县使用的6台地中衡器进行检修；对全县医疗用血压计进行强制检定，共检修46台；检查5个液化气经营店，对其中3个有短少现象的予以处罚。1991—2005年，共出动检查500人次，对辖区内的工矿企业、粮食、供销、烟草等部门及工商个体户的计量衡器进行检定，检查商品标值数百万元，其中检定台案秤、杆秤计量2000余台（杆），医疗器具计2200件，压力表60台，流量计150台；查处计量违法行为和案件200余起，没收不合格计量器具300余件。

2002年以后，县计量局新增了燃油加油机和标准压力表的检定装置。自此，台江县质量技术监督检测所建有社会公用标准共达到4个，分别是M1级砝码、标准血压计、标准压力表、二等标准金属量器。每年检定衡器180件、血压计30余台、压力表60余块、加油站8个61把枪。

2006年，县计量局按周期开展燃油加油机、地中衡、血压计、压力表的强制检定，检定加油机15台、地中衡8台、血压计100个、压力表12个。血压计的检定工作取得突破，从往年的零散检定发展为全面性检定。

2007年，县计量局检定加油机12台、地中衡10台、压力表36台；对县内2个超限运输检测站进行检查；对电信、移动、联通、铁通4家通信企业使用的计量计时系统进行检查；对餐馆、加油站、眼镜店、集贸市场等进行检查；对上述存在的问题责令整改。

2008年和2009年，除开展计量器具的常规检定工作外，县计量局还组织开展了商业、服务计量诚信活动，组织有关服务行业负责人学习《商业服务诚信计量行为规范》，签订诚信计量承诺书；在县城开展诚信计量宣传咨询活动，向群众发放相关宣传资料和《中华人民共和国计量法》等法律法规。县计量局还相继做了诚信计量工作、能源计量节能减排工作，并分别与多家企业签订了节能减排责任书和诚信计量承诺书，并制定了能源计量工作实施方案。

2010年，计量工作除了衡器、燃油加油机以及压力表的强制检定以外，县计量局还主要对市场上的定量包装商品，比如袋装的白糖、水泥、大米等进行专项检查，查获凯里某水泥厂生产的定量包装不合格水泥100余吨，依据《中华人民共和国计量法》的规定，除了责令其限期整改以外，还对其进行了相应的行政处罚。

第三节　食品安全监督及行政执法

一、食品安全监督

2004年以后，食品生产领域的监管职能划归质监局管理，此期间至2007年共建立和完善食品生产企业（小作坊）档案45家，其中获得食品生产许可证的有2家，限区域内存在的食品小作坊43家，确定区域整治个数2个，制作和签订食品安全承诺书45份。积极开展食品添加剂专项整治工作，对违法添加的食品案件按照国家的法律法规进行了查处，立案查处案件8个，罚没款5000元，为人民群众挽回经济损失1.2万元。

2008年，质监局对全县饮用水、糕点、米粉、米酒、茶叶、豆腐6类食品进行专项整治，整治内容涉及生产企业（小作坊）的生产卫生情况、人员健康状况、持有效证件、生产销售记录等20多项内容，以此确保食品生产质量安全。在整治工作中共出动执法人员356人次，车辆108台次，检查企业（小作坊）105家次，加强食品监督抽查工作，共抽查食品85批次，合格率95%。

2009年6月1日《中华人民共和国食品安全法》正式颁布实施，为在全县创造一个“人人关心食品，家家享受健康生活”的良好氛围，质监局采用形式多样、内容丰富的方式大力开展宣传该法的活动。一是组织全县食品生产经营者召开一次大规模培训活动，通过活动增加企业（小作坊）主的质量安全意识和责任主体意识，为食品监管工作和食品生产创造一个良好的环境。二是开展食品安全进学校、食品安全下乡镇活动，以此广大食品安全宣传的范围。三是利用“3·15”活动、质量月活动为契机开展食品安全宣传咨询日活动，增强全县人民的食品安全意识。

2010年，《食品安全法》对食品生产、监管部门、食品生产企业等提出了更高的要求，作为肩负食品生产环节的监管部门，依靠传统工作的模式已不能满足新形势下对食品安全监管的需要，为此，质监局建立动态监管业务平台和动态监管巡查终端。利用这两个系统实现监管部门对企业、上级业务主管部门对下级业务主管部门的监管，确保了各项监管工作及时、准确、有效。利用卫星定位技术实现对企业动态监管，一方面确保监管工作人员监管工作到岗到位，另一方面有效预防食品安全事故的发生。据统计共出动执法检查人员256人次，卫星定位数据达90条。

二、行政执法

1991—1999年期间，质监局行政执法仅限于计量和质量，主要针对企事业单位和市场上短斤少两行为进行查处。1999年9月全省质监系统实行垂直管理后，县局成立了业务股，负责全县的产品质量执法打假、法律法规宣传、产品质量认证认可和生产许可证的申报，负责辖区内的产品质量监督抽查和定期检验工作。对辖区内重点工程建设原材料质量进行监督检查，开展强制性（3C）产品认证、食品市场准入（QS）等的执法检查工作。

2003 年，按照国务院的规定承担食品安全监管工作，业务股开展了对全县范围内的食品生产企业的调查摸底和监管工作。建立食品生产企业（小作坊）档案 74 家，其中有 2 家取得生产许可证，44 家具备营业执照和卫生许可证，6 家具备卫生许可证，24 家两证全无。并与 62 家食品生产企业签订了食品安全承诺、责任书，建立食品生产企业信息化管理 51 家。

业务股的执法人员不断加大在全县范围内的打假、制假力度，查获多起制假售假违法行为，有力维护了经济秩序的正常运转和消费者的合法权益。其中 2004 年 9 月查处台江县万达曲轴厂生产假冒云内名牌 4100QB 曲轴 114 根，4102QB 曲轴 17 根，3100QB 曲轴 45 根，货值总额 4.31 万元。

2009—2010 年，质监局对本辖区内食品、农资、建材、混凝土普通砖、烧结普通砖、预应力混凝土空心板、预制板、水泥砖、检查钢筋销售门市部、在建工程工地等产品进行监督检查，检查生产、销售单位 82 多家，抽样 111 批次，办理质量、生产许可证等各类质量技术监督行政案件 56 起。

第四节　条码及组织机构代码管理

一、条码管理

台江县条码工作比较滞后，2004 年以前全县申报条码的企业仅台江县制茶厂一家，2005 年增加了台雄矿泉水厂。截至 2010 年 12 月底，全县申报条码企业共计两家。

二、组织机构代码管理

自 1999 年 9 月实行上划管理以后，县局加强了机构代码管理工作，2000 年 10 月选派年轻工作人员到省局学习联网赋码、颁证等知识，并更新网络赋码设备，截至 2002 年底已为全县 664 家机构建立代码数据库。2005 年 10 月，全局按照《全国代码数据质量强化管理工作会议》的部署和黔组代管〔2006〕02 号文件要求，积极开展了机构代码数据质量清理工作。由省代码办下发台江县的问题数据有 276 条，经半年的艰辛努力，全部清理完备。2006 年 3 月，为配合国家质检总局推出《法人单位基础信息库》的工作，实现远程代码档案的查询，省代码管理中心开展一次培训会议，台江局代码工作人员按要求参加了电子档案培训学习，并通过考试。同年 9 月底已按省局要求把 2006 年 3 月至 9 月的电子档案扫描上报完备。2007 年 3 月底，已完成 2006 年 10 月至 2007 年 3 月的电子档案扫描工作。2007 年 4 月，对 2006 年 3 月以前的电子档案开展扫描上报工作。截至 2007 年 12 月底，已更新完备的机构代码数据库共有 418 家。

2008 年和 2009 年，组织机构代码工作依据省代码办的有关精神，除了继续做好组织机构代码的年检和换证工作以外，主要对新办证机构执行更加严格的审核制度，即除了必备的法人身份证明以外，对机关事业单位等还需要申办证机构出具法人代表的任职文件等。与此同时，为减轻企业和单位负担，从 2010 年 1 月起，不再收取 108 元的年审费用。

台江县质量技术监督局机构代码办证情况一览表

表 9-23

类型＼年份	2007	2008	2009	2010
企业法人	7	5	76	7
企业非法人	8	6	54	7
事业法人	9	12	42	6
事业非法人	0	0	18	0
社团法人	4	1	5	0
社团非法人	1	2	1	8
机关法人	6	5	40	3
机关非法人	4	5	9	0
A、B、C 其他机构	11	12	17	9

第十篇

国土　环保

第一章　土地资源

第一节　土地资源类别

一、土地类型

山地　1991年，台江县土地面积为1206平方公里，2003年，革东镇划归剑河县，台江县境土地总面积为1108平方公里，折合166.2万亩，其中山地面积139.41万亩，占全县土地总面积的83.88%。县内有中山、低中山、低山山地。中山山地分布于县境南部的排羊、南刀、红阳、汪江、交宫、党道、掌窝、翁腮、方召一带，绝对高度一般在1200米以上，相对高度在400～900米之间，由下江群砂岩组成，山地多数呈南北向排列，属于深切割构造山地类型；低中山、中低山山地主要分布在县境南部的南宫、东杠、交密；东部的方召、坝场和西面的排羊、棉花坪和中部的番省等地，绝对高度在800～1200米之间，相对高度在400～800米之间，由下江群砂岩古生代砂岩组成，属深切割侵蚀类低中山、中低山、低山山地，分布于县境北部的施洞、四新、良田、老屯、大塘、革一；中部的南省、南瓦和巴拉河流域和南部的翁密河流域沿岸地区，绝对高度在600～800米之间，相对高度在300～400米之间，主要为下江群砂岩组成，属于深切割侵蚀低山。各类山地盛产松树、杉树和油桐树等树种。

丘陵　主要分布在县境的大塘至革一等地的西北部，以及革一至台盘的山麓地带，其海拔高度在500～800米之间，相对高度小于200米，由寒武系白云岩、白云质砂岩、混质白云岩等组成的低山丘陵。是粮、油以及其他经济作物的出产区域。

坝子　县境的清水江、巴拉河、翁你河，以及20余条小山溪流域的施洞、榕山、台拱等地的宽谷地带形成的小坝子地面，属于侵蚀盆地，或侵蚀、溶蚀盆地，盆地中心多为石灰岩，四周或边缘多为下江群砂页岩，由石灰岩溶蚀洼地发育而成。盆地内部较平坦，河域发育均有三级阶地，是境内主要的出产粮食和食用油类的产区。

二、土地利用

境内土地主要分为农用耕地、森林地、住宅建筑、公路交通、水域、园地、牧地和未利用地等种类。

根据1983—1985年的全县土地普查资料统计数据表明，农用耕作地共为13.96万亩，占全县总面积的7.72%，全县人口人均占有耕地1.1亩，农业人口劳动力人均占有耕地2.7亩。其中田10.42万亩，全县农业人口人均0.33亩；旱地3.54万亩，农业人口人均0.28亩。

全县森林面积为80.91万亩，占全县土地面积的44.7%，其中有林地38.26万亩，疏林地35.17万亩，灌木林地4.74万亩，未成林和造林地1.1万亩，适林地1.64万亩。全县农业人口人均占有林地6.47亩。

各类住房建筑占地9488亩，占全县总面积的0.53%，人均住房占地0.07亩。

交通占地 4595 亩，占全县总面积的 0.25%，其中公路 2853 亩、乡村道路 1743 亩。

水域面积 2.62 万亩，占全县总面积的 1.45%，其中河流 2.24 万亩、水库 556.4 亩、山塘 83.6 亩、各类沟渠 3116 亩。

园地 3788 亩，占全县总土面积的 0.21%。

牧地 29.62 万亩，占全县总面积的 16.37%，其中天然草场 29.24 万亩、人工培植草场 3800 亩。

其他用地 52 万亩，占全县总面积的 28.74%，其中宜林地 29.11 万亩、宜牧地 22.89 万亩。

第二节　耕地占补平衡

1999 年以后，台江县严格执行占用耕地后必须开垦土地数量与占用土地数量相等、质量相当的土地补充政策，确保全县耕地数量不减少的“占补平衡”。2000 年年初，县国土资源局对台拱区的南冬、老屯乡榕山大坝的拦河筑坝及修筑防洪堤进行整治，工程总投资 121.26 万元，2001 年 1 月验收后净增良田 530.5 亩。

2003 年，州国土资源局下达台江县土地利用计划 8 公顷，土地开发整理 80 公顷，当年完成土地开发复垦项目 14 个，面积 2393 亩，经州国土资源局和州农业局专家组验收合格。另有 8 个项目共 1346 亩正在开发，1 个居民点整理项目 44.74 亩申请立项，超额完成州下达台江县的土地开发整理指标 80 公顷的任务。

2005 年，全县共征用农用地面积 4.344 公顷，均用新增耕地指标补充。经批准，在南宫乡展忙村、东依村、汪江村，台拱镇展下村，革一乡田坝村，排羊乡大塘村，老屯乡岑邦村和辣子村共计开发面积 1555 亩，当年全部完成补充所需的耕地数量。

2006 年，全县各类建设用地共计占用耕地 260 公顷。为补充被占耕地面积数，国家共计投资 633.53 万元实施土地开发整理项目 48 个，共计完成土地开发整理 524.96 公顷，新增耕地面积 471.58 公顷，连续 5 年实现建设项目占用耕地补充有余。

2008 年，县国土资源局和县农业局共同组织验收农村村民建房占用耕地后，补充开垦耕地 8.67 公顷，全县耕地总量占补相抵平衡。

2010 年，县国土资源局组成 24 人的外业征地工作组，完成“沪昆铁路”征地 1891.6 亩，发放征地补偿资金 1735.58 万元。“沪瑞”国道经过县境占用基本农田 93.13 公顷，将质量相等的农田 114.81 公顷作补充，做到“占补”有余。为有效保护台江县的耕地保有量不低于 9158 公顷，基本农田保护面积不低于 8291 公顷的目标。经过全县第二次土地调查，全县耕地保有量为 11359.42 公顷，基本农田保护面积为 8295.78 公顷。全县的耕地实际保有量比黔东南苗族侗族自治州国土资源局确定的数量增加 24.04%。是年，县国土资源局向省国土资源厅申报土地整治项目，老屯乡长滩整理面积 89.78 公顷，总投资 520 万元，占补相比，新增耕地 4.59 公顷；南宫乡交密村整理项目被列为贵州第三批省级土地开发整理计划实施项目，申报面积为 36.94 公顷，新增耕地 1.40 公顷，获省级投资 189 万元；台盘乡阳芳村整理面积 156 公顷，省级投资 840 万元。是年，黔东南苗族侗族自治州下达台江县当年补充耕地计划数是 250 公顷，经验收，全县实际新增耕地面积 406 公顷，共计投入资金 2133 万元，超额完成任务。

第三节　基本农田保护

为贯彻“十分珍惜和合理利用每寸土地，切实保护耕地”的基本国策，县国土局根据《中华人民共和国土地管理法》《贵州省实施〈中华人民共和国土地管理法〉办法》、中共中央〔1997〕11号文件精神及省、州有关文件规定和《县级土地利用总体规划编制规程》，1997年5月22日至当年12月22日，《台江县土地利用总体规划》完成。同年4月，制定《台江县土地利用总体规划编制技术方案》和《台江县土地利用总体规划工作计划》。5月8日，台江县人民政府成立“台江县土地利用总体规划领导小组”，由分管土地工作的副县长任组长，成员有县政府办、计委、国土、农业、林业、水利部门的领导组成，办公室设在台江县国土局，抽11名技术人员具体办公。5月28日，规划办公室主任邰文洪带领工作人员到革东镇搞试点，经半个月时间完成外业普查任务，邀请省、州有关专家对其具体检查指导后，将参加规划的工作人员分配到全县所属各乡、镇的所有村寨，全面开展土地利用总体规划工作。之后，根据规划保护区的基本农田位置和范围，签订了《基本农田保护责任书》。对可宜开发耕地的地类列入耕地开发整治计划，并对1996年（基期年）土地利用现状变更调查图斑进行校核。同时协助各乡镇完成“土地利用总体规划”，适当更改村组规划与乡镇规划的不符部分。

一、水田

台江县的耕地主要是以水田为主、旱地（熟土）为辅。水田主要分布在老屯乡的老屯大坝、南你大坝，施洞镇的施洞大坝，台盘乡的平水大坝，排羊乡的排扎大坝、屯上大坝，台拱镇的梅影桃赖大坝、张家大坝、台拱大坝、南市大坝、南省大坝、阳汪大坝，革东镇稿午大坝、沅江大坝、方家大坝、交喜大坝，革一乡田坝大坝，方召乡的方召板坡梯田。土，是公社化时期自留地简称的产物，一般用来种植一些蔬菜、杂粮的耕地，分布于田间地角。有些地方干旱，水田不宜种植水稻，又将之变为土使用。

1990年，台江全县耕地面积7205公顷，其中，田地面积5915公顷。1991年后，修路、房商开发不断征地，先后征用台拱大坝、张家大坝、施洞大坝、南市大坝、南省大坝、梅影桃奈大坝、郎等大坝。2003年台江革东镇划归剑河，200公顷的稿午沅江大坝为剑河新县城建县地址。2008年山洪暴发，山间的梯田受到水打沙压不计其数，其间难以恢复的占九成。加上农村建房非法占用、乡村通公路征用和农村劳动力外出打工无人耕种荒芜，使之耕地面积逐年有减。2010年，全县耕地面积降至6220公顷，其中水田面积4873公顷，熟土面积1347公顷。

二、熟土

熟土，是县境内百姓用来种植蔬菜的土地，在台盘乡、革一乡乡村农民用来种植玉米、红薯、洋芋等杂粮。1990年台江县熟土面积有1290公顷。1999年后，农村建房、兴修农村公路等征用不少，2010年据统计局统计，台江耕地面积有6220公顷，其中熟土面积1347公顷，台江熟土面积有增加。

1993—2010年部分年度台江县耕地变动一览表

表10-1　　单位：公顷

年份	总面积	水田面积	熟土面积	年份	总面积	水田面积	熟土面积
1993	7178	5898	1280	2004	6220	4978	1242
1994	7168	5888	1280	2005	6208	4966	1242
1997	7220	5881	1319	2006	6597	4880	1717
1998	7151	5877	1274	2007	6304	4926	1378
1999	7149	5875	1274	2008	6273	4903	1370
2000	7109	5835	1274	2009	6263	4896	1367
2001	7041	5774	1267	2010	6220	4873	1347
2002	7024	5744	1280				

1997—2010 年台江县各乡镇规划前后各类用地一览表

表 10-2　　单位：公顷

项目	时期	耕地	园地	林地	牧草地	城镇村及工矿用地	交通用地	水域	未利用地
全县	现状	12664.56	310.63	84104.41	7470.04	1398.47	576.61	2285.33	14796.48
	规划	12351.56	1576.36	84762.13	7155.43	1505.46	650.18	2770.64	12834.77
台拱镇	现状	2503.20	130.97	15757.81	284.48	312.54	131.01	247.97	3224.71
	规划	2674.55	209.04	15653.66	203.37	317.67	141.34	490.53	2902.35
施洞镇	现状	1114.97	6.57	7426.27	32.85	128.43	63.72	405..55	942.07
	规划	1037.24	308.22	7374.69	25.72	147.82	77.42	402.55	746.77
革东镇	现状	2045.09	9.34	7981.54	796.93	204.10	20.96	299.93	1516.02
	规划	2013.26	116.24	8159.37	748.92	213.04	28.90	295.31	1298.87
方召乡	现状	1145.76	1.35	6200.94	512.52	143.84	50.38	109.99	1859.03
	规划	1046.09	62.77	6420.95	512.08	151.13	56.71	110.47	1663.61
南宫乡	现状	1235.58	12.72	20637.06	1530.71	173.65	112.05	379.55	3253.13
	规划	1114.97	237.38	20766.73	1522.99	179.57	122.82	373.70	3016.29
台盘乡	现状	1514.97	11.21	5665.98	794.75	123.46	33.35	298.20	1147.25
	规划	1417.98	139.70	5824.96	784.12	135.19	41.10	295.96	950.16
革一乡	现状	1288.15	68.29	5031.91	1534.43	106.77	74.91	228.15	1017.92
	规划	1289.47	96.12	5193.24	1504.47	143.39	80.82	226.31	816.71
老屯乡	现状	966.89	21.51	6903.90	180.79	110.93	71.19	219.95	963.29
	规划	942.62	140.16	6849.37	99.91	116.78	77.77	479.50	732.34
排羊乡	现状	849.95	48.85	8499.00	1802.58	94.75	19.01	86.04	873.06
	规划	815.38	266.73	8519.16	1753.85	100.87	23.30	86.31	707.67

第四节　土地调查

一、第一次土地调查

台江县土地利用现状调查，于 1991 年由黔东南州详查办统一填报“土地利用现状调查申报”，列入黔东南苗族侗族自治州第一批开展土地调查的县（市）之一。是年 5 月，经贵州省土地资源调查办公室批准于 7 月开始筹备。由黔东南苗族侗族自治州详查办公室统一印刷“外业调查手册”“耕地系数计算记录表”“土地权属调查协议书”“缘由书”“飞地通知单”及各种统计表格。当年 10 月，成立“台江县土地利用现状调查领导小组”，下设办公室于县土管局。领导小组组长由县人民政府分管农业的副县长担任，县土管局长和农牧局长为副组长，成员由县土管、农牧、计划、农委、区划、水利、科委、林业、民政、处纠、统计、财政、科协、城建等单位负责人组成。办公室抽调县土管、农牧、水利、林业4个局的17人组成土地详查工作队。县属各乡（镇）都成立土地详查领导小组，每乡（镇）抽1名乡（镇）长和土管员具体参加本乡（镇）的土地详查工作。

为使工作顺利开展，县详查办对所有参加详查的人员进行3次培训，重点讲授航片的基本知识、航片判决、调绘、地物补测技术、权属调查、外业手簿填写、地形图识图及其运用等知识。经过较系统的短期学习培训后，选择地类复杂的革东镇麻力片区为试点详查地，从1991年11月9日开始，按土地详查的权属调查、地类图斑调绘、零星地类扣除、线型地物实测、田土坎样方实测、外业手簿记载、航片接边与清绘整饰共7个项目进行详查工作，于12月23日完成台江县土地调查试点的全部工作，经贵州省、黔东南苗族侗族自治州土地详查技术组于12月21日至23日的检查验收，总评合格率按各单项权重，得分88.66%，各单项均达“规程”规定要求，同意台江县土地详查工作在全县开展。

二、行政境界线和土地权属调查

行政境界线调查　经过工作，完成台江县与相邻县之间的边界和县境内9个乡（镇）的行政境界调查，县境边界总长215公里。完成县境内各行政村之间的协议书62份，缘由书28份。革东镇相邻县村与村之间签订的协议书1份。施洞镇相邻县协议书2份，县境内协议书21份，缘由书27份。县境内村与村之间共签协议书99份，缘由书43份。南宫乡与相邻县协议书10份，缘由书5份，县境内协议书58份，缘由书38份。方召乡村与村之间共签协议书5份，缘由书1份。排羊乡相邻县村与村之间共签协议书6份，县境内村与村之间共签协议书25份。台盘乡相邻县村与村之间共签协议书5份，县境内村与村之间共签协议书25份，缘由书10份。革一乡相邻县村与村之间共签协议书1份，缘由书2份，县境内村与村之间共签协议书25份，缘由书18份。老屯乡境内村与村之间共签协议书3份，缘由书16份。在取得大量外业调查成果资料的基础上，绘制成万分之一的土地权属图1幅，行政区划图1幅，汇总了台江县境内国有土地和集体土地的分类明细表。

土地权属关系调查　在对台江县境内的土地权属调查工作中，对县境内9个乡（镇）之间的行政界线，187个行政村之间，以及4个农、林、牧、果场之间的土地权属关系进行全面调查后，按规定签订了具有法律效率的土地权属协议书。

国有土地类型分布调查　全县境内有国有土地76123.2亩。在国有土地利用现状分类中，分别在8个1级、27个二级类中均有分布，其中国有林地面积最大，共计38526亩；其次是国有水域占地面积25224.7亩，包括县境内2条河流及其水工建筑物占地面积；三是交通用地4164.7亩，主要是镇（远）台（江）公路，320国道，以及台（拱）南（宫）、台（拱）革（东）公路；四是居民点及工矿、农、林、牧、果场，以及县辖3个建制镇和6个行政乡所在地面积共1078.9亩。经调查统计，台江县境的国有土地总数仅占全县土地总面积的4.1%。

三、县际、县内地界接边情况

全县9个乡（镇）共有境界线599条，分为9个片区同时进行调查，实地落实境界与权属界，把境界与权属界的拐点和明显地物点标绘在航片上，与先已调查的乡（镇）进行抄边，再对没有抄边的境界进行调查，保证境界线不重不漏。

鉴于黄平县、施秉县、凯里市已于台江开展土地详查前完成了土地详查工作，台江县土地详查办公室对照上述三县（市）的航片进行抄边后，与剑河县、雷山县的境界调查由台江县的调查境界走向材料提供请剑河、雷山两县予以复查，再由量标在先的县（市）把控制面积抄送相邻接边县，达到了县际接边线、航片、地形图、控制面积相一致的目的。

1992年11月10日，黔东南苗族侗族自治州土地详查技术指导组对台江县土地详查外业阶段全部材料进行检查验收，州、县技术组共8人参加，外业抽查102条权属界线，合格率达95.4%，达优良等级。

四、外业调绘工作

台江县土地调查的外业调绘工作于1991年12月1日开始，1993年3月30日完成，共调绘土地面积1236平方公里，涉及1∶10000地形图66幅，调绘作业航片336张，调绘地类图斑3500个。

黔东南苗族侗族自治州土地详查技术指导组对台江县土地利用现状调查工作进行验收后，结论为“地物地类调绘质量较高，调绘方法得当，技术可靠，精度较高，资料可靠，科学性较强，已为内业奠定了可靠的基础，建议尽快进入内业工作”。

五、调绘航片转绘

台江县第一次全县土地调查工作中的航片转绘工作，自1993年5月开始，至是年12月完成。工作中采用规定作业的辐射格网法和辐射交会法，将外业航片调绘内容进行全信息转绘。1993年12月10—26日，黔东南苗族侗族自治州详查办采用随机抽查24幅转绘图检查验收合格。

台江县土地类别面积统计表

表10-3

地类	面积＼权属	国有土地		集体土地	
		亩	公顷	亩	公顷
耕地	灌溉水田	164.9	11.0	85833.4	5722.2
	望天水田	152.7	10.2	43473.0	2898.2
	旱地	1239.7	82.6	53671.3	3578.1
	菜地	19.3	1.3	5430.8	362.1
园地	果园	646.7	43.1	2135.5	142.4
	桑园	—	—	3.7	0.2
	茶园	627.2	41.8	192.4	12.8
林地	有林地	38526.7	2568.4	1017368.3	67824.6
	灌木林地	155.3	10.4	39461.4	2630.8
	疏林地	233.0	15.5	35226.8	2348.5
	未成林造林地	663.9	44.3	25688.5	1712.6
	迹地	23.3	1.6	1070.0	71.3
	苗圃	0.5	—	44.1	2.9
牧地	天然牧草地	882.1	58.8	104896.2	6993.1
	改良牧草地	—	—	116.9	7.8
	人工草地	81.3	5.4	6809.3	454.0

续表 10-3

地类 \ 权属 / 面积		国有土地 亩	国有土地 公顷	集体土地 亩	集体土地 公顷
居民点及工矿用地	城 镇	1078.9	71.9	—	—
	村 组	630.7	42.1	16039.2	1069.3
	独立工矿用地	92.1	6.1	318.4	21.2
	特殊用地	16.3	1.1	2730.4	182.0
交通用地	公 路	4096.7	273.1	—	—
	农村道路	68.0	4.5	4269.6	284.6
水域	河流水面	25224.7	1681.6	2241.8	149.5
	水库水面	421.5	28.1	179.9	12.0
	坑塘水面	23.2	1.5	578.3	38.6
	滩 涂	14.1	0.9	855.8	57.1
	沟 渠	83.4	5.6	4145.5	276.4
	水工建筑物	62.0	4.1	146.7	9.8
未利用地	荒草地	—	—	29334.3	1955.6
	沼泽地	—	—	336.8	22.5
	裸土地	—	—	2.2	0.1
	裸岩石砾地	—	—	2389.6	159.3
	田土坎	536.5	35.8	147548.1	9836.5
	其 他	—	—	6.0	0.4

六、第二次土地调查

依据《第二次全国土地调查实施方案》和《第二次全国土地调查技术规程》，2008 年 9 月县政府成立第二次土地调查工作领导小组，办公室设在县国土资源局。

第二次土地调查工作从 2008 年 10 月开始，按照《台江县第二次农村土地调查实施方案》的要求，选择台拱镇作为试点。是年 11 月，组织专业技术人员 8 人，对全县除台拱镇以外的 7 个乡镇全面开展土地调查工作。至 2009 年 3 月，全面完成第二次农村土地调查的外业工作。

台江县第二次农村土地调查面积 1078.40 平方公里，共有 8 个乡镇、156 个行政村、4 个居民委员会、3 个林场、1 个渔场和 1 个农场。

七、辖区土地面积分布

第二次土地调查后，全县土地面积共 107840.27 公顷，比 2008 年土地变更调查数 110732.63 公顷减少 2892.36 公顷（主要是贵州省第二次土地调查办公室下发的辖区界线变化）。

台江县乡镇土地面积分布一览表

表 10-4 单位：公顷

名 称	代 码	土地面积	占全县土地面积（%）
台拱镇	522630100	22596.76	20.95
施洞镇	522630101	10147.11	9.41
南宫乡	522630200	26591.05	24.66
排羊乡	522630201	11006.45	10.21
台盘乡	522630202	9552.94	8.86
革一乡	522630203	9297.25	8.62
老屯乡	522630204	9392.77	8.71
方召乡	522630205	9255.94	8.58

八、土地利用状况

截至 2009 年 12 月 31 日，全县第二次土地调查地类面积为：

耕地 11359.31 公顷，其中，水田 8248.55 公顷、旱地 3110.76 公顷。

园地 1143.97 公顷，其中，果园 1034.87 公顷、茶园 58.55 公顷、其他园地 50.55 公顷。

林地 77672.6 公顷，其中，有林地 60832.75 公顷、灌木林地 11827.92 公顷、其他林地 5011.93 公顷。

草地 4690.85 公顷，其中，其他草地 4215.28 公顷、天然牧草地 357.17 公顷、人工牧草地 118.4 公顷。

城镇村庄及工矿用地 1110.32 公顷，其中，建制镇 168.31 公顷、村庄 823.51 公顷、采矿用地 76.1 公顷、风景名胜及特殊用地 42.4 公顷。

交通运输用地 956.01 公顷，其中，公路用地 549.96 公顷、农村道路用地 406.05 公顷。

水域及水利设施用地 1723.33 公顷，其中，河流水面 1504.5 公顷、水库水面 46.7 公顷、坑塘水面 10.45 公顷、内陆滩涂 122.12 公顷、沟渠 38.39 公顷、水工建筑用地 1.17 公顷，其他土地 9183.88 公顷（田坎 9118.4 公顷，沙地 0.12 公顷，裸地 65.36 公顷）。

第五节 测绘管理

一、市场管理

2003 年，开展对测绘市场的执法检查，主要检查县属各用图单位的地图使用、保密措施、管理规则等是否规范。同时对地图市场秩序进行综合治理，更新了行政区域并建后的区域挂图。在黔东南苗族侗族自治州国土资源局测绘科的工作安排下，县国土资源局对全县境内的国家级测量控制三角点和水准点进行实地调查后，委托当地村干部实施保护管理。

2004 年，完成县城区内 6 个 GPS-E 级控制测量标志的埋设工作，填写“委托保管书”。完成《台江县行政区划图》绘制，经县属各部门审查后报省国土资源厅测绘三院审定，正式公开使用。

2005 年，成立“台江县测绘事业发展第十一个五年规划纲要编制领导小组”，同时拟定了“工作方案”。在开展对擅自复制保密测绘成果的专项检查中，共检查使用 1 : 10000 和 1 : 50000 地形图的单位8个。同时开展国家版图意识宣传教育活动和地图市场治理整顿工作，并专项报告黔东南州国土资源局测绘科。

2006年，县国土资源局与县教育局联合下发《关于在全县中小学加强国家版图意识宣传教育的通知》，至11月底，全县共开展国家版图意识教育的学校有42所，共举办专栏33期，专门授课62节，发放《中国国家版图知识宣传》专题资料360份。

2007年，完成台盘乡、老屯乡和县城3个GPS（C）级网点的选点、埋石、埋碑的委托保管工作，并通过省国土厅的检查验收。对县城周边6个GPS（E）级测量标志点检查发现全部测量标志保存完好，档案资料齐全。

2010年，按照《测绘资质管理规定》，对全县9个测量标志点进行检查复核，共巡查40余人次，发放托管费1800元。在国道、省道公路沿线喷涂永久性宣传标语，印发3万份彩页传单发放农民家庭，增强全民对国土资源的保护意识。

二、勘界工作

县界线勘定 根据《国务院关于开展勘定省、县两级行政区域界线有关问题的通知》和《贵州省人民政府关于开展勘定省内行政区域界线工作的通知》精神，台江县于1997年开展全县行政区域界线的勘界工作。

台江县与邻县雷山县、凯里市、剑河县、施秉县、黄平县接壤，县界界线共215公里，其中有2个三县交会点。

台江县与雷山县行政区域界线接壤有4个乡（镇）：台江县的南宫乡与雷山县的方祥乡接壤，台江县的排羊乡与雷山县的西江镇接壤。两县接边的村委会地界有16个：雷山县的乌高村、控拜村、麻料村、堡子村、开觉村、陡寨村、迪气村、格头村、水寨村；台江县的排羊村、九摆村、上南刀村、下南刀村、石灰河村、交密村、交包村。

边界线从凯里市、台江县、雷山县3个交会点的展绕坡起，到剑河、台江、雷山3县地域交会点止。该点位于剑河县太拥乡昂英村桥水村民组和台江县南宫乡交包村南偏西南侧、雷山县方祥乡迪气村南侧，全长37.761公里。

台江县与凯里市的行政区域界线接壤的有5个乡（镇）：台江县的革一乡、台盘乡、排羊乡与凯里市的凯棠乡、三棵树镇相接。两县（市）土壤接边的村18个：台江县的后哨、田坝、平水、南尧、棉花坪、台盘、龙井、德卷、排内、岩寨、排羊；凯里市的大坪、梅香、板溪、平丰、格冲、铅厂、南高。

边界线由凯里、黄平、台江3个县（市）交会点起，由西北向东南方延伸至凯里、雷山、台江3县（市）交会点止，全长38公里，埋设界桩3个，其中双面单立桩2个，三面单立桩1个。

台江县与剑河县的县级行政区域界线之间接壤的乡镇有8个：剑河县革东镇、久仰乡、太拥乡，台江县施洞镇、老屯乡、台拱镇、方召乡、南宫乡。全长108.422公里，埋设界桩1个，为双面型青石界桩。

台江县与施秉县行政区域接壤的乡镇共有4个：台江县的施洞镇、革一乡；施秉县的双井镇、马号乡。两县接壤的村有台江县的南哨、四新、旧州、八埂、方寨、白枝坪、施洞街上、塘坝、偏寨巴拉河平兆；施秉县的坪寨铜鼓、大冲、沙湾、江西街、老县、胜秉、冰洞、八埂、六合，共22个行政村。

地域边界线，从施秉县、黄平县、台江县3县边界三交点长塘的清水江河中心点起，到施秉县、台江县、剑河县界线的三交点的养故坡顶为止，全长44.87公里。共埋设2个同号双立单面，施秉为A面，台江为B面。

台江县与黄平县行政区域界线接壤的乡镇有2个：台江县的革一乡、黄平县的谷陇镇。两县边界相接的村有台江县的后哨村、茅坪村；黄平县的浦江村、王坳村、班寨村。边界线从台江县属革一乡的后哨村和凯里市凯棠乡的大坪村地域交界处起，从东偏北方向延伸至台江县境的茅坪村和黄平县属的斑鸠村，施秉县属的坪寨村的交会点止，界线共长为12.79公里。

通过相关邻县有关负责人的友好协商，对有骑线和跨越在双方行政区域内的“飞地”“飞山”和界线两侧的“插花山”“插花地”及其自然资料的权属不变，一律维持现状，由现行经营使用者管理使用。双方此前达成的协议、协定、纪要、裁决，共同遵守执行。

三、勘界线的维护与管理

为有效地维护界桩和其他边界线确定的标志以保持边界线确定的走向清楚和稳定，相关各方应在边界线两侧5米的地界内，严禁建立房屋和其他永久性建筑物。如发现界桩被移动或被损坏，负责维护界桩的一方，应在相关另一方在场的情况下，在原界桩处恢复或重竖界桩。不能在原处恢复或重建的，应在不改变边界线走向的情况下，相关双方可另行选择适当地点重竖界桩。

已埋设的界碑，任何单位和个人不能任意移动、损坏、破坏，如有违反以上规定的破坏行为，按有关规定追究责任。为此，相关各方应定期或不定期进行联合检查。如因其他原因，经一方要求并报上级主管部门同意后，双方可对边界的特定地段进行临时性的联合检查。每次联合检查对有关问题进行处理后，要写出联合报告，报送上级主管部门。

为切实做好勘界成果的管理，保护边界界碑标志，维护边界地区稳定，台江县政府于1999年12月专门制定埋设界桩日程安排表，要求按规定时间和地点完成界桩埋设任务。

从1999年12月至2000年1月，台江县政府和施洞镇、革东镇、南宫乡、排羊乡、台盘乡、革一乡，以及涉及埋桩的行政村民委员会负责人，全部签订了“保护边界界碑责任书”，明文规定对界桩、界碑的保护、监管，以及对擅自损坏界碑的单位或个人的经济、法律处罚条款20余条。

第六节　土地执法监察

1991年，全县范围内查出违法占用土地共88件，占地面积13.68亩，其中建房占地5件，占地0.25亩。经县人民政府批准，作行政处罚处理。私自占地取土烧砖瓦的83件，占地13.43亩，依法查处28件，责令恢复耕地8.35亩，其余55件，经县政府批准，补办用地手续。清查出干部职工占地违规建房的41户（其中批少占多的31户），共计多占土地面积503.72平方米。经查实后收回土地面积168.62平方米，已不能收回的30户（件）共占地335.1平方米，对其罚款7701.03元。另对16件土地纠纷事件全部调处完毕，主动纠正的56人，退出耕地127.41亩，补办临时用地手续96人，占地7.6亩。

1992年，为进一步强化土地管理工作的执法监察工作，遵照上级指示精神，县土地管理局向县法院和县公安局申请成立“台江县土地管理执行室”和“台江县土地公安执勤室”，均获批准。

1996年，全县范围内发生违法用地案件23起，共占地面积1761.18平方米，其中耕地1640.58平方米，非耕地120.6平方米。经认真核查后强行拆除房屋18幢，退还耕地1389.04平方米。补办用地手续5户，并处罚款和开荒，相当于已占用面积2倍的耕地作赔偿，另罚款1677.1元，造田583.2平方米。是年还依法调处土地纠纷案64件，其中县土管局调处8起，县属乡镇土地管理站协助所在乡镇政府调处56起。

1997年9月，根据上级有关指示精神，开展全县农村集体土地的农用地使用权登记发证工作，经筹备、培训、开展外业、内业、发证阶段，于1998年10月结束工作。全县共登记发证30余万宗，将其全部存入微机，实行土地动态监测和动态管理。

1999年，全县查处违法用地11起，占地面积1995平方米，其中耕地1523平方米，未批先用的9起。补办手续的2起，依法依规处理10起，占地面积1685平方米，其中耕地1213平方米，1起待处理。是年开展土地隐形市场的清查工作，共清理出土地隐形市场530多宗，占地面积21300平方米，填发处理通知单480份，收缴土地收益金4万元。

2000年，在审查矿石场开采监督管理中，对无证开采的场地给予取缔，对持证开采的企业经法规宣传后责令按时上缴矿产资源补偿费。是年开展"6·25"土地日宣传后，推行创建"三无"乡镇活动工作。清理非农业占地6起，占地面积897平方米，私自建房3起，占地280平方米，乱占耕地打砖瓦3起，面积6000平方米。依法责令补办用地手续6起，撤销砖瓦窑3个，查处违法用地1起，面积233.33平方米，责令恢复农用耕地原貌。依法调处土地纠纷10起。

2001年，县国土资源局继续深入开展查处土地违法违规案件的专项行动。经检查发现，未批先建占地行为6起，面积42.24亩，其中耕地15.38亩。同时查出"以租代征"违规行为4起，面积47.36亩。

2003年，在开展全县土地市场秩序治理整顿工作中，发放自查登记表128份，收回95份。清出擅自将房屋、门面转让出租的单位15户，面积5907.88平方米；擅自将划拨用地转为经营用地的36宗，面积6173.6平方米；非法转让土地两宗，面积113平方米。经查应收土地收益金单位36个，已收12个单位缴纳的收益金35000元。

2006年，县国土资源局制定下发《台江县国土资源局执法监察执行备案制度》《台江县国土资源局执法监察督办制度》《台江县国土资源局执法监察案件会审制度》，开展全县范围内的国土资源动态巡查776次，查出违反国土资源管理违法行为13件，其中立案查处5件。

2009年，查处未批先用的违法用地2宗，其中台拱镇砖瓦厂占地10亩，革一乡砖瓦厂占地11.1亩。10月，县政府组织公安、国土、工商、环保部门，对台拱镇非法占用耕地行为下发《责令停止土地违法行为通知书》，并立案调查。11月24日下发《限期拆除通知书》，责令在1个月内自行拆除。2010年2月，台江县国土资源局对革一乡屯上村、梨树坳、麦哨冲的砖瓦窑进行立案调查，现场下发《责令停止土地违法行为通知书》。

2010年，在清理农村村民未批先建房屋的工作中，清理出台拱镇危房改造223户占地25.67亩；未批先建11户占地0.25亩；方召乡危房改造48户，占地8.52亩；未批先建3户，占地0.6亩。排羊乡危房改造130户，占地18.8亩。南宫乡危房改造29户，占地4.79亩；未批先建21户，占地3.37亩。台盘乡危房改造170户，占地9.45亩；未批先建27户，占地9.12亩。革一乡危房改造165户，占地14.8亩。施洞镇危房改造30户，占地4.26亩；未批先建8户，占地0.878亩。老屯乡危房改造187户，占地2.8亩；未批先建4户，占地0.56亩。以上乡镇村民的违法用地，除危房改建工程外，均下达《责令土地违法行为通知书》。

第七节　地矿资源管理

台江县境内的矿产资料调查研究程度较低，限于地层和构造条件，经地质勘探发现的矿产资源主要有铅锌矿、水泥石灰岩、磷矿、石煤、大理石、石灰石、黏土等，已开采利用的主要是后两种。

1999年，县国土资源局对全县境内持证的矿山进行换证工作的同时，开展防治地质灾害事故的预测预报工作，控制矿山炸药的流量，确保生产安全。同时对台江县水泥厂、建材厂、排羊铅锌厂、台拱镇东街砂场、西街砂场等单位依法征收矿产资源补偿费14791.2元，开检费100元。

2003年，由于县境内金属矿山和铅锌矿的数量不多，在对非金属矿基本能满足建筑用材的山砂、石场的清查管理中，对非法开采的矿点采取不供电，停止供应爆炸物品、强行拆除开采设备等措施，打击无证开采和非法开采矿产资源的行为。县国土资源局会同县经贸局、县公安局、县安监局等单位先后4次对县境内的采砂场、采石场进行监督检查，下达停止开采行政指令书18份，依法办理采矿许可证6本。

2005年，根据《关于开展2004年度采矿许可证年检工作的通知》精神，对县内8家持证采矿权人，下发5份《年检通知书》。完成矿产资源补偿费征收入库5900元，占当年应完成任务数5000元的118%。

2006年，贯彻落实《国务院整顿和规范矿产资源开发秩序的通知》和《省人民政府办公厅转发省国土资源厅关于全面整顿和规范矿产资源开发实施意见的通知》精神，成立“台江县整顿和规范矿产资源开发秩序工作领导小组”，按照《台江县全面整顿和规范矿产资源开发秩序的实施方案》规定，完成整顿和规范矿产资源开发秩序工作任务。经5月和10月的清理检查，查出全县21家的24个矿山（区）中，持有“探矿许可证”的金矿探矿证件1个，铅锌矿区采矿证的4个，持有“采矿许可证”的铅锌矿山1个，矿泉水1个，页岸矿2个，砂石矿12个。无证开采页岩矿厂1个，砂石矿点2个。对2家（3个矿山）无证开矿山的企业下达了《责令停止对国土资源违法行为通知书》。

2010年，按照台江县矿产资源管理总体规划目标内容，加强对矿山矿点的监管力度，按时完成各矿场的矿证年检工作，并积极配合上级做好矿权同级审批工作。完成台江县境内的26个持有采矿权证的矿点的核查工作，其中，有贵州省级发证的5宗（1个矿泉水采矿水、4个铅锌矿采矿权），黔东南苗族侗族自治州级发证的1宗（钒矿采矿权证），台江县级发证的20宗（均为沙石场采矿权）。另有9宗探矿权（1个金矿探矿权），8个铅锌矿探矿权。

第八节　地质博物馆

一、黔东南苗岭国家地质公园

1999年，根据贵州省黔东南苗族侗族自治州人民政府《关于建立黔东南苗岭国家地质公园博物馆》的指示精神，决定在台江县城区秀眉大道旁建立“台江古生物馆”。2009年8月，贵州省黔东南苗族侗族自治州苗岭地质公园台江县博物馆，获批准为第五批国家地质公园资格。根据国土资源部文件要求，在3年内完成“黔东南苗岭国家地质公园”全部建设并进行揭牌开园。同时将台江古生物博物馆维修改造成“贵州省黔东南苗岭国家地质公园博物馆”，在台江原始森林大草原区建立“黔东南苗岭国家地质公园纪念碑”。2011年2月25日，“贵州省黔东南苗岭国家地质公园博物馆设计方案评审会议”在台江县召开，会议批准设计方案。2012年8月8日至11月1日，贵州省黔东南苗岭国家地质公园雷公山园区、台江县原始森林草原景区和贵州省黔东南州苗岭国家地质公园博物馆，通过贵州省国土资源厅和国土资源部验收。2013年11月5—7日，正式举行贵州省黔东南苗岭国家地质公园揭碑开园仪式活动。

二、古生物化石博物馆

1999年4月30日，在中国科协及有关部委、贵州省、黔东南苗族侗族自治州、中共台江县委、县人民政府的重视支持下，建立“台江古生物博物馆”。地址在台江县属的革东区、革一乡境内，占地面积1755.13平方米，建筑面积1160平方米，其中展示面积773平方米。展馆内有展板29张、展柜27个、油画16张、各类照片50张、地质景点30个、各种资料片150张。另设古生物保护区47平方米，内有地质景点30个，中国工农红军文化以及人文景点共3个。是年11月，台江古生物博物馆获中国科协授予的“全国科普教育基地”称号。

第二章　环境保护

第一节　资源环境

一、自然资源

台江地阜物华，水利、矿产、生物资源十分丰富。境内土壤肥沃，群山葱绿，林木苍翠，植被保存完整，森林覆盖率达 60.81%，是贵州的十大林区县之一。树种以松、杉为主，针、阔叶等多种珍稀树木及植物交错并存，有天然草场7万多亩；中药材有天麻、人参、银耳、杜仲、灵芝、黄檗等；有取得了 A 级国家绿色食品标识证书和省优质果品称号的“苗疆”牌金秋梨种植面积 3.2 万亩，年产果品 2000 万公斤；有集中连片的绿茶、苦丁茶、金银花种植基地数千亩。山中有金山猴、猕猴和蟒、蛇及穿山甲等多种动物繁衍栖息，地下有铅、锌、铜、铁和硅等多种金属及重晶石、大理石、磷、黏土、石灰石等非金属矿产。水资源尤为丰富，有近百条溪河分别流入清水江、巴拉河、翁你河、翁密河，总长 494.8 公里，年平均流量 44.6 亿立方米，水质清澈无污染，水能蕴藏量大、开发潜力大；有地方小型水电站 3 座，总装机容量 1771 千瓦；投资 2.08 亿余元的巴拉河岩寨水电站已装机发电；投资 1.5 亿元的台雄水库正在修建。台江县风能资源较为丰富，储量为 25 万千瓦，一期工程投资 5.25 亿元的红阳风电场项目正在建设。

二、社会环境

台江县位于贵州省东南部、黔东南苗族侗族自治州中部，县城驻地距州府凯里市 48 公里，距省府贵阳市 218 公里。台江县辖 8 个乡（镇），161 个村（居）委会，总面积为 1108 平方公里，耕地面积 93195 亩。65 号高速公路、320 国道线穿县而过。县城距正在修建的凯麻高速公路仅 40 公里，距省城贵阳 218 公里，距州府所在地凯里 50 公里，离湘黔铁路凯里火车站 50 公里。新修建的南市至汪江公路，是 320 国道与 321 国道的连接线。可以经此直达广西。清水江航运上可达都匀，下至洞庭湖。

2010 年，台江县生产总值达到 9.7 亿元，年均增长 13.5%，超过“十一五”12% 的规划目标，比“十五”期间年均增长 11.5% 高 2 个百分点。财政总收入完成 1.004 亿元，首次突破亿元大关，是“十五”期末的 3.3 倍。全社会固定资产投资完成 7.2 亿元，比规划目标值 3.1 亿元增加 4.1 亿元。

第一产业：2010 年累计完成农业投资 8600 万元，落实支农惠农资金达 5700 万元。粮食年均产量稳定在 5.25 万吨左右，蔬菜种植面积扩大到 7.2 万亩，畜牧业增加值占农业增加值的比重有所提高，成功获批国家农业综合开发项目县。林业、茶叶等产业化基地建设扎实推进。

第二产业：2010 年，台江县非公有制经济发展工业园区，工业园区位于台江县西部台盘乡境内，西与州府所在地凯里市接壤、东靠台江县城，距凯里市 26 公里，距省会贵阳 180 公里。是由贵阳、凯里进入台江县的第一站。境内现有 320 国道和镇台旅游公路，交通十分便利。区内通信设施齐备，电力供给有保障，有 110 千伏变电站和 35 千伏变电站各一座，已建好供水能力为日供水 1 万吨的供水管网。园区规划总面积 2 平方公里，西北片定位为生物医药、农产品加工等劳动技术密集型产业，小区规划用地 15.34 公顷；北片定位为冶金、建材等重工业小区规划用地 16.38 公顷。坚持把培育壮大主导产业作为调整工业结构的主要任务。能源、冶金、化工和木材加工等重点产业从无到有，规模以上企业生产总值完成 5.2 亿元，年均增长 23.8%，工业增加值完成 1.7 亿元，年均增长 22.6%，工业增加值占生产总值比重有所提高。

第三产业：2010 年，把文化旅游产业作为重要支柱产业来培育。以红阳草场、长水坪、百鸡山瀑布、翁密河漂流以及施洞古镇为代表的景区景点建设取得突破，2010 年接待游客 25 万人次，旅游总收入达到 1.7 亿元，年均分别增长 46.8% 和 48.5%。大力鼓励和支持非公有制经济加快发展，非公有制经济实现增加值的比重从 37.9% 提高到 42%。三次产业结构得到优化，比重从 33.4 : 24.2 : 42.4 调整为 28.7 : 23.7 : 47.6。扎实推进生态文明建设，森林覆盖率稳定提高。完成土地整治 9000 亩，实现土地出让和土地开发指标转让收益达 9500 万元。

2010 年，台江有 15.85 万人口，有苗、侗、土家、布依等 15 个少数民族，其中苗族人口占台江县总人口的 97%。台江有“天下苗族第一县”之称。境内民族风情古朴浓郁，有依山傍水的民居建筑，有精美的苗族刺绣、工艺制品，有心惊肉跳的牛斗比赛，有奔放的笙鼓舞蹈、文学、歌曲，有文明的礼仪风范、别具一格的婚恋习俗，有祭祖节，有姊妹节，有独木龙舟节，有常到世界各地巡回演出的反排木鼓舞，有荣获 2003 年度西部民歌大赛金奖的反排多声部情歌。这里是歌与舞的海洋，是情与爱的世界，有“文化藏在身上，史书从头读起”之说。

人文景观是台江旅游的一大特色，境内无迹不古，是贵州东线旅游线路上的一朵奇葩。有编在历史教科书上的、历经 18 年的反清英雄张秀眉领导的苗族人民起义遗迹、遗址，有建筑风格异彩纷呈的古军事重镇——施洞古镇，有省级文物保护单位 2 处，有县级文物保护单位 17 处，有寒武纪时代古生物化石群遗址及博物馆，山清水秀的自然景区、岩洞群数不胜数。

这里有举世闻名的施洞独木舟竞渡；有驰名中外的被誉为“东方迪斯科”的反排木鼓舞；有蜚声乐坛的施洞苗族飞歌、风情万种的苗族姊妹节；有惊险火爆的舞龙嘘花；有工艺精湛的苗家刺绣、银饰和服装艺术；有千姿百态的大塘溶洞群；有震惊世界的寒武纪古生物化石群，被列为全国青少年科普教育基地。台江这块神秘的土地，被联合国保护世界乡土文化基金会评定为一等“反璞归真，重返大自然”类旅游区，并被列为十大少数民族文化保护圈之一。

三、生态环境

台江县位于云贵高原向湘西丘陵过渡的斜坡上。地质构造比较复杂。其中板溪群变质岩系地层分布最广，其余有震旦系沙页岩，奥陶系灰岩。总的地势结构是西南向北东方向逐渐倾斜降低、即西南面高，东北面低、呈倒三角形。全县最高海拔 1980 米，最低海拔 455 米。地貌以山地为主，其面积占总土地面积的 83.88%，其次是丘陵和河谷阶地，分别占总土地面积的 3.99% 和 1.34%。

台江地处北面热带季风温润气候，多年平均温度 15.7℃，极端高温为 37.1℃。极端低温为 –10℃。无霜期约 286 天，全县多年平均年降水量为 1174 毫米，年降水总量为 14.2 亿立方米，年平均径流深为 621 毫米，径流总量为 7.51 亿立方米。主要降水期 4—9 月为 847.2 毫米，日照时数 1236.3 小时，总辐射为 3622.10 兆焦耳 / 平方米。县境内河流均属长江流域元江水系，有 4 条大河，分别为清水江、翁你河、翁密河、巴拉河，小河流 20 余条，河网密度 40.9 公里 / 百平方公里，河流呈树枝状分布。

台江县属亚热带常绿阔叶林带，以常绿阔叶林与常绿针叶林为主要植被。植被类型多，动物种类丰富。县内各类植被分属 56 科 111 属 199 种，主要树种有 203 种，被列为国家一、二类重点保护树种有秃杉、银杏、南方红豆杉、珙桐、马尾树、观光木等 8 种。各类珍稀动物有娃娃鱼、香獐、云豹、野猪、狗熊、猕猴、穿山甲、五步蛇、银环蛇、竹叶青、红腹锦鸡等 10 多种。中药材有黄连、冰球子、人参、杜仲、天麻、麝香等 421 种，牧草种类 107 种。森林资源丰富，是全省 10 个林业重点县之一。

第二节 环境污染源

一、河流污染源

2007 年 1 月 25 日，县环保局拟定出台了《台江县环境保护局关于清水江流域（台江段）水污染整治工作实施意见》（台环字〔2007〕01 号文件），清水江是台江县重要水资源之一，流经县境内 42 公里，流域面积 198 平方公里。翁你河是巴拉河的支流，自雷公山交界处至巴拉河流进清水江（即入口处）84 公里，流域面积 5.04 平方公里。由于工业、城市生活废水等水污染，致使翁你河、巴位河、清水江水质逐年恶化，直接影响了台江县广大人民群众的生产、生活用水。为落实台江县辖区内涉及清水江流域的水污染治理工作，结合台江县工业企业水污染源实际，县环保局于 2007 年 5 月 29 日向县人民政府呈报了《关于对清水江流域污染依法进行限期治理的请示》（台环请字〔2007〕05 号文件），其措施是：一是台江国新铅锌选矿有限责任公司的废水治理，要求“完善废水处理设施，确保外排废水达标，厂址搬迁后，建设新渣场”；二是县人民医院的医疗废水治理，要求“建设医疗废水处理设施，确保外排废水达标”。要求的时间期限均为 2007 年 10 月 31 日前完成。

2009 年，严格按照《贵州省清水江流域水污染防治规划（2008—2010 年）》和《黔东南州清水流域水污染防治实施方案》分解的任务内容，认真制定实施意见并组织实施。清水江沿岸的石材加工企业基本上了废水处理设施。但还存在偷排或擅自停用污染防治设施的现象，2009 年 12 月底，县环保局对 6 家存在环境违法行为的石材企业进行了限期整改，并处罚款。

台江县委托州环境监测站对清水江台江断面开展日常水质监测工作，水环境质量达到功能区要求。

2010 年，围绕境内河流休养生息，积极开展流域环境综合整治。我们以翁你河这一母亲河为重点，加强对翁密河、交孟溪、翁孟溪等环境综合整治，落实休养生息的各项政策措施。完成翁你河上游红阳农村环境综合整治，修建翁你河防洪堤 3000 多米，组织对“两河两溪”清淤、打捞 10 余次，出动人员 3000 余人次。

二、河流污染源调查

台江县的主要河流有清水江、巴拉河、翁你河、翁密河，其中，受污染最严重的是巴拉河台江段，主要污染源是凯里纸厂废水。

巴拉河：凯里纸厂自 20 世纪 50 年代建成投产后，每年约有 1000 万吨的工业废水排入凯里市挂丁以下河流，巴拉河水质受到严重污染。1989 年监测悬浮物浓度为 867 毫克 / 升，挥发酚超标 5.6 倍，已使巴拉河水质劣于五类标准，人畜不能饮用，农灌受到影响。1990 年完成省、州、县人民政府交给的对巴拉河台江段受污染情况调查任务。抽调 7 人组成调查小组，对县境内巴拉河流域 6 个乡 23

个村寨受挂丁凯里纸厂严重污染的情况进行50多天的实地调查，写出调查报告，提出受污村寨人畜饮水改造方案，并编制了工程概预算。随后争取到榕山、岩脚、长滩三个村寨的水改试点工程款3万元。

清水江：在台江施洞断面，由于接纳了重安江水，受上游福泉地区磷矿工业的影响，总磷严重超标，使水质劣于国家地表水五类标准。

翁你河、翁密河沿途受生活污水影响，经河流自净，水质较好，达到国家地表水二类标准。

三、乡镇工业污染源调查

1996年，国家环保局、农业部、国家统计局组织了全国乡镇工业污染源调查。台江县成立乡镇工业污染源调查小组及其办公室，办公室友设在县城乡建设环境保护局环境监理站。此次调查以1995年为基准年，调查从1996年9月开始至1997年11月底结束。

第三节　排污收费

1991年6月，国家环保局、物价局、财政部发布《超标污水排污费征收标准》，取代《征收排污费暂行办法》中的废水排污费征收标准，同时颁布了《超标环境噪声收费标准》。1993年7月，国家计委和财政部联合发布《关于征收污水排污费的通知》，在全国统一了污水排污费征收标准：每吨污水最高不超过0.05元。

按照《水污染防治法》《大气污染防治法》《固体废物污染防治法》《噪声污染防治法》的有关规定，排放水、大气、固体污染物按照排污收费的原则征收排污费；排放噪声污染按照超标声级征收超标准排污费。2007年后没有征收排污费。

1998—2006年排污费征收情况一览表

表10-5　　单位：万元

年　度	州给任务	实际完成	占年任务数（%）
1998	4.0	4.8	120
1999	4.0	4.5	113
2000	4.0	4.2	105
2001	4.0	4.2	105
2002	4.0	4.2	105
2003	5.0	6.6	132
2004	5.0	10.0	200
2005	9.0	14.0	156
2006	12.0	12.2	102

第四节 环境治理

一、工矿企业污染治理

2000年1月24日，县环保局上报《关于要求下达县级环境污染限期治理单位及项目的请示》，县政府于是年3月20日下达《关于对县级环境污染限期治理单位及项目请示的批复》，对污染物排放未达标的台江县水泥厂、台江县建筑材料厂、台江县铁合金有限公司、台江县农机厂、台江县桂宏浮选厂、台江县内配厂、台江县电杆厂、台江县发发砖厂共8家工矿企业下达工业污染限期治理。同年11月11—15日，由县政府牵头，县环保局、经贸局、乡镇企业局、台拱镇人民政府对台江县水泥厂、台江县建筑材料厂、台江县铁合金有限公司、台江县农机厂、台江县桂宏浮选厂、台江县内配厂、台江县电杆厂、台江县发发砖厂进行为期5天的检查。通过一看（看污染治理设施及运行情况）、二查（查有关资料）、三听（听汇报），各企业都不同程度存在污染。台江县内配厂主要生产内燃机配件，由于市场疲软，缺乏流动资金，机械设备落后，于1999年12月10日停产。台江县农机厂主要生产胶合板，生产原料为木材，自从国家天然林禁伐令下达后，缺生产原材料，于2000年6月26日停产。台江县水泥厂生产硅酸盐水泥，主要污染物为粉尘。1999—2000年，该厂投资5.6万元用于原料车间一、二级石灰石破碎，242C200A型转反吹风扁袋除尘器，减少粉尘排放；在立窑除尘方面，投资15.21万元安装湿法顺喷除尘，除尘效率达到92%～96%。台江县建筑材料厂生产页岩红砖，主要污染为烟尘。该厂瓷砖生产线由于市场、资金等原因，已于1999年8月停产；污染主要是红砖生产线。2000年，该厂投资5万元对隧道窑进行技术改造，在制砖坯上采用粉煤灰与原料同等配比，节约能源降低烟尘排放。台江县桂宏浮选厂主要是选铅锌，污染物为含铅废水。该厂采用三级平流沉淀，废渣及时清运填埋。台江县铁合金有限公司生产硅锰合金、碳锰、高硅硅锰，主要污染物为烟尘。采取水磨除尘、布袋除尘。台江县发发砖厂主要生产红砖，烧砖燃料为烟煤，生产工艺为轮窑，主要污染物是烟尘。该厂投资2万元，撤除风烧棚，把烟囱升高50米，并安装湿法除尘。台江县水泥电杆厂主要生产水泥电杆，主要污染物为烟尘。该厂未采取任何污染控制措施。

2001年，根据州府办明电《关于开展严肃查处环境违法行为专项行动的通知》要求，于是年6月成立台江县开展严肃查处环境违法专项行动领导小组，历时5天对县国有企业、乡镇企业及生态等方面作了检查，对污染较严重的无法治理或规模达不到要求的县建材厂、水泥厂、铁合金厂、选矿产等5家企业作出限期整改和技改要求。明确提出：务必在年底完成这次专项行动提出的治理、扩建要求，否则关停。

2002年，根据州环保局的文件要求，于3月16日开始进行全县排污申报登记和变更登记工作。据统计：企业单位污染源11个；事业单位污染3个；第三产业污染源70个。调查结果显示，污染源主要集中在大气污染。是年县水泥厂投资80万元搞年产6万吨技改，其中近30万元用于环保设施；10月，鸿源砖厂针对烘烤房二氧化硫污染严重着手制订技改方案。年6月17日，成立台江县“严查环境违法行为遏制污染反弹”工作领导小组，并结合台江县大气污染较为严重的县城情况进行专题研究，制定工作方案。截至11月27日，现场监督执法共出动400人次，其中，厂矿企业120人次、个体工商户经营点280人次，制止污染事件10次，警告136次。

2004年，全县有13个主要污染源单位，其中将水泥厂、建材厂、县医院、疾控中心4个重点污染源单位纳入限期治理项目单位，其余9个污染源纳入限期整改项目单位。同时，县环保局会同经贸、工商、公安等部门出动执法人员200多人次，检查县辖区23个大小企业，其中责令关停1个、整顿12个、限期整改6个、限期治理4个。

2006年，结合县“整脏治乱”和《县人民政府关于在全县开展整治违法排污企业保障群众健康环保专项行动工作方案》精神，会同公安、工商等部门对320国道可视范围内的鸿源砖厂、鸿达砖厂、宏发砖厂和采矿、采石、采砂等15个场点进行现场联合执法检查，重点对公路沿线的3个砖厂作了全面调查。6月2日，受县政府的委托，县环保局对上述3个砖厂下达了限期治理决定。

2007年，根据省州环保专项行动的工作部署，县环保局对县水泥厂、县建材厂、县医院、台盘选矿厂、排旺选矿厂、兴顺铁合金厂6个企事业单位进行了“排污口的规范整治”工作，目前台江县对工业“三废”（即废气、废水、废渣）的排放口和固定堆场及废水处理池立了牌，并标明其污染物名称等事项。

2008年，加大污染源治理力度。重点污染源水泥厂、牌旺选矿厂、宏发砖厂正在进行设备安装，进一步控制了污染。对环保设施运行不正常的企业实行限期整改，下发整改通知书，并督促整改落实；对全县企事业单位、个体户等排污单位进行了排污申报登记，建立排污种类、数量、浓度等方面资料档案。

2009年，一是根据“十一五”规划要求，结合全县工矿企业的实际情况和州环保局下达的工业污染物总量控制指标，制定《台江县2009年主要污染物总量控减排计划》，将污染物总量控制指标细化分解，将减排指标分配到各乡镇人民政府，将削减任务落实到各排污单位，并与他们签订减排责任书，约束他们严格按照所分配的指标进行排污。严格源头把关，加强排污监管，督促落实限排措施，确保污染物排放总量控制目标落到实处。二是在州、县环保局的督办下，台江金牛建材有限公司、新太元研磨材料厂等企业已成功安装了除尘设备，有效控制了烟尘的排放。在州政府的督办下，台江县牌旺选矿厂、国新矿厂完成了限期治理任务。三是对污染严重或超总量排污的单位、企业实施限期治理，治理期间采取限产、限排；对逾期未完成治理任务的，依法责令其停产整治；对拒不履行污染治理责任的企业，依法实施行政处罚；对可能造成严重环境污染事故、危及人的生命和生产安全的，采取临时封堵排污口、封存产生污染的设施、停产整顿等应急措施。

2010年，围绕完成污染减排任务，积极开展重点行业进行废水、废气整治。完成了鸿达砖厂、宏发砖厂、金牛建材有限公司、新太元磨料有限公司、牌旺选矿厂5家企业限期治理任务，有力地打击了重点行业环境违法行为，减少污染物的排放。

二、县城污染综合治理

为了创建文明卫生城市，治理河道脏、乱、差现象，营造良好的生产、生活环境，根据《中华人民共和国水法》《中华人民共和国河道管理条例》《贵州省实施〈中华人民共和国水法〉办法》，2002年10月，县政府发布《台江县翁你河河道管理通知》《台江县交孟河河道管理通告》，分别规定河段的管辖范围。其中：翁你河从南市桥至梅影大桥6公里河段，以河两岸堤防各15米的范围为管理保护河段；贯城河从翁孟村至河口1.4公里河段，以河两岸堤防各5米的范围为管理保护河段；交孟河从林业局冷库至河口3.2公里河段，以河两岸堤防各5米的范围为管理河段。禁止任何单位和个人在河道管理范围内修建房屋和爆破、打井、钻探、采石取土、挖筑鱼塘、耕作、挖窑和弃置废渣、泥土、垃圾、屎便等。在河道管理范围内，禁止堆放、倾倒、掩埋、排放污染水体的物体。禁止在河道内清洗装贮过油类或者有毒污染物的车辆、容器。

2003年4月，县环保局会同县经贸局、工商局、防疫站等8个部门联合行动，对县城区分散的生猪屠宰点进行综合整治，依法取缔9个非法屠宰点。

2004年2月11日，为保证县城饮用水安全，依法取缔了严重影响饮用水源周边环境的打岩沟采砂采石场1个。依据《黔东南苗族侗族自治州生活饮用水水源环境保护管理办法》等有关法律法规的规定。是年2月，成立台江县城关饮用水源保护区划定工作领导小组，会同有关部门和专家进行实地考察，工程技术人员对保护区的范围、内部区划、规划等进行测设划定，编制《台江县打岩沟饮用水源保护区划定方案》，经县长办公会议讨论通过，《省人民政府关于划定黔东南州自治州部分集中饮用水源保护区的批复》，原则同意打岩沟饮用水源保护划分方案。

台江县垃圾填埋工程于2009年5月启动施工，工程计划投资300多万元，预计2011年完工。

三、大气污染治理

2002年4月13日，台江县政府发布《关于在县城建成区内停止使用烟煤的公告》。规定:（1）在县城建成区内停止使用烟煤;（2）关闭县城建成区内污染严重的燃煤锅炉设备。依照县委、县政府对县城“苗疆文化生态旅游城”的定位，为有效控制大气污染，依法对9家大气污染严重的生产经营户作出了限期整改，到2002年年底已有7家生产经营户改烧无烟煤。

2007年，进一步加大对城区噪音扰民的查处力度。结合“整脏治乱”专项行动，对主要整治区域的超标工业噪声、建筑施工噪声、交通运输噪声、社会生活噪声，环保、公安、工商、文化、建设部门根据各自职责，互相配合，联合行动，齐抓共管，加大综合治理力度。据州环境保护监测站2007年12月18—21日，历时4天时间，对台江县的“城区交通干线及社会噪声”作了全面的监测，其监测报告结论为：城区噪声环境质量符合GB3096–93《城市区域环境噪声标准》二类。

2008年，为加强城市环境综合整治，改善城市环境质量。对机动车的噪声污染，在县城的主要街道设立了机动车禁鸣区，有效控制噪声污染。“两考”期间，向城区各个体门店、舞厅、音乐茶座和建筑施工单位发出“两考”期间严禁环境噪声的通知，限定他们的作业时间，并划定噪声控制区，组织人力进行不间断的巡查。通过采取有效措施，确保了群众优美的人居环境和考生安静舒适的学习考试环境。全年县城区域环境噪声平均等效声级达到国家标准。

2009年，开展噪声整治，营造安静人居环境。环保、公安、文化、建设、工商等部门密切配合，严查严管，对饮食服务行业、建筑施工、城区交通、社会生活、工业生产等的噪声污染进行了集中整治。没收喇叭35个、音响30个、DVD机5台，取缔超标排放1家。通过整治，城区环境噪声有了明显降低，环境噪声扰民突出问题得到遏制。

2010年，开展噪声专项整治。加强娱乐场所噪声监督管理。检查了9家歌舞厅、7家网吧，对不符合环保规定的歌舞厅下达整改书5份。出台《台江县人民政府关于在中高考期间加强环境噪声污染监督管理的通告》。按照通告要求，各职能部门加强对考点和考生住处附近噪声的昼夜巡查，及时查处噪声污染环境违法行为4起，保证考生有一个良好的学习、休息和考试环境。开展对建筑噪声的专项管理，严格夜间施工审批，对确需夜间施工的申请审批3次。通过开展噪声专项整治，规范经营者的行为，切实解决当前噪声扰民问题。

四、噪声污染治理

2003年，根据州环保局《关于在中、高考期间加强环境噪声污染监督管理的通知》文件要求，县环保局会同公安、建设、工商等相关单位到考校周边产生噪声源的建筑工地、型煤加工点、建材加工点、娱乐场所等进行检查，并责令在学生考试时间停止生产操作；在考点周围道路上设置临时广告牌，车辆禁止鸣号、禁放烟花爆竹、禁止聚众高声喧哗、禁放高音喇叭，考点学校门口禁止车辆通行，确保考点环境安静。

2005年2月1日，台江县政府以台府发出《关于禁止在台江县城燃放烟花爆竹的规定（试行）的通知》，自是年3月1日起施行。2006年，县环保部门对县城区内“噪声污染”严重、群众反映强烈的9户娱乐行业（歌舞厅、酒吧、网吧）以及2个废旧塑料颗粒加工点噪声扰民进行整治。2008年3月26日，县第十五届人大常委会第12次会议通过《关于禁止在台江县城燃放烟花爆竹的规定（试行）》。

五、农村污染综合治理

改革开放以来，县水利部门通过各种工程措施，尤其是西部人畜饮水项目——贵州渴望工程、国债解困工程在县内的实施，至2004年共解决3.24万人的饮用水困难。由于水土流失严重，水源涵养林受破坏，冬春季节水源枯竭，汛期水浑浊度大，人为活动使水源受污染，原有水利工程受破坏，乡镇企业和农业生产的发展、人口的增加等，农村水资源受到不同程度的污染。

2000—2006年，全县完成沼气建设1024个。2006年，全县农村2.72万户中共建成卫生厕所0.54万户，卫生厕所普及率为20.22%，无害化厕所普及率为18.35%，其中三格化粪池式0.05万户，三联沼气式0.21万户，其他类型0.28万户。

2006年，为综合治理县境内农村环境，县环保、水利、农业、林业、乡企、安监、卫生等相关职能部门互相配合，依法对农村农业生态环境进行了监管，有效地遏制了农村污染事故。

2009年9月29日，经黔东南州环保局、州财政局批准的中央农村环保专项资金项目，总投资70.6万元，其中，中央农村环保专项资金69万元、要求地方政府配套资金1.6万元。主要建设内容为农村饮用水源地保护、生活污水处理、垃圾处理。项目的实施将解决农村人居环境“脏、乱、差”等环境问题，环境质量、环境面貌将得到极大改善，同时将进一步保障饮用水备用水源安全。初步实现农村“三清”（清洁水源、清洁田园、清洁家园），改善农民人居环境，保障农民身体健康，促进该村经济持续发展，推进农村走上“生产发展、生活富裕、生态良好”的文明发展道路。

第十一篇

农业　水利

第一章　种植业

第一节　粮食作物

一、传统农业种植

1991 年，台江的农业传统种植依然存在，牛耕、刀耕普遍使用，尤其是居住在南宫乡、排羊乡、台拱镇、方召乡、老屯乡、施洞镇等山区的行政村，传统农业生产是农民的生产的主要途径。就种植稻米而言，犁地用牛耕，扒土用牛扒，播种用手播，拔秧要手拔，栽秧要手栽，收谷要传统的人工斗谷收，抬粮归仓也是人工完成。2010 年，台江的役牛有 32889 头，使用传统农业耕作的面积占全县面积 95% 以上。

二、两段育秧

台江地处高寒，粮食生产时时受到倒春寒的影响，水稻育秧期间常因“倒春寒”频繁发生，而造成烂秧严重。为了解决春季育秧差的问题，20 世纪 80 年代末，台江县开始向外引进“两段育秧”技术，此后经过多年的努力，推广面积逐年扩大。

1989 年，县农业局在台拱镇台浓乡洋汪村举办两段育秧试点，派农技人员进行技术指导。当时所选的杂稻品种主要是汕优 63、Ⅱ优 63 和威优 63 等，试验地点在洋汪坝，面积约 56.43 亩。在育秧前先浸种 3～4 天，然后上盘（0.65 公斤／盘）入温棚内催芽生长。第一阶段：在棚内经过先后 7 天的“高温破胸（35～38℃）、适温长芽（28～32℃）、降温炼苗（22～25℃）”后，秧苗长到 1.5～2 叶；第二阶段：把长到“一叶一芯”秧苗寄栽到大田中，规格为 1.5 厘米 ×2.0 厘米，经过一段时间的秧田管理，当叶龄达 6.5～7.5 叶、秧龄达 40～50 天时移栽。经过洋汪点实践证明，两段育秧不但有效地解决了烂种、烂秧的问题，而且还具有用种量少、秧苗素质好、分蘖强、抗逆性强、提早成熟一个星期左右的特点，最主要的还是增产效果十分明显，一般每亩产量比常规育秧增产 10%～20%。

1990 年，县农业局示范面积扩大到 500 亩，每个乡镇都安排有示范点。育秧所需的薄膜、秧盘和种子等全都由农业局无偿提供。为了进一步的提高水稻单产，在大力推广两段育秧的同时，还在移栽时要求进行两段育秧的田块都进行规范栽培，即拉绳栽秧。在 1990 年的示范中，出现了很多高产示范田，最高亩产达 760.77 公斤，比常规种植增幅达 52.56%。

1991 年以后至 2000 年的近 20 年中，县政府由于重视两段育秧的推广，该项技术得到广泛应用，全县所有的村寨都推广了两段育秧。据统计，每年两段育秧面积稳定在 5.22 万～6.48 万亩之间，最高年份的 1998 年两段育秧达 6.89 万亩，占全县 7.52 万亩稻田的 91.62%。由于多年来，两段育秧及其他农业技术的广泛运用，使全县粮食逐年提高，最终解决“温饱问题”问题。

2010 年，海拔较高的南宫、方召、排羊、台拱等乡镇的行政村，依然推广两段育秧，全县面积仅为 1.85 万～2.51 万亩。

三、杂交水稻推广

台江县的水稻杂交种植于 1958 年开始试验，由于技术问题，一直没有有效的推广，一直沿袭传统种植方式。1991 年，台江水稻两段育秧技术在全县海拔 1300 米的台拱镇翁腮村进行试验。经过两年的实验，在海拔 1300 米的山区种植杂交水稻，经验收产量比传统种植增产 60%。1994 年，县里在乡镇的交通沿线推广普及，为了台江粮食产量夺丰收，县政府采取鼓励和强制相结合，乡镇干部、农业技术员在田间地头监督指导稻农，搭建育秧棚，指导稻农控制室内温度，严禁酒后入棚。乡干部即在田间要求稻农必须按照规范化栽培，采取强行拉绳栽秧等一系列措施。2006 年台江县境内的百姓几乎全部接受两段育秧杂交稻的推广，台江粮食产量逐年稳步上升，2000 年后，农村几乎不留稻种育秧了，稻种全部到商店购买。2010 年台江杂交水稻种植 4820 公顷，平均单产 500 公斤／亩，水稻总产量 36150 吨。

1991—2010 年台江县水稻种植面积及产量一览表

表 11-1

年 份	杂交水稻		中 稻	
	面积（公顷）	产量（吨）	面积（公顷）	单产（吨）
1991	—	—	—	—
1992	—	—	—	—
1993	5576	23521	—	—
1994	5536	19568	—	—
1995	—	—	—	—
1996	—	—	—	—
1997	5841	35565	—	—
1998	5151	32461	5151	32461
1999	5555	35682	5822	37276
2000	5747	35527	5822	37336
2001	5799	37995	5835	38158
2002	5740	24091	70	4026
2003	5017	29080	5072	29290
2004	—	—	—	—
2005	4978	30590	4978	30590
2006	4790	30558	4880	30924
2007	4883	31626	4683	32681
2008	4683	32681	—	—
2009	—	—	—	—
2010	4820	36150	—	—

第二节 经济作物

一、蔬菜

1991 年台江县城关镇有菜农、粮农之分，菜农主要种植蔬菜，供应台江城内机关厂矿企事业单位工作人员食用。随着改革开放的发展，城镇化建设扩大，城镇菜农菜地被征用，使他们失地改行，现在菜市的蔬菜都是来自于城郊的梅影、朗等、桃赖等地农民种植供应。1988 年实施“菜篮子”工程以来，“菜篮子”产品产量大幅增长，品种日益丰富，质量不断提高，台江涌现除了一些菜农大户，台拱镇梅影村大部分农户“弃粮经菜”，奔了小康，党支部被省委通报表彰，种出的蔬菜，走出县门。

二、玉米

台江食用的杂粮主要有玉米、薯类和蕨根淀粉。1963 年前，蕨根淀粉是台江境内主要的杂粮，由于再生力弱，取之使用劳动强度大，营养价值低，再生资源弱，后被引进的薯类、玉米取而代之。革一乡、台盘乡等干旱地区逢干旱季节，种植不了水稻即种植玉米替之。玉米是台江县境内主要的杂粮，薯类次之。台江县农业局对玉米的引进工作十分重视，与杂交水稻的引进同步进行，1997 年引进杂交玉米在革一乡试验成功，之后在全县铺开。杂交玉米种植粮农接受很快，仅在两年内全县就得到推广。

三、薯类

红薯（苕）、马铃薯在 20 世纪 70 年代中是台江百姓的主要杂粮之一，米饭不足就加一些红薯参与。1980 年后农村稻米充裕，用薯类替代食粮已不多见。目前县境内种植薯类的面积也不少，主要是用来作蔬菜之用，有些作为牲畜饲料。

四、豆类

豆类在台江县境内属蔬菜食用，种植的面积不多。21 世纪以来，由于市场经济发展需求量大，不少种蔬菜的菜农引进不少优良品种，种植的面积逐年增多。

1991—2010 年台江县经济作物种植面积及产量一览表

表 11-2

年 份	玉 米		薯 类		大 豆	
	种植面积（公顷）	产 量（吨）	种植面积（公顷）	产 量（吨）	种植面积（公顷）	产 量（吨）
1991	497	820	471	504	399	203
1992	498	954	430	528	328	205
1993	452	862	738	556	259	204
1994	629	2449	558	1062	205	195
1995	—	—	—	—	—	—
1996	—	—	—	—	—	—
1997	1127	2718	616	1086	293	414
1998	1114	3664	1373	2787	129	132

续表 11-2

年份	玉米		薯类		大豆	
	种植面积（公顷）	产量（吨）	种植面积（公顷）	产量（吨）	种植面积（公顷）	产量（吨）
1999	1244	6439	1687	3359	474	640
2000	1240	4374	1833	3774	532	741
2001	1212	4751	2228	2590	488	667
2002	71	342	2008	3443	498	655
2003	1040	4205	1786	3639	475	574
2004	1045	5229	2220	4529	138	154
2005	1202	6814	2370	4875	138	164
2006	1502	7924	2797	6430	139	160
2007	1571	8860	2795	6656	229	448
2008	1168	8748	3201	8138	248	474
2009	1388	9623	3400	8696	212	384
2010	1760	10562	1023	9790	249	354

第三节　农作物病虫害防治

1991—1992 年，台江对农业病虫害的防治工作措施主要是农民自己防治，使用的是农业局引进的化学农药。自 1993 年始，对水稻高产的坝子田实行观察预测，实施集中使用农药杀虫。在偏远的山区，农民没有预测经验，受虫害之后才杀虫，效果不佳。

2008 年，按照州农业局（州农通〔2008〕20 号）《关于做好 2008 年农作物重大病虫害监测和防控工作的通知》精神，及时发布《病虫情报》指导病虫害防治工作，得到了县委、县政府的高度重视，并制定了有效措施，安排部署病虫害防治工作，把病虫害对农作物造成的损失控制在最低限度，使农作物获得丰收。是年，台江县共发布《病虫情报》18 期（其中可视预报 3 期），上报州站《重大病虫发生动态周报》31 期，完成“夏收作物病虫发生防治统计表”“2008 年秋收作物病虫害发生防治情况统计表”和州站临时要求填报的各种病虫发生动态数据。对主要病虫发生危害的预测准确率达 90% 以上。是年，台江县油菜病虫发生面积 1400 公顷，防治面积为 1200 公顷，挽回损失 357.133 吨，实际损失 17.747 吨。马铃薯病虫发生面积 1467 公顷，防治面积 1333 公顷，挽回损失 1282.5 吨，实际损失 285 吨。水稻病虫发生面积 21667 公顷，防治面积 18860 公顷，挽回损失 20343.15 吨，实际损失 5654.588 吨。

主要发生的病虫害：二化螟发生面积 2347 公顷，防治面积 21667 公顷，挽回损失 1352.78 吨，实际损失 312.18 吨。稻秆蝇偏轻发生，发生面积 267 公顷，防治面积 213 公顷，挽回损失 133.1968 吨，实际损失 56.0032 吨。白背飞虱发生面积 5533 公顷，防治面积 5067 公顷，挽回损失 5583.443 吨，实际损失 1345.77 吨。褐飞虱发生面积 1467 公顷，防治面积 1067 公顷，挽回损失 998.976 吨，实际损失 561.924 吨。稻纵卷叶螟发生面积 6333 公顷，防治面积 5867 公顷，挽回损失 8212.249 吨，实际损失 1862.178 吨。其他害虫：稻蝗虫轻发生，发生面积 100 公顷，防治 80 公顷，挽回损失 24.9744 吨，实际损失 10.5006 吨。稻蓟马轻发生，发生面积 167 公顷，防治 133 公顷，挽回损失 41.624 吨，实际损失 17.501 吨。稻瘟病：稻叶瘟病中等发生，发生面积 1533 公顷，防治面积 1333 公顷，挽回损失 1248.72 吨，实际损失 383.13 吨；穗颈瘟中等发生，发生面积 1013 公顷，防治面积 800 公顷，挽回损失 749.232 吨，实际损失 329.208 吨。纹枯病：为中等发生，发生面积 1007 公顷，防治面积为 867 公顷，挽回损失 811.668 吨，实际损失 259.677 吨。稻曲病：为中等发生，发生面积 1600 公顷，防治面积 1267 公顷，挽回损失 1186.284 吨，实际损失 516.516 吨。

玉米病虫发生的主要病虫有玉米螟、玉米大（小）斑病、锈病、纹枯病、小地老虎等。发生面积 1080 公顷，防治面积 947 公顷，挽回损失 452.298 吨，实际损失 122.076 吨。以玉米螟发生面积最大，玉米螟偏轻发生，发生面积 640 公顷，防治面积 593 公顷，挽回损失 348.524 吨，实际损失 78.676 吨；其次是玉米大（小）斑病偏轻发生，发生面积 133 公顷，防治面积 120 公顷，挽回损失 35.244 吨，实际损失 9.256 吨；此外玉米纹枯病、锈病、小地老虎、蚜虫等均轻发生，发生面积共 307 公顷，防治面积 233 公顷，挽回损失 68.53 吨，实际损失 34.144 吨。

第二章　养殖业

第一节　畜牧养殖

一、养牛

台江县养的牛分为黄牛、水牛两种。黄牛主要分布在南宫、老屯、革一、施洞等乡镇的部分村寨。水牛主要分布在台拱、方召、排羊、台盘等乡镇的部分村寨。21世纪以来，人们的肉食结构发生了改变。食用黄牛不断增多，黄牛的饲养量比水牛大。“带皮牛肉”“酸汤牛肉”火锅，给人们的餐桌生活增添了特有风味。1991—2010年，全县牛存栏数在不断增多，通过推广牛品种改良技术，牛的个体和屠宰率、出肉率得到了不同程度提高，肉质得到了改善。

农民饲养水牛，主要用于耕作、“斗牛”，饲养量因劳动力就业的转移，外出打工人员增多，饲养量有所下降。但水牛仍然是台江县农民的主要劳动工具之一，一头5～8岁的役牛，日可耕地1.5～2亩。“斗牛”活动主要是水牯牛，每逢过节，为给节日增添气氛，都开展“斗牛”活动，特别是南宫、方召等地的“鼓藏节”，十三年一次，鼓藏节的前期，苗族群众几户一头或一户一头，通过精心饲养，使其膘肥体壮，等待开战。节日一到，随即举行隆重的“斗牛”活动，“斗牛”完毕，将所有的“斗牛”全部宰杀，招待亲朋好友，以此作为民族团结的一种活动。

全县各地均有饲养黄牛，各地饲养的品种略有差异。大都是体小紧凑、灵敏耐劳，头中等大小，嘴圆大，口角深，后躯略高于前躯，属小型役肉兼用型地方品种。毛色以棕色和棕黑色为多，有少数黄白色。黄牛的特点是善于爬山越岭、吃苦耐劳、易养，因而在高寒、岩路的地方饲养较多。21世纪以来，农民养商品牛的观念进一步增强，有的农户把养黄牛作为家庭经济收入的支柱产业。在省州的支持下，台江县2003年、2004年连续两年得到“优质肉牛科技扶贫项目”，新建项目购进黄牛933头，续建项目购进黄牛722头。在项目的辐射带动下，养牛专业户从无到有，老屯乡的长滩村，台拱镇的排汪村，革一乡的屯上村、新寨村，台盘乡的龙井村，南宫乡的汪江村出现许多养牛专业户，如革一乡屯上村的范余金年存栏牛45头，出栏商品牛35头；革一乡人民桥的李云峰年存栏牛78头，出栏商品牛30余头；吴道辉年存栏牛20头，出栏牛6～8头；南宫乡汪江村姚本成年存栏牛19头，出栏牛5～6头。2005—2010年，养牛专业户取得了一定的经济效益、社会效益和生态效益，肉牛规模养殖已具雏形。

二、养马

马在台江县的饲养量较少，一般不作为产业经济来饲养，只是那些做活路较远、路不好走的村寨用来驮运物资、减轻劳动压力、提高劳动效率才饲养。1990—2010年，马在台江县的存栏较少，平均每年在22匹上下。

台江县习惯饲养马的有革一乡、台盘乡，城关也有个别农户饲养。主要品种特征为体格矮小，外貌清秀，体质结实，行动敏捷，温驯而具悍威。毛色以栗、榴色为主。体高在106厘米左右。台江饲养的马耐粗料，适应性强，挽力好，速度快，单马车250公斤时速达9.5公里，驮载重超过本身体重的50%以上，是山区人民群众运输的主要动力。

三、养猪

台江县人民群众有养猪的习惯，但大多数农户养猪仍沿袭着粗放的稀汤熟喂传统方法，饲养数量不多，一户一年只能养1～2头，存在“养猪不赚钱”“养猪为过年”的旧观念。从1978年开始，台江县开始推广生猪改良技术，先后引进大约克、苏白、长白、杜络克等国外优良品种，承担全县生猪改良、科技攻关、良种推广的任务，台江县的养猪业得到迅速发展。

2000年后，猪价上涨，养猪效益提高，猪粮比价达到7∶1，每出栏一头猪可盈利200多元。台江县涌现了一批规模养猪专业大户，城关下岗职工唐湘源夫妇创办的兴旺养殖场，自繁自养，实行集约化作业，生猪生长速度、饲料报酬率和瘦肉率提高，经济效益可观，仅2006年，夫妇俩出栏育肥猪800多头，出栏仔猪200多头，一年净赚20余万元，成了台江县第一养猪大户。2005年唐湘源被评为省劳模，2005—2006年贵州省农村拔尖人才，2006年获得省批准的养殖协会项目、贵州省农民专业合作经济组织试点单位。2010年全县有养猪专业户100头猪场2个，50头猪场4个。

现代养猪多数采用改熟喂为生喂，改外购仔猪为自繁自养，改仔猪晚补料为提前补料，改吊架子育肥为直线育肥，改养大肥猪为适时出栏；基本实现猪种良种化、栏舍标准化、饲养科学化、管理规范化、防疫制度化的技术；生猪人工输精技术、杂交改良技术、集约化养殖技术逐步推广，品种质量逐步提高。2006年台江县有种公猪26头，其中良种公猪18头，占69.2%；母猪存栏21569头，其中良种母猪15659头，占72.6%。出栏商品猪基本上为二元、三元杂交猪。饲养周期缩短，以90公斤计算，专业户养猪180天出栏，农户养猪一般6～7个月出栏。

1991—2010年的20年间，养猪业也出现时起时落，如2004年猪价好，猪存栏稳定，2005年下半年到2006年上半年，猪粮比价落到3.7∶1，大多养猪户亏损，大伤元气。全县养猪跌落一段时间后，有所回升。

四、养羊

20世纪90年代中期，全县9个乡（镇）相继成立山羊开发公司。成立开发公司后，农发行在各个乡镇都投入一定的项目资金，台拱镇、方召乡、南宫乡和老屯乡在1996年至1997年到外地引进一批贵州黑山羊、南江黄羊进行饲养。1998年，台拱镇干部张天闻在红阳万亩草场上面饲养的黑山羊发展到450只的规模，时贵州省农学院李云龙教授到场里指导工作，2003年时任县长潘亮组织人员前往参观考察。后又发放给农户饲养，因农户饲养管理不善，山羊的发展逐渐下降，剩下一些规模较小的专业户。

2006年，台江县又争取得到“优质肉羊基地建设项目”，在台拱镇、革一乡、方召乡的部分村组实施，在革一乡人民桥李云峰处投入90只能繁基础母羊，半年多时间羊群发展到180多只，出栏60多只；在台拱镇台雄村的杨武明处投入20只能繁母基础羊，羊群发展到35只，出栏商品羊20余只。到2010年山羊存栏由1990年的781只增加到5215只，增长6.68倍，出栏率由39.82%提高到67.31%，提高27.49个百分点。

五、养兔

农户饲养家兔一般用来宰食，也有个别作为宠物饲养，饲养量少。台江饲养家兔分布在施洞、老屯、南宫、方召的村寨，品种大多数是本地自留的老品种，个体小，体重在1.5公斤左右。毛为灰、白色。1996—1997年，方召乡政府根据养兔发展快的特点，在副乡长何明福的努力下，分别在方召、歹忙、黄毛、反排4村引进了三批优良兔种给农户饲养，1997年年底全乡存栏兔0.9万只。1998—2010年，全县存栏肉兔均在1万只左右，发展规模不大。

六、养家禽

20世纪90年代以来，台江县的养禽业发展很快。养禽由传统方式逐步向专业化、规模化及棚养转化。1998—2000年，老屯乡岩脚村女青年姜作兰利用河边草地养鸡，年出栏商品肉鸡1万余只，年收入近万元。2000—2005年台江县水利局在台盘乡龙井开展的林下养鸡获得成功，年出栏商品鸡10万只，年获纯利近6万元；台盘乡的潘家荣在家承包乡里的基地开发养鸡，年出栏商品鸡10余万只，年获纯利5万余元。到2010年，家禽存栏由1990年的9.16万只增加到25万只，增长2.73倍，出栏率由48.44%提高到91.59%，提高43.15个百分点。

1991—2010年台江县牛存出栏统计表

表11-3

年份	存栏（头）	其中：黄牛（头）	其中：水牛（头）	能繁母牛（头）	其中：黄牛（头）	其中：水牛（头）	出栏（头）	出栏率（%）	肉产量（吨）
1991	28261	19519	8742	18705	14226	4479	947	3.35	90
1992	28550	19771	8779	14715	10003	4712	1220	4.27	106
1993	32634	21527	11107	17330	10710	6620	1716	5.26	139
1994	31265	22426	8839	14234	9940	4294	1716	5.49	154
1995	32536	23047	9489	15131	10092	5039	2033	6.25	183
1996	33626	23821	9805	15729	10625	5104	2854	8.49	257
1997	35487	24208	11279	16055	10752	5303	3075	8.67	277
1998	35384	24267	11117	16434	10781	5653	4375	12.36	428
1999	36902	24277	12625	24077	17505	6572	4691	12.71	381
2000	36581	22807	13774	18331	12221	6110	4994	13.65	475
2001	44318	27656	16662	23530	14914	8616	5127	11.57	459
2002	44948	29095	15853	31098	22944	8154	3488	7.76	613
2003	46098	30632	15466	26032	17486	8546	9005	19.53	751
2004	49305	33489	15816	28567	19757	8810	10254	20.80	920
2005	51277	37276	14001	33095	24463	8632	11012	21.48	1008
2006	51394	35908	15486	33123	23862	9261	11912	23.18	1064
2007	22936	16073	6863	7344	5214	2130	3505	15.28	428
2008	29109	9672	19437	16113	403	15710	4056	13.93	451
2009	30731	680	30051	19153	408	18745	4231	13.77	473
2010	32909	9818	23091	18293	452	17841	4097	12.45	458

1991—2010年台江县养马统计表

表11-4

单位：匹

年 份	存 栏	能繁母畜	年 份	存 栏	能繁母畜
1991	24	10	2001	16	8
1992	19	7	2002	18	12
1993	19	8	2003	20	12
1994	13	4	2004	62	28
1995	13	5	2005	63	26
1996	14	4	2006	63	23
1997	16	7	2007	731	158
1998	16	9	2008	213	38
1999	18	10	2009	244	40
2000	16	9	2010	231	50

1991—2010年全县生猪统计表

表11-5

年 份	存数（头）	能繁母畜（头）	出栏（头）	出栏率（%）	肉产量（吨）
1991	53386	9380	21830	40.89	1359
1992	53647	3795	21342	39.78	1412
1993	53776	3443	22766	42.33	1546
1994	57968	3545	31562	54.45	2101
1995	59423	3639	32243	54.26	2257
1996	61015	3827	33656	55.16	2356
1997	61846	3501	34889	56.41	2442
1998	62078	3552	36151	58.23	2531
1999	65376	6806	40728	62.30	2678
2000	67933	11316	43359	63.83	3138
2001	72899	11684	45347	62.21	3348
2002	77379	8253	37486	48.44	3461
2003	76376	7691	60758	79.55	3939
2004	92224	8805	61420	66.60	4603
2005	100678	14311	60503	60.10	5368
2006	103500	21569	72690	70.23	5992
2007	108599	9040	83467	76.86	6781
2008	59810	8246	37724	63.07	2864
2009	61604	8153	42791	69.46	3146
2010	63021	7596	44610	70.79	3232

1991—2010 年全县山羊统计表

表 11-6

年　份	存栏数（只）	能繁母畜（只）	出栏数（只）	出栏率（%）	肉产量（吨）
1991	781	138	311	39.82	1.0
1992	413	122	144	34.87	2.6
1993	289	78	89	30.80	2.3
1994	345	126	116	33.62	2.0
1995	836	213	268	32.06	4.6
1996	1473	605	494	33.54	8
1997	3625	2466	1082	29.85	16
1998	5195	2640	1477	28.43	25
1999	6978	3646	2154	30.87	32.5
2000	4938	2416	1593	32.26	27
2001	10072	4503	1773	17.60	27
2002	8305	4569	1027	12.37	27
2003	9773	2349	3592	36.75	55
2004	9655	2297	3912	40.52	61
2005	10243	2838	4521	44.14	68
2006	10930	3733	4521	41.36	78
2007	108599	9040	83467	76.86	6781
2008	59810	8246	37724	63.07	2864
2009	61604	8153	42791	69.46	3146
2010	63021	7596	44610	70.79	3232

1991—2010 年全县家禽统计表

表 11-7

年　份	存栏（只）	出栏（只）	出栏率（%）	肉产量（吨）	蛋产量（吨）
1991	91625	44382	48.44	71	68
1992	93736	46875	50.00	75.00	60
1993	257524	137390	53.35	211	40
1994	284191	111227	39.14	180	100
1995	105116	97536	92.79	156	90
1996	118382	106530	89.99	170	85
1997	132648	125452	94.58	188	90
1998	150735	136915	90.83	219	75
1999	195344	158457	81.12	249	75
2000	180921	163984	90.64	223	70

续表 11-7

年 份	存栏（只）	出栏（只）	出栏率（%）	肉产量（吨）	蛋产量（吨）
2001	166986	154404	92.47	231	166
2002	193629	201527	104.08	322	143
2003	217851	302806	139.00	441	183
2004	242332	324596	133.95	487	191
2005	328130	318538	97.08	515	205
2006	328130	293908	89.57	495	205
2007	426295	331150	77.69	551	202
2008	138614	154082	111.16	231	151
2009	247774	200960	81.11	371	191
2010	261016	224204	85.90	387	206

1991—2010 年全县畜牧产值统计表

表 11-8

单位：万元

年 份	产 值	占农业总产值（%）	年份	产 值	占农业总产值（%）
1991	1450	21.25	2001	4056	20.89
1992	1866	22.83	2002	2584	13.69
1993	1579	17.88	2003	4536	22.33
1994	2356	22.87	2004	5583	26.42
1995	2573	20.17	2005	6314	17.20
1996	2657	18.09	2006	7378	28.02
1997	2884	18.75	2007	4871	18.59
1998	3366	20.03	2008	7233	22.55
1999	4197	38.90	2009	7683	22.89
2000	3854	22.93	2010	8213	20.86

第二节　水产养殖

一、稻田养鱼

台江的传统稻田养鱼历史悠久，而且鱼肉鲜美，市场价位不菲。政府为了引导农民利用稻田养鱼，增加农民的收入。1996 年始县政府免费发水泥，扶持一些拥有大田的种粮大户，逐修田埂，利用稻田养鱼。当年，每个行政村都有 1～2 户的示范户，在挨近城镇、交通方便的养鱼户有的得到实惠。2007 年在实施“一户一技能”活动中，稻田养鱼是一项惠民的工程，政府加大扶持。是年，全县稻田养鱼 3 万亩，总产量 362 吨。2010 年台江稻田养鱼面积 3903 公顷，706 吨。

二、水库养鱼

台江的有烂塘水库、杨家沟水库、麦哨冲水库、交下水库、岩寨水库、台雄水库等，水库面积不大，养殖较少。只有岩寨水库有几个网箱养鱼，产量少，还没有形成规模，其他水库都是放鱼自养，由当地群众和水利局共同管理。

第三节 养殖技术推广

1991—2010年的20年间，台江县委、县政府按照省、州部署，在各个时期，制定了一系列方针政策，致力于畜牧业发展。并从县情实际出发，在“八七”扶贫攻坚和新阶段扶贫开发工作中，对贫困乡、村采取了一系列特殊优惠政策，从发放贷款、投入资金、技术服务、培训乡土人才等各个方面鼓励扶持农民发展生产，生产关系发生了很大的变化，加上科学技术的日新月异，生产条件和基础设施不断改善，养殖技术普遍推广，对推动畜牧业生产起到了积极作用。很大程度上，扭转了过去农村“养牛为耕地，养猪为过年，养羊为踩粪，养禽为找盐巴钱”的传统旧习，农民发展畜牧业商品经济意识增强，畜产品市场繁荣活跃，显示了畜牧业开始摆脱自给、半自给的自然经济格局。逐步转向商品化、专业化、社会化方面发展。

1991年10月，台江县“建镇并乡撤区”工作全面完成，各乡（镇）组建农牧综合站。在省、州的重视支持下，台江县组织县、乡两级科技、行政工作人员积极宣传发动，努力发展畜牧业。养殖技术推广，主要开展“四良四改三提高”技术，“四良”即良种、良法、良料、良舍，“四改”即改本地品种为杂交品种、改熟料为生料、改深坑湿圈为干平水泥圈、改吊架子育肥为直线育肥，“三提高”即提高饲料利用率、提高出栏率、提高出肉率。

一、养猪技术推广

台江县各地方养猪饲料有糠麸、糟渣、菜籽饼，猪食的青、粗料有杂草、野菜、水芹、牛皮菜、葛藤叶、苕藤叶，以及玉米、红苕、杂豆、马铃薯等精饲料，还有绿肥作物紫云英、苕子、红白三叶、菊苣等优质牧草。农民常有“打猪菜”的习惯。饲喂方法上，主要是将猪菜切细、砍烂、煮熟，常说的“煮猪潲”，少喂勤添，边吃边添。养猪有圈，圈里有槽，槽里放潲，公猪、母猪、肥猪、架子猪分圈饲养。随时保持圈舍清洁干燥，出栏的猪肉细腻、味道香、口感好，很受人们青睐。但是这种饲养方法费时、费力，喂养头数不多，出栏率底，不能适应市场的发展要求。

20世纪90年代后，随着科学养猪配套技术的推广和饲料工业的发展，饲养管理技术和饲养水平相应提高，全县农村出现了科学养猪热。农户对猪的饲养技术大大地提高，将“两推”（推广经济杂交，推广混、配合饲料）“五改”（改单一饲料为配合饲料，改稀料熟喂为干湿生喂，改吊架子为直线育肥法，改深坑湿圈为干平水泥圈，改喂长命猪为适时出槽）列为快速养猪的新技术推广。推广科学饲养管理方法，并培训饲养技术，加强疫病综合防治，使全县猪的病死率由1990年的8%降至2010的3%，商品育肥猪中杂交猪占90%以上。

1998—2010年，全县开展农村“三改”（改厕、改圈、改厨）工作，将猪圈与沼气池连在一起修建，极大地改变了农村卫生环境，使人畜共患病的发生得到有效控制。同时，全县还开展了新法养猪技术，包括圈舍改造、浓缩饲料喂养、混合饲料喂猪、制作青贮饲料、沼液喂猪等。台拱镇兴旺养殖场唐湘源采用了“母猪怀孕限位栏”“全漏缝分娩栏和保育栏”“仔猪早期断奶饲养”等成套先进养猪技术；老屯乡望京村普遍采用“沼液喂猪”“混合饲料干湿喂法”，大大提高了猪的生长速度，缩短了饲养周期，提高了猪的商品率，收到了较好社会效益和经济效益。

二、养牛技术推广

台江县牛的饲养管理，有终年舍饲和冬放牧（春耕收回）两种形式。饲草有刈割野草、芭茅秆，采集野青草或收堆稻谷草作饲料。秋收堆稻草结束后，有的地方以放牧为主，有的地方制定村规民约圈养，不准放牧田坎、路边吃冬季作物。方召乡方召村、基甲村、脚南村、黄毛村、李子村等村，在靠近自家承包地较集中的坡上建牛圈，长年累月把牛关在圈里饲养。在放牧上有小型分散或集体放伙牛方法。春播秋耕后，赶牛上山放牧，任牛自由采食杂草，早出晚归，日牧一次。牧后圈内加草补饲，并检查修补栏圈。夏秋炎热天气，每日上下午放牧，中午回圈。夜晚归圈并补草、补料、饮水，同时驱除蚊蝇。农忙季节常喂米糠、玉米、杂豆等精饲料，冬季铡草拌料喂养，做到勤喂、勤饮、草净、圈干、食饱。农家把牛当作半个家业，所以对牛管理十分好。谚语“种地无牛空起早，庄稼缺肥枉费心”“千刮刮，万刮刮，不为老牛犁一铧”“十个年轻汉，比不上一头老黄牛”，对牛爱护备至。饲养管理极善，技术不断提高，经济亦颇丰富。

进入20世纪90年代，人们喜吃牛肉，黄牛的价值不断升高，市场价格看好。因而，推广肉牛育肥技术也不断提升。台江县委、县政府根据国务院、省、州《关于加快畜牧养殖业发展的意见》精神，号召全县发展养牛业。2003—2004年，台江县连续获得“优质肉牛科技扶贫项目”的实施，项目实施两年，总共投入资金200万元。按照“三统两分一保”（统一设计规划建舍、统一开通水电路、统一技术服务，分户饲养、分户经营，开展疫病保险）办法实施。项目实施地点在革一乡的屯上村、新寨村，南宫乡的汪江村，台盘乡的龙井村，台拱镇的排汪村，老屯乡的长滩村、望京村，建立示范点6个，重点推广牛人工授精、舍式肉牛育肥技术、青贮氨化养牛技术。并利用整村推进项目在台拱镇的五寨村、南省村，方召乡的养薅村引进外地优良牛品种发展肉牛育肥技术。两年项目实施结果，汪江村的周绍明存栏牛35头，革一乡屯上村的范余金存栏牛108头，革一乡人民桥李云峰存栏牛78头，台盘乡龙井村潘子盈存栏牛32头，老屯乡长滩村的熊庆来存栏牛24头。户均增收超过10%。至2010年，项目实施户仍受益。

三、养羊技术推广

山羊饲养是台江县农民的一个传统养殖业。山羊饲养周期短，投入少见效快，市场价格看好，部分农户就选择饲养山羊。台江山羊饲养仅次于猪和牛的数量而居各类牲畜第三位。农民养山羊普遍采取：一是全天放牧为主，割草舍饲为辅，早出晚归；二是选择在饲草饲料资源丰富的天然草场放牧饲养；三是选好草山资源地点，利用山羊可采食各种饲草、饲料，且善于攀登高峰，在牛马不能采食的悬崖陡坡杂草、树叶，山羊都能采食到的特性放牧，但以灌木林、牧草繁茂的干燥地带为好，不在低湿、沼泽地放牧，是为了防感染肝片吸虫、寄生虫或其他疾病造成死亡；四是及时补充饲料，山羊在头年10月到翌年3月枯草季节放牧回圈后，多补树叶、青干草和秸秆等。春季放牧一般是在露水干后，是因为养羊农民懂得吃带冰露水的牧草，会引起胃肠病或发生其他病。暑天炎热，不能突然饮水过量。此外，每天每只羊还补喂少量食盐，让其舔食，以增进其食欲。

台江县除了引进优良品种外，还推广了羊改技术、舍式与放养相结合技术、羔羊补料技术，改地面深坑圈为吊脚楼式羊舍，实行分栏管理，定期防疫、驱虫、消毒等技术，山羊肉质得到了改善。同时推广了青贮氨化技术，使母羊繁殖率、羔羊成活率得到提高。

四、养禽技术推广

台江县禽类有鸡、鸭、鹅、鸽。禽类的养殖技术，从1991年开始推广颗粒饲料、混合饲料喂养，改变过去粗放传统的饲养方法。并引进优良禽种，采用舍式养殖技术。鸡舍呈长方形，上下三层，外有围着高墙的运动场，白天让鸡自由出入、啄食、饮水；鹅舍为单列式或双列式隔地关鹅。

饲养管理技术上，先培训后饲养，先建舍后引种，圈养与放养相结合。养殖场都是去外地打工学了一定饲养管理技术的人员，一般都做到抓好饲养管理技术的全过程，如搞好禽的饲料营养和配合、品种选择，育雏、青年鸡、肉用鸡的饲养管理，禽的传染病、寄生虫病、普通病、各类中毒的防治等。

五、品种改良

牛品种改良　牛改工作始于1985年，当年全县在养牛较为集中、方便群众拉牛配种的小乡设有输精员、配种架，建人工授精工作室，6年间共完成母牛输配3034头（次），产杂交犊牛1027头。1990年后，由于缺乏牛改经费，牛改工作中断。

2002年年初，中断了12年之久的牛改工作，在高级畜牧师何明福的努力下，积极筹措资金，争取省州经费支持，恢复了牛的冻精人工授精输配工作，黄、水牛改良效果显著。经过5年时间，先后在台拱城关、红阳村、南宫乡江汪村、交下村、台盘龙井村、革一乡屯上村、老屯乡长滩村建立人工和本交牛改点7个，共输配母牛7407头，平均受孕率为43.4%，产犊1846头。经测定，杂交犊牛初生体重比同龄本地牛体重提高40%以上，1周岁杂交牛体重比同龄本地牛体重提高60%以上。上桃村李泽海6个月的杂交犊牛开价800元不愿卖，阳汪寨张明富的5个月杂交犊牛卖到780元一头。

台江县引进的牛冻精品种有西门塔尔、红安格斯、黑安格斯、利木赞等黄牛品种，摩拉、里尼等水牛品种。2006年有利木赞公牛2头，安格斯1头，西门塔尔1头。

2002—2010年牛品种改良统计表

表11-9

年　份	母牛输配（头次）	产杂交犊牛（头）	年　份	母牛输配（头次）	产杂交犊牛（头）
2002	365	—	2007	1659	1234
2003	1123	142	2008	1355	1021
2004	1776	426	2009	1308	960
2005	1635	687	2010	1070	736
2006	2508	591			

猪品种改良　台江县畜禽品种改良工作，始于1978年，最初以猪的品种改良为先，县畜牧局修建一幢种猪舍，采用人工授精技术，供全县猪的输配改良用。猪的人工授精受胎率高，产仔多，初生个体大，效益高，操作简单、快捷、方便，人民群众普遍接受。

猪品种改良分为两个阶段。第一阶段：1991—2000年，二元杂交猪生产阶段，父本为大约克和长白，母本为本地母猪。以县农牧局猪品种改良点为重点，台拱镇、革东镇、方召乡、排羊乡、台盘乡等乡镇的村寨，采取人工授精和本交进行猪品种改良。每年县局猪场有纯种公猪6头以上，纯母猪8头以上。其间，全县养猪以散养的多，养猪户喜欢到县局种猪场配种，每年推广杂交猪占全县饲养量的70%左右。第二阶段：2001—2010年，三元杂交猪生产阶段，父本为大约克、长白，母本为长本杂、约本杂，然后以杜洛克为终端父本，生产杜长本、杜约本内三元杂交猪。其间，随着个体户、专业户、重点户养猪的增多，大多是自繁自养，都养有优良种公猪，县局种猪场的种公猪饲养量减少，每年有纯种公猪在3～5头。全县推广杂交猪在95%以上。

山羊品种改良 1991—2000年，台江县主要引进贵州黑山羊与本地山羊进行杂交改良。1997年方召乡到都匀墨冲引进贵州黑山羊种羊327只。老屯乡到都匀墨冲引进贵州黑山羊种羊163只，南宫乡到德江引进黑山羊种羊98只。

2001年后，引进了波尔山羊、南江黄羊等优良品种对本地品种进行改良。2003年，老屯乡到镇远引进波尔山羊公羊2只，基础母羊38只；县畜牧局在城关镇建立人工羊改点，引进的羊品种主要是波尔山羊冻精。县畜牧局组织8个乡镇的羊改员到六盘水地区的盘县学习羊改操作技术。2004年，台盘乡龙井龚正坤老板引进了波尔山羊82只，其中公羊3只，基础母羊79只。是年，州农业局品改站在台江举办为期四天的羊改实地操作技术，台江县有12人参加培训。

兔品种改良 选育本地白兔、灰兔饲养，1996—1997年，陆续从省外引进新西兰灰兔、日本大耳兔、比利时兔、加利福尼亚兔等优良品种对本地品种进行杂交改良。

禽品种改良 家禽的品种改良，从1990年开始逐步推广外地良种。最先是肉鸡，境内处处饲养，肉鸡生长快、个体大，也好吃，人们喜欢饲养。后来，逐渐引进北京鸭、樱桃谷鸭、平坝灰鹅等优良禽品种饲养。

台江县在禽类品种改良上，以引进为主，选育为辅，提纯复壮，不断提高各项生产性能指标。

鸡品种。选育和保留本地麻鸡、乌骨鸡；1991—1993年引进肉鸡品种；1993—2010年引进贵州黄脚鸡、艾维菌鸡等大型品种。

鸭品种。选育本地麻鸭，引进品种有三穗麻鸭、番鸭、樱桃谷鸭、绍兴鸭。

鹅品种。1991—2001年，以本地鹅选留为主，引进平坝灰鹅、四川白鹅进行繁殖改良。2002年，引进狮头鹅328只在老屯乡开始饲养，2003—2010年又引进莱茵鹅在台拱、南宫饲养发展。

第四节 畜禽疫病防治

根据资料记载，台江县历年发生过的畜禽传染病有以下几种：人畜共患病的有炭疽、结核、狂犬病、口蹄疫、破伤风、布氏杆菌病。

牛有牛巴氏分枝杆菌病、气肿疽、牛流感、传染性角膜炎、病毒性下痢—黏膜病、传染性鼻气管炎、烂舌病。

猪有猪瘟、猪丹毒、猪巴氏分枝杆菌病（猪肺疫）、仔猪副伤寒、霉形体病（猪喘气病）、水肿病、仔猪白痢、流感、猪痢疾、传染性胃肠炎、猪腹泻、附红细胞体病、圆环病毒病、传染性胸膜肺炎。

羊有羊腐蹄病、传染性胸膜炎、传染性角膜炎、传染性口炎。

鸡鸭有鸡新城疫（俗称鸡瘟）、鸡马立克氏病、鸡白痢、传染性喉气管炎、传染性浆膜炎、霉形体慢性呼吸道病及禽类禽霍乱、鸭瘟、葡萄球菌病、小鹅瘟。

兔有巴氏分枝杆菌病、兔瘟、兔副伤寒、兔的葡萄球菌病等。

1991年以来，台江县在动物防疫工作上，实行检疫诊断、疫苗接种综合防治措施。坚持每年春、秋两防，常年开展牲畜市场检疫和诊断治疗工作。1994—1995年，台江县实行"动物防疫双轨责任制"开展春、秋两季动物防疫工作，即行政轨和业务轨，行政轨是县乡两级政府负责动物防疫工作宣传、发动，包密度；业务轨是畜牧技术部门负责防疫药品等物资的准备和预防注射，包质量。将动物防疫纳入畜牧养殖业的重要工作环节。

1991—2010年，县乡畜牧兽医部门共完成活畜检疫19.735万头，平均每年检1.23万头；检疫肉品2.27万吨，平均每年检疫0.14万吨；完成猪瘟疫苗注射164.6万头头剂，平均每年10.29万头剂；

注射猪副伤寒疫苗 14.43 万头剂，平均每年 0.71 万头剂；注射猪 W 疫苗 75.4 万头剂；注射牛 W 疫苗 42.4 万头剂；注射羊 W 疫苗 4.76 万头剂；无害化处理病畜禽 0.35 万头羽。通过对畜禽及其产品实施检疫、注射各类畜禽疫苗，有效地控制了畜禽疫病的发生、流行，畜禽防疫检疫工作逐步向法制管理方向发展。也由于县财政困难的原因，1999 年 4 月全县 38 名村级兽防员被解聘。

1991 年，发放兽医卫生合格证 135 本，处理违反兽医卫生法规案 2 起，无害化处理病畜禽 0.008 万头（羽）。1992 年检疫活畜 1 万头，检疫畜产品 0.13 万吨，无害化处理畜禽 0.095 万头（羽）。1993 年，完成注射猪瘟 9.8 万头剂，猪瘟免疫密度 85.5%，注射猪副伤寒 0.62 万头剂，无害化处理病畜禽 0.01 万头（羽）。1994 年，全县投入春秋两防经费 15500 元，狠抓兽药防、检、治综合工作，加强对“五号病”及“猝死病”的普查与监视，高温处理病猪 104 头，高温处理病牛 7 头、无害化处理 2 头。1995 年，实行动物防疫“双轨”目标管理责任制，成立由主管农业副县长任动物防疫双轨领导小组组长，明确行政轨和业务轨工作职责，加强政策宣传和业务技术培训，强化了行政干预，增强了服务功能。

1996 年，继续推行“双轨”制防疫措施，开展农贸市场“三检”及道路交通运输检疫，处理违法违规案件 6 起，高温处理病猪 46 头、牛 4 头。1997 年，坚持以预防为主，以畜禽防疫“双轨”为龙头，集中屠宰，到点检疫为重点，检、治、监、驱并进的原则，严格控制“两瘟（猪瘟、鸡瘟）、五病（五号病、炭疽病、牛出败、猪丹毒、猪肺疫）”的要求，努力开展兽医社会化服务工作。发放兽医卫生检疫委托证单位 9 个，集体兽医卫生合格证 1 份、行医证 34 份，受理兽医卫生违纪违规案件 8 起，其中罚款教育处理 4 起。1998 年，政府、公安、税务、工商、交警、畜牧等部门参与配合，通过检查、消毒、堵截外疫，加强动物产地检疫、市场检疫，春秋两防免疫等工作，猪、牛、羊的死亡率分别下降到 4.7%、1.75%、11.4%。1999 年成立以县长为组长的防五指挥部，县农牧局专门配备一辆小车作为 W 疫病防控专用车，无害化处理带病牲畜 570 头，其中牛 211 头，猪 359 头。

2000 年，加大对草食动物疫病综合防治能力，严格疫情监测及兽医卫生监督制度，重点疫病实行 24 小时值班监控，实行零报告制度。2001 年，重点控制牲畜 W 病，加强“禽流感”防范监控，采取“五强制，两强化”的措施，完成发放牲畜免疫证 16746 本（份），发放动物产地检疫宣传资料 10000 余份。2002 年，以控制扑灭重大动物疫病为主，其他因病设防，对并施治，坚持预防为主，检、治、驱、监相结合，优质服务，依法防疫。发放动物免疫证 8 万张，免疫耳标标识 4 万头（枚），无害化处理并牛 5 头，病猪 4 头。2003 年 3 月，畜牧兽医工作人员从农业局单列出来，成立“台江县畜牧产业发展局”，防疫检疫工作进一步得到加强。完成就诊各种畜禽疫（疾）病 5715 例，化验室细菌学病料检查涂片镜检 14 次。2004 年制定《台江县重大动物疫病处置方案》，无害化处理病畜禽 440 头（羽），其中，猪 28 头、禽 412 羽。无害化处理冻鸡肉 100 公斤，禽蛋 158 公斤。

2005 年，制定《台江县高致病性禽流感应急预案》，无害化处理病禽 186 羽，带病禽蛋 100 公斤。2006 年，无害化处理病牛 114 头，病猪 8 头，实施“动物防疫基础设施建设项目”，改造和维修排羊乡、南宫乡、老屯乡的兽医实验室，为动物疫病的监测、预报和防治创造了基础条件。

第五节　农资市场的监管与执法

2004 年 5 月 25 日，成立台江县农业局法制股和台江县农业局执法大队，农业局法制股事业编制 2 名，职数 1 名，台江县农业局执法大队（股级），事业编制 3 名，职数 1 名，法制股和执法大队列入参照国家公务员制度管理范围。

2004 年 5 月，台江农业局执法大队组织农技站、种子管理站等有关单位，对全县 8 个乡镇以及县城的农资门市、摊点等 15 个单位进行了多次检查，取缔了无证经营的农资门市和摊点，严厉打击了经营假劣、违禁农药、种子的不法商贩，使全县的农资市场得到了进一步规范，保护了农民群众的切身利益。至 6 月底，共出动 12 次，没收假劣违法经营种子 360 公斤，没收假劣违禁农药 11 公斤。

2006 年，根据州农业局《关于开展〈农业生产资料监督管理工作暂行规定〉贯彻落实情况检查工作的通知》（州农发〔2006〕52 号）要求，台江县农业局对贯彻落实情况进行了自查检查。根据州农业局《关于转发省农业厅〈关于组织开展农资企业清理登记工作的通知〉的通知》（州农通〔2006〕36 号）要求，对县辖区的农资企业进行了清理登记，经营户数为 11 户，均为委托经营。根据经营资产划分，50 万～100 万元的有 1 户，10 万～50 万元的有 4 户，5 万元以下的有 6 户。根据经营种类划分，经营农作物种子的有 8 户，经营农药的有 9 户，经营肥料的 9 户。是年，农资市场监管执法，共出动行政执法人员 372 人次，其中，种子执法 134 人次、肥料执法 131 人次、农药执法 107 人次。检查农资市场 163 场次，其中，种子市场 55 场次、肥料市场 59 场次、农药市场 49 场次。检查农资经营户 802 户次，其中，种子经营户 294 户次、肥料经营户 201 户次、农药经营户 307 户次。检查农资经营企业 93 个次，其中，种子经营企业 27 个次、肥料经营企业 23 个次、农药经营企业 43 个次。申请台江县人民法院强制执行 2005 年台江县南宫乡供销社经营绿肥劣种子案，没收违法所得及罚款 1100 元。

2007 年，共出动农业行政执法人员 815 人次，检查农资市场 187 场次，农资经营户 875 户次，农资经营企业 131 个次，印发各种法律法规宣传资料 1.173 万份。开展种子经营网点备案 57 个，备案品种 130 余个，数量 8.57 万公斤。在农资市场打假中，立案查处一般违法案件 2 起，对违法者没收其违所得及罚款 245 元；查处电鱼案 2 起，没收电鱼机 2 台，拆除施洞清水江八埂村农户承包河段 80 余张刺网，缴获鱼物 300 公斤。

2008 年，台江县农业局成立了“台江县农打假监督工作领导小组”，制定《台江县 2008 年农资打假和监管工作实施方案》，以打假、护农为出发点，开展“春季农资打假集中整治行动”“放心农资下乡进村宣传周”“夏季农资打假百日行动”“秋季农资打假专项治理行动”等系列活动，经常性地开展农资市场检查，组织打击制假售假，进一步规范农资经营行为，维护了农资市场经济秩序的稳定。是年，共出动执法人员 382 人次，检查农资经营户 955 户次，检查农资经营企业 80 个次，组织培训农资经营户 4 期 216 人次。

第三章　林业

第一节　林业资源

台江地处苗岭主峰——雷公山北麓，褶皱断层发育，属深切割低中山类型，山地面积占总土地面积的83.88%。属中亚热带常绿阔叶林带，森林分布面广，种类繁多，有得天独厚的立地条件，是植物动物优良的繁衍生息之地。

1990年，全县总面积180.9万亩，其中林业用地面积133.11万亩，占总面积的73.58%；1992年，林业用地面积110.69万亩，比1990年减少了22.42万亩；2003年，革东镇划拨给剑河县管辖，全县总面积为162.56万亩，其中林业用地100.24万亩；2006年，林业用地面积为125.69万亩，占总面积的77.32%；2010年，政府重视林业工作，把施洞镇杨家湾、南宫乡交下、展丰等农牧地转变为林业用地，以及实施退耕还林，大力封山育林，使林业用地不断增加。

1987年，全县森林覆盖率23.77%，为历史上最低；1992年，上升至43.85%；2006年，森林覆盖率为58.88%；2010年，森林覆盖率为65.47%。

1987年，县境内有林地面积38.26万亩，占林业用地面积的28.74%。1992年，有林地面积73.75万亩，占林业用地面积66.62%。2006年，有林地面积87.37万亩，占林业用地面积74.64%。

1987年，全县活立木总蓄积275.84万立方米，其中人工林蓄积66.12万立方米，占总蓄积的23.97%；天然林蓄积209.72万立方米，占76.03%。1992年，总蓄积275.82万立方米，其中人工林蓄积63.32万立方米，占22.96%；天然林212.5万立方米，占77.04%。2006年，活立木总蓄积273.11万立方米，其中人工林蓄积115.93万立方米，占42.45%；天然林蓄积157.18万立方米，占57.55%。全县活立木总蓄积比1987年下降0.02万立方米，2006年比1992年下降2.71万立方米。近20年来，森林蓄积量基本保持平衡状态。由于对天然林过度砍伐，天然林总蓄积急剧下滑，2006年比1992年下降了55.32万立方米。

主要树种中，速生树种有杉木、马尾松、化香、香樟、八角枫、云南樟、野黄樟、泡桐、赤杨、滇楸、香椿、檫木、刺槐、山合欢、臭椿、乌桕、喜树、木荷、木油桐等22种，生长较慢的树种有青杠、榉木、漆树、麻栎、栲类、杨梅、桑树、光皮树等。全境属中亚热带常绿阔叶林带，以松、杉为主，分布最广。南宫乡阔叶树种最多，其次是台拱镇的登交、红阳和排羊乡的南刀、翁脮等地。列为国家重点保护的珍稀濒危树种有14种，其中一级保护有南方红豆杉、银杏、钟萼木3种，二级保护的有篦子三尖杉、翠柏、柔毛油杉、台湾杉、福建柏、十齿花、闽楠、马尾树、香果树、伞花木、香樟11种。珍稀保护树种秃杉分布在交包村、东老杨家湾、巫脚交、红阳、登交等地；福建柏、马尾树、水青树、钟萼木、十齿花、香果树、鹅掌楸、木瓜红、金佛山兰等主要分布在交密村、东扛村、南刀村；银杏在排羊乡也有少量；闽南、半枫荷、穗花杉、油杉、红豆杉、梓树、银鹊树、红花木莲、厚朴、翠柏、黄杉等主要分布在南宫乡、登交村、南刀村、红阳村、方召乡等地。

野生植物可食用的有猕猴桃、刺梨、杨梅、香菇、竹笋、蕨菜、木耳、百合粉、七月瓜、糯苕等，全境均有出产。可入药的有天麻、天门冬、厚朴、桂皮、半夏、黄柏、葛根、五味子、金银花、杜仲、桔梗、泡椤、何首乌、麦冬、土茯苓、独脚莲、蛇莲、山楂果、益母草、鸡爪椤、冰球子、黄药子、地苦胆、白芨、血三七、八角莲、竹节人参、三棵针、十大功劳、马蹄香、山豆根、四块瓦、马鞭草、三百根、泡桐杆、水三七、小血藤、开喉箭、虎杖、接骨草、刀口药、蛤蟆菜、雷公菜等150多种。天麻主要分布在红阳、排羊、东扛、交密、交下、登交、南宫、平兆等地，其他药材全县境内均有分布。可作轻工原料的有五倍子、木姜子、巴茅杆、棱草、山苍子、构皮、棕片、青杠子等。巴茅秆主要产于施洞、台拱，其他全县境内均有分布。

野生动物兽类有食虫目、翼手目、灵长目、鳞甲目、兔形目、啮齿目、食肉目、偶蹄目8目20科40属，常见的有长尾鼩鼹、黄鼬、鼯鼠、岩松鼠、巢鼠、豪猪、猕猴、短尾猴、穿山甲、华南兔、狐、蝙蝠、松鼠、水獭、獭猫、小鹿等，偶尔也能碰到黑熊、麝羊、灵猫等。属于国家一级保护的有林麝；国家二级保护的有猕猴、穿山甲、黑熊、鬣羚、水獭、大灵猫、小灵猫、斑灵狸、金猫9种。主要分布在南宫乡、红阳村、登交村、反排村、南刀村、巫脚村等地的深山密林中。

爬行类有龟、蜥蜴、蛇3目8科56种，常见的有石龙子、北草蜥、眼镜王蛇、五步蛇、烙铁头、银环蛇、竹叶青、松花蛇、搅花铃蛇、翠青蛇、菜花蛇和乌烧蛇等。南宫乡种类和数量最多。

鸟类有雁形、隼形、鸡形、鹤形、鸽形、鹃形、鸮形、雨燕等11目30科130种，区系组成以东洋界为特色，多为华中种类。白颈长尾雉为国家一级重点保护动物；鸳鸯、雀鹰、松雀鹰、普通鵟、白尾鹞、燕隼、红隼、白鹇、白冠长尾雉、红腹锦鸡、褐翅鸦鹃、草鸮等18种为国家二级保护动物。

两栖类有大鲵、峨山掌突蟾、棘指角蟾、宽头大角蟾、小角蟾、雷山髭蟾、中华蟾蜍、黑眶蟾蜍、无斑蛙、三港雨蛙、沼洼、弹琴蛙、华西蟾蜍、华西雨蛙、泽蛙、细痣疣螈、尾斑瘰螈、无斑肥、鳖掌突蟾、花臭蛙、龙胜臭蛙、竹叶蛙、阔褶蛙、华南湍蛙、崇安湍蛙、棘腹蛙、棘胸蛙、棘侧蛙、黑斑蛙、日本林蛙、粗皮姬蛙和小弧斑姬蛙等无尾目和有尾目2目8科36种，其中尾斑瘰螈、棘指角蟾、雷山髭蟾和大鲵为国家珍稀保护动物。

其他动物有：鱼类有4目10科32属42种，其中鲤科鱼类26种，占总鱼类的61.9%；昆虫有9目56科195种，其中华丽银鳞蛛、朱氏金蛛、台江壮头蛛、拟耳状圆蛛、南宫褛网蛛为首次发现的特有种。

第二节 营林生产

1990—2010年，台江县植树造林工作施行“以封为主，造、封、营、节相结合，适地适树，强化管理”的方针，采取社会造林、世行贷款造林、天保工程造林、防护林工程造林、退耕还林造林、封山育林、加强幼林抚育、大力推广节柴灶等多种措施，加速了荒山绿化。全县累计采种52175公斤；育苗4392.68亩；产苗量13820.18万株；人工造林505014.1亩；封山育林842337.6亩；幼林抚育补植补播520513.3亩；“四旁”和义务植树595.26万株。由于坚持不懈地造林和育林，全县森林覆盖率从1987年的23.77%上升到2006年的58.88%，再上升到2010年的62.76%。有林地面积从1991年38.26万亩，增加到2006年87.37万亩，到2010年101.94万亩，生态环境得到改善。

一、采种育苗

采种　1996年以前，为保证造林灭荒和绿化用苗，采种主要依靠林农进山上树采摘，由各乡、镇林业站收购保管，满足境内育苗需求才销售给外地，偶尔也有从外地购进以补不足。采种按林业部门指令性计划，秋末采摘，冬季收购，保质保量，力求实现生产专业化、质量标准化、造林良种化。杉木种主要由南宫林业工作站收购，松球果基本上是施洞镇林业工作站收购烘烤成净籽供给用户。1991—2010年，全县共采种子52175公斤，其中杉种9837.5公斤、松籽8070公斤、其他种子34267.5公斤。这种计划性往往造成杉、松种子过剩，其他种子欠缺的现象。1997年以后，林业部门不再下指令采种，由经营者自购，主要从天柱、锦屏、湖南等地购进。

育苗　1990年以前，造林用苗主要从南宫调剂到台拱、施洞、革东以及国有林场。因管护不善，幼苗被人畜破坏严重，种苗不足，质量差，成活率极低，影响造林工作。1991年因缺苗，到三穗县调进松苗40余万株尚远远不足。1992年吸取以往的经验教训，布置早，行动快，育苗423.7亩，产苗量2476.6万株，林业部门无偿提供用苗给造林者。1993年采取单位建骨干苗圃，职工集资联合育苗，边远山区农户承包育苗多种形式完成育苗。当年育苗377亩，产苗量1526万株，平均亩产4.2万株，取得县用材林育苗的最好成绩，解决了多年来苗木不足的困境。这种育苗方式，一直沿用。

2000年11月，为确保天然林资源保护工程需要种苗，兼顾其他林业工程用苗和市场需求，建立台江县国有苗圃基地，初步设计地点在交孟养排秀122亩，阶养秧30亩，合计152亩，投资概算162.23万元。后因高速公路征占林地而改建到台盘大营顶，面积150亩，投资160万元。因土壤欠佳，没有多大成效，2003年转给国有林场及木材公司经营。

2000年2月1日，《中华人民共和国种子法》颁布施行，种苗生产经营实施办理许可证和标签制度，建立台江林木种苗站。当年办理许可证8份，签发苗木质量检验证6份，办理检疫证13份。其中木材公司生产经营松、杉苗木30亩；丰茂苑苗木有限公司滕晓勤经营经济苗木200亩；台江县苗圃场叶永明经营40亩；张家苗圃场王泽风经营80亩。品种有楠竹、皇竹草、杨梅、核桃、枇杷、金秋梨、桃、李子、苦丁茶、香樟、大青枣、葡萄等。

2006—2010年，台江县育苗实行商品化育苗方式，按照市场化运作形式育苗，共育苗面积35亩，其中，杉木15亩、马尾松10亩、其他10亩。

育苗方式有国有、集体、个人、联营四种，方法用传统的有性繁殖培育松、杉、杂及果树苗，用无性繁殖扦插苦丁茶、葡萄等苗木。从1991年至2010年，全县统计培育苗木4392.68亩，产苗13820.58万株，其中，杉1019.74亩，产苗3503.3万株；松1634.96亩，产苗7757.99万株；其他杂苗1737.98亩，产苗2559.29万株。

二、造林育林

造林　1991年年初，召开全县林业工作会议，到会代表600多人，规模为县林业发展史上最大的一次。会议提出“七年消灭荒山，十年基本绿化台江”的奋斗目标，施行“以封为主，造、封、营、节结合，适地适树，强化管理”的方针，明确“八五”期间年均造林4.5万亩，封山育林6万亩的任务。各乡、镇、场分别与县政府签订了植树造林绿化指标责任状，相继召开村、组林业会，及时将任务落实到村、组及农户。为了提高各乡、镇主要领导干部对林业的认识，县政府组织全县各乡、镇及农经委、林业等部门负责人50余位赴福建三明地区参观学习，开阔眼界，看到自己的不足和差距，增加消灭荒山的决心和信心。仲春时节，县委、县政府组织造林工作组深入乡、村、组及农户督促检查，以植树造林为中心开展宣传，投入劳力1.6万个，抓造林绿化示范点，以点带面，促进和推动造林绿化工作。

1992年，决定每年12月份为全县“植树造林月”，落实“五挂”“三包”“两片”，即造林与干部实绩挂钩、造林与奖惩挂钩、造林与砍伐挂钩、造林与土地使用权挂钩、造林与粮食救济持钩；包栽、包活、包管；造一片，成一片。坚持“三个不准”，即炼山不合格不准打穴、打穴不合格不准植苗、苗木不合格不准上山。注重育、封一齐上，实行高标准的工程管理，取得良好成效。当年完成人工造林31918亩，其中用材林21116.6亩，经济林10801.6亩。经济林中，大板栗5317.8亩、油桐4300.5亩、五倍子445.9亩、柑橘等737.4亩。贵州省台江县林业局参加完成的《马尾松用材林速生丰产适用技术体系的研究》获林业部科技进步一等奖。

1993—1994年，人工造林85727亩，成活率达85%以上的占58.9%。县政府对完成任务好、质量高的台拱镇、南宫乡予以各8000元重奖，奖励方召乡6000元、台盘乡4000元。

1995年，南宫乡和国有林场造林合格率达100%，兑现造林奖金13200元。年终对1991年至1995年的人工造林核查，造林任务18.52万亩，完成19.34万亩，占任务的104.4%。

1996年，社会造林33224.3亩，世行贷款造林11792.9亩，成活良好。是年秋，经省、州林业部门核查验收，台江县提前一年实现“七年基本消灭荒山，十年绿化台江”的目标，获省人民政府颁发的达标证书。

1997—1998年，人工造林57293.8亩，达到85%以上成活率的占91.9%，被省、州评为高标准的造林先进县。

1999—2000年，人工造林57200亩，封山育林99883亩。台江县林业局完成的《马尾松良种及丰产栽培技术推广》荣获1998年黔东南苗族侗族自治州科学技术进步二等奖。

2001年，人工造林20130亩，封山育林32117.5亩。被国家林业局评为全国经济林建设先进县。

2002年，人工造林35671.7亩，封山育林19680亩。

2003年，人工造林20244.3亩，封山育林16157亩。

2004年，人工造林17550亩，封山育林5070亩。

2005年，人工造林19470亩，封山育林3000亩。

2006年，人工造林9212亩，封山育林16010亩。被黔东南苗族侗族自治州人民政府评为黔东南苗族侗族自治州绿化先进集体荣誉称号。

2007年，人工造林2955亩，封山育林25005亩。

2008年，人工造林2800亩，封山育林10000亩。

2009年，人工造林8408亩，封山育林16820亩。被贵州省林业厅评为贵州省台江县林业局雪凝灾后重建先进单位。

2010年，人工造林3000亩，封山育林16000亩。被贵州省林业厅评为贵州省“十一五”天保工程先进县；被黔东南州委、州政府评为全州林业生态建设十周年先进县二等奖；被县委、县政府评为林业生态建设十周年先进单位。

台江的造林形式分为社会造林、天保工程造林、世行贷款造林、防护林工程造林、退耕还林造林。1991—1995年以基地和社会造林为主，1996年以后则逐渐以各项工程造林为主。经验收检查统计，1991—2006年完成人工造林487851.1亩，其中，基地和社会造林完成319870.5亩、世行贷款造林完成35807.9亩、天保工程造林完成51868亩、防护林工程造林完成22697亩、退耕还林造林完成57607.7亩。2007—2010年完成人工造林17163亩，封山育林完成67825亩。

三、天然林资源保护工程

天然林资源保护工程，是党中央、国务院从经济社会可持续发展的战略高度作出的一项重大决策。1998年，台江县列为全省试点县之一开始试行，1999年全面启动。十年来，特别是近几年，由于全县上下始终坚持“生态优先，产业兴县”的思想，坚持以培育、保护和发展森林资源为重点，按照“严管林、慎用钱、质为先”原则，坚持狠抓造林育林质量和天保工程资金使用监管，深入推进工程实施，取得了较明显的阶段性成效。

工程区概况　全县78033.24公顷林业用地中，生态公益林45243.41公顷，占57.98%；商品林32789.83公顷，占42.02%。

工程建设　（1）木材产量调减。从1999年开始，台江县全面停止天然林采伐，商品林严格按照上级下达指标实行限额采伐，产量逐年调减。截至2010年年底，实际累计调减商品材产量16.83万立方米。（2）森林管护。森林资源管护是天保工程规划期的主要任务之一，是反映工程建设成效的重要组成部分。工程实施以来，台江县相继出台了《台江县天然林资源保护工程森林管护实施办法》《台江县森林管护考核办法》等办法，同时制定了管护工作报告制度、考勤制度、巡山制度和村规民约。实行行政一条线——县政府与各乡镇政府、乡镇政府与各村委签订天保工程森林管护目标责任书；业务一条线——县林业局与各乡镇林业站签订森林管护合同，乡镇林业站与管护人员签订管护承包合同的双向责任制度。将管护责任进行层层分解，切实把责任和任务落实到责任单位和个人，做到山有人管、林有人护、责有人担。1998—2002年，全县实施森林管护面积94.79万亩，2003—2007年（革东镇划归剑河县），实施森林管护面积87.04万亩，2008年增至94.96万亩，管护面积涵盖全县8个乡（镇），156个村，共1632个管护小班；年均配备管护人员498人，其中，常年管护人员127人、临时管护人员371人。为确保森林资源管护效果，台江县实行管护绩效与奖惩挂钩制度，采取平时抽查和年终考核相结合的方式进行，由乡（镇）林业站每月对护林员的出勤情况、工作表现、任务完成情况等进行综合考核，其考核结果作为发放护林员管护费的主要依据；同时大力加强宣传工作，始终将宣传工作贯穿于整个天保工程实施过程，10年来，累计出动车辆巡回宣传40多次，发放《森林法》等法律法规手册31000多份、森防扑克4000多副、宣传资料和宣传挂历12000多份，张贴宣传标语横幅1500余条（幅），组织教育人数达8万余人，利用天保工程森林管护专项资金修建护林宣传碑牌158座（块），瞭望台5座，彰显天保工程的重大意义，有效地提高了广大干部职工和人民群众共同参与保护森林生态的积极性和自觉性，为天保工程的顺利实施营造了良好的社会氛围。由于领导重视，管理加强，措施有力，10年来，工程区没有发生重特大破坏森林资源案件，全县森林资源得到有效管护，森林生态呈现良好的发展态势。（3）公益林建设。1998—2010年，国家累计下达台江县公益林建设面积计划22.3万亩。截至2010年年底，全县累计完成公益林建设面积22.49万亩，占国家下达计划的100.85%。累计落实天保公益林护林员250人，设立公益林护林碑89块、牌371块（套），“六有”措施完善，有关工程建设各种文、图、表齐全并录入天保工程管理信息系统实行科学化管理。（4）职工社会保险和分流安置。2010年年底，全县国有森工企业和林场在册职工共有328人，其中，在岗职工171人、下岗待安置和离开本单位仍保留劳动关系的职工88人、退休职工69人。

天保工程实施以来，全县累计一次性安置职工132人；通过转岗到从事森林管护、公益林建设和政社性岗位，平均每年分流安置富余职工168人。

四、退耕还林工程

退耕还林工程建设　退耕还林工程是党中央、国务院高瞻远瞩、总揽全局、站在经济和社会可持续发展的高度作出的重大战略决策。台江县自从2002年开始实施至2010年九年间共实施退耕还林工程建设面积6.06万亩，其中：退耕地还林面积1.54万亩，宜林荒山面积3.67万亩，封山育林面积0.85万亩。项目建设的实施改善生台江县生态环境，增加农民收入，调整产业结构起到积极的促进作用，生态、社会和经济效益成效显著。分年度如下。

2002 年任务 2.01 万亩，其中，退耕地 0.72 万亩、宜林荒山 1.29 万亩。实际完成 2.04 万亩，占任务的 101.4%，其中，退耕地完成 0.72 万亩、宜林荒山完成 1.32 万亩。

2003 年任务 1.72 万亩，其中，退耕地 0.82 万亩、宜林荒山 0.9 万亩。实际完成 1.72 万亩，占任务的 100%，其中，退耕地完成 0.82 万亩、宜林荒山 0.9 万亩。

2004 年任务 1 万亩，宜林荒山 1 万亩。实际完成 1 万亩，占任务的 100%，宜林荒山完成 1 万亩。

2005 年任务 0.5 万亩，其中，宜林荒山造林 0.25 万亩、封山育林 0.25 万亩，实际完成 0.5 万亩，占任务的 100%，其中，宜林荒山造林完成 0.25 万亩、封山育林完成 0.25 万亩。

2008 年任务 0.1 万亩，宜林荒山 0.1 万亩。实际完成 0.1 万亩，占任务 100%，宜林荒山造林完成 0.1 万亩。

2009 年任务 0.4 万亩，其中，宜林荒山造林 0.1 万亩、封山育林 0.3 万亩。实际完成 0.4 万亩，占任务的 100%，其中，宜林荒山造林完成 0.1 万亩、封山育林完成 0.3 万亩。

2010 年任务 0.3 万亩，其中，封山育林 0.3 万亩。实际完成 0.3 万亩，占任务的 100%，其中，封山育林完成 0.3 万亩。

全县实施退耕地还林共涉及 8 个乡镇 139 个村，1.05 万户，涉及人口 4.02 万人。

主要营造树种：杉木、马尾松、柏木、金秋梨、红麻栎、柑橘、枇杷、杨梅等。

政策兑现　为了方便群众，提高服务质量，全县共设兑现点 8 个，每个乡（镇）设一个，并实行“一折通”制。

2002—2010 年共兑现现金 2932.87 万元。退耕还林工程资金实行专款专用，单独核算，严格执行“严管林、慎用钱、质为先”的原则。

2008—2010 年巩固退耕还林成果建设完成:（1）基本口粮田完成 4110 亩;（2）后续产业完成 2523.4 亩，棚圈 200 平方米，青贮窖 153 平方米;（3）技术培训 1997 人次;（4）补植补造 23800 亩。完成中央投资 455.9 万元。

通过以上工程建设进一步巩固退耕还林成果，生态环境明显改善，退耕农户生产生活质量明显改善，产业结构得到调整，退耕农户收入明显增加。

抚育　境内抚育有锄抚和刀抚。锄抚主要在春末夏初进行，便于补植补播；刀抚在夏秋之交，利于幼树冒尖出头。常言道:“三年不见林，五年不见人。”幼林一般要经过三年的抚育才排行，五年后才高过人头封闭成林。境内幼林基本上经过两次锄抚，三次刀抚。1991—2006 年，累计抚育 479050.3 亩。2007—2010 年完成抚育 41463 亩。1991—2010 年累计完成抚育 520513.3 亩。

封山育林　封山育林是改善生态环境、恢复森林植被、扩大森林资源、提高森林覆盖率的最有效措施，具有投入少、见效快的优点。通过封山育林形成的林分植被种类增多，生物多样性增加，涵养水源、保持水土的能力增强，森林病虫害减轻，林分质量提高。使原来的疏林地、灌丛地、灌木林地、具备封育条件的荒山荒地等经过 3～7 年的封育，大多成为有林地。封山育林在台江县生态脆弱地区的生态环境保护中具有主导作用，对改善农林业生产生活条件起到了重要作用。封山育林实行全封和半封相结合，在封育区内地权属清楚，四至分明，集中连片 200 亩以上，且有母树飞籽成林能力或树种萌芽更新快的地方。做到插牌立界，责任到人，明确护林员，专人巡视看守，制定立行有效的乡规民约，四周开设防火线。

义务植树　1982 年，国务院《关于开展义务植树运动的实施办法》颁布以来，每年的 3 月 12 日植树节，各机关、部门、学校、军队都进行街道“四旁”植树，美化环境。长期以来，年年如此。每年植树节，在县政府组织下发动各个单位和社会团体数千人以上完成街道、村寨和公路等开展“四旁”植树和义务植树，同时重点打造南宫乡交宫村、台盘乡大寨村、施洞镇塘坝村和偏寨村以及凯麻高速公路、台江至施洞和台江至南宫旅游公路、清水江、巴拉河两岸绿化风景重点开展绿化。

1991—2006年，全县累计完成四旁植树94.57万株，义务植树64.69万株。2007—2010年，累计完成“四旁”植树88万株，义务植树48万株。1991—2010年，累计完成“四旁”植树和义务植树共计295.26万株。

五、林业科技成果

1991—1995年，台江县林业科技人员参与贵州农学院完成“贵州省板栗地方良种筛选及品种比较试验”研究，获贵州省1995年科技进步三等奖。1992年10月，参与贵州农学院开展的“马尾松用材林速生丰产适用技术体系研究”，获国家林业局科技进步一等奖。1994—1998年，县林业局开展“马尾松良种及丰产栽培技术推广”项目，获1998年黔东南州科技进步二等奖。1998—2006年，参与贵州省农学院及中南林学院分别在台江开展的“提高台江大板栗产量研究”和“贵州省台江县金秋梨无公害生产新技术研究与推广”课题，2001年6月分别获贵州省林业厅科技进步二等奖，2002年2月分别获贵州省科技进步三等奖。2002年8月，“马尾松纸浆用材林高产、高效栽培利用技术研究”获州科技进步三等奖。2005年9月，“苦丁茶实生苗繁殖技术研究”获州科技进步三等奖。2010年中央投资100万元，实施“板栗低产果园改造”科技推广示范项目建设830亩，并通过省厅组织的专家组进行验收。

第三节　森林利用

一、木材采运

20世纪90年代，全县年木材采伐计划在4万立方米左右，其中商品材2万多立方米，农民自用材1万多立方米。南宫乡是全县木材主产区，年产商品材1.5万立方米，主要采于天然林，树种以杉、松为主，其次为枫木、水青冈等阔叶树种。杉原木材质结构紧密、细腻、色红，深受江、浙、两广及福建客户青睐。其他乡镇每年生产的商品材在5000立方米左右，以人工杉木和松木为主。商品材采伐的组织形式由林木所有者组织本村村民集体采伐或林木所有者把林木转卖给个人，由买方组织民工采伐。采伐木材都用油锯，优点是既省力又快，伐桩低，不损耗材积。采伐杉木一般选择在春季，便于剥皮，采伐松木选择在秋冬进行，原木不易遭虫蛀。

1991—1997年，在南宫地区采伐木材连片集中数量较大的采伐点达20多处。1991—1992年，在交纳溪沟两侧伐杉木2500立方米，南牛溪采伐枫杂木1461立方米，东扛巫西集体采伐杉、松3126立方米，岩板、巫忙集体采伐杉、松及枫杂木共4100立方米。1993—1994年，交纳采伐杉木3500立方米，展吉采伐杉木1300立方米、枫杂木800立方米。1995—1997年，皆利上寨采伐杉木2500立方米，大巫背沟采伐杉木1500多立方米，巫牛采伐杉木2700立方米，松杂木1300立方米，记刀采伐杉木1000立方米，东老立碑坳采伐水青冈3000立方米，巫梭四登采伐水青冈1200立方米，交密林场采伐人工林杉木1561立方米。1999年，皆利上寨采伐杉木1346立方米，此为20世纪90年代在南宫地区最后一次大面积采伐。

南宫地区所采伐的商品材都是生长在边远深沟的原始森林，杉、松原木径级在30～60厘米的约占30%，径级在10～28厘米的约占70%。采伐的枫木、水青冈、木荷等阔叶树，多为七八十年或上百年的古大树木。这时期南宫地区除风景林和自然保护区外，山上高大通直的阔叶树木和原始森林中的杉、松被砍伐殆尽。1998年9月18日，省林业厅发出《关于严禁采伐天然林的紧急通知》，2000—2003年台江县全面停止了木材采伐。

林木伐倒后，县木材公司根据木材市场需求，指导伐木工人按国家木材检尺标准制材。一般制

2～4 米长的木材。

人工把原木梭下山归堆后，一般利用小河小溪在秋冬枯水季节挖填疏通后，临时通车把木材运到贮木场或公路边，交密地区有交包至牛角坡、交密至大乌背沟、汪江至交工、南牛至皆利中寨沟和南牛溪便道；东扛地区有巫西至展吉寨脚，立碑坳至巫牛等林区便道。在南宫林区建有南宫河口、74 公里（岩板寨脚）、交密、南牛 4 个贮木场。拥党、展吉、岩板的木材搬运到 74 公里贮木场；交密大、小巫背沟、白帮、岩寨的木材倒运到交密贮木场；石灰河的木材利用翁密河漂流至交密上岸；巫牛、白道、交下、展啊、巫西、大田角的木材倒运到南宫河口贮木场；交纳、皆利、南牛的木材运到南牛贮木场。木材倒运到贮木场或公路边后，按不同树种、材种堆放，等待林业站检尺收购，每年 3 月至 5 月，各个贮木场都堆满了木材。为了减轻林区贮木场的压力和方便客户购材，木材公司及时把交密、南牛、南宫、汪江一部分木材倒运到县城贮木场存放。

二、木材经营

木材收购　根据《贵州省木材流通管理办法》的有关规定，“木材由林业部门进山收购，任何单位和个人不得进山收购木材”。因此，1991—2003 年，木材由林业部门一家经营，全县凭证采伐下山的商品材一律由木材公司收购，县政府根据本县工业发展的需要批准县农机厂进入林区收购生产胶合板原料枫香木和其他杂木，县纺器厂进山收购梭坯，同时还批给一些机关单位的木材指标进山收购“自销材”。

1993 年 8 月 4 日，县政府成立台江县国有林开发公司，该公司专门经营县财政管理的国有林。1993—1998 年，国有林开发公司先后采伐交密大巫背、牛角坡、交纳鸠细坡、南牛等处的国有林共 1.25 万亩，采伐蓄积 5.74 万立方米。生产杉、松、杂原木共计 3.36 万立方米，销售收入 2350 万元。

县木材公司制定商品材收购价报县政府审核批准后执行。杉原木收购价高于松原木和其他杂木收购价，大径级优质材（一等材）收购价高于小径材、次等材（二、三等材）收购价。20 世纪 90 年代木材收购价曾先后有 3 次从低到高的变更。杉原木 300～1200 元／立方米，枫杂木 60～400 元／立方米，水青冈原木 200～800 元／立方米。

为方便林农交售木材，在南宫林区建有交密、汪江、东扛、南宫、白道 5 个木材收购点。交密点负责收购交包、交密、交纳、石灰河的木材；汪江点负责收购汪江、记刀、黑山、交宫、养开沟、展新的木材；南宫点负责收购南宫、大田角、展皆、岩板、展忙、拥党的木材；东扛点负责收购巫西、东老、展吉的木材；白道点负责收购立碑坳、巫牛、展啊、东衣、薅郎的木材。

1991—1997 年，县木材公司年木材收购量 5000～15000 立方米，收购总额在 200 万～350 万元之间。收购木材时，林农和木材公司均上缴“农林特产税”，由林业站从木材收购价中代扣交当地财政所。2004 年木材采伐试点及木材经营放宽政策后木材公司不再收购木材。

木材销售　县木材公司根据木材市场自行制订本县商品材销售价。1991—2000 年，杉原木销售价 500～2300 元／立方米，松原木 200～750 元／立方米，松板材 680～1000 元／立方米，水青冈原木 800～1500 元／立方米，水青冈地板条（毛坯）2000 元／立方米左右。这一时期，杉原木一等材、水青冈原木畅销，杉原木二、三等材，松原木、人工林杉原木滞销，一般降价 5% 销售。杉原木销浙江、江苏、湖南、湖北等地。30 厘米以上大径积松原木销四川、湖北。松原木中小径级材销省内。水青冈原木及其地板条（毛坯）销往四川、河南、上海。木材运输方式为浙江、江苏、广东、广西、湖北、湖南的客户自雇货车把木材从南宫林区或县城贮木场直运达目的地；四川、河南的客户将木材运到凯里湾溪贮木场或羊坪贮木场中转，用火车运达本省。

木材出境须办理木材运输证和植物检疫证。销在本省内的木材办理“省内木材（林产品）运输证”，销往省外的办理木材出省运输证。

1991—1997年，木材公司年销售量在1.5万立方米左右，销售总额在800万～1000万元之间，木材销售环节税率50%，其中育林基金12%，维简费（林政管理费）3%，更改资金8%，增值税（原木）13%，所得税2%，工商费2%，"引资费"10%，木材公司年上缴各项税费在400万～500万元之间，年利润在150万元左右，个别年份出现亏损。

2003年，中共中央、国务院发出《关于加快林业发展的决定》，规定木材产销见面，从而结束了新中国成立50多年来木材由林业部门独家经营的局面。2004年开始进行人工商品林采伐试点，木材公司、国有林场共采伐人工商品林12公顷，采伐蓄积4599立方米，出材量3219立方米。

2005—2006年，县内欧兴文、张绍贤等18个木材老板参与人工商品林采伐试点。他们进入村寨购买青山，通过林农向林业部门申请，获得商品材采伐证后，组织民工采伐，由县林业部门办理木材运输证运出销售。据资源站统计，2005—2006年，在南宫、台拱、老屯、排羊等地共采伐人工商品林3569亩，采伐蓄积27055立方米，出材量23869立方米，其中，个体木材老板共采伐人工商品林3240亩，采伐蓄积24000立方米，出材量21770立方米；木材公司、国有林场共采伐329亩，采伐蓄积3055立方米，出材量2099立方米。

2005年，中共台江县委、县政府发出《关于加强森林采伐木材生产加工和流通管理的意见》，规定"为推动台江县木材生产和加工，延长产业链，提高林产品附加值，县内的木材必须经过深加工（林业部门核准特殊用材除外），否则，不办理外销手续，以自用材采伐证采伐的木材，未经过深加工，一律不得流通"。因此，2005—2006年采伐的木材基本上销县内，在同等条件下，优先供给招商引资建立的宏远、宏达、富发3个木材加工厂，其余销往县内建筑、装修、家具等用材单位和个人，少量销往凯里。

木材销售价杉木平均每立方米700元，2～4米径级24厘米以上的杉原木每立方米1200元。松原木平均每立方米600元。2005—2006年共销售木材2万多立方米，销售总额1300万元。在木材税收方面与20世纪90年代有所不同，销售木材时，按木材销售价征收林业基金20%，增值税4%，所得税2%，城建费为增值税的5%，教育附加为增值税的4%。据统计，2005—2006年，县林业局共征收或代收各种税费88.06万元，其中育林基金66.16万元、代征增值税11.6万元、所得税10.3万元。2007—2010年，向县国税、地税上缴林产加工税款160.01万元。

三、木材加工

20世纪90年代初，台江县木材加工盛极一时，全县有木材加工厂47个，其中国有企业2个、集体2个、个体43个。加工的产品有胶合板、纺织器材、包装箱、实木家具、装饰材料木地板等。主要有：

县人造板厂：国有企业，该厂原为农业机械制造厂，1983年转产生产人造板。厂址县城南面，占地面积6万多平方米。固定资产500万元。1992年有职工300多人。该厂利用枫香木和其他阔叶树木生产胶合板、细木工板、混凝模板及家具。1991—1998年，平均每年消耗木材2000立方米。年产胶合板1100立方米。销售收入700万～1000万元，实现利润30万～100万元。产品主要销贵阳，其次为湖南长沙及周边各县。1999年因禁伐天然林停产，2003年破产。

县纺织器材厂：国有企业，厂址县城东，占地面积1万平方米，固定资产300万元。20世纪90年代初期有职工150多人。该厂专门生产纺织器材木梭。加工材料为千金榆、岩青杠、黄檀木。1991—1997年，平均每年消耗木材500立方米，年产木梭30万支。销售收入100万～300万元，年创利税20万～50万元，产品销江苏、浙江、上海、凯里等地。1998年亦因禁伐天然林而停产。

铁木厂：集体企业，厂址位于县城南面大桥旁，占地面积1500平方米，固定资产50万元。20世纪90年代初有职工30多人。该厂利用松原木专门加工包装箱。1991—1997年，年消耗木材400

立方米，每年平均加工包装箱6万个，销贵阳、安顺轴承厂，销售额50万～100万元，创利润10万～30万元。1998年失火烧毁厂房，搬迁至县城西面，2000年停产。

汪江木材加工厂：南宫乡政府创办的集体加工企业，厂址黑山河口，占地面积2500平方米，1992年有职工20多人。1991—1994年，平均每年消耗木材300立方米，加工办公桌、椅、餐桌、方凳等家具。产值5万～10万元，产品主要销县内，1995年停产，1996年南宫乡政府将该厂承包给凯里客户。该厂利用硬杂木生产木制沙发、茶机、衣柜、餐桌、靠椅等高档实木家具，年消耗木材200立方米。产品多在本县销售，部分销往施秉和贵阳。

1995—1997年，福建客商到南宫和交密设点，利用酸枣木加工木碗毛坯，年消耗木材300立方米，平均每年生产木碗10万个，全部运回福建磨光、上漆制成木碗精品。远销日本和新加坡等东南亚国家。

1998年后，县林业局对木材加工厂进行数次清理整顿，对达不到加工条件的加工厂予以关闭。全县木材加工厂从1991年的47个减少到2006年的17个。2006年，县城市区的加工厂有生产家具的台江县红梅家具店、实木家具沙发店、利民家具店、宏发家具店；加工地板条的台江盛达木材加工厂、台江县启德木材加工厂；加工民用材的台江朗等木材加工厂、台江县欧红木材加工厂、台江县明森木材加工厂等，各乡镇保留1～2个民用材加工厂。

2005年，县人民政府招商引资引进宏远、宏达、富发3个木材加工厂，均生产胶合板，年消耗木材1万立方米。2006年加工胶合板21万张，销售总额900万元，上缴税费51万元。产品销往上海、重庆、广东、浙江等地。随着市场经济的不断完善，人民群众生活不断改善，对木材和木制品需求量不断增加，给林产加工业注入新的活力。2009年，台江县引进了黔东南全成木屋制造有限公司，其产品是通过对木材精深加工和经防腐防火处理后，组建成木质别墅，舒适安全，产品附加值高，销往各省旅游景点等。2010年，全县木材加工经营企业总户数21户，其中，木材加工经营企业6户、乡镇木材来料加工点14户、木材经营企业1户。

四、林副产品

松香　台江县森林资源丰富，可供采割松脂的马尾松近、成、过熟林面积达13万亩，胸径在20厘米以上的140万株，生产松香、松节油有巨大的潜力。1991—2001年，有黎平等地客商到台江县采购松脂，年产松脂200吨左右，全部运出县境。

2003年5月，县人民政府引进投资200万元，在排羊乡平寨村建成生产能力3000吨的台江县强发松香厂。为了保证该厂的原料供应，县人民政府发出《关于抓好松香生产的意见》并成立松香生产领导小组，下达全县松脂生产任务1500吨，当年产松脂76.8吨。此后县人民政府每年均向各乡镇下达松脂生产任务。

2003年，全县松脂生产任务增加至2600吨，各乡镇共完成采脂510吨。

2004年，县人民政府下发《关于进一步抓好松香生产工作的意见》，规定“凡有松树的乡镇、村、组以及农户，对松树必须坚持实行先采割后伐树，各乡镇人民政府、林业部门对采脂达不到两年的松树一律不准安排采伐指标，不准发放采伐证，否则追究有关人员的责任”。

2004—2006年，松脂产量不断增加，分别为539吨、778吨、1100吨。全县松脂资源较多的有台拱、排羊、岩寨、老屯、施洞、南宫等70个村，已采脂44个村，占60%。所采的松脂全部供给台江县林化有限公司（即原台江县强发松香厂）。

2003—2004年，台江县林化有限公司共生产松香581吨。2005年生产544.6吨，2006年生产770吨，年产值500万元。产品畅销国内外。2007—2010年松香产量1786吨，产值1280万元。

香菇　1992年1月，州林业局与县林业局联营投资50万元，租用台拱镇西街稻田30亩，建立香菇生产基地，聘请福建技术人员指导香菇生产。该基地利用锯木屑消毒后装入塑料袋中，适量浇水，植入香菇菌种，然后摆放于搭好的木棚内，在一定的温度下培育出香菇。是年5月，该基地成功生产香菇5吨，1993年产香菇12吨。生产出来的香菇一部分销台江县内，一部分运往凯里、贵阳销售。后因运费和成本过高不划算，停止外销，转入烘烤干菇。1994年终因管理不善亏本而停产。

1996年3月，南宫乡政府利用段木培育香菇，是年5—12月产香菇2吨，1997—1999年，平均每年产香菇4吨，全部烘干装袋运出县境销售。2000年停产。

在台江县原始森林中，每年春暖湿润季节，生长野生香菇，其个体小，肉质细嫩，味道鲜美。村民采集到市场出卖，数量不多，每年约10.5吨。

中药材　台江的木本中药材主要有杜仲、黄檗、厚仆、桂皮等。杜仲、黄檗主要产于农村房前屋后或田边地角，桂皮、厚仆产于南宫乡和台拱村交片村的天然林中。1991—1997年，个体药商每年收购杜仲约30吨，黄檗约5吨，厚仆15吨，桂皮20吨。1995年7月，有一药商无证运输桂皮两汽车约10吨，被县林业局林政股查扣没收。1998年后，对天然林管理甚严，木本中药材停止采购。

木姜油　1991—1995年，浙江客商到南宫地区，从黑山至展皆规沿河烤制木姜油。年均收购木姜籽200吨，加工出木姜油0.8万公斤，5年共烤制木姜油4万多公斤，运往浙江、福建、广东沿海一带销售。1996年后，停止烤制木姜油。

第四节　林场

一、国有林场

台江县国营林场　始建于1957年5月，规划面积81686亩，称“贵州省台雄国有林区森林经营所”，原隶属省管；后几经更名，下放县管，转为“经营林场”。

1991年，经营管理面积增加到25362亩，活立木蓄积量82924立方米，其中杉45646立方米，松37278立方米，森林覆盖率76.4%。设交孟、南市、台雄3个生产作业区，有房产1357平方米，贮木场可存材1000立方米，配备汽车和摩托车各1辆。共有职工68人，其中干部人员4人，退休人员5人，工人59人。2000年，经营管理面积3万亩，职工152名，是人员最多的一年。2002年，一次性安置职工42人，自然减员（病故）2人，职工减少到108人。2006年，在册职工100人，其中退休职工18人，管理人员13人，森林管护人员23人，分流人员16人，待岗人员30人。森林管护人员人均月工资450元，分流人员和待岗人员人均月按180元基本生活费标准发放。

2007年，在册职工99人，其中退休职工20人，在职职工79人。在职职工中，管理人员13人，按2005年档案工资的60%发放，人均月工资701元；23名森林管护人员按人均月560元标准发放；16名分流人员和27名待岗人员按月280元基本生活费标准发放；20名退休职工按月领取962元的养老金。全场职工全部纳入了社会养老、医疗保险，真正实现了职工老有所养、病有所医。2008年林场用专项天保经费及自筹24万元和0.8万元缴纳了职工养老保险、医疗保险统筹金，但由于林场经费紧缺，尚拖欠30万元养老统筹金，职工工伤、失业等险种未能开展。2009年在册职工95人，其中在职职工71人，退休职工24人。在职职工中13名管理人员按2005年档案工资标准发放；23名森林管护人员按人均月680元标准发放；35名待岗职工按人均月330元发放基本生活费。2010年在职职工71人，其中13名管理人员按2005年档案工资标准发放；23名森林管护人员按人均月760元标准发放；35名待岗职工按人均月330元发放基本生活费。全场在职职工纳入工作保险。工作保险按全省企业职工年平均工资1641元的0.8%比例缴纳，单位年缴纳1.5万元。

林场采伐木材须经省、州、县林业主管部门批准的林班内对号进行采伐，控制严明，手续清楚。1991—1997年，年均采伐约1000立方米，年均实现利润9万元左右。2001—2003年，全县停止木材采伐，国有林场也停止采伐，没有经济收入，靠天保工程管理费发放管护人员工资。2003年至2006年，林场上缴税费28.75万元。1998—2006年，木材经营不景气，年年亏损；靠省林业厅年定额补贴6.8万元，勉强维持应付拮据开支。

2007年，国有林场完成采伐指标1502.5立方米，其中杉木1080.1立方米，马尾松422.4立方米，完成任务的100%。2008年，国有林场完成人工商品林采伐1305立方米，完成采伐任务1392立方米的93.8%。清理雪压木总蓄积1119.7立方米，折合商品材671.8立方米。2009年，完成林木采伐蓄积1934立方米，出材量1419立方米。其中，人工林商品采伐1674立方米，出材量1237立方米；台雄水库征占林地采伐蓄积260立方米，出材量182立方米。2010年，完成林木采伐1418立方米，占任务1728立方米的82.1%。

1991—2006年，年年更新扩大造林，多则20～27公顷，少则7～13公顷，累计完成造林面积211公顷（其中：杉木40公顷，松木130公顷，果木41公顷）；育苗3.87公顷（其中，马尾松苗2.27公顷、绿化大苗1.6公顷）；抚育693公顷；砍防火线1640公里，年均125公里。

2007年，国有林场完成马尾松迹地更新造林面积10公顷；完成马尾松育苗0.22公顷，产马尾松苗18万株；完成苦丁茶基地抚育33.3公顷。2008年，国有林场完成马尾松迹地更新、补植补造造林面积52公顷；完成珍稀树种鹅掌楸育苗面积0.25公顷，产苗量1.8万株；完成马尾松幼林抚育64.4公顷，杨梅园基地抚育9.3公顷。2009年，完成造林面积65.6公顷，其中鹅掌楸迹地更新造林7.6公顷，珍稀树种培育鹅掌楸造林58公顷。完成台盘苗圃场女贞修枝0.27公顷。2010年，完成州级植被恢复20公顷。

台江县国有林林场　1993年8月4日，台江县政府行文成立“台江县国有林开发公司”，属县国有所有制企业。国有林开发公司为副局级事业机构，企业管理，编制15人。1999年5月10日，撤销县国有林开发公司，组建“台江县国有林林场”，隶属台江县林业局管理，事业单位，企业管理。原台江县国有林开发公司管理的林地、山林、后备资源林、果木林、药材林、固定资产、生产生活设施、装备设备、车辆、资产、资金、债权、债务全部归属台江县国有林林场管理经营，更新管护、开发、使用和承担。核定编制15人，实有人数52人，经费开支为自收自支。林场森林总面积2971公顷，活立木蓄积量163245立方米。

2002年3月，职工民主选举洪放权担任场长，时有职工人数65人，其中退休3人、调出5人、一次性安置40人、保留职工17人，其中10人为国有林森林管护员。2003年，在册职工17人，在岗9人、待岗8人。

国有林林场成立以来，对每一处已采伐的国有林地都进行了迹地更新造林，完成杉木107公顷、杜仲93.4公顷、金秋梨18公顷，总计更新造林218.4公顷。2006年，种植杉木96.4公顷，采伐商品材100立方米，建防火瞭望台1座，租让金秋梨基地17公顷，租金收入16000元。2010年以前是国有林场管理，于2011年3月合并于国有林场管理。

八三林场　八三林场建于1983年春，位于凯（里）台（江）公路47公里处。县林业局纳入基地造林，每亩投资80元，共造林59公顷，有场员4人长期管护。1992年前，该林场属台雄村所有。同年3月，台雄村召开村民大会通过同意将八三林场总面积79公顷卖给县林业局，总价13万元，扣除林业部门投资造林款5万元，实付8万元，使用年限为30年。县林业局聘请场员2人继续看守。

2001年县林业局政企分开，将该林场划归县木材公司管理使用。2004年进行人工商品林采伐试点，采伐面积4.9公顷，蓄积1888立方米，生产木材849立方米，收入34万元。2005年，采伐蓄积1136立方米，生产木材778立方米，收入28万元。2006年，采伐蓄积1056立方米，生产木材770立方米，收入50.6万元。截至2006年，八三林场木材采伐90%，采伐迹地已全部更新。2004年采伐杉木4.91公顷，蓄积1888.7立方米；2005年采伐杉木13.2公顷，蓄积2681.8立方米；2007年采伐杉木7.26公顷，蓄积1454.8立方米，共采伐面积25.37公顷，总蓄积6025.3立方米，产值540.8万元。采伐迹地更新杉木25.4公顷。

杨家沟林场　位于施洞镇杨家沟村，1988年建场，有场员2人，造林面积80公顷，全为马尾松，属森工企业后备资源林。2001年，林业局政企分开，将该林场划归县木材公司管理。2003年5月进行间伐，出材1200立方米，收入2.4万元。其余林木长势良好，平均树高15米，平均胸径16厘米，活立木总蓄积量5万多立方米。

黑山林场　地处台（江）南（宫）公路41公里处，1987年造林，面积15.4公顷，有场员2人。国有土地，林业局投资造森工企业后备资源林。纯杉林，保存面积13.4公顷，均已长大成材，成为南宫省级森林公园景点之一。

二、乡村林场

1991年，全县保存乡村林场35个，场员82人，经营面积1669公顷，有林地面积1432公顷，占林场总面积的85.8%；树种以杉木为主。

2003年前，全县共有35个乡村林场，革东镇划归剑河县管辖后，县境内还有23个乡村林场。方召乡林场：1965年建，面积217公顷，2003年被当地群众哄砍殆尽；台盘乡林场，1975年建，场员3人，面积46.7公顷；南瓦乡林场，1975年建，面积32公顷，2000年砍完；排羊乡林场，1975年建，场员2人，面积38.2公顷；番省乡林场，1975年建，面积53公顷，2005年砍完；巫脚乡林场，1975年建，场员4人，面积164公顷；交密乡林场，1975年建，面积97.6公顷，1998年4月砍完；台拱镇朗等林场，1983年建，面积146公顷，2006年开始采伐；台拱村林场，1983年建，面积18.7公顷；大红寨林场，1983年建，面积41.6公顷；基甲村林场，1983年建，面积75.7公顷，2006年砍完；大德五组林场，1983年建，面积52公顷，2004年抵还债务伐完；大德五组林场，1983年建，面积47公顷，2004年修高速公路征占伐光；东南村养不秀林场，1983年建，面积30.7公顷，陆续砍完；展腰组林场，1983年建，面积37.8公顷；方召松巴林场，1983年建，场员5人，面积32.7公顷；东扛乡林场，1984年建，面积23公顷，2004年已砍完；交汪村林场，1984年建，面积29.2公顷，2006年砍完；反排巫降林场，1984年建，场员4人，面积65.4公顷；巫梭村林场，1984年建，面积38.3公顷；猫猫坪林场，1984年建，面积17公顷，场员1人；九摆三组林场，1984年建，面积8公顷，有2人轮流看护；展座林场，1987年造林9.3公顷，采取轮流的方式派人看管。

2004—2006年，木材价值凸现，群众哄砍滥伐林场林木屡禁不止，有的转让，有的联营经管，垮的垮，散的散，乡村林场经营较好的有巫脚乡林场、排羊乡林场、台拱镇朗等林场、方召松巴林场、反排巫降林场、巫梭村林场、猫猫坪林场、九摆三组林场、展坐林场9个。其中：巫脚乡林场建于1975年，共造杉木林164公顷。至2010年，保存有林地面积86.5公顷，亩均保存株数100棵，平均树高18米，平均胸径22厘米，活立木蓄积量3.2万多立方米。该场是台江县乡村林场中保存面积最大、蓄积量最多、林木生长最好的林场。

排羊乡林场位于排羊村南10多公里的硐上，又叫硐上林场。1975年造林80.1公顷，其中纯杉26.7公顷、杉漆混交26.7公顷、杉桐混交26.7公顷。1991年，保存有林地面积38.2公顷，树种为纯杉林。2006年杉木平均高22米，平均胸径24厘米，蓄积量1万立方米。交密乡林场位于汪江至交密公路段3公里山坳上，建于1975年1月，总面积133.3公顷。1991年，保存面积97.7公顷，其中纯杉林30公顷、纯松林20公顷、混交林47.7公顷。聘有护林员3人管护。1997年，南宫乡政府为发展猕猴桃基地，对该场林木进行采伐，1998年4月结束，生产原木1570立方米，收入94万多元，林业部门收回投资3.2万元。采伐后，南宫乡种植猕猴桃失败，改种茶树。2008年改种山苍子面积13.8公顷，由于管理不善，效果不明显。

第五节 果园 茶场

一、金秋梨

种植面积 1994年1月，革东镇从湖南怀化地区引进金秋梨大苗2万株，种植于革东大展溜，面积13.3公顷。经省级权威部门鉴定，金秋梨具有皮薄、肉质细嫩、汁多甘甜、早产丰产等特点。1994年10月参加全国星火科技精品展示会获金奖。

1995年，县委、县政府在社会经济战略上提出“用材林、经济林、药用林”一齐发展的思路，采取“公司+农户、基地+农户、干部+农户”等多种形式大力发展实施“四个一工程（即户均一亩经济林，村均一个经济林基地，乡均一个经济林示范基地，部门一个示范点）”。各乡镇人民政府，县直各单位认真贯彻执行县委、县人民政府这一指示，一方面建立金秋梨苗圃基地，自行培育苗木，以满足本县发展金秋梨生产的需要；另一方面开始大规模种植金秋梨。当年2月，县林业局从湖南黔阳购进金秋梨苗4万株，在台盘大营顶和革一小农场建立金秋梨园。面积分别为10公顷、20公顷。同时，一些单位和科技人员在革东镇的大小稿午、元江寨、革东寨，台拱镇的革东冲、洋汪、打革坝、施洞镇的方寨等地育苗7公顷，可产苗200万元株，为今后大面积发展金秋梨奠定基础。

1996—1997年，县直各单位分别在南市、打革坝，排羊320国道两旁和台盘、革一、施洞公路两旁均建起了本单位的金秋梨示范点，各乡镇人民政府也建起了示范基地。农村群众利用房前屋后园地或新垦土种植金秋梨。至1997年年底，全县种植面积达467公顷。

1998年，县委、县政府作出了《关于加快台江县优质果品基地建设的决定》，以金秋梨为龙头的优质果品基地不断向前发展。至2006年，全县金秋梨种植面积增至2800公顷，其中，农村专业户1520公顷，各乡镇人民政府示范基地720公顷，县直机关单位示范点560公顷。较好的金秋梨果园有：

台盘大营顶金秋梨园。该园建于1995年春，为县林业局利用项目资金租用台盘村土地10公顷所建，总投资140万元。安排林业职工4人每年进行中耕除草、施肥、杀虫、剪枝，是规模较大、质量好的一块金秋梨园。1998年进入盛果期，年产优质金秋梨50吨，创收20多万元。2001年，县林业局划给县木材公司管理，2002年木材公司将该园承包给个体户经营。

革一金秋梨园。该园为县林业局金秋梨示范点，建于1995年春，园址革一小农场。面积20公顷，投资10余万元建砖木结构房屋1幢。安排林业职工4人管护。1998年产果60吨，创收30万元，2001年县林业局划归木材公司管理。

老屯乡望虎屯村金秋梨园。该园属村集体创办基地，建于1996年。1999年后进入盛果期，年产果15吨，创收6万元。2000年划片分到户管理，效果好，保持旺盛产果，每年县金秋梨公司、木材公司等单位到该村采购。

产品营销 台江县1994年引进金秋梨栽植成功，至1998年各地金秋梨陆续结果。1998年8月，台江县申报“苗疆牌”金秋梨注册商标获省工商局批准，同时获优质果品称号。是年全县金秋梨产量200吨。县成立金秋梨公司经销，果品销往凯里、贵阳等地，每公斤10元。此后，每年8月金秋梨

成熟季节，县直各单位及专业户在320国道旁摆摊设点销售给过往行人。赶场天，大街小巷摆满了金秋梨，每公斤4～6元。

2000年，台江县金秋梨产量增至1000吨。为保鲜，县林业局在交孟建立容量为3000吨的冷库，贮藏金秋梨，供春节前后销售。随着金秋梨产量的不断增多，县内销价降至每公斤2元，向外销售3～6元。

2010年现保存金秋梨面积1600公顷，产值7200万元。

二、枇杷、杨梅、大板栗

革一枇杷园　建于1992年，为革一乡人民政府创办的果品基地，面积13.3公顷亩。1997年进入盛果期，年产枇杷50吨，每公斤6～10元，年创收30多万元。2000年后革一乡政府将该园承包给个体户经营。

南市杨梅园　园址南市320国道旁，建于2000年春，为县林业局创办的果品基地，面积10.7公顷。杨梅苗产于浙江慈溪。2004年产果，果汁微酸，甘甜。年产量1.6万公斤，销价16元/公斤，供应不应求。创收24万元。

朗等杨梅园　以2002年实施退还林工程为依托，在本村背后坡建设杨梅基地面积10.8公顷，现在已经进入盛产期，产值97.2万元。

展福杨梅园　2002年以实施退还林工程为依托，在本村建设杨梅示范园面积3.7公顷，当前已经进入盛产期，产值33.6万元。

大板栗园　台江县大板栗品质优越良，20世纪80年代在省内外就享有盛名，原产地老屯乡辣子寨。1992年，县人民政府制定下发《关于认真实施大板栗生产基地建设的意见》后，县林业局从银行贷款，并按大板栗面积任务分贷到台拱、台盘、施洞、老屯4个乡镇，再由这4个乡镇分别贷到农户手中。1992—1993年，全县共完成大板栗生产面积396公顷，其中，嫁接改造成大板栗园的175公顷，新栽大板栗221公顷。

2005年，全县大板栗面积为216公顷。大板栗园集中分布于老屯乡、施洞镇和台拱镇，主要为农村专业户建立的板栗园。全县大板栗年产量约500吨，主要销县内，市场价6～10元/公斤，多年保持不变。

三、苦丁茶

20世纪80年代，县职业中学创办苦丁茶厂，制成“银角”苦丁茶，曾获“中国保健饮用茶”银质奖。1991—1999年，年产量20多吨，产品远销贵阳、上海、宁波、北京等大中城市。“银角”苦丁茶上市后，深得人们特别是老年人的喜爱，纷纷来信来函联系购销，供不应求。2001年8月，县林业局开展苦丁茶野生资源调查，面积为3066.7公顷，56万株，广泛分布于台拱镇、排羊乡、老屯乡、台盘乡、施洞镇等地。同年，县人民政府将苦丁茶生产列为台江县四大产业之一，布置每年培育苦丁茶苗500万株，营造苦丁茶667公顷。至2006年，全县共营造苦丁茶2106.7公顷。

四、金银花

为加快农村脱贫致富、农民增收步伐，2009年7—8月，县政府组织有关专家到四川秀山等大型金银花基地实地考察，认为金银花产业这种科技含量低、管理粗放、市场前景广阔的种植业，发展金银花产业符合本县实际。因此通过招商引资，引进贵州省正康中药材科开发有限公司和贵州东建建筑公司两家公司在方召乡和南宫乡建设金银花基地，采取“公司＋基地＋农户”运行模式发展金银花基地，2010年开始种植金银花，目前发展金银花种植面积261公顷。

第六节 林政管理

一、林木采伐管理

采伐限额 林木采伐，必须经过省、州人民政府安排年限额消耗指标，县林业局用公式计算出合理采伐量，由县人民政府审批年采伐限额，称为木材采伐计划。1991 年，州人民政府安排台江年限额消耗为 19.64 万立方米，台江县林业局核定合理采伐量为 16.66 万立方米，县人民政府审批年采伐限额 16.08 万立方米。其中，商品材 2.8 万立方米、农民自用材 3.98 万立方米、培植林用材 0.33 万立方米、生活烧柴 7.34 万立方米、其他用材 1.63 万立方米。1991—1995 年“八五”期间，全县木材采伐计划指标 96.5 万立方米，实际消耗 67.5 万立方米，占计划的 70%。

1996 年，年限额消耗量为 11.3 万立方米，其中，商品材 3.9 万立方米，农民自用材 2.3 万立方米，生活烧柴 4.5 万立方米，培植业和其他用材 0.6 万立方米。之后 3 年，按 15% 左右上下浮动控制。1996—2000 年“九五”期间采伐总限额控制在 56.5 万立方米之间。

2001—2005 年，年采伐限额 16138 立方米，被控制在 61.7% 以内。2006 年，台江县“十一五”期间年森林采伐限额为 111800 立方米，其中主伐限额 67200 立方米；抚育采伐限额 23100 立方米；更新采伐限额 6300 立方米；低产林改造限额 4600 立方米；其他采伐限额 10600 立方米。按照“严管林”的总体要求，提前作好木材采伐预安排。2007—2010 年，8 个乡镇和 1 个国有林场共采伐人工商品材 784 公顷，采伐蓄积 82584 立方米，出材量 46382 立方米，发放民用材林木采伐许可证 5456 份，面积 3267 公顷，采伐蓄积有 47606 立方米。

采伐许可证 在木材采伐预安排的前提下，林木采伐先由采伐单位或个人提出申请，经林政员上山踏查并出具证明送乡人民政府签注意见，报林政资源管理部门审批，林木采伐证核发员方可核发森林采伐许可证，持证后，方可凭证采伐。1991 年，共发放商品材采伐证 977 张，材积 16934 立方米；核定农民自用材 24400 立方米，发证 478 张，材积 1688 立方米；生活烧柴户均 1.63 立方米，合 45000 立方米；培植业和其他用材两项没有动用，留作弥补采伐商品材造成的林木损失机动指标。木材采伐按一本账计划凭证采伐，凭证收购。年终统计，发证 977 张 16984 立方米，收回 917 张 16308 立方米，有 60 张 676 立方米未收回。

1995 年，鉴于委托各乡镇核发林木采伐许可证出现一些执法不严和疏漏的情况，决定不再委托乡镇核发，实行专人核发制度。2000 年，州下达台江县采伐量 129941 立方米，只核发商品材 2364 立方米，民用材 1788.8 立方米，严格按审批程序进行。之后在整个采伐过程中，严格按照上级下达的木材生产计划和年森林采伐限额执行，并强化了林木采伐审批程序，始终坚持林木伐前严格审核审批和伐区拨交，伐中加强监督检查，伐后及时验收制度。

2005 年，认真审核和办理木材采伐手续，发放农民自用材采伐许可证 1094 份 9962 立方米；商品材采伐证 19 份 11208 立方米。2006 年，分三批报经省、州林业部门审批，拨交采伐小班 68 个，核发人工林林木采伐证 62 份，采伐量 26543 立方米；农民自用材采伐证 1218 份，采伐量 6750 立方米。2007—2010 年，8 个乡镇和 1 个国有林场共采伐人工商品材 784.2 公顷，采伐蓄积 82584 立方米，出材量 46382 立方米，发放民用材林木采伐许可证 5456 份，面积 3267 公顷，采伐蓄积有 47606 立方米。2011—2014 年，8 个乡镇和 1 个国有林场共采伐人工商品材 1438 公顷，采伐蓄积 83062 立方米，出材量 53606 立方米，发放民用材林木采伐许可证 2425 份，面积 2815 公顷，采伐蓄积有 32473 立方米。

二、木材运输管理

凭证采伐、凭证收购、凭证运输是林木生产经营采伐管理的三要素，要三证齐全，木材才允许流通。台江县木材流通几乎靠汽车陆运出境，木材运输证起到举足轻重的作用，是必备的证件。1991年，为了管理好木材运输，林政部门依照程序开出省内木材运输证1686份，流通商品材16380立方米；办理社会各厂家流通商品材1634立方米；办理国营林场流通商品材847立方米；办理出县自销材490立方米。用等量的省内木材运输证换发出省木材运输证254份3526立方米流通省外。为了木材运输正常进行，杜绝漏洞，设置排羊、方召、台盘和革东木材检查站，有木材检查员25名，查验木材流通，手续齐全、证物无误才放行。当年查验7187车次，放行7061车次，受林业行政处罚137车次。其中没收木材15车次105立方米，变价18946元；补交两金一费122车次76651元。违反运输管理的情形多种多样，屡禁不止。主要做法是涂改证件、伪装木材、特殊车辆蒙混、开少运多、重复使用运输证件、行贿手段6种。

1991—2006年，累计签发运输证26442张，流通木材274728立方米。其中查处违法运输2316起，没收木材1316立方米，变价26.3万元；补交两金一费35.6万元。为国家挽回损失61.9万元。2007—2010年，累计签发运输证26442张，流通木材274728立方米。

三、林业案件查处

台江林业公安派出所于1982年4月正式组建，有干警11名，负责侦察和执行林业案件的查处工作。当年2月8日，方召基甲与交汪村因山林权属发生械斗，3死1伤，砸烂房屋6栋。林业公安派出所干警参加联合调查组，历时74天，妥善解决两村矛盾和山林权属，责成赔偿死者并安埋，补助家属，医疗伤者，法办凶犯。继而调和两村村干和群众吃和平酒，以后亲戚朋友还是来往，化干戈为玉帛。

1991—2006年，共查处林业案件2150起2104人，其中逮捕28人，行政拘留53人，受罚2006人。收缴木材2230立方米，变价62.2万元；其他罚款22.2万元，累计挽回损失84.4万元。2007—2010，共查处林业行政案件743起756人次，其中盗伐林木1起，滥伐林木89起，非法运输木材546起，非法收购、经营、加工木材14起，非法收购、加工、制售野生动物及其产品4起，毁坏林木、苗木1起，林业其他行政案件88起；累计罚款18.6227万元；累计没收非法运输、加工、收购木材2791.6693立方米；累计放生野生动物721只。

第七节　森林保护

一、森林管护

台江县历来造林竣工后，为巩固造林成果，均制订有一系列管护措施。留下一批人，管好一片林，成为惯例。1995年，实施台江县世行贷款造林，至1998年完成3298.7公顷，计贷款574.9万元，完成总投资468.8万元，其中管理费28.8万元，后期管理预算186.7万元。参加实施项目农户6062户，覆盖全县9个乡镇，留下专职护林员64人，建护林棚32个，保存面积2488公顷，保存率97.4%。

1996—1997年，一些干部和群众法制观念淡薄，偷砍盗伐林木现象时有发生。南宫地区采伐天然林木成风，损失巨大，几千年的珍稀古树毁于一旦。1998年6月28日经中央电视台《焦点访谈》和省州电视台曝光后，县委、县政府号召全县广大干部在总结经验、吸取教训的基础上，切实搞好天然林资源的保护，成立专案组，对案件进行查处；县林业局组织对山场及木材加工点进行全面清理，严厉打击无证采伐或偷砍盗伐林木者。同年9月，省人民政府发文禁止采伐天然林，南宫林区过度采伐的天然林得以休养生息。

2000 年 7 月 28 日，成立“三号行动”领导小组，布置以查处破坏林地、林木及野生动物为重点的实施方案。2007—2010 年，共查处林业行政案件 743 起 756 人次，其中盗伐林木 1 起，滥伐林木 89 起，非法运输木材 546 起，非法收购、经营、加工木材 14 起，非法收购、加工、制售野生动物及其产品 4 起，毁坏林木、苗木 1 起，林业其他行政案件 88 起；累计罚款 18.6227 万元；累计没收非法运输、加工、收购木材 2791.6693 立方米；累计放生野生动物 721 只。

天然林资源保护工程工作紧紧围绕“保护天然林，保护生命线”这一主题，先后 3 次分流森工企业 141 名职工和国有林场富余人员安置到各村组管护。为明确责任，县政府与各乡镇人民政府签订森林管护责任状，乡政府与各村委会签订森林管护责任状，县林业局与各乡镇管护站（林场）签订森林管护责任状，乡镇管护站与森林管护人员签订森林管护合同书，明确管护人员的管护区域、面积、工作职责和报酬，要求管护人员做好每日巡山记录，并将巡山护林情况向所在的乡镇管护站定期汇报，各乡镇管护站按照管护合同和《台江县天然林资源保护工程森林管护实施办法》及《森林管护实施方案》，每月对管护人员进行抽查、考核；合格才发放管护费，不合格不发放，考核不称职的予以解聘。2006 年，县与各乡镇签订责任状 8 份，乡镇与各村委会签订 156 份，县林业局与各乡镇管护站（林场）签订 10 份；乡镇管护站与森林管护人员签订合同书 161 份。全县实施天然林森林资源管护面积 58027 公顷，聘用管护人员 161 人，解聘不称职管护人员 4 人。全年天保工程资金国家计划 213 万元，到位 213 万元，已支出 138.7 万元，其中森林管护费支出 72 万元。

世行贷款造林由于管护得当，2003 年就初见成效。经实地普遍调查，各年度林木生长率为：1995 年造马尾松平均胸径 9.1 厘米，平均树高 8.3 米，每公顷蓄积 25 立方米；1996 年造马尾松平均胸径 8.2 厘米，平均树高 7.1 米，每公顷蓄积 20 立方米；1997 年造马尾松平均胸径 7 厘米，平均树高 6.2 米，每公顷蓄积 16 立方米；1998 年造马尾松平均胸径 6.4 厘米，平均树高 5.6 米，每公顷蓄积 12 立方米。根据林木生长量测算，投入与产出比为 1∶7.3，起到良好的经济、社会、生态效益。

1991—2006 年，由于对人工造林 3466.7 公顷，世行贷款造林 2553 公顷，天保工程封山育林 14400 公顷，绿化项目造林 1506.7 公顷，农业综合开发项目造林 80 公顷的森林进行认真管护，保存率达 85% 以上，并能速生。全县森林覆盖率由 1986 年的 21.15% 上升到 2006 年的 65.07%，每年提高 2.2 个百分点；活立木蓄积量由 1992 年的 2758226 立方米增加到 2006 年的 3130801 立方米，增加 372575 立方米，年均增加 24838 立方米。

2007 年，为彰显天保工程森林资源保护的重大意义，新建大型永久性森林管护宣传碑（钢混结构三面碑）1 座，规格为：780 厘米（高）×140 厘米（宽）×140 厘米（厚），位于台盘乡龙井村 320 国道台凯线 30 公里处；新建森林防火扇形碑 10 块，小型管护碑 20 块，根据林区分布状况分别增设于全县 8 个乡（镇）重点林区，加大了森林管护工作的宣传力度。同时完成老屯乡林业站、方召乡木材检查站、台雄木材检查站、排羊乡木材检查站业务用房的修缮（550 平方米）和扩建（84 平方米）工程建设，改善了管护站的办公条件。2008 年，通过持续停止了除商品林外的天然林商品性采伐，不断加强森林资源管护，全县森林资源得到休养和恢复，管护面积增至 949637 亩；工程区生物多样性得到发展，生物物种数量在不断增加。2009 年，按照上级批复的《台江县 2009 年天然林保护工程森林管护实施方案》，全面落实了森林管护对象及面积，并及时在各乡（镇）建立了管护队伍。全县共配置森林管护人员 215 人，其中常年管护人员 124 人（分流国有森工企业和林场富余职工 109 人，村级承包管护 15 人），临时管护人员 91 人，共签订森林管护承包协议 215 份。按照面积连片、便于管理的原则，合理分配，将县森林资源管护责任具体落实到人、到山头地块，做到山有人管、林有人护、责有人担。2010 年是天保工程第一期实施的最后一年，同时也是总结天保工程辉煌成果的一年。回顾台江县十年生态建设，社会和经济效益得到明显增强。一是林区职工就业发生了历史性变化，一部分富余职工由原来的林业生产岗位走向了森林管护、公益林建设、种植等新岗位，一部分职工通过领取待岗基本生活费，外出谋求发展，另一部分职工，通过基地承包经营和林下开发创收。多元化的就业途径，改变了林区职工单一的就业渠道，林区职工生活水平逐步提高，年平均工资从工程实施前的4454元增加到6236元。二是农村生产结构发生了一系列的良性变化，林农从单一的森林采伐转向发展多种经营，部分富余劳动力参加劳务输出等，全县农村居民家庭人均林业收入由1997年的10元增至现在的41元。三是资源消耗由传统的薪材逐步转变为用煤用电，据台江县对15户监测对象农户跟踪调查，户年均消耗薪材量从原来的9459公斤降至现在的1691公斤。四是利用国家天保工程资金对工程区国有森工企业和林场职工给予专项补助，基本实现了养老、医疗、工伤三险种的全员参保。天保工程实施以来，全县累计一次性安置国有森工企业和林场职工132人；年均分流安置富余职工168人，落实国有森工企业和林场职工养老保险259人、医疗保险327人、工伤保险258人，逐步缓解了国有森工企业和林场的困难，解除了职工的后顾之忧，保障了林区的社会稳定。天保工程的实施，为促进林区健康发展，构建地方和谐社会起到了积极的推动作用。

二、森林防火

台江县的森林防火工作主要由县森林防火指挥部和各乡（镇）森林防火指挥部领导。1991—1992年，森林防火指挥部狠抓《护林防火条例》的宣传，张贴塑料护林防火公约2400张，树立护林防火水泥碑20块；重视扑火队伍的建设，健全了县、乡镇森防指挥部，挂牌办公。县、乡（镇）两级制订了护林规章制度，村、组两级订立了护林防火村规民约；县与县、乡与乡、村与村、组与组的毗邻林区成立联防队，协作联防。组织义务森防队员3376名，从上到下有专人管理，投入扑火现场扑灭火灾。因此1993年和1994年山林火灾大大下降，受害微小。

1995年，认真执行“预防为主，积极消灭”的方针，建立和完善森林防火体系；设县级森林防火指挥部1个，成员14名；乡级（含国有林场）森林防火指挥部10个，成员74名。同时配备通信电台11台，对讲机22只，指挥车1辆，风力灭火机6架。修建瞭望台2座，开设防火线218公里。一旦发生山火，及时组织人员扑救，做到打早、打小、打了，有效控制了森林火灾。

1996年，天干地旱，野外用火制度不严，发生林火85起，受害面积483.5公顷，损失18万余元，逮捕10人。2000年，加强防火宣传，坚持24小时值班，加上老天帮忙，防火期阴雨连绵，仅发生一般森林火灾6起，受害面积29.8公顷。2004年，全县共出动4527人次，车辆39车（次）灭扑林火。查处14人，判刑4人。2005年，县林业局安排18万元资金用于购买森林防火车辆、扑火用具和宣传资料，森防培训11次，参加培训人员1250余人。2006年，层层落实防火职责，把森林防火责任状签订到各家各户，纳入各村民委员会的村规民约。当年发生山火9起，过火面积65.3公顷，森林受害面积17公顷，损失林木蓄积401立方米。出动人工扑火453个工日。查处9人，刑事处罚3人。

1991—2006年，全县共发生森林火灾201起，受害面积956公顷。

2007年，为了加强森林防火工作巡察力度，林业局购买森林防火摩托宣传车8辆，发给各乡（镇）林业站加强森林防火巡察、宣传工作。全县发放森林防火宣传资料共3万余份册，开设防火线50公里，组建森林防火专业扑火队1支共20人，在森林防火紧要期集中县林业局值班室待命，一有火情及时出动，最大限度减少火灾损失。

2008年，由于受雪凝灾害的影响，森林防火形势非常严峻，全县落实了森林防火包保责任制，层层签订责任状，把森林防火工作责任落实到乡镇、村寨、农户、山头地块。张贴州、县的《关于严禁一切野外用火的通告》共7456份,《森林防火条例》400份，悬挂横幅258条，张贴标语5970份。加强上路巡查，严禁一切野外用火，采取了“见烟就查，见火就罚，犯罪就抓”，坚持24小时值班制度。补充防火物资水壶24个，电筒24把，脸帕24张，柴刀30把。当年全县发生山火11起，受害面积 25.3 公顷，森林受害率为 0.435‰，损失林木蓄积 1755.09 立方米，出动 2621 个扑火人次，无人员伤亡事故发生。森林火警火灾查处 11 人，刑事处罚 8 人；违规野外用火查处 45 起，受处罚 45 人次，举办森林防火强制教育培训班 5 期，接受强制性学习教育 37 人次。举办森林防火扑火培训 4 次，参加培训人员达 320 人次，使参加培训人员懂得了不能组织妇女、儿童、老人等人员上山救火以及如何对森林火灾的扑救等基本知识。

2009 年，县林业局及时转发州森防指挥部高森林火险预警信号，对重点林区、重点部位、人员活动密集地区、墓地和进山路口加大宣传、巡查、设卡检查力度，对痴、呆、憨、傻等重点人员逐一登记造册，落实监护人的监管责任。全县悬挂横幅 304 条，张贴森林防火条例、森林防火通告及禁火令 5000 余份，刷永久性宣传标语 200 条。森林防火物资补充柴刀 50 把，手套 100 双，水壶 50 个，脸帕 100 张，电筒 80 把。举办森林防火培训共 9 次，参加培训人员达 1455 人次。当年森林火灾发生 10起，受害森林面积 21.5 公顷，受害率为 0.37‰。出动扑火人工日 1145 人次，无人员伤亡事故发生。森林火灾查处 9 起。违规野外用火 38 起，查处 38 起。举办森林防火强制教育培训班 1 期。

2010 年，台江县结合实际制定完善了森林防火预案，并认真落实应急预案，增强处置能力。在原来抓森林防火工作的基础上，继续加大宣传、隐患排查力度，进一步落实了县级领导包乡（镇）、联系帮扶单位领导包联系村、乡（镇）领导包片、驻村干部包村、村组干部包农户及单位包职工、学校包学生、家庭包成员等防火责任包保制度，对森林防火工作早落实、早部署。在全县设 45 个森林防火检查点排查过往行人，严禁携带火种进山。县森防办制成 152 张光碟发给各乡（镇）播放宣传，县电视台滚动播放禁火令，县、乡森防办在赶集天开展森林防火知识宣传，全县 156 个村鸣锣喊寨宣传森林防火，全县 158 所中小学开展森林防火宣传教育课等方式大力宣传森林防火知识，通过各种形式宣传，营造浓厚森林防火氛围。全县组建专业扑火队 1 支 20 人、半专业扑火队 21 支 320 人，义务扑火队 156 支 3170 人。扑火队在扑救山火时坚持专群结合，在森林防火紧要期，各扑火队处于集结待命状态，一旦有山火发生，迅速出动，实现“打早、打小、打了”的目标。在本年度，共发生 11 起森林火灾，受害森林面积 11 公顷，森林受害率为 0.17‰，损失林木蓄积 907.6112 立方米，出动扑火人工日 2115 人次，无人员伤亡事故发生。立刑事案件 6 起，破 3 起，逮捕 1 人。

2007—2010 年，全县共发生森林火灾 42 起，森林受害面积为 81.4 公顷。

三、森林病虫害防治

1991 年 5 月，台江县林业局培训森林病虫害防治人员 120 人，合格结业。8 月 5 日，建立《森林病虫防治检疫站》，有专职检疫员 3 人，兼职 5 人。1992 年森林病虫害防治和检疫纳入新的管理体系，人员增加到 13 名，健全了森林检疫网络。

台江县森林病害主要有杉木叶枯病、杉木炭疽病、杉木黄化病、杉苗立枯病（猝倒病、根腐病）；马尾松赤枯病、马尾松赤落叶病、松针锈病、松拆锈病、油菜炭疽病、油桐角斑病等。经采到病害标本鉴定，分属真菌、螨类、藻类、寄生性种子植物引起的病害 58 种。森林虫害主要有杉梢小卷蛾、松梢小卷蛾、松梢螟、马尾松毛虫、小地老虎、蛴螬袋蛾等。鼠类危害也很大。

1991 年，依靠化学农药防治 897 公顷；7 月，发动群众人工捕捉马尾松毛虫幼虫 4175 公斤。1992 年，完成台江寄主树种 2262 公顷的调查，防治 1500 亩，人工捕捉松毛虫 134 万只。1993 年，根据省、州布置安排完成森林病虫害越冬代调查和定点观察，监测有林地 24973 公顷。

1994 年以后，根据省、州统一要求，国有林场也纳入目标管理，森防目标管理指标为：各乡镇发生率 4.2%，防治率 60%，监测覆盖率 55%，产地检疫率 80%；国有林场发生率 3%，防治率 90%，监测覆盖率 90%，产地检疫率 85%。监测工作设置临时样地，林分连片 5000 亩至 1 万亩设 2 块，1 万亩至 10 万亩设 4 块，并于每年的 3 月、5 月、7 月、9 月、11 月填写“森林病虫害踏查记载表”上报县检疫站；每年8月31日前完成“产地检疫记录”上报县林业局，县检疫站汇总上报省、州林业主管部门。

2001年，成立国家级森林病虫害台江鼠害中心测报点，有专职森林植物检疫员5人，其中高级工程师1人，助理工程师2人。有房屋总面积46平方米，检疫设备有喷雾粉机6台，杀虫灯3台，打孔注药机1台，戴尔计算机1套，显微镜1台，导航仪1只，红外线望远镜1副。2002年年底，设备固定样地8个，样木2247株，其中杉1557株、马尾松690株。

2003年，全县森林病虫鼠害发生面积2830公顷，成灾面积92.7公顷，利用生物防治手段完成林木病虫害防治面积990.7公顷，积极完成松材线虫病检疫监测普查工作，使松材线虫害检疫监测率达100%。2004年，完成27466.7公顷有林地病虫鼠害越冬代调查，设置临时调查样地90个。并完成松材线虫病40000公顷及固定样地春秋两季监测普查。

2005年，采取拉网式对28980公顷林地调查，设临时样地68个，控制赤腹松鼠、松毛虫、肖氏松茎象、松毒蛾、松黑天牛等林业有害生物的危害。并采取人工、营林、化防等措施防治1177公顷林地。分别两次监测普查马尾松林23480公顷，清理死亡松木7339株，多次对电力、电信、交通、冶炼、摩托车、木材加工厂、三凯高速公路承包合同段等单位的包装木制品进行抽样复检，并监督将有拟松材线虫病的木质包装材料集中烧毁。

2006年，始终坚持“预防为主、科学防治、依法治理、促进健康”的方针，深入林区，开展预防与除治，作出预测预报。在松材线虫病防治工作中，层层签订责任状，明确到人，严防死守。监测固定样地8个，复检县电力局、县移动公司调进木质包装材料80个线盘，抽取10个样品复检，其中3个样品有拟松材线虫。松材线虫病监测普查率为100%。

1991—2006年，累计发生森林病虫鼠害7761.6公顷，防治5329公顷，苗圃地检疫219.3公顷，年监测林地面积23533～51266.7公顷之间，检疫种子27吨，木材运输检疫9.82万立方米，收取检疫费11.28万元。

2007年，全县发生林业有害生物面积1296.7公顷，防治面积1023公顷。主要林业有害生物，赤腹松鼠、马尾松毛虫、萧氏松茎象发生面积分别比2006年下降0.40%、28.9%、11.91%，争取州检疫站专项资金4.3万元，装修检疫站5个办公用房，购置实验室和办公室所需的仪器及设备，办公条件达到省内先进行业。按照上级林业主管部门的要求，加强森林植物检疫执法，烧毁木质包装线盘17个。全年镜检35个松木质样品。

2008年，发生林业有害生物面积为1355.7公顷，防治701.7公顷。镜检53个不明原因枯死木样品，实行限期除治通知书制度，全年下达清理马尾不明原因松枯死木17份。

台江联合剑河、雷山两县检疫站专职检疫员开展了“利剑2008”检疫执法专项行动，烧毁木质线盘和包装材料89盘（个）。

2009年，林业有害生物发生总面积2772公顷，防治2731.3公顷，镜检357个不明原因枯死木样品，并限期清理。全年发布9期林业有害生物防治简报，为科学防治病虫害提供可靠依据。向中国森防信息网投稿森防信息7件，在《中国林业》杂志刊登论文2篇，全方位宣传台江检疫工作形象。争取到中央资金林业有害生物治理项目4万元，编制了《台江县2009年度松褐天牛（含松材线虫病预防）治理项目实施方案》和《台江县2009年思茅松毛虫治理项目实施方案》，并报请黔东南苗族侗族自治州林业局审批实施。全年查处违规调运木材6起，开展检疫执法9次。

2010年，全县林业有害生物发生总面积4832.5公顷，防治4832.5公顷，镜检157个不明原因枯死木样品，并限期清理。全年发布10期林业有害生物防治简报，在中国森防信息网投稿森防信息6件，《中国林业》杂志刊登论文1篇，《农业科技与信息》刊登论文2篇。处理群众报告的林业有害生物发生情况3起，其中松枯死木2起，杉木茎腐病1起，并及时组织及时人员进行“诊断”和指导除治。组织人力物力清除县城周边桃尧村、梅影村两株存在安全隐患的风景树，邀请县电视台记者全程跟踪报道，社会反响良好。组织人员开展调查红棕象甲疫情时，在县行政中心广场棕榈科植物根基部发现疑似红棕象甲成虫活体，经送样省贵州省林业有害生物鉴定中心鉴定为红棕象甲。县委、县政府对这件事情相当重视，指示县林业局按规定进行棕榈科植物苗木跟踪调查，随后在省、州林业有害生物防治专家的指导下开展红棕象甲除治工作。

2007—2010 年，林业有害生物成灾率均低于控制目标以下，年平均成灾率为 0.96‰。平均每年无公害防治林业有害生物森林面积 2065 公顷，年平均防治率为 93%。平均测报准确率为 94%。平均每年完成产地检疫苗面积 6.7 公顷，检疫苗木 218.6 万株。各年度林木种苗产地检疫率均达 100%。平均每年完成监测调查森林面积 53093 公顷，占全县有林面积 57900 公顷的 91.7%。年平均森林监测覆盖率为 91.4%。松木质包装材料复检率达 90% 以上，外调木质包装材料检疫办证率为 95% 以上，疫木及制品使用后销毁率达 100%。

2007 年以来，县政府与各乡（镇）政府签订林业有害生物防治目标责任书，县局与各乡（镇）林业站、国有林场签订林业有害生物防治目标责任书、制定和实施考核奖惩办法，责任落实到人。通过落实责任、层层明确工作任务，做到层层负责，一级抓一级、层层抓落实，不留死角。在上级林业主管部门的支持下，千方百计筹集资金添置检疫设施设备，县林业局在办公室紧张的条件下仍然安排五间房屋，设置检疫办公室、检疫办证室、检疫标本室、检疫档案室、检疫实验室，所有办公室全部进行装修，办公设备全部更新，办公条件达到省内先进水平，配备有小车一辆，摩托车二辆，各个乡镇林业站先后配备了微机和摩托车。基础设施改善，提高了工作效率，使检疫各项工作得以顺利开展。

年平均成灾率有所下降，年平均无公害防治率明显提高。其中：年平均成灾率下降了 0.36%，年平均无公害防治率提高了 10%。2007 年之前台江县林业有害生物防治目标管理工作考核成绩为全州倒数第二，每年都遭到通报批评。2008 年伊始，县林业局领导仔细查找原因，调整工作思路，制定可行的各年度林业有害生物防治工作目标，经过全局林业战线职工的努力，全县人民的支持，台江县林业有害生物防治目标管理工作连续三年为全州第一，全省获三等奖，奖励办公经费 6 万元。落实松材线虫病防治工作经费，加强和完善基础设施建设，确保松材线虫病监测和普查工作顺利开展，全面提升预防除治松材线虫病等危险性林业有害生物的能力。2007 年以来，县从财政拨入 18.5 万元作为松材线虫病防治工作经费，配备了一定数量的药物器械，为松材线虫病预防除治工作提供了经费和物资保障。2007—2010 年争取中央财政、省州各级林业有害生物防治资金 60.2538 万元，是“十五”期间（2000—2005 年）林业有害生物防治资金的 6.1 倍。

2007—2010 年，全县各乡镇林业站、国有林场、木检站均配备经培训取得合格证的兼职检疫人员 1～2 人，县站配置专职检疫员 4 名，并相对保持人员稳定和加强培训教育，不断提高检疫人员素质，确保林业有害生物检疫和防治工作需要。坚持每年平时各地采取出宣传专刊、印发宣传资料、会议强调等多种形式，宣传松材线虫病的危害性和防范科普知识，增强林区干群的防范意识。2010 年还充分利用“科技赶集”宣传活动，在县城中心广场和乡镇赶集日最热闹地段宣传松材线虫病的危害性和防范工作的重要性、紧迫性，提高全社会的防疫意识。

四、自然保护区建设

南宫州级自然保护区 2001 年 5 月，贵州省林业厅组织相关专家进行综合考察，形成南宫自然保护区科学考察集，区内植物 244 科 621 属 1062 种，其中有国家一、二级重点保护植物 12 种；野生动物 110 科 197 属 491 种，其中国家一、二级重点保护动物 29 种。南宫森林植被原生性强，是研究中亚热带常绿阔叶林森林生态系统的范本。同时具有国土保安和水源涵养功能，并且旅游资源十分丰富。加强南宫森林生态系统的保护，对台江林业可持续发展具有重要意义。

2001 年 9 月，成立县级南宫自然保护区，面积 22133.3 公顷。其中，核心区 4333.3 公顷、缓冲区 4133.3 公顷、实验区 13666.7 公顷，范围为南宫乡 18 个村和台拱镇 4 个村。同年 11 月 28 日，台江县政府定名为“南宫常绿阔叶林自然保护区”，机构设置为副科级事业单位，编制 8 人，由县林业局内部自行调剂。2002 年 10 月 18 日，台江县政府请示州政府，将“南宫常绿阔叶林自然保护区”改为“黔东南州级南宫自然保护区”。2003 年 4 月 21 日，黔东南州政府批复将“台江县南宫常绿阔叶林自然保护区”升格为州级自然保护区。2006 年 2 月正式建站办公。

建站后，制作保护区内部区划图，界线一目了然。督促大黑山、展丰、交密、记刀、红阳 5 个核心区的森林管护人员做好巡山工作，加强管理，发现问题，及时上报局领导。

台江国家级森林公园　2005 年 9 月 5 日，台江县林业局委托国家林业局昆明勘察设计院贵阳办事处完成“台江南宫省级森林公园”的可行性研究报告及总体规划编制，该编制完成后由州林业局呈报省林业厅进行评审，省林业厅于 2005 年 12 月 16 日组织专家组评审通过。2006 年 1 月 12 日，根据《贵州省森林条例》等有关规定，省林业厅行文批准建立“台江南宫省级森林公园”，面积 6133.3 公顷。2012 年 1 月 10 日，国家林业局行文批准设立“贵州台江国家森林公园”，面积 6700 公顷，分为红阳景区和南宫景区。红阳景区东起记刀，南至荣上大坡，西到国有林场下屯杨梅园，北抵台雄上屯；南宫景区东起展壁以西约 1 公里，南至南牛以南 1 公里，西到交密村以西约 1 公里，北抵交密村以北 1 公里。台江国家级森林公园由台江县林业局负责管理。

2006 年 3 月，完成总体规划编制方案，并经贵州省森林公园专家评审组会审通过。2007 年 1 月 24 日，县政府与凯里嘉兴房地产开发公司签订了《翁密河漂流合作开发协议》，并于 2009 年 7 月 18 日正式开漂。翁密河漂流海拔由 680 米降至 640 米，落差 40 米。漂流全程 8 公里，起点和终点建有游客接待休闲山庄 8 栋，停车场 2 个，漂流船 1500 只，现有员工 60 余人。开发翁密河漂流使台江的旅游出现了跨越式发展，从过去台江旅游的节日型、接待型向市场运作型转变，翁密河漂流已成为台江县旅游行业中的龙头企业。2007 年 10 月，金红阳生态园破土动工，是一家集餐饮、住宿、商务会议、娱乐为一体的原生态休闲度假山庄，建有观赏亭、餐厅、多功能厅、宾馆、风雨桥、职工综合楼、停车场、林中步道、风雨长廊、休闲观光亭和高空溜索等，于 2009 年 8 月 8 日正式营业，2012 年被评为中国三星级饭店。

雷公山国家级自然保护区交密管理站　1982 年 6 月，贵州省政府批准建立雷公山自然保护区，2001 年 6 月经国务院批准晋升为国家级自然保护区，下设雷公山、方祥、交密、西江、小丹江、桃江 6 个管理站。交密管理站地跨台江县南宫、排羊两乡，东起交密大乌背，西至雷公坪，南接雷山县界至牛角坡，北抵南刀寨，涉及 5 个村 879 户 3814 人，总面积 4646.7 公顷。森林覆盖率 87.16%，活立木蓄积 23.9 万立方米。分为核心区、缓冲区和实验区，其中核心区面积 533 公顷，缓冲区面积 780 公顷，实验区面积 3333 公顷。

辖区内分布有国家一级保护植物南方红豆杉，二级保护植物秃杉、马尾树、半枫荷等；国家一级保护动物白颈长尾雉、云豹、金钱豹、林麝，二级保护动物红腹锦鸡、鸳鸯、白鹇、猕猴、藏酋猴、穿山甲、黑熊、水獭、大鲵、细痣疣螈、眼镜蛇、眼镜王蛇等。在交密设立保护管理站、林业公安派出所和木材检查站，共同管理。

第四章　水利

第一节　农田水利工程

县内大部分水利工程都是1991年以前建成，有小（1）型水库3座、小（2）型水库2座，山塘76口，引水工程1450处，渠道总长541公里，已防渗处理348公里，水轮泵工程7处装机7台，电灌工程35处装机37台1127千瓦。2008年9月开工建设台雄水库。总蓄、引、提供水能力达到2109万立方米，占农业灌溉总需水量的63.5%。有效灌溉面积3326.7公顷，占水田总面积的43.1%，其中旱涝保收面积4.31万亩，占37.3%。

一、蓄水工程

小（1）型水库有革一乡的烂塘水库、方召乡的汪一水库和南宫乡的交下水库。

烂塘水库工程于1976年11月动工，1982年5月全面竣工交付使用。烂塘水库坝高24米，设计渠道长26公里，有随洞3座，渡槽1座。由于三号随洞内塌方后，渠道只能通水到9公里处。在渠道下游6公里处修建电站一座，水头136米装机250千瓦，以保证水库内4座提灌站的电源提水。后由于渠道渗漏严重及多种原因，电站无水发电，于1993年报废，整体拆除，转至南宫记刀修建安装。当时修建烂塘水库投资165万元，水库建成后分别于1990年和2004年进行过维修加固，1990年进行的维修加固投资20万元，2004年进行的维修加固投资315万元。烂塘水库修建共淹没田土面积7公顷，水库集雨面积12.5平方公里，水面面积22公顷，总库容418万立方米，可灌溉革一乡屯上、后哨、江边3个行政村共207公顷农田。经2004年冬修除险加固整理后，已经成为全县花园式小（1）型样板水库。

汪一水库工程于1976年12月动工兴建，1979年12月竣工交付使用。汪一水库坝高28.7米，设计渠道长12公里，在渠道下游修建电站一座，装机110千瓦，后由于渠道渗漏等多种原因，电站已报废。修建汪一水库总投资45万元，水库建成后曾于1982年和1995年对其进行除险加固。汪一水库修建淹没田面积2.7公顷，水库集雨面积18平方公里，水面面积5.8公顷，总库容120万立方米，可灌溉交喜、方家、大稿午、小稿午、源江、革东6个行政村共110.7公顷农田。

交下水库工程于1975年12月动工兴建，1978年7月竣工交付使用。交下水库坝高22米，设计渠道长6公里，当时修建总投资60余万元。水库建成后曾于1983年、1996年和2003年共计投入72万余元对该工程的大坝、溢洪道、渠道等设施进行除险加固及防渗处理。交下水库修建淹没田面积2.7公顷、土面积13.3公顷，库区搬迁房屋28户，进场公路占田0.8公顷。水库集雨面积2.1平方公里，总库容104万立方米，可灌溉交下、岩板、巫忙、拥党4个行政村共144.7公顷农田。

杨家沟水库工程于1965年动工修建，1966年建成，总投资23万余元。后于1978年扩建，加高坝高至 17.6 米，水库总库容 62.4 万立方米，设计灌溉面积 73.3 公顷，实际灌溉面积 56.7 公顷。水库建成后曾于 1982 年投资 16 万余元对大坝溢洪道进行加固处理。

麦少冲水库工程于 1955 年修建成功，当时坝高 6 米，设计灌溉面积 20 公顷。由于 1965 年 6 月的洪水冲垮坝体造成灾害，于当年 10 月重新设计扩建，将坝加高至 10 米，蓄水 10.5 万立方米，设计灌溉面积 127 公顷。麦少冲水库蓄水后发生坝体渗漏，又于 1978 年在修建烂塘水库时投资 5 万元对该水库进行扩建，扩建后坝高达 20 米，总库容 19.2 万立方米，设计灌溉面积 98 公顷，其中，田 85 公顷，土 13 公顷。由于大坝涵洞漏水，坝体出现裂缝和洪水设计过低造成溢洪道不能满足溢洪要求等原因，国家又于 1986 年投资 10 万元对该病险水库就上述部位进行了加固处理，以保工程安全和下游田土灌溉。

（一）蓄水工程除险加固建设

2003 年 9 月中央及省级投入专项资金共计 438 万元对烂塘水库进行病险治理，2005 年 6 月烂塘水库病险治理完成并投入正常使用。该水库通过除险加固后，产生的灌溉效益为 99.89 万元 / 年，养殖效益为 21 万元 / 年，效益合计 120.89 万元 / 年。

2008 年 3 月中央及省级投入专项资金共计 416 万元对汪一水库进行病险治理，2009 年 8 月汪一水库病险治理完成并投入正常使用。该水库通过除险加固后，产生的灌溉效益为 37.72 万元 / 年，养殖效益为 14.25 万元 / 年，效益合计 51.97 万元 / 年。

2009 年 2 月中央及省级投入专项资金共计 345 万元对交下水库进行病险治理，2010 年 4 月交下水库病险治理完成并投入正常使用。该水库通过除险加固后，产生的灌溉效益为 27.68 万元 / 年，养殖效益为 13.05 万元 / 年，效益合计 40.73 万元 / 年。

2011 年 10 月中央及省级投入专项资金共计 226 万元对杨家沟水库进行病险治理，2012 年 4 月杨家沟水库病险治理完成并投入正常使用。该水库通过除险加固后，产生的灌溉效益为 41.8 万元 / 年，养殖效益为 13.03 万元 / 年，效益合计 51.83 万元 / 年。

2012 年 11 月中央投入专项资金共计 191 万元对麦少冲水库进行病险治理，2013 年 6 月麦少冲水库病险治理完成并投入正常使用。该水库通过除险加固后，产生的灌溉效益为 8.32 万元 / 年，养殖效益为 6.3 万元 / 年，效益合计 14.62 万元 / 年。

（二）小（1）型及以上蓄水工程管理体制改革

为加快建立与社会主义市场经济相适应的水利工程管理体制，保证水利工程安全运行，充分发挥水利工程效益，促进台江县水资源的可持续发展和利用。根据《省人民政府批转省水利厅等部门关于贵州省水利工程管理体制改革实施意见的通知》（黔府发〔2004〕19 号）文件精神，结合台江县实际，于 2007 年年底县水利局全面完成了小（1）型水库管理体制改革方案的编制、分类定性、定岗定员及两项经费测算工作，落实了烂塘水库管理所、汪一水库管理所、交下水库管理所人员编制共 7 名。

二、引水工程

1978 年以来的 30 年间，全县新建引水工程 186 处，使引水工程的总处数达到 1450 处，引水能力 1314 万立方米。新修渠道 86 公里，防渗硬化渠道 9 公里。

三、台雄水库

台雄水库防洪灌溉工程位于县城东南侧，距县城 9 公里。1998 年黔东南州水利电力勘察设计，2002 年年初完成《台雄水库项目建议书》编制工作，2002 年 3 月获省计委立项，同年 8 月完成可行性研究报告。2006 年 7 月，水利部长江水利委员会批复，投资 7513 万元，工程于 2008 年 9 月开工。台雄水库是一项以城镇防洪、农田灌溉及供水、环境用水为主，兼顾发电及其他的综合性中型水库工程，工程兴建后可使台江县城防洪标准从20年一遇提高到50年一遇。预计灌溉面积19245亩，解决台江县城及下游灌溉区的生产、生活用水。设计库容1983万立方米，最高库容2481万立方米，坝高64.2米，电站装机3台，总容量2500千瓦。为中型水库。2010年6月，省发改委、省水利厅批复台雄水库调整概算为14898万元。

第二节　饮水工程

进入20世纪90年代后，随着县城建设的快速发展，城镇居民和外来人口与日俱增，原有供水能力已无法适应县城发展的需要。自来水公司分别于1998年、2003年和2006年三次对水厂的供水能力和供水管网进行了增容改造，日供水能力提高到了2.5万吨。至2010年，不仅保证了县城3万多人的生产生活用水，供水范围不断向周遍厂矿、农村扩展。

20年来，农村新建、改造饮用水取得较大发展，至2007年全县近70%的乡镇村组均能用上清洁的自来水。1997年国家开始实施“渴望工程”，此项工程深受人民群众的欢迎，进入20世纪90年代后，农村饮水困难矛盾日益突出。台江县是少数民族山区县，大部分村寨均居住在山坡上，自然环境的恶化和水资源的枯竭，解决吃水难度的问题，已摆在了突出重要的位置，并且已经制约了当地的社会经济发展。实施“渴望工程”10年来，农村饮水困难问题已得到了很大程度的解决，2006年实施的“农村安全饮用水”项目，必将使人民群众用上安全、清洁并符合国家标准的生产生活用水。全县农村饮水工程基本情况见下表：

全县饮水工程现状一览表

表11-10

乡镇名称	处数（处）	解决人数（人）	供水方式	运行情况	运行时间	备　注
台盘乡	37	15520	提水、自流	正常	1992—2006年	
革一乡	23	11381	提水、自流	正常	1998—2006年	
施洞镇	43	14700	自流	正常	1991—2004年	
老屯乡	26	12330	自流	正常	1996—2004年	
方召乡	26	18076	提水、自流	正常	1998—2004年	
南宫乡	38	10802	自流	正常	1995—2006年	
排羊乡	30	8238	提水、自流	正常	1996—2005年	
台拱镇	53	17236	提水、自流	正常	1995—2006年	

随着社会经济的快速发展，人民生活水平的不断提高，人们用水方式的改变，对水质、水量、水源保证率、用水方便程度提出了更高的要求，原来的“渴望工程、解困工程”已经不能满足人民的供水需求，在此基础上，对原建的供水工程进行新建、改建、扩建已势在必行，从2006年下半年开始，按照水利“十一五”农村饮水安全规划，逐步实施了一批饮水安全工程。

2006年农村饮水安全工程涉及村寨有施洞镇南哨、四新、旧州、巴拉河、街上、芳寨、白子坪、塘坝村、居委会9个村。解决了9个行政村（居）6837人饮水不安全问题。

2007年农村饮水安全工程涉及村寨有革一乡移民区（为岩寨电站影响排生村搬迁户）、屯上村，老屯乡长滩村（一期）、报效村，南宫乡南宫村，排羊乡掌里村6个村寨。解决了6344人饮水不安全问题。

2008 年农村饮水安全工程涉及村寨有老屯乡岑帮村、长滩村（二期）、稿仰村、南你村、排略村，台拱镇展福村，大德村（一期），革一乡大寨村，南宫乡大田村，台盘乡空寨村，排羊乡排扎村、岩寨村、排羊村；解决了 13 个行政村 10144 人饮水不安全问题。

2009 年农村饮水安全涉及台拱镇上桃村、排朗村、桃尧村、南兄村、排下村、报恩村、下桃村、桃香村，施洞镇小河村、良田村、黄泡村，革一乡茅坪村、排生村、田坝村，方召乡反排村、基甲村、巫脚南村、展苕村、泡木村、交汪下寨村、歹忙村，南宫乡交密村、交宫村、展忙村、拥党村、巫细村，台盘乡交江村、南瓦村，老屯乡望虎屯村、辣子村、白土村，排羊乡九摆村共计 32 个村 24533 人饮水不安全问题。

2010 年农村饮水安全涉及台拱镇南冬村、大德村（二期）、交碾村、台雄村、五寨村、排汪村、长中村、朗等村、梅影村、九里村、板凳村，台盘乡棉花坪村、大寨村、龙井村、平水村、南庄村，施洞镇八梗村、岑孝村、猫必岭村，革一乡新寨村、台水村、江边村，老屯乡阶蒿村，排羊乡平寨村、台乐村，南宫乡白帮村、交包村，方召乡方召村二组、交汪上寨村、方召乡政府驻地、汪一村，解决了 31 个行政村（集镇）20646 人饮水不安全问题。同年还解决了全县 8 个乡镇 57 所农村中小学 11600 名师生饮水安全问题。

至 2010 年年底，全县累计解决农村饮水不安全人数 80144 人（包括 57 所农村中小学校 11600 名师生）的饮水安全问题。

第三节　防汛抗旱

一、水灾旱情

随着全球每年气温的不断变暖，台江县灾害日益严重，有十年九旱之说。洪灾也频繁出现，1991 年以来，先后发生较大洪水 10 余次，其中较为严重的洪水灾害 2 次，即“1996・7”域区日降雨量 65.9 毫米，“1998・8”域区也降了一次暴雨，雨量达 99.3 毫米。

1991 年 7 月 9—11 日，8 月 10—12 日，两次降雨量共计达 310 毫米，使稻田受灾面积达到 4882 亩，成灾面积 2822 亩，受灾人口 15700 人，死亡大牲畜 9 头，倒塌房屋 52 间，冲毁堤防 0.9 公里，涵洞 2 座，公路 8.37 公里，直接经济损失 159.5365 万元（当年价），主要受灾乡镇为革一、施洞、革东。

1993 年 5 月底至 8 月中旬，累计降雨量达 656 毫米左右，全县先后遭受四次洪灾，累计受灾 4.4185 万人，损坏房屋 35 间，倒塌房屋 37 间，塌方压死 1 人，企业停产 5 个（次）。水电等基础设施水毁较为严重，冲毁农桥 33 座，毁坏路基 30 公里，供电中断 8 条（次），损坏通讯杆 40 根，台江至南宫公路水毁严重，交通中断达 10 天之久。农林牧损失惨重，农作物受灾 642.69 公顷，成灾 230.90 公顷，绝收 143.85 公顷，粮食减产 1292.59 吨，南宫冲走木材 260 立方米。

1994 年 5 月 25 日，山洪暴发，溪流猛涨，沿岸农田被冲，被淹严重。此次受灾 6 个乡镇 75 个行政村 297 个村民小组 8961 户 34467 人，稻田受灾面积 1522 亩，成灾 7263 亩，绝收 2666 亩，当年不能恢复 2135 亩，粮食减产 4846 吨，倒塌房屋 183 间，4581 平方米，损坏房屋 6 间 168 平方米，冲毁猪、牛圈 15 间冲走耕牛 2 头，木材 45 立方米，冲毁公路 15 公里，损坏桥涵 28 座，损坏堤防 42 公里，冲毁水利渠道 71.3 公里，提灌站 4 站 105 千瓦，山塘 1 座，水车 235 架，木槽 275 处 1985 米，通信线路 0.2 公里，输电线路 13.4 公里。

1995 年 7—8 月，雨量减少，气温偏高，蒸发量大，造成农作物大面积受旱。据气象部门提供的资料表明，该年 7 月份全县总降水量仅为 53 毫米，比正常年偏少六成，中上旬仅为 3 毫米。然而气温却比正常年偏高，蒸发量高达 203 毫米。8 月份总降水量 106 毫米，也比正常年偏少两成，导致发生了严重旱灾。稻田受旱面积 73395 亩，其中轻旱 28800 亩，重旱 24500 亩，水田开裂 14000 亩，枯萎 14000 亩。

1996 年 4 月下旬至 8 月下旬，台江县各乡（镇）先后降了 6 次暴雨，特别是受境外清水江上游洪水的影响，造成山洪暴发，河水暴涨，洪水 6 次成灾，紧急转移 27700 人，损失房屋 1325 间 26500 平方米，倒塌房屋 633 间 12660 平方米。农作物受灾 79.09 百公顷，其中成灾 56.93 百公顷，绝收 26.62 百公顷，毁坏耕地 4.68 百公顷，粮食减产 61.74 百吨，死亡和冲走耕牛、猪 1249 头。毁坏公路 307 公里、桥涵 26 座，2 个乡（镇）交通中断；毁坏通信电杆 3305 根、线路 227 公里，使 3 个乡镇通信中断；损坏小（1）型水库 1 座、小（2）型水库 2 座、防洪堤决口 937 处 286 公里；毁坏防洪护岸 156 处、山塘 95 座、水利管理设施 77 处、输电线路 174 公里，供电中断 5 条（次）。

1997 年 7 月 7 日和 21 日两次降雨量分别为 50.9 毫米、55.5 毫米，两次暴雨致使台江至南宫公路塌方多处，电话线路受到一定损坏。

1998 年 6 月 23 日，台江县境内降雨 59.5 毫米，巴拉河上游雷山县等地区降雨量 125 毫米，致使溪沟水猛涨，山洪暴发，巴拉河水位达 603.54 毫米，洪峰流量 766 立方米 / 秒。据统计，全县 9 个乡镇受灾 71 个行政村 280 个村民小组 710 户 2850 人，损坏房屋 50 间，倒塌房屋 40 间，成灾人口 1713 人。农作物受灾面积 270 公顷。7 月 23 日，台江县普遍降暴雨，降雨量达 99.3 毫米，局部地区如南宫乡降雨量达 301.7 毫米，全县 9 个乡（镇）均遭受不同程度的灾害。受灾 127 个行政村 2.6 万人，紧急转移 6 万人，倒塌房屋 22 间。农作物受灾面积 314 公顷，其中粮食作物 270 公顷，经济作物 44 公顷；农作物成灾面积 188 公顷，其中粮食作物 110 公顷，经济作物 78 公顷；农作物绝收面积 125 公顷，其中粮食作物 90 公顷，经济作物 35 公顷。毁坏耕地面积 85 公顷，粮食减产 560 吨，直接经济损失 282 万元。

1999 年，自上年冬以来，整个冬季才有 30 天的降雨过程，光降雨量仅为 60.1 毫米，受此影响，农作物受旱面积 4299 公顷，其中，轻旱 2150 公顷，重旱 1433 公顷，干枯 716 公顷。台江县共有 0.9 万人，1.4 万头大牲畜因旱发生饮水困难。5 座小（1）型、小（2）型水库蓄水量仅为 480 万立方米。

2000 年 6 月 8 日，台江县 9 个乡镇普降暴雨，同时受上游都匀市等地强降雨的影响，使 9 个乡镇都遭受不同程度的损失，受灾 138 个行政村 5.2 万人，进水城镇 2 个，损坏房屋 64 间 1280 平方米，倒塌房屋 22 间 440 平方米，农作物受灾面积 2400 公顷，成灾 833 公顷，毁坏耕地面积 14 公顷，粮食减产 4928 吨，损失淡水养殖面积 6 公顷，损坏小（1）型、小（2）型水库两座，损坏堤防 9 公里，护岸 13 处，冲毁路基、路面 13.4 公里。洪灾发生后，县四大班子非常重视，紧急转移人口 1300 人，抢运物资 178 吨，全县投入抢险人数 4500 人（次），麻袋 3000 条，编织袋 3700 条，铅丝 3 吨，木材 365 立方米，车辆 18 辆。

2002 年 8 月 9 日以来持续降雨，特别是 8 月 20 日台江县境内普降暴雨，局地降大暴雨，致使境内一江三河水势猛涨，9 个乡镇遭受不同程度的洪灾。据统计受灾 78 个行政村 7.21 万人，紧急转移 780 人，进水城镇 1 个，倒塌房屋 176 间，山体滑坡 67 处，因滑坡死亡 2 人，重伤 1 人。农作物受灾面积 2521 公顷，成灾 1500 公顷，绝收 468 公顷，损坏护岸 16 处，损坏提灌站 23 处，320 国道台江至凯里段因洪水淹毁，车辆被阻 10 小时，县境内公路中断 4 条，毁坏路基路面 21.6 公里，损坏输电线路 4100 米，损坏通信线路 5300 米。

2003 年 7—8 月，台江持续高温少雨，月降水量仅为 90.3 毫米，日最高气温 35℃；月蒸发量 203 毫米，比多年同期偏多 22 毫米，受此影响，全县农作物受旱面积 5420 公顷，其中，轻旱 2900 公顷、重旱 2100 公顷、干枯 420 公顷。水库干枯两座，因旱使 1.7 万人，1.5 万头大牲畜饮水发生困难。全县共投入抗旱人数 3.8 万人，抗旱机具 212 台（套），油料 11.5 吨，抗旱用电 6.5 万千瓦时，群众自筹 8.9 万元，解决浇灌面积 213 公顷，临时解决 0.35 万人，0.14 万头牲畜的饮水困难。

2004 年 5 月，降水量为 280.1 毫米，比多年同期偏多 104 毫米；6 月降雨量 110.3 毫米，比多年同期偏少 4.73 毫米；7 月总降雨量为 319.4 毫米，比多年同期偏多 187.5 毫米。2004 年，台江各乡镇抗旱服务队累计抗旱打井 46 眼，疏通渠道 27 公里，新建节水灌溉面积 960 公顷，改善灌溉面积 180 公顷，解决临时性人畜饮水困难 0.67 万人，大牲畜 0.52 万头，抗旱挽回粮食损失 25.5 吨，减灾效益达 0.31 万吨。

2005 年旱灾比较严重，5 月降雨量为 152.6 毫米，与多年同期比较偏少 7.3 毫米，6 月降雨量为 266.5 毫米，比多年同期偏多 79.6 毫米，进入 7 月后，发生较严重的“洗手干”连伏旱情，月最高温度 36.1℃，地面极端气温 61.4℃，月降雨量为 53.5 毫米，与多年同期比较偏少 44.6 毫米，月蒸发量为 214.8 毫米，与多年同期比较偏少 33.3 毫米，8 月日最高气温 38.5℃，为台江有史以来气温最高纪录的年份，地面极端气温 69.5℃，截至 8 月 12 日，已持续 69 天无降雨记录，其特点表现为：一是旱情发展迅猛，二是干旱影响面广，程度高。2005 年台江县农作物受旱面积 7.47 万亩，其中田受旱面积 6.12 万亩，约占全县耕地面积 82%；轻旱 2.65 万亩，其中田面积 2.17 万亩；重旱 3.5 万亩，其中田面积 2.87 万亩；干枯 1.34 万亩，其中田面积 1.1 万亩。全县 5 座水库蓄水总量为 190 万立方米，比多年同期减少 40%，水库干涸 2 座，因旱使 1.96 万人饮水困难，0.92 万头大牲畜饮水困难，旱情严重的主要是革一、台盘、老屯、施洞 4 个乡（镇）。2005 年，台江县共投入抗旱人数 5.7 万人，投入抗旱资金 114.29 万元，其中省级抗旱资金 35 万元，群众自筹资金 86.29 万元。投入抗旱设备 465 台套，抗旱用电 58.2 万元，抗旱用油 72.1 吨；改善浇灌面积 3.853 万亩，临时解决 0.96 万人饮水困难，解决 0.3 万头大牲畜的饮水困难。

2005 年 6 月总降雨量为 266.5 毫米，比多年同期偏少 79.6 毫米，雨量主要集中在台拱镇、方召乡，其他六乡镇只降小雨。

受此影响，台江县受灾乡（镇）2 个，人口 0.4 万人，倒塌房屋 1 间。农作物受灾面积 0.42 万亩，其中粮食作物 0.315 万亩；农作物成灾面积 0.59 万亩，其中粮食作物 0.245 万亩，造成直接经济损失 30 万元。

2005 年，台江县各乡（镇）遭到一定程度的旱灾，5 月降水量为 152.8 毫米，6 月降水量为 121.2 毫米，7 月降水量为 169.4 毫米，8 月降水量为 101.2 毫米。自进入 5 月以来，全县水库蓄水总量为 290 万立方米，比多年同期蓄水减少 21%，烂塘水库、麦少冲水库因蓄水量减少无法抽水抗旱。因降水偏少，全县春耕普遍受影响，旱情较为严重的乡（镇）主要是革一、施洞、老屯、台盘乡。据统计，全县农作物受旱面积 4001 公顷，其中轻旱 2100 公顷、重旱 1860 公顷、干枯 41 公顷。因旱使 0.91 万人饮水困难，0.27 万头大牲畜饮水发生困难。全县同时也在积极做抗旱工作，2006 年全县共投入抗旱人数 1.7 万人，机具 460 台（套），油料 33.4 吨，抗旱用电 36.8 万千瓦时，县财政安排 10 万元，群众自筹资金 18.5 万元，浇灌面积 1970 公顷。临时解决 0.54 万人，饮水困难 0.18 万头大牲畜的饮水困难。

在旱情依然严峻的情况下，各级政府实行抗旱工作行政首长负责制，及时部署，组织当地干部群众参加抗旱。

2006 年，全县各乡（镇）抗旱服务队累计新建节水灌溉面积 960 公顷，改善灌溉面积 180 公顷，维修、租赁抗旱设备 110 台（套），累计抗旱浇地 990 公顷，临时解决 0.67 万人的饮水困难，解决 0.52 万头大牲畜的饮水困难。

2007 年因洪涝灾害，8 个乡（镇）受灾，受灾人口 5.7 万人，倒塌房屋 396 间，直接经济总损失 54510123 元。因灾农作物受灾面积总计 884 公顷。死亡大牲畜 140 头，公路中断 4 条次，毁坏路基（面）12 公里，损坏通信线路 5.1 公里，损坏输电线路 8.1 公里，工业、交通业直接经济损失 280

万元。损坏堤防 18 处，损坏护岸 16 处，损坏水闸 4 座，冲毁塘坝 6 座，损坏灌溉设施 6 处，损坏水文测站 4 个，水利设施直接经济损失 0.0531 亿元。

2007 年因旱农作物受灾面积总计 4960 公顷，其中轻旱 2960 公顷，重旱 1100 公顷，干枯 900 公顷；白地缺墒面积水田缺水 2950 公顷，旱田缺水 1210 公顷；因旱人畜饮水困难人口 1.61 万人，大牲畜 0.53 万头；水利工程蓄水总量 238 万立方米，比多年同期减少 38%。

2008 年 1 月 12 日至 2 月 4 日，台江县境内遭受 50 年一遇的凝冻自然灾害，全县水利设施受损严重。据统计，灾害造成全县 1.85 万户 8.34 万人、2.8 万头（匹）大牲畜的饮水困难，全县水利基础设施受损直接经济损失达 2496.83 万元，其中：城镇人饮工程 307 万元，乡（镇）供水站管理的人饮工程 224 万元，群众自管人饮工程 1005.83 万元，蓄水灌溉工程 192 万元，农村小水电工程 366 万元，病险库整治工程 55 万元，灌溉提水站工程 139 万元，在建“三小”工程 202 万元，水土保持工程 200 万元，水情工情监测设施 55 万元。

2008 年因旱农作物受灾面积 1897 公顷，其中轻旱 1800 公顷，重旱 97 公顷；因旱人畜饮水困难人口 1.2 万人，大牲畜 0.31 万头；水利工程蓄水总量 0.46 亿立方米，比多年同期减少 13%。

2009 年因洪涝灾害，农作物受灾面积达 212 公顷，其中粮食作物 212 公顷；农作物成灾面积 220公顷，其中粮食作物220公顷；农作物绝收面积21公顷，其中粮食作物21公顷；减收粮食180吨；水产养殖损失面积 21 公顷，数量 157 吨；农林牧渔业直接经济损失 45 万元。公路中断 2 条次，毁坏路基（面）6 公里，损坏输电线路 4 公里，损坏通信线路 2.5 公里，工业、交通运输业直接经济损失 14 万元。损坏灌溉设施 6 处，损坏机电泵站 2 座，水利设施直接经济损失 62 万元。

2010 年，台江县受旱比较严重，气温相比往年偏高，降雨量相比往年偏少。1 月最高气温 23.5℃，与多年同期比较偏低 3.9℃，月最低气温 –0.6℃，与多年同期比较偏高 9.7℃，月平均气温 7℃，与多年同期比较偏高 2.3℃，月降雨量 6.8 毫米，与多年同期比较偏少 21.3 毫米，月蒸发量 45.2 毫米，与多年同期比较偏多 8.3 毫米；2 月最高气温 31.1℃，与多年同期比较偏高 0.6℃，月最低气温 –1.4℃，与多年同期比较偏高 4.7℃，月平均气温 7.8℃，与多年同期比较偏高 1.9℃，月降雨量 2.5 毫米，与多年同期比较偏少 30.8 毫米，月蒸发量 73 毫米，与多年同期比较偏多 34.1 毫米；3 月最高气温 30.3℃，与多年同期比较偏低 3.5℃，月最低气温 –0.6℃，与多年同期比较偏高 2.4℃，月平均气温 11.5℃，与多年同期比较偏高 0.7℃，月降雨量 26.5 毫米，与多年同期比较偏少 21 毫米，月蒸发量 101.7 毫米，与多年同期比较偏多 33.3 毫米；4 月最高气温 28.1℃，与多年同期比较偏低 5.7℃，月最低气温 3.9℃，与多年同期比较偏高 2℃，月平均气温 14.6℃，与多年同期比较偏低 2.2℃，月降雨量 125.7 毫米，与多年同期比较偏多 7.9 毫米，月蒸发量 87.6 毫米，与多年同期比较偏少 5.4 毫米；5 月最高气温 32.8℃，与多年同期比较偏低 5.7℃，月最低气温 3.9℃，与多年同期比较偏高 7.9℃，月平均气温 19.9℃，与多年同期比较偏低 0.5℃，月降雨量 136 毫米，与多年同期比较偏少 40.8 毫米，月蒸发量 100.5 毫米，与多年同期比较偏少 25.2 毫米；6 月最高气温 32.5℃，与多年同期比较偏少 2.5℃，月最低气温 13.8℃，与多年同期比较偏高 2.9℃，月平均气温 22.1℃，与多年同期比较偏低 1.2℃，月降雨量 249.9 毫米，与多年同期比较偏多 66.6 毫米，月蒸发量 94.1 毫米，与多年同期比较偏少 25.2 毫米；7 月最高气温 35.9℃，与多年同期比较偏低 1.2℃，月最低气温 21.5℃，与多年同期比较偏高 8.4℃，月平均气温 26.7℃，与多年同期比较偏高 1.2℃，月降雨量 40.8 毫米，与多年同期比较偏少 91.1 毫米，月蒸发量 184.5 毫米，与多年同期比较偏多 7.8 毫米；8 月最高气温 36.8℃，与多年同期比较偏低 0.3℃，月最低气温 14.9℃，与多年同期比较偏高 1.1℃，月平均气温 25.7℃，与多年同期比较偏低 1℃，月降雨量 108.9 毫米，与多年同期比较偏少 24.6 毫米，月蒸发量 215.3 毫米，与多年同期比较偏 52.9 毫米。

2010 年的洪涝灾害发生在 6 月底，主要受灾乡（镇）有 3 个，受灾人口 0.94 万人，直接经济损失达156万元，其中农作物受灾面积达124公顷，农作物成灾面积110公顷，农作物绝收面积5公顷，因灾减收粮食100吨。水产养殖受灾面积10.5公顷，损失12吨。水利设施，损坏灌溉设施4处，经济损失达26.2万元。

2010年，台江县经历了春旱和伏旱，据统计，春旱在旱情最严重时，台江县农作物受旱面积总计4080公顷，其中轻旱3150公顷、重旱860公顷、干枯70公顷；因旱人畜饮水困难人口4.69万人，大牲畜2.25万头，水利工程蓄水总量133万立方米，与多年同期下降60%；水库干涸4座，小溪断流达20条；因旱受灾人口达6.08万人；因旱造成直接经济损失达4090.7万元，其中，农业损失2457.6万元、工业损失562.1万元、服务业损失31万元、基础设施损失960万元、社会事业损失80万元。伏旱在严重时，农作物受旱面积达2789公顷，其中轻旱1960公顷、重旱620公顷、干枯209公顷，因旱人畜饮水困难人口2.16万人，大牲畜0.72万头，水利工程蓄水总量0.033亿立方米，比多年同期减少28%，水库干涸2座。

二、抗灾救灾

多年来，台江县在县委，县政府的领导下和全县人民的共同努力下，一直在努力进行抗灾救灾工作。每年的防汛抗旱工作都有明确的工作任务，特别是从1989年以来，上级领导班子对抗灾救灾工作更加重视，以行政首长负责制为核心的各项防汛责任制在汛前都得到认真全面的贯彻落实，完善了防汛抗旱的应急机制，优化了处置程序，层层落实了防汛抗旱责任制。按时完成5座水库度汛计划，为科学调度依法防洪提供科学依据。认为抓好汛前、汛期、汛后检查措施得力，处理及时，积极配合气象部门做好人工增雨防雹工作，密切与州水文局及各水文站的工作联系，保证水情信息畅通，为各级人民政府防汛抢险赢得宝贵时间。认真抓好水库、山塘的蓄水保水工作，坚守工作岗位，坚持24小时昼夜值班制度。认真抓好灾情的统计上报工作，为各级政府及时掌握灾情动态提供决策依据，多渠道组织抗旱资金，特别是人力，抗旱设备，抗旱物资。

1991年，投入抗洪抢险的队伍达89个11848人83辆车，挽回物资167件，木材89立方米，化肥20吨，水泥80吨，食盐2.5万公斤，挽回经济损失27.38万元。

1993年抗洪抢险共投入4127人（次），9辆车，挽回经济损失12万多元。

1995年，全县共有部分机关单位，工矿企业积极向灾民捐献爱心，共捐资27564元支援灾区。

1996年，全县共有24127人（次）投入抗洪救灾。其中武警50人（次），公安干警348人（次）。捐赠款7727.8元，衣物共1566件，政府拨款救灾7万元。

1999年，共投入抗旱人数1.9万人，提水设备180台，装机容量596千瓦，群众自筹资金8万元，县财政投入3.5万元，油料9吨进行抗旱。

2000年，县人武部、武警干部、公安局官兵和民兵应急分队在抗洪战斗中发挥中流砥柱的作用，紧急转移人口1300人，抢运物资178吨。全县投入抢险人数4500人（次），麻袋3000条，编织袋3700条，铅丝3吨，木材365立方米，车18辆。

2002年，全县共投入民警、武警、乡（镇）应急分队等抢险人数550人，群众自发组织参加抢险3881人，麻袋1500条，编织袋3050条，铅丝3吨，木材75立方米，车31辆。

2003年，全县共投入抗旱人数3.8万人，抗旱机具212台（套），油料11.5吨，抗旱用电6.5万千瓦时，群众自筹8.9万元，解决浇灌面积0.213千公顷。临时解决0.35万人饮水困难，0.14万头牲畜的饮水困难。

2004年，全县各乡（镇）抗旱服务队累计抗旱打井46眼，疏通渠道27公里，新建节水灌溉面积960公顷，改善灌溉面积180公顷，维修，租赁抗旱设备58台（套），累计抗旱浇地990公顷，临时解决0.67万人饮水困难，0.52万头大牲畜饮水困难。

2005年，全县共投入抗旱人数5.7万人，投入抗旱资金114.29万元，其中省级抗旱资金35万元，群众自筹86.29万元，投入抗旱设备465台（套），抗旱用电58.2万元，抗旱用油72.1吨。

2006年，全县投入抗旱人数1.7万人，县财政安排10万元，群众自筹资金18.5万元，浇灌面积1970公顷。

2007年，全县投入抗旱人数2.1万人，投入抗旱设备280台套，装机容量926千瓦。投入抗旱资金全年累计省级拨款20万元，群众自筹43.3万元，抗旱用油19.82吨，抗旱浇灌面积870公顷，临时解决人畜饮水困难人口0.92万人，大牲畜0.31万头。

2008年，全县共投入抗旱人数1.76万人，投入抗旱资金群众自筹2.9万元，抗旱设备190台套，抗旱用电0.67万千瓦时，抗旱用油5.6吨，改善浇灌面积182公顷，临时解决人畜饮水困难0.65万人，大牲畜0.27万头。

2009年，全县投入抗旱人数达3.6万人，抗旱设备470台套，投入抗旱各类资金32.6万元，抗旱用电11.42万千瓦时，抗旱用油19.7吨，抗旱浇灌面积3800公顷，临时解决人畜饮水困难4.23万人，大牲畜1.41万头。

2010年，全县投入抗旱人数2.89万人，抗旱设备设施350台套，投入抗旱资金410.18万元，其中中央拨款20万元，省级拨款25万元，地级财政119.4万元，县级财政181万元，群众自筹64.78万元，抗旱用电65.52万千瓦时，抗旱用油89.2吨，抗旱浇灌面积2870公顷，临时解决人畜饮水困难1.62万人，大牲畜0.59万头。

三、防洪堤工程

1999年11月，在国家的大力支持下台江县启动了县城区翁你河防洪堤工程建设，整个工程分一期工程、二期工程和收尾工程，工程总长3.1公里。一期工程位于县城新区新大桥至南门闸坝河道两岸，二期工程位于南门闸坝至老城区老大桥河道两岸及新大桥上游河道右岸，收尾工程位于老大桥下游河道右岸。整个工程历经7年于2006年11月竣工，工程总投资1126万元，其中：南门闸坝投资226万元，风雨桥投资67万元。县城区翁你河防洪堤工程保护了县城区3.5万人的生命财产安全，降低了洪水灾害给经济、社会稳定带来的不利影响，为台江县社会、经济的发展做出了重要的贡献。

第四节　水资源管理

一、水利管理

工程管理　1995年，县水利与电力管理职能分开后，县属水行政主管部门小（2）型以上水库5座，其中：小（1）型水库3座，小（2）型水库2座，水库总库容710.6万立方米，设计灌溉面积7645亩，实际有效灌溉面积6990亩。小（1）型水库设立水库管理所，由县水行政主管部门主管，小（2）型以下水利工程由所属乡镇政府水利站具体管理。

用水管理　（1）农田灌溉用水。为保证农田灌溉，每年在春耕前，由分管水利的县领导主持，县水利局、受益乡（镇）领导、灌区代表以及各工程管理负责人参加，就有关灌溉和抗旱工作中的放水时间、水量计算、水量分配、渠系维修、水事纠纷调解、水费收缴等工作分别研究，实行逐级管理原则，明确责任，并形成会议纪要予以落实。（2）水库综合经营。县水利局在保证各水利工程安全正常运行的前提下，充分利用水利资源，积极开展多种经营，大力推广应用水利新技术和新产品，水利经济收入逐年攀升。烂塘水库于1999年利用水保工程发展契机，在水库管理范围内实行立体生态开发，种植了葡萄、杨梅、枇杷、李子、桃子等优质果树，年创收18万元。（3）乡（镇）用水管理。县城用水由县水利局台拱新区水厂和县城建局自来水公司水厂供给，乡（镇）供水由县水利局各乡（镇）供水站负责。县水利局对所属供水工程搞好水源植被保护、防污防汛、大坝安全、水量调节等工作，配合县卫生防疫站按要求每月进行的水质监测，确保水质符合国家规定的生活饮用水卫生标准。

二、水政管理

1990年7月4日，根据黔东南州水政水资源办公室的通知，为便于开展水政水资源管理工作，台江县水资源办公室更名为台江县水政水资源办公室。

台江县水政水资源办公室成立以来，严格按照有关法律法规行使自己的职责，于1991年向台江县人民政府呈报《台江县水资源管理办法》《台江县水政水资源管理实施意见》《台江县关于违反水法规行政处罚暂行规定》《台江县征收水资源费管理暂行规定》《台江县河道采砂管理暂行规定》《台江县水政监察员岗位守则》《台江县水行政执法体系宣传提纲》等办法。

为了保证《中华人民共和国水法》和地方性配套法规的贯彻实施，改善和加强水行政执法工作的领导，协调和解决工作中的问题，台江县政府于1991年9月18日批准成立了以分管县长为组长，县水利电力局局长、县公安局局长、县司法局局长为副组长，县农委、县水利电力局、县物价局、县财政局、县土管局、县计委、县城建局、县广播电视局、县水政水资源办公室负责人为领导成员的“台江县水行政执法领导小组”。

1991年至2006年12月31日，台江县水资源办公室共核发取水许可证122本；查处各类水事违法案件162起。2007年台江县水资源办公室共核发取水许可证4本，查处各类水事违法案件5起。2008年台江县水资源办公室共核发取水许可证8本，查处各类水事违法案件4起。2009年台江县水资源办公室共核发取水许可证11本，查处各类水事违法案件5起。2010年台江县水资源办公室共核发取水许可证9本，查处各类水事违法案件10起。截至2010年年底，台江县水资源管理机构和水政监察人员依法严格执法，共核发取水许可证154本，查处各类水事违法案件186起。有效维护了水土保持、河道和各类水利工程设施的完整与安全，为发展壮大水利基础产业和保障城乡防汛安全，发挥了重要的作用。

为规范和加大水行政执法力度，遵照水利部〔1995〕493号文件精神，台江县机构编制委员会于1998年9月21日批复成立了台江县水政监察大队，同年11月25日台江县水政监察大队在台江正式挂牌。经过培训，先后有19人取得合格执法政。

2004年10月编制完成了《台江县水利现状及规划》《台江县水资源评价报告》《台江县水资源综合规划（第二阶段）第一、二部分》；2005年9月完成了《台江县城市饮用水水源地安全保障规划调查表》等材料。

2009年6月8日，县水电局党组出文任命张少华为水政监察大队大队长，邰德胜、龙本安为副大队长。截至2010年，共有23人被任命和列为水政监察员，具有了水法律法规赋予的行政执法资格和权力。

第五章　农业机械

1991 年，台江县大力发展农业机械事业，推广排灌机械，以增强抗旱排涝能力，接着发展脱粒、加工机械和耕作机械。同时依靠钉耙、锄头、镰刀、木犁等农具进行人力、畜力耕作。随着社会经济的发展和物质条件的改善，在大力发展商品经济，向乡镇工业转移劳动力的形势下，进一步发展一机多用和小型、新型机械，农业开始使用电力机械，至 2010 年，全县基本实现了耕作、排灌、脱粒、加工、植保、运输的机械化和半机械化。农机部门采取多形式、多渠道发展农业机械化的办法，因地制宜，有计划、有选择地大力引进、推广小型、多用、质好、价廉的新型农机具，初步形成全县性的农机管理和服务体系 .

第一节　农用机械

一、耕作机械

农村耕作机具最常用的是钉耙、锄头。钉耙用于翻地、整地，锄头用于翻地、松土、碎土、锄草。耕地使用木犁，靠牛力牵引，犁壁犁头，木犁钉耙均为铁制。先用尖头木犁翻地，后用钉耙木犁平地，最后进行种植。后来在平地农业区推广机耕，如手扶拖拉机等。小型手扶拖拉机配套的机具有双铧犁、旋耕犁、播种机、破垡盖籽机、压麦机、开沟机、割晒机、拖车等；与大、中型拖拉机配套的机具有机引犁、旋耕机、开沟机、拖挂车等。中山 –6 型水田耕整机是最适合台江地情的机械，被民众称为“铁牛”。1991 年完成机耕面积 40 公顷，耕整机推广完成一台，烘干机未完成。1993 年耕作机械 196 台，耕机完成 317.3 公顷。1994 年 243 台，完成机耕面积 146.6 公顷。1995 年耕作机械 314 台，机耕 26 公顷。1997 年机耕面积完成 43.3 公顷。

二、排灌机械

排灌主要靠水车（龙骨车）、笆斗、水桶等。水车由槽桶、车轴、斗板、榷子、踏枕等部件组成。水车主要用于河水接近田面的田块的灌溉。笆斗、木桶一般用于秧田灌溉。1991 年后逐步为电动水泵所取代。排灌机械主要有：潜水电泵，其型号多样；浙江大元泵业有限公司生产的自吸清水泵也是全县农村选购较多的灌具之一；汽油抽水机，该机小巧、轻便，适用于不通电的地方抽水、排灌、抗旱等。1991 年机械灌溉完成 953 公顷，1992 年组织 32 台排灌机投入抽水保苗。1993 年共有排灌机械 420 台，农用水泵 358 台，机灌完成 397.3 公顷。1994 年完成机灌面积 32.7 公顷。1995 年排灌机械 386 台，机灌面积完成 920 公顷。

三、植保机械

1991年普遍使用化学农药，靠人工和器械泼浇。旧式机械有踏板、人力喷雾器两种。新式机械有机动喷雾器、喷粉器。2000年较普遍地使用背负式喷粉、喷雾机，体积小，喷粒细，防治病虫害效果较好。2010年基本实现了植保机械化和半机械化。1991年完成植保面积126.7公顷。1993年，全县共有机动喷雾器67台，手动喷雾器1412台，胶轮手推车1338辆，植保完成106公顷。1994年完成植保面积16公顷，1997年完成58.7公顷。

四、收割脱粒机械

镰刀历来是台江农民的主要收割农具。全县收割、脱粒机械仍处在起步阶段。在稻谷收割时多数村民仍使用镰刀收割和谷斗脱粒。2009年以后在谷桶外侧安装两个大小齿轮和踏板，用脚塌为动力带动齿轮滚筒进行脱粒。这种半机械脱粒机农村普遍使用。有的谷桶外安装1.18～1.5千瓦汽油发动机带动桶内滚筒进行脱粒，不仅减轻了劳动强度，而且提高了工作效率。另外，桂林科丰机械有限责任公司生产的斜挂式IE40FT型收割机（割晒机），生产率0.05～0.08公顷／小时，适应水稻收割和草场使用。1991年机械加工完成1.8吨。1993年引进剑灵5fp–710型人力稻谷脱粒机，机收完成4公顷，机脱完成20公顷。1994年完成4.7公顷，脱粒28吨。截至2010年，收割仍以用镰刀人工收割为主。

五、播种插秧机械

播种方式主要是人工播种，有散播、穴播、条播等。1991年后，开始推广机械和半机械条播。机械有人工条播机和机动条播机。插秧历来用手工栽插。台江推广使用插秧机起步较晚。2009年，试用了东洋PF455S型插秧机和东风–12型机动插秧机，但成本高，截至2010年，还是普遍用手工栽插。

第二节　加工机械

粮食和饲料加工历来靠碾碾、舂臼，石磨。碾碾、石磨多用畜力牵引，舂臼则用人力手舂或脚踏。解放初期碾坊、磨坊遍及全县，1991年尚有碾坊7个，磨坊20多个。1993年完成农副产品加工26790吨，1994年25100吨。自2005年以来，由过去的一个村1～3座碾米、磨粉、饲料加工坊转向各家各户选购多功能的小型打米、磨面、打浆、饲料、粉碎机，除少数对外经营外，其余都是自用。这类机型为单相电源，耗电少，移动方便，适应单户使用。

碾米机　全县使用重庆市联益机械有限公司生产的联益牌6N–90型碾米机、磨浆机，不但能碾米、磨面，而且还能打浆、饲料加工、玉米脱粒等，比较受农户欢迎。1993年全县碾米机635台，1995年644台。至2009年年底，全县自然村寨都购有1～4台。另外，FOM–210011–40型自分离磨浆机，操作时，自动将豆浆豆渣分离，适用于加工豆腐销售的专业户。

榨油机　榨油机有螺旋式和压榨式两种，其机型有EF60型、75型、95型等，主要是来料加工油菜籽、茶籽、桐籽等油料。上述榨油机主要集中在乡镇所在地，一般有1～2台。1991年全县有榨油机20台，1995年有榨油机50台。

磨粉机　又称磨面机。境内使用有滚筒式、磨片式两种，其结构是由机架、磨体、磨盘或磨棒以及面筛、进出料漏斗等组成。其型号有mF–65型、180型、PE–2型和6E–1840型等，主要对外

加工小麦面粉、玉米面粉、豆类打浆、大米打浆、打粉等。1991 年全县有磨粉机 123 台，1995 年 157 台。

膨化机　又称爆米花机，以电动机、柴油机作动力，由膨化器、进出料漏斗等组成，适应作坊对外加工。另外，仍有以木炭、柴火为燃料的手摇式爆花机，适应游村串寨巡回爆花。

第三节　运输机械

2006 年，全县原拥有数量较多的工农 -12 型手扶式拖拉机和工农 -12 型方向盘式拖拉机已淘汰，逐步往大、中型号拖拉机方面发展。2009 年以后，农民更多地选购贵州省内生产的动力稍大的拖拉机，如山地牌拖拉机和振兴牌拖拉机。另外，有部分农民选购列入补贴目录的湖南产的四驱动小型拖拉机。1993 年完成 318300 吨，1994 年完成 321400 吨，1995 年完成 336500 吨，1997 年完成 74 万吨。

1991—2010 年农用运输机械（拖拉机）统计表

表 11-11

年份	总拥有量（台）	总动力（千瓦）	小型拖拉机		大中型拖拉机	
			拥有量（台）	动力（千瓦）	拥有量（台）	动力（千瓦）
1991	184	1547	175	1403	9	144
1992	190	1699	178	1498	12	201
1993	194	1763	181	1544	13	219
1994	227	2084	200	1645	27	439
1995	229	2142	202	1709	27	433
1996	231	2188	206	1778	25	410
1997	247	2266	218	1822	29	444
1998	277	2774	221	1897	56	877
1999	291	2861	233	1981	58	880
2000	311	3184	241	2077	70	1107
2001	331	3426	257	2215	74	1211
2002	352	3671	258	2221	94	1450
2003	368	3998	251	2197	117	1801
2004	354	3834	254	2201	100	1633
2005	377	4135	266	2347	111	1788
2006	390	4223	278	2431	112	1792
2007	394	4209	287	2497	107	1712
2008	411	4479	288	2511	123	1968
2009	423	4667	222	1912	201	2755
2010	441	4879	211	1799	230	3080

第四节 农机安全监理

一、牌证核发

1991年，农机监理站核发号牌是全省统一编序的贵HXXX变型拖拉机，为黄色黑底牌照。2004年颁发实施《中华人民共和国道路交通安全法》以后，全省改用绿色牌照，黔东南编序为“贵08”“贵10”，其中“贵08”是新车入户所用的牌照，“贵10”是原来贵州H换牌用的新牌号。申请机车登记必须出示以下证据：机车所有人的姓名、身份证明名称、身份证号码、详细居住地址、联系电话和邮政编码，是外专州户口的必须有暂住证；机车类型、制造厂、品牌、型号、发动机号码、车架号码、出厂日期、机身颜色，机车的有关技术参数、出厂合格证、推广许可证，机车获得及方式，即购买发票和买卖协议，所在农机站的入户证明，办理交强险日期和保险公司的名称（提供保险单），法律、行政法规规定的其他事项。

经逐一审核，并收齐所登记资料、证件后，在5个工作日内核发牌照和行车证。1991—2007年年底，监理站共换发老号牌（贵州H）更换为“贵10”的新号牌849副，新车入户“贵08”新号牌565副。1992年核发柴油座机操作证480本。

二、驾驶证核发

申请拖拉机驾驶证的人员必须提供的证件：年龄必须是年满18岁以上60岁以下，申请人必须提供有效身份证或户口簿复印件，身高不低于150厘米，无赤绿色盲，视力听力正常，无妨碍驾驶的其他疾病及生理缺陷，当年半身一寸白底彩色照片；拖拉机驾驶员必须参加理论科目和技术科目培训学习。理论科目包括机械常识、操作规程、交通法规、安全常识；技术科目包括场地驾驶、道路驾驶、农具挂接、田间作业等。经测试合格后准予结业，并向州农机监理所申请考试。1990年也考核发证960本，其中操作证480本，使用证480本。1992年持有拖拉机驾驶证有197人，参加审验的拖拉机驾驶员180人，参加年度检验的拖拉机139台，召开拖拉机驾驶员学习联络组组长会议46人次，召开驾驶员会议786人次。1993年办理驾驶证110本。2009年以前，拖拉机驾驶员的培训工作是由市农机中心技术推广站承担，共培训学员1527人，核发驾驶证961本。1994年核发上岗操作证34本，农机使用证1076本，行车证91本，驾驶证127本。2009年以后，拖拉机驾驶员培训工作交由社会化管理，实行拖拉机驾驶学校培训。至2010年底，农机服务中心共组织200余人到拖拉机驾驶学校参加培训，经严格考试全部合格，并核发驾驶证。

三、驾驶员审验

在1991年至1995年，拖拉机驾驶员审验是根据《中华人民共和国道路交通管理条例》和《贵州省农业机械安全监督管理办法》执行。1996年至2004年9月1日后，依照农业部第41号令和《贵州省农机管理条例》规定实施，要求每个驾驶员必须参加年度审验，除在外作业和特殊情况外，参审率必须达到90%以上。年度审验时间由省农机监理总站统一安排，一般每年都在5月开始6月底结束，有特殊情况的可以补审。审验的内容主要是当年驾驶员是否参加农机安全学习联组学习八次以上，学习卡是否有参加学习的记录和联组签章，驾驶员是否有违章肇事记录，驾驶员的身体状况，经过严格审查后，签注验审章。1991年驾驶员换证完成123人，年审126人。1992年上路检查138人次，共检查拖拉机376台次，纠正116台次，写安全行车保证书24份，扣驾驶证7本。1993年上路查车352人次，检查车辆2400辆，扣驾驶证26本，当年审验拖拉机驾驶员232人。后举办违章学习班3次，参加学习45人。历年来，全市的拖拉机驾驶员参审率、合格率均达到或超过上级的要求标准。1994 年拖拉机驾驶员 276 人，汽车司机 42 人，内燃机手 1496 人，农机技术员 15 人，修理人员 40 人。2010 年，全县共有拖拉机驾驶员 700 多名。

四、机车检验

拖拉机机车年度检验工作由省、州农机监理部门统一安排检验时间、检验项目，并按照农业部规定的标准进行逐项检验。主要项目有：拓印发动机号码，拓印车驾号码，确认发动机、车架是否更换，机车制动（刹车）性能是否良好，方向机是否灵活、轻便自如，车身是否整洁，是否喷印放大字号和严禁载人字样。在年检前，农机监理站所属各机联组提前通知车主，事先进行机车维修，要求上检线检测，保持机车性能良好。1991 年，完成拖拉机检验 115 台。1993 年，完成拖拉机年检 176 辆，对 4 个乡镇 31 个村 126 台抗旱机械机械查修。至 2010 年年底，全县共有各类拖拉机 1000 多台，参检率达到 80% 以上，合格率在 80% 以上。

五、农机技术培训

机手培训　1990 年培训农机各类人员 73 人，1991 年各种技术培训班五期，新训 34 人，复训 16 人。1992 年组员在施洞开展撤装高压油泵比赛，在革东举行事故面前大辩论活动。1993 年在县财政无分文投入的情况下与农机公司暂借一台中心 -4 型手扶微型拖拉机集中农民代表进行犁田演示。1993 年至 1995 年召开各种安全教育会议 930 人次。1991 年至 1992 年，共培训农机手 155 余人。1993 年培训农机各类人员 235 人。1994 年完成培训 237 人次。1995 年完成培训 322 人次。1997 年培训 249 人次。1998 年至 2009 年共培训 15 期 800 余人。2000 年至 2005 年，县农机中心在每年的春耕生产和秋冬种工作都组织机手进行机耕操作培训，参训人数 200 多人。200 年至 2010 年，多次组织农机手培训班，每班 30～50 人，培训农机耕手 400 余人。

农机维修培训　1991 年后，农具拥有者多数是拖拉机，都基本掌握维修技术，自己维修。2010 年前，共有 23 户农机修理户。随着耕作机械、运输机械的迅速增多，为加强对农机具维修保养，确保农机具的使用率。1995 年全县修理店有 13 个，修理工 40 人。

六、农机市场供应

1991 年以来，随着市场经济不断发展成型，物资丰富，市场繁荣，农机市场供应市场应运而生。个体经营户根据农民的需求和购买能力，向重庆、湖南等地厂家订购小型适用的农业机械投放县城市场，为农民提供更多、更广泛的选择余地。从 1991 年起，引进丹霞 61–2 型耕整机、桂丰牌耕整机、合盛牌微耕机、凯普牌多功能耕整机、联益牌 6N–90 型碾米磨浆多用机、跃虎牌潜水电泵等在市场出售。随着党和国家的惠农政策不断出台，特别是在购机补贴的鼓励下，村民购买农机不断增多，1991 年售出 26 台排灌机，88 台植保机，完成农机供产销售 97 万元，实现利润 2 万元。1992 年全县拥有拖拉机 184 台。1993 年，全县共有农机户 1650 家，各类农机人员 1835 人，农机公司销售收入 172 万元，实现利润 7.99 万元，全年农机经营收入 27363 万元，农机固定资投入 35.4 万元。1994 年全县拥有拖拉机 227 台，农机服务专业户 270 个，农机经营收入 279.38 万元。截至 2010 年年底，全市累计购买排灌机 997 台，植保机 2522 台，农用加工机 1016 台，农用电动机 2230 台，农运机 447 台，为农村科技生产、加工、运输等提供了保障作用。

第六章　农业广播学校

第一节　机构沿革

贵州省农业广播电视学校台江县分校（简称“台江县农广校”）：1984年5月创办，属台江县农牧局科教股代管（科教股主持农广校工作）。1992年，经台江县人民政府批准，贵州省农业广播电视学校台江县分校正式成立，其规格是正科级事业编制中等专业学校，事业编制7名，其中：校长1名，副校长1名，办公室1名，教务室1名，教研室1名，综合室2人，人员由财政全额预算管理，隶属台江县农经委（后改称为“农业生产办公室”）领导，学校地点设在台江县培训中心。1993年12月，经贵州省教育委员会和贵州省农业厅考核评估批复（黔教成通〔1993〕524号）文件，贵州省农业广播电视学校台江县分校纳入国家成人中等专业学校管理系列。贵州省农业广播电视学校台江县分校成立后，一直在县农经委的领导下开展教学教务以及农业科技教育培训等工作。2004年6月，经县委、县政府研究，对贵州省农业广播电视学校台江县分校行政隶属关系进行调整，将贵州省农业广播电视学校台江县分校划归台江县农业局管理，贵州省农业广播电视学校台江县分校正式搬到台江县农业局院内办公。2004年6月，经县编委批复，贵州省农业广播电视学校台江县分校加挂台江县农民科技教育培训中心牌子。

贵州省农业广播电视学校台江县分校是一所开展远程教育的成人中等专业学校，其办学宗旨是：面向农民、面向农村、面向基层和面向农业生产；其工作职责是：负责全县农广校的中专函授教学、教务、学籍管理，承担农业专业技术人员及系统内干部的继续教育工作，承担全县农村实用技术人才、职业技能培训、职业技能鉴定、国家开展的绿色证书、新型农民、农村劳动力转移及农村实用技术培训等工作；在全县范围实施农民农业科学技术教育培训，开展农村剩余劳动力转移培训，为农技人员提供短期培训，开展“农职业技能鉴定”等方面的工作。根据办学宗旨和工作职责，贵州省农业广播电视学校台江县分校开设种植、养殖、加工、机电、经济5个门类32个专业课程，进行中专班和函授大专班教学。学校拥有教学楼一栋，教室4间，投影仪教学的多媒体教室1间，办公室5间，学员寝室、厨房等相关设施设备齐全，一次性能同时容纳200名学员学习和生活。学校现有专职教师5名，兼职教师43名，其中高级职称教师4名，中级职称教师25名，初级职称教师21名。贵州省农业广播电视学校台江县分校学校教学、办公设备设施齐全、师资力量雄厚、制度健全、办学经验丰富，在多年办学实践中，始终坚持“面向农村、面向基层、面向农业生产”，“为农业服务、为农村经济建设服务、为农民科技致富服务、为农村两个文明建设服务”的办学方针，利用广播电视等远程教育手段，采取电化教育与面授相结合的方法，狠抓了中专后继续教育和农民科技教育培训工作，并取得了显著的成效，是台江县农村成人教育和农民科技教育培训的主要力量。特别是近10年来，学校承担农业部、贵州省农委、贵州省农业广播电视学校等一系列的重大培训项目工程的完成实施，深受上级业务部门和各级党委政府的好评，曾先后3次被贵州省农业厅、贵州省农业广播电视学校、黔东南苗族侗族自治州农业局授予办学“先进集体”称号。

第二节 招生

1984年5月创办起，开始向全县各乡镇招生。1984年招收“农学”专业50人，按期毕业12人；1987年招收“林学”专业40名、“会计”专业21名；1988年招收“畜牧”专业9名，1989年招收“农业”专业10人，1990年招收“农学”专业9人；1991—1998年学校各类中专班招收不到生源；1999年开办“现代乡村综合管理”专业（简称“乡管”）村干中专班，招收村干部和村干后备干部学员41名，因2001年村级组织换届，只有13名村干部获得中专毕业证书；2003年招收“乡管”专业村干班40人，按期毕业34人；2004年招收“养殖暨计算机远程教育”专业村干班30人，按期毕业28人；2007年招收“现代种植”专业村干班50人；2008年招收“现代养殖”专业班44人和“现代种植”专业班47人；2009年招收“绿茶生产和加工专业”中专班87人；2010年招收“农民专业合作社管理”专业71人和“畜牧兽医”专业100人。

1996年5月，贵州省农业广播电视学校台江县分校与贵州省高等教育自学考试委员会办公室（简称“省高教自考中心”）联合开办“经济法”和“会计”两个专业自学助考大专班，先后共招收学员240名，其中有110名获得省高教自考委颁发的大业毕业证书。

第三节 联合办学

2002年，贵州省农业广播电视学校台江县分校为了配合做好全省国家公务员开放式教育提升学历工和，积极探索办学新路子，走与省、州高校联合招生办学，分别举办了两个大专学历班。一是与贵州省广播电视大学联系招收“行政管理”专业大专班（简称“电大班”）1个学员35名，二是与黔东南民族职业技术学院联合招收护理大专班（简称“高护班”）1个学员51人。“电大班”35名学员按期毕业的34名，“高护班”51名学员全部按期毕业。通过联合招生办学，缓解了贵州省农业广播电视学校台江县分校办学经费困难的问题，同时也促进了学校的其他工作的开展。

第四节 农业科技培训

农业科技培训：贵州省农业广播电视学校台江县分校从1984年开办以来，就作为全县农业科技宣传、农民科技教育培训的重要阵地和主要实施单位之一，为全县的农业科技培训及新型职业农民培训做出了应有的贡献。

2007年，积极汇同县劳动就业培训中心在方召乡汪一村、台盘乡阳芳村、革一乡田坝村及老屯乡望京村组织群众开展创业培训，参加培训人数722人，通过受训后，有370人转移开展创业工作。是年，受县委组织部委托，完成招生农村村干及种植大户培训50人，占任务数的100%。2008年，培训村党支部支书、村委会主任、文书三期150人的村干培训工作。以及完成08级现代养殖（稻田养鱼）专业招生44人；现代种植专业（种桑养蚕）招生47人，占任务数的100%。与县劳动就业培训中心联合开展技能培训，共培训9班475人。据不完全统计，截至2010年年底，共举办苦丁茶、金秋梨、葡萄等各类农民技术培训班100余期，培训人员2.2万余人次，培训“绿色证书”工程学员3100人，发放“绿色证书”3000余份。

阳光工程培训：2004年，农业部、财政部、劳动和社会保障部、教育部、科技部和建设部，共同启动实施农村劳动力转移培训阳光工程（简称“阳光工程”），贵州省农业广播电视学校台江县分校从2004年开始，接受阳光工程培训任务，开展农村劳动力转移就业前期技能培训，实现农村劳动力异地转移就业。2004年，完成阳光工程培训143人，转移就业111人；2005年，完成阳光工程培训159人，转移就业139人；2006年，完成阳光工程培训311人，转移就业294人；2007年，完成阳光工程培训1160人，转移就业1069人；2008年，完成阳光工程培训1122人，转移就业1026人；2009年，完成阳光工程培训1127人，转移就业1089人；2010年，完成阳光工程培训681人，转移就业681人。

农民科学技术培训：2006年9月11日，台江县项目实施工作领导小组于成立，主要是培训新型农民科技人才，主导台江农业产业发展。

2007年2月22日，县政府对项目领导小组进行了调整，由分管农业的副县长为组长，县政府办、农业局、畜牧局、科技局、教育局、扶贫办、农办等单位领导为成员，项目办公室设在农业局，明确了农业局专人负责项目的实施工作。是年，台江培训重点选择在公路沿线、交通方便、产业发展又好又快，农民依靠科技兴农积极性高的梅影村、南市村、东街村、洋汪村、朗等村、大德村、台雄村、旧州村、汪江村、展下村、交下村、排羊屯上村、展里村、排扎村、龙井村、阳芳村、平水村、南瓦村、革一屯上村、田坝村、大寨村、新寨村、南你村、搞仰村、岩寨村、脚南村、反排村等30个村作为培训项目培训村。培训教师从农业局、农办、畜牧局、科技局等单位选聘了30名有一定专业技术、教学和培训工作经验、责任心强的科技人员担任培训教师（高级职称1人、中级10人、初级9人），担负全县的新型农民科技培训工作，培训机构和学校已全部挂牌。11月3日，台江县开展农村“一户一技能”的创建活动，县级单位抽调50名干部实施这一工程，办公室设在农业局。首先在梅影、展里、望虎屯3个示范村进行示范、带头、辐射作用，为台江县打成一乡一特，一村一品的经验奠定了基础，进一步实施将会促进全县农村产业结构的调整，为推动台江新农村建设

是年的农民技术培训，全县30个项目村已开展培训，占计划的100%，办班556天（次），占计划的61.8%，培训22240人次，占计划的61.8%。其中：集中培训301天，占计划的66.9%，培训12040人次；现场指导255次，占计划的56.7%，指导10200人次。县项目办组织了12个培训专业的教师编制了一本既符合培训产业和县情又通俗易懂的《新型农民科技培训资料》，共印了1700本；购置了符合12个培训主导产业的科技光碟1200张，印制主导产业明白卡1500多张，发放到基本学员手中。与此同时，建设科技书屋，解决农民“买书难，看书难，借书难”问题，让农民在科技书屋中学到更多的知识和技术。县项目办公室从贵州科技出版社选购了90套、10700多本的科技书籍，内容丰富，除了有12个产业科技书外，还配制有农村卫生常识、法律法规、农民外出务工常识、新农村建设、农村能源保护和其他特殊种植、养殖业技术等。共建科技书屋30个，配制科技书3套350多本/村，科技书屋已全部挂牌，并制定了科技书籍的管理和借还措施。

2008年，全县完成组织农民工培训人数1075人，占州下达任务的100%，转移就业1017人，占培训人数的94.56%，转移到省外就业796人，占就业人数的74.1%。培训专业主要是电子电器、焊工类、汽车驾驶、茶叶加工、蚕茧加工、清洁卫生等，异地转移就业主要去向是广东创辉食品厂、广东三环电子集团、广西合铺永鑫糖厂等；就地转移主要是汽车驾驶专业、电焊工、电工自谋职业和自营店铺、从事种桑养蚕、蚕茧加工、稻田养鱼、茶叶加工等。

第十二篇

工业　贸易

第一章 工业

第一节 生产发展 技术改造

一、发展概述

1990年，台江县工业总产值仅有1674万元，1995年发展到3133万元，增长87%。2000年，全县工业总产值3666万元，5年间，增幅不大。至2005年，全县工业总产值增到20186万元，是2000年3666万元的5.5倍。2010年，全县完成工业增加值16629万元，2006—2010年各年工业增加值环比增速分别为17.5%、40.7%、7.4%、23.6%、26.6%，“十一五”年均增长22.6%，比“十五”高16.1个百分点。工业对全县经济增长的贡献在不断加大，2010年工业对全县经济增长的贡献率达到22.3%，比2005年提高2.2个百分点。2010年规模以上工业完成增加值0.74亿元，同比增长29.6%，“十一五”期间年均增长13.1%。

通过不断加大招商引资力度和对原有企业技术改造，台江县工业不断发展壮大。2010年年末，全县规模以上工业从2005年年末的5家发展为8家，企业资产总计3.91亿元，比“十五”期末增加2.99亿元。

2010年，全县规模以上公有制工业1家，比2005年年末减少2家，其中国有企业减少2家，非公有制企业从2005年的2家增加为2010年的7家。2010年全县非公有制规模工业完成增加值0.64亿元，比2005年增长2.04倍，“十一五”时期年均增长15.3%，占规模以上工业增加值的比重也从2005年的49.1%提高到85.6%，对全县规模以上工业增长的贡献率达128.5%。在电力、冶金、化工、建材等行业快速发展的带动下，重工业步入快速发展时期。2010年全县规模以上重工业完成增加值0.74亿元，比2005年增长85.1%，“十一五”年均增长13.1%。

“十一五”时期，充分利用资源优势，引进了以电力、建材、木材加工为主体的工业企业，这些企业为台江“十一五”时期和今后工业的发展增添了后劲。2010年这三个行业的规模以上企业4家，比2005年增加1家。水力发电量、水泥和人造板产量分别达到0.4亿千瓦时、7.9万吨。电冶工业通过加强技术改造、淘汰落后产能，产品技术含量不断提高，生产能力不断扩大。主要产品铁合金等产量达到15144吨，比2005年增长16644吨。

从1991年以来，台江工业在曲折中发展，在改革中创新，在开放中前进。改革开放前，全县只有电力公司、自来水厂、农机厂、水泥厂、建材厂、纺织器材厂、印刷厂、重阳酒厂8个国有企业和一些小型的集体工业企业。到2010年形成和引进了一批如兴顺铁合金厂、新太元研磨材公司、金牛建材有限公司、全成木屋公司、岩寨电站等具有一定实力的20余家私营企业，规模以上工业企业达6家。“十一五”以来，台江县委、县人民政府主动把工业发展融入凯里城市经济圈，将革一工业聚集区纳入凯里城市工业经济开发区倾力打造，加大招商引资力度，全县初步形成了旅游商品、森工、电力电冶、建材为主的工业产业集群。

1991—2010年，所有制经济结构发生巨大变化，私营个体经济等非公有制经济迅速发展，并逐步代替了国有经济的发展，从根本上解决了就业问题。1991年，全县有非公有制经济2014户，其中个体户1954户，从业人员4677人。到2008年6月，全县注册登记的企业、个体工商户共3201户，注册资金15456.69万元，从业人员4965人。其中，非公有制企业201家，注册资金12041万元，从业人员1699人。

2008年台江县个体工商户行业分类情况一览表

表12-1

行业分布	经营户数（户）	从业人员（人）	注册资金（万元）
农林牧渔	3	4	7.00
采矿业	8	16	86.00
制造业	295	407	558.85
运输业	119	139	450.00
信息传输计算机服务	46	46	63.87
批发零售	1641	1679	1407.81
住宿餐饮	492	557	488.96
租赁和商务服务	9	9	11.50
居民和其他服务	355	367	291.15
卫生及社会福利	22	26	12.25
文化娱乐	10	16	38.30

二、电力工业

1993年7月，台江与国家电网联网运行；1994年6月县电力局与老屯电站、排羊电站、排扎电站分别签订经营承包合同书。合同签订后，3个电站并入国家电网。至2007年，全县水力发电电站10座全部并入国家电网。

1992年前，全县186个村只有30%的村寨通电。1994年11月2日，台江县电力局向县人民政府提出并实施“城关供电线路改造方案”，工程改造范围是：台江变—人武部—民中—电影院—工行—保健站—林业局—纺器厂；二小—广播站—县供销社—上水卡—燃料公司；丁字路口—烟草局—车站—桥头；台江变—法院—车站—城建局。改造该工程自筹资金20万元，贷款27万元。1995年1月，台江县电力局拟定“台江县电力局1996年通电计划表”，为台江县1997年“村村通电工程”铺垫了基础。6月，革东镇党委、政府积极支持集资办电，自筹资金26万元完成革东镇10千伏、380伏／220伏网络改造。9月，州农电局批复同意台江局拟定的革东—五河、老屯—坝场两条10千伏供电线路工程施工。同期革东交东片区群众自筹资金办电。1997年8月，台江县电力局与南宫乡政府签订联网协议书，并出资架设南宫—记刀电站10千伏联网线路，解决了台江最偏远的南宫乡的电力供应。至此，台江成为全州第五个实现“村村通电”的县份，全县实现100%户通电。

1998年1月20日，电力局作出《台江县东南环城路灯工程计划》，该工程东至收费站，南至洋汪寨，西至汽车站，全长4900米，设计安装金属杆乌灯137盏和高杆灯3盏，总计投资120万元。工程由电力局负责出资建设。1999年3月29日，台江县人民政府成立“台江县城乡电网建设与改造指挥部”。从此，县电力局开展投资规模4400万元，为期五年的农村电网一、二期建设改造。至2007年年底，形成了110千伏为枢纽，35千伏为主干的输配电网络。行政村电网覆盖率为100%，农村一户一表率98%。有城关、台盘110千伏变电站2座，35千伏变电站3座，10千伏配电线路23条，公用配电变压器407台，用户专变127台，共计534台。是年，完成供电量1亿千瓦时，售电量0.95亿千瓦时，综合线损率5.3%，电费回收率100%；配电系统用户供电可靠率99.53%，综合电压合格率96.49%；安全生产实现“七为零”，截至2007年12月31日，全局安全累计长达4748天。全局资产总计2152.85万元。

台江县水力发电站情况统计表

表12-2

电站名称	建站时间	投资（万元）	企业性质	发电功率（千瓦）	并网时间
老屯电站	1984年12月	460	股份民营	100	1995年
南冬电站一级	2008年7月	220	民营企业	500	2008年7月
南冬电站三级	2008年7月	220	民营企业	500	2008年7月
记刀电站	1995年	180	国有企业	320	1995年
展新电站	1989年10月	100	股份企业	250	1995年
排羊电站	1969年10月	180	股份民营	500	1995年
排扎电站	1979年12月	58	股份民营	250	1995年
德卷电站	2005年10月	150	民营企业	480	2005年10月
南宫电站	2008年4月	140	民营企业	320	2008年4月
岩寨电站	2008年12月	2200	股份民营	2500	—

三、建材工业

1985—1994年，台江县大理石厂采用县内四柳村等地和由贵阳等地运进的大理石作为原材料进行加工，加工的产品主要有建筑用地板、楼道、大门装潢用料。1995年后，企业停产。

台江水泥及制品，主要是台江县水泥厂出的水泥产品，1991—1998年年底，台江县水泥厂出的制品有420号水泥。2004年，该厂转为股份制企业，厂名定为“金牛建材有限公司”，产品仍为420号水泥产品，产品主要供应县内及周边县市建筑用材。同时，还供应电杆厂生产电杆用水泥。

台江境内，作为专门生产砖、瓦的国有企业是台江县建材厂，该厂由于设备老化、管理不善、资金周转困难，已于2007年停产。之前，该厂主要生产页岩砖、青瓦、预制板等产品。除该厂外还有一些集体、私营砖瓦企业，如富发、鸿达、交孟砖厂。产品主要供应县内或当地建筑用材。台江县建设局在县城关老车队建有一个预制板场，主要供应县内建筑用材。

县境内主要建有的岩场、沙场、石炭窑及加工石灰池约50余家。岩场主要分布于县城郊狮子岩、北门湾、交孟、打岩沟、朗等、翁秀南等地，同时分布于革一大塘、烂塘水库、小农场、施洞八埂、良田、台盘等乡镇。沙场主要分布于台江城郊狮子岩、北门湾、交孟和台盘乡、革一乡等地。

1991—2010 年台江县工业企业生产经营情况统计表

表 12-3

单位：万元

年　份	工业总产值	销售完成	完成税金
1991	1970	1170.70	174.21
1992	2513	1596.66	125.06
1993	3895	2308.00	173.80
1994	5350	2496.00	178.00
1995	3133	2497.00	216.00
1996	4055	2753.00	164.00
1997	5491	2860.00	254.00
1998	5359	2377.00	232.50
1999	3897	1801.00	169.00
2000	3666	1294.00	119.00
2001	4273	1129.00	74.60
2002	3200	1267.80	18.80
2003	4181	—	59.20
2004	10432	—	402.00
2005	20186	15068.00	480.00
2006	19952	18780.00	856.00
2007	40431	15127.00	1550.00
2008	47970	19513.00	1204.60
2009	49341	23415.00	1067.00
2010	62006	26537.00	2360.00

1991—2010 年台江县部分年份工业产品产量统计表

表 12-4

年份	水泥（吨）	人造板（立方米）	木材（立方米）	木梭（支）	白酒（吨）	发电（千瓦时）	铁合金（吨）	松香（吨）	镍（吨）	砖（万块）
1991	900	1441	10272	19280	73.02	613.00	—	—	—	0.2
1992	2600	1741	—	—	123.00	469.00	—	—	—	—
2003	14200	—	—	—	—	1347.27	1055.00	—	—	1382.0
2004	2500	—	—	—	—	977.66	12063.33	—	—	892.0
2005	—	—	—	—	—	—	16644.00	—	—	1105.0
2006	—	—	—	—	—	—	20322.00	—	—	718.0
2007	14520	—	—	—	—	1111.00	15210.00	—	—	—
2008	45910	—	—	—	—	1318.00	9508.00	8250.00	9508	—
2009	82348	—	—	—	—	1250.00	13775.00	1121.80	13775	—
2010	79720	—	—	—	—	4804.00	—	—	15144	—

说明：本资料根据台江统计年鉴资料统计，部分产品如人造板、木梭、白酒等因企业倒闭或停产，产品产量无法统计。缺1993—2002 年产品产量统计情况

2008年棕刚玉产量8250吨，2009年产2099吨。2008年铝材产量3265吨，2009年产3832吨。2008年松香完成571.7吨，2009年完成1121.8吨；2008年松节油完成89.7吨，2009年完成137.5吨。

四、技术改造

台江县工业企业规模小，技术落后，技术人员缺乏，极大影响工业经济的发展与壮大。企业争取到的一些技改资金投入也很小，而且很难到位。1991—1996年工业企业技改投入资金，大部分到不了位，技改项目难以实施完成，更是难以产生效益。

1991—1996年台江县工业企业技改情况一览表

表12-5 单位：万元

年份	技改项目	承办单位	总投资	可增产值	新增税利
1991	积木生产线	纺织器材厂	15.00	—	—
	曲轴生产线	内燃机配件厂	72.00	—	—
	水泥厂圆库	水泥厂	续建	—	—
	页岩砖	建材厂	续建	—	—
1992	重阳糯米保健酒生产线	重阳酒厂	377.00	665.00	127.70
	扩建保健苦丁茶生产线	制茶厂	30.00	100.00	30.00
	刺绣工艺品生产线	刺绣厂	99.00	120.00	43.50
	扩建1万平方米刨花板生产线	农机厂	1766.00	1600.00	535.12
1993	内燃机配件技改	内燃机配件厂	300.00	—	—
	扩建保健苦丁茶生产线	制茶厂	55.00	—	—
1994	技改	纺织器材厂	22.00	—	—
1995	1.2万吨水泥生产线扩建	水泥厂	197.33	—	—
1996	6万吨水泥生产线	宏业集团	487.00	—	—

1996年后，台江县利用改革开放的有关政策，借鉴先进发达地区成功的经验和做法，结合台江实际，在招商引资活动中大胆实践，采取“围鸡进笼”策略，集中相关部门现场办公的办法和“先上车后补票”“先发展后完善”等超前意识措施，引进资金和技术，引进了都匀小围寨铁合金厂（租赁）、上海（独资）、卫运（外商）3家企业在台江安家落户，总投入资金750万元。引资企业当年实现产值200.8万元，税收23万元。

1999年，台江县人民政府利用生态环境游、姊妹节进行招商引资活动，节日期间达成捐赠、投资意向协议10个，总金额1亿多元。正式达成协议并参加签订仪式的单位有：香港志成国际（集团）有限公司捐赠20万元修建“台江志成姊妹希望小学”；宁波市北仑区人民政府捐赠10万元修南宫至拥党公路；香港济康诊疗中心与县科技局达成投资60万元，开发研究苗族医药及冰球子项目；广西北流宏企集团与县经贸局达成投资2700万元水泥厂拍卖、技改项目；广东佛山市中成实业有限公司与县旅游局达成投资1000万元修建台江中成民族民间文化娱乐中心项目；黔东南州国土局土地开发中心与台江县革东镇达成投资80万元开发修建革东农贸市场项目。

2002年10月成立台江县林化有限公司，总投资196万元，设立于排洋乡，设计年产松香1000吨，松节油100吨，年产值800万元，工人260人。2010年完成工业总产值2799万元，增加值1347万元，上缴税收 97.9 万元。

2004 年 3 月，引进福建客商投资 100 万元在县城边新建利源钢坯厂，并投入生产。引进客商投资 300 万元建排汪选矿厂，并投入生产。4 月初浙江金华老板购买台江水泥厂，计划异地技改，拟定在台盘工业园区建成年产 12 万吨以上的生产规模。利用县纺织器材厂闲置房作为厂房，与客商签订了贵阳方岩金属台江矿产品加工厂项目。客商投资新建台江县新通冶金公司。新建台江县华盛冶金有限责任公司和台江县铁合金有限公司（异地技改）落户园区。2004 年 3 月，成立台江最大的一家私营公司——台江隆晟矿业有限公司（前称亿祥集团台江兴顺公司），公司总投资 5000 万元，设于台盘工业园区，有 2×6300 千伏安矿热炉，生产能力为年产 8000 吨镍铁企业，年产值 2 亿元，工人 270 人；2010 年完成总产值 24491 万元，增加值 2651 万元，上缴税收 920 万元。

2005 年，通过招商引资，有富发、宏远、宏达 3 家企业落户台江，3 家年完成产值 1500 万元。华盛铁合金厂（2×12500 千伏安矿热炉）落户台江，年产值 9000 万元。2006 年 5 月 18 日，县人民政府批复成立台江亨时文化园旅游发展有限公司，公司性质属外商独资企业。

通过招商引资，同时引进了先进技术。20 世纪 90 年代初，全县范围内工业企业技术人才约有 40 余人。2000 年以后，随着股份制、外资、私营企业纷纷落户台江，全县工业企业大专以上人才快速增至 130 余人，其中中级职称以上人员 60 余人。

2006 年 3 月，金牛建材有限公司搬迁台盘工业园区，设计生产能力 20 万吨，总投资 2800 万元，年产值 7400 万元，工人 95 人。2010 年完成总产值 2183 万元，增加值 627 万元，上缴税收 150 万元。2006 年后引进的企业中的兴盛公司完成产值 11000 万元，林化公司完成产值 457 万元，富发木业有限公司完成产值 137 万元，宏达木业有限公司完成产值 85 万元，宏远木业有限公司完成产值 28 万元。

2007—2008 年，台江县签订招商引资项目 12 个，协议投资 2.5 亿元，其中到位资金 1.345 亿元。是年兴盛铁合金工业产量 22719 吨，林花公司松香产量 910.8 吨。新企业进驻工业园区的有贵州新太元研磨材有限公司，贵州国光铝业有限公司，台江县金牛建材有限公司异地搬迁，西式房屋有限公司生态木屋项目。其中，西式木屋公司于 2007 年 9 月开工建厂，征地面积 210 亩，建成厂房 2 幢，200 平方米。新太元研磨材公司于 2007 年 3 月开工建厂，占地面积 450 亩，项目投资 3000 万元，生产能力为年产 10000 吨，年产值 8000 万元。设备容量 4000 千伏安，有工人 40 人。2010 年，完成总产值 858 万元，增加值 134 万元，上缴税收 150 万元。2007 年 1 月成立贵州国光铝业有限公司，总投资 360 万元，设立于台盘工业园区。2007 年 4 月投产，年产铝锭 3000 吨，年产值 6000 万元，工人 20 人。2010 年，完成总产值 3440 万元，增加值 363 万元，上缴税金 200 万元。

2009 年 2 月 25 日，投资 3000 万元在台盘工业园区建立黔东南全成林木制造有限公司，生产能力为年产 500 套木质别墅，年产值 2 亿元，是年 8 月 1 日开始运行，管理人员 6 人，工人 125 人。2010 年完成总产值 1938 万元，增加值 810 万元，上缴税收 150 万元。11 月，投资 300 万元在台盘工业园区成立台江县新型建材有限公司，占地面积 20 亩，规模为年产 5 万立方米普通混凝土小型空心砖，年产值 650 万元，年销售收入 600 万元，年利润 90 万元，年上缴税金 30 万元。2009 年，兴顺公司完成镍铁产量 13775 吨，国光铝业有限公司完成铝材 3832 吨，金牛建材有限公司完成水泥 82348 吨，研磨材公司完成棕刚玉 2099 吨，林化公司完成松香 1121.8 吨。

2010 年启动建设 5 个项目：盛达金属公司、全成木屋木质别墅项目、屠宰场（厂）、岩寨水电站、红阳风力发电项目，投资额共计 24740 万元。其中，台江县盛达金属有限公司于 12 月成立，总投资 2000 万元，公司设在革一工业园区，年产锌锰 2000 吨，是年完成投资 800 万元。项目建成投产后，年产值达 2000 万元，年销售收入 1800 万元，年创利润 300 万元，年上缴税金 70 万元。

第二节 工业结构

一、所有制结构

国有工业企业　1994年，台江县国有工业企业有：农机厂、水泥厂、建材厂、内配厂、大理石厂、贵广公司、供电局、纺器厂、县酒厂、印刷厂、铁木厂、刺绣厂、自来水公司、水电公司、粮油加工厂、制茶厂、林工商、日化厂。1996年，增加电线厂、木材公司、国有林公司。到1997年，国有企业实行改制基本完成。是年，贵广公司、大理石厂破产，水泥厂、纺器厂租赁，电线厂与纺器厂剥离；农机厂、建材厂、内配厂、铁木厂、刺绣厂、自来水、电力局实行目标责任承包。2000年3月5日，台江县国有企业改制领导小组拟定破产的企业有：台江县纺织器材厂、建筑材料厂、内燃机配件厂、酒厂、印刷厂、电线厂、康太食品有限公司、制茶厂、刺绣厂。截至2007年年底，国有工业企业除水泥厂进行产权转让拍卖和纺器厂、建材厂停产外，所有国有工业均全部破产。

集体工业企业　1997年8月，台江集体工业企业有台江县富民林化厂、台江县制茶厂、台江县铁木厂、台江县爆竹厂、教育印刷厂、日用化学厂、工艺鞋厂、苗族刺绣厂、玩具厂。

联营企业　县内联营企业有铁合金厂、木塑制品厂、电解厂、工业硅厂、台江县国新铅锌矿有限责任公司。

引资企业　都匀小围寨铁合金厂（租赁）、上海独资企业、黔东南沪凯铁合金有限责任公司、松脂厂。

股份制企业　曲轴厂、铁木厂、宏达木业有限公司、富发木业有限公司、台江国光铝业有限公司。

个体私营企业　肖洪钧鸿祥印刷厂、刘明芳业兴印刷厂、兴顺铁合金厂、贵州省亿祥矿业（集团）台江兴顺有限公司、贵州新太元研磨材有限公司、宏远木业有限责任公司、排旺选矿厂、报效选矿厂、交孟砖瓦厂、鸿发砖瓦厂、场坝砖瓦厂、老屯砖瓦厂、南宫砖瓦厂等。

工业企业改制前所有制和轻重结构统计表

表12-6

企业名称	所有制性质	行业结构	建立时间
农机厂	国　有	重工业	1963年
水泥厂	国　有	重工业	1970年
建材厂	国　有	重工业	1979年
酒厂	国　有	轻工业	1957年5月1日
印刷厂	国　有	轻工业	1957年
纺器厂	国　有	轻工业	1971年6月
大理石厂	国　有	重工业	1985年1月
贵广公司	国　有	重工业	1988年9月26日
自来水公司	国　有	其　他	1972年
供电公司	国　有	重工业	1992年5月
工业公司	国　有	轻工业	1988年10月4日
水电公司	国　有	重工业	1982年4月
糖果厂	国　有	其　他	1976年5月

续表 12-6

企业名称	所有制性质	行业结构	建立时间
内配厂	国　有	重工业	1991 年 5 月 18 日
康太公司	国　有	轻工业	1999 年 10 月 26 日
电线厂	国　有	重工业	1994 年 6 月
玩具厂（螺钉厂）	集　体	轻工业	1990 年 4 月
民族刺绣厂	集　体	轻工业	1981 年 6 月
铁木厂	集　体	轻工业	1967 年 7 月 1 日
饲料加工厂（公司）	集　体	其　他	1977 年 4 月
粮油加工厂	集　体	其　他	1978 年 7 月
木塑制品厂	集　体	轻工业	1989 年 11 月 15 日
日用化工厂	集　体	轻工业	1989 年 6 月
木材公司	集　体	其　他	1986 年 4 月
电解厂	联　营	重工业	1988 年 9 月 30 日
铁合金厂	联　营	重工业	1988 年 9 月 26 日
兴顺铁合金	民　营	重工业	1999 年 5 月 18 日
亿祥矿业	民　营	重工业	2004 年 12 月
国光铝业	股份制	重工业	2007 年 1 月
国新铅锌	股份制	重工业	2003 年 6 月
新太元	民　营	重工业	2007 年 9 月
排旺选矿厂	民　营	重工业	2004 年 5 月
南省选矿厂	民　营	重工业	2004 年 7 月
报效采矿厂	民　营	重工业	2005 年 4 月
松脂厂	民　营	轻工业	2002 年 3 月 4 日
宏远木业	民　营	轻工业	2006 年 6 月
宏达木业	股份制	轻工业	2006 年 9 月
富发木业	股份制	轻工业	2006 年 10 月

二、行业结构

制造业　有内燃机配件厂（国有，2001 年已破产）、玩具厂（国有，已破产）。

印刷业　有台江县印刷厂（国有）、鸿祥印刷厂（私营）、业兴印刷厂（私营）。

刺绣业　原建有台江民族刺绣厂（国有）、老屯张庭珍精美刺绣厂（私营）。

酿酒业　台江县重阳酒厂，私营企业有 10 余个，规模较小，企业效益不高。

选矿业　桂宏铅锌选矿厂（台盘）、排汪选矿厂、南省选矿厂、报效选矿厂、大塘选矿厂、台江县国新铅锌采矿有限公司（长中，股份制）。

电力工业　台江县电力公司、110 千伏国网变站、台盘 110 伏变电站、台盘电站、老屯电站、排羊电站、排扎电站、记刀电站、展新电站、岩寨电站（在建）。

冶金工业　有贵广公司（国有企业，1997 年破产）、台江县国光铝业有限公司（股份制企业）、贵州亿祥矿业台江兴顺有限公司（私营）、贵州新太元研磨材有限公司（私营）。

木制品业　台江县农机厂（国有企业）、台江县富发有限公司（股份制）、台江县宏达木业有限公司（股份制）、台江县宏远木业有限责任公司（私营）、铁木厂（集体）。

建筑材料业　有建材厂（国有企业，2007年停产）、水泥厂（原属国有企业，1999年4月拍卖给广西北流宏集团，2004年4月企业性质改变为股份制企业，更名为“金牛建材有限公司”，年产量3000吨），电杆厂、鸿发砖厂（私营）、富发砖厂（私营）、台盘、狮子岩、北门湾、交孟、八埂、革一沙石场、台盘沙石场，全县大小沙、石场约50余个。

纺织器材业　主要有台江县纺织器材厂（国有，2001年年底停产）。

轻工制品及加工　神洁牌洗衣粉厂（集体，已倒闭）、松脂厂、制茶厂（集体）、粮油加工厂（国有，已倒闭）。

三、轻重结构

据1991—2010年统计资料显示，台江轻重工业分布如下：

轻工业：主要有纺织器材厂、木制品厂、制茶厂、民族刺绣厂及相关民营刺绣厂、印刷厂及相关私营印刷厂、铁木厂、宏达木业有限责任公司、台江宏远木业有限公司、台江县富发木业有限公司、台江县松脂厂、台拱镇烟花爆竹制造厂、神洁牌洗衣粉厂、制茶厂、康太食品有限公司、林工商公司、重阳酒厂及相关乡镇酿酒厂。

重工业：主要有电力工业、冶炼业、选矿业、制造业、建筑建材业等。

第三节　台江经济开发区

一、概况

台江经济开发区位于台江县西北面的革一乡和台盘乡境内，地处台江、施秉、黄平、凯里三县一市的结合部，东到革一乡后哨村，南接台盘乡，北到清水江、革一江边村。开发区人口1.7万人，其中城镇人口0.63万人。

园区起步建设于2000年，当年县委、县政府划台盘为工业园区。2003年对台盘工业园区进行规划，面积1.97平方公里。2003年后，先后有兴顺铁合金有限责任公司等13家引资企业到园区落户建厂，其中规模以上企业5家。2007年成立革一工业聚集区，2009年12月对革一工业聚集区进行规划，规划期为2009—2025年，规划工业用地面积为676.74公顷。

革一经济开发区于2009年12月州人民政府批复，作为凯里城市经济圈的工业聚集区。开发区由革一工业园区和台盘工业园区两个片区组成，规划面积18.33平方公里，实际建设用地面积10平方公里，首期面积10平方公里，起步区的面积3平方公里。

2010年，改为台江经济开发区，扩容步伐加快，建成区面积达3平方公里，独具台江风格的旅游商品、森工、电冶、新能源四大支柱新兴产业园区初步形成。

二、基础设施建设

交通网络建设　革一工业聚集区外围交通主要依托株六复线铁路和玉凯高速公路，进入园区通道为镇远至台盘的旅游公路，凯里经台盘至革一已经改造升级为二级公路。规划新增一条由台盘经革一至黄平谷陇的二级公路，改扩建凯里经台盘至革一的城市主干道已规划和筹建中。台盘平水至梨树坳“截弯取直”工程已动工修建，总投资1760万元；革一工业园区1号主干道已完成80%工程量，总投资900万元。2号主干道完成田土丈量及果树林清点；3号和7号道路工程已开工建设，分别投资182万元和695万元，形象进度为80%和70%。

水电设施建设　革一乡境内有清水江穿境而过，聚集区与清水江直线距离仅为1.9公里，选用清水江为聚集区供水水源。供水及排水工程设计由省水利厅设计，投资230万元，修建日供水量3000立方米的第一期供水工程，已于2010年5月完工并投入使用，日供水量2万立方米。

2005年年底，建成台盘110千伏变电站并已进行运行。投资1500万元建设园区3.5万千伏变电站。第二期革一园区变电站110千伏变电站正在建设中。根据企业入驻情况，最后扩容至220千伏变电站。

环境建设　革一工业聚集区污染物排放实行“达标排放、总量控制”，进入工业聚集区项目，实行污染治理设施同时设计、同时施工、同时使用的“三同时”制度。空气环境质量达到《环境空气质量标准》的二级标准，水环境质量达到《地表水环境质量标准》三类标准，工业声环境执行《声环境质量标准》的三类标准，工业区环境噪声近期达标区覆盖率为70%，远期达标区覆盖率为90%。工业固体废弃物：在环保部门监督管理下，由企业自行对工业废弃物进行处理。

革一工业园区生活垃圾卫生填埋场库容21.7万立方米，日平均处理规模为32吨；革一工业园区污水处理工程，项目规模日处理污水8000立方米，污水收集管网21320米；台盘工业区污水处理工程日处理污水5000立方米，污水管网28公里正在立项之中。

公用设施建设　园区规划范围紧邻革一、台盘乡政府所在地，园区机关事业单位、教育、卫生、邮政、金融、商场、酒店、车站等配套设施主要依托所在乡镇，并在原有基础上加强与完善。2010年，革一乡和台盘乡城区各有中学1所、小学1所、幼儿园1所、卫生院1个、邮局1个、金融机构2家、大型农贸交易市场1个、酒楼4个、商场1个、汽车站1个。移动通信已实现全覆盖，移动公司、联通公司、电信公司均在革一乡设有分公司进行管理和服务，互联网宽带、光纤等业务已实现村村通。

规划到2015年，逐步完善园区教育、文化、卫生、银行、通信配套产业，有计划地兴建学校、医院等公共设施和文化广场，图书馆、科技馆等公益性文化设施，通信三网及营业服务网覆盖园区所有辖区；发展园区体育事业，兴建全民健身体育锻炼场所和体育场馆；完善园区职工培训体系，使园区成为技术人才的培养基地；完善园区配套服务业，兴建酒店、宾馆等，大力发展园区第三产业。兴建小学2所、中学1所，修建1所二级乙等医院，为园区职工和镇居民提供医疗保障。需要拆迁25户居民，约108人，就近安置到园区生活服务区，以拆迁安置促进城镇发展，实现农民生活水平提高和生活生产转型。

三、项目入驻

园区建成以来至2010年，共落户企业14家，其中规模以上企业6家，包括隆晟矿业公司、金成木屋公司、新太元公司、国光铝业公司、金牛建材公司、林化公司；正在引进的1家（盛达金属有限公司），已签订投资合同1家（宏业水泥有限公司）。协议总投资达19.7亿元以上。招商引资项目到位资金6.9亿元，项目全部建成后年产值突破70亿元。已形成水电能源、铝及铝加工、新型材料、制造、建材轻工、食品工业为主的产业体系。至2010年，投入园区基础设施建设资金达5600万元，已开发面积4500亩，资金主要来源由县政府出资和投资人垫资。2010年，园区实现工业总产值4.3亿元，上缴税金2100万元。

第四节　乡镇企业

一、乡镇企业发展

1991年，全面落实中央“积极扶持、合理规划、正确引导、加强管理”和“调整、整顿、改造、提高”的乡镇企业方针。全县乡镇企业发展到2014家，从业人员4677人，完成产值1195万元。1996年发展到3394户，其中乡办34户，村办51户，个体3309户，从业人员6437人。是年，全县乡镇企业因地制宜，发挥优势，搞好山地综合开发，积极创办革东金秋梨、革一枇杷、南宫大扇形猕猴桃、排羊药材基地等“绿色企业”。

1999年，按照州委、州政府《关于大力发展个体私营企业的规定》，台江县委、县政府制定了一系列优惠政策，鼓励和支持县内外个体户到县内320国道投资办厂，兴建餐饮、住宿、运输、修理、批发零售等第三产业。为加强对个体、私营企业的领导，促进个体、私营经济持续、健康快速发展，成立了台江县个体私营经济领导小组。是年，全县乡镇企业发展到5649户，其中集体26户、私营42户、个体5581户，完成乡镇企业总产值21124万元，乡镇工业总产值完成8475万元，乡镇企业营业收入20693万元，实现利润1467万元，上缴税金585万元。2001年，重点抓好苦丁茶等“龙头企业”的发展，同时在排羊、南宫、台拱红阳等地抓好1万亩冰球子的种植。

2002年，重点抓好产业结构调整，向省州申报苦丁茶、金秋梨两个企业项目，完成苦丁茶种植1500亩，其中示范基地200亩；金秋梨种植面积3.2万亩，全县产量9.6万吨。翌年，招商引资买断和新建桂宏铅锌选矿厂、鸿源砖厂、铁合金有限公司、生态工程旅游开发有限公司、强发松香厂、民族工艺厂等企业。

1991—2006年，全县乡镇企业逐年增多，每年以100家至几百家企业发展的速度增长，到2006年，乡镇企业总产值15039万元，比1991年的企业总产值1195万元增长了12.6倍。2006年后，乡镇企业管理体制变化，不再作为一个行业管理。

二、结构及分布

1987年，台江县有乡镇企业1685家，其中工业企业964家，建筑业企业25家，交通运输业企业229家，商业、饮食业389家，服务业42家，其他企业36家。按属性分为：乡办企业12家，村办企业6家，联户企业132家，个体企业1535家。

截至2005年年底，台江县乡镇企业由过去的乡镇、村集体办转向股份合作，私营出资办企业，工业企业仍占整个乡镇企业的70%以上。全县有私营企业30家，其中新发展10家，从业人员486人，注册资金1860万元。个体工商户1787户，从业人员2058人，注册资金1754.3万元。按行业划分：种植业2户，采掘业4户，制造业168户，运输业99户，批发和零售业、餐饮业1251户，其他服务业250户，其他行业14户。

三、民族工艺品生产

台江县民族工艺品生产，主要有民间剪纸、刺绣、挑花、织锦、银饰、雕刻。剪纸主要分布于老屯、施洞、台拱等地，较有名的剪纸艺人有王安丽、潘套九等5人。刺绣、挑花、织锦遍布全县各地，原县城办有苗族刺绣厂，老屯乡岩脚村张庭珍1996年投资46万元建精美宛刺绣厂，刺绣人员160多人。

全县以销售服饰工艺品为业的妇女约300余人，靠销售服饰工艺品富起来，积蓄达到100万元以上的有潘玉珍、张红雨、张志英、张庭珍等。从1997年起，在潘玉珍、张庭珍等人的带动和影响下，已先后有100多名苗族妇女到北京潘家园进行专业销售苗族服饰生意。

银饰工艺加工，主要分布于施洞镇塘坝村、排羊乡九摆村。塘坝村专门从事银饰加工的专业户有30户，其中积蓄达到几十万元以上的有吴水根、吴国生、吴正德、吴岩降、吴通伦、吴通云等十余户。1999年，吴通云参加迎澳门回归的纪念章制作，他主要制作纪念章的银饰吊坠、压颈（苗族女项圈）。2008年，吴水根负责制作“多彩贵州”中国原生态国际摄影大展的23个奖杯，其中特别贡献奖杯3个，特等奖杯2个，一等奖杯13个，贡献奖杯5个。

九摆村专门从事银饰加工的约有20余户。2004年后有5户工匠到县城专门进行银饰加工，加工的银饰工艺品，大多是白铜代用品，较有名的银匠师有杨生、李江宏等。2008年，施洞塘坝村的吴国祥由塘坝搬到县城商贸城进行银饰加工，年产值5万元左右。

雕刻工匠主要分布于施洞、老屯一带和台拱等地，较有名的有“梅影欧刀”等，雕刻年收入约2万余元。芦笙工艺制作主要分布交下、基甲、反排等村寨，有名的芦笙匠主要有洋甲的李清宏、反排村的唐思成等人。

随着旅游业的兴起，开发、生产、销售民族旅游工艺品，逐渐形成台江县的支柱产业。为扩大苗族刺绣产品规模，解决苗族妇女就业，增加收入，县乡镇企业局、县妇联向省乡镇企业局呈报台江苗族民间工艺刺绣培训项目，并获得省局批准和给予项目资金扶持，于2006年11月到台拱、老屯、方召等乡镇进行为期36天的苗族刺绣工艺培训，培训妇女512人次，发放资料1000份。培训内容有苗族刺绣、剪纸、挑花工艺、珠绣、苗族银饰与刺绣搭配组合、苗族绘画工艺、苗族服饰与苗族文化等内容。经此次培训，促进了本县民族民间文化和民族旅游工艺品的发展，进一步提高了广大农村妇女的刺绣水平，拓宽了广大农村妇女的增收渠道。

四、资金投入

县内乡镇企业资金投入由财政扶持、银行贷款、招商引资、乡村自筹、私人集资5个部分组成。

财政扶持资金　自县乡镇企业局成立以后，财政扶持资金分无偿和有偿两个部分。1978—1981年，无偿扶持资金为31.97万元；1980—1986年，有偿扶持为25.24万元；1986年县财政又从“双扶款”中，拨给40.37万元。1992年，县财政支持水泥电杆厂技改资金12万元。1993年后，财政对乡镇企业的扶持资金基本没有。

银行贷款　1987—1991年，农行贷款支持乡镇企业是24家，发放乡镇企业贷款500多万元，余额达213万元。其中扶贫贷款100万元、固定资金贷款21万元、一般流动资金贷款68万元、其他贷款24万元。1992年贷款160万元（其中扶贫贷款30万元）。1992年，农行支持脱水厂发展魔芋生产基地资金15万元，水泥电杆厂投放资金14万元，流动资金8万元，汪江木工厂流动资金6万元；爆竹厂流动资金8万元，工艺鞋厂流动资金10万元，乡镇企业供销公司技改仿瓷涂料资金4万元，南宫藤艺流动资金3.6万元。

1995年，利用县农经委支持坡改梯扶贫配套资金发展魔芋种植116.5亩，由于受自然灾害影响，减产，达不到开发预期效果。重点扶持翁秀南6户、番省2户、老屯工农村1户共9户，种植面积66.5亩，面上种植：排羊乡小江村33亩。

2006年，申报项目6个，获3个扶持项目资金15万元。2007年后，扶持项目终结。

招商引资　1994年，县有关部门争取项目资金，为乡镇企业矿产、供销公司、台江县水泥电杆厂、黔江木制工艺、综合加工厂、汪江木工厂等企业解决了急需资金和厂房用地等问题，使企业经济效益得到提高，如乡镇企业供销矿产公司当年实现营业额60.3万元，利润3.5万元，创公司有史以来最高效益，扭转公司亏损局面。两家木制企业隶属乡镇企业局后，经济效益猛增，实现产值101万元，利润5万元，创乡镇企业有史以来100万元以上产值的单位。是年，引进外资6户，引进资金107万元，新办6家乡镇企业。

1995年，乡镇企业局、矿管办积极搞好外引内联和招商引资，年内有省有色金属管理局、镇远、都匀、凯里、榕江等地到台江开采铅锌矿产资源和办厂，落实引资22万元到施洞、南冬、排汪等地开采铅锌矿，引资50万元到台盘办铅锌选矿厂1个，引资8万元，到施洞改造施洞纸厂恢复生产。

1997 年，落实扶贫贷款资金 938 万元，引进资金 110 万元，主建金秋梨基地、魔芋基地，发展饲养黑山羊，兴办台江富民林化厂、南宫松香厂等。1999 年，大力发展以金秋梨为“龙头”产品的绿色产业，1999 年在 1998 年的基础上，投资 143 万元，种金秋梨 1406 亩。1998 年下半年台盘铅锌选矿厂从广西融安引进资金，技术采取租赁形式恢复生产，产品达国家四级标准。

2001 年，全国乡镇企业经贸洽谈在贵阳召开后，积极加大招商引资力度，先后引进台拱镇饮料厂等项目，引进到位资金 1884 万元。2002 年，招商引资，签订协议合同，意向投资 4047 万元。引资 1047 万元买断和新建企业，桂宏铅锌选矿厂、鸿源砖厂、铁合金有限公司、生态工程旅游开发有限公司、强发松香厂、民族工艺厂等。2004 年，签订协议合同和意向投资 7 个项目，资金 1572 万元，发放到位资金 600 万元。

截至 2006 年年底，上述企业已基本停产，停产原因一是技术落后，二是设备老化，三是资金紧缺，四是原材料无法供应。

五、经营体制整改

1990 年 8 月，全县乡镇企业仅有 26 家，其中工业企业 9 家（包括食品、建材、爆竹、木制品、油脂、造纸）、建筑企业 2 家、商业企业 2 家、服务企业 13 家。在治理整顿过程中，面对原材料不足、资金紧缺、市场疲软等巨大压力下继续生存发展。

1993 年 1 月，县乡企局将联合厂 7 万余元固定资产租赁给三穗八乡镇坪茶村陆宗福作为试点经营，陆宗福自己投入 3.3 万元资金，在原有的粮油加工业务基础下，扩建了木制品（门窗）生产线。通过半年租赁，创产值 15.57 万元，利税 1.17 万元，创历史最好成绩。

1994 年 3 月 18 日，台江县经济协作公司将原木塑厂厂房、设备租赁给黔江木制品工艺厂，甲方代表吴祖平、乙方代表许世群，担保方乡镇企业局，租赁期限：1994年4月20日至1997年6月20日，每年租金 8000 元。

1995 年 1 月 28 日，台江县乡镇企业管理局作为甲方与原乡镇企业交孟采石场（即台江县建筑材料开发公司）王安林、王帮单签订股份制合同。两股份各投资 60087.97 元（乙方用原交孟石场设备为股份入股），股份总额为 120175.94 元。

1997 年 1 月 9 日，县乡企局将局属企业综合厂承包给马祖龙和舒清友，承包期为 1997 年 3 月 1 日至 2007 年 3 月 1 日。

1996 年 10 月，对全县乡镇企业进行整改，重点调查乡镇：台拱、革东、施洞、革一、南宫 5 个乡（镇）。重点企业：局属企业、黔江木制工艺厂、铅锌选矿厂、建筑材料开发公司；台拱镇：电杆厂、江川页岩砖厂、台拱镇建筑公司；南宫乡：汪江木工厂、记刀电站、香粉厂、藤椅厂；革一乡：金秋梨生产基地、枇杷、果园基地、茶叶加工厂、网箱养鱼；革东镇：金秋梨生产基地、枇杷果园基地、茶叶加工厂、网箱养鱼、特种动物养殖场。

1999 年，引进资金、技术采取股份制、租赁、承包等形式对企业进行改制。

2001 年 6 月，县乡镇企业局根据省、州《关于贯彻落实〈取缔和关停“十五小”企业对地方财政和农民收入的影响〉调研工作的通知》指示精神，成立了取缔和关停“十五小”企业对地方财政和农民收入的影响调研工作领导小组，并对台江县 1995 年以来取缔和关停“十五小”企业对地方财政和农民收入的影响进行了全面调查：1995 年，台江县共有“十五小”企业 59 家，年总产值 891 万元，上缴税金 37.6 万元；至 2000 年，有“十五小”企业 140 家，年总产值 1496 万元，上缴税金 81 万元。

是年，组织对台江县制茶厂、台拱页岩砖厂、电杆厂、台盘桂宏铅锌选矿厂、革东金田果袋厂、采矿行业以及苦丁茶野生资源情况、育苗状况进行调查。

原广西老板购买的台江水泥厂至 2003 年举步维艰，面临倒闭，县经贸局积极主动协助浙江老板黄仲节成功收购了该厂，组建“金牛建材责任公司”，并按要求做好企改异地搬迁至台盘工业园区的工作。为加快台盘工业园区的建设步伐，积极抓好园区的整体规划工作，同时抓好 11 万千伏变电站的建设工作，组织协调解决高耗能企业电力供应和电价等问题，确保台江兴顺钛合金责任公司的正常生产。

2004 年 4 月，台江县经贸局向贵州省中小企业局申请“台江县金竹茶厂”苦丁茶技术改造项目，2005 年 1 月省中小企业局下达补助 6 万元企业发展资金，县经贸局于 2005 年 2 月拨付给台江县金竹茶厂进行苦丁茶技术改造和添加部分设备。该厂从 2006 年起，经济效益大大提高，2006 年销售收入比 2005 年增加了 40 万元，2007 年又比 2006 年增加 40 万元。

2006 年，台江有工业企业有 16 家，企业资产总额 2 亿元。其中有县印刷厂、燃料公司、电线厂、粮油加工厂 4 家因经营管理不善，致使长期停产。县纺器厂、木材公司 2 家因国家政策调整等原因停产，针对这些情况，台江县积极引导企业采用高新技术和先进适用技术改造传统产业，加快企业技术进步和信息化，引导企业走集团、集约化经营路子。通过招商引资，部分非公有制经济工业企业纷纷到台江落户。

2007 年 2 月，浙江省金华市永康老板陈晓的“台江县嘉禾木民族旅游开发有限责任公司”到台江落户；并县经贸局于当年 3 月编制“台江县民族旅游商品银饰加工”项目报州、省乡镇企业局，11 月 14 日得到项目资金 22 万元。但后来陈晓没有把资金投入项目使用，致使“台江县嘉禾木民族旅游开发有限责任公司”化为乌有。3 月，新太元研磨材公司投资 3000 万元到台盘工业园区落户，计划年生产研磨材 10000 吨。9 月，西式木屋有限责任公司投资 19000 万元到台盘工业园区落户，计划年生产能力为 1000 套木屋。

2008 年，改制城镇集体企业 4 家，其中铁木厂是停产多年的城镇集体企业，10 月份完成对该企业的改制，并将改制后的厂区让给开发商经营和让土地增值。当年新增集体企业 2 家，即新太元研磨材公司和国光招业有限公司。

2009 年，做好全县国有企业改革改制和清理拖欠职工工资工作。完成县纺器厂的改制工作，协助湖南金磊房地产公司做好纺器厂宿舍拆迁工作；配合县医院做好国家拉动内需项目建设工作，妥善对食品公司进行改制，寻找资金组建临时屠宰点，向社会公开投标新建屠宰场业主，引进了广东大朗镇食品公司张胜昔投资 324 万元新建三级屠宰场。清理 1998—2006 年全县企业拖欠职工的工资，补发企业拖欠工资 100 万元。

抓住“中国苗族刺绣之乡”品牌效应，挖掘台江县有特色的银饰刺绣，做大做强台江县旅游产业，组织 30 余名银饰、刺绣经营户参加姊妹节展销，协调信用社贷款 300 万元解决 100 户施洞塘坝银饰、刺绣新增经营户的贷款和 20 万元的贴息工作。争取上级部门支持台江县国祥民族饰品有限公司获资金 20 万元，关停并转资金 40 万元。帮助企业做好流动资金借贷，渡过难关。由县政府协调借支 100 万元给新太元研磨材公司开工生产，州信元担保公司为该公司担保贷款 600 万元流动资金；同时，帮助该公司取得国家 300 万元的技改项目资金。使新太园研磨材有限公司和国光侣业有限公司在逆境中奋进。

2010 年，做好全县 14 家国有企业改革改制清理，调查摸底全县无资产企业改制 10 家，职工人数 219 人，与职工签订解除劳动合同关系 150 人；做好燃料公司改制工作，兑现了安置费。

抓好对隆晟矿业公司、新太元研磨材公司、金牛建材有限公司 3 家重点耗能企业 2010 年单位产品能耗的监测，规模以上工业增加值能耗比 2009 年降低了 1.84%，完成任务 100%。

启动建设盛达金属公司、全成木屋木质别墅项目、屠宰厂、岩寨水电站、风力发电 5 个项目，投资额 24740 万元，完成任务 247%。其中全成木屋木质别墅项目于 2010 年 1 月完成，已正式投产，岩寨电站于 4 月份正式开始运行，完成任务 100%。

第五节 工业企业与产品

一、工业企业选介

纺织器材厂　纺织器材厂的前身是台江县汪江木材加工厂，1971 年 6 月正式注册为县级地名国有企业，1978 年开发纺织木梭，1979 年更名为“台江县木器厂”。1981 年 12 月改为贵州省台江县纺织器材厂，1983 年生产出“苗岭牌”纺织木梭系列产品。

纺织有芯梭曾获“省优质产品奖”，1985—1993 年连续 8 年被省工商局授予“重合同、守信用”单位。产品销往江苏、浙江、上海等 14 个省市，远销东南亚。1987 年正式成为纺织部生产纺织器材定点厂。

1994 年纺织器材厂新上马电线、电缆项目，自 1995 年始，由于市场原因企业出现亏损，1998 年 9 月以后国家禁伐天然林，1999 年企业举步艰难，处于破产边缘，80% 的职工下岗，自谋职业。2001 年 12 月，该厂有职工 102 人，其中退休职工 17 人，下岗 63 人，待岗 22 人。

历任厂长：朱江华、吴伟、杨胜雄、邰通树、陈海龙。历任副厂长：杨秀国、陈海龙、刘传忠、杨光礼、李燕。

农机厂　建于 1963 年，1965 年 12 月转为台江县地方国营农机厂，1980 年后转为国有轻工企业。原农机修造厂主要生产农机，生产、销售一度红火，年税利达到百万元以上。1998 年更名为“台江县人造板厂”。但由于国家林业政策的重大调整，禁伐天然林，致使生产胶合板所需的天然林（枫木）原材料断绝，造成生产停顿。在此情况下，企业转产竹胶板。由于资金紧缺和管理不善，1999 年 8 月停产。截至 2001 年 6 月底，累计亏损 84.8 万元，资产负债率 98.2%，已无力偿还到期债务而破产。

历任厂长：马保增、周启洪。历任副厂长：曾广杰、张仕德、肖洪吉、申子书、吴伟、冉光明、何立锐、王昌生、余国华、赵建林、龙珍；邰秀鹏任厂长助理。

苦丁茶厂　建于 1990 年，隶属县职业中学。1992 年 6 月，县经委向县财政请求投资 30 万元，扩建“保健苦丁茶”。1993 年，银角牌苦丁茶荣获中国保健科技精品金奖、省消费者信得过产品奖以及省科技进步奖等 7 个大奖。1998 年被贵州省保健学会列为推荐产品。1999 年 1 月，县委挂职副书记景诗韵、厂长李宏明带“名优产品——银角牌苦丁茶”参加“'99 大连名优土特产展销会”。2000 年 3 月根据县有关文件精神，制茶厂从职中剥离出来，2001 年 2 月开始生产经营，固定资产 5 万元，流动资金 10 万元。在岗人员 34 人，其中干部（教师）2 人，合同制工人 2 人，临时工 30 人。2001 年 12 月有固定职工 22 人，临时工 6 人。该厂占地面积 7455 平方米，建筑面积 1816 平方米，资产总值 227.2 万元，注册资金 90 万元，生产基地 200 亩。1999 年 1 月以前，该厂欠银行贷款 188 万元，利息 30 万元，到 2001 年 12 月欠 198 万元，欠息 43 万元，2002 年破产。

历任厂长：吴卫东、李宏明、杨建华。

印刷厂　1980年新建厂房于上水卡，隶属台江县经贸局主管。自1995年始，因技术、设备落后，市场竞争，企业出现亏损，1997 年停产。至 2000 年 3 月 31 日，亏损达 57.52 万元，无力偿还债务，宣布破产。历任厂长：田正德、谢贵平、杨光荣、黄元春、邰通树；历任副厂长：杨光荣、毛位爵。

重阳酒厂　1957 年 5 月 1 日建于施洞白子坪，属地方国有企业，1994 年更名重阳酒厂。该厂占地面积 9170 平方米，建筑面积 3715 平方米。全厂职工总数 70 人，其中退休 10 人。工程师 1 人，助理工程师 2 人，技术员 3 人，经济师 3 人，助理经济师 2 人，技工 49 人。该厂生产的主要产品粮食白酒，以清江大曲、台浓大曲为代表，1983 年研制开发重阳糯米酒，随后相继开发出系列产品：枸杞酒、秀眉王酒、苗家米酒，其中重阳糯米酒是一种保健酒，该产品在省内外市场颇有知名度，具有开发价值的品牌。年产重阳糯米酒系列 100 吨，其他酒 500 吨。1990 年重阳糯米酒荣获首届中国中医药文化博览会“神农杯”优秀奖；1991年荣获中国中外老年用品博览会银奖。

历任厂长：丁承孝、何立锐、傅晓文；历任副厂长：丁承孝、周文涛、吴昌懿。

民族刺绣厂　建于1981年，1992年将“贵州省台江县民族刺绣工艺美术厂”更名为“台江苗族刺绣厂”。该厂在生产的刺绣产品中，于1989年12月29日参加1989年度省百花奖优秀新产品评选活动，县选送的《苗族壁挂抱鸡》《苗族壁挂飞龙》《苗族壁挂人鸟》《苗族壁挂鼓人》《神话传说壁挂蝴蝶妈妈》《神话传说壁挂战雷公》《神话传说壁挂长奶妈妈》等产品荣获优秀创作设计产品名单奖，并荣获中宣部第八届中国工艺美术百花奖、优秀新产品二等奖。2002年7月17日，该厂因负债无力偿还，台江县人民法院将厂房地产拍卖61.8万元，抵押给中国农业银行台江县支行并宣布破产。

民间艺人张庭珍1982年担任苗族刺绣厂厂长，先后组织老屯、施洞一带的妇女约200余人刺绣，刺绣工艺先后销往北京、上海、美国、新加坡、泰国等国内外市场。

内燃机配件厂　1991年5月18日，从湖南引进技术员20人，自筹资金70万元，建成年产值50万元台江县内燃机配件厂，属全民所有制企业，独立核算，自主经营。1995年10月30日，内燃机配件厂新增年产3万件内燃机曲轴生产线技改，由年产2万件曲轴扩到年产5万件生产规模，同时增建铸造600吨能力的铸造车间，产品要求达到GBB1348–7855标准。固定资产投资376万元，其中企业自筹38万元，农业发展银行贷款338万元。

1998年9月，内配厂由于受国家宏观政策、资金、市场等因素制约，已全面停产，1999年12月有李锦容等30名工人下岗。下岗人员基本生活保障由厂承担三分之一费用由拍卖厂房设备资金中解决。2000年6月法院宣告该厂破产。

历任厂长：龙秀明、肖洪吉、莫仲春；历任副厂长：姜茂阳、莫仲春、王素平、张胜明、熊朝金。

金牛建材有限公司　公司建于1970年，时称“台江县水泥厂”，原属国有企业。1999年后，由国有企业性质变为股份制企业性质。

水泥厂由于建厂时间长，设备老化，生产流程大多以人代替机械，又无资金更新。为此，县里于1999年3月31日与广西北流宏业集团签订拍卖合同，以200万元卖给该集团经营50年。拍卖后该集团投入245万元进行技改，技改有破碎系统等6个项目。技改后，水泥质量全部稳定在426 #以上，年产量达6万吨规模。

2004年4月，水泥厂再次转让给浙江私人企业，更名为“金牛建材有限公司”。2008年6月，公司由台江县城搬迁台盘工业园区，占地面积40亩，有注册资金70万元，总资产775万元，总投资2800万元，现有职工95人，其中大专以上8人。2010年年产值2183万元，增加值627万元，上缴税金150万元。

历任厂长：吴兴德、刘耀全、黄茨、杨廷新、黄仲节；历任副厂长：肖德昌、何汉勤、杨胜坤、陆绍光、刘跃全、杨建军、罗锋。

建材厂　创建于1979年，1988年县委、县政府、县经委贷款286万元，建年产1500万块页岩砖生产线，主要产品页岩砖生产线、彩釉墙地砖生产线、建筑用石开采加工生产线、混凝土预应力板生产线、页岩小青瓦生产线、石灰生产线7个品种，36个规格型号建材产品。产量从1994年的年产400万块上升到1999年的1500万块。该厂占地面积4992平方米，总投资340万元，1999年5月，有固定资产450万元，职工274人，其中固定工13人，合同制工112人，退休职工32人。2007年，由于设备老化，债务积累，承包人无资金更新而停产。

历任厂长：傅小文、龙秀明、吴大金、冉光明、熊朝金；历任副厂长：欧先明、王洪忠、姜定文、周启祥、潘金生、任达军；肖德昌任厂长助理。

台江县新型建材有限公司　于2009年11月，总投资300万元，年产5万立方米普通混凝土小型空心砖，占地面积20亩，位于台盘工业园区，年产值650万元，年销售收入600万元，年利润90

万元，年上缴税金 30 万元。

隆晟矿业有限公司　公司是台江县最大的一家私营企业（前称是亿祥集团台江兴顺公司），建于 2004 年 12 月，法人代表杨银龙，属民营性质。

公司位于台盘乡工业园区，是生产锰系、铬系、镍合金产品的专业企业，现有固定资产投资 1800 余万元，总资产逾 3000 万元，公司拥有 6300 千伏安矿热炉二台与 1800 千伏安精炼炉一台及配套的环保、供水、供电、加工、检测等辅助设施，年产各品种铁合金达 3.5 万吨以上。公司现有员工 280 余人，其中具有各种级别技术职称的技术及管理人员 40 余人。2010 年完成总产值 24491 万元、增加值 2651 万元，上缴税收 920 万元。

公司严格按照国家标准，组织合金产品生产，公司从原材料采购、破碎加工、冶炼生产、精整加工到成品出厂均有严格的技术操作规范条例及岗位工作标准，建立了完整的工艺控制及质量控制管理体系。2006 年经国家检查验收，获得铁合金行业生产准入资格。

国光铝业有限公司　公司位于台盘式业园区，属股份制企业，注册资金 50 万元，总资产 150 万元，法人代表李光玉。公司建于 2007 年 1 月，4 月正式投产，公司场地占地面积 11 亩，厂房建筑面积 1000 平方米。有职工 15 人，其中大专以上 3 人。主要生产铝锭，销往重庆等地。当年销售收入 2000 万元，实现利润 70 万元，上缴税金 26 万元。

贵州新太元研磨材有限公司　公司建于 2007 年 9 月，12 月 22 日正式投产，公司位于台盘工业园区，属民营性质，法人代表赵洲；公司有注册资金 100 万元，总资产 700 万元，公司占地面积 56 亩，有职工 71 人，其中大专以上 10 人。主要生产棕刚玉、亚白刚玉，年产 9000 吨。

台江县国新铅锌选矿有限责任公司　该公司建于 2003 年 6 月，厂址设在台拱镇长中村，法人代表王国新，属股份制企业；注册资金 50 万元，总资产 682.62 万元，有职工 12 人，其中大专以上 2 人，年采矿 5 万吨。

日化厂　该厂于 1991 年 11 月安装设备调试，1992 年 4 月正式投入生产，属残疾人福利企业，有职工 22 人，其中残疾人职工 8 人。蒲浩任厂长。1997 年 4 月 14 日，县经委批复日化厂技改立项，项目总投资 50 万元，建成后年产洗衣粉 2500 吨，年产值 1100 万元，日化厂生产的产品超浓缩洗衣粉，填补了贵州不产超浓缩洗衣粉的空白。实现利润 150 万元，税金 65 万元。

贵州全成林木发展有限公司　公司成立于 2009 年 2 月 5 日，2009 年 8 月 1 日开始投产运行，现有工人 125 人，投资规模 4934 万元，全面投产年耗木材 15 万立方米，生产能力年产 1000 套木质别墅，年产值 40000 万元，年利润 13000 万元，年创税金 4500 万元。

公司产品为生态木屋，除主体建筑外，配套电气装配、给排水、通风、采暖空调、卫生洗浴等。公司是木屋制造的专业生产商，专业从事木质结构房屋设计、制造、安装与维护，以及木业家具加工及相关产品。

宏达木业有限公司　宏达木业有限公司是外商投资企业，公司创建于 2006 年 1 月，法人代表王国新，属股份制企业，注册资金 300 万元，流动资金 200 万元，公司主要生产规格为长 2.44 米、宽 1.22 米及长 1.83 米、宽 0.915 米、厚度 1.8 厘米高级高层水磨覆膜松木胶合板。日产为 1200 多张板。公司有员工近百余名，管理人员 10 人，大专学历以上 5 人，有技术职称 3 人。公司现有办公楼 1 座，职工宿舍 2 座，厂房 4 座，占地面积 7000 多平方米；机械设备一应俱全。

台江县宏远木业有限责任公司　公司建于 2005 年 9 月 8 日，法人代表苏季勇，属民营企业；公司有注册资金 500 万元，总资产 400 万元。公司位于台盘工业园区，公司占地面积 7260 平方米，主要生产建筑用水泥模板，有一条生产线，年产能力 3 万块，有职工 41 人，产品主要销往浙江、江苏等沿海省份。

台江县富发木业有限公司　公司于 2005 年 8 月 19 日筹建，2006 年 7 月 16 日正式投产，属股份制企业，法人代表陈少华；公司有注册资金20万元，总资产800万元，有职工168人，其中大专以上3人。公司占地面积21.76亩，主要生产混凝土模板胶合板，年产胶合板1万立方米，产品主要销往重庆、广东、江苏等地。

台江县林化有限公司（松脂厂） 2002年10月兴建，厂址在排扎，总投资196万元，年产松香1000吨、松节油100吨，年产值800万元，工人260人。2010年完成总产值2799万元、增加值1347万元，上缴税收97.9万元。

二、工业产品选介

胶合板 该产品由贵州省台江县鑫森木业有限公司等12家企业生产制造，主要生产原料和工艺是将松木薄板压制而成。产品质量过硬，销往省内外，主要是销往沿海地区。

生态木屋 生态木屋是由贵州全成林木发展有限公司生产制造的产品，产品是以木材为墙体材料的新型建筑；产品具有低碳、绿色、环保、节能的特点；它经过木材采集、锯材加工、干燥、精加工、防腐、运输、装配连续作业完成。生态木屋除主体建筑外，电气装配、给排水、通风、采暖空调、卫生洗浴也随着配套完成。

松香和松节油 该产品由台江县林化有限公司生产。松香，是松树树干内部流出的油脂经高温熔化，干结后变成的块状固体，其颜色焦黄深红，主要应用在电子电路焊接时的助焊剂，在乐器方面主要用来擦磨乐器的琴弦使其起到发涩的作用，亦可药用。松节油，以富含松脂的松树为原料，通过不同的加工方式得到的萜烯混合液。公司生产的优级和一级松节油，其主要成分是a-蒎烯，其次是b-蒎烯、苎烯等。还有少量的倍半萜烯。松节油是一种优良的有机溶剂，广泛用于油漆、催干剂、胶粘剂等工业。

刺绣工艺品 刺绣工艺品可分为两大类：第一类是由原“台江苗族刺绣厂”生产，具有代表性的产品是《苗族壁挂抱鸡》《苗族壁挂飞龙》《苗族壁挂人鸟》《苗族壁挂鼓人》《神话传说壁挂蝴蝶妈妈》《神话传说壁挂战雷公》《神话传说壁挂长奶妈妈》。1989年12月29日参加1989年度省百花奖优秀新产品评选活动，荣获优秀创作设计产品名单奖，并荣获中宣部第八届中国工艺美术百花奖、优秀新产品二等奖。第二类是苗族民间刺绣工艺品，具有代表性从事刺绣生产经营的民营企业有：贵州省台江县锦绣图腾有限公司、台江县苗绣行绣品有限公司、台江县华美刺绣有限公司、台江县水姑娘民族工艺品有限公司。民间刺绣品纹样内容丰富多彩，尤以龙、凤、鸟、虎、狮、马、蝴蝶、鱼、花、果、草木等为主。刺绣的方法有平编绣、缠绣、打子、堆花、贴花等。工艺种类有衣袖花边、衣领花边、衣胸花边、肩花、背块花、头帕花、围腰、裙子、绑腿及帽檐花边等。各种规格和不同层次的产品有苗绣盛装、苗绣旅游包、苗绣裙、苗绣衣、苗绣鞋、苗绣帕、裙子、儿童帽、绣花带、背带、钱袋、背包、手袋等。

银饰品 银饰工艺品一般均为民间小作坊加工。具有代表性从事银饰生产经营的企业有：台江县国祥民族饰品有限公司、台江县水根民族银饰有限公司、台江县阿娜依银饰品有限公司、台江县喜悦祥银饰品有限公司。一般加工工序有锻打、铸模、拉丝、缠绞等。加工成品工艺种类繁多，有头花、银冠（银冠分有施洞型、革一方黎型、后哨型、方旋型等）、银角、银簪、银梳、耳柱（分有施洞型、方旋型、革一方黎型、后哨型）、耳环、项圈（分有圆项圈、扁项圈、绞项圈）、项链（分有大项链、小项链或粗、细项链）、压领、腰带、披肩、手镯（分有圆手镯、扁手镯、绞手镯等十多种）、各式衣片、银铃、小孩帽子小银菩萨、戒指、银耳环、吊坠、银梳、银腰带、银杯、银碗等。银饰加工成品后，有粗细之分，粗者有扣环项链、实心手镯等，细者有银花、转腰链、银冠、银花针、银铃、空心耳环等。

苦丁茶 台江县“银角”牌苦丁茶在总结了我国民间2000多年历史传统加工工艺的基础上，采用现代技术开发而成。具有代表性从事生产经营的企业有台江县苦丁茶厂，其主要生产“银角”牌苦丁茶春芽（毛尖）、苦丁红茶、苦丁袋泡茶、苦丁香茶枕、苦丁茶含片、苦丁茶饮料、苦丁花茶等系列保健产品。“银角”牌苦丁茶曾获1993年中国保健科技精品金奖、贵州保健精品金奖、贵州省科技进步四等奖、贵州省优秀新产品三等奖，被贵州省保健学会列为推荐产品。2005年12月获贵州省无公害农产品茶产地认定证书，2006年被贵州省人民政府评定为农业产业化经营贵州省优秀“龙头”企业。

第六节 工业体制改革

一、经营体制改革

自主经营权承包 1991年，是企业第二轮承包的第一年。在总结第一轮承包工作的基础上，在经委所属的11家企业中承包4家，租赁1家，其余6家实行了不同的目标管理责任制。承包的4家企业，承包工业总产值任务为544万元，上缴所得税17万元，实现完成总产值661.71万元，上缴所得税24.21万元，分别超额21.6%、42.4%，其余承包指标均已实现或超额完成，体现了企业承包的优越性。

1992年，完成年计划任务较好的企业有铁木厂、森工、自来水公司、大理石厂、纺器厂、粮油加工厂、农机厂、内配厂。增长幅度较大的有水泥厂、自来水公司、酒厂、糖厂、铁木厂、农机厂、纺器厂。经济效益上升，扭亏增盈目标基本实现，共有11家企业盈利，比1991年增加2家。几家商业企业取得较好的经济效益。石油公司销售利税均创历史最好水平。有7家企业亏损，其中4家属经委企业。是年，围绕转换企业经营机制这一环节，稳步推进改革。农机厂、纺器厂、水泥厂、大理石厂、建材厂等企业相继推出了结合企业实际的改革措施。对部分企业领导班子进行充实调整，之后，使许多企业扭亏为盈。

为贯彻执行《全民所有制工业企业转换经营机制条例》，县经委分别于1993年2月组织厂长、经理68人，用半脱产的办法组织学习近半个月的时间，让各企业厂长、经理对条例精神有了系统的全面了解，按照所有权与经营权分离的原则，坚持深入调查研究，分类指导，分步推行，按企业的实际情况实行承包，落实企业的经营权。按照政企分开，所有权与经营权分离的原则，经委工作重点放在职能的转变上，自觉维护企业的经营自主权、保障企业的生产经营活动不受侵犯，保护企业财产不受侵犯，协助企业解决困难，组织协调，提供服务。

1993年，县经委为印刷厂协调、组织资金购进了一条纸箱生产线，为药材公司解决了场地租金问题，为两家企业解决了资金困难问题。帮助纺器厂、水泥厂解决原材料困难问题。在纺织器材梭坯收购遇到困难后，县经委一方面配合该厂组织、协调各乡镇砍伐收购，另一方面多次出面到榕江、丹寨、施秉、镇远等地收购梭坯做了大量工作。协助水泥厂寻找新的矿山。协助农机厂为枫杂收购做工作，保证了生产。

1995年，是实施“八五”计划的最后一年，又是第三轮经济责任承包的第二年，有11家企业盈利，有5家企业亏损。

1996年，按照国发〔1996〕11号《国务院批转国家经贸委关于1996年国有企业改革工作实施意见的通知》及州委、州人民政府的有关文件精神，抓好企业产权制度改革，结合台江实际，采取一厂一策、一厂多策、租、卖、股、破、并、转、分等并举办法进行，经济责任制逐步转向民营租赁承包或外商投资经营的形势发展。

上缴利税承包 1991年，经委参与统计的18家企业中，有56%的企业完成或超额完成承包任务，有44%的企业未完成承包任务。

与 1990 年相比，有 11 家企业产值上升，占工业企业总数的 61%，有 7 家企业产值下降，占工业企业总数的 39%。上升幅度大的企业是林工商公司、纺器厂、农机厂、建材厂 4 家，下降幅度较大的企业有木塑厂、酒厂、玩具厂、贵广公司、粮油加工厂 5 家。

按企业属性分，经委所属企业一共完成 886 万元，占企业完成数的 62%，比 1990 年增长 20%。轻工集体企业完成 28.8 万元，占全县完成数的 2%，比 1990 年增长 5%。

1993 年实行承包的 9 家企业，1993 年完成产值 1187 万元，比 1992 年上升 12%，完成销售收入 1267 万元，比 1992 年上升 76%，完成税金 77 万元，比 1992 年上升 79%，9 家企业全部盈利，利润总数 138 万元，超承包任务 36%。

当年，大理石、纺器厂、木材公司、铁木厂、粮油加工厂 5 家企业盈利，水电公司、水泥厂、建材厂、印刷厂 4 家企业扭转亏损局面，成为盈利企业。茶厂由 1992 年盈利状况滑向亏损。

县农机厂在当年生产经营中，各项指标均创历史最好水平，其销售额接近 500 万元，利税总额突破 100 万元大关，成为县内第一家利税百万元的生产企业。

1993 年，一共有 14 家企业盈利，比 1992 年增加 3 家，盈利总额 258.37 万元，比 1992 年上升 28%，增长 58 万元。有 4 家企业亏损，比 1992 年减少 3 家。

风险抵押承包　1993 年 8 月，向县政府递交《关于建材厂实行集体风险承包经营的请示》，但此后由于各种原因未能施行。

1995 年，县药材公司由于连年亏损，亏损达 64.91 万元，60 余万元贷款无力偿还，特制定《台江县药材公司关于企业内部实行完全承包经济责任制方案》，承包者用自己的家产作为风险抵押。方案经公司职工大会讨论后实行分期承包、自由组合承包。先向公司内部职工承包，若公司无人承包，则向外招标承包。但方案最后没有实施。

1994 年 10 月 20 日，县纺器厂根据该企业内部管理混乱、企业生产效益差的情况，制定《贵州省台江县纺织器材厂企业内部改革方案》。企业内部体制改为总厂，下设制梭厂、电线厂、装潢经营公司、经销公司 5 个小核算单位。承包方式有一条龙承包、包死上缴基数、风险抵押承包、集体、个人承包等形式，分五步进行：第一步承包装潢公司，第二步承包拼花板车间，第三步承包制梭车间、电线厂，第四步成立并承包经销公司，第五步成立总厂。县经委批复了该方案，但除了装潢公司进行承包外，其余的承包未施行。

领导集体承包　1991 年前，将县水泥厂承包给该厂领导班子成员吴兴德、张德昌、欧德清等人。1991 年对县农机厂实行领导集体承包。

1993 年实行承包经营的工业企业 9 家，占工业企业总数的 50%，在承包的 9 家企业中，有 8 家企业原领导班子承包，1 家实行国有民营承包经营。9 家承包企业平均每年承包利润 121 万元，平均每年上缴所得税 50 万元，平均每年提足折旧金 67 万元，平均每年偿还银行固定资产贷款不低于 51 万元。

1994 年 3 月，县审计小组分别对县刺绣厂、内燃机配件厂、铁木厂、水泥厂、印刷厂、供电局等企业进行审计，各企业除铁木厂尚未完成任务外，其余企业均完成或超额完成所承包的各项经济指标，均受到奖励。5 月 10 日，县经委、财政局联合下文《关于农机厂等第三轮承包兑现的通知》。根据工业企业第三轮承包经营结果和合同书的规定，对各承包企业作出奖惩。

经营目标责任制　1997 年对纺器厂、农机厂、建材厂、内配厂、铁木厂、刺绣厂、自来水公司、电力局等 9 家企业建立了目标经营责任制，分别由政府或政府主管部门与相应企业签订了经营责任合同书。9 家企业完成工业总产值 1552 万元，完成承包合同的 100%，应缴所得税 36.7 万元，完成承包任务的 98%；完成销售收入 1624 万元，完成承包任务的 93%。完成增值税 147 万元，比 1996 年增长 2%。

二、企业产权制度改革

1997 年，台江国有企业共有 30 家，在册职工 1577 人，其中退休职工 268 人，在职 1163 人，下岗 146 人，涉及工业、商业、建筑、物资、粮食、交通、森工等行业。企业总体规模小，资产总额最大的企业仅为 894.8 万元（施洞粮油购销公司），最小企业才 14 万元（县电线厂），企业经营不景气，工业企业 60% 处于停产、半停产。1999 年有 7 家企业亏损，亏损面达 64%，亏损总额 175 万元，仅有 4 家企业盈利，盈利总额 34 万元。

1996 年上半年，台江县委、县政府根据省、州有关文件精神，成立台江县企业产权制度改革领导小组，县长刘耀密任组长，领导小组由 22 个单位的 25 名负责人组成。8 月 12 日至 16 日举办一期企业产权制度改革研讨会。参加人员有工业、商业、粮食、森工、物资、交通、电力等部门的厂长、经理、支部书记、工会主席、各银行行长、各企业主管局负责人、县四大班子领导、改革领导小组全体人员共 86 人。讨论拟出各企业改革的基本构思，确定先行企业改革的企业 7 家：将原小型国有企业曲轴厂等改为股份制改革，将原小型的集体企业改制为股份合作制企业，将原小型国有企业纺器厂等改制为小核算单位企业，将原小型国有企业印刷厂改制为分离重组，将原小型国有企业酒厂、糖酒公司分割出售，将原小型国有企业大理石厂进行破产试点。

1999 年 1 月 7 日，政府先后对企业改制工作召开了 5 次专题会议，县委书记龙昌海、县长潘亮、常务副县长何平勇、分管工交的副县长石龙以及经贸、财政、人事、审计、计划、工会、国土、商业、建设、地税、国税、司法、法院等部门的负责人参加了会议。1 月 7 日，县政府成立了国有企业改革领导小组，副县长石龙任组长，政府办主任徐德江，经贸局党组书记、副局长汪杨松以及以上 12 个部门领导为成员，汪杨松兼任办公室主任。

3 月 21 日，成立了企业改制调查工作小组，并由以上部门及监督检查等 13 个部门抽调 18 人组成工业和商业两个系统企改工作小组。工作组分别召开 3 次企业厂长经理会议，贯彻省、州国企改制精神，研究讨论各企业改制方案。至 4 月 4 日，完成“企业贷款情况统计表”“企业债权统计表”“企业债务统计表”等破产前资产、债权、债务摸底工作，提交了纺器厂、建材厂、内配厂、酒厂、印刷厂、电线厂、制茶厂、康太公司、纺织品公司、百货公司、五交化公司、糖酒公司、民贸公司、饮食服务公司、建筑公司、林工商 16 个企业的改制方案，除林工商公司进行政企分开，县茶厂与原主管部门县职中脱钩实施股份经营外，其余 14 家企业拟进行产权制度改革，其中纺器厂、内配厂、酒厂、印刷厂、电线厂、康太公司、纺织品公司、百货公司、五金公司、糖酒公司、民贸公司 11 家企业实施破产改制方案。

产权转让 在县内的工业企业改制中，原属国有企业的进行产权转让改制的，只有台江县水泥厂。台江县水泥厂始建于 20 世纪 70 年代初期，当时设计能力为 1000 吨 / 年；80 年代初，扩建为年产 3000 吨规模，80 年代末再次扩建，由 3000 吨 / 年扩建为 20000 吨 / 年。第二次扩建时，由于投资不足（总投资仅 120 万元），只完成了磨机、机立窑等主机工程项目，配套项目缺口很多，只能勉强投入生产，年产量长期徘徊在 4000 吨 / 年左右，多年来一直亏损。1993 年后进行整顿，基本扭转亏损局面，但赢利甚微，折旧提不足，实为明赢暗亏。州委、州政府有关企业改制方面的文件下发后，县经委根据文件精神，决定对该厂实行租赁经营，公开招租。前后有 5 个批次客商前来洽谈，最低出价年租金 12 万元，最高出价 46 万元，最后，以年租金 52 万元为条件租赁给广东惠州市个体老板黄春明经营。

租赁合同于 1997 年 1 月 10 日签字，3 月 8 日移交完毕，经营者正式进厂经营。经营者利用了先进设备、先进技术，产量在原基础上翻了一番，使水泥厂起死回生。但从 1997 年 1 月至 1999 年 4 月期间，广东省惠州市黄春明在租赁期间由于资金周转及气候影响，产量未达到预定目标，只生产了

2390吨水泥，且每月以118吨水泥抵租金。1999年3月31日，县委、县政府与广西北流宏企集团签订了合同，以200万元拍卖给该集团经营50年。

拍卖后该集团投入了245万元进行技改，技改项目为原料破碎系统、建造原料库、增加生料磨头喂料装置、建造熟料科立库、更换水泥磨、增加熟料磨头喂料装置等。技改后，水泥质量稳定在425标号以上，年产量达6万吨以上规模。

1999年3月底，水泥厂有在册职工89人，其中退休7人，职工78人，挂靠职工4人，有抚养对象5人。根据水泥厂变卖时间及台党办通〔2001〕50号文件精神，安置截止时间为2001年12月31日，安置标准为每工作1年补助317元。根据职工本人的工作年限和出生时间，分两种办法进行安置，截至2001年12月底，已满50岁的男职工，已满45周岁的女职工，办理退休手续由社保部门发放养老金。未到50周岁的职工，按工作年限合计算一次性领取安置补偿费。退休人员、抚养对象由购买方安置、抚养。其他挂靠人员不在安置之列。

2004年4月，台江县水泥厂又由广西北流宏企集团转让给浙江私人老板黄仲节经营，水泥厂由国有企业性质变为私营企业性质。

破产重组 1994—1999年年底，药材公司、粮油议价公司、贵广公司、大理石厂4家企业进行破产试点。破产资产631.9万元，其中药材公司33.9万元、粮油议价公司11.6万元、贵广公司437.4万元、大理石厂149万元。处理破产债务1772.8万元。

1997年11月，大理石厂、贵广公司债务人向法院申请破产。贵广公司和大理石厂破产后，引资重新组建卫运公司，解决了870名工人的再就业。1999年实现增值税60多万元，完成产值1030万元。原贵广公司、大理石厂安排不下的职工人员，分别分流到有关企业厂矿就业。其中，分流到农机厂24人、纺器厂15人、水泥厂8人、内配厂6人、建材厂8人。

台江县物资局1971年成立，1973年分离为物资局、农机公司，1985年物资局更名为台江县物资供应公司，属国有企业，主要经营灶、钢材、水泥、植保机械、排灌机械等物资。公司占地面积4764平方米，建筑面积2510平方米，资产总额171.7万元。1999年在册职工25人。2000年3月作出《成立股份制公司或租赁经营或破产》的改制方案。

2001年12月，物资公司有固定资产200万元，债务130万元，净资产70万元，物资公司补偿拆迁费除了交退休职工一次性养老金外，余额不足交职工养老金。公司无力归还债务，申请国资局对炸药库的资产进行评估，评估后将炸药库的资产从物资公司的资产中剥离开来，创建一个新公司，不再承担物资公司的债务，也不享受物资公司的债权。2004年，物资公司实行破产重组。

租赁经营2000年4月，县经贸局将县印刷厂租赁给凯里市私人老板（即乙方）王华勋经营，甲方代表周启洪。甲方以所属企业台江县印刷厂的厂房、场地、设备、生产权为合同租赁物。租赁时间从2000年5月1日始至2003年5月1日止，为期3年。

破产拍卖 1999年4月4日，县企业改革领导小组完成了纺器厂、建材厂、内配厂、酒厂、印刷厂、电线厂、制茶厂、康太公司、纺织品公司、百货公司、五交化公司、糖酒公司、民贸公司、饮食服务公司、建筑公司、林工商16家企业改制方案。

除林工商公司实行政企分开，茶厂主管部门职中脱钩实施股份制经营外，其余14家作为破产改制。

2000年，完成企业改制5家，其中破产3家（内配厂、酒厂、康太公司），租赁2家（印刷厂、人造板厂）。3家破产企业财务变现总计31万元。破产3家企业总资产550.2万元，总负债853.7万元，破产企业职工172人。

企业改制从2000年4月起进行。2000年6月21日县人民法院依法对8家企业宣布破产还债。其中工业企业3户：内配厂、康太公司、酒厂；商业企业5家：五金公司、百货公司、纺织品公司、民贸公司、糖酒公司。破产在册职工 339 人，其中工业企业 172 人、商业企业 167 人，离退休职工 45 人。8 家企业资产变现总额 110 万元。其中内配厂 26.3 万元，酒厂 0.96 万元，康太公司 0.93 万元，商业五金公司 81.8 万元。8 家破产企业所欠养老保险金均无法支付，离退休职工 45 名已全部移交社保部门管理，其中商业五金公司交社保养老金 17 万元，酒厂交 2 万元，内配厂兑现职工安置费 60% 计 13.5 万元，酒厂、康太公司、商业五金公司因变现能力有限，无法兑现在职职工的一次性安置费。人造板厂变现收入 225.7 万元，在职职工一次性安置 197 万元，债务支出 61.7 万元。

2001 年，完成企业改制 2 家，实现破产资金变现 260 万元，安置职工 259 人。

2002 年，经贸局针对破产企业资产变现难、职工不稳定问题，积极协助清算组对职工进行疏导和调解，多次与县人民法院协商职工安置问题，对破产企业进行监控和排查，防止了不稳定因素的并发。1—11 月，累计完成变现资金 68.1 万元，安置职工 78 人，兑现安置费 54.1 万元。组织完成了纺器厂、饮食服务公司企改申报工作和水泥厂的职工安置工作。

2003 年，完成资产变现 160 万元，完成饮食服务公司、台拱镇供销社、电影公司、土产公司等 6 家企业的改制摸底，编制县建材厂改制方案。是年完成资产变现 160 万元。完成饮食服务公司、台拱镇供销社、电影公司、土产公司等 6 家企业改制摸底工作。2004 年 3 月 15 日，县经贸局向州经贸委报送《关于台江县国有企业改革工作的总体规划方案》。

1997—2006 年，全县完成企业改制 14 家，其中资产置换 3 家（水泥厂、人造板厂、饮食服务公司），破产 11 家，破产企业是：县药材公司、大理石厂、工业硅厂、内燃机配件厂、重阳酒厂、康太食品有限公司、五金公司、百货公司、纺织品公司、民贸公司、糖酒公司。11 家破产企业资产处置分配方案，获得债权人会议通过，根据《破产法（试行）》，省〔1996〕28 号、省府发〔1998〕39 号及州党发〔1999〕21 号文件，实施企业改制，按照法律程序编制破产预案。在破产物资变现处理上，坚持公开、公正原则，公开竞卖，并在同等条件下，优先考虑破产企业职工在安置上，涉及住房、工龄、年限、安置标准等问题，让改制企业每个职工都明白整个安置方案，严格按照《破产法》破产程序操作，保证了企业与债权人双方的利益。

2004 年，完成饮食服务公司的企业改制工作。协调资金 5 万元安置印刷厂职工。协调资金 20 万元安置水泥厂在改制时遗留下来的 27 名职工。妥善安置化工厂职工。全年完成资产变现 154 万元。安置改制企业职工 101 人。完成了破产改制的材料归档工作，初步编制县建材厂的企业改制方案。

2005 年对县燃料公司、县纺织器材厂进行改制。2006 年对物资公司、县糖厂、县食品公司进行改制。同时把纺织器材厂、粮油加工厂、糖厂、车队 4 家企业列为改制。

1997—2005 年台江县国有企业改革情况一览表

表 12-7

企业名称	企业总资产（万元）	总负债资产（万元）	变现资金（万元）	改革成本费用（万元）	企业改制形式	职工安置			退休人员
						应安置人数	其中		
							已安置人数	再就业人数	
大理石厂	—	—	—	—	破产	—	—	—	—
内燃机配件厂	—	—	—	—	破产	—	—	—	—
农机厂	—	—	—	—	整体资产转让	—	—	—	—
重阳酒厂	—	—	—	—	破产	—	—	—	—
水泥厂	—	—	—	—	整体资产转让	—	—	—	—

续表 12-7

企业名称	企业总资产（万元）	总负债资产（万元）	变现资金（万元）	改革成本费用（万元）	企业改制形式	职工安置			退休人员
						应安置人数	其中		
							已安置人数	再就业人数	
康太公司	—	—	—	—	破产	—	—	—	—
五金公司	65.71	127.29	43.52	47.25	破产	25	25	—	1
糖酒公司	106.30	174.73	117.96	134.66	破产	30	30	—	9
民贸公司	60.99	104.69	73.34	88.61	破产	27	27	—	5
纺织品公司	144.61	173.15	67.40	101.54	破产	25	25	—	11
百货公司	138.34	201.69	71.33	95.44	破产	40	40	—	8
饮食服务公司	108.00	315.60	119.34	204.30	整体资产转让	25	25	—	30
粮食供销公司	1166.13	2620.91	138.28	328.40	一次性买断工龄	76	76	—	38
电线厂	—	—	—	—	破产	—	—	—	—
玩具厂	—	—	—	—	整体资产划转	—	—	—	—
印刷厂	—	—	—	—	破产	—	—	—	—
铁合金厂	—	—	—	—	破产	—	—	—	—
刺绣厂	—	—	—	—	破产	—	—	—	—
螺钉厂	—	—	—	—	破产	—	—	—	—
日化厂	—	—	—	—	破产	—	—	—	—
药材公司	—	—	—	—	破产	—	—	—	—

2005 年台江县国有企业拟实施产权制度改革情况调查一览表

表 12-8

企业名称	企业总资产（万元）	总负债资产（万元）	银行债务（万元）	职工安置			拟改制情况	备注
				职工人数	其中			
					在职职工	离退休		
建材厂	318.90	312.40	272.00	186	160	26	股份制	
物资公司	36.00	142.00	140.00	41	35	6	股份制	27 人待岗
食品公司	26.30	21.30	7.50	41	30	19	整体资产转让	12 人待岗
纺器厂	345.00	342.00	342.00	109	95	14	整体资产转让	89 人待岗
糖果糕点厂	32.00	0	0	18	1	17	整体资料转让	全部待岗
中西药公司	50.00	65.00	65.00	24	19	5	股份制	全部待岗
燃料公司	22.00	37.00	7.00	35	30	5	整体资产转让	全部待岗
粮油加工厂	72.67	67.51	36.80	28	18	10	整体资产转让	
木材公司	1979.00	1734.00	1185.00	219	180	39	股份制	
苦丁茶厂	—	—	—	—	—	—	整体资产转让	

第二章　商业

第一节　商业经营

1990年，商业局下属11个独立核算单位，有10个单位全面推行承包经营责任制。承包形式仍是公司向局承包、职工向公司承包，层层把好承包关。针对企业的实际情况和有利于承包的管理，局把经营权和自主权下放给公司，把职工的收益与企业的经营成果直接挂钩浮动，协调职工与企业利益的分配。同时，对承包经营的公司实行经营责任制的目标考核，在目标管理的承包期间，承包公司必须严格执行国家的经济政策和财会制度，照章纳税，完成年销售、利润的承包数。

1992年，抓好干部职工理论学习和思想教育，坚定信心，转变经营机制，千方百计开拓销售和市场，积极组织货源，增加花色品种，改进服务态度，提高服务质量，积极参与市场竞争。为充分发挥国营的主渠道优势，增强市场的竞争能力，抓好开拓农村市场，扩大工业品下乡工作，外拿环境，内挖潜力，让利不让市场，进行清仓查库，商品排队，组织人员，组织货源，积极入场设摊，送货上门，扩大批发和零售网点，在南宫、施洞、革东、剑河、凯里设批发、经销、代销、零售点。加强国合关系，对供销社、个体商业积极支持，批发让利，开仓拆零，降低批发起点，先货后款，延期付款，以此扩大市场前景和促进销售渠道。

1994年，商业系统有10个独立核算单位，9个公司1家厂。糖厂1989年停产，基本无法恢复生产。饮食服务公司1992年大楼改建未竣工，处于半停产状态。是年从财务数据执行情况看，财务管理较混乱，主要原因是个别单位领导个人说了算，管理失控，致使企业背上了沉重的负担，导致企业经济效益亏损增加。销售方面部分企业主动介绍商品，开展送货上门等售前售后服务。促销活动摆摊设点从不间断。

1998年，商业系统分为国有民营和民营两个部分经营，经营管理方式实行经营承包责任制。1999年，由于社会大气候的影响，社会商业品供大于求，商品销售旺季不旺，淡季更淡，物价稳中有降，销售总额持续下滑。为加强对企业的管理，建立与社会主义市场经济相适应的目标管理机制，商业局推出了企业经营目标责任制，并制定工作目标、方向，于当年4月底全面完成了与所属各公司法人代表《企业经理任期目标责任状》的签订工作，将经营风险和目标责任有机地结合起来，强化企业经营目标管理，形成了有效的制约机制。

台江县企业改革改制前经营公司统计表

表 12-9

企业名称	所有制性质	行业归口	企业名称	所有制性质	行业归口
药材公司	国　有	经　委	百货公司	国　有	商　业
医药公司	国　有	经　委	五金公司	国　有	商　业
石油公司	国　有	经　委	食品公司	国　有	商　业
煤业公司	国　有	经　委	粮油公司	国　有	商　业
盐业公司	国　有	商　业	纺织品公司	国　有	商　业
民贸公司	国　有	商　业	饮食服务公司	国　有	商　业

第二节　商业改革改制

一、商业改革

1991 年 4 月，县商业局为活跃和丰富市场商品供应，改善商品库存结构，减少资金占压，调整信贷结构，根据国办发〔1991〕16 号和省商业厅黔编〔1991〕计字第 110 号文件，分配给各所属公司一次性削价处理积压库存商品 29.4 万元，其中，百货公司 10.2 万元、纺织品公司 4.2 万元、民贸公司 5 万元、五金 3.3 万元、食品 3000 元、糖酒 3.4 万元、糖厂 3 万元。

1992 年，县商业系统为适应新形势，搞活经营，扩大销售，增强企业的后劲和活力，有利于参与市场竞争，推行经营放开、分配放开、用工放开、价格放开的“四放开”改革，提高经济效益，调动职工的工作积极性，共渡难关，作出如下改革措施。

为增加企业流动资金不足，有利于提高企业经济效益，对商业系统内部的干部职工、离退休职工、临时合同工实行风险抵押金，每人交纳风险抵押金 1000～2000 元，离退休职工每人交纳风险抵押金 300～500 元。在职干部、职工先交钱后上班，不交钱待班。所交风险抵押金年底按银行活期存款利息付给。

仓库、柜组实行承包经营。仓库、柜台承包到组或个人，柜台原有的库存商品，除霉烂、变质、损坏的商品退回公司外，其余的正常商品按零售价计款移交给承包者，移交商品金额一次性向公司交清。精减办公室人员，公司只留正经理、会计、出纳 3 人，其余人员一律下去承包。

承包人的确定，按先内后外、优先照顾内部的正式职工的原则，内部正式职工没有资金支付或不愿意承包的，可以停薪、自谋职业。承包人在承包期间，国家职工身份不变。

承包经营者对物价、进货、费用、商品处理等，业务自行做主，公司不得干预。承包期五年，前三年收柜台租金，后两年按每月每平方米柜台租金 30 元收取，对外出租的，租金略高。承包期满后，柜台交回公司，不得有损坏，承包者经营的商品，由承包者自行处理，公司不予接收。承包经营者要依法经营，照章纳税，严格执行各项方针政策。

1993 年，商业局下属 11 个公司、1 家厂计 9 个独立核算单位，另新成立一个“台江县商业综合开发总公司”。第三轮承包方式为“目标责任制，承包期五年，1993 年 6 月 30 日签订合同”。

随着改革发展需要，商业局进行了一系列改革措施，将商业大楼二楼营业厅改为娱乐中心，三楼各公司的办公室搬到四楼办公。三楼为招待所。内设舞厅、儿童游乐、老年活动场、录像、台球。将娱乐、食宿为一体，资金、场地实行各公司入股制。是年，商业系统已实行国有民营的单位有食品公司，三个点 4 个人（含革东食品站），将原有的商品、柜台一次性处理给个人，自主经营，公司仅收取管理费。

1999 年，县商业局继 1998 年完成盐业公司减负增效后，为加快企业改革步伐，推出了一系列行之有效的改革举措：一是精简机构，降低内耗，增加效益，为彻底实现产权制度改革打基础；二是实施目标管理，签订《企业经营目标责任状》，形成有效的目标管理机制，是年 4 月底全面完成与各公司法人代表签订《企业经理任期目标责任状》，共收取风险上岗押金 2.1 万元；三是引进人才竞争机制，实行公开的人才选聘制度，3 月中旬向社会发出公开招聘饮食服务员，食品公司企业法人代表通告，4 月，通过面试、审查、召开企业职工大会、职工直接投票选举产生了经理，新任经理走马上任，迈出了人事制度改革的第一步。

二、商业改制

2000 年，修改完善《台江县商业企业改革总体方案》，完成食品公司由资产分散型向集中型过渡的资产置换方案。资产置换资金 23.3 万元，上缴国家税收 13.9 万元，利用置换所得妥善安置退休职工 22 人，解决了他们的社会保障问题。4 月，利用国家支持商业企业解困的优惠政策，成功地完成饮食服务公司的债权划转工作，将公司 258 万元的巨额贷款本息从工行过户给专业收购工行不良性资产的华融公司，使企业享有“以息抵贷”的优惠政策，为企业年减少利息开支 15 万元，从而确保企业的稳定和经济的增长。4—6 月，拟报所属经营工业品的百货、糖酒、纺织、民贸和五金公司破产方案，全面完成了企业资产的评估，财务审计等工作，编制了各企业的《财产处置及分配方案》，在县人民法院的领导下，对各公司的财产进行清理和拍卖，2001 年 6 月 21 日，宣布百货、五金、纺织、民贸、糖酒 5 家公司破产，破产在册职工 167 人。5 家公司财产变现 81.8 万元。

第三节 市场贸易

一、市场分布

清乾隆三年（1738 年），清政府在台江首先开辟台拱、施洞、革东三个固定集市。至清末咸丰、同治年间（1851—1874 年），先后形成台盘、革一、平兆、排羊、方召、交密、南宫市场。以十二地支、子午、丑未、寅申、卯酉、己亥为场期。俗称“空五赶六”或“转转场”。民国 31 年（1942 年）“黔东事变”爆发，战乱波及全县，方召、交密、排羊、台盘、南宫等市场相继关闭。

新中国成立后，1952 年 7 月，县贸易商店在台拱、施洞、革东分别召开第一次物资交流分，促进农贸事业的发展。是年，方召、交密、排羊、台盘、南宫、革一市恢复。

1984 年，县人民政府根据群众要求，开辟老屯市场，这样全县有 11 个市场，所有市场均设在乡镇政府所在地，各个市场的场集除南宫星期日为场集外，其余市场均为“空五赶六”。

台江县城乡市场赶场日期：

台拱市场	辰（龙）	戌（狗）
革东市场	子（鼠）	午（马）
施洞市场	丑（牛）	未（羊）
平兆市场	卯（兔）	申（猴）
排羊市场	卯（兔）	酉（鸡）
台盘市场	寅（虎）	申（猴）
革一市场	卯（兔）	酉（鸡）

交密市场　　逢星期六
南宫市场　　逢星期日
方召市场　　巳（蛇）午（马）
老屯市场　　子（鼠）午（马）

台拱市场　是全县最大的商品集散地，以辰戌日为场天，新中国成立前属沿街集市。民国 31 年（1942 年），“黔东事变”期间，曾一度把城内市场迁到南门太平桥河坝，次年事平，市场搬回城内。镇内有四条主要街道。即解放大道、建设大道、胜利大道、和平大道。

1983 年 7 月，为改变沿街集市拥挤现象，县财政拨款 1.3 万元，省工商局支持 1.5 万元，县工商局自筹 2 万元，在县城中心新修了一个顶棚市场。该市场横穿建设街与和平街，占地 1000 平方米。拥有 84 个固定摊位和几十个移动摊位。场内安有自来水和复称台、咨询室。1984 年 10 月投入使用。

台拱市场是湘黔公路主干线上的一个综合农贸市场，场地面积约 10500 平方米，参加集市人数 2 万余人。每场成交额均在 10 万元左右。台拱市场交通方便，公路四通八达，是沟通凯里、三穗、剑河、镇远等县市的枢纽。北有镇台公路，经施洞可达镇远；西有凯台公路，经凯里可达贵阳；东有三台公路，经三穗可下湖南，南有台南公路，经南宫可达榕江，320 国道、玉凯高速公路贯穿县城。每逢场天（辰龙、戌狗）四面八方客商云集，热闹非凡。

施洞码头市场　施洞镇位于台江县城以北 40 公里，距镇远县城 35 公里，地处台江、施秉两县交界处。清水江将台江、施秉两县截然分开，隔河相望。有公路通施秉、镇远、革一；水上运输，上可达凯里，下可达湖南洪江。由于水陆交通衔接，新中国成立前一直是台江最大的集贸中心，施洞码头市场场天（丑、未日）停泊的大小船只数百艘、马帮数十帮，施洞对岸的马号就是当年马帮的集结地。镇内的“八大窨子”是台江有名的八大财主。每年农历的三月十五日“姊妹饭”节和五月二十四的独木“龙舟节”，吸引大批中外游客。

民国 28 年（1939 年），施洞镇码头市场扩建，耗资 3 万多法币，用条石砌成河边码头台阶，其内用鹅卵石铺垫，呈正方形，历经 60 多年，完整无缺，市场面积约 12000 平方米。

施洞码头市场是台江第二个综合大市场，也是全县最大的露天市场。2005 年，政府投资 3 万元，将市场扩大一倍，成为清水江岸边最大的水运码头和露天市场，可容纳数万人进行交易。

革东市场　革东镇位于清水江南岸，距台江县城 19 公里，距剑河县柳川镇 21 公里，距三穗县八弓镇 49 公里。有木船和机动船只沿清水江下剑河经锦屏至湖南洪江。水陆交通非常便利，革东盛产花生，是台江县花生生产基地。每年产量约数百万斤。除了供应台江、剑河、三穗外，还远销贵阳、长沙等地。革东市场历来为沿街集市，街道狭窄。1982 年，经区公所同意，将市场移至过境的公路上，成为公路市场。农历的子（鼠）、午（马）日为场期。革东耕牛市场是台江最大的牛市，1993 年由县工商行政管理局投资 4 万多元修建，占地约 5 亩，四周砌有围墙，设有食宿站和开水供应，每场入市耕牛 200 余头，主要销往湖南怀化、新晃等地。2003 年 5 月，革东镇划归剑河县，革东市场由剑河管理。

南宫市场　南宫位于县城东南面，距县城 50 公里，与剑河县太拥乡、雷山县方祥乡相邻。坐落在雷公山脚下东北部，盛产木材，杉木、楠木在省内外享用盛名。杉木的总储量为 102.77 万立方米。是贵州八大林区之一，也是黔东南最大的木材市场之一。南宫每年木材成交量在 30000 立方米以上，仅木材交易税就占台江县财政收入一半以上。南宫市场以星期日为场期，乡人民政府在原市场的旧址新修建了一个综合性农贸市场。上市商品除生活日用品农副产品外，还有木材、木器、中草药、云雾茶等。

革一市场　革一市场位于县城西北面的革一屯上，距县城 40 公里，是台江、黄平、凯里三县（市）的边沿结合部。北邻黄平县的岩门司，西靠凯里市的凯棠乡。革一市场以卯（兔）酉（鸡）为场期。上市商品除工业品和农副产品外，花线、花边等民族商品琳琅满目。青茶、红茶远近闻名，烤烟也是革一的一大特产。

台盘市场　台盘市场位于台江南面的台盘屯上，距县城20公里，盛产黄豆、玉米。台盘市场为沿街集市，以申（猴）寅（虎）日为场期。上市物资除生活日用品外，黄豆、玉米、禽蛋最为突出，其中黄豆销售量为全县之最。

排羊市场　排羊市场位于排羊屯上，距县城20公里。盛产水稻和各种名贵中药材。野生天麻远近闻名。排羊市场为露天市场，设有棚顶肉市，是历史老场。场集为卯（兔）、酉（鸡）日。

方召市场　方召市场位于县城东南12公里的覃高堡。新中国成立前，方召市场是全县最大的粮食市场，上市品种有大米、糯米、小米等。由于交通不便，文化落后，经济贫困，新中国成立初期自然消失。1984年8月，经县政府批准，恢复方召市场。上市物资除生活用品外，还有苗族服饰、银首饰、中草药等以及农副产品。方召市场以巳（蛇）、亥（猪）日为场期。

交密市场　交密市场位于南宫乡交密村，距县城50公里，是台江县最边远的一个集市，也是台江县最大的木材基地。新中国成立前，各种木材通过翁密河放排到湖南洪江、常德等地。还有大量的贵重兽皮和名贵中药材也随木材老板运到常德、武汉等地销售。大鲵（娃娃鱼）是该地区的一大特产，雷公山属原始林区，森林覆盖率达到80%以上，木材是当地村民的主要经济来源。新中国成立初，市场自然消失。1984年经县人民政府批准恢复交密市场。交密市场以星期六为场期，上市物资以木材、木器为主，还有中草药及其农副产品。

老屯市场　老屯市场位于老屯乡所在地，离县城30公里，距施洞10公里，是1984年新开辟的市场。市场开放后，既繁荣了当地经济，又促进了老屯、坝场、报效、良田等地的商品生产，老屯乡是种植大板栗、西瓜和种桑养蚕的基地。老屯市场场集为子（鼠）、午（马）日。上市场物资以蔬菜、瓜果为主，民族服饰及农副土特产品也占有一定的优势。

平兆市场　平兆市场位于施洞镇平兆村清水江边沙滩上，距县城30公里，距施洞镇7公里，水上交通方便。该市场开辟于清道光年间，为冰洞、廖洞及景洞塘人民集散地。清末民初，曾是施洞地区商品交易的主要场所之一。平兆市场以申（猴）、寅（虎）为场集日。1970年7月12日，平兆市场被百年罕见的洪水冲毁。整个村庄荡然无存，69个村民遇难，其他村民搬迁于南岸半山上，从此集市贸易衰落消失。

二、市场建设

在市场建设中，一是坚持“政府领导、统一规划、合理布局、多方兴建、工商部门管理”的方针；二是坚持“谁投资、谁建设、谁所有、谁受益”“人民市场人民建，公益事业大家办”的原则。

1991年，台江工商局自筹资金2.5万元，在台拱区供销社院坝内修建室内商场一个，占地2000多平方米，1992年投入使用。

1993年，台江县工商局在革东镇镇政府的支持下，自筹资金4万元，修建革东牛市，占地约五亩，四周修有围墙，设有食宿站和开水供应，每场入市耕牛约200多头。大量销往湖南新晃、怀化一带。

台江县工商局从1983—1997年，共投资修建和维修市场经费46万元，均系市场管理费支付。1998年3月，遵照国务院办公厅《关于工商行政管理机关限期与所办市场彻底脱钩的有关问题意见的通知》精神，台江县工商局修建的城关农贸综合市场和革东牛市移交县人民政府管理。

2001年，根据台江县1998年城镇总体规划，完善县城总体功能，发展民营经济，改变市容市貌，县里与台江县佳祥房地产开发有限责任公司签订了招商引资项目，拆除搬迁人造板厂、县车站等部门单位的房屋修建苗疆商贸城。县里为保证商贸城能健康、稳步发展，正常经营，制定了相关优惠政策。一是在保证能容纳原农贸市场经营户的前提下，划行归市，关闭老农贸市场。街道两边临时摊位一律进入苗疆商贸城经营。二是除国家明令禁止的商品外，放开经营范围。三是苗疆商贸城建设期每年和建成后3个月的试营期中，进入苗疆商贸城的经商户享受税费优惠政策，各项行政事业性规费按下降优惠30%收取，以后对苗疆商贸城内的生产、经营一律按西部大开发税收优惠政策执行，实行全封闭式管理。四是凡在商贸城购房、门面、摊位的经营户，建设期和试用期可以自由转让，过户时只收工本费。五是购买住房、门面总价款6万元以上，免费办理城镇户口，享受城镇居民同等待遇和权益。

苗疆商贸城　商贸城占地总面积18591平方米，2006年6月竣工验收投入使用，市场内建有门面204个，固定摊位280个，临时摊位600个，6月28日正式开业。在商贸城内，各固定门面主要经营针织、百货、服装、五金、农具、渔具、烫洗、理发、水果、土特产、香料、酒、棉絮加工、家具等；农贸市场经营猪肉、牛肉、狗肉、鸡、鸭、鹅、鱼及生产生活用具、土特产、食品，各种季节瓜、豆、蔬菜等。

每逢赶场天，商贸城空坝上各个体户汇聚摆摊设点，经营各种民族服饰。摆摊个体户约100余户。此外商场的第三条通道，每逢赶场天便变成米市，主要有黏米、糯米、玉米、黄豆等品种。同时，在这条通道另一头，农村群众将竹编、木制等各种生活、生产用品用具出售。此外，还有一个专营兰花的小市场。

萃文园商场　2004年2月，拆除县电影院、饮食服务公司、县工行宿舍楼、土产公司仓库以及部分居民房屋，修建萃文园商场。商场由众达公司投资3000万元修建，于2007年12月竣工。商场占地面积11300平方米，一楼为门面，农贸市场；二楼为饮食店、家具商场等；三楼以上为商品房住宿楼。一楼有门面230个，商住房100套。

萃文园固定门面主要经营服装、家用电器、电脑城、影像、电器修理、发廊、照相馆、饮食、百货、土陶制品、化妆品、土特产、鞋类、眼镜店，移动、联通缴费等。平时及赶场天有农贸市场经营猪肉、牛肉、鸡、鸭、鹅、鱼、蔬菜、大米、饮食。商场内还设有补鞋、补衣、刺绣等摊点。

第四节　生猪屠宰

1997年，为规范屠宰市场，便于开展食品卫生监督，让人民群众吃上放心肉，在县酒厂内修建了一个屠宰场。翌年，依法取缔非法屠宰点2个，查处违法案件8起，销毁注水猪、牛肉300公斤。自1997年起，上市生猪等畜禽实行定点屠宰。凡上市生猪、牛等必须到屠宰场进行屠宰、检疫、纳税。获取定点屠宰证、检疫合格证、屠宰完税证方可进入专业肉市销售。

2001年，筹集了20万元资金，新建一个布局合理、符合规划的屠宰场，依法取缔非法屠宰点2个，查处违法案件8件，销毁注水猪牛肉300公斤。2002年9月，县经贸局作出《关于加强生猪屠宰管理工作的意见》，实行生猪定点屠宰，让人民群众吃上“放心肉”。屠宰和经营分开，2002年，查封6家私人屠宰点，没收销毁注水猪牛肉和变质肉产品600公斤，对两户影响较大的屠宰商进行严惩。是年，县经贸局为规范市场经济秩序，组织了工商、城建、公安、消防、国税、技监等部门对石油市场、建材市场和集贸市场进行了专项整治。集中对集贸市场和占道经营专项整治，解决了赶集天行走困难问题。沿街摊位全部进入苗疆商贸城内经营，划行归市，改变了县城道路市场脏、乱、差现象。生猪屠宰管理是一项重要的民心工程，让人民群众吃上“放心肉”是党中央、国务院多次强调的一项政治任务。为搞好此项工作，县经贸局从2002年4月起，每天早上6点组织全体职工与工商、国税、地税、检疫一道对商品市场进行检查。

2003年，拟订了全县经济秩序综合执法治理行动总体方案，研究审定了相关县部门提出的专项整治具体行动方案，明确市场整顿工作重点。通过综合执法整治，市场经营秩序好转，保护了广大消费者利益。

2004年，认真落实黔府办督字〔2004〕6号通知要求，加大生猪畜禽定点屠宰管理专项整治工作。组建屠宰监管专职队伍，逐步建立生猪定点屠宰管理长效机制。12小时派专人驻市场进行巡查监管，有效地打击了不法屠商的私屠滥宰行为。2004年捣毁2个私设屠宰点，没收白条肉450公斤并当场销毁。在屠商进行联合经营期间，经贸局组织肉食产品2300公斤向市场供应，保证了市场的稳定。

2006年，端掉非法屠宰窝点6个，没收并销毁非法屠宰的生猪、肉牛产品1000公斤，实现定点屠宰12426头，为年度计划的112.96%。拟订了全县经济秩序综合治理行动的总体方案，组织制订实施了打击商业欺诈，酒类市场的专项整治方案，协助相关部门完成了知识产权保护以及建材市场等专项整治工作。按照商务部《酒类流通管理办法》制定《台江县开展酒类流通管理工作实施方案》，积极开展酒类流通市场专项检查，进一步规范了酒类流通秩序，有效地推动了全县酒类流通备案登记工作，完成备案登记68户。通过各类专项整治，进一步规范了全县市场经济秩序，取得了良好的效应，维护了广大人民群众的利益。

2008年8月以前，生猪屠宰经营户每宰杀一头猪，要向工商管理部门缴纳10元管理费。在财政部、国家发改委、国家工商总局等部门联合下文后，工商管理局从2008年9月1日起停止对生猪屠宰“两费”的征收（有部分屠户一次性缴纳了一年的管理费，多缴纳的部分工商管理部门按文件精神给退回多缴纳的管理费）。此后，台江县工商部门对生猪屠宰经营户不再进行直接管理，由在商贸城40多户生猪屠宰经营户中民主选出张老七、杨老龙等3个代表进行自行管理，自我监督，即监督生猪屠宰经营户不短斤少两，不注水，不偷税漏税。

2009年，台江县工商局开展了元旦、春节等市场大检查，出动执法人员600人次，执法车辆62台次，检查乡镇8个，收缴、销毁未经检验检疫猪、牛肉300公斤。

同时，认真开展防控高致病性禽流感工作。共出动执法车82台次，执法人员491人次，重点对辖区7个农村市场及城关2个农贸市场进行检查和监管，严格查验经营者主体资格，动物检疫证明等必备手续，检查禽畜经营户510户次，从源头上防止有问题禽类及产品进入市场。

2009年7月，引进了广东大朗镇食品公司张胜昔投资324万元，在梅影村新建三级生猪、牛、羊屠宰场。7月13日在县工商局注册登记为“台江县益家人食品开发有限责任公司”。屠宰场建有检疫室、经理办公室、保卫室等办公场地。全场职工15人，日平均宰杀46头生猪。是年生猪定点屠宰管理完成12450头，完成屠宰管理费3750元。

2009年，重点对生猪定点屠宰管理，加大对非法收购、贩卖、加工病死猪肉违法行为的打击力度，查获打击违法私屠滥宰窝点，查处违法私屠滥3起，埋收处理肉560公斤。组织工商、畜牧、质监等部门对台江县的生猪和酒类市场进行有效的整治。

2010年8月5—9日，县工商局组织执法人员40人，执法车辆10台，分别对县内地台拱城关、施洞、老屯、革一、台盘、南宫等8个市场进行了专项检查，重点检查涉嫌私设的屠宰点5个，上市猪、牛肉200头（4万公斤），并下发了整改通知书5份，规范了流动肉食经营者的销售行为。通过检查，有效地净化了县内农村肉食品市场，确保肉品的质量安全，让人民群众吃上了“放心肉”。生猪定点屠宰完成14500头，增长16.5%，为州下达任务的105.9%。

第五节 盐务管理经营

一、盐务管理

管理范围 1990年至2006年2月，台江县盐业公司销售食盐经营管理范围为台江县内的台拱、施洞、老屯、革一、台盘、排羊、方召、南宫以及2006年后划归剑河的革东、剑河太拥乡。

2006年3月，黔东南州分局作出了《关于调整台江、剑河两县盐业行政管理范围的决定》，并对革东、太拥两地的盐业行政管理权进行了移交。自2006年3月起，台江公司不再对革东盐业市场行使管辖权。按经济区域划分，把剑河的太拥乡划归台江支局管理。3月25日，台江支局对太拥乡的食盐零售点重新进行了建档登记，共批准8户个体经销商经营食盐零售业务。

营销管理 1995年，抓好碘盐监测、普及加碘盐供应，小袋供应比重达100%。小包装碘盐采用“碘盐标志”防伪标志。1997—2000年，加强了对食盐批发、零售、运输的管理，杜绝了不法分子对台江盐业市场的侵蚀，维护了台江盐业市场的正常秩序，维护了群众的利益，为2000年消除碘缺乏病做出贡献。

2002年，为摸清零售商的进货和销售情况，组织对零售商进行了全面的清理建档工作，对每位零售商月购盐和下月是否建盐进行对照，如发现零售户购盐情况不稳定，即采取措施对其进行检查和防范，全面杜绝了零售户向外购盐行为，理顺了县内盐业流通秩序，提高了销售任务的完成。

2003年年初，县支局全体职工分成两个组到全县各乡镇的村寨零售经营户逐一核对登记，摸清了各零售经营户的经营情况，探索出一套占领终端市场的措施和方法。在全县各乡、镇设立食盐零售委批点，每吨给予代批户代批手续费10元，并和该代批户签订供货协议，由该代批户负责该片区的盐政协查工作，食盐由公司统一配送到代批点，指定专人负责到代批点收款。设立了代批点，方便了各零售户购盐。对各食盐零售户重新进行建档建卡登记，各零售户购盐凭卡到指定的地点购盐。通过此措施杜绝了私盐流入台江，理顺了盐业市场流通秩序。是年，建立起食盐营销网络体系，实行“户籍化”管理，加强食盐零售环节的监管。

2005年，县支局全面完成零售终端市场网络建设。全县乡镇共设置食盐零售户194户。食盐的配送运输全部由第一站直达零售户手中，降低了运输成本，保障了食盐转站运转途中的安全卫生。对每位零售户的购盐采取电话预约直达配送的方法。内部管理实行定人定片区来管理和销售，以销计酬来调动职工的积极性，片区管理人员必须严格执行配送制度，如有违反，将按规定予以追回并个人承担责任。2006年，公司加大对食盐零售户的电话预约售货和售后回访工作的管理。对每位经销商和零售户每次购盐都建档登记，每月对零售户进行检查食盐流向，从而杜绝违法盐流入台江。

2007—2008年，公司在做好A级企业达标工作自查的基础上，努力做好AA级企业达标的准备工作，并相继出台《保管员规章制度》《仓储管理制度》《碘盐质量监测手册》等相关制度提高运销基础管理水平，做到“定人、定岗，落实责任，定期盘点，定期对账”，特别是对库存食盐商品严格对照检查，发现问题及时解决。使公司运销基础工作基本达到标准化、规范化管理水平。

2009—2010年，严格按照集团个运销基础工作规范、仓储管理制度、仓储基础工作规范等要求。加强对访销员、营业员、财会人员规章制度的落实。强调了制度约束人，制度治理公司的层层责任制。由财会室负责定期盘点，定期对账，做到账、卡、物相符。库存商品严格按照先进先出的原则，有效防止食盐结块和污染，确保库存商品安全。室内电源及线路均按有关安全措施架设。

为提高企业的服务水平和响应国家提出的服务“三农”的工作职责，公司购置配送车辆为全县所有食盐零售户进行免费配送，对乡镇和村级市场农村进行直达配送，为零售户解决了交通不便的问题。对城关公司实行了每周定时电话访销，定时配送的工作机制，确保城关地区的食盐保障供应。

运输管理　执行食盐运输准运证制度，做到一车一证，对无证运盐公司一律不收，收盐准运证一并作财会记账凭证，当月购进碘盐由保管员登记台账上报州公司。严格执行国家计划按季度预报计划和按时度调运碘盐。对各乡镇的碘盐运送，按规定路程远又不通车给予手续费 8%，路程近的公司可以直达送货的给予手续费 4% 和 5%。食盐流通配送，主要以凯里转运站为中心，直接配送到县内各乡镇食盐零售户手中。台江公司作为辅助配送站，负责配送台江道路转运乡、镇的食盐零售户。

二、经营网络

经营管理　1988 年 7 至 8 月，台江城内外传谣“凯里没有盐，台江没有盐，食盐要涨价”。引起部分居民、农民抢购食盐。仅 8 月 27 日至 9 月 4 日，盐业公司发放食盐就达 78.26 吨，销售量超过历史最高水平。各区供销社销售达 116.6 吨。对食盐销售出现抢购情况下，公司积极组织运力，合理摆布好库存，使之不发生脱销现象，稳定了市场。

在 1987 年 11 月至 1998 年的第一轮至第三轮承包经营中，公司围绕食盐专营，不断规范食盐市场流通秩序，加强企业管理，公司全体职工逢赶集天设摊、下乡设点、主动送货上门、让利销售，使公司经营稳步前进，少亏多盈。

2000 年 11 月公司上划贵盐集团，公司继续加强盐政管理，深化企业内部管理制度，完善食盐零售网络建设，促进了食盐工作营销两旺。

营销网络建设　1990 年，各乡镇均设有食盐代批发点，批发点销售每吨食盐获得 30 元补助。允许乡镇村个体户办证经营销售食盐。1999 年全县有零售销售网点 187 个；2004 年，全县设有零售网点 186 户，基本达到各乡各村都设有食盐零售户，方便了群众购买食盐。2006 年，支局按“布局合理、方便群众、辐射到位”的原则，重新对食盐零售许可证进行清理。通过历年的规范治理，县区域内的食盐零售户从原来的 290 多户减少到 190 多户。

2009 年 11 月，全县城乡食盐销售网点共有 145 个（包括剑河县太拥乡）。其中，台拱镇销售网点 87 个，年供盐 295 吨，人口 38735 人；南宫乡销售网点 7 个，年供盐 57 吨，人口 15430 人；方召乡销售网点 9 个，年供盐 39 吨，人口 18528 人；台盘乡销售网点 7 个，年供盐 39 吨，人口 15290 人；革一乡销售网点 7 个，年供盐 50 吨，人口 14300 人；施洞镇销售网点 6 个，年供盐 85 吨，人口 16326 人；排羊乡销售网点 10 个，年供盐 161 吨，人口 13570 人；老屯乡销售网点 6 个，年供盐 5 吨，人口 14680 人；太拥乡销售网点 6 个，年供盐 21 吨，人口 19550 人。

三、执法监督

1997 年，公司贯彻落实《食盐专营办法》，抓好盐政执法和盐业市场检查工作，严格实行“三证”制度，对无证经营的个体户予以打击，保证盐业市场的正常供应。

1999 年，公司为配合全省打假活动，公司联合公安、工商、技术监督局组成联合执法队伍，开展百日打假活动，打击假冒小包装盐、劣质盐。此次行动查处盐业违法案件 8 起，没收各类盐产品 381 公斤，没收盐产品变价款 377.74 元，重新布置零售点 172 户，取消违法零售户 9 户。

2000 年 10 月，公司为在 2000 年实现清除碘缺乏病目标，配合全省对 IOD 的项目评估任务的落实。平时对加工房的清洁卫生、机械设备使用采取严格的工作制度，使出仓的碘盐完全达到国家规定的卫生标准。2002 年，查处涉盐案件 3 件，没收违法盐 126.5 公斤，没收非法收入 125.41 元。2003 年，自开展食盐零售以来，各毗邻县之间的差价有所不同，私盐贩子有机可乘，毗邻县的私盐不断流入县境。根据群众举报，公司组织查处了违法案件 5 件，查处违法盐 451.5 公斤，查处金额 448.19 元，涉及倾销县境的违法盐近 20 吨。全年共查处案件 11 起，没收违法盐 710.5 公斤。

2004 年，支局采取“布线”和暗访的检查市场措施，于当年 9 月端掉一起从凯里到台盘贩卖私盐的违法行为，查处违法盐 223.5 公斤。为更有力地打击违法分子，支局与检察机关签订了司法协调机制。为了整顿和规范食盐市场秩序，当年 2 月组织对全县的食品加工用盐户、工业用盐户、全县各乡村食盐零售户进行了摸底调查和清理整顿，取缔违法食盐零售户 12 户，建档登记工业用盐户 4 户，合格食盐零售户 86 户。通过对食盐市场整顿，打击了违法分子贩运私盐，杜绝了假冒伪劣质量盐流入市场，保护了人民群众的身体健康。

2005 年 5 月，根据州发改综合《关于开展整顿和规范食盐零售市场秩序专项工作实施意见的通知》要求，组织对全县食品加工用盐户、工业用盐户、零售食盐户进行清理整顿。对不合卫生条件的、不按规定购盐的经营户坚决予以取缔。新建工业用盐户 4 户，发放食盐零售许可证 194 户。全年查处收缴违法盐产品 5 公斤。

2006 年，联合有关部门加大执法力度，对全县 8 个乡（镇）及剑河太拥乡网点的检查，清理和整顿食盐零售市场，坚决打击涉盐违法行为，取缔无证经营户。

2007—2010 年，公司在盐政管理工作方面严格执行国家食盐专营政策，严格按照上级公司的要求，做好食盐零售许可证审批工作和食盐零售终端户的网络维护建设工作，把打击制售假冒伪劣盐产品违法分子作为我们一年的工作重点常抓不懈，抓紧抓好，使老百姓健康安全得到有效的保障。做好“3·15”消费者权益日和“5·15”消除碘缺乏病日的宣传工作，使老百姓更加深刻体会碘缺乏病的危害性，充分地认识食用碘盐的重要性，加入到抵制假冒伪劣食盐中来，在生活中自觉地食用“碧源”牌食用盐。做好盐政基础工作的自查整理工作，特别是加强对查处案件的审查，审查案件在文书制作、适用法律法规、执法程序等方面上是否规范。2008 年，共查处无证经营食盐零售业务案件 20 件。按照省、州统一部署，开展食盐市场专项整规活动，加强对零售网点的清理整顿，2010 年取缔无证经营户 4 户，维护了广大消费者权益。进一步规范行政许可行为。按照省政府审核公布的“食盐零售许可核发，食盐批发许可证核发，食盐准运证核发”等行政许可和《贵州省盐务管理 2005 年到 2008 年全面推行依法行政实施方案》，根据《行政许可法》的要求，对所实施的行政许可依据行政审批事项、收费、结果都向社会进行了公布，做到《行政许可法》规定的统一送达，对申请人、利害关系人履行了告知义务，增强支局行政许可工作的透明度，自觉地接受群众监督。做好与当地部门之间的协调工作，以便更好地维护食盐专营政策的贯彻落实，打击不法商贩贩卖私盐的违法行为，保护全县人民群众的吃盐安全。

四、盐价调整

1989 年 11 月 24 日，县商业局为缓解盐价长期偏低，生产经营困难，促进盐业生产发展，适应国民经济发展和人民群众生活需要，根据黔价工字〔1989〕081 号文件通知精神，对县原各食盐供应点零售价进行了调整，并于 1989 年 11 月 25 日在全县范围内统一执行：报效乡每公斤盐 0.38 元调整为 0.68 元；良田乡调整为 0.68 元 / 公斤；革东镇调整为 0.64 元 / 公斤，加运杂费 9 元；麻栗乡调整为 0.64 元 / 公斤，加运杂费 4.5 元；展架乡调整为 0.64 元 / 公斤，运杂费 10.8 元；交东乡调整为 0.68 元 / 公斤；五河乡调整为 0.68 元 / 公斤；宝贡乡调整为 0.68 元 / 公斤；覃高调整为 0.64 元 / 公斤，运杂费 6.75 元；巫脚南调整为 0.64 元 / 公斤，运杂费 9 元；反排调整为 0.64 元 / 公斤，运杂费 11.25 元。

1994 年 5 月 19 日，县物价、商业、供销联合以〔1994〕台价字第 07 号《关于理顺盐价的通知》，对全县销售价格进行调整：县城关、台盘、南瓦、番省、革一，每 1000 克袋精细盐销价 0.94 元；排羊、南省每 1000 克袋装精细盐 0.95 元；麻力、革东、展架、方召、巫脚、反排每 1000 克袋装精细盐 0.96 元；施洞、老屯、报效、坝场、大塘、宝贡、交东、五河每 1000 克袋装精细盐销价 0.98 元；交下、交包每 1000 克袋装精细盐销价 1.00 元。各点运杂费负担为县城关、台盘、南瓦、番省、排羊、革一由县盐业公司直送到点；其余各点均要承担县城到点的运杂费。大塘、良田、施洞三点由凯里往第一方向送，并承担第一到点的运杂费。

2001 年 2 月 18 日，县物价局下发台价字〔2001〕01 号文件《关于理顺台江县复合膜小包装食盐价格的通知》，为减轻农民负担和便于管理，实行城乡两种价格。县城关（含台拱、梅影、张家、朗等、南浓、翁茂等村寨）只限销售 500 克袋装盐，每袋 1 元，县以下农村只限销售 1000 克袋装盐，每袋 1.80 元。小包装食盐批零差率为 17%，计价公式仍按黔价工字〔1996〕3 号文件执行。市场复合膜与单膜二种包装同时销售，逐步取消单膜袋包装。单膜袋包装销售至 2001 年 3 月 31 日止。

2 月 20 日，县物价局下发台价字〔2001〕02 号文件《关于复合膜小包装食盐县城以下实行运费补贴的通知》，通知要求县城以下运费由县盐业公司对零售商实行补贴：南宫片区每吨盐补贴 50 元，施洞片区每吨盐补贴 23 元，革东片区每吨盐补贴 13 元，台拱片区每吨盐补贴 13 元。距县城 10 公里以上的零售商，一次购盐达 1 吨以上也享受补贴。

第六节　石油化工经营

加油站始建于 20 世纪 70 年代，称为台江县石油公司。1983 年以前，石油公司业务经营由台江县商业局管理。1983 年以后，石油公司业务经营由贵州石油总公司管理。2000 年 6 月，石油公司总体上划中国石化集团公司，直至 2010 年，其行政管理仍由台江县经贸局管理。台江县城关第一、二加油站、凯三高速公路两个加油站均属国有性质，林业加油站、施洞加油站、台盘加油站均属民营性质。

一、台江城关加油站

中国石油化工股份有限公司台江城关加油站分为两个加油点，又称第一、二加油站。第一加油站地址位于县城台拱镇东门一步桥，始建于 20 世纪 70 年代。第二加油站 2000 年 3 月建成营业，地址位于县城台拱镇秀眉大道 97 号。两个加油站均属一个企业管理单位，法定代表杨秀坤。第一加油站属国有企业性质，有职工 6 人。有加油机 2 台，其中汽油加油机 1 台、柴油加油机 1 台；有加油枪 4 把，其中，汽油加油枪 2 把、柴油加油枪 2 把；总罐容量 60 立方米，其中汽油 30 立方米、柴油 30 立方米。有油罐 2 个，其中汽油罐 1 个、柴油罐 1 个。年吞吐量 2400 吨，其中汽油 1100 余吨、柴油 1300 余吨。2010 年，销售汽油 813.28 吨，销售柴油 291.7 吨。

第二加油站有职工 10 人，加油机 4 台，其中汽油加油机 2 台、柴油加油机 2 台；有加油枪 4 把，其中，汽油加油枪 2 把、柴油加油枪 2 把；总罐容 120 立方米，其中汽油 60 立方米、柴油 60 立方米。有油罐 4 个，其中汽油罐 2 个、柴油罐 2 个。年吞吐量 2400 吨，其中汽油 1100 余吨、柴油 1300 余吨。2010 年，销售汽油 3353.31 吨，销售柴油 1542.97 吨。

二、凯三高速公路加油站

中国石油天然气股份有限公司凯三高速公路台江段一、二加油站于 2007 年 3 月 1 日成立。两个加油站同属一个公司，属国有性质，负责人蒋勇。第一加油站有职工 4 人，其中正式职工 3 人。有加油枪 16 把，其中汽油 10 把、柴油 6 把；总罐数为 5 罐，其中汽油 3 罐、柴油 2 罐；总罐容量 150 立方米，其中汽油 90 立方米、柴油 60 立方米。年总吞吐量 1400 吨。其中汽油 600 吨、柴油 800 吨。2010 年，销售汽油 382 吨，销售柴油 1319 吨。

第二加油站有职工 4 人，其中正式职工 3 人。有加油枪 16 把，其中汽油 10 把，柴油 6 把；总罐数为5罐，其中汽油3罐，柴油2罐；总罐容量150立方米，其中汽油90立方米，柴油60立方米。年总吞吐量1800吨。其中汽油700吨，柴油1100吨。2010年，销售汽油658吨，销售柴油1190吨。

三、林业加油站

林业加油站成立于1994年2月，位于洋汪寨上游300米处320国道旁，属集体经营性质，由台江县林业局下属的木材公司经营，时有职工13人。有加油机3台，其中汽油加油机2台、柴油加油机1台；加油枪3把，其中汽油加油枪2把、柴油加油枪1把；总罐容量90立方米，其中汽油60立方米、柴油30立方米。油总罐数3罐，其中汽油2罐、柴油1罐。年总吞吐量260吨，其中汽油140吨、柴油120吨。2001年1月木材公司将加油站承包给个体老板陈建荣；2001年10月23日，陈建荣又将加油站转包给福建的苏秋林经营，承包费上交给县林业局，2001年缓交承包费，2002年上交承包费1万元，2003—2005年每年交5000元，2006年后每年交1万元。2010年4月28日，木材公司将加油站经营权转让，以32万元拍卖给王雄伟经营。

2010年，王雄伟将加油站转到台拱镇洋汪寨下游附近150米处建新，于2010年12月7日正式运营。该企业属民营性质，法人代表王雄伟。新建加油站有职工6人，其中正式职工3人。有4号加油机4台，其中汽油加油机2台、柴油加油机2台；加油枪4把，其中汽油加油枪2把、柴油加油枪2把；总罐容量40立方米，其中汽油20立方米、柴油20立方米。油罐总数2罐，其中汽油1罐、柴油1罐。年总吞吐量300吨，其中汽油140吨、柴油160吨。

四、施洞平安加油站

台江施洞平安加油站于2009年9月建成，位于台江县施洞镇施马大桥北面，属民营性质，负责人逯海花，有职工4人。有加油机2台，其中汽油加油机1台、柴油加油机1台；加油枪2把，其中汽油枪1把、柴油枪1把；总罐容量90立方米，其中汽油60立方米、柴油30立方米，油罐总数3罐，其中汽油1罐、柴油2罐。年总吞吐量650吨，其中汽油300吨、柴油350吨。2010年，销售汽油240吨，销售柴油350吨。

五、台盘加油点

台江县台盘乡加油点建于2003年9月1日，地点位于台盘乡波罗田，负责人逯海花，有职工3人。有加油枪2把、加油机2台。总罐容量60立方米，其中汽油30立方米、柴油30立方米。总罐体数量柴油2个，吞吐量柴油230吨。

第三章　供销

第一节　基层组织

一、直属公司

农业生产资料专业合作社　1991年前称为“台江县农资日杂公司”，有职工19人，设经理1人、副经理2名，财会、出纳各1名。农资公司办公室设在门市部综合楼。1992年1月综合贸易公司并入农资公司，6名职工安排在农资公司工作。1995年公司固定资产28.2万元，流动资金190万元，所有者权益57.5万元。2000年购置东风牌汽车一台。是年农资大楼竣工交付使用，办公室搬到农资公司大楼办公至今。2005年7月将农资更名为“台江县农业生产资料专业合作社”。2007年公司职工有8人，退休12人。农资供应销售门市部5个，烟花爆竹批发门市1个，农用物资、烟花爆竹仓库各一个。

台江县土产公司　1988年土产公司有职工13名，内设经理、副经理、财会、出纳，编制4人，办公地点在该单位综合楼内。土产公司有农副产品收购门市1个，供应门市部5个。1990年12月，综合公司并入农资公司，职工人员进行调整，有2名职工安排入土产公司工作。1995年公司固定资产67.8万元，流动资金89.8万元，所有者权益39.8万元。2007年，土产公司在职职工8人，离退休人员7人。

台江县农副产品工业品批发公司　1992年3月成立，有职工5人，办公地点设在台拱供销社门市部综合楼。2000年因市场竞争激烈，业务经营停业。

台江县综合贸易公司　1988年综合贸易公司设有经理、副经理、会计、出纳。办公地点在青年旅社大楼。1992年1月公司业务移交给农资公司后，工作人员进行调整。1995年公司固定资产44.6万元，流动资金30.2万元，所有者权益14.8万元。1999年城镇规划，将综合贸易公司大楼拆。综合贸易公司职工一次性领取安置补偿费，公司随之注销。

二、基层社

台拱供销社　1988年设有主任1人，副主任1～2人，财会1人，出纳1人，仓库保管员1人，安全保卫专职1人。办公地点在老街门市办公综合楼，2004年萃文园建设规划社办公楼拆，即搬到老街县社原办公楼内办公。

台拱供销社下辖有台盘、南瓦、南省、排羊、番省、南宫、交密、交下、东扛、汪江、交包分销店（点）。共有收购门市部1个，供应门市部4个。1989年城镇规划，拆去台拱供销社有化肥库1个，桐油加工厂1家，酒厂1家，门市部1个以及职工住房2户。1990年6月南宫供销社成立，原台拱供销社的南宫、交密、交下、东扛、汪江店（点）划归南宫供销社。1995年全社固定资产198.8万元，流动资金163.8万元，所有者权益11.1万元。1997年，台拱供销社建农贸市场，总投放152.4

万元，其中，贷款142.4万元、自筹10万元，占地面积2100平方米，建筑面积4826平方米，门面11个，摊位40个。2003年6月，革东供销社划归剑河县，该社原设的方召、巫脚、反排店（点）划入台拱供销社，职工1名，临时工5名，固定资产6.6万元（1998年评估数）。设在台盘、南瓦、排羊、方召、巫脚分销店和直销店因经营业务和单位减员，部分店和点已撤销停业。现在全社有14个门市部，在职职工6人，退休人员21人。

施洞供销社　1988年有职工48人，其中临时工5人，设有主任1人、副主任2人、主管会计1人、出纳1人、仓库保管员1人、专职安全保卫人员1人，办公地点设于门市办公楼。下设革一、大塘、南哨、平兆、坝场、报效、良田、榕山分销店。1995年全社固定资产169万元，流动资金171.3万元，所有者权益110.4万元。2005年革一、大塘、坝场、良田、榕山、老屯的分店、点因业务经营和资产变化已被注销停业。2007年有门市部15个，在职职工人数27名，其中临时工14名。

革东供销社　1988年有职工45人，设主任1人、副主任2人、财会1人、出纳1人、仓库保管员1人、安全保卫1人，办公室设在门市住宿楼。1992年肥料库房办公综合楼竣工，办公室随之搬进。辖交东（含展架）、五河、宝贡、麻力、方召、巫脚（含反排）分销店，有收购店1个，门市部18个。1995年全社固定资产58.3万元，流动资金118.2万元，所有者权益42.7万元。2000年6月农贸市场竣工，总投资45.6万元，其中贷款34万元、自筹11.6万元，占地面积1140平方米，建筑面积1537平方米，门面13个，摊位197个。历年经营的农副产品收购，到1999年全部停收。2003年革东供销社划归剑河，原方召、巫脚、巫脚店（点）移交给台拱供销社管理。

南宫供销社　1990年6月，南宫供销建立，下设交密、交下、东扛、汪江、交包分销店，共有10个门市部，在册职工人20人。设主任1名、副主任1名、财会人员1名、出纳1名、专职安全保卫人员1名（兼任）。1995年全社固定资产119万元，流动资金82.2万元，所有者权益20.1万元。2003年年初，南宫供销社以职工集资和贷款方式以23万元购买南宫乡政府的农贸市场。2006年年末有门市部共38个。其中门面租赁25个。在职职工4人，退休职工6人。

第二节　资料供应

一、生产资料供应

1991年全县供销系统实行机制改革，大力转换基层社管理体制和经营机制，强化基层社经营管理和县社资产监管力度，规范服务，搞好社务管理，基层社的门店，进行多种形式的改造，扩大生产资料供给市场，搞好农业生产服务。县供销社农资公司主营农药、肥料（含化肥）、药械，兼营日杂用品、烟花爆竹。是年，生产资料零售完成2621.661万元。1993年以社会主义市场经济为向导，全社推行“四放开”改革，推行工效挂钩，创造了公有私营的经济环境，充分调动职工的积极性。1994年全社推行经理，主任负责制，实行重奖重罚的量化奖惩制度，以承担责任大小来兑现的办法加以鞭策。1996年，落实省委、省政府实行粮肥挂钩奖售优惠政策国内纯购进完成1298.5万元，其中农副产品购进完成78.6万元；国内纯销售完成1233.1万元，其中生活资料零售完成405万元、生产资料零售完成478万元。

2002年，商品购进总额完成1361万元，其中农业生产资料购进870万元；商品销售总额901万元，其中农业生产资料销售561.7万元，销售数量1164吨。2004年，县社商品购进总额828.2万元，其中，农业生产资料购进481万元。化肥销售2340吨，农药销售12.1吨。商品销售总额972.9万元。2006年为增强农资经营活力，更好地适应市场经济和农村经济发展，力求达到供销社和农民共赢。县农资公司和基层社克服各种困难，严格执行县物价局、县财政局关于强化肥销售价格监管工作的通知规定（台价字〔2006〕1号），积极做好农业生产资料供应，维护农民的根本利益。县联社挤出办公经费2180元投入春耕生产和秋冬种工作，较好地完成县委政府安排的任务。是年，各专业公司和基层社动用机动车和人力车无偿为农民送肥到村到户到田间地头812吨。购进化肥2905吨，销售2850吨；购进农药32吨，销售30吨。

1991—2010年台江县部分年度化肥农药销售一览表

表12-10 单位：吨

年 度	尿 素	复合肥	碳 铵	磷 肥
1991	623	385	175	132
1995	753	408	144	128
2000	818	284	148	148
2001	712	422	1113	298
2002	264	356	267	256
2003	473	765	278	263
2004	718	865	542	215
2005	720	1000	565	520
2006	880	1035	550	380
2007	846	1142	558	430
2008	1096	1128	565	475
2009	891	1265	559	523
2010	734	1390	641	611

二、生活资料供应

1991年，供销社综合贸易公司、农副产品工业公司都经营布匹、棉纱、肉食、食糖、煤油、肥皂、胶鞋、手表、自行车、缝纫机等工业品类产品。是年，国内纯销售额完成7277万元，其中生活资料零售完成3718万元。1993年，以社会主义市场经济为导向，积极推行“四放开”改革。是年的商品销售总值完成913.7万元，其中生活资料零售419.9万元。1995年，国内纯销售完成716.69万元，其中生活资料零售完成405元。1996年，贯彻省委、省政府《关于推进供销合作社改革与发展的决定》坚持为农业、农村、农民服务的宗旨。生活资料零售完成405元。1998年，县供销社实行“公有私营”承包，工业品类产品由个体工商户经营，生活资料供应经由自由市场节。

三、农资供应

农药、农药械　供销社经营的农药品种繁多，主要是敌敌畏、杀虫双、甲铵磷、乐果、除草剂等，1988年总销量68431公斤。2000年因市场竞争激烈，农药械销售逐年下降，供销社经营的农药械主要是手摇喷雾器、喷粉器和配件。

农膜　农膜在1987年以前社志上没有销售量的记载，1988年年销售量8.198公斤，1993年销售19.949公斤。其后，市场竞争激烈，供销系统没有扩大经营。

中小农具　1988年以后，小农具、锄头薅锄、镰柴刀、斗立雨具等为个体经营户逐步取代。铁制小农具异地加工出来的质量都优胜于当地，农用的水田犁、打米机、打谷机、饲料、肉食加工机、抽水灌田泵等，由农业机械部门管理和经营。

第三节 改革改制

1993年，县社成立“四开放”领导小组，即“分配放开、经营放开、用工放开、价格放开”。“四开放”在实施后，劳动工资管理年内各项经济指标分解到人，工资与奖金要挂钩起来，基本工资以当月实绩进行考核，超任务部分按奖金档次计发，多超多奖，不超不奖；不完成的，按完成比例计发，上不封顶，下保低生活费。

实行“四放开”，企业积极扩大经营品种和经营范围，台拱供销社经营钢材，创办木材加工厂；南宫和批发公司经营木材；土产公司经营大米；农资公司经营3537厂解放鞋；批发公司与242厂联营经营熊猫电视等。提高了职工参与市场竞争的士气，改变了职工的精神面貌，使企业扭亏增盈。农资公司盈利1.44万元，批发公司盈利0.22万元，南宫盈利430元，土产公司与上年减亏3.18万元，综合公司与上年减亏3.6万元，台拱与上年减亏1.37万元。1994年，县供销系统推行经理、主任负责制，实行重奖重罚，盈利越多，奖励越多的原则。是年，全社商品购进总值占年计划81.9%，其中农副产品购进占年计划77.6%，商品销售总值占年计划87.9%，其中农业生产资料实绩占年计划上升8.2%。全年全社汇总亏损32.37万元。

1997年，县供销系统贯彻落实中发〔1995〕5号、省发〔1996〕11号、州党发〔1997〕9号、台府发〔1997〕10号文件精神，规范县内农资市场经营，较好地完成州社下达的目标考核任务。商品购进总值为计划的83.8%，其中农副产品购进为任务的106.1%；商品销售总值为年计划的84.67%，其中农业生产资料实绩为年计划77.78%。全县汇总亏损56.3万元，同比减亏6.1万元。

1998年，实行公有私营承包。是年全县供销商品购进总值836.9万元，为年计划1100万元的76.08%，其中：农副产品购进85.2万元，为年任务60万元的142%；商品销售总额869万元，为年计划1200万元的72.4%。农业生产资料供应460万元，为年计划450万元的102.2%。全县总亏损28万元。全年支付利息56.1万元，同比减少37.5万元，税费7.7万元，提两金一费6.4万元，利用利润处理包袱5.7万元。

2000年，实行低价公开竞标承包，有效解决了社有资产低效营运问题。合伙经营、入股分成、转让经营权、买断经营权、革东供销社职工每人出资8000～10000元，以转让经营权形式搞活了农资市场；南宫供销社实行职工买断工业品经营，一次性收回铺底金75%以上。

2003年，全县供销系统干部职工紧紧围绕县委、县政府“三围绕、四产业、一园区”的发展思路，加强企业管理台拱供销社资产管理效益全年达35万元；南宫供销社销售种子4625公斤，销售额6.3万元；革东供销社开展石蒜药材业务，共计260吨，收购总值39.6万元，资产管理经营以达18万元。

2006年，县联社党组把先进性教育活动贯穿于具体的经营业务过程，使先进性教育成果得到充分体现，通过全系统职工的共同努力，商品购进总值1008万元，为年计划960万元的105%；商品销售总额1026万元，为年计划950万元的108%。化肥销售2850吨，汇总盈利4.6万元。

第四节 社员股金管理

1996年8月县供销联社下发〔1996〕14号文件关于《供销系统职工身份股入股的通知》通知规定：供销社吸收和扩大社员股金必须遵照“入股自愿，退股自由，保息分红，股额不限，为社员保密”的原则，社员股金的入股对象，以农民为主，城镇居民和农村集体经济组织及其他人员均可入股。

供销社系统职工（含合同工）每人必须至少入一股，多入不限。股金的使用，供销合作社股金用于农业生产资料经营，农副产品收购和城乡居民生活资料的供应。供销合作社股金，不准用于工资、奖金、福利、银行贷款利息、行政管理费用开支，弥补亏损和抵偿债务。社员股金设立股金总账、分类账，逐笔记载股金的吸收、退出、上缴、优惠让利、支付股金息和红利的情况。

股金的保息分红是国家对农民的一项优惠政策，股金分红要在年终结算后视盈利情况进行兑现，坚持盈利多的多分，盈利少的少分，没有盈利的不分。1988 年年底，全系统股金总额 1.3 万元，2006 年为 1.2 万元，由于企业经营效益历年亏损，股金没有分红兑现。全系统实施职工身份股，每股 1500 元，社员资格股每股 20 元和流动股每股 10 元，均分设股金专户管理。

第四章　粮油贸易

第一节　粮油收购

一、粮食定购

1990 年，因合同定购名不符实，国务院通知改合同定购粮为国家定购粮。名称更改后定购粮基数不变，国家规定，交售国家定购粮是农民对国家应尽的义务，必须如数缴纳。

定购粮任务　本县国家定购粮年任务 1700 吨贸易粮，其中农业税粮 1357 吨，占 80%。1991 年州政府决定定购粮任务包干办法延长执行两年至 1992 年，并从 1991 年起取消州政府掌握使用的 100 吨机动粮。本县定购粮任务基数 1700 吨自 1991 年起未发生变动。定购粮任务不得调减，每年都必须保证完成。

州政府分年度下达定购粮收购任务，县政府为保证定购粮任务如数完成，将定购基数调整后分解到各乡（镇），以县政府文件的形式下达到各乡（镇），下达任务时把贸易粮按 72% 的折率折算成稻谷数量，方便农民交售和结算。

乡（镇）政府将任务分解到村，村落实到农户，造册登记，各乡（镇）粮管所、财政所对任务清册进行核对，确认定购粮任务完全落实后填发县局统一印制的定购粮入库通知书，发到农户手中，农户凭入库通知书中载明的应交售数量到指定地点交售，结算粮款。

1991—2002 年国家定购粮存续期间，县政府历年下达征收的定购粮任务均略高于 1700 吨的国家定购粮任务，多出的部分主要用于解决历年农户耕地被占应予调减定购粮的问题。在实际征收中，每年都有一部分农户完不成定购粮任务，有几个村因耕地被公路占压和修水库占用，几年不交定购粮，有的因其他问题得不到及时解决不交定购粮，有的确困难无能力完成。多出国家任务的部分使用于平衡这些完不成的任务，保证国家定购粮如数完成。1993 年，全县 9 个乡（镇）29205 户，有定购任务的 23608 户，占 80.8%；当年未完成定购粮的有 353 户，占 1.2%。1994 年县下达任务 1921 吨，当年调减 50 吨。

1990 年，省、州政府决定从当年 9 月起农业税一律征收现粮，县政府考虑上述几个片区粮食产量偏低，仍征收代金至 1992 年。1993 年本县粮食部按州政府的统一部署放开经营和价格。为保证粮食部门放开后能收到足够的粮食，充实库存，保证供应，稳定市场。1994 年县政府决定原征收代金的农业税部分恢复征收现粮，当年恢复 130 吨农业税现粮，农业税征收现粮并没有给农民增加负担。1996 年，县下达定购粮任务 1930 吨，大于国家定购粮 230 吨，随着粮食产量的提高，定购粮占总产量的比例仍维持在 1988 年 5.6% 的水平。1996 年以后本县粮食连续几年丰收，定购粮占总产量的比例继续下降，不足 5%。

农业税征收现粮在实际征收过程中具有一定的灵活性，特别是原征收代金后改收现粮的地区，当农民交粮发生困难、农业税不能按时入库时，当地乡（镇）政府也允许部分农户以现金缴纳农业税。1997年本县局部地区受灾，一些村粮食减产，国有粮食企业粮食顺价滞销，当年县政府对台拱镇城关片区，施洞镇的平兆片区、杨家沟村，南宫乡的白邦、歹忙、交包村，排羊乡的南刀、小江村，台盘乡的南瓦片区、排内、棉花坪村，革一乡的台水、毛坪村，老屯乡的南江村，方召乡的四登、巫苏、方召、交汪村农业税征收代金总量900吨。

2000年起，定购粮收购量急剧下滑，不足任务的二分之一。2003年，国家宣布取消国家定购粮。定购粮任务取消后，为保证粮食企业能收到粮食，县人民政府仍强调农业税征收现粮，效果不大，2003年只收到183吨。

粮食收购资金由银行提供贷款解决，粮食部门根据当年需要提出贷款计划，银行按计划分期支付贷款。1991—1993年贷款资金基本全额提供。经营和价格放开后，收购资金贷款逐步压缩，上级提出由财政、粮食、银行共同筹措，以银行为主。1996年农发行对粮食收购的贷款资金开始规模压缩，按当年秋粮入库量及价格计算，需要资金575万元，到10月底只到位210万元。资金封闭运行后，银行实行以库放贷，专户管理，企业收购资金更为困难。但是，1991—2004年没有给交粮群众打过白条，确保了收购工作的顺利进行。

定购粮征收品种　以稻谷为主，其次为小麦、玉米。边远地区运输困难，为减轻农民抬粮负担，在征收过程中每年都允许部分农户将稻谷就地加工成大米交售，大米的收购量由粮食部门根据当年的大米库存及销售状况灵活掌握。对田少人多，粮食欠缺，经济相对较好的有钱无粮户，允许到粮食部门购买议价大米转抵定购粮交售任务。1993年通过购买议价粮转抵定购粮交售入库量全县达600吨。排羊乡当年通过购买议价粮转抵定购粮入库数量占当年定购粮任务的76%，占全县议价转入库存的32%。

小麦、玉米作为定购粮征收品种，根据库存情况和生产情况确定是否征收、征收多少。需要小麦、玉米作为定购粮征收的年份，由县人民政府在夏季粮油收购文件中予以明确，将任务分配到乡镇，不落实到户，由粮食部门在收购中控制，完成任务为止，多的转议价收购。用小麦、玉米交售定购粮，1公斤小麦、玉米折抵1公斤稻谷任务，各计各价。本县小麦、玉米产量低，大多数年份完不成定购任务。完不成的仍以稻谷交售。

1994年县政府下达200吨定购小麦，实绩只收到69吨，1996年下达210吨定购小麦，实绩只收到21吨，1997年下达100吨小麦定购任务，只完成8吨。1998年以后，县人民政府不再下达小麦、玉米定购计划。

时间要求及措施　1991—2002年定购粮存续期间，每年8月底前后县政府形成定购粮征收文件，发到各乡（镇）政府和粮食、财政各工作部门。文件主要包括征收任务，价格、时间要求和措施。本县9个乡（镇），台拱镇的登交、红阳片区，南宫乡、方召乡、排羊乡地处高寒，稻晚熟，日照少，粮食不易晒干，要求在11月20日前完成任务；施洞镇、革东镇、台盘乡、革一乡、老屯乡、台拱镇大部分地区要求在11月10日前完成任务，历年的时间要求基本一致。

粮食部门对定购粮的征收常年进行，主要集中在夏、两季，以秋季收购为主，90%以上的定购粮任务在秋征中完成。每年定购粮征收文件形成后，政府一般在9月份召开专门工作会议，研究部署定购粮征收工作，财政局、粮食局、工商局、农行各乡镇人民政府分管粮食工作的负责人及乡镇财、粮各所负责人都要参加会议。征收开始后，分管粮食的副县长，财政局、粮食局的负责人要到各乡镇巡视、检查、帮助解决定购粮征收工作中遇到的困难和问题。粮食局在粮食入库大忙季节每年抽出10余人组成9个工作组到各乡镇粮管所协助工作。各乡镇粮管所，财政所合署现场办公，方便群众缴纳农业税。

为调动各乡镇的工作积极性，县人民政府制定定购粮征收奖励政策，对按时完成定购粮任务的乡镇给予奖励，奖励以现金为主，个别年份奖励棉絮等物资。1990 年 18 个乡镇获奖，奖金 5973.5 元。1992 年 3 个乡（镇）获奖，奖金 1677 元。1994 年 8 个乡（镇）获奖，奖金 5761 元。1995 年 5 个乡（镇）获奖，奖金 4450 元。奖金由县粮食局支付。1997 年因资金问题，奖励政策停止执行。

定购粮收购价格　1991 年，每 50 公斤中等稻谷 26.1 元，小麦 30.6 元，中籼标二米 38 元，玉米 21.7 元。1993 年，每 50 公斤中等稻谷 35 元，中籼标二米 50 元（含价外加价每 50 公斤稻谷 3 元、大米 4.3 元）。1994—1995 年，每 50 公斤中等中籼稻谷 50 元，中籼标二米 72.25 元，小麦 51 元。1996—1998 年，定购粮议价粮执行统一价格，每 50 公斤中等中籼稻谷 72 元，中籼标二米 104.3 元，小麦 73 元，玉米 66 元。

1999 年定购粮收购价格下调，每 50 公斤中等中籼稻谷 61 元，玉米 53 元。2001 年 9 月省人民政府决定不分别设立定购价与保护价，统一按每 50 公斤中等中籼稻谷 55 元执行。2003 年定购粮取消，农业税征现粮。省政府确定农税结算价每 50 公斤稻谷 54 元。2004 年按保护价收购，每 50 公斤中等中籼稻谷 72 元。

二、议价粮收购

议价粮收购　议价粮收购计划由州政府制订。1991—1993 年，州政府在本县粮食购销调存任务一定 3 年包干计划中确定本县议价粮收购计划每年 1000 吨。1994 年，州政府调整确定本县粮食购销调存平衡计划，明确本县议价粮年收购计划 2000 吨。1995 年以后未调整计划，本县根据市场需要自求平衡，确定议价粮收购计划。

议价粮农收购由县粮食局将计划分配到各乡镇粮管所，县政府在安排夏季粮油收购工作时，下达部分小麦，玉米收购任务。1996 年议价粮收购任务随定购粮任务一起下达。粮食经营和价格放开后，各级政府年年强调要求粮食部门要按不低于保护价的价格敞开收购农民手中的余粮，不得拒收、限收。本县总体属缺粮县。1995 年后连续几年丰收，农民粮食基本自给，部分农户有余粮，大多到市场出售，或出售给粮贩粮商，到粮食部门卖议价粮的不多，粮食部门大多数年份都完不成议价粮收购任务。2004 年在南牛、展福、交下等地收购出田谷。

1991—2003 年年均收购议价粮 800 吨，占任务的 40% 左右。最多的 1992—1993 年粮食年度收购 2754 吨，最少的 2001 年只收购 153 吨。这些议价粮很大一部分是以粮计征的温饱工程还贷粮。教育附加费粮、优抚金粮、计划生育统筹费粮、水费粮。真正从农民手中收的议价粮只是很少一部分。

议价粮收购品种　其品种有大米、稻谷、小麦、玉米。1995 年以后小麦、玉米收购量极小，1999 年、2001 年、2003 年三年没收购到小麦。1995 年、1998 年、2000—2003 年，6 年没收到玉米。

议价粮收购价格　价格本着农民增收、企业购得进、销得出，略有微利的原则确定，以县人民政府的指导价为主，本县议价粮收购价均高于国家制订的最低保护价。

1993 年，台江县最低保护价每 50 公斤，中等中籼稻谷 26 元、小麦 31 元、玉米 21 元、大豆 45 元；1996 年，每 50 公斤中等稻谷 65 元、大米 94.2 元；1999 年，每 50 公斤中等稻谷 58 元、玉米 50 元；2000 年，本地小麦、稻谷中的桂朝品种退出保护价收购；2001 年 9 月，省人民政府决定当年农业税、定购粮入库不再分别设定购价和保护价，统一按每 50 公斤 55 元执行。2003 年，国家计委确定水稻最低收购保护价每 50 公斤 72 元。

三、油料收购

油菜籽收购　台江县油料收购主要是油菜籽收购，1991—1992 年州政府对本县油菜收购实行包干，1993 年 4 月 1 日州政府宣布油菜籽收购计划取消，1994 年 6 月确定本县油菜籽年收购计划 1200

吨。县政府根据本县当年油菜籽生产情况下达当年收购计划。

1991年以来，油菜籽收购市场日趋混乱，受粮油市场放开的影响，收购油菜籽的个体商贩越来越多。这些个体商贩绝大多数是产区农民，本身家住村寨，就地收购菜籽，极为便利。粮食经营和价格放开后，抢购油菜籽的现象更为激烈。县政府为了粮食部门能多收购油菜籽，保证地方供应。在油菜籽上市前，每年都发布通告，在国家收购任务完成前禁止任何单位和个人进入农村收购油菜籽，责成工商部门暂停个体户和其他企业的经营活动。粮食企业改变过去坐等群众送货的做法，组织人员带工具、带车辆深入村寨、田边、路口上门收购，县粮食局、工商局联合组织人员深入村寨、个体户家中，制止、动员个体户将已收的菜籽转卖给国家，也曾组织人员在各主要通道设哨卡，防止油菜籽大量外流。但由于受国家油菜籽经营市场放开政策的影响，仍无法制止个体户的抢购。

1991—2003年，全县粮食企业平均年收购600吨，不足年均产量的40%。1993—2003年，年均产量1591吨，年均收购386吨，占产量的24.3%；1994年收购菜籽258吨，占当年任务数1200吨的21.5%，大多数年度完不成收购计划。

油菜籽收购价格　1991年每50公斤74元，全部作平价库存；1992年每50公斤72.4元。当年菜籽售价1.3元/公斤，价差净亏22.74万元。1993年经营和价格放开，州政府宣布从4月1日起取消油菜籽收购计划，价格随行就市。1994年，州政府制定油菜籽收购指导价每50公斤95元，实际收购每50公斤110元。

1995年收购价每50公斤140元；1998年县政府定收购指导价每50公斤125元，级差5元，允许企业在10%以内上下浮动；2000年县局定指导价每50公斤70元，级差5%。

非食用油料　非食用油料主要是油桐籽。油桐籽在计划经济时期由粮食部门经营，市场放开后，粮食企业对油桐籽的经营不再受政策保护，收购市场竞争激烈，本县乡（镇）油脂加工厂、商贩、外地商贩争相抢购。油桐籽产量有限，尚未完全成熟便被抢收一空。1993年为扩大经营，布置各所加强油桐籽收购，参与市场竞争，收效甚微。

第二节　粮油销售

一、城镇粮油销售

城镇居民定量供应　1991年至1993年5月31日，凡持有本县非农业户口的城镇居民享受国家平价粮油定量供应。定量供应标准执行贵州省政府1987年颁发的《贵州省城镇居民口粮定量标准》，居民口粮按月定量，不得提前或超量购买。

1993年四季度全国粮价大幅上涨，粮食部门相对市场粮价偏低，社会群体、商贩到粮食部门大量抢购粮食，有到市场转手出售的，有担心今后涨价囤积的，周边县群众和商贩也到本县大量购买粮食，形成抢购粮食风潮。为保证本地区粮食供应，稳定库存，稳定人心，当年11月州政府出台文件，要求从1993年12月份起，恢复对城镇居民实行凭证限量供应，凡原享受定量供应的对象，不分大小、不论工种，每人每月限购10公斤，凭证购买。当时全县凭证供应对象9207人。台江县政府认为，城（镇）居民供应证刚取消半年，不宜过早恢复，决定暂缓执行。

1994年3月抢购风不止，本县库存吃紧，县政府决定从1994年4月1日起恢复凭证限量供应，标准按州政府的规定，每人每月10公斤。当年全县持证人员11415人（含菜农511人）。1996年7月按州政府通知，对城镇居民定量进行调整，不分大小、不论工种，每人每月定量5公斤。

1997年，本县粮食生产形势好转，产量回升，农民手中余粮增多，社会粮食市场粮源充裕，粮食新鲜，粮价走低，城镇定量供应对象大多到社会市场购买粮食，到粮食部门购买粮食的人越来越少，凭证定量供应政策逐步废止。

从2001年5月起，国家取消市镇居民粮食供应转移证明，人员调动，户口迁移不再办理市转证，城镇居民定量供应证彻底失去效用。

食油供应　1991年，对城乡居民实行按月定量供应，平价油每人每月定量0.25公斤，1992年标准提高，每人每月0.5公斤，1993年6月1日起，食油供应不再定量，不分人群向社会敞开供应。

主杂粮搭配供应，1991年至1993年5月，本县大米库存不足，每年调进的大量粮食都是小麦、玉米。对城镇居民的定量供应实行主杂粮搭配供应，主粮大米60%，杂粮40%。杂粮为小麦标准粉、面条、玉米、玉米面、玉米粉。主杂粮搭配销售期间，对老干部、老人、病人、有特殊情况者，经过县粮食局批准，其定量指标可以全部购买大米。每年元旦、春节组织好米、好面、好油供应市场，3个月不搭杂粮，居民凭证自由选购。1993年6月1日，取消凭证供应，主杂搭配措施取消。

二、农村供应

农民在交售定购粮后，剩余粮食不够食用，或因灾减产吃粮发生困难，国家拿出一部分粮食返销给农民，解决农村人口的吃粮困难。

农销指标　1991年至1993年5月底，农销指标实行计划控制，分年度下达。县粮食局根据本县各乡镇当年农村缺粮情况，将指标分给各乡镇，由各乡镇人民政府掌握使用，各乡镇粮管所对指标使用情况进行监督管理，一般不突破指标，必须增加指标时由县粮食局进行调整。农村救济由农销指标解决。菜农、林农的粮供应由农销指标解决，按月供应。

1993年6月1日经营放开后，农销指标取消，农村缺粮人口的口粮由社会粮食市场调剂解决或由粮食部门通过议价渠道供应。

1991—1992年，本县农销指标年控制量调整为1750吨。1991年本县粮食生产好转，农村缺粮面缩小，当年销售农销粮1266吨，为年计划指标的72%。1992年县下达农村销售指标1904吨，实绩销售1782吨，为计划的93.6%。

1991—1992年，农销粮售价执行比例价，高于城镇居民定量供应价，低于议价。1993年6月1日，农销指标取消，农村供应改由议价供应。农村双缺户、“五保户”等有特殊困难的农户由民政救济解决。当年社会粮价上涨，农民恐慌，大量购粮，当年销售农村的粮食达3905吨，创历史最高。

主杂搭配销售　农销主粮大米30%～40%，杂粮70%～60%。1994年，销售农村2089吨。从1995年开始，农村粮食形势进一步好转，连续多年获得收成，农村除部分“五保户”、双缺户靠政府部分救济外，大部分农户粮食自给，社会粮食市场和农民之间的自我调节能力日益增强，农村用粮对国有粮食企业的依赖日渐减弱，粮食企业销往农村的粮食也逐年减少。1995—2000年的6年间销往农村的粮食总量4191吨，年均698.5吨。

2001年以后粮食部门粮食销售不再分类，城乡销售只统计总量。年销售量大幅度下降。

三、议价销售

议价粮在1993年6月1日前指平价以外的粮食，6月1日以后取消平价销售，国有粮食企业销售的粮食只从政策性和商业性进行区分。

粮食经营和价格放开前，粮食商业企业以经营平价粮食为主，兼营议价粮油，随着粮食流通体制改革的不断深化，国家逐步压缩平价销售，扩大议价经营业务，粮油销售价格由统销时期购销倒挂，逐步向顺价销售度过。

在粮食统销时期，议价粮作为平价粮的重要补充，对维持本县粮食平衡，调节供需矛盾，缓解国家财政压力方面起着重要作用。

1991—1992 年，年均售销议价粮 1357 吨。1993 年放开后，按政策性、商业性销售进行分类。1993—2004 年，粮食销售呈逐年下降趋势，12 年共销售粮食 29893 吨，其中政策性粮 16449 吨，商业性粮 13444 吨，商业性占销售总量的 45%。

1995 年以后，本县连续丰收，农民手中有粮，粮食市场粮食充足，国家要求粮食企业顺价销售，不准降价，粮食部门销售锐减，大量库存粮食陈化，1999 年起连续几次处理陈化粮。本县周转库存到 2003 年只有 738 吨。

2003 年国家定购任务取消之后，粮油议价随行就市，“议价粮、议价销售”也随之取消了。2005 年至 2010 年没有“议价粮、议价销售”。

附：台江县议价粮油公司

1989 年成立“台江县议价粮油公司”，同年更名为“台江县粮油贸易公司”。国有性质，实行市场化经营，不经营平价或政策性粮油。1994 年，公司因经营不善和资不抵债，向台江县人民法院提起破产申请，台江县人民法院经审理于同年 7 月宣布该公司破产。1996 年 12 月组织成立清算组进行清算。1998 年拍卖两个门面获金额 14 万元，2003 年拍卖办公室获金额 5 万元。

四、奖售及其他

奖售　1990 年，县政府为鼓励农民多种烤烟，决定对烟农奖售粮食，奖售标准每亩 60 公斤农销指标，当年发售烤烟奖售粮 60 吨。同年发售生猪养殖奖售粮 10 吨。1991 年烤烟奖售粮由按种植面积计算改按交售黄烟数量计算，每交售 1 公斤黄烟奖售粮食 1 公斤；烤烟育苗每亩奖平价菜油饼 25 公斤。1992 年发放烤烟奖售粮 260 吨，30% 为农销，70% 为议价。1993 年 6 月取消各项粮食奖售政策。1995 年州政府行文宣布取消烤烟奖售粮食政策。

退耕还林　2002 年，县政府遵照国家关于长江中上游生态建设的指示精神，对本县坡度在 25 度以上的坡耕地实行退耕还林，对退耕农户造成的损失，由粮食部门发放粮食给予弥补。2002 年退耕 10000 亩，实售粮食 1500 吨；2003 年退耕 15400 亩，实售粮食 2310 吨；2004 年因库存无粮，改按现金补贴。口粮按每公斤稻谷 1.4 元，饲料按每斤 0.9 元折算，每退耕 1 亩补助粮食 150 公斤（原粮，稻谷），每公斤原粮 1.4 元。

处理陈化粮　1993 年，经批准本县处理陈化粮贸易粮 1645.4 吨，其中稻谷 1320 吨、大米 300 吨、小麦 25.4 吨。1995—1996 年处理销售陈化小麦 160 吨，该小麦为 1989 年从国外和外省调进，经多次熏蒸，保管多年，严重陈化。1996 年后粮食滞销、库存积压、陈化加剧，为避免造成更大损失，1999 年根据国务院指示精神，报经县政府批准，开始批量处理陈化粮。

1999 年经贵州省粮油食品监督检验站检验核准，当年库存陈化粮 4313 吨，其中库存 10 年以上稻谷 1963 吨，库存 6～9 年的稻谷 1202 吨，库存 4～6 年的稻谷 1148 吨。是年销售处理陈化粮稻谷 3638 吨，大米 85.2 吨。其中台拱公司处理销售陈化稻谷 1025 吨，大米 63.2 吨；施洞公司处理陈化稻谷 1592 吨；革东公司销售处理陈化稻谷 1021 吨，大米 22 吨。

2000 年，销售处理陈化稻谷 1308 吨，大米 48.44 吨。其中台拱公司处理稻谷 758 吨，大米 47 吨；施洞公司处理销售稻谷 271 吨；革东公司处理销售稻谷 279 吨，大米 1.44 吨。2003 年由台江县粮食购销公司处理销售陈化稻谷 1815 吨，此次陈化粮的销售由州陈化粮处理销售协调小组集中拍卖。

1993—2003 年 11 年间共处理销售陈化粮稻谷 8081 吨，大米 433.64 吨，小麦 185.4 吨。

2005 年，粮食收购 750 吨（稻谷），处理销售陈化粮 748.28 吨，损耗 1724 公斤。处理销售陈化粮有政策规定，主要集中售予生产酒精、饲料等，不许流入粮食市场。

2006年，国家正式取消“陈化粮”。此后，“处理陈化粮”成为历史。

五、粮油销售价格

1991年，省政府对统销价进行调整，从1991年5月1日起执行每50公斤中等稻谷18元、中籼标二米25元、小麦22元，标准粉27元、特二粉35元、玉米16元、二级菜油218元，自即日起菜油销售不分平价、议价，不分供应对象，统一执行每50公斤218元的价格，对居民的食油供应不再限量。

1992年3月，二级菜油销售价格调整为每50公斤208元，敞开供应。

1991年，议价大米销售价格调减到每50公斤51元，仍高于当时的市场米价10元左右。1993年6月1日起一律实行议价销售，每50公斤中籼标二米60元，9月因周边地区粮价波动，县局对各乡镇实行差价销售，南宫地区每50公斤中等稻谷按不低于44元销售、中籼标二米按不低于63元销售；台拱、施洞、革东、革一、老屯、方召、台盘、排羊地区，每50公斤中等稻谷按不低于42元，每50公斤中籼标二米按不低于60元销售。12月初调升销售价格，台拱、革东、方召、南宫、排羊、台盘等地区每50公斤稻谷批发价47元，零售价49元；中籼标二米每50公斤批发价68元，零售价70元；施洞、革一地区每50公斤稻谷批发价45元，零售价47元，中籼标二米每50公斤批发价65元，零售价67元。12月底再次调整中籼标二米销售价每50公斤80元。

1993年四季度社会粮食市场粮价上扬，为平抑粮价，1994年1月州人民政府制定统一销售价，每50公斤中籼标二米71元，二级菜油29元；4月1日本县临时恢复凭证供应，凭证供应部分每50公斤380元。1994年5月国家计委制定粮食销售作价原则和作价办法，规定批发利润每50公斤不超过1元，批零差率不超过8%。是年6月，省人民政府制定大米销售价格，从6月10日起全省统一执行，每50公斤中籼标二米80元。

1995年3月，除凭证供应以外的部分，每50公斤标二米销售价格130元，7月凭证供应部分每50公斤中籼标二米销售价调整为100元。

1996年3月1日，县物价局对本县定购粮销售价格按国家规定的作价原则和作价办法进行测定，测定本县定购粮销售价格每50公斤标二米136.5元，报经县政府批准决定执行每50公斤110元，3月5日起执行。4月1日起执行州政府制定的统一销售价，每50公斤标二米110元。7月省政府制定政策粮油顺价销售价格，每50公斤标二米134元，标一米140元，玉米中等每50公斤86元，上等90元，下等82元，标准粉每50公斤110元，黔一（特二）粉每50公斤130元。此价高于当时社会粮食市场大米价每50公斤20元左右。执行后造成粮食严重滞销，9月26日县调整标二米销售价格每50公斤130元，二等菜油每50公斤400元，粮食继续滞销。11月中旬，本县对库存粮食价格进行测算，凭证供应部分按当时定购价计算，零售价每50元标二米105元，凭证以外部分每50公斤标二米145元，高于市价30元左右。

1997年4月，经请示县政府同意，每50公斤中籼标二米调整为110元，允许县内各地区在10%的幅度内上下浮动，不限量，敞开供应，州政府规定的城镇凭证供应每人每月5公斤的限量政策停止执行。5月，方召、排羊按上浮10%销售，玉米销售价格按每50公斤72.2元执行。9月20日，中籼标二米每50公斤调整为108元，级差5%。

1998年，按照国务院、省、州政府关于顺价销售的政策规定，本县测算库存粮标二米售价为每50公斤142元，政策规定不准降价销售，自此本县粮食企业粮食基本停销。库存稻谷、大米基本全部陈化。

1999年，开始处理“陈化粮”，每50公斤稻谷均价42.3元，大米每50公斤均价79.36元。2000

年处理陈化粮每 50 公斤稻谷均价 42.68 元，大米每 50 公斤均价 70.1 元。2003 年处理陈化粮每 50 公斤稻谷均价 49.67 元。

2003 年，国家定购任务取消，“粮油销售价格”随行就市，之前粮油销售价格政策不再执行；之后出现的粮油销售价格完全市场化。

2005 年，处理销售“陈化粮”每 50 公斤稻谷均价 55.36 元。

2006 年，国家正式取消“陈化粮”。储备粮实行三年自然轮换，在三年期限内，以收购入库和销售出库的方式进行同等数量轮换的粮食称之为“轮换粮”。

2006—2010 年 5 年间共轮换州、县二级储备粮（稻谷）3391.53 吨。2006 年，每公斤入库价 1.62 元，出库均价 1.36 元；轮换价差 0.26 元。至 2010 年，入库价为每公斤 2.42 元，出库均价为 2.17 元，轮换差价每公斤 0.25 元。

第三节 粮油调拨

一、调入

1988 年州政府对本县粮食调入实行一定 3 年计划包干，每年调入粮食计划 2542 吨，1991 年按包干计划延长执行两年，实际推行至 1993 年。1994 年 6 月州人民政府将本县调入计划调整为年 1000 吨，此后未发生变动，粮食调入计划由州粮食局每年按季下达，1993 年放开后，根据调拨的发生随时下达计划。1993 年实际调入 2988 吨，超历年包干计划 446 吨。1994—1997 年实绩完成调入 5213 吨。1998 年后未发生计划调入，由企业自行调购。1998 年至 2004 年共调入粮食 833 吨。

调入粮主要是小麦主要发生在 1988—1993 年，小麦占调入总量的 50% 以上，其次有玉米 4667.3 吨，占调入总量 18.6%。稻谷、大米调入多为陈化抛市粮。

本县调入粮来源地主要有美国小麦，河南小麦，吉林玉米，江西、安徽、湖北稻谷、大米。中转站为凯里转运站。调运工具为汽车，由本部门自有车辆和州粮食运输车队承运，不足时租用社会车辆承运。调入粮本着交通便利，销售市场好，仓容充足，便于县内集运的原则安排接收地，主要安排在台拱、施洞、革东 3 个大所，接受计划由县局安排，送交粮转站，直接运输到位。

2003 年，国家定购任务取消，收购价格随行就市，所有“粮油调拨、调入”任务与计划取消不再执行。当年，粮食部门所有的企业相继破产注销，资产陆续处置变卖，职工全部解除劳动关系，储存的粮食纷纷进行出库移存、出库救济、出库销售。这段时期，没有粮食调入。

2004 年通过竞聘，重新组建了一支 26 人的粮食队伍，即“台江县粮食购销公司”。在面对市场自食其力的同时；代理县、州二级储备粮。

2005—2010 年的 6 年期间，曾经的“粮食调入”已改革为“粮食收购”。购销公司主要负责进村入户收购新粮或从外地收购新粮轮换州、县二级储备粮。

二、调出

1991 年以来，本县没有粮食调出任务，发生的调出为企业自行调销和代州储备粮库存转移。

1991—2003 年调销菜籽 4000 余吨，大部分调往贵阳，1991 年 7 月前本省油菜籽不准外销，8 月以后州政府才允许各县对外销售。省内调拨由省、州随时下达调拨令，县局按指令发运。省外调销由县自行商调，1993 年 6 月后，菜籽调销由县局主导。

自从 2003 年定购任务取消，粮食调出限制政策随之取消。本县是缺粮小县，没有稻谷、大米调出。

三、县内调拨

2005—2010年，县内调拨粮食（稻谷）1038174公斤，大米143762公斤，菜油25000公斤。县内调拨主要是移库和救济救灾，县内粮食调拨，须会同民政局或财政局研究决定，并请示县政府县长会议研究同意。

调拨的救济粮，重点解决受灾群众的生活困难，以及因灾困难的“五保户”、重灾户和特困户，要求各乡镇在发救济粮工作中，按照“专粮专用，重点专用”的原则，实行民主评议，登记造册并张榜公布，公开发放，专粮专用重点使用，不准代领、不得挪用。

2005年5月，调拨春荒救济粮68200公斤稻谷给乡镇，其中台拱镇8000公斤、施洞镇8000公斤、台盘乡8000公斤、革一乡7200公斤、排羊乡7000公斤、老屯乡8000公斤、方召乡11500公斤、南宫乡10500乡。

2006年1月，调拨冬令救济粮113636公斤稻谷给乡镇，其中台拱镇17000公斤、施洞镇16000公斤、排羊乡10000公斤、老屯乡16000公斤、台盘乡13000公斤、方召乡14136公斤、革一乡15500公斤、南宫乡12000公斤。4月，调拨春荒救济粮153410公斤（稻谷）给各乡（镇），重点救济真正缺粮的“五保户”、重灾户、特困户。8月，调拨州级救粮差救济粮68182公斤稻谷给各乡镇重点救济真正缺粮的“五保户”、重灾户、特困户。

2007年11月12日，县长会议，重点解决拥党村火灾缺粮，要求粮食、民政和财政部门要尽快调拨大米送到灾民手上，确保灾民有饭吃。县长杨昌彪主持会议，参会的有副县长杨伟、李碧云和石光利、黄国盛、潘燕等部门领导。

2008年1月14日，调拨救济粮53957公斤大米，要求南宫乡政府严格把关，重点解决，落实到拥党村各家各户。1月，全县凝冻冰灾，为解决居民群众基本生活，调拨稻谷150吨，生产105吨大米，调拨油菜籽25吨，生产采油8吨，共低价销售大米80吨，销售菜油7吨。5月22日，调拨救济粮36375公斤大米给方召乡。县民政局、粮食局要求乡政府按基甲村灾民每人每天0.5公斤大米发放，重点是保障方召乡基甲村火灾灾民的基本生活，维护灾区社会稳定。8月，调拨救济粮23810公斤稻谷，其中台拱7000公斤，施洞5000公斤，南宫11810公斤。用于保障灾民和特困群众的基本生活。

2009年1月，调拨冬季救济粮69230公斤稻谷，要求各乡（镇）根据实际情况，重点救济缺粮的“五保户”、重灾户、特困户。4月，调拨救济粮13846公斤稻谷给各乡（镇）。重点救济真正缺粮的“五保户”、重灾户、特困户。11月，调拨救济粮27115公斤稻谷。要求各乡（镇）按照救灾救济粮的发放程序和原则，严格把关，公开发放，落实到户到人。

2010年3月，调拨救济粮76923公斤稻谷给各乡（镇）。重点保障春荒灾民和特困群众的基本生活。要求各乡（镇）严格把关，重点解决，落实到户。5月，调拨救济粮50000公斤稻谷给各乡（镇）。重点救济旱情严重的村寨居民的生活。要求各乡（镇）严格按照省自然灾害救助管理办法，坚持“四公开，一监督”，不得平均分配，不得优亲厚友，不准挪作他用。7月，调拨救济粮27115公斤稻谷，要求各乡镇确保灾区灾民和特困群众生活有着落。8月，为保障井洞塘村、汪一村灾民基本生活，维护灾区社会稳定，调拨10000公斤稻谷给施洞镇、方召乡。要求乡（镇）政府严格把关，重点解决，落实到户。12月，为保障冬春灾民和特困群众基本生活，调拨60000公斤稻谷给各乡（镇），重点救济真正缺粮的“五保户”、重灾户、特困户。调拨17055公斤大米，保障施洞镇猫坡村火灾灾民的基本生活维护灾区稳定，要求镇政府严格把关，重点解决，落实到户。

县内集运 每年秋粮入库前，要对本县各所站的仓库库容进行调剂，保证各所站有足够的空仓仓容接纳新粮入库。每年8月、9月县局对各个仓库点进行摸底安排计划，将一些空仓少、存粮多的仓库的粮食移运到空仓容量大的仓库存放，习惯称县内集运。

1991—1999年共移库粮食近万吨，年均移库900余吨，集运一般在每8—9月进行，9月底前结束。

自从定购任务取消和农业税全面取消之后，粮食收购难度大，收购量减少，仓容足够使用，不需调剂。2005年6月，因粮食体制深化改制，企业破产，减员分流，为置换粮改资金，经请示州财政局，台江县粮改办将交密粮站、汪江粮站、坝场粮站处置。交密有州级储备粮90吨、汪江有50吨、坝场有48吨，共计188吨全部集运到台拱储藏保管。

集运费用：交密距县城50公里，集运90吨运费6480元。汪江距县城43公里，集运50吨运费3648元。坝场距县城23公里，集运48吨运费3360元。集运费共计13488元。

2008年5月，为维修革一粮站仓库，将县级储备粮300吨移运到南宫粮站保管。2005—2010年共集运粮食488吨。

四、调拨作价及结算

计划调拨期间，粮油调拨由上级粮食、财政部门作价，本县根据上级粮食部门的通知，通过银行据实划拨资金，粮食调拨价分省外、省内、县内、各核算单位之间，由购价和调拨经营费组成。1991年以来，随着粮食流通体制改革的不断深入，粮食购销价格不断变化，粮食调拨作价也不断变化。包装物价格根据型号、新旧一个批次一个价，亦由上级粮食部门通知执行，县没有调拨作价权。县内调拨由本县根据上级规定作价。

粮食经营放开后，由本县自行商调的粮食由调拨双方协商作价，据实结算。

1990年以后凡有计划调拨的粮食其作价随购价及经营费用的变化随时调整。

第五节　粮油储存加工

一、仓容变化

1988年年初，全县有仓库29栋，建筑面积8771平方米，总容量11696吨，其中房式仓19栋，容量8475吨；苏式仓3栋，容量1934吨；木板仓7栋，容量1287吨。分布在全县15个库点。

1990年，在施洞粮管所建房式仓1栋，建筑面积330平方米，容量495吨；在革东粮管所建房式仓1栋，建筑面积363平方米，容量545吨；1992年在革东粮管所建房式仓1栋，建筑面积155平方米，容量349吨。

1993年以后没有再建仓库，1993年全县仓库34栋，建筑面积12047平方米，总容量15282吨。是年，部分仓库因使用时间过长，损毁严重，不宜储粮。经请示省粮食局批准，当年6月报废仓库18栋，总面积5025平方米，总容量7738吨，报废后有完好仓库16栋，总容量7564吨。报废后因仓容紧缺，又对9栋报废仓进了维修，容量4157吨，供紧缺时使用。

1994年320国道台江县城区段改造，位于本县城东门一栋苏式仓被拆除，该仓建成后先被县酒厂占用，后被县用来装战备盐，早已不能装粮。

2000年10月位于县城东门、1989年成立台江县粮油贸易公司时划给公司使用并用于公司注册的一栋房式仓，因公司破产被以法拍卖还债，容量180吨。2001年320国道台盘段改道，新线穿过仓库，台盘一栋木板仓被拆除出卖，容量180吨。8月，南宫粮管所、巫西粮点一栋木仓因该点撤销出售，容量98吨。

2002年南宫粮管所一栋木板仓因南宫乡政府扩建南宫小学用地，该木板仓卖给南宫乡政府，容量154吨。台江县粮食购销公司建大米生产车间，经批准占用台拱房式仓一栋，容量253吨。

2003年因流通体制改革，企业改制，职工身份置换，缺少安置资金，报请县人民政府批准后陆续出卖部分库房筹集安置资金，先后出售排羊木板仓一栋，容量193吨；施洞苏式仓一栋（连同招待所）容量1070吨；施洞房式仓一栋，容量354吨；坝场房式仓一栋，容量288吨；汪江房式仓一栋，容量194吨。三凯高速公路动工修建，麻栗一栋木仓、一栋房式仓被出卖拆除，容量分别为198吨、190吨。6月革东粮管所划归剑河县粮食局管辖，仓库5栋，住房及办公用房3栋同时划归剑河，容量总量2854吨。

是年，全县有效仓容4969吨，其中台拱镇827吨、排羊乡633吨、台盘乡405吨、施洞镇495吨、老屯乡738吨、革一乡509吨、方召乡654吨、南宫乡708吨。

2005年3月，全县总仓容为6240吨。6月，因粮食体制深化改制，企业破产，减员分流，为置换粮改资金，经请示州财政局，将交密、汪江、坝场三个粮站的砖木结构粮仓处置，3栋仓库容量223吨。

2006年4月，春季普查，总仓容为6017吨，有效仓容4150吨。2007年4月，总仓容为6017吨，有效仓容4900吨。2008年8月，普查总仓容6017吨。

2009年3月，全州清仓查库，8个基层粮站，检查仓容6017吨，有效仓容4920吨。5月，为完成好台江县新增中央投资项目建设工程，经县政府研究同意，把台盘、施洞、排羊、革一四个粮站的土地和库房划拨台江县国投公司。作为补偿，县国投划拨210万元给台江县粮食购销公司用于消化2004年以前经营性粮食亏损挂账。4个粮站仓库仓容210吨。6月，普查总仓容5807吨。11月，普查仓容5807吨，有效仓容4667吨。

2010年3月，请示省粮食局，要求拨款70万元维修8个库点粮食仓容。4月，检查仓容5807吨，有效仓容4372吨，未用于装粮的仓库仓容1435吨。

二、粮食入库

从粮食入库、腾仓并仓、空仓消毒到入库中的验质、入库程序、手续，1991—2010年与1990年前基本相同，没有什么大的变动。所执行的各类粮食、油料质量标准也没有变化。粮食入库中所使用的选筛、水分仪等检验设备随时更新。1991年以来每年秋粮入库前县技术质量监督局要对粮食部门使用的量具进行检测，校准后才允许使用；1991—1993年使用大箩筐抬粮进仓，老百姓将自己交售的粮食先倒入大筐，过磅后进仓，1994年后因买不到大箩筐，逐步停用。1991年以来秋粮入库期间县局每年抽大部分人员到各粮管所协助工作。

2003年企业开始在南牛、交下、展丰、交汪、反排、巫脚南、巫脚蛟、黄毛等村收购出田谷。

1991年以来，本县乡村公路逐渐增多，部分农民交售粮食开始使用农用车、拖拉机运输，大部分农户仍靠肩挑背驮。为减轻农民运粮负担，粮食部门在每年的秋粮入库季节设立临时收购点，接运农民的粮食。1991—1995年分别在南市、番省、平兆、宝贡、交下、巫忙、南牛、良田、报效、反排、巫苏、交包、记刀14个通公路的地方设立临时收购点，接运费用由粮食部门承担。

1996年由于粮食滞销，资金周转困难，临时收购点陆续取消，需要车运的农户按每50公斤1.5元交纳运费，大部分农户自行组织运送。此后，各年份粮食部门派人深入到村寨、组织收购，仍设立零星临时收购点。2003年定购粮取消，2004年后公司为能收到粮食，派出人员到44个村设点收购。台拱镇设南省、九里、五寨、排汪、展冬、展福、桃香、南兄、大红寨9个村寨收购点；施洞镇设平兆、巴拉河、四新、南哨4个村寨收购点；老屯乡设坝场、排略、长滩、报效4个村寨收购点；革一乡设大塘、新寨、台水、杨桃、北方、西南6个村寨收购点；南宫乡设汪江、交宫、养开、白邦、岩板、拥党、巫细、巫西、东老、展吉、东衣、交包、南牛、交下、展丰15个村寨收购点；方召乡设交汪上下村、反排、巫脚南、巫脚交、黄毛 6 个村寨收购点。

三、粮油保管

保管按照储粮规范要求，保管粮油，衡量储粮工作的好坏，主要以“四无”为标准。1994 年 3 月，为适应经营和粮价放开的新形势，国家粮食储备局下达了《关于加强国家粮油仓储管理工作的通知》，将粮食仓储保管工作中的“四无”活动改为“一符四无”活动，并颁发国家粮油储备“一符”“三专”“四落实”的规定,（“一符”指账物相符、要求保管账、统计账、会计账三级的账面数量与实物数量相符,“三专”指各级储备粮专仓储存，专人保管，专账记载;“四落实”指数量落实、质量落实、品种落实、地点落实）。规定同时适用地方储存的粮油，本县按规定要求认真开展账物清理核对工作，除会计账因其结算以资金收支发生为结算依据，略有出入外，保管账、统计账基本做到账物相符，对代州县储备粮均落实地点，专仓、专人保管。

1996 年按照《贵州省国家粮油仓库建立“三板”“两本”“挂牌建卡”实施细则》的要求，经过几个月的工作，全县仓库全部实现了“三板”“两本”“挂牌建卡”（粮情示意图板、保管员职责板、粮食质量板；账本、粮情记录本；仓外标志牌、出入库登记卡），粮油保管工作更加趋于规范。

1991—2004 年，本县在粮油保管中对病虫害的防治方法没有新突破。20 世纪 90 年代中期开始对空仓消毒由原来的喷洒敌敌畏、撒生石灰，逐步改为用磷化铝密封熏蒸为主要手段，效果很好。

粮油普查年年进行，每个季度一次大普查，每年至少两次由县局统一组织，抽调各所保管员组成普查队伍，县局储运股管理人员或领导带队对全县仓库及储粮逐个进行检查，同时对保管员履行职责情况进行检查，发现漏洞及时弥补。

2001 年本县各公司对库存粮油进行自查，县局组织抽检，全县仓容 9110 吨，储粮 5169 吨，“一符四无”粮 4698 吨。

2005 年 3 月，全县共有储备粮 2661 吨，其中有代州级储备粮食稻谷 1532 吨。县级储备粮 1129 吨。“一符四无”储粮 2492 吨，占总储粮 93.6%；一般虫粮 169 吨，占总储粮 6.4%；科学储粮 479 吨，占总储粮 18%。6 月，因粮食体制深化改制，企业破产，减员分流，为置换粮改资金，经请示州财政局，县粮改办将交密、汪江、坝场 3 个粮站的砖木结构粮仓处置。

2006 年 3 月，县级储备粮（稻谷）轮换 750 吨，每公斤入库价 1.62 元，销售每公斤出库均价 1.36 元；轮换价差 0.26 元。4 月，春季普查，实际储粮 2732 吨，实现“一符四无”仓容 4150 吨。实现“四无储粮”2343 吨，占总储粮 86%；实现“四无”粮站 5 个，占 62%。

2007 年 3 月，州级储备粮（稻谷）轮换 1312.03 吨，每公斤入库价 1.76 元，销售每公斤出库均价 1.52 元，轮换价差 0.24 元，总轮换价差为 31.88 万元。

2008 年 1 月，全县遭遇 50 年难遇的长时间凝冻冰灾，凝冻期间加工稻谷 150 吨，生产大米 105 吨，每公斤以最低价 3.6 元销售，共销售大米 80 吨；加工油菜籽 25 吨，生产菜油 8 吨，每公斤以最低价 11.00 元销售，共销售菜油 7 吨。灾情发生后，得到省州投入县粮食设施恢复重建资金 30 万元，其中 5 万元用于仓容维修，其余 25 万元全部投入修建粮油加工厂和购置加工设备。3 月，普查 8 个粮站，库存粮食 3007 吨（稻谷），菜籽油 81.5 吨。其中州级储备粮（稻谷）库存 1532 吨，县级储备粮（稻谷）库存 800 吨，商品周转粮（稻谷）675 吨。总仓容 6017 吨。

2009 年 3 月，全州清仓查库，本县统计账面粮食 3280 吨，其中，州级储备粮食 1531.5 吨、县级储备粮 1400 吨、商品粮 348.5 吨。12 月，普查粮食 3226 吨，实现“一符四无”仓容 3226 吨，占 100%。实现“一符四无”的粮站 8 个。是年，县粮食储粮库存为 3226 吨，其中地级储备粮 1531.5 吨、县级储备粮 1400 吨、商品粮食 294.5 吨。

2010年4月，普查全县粮食，州级储备粮1531.5吨，县级储备粮1400吨，商品粮食294.5吨。有效仓库11栋，库房占地面积22500平方米，晒坝7600平方米。10月，县级储备粮（稻谷）轮换230吨，入库价为每公斤2.42元，销售每公斤出库均价为2.17元，轮换差价每公斤0.25元。是年，计划收购稻谷2000吨，粮食收购任务已分解落实到人，腾仓并仓600吨。因秋粮收购资金和轮换费用紧缺，向州农发行申请贷款收购资金300万元。

四、粮油库存

综合库存　1991—1993年粮油库存区分平价、议价，期间本县粮油综合年末库存总量年均4550.35吨，按同期月均销量456吨，可保证10个月供应，总库存中，平价库存年均3531.22吨，议价库存年均1019.13吨。

1994年起区分政策性、商业性库存，1994—2003年综合年末库存年均4102.7吨，按同期月均销量200吨计，可供20个月，实际在处理陈化粮后2003年年末库存只有2128吨，除代州县储备粮1170吨外，本县周转库存只有958吨。1993年油脂综合库存放开后，年末库存251.3吨，2003年后无油脂库存。

代州县储备粮　1992年4月州局落实本县收购国家专项储备粮稻谷1000吨，调凯里五里庄储存。1994年3月，本县代州储备粮贸易粮2193吨，其中小麦618吨、大米1504吨（以稻谷形式储存）、玉米71吨；代县储备贸易粮41吨，其中小麦31吨、玉米10吨。6月，代州储备粮1693吨，代州储备油20吨，代县储备657吨贸易粮。县财政无储备资金，不久代县储备取消，本县按2193吨贸易粮、20吨食油执行代州储备。代县储备仍保留41吨。

1996年4月州财政局、粮食局联合行文确定本县县级储备粮贸易粮大米200吨，原41吨代县储备取消。代县储备大米以稻谷形式储存，折率72%。1999年县级储备取消。2001年11月代州储备玉米71吨调整为稻谷储存。2003年重新确定县级储备粮稻谷800吨。

1994年9月代州储备粮稻谷转移到凯里五里庄储存671.8吨，折贸易粮484吨；2002年代州储备粮出库安排农村救济稻谷38.4吨；2003年出库稻谷86.5吨；2004年出库稻谷164吨。2003年代州储备食油20吨全部出库卖给台江县粮食购销公司，出售价每吨5400元（原价每吨4200元）。

2003年，定购任务取消，粮食企业改革，购销公司相继破产注销，资产处置变卖，全县粮食购销企业职工全员解除劳动关系。通过竞聘上岗，重新组建了唯一的一支国有粮食购销队伍，以“台江县粮油购销公司”的面目出现，政策性业务是执行代理县级、州级储备粮。

2004年，国家计委确定，中等中籼稻谷按保护价收购，每50公斤72元。是年10月底，台江县粮食购销公司在本县辖区自行购入800吨新粮（稻谷），完成对县级储备粮（中籼稻谷）的储备任务，分别存放台拱400吨、施洞200吨、老屯200吨。

2005年，全省完全实行免征农业税，结束之前农民“交皇粮”和“税改粮”历史。由于农业税全面取消，加上市场粮价平稳中偏低，农民种粮和售粮积极性不高。11月，在本县辖区收购县级储备粮750吨（稻谷）。

2006年3月，县级储备粮（稻谷）轮换750吨，每公斤入库价1.62元，销售每公斤出库均价1.36元；轮换价差0.26元。截至2006年6月底，有代州级储备粮食稻谷1532吨。

2007年5月，《台江县人民政府县长办公会议纪要》，会议主持人县长杨昌彪，出席人有副县长王刚、李碧云等副县级领导和单位局长30余人，会议听取和讨论了县粮食局改革工作情况汇报及关于要求增加县级储备粮的请示。决定：（1）同意从县财政解决粮改办公经费1万元。粮油加工厂退休职工10年退休金86.4万元的筹款问题，一是通过变卖资产来解决，职工补贴通过经营利润来解决，二是通过争取州社保部门的支持。（2）同意该年增加县级储备粮600吨，加上原有储备800吨使全县粮食储备达到1400吨；为加强粮食代储管理，为粮食企业解困，决定从县财政解决2万元购买粮食检测器，解决1万元购买消防器材，确保粮食安全，财政部门要加强对代州、县储备粮的检查，保证粮仓有粮，确保救灾、移民等用粮。

从2007年起增加600吨县级储备粮库存，按全县人口人均不低于10公斤贸易粮的标准，增加县级储备粮600吨（原粮），使总体规模达到1400吨。是年，对排羊乡老屯乡和革一乡3个乡15个村的50户居民、8户非国有粮食经营企业和8户个体酿酒作坊开展2006年度供需平衡调查：2006年全县种粮面积150765亩（含复种面积），全县粮食总产量为47598吨，平均亩产315.7公斤，其中稻谷总产量为30924吨，全县2006年社会粮食库存量33591吨，当年社会粮食供给量50008吨，全县人均消费量340公斤，当年社会粮食需求量43005吨，年末社会粮食库存40594吨，商品粮为20%。

2008年，全县粮食库存安全，质量良好，账实相符。5月，县级储备粮（稻谷）轮换300吨，入库价为每公斤1.9元，销售每公斤出库均价为1.7元，轮换差价每公斤0.2元。县级粮食库存1400吨（稻谷），其中有810吨是2004年收购的粮食（台拱416吨、施洞219吨、老屯175吨），在秋粮收购中对老屯、施洞两个粮站246吨县级储备粮进行轮换。246吨粮食轮换费用4.92万元。

2009年3月，实际清查粮食库存为3447.5吨，其中，州级储备粮食1531.5吨，县级储备粮1400吨，商品粮516吨。12月，普查粮食3226吨，其中，州级储备粮1531.5吨、县级储备粮1400吨、商品粮食294.5吨。

2010年4月，普查全县粮食，州级储备粮1531.5吨，县级储备粮1400吨，商品粮食294.5吨。有效仓库11栋，库房占地面积22500平方米，晒坝7600平方米。10月，县级储备粮（稻谷）轮换230吨，入库价为每公斤2.42元，销售每公斤出库均价为2.17元，轮换差价每公斤0.25元。当年，计划收购稻谷2000吨，粮食收购任务已分解落实到人，腾仓并仓600吨。因秋粮收购资金和轮换费用紧缺，向州农发行申请贷款收购资金300万元。

五、虫害防治化验

1991年以来没有发现新的储粮害虫。对虫害防治除沿用过去使用的磷化铝熏蒸、敌敌畏喷洒等传统药剂的方法外，1994年使用防虫磷乳剂用谷壳搅拌后随稻谷一起入库，对害虫发生有很好的预防作用。在密封条件较好的仓容内使用磷化铝烟剂，将药剂放入耐高温容器内点燃，靠其释放的浓烟及气味杀死部分害虫，主要是防止仓外害虫入侵。由于其作用时间比较短，只在台拱使用过，未在全县推广。空仓消毒原来以敌敌畏喷洒为主，20世纪90年代中期逐步改为以磷化铝密封熏蒸为主要手段。

为及时了解掌握各地库存粮食的情况，1991年以来，每年组织4次对全县库存粮油进行普查，春夏秋冬每个季度一次，遇到突发情况随时进行检查，对发现的问题及时处理。普查中同时对保管员的工作进行检查。

2001年8月，全县各公司对本公司各库点储粮进行检查并作自我鉴定。

2005年3月，春季防虫害，粮食局组织有关人员对粮站州级储备粮1532吨（稻谷），县级储备粮1129吨（稻谷），以及仓容进行磷化铝熏蒸杀虫，其中使用磷化铝314公斤，储粮药剂325公斤，敌敌畏12公斤，防虫灵57公斤。5月，普查储备粮2661吨，其中无虫、无鼠雀、无霉变、无事故的“四无”储粮2492吨，一般虫粮169吨，科学储粮479吨，防虫磷153吨。

2006年4月，春季防虫害，用磷化铝密封熏蒸，结合使用敌敌畏18公斤。6月，普查总储粮2732吨，其中一般虫粮389吨，占总储粮14%；科学储粮354吨，占总储粮13%。实现“四无储粮”2343吨。

2007年5月，夏季防虫害，全县储粮使用敌敌畏21公斤，磷化铝162公斤，防虫灵49公斤。

是年6月，对全县8个粮站的储粮虫害普查，总储粮2839吨，其中“四无”储粮2396吨、一般虫粮353吨、高水分粮90吨。科学储粮344吨，其中双低储粮246吨、防虫磷粮98吨。

2008年8月，开展夏季虫害普查，普查粮油3088.5吨，“四无”储粮2674.5吨，其中一般虫粮300吨。科学储粮416吨。

2009年7月，夏季防虫害，使用储粮药剂378公斤，其中敌敌畏18公斤，磷化铝333公斤，防虫灵54公斤。10月，秋冬防虫害，全县用用储粮药剂417公斤。11月，普查粮食3226吨（其中地级储备粮1531.5吨，县级储备粮1400吨，商品粮食294.5吨），实现“四无”仓容3226吨，占100%。实现“四无”的粮站8个。

2010年3月，春季防虫害，全县仓储用防虫灵64公斤，储粮药剂156公斤，其中熏蒸剂13公斤。是年10月，计划收购轮换稻谷2000吨，为防治秋季虫害，腾仓并仓600吨，空仓消毒1200吨。

六、粮油加工企业

台江粮油加工厂 1991年台江县粮油加工厂设有大米、面粉、油脂、饲料、维修5个车间，所有加工设备均为电力驱动。1990年投资35万元建面条生产车间，购置面条“一条龙”生产设备一套，室内烘干、机械切割、手工包装，1991年建成投产。1993年6月投资3.5万元购买除两套除尘设备，一套去石设备对面粉车间进行技术改造。1994年对油脂车间进行技改，菜籽压榨由二级改为三级。

1994年4月加工厂实行管理改革，对各车间制订生产经营各项考核指标，实行承包经营。并与台拱粮管所签订协议，对各成品粮出品率实行定额管理，根据批次原粮质量状况，灵活制订出成品率。超过归厂所有，不足由厂弥补。因开工不足，亏损严重，1997年处于全面停产状态，车间关门，职工全部外出打工，以谋生计。

乡镇粮管所粮油加工 1993年革一、方召、南宫陆续添置大米加工设备，1994年后全县9个粮管所15个站点均靠自己加工大米销售。是年，台盘自己加工大米176吨、南宫88吨、革一53吨、排羊37吨。

1998年后因销售量减少，社会粮油经营个体户增多，社会大流通给社会粮油经营带来便利，各品种各档次的粮油全县各地均有销售，本县粮食商业企业的加工设备陆续闲置、毁坏、报废。

七、社会粮油加工

1991年以来，社会粮油加工业不断发展壮大，从事粮油加工的个体户在全县各个乡（镇）、村寨不断涌现，加工能力不断提高。加工方式由原来的石碓舂米、水碾米、人力榨机榨油，逐步向电力驱动机械加工发展。

至1997年，本县粮油加工为燃油动力驱动和电力驱动并存。燃油动力多为柴油机。1997年全县实现村村通电，柴油机为电动机代替。2000年全县实现每个自然村通电，社会粮油加工设备更为普及，除极个别地处偏僻、农户较少的自然村外，90%以上的自然村都有大米加工机械设备，群众不出村就能把稻谷加工成大米，省工、省时、省力。过去使用过的石碓、水碾等大米加工设备，坏了的基本上不再维修，任由其毁掉、废弃，完好的仍有使用，但使用率已很低，偶尔应急使用。面粉、面条、食油、非食用加工设备仍不普及，主要集中在乡镇和大型村寨。主要是面粉、油脂食用量小，自然制约其发展，非食用油脂原料主要外卖，本地加工不多。据分析测算，全县约有大米加工设备400余台套，日生产能力约800吨；面粉加工设备约50台套，日生产约100吨；榨油机约20台套，日生产能力约30吨。

第六节 粮食流通体制改革

一、经营和价格放开

1993 年 2 月《国务院关于加快粮食流通体制改革的通知》国发〔1993〕9 号文件出台，3 月 1 日《省委、省政府关于加快粮食流通体制改革的通知》省发〔1993〕1 号文件出台，5 月《黔东南州粮食购销体制改革方案》出台。5 月，参照州粮食流通体制改革领导小组的构成，县政府成立了台江县粮食流通体制改革领导小组，县长任组长、分管副县长、县政府办公室主任、县体改委主任、县粮食局局长、县财政局局长为副组长，县委宣传部、县农经委、县农牧局、县总工会、县物价局、县民政局、县税务局、县审计局、县工商局、县人行、县农行的主要负责人为成员。领导小组负责本县粮食流通体制改革工作。

6 月 1 日，按照黔东南州政府和州粮食局的统一部署，本县粮食经营和价格放开，本县粮食流通体制改革进入了实质性阶段。粮食是关系国计民生的特殊物资，政府对粮食流通体制改革持慎重态度。价格放开，并没有将粮食购销价格的制订权交给企业，只是将原来的统购、统销价由各级政府根据市场粮食行情制定。经营放开是议价或商业性经营部分部分政府少作干预，逐步给商业企业一些经营空间，对粮食平衡盘子内的粮油库存购销活动仍由政府控制。

价格和经营放开后，粮食企业对政策性粮油实行代理，享受代理费用补贴。几十年的经营秩序被打乱，定量供应、农销指标、奖励政策、票证统一同时废止。各粮管所开始向市场经营迈步。下半年对粮油销售开始实行承包经营，销售人员的工资由销售收入中按 2% 比例提取，上不封顶，下不保底，多劳多得。各核算单位对销售人员停发定额工资，其他各类人员仍按定额发放工资。销售人员定额工资取消后，服务明显改变，纷纷自己主动联系客户，送货上门，并且自己到仓库提取粮油。1993 年 7 月至 1993 年年底城关第二门市部送货上门达 121700 公斤。1993 年 7 月至 1994 年 9 月城关门市部销售人员工资达每月 330 元，比放开前月均 141.66 元的定额工资高一倍以上，1994 年因抢购严重，为防卖大户于当年 10 月取消承包方案。

粮价改革引起各地粮价猛涨，本地粮价显得偏低，1993 年四季度开始出现外地商贩到本地购粮，造成本地粮价上扬。为平抑粮价稳定社会、稳定人心，县政府对粮食企业采取限价销售措施，每 50 公斤折算 71 元。价格低于市场及周边地区粮价，抢购一时难于制止。

1994 年 6 月 8 日州政府召开价格改革会议，传达省粮价改革方案。6 月 9 日上午，向县四大班子作汇报，下午在县电影院召开干部职工大会，传达价格改革精神，宣布本县标准销售价自 1994 年 6 月 10 日起执行全省统一售价，每公斤 1.6 元，菜油价每公斤 5.8 元。1994 年抢购风不止，县人民政府为了确保当地供应，制定了限销政策，从 1994 年 4 月 1 日起对原持有购粮证的人员恢复凭证供应，对销售人员限制“卖大户”。同年 9 月由工商派出人员对“卖大户”情况进行检查，发现有人一次购买大米 1 万公斤，有人一次购买大米 1.5 万公斤，有人一个月内买米 6 次，总量超过 3000 公斤。对尚未提走的粮食作退款处理。

1995 年 8 月，为适应两条线运行机制，成立台江县粮油购销责任总公司，制定章程，从事台江县粮油购销商业性经营活动。本县商业性经营指按 1994 年州政府确定给本县的粮油购销平衡盘子以外的粮油经营活动。总公司在各个乡镇粮管所设立分公司开展工作。9 月制定两线运行方案上报县政府，并开始组织实施。

1996 年 9 月，县政府关于粮食部门两条线运行实施方案正式出台，明确本县两条线运行实施日期为 1996 年 1 月 1 日，10 月成立台江县粮食结算中心，粮食企业开始步入以市场化经营为主体的经营机制。

二、减员增效职工分流

1997 年二季度县局试行人员分流。县局通过局务会确定各商业企业岗位职数、岗位条件，报县长、分管副县长批准后施行。1997 年 9 月，州局下达本县分流减员指标 29 人，年末本县实际减员 26 人。

1998 年国家提出以“三项政策，一项改革”为重点深化粮食流通体制改革的要求。“三项政策”是：坚决贯彻执行按保护价敞开收购余粮，粮食收储企业实行顺价销售，农业发展银行对收购资金实行封闭运行；“一项改革”是加快粮食企业自身改革，提高市场竞争能力，提高经济效益。“三项政策”出台后，本县粮食企业陷入困境，顺价销售无法实现，顺价远高于市价，政策规定又不准降价，粮食滞销、费用增加、资金周转缓慢，经营无利润；农发行实行收购资金封闭运行，收一公斤粮贷一公斤粮的款，销售所得的有限资金专户存放，全额还贷，企业职工工资无处发放，一度拖欠达半年之久，最长时达 11 个月。

1998 年 4 月，县政府关于国有粮食企业减员分流实施方案正式出台，方案对国有粮食收储企业及加工企业实行定岗。全县收储企业定岗 98 人，加工企业定岗 12 人，共计 110 人。方案提出到 2002 年年底职工总数比 1997 年年底减少 50%。同年 6 月成立下岗分流考核领导小组，县粮食企业人员下岗分流工作正式开始，该小组对全县粮食职工分批进行考核。9 月，确定各粮管所及各粮站留岗在编人员名单，台拱粮管所 21 人、台盘站 6 人、排羊粮站 8 人、方召粮站 5 人，全所计 40 人。施洞粮管所 10 人、革一粮站 7 人、老屯粮站 5 人、坝场粮站 3 人、大塘点 1 人，全所共 26 人。革东粮管所 13 人，麻力粮站 3 人，全所计 16 人。南宫粮管所 9 人，交密粮站 2 人，汪江点 3 人，巫西点 1 人，全所共 15 人。商业企业留岗在职共计 97 人。

2000 年 2 月，县局制订减员分流实施方案补充规定，规定职工可主动提出停薪留职，对主动提出停薪留职的职工发放三年工资，第一年按 50% 计发，第二年按 40% 计发，第三年发 30% 的工资；由单位决定停薪留职的按每年 30% 发放工资。对男满 50 周岁、女满 45 周岁工龄在 25 年以上不足退休年龄的可申请退养。对从事生产项目、开展多种经营的分流人员，发两年工资，第一年按 60% 第二年按 50% 发放。实施后陆续有职工分流外出。9 月根据《国务院关于进一步深化粮食流通体制改革的意见》，本县国有粮食企业职工，在原已分流的基础上，继续分流。是年，全县粮食企业在职职工 98 人，定岗 58 人，分流 28 人。其中台拱公司 39 人，定岗 24 人，分流 15 人；施洞在职 18 人，定岗 17 人，分流 1 人；革东公司 29 人，定岗 17 人，分流 12 人；加工厂在岗定编 12 人。

2002 年 7 月，全县粮食企业减员分流职工 84 人。分流人员因未得到妥善安置，仍属粮食企业职工未分流。是年，台江县粮食局根据上级有关指示精神，决定对全体粮食企业职工实行一次性全员买断工龄，与企业彻底脱钩。企业根据工作需要重新组建粮食购销队伍，对所需职工通过考试、考核，重新择优聘用，着手制订粮食企业分流人员安置办法。

2003 年年初，省、州政府关于粮食购销企业改革和发展的文件相继出台，5 月，台江县政府成立县粮食购销企业改革领导小组，负责本县粮食购销企业改革的领导工作。6 月，《台江县粮食购销企业改革实施意见》经县政府批准付诸实施。实施意见对公司全体职工解聘后的补偿安置办法作了具体规定，制定了具体方案，对新组建公司上岗人员的聘用原则作了明确，相继制定了台江县购销企业解除劳动关系实施方案，购销企业竞争上岗办法、改革成本测算方案、重组购销企业编制方案，并对处分的资产进行评估。经过 7 个月的工作，2003 年年底台江县粮食购销企业改革告一段落。

此次改革共涉及全县粮食购销企业职工 129 人，14 人符合内退条件准予退养，退养人员按每人每月 320 元由公司发给生活费；115 人全员解除劳动关系，全部参加社会养老保险。

115 名职工解除劳动关系后由公司给予一次性补偿，补偿按每个工龄 1145 元发给，应补偿总额

189.6万元，已发放77人共130.81万元，最高获得3万元补偿。有38名职工被重新聘用上岗尚未发放补偿金。此次改革政务公开，对重组招聘人员及经理实行公开考试、考核，公开招聘，并予公示。补偿金由省州、县三级财政筹措，省财政按每人4000元出资，州、县财政分别按每人2000元出资。

此次改革还一次性清偿原欠发职工工资123人40.27万元，支付拖欠职工医疗费129人8.7万元，利用改革的机会对职工个人和单位多年欠交养老金进行了清理补交，单位共补交养老保险金469910.41元，个人补交44516.9元，养老金清缴，解除了职工的后顾之忧。

为筹足改革资金，除各级财政的支持外，县粮食局牵头在报经县政府批准后对公司部分资产进行拍卖，补充资金。本次变卖的资产有：汪江购销点房产及土地使用权，南宫粮站两处空地使用，坝场粮站及土地使用权，老屯粮站木板仓，施洞粮站门面房及土地使用权，施洞第二号仓一栋及土地使用权，排羊粮站木板仓及空地土地使用权，台拱粮站7号仓及土地使用权，台拱粮站办公楼及土地使用权，台拱粮站原职工住宅楼一栋及土地使用权。共11处房产及土地使用权。

本县粮食体制改革经历了自1979—1993年粮食收购由统购演变为合同定购、国家定购；粮食销售逐步向议价倾斜；购销价格由统购统销价格逐步调整过渡到购销同价；1993年后，粮食流通体制改革步伐加快，粮食经营机制实行政策性经营、商业性经营两条线运行机制，粮食收购由国家定购与市场收购同时进行。到2003年取消国家定购，粮食销售由价格倒挂购销同价到顺价销售；由国家制订调拨计划实现各地粮食平衡到各地自求购销平衡；企业人员由队伍庞大到精干，由下岗分流到一次买断工龄全员解除劳动关系，实现购销队伍重组，继续向市场经营迈进。

1991—2004年台江县政策性粮食销售情况统计表

表12-11 单位：吨

年度	总销售量	品种		
		小麦	大米	玉米
1988	4594.1	1316.2	2383.4	894.5
1989	4604.3	1001.6	2584.7	1018.0
1990	4186.0	1200.3	2256.6	729.1
1991	3219.4	1023.4	1625.9	570.1
1992	4260.0	1171.0	2196.0	893.0
1993	4170.0	1228.0	2899.0	43.0
1994	1176.0	2.0	1166.0	8.0
1995	2216.0	138.0	2007.0	71.0
1996	1530.0	5.0	1525.0	—
1997	1272.0	1.0	1271.0	—
1998	797.0	1.0	763.0	33.0
1999	133.0	2.0	108.0	23.0
2000	3018.0	2.0	3016.0	—
2001	723.0	1.0	722.0	—
2002	134.0	3.0	131.0	—
2003	137.0	3.0	134.0	—
2004	1147.0	—	1147.0	—

1991—2004 年台江县议价粮油销售情况统计表

表 12-12 单位：吨

年 度	合 计	其 中			油
		小 麦	大 米	玉 米	
1991	1245.3	45.3	948.2	251.8	24.8
1992	1327.0	317.0	839.0	171.0	13.2
1993	955.0	43.0	885.0	27.0	34.5
1994	2547.0	519.0	2006.0	22.0	154.3
1995	2216.0	138.0	2007.0	71.0	55.4
1996	2489.0	47.0	2223.0	219.0	217.0
1997	717.0	4.0	706.0	7.0	17.5
1998	641.0	8.0	608.0	25.0	64.3
1999	395.0	7.0	364.0	24.0	22.7
2000	3139.0	2.0	3137.0	—	19.8
2001	155.0	—	155.0	—	10.6
2002	75.0	—	75.0	—	19.7
2003	84.0	—	84.0	—	16.0

说明：2003 年国家定购任务取消之后，粮油议价随行就市，“议价粮、议价销售”也随之取消了。2004—2010 年后不再有国家政策性的“议价粮、议价销售”

购销企业经营状况说明：

2003 年国家定购任务取消，各个粮食企业相继破产，职工也全部分流下岗或买断。

2004 年通过竞聘，重新组建了一支 26 人的粮食队伍，即“台江县粮食购销公司”。在面对市场自主经营、自负盈亏、自食其力的同时；代理县、州二级储备粮。

2006 年 3 月 3 日经县政府研究，同意将县粮食购销公司 1998 年 6 月 1 日至 2004 年 6 月 30 日企业出现损失损耗及潜亏占用贷款共计 1265848 元（其中：一是呆账、坏账造成企业潜亏 670402 元；二是财产损失损耗造成企业潜亏共 595446 元）纳入政策性财务挂账处理。

2006 年 7 月，经县政府批准《台江县政策性粮食财务挂账剥离方案》，从 1998 年 6 月 1 日至 2004 年 6 月 30 日台江县粮食企业新增政策性财务挂账数额为 682 万元。

2007 年 3 月，州级储备粮（稻谷）轮换 1312.03 吨，每公斤入库价 1.76 元，销售每公斤出库均价 1.52 元，轮换价差 0.24 元，总轮换价差为 31.88 万元。

此次轮换的粮食全是 2006 年新收稻谷，应轮换 1315.7 吨，实际轮出 1312.03 吨，自然损耗 2631 公斤。按上级文件规定，每公斤补偿轮换价差 0.14 元，计补价差 18.42 万元，价差亏损为 13.46 万元，轮换过程自然损耗 2631 公斤（稻谷），按每公斤 1.76 元成本价计算，折合金额 0.46 万元，剔除州级应弥补的价差外和自然损耗外，实际亏损 13.4 万元。

2007 年 5 月，《台江县人民政府县长办公会议纪要》，会议主持人县长杨昌彪，出席人有副县长王刚、李碧云等副县级领导和相关单位负责人 30 余人，会议听取和讨论了县粮食局改革工作情况汇报及关于要求增加县级储备粮的请示。决定：（1）同意从县财政解决粮改办公经费 1 万元。粮油加工厂退休职工十年余命金 86.4 万元的筹款问题，一是通过变卖资产来解决，职工补贴通过经营利润来解决，二是通过争取州社保部门的支持。（2）同意 2007 年增加县级储备粮 600 吨，加上原有储备

800 吨，使全县粮食储备达到 1400 吨；为加强粮食代储管理，为粮食企业解困，决定从县财政解决 2 万元购买粮食检测器，解决 1 万元购买消防器材，确保粮食安全。

2007 年 10 月 24 日台财预字〔2007〕84 号文件《关于下达预算经费的通知》，粮食局储备粮轮换经费，新追加金额 4.8 万元。

2008 年 5 月，县级储备粮（稻谷）轮换 300 吨，入库价为每公斤 1.9 元，销售每公斤出库均价为 1.7 元，轮换差价每公斤 0.2 元。

此次轮换，是对 2004 年县级储备粮 800 吨粮食按储存年限进行了自然轮换处理 300 吨。新增加县级储备粮 600 吨（稻谷）收购平均价格为每公斤 1.9 元（含集运、整理费用），共计粮食收购资金 114 万元。

粮食实际轮换总价差为 6 万元，扣除财政应拔补差价 4.8 万元（按州级储备费用每吨 160 元计），粮食购销企业实际亏损 1.2 万元。

2009 年 5 月，为完成台江县新增中央投资项目建设工程，经县政府研究（台府纪〔2009〕4 号）同意，把台盘、施洞、排羊、革一四个粮站的土地和库房划拨台江县国投公司进行管理。作为补偿，县国投公司划拨 210 万元给台江县粮食购销公司用于消化 2004 年以前经营性粮食亏损挂账。

第十三篇

城乡建设

第一章　建设规划

第一节　县城长远规划

一、总则

编制目的　随着西部大开发战略的深入实施，区域经济一体化的发展和凯里城市经济圈合作的不断深入，台江县城乡发展面临着新的环境和要求。为落实党中央精神和省委、省政府实施工业强省和城镇化带动战略的总体部署，引导台江融入凯里城市经济圈，有效指导城乡建设，满足新时期城乡发展的需要，保障台江与全省同步进入小康社会，台江县人民政府组织编制本规划。

规划期限　近期：2011—2015 年；远期：2016—2030 年。

规划范围　城区范围北至下瓦寨、翁孟沟；南至南市林场；西至浮萍寨、桃尧村；东至聋子冲，总面积为 13.17 平方公里。台拱镇、台盘乡、革一乡辖区范围全部纳入城市规划区，面积共计 416 平方公里。

二、城乡发展目标和策略

城乡发展总体目标　进一步加强和完善台江作为凯里城市经济圈重要节点的职能，对接凯里中心城市发展，建设凯里中心城市重要的卫星城和产业布局基地，突出“魅力苗疆、风情台江”品牌，建成特色鲜明的旅游节点城市和园林县城，把台江建设成为经济繁荣、社会文明、特色鲜明、功能完善、环境优美的城市，实现城乡全面协调可持续发展，与全省同步实现小康社会。

经济发展目标　到 2030 年，二、三产业得到快速发展，全县经济结构明显优化，经济总量、财政收入和城乡居民收入持续增加，人均 GDP 达到全省平均水平。充分融入凯里城市经济圈产业布局体系，成为经济圈内重要的产业布局基地。转变经济增长方式，经济增长从资源依赖型和投资导向型逐步向技术带动型转变，形成以工业为主导、服务业占重要地位的城市产业结构。

旅游发展目标　规划期末，台江县的旅游业得到全面发展，县域内风景旅游资源得到科学保护和合理利用，旅游资源的知名度得到广泛提升，现代旅游服务功能得到全面提升，旅游设施及旅游服务能够较好地融入黔东南州区域旅游产业支撑体系，建设成为贵州东部重要的旅游节点城市。

社会人文目标　台江县的文化、教育、科技、医疗等社会事业得到全面发展，社会基本公共服务水平达到国内平均水平。教育、医疗、养老、失业等社会保障体系日趋完善，建立均衡化的城乡公共服务体系，城乡差距进一步缩小，社会就业更加充分，社会文化得到长足发展，公共服务事业完备，文明程度和现代化程度大量提升，社会和谐、繁荣、稳定、文明，人居环境优良。

生态建设目标　台江生态环境进一步提升，森林植被、自然地貌、水源地、水系等生态敏感区域得到合理保护，全县草地面积保持稳定，森林覆盖率达到并维持在 60% 以上，形成功能合理、科学布局的生态绿地网络。保护并恢复野生动植物物种和种群的平衡，实现野生动植物资源的良性循环和永续利用。加强防御外来物种入侵，保护自然生态系统与重要物种栖息地，防止物种栖息环境的改变。工矿企业得到全面整治，污水、废弃物、烟尘等污染物达标排放，居民生活环境安全，全县的生产和消费活动与自然生态系统协调发展。

城镇建设目标　建设成为内部功能完善、外部职能突出、环境优良、设施齐全的县城，城市基础设施系统运行稳定，具备完善的防灾救灾体系。发展成为黔东南州重要的旅游服务节点和具有一定地区影响力的苗族文化中心，建设成为宜居城镇和风景园林县城。

资源利用目标　土地、水、矿产和能源等资源得到科学合理开发、综合利用和集约使用。资源、能源的利用效率达到国内平均水平，废弃物的减量化、资源化、无害化和节水技术得到全面推广，节能减排得到有效控制，绿色建筑、绿色交通得到全社会的倡导和有效利用，自然生态系统和人工生态环境达到和谐共融。

区域协调发展策略　（1）面向凯里中心城市打造卫星城，按照“规划统筹，产业同链，市场同体，交通同网”的基本方略融入凯里城市经济圈发展，加强与凯里城市经济圈内各城镇的分工协作，强化功能互动，加快设施对接；（2）县域城镇合理分工，按照“北部承接产业转移，中部优化县城空间，南部保育生态基底，整体构建旅游经济”的总体思路，搭建差异化的功能互动平台；（3）加快对接凯里区域交通战略枢纽，强化与凯里枢纽的高速公路、二级公路联系，整体提升开放区位；（4）积极促进与雷山、剑河等县的优质生态区域协调发展，协调划定生态功能和水环境保护区，共同维育区域生态环境。

城乡统筹发展策略　（1）以人为本，促进城乡人群全面发展；（2）因地制宜，科学统筹城乡发展；（3）空间极化，实现县域非均衡整体发展；（4）双向互动，促进城乡产业连动，实现城乡服务均衡；（5）创新制度，推动城乡制度公平；（6）市场机制与政府宏观调控相结合，促进资源合理分配；

三、县域城镇体系规划

县域城镇等级规模结构　到2030年，全县形成县城、中心镇和一般镇三个层次规模等级结构。第一级：县城1个，即台江县城（7万人）。第二级：重点镇2个，即革一和施洞，发展人口0.8万～1万人。第三级：一般镇5个，即台盘、南宫、老屯、排羊、方召，发展人口0.2万～0.5万人。

县域城镇地域空间结构　构筑“一心三轴二副”的的县域城镇体系空间结构。“一心”即以台江县城为中心，构成台江县城镇空间的极核，也是台江县城镇体系的一级中心。“三轴”包括“沿G60国道（沪昆高速公路）城镇聚合轴”“沿台（盘）—镇（远）公路工业经济聚合轴”“沿雷山—台江—施秉公路旅游经济聚合轴”。“二副”分别选择革一、施洞作为重点镇，作为县域城镇发展的支撑点。

县域城镇职能类型结构　如表13-1。

台江县城镇职能结构规划一览表

表13-1

等级序列	城镇名称	城镇职能
县　城	台拱	全县政治、文化、交通中心，是凯里的卫星城，具有苗族文化特色和山地滨水风貌的山水园林城镇
重点镇	革一	以工业化为主的新型工业城镇
	施洞	以旅游服务业为主的城镇，配套发展农副产品加工业

续表 13-1

等级序列	城镇名称	城镇职能
一般镇	南宫	以生态服务和旅游服务为主的城镇
	台盘	以加工业为主的工业型城镇
	老屯	以发展农副产品加工业为主的农贸型城镇
	方召	以发展农副产品加工业为主的农贸型城镇
	排羊	以发展农副产品加工业为主的农贸型城镇

城镇建设用地分类指导　城镇人均建设用地视现状用地情况在以下规定允许调整的幅度内有所增减。

城镇规划人均建设用地指标调整幅度一览表

表 13-2　　单位：平方米／人

现状人均建设用地指标	允许调整幅度
≤ 60	增 0 ～ 15
60.1 ～ 80	增 0 ～ 10
80.1 ～ 100	增、减 0 ～ 10
100.1 ～ 120	减 0 ～ 10
120.1 ～ 140.0	减 0 ～ 15
≥ 140	减至 140 以内

村庄建设分类指导　将农村居民点分为城镇提升型、保护提升型、集聚发展型、控制发展型和移民迁建型 5 类，分类指导。

城镇提升型村庄：位于规划建设用地范围内的村庄，应严格禁止民房的无序建设，根据城镇建设推进要求对村庄建设实行统一规划，规范管理，并实行统一的住房改造。

保护提升型：包括历史文化名村和民族文化村寨。坚持保护第一、保护与科学利用相结合的原则，制定实施保护、利用的步骤和措施。科学划定严格保护区、一般保护区和环境协调区，严格保护好历史文化古村的整体风格；充分利用自然条件，挖掘地方文化内涵，保护地方特色的延续；在保护好传统风格的前提下，应对传统住宅进行设施改善，适应现代生活要求；在村庄保护的环境影响范围内，严禁新建影响保护风格的建设项目。

集聚发展型：现状村庄有一定规模，具有一定的发展潜力，对周边村庄人口有较强集聚作用，以村庄环境整治和基础设施的完善为主，鼓励配套服务设施建设、鼓励新村建设。在村庄建设规划指导下进行各项建设。其选择标准为：现状人口规模较大，一般在 500 人以上，交通便捷。

控制发展型：现状有一定规模，但发展潜力不大，现实条件下难以迁并的村庄。规划要控制村庄建设用地的扩大，在现有用地内部对村庄布局进行改造和基础设施建设，鼓励村民向镇区和其他鼓励发展的居民点迁移，允许村民住宅在不扩大村庄建设用地外延的前提下进行翻建、改建。

移民迁建型：一是位于雷公山自然保护区内或地质灾害隐患区域内的村庄；二是村庄规模过小的村庄，原则上山区村庄规模在 30 人以下，坝子内村庄规模在 50 人以下的可考虑向中心村迁移。

县域经济分区　中部城镇开发和苗疆特色旅游发展区，以沪昆高速公路为主轴，以台江县城城区为核心，组成横贯东西的中部经济区。该区包括台江县城（台拱镇）、施洞镇、排羊乡、老屯乡、方召乡。该区以旅游服务业、金融、商务、教育、交通运输业、房地产开发等产业为主。

西北部工业产业聚集区，以革一为中心，包括革一和台盘，构成县域西北部经济区。革一布局了工业聚集区，主要发展民族家纺制造、新型制药业、生态产品加工业、建材工业和运输业。

南部山林经济和生态协调区，以南宫为中心，以雷山—南宫—方召—县城二级公路为发展带，以生态维育为发展前提，主要发展生态友好型的加工业和旅游服务业。

县域产业发展重点 建立以旅游产业为主导，以现代服务业为重点，以新型工业为支撑的产业体系。

第一产业，第一，以台江现有的特色农产品为基础，积极培育并融入旅游主导产业链，服务于旅游经济，增加农业收入。第二，配合旅游服务节点城市的打造，在城郊地区或与主要旅游景点统筹布局，开辟可以反映地方特色的观光、休闲旅游农业。第三，高效农业发展的同时应高度重视生态环境的保护。

第二产业，以生态维育和可持续发展为基本的前提，以革一工业园区为布局重点，有选择地发展与生态保护目标相容的工业门类，力争在民族医药、民族纺织、旅游商品服务产业上有所突破，大力发展旅游商品的生产与加工，将农业、工业和旅游业纳入同一个系统中，实现分工与合作。

第三产业，融入环雷公山旅游经济带发展，将旅游业作为第三产业发展的重点。县城重点发展旅游服务、信息、金融、商贸、物流、教育科技、医疗卫生、文化体育等；重点镇发展旅游服务、商贸、餐饮、公共服务、农业产业服务等；一般镇重点发展商贸、公共服务、农业产业服务等。

县域旅游发展规划 县域旅游产业发展策略。融入全州旅游产业发展大环境，围绕共同建设“黔东南民族文化与自然生态旅游大州”的战略目标，强化旅游产业的区域合作。

凝练文化特色，创建旅游精品，以“台江姊妹节”旅游产品为龙头，提升台江文化旅游品牌形象。

以增强游客体验度为结合点，深化文化主题，融入环雷公山乡村旅游带发展。以发展文化旅游为互动基础，加强部门间合作，建立制度化的合作协调机制。

旅游发展空间格局。构建“两轴三区一中心”空间格局。两轴：一轴是县域以北横向的自然风光景观轴，联系的景点有古羊洞、苗族特色文化村、大塘溶洞群、施洞苗寨；二轴是纵向的人文风光景观轴，联系的景点有张秀眉练马道、莲花书院、文昌宫、南宫乡政府。三区：三区是指三个特色旅游景区，包括施洞景区、龙翁湖景区和南部的南宫森林公园景区。一中心：规划台江县城的主城区为全县的旅游服务主中心，在台江旅游发展中起枢纽作用。

旅游服务配套设施。交通设施，力争实现重点旅游景区景点通二级或三级公路，利用县域交通网络完善景区之间的联系，加强景点之间的通达性。

县域主要旅游道路规划一览表

表13-3

编　号	起止地点	规划等级
01	古羊洞—苗族特色文化村	二级
02	大塘溶洞群—施洞苗寨	三级
03	张秀眉练马道—莲花书院—文昌宫—苗族特色文化村—南宫乡政府	二级
04	台江县城—龙翁湖	二级
05	台江县城—古羊洞	二级

配套基础设施，重点改善景区景点及周边地区供水、供电、通信、环境保护及绿化、垃圾污水处理等基础设施条件。

接待服务设施，在景区附近，应建设宾馆饭店、旅游信息服务中心等设施，配套建设一批休闲、旅游购物中心、停车场等服务设施，以提高旅游接待能力和档次。

县域综合交通规划　交通发展战略。规划至2030年，台江县交通结构趋于合理，公共交通成为主导客运方式，居民出行便捷、出行的选择性增强、出行效率提高，交通发展步入良性循环。优先建设大运量公共客运走廊；建设快速交通走廊；完善区域铁路、公路网络，促进大型交通基础设施区域共享；适度控制机动车的增长，严格控制摩托车的发展。

公路网络规划。高速公路：依托沪昆高速公路主干线作为台江县对外联系的主要通道。干线公路：320国道、凯里—台盘—台江二级公路、台盘—革一—施秉杨柳塘二级公路、雷山—南宫—台江县城—施洞—施秉二级公路。县乡公路：县城—老屯、县城—排羊三级公路。通村公路：按四级公路标准建设。

站场规划。规划在县城设置二级客运站1处，旅游（二级）客运站1处；在革一、施洞和南宫设置四级客运站各1处，在台盘、老屯、方召、排羊设置简易客运站各1处。

县域公共服务设施规划　教育设施。教育普及，城镇全面普及幼儿学前教育，适龄儿童义务教育入学率100%；高中或职中阶段教育毛入学率近期达到60%，远期达到90%；高等教育毛入学率近期达到40%，远期达到70%。布局原则，县城按人口分布合理配置托幼设施，县城外镇乡均应建成不低于二类标准的中心幼儿园。县城和镇乡按平均1.5万～2万人设小学1所，规模不低于12班，大型中心村设1所小学，城市小学服务半径不宜超过500米。县中心城区和中心镇按2万～3万人设初中1所，规模不低于6个班；一般镇（或集镇）设九年一贯制学校1所；规模不低于18个班，县城初中服务半径不宜超过1000米。设施配置与布局，全县配置小学19所左右，合计240个班左右；中学（完中）3所，合计144个班左右；九年一贯制学校7所，合计110个班左右；职业教育学校一所。

医疗设施。县城按7床／千人标准配置医疗设施，加强改造和完善综合医院、专科医院和社区医院建设。镇村设卫生院和卫生室，按2.1床／千人标准配置，加强中心卫生院的规范化建设。加强中心村卫生室建设，自然村、基层村建设医疗点。抓好创建卫生城镇及农村改水改厕工作，深入开展爱国卫生运动。规划期末医疗设施总规模为：县城区550床，其余城镇350床，总计900床；建立350人规模以上的医生队伍。

文化设施。规划县城（或中心城区）设图书馆、博物馆、文化活动中心、青少年宫、老年活动中心、广播电台、电视台和转播台；在镇区（乡集镇）建设文化站、图书馆（室），书店结合文化站、图书馆设置，规模由服务人群规模确定；中心村建精神文明活动中心、文化站（室），其中文化站（室）100～400平方米，老年活动室100～200平方米，文化宣传栏长度以10米的要求控制，积极扶持热心文化公益事业的农户组建文化中心、文化室、图书室等。到规划期末，广播电视人口覆盖率达100%，农村有线广播及电视入户率达90%以上，

体育设施。县城建体育活动中心1处，配建综合运动场、体育馆、游泳池，具备承办区域性单项竞技比赛的能力。中心镇建成服务周边区域的体育场及体育设施，配建田径场（足球场）、灯光球场（带看台）、游泳池各1处；训练场（馆）可结合中小学进行建设。一般镇结合中学建设标准运动场及其他体育运动设施。中心村结合文化站建设体育活动室和篮球场，运动场地600～1000平方米。

社会福利设施。形成城市—镇（街道）—社区或农村社区三级服务网络。县中心城区建成社会福利院1处、救助站1处和80床左右的综合性养老院；重点镇建成25床以上的敬老院；社区和一般镇

加强社区康体中心建设。县城周边布局 1 处公墓、1 处殡仪馆，镇乡配建公益性公墓，大村建设集中墓地。

城镇住房建设。2015 年，全县城镇住房供给水平有较大提高，人均住宅建筑面积达到 25 平方米；到 2030 年，城镇人均住宅建筑面积达到 35 平方米。普通商品房、经济适用住房和廉租房同步开发建设，保证经济适用房和廉租房所占比例在 35% 以上。2015 年，解决人均居住面积 18 平方米以下城镇住房困难户的住房问题；2030 年，低收入家庭人均住房保障面积达到 25 平方米。不断完善城镇住房规划的编制，引导城镇住房开发的集中化、规模化、开发行为规范化和土地利用集约化。

县域重大基础设施建设规划 供水水源选择原则。各乡镇应尽量采取集中供水，供水水源就近取用境内地表水或地下水，水源的选择应考虑水量和水质的要求，并与其他市政设施协调建设，避免与城镇发展方向相冲突。

重点城镇 2030 年供水规划一览表

表 13-4 单位：立方米／天

乡 镇	居民综合生活用水	工业用水	其他及未预见用水	总用水量
革一镇	1600	320	400	2320
施洞镇	1280	260	320	1860
南宫镇	1280	260	320	1860

排水设施规划。各级城镇应建设完善的污水处理设施，污水经处理达标后方可排放。集镇根据实际情况可采用小型一体化污水处理设施处理污水或者采用稳定塘处理污水。

县域电力工程规划 2015 年全县用电量 2.3 亿千瓦时；远期 2030 年用电负荷千瓦时，用电量 5.5 亿千瓦时。电源以国家电网系统供电，电源主要是 110 千伏台江变，上级电源是 220 千伏镇远变和 220 千伏开怀变。电压等级为 220 千伏、110 千伏、35 千伏、10 千伏。

电网规划。近期新建 110 千伏革一变电站和红阳风电场，进期装机容量为 49.6 千瓦时，远期最终规模为 150 千瓦时。远期新建 220 千伏革一变电站，并另新建一座 110 千伏革一变以满足革一工业园区的用电负荷；新建 220 千伏南江变电站。改造和完善农村 10 千伏网络结构，合理规划 10 千伏供电半径（10 千伏供电半径≤ 15 公里），减小 10 千伏配电网路的线损，提高供电可靠性和供电质量。

县域通信工程规划 近期全县固定电话普及率约为 15 部／百人，电话实装数预期约为 2.2 万户，全县程控交换机扩容为 3 万门；远期电话固定普及率约为 34 部／百人，预期电话实装数约为 5.6 万户，全县程控交换机扩容为 7.5 万门。其中近期农话普及率约为 12 部／百人，远期农话普及率约为 25 部／百人。

近期优化电信网络结构和资源配置，提高网络通信能力和通信质量，实现村村通电话。发展高速互联网，架构信息高速公路，实现电信业务信息化。进一步提高通信能力和质量，采用以 IP 为主导的新一代数据通信网，实现电信网络的智能化、综合化、宽带化、个人化。

发展移动通信网，增加载频和信道，提高网络通信质量。在乡乡通的基础上，逐步向村村通目标发展，移动通信网以 GSM／CDMA 和 3G 构成不同层次的网络，以满足不同用户的需求。使省道、县道交通干线、工业区、风景旅游区以及县乡公路确保有效覆盖。

完善在重点镇设立邮政支局和服务网点，调整邮政网络结构，促进物流、资金流、信息流的有机融合，组成一个高效的邮政服务网；各邮政局所建成电子化局所。建设用户信息服务系统、电子商务系统。实现邮政的电子化、网络化和信息化。

县域能源结构规划　城镇生活能源结构。县城及各乡镇居民生活能源结构为：燃气、电能、型煤；规划县城建设管道燃气工程，气源为天然气，液化石油气为补充气源；乡镇燃气气源为液化石油气，以瓶装液化石油气供气。2015 年县域城镇液化气用量 6.35 吨 / 日，2030 年为 17 吨 / 日。

农村生活能源结构。农村大力发展沼气，各地应因地制宜地积极探索和推广不同模式的沼气综合利用途径，发挥沼气建设的综合效益，逐步形成“养殖—沼气—种植”生态循环体系，推广省柴节煤灶，形成以沼气、型煤为主，电能、液化气为辅的生活能源结构。

资源利用和保护规划　土地资源利用与保护。根据《中华人民共和国土地管理法》要求，严格执行《台江县土地利用总体规划》和耕地占补平衡制度。加强土地利用规划与城乡规划的协调，优化非农建设用地结构，保障城镇建设用地有序供应。培育和完善土地市场，加强土地动态监测，实现土地资源有效保护与合理利用。

水资源利用与保护　建立健全水资源管理制度。加强水资源产权管理，对水资源使用部门实行水资源有偿使用和转让。加强水资源的法治建设，完善水资源的价格机制。调整缺水地区的工业布局和产业结构。减少对水资源的污染，降低工业用水量，提高水的重复利用率，建立节约用水的制度。对农田实行科学灌溉，减少农业用水浪费。提高污水回收利用率，开辟第二水源。

历史文化保护与利用　贯彻“保护为主、抢救第一、合理利用、加强管理”的工作方针。实行文物信息资源共享，制定文物保护的科学技术研究规划，促进文物保护科技成果的推广和应用，提高文物保护的科学技术水平，加大文物和博物馆专业人才的培训工作。加强地域内少数民族历史发展、社会生产、生活习俗、节日庆典、信仰祭祀、游艺活动和民俗仪式的文献、典籍、契约、手稿、谱牒、器皿、用具、服饰等具有代表性的可移动文物的抢救、保护和利用。在国家、省、市文物保护相关管理规定的指导下依法对国家、省、市三级文物保护单位进行管理和保护。制定各级文物保护单位和未核定为文物保护单位的不可移动文物的具体保护措施，并公告施行。保护措施应当包括不可移动文物的保护规划、修缮、安全、利用、保护设施、环境整治等内容。

风景资源保护与利用　坚决贯彻“有效保护、合理利用、加强管理”的原则，通过开发利用风景名胜资源，促进旅游产业发展。把旅游开发与资源、环境保护结合起来，在保护好资源和环境的基础上合理开发，形成开发与保护的良性循环，实现人与自然的和谐统一，使资源得到永续利用。保护独特的自然地理形态，完善全县自然景观资源的保护体系。及时编制风景旅游资源开发与保护规划，增强与城市规划及相关专业规划的协调，严格依据规划实施建设管理，保护自然景观、文化古迹和生态环境，积极稳妥地开发风景名胜资源，打造旅游精品。

县域环境保护规划　空气环境质量目标，规划期内县域内自然保护区空气环境质量达到《环境空气质量标准》（GB3095-1996）二级标准；城区及城镇居住区、城郊农村地区和一般工业区达到《环境空气质量标准》（GB3095-1996）二级标准。

饮用水水源保护区环境质量目标，加强对饮用水水源的保护，规划期县域内集中饮用水水源水质达到《地表水环境质量标准》（GB3838-2002）二类水质标准。水质达标率达到 100%。

地表水水环境质量目标，规划期县域内主要水域（清水江、翁密河、翁你河）水环境质量达到《地表水环境质量标准》（GB3838-2002）二类以上标准。

声环境质量目标，按《声环境质量标准》（GB3095-2008）控制县域内各功能区的噪音污染，近期声功能区达标覆盖率达到 80%，远期声功能区达标覆盖率达到 100%。

生态环境质量目标，规划近期县域城镇绿化覆盖率不低于 35%，远期县域城镇绿化覆盖率不低于 38%。

县域城镇综合防灾减灾规划　防洪规划。县城和重点镇按20年一遇标准设防，其余乡镇按10～20年一遇洪水标准设防。

消防规划。建立消防指挥中心和培训基地；县城设置二级普通消防站1座；革一设置二级普通消防站1座；其余镇按实际需要设立专职或义务消防队。配合城镇道路建设布置消火栓，消防用水由市政管道统一供给，消火栓间距不大于120平方米，定时供应自来水的村庄应建相应规模的消防水池。完善各级道路系统，确保消防通道畅通。

地质灾害防治。新区及城镇开发区的基础设施建设、重大工程项目建设、新办矿山等必须进行地质灾害危险性评估，评估率达100%。健全地质灾害防治领导机构，实行地质灾害部门责任制。加强制度建设，建立地质灾害预警制度，完善地质灾害防治预案。加强汛期地质灾害多发地段灾害检查，对高切建、深开挖工程进行严格监管。项目选址、定点过程中，应充分论证地质灾害及潜在地质灾害的影响。

县域空间管制规划　适宜建设区：与资源保护不冲突，地形适宜建设的地区，是优先发展的地区，但仍需根据本地环境与资源禀赋条件，选择合理的开发模式、开发规模与强度。

限制建设区：自然资源条件与自净能力相对较好的生态保护区或生态敏感区，城市建设用地必须控制在合理的规模，避免与生态保护发生冲突。在进行详细环境影响评价的基础上，科学合理地引导开发建设行为。

禁止建设区：保障城市生态安全的重要地带及生态建设的首选地，禁止任何开发建设行为。

空间资源限制性管制评价准则分区管制依据及措施　禁止建设区：主要依据《中华人民共和国土地管理法》《基本农田保护条例》《中华人民共和国水法》《中华人民共和国环境保护法》《中华人民共和国森林法》等法律法规进行管制，该区应强化管理，严禁开展任何破坏性建设。国家重点项目确需占用基本农田的，应按程序报批。

控制建设区：依据相关法律法规及铁路、公路等相关规划，协调城镇规划、风景区规划、土地利用规划等进行管制，该区应加强管理，认真组织项目实施。大型项目和污染类项目应严格执行“项目建设选址意见书”制度，环境影响评价制度，项目建设前还应先进行文物调查和用地预审制度。

适宜建设区：主要依据《中华人民共和国城乡规划法》《村庄和集镇规划建设管理条例》《中华人民共和国土地管理法》及城镇总体规划和建设规划等进行管制，该区应严格执行“一书两证”或“一书一证”制度，规范管理、有序建设，严禁违章建设。

县域空间管制针对性空间　南宫森林公园。南宫森林公园位于台江县南部，面积61.3平方公里，保护范围按照森林公园相关规划的要求划定。

文物保护单位。台江县的历史文化遗产主要包括省级文物保护单位的文昌宫、莲花书院、张秀眉故居、台拱厅城垣、苏元春公馆、白骨塔等。规划对各级级文物的管制应当根据其种类和具体特点，按照文物保护部门的相关要求，明确保护范围和级别，提出保护手段和要求，进行切实的保护。

生态廊道。生态廊道为保护清水江、巴拉河、翁你河、翁密河等重要的河流水系而设置。在中心城区外河段两侧各30米划定为核心廊道，两侧100米则控制为缓冲廊道。城区内部河流两侧各15米为绿化带。

大型基础设施廊道。指现状和规划的各类基础设施建设用地，包沪昆高速公路、长昆客运专线铁路、高压走廊、水利、燃气管线等。

山林保护区。县域坡度在35度以上的坡地，均划入山体保护区中。此外将周边生态价值较高的山林地一并划入高山生态敏感区，形成连通的绿色网络。

资源限制性评价准则一览表

表 13-5

要素		禁止建设区	控制建设区	适宜建设区
生态敏感区	河湖湿地	河湖湿地主要水系核心廊道	河湖湿地生态缓冲廊道	建设控制区
	山体	坡度大于 25 度（46.6%）	其他山体保护区	—
	森林	森林公园	防护林、经济林	—
	自然保护区	核心区	非核心区	—
资源保护区	地表饮用水源地保护区	一级保护区	二级保护区	三级保护区
	地下水源保护区	核心区	防护区	补给区
	文物古迹	文保单位核心区	文保单位建设控制地带历史文化街区地下文物富集区	环境协调区
	矿产资源保护区	重要矿产压覆区	一般矿产压覆区 矿产资源保护地带	—
	耕地保护区	基本农田保护区	一般耕地保护区	—
建设控制区	大型市政通道	大型市政通道控制带		—
	地质环境		地质不适宜和较不适宜建设区	地质较适宜和适宜建设区
	城市生态绿地	绿线控制范围重大交通设施绿化带	绿化隔离区生态绿地	—
	城镇建设区	蓝线绿线控制范围	远景建设用地范围	规划期建设用地控制范

四、城市规划区统筹发展规划

城市规划区协调发展规划 城市规划区空间结构，“一城一区，一轴两带，绿楔相隔，协调发展”。一城一区：一城为本次规划中的主城区规划范围，一区指台盘—革一工业聚集区。一轴两带：一轴是指主城区发展轴，依托主城区，发展主城区北部的瓦寨工业区及南部南市塘旅游服务区。两带是指沿台拱—台盘—革一二级公路连接台盘—革一工业聚集区与主城区的产业服务连接带；沿台盘至谷拢二级路连接台盘工业区与革一工业区的台盘—革一工业聚集发展带。绿楔相隔：“一城一区”之间的生态、景观绿地，主要包括山峰、沟壑、基本农田、山地、生态敏感地区等，它们可以满足城市和谐持续发展、生态友好及景观优化的需要。

城市规划区功能协调。主城区：主城区是台江县的政治、经济、文化中心，是以旅游服务行政、居住、教育、文化娱乐、商业金融为主要功能的综合型城区。台盘—革一工业聚集区：以发展建材加工、新型制药、民族纺织、食品加工、手工艺品加工为主的工业聚集区。

城市规划区建设用地规模。城市规划区内的建设用地规模控制在 1946 公顷以内，主要包括：县城城区建设用地；台盘—革一工业聚集区建设用地；公路、高速铁路等重要基础设施用地；村庄建设用地。

县城城区空间增长边界。县城的空间增长边界控制在周边山体界限之内，北至瓦寨，南至南市林场，西至浮萍寨、桃尧村，东至聋子冲。

规划区道路交通系统协调。依托现有 320 国道和沪昆高速公路，新建台盘—台拱、革一至谷拢二级公路，加快台拱至施洞、凯里—台盘—施洞公路的升级改造，实现规划区内的便捷联系。

规划主城区与台盘—革一工业聚集区之间货运主要依靠 320 国道；台盘工业组团与革一工业组团主要通过台盘至谷拢二级公路进行联系。

加强中心城区与台盘—革一公共交通联系。增设桃影新区—南市塘组团的旅游专线公交线路，加强道路系统与景区出入口的衔接，完善静态交通系统。通过公共交通系统的接驳，提供环保、便捷、快速的旅游交通。

城市规划区“四区管制” 禁止建设区。主要包括地址灾害点、坡度25度以上区域、水体、泄洪区、基本农田、风景名胜区和文物保护单位的核心保护区、生态保护区、重大对外交通设施和市政设施的周边区域等等。作为生态培育、生态建设的首选地，禁止任何与生态环境保护无关的开发建设行为。划定绿线、紫线、黄线及蓝线，依据相关法规实施管制。禁建区政策：原则上禁止任何建设活动，具体应严格遵守国家、省、州有关法律、法规和规章。

限制建设区。主要包括禁建区外围需要实施控制的区域。限建区政策：应根据资源环境条件进一步划分控制等级，科学合理地引导开发建设行为，城市建设用地的选择应尽可能避让。对于与限制建设地区重叠的城市建设区，应提出具体建设限制要求，控制建设的规模、强度和空间形态。保护州级以上森林公园、城市生态公园、植被茂密的林区，因特殊原因确须建设，则应在环境容量允许的前提下适度开发建设，防止对自然与人文资源的破坏与影响，合理进行旅游、休闲、观光等设施的建设，严禁在重要景区修建旅游设施，严格防止各类污染破坏生态，禁止开山炸石、取土制砖、修墓、乱砍滥伐、倾倒废物等各种破坏景观资源的行为。限制建设区内若有中、低易发地质灾害，规划建设时一定要慎重，必须严格做好地质灾害评估，事先搞好地质灾害防治工程。

适宜建设区。适建区指除禁建区、限建区、已建区之外的区域。总面积约24.72平方公里。适宜建设区是城市发展优先选择的地区，但建设行为应根据资源环境条件，科学确定合理的开发模式、规模和强度。适宜建设区的建设和开发行为应满足县城和镇乡总体规划的要求。

现状已建区。指以2010年年末为基准确定的城镇建设用地，总面积约2.85平方公里。

台江县城乡发展指标体系汇总表

表13-6

指标分类	指标名称	指标名称说明	单　位	指标类型	2015年	2020年	2030年
经济指标	GDP指标	GDP总量	亿元	引导型	11.8	23.6	75.0
		人均GDP	美元／人	引导型	1400	4000	6000
		服务业增加值占GDP比重	%	引导型	49	52	55
		单位工业用地增加值	亿／平方公里	控制型	8	12	20
社会人文指标	医　疗	每万人拥有医疗床位／医生数	个、人	控制型	25 ／ 18	25 ／ 25	30 ／ 28
	教　育	小学数量及城区服务半径	所、米	控制型	12 ／ 800	15 ／ 800	19 ／ 500
		中学数量及城区服务半径	所、米	控制型	10 ／ 1500	10 ／ 1500	13 ／ 1000
		高中阶段教育毛入学率	%	控制型	60	80	95
		高等教育毛入学率	%	控制型	30	40	70
	居　住	低收入家庭保障住房用地面积	平方米／人	控制型	10	12	20
	就　业	就业率	%	引导型	85	90	95
	公共服务	人均文化设施用地面积	平方米／人	控制型	0.6	0.8	0.8
		人均体育设施用地面积	平方米／人	控制型	0.4	0.6	0.6
		人均医疗卫生设施用地面积	平方米／人	控制型	0.5	0.6	0.7
		人均教育设施用地面积	平方米／人	控制型	—	3.0	3.5
		人均社会福利设施用地面积	平方米／人	控制型	0.2	0.4	0.4
		人均固定避难场所用地面积	平方米／人	控制型	0.5	0.8	1.0

续表 13-6

指标分类	指标名称	指标名称说明	单　位	指标类型	2015 年	2020 年	2030 年
资源指标	水资源	地区性可利用水资源	亿立方米	引导型	—	9.96	9.96
		万元 GDP 耗水量	立方米 / 万元	控制型	35	30	20
		水平衡（用水量 / 可供水量）	百分比	控制型	0.21	0.25	0.30
	能　源	单位 GDP 能耗水平	Tce / 万元	控制型	0.95	0.85	0.65
		可再生能源使用比例	%	引导型	10	15	20
	土地资源	城区人均建设用地面积	平方米 / 人 / 人	控制型	110	105	105
		城镇人均建设用地面积	平方米 / 人 / 人	控制型	120	110	100
		村庄人均建设用地面积	平方米 / 人 / 人	控制型	120	110	100
环境指标	生　态	建成区绿化覆盖率	%	控制型	35	36	38
	污水指标	污水处理率	%	控制型	60	80	90
		资源化利用率	%	控制型	5	20	30
	垃圾指标	无害化处理率	%	控制型	60	70	100
		垃圾资源化利用率	%	控制型	20	30	50
	大　气	单位 GDP / NO_2、CO_2 排放削减量	%	控制型	削减 20	削减 30	削减 45

2010 年台江县城现状用地统计表

表 13-7

序号	用地代号	用地名称		面积（公顷）	占城市建设用地（%）
1	R	居住用地		102.75	39.31
		其中：学校用地		15.76	6.03
2	C	公共设施用地		24.60	9.41
		C1	行政办公用地	14.03	
		C2	商业金融业用地	5.65	
		C3	文化娱乐用地	0.14	
		C4	体育用地	—	
		C5	医疗卫生用地	2.20	
		C6	教育科研设计用地	1.99	
		C7	文物古迹用地	0.59	
		C9	其他公共设施用地	—	
3	M	工业用地		2.24	0.86
4	W	仓储用地		—	—
5	T	对外交通用地		24.39	9.33
6	S	道路广场用地		28.62	10.95
7	U	市政公用设施用地		3.95	1.51
8	G	绿地		74.20	28.39
		G1	公共绿地	8.41	
		G2	生产防护绿地	65.79	
9	D	特殊用地		0.62	0.24
10	E	水域及其他用地		1776.77	

说明：现状城镇人口 2.2 万人

2030年台江县城规划用地平衡一览表

表13-8

<table>
<tr><th>序号</th><th>用地代号</th><th colspan="2">用地名称</th><th>面积（公顷）</th><th>占城市建设用地（%）</th></tr>
<tr><td rowspan="2">1</td><td rowspan="2">R</td><td colspan="2">居住用地</td><td>206.08</td><td rowspan="2">28.20</td></tr>
<tr><td colspan="2">其中：学校用地</td><td>28.73</td></tr>
<tr><td rowspan="9">2</td><td rowspan="9">C</td><td colspan="2">公共设施用地</td><td>101.22</td><td rowspan="9">13.85</td></tr>
<tr><td>C1</td><td>行政办公用地</td><td>8.96</td></tr>
<tr><td>C2</td><td>商业金融业用地</td><td>48.23</td></tr>
<tr><td>C3</td><td>文化娱乐用地</td><td>24.08</td></tr>
<tr><td>C4</td><td>体育用地</td><td>4.34</td></tr>
<tr><td>C5</td><td>医疗卫生用地</td><td>5.25</td></tr>
<tr><td>C6</td><td>教育科研设计用地</td><td>8.40</td></tr>
<tr><td>C7</td><td>文物古迹用地</td><td>0.49</td></tr>
<tr><td>C9</td><td>其他公共设施用地</td><td>1.47</td></tr>
<tr><td>3</td><td>M</td><td colspan="2">工业用地</td><td>115.46</td><td>15.82</td></tr>
<tr><td>4</td><td>W</td><td colspan="2">仓储用地</td><td>14.12</td><td>1.93</td></tr>
<tr><td>5</td><td>T</td><td colspan="2">对外交通用地</td><td>29.84</td><td>4.08</td></tr>
<tr><td>6</td><td>S</td><td colspan="2">道路广场用地</td><td>94.85</td><td>12.98</td></tr>
<tr><td>7</td><td>U</td><td colspan="2">市政公用设施用地</td><td>6.57</td><td>0.90</td></tr>
<tr><td rowspan="3">8</td><td rowspan="3">G</td><td colspan="2">绿地</td><td>160.77</td><td rowspan="3">22.00</td></tr>
<tr><td>G1</td><td>公共绿地</td><td>73.85</td></tr>
<tr><td>G2</td><td>生产防护绿地</td><td>86.92</td></tr>
<tr><td>9</td><td>D</td><td colspan="2">特殊用地</td><td>1.78</td><td>0.24</td></tr>
<tr><td>10</td><td>E</td><td colspan="2">水域及其他用地</td><td>1307.45</td><td></td></tr>
</table>

说明：2030年规划人口为7万人

台江县城规划道路一览表

表13-9

编号	路　名	道路等级	长度（米）	红线宽度（米）	道路面积（平方米）	断面形式
1	苗疆大道	干路	2980	24	71520	4-16-4
2	一号路	干路	944	24	22656	4-16-4
3	二号路	干路	898	20	17960	3-14-3
4	三号路	干路	860	20	17200	3-14-3
5	四号路	干路	507	20	10140	3-14-3
6	五号路	干路	1338	20	26760	3-14-3
7	清华路	干路	524	20	10480	3-14-3
8	萃文路	干路	840	20	16800	3-14-3
9	320国道	公路	10037	20	200740	3-14-3
10	六号路	公路	8336	15	125040	3-9-3

续表13-9

编号	路　名	道路等级	长度（米）	红线宽度（米）	道路面积（平方米）	断面形式
11	七号路	支路	408	15	6120	3–9–3
12	八号路	支路	1655	15	24825	3–9–3
13	文昌路	支路	7248	15	108720	3–9–3
14	九号路	支路	987	12	11844	2.5–7–2.5
15	十号路	支路	1652	12	19824	2.5–7–2.5
16	十一号路	支路	174	12	2088	2.5–7–2.5
17	十二号路	支路	653	12	7836	2.5–7–2.5
18	十三号路	支路	365	12	4380	2.5–7–2.5
19	十四号路	支路	507	12	6084	2.5–7–2.5
20	十五号路	支路	142	12	1704	2.5–7–2.5
21	十六号路	支路	595	12	7140	2.5–7–2.5
22	十七号路	支路	1105	12	13260	2.5–7–2.5
23	十八号路	支路	255	12	3060	2.5–7–2.5
24	十九号路	支路	1496	12	17952	2.5–7–2.5
25	二十号路	支路	514	12	6168	2.5–7–2.5
26	二十一号路	支路	1855	12	22260	2.5–7–2.5
27	二十二号路	支路	1136	12	13632	2.5–7–2.5
28	二十三号路	支路	840	12	10080	2.5–7–2.5
29	二十四号路	支路	288	12	3456	2.5–7–2.5
30	二十五号路	支路	1079	15	12948	2.5–7–2.5
31	二十六号路	支路	247	12	2964	2.5–7–2.5
32	二十七号路	支路	391	12	4692	2.5–7–2.5
33	二十八号路	支路	1021	12	12252	2.5–7–2.5
34	二十九号路	支路	425	12	5100	2.5–7–2.5
35	三十号路	支路	189	12	2268	2.5–7–2.5
36	三十一号路	支路	199	12	2388	2.5–7–2.5

第二节　县城近期规划

1997 年，县人民政府组织县城总体规划（修编），委托宁波市规划设计研究院编制，2001 年 4 月 5 日省人民政府批准实施。

一、规划期限、范围、规模

规划期限：1997—2010 年，其近期 1997—2000 年，中期 2001—2010 年。远景展望至 2030 年。

规划范围：本次规划分县域、城市规划区和县城区三个层次。县域即台江县行政管辖区域，面积 1206 平方公里。城市规划区为县城建设和发展需要实行规划控制的区域，本次确定台拱镇所辖行政范围为城市规划区，总面积 221 平方公里。县城区为台拱镇所辖的六村二寨，即汪洋村、张家村、翁孟村、郎等村、梅影村、台拱村和丈帮寨、南浓寨，总规划面积 2.9 平方公里。

城市性质与规模：台江县城是黔东南地区的重要城镇，台江县域中心，以农林牧副产品的深加工和为民族风情旅游开发服务为主的工贸型城镇。人口规模，近期 1.6 万人，中期 2.4 万人，远景 3.2 万人。用地规模，近期 1.3 平方公里，中期 2 平方公里，远景 2.4 平方公里。

二、总体布局

根据台江县城的地形和交通条件等因素，确定县城沿台江至凯里的 320 国道东南侧和台江至台盘公路的东北侧两端发展，向西、向东均有山体阻碍，不宜作为发展用地，总体布局为“三中心，二园区”。“三中心”即城南公建活动中心、旧城居住中心和城西交通中心；“二园”即西北工业园区和东南高新科技园区。居住用地，规划 57.8 公顷，其建设以旧城改造和新区开发相结合，旧城改造要严格控制人口密度，有选择地保护具有地方特色的民居。住宅新区分别规划在解放培茵南侧、翁你河上游西南处（以中高层为主）和老街西北面（以低层为主）。公共设施用地，按市级中心、区级中心二级配置，市级中心设于城区南大门，布置办公、商贸、文娱、体育等大中型公共设施，区级中心设于旧城红阳路一带，布置商业、金融、文娱等中小型公建设施。规划公共设施用地 37.09 公顷。党政办公用地，规划在现政府大院西侧旧体育场处，其他办公用地，主要布置在城南大门翁里大道北侧和翁里路两侧。商业设施用地，市级商业和市场布置在城南大门和翁里大道南侧，区级商业布置在红阳路两侧，另将旧城的老街改造成一条商业步行街区。文化娱乐设施安排城南门公建中心 320 国道以东，另在旧城现电影院布置一处区级文化娱乐设施。教育科研远景安排在高新技术产业园区内，远期将现状职业高中进行扩大和完善，形成具有一定规划的教育科研用地。体育设施，规划于城南翁里河南结合公园建设布置一处市级体育中心，同时加强居住区和中小学的体育设施建设。对现状县医院结合道路改建，扩大规模，对镇医院进行搬迁并适当扩大，形成县、镇二级医疗卫生网络。工业用地，在城西北布置以地方工业和建材工业为主的二类工业园区，在城东南布置旅游产品加工业、地方及传统深加工业和其他高新技术产业的高新技术产业园区。规划工业用地 18.16 公顷。

仓储用地，规划于城西门外布置相对集中的集生活性和生产性于一体的普通仓储和地，危险品仓库在城郊独立地段设置。

三、园林绿地及景观规划

加强城周山林绿化，建立外围生态保护圈，把山林景观引入城中，作为城市绿色背景，创建生态园林城市。加强城区沿江、河、湖、渠、路、堤等的绿化建设，以城市道路绿化、滨江风景绿带和各级公园、街头绿地为骨架串联各类园林绿地，体现河网纵横、田园交织的水乡风光。城区重点建设文昌宫公园、翁你河滨江公园、烈士陵园，远景着手兴建开发南浓寨天然森林公园。充分利用翁你河、贯城河和周围山体，结合城区道路、街区建筑、城市出入口、广场和绿地形成城市景观。

规划在 320 国道两侧留 20 米宽的防护绿带，其他过境公路两侧各留 10 米宽的防护绿带。通过建设，使台江县城形成以翁你河为主体，以两侧滨江绿地和建筑为依托的沿江特色景观，以文昌宫为标志，以老街及周围传统民居、里弄为依托的传统街区景观，以公建中心中高层商业建筑为主的现代城市景观。

四、道路交通规划

对外交通。规划改善现状 320 国道和省道镇（远）台（江）公路的线型、宽度、路面，以保证县城东西向和向北的对外交通的畅通便捷；规划修建台（江）道（班）公路，使台江县城和榕江县城联通，打通台江县向南的对外出口；规划设长途汽车客运站、对外停车场和加油站各1个。城区道路分干路、支路和步行街三级，干路宽20～30米，支路宽12～20米，步行街宽9米。道路交叉以平面交叉形式为主。道路以纵、横“十”字网形为主。320国道是县城对外联系的主要干道，规划有3条干道与其相交，一条与其平行。规划沿山、沿河设生活步行街和商业步行街，于红阳路与城南路交叉口建长途汽车客运站和货运站，于城内设两处停车场，沿320国道设加油站。

五、基础设施规划

给水工程。规划供水水源近期为翁你河河网水，远期为翁你河上游的打岩沟。规划近期利用正在兴建的水厂和老水厂供水，远期新建水厂一座，日供水能力为1.1万吨，用地面积为1.5公顷。远期新建高位水池一座，容量为2000吨。供水管网采用单水源环网系统，配水干管间距100～200米，主管管径不小于300毫米，支管管径不小于100毫米。排水工程。排水体制近期为截流式合流制，远期为雨污分流制。近期污水经生物氧化塘简单处理后排入翁你河下游，氧化塘容量为3500吨。远期建污水处理厂一座，规模为7000吨／日，用地规模为1.5公顷，污水处理工艺为一级处理后排河或农灌，远景为二级处理。管网布局结合地形坡度，沿翁你河设污水主干管一条。工业废水排入城市管道必须符合有关排放标准。电力工程。规划原址扩建现状110千伏和35千伏变电站，110千伏变电站用地扩至4000平方米，两站装机容量分别为2×3.15万千伏安和2×6000千伏安。110千伏和35千伏电力线远期均为架空铺设，10千伏电力线近期架空，远期改为排管铺设，城区电力网等级分别为110千伏、35千伏、10千伏和0.4千伏。电信工程。扩大邮政业务，实现邮件处理由人工向机械化转变。规划2000年县域市话主线普及率为2部／百人，县城为10部／百人；2010年县域市话主线普及率为5部／百人，县城为20部／百人。2000年全县电话容量3180门，其中县城为1600门；2010年全县电话容量8550门，其中县城4800门。原址扩建原程控母局，用地为0.5公顷，设备容量2000年为4000门，2010年为8000门。规划电信线路采用埋地铺设形式。规划近期开通大哥大业务，远期发展微波通信。燃气工程。规划远期气源为液化石油气。县城气化率，2000年达30%，2010年达80%。供气量，2000年175吨／年，2010年为1021吨／年。供气方式近远期均为瓶装。远期建液化气瓶装站一处，用地面积3000平方米。

六、环保环卫规划

规划县城大气质量为国家一级标准，水库及翁你河上游水质为国家一类标准，翁你河下游为二类标准，其余水体为三类标准。噪声声效控制在60 / 50分贝以下。生活垃圾达到卫生填埋标准，粪便处理率远期达100%。规划设垃圾中转站1处，占地1500平方米，远期于台江至施洞方向距城10公里的山沟内设垃圾填埋场。近期设公厕6座，远期设8座，标准为水冲式二类，每座面积为60平方米。

第三节　乡（镇）、村规划

1986年，在完成县城总体规划“五图一书”编制工作的基础上，完成了施洞区、革东区、南宫区“三图一书”的编制工作。1987年，完成交密、平兆、革一、台盘、排羊5个集镇点98.22公顷面积的乡村测绘图，完成台拱镇、施洞镇、革东镇、南宫乡、排羊乡、革一乡、台盘乡、交密乡、平兆乡9个集镇的乡（镇）建设规划设计。

截至2010年，完成了施洞镇、南宫乡、红阳村等乡（镇）、村两级的规划。

一、乡（镇）规划

施洞镇　规划期限期为18年，即近期2003—2010年，远期2011—2020年。

规划指导思想：充分发挥施洞镇的历史，文化旅游和周边地区物质集散的突出优势，大力发展旅游服务业和商业贸易服务业，将施洞镇建设成具有民族文化特色、生态旅游城镇。

施洞镇位于台江县北部，距离县城38公里，与黄平、镇运、施秉三县毗邻，自古以来都是周边集镇的商贸集散重地、城镇发展幅度大，人口范围广，有很强的区位资源优势。镇区用地比较平坦，水、电充足，土地容量较大，民族文化底蕴深厚，民族旅游资源丰富，是城镇建设理想之地，是黔东南地区有发展前景的民族文化生态旅游的城镇。

社会经济发展目标为国内生产总值：近期7459万元，递增率为8%。远期16103万元，递增率为8%

粮食产量：近期6550吨，递增率为1.1%。中期7200吨，递增率为1.1%。

财政收入：近期138万元，递增率为10%。中期480万元，递增率为12%。

农民人均纯收入：近期2350万元，递增率为7%。远期4128万元，递增率为7%。

人口控制：近期全镇总人口控制在17000人，人口自然增长率控制在13‰以下，全镇城镇化水平为35%。中期全镇总人口为20000人，人口自然增率控制在9‰以下，全镇城镇化水平为50%。

经济发展方向：稳定地提高粮食产量和质量，重点发展养殖业、畜牧业、林业、其次发展水果业、苦丁茶。以信息市场建设为主，发展商贸，饮食服务业，房屋开发及第三产业的持续增长。加快“民族文化生态旅游城镇”建设，塑造贵州东线旅游大镇形象，大力促进施洞镇旅游业从“接待型”转变到“经济型”，再提升到“支柱产业型”。

镇域产业布局为：第一产业，在确保全镇种植业稳定发展的前提下，积极发展并建立相应的畜牧业、林业、水果和油菜籽基地。第二产业，以镇区为中心施洞大街南段北侧布局乡镇企业，其中以轻工、农副产品加工，原材料工业布局为主，禁在镇西北部布局水污染型工业，古镇老街可布置刺绣、银饰加工作坊。

镇区功能分区：北部为对外交通、居民居住区；中部为居住、中心商业集贸、金融，卫生保健、行政管理、中心广场、文教、科技、体育区；南部为生产建筑及备用地，仓储区；西部山丘为森林公园，平地为规划．发展用地。沿清水江北起苏公馆南到两湖会馆，为历史建设街区、古建筑保护区。

革东镇规划期限为18年，即近期1998—2005年，中期2006—2015年。

规划的总体目标：到规划期末建成道路畅通，集贸繁荣，工业基础雄厚，生活方便的小城镇，镇区实现国民生产总值0.4亿元（全县2.5亿元），全镇实现国民生产总值0.8亿元（全县5亿元）。

规划指导原则：坚持发展生产、方便生活、促进流通、繁荣经济、布局合理、优先发展的原则。坚持合理用地，节约耕地，因地制宜制定各项建设标准的原则。坚持以城镇经济建设为中心，基础设施建设为突破口，近远结合，分期实施，量力而行的原则。

镇域村镇体系规划：革东镇地处湘黔公路交通主动脉与清水江航运的交叉点上，公路交通和潜在的公水联运优势将带动革东镇其他产业的发展。镇域国土面积136平方公里，未利用地占总用地的57%，土地存量大，林牧业发展前景广阔。劳动力充足，为乡镇企业发展提供了重要保证。经济发展战略：坚实种植业，突出林、牧、交通和第三产业，主攻第二产业。

经济发展方向：以粮油生产为基础，综合农业开发和小城镇建设为方向，发展果园林、经济林、蔬菜种植、畜牧养殖、集市贸易、交通运输、建材及土特产加工业。

镇域经济发展分区为：镇域中部320国道沿线重点发展集市贸易、商饮服务、交通运输、建材及农副产品加工、蔬菜种植、果园林和家禽养殖；镇域南部重点发展畜牧和经济林；镇域北部重点发展牲畜养殖、水产、花生、经济林、果园林、药林和用材林。其中清水、江沿线发展竹林。

经济发展目标：农业产值近期达3000万元，中期达5000万元，其中林牧比例不低于30%。工业产值近期达4000万元，远期达12000万元。乡镇企业产值近期达6500万元，远期达25000万元。粮食总产量近期达6900吨，远期达7800吨。财政收入近期达250万元，远期达700万元。农民人均纯收入近期达1500元，远期达3000元。

产业结构和人口规模：到规划期末革东镇的产业结构为：第一产业50%，第二产业30%，第三产业20%。革东镇总人口现状2.2万人，近期控制2.5万人，远期控制2.8万人。革东镇区人口：现状3400人，近期达5000人，远期达10000人。

村镇体系规划结构：中心镇—中心村—基层村三级结构体系，其中中心村分重点中心村（管理区驻地）和一般中心村。通过政策引导和有力措施，使散居人口向镇区和公路沿线聚集，全镇形成1个中心镇、4个重点中心村、25个一般中心村、120个基层村的体系格局。全镇设小城镇1个，中型中心村4个，小型中心村25个。城镇化水平35%。

南宫乡 位于台江县东南部，是台江县与台江、剑河、雷山三县交界的重要集镇，商贸交易非常活跃。南宫集镇受各县经济辐射较大；自然条件优越，有利于发展种植和养殖业；境内旅游资源丰富，其旅游资源有待开发；剩余劳动力较多，可为其他产业开发提供人力资源；该乡水系较发达，可为水产养殖提供基础。

依托集镇建设，本着以资源开发为先导，以农业为基础，基础设施先行的宗旨，着力发展边贸、旅游两大产业，加快发展农副产品生产及加工业，形成农、工、贸相结合，经济、社会、生态效益良性循环的产业体系。

根据台江县城总体规划，结合该乡实际情况，综合分析定该乡主要职能：以农业为基础，利用区位、资源优势，突出种养殖业和旅游资源综合开发，使其成为台江县南部一个重要生态旅游小城镇。

本规划期限2001—2015年，近期2001—2005年，中期2006—2015年。

规划范围分两个层次：第一层次乡域：台江县南宫乡行政范围，面积为286平方公里。第二层次集镇规划区：南宫集镇区域，东至护挡坡，西到陡寨坡，北抵鸟当沟，南至河口，规划而积78.62公顷。其中建设用地37.12公顷，人均建设用地77.30平方米。

规划到2015年，国内生产总值达12434万元，工农业总产10069万元，财政收入141万元，农民人均纯收入2280元，粮食总产量8486吨。规划期人口规模为全乡总人口近期2005年为16000人，中期2015年为17300人。城市化水平顶测：近期2008年为2%，中期2015年为7.8%。

台盘乡 规划范围：分两个层面。第一层面为台江县域范围；第二层面为台盘乡集镇及周边用地，总面积69.48公顷。本规划的重点为第二层面。

规划重点：确定工业用地发展区域及规模。确定台盘乡镇区发展规模。对各类建设用地进行合理的空间布局。合理布置道路交通设施和市政基础设施。

规划期限为2004—2020年。

台盘工业发展规模：规划工业用地32.31公顷。其中一、二类工业用地15.93公顷，三类工业用地16.38公顷。

台盘乡城镇发展规划人口5000人，建设用地69公顷。规划工业用地32.31公顷，其中北片三类工业用地16.38公顷，西片一、二类工业用地15.93公顷。北片三类工业用地在产业门类上选择以冶金、建材为主导产业。并配套相应的生活服务设施。工业废气、废物须达到排放标准方可排放。工业用水以冷却水为主，倡导循环利用。西片一、二类工业用地在产业门类上选择以生物医药、农产品加工、民族手工业制品等为主导产业。严格控制有重污染及大耗水型企业入驻。

居住用地：规划居住用地18.05公顷，其中住宅用地15.6公顷。规划人口5000人，人均居住用地36平方米。南片居住组团在老镇区的基础上逐步改善居住建筑的质量和居住环境，梳理居住区内部的路网，从而提高生活质量。用地4.19公顷。西片居住组团为移民安置用地，面积6.71公顷，东北片居住组团考虑居民建新房和产业人口安置需求，用地6.19公顷。

革一乡　规划期限：近期1998—2005年，中期2006—2015年。总体目标：规划期末建成集镇人口0.5万人；形成设施齐备、交通方便、乡镇企业繁荣、商贸活跃、生活方便、环境优美的小城镇。

规划指导原则：坚持有利生产、方便生活、促进流通、繁荣经济、布局合理、协调发展的原则。坚持合理利用土地、节约用地。因地制宜制订各项建设标准的原则。以基础设施建设为突破口，近远期结合，分期实施，量力而行的原则。

发展优势：光照、雨量充沛，适应各种植物的生长，可大力开发绿色产业。森林覆盖率大，现已达53%，林业资源丰富，森林资源开发潜力大。经济果林具有较好的发展基础，发展经果有着得天独厚的条件，经果产品开发前景广阔。耕地资源好，特别是待开发的旱地资源丰富，种养殖一体化有较好的发展优势。旅游资源较丰富，合理开发旅游资源，可带动第三产业的发展。

有较丰富的石灰石、黏土，合理开发，可带动建材业的发展。

经济发展方向：积极推动经济果木林种植和养殖业。加快集镇建设，走旅游生态型发展之路。以畜牧业产业化发展为主体，带动其他产业化逐步形成；加强绿色产业的综合开发，尤其是林牧业和林牧产品、农产品的深、精加工开发。合理开发旅游资源，带动第三产业的发展。完善基础设施建设，改善投资硬环境。积极发展蔬菜生产，为凯里市及台江县城菜篮子服务。

经济发展目标：农业产值近期达1050万元（1997年986万元），中期达1115万元。乡镇企业近期达495万元（1997年360万元）。远期600万元。粮食总产量近期达4710吨（1997年4487吨），中期500吨。农民人均纯收入近期达1148元／人·年（1997年980元／人·年），中期达3000元／人·年。财政收入近期达60万元（1997年40.2万元），远期100万元。工农业产值近期达1545万元（1997年1346万元），远中期达1715万元。

产业结构和人口规模：到规划期末革一乡的产业结构为：第一产业50%，第二产业30%，第三产业20%。

人口规模（乡、中心村驻地）：革一乡驻地：近期0.22万人，中期0.5万人。大塘中心村：近期0.09万人，中期0.14万人。规划期末全乡总人口1.55万人，集镇、中心村人口0.64万人，集镇化水平40.1%。

老屯乡　老屯乡位于台江县北部，距县城北面约28公里。老屯乡为台江县一般集镇，全乡土地总面积100.29平方公里。828县道穿境而过。

规划年限：近期2006—2010年，中期2011—2020年。

规划区范围：东面临老屯至施洞出口处，西至榕河街梨树园，南至巴拉河，北至岩脚村上寨。总用地面积75.38公顷，建设用地32.06公顷。

人口规模：集镇现有人口2017人，学校住校生为100人。规划采用综合增率及剩余劳动力转化法，预测集镇人口规模2010年为2500人。

村镇等级结构及性质：村镇体系结构按其职能和规模分为三个等级：一般集镇、中心村、基层村。

职能及发展方向：一般集镇：即老屯乡政府所在地，为全乡的政治、经济、文化中心，以商贸交易、农产品加工为主的小城镇。人口规模为4800人。中心村：为该区域内教育文化中心。主要发展种植业、养殖业。

产业发展规划：结合农业产业化推进老屯乡社会主义新农村建设。按照乡政府2003年提出的片区特色经济发展思路，根据乡域资源情况，发展规模经济，划分三个经济区：老屯片（老屯、榕山、岩脚、望虎屯、白土、辣子、稿仰、长滩）主要发展旅游业、种植业；报效片（南你、皆蒿、报效、岩寨、南匠、皆洼、翁农）为养殖业区（以养猪为主），岩寨电站发展旅游服务业；坝场片（排略、坝场、工农、洋屯、岑帮）发展经济林及养殖业（以养洋鸭为主）。

排羊乡 规划期限和规模：排羊乡是台江的南大门，分别距凯里市 37 公里、雷山西江镇 20 公里，国道 320 主干线和即将开通的三凯高速公路穿境内 13 公里，交通便利，是台江县对外开放的窗口之一。

规划期限：近期 2006—2010 年，中期 2011—2020 年。

人口规模：规划近期 2010 年全乡人口 9000 人，中期 2020 年全乡人口 10000 人。用地规模：乡域规划用地为全乡行政区划范围，面积为 122.8 平方公里。

经济发展优势：便捷的交通条件，良好的区位优势。排羊乡驻地距凯里仅 37 公里，国道 320 主干线和即将开通的67号三凯高速公路穿境内13公里，乡内气候温和，山地面积大，适于林草的生长，草地多，土地肥沃，为发展农业、林业以及养殖业创造前提条件。南刀万亩草场地跨南刀上寨、南刀下寨两村，现有天然草场 1240 公顷。苦丁茶种植基地涵盖排羊乡屯上、九摆、展里、排扎 4 个行政村，处中央腹地，有 213 公顷左右。排羊乡南刀、九摆有丰富的野生药材资源，属于肥沃的黄沙壤土地，非常适宜冰球子、淫羊藿等药材的生长。劳动力资源丰富，可为其他产业发展提供人力保障。剩余劳动力多，全乡劳动力资源有 5537 人，耕地面积 461 公顷，人均耕地为 0.26 公顷。如按人均耕地 0.23 公顷计算，只需劳动力 1975 人，则剩余劳动力有 3562 人。发展旅游业有很大的基础，这里有九摆苗族民俗文化生态旅游村等旅游资源，民族风情浓郁。排羊乡为连接雷山西江至台江施洞这条重点线路上的节点。

经济发展目标预测：规划到 2010 年，全乡农业总产值为 1136 万元，林业总产值 523 万元，牧业总产值 689 万元，乡镇企业产值 758 万元，农民人均年收入 2071 元。规划到 2020 年，全乡农业总产值为 1682 万元，林业总产值 637 万元，牧业总产值 1122 万元，乡镇企业产值 1966 万元，农民人均年收入 5371 元。

村镇体系规划：村镇结构等级——村镇体系结构按其职能和规模分为三个等级：集镇、中心村、基层村。集镇：即排羊集镇，人口规模为 2200 人。中心村：按地理位置、经济文化、人口密度和行政区划确定，规划小江、排扎、九摆为中心村。基层村：除中心村外的村寨，以居住和服务农业生产为主要职能。

方召乡 规划期限：规划起始年为 2010 年，近期至 2015 年，中期至 2030 年。规划期：2010—2030 年，21 年；近期：2010—2015 年，6 年；中期：2016—2030 年，15 年。

规划层次及范围：方召乡行政辖区范围，面积为 86 平方公里。集镇总体规划范围：南北长约 1551 米，东西宽约 375 米，总面积为 33.64 公顷。

人口与城镇化水平：全乡现有总人口 21058 人，集镇人口 1152 人，城镇化率为 5.47%。近期全乡总人口 2.2 万人；中期 2.3 万人；近期集镇总人口 0.35 万人；中期 0.5 万人；近期城镇化水平 16%，中期城镇化水平 22%。

经济发展：2015 年，全乡国民生产总值增长 8% 以上，农民人均纯收入增长 5% 以上。2025 年，全乡国民生产总值增长 12% 以上，农民人均纯收入增长 9% 以上。

乡域产业分布：根据乡域自然条件、资源状况调整优化经济结构，产业结构优化升级，增加第二、三产业在国民经济中的比重，降低第一产业所占比重。根据全乡自然条件资源分布以及产业情况，将全乡划分为 3 个产业区：（1）由方召村、展茗村、李子村、脚交、脚南村组成，主要发展金银花，建立金银花基地，使金银花产业成为促进方召乡农民持续稳定增收的支柱产业。（2）由黄毛村、歹忙村、泡木村、养薅村、汪一村组成，发展以反季节绿色蔬菜为主的城郊生态农业经济。（3）由反排村、巫梭村组成，以反排木鼓舞、苗族风情旅游为主导产业，大力发展种植业、养殖业。

教育文化卫生事业：大力发展学前教育，巩固提高“两基”成果，普及九年制义务教育人口覆盖率达到100%，高中阶段毛入学率达到60%，青壮年非文盲率保持在99.5%以上。建设集镇医院，继承发扬民族医药传统，建设完善的医疗防治设施，到2025年全乡医疗设施规模力争达到每千人拥有床位数5张。多种途径筹建乡、村级图书站，抓好青少年活动场所、多功能电影放映厅、文化交流、传播设施建设，建立乡级、村级文化活动设施体系。

集镇规模：远期2030年全乡总人口2.3万人，近期2015年为2.2万人。集镇人口：远期2030年集镇人口0.5万人，近期2015年为0.35万人。方召乡建设用地：远期2030年建设用地30.95公顷，人均建设用地61.91平方米。近期2015年建设用地18.37公顷，人均建设用地52.5平方米。

二、行政村规划

反排村　期限。村域体系规划：2007—2021年；村寨建设规划：2007—2011年。

规划层次及规划定位：村寨规划分村域和民族文化风情村寨建设两个层次进行。将反排村建设成以经济农业和民族文化风情旅游业为主，加工业、运输业、服务业为辅的社会主义民族风情村。村域村寨体系规划范围。从产业布局上以反排村总面积1527公顷进行分析考虑。规划现状反排人口有364户1625人。村寨规划范围。反排村规划主要民族文化风情旅游为中心进行综合规划。规划面积约357公顷，规划人口有364户1625人。

村域发展规划：台江县方召乡反排村位于台江县城南部，雷公山麓下，距县城26公里，整个村子位于两山夹溪山洼，层层梯田依着山势，从山脚直至山顶；苗家房舍吊脚楼，鳞次栉比，依山而建，掩映在翠竹绿树之中。反排苗寨地势从西南向东北逐渐降低，坡度多为70度，最低海拔810米，年平均气温13.7～15℃，无霜期247～272天，年均降水量1300～1440毫米。境内有大小溪沟14条，汇入翁脚溪，清澈的水溪从西向东回转流淌，台江至南宫公路穿寨脚而过。

村域产业发展目标规划：按照市场需求调整优化农业结构，培育优势产业，形成支柱产业，大力发展民族文化风情旅游业，实现增值增效。围绕产业发展，根据农民需要，建立各种不同类型和多种形式的专业合作组织，以提高农村产业化程度。根据反排村现状条件，主要以种植业、运输业、养殖业、旅游业、服务业发展经济。

九摆村　规划期限：村域体系规划：2007—2021年；村寨建设规划：2007—2011年规划层次及规划定位，村寨规划分村域和村寨建设两个层次进行。将九摆村建设成以种植业、养殖业主，生态旅游、银饰加工业为辅的生态社会主义新农村。从产业布局上以九摆村总面积1748公顷进行分析考虑。九摆村规划主要生态旅游为中心进行综合规划。规划面积约7.65公顷，规划人口有260户1164人。

村域产业发展目标规划：（1）为扎实有效推进社会主义新农村建设，要坚持以“邓小平理论和‘三个代表’重要思想为指导，按照生产发展、生活宽裕、乡风文明、村容整洁、管理民主”的要求，全面落实科学发展观以农业农村经济为中心，以增加农民收入为核心，以产业发展为支撑，从农民最关心，受益最直接，要求最急迫问题入手，努力实现农业生产有新发展，农民生活有新改善。（2）按照市场需求调整优化农业结构，培育优势产业，形成支柱产业，大力发展生态旅游业和银饰加工业，实现增值增效。围绕产业发展，根据农民需要，建立各种不同类型和多种形式的专业合作组织，以提高农村产业化程度。（3）根据九摆村现状条件，主要以种植业、养殖业、旅游业、银饰加工业发展经济。

村域村寨布点：九摆村地势四面环山，排羊至西江公路从寨中穿过，交通极为方便。房屋建筑依山而建且较集中，由上寨、下寨、平寨3个自然寨组成，均为木结构。稻田分布在村寨周边，具有山区的田园风光及苗族居住特色。规划新建住宅沿山而建。

红阳村　位于台江县城南面，距城关镇约18公里，是凯里至台江县翁密河漂流景区所必经路段，地理位置得天独厚，森林覆盖率达 78%，由两个自然寨、6 个村民小组组成。

行政村共有 241 户 1053 人。村内设有苗家乐接待户 14 户，床位 56 张，饭桌 42 桌。

村辖区范围约 10 平方公里，共有耕地面积约 67.26 公顷，其中水田 65.93 公顷、土 1.33 公顷。现阶段村民家庭主要经济收入是种植业、养殖业，人均收入为 1223 元。

红阳村共有农房 202 栋，20 世纪 70 年代修建的木、竹木结构房屋 16 栋，近 5 年修建的砖混结构的房屋 62 栋，其余为修建年代在 10～20 余年的砖木结构的房屋。全村房屋质量参差不齐，居住条件差异也很大。附属用房 164 栋，大部分是牛、猪圈。还有些是杂物房和柴火房。此类建筑大都年久失修，十分影响红阳村的整体风貌。

规划整治:（1）农房整治，使其具有安全性，有较统一的外观。（2）硬化串组路和串户路，使村庄交通较便捷。（3）建设村庄较完善的排水设施。（4）村庄农户 100% 用上清洁的生活用能。（5）完善村庄环卫设施、文化娱乐设施。（6）整治村庄环境，使人居环境得到较大改善。

旧房整治:（1）危房整治。20 世纪 70 年代修建和的竹木结构房屋 16 栋，应按程序上报经鉴定批准为危房后即拆除。如要修新房者应在原址按有关规定的建筑面积和规划推荐的户型选择修建。（2）农房外墙整治。整治的原则是台江至南宫乡旅游路视觉范围内的农房要按规划推荐的农房户型整治，以便使村庄的农房有较为统一的建筑风格。其余农房在村民自愿的原则下也尽量按推荐农房户型整治。附属用房布局非常不合理且破旧者应拆除，在主房后面或离主房稍远地方修建，外墙色调也要求和主房一致。

新房建设:（1）必须坚持“一户一宅”的合理住房制度，因原房屋破旧要重新修建都应拆旧建新。因分户等原因要新建农房都规划在 11 号农房西侧，可供 12 户农户建房。（2）新建农房宅基地和建筑面积标准须按省、州有关规定执行。（3）新建农房参考规划提供的户型选择修建。

道路整治：串户路。红阳村串户路总长度为 2850 米，对于未硬化的 750 米串户路，其宽度 1.2 米即可。串户路为青石（当地石材）路面。

给水整治：村民用水标准为 80 升 / 人天，牲畜用水标准为 40 升 / 头天，红阳用水量为 100 立方米 / 日。规划采用分片供水的方案，保留原来的蓄水池，彻底检查输配水管道是否有跑水、冒水、滴水、漏水和堵塞问题，以保证供水畅通。在村庄南侧 1048 米高程处修高位水池一个，容量为 150 立方米。水管沿串组路的一侧布置，管线布置与供水流向一致。加强对水源的保护，水井周围 20～30 米范围内，清除污染，并综合整治环境卫生。

排水整治:（1）规划村庄排水采用雨污合流排水体制。（2）污水量按村庄生活总用水量的 70% 计算。（3）农房墙外地面设置散水，宽度不小于 0.5 米，并在庭院内设置排水沟。

村容村貌整治：大力整治村容村貌，其目标是确保一年见成效，三年大变样。村庄要尽快实现“五化”，即：路面硬化，达到串户路全部硬化。村寨绿化，应充分利用宅间空地，农户房前屋后、路旁、村庄周围均应种植经济作物或观赏植物。环境净化，大力治理临棚乱搭、墙面乱画、庭院乱挂、柴草乱垛、粪土乱堆、垃圾乱倒、污水乱泼、禽畜乱跑的“八乱”现象。结合农房改造和改建，大力拆除农户在房前屋后临时搭建的各类旧棚，沿长平路的农房要修整、美化建筑立面。

庭院美化：要倡导农户搞好庭院硬化，在庭院内修建整齐规范的小花池，种树栽花美化环境。庭院面积较大的可搭葡萄架、瓜架，可栽种果树等，做到“四季常绿、四季常香”。

村巷亮化：要在村庄公共活动场地及道路旁设置路灯，使村庄亮起来。在村庄实施“三清、三包、三改、一建”工程彻底治理村庄脏、乱、差情况。“三清”，即村内清垃圾、清污泥、清路障；“三包”，即农户门前包卫生、包秩序、包绿化；“三改”，即农户家中改水、改厕、改灶；“一建”即建沼气池。

阳芳村　地理位置：台盘阳芳村位于台盘乡中部，黔东南州西部，地处苗岭山脉，巴拉河畔，与台盘乡政府驻地隔河相望，距台江县城23公里，距凯里市区26公里。国道320线横贯全境。

基本情况：阳芳村是台盘乡第二大村。全村辖5个村民小组，292户1364人，均为苗族。全村有劳动力788人，其中男劳动力407人、女劳动力381人。全村面积11.3平方公里，耕地面积64.3公顷，其中田地49.4公顷、土地14.9公顷。2002年人均纯收入1101元，人均粮食360公斤。

规划范围：以阳芳村寨为中心，东至巴拉河出口，南到鬼寨河沟，西接巴拉河，北抵国道320，总面积为56.2公顷。

规划年限：本次规划针对阳芳民族村寨旅游近期建设的需要，结合中远期发展为目标，确定该规划的期限为2003—2005年。

规划目标：确定阳芳民族村寨发展旅游业的规模、速度、要素、结构和空间布局，对景观和环境保护作出部署，对基础设施、服务设施配套建设做出概念设计，对旅游项目的开发做出策划，对旅游产品营销和旅游度假区管理做出安排。

规划性质：阳芳民族村寨以整治保护为主，以水景为主线，以自然景点为焦点，以人为景点为高潮，主要发展以休闲旅游和度假旅游为主的民族村寨。

设施规划：在民族村寨内考虑建有民居接待服务设施，面积为0.79公顷；踩鼓场面积为0.29公顷；民族展览馆面积为0.05公顷。同时还考虑旅游村必设的游览设施，如步行道、话亭、邮亭、导游小品标示、标志，休憩庇护的座椅、风雨亭，环境卫生方面的垃圾箱、公厕，门诊所及审美欣赏的景观、小品类设施。

梅影村　基本概况：梅影村位于黔东南州东部，台拱镇中部，地处苗岭山脉，台江县城西面，苗疆西大道两侧，距凯里市区52公里。梅影村民风淳朴，民族风情浓郁，民族文化活动丰富。民族节日众多，尤以农历十月苗年、六月吃新节最为隆重。民族舞蹈主要有铜鼓舞等。村民热情好客能歌善舞，每逢节日，村民们便身着盛装，聚集在一起唱苗歌、跳民族舞蹈。梅影村辖4个村民小组，全村有144户649人，其中劳动力368人，总面积38.12公顷，其中耕地面积30.48公顷（田地19.22公顷、土地11.26公顷），人均耕地0.05公顷；林地12.45公顷，森林覆盖率达33%。

总体目标：通过五年的建设和努力，全要基本达到“经济社会发展，群众生活安康，环境整洁优美，公共服用务配套，思想道德良好，基层组织建设和民主管理加强，人与自然和谐”的目标，到2011年实现国民生产总值224万元。其中，第一产业达150万元、第二产业达60万元、第三产业达14万元。农民人均纯收入3000元以上，人均粮食达300公斤，人均住房面积达20平方米以上，户户通电、通自来水、通电话、通广播电视，适龄儿童入学率达100%，人口自然生长率控制在12‰以内，逐步实现农村合作医疗。

建设任务：实现以上目标，到2011年主要工作任务是:（1）建立优质高效、可持续发展的支柱产业——大棚蔬菜，新增标准棚50个。在不放松蔬菜生产的基础上，新增栽植优质葡萄100亩，金秋梨100亩，到2011年实现户均2亩大棚蔬菜，1亩金秋梨，1亩优质葡萄，同时拉动全村生猪饲养出栏、存栏增长1倍以上，加工业、运输业和其他行业扩大2倍以上，确保农村人均纯收入达3000元以上。（2）加强基础设施建设，改善生产生活条件，美化人居环境。引导鼓励村民自愿搬迁房屋10栋，面积1180平方米，整修房屋2210平方米，新建、改造猪、牛、羊圈面积1100平方米，新建村寨道路2304平方米、排污沟渠2145米、沼气72口864平方米、防火池4个120平方米，解决人饮水144户649人，庭院绿化591平方米，建文娱体育活动场所1个900平方米，“三改”面积991平方米。扩建城关至梅影公路投入资金30万元，修建防洪堤投入资金50万元，恢复提灌站约需4万元。（3）加强基础组织建设，完善民主管理。进一步落实党对新农村建设的政策，充分发挥党支部的核心作用、党员模范先锋作用，通过村务公开、政务公开，进一步完善各种管理制度，使全村各项社会事业得到协调稳步的发展。

展里村 基本现状：位于排羊乡东北部，地处雷公山脉，距乡政府2公里，县城17公里，州府27公里，海拔在800～1050米，地势为北部低南部高，年降雨量在1100～1200毫米，年日照为1200小时左右，年均温度为15.3℃。省道308线穿境而过，交通便利。人居环境优美，住房为木质结构，依山而建，建筑颇具特色，民族风情浓郁，民族文化丰富。

规划的指导思想：坚持以邓小平理论和“三个代表”重要思想为指导，全面贯彻落实科学发展观，以发展农村生产力为中心，以提高农民文化生活为目标，以项目为载体，以基础设施建设，产业发展和社会事业建设为支撑，努力建设成为“生产发展、生活宽裕、乡风文明、村容整洁、管理民主”的社会主义新农村。

总体目标：通过五年的建设和努力，全要基本达到“经济社会发展，群众生活安康，环境整洁优美，公共服务配套，思想道德良好，基层组织建设和民主管理加强，人与自然和谐”的目标，到2011年实现国民生产总值122万元。其中，第一产业要达58万元、第二产业要达20万元、第三产业达44万元，农民人均纯收入达3000元以上，人均食粮达300公斤，人均住房面积达47平方米以上，户户通电、通自来水、通电话、通广播电视，适龄儿童入学率达100%，人口自然生长率控制在12‰以内，逐步实现农村合作医疗。

望虎屯村 基本概况：台江县老屯乡望虎屯村位于台江县老屯乡东北部，距县城30公里，苗、汉族人口集居地，其中汉族人口占总人口的65%以上。辖5个村民小组128户577人，全村现有耕地398亩，其中田260亩、土138亩，人均耕地0.69亩；林地1681.8亩，人均林地2.91亩，森林覆盖率达70.6%。2006年，国民生产总值为112.55万元，2006年人均纯收入1780元，人均食粮326.56公斤，村集体年收入0.44万元。全村的经济收入主要来自劳务输出及种养业。辖区内盛产金秋梨、花生、李子、大板栗等农产品。全村有嫁接板栗100亩、金秋梨500亩、杨梅100亩、油桃10亩。望虎屯村寨结构为一个保存较为完好的屯堡文化建筑群，至今还保存着清朝时为屯兵而修建的院墙、练兵道、营房遗址、村寨作战通道等屯堡文化遗迹。村民风土人情保持着屯兵迁移过来时汉人的生产生活习俗。

指导思想：以邓小平理论、“三个代表”重要思想和党的十六大、十六届五中全会精神以及中共贵州省委、省政府《关于推进社会主义新农村建设的实施意见》为指导，全面贯彻落实科学发展观，以提升全村综合生产能力为主要任务，以促进村民增收为基本出发点，以村庄整治和村寨规划为切入点，以培养新型农民为关键举措，通过科学规划，分类指导，全力推进，使我村生产力水平有较大提高，全体村民生活水平有明显改善，基础设施建设得到切实加强，各项社会事业全面发展，民主建设深入人心。

总体目标：通过五年的建设和努力，全村基本达到“经济社会发展，群众生活安康，环境整洁优美，公共服务配套，思想道德良好，基层组织建设和民主管理加强，人与自然和谐”的目标，到2011年实现国民生产总值240万元。其中第一产业要达140万元、第二产业要达30万元、第三产业达70万元，农民人均纯收入达3000元以上，人均食粮达450公斤，人均住房面积达30平方米以上，户户实现“四通”（通电、通自来水、通电话、通广播电视），适龄入学儿童入学率达100%，人口自然生长率控制在12‰以内，逐步实现农村合作医疗。

第四节　规划管理

县城是全县范围内的政治、经济、文化中心，是联系广大农村的纽带，要使城镇建设好，首先要有一个理想的城镇规划，城镇规划建设对于发展国民经济，促进经济体制改革，建设四化具有重大的现实意义，在提高认识、统一思想的基础上做到：第一，积极筹建规划组织，有组织、有计划、有领导地开展城乡规划工作，县城建局明确一名副局长负责，并从设计、施工、秘书等抽调 4 人具体负责此项工作。第二，鉴于人员、技术有限，经请示县府领导同意，聘请省建筑设计院的技术员协助，共花去 1.8 万元，测绘县城地形图。第三，在此基础上，一方面根据总体规划所需的自然、历史沿革、社会经济、人口等资料搜集整理编制说明书；另一方面，根据城镇地形图，绘制设计城镇总体规划、电力电讯、给水排水、道路交通、近期建设规划五图，已于 9 月报交给县府领导审阅，经过第一次初步会审，提出不少宝贵修改意见，再次整理后，报县四大班子审定，呈报州、省政府批准。同时，还完成施洞、革东、南宫区所在地，老屯、革一、台盘、平兆、排羊等乡所在地的地形图绘制工作，并完成收集施洞镇的有关资料。

1986 年 4 月，完成县城总体规划“五图一书”的编制工作，报经县委、县政府、县人大多次审定修改，于 1986 年 9 月 11 日，以县政府台府发〔1986〕51 号文件正式呈文上报州、省人民政府审批执行。在此基础上积极努力，1986 年度，完成施洞区、革东区、南宫区“三图一书”的编制工作，并上报县人民政府审批。随着党的经济体制改革的不断深入，城乡经济的不断发展，人民生活水平的不断提高，民用建筑国家、集体、个人新建、扩建、改建项目不断增多。在人少事多的情况下，设计人员积极努力完成各项大小单项工程房屋设计项目 17 个，设计总投资 105.58 万元，设计面积 9531.4 平方米，完成设计工日 1441.5 个，绘制地形图、小区规划图 8 幅。并积极开展技术支边，支持“双语”教育，免费为革东镇稿午苗语班设计教学楼一幢 300.5 平方米。

1987 年，在 1986 年完成县城总体规划和施洞、革东、南宫 3 个区驻地的规划基础上，认真总结了经验教训。通过一年的实际工作，1987 年完成乡村测绘地形图的交密、平兆、革一、台盘、排羊 5 个集镇点 98.22 公顷的面积，经州局业务部门验收合格。完成县城测绘地形图的台拱镇西街建材厂、县体育运动场、台拱区财政所、县电影院、乡镇企业局、县建材厂的页岩砖矿区、自来水公司的水改工程和供水线路布置图等 10 个单位 8 个项目任务。完成县、区、乡集镇建设规划设计的台拱镇、施洞镇、革东镇、南宫镇、排羊、革一、台盘、交密、平兆 9 个集镇，以及城镇总体规划片区网点，并统筹安排了县建行、税务局、台拱区中心社、台拱区办公楼、邮电局宿舍、统计局、保险公司、乡镇企业局、县部分老干部住房，革东、南宫中心社、革一邮电所、交密小学等 13 个单位办公、教学、住宅楼和城镇居民的新建、改建、扩建住房 25 户，全面地完成了年度计划。

1998 年，按照《城市规划法》办理国有、集体、私人建设工程用地证照和选址项目 66 项，占地面积 13171.5 平方米，建筑面积 15862.5 平方米。依法行使城镇监察管理，按照城镇总体规划要求，查实处理违法违章建筑多处，改观了城镇的市容镇貌，城管监察工作基本上按章行政，走上正规化。

完成县委、县政府交给的绘制拆乡建镇行政区域规划图和测量方面图共 22 套。规划好城区道路、排水设计 4000 延长米和工业电网架设 3200 延长米。完成了县工商局农贸市场规划设计建筑面积 684 平方米。帮助台拱革东两个集镇规划设计 1∶20000 的社会治安综合治理区域图各一套。

台江的村镇建设管理成立机构较晚，1992 年开展工作以来，完成了方召集镇 1∶500 地形图测绘项目一处，面积 7.27 公顷。规划好乡镇级 23 个机关单位的建设用地选址和教学楼、办公住宅楼、营业楼等工程的定点放线工作。以及老屯、榕山、长滩村的巴拉河水污染的水改工程计划，该工程款 10 万元资金及时到位，并进行施工。积极搜集施洞集镇试点资料报省、州业务主管部门，并被评为省厅村展建设试点三等奖。

1998 年，完成了县城总体规划修编，随后完成了革东镇、台盘乡、革一乡、南宫乡的总体规划。施洞镇的总体规划也在 1998 年开始编制。建设局坚持“一书两证”制度和规划行政追究制度，坚决杜绝随意调整和变更规划的现象，坚决制止在城镇规划建设中盲目贪大求洋，片面追求经济效益和政绩，随意破坏资源、环境和历史文化遗产的行为。共办理了项目选址意见书 132 份、“建设用地规划许可证”394份、“建设工程规划许可证”341份。

1999年，依法实行“一书两证”制度，办理签发项目选址意见书24份，建设用地规划许可证77份，建设工程规划许可证66份，规划区内“一书两证”发证率达100%；完成台盘乡龙井新村建筑规划图（1∶500）；完成旧城区道路绿化面积6592.34平方米；完成老屯乡政府所在地（1∶1000）地形图的测绘；完成老屯乡羊屯村的地形图测绘和（1∶500）的建设规划图；完成文昌宫至县车队（1∶1000）道路图测绘；完成城关一小滑坡处的建设施工图（1∶200）；完成台拱镇民中地形图（1∶500）的测绘以及规划方案图（1∶500）；完成台江职中新址的地形图测绘（1∶1000）；完成台江一小地形图测绘（1∶500）；完成革一乡集镇和革东镇及台盘乡集镇道路规划；为搞好乡镇规划建设，义务为革一乡、革东镇、台盘乡道路工程定点、定线；按照填报城建年报、村镇年报。

2000年，办理建设用地规划许可证92份，建设工程规划许可证96份；项目选址意见书23份，发证率为100%。完成滨河广场张秀眉塑像及高架灯定位和完成县城道路行道树的定点及路灯定位。完成县气象局1∶500规划图、电影院地形图的测量及绘制、老屯中学1∶500规划图、城关一小1∶1000规划图，职教中心1∶1000规划图、民族中学1∶500规划图、贝发小学1∶400规划图（方案）、宁波大道拆迁户安置区（县委宿舍北侧）地形测量及规划图、五河民族小学1∶500规划图。完成县城民族贸易一条的道路规划设计及道路定线。完成宁波大道安置一区的控制性详规。完成建制镇施洞镇的规划，完成村镇规划台盘乡一个。完成小城镇道路新扩改建任务县城1.2公里，乡镇2.3公里。城市道路完好率为95%。

2001年，完成苗疆东大道拆迁安置区选址、定点放线和二期水改工程厂区与苗疆商贸城及电信市话线路的定点放线工作；共办理项目选址意见书16份、“建设用地规划许可证”75份、“建设工程规划许可证”68份。在办理“两证一书”时，都严格按照规划法和台江县城总体规划的要求办理，在局部用地需要调整时也按照法律程序，以书面请示县人大常委会同意后再进行调整。

2002年，共办理项目选址意见书37份，比2001年增长2.31倍，发放“建设用地规划许可证”108份，比2001年增长1.44倍，选址意见及用地规划均以《台江县城总体规划》为依据，或根据发展要求因地制宜地进行合理调整，总之在选址意见上，建设局在历史文化和民族文化相统一的基础上始终坚持人与自然的协调发展，在规划管理工作中始终坚持原则性和创造性的有机统一，以达到创造性地维护现有规划成果的目的；发放“建设工程规划许可证”107份，比2001年增长1.57倍，为保证城镇建设更准确地体现民族文化内涵，将民族文化与城镇建设相互融合，让县城建设具有浓郁的民族色彩，同时让民族文化通过凝固的艺术形式传承下来，并得到升华。县局规划管理人员对民族文化进行了深入的调查和了解，对各项建设工程设计方案进行严格审查，只有能充分反映民族文化内涵的设计方案才发放“建设工程规划许可证”。

2002年，为贯彻落实关于加快小城镇建设的有关精神，建设局紧紧围绕“天下苗族第一县”和“苗疆文化生态旅游城”这一定位，努力搞好城镇市容镇貌及建筑物的规划设计，每件作品都力求反映时代精神，突出地方特色，体现苗族文化内涵，处理好眼前与长远、小区与整体的关系，通过独具匠心的规划设计，营造良好的人居环境。多次组织在规划区内进行绿化，新增化面积12800平方米，规划区绿化率达30%。共完成施洞小城镇总体规划地形图测量及规划编制的前期材料；完成南宫乡集镇总体规划；完成老屯乡望京村、台拱镇洋汪村、红阳村、张家新村的地形图测绘及民族风情村的规划设计；完成南宫中学、台盘中学的校园规划；完成垃圾填埋场的选址和地形图测绘；完成县城异地移民区的规划设计及张家大坝住宅小区的详细规划和拆迁调查；完成县城新客车站的选址和地形图测绘；共完成设计项目8个，总面积20740平方米；勘察设计合同登记验审率为100%，质量合格率为100%。

2003年，在城市建设中，加大对《城市规划法》的执行力度，共办理项目选址意见书38份、“建设用地规划许可证”104 份，用地面积 40999.34 平方米；“建设工程规划许可证”102 份，建筑面积 57135.49 平方米。查处违章建筑 10 起。

2004 年，审查发放规划建设工程选址意见书 19 份，“建设用地规划许可证”160 份，用地面积 14600.86 平方米，审批发放“建设工程规划许可证”154 份，建筑面积 107168.25 平方米。

2005 年，县乡二级政府共投入资金 80 余万元用于规划的编制，截至 12 月底，《台江县老城区控制性详细规划》《台江县工业园区布局规划》《台江县教师新村详细规划》已编制完毕；县城绿地系统规划已委托州规划设计室正在进行编制；施洞镇整治规划已委托贵州天海规划设计有限公司正在编制；南宫乡移民区、台盘乡移民区、革一乡规划编制已完成；排羊、老屯乡的规划工作已经启动。同时，两个有特色的村寨——反排村、九摆村规划编制也在进行中。

2006 年，完成县城的路网专项规划，规划涉及“五桥一路一堤”重大项目，项目拟报资金近 2.6 亿元，并经州发改委审查通过，以上工程项目一旦实施完成，将使台江县城区规划面积从原来的 2.4 平方公里扩容增至 2.7 平方公里，城镇绿化率由原来的 20% 提高至 25%。

2007—2009 年，先后组织编制完成了“两镇六乡”的乡镇总体规划（方召乡总体规划也正在编制实施之中）及革一田坝、梨花村（小农场），施洞塘坝村，排羊展里村、九摆村、岩寨村，台拱镇红阳村，老屯乡望虎屯村，方召乡反排村、南宫乡交宫村 10 个民族旅游村寨建设规划；县城路网专项规划、革一工业园区控制性详规以及绿地系统专项规划也编制完成。

第二章　城乡建设

第一节　县城建设

一、发展概述

党的十一届三中全会以来，台江县农村、城镇都呈现欣欣向荣的景象。县城先后兴办了木梭厂、胶合板厂、玩具厂、大理石厂、铁木金厂、硅厂、曲轴厂等，有一技之长的人员都进城就业，1990年城镇居民总户数达4000余户，人口0.8万人，当时居民居住东至车队，西到气象站，南至水泥厂、北至大炮台（今新街），建筑占地面积为1.02平方公里。

1987年，县建设局完成《县城总体规划图》的设计，分别新建和改造建设路、炮台新路、翁你东路、翁你西路、计生街及农贸街，总长1995米。1990年按照《县城总体规划图》的要求，对县城的违章建筑全部拆除，拓宽街道，改观了市容市貌。1991年，完成从建设局至汽车站（今苗疆商贸城），县政府（今台拱镇政府）至民贸公司，民政局至种子公司，县政府至文昌宫的规划管理，道路总长700米，占地面积32400平方米。完成工业民用建设设计21个，建筑面积7792.8万平方米，总投资额14027万元。1998年，为改善县城的基础设施，通过多种集资方式，共投资301.53万元，改扩建了总长为1336.46米的水泥硬化道路。从汽车站至丁字路口长253米、宽21米；文昌宫至丁字路口长240米、宽17米；邮电局至国有林开发公司长300米、宽24米；民政局至种子公司长155米、宽12米；同时完成种植街道绿化树，使城镇绿化覆盖率达34%。

“十五”期间，县里围绕“天下苗族第一县”和“苗族文化生态旅游城”的开发建设，加大了招商引资力度，2001年投资70万元修建城南冬路，总长1100米，面积9900平方米。投资960万元进行水改，投资797万元修防洪防洪堤，引资外资600万元完成苗疆大道拆迁。2002年，共投资750万元兴修苗疆东大道、苗疆西大道、秀眉大道和解放路。总长4406米，占地总面积107312平方米。是年，台江县台拱镇被列为全省重点扶持建设小城镇。

县委、县政府对苗疆城的建设加大力度。2002—2005年，旧路改造和新修街道11条，总长3605米，总面积为31618平方米，共投入资金44902万元。投资8269万元，建成秀眉文化广场、河滨公园、南门大风雨桥、苗疆商贸城、县城一、二期防洪堤、一期移民新区、二期移民新区、垃圾填埋场、液化气罐站、垃圾中转站、新汽车站、县委办公楼、县政府办公楼、县人大办公楼、县疾拱中心大楼、县医院门诊大楼、台江民中新教学楼及教师公寓、台拱民中教学楼、学生公寓、实验楼等一批县城市政设施，总占地面积148830平方米。2005年，城镇居民居住东邻交孟寨、西接梅影村，北连翁孟沟村、南至洋汪村。朗等、张家、台拱3个行政村都列入规划区内，县城人口由“九五”期末的1.6万人上升至“十五”期末的2万人，县城面积由“九五”期末的1.5平方公里上升到“十五”期末的2.4平方公里。苗疆城日新月异的变化，街道两旁高楼林立，绿树成荫，人行车往，井条有序，创建一个文明和谐的社会氛围，2004年被省、州评为州、省级卫生县城。

2006年，投资500余万元的朗等三号桥，投资400万元的城区油路“白改黑”工程先后完工；投资90万元的第一期青石板道路改造工程，于2009年7月底按计划如期完工。投资140万元用于第二、三期青石板道路改造工程。2007年至2008年年底，实施完成了临街26个单位27栋办公楼及宿舍楼的房屋立面改造工程，改造面积6715.57平方米，投入改造资金200余万元。2008年投资500多万元的城市西区路网建设，已实施完成工程量的70%；投资100多万元的滨河路路基土石方工程及新体育场建设工程已经完成，投资7000余万元的廉租住房建设工程，苗疆御景园等重大工程也正在实施当中。2007—2009年年底，向上争取到了污水管网工程项目、垃圾填埋场工程项目、行政中心广场项目、廉租住房建设项目、城市西区路网工程建设项目以及“五桥一路一堤”重大建设工程项目等重大工程建设项目，工程累计到位资金5000万元。

2008年9月2日，县城西区“浙华·苗疆御锦苑”商住小区启动开工；投资500万元的城市西区路网建设已完成了工程量的50%，张家大坝滨河路路基土石方工程以及三星级宾馆已于10月底启动开工建设，加快了工程建设的实施进度。全面启动建设规模为跑道400米，看台100米，排水沟1300米，投资200万元的县城新体育场建设工程；完成投资460万元的朗等大桥工程建设；完成原大操场片区土地出让程序和签订土地出让合同前期手续，12月下旬已开始启动。炮台路二期改造道路工程已完成工程概算工作，县城贯城河治理已从翁孟河上游开始施工。投资约700万元的县行政中心广场建设通过竣工验收；总投资约2073万元的县城污水处理工程已进入工程招投标阶段；投资100万元的苗疆大道青石板一期工程已铺设完成；县城西区路网正在施工建设中；翁你西路道路工程已通过竣工验收。完成苗疆东大道共计8个单位9栋房屋“穿衣戴帽”工程，改造立面面积6715.79平方米，总投入资金96.32万元。

2009年10月底，实施完成了投资700多万元的行政中心广场建设，投资300余万元的“两河”治理工程以及投资2700万元的城市污水管网工程项目建设也于12月12日基本完工。投资450万元完成滨河路长850米的道路硬化、青石板和路灯安装工程。

2010年，全县投入2400多万元贯通硬化了近6公里城市主干道路面、路灯等基础建设。镇区形成了“三纵三横”的道路网络。投入2000余万元的污水处理厂建设项目已投入运营，梅影至污水处理厂道路硬化工程和县老大桥至民中背后坡路段硬化工程和投资260万元的县城“穿衣戴帽”风貌整治活动也相继完工。投资60万元县扶贫局至民中700米长的路面，行政中心环等“白改黑”工程和投资600万元的西区道路110米长的硬化及青石板和路灯安装工程也同时完工。

二、房屋建设

2001年，引进外资600万元完成苗疆大道拆迁。2002年，台江县台拱镇被列为全省重点扶持建设小城镇。县委、县政府对苗疆城的建设加大力度。2002—2005年投资8269万元，建成秀眉文化广场、河滨公园、南门大风雨桥、苗疆商贸城、县城一期防洪堤、二期防洪堤、一期移民新区、二期移民新区、垃圾填埋场、液化气罐站、垃圾中转站、新汽车站、县委办公楼、县政府办公楼、县人大办公楼、县疾拱中心大楼、县医院门诊大楼、台江民中新教学楼及教师公寓、台拱民中教学楼、学生公寓、实验楼等一批县城市政设施，总占地面积148830平方米。2004年1月，投资21000万元，在县城丁字路口开工建成萃文园区，占地面积24000平方米，建筑面积30000平方米，框混结构，楼5层，总高23米。2005年10月20日，总投资152.3万元，在台拱大坝建成台江县政协办公楼，建筑面积3600平方米，框混结构，楼5层，高22米。2007年12月投资800万元，建成新台江县医院，占地面积16000平方米，建筑面积9000平方米，框混结构，楼6层，总高22米。

苗疆商贸城　苗疆商贸城总占地面积18000平方米，涉及拆迁户48户，其中单位住房7户、房改房16户、其他住房25户，动迁户人口123人，拆迁房屋占地面积6165平方米，拆迁房屋26幢，拆迁建筑面积13127.47平方米，由湖南客商出资1500万元开发经营，现已建成投入使用。该工程总占地面积18591平方米，拆迁房屋26幢，拆迁面积12912.52平方米，涉及5个单位123人。项目以公开竞价的方式进行招商开发，最终由湖南客商刘桥兴等注册的台江县佳祥房地产公司以328万元的最高报价投入前期拆迁补偿获得开发经营权。该项目总投资2000万元，已完工投入使用，结束台江县城没有大型商贸城的历史，对改善市容镇貌和促进商品流通起到了积极的作用。

台江商贸城　位置在农机厂内，包括拆迁、补偿、安置、道路硬化、绿化等工程。占地面积24000平方米，建筑面积42000平方米。楼高5层，框混结构，总投资2600万元，由佳祥房地产开发公司建设，1998年1月开工，2000年3月竣工，质量评定合格。

萃文园区工程　位于“丁”字路口，包括拆迁、补偿、安置、道路硬化、绿化等工程。由众达置业有限公司承建，由天柱达州设计院设计，由凯里金城建筑有限责任公司负责施工。占地面积24000平方米，建筑面积30000平方米，框混结构，楼5层，总高23米，投资21000万元，2004年1月开工，2006年6月竣工，质量评定合格。

滨河小区工程　滨河小区东起台拱寨，西抵建设局，北抵南门口坡角至石油公司加油站，南至张家寨，总用地面积58.01公顷。小区内现已有30余幢房屋拔地而起，总投资达2000余万元。小区内现已修建了滨河公园、秀眉广场和水上乐园，县四大班子办公区已建成使用。

苗疆商住楼　总面积14903平方米，总投资1035万元，台江县广厦房地产开发公司开发建设。其中一号楼位于苗疆大道西段北侧，2001年8月1日开工，2002年5月1日竣工，主体7层，砖混结构，建筑面积6475平方米，商用房24间，住房50套，总投资487万元。台江县规划设计室设计，台江县台拱镇建筑工程公司承建。三号楼位于苗疆大道西段南侧，2003年7月30日动工，2004年6月28日竣工，主体6层，砖混结构，建筑面积4263平方米，商用房15间，住房30套，总投资268万元。台江县规划设计室设计，台江县龙达建筑有限责任公司承建。四号楼位于苗疆大道西段北侧，2004年3月16日动工，2005年10月18日竣工，建筑面积4165平方米，一、二楼为商业用房，有住宅20套，总投资280万元。台江县规划设计室设计，台江县龙达建筑有限责任公司承建。

台江民族中学新校　2003年1月，在县第十四届人代会第一次会议上，人大代表联名提案，建议台江民族中学选址迁建。3月20日，县四大班子召开现场办公会议，决定新校区建在朗等村下坝，总体规划设计占地160亩。2004年8月，新校综合楼开工，2007年1月新校落成，2月12日，台江民族中学举校搬迁新校。

新校建设占地160亩，分为教学区、学生生活区、体育活动区、教师生活区。建成综合楼、学生宿舍楼，学生食堂、教学楼。完成了篮球场、围墙、灌渠整治、教学区广场、干道硬化、校区排水管道、水电安装、校园自供水系统、垃圾池、挖填土方等附属工程的建设。添置学生课桌凳2000套，学生床720铺，电脑85台，62座语音室一间，建成校园智能广播系统和6个理化生标准实验室。

台江县民族中学建设项目包括拆迁、补偿、安置、道路硬化、绿化等工程。建设项目由贵阳长城设计院凯里设计院设计，凯里大地建筑有限责任公司负责施工，占地面积106720平方米，建筑面积18000平方米，框混结构，楼5层，总高20米，总投资2800万元。

易地移民工程（一期）　位置在苗疆两大道（硅厂旁边），包括拆迁、补偿、安置、道路硬化、绿化等工程，由台江县发改局建设，台江县规划设计室设计，台江县龙达建筑有限责任公司负责施工。占地面积17000平方米，建筑面积20520平方米，框混结构，楼4层，总高13米，总投资300

万元。2002年2月开工，2004年3月竣工，质量评定合格。

易地移民工程（二期） 位置在南宫岔路口，包括拆迁、补偿、安置、道路硬化、绿化等工程，由台江县发改局建设，台江县规划设计室设计，台江县龙达建筑有限责任公司负责施工。占地面积18000平方米，建筑面积21000平方米，框混结构，楼4层，总高13米，总投资320万元。2004年6月开工，2006年10月竣工，质量评定合格。

县委办公楼 地点在台拱大坝，由台江县委办公室建设，台江县建设局规划设计室设计，贵航清山建筑公司承建，建筑面积3946.59平方米，框混结构，楼6层，高21米，总投资199万元。2003年11月17日开工，2004年12月18日竣工，质量评定合格。

县人大办公楼 地点在台拱大坝，由台江县人大建设，台江县建设局规划设计室设计，黔东南州建筑总公司承建，建筑面积2971平方米，框混结构，楼4层，高16.95米，总投资106.7万元。2004年8月开工，2005年1月竣工，质量评定合格。

县政府办公楼 地点在台拱大坝，由台江县政府办公室建设，台江县建设局规划设计室设计，贵州省建筑总公司承建，占地面积10100平方米，建筑面积5668平方米，框混结构，楼4层，高17米，总投资303.16万元。2003年7月16日开工，2004年4月16日竣工，质量评定合格。

县政协办公楼 地点在台拱大坝，由台江县政协办公室建设，黔东南州设计院设计，黔东南州建筑工程总公司承建，建筑面积3600平方米，框混结构，楼5层，高22米，总投资152.3万元。2005年10月20日开工，2007年12月20日竣工，质量评定合格。

县法院办公楼 地点在台拱村320国道旁，由台江县法院建设，台江县建设局规划设计室设计，黔东南州大地建筑工程有限公司负责施工。建筑面积24413平方米，框混结构，楼5层，高24.18米，总投资235.18万元。2004年1月开工，2005年6月竣工，质量评定合格。

县检察院办公楼 地点在台拱村320国道旁，由台江县检察院建设，台江县建设局规划设计室设计，台江县镇建筑公司负责施工，建筑面积2395平方米，框混结构，楼7层，高28.5米，总投资130万元。2001年3月30日开工，2002年8月30日竣工，质量评定合格。

县医院搬迁 位置在苗疆西大道，包括拆迁、补偿、安置、道路硬化、绿化等工程。由台江县医院建设，凯里萃文建筑设计咨询有限责任公司设计，凯里大地建筑有限责任公司负责施工。占地面积16000平方米，建筑面积9000平方米，框混结构，楼6层，总高22米，投资800万元，2002年2月开工，2007年12月竣工，质量评定合格。

县建行综合楼 地点在台江县城关丁字路口，由台江县建设银行建设，台江县建设局规划设计室设计，台江县建筑公司负责施工，建筑面积3264.95平方米，框混结构，楼8层，高26.8米，总投资94.64万元。1993年10月20日开工，1994年7月30日竣工，质量评定合格。

县建设局住宅楼 地点在风雨桥旁边，由台江县建设局台江县建设局规划设计室设计，台江县龙达建筑有限公司负责施工。建筑面积2467.5平方米，框混结构，楼7层，高28米，总投资110万元。1994年4月开工，1996年4月竣工，质量评定合格。

县建设局办公楼 地点在风雨桥旁边，由台江县建设局建设，台江县建设局规划设计室设计，由台江县龙达建筑有限公司负责施工。建筑面积13800平方米，框混结构，楼7层，高28米，总投资200万元。1998年6月开工，1999年6月竣工，质量评定合格。

三、道路建设

县城道路共有21条。其中红阳路，从丁字路口至老大桥；苗疆东大道，从大十字至秀眉广场；苗疆西大道，从大十字至梅影；文昌东路，从丁字路口经林业局接秀眉大道；文昌西路，从丁字路至110变电站；解放东路，从民贸公司以县政府门口至二中；解放西路，从民贸公司经粮管所至烈士陵园；炮台路，从粮管所至新街；军民路，从民政局至种子公司；城南环路、老大桥，从水泥厂至张家寨岔路口；秀眉大道，从洋汪寨至收费站；翁你东路，从交通局至建设局；翁你西路，从防汛大楼至内配厂；武陵路，从农业局至县中队；兴隆巷，从民贸公司至原工商银行；巷子口，从县政府门口至文昌宫下路口；上水卡巷，从上水卡至翁孟寨；新民巷，从民政局背后至建筑公司；清江路，从西街办公楼至河边；鸿发巷，从邰医师住宅楼至扶贫大楼；平安巷，从鸿发巷后面靠河边。

2001 年，投资 70 万元修建城南冬路，总长 1100 米，面积 9900 平方米。2002 年，共投资 750 万元兴修苗疆东大道、苗疆西大道、秀眉大道和解放路。总长 4406 米，占地总面积 107312 平方米。其中苗疆东大道长 330 米、宽 24 米；秀眉大道长 2015 米，宽 24 米和 40 米，张家寨岔路口至新计生综合楼段宽为 40 米，南宫岔路口至县政府新办公楼段为 24 米。2003—2005 年，旧路改造和兴修街道 11 条，总长 3605 米，总面积为 31618 平方米，共投入资金 44902 万元。

建设路　东起县车队，西迄县农牧局，以丁字路口为断点，往西称建设西路，往东称建设路。自东往西经过县车队、台拱林业站、养护段、纺器厂、林业局、医药公司、盐业公司、五金公司、县医院、县委党校、文物管理所、卫生局、农贸公司、药材公司、粮食局、工商银行、商业大楼、国营旅社及饭店、新电影院、台拱税务所、建设银行、水电公司、民族中学、台拱镇医院、种子公司、人民武装部、县防疫站、农牧局、土地管理局、变电站等。间或夹有部分民房，碎石沥青路面，全长 2500 米。

红阳路　北起丁字口，南至台江大桥、县水泥厂，全长 380 米，宽 20 米，两侧有新华书店、农业银行、县农贸公司、烟草专卖局、乡镇企业局、综合门市、建筑公司、汽车站、水电局、交通局、邮电局、水泥厂、综合服务公司、台拱镇人民政府宿舍、铁木加工厂等单位楼房。

城南冬路　总长 1100 米，面积 9900 平方米。2001 年投资 70 万元修建。

苗疆大道　总长 4406 米，占地总面积 107312 平方米，2002 年共投资 750 万元兴修完工。2008 年 12 月，投资 100 万元的苗疆大道青石板一期工程已铺设完成。

张家大坝滨河路　工程由磊鑫房地产开发公司负责，道路全长 830.466 米，总投资 97.97 万元。2009 年开工，2010 年竣工。

滨河南路　连接张家大坝小区道路（沥青）总长 520.7 米，计划总投资 135.88 万元，2009 年开工，2010 年竣工。

翁你东路　东起县城建局办公楼，西止邮电局十字口，全长 278 米，宽 8 米，两侧有交警队、胶合板厂、农机公司、物资局、工商局、台拱镇党委等单位楼房。

翁你西路　东起邮电局，西向梅影寨延伸。1987 年后，县审计局、税务所、图书馆、建设银行、保险公司、民政局、县政协等机关单位相继征田建房，街道形成。与东路直通。

秀眉大道　秀眉大道总长 2050 米，分三段进行改造：一是县委办公楼至张家寨岔路口段，道路规划设计长度为 720 米，宽为 27.8 米，其中车行道宽 9.6 米，人行道宽各为 3.5 米，绿化带宽各为 3 米；二是张家寨岔路口至计生局综合楼段，道路规划设计长度为 635 米，宽为 40 米，其中车行道宽 14 米，人行道宽各为 4.8 米，绿化带宽各为 9.7 米；三是计生局综合楼至南宫岔路口段，道路规划设计长度为 695 米，宽为 24 米，其中车行道宽 9.6 米，人行道宽分别为 3 米和 3.5 米，绿化带宽分别为 1.2 米和 2.1 米。秀眉大道两侧的单位办公用房和私人综合用房已先后建成了 50 余幢，共计面积 43441.84 平方米，总投资 1641 万元。2002 年建成使用。

苗疆西大道　道路规划设计长度为 642 米，宽为 23 米，其中车行道宽 11 米，人行道宽各为 4.5 米，绿化带宽各为 1.2 米。该大道位于县城新老城区连接部，原有道路既不符合县城总体规划，又狭窄破烂，严重制约了新老城区间的畅通。为改变这一状况，以公开竞价的形式，进行招商开发，广东省东莞大朗食品有限公司以472万元报价，投入前期拆迁补偿和进行道路土石方工程开挖等获得开发经营权。该路段总长330米，宽60米，总面积19200平方米。除人行道和车行道24米按城市道路标准修筑外，道旁两边各剩18米作为开发商的开发用地。该项目共拆迁房屋64栋，拆迁建筑面积21161.1平方米，10个单位567人，项目总投资2500万元，2001年兴建。

苗疆东大道　位置在县城内灯塔至河滨公园，包括拆迁、补偿、安置、道路硬化、绿化等工程。由台江县规划设计室设计，由台江县广厦建筑开发公司建设，由台江县龙达建筑有限责任公司负责施工。占地面积20000平方米，建筑面积68000平方米。框混结构，楼6层，高22米。总投资3000万元，2000年2月开工，2003年3月竣工，质量评定合格。

县城道路硬化工程　位于县城内文昌路至灯塔，由台江县建设局建设，台江县规划设计室设计，台江县龙达建筑有限责任公司负责施工，占地面积12000平方米，结构为水泥路面硬化，投资400万元，1998年3月开工，1998年8月竣工，质量评定合格。2004年首次完成县城斑马线、分车道及停车位的规划、画线工作；完成县城道路硬化3公里。2007年，为创建省级卫生城市，城内主要道路全部油路。

四、市政工程

供水　民国时期，供城区饮水的水井有20口，分布于东山脚、上水卡、南门口、湖南馆、龙王庙、昭忠祠、北门吴家、江西馆、鸭场坝、下水卡、东岳庙等地。迄今城区可饮用水井仅有9口，且泉源流量小，冬季多数呈现干枯。1970年，湘黔铁路205厂在县医院建容量60吨水塔1座，城关部分居民同时受益。该厂迁走后，抽水设施由水电局接管，更名城关自来水厂。1979年7月，县政府投资7万余元扩建，增设一套抽水机组和新街水塔，蓄水282吨。

第一期改造供水工程：于1996年动工修建，并于1997年11月供水。供水规模为0.2×104立方米/天。水源为翁你河，采用大口井取水。水厂厂址位于县城内翁你河南岸河边，电杆厂与脱水厂之间。厂内建有800立方米清水池和送水泵房各1座，水厂旁的山上建有1000立方米高位水池1座。2000年有给水工程的供水能力以县城现有人口1.6万人计，含公建在内的最高日综合生活用水定额仅为100升/天，低于当时国家标准。

第二期水改工程：工程总投资961万元，其中贷款700万元、地方自筹261万元。2001年，过滤房、清水池、工艺楼已施工完毕，取水源管道正在抓紧铺设，已投入资金650万元，6月底进入装机和调机阶段，2002年8月28日竣工通水，日供水达1万立方米。

2010年年末，城区自来水厂1座，铺设干线水管36公里，生产能力5000吨/日，年生活用水83万吨，居民自来水普及率90%，年人均生活用水42吨；排水管道23.31公里，污水治理工程1项，污水处理厂1座，日污水处理能力0.3吨。

供水管网项目：县城供水管网项目于2000年开始进行申报，2001年投资960万元进行水改，投资797万元修防洪防洪堤。2005年改造工程在原方案的基础上进一步优化，将县城供水取水点调整方案列入县城二基管网改造项目，项目总投资203万元；移民区、行政办公区、民中、教师新村管网改造投资122万元，铺设管道3650米；打岩沟取水点改造工程81万元，其中修建水源调节库1座，17万元；铺设管道1112米，使用资金64万元。

台江县城供水基础设施通过十几年来的建设得到了较快发展，供水能力从10年前的0.2×104立方米/天上升到2010年的1.0×104立方米/天，供水能力翻了5翻。随着供水规模的扩大和供水设施的不断完善，供水质量得到了明显改善，根据县疾控中心对2005年至2006年4月16次水样抽检，合格率达100%，城镇居民生活生产用水普及率达100%。

1999—2002年台江县城供水状况一览表

表13-10

年 份	供水量（万吨）	其中（万吨）			用水人口（万人）	平均日供水量（万吨）
		工 业	生 活	漏 损		
1999	93	14.9	59.5	18.6	1.08	0.25
2000	95	15.2	60.8	19.0	1.05	0.26
2001	85	13.6	54.4	17.0	1.11	0.23
2002	92	14.7	58.9	18.4	1.24	0.25

2008—2010年台江县城最高日用水量预测一览表

表13-11

用地名称	用地面积（公顷）	用水量指标（吨/公顷·日）	用水量（吨/日）
居住用地	61.20	60	3672.0
公共设施用地	57.80	70	4046.0
工业用地	6.26	100	626.0
仓储用地	1.69	20	33.8
道路广场	34.60	10	346.0
对外交通	20.48	20	409.6
市政设施	4.26	30	127.8
绿地	1.60	20	32.0
特殊用地	1.59	50	79.5

附：自来水公司简介

台江县自来水公司始建于1972年，隶属于城建部门的国营供水企业。1987年，全公司有职工12人，年计划抽水量30万吨，完成27.07万吨。1990年，城镇供水年任务60万吨，产值5万元。完成产量50.45万吨，产值72543元，实现利润2836元，上缴国税2293元。是完成产值和实现利润最好的一年。而且，供水质量、供水管理工作有了较大的改观。

1991年，城镇自来水供水年任务50万吨，产值5万元，完成产量35万吨，产值7.6万元，占年度任务的150%，比1990年增长0.25万元。实现利润4818元，上缴国税2659元。安装水管2495延长米，同时指导朗等村的自来水管安装埋设工作；加强了供水管网和设备维护管理，积极改善自来水的供水条件，按期氯使水质较前有了较大的改善。并且为自来水改造工程积极筹集资金，多方反映为改造投资的立项做了大量的工作。

县城自来水改造工程于1996年10月18日破土动工，工程动工后得到宁波市城建委的支持帮扶贷款50万元。工程经过近一年的组织施工，已完成了沉井、清水池、泵房、机组、高位水池、铺设管道等主要工程量。主体工程于1997年9月19日竣工通水，并试水运转正常。年底，县城内已有60%居民用上新的供水。主体工程设计预算总投资420万元，实际投资354万元。由于供水水质达不到国家供水标准要求，还急需购置加氯设备和化验设备务一套，修建一座水处理池，加上整个附属设施，工程整体竣工通水还缺口资金69万元。1997年完成工业产值92.4万元，供水总量81万吨，获取经济效益66.3万元，其中上缴国家税金4.55万元，获取利润3.4万元。

1998年，日供水量为4000吨的自来水改造工程，在省厅、州局的大力支持和县委、县政府的重视关怀下，于1997年9月竣工通水以来，运转正常。现日供水量为2500吨，城区的60%以上的居民都用上了新的供水。是年，完成工业总产值58.2万元，上缴国家税金3万元，实现利润3.1万元。

1999—2002 年，投资 380 万元、日供水 5000 吨新建的一期水改工程和投资 961 万元、日供水 10000 吨的二期自来水供水厂建成使用。

2005 年度，自来水公司资产总额 1217 万元，供水量 93 万立方米 / 年。年度销售收入 78 万元，业务成本（成本、管理费用、财务费用）80 万元，年度亏损 2 万元。在职职工 48 人，退休 5 人。2006 年度，自来水公司资产总额 1230 万元，供水量 96 万立方米 / 年。年度销售收入 78 万元，业务成本（成本、管理费用、财务费用)84 万元，年度亏损 5 万元。在职职工 48 人，退休 5 人。2007 年度，自来水公司资产总额 1248 万元，供水量 97 万立方米 / 年。年度销售收入 82 万元，业务成本（成本、管理费用、财务费用）82 万元，年度盈利 0.1 万元。在职职工 54 人，退休 5 人。

2008 年度，自来水公司资产总额 1243 万元，供水量 99 万立方米 / 年。年度销售收入 99 万元，业务成本（成本、管理费用、财务费用）101 万元，年度亏损 2 万元。在职职工 54 人，退休 5 人。2009 年 2 月完成污水管网施工设计，招投标等工作。2009 年，投资 2700 万元的城市污水管网工程项目建设，年底完工并进行试运行。污水处理厂建设采取 BOT 方式建设，施工单位于 2009 年 4 月开始进场，厂区基础设施建设已经完成，完成投资 622 万元。污水管网建设规模 23314 米，总投资 1168.92 万元，现已完成的污水管网长度约为 22 公里，到位资金 1607 万元，其中，项目拨入 1562 万元，县级匹配资金 45 万元，实际完成投资 1607 万元。年底，工程已经基本完工。2009 年度自来水公司资产总额 1258 万元，供水量 102 万立方米 / 年。年度销售收入 184 万元，业务成本（成本、管理费用、财务费用）208 万元，年度亏损 3 万元。在职职工 54 人，退休 5 人。

2010 年，公司经营情况年度自来水公司资产总额 1294 万元，供水量 110 万立方米 / 年。年度销售收入 289 万元，业务成本（成本、管理费用、财务费用）288 万元，年度盈利 1 万元。在职职工 53 人，退休 6 人。

排水 1984 年，始修筑林业局沿计生街得胜桥暗沟，长 250 余米。1985 年，修民贸公司至城关派出所通叶烟巷下水道，长 170 米。同年，修民贸公司商店沿建转路（街）过新电影院门前直下贯城河排水沟，长 170 米；又修粮管所第二门市口沿建设街转红阳路经新车站直下贯城河排水沟，长 350 米；新华书店前经农业银行过建筑公司下贯城河排水沟，长 160 米。

防洪堤工程 1999 年 11 月，台江县启动县城区翁你河防洪堤工程建设，整个工程分一期工程、二期工程和收尾工程，工程总长 3.1 公里。一期工程位于县城新区新大桥至南门闸坝河道两岸，二期工程位于南门闸坝至老城区老大桥河道两岸及新大桥上游河道右岸，收尾工程位于老大桥下游河道右岸。整个工程历经 7 年于 2006 年 11 月竣工，工程总投资 1126 万元，其中，南门闸坝投资 226 万元，风雨桥投资 67 万元。县城区翁你河防洪堤工程，保护了县城区 3.5 万人的生命财产安全，降低了洪水灾害给经济、社会稳定带来的不利影响。是年，投入 200 万元国债资金，实施县城管网改造项目。铺设供水管道 4000 米，惠及人口 2000 余人，覆盖湖南街、南宫路口移民区、县四大班子办公区、民中教师新村等区域。

照明工程 至 2007 年，县城照明系统路灯总计 376 盏。其中，照明路灯 276 盏，高杆灯 3 座 54 盏，河堤景观灯 30 盏，广场射灯 4 座 16 盏。2008 年，投入专项资金 77.4 万元，对县城苗疆西大道、秀眉大道、翠文路、高速公路出入口 4 个路段实施“亮化工程”改造，新安装单（双）臂路灯 134 盏，工程于 2008 年 4 月 10 日“姊妹节”前正式投入使用，同时撤换原有老路灯 40 盏。完成对城区主干道及街巷 103 盏路灯的维修和更换。在抗雪凝期间，先后出动多功能高空作业车 9 个架次，修复损坏路灯电力线路 3 处，电缆、电线恢复 600 余米，抢修路灯 11 处，抢修路灯 19 盏，最大限度保证了雪凝灾害期间城区正常照明。“姊妹节”期间，完成城区内 97 盏损坏路灯、高杆灯的维修、更换工作，保证节日期间的正常照明。处理各类破坏、偷盗、车辆肇事损坏路灯事件 11 起（其中，办结 5 起、行政处理中2起、交由公安机关处理1起、逃逸3起）。及时拆除遭不法分子破坏的河堤景观灯30盏，恢复损坏灯基（座）30个，更换路灯灯具9套，依法、从严、及时的处理，有力地维护了市政照明设施的安全。完成了对城区小街小巷70盏路灯新安工作。2010年，台江县城区现有路灯分布情况是县城移民新区共11盏，底座管制式路灯11盏，灯体外壳完好的2盏，灯体缺失破损的9盏。苗疆大道（县城医院新址—中心灯塔—建设局出口路段）共35盏，底座管制式路灯35盏，灯体外壳完好的11盏，灯体缺失破损的24盏。幸福街（土管局背后片区）共10盏，底座管制式路灯10盏，灯体外壳完好的2盏，灯体缺失破损的8盏。翠文路（老大桥—丁字路口路段）共22盏，底座管制式路灯20盏，灯体外壳完好的2盏，灯体缺失破损的18盏；水泥杆悬挂式路灯2盏，都已经破损。苗疆东大道（风雨桥—邮政公寓路段）共11盏，底座管制式路灯11盏，灯体外壳完好的3盏，灯体缺失破损的8盏。秀眉大道（新大桥—县政协路段）共32盏，底座管制式路灯16盏，灯体外壳完好的4盏，灯体缺失破损的12盏；水泥杆悬挂式路灯13盏，灯体外壳完好的2盏，灯体缺失破损的11盏；墙体悬挂式路灯3盏，灯罩已经损坏。秀眉大道（秀眉广场—老加油站路段）共11盏，水泥杆悬挂式路灯11盏，灯体外壳完好的2盏，灯体缺失破损的9盏。

县城绿化　2000年，台江县新增园林绿地面积为12875平方米，其中，新建广场1个，新增园林绿地面积1100平方米。新建公园1个，新增园林绿地面积7600平方米。改造秀眉广场至县福利院路段堤坡，新增园林绿地面积1080平方米。新建张家路口至原老政府路段混植绿化带总长700米，新增园林绿化面积2800平方米。建成县城严管街至移民新区灯塔路段绿化隔离带750米，新增园林绿地面积375平方米。

2005年3月，县建设局对县城规划区域内公共绿地、广场、街道进行全面的补种、补植，补植苗木种类9种，共计312株，成活率92.3%，基本实现年初补植计划。修建行道树护树隔离墩28个，给新补植行道树木绑刺扎丝进行保护302株。绿化县城新汽车站出入口街道一条，新植树木31株。保护抢救树木9株（桂花6株、深山含笑3株）。规划新植树木86株，计划新建公共绿地800平方米，将闲置的公共空地、边角用地改造成为公共绿地，提高城市绿化覆盖率。2006年，全县公共园林绿地面积为37360平方米，分布于县城规划区内的秀眉、文昌、萃文三大社区以及县城河滨公园和秀眉广场内。秀眉社区有园林绿地（包括所辖的1个公园和1个广场）面积36100平方米，占县城园林绿地总面积的96.63%。文昌社区园林绿地面积仅为610平方米左右。萃文社区园林绿地面积仅为650平方米。2006年，种植香樟树230棵、银杏树35棵、杨梅树24棵、李子树9棵、樱桃树7棵、柚子树4棵、柿子树2棵、杏树1棵、桃树1棵，共计313棵。对秀眉广场四周进行了大量的绿化种植、补植，并针对广场两棵桂花树呈现黄叶多、枯枝多、落叶多的现象，进行了深入的调查研究，并做出救治措施；在救治过程中，用挖掘机对桂花树花坛进行深挖勘察。从表层开挖至90厘米处，遇到厚度为30厘米的压磨层，压磨层的表层是10厘米硅沙，硅沙下是20厘米的加石层，再往下是鹅卵石、废砖、建筑废料等，开挖深度为3.2米。用肥力回填30立方米，并在桂花树冠幅垂直下的根颈周围挖深60厘米、宽50厘米的环形沟，灌施农家肥。对全城的1562株行道树，进行全面的树形修整，使行道树更为通风、透光，从而减少病虫害的发生率。对河滨公园里面的花卉、树木、草坪等进行修整造型，使公园的观赏性得到进一步提高。并对原来配置不是很合理的儿童游乐场进行合理换位，使儿童游乐场更为协调的容入公园。同时在公园内增添了几处供游人休息的花街石凳；从而使公园能为不同年龄段的人提供休闲娱乐的场所。此次公园改造经费合计达42555元。2007年春季，全城的行道树补植工作采用单株包栽、包活的方式进行点数验收付款，植树节前把县城的行道树补植工作全部完成。行道树补植费用合计12790元。对秀眉广场进行全面的换土，让树木的生长环境达的最好，2007年树木的生长状况有了很大的转变。此次，换土除了请民工挖土外，还请拖拉机拉运废渣18车次，费用合计1200元。对苗疆西大道木花箱的绿化植物的移植，请拖拉机清运土方、购买肥料、生根粉、农药、洒水车浇水的燃油费及请民工的工时费等合计12912元。2008年，完成补植红花继木150平方米、金叶女贞210平方米、小叶女贞200平方米、春鹃200平方米、深山含笑50株、梅花2株、蜡梅1株、贴梗海棠1株、紫竹3株，共投入资金11万元。投入资金5000元，对全城的1920株行道树进行全面修枝整形。投入资金4万元，对秀眉广场的各种植物进行了配置，重组了广场植物模块。投入资金8000元，对全城的绿化带进行了2次清理，清除垃圾5川路车。对县城的草坪进行了4次修剪，绿篱进行了6次修剪，杀虫4次。

园林建设　2000年，由县水利局投资建设县城第一个公园——河滨公园，总面积17316平方米，其中绿地面积5195平方米。由县文化局牵头在公园内建设多套体育健身器材。根据2006年11月3日县长办公会议纪要，县建设局于2006年11月16日接管县城河滨公园。2010年年末，城区有公园1个，公园面积3公顷，园林绿地面积9公顷，其中公共绿地5公顷，绿化覆盖率30%，人均绿地3.4平方米。

2002—2003年，实施秀眉广场建设工程，广场总占地面积976平方米，广场除临秀眉大道面其他三面均修建二层至三层建筑物，一层为经营门面，二层至三层为商住楼，中间为弧形广场，面积7460平方米。广场工程以公开竞价的方式进行招商建设，最后湖南湘南电器有限公司以45万元买断，另出资50万元按规划建广场而获得开发经营权，该项目投入500万元。截至2003年年底，广场周边建筑群已形成，广场建设及应具备的纪念碑、看台已完工，全部投入使用。

第二节　乡（镇）建设

施洞镇　清雍正、乾隆年间（1723—1795年），疏浚清水江航道后，施洞成为重要集镇之一，街沿河岸排列，房屋沿街道两旁修建，长约0.5公里。居民建筑多为小青瓦木房。同治年间（1862—1874年），总兵苏元青于镇内建造公馆、关圣宫、楚军忠义总祠、文昌阁等，街道略有拓宽。光绪年间（1875—1908年），富户杨氏始于街市建窨子屋。民国25—35年（1936—1946年）先后有富户肖炳芝、杨仕章、张泽芝、蒋明章、陈子文、张伯修、秦正光等又相继建起窨子屋，号称“八大窨子”。紧连施洞的偏寨、方寨、柏梓坪、八更、巴拉河、小河等村寨共建有41幢大小不同的窨子屋，构成施洞窨子屋群落，民房布局整齐。

施洞道路命名：塘龙至天塘为施洞大道。根据施洞民族特色，把原马头路定龙舟路。塘龙至白子坪为小巷暂不定名。塘龙至施洞大桥为清江路。人民路：清江路至肖必荣家。镇财政所至刘八金家，该路段与杨和清家宅院相连，属地方古建筑文物，具有地方民族特色，建议命名为和清路。镇医院至施洞小学，建议命名为巷。

革东镇　镇政府所在地有新老两街，均为东西走向，老街由革东中学沿清水江南岸坡梁至街头，长约300米；新街在谷三线公路两侧自然形成。两街西头有一小巷相连，东头有公路相通。镇政府、派出所、粮管所、工商所、农牧站、林业站、邮电支局、供销社、中小学、医院等机关单位和民房分散建设于新老街之间，多数为砖木结构，少数为木质结构，公房总建筑面积约1万平方米，民房砖木结构建筑面积约300平方米。

排羊乡　乡政府所属各机关工作部门公房分散建设于屯上、场坝两自然寨。彼此隔河相距0.5公里。屯上寨有乡政府、中小学及卫生院等。场坝寨有东西向小街贯穿寨头寨尾，中间通过篮球场，全长约300米，乡政府、供销社、粮管所、林业局、信用社、食品站分住街道两旁。两自然寨机关公房建筑面积3000余平方米，多数为砖木结构，少数为木质结构；由谷三线岔道分别通汽车到屯上及场坝。

台盘乡　凯里至革一公路穿过台盘屯上，机关学校长及居民用房沿公路两旁建设，形成一条东西向公路街，约长 300 米；乡政府、派出所、供销社、邮电所、中小学、卫生院用房多数为砖木结构，学校及卫生院部分用房系木质结构，总建筑面积 300 平方米。

南宫乡 乡政府、派出所、供销社、粮管所、林业站、营业所、信用社、邮电所、工商管理所、卫生院、中小学等机关单位均为砖木结构，建筑面积 5000 平方米。公路穿过乡政府驻地，自然形成南北走向集贸街道。

革一乡 乡政府等机关单位多数为砖木结构，少数为木质结构，建筑面积约 2000 平方米。原凯里至革一公路经过乡政府驻地，学校与小街接通公路，形成“丁”字形集贸小街。

老屯乡及方召乡 行政企事业单位均为水泥结构建筑，有集市，初步形成街道。

第三节 村寨建设

台江是一个农业县，全县 8 个乡镇，4 个居委会，156 个行政村，耕地面积 6213.3 公顷。为进一步了解农村的基本情况，县委主要领导亲自带队于 2005 年 4 月 25 日至 5 月 10 日先后到排羊展里、台拱梅影、台盘阳芳等村进行社会主义新农村建设工作调研，在充分调研的基础上，明确在“十一五”期间实施新农村建设示范村 4 个，其中 2006 年实施 1 个村，即省级示范村 1 个，2007 年启动实施示范村 3 个，即县级示范村 3 个。根据黔农〔2006〕01 号文件精神，结合台江县实际，排羊乡展里村列为省级示范村，老屯乡望虎屯村和台拱镇红阳村、梅影村列为县级示范村。

一、展里村

展里村为省级试点村展里村，2006 年 10 月开始实施省级新农村建设示范村——展里村工作，重点是发展生产，改良中低产田 20 公顷，提高单位面积的粮食产量，发展稻鱼工程 6.7 公顷，建标准鱼池 22 口，增加农民收入；加强基础设施建设，改变村容寨貌。已完成 17 万元的工程建设投资，占投资总额 20 万元的 85%。通过 2006 年一年的实施，完成中低产田改造 6.53 公顷，修建机耕道 902 米，排灌沟渠 886 米；发展稻田养鱼 6.7 公顷，建成鱼池 33 口，其中集中连片 3.2 公顷，鱼池 23 口；建成沼气池 28 口；砌筑堡坎 680 立方米，硬化地坪 880 平方米；平整宅地 39 户，新建房屋 7 栋，搬迁 3 栋。共投入水泥 110 吨，沙子 480 立方米，石块 320 立方米，农民投工投劳 1640 个工日。2007 年，投入 2.4 万元扩建稻田养鱼 0.7 公顷，20 口鱼池；投入 3 万元延伸主寨道 200 米；投入 4 万元搬迁、新建房屋 10 栋，地坪 500 平方米；投入 2.5 万元修彻保坎 800 立方米；投入 3 万元改圈、改厕 30 户；投入 1 万元修建沼气 10 户；投入 3 万元改造金秋梨果园 3.3 公顷；投入 30 万元实施人饮工程。安排了 30 吨水泥作为农户庭院地坪硬化、串户路等基础设施建设，完成房屋拆建 3 户；落实中药材种植示范户 3 户，已试种太子参、何首乌 0.7 公顷；稻田养鱼方面完成了 15500 尾鱼苗的投放；种植业方面完成枇杷、杨梅栽种 2 公顷；成立了木粒子协会，指导帮助该村完成 3.3 公顷金秋梨的套袋、病虫害防治工作。项目资金使用情况为规划设计与培训 3 万元、水泥 5.78 万元、沙石 3.2 万元、宅基地 6 万元、挖鱼池 2 万元，总投入资金 19.99 万元。

二、梅影村

梅影村距县城仅 0.5 公里，全村 4 个村民小组，149 户 668 人，耕地面积 24.4 公顷，安装程控电话 90 多部，闭路电视 149 台，拥有大小机动车辆 20 多辆。村民主要从事种养业，10% 的农民从事经商、运输、外出务工及家庭加工等。2006 年，农民家庭收入 5000～6000 元，高的达 2 万元。2007 年，完成建 2 公顷的优质葡萄种植基地；完成 1180 平方米的房屋搬迁及 5 户农户的房屋新建；完成猪牛圈改造150平方米，沼气池建设10口，改厨改厕各120平方米，改灶10口，庭院绿化300平方米，农田排灌沟渠2500米，村寨道硬化650平方米，人饮改造649人，修复灌溉面积20公顷的提灌站。以上各项建设总投资28.16万元，其中省级资金26.56万元，自筹1.6万元。完成大棚蔬菜种植7.3公顷，启动7.3公顷优质水稻制种工程。成立了蔬菜协会，协会初步发挥作用。目前皆由协会集中育苗并向菜农供苗。投资2万元启动提灌站恢复建设工程，确保13.3公顷良田的稳产丰收。2006年被省人民政府评为“贵州省模范村民委员会”，被州委、州政府评为“社会主义新农村建设示范村”。

三、红寨村

红寨村地处台江县城的南面，距县城有18公里，距320国道线14公里。开发的南宫省级森林公园将为该村发展带来机遇。将该村列为示点村，通过政府适当投入，旅游产业带动改变山区农民贫富落后的面貌。2007年，投入3.5万元建设基地南板蓝4公顷，魔芋2公顷，中药材1.33公顷。投入9万元修建长250米、宽2.5米的进村石板主道，以及长400米、宽1.8～2米的石板寨道；投入3万元进行10户农家乐房屋改造；投入1.5万元修建沼气20口；投入30万元修建350平方米村活动室。完成了南板蓝种植4公顷、何首乌0.33公顷、天麻等中药材0.33公顷。投入5.2万元实施农户拆迁2户，砌筑保坎长60米，高2米，厚0.6米。投入12万元修筑踩鼓场1个，其中砌筑保坎长90米，宽6.8米，高4米；场地平整1200平方米，铺石硬化1200平方米。投入10万元修筑踩鼓场休闲长廊1个，长40米，宽2.6米，高2.8米，建筑面积160平方米。红阳草场开发公路建设正在全面铺开。

四、望虎屯村

望虎屯村距县城30公里，距乡政府驻地1公里，是苗、汉族人口集居地，汉族人口65%以上，全村辖2个自然寨，共135户594人，总耕地面积25.4公顷。该村基层组织非常有力，曾被省级表彰为“金省少数民族计划生育工作先进集体”；连续多年被县委评为“先进基层党组织”，是全州十个“红旗村”之一；被黔东南州确定为“计划生育示范村”等。该村的主导产业是金秋梨、大板栗、杨梅、养猪、养鸭、运输等。2007年，投资10.2万元实施道路硬化2735平方米，受益户128户。投入3.4万元修建沼气池17口，完成村绿化1494平方米。投入3.1万元完成205人的人饮工程，投入17.37万元完成1737平方米的畜禽圈舍建设，投入2.5万元完成5个蔬菜大棚的建设，投入2.7万元完成10公顷的果园建设。结合种桑养蚕的项目实施，2007年底完成桑育苗2.6公顷，定植4.3公顷。同时已搬迁牛圈80栏，已建设成通村大桥。

作为旅游村寨建设的还有阳芳村、反排村、塘坝村、洋汪村。

第三章　房产建筑业

第一节　住房制度

一、实物分配

台江县1992年房改以前，住房的供应体系：县政府行政科负责政府系统部门房屋建设、分配、管理。有条件的企事业单位用财政拨款、自有资金建房分配给职工，收取低租金，并进行单独管理。

1992—1998年，为实物分配房改期间，台江从1994年开始实行住房制度后，县政府和行政企业单位没有再投入建职工住房资金。但存在单位在原有划拨的土地上进行集资建房解决职工住房，提高住房水平。

20世纪90年代初期，职工住房水平状况是居住和购买的公有住房低矮，不成套，面积窄，功能不齐全，人均住房面积18平方米。90年代末，通过集资建房，经济适用房、商品房住房供应体系，住房水平上了一个台阶，住房开始成套设计，面积加大，小区建设等，人居住房面积提高28平方米。

1993年开始房改，台江县住房制度改革实施方案的具体内容有推行住房公积金制度、分步提租给补贴、租房买债券、出售公有住房、鼓励集资建房、建立住房基金。

实施中的具体情况是：一是住房公积金缴交比例为月标准工资的3%，1996年提高为5%，省州直管单位经济条件好，经批准可提高到10%。台江县财政困难，大部分财政拨款单位未实行该制度，企业单位实行的多。总实施单位占应缴单位24%，至2002年年底，公积金缴存银行存款余额仅为147万元。二是分步提租给补贴。租金从原来的0.05～0.12元提高到0.30～0.35元。给予补贴政策，因财政困难一直未实行。三是租房买债券。购买住房债券的标准是居住1992年1月1日后竣工和投入使用的砖混结构成套公有住房，每平方米建筑面积基数不低于30元；腾空再分配的砖混结构单元式套房，每平方米建筑面积基数不低于25元；1991年12月底以前的成套住房每平方米购5元，不成套的每平方米购3元。该政策因1994年出售公房后，均不实行。仅有一个单位3户购买，总价为4500元。四是出售公有住房。公有住房出售价为新建单元式砖混结构套房180元/米。1991年12月前竣工使用的重置价160元/米。享受工龄优惠、楼层优惠、一次性付款优惠、折旧优惠。但经过各种优惠，新房实际付款每平方米不得低于120元。旧房不得低于80元。以此款购买的住房仅有70%产权。1997年第二次房改（出售全部产权），将第一次出售的公房，按产权比例由职工补交30%产权的购房款，获全部产权，并进行房屋产权登记。五是建立住房基金。管理住房资金（售房资金、公积金、租金、债券、增值资金），多种形式渠道筹集住房资金。台江县成立有住房资金管理委员会、办公室，开始与房改办合署办公，后转为县财政国资局管理。六是鼓励集资建房。从1994年起实行鼓励集资建房，到2000年，台江职工住房供应主要方式为集资建房，职工享受划拨土地和相关税费的优惠。始为差额集资，后为全额集资。6年时间台江共建集资楼32幢，建筑面积67200平方米，解决住房 672 套。

二、住房分配货币化

1999 年 1 月，贵州省出台了《省人民政府关于进一步深化城镇住房制度加快住房建设的通知》，全面实行住房货币化分配。但是由于县财政困难，住房改革领导小组人员变化，房改机构不建全等原因，一直没有实行住房货币化分配制度，并停止了集资建房审批。因此政策出台后，各单位不再实行集资建房来解决职工住房，全部改为商品房供应体系，所以从 2003 年起，台江县的房地产产业得到突飞猛进的发展。

三、安居工程

为完善住房保障体系，台江实施了以下工程：

安居工程 1995 年由县房改办运用县住房资金滚动建设实施“安居工程”，也称“解危解困房”，建设住房 2 幢，解决住户 60 户，建设建筑面积 4800 平方米。后因体制问题而不继续推行。

经济适用房建设：台江经济适用住房有三种：一是单位集资建房；二是房开企业建设操作；三是县政府直接建设。1995—2004 年，共建经济适用住房 188 套，建筑面积 22560 平方米。

2007 年，开展低收入住房困难家庭住房租赁补贴发放工作，并已经将保障对象扩大到乡镇，保障面积从 2007 年的 10 平方米扩大到 15 平方米。租赁补贴发放标准也从 2007 年 1.5 元每平方米，调整为 2 元每平方米，累计发放全县共计 476 户 1225 人，发放金额累计 450333 元。

台江住房保障工作启动于 2007 年年底的城市低收入住房困难家庭和 2008 年 4 月乡镇及工矿区低收入住房家庭摸底调查，并据此建立了低收入住房困难家庭的拟保障对象的文本档案和电子档案。

2008 年，启动廉租住房建设工程，严格按照廉租住房建设程序，完善工程建设的各项手续。廉租住房项目的总体建设进展情况是第一期工程已竣工，并已出售；第二期分为三栋，第一栋工程已竣工并出售，第二栋主体已完成，第三栋第四层砌砖。一、二期累计修建廉租住房 186 套，建筑面积 9300 平方米，计划投资 695 万元，完成总投资 589.3 万元，其中，中央投资 372 万元、地方投资 217.3 万元。县廉租住房实行租售并举，累计已经出售廉租住房 57 套，建筑面积为 3427.45 平方米，回笼资金 193.84 万元。

廉租住房建设 2008 年及 2009 年度“新建廉租住房项目工程”经县政府批准，上报州发改委，已完善了相关手续：设计、土地使用证、规划“两证”、消防审批、环境影响登记、场地的平整、招投标、合同的签订、施工的进行等。廉租住房项目的总体建设进展情况是第一期主体第七层屋面施工，第二期一栋第四层开始砌砖、二栋开始基础施工，累计完成投资 213.7 万元。

第一期名称为“台江县礼堂巷一期廉租住房项目”，坐落在县城城关的礼堂巷，为县城规划已建成区域内，东靠城关一小、南临教委住宅楼、西临教委办公楼、北为城关居民住宅区。交通便捷，为熟地，占地总面积 2250 平方米。廉租住房 1 栋，7 层，总套数 40 套，共计建筑面积 2000 平方米，占地面积 1000 平方米，总投资为 140 万元。其中，中央预算内投资 80 万元、地方配套自筹 60 万元。工程已于 2008 年 10 月 21 日开工，2009 年 5 月 30 日竣工。

第二期名称为“台江县礼堂巷二期廉租住房项目”，坐落在县城城关的礼堂巷（原电影公司住宅区、紧邻一期项目），为县城规划已建成区域内。交通便捷，为熟地，占地总面积 1250 平方米。廉租住房 2 栋，7 层，总套数 146 套，共计建筑面积 7300 平方米，总投资为 554.8 万元。其中，中央预算内投资 292 万元、地方配套自筹 262.8 万元。工程于 2008 年 12 月 23 日开工，2009 年 6 月 30 日竣工。新增 1300 亿元中央项目由县林业部门具体实施，共 105 套，建筑面积 5250 平方米，总投资 435 万元。其中，中央预算内投资 210 万元、地方配套自筹 225 万元。工程计划于 2009 年 3 月底开工，2009 年

8月30日竣工。

第三批台江县廉租住房项目由4个项目构成：（1）台江县苗疆西大道廉租住房项目。坐落在苗疆西大道上，廉租住房3栋，7层。共146套，建筑面积8600平方米，总投资731万元。其中，预算内投资344万元、地方配套自筹387万元。2009年3月底开工，2009年12月30日竣工。（2）施洞街小区廉租住房项目。坐落在施洞镇街上，廉租住房2栋，7层。总套数80套，共计建筑面积4000平方米，总投资340万元。其中，中央预算内投资160万元、地方配套自筹180万元。2009年3月底开工，2009年12月30日竣工。（3）排羊街小区廉租住房项目。坐落在排羊乡街上，廉租住房1栋，6层。总套数20套，共计建筑面积1000平方米，总投资为85万元。其中，中央预算内投资40万元、地方配套自筹45万元。2009年3月底日开工，2009年12月30日竣工。（4）台盘街小区廉租住房项目。坐落在台盘街上，廉租住房1栋，7层。总套数30套，共计建筑面积1500平方米，总投资为127.5万元。其中，中央预算内投资60万元、地方配套自筹67.5万元。2009年3月底日开工，2009年12月30日竣工。

为了充实房源，拟购买坐落在文昌东路房屋64套来充实廉租住房，建筑面积3200平方米，资金285万元；国家租赁补贴专项补助资金150万元，资金不足部分由县级财政预算支付。

2009年，一级危房改造任务数为1456户，已开工1456户，动工率达100%，竣工1456户，占任务数的100%，累计完成投资5094万元。成立了4个验收组，每两组负责2个乡镇，从2009年11月20日起，分别对8个乡（镇）的危改户进行逐户验收。年底，已有1350户危改工程的硬件通过初步验收。

2010年，廉租房建设项目建设总套数669套，实施建筑面积33450平方米，总投资2864万元，其中总投资为1793万元的台江县台拱镇朗等下坝二期廉租房项目已全部开工建设，二期廉租房项目工程实际完成投资868.4万元，占总投资的48.43%。总投资731万元苗疆西大道二期廉租房项目已全面开工并完成投资30万元，占总投资的4%。总投资340万元的台江县施洞街小区廉租住房项目已开工建设并完成投资18万元，占总投资的5%。同时积极开展廉租方资金回笼和租赁补贴发放工作，截至10月，全县回笼资金累计772万元，发放租赁补贴917253元。

2009—2010年，全县共计新增廉租住房实物配租1560套。2010年，文昌东路经济适用住房24套，建筑面积1440平方米。朗等大坝经济适用住房80套，建筑面积6480平方米。

安居工程、经济适用住房的相关制度和优惠政策规定，购买对象是县城行政事业单位住房困难职工、中低收入家庭。土地实行划拨供地，城市基础设施配套费减半征收。

四、房地产易权属登记

房产管理机构：1990年，县政府成立“台江县房屋产权登记发证办公室”设在县城乡建设环境保护局。1994年，县城乡建设环境保护局成立内设的“房地管理所”、主要负责房屋产权登记发证工作，房屋产权产籍档案管理，城市房屋拆迁管理。1995年开始房屋抵押登记管理。2003年，县建设局根据机构改革和编制体制改革，建设局内设“房产市政股”，为行政股室；“房地产管理所”为事业股室。

“房地产市政股”，主管房地产企业资质年检初审、“预售许可证”“拆迁许可证”的审核批发，相关法律法规贯彻执行。“房地产管理所”主管城市房屋产权初始、变更、交易、注销、他项权利登记，房屋产权产籍、档案管理，房地产中介、租赁、房地产市场等管理。

房产产权登记发证　从原来的不规范发证转为国家统一证书发证；从原来的手工制图缮证到微机制缮证，原始文字档案管理到微机档案系统管理的革新。对历年来台江县房屋产权登记统计，实行产权产籍管理的政策及制度。台江严格依照建设部出台的部门规章进行产权产籍管理。严格推行办事时限、公示制度，出现错误责任追究制度。

五、城市房地产中介

由于台江历年来的住房供应（房改以前）以县政府和单位自建房为主，没有房地产管理部门的直管公房，因此没有开展公有住房的租赁管理。县内私有房屋的租赁管理，由公安部门管理，房地产管理所没有开展这项业务管理。

公房出售，在 1996 年前，公房出售的方案、审批、管理均由县房改办负责。1996 年，房改办与房管所合并后统一由房地产管理所依照县内房改政策进行共同管理，房改办主要负责购房对象、资金缴纳等方面的审批，房管所负责初始登记办证。

商品房的出售管理，县房地产管理所依照行业管理政策法规对在县内房开企业开发的商品房进行预售许可审批、预售合同备案、销售面积核查、按揭贷款和初始登记审查审批等房地产开发、销售、登记珍过程管理。

私房及二级市场的房屋交易管理，二级市场上的房地产交易，县房地产管理所开展房地产买卖双方身份核准、交易契约（合同）规范填写，完税情况核准等方面的审查审批。

根据房地产抵押登记管理办法的相关规定，台江县从 1995 年开始实行抵押登记。开始不规范，仅进行房屋产权登记。1998 年，土地抵押登记由县国土资源局负责登记，房产由县房地产管理所进行登记。对办有产权证的房地登记，主要审查抵押房产的合法性，产权人和抵押人的关系及是否认可，押权人的意见。资料齐全后给予登记，填发“他项权证”。对按揭贷款的抵押登记审查以下资料：贷款合同和抵押合同，房地产开发项目的合法性，房开企业以及购房人的承诺，预售备案合同，抵押权人的意见。

六、房地产交易与市场管理

1994 年开展实行住房制度改革以来，台江房地产市场开始形成。当时一级市场主要有出售公有住房，开始实行商品房的理念宣传和商品房开发。1999 年推行住房货币化分配制度后，商品房出售的一级市场又起一个高潮，二市场逐步活跃；个人投资参与房地产的市民增多，从原来的主要用于住房消费转向房地产投资。1999—2002 年，台江县城内没有空置的商品房，店面销售十分火爆。二级市场特别是二手房上市较多。2003 年，在县委、县政府推行营城市理念，加快县城基础设施建设速度，台江的房地产市场走向最高期。房屋开发建设量增加几十倍，年竣工面积 6 万多平方米，房价年升幅度为 6.6%，外商企业和市民投资房地产非常火爆。

1994—2010 年台江县房地产市场运行情况一览表

表 13-12

价格 年份	商品房（元 / 米）	商铺价（元 / 米）	上缴税费（万元）	开发量（万平方米）	销售量（万平方米）
1994—1999	420	160	—	4800	4800
2000—2002	510	2100	—	6800	6800
2003—2006	700	2700	—	62000	62000
2007—2010	1230	2906	—	—	123627

七、物业管理

台江县物业管理主管部门为建设局。工作职责是加强物业管理宣传、大力推行物业管理、指导成立各小区业主委员会、监督收取和使用房屋设施备维修金，管理住房室内装饰装修和房屋的使用安全。

城市住宅室内装饰装修管理　台江县从实行住房商品化、住房自有、私有化后，为改变居住环境、居住条件，从1996年开始，住户热衷于室内装修。室内装修业开始兴起。到2005年，台江室内装饰装修，均为装饰自行设计（设想、参照）、半专业人员施工、无质量检查、无验收程序的状况。根据《城市住宅室内装饰装修管理规定》法规的出台和物业管理的推行，台江县十分重视异产毗连房屋的使用安全问题。

第二节　房地产开发

一、勘察设计

1990年，在保证1989年接转设计任务的完成外，完成工程项目设计6个，建筑面积4100平方米，比1989年同期上升2407平方米，积极帮助乡村义务设计桥梁图2座，总长度38米（其中洋汪大桥30米、巫梭桥8米）。完成州建设局下达的“测量标志普查”三角点10个、水准点18个的任务，受到上级的好评和奖励。完成工业民用建筑设计件21个，建筑面积7792.8平方米，总投资额140.27万元。

1991年，全年完成设计项目26个，比上年增长5个，建筑面积14020平方米，比上年增长8227平方米。总投资300万元，比上年增长47%。其中技改项目1个，投资14万元。同时完成一些单位危房技术鉴定和改造方案、技术业务咨询工作，并给农村义务设计桥梁3座，总长60延长米。是年，完成勘测丈量28幢，建筑面积4997平方米；发证23幢，建筑面积3537平方米。按照房产登记规章、办理房屋买卖交易3起；追补买卖私房手续1起，为国家征收契税988元。办理国营、集体、个人房屋产权变更手续12幢，建筑面积2550平方米。

1992年，完成设计工程项目29个，总建筑面积20950平方米，总投资418.8万元。同时义务设计建筑面积1200平方米和乡村民用桥梁3座，总长度120延长米。建筑面积16241平方米，总投资352万元。

1998年，完成项目工程设计29个，总建筑面积4.7万平方米，总投资2009万元。收取设计费用比1997年同期增长51%，年盈利1.78万元，比1997年同期增加1.63万元，收回私人所欠公款0.32万元。

1999年，共完成设计项目17个，总建筑面积27119平方米，工程预算造价893.9万元，共收取设计费用20万元，完成年计划的133%。建设局还响应县委、县政府发展非公有制经济的号召，建立了建筑涂料厂。

2000年，建设局严格勘察设计单位资质管理，无越级无挂靠勘察设计，勘察设计合同登记验审率为100%，质量合格率为100%。完成工程设计项目25个，总建筑面积41277平方米，预算工程造价1700余万元（均未含私人建房），年应收入19.66万元，实收入12.77万元。完成南瓦小学、大塘小学、革东小学、扶贫局住宅楼、防疫站住宅楼工程的标底编制工作，造价约375万元。

2001年，完成县医院新址1∶500地形图的测绘；完成张家寨大坝1∶500地形图测绘和小区平面布置；完成了苗疆大道和秀眉大道的道路、给排水、绿化等规划及施工设计；完成苗疆大道建设3个拆迁安置小区的规划；完成了丁字路口、电影院休闲广场规划方案；完成秀眉广场的规划方案；完成了粮食局到原物资局步行街的调查与规划；完成南宫乡政府所在地的规划和老屯乡望虎屯村的指导性规划；完成民族商品贸易一条街的小区规划。全年完成施工图设计14个，总建筑面积24684平方米，工程预算造价约 1142 万元。

2003 年，完成县城近期建设规划编制工作。完成“台江县滨河小区移民扶贫工程”“县城给水扩建工程打岩沟水源调节库建设项目”“县城配水管网建设项目”“台盘乡集贸市场建设项目”等项目建议书的编制并报县计划局批准立项，年底，上报州建设局；完成翠文园的拆迁调查工作和滨河小区移民扶贫工程的前期拆迁调查工作；编制完成滨河小区、步行街、异地移民区、四大班子办公区、台盘乡道路及农贸市场的详细规划说明书；完成县民族中学、翁你东路、台盘大寨、台拱养嬷、革一中学、二期移民小区、萃文园区、苗疆大道、翁你路、朗等村大坝、梅影村大坝、贝发小学移民区、大理石厂片区等地形图测绘或规划设计工作；完成设计件 16 件，总建筑面积 29746 平方米，工程预算造价约 1258 万元；完成县城道路硬化 2.6 公里。

2004 年，组织编制完成《台江县城近期建设规划》《台江县城消防系统专业规划》《台江县城镇规划管理技术规定》，县域城镇体系规划、县城局部地区详细规划和绿地系统规划在宁波规划设计研究院的帮助下正在进行。完成施洞镇的总体规划和台盘乡阳芳村、台拱镇洋汪村民族旅游村寨的建设规划编制工作。共审查通过了岩寨电站革一乡安置区规划、革一乡中小学校园规划、老屯乡岩脚村道路规划等。完成设计件 16 件，总建筑面积 20105 平方米，工程预算造价约 910 万元；完成县城道路硬化 1.3 公里，道路维修 176 平方米，垃圾中转站 3 个，建筑面积 41 平方米。

2005 年，国家、省、州建设行政主管部门已多次严肃城乡建设规划要求，强调“一书、两证”的法律地位和权威性，县局在推行审批服务承诺制度，实行审批一条龙服务的基础上，加大规划管理力度，相继编制《台江县城镇规划管理技术规定》《台江县规划管理实行“一书、两证”制度的规定》《台江县建设项目城市规划行政审批指导意见》等地方性规定报县人民政府审批，严格按照总体规划、详细规划、道路网规划进行项目审批，规范“一书、两证”管理，从严把好规划选址、用地和工程审批关，保证规划得到有效实施。

2006 年，先后完成城市西区房屋拆迁，“浙华·苗疆御锦苑”商住小区的规划审批，张家大坝前期征地、勘察设计工作。

2010 年，计划新、改、扩建集中供水工程 4 个，改建和新建农房 14561.2 平方米，完成投资约 466 万元。完成老屯、施洞、革一、方召等乡镇小城镇建设规划管理工作。投入 75 万元完成规划面积 5.71 平方公里的《2011—2030 年贵州省台江县台拱镇总体规划》和面积 1.5 平方公里的《台江县方召乡总体规划》，实施办理建设项目选址意见书 41 份，面积 64761.28 平方米；建设用地规划许可证 54 份，用地面积 136517.16 平方米；建设工程许可证 20 份，建筑面积 24796.02 平方米；乡村许可证 16 份，面积 3840 平方米。

二、房地产投融资

从 1994 年台江县开始房地产开发以来，县内房地产投资融资不断有新的发展。2003 年起，台江以实施“旅游兴县战略”“经营城市”理念，着重加快县城新区建设和旧城改造，几年内共引进投在资商投资开发房地产企业 4 家，引进资金 2000 多万元。

三、城市房屋拆迁

1994 年，台江县政府出台《台江县城市房屋迁管理办法》和台府〔1994〕1 号令，明确了基准地价。主要补偿方式为房屋重置价补偿，土地基准地价补偿。多采用土地安置的办法解决重新建房问题。此办法一直延续至 2002 年。2002 年，根据国务院《城市房屋拆迁管理条例》《贵州省城市房屋拆迁管理办法》相继修改出台执行后，2003 年出台《台江县城镇房屋拆迁管理办法》和相应的房屋价格，土地补偿的政策规定。

城市房屋拆迁存在的问题：新旧《拆迁条例》政策在实际操作中，很难衔接；旧条例偏重了公共利益，不注重保护被拆迁人的利益，然而新条例偏重保护被拆迁人利益，而削弱公共利益，造成拆迁工作很难做；新条例按房地产市场价进行评估补偿，补偿费用增高，城市基础设施建设投资会增高，城建速度会减慢；被拆迁人理解支持公益事业（扩建、新建道路）的建设拆迁，而多反对开发性拆迁；拆迁工作中土地征收没有具体明文规定，各地实施时土地是否给予补偿，怎样补偿，意见很大，造成拆迁补偿纠纷和安置的困难；被拆迁房屋货币补偿是根据被拆房屋的区位、用途和面积等因素考虑，县城拆迁的房屋均为单幢私房，在用途上很难依照法规确定其合法用途，也是拆迁纠纷之一。

第三节　建设管理

一、房地产管理

房地产开发管理。开展了房地产开发企业资质管理，经营管理，县城商品预售、销售、备案、广告宣传、合同签订等方面的管理。段限内共办理“商品预售许可证”34 份，预售商品房面积 45.44 万平方米。

2008 年，办理房改房“房地产交易市场准入许可证”112 份，补交土地收益金 11 万元，房改房上市交易 51 套，成交金额 183 万元。二是继续推动住房保障工作。贯彻落实上级文件精神，实施完成了乡镇及工矿区低收入家庭困难调查，并据此建立保障对象档案。编制《台江县 2007—2010 年解决低收入家庭住房困难发展规划及年度计划》，拟订的《台江县经济适用住房管理实施细则》和《台江县廉租住房管理实施细则》已上报审批通过。

2009 年，全县商品房开发面积 18.11 万平方米，计划投资 15971 万元。完成投资 3609 万元，已完工 7.74 平方米，销（预）售面积万 2.54 万平方米，销（预）售金额 3939 万元。

2010 年，全县商品房开发新开工面积 2.87 万平方米，完成投资 8947 万元，施工面积 115736 平方米，销（预）售面积 4.14 万平方米，358 套，销（预）售金额 5627 万元。

房地产产权产籍管理。实行了对台江县国有土地上的房屋实行产权登记管理。台江产权登记主要有初始登记、转移登记（交易转让）、变更登记、他项权利登记、注销登记。共登记有房屋 4768 户。

房地产中介管理。主要是抓房地产价格（含房地产评估）、房地产经纪、房地产咨询等企业资质、经营活动及纠纷等方面的管理。

房地产拆迁管理。对县城实施房屋拆迁活动的管理，主要管理拆迁项目的合法性、补偿安置的合理性，补偿资金的监督管理，拆迁纠纷的协调仲裁，办理“拆迁许可证”。

物业管理。开展县城房屋逐步推行物业管理制度，规范物业管理企业的经营行为、收费标准、服务质量、住户投诉等方面的行政管理。

危房鉴定管理。根据建设部《城市危险房屋管理规定》，为保障房屋居住和使用安全，促进房屋有效利用，而对危险房屋进行管理。

室内装饰装修管理。根据建设部令第 110 号《住宅室内装饰装修管理办法》，为保证装饰装修工程质量和安全，维护公共安全和公众利益，列室内装饰装修的开工与监督，委托与承接，室内环境质量，竣工验收与侨修，法律追究等方面进行管理。

房改房管理。根据国家的住房制度改革的政策，重点抓好房屋址售、租赁的管理，推行住房公积金制度和货币化分配制度；住房资金的管理；城镇住房供应体系建设管理（经济适用房、廉租房建设）；售后公房散维修以及房改房上市管理。

房地产执法管理。依照《中华人民共和国城市房地产管理法》以及相关律、法规，对房地产管理范畴中，出现违法违规行为，依照法规给予行政处罚等执法。

二、施工质量管理

1991年接转1990年在建工程和新建工程的施工管理和质量监督工程共18个，面积10937平方米，比上年增长6601平方米，总投资209万元，比上年增长136万元。竣工工程7个，比上年少6个。面积7678平方米，比上年少310平方米。竣工工程投资36.7万元。给机关、石矿、学校鉴定危房14幢，面积7239平方米。推行单项工程日志制度和开工报告制度。加强了建筑市场管理和工程质监工作及竣工工程的资料整理工作。组织施工员、技术员、经理、队长参加省建设厅中级岗位培训统考13人，县内以会代训67人次。转发建设部《建筑市场管理规定》100份、《建设工程施工现场管理规定》60份，增强了业务管理能力和技术素质，提高了工程质量。1991年度没有发生人身伤亡和工程质量事故。

1997年，台江建设工程项目总数15个，总建筑面积19954平方米，总投资595.15万元；续建工程10个，建筑面积10433平方米，总投资407.9万元；在建工程20个，其中竣工6个，竣工面积6650平方米，竣工投资240万元；合格6个，合格率100%，在对以上各工程实施监督中，坚决执行管理、监督、检测、认证体制，凡是手续不全、管理混乱的工程，坚决不予施工；对办理任何有关手续和无证施工的施工企业均给予不同程度的处罚。

1998年，为改善县城的基础设施，建设局通过自筹资金和多种集资方式，共投资301.53万元，改扩建了总长为1336.46米的水泥路面硬化道路。

是年，向省争取到安居工程项目计划指标0.6万平方米，贷款指标160万元，自筹资金180万元。首期投资240万元，建筑面积0.5万平方米，50套住房的安居工程于11月20日破土动工。1998年转接上年工程9个，投资951万元，建筑面积1.65万平方米。新建工程34个，投资2968万元，建筑面积7.17万平方米。委托监督工程43个，监督覆盖率达100%。工程竣工10个，合格10个，合格率达100%。20万元以上的建设项目，招投标率达80%。进行工程质量及施工安全检查两次，发放施工安全标志牌11套，基本消除和杜绝了工程质量隐患和安全事故的发生。

1999年，完成和办理开工新建工程项目20个，建筑面积40154.37平方米。项目报建登记20个，登记率达100%。工程投资305万元，建筑面积7112平方米。办理质量监督委托书20个，受监率100%，受监面积40154平方米。竣工验收工程11个，验收合可知率100%，面积15477平方米。其中优良工程1个，面积4080平方米，优良率26.4%。在工程施工质量检查中，发出质量整改书25份，其中停工整改2份。危房鉴定处理5个，并下发了限期拆除通知书；补强加固工程1个。建成建筑材料试验室，经鉴定合格，并获得使用证，投入使用。

2000年，共办理工程质量监督委托13个，总投资656.5万元，总面积17298平方米。其中住宅工程6个，投资额465.6万元，面积12911平方米，工程受监率为100%。结转1999年工程18个，总投资1461万元，总面积32842平方米。其中住宅工程12个，投资额1192万元，面积29625平方米。工程竣工验收10个，总投资1077万元，总面积22681平方米。其中住宅工程5个，投资额476万元，面积11323平方米，合格率为100%，优良率为25%。发放工程合格证书8份，工程投资额637万元，面积1428平方米，合格率为100%。建设工程项目报建登记21个，报建登记率为100%，投资总额1009.16万元，总面积27363.57平方米。发放建筑施工许可证6份，投资额684.6万元，面积12760平方米。

是年，对全县在建工程质量安全进行了大检查，加强文明工地管理，建成文明工地一个，促使施工企业加强了对施工现场的安全管理。加强招投标管理工作，进一步治理、整顿和规范台江建筑市场，限额以上工程公开招标率为80%，邀请招标率为20%。完成台江施工企业资质年检工作；完成工程质量检验评定程序及工作内容框图；完成滨河广场高杆灯及县城内路灯的施工任务；完成县城道路工程各段的竣工决算和数据统计；完成苗疆宾馆工程结算和其他附属工程的决算等。

2001年，办理项目报建登记21个，面积39672.3平方米，总投资额1718.5万元。发放施工许可证16个，面积37346.8平方米，投资额1471万元。办理工程质量监督申报和监督委托17个，面积42936.8平方米，投资额1687.7万元。下发工程质量整改通知书5份。工程竣工验收12个，面积1511平方米，投资额644万元。核定合格工程11个，面积14011平方米，合格率为100%。优良工程1个，面积1700平方米、优良率为11%。

依法查处规避招标和在招标活动中弄虚作假行为，严厉查处勘察、设计、施工单位转包、违法分包以及无证、越级承接工程业务行为，查处违反法定建设程序和不执行建设强制性标准偷工减料等行为。按上级要求整顿和规范建筑市场秩序以及经常进行安全质量大检查，发现安全和质量隐患及时提出整改意见。通过大力整顿，2001年，全县建筑行业无安全质量事故发生。

2002年，应招投标工程9个，实行招投标工程9个，招投标率100%。共办理项目报建登记16个，面积30116.5平方米，总投资额1339.29万元。发放施工许可证10个，面积12306平方米，投资额649.89万元。委托工程质量监督10个，面积27290平方米，投资额1238.4万元。工程竣工验收11个，面积14492.17平方米，投资额616.2万元。

2003年，在建工程项目共计30个，总建筑面积61285平方米，总造价2523万元。其中，2003年度新开工工程15个，总建筑面积26914平方米，总造价1328.35万元；接转2002年工程15个，面积37200平方米，投资额1574.75万元。已竣工并办理备案手续的有9个，其中，2003年新开工的有3个，接转2002年的有6个。已竣工未办理备案手续的有4个（系上年接转工程），已停工的有2个（系2002年接转工程），未办理质监委托或报建手续的有7个（系2003年新开工工程）。2003年共发放质量、安全整改通知书35份。

是年，工程报建登记23个，总建筑面积62745平方米，总投资2977.37万元。发放施工许可证8份，总建筑面积53952平方米，总投资2659.45万元。2003年，新开工工程23个，办理监督登记手续23个，监督覆盖率100%。工程竣工验收备案3个，面积9232平方米，投资364.9万元。限额以上工程共8个，均全部实行招投标。按照规定应送审的施工图设计已全部送审，送审率100%，质量合格率100%。认真宣传贯彻《安全生产法》《建设工程安全生产管理条例》《建设工程质量管理条例》，同时印制大量的小册子分发到各建筑企业、各施工队组织工人认真学习，并在2003年7月至8月之间举办了一期“安全生产管理人员培训班”、一期“建筑工人职业技能培训班”、一期“建设工程竣工验收备案资料归档整理培训班”，共培训工程管理人员114人，技术工人27名。努力做好工程款、农民工工资“清欠偿付”工作，共清欠工程款89万元，解决拖欠农民工工资59万元，解决被拖欠民工人数286人。

2005年，开展了施工图设计文件送审工作。处理地质灾害事故1起（县司法局职工宿舍楼保坎倒塌事故），查处无证无照预制场1个，违法违规工程2个。完成2005年施工企业项目经理和施工企业安全许可证申报工作。派送人员到省、州学习培训（18人次）和每周组织职工进行业务学习。与建筑施工企业签订安全生产责任书，并逐个实行开工前安全生产条件审查。积极发挥工程质量的监管作用，加大对施工现场的巡查管理。加强建筑材料的检测鉴定工作，进一步完善工程竣工验收备案管理制度，做到简化手续，优化服务。把重点工作放在抓复查整改落实上，消除安全事故隐患。

2006—2008年，新报建建设项目9个，建筑面积98490平方米，总投资15349.12万元；新开工项目8个，建筑面积2114.48平方米，总投资14799.12万元；续建项目5个，建筑面积59643.83平方米，总投资2745.78万元。全年应实施招标项目10个，均已进行了招投标，招投标率达到100%。2009年，报建工程监督面积覆盖率达99%以上，工程竣工验收合格率为100%。新增监督工程13项，总投资7146万元。

2010年，公开招投标25项，进入有形市场25项，工程中标价8373.98万元，招标备案率为100%。按照程序核发施工许可证12本，建筑面积129767.51平方米。实施竣工备案登记，全县在建项目32个，建筑面积234914平方米，竣工备案6个，建筑面积45793.7平方米。

第四节 企业选介

县建筑工程公司 公司位于台江县城原农机厂旁。1954年3月成立，为国营四级建筑施工企业，注册资金213万元。至1987年12月，公司有职工111人，其中初级技术职工24人。1988年，实行经理经营承包制。1991年，建筑公司全年承包工程15个，面积8896平方米，竣工面积2525平方米，完成产值100万元，完成了建材预制板生产320立方米、产值4.9万元的任务。1993年，企业改制后为台江建筑有限公司，公司经理张诚。

广厦房地产开发公司 1992年5月，经县人民政府审批，成立了台江第一家房地产开发公司——台江县广厦房地产开发公司，经理欧先明，注册资金213万元，在册职工12人。实行商品房屋开发和城市道路开发。1993年，配备管理人员、技术人员、就业人员26人，组建了附属工程队，首先开发苗疆1号楼，完成建安产值50万元；征用生产场地2.5亩及完成建材生产基地一条龙流水作业工作。

台江龙达建筑有限责任公司 公司始建于1994年5月。1996年2月，经省建设厅核定为“房屋建筑工程施工总承包三级”企业。经营范围：建筑设计、施工、安装、材料预购、街巷道、人行道、单跨6米以内的桥梁，直径0.5米以内的雨污水管道支线，供水、供气进户管线、城市护坡工程。公司各类专业技术人员配备齐全，其中，工程师13人、助理工程师47人、技术人员15人、会计师1人、助理会计师3人、会计员1人、造价师1人、二级建造师12人、建造员12人、技术工人326人。企业注册资本金606万元。公司现有各种主要机械设备60台（件）。公司技术力量雄厚、资金充足，具有完成年建安产值3000万元以上的生产能力。公司承建的工程项目中有台江县邮政公寓综合楼、台江县苗疆商住综合1～4号楼、台江县广厦房地产综合1～7号楼、台江县锦绣黔城住宅小区等工程，具备一定规模和影响力。2010年，公司全年承包工程48个，面积63920平方米，竣工面积39318平方米，完成产值4181万元。企业有职工85人，其中有中级以上职称技术人员15人。历任经理为石龙、李文学、李强。

佳祥房地产公司 2001年9月，台江县佳祥房地产公司注册，注册资金100万元，在册职工6人，经理刘桥兴，公司负责开发商贸城。

众达房地产公司 2003年12月，台江县众达房地产开发职业有限责任公司注册，注册资金100万元，经理潘修坤，公司负责开发萃文园。

华隆房地产公司 贵州省黔东南州华隆房地产有限责任公司成立于2005年2月3日，公司注册资金为828万元，公司资质为四级，公司法定代表人包光恩，公司地址在台江县台拱镇新汽车站旁。各项目房屋幢数为2幢，面积9352平方米。一期总投资480万元。工程于2012年12月全部竣工。

常荣房地产公司 贵州常荣房地产开发有限公司2008年6月24日成立，公司注册资金为1080万元，公司资质为四级。公司法定代表人冉健。公司成功购买贵州省台江县县城区原水泥厂宗地。总面积约12132平方米。公司在2012年12月投入资金完成29500平方米建筑规模的开发。建筑工程共6栋306套房间。

佳安房地产公司 贵州台江佳安房地产开发有限公司于2010年7月份在台江县成立，是一家具有房地产开发四级资质的企业，公司注册资金2000万元，有在职员工39人。公司开发有两个项目，

第一个项目位于台江县台拱镇高速口二巷佳安苗都锦城，总占地面积12325.28平方米，共有5栋楼，共投资11960万元；第二个项目位于台江县老风雨桥旁佳安苗都玉锦，总占地面积9232.02平方米，共有8栋楼，投入资金5500万元。

万仕隆置业有限公司　贵州万仕隆置业有限公司2010年12月5日成立。公司的经营范围为非金融性项目投资及投资咨询服务，房地产开发及销售，物业管理，铝合金销售。注册资金1000万元，有员工12人。公司在台江县的“梅影城市综合体”项目是贵州省100个“城市综合体”和黔东南20个“城市综合体”项目之一，建筑面积25.55万平方米，总投资6亿元，开发期限5年。

台江县“梅影城市综合体”开发项目包括一河两岸的旅游观光带、大型旅游文化广场、星级酒店、综合购物中心、大型风情美食街、浓郁的当地民俗特色街区、高档商品专卖店、高尚住宅小区以及行政服务网点。服务部分：阳光政务服务中心、银行、电信、邮政、社区医疗服务中心等，形成城市发展服务综合体系。“梅影文化旅游商业综合体”项目区内及周边配套设施有防洪堤、桥梁、道路以及绿化亮化等工程。实现城市中心区服务功能的打造。充分展示“天下苗族第一县”的苗族文化特色，提高城市品位，带动当地经济发展。

贵州浙华房地产开发有限公司台江分公司　贵州浙华房地产开发有限公司台江分公司于2010年8月10日成立，公司地址在台江县台拱镇苗疆西大道。公司各项目开发房屋一期共7幢，面积28808.98平方米；二期共10幢，面积71920.77平方米。各项目开发资金一期总投资980万元，二期总投资1200万元。

第四章　城建管理

第一节　城镇房屋普查

1990年，按照省厅和州建设局有关精神，县建设局对全县城乡1985年以来的办公、教育、经营、生产等21幢建筑进行质量复查，建筑面积20400平方米，经全面检查后，对存在质量问题的房屋提出了补救方案和相应的安全措施。

2005年，县建设局进行4次质量安全大检查和两次安全专项治理整顿工作，组织“质量安全月”和“安全生产月”活动各一次；依法开展整顿和规范房地产市场秩序大检查一次；多种形式发放《黔东南州城镇建设管理条例》《台江县城镇规划公示制度》《城市市容和环境卫生管理条例》《贵州省城市房地产开发经营管理条例》《中华人民共和国城市房地产管理法》《城市房地产开发经营管理条例》《台江县房屋权属登记房地产交易指南》《城市房屋拆迁管理条例》《台江县深化住房制度改革实施意见》《建筑工人安全施工规范手册》《燃气安全常识知识问答》《建设工程安全管理条例》等各种宣传资料8000余份，提高全民的法制意识和参与意识，提高县局办事、服务的监督力度，实现共同建设法制县城、亮丽家园的目的。

第二节　房地产管理

一、房地产管理

房地产开发公司及房地产管理站相继于1992年5月经县人民政府审批成立机构后，1993年启动了台江的房屋改革工作，当年登记发放产权面积4346平方米的房屋搬迁证件，办理房屋变更手续多处。

1997年，共批准集资建房8个单位，投资584万元，住房161套，建筑面积11394平方米；竣工3幢共62套，建筑面积4953平方米。发放个人产权证272本，建筑面积19584平方米；城乡私有房屋所有权证59本，建筑面积5310平方米；单位房屋所有权证34本，建筑面积18000平方米。办理房产抵押贷款登记手续35宗，房屋买卖手续3宗。累计各类住房资金存款余额为438.86万元，发放政策性贷款305万元。在上年的基础上，提高了公积金的归集率，已建公积金制度单位53个，实交公积金人数1818人。发放单位建房贷款80万元，返拨房屋维修金5万元。根据省、州有关文件精神，结合台江实际，制定《台江县房屋验证发证实施办法》，并报县政府审批施行，同时做了大量的房屋验证发证准备工作和宣传工作。

1999年，台江县出台《台江县住房分配货币化方案（草案）》，已报县政府待批转实施。为进一步加强对住房资金的管理，严禁挪用住房资金，与承办银行联合下发了政策性住房资金还贷通知书，收回贷款 82.69 万元。截至 12 月，累计发放住房资金贷款 485.61 万元，待收挂账利息 127.15 万元。

1999 年，一期安居工程计划总投资 240 万元，建筑面积 5000 平方米，住房 47 套，该工程自筹资金 122 万元，回收预售款 105 万元，合计 227 万元，实际完成投资 175 万元。年底，已预售 39 套，预售率达 83%，工程已进入装饰阶段。

2000 年，各类住房资金累计为 470.4 万元；政策性贷款累计 438.6 万元，待收挂账利息 175.56 万元，银行实际存款余额 31.79 万元。为加强对住房资金的管理，在贯彻执行黔府办发〔2000〕78 号文件精神的同时，为追回逾期的住房资金贷款，与承办银行联合下发了催缴住房资金还贷通知书 2 次，并派专人到房改资金贷款的 12 个单位去催收 4 次，年底已收回安居工程贷款 145.79 万元，利息 9.9 万元。建立公积金制度的单位由 1999 年的 65 个增加到 2000 年的 71 个，公积金覆盖率达 88.75%。

2001 年，发放“房屋所有权证”232 本；办理房屋抵押登记 297 宗，面积 32929.98 平方米；办理房屋转移登记 23 宗，面积 4634.63 平方米；依法查处非法买卖房屋案件 2 起；发放商品房预售许可证 3 份。

2002 年，发放“房屋所有权证”338 本，面积 52674.04 平方米；办理房屋抵押登记 279 宗，抵押房产面积 39801.17 平方米；办理房屋交易手续 82 宗，面积 6398.17 平方米；发放商品房预售许可证 2 份，房地产开发开工面积 0.7 万平方米，总投资 290 万元。

2003 年，办理房屋所有权初始登记 584 户，面积 101300 平方米；变更登记 6 宗，面积 1300 平方米；房地产转移登记 20 宗，面积 2100 平方米，成交金额 84.49 万元；办理房屋他项权利登记 357 宗，面积 53300 平方米，抵押贷款金额 1688.28 万元。代征契税 1.96 万元，营业税 2.58 万元；共发放房屋所有权证 590 本。成立佳居房地产交易市场，取得了资质证书和房屋测绘资质，并上报《住房货币分配方案》和《房改房土地收益金收取方案》。

2004 年，办理房屋所有权初始登记 308 户，面积 18.6 万平方米；变更登记 7 宗，面积 0.11 万平方米；房地产转移登记 30 宗，面积 0.38 万平方米，成交金额 113.49 万元；办理房屋他项权利登记 341 宗，面积 10.11 万平方米，抵押贷款金额 3421.69 万元。代征契税 3.81 万元，营业税 2.1 万元。共发放房屋所有权证 332 本，其中共有权证 1 本、他项权证 331 本。

制定《台江县深化住房制度改革实施方案》，已报州房改办批转实施，已试实施 28 户房改房上市交易，面积 1953.12 平方米，交易金额 89.42 万元，收缴土地收益金 5.27 万元。受理“萃文园区”建设项目的房屋拆迁的行政裁决申请 14 件，依法作出房屋拆迁行政裁决 4 件。

2005 年，房地产商品开发新开工面积 3.15 万平方米，竣工面积 0.78 万平方米，销（预）售面积 1.74 万平方米，销（含）售金额 1491 万元。完成房屋所有权初始登记 139 宗，面积 13.28 万平方米；转移登记 40 宗，面积 0.28 万平方米。他项权利登记 306 宗，其中，住宅 218 宗、非住宅 52 宗、在建工程 36 宗，抵押贷款金额 2309.96 万元。聘请档案局原专职人员协助进行历年来产权产籍档案的整理，已完成 2952 份。在上报经济适用住房的建设项目中县政府审批的有 3 个，新开工项目有 2 个，面积 0.34 万平方米，续建项目 1 个，面积 0.12 万平方米，竣工面积 0.21 平方米。

2006—2008 年，商品房新开工面积 9.7 万平方米，销（预）售面积 2.1 万平方米，销（预）售金额 2058 万元。2008 年，完成房屋所有权初始登记 109 宗，面积 0.47 万平方米；转移登记 71 宗，面积 0.85 万平方米；变更登记 13 宗，面积 0.13 万平方米；他项权利登记 446 宗，登记面积 8.93 万平方米，抵押贷款金额 7614 万元。

2009 年，完成房屋所有权初始登记 577 宗，登记面积 10.1 万平方米；转移（含商品住宅）登记 624 宗，面积 6.7 万平方米，交易额 6447.07 万元；他项权利登记 413 宗，登记面积 7.6 万平方米，抵押贷款 6069.15 万元。

台江县各房地产开发公司开发项目建筑面积一览表

表 13-13

公司名称	项目名称	项目面积（平方米）	幢数	总投资（万元）
贵州成贵房地产开发有限公司	金钻华府	13756.22	—	—
黔东南州茂源房地产开发有限公司	台江民族文化展示中心	13236.93	1	2100
贵州浙华房地产公司台江分公司	浙华苗疆御锦苑	29463.30	17	760
贵州天盛房地产开发有限公司	天盛花园	33365.67	5	4000
贵州凯发房地产开发公司台江分公司	台江姊妹街	20000.00	25	4500
凯里中宇房地产公司台江分公司	福鑫家园一期	13698.79	8	750
贵州常荣房地产开发有限公司	御江苑	29500.00	6	1800
黔东南州华隆房地产有限责任公司	华隆商住楼	9351.75	1	1000
台江阳光置业有限责任公司	秀眉商住楼	8844.00	5	760
台江阳光置业有限责任公司	文昌佳园	20584.44	4	—
贵州万仕隆置业有限公司	梅影城市综合体苗家湾	158267.00	9	9000
贵州万仕隆置业有限公司	梅影城市综合体酒店商场	38566.00	10	5040
贵州万仕隆置业有限公司	梅影城市综合体景观房	47700.00	8	1272
贵州浩峰房地产开发有限责任公司	水岸绿洲	23911.21	10	—
遵义市鑫德瑞房地产开发有限公司	台江苗疆明都大厦	5274.20	1	620
凯里市昊天房地产开发有限公司	龙泉苑	5052.44	1	—
凯里市昊天房地产开发有限公司	龙泉居	4294.32	1	—
贵州益荣房地产开发公司台江公司	文昌花园	19103.82	5	—
台江县磊鑫房地产开发有限公司	磊鑫滨江 1 号	59994.55	14	3709
台江县磊鑫房地产开发有限公司	磊鑫苑	12888.00	3	650
台江县磊鑫房地产开发有限公司	滨河苑	16086.00	5	800
台江县广厦房地产开发公司	锦绣黔城	17754.00	4	1300
台江县广厦房地产开发公司	兴馨家园	6500.00	3	567
台江县广厦房地产开发公司	德馨园	6606.00	2	420
黄平骅鑫房地产开发有限公司	金海岸商业步行街	29463.30	7	760
黔东南州大地房地产开发公司	苗疆福苑	9748.00	1	620
台江县鹏飞房地产开发有限公司	台江县金秋梨商业城	14000.00	4	800
贵州台江佳安房地产开发有限公司	台江县福江苗都锦城	38392.51	5	7000

二、房产发证工作

1988 年 10 月，建设局组建 11 人的房普工作小组，除完成本职工作以外，还兼此项中心工作，到 1988 年年底，已完成勘丈 314 幢，面积 82080.98 平方米，发证 100 幢 34061.66 平方米。

1997年，开展了国有、集体、个人建设用地的规划和工程建设许可证的发放和审批工作。发放建设规划用地许可证40份，占地面积4163平方米；建设工程规划许可证38份，建筑面积7991平方米；临时建设用地规划许可证8份，占地面积183平方米；临时建设工程规划许可证8份，建筑面积174平方米。

1998年，办理核发工程项目选址32份（户），建设用地规划许可证42份（户），总用地面积3.47万平方米，建设工程规划许可证24份（户），总建筑面积2.87万平方米，总投资887万元。根据国家和省、州有关进一步深化城镇住房制度改革加快住房建设，停止福利分房，实行住房商品化的通知精神，结合台江实际，实施了原购公房部分产权向全部产权过渡的方案，回收了售房款267万元，实售住房1254套，建筑面积为7.61万平方米。

截至1998年10月底，归集各类住房资金累计858.26万元，发放政策性住房贷款累计339.4万元，收回贷款本金57万元，贷款利息13万元，银行实际存款余额518.86万元，特收挂账利息98.32万元。已建公积金制度的单位62个，占应建的67.39%。

完成房屋产权证单位67个，单位房屋所有权证252本（幢），职工住房权证1254本（户），私有房屋权证40本（户），缮证302本（户），绘制购房平面图1200份，办理房屋贷款抵押登记手续98宗。

2001年，办理项目报建登记21个，面积39672.3平方米，总投资额1718.5万元；发放施工许可证16个，面积37346.8平方米，投资额1471万元。

2008年，审批发放“商品房预售许可证”2份。

2009年，共审批办理建设用地选址意见书44份；“建设用地规划许可证”48份，规划用地面积104457.45平方米；办理“建设工程规划许可证”49份，工程规划建筑面积115439.55平方米。

第三节　城建监察工作

2000年，为维护城区的秩序，全体队员坚持着装上岗，文明执法，不分节假日，坚持出勤，维持秩序，即日纠正各种违章行为，致力改变城区“脏、乱、差”现象。起草《〈台江县城市管理办法〉实施细则》并报请县人民政府已批转实施。开展《中华人民共和国城市规划法》执法检查，拆除违章建筑4个，违法、违章建筑查处率为100%。拆除丁字路口两旁占人行道的固定摊棚28个，清通了人行道和车行道；拆除县城内的所有影响市容的不规范的门面搭棚、堆物74件；为保证“文化广场”建设工程的顺利施工，完成了文化广场范围内的拆迁及违章建筑的拆除工作，共计24宗；为保证“姊妹节”“金秋梨品尝会”等重大活动的顺利进行而拆除及规范了台拱寨岔路口公路沿线的临时摊棚31个。对城区内的燃气经营行业进行了清理登记，现城市燃气、电气化率为21%。对各临街施工单位进行督促，及时清理和平整建筑施工场地31宗。为加强农贸市场的功能，与台拱镇供销社联合对农贸市场进行为期半月的清理、整顿，规范了农贸市场，并重新疏通了红卫桥路段。

2001年，按照有关法律、法规的规定，依法查处、纠正和制止了8起违章违法建筑，300多例违章占道及影响市容市貌行为，24起损害行道树、风景树的行为；拆除了秀眉广场周围30余个违章临时摊棚；整治了3家临街收购废品的场所；制止2起较大面积擅自挖掘城市道路的行为；出台了《台江县绿化管理办法》，移植、补植道路行道树66株；加强对燃气经营管理工作，组织燃气经营户到州里学习培训一次。2002年，根据有关法律、法规，依法查处、纠正和制止35起违章违法行为，违章违法行为查处率为100%；查处8起损害行道树、风景树的行为；开展创文明县城活动，聘用100余名下岗职工上街执勤，在主大街设置了果皮箱102个，现县城市容市貌有了较大改善；对燃气经营行业进行清理登记，至2002年年底台江燃气使用率已达30%以上。

2003年，依法查处、纠正和制止4起违章违法建筑，400余例违章占道及影响市容市貌行为，5起损害行道树、风景树的行为；对县城广告经营户进行规范管理，加强对广告发布的审查登记；加强对燃气经营管理工作，对无证经营户和存在安全隐患的经营户发出停业通知书和限期整改通知书3次；制止了2次擅自挖掘城市道路施工行为。贯彻执行《贵州省城镇垃圾管理暂行办法》，拟定了《台江县生活垃圾处理费收费标准》；自筹资金修建了两座封闭式垃圾中转站。县城卫生和市容市貌明显改善。针对县城"脏、乱、差"现象，积极开展县城环境综合大整治活动，实行日常管理与突击检查相结合，促进县城面貌改观。全年共扣押人力车26辆，占道经营物具268件，锁扣各种车辆61辆，清除违反规定悬挂的横幅标语40余幅、大型广告1幅，纠正乱倒垃圾行为50余起。加大城镇卫生环境的清扫力度，推行环卫整日保洁工作，实行街道卫生管理日常化，继续实行道路保洁制，清扫承包责任制和垃圾袋装化管理。承担清扫面积达7.2万平方米，日清理垃圾48吨，垃圾处理能力有了明显增强，配合文明卫生县城建设，投入上级城建补助资金60万元用于市政基础设施建设。

2007年，新建的工程质量监督覆盖率达到100%，"施工许可证"办理覆盖率达到100%，工程监理覆盖面达到100%，竣工工程验收备案率达到100%。开展4次质量大检查活动，保证了工程质量。

2008年，在"姊妹节""五一""十一"等重要节日前组织对重点工程、重点部位的检查，保证节日期间安全生产。全年共进行安全生产大检查4次，共下发安全问题整改通知书12份。对存在安全隐患较多的工地下发停工整改通知书2份。

2009年，召开质量安全生产例会4次，对全县在建工程的质量安全进行全面检查9次，查出质量安全隐患276条，发出整改通知书46份。

2010年，召开安全生产工作例会4次，开展安全生产宣传咨询活动十余次，发放宣传资料处存在安全隐患10处，发出整改通知书85份、整顿通知书2份。宣传和检查3000余份，检查在建工程项目48人次，为保证社会稳定，全年全县建设工程意外伤害保险投保率达100%。

第十四篇

交通　通信

第一章　交通

第一节　公路建设

台江境内公路已具网状规模，公路以65号起高路及320国道为主干线，县乡村公路与之连接沟通，向邻县、县内乡村辐射。全县有8个乡（镇）156个行政村。8个乡（镇）已通公路，其中4个乡（镇）已通油路，80个行政村已通简易公路。320国道县境内长56公里。县道台盘至施洞43公里，县道镇远至台江境内长39公里，县道台盘至南瓦18公里，县道台江至白道70公里，县道石板桥至排羊14公里；乡道汪江至交包20公里，乡道南宫至展忙21公里；简易公路30条118公里。全县道路运输有一定发展，全县8个乡（镇）已通客运班车，截至2002年年底，全县有客货大车125辆，小车183辆，农用车186辆。公路运输货运量9万吨，货物周转量645万吨公路；公路运输客运量46万人，旅客周转量1152万人公里。

2001年以前，台江县境内，国道有原320国道30公里，省道仅有台江经老屯至施洞38公里，县道有台江经方召、南宫至白道74公里，林区和乡村公路有144.4公里，全县通车里程共293.4公里。其中油路有320国道30公里，其余均为砂石路面，四级公路以上有86公里，其余207.4公里为等外级或简易公路。

“十五”期间，新建高速公路22公里，投资2.8亿元，320国道改造37公里，投资4471.4万元，台盘至施洞油路改造（含施洞大桥），投资3068.5万元，台江至方召镶边工程、排羊至雷山西江大沟、台盘至凯棠公路共30公里，投资736万元，乡村公路新建357.7公里，固定资产投资4292.4万元（含田土、投工投劳）。以上投资总计4.06亿元。

2005年，台江县境内，开工建设高速公路有22公里，320国道改造37公里，省道有51公里，县道131公里，乡村公路有502.1公里，全县通车里程为743.1公里。通车里程是“十五”前的2.53倍。其中油路有台盘经革一至施洞、320国道、高速公路台盘至凯里公路等共101公里，比“十五”前新增加81公里。是年，全县通村公路目标数18条163.6公里，任务数10条80公里；州交通局下达给台江的任务是10条54.6公里。已完成水井至长中、岩脚至黄泡、台盘至空寨、田坝至凯里梅香、南省至交碾、交碾至板凳、红阳至四柳、水井至南冬、革一生态园区（水泥路）、展下至李子、偏寨至猫鼻岭、冷西至茅坪、排羊平寨、巫西至展吉14条通村公路100公里。并完成了州交通局和县政府确定的10条通村公路任务。

2007年，落实台江至南宫、台江至反排、排羊至西江、台江至施洞4个通乡油路项目141公里，总投资6202.9万元。启动建设台江至南宫、台江至反排2条通乡油路，总投资3730万元。其中国家补助资金4110万元，地方配套380万元。落实红阳坳至九摆示范公路项目1个，总投资1206万元，其中国家补助资金980万元，地方配套226万元。完成台拱至南省公路改造5公里，完成投资

116万元；建设红寨至汪江公路19公里，总投资1080万元，完成路基工程14公里，完成投资560万元，2008年3月拉通路基。全年州交通局下达计划实施的通村公路206.1公里，上级投资1442.7万元，县配套103.05万元。按照县第十五届人民代表大会第一次会议及县政府2007年十件实事的要求，2007年计划完成10条。根据各方面的情况，2007年上级安排的通村公路是35条，全县实际实施的通村公路有24条，已动工的有21条115.8公里，占24条的87.5%；未动工（复工）的有3条，占24条的12.5%。完成茅坪至平贾、阶嬉至报效、排羊至大塘、平水至簔簸、簔簸至排生、革一至台水、坝场坳至工农、翁浓至芩帮、小河至南兄、交下至羊甲、羊甲至拥党、番省至桃香12条通村公路，占县政府下达完成10条通村公路任务的120%。启动建设平兆、芳寨、长滩三个渡改桥项目，共计投资187万元，其中上级补助资金137万元，县配套50万元。落实后哨、南哨渡口两个项目资金17万元，其中后哨渡口已于2006年建设完成，南哨渡口准备动工。落实偏寨至施洞过境段公路改造3公里、县城过境线公路改造2.1公里、张家寨至老油库公路改造1.1公里，资金共计218万元；县城过境线和张家寨至老油库公路改造工程建设基本完成。

2008年，全县公路里程582公里，156个行政村，通公路125个，占80%。全县列养县乡公路里程138公里。是年，续建南市至南宫、排羊至西江台江段通乡油路74公里。完成固定资产投资2300万元。建设台江至反排通乡油路26公里，完成固定资产投资780万元。启动建设台江至施洞通乡油路39公里，完成固定资产投资400万元。续建巴拉河、南省大桥及平兆中桥，完成固定资产投资230万元。建设通村公路100公里以上，完成固定资产投资700万元。

2009年，全县交通建设固定资产投资完成1.45亿元。建成台江至施洞、台江至反排通乡油路67公里；续建台江至南宫通乡油路64公里，完成铺油45公里、路基基层19公里；完成排羊至西江通乡油路路基基层10公里；建成红阳至汪江公路19公里；基本建成红阳坳至九摆公路35公里；完成汪江至交密旅游公路12公里（含老路）；完成施洞过境线水泥路1.8公里；完成通村公路188公里，占州下达计划187.3公里的100%；建成平兆中桥、南冬中桥、翁农中桥、交密中桥、小江桥、岑帮小桥、基甲小桥、拥党小桥、芳寨吊桥、平兆吊桥、长滩吊桥11座桥梁853.5延米。启动红阳坳至草场油路和东扛至方祥公路建设；续建巴拉河中桥，动工修建南宫1号桥、南宫2号桥、汪江桥、交密桥、旧州吊桥等。

“十一五”期间，全县交通固定资产投资完成2.1亿元，比“十五”增长213.4%，建成台江至南宫、台江至施洞、台江至反排、展里至排羊4条通乡油路136公里；建成汪江至交密、红阳坳至草场两条旅游公路22.4公里；建成通村公路（含改建）854公里；建成施洞、南宫、排羊乡镇客运站3座；建成巴拉河、南冬、平兆、望虎屯、打岩沟，翁浓、交密、汪江、排羊、南宫1号和2号、小江1号等中桥12座608延米；建成平兆、芳寨、长滩吊桥3座468延米；建成偏寨、石家寨、巴拉河、格色、老屯、阶嬉、后哨7座渡口。至2010年年底，全县通车里程达1050公里，比“十五”增加629公里。公路密度94.8公里／百平方公里。通乡油路从“十五”的42公里增加到158公里，增长276.2%；通村公路从“十五”的344公里增加到764公里，增长122.1%。全县156个行政村已通公路155个，占99.4%，基本实现了“乡乡通油路，村村通公路”的目标。

一、高速公路

凯玉高速公路　凯玉高速公路全长134.44公里，总投资58亿元，双向4车道，南通凯里、贵阳，北达剑河、玉屏。过境45公里，投资18亿元。起于交孟寨，途经台拱、阳汪、南市、大德、石板桥、展里、岩寨、排羊、南哟等村寨进入凯里境。有一个出口，通往台江县城和南宫、排羊、台盘、施洞、老屯、革一、方召等乡镇。路基宽度25.5米，设计时速80公里／小时，2005年竣工通车。

二、国道、省道公路

320国道 G320（国道）上瑞线（上海至瑞丽），过境内长50公里，双向两车道，省道台江经老屯至施洞38公里。该路原线路走向为自凯里脚高进入县境内，全长78公里。途经排羊、岩寨、展里、石板桥、大德、南市、阳汪、台拱、翁孟进入剑河县。2000年国家再次投入资金2640万元，按照二级公路实施改造并改道，是年3月动工，2002年10月竣工。路基宽8.5米，路面宽7.5米，最大坡度6%，最大曲线半径125米，改造后线路走向为自凯里杨家寨进入台江境内，途经德卷、台盘、大寨、南瓦、大德与原国道相接，全长56公里。

省道 2001年以前，台江县境内省道仅有台江经老屯至施洞38公里。2001—2005年，省道改由台盘经施洞至镇远，增加51公里。双向两车道，通往镇远、施秉。

三、县乡公路

2010年年底，全县有县乡（镇）级公路12条，总长245公里。乡村公路有43条502.1公里，全县通车里程为743.1公里。

县道 县道台盘至施洞43公里，县道镇远至台江境内长39公里，县道台盘至南瓦18公里，县道台江至白道70公里，县道石板桥至排羊14公里。

排羊至开觉公路 台江境段长9.6公里，总投资180万元，按贵州省乡村公路技术标准修建，是一条重要的旅游路和县际公路。

台盘—凯棠公路 台盘至凯棠公路长7.5公里，总投资120万元，按贵州省乡村公路技术标准修建，是一条重要的县际公路，于2004年竣工通车。

汪江至白道公路 1993—1996年国家拨专项资金533.6万元（其中工业券424万元、省基建资金54万元、省发展基金7万元、州配套资金48.6万元、县配套资金12.7万元）修建的县道，按部颁山岭重丘区四级公路标准建设，里程28.54公里，1992年5月18日动工，1995年12月30日竣工。

排羊至西江大沟公路（台江境段） 2000—2003年国家拨专项资金205万元（其中以工代赈资金157万元，省财政配套资金48万元）修建的乡道，按贵州省乡村公路工程技术标准建设，里程9.7公里，2001年9月动工，2003年11月竣工。

南市至汪江公路南市至红阳段 1994—2001年国家拨专项资金448万元（其中工业券313万元，省财政配套30万元，省养路费105万元）修建的县道，按部颁山岭重丘区四级公路标准建设，里程12.26公里，1993年10月动工，2003年3月竣工。

台盘至凯棠公路 全长7.52公里，按部标四级公路设计施工，路基宽6.5米，路面宽5.5米，极限纵坡9%，全线已经拉通；完成小桥一座，涵洞完成102延米／10道。完成投资55.8万元。2005年12月完工。

施洞至台盘油路 2001年国家拨专项资金2287.5万元（国债2185万元、县财政配套102.5万元）修建的县道，按部颁山岭重丘区三级和四级公路标准建设，里程40公里，2002年3月动工，2005年11月完工。

施洞至革一公路 1985年国家拨粮棉布专项资金138.4万元修建的县道，按部颁山岭重丘区四级公路标准建设，里程32.31公里，1985年11月动工，1987年10月完工。

凯里樱桃至台江革一公路 1991年国家拨轻工业品资金309万元修建的县道，按部颁山岭重丘区四级公路标准建设，里程20.6公里，1991年11月动工，1998年4月完工。

革一至德立公路 2004年用以工代赈资金30.7万元修建的水泥专用公路，按贵州省乡村公路技术标准建设，里程1.71公里，2005年6月动工，2005年9月竣工。

G320线　1996年7月—1997年9月贷款900万元，省补助50万元，建设完工县城环线5.32公里；2000年至今贷款848.6万元，国债3422.8万元，地方配套200万元建设31.682公里，2005年完工。

南匠至岩寨电站公路　招商引资44万元修建的电站专用公路，按贵州省乡村公路技术标准建设，里程2.2公里，2003年11月动工，2004年11月竣工。

2010年，完成台江至南宫64公里通乡油路，并已布置有关交工验收工作。汪江至交密10.4公里和红阳坳至草场12公里铺油及安全防护工程已完成。完成投资1430万元。完成台江至反排26公里通乡油路。完成排羊至西江通乡油路台江段5公里。红阳坳至九摆公路35公里。已完工，并交工验收。台盘至革一公路截弯取直工程。设计截弯取直3处，设计路基宽度7.5米，预算投资2200万元。完成土石方23万立方米，圬工砌体1.5万立方米，完成工程形象进度70%，完成投资1540万元。启动凯里二龙至台盘城市主干道的规划和革一至施秉杨柳塘公路。凯里二龙到台盘至革一至谷陇至苗陇至施秉杨柳塘火车站工业经济集聚属州级人民政府抓好五个工业园区的规划与启动建设之一。根据黔东南府专议〔2010〕16号、40号文件要求，即凯里二龙至台盘按城市一级规划，公路二级建设（双向四车道不封闭），革一至施秉杨柳塘按三级公路规划建设。凯里二龙至台盘凯棠路口，已委托黔东南州交通工程勘察设计所设计，预计公路里程22公里，总投资15亿元。革一至施秉杨柳塘公路革一至黄平苗陇段33.3公里四级公路，于2009年11月完成可研，苗陇至施秉杨柳塘段14公里三级公路改造，根据州人民政府专纪〔2010〕13文件，由州交通局负责协调黄平、施秉两县并完成规划。启动台盘至凯堂公路改造工程，该工程改建820米，中标价为158万元，已进行路基开挖，完成形象进度的20%。

四、村级公路

施洞小河公路　1995—1996年，小河村自筹资金0.5万元，投劳3716个工修建的通村公路，全长1公里。1995年10月动工，1996年12月完工。

岩脚至白土公路　1996—1997年，村自筹资金1.6万元，投劳4377个工修建的通村公路，全长1公里。1996年10月动工，1997年10月完工。

城关至南冬公路　1995年，国家以工代赈资金30万元，群众投劳97200个工修建的通村公路，全长7.2公里。1995年7月动工，1997年8月完工。

展福至展懂公路　2001年，村自筹资金1万元，投劳4716个工修建的通村公路，全长2公里。2001年1月动工，当年完工。

革一至新寨公路　2003年，用国家通村公路资金6.96万元，群众自筹资金1.2万元修建的通村公路，按贵州省乡村公路工程技术标准建设，全长2.32公里。2003年10月动工，2004年5月完工。

桃香至排朗公路　2004年，用国家通村公路资金12.65万元，群众自筹资金1万元修建的通村公路，按贵州省乡村公路工程技术标准建设，全长1.26公里。2004年4月动工，2004年10月完工。

台拱镇的排朗公路　全长1.74公里，2004年投资修建。

南省至排汪公路　全长2.5公里，2004年投资修建。

展下公路　全长4.41公里，2004年投资修建。

台盘乡的平水至墓簸公路　全长3.7公里，2004年投资修建。

小农场至江边至茅坪公路　全长5.19公里，2004年投资修建。

后哨公路　全长2.54公里，2004年投资修建。

田坝至麦香公路　全长6.8公里，2004年投资修建。

旧州至四新公路　全长6.2公里，2004年投资修建。

方召乡的展茗公路　全长3.5公里，2004年投资修建。

东扛公路 全长3.8公里，2004年投资修建。

八埂至杨家沟公路 2004年，用国家通村公路资金25.2万元，群众自筹资金1.7万元修建的通村公路，按贵州省乡村公路工程技术标准建设，全长6.01公里。2004年4月动工，2004年10月完工。

展歹坳至展啊公路 2004年，用国家通村公路资金4.53万元，群众自筹资金0.5万元修建的通村公路，按贵州省乡村公路工程技术标准建设，全长1.6公里。2004年4月动工，2004年7月完工。

五星桥至东扛公路 2004年，用国家通村公路资金16.9万元，群众自筹资金0.7万元修建的通村公路，按贵州省乡村公路工程技术标准建设，全长3.3公里。2004年5月动工，2004年8月完工。

金秋梨基地至大田公路 2004年，用国家通村公路资金11.94万元，群众自筹资金0.8万元修建的通村公路，按贵州省乡村公路工程技术标准建设，全长2.22公里。2004年6月动工，2004年10月完工。

交下岔路口至交下公路 2004年，用国家通村公路资金25.3万元，群众自筹资金1.2万元修建的通村公路，按贵州省乡村公路工程技术标准建设，全长7.1公里。2004年4月动工，2004年10月完工。

岔路口至展归公路 2004年，用国家通村公路资金14.8万元，群众自筹资金1.2万元修建的通村公路，按贵州省乡村公路工程技术标准建设，全长2.31公里。2004年6月动工，2004年11月完工。

阶好至南匠公路 2004年，用国家通村公路资金27万元，地方政府自筹资金0.9万元修建的通村公路，按贵州省乡村公路工程技术标准建设，全长5.4公里。2004年1月动工，2004年11月完工。

稿仰至南你公路 2004年，用国家通村公路资金32.8万元，地方政府自筹资金2万元修建的通村公路，按贵州省乡村公路工程技术标准建设，全长3.55公里。2004年4月动工，2004年10月完工。

南你至阶好公路 2004年，用国家通村公路资金12.04万元，地方政府自筹资金86.7万元修建的通村公路，按贵州省乡村公路工程技术标准建设，全长1.72公里。2004年1月动工，2004年11月完工。

岔路口至展下公路 2004年，用国家通村公路资金26.3万元，群众自筹资金1.7万元修建的通村公路，按贵州省乡村公路工程技术标准建设，全长5.15公里。2004年5月动工，2004年11月完工。

长滩至岑帮公路 2004年，用国家通村公路资金21.31万元，群众自筹资金1.8万元修建的通村公路，按贵州省乡村公路工程技术标准建设，全长4公里。2004年4月动工，2004年11月完工。

小岩寨至南冬公路 2004年，用国家通村公路资金11.43万元，群众自筹资金1.5万元修建的通村公路，按贵州省乡村公路工程技术标准建设，全长2.54公里。2004年10月动工，2005年5月完工。

小农场至江边公路 2004年，用国家通村公路资金17.8万元，群众自筹资金0.8万元修建的通村公路，按贵州省乡村公路工程技术标准建设，全长5.1公里。2004年3月动工，2004年10月完工。

展堆坳至东衣公路 2004年，用国家通村公路资金7.53万元，群众自筹资金0.5万元修建的通村公路，按贵州省乡村公路工程技术标准建设，全长2.31公里。2004年5月动工，2004年10月完工。

展窝至松老公路 2004年，用国家通村公路资金37.8万元，群众自筹资金2万元修建的通村公路，按贵州省乡村公路工程技术标准建设，全长4.38公里。2004年4月动工，2004年11月完工。

革一至后哨公路 2004年，用国家通村公路资金7.1万元，群众自筹资金0.5万元修建的通村公路，按贵州省乡村公路工程技术标准建设，全长2.54公里。2004年5月动工，2004年9月完工。

青岗坡基地公路 2004年，用国家通村公路资金7.5万元修建的通村公路，按贵州省乡村公路工程技术标准建设，全长1.5公里。2003年10月动工，2004年1月完工。

上水卡至翁孟公路 2004年，用国家通村公路资金2.6万元，群众自筹资金3万元修建的通村公路，按贵州省乡村公路工程技术标准建设，全长1.8公里。2004年8月动工，2004年11月完工。

岔路口至坪寨公路 2004年，用国家通村公路资金7.77万元，群众自筹资金2万元修建的通村公路，按贵州省乡村公路工程技术标准建设，全长1.3公里。2004年10月动工，2005年5月完工。

水井至长中公路　2005年，用国家通村公路资金7.37万元，群众自筹资金1.7万元修建的通村公路，按贵州省乡村公路工程技术标准建设，全长1.83公里。2004年11月动工，2005年2月完工。

田坝至大寨公路　2004年，用国家通村公路资金4.56万元，群众自筹资金1.3万元修建的通村公路，按贵州省乡村公路工程技术标准建设，全长1.16公里。2004年3月动工，2004年8月完工。

冷西至茅坪公路　2005年，用国家通村公路资金17.17万元，群众自筹资金1.7万元修建的通村公路，按贵州省乡村公路工程技术标准建设，全长4.5公里。2004年10月动工，2005年9月完工。

茅坪至沙帮公路　2005年，用国家通村公路资金20.8万元，群众自筹资金2万元修建的通村公路，按贵州省乡村公路工程技术标准建设，全长5.2公里。2005年2月动工，2005年10月完工。

良田至棉花坪公路　2005年，用国家通村公路资金6.25万元，群众自筹资金0.5万元修建的通村公路，按贵州省乡村公路工程技术标准建设，全长1.5公里。2004年11月动工，2005年3月完工。

偏寨至平兆公路　2005年，用国家通村公路资金27.6万元，群众自筹资金3万元修建的通村公路，按贵州省乡村公路工程技术标准建设，全长5.34公里。2004年10月动工，2005年3月完工。

平兆至景洞坳公路　2005年，用国家通村公路资金14.53万元，群众自筹资金1.8万元修建的通村公路，按贵州省乡村公路工程技术标准建设，全长3.11公里。2004年10月动工，2005年3月完工。

景洞坳至景洞塘公路　2005年，用国家通村公路资金24.24万元，群众自筹资金2万元修建的通村公路，按贵州省乡村公路工程技术标准建设，全长5.4公里。2004年10月动工，2005年3月完工。

景洞坳至猫鼻岭公路　2005年，用国家通村公路资金43.51万元，群众自筹资金2万元修建的通村公路，按贵州省乡村公路工程技术标准建设，全长7.92公里。2004年10月动工，2005年3月完工。

岩脚至黄泡公路　2005年，用国家通村公路资金54万元修建的通村公路，按贵州省乡村公路工程技术标准建设，全长12.89公里。2004年10月动工，2005年10月完工。

台盘至空寨公路　2005年，用国家通村公路资金41万元，群众自筹资金3万元修建的通村公路，按贵州省乡村公路工程技术标准建设，全长3.1公里。2004年12月动工，2005年9月完工。

岔路口至小江公路　2005年，用国家通村公路资金9.43万元，群众自筹资金1.2万元修建的通村公路，按贵州省乡村公路工程技术标准建设，全长1.7公里。2005年6月动工，2005年9月完工。

老屯至辣子公路　2005年，用国家通村公路资金20.6万元，群众自筹资金2万元修建的通村公路，按贵州省乡村公路工程技术标准建设，全长4.3公里。2005年5月动工，2005年8月完工。

南省至交碾公路　2005年，用国家通村公路资金30.6万元，群众自筹资金2万元修建的通村公路，按贵州省乡村公路工程技术标准建设，全长5.9公里。2004年10月动工，2005年10月完工。

交碾至板凳寨公路　2005年，用国家通村公路资金25.2万元，群众自筹资金1.7万元修建的通村公路，按贵州省乡村公路工程技术标准建设，全长5.04公里。2004年10月动工，2005年10月完工。

南省至南冬公路　2005年，用国家通村公路资金6.49万元修建的通村公路，按贵州省乡村公路工程技术标准建设，全长1.44公里。2004年10月动工，2005年10月完工。

岔路口至四柳公路　2005年，用以工代赈资金40.5万元，群众自筹资金1.2万元修建的通村公路，按贵州省乡村公路工程技术标准建设，全长6.7公里。2005年2月动工，2005年9月完工。

火坑寨至排汪公路　2005年，用国家通村公路资金13.3万元，群众自筹资金4.7万元修建的通村公路，按贵州省乡村公路工程技术标准建设，全长3.54公里。2004年4月动工，2004年8月完工。

台拱大桥至台拱公路　全长0.5公里，2008年完工。

水井至南冬公路　全长3.9公里，2008年完成路基工程。

交碾至板凳公路　全长 15.2 公里，2008 年完成路基工程。

棉花坪至良田公路　全长 1.3 公里，2008 年完成路基工程。

良田坳至岩脚公路　全长 13 公里，2008 年已完成路基工程。

平阳至小河公路　全长 2.5 公里，2008 年完工。

井洞坳至六合公路　全长 5.7 公里，2008 年完成路基工程 2 公里。

东寨至岑孝公路　全长 6.5 公里，2008 年完成路基工程。

平兆至猫鼻岭公路　全长 10.4 公里，2008 年完成路基工程 6 公里。

南宫至展丰公路　全长 4.5 公里未动工。

交密至交包公路　全长 15.2 公里，2008 年完成路基工程。

汪江至交宫公路　全长 6.5 公里，2008 年完成路基工程。

大田至巫细公路　全长 20.3 公里，2008 年完成路基工程。

交密至南牛公路　全长 8.8 公里，2008 年完成路基工程。

南牛至皆利公路　全长 18.5 公里，2008 年完成路基工程 11 公里。

展开至掌里公路　全长 0.9 公里，2008 年完工。

展开至坪寨公路　全长 1.6 公里，2008 年完工。

龙井坳至德圈公路　全长 5.8 公里未动工。

九摆至台乐公路　全长 9.5 公里 2008 年完工。

小寨至棉花公路　全长 5.6 公里未动工。

水寨至南瓦公路　全长 1.2 公里（实际为 3.3 公里），2008 年完成路基工程。

阳芳至兰花公路　全长 20.5 公里，2008 年完成路基工程 10 公里。

白方至沙帮公路　全长 9.5 公里，2008 年完成路基工程 8 公里（只差桃树榜段）。

老屯至稿仰公路　全长 1.7 公里，2008 年完工。

榕山至白土公路　全长 1.2 公里，2008 年完成路基工程 1 公里。

白土至望虎屯公路　全长 1.8 公里，2008 年完成路基工程 1.2 公里。

阶孻至岩寨公路　全长 1.2 公里，2008 年完工。

五寨至翁农公路　全长 5.7 公里，2008 年完成路基工程 4 公里。

林场至黄毛公路　全长 3 公里未动工。

交汪上寨至交汪下寨公路　全长 1.2 公里未动工。

歹忙至养孻公路　全长 17.5 公里未动工。

汪一水库至汪一公路　全长 1.2 公里未动工。

台江至南宫　全长 64 公里，2010 年完成通乡油路，并已布置交工验收工作。

汪江至交密　全长 10.4 公里，2010 年完成铺油及安全防护工程。

红阳坳至草场　全长 12 公里，2010 年完成铺油工程。完成投资 1430 万元。

台江至反排　全长 26 公里，2010 年完成通乡油路，并已布置交工验收。

排羊至西江　全长通乡油路台江段 10 公里，2010 年完成铺油 5 公里。

红阳坳至九摆公路　全长 35 公里。2010 年完成，并交工验收。

台盘至革一公路　2010 年完成截弯取直工程。设计截弯取直 3 处，设计路基宽度 7.5 米，预算投资 2200 万元。完成土石方 23 万立方米，圬工砌体 1.5 万立方米，完成工程形象进度 70%。完成投资 1540 万元。

台盘至凯堂公路　2010 年实施改造工程。该工程改建 820 米，中标价为 158 万元，进行路基开挖，完成形象进度的 20%。

五、城镇专用公路

台盘工业园区 1 号公路 2004 年用以工代赈资金 38 万元，地方政府自筹 5 万元修建的专用公路，按部颁山岭重丘区四级公路标准建设，全长 2.09 公里，连接革一乡镇府至工业园区道路。2004 年 6 月动工，2004 年 9 月竣工。

城市道路　2010 年年末，城区道路总长度 21.04 公里，人均拥有道路长度 6.46 米；道路铺装面积 5.2 万平方米，人均拥有道路面积 10.08 平方米；城市桥梁 5 座，总长度 325 米。

六、桥梁

全县建成有施洞大桥、排羊中桥、九摆中桥、斗寨中桥、牛打坪小桥、老屯小桥、杨家沟小桥、五寨小桥、棉花小桥、凯棠小桥等。施洞大桥是台江县境内唯一横跨清水江的一座桥，施洞大桥通车给贵州最后一个车渡渡口画上圆满的句号。

施洞大桥　该桥全长 271.88 米，总投资 1400 万元。2004 年 3 月 8 日动工。根据州交通局和州公路局的分工安排，州公路局为项目业主，台江县交通局主要负责征地拆迁补偿等民事工作。2005 年大桥建设完工。

望虎屯大桥　坐落于望虎屯村前，横跨巴拉河两岸。大桥总长 122 延米，净跨 L_0=50+13+8+6 米，净宽 5 米，设计荷载为汽车 -20，挂 -100，工程总投资 82 万元。在省委副书记黄瑶的大力支持下，得到资金 15 万元，工程于 2002 年正式开工。经过几年来筹资建设，工程已投资 39.8 万元（其中：宁波帮扶资金 20 万元；村民投资 4.8 万元），完成了基础工程、桥墩（台）及第二、三、四跨的建设。尚差 L_0=50 米跨的拱券以及上部构造，第二跨因资金困难而无法施工。

冷溪大桥　冷溪大桥是连接台江与黄平的重要通道，由于两县领导重视，同意每县配套资金各 100 万元。2004 年，黄平和台江两县交通部门到实地勘察，桥址初步拟订在岩门司下游，红岩甫上游的镰刀弯河口上，该项目估算总投资 1000 万元左右（含桥两头公路）。该项目由黄平县交通局牵头操作。

榕山大桥　位于老屯乡榕山村码头，镇台公路 44 公里 150 米处。大桥横跨巴拉河，全长 148 米，宽 9 米，高 13 米，跨度 130 米，总投资 142 万元，1992 年开工，1993 年 6 月 30 日竣工。榕山大桥是台江通往施洞、镇远之要道。

台盘大桥　位于台盘乡大寨村路口，321 国道 1882 公里处，大桥横跨巴拉河，全长 129 米，宽 8 米，高 13 米，跨度 110 米，是台江通往州府凯里的重要桥梁之一。

李家湾二步桥　位于台盘乡李家湾村，321 国道 1875 公里处，总长 194 米，宽 10 米，高 23 米，是台江通往州府凯里的重要桥梁之一。

台江大桥　系 65 号高速公路台江段的特高双向大桥，位于台拱寨翁当沟口，大桥全长 320 米，高 80 米，为 65 号高速公路通往台江段的重要桥梁之一。

台江隧道　位于台拱镇台拱寨背坡，为双向隧道，全长 555 米，为 65 号高速公路台江段最长的隧道。

松皆雅 1、2 号隧道　位于排羊乡展里村境内，为双向隧道，1 号隧道长 170 米，2 号隧道长 450 米，为 65 号高速公路经过台江段重要隧道之一。

南市 1、2 号隧道　位于台拱镇南市村，为双向隧道，1 号隧道长 185 米，2 号隧道长 276 米，为 65 号高速公路经过台江段重要隧道之一。

台江县桥梁汇总一览表

表 14-1

乡（镇）名称	桥梁名称	桥梁桩号	桥长（延米）	孔径布置（米）	桥 型	预算金额（元）
台拱镇	五寨 1 号桥	K2+893	18.38	10	石拱桥	89399
台拱镇	五寨 2 号桥	K5+590	25.75	10	石拱桥	185078
台拱镇	李子桥	K1+575	18.38	10	石拱桥	88426
台拱镇	交片桥	K4+500	30.36	16	石拱桥	241788
台拱镇	南兄桥	K0+010	14.27	6	石拱桥	69082
台拱镇	展下桥	K0+350.88	20.40	8	石拱桥	127214
革一乡	茅坪 1 号桥	K2+330	27.00	12	石拱桥	116051
革一乡	茅坪 2 号桥	K4+080	31.00	20	石拱桥	226718
台盘乡	空寨桥	K4+312	23.00	16	石拱桥	121033
施洞镇	杨家沟桥	K2+972	14.27	6	石拱桥	70755
南宫乡	松老桥	K2+420	18.00	6	石拱桥	10497
南宫乡	交下桥	K0+038	12.50	6	石拱桥	43094

2007 年台江县通村公路桥梁统计表

表 14-2

年 份	桥梁名称	所属路线名称	桥梁基本情况				资金（万元）
			桥长（米）	桥跨结构	大、中、小桥分类	桥 型	
2003	小江 1 号桥	岔路口—小江公路	25	2-8.0	小桥	钢筋混凝土板桥	25.0
	小江 2 号桥	岔路口—小江公路	35	1-20.0	中桥	钢筋混凝土板桥	35.0
	杨家沟桥	八埂—杨家沟公路	16	1-5.0	小桥	石拱桥	16.0
	松老桥	养高—松老公路	18	1-10.0	小桥	石拱桥	18.0
	牛打坪桥	岔路口—排朗公路	13	1-5.0	小桥	钢筋混凝土板桥	13.0
2004	排汪桥	火坑寨—排汪公路	25	2-8.0	小桥	钢筋混凝土板桥	25.0
	五寨 1 号桥	水井—五寨公路	16	2-5.0	小桥	钢筋混凝土板桥	16.0
	五寨 2 号桥	水井—五寨公路	42	1-20.0	中桥	石拱桥	42.0
	展归李家桥	岔路口—展归公路	12	1-6.0	小桥	石拱桥	12.0
	交下桥	岔路口—交下公路	12	1-6.0	小桥	石拱桥	12.0
	阶孊桥	阶孊—南匠公路	28	2-8.0	小桥	钢筋混凝土板桥	28.0
2005	茅坪 1 号桥	后哨—茅坪公路	25	1-16.0	小桥	石拱桥	16.5
	茅坪 2 号桥	后哨—茅坪公路	31	1-20.0	中桥	石拱桥	31.0
2006	打岩沟桥	台拱—交片公路	68	3-16.0	中桥	钢筋混凝土板桥	95.2
	下登鲁桥	台拱—交片公路	18	1-8.0	小桥	石拱桥	12.6
	李子桥	展苕—李子公路	18	1-8.0	小桥	钢筋混凝土板桥	12.6
	展下桥	岔路口—李子公路	32	1-16.0	小桥	钢筋混凝土板桥	12.6
	南你桥	南你—阶孊公路	74	1-50.0	大桥	石拱桥	74.0
	空寨桥	台盘—空寨公路	35	1-20.0	中桥	石拱桥	35.0

台江县公路桥梁一览表

表 14-3

单位：米

线路名称	公路级别	桥梁名称	结　构	桥　长	建成时间
台江至南宫	县道 864	养开桥	乱石拱	15	1985 年
台江至台盘	县道 860	翁瓦桥	空腹式乱石拱	45	1985 年
台江至台盘	县道 860	台盘大桥	空腹式乱石拱	125	1985 年 10 月
施洞至革一	县道	张家桥	乱石拱	18	1985 年 8 月
施洞至革一	县道	旧州桥	乱石拱	20	1985 年
施洞至革一	县道	烂塘桥	空腹式乱石拱	45	1987 年 10 月
汪江至白道	县道 864	巫西桥	乱石拱	23	1983 年 10 月
汪江至白道	县道 864	东扛桥	乱石拱	24	1983 年 12 月
汪江至白道	县道 864	南宫大桥	空腹式乱石拱	70	1993 年
城关至南冬	村道	南省中桥	空腹式乱石拱	26	1987 年 5 月
国道 320 线	国道	龙塘桥	乱石拱	29	1988 年 3 月
国道 320 线	国道	望江桥	乱石拱	—	—
国道 320 线	国道	台拱小桥	铪　板	9	1997 年
国道 320 线	国道	—	—	—	—
国道 320 线	国道	台拱中桥	铪　板	86	1997 年
岔路口至小河	村道	小河中桥	空腹式乱石拱	106	2001 年 10 月
水寨至南瓦	村道	南瓦中桥	空腹式乱石拱	93	2003 年 5 月
国道 320 线	国道	展耶 1 号桥	铪　板	81	2002 年
国道 320 线	国道	展耶 2 号桥	铪　板	90	2002 年
国道 320 线	国道	展耶 3 号桥	铪　板	60	2002 年
国道 320 线	国道	展耶 4 号桥	铪　板	76	2002 年
排羊至西江大沟	乡道	九摆桥	乱石拱	12	2000 年
排羊至西江大沟	乡道	白析坡桥	乱石拱	26	—
排羊至西江大沟	乡道	排羊 1 号桥	乱石拱	34	2003 年 9 月
排羊至西江大沟	乡道	排羊 2 号桥	乱石拱	14	2003 年 9 月
桃香至排朗	村道	牛打坪桥	铪　板	8	2004 年 6 月
八更至杨家沟	村道	养遮虾	乱石拱	11	2004 年 8 月
老屯至辣子	村道	辣子沟桥	乱石拱	20	2003 年 10 月
展窝至松老	村道	阶巫西桥	乱石拱	20	2004 年 10 月
台南线至交下	村道	翁降桥	乱石拱	16	2004 年 10 月
林管线至展归	村道	翁虾桥	乱石拱	18	2004 年 11 月
冷西至茅坪	村道	阶库桥	乱石拱	25	2005 年 6 月
水井至伍寨	村道	阶仗打桥	铪　板	14	2005 年 7 月
南你至阶好	村道	南你大桥	空腹式乱石拱	66	2004 年 10 月
南你至阶好	村道	阶好大桥	铪　板	18	2004 年 8 月

第二节 车站

《台江县乡（镇）客运站场布局规划》经州交通局同意批复。“十一五”期间，台江计划建设8个乡（镇）客运站场。根据省交通厅的计划，每个乡（镇）客运站交通部和省交通厅补助40万元，站场用地及“三通一平”由各县（市）人民政府和乡镇政府承担。2010年年底，公路站有台江汽车站、施洞汽车站、南宫汽车站3个站，日均发送73辆客车，日客运量778人次。

台江汽车站　计划投资293万元，工程于2004年4月28日动工，在州交通局的大力支持下，调整其他县的站场建设资金200万元用于县汽车站的建设。于2005年12月7日举行交工验收，评为合格工程。2005年12月8日举行开业典礼，投入使用。台江汽车站包括主站房、停车场、检修车间、公厕、配电房、洗车台、围墙、排水沟、绿化带、水电及消防设施等。总占地面积12637.5平方米，其中主站房2300平方米，停车场9000平方米，检修车间180平方米，公厕100平方米，配电房7.5平方米，绿化带280平方米。工程实际投资303万元，征地费50万元，共353万元。台江县汽车站从拆迁至新建历时5年时间，于2005年12月7日交付使用。

施洞车站　2005年修建施洞客运站，施洞客运站建设工程初步设计已经州交通局的批复，项目总投资64万元，其中，交通部和省交通厅补助40万元，县配套24万元。为了推进施洞镇的城镇建设，县委、县政府把施洞车站纳入2005年要办的实事之一。该项目情况现与南宫车站基本一样，站址按施洞镇的城镇规划在龙塘即码头道班背后一坝农田上，但因属基本农田，土地经多次协调未果。为了完成县委、县政府安排的工作任务，交通局经多次协调，终于同意调整到规划地后面的荒坡上。由于时间紧而施洞镇又无资金补偿征地费和平整场地费用，为了实现县委、县政府安排的工作任务，交通局不得不挪用通村公路资金13.3万元用于征地；场地平整由施工队垫资，现所开挖土石方量为3.8万立方米，需要34.2万元；两项合计47.5万元。2006年3月6日下午，召集施洞镇和交通局领导协商，征地和场地平整由交通局转给施洞镇负责，交通局负责地面以上建设，建设好后，由施洞镇管理经营。

南宫车站　于2004年立项，上级总投资40万元，仅用于地面以上的建筑工程项目，征地拆迁由地方负责。但因土地未能划定无法上报材料，所以省州停止该项目建设。因县委、县政府把该项目列入2004年十件实事之一，县交通局于2004年2月份与州计划科协调，通过州计划科与省交通厅计划处协调，勉强同意可开工建设，但项目安排到2007年，资金问题由州交通局从其他项目资金调剂使用。

第三节 交通运输

县内交通运输已形成由水陆（公路、水路）两种运输方式构成的交通运输网络，2010年客运总量553万人次，货运总量87万吨。

一、公路运输

2010年，全县运输企业拥有货运汽车576辆，914042吨位；客运汽车108辆，1995个座位。

客运　2004年1—4月发展基金完成20.34万元，占任务数38万元的53.6%，管理费完成7.58万元，占任务数21万元的36.1%。客运量36万人次、旅客周转量1020万人公里，城市交通客运经营权转让已获省有关部门的批准，经营权转让拍卖工作进入了实施阶段。2005年完成客运量37万人次，旅客周转量 1120 万人次公里。

2010 年，春运 40 天，全县共投放客运车辆 133 辆，发班次数总计 3833 班次，运送旅客 44774 人。全年共审验各类营运车辆“道路运输证”650 份，其中客车 150 台。2010 年年底，县城出租车有 52 辆，万人拥有量 3.7 台，年客运量 224.6 万人。是年，全县客运量 288 万人次，旅客周转量 1406 万人公里，同比增长 30%。

货运　2004 年货运量 7 万吨，货物周转量 550 万吨公里。2010 年对客运营运车辆二级维护按规定签章达 100%，货运营运车辆签章 1500 多次，达到在营运车辆 98% 的签章率。严把“道路运输证”审验关，规范营运车辆的经营行为。全年共审验各类营运车辆“道路运输证”650 份，其中货车及农用运输车 500 台。是年，货运量 87 万吨，货物周转量 3776 万吨公里，同比增长 27%。

二、水路运输

境内通航河道 3 条，总长 68.7 公里。最大通航能力为 9.4 吨级船舶，有施洞一个码头。开通的海运航线有清水江河的台江南哨至三板溪大坝。县内航线有后哨至平兆 38 公里，库区水寨至大坝 23 公里，翁密河交密至南宫大桥 8 公里。2010 年客运量 553 万人次，旅客周转量 21987 万人公里，货运量 87 万吨，货物周转量 6477 万吨公里。运输货运船舶有 800 艘，主要分布在施洞镇、老屯乡、革一乡、台盘乡、南宫乡 5 个涉水乡镇中的 32 个涉水行政村 109 个村民组（自然寨）；客运船舶 3 艘、120 座位；货运量 10 万吨，货物周转量 624 万吨公里，客运量 2.4 万人次，旅客周转量 62.4 万人公里。客渡船 11 艘，每艘 20 个客位。

航道渡口　台江县辖区内有清水江、巴拉河两条河流，总航程约 40 公里。20 世纪 80 年代，巴拉河因多处建有电站和围堰，现已不通航。但沿河两岸村民为了方便生产生活仍设有自用渡口 3 道。清水江有渡口 10 道，全县共有渡口 13 道，其中乡镇渡口 1 道，自用渡口 12 道。

2003 年，全县共有船舶 228 艘，施洞镇占 115 艘。其中，机动船舶 34 艘，施洞镇占 32 艘；非机动船 177 艘，施洞镇占 80 艘；渡口渡船 17 艘，施洞镇占 3 艘。全部分布在清水江流域和巴拉河流域，属三乡一镇共 19 个行政村管辖。

2004 年，全县共有船舶 177 艘，其中机动船 11 艘，非机动船 166 艘，已登录注册的自用船舶 159 艘，船舶分布在施洞镇、革一乡、老屯乡、台盘乡三乡一镇 25 个行政村。是年，利用县城、施洞镇、革一乡、台盘乡、老屯乡赶集日发放《中华人民共和国内河交通安全管理条例》1200 份，发放《中华人民共和国安全生产法》730 份，张贴宣传标语 110 幅；利用广播宣传 25 次，开展安全咨询活动 5 次，同时设立咨询台，向船员、群众解答疑难；利用剑河 2003 年“6・7”特大水上交通事故、天柱 2003 年“12・13”船舶触礁重大事故等教训深刻的水上交通事故进行宣传，用以提高全民安全意识，使全民意识到“三无”船舶载客、货船载客的危险性，拒绝乘坐“三无”船舶和货船；结合“水上运输安全管理年”、6 月“安全生产月”等为主题进行宣传，宣传安全知识；海事处还深入到多所学校宣传相关的安全法律法规，教育学生不乘“三无”船舶，不乘超载船舶，不乘货船。

2005 年，海事部门出动人员 564 人次，检查船舶 326 艘次，现场监督检查 260 次。

2007 年，启动建设平兆、芳寨、长滩 3 个渡改桥项目，共计投资 187 万元，其中上级补助资金 137 万元，县配套 50 万元。落实后哨、南哨渡口两个项目资金 17 万元，其中后哨渡口于 2006 年建设完成，南哨渡口于 2007 年动工修建。2008 年完成渡口改造、渡改吊桥 4～6 道（座），完成固定资产投资 60 万元。

2010 年，建立健全“四级”安全管理责任制。县政府与涉水乡（镇）政府、涉水乡（镇）政府同涉水行政村、涉水行政村同船舶所有人或经营人签订水上交通安全管理责任书，在涉水乡（镇）形成“三级”管理责任制，全县“四级”管理责任状的签订率达 100%。加强宣传教育培训工作，提高广大人民群众和从业人员的安全意识。全年共张贴标语 89 幅，挂宣传横幅 6 幅；培训船员 3 期 86 人次，培训护航员 2 期 43 人；组织小学生安全培训 120 人。是年，岩寨电站下闸蓄水形成库区，为了实现涉水村寨村民水路交通的便捷，在库区的排生村水域建成一艘 40 个客位的客船投入运输。在库区的台盘乡南庄村也建造一艘 40 个客位的客船，于年底投入运输。

第四节 公路养护

机构沿革 1998 年，台江公路养护段更名为贵州省台江公路管理段。隶属贵州省凯里公路管理局，机构内设党支部、行政、工会、共青团，下设行政办公室、路政管理大队、生产股、设备物资股、财务股、人事室 6 个股室部门，公路养护道班 2 个、养护站 2 个、超限运输检测站 1 个。时有职工 165 人，其中，在职职工 85 人、退休职工 80 人。台江公路管理段现有养护机械设备种类 3 类，机械设备共 67 台辆，其中，运输机械 22 台辆、施工机械 45 台辆，拥有总资产 6706558 元。

台江公路管理段 台江公路管理段（原单位名称为台江公路养护段，1998 年更名为贵州省台江公路管理段）：原址位于台拱镇文昌东路 46 号，原地址名称为台江县城东门胜利街，与林业局相邻，原谷三干线 130.5 公里处，1962 年始建为木平房，1969 年增建砖木结构平房宿舍一幢，1972 年扩建办公楼一幢为砖木结构二层楼房。1983 年将原木房拆除，扩建为砖木结构三层四单元宿舍一幢，1986 年扩建机修房、库房、浴室。用地面积 6540.4 平方米。现址位于台江县台拱镇秀眉大道 111 号，于 2000 年建成，于 2001 年投入办公，用地面积 6990 平方米，建有公路宾馆、职工之家、娱乐室、职工住房、休闲花园。

台拱公路养护站（原城关道班） 1957 年，始建于新交孟寨，是一栋简单的木房，1964 年迁建于麻栗（原麻栗乡政府宿舍），一半为砖木结构，一半为干打垒，1970 年，按道班里程规定，重新组建道班，该房地址不适。故将房出售给麻栗乡政府。1971 年迁至台江县城东门外，谷三线 131.6 公里处（台江至方召公路岔口）修建砖木结构平房，用地面积为 1548.5 平方米。2003 年另选址重建，现地址位于台拱镇秀眉大道 240 号，320 国道 1855km+100m 处，为砖混结构综合大楼，2005 年投入使用，用地面积 4351.89 平方米，建有球场、停车场、休闲花园、职工住房、职工之家，于 2010 年更名为贵州省台江公路管理段台拱公路养护站。

施洞公路养护站（原施洞道班） 原房屋购杨家寨民房三间，坐落在杨家寨，后出售给公社。1961 年施洞酒厂撤销。即购施洞酒厂及宿舍作道班房用，位于原镇台线 34.6 公里处，1970 年曾被特大洪水冲垮，当年重新修复。于 2007 年修建砖混结构综合大楼，2008 年投入使用，用地面积 4593 平方米，坐落建有职工食堂、住房、停车场、休闲花园。2010 年更名为贵州省台江公路管理段施洞公路养护站。

革东道班：1959 年修建，原房位于革东街屯上寨脚，原谷三干线 147.8 公里处，系民间木板楼房。由于地基狭窄，且基础经常沉陷，1975 年改建迁至现址，现剑河新县城体育馆旁，原谷三干线 146.9 公里处，砖木结构平房，用地面积 2466.67 平方米。

打革坝道班：于 1959 年设置，位于打革坝村对面，原谷三干线 120.3 公里处，原系干打垒结构，是根据 20 世纪 50 年代因陋就简的精神而修建的，至 1971 年，因濒于倒塌，1972 年重建，改为砖木结构平房，用地面积 1710 平方米。

施洞渡口班：1958 年始建木板结构平房，位于原镇台线 34 公里处，现施洞大桥旁，用地面积 1667.5 平方米。

榕山渡口班：1958 年修建，为木板结构平房，位于原镇台线 43.5 公里处，用地面积为 2082 平方米。1996 年房屋发生火灾烧毁。

屯州道班：1966 年设置，原址位于剑河县岑松镇街上，房屋系民间木房，四周与民房相邻，无法扩建。1968 年迁至屯州寨旁，1973 年扩建，有山泉管道自来水，用地面积 1108 平方米。2003 年移交三穗公路管理段管理。

展里道班：于 1959 年设置，道班房原系木料结构平房，位于原谷三干线 101 公里处，即展里至场坝公路的起点处。1969 年，迁至展里寨脚，即谷三线 102.8 公里处，重新修建，改为砖木结构平房，排羊电站发电后，有电灯照明，使用面积 357.5 平方米。现为石三线，道班房、公路于 2008 年 1 月移交台江县交通运输局管理。

南市塘道班：于 1969 年修建，位于原谷三线 125.2 公里处，即南市塘对面坡上，系砖木结构平房，面积为 71.4 平方米。于 2004 年三凯高速公路建设征用。

南高道班：1959 年，购买展架寨木房三间，为展架渡口班房，1969 年，展架大桥竣工通车后，渡口拆毁，该房迁至展架村头作道班房使用。因用地较窄，不宜发展，于 1972 年迁至南高村脚，原谷三干线 158.9 公里处，建为砖木结构平房，1987 年改建为砖木结构楼房。无电，用地面积为 422.7 平方米。2004 年因三凯高速公路建设征用而拆除。

展壁道班：1958 年前租用民房。于 1958 年在原镇台线 50 公里处修建干打垒平房三间。1978 年两次迁至镇台线 50.5 公里处，重建砖木结构平房，面积为 345.9 平方米。2008 年 1 月道班房、公路移交台江县交通运输局管理。

坝场道班：位于镇台线 57 公里处，1972 年建成砖木结构平房，有电照明，面积 343.94 平方米。2008 年 1 月道班房、公路移交台江县交通运输局管理。

水井道班：于 1968 年始建，位于镇台线 67 公里处，1977 年扩建，有电照明，使用面积 330.5 平方米。2008 年 1 月道班房、公路移交台江县交通运输局管理。

南脚道班：位于原展剑线 7 公里南脚大桥头，于 1957 年修建，原房系民间二楼木房。1976 年，改建为砖木结构平房，无电，面积 506.5 平方米。2006 年因三板溪电站建设征用而拆除。

镰刀湾道班：1962 年始建于原展剑线 17 公里处，原房系干打垒结构，1975 年扩建，增加砖木结构两幢，内有电灯照明，面积为 402.8 平方米。2006 年因三板溪电站建设征用而拆除。

下菜园道班：位于原展星线 21.1 公里处，1986 年修建为二楼砖木结构，有电照明，面积 665.4 平方米。2006 年因三板溪电站建设征用而拆除。

展架守桥房：于 1969 年修建展架大桥时同时修建，为砖木结构平房，位于原谷三线 154 公里处，建筑面积 156.4 平方米。2006 年因三板溪电站建设征用而拆除。

台江守桥房：位于台江大桥头，即原谷三干线 129.5 公里处，砖木结构二层楼房，1970 年修建台江大桥所建，面积为 32 平方米。1996 年因修建防洪堤而拆除。

1990—2000 年，全段职工共计 103 人，其中男职工 84 人、女职工 19 人，管养里程为 177.4 公里，其中国道为 65 公里（油路）、县道为 112.4 公里（泥路）。1999 年新增道班农用车 3 台、15 装机 1 台、101 吨和 12 吨压路机各 1 台、2 吨洒水车 1 台、移动式破碎机 9 台，有 10 个道班和一个渡口班。1992 年后，公路渡口按黔交财〔1992〕27 号文实行过渡收费。

2000—2010 年，全段职工共为 84 人，其中男职工 67 人、女职工 17 人，管养里程 153 公里，其中国道为 54 公里（油路）、省道 51.5 公里（油路 21.5 公里、泥路 30 公里）、县道 47.5 公里（泥路）。新建段办公大楼 1 幢、养护站综合大楼 2 幢，新增 2 吨运料车 2 台、沥青洒布车 1 台、50 装机 1 台、压路机 2 台、洒水车 1 台、8 吨拌和机 1 台、综合养护车 1 台、沥青路面养护车 1 台、综合热再生养护车 1 台、超导热沥青罐 1 台、平板夯 10 台、切割机 8 台、冲击夯 7 台、割草机 4 台。2004 年，星展线（展架至柳川）和镇台线（施洞至台盘）油路改造工程和施洞大桥建成通车，全省最后一个车船渡口（施洞渡口）已成为历史。

台江公路管理段历届段领导名录

表 14-4

姓 名	性 别	民 族	籍 贯	职 务	任职时间
张正显	男	苗	贵州台江	工会主席	1994—1996 年
全 鍪	男	汉	贵阳	党支部书记	1989—1993 年
张昌荣	男	苗	贵州台江	工会主席	1991—1993 年、1996—1997 年
刘渝成	男	汉	江苏	党支部书记	1994—1995 年
张兴隆	男	汉	贵州三穗	段长	1993—1995 年
刘永华	男	侗	贵州天柱	副段长	1994—1995 年
吴永祥	男	汉	贵州麻江	党支部书记	1996—1997 年
刘兆明	男	侗	贵州天柱	段长	1996—1999 年
张昌荣	男	苗	贵州台江	党支部书记	1998 年—2005 年 4 月
王 峰	男	汉	贵州湖南	副段长	2000—2002 年
许正荣	男	汉	贵州	副段长	2003 年—2005 年 4 月
文洪恩	男	侗	贵州三穗	党支部书记	2005 年 5 月
李 骏	男	苗	贵州黄平	段长	2005 年 5 月—2012 年 3 月
刘永华	男	侗	贵州天柱	工会主席	2008 年 3 月
欧震宇	男	苗	贵州台江	副段长	2012 年 5 月

养护 2004 年，完成 864 县道 K68+200 处挡土墙的砌筑、K15+800 和 K39+100 处危桥工程的加固、860 县道 K10+500 处涵洞工程的补砌。

2005 年，投资 93 万元对 864 县道方召至汪江段 31 公里进行改造外，投资 11 万元对 864 县道台江至方召 12 公里、汪江至白道 27 公里和 860 县道台江至南瓦 19 公里进行整修。2005 年 11 月 28 日经省公路局检查，好路率达 85.7%，完成了 2005 年好路率 70% 的任务。台盘至凯堂通乡油路总里程 7.52 公里，总投资 240 万元。工程于 2005 年 6 月动工，路面底层铺油已完成。因天气原因，为确保工程质量，经请示州交通局同意，路面面层铺油推迟至 2006 年施工。

2007 年，全县属公路所养护管理的公路总里程为 177 公里，其中，重要县公路 2 条 82 公里、一般县公路 2 条 89 公里、乡公路 1 条 6 公里，县公路所高度重视农村公路的养护工作。是年 7 月 25—26 日，全县遭遇 50 年一遇的特大洪水，汪江至南宫、南市至红阳等多条公路被损毁而断交，受灾损失达 1200 万元。灾情发生后，县政府采取有效措施，组织力量白天黑夜对汪江至南宫、南市至红阳公路进行抢修，用了 7 天恢复通车。

2008 年，完成台江至南宫通乡油路，全长 64 公里，总投资 4282.4 万元，路基宽 7 米，2008 年 10 月底竣工。台江至反排通乡油路：长 26 公里，投资估算 1215 万元，路基宽 6.5 米。是年，管养县乡公路里程已达 153.3 公里，其中县道 147.3 公里、乡道 6 公里。完成对 864 县道反排至汪江段 16 公里、862 县道台江至南瓦 19 公里、861 县道台盘至棉花 4.3 公里、895 县道大德至脚高坡 14 公里路面铺筑和排水沟清挖工作。

2009 年，管养县乡公路里程 165.3 公里，其中县道 147.3 公里、乡道 18 公里。为搞好养护工作，地方公路局多方面筹集资金购买一台装载机用于公路养护。全年共办理行政许可 7 起，依法收取公路路政赔（补）偿 4.6 万元，制止违章建筑 7 起，清除公路堆积物 280 处 5000 平方米，依法拆除违章建筑3栋。为保护路产路权起到了积极的作用。

2010年，管养农村公路里程945.2公里，其中，县道144.5公里，乡道38.2公里，村道762.5公里。总共投入县、乡道、村道养护经费90余万元。全年共修补路面120万平方米，清理塌方6万平方米，清理边沟244公里，修复涵洞1道8米，清理涵洞55道350米，增设涵洞2道15米。在全县8个乡（镇）成立4个片区农村公路管理站，负责养护管理技术指导工作。在县财政困难的情况下，农村公路管理局通过努力，争取到资金60多万元，购置一台小型挖掘机、一台铲车，并确保了县乡公路及大部分通村公路的畅通。同时还争取资金132万元实施了895县道大修和南宫交宫村0.8公里油路工程。

第五节　路政管理

一、公路运输管理

20世纪90年代初，由于多种经济成分投入公路运输业，车辆增多，经济成分、从业人员复杂，加之管理与法规跟不上发展之需，形成了运输市场的复杂局面。1990—1992年，以县公路运输管理所为主，协同公安交警、工商、税务、物价等部门对运输市场进行三年的治理整顿，市场秩序明显好转，行业管理逐步规范。

1993年，启用中华人民共和国道路运输证。将“三证”合一，即：营业性汽车的道路运输证、车辆购置费证、运输管理费缴讫证“三证”合一，有效地使管理工作更加有序、规范。同年，在完善营业性客运车辆必须实行“三定四挂”后，9月起开始执行交通部颁布的《道路旅客运输开业经济技术条件（试行）》《道路货场运输开业经济技术条件（试行）》，一并执行的还有贵州省交通厅颁布的《拖拉机、机动三轮车、人力车、畜力车客货运输业户开业技术经济条件（试行）》，经贯彻执行，运输市场秩序进一步好转，城乡人民“乘车难”的问题基本得到缓解。1994年对投入运输市场的车辆，开始进行宏观调控，限制盲目发展，引导运输工具向高中档方向发展，并实行“先申请、后购车”的原则，使营运客车迈向了高档次。1995年开始对营业性运输车辆驾驶员进行岗位培训，经过培训并取得合格资格后，发给培训合格证方能参加营业性运输，大大提高了驾乘人员的营业素质和服务态度。1997年《贵州省道路运输管理条例》颁布施行，道路运输法规逐渐完善，为道路运输业的健康发展，提供了法律依据和法律保证。

2001—2003年，对客货运输市场进一步进行清理整顿，并完成客运企业资质评审准备工作，经过清理整顿和资质评审后，2002年对批准经营的业户换发了新版经营许可证、新版道路运输证并对汽车租赁行业实施规范管理，同时加强对危险货物运输的管理，运输行业更加规范。

2004—2007年，贯彻执行《中华人民共和国道路运输条例》，对货运代理业务进行清理整顿和规范工作，并纳入管理，同时制定凯里市道路运输行业安全管理监督制度，加强安全例检，落实“三关一监督”，使运输管理工作更向前迈进一步，运输市场进一步规范和有序。

2009年，共出动稽查人员1430人次，出动稽查车辆1809辆次，处理了道路运输各类违法违规案件363辆次，其中，非法营运153辆次。确保交通运输平稳运行。

二、安全管理

安全教育　2005年，坚持宣传与督查相结合，建立健全了一整套安全管理制度，形成了从内到底、从横到边的网络体系。特别将水上安全作为重点，按照《内河交通安全管理条例》及《黔东南州水上交通安全管理办法》，明确了各级人员的责任，层层签订了安全管理目标责任书，建立健全了海事管理机制，组织县安监局、县安委、县地方海事处对县属所有渡口进行8个月的专项整治。发放《内河交通安全管理条例》《安全生产法》3500多份，制作横标5幅。严格检查督促制度，加强重点航段、重点船舶、重点时段监督管理。2005年，海事部门出动人员564人次、检查船舶326艘次、现场监督检查260次。由于管理到位，实现了全年无安全生产事故的发生。

2007年，海事执法人员深入辖区航段、渡口码头一线检查船舶90艘次（客渡船8艘次、农业自用船舶27艘次、货船55艘次），纠正违法船舶32艘次，实施船舶安全检查11艘次，实施进出港签证船舶12艘次，累计出动258人次（海事人员172人次、其他人员86人次），出动监督艇巡航检查7航次，累计巡航时间14小时，巡航里程184公里，实施行政处罚案件15件（简易程序3件、一般程序12件），罚款2070元，实施行政强制4件（解除船舶动力），通知船员船主违法学习7人。

2008年，共出动海事执法人员88人次，出动海事巡航艇15艘次，巡航艇35小时280公里，检查处理违法船舶10件，船主违法学习3人，纠正农业自用船违法载客3艘，罚款3200元。

2009年，共悬挂安全宣传横幅12幅，张贴安全宣传标语96条，设置宣传场点3次，发放宣传资料5000余份，组织船员（船主）安全培训4期，组织护航员适任培训1期。共出动海事人员153人次，出动其他人员127人次，出动执法检查车70车次5496公里，出动巡航艇5次62公里，检查渡口25道次，船舶安全检查8次，船舶进出港签证248艘次。发现交通安全隐患15起，隐患整改完成15起，隐患整改率为100%。

2010年，共张贴标语89幅，挂宣传横幅6幅；培训船员3期86人次，培训护航员2期43人；组织小学生安全培训120人。出动海事人员159人次，出动其他人员140人次，出动检查车67车次，执法检查车行程5670公里，检查重要航路42次，检查锚地、停泊区61次，船舶日常（现场）检查32次，检查船舶（不含渡船）32艘次，检查渡口（含渡船）32道次，船舶安全检查9次。发现安全隐患2起，整改完成安全隐患2起。船舶进出港统计1214艘次（客船）。

三、公路稽征

机构沿革　1987年4月，台江车辆监理站划归县公安局，同时成立“贵州省交通厅台江征费稽查站”。1993年4月7日，将“台江征费稽查站”更名为“台江征费稽查所”。至2010年，属省交通厅垂直领导的正科级单位，主要负责县内机动车辆养路费的征收工作。

台江征费稽查所的工作人员，有的年份多，有的年份少。最少的年份为3人，最多的1993年为7人。2005年12月至2010年，全所工作人员为5人。曾任站长（所长）戴建明。

征收稽查管理　1991年以来，随着国家有关政策的调整，公路车辆规费（税）的征收范围也有所变动。1991年时，仅征收汽车及二、三轮摩托车的养路费。1994年将车辆购置费纳入征收范围。1995年1月开始，又增加了拖拉机养路费的征收。其间，根据财政部、国家计委、交通部、国家税务总局《关于开征车辆购置税取代车辆购置附加费等有关问题的通知》(财综〔2000〕10号）文件精神，从2001年1月1日起，将车辆购置附加费改为征收车辆购置税，这项规费（税）到2004年12月底以后交由县国税局征收。

1991年，县内纳入公路规费征收管理范围的车辆为客车33辆，货车125辆，二、三轮摩托车166辆，拖拉机44辆。到2007年增加到客车289辆，货车377辆，二、三轮摩托车1233辆，拖拉机122辆，分别是1991年的8.75倍、3.02倍、7.43倍、2.77倍。

1991年以来，县境内机动车辆养路费的征收标准：货车按每吨每月165元。客运车5座以下按0.5吨，6～10座按1吨，11～15座按1.5吨，16～20座按2吨，21～25座按2.5吨，26～30吨按3吨，31～35座按3.5吨，36～40座按4吨，按座数折吨计算征收。

随着车辆的迅猛增加，车辆养路费（税）的征收任务更加繁重。为更好地做好车辆养路费（税）

的征收工作，第一，抓好对干部职工的教育管理，提高干部职工的政治思想、政策法规和征收管理水平，加强对公路“三乱”的治理监督，做到文明执法执收。第二，加强对车辆户主的征稽政策法规宣传教育。1991 年以来，围绕公路养路费、车辆购置附加费（税）征收，采取张贴宣传标语、宣传车巡回宣传、开展法律法规咨询等形式，宣传《中华人民共和国公路法》等国家政策法规 27 次，受教育人数 930 余人次，进一步提高车主缴纳养路费（税）的意识，车主缴纳养路费（税）的自觉性得到了进一步增强。第三，不断改善办公条件，设置固定规费（税）征收服务窗口，实行定点统一征收，为车主缴纳规费（税）提供方便。同时，采取正常征管与上路稽查征收相结合的办法，对不按时缴纳规费或有意逃避规费的，通过上路稽查予以追缴。1991 年以来，经上路稽查，查获不自觉缴费（税）、漏征漏管车辆 1276 车（次），补缴各种规费 187 万余元，罚款 136000 余元。1991—2007 年 5 月底，公路征稽部门共为国家征集养路费（税）3955541.21 元。

1991—2007 年纳入养路费（税）征收管理的车辆情况一览表

表 14-5　　单位：辆

年　度	客车	货车	二、三轮摩托车	拖拉机
1991	33	125	166	44
1992	41	132	189	47
1993	55	156	211	50
1994	60	162	223	55
1995	64	167	242	57
1996	69	188	287	60
1997	72	200	311	63
1998	89	207	396	66
1999	92	213	422	69
2000	107	225	477	75
2001	110	247	545	78
2002	127	255	593	83
2003	136	259	644	91
2004	148	267	732	98
2005	157	281	921	107
2006	199	321	1072	110
2007	289	377	1233	122

1991 年至 2007 年 5 月公路各项规费（税）征收情况一览表

表 14-6

年　度	养路费（元）	车购费（税）（元）	拖拉机养路费（元）
1991	286431.32	—	—
1992	297475.00	—	—
1993	328155.24	—	—
1994	404147.16	25066.00	—
1995	476233.43	28760.00	32300.00
1996	565129.00	39702.00	35500.00

续表14-6

年 度	养路费（元）	车购费（税）（元）	拖拉机养路费（元）
1997	712267.60	66260.00	41408.00
1998	688836.66	123367.22	39200.00
1999	760577.46	245314.00	36120.00
2000	749820.14	131991.19	32710.00
2001	755735.19	95448.00	40990.00
2002	651767.92	115132.74	37150.00
2003	786925.63	93230.11	55382.00
2004	932046.90	335301.33	62245.00
2005	1101669.92	—	69722.50
2006	1392314.09	—	70654.00
2007	677728.54	—	91266.00

四、车辆维修

在 1990—1992 年的三年清理整顿道路运输市场中，同时对车辆维修行业进行了清理整顿。1992 年对车辆维修行业按照“规划、协调、监督、服务”的原则，开始推行车辆维修合同制和维修出厂合格证及按物价部门规定统一的收费标准等，对凡送修的车辆出厂时，必须执有维修合同、出厂合格证、收费发票，运政部门才能办理其有关手续，否则，不予办理。经过清理整顿后，车辆维修行业趋规范有序。1992 年年底，全县有车辆维修业户 19 户，其中，一类 1 户，二类（二保、三保）8 户，三类及专项修理 10 户。

从 1996 年起，开始对车辆进行技术等级评定和强制车辆按期（70 天）进行一次二级维护，对不按期维护或修理厂家出具假维修手续和开启假发票的，将对车主进行处罚、限时补办和对维修厂家视情况进行停业整顿、处罚直至取消经营资格。2002 年，在整顿维修市场、继续打击超类别经营、占道经营时，开始贯彻执行国家标准的《汽车维护、检测、诊断技术规范》的要求，使维修行业更加规范、有序。到 2007 年，全县共有车辆维修业户 29 户，其中一类 3 户、二类 6 户、三类及专项修理 20 户。

第二章 邮政电信

第一节 机构沿革

1991 年，台江县邮电局内设办公室、财务室、总务室、农话室、外线班、报话班、工会、团委、速递班、机要班、封转班、传输室、交换室。

1998 年之前，实行邮电合一的管理体制，台江县邮电局党群部门设有党支部、工会、团委，管理部门设有办公室、保卫、财务、邮政、电信、总务室。

1998 年上半年，无线寻呼业务从邮电系统剥离。

1998 年 10 月，邮电分营，成立台江县邮政局和台江县电信局。县邮政局直属黔东南州邮政局领导，邮政业务有投递发行、速递、集邮、储汇、邮购礼仪、广告信函、机要。县电信局直属黔东南州电信局领导，电信业务有固定电话、移动业务、电报传真。

一、电信局

1991 年，台江县邮电局内设办公室、财务室、总务室、农话室、外线班、报话班、工会、团委、速递班、机要班、封转班、传输室、交换室。

1998 年，台江县电信局内设综合办公室、经营服务部、财务室、设备组、外线组。

2001 年，电信局撤销“经营服务部”，成立“市场经营部”和“运维部”，把建设维护和营销工作分开。市场经营部主要负责市场营销工作，市场部下设“营业班”。运维部主要负责建设、维护、安全方面的工作，下设“机务组”和“外线组”。

2002 年，电信局成立“大客户服务部”，其工作职能隶属于市场经营部管理。

2004 年 10 月，“运维部”更名为“维护安装分部”，受县分公司副总经理和州分公司“网络管理部”双重管理。

2006 年 6 月，电信局分公司组织架构重新调整，将“综合办公室”更名为“综合管理部”，“市场经营部”更名为“营销部”，“维护安装分部”更名为“维护安装部”，其中营销部下设大商客组、社区组、无线客户组、农村统包组、营业组。维护安装部下设设备组、线路组。

2013 年 7 月，电信局分公司组织架构重新调整，将“综合管理部”更名为“办公室”，将“营销部”更名为“销售服务部”，将“维护安装部”更名为“网络服务部”。

历任局长（经理）：李达鹏、周建平、石润、石国礼、王彦、吴勇。

历任副局长（副经理）：吴应明、戴志坚、周建平、石国礼、杨汉敏、张勇、王彦、吴勇、胡春生、魏治纲。

二、邮政局

1991 年，台江县邮电局设行政班组、报话班组、营业班组、投递班组、机线班组、技术股室，下属机构有施洞、革东、南宫、排羊、革一、台盘、方召 7 个邮电支局。1998 年 10 月 1 日，台江县邮电局实行邮政、电信分营，成立台江县邮政局和台江县电信局。是年，台江邮政局有在职职工 24 人，其中女职工 4 人。按分营前相关政策设置局长办公室、综合办公室、经营服务部，三个管理部门，管理人员 3 人，生产班组设置有施洞邮电支局、革东邮电支局、南宫邮电所、投发班组、营储班组、营销班组，同时组建台江县邮政局党支部和工会。2001 年 5 月，将投递班更名为投递分局。2002 年 1 月，成立营销办，2 月增设纪检监察室。2003 年 3 月，将原来经营服务部更名为市场经营服务部。2004 年 12 月成立储汇部。2005 年革东邮政支局划归剑河邮政局，同年 7 月增设苗疆东大道储蓄网点。2007 年 3 月成立邮政速递物流部，7 月成立邮政客户服务部。2008 年 12 月，成立邮政护卫队。2010 年 3 月将苗疆西大道营业网点更名为台拱镇邮政支局，12 月开办金融老屯便民服务网点，设置老屯邮政所。2010 年 12 月底，台江邮政有在职职工 49 人，其中，合同 A 类用工 24 人、聘用工 2 人、劳务工 23 人；本科 10 人、大专 19 人、中技 1 人、高中 18 人、初中 1 人。有高级工 4 人、中级工 16 人、初级工 12 人。

历任局长：曾健生、李达鹏、戴志坚、黄秀明、李林祥、田正定、谢德华。曾任副局长：李达鹏、吴应明、戴志坚、黄秀明、彭欣、刘栖平。专职支部书记张德忠。

三、移动公司

中国移动通信集团贵州有限公司台江分公司成立于 1999 年 8 月，由电信局剥离出来，有在岗员工 5 名，退休员工 5 名，有数据基站 1 个、模拟基站 1 个。2010 年，有在职员工 38 名，其中女职工 15 名，本科以上学历 6 人，专科学历 16 人，专科以下学历 16 人，员工平均年龄在 26 岁。2010 年 2 月成立台江公司党支部。公司下设营销服务部、集团客户部、综合服务部、运行维护部及 2 个片区中心。

历任经理：杨代文、欧阳修枫、李文富、张松、徐洪波、欧光先、何家荣、王乾禹、周庆武、杨礼林等。

四、联通公司

1998 年 9 月 20 日，中国联合通信台江分公司成立，有员工 5 人。2006 年 10 月，有干部员工 8 人，其中女员工 5 人；长期员工 3 人，短期员工 5 人。有大学本科毕业生 1 人，大专毕业生 2 人，中专（高中）毕业生 3 人。高级职称 1 人，中级职称 1 人，初级职称 3 人。管理人员 3 人，业务骨干 3 人，营销人员 4 人，专业技术人员 1 人，客服代表 2 人，后勤保障 1 人。

历任经理、副经理：何元华、江游、周子秋、高鹏等。

第二节 邮政

经营情况　1998 年台江邮政年业务完成 77 万元，全员劳动生产率 3.08 万元。截至 2010 年年底，完成业务收入 874.9 万元，每年业务收入平均增幅达 16% 以上，全员劳动生产率 18.27 万元，收入是经营初期的 11 倍多。

网点建设　1998 年经营初期，设置邮政营业网点的有县城、施洞支局、革东支局。当时，受条件限制，县城邮政营业网点与电信局共用一个营业大厅。1999 年 6 月，邮政将自有的门面装修改造，将县城邮政营业网点搬迁运营。2002 年，革东行政区划归剑河县。2005 年，剑河整体搬迁革东支局和网点统一划归剑河邮政局。同年 7 月，台江邮政在苗疆东大新增储蓄网点。2010 年 12 月，在老屯乡增设一个便民服务网点。2010 年 6 月至 11 月，台盘、南宫开办储蓄业务，设置台盘邮政支局和南宫邮政支局，开办邮政、金融综合业务。

投递网络建设　省内干线：1998—2007 年，省内干线沿用以凯里为中心，经台江、革东、剑河、三穗、天柱、锦屏的省内二级干线。2007 年 4 月，经全省二级邮路干线调整，台江划归贵阳—剑河往返省内二级干线，同时与省邮区中心局建立直封关系，外阜邮件直接邮贵阳经转。2010 年 11 月，为加快邮件全程时限，经省公司直封关系调整，与凯里邮区中心局和直达干线邮路的各县建立直封关系，同时与本邮区中心局的各县建立临时直封关系。县内邮路：以 1990 年设置的县内邮路为基础，逐步形成县至乡镇的邮路有台江—坝场—老屯—施洞、台江—南宫、台江—台盘、革一、台江—方召四条汽运委办往返邮路及台江—排羊自行车邮路。县城：以片区段道划分，2008 年之前设置三条投递段道，后随着县城扩大和投递量的增加，县城设置四投递段道。

乡镇以下的邮路有：以 1990 年设置的乡村邮路为基础，以印模考班期为依据，以城区、乡镇为起点向村寨辐射投递的邮路。

台江县邮政局邮路名称、班种、班期、印模考核一览表

表 14-7

邮路名称	班　种	班　期	里程（公里）	印模点考核	印模点名称
台江—排羊	自行车班	周一	30	1～4 号	台雄、龙翁坡、排羊、木检站
台江—南省	步　班	周一	22	5～7 号	南省、水井、台拱
台江—台盘	步　班	周一	30	8～11 号	番省、南瓦、台盘、平水
台江—革一	步　班	周一	43	12～14 号	田坝、革一、农场
台江—方召	步　班	周一	33	15～17 号	方召、巫脚、四等
南宫—交密	步　班	周一	31	18～19 号	汪江、交密
南宫—东杠	步　班	周一	23	20～21 号	交下、东杠
革东—保贡	步　班	周一	32	22～24 号	五河、麻栗、保贡
革东—交东	步　班	周一	20	25～27 号	展下、交东、白浪
施洞—大唐	步　班	周一	41	28～30 号	良田、旧州、大唐
施洞—老屯	步　班	周二	8	—	老屯乡政府及附近
施洞—报效	步　班	周一	40	31～33 号	平兆、老屯、报效

至 2010 年，乡镇邮路重新调整情况如下表：

台江县邮政局邮路名称、班种、班期、印模里程情况一览表

表 14-8

投递机构	班种	班期	里程（公里）	印模点设置情况及里程数
台拱镇	摩托	周三	77	台江—牛打坪（15 公里）、牛打坪—展福（6 公里）、展福—南省（12 公里）、南省—水井（6 公里）、水井—排略（8 公里）、水井—排略—台江—南省（30 公里）
排羊乡	摩托	周三	70	台江—台雄（13 公里）、台雄—大德（11 公里）、大德—龙翁坡（8 公里）、龙翁坡—排羊（9 公里）、排羊—九摆（5 公里）、九摆—台江（24 公里）

续表 14-8

投递机构	班种	班期	里程（公里）	印模点设置情况及里程数
台盘乡	摩托	周三	67	台盘—空寨（8 公里）、空寨—阳芳（3 公里）、阳芳—南瓦（7 公里）、南瓦—平水（16 公里）、平水—棉花坪（12 公里）、棉花坪—龙井（13 公里）、龙井—台盘（8 公里）
革一乡	摩托	周三	54	革一—田坝村（3 公里）、田坝—大寨村（4 公里）、大寨—屯上村（3 公里）、屯上—后哨村（15 公里）、后哨—北方（17 公里）、北方—革一（12 公里）
方召乡	摩托	周三	66	方召—反排（15 公里）、反排—方召（15 公里）、方召—歹忙（8 公里）、歹忙—方召（8 公里）、方召—黄毛（4 公里）、黄毛—方召（4 公里）、方召—展苕（6 公里）、展苕—方召（6 公里）
施洞镇	摩托	周三	61	施洞—旧州（9 公里）、旧州—良田（11 公里）、施洞—巴拉河（24 公里）、巴拉河—平兆（7 公里）、平兆—施洞（10 公里）
老屯乡	摩托	周三	43	老屯—望虎屯—老屯（6 公里）、老屯—辣子（8 公里）、老屯—岑帮（10 公里）、岑帮—报效（7 公里）、报效—老屯（12 公里）
南宫乡	摩托	周三	57	南宫—交密（15 公里）、交宫—交密（10 公里）、交密—东扛（22 公里）、南宫—交下（10 公里）
合　计			495	

函件　包括信函、明信片、印刷品、盲人读物等。主要为用户传递书面通信和作为信寄递的各种文件。1960 年 10 月，开办持种挂号信函业务，邮局备有特制信封可装寄粮票、油票、户口证及其他重要证件，粮票每件限寄 30 公斤。1966 年 5 月 1 日取消免费规定，同年 4 月 1 日起，军事邮件免费改为按章收取。1979 年恢复义务兵免费邮寄信件后一直沿用到现在。信函业务量进出口为 1990 年 6.1 万件，2008 年 11.9 万件，2009 年 13.6 万件，2010 年 43.75 万件。

包裹　包裹业务以收寄个人使用的零星物品为主，原包裹计费起重为 500 克，1957 年 4 月 1 日改为 100 克。1979 年 7 月 1 日开始办理乙类保价包裹业务，从 1987 年 7 月起，将包裹划分为“民用包裹”和“商品包裹”两种，分别不同情况规定了内件性质、质量限度和收费标准。1990 年进出口 1922 个，2004 年进出口 20123 个，2005 年进出口 29160 个，2010 年进出口 38631 个。

特快　快信开办于 1909 年 6 月，又于 1952 年 12 月底停办。20 世纪 80 年代，我国实行改革、开放、搞活的政策，社会各界要求加快信息的传递，1987 年 11 月恢复“国内快件业务”，1998 年 11 月由于快件信函业务的增大，为适应市场经济的需要，将快信改为特快专递邮件，设立专柜收寄，专人投递，以保证特快专递信函的时效性。1990 年进出口 8421 件，1999 年 1.01 万件，2004 年 2.11 万件，2009 年 2.07 万件，2010 年 2.47 万件。

汇兑　普通汇票曾多次更改变动。台江开办的汇票式样是汇票与票根间印出“万千百拾元角分”字样，按汇款金额剪格，交汇款人自寄给收款人，凭票领取汇款。1953 年邮电局、人民银行明确分工，分别负责个人汇款与公用汇款。个人汇款由邮电局办理，每笔汇款最高限额为 300 元。1957 年 4 月改为由汇款人填写汇款通知单交邮局寄往兑付局投送给收款人，凭证领取汇款。1978 年每笔汇款限额提高到 500 元。随着经济形势的发展，电子信息的普及，2000 年 5 月邮政部门开通电子汇款，当天汇往全国各地的汇款当日即可达到县一级汇检部门，由汇检部门统一打印汇款单进行投递，这大大加速了汇款的速度，汇款汇费限额也由原来的 5000 元提高到 5 万元，汇款费限额在 50 元内。汇款业务由 1990 年进出口 8350 张到 2009 年的汇款 8491 张、2010 年 1.78 万张。

报刊发行　1990 年，全县由邮政部门发行报纸 77 万张、杂志 4.1 万份，到 2009 年发行报纸达 81.6 万张、杂志达 4.4 万份，报刊流转额达 96 万元。2010 年，报纸发行达 129.46 万张、杂志达 4.73 万份，报刊流转额达 106.68 万元。

邮政储蓄　1986 年，邮电部遵照国务院的指示，经与中国人民银行商定，签署了《关于开办邮政储蓄的协议》，决定自是年4月1日起在各地邮政机构正式开办储蓄业务。1986年8月台江正式开办邮政储蓄业务，先办理的业务有活期储蓄、定期储蓄（整存整取、零存整取）两类，邮政储蓄点执行国家统一的金融方针政策、法律、法规和利率标准，严格遵循“有款自愿，取款自由，存款有息，为储户保密”的原则，并利用邮政的优势，为储户提供灵活多样的服务。2007年邮政储蓄银行成立，开始开办零售贷款类业务。1990年存款余额为50万元，2009年存款余额达9600万元，2010年存款余额达1.1亿元。

第三节　电信

1991年，邮电业务量完成48.8万元，通信总量完成37.9万元，人均劳动生产率0.5万元，完成利润22.3万元。12月，台江邮电局与当地政府签订协议，建设台江县自动电话工程，该项工程政府出资40万元，不足部分由邮电局贷款筹资。10月，开通方召乡邮电代办点，安装磁石交换机50门，开通用户6户。

1992年12月顺利开通1024门纵横制自动电话。

1993年，邮电业务总量完成68.6万元，邮电通信总量完成53.9万元，4月开通长途半自动电话业务，8月将纵横制自动电话设备扩容到2048门。11月开通了全国直拨电话，台江电话直拨区号为08689。台江至凯里的长途线路为六路载波（3来3去）。

1994年，投资18万元建设革东和施洞的程控电话，6月开通革东200门程控电话，12月开通施洞128门程控电话。1994年10月台江邮电局与当地政府签订协议，由政府投资215万元建设台江县2048门程控电话和无线寻呼业务。

1995年，6月顺利开通了无线寻呼业务，发展BP机用户42户。10月开通了2048门程控电话。贷款100万元建设市话线路。

1996年5月，从黄平邮电局调来12路载波并安装开通，长途线路增加到9进9出。6月建成了台江至方召9.8公里农话通信杆路，开通了载波电路。建成了台江至施洞24.9公里的农话通信杆路。协调县人民政府投资40万元建设台江至凯里的通信光缆，实现交换程控化和传输数字化。将台盘、老屯、排羊、方召、南宫的磁石电话更换为直拨电话集线器。6—7月，台江县多次发生洪水灾害，6月12日水毁通信杆路台江至台盘16根、施洞12根、南宫21根，7月15日台江县城涨大水，水淹封发室，危及邮电局营业厅。

1997年，将台江至革东、施洞、排羊的铁线更换为光缆，安装了光环设备，在方召黄毛建立了无线基站设备，使无线电话网覆盖全县，重点解决了方召乡、南宫乡、台盘乡、革一乡的通信保障。9月建设了台江至老屯至施洞的光缆工程，架设6芯光缆27.6杆公里。架设台江至方召4芯光缆5杆公里，建设县城至大炮台4芯光缆1杆公里，改造县城至黄毛电力线路5杆公里，修建大炮台“大哥大”机房30平方米，修建黄毛无线基站机房40平方米，购置2套光环设备安装于革东和排羊，投资80万元安装无线接入网设备一套。投资14万元，对出局电缆扩容800对。投资100万元，安装“大哥大”设备一套。1997年，市话装机容量2048门，实装容量1180门，农话容量402门，实装容量133门。

1998年上半年，无线寻呼业务从邮电系统剥离。同年完成邮电分营，成立台江县邮政局和台江县电信局。

1999年建立移动通信、固定通信两大电信专业的独立运营体系，台江县移动通信公司从县电信局剥离。

2000年8月，固定通信企业实施公司化运作，成立贵州省电信公司台江县电信分公司。12月按照集团公司和省、州公司的统一部署，推进主附、主辅分离，精干主业，分离企业办社会的职能，清理规范多种经营企业，组建成立了黔东南电信世纪鑫实业公司台江分部。

2001年，全年完成固定资产投资827万元。新扩市话3920门，交换机总容量达到12000门，新建接入网1280门，接入网总容量达到2944门，新建光缆5公里，电缆145公里；完成了县城市话电缆及管道的扩建工程和市话用户的下户线整治工作，胜利开通了无线市话机站。3月开通黄毛无线接入机站，10月开通了革一无线接入机站，实现了覆盖全县80%的乡村，其中革一乡11个村实现了村村通电话。分别在6月、8月完成了施洞、革东支局房的建设，9月完成了县局标准化营业厅和职工会议室的装修工作。市话净增1370户，其中无线市话240户；农话净增630户，合计净增2000户，用户达到6187户。

2002年，全年电话放号完成1685户，其中，无线市话206户、农话净增957户、市话净增522户，完成年计划的88.59%。用户累计达7872户。台盘、革一、老屯、排羊机房房屋竣工并投入使用。完成施洞至顺秉、老县、小河，方召大寨、南宫陡寨等村通电缆延伸及县局零星市话电缆扩容。完成方召光纤的更换工作。程控交换机容量12480门，实占容量7872门，实装率63.1%。

2003年，完成施洞256门程控扩容，方召乡500安时电池改造，县局2000安时电池改造以及油机房油机分离工作，县局“小灵通”直放站成功建成。程控交换机容量达到12736门，实占容量8092门，实装率63.54%。

2004年，新建了608门番省交换点一个；完成了县城小灵通网络优化，迁改1个基站，新增2个基站；完成新城、施洞、革东3个点的宽带扩容工程。完成了15.5杆公里的电缆新建工程，按时完成了革东机房的搬迁并顺利地移交给剑河县分公司。

2005年，完成反排384门程控电话的新建工程，完成反排的电缆工程，完成全县各点传输SDH的传输改造工程，开通了施洞、老屯、革一、台盘、排羊、南宫方召的宽带设备，实现了台江县乡乡通宽带业务，顺利开通了农村程控无线电话工程，实现了台江村村通电话，提前完成了台江县政府2005年十件实事之一的“村村通电话”工程，开通了南宫小灵通业务，完成了县城重要单位、部门的光缆接入工程。现分公司程控交换机容量14600门，实占容量11472门。净增固定电话1900户，无线市话320户，用户累计达14166户。宽带用户净增250户，累计达535户。

2006年，完成革一大塘、施洞、排羊电缆延伸工程；对黄毛致富星基站扩容2个载频；完成施洞、中心局和新区ADSL扩容；完成板溪村宽带设备的建设；完成人大、一中、城建、零度和施洞网吧光缆接入，县委和县政府光缆迁改。

2007年，扩容坝场基站2个载频，新建四登和革一致富星基站，完成全县ADSL设备扩容，完成国税局办公大楼搬迁光电缆迁改，完成林业派出所、公路稽查局、农村合作医疗光缆接入，完成了8个标准化机房整治，对交接箱、分线盒、下户线整治任务。

2008年，完成平寨、桃尧C网基站建设，完成报效机房建设，完成台江第一期“平安工程”建设，完成电力局营销光纤网建设，对黄毛至四登锈蚀钢绞线进行了整治，完成职中光缆接入建设。对8个乡镇接入网电源设备进行了改造。

2008年1月中旬以来，台江县遭受历史罕见的大面积雪凝天气，主要交通干线受阻，供电、通信等公共设施严重受损。受大面积雪凝天气及供电中断的影响，截至1月30日中午12时，全县受影响电信用户累计到达24392户，造成直接经济损失达25万元，受灾通信设备接入网点11个，小灵通基站36个，村通基站4个，光缆杆路2公里，通信高压电力线路2公里。电信公司组织全体电信职工投入到紧张的抗凝冻保通信工作中。成立应急领导小组，公司领导承担第一责任人职责，深入一线，靠前指挥，现场指挥，及时了解抗灾工作的突出问题。并随时加强网络监控，第一时间发现设备受灾情况，启动异常事件处理通道，严格执行灾情报告制度。在此次冰灾通信保障工作中，台江分公司涌现出无数的先进个人和先进集体，副总经理被评为全省“抗凝冻、保通信”先进个人，维护安装部被评为“抗凝冻、保通信”先进工作团队，台江县维护安装部被省总工会评为“五一劳动奖状”和“工人先锋号”。

2009年，受竞争恶劣环境的影响，小灵通、致富星、有线固话的业务收入明显下降。移动用户净增837户，用户达到数3375户。完成县城3个DO站建设，建成了坝场和四登1X手机基站，完成台江计生委光缆接入建设工作，建成“平安台江”二期监控系统并投入使用，建成台江“精细化管理”监控工程并突入使用。

2010年，建成30个村通工程，为当地百姓提供了使用互联网的条件，新建7个G网，完善手机覆盖能力，建成了教育“校校通”工程，对公安“警信通”进行了提速。建成数字“城管喊话”系统工程，对各高铁项目部提供了光纤上网工程。建成6个天翼信息村，新建3个手机基站，对7个乡镇的宽带设备进行了扩容和提速。将2010年未完工的施洞平兆、革一望平手机基站建设完工，继续完善30个“村村通”的电缆建设工作，对县城各小区宽带由AD改为光纤工程。移动用户净增3060户，累计达8621户。宽带用净增860户，累计达到3557户。固定电话电话交换容量14600门，天翼移动网络（CDMA）实现了156个村寨全覆盖，3G网络覆盖了所有乡镇所在地和重要旅游景点，宽带网络达到8000个端口，出口带宽达到10G。县城50%的家庭达到4兆带宽接入能力，乡镇家庭达到4兆接入能力，行政部门实现100%光纤接入，全县56个行政村实现有线宽带接入；宽带用户规模达到468.7万户，移动用户规模达到1.86万户。完成固定资产投资2500万元，其中天网工程投资完成1900万元，基站设备投资完成240万元，宽带设备投资完成360万元。以政府主导电信投资建设的方式建设完成了施洞小河村、良田村、台盘棉花平村、南宫交密村、台拱南省村等“天翼信息村”的建设工作。此项工作的开展，不仅给当地老百姓提供了信息致富快车道，也给村委解决了部分的办公经费。对台江经济开发期建设进行了支撑，建设安装了开发区办公区的光纤通信，派技术人员在开发区蹲点，随时对通信设施进行抢修。其间，共接续光缆18次、抢修26次。完成了台江至老屯公路建设通信杆路的迁改工程，工程迁改费用28万元；完成台盘至革一公路扩宽建设通信杆路迁改工程，工程迁改费用16万元；完成梅影桃赖大道建设通信杆路迁改工程，工程迁改费用12万元。完成了台江“天网工程”建设工程。全县共安装摄像头314个，其中县城226个，乡镇88个（排羊9个、方召6个、南宫15个、老屯15个、施洞20个、革一11个、台盘12个）。

1991—2010年台江电信业务情况一览表

表14-8

年份	固定用户数	互联网用户数	小灵通用户数	手机用户数	全县电话普及率（部／百人）	市话普及率（部／百人）	农话普及费（部／百人）
1991	80	—	—	—	0.06	0.5	0.008
1992	246	—	—	—	0.17	1.59	0.024
1993	328	—	—	—	0.23	2.09	0.04
1994	485	—	—	—	0.34	3.32	0.048
1995	527	—	—	—	0.37	3.55	0.064
1996	675	—	—	35	0.5	4.62	0.08
1997	1313	—	—	73	0.97	9.32	0.23

续表 14-8

年份	固定用户数	互联网用户数	小灵通用户数	手机用户数	全县电话普及率（部/百人）	市话普及率（部/百人）	农话普及费（部/百人）
1998	2075	—	—	160	1.57	11.65	0.39
1999	2875	—	—	—	2.02	13.56	0.67
2000	4192	49	—	—	2.98	23.87	0.78
2001	5954	84	233	—	4.31	32.58	0.93
2002	7433	126	439	—	5.65	42.55	1.08
2003	9165	198	1675	—	7.48	65.65	1.22
2004	10416	360	2937	—	9.16	69.85	2.25
2005	11472	535	3560	—	10.25	73.66	2.97
2006	12477	1010	3010	—	10.52	81.55	3.25
2007	13260	1368	2135	—	10.78	82.12	3.87
2008	12140	1745	867	2538	10.51	76.58	3.56
2009	9299	3356	652	3375	8.92	72.56	3.24
2010	9576	3940	275	5561	9.71	75.25	3.66

第四节　移动

2006 年年末，移动通信基站有 41 个。县城的安居楼基站、新街基站、桃尧望城坡基站、台拱寨基站、移民新区基站 5 个基站覆盖台江城区。此外，台拱镇城郊有 8 个基站，即南省基站、番省基站、水井基站、排下基站、红阳基站、南市塘背后坡瞭望亭基站、打革坝基站、交孟基站，覆盖台拱镇辖的行政区；施洞镇有 3 个机站，即施洞基站（政府楼）、杨家沟基站（杨家沟村）、良田基站（良田村后坡），覆盖施洞镇辖的行政区；老屯乡的老屯基站、坝场基站、报效岩寨基站，覆盖老屯乡行政区；革一基站覆盖革一乡行政区；台盘乡的簺簸基站、工业园区（南尧村后坡）、台盘基站、龙井基站、南瓦基站、南江基站、南庄基站，覆盖台盘乡行政区；排羊乡有排羊基站、九摆基站、平寨坡顶界标基站，覆盖排羊乡行政区；方召乡的方召基站、黄毛基站覆盖方召乡行政区；南宫乡的交下基站、展忙基站、南宫基站、东依基站，覆盖南宫乡辖的行政区。

2010 年公司经营情况　累计完成运营收入 2886.78 万元，比 2009 年同比增长 25%。移动用户数达到 63150 户，2G 基站数达到 96 个，3G 基站达到 7 个，全县交通干线、旅游景区、行政村 100% 全覆盖。集团专线 97 条，宽带已经覆盖县城主要街道、施洞街上、南宫街上，宽带用户达 414 户。2010 年新增边际网基站 4 个、城区基站 4 个、村通基站 6 个、3G 基站 3 个，主要是针对城区弱覆盖地区、新建公路、台江县工业园区及村寨覆盖盲点进行补点。为了确实有效地服务于民，以移动信息化助力地方经济发展，推出系列惠民政策，如便民的农村合作医疗系统能够实现就地医疗费用核销信息化支撑、农信通产品及时发布季节性农产品价格及病虫害的防治、商铺管家实现商铺产品的彩铃宣传和亲朋好友之间电话免费打、IMS 座机 30 元包月全国电话免费打、集团 V 网短号互打免费在全县各个乡镇都实现等措施，提高台江经济和社会信息化的发展。

第五节 联通

1999 年 8 月 19 日，中国联通台江分公司组建台江营业部、业务区，拓展县城和农村乡镇市场。2005 年年底，综合电信业务从初始的 GSM 移动电话、寻呼 198 / 199、126 / 127 / 省内外寻呼业务，发展到 130GSM、131GSM 和 133CDMA 两网移动通信电话和 TP 电话、193 长途电话、电子商务、165 互联网、联通宽带、无线商话、如意通智能网、视频会议系统、可视电话系统、警务通等多元化、多功能综合通信网络新格局、新优势。

2010 年 12 月，中国联通台江分公司在县境内建立营业厅 10 个，一级代理合作营业厅 10 个，乡（镇）形象店 5 个，二级乡（镇）代理网点 20 个。总计营业厅、经营网点 30 个。

第十五篇

财税　金融

第一章　财政

第一节　财政体制

从1991年起，台江县仍然执行1988年以来的“划分收支、分级包干、收支挂钩、定额补助”的财政体制，把上年预算收支中除各项临时性专款（即支农、小型水利、防汛抗旱、维修、特大灾害救济、文教卫生补助、民族地区补助、不发达地区资金等）不列入包干范围。后作为收支基数，这些专款项目则依赖上级财政以专项拨款给予补助。另外各年还以结算补助形式给予拨款，主要是农业税任务调减或农业税减免增加，粮食企业及其他企业计划亏损或专为增强贫困县财力所给的补助。这一包干体制一直执行到1996年，每年上级对台江县补助包干基数都是323.6万元。

从1996年起，除体制包干基数继续执行外，省委、省政府下发〔1996〕2号文件《关于加快经济发展进一步做了财政工作的意见》，进一步完善“两保一挂”“以奖代补”等奖快促慢的激励机制，保证财政收入的稳步增长，认真落实省对下的转移支付政策，确保财政困难县基本工资发放和机构正常运转，省财政与53个特困县签订“以奖代补”协议。台江县也属于全省特困县之一，于当年与省州签订“以奖代补”协议书，1996年就得到“以奖代补”补助款543万元，这一体制一直坚持至今，而每年奖补都在递增。为了完成与省州签订的“以奖代补”合同的奋斗目标，台江县都在积极加大县级财政的收入力度，每年都能超额完成财政收入任务。

县对各乡（镇）的财政管理体制。1991年，台江县是全州撤区并乡建镇的试点县，区公所建制撤销，原来的3个区财政所与县局的体制是“收入上交、支出下拨”拨款制度，建并撤后，原来的台拱区财政所分建台拱镇、南宫乡、排羊乡、台盘乡4个财政所；施洞区财政所分建施洞镇、革一乡、老屯乡3个财政所；革东区财政所分建革东镇、方召乡2个财政所，县政府组织财政、乡（镇）等人员对原来小乡所有国有固定资产进行清理登记，分别移交给所属应并的乡镇管理和使用。9个乡（镇）财政所建立后，县对乡（镇）财政实行“划分税种、分配收入任务、超收分成或奖励、歉收不补、支出下拨”的报账制度。合理处理县乡（镇）财力分配关系，以保证乡（镇）经济社会发展的财力需要，提高他们当家理财的能力，努力完成各年度的财政收入任务。

2003年7月，革东镇划归剑河县，其财政也随着划转。是年，黔东南苗族侗族自治州人民政府以黔东南府发〔2003〕31号文件批转了《州财政局关于台江县革东镇划转剑河县管理有关财税工作划转请示的通知》。州财政工作组把革东镇所属企事业单位的国有资产进行了清理、造册，移交剑河县财政部门管理。

革东镇政府债务及粮食亏损挂账由州县相应的主管部门核实认可后，按照成建制机构划转的方法，其债务额随机构全额划转剑河县，由其相应的主管部门接管。革东镇辖区国家投入或国家补助的在建和续建项目，相应划转剑河县，由剑河县相应的主管部门接收管理。革东镇财政所人员和业务随着划归剑河县管辖。

第二节 财政管理

县级财政每年依照上级的规定和要求，于年终后20天内及时、准确、完整地作出决算，经县人民政府审批后予以上报。同时每年年初都要受县人民政府委托，编制收支预算报告，向当年人民代表大会报告，请代表们予以审议，接受代表监督。在审议中提出的有关问题，均作出答复和解释，人代会审议后由代表大会表决通过。严格执行预算制度，年间还根据人大常委会或政府的要求，随时向他们作期间预算执行情况报告或调整预算报告等，得到领导的支持和指导，使预算收支管理工作能顺利地进行。

在预算收入管理上，县级财政主要是加强征管，确保收入任务的完成，充分调动广大职工的积极性，挖掘财源，完成财政收入任务。同时当好党委、政府的参谋，依靠税务机关，狠抓税收征管，保证各年税收任务的完成。对其他有关财政收入的单位和部门，则依靠各单位按照财政法规，及时、足额解缴入库，做到“收支两条线”。

在财政管理中，县级财政各年还开展税收、财务、物价大检查。首先进行普查，全县各机关、企事业单位以至乡镇都要按照上级指示的内容，自报自检自查当年的财务收支情况，每年由财政、税务、物价、审计等部门抽调专人组成检查工作组，分别到有问题的单位进行重点检查。重点检查的单位都在30%以上，对偷漏税款，扩大消费基金，违反控购规定，违反物价管理截留、挪用、私分、私设小金库等，全按违法违纪金额统统上交入库，对在检查中发现“乱收费、乱摊派、乱罚款”等行为，按照法律法规坚决予以纠正，使“三乱”问题得到进一步整治。

在预算支出管理上，县级财政严格财政管理，强化财政监督，坚持“量入为出、量力而行、自求平衡”的原则。首先保人员经费，适当保运转经费，实现社会的稳定，然后兼顾事业发展和经济建设等支出。在人员经费上，与人事、编制部门配合，由单位和乡镇编制当月人员支出计划，报人事部门审批，再报县财政有关股室核定，送预算股核拨，避免拨款的混乱现象；对公用运转经费则根据财力，视其单位业务情况及人员，年初一次性包干支出数，报县政府审批后下发通知各单位，由他们自主安排；对于专款，由部门申报拨支，财政部门有关股室跟踪支出，做到专款专用；其他临时性发生的支出，由县政府领导核批后，财政部门据其财力予以支付。县对乡镇实行“收入上缴，支出下拨”的报账制度。

为加强财政管理，县级财政于2003年1月25日成立了会计结算中心，编制14人，将行政事业单位纳入单位会计核算，2003年纳入14家，到2005年4月共纳入28家。根据“积极稳妥、分步推进”的操作办法，遵循单位财务的“三个不变”原则，按照“单一账户，集体支付，统一核算”的管理办法，从制度着手，制定和实行严格的内外部控制制度，明确岗位职责，通过开展经验交流会、听取纳入单位意见，使中心工作稳步进行。取消单位银行账户36个，新建电子账套30个，集中财政性资金250余万元，支付总额达2800余万元，把有预算资金收入而未实行“收支两条线”管理的物价局、乡企局、农机局等5家单位纳入“收支两条线”管理；帮助科技局、统计局、旅游局等20家单位对往年混乱的账务进行了清理，重新建立了符合国家会计制度的账务；配合国资股对民族局等3家单位的固定资产进行清查和评估，确保单位账实相符；对畜牧局等单位的物资材料管理进行规范，保证物资安全使用；集中装订和管理好各核算单位的会计档案，严格按照《中华人民共和国会计法》的有关规定，规范了单位的报销和核算方式，有效地遏制和纠正了不合法凭证和开支；本局各股室和有关部门配合，做好对专款的审核和管理；采用电算化方式，及时对单位经济业务进行会计核算、报表编制，减轻了他们的财务工作负担，使之专业人员能集中精力做好专业工作；方便单位领导对本单位财务收支的了解，提高了财政性资金的使用效率和财务透明度；利用中心资金存量大的特点，积极调剂资金，为县委、县政府的各项项目建设服务。同时，中心接手全县工资统发，制定《台江县工资统发管理制度》，在内部进行岗位分工，保证工资的及时无误发放。

第三节　财源培植

财源建设是巩固、发展、壮大县域经济的有效保障。从台江县实际情况看，所面临和存在的问题是：一方面税源单一，发展很不平衡；另一方面大部分国有企业关闭，非公有制经济发展缓慢。台江县是林业县之一，财政收入除农业税外，主要靠林业资源创收，向来是从木材的生产、加工为支柱财源的“木头财政”，每年森工生产企业创收占整个财政收入的50%左右。自1998年天然林禁伐后，依赖木材生产加工的国有企业纷纷关停，税收出现很大缺口，财政收入跌至低谷，加剧了台江县财政收支矛盾，影响了各项事业的发展。县委、县政府及时调整发展经济思路，明确提出了大力发展金秋梨、苦丁茶、畜牧种养殖业等，正确处理培植长期支柱财源与新增见效财源两者之间的关系，把财源建设这块“蛋糕”做大，把财源建设工作列入各级党委、政府的议事日程。

为增加财政收入，除强化财税部门征收管理外，县级财政更加积极发展城乡经济，采取“放水养鱼”方式培植财源，结合台江县实际，做了以下工作：

在中央改革开放的一系列政策的指引下，依靠西部大开发的契机，大力发展私营经济和城乡个体工商户，活跃城乡市场，这是财政收入的主要财源之一。

招商引资。为了给财源建设创建条件，1991年前，县里依靠上级从各种渠道筹措资金300多万元，建起了台江110千伏变电站，纳入国家电网供电，保证了能源需求。随后电力部门又逐年投资，扩大全县乡、村送电，实现了全县所有乡村通电。由于电力充足，使城乡经济大发展，吸引了一大批外商投资企业，加大了财政创收。

搞好山区农业综合开发。主要开发基础财源，改造农林水利条件，促进农业科技推广，发展优质高效农业。初步估算，14年来多方筹措资金，投入山区农业综合开发资金已达4000万元以上。其中：截至2004年2月，银行专项贷款到各乡（镇）的资金就达1482.5万元，扶持乡镇企业实施种、养、加增效，培育后续财源。

搞好“四大产业”和“一园区”建设。2003—2004年，财政投入这一项目的资金共达227万元，其中2003年投入51万元，2004年投入176万元，为财源建设创造条件。同时为了加快城镇基础设施建设，架构市场体系，改善投资创业环境，带动城乡个体私营经济与第三产业的蓬勃发展，在财政困难的情况下，各级各部门各系统共同努力，通过请示上级等各种渠道，为县融资2亿余元，多方位、多层次、多效益地推动财源建设。

第四节　财政收入

财政收入主要包括本级财政收入和上级补助收入两种。本级财政收入又分税收收入和非税收入等。

税收方面，根据税收体制改革，各年度有所不同。1991—2004年税收包括工商税、企业所得税、农业税、农业特产税、耕地占用税等；2005年后税收包括增值税、营业税、企业所得税、个人所得税、资源税、城市维护建设税、房产税、印花税、城镇土地使用税、土地增值税、车船使用和牌照税、耕地占用税等。非税收入包括专项收入、行政性收费、罚没收入、国有资本经营收入、国有资源有偿使用收入以及其他收入等。

财政、税务依靠各级部门，实行组织收入目标责任制，年初就将收入任务层层分解落实，做到收入目标明确、责任清楚、奖惩分明、措施得力。在具体工作中，强化征管责任，严格征收制度，改进征管手段，依法征税，依法治税，加强协调，使台江县的本级财政收入保持逐年增加。从各年收入的总表看出，自 1991 年以来都在逐年增加。但 1994 年比 1993 年减了 115 万元，其原因主要是认真贯彻执行分税制的财政管理体制的政策法规，实行分税制后流转税本级收入相应减少，但从宏观整体来看，当年增消两税完成 302 万元，超额完成任务。当年税收返还给台江县 1690.3 万元，冲掉减少 115 万元，实际比 1993 年增收 54.3 万元。1999 年，中央电视台“6・28”天然林事件曝光后，台江县财政收入遭受到极大的冲击，因天然林禁伐，财政工作困难重重，致使台江县没有完成年初人代会通过的预算收入任务。2000 年，因禁伐天然林，涉林企业关闭，台江县财政税基遭受极大冲击，财源单一的“木头财政”无后续支柱财源弥补。在此窘境中，全县财税干部同心协力、携手奋进、加强税收征管力度，及时组织收入，超额完成州下达的财政收入任务，实现了“以奖代补”的政策的奋斗目标。

1991—2004 年台江县本级财政收入情况统计表

表 15-1　　单位：万元

年度	各项收入完成情况											
	工商税收	企业所得税	农业税	农业特产税	耕地占用税	专项收入	国家预算调节基金	罚没行政收入	国有资产经营收益	契税	教育费附加	其他收入
1991	273.0	48.4	93.7	15.7	—	—	7.1	—	—	—	2.3	59.8
1992	297.3	72.0	103.6	25.7	—	—	6.3	—	—	0.3	—	52.1
1993	387.7	144.0	118.0	35.5	—	—	—	—	—	—	—	64.0
1994	185.5	70.0	131.5	67.9	1.7	11.5	7.5	26.04	—	3.4	10.65	133.9
1995	284.8	98.2	126.5	89.0	0.43	10.6	107.0	69.1	98.2	2.7	2.16	103.3
1996	356.2	113.5	208.0	91.5	29.2	3.4	—	60.6	—	4.5	—	152.1
1997	418.0	155.3	195.6	127.7	18.0	—	—	92.2	—	4.0	17.4	152.3
1998	601.0	35.0	202.0	145.0	33.0	—	—	123.0	34.0	24.0	1.0	305.0
1999	428.0	13.0	158.0	147.0	23.0	—	—	179.0	50.0	19.0	15.0	287.0
2000	514.0	12.0	139.0	143.0	39.0	—	—	199.0	18.0	18.0	20.0	162.0
2001	637.0	1.0	127.0	123.0	40.0	24.0	—	259.0	46.0	25.0	—	131.0
2002	764.0	5.0	216.0	25.0	47.0	28.0	—	311.0	72.0	32.0	—	198.0
2003	729.0	—	196.0	94.0	29.0	38.0	—	367.0	31.0	52.0	—	248.0
2004	826.0	5.0	177.0	—	104.0	52.0	—	459.0	102.0	44.0	—	214.0

1991—2010年台江县上级财政补助收入及财政平衡情况一览表（一）

表15-2 单位：万元

年度	上级补助收入									
	增消税收返还	所得税基数返还	体制补助	民族地区转移支付	以奖代补	工资补助	农村税费改革	一次性困难补助	农业税减征特产税停征	固调税停征补助
1991	—	—	323.6	—	—	—	—	—	—	—
1992	—	—	323.6	—	—	—	—	—	—	—
1993	—	—	323.6	—	—	—	—	—	—	—
1994	169.3	—	323.6	—	—	—	—	—	—	—
1995	187.4	—	323.6	—	—	—	—	—	—	—
1996	188.8	—	323.6	—	543	—	—	—	—	—
1997	194.8	—	223.6	—	594	—	—	—	—	—
1998	272.0	—	224.0	—	682	—	—	—	—	—
1999	102.0	—	224.0	—	827	310	—	—	—	30
2000	189.0	—	224.0	—	—	619	—	—	—	120
2001	203.0	—	224.0	356	—	1179	—	—	—	120
2002	186.0	34	224.0	214	—	2458	657	—	—	—
2003	178.0	47	224.0	215	1880	2596	657	350	—	120
2004	227.0	47	224.0	205	1980	2571	572	427	73	119
2005	260.0	47	224.0	573	—	3571	572	—	308	—
2006	290.0	47	224.0	812	—	3526	572	—	308	—
2007	307.0	47	224.0	556	—	4482	880	—	—	—
2008	318.0	47	224.0	748	—	4356	880	—	—	—
2009	319.0	47	224.0	702	5005	4536	880	—	—	—
2010	362.0	47	224.0	1788	2652	4536	880	—	—	—

1991—2010年台江县上级财政补助收入及财政平衡情况一览表（二）

表15-3 单位：万元

年度	上级补助收入											
	天然林禁伐补助	退耕还林减收	农业税减免	上级专项	各项结算补助	上级批复上年决算	年底一次性补助	粮食亏损补助	定额结算补助	工作人员年终奖	边沿地区津贴	四季度调资补助
1991	—	—	—	493.4	—	−28	—	—	—	—	—	—
1992	—	—	—	316.8	—	31.3	—	—	—	—	—	—
1993	—	—	—	301.7	39.4	−124.7	—	—	—	—	—	—
1994	—	—	—	599.4	52.6	—	—	—	—	—	—	—
1995	—	—	24.6	317.4	—	194.0	—	—	—	—	—	—
1996	—	—	27.7	615.2	—	—	—	31.7	—	—	—	—
1997	—	—	17.0	1032.8	31.0	64.6	—	31.7	—	—	—	—
1998	—	—	39.0	1245.0	—	−3.0	—	32.0	37.0	—	—	—

续表 15-3

单位：万元

年度	上级补助收入											
	天然林禁伐补助	退耕还林减收	农业税减免	上级专项	各项结算补助	上级批复上年决算	年底一次性补助	粮食亏损补助	定额结算补助	工作人员年终奖	边沿地区津贴	四季度调资补助
1999	—	—	29.0	1712.0	—	22.0	—	30.0	40.0	—	—	—
2000	219.0	—	32.0	1886.0	—	911.0	—	7.0	1.0	—	—	—
2001	219.0	—	45.0	2657.0	—	1547.0	—	—	1.0	253.0	248.0	112.0
2002	—	—	32.0	2234.0	679.0	1624.0	—	—	—	—	—	—
2003	219.0	13.0	36.0	2377.0	—	—	165.0	—	26.0	—	—	165.0
2004	219.0	13.0	23.0	3518.0	—	62.0	—	—	−24.0	—	—	—
2005	—	—	—	—	327.0	—	—	—	—	—	—	—
2006	—	—	—	—	329.0	—	—	—	—	—	—	—
2007	—	—	—	—	329.0	—	—	—	—	—	—	—
2008	—	—	—	—	329.0	—	—	—	—	—	—	—
2009	—	—	—	—	330.0	—	—	—	—	—	—	—
2010	—	—	—	—	370.0	—	—	—	—	—	—	—

1991—2010 台江县年上级财政补助收入及财政平衡情况一览表（三）

表 15-4

单位：万元

年度	县财政本年度收入	预算外调入	国券利息收入	年度合计财力	上解上级
1991	500.4	—	1.0	1320.0	28.4
1992	556.7	—	—	1215.8	32.3
1993	727.0	81.0	0.4	1348.8	40.0
1994	612.5	100.5	—	1857.9	38.7
1995	784.2	107.0	—	1938.2	46.2
1996	1019.0	49.0	—	2798.0	70.8
1997	1202.8	107.1	—	3499.4	5.6
1998	1503.0	—	—	4031.0	25.0
1999	1319.0	—	—	4656.0	22.0
2000	1265.0	—	—	5473.0	—
2001	1412.0	—	—	8819.0	20.0
2002	1698.0	—	—	10040.0	13.0
2003	1787.0	—	—	10659.0	165.0
2004	1983.0	—	—	13130.0	540.0
2005	2172.0	—	—	15502.0	94.0
2006	2375.0	—	—	18560.0	99.0
2007	2800.0	—	—	24984.0	87.0
2008	3295.0	—	—	38189.0	150.0
2009	5140.0	—	—	51623.0	174.0
2010	6647.0	—	—	61381.0	774.0

第五节 财政支出

财政支出突出了保工资、保机构正常运转和加大教育“两基”攻坚、卫生、文化、社保、救灾、扶贫等的投入，强化预算约束力，确保重点支出需要，积极从政策上、资金上支持非公有制经济和扶持第三产业。由于台江县经济发展缓慢，财源基础差，财政收入仅在低速增加，而事业的发展不断加快，人员不断增加，整个资金需求量与可供量之间的矛盾非常突出，从 1991 年以来各年的支出各有其特点。

1991 年年内刚性政策出台和形势发展增支因素，年初预算意想不到的开支共计 7 项，需增支经费 110 余万元。由于年末资金周转调度困难，造成年初州财政给的专款 142.3 万元未支付，被各类支出占用，影响有关方面工作开展。1992 年年初安排支出预算按“量入为出、自求平衡，不打赤字预算”的原则，仅安排到第三季度的人员经费，要过好财政关，当时就预测到需要增加 340 万～400 万元，最终占用了有关专款 131.1 万元，加上上级增加补助和拆借，才能保吃饭调粮这一关，但公用经费、医疗费等都很少支付，职工反映强烈。1993 年全县支大于收 316.2 万元，主要是占用专款 77.6 万元，借农行贷款 35 万元，借建行贷款 30 万元，欠职工预留调资 68 万元，预算外借入 106.6 万元。1994 年预算支出硬缺口达 922.6 万元，其中，从 1993 年 10 月到 1994 年 9 月应补发而无力发的工改工资为 741.4 万元，占用专款 179.2 万元，欠借款 85 万元。群众意见大，财政压力重，财政成为众矢之的。1995 年年初安排预算，刚性支出硬缺口资金 1263.7 万元，仅维持当年人员经费一项就差 925.5 万元。为了保人员工资支出，占用专款 226 万元，借预算外资金 53 万元，拖欠职工补助工资 196 万元，其他支出 80 万元。由于经费紧张，3 月以后，“三费”停发，只发四项工资之和，年内有时当月的工资拖至第二个月才兑现。到 1995 年 12 月的工资尚差 83 万元不能在当年支付，干部职工街谈巷议，财政压力大。

1996 年是“九五”计划的第一年，当年上级“以奖代补”补助 543 万元，其中，省给 458 万元、州给 85 万元。由于 1995 年欠的支出款项转到 1996 年开支的有 298.7 万元。1997 年增支 761.8 万元，除定额补助和“以奖代补”外，上级又另增加 1993 年以来的工改工资 300 万元，到 12 月底，全县行政事业兑现了 80%的原工改工资，安定人心。

1998—2004 年，本级财政收入逐年增加，上级从各方面加大转移支付力度，增加各项专款补助，财政形势一年比一年好，1999 年 12 月又补发原工改工资的 20%，原工改工资全部兑现完毕。从 2002 年 1 月起又增发了“三费”。2002 年开展农村税费改革，按照中央和省的统一部署，坚持“稳负担，防反弹，保运转”为目标，巩固改革成果，进一步完善税改相关政策和配套措施，是年上级拨出专款 657 万元支持台江县改革。2003 年又启动医疗保险制度改革，除职工本人自筹外，财政每年投入 230 万元给予补助，使医疗保险制度进一步走向正规化。为了贯彻落实党中央、国务院及财政部进一步促进农民增收的要求，省政府制定了一系列涉农优惠政策。即从 2004 年 1 月 1 日起：（1）农业税征税率降低一个百分点，征税税率由 7%调为 6%，其附加由 8.4%降低到 7.2%；（2）取消除烟叶外的农业特产税；（3）对农户实行直接补贴，应税中每交 1 公斤实物粮补助 0.1 元给予兑现。2004 年，县政府根据财力，又给极贫困的南宫、方召两个乡全部免征农业税。其中，方召乡 18.3 万元、南宫乡 21.6 万元、由乡财政所直接退还兑现给农民。由于对农业的一系列改革政策的扶持，充分调动了农民种粮的积极性。

1991—2004 年台江县财政支出一览表

表 15-5 单位：万元

项目＼年度	1991	1992	1993	1994	1995	1996	1997	1998	1999	2000	2001	2002	2003	2004
支农生产	69.9	26.6	30.4	45.6	51.6	57.1	63.2	69.0	108.0	121.0	141.0	330.0	—	—
农林水气象	85.9	112.6	101.3	147.1	165.1	202.3	240.2	262.0	341.0	537.0	828.0	975.0	1103.0	1158.0
工交商部门	16.4	22.5	22.2	21.7	35.8	42.3	45.4	48.0	71.0	50.0	129.0	211.0	182.0	217.0
文化广播	—	—	—	—	—	—	—	—	—	152.0	302.0	356.0	380.0	588.0
教育事业	—	—	—	—	—	—	—	—	—	1331.0	2105.0	2722.0	3014.0	4354.0
卫生事业	52.1	84.7	88.6	116.1	94.5	168.0	194.1	230.0	271.0	283.0	371.0	554.0	572.0	492.0
文教事业	377.2	498.3	545.4	662.8	836.3	762.5	1022.6	977.0	1167.0	29.0	—	—	—	—
其他部门	50.0	42.4	66.7	73.8	94.8	85.2	101.7	156.0	160.0	100.0	138.0	274.0	168.0	318.0
企业改造	—	—	6.0	—	—	—	—	—	—	—	—	—	79.0	216.0
科学事业	2.4	1.9	3.1	5.3	6.6	5.9	7.8	10.0	10.0	10.0	10.0	15.0	13.0	14.0
科技费用	3.6	0.6	2.3	—	—	—	—	—	—	7.0	—	—	—	3.0
国防支出	4.7	10.8	0.6	1.7	—	—	—	—	—	3.0	—	—	—	27.0
其他支出	56.6	19.0	110.6	8.1	48.1	25.2	179.5	239.0	147.0	123.0	225.0	205.0	498.0	582.0
政策性补贴	—	—	—	—	—	—	25.2	50.0	49.0	—	—	—	9.0	13.0
价格补贴	55.3	48.2	37.3	15.4	11.5	53.2	31.7	—	—	—	—	—	—	—
基建支出	17.0	17.0	21.0	7.0	4.0	—	—	—	—	—	—	—	—	—
简易建筑	1.3	5.3	0.5	1.8	—	—	—	—	—	—	—	—	—	—
专项支出	5.8	8.8	6.7	9.2	10.6	—	—	—	15.0	20.0	—	—	5.0	86.0
城镇就业	2.3	1.5	1.6	—	—	—	—	—	—	—	—	—	—	—
抚恤救助	37.4	36.2	51.9	44.7	44.8	106.7	118.4	58.0	122.0	79.0	131.0	313.0	310.0	352.0
社保补助	—	—	—	—	—	—	—	—	—	130.0	213.0	345.0	280.0	295.0
行政管理费	85.7	238.2	305.0	437.4	565.6	640.2	851.4	903.0	1048.0	1175.0	2273.0	2085.0	2009.0	2311.0
公检法支出	83.2	82.0	118.0	122.0	128.5	185.2	240.7	231.0	332.0	359.0	510.0	561.0	608.0	721.0
城市维护费	2.0	26.7	29.4	19.7	18.6	7.9	26.9	75.0	107.0	177.0	208.0	219.0	315.0	326.0
支不发达地区	97.6	112.0	82.1	31.7	44.1	33.5	245.4	452.0	521.0	594.0	1098.0	721.0	893.0	893.0
上解支出	28.4	32.3	40.0	38.7	46.2	70.8	5.6	25.0	22.0	—	20.0	13.0	165.0	54.0

2005—2010 年台江县财政支出一览表

表 15-6 单位：万元

项目＼年度	2005	2006	2007	2008	2009	2010
基本建设	50	—	—	—	—	—
公共服务	—	—	5520	6031	7261	10025
企业挖潜改资金	117	6	—	—	—	—
国防	30	41	142	80	177	195

续表 15-6 单位：万元

项目＼年度	2005	2006	2007	2008	2009	2010
科技三项费	1	31	—	—	—	—
教育事业	4034	5016	6144	9216	7265	9560
公共安全	1027	1108	1509	1833	2489	2664
科学技术	33	34	77	151	169	284
文化体育与传媒	806	751	319	434	639	726
社会保障	404	442	2298	2953	5808	4539
抚恤和社会救济	511	664	—	—	—	—
医疗卫生	702	944	1370	2652	3244	5678
环境保护	—	—	486	926	996	1404
财政审计部门	562	—	—	—	—	—
行政管理费	633	3099	—	—	—	—
城乡维护费	325	359	—	—	—	—
农林水事务	1737	2029	4033	6978	11879	8776
交通运输	243	278	529	538	1064	154
流通部门事业费	93	117	—	—	—	—
工业商业金融事务	—	—	859	990	—	—
政策性补贴	20	29	—	—	—	—
支援不发达地区	923	—	—	—	—	—
专项支出	64	—	—	—	—	—
城乡社区事务	—	—	413	1216	1791	2178
其他部门	—	609	—	—	—	—
资源勘探电信	—	—	—	—	390	1189
粮油物资金融等	—	—	—	—	799	244
商业服务	—	—	—	—	—	810
国土资源气象	—	—	—	—	—	655
住房保障	—	—	—	—	—	4669
其他支出	1084	1911	955	719	715	375

第六节 预算外资金管理

根据上级关于加强预算外资金“收支两条线”管理要求，将全县有预算外资金收入和支出的行政事业单位和各乡镇共 34 户统统纳入财政统管，对收费的票据管理实行领购制，以旧换新，票款入库或财政专户的管理模式，明确了各环节的责任，保证了票款的安全。根据中办发〔1999〕21 号关于加强“收支两条线”管理的要求，台江县于2000年开始对县城教育（学校）的学杂费收费实行了“单位开票、银行代收、财政统筹”的制度，使财务管理进一步走向正规化。

1996—2010年各年度预算外资金收入和支出情况一览表

表15-7 单位：万元

年度	收入	支出	结余	年度	收入	支出	结余
1995	—	—	—	2003	475	479	-4
1996	666	663	3	2004	436	432	4
1997	517	560	-53	2005	480	487	-7
1998	534	547	-13	2006	453	461	-8
1999	430	415	15	2007	472	419	53
2000	232	258	-26	2008	522	513	9
2001	410	403	7	2009	314	273	41
2002	279	283	-4	2010	559	529	30

第七节　国有资产管理

随着改革开放，台江县的国有资产管理工作逐步兴起，并于1992年成立国有资产管理办公室。根据业务发展需要，1995年3月成立县国有资产管理局。2001年台江县国有资产管理局撤销，其相应管理职能并入财政局内设国资股。

按照国务院的统一部署，县财政局于1995年在全县开展了行政事业单位财产清查及企业清产核资工作，54户行政事业和32户国有企业单位固定资产总额达9304万元。基本掌握台江县国有资产的总量、分布、结构和企业经营状况及存在问题，并建立国有资产统计年度制度。2000年6月，对大部分国有企业进行改革改制和破产清算。到2001年年底，全县国有资产总量达到11008万元。其中，5户经营性国有企业资产2787万元，占全县总量的25.3%；58户非经营性行政事业资产8221万元，占全县总量的74.7%。2004年全县国有资产总量为9831万元。

自1995年起，对国有企业和行政事业单位国有资产进行产权登记，开展企业国有资产所有权界定，强化国有资产占有单位的国有资产产权意识，为监督、了解企业、单位国有资产经营、使用情况提供了保障。1997年，经县政府批准成立了国有资产经营投资有限公司，负责台江县国有资产出售、拍卖、兼并，为中小型企业提供信用担保，受托处理动产及不动产评估及转让，形成一套规范的管理及工作制度，有效地维护了产权变动中国有资产的权益。

第二章　税务

第一节　机构沿革

一、国家税务局

台江县国家税务局于1994年9月23日正式挂牌成立，实行由省级国家税务局直管和地方人民政府协管的管理体制，其人事、经费均由上级国家税务局管辖，其机构除局内设办公室等办事机构外，并辖台拱、施洞、革东、南宫4个税务所。2001年，乡镇税务所裁撤，设立台拱分局（股级），2005年，台拱分局升格为副科级分局。2008年，原股级直属机构稽查局升格为副科级稽查局。

历任国税局局长：郑仁清、庞林华、杨秀炳、杨永学、龙坚、姜学炳、聂万洪、杨汉翔。历任副局长石光均、龙成福、蒋霜霈、郑仁清、范金贵、杨昌军、杨佩荃、王琳、甘小林、耿波、张昌雄、龙家海、潘登、蒋大勇、石建。历届局指导员、纪检组组长：胡青山、杨昌军、张昌雄、代琦、邹华新。历任主任、负责人：李文珍、张厚宗、李文成、刘荣光、龙家海、龙成、田泉。

1994年，台江县国税局正式干部36人，其中，中共党员17人，大专4人、中专16人、高中8人、初中文化8人，经济师3人、助理经济师13人。2010年，台江县国税局干部职工36人，其中，党员26人，研究生1人、本科学历17人、大专学历17人、中专1人。

二、地方税务局

台江县地税局于1994年9月23日正式挂牌成立，原址位于台江县城关丁字路口，首任局长杨佩荃，现址于台江秀眉大道城南新区。

1994年机构分设时内设股室5个，即：人秘股、计会股、征收管理股、税政股、稽查队。下设9个乡镇税务所，即：台拱镇税务所、施洞镇税务所、革东镇税务所、南宫乡税务所、排羊乡税务所、台盘乡税务所、革一乡税务所、老屯乡税务所、方召乡税务所。2001年机构改革后，内设机构为6个：办公室、人事教育股、监察室、政策法规股、计划财务管理股、征收管理股。直属机构3个：征收分局、稽查局、车辆税收管理所。乡镇税务所3个：施洞税务所、革东税务所、南宫税务所。革东税务所于2003年6月划归剑河县地税局管辖。2004年，全国税收征管工作实行“集中管理、统一征收”，各乡（镇）所的人员集中县局重新调整工作，各乡（镇）所结构设置不变。

历任地税局局长：杨佩荃、莫凡、伍孝和、杨先胜。历任地税局副局长：唐明辉、许荣良、莫凡、伍孝和、杨志怀、邰昭银、张宽辉、文艺静、聂桂蓉、粟剑波（州局驻台工作组副组长）、聂桂蓉、杨焕平、邰秀兰、谭彬、吴开洪；州局驻台工作组成员付艳；历任纪检组组长邰秀兰；历任台江税务局一分局局长田忠兵，副局长廖钟欣；二分局局长李美龙，副局长吴勇；三分局局长许荣良，副局长吴艳萍；四分局局长（兼）吴开洪、杨雪。

1994 年，台江县地方税务局正式干部 27 人，其中，中共党员 11 人，大专 6 人、中专 13 人、高中 8 人，助理经济师 5 人。2010 年，全局干部职工 31 人，其中，党员 24 人，本科学历 12 人、大专学历 18 人、高中 1 人。

第二节　国税税种

1994 年国家实行税制改革，重新颁布了《中华人民共和国税收征收管理法》《中华人民共和国个人所得税法》《中华人民共和国企业所得税法》《中华人民共和国增值税暂行条例》《中华人民共和国营业税暂行条例》《中华人民共和国消费税暂行条例》等税法，并执行中央与地方的分享税制，组建新的国、地税系统。台江县国税局征收的税种为增值税、消费税、企业所得税、车辆购置税和储蓄存款利息个人所得税。其中，增值税上缴中央 75%、上缴省级 10%、上缴县级 15%；消费税全额上缴；企业所得税上缴中央 60%、上缴县级 40%；车辆购置税全额上缴中央；储蓄存款利息个人所得税上缴中央 60%、上缴省级 40%。

台江税源比较单一，主要依靠单一的金属硅冶炼业、矿产（重金石）开采业和电力税收为主，这 3 个产业的税收占台江国税局全年税收的 80% 以上。

增值税　增值税是以商品生产流通各环节或提供劳务的增值额为计税依据而征收的一种税。凡在我国境内销售货物或者提供加工、修理修配劳务，以及进口货物的单位和个人都是增值税的纳税人。增值税是台江国税收入的主要来源。

增值税共设置三档税率和一个征收率：一般纳税人适用 17% 的基本税率和 13% 的低税率；出口产品适用零税率；小规模纳税人适用 6% 的征收率。

2003 年 5 月，对个体工商业户纳税起征点作了调整：销售货物的起征点由月销售额 600 元调高到 2000 元；应税劳务的起征点由 200 元调高到 600 元；按次纳税的起征点由每次（日）50 元调高到 80 元。

2004 年 6 月，起征点再一次调整：销售货物的起征点由 2000 元调高到 5000 元；应税劳务的起征点由 600 元调高到 800 元；按次纳税的起征点由 80 元调高到 200 元。

消费税　在台江，消费税的征收范围有烟、酒、鞭炮、金银首饰 4 个税目。消费税占台江国税收入的比重不大。

车辆购置税　车辆购置税从 2001 年 1 月 1 日起开征，是由车辆购置附加费转化而来的一个新税种，税率为 10%。

企业所得税　台江县企业少、规模小、税收不多。国有金融、保险等企业所得税在省局预缴、总局汇算清缴，地方只作管理不征收。台江县国税局的企业所得税来源主要依靠信用社，在 2009 年才突破百万元大关。

从 1999 年 10 月 1 日起开征个人储蓄利息所得税，按城乡居民个人存入银行储蓄利息所得的 20% 计征。从 2008 年 10 月 9 日起，财政部、国家税务总局下文通知暂免征收个人储蓄利息所得税。

第三节　国税征收管理

台江县国税局全面推行“以纳税申报和优化服务为基础，以计算机网络为依托，集中征收，重点稽查”的新征管模式，取消专管员管户制度，建立办税服务厅，纳税人的涉税事宜通过办税服务厅

（室）内集中办理，计算机网络在税收征管中得到了普遍运用，纳税方式由“保姆式”上门征税变为纳税人自觉申报缴税。全面推行综合版税收征管软件，实现全县数据集中，纳税人从税务登记到申报征收、从发票发售到税收会统等事宜均可通过计算机操作，自动办税程度大大提高，计算机网络的依托作用得到进一步发挥。开通全国联网的金税工程网络，执行总局“科技加管理”的工作方针，以信息化建设为依托，整体推进征管改革、机构改革、人事制度改革三项改革。大力推进信息化建设，积极开展了新一轮以信息化加专业化为主要内容的税收征管改革，制定《征管质量建设责任制及责任追究制》《征管质量建设评估办法》，出台税收征管岗位职责体系，为提高税收征管质量打下坚实的基础。在完善城市综合征管软件“转型升级”的情况下，加大数据清理力度，从而实现了城市综合征管软件的正常运行，网上数据实现了 WEB 服务器查询，为集中征收和税收电子化的“转型升级”奠定了良好的基础。

台江县国税局推行“一站式”服务，建立健全岗位责任体系，解决“疏于管理、淡化责任”的问题，采取人机结合的方式，实现了数据的审核、比对、分析的高度统一，全面提升征管水平，使征管“六率”显著提高。深入贯彻“依法治税，从严治队，强基固本，稳中求进”的工作思路，坚持科技加管理，以征管质量建设为主线，建立企业纳税信誉等级制度，实行税收专业化分类管理，结合实际，实行自行申报、电子申报、代理申报和委托申报、银行网点申报等多种申报方式。

税收法制宣传是税务工作的重要组成部分，是连接税务部门与纳税人的桥梁与纽带。自 1994 年开始，台江县国家税务局按照总局、省局、州局的宣传思路，紧扣税收宣传月活动主题，不断加大税收宣传力度，精心组织，采取行之有效、生动活泼的宣传方式，开展丰富多彩、形式多样的税收宣传活动。

台江县国家税务局自 1994 年 9 月组建以来，县局各部门均把文明行业创建活动作为抓好“两个文明”建设的重要载体，并在文明创建活动中三次获得省级“文明单位”的荣誉称号。台江局按照“依法行政，从严治队，强基固本，优化服务，突出重点，创新务实，加快发展”的基本思想，从严抓领导班子，从优抓队伍建设，从实抓廉政建设。通过不懈努力，全县国税系统全体税务干部职工整体素质日益提高。

1991—2010 年台江县国税局工商税收完成情况统计表

表 15-8 单位：万元

年 份	年度计划数	完成数	占年度计划（%）
1991	275	292.13	106.23
1992	305	314.88	103.24
1993	354	420.70	118.84
1994	305	318.66	104.48
1995	361	391.87	108.55
1996	380	382.80	100.74
1997	400	439.18	109.80
1998	500	504.44	100.89
1999	500	388.02	77.60
2000	415	424.27	102.23
2001	432	475.15	109.99
2002	489	426.17	87.15

续表 15-8

单位：万元

年　份	年度计划数	完成数	占年度计划（%）
2003	453	452.80	99.96
2004	455	693.75	152.47
2005	970	987.61	101.82
2006	1350	1379.66	102.20
2007	1600	1603.93	100.25
2008	1900	2072.40	109.07
2009	2200	1820.00	82.73
2010	2000	2974.00	148.70

第四节　地方税税种

1994 年成立地方税务局以来，地税征管范围的税种有营业税、个人所得税、土地增值税、车船使用税、房产税、屠宰税、资源税、城镇土地使用税、固定资产投资方向调节税、地方企业所得税（包括国营、集体、私营企业）、印花税、筵席税、按流转税额征收的城市维护建设税、按流转税额征收的教育费附加、滞纳金及罚款收入。

1998 年以后，税率税额有变动的有：

屠宰税：1998 年 2 月 21 日发布贵州省人民政府令第 36 号文件《贵州省屠宰税征收办法》，1998 年 3 月 1 日起实行。从原来自养、自宰、自食的每头猪征收 3 元、牛征收 2 元、羊征收 0.4 元，宰杀上市交易的猪每头 6 元、牛每头 5 元、羊每只 1 元，调整为：自养、自宰、自食的征收猪 6 元、牛 5 元、羊 1 元；宰杀上市交易的猪 10 元、牛 10 元、羊 2 元。2002 年 5 月 17 日省人民政府办公厅文件，黔府办发〔2002〕43 号《贵州省 2002 年扩大农村税费改革试点方案的通知》，同时取消屠宰税。

固定资产投资方向调节税：2000 年 2 月 23 日州地税政二字〔2000〕03 号文件，转发贵州省财政厅、贵州省地方税务局、贵州省计委转发财政部、国家税务总局、国家发展计划委员会《关于暂停征收固定资产投资方向调节税的通知》的通知，从 2000 年 1 月 1 日起执行。

房产税：从租原税率 12%，现行调整为 4%，从价计征的不变。

所得税变动：所得税税制变动，对新办企业所得税从 2003 年 1 月 1 日起由国税局负责征收管理。

第五节　地税收入

1994 年 9 月地税机构成立以来，主要负责全县所属辖区内的地方税种和共享税种的税收征收工作。至 2003 年，共完成各项税收 5049.46 万元。其中，营业税 2724.5 万元、个人所得税 757.68 万元、城市维护建设税 21.71 万元、车船使用税 42.26 万元、房产税 351.7 万元、资源税 7.32 万元、土地使用税 49.74 万元、土地增值税 0.72 万元、印花税 24.83 万元、国有企业所得税 355.3 万元、教育费附加 128 万元、固定资产投资方向调节税 357.72 万元、屠宰税 227.98 万元。

从以上各税种完成情况来看，营业税是主要税种税源。由于营业税的征收面广，又不受营业成本升降的影响，因此收入比较稳定，随着第三产业的发展，营业税的收入也逐步增长。从台江县具体情况来看，主要是建筑安装、金融保险、邮政电信、服务业等的发展促进了税收的增长。

多年来也有影响台江县税收收入的诸多因素：一是有些税种取消或停征，如屠宰税、固定资产投资方向调节税等税种，已于1996年后停征。台江县是国家级贫困县，随着固定资产投资方向调节税和屠宰税税种的取消停征，每年对台江县收入将减少百万元左右。二是企业改制对台江县税收的影响。随着经济体制改革，国有企业转为民办企业或破产，禁伐木材等原因，直接影响了国有企业所得税的征收。最高时年征收所得税98.23万元。

1994—2010年台江县地方税收占地方财政收入比较一览表

表15-9 单位：万元

年度\项目	财政收入	地方税收	地方税收占财政收入比例（%）
1994	613	201	32.79
1995	784	315	40.18
1996	1019	366	35.92
1997	1203	421	35.00
1998	1503	566	37.66
1999	1319	404	30.63
2000	1584	491	31.00
2001	1736	601	34.62
2002	2011	783	38.94
2003	2150	765	35.58
2004	2582	879	34.04
2005	2172	1040	47.88
2006	3540	1212	34.24
2007	4192	1453	34.66
2008	5251	1900	36.18
2009	5139	2917	56.76
2010	10040	4028	40.12

第六节 地税管理

一、征收管理

1994年国税、地税机构分设后，地方税务局负责征收管理、营业税、资源税、个人所得税、城市维护建设税、车船使用税、房产税、屠宰税、城镇土地使用税、固定资产投资方向调节税、土地增值税、地方企业所得税、印花税、教育费附加。上述税种的开停、税目设置、税率制定与调整，均集中在中央，台江县在征收管理上，只就个别税种在一定范围内有确定幅度即负担率以及加倍、减免、加收滞纳金、罚款等权力。

加倍征收：纳税人违反税收法律的规定，税务机关可处5倍以下以及5万元以下的罚款。由县地税局确定加倍或罚款比例。

小额税款减免：对个体工商业户遭遇自然灾害的和下岗失业人员再就业可给予定期减免税，由县局确定。

对不按规定期限缴税户，按日加收5%的滞纳金；对有税不申报，虚假申报等定为偷税以及抗税，地税机关有权处以所偷税款5倍以下罚款。情节严重的，提请司法机关追究刑事责任。

二、制度管理

1994年以来，台江县地税征收管理按制度执行。

税务登记：全县纳入地方税务管理并办理税务登记纳税。

纳税鉴定：国税、地税未分设前，对企业已进行了全面的纳税鉴定，它是针对企业的经营内容，把税种、商品名称、税率、计算方法、缴税期限等，依据税法以书面记载成为税务机关对纳税单位的纳税事宜的认可。国、地税机构分设后，由于税种、税目、计税依据等有所变动，特别是房改后，职工购买本企业房屋，使企业实际资产减少，对于征收房产税原值有所减少，县局对企业进行一次重新修改、鉴定。

纳税申报：是县局19年来严格执行的一种制度，规定在次月7日前必须履行纳税义务主动申报纳税，填明应税品目、营业额、税种、税率、应纳税额等，税务机关据此审核后开具纳税凭证，收取税款。对个体超期户，每超一天罚款5元以上，对企业每超一天罚款20元，从而严肃税收法纪。

纳税辅导：台江县对纳税辅导工作主要是对个体户做到上门宣传党的税收政策，开展税法宣传咨询活动；协助企业做好完备的纳税手续；审核企业应纳税款的各项依据；向企业提出建议健全财务制度；每年年初举办税法知识培训，帮助企业财会人员熟悉税收政策法令。

发票管理：发票统一由税务机关管理。县地税局对全县各行政、企事业单位强调在支付各种应税款项时，必须取得有效的合法凭证才能允许列支，否则将受到处罚。县地税局印制的发票种类分别有行政事业收费专用发票、临时劳务通用发票、饮食业剪口发票、饮食业复写发票、饮食业定额发票、停洗车定额发票、搬运装卸发票、住宿发票、住宿定额发票、建筑安装专用发票、交通运输发票、服务业剪口发票共12种。每年直接由地税机关填开各类发票20余万份，征收税款300余万元，主要是饮食发票、建筑安装发票，临时劳务发票开具量比较大，征收税款多，实行“以票管税”发挥了重要作用。

三、地方票证管理

票证的领发、填用、核销、保管，按《税收票证管理办法》执行。领用的票证有“通用完税证”“罚金收据”“税收专用缴款书”“屠宰税完税证”“印花税票”“印花税销售专用账据”“屠宰税定额票”。计算机广泛应用于税收后，现“通用完税证”为计算机票。

票证使用范围 各种完税证是直接向纳税人收缴税款的凭证；各种专用缴款书是纳税人在直接向国家金库交纳税款的凭证；汇总缴款书是税务专管员（代征员）将自收税款交国库使用的凭证。

票证的填写 按号码顺序填用，不得颠倒；纳税单位和个人的全称和票证或缴款书的各栏逐一填齐、不得省略；复写式的票证和各种缴款书，用蓝、黑复写纸一次套写，不允许分次填写；各种完税证或缴款书在填写时，字迹端正，不准潦草，更不准涂改。

票证账簿及报表 县局设置“票证分类出纳税账”，用以掌握领入、发出、填用、结存数；“票证分类分户账：用以掌握基层征收单位的领用、缴销、结存数。分局、所设置“票证分类出纳账”和

“票证结报手册”，用以掌握本分局（所）和专管员的领用、缴销、结存数。

票证报表分季报、年报两种，季报表有“税收票证用存季（年）报表”和“印花税票用存季（年）报表”。“专用票据季（年）报表”于季后2日报出，年报表与季报一样，年终以季报代年报。

四、征管措施

认真制定征管措施，国税、地税机构分设后，地税局每年的税收任务以20%以上的速度递增，为加强各行业地方税收的征收管理，地税局结合本县实际采取了行之有效的征管措施。

制定征管制度。1994年10月26日省地方税务局以黔地税征〔1994〕02号文件下发《关于加强税收征收管理工作的通知》，随后台江县地税局下达台地税政字〔1994〕01号文件《关于明确纳税地点、纳税范围和有关纳税事项的通知》明确规定：各征收单位要做好纳税资料的交接工作，抓好地方税收的组织入库；认真做好1994年的税收大检查；做好新增户的税务登记管理和税款征收工作；认真做好地方税务系统征管资料的规范化管理，建立一户一档征管资料，逐步实现规范化、科学化、制度化管理。同时明确规定，凡缴纳地方各种的单位和个人，必须按规定期限到地方税务局申报缴纳。这一规定对于治理税收环境、全面完成税收任务起着积极的作用。

加强普通发票的管理，1994年10月25日，省地税局黔地税征〔1994〕02号文件下达《贵州省地方税务局关于发票管理工作有关事项的通知》，其中规定，未取得单位证明的，一律不予以填开发票。规范了税务人员填开发的管理制度，同时严肃了发票管理规定。

加强建筑行业税收管理。1995年，县人民政府于以台府发〔1995〕7号文件批转县地税局《关于加强台江县建筑安装行业税收征收管理的通知》，1998年8月25日又以台地税政字9号文件《关于核定台江县建安行业个人所得税附征率的通知》规定：甲方每拨付工程款时必须取得台江县建筑安装专用发票方能付款，否则，处以5000元以下罚款。

个人所得税按以下标准执行：50万元（含本数）以下工程个人所得税附征率按1%；50万元（含本数）至80万元工程个人所得税附征率按1.5%；80万元（含本数）至200万元工程个人所得税附征率按2%；200万元（含本数）至300万元工程个人所得税附征率按2.5%；300万元（含本数）以上工程个人所得税附征率按3%。

对其他行业的税收征管，地税局于1996年7月8日以台地税政字15号《关于加强台江县娱乐业、服务业税收征管的通知》和同年县人民政府以台府通44号文件《关于加强对台江县个体工商户所得税征管工作的通知》、台府复19号《关于对台江县经济实体征收所得税的批复》实施，即对各行政事业单位举办的经济实体按其全部收入额按4%征收率征收所得税。

1995年，县政府以台府25号文件关于批转县地税局《关于对用材单位和个人征收所得税意见的通知》，地税局又于1998年9月22日台地税征字05号文件下达《关于对台江县采伐经营木材的个体征收个人所得税的通知》，委托林业部门代扣代缴。为发展地方经济增加地方财政收入起到极大作用。后天然林禁伐，无此税源。

五、税务稽查

为了进一步深化地方税收征管改革，充分发挥地税稽查部门的职能作用，加大地方税务执法，加大对偷税、抗税等税收违法行为依法打击的力度，改善和维护税收秩序，确保地方各税组织收入任务的完成。根据上级机构设置精神，地税局于1995年1月成立了“台江县地方税务局稽查队”，人员2人，随着改革的不断深入，对税收工作法制化、正规化、规范化的要求越来越高，原来的稽查队不具有独立执法主体资格，已不适应法制和形式的需要。1998年6月将原来“稽查队”更名为“稽查分局”，人员3人。同年10月又进一步更名为“稽查局”。

从 1994 年新税制实施以来，台江县局侧重于征收管理，致使稽征合一，失去重点稽查的职能作用，到 1998 年稽查局才得以分离出来从事税务管理和独立行使税务稽查执法权，迅速建立健全稽查机构，充实稽查人员，使台江县的稽查人员从原来的 2 人增加到 4 人，稽查工作得到了普遍加强。2002 年税务稽查工作继续改变陈旧的管理方法，实现税收稽查工作由“收入型”向“执法型”稽查转变。

六、优惠政策及落实

随着西部大开发的进程，为加强贵州省经济步伐，中央、省、州陆续出台了西部大开发税收优惠政策，“免三减二”优惠税率、再就业税收优惠等措施相继出台，地税局在贯彻执行过程中始终与上级政策保持一致，确保执行政策到位。

报批减按 15%税率征税。县电力局历来企业所得税按 33%税率征税，根据国家税务局国税发〔2002〕47 号文件，“关于西部地区内资企业以国家鼓励类产业项目为主营业务，且当年主营业务收入超过企业总收入的 70%以上的企业，企业所得税减按 15%税率征收”。据此，电力局提出申请，县局核实后呈报州局审核，由省地税局审批对电力局减按 15%税率征收，在一定程度上支持了企业的发展。

新华书店要求按黔府发〔2003〕7 号文件《省人民政府关于西部大开发若干政策措施的实施意见》第三项规定，在 2003—2010 年内可享受“三免两减半”政策照顾，县局也及时呈报州局。

再就业税收优惠政策落实。根据贵州省劳动和社会保障厅等 13 个部门下发的《关于转发劳动和社会保障部等十一部委〈关于贯彻落实中共中央国务院关于进一步做好下岗失业人员再就业工作的通知若干问题的意见〉的通知》，地税局认真审核落实，以体现党和国家对下岗失业人员的关怀。

第三章　金融

第一节　机构沿革

一、人民银行

1991 年中国人民银行台江县支行内设机构有人事、计划、发行、稽核、保卫机构。1991 年 3 月成立台江县金融系统纪检组和台江县金融系统监察室。同年 4 月 1 日人秘股撤销，分设办公室和人事股。

1993 年 4 月、5 月，成立经济民警队和台江县人民法院驻台江县人民银行金融法庭。

2004 年 6 月，人行和银监分设，原中国人民银行台江县支行副行长刘奇任银监局台江办事处主任。

2010 年年底，支行内部机构设有办公室、纪检监察室、人事股、保卫股、计划统计股、会计国库股、发行库、稽核（金管）股 8 个职能部门和工会、共青团等群众组织。

2005 年至 2010 年，中国人民银行台江县支行专门行使国家金融宏观调控政策，行使《中国人民银行法》所赋予的 13 项工作职能，负责货币信贷、经理国库、支付结算、货币发行工作。

1991—2010 年中国人民银行台江县支行历任行长、副行长名录

表 15-10

姓　名	性　别	职　务	任副行长起止时间	文化程度	职　务
王　玲	女	副行长 行长	1991 年 5 月—2002 年 3 月 2003 年 3 月—2007 年 1 月	本　科	中级
曾庆祥	男	副行长 行长	2006 年 10 月—2008 年 4 月 2008 年 4 月—2009 年 9 月	本　科	中级
陈建泳	男	副行长 行长	2009 年 9 月—2010 年 9 月 2010 年 9 月—	本　科	初级
王昌模	男	副行长	1998 年 3 月—2000 年 7 月	大　专	中级
刘　奇	男	副行长	2002 年 5 月—2003 年 12 月	大　专	中级
张俊峰	男	副行长	1994 年 4 月—2006 年 7 月	大　专	中级
王华清	男	副行长	2006 年 9 月—	大　专	中级
杨宏成	男	副行长	2010 年 4 月—	本　科	中级

二、农发行台江县支行

中国农业发展银行台江信贷组于 1997 年 1 月成立。1997 年 1 月 8 日县农行与农发行分家，24

日账务交接，石昌俊副行长调任农发行派驻台江信贷组负责人。1998年6月1日农发行派驻台江信贷组被撤销。农发行业务又划回县农行代理，人员回县农行安排。石昌俊曾任农发行派驻台江信贷组负责人。

三、农行台江县支行

1991年，中国农业银行台江县支行（以下简称县农行）由于业务需要，内部机构几经撤并。5月27日撤销支行营业部和信贷资组股，设置会计出纳股、信贷股、资金组织股。6月，撤销施洞、革东储蓄所。8月21日，监察稽核股分设为监察室、稽核审计股。12月27日，恢复县农行纪检组，张应文任组长。

1992年1月31日成立县农行检察室。2月19日，成立黔东南苗族侗族自治州农业银行储蓄劳动服务部台江县分部，并招收储蓄代办员。11月15日，成立农行经济民警台江小分队，队员由保卫股人员组成。12月创办经济实体，成立县农行银兴综合贸易公司。年末支行有12个股室，辖4个基层营业所、1个储蓄所，全行78人。

1993年1月撤销信贷股，分设农业信贷股、工商信贷股。3月8日，县农行工会换届选举，张建新任主席。6月，成立县农行金融法庭，县法院潘昌辉派驻任庭长。6月22日呈文请示中国人民银行台江县支行（以下简称县人行）注销施洞、革东两个储蓄所机构名称。

1994年1月1日，撤销县农行银兴综合贸易公司经济实体机构。当月，成立房地产信贷部，全县住房基金、购房款专户存入县农行。4月6日县法院派张志成兼任县农行金融审判法庭庭长。5月，对政策性业务清理认定，6月3日正式划转，7月1日交接，县农行开始全面代理中国农业发展银行（以下简称农发行）各项业务，并明确石昌俊副行长分管农发行业务。

1995年6月，台拱营业所迁至老街原县政府门口门面办公。10月13日，支行储蓄所更名为城关储蓄所；12月，县农行工会换届选举，王辞南任主席。

1996年，职工实行双聘，内部机构撤并、精简，原股（室）改称科（室）。6月撤销信合股，县农行与信用社彻底脱钩。原保卫股更名为经济民警队，稽核监察与纪检并为1个科室，一个机构两块牌子，县农行机构精简为5个科（室），辖4个营业所、1个储蓄所。

1997年1月8日，县农行与农发行分家。

1998年3月，支行机构又作调整，经济民警队改称保卫科，6月1日农发行派驻台江信贷组被撤销。农发行业务又划回县农行代理，人员回县农行安排。7月15日清退4名储蓄代办员。8月11日成立农业开发信贷科，杨德品任副科长主持工作，负责办理政策性专项业务。10月6日成立县农行营销部。11月10日撤销县农行党组、纪检组，成立县农行党委和纪委，伍季松行长任县农行党委书记，张建新、杨德品副行长任委员，纪委书记由张建新担任。12月撤销南宫营业所。年末，县农行机构有6个科（室），辖3个营业所、1个储蓄所。干部职工66人，1名职工辞职。

1999年8月，建立县农行微机中心室。

2000年2月，资金信贷科与农业开发信贷科合并为信贷科，增设市场开发科，其他科（室）不变。9月县农行接收中国工商银行台江县支行（以下简称县工商行）存款业务，城关储蓄所搬进县工商行大楼第一储蓄所办公营业。台拱营业所搬进县工商行职工住宅楼一楼第二储蓄所办公营业。11月台拱营业所搬至十字街安居工程一楼县农行门面办公营业。当年2名员工内退。

2001年2月，竞聘上岗，人员分流，内部机构再次调整、撤并，县农行机关科（室）改称为部（室），设综合办公室、稽核监察部、计划财务部、安全保卫部、信贷管理部、客户服务部6个部（室）。营业网点设：支行营业部（含营业部储蓄专柜）、台拱营业所、革东营业所、城关储蓄所。6月，城关储蓄所升格为分理处。8月，撤销施洞营业所。1名员工内退、2名员工买断工龄。

2002年改革力度加大。3月，内部机构再次调整，部门名称统称为“部”，部门负责人称“经理”，综合办公室改称为人事综合部，客户服务部改称为客户经理部。增设风险资产部，稽核监察部、计划财务部、信贷管理部、安全保卫部4个部门依旧。6月，撤销革东营业所，存款业务划归剑河县，除县城网点外，各乡（镇）营业机构全部撤销。8月，撤销支行营销部，成立支行市场营销委员会。是年，全行员工共55人，计划减员6人。年末有1人退休，10人内退。

2003年城镇建设规划，县工商行大楼被拆，11月县农行城关分理处搬至城关一小教职工住宅楼一楼门面办公营业。

2004年8月，县农行内部机构再作精减，将原7个部撤并为4个部，原安全保卫部并归综合部，计划财务部并归营业部，其他各部也按业务工作性质划为业务发展部和资产风险经营部。10月，县农行城关分理处撤销，业务划转营业部。11月，营业机构开始实行柜员制。年末，全行有员工36人。

2005年9月，继续实行双聘，员工未被分流。综合部、业务发展部、资产风险经营部、营业部（含储蓄专柜）、台拱营业所等机构网点依旧不变。

2007年7月17日，二级分行批复“台拱营业所”升格，更名“台江县翠文支行”。欧德兰任行长（正股级）。

2010年，支行机关四大部（室）机构设置依旧。下辖“翠文支行”二级行。全行在册职工39人。

农业银行台江县支行历任正副行长名录

表15-11

姓 名	职 务	任职时间	离任时间
吴昌平	代理行长	1990年6月	1993年4月
刘太健	副行长主持工作	1992年4月	1993年8月
	行 长	1993年8月	1994年12月
张建新	副行长主持工作	1994年12月	1996年9月
	行 长	1996年9月	1997年6月
伍季松	行 长	1997年6月	2000年9月
黎 斌	副行长主持工作	2000年9月	2001年8月
杨德品	副行长主持工作	2001年8月	2002年8月
	行 长	2002年8月	2007年4月
石昌俊	副行长	1990年6月	1997年1月
石光跃	副行长	1994年11月	1996年6月
王辞南	副行长	1996年9月	1998年9月
杨德品	副行长	1998年11月	2001年8月
张建新	正科级	1998年11月	—
盛治毅	副行长	2001年8月	2002年3月
杨 军	副行长	2001年8月	—
盛治毅	副行长	2003年9月	—
马 波	行 长	2007年4月	2011年7月
龙 飞	副行长	2009年4月	2001年10月
邰青松	副行长	2009年4月	—
胡 勇	副行长	2009年6月	2011年8月

四、中国工商银行台江县支行

1986年，中国工商银行台江县支行成立，专门负责商业贷款业务，同时开办单位存款和居民储蓄业务。2000年，中国工商银行台江县支行机构上收，职工进行分流，部分职工通过上竞聘上岗方式到凯里工作；部分职工提前退休；部分职工通过一次性买断工龄，另谋出路。至此，中国工商银行台江县支行退出台江。

工商银行台江县支行历任正副行长名录

表15-12

姓　名	职　务	任职时间	离任时间
杨秀元	行　长	1986年6月	1997年4月
张　伟	副行长	1986年6月	2000年4月
杨善元	总稽核（副行级）	1986年6月	1993年7月
迟庆黔	行　长	1997年5月	—

五、中国建设银行

1987年，中国建设银行台江县支行成立。专门负责建设贷款业务，同时开办单位存款和居民储蓄存款业务。1997年6月，中国建设银行台江县支行机构上收，部分职工分流到台江县工商银行，部分职工提前退休；部分职工通过一次性买断工龄，另谋出路。至此，中国建设银行台江县支行退出台江。

建设银行台江县支行历任正副行长名录

表15-13

姓　名	职　务	任职时间	离任时间
秦付平	行　长	1987年6月	1995年4月
欧　忠	行　长	1995年6月	1997年6月

六、信用合作社

信用社是农村、社区股份制合作金融机构，原属农行领导，1996年12月，根据国务院文件，与县农行脱离行政隶属关系，成为独立的金融机构。2003年12月，由省联社垂直管理。信用联社董事会（理事会）、监事会，由社员代表大会选举产生。经营层的主任、副主任由理事会聘任。

1991年，信用社下辖4个区社和城关信用社。1992年，全县撤区并乡后，农村信用合作社机构随之进行全面调整，8个乡镇社各设分社。1995—2010年，内设机构为业务股、人秘股、稽核审计股、监察股、保卫股。

七、财产保险公司

中国人民财产保险股份有限公司台江支公司（简称人保财险台江支公司）是中国人民财产保险股份有限公司分支机构，是台江县境内唯一一家有支公司的财产保险公司，于1986年9月建立，当时有职工 7 人。公司具有完善、高效的保险售前、售后服务网络，联结全国人保财险系统的“95518”服务热线，24 小时不间断地为客户提供全天候、多方位的保险服务。业务范围覆盖全县财产保险市场的所有领域，保险市场份额占全县非寿险的 70% 左右。截至 2013 年年底，台江支公司共有员工 9 人，其中，签订劳动合同及劳务派遣合同 6 人，营销人员 1 人。

台江县农村信用合作联社历任班子人员名录

表 15-14

姓　名	性别	文化程度	职　称	职　务	任职起止时间	备　注
张春光	男	高中	经济师	副主任 主任 副主任 主任	1986 年 3 月—1989 年 8 月 1989 年 9 月—1993 年 4 月 1993 年 5 月—1998 年 4 月 1998 年 5 月—2001 年 4 月	第一届代表大会选举产生 第二届代表大会选举产生 第三届代表大会选举产生 第四届代表大会选举产生
吴昌福	男	初中	会计师	副主任（主持）	1993 年 5 月—1998 年 4 月	第三届代表大会选举产生
李达生	男	高中	—	副主任	1993 年 5 月—1994 年 9 月	第三届代表大会选举产生
吴德元	男	小学	经济师	副主任	1998 年 5 月—2000 年 2 月	第四届代表大会选举产生
刘昌海	男	中专	经济员	监事会主任	1998 年 5 月—2000 年 2 月	第四届代表大会选举产生
唐先奎	男	初中	助理经济师	副主任	2000 年 2 月—2001 年 4 月	县联社第四届理事会聘任
黄　华	男	本科	助理经济师	理事长 理事长	2001 年 4 月—2004 年 12 月 2005 年 1 月—2010 年 12 月	第五届代表大会选举产生 第一届股东大会选举产生
张连森	男	本科	助理会计师	监事长 监事长	2001 年 5 月—2004 年 12 月 2005 年 1 月—2010 年 12 月	第五届代表大会选举产生 第一届股东大会选举产生
杨德春	男	大专	经济员	副主任	2001 年 5 月—2004 年 12 月 2005 年 1 月—2005 年 9 月	第五届代表大会选举产生 第一届股东大会选举产生
秦江永	男	大专	会计员	副主任	2001 年 5 月—2004 年 3 月	第五届代表大会选举产生
欧光明	男	本科	—	副主任	2005 年 1 月—2010 年 12 月	首届理事会聘任
邰昌辉	男	本科	助理经济师	副主任	2006 年 1 月—2010 年 12 月	首届理事会聘任
张　旭	男	本科	—	主任助理	2010 年 2 月—	经营层聘任

台江县财产保险公司历任经理名录

表 15-15

姓　名	性　别	文化程度	职　称	职　务	任职起止时间
张光富	男	初中	经济师	经理	1989 年 9 月—1999 年 3 月
周　云	男	大学	经济师	经理	1999 年 4 月—2000 年 6 月
杨　剑	男	大专	—	经理	2000 年 8 月—2010 年 12 月

八、人寿保险公司

中国人寿保险股份有限公司台江支公司于 1997 年分业经营，支公司秉承“成己为人、成人达己”的企业文化核心理念，遵循“诚信为本、稳健经营”的企业宗旨，恪守“创新、拼搏、务实、奉献”的企业精神，把“与客户同忧乐”作为企业价值观，以“与时俱进、争创一流”的精神，一直在为台江县老百姓的经济生活提供良好的保险保障服务。一直致力于造福社会大众，为建设和谐社会贡献更大的力量。2010 年，支公司有职工 7 人。

台江县人寿保险公司历任正、副经理名录

表 15-16

姓　名	性　别	文化程度	职　务	任职起止时间
谢　湘	男	大专	经理	1997 年 1 月—1999 年 1 月
罗稀祥	男	大专	经理	1999 年 2 月—2002 年 10 月
赵红艳	女	大专	经理	2002 年 11 月—2004 年 6 月
王昌茂	男	大专	经理	2004 年 7 月—2005 年 6 月
李永跃	男	大专	经理	2005 年 7 月—2007 年 1 月
罗俊奎	男	大专	经理	2007 年 2 月—

九、邮政储蓄

1986 年，邮电部遵照国务院的指示，经与中国人民银行商定，签署了《关于开办邮政储蓄的协议》，决定于是年 4 月 1 日起在各地邮政机构正式开办储蓄业务。1988 年，台江县邮电局正式开办了人民币个人储蓄业务，当时在邮电大楼一楼（现苗疆西大道电信营业厅）开办了第一个手工网点：台拱邮电所，办理邮政储蓄业务，先办理的业务有活期储蓄、定期储蓄（整存整取、零存整取）2 类。1996 年又相继在施洞邮电所和革东邮电所开办了人民币个人储蓄业务，1998 年 10 月邮电分营以后更名为邮政储蓄。2005 年，随着剑河新县城搬迁至革东镇，革东邮政储蓄所划归剑河县邮政局管辖。2006 年 3 月，台江县城苗疆东大道邮政储蓄所正式开业。

2007 年，中国邮政储蓄银行正式成立，各邮政储蓄所也相应更名为中国邮政储蓄银行股份有限公司台江县营业所，标志着邮政储蓄步入专业化经营的轨道。2009 年，中国邮政储蓄银行黔东南苗族侗族自治州支行信贷部台江分部挂牌成立，邮政储蓄银行在台江开始办理信贷业务。

第二节　货币信贷政策

贯彻扩大内需政策，大力发展消费信贷。自 1999 年以来，面对县内消费信贷业务起步晚、发展慢的状况，为支持地方扩大内需和促进消费，根据人总行《发展消费信贷的指导意见》和上级行有关文件精神，不断拓宽消费信贷业务领域，有效促进了县内该项业务的较快发展。截至 2010 年年末，全县金融机构已开办有工业、商业、建筑业、农业、乡镇企业、“三资”企业、私营企业及个体、其他等 11 大类 20 多个消费贷款品种。其中，以个人住房的农户为主的消费信贷，发展迅速，逐渐成为商业银行和信用社新的信贷增长点。2010 年年末，涉农贷款余额 49000 万元（信用社），占当年贷款总额的 99.6%。尤其是房地产业的迅速发展，带动了建材、水泥等行业的快速发展和地方经济的较快增长。

在消费信贷业务发展中，县内商业银行和农村信用社不断创新业务品种。开办了旅游、装修、大额耐用消费品、出国留学等贷款，贷款数额由小到大，由单一到多品种，满足了居民的需求。当然，也存在一定的风险。

加强对房地产信贷业务的政策指导，督促县内各金融机构，认真执行人总行关于经济适用住房开发贷款，规范住房金融业务的各项政策措施。2003 年，按照《中国人民银行关于进一步加强房地产信贷业务管理的通知》，台江县人民银行向县内各商业银行进行传达，组织学习讨论，防范房地产信贷风险。

推动国家助学贷款政策贯彻落实。国家助学贷款直接关系到提高民族地区文化、科学、经济发展和人口素质的大问题，在消费信贷业务中居特殊的地位。台江县人民银行积极协调、推动县内商业银行和农村信用社落实助学贷款的“四定”“三考核”工作，发放助学贷款。2003 年，根据两部一行（财政部、教育部、人民银行）文件要求，台江县人民银行积极向县人民政府反映，县人民政府给予积极支持，成立了以分管副县长为组长的“国家助学贷款协调领导小组”，制定相关办法，促进银校合作，及时发放助学贷款。

推动开展下岗失业人员小额担保贷款业务。2003 年年初，人民银行、财政部、国家经贸委、劳动和社会保障部 4 部委联合下发《下岗失业人员小额担保贷款管理办法》后，台江县人民银行及时协调有关部门，转发文件，保证国家有关政策顺利贯彻执行。台江县人民银行还协调各商业银行按审慎原则签订“下岗失业人员小额担保贷款银保合作协议”，制定贷款业务办理流程。同时，还建立统计监测制度，按月对下岗失业人员担保贷款发放情况进行统计，并及时向政府和有关部门通报情况，协助解决存在问题。支持 200 多个下岗失业人员自谋职业或自主创业，维护社会稳定。

农村信用社改革试点工作。1998 年根据黔府办〔1997〕64 号文件要求，结合县体改办的安排部署，在县人民政府的直接领导下，采取“三先三后”的办法，认真开展了整顿规范县内农村信用社的工作。通过多年的艰辛、扎实、细致工作，全县 12 个农村信用社均于 2004 年 12 月 25 日前相继召开了社员代表大会，选举产生了新一届理事会和监事会。

2003 年 11 月，根据国务院在 8 省区进行农村信用社改革试点的部署，以及省政府、人民银行贵州分行、州中心支行的有关要求，台江县人民银行成立了农村信用社改革试点资金支持工作小组。小组成员组织各信用社进行学习讨论，并及时转发《中国人民银行关于印发〈农村信用社改革试点专项中央银行票据操作办法〉和〈农村信用社改革试点专项借款管理办法〉的通知》，通过学习，使之理解并切实吃透文件精神，结合台江实际，依据两个办法制定具体的实施意见和要求：一是以法人为单位，改革信用社产权制度，明晰产权关系，完善法人治理。二是改革信用社管理体制，将信用社的管理交由地方政府负责。围绕改革目标要求，在发行专项借款和中央银行票据两种方式上，要求信用社认真理解，真正结合本社实际选择好方式。

2004—2005 年，认真做好农村信用社改革试点资金支持方案的实施与考核工作。支行按月上报农村信用社的改革试点工作的进展情况，并按季进行考核，通过认真的考核，农村信用社与县人行于 2004 年 5 月 17 日签订了“农村信用社改革试点专项中央银行票据协议书”。通过一系列的工作，促进农村信用社法人治理结构和经营机制的转换和创新，从而达到农村信用社改革目标的实现。

2006 年，稳步推进农村信用社改革。积极做好信用社改革的资金支持和中央银行专项票据的考核工作。从完善法人治理结构、降低不良贷款比例、提高资本充足率等方面进行严格把关，认真审核，信用社改革步伐加快，存、贷款稳步增长，不良贷款大幅度下降。是年，信用社各项存款余额 21490万元，比基期增加12950万元，增长151.64%；资本充足率为8.01%，比基期增加7.12个百分点；不良贷款 469 万元，比基期减少 547 万元，不良贷款点比 2.44%，比基期下降 10.11 个百分点。

截至 2010 年 12 月，台江县内农村信用合作联社，全部选择认购中央银行专项票据。县内农村信用社改革试点工作，总体进展顺利。信用社各项业务持续平稳增长，内控制度不断完善、加强，经营机制逐渐转换，财务状况逐步好转。

信贷资金管理　农业银行的信贷资金管理范围包括信贷基金、各项存款、各项贷款、金融机构往来资金、其他资金等所有的资金来源和资金运用。1994 年农业银行步入商业化管理，会计核算科目与国际接轨，资金来源与运用项目改为资产与负债项目，农业银行的信贷资金管理也开始实行资产负债比例管理。通过加强信贷资金的管理，把城乡各方面的暂时闲置资金吸收进来，增加信贷资金来源。再通过对信贷资金实行有计划地分配，从而促进城乡产业结构调整和商品经济的发展。

1991 年，农业银行的计划编报包括两大计划编报：一是信贷现金计划，二是财务会计计划。信贷现金的编报是财务会计计划编报的主要依据。信贷现金计划主要由信贷现金收支状况表和计划执行情况简要文字说明两部分内容组成，资金来源项目有 13 个科目，资金运用有 11 个科目。信贷现金收支状况表主要是通过一系列指标数字，反映信贷资金来源和运用的增减变化和总量，以及资金来源与运用的平衡关系。计划执行情况简要文字说明，主要是反映编制计划的指导思想、信贷工作的方针政策、资金增减变化的具体情况。信贷现金计划主要指标包括存款、贷款和信贷差额 3 个部分。县农行是信贷现金计划和财务会计计划的编报单位。由各基层营业机构网点和信用社定期定时、按月按年报送县支行，县支行汇总后（信用社会计报表另外汇总）将信贷现金计划执行情况表主送州农行中心支行和当地县政府，同时，发送当地县人行及有关部门。财务会计报表主送州农行中心支行，发送当地县人行。州农行中心支行汇总全州计划，往省分行上报。每年上级行根据下级行上年编报的计划和完成的情况，结合国家的产业政策及国民经济计划的要求，将各项业务计划指标逐级下达到县支行一级，县支行再将各项业务指标分解后下达到各基层营业机构网点。各项计划的审批权都集中在上级行，上级行下达的指标主要有各项存款的计划增长指标、各项贷款发放的限额及规模控制指标、各项贷款的收回指标、各项费用计划、利润计划等。各项计划指标一般是年初下达，年中调整，年底控制。特殊情况下，某项指标不足时，途中可向上级行申请追加，批准后可按批准限额使用。农副产品收购贷款指标不足时，可边报边贷，特殊情况也可先贷后报。贷款指标分为指导性和指令性指标，贷款总规模和指令性计划指标都不能突破，专项扶贫贷款实行项目管理，以项目申报逐笔审批。技术改造贷款、乡镇企业设备贷款、基本建设贷款等都属于指令性。

1994 年，实行资产负债比例管理，编报的科目作相应调整，资产类项目有 10 个大项目，负债类项目有 12 大项目，同时，开始承担农业发展银行业务分开后编报工作。1995 年，信贷现金收支状况表改称为信贷资金借贷表，资产项目调整为 17 大项，负债项目为 16 大项，各种附表的编报也相应增加，其中包括贷款明细表、各项贷款累计分析表、信贷分地区分析表（按正常、逾期、催收等贷款占用形态编报）、现金收支月计表、现金收支累计表等。1996 年，上级行对存款计划任务按目标下达，贷款指标以季度限额下达，年底控制总规模。并实行资金头寸监测双日报制度。（每周二、周四上午报本周末资金），6 月与信用社脱钩，不再负责信用社的编报工作。2000 年，省分行直接向高风险行业下达常规贷款的下降指标，严格限制县支行和营业所的常规业务贷款的审批，明确专项贷款按商业性贷款进行管理和发放。随着信贷资产质量实行五级分类管理的要求，信贷现金计划编报的项目和内容也随之改变，信贷现金收支状况表改称为人民币信贷收支分析表。

2004—2005 年，本外币信贷收支分析表，人民币信贷收支分析表及人民币财务收支分析表等各种分析编制报表共 19 种，上级行根据下级行这些计划编报数据的完成情况，进行参考、平衡，制订下达各行下年的各项存款增长计划数，各项贷款发放和收回数等业务指标，以及下达各行的中间业务收入、经济利润、综合费用等财务指标。2006 年以后贷款实行贷款指标与风险指标挂钩，与不良贷款占用率指标挂钩，经营考核重点放在经营效益和风险管理。

第三节　银行存款

由于台江经济欠发达，温饱问题尚未全部解决，加之，各金融机构对存款的竞争，县农行存款不稳定，增长速度缓慢。1991—1994 年间，各项存款平均每年只上升 455 万元，余额 2748 万元。包括企业存款、农业存款、储蓄存款、信托类存款、其他存款 5 种。1995 年信托类存款并入其他存款，增加金穗卡业务存款。1997 年，金穗卡存款并入储蓄存款，增加部队存款。1998—2003 年，县工商行撤销，扶贫专项业务列为县农行自营业务，存款逐年增加，各项存款余额达 43757 万元，其中，企事业机关团体等对公存款余额 32993 万元、储蓄存款余额 10764 万元。各项存款分为企业存款、城镇储蓄存款、农业存款、其他存款 4 种。2004—2005 年，其他存款中分出机关团体存款，各项存款分为企业存款、城镇储蓄存款、农业存款、机关团体存款、其他存款 5 种，存款余额达 40893 万元。按款项来源性质总体划分为对公存款和个人储蓄存款两大类。从 2006 年至 2010 年各项存款分为企业存款、财政存款、机关固体存款、储蓄存款、农业存款、信托存款、委托存款和其他存款 8 种。存款余额逐年上升，其中 2006 年余额为 52580 万元、2009 年余额突破 10 亿元大关，2010 年存款余额为 117866 万元，在这 5 年期间年平均增加 6129 万元，平均增长幅度为 9.1%。

一、储蓄存款

储蓄存款，以前只开办活期储蓄存款和整存整取定期储蓄存款两大储种，随着业务的发展，开办了定活两便储蓄存款、零存整取定期储蓄存款、整存整取定期储蓄存款、存本取息定期储蓄存款等。1991 年储蓄存款增长较缓慢。县农行加大储蓄宣传力度，开展业余揽储、制定揽储考核方案，年底储蓄存款余额达 571 万元，较年初上升 99 万元。1992 年上级行规定，凡开业三年以上、余额在 50 万元以下的储蓄所要撤并，为了加强储蓄存款工作，在资金组织股配备一名专职储蓄事后监督员，负责对城关储蓄所当天发生的储蓄业务进行事后监督。在各基层营业所也明确了坐班主任为兼职事后监督员。同年成立“兴农服务部”招收一批储蓄代办员，加强储蓄业务工作。对储蓄所的所容所貌、储蓄员工的仪表、举止进行规范化管理。由于各金融机构对存款竞争的激烈，1993 年 1 月，人民银行发出通知规定，不许使用不正当的手段吸收存款。当年开办房地产储蓄、养老储蓄、礼义存单储蓄等种类。城关储蓄所储蓄余额达 1042 万元。日均发生业务量近 200 笔。县农行申请上级行配备电脑储蓄设备。1994 年，全省农行系统开展“业余揽储竞赛活动”，提倡早开门、晚关门，中午不休息。规定不许提高利率参与“储蓄大战”。州中心支行下达发卡任务 20 张，卡存款余额 5 万元，其中单位卡 5 张，10 月下旬开始向社会办理。

1995 年 5 月开办“个人通知储蓄存款”业务。取存金额为 1000 元，多存不限。州二级分行下达县农行发卡任务 45 张，卡存款余额 10 万元，其中单位卡 15 张。为了保证存款，城关储蓄所开办存单质押小额贷款。当年储蓄存款较年初上升 451.4 万元，占下达 400 万元任务的 112.9%；金穗卡开户 70 户，卡存款余额 8.7 万元。1996 年 3 月停止办理新的保值储蓄业务，开办爱心卡。同年储蓄纯增计划任务、储蓄存款增长率都超过全州各县农行，储蓄存款纯增额、市场份额超全州水平，金穗卡发卡量超额完成任务，获得州二级分行通报表彰。1997 年金穗卡、金穗万事顺卡在异地系统内发生业务，有些行以各种借口拒绝受理，农总行、各省分行发出通知，各行不得以任何理由拒绝受理信用卡业务，出现拒办，严肃查处。从 1997 年 10 月 1 日起，金穗卡（含金穗万事顺卡）的异地存款手续费、异地消费回扣收入一律留为受理行，发卡行不再参与分成，异地取现、异地转账的手续费执行原规定，受理行按手续费收入的 50% 划给发卡行。1998 年 4 月，省分行转发农总行《关于立即查禁高息缆存行为的紧急通知》，不准各行下达单项存款考核指标，禁止存款任务与职工个人工资、奖金、福利挂钩考核。6 月实行个人存款账户实名制，7 月人民银行禁止开办有奖有息储蓄。县农行“兴农服务部”撤销，清退了 4 名储蓄代办员。1994 年 4 月，全省农行储蓄业务实现通存通兑。

2000 年 9 月县工商行撤销，部分储蓄存款转入县农行，储蓄存款增加。2001—2003 年，储蓄存款稳步增长。2004 年 8 月，接收天同保本增值基金代理销售工作，分配任务 70 万元，三年到期。2005 年，储蓄存款余额达 13616 万元，较年初增加 787 万元；2006 年，储蓄存款余额达 39241 万元，较年初增加 10489 万元；2007 年，储蓄存款余额达 46277 万元，较年初增加 7036 万元；2008 年，储蓄存款余额达 56305 万元，较年初增加 10068 万元；2009 年，储蓄存款余额达 64388 万元，较年初增加 8083 万元；2010 年，储蓄存款余额达 76253 万元，较年初增加 11865 万元。

二、企事业机关团体存款

企业存款、农业存款、机关团体存款和其他存款统一俗称对公存款。1991 年县农行的资金自给率达 65.8%，还靠部分借款来开展业务。人民银行实行存款制约贷款。县农行对企业按销货款归行情况发放贷款，把全行的组织存款任务与职工经济利益挂钩考核。年底，对公存款较年初增加 327 万元。

1992 年，抓活期存款和单位存款等低成本资金。代收学生报名期间的学费入库，开办其他代收代付、代理保险等新业务。抓农口资金归行管理，上门发动交通、水电等单位以工代赈资金 318 万元存入县农行。对 15 户开户企业的专用基金实行专户管理，企业销货款归行率达 98% 以上，各项存款、城镇储蓄存款、企事业单位存款三项指标任务提前一个月完成。县农行在全州农行资组工作会议上作组织企事业存款经验交流发言。12 月 16 日省电视台采访，并在该电视台播出。1992 年发现部分收购企业的收购资金在几家银行都开有存款账户，有的企业搞资金体外循环，信贷资金难以监督管理。县农行要求《主要农副产品收购企业只在一家银行开户》的请示得到县人行的支持。1994 年，人民银行对各商业银行实行存款的增长确定贷款限额。县农行正处于农村金融体制改革阶段，按照“一分二脱三转换”的改革模式，把政策性存款业务分离出去，粮油、农业综合开发等企业资金划走，与信用社脱钩，信用社存款及存款准备金划走，资金十分困难。7 月，要求全县房改公积金专户存入县农行和成立房地产信贷部的请示得到县政府的同意并批复，划住房基金（售房款）100 万元存入县农行。1995 年 3 月，县农行发行凭证式国库券。1996—1997 年间，企事业存款回落，县农行开展各种公关，大抓企事业存款和非生息存款资金，代收代付烟草、粮食、交警等部门的存款业务。

1998 年，有些地方出现金融机构向异地（即在服务区以外，不包括同城）吸收单位存款，人民银行发出《关于停止各商业银行吸收异地单位存款》的通知，已吸收的要报人行后清退。同年，存款准备金制度改革，农行州二级分行通知，改革后的存款准备金缴存由县支行按各项存款纯增额 20% 比例按月向州分行缴存，今后各行不再向当地人行缴存。1999 年 6 月，存贷款利率下调，存款受到一定影响。2004 年 2 月，人民银行重申严禁金融机构不正当存款竞争。6 月，县人行对各商业银行高息揽储进行检查。8 月，县农行开办教育储蓄新种类，从 2001 年起县农行的资金情况逐步好转。2004 年 8 月，县农行召开“黄金客户”座谈会 2 天，参加人员有三凯高速公路各建设标段负责人和财务人员、本县企事业单位领导。当年各项存款余额达 58183 万元，其中企事业机关团体存款 45354 万元。全省县级支行等级行评定，县农行总排名第 19 名，评定等级为 A 类行，列为全省农行“十强支行”名单。2005 年存款稍有回落，9 月 3—4 日县农行召开代发工资业务协调会，各行政企事业单位负责人和财务人员参加。当年全县行政事业单位工资开始由县农行代发。

2006 年以后由于经济不断发展，人员经费也逐年上升，因此，机关企事业团体存款逐年增加，其中 2006 年存款余额为 7149 万元，比年初增加 3359 万元；2007 年存款余额 9193 万元，比年初增加 2044 万元；2008 年余额为 12036 万元，比年初增加 2943 万元；2009 年存款余额 18326 万元，比年初增加 6290 万元；2010 年存款余额为 17119 万元，比年初减少 1207 万元。

三、邮政储蓄

1988 年，台江县邮电局正式开办了人民币个人储蓄业务，当时在邮电大楼一楼开办了第一个手工网点台拱邮电所，办理邮政储蓄业务，先办理的业务有活期储蓄、定期储蓄两类。1996 年又相继在施洞邮电所和革东邮电所开办了人民币个人储蓄业务，1998 年 10 月邮电分营以后更名为邮政储蓄。2005 年，随着剑河新县城搬迁至革东镇，革东邮政储蓄所划归剑河县邮政局管辖。2006 年 3 月，台江县城苗疆东大道邮政储蓄所正式开业。

2007 年，中国邮政储蓄银行正式成立，各邮政储蓄所也相应更名为中国邮政储蓄银行股份有限公司台江县营业所，标志着邮政储蓄步入专业化经营的轨道。2009 年，中国邮政储蓄银行黔东南苗族侗族自治州支行信贷部台江分部挂牌成立，邮政储蓄银行在台江开始办理信贷业务。

2010 年，邮政储蓄在台江县大部分乡镇都设有网点，服务范围也由当初简单的个人储蓄业务、汇兑业务扩展为个人储蓄业务、电子汇兑、个人理财产品、代售基金、代售国债、代理保险、自助银行、网上银行、手机银行等业务，不断满足各乡镇人民的金融服务需求。专业化经营后，邮政储蓄业务得到了突飞猛进的发展，从 1988 年开办业务，到 1990 年存款余额为 50 万元。2010 年年底，台江邮政储蓄的个人存款余额为 11003 万元。

第四节　银行贷款

一、工业贷款

1991 年，企业存贷款资金仍按归口管理办法划分。县农行支持和管理的工业企业不多。有页岩砖厂（现在建材厂）、县水泥厂、内燃机配件厂、民族刺绣厂、综合加工厂等，这些企业都是农行用常规工业贷款指标支持，每年上级行下达的指标都不多，当年下达 10 万元，年中调整追加为 20 万元。随着政策开放，允许企业选择银行，银行也可以选择企业，加上农行代理的扶贫项目贷款发放，原在他行开户的企业为得到扶贫贷款的支持而到农行开户。企业“三项资金”（产成品、发出商品、应收货款）占用严重，上级行要求年底把占用资金压缩 15%，对企业流动资金贷款和技改贷款实行按季结息，不能支付利息的计收复利。同年，工业贷款年利率下调为 8.64%，小型工业企业贷款利率上浮 20%。1992 年 5—6 月，发放给页岩砖厂 9.3 万元，水泥厂 42 万元。10 月，发放给民族刺绣厂 16 万元。凡三、四类企业贷款都实行财产抵押。1993 年企业信用等价评定：内燃机配件厂为二级，适当控制贷款，利率上浮 15%；水泥厂为三级，从严掌握贷款，利率上浮 20%，当年发放工业贷款 14 万元。1994 年信贷资产占用形态分类管理，工业逾期贷款 26 万元。常规贷款支持的 5 个企业，亏损 1 个，盈余 4 个。按照“扶优限劣”的信贷原则，发放工业流动资金贷款 32 万元，用专项扶贫贷款支持民族刺绣厂 150 万元。

1995 年，对企业贷款实行提取存款准备金。贷款优先保证重点项目和重点企业发放。当年发放工业贷款 62 万元。1996 年，企业贷款打破所有制、产业和区域的界限，突出效益。发放给铅锌矿厂 30 万元、制茶厂 10 万元以及水泥厂、建材厂等共计 75 万元。1997 年水泥厂改制，承包给广州商人黄春明经营，民族刺绣厂因资不抵债而倒闭。县农行信贷业务逐步转移到低风险、高效益的企业上来。同年发放工业贷款 30 万元，收回 45.5 万元，短期工业贷款较年初下降 15.5 万元，工业逾期贷款下降 13 万元。1998 年，有色金属线材厂因资不抵债、法人代表逃走而倒闭，下欠贷款 25 万元。银行对销货款归行率达不到 80% 的企业停止新贷，收回旧贷。1999 年 3 月，水泥厂被拍卖给广西北海市黄茨等人而成为私营企业。

2000 年，贷款实行重点支持优良客户、严格管理一般客户、限期退出限制客户、坚决甩掉淘汰客户。6 月，内燃机配件厂申请破产。建材厂仍保持国有工业企业性质维持生产。到年底，这些工业企业下欠的工业贷款 1228.1 万元（含部分专项扶贫贷款在内），已逐步形成呆账。2003 年，按照重点支持优良客户，上好项目、大项目的信贷投向，发放短期工业贷款 183 万元。2005 年 7 月，继续发放短期工业贷款 300 万元。2006 年后，由于贷款统计归属发生变化，工业贷款分类合并为单位贷款类统计。

二、商业贷款

1991 年，商业贷款分为商业系统贷款、粮食系统贷款、供销社系统贷款、收购烟草贷款、种子公司贷款、预购定金贷款、集体商业贷款、国营农业收购农产品贷款、其他商业贷款 9 个种类。主要是粮食系统、供销社系统发生的贷款多。1993年，商业贷款年累计发放1332.6万元，贷款余额达1730.6万元，其中，商业流动资金贷款余额718.9万元，收购农副产品贷款余额1011.7万元。1994年，县农发行业务分开核算，粮食系统贷款用专项贷款支持，各项贷款项目作调整，贷款种类随之变化。1995年，商业贷款调整为农副产品收购贷款、贸易贷款、供销社贷款3个种类。1996年，商业贷款科目取消，分别设贸易贷款、农副产品收购贷款、供销社贷款3个贷款种类。1997年，重新启用商业贷款科目，分为农副产品收购贷款、贸易贷款、供销社贷款3个种类。1998—2005年，增加粮棉油加工企业贷款种类，贷款尚未发生。2006年以后，由于贷款统计归属发生变化，商业贷款分类合并为单位贷款类统计。

三、农业贷款

农业贷款包括国营农业贷款、农村集体贷款、个体农业承包户贷款、扶贫贷款、对信用社贷款以及开发性贷款、外资配套贷款等。

1991年，增加对农业信贷的投入，县农行控制发放个体工商贷款，集中资金支持农业。至6月底，支持农资公司、农机公司、种子公司以及基层供销社累计调进尿素495吨、磷肥1057吨、农膜7.8吨、种子6万公斤、抗旱油60吨、抗旱机械35台（件），发放贷款126.7万元。全年县农行发放各种农业生产贷款651万元（其中包括生产资料贷款100万元、对信用社贷款106.3万元），发放扶贫贷款11.8万元，支持农户发展种植业、养殖业。信用社对个体农户发放农业生产贷款170.5万元。1992年，有些乡（镇）发生洪涝灾害，春耕生产受影响，县农行各营业所和信用社在2月份发放贷款共48.9万元，解决部分困难农户购买化肥75吨、种子1.7万公斤、耕牛189头、生猪245头、农具105件。4月，清理农业生产物资供应部门的不合理资金占用，处理历史债务包袱17.5万元，解决供销社199万元贷款，购进化肥农药、农膜等农业生产物资，清出农机公司挪用农用信贷资金12万元，又支持该公司38万元贷款购进农用动力机械及排灌机械230台。8月，各地旱情严重，县农行和信用社干部职工下乡参加抗旱，发放贷款共67.7万元。农行又发放扶贫贷款76.5万元，支持农户发展种植业、养殖业。1993年，县农行存款出现大滑坡，上级行规定，农行发放项目贷款，信用社发放个体农户贷款。至5月底，县农行发放给农资公司、种子公司、基层供销社的贷款购进各种化肥890吨，金额25万元；农药2吨，金额4万元；农膜13吨，金额4万元；农具630件（套），金额3万元；种子7万公斤，金额14万元。信用社解决个体农户购买耕牛850头、化肥890吨、农药10吨、生猪1050万头、种子2100公斤、中小农具950件（套）。县农行和信用社发放春耕生产贷款共114万元。5月31日至6月1日，全县各地遭受暴雨袭击，巴拉河沿岸水灾严重，行长带领职工下乡蹲点救灾，老屯榕山渡口农户房屋、粮食、生活用具等被洪水冲走，台盘大寨大坝秧田全部被冲毁。革一、施洞部分地区干旱严重，革东的交东、展架两村共有田478公顷，仍有328公顷无水打田栽秧。县农行对农资公司、农机公司、供销社等企业发放组织救灾资源贷款97.4万元。信用社发放29.6万元，解决群众生活、生产、救灾资金需要。其中，革东信用社发放10.1万元、革一信用社发放6.5万元、施洞信用社发放4.1万元、老屯信用社发放5.2万元、台盘信用社发放3.7万元。

1994年科目调整，扶贫贷款和信用社贷款调离农业贷款项目，农业贷款包括国有集体农业贷款、个体农业承包户贷款。4月19日，部分乡（镇）遭受暴雨、冰雹袭击，农户房屋、育秧田、育秧棚、小麦地、油菜籽地严重被毁。受灾严重的有革东镇、排羊乡的南刀村、施洞镇的良田、四新村等。5月25日，巴拉河、清水江沿岸又遭洪水袭击，老屯、施洞、革东是这次洪水灾害的重灾区。部分民房、粮食、牲畜、生活用具等被洪水冲走，公路、道路、桥梁、水利设施被毁坏，大面积的秧田被冲毁。据统计，3个乡（镇）被冲毁良田达7978.93亩（老屯乡2490亩、施洞镇1570亩、革东镇3918.93亩），冲毁已栽秧田2657.8亩，育秧田970.73亩。县农行抽出干部职工分赴3个乡（镇）救灾，共发放农业救灾生产贷款649.7万元。其中，对农资、农机、种子及基层供销社等部门用于购进化肥、农药、农膜、种子、农具和农机具、抗旱油共276万元。老屯、施洞、革东3个信用社也直接向农户发放生产生活贷款。1995年，上级行继续强调加大支农力度，贷款优先安排农业专项贷款和农业贷款，常规贷款纯增指标控制在200万元。至6月底，县农行发放常规农业贷款累计达377.9万元。支持农资公司、种子公司、基层供销社购进各种化肥3281吨（其中尿素720吨、碳酸氨1488吨、复合肥244吨、磷肥829吨），农药23.2吨、农膜8082公斤、种子70吨。至年底，县农行累计发放常规农业贷款649.7万元，信用社发放支农贷款431.1万元。1996年，信贷规模实行以资产负债管理为基础的贷款规模管理。县农行继续加大支农力度，发放常规农业贷款722.3万元，对供销社发放生产资料贷款55万元。1997年3月，县农行发放春耕生产农业贷款153万元，其中，发放给农资公司化肥贷款18万元，农膜贷款15万元。年底累计发放常规农业贷款512.5万元，其中供销社、农资公司购进生产资料贷款115万元。1998年，常规贷款实行存贷增量比例管理，二级分行下达贷款增量指标55万元。县农行规定除烟草、农资企业外，对资产负债率超70%的企业，不得发放短期贷款。6月以后，明确专项业务为农行的自营业务，常规贷款，专项扶贫贷款实行“双轨”运行，重点支持农业项目和黄金客户。大面积实施农户小额扶贫贷款到户发放和农业项目申报发放。2000年以后，专项贷款并入常规各项贷款项目，实施“双优”战略。2003年，发放农业贷款20316万元；2004年，发放农业贷款38803万元；2005年，发放农业贷款345.3万元。从2006年以后，由于贷款统计归属发生变化，农业贷款分类进行了细化。

四、扶贫贷款

扶贫贷款包括：一般扶贫贷款（含少数民族扶贫贷款）、残疾人康复贷款、边境贫困农场扶贫贷款。1995年以后，逐步发放农业基建技改贷款，农业综合开发贷款、山区综合开发贷款等，后统称专项扶贫贷款。

扶贫贷款是国家支持贫困地区开发经济，发展商品生产，解决群众温饱的一种政策性专项贴息贷款。从1986年起，中央连续5年对全国31个重点贫困县每年发放10亿元专项贴息贷款，月息为6.1‰，中央财政补贴息4‰，借款户（单位）承担2.1‰，后调整为2.4‰、2.5‰、3.375‰，收回再放不贴息，月利率7‰，贷款期限一般为1～3年，最长不超5年。贷款投向的重点是投资少、见效快、有市场，家家户户都能干，适合发挥本地资源优势，有助于解决温饱问题的生产项目。贷款对象主要是能为农户提供服务或为贫困户安排就业的独立核算的各种农工商合作经济组织，乡镇企业和少数小型县办工业，少数有法人地位、组织生产开发经营服务的经济实体。贷款资金实行项目管理，县扶贫开发办审核项目立项，县农行具体办理贷款发放。1987年开始，下达台江地区250万元专项扶贫贴息贷款。扶贫贷款的投放采取两种方法，一是直接发放到户，农民直接受益；二是以项目逐笔申报审批向企业和项目单位发放。

第五节　其他贷款

一、粮油农副产品收购贷款

1991年，优先支持农副产品收购，执行粮油贷款优惠利率。对定购、议购粮油收购，计划内烤烟收购和适销对路的大宗农副产品收购积极支持，发放贷款540.2万元。1992年，州中心支行下达上半年贷款规模重点用于支持夏粮收购和农业生产，其他贷款通过收旧贷新解决。2月开始，按人行批复的农副产品收购贷款、粮棉油贷款年利率执行7.74%。6月，台江粮食系统结算中心成立，全县9

个基层粮管所的贷款统一由结算中心上贷下拨。县农行对当年现有粮食挂账实行新老挂账划断。同年发放粮油收购贷款1201万元。1993年，上级行对农副产品收购贷款实行年度的指令性管理，开设购销资金专户。县农行成立夏收资金领导小组，农副产品收购资金不许打“白条”。全年发放粮油收购贷款658.6万元，发放农副产品收购贷款（含生产资料贷款）719.6万元，发放烟草收购贷款6万元。1994年，部分乡（镇）遭受冰雹袭击，小麦、油菜籽减产，施洞地区受灾最重。市场出现私人抢购，油菜籽收购价格上升到2元/公斤。5月，及时发放收购贷款41万元，收购油菜籽27400公斤，6月发放达318.8万元，收购油菜籽181吨，粮食调销700吨，全年发放国家专项储备贷款328.5万元，收购夏粮入库2086吨，代理发放280万元。

1995年上半年发放粮油收购贷款172万元，收购油菜籽557吨，发放用于粮食调销贷款40万元。全年发放农副产品收购贷款764.3万元，其中，粮油收购用款497万元，收购油菜籽611吨，秋粮入库2575吨。调销粮食用款148万元，购进专粮抛售和进口粮1305吨。1996年，粮油收购资金开始由粮食、财政、银行三家共同承担。粮棉油政策性贷款与库存值挂钩管理。用地方储备粮升值款消化粮食政策性财务挂账。当年发放农副产品收购贷款155万元。1997年农发行分家，粮油农副产品收购贷款由农发行派驻台江信贷组发放，粮油贷款资金实行封闭式运行。当年省政府规定，农户每完成50公斤定购粮（贸易粮），供应10公斤尿素。国家批准按保护价敞开收购议购粮。粮食部门千方百计扩大仓储。1998年6月以后，农发行派驻台江信贷组撤销，县农行继续代理农发行业务，粮棉油收购、调销贷款不再执行利率优惠，统一按人行规定的同期、同档次正常贷款利率执行。由于粮食年年丰收，各基层粮食仓容紧张。政府规定的粮食销售挂牌价格与市场销售价格开始出现倒挂，改制工作结束，粮油农副产品市场全部放开。2000年以后无此贷款分类。

二、生产资料贷款

为了保证农业生产资料资金的供应，上级农行每年在安排贷款指标时，都用较大的比例安排此项资金，县农行用专户管理。资金主要投放给供销社系统的农资部门及基层供销社，用于组织和筹备农业生产所需要的化肥、农药、农具等。扶贫项目实施以来，在常规贷款指标不足时，申请扶贫资金来解决。1991年“温饱工程”和“高产工程”实施，发放扶贫项目贷款150.9万元，解决项目所需的农药、化肥。又发放100万元的常规贷款，解决了常规农业生产。1992年，发放150.3万元，用“温饱工程”项目贷款指标发放26万元。1993年，商业供销系统贷款实行全面抵押，对农资公司发放39.8万元，因常规贷款指标不足，用“温饱工程”贷款指标发放67.9万元，分给农资公司10万元、台拱供销社16.9万元、施洞供销社18.57万元、革东供销社13.9万元、南宫供销社8.53万元，年息4.8%，共调进化肥2240吨，1994年对农资公司、农机公司、种子公司及各基层供销社组织春耕生产资料，发放常规贷款28万元，代理发放扶贫专项贷款280万元，购进碳酸铵3109吨、磷肥906吨、复合肥178吨、尿素905吨、农药4.8万公斤、良种9万公斤、杂交稻种子7.5万公斤、杂交玉米1.5万公斤。1995年，发放常规贷款228万元，上半年就购进化肥2122吨、农膜210吨、农药31264公斤。1996—1999年，发放生产资料常规贷款共计499万元。2000年，企业改制全面结束，县农行全面进入商业化管理。2000年以后无此贷款分类。

三、小额扶贫贴息贷款

1991年，大部分的扶贫贴息贷款已到期、逾期。全县扶贫贴息贷款余额已达273.5万元（其中收回再放余额12.8万元）。3月，对1986年和1987年发放、1991年年底到期的扶贫贴息贷款进行重点清收。6月省农行通知，在少数民族地区，对确实没有偿还能力的贫困户所欠农业贷款可延长还款期限三年至四年，并停止逾期罚息。当年对部分困难的农户办理了贷款延期，收回部分到期逾期贷款6.5万元。1998年6月，明确扶贫专项业务为农行自营业务，基层所怕发放的扶贫款收不回而产生畏难情绪，发放进度缓慢。7月，二级分行通知，在三季度末扶贫贴息贷款的发放要完成下达计划的80%以上，小额信贷切块到县，按当地的实际情况安排，不受50万元规模限制，要把小额到户的指标下文分配到各乡（镇）。8月，县农行及时成立农业开发信贷科，负责办理扶贫贷款专项业务。10月，实行小额扶贫贷款转授权，由行长伍季松转授给农业开发信贷科副科长杨德品，代表行使台江支行范围内小额扶贫贷款发放的审批权，授权期限一年。到户的小额扶贫贷款不用抵押，采取村组签字盖章推荐，乡（镇）扶贫站审核同意，县农行负责放款的“五户联保”信用贷款方式，每户2000元，当年发放小额扶贫贷款745万元，首先放给老屯的望京村，施洞的杨家寨，革东的方陇、交东下寨，方召的巫脚南，台拱的展福村、两开寨，排羊的平寨，台盘的龙井，南宫的展归，革一的新寨等。对48户移民搬迁发放三年期的大额扶贫贴息贷款81.25万元。自建房7户13.2万元，种植业、养殖业大户21户45.62万元。1999年，县政府为了大力发展种植业、养殖业，按照省州的指示调进部分金秋梨树苗和脱毒马铃薯，规定任务在发放小额信贷时扣减贷款户部分贷款购买，有的贷款户意见很大，第一季度下达台江扶贫专项贷款400万元，其中，扶贫贴息贷款160万元、一般扶贫贷款240万元，贷款期限1年，最长不超过3年，利率统一按年息3%执行。以小额信贷发放到户为主，重点支持各乡（镇）自然村寨农户的种植业、养殖业和春耕生产。发放指标分配到各乡（镇），当年全县发放1480万元，7400户得到扶贫贷款。其中，发放给革东镇达22个村750户，贷款金额150万元；南宫乡达17个村835户，贷款金额167万元；方召乡达15个村615户，贷款金额123万元。

2000年8月，县农行实行扶贫贷款审批权转授，2000元（含本数）由信贷科、营业所审批发放，2000元以上至5万元（含本数）以下由分管行长审批发放。同年向施洞、革东部分农户发放民族扶贫贷款发展民族刺绣，向台拱、革一发放残疾扶贫贷款，向台拱及部分乡镇农户发放计划生育扶贫贷款和沼气扶贫贷款及移民扶贫贷款。同时发放9个乡（镇）共42个村61户种养专业户贷款，当年共发放小额扶贫贷款1197万元，覆盖全县9个乡（镇）村村寨寨共28161户，扶贫人数达14万人，有些农户连续几次得到扶贫贷款。2001年，扶贫贷款上级行不包资金，发放资金由各行自筹，发放计划包括在收回计划数之内，上级规定严格坚持小额信贷的发放条件，以乡（镇）为单位，小额信贷收回率达70%的乡（镇）可以增加小额信贷发放计划。至年底，全县2001年到期小额信贷达2788万元，2002年1—7月，只收回267万元，占下达任务的9%。收回率低的乡（镇）有台拱、施洞、革一、南宫、台盘。部分贷款户把扶贫贷款当成救济款，有赖账思想。同年，对全县部分确有困难的2403户贷款办理了1090元的贷款。2003年，小额扶贫信贷全县发放100万元，发放给老屯1.6万元、革一2万元、方召7.2万元、排羊1.6万元、施洞8.4万元、南宫37.2万元、台拱42万元。2004年，发放给革一36.7万元、方召14.47万元、台拱150.1万元、南宫62.1万元、排羊28.5万元、老屯92.3万元、施洞72.7万元、台盘46.5万元。支持梅影村55户的大棚蔬菜种植19.85万元。实现了每户大棚蔬菜占地一亩，3头母猪饲养、3头商品猪出售的目标。全年全县发放小额扶贫信贷503.28万元。

2005年，县农行继续发放给台拱135.59万元、方召19万元、台盘24.06万元、老屯75.5万元、南宫11.6万元、排羊2.7万元、施洞63.6万元、革一13.2万元。当年共发放345.25万元。除每年都收回一部分小额扶贫贷款外，到年底，全县小额扶贫贷款下欠余额2919.28万元。2006年以后小额扶贫贷款归属发生变化。

四、扶贫项目贷款

1991年，县农行发放扶贫贴息贷款62.13万元，其中收回再贷款4.18万元。支持台江县酒厂9万元、水泥厂30万元、农牧局的品改站和草原站35万元。1992年，县农行发放扶贫贴息贷款77.1万元，其中收回再贷1.87万元。支持台江县酒厂、建材厂、工艺鞋厂、药材公司药材种植项目基地等。1993

年各行政事业单位兴办经济实体，成立各类公司，积极领办、承办扶贫项目。当年上报批复扶贫贷款项目 17 个，项目贷款 819 万元，按照“当年的扶贫资金当年发放，不留尾巴”的要求，首先发放民族刺绣厂 101 万元、内燃机配件厂 51 万元、水泥厂 10 万元、脱水厂 14.7 万元、水泥制品厂 35 万元、制茶厂 35 万元、自然综合开发公司 56 万元、乡镇企业矿产公司 8 万元。1994 年，发放扶贫贴息贷款 162 万元，扶贫贷款 230 万元，扶贫贴息收回再放贷款 403.4 万元，省扶贫贴息贷款 558.7 万元。发放重点支持民族刺绣厂 150 万元、革一经济开发公司 10 万元、农牧局品改站 10 万元、水泥制品厂 30 万元、制茶厂 176 万元、自然综合开发公司 20 万元、康太食品有限公司 110 万元、林业造林公司 150 万元，支持县农牧局“两高一优”温饱工程 16 万元以及投放了部分种植业、养殖业项目。

1998—2005 年台江县各乡镇小额扶贫贷款发放情况一览表

表 15-17　　单位：万元

乡　镇	1998 年	1999 年	2000 年	2003 年	2004 年	2005 年	累放合计
台拱镇	165.00	360.00	420.00	42.00	150.06	135.59	1272.65
南宫乡	65.00	167.00	125.00	37.20	62.06	11.60	467.86
施洞镇	80.00	150.00	100.00	8.40	72.67	63.60	474.67
老屯乡	95.00	190.00	137.00	1.60	92.31	75.50	591.41
排羊乡	65.00	120.00	80.00	1.60	28.46	2.70	297.76
台盘乡	50.00	110.00	45.00	—	46.51	24.06	275.57
方召乡	80.00	123.00	50.00	7.20	14.47	19.00	293.67
革一乡	85.00	110.00	80.00	2.00	36.74	13.20	326.94
革东镇	60.00	150.00	160.00	—	—	—	370.00
合　计	745.00	1480.00	1197.00	100.00	503.28	345.25	4370.53

1995 年 11 月，执行省开发办、省教委《关于动用扶贫资金开展贫困地区教育和校办产业的试行办法》，台江民中拟建年产 300 吨塑料包装生产线项目，申请扶贫贷款 99 万元。当年全县上报扶贫项目 14 个，申请贷款 2168 万元，其中农业扶贫项目专项贷款 339 万元，已发放 338 万元（一般扶贫贷款 32 万元），1996 年上报贷款项目 25 个，批复 9 个，发放给革东镇金秋梨优质水果基地 100 万元，国有林开发公司杜仲生产基地 130 万元，革一乡千亩金秋梨丰产栽培基地 110 万元，内燃机配件厂技改项目 300 万元以及黔江木制品厂 16 万元，月利率都是 2.4‰。发放给台江县 2 万亩金秋梨基地建设 100 万元，中幼林扶育管理 40 万元，贷款期限 5 年，年息 10.98%；发放给凯里化肥厂技改工程项目（县农资公司的化肥货源厂）650 万元，贷款期限 5 年，年息 8.1%。1997 年 1 月，农发行派驻台江信贷组成立，发放扶贫贴息贷款 404.9 万元，扶贫贷款 650 万元。同年实行对固定资产投资贷款项目评估收费和企业信用等级评定收费的管理。当年实施农业开发项目 9 个，发放项目贷款 1115 万元，贷款期 5 年。1998 年 6 月，派驻农发行台江信贷组撤销，县农行继续代理农发行的业务，发放进度缓慢。7 月，农行二级分行下发通知，在三季度末要完成发放计划的 70% 以上。年末发放了 9 个乡（镇）经济开发公司金秋梨项目贷款 583.7 万元，6 个行政事业单位经济实体金秋梨项目贷款 148 万元，5 个工业企业、加工业的扶贫项目贷款 186 万元。1999 年，继续发放 11 个项目单位的金秋梨基地贷款 114.27 万元。

2000 年利率执行调整，人行取消对农行收回再贷的利率补贴，新发放的扶贫贷款按年息 3% 执行，专项贷款实行五级分类，贷款按商业性质进行发放和管理，先授信后贷款。有的工业企业、加工企业全靠贷款维持而面临倒闭。同年申请破产的工业企业 11 个，各行政事业单位经济实体的金秋梨项目基地也采取承包给个体农户管理。是年，发放给造林公司 140 万元、国有林场 20 万元、城关一小电教设备 17 万元、广播电视局网改建设 150 万元。年底专项贷款比年初增加 1238 万元。2001 年，上级行下达发放计划 1594 万元（包括当年收回再放的 352 万元），不包资金，各行自筹。严禁给限制客户和淘汰客户发放新贷款，主要支持供水、供电、供气、城建、交通（高速公路）等基础设施建设和文化、教育、卫生事业建设，上大项目、好项目。是年，发放给电力局 200 万元、自来水公司水改 700 万元、县土地开发中心国道扩建 400 万元、台江民中电教设备 24 万元、邮政局网改 100 万元、金秋梨公司 80 万元，房地产开发中心 400 万元、县山地开发中心 300 万元等。2002 年 5 月，发放给三凯高速公路建设 5 亿元（总发放 18 亿元，其中专项扶贫贷款 10.8 亿元、常规贷款 7.2 亿元，分年分批发放，常规贷款不在此叙述）。2003 年，发放给电力局电网改造 380 万元、三凯高速公路 2 亿元。12 月，发放给台江民中学生公寓综合大楼工程 216 万元。2004 年，发放给三凯高速公路 3.8 亿元、县人民医院医技门诊迁建工程 300 万元。2005 年，三凯高速公路用常规贷款支持，其他项目固定资产贷款实行授权管理，审批权限按融资总额度确定，原则上集中在一级分行（含分行）以上，按照“谁审批，谁组织评估”和“先评估，后审批”的原则办理。2006 年，发放近 5 年最大一笔贷款岩寨电站建设项目 9600 万元。2007—2010 年，此贷款未发生。

第六节 保险业务

一、代理保险业务

2002 年，县农行先后与中国人寿保险股份有限责任公司台江支公司、中国人民财产保险有限责任公司台江支公司、安邦财产保险股份有限责任公司黔东南中心支公司、太平洋财产保险股份有限责任公司黔东南中心支公司、太平洋人寿保险股份有限责任公司黔东南中心支公司、平安财产保险股份有限责任公司、天安财产保险股份有限责任公司黔东南中心支公司 7 个保险业务单位合作，代理保险业务。2004 年 1 月，代理保险业务实行单独考核，县农行设立代理保险业务股室。是年实现手续费收入 9.2 万元，成功与太保人寿黔东南中心支公司营销红利来分红保险，实现保险费收入 145 万元，其中单笔保单保额达 45 万元，成功与人保财险营销财产保险实现保费收入 45 万元。2005 年，实现代理保险业务手续费收入 6.7 万元。

二、财产保险业务

人保财险台江支公司承办的业务主要有财产保险、机动车辆保险、责任保险、人身意外伤害保险、农业险等 50 余个险种。此外，还根据市场和客户的需求，适时设计开发新的保险产品。借助强大的电子信息技术手段对公司进行科学有效的管理，逐步由过去的粗放型向智能型和集约型转化，最大限度地维护了客户和公司的利益。在立足台江县经营的 28 年中，始终坚持依法合规经营，坚持以市场为导向，以客户为中心，为台江县经济的发展、社会的稳定提供了强有力的保险保障。财产保险公司年保费规模为 660 万元，市场份额达 70% 以上。2010 年以来，台江支公司保费收入 1703 万元，上缴代缴各类税金近 200 万元，支付赔款 1590 万元，为台江县的经济发展和社会稳定做出了积极的贡献。

三、重大理赔案例简介

2010 年 8 月 19 日 21 时许，贵州省台江县施洞镇井洞塘村 4 组发生特大火灾，房屋全损的有 26 户，房屋部分损失的有 7 户，受灾人数达 130 人。此前，台江全县农村房屋在人保财险台江支公司统一投保，每户保额7000元。

接到报案后，贵州省分公司立即启动重大事故应急预案，按照"快查勘、快定损、快理赔"的原则，省、地、县三级公司紧密配合，于8月20日下午全部完成查勘定损工作。为尽快将赔款送到灾民手中，在特大火灾发生两天后的8月21日上午9时，人保财险台江支公司在井洞塘村举行保险理赔现场兑现会，贵州省公司总经理吕如庆亲临现场为农民兑现保险赔款。此次火灾共支付保险赔款18.49万元。

四、人寿保险业务

人寿保险业务从2005年到2010年共收取保费5876.87万元，每年为近20000名客户提供了各种养老保险、分红保险、意外伤害保险、重大疾病保险、医疗保险等保险保障。

2010年，人寿保险公司实现总保费收入878.65万元，各类理赔支出178.71万元，各项给付达215.74万元。2013年，仅学生保险一项，累计为学生及家长支付医疗伤残等赔付40多万元，理赔服务达300人次。几年中，人寿保险公司开展的国寿小额信贷保险也为台江县居民贷款还款提供良好的保障，2010年赔付金额达80万元。另外，2010年人寿保险公司举办各类保险知识讲座15余场，其中乡镇保险知识讲座两场，为居民了解保险运用保险提供了良好的宣传平台，也为台江县的保险事业发展做出了应有的贡献。

2005—2010年中国人寿保险股份有限公司台江支公司历年保费统计一览表

表15-18

年份	总保费（万元）	长期保险费				短期险保费		
		首年期缴（万元）	其中10年及以上期缴（万元）	趸　缴（万元）	续　收（万元）	意外险保费（万元）	意外险（件）	健康险保费（万元）
2005	211.13	21.86	14.14	51.69	105.01	18.85	373	13.72
2006	546.56	73.59	23.61	320.42	120.58	17.59	396	14.38
2007	438.36	32.83	24.30	247.16	114.64	27.47	1290	16.26
2008	623.63	49.57	30.62	370.35	135.51	44.94	3870	23.26
2009	641.49	63.07	48.97	320.79	165.80	60.69	3453	31.14
2010	685.80	83.24	61.14	296.05	203.51	57.22	1733	45.78

第十六篇

教育　科技

第一章　普通教育

第一节　学前教育

学前教育是指对年龄未满7周岁前的儿童进行语言、文化、艺术等方面的启蒙教育。1991—2010年，台江县的学前教育主要是贯彻《中华人民共和国教育法》（以下简称《教育法》）、《幼儿园工作规程》《幼儿园管理条例》等法规，指导幼儿园深入实施素质教育，为学校教育和终身教育奠定基础。学前教育实行政府统筹管理，教育教学的指导和办园（班）的设置、审批、评估由教育行政部门负责，采取公办、集体、个体、联合等形式发展学前教育。学制为学前一年教育和学前三年教育并举。

一、幼儿园

幼儿园的教育分为保育和教育，由课堂活动和室外活动完成。保育是对幼儿的生活习惯、卫生习惯、营养状况、休息睡眠、疾病预防等进行科学管理。教育就是对幼儿早期启蒙教育，以课程教育教学方式开展。1991—1995年，幼儿园课程开设识字、音乐、美术、体育活动等。1996年国家颁布《幼儿园教育指导纲要（试行）》后，统一开设了健康、语言、社会、科学、艺术课程，并按新的课程内容开展教育教学。

1990年，全县有县直机关幼儿园和实验幼儿园，办学条件差，设施设备简陋。1991年以后，教育行政部门用世行贷款经费在县直机关幼儿园园址上新建一栋园舍。1993年，县直机关幼儿园并入实验幼儿园。1995年，实验幼儿园搬至新建成的幼儿园，园址占地面积1551平方米，建筑总面积1351平方米，办园条件得到了改善，9月被省教育厅评为县示范性幼儿园。之后，县示范性幼儿园不断充实更新设备，配备了小转椅、摇摇床、滑梯、大型组合玩具等教学设施，对教学楼重新装饰，卫生设备、生活用具较完备，教学方法、服务质量有所改进。

1993年5月，新建施洞镇幼儿园，9月投入使用，占地面积109.3平方米，建筑面积218.6平方米，共两层，由施洞镇中心小学分管。时至2009年因施洞镇中心小学扩建，占到农户杨贵华家楼房，经双方协商同意，把施洞镇幼儿园与杨贵华家楼房进行置换。2010年3月，施洞镇幼儿园暂时搬到施洞镇中心小学老教学楼上课，分小、中、大3个幼儿班。新幼儿园规划确定在施洞镇中心小学新校门口旁修建。2003年，在州机关幼儿园扶持下，方召乡反排村幼儿园建立，园址在反排小学校门旁的木房。2009年，因木房成危房，幼儿园改成反排小学附设幼儿班。

1998年，县城开始出现民办幼儿园。到2006年，农村进城务工人员及个体经营者逐步增多，县城民办幼儿园也由原来的2所增加到5所。为规范民办幼儿园的办园行为，2006年9月，根据县教育《关于对社会力量举办幼儿园进行评估认定意见》，对大森森、金苹果、欢乐童心、小福星、大风车5所幼儿园进行督导评估。其中，欢乐童心和小福星两所幼儿园办园条件不达标，被终止办园。另3所幼儿园经评估整改后，加大资金投入，改善了办园条件，教学方法、服务质量得到提升，一直发展到2010年。

二、学前班

学前班主要由条件较好的幼儿园和全日制完全小学承办，招收5～6周岁儿童进行学前教育，一年以后进入小学一年级。1990年，全县学前班有20个，教师20人，大部分教师为代课老师，在班儿童498人，均附设在全日制小学内。

1990年以来，学前教育进一步受到社会和政府部门的重视，办学逐步规范化，学前班个数逐年增多，全县曾达到28个班，在班儿童914人。全县学前教育得到快速的发展。在1995年—2000年期间，时值普及六年义务教育，全县大力动员适龄儿童及幼儿入学。在班儿童数和班数相对增加，1995年全县学前儿童数和班数曾高达1039人和36个班。2000年后，出现了集体、个体等多种办学模式。2004年，适龄儿童入学达到1269人。2010年，全县在园幼儿园达2218人，学前三年入园率达35.45%，其中女童达35.03%；农村儿童学前一年受教育率达80.55%，其中女童达75%。2010年11月，国务院下发了《关于当前发展学前教育的若干意见》，要求以县为单位编制学前教育三年行动计划，安排专项资金，用三年时间实现每个乡镇建一所公立幼儿园。同时，充分利用小学布局调整闲置的校舍改造成村幼儿园，有效缓解“入园难”问题，防止和纠正幼儿园教育“小学化”倾向。

三、幼儿园简介

台江县示范性幼儿园　是由县直机关幼儿园和实验幼儿园合并而成，县直机关幼儿园于1958年始建于老县委，1984年搬迁至现园址；实验幼儿园前身是1981年8月创办的学前班（原二小木房），1984年迁至城关一小（育智学校的前身），1987年8月迁至教育局改名为实验幼儿园。1993年3月县机关幼儿园因建新教学楼而合并到实验幼儿园，1995年9月实验幼儿园从教育局迁至新建成的幼儿园，9月底改名县示范性幼儿园。园址占地面积1551平方米，建筑总面积1351平方米，有6个班，在园幼儿220人，教职工18人。园内设置有各项适于幼儿活动的器械，对全县幼儿教研和幼师培训起示范作用。

台江县示范性幼儿园崇尚“多元智能”理论，坚持以人为本，以建设有文化的幼儿园、培养有思想的教师为目标，以队伍建设为保障，以教育质量为核心，以园本教科研为途径，促进幼儿园全面可持续发展。树立“对孩子终生发展负责、幼儿利益至高无上”的教育意识，倡导“赏识教育、快乐发展”。以培养健康、快乐、自信、友爱、会沟通、善合作、积极主动、活泼聪慧的幼儿为教育宗旨，并在全面育人的前提下，开创民族特色教育，以实现“营造孩子理想成长的乐园，构建成教师的精神家园，编织家、园、社区教育信息互动的百花园”为最终目标。全园承诺：“给孩子妈妈般的呵护，给孩子全面发展的机会，让孩子拥有最美好的童年。”

台江县示范性幼儿园曾获台江县教育工作“文化建设”先进集体、“平安校园”先进集体、“德育”先进集体、“校务公开”先进集体、台江县绿化先进单位。

施洞镇幼儿园　始建于1993年5月，9月投入使用，占地面积109.3平方米，建筑面积218.6平方米，共两层，由施洞镇中心小学分管。时至2009年因施洞镇中心小学扩建，占到农户杨贵华家楼房，经双方协商同意，把施洞镇幼儿园与杨贵华家楼房进行置换。2010年3月施洞镇幼儿园暂时搬到施洞镇中心小学老教学楼上课，分小、中、大3个幼儿班。并确定在施洞镇中心小学新校门口旁修建新幼儿园，新园址占地面积1372.3平方米，建筑面积830平方米，共3层。共设集教室、睡房、盥洗室为一体的多功能教室6间，厨房1间，储存室7间，多功能舞蹈室1间，办公室3间，会议室1间，教具制作室等功能室，各种配备设施趋于完善。

施洞镇幼儿园以“一切为了孩子”的办园宗旨，以“让孩子们接受更好的学前教育，满足家长培养孩子成才的要求”为办园理念，以“团结、奉献、和谐、发展”为教师的发展目标，真正把幼儿园办成社会满意、家长放心、幼儿开心的富有农村特色的乡镇中心幼儿园。

第二节 小学教育

一、学校布局与调整

1991年，小学教育继续贯彻《中华人民共和国义务教育法》，巩固和发展普及成果，全面提高教育教学质量。全县共有225所小学，其中中心完小30所、村级完小30所、初小153所、教学点12个。1991年以后，县人民政府结合台江县情作出了分期分批对各小乡镇普及初等教育工作进行检查验收的规划。不断改善小学办学条件，新建一批砖混结构的教学楼，全县小学生均校舍面积为1.6平方米，中心小学以上的学校都配备了教学仪器设备，课桌凳也相应地得到补充。为能加快教育事业的发展，教育行政部门、各乡镇政府和教育辅导站共同协助各级各类学校动员适龄儿童入学，又重新作学校布局调整，把不规范的小学撤点并校，如张家寨小学、梅影小学合并到城关一小、二小，其他乡镇也在合并。2003年，革东划归剑河，革东辖区的学校一并划出。至2004年“两基”验收合格年，全县共有153所小学，其中中心完小10所、村级完小46所、教学点97个。之后，全县逐步发展寄宿制学校，加大撤点并校力度。同时，随着交通便利学生进入中心校就读，全家外出务工人员增多，导致部分农村教学点无生源而自然停办，至2010年年底，全县共有101所小学，其中中心完小10所、村级完小32所、教学点59个。

2004年台江县小学校一览表

表16-1

乡镇	学校名称		
	中心完小（10）	村级完小（46）	教学点（97）
台拱镇	城关一小 城关二小 城关三小 （贝发小学）	南省小学、番省小学、登交小学、红阳小学、水井小学、桃赖小学、二安小学、南冬小学、台雄小学（9）	展福小学、排汪小学、板凳小学、交碾小学、交片小学、翁腮小学、五寨小学、长中小学、翁生小学、南市小学、展下小学、排下小学、翁规小学、泗柳小学、新寨小学、展坐小学、交孟小学、洋汪小学、排约小学、翁秀小学、猫猫坪小学（21）
施洞镇	施洞小学	平兆小学、良田小学、景洞塘小学、四新小学、旧州小学（5）	猫坡小学、猫鼻岭小学、景洞坳小学、杨家沟小学、小河小学、南哨小学、屯古小学、黄泡小学、巴拉河小学（9）
老屯乡	老屯小学	报效小学、坝场小学、排略小学（3）	辣子寨小学、长滩小学、展壁小学、工农小学、红寨小学、岑帮小学、翁农小学、新寨小学、南匠小学、交匠小学、鸡蛋小学（11）
革一乡	革一小学	大塘小学、排生小学、茅坪小学、江边小学、德立小学（4～6年级）（5）	大寨小学、后哨小学（1～3年级）、青岗小学、沙帮小学、田坝小学、养洗小学、台水小学、岩寨小学、新寨小学（9）
台盘乡	台盘小学	南瓦小学、平水小学、南庄小学、棉花坪小学、德卷小学、（5）	基保小学、大寨小学、空寨小学、排内小学、桂寨小学、龙井小学、龙塘小学、南江小学、棉民小学（9）
排羊乡	排羊小学	九摆小学、南刀小学、小江小学、龙翁小学（4）	排羊民小、小江一组教学点、小江三组教学点、展喜小学、岩寨小学、台乐民小、白基山民小（7）
方召乡	覃高小学 （方召中心小学）	反排小学、巫梭小学、脚交小学、交汪小学、李子小学、方召民小、汪一小学、基甲小学（8）	歹忙小学、黄毛小学、养薅小学、脚南小学、泡木小学、四灯小学（6）
南宫乡	南宫小学	交密小学、巫西小学、交下小学、汪江小学、白帮小学、拥党小学、展忙小学（7）	巫细小学、巫密小学、巫牛小学、交包小学、交宫小学、交纳小学、展归小学、展啊小学、展吉小学、展必小学、东衣小学、东老小学、东扛小学、南牛小学、杨家湾小学、上阶利小学、中阶利小学、翁条小学、翁社小学、黑山小学、大田小学、养开小学、记刀小学、岩板小学、石灰河小学（25）

2010年台江县小学校一览表

表16-2

乡镇	学校名称		
	中心完小（10）	村级完小（32）	教学点（59）
台拱镇	城关一小 城关二小 城关三小	南省小学、番省小学、登交小学、红阳小学、水井小学、桃赖小学、二安小学（7）	南冬小学、展福小学、排汪小学、板凳小学、交碾小学、交片小学、翁腮小学、五寨小学、长中小学、翁生小学、南市小学、展下小学、排下小学、翁规小学、台雄小学、泗柳小学（16）
施洞镇	施洞小学	平兆小学、良田小学、景洞塘小学（3）	小河小学、南哨小学、黄泡小学、屯古小学、四新小学、旧州小学（6）
老屯乡	老屯小学	报效小学、坝场小学、排略小学（3）	辣子寨小学、长滩小学、岑帮小学、翁农小学、新寨小学、交匠小学、鸡蛋小学（7）
革一乡	革一小学	大塘小学、排生小学、茅坪小学、江边小学、德立小学（后哨小学）（5）	田坝小学、养洗小学、台水小学（3）
台盘乡	台盘小学	南瓦小学、平水小学、南庄小学（3）	棉花坪小学、德卷小学、基保小学、交江小学（4）
排羊乡	排羊九年制学校	龙翁小学（1）	排羊民小、小江一组教学点、小江三组教学点、九摆小学、南刀小学、小江小学（6）
方召乡	方召小学	反排小学、巫梭小学、脚交小学、交汪小学、基甲小学（5）	方召民小、李子小学、歹忙小学、黄毛小学、养薅小学、汪一小学、脚南小学、泡木小学、四灯小学（9）
南宫乡	南宫小学	交密小学、巫西小学、交下小学、汪江小学、翁忙小学（5）	巫细小学、拥党小学、交包小学、交宫小学、大田小学、养开小学、展归小学、黑山小学（8）

二、普及六年制教育

1991年，全县学龄儿童为23275人，其中女童6382人。7～12周岁的学龄儿童为17474人，适龄儿童在校生15157人，学龄儿童入学率为86.7%，其中女童5487人。

1993年，贯彻落实《中共贵州省委、贵州省人民政府关于实施〈中国教育改革和发展纲要〉的决定》，县委、县政府提出对“普六”工作与实现“普九”要认识到位，要坚决抓紧、抓实，保证“两基”目标的实现。同年，县人民政府建立了普及六年义务教育“两基”工作领导小组。从1990年开始，经过5年的努力，普及六年义务教育“两基”工作于1995年11月顺利通过省州人民政府的验收。

为进一步巩固和提高“普六”成果，县教育部门实施“科教兴台”战略和“双线”教育目标管理责任制度，实行联络员定点制度，为9个乡镇指定联络员，负责指导和督促各乡镇的“普六”和扫盲工作，抓好“九五”期间的“五法、一纲、两条例”的宣传与落实，加强教育管理。实施世行贷款教育发展项目和争取“希望工程”项目，以及实施一期义教工程。1992—1997年，共筹集世行项目资金160万元，回补资金480万元，修建教学楼22栋，总面积13200平方米，添置课桌凳3200单人套，还分别按一、二、三类标准给84所学校配置了教学仪器，给154所学校配备了图书46000册。1997年，宁波市的单位和个人捐资38万元，修建台拱小学和大德小学，并分别命名为北仑贝发小学和宁波二安小学。1998年，南京金蛙大金山公司的捐款在老屯乡长滩修建南京金蛙大金山希望（长滩）小学；争取得到国家扶贫资金50万元，修建了台盘乡大寨小学、平水小学和方召乡交汪小学，总建筑面积1600平方米。1999年，在团县委的牵头下，争取的资金援建排羊乡岩寨爱才希望小学，2000年援建福慧李丽琼希望小学和城关一小。

1996—2000年，为提高“普六”和扫盲工作效率，教育行政部门加强对各级教育辅导站站长、普教专干、农教专干、联络员、校长、教导主任等相关人员业务知识培训，先后进行12次农教专干、联络员培训，8次站校长培训和2次实验员、图书管理员培训。为保证“普六”复查验收合格，教育行政部门根据全县学龄儿童人数分布状况，把儿童入学任务逐级分解到各乡镇，各乡镇又把任务分解到各级各类学校，各个学校再根据自己的招生任务具体落实到校长、教导主任和教师身上，并签订责任状。政府将“入学通知书”送到学生家长手中，确保每个学龄儿童入学。在巩固和提高“普六”成果的基础上，努力提高教育教学质量，教育行政部门出台了一系列管理制度，在全县推行“校长负责制”，加强学校内部管理。为了调整城乡教育资源的平衡，教育行政部门于2000年举办了一期小学校长、教导主任培训班，有60名校长和教导主任接受了系统的理论培训，同时举办复式教学班3期，154人次接受培训。此外，还选送城区骨干教师到教育资源贫乏的山区学校支教，实施教师分流，以带动边远山区的教学，全面提高教学质量。

2001—2004年，台江县全面实施“两基”攻坚，小学整班移交升入初中就读，学校办学条件得到巨大改善，小学生均校舍面积达3.77平方米，生均图书5.3册，普及六年教育成果进一步得到巩固和提高，小学入学率达98%以上，辍学率控制在2%以内。之后，开始普及实验教学，在有三年级以上的学校建立自然和科学实验室。2008年，通过省人民政府验收，城关二小被认定为“贵州省普及中小学实验教学示范学校”。小学入学率达99.05%，生均校舍面积达4.73平方米，生均图书达9.02册。

三、小学选介

城关一小　该校坐落于县城南侧，与文昌宫遥遥相对，占地面积10351平方米，校舍建筑面积4098平方米，绿化面积3300平方米。学校始建于1892年，时称“莲花书院”，后改为“翠文小学”，中华人民共和国成立后正式命名为“台江城关第一小学”，至今已有一百多年历史。2010年，学校有28个教学班，学生1689人，其中一年级256人、二年级289人、三年级301人、四年级306人、五年级300人、六年级237人。学校有教职工85人，在专职教师中取得大专学历的有55人，占64.8%；本科15人，占17.6%；中师15人，占17.6%；小学高级教师70人，占82.4%，州级骨干教师9人，占10.6%，县级骨干教师1人，教师合格率为100%。

1982年，城关一小被全国共青团少工委授予“红领巾学校”称号；1987年，被黔东南州共青团、黔东州教育局评为“少先队大队先进集体”；1999年，被台江县总工会评为贯彻工会工作总体思路先进单位；2001年，被黔东南州教育局工会授予“全州教代会评估合格学校”；2001年，被黔东南州教育局评为小学教师继续教育第一阶段“先进单位”；2004年，被台江县人民政府评为“教育教学工作”先进学校；2005年，被共青团贵州省委、贵州省少工委评为“少先队特色活动”先进集体；2005年，被共青团贵州省委、贵州省少工委评为“贵州省少先队特色中队”；2005年，被台江县委县人民政府评为“文明单位”；2007年，被黔东南州人民政府督导室、州教育局评为“环境育人先进学校”“州级示范性小学”（二类）；2007年，被台江县教育局评为“常规管理先进学校”；2008年9月，被台江县教育局评为环境育人先进单位；2009年，被黔东南州评为校务公开先进单位；2009年，被黔东南州评为教学质量先进单位；2009年，被县综治委评为平安建设先进单位；2010年，被县人民政府评为教学质量先进单位。

城关二小　该校坐落于台江县台拱镇解放街36号，始建于1965年。学校占地面积11000平方米，校舍面积3280平方米。2010年学校有教职工81人，其中专任教师79人，专科以上74人、中专5人；小教高级67人，小教一级10人，小教二级2人。学校共设教学班级27个，学生1514人。

经过一代代城关二小教育工作者的努力，特别是通过1998年实施的“义教工程”、2004年的“两基”攻坚、2007年“普实攻坚”以及后来“班班通”等项目的实施，使学校校园布局逐步规范，教学资源不断丰富，校容校貌整洁，办学规模、师资力量、管理水平、教育教学得到有效的提高。

城关三小　该校位于县城东南角，翁你河畔，学校创建于20世纪50年代，称“台拱小学”。1997年9月，宁波北仑贝发公司资助20万元，地方匹配资金12万元，修建了一栋二楼一底的教学楼。将台拱小学从原址（现秀眉广场）搬迁到现址，同时更名为台江县北仑贝发小学。2003年，州农行系统职工捐资20万元，以及各部门、县人大的大力支持，建成一栋坐北朝南的三楼一底的教学楼。2005年晋升为县级一类小学，改称“台江县城关第三小学”。至2010年，学校有两栋钢筋混凝土的教学楼，学校占地总面积4110平方米，校舍面积2665平方米。有专门的会议室、党员活动室、校长书记室、教导处、总务处、少先队活动室、播音室、教师办公室，增设电脑室、远程教育室、图书室、仪器室、自然科学实验室，音体设备逐步配齐，校园环境得到了改善。

施洞中心小学　该校始建于清光绪三十二年（1906年），原名区立两等小学校，新中国成立后更名为施洞小学。1986—1989年，学校进行全面整顿，加强学校管理，1987年在“三风”评比中被县级评为“三风”一等先进学校。2001年，八梗小学、偏寨小学并入施洞小学，学校变更为施洞镇中心小学。2009年，小河小学、杨家沟小学、巴拉河小学合并到施洞小学。2010年成为台江县首批寄宿制学校。学校占地面积扩大为17589平方米，校舍建筑面积为7699平方米。学校共设有20个教学班，在校学生931人，其中寄宿生382人。学校有教职工62人，其中专任教师51名（含特岗教师13名），女教师18名，工勤人员和校医各1名，临时聘请合同工9名。

老屯中心小学　该校始建于1956年，原名榕山小学，1996年以前，学校只有3栋陈旧的木制教学楼，仅8间教室。在香港知行社捐助15万元的帮扶下，建起一栋教学楼，更名为知行希望小学；2004年美国欣欣教育基金会毛李蕴玉女士捐赠1万美元，在县人民政府的支持下，建了一栋欣欣教学楼。学校占地面积5000平方米，运动场地1440平方米，其中有1个标准篮球场、3个乒乓球台，以及50米直跑道1条和单双扛各1个，图书室共有藏书8548册，校园绿化面积1590平方米，校舍建筑面积2318平方米。学校有教师35人，学生443人。师生比为1∶18，专任教师资格合格率为100%，一级教师19人。

革一中心小学　该校创建于1941年，是一所有70多年历史的学校。学校占地面达5333平方米，建筑面积1665平方米，生均校舍4.8平方米，有篮球场两个，围墙218米，普通教室12间，实验室1间，仪器室1间，图书室1间，远程教育室1间，行政办公室2间，办公、会议室1间，教研综合室1间。学校有自然教学仪器及设备718件，其他教学仪器及设备272件。学校服务范围为屯上、田坝、大寨、新寨、台水、江边、后哨等12个行政村。2010年，学校有教学班16个，在校学生618人。学校有教职工39人，其中小教高级12人，小教一级12人，特岗教师18人，本科学历24人，大专学历14人，中师1人。

台盘中心小学　该校位于台盘乡屯上村，2006年9月整体搬迁到新校址。学校占地面积14709平方米，总建筑面积5265平方米，生均22.84平方米，生均校舍建筑面积为8.18平方米。学校共有图书11085册，生均17.2册，图书借阅率达80%以上。学校有自然教学仪器13168件，有多媒体教室、远程教室、陈列室、图书室和相应的设备设施配备。学校服务半径15公里，覆盖7个行政村，人口共6400余人。2010年，学校有20个教学班，其中小学班17个，学生618人；幼儿班3个，在班儿童132人。学校有教职工67人，其中在职教师58人，教师学历合格率为100%。2009年，学校被县委评为“先进基层党组织”，被县委、县政府评为“两基”迎“国检”先进学校；2010年3月，被县委科学发展观领导小组评为“先进学校”。近三年来，教师论文在国家、省和州获奖100余篇。学生参加全国性书法大赛，荣获三等奖以上的共36人。学生参加县级以上征文荣获三等奖以上的有30人。教师荣获国家级表彰1人，获省部级表彰2人，获县级表彰20人。教师优质课获县级三等奖以上的有39人。

方召中心小学　该校位于方召乡政府驻地，前身为覃高小学，始建于1961年。2000年，“义教工程”投资38万元，于2001年9月建成一栋三层9间教室的教学楼并投入使用。2003年3月，覃高小学改名为方召乡中心小学。2007年3月，方召中学搬迁到台江县城，方召中学原有教学楼等设施归方召中心小学。2010年9月，方召民族小学、歹忙小学、黄毛小学四年级学生集中到方召中心小学就读，教学班由 8 个扩至 9 个。学校占地面积 2290 平方米，建筑面积 1578 平方米。服务全乡 15 个行政村、132 个村民小组，管辖全乡 5 个村级完小和 9 个教学点。学校有教职工 22 名，其中有 8 名小学高级教师，7 名小学一级教师，3 名特岗教师。学校有教学班 9 个，学生 227 名；学前班 1 个，学生 10 名。2004 年、2005 年、2007 年、2008 年，毕业班获教学质量达标奖。2009 年，学校获全县中小学生运动会小学组团体总分第三名。2010 年，学校被县委评为“先进基层党组织”。

南宫中心小学　该校位于南宫乡政府所在地，始建于 1958 年。校园占地面积 5568 平方米，校舍建筑面积 107 平方米。学校有教职工 38 人，其中县级骨干教师 2 人，小学高级教师 23 人，学历合格达 100%。学校共有学生 352 人。近几年来，南宫小学教师参加县级优质课获得一等奖 2 人次、二等奖 5 人次、三等奖 4 人次。邰先文老师在 2008 年教师节全县师德师风演讲比赛中荣获第一名；邰晓娟同学 2010 年参加黔东南州第三届中小学生艺术展演获台江赛区舞蹈第一名。2009—2010 年，在年度毕业班升学考试中，学校获二类学校科学一等奖、思品一等奖、数学二等奖、语文三等奖。

第三节　初中教育

一、学校布局及调整

1991 年，全县有初中教育的学校有台江县民族中学、台江二中、施洞中学、革东中学、南宫中学、台盘中学、革一中学、方召附中，全县初中共有 68 个班（包括方召附中开设的三年学制班）。

2002 年，台江县民族中学实行高中、初中分离，对各乡镇中学进行改扩新建，对排羊中学实行改制，小学与中学合并为九年制学校。方召中学搬迁到县城台江民族中学的老校址。2003 年，革东划归剑河后，台江具有初中教学的学校有 9 所，即台江二中（台拱镇民中）、方召中学、施洞中学、革一中学、台盘中学、南宫中学、老屯中学、排羊九年制学校、台江职中。2007 年 9 月，台江职中初中部师生整体移交到方召中学，全县初中学校变为 8 所。

二、教育发展状况

1992 年以后，各个中学办学条件有一些改善，招生名额也有所增加，全县有中学在校生 4982 人，较 20 世纪 80 年代初期提高 25%。由于很多中考落榜学生要求复读，各个中学办起补习班，还有部分退休老教师也联合办班。到 1994—1995 学年初，全县初中毕业班学生数达到 2180 人，比 1990 年提高了 170.86%。1990—2000 年，台江的在校初中生是历史以来的高峰期。当时受中等专业学校毕业生就业的冲击，学习比较好的学生不愿报考高中，导致大部分学生滞留初中补习、复读。

在全县的努力下，初中教育教学质量得到了积极稳步的提高。2001—2004 学年，初中毕业生的毕业率分别为 92.93%、96.48%、98.09%。通过全县人民的共同努力，台江县于 2004 年 12 月实现了普及九年义务教育的目标任务。

2005—2009 年是巩固提高“两基”的成果年。针对台江实际，县委、县政府把“两基”巩固提高工作列入重要议事日程。2005 年以来，县委、县政府多次组织召开“两基”巩固提高工作会议，县委出台了台党办发〔2005〕31 号文件，要求做到主要领导亲自抓，分管领导具体抓，进一步加大保学控辍的工作力度，各级各类学校必须做到“每日一报”，时刻了解和掌握学生的动态。因此，在 2005—2006 学年，13～15 周岁初中适龄少年 7081 人，其中“三类”残疾少年 27 人，正常入学人数 7274 人，入学率为 103.12%。在 2008—2009 学年，台江县初中在校生达 6777 人，初中阶段入学率达 110.9%，17 周岁人口初级中等教育完成率达 81.86%，辍学率控制在 2.19%，基本达到“两基国检”验收指标。

1991—2010年台江县初中教育发展状况一览表

表16-3

年 度	学校（所）	班级（个）	在校生（人）	专任教师（人）	年 度	学校（所）	班级（个）	在校生（人）	专任教师（人）
1991	8	72	4323	224	2001	11	112	5757	292
1992	9	92	4982	222	2002	11	114	5978	294
1993	9	96	5381	236	2003	10	109	5819	283
1994	9	100	5576	251	2004	10	121	6300	357
1995	9	105	5922	275	2005	11	123	6417	371
1996	10	99	5776	268	2006	9	117	6284	389
1997	10	99	5898	244	2007	8	120	6293	360
1998	10	114	5669	267	2008	8	129	6777	355
1999	10	114	5057	304	2009	8	131	7370	392
2000	10	97	5067	309	2010	8	129	7118	428

三、中学简介

台江一中　该校前身是台江县方召民族中学，成立于1978年9月，随着台江教育的发展，2007年3月整体搬迁到县城原台江民中校址，后更名为台江县第一中学。学校地处县城中心，占地面积19666平方米，其中运动场面积1200平方米，教学及辅助用房面积3791平方米。学校设有图书室、阅览室、物化生实验室、多媒体教室、计算机教室各1个，图书存量3万多册，实验仪器齐全，学校固定资产总价值1776万元。2010年，全校有教学班29个，学生1800人，其中寄宿生997人。全校教职工101人，专任教师97人，学历达标100%，中高级职称占60%。该校曾被评为县级“教育质量先进学校”“教研教改工作先进学校”“校务公开先进学校”“党建工作先进学校”“体艺卫工作先进学校”“德育工作先进学校”“保学控辍先进学校”“安全文明校园先进学校”“后勤管理先进学校”“学科教学渗透法制教育示范学校”“绿色学校”等。

台江二中　该校创建于1979年，曾先后改名为“台江县友谊中学”“台拱镇民族中学”，2002年10月22日恢复“台江县第二中学”。学校坐落于县城东山脚下，占地46536平方米，建筑面积8563平方米，绿化面积为6500平方米。全校有教职工100人，其中高级教师7人，一级教师55人，二级教师29人；全国优秀教师1人，省优秀教师1人；省骨干教师2人，州骨干教师3人，县骨干教师4人。全校有30个教学班，学生有近1600人。学校教学设施先进、完备，已实现了班班通。全校共有图书32411册。该校是“黔东南州示范性初中”、贵州省校园新歌演唱基地、贵州省诗教先进单位、贵州省诗词校园、贵州省红十字示范校、州文明单位、州环境育人先进学校。多年来，该校秉承“读书、明理、做人、成才”的校训，注重学生德、智、体全面发展，中考成绩一直名列全县前茅，教育教学成绩斐然。

施洞中学　该校建于1956年，1972年9月始开设高中部，1984年高中部停办。学校始建时只有一栋二层砖木结构的教学楼，一个篮球场，占地面积约6000平方米。1998年，香港爱心人士宋慧德先生捐资修建一栋18套两室一厨一厕的教师宿舍楼，18户教师的住房问题得以解决，2005年改建为学生宿舍。2002年，二期“义教工程”拆除20世纪70年代勤工俭学时修建的一栋危房，修建一栋2500平方米的教学楼，建立了物理、化学、生物3个实验室（2008年“普实”配齐器材）和1个图书室。2004年“两基”攻坚期间，学校新征地18000多平方米，修建了足球场、环形跑道、篮球场、凉亭、假山和种植草坪，同时配备了电脑室和多媒体教室。2005年，学校实施“寄宿制工程”，新修建一栋学生宿舍和学生食堂，并安装了13套多功能设备教室。2010年，学校占地面积24000多平方米，建筑面积5819平方米，其中教学楼2500平方米，学生宿舍、食堂、厕所等生活用房占3300多平方米。学校有专任教师45人，其中本科25人，专科20人，学历全部达标。职称分别为中教高级2人，中教一级13人，中教二级16人，中教三级2人，未评12人。

老屯中学　老屯中学位于县城北20多公里处，是1991年新建的一所初级中学。学校占地1.3万平方米，建有教学楼、学生宿舍楼等5栋。学校建筑面积1620平方米，硬化面积1770平方米，绿化面积2600平方米，操场面积3120平方米。学校建立有乡村“幸福图书馆”，藏书3万余册。学校建立有校园网站、亲情聊天室，物理、化学、生物实验室设备齐全。学校为整个老屯乡（老屯片区、报效片区、坝场等）地区提供教学服务，还接受周边乡镇学生就读。2010年，学校有教职工34人，中级教师3人，本科学历19人，专科学历15人。学校有班级12个，在校生537人，其中初一4个班级，学生206人；初二4个班级，学生186人；初三4个班级，学生155人。

老屯中学办学19年来，积极推进素质教育，大力改善办学条件，不断加强教师队伍建设，走出了一条与时俱进的发展之路。特别是近几年来，学校积极贯彻上级部门的教育方针，不断强化常规管理，努力开展特色建设，坚持走创新道路，已经得到了长足发展，收到了显著的效益。一是学生的入学率接近100%，升学率逐年提高；二是学校开齐了课程、开足了课时，坚持让木鼓舞走进体育课、民歌走进音乐课、刺绣走进手工课、绘画走进美术课的校本课程取得了良好成绩。深山沟里的孩子们不仅学习语文、数学、英语、物理、化学等基础课程，而且还能在专用教室进行物理、化学、生物实验操作，享受同城里孩子一样的先进信息教育，缩小了城乡的区别；三是便于组织教师深入开展教学方法的研究与改革，使教师专业特长得以发挥；四是教师、学生相对集中，便于学校进行规范化管理，从而提高了办学效益；五是师资力量雄厚，近几年来，学校教研教学取得了丰硕的成果：教学论文获省级表彰108篇，州级表彰78篇；县教育局先后组织的全县优质课比赛中，该校参赛教师分别荣获团体总分第二名和第一名，有8名教师荣获一等奖，并被县教育局推选为台江县代表参加州级优质课比赛，2名教师州级优质课一等奖，1名教师获省级二等奖；六是外援途径灵活广泛，北京仁爱慈善基金会、宁波爱心人士丁示波、宁波爱心人士邬忠耀、上海爱心人士李海燕、天津爱心团体齐发发和商立刚等都在关注学校各方面的建设和发展，特别是对学校成绩优秀的贫困生结对给予资助，并将一直资助到大学毕业。

经全校师生近几年来的共同努力，学校取得了可喜的成就。学校先后被评为“‘十一五’中小学教师继续教育工程先进单位”“黔东南州环境育人先进学校”“台江县绿色校园”“德育工作先进学校”“教学质量先进学校”“安全文明校园”等称号。学校的校训是：勤奋诚实，勤学善思。

台盘中学　该校坐落在台盘乡政府驻地，前身是台盘小学附属中学。1983年从台盘小学独立出来，命名为台盘中学。学校经历3次搬迁，新校址为台盘屯上的“马道”，占地面积2.3万平方米，绿化面积3530平方米。学校建筑面积4755平方米。学校有图书25000余册，生均册书31册。学校有计算机网络教室和多功能电子教室，建有校园网站，网络终端和闭路电视终端已接入普通教室，基本实现电脑办公，并不断优化教学手段和配备先进教学设备。自2004年“两基”攻坚以来，政府加大投入，物理、化学、生物实验室设备齐全。学校不仅服务本乡的7个行政村，另有革一乡、排羊乡、台拱镇和凯里三棵树镇、凯棠乡的一些学生也就读该校。2010年，学校有教学班16个，在校生902人。学校教职工59人，中级教师16人，本科学历27人，专科学历32人。学校重视加强校本教研，认真做好新课改的探索和培训，教学质量、学校管理都名列全县前茅。2006年，学校被州人民政府授予“‘两基’合格学校”；2007年，被州人民政府教育基督导室授予“环境育人学校”和“州级示范性初中”；2008年，被省人民政府授予“‘普实’示范校”称号。学校的办学宗旨是：办人民满意的学校，培养高品质的人；学校的办学目标是：先培养人，后培养才；学校的校训是：励志博学，铸就人生。

革一中学　该校创建于1980年。2010年，学校有专业教师51人，其中本科学历34人、大专学历17人，在校学生600多人。学校占地面积3万平方米，有教学楼2栋，学生宿舍2栋，教师宿舍2栋，学校食堂1栋，标准篮球场2个，足球场1个，有理化生实验室、图书室、阅览室、多媒体教室、电教室、阶梯教室等，教育教学设施日臻完善，达到“两基”验收指标要求。

南宫中学　该校始建于1969年，坐落于南宫乡政府所在地。学校占地面积2.86万平方米，建筑面积5028平方米，有计算机室、多媒体教室、物化生实验室、准备室、图书室、音乐室各1个。2010年，学校在职教师43人（生活指导教师2人），学历达标100%。学校有11个教学班，在校生535人，其中住校生460人。

排羊九年制学校　该校位于排羊乡政府所在地，2005年7月由排羊中心小学、排羊中学合并而成，是全县唯一的一所九年制示范性学校。学校占地面积1.32万平方米，建筑面积4796平方米，其中有教学楼2栋、综合楼1栋、学生宿舍1栋、厕所1栋、食堂1栋。学校属乡村学校少年宫项目学校。2010年，学校有教职工54人；学生624人，其中住校生385人，留守儿童422人。

四、普及九年制义务教育

1993年，县委、县政府下发《关于台江县实施九年义务教育规划意见的通知》，要求到20世纪末，全县九年义务教育达到的目标是：1997年全县基本普及初等义务教育，7～12周岁学龄儿童入学率达到96%，有效控制新文盲的产生，不断提高普及初等义务教育的水平；2000年台拱镇、施洞镇、革东镇（现属剑河县）基本普及九年义务教育。教育行政部门对1993年至2000年1～18周岁人口数、九年义务教育现状和发展规划、师资需求、经费需求、普及六年义务教育规划进展等进行了预测。其间，县委、县政府拓宽筹资渠道，增加教育投入，加强校舍基础设施建设。除教育专项资金投入外，县政府还下发文件要依法征好、管好、用好教育费附加，实行乡征、县管、乡用的原则，鼓励多渠道、多形式的社会集资办学。认真落实分级办学、分级管理、分级负责的原则，把实现九年义务教育的目标和责任逐级落实，梯次推进，依法督导。通过对教育作布局调整与规划后，到1995年，全县共有小学215所，其中中心完小30所、完小31所、初小36所、教学点118个。全县学前儿童为17360人，女童8096人，适龄儿童在校生6606人，适龄儿童入学率为96%，其中女童入学率为94%。

2000年，台江县通过省人民政府“普六”复查验收以后，进入“普九”攻坚阶段。为开展好普及九年义务教育的攻坚工作，教育行政部门再次对小学布局进行调整，全县有城关小学2所，乡镇完小9所，村级完小41所，初小32所，教学点118个（革东镇在内），布局调整促进了城乡教育资源的平衡。

2001年以后，努力巩固和提高“普六”成果，争取实现“普九”目标。教育行政部门加大保学控辍的力度，先后下发《关于加快普及九年义务教育的决定》《台江县普及九年义务教育中小学布局调整实施方案（草案）》和转发《中共贵州省委、省人民政府关于“两基”攻坚的决定》等文件。根据《关于加快普及九年义务教育的决定》和《中共贵州省委、省人民政府关于“两基”攻坚的决定》的文件精神，各乡镇纷纷行动起来，对文化户口簿进行建档立卡，掌握第一手材料。各乡镇人民政府根据文化户口簿核对的适龄儿童数下发适龄儿童入学通知书到各村各组，学校再结合本校的实际情况给教师进行分工，各负其责，走村入户进行动员入学。为落实“普九”工作的目标责任制，县委、县政府制定了以乡推进“普九”的实施方案，县教育局与州教育局签订了“两基”目标管理责任书，将指标、责任落实到各乡镇，并与各乡镇教育辅导站签订了“两基”目标管理责任书，层层签订责任状，加强目标责任落实到位。2002年，在认真贯彻落实《国务院关于基础教育改革与发展的决定》的同时，进一步深化各项改革，积极推进“四制一目标”，成立学校推行“四制一目标”内部管理体制改革工作领导小组办公室，制定“四制一目标”内部管理体制改革的实施办法、步骤及相关政策措施。教育局认真组织实施第二期“义教工程”的启动，加大城乡教育费附加的管理、使用和征收力度，促进教育费附加的足额征收并全部用于教育，做好学校基础设施建设所需匹配资金和部分农村学校危房修缮资金的投入；逐步改善各级各类学校的办学条件，确保“普九”工作顺利推进。2004年，各校生均占地面积、生均校舍面积、生均图书等硬件条件基本达到“两基”验收标准。2008年，县政府投入巨资，按贵州省实验室建设标准在各中小学校建设标准实验室，全县开始普及实验教学。2009年，各校办学条件进一步提高，“两基”工作通过“国检”验收。

2004年普及九年义务教育完成情况一览表

表16-4 单位：人

年龄段	0～6周岁	7～13周岁	13～15周岁	16～18周岁
全县合计	15421	15618	6925	7307
台拱镇	4315	4254	1959	1919
施洞镇	1599	1606	699	775
老屯乡	1601	1542	675	614
革一乡	1447	1603	689	811
台盘乡	1664	1812	741	880
排羊乡	827	800	456	523
方召乡	2194	2316	856	949
南宫乡	1774	1685	850	836

第四节 普通高中教育

1990年后，为了集中高中办学资源，全县普通高中仅保留台江民族中学1所。台江民族中学加大高中阶段的教育教学管理力度，采取一系列管理措施，制定教学工作中长规划，明确教学工作的奋斗目标。加大教学常规管理力度，实行行政值班制度和实行教室日志，教务处定期或不定期抽查教师的教案和学生的作业。在教育教学管理方面制定了一系列的管理规章制度，使广大教师明确了职责和奋斗目标。教职工实行考核制度，调动教职工工作积极性，增强工作责任心。教学质量比过去有较大的提高。

为了加快全县高中教育的发展步伐，县委、县人民政府决定台江民族中学从2001年秋季开始停止招初中生，使台江民族中学从完全中学向高级中学转化，全县的高中招生规模迅速得到扩大。经全县的共同努力，台江的基础教育得到飞速发展，办学条件有了显著改善，为全县高中教育的进一步发展奠定了较好的基础，学校管理步入制度化、规范化、科学化轨道。2008年6月，台江县启动“学分制”管理改革工作，10月10日在台江民族中学举办了台江县“学分制”管理改革经验交流会议。

作为全县唯一承担普通高中教育教学任务的台江民族中学，从2001年起全面实施“四制一目标”管理。学校系统地制定了教学管理，德育工作，后勤服务，安全保卫，学生管理等制度。学校领导明确办学思想，将国家的教育方针具体转化为：积极推进素质教育，培养德智双全，文理兼通，学创俱能，身心两健的新型人才。学校制定了“德高为师，身正为范，求知思进，慎独志远”的校训，到新校区后改为“像山鹰一样搏击，为成功人生准备”。通过台江民族中学全体师生的共同努力，高中教育教学质量逐年得到提高。高中毕业会考合格率，优良率和毕业率从2003年以来一路攀升。2003年，文科高考人均分上升到全州第11名，高考本科录取年首次超过全省平均水平。到2006年，录取大专以上人数已上升到375人，其中本科163人。2007年，高考成绩实现历史新高，一本录取人数达26人，二本达130人，专科达449人。台江民族中学文科、理科人均分在全州35所高中的排名分别上升到第12名和第8名，考分500分以上学生有103人（其中600分以上4人），除语文外，其余学科的人均分和文科综合的及格率全部超州、超省，许云龙同学还以273分的成绩摘取了文科综合全省单科第二名的桂冠（比第一名仅少1分）。2008年，黔东南州第五轮普通高中办学水平评估结果，台江民族中学被评为优秀学校，龙峰被评为优秀校长。同年10月10日，台江民族中学州级一类示范性高中挂牌。

这一时期，台江民族中学严格按照国家课程计划开齐课程，着眼于学生的全面发展。重视具有音乐、体育、美术特长学生的培养，积极探索综合实践课的实施，努力培养学生的创新精神和实践能力，并取得了可喜的成绩。2001年，台江民中学生张建辉获省中学生田径比赛女子铅球第一名。同年10月，学校被省教科所选定为“贵州省综合实践课基地学校”后，学校对培养学生的创新精神和实践能力作了有益探索。学校配备了研究性学习课专职教师，对学生系统地进行科学研究方法的传授，开发了研究性学习课程的地方资源。学校选建了果园、化石博物馆、养殖场等课程基地，经常组织学生到基地、野外考察，培养了实践能力。学生的研究课题涉及农业生产、环境保护、苗族文化、社会管理等方面，欧彩虹、张燕、陆敏、孙林等同学完成了“皂角树去污功能的探究”“稻田免耕稻草全程覆盖栽培马铃薯”等123个课题的研究。学生的研究性学习课题成果获省级一等奖2个、二等奖8个、三等奖20个。学校的一个科技活动项目获省、州青少年科技创新大赛二等奖、全国三等奖。教师的教育教学科研也取得了可喜的成果。英语组的《英语有声辅导》丛书和录音带获州教改实验教育科研优秀成果二等奖、省优秀成果二等奖。学校先后有13位老师在全州优质课中获奖，32位老师的教育教学论文参加全国、省、州评比中获奖，有60余篇论文在报纸杂志上发表。学校还自行开发编印了《语文课外阅读选编》《高中物理实验实用手册》《高考时政热点透析》《英语图表式“四点一面”》《高中化学实验教材》《台江的苗族文化》《台江民中校志》《台江民中德育管理手册》等校本教材。余志军、龙启昌、胡敏、张忠豪、秦斌、粟高胜、刘光福等61位老师分别承担“个性作文”“语文学习能力的结构及其培养”“高中地理图表学习能力与联系地理生活实际能力的培养”“创设物理问题情景、培养学生自学能力”“生物教学中巧设提问点的研究”“英语‘四点一面’教学法研究”“高中研究性学习评价方案”7个州级教改课题的实验，承担县级教改课题实验11个。

随着高中教育的转轨，台江高中的生源问题有了转机，学校办学规模不断扩大。2003年3月，县人代会通过新建台江民族中学的议案，决定新校建在朗等村下坝，总体规划设计占地10.67公顷。2004年8月新校综合楼开工，2007年1月新校落成，2月12日台江民族中学举校搬迁新校。学校占地面积10.67公顷，校舍建筑总面积45020.47平方米，校园绿化面积50178平方米，建有语音室、计算机教室、电脑备课室、教师健身房、多功能教室、55套多媒体教学设备、校园安全监控系统、形体室、音乐美术室、教师休息室、学生宿舍、食堂、开水房等。学校有钢琴2架，乐器131件，美术教具135件；有专门的音乐、舞蹈美术、书法培训室8间，器材室2间，书画作品室2间；有大型图书室1间、阅览室1间、图书82257册、电子图书14507册、报刊127种；有图书管理软件1套；有物理、化学、生物实验室11间，并按4∶4∶3的比例用先进实验设备配置；有通用技术专用教室2间，均按国家相关标准配置；有计算机教室3个，网上评卷系统1套，教师笔记本电脑160台，教学计算机168台、办公用计算机52台、教学软件15套；有多功能学术报告厅2个，语音教室1间，语音设备56座。建有学校网站，教室多媒体教学设备共55套。学校还有学生宿舍楼2栋，床位2120个，食堂1栋，座位800个。

2010年，全校有中学特级教师1人，中学高级教师32人，一级教师60人，研究生2人，省级骨干教师2人，省级骨干班主任3人，州级骨干教师11人，县级骨干教师15人。在校学生达1936人。

台江民族中学布局合理，绿树成荫，环境幽雅，鸟语花香，是莘莘学子求知成人的理想学园，是教坛英才施展才华的理想舞台。学校在教育教学实践中逐步确立了“依法治校、以德立校、实干兴校、特色活校”的先进办学理念和“管理精、现代化、高质量、有特色”的办学目标。学校根据“学创俱能、文理兼通、德智双全、身心两健”的培养目标和“重民族文化育人，办适合学生学校”的办学特色，以严格、科学、规范的管理和教职工的顽强拼搏，使学校教育教学质量稳步提高。高考录取率年年高于贵州省应届考生的平均录取率，2007 年以来，学校高考成绩按进出口排名一直居全州前列，逐步赢得了社会各界的好评和认同。学校教师 120 余人次承担了 4 个省级、7 个州级教改课题的实验研究，共有近 200 篇论文在国家、省、州获奖或发表，有 40 多位老师在省、州级优质课竞赛、教学技能大赛、三项基本功竞赛中获奖，其中一等奖有 19 人次。在民族教育发展上，从作息时间、课表安排、选修课、地方课开设到规章制度的制定、校园文化和环境建设、学校活动的开展等，紧扣“适合学生”去思考，着力培养民族特长生，学校加大投入，购置了大量的民族艺术和民族体育设备，为民族特长生的培养提供条件，学校将大批民族体艺特长生送进了大学校门，同时学校组织艺术生参加艺术展演多次在国家、省、州获奖。学校先后被上级有关部门授予“全省艺术工作先进单位”“全省校园文化建设先进学校”“全省保护母亲河行动先进团委”“全州五好基层党组织”“州级优秀学校”“州级德育工作先进学校”“省级二类示范性高中”“州级环境育人先进学校”“全州高考质量提高奖”“全州青少年科技教育先进集体”等荣誉称号。

1991—2010 年台江民族高中班级一览表

表 16-5

年度	年级	班级（个）	在校生（人）	年度	年级	班级（个）	在校生（人）	年度	年级	班级（个）	在校生（人）
1991	高一	4	199	1998	高一	3	176	2005	高一	9	448
	高二	3	158		高二	3	167		高二	10	526
	高三	3	170		高三	3	192		高三	11	626
1992	高一	4	192	1999	高一	5	232	2006	高一	9	508
	高二	4	162		高二	3	157		高二	8	416
	高三	3	148		高三	4	188		高三	12	702
1993	高一	3	172	2000	高一	6	339	2007	高一	10	600
	高二	3	142		高二	4	211		高二	8	455
	高三	3	141		高三	3	150		高三	11	626
1994	高一	3	177	2001	高一	8	427	2008	高一	11	634
	高二	3	130		高二	6	311		高二	10	610
	高三	4	187		高三	4	232		高三	10	682
1995	高一	3	183	2002	高一	9	450	2009	高一	11	668
	高二	3	147		高二	7	352		高二	10	559
	高三	2	123		高三	6	398		高三	10	586
1996	高一	3	193	2003	高一	11	561	2010	高一	12	709
	高二	2	124		高二	8	489		高二	10	573
	高三	2	130		高三	8	528		高三	12	654
1997	高一	3	203	2004	高一	11	607				
	高二	3	205		高二	10	528				
	高三	2	103		高三	9	594				

第五节 特殊教育

台江县委、县政府历来重视特殊教育，教育行政部门把特殊教育纳入整体教育发展的大局之中。1991年在城关一小开办特殊教育班，有残疾适龄儿童12名，分别来自南宫乡、方召乡、排羊乡、革东镇和台拱镇。开班第二年，县教委派教师李文娟、邰秀玲到安顺聋哑学校学习。1993年，省教委基础教育处补助专款5万元，县教委又利用世行贷款基金筹建特殊教育学校。1994年8月，台江县育智学校建成命名，学校教师编制9人，设校长1人、教师5人、保育员1人、校医1人、炊事员1人，由县教委、县残联共同管理。

1995年育智学校与州残联挂牌办校，重命名为黔东南州聋儿语训部，接受州残联的培训指导和办学资助。挂牌办学初期设有两个班级，共有学生25人，其中10人为智障班，7周岁以下的15人为语训班。经过多方努力，台江特殊教育不断发展与壮大，校舍面积为200多平方米，设有多间教室和学生寝室、教师宿舍、学生食堂、教师办公室和卫生间等。除部分残疾儿童在育智学校就读外，各乡镇、各级各类学校义务接纳本地、本村的三类残疾儿童入学，随班就读。

学校的教育教学工作由县教委直接管理，课程安排有手语交流、汉字认识、算数、绘画等。在职任课教师都通过了培训，他们不仅参加了普通教学的继续教育培训，还经常到省、州及省外参加特殊教育的培训学习。校长邰秀玲（特殊教育小学高级教师）和熊志兰（小学高级教师）曾多次到安顺、宁波、福建等地参观学习。学校管理上从安全入手，采用了全封闭式管理；在教学上要求教师按特殊教育培训的规范化进行施教。

特殊教育学校的经费来源主要以政府投入为主，办学条件由教育行政部门筹措，县残联援引资助，倡导社会捐资。为了切实把特殊教育办实、办好，县残联、县教委为特殊教育学校添置了15套学生住宿用的床铺和棉被；州残联捐赠10套助听器，帮助学校教师解决口语培训的困难。在此基础上，特殊教育学校自建校以来，除了学生自带的大米之外，其他的费用一律免交。为了保障学校的经费，1991—1997年，学生的费用由县教委负责解决；1998—2001年则从各乡镇的教育费附加当中（每乡镇挤出1000～2000元）给予解决。

2004年，国家实行免缴农业税和教育费附加以后，特殊教育得到省残联援引基金会支持，在普及九年义务教育的过程中坚持完成普及目标。

聋、哑及智障的少年儿童经在育智学校接受教育以后，很大程度地减轻了社会和家庭负担，他们能与其他的社会群体进行正常的交流，部分学生已外出务工，部分学生则自谋生路。2010年，根据省州有关特殊教育学校办学调整，由于台江县人口基数小，办学规模不大，因此台江育智学校停办，合并到凯里市育智学校。

1991—2009年三类残疾儿童随班就读情况一览表

表16-6 单位：人

项目/年度	7～12周岁儿童总数	三类残疾儿童总数	其中			失能总人数	随班就读数	入学率（%）
			盲	聋	智障			
1991	18640	157	9	66	82	131	28	17.83
1992	16648	135	1	57	77	122	25	18.52
1993	19369	152	10	70	72	120	30	19.74
1994	18175	148	8	68	72	118	28	18.92
1995	17360	137	8	73	56	113	32	23.36

续表 16-6

单位：人

年度\项目	7～12 周岁儿童总数	三类残疾儿童总数	其中			失能总人数	随班就读数	入学率（%）
			盲	聋	智障			
1996	15679	144	8	65	71	102	30	20.83
1997	15339	136	9	48	79	67	31	22.79
1998	15814	113	9	36	68	49	25	22.12
1999	15847	102	10	11	81	52	29	28.43
2000	16069	91	11	8	72	41	24	26.37
2001	19405	57	10	3	44	3	19	33.33
2002	15554	105	10	34	61	48	32	30.48
2003	14262	82	10	21	51	40	42	51.22
2004	15604	84	10	21	53	25	40	47.62
2005	15822	70	8	21	41	23	34	48.57
2006	16592	69	8	18	43	17	38	55.07
2007	16823	55	3	7	45	18	29	52.73
2008	16912	59	2	7	50	20	30	50.85
2009	16620	51	1	20	30	9	34	66.67

1991—2010 年育智学校学生在校基本情况一览表

表 16-7

年度\项目	上期在校生总数	本期在校生总数	结业学生总数	备 注
1991	12	12	—	新办招生
1992	12	12	—	
1993	15	15	10	
1994	25	25	—	智障 10 人、语训 15 人
1995	20	20	10	大班结业
1996	10	10	—	
1997	10	10	—	
1998	10	10	—	
1999	城市建设，学校搬迁重建，停止招生			
2000	8	8	3	
2001	15	15	—	
2002	11	11	—	转州就读 4 人
2003	11	11	—	随班就读 10 人
2004	14	14	—	
2005	14	14	—	
2006	14	14	—	
2007	14	11	3	
2008	11	22	—	
2009	22	23	—	一年级 14 人，二年级 3 人，三年级 6 人
2010	—	—	—	撤校，并到凯里市育智学校

第六节 民办教育

1993年9月，台江县退休老师张胜安在台江县城关胜利街81号举办东山中学，重点为初三补习班。1997年4月28日获得政府办学批准，为全日制初中，面向全县招生。1999年，全州对民办教育进行审核登记，东山中学有专职教师7人，兼职教师6人。租用地10000平方米，运动场面积1000平方米，房屋使用面积440平方米，办公室2间，教室3间，实验室1间，学生宿舍3间，食堂2间，其他用房2间。2006年8月1日，东山中学校长提交停办申请，县教育局给予批复停办，9月东山中学初三学生由县职中接收。从1993的9月至2006年上半年，东山中学每年毕业生约近60名，办学成绩显著，尤以2003年30多名学生参加中考，录取台江民中14名，省工业机械学校2名。

1998年8月5日，张文齐提出申办育雁中学，8月26日获得办学批准，校址在台江县农业培训中心。1999年，学校有校长及副校长2人，专职教师6人，兼职教师4人，职员1人。学校运动场面积1900平方米，有办公室1间，学生宿舍3间，食堂1间，其他用房3间，教师宿舍4间。

由于2004年台江县基础教育授省“两基”验收，公办学校办学条件得到极大改善，办学规模基本满足全县少年入学需求，民办学校生源接近为零。2006年，民办学校全面停办。

1998年，学前教育在台江县得到发展，开始出现民办幼儿园。同年7月，小福星幼儿园获得办园批准，园址在县委党校；1999年7月，姣姣幼儿园获得办园批准，园址在县盐业公司；2002的8月，海燕幼儿园获得办园批准，园址在台江县农资公司；2003年8月，小精灵幼儿园申办成立；2003年8月，大风车幼儿园建园；2005年9月，大森林幼儿园建园；2006年3月，金苹果幼儿园建园。其间，很多幼儿园因各种原因，只办一两年就停止办学。2006年9月，为规范民办幼儿园的办园行为，根据县教育《关于对社会力量举办幼儿园进行评估认定意见》，对大森林、金苹果、欢乐童心、小福星、大风车5所幼儿园进行督导评估，其中，欢乐童心和小福星两所幼儿园办园条件不达标，被终止办园。另3所幼儿园经评估整改后，加大资金投入，改善了办园条件，教学方法、服务质量得到提升，一直发展到2010年。

第二章　职业教育

第一节　中等职业教育

台江民族职业中学是台江县职业技术教育的主要力量。学校创办于1986年，原名为“台江县民族职业中学”，由台江县师范和台江县农业中学合并而创立，是台江县唯一的一所省级重点中等职业学校。台江民族职业中学是台江县唯一的一所全日制中等职业学校。1994年，除初中生外，中职学生达480人。当时不论是学校管理与招生，还是开设专业等各项工作皆走在全州职教的前列，1995年全省重点职高评估时，被评为省级重点职高，学校在社会上享有较高的声誉。

1995—2000年，因受就业等各种因素的影响，学校生源出现大滑坡，职高在校生由1994年的480人减少到1996年的62人。1998年在省级重点职高复查评估时，台江重点职高的牌子被取掉，学校的发展一度跌入了低谷。2001—2006年实行高中招生转轨，职业教育适逢转机。2002年以后，国家对职业教育高度重视，国务院作出了关于大力推进职业教育改革与发展的决定。县委、县政府对学校的领导班子进行调整，经过全校广大教职工的共同努力，使学校走出办学低谷，出现了生机。新的领导班子上任后在内部主要以人事和分配制度为改革的突破口，对学校的管理和教学管理进行大胆的改革，制定了“四制一目标”方案，取得了较好的成绩。学校生源大幅度增加，在校生由2000年的200多人增加到2005年的1320人。学校建设面积不断扩大，在国家没有稳定投入的情况下，为了弥补学校建设资金的短暂困难，全体教师筹集资金修建学生宿舍和教学楼，新增建筑面积近2000平方米。教学设备从无到有、到优，各种教学设备价值达160万元，各专业均有实验设备和培训场地。教学质量不断提高，职高对口高考录取率在90%以上，就业率95%以上。2002—2005年，学校先后两次被评为全州职业教育先进学校；1986年建州50周年时，受州委、州政府表彰为州民族团结进步模范单位，有5位教师受州级表彰，1人受省级表彰。

2007年，县委、县政府把启动台江职中新校区建设作为政府要办的十件实事之一，决定选址在台拱寨大坝上扩建新校区。新校区占地面积为27000平方米，建筑面积为20151平方米，能容纳1600名学生，年培训载量3000余人。是年，台江职中争取得到上级各项项目资金500万元（学生助学金除外），完成各种培训2000余人，完成职业高中新生招生520人，超额完成上级分配的招生任务的1300多人。2009年8月底，台江职中完成搬迁，9月正式在新校区开学。

在全校师生的努力下，2004年，学校被省委、省政府评为省级文明单位；2002—2005年，学校先后两次被评为全州职业教育先进学校；2005年，学校被中央教育科学研究所评为全国最具特色办学单位，民族音乐与舞蹈专业在办学过程中深受社会和上级好评；2006年，经州教育局评审，学校被定为州级示范专业，该专业学生5次被邀请到中央电视台展演，30余次省外演出，并获得很多大奖，老挝教育部、西南民族大学等20余所学校到学校参观考察；2006年，学校被州人民政府评为黔东南州民族团结进步模范单位；2007年，学校被省民宗委、省教育厅评定为贵州省第一批民族文化教育项目；2010年，学校顺利通过省教育专家评估验收，列为省级重点职高，并得到高度评价。学校明确提出职业教育，德育为先，具有特色的校园文化，打造民族音乐与舞蹈作为学校职业教育发展的品牌专业成效明显。中央电视台和《光明日报》《贵州教育报》《黔东南日报》等宣传媒体曾多次对学校民族文化教育教学进行报道。

第二节 中等职业技术教育

学校建校初期只是自己独立办学。1990年以后，台江职业学校大胆改革，实行联合办学的模式，尝试上挂横联下发展，多层次、多渠道地办学；把学历教育和短期培训结合起来，把校企和工学结合起来。除办好中等职业教育学历班外，学校还承担大量的培训教学，是全县公务员和事业单位技术人员计算机应用培训机构和县“阳光工程”、农村劳动力转移培训基地。建校以来，学校为社会输送3800名中级、初级技能人才，培训2万多人次。

学校一直以市场为导向，面向社会办学，积极以“人无我有、人有我优”的办学理念，逐步建立和完善学校各种教学模式，使学校办学能力得到了有效提升。学校占地面积2.67公顷，有专任教师62人，外聘教师11人，本科占93.7%，高级职称占26.6%；学生人数1863人。开设的专业有民族音乐舞蹈、缝纫及服装制作、计算机、汽车驾驶与维修、电子电工、农村经济、学前教育七大类16个专业，成人教育486人，是全州县级职校学生规模最大、办学水平较高的一所职校。2002—2004年，学校被中共贵州省委、省政府评为省级文明单位；2005年，被中国科学院评为“全国最具特色办学单位”；2006年，被州政府评为黔东南州民族团结进步模范单位；2007年，被省民宗委、省教育厅评定为民族文化教育项目学校；2010年5月10日，学校实施职业资格证、毕业证“双证书”制度。2011年，学校被省教育厅评为省级重点中等职业技术学校。

为培养适应台江经济建设和社会发展的乡土人才，学校紧紧围绕县委、县人民政府提出的“三围绕、四产业、一园区”的经济发展思路，确定培养目标，大力发展民族生态文化旅游业，组建台江县苗族风情艺术团。该团曾经多次被邀请到郑州、洛阳、上海、太原、兰州、青岛、贵阳等大中城市表演，在中南海得到国家领导人的接见。2007年7月在北京演出获“山花奖”二等奖，12月在湖南参加服饰展获金奖。同年在福建参加“小吃文化艺术节”获银奖。2009年9月应邀到贵阳参加亚洲动漫节；10月赴张家港参加长江中下游民族民间艺术节；11月到北京参加中央电视台举办的民族民间大赛，被中央教育科学研究院评为全国最具有特色办学单位。2010年，学校民族音乐舞蹈专业被推为全省示范专业，学生欧娟参加中央电视台举办的青歌赛，获原生态组第七名。台江职校的学生毕业以后，在许多省、市旅游景点的民族村都找到了用武之地，有的被招入省、州艺术团，有的考入艺术院校继续深造，毕业生供不应求。台江职校还承办苗族文化走进课堂骨干教师培训班，对城关片区和县旅游重点景区的51名中小学教师进行培训，他们在各乡镇中小学的苗族文化走进课堂中起到了骨干带头作用。

2008—2010年，学校为加强专业建设，通过“走出去，引进来”的办学手段，先后引进了广东惠州电子有限公司、福建富宇服装有限公司、苗疆姊妹艺术团、广东省电子信息技术学校、凯里学院、凯里星华驾校等学校和企业与本校联合办学，把工厂落地于学校，借助它们的技术力量、实训经验和设备，全面提高了学校办学水平和教学质量。如2008年与广东惠州电子有限公司合作开办台江县景琛电子有限公司。双方共同开发设计人才培养方案，共同制订教学计划，共同指导学生开展技能功训练；公司提供设备、原材料、实习岗位、技术指导及产品销售；学校为企业提供厂房、招生、理论教学、学员管理，学生毕业后择优并与企业双向选择。校企结合联合办厂实施后，学校的办学条件得到很好的改善，提高了学校的综合教学能力，实现教学与生产地无缝对接，每年为社会组织电子技能培训 1000 人次以上，并为学生提供了良好的就业渠道。2010 年，引进福建富宇服装制衣有限公司投资 500 万元，建立“厂中校”。学生在企业实践，是企业的员工，教学实施过程中严格按照“弹性学分制”的要求与合理的教学计划，确保有专任教师、班主任跟踪指导，保证学生的稳定性与满意率。办学以来成效明显，校办服装厂为台江县提供 200 个学生实习和就业岗位，产品远销德国、美国，服装厂月缴税 15 万元以上。校企联合、产教结合，加强了服装专业的建设，学校教学质量、毕业生顶岗实习、就业都上了一个新台阶。

第三章　成人教育

第一节　扫盲教育

20 世纪 80 年代末期，台江县成立扫盲教育委员会。1991 年，县教育部门和各区乡镇政府认真宣传执行《扫盲工作条例》，坚持“一堵、二扫、三提高”的扫盲方针，在全县范围内实行“一长管两校、一师任两教、日教兼夜教”管理。各乡镇在扫盲工作中，不仅用汉字进行扫盲教学，还积极推广苗文教学，全县有 1 万多名农民参加苗文夜校学习，经过考试验收，有 8000 多人达到脱盲。

1992 年，台江县迎来省、州人民政府的低标准验收。以州人民政府副秘书长孙永福为团长，州教委副主任卢仕忠为副团长，代表省、州人民政府对台江的扫盲教育进行验收。验收团分别对 4 个乡、33 个行政村、344 名学员进行了抽查。在 15～40 周岁的 33989 人中（除去丧失学习能力的 648 人），非文盲 30199 人，非文盲率为 90.6%。抽查结果显示，各项指标均达到黔教通字〔1986〕203 号文件和《贵州省农村脱盲、基本扫除文盲单位标准及检查验收试行办法》规定的要求。

扫盲工作通过省、州人民政府验收之后，台江县人民政府为搞好与 1995 年的“普六”验收的同步进行，继续采取组织保障的原则，调整县成人教育领导小组，进一步加强对扫盲教育的领导。同时，县人民政府办公室转发了扫盲领导小组《关于台江县实行义务扫盲的意见》，要求乡村行政干部要把扫盲和脱盲后继续扫盲列入任期目标管理，扫盲工作与干部年终奖金挂钩；乡村公民办教师必须进行义务扫盲，不完成当年的扫盲任务，不得评为先进，不得提升、晋级、评职称，并扣发当年 20% 的年终奖金，民办教师当年不能转公；属扫盲对象的学员不参加扫盲学习的，不给予扶贫和贷款，不给予社会救济。

1994 年，州政府下达给台江的脱盲任务数为 1630 人，28 所农技校要求培训 8160 人次，进行人口教育 3000 人次。1995—1997 年，全县扫盲任务数为 8000 人次，实际脱盲人数为 8047 人，占任务数的 100.59%。科技培训任务数为 35000 人次，实际完成 42100 人次，占任务数的 120.29%。截至 1999 年，全县 1949 年 10 月 1 日以后出生、年满 15 周岁以上的人口数为 74958 人。其中男性 38768 人、女性 36190 人，共脱盲 14728 人，非文盲率提高到 94.27%。是年，全县共开设扫盲班点 152 个，参加学习的学员为 3530 人，经验收达标 2841 人，其中女学员有 2383 人脱盲达标，脱盲人数占州下达的 109.3%。科技培训班开设 205 个，参加培训 13483 人次，其中女学员 4687 人，人口教育完成 6820 人次。

2000 年，州政府下达给台江的扫盲任务数为 4900 人，实用技术培训 10000 人次。为顺利实现这一目标，县委、县政府充分利用革一农技校、台拱翁孟、施洞镇街上农技校、施洞镇芳寨农技校作为示范点。之后，在全县范围内全面开展。因此，在 2000 年“普六”复查验收的同时，非文盲率已达 95%。为进一步巩固和提高扫盲教育的工作成果，县政府下发《台江县 2001—2005 年“两基”发展规划及措施》，要求 2001—2005 年，每年要完成州下达的扫盲工作任务，2005 年的非文盲率要达到

96% 以上。

2001 年后，为了完成每年的扫盲教育工作，县人民政府采取了一系列具体的、切合实际的措施，工作重心下移基层，落实到村，“两基”与计划生育一起抓。为能进一步地吸引和提高学员的参与积极性，各个乡镇的扫盲教学点别开生面地运用远程教育进行科技扫盲，大力宣传和推广农业科技知识。建立健全农村文化技术学校，以人为本，做好农业科技的培训。为了真正把科技扫盲发挥到实质上，县委、县人民政府以台党办发下发《关于全面实施“两基”攻坚的决定》和《关于抽调干部组成“两基”扫盲工作组的通知》，抽调科技、林业、卫生、畜牧、农业、农办等部门的 80 余名干部组成农业科技扫盲工作队伍下到第一线进行扫盲教育，手把手地给农民传授科技文化知识。

2000—2004 年，台江县共投入扫盲及农村成人教育经费 30 多万元，办扫盲班 894 个，参加学员 16514 人，验收脱盲 13539 人。

2000—2004 年扫盲教育完成情况一览表

表 16-8

项目 年度	1949 年 10 月 1 日以后出生、年满 15～50 周岁人口文化状况							
	失能人数	非文盲		文盲、半文盲状况				
		总人数	非文盲率（%）	总人数	妇女（人）	少数民族（人）	新增文盲（人）	文盲率（%）
2000	685	67677	87.16	9968	8630	9919	1952	12.84
2001	689	68066	90.38	6874	5882	6839	385	9.17
2002	692	71792	94.27	4364	3750	4336	360	5.73
2003	700	75609	96.65	2618	2294	2608	317	3.35
2004	707	77667	98.56	1136	963	1136	294	1.44

说明：此表的数据不包含革东镇

2000—2004 年扫盲情况一览表

表 16-9

内容 年度	年度任务数（人）	扫盲学习情况		脱盲验收		近三年脱盲巩固情况（不含当年）			
		扫盲班数	学员人数	脱盲人数	占任务（%）	三年脱盲数	参加测试（人）	合格人数	合格率（%）
2000	4000	177	4327	3452	86.30	5429	1852	1667	90.01
2001	3500	186	3998	3384	96.69	7324	2430	2255	92.80
2002	2700	173	3257	2774	102.74	8774	2940	2767	94.12
2003	1800	177	2620	2025	112.50	9060	3049	2880	94.46
2004	2000	181	2312	1904	95.20	8015	2764	2655	96.06

2000—2004 年扫盲及农村成人教育经费投入情况一览表

表 16-10　　单位：千元

项目 年度	扫盲及农村成人教育经费投入情况								每年合计支出
	合计	省专款	州专款	县专款	教育经费划拨	教育费附加	自筹	其他	
2000	47.70	15.84	2.88	4.10	3.67	9.14	11.72	0.35	45.75
2001	64.31	14.3	6.04	2.87	5.77	14.78	20.53	0.02	62.76
2002	60.74	13.43	3.39	3.12	11.87	5.06	23.60	0.27	60.37

续表 16-10

单位：千元

年度＼项目	扫盲及农村成人教育经费投入情况								每年合计支出
	合计	省专款	州专款	县专款	教育经费划拨	教育费附加	自筹	其他	
2003	60.32	10.66	2.19	4.34	17.87	2.47	22.64	0.15	60.36
2004	72.22	9.53	3.28	19.47	17.11	5.41	17.42	—	72.22

2000—2004 年成人文化技术学校培训情况统计一览表

表 16-11

年度＼项目	乡镇成人文化技术学校培训情况						农村成人文化技术学校培训情况						合计（人）
	学校数	人次合计	其中种植（人）	其中养殖（人）	人口教育（人）	其他（人）	校点数	培训人次	其中种植（人）	其中养殖（人）	人口教育（人）	其他（人）	
2000	6	1886	893	673	210	110	180	7590	4502	2766	205	117	9476
2001	6	3159	1383	1145	573	58	163	8448	4851	3412	165	20	11607
2002	6	2879	1219	1026	605	29	181	9671	5356	3962	343	10	12550
2003	7	3281	1685	1180	360	56	182	9968	5585	4095	232	56	13249
2004	8	3065	1400	1071	511	83	163	11841	6363	4317	525	636	14906

第二节　中高等教育

1991 年，根据省教委和省电大的安排，县教育行政部门决定举办电视高等专科师范教育专业，以加快边远山区和少数民族地区的中小学骨干教师的培训步伐。是年 9 月，贵州省广播电视大学台江县电大工作站成立，面向全省招收当年参加成人高考上专科线的第一届三年制中文专业学生 12 名。1993 年，招收“三沟通”（函授、自考、成人考试相沟通）三年制中文专业 64 人。1994 年，招收“三沟通”三年制中文专业 29 人，数学专业 7 人。1995 年，招收“三沟通”三年制中文专业 62 人，数学专业 10 人。

1999 年，贵州广播电视大学正式批准台江县民族中等职业技术学校为贵州广播电视大学台江工作站，全面承接原电大工作站工作。电大工作站有任课教师 73 人，专职教师 5 人，兼职教师 18 人，高级职称 8 人，中级职称 30 人，州级骨干教师 2 人，外聘 8 人。电大工作站有多媒体教室 3 个，计算机机房 3 个，计算机 200 余台，本科学历达 90%，“双师型教师”比例达 48%。开设的主要专业有：

专科：法学、学前教育、小学教育、护理学、水利水电、会计、行政管理、护理学和“一村一名大学生计划”的设施农业技术、园艺技术、畜牧兽医、农村行政管理、农业经济管理、乡镇企业管理等 9 个专业。

本科：法学、汉语言文学（师范方向）、教育管理、学前教育（学前教育管理方向）、工商管理、高级护理、土木工程（建筑工程方向）、英语（师范方向）、数学与应用数学、计算机应用与技术、水利水电工程、行政管理等 12 个专业。

1999—2010 年，台江工作站共招生 1563 人，其中专科 1199 人，已毕业 858 人；本科 364 人，已毕业 288 人。台江工作站先后被州电大分校评为“招生工作先进集体”“2005 年度先进电大工作站”“教学管理先进集体”。

第四章　教师

第一节　教师队伍

1991—1998年间，凡是师范类大专、中师、幼师、特师、职师毕业的学生，均按计划进入教师队伍。从全县统招考取的学生，基本上都回来就业。1991年，县人事局、劳动局、教育局根据劳动就业安排，在县职业中学开办一期体育、卫生班的生员，1994年毕业后，均聘用到教育系统。同年，县人民政府又从师范类自费毕业生中招聘一批补充教师队伍。正常统招的师范毕业生，有派遣证到台江即可按组织程序分配到各中小学，部分自费的大专、中专毕业生也可以分配补充教师队伍。因此，教职工的总数相对稳定，中学教职工比1990年增加了18%，小学教职工比1990年增加了3%，职业中学比1990年增加了37%。另外，民办教师于1992年进行整顿，文件界定了民办、代课教师的具体区分，并且对民办教师颁发了任用证、试用证。凡是取得“两证”的民办教师，每年可从选招指标中择优选招一批作为公办教师。1992年整顿时，在册的民办教师数为102人，从当年起就开始有计划地转正。关于民转公，县政府责成县计委、县教委、县人事三家下发〔1993〕01号文件《关于九三年度从民办教师中择优选招为公办教师工作的有关事项的通知》，根据1992年整顿入围的民办教师，按标准、原则逐年根据指标予以转正。直到2000年，102名在册的民办教师，通过逐一择优选招，除个别自动离职及其他原因以外，基本上予以解决。

1999年以后，教师的进入采取“宽出严进”的原则，每年根据本县自然减员、退休等原因，以及增加学生量多少的原则，县教育行政部门拿出计划，报县人民政府审批，采取招聘考试，进行教师补充。

20世纪90年代，全县有小学教师1018人，其中专任教师875人、行政人员129人、工勤人员14人，民办和代课教师275人；中学教职工319人，其中专任教师224人、行政人员58人、工勤人员37人，代课教师21人，临时工27人；职业中学教职工45人，其中专任教师29人、行政人员9人、工勤人员7人，临时工3人，兼职教师6人。

1995年以后，特别是1997年和1998年，由于受打工潮影响，大部分教师纷纷下海，有的到沿海地区学校应聘，造成台江县初中教师缺员严重。针对以上情况，县委、县政府采取有力措施，提高教师待遇，保证教师工资的足额发放，特别是将下放到各乡镇的包干发放工资的情况重新调整，统一由县教育行政部门管理和发放，从而稳定了教师队伍。在教师队伍得到逐步稳定之后，县委、县政府又进一步加强爱岗敬业、提高职业素质教育等培训。2000年以后，随着国家就业制度的进一步改革，台江县教师队伍的建设得到了保障。2008年，全面清退代课教师；2009年，开始招聘特岗教师，充实农村学校音乐、美术、体育及英语等专业。

1991—1996年教师队伍发展状况一览表

表16-12　　　　单位：人

年度	全县教职工总数	其中			专任教师			民办代课	
		中学	小学	职中	中学	小学	职中	中学	小学
1991	1424	318	1057	49	222	927	28	19	105
1992	1505	329	1125	51	236	973	25	16	179
1993	1446	335	1053	58	251	885	30	19	197
1994	1487	352	1081	54	275	924	31	19	197
1995	1488	376	1049	63	287	913	34	17	196
1996	1450	399	1006	45	342	843	37	15	313

1997—2010年教职工分布状况一览表

表16-13　　　　单位：人

年度	全县教职工总数	普通中学				职业中学	小学	幼儿特殊教育
		教职工总数	初中专任	高中专任	其他人员	教职工总数	教职工总数	教职工总数
1997	1405	380	244	33	103	63	897	65
1998	1438	387	267	33	87	37	937	77
1999	1368	383	265	39	79	35	907	43
2000	1390	395	266	43	86	48	903	44
2001	1340	394	269	58	67	42	881	23
2002	1377	413	266	89	58	51	889	24
2003	1230	403	246	96	61	57	744	26
2004	1354	450	323	89	38	46	832	26
2005	1386	463	328	101	34	43	848	22
2006	1400	477	349	82	46	75	825	23
2007	1452	501	360	103	38	65	850	36
2008	1478	493	355	101	37	68	883	34
2009	1518	521	392	100	29	67	888	42
2010	1576	576	545	—	—	63	904	33

2009—2010年招聘特岗教师情况一览表

表16-14　　　　单位：人

年度	学段	国家级/县级	学历		专业													
			本科	专科	语文	数学	英语	音乐	体育	美术	思想品德	物理	化学	地理	化学	历史	生物	信息
2009年	小学	国家级	3	—	—	—	1	1	—	1	—	—	—	—	—	—	—	—
		县级	7	2	—	—	4	2	2	—	1	—	—	—	—	—	—	—
	初中	国家级	13	—	—	—	4	—	1	—	—	2	2	4	—	—	—	—
		县级	6	—	—	—	1	1	1	3	—	—	—	—	—	—	—	—
合计			31		0	0	10	4	4	4	1	2	2	4	0	0	0	0

续表 16-14 单位：人

年度	学段	国家级／县级	学历		专业													
			本科	专科	语文	数学	英语	音乐	体育	美术	思想品德	物理	化学	地理	化学	历史	生物	信息
2010年	小学	国家级	4	—	—	—	—	—	—	—	—	—	—	—	1	1	1	1
		县级	20	2	1	2	3	5	4	5	1	—	—	—	—	—	—	1
	初中	国家级	34	—	1	1	3	2	2	2	3	7		2	3	4	2	2
		县级	13	—	4	2	4	—	2	—	1	—	—	—	—	—	—	—
合计			73		6	5	10	7	8	7	5	7	0	2	4	5	3	4

第二节　教师培训

由于各方面原因，台江县的教师素质偏低，数量不足，专业结构不合理，教师队伍建设难度较大。为了提高教师的思想素质及业务能力水平，根据《中共中央关于教育体制改革的决定》的要求，“必须对现有的教师进行认真的培训和考核，把发展师范教育和培训在职教师作为发展教育事业的战略措施”。在 20 世纪 90 年代初期，农村小学绝大部分还是由一人一校的民办式代课教师去担任，而且民办、代课教师的数量占全县教师总数的 30%。这些教师的学历普遍偏低，绝大多数是初中毕业，甚至有些是小学毕业，因此教学质量不高。为了改变当时的教师状况，除了尽快地从专业学校培养人员充实之外，主要还是在原来的教师之中进行在职培训。采取在职培训与离职培训的形式，提倡在职培训为主，根据需要有计划地进行离职进修。从 1991 年到 2000 年，经组织审批，有计划地进行培训达 340 人次，其中小学教师离职进修较多，大部分都以提高学历培训为主。如 2000 年，台江县就派出 40 余名小学教师离职到州教育学院英语专业进修学习，并要求这一部分教师毕业以后到中心完小以上学校任教英语课。另外，在业务能力提高方面，采取组织安排与个人考试进行进修的形式培训。从 1991 年到 1995 年期间，组织安排的是部分学历低，业务水平急需提高的民办、代课教师到中函站（教师进修学校）学习，在中函站教师的指导下，有计划地开展业务能力培训。还有部分学历急需提高的中小学在职教师参加电大学习，通过考试参加电大课程培训，完成所修课程，获得省电大专科文凭。有部分教师通过自考和成人高考，完成所修课程取得文凭，成人高考属教育行政部门有计划地进行选送。通过各种渠道取得合格学历的教师达 500 人次。1996 年，省、州下发了《关于在全省范围内开展中小学教师继续教育培训工作的通知》。2000 年完成了小学教师继续教育的第一阶段工作，全县教师基本都通过“五项基本功”的培训，此外还对中小学教师进行普通话水平测试。在 1996 年开展的小继教培训工作中，有县级培训 4 期，培训学科辅导教师、教育辅导站站长、试点学校校长共 122 人次，乡镇举办培训班 33 期，参加培训教师 844 人次，镇中心小学集中教育辅导站培训 106 次，共培训教师 3200 多人次。至 2002 年，全县教师的继续教育告一个段落，小学在职的 860 名教师全员参加培训，中学在职的 437 名教师中有 435 人参加培训，占中学教师的 99.5%。

2003—2006 年中小学教师全员培训情况一览表

表 16-15　　单位：人

	项　目	2003 年	2004 年	2005 年	2006 年
全员培训	小学教师培训人数	835	875	915	955
	中学教师培训人数	390	410	430	440
	高中教师培训人数	102	102	112	121

2003—2006 年骨干教师培训与专项培训情况一览表

表 16-16　　单位：人

项　目	2003 年	2004 年	2005 年	2006 年
新教师培训人数	30	27	42	21
省（州）级骨干教师培训	51	56	54	62
新课程培训人数	1225	1285	1345	1395
教育技术能力培训人数	107	125	131	140
师德培训人数	1327	1387	1457	1516
班主任培训人数	103	210	200	194
参加远程教育培训人数	1327	1387	1457	1516

2003—2006 年学历提高培训情况一览表

表 16-17　　单位：人

项　目	2003 年	2004 年	2005 年	2006 年
参加专科学历及以上提高培训小学教师人数	126	102	130	130
参加本科以上学历提高培训初中教师人数	14	25	16	15
参加本科以上学历达标培训高中教师人数	8	10	15	70

中小学教师继续教育全员培训合格情况一览表

表 16-18　　单位：人

类别 项目	师德修养		课程改革		信息技术		普通话	
	中学	小学	中学	小学	中学	小学	中学	小学
教师总数	349	672	349	672	349	672	349	672
参加培训人员	349	672	349	672	349	672	349	672
参加培训考试人数	340	665	340	665	340	665	340	665
考试合格人数	340	665	340	665	332	650	305	652
考试合格率（%）	100	100	100	100	97.6	97.7	89.7	98.0

多年来，广大教师通过学历层次学习和业务培训提高自身素质，接受培训的形式、次数比较全面，总的来说是通过组织培训为主体。如 1998 年开始实施“义教工程”时，省教育厅根据项目安排，开始对项目学校的校长、主任进行业务管理等培训。2001 年以后，继续实施的“中小学教师继续教育工程”管理干部和必修课的培训。2002 年，举办了全县“骨干培训者基础教育新课程通识”培训班。是年，又举办了教师职业道德修养培训。之后，又短期选派各学科骨干教师参加省州级培训。在中小学教师继续教育的培训中，全县各学校投入培训经费共 258844 元。与此同时，为了搞好最近几年的世行贷款和义教工程等培训工作，县教育行政部门划拨专项培训经费。通过培训，从现行的角度上讲，教师信息技术应用能力有所提高，掌握新课程标准，新教材教法方面的知识，教师综合素质能

力全面提高，教师的学历结构已发生了绝对变化，对教育教学产生极其深远的影响。

2007年1月，台江县召开“十一五”期间中小学教师继续教育工程启动会。会上传达省教育厅2006年5月15日在省青少年活动中心召开的中小学教师继续教育工作会精神，分析、论述中小学教师继续教育工程的目的，着重强调了该工程重大的现实意义和深远的历史意义，明确台江县“十一五”期间中小学教师继续教育工程的实际要求、主要任务、保障措施及实施步骤，使全县教育工作者对继续教育工程的认识得到进一步提高，思想得到进一步统一。2007年3月，县教育局印发了《台江县“十一五”（2006—2010年）中小学教师继续教育工程实施方案》（台教通〔2007〕28号文件），成立了以县教育局局长任组长的中小学教师继续教育工作领导小组。各乡镇、中小学分级成立本单位教师继续教育工作的领导机构及业务指导机构，形成县、乡、校三级培训管理网络，统一领导、分级管理，明确工作职责，健全工作机制，做到教师培训工作层层有人抓、校校有人管。

为使教师教育工作能有序开展，台江县制定《台江县“十一五”期间中小学教师继续教育工程实施意见》《台江县“十一五”期间中小学教师继续教育工程教育技术能力培训实施意见》《台江县“十一五”期间中小学教师继续教育校本培训细则》《台江县“十一五”期间中小学教师继续教育登记制度》。各中小学也制定了相应时段的教师继续教育工程实施方案及年度工作计划，教师们拟订了个人学习计划。这些方案、计划的拟订，保证台江县继续教育工作有条不紊、有章可循地开展。同时，台江县按照“政府、学校、个人共同分担培训成本的机制”筹措教师教育经费。2009年，县委、县政府多方筹措建设资金1400余万元，建成占地面积2.87公顷的县民族职业学校（县教师培训中心）。为使教师培训机构得到稳步发展，县人民政府出台《县人民政府办公室关于转发县教育局加强台江县教师培训机构建设的意见的通知》等文件，县教育局制定《关于加强县教师培训机构建设的实施方案》等相应的措施，对各种教育资源进行整合，并把机构办学经费纳入地方财政预算，保证逐年有所增长。各学校保证每年学校教师培训经费不低于生均公用经费的5%。五年来政府共出资136万余元，各校共出资267.2万余元，个人共出资50.8万余元用于继续教育学习。

在学习内容上，台江县遵循因地制宜、全面推进、注重过程、讲求实效的原则，以学校为单位集中教师开展“一德三新”全员培训。2006年4月，台江县按照省、州继续教育教材征订要求，及时征订了《新时期师德修养》《新课程推进中的问题与反思》《校本研修面对面》《教育技术培训教程》《新课程理念下的创新教学设计》等新一轮中小学教师继续教育培训教材；2007年6月，征订《新时期班主任工作指南》《新时期班主任工作创新》培训教材；2009年5月，征订《中小学教师职业道德规范（2008年修订）》培训教材，教材到位率为100%，有效地推进了台江县新一轮的中小继续教育工程的正常开展。

在师德培训中，台江县一是以校为单位集中教师学习《新时期师德修养》50个学时；二是以校为单位组织教师学习教育法，胡锦涛总书记给孟二冬女儿的回信，谢延信、李春燕的先进事迹；三是对全体中小学教师进行师德考核，组织教师参加全省统一的《新时期师德修养》《中小学教师职业道规范》考试，台江县教师参考率、合格率均为100%；四是在教育系统开展“五好文明家庭”评选活动；五是开展师德教育整顿活动。

在新理念、新课程培训中，台江县以实施素质教育为核心，以关注全体学生发展为主题，紧密结合基础教育课程改革实施过程中的问题进行总结与反思。为达到这一目的，台江县主要以“骨干培训，引领全员”方式进行：一方面，选派中小学校管理人员、骨干教师和教师代表到省、州等地参加新课程课堂教学、研讨、交流等培训学习，通过听专家、讲师等的报告或讲座，更新自己教学观念，拓展创新思维，改进教学方法。学习回来后，再组织开展县、乡、校一级的新课程及教研教改培训。另一方面，督促学校、教辅站按继续教育工作日程安排，利用教研活动及其他课余时间组织开展校本培训，采取集中学习和分散学习相结合的方式，认真学习《校本研修面对面》《课堂教学问题与对策》

《新课程理念下的创新教学设计》等书，借此提升教师教育教学新理念的意识，并就理论阐述过程中涉及的教学案例结合自己的教学实践进行具体的分析和总结，并以校为单位，组织开展以新理念为议题的座谈会，就自己学习的感受、体会、启示及心得进行交流。

2007年以来，台江县选派学校教师骨干、教师学科代表参加省、州级新理念、新课程培训学习共265人次，组织开展县级新理念、新课程培训6次，参与教师达1248余人次；选派参加省、州级学科培训248人次，组织开展县级学科培训9次，参与教师3450余人次。全县以“一德三新”为主要内容，以“决战课堂、新教材大练兵”为抓手，通过形式多样的学习活动，有力推动了教师业务素质的提高，全县教师参加了课堂教学能力测试。2009年7月30日，按州要求，组织进行了全县中小学教师“教材教法过关”统一考试，参考率为99%、合格率为97%；2009年11月14日，进行了全县中小学教师“新课程”统一考试，参考率和合格率为100%。“十一五”期间，台江县共举行县级优质课评比32余次，教学论文评比16次，指导各乡镇学校举行校际交流10次以上和举行优质课评比与教学论文评比6次。承担国家级课题“蒲公英行动”儿童与民间美术1个，承担省级课题8个，州级课题10个，共有20余人获县级以上科研成果奖，400余名教师论文获州级以上奖项。

在新技术培训方面，以全县实施的“农村中小学现代远程教育工程”为契机，按照普及、巩固、提高的原则，制定了《台江县中小学教师教育技术能力培训实施意见》，以“骨干引领，带动全员”的形式层层开展培训，先后举办中小学教师信息技术培训班20期，培训中小学教师1000余人，使全县中小学教师普遍接受了新一轮教育技术能力培训，教师基本通过了初级和中级考试，部分教师通过了高级考试。2009年，台江县共有205名教师拿到“英特尔未来教育培训”结业证书。同时，台江县选送11名教师参加了农村素质提高工程教育技术能力培训。依托北大教育网络平台，1413人次参加了远程教育技术能力培训。

2010年3月，全县共培训了38名校校通管理人员，通过这些培训有效地提高了中小学教师、特别是农村中小学教师的计算机知识水平和操作技能以及学习和应用教育技术的能力。

“十一五”期间中小学教师继续教育工程实施以来，台江县把建设学习型组织与骨干教师培养有机地结合起来，狠抓各级骨干教师的培养培训工作，使一大批骨干教师脱颖而出，基本形成了骨干教师梯队。2010年，全县有省级骨干教师2人、州级骨干教师26人、县级骨干教师26人，省、州、县三级骨干教师培训对象102人。在学历提升上，台江县除了鼓励教师有计划地离职进修学习以外，县教师培训中心还与黔东南州电大联合办学，举办汉语言文学教育、小学教育（文）、法学专科、法学本科、农村行政管理、农村经济管理等本、专层次的专业学习。全县共有873名学员参加了学习。至2010年9月，台江县小学专任教师取得专科以上学历639人，初中专任教师取得本科以上学历175人，高中教师取得本科学历168人。高中教师研究生学历有2人。

第三节　教师管理

1991—1998年，教师的分配是报到就业、回台江包分配的原则。职称评定的基本原则是依照黔人职〔1999〕15号文件和黔人通〔1999〕53号文件贵州省人事厅、贵州省教委关于印发《贵州省中学评聘高中级教师职务推荐条件》《贵州省评聘小学高级教师职务推荐条件》《贵州省中小学破格评聘高中级教师职务推荐条件》的通知一直运用到2006年。根据不同时期的评聘标准，实行教师职务评聘相结合。

2004年以后开始实行评聘分开，根据教师岗位的设置因岗而聘，有些采取高职低聘的办法。如2004年之前，城关一小、二小的小学高级教师的比例已超出了岗位编制，所以将取得高级教师职务的教师向其他村级学校调整分流，至2005年全县在职教师的职称结构如下：中学高级职称26人，中学一级职称103人，小学高级职称201人，中学初级职称300人，小学初级职称649人。通过在职培训、离职进修、在职自考等途径，教师学历结构已发生了变化。小学专任教师学历合格率为100%，初中专任教师学历合格率为100%，高中教师学历合格率为50.4%。

20世纪90年代中期，乡镇学校教师工资下放乡镇统一发放，教育局无法考核管理，教学秩序不稳定。后经纠正之后，教学秩序相对得以稳定。为了进一步完善对全县范围内中小学教师思想工作与业务能力的管理。教育行政部门实施岗位目标任务考核制度，理顺教师队伍的管理体制，依法加强教师队伍管理。1995年实行校长负责制之后，对教师的考核随之得到强化，特别是各级各类学校采取量化考核制度，实行末位淘汰，对那些极个别严重违背《中华人民共和国教师法》规定的，撤销教师资格。2001年以后，台江县对教师的考核管理才得以正式推开校长负责制，"四制一目标"的管理逐一完善，拓宽校长对学校的管理权和决策权，健全了相对应的"职、责、权"的科学管理模式，进一步地调动教师的积极性、主动性和创造性。2009年，台江县实施了中小学校岗位设置方案，进一步深化了学校人事制度改革，建立健全学校岗位管理制度，实现学校人事管理科学化、规范化、制度化，确保教职工收入分配制度改革顺利实施。同年，县政府下发了《台江县义务教育学校教师绩效考核工作实施办法（试行）》，义务教育阶段学校老师开始实施绩效工资制。2010年，为优化全县老师资源配置，促进城乡义务教育协调均衡可持续发展，全县推行了校长、教师交流制，全县教师年交流率达10%以上。

在教师队伍建设的过程中，教育行政管理部门严格对教师政治思想教育、师德教育、岗位职责教育，提高教师的职业道德素质，加强自身素质的修炼。对教师实行严谨的德、能、勤、绩的考核，包括政治思想、职业道德、师德师风、服务态度、出勤情况、工作纪律等工作量的考核。各级各类学校制定教师年度考核综合量化评估方案。

第四节　教师待遇

一、政治待遇

随着教育改革的不断深入，教师的政治地位、经济地位也不断提高。1991年以来，先后有不少教师当选为县党代会、人代会代表和县政协委员。各级学校在各级党委的高度重视下，加强对教师的政治学习，提高教师的觉悟。在职的年轻教师充分认识到党在教育工作中的重要作用，教育系统的党员人数在教师队伍中的比重逐年增多。广大教师们都积极争取为党的教育事业服务。

1991年以来，被省教育厅、州人民政府表彰的"先进教育工作者"和"先进教师"分别为：张明荣、张总俊、杨毅、唐忠平、邰秀玲、龙峰、姜定杰、张秀林、欧光石。1994年，台江县民族中学邰秀军被省人民政府评为"全省优秀教师"。1995年，台拱镇民族中学王振伦被教育部、人事部评为"全国优秀教师"。1996年，台江县职校潘盛勇被州委评为"全州优秀共产党员"。1998年，台江县民族中学刘龙被州政府评为"优秀教师"。1999年，台江县台盘小学邰情刚被团州委评为"全周优秀少先队辅导员"。2001年，台江县城关一小杨再武被省教育厅、省人事厅评为"贵州省优秀教师"。2001年，台江县民族中学杨毅被省教育厅、省人事厅评为"贵州优秀教师"；2010年，被省教育厅认定为"省级骨干教师"。2001年，台盘小学雷莉被州教育局、州人事局评为"黔东南州优秀教师"。2002年，台江县台拱镇民族中学张明勇被黔东南州教育局评为"黔东南州中小学教师继续教育工程（2001—2005年）先进工作管理者"。2004年，台江县民族中学龙峰被州委、州人民政府授予"先进教育工作者"荣誉称号。2004年，台江县城关二小唐光诚被州委、州人民政府授予"优秀班主任"

荣誉称号。2005 年，台江县教育局张秀林、施洞小学刘再环被州教育局评为“黔东南州农村中小学现代远程教育试点工作先进工作者”。2006 年，台江县教育局张秀林被省教育厅评为“贵州省农村中小学现代远程教育试点工作先进个人”。2006 年，施洞镇教育辅导站刘永清被省人民政府评为“省级‘两基’先进工作者”、被州教育局评为“‘两基’先进个人”。2006 年，台江县民族中学龙峰被省总工会授予“贵州省五一劳动奖章”。2006 年，台江县职校姚元江被州委授予“优秀共产党员”称号。2007 年，台江县方召中学徐峥荣被州政府评委“优秀教师”。2008 年，台江县民族中学龙峰被州人民政府教育督导室、州教育局评为“优秀校长”。2008 年，台江县施洞小学龙泉被省教育厅评为“贵州省中小学优秀班主任”称号。2008 年，台江县城关二小李晓丽被团州委、州教育局、州少工委评为“优秀少先队辅导员”。2009 年，台江县台盘小学周晓燕被教育部授予“全国中小学优秀班主任”称号；被人社部、教育部授予“全国模范教师”；被教育部、全国妇联授予“全国教育系统巾帼建功标兵”。2009 年，台江县施洞小学张宽海被州政府评为“全州教育系统优秀教育工作者”称号。

二、工资待遇

1991 年以来，台江县教育系统教师工资按工资制度从财政全额拨款，教师工资没有停发、少发现象。1993 年工资制度改革后，工资构成由固定部分、固定部分提高 10% 工资、活工资组成，实行两年一次正常晋升工资档次和离退休人员增加退休费。2002 年，工资再次调整，教师工资由职务工资、活津贴、“10%”“三费”、知补、补差等项目构成，2006 年以后，教师工资由岗位工资、薪级工资、“10%”、边区补贴、知补、“三费”“菜篮子”等项目构成，2009 年，在原基础上实行绩效工作，工资月均达 2000 元左右，台江县教师的工资经过多次调整，人均工资从 1991 年的 100 元左右提高到 2010 年的 2000 元左右，是 1991 年的 20 倍，教师的生活水平有了明显的提高和改变。住房制度改革后，县政府对教师买房实行优惠政策，凡是教师在县城购买住房的，按教师的贡献值给予不同的补贴，由县财政承担。至 2010 年，共有 109 名教师享受待遇，财政共补贴 164.624 万元。

第五章　教育经费与设施

第一节　教育经费

1992年以前，台江县教育经费的主渠道是财政拨款，学费只有县民族高中和幼儿园收取。教育行政开支主要是工资和公用经费，财政拨款中主要是教师工资和学生人助金以及公用经费，教师工资包括教师的10%和其他补贴。另外近几年政府也从征收的城市维护建设税中划拨一定的比例用于教育。

1992年以后，开始征收农村教育费附加和城市教育费附加，以及国家机关、企事业单位在职职工的教育费附加。城市教育费由地方税务局按增值税、消费税和营业税额的3%收取。农村教育费附加是按上一年农民人均收入的1.5%征收，国家机关、事业单位的在职职工按固定收入的1%征收。

1992—1995年间，台江县教育经费总收入566.96万元。

1992年，世行贷款项目开始实施，项目投入中协议贷款60.38万元，国内配套653.5万元。

1998年开始实施第一期“义教工程”项目，一期项目投入826.7万元，其中国家、省级共投入582.2万元，州级投入72.5万元，县级投入74万元，乡镇投入74万元，社会捐资24万元。

2001年，实施第二期“义教工程”项目，二期项目共投入1419.5万元，其中国家、省级共投入761.7万元，州级投入66万元，县级投入510万元，社会捐资81.8万元。

2004年，实施危改项目工程，项目共投入434万元，其中中央投入365万元、县级投入69万元。

2004年，实施农村寄宿制项目工程，项目共投入805万元，其中中央投入770万元、州级投入5万元、县级投入30万元。其中，用土建投资693万元、设备投资112万元。中央资金用于采购77万元，州级资金用于采购5万元，县级资金用于采购30万元，主要购置铁床、课桌、床上用品等。

2006年，实施农村中小学校薄弱学校改造项目工程，项目共投入381万元，其中中央投入113万元、省级投入85万元、县级投入5万元、社会捐资178万元。

1997—2006年财政对教育拨款情况一览表

表16-19　　单位：万元

项目 年度	财政经常性收入	增长率（%）	教育拨款	增长率（%）
1997	1353.00	19.50	930.23	32.58
1998	1681.00	24.24	822.65	−11.56
1999	1399.00	−16.78	1182.09	43.69
2000	1454.00	3.93	1331.00	12.60

续表 16-19　　单位：万元

年度＼项目	财政经常性收入	增长率（%）	教育拨款	增长率（%）
2001	1594.00	9.63	1832.00	37.64
2002	1871.00	17.38	2402.00	31.11
2003	1948.00	4.12	2785.00	15.95
2004	5405.00	177.00	4688.00	68.33
2005	6654.00	23.11	4493.00	−4.16
2006	5728.00	−13.92	4918.00	9.46

1997—2006 年教育经费总支出概况一览表

表 16-20　　单位：万元

年度＼项目	县财政总支出	教育经费总支出	教育经费总支出占财政总支出（%）
1997	3409.8	1061.08	31.12
1998	3882.0	1094.95	28.21
1999	4636.0	1905.10	41.10
2000	5089.2	1312.00	25.78
2001	8757.0	2258.20	25.79
2002	9957.0	2933.60	29.46
2003	10445.0	2919.80	27.95
2004	12705.6	4574.00	36.00
2005	16144.8	4682.00	29.00
2006	19022.2	5136.00	27.00

2001—2006 年，上级专项资金拨款逐年增加，从 2001 年的 303.3 万元上升到 2006 年的 3741.9 万元。

农村教育费附加的征收于 2001 年已停止。2001 年以后，城镇教育费附加、地方教育费附加（即职工教育附加费）和城市维护建设税，按一定的比例征收之后用于教育。2001—2006 年征收情况如下表：

2001—2006 年城镇教育费附加、地方教育费附加和城市维护建设税征收情况一览表

表 16-21　　单位：万元

年度	城镇教育费附加	地方教育费附加	城市维护建设税
2001	20.20	24.02	0
2002	21.80	27.76	0
2003	33.30	18.06	0
2004	20.97	6.99	2.50
2005	24.54	8.18	2.30
2006	32.19	10.73	3.80

取消农村教育费附加的征收之后，2002年根据贵州省委关于《从中央给贵州的费改税转移支付资金中不低于50%用于农村中小学教育》的规定。2002年，台江的费改税总额为657万元，拨付给教育的有328.5万元（含台江当时所辖的革东镇）。2003—2006年，全县每年费改税总额为572万元（不包含革东镇），拨付给教育的均为286万元。2004年后，根据财政部、教育部制定的《对农村义务教育阶段家庭经济困难学生免费提供教科书工作暂行管理办法》的精神，省财政厅、教育厅下达的免费教科书的通知。

台江县委、县政府始终坚持教育优先发展的理念，坚持“一个确保”（确保教师工资按时足额发放）、“两个提高”（财政支出总额中的教育经费所占比例随着国民经济的发展逐年提高、财政性教育经费支出占国民生产总值的比例逐年提高）、“三个增长”（各级财政教育拨款的增长高于财政经常性增长、生均教育经费逐年增长、教师工资和生均公用经费逐年增长）、“四个优先”（年初安排预算时教育优先、资金调度时教育优先、年终超收追加预算时教育优先、制定优惠政策时教育优先）的工作制度。2007—2008年，全县地方财政经常性收入为2516万元、2797万元，与上年增长比例分别为11.43%、11.17%；2007—2008年教育拨款数分别为4707万元、6333万元，与上年增长比例分别为8.03%、34.54%。2007—2008年预算内教育事业经费小学拨款数为2724万元、3228万元，初中拨款数为976.3万元、1232万元；2007—2008年预算内生均教育经费小学分别为1678元、1970.33元，初中为1551元、1817.91元。2007—2008年预算内公用经费分别为466.3万元、598万元，占事业费比为9.9%、9.44%；2007—2008年预算内生均公用经费小学分别为175元、217元，初中为287元、355元；2007—2008年预算外杂费用于公用经费数分别为194.26万元、598万元；2007—2008年预算外生均公用经费小学分别为78.1元、217元，初中分别为107.26元、355元；2007—2008年预算内外公用经费总支出数分别为448.43万元、622.5万元，小学生均分别为168.24元、220.5元，初中生均分别为278元、385.6元。

2009—2010年，全县地方财政经常性收入分别为22138万元、26465万元，三年预算内教育拨款分别为7265万元、9560万元，三年预算内生均教育费小学分别为2378元、3263.5元，初中分别为2456元、3037元，做到了逐年增长。三年内生均公用经费小学分别为299.62元、435.37元，初中分别为477.15元、633.72元，实现了逐年增加。农村税费改革转移支付资金、城市建设维护税、城镇教育费附加、地方教育费附加的拨付均超过了规定的标准。

第二节　教育基础设施建设

1990年之前，全县各级各类教学设备比较简陋，全县学校占地总面积205749平方米，其中普通中学47342平方米、职业中学5023平方米、小学153384平方米。全县校舍总面积86856平方米，其中普通中学20565平方米、职业中学3016平方米、小学62924平方米、幼儿园351平方米。教学用房总面积38202平方米，其中普通中学3016平方米、职业中学516平方米、小学34377平方米、幼儿园293平方米。行政办公用房总面积4303平方米，其中普通中学982平方米、职业中学390平方米、小学2931平方米。教职工宿舍总面积21545平方米，其中普通中学6917平方米、职业中学1620平方米、小学13008平方米。学生宿舍总面积3096平方米，其中普通中学1906平方米、小学1190平方米。学校食堂总面积3148平方米，其中普通中学1061平方米、小学2087平方米。厕所占地面积1597平方米，其中普通中学694平方米、小学903平方米。

当时在全县中学校舍中，绝大多数是木质结构，大部分是20世纪50年代中期修建的，毁坏较多。据当时情况统计，中学校舍有砖混结构26166平方米、砖木结构20970平方米、木质结构39720

平方米。全县有单人课桌凳23522套，其中普通中学5137套、职业中学254套、小学18131套。教学仪器及其图书：20世纪90年代时，原中小学使用的教学仪器均属七八十年代由教育局分配的部分不配套的物件。其中台江民中有400余个品种，其他中学均在200余种以下，各小学均在100余种之内，设备简陋，不足以供教学使用。图书除台江民中人均达2～3册之外，其余中小学不到1册。

1992年开始实施世行贷款项目，按世行贷款项目的要求，台江县执行总面积40445平方米。其中危房重建9726平方米（交东小学355平方米、方陇小学444平方米、大塘小学413平方米、南市小学277平方米、茅坪小学461平方米、排略小学347平方米、展福小学20平方米、宝贡屯小学325平方米、老屯小学830平方米、排羊小学303平方米、反排小学445平方米、田坝小学308平方米、岑孝小学280平方米、方召小学922平方米、番省小学461平方米、水井小学461平方米、育智学校251平方米、施洞幼儿园162平方米、旧州小学188平方米、台盘小学920平方米、排羊小学920平方米、巫西小学312平方米、革一小学321平方米）。

另外，维修了榕山小学428平方米，台雄小学57平方米，桃赖小学300平方米，城关二小1129平方米，施洞小学125平方米，革东小学100平方米，平兆、长滩、报效、光条等小学共1250平方米。

世行贷款项目工程从1992年开始用三年的时间到1995年按计划基本完成台江县新建、重建、维修、补平等共124所小学。

世行贷款项目协议贷款60.38万美元。国内配套653.5万元。世行贷款投入之后，学校教学仪器品类由20世纪90年代的初中400余件增至500种，小学由100余件增至200种，人均图书册数中学生均5册，小学生达3册。中学新添课桌凳1560套，小学新添课桌凳5142套。

1998年开始实施第一期"义教工程"，建设资金总投入603.3万元，建筑面积16232平方米。

台江县一期"义教工程"计划和完成情况一览表

表16-22

项目学校名称	建筑面积（平方米）	投入资金（万元）	投入使用时间
桃赖小学	1050	36.75	1992年2月1日
台拱小学	1050	36.75	1998年9月9日
大德小学	1050	36.75	1998年8月1日
麻栗小学	950	33.25	1999年8月10日
城关一小	500	54.00	1999年2月8日
城关二小	1800	31.50	1998年12月25日
施洞小学	1050	31.50	1999年3月8日
南宫小学	824	34.45	2000年4月28日
龙翁坡小学	585	24.30	1999年11月25日
台盘小学	788	30.75	1999年6月20日
坝场小学	585	24.30	1999年11月30日
大塘小学	900	34.50	2001年4月18日
排羊小学	1050	40.00	2001年2月26日
覃高堡小学	900	34.50	2000年11月12日
南瓦小学	1050	40.00	2001年3月14日
革东小学	2100	80.00	2001年3月23日

当时一期"义教工程"对于贫困县来说无疑是雪中送炭，但是要解决长期以来教学用房紧张的

历史状态，只依靠一期义教解决还是不能满足需要。因此，通过援引资金进行捆绑合建，充给资金，如台拱小学、二安小学、覃高堡小学、龙翁坡小学等。另外，为了改变历史以来的某些遗留状况，必须对一些不合理的学校进行移址，如龙翁坡小学、革东小学、南瓦小学、覃高小学都采取了移址新建。因此，一期“义教工程”投入中，县政府在极端困难的情况下，投入74万元进行配套，并且号召社会各界集资24万元给予补充。

2001年开始实施二期“义教工程”项目，二期义教项目学校主要是面对初中，其目的是解决九年义务教育的办学条件。

台江县二期“义教工程”项目资金执行情况一览表

表16-23　　单位：万元

项　　目			2001—2005年项目规划	2001—2005年项目执行情况
项目资金总数			795.7	1417.1
其中	中央专款		368.0	368.0
	地方各级配套		307.0	307.0
	其中	省级配套	268.0	268.0
		省以下配套	39.0	39.0
其他资金			120.7	742.1

台江县二期“义教工程”项目学校建设执行情况一览表

表16-24

项目名称			2001—2005年项目规划			2001—2005年项目执行情况		
			合计	小学	初中	合计	小学	初中
项目学校（所）			7	—	7	7	—	7
土建项目	新建校舍	小学（所）	2	—	2	2	—	2
		面积（平方米）	7060	—	7060	7614	—	7614
		资金（万元）	292.4	—	292.4	360	—	360
	改扩建校舍	小学（所）	5	—	5	5	—	5
		面积（平方米）	10785	—	10785	10785	—	10785
		资金（万元）	430.4	—	430.4	518	—	518
	其他设施	资金（万元）	49.1	—	49.1	495	—	495

2004年，台江县农村中小学危房改造工程得到省教育厅、省发改委、省财政厅联合下达批复的项目建设计划，共立项15所。即台江民中、台拱镇民中、南宫中学、革一中学、知行小学、报效小学、番省小学、南省小学、景洞塘小学、水井小学、汪江小学、巫脚交小学、排羊小学、九摆小学、德卷小学。计划建筑面积9644平方米，计划投资425万元，其中中央专款356万元、县级财政资金69万元。实际完成改造级危房项目学校15所，改造面积1054平方米，完成投资总额499万元。

根据省教育厅、省发改委、省财政厅、黔教计发〔2004〕165号文件《关于贵州省农村寄宿制学校建设工程实施意见》的通知和州教育局、州发改委、州财政局、州教计发〔2005〕01号文件《关于2004—2007年全州农村寄宿制学校建设工程项目规划批复意见》。台江县有7所学校被列入农村寄宿制工程项目计划，计划建筑总面积15445平方米，合计770万元，其中土建投入693万元、设备投资77万元。

1990年以来，为了改善台江县的办学条件，在县委、县政府的领导下，通过多渠道的引资注入，为台江教育事业的发展做出了不可磨灭的贡献。在援引修建的项目工程中，朱英龙先生共捐资修建17所学校，建筑面积为13348平方米，投入资金286万元，县自筹投入595.47万元，共投入881.47万元，受助学生55人。朱英龙先生捐资修建的学校有台江职中，投入20万元；施洞小学，投入10万元；老屯中学，投入15万元；台拱镇民中，投入20万元；台江县民中，投入85万元。其余剩下的计划到2011年投入完毕。

2000年，全县小学有教室782间，图书室20间，自然实验室18间，教师办公室60间，小学课桌凳19973套，图书40975册。初中有教室110间，图书室4间，实验室11间，教师办公室20间，课桌凳5067套，图书25000册。县职业高中有教室10间，理化生实验室3间，教师办公室3间，课桌凳1000套，图书5000册。县民族高中有教室22间，办公室8间，理化生实验室3间，其他器材保管室3间，课桌凳600套，图书5000册。特殊教育学校有教室3间，学生寝室1间，办公室1间，课桌凳72套，图书200册。县幼儿园有教室6间，学生寝室6间，办公室2间，食堂1间。

全县中心完小以上学校和初中都有完整的篮球场，基本上有50平方米和100平方米的跑道。高中有2个篮球场，400平方米的跑道。2004年以后，小学校舍建筑面积63029平方米，生均校舍面积3.77平方米，危房率降低到0.27%，初中校舍建筑面积31207平方米，生均校舍面积4.95平方米，危房率降低到0.68%。小学校园设施达150所，达标率96.15%；初中校园设施达10所，达标率83.33%。中小学班班有教室、黑板、讲台，校校有围墙、运动场。其中台江县民族高中、台拱镇民中、施洞中学、南宫中学、革一中学等都有400平方米以上的环行跑道和足球场。中小学在校生有23013人，共有课桌凳12026套，教师的教具和教学资料齐全。小学教学仪器达标学校156所，达标率100%，生均图书5.3册，图书达标学校151所，达标率96.79%；初中教学仪器配备达标学校10所，达标率83..33%，生均图书12.6册，图书达标学校10所，达标率83.33%。

2007年，台江县获得危房改造资金130万元，建设项目面积3731平方米，消除D级危房面积1478平方米，改造的学校有南宫乡交下小学、方召乡李子小学、台拱镇板凳小学、台盘乡基保小学、老屯乡报效小学。获得办学条件不足学校维修改造资金80万元，项目有台江二中围墙、老屯中学围墙和台盘乡南瓦小学学生宿舍楼。

2008年，获得农村义务教育阶段薄弱学校改造工程中央资金240万元，其中，施洞小学学生宿舍楼修建100万元，进行场地平整及围墙等20万元；台盘小学学生宿舍楼修建100万元，进行场地平整及围墙等20万元。

2009年，获得农村义务教育阶段薄弱学校改造工程中央和省级资金286万元，其中，D级危房改造196万元，建设面积1960平方米，消除D级危房面积1200平方米，项目有革一乡排生小学教学楼、方召乡基甲小学教学楼、革一乡茅坪小学教学楼；办学条件不足学校南宫乡巫西小学改扩建90万元，建设面积900平方米。

2010年，获得农村义务教育阶段薄弱学校改造工程中央和省级资金615万元，其中，台拱镇登交小学危房改造113万元，建设面积1585平方米，消除D级危房面积714平方米；施洞小学新建综合教学190万元，建设面积1654平方米；南宫小学新建教学楼312万元，建设面积2602平方米。

2010年，全县小学占地面积222468平方米，生均14.13平方米，校舍建设面积80269平方米，生均5.1平方米，学生宿舍建设面积达6373平方米，体育运动场面积43354平方米，计算机184台，图书182382册，生均11.58册。初级中学占地面积193569平方米，生均27.19平方米，校舍建设面积43886平方米，生均6.17平方米，学生宿舍建设面积达13553平方米，体育运动场面积36777平方米，计算机385台，图书152113册，生均21.37册。

第六章　教育管理

第一节　教育行政管理

20 世纪 90 年代初,《中国教育改革与发展纲要》的颁布与实施，教育发展目标任务进一步明确，教育的整体管理进一步科学化。各级党政把教育放到战略重点的地位，分级办学，分级管理，逐步实行校长负责制，加强学校内部管理体制的改革，建立校务委员会，教代会；加强民主管理，实行民主监督；加强教育督导，实行政府监控，领导负责。台江县委、县人民政府于 1995 年作出了《关于实施〈中国教育改革与发展纲要〉的决定》，明确台江教育的发展目标：到 20 世纪末，全县实现普及六年义务教育，有效控制新文盲的产生，不断提高普及初等教育水平，大力发展职业技术教育和成人教育，基本扫除青壮年文盲；对新增劳动力实施职业教育或技术培训，对新增教师实行继续教育和岗位培训，建设有良好素质、适应教育改革需要的教师队伍；合理调整教育结构与布局，建设与社会主义市场经济发展相适应的教育体制的基本框架。因此，县人民政府和教育行政部门提出分阶段实施普及九年义务教育与提高教育教学质量管理目标。县教委下发了《台江县中小学教师工作考评方案》《台江县中小学教师工作量计量方法》。考评方案包含教学工作考评、班主任工作考评，考评有具体指标体系及权重分配关系。分层评价、自我评价、群众评价、领导评价，构成了教学工作与班主任工作的一个整体管理；而在中小学教师工作量化管理中，体现了以周工作量为时间单位，规定了校长、科任教师及教职员工的工作量。

根据管理原则，提出实现管理目标。1995 年以后，7 ～ 12 周岁适龄儿童入学率达 95%，全县 1949 年 10 月 1 日以后出生，年满 15 周岁以上人口非文盲率达 91% 以上，残疾儿童入学率达 50%，幼儿入园率达 40%。职业高中在校生与普通高中在校生的比例达 1∶1，实现基本普及初等义务教育。2000 年，全县适龄儿童入学率达 98%，残疾儿童入学率达 60% 以上。1949 年 10 月 1 日以后，15 周岁以上人口非文盲率达 95%。2005 年，全县 7 ～ 12 周岁适龄儿童入学率达 98% 以上；13 ～ 15 周岁少年入学率达 95% 以上；在校小学生辍学率控制在 1% 以下；初中在校生辍学率控制在 3% 以内；三类残疾儿童入学率达 60% 以上，基本实现普及九年义务教育。

为了实现上述目标，提高办学效益和教育教学质量。县人民政府实行县、乡、村三级办学，县、乡两级管理，“以县为主”的管理体制。县人民政府以《中华人民共和国义务教育法》为准绳，依法作出了规划与规定，合理调整学校布局；强化对学校的管理，加大资金的筹措与投入，保障教师工资的发放；各级乡镇依法征收教育费附加，依法保证适龄儿童入学，并制定措施，改善学校办学条件；村级在本级范围内保证适龄儿童的入学巩固。

实行校长负责制，明确校长职、权、责。对校长实行选拔、采取民主推荐、组织考核，教育行政与人事部门审定任命。因此，校长有权组阁、报请上级行文任命，并且明确了校长待遇，在职期间浮动一级工资。当时，城关一小、台江二中已执行工资待遇。同时，实施校长负责制，校长全面负责和主持学校工作，受党组织监督、教代会（教务处）民主管理等关系。

1994年11月13日，台江县教委与黔东南州教育委员会签订“九五”教育目标管理责任书，同时县教委又与各乡镇签订了教育目标管理责任书。1995年2月20日，台江县人民政府批转县教委关于《台江县中小学校长、幼儿园园长负责制实施方案》。之后，校长负责制工作分步实施，第一步为试点，第二、第三、第四步为实施。试点为台江二中、城关一小；第二步为台江民中、城关二小、幼儿园、台拱小学、施洞中学、施洞小学、革东中学、革东小学；第三步为各乡镇所在地中小学；第四步为村级完小。是年，实行校长负责制并签订责任书的乡镇中小学校校长是台江二中李德敏、施洞中学杨繁胜、革东中学李国升、城关一小杨再武、城关二小杨胜荣、台拱小学杨再光、施洞小学刘永清、革东小学刘昌富。

1997年，台江县人民政府以办公室批转县教委、县政府教育督导室《关于对校（园）长负责制试点工作检查的意见的通知》。通知要求从1995年3月开始，先后分为两批10所中小学（幼儿园）实施校长负责制试点进行量化考核。1996—2000年，逐步完善校长负责制的管理体制，从试点到全面推开已构成框架。实行任期内考核、评估制度，各级各类学校充分发挥了民主监督作用。2006年，县人民政府印发《台江县中小学校长目标考核方案》，由教育局牵头，组织、人事、纪检、监察、县政府教育督导室组成考核组，每学年一次对中小学校长进行考核，考核结果作为校长能否任用的主要依据。

2000年9月1日，县人民政府批转县教委《台江县教育系统全面推进教务公开的实施方案》的通知，进一步促进了民主管理与建设，扩大教职员工参与民主管理、民主监督的渠道。与此同时，为了加强对学校的治安管理，使学校教育教学工作得到正常运转，县政府、县综治委联合下发《关于进一步加强学校治安综合治理工作的通知》，开展对学校周边环境的治安问题，对社会渗透到学校的“黄、赌、毒”进行清理整治。

2002年后，为了进一步强化学校内部管理，县委、县政府根据《关于深化教育改革全面提高教育质量的决定》制定“四制一目标”的实施方案。方案明确了学校内部的管理体制、校长的任职条件与产生方式和聘任方法、校长的主要职责和权力、教职工的聘任、岗位责任制、校内结构工资制、学校的目标管理、对校长的监督和工作目标考核、保障措施以及实行教职工民主管理和推行“四制一目标”要正确处理好校内党政工团的关系。方案实施后，营造了能进能出、能上能下、能高能低、结构合理、运行高效的学校内部管理体制，充分调动教师的积极性、主动性和创造性，增强学校的办学活力，全面提高学校的教育教学质量，进一步推进了素质教育的发展。

2009年，“两基国检”合格后，学校办学条件、办学质量、办学行为均得到了提高和规范。为进一步提升学校竞争力，激发全体教师的积极性，县委、县政府印发《台江县中小学校长竞聘方案》，于2009年12月28日，全县教师公开参与竞聘7所乡镇初中、排羊九年制学校、城关一小、二小、三小和6所乡镇中心小学，共17个校长岗位。

通过不断地强化管理，全县各校的常规管理逐步规范化，教育质量不断得到提高，2007年，城关一小被授予州级二类示范性学校，台盘中学被授予州级三类示范性学校，城关一小、台盘中学、施洞小学、台拱中学被评为州级环境育人先进校；2008年，台江民中被授予州级一类示范性高中，革一中学、施洞中学被评为州级环境育人先进校；2010年，全州义务教育阶段学校常规管理督导评估中，台江二中、施洞小学评估结果为优秀学校。

2010年台江县中小学负责人一览表

表16-25

学 校	校长	学 校	校 长	学 校	校 长
台江一中（原方召中学）	杨再成	台江二中（原台拱镇民中）	刘宗华	施洞中学	潘盛安
老屯中学	张贵生	革一中学	欧 毅	台盘中学	杨茂林
排羊九年制	邰昌文	南宫中学	唐光成	城关一小	潘存俊
城关二小	杨再武	城关三小	邰通卓	施洞小学	陈 亮
老屯知行小学	刘再海	革一小学	王名志	台盘小学	周晓燕
南宫小学	王文华	方召小学	姬伟宏		

第二节 教学管理

1991年以来，台江县教育行政部门认真贯彻执行国家教育方针，逐步把应试教育转变为素质教育，实施新的课程标准。始终面向全体学生，以教学为中心，教学管理为重点，加强常规教学管理，在课程设置、教学计划、教材体例、使用方面均按国家标准执行。

一、小学教学管理

全县各乡镇设教育辅导站，设站长1人，农教、普教各1人，教研员1人。站长负责全乡的教育教学管理，教研员负责全乡的教学业务工作。各乡镇设中心小学、片区完小、村级完小及教学点。中心小学、片区完小设校长1人、副校长1人、教导主任1人、总务主任1人。校长负责学校全面工作，副校长分管业务，教导主任具体负责学校教育教学质量、师资水平、农教工作，总务主任负责学校教育经费、办学条件。2009年9月后，乡镇教育辅导站撤销并入乡镇中心小学，中心小学设校长1人（负责全乡小学教育工作）、副校长2人、教导主任1人、总务主任1人、教育专干2人。

1996年9月至2000年，全县中小学开展第一阶段继续教育工作，内容为“三笔一画”、教师口语训练、教具制作、班主任工作与实践等。2000—2005年，开展第二阶段中小学教师继续教育工作，内容为普通话、信息技术、教师职业道德。2006—2010年，开展第三阶段中小学教师继续教育工作，内容有师德修养、新理念、新课程、新技术。

学制与课程教材开设。1991—2010年，小学学制为六年制，开设课程的教材为人教版，九年义务教育教材，包括语文、教学、思想品德、自然、音乐、美术、社会、健康教育、劳动、综合实践等。2005年秋季，小学开始实行新课程改革，国家制定课程标准，学科不变，教材由各地根据国家课程标准编订，呈现出多版本的教材局面，由各地根据实际选用。全县的语文、数学两学科使用人教版的义务教育课程标准实验教科书，其他学科版本由州选定。在使用新课程标准教科书的同时，还结合台江县实际开发《民族文化进课堂》等地方教材和校本教材。2005年，开始以乡中心校推进开设英语课。2010年秋季，全县小学三年级以上全面开设英语课。

二、中学教学管理

全县有初级中学8所，完全中学1所，职业中学1所。至2007年，全县有初级中学7所，九年一贯制学校1所，普通高中1所，职业高中1所。各中学设校长1人、副校长1～2人、教务主任1人、政教主任1人、总务主任1人。校长负责学校全面工作，副校长分管业务，教务主任具体负责学校教育教学质量、师资水平，政教主任负责学生的政治教育工作，总务主任负责学校经费、办学条件。

1995年，全县以台拱镇民族中学为试点，推行“四制一目标”管理，校长任命和选拔由民主选举产生，组织考核，人事部门任命，学校实行校长负责制、结构工资制、岗位负责制、教职工聘任制、教育目标管理制的管理体制。2001年，“四制一目标”的管理体制在全县各中学及中心小学推广实行，各校教师任用，是根据学校教师的95%以上教师个人和校长签订聘用合同书一年。学校每年考核按照教师数的3%～5%末位淘汰分流，每学年由县教育局根据各校缺额情况在全县范围内招考补充。2004年后，全县各中小学都推行“四制一目标”的管理模式。

1991—2010年，初中学制为三年制，开设课程教材为人教版，九年义务教育教材，包括思想政治、语文、数学、外语、历史、地理、物理、化学、生物、体育、音乐、美术、劳动技术等课程。2005年秋季，初中从七年级起实行新课程改革，使用人教版义务教育课程标准实验教科书。

2010年秋季起，普通高中高一年级全面启动课程改革实验。

2007年，根据《中共中央国务院关于加强青少年体育增强青少年体质的意见》，为了全面实施《国家学生体质健康标准》，广泛开展“全国亿万学生阳光体育运动”，确保学生每天锻炼1小时，保质保量上好体育课。小学1～3年级每周4课时，小学3～6年级和初中每周3课时，高中每周2课时，没有体育课的当天，学校必须在下午课后组织学生进行1小时集体体育锻炼并将其列入教学计划。全面实行大课间体育活动制度，每天上午统一安排25～30分钟的大课间体育活动。

中小学教学教法不断发展，形式多样。主要有阅读法、讲授法、分析讨论法、练习法、朗读背诵法、情景教学法、语文教学法、目标任务型教学法、比较法、教案讲稿法、人物配话法、历史地理歌曲法、历史人物传记法等。

2003年，台江县实施农村中小学现代远程教育工程，全县7所初级中学、1所九年制学校、1所职业初中建立计算机室和信息站，50个完小建立接收站，87个村小及教学点建立播放点。2008年，现代多媒体教学走进课堂，台江民中、老屯中学实现班班有多媒体设备，许多重点、难点环节不再枯燥、抽象。

为了提高教学质量，从1990年以来，全县各校在总结本校经验和借鉴外面先进管理经验的基础上，以“依法治校、以德立校、科研治校、情感治校、改创展校、质量强校”的宗旨管理学校，采取制度管人和情感育人的管理方法。2004年，县教育局印发《台江县学校常规管理暂行规定》。各校结合规定精神，在广泛征求和组织讨论的基础上制定了一系列的教学管理制度和业务考核制度。

各校领导班子均制定有一套经教师讨论通过的教学工作基本要求条例，教务处组织有关人员严格按照条例进行检查。教师必须提前备课，将教材中的基本习题或典型题演算一遍，找出教材中的知识要点，通读全册教材，持教案进教室。每学期必须布置完成由教研组讨论通过的作业次数。学校教务处在搞好日常教务工作的同时，深入各年级进行教学指导和服务，积极推进教法学法、教育教学质量评价、考试考核的改革与发展。开学初要有教学计划，学期结束要有工作总结。2002年特别强调有专题总结，鼓励教师撰写教学体会文章投稿，总结教学经验，扩大与外界的交流。每个月由教务处组织进行交叉的教案和作业批改检查，期末由教务处组织有关人员复查。对教学工作认真，教学成绩突出的教师，根据教师工作奖励条款进行奖励。2006年，县教育局出台关于贯彻《省教育厅关于减轻中小学生过重课业负担保障学生身心健康的意见》的实施试行意见。提出严格控制每天各学科家庭作业总量，严格执行不得早于8点组织学生上课的作息时间规定，并保证有每天1小时的体育活动时间，严控学生在校时间、补课等，减负提质、提高课堂效率。2010年11月，县教育局出台《台江县教育局行政性听课制度》，不事先告知教师，不打乱学校正常教学，不影响老师课堂教学秩序，直接推门听课，以此促进全县老师重视每一堂课的教学质量。

2009年，州教育局开始实施基础教育质量监测，城关一小、城关二小获黔东南州基础教育教学质量先进单位。2010年，城关一小、城关二小、台江二中获得黔东南州基础教育教学质量先进单位，李封祥、刘明获高中数学学科二等奖，刘琼获高中英语学科二等奖。

根据上级文件要求，各校成立专门的教师业务能力培训机构，要求所有教师必须参加培训，对培训不合格的教师，不能参加评优评末和职称申报。各教研组经常互相听课、评课、说课，学校领导、教研组长、教师个人必须完成教务处规定的听课任务。为了加大教师继续教育和校本培训的力度，学校采取“走出去、请进来”的形式加强对学科带头人和骨干教师的培训，先后派出各学科骨干教师95人次到州、省教师培训学校进行培训，28名州级骨干教师到州进行培训。先后请贵州师范大学、贵州民族大学及省内外专家到县对教师进行学科业务培训，大大提高了教师们的业务能力。一批年轻教师到州、省参加学科优质课竞赛获得优秀等次，在国家级、省级、州级、县级刊物发表文章共200余篇。

第三节 思想品德与勤工俭学

一、思想品德

1991年，县政府成立德育工作领导小组，分管副县长任组长，县委宣传部、县教委、县妇联、团县委、县公安局、县卫生局等部门为成员。在此基础上，各级各类学校也成立了德育工作领导小组，形成四条管理的德育工作线，即校长—政教处—班主任—学生；党支部—工青妇—少先队；校行政—教研组—科任教师—学生；学校—班主任—家长。这四条管理线将学校的德育教育引入制度化和规范化管理，促使德育教育迈向新台阶。各中小学校逐步健全和完善《学生政治思想品德考核的决定》《精神文明建设规划》与《中小学生日常行为规范》等。在县委、县政府的领导下，进一步地深入开展德育教育，坚持学习雷锋精神和树新风学习等活动；组织学生参加德育演讲比赛和学习《中华人民共和国国旗法》，建立升降国旗制度，完善学校的升旗仪式和国旗下的讲话教育机制。

1992年，根据教育部的文件精神，教育行政部门在全县范围内对中小学生进行“两史一情”的教育，增强学生对中国的历史和国情的了解，进一步地激发学生的爱国主义热情。通过多形式、多样化的德育教育活动，学校的管理和校园环境得到有所改善和净化，杜绝了赌博、吸毒等事件的发生。是年，台江县教育委员会出台《关于贯彻实施对中小学生德育工作有关法规、文件落实情况进行督导检查的意见》。根据文件精神，具体检查了中小学历史、地理、语文和中学思想政治课等相关学科的主渠道作用发挥如何；相关学科教学与其他学科教学是否做到有机渗透到课堂教学和课外教育活动之中，以及学校教育与社会教育是否相结合等；如何开展课外、校外的教育活动和社会实践活动；升降国旗制度的建立健全情况；学校加强对学生日常行为规范的教育及养成习惯的情况；在贯彻执行《未成年人保护法》和《国务院办公厅转发国家教委等部门关于创造良好社会环境保护中小学生健康成长若干意见的通知》的过程中采取了哪些具体措施；遏制学生犯罪年的情况；劳动课、劳技课、小学思想品德课和中学思想品德课的开展情况。

教育行政部门在完善对各中小学校的德育教育工作管理的同时，还组织开展“文明先进学校”和“文明班级”的评比活动，推动各级各类学校讲文明、树新风，向一个更高的台阶发展。台江民中、施洞中学、城关一小分别被评为县级“文明学校”和“德育先进单位”；台江民族中学、台盘中学被州教育委员会评为“德育先进单位”。2008年教师节，台江县张贵生（施洞中学）、龙启昌（台江民中）、张玉兰（桃赖小学）、潘世华（二安小学）被表彰为全州师德标兵。1991—1993年，德育教育工作得到深入开展，进一步加强了教师职业道德修养和德育教育工作的培训，取得了喜人的成绩，全县各中小学校学生的品德合格率达80%以上。在开展德育教育的过程中渗透法制教育、青春期教育和禁毒教育，建立健全学校与家长的联系制度，开展好毕业班与非毕业班的家长会，做好与家长沟通，共同加强对学生的思想、学习等方面的教育工作。因此，自1991年以来，在全县的中小学生中涌现一大批小小的活雷锋，特别是邰斌斌同学为抢救落水儿童而献出宝贵的生命。

进入21世纪后，随着改革开放的步伐加快，大批人员外出务工，学校出现大量的留守儿童。同时，独生子女增多，网络普及等众多因素给学校德育工作带来新的挑战，教育系统为此开展了大量的留守儿童、独生子女学习生活调研，关心下一代工作得到进一步加强。要求做到“三纳入、一列入”，即各学校把关工委工作纳入重要议事日程，纳入精神文明建设总体规划，纳入目标考核责任制；关工委活动经费列入学校生均公用经费预算。增强人文关怀力度，在校内开始成立“留守儿童之家”，建立“学生心理咨询室”，开展一系列的“关爱留守儿童”为父母说一句话或写一封信、“祖国好、家乡美”等活动。县城、乡镇学校开始重视学生健康上网，控制学生进入网吧。在县政法部门的牵头组织下，全县各中小学校配备公安、司法系统干警兼任法制副校长，法制副校长在兼任期间，深入学校开展对中小学生道德与法治教育，进一步增强学生树立正确的人生观和价值观。同时，各校纷纷开创第二课堂，以艺术修养为主引导学生开展良好的课外活动，德育工作成为评估学校首要依据。

二、勤工俭学

1991年，县教育行政部门成立勤工俭学办公室，组织全县学校开展勤工俭学活动，全县学校开展活动达95%以上，各级各类学校共创价值24.82万元，纯收入达9.02万元，生均收入3.98元。勤工俭学的资金用于补充教育5.13万元，其中用于改善办学条件4.73万元，用于师生福利0.4万元。

1992—2000年间，勤工俭学办公室配备两名专职教师，建立“勤工俭学协调委员会”。各个乡镇学校还配备兼职人员，共同抓好勤工俭学工作。勤工俭学办公室培训各种技术人员230多人次，学习野生药材的采集、加工和销售，香菇、木耳和松茯苓的栽培等。县教育行政部门根据本县自然资源和条件，因地制宜地扶持校办厂和种植、养殖业等。

台江民族职业中学为提高教学质量而建立的校企结合的勤工俭学企业，从1988年开始对苦丁茶进行实验性研究和生产，1990年正式投入生产及产品上市。学校茶厂的产品曾获1991年“中国保健科技精品金奖”；1992年，被黔东南州人民政府授予“黔东南州科学技术进步三等奖”；1993年，被贵州省人民政府授予“贵州省科技进步四等奖”；1998年，被贵州省保健科学技术学会授予“贵州省保健科学技术学会推荐产品”；2001年，被中国·凯里国际芦笙节组委会评为“黔东南州名茶”；2004年，被贵州省茶叶协会评为“贵州省2004年度知名品牌”称号等。

第四节　教育督导

台江县政府教育督导室建立于1990年9月，为县教委的内设机构。1993年年初，根据国家、省、州的有关文件指示，将县教委督导室升格为台江县政府教育督导室，代表县政府对下级人民政府及下级教育行政部门和学校的工作进行检查、评估、监督和指导。

1991年，实施对台江县普通中学的督导评估试点工作，开展全县范围内的德育工作督导评估。1992年，开展对乡（镇）政府多渠道筹措教育经费的督导评估。1993年，开展对乡（镇）政府教育工作督导评估。1994年，履行对乡镇人民政府教育工作督导评估后的整改工作，促进教育战略地位的落实，为1995年基本实现普及六年义务教育，具体落实《义务教育法》开展过程督导。1995年，开展全县范围内普及六年义务教育的过程督导，开展对乡镇目标管理责任书执行情况的督导评估。1996年，开展对基础教育“五项内容”督导检查评估，对校长负责制履行岗位目标开展督导评估。1997年，根据州政府《关于对县市人民政府教育目标管理责任书执行情况进行督导评估的通知》，开展“双线”

教育目标自查自评。1998年，完成台江县“双线”教育目标管理执行情况的督导评估报告。1999年，根据州教督导室《关于开展基础教育三项内容检查通知》精神，开展督导评估，查教育经费政策的落实情况，查执行课程计划情况，查薄弱学校建设情况。2000年，开展“两基”“普六”复查验收的过程督导，依法开展对“双线”目标管理责任书的执行情况进行督导检查。2001年，开展完成普九规划，实施对台拱镇的“普九”评估验收，开展高完中的办学水平评估。2002年，开展对施洞、革东的“普九”评估验收，对台江县中小学校长负责制开展任期内评估。2003年，开展对老屯、革一、南宫等乡以乡推进“普九”的评估验收。2004年，完成对台盘、排羊、方召等乡镇的以乡推进“普九”评估验收，全面推动全县实现普及验收工作，开展全面的“普九”过程督导。2005年，全面开展督导复查，巩固“普九”成果，针对“普九”工作之中的突出指标开展督导检查，促进乡镇人民政府的控辍保学工作。完成州政府对县人民政府的教育工作督导评估。2006年，州人民政府教育督导室对台盘中学、台盘中心小学进行“学校常规管理暨办学水平先进学校”的评估。2007年，州示范学校专家督评组对台盘中学、城关一小申报州级示范学校进行评估验收。县人民政府教育督导室完成对各乡镇人民政府2006年教育督导评估。州人民政府教育督导对台盘中学、台拱民中申报州级“环境育人先进学校”进行督导评估。2008年，台江县“两基”巩固提高和“普实”工作顺利通过省人民政府复查验收组复查验收。州人民政府教育督导对台江民中、革一中学、施洞中学申报州级“环境育人先进学校”进行督导评估。州人民政府教育督导室州教育局为台江民中荣获州级一类示范校高中举行授牌仪式。2009年，县人民政府教育督导室完成城关二小教育督导评估工作。对城关一小、排羊九年制学校开展义务教育合格学校督导评估。州人民政府教育督导对台拱民中、施洞镇中心小学进行“学校常规管理暨办学水平先进学校”的评估。2010年，县人民政府教育督导室对老屯中学、老屯乡知行小学、革一中学、革一乡中心小学、革一大塘小学、南宫中学、南宫巫西小学、方召乡中心小学、台盘中学、台盘乡中心小学、台盘乡南瓦小学、施洞中学开展义务教育合格学校督导评估。

第五节 招生考试

小学一年级招生工作由县教育局统一安排，按适龄儿童总数的98%分配招生指标任务，各乡镇教育辅导站根据所统计7～12周岁的儿童人数分配各学校（教学点）。初中一年级的招生工作，在1991—2003年间，每年经过笔试进入初中，按40%到80%的入学率从小学六年级升入初中。2004年以后，经过普及九年义务教育，实施整班入学，小学六年级学生全部进入初中。

高中一年级的招生工作，20世纪90年代初中期，生源基本上挤在中专学校，以寻找就业为主要体现，占当年毕业生数的20%左右。此后，随着毕业就业制度的改革，高中生源发生急剧变化，进入高中占初中毕业生数的50%以上。2010年，根据《国家教育中长期发展规划纲要（2010—2020）》，开始普及高中教育，台江县开始了初中毕业生升入高中就读率达85%以上的升学目标。

职业高中除正常的初中毕业生自愿报读之外，还不时、不间断地招收社会生。每年招生计划和高中招生一样按1∶1下达任务，但由于职业技术的社会适应性等原因，生源不足，一般只能完成部分数量。专科类的招生改革在1992—1998年间，农、林、卫、技学校都单独招生，直至1999年取消。2002年以后，中专、中师实行直接报名登记入学制，不再进行笔试录取。

2002年起，高考科目实行“3+X”，即语文、数学、外语＋文科综合／理科综合。文科综合和理科综合的原始分满分为300分，考试时间为150分钟，由教育部命题。

2004年起，中考科目实行“文科综合”和“理科综合”。即语文、数学和英语单独设卷，物理、化学和生物合并设卷为“理科综合”，政治、历史、地理三科合并设卷为“文科综合”。另外，英语考试须进行听力测试，占30分。2008年，体育考试作为初中毕业生升学考试科目，其考试成绩以50分计入升学总分。

中考、高考的招生工作，根据教育部、省教育厅的有关文件精神执行。每年的中考、高考前夕，在县招生委员会的监督指导下，开展一系列的考务工作。遵循严肃考风考纪，维护国家教育统一考试的严肃性和权威性，确保考试过程的规范性。

1991—2010年台江县高考招生录取情况一览表

表16-26

单位：人

年度	报考人数	录取人数	其中			年度	报考人数	录取人数	其中		
			重点本科	一般本科	专科				重点本科	一般本科	专科
1991	—	29	1	12	16	2001	—	216	7	63	146
1992	—	28	0	7	21	2002	—	204	4	77	123
1993	—	33	1	7	25	2003	—	282	5	127	150
1994	—	35	3	7	25	2004	752	375	10	143	222
1995	—	48	6	11	31	2005	841	270	10	123	137
1996	—	30	2	11	17	2006	984	357	12	128	217
1997	—	48	3	9	36	2007	976	605	26	130	449
1998	—	71	2	8	61	2008	840	350	21	78	251
1999	—	93	21	21	51	2009	786	492	13	128	351
2000	—	125	3	36	86	2010	736	592	15	178	399

部分年度中考招生录取情况一览表

表16-27

单位：人

年度	人数	高中（中专）	职高	初中（中专）	中师	职师	幼师	民师
1991	90	16	—	31	33	—	4	6
1992	74	6	—	23	34	—	5	6
1993	96	21	—	30	34	—	5	6
1994	106	15	—	47	36	—	4	4
1995	137	16	69	37	4	7	—	4
1996	131	17	—	61	34	6	7	6
1997	136	10	—	75	35	8	6	2
1998	191	10	—	130	33	10	6	2
1999	306	5	—	243	38	10	6	4
2000	358	—	—	310	36	6	6	—

第六节　实施“两基”

为实现国家“两基”（基本普及九年义务教育和基本扫除青壮年文盲）目标，2003年，台江县委、县政府提出“举全县之力，打好‘两基’攻坚战”和力争在2004年通过“普九”验收的号召，进一步加强和稳步推进全县学校内部管理体制的改革，把苗族文化走进课堂深化到办学体制改革之中。2004年，台江县通过了“两基”验收；2008年，台江县“两基”复查和“普实”验收被省人民政府认定为“双合格”；2009年，台江县“两基”通过“国检”。

一、“两基”攻坚

1990年之后，随着改革开放的不断深入，台江县的教育得到了较大发展。1993年，中共中央、国务院颁布的《中国教育改革和发展纲要》，提出实现“基本普及九年义务教育、基本扫除青壮年文盲”（简称“两基”）目标后，中共贵州省委、省政府作出《关于实施〈中国教育改革和发展纲要〉的决定》。是年，中共台江县委、县政府建立普及九年义务教育“两基”工作领导小组，并制定下发《关于台江县实施九年义务教育规划意见的通知》。规划意见要求到20世纪末，全县九年义务教育达到的目标是：1997年全县基本普及初等义务教育，7～12周岁学龄儿童入学率达到96%，有效控制新文盲的产生，不断提高普及初等义务教育水平；2000年台拱镇、施洞镇、革东镇（现属剑河县）基本普及九年义务教育。与此同时，县教育局还对1993年至2000年1～18周岁人口数、九年义务教育现状和发展规划、师资需求、经费需求、普及六年义务教育规划进展等进行预测。其间，县委、县政府进一步拓宽筹资渠道，增加教育投入，加强学校基础设施建设。除教育专项资金投入外，县政府还出台文件要依法征好、管好、用好教育费附加，实行乡征、县管、乡用的原则，鼓励多渠道、多形式的社会集资办学。认真落实分级办学、分级管理、分级负责的原则，把实现九年义务教育的目标和责任逐级落实，梯次推进，依法督导。

2000年，台江县的“普六”通过省人民政府复查验收以后，进入了“普九”攻坚阶段。

2001年，根据贵州省委、省政府《关于“两基”攻坚的决定》精神，台江县委、县政府对台江普及九年义务教育作了进一步的规划，同时也对“两基”攻坚方面的工作进行了部署。为落实“普九”工作的目标责任制，县委、县政府制定以乡推进“普九”的实施方案，县教育局与州教育局签订“两基”目标管理责任书。并将各项指标、责任落实到各乡镇，与各乡（镇）教育辅导站签订“两基”目标管理责任书，全县上下层层签订责任状，落实目标责任。

2002年1月25日，县委、县人民政府召开全县教育工作会议，县政府县长潘亮作关于《台江县深化教育改革和提高教育质量的意见》的报告，讨论《台江县中小学布局调整的实施方案》《台江县中小学实施“四制一目标”管理的意见》和《台江县教育费附加征收管理办法》等。2003年1月30日，台江县教育局制定《台江县面向在职教师认定教师资格工作实施方案》。5月20日，县人民政府研究成立县以乡推进“普九”工作评估验收领导小组，并印发县政府教育督导室、县教育局《关于台拱镇、施洞镇、老屯乡、革一乡以乡推进“普九”评估验收整改工作意见》的通知。同时，根据县委第九次党代会报告中提出举全县之力打好“普九”攻坚战，力争2004年实现“两基”目标的要求，于5月23日召开全县“两基”攻坚动员大会。10月，县政府根据全县“两基”工作进展情况，向省政府提出提前一年实现“两基”验收目标申请，经省人民政府同意，决定于2004年提前一年对台江县进行“两基”验收。

为了实施“普九”目标，推进“普九”进程，台江县着重抓了以下工作：

一是进一步深化各项改革，积极推进“四制一目标”，成立学校推行“四制一目标”内部管理体制改革工作领导小组办公室，制定“四制一目标”内部管理体制改革的实施方案。把苗族文化走进课堂深化到办学体制改革之中。

二是认真组织实施“义教工程”，加大城乡教育费附加的征收、管理和使用工作力度，促进教育费附加的足额征收并全部用于教育，做好学校基础设施建设所需匹配资金和部分农村学校危房修缮资金的投入；逐步改善各级各类学校的办学条件，确保“普九”工作顺利推进。

三是加快学校布局调整步伐，小学逐步撤点并校，初中重新调整。2001年，县委、县政府批准台江县民族中学实行了高、初中分离，要求在2002年开始实施、2003年有计划地筹建台江民族中学；对台拱镇民中、施洞中学、革一中学、老屯中学、台盘中学进行扩建；对南宫中学进行迁址新建；将排羊中学和排羊小学合并为九年一贯制学校；方召中学则直接搬迁到台江民族中学的老校址。

四是加强师资建设，提高教师素质。2000年举办了一期小学校长、教导主任培训班，有60名校长和教导主任接受了系统的理论培训；同时举办复式教学培训班3期，154人次接受培训。此外，还选送城区骨干教师到教育资源贫乏的山区学校支教，实施教师分流，以带动边远山区的教学。

五是采取有力措施，提高教学质量。县教育局先后出台《台江县教育教学质量奖惩办法》《台江县中小学工作督导评估方案》和《台江县中小学校长任期目标管理责任制、年度述职与工作实绩考核、评估、奖惩制度试行办法》等文件；在全县推行“校长负责制”，加强学校内部管理，坚决要求教师解放思想，转变观念，服务于学生。制定《台江县中小学校常规管理工作条例》，使学校教学常规管理工作有章可循，向管理要质量。

六是加强“两基”宣传、提高群众知晓率。在各乡镇、村主要街道及醒目处书写永久性标语，组建“两基”宣传文艺队，深入乡镇、村进行以“两基”为主题的文艺演出，以乡镇为单位，组织开展村干“两基”知识培训，使全县干部、群众知晓“两基”工作，支持“两基”工作。

七是加大教育投入，改善办学条件。

2004年，完成省、州政府下达的“两基”攻坚目标，县委、县政府先后出台《关于调整县“两基”攻坚办公室及各工作组成员的通知》《关于全面实施“两基”攻坚的决定》《县人民政府办公室关于对台盘乡等四个乡镇以乡推进普九督导评估验收工作的通知》及《关于将台江县“两基”工作领导小组更名为台江县“两基”攻坚领导小组的通知》等文件。强调要提高认识，全力以赴狠抓落实；要稳定教师队伍，“两基”攻坚期间不准调动教师，县城学校每年实行末位淘汰制，实现良好循环的教师流动机制，确保教育教学质量的提高；“两基”工作要分别实行党政线、教育线量化考核机制，依法推进“两基”工作。同时，“两基”工作中的基建建设重心要往下移，增强乡镇党委、政府和施工学校的责任。是年，县委、县政府贷款1500万元投入学校基础设施建设，使全县中小学校生均校舍面积达到验收要求。11月1—5日，贵州省人民政府赴台江县“两基”验收分团分3个检查组对台江县3个乡镇（台拱、台盘、老屯）进行重点评估检查验收，1个巡视组对全县各乡镇“两基”工作进行面上的评估核查。通过评估检查，省政府赴台江县“两基”验收团分团认定各项指标均达到要求，台江县“基本普及九年义务教育，基本扫除青壮年文盲评估验收”基本合格。

二、“两基”复查及“普实”验收

2005年2月5日，教育部下发《关于公布第十一批基本普及九年义务教育，基本扫除青壮年文盲县（市、区）名单的决定》，宣布台江县通过教育部的审查。8月12日，根据省人民政府“两基”验收团的整改建议和意见，县委、县政府出台《关于印发台江县“两基”复查整改方案的通知》，要求做到主要领导亲自抓、分管领导具体抓，进一步加大保学控辍的工作力度，各级各类学校必须做到“每日一报”，时刻了解和掌握学生的动态。9月26日，由省兼职督学团长王国芳带队的省政府“两基”复查团对台江县“两基”工作进行复查。

2006年11月14日，县政府召开迎接省人民政府“两基”复查和“国检”工作动员大会。12月13日出台《台江县“两基”工作迎接国家督导检查实施方案》，明确各年的指标和阶段工作任务，提出“两基”复查巩固提高与迎接“国检”工作同步进行。

2007年5月14日，县委、县政府出台《关于印发台江县两基复查和普实验收及迎接国检工作实施方案的通知》，要求认真做好“两基”巩固提高的有关管理工作，抓好扫盲和农村实用技术培训，加大教育法律法规的宣传，改善办学条件。8月18日，县“两基”办出台《台江县“普实”工作实施方案及基本要求》，细化各级各类学校评估标准。

2008年年初，由于受雪凝灾害的影响，台江县“普实”工作一度进展缓慢，为此，教育局于1月27日出台了《台江县普及实验教学教师培训方案》，加大教师培训力度，利用假期邀请省教育学院的专家、教授到台江进行讲学，对全县实验教师进行全员培训和业务测试。县政府在财力极其有限的情况下仍投入595万元，购置实验设备和仪器给各中小学校。各中小学校也都根据实验教学需要，投入经费购置实验室通水通风设备，制作实验目录、上墙制度以及实验室文化素材等，使实验室面貌焕然一新，为推进学校实验教学打下了坚实的硬件基础。

2005—2007年，全县教育经费经省审计组认定，已达到黔教督发〔1998〕295号文件关于教育经费的基本要求，财政对教育的拨款做到“三个增长”：县级财政经常性收入分别为1944万元、2258万元、2516万元，分别比上年增长-0.84%、16.14%、11.43%；预算内教育经费拨款分别为3938万元、4356.72万元、4707万元，分别比上年增长10.62%、8.03%、34.54%；生均教育经费分别为小学1335.74元、1407.2元、1678元，初中1028.52元、1338.31元、1551元。生均公用经费分别为小学21元、175元，初中30元、287元。

预算外杂费用于公用经费小学生均为45.89元、76.5元、78.1元，初中83.53元、104.28元、107.26元；预算内外公用经费总支出数分别小学生均45.89元、97元、168.24元，初中83.53元、134.28元、278元。

2008年5月26—28日，贵州省人民政府赴台江县“两基”巩固提高复查检查组和普及实验教学验收组对台江县“两基”巩固提高工作进行复查，同时对普及中小学实验教学工作进行评估验收。5月28日，在召开的“贵州省人民政府对台江县两基巩固提高复查，普及实验教学评估验收大会”上，省政府“两基”巩固提高复查检查组副组长吴郁英宣布：台江县“两基”巩固提高复查合格；省政府“普实”验收组组长吉世印宣布：台江县“普实”验收合格。认定台江民中、台盘中学、城关二小为“贵州省普及中小学实验教学示范学校”。

三、“两基”国检

2008年6月，“两基”复查“普实”工作顺利通过省政府验收后，为做好“两基”迎接国家督导检查工作，县“两基”办机构不撤、人员不减，继续加大力度，巩固“两基”“普实”成果，努力提高教育教学质量。

2008年8月22日，县人民政府召开《台江县“两基”迎“国检”工作会议》，通报全县“两基”迎“国检”工作情况，县人民政府与乡镇人民政府签订台江县接受国家“两基”督导检查目标责任书。调整了县两基办各工作组人员，明确各部门工作职责，出台台江县“两基”迎“国检”工作日程安排表。

居于台江县属少数民族大县，居住分散，大部分村寨坐落山区，形成全县学校办学规模不大，校点分散，教学点多，极大地浪费教育资源，制约全县教育发展的情况。为此，县人民政府把校点布局规划提上日程，重点实施农村小学寄宿制工程，达到撤点并校、集中办学，充分发挥利用现有教育资源，全面推进基础教育的发展。2008年建成8所农村初级中学寄宿制学校和1所村级小学寄宿制学校，启动施洞小学和台盘小学两所小学寄宿制示范学校工程建设，于2009年下半年投入使用。

为进一步提高教育教学质量，全面推进素质教育发展。2008年出台《台江县中小学教学常规管理考核办法》，要求各校认真贯彻落实《贵州省中小学素质教育实施方案》，全面发展学生综合素质，关注农村留守儿童，尊重学生个性发展，增强学生实践操作能力，结合地区民族特色，开展“民族文化进课堂”。全面实施校园“亮丽工程”建设，创办先进办学水平学校。全县教师队伍按照“稳定、充实、提高”的原则，通过强化培训，不断提高教师专业素质，教师队伍专业结构日趋合理。一是结合人事制度改革，全面实行教师任职资格制度，按“按需设岗、公开招聘、平等竞争、择优聘任、严格考核”的原则核定编制，对教师进行岗位聘任，建立教师任用新机制，坚持公平、公开、公正的原则开展教师考核聘任和职称评审工作。二是有计划地不断充实教师队伍，招聘人员按所需专业进行招聘，逐步缓解学科教师短缺问题。三是加大教师培训，充分发挥县级教师培训中心职能，借助农村中小学现代远程教育、县委党校清华大学远程教育扶贫教学站，充分整合各种教育资源，关心和爱护教师的健康成长。其间，利用党校、清华大学远程教育扶贫教学站开展校长培训 2 期、英语教师培训 2 期、高考分析十余次。全县组织校长、班主任到省教师培训学校参加全员培训 3 期。四是认真开展教师调研活动，分析教师的需求，以课改教研为中心目标，转变教师传统教学观念，丰富教学内容，改进教学手段，提高教师现代教育技能。五是认真指导与组织学校实施校本教研活动，以课题研究引领教研发展，积极申报、参与上级各种教研课题。

在教育经费方面：一是实现“三个增长”；二是教职工工资按时足额发放；三是中央农村税费改革转移支付资金 50% 以上用于教育，按时足额拨付到位；四是中央、省、地拨付专项资金全部拨付教育部门，用于学校建设校舍，改善办学条件；五是“两免一补”政策全面落实；六是“普九”债务完成化解 1235 万元（其中，上级补助化解“普九”债务补助资金偿还 1110 万元、县级筹措资金 125 万元），占债务总额的 87.46%，以上资金已全部直接支付到有关债务人账户，剩余 12.54% 由县级财政在 2009 年内化解。

根据全省“两基”迎“国检”工作会议精神和统一安排，2009 年 6 月，台江县“两基”通过了“国检”。

台江县“两基”普及程度、师资水平一览表

表 16-28

单位：%

时间		入学率		残疾儿童少年入学率	辍学率		完成率		15 周岁文盲率	师资水平		
		初等教育	初级中等教育		初等教育	初级中等教育	初等教育	初级中等教育		初中专任教师学历合格率	小学专任教师学历合格率	校长培训合格率
验收阶段	2004 年	98.60	97.54	67.80	1.32	2.79	86.71	66.56	0.54	95.91	97.48	100.00
复查阶段	2008 年	99.05	107.08	78.38	0.75	1.96	96.15	80.64	0	100.00	100.00	100.00
国检阶段	2009 年	99.20	110.90	76.00	0.51	2.19	96.75	81.86	0	100.00	100.00	100.00

台江县“两基”办学条件、扫盲程度一览表

表 16-29

时间		办学条件						扫盲程度（%）		
		小学生均校舍面积（平方米）	初中生均校舍面积（平方米）	危房率（%）		小学生均图书（册）	初中生均图书（册）	非文盲率	文盲率	近三年脱盲巩固率
				小学	初中					
验收阶段	2004 年	3.77	4.95	0.72	0.68	5.30	12.60	95.00	5.00	96.91
复查阶段	2008 年	4.73	7.26	0.80	0	9.02	20.22	95.50	4.50	97.98
国检阶段	2009 年	4.40	7.30	0.30	0	9.80	20.50	95.60	4.60	99.07

第七章　科技

第一节　科技队伍

1991 年，全县有各类专业技术人员 1042 人，其中高级 3 人、中级 13 人、初级 1026 人。2000 年后，全县积极引进和大力推广各种实用技术，加强科技培训，努力提高广大人民群众的科学文化素质。引进实用型科技人才，加强科技队伍建设，科技队伍不断壮大。到 2008 年，大中专毕业生由 1990 年的 1214 人发展到 2322 人。中级技术人员由 1990 年 13 人发展到 629 人，高级技术人员已发展到 43 人。全县专业技术人员 2207 人，其中教育教学专业人员 1559 人，卫生技术人员 286 人，林业工程技术人员 129 人，农（牧）业技术人员 99 人，经济、会计、统计技术人员 95 人，档案新闻出版技术人员 38 人，美术工艺专业人员 1 人。

台江县在科技干部培训方面，除了靠自己实践锻炼以外，还采取请进来、派出去，办学术讲座、参加省内外业务培训、参观考察等方式不断给科技干部"充电"。为适应知识更新，解决知识"老化"问题，曾请专家学者讲课进行短期培训。对具有大专文化水平的知识分子，重点放在"补新"和"补缺"上。2003 年以来，每年县人事局与县职业技术中学联合举办两期计算机知识培训，每期 30 天，上课内容为计算机原理、字根利用、上机操作。2004 年，县委组织部、县人事局还组织全县干部学习《WTO 知识读本》，之后，每年还组织学习《干部理论读本》等知识。通过理论与实践结合，逐步更新知识，适应新形势下的工作岗位要求，为各行各业在各项领域中开发应用打下了基础。

2010 年各类专业技术人员一览表

表 16-30　　单位：人

行业	专业技术职务			
	高级	中级	初级	未取得职称
教育	40	618	865	6
卫生	9	40	435	34
农（牧）业	1	41	152	—
工程	1	14	61	4
经济	—	—	—	—
会计统计	—	1	11	1
档案文博	—	—	—	—
新闻出版	—	2	20	—
美术工艺	—	—	—	—
合计	51	716	1544	45

2000—2010 年台江县各类科技专业技术人员统计表

表 16-32　　单位：人

年　份	总　数	其　中		
		副　高	中　级	初　级
2000	1957	13	262	1682
2001	2106	15	312	1779
2002	1954	16	279	1659
2003	1970	16	287	1667
2004	1766	18	344	1404
2005	1799	29	391	1379
2006	1939	38	508	1393
2007	1963	38	508	1417
2008	2028	42	639	1347
2009	2252	51	687	1514
2010	2311	51	716	1544

第二节　科技活动

一、科技培训与普及

科技培训　科学技术培训，主要结合台江县社会经济发展目标需要进行，一般采取现场培训、课堂培训相结合，根据参训人员的文化程度和接受能力，多采用现场示范培训为主。

1990—1992 年开展科技培训，主要重点抓水稻温室两段育秧、水稻高产栽培、玉米营养袋育苗定向密植高产栽培、生猪生料饲养等技术。1990 年 6 月，以县政协主席张建武带领科技人员及有关人员一行 8 人到贵州省农科院，于 6 月 7 日到台江讲学，培训台江主要科技人员和农村骨干 26 人。1990—1992 年，共举办科技培训班 25 期 1305 人次，发放技术资料 2500 余份。

1994 年，与农牧局一道积极推广水稻旱育高产技术，举办水稻旱育高产技术培训 9 期，举办依靠科技脱贫致富为内容的培训班 1 期，培训人员 550 人次，印发资料 3000 份，技术推广覆盖 9 个乡镇、37 个村 427 户。

1995 年，为了进一步抓好科学技术培训，传播技术知识，推动农村科技的发展。在水稻稻瘟病防治技术培训上，主要从种子处理、浸秧根处理、栽秧到始穗期、齐穗期等阶段广泛开展技术培训，全县全年统计各级各类技术培训 22769 人次。经过培训提高技能，获得绿色证书 330 人，获得各类技术职称 60 人。

1996—1997 年，组织科技人员深入台拱、麻栗、宝贡、方召、巫脚、南省、番省等地进行科普宣传，开展科技咨询和技术培训。主要开展水稻旱育稀植、水稻高产规范化栽培技术、辣椒高产栽培技术、养猪技术等培训 9 期 450 人次。全县全年举办了各级各类技术培训班，参加培训人数达 15863 人次，其中有 343 人获得了绿色证书。

1998 年，邀请贵州大学农学院农学系、畜牧兽医系的 4 位专家教授分别到台拱、革东、施洞、排羊、台盘 5 个乡（镇）举办 3 期轮回 12 天的科技培训，培训主要内容有水稻高产栽培技术、玉米肥球育苗定向移栽技术、魔芋高产栽培技术、作物病虫害防治技术、畜牧饲养及兽医诊断治疗技术等。参加培训人员共计 750 人。

1999—2000 年，以开展脱毒马铃薯栽培技术培训为重点，聘请贵州大学及县内专家教授讲课。培训县、乡干部 150 人次，培训农村村组骨干 320 人次，培训农民 1800 人次，发放教材 250 份，技术说明书 2500 余份。同时协调农牧科技部门认真抓好农牧科技培训工作，使台江县农牧业有了较快的发展。

2001 年，举办金秋梨无公害栽培技术、大板栗高产栽培技术、秸秆粉碎发酵技术、早熟蔬菜、水稻联防联治等技术培训 22 期，还聘请西南林学院教授何刚等到台江授课，受训人数 2450 人次，有力推动了台江“苗疆”牌金秋梨基地等的快速发展。

2002 年，组织专业技术人员在台拱、施洞、革东、南宫等乡镇及部分村寨开展适用技术培训工作。邀请施秉天麻种植大户李有铭到台江县开展天麻技术专项培训 6 期，受训农民骨干 412 人，培养密环菌材 8250 公斤，此外，还与扶贫办开展葡萄、草莓、脱毒马铃薯等农民适用技术培训 4 期，培训农民 210 人次，累计发放各类培训资料 700 余份（册）。

2003 年，在全县 8 个乡镇开展培训农村青年星火带头人，受训人数达 260 人，发放培训教材 270 余本。同时与黔东南州信邦中药发展有限公司，在台拱镇红阳村、排羊乡九摆村开展中药材（杜仲、天麻、太子参）规范化种植现场会，参加培训人数 56 人，共发放技术资料 70 余份，当年首次突破天麻有性繁殖技术。

2004—2005 年，在生产关键时期，科技局会同涉农部门，深入到 8 个乡（镇）及部分村寨开展各种农业适用技术培训工作。两年共参与完成苦丁茶、南板蓝、天麻、猪苓等各种技术培训 27 期，总培训人数达 7900 人次，接受咨询群众 3000 余人次。

2006—2007 年，分别在台拱镇、排羊乡、方召乡、南宫乡、施洞镇及部分村寨举办南板蓝、松茯苓、种桑养蚕等培训 24 期，共培训人员 1440 余人次，发放培训资料（光碟）1500 余份（张），组织县直有关部门、农户及退休原老人赴施秉县牛大场镇参观中药材何首乌、太子参、头花蓼 GAP 生产基地。通过培训、参观，初步改变农村存在的富而思进意识不强，经济发展谋划不足，村干部自身致富和带领群众不力及想富而无从着手等问题，有力推进台江县农业科技发展进程。

2008—2009 年，依照县委、县政府调整农业产业结构，以种桑养蚕、绿茶为主要培训内容，辅抓中药材、科技特派员等培训，举办各类技术培训 32 期，共培训人数 2765 人次，极大提高了蚕（茶）农的种养积极性，并取得一定的经济效益。

2010 年，举办种桑养蚕、中药材种植、知识产权等各类培训 5 期，培训人员 491 人次，发放各类技术培训资料 520 份（册）。

科技普及　农、林、牧、渔科技在台江县起着支撑经济发展的主导作用，在实施技术改良、推广优良品种、积极开发地方特色产业上取得较大的成绩。粮食作物单位面积产量、品种结构调整、农业产业化建设初显成效。金秋梨生产、茶叶生产、畜牧业生产等工作有了新的突破。苦丁茶叶品牌久盛不衰，台江“苗疆”牌金秋梨获“全国星火科技精品金奖”和“国家 A 级绿色食品”证书，革一优质枇杷获得“省级优质农产品”称号。马铃薯稻草覆盖免耕栽培技术的引进，农产品加工技术不断改进，农业产业不断壮大。中药材生产及种植技术研究悄然兴起。1990—2009 年，共获得科技部星火项目 1 项，省科技厅星火项目 7 项，州级科研项目 9 项。通过以上项目的实施带动，不断推动了台江县科学技术的进步。科学技术的普及，对推动县域经济的发展和社会进步起到了引领和支撑的作用。

科学技术的发展、推广与普及，起决定作用的是社会经济基础，是决策者对科学技术事业的重视程度。教育和科技水平的高低，决定着一个国家和一个地区的繁荣与发展。因此，调整社会生产关系，不断解放和发展社会生产力，必须“尊重知识，尊重人才”，大力发展科学技术事业，不断把台江经济和社会发展推向一个新的台阶，使全县经济和社会更加繁荣和进步。

通过近20年的宣传与发动，经过各级党委、政府以及科技工作者的携手努力，科技知识在全县人民的脑海里，得到了进一步认识，基本懂得科学技术是推动生产力发展的根本。在农业上要良种良法，在工业上要改进技术、改进工具，努力向科学要时间、要效益。发展经济“一靠政策，二靠科学”的道理逐渐深入人心。县科技局（科学技术委员会）侧重于抓应用科学、普及科学，扬长避短，充分利用本县优势，开展“星火计划”“公关计划”“年度计划”“科技扶贫”等科研工作，经济效益、社会效益、生态效益显著提高，全县的科技普及率达到80%以上，有力地促进了全县农业、林业、工业、畜牧、医疗卫生事业的发展。

1993—1995年，为推动农村科技体系建设，加强科技知识的普及，县委、县政府决定对各乡镇配齐相应的科技副乡（镇）长，从而强化对科学技术工作的领导。

1996—1997年，组织科技人员深入到台拱、革东、施洞、革一、台盘、排羊、方召、南宫、老屯9个乡（镇）进行科普宣传，开展科技咨询服务，放映科教电影宣传科技知识。并为20个村、2个乡订阅《贵州科技报》《科技杂志》共133份直送到农民手中。

在1996年3月18日科技活动日期间，科技局、县委宣传部、县科协共同组织开展“科技一条街”和“科技报告会”活动，参加科技一条街的有13个单位、学会、协会科技人员100多人，接待科技咨询人数近5000人次，赠送各种科技资料15000多册（份），悬挂大幅标语5幅，张贴小标语80余条。参加“科技报告会”有县直机关单位职工、中小学生共800多人。

1998年，根据省人民政府确定每年3月18日为全省“科技活动日”的精神，结合县里的工作部署，按照省科委、州科技局的安排，台江县组织各有关部门及学会、协会、厂矿企业的科技人员共98人，在“3・18”前后巡回9个乡（镇），进行科技咨询宣传活动，共接待近万名农民的科技咨询服务，共发放各种科技资料24800份，展出各种图片386幅。

1999年，县科技局与县委宣传部、县科协共同组织各企事业单位参加“3・18”科技日，开展科技一条街，进行科普宣传活动。参加这次活动的有农业、林业、水电、畜牧、农机等单位和企业近19家，科技人员86人，发放科技资料及书籍6000多份，展出各种图片172幅，开展科技咨询6000人次。经全体人员的共同努力，活动开展顺利，达到良好效果。

2000年，在“3・18”科技日期间，科技局与县委宣传部、县科协共同举办“科技一条街”科技宣传、咨询服务活动。参加这次活动的有农业、林业、畜牧、水电、农机等单位，参加的科技人员90人，发放各种技术资料18000多份，展出各种图片162幅。

2001年，积极认真开展科技宣传和科技咨询活动。按照中国科协、中国气象学会首次到台江县开展气象科技下乡的部署，在“3・18”科技活动日科技局积极与县科协、县气象局等部门组织开展气象科技活动，并认真组织农业、林业、水电、畜牧、农机等单位科技人员参加中国科协、国家气象局组织的科技下乡咨询活动，参加科技咨询的科技人员94人，发放技术资料1.5万份（册），科技报1600份，接待群众咨询7500人次，展出各种图片500多幅。

2002—2003年，开展科技宣传、咨询服务。主要配合“3・15”打假宣传日活动，会同县委宣传部、药监局、工商局等有关部门在台江县城设点开展科技宣传、咨询活动，接待群众咨询638人次，发放《稻田旱育浅植育秧技术》《肉鸡50天上市饲养技术》《施用沼肥五忌》等科技资料1000余份。同时，按照科技部关于组织开展“依靠科技战胜非典”科普宣传周活动要求，科技局会同县委宣传部、科协、共青团、县疾病控制中心及卫生局等部门在5月7—15日分别到8个乡（镇）进行预防“非典”科技知识的宣传活动，把与“非典”相关的发病机理、预防方法、传染途径和治疗手段等多方面的知识向农民群众宣传普及和接待农民群众对疑难问题的咨询。共发放资料8000余份，咨询人数约4000人次，发放科普挂图165幅。

2004年，继续坚持开展科技宣传活动工作，在5月科技活动周期间，台江县科技局围绕“科技以人为本——全面建设小康”为主题，并结合县域经济“四大产业”（畜牧业、苦丁茶业、旅游业、金秋梨业）建设这个中心，由科技、科协、宣传三家牵头，组织县农业、畜牧、卫生、防疫、妇幼、药监、盐业公司、残联等部门组成了科技综合服务团，用5天时间对全县凡是有赶集的乡镇，进行巡回开展科技宣传和技术咨询活动。这次活动筹集宣传经费0.59万元，出动宣传车4辆，接待咨询各种技术知识的群众5000多人次，接待医疗义诊病人100多人次。发放各种实用技术资料和科普资料2万余份，给来咨询群众对优质粮食作物、经济作物、果品生产管理、茶叶生产管理与加工、畜禽养殖技术、医疗卫生常识、文明科学生活等疑难问题进行解答，使广大农民对科技咨询团有了较高的评价。

2005年，在春夏科技活动期间，科技局与县委宣传部、县科协共同组织有关部门的科技人员组成文化、卫生、科技“三下乡”工作团，深入到老屯乡、施洞镇、革一乡、台拱镇、台盘乡、排羊乡等地开展送文化、送卫生、送科技“三下乡”活动，参加活动的科技人员30多人，接待人民群众咨询人数1000多人，开展义诊服务200余人，发放各种科技资料和科普图片2000多份。

2006年，县科局与扶贫、农业、科协等部门开展科普宣传2次。2007年，县科技局会同有关部门利用赶集天举办科普宣传2次，发放资料700余份。2008年，县科技局举办科普宣传2次，组织种桑养蚕户86户赴广西宜州、柳州等地学习考察种桑养蚕技术1次。开展科技特派员创业行动试点工作，共选派了20名科技特派员深入农村和企业开展试验示范。2009年，县科技局协同有关部门开展科普宣传6次，累计发放各种科普资料2312份（册）。2010年，县科技局开展科普活动6次，发放各类科普资料累计4018份（册）。

二、科技应用与推广

农牧科技应用 1990年后，大力引进和推广优质高产水稻、玉米、小麦、油菜、蔬菜等新品种和水稻两段育秧、水稻旱育稀植，玉米地膜覆盖栽培、油菜育苗移栽、蔬菜保护地栽培以及旱地分带轮作等农业新技术，使台江粮油、经果林、蔬菜单产得到大幅度的提升，有力促进了台江农业生产的发展。在畜牧业方面，进入20世纪90年代以后，台江先后引进巴克夏猪、长白猪、杜洛克猪等优良品种与本地母猪进行杂交改良；引进摩拉水牛、利木赞黄牛、西门塔尔黄牛等优良牛品种，进行冻精牛输配改良。2003年，台拱镇桃赖村3组一农户，饲养生的一头仔牛，杂交犊牛初生体重比同龄本地牛体重提高40%以上，1周岁杂交牛体重比同龄本地牛体重提高60%以上。上桃村一农户6个月的杂交犊牛有人出价800元不肯卖，阳汪寨一农户的5个月杂交犊牛卖到780元。黄牛品种改良深受农民的欢迎。引进的山羊品种有贵州黑山羊、南江黄羊。引进的鱼品种有非洲鲫鱼、尼罗非鱼、江西红袍鲤鱼、草鱼、白鲢。

林业果品科技应用 1990年以前，台江县的用材林造林以杉树林为主。1991年以后，省林科院在方召乡汪一村开展马尾松育苗移栽进行速生丰产造林成功后，台江县的马尾松造林得到很大发展。

在育苗方面，建立林木苗圃，进行人工育苗造林，在台江有着悠久的历史。1990年后，每年台拱、施洞、革东、方召、南宫、排羊等乡镇相继建立杉木、马尾松苗圃。其间也建有油桐、红麻栗、金秋梨、杨梅、樟木、苦丁茶等苗圃。

在造林方面，1990年以前台江县的造林大多数是见缝插针，树种未经选择。进入20世纪90年代后，基地林都是经过林业部门规划设计，树种也由技术员根据土壤结构进行选择。根据省委、省政府提出的“七年消灭荒山，十年绿化贵州”的号召，台江县在1992—1997年的5年间，利用世行贷款，全县掀起了杉木林、马尾松基地造林高潮。1998—2008年，台江县又实施退耕还林、天保工程项目，在25度以上的坡耕地大力种植苦丁茶、杜仲、山苍子、桑苗等。速生丰产杉木基地林的株行距为 2 米 ×2 米，亩栽植 167 株；速生丰产马尾松基地林株行距为 2 米 ×1.5 米或 1.5 米 ×1.5 米，亩栽植 222 株或 296 株。其他树种根据树龄周期长短而定。至此，台江县的造林由无计划造林转为规划造林的科学集约化经营，利用本县优势资源，因地制宜地发展林业，合理解决林业与农业的矛盾，使地尽其用，合理经营，使台江县林业生产走上科学化、集约化、合理化道路。再加上天然林保护工程的实施，县内森林覆盖率逐渐得到提高，全县森林覆盖率达到 58.88%。

在果品方面，20 世纪 90 年代后，通过新品种、新技术的引进，加强培训和入户指导，以金秋梨为主的果品在台江得到迅速发展，全县累计种植各类果树 3 万余亩。其中，金秋梨 2 万亩、枇杷 0.3 万亩、杨梅 0.2 万亩、葡萄 0.15 万亩、桃 0.05 万亩、其他 0.3 万亩。

工业科技应用　1990 年，台江县农机厂引进胶和板与中纤维复合人造板材技术，极大地节约了成本，提高了效益。水泥厂年生产水泥 100 万吨，产品符合国家标准，供不应求。页岩砖厂在 2001 年前生产符合国家标准砖 800 万块，2002 年以后年生产瓦 2000 余万片。

2003 年，台江县委、县人民政府在台盘、革一建立工业园区，在黔东南州委、州政府的重视下，把该工业聚集区纳入全州经济发展战略框架进行科学规划。台盘工业区占地面积 1.97 平方公里，入驻企业 13 户，规模以上企业 5 户，以高耗能、建材、森工企业为主。台江县委、县政府投资 305 万元建成了供水工程，日供水量 8000 立方米。2008 年，革一工业区规划总面积 18.33 平方公里，分为旅游商品加工、民族纺织制造、苗药、建材工业、高载能等企业。

医疗卫生科技应用　中医、中药医疗技术传入台江，逐步与当地民族传统医疗相结合，促进了台江县医疗卫生事业的发展。进入 20 世纪 90 年代后，各级党委、人民政府高度重视人民身体健康，建立健全医疗机构，更新医疗设备，培训医务人员，提高医疗卫生技术。在边远农村、城镇建立民族卫生所、防疫站和保健站。1990 年，全县有医院（所）9 个、卫生所（室）27 个、病床 148 张，医疗人员 192 人。到 2010 年，全县有 5 个县级医疗卫生机构，8 个乡镇卫生院，120 个村卫生室。医院总病床 288 张，医疗人员 244 人。医疗机构业务用房面积由 1990 年的 5605 平方米增加到 2010 年的 17402 平方米，全县乡镇以上医疗卫生技术人员从原来的几十人增加到 2010 年的 518 人，其中已取得副主任医师 9 人、主治医师 40 人。全县有村卫生员 100 人、村卫生室 100 所，其中 70% 的村卫生室已被列为全县新型农村合作医疗定点机构，农村缺医少药的状况得到有效缓解。

台江卫生防疫工作，按照“预防为主，防治结合”的方针引进先进的防疫技术，促进了台江防疫工作的开展。经过防疫人员深入乡镇农村，为群众防疫治病，对 7 岁以下的儿童进行各种疫病预防。2003 年，台江成立县卫生监督局、疾病控制中心，专门监测和控制各类疾病的发生。2008 年，台江县人民医院新医院建设先进，设备齐全，配置了 CT 机、彩色 B 超机等大型医疗设备。经过卫生防疫人员的积极工作，全县各类传染病逐年下降。全县各类传染病发病率从 1990 年的 1209 / 10 万下降至 2010 年的 326.57 / 10 万。儿童免疫接种率从 1990 年的 60% 提高到 2010 年的 96% 以上，全县霍乱、伤寒、结核、麻疹等重点传染病得到有效控制。

第三节　新技术开发与引进

1991 年，县委、县政府号召机关单位兴办“四型”经济实体和“四园三场”，县科委在台拱镇城关附近建成 120 亩密植免耕规范化优质高产茶园科技示范场，到 1994 年亩产干茶 55.3 公斤，产值 10.3 万元。

1994 年，县科委在台拱镇开发食用菌科技示范基地，年生产食用菌 1750 公斤，提供菌种 5000 袋，进行人工段木栽培香菇 100 立方米，栽培天麻 80 窝，袋料栽培猴头菇 150 袋、香菇 1000 袋，竹苏栽培试验200平方米，营造杜仲、黄檗等经济林150亩。在台拱镇台拱、阳汪、大德、梅影等村搞科技示范村，狠抓粮油和养殖业，培养村科技人才。在这些村主要实施水稻旱地育秧规范化栽培、水肥管理、病虫防治等技术，油菜高产栽培管理技术及科学养殖技术等。

1995—1996年，县科委向州科技局申报台拱镇、老屯乡两个乡镇为科技示范创先乡镇，通过乡镇党委、政府全体干部的努力，以及各有关部门的积极支持，台拱镇、老屯乡两个乡镇各类科技普及率达到创先示范指标要求，1999年上半年通过州创先领导小组验收。

1997—2001年，县科委组织科技、农业、扶贫、林业等部门于1997年年底在革一乡创建全州第一批科技创先乡镇建设，通过革一乡党委、政府和各涉农技术部门的努力，大力推广农业实用技术，使革一乡的种养业获得较快发展，农业实用技术普及率达到90%以上，科技管理工作规范，农业技术服务市场活跃，涌现了一批早熟蔬菜、网厢养鱼大户。通过三年的创先工作，完成了州政府下达的创按各项指标，1999年以93分成绩通过州级验收。在此期间，县科委把台拱镇申报为全州第二批科技创先乡镇，又在台拱镇的南市村、交孟村、大德村抓优质金秋梨和优质杨梅基地示范，并争创了台江县无公害优质金秋梨和优质杨梅省级“优质农产品”称号。在该镇党委、政府的高度重视和科技局的积极工作下，2001年通过州科技创先领导小组验收，综合考评得分93.5分，达到考核验收标准。

2002年，科技局会同扶贫局、农业局在台拱镇、方召乡、老屯乡抓好脱毒马铃薯品种比较试验、示范工作，完成示范面积100亩，试验单产2500多公斤，为台江县大面积推广脱毒马铃薯种植打下了牢固的技术基础。

2003年，科技局配合县农业局实施农业技术推广五大工程，即水稻增产工程、油菜育苗移栽工程、玉米育苗移栽工程、沼气工程、稻渔工程。此外，还组织技术人员下村对天麻种植户进行技术跟踪服务，依托实施“台江县乌天麻生产示范基地建设”科技计划项目，完成红秆天麻有性繁殖1500平方米、无性繁殖5000平方米，有性繁殖每平方米平均产天麻零代种4公斤，首次突破制约台江天麻有性繁殖技术瓶颈。

2004—2005年，科技局以苦丁茶种子繁育技术、“精品果园”计划、天麻有性繁殖为抓手，先后开展试验、示范和推广工作。完成苦丁茶育苗12亩，培育合格苗木60万株，建成占地600平方米全光照喷雾扦插苗圃1个，使成活率由40%提高到80%以上，种苗由原来的两年出圃缩短到一年出圃，该项技术还获得2005年州级科技进步三等奖；完成乌秆天麻有性繁殖352平方米，产零代乌秆天麻种489公斤，示范带动农户无性种植570平方米，每平方米产值150.83元；以实施《台江县金秋梨基地综合开发示范》为载体，实施“精品果园”计划150亩，示范带动5000亩，经贵州大学对金秋梨质量分析测试结果，均达到了试验预期目标；此外还完成《贵州苦丁茶育苗技术》《金秋梨高产高效栽培管理技术》农村党员干部远程教育课件开发制作等。

2006—2007年，为推动台江中药现代化科技产业基地建设的发展，科技局先后开展中药材南板蓝、头花蓼、何首乌的引种及试验示范工作。从黔东南信邦中药发展有限公司购进南板蓝苗37万株、何首乌4.6万株，从施秉三元公司购进头花蓼15万株分发给农户种植，累计种植33亩，平均亩产2234元，收到较好的效益。配合县山地资源综合开发公司、县乡镇企业局等部门抓苦丁茶新品种育苗、栽培试验示范，全县完成苦丁茶种植300亩。同时引导农户栽培太子参400亩、冰球子200亩。

2008—2009年，根据县委、县政府调整农业产业结构方向，着重抓种桑养蚕生产的各项新技术，会同黔东南州永丰丝绸公司和广西汇利丰茧丝绸有限公司，在全县种植桂桑优12号、桂桑优62号等杂交和嫁接桑品种，推广小蚕共育、方格蔟等技术引进两广2号和桂蚕1号等蚕品种进行饲养。通过试验示范，取得了一定的经济效益。

2010年，在革一乡引进蚕蛹培育虫草技术，金银华、李胜德投资近40万元启动了虫草养殖户产业。在南刀村立项开展了冰球子人工驯化栽培，面积达1500余亩，项目由台江县伟胜药材开发有限公司承担。县委、县政府制定一系列经济政策，科学技术事业得到较好的发展，涌现一批科技示范乡镇、示范村和示范户。

第四节　科技服务

1991—1993年，县科委着重围绕县委、县政府提出新建500亩优质高产示范柑橘园的目标任务，组织有承担项目的单位领导和科技人员深入到各有关乡镇和村，进行选址建立优质高产柑橘园的考察，经调查论证，确定在老屯乡的老屯坝、榕山岩脚坝，台拱镇的大德、翁生、朗等、阳汪、交孟等村，革一乡德立农场等地新建优质高产示范柑橘园500亩。科技部门认真开展了科学种植经果林咨询服务和技术培训，使受训果农基本上掌握了果树栽培技术要领。并且还采取定期和不定期开展巡回指导和技术咨询服务，解决果树生产中遇到的技术难题，使果林产量、产值不断得到提高。到1993年柑橘产量达139万公斤，产值70万元。

1994年，为推广良种良法，科技局会同县农牧局推广水稻旱育高产栽培技术，先后举办培训班9期，培训基层干部和农民550人次，印发资料3000份，技术推广覆盖9个乡镇、37个村427户。育秧13860平方米，大田移栽1260亩，建示范点9个，面积40亩。科委是县“四个一”（即配强一个领导班子、选好一个支部书记、找到一条致富路子、制定一套管理和服务制度）工作的联席单位之一。为使“四个一”工作落到实处，科委选择南宫乡汪江村为联系点，先后组织召开村党支委成员会议3次，党员大会、村民大会各1次，举办“以怎样依靠科技脱贫致富”为主要内容的培训1期，以实施香菇栽培科技项目为载体，明确该村主要以食用菌、经济林木、中药材生产种植为该村的致富路子。路子确定后，先后在该村进行有针对性的培训，发放技术资料，建立种苗和示范基地，深受农民欢迎。同年，组织企业参加州“两新产品”展交会，在展交会期间，产品成交现金收入6万元，合同销售400万元，使企业拓宽了视野，增长了营销知识。

1995—1996年，科技工作的重点是开展梨子生产调查研究工作，帮助台拱镇翁生村进行低产梨园改造面积15亩600余株。并宣传推广科学种田技术，在翁生村还进行水稻旱育稀植技术试验示范推广。另外组织科技人员深入到老屯乡、施洞镇、革一乡、台盘乡、排羊乡等开展科技咨询、技术服务，无偿赠送科技图书，培训水稻旱育稀植技术和金秋梨栽培管理技术95人次。

1997年，在排羊乡街上村开展科技扶贫工作，并加强对台盘乡、施洞镇争创先进科技乡镇工作的指导，为使两乡镇了解更多的科技政策、科技动态、科技成果等科技信息，还给予两乡镇征订了《贵州科技报》等报纸共22份。

1998年，为开展好畜牧科技服务，科技局利用赶集、节日，采取挂宣传画、贴标语、散发资料、现场咨询等形式，对台拱、老屯、施洞、革一、台盘等乡镇进行农业、畜牧兽医技术宣传活动17场（次）。参与、组织农村实用技术培训班29期，培训农民1260人次，提供科技培训技术资料、书2488份（册），接待咨询群众1761人次。这些活动深受广大农民欢迎，取得了较好效果，使科技服务落到实处。在此期间，申报大板栗高产栽培示范项目、黔东山区野生猕猴桃的选优研究项目，还编写完成了大板栗、猕猴桃、魔芋、天麻、竹笋、食用菌人工栽培等技术资料5000余份，发放到有关村寨和农户，对发展农村经济、增加农民收入起到了积极的推动作用。

在革一乡屯上村、农场等地开展科技扶贫服务，在该乡抓杂交水稻推广方面取得突破性进展，当年杂交稻推广面积占全村总田面积90%以上，规范化栽培达85%以上。玉米育苗移栽完成635亩，实现了玉米高产栽培技术的全面普及。在抓好农业科技服务的同时，科技局帮助革一乡建立乡级科技信息室 1 个，村级科技活动室 1 个，赠送书籍 352 份（册），建立科技示范户 178 户。

1999 年，围绕县委、县政府确定的发展金秋梨产业，促进农民增收，实现农村越过温饱线的目标任务。科技局参与农业集团承包，承担从浙江宁波引进来的早熟梨——翠冠梨试验示范。通过培育、试验，完全可以替代黄花梨作为金秋梨的授粉树，从而解决黄花梨与金秋梨同时成熟、同时上市的问题，延长授粉树与金秋梨的上市时间。

2000 年，为推动台江县农业生产发展，科技局与农牧、扶贫、果品办等部门一同积极开展各种科技服务培训工作，主要进行水稻、玉米、果树、脱毒马铃薯等栽培管理技术培训，组织开展水稻、玉米、新型饲料、脱毒马铃薯等新品种种植推广应用工作，促进了台江县农业科技的普及提高，加快了农业科技推广应用的力度。同时深入农村进行开发从湖南引进的特种珍禽——珍珠鸡，并培育鸡苗投放市场，促使科学技术在农村健康发展。

2001 年，围绕县委、县政府制定的努力发展苦丁茶生产，利用退耕还林政策种植苦丁茶，全面发展农村经济等任务和目标。科技局积极认真地进行科技服务工作，积极与有关单位联合举办一年一度的“3·18”科技活动日、科技一条街、科技咨询和科技人员座谈会等活动。并在开展“三个代表”重要思想教育活动的同时，为施洞镇巴拉河村送科技下村，积极搞好科技服务。深入各家各户进行调查研究，与群众共谋经济发展路子和措施，先后给该村送 10000 株西红柿、辣椒苗和 4 吨水泥、100 亩水稻联防农药和畜禽防治药物等，价值近 5000 元。苗族医药研究所还组织全所医生下乡调研 4 次，收集民间单方、偏方和验方共计 124 条（剂）。

2002 年，科技局坚持科学技术为农村和农业服务的思想，经常深入到全县 9 个乡镇部分村寨开展科技服务。共组织 15 名中级技术职称以上科技人员深入农村举办 6 次农业技术培训，共培训农民技术骨干 200 余人，解答农民咨询人数 600 多人次，送各种科技资料 800 余份。解决了农村种养专业户的许多疑难问题，农村农民的科学意识和知识及技能都得到不同程度的提高，对农村经济发展有促进作用。

2003 年，在科技服务上，科技局积极组织科技人员深入农村进行中药材资源普查和中药材基地建设调研工作。（1）到台拱镇的红阳村、翁脮村，排羊乡的南刀村、九摆村调查野生天麻中药材资源分布情况和生长环境状况。（2）到方召乡的方召村、展茗村及台拱镇交孟寨等地调查冰球子、白芨、天麻、南板蓝等中药材种植情况，了解种植工作中存在的难题，给予技术上的帮助、指导，做好协调服务工作。（3）主动与省科技厅中药办、省农业厅科教处联系，邀请由省农业厅科技处组织省中药材种植专家组到台江进行调查调研指导。

2004 年，在科技服务上，科技局主要抓中药材科学种植提供咨询服务和市场信息。科技局积极组织有关科技人员十多人次到方召、南宫、排羊、台拱等地与当地党委、政府和部分农民共同探讨，协商如何与企业联合发展中药材产业的办法和路子，为地方党委、政府和农民出谋献策，促进农民与企业联合发展中药材生产有了良好的开端。当年在方召乡巫梭村建成了 200 亩太子参生产基地。同时还将台江野生乌天麻、人工种植不同海拔的天麻送贵阳中医学院进行有效成分含量检测，检测结果其天麻素含量均超过国家药典规定的指标，为台江县天麻规模生产提供了技术基础数据，有力推动台江县中药材产业的发展。先后完成《台江县中药现代化科技产业基地建设规划纲要》《台江县雷公藤产业发展规划及实施方案》的编写并上报。

2005 年，科技局积极组织科技干部和职工继续深入到挂钩帮扶村和有关乡（镇、村、组）农户，开展社情民意调查，进行科技服务。同时给挂钩帮扶村订报送书传送科技知识和技术信息。并且加强中药材生产开发建设的技术指导，促进了台江县中药材生产基地顺利发展。在农业技术推广工作调研中，发现基层农业科技人员的工作重心有偏位，工作岗位有偏移。突出问题是在乡（镇）农业科技人员 80% 工作时间用于其他事业的突击工作，用在农业技术推广、新技术应用等农业科技服务工作时间不足 20%；严重影响农业科技发展制约粮、油、畜牧丰收，经济发展，农民增收。这一问题及时向政府有关领导汇报并提出建议，政府及时作出了农业科技人员必须以全部精力投入到农业技术推广工作上来的决定。通过全体农业科技人员、乡镇干部和广大农民的艰苦努力，大力推广使用先进的农业适用科学技术，在大旱之年，各种粮食作物和经济作物获得较好收成，畜牧业生产取得好成绩。为挖掘和保护台江县苗族的传统医药，防止千百年传承下来的传统医药知识出现断代和消失，避免导致无可恢复的永久性遗憾。按照省、州的安排，科技局会同卫生、苗学会等对台江县苗族传统单方、偏方进行普查，对各乡镇民间和退休从事中草药的人员进行调查访问，并对其中 4 人进行重点调查，获取大量传统名医、苗药原始资料，为挖掘和开发台江县苗族传统医药奠定基础。

2006 年，在省科技厅的支持下，科技局立项实施金秋梨精品果园计划。通过项目的实施，对全县金秋梨大户进行全面技术培训，制定规划技术标准，制作成资料和光碟向全县种植户发放，有力推动金秋梨产业的发展。

2007 年，在台江县开展了科技特派员创业试点，当年培养科技特派员 20 人，深入农村及企业生产第一线创业，为发展桑蚕、中药生产提供技术和人力支撑，先后编制完成桑蚕产业发展规划、桑蚕产业发展意见、基地建设方案、优惠政策措施等。通过努力，全县落实桑园面积 1635 亩，落实示范点 38 个，为桑蚕产业发展奠定基础。是年，县政府设立中药办并由科技局负责主持工作，为拓宽农民致富渠道，加快中药产业发展步伐，科技局从黔东南信邦中药发展有限公司、施秉三元公司分别购建南板蓝、头花蓼等种苗在交孟、南市大坝建立示范基地 20 余亩。

2008 年，县委、县政府将种桑养蚕项目作为农业产业结构调整来抓，从相关部门抽调人员成立了桑蚕办，办公室设在县科技局，时任科技局局长唐望远兼任主任，当年全县完成了 1806 亩基地建设，共养蚕 7 批 2709 张，产鲜茧 110 余吨。经县政府批准成立了台江县知识产权局。

2009 年，在巩固原有桑蚕面积 1806 亩基础上，新增桑蚕面积 1032 亩，累计养蚕 2124 张，产鲜茧 96 吨，累产值 192 万元，蚕农人均增收 188 元；为提高蚕农科学养蚕水平，在革一乡新建了 500 平方米小蚕共育中心和一间 80 平方米桑蚕职业培训学校，全年为农户育小蚕 3000 余张，年培训学员 400 余人次；选派 16 名科技特派员领办、创办种养业示范基地 16 个，通过自身示范带动，与农户结成利益共同体，在增加自身收入的同时，有效地促进农火增效和农民增收。此外，科技局还协助排羊乡、台拱镇分别在展福、登交及展里村分别种植太子参 150 亩、50 亩和 10 亩，经组织抽样验收，亩产鲜参 350 公斤，产值 2800 元，户增收 1105.3 元。

2010 年，以革一乡为突破口，采取大户改小户和加大技术跟踪服务力度等方式，全县桑园保存面积 1623 亩，多方协调资金，在革一乡修建茧站和烘烤房一栋，面积 240 平方米，维修蚕房 23 个，面积 1840 平方米，购置烘茧设备一套并投入使用。工作中采取抓点作样、扶优扶强的方法，重点对 26 户予以扶持，培养姜志军等 22 名致富能手，涌现 12 个像西南村支书那样的养蚕致富能人。此外，还对接专利代理机构帮助企业申报专利 20 件，其中外观设计 19 件、实用新型 1 件。

第五节　科技扶贫

在科技扶贫工作中，科技人员从实际出发，结合各村地理、气候等影响农业生产的因素开展技术论证，因地制宜地开展新品种、新技术引进和试验、示范及推广工作。为农民解决种养难等实际问题。

2003—2010 年，科技局先后帮扶联系方召乡汪一村、老屯乡阶洼村、岩脚村，台拱镇展坐村、四柳村。教育帮扶点有方召乡基甲小学、排羊乡龙翁小学等。在工作上，重点采取以下措施抓好科技扶贫：一是加强农业适用技术培训，不断提高农民的文化素质和致富技能；二是积极开展“四个一”工程，即配强一个领导班子，选好一个支部书记，找准一条致富路子，制定一套管理和服务制度；三是与村干共谋村级建设，因地制宜谋发展。帮扶过程中，从自身条件出发，力所能及，先后繁育和购进太子参、丹参、天麻种苗无偿支助部分农户发展中药材生产；以申报科技项目为载体，帮助企业开展基地建设和技术攻关；购买农药支助农户开展病虫害联防联治；筹集资金帮助联系村、联系学校购买水泥、预制板进行路面硬化和修建消防池；添置桌、椅、黑板、玻璃、书籍，帮助村“两委”及学校改善办公设施和增加科普读物，累计投入各项科技扶贫资金 35.3 万元。

第六节 科技成果

1993 年，县科委组织研究的贵州苦丁茶开发利用项目，获省科技进步四等奖。

1998 年，贵州农学院与县林局共同完成的马尾松短周期工业用材林定向培育技术研究，获省科技进步二等奖。

1998 年，林业局开展的马尾松良种及丰产栽培技术推广，获州科技进步二等奖。

1999 年，县种子公司开展的高寒山区杂交水稻制种，获州科技进步四等奖。

2002 年，贵州农学院与县林业局共同完成的提高台江大板栗产量研究，获省科技进步三等奖。

2005 年，县科技局主持的贵州苦丁茶有性繁殖研究，获州科技进步三等奖。

第十七篇

文化　旅游

第一章　文化

第一节　群众文化

台江的群众文化活动主要通过以下形式来实现的，一是政府主办的大型活动；二是文化部门组织、辅导、培训等形式开展；三是通过各单位、社区、社团及群众自发形成。活动内容丰富多彩，表现形式各异。

一、辅导培训

1991 年，由县文化馆、县民族文工队下基层辅导、排练群众文化表演 36 次，节目 60 个，参训人员 200 人次。1994 年，县文化馆举办为期 42 天的一期少儿舞蹈培训班，参训 30 人。

1995 年 8 月 9 日，县文化局和县文联联合举办为期一个半月、有 20 人参加的音乐、舞蹈培训班；10 月，县文化馆举办为期一个月、有 6 人参加的器乐培训班；同年又为台江职中培训一期有 16 人参加的舞蹈班和组织革东、反排村有 20 人参加的民间舞蹈培训班。1996 年，县文化馆组织辅导、培训音乐、舞蹈 25 人次，书画摄影创作 85 人次，美术培训班一期，学员 33 人。

2002—2005 年，县非物质文化遗产办公室下乡辅导村寨群众文化活动 50 场次，人员 1200 余人。2006 年至 2010 年，由县文化馆培训县公安局 2 期舞蹈培训班，共参训 60 人；县城关二小舞蹈培训 8 期，共参训 400 人；城关一小 2 期歌舞培训班，共参训 100 人；城关三小 8 期舞蹈培训班，共参训 400 人；南宫乡、方召乡、台拱镇歌舞、芦笙培训 6 期，共参训 200 人；台江民中歌舞、芦笙培训 6 期，共参训 300 人；方召中学舞蹈培训 4 期，共参训 200 人；台拱民中舞蹈培训 4 期，共参训 400 人。

2002—2010 年，全县各类群众文化培训超万人。

二、姊妹节演出

随着国家改革开放的不断深入，国家对民族民间文化和民族文化旅游高度重视，加上台江民族民间文化资源丰富，群众文化活动基础广泛，1991 年以来，特别是 1998 年县政府举办第一届贵州苗族姊妹节活动以来，台江的群众文化活动十分活跃，对社会文化宣传极具影响力。

为推动台江县文化旅游经济的发展，1998—2010 年，由县政府主办，文化、宣传和各乡镇以及各机关 18 个俱乐部等单位共同承办，先后举办 9 届贵州苗族姊妹节开幕式大型歌舞表演，15 场苗族服饰展演，14 场大型文艺晚会，30 场斗牛、舞龙嘘花、婚俗、祭祖等民风民俗展演活动，观众达数百万人。举办贵州苗族姊妹节开幕式，其中 1998 年、1999 年两届开幕式在原大操场举行；2004 年，开幕式由州政府主办在凯里举行，台江组队 242 名演员参加；其他年份的开幕式均在台江秀眉广场举行。2000—2010 年，由县政府主办，宣传、文化和相关部门承办，共举办了三届台江金秋梨节和三届翁密河漂流节及文艺演出。开展文化大舞台活动，2002—2010年，先后在秀眉广场举办30场各种文艺表演。此外，由群众自发组织的广场健身操、健身舞、民族舞，每天有数万人参与，成为一种文化。

三、县内演出

1991年春节期间，文化部门举办了台江县首届青年歌手大奖赛，有92名歌手参赛，演唱了198首歌曲；同时由县政府主办、文化部门承办了台江县第十三届民族民间文艺调演，来自各地村寨演员150名，演出11场，表演节目49个，观众达2万人；同年县文工队下乡演出60场次，观众3万余人。

1994年，由县文化局与县委宣传部、台拱镇联合举办了有40多条龙灯参加的“台拱镇第五届龙灯比赛”。其间，文化部门又举办第二届卡拉OK比赛和文艺晚会，姊妹节期间又组织15人业余文艺骨干到施洞芳寨与村民举办联欢晚会。

1996年2月，文化部门在台江城关举办了第二届有42名歌手参加的全县“十佳”歌手大赛。全年组织业余文艺队20人到乡镇演出20场次。

1998—2003年，文化部门组织实施送文化、科技、卫生“三下乡”活动。

2001年，文化部门组织20人的业余文艺队到乡镇巡回演出11场，观众达6万人；2002年11月，由县政府主办、文化部承办，组织100人的民间文艺队同歌星杭天琪到台江参加义演宣传活动；2003年，文化局成功举办了杨仪泮先生二胡独奏音乐专场晚会；同年6月，组织辅导老师到南宫乡交下村指导有13个民间队参加的“6·16”芦笙节演出活动，11月又到白帮村指导有8个民间队参加的苗年节演出活动。文化部门又组织举办省委党校中青班到台江调研文艺联欢晚会和东方歌舞团、中央民族歌舞团部分演员在台江秀眉广场的文艺联欢晚会。

2004年，县文化馆组织业余文艺队20人，下乡演出9场次，观众达2万人；2005年，组织15人文艺队下乡演出，宣传共产党员先进性教育活动3场，同年又接待演出12场。

2006年，文化部门组织、辅导、编排节目参加在台江县举办的中国乡村旅游国际论坛，并组织40余人的民间歌舞队在台江县内巡回演出12场。完成全州农村“一户一技能”全州16个县（市）县委书记、县长会集在台江召开农村“一户一技能”的文艺演出活动；组织台江县80多人的民间木鼓舞队和高排芦笙队在秀眉广场进行州庆50周年大庆演出活动的排练。同时，为丰富台江县广大市民的文化生活，举行了2场次规模较大的文艺演出活动。在2007—2010年间，县文化馆组织业余文艺队200余人次下乡演出60余场次，观众达8万人次。

四、国内演出

1991年以来，县文化部门经常组织民间艺人外出演出活动。1991年4月，应上海市政府邀请，由县文化部门组织20人的木鼓队到上海参加建市700周年庆典演出；5月，组织县级机关6名文艺爱好者参加黔东南首届职工青年艺术比赛，并获歌舞奖项7个；6月，组织革东业余文艺队20人参加在凯里举办的全省首届村寨文艺调演；9月，组织10名民间歌舞队员参加在北京举办的中国第二届电视艺术节；同月，又组织反排木鼓队7人赴香港参加全国少数民族艺术节。

1992年，由文化部门组织文工队和民间20人的表演队参加在昆明举办的“中国第三届艺术节”活动演出；1993年，文化部门组织25人的民间文艺队先后到北京、河北野三坡和南京等地创收演出；1994年4月，应山东济南中华民族艺术节组委会邀请，组织19人的民间文艺队参加了一个月的演出；8月，又组织15人的民间文艺队参加从江、雷山、台江三县在雷山举行的文艺会演活动。1996年7月，组织20人的民间文艺队参加黔东南州庆演出活动，年内组织8个民间文艺队150人到外省市创收演出。1998年，由县政府牵头，文化部门组织150人的文艺表演队和舞龙嘘花队参加贵州省政府在红枫湖举办的狂欢节舞龙、表演活动。

2002 年，文化部门组织民间艺人参加文化部举办的全国南北原生态民歌大赛，获得歌王最高奖；5 月，应松桃苗族自治县人民政府邀请，文化局组织 22 人的民间文艺队参加松桃县“首届武陵山四月八”苗族文化旅游节演出活动。2004 年，文化局组织原生态青年民间歌手参加中央电视台举办 CCTV 西部民歌大赛；组织 20 人的民间文艺队参加贵州省黔东南“苗乡侗寨”农村旅游首游式开幕式；10 月，又组织 40 人的民间文艺队参加“中国凯里国际芦笙节”开幕式演出。2005 年，组织民间歌舞队 24 人参加黔东南第十届少数民族文艺会演，同年还组织 80 余人参加州政府举办的大型民族歌舞国际旅行商的演出。

2005 年，文化部门组队参加“中国原生态民歌演唱会”，代表中国苗族优秀民歌选手在北京与第一、二、三届获金、银奖的优秀民歌选手同台演出，苗族游方歌《打碧绣秀浓》和《苗族酒歌联唱》作为优秀节目和押台戏，深受中央各部委领导，驻华大使，全国各省、市、自治区常委，宣传部长及首都部分重点高校师生的热烈欢迎，中央电视台音乐频道 2006—2007 年多次向海内外播放，填补了本县音乐节目未在中央电视台音乐频道播放的一大空白。文化部门先后两次组织民间艺人赴京参加“人类口头和非物质文化遗产抢救保护国际学术研讨会”和“中国民间剪纸国际学术研讨会”表演，组织反排木鼓舞队员赴北京、四川参加由文化部、中央电视台举办的世界非物质文化遗产日庆典演出，引起了有关专家的关注。

2007 年 7 月，台江县文体广电旅游局县文化馆组织民间歌舞演职人员 100 余人参加 2007 年中国・贵州・凯里原生态民族文化艺术节开幕式大型文艺歌舞表演；10 月，又组织辅导节目编排等有关内容及培训民间歌舞队 20 余人参加 2007 年“多彩贵州”黄果树杯舞蹈大赛，荣获大赛金奖。

2007 年，应文化部邀请，文化局组织 60 人的民间文艺队赴成都参加“2007 年首届中国成都国际非物质文化遗产日”开幕式演出。2008 年，又组织艺术团和反排木鼓队 38 人赴北京参加由文化部、中央电视台举办的 2008 年第三个世界非物质文化遗产日演出。2009 年，组织 40 人的民间文艺队参加省文化厅在贵阳举办的 2009 年第四届世界非物质文化遗产日活动。2010 年，组织民间文艺队 40 人赴上海参加“上海世博贵州西江论坛”开幕式民族文化展演活动。

五、国外演出

1992 年，县文工队吴正祥、田文科两名队员参加州政府组织的民族民间文艺队赴荷兰、比利时参加多国民族民间艺术节。1989 年 7 月，反排万正文、唐汪报参加“中国民间文艺代表团”，赴美国参加华盛顿建州 100 周年举办的美国、中国、苏联、日本、德国艺术节活动演出。1998 年，张本云、张兴雄、方少保、张闹王 4 人到新西兰、澳大利亚参加国际龙舟节活动演出。1999 年，张本云、张兴雄、唐汪报、唐格帅 4 人又参加省委组织的中国共产党代表团到西班牙、法国参加国际共产党纪念活动演出。

六、演出获奖

2000 年 12 月，文化部门组队参加贵州省文化厅全省原生态民歌大赛获原生态唱法一等奖；2002 年，组织原生态民间青年歌手参加文化部举办的首届仙居・中国南北民歌擂台赛，荣获此次大赛原生态唱法最高奖“歌王奖”；同年，又组织民间艺人参加文化部举办的全国南北原生态民歌大赛获得歌王最高奖。2003 年，组织原生态歌舞队参加黔东南州苗侗民歌大赛苗歌合唱、对唱、独唱，分别获一等奖 2 个、二等奖 1 个、三等奖 1 个。2004 年，组织原生态青年民间歌手参加中央电视台举办的 CCTV 西部民歌大赛，获此次大赛金奖；同年 8 月，又组织原生态青年歌手参加文化部举办的第二届中国南北民歌擂台赛，荣获本次大赛原生态唱法最佳歌手奖（二等奖）。2005 年，组队参加“黄果树杯”多彩贵州歌唱大赛，荣获原生态唱法二等奖1个、三等奖1个；组织民间歌舞队24人参加“黔东南第十届少数民族文艺会演”比赛，获创作、表演一等奖2个，原生态舞蹈二等奖2个、优秀奖1个。2006年，组队参加“隆力奇杯”第十三届CCTV全国青年歌手电视大赛原生态唱法，苗族多声部情歌《假如你是一朵花》荣获本届优秀奖；同年，又组织原生态青年歌手参加中央电视台青歌赛获优秀奖。2007年，参加“黄果树杯”多彩贵州舞蹈大赛反排木鼓舞，荣获本次大赛舞蹈类三等奖。2008年，组织原生态青年歌手参加中央电视台青歌赛获三等奖。2009年9月，台江县文体广播电视局组织原生态歌手参加中国原生态民歌展获银奖。

第二节　文艺创作　理论研究

一、文学创作

2005—2010年，老年大学主办的《苗疆夕阳情》诗词集出刊3期，刊载近300首新创作诗词，内容反映祖国的新时代、新风貌和台江的风土人情以及老年人的种种情怀，收录近百首新老作者作品。

2007—2010年，由县文联创办的《苗疆文艺》刊物，刊载内容丰富，形式多样，栏目主要有时事广角、小说天地、散文绿洲、诗词花园、杂文之窗、戏剧小品、部门风采、苗岭传说、雏鹰试翼、文艺简讯、艺术花絮等，创作投稿近300人，涌现了一大批新人，有近200名青年学生创作投稿。

2006年，石崇安创作的《秋静月明》一书由作家出版社出版发行。书中以诗词形式书写了青年人的爱情曲韵、百味人生、故乡情思、青春放歌、生命颤音。

1991年，彭祖培创作的《横祸》获省电视剧剧本创作二等奖，开始了台江电视剧剧本创作新篇章。李美仁的纪实文学《施洞柏枝坪业余文艺队二十七年活动纪实》发表于贵州《群文天地》，转载州《苗侗文坛》刊物。

1991年以来，张志发先后在省内外刊物发表了大量的诗歌、散文文章。主要诗词、散文代表作有《伟大的祖国》《折红缨欢国庆》《雷公山的枪声》等文学作品。

二、民间文学搜集整理

1991—2010年，是台江民间文学与搜集整理成果丰硕期。1994年，李美仁发表的《施洞——剪纸刺绣艺术之乡》一文刊载于《贵州艺术之乡》。县民宗局组织撰写的《台江苗族志》100余万字，已完成文稿审定工作；王安江搜集整理的120余万字《苗族古歌》于2008年由贵州大学出版社出版；2007年，张志发主编的《苗族文化》一书，由古迹出版社出版发行，并获2008年贵州社科研究成果三等奖，同时成为贵州中医学院苗族文化教科书。此外，他还在各种刊物发表了《地神讨雨》《迪雄阿金杀虎除害》《聂九金》《祭牛神》《祭山神》等民间文学。

2010年，熊克武编著的《台江苗族历史文化》一书出版发行，并作为县内干部读本；张少华著的《方妮苗俗》一书由中国文联出版社出版发行。在这20余年间，台江非物质文化遗产办组织搜集、整理各种民族节日、民风民俗、民族民间工艺等50余项和20个申报文本，总计100余万字。

三、美术、书法、摄影

美术　1991年，县文化馆举办美术培训班1期，选送剪纸艺术报省参赛获三等奖1个。1992年，县文化馆组织民间艺人作品参加中国民俗学会主办的“首届中国民间剪纸大赛”，作品《九翅飞龙》

和《龙子龙孙》等荣获二等奖。同年，贾人智美术绘画 11 幅作品分别发表各种刊物，其中国画《旭日东升》《红梅》《苗岭飞瀑》《迎朝阳》《蝶恋花》《锦绣前程》《花鸟》分别在《贵州政协报》发表和省老年书画研究会发表；民间画《放牛》《植树节》在《贵州民族报》发表。1993 年，县文化馆选送 112 幅美术作品到省、州参展各一次。1994 年，组织社会开展创作一次，选送 50 幅美术作品到省参展参赛，其中《山路》荣获三等奖。

1996—1998 年，台江、剑河、丹寨三县联合举办三县美术、书法、摄影巡回展，台江选送了 100 幅作品参展。王安军 1996 年的油画作品《静物》及国画作品《家庭作坊》分获黔东南大赛三等奖。

2003 年，县文化馆辅导少年美术参加全州美术现场画《走向未来》，荣获一等奖。2004 年，民间艺人王安丽、潘套九的剪纸艺术系列作品参加由联合国教科文组织与中央美术学院在北京举办的中国民间剪纸艺术大型展；王安军的国画作品《山道弯弯》于 2004 年获黔东南大赛三等奖。

2006 年，张套你获多彩贵州旅游商品能工巧匠选拔赛贵州名匠、民族风格奖。此外，吴通英、吴春秀、李春英等都先后获“两赛一会”多彩贵州民间工艺设计、制作“贵州名匠”称号。

2007—2010 年，吴水根、欧光英、王希降、潘光丽、吴龙、张英农、张小花、刘跃雄、石家军、张文科等先后获得了多彩贵州旅游商品“两赛一会”黔东南赛区的各类奖项。

书法 1994—1995 年，县文化馆先后两次组织书法创作活动；1996 年举办一次新春书法画展，之后书法展少有举办。县内除白俊敏等老一辈书法家外，还有以王小平、张宜兰等为代表的年轻一代 50 余人。

摄影 1994—1995 年，县文化馆举办两次摄影创作活动，并选送 600 余幅作品到贵阳参展参赛。其中《山路》《山娃》获 1994 年全省摄影大赛三等奖和优秀奖；《苗岭》入选黔东南、黔西南、黔南三州民族摄影作品展。1994 年，欧阳宏宇的摄影作品《同年》《山妞》分别获得省委宣传部、文化厅主办的“建国 45 周年贵州书法、美术、摄影大赛”三等奖和优秀奖。1995 年，《五彩路》获省文化厅主办的“全省群众文化艺术创作作品评选演展大奖赛”三等奖。2003 年，《三月风》获省文化厅主办的“全省摄影大奖赛”三等奖。

2000—2010 年，每年都有县摄影协会和文化部门在姊妹节期间和其他时间举办 1～2 次以上影展活动，每次都有上百人投稿参展。其间，有 3 次来自境外十多个国家和地区的作品参展。县内许多优秀作品都分别发表在国内外一些重要的报刊上，为宣传台江做出了贡献。

四、音乐、舞蹈

音乐创作 2001 年，杨仪泮创作的《秋风谣》在全州歌咏大赛中获集体演唱一等奖；田代元、唐忠平合作创作的《春风百花开》被州纪委反腐倡廉刊物登载发表。2003 年，唐忠平创作的《令人神往的地方》成为学校的舞蹈音乐。2007 年，《像山鹰一样搏击》成为台江民中校歌，常被学校师生演唱。2006 年，文化局为“台江苗疆艺术团”组织创作的舞蹈音乐有《鼓·祭》《姊妹情深》《苗绣》等。

征歌创作 在县政府举办的历届苗族姊妹节活动中，共向社会征歌并被姊妹节组委会使用和被社会公认传唱的歌曲主要有《木鼓敲起来》《姊妹花开》《苗山深处我的家》《欢迎您到台江来》《五彩米饭送情郎》5 首。

民间音乐 2002 年以来，民间音乐主要有由李美仁、刘俊整理的苗汉演唱版本《春天来了》《阿哥阿妹来相会》，由王德文、张兴雄、张本云整理的反排苗族多声部情歌《假如你是一朵花》，由田景峰、李美仁、刘俊、张本云搜集整理的曲艺嘎百福《一年十二月》等。

苗歌演唱 2000 年 12 月，方少保、吴通林等参加全省原生态民歌大赛，演唱的苗歌《要玩趁年轻》荣获一等奖。2002年10月，张兴雄、方少保、张再报等参加文化部在浙江举办的“首届仙居·中国南北民歌擂台赛”中演唱的苗族多声部情歌《假如你是一朵花》荣获原生态唱法最高“歌王奖”。2003年，文化局组织20余名歌手参加州政府在黎平举办的“苗侗民歌大赛”，集体演唱的《春天来了》获一等奖，方少保独唱《小小木叶树》获二等奖，侯秋梅独唱的《苗家六月六》获三等奖。2004年1月，文化局组织张本云、唐龙、吴通林、方少保、唐欧翁、赵格随等8名歌手赴北京参加CCTV中央电视台“中国西部民歌大赛”，演唱的反排多声部情歌获金奖；同月，张本云、方康、方少保、张玉兰4名歌手参加了文化部在山西左权县举办的第二届中国南北民歌擂台赛，获最佳歌手二等奖。同年，方少保还获得全省民族民间“十佳歌手奖”。

2006年，县文化局组织张兴雄、方康、邰胜恒、方少保、欧娟、雷艳参加“隆力奇杯”第十三届CCTV全国青歌赛演唱的苗族多声部情歌《假如你是一朵花》荣获优秀奖。同年，方少保被贵州省人事厅授予民族民间艺人“高级歌师”称号。2008年，张兴雄、邰胜恒、万金贵、雷艳、欧娟等参加全国CCTV电视青歌赛，获原生态演唱三等奖。2009年，方康、邰胜恒、方少保、张玉兰参加文化部在山西举办的全国民歌大赛，获银奖。同年，张本云辅导台江民中演唱的《多声部苗歌》参加全省艺术展演，获中学生甲组声乐类二等奖，还获得“魅力校园”第五届全国校园文艺会演一等奖。

舞蹈创作　1998—2010年，先后为贵州苗族姊妹节开幕式大型歌舞表演创作的作品有李玉浩的《花蕊赞》、田代和的《姊妹欢歌》《姊妹花开》、李美仁的《姊妹情深》《苗疆风采》《苗疆神韵》以及大型服饰表演《苗疆衣韵》《五彩云霞》等。这些大型舞蹈的表演曾被省内外电视台现场直播或录播，在社会产生了很好的影响。先后创作的小型舞蹈作品有李美仁、田代元、钟玲、张本云、刘俊创编的《鼓·祭》《苗绣》《姊妹情深》《木鼓敲起来》等。这些新编的舞蹈都分别在姊妹节开幕式上和各种文艺晚会、对外接待活动中演出过，其中舞蹈《鼓·祭》在2006年被贵州电视台作为春节晚会录播节目。

民族舞蹈　1998年以来，县文化局加工整理了大型表演《反排木鼓舞》《踩新桥芦笙舞》《清水江船歌》《苗族板凳舞》等一大批民族民间节目，2002年组织《苗族板凳舞》参加香港艺术节表演，2007年组织《反排木鼓舞》到北京参加世界非物质文化遗产展演。

五、文化理论

1991年以来，县内学者在民间文艺理论方面写了不少文章。

张志发著的论文《台江县苗族服饰银饰工艺》发表于《贵州文史丛刊》;《苗族曲艺嘎百福探索》《苗族曲艺嘎百福发迹地及流传浅谈》发表于贵州人民出版社出版发行的《苗族曲艺嘎百福研究》专辑，并获贵州省苗学优秀作品三等奖和省民族研究成果三等奖;《试论〈阿娇与金丹〉对苗族古代婚制变革的影响》发表于黔东南州《苗侗文坛》。

张文生著的论文《龙原型再探》发表于1991年《苗侗文坛》第三期;《〈离骚〉“吾”“余”及其主人公形象》发表于1993年《黔东南文化》第4期;《施洞苗族姊妹节探源》发表于《黔东南民族师专学报》第4期;《从台江施洞苗族姊妹节习俗看远古妇女史与两性社会关系史》被国际人类学暨泸沽湖摩梭母系文化研讨会评为优秀论文;《浅谈苗族吊脚楼的特色和功能》《革一苗族婚俗》《台江苗绣》于2007年先后发表在《苗侗文坛》上。

2003年，李美仁发表的《台江民族文化建设与思考》一文被新华社刊登使用,《弘扬民族优秀文化丰富节日文化生活》一文被贵州《群文天地》刊登发表。2003年，欧阳宏宇的《关于对台江苗族文化保护与发展的思考》一文在西苑出版社刊登发表;《台江苗族民间剪纸与刺绣》一文入编山西人民出版社出版的《中国非物质文化遗产国际学术研讨会文集》;《贵州台江苗族民间美术》一文发表于

2005年《人民日报》第四版；2008年3月又在《人民日报》（海外版）发表《贵州台江苗族刺绣赏析》一文。

第三节　非物质文化遗产保护

一、保护机构

2001年，中共台江县委、县政府以台党通〔2001〕61号文件下发《关于成立台江县苗族文化保护委员会暨台江县世界遗产申报委员会及办公室的通知》，县委书记杨静为主任委员，县人大、县政府、县政协主要领导为副主任委员，县委副书记何平勇、徐鹏先后任常务副主任委员，县文化、民族、财政等有关部门负责人为成员，委员会下设办公室，徐德俊为办公室主任，张志发任常务副主任，张少华、熊克武、唐英、张胜地为副主任，办公室人员从有关单位、乡镇抽调。2002年，办公室人员达30人。

2003年7月，由于人事变动，办公室主任由文化局局长李美仁担任，熊克武任常务副主任，张志发、张少华、唐英、张胜地为副主任。

2007年2月，为了对应上级相关机构，县委、县政府研究决定，县委办、政府办以台党通〔2007〕9号文件，将原成立的“台江县苗族文化保护委员会”和“台江县世界遗产申报委员会”更名为“台江县非物质文化遗产保护委员会”，县委副书记、县长杨昌彪为主任委员，县委常委、宣传部部长张林，县人民政府副县长李碧云为副主任委员，委员会下设办公室在县文体广电局，杨华为办公室主任。

二、保护工作

2000年以来，台江县非物质文化保护机构加强非物质文化遗产保护工作，协调有关部门开展工作。2002年，县委、县政府把民族文化纳入全县中小学教育课程，推行苗歌苗舞及民间工艺等知识的教育；成立了18个俱乐部，用两三个机关单位带一个乡镇村作为一个民族文化俱乐部，定期或不定期在台江秀眉广场开展民族文化活动，在历年的苗族姊妹节活动中，这些俱乐部都作为活动的主体进行参与。同时，还以俱乐部为单位每年举行一次苗歌苗舞比赛。支持、鼓励农村开展民族节日文化活动，采取“政府引导、鼓励、支持，民间主办”的形式，积极推动非物传承保护工作的开展。实行文化产业鼓励，扶持政策，积极帮助农村发展民族文化产业。2008—2010年，政府采取贴息贷款办法在施洞地区扶持农户每户贷款5万元发展银首饰、刺绣加工业，同时在台江城关建设民族工艺品一条街。政府出资修复保护了一批民族文化村寨的设施，如反排村、阳芳村、红寨村、交宫村等民族文化村寨。积极搞好对外宣传工作，组织各级、各类媒体到台江拍摄非物质文化遗产电视专题片和文字进行了大量的播出和宣传，同时将县刺绣博物馆长期免费开放。2002年，举办为期15天的苗族文化与世界遗产知识培训班，邀请省、州相关专家到台江授课，组织相关业务人员到各乡（镇）进行辅导和开展活动。搜集整理工作，在开展非物质文化遗产期间，先后主要搜集整理了苗族古歌《四季取经》《运金运银》《耕地种植》《跋山涉水》《开天辟地》《仰阿莎》《苗族祭祖节》等50余个文稿资料书和407张录像光盘；建立传承保护基地，先后建立了施洞苗绣刺绣传承保护基地，反排木鼓舞传承保护基地，交宫芦笙传承保护基地等。

从1998年开始，县政府连续12年成功举办贵州苗族姊妹节，同时每年从财政投入几十万元资金对民间自行举办的节日活动给予大力支持，并指导民间举办传统的苗族歌舞竞赛活动。通过政府近年来的扶持、引导，极大地活跃了台江县的节日活动，弘扬了优秀的传统文化，促进了节日、歌舞、刺绣、服饰等苗族文化的传承和发展。开展苗族歌曲的搜集和抢救工作，苗族古歌已经有专家学者搜集整理出了几个版本，本县王安江穷尽几十年心血搜集到的《苗族古歌》资料具有很高的文献价值和艺术价值，《王安江版苗族古歌》已于2008年6月由贵州大学出版社出版。此外，在全县开展苗族歌师普查中，建立了100多名歌师档案。2004年姊妹节期间，贵州省民间文艺家协会、台江县苗族文化保护委员会、台江县文体广播电视局共同举办了苗族古歌、飞歌、情歌大赛，评出了18名古歌师和4个飞歌、情歌金奖。大赛对苗歌的传承起到了良好的促进作用。

加强宣传，提高台江知名度。县委、县政府邀请中央电视台、贵州电视台等重要新闻媒体记者到台江拍摄苗族风俗专题片，在电视台播放。撰写大量宣传资料向各级领导、有关专家和新闻媒体推介。《中国民族》海外版将台江县的《苗族古歌》作为中国“世界文化遗产”后备名单向海外宣传推介。中国民协曾编写了一套民间文化遗产丛书，向联合国教科文组织推介，《苗人的灵魂·台江苗族文化空间》一书是其中十册之一，该书稿由本县组织编写，约8万字，100幅图片，该书已由黑龙江人民出版社出版。建立苗族文化生态保护区。通过积极向上级有关部门申报，先后建立了“反排苗寨文化生态保护区”“反排木鼓舞艺术之乡”“施洞刺绣艺术之乡”“九摆银饰艺术之乡”等苗族文化生态保护区，按照《贵州省民族民间文化保护条例》进行依法保护，使本县重要民族民间文化资源进入法制化保护轨道。同时，台江县反排苗寨、桃树榜苗寨、阳芳苗寨、九摆苗寨、板凳苗寨、红阳苗寨被州人民政府命名为“州级民族文化村寨”，县人民政府从2001年起先后投入200余万元对这些民族文化村寨进行基础设施建设。

三、申报工作

2002—2010年间，县政府共组织撰写申报专题24个，其中，熊克武撰写的申报文本《台江苗族古歌》、李美仁撰写的申报文本《台江木鼓舞》《台江苗族姊妹节》，被列为第一批国家级非物文化遗产项目名录；欧阳宏宇撰写的申报文本《台江苗族服饰艺术》、熊克武撰写的申报文本《台江苗族多声部情歌》、张文生撰写的申报文本《台江苗族独木龙舟节》，被列为第二批国家非物质文化遗产项目名录；钟涛撰写的申报文本《台江苗族刺绣》《台江苗族织锦》《台江苗族银饰锻造工艺》被列为第三批国家级非物质文化遗产项目名录；吴通发撰写的申报文本《苗族曲艺嘎百福》、李美仁撰写的《台江苗族祭祖节》《台江苗族祭桥节》、钟涛撰写的《苗族剪纸》，被列为省级非物质文化遗产项目名录。“台江反排木鼓舞之乡”“施洞刺绣艺术之乡”被批准为国家级艺术之乡，“台江九摆银饰加工艺术之乡”被批准为省级艺术之乡，台江苗族姊妹节被国家列为全国36个民族节日保护示范地。熊克武撰写的《台江苗族刺绣申报文本》被中国工艺美术行业协会评为特色区域荣誉称号“中国刺绣之乡——台江”。台江反排苗寨、台江红阳苗寨、台江阳芳苗寨、台江桃树榜苗寨、台江板凳寨苗寨、台江九摆苗寨6个苗寨被州批准公布为州级苗族文化保护村寨。

四、非物质文化遗产传承人

为加强非物质文化遗产保护工作，2006年台江县政府明文公布了县级保护项目52项，县级传承人398人。

2008—2010年，台江县政府积极推荐国家级非物质文化遗产传承人，组织人员做好各级非物质文化遗产名录传承人推荐工作。万正文、张定祥、刘永洪、王安江、吴通英、吴水根先后被授予国家级传承人；欧光英、姜故代、张德美、张洪珍、唐旺报、张套你、田无树被授予省级传承人；田文科、唐诗成、方少保、田景锋、唐翁瓮、唐龙、田忠明、赵明英、唐开胜、杨再美、张志英、杨鱼福、吴国祥、杨再良被授予州级传承人。

为加强对传承人的工作指导和联系，非遗办每年召开一次座谈、交流、指导、布置任务工作会，确保传承人在实践中更好地发挥传承人的传承辅导作用。

第四节 文物古迹

一、文物保护单位

改革开放前，县内文物遭到严重破坏，没有专门的管理机构，1984 年成立文物管理所，文物管理与保护工作进入新的工作阶段。至 2010 年，台江共有 3 处省级文物保护单位，10 处州级文物保护单位，18 处县级文物保护单位。

省级文物保护单位有 3 处，分别是台江文昌宫、施洞两湖会馆、苏元春公馆。

县级文物保护单位有 20 处，分别是台拱城垣、方召汛土城垣、交下营盘、得胜桥、东门战斗遗址、龙井铅锌矿遗址、"展麻你" 张秀眉誓师遗址、偏寨藏鼓洞、烈士陵园、倒栽杉、禁止放运木材碑、楚军义山碑、施洞一品夫人 "谢氏" 墓、王牛羊奖墓、芳寨村万人坑（黄飘楚军阵亡将士墓）、施洞码头、张伯修公馆、肖家窨子屋、杨家大院、刘家祠堂。

二、文物维修

1991 年，省文物局下拨 2 万元维修了台江文昌宫山门、莲花书院小山门踏跺、保坎两处。1994 年，省文物局又下拨 2 万元，修砌靠贯城河一侧塌方 80 米长、2 米高的档土保护墙，及时抢救了文昌宫莲花书院的塌方灾情。1995 年，县文物管理所筹集资金 1 万元，抢救修砌了 11 米长、1.5 米高的九摆苗族鼓楼右侧塌方保坎，次年筹集资金 3100 元，并动员群众无偿投工投劳完成九摆鼓楼基脚 110 立方米的保坎修砌和 200 平方米的踩鼓场建设。2002 年，省文物局下拨 22 万元维修了莲花书院正殿，同年又修筑了 25 米长文昌宫公路边的挡土保坎，并修复文昌宫内 30 米长的小路。2007 年，完成省文物局下拨 60 万元对莲花书院两厢房的全面维修工作。2008 年以来，投入 150 万元对文昌宫进行全面维修，使台江县标志性建筑得到较好的保护。

三、文物普查

台江县在 2007—2010 年第三次全国文物普查工作中复查文物 25 处，查核消失文物 10 处，共录入不可移动文物 129 处，其中新增文物 105 处。在普查中，重新对省级文物保护单位台江文昌宫、施洞苏公馆、施洞两湖会馆 3 处，州级文物保护单位九摆苗族鼓楼、张秀眉故居、毛坪石拱桥、张伯修公馆、杨家大院、肖炳芝窑子屋、刘家祠堂、芳寨龙船棚、施洞张家村老宅、红军渡 10 处，县级文物保护单位施洞苏公馆、施洞两湖会馆、九摆苗族鼓楼、张秀眉故里、张伯修公馆、施洞杨家大院、肖炳芝窑子屋、刘家祠堂、台拱城峘遗址、台拱得胜桥、方召汛土城峘、东门战斗遗址、偏寨藏鼓洞遗址、展麻你苗族起义盟誓遗址、龙井铅厂遗址、交下义军营盘遗址、王牛羊墓、一品夫人墓 18 处的资料进行查缺补漏。

新录入的 105 处文物保护单位有西街村革命烈士陵园、芳寨万人坑、施洞刮刮井、偏寨中央红军驻地台江县委办公楼旧址、楚军义山碑、桃树榜后洋党薅、天堂寨红军渡、张忠林老宅、芳寨龙船棚、平兆工农红军烈士墓、塘龙龙传棚、张龙公宅、张荣景宅、台拱寨拱桥、太平桥、南牛下寨村落遗址、苗族起义选帅遗址、长滩龙船棚、古羊洞屯兵遗址、平水藏鼓洞遗址、苗族起义练兵场遗址、革一农场旧址、张翰才墓、南瓦炼钢土炉遗址、伍家老店、张秀眉头颅墓、红阳水碾坊、交密水车群遗址、红阳藏鼓洞遗址、红阳起鼓山遗址、天龙潭、包利王练马道遗址、张汤皆之墓、包利王墓、包利王营盘遗址、包利王故居遗址、张朝明老宅、张廷祥老宅、张全海老宅、张科老宅、杨昌达老宅、张春红老宅、杨洲老宅、杨林老宅、后哨古井、芋坪皆基桥、岩脚龙船棚、白方大塘、干打相遗址、松司坳遗址、九摆踩鼓场、施洞码头、杨家寨龙舟廊、杨家寨踩鼓场、方白起鼓山遗址、方白木鼓场、排汪古井、交包古井、施洞龙舟场、空寨铜錞于出土点、汪江祭祀桥、岩板风雨桥、白帮祭祀亭、展芒木桥、排扎凉亭、红阳营寨遗址、张合信朝门、上桃赖寨门、范家石拱桥、杨家石拱桥、革一屯墙遗址、杨青宅、排略祭祀场遗址、坝场红军烈士墓、大塘古井、展碧学堂、南江李德辉宅、榕山龙船棚、德卷干八纠拦河坝、旧州寨门、八梗码头、台拱九岭十三湾公路、南冬水塘、翁约王今里墓、梅影土地庙、下桃李勇宅、南省邰真长宅、黄毛包也正生墓、巫脚南古井、交汪下寨古井、交汪上寨古井、黄泡村木桥、李家湾李秀才宅、岑邦潘天下宅、阳芳踩鼓场、新寨风雨桥、长中古井、岩寨古井、展下唐勇栋宅、棉花坪水井等。

四、文物申报与宣传

1993年，县文物管理所在做好“台江文昌宫”“施洞苏公馆”“九摆苗族鼓楼”的确权定界“四有”工作外，还积极认真撰写申报材料，向县政府申报“台江得胜桥”“施洞两湖会馆”“九摆苗族鼓楼”“交下义军营盘”“施洞明苗族藏鼓洞遗址”“王牛羊墓”“塘龙楚军义山碑刻”“张秀眉故居”、施洞“苏元春夫人谢氏墓”、施洞“黄飘大战楚军阵亡将士基”11处文物为县级文物保护单位；2001年撰写申报材料，向省文化厅申报“历史文化名镇——施洞”“九摆民族文化村寨”为省级保护单位；2005年撰写申报材料，向州文化厅申报“反排民族文化村”“阳芳民族文化村”“桃树板民族文化村”“板凳民族文化村”“红阳民族文化村”“九摆民族文化村”为州级民族文化村保护单位。2003年又将施洞“张伯修公馆”“杨家窨子屋”“肖伯芝公馆”申报为县级文物保护单位。

为了让广大群众了解文物法律法规，爱护、保护文物，县文物管理所多次进行《中华人民共和国文物法》的宣传。1993年，在全县乡村张贴标语200幅，发放图片300张；1994年，在全县乡村张贴宣传挂图350幅、标语50条。

五、文物展览

台江刺绣博物馆始建于20世纪80年代末。1989年，被列为贵州省14个专题博物馆之一，并得到省文化厅下拨270件服饰藏品。1991年，文昌宫（1990年完工）维修后，刺绣博物馆设于文昌宫内，利用省文物局赠送一部分刺绣品和文物管理所收集的部分文物开设了3个展室，分别是剪纸展室，绣片、散品展室，刺绣成衣展室。到2004年，馆内文物藏品有400余件，对外展出200件。1991—2007年，文物展室设于文昌宫内。2008—2010年，因文昌宫为危房，停止展览。2009年，莲花书院维修完工后，将其展品重新制作装框移至莲花书院内展览。刺绣博物馆文物展览自开馆以来，一直对外免费开放，年接待参观人员均在数千人次。台江刺绣博物馆规模虽小，但也不失为台江县对外宣传的重要窗口。

2010年台江县文物保护名录

表17-1

文物名称	保护级别	批准时间	备　注
台江文昌宫	省级	1982年2月23日	文昌东路5号
台江施洞苏元春公馆	省级	1999年12月21日	施洞柏枝坪村
台江施洞两湖会馆	省级	2006年6月6日	施洞街上村
施洞苏元春夫人谢氏墓	县级	1993年10月8日	施洞镇白子坪村南200米
芳寨村万人坑	县级	1993年10月8日	施洞镇芳寨南200米处
台拱城恒	县级	1987年12月	县城炮台坡山上

续表 17-1

文物名称	保护级别	批准时间	备 注
偏寨藏鼓洞	县级	1993 年 10 月 8 日	施洞镇偏寨村杨家寨南庭坡上
“展麻你”誓师遗址	县级	1987 年 12 月	台盘乡平水村前小土坡上
龙井铅锌矿遗址	县级	1987 年 12 月	台盘乡龙井村山上
东门战斗遗址	县级	1987 年 12 月	县城二中操场
得胜桥	县级	1993 年 10 月 8 日	县城贯城河东街
方召汛土城恒	县级	1993 年 10 月 8 日	方召乡覃膏铺
王牛羊奖墓	县级	1993 年 10 月 8 日	方召乡桐木寨寨脚
台江县烈士陵园	县级	1987 年 12 月	县城西街
禁止放运木材碑	县级	1987 年 12 月	台江文昌宫
倒载杉	县级	1987 年 12 月	台拱镇交片寨后山上
楚军义山	县级	1993 年 10 月 8 日	施洞镇塘坝村东南 500 米处
九摆鼓楼	县级	1989 年 12 月	排羊乡九摆上寨
杨家窨子屋	县级	2005 年 10 月	施洞芳寨与街上村交界处
张白修公馆	县级	2005 年 10 月	施洞镇老街东南部
刘家祠堂	县级	2005 年 10 月	芳寨村西南隅
肖家窨子屋	县级	2005 年 10 月	施洞老街东南侧
张秀眉故居	县级	1985 年 12 月	板凳寨下寨
交下营盘	县级	1993 年 10 月 8 日	南宫乡交下村

第五节 图书馆藏

一、图书工作

台江有县级图书馆一个。1991 年，图书藏量为 12000 册，当年购图书 425 册，征订各种报纸 20 种、杂志 1230 种。1992 年，征订报纸杂志 217 种。1993 年，征订杂志 110 种、报纸 28 种。1994 年，征订杂志 110 种、报纸 28 种，当年向农村捐赠图书 2000 册，并在全县开展了“爱我家乡，捐书、读书”活动。全年办借阅证 50 个、阅览证 25 个，借阅图书 975 人次。1995 年，借阅图书 2920 人次，新办证 48 个。1996 年，订各种杂志 86 种 980 册、报纸 23 种，办理借阅证 715 个，全年借阅图书 2800 人次，送图书给革一、南宫文化站共 612 册。2003 年，征订报纸 20 种、杂志 75 种，共 960 册；接待读者 500 人次，接收新华总店捐书 2400 册，同时捐给县福利院各种杂志、图书 1300 册。2005 年，订购文学、科技等杂志 101 种共 1200 册，报刊 8 种；全年接待读者 720 人次；捐赠给方召乡交汪村、老屯乡、南市村图书共 1076 册；同时接收文化部、财政部、省文化厅捐书 5852 册。2006 年，订购各种刊物 100 种，共 1300 册，赠送图书给方召乡、革一乡、排羊乡共 1648 册，全年接待读者 750 人次。2007 年，订购刊物、报纸 66 种，共 1000 册；赠送台拱镇张家村、梅影村等 10 个村级文化室 3500 册。2008 年，订购各种报刊 56 种，共 1100 册。2009 年，建立信息资源共享工程县级支中心，实现了电子网上阅览图书工作，由此，图书借阅工作进入了电子信息新时代。

二、农家书屋

2007 年，台江农家书屋工作建设开始实施。至 2012 年，台江农家书屋共建 156 个，覆盖了全县所有行政村，其中 2007 年农家书屋有 2 个，2008 年农家书屋有 20 个，2009 年农家书屋有 30 个，2010 年农家书屋有 40 个，2011 年农家书屋有 30 个，2012 年农家书屋有 34 个。每个农家书屋建设标准为 2 万元，面积 15 平方米，配置一套书架、1800 册图书、30 种报刊、100 种（张）音像电子出版物和可供 10 人同时阅读的桌子、板凳。这一工程的实施使农村书屋建设有了质的飞跃。

第六节　新华书店

1991 年，新华书店年完成销售 448197 元，实现利润 12000 元；1992 年，完成销售 48 万元，实现利润 2 万元；1993 年，完成销售 568400 元，实现利润 22500 元；1994 年，完成销售 799542 元，实现利润 16719 元，销售图书 729107 册，其中城关一小、二小寒假作业 12106 册，发行《邓小平文选》第二卷 2400 册，同年还完成了台江新华书店大楼工程并交付使用；1995 年，完成销售 937104 元，实现利润 13517 元；1996 年，完成销售 1584000 元，实现利润 3 万元，发行图书 659000 册；2002 年，完成销售 2086206 元，其中，教辅书 181162 元、课本 1384000 元、一般图书 517070 元、非商品图书 3974 元，实现利润 63364 元；2003 年，完成销售 2288852 元，其中课本 1449832 元、教辅读物和一般图书 839020 元，实现利润 10.5 万元；2004 年，完成销售 204 万元，其中课本 140 万元、教辅读物和一般图书 64 万元；2005 年，完成销售 213.5 万元，其中课本 162.3 万元、教辅和一般图书 51.2 万元，实现利润 16.5 万元；2007 年，完成销售 251 万元，实现利润 7.05 万元；2008 年，完成销售 289.68 万元，其中课本 207.86 万元、教辅读物与一般图书 81.82 万元，实现利润 10.15 万元。

第七节　电影放映

一、电影院

1991 年，台江电影经营放映有县级电影公司一个，下辖台江电影院、施洞电影院、革东电影院。全公司正式职工 19 人。2004 年由于城市规划，县电影院随即撤除，电影公司也随之撤销，人员安置采取老职工到退休年龄退休，合同制工采取一次性补偿自谋职业。

1991 年，全县共放映电影 3365 场，总收入 99778 元，上缴税金 11239 元，放映的主要影片有《毛泽东和他的儿子》《大决战》《辽沈战役》《淮海战役》以及一些爱国教育片。

1992 年，全县共放映电影 3443 场，由于经营不善，全年亏损 10525 元，为维持生计，当年开办了一个歌舞厅，总收入 35776 元，解决了 6 名职工的工资收入。同时，除县电影院纳入公司核算外，各电影院和放映点不再纳入公司统一核算，一律采取自负盈亏，独立经营。

1993 年，县电影院全年放映 408 场，收入 23869 元，观众 42607 人次；辐射放映 544 场，收入 24704 元，其他收入 6435 元，年亏损 2650 元。

1994 年，县电影院全年放映 190 场，全年各项经营收入 132566 元，总支出 138683 元，亏损 6117 元。1995 年，为强化管理，积极开展各种经营和移动多点放映，全年放映 1655 场，收入 79305 元，其他收入 62005 元，总收入 141310 元，但仍然亏损 7459 元。1996 年，为改善电影经营状况，向银行贷款和集资13万元，对县电影院西侧门面进行改造，并增开一个溜冰场、一个卡拉OK厅，重新恢复13个农村电影队，全年各项收入17527元，实现利润2031元，上缴税金14065元。1997—2003年间，基本维持微利或亏损性经营；2005—2008年，每年由文化局安排资金下乡放映电影，放映场次只在100～200场之间。

二、"2131"工程

发展农村电影事业，满足广大农村人民群众日益增长的精神文化需求是一项重点文化工程。1998年，文化部、国家广播电影电视总局提出了农村电影放映"2131"目标，即在21世纪农村实现一村一月放映一场电影的目标。从2000年开始推广，省政府在2009年给台江县配36套数码电影放映设备。

为落实国家"2131"工程，县政府于2009年4月成立电影放映宣传站，并在全县设立6个数码电影放映点，职工6人，全年放映电影1872场，国家补助收入149760元，之后台江县就按此1872场作为每年的放映任务。

第八节 文化市场与产业

一、文化市场

台江文化市场管理机构成立于1991年3月，编制2人。2004年，"台江县文化稽查队"更名为"台江县文体广播电视执法大队"。2010年11月，县编办把原执法队调整为"文化综合执法大队"。

1991年，全县文化市场服务单位有81家，其中，录像放映9家，录音制品3家，电影放映点24个，摄影7家，卡拉OK歌舞厅3家，工艺、美术装潢字画2家，电子游戏2家，其他31家。全年执法停业整顿9家录像厅，收缴非法图书179册，收缴违禁膜画30张，收缴非法卡片5243张，收缴非法录像带26盒，查封非法录音带77盒。

1993年，全县文化娱乐经营注册登记167个（点），其中，舞厅6个，录像放映3个，台球厅111个，其他47个（点）；经营性质集体办的有16个、个体办的有151个，全年全面执法两次，停业整顿5家，罚款6家，罚款金额10500元。1994年，全县注册登记文化娱乐经营193户。1995年，全县文化经营注册办证123家，其中，舞厅4家，卡拉OK厅10家，录像厅19家，台球厅37家，其他53家。全年执法查扣非法台球10副，录像带104盒，非法传单120份等。1997年，全县文化经营注册办证62家，其中，音像20家、卡拉OK厅11家、打字复印7家、其他24家。

2001年，全县执法收缴非法出版刊物7135册，盗版音像制品641张，黄色音像制品38张，清理整顿学校周边200米内电子游戏4家。2003年，出动执法人员220人次，查缴非法音像制品186张，非法出版物148本，查出违规网吧7家次。2004年，执法出动520人次，检查248家次，查出违规经营32家次。2005年，执法出动493人次，检查119家，查缴非法出版物536册。同时为方便管理，对网吧、电子游戏厅等17家文化娱乐场所进行划行规市，规范管理。2007年，全县文化服务经营单位有63家，当年执法出动人员896人次，检查328家次，立案查处10件，取缔"黑网吧"3家，停业整顿2家。2008年，全县文化市场经营单位有48家，其中，网吧8家、歌舞娱乐场所7家、电子游戏2家、书刊经营2家、音像制品经营15家、其他14家。当年执法出动人员971人次，检查网吧96家次，取缔黑网吧6家，立案调查1件，停业整顿1家，收缴非法音像制品2515张（盒），取缔无证经营电子游艺场所5家，收缴非法游艺机13台。2009年，执法出动人员56人次，检查网吧89家次，收缴非法音像制品1800张（盒），对违规网吧警告7家次，停业整顿网吧4家次，取缔非法经营 4 家，举办 5 次文化经营户法律法规的培训。2011 年，全县共有文化市场服务经营单位 64 家，其中，互联网上网服务经营场所（网吧）14 家、歌舞娱乐场所 10 家、音像制品经营单位 15 家、台球厅 3 家、电子游戏室 4 家、印刷厂 2 家、打字复印店 8 家、报刊零售店 8 家。从业人员共 500 人。

二、文化产业

2008 年，台江县委、县政府为加强文化产业的发展，决定在全县从事刺绣、银饰工艺经营的公司和个人给予每户贷款 5 万元的贴息扶持。全年贷款 57 户，其中刺绣商 27 户、银饰商户 30 户，发放贷款 285 万元，贴息 29.153 万元。

2009 年，台拱镇城关信用社发放贷款 51 户，其中银饰商户 6 户、刺绣商户 45 户，发放贷款 275.5 万元，贴息 28.63 万元。2010 年，全县商户发展到 100 余户，总贷款 500 余万元。民族民间工艺品的文化产业已成为台江社会经济发展不可或缺的一部分。

第二章　广播　电视

第一节　广播

台江县城广播，1992 年开通了 50W 调频广播，由于当时技术不成熟，到 1995 年停办。2010 年，在台拱镇建起了 50W 的发射前端，安装 130 套可寻址收扩机或音柱、音箱，覆盖台拱镇城关的 37 个自然村寨。2002—2010 年，实施广播电视“村村通”工程，每个行政村都发放和安装了地面卫星接收广播设备，卫星地面单收站和电视网络入户的设备均具有收听广播功能，老百姓一般不收听广播，只收看电视。

第二节　电视

一、电视网络建设

1991 年 9 月 19 日，由永华厂承建的县城关隔频有线电视系统正式通过验收投入使用，有线电视入户 2000 户，年电视费收入 2.9 万元。1993 年，县城关有线电视总入户 2100 户，收费由原来每户每月 2.1 元上升到每户每月 3 元，总收入 7 万元。新建老屯、排羊、方召、交密、台盘 5 座地面卫星电视收转站，至此电视覆盖全县 9 个乡镇、9100 户 5.2 万人，占总人口的 37%。1994 年，县城关有线电视入户总数为 2300 户，电视费收入 72800 元，全年投资 3 万元，在城关有线电视开通了点歌台。新建村级地面卫星电视收转站有台雄、老屯、交密、报效、平兆村 5 座。1995 年，县城关有线电视入户总数为 3100 户，收入 10 万元。当年新建汪江 70 户有线电视站和交宫、交包 2 座地面收转战。1996 年，筹措资金 30 万元对县城关有线电视进行了龄频改造，并开通了 16 套电视节目。县城关有线电视入户总数为 3500 户，户月收视费提高到 8 元，总收入 33 万元。是年，新建巫降、革一德立农场 2 座有线电视站。

2001 年，全县扶贫贷款 165 万元，对县城关有线电视网络进行宽带网改造，开通 42 套电视节目，户月收视费提升到 12 元，入户总数达 4000 户，收入达 57 万元。当年新建农村有线电视收转站 17 个。2002 年，全县新建农村有线电视收转站 150 个，建“村村通”卫星地面接收站 10 个。2003 年，新建卫星地面接收站 269 座，完成卫星地面电视收转站模改数工程 30 座。2004 年，县城关有线电视入户总数 5000 户，收入 70 余万元。当年新建卫星地面电视收转站模改数 30 座，单收站 141 座。

2005 年，全县新建卫星地面单收站 200 座。2007 年，新建“村村通”工程 12 座卫星地面单收站，模改数 5 座。2008 年，新建“村村通”卫星地面单收站 258 座；重建县城大炮台农村广播电视无线覆盖工程，开通了贵州卫视、中央电视台综合频道、中央电视台军事农业频道 3 个频道；5 月，县城有线电视划转贵州电视网络公司。截至 2012 年 9 月底，电视网络从县城网络延伸至全县各乡（镇）部分村寨，入户达到 11000 户，开通的电视频道，免费的有 74 个，付费的有 86 个。全县共安装卫星地面单收转站“村村通”11927 个（户）。

二、节目制作播放

台江县城关有线隔频电视由永华厂施工验收投入使用后，文化广播电视局就利用有线电视开办了台江自办节目，利用录放机编辑新闻带和录像带播出自办节目内容。

1991 年，全年播放录像带 400 盒次，其中新闻带 80 盒次；1993 年，播放新闻带 160 盒次，录像带 600 次；1994 年，播放录像带 700 盒次，新闻带 200 盒次；1995 年，新闻录像播放 700 盒次。

1996 年 7 月 1 日，开通电视《台江新闻》栏目，全年播放 1000 盒录像带、150 条台江县新闻和电视专题，从此台江电视新闻有了专职队伍 2～3 人。但由于人员不足，设备简陋，每周一、三、五播出新闻，二、四、六重播。2001 年，台江电视新闻播出 300 条，专题 8 个，送省州电视台播出 20 条。2002 年，台江电视新闻播出 450 条，送省州电视台播出 2 条。2003 年，台江电视新闻播出 279 条，专题 12 部，送省电视台播 3 条，州电视台播出 30 条。2004 年，台江电视新闻播出 481 条，省电视台播出 2 条，州电视台播出 38 条。

2005 年，台江电视新闻播出 930 条，4 个专题，州电视台播出 102 条。2007 年，台江电视新闻播出 950 条，专题 4 个，州电视台播出 186 条。2008 年，台江电视新闻播出 1180 条，送州电视台播出 119 条和 6 部电视专题。台江电视台于 2008 年被省委、省政府评为全省“抗雪凝 保民生”集体一等功。2009 年，台江电视新闻播出 532 条，制作 7 部电视专题，送州电视台播出 70 条。2010 年，台江电视新闻播出 1000 条，送州电视台播出 100 条。

台江电视新闻，从无到有，从录像带自办节目到编辑播放电视新闻，从电视新闻到电视专题片的制作播放走过了一段艰难历程。2001—2010 年间，主要专题和优秀新闻有：2001 年，李美仁撰稿的《神秘的苗疆腹地——台江》《历史文化名镇——施洞》《榜样的力量》和在 2003 年写的《发展中的台江》电视专题均在县台播出，其中《发展中的台江》作为台江县委向省委工作组汇报工作的专题。2007 年，向宽兵、张奎撰稿的《相约姊妹节》获省新闻奖三等奖。2008 年，张奎撰稿的《苗山鼓韵》获州电视台新闻一等奖、获省电视台二等奖，《反排木鼓舞在北京》也获得社会好评。2009 年，张奎撰稿的《妈妈你在哪里》《爸爸你还回来吗》均在省电视台播出；同年，张奎、刘成光撰稿的《反排木鼓舞走进四川》获省新闻三等奖，张奎撰稿的《大旱之年清水江干枯见底》在中央电视台《新闻联播》中播出。2010 年，张奎的《生命阳光》获州新闻奖二等奖、省电视台三等奖；同年，张奎的《银饰传人——吴水根》获州电视台新闻二等奖、省电视台二等奖。

第三章　体育

第一节　群众体育

一、体育活动

台江县全面实施《全民健身计划纲要》，县体委在组织好传统的迎春环城跑、元宵节（舞龙嘘花大赛）、乒乓球公开赛、中学生足球赛、“三八”妇女节（千人健身大赛）等的基础上，推出反排木鼓舞走进课堂、走遍千家万户以及广场健身舞走进社区活动，深受人民群众的喜爱。

1991年以来，台江县现代群众体育的开展丰富多彩、形式各异，由民间爱好者自发组织的协会有老年体协、乒乓球协会、篮球协会、足球协会、门球协会、斗鸟协会、钓鱼协会、信鸽协会、斗牛协会、犬业协会、武术散打协会、象棋协会、围棋协会等。2010年年末已备案的协会有5个。

1993年，县体委配合县政府、县医院、县农委、县人行、县教委、县老年体协等举办不同形式的赛事及体育活动。

1994年，县体委先后协助县教委、县医院、县工商局、台拱镇、县工行、施洞镇、宝贡村、台盘村、台拱村举办运动会和龙舟赛。

1995年，全县9个乡（镇）农村开展各项体育活动赛事达50次。县体委举办国庆节职工篮球赛和“地税杯”篮球赛，协助县工行、工商局等单位举办职工体育赛事活动。组织独木龙舟队参加湖南岳阳世界龙舟锦标赛的表演。

1996年，县体委协助县妇联、县篮球协会举办广播体操、篮球比赛。7月25—26日，县体委接待美国青年篮球队的来访并组织县代表队与客队进行两场友谊赛。8月27—29日，县体委、县总工会联合举办职工第一期二十四式太极拳培训班。

1997年，县体委举办“′97迎春杯运动会”，开展项目有篮球，老年门球，青少年足球，儿童两轮、三轮自行车，象棋，围棋等比赛。为确保比赛质量，县局从州体育局请来陈瑞荣、唐文斌等裁判员进行为期3天的培训，通过理论考试和临场考核，有6人获得国家二级篮球裁判资格。县体委与县妇联举办“迎香港回归，庆‘三八’体育健身活动”。

1997年8月27日至9月3日，美国篮球教练苏珊、美国纽约大学篮球教练一行5人应邀到台江县进行篮球技术义务传授，并赠送体育用品。

1999年，县体育局、县公安局、县建设局、台拱镇政府、县卫生局、县老干局、县教育局7家单位联合举办“国庆50周年”运动会。10月2日上午，省体委党委书记、省体委主任王家声在州体育局局长韦玉新、县委书记龙昌海的陪同下，看望运动会全体裁判员、工作人员及部分运动员。运动会有篮球、乒乓球、门球、拔河、环城赛跑5个项目的比赛，运动员共计1573人。

2000年，县体育局、台拱镇成功举办元宵节舞龙嘘花活动。此次活动得到18个部、办、委、局的大力支持、参与。活动历时3天，有花灯、狮灯、踩鼓等20支队伍，飞歌演唱60余人，大小龙灯100多条，运动员近1800人，嘘花筒达1万多筒，观众累计达9万人次。

2001年，县体育中心与县妇联、县教育局等单位联合举办县城关地区的广播操、拔河、自行车、三轮车、环城跑、乒乓球、羽毛球、篮球、排球等比赛活动，运动员有1000余人，历时一周。

2002年，美国篮球教练苏珊一行5人抵达台江，进行为期一周的篮球、足球夏令营训练，台江参加夏令活动的有上百人。5月，县体委与县民宗局共同组织一支龙舟队赴镇远参加贵州民运会龙舟赛。7月，组织台江少年足球队参加麻江“龙山杯”足球赛，荣获第二名。8月，组织县老年门球队参加全州老年门球比赛，获第四名，并代表黔东南州参加全省老年门球比赛。9月，与老干局组织在县城关举办新世纪第二个老年节活动，开展乒乓球、运球、丢圈套物、健身操、象棋等比赛活动。

2003年，县总工会与体育中心共同组织全县职工运动会，开展环城赛跑、乒乓球、篮球、羽毛球、象棋、拔河等比赛活动，历时7天，观众有上万人次。

2004年，县体育中心成功举办元旦“信合杯”犬王争霸大赛，观众有上万人次。3月，协助县妇联举办“三八”健身操大赛，共有16个队参加，运动员700余人，观众有上万人次。同时，还成功举办了第一届全州“水利杯”散打擂台大赛，运动员来自凯里、天柱、榕江、施秉等县市100多人，观众达2万人次。

2005年，县体育中心承办“广厦杯”篮球赛，有20个队伍参加。同时，成功举办台江县第二届散打擂台赛，来自全州各县市和都匀市的120名运动员参加比赛。

2007年7—10月，县体育中心组织举办“广厦杯”篮球赛130场，观众达10万人次。同时，成功举办了全州“磊鑫杯”散打擂台赛。

2008年，台江县张平、周海燕成为北京奥运会火炬手，同时选拔30名施洞盛装演员参加贵州境内凯里站2008年奥运火炬传递接力的迎送礼仪任务。

2009年，在台江成功举办了来自全州21个代表队、273人参加的健身操、柔力球比赛。4月姊妹节期间，在台江成功举办了来自湖南、河北、重庆、南京、凯里、天柱、榕江、三穗等省内外县、市代表队72支队伍、220人参加的散打擂台争霸赛。9月，在县城关举办“信合杯”篮球运动会，有41支队伍、492名运动员参加。

二、获得表彰

台江群众体育开展得有声有色，个人、集体得到上级表彰。

1993年，曲钦林在全国第七届运动会期间被评为“全国体育先进工作者”。

1997年，县体育局被省全民健身指导委员会评为“'96年全民健身先进单位”。

1997年，邰慧在全国八运会期间被评为“全国群众体育先进工作者”。

2001年11月，台江县被国家体育总局授予“全国群众体育先进县”称号。

2008年，张斌被贵州省农业厅、贵州省体育局、贵州省农民协会授予“贵州省农村体育先进个人”称号。

2009年，张斌被国家体育总局授予“全国群众体育先进个人”荣誉称号。

2009年10月，台江县排羊乡被国家体育总局评为“全国群众体育先进乡镇”的荣誉称号。

第二节　学校体育

1991年以来，学校体育课安排每个年级每周两节体育课，县民中、二中坚持开展课外体育训练活动，训练项目有田径、篮球、排球、足球、乒乓球、举重等。县民中、二中、城关二小、城关一小每年 10—12 月定期举行冬季校运会，项目有排球、定位投篮、单人跳绳、4×100 米接力、60 米接力、田径、拔河等。

1991 年以来，台江县体育教师欧阳忠、杨胜军、欧盛、杨循亮、张珏、杨国荣、李富文先后在全州举行的各类比赛中被评为优秀教练员和优秀裁判员。体育教师杨胜军、李枝平、欧盛、张珏、李长学等在参加全州体育优质课评比中先后获得一、二、三等奖。体育教师李志平、杨胜军、欧盛、杨循亮、张珏等先后在各类报纸杂志中发表论文并获得国家级一等奖，省级一等奖，州级一、二、三等奖。

1996 年，台江县承办全州“三好杯”中学生篮球运动会。1997 年，台江县运动员在镇远举行的全州中学生田径运动会中取得了团体总分第五名，女子铅球一、二、三名，男子铅球二、三名的好成绩。

2002 年，反排小学、方召小学、县城关二小等学校将反排木鼓舞纳入体育课教学，使学生在锻炼身体中传承了民间舞蹈。

2005 年，县民族中学先后举办了三届“科技体育文化艺术节”。

2009 年，县教育局组织教职工篮球队参加在凯里举行的全州教育系统篮球运动会，台江县男子篮球队获得了冠军，女子篮球队获得了第四名。

截至 2010 年，县教育局举办了两届中小学生田径运动会。

第三节 民间体育

台江境内民族民间体育活动丰富多彩，群众参与性高。

1991 年春节期间，三镇六乡举办龙灯、狮灯、花灯等节庆活动。台拱镇龙灯 20 条、狮灯 3 只、花灯 160 盏，施洞镇龙灯 8 条，革东镇龙灯 6 条参加闹元宵活动；其他乡镇举办篮球、踩鼓及芦笙等活动。

1992 年农历二月二日、二月十五日、六月六日、九月九日以及苗年节，方召乡、台拱镇、台盘乡、排羊乡等村寨都开展篮球、踩芦笙、登山、跑步、斗鸟等活动。

1993 年苗年，台拱寨、排略塘、宝贡等村寨开展篮球、踩鼓、跑步、斗鸟等赛事活动。

1996 年 5 月 3—4 日，美国青年篮球队潘安宁、苏扣（领队）到县体委，联系举行篮球友谊赛事宜，经请示县委、县政府同意在 7 月 25 日美国青年篮球队与台江青年篮球队进行友谊比赛，当天动用了 20 多名警力。这次活动开拓了台江篮球界的视野。

1997 年元旦，南宫乡举办“绿化杯”篮球运动会，拉开了台江县全民健身系列活动的序幕。

1998 年 1 月 31 日至 2 月 3 日，革东寨以组为单位进行“迎春”男女篮球赛、拔河比赛和游艺活动。3 月 13—16 日，革东、源江、稿午、宝贡等村寨都各自开展“2·15”姊妹节活动，举办踩鼓、篮球等赛事。农历十月，排羊乡九摆村隆重举行 13 年一次的“吃鼓藏”节庆，吸引八方来客观看大型踩鼓活动。

1999 年农历三月十五日，县委、县政府在县城、施洞镇举办“'99 生态环境游·贵州苗族姊妹节”，开展踩鼓、斗牛、斗鸡、斗鸟等大型活动及赛事，近 2000 余人参加踩鼓活动。9 月 24 日，由中国体协、中国龙舟协会举办的中国首届水上运动大赛暨岳阳第十届龙舟节在湖南岳阳市举行，受龙舟节组委会的邀请，台江县派出了由 38 人（其中男性 31 人、女性 7 人）组成的独木龙舟表演队参加龙舟节开幕式表演。

2000 年农历二月二日，方召、巫脚南、反排、南宫、交密等十几个自然寨开展踩芦笙、斗牛、篮球等活动和赛事，历时 13 天，近 5000 余人参加踩芦笙舞，40 多头牛参加角斗，40 余支篮球队近 430 余人参加篮球赛，观众累计 19000 余人次。

2001 年 3 月，县体育中心与县妇联、县教育局等单位在县城关举办踩鼓比赛活动，有近千人参加；在龙舟节期间，与施洞镇政府、龙舟协会联合举办龙舟竞渡比赛，有 20 余条龙舟参赛，观众达数万人次。

2002 年，县体委组织反排民间木鼓队 35 人参加香港元朗区举办的体育节盛会表演。5 月，与县民宗局组织一支龙舟队到镇远参加贵州民运会龙舟赛表演。

2003 年，在苗族姊妹节期间，体育中心与台拱镇举办了斗牛、斗狗、斗鸡、斗鸟活动，观众达数万人次。

2004 年，在苗族姐妹节期间举办第二次大型斗狗、斗鸡、斗鸟比赛活动，观众达数万人次。

2009 年 5 月，台江县独木龙舟应邀参加广州潘偶举行的首届中国龙舟文化节赛事活动。

2010 年农历正月十四日、十五日，县体育中心与台拱镇成功举办了“龙腾狮跃闹元宵”全民健身活动，此次有 120 条龙灯、20 头狮灯参加比赛，观众达数万人次。在姊妹节期间又与台拱镇等单位举办了斗牛、斗狗、斗鸡、斗鸟活动。6 月，与施洞镇共同组织了 22 条独木龙舟参加竞渡比赛活动，观众达数万人次。

各乡（镇）利用民间节日都举办斗牛活动，如方召、反排、革一、坝场、台盘等每年都举行一次；施洞、老屯在姊妹节和龙舟节期间都举行大型踩鼓活动；交下 6 月 16 日交包“号信节”；方召、反排、红阳、南宫、白帮、南刀等地每年或隔年都举办踩笙活动；台盘、排羊“六月六”每年或隔年都举办一次篮球比赛、斗牛、斗鸟、赛跑等活动。

第四节　体育竞赛

1992—2010 年，台江县组队参加州级以上各类体育比赛，获得好成绩，表述如下。

台江县各类各级体育比赛获奖情况一览表

表 17-2

时间	赛事活动	获奖情况	获奖者
1992 年	全州第六届运动会	获标枪第一名，举重第一、二名	张平、王兴和、罗安龙、张斌、郁兴前、肖建华
1993 年 6 月	全省中学生运动会	铅球第一名、铁饼第一名	张燕萍
1995 年 5 月	全省中学生运动	铁饼第一名、铅球获第四名	张平
1995 年	全省青少年举重比赛	第二名	张斌
1997 年	全州中学生田径运动会	团体总分第五名	县代表队
1997 年	全州老年门球赛	第二名	县老年门球队
1998 年	全州中学生足球运动会	第三名	中学生足球队
1999 年	全州中学生篮球运动	男子篮球第四名	县篮球队
2000 年	全州中学生田径运动会	女子铅球第一名、女子铁饼第一名	张建辉
2000 年	全省中学生运动会	女子铅球第一名、女子铁饼第一名	张建辉
2002 年	全州中学生足球运动会	第四名	县足球队
2003 年	全州中学生田径运动会	铅球第一名	张彪
2004 年 7 月	全州青少年足球赛	甲、乙双项冠军	青少年足球队
2004 年	全州中学生篮球运动会	女子篮球第四名	县篮球队
2005 年 7 月	全州拳击锦标赛	个人第二名、第四名	李乔生、李文强

续表 17-2

时间	赛事活动	获奖情况	获奖者
2005 年	全省拳击锦标赛	个人第二名、第四名	李乔生、李文军
2005 年	全州“电信杯”篮球赛	第三名	县男子篮球队
2005 年 11 月	全州雷公山登山比赛	女团第一名、男团第三名	县代表队（杨国荣、杨秀泽、张勇明、邰胜英）
2006 年 8 月	全州中学生田径运动会	张勇明获男子 10000 米第一名、5000 米第三名，张亮获男子标枪第二名，张应槐获男子铅球第二名，雷美花获女子 3000 米竞走第三名	
2010 年 7 月	全州第七届运动会暨第一届少数民族运动会	台江代表团获 5 金、8 银、7 铜	

第五节　体育设施

一、县体育场

始建于 20 世纪 50 年代，1991 年后不断建设完善，有跑道、门球场、足球场，篮球场有 3 个，其中一个是灯光篮球场，设有梯坎看台。此外还有爬杆、单双杆、室内乒乓球室等设施。2008 年，县人民政府将体育场（大操场）拍卖给房地产开发商修建商品房，所得资金用来修建县民族高中体育场。

二、学校体育场

全县各中学、中心完小都建有体育活动场。9 个中学体育场建有跑道，还有爬杆、单双杆、跳远池等，全县学校有 116 个篮球场。县民族高中体育场设施比较完善，有标准跑道、6 个篮球场、4 个羽毛球场、足球场。2010 年，县体委争取到雪炭工程项目 1 个，资金 200 万元，用于台江民中体育场建设。

三、机关体育场

1991 年，全县没有一个机关建有体育场。2000 年，县民政局办公楼旁建有一个门球场。2008 年，因县体育场置换，在县行政中心建有一个灯光篮球场，设有梯坎看台，还建有老年门球场。全县建有全民健身路径 3 条，分别设置在政府大院、河滨公园和国税机关院内。

四、农村体育场

1991 年，农村少有体育场，全县共有 75 个体育场。2005 年以来，国家不断支持农村体育活动建设，农村群众出工出力，体育中心出物资，建设农村体育场，添置体育活动器材。

2005 年，县体育中心筹资 3.5 万元购篮球等器材送台拱、施洞、方召、南宫等乡镇机关、学校 4 套篮球架和 3 张乒乓球桌。2006 年 5 月，县体育中心对全县体育场地进行普查，村寨篮球场地有 127 个，乡镇所在地（学校、机关）篮球场地 31 个，共计 158 个。2006 年，台江获得村级农民体育健身工程 2 个，分别投放在施洞镇方寨村和老屯乡望虎屯村。2008 年，县体委获得 12 套农民体育健身工程，分别投放在台拱镇梅影村、台雄村、大德村、牛打坪村、红阳村，施洞镇杨家沟村、平兆村，革一乡田坝村，南宫乡石灰河村，方召乡交汪下村，排羊乡展里村。2009 年，县体委获得 11 套农民体育健身工程，并分别投放在施洞镇偏寨村的杨家寨和石家寨，台拱镇排下村，革一乡田坝村、后哨村，方召乡方召村，南宫乡南宫村、展丰村，老屯乡工农村，台盘乡台盘村、交汪上村；获得全民健身路径 1 条，安装在革一屯上村。

第四章　档案

第一节　档案整理和接收

一、民国档案抢修

1991—1995年，县档案局完成了对民国时期和中华人民共和国成立初期档案的整理抢救工作，大部分已依法开放提供利用，同时完成了15万字的档案史料编研。

2010年，在“林改”期间，县档案局发现大量散于民间的“锦屏文书”。经请示县委、县政府，10月成立抢救小组，并向全县发出了征集公告。截至11月底，档案局与各乡镇抽调的征集工作人员大力配合，走村入户征集到“锦屏文书”（纸质）1225份，调查资料显示，还有约2万份不同形式的“锦屏文书”待征集。同时完成了500卷的重点档案抢救任务，进一步丰富了馆藏内容。

二、档案整理

1994年，县档案局整理文书档案650卷，会计档案1600盒（卷）以及科技基建、火灾档案165卷。1995年，共收集整理文书档案935卷，会计档案2249卷（盒），科技档案90卷，基建档案207盒，还编写了各类目录及著录卡片450张。

1995年，县档案局组织以档案局为主的业务人员，进行长达7个多月的工作，将财政局多门类、复杂、量大、涉及面广的档案分门别类立卷归档，共整理文书档案9024卷、文书档案1435卷、会计档案2449卷、科技档案299卷、实物音像档案13卷、图书资料75册、诉讼档案4753卷，整理51年以来农业税收清册508卷。1996年，共整理文书档案856卷、会计档案2122卷，整理51年以来农业税收清册508卷。完成乡镇档案的达标前期工作，共整理出文书案卷320余卷及相应的检索目录。1997年，完成机关、乡镇文书档案6237卷，会计档案55547卷册，实物档案13卷（件），科技299卷，基建165卷，诉讼4753卷，著录卡509卷以及图书资料的整理。1998年，完成县委组织部、县地税局、县计划局、县烟草局等单位档案的规范化整理，还协助政府办等5个单位清理有关文件材料归档。

1999年，县档案局主要领导带领业务骨干，在6—7月跑遍全县9个乡（镇）搞调研，与乡镇村的领导共商农村档案工作，帮助和指导土地延包、村级换届选举、乡文书档案的规范整理，涉及村务重要档案试行以村归档立卷。9个乡镇档案已按“乡镇档案工作试行办法”整理完毕，并申报排羊乡为省级乡镇档案管理先进级示范乡；乡镇都对土地延包、村级换届选举等重要档案试行分村建档；各乡镇延包材料都已归档立卷，交到农业局的有5个乡镇。县档案局组织人验收或帮助整理合格，并附带装具后接收进馆。县档案局清理政府档案归档400余卷，完成了1300余张目录抄写，及相应的案卷目录、检索工具的制作。整理县水电局农田水利设计施工的科技档案、文书档案300余卷。同时进行查缺补漏，补写开放目录 6007 条 754 张；装订全宗案卷 33 个，以及其他相应的检索目录、资料汇集。换过装订卷宗 485 卷，整理资料 168 册。

2000 年 7 月，县档案局共整理出水电局自建立以来县农田水利、农电建设档案 341 卷（盒），其中文书 199 卷、统计 67 卷、农电 36 卷、科技 39 卷（盒）。

2001 年，县档案局整理县委办、县政府办 20 世纪 80 年代以来档案近千卷，整理县委办财务档案 223 余卷册。组织力量协助对人事档案的整理，经过近 4 个月的工作，人事档案已于 1 月 19 日考评达二级标。完成了县计划局的档案整理工作，申报达标中（二级）；县烟草局和烟草公司的档案升级工作，经过档案局一个多月的努力，完成文书档案，案件档案和财务、统计档案的整理工作，申报一级达标；还完成了水电局档案的整理工作。协助县委办清理商业 4 个破产公司财务档案 1280 册盒。

2002 年，县档案局完成县委办 1980—2000 年文书档案 217 卷，政协办 1986 年建立至 2001 年的文书档案 214 卷，供销社 1956—2001 年文书档案 135 卷；按照新行业标准归档文件整理规则，在供电局对文书立卷归档的方法进行改革，完成了该局 1984—2001 年 118 卷文书档案的整理工作。还对县技监局、计生局、统计局等档案工作给予了指导，培训了十几名档案人员。

2008 年，已有 27 个单位编制完成新的机关文件归档范围和文书档案保管期限表。

2009 年，完成了机关文件材料归档范围和文书档案保管期限表的编制和审批备案工作，推动了国家档案局 8 号令的全面贯彻实施。8 号令颁布后，档案局严格管好规定对各单位的档案进行审查、监督，并指导档案整理。“十一五”期间，共完成对机关、事业、企业共 72 个单位的财务、文书档案整理共 23217 卷并移交档案馆。

三、档案接收

1993 年，县档案局协助整理农行、信用社、财政等单位的档案。1994 年，通过走访调查，在有关主管部门的支持下，收集到全县 1952 年税收清册三卷 1000 多页，以及国有林清册等有关资料，使长期流落在外的档案资料进馆收藏。1995 年，为做好建镇并乡撤区档案的清理移交工作，保证其完整与安全，县档案局超前作了统一部署和规定，由县委办、县政府办批转行文下发到各区、乡镇执行。按照任务作分工，先后下到全县 32 个区乡，用 80 天时间清理出 1985—1991 年的档案 724 卷和少部分 1984 年前遗留下来的零散档案，及时的建档和做好档案的归档交接手续。

根据机构变动情况，参与档案归口管理。如县农业区划办归口县农业办、县计监局、物价局与工商合并，后又分开，建设银行与工商银行合并，及时协助将档案清理移交，台江建行档案于 2000 年 3 月、5 月接收进档案馆。

2001 年，根据省、州、县的有关要求，县档案局参加农村第二轮土地延包档案的整理，接收全县 187 个村中的 170 个村 549 卷档案进馆。协助县“三讲”办和“三个代表”重要思想学教办对活动档案的整理归档工作。根据县政府的要求，将台江县 20 世纪 80 年代初期农村山林“三定”档案（包括空白表）从各乡镇、林业部门收进档案馆妥善保存。接收人事局 1989 年前档案 440 卷进馆。

第二节　业务培训和指导

一、档案人员培训

1992 年 4 月，县档案局选派施遵怀参加贵州省档案局举办的第一期法制干部培训班学习，时间 20 天。

1994 年，为了加强档案队伍的业务素质，县档案局除组织人员在本县档案工作先进单位参观学习外，还组织9名县直机关、事业、企业及乡镇专职、兼职档案人员参加全省档案知识培训学习，同时组织20多人次到贵阳、清镇、凯里、镇远、剑河等地参观学习，吸取先进经验和知识。

“八五”期间，县档案局注重抓机关单位综合档案室的建设，加强对机关企事业单位专兼职档案队伍的配备，通过组织培训，外出参观学习，以会代训及实际操作培训学习等形式提高档案人员的业务能力，组织评定报批了助理馆员、管理员14名（全县20名）。这部分人员具有从事档案工作多年的经验，分别在不同的行业中，已成为县档案业务队伍的骨干。

1996年以来，县档案局采取自办或与人事局合办4期档案业务培训班。参加培训248人次。学员经考试合格后发给合格证书，具备档案管理和操作资格。此外，还选派局馆档案管理人员参加全国、省举办的档案业务培训学习。

二、业务指导

1991年以来，县档案局加强业务指导工作，以点带面，把业务指导落实到人，并深入各单位协助指导档案整理和达标工作。1995年，为协助各机关企事业单位搞好档案达标升级，档案局集中人力、物力，指导和协助林业局、县建设银行、县烟草局、县土地管理局等单位的档案达标及档案规范性整理。1996年，帮助和指导县检察院、财政局、邮电局、烟草局、公安局、城关派出所、团县委等单位完成了档案整理和达标准备。

根据黔档通〔2002〕6号文件《关于国有破产企业档案工作情况调研的通知》要求，县档案局与经贸局、计划局认真进行了对国有破产、改制企业档案工作的调研，县国有企业破产的有12个，改制的有2个，这部分企业在生产经营活动中形成的档案材料，除部分企业的档案资料由其主管部门保存外，一部分档案资料仍存在原企业，县档案局积极配合有关部门和单位，认真进行了监督和指导。2002年1—2月，县档案局指导和帮助整理商业原食品公司、纺织品公司、糖酒公司、百货公司的财务档案近千卷盒归档，破产企业清理、改制企业档案和材料，县经贸局已组织领导小组正着手整理，妥善保存。2009年，县档案局主动到各单位进行指导工作，共提供帮助32人次，指导了28个单位、7个行政村的档案管理工作，深受对方的好评，其中包括派人到林改办指导工作。

2002年，县档案局指导和帮助整理商业原食品公司、纺织品公司、糖酒公司、百货公司的财务档案近千卷盒归档，破产企业清理、改制企业档案和材料。

2008年，县档案局指导地税局、水利局、联系村的档案管理，并为联系村提供了档案柜和办公用具。

第三节 档案管理和利用

一、档案宣传

1992年9月5—7日，县档案局利用3天时间在全县范围内利用标语、横标、宣传车等多种形式，组织不同规模、不同层次的档案学习和宣传活动。据统计，共张贴标语350张、宣传车1驾次。同时于9月4日召集各单位秘书人员积极参加贵州省档案局举办的“档案法规百题知识竞赛”，并组织全县秘书人员晚上收看在贵州电视台播出的《贵州“习酒杯”档案知识电视大赛》实况。参加竞赛的人数有41名，共收到32份答卷。

“八五”期间，档案局把继续深入学习、宣传《中华人民共和国档案法》（以下简称《档案法》）作为档案工作的重要工作来抓，相继召开了座谈会、专题讨论会，组织《档案法》知识测验和竞赛，以标语、橱窗、电影、广播电视、宣传车、会议等多种形式广泛向社会宣传，同时购买300余本《档案法》分发到各机关企事业单位和乡镇，还发放了《中华人民共和国保密法》《档案保密制度》等7种规章制度几百份供各单位使用，制发了《关于“二五”普法期间开展档案法制宣传教育的规划》文件，要求在全民“二五”普法宣传教育中结合台江实际学好档案法规。在此基础上，县档案局（馆）配备了执法监督员，各部门单位档案室也相应配备了执法宣传员。

1996年，档案工作迎来了两件大事，一是经过修改的《档案法》颁布实施；二是第十三届国际档案大会在北京召开，并获得成功。《档案法》颁布后，档案局及时组织档案业务人员学习，同时发放《档案法》单行本200册，档案工作人员人手一册，并发给县四大班子领导及部分行政事业单位领导。结合国际档案大会的宣传，采取悬挂横幅标语和张贴标语等形式，挂横标3幅，张贴标语75张。同时订购30套国际档案大会宣传画，分发到四大班子、县城和乡镇商业街张贴。县档案局还利用7月、8月档案复查和帮助乡镇整理档案时机，走遍县机关、企事业单位及乡镇做宣传。全年制发档案工作简报5期，以此扩大宣传范围，提高档案工作的知名度，让全社会都来关心、支持档案工作。

1999年，自《档案法实施办法》公布后，县档案局及时订购150册，发给县四大班子、县纪委领导每人一册，随后同征订的《贵州档案》、档案执法检查和有关的会议、活动发放，各机关单位均按两份发放，基本满足了社会各界的需要。为让广大干部、群众感受到台江50年发生的巨大变化，档案局积极参与县里举办的国庆50周年图片展览，工作于9月29日完成。9月30日至10月18日，共接待部队、干部、职工、学生、各界群众4800余人次参观图片展，23个版面335张图片资料在展览结束后，全部收进馆藏。进馆以来，县档案局先后为县政府网、《贵州政报》、政府办、扶贫局、县妇联、企业局、教育局提供利用服务。

二、达标升级

1991年以来，县档案局始终把档案达标升级作为一项重要工作来抓。1992年，县档案工作达标升级的已有4个。其中，县直机关有3个，即县税务局（一级）、县农行（一级）、县乡企业局（二级）；基层单位有1个，即南宫税务所（先进级）。升级单位的做法和经验带动了一批单位。

1993—1994年，县档案局先后到民政局、石油公司、消防科、林业局、建行等单位整理文书档案650卷、会计档案1600盒（卷）以及科技基建、火灾档案165卷。县档案局为推动各单位档案工作的开展，更好地查找利用提供了条件。其中有县林业局、县建设银行正按省直县一级标准加紧达标前的整理工作及农行信用社会计档案。

1995年，金融系统、税务、养护段、石油公司等部门在人、财、物的基础设施上及时投入，高标准、高质量地率先达标，农机厂、纺器厂等一些厂矿也积极行动，农行各营业所、各税务所、各基层信用社均达州先进级标准。科技档案管理也得到加强和发展。区划档案管理已达一级标准，林业、土管科技档案已按达标要求整理完毕。1996年，县档案局把局、馆人员分为4个组，到全县9个乡（镇）指导档案整理，用两个月时间，基本完成乡（镇）档案的达标前期工作。

1997年，全县有33个机关、企事业和基层单位档案管理工作实现达标升级。1998年，在以达标升级推动机关档案规范化建设的目标管理活动中，县党政机关和驻台江工作部门60多个单位，已有金融、政法、林业局、人大办、石油公司等18个单位档案工作达标定级；有县政府办、组织部、财政局、地税局、水电局等25个单位，完成档案规范整理基础工作，部分已具备达标定级条件。正在进行和完成对档案规范整理的单位有人劳局、县委办、宣传部等13个单位。

三、档案管护

1994年，为保护馆藏档案的安全完整，县档案局完成馆内20世纪50年代以来人事科、档案局（馆）等单位的200多卷档案材料重新换壳、整理、打印、编目。

1999 年，县档案局着重加强了档案馆的安全管理工作，到乡镇、机关单位检查指导工作，档案的安全管理是着要检查内容。为加强档案馆的安全，年初制定《档案局工作责任目标》，实行责任制，做到每天 24 小时不离人；在原制定的《档案库房安全防火制度》的基础上，10 月份又与县消防科签订消防安全协定。由于措施得当，严格执行今年以来未出现任何火情和安全问题，确保了档案的绝对安全。

2000 年 2 月，以台档请〔2000〕1 号文件《关于档案馆内严禁生活住人，确保档案安全的请示》报县政府，要求解决档案局干部住房，保障档案馆安全；2000 年 5 月，以台档发〔2000〕2 号文件转发国家档案局、中央档案馆《关于进一步加强档案安全保管工作的通知》发至全县乡镇机关、单位执行。由于措施得当，严格监督检查，多年来，县档案管理未出现任何火情和安全问题。

四、乡镇档案管理

1992 年，台江实施“建并撤”，档案工作先行，组织档案干部到各乡镇清理档案；1995 年，县档案局与州档案局在排羊乡进行乡镇档案工作试点；1996 年，再次组织干部到全县各乡（镇）指导和帮助整理各类档案，现馆藏全县各乡（镇）1949—1986 年的档案 2630 卷。至 2010 年，还有存放在各乡（镇）1984—1999 年的档案约 1000 卷。由于乡镇档案工作基础较好，排羊乡档案工作受省档案局、省人事厅表彰，是全省乡（镇）档案管理工作受表彰两个乡（镇）之一。

1998 年，县档案馆达标定级后，于 1999 年年初进行查缺补漏、补写开放档案目录 6007 条 754 张，装订全宗案卷 33 卷，整理资料 168 册，为管理和利用打好基础。定期检查库房，随时清扫，保持整洁，投放药物防治虫害，消除不安全因素，还根据天气情况人工调节库房温湿。

2001 年 1 月，县档案局安排一名干部做专职保卫，负责档案馆的安全工作，并制定保卫工作职责。要求做好上下班交接、节假日值班等保障馆内不离人；注意馆内外不安全情况，消除隐患，发现问题及时采取有效措施；对危害行为作英勇斗争及奖惩办法。12 月 3 日，县消防大队到县档案馆检查消防工作。由于各项防范工作做得好，有制度、有领导管、有专人负责，除消防设备、设施硬件不足外，管理方面获得满分。

五、档案利用

自 1991 年 7 月县档案馆动工以来，由于资金未落实到位，新馆库无法建成，各项业务工作不便于开展，完全处于关闭现象。各单位要求查阅档案的人数较多，加上档案零乱，无法查找，为了更好地为利用者服务，县档案馆抽调两名人员对档案进行整理和排列。同时为接待外来人员查阅档案，积极提供利用，共利用档案 451 卷，利用人数 82 人次。

1994 年，县档案局接待查阅档案人数 425 人次，提供利用档案 603 卷（次）。同时也为土地、山林纠纷，落实干部政策，工资、学历、工龄等出具了历史依据，使馆藏档案信息资源得到了开发利用。

1995 年，县档案局共接待查阅档案人数 45 人次，利用档案达 268 卷，为各单位工作的开展提供了方便，同时也为山林、土地纠纷等案件提供了原始的历史依据，较好地发挥档案的社会效益和经济效益。

据统计，“八五”期间，县档案馆共接待查阅档案人数 500 余人次，提供档案资料 2450 卷。虽然台江县原档案馆拆除，新馆库正修建，档案管理条件差，提供利用不便，但“八五”期间时值县志编修及各部门志的编写、国有林资源普查等重大工作开展，大部分都由档案馆提供的史据得以解决，档案工作为全县两个文明建设提供了宝贵的信息。

1996 年，县档案局共接待查阅档案人数 265 人次，查阅案卷 2450 卷，为山林、土地、房产纠纷，干部工资、福利待遇提供依据。还为组织部门编写党史大事记免费大量供查档案服务，使这项工作得以顺利进行。在台江县与剑河县的牛角坡国有林纠纷中，由县档案馆提供的档案史料起到决定性的作用，为本县争得了山地所有权及经济利益。

1997年，县档案局为党政部门和个人提供资料，处理纠纷查找学历、工龄、任职时间等史料168人次，1530卷册，发挥了档案信息资源的社会主义经济服务和党政决策的作用，也提高了档案存在的价值。

2001年，县档案局共接待查阅档案人数438人次，查阅各类档案2783卷册。为编写《苗族通史》，法院、检察院审理案件，党政领导工作决策，社会生活保障等提供了档案依据。

2002年，县档案局接待查阅档案人数138人次，提供档案资料1025卷。为领导决策、工作查考、调资、落实政策、处理山林纠纷、税费改革提供了依据。

2008年，县档案局共接待查阅档案人数610人次，调阅档案2015卷，提供档案资料1126份。为解决人事、工资、领导决策、企业改制、编写部门志、处理山林纠纷、土地权属、经济纠纷等提供了政策依据。

2009年，县档案局共接待为解决退休、工龄、任职、山林水利土地权属纠纷、下岗再就业、信访、修编史志而查阅档案人数1257人次，调阅档案2465卷，提供档案资料1246份，满足社会各方面对档案的利用要求。

2010年，县档案局共接待为解决退休、工龄、任职、山林水利土地权属纠纷、下岗再就业、信访、修编史志而查阅档案人数1257人次，调阅档案2865卷，提供档案资料1246份，满足社会各方面对档案的利用要求，取得一定的社会效益。

“十一五”期间，县档案局共接待查阅档案人数6155人次，提供档案10600卷。为解决退休、工龄、任职、山林水利土地权属纠纷、下岗再就业、信访、修编史志做出了贡献，为宣传台江历史、维护社会稳定做出了一定贡献。

第四节　档案执法

遵照省、州对《档案法》执法检查的通知精神，征得县委、县政府办的同意，县档案局组织了检查小组，于1990年5月7—12日深入县直各机关、企事业等89个单位，了解执行《档案法》及支书档案管理的具体情况。从检查的结果来看，有43个单位建立了档案室，这些单位都配备了文化素质较高、有政治觉悟的人员兼管档案，未出现有违反《档案法》的现象。《档案法》的实施，已引起各级领导的重视，加强和提高了档案人员保护档案的责任心。

自1987年9月《档案法》颁布以来，县各级部门在有关单位的配合下，采取各种形式，在全县范围内进行宣传，增强了档案意识和法制观念。

结合全州“二五”普法工作，制定部门专业法的“二五”规划，并报同级普法领导小组和上一级档案行政管理部门备查。

1992年9月5日是《中华人民共和国档案法》颁布五周年纪念日，为了搞好这次纪念活动，根据上级业务部门要求，县档案局于9月5—7日利用3天时间在全县范围内采取多种形式，组织不同规模、不同层次的学习。

1994年6月中下旬至7月上旬，组织县执法监督员和档案评审员对全县9个乡（镇）及县机关档案达标单位和未达标单位档案工作进行复查和检查。通过检查情况看，绝大部分单位领导对《档案法》的贯彻实施做了大量工作，档案工作列入了议事日程，并有组织、有领导、有专人负责工作，有章可循，档案成果得到巩固发展。同时也发现少数单位由于领导不够重视，档案人员责任心不强，使档案没有得到妥善管理，不能有效地查找利用，并有被损毁的危险。对此，县档案局有针对性地提出整改意见，限期改正，经过复查和检查，没有发现违犯《档案法》的行为。此次检查和复查促进《档案法》的贯彻执行，推动了档案工作的开展。

县档案局（馆）配备了执法监督员，各部门单位档案室也相应配备了执法宣传员。每年一次档案执法检查已形成制度，辅之不定期地检查监督，全县受检查单位有100余个。

1996年6月12日，下发《关于对档案达标单位管理工作复查的通知》的台档发〔1996〕4号文件，于7月2—31日县档案局会同农行、信用联社、国税局等单位组成联合复查小组，对县机关企事业单位及乡镇基层营业所、税务所、信用社会28个达标单位进行复查，复查结果总通报全县。

1999年7月，对档案达标单位进行复查，针对档案工作普遍存在的一些现象，由档案局牵头，县委办、县政府办联合下发通知，对全县档案保密工作进行执法检查。由县保密局局长、县人大法工委主任、县政府办机要股股长及档案局共同组成联合检查组，对全县档案执法、保密工作进行严肃认真地检查，其中行政、事业单位检查率达百分之百，检查结果由“两办”发文进行通报。并由县委保密局、政府机要室、县人大法工委、档案局等部门人员组成检查组，分头到全县党政机关、企事业72个单位进行执法检查。检查结果由两办下发台党办通〔1999〕35号《关于档案执法检查情况通报》，通过检查，《档案法》得到认真的贯彻执行，多数单位领导重视，档案工作做得好，对少数存在问题的单位，提出整改意见，有力促进了全县依法治档的健康发展。

对达标单位档案管理复查，已连续开展10年，形成制度。2001年8月至9月，按照台党办通〔2001〕23号文件的通知要求，由县委办、县政府办牵头组织县保密局、县政府机要股、县人大法工委、县档案局等单位组成检查组，对全县档案执法、保密工作进行了全面的检查。在自查的基础上听取汇报，实地察看档案室并对发现的问题限期整改，共检查了党政机关、企事业单位、人民团体以及全县9个乡（镇）共72家，检查率达95%。通过检查，机关、乡（镇）均不同程度发现存在的问题，“两办”以《党办通报》及时将检查情况进行通报，要求在限期整改，并发了整改通知书。

2002年，县档案工作领导小组组织检查组重点抽查了乡镇和部分县机关。一是县档案馆库、县机关、乡镇档案的安全措施、规章制度的完善与执行情况；二是检查温度、湿度，注意高温、防潮及防汛工作，采取切实可行措施调控；三是管理人员、保密措施及监督人员职责履行情况。在抽查的原商业局、供电局、农业银行、政府办、烟草局、县委办、计划局、人事局、组织部等档案室情况看，都能按照有关法律法规对档案工作进行要求和管理，工作较规范，对个别不按期归档或整理不规范、档案室温度高、房顶有浸水现象的，提出了整改意见，随后再行检查。

2008年，加大档案执法力度，监督指导机关档案年度归档及达标工作，进一步推进档案部门依法行政。县档案局于11月中旬开展了档案执法检查。通过抽查27个单位，要求不合格的单位限期整改，此举促进了机关档案管理工作的标准化、规范化、制度化。

2009年8月，台江县开展档案执法检查工作，各单位按照台档发〔2009〕16号文件的要求，根据规定的检查内容进行全面自查，自查中发现问题及时予以整改，并将自查情况以书面报告形式报县档案执法检查工作领导小组。在重点抽查阶段，检查小组根据掌握的自查情况，确定了8个乡（镇）和24个县直单位为重点抽查单位。共抽检32个全宗12576卷，在检查过程中对存在问题较严重的单位发出了整改通知。此前于2009年3月，县档案局利用赶集天进行普法宣传1次，现场解答问题53人。

2010年10月至12月，档案局与县人大教科文卫委、县政府法制办组成了档案行政执法检查组，从贯彻落实档案法律法规、制度建设、档案收集、整理、保管、开发利用、现行文件报送7个方面，对8个乡（镇）和27个单位进行了重点抽查，总体情况良好，但发现少数单位在档案管理、业务质量、资料收集、资料编研和提供利用等方面还存在不同程度的问题，均在现场提出整改措施。

“十一五”期间，县档案局与县人大教科文卫办、县政府法制办组成检查小组，共检查170个单位，重点检查105个单位。通过档案执法检查，各单位档案管理工作逐步走向规范化、制度化、信息化。

第五节 库馆建设

一、库馆建设

1991年年初，县档案馆库完成计划设计动工。1992年7月完成主体工程，由于资金未能及时到位，工程自1992年8月停工。1994年年底，州里补助了3万元资金，使工程得以续建。1995年年初，省、州追补部分工程资金续建。馆库工程原计划投资30万元，已投资23万元（其中省政府拨款15万元、州拨款3万元、县贷款5万元），为了压缩投资，经请示同意已更改设计减少工程量。

1996年，将未竣工房（已断水）的顶层内安装完工，3间42平方米房屋作为办公用房，解决了局（馆）10名人员办公之用；100余平方米的库房也已使用，12月13日将原暂存县政府会议室的全部档案及档案柜搬运过来，重新排好全宗卷号，得以安全管理，提供利用。

县档案馆库自1990年筹备动工，省、州、县都相应投入了资金，但由于资金仍然不足，工程修修停停，直至得到宁波市北仑区政府资助15万元续建后期工程，档案馆大楼于1997年8月19日竣工使用。结算总造价40.3万元，单方造价370元/平方米。

2000年，建起了使用面积1100余平方米的集库房办公为一体的综合档案大楼，县综合档案馆已于1998年11月通过省、州档案局考评达标定级。

县档案馆总面积1100平方米，其中，库房面积800平方米、对外服务用房200平方米、办公用房100平方米。2009年3月，经贵州省建筑科学研究检测中心鉴定为C级危房，加上按30年后馆藏档案卷数预计数量，现在的库房容量已不能承载，需要拆除重建。台江县属欠开发地区，2009年6月国家发改委、档案局联合下文（发改办投资〔2009〕1208号），为改善中西部地区县级综合档案馆舍不足的状况，增强档案馆库抗灾能力，保障国家档案资源的安全，国家拟安排中央预算内投资补助中西部地区县级综合档案馆建设。县档案局根据发改办投资〔2009〕1208号要求，严格按照《档案馆建筑设计规范》和《档案馆建设标准》，积极开展新馆重建前期工作，在县委、县政府的大力支持下，项目前期工作进展顺利。

2008年“雪凝”灾害，州局资助台江县维修费3000元。为确保馆藏档案的安全保管和提供利用，档案局定期开展安全检查，实行24小时值班，加强“八防”措施，从而确保了档案的安全利用。

2009年，县档案局（馆）从有限经费中挤出部分经费添置2台电脑和1部数码相机，加紧对文件目录的录入。由于屋顶漏雨，经请示县政府，投入5.1万元对屋顶实施改造维修，置换2个过期干粉灭火器，通过政府采购方式购置除湿机6台，投入5万元购置了档案密集柜（架），极大改善了馆藏档案的保管条。

2010年，为搞好馆藏档案的基础建设，确保档案的安全，“十一五”期间，档案局积极争取上级和县委、县政府的支持，投资5万元加盖了“坡屋顶”，解决了多年来因房屋工程质量造成漏雨的问题；购置了密集柜，添置了电脑、除湿机、桌椅等办公设备，极大改善了工作环境，办事效率进一步提高。

二、馆藏档案

2000年，县档案馆有馆藏档案资料2000余卷册，其中，民国档案597卷，中华人民共和国成立后历届县党代会、人代会及各机关单位81个全宗档案；全县党政机关厂矿企业共编档案全宗106个，建档案室45个，室藏档案约12000卷，资料4000余册。馆藏全县各乡镇1949—1986年档案2630卷。存放各乡镇1984—1999年档案约1000卷。

2008年，县档案局对县统计局积存多年统计档案资料进行立卷整理，已立卷1220卷，录入档案目录信息3200条，完成对扶贫局的档案整理入库26卷。

2009年年底，县档案局已完成对县统计局、扶贫局、县委办、总工会、农机中心、公路段共5576卷的档案整理和入库工作，完成台江县纺器厂、台江县人造板厂、台江县种子公司财务档案、文书档案装订立卷入库12200卷。

2010年，县档案局派员全程跟踪服务，亲自帮助整理，特别是完成对全县17个改制破产企业的档案整理，完成了1.5万卷的档案进馆，馆藏总量达到13.5万卷。11月底，完成了72个行政单位归档范围和保管期限表的审批工作。

2010年，县档案馆现有馆藏档案（文书、实物、科技、财务、照片、报纸杂志）已达13万卷（册、份）。随着重点档案的抢救、国家级非物质文化的收集，馆藏档案不断丰富。

第五章　旅游资源

台江县境内国家级风景名胜区有雷公山保护区、台江国家森林公园等，省级风景名胜区有清水江风光，省级以下风景名胜区有百鸡山瀑布群、施洞苗族风情旅游区等。省级历史文化名镇有施洞镇。国家森林公园有1处，省级文物保护单位有3处。全国科普教育基地有2个，爱国主义教育基地有3个。台江县有星级饭店1家（三星级1家），床位120张；其他宾馆、旅社、招待所67家，床位1064张；有一定规模和接待能力的旅游定点车辆10辆。

第一节　国家森林公园

台江南宫国家森林公园位于贵州省东南部台江县南部台拱镇、南宫乡境内，由红阳景区和南宫景区两大景区组成。公园景色迷人、环境优美，融森林景观、人文景观和自然景观于一体，为游客提供游览观光、休闲度假、会议接待、森林游憩、寻古探幽的综合性森林公园。

公园经营面积6702.91公顷，海拔多在680～1000米之间，森林覆盖率达85%。属中亚热带湿润季风气候区，冬无严寒，夏无酷暑。公园内有植物674种，其中药用植物413种，观赏植物261种，国家一级保护植物有南方红豆杉、伯乐树（钟萼木）等；野生动物有178种，国家I级保护动物有白颈尾雉1种，国家二级保护植物有鸳鸯、雀鹰、猕猴、黑熊、金猫等28种。公园拥有百里原始阔叶林画廊、红阳万亩草场、翁密河漂流、苗族古村寨等多个自然景点和苗族英雄包利王的坟墓、著名抗清名将张秀眉练兵场、交下大本营、莲花屯土城址、古战壕等多处人文景观。

红阳万亩草场　红阳万亩草场位于南宫森林公园红阳景区西南部，距台江县城28公里，台江至雷山西江旅游公路横穿而过。草场主要为山地灌丛林草地，四周分布有保护完好的原始森林。郁郁葱葱的原始森林于半山腰有清晰可辨的线条，下半山林木葱葱，上半山青草苍翠，山顶上有一天池，任由干旱洪涝，池水始终不干不溢，可叹大自然的鬼斧神工。草场最高海拔1760米，东西长10公里。整个草场绵延起伏，山峦碧绿，气势磅礴，每当旭日东升、夕阳晚照、苍山如海、云移峰动、雪景、雨淞出现之时，是观草场景观、森林景观、天象景观的良好场所。整个草场由水中林、杜鹃山、蒿廊池、蒿廊峰、天蛙谷、瓮翁往土城遗址、掌水坪古战场等自然景点和苗族英雄包利王的坟墓、著名抗清名将张秀眉练兵场、莲花屯土城址、古战壕等人文景观组成。

翁密河　翁密河距台江县城39公里，发源于“人类疲惫心灵的最后家园”——国家级自然保护区雷公山深脊。河流全长200余公里，整个流域为原始森林覆盖，苗语意为母亲河，河水清澈见底，河两岸山体植被茂密，古木森森，属原始生态自然景观。所开发漂流河段长7公里，起漂点是优美的交密村古苗寨，终点是南宫乡政府所在地。起漂点与终点的落差达40米，流水时急、时缓，漂在其中，有惊无险，美誉“森林之漂”。

百里原始阔叶林画廊　画廊位于公园南宫景区和红阳景区两大景区中心地带，距台江县城约26公里，由常绿阔叶林、常绿落叶阔叶混交林、落叶阔叶林、山地灌丛林草地组成，物种繁多，原生性强，结构稳定，功能完善，森林景观林相优美、季相色彩丰富，林相随着季节的变化而互相辉映，冬去春来，万物复苏，整个林海犹如一片碧绿的地毯，放眼望去，延绵百里，朝弹清露，暮漫浓雾，似天鹅绒铺满天边；夏至秋来，满目红艳的杜鹃花、色彩斑斓的报春花、秋未水青冈等将满山遍野点缀成金黄紫红，登高而望，整个原始百里阔叶林画廊红绿相间，层林尽染，美不胜收；至冬季，林间的雨凇、雾凇、白雪让整个画廊银装素裹、洁白无瑕，分外妖娆。百里原始阔叶林画廊处处有动人的风景、秀丽的风光，处处有美妙神奇的传说，令人分外神往。

玉龙潭景区　玉龙潭位于景区南刀大坡一带，海拔1500～1700米，附近有25万亩面积的天然草场，其中连片草场13万余亩，被称为“南国天山”。景区土壤肥沃，群山葱绿，林木苍翠，植被保存完整。树种以阔叶林为主，林中蕴藏着冰球子、天麻、人参、银耳、杜仲、灵芝、黄檗等中药材，极具保护开发价值；山中有猕猴、蟒、蛇及穿山甲等多种动物繁衍栖息。其间有小溪流水潺潺，清澈见底，连串的瀑布群，山沟乱石中有清澈小潭，溪边时有草丛，可以小憩，丛林有雾时，如仙境一般，非常美丽。广阔的草场、郁郁葱葱的森林和丛林里时有野生动物出没，堪称欣赏野生动植物的理想所在。玉龙潭最为突出的是水资源丰富，是翁你河的发源之地，有连片的大小天然水塘30余个，平均面积为25亩左右，水塘内有丰富的微生物，即使外面冰封大地，这里依然“四季如春、鸟语花香”。

百鸡山瀑布群　瀑布群景区是台江县南宫森林公园风景名胜区的一个组成景区，地处排羊乡境内，排（羊）西（江）公路线上，距台江县城23公里。景区内保持着青山、绿水，自然风光秀美，大小瀑布成群，深潭与浅滩连接，掩映在高山峡谷中，令人神往，是清馨、宁静、凉爽的天然氧吧，是回归自然的世外桃源。

第二节　人文景观

文昌宫　文昌宫位于县城内东南一小山丘上，坐东朝西。始建于清光绪十八年（1892年），同知周庆芝创修，虽屡经时乱，幸主体建筑没有多大损坏，其中神像、诗文、壁画、钟、鼓、牌位及各种雕像已先后被毁。1964年和1978年省政府曾拨款维修。建筑布局大体有47级台阶直到宫门，底层四角，上面两层为六角形，阁高18米，通面宽13米。屋面以小青瓦覆盖，阁顶置赭、橙、蓝、铁青四色覆体塔刹。阁楼底层，砌青砖空斗墙围护，二、三楼皆为木板装修。整个建筑群规模宏大，布局严谨得体，宫阁古朴典雅，做工精巧，坐落于自然高丘上，为参天古树所藏，极富天宫仙阙气派。在结构上，榫头横穿斜插，衔接紧密牢固，不用一颗铁钉。1982年，文昌宫被贵州省人民政府公布为省级文物保护单位。

莲花书院　莲花书院位于县城东南小山丘上，因其大门左侧有莲花池而得名。书院为光绪十七年（1891年）同知周庆芝所创建。莲花书院占地面积1250平方米，由大门、配殿、天井、讲堂及正殿组成一个四合院。从山脚砌有3米宽的27级台阶直抵大门前。正殿宽22.2米，进深11.6米，高8.86米。正殿中供奉孔子牌位。1982年，莲花书院被贵州省人民政府公布为省级文物保护单位。

苏公馆　苏公馆位于台江县城北40公里的施洞镇白子坪村。苏元春于清同治六年（1867年）至同治十三年（1874年）随席宝田入黔镇压张秀眉苗族农民起义，升任总兵时驻施洞，遂修公馆。公馆坐南朝北，面临清水江，为三进三幢五开间单檐悬山顶木结构建筑，四周以风火墙围砌。1987年，苏公馆被列为县级文物保护单位；1999年12月21日，被列为省级文物保护单位。

九摆鼓楼　九摆苗族鼓楼位于台江县城西南24公里的排羊乡九摆村上寨，是当地苗族人民在鼓藏节时祭祀活动的场所，同时也是本地苗族人民议事和文化娱乐中心。始建于明末清初，之后由于发生寨火被烧毁，清光绪年间（1875—1908年）恢复重建。鼓楼为二层重檐歇16顶层面，盖小青瓦，穿半、抬梁式木质结构建筑。鼓楼高6.6米，平面成正方形，占地52平方米。祭祖时用杉木皮敲响地鼓，被认为是唤醒沉睡的祖先，保佑子孙平安。2010年，九摆鼓楼被列为省级文物保护单位。

交下义军营盘　交下义军营盘位于南宫乡交下村周边约8平方公里范围内的地域，营盘区四周崇山峻岭，地形险要，清咸丰、同治年间，张秀眉领导的苗族起义军于后期退守高坡时，在这里设营盘打击清军。同治十年，义军转移雷公坪后，营盘被镇压苗族起义的清军将领戈鉴盘踞。营盘遗址围墙脚现大部分仍存在，延绵环绕于交下村周边崇山峻岭之间，长约9公里，部分碉楼卡哨门洞遗迹，现仍清晰可见。营盘是清朝开辟苗疆的历史见证，1985年12月，被台江县人民政府列为县级文物保护单位。

王牛羊奖墓　王牛羊奖墓位于台江县方召乡桐木寨寨脚东北角，全墓上下四周均为规格青石条镶嵌，墓前冠高1.8米，为平行并列中分三组六翘角。墓身为条石砌的房屋形状，长形直角四方形。顶为长石条拟屋脊形。二分水，宽石板盖瓦以封顶。墓长2.5米，高2.5米。墓志铭记载王牛羊奖生辰时间及妻子、子孙和树碑时间。王牛羊为远近闻名的传奇性人物，生前机灵勇敢，智斗强权豪绅，为民伸张正义，至今各地仍流传他生前的诸多传奇故事，具有较高的文物价值。

台拱城垣　台江古城垣遗址位于台江县城北面大炮台、二炮台、三炮台之间。台江古城垣始建于清雍正十一年（1733年），乾隆初年（1736年）竣工，咸丰六年（1856年）台拱苗民义军攻城被毁。同治六年（1867年），同知席启悌重修，青条石砌筑，高5米，全长3140米，设东、南、西、北四门及门楼，炮台9座，炮眼700个，垛口360个，水卡2个，1958年后陆续被毁，今尚存西北面一段，长300米，高1～3.5米不等，宽3米，城垣步道宽2米。台拱城垣具有较高的历史文物价值，1989年5月，被台江县人民政府列为县级文物保护单位。

张秀眉誓师遗址　遗址位于贵州省台江县台盘乡平水村寨脚北面40米处一天然小山丘。海拔707米，小丘高10米，顶上平坦，四周皆为田坝。清咸丰五年（1855年）三月十五日，附近苗族各路军马汇集于此，以天然小丘为祭坛与阅兵点将台，宰牛饮血盟誓起义，宣读榔规即起义纲领和战略部署，掀起了历时十八年的苗族农民大起义。遗址是咸丰、同治年间（1851—1874年）苗族农民大起义的见证，具有极高的文物历史价值。1985年12月，被台江县人民政府列为县级文物保护单位。

一品夫人谢氏墓　苏元春夫人谢氏墓位于施洞白子坪和天堂两寨之间距公路南面约200米。墓坐南朝北，背依灯火山，西靠九层山，纵深22米，宽18米，高4米。墓门碑高96厘米，上盖葫芦宝顶翘角碑帽，碑题“皇清诰命赠一品夫人苏母谢老夫人之坟墓”。墓两侧镶有盖顶阴刻隶书“家志铭”和“墓志铭”碑，今存左侧“墓志铭”碑，记叙了谢氏夫人的生平业绩，具有较高的文物价值。1989年5月1日，被台江县人民政府列为县级文物保护单位

台江古生物化石博物馆　台江古生物化石博物馆位于台江县文昌宫内，为省级保护单位，1982年地质专家在台江首次发现古生物化石，1997开始筹建博物馆，1999年4月建成开馆。该馆占地面积30亩，建筑面积1.3万平方米。该馆展厅面积48平方米，展出各种化石标本1000余件。

贵州苗族刺绣博物馆　贵州苗族刺绣博物馆位于台江县文昌宫内。1990年正式建成开放。2010年10月，经国家批准将原贵州苗族刺绣博物馆，改为贵州台江苗族刺绣博物馆，列入全国第三批面向全民免费开放博物馆。展区展线总长260米，展柜共70个，展品共计163件（套）。

第三节　旅游产品

银饰　苗族银饰造型美观大方，种类繁多，粗计有20多种，主要有项圈、手镯、银衣、凤冠、

耳环、银花等。苗族人民视银饰为美好、吉祥的象征。因此，制作银饰的苗族地区十分盛行。黔东南一带苗族地区祖祖辈辈都从事银匠工作的人较多，特别是台江的一些苗族村寨素有“银匠村”的美誉。

刺绣　苗族刺绣具有悠久的历史，在台江流行得十分广泛，苗绣以构图的美观性，造型的独特性和色彩的丰富性而闻名于世。台江刺绣手法有手绣、绉绣、辫绣、缠绣、破线绣、锁绣、绞绣、马尾绣等多种形式。刺绣造型多为夸张得体、风格独特的飞禽走兽和花鸟虫鱼等，表达苗族迁徙、生命崇拜、宗教信仰、神话传说的意蕴，再现了卓越的民族生息繁衍的历史。

剪纸　苗族剪纸是苗族人民在漫长的历史发展过程中创造的一门传统工艺，它是苗族人民世代智慧的结晶。苗族剪纸是苗族刺绣的孪生姊妹，是刺绣的花纹底样、蓝本和第一道工序。经过刺绣加工后，其艺术性全然表现出来。因此剪纸艺术是台江苗族刺绣和服饰的重要组成部分。

姊妹饭　姊妹节前，姑娘们上山采摘姊妹花（大叶醉鱼草花）和一种叫乌米饭草（南烛木叶）小灌木的嫩枝叶等天然植物作染料，洗净后用大锅盛水将姊妹花煮出黄红色的汁液，将乌米饭草切碎放到木桶浸泡出乌黑的汁液，然后过滤取汁，将这些不同色彩的汁液分别浸泡糯米，第二天再将用清水浸泡的白色糯米和用类似方法浸泡的红色和绿色糯米相调和，再用清水洗去表面未浸入米粒的各种色彩，以免互相沾染，直接上甑蒸煮。2009 年 7 月，中央电视台财经频道《生活主张》栏目把姊妹饭作为中国美食在节目中展示。

酸汤鱼　苗家的酸汤鱼，是在苗族地区各民族人士颇为喜爱的一种美味佳肴，它虽没有经过厨师精细地烹调，也没有费一滴油或更多的配料，但却以鲜、嫩、香、美为特色而名享天下。苗家的酸汤，有糟辣酸、著茹酸和米汤酸多种。煮鱼前，将适量的酸汤放入锅中或铁顶罐中煮开后，便把一条条活鲜鲜的鲤鱼，取出苦胆肠杂后，随即放入滚开的酸汤里，鱼还在活蹦跳，待快熟时放入适量的盐、姜、蒜和鱼香菜。吃时须蘸着放有盐、辣椒、花椒、木姜花、香蓼、葱蒜等拌好的辣椒水或把这些佐料同鱼搅拌。

自制酒　苗族很早就掌握了酿酒的技术，因而形成了饮酒的嗜好。大部分农户都能自制酒，自酿甜酒，泡酒和烧酒，但以烧酒最普遍。在苗族社会中，酒的用量很大，如建新房、过年、过节、婚、丧、祭神、敬神、敬祖宗等都要用酒，特别是做重活，放工时餐餐离不开酒。

酿制的酒中，质量最高要数“重阳酒”为传统的窖酒。其制作很讲究，系用上好的糯米蒸熟作母子发酵成甜酒，另酿制度数最高的头道酒掺入甜酒中去泡，便成酒性纯正，色泽棕黄，状若稀释的蜂蜜，香味馥郁、青甜爽口。若窖在地里，时间越长，酒性便更为纯正。苗族人民秉性豪爽，热情好客，酒在他们的心目中，是款待亲朋的佳品和桥梁，每逢客至，常用自酿村醪，以飨宾朋。总之，来客必有酒待为贵，因而苗族人民创造发明了牛角酒、栏路酒、双脚走路酒、团圆酒、祝颂酒、交杯酒、送别酒等等独特的饮酒礼节。长辈、客人先饮是通常的礼节，交怀对饮，换盏添兴是一般规矩，劝酒时，常引吭高歌助兴，抒发彼此间的感情，或叙述族源、史实、歌唱丰收等等，有呼有应，有领有合，唱一首，对一曲，谁唱输谁就喝上一碗，彻夜不眠，通宵达旦。

金秋梨　台江金秋梨于 1995 年引种成功，每年成熟期为 8—9 月。台江金秋梨果形适中，色泽金黄，肉质纯白细腻，晶莹剔透，口感脆嫩香甜，汁多渣少，糖分和微量元素丰富。曾荣获“全国星火科技精品金奖”“贵州名优果品”称号、“国家 A 级绿色食品证书”。

苦丁茶　台江苦丁茶历史悠久，具有特殊的口感和祛病的保健功效，以其色泽光润、清凉爽口、回味悠长、隔夜不馊等优良特性及生津止渴、清目消食、清热解毒、降脂降压、杀菌止痒、减肥美容、延缓衰老、防辐射、抗肿痛、增强免疫能力等多种功效著称。台江“银角”牌苦丁茶曾荣获“'93 中国保健科技精品金奖”、1994 年贵州科技进步奖、1998 年贵州省保健学会推荐产品等 7 个奖项。

第六章　旅游规划管理

第一节　旅游规划

一、规划编修

2002年，县旅游局完成了《贵州省旅游业发展“十五”总体规划》中有关台江的文字、图片、光碟等材料的搜集、整理和撰写呈报工作。积极申报旅游发展项目，完成了反排、九摆、塘龙、八郎全省民族旅游扶贫示范村以及施洞镇、洋汪、拥党、新寨旅游基础设施项目的申报工作，落实了反排民族旅游村基础设施建设等项目资金共16万元。同时，建立的旅游发展项目库正在不断增加和完善之中。

2004年，县旅游局完成了《台盘阳芳民族村寨旅游规划》，积极上报翔实的基础材料，完成《黔东南州旅游发展总体规划》的修编工作。10月，旅游局配合县水电局与贵阳天海规划设计公司协作，完成革一烂塘水库民族度假村详细规划的初审。

2005年，县旅游局积极协助和配合县发改局完成了台江县“十一五”发展规划旅游部分（《台江县“十一五”旅游发展总体规划》）的修编工作。2005年7月，按照县委、县人大、县政府的工作要求和安排，旅游局承担了反排、九摆两个民族重点村寨旅游发展规划的地形测绘和对施洞镇进行修建控制性详细规划的工作任务。根据县委、县政府的工作要求和部署，完成了反排、阳芳村和施洞镇作为省级旅游扶贫示范村和省级旅游扶贫示范镇的申报工作。继续完善世行贷款项目“施洞苗族文化和自然遗产地保护基础设施项目”的基础材料，使该项目正在按程序落实之中。共完成项目建议书15个，并及时向上级有关部门申报，积极与县发改局协同建立旅游发展项目库。

2006年，县旅游局完成了《施洞旅游区控制性详细规划》和《台江县“十一五”旅游业发展专项规划》的修编工作。通过深入各乡（镇）、村寨收集大量民族风情方面的资料，共撰写文字资料十余万字，拍摄图片3000余张，充实了台江县旅游宣传工作的内容。继续完善世行贷款项目“施洞苗族文化和自然遗产地保护基础设施项目”的基础材料，使该项目正在按程序落实之中。编制完成项目建议书15个，并及时向上级有关部门申报，积极与县发改局协同建立旅游发展项目库，配合县招商局编制旅游招商项目宣传活页并多次参加招商活动。

2007年，县旅游局积极配合省、州旅游局及相关部门做好世行贷款项目“施洞苗族文化和自然遗产地保护基础设施项目”的可研报告编制工作，使该项目正在按程序落实之中。配合县发改局及上级相关业务部门做好旅游发展项目的编制、申报工作，2007年共编制、上报项目建议书36个，进一步完善了项目库。

深入重点民族旅游村寨，加强对旅游从业人员的业务指导，尽可能在资金和物质上给予支持。积极向上级有关部门争取项目资金，2007年，共落实资金20余万元并已陆续投入重点村寨的旅游基础设施建设。配合相关部门完成了《台江县旅游业发展总体规划》的修编工作，该规划于12月10日通过了专家评审。

2008 年，县旅游局配合省、州世行项目办继续做好世行贷款项目“施洞苗族文化和自然遗产地保护基础设施”可研报告编制基础材料工作，该项目已在按程序落实之中。

配合县发改局及上级相关业务部门做好旅游发展项目的编制、申报工作。2008 年，共编制、上报项目可研报告 4 个，项目建议书 25 个，项目清单 140 项，进一步完善了项目库。深入重点民族旅游村寨，加强对旅游从业人员的业务指导，尽可能在资金和物质上给予支持，已投入资金 20 余万元用于重点村寨的旅游基础设施建设。

根据台江旅游发展的新格局，为高起点、高标准对旅游资源在保护的基础上进行科学规划，按照县委、县政府的指示，旅游局委托北京达沃斯景观规划设计院于 2008 年 3 月启动了“万亩草场景区总体规划及景点导向详细规划”和“施洞镇村寨旅游区总体规划及景点详细导向规划”项目。

2009 年，旅游局配合省、州世行项目办继续做好世行贷款项目“施洞苗族文化和自然遗产地保护基础设施”的落实工作，该项目已进入实施前的准备阶段；委托北京达沃斯景观规划设计院继续进行“万亩草场景区总体规划及景点导向详细规划”和“施洞镇村寨旅游区总体规划及景点详细导向规划”项目。另外积极配合县发改局及上级相关业务部门做好旅游发展项目的编制、申报工作，2009 年以来共编制、上报项目建议书 29 个，进一步完善了项目库。

2010 年，旅游局配合省、州世行项目办继续做好总投资为 2250 万元的世行贷款项目“施洞苗族文化和自然遗产地保护”的实施工作，严格按照世行运作程序于 2010 年 5 月 25 日通过设计招投标，由贵阳建筑勘察设计公司中标，设计方案初稿已完成，即将进入施工招投标阶段。继续配合北京达沃斯景观规划设计院继续进行“万亩草场景区总体规划及景点导向详细规划”和“施洞镇村寨旅游区总体规划及景点详细导向规划”项目。撰写、申报旅游项目建议书 21 个，进一步完善了旅游项目库。

二、规划区旅游资源

旅游资源状况 台江县总面积 1108 平方公里，辖 8 个乡（镇），是全国苗族人口最集中的县，素有“苗疆腹地”之称。东南与剑河交界，西南连接雷山，西邻州府凯里，北与黄平、施秉比邻，南北长 50.4 公里，东西宽 36.7 公里，清水江环绕县境北端，巴拉河、翁你河、翁密河自南向北，流入清水江。县内属中亚热带湿润季风气候，气候温和，雨量充沛，冬无严寒，夏无酷暑，是理想的旅游之地。县内自然环境优越，是贵州 10 个林业重点县之一。全县森林覆盖率达 43.85%，南部有秃杉、银杏、翠柏等多种孑遗植物及珍稀树木生长。山中有猴、穿山甲、獐、狗熊等多种珍稀动物繁衍栖息。县境内风景旅游资源种类繁多，大致分为自然资源和人文景观两大类。

自然资源类：(1) 地质地貌景观：大塘溶洞群及古羊溶洞。(2) 水文风光：风景河段主要有清水江、巴拉河、翁密河、翁你河等；漂流河段有清水江施洞至革东段，长 30 公里。瀑布较著名的有交密瀑布，境内有大小水库 5 座。(3) 原始森林有雷公山自然保护区，覆盖台江县南宫乡境内面积达 18851 公顷，海拔 800～1200 米，植物种类达 100 种。(4) 万亩草场风光位于红阳，连片 3 万余亩。(5) 野生动物有刺猬、穿山甲、野猪、狼、狐狸、狗熊等，鸟类有 12 目 29 科 162 种，珍稀动物有黑熊等。

人文景观类：(1) 名胜古迹有省级文物保护单位两处，可修复开发的 13 处。(2) 特色村落有施洞、反排、九摆为代表的一大批独具民族特色的苗族村寨。(3) 纪念地有苗族义军领袖张秀眉誓师旧址——台盘古羊洞及展麻你起义旧址，位于县城南面的登交倒栽杉等纪念地。(4) 风土人情有民俗景观——待客礼仪、婚俗礼仪等。民族节日有著名的世界级旅游资源“独木龙舟竞渡节”“苗族姊妹节”“苗族牯藏节”等独具民族特色的众多民族节日；苗族民间音乐有声乐、器乐；苗族民间舞蹈有芦笙舞、皮鼓舞、铜鼓舞，其中最著名的“反排木鼓舞”，被誉为“东方迪斯科”；民族服饰有台江县苗族民间服饰品种类型较为丰富，苗族服饰种类达 9 种。

旅游资源特点 资源丰富、分布集中，类型多样。全县有资源九大类，形成以台拱镇为中心，向东、南、西、北线辐射，民族风情多分布在交通沿线，并和自然景观相连。

资源地域组合性好，景观独具特色，旅游资源品牌高。尤以具有典型的民族特色而举世闻名的“苗族姊妹节”“独木龙舟竞渡节”“苗族牯藏节”等一系列的民族节日和以“反排木鼓舞”为代表的一系列苗族歌舞文化，极具旅游开发潜力。这也是台江县独具民族文化旅游特色之精品。

区位优越，出入便利。台江县位于黔东南中部，320 国道和玉凯高速公路贯穿县境，与州内周边各风景名胜区和旅游区的旅游线联系最为便捷。

气候温和宜人，四季皆可游。

旅游资源保护 坚持“严格保护，统一管理，合理开发，永续利用”的原则；坚持重点保护与一般保护相结合的原则；坚持保留民族建筑风格、特色与提高人民群众居住条件相结合的原则。

旅游资源保护的内容和范围：人文生态旅游资源的保护，包括民族民俗文化的挖掘，整理保护与继承；民族传统建筑风格的保护；名胜古迹的保护和恢复；原始森林自然保护区的保护，禁止毁林开荒、开山取石。

自然旅游资源的保护：包括自然林、人工林的保护，禁止乱砍滥伐；古树名树的普查和挂牌保护；江河、湖泊水资源环境的保护；动物的保护。

保护的措施：强化保护意识；编制和完善各种保护规划，达到保护工作法制化、规范化；明确保护责任，落实资源保护工作责任制；近期对重点民族村寨投资建设项目，对生态人文环境进行治理保护。

三、旅游发展总体规划

总体布局 一个核心区，辐射 4 个旅游区，涵盖台拱、施洞两镇，方召、南宫、老屯、排羊、台盘、革一六乡。总面积为 445 平方公里。即台拱镇核心区、东线旅游区、南线旅游区、西线旅游区、西北线旅游区和北线旅游区。

发展战略 突出台江资源特色，重点发展以苗族民俗风情文化为特色的旅游线。积极实施品牌战略，重点推出苗族民俗文化和生态探险旅游两个旅游品牌，对外树立“民族文化与生态旅游”形象，创建名牌效应。重点建设苗族文化旅游区和生态探险旅游区，带动其他旅游区的同步发展。

发展目标 近期（2006—2010 年），用三年时间把台江县建成贵州东线旅游强县；再用三年时间把台江县苗族姊妹节建成“中国知名民族节日”。中期（2011—2015 年），完成“民族风情与生态旅游度假区”建设，把台江县建设成为亚洲民族文化与风情旅游热点地区之一。远期（2016—2020 年），把台江县建成国际知名度较高的苗族文化风情旅游目的地。

市场目标：到 2010 年，年接待旅游人数达 15.92 万人次，旅游业发展由起步阶段向加速发展阶段过渡；到 2015 年，年接待旅游人数达 32 万人次，旅游业发展处于加速发展阶段；到 2020 年，全县接待能力能适应稳定发展的客源市场，旅游人数持续增长。

旅游业发展的确保目标：近期，游客总人数达 72.37 万人次，其中海外游客 0.79 万人次，旅游收入为人民币 8646.82 万元，创汇 100.92 万美元。中期，游客总人数达 123.47 万人次，其中海外游客 1.37 万人次，旅游收入为人民币 18307.45 万元，创汇 204.87 万美元。远期，游客总人数达 215.53 万人次，其中海外游客 2.48 万人次，旅游收入为人民币 38271.32 万元，创汇 447.71 万美元。

旅游业发展的争取目标：近期，游客总人数 73.83 万人次，其中海外游客 0.856 万人次，旅游收入为人民币 8819.72 万元，创汇 102.68 万美元。中期，游客总人数 125.87 万人次，其中海外游客 1.392 万人次，旅游收入为人民币 18673.6 万元，创汇 209.03 万美元。远期，游客总人数 219.33 万人次，其中海外游客 2.538 万人次，旅游收入为人民币 33321.74 万元，创汇 456.57 万美元。

旅游线路建设 按资源特色、近期、中期、重点、一般的原则建设旅游线路。

近期，重点建设三条精品线路，突出苗族民俗文化风情旅游主题特色：一是台拱—施洞—台拱，突出“苗族姊妹节”“独木龙舟节”系列节日及民俗民风旅游特色。每年举办一届“苗族姊妹节”，每届推出一个主题。举办节日期间为两日至三日游，平时为一日游。二是台拱—方召（反排）—台拱，为一日游。突出以“反排木鼓舞”为代表的一系列民族歌舞和苗族庄严隆重的“牯藏节”，以民族建筑、民俗民风为旅游特色。三是台拱（凯里）—台盘—革一—施洞，领略民族风情，考察民族文化发展历史，参加民族节日活动及进行农业生态观光活动。

中期，旅游线路建设：一是台拱—九摆（银匠村）—台拱，民俗民风、民族风情、民族建筑观赏一日游。二是台拱—施洞—革东—台拱，清水江河段乘船游览观赏山水风光和民族建筑、民族风情一日游。三是台拱—红阳—台拱，草场休闲度假、健身、体育两日游。开展草场观光、赛马、草地滑轮、草场滑翔、帐篷露营等活动。四是台拱—南宫交密—台拱，原始森林探险和观瀑两日游。五是农业生态观光旅游，组织开发“金秋梨花观赏节”和“金秋梨品尝节”一日游活动。六是组织环线旅游，走向为台拱（凯里）—台盘—革一—施洞—革东—方召（反排）交密出剑河或雷山（凯里）三日游。领略民族风情，考察民族文化发展历史，参加民族节日活动，开展古生物化石群地质遗迹考察，进行农业生态观光和开展森林探险和观瀑旅游活动。

远期，跨县、地、省旅游线路规划：一是台江—以㵲阳河国家重点风景名胜区为主体的镇远、施秉、黄平—凯里—贵阳的北西线苗族风情、休闲、观光旅游线路；二是台江—剑河（温泉）—岑巩（龙鳌河）—铜仁（梵净山）—湖南张家界东线民族风情、历史文化、探奇、生态旅游线路；三是台江—雷山—榕江—从江—湖南三江、龙胜—广西桂林的东南线苗族、侗族风情旅游线路。

投资估算　总投资19075万元，近期投入14345万元，中远期投入4730万元。经过15年的建设，全县旅游景区景点建设和接待设施形成规模，旅游交通设施大为改善，为旅游业的大发展奠定了扎实的基础。

客源市场　坚持以开发国内外客源市场并重的方针，海外客源市场定位：东南亚、日本、韩国等国家和中国香港、澳门、台湾地区的游客作为一级客源市场；美国、加拿大、法国、英国、意大利等国家作为二级客源市场。国内客源市场定位：远程客源市场为长江中下游的上海、江苏和沿海的浙江、福建、广东等地区客源市场为首选；近程客源市场为湖南、广西、重庆等省、自治区、直辖市。省内客源市场定位：一级市场为贵阳、凯里市；二级市场为遵义、安顺、六盘水等地区；三级市场为机会市场，包括毕节、黔南州、黔西南等。

旅游产品　台江县的旅游产品起主导的是民族民俗文化旅游，其次是休闲、度假、农业观光旅游和民族建筑、服饰、工艺等专项旅游产品等。

四、旅游配套设施规划

近期设施建设规划　台拱镇至施洞、镇远公路改造，县境内46公里，改造为二级标准油路。台拱镇—方召—反排—南宫交密—剑河白道公路改造，县境内70公里，改造为三级标准油路。汪江—交密公路改建，长6公里，改造为四级泥石路面。台拱—红阳公路改建，长14公里，改造为三级油路。排羊—九摆公路改建，长5公里，改造为四级标准路面。台江县排羊乡至雷山西江镇公路的建设，长16公里，台江境内5公里，该公路主要将雷山与台江的旅游线路连接，形成环线游。各民族村与国道320线相连接的村道公路修建与改造，共计长39公里，改造成四级标准路面，提高硬化率。

中期设施建设规划　建设旅游线路总长225公里，其中主要旅游公路94公里。通信设施建设，到2008年，全县村村通程控电话。

旅游饭店、宾馆建设：以遵循市场需求适度超前、突出民族特色的原则分期、分批实施。近中期，台拱镇建二星级酒店2家，200个床位；一星级酒店4家，370个床位；一般酒店5家，750个床位。施洞镇建一星级酒店1家，100个床位；一般酒店1家，150个床位。共建酒店12家1420个床位。在建设大中型酒店的同时，应规划发展家庭旅馆。本规划项目中，规划在施洞镇发展家庭旅馆300～500个床位，在反排村发展家庭旅馆50～80个床位。

旅游城镇建设：台拱镇、施洞镇在规划建设上应突出民族特色，突出旅游环境改善。完善公共场所基础设施建设：统一规划修建停车场，旅游公厕、排污及垃圾处理设施，完善供水供电设施。台拱镇、施洞镇各规划修建供旅游者娱乐参与的场所1座。在台拱镇、施洞镇应规划建设具有民族特色的旅游商品购物一条街。施洞镇修建水上码头1～2座。

旅游商品开发：根据市场需求，利用优势资源开发生产具有纪念性、艺术性、收藏性、实用性，并突出民族特色和地方特色的旅游商品，满足旅游者购物需求。旅游商品开发的主要产品有苗族刺绣、银饰、苗族剪纸、织锦、手工花带、苗族农家土布等，还有苗族苦丁茶、中药类商品以及民族食品等。利用本地金秋梨资源规划开发加工生产金秋梨罐头、果汁、果脯等系列商品。旅游商品的开发应由相关部门和相关产业共同制定出切实可行的开发规划。

服务与管理：在服务与管理系统设计上，要按面向市场和与外部旅游业接轨的原则，变接待型旅游为商品型旅游，推向市场，完成向旅行社或旅游开发公司的转轨工作。旅行社或旅游开发公司要在执行国家法律、法规的原则上，努力开发利用旅游资源，促进旅游业的发展。县旅游局作为政府职能部门要承担全县旅游业的规划和指导旅游景点的开发建设，做好组织、管理、市场开发与宣传促销、旅游人才教育培训、旅游交通等工作。

五、配套政策措施

政府主导、行业配合，实施政府主导型发展战略。理顺体制、完善地方法规建设，依靠国家有关法律法令、条例管理好旅游行业。

制定优惠政策多方筹集资金，完善基础设施建设。突出主题，树立良好的旅游形象。进一步发掘民族旅游文化的深层内涵，不断充实和提高民族文化旅游质量。加大旅游人才的培养和对外宣传力度。

完善旅游企业的经营机制。成立台江县旅游开发有限公司，作为企业法人，由政府授权，接受各方面的投资，行使出资者权益；承担相应的资产保值、增值的责任；对外进行融资、广泛吸纳国内外和社会各界资金，实施旅游景区、景点建设企业投资主体多元化。按照以旅游养旅游、发展旅游的原则，从2001年起，建立旅游发展基金。

六、南宫森林公园规划

台江县南宫省级森林公园位于贵州省东南部，地处云贵高原东段向湘西丘陵过渡大斜坡地带上、雷公山主脊北段东麓，公园规划面积6128公顷。森林公园山地海拔多在680～1000米之间，最高海拔1765米，最低海拔640米。

南宫省级森林公园植被主体为地带性植被，森林覆盖率达85%，地带性植被为常绿阔叶林、常绿落叶阔叶混交林、落叶阔叶林、山地灌丛林草地。主要的森林植被类型有原生的甜槠栲林、翠柏林、马尾松树林、水青冈林、杜鹃灌木林、枫香+响叶杨林及山地灌丛草坡等。主要植物有674种，主要的珍稀野生保护植物有红豆杉、伯乐树（钟萼木）、柔毛油杉、台湾杉、香樟、闽楠、中华猕猴桃、深山含笑、青钱柳等。主要野生动物有178种，其中兽类有8目20科48种，鸟类有11目30科130种。主要的国家一级保护动物有白颈尾雉1种，二级保护野生动物有鸳鸯、雀鹰、松雀鹰、猕猴、黑熊、大灵猫、小灵猫、金猫等28种。

森林公园内的主要自然人文景观有翁密河、红阳万亩草场、原始森林公园和丰富多彩的民族风情。

翁密河河段位于南宫景区，长7公里，海拔由680米降至640米，落差40米，河水清澈，流水时而急滩、深潭浪花追逐，时而静美之中增添动趣。河两岸山体植被茂密，灌木丛生，属原始生态自然景观，是理想的漂流河段。

红阳草场总面积约 5 万亩，其中连片草场 3 万亩，被称为“南国天山”。万亩草场绵延起伏，山峦碧绿，气势磅礴。草场海拔 1500～1700 米，土壤肥沃，牧草资源丰富，野古草、茅叶草、胡枝子、铁扫帚等优良天然牧草满山遍野。草场周围有近万亩原始森林，环境优美，地势平坦，气温适中，是开发草畜结合、休闲娱乐为一体的理想场所。

原始森林公园保存有面积大、原生性强、结构稳定、功能完善的常绿阔叶林、常绿落叶阔叶混交林、落叶阔叶林。公园内随处可见柔毛油杉、台湾杉、南方红豆杉、闽楠、木荷、大叶栲、甜槠栲等古树。这些古树有的苍劲古朴，绿荫如盖；有的傲然屹立，直指苍穹。

民族风情包括：苗族特色建筑居落，苗族村寨或聚居，或散居，常位于群山环抱的谷地里、坡坎上、山坳里、梯田边或小溪旁，掩映于翠柳红枫或果木森林之中。民族服饰，传统的苗族服饰均用手工织布制成，分为方你型、方纠型、方南型、方白型、方秀型、翁芒型等。岁时节令，苗族节日集会较多，比较大的节日有苗年、春节、祭桥、爬坡节、姊妹节、牯藏节、清明节、敬牛节、祭秧节、吃新节、重阳节等。游艺竞技，主要有踩芦笙、斗牛、踩鼓、游方等。文化艺术，主要有苗族银饰、刺绣、吹木叶、飞歌、芦笙制作等。

第二节　旅游培训管理

一、旅游培训

2002 年，在省、州旅游局，省旅游学校的大力支持下，县旅游局组织县内的宾馆、酒店从业人员进行了一期共 98 人次的培训，同时县职中举办了一个学期 30 人的乡土导游班，旅游接待服务水平有了改善和提高。

2004 年，县旅游局组织全体职工进行政治理论和业务知识学习，让干部职工加强自身法律素养，提高依法执政、依法行政意识和能力。接待服务意识差，一直是制约台江县旅游发展的瓶颈，为改变这一现状，县旅游局积极参加在 3 月州旅游局举办的旅游宾馆管理经理级别培训班，回来后组织全县各宾馆经理及服务人员开办培训班，使台江县接待服务水平有所提高。4 月，县旅游局选派一名干部参加全国导游培训，尔后通过考试获得了导游员资格证；每个旅游黄金周到来之前，旅游局都会牵头同相关部门联合对辖区内所有的景区、景点开展环境卫生、交通防火安全大检查，不走过场，防止一切事故的发生。同时，按时做好统计、上报工作，力求统计数据真实可靠。10 月下旬，利用“全国展望工程”免费对全县 70 名农户在施洞进行了为期一天的农家乐培训。

2005 年，旅游局经常组织全体职工进行法律和业务知识学习，积极参加省、州旅游局举办各种培训，共参加省、州、县的各种培训 8 次。干部、职工的自身法律素养、依法执政、依法行政意识和能力都得到了提高，同时加强了对旅游从业人员的接待服务培训工作。在省旅游学校的大力支持下，在重大节庆活动时举办培训班，共进行了两期 60 人次的培训。

2006 年 4 月，县旅游局分别对台江县 4 个乡（镇）的“苗家乐”接待户进行了旅游接待培训，共培训 546 人次，使农户旅游接待能力得到一定提高。按照州委、州政府、县政府的指示精神，县旅游局推荐优秀作品和优秀人才参加了 2006 年“多彩贵州”旅游商品设计大赛、旅游商品能工巧匠选拔大赛和旅游商品展销大会（简称“两赛一会”）活动，在州级评选大赛中获得旅游商品设计大赛三等奖 1 个、“黔东南名创”产品 6 个、能工巧匠大赛二等奖 1 个、“黔东南名匠”8 个，在全省总决赛中获得旅游商品设计大赛一等奖 1 个、名创产品 1 个、“名匠”称号 2 个，取得了较好的成绩。

2007年，做好职能部门工作，加强自身队伍建设。县旅游局组织全体职工进行法律和业务知识学习并积极参加省、州旅游局组织的各种培训活动。从4月中下旬开始对台江县的“苗家乐”接待户进行了旅游接待培训。2007年以来，共举办各种培训两次440人，培训乡村业余导游4人（施洞、方召各2人），使农户旅游接待能力得到一定提高。县旅游局配合州旅游行管部门做好地方宾馆的星级复核和旅游接待指导工作。

2008年，县旅游局组织全体职工进行法律和业务知识学习并积极参加省、州旅游局组织的各种培训活动。从3月起，启动了“雨露”计划，对县内宾馆、饭店服务人员进行了428人次的业务培训，对苗家乐接待服务人员进行了534人次的培训。另外还培训了20名民族业余导游，这些形象好、素质高、身着民族服装的业余导游在节日期间大受欢迎，被各旅行社抢订一空，成为姊妹节的一个亮点，受到游客们的称赞。为提高台江县旅游接待报务水平和培养台江县旅游人才，2008年6月，旅游局还组织80名男女青年赴贵阳进行为期3个月的导游及酒店服务人员的培训。

2009年，为加强对旅游从业人员的接待服务培训，在姊妹节前，县旅游局对县城宾馆饭店、旅社的负责人及服务人员和施洞镇、老屯乡、台拱镇苗家乐从业人员进行了为期5天共465人的业务培训，并会同相关部门对旅游公共基础设施进行一次大检查。为配合翁密河正式开漂，县旅游局在各单位精心挑选了30名形象好、素质高的业余导游进行培训，在翁密河开漂之日为广大游客提供了优质的服务并获得一致好评。

2010年，县旅游局对县内宾馆饭店服务人员进行了100人次的业务培训，对台拱、施洞、老屯、南宫4个乡镇的苗家乐接待服务人员进行了4次共482人次的培训，对县内30名业余导游进行了专业培训。

二、旅游管理

2002年，台江开始推出“苗家乐”旅游项目。2004年，利用民族节日推介“苗家乐”取得巨大成功。为拓展台江县旅游市场，引导社会各界参与旅游开发，增加农民收入，增强台江县旅游产业发展后劲，结合当前旅游市场时尚，自2002年起，县旅游局推出了“苗家乐”旅游项目，投入大量精力，协同卫生、防疫、城管部门对县城及老屯乡、施洞镇周边村寨进行大规模的环境卫生整治工作。通过几年的努力和摸索，姊妹节期间的“苗家乐”非常火爆，共有游客12860人次食宿在农家（其中施洞镇10700人次、老屯乡1468人次、台拱镇692人次），农户经营总收入达64.3万元，广大农民切实感受到了发展旅游给他们带来的实惠。

2005年5月，旅游局参加了由县四大班子相关领导及相关部门负责人组成的考察组赴雷山、黎平、榕江、丹寨4县学习考察并撰写了调研报告，引起县委、县政府的高度重视，加大旅游经济开发和重视力度，建立每年60万元（其中20万元用于民间举办姊妹节、20万元用于旅游规划和旅游基础设施建设、20万元用于组建县苗疆艺术团）旅游发展基金，纳入财政预算。6月，县委、县政府委托县旅游局起草了《关于加快台江县旅游业发展的意见》，在县委扩大会议上征求意见、讨论得以通过并出台了文件。8月，根据县人大的建议，起草了《台江县旅游资源保护、开发和利用管理办法》草案报县政府审定。

旅游局先后分别组织全体工作人员到兄弟县取经并深入反排、塘龙、阳芳、大塘、报效、拥党、桃树榜、交包、交下、石灰河等民族村寨开展调查研究，认真收集材料，挖掘整理民族文化。7月至9月，对全县的旅游资源进行调查，向各乡镇发放了旅游资源调查表，对重点旅游村寨和文物古迹建立了档案，并撰写相关的调研文章共1.5万余字，为党委、政府提供决策依据。同时，还大量收集了民族风情方面的资料，共撰写出十余万字的《台江苗族风情》，拍摄图片近2000张，为今后的工作开展打下了基础。

利用节假日推介“苗家乐”。为引导广大农户通过发展旅游业脱贫致富，县旅游局投入了大量精力，协同卫生、防疫、物价、消防、城管部门对县城及老屯乡、施洞镇周边村寨进行了大规模的环境卫生整治工作。是年，“苗家乐”共接待游客7920人次，农户经营收入达23.76万元

2006年，为保护台江县旅游品牌知识产权，通过注册商标来增加其商业价值，扩大影响力，县旅游局已完成“姊妹节”“龙舟节”和“反排木鼓舞”3个旅游品牌的商标设计工作，并呈报工商部门注册。

2007年，利用节假日推介“苗家乐”。是年，“苗家乐”共接待游客5418人次，农户经营收入达48.2万元。

2008年，全县“苗家乐”收入86.96万元（台拱49.23万元、老屯8.61万元、施洞14.62万元、台盘14.5万元）。

2010年，为提高台江旅游接待服务水平，旅游局会同各相关部门在姊妹节前对全县的接待容量进行了摸底调查，并对宾馆、饭店的基础设施、卫生环境进行了大检查，对达不到要求的提出了整改意见。

第三节　宣传　促销

一、旅游宣传

2002年国庆期间，利用“凯里国际芦笙节”“黎平侗族鼓楼文化艺术节”举办的机遇，县旅游局在“十一”假日黄金周开展“台江秀眉广场文化之旅”活动，有重点地宣传和推出有群众基础、参与性强、特色突出、喜闻乐见的文体活动，营造良好的旅游环境、文化氛围，吸引了众多的中外游客。通过几年来的宣传和各种民族节日的推介，形成了一批如姊妹节、独木龙舟节、反排木鼓舞、苗族服饰、刺绣、银饰、剪纸等具有世界级水平的旅游精品，极大地丰富了台江人文资源的内涵，为贯彻和落实县委、县政府大力发展“四大特色产业”打下了良好的基础，为台江县向联合国教科文组织申报“世界非物质文化遗产”创造了有利的条件。策划和完成制作了VCD音乐光碟——台江情歌2000套、招贴画6款5000份等音像资料和宣传品，向外展示台江风采。建立和不断完善台江的旅游网站——台江旅游网，并申请了国际顶级域名，向全国有关媒体、旅行社及社会各界发出了十余万份宣传邮件，通过国际互联网向世界宣传和展示台江民族风情。

2004年姊妹节恰逢“五一”黄金周，为充分抓住这一有利契机，在州委、州人民政府的领导下，州县组委会全体工作人员以认真负责、任劳任怨的工作态度，大力宣传台江县及全州丰富多彩的民族文化，吸引了大批海内外游客及媒体前来参加姊妹节活动，有效地宣传了台江，宣传了黔东南，扩大了知名度，促进了台江县及全州旅游市场的拓展，收到了一定的社会效益和经济效益，基本达到了预期的目标。

同时，加大对旅游宣传的资金投入。2004年以来，利用“五一”黄金周、“十一”黄金周、北京国际旅游博览会及参加贵州省赴台湾旅游促销团等活动，投入的旅游宣传资金累计达50万元。另外，在资金有限的情况下，邀请中央电视台、《中国文化报》《光明日报》《中国旅游报》《北京日报》《中华新闻报》《北京晚报》《贵州日报》、贵州电视台、《贵州都市报》《黔东南日报》、黔东南电视台及香港、澳门等新闻媒体30余家前来采访报道，有效地宣传了苗族文化，扩大了台江知名度。6月中旬，接待了省旅游局组织“两岸四地摄影记者”24小时到台江拍摄宣传活动。6月下旬，接待国家旅游局到施洞拍摄了《中国——魅力永存》电影宣传片（共组织农村演员近120人），该片于2004年8月在雅典奥运会上宣传。积极配合贵州电视台组织的“民族歌王”大赛，台江县推荐的苗族歌手张玉兰、方少

保，荣获贵州黄果树杯“民族歌王”最佳优秀奖。9月下旬，参加北京旅游国际博览会。10月初，配合县文化局组织农村演员30人的台江代表队参加凯里国际芦笙节，节日期间还进行民族风情图片展、旅游产品的推介。10月下旬，参加贵州旅游促销团赴台湾推介，在台北、高雄的两场推介会上发放光盘200盒、文化旅游宣传册2000份，展示民族服饰，收到良好效果，对今后台湾地区居民了解贵州、了解台江起到了积极的宣传作用。

2005年，利用姊妹节和“五一”黄金周，在资金有限的情况下，邀请中央电视台、《中国文化报》《光明日报》《中国旅游报》《贵州日报》、贵州电视台、《贵州都市报》《黔东南日报》、黔东南电视台及香港、澳门等新闻媒体30余家前来采访报道。有力地宣传了台江，宣传了苗族文化，对提高台江的知名度起到积极的推动作用。加强台江旅游网和台江信息网的建设。不断完善和丰富网站内容，做到每月至少更新一次信息，使外界通过互联网可以方便地浏览台江的民族风情、节日活动信息、旅游产品、苗族歌曲欣赏、四大产业和招商信息。到12月底，共发布图文信息100余条。加强横向联系，积极与省国旅、省海外旅、省青旅、州国旅等旅行社联系，主动并详细提供台江县民族风情等方面的资料，多渠道、多途径地加大对台江旅游资源的宣传工作。

2006年，利用姊妹节、龙舟节等民族节日，邀请中央电视台、《中国旅游报》《光明日报》《贵州日报》、贵州电视台、《贵州都市报》《黔东南日报》、黔东南电视台等20余家前来采访报道。有力地宣传了台江，宣传了苗族文化，对提高台江的知名度起到积极的推动作用。不断完善和丰富网站内容，使外界通过互联网可以方便地浏览台江的民族风情、节日活动信息、旅游产品、苗族歌曲欣赏、四大产业和招商信息。积极与省国旅、省海外旅、省青旅、州国旅等旅行社联系，主动并详细提供台江县民族风情等方面的资料，多渠道、多途径地加大对台江旅游资源的宣传工作。

2007年，继续加强对外宣传促销。利用元宵节、姊妹节、龙舟节和黄金周等节假日，邀请国内知名媒体如中央电视台、《中国旅游报》《贵州日报》、贵州电视台、《贵州都市报》《黔东南日报》、黔东南电视台等十余家前来采访报道。有力地宣传了台江，宣传了苗族文化，对提高台江的知名度起到积极的推动作用。不断完善和丰富网站内容，使外界通过互联网可以方便地浏览台江的民族风情、节日活动信息、旅游产品及招商信息。2007年度共发布图文信息180余条。

设计制作旅游宣传折页2万余册，利用各种机会向游客散发，并在姊妹节、龙舟节等民族节庆期间在高速公路悬挂巨幅宣传广告，起到很好的宣传作用。为保护台江县的旅游资源和提升旅游产品的品位和档次，县旅游局于6月中旬落实了“姊妹节”“反排木鼓舞”和“独木龙舟节”旅游品牌的商标注册工作，现已收到国家商标局正式受理通知书。为了挖掘、保护珍贵的民族民间文化旅游商品资源，进一步提升台江旅游商品设计、制作、生产、营销能力和产业水平，树立旅游商品品牌，使台江县旅游的知名度和美誉度得到大幅度提升，促进台江县旅游业和经济社会更好更快地发展，县旅游局配合县经贸局推荐积极优秀作品和优秀人才参加了2007年“两赛一会”活动，取得了较好的成绩。

2008年，利用元宵节、姊妹节、龙舟节和黄金周等节假日，邀请国内知名媒体前来采访报道。姊妹节期间，中央电视台中文国际频道、香港亚洲卫视、贵州电视台新闻中心、省台摄影频道栏目、省台2频道《百姓关注》栏目和5频道《时尚生活》栏目、省台文艺部、《贵州日报》《当代贵州》《西部开发报》等24家新闻媒体的180多名记者进驻台江，分别采取现场直播、视频直播、刊发新闻稿件、新闻图片等形式跟踪采访报道姊妹节10年庆典盛况。各级各类媒体宣传报道姊妹节盛况的新闻稿件达120条，姊妹节开幕式现场直播收视率达300万人次。为烘托2008年姊妹节10年大庆的隆重和喜庆气氛，在节日期间制作彩虹门4个，悬挂气球标语31个，大小布标22幅，制作彩旗20000面挂满县城主要街道；节前设计和印制了各类旅游宣传画册10000余册以及《节日活动指南》和各类活动示意图；在贵新高速、玉凯高速和县城内悬挂多幅有关姊妹节的大型广告牌。

进一步加强旅游网站的建设，不断完善和丰富网站内容，使外界通过互联网可以方便地浏览台江的民族风情、节日活动信息、旅游产品及招商信息，及时发布姊妹节活动日程、节日活动新闻图片等最新相关信息，2008年度共发布图文信息100余条，姊妹节相关信息网上点击率达10万次。

2010年，充分利用姊妹节、独木龙舟节等重要民族节庆，主动联系各大媒体进行宣传报道，同时抓好旅游网站建设并指定相关人员重新设计制作旅游宣传画册5000余册。投入40多万元在贵阳市公交车身上投放台江旅游宣传广告和高速公路巨幅广告。

二、旅游促销

2002年，利用“贵州苗族姊妹节”在贵阳、凯里召开新闻发布会的效应，广泛向省内旅行社进行促销。通过宣传和“姊妹节”的举办，吸引了众多新闻媒体、摄影记者和大批海内外游客的到来。是年，全县共接待中央电视台、东方电视台、浙江电视台、贵州卫视等60余家媒体和300余名摄影记者到台江采风报道，从而大大提高了台江在外的知名度和形象。

2004年，进一步加强旅游网站的建设，8月完成了全面的改版工作，并增加了英文版及民族旅游商品的在线销售系统，增强了网站的时效性和信息量，同时为州旅游网站提供了资料。积极与省国旅、省海外旅、省青旅、州国旅等旅行社联系，主动并详细提供台江县各景区、景点的资料，尽量满足旅行社和客人的要求，多渠道、多途径地加大对台江旅游资源的宣传力度。

2005年4月，县旅游局组织6名民间艺人参加由省旅游局组织的贵州红色旅游促销团到北京进行为期9天的宣传促销；接待了全国著名音乐人赴黔东南考察团；10月下旬，参加了宁波中国旅游招商洽谈会和南宁国际投资贸易洽谈会。11月下旬，县旅游局与县文体广电局共同组织挑选施洞、老屯片区80人参加苗族盛装队，向来自美国、德国、英国、澳大利亚、新加坡、韩国等国家到黔东南州进行旅游考察工作的旅行商和旅游买家团展示了精美的苗族服饰和多彩的民族文化，给客人留下了深刻的印象，得到一致好评。

2006年4月中旬至9月底，县旅游局先后参加了重庆旅游促销、湖南长沙促销、上海国际旅游节促销会，认真抓住每一次的宣传促销机会，积极协助上级主管部门开展市场促销。7月州庆期间，组织了具有台江代表性、反映台江民族文化和生态风光的图片和台江苗族服饰、歌舞表演队参加全州的旅游资源宣传推介促销和对海外旅行客的接待。通过宣传，台江特有的、丰厚的民族文化、美丽的自然生态风光和美妙绝伦的民间工艺深为外界青睐，极大地提高了台江的知名度。县旅游局及时完成了上级部门所需的统计资料，完成了旅游简报12期以上、旅游调研文章3篇以上。

2007年，加强横向联系，积极与省国旅、省海外旅、省青旅、州国旅等旅行社联系，主动并详细提供台江县民族风情等方面的资料，多渠道、多途径地加大对台江旅游资源的宣传工作。根据县委指示，旅游局从2007年6月开始指定专人负责，收集、整理文字、图片资料，积极申报“中国66个生态旅游大县”，使台江县的原生态旅游资源得到了业界专家学者的关注。经过3个多月的全国“海选”及最后的大众投票和专家评选投票，台江县荣膺“中国生态旅游大县”荣誉称号，并被评为“最具发展潜力的旅游大县”和“最具民俗风情的旅游大县”，对迅速提升台江县的知名度和影响力、壮大县域经济规模起到了积极的促进作用。

2008年，加强外联工作。在姊妹节期间，与县旅游局对接的有省海外旅、省国旅、省青旅以及重庆、昆明等地旅行社的12个旅游团队，旅游局为这些团队的1000多名游客提供了旅游咨询、民族导游等优质服务。

2010年，县旅游局主动与省内外各大旅行社联系，积极对外推介台江县的旅游资源特别是南宫森林公园和施洞民族文化产业园。积极参加省、州旅游局组织的各种旅游促销活动，展示台江县丰富的苗族传统文化。有力地宣传了台江，宣传了苗族文化，提高了台江的知名度。

第七章　旅游建设与服务

第一节　景点建设

一、基础设施建设

2004年，全县完成两个民族旅游村工程：一是洋汪民族旅游村，投入资金16万元修建踩鼓场、莲花池；二是台盘大寨民族文化旅游村基础设施建设为县当年12件实事之一，已建成踩鼓场1150平方米，步行道长1200米，通村公路1.42公里，防洪堤350米40万元，4栋木制旅游接待室。

2005年，实施阳芳民族文化旅游村基础设施建设。县委、县政府共投入资金近140万元，完成踩鼓场1150平方米，步行道长1400米，通村公路1.5公里，防洪堤350米，旅游接待木房4栋，村委活动室1栋，寨门1座，卫生改厕200户，并组织村干、农户32人次到郎德和南花村学习。阳芳村的基础设施、公益事业、环境卫生、人文景观、思想观念都发生了巨大的变化，已具备一定的旅游接待能力，年内已接待省内外旅游团23个2300人次，实现经济收入7万元。

2008年，县委、县政府投资1000多万元建设位于南宫森林公园内的台江金红阳生态园，已全面投入经营。

2009年，县委、县政府投资2000万元建设三星级酒店，于2010年年初正式投入运营。2009—2010年，投资8000万元建成通乡油路141公里，投资2900万元建设红阳坳至九摆、汪江至交密旅游公路大网络，旅游环线通畅能力得到极大提高。

2010年，利用世界银行在贵州省启动6000万美元旅游贷款项目的机遇，县旅游局及时申报“施洞苗族文化和自然遗产地保护基础设施项目”，经省旅游局、省发改委和省专家组的严格筛选，该项目已被选定为贷款项目，初步确定1040万元人民币，项目建议书按照省专家组的意见正在修改之中。

二、旅游村寨建设

大寨村　大寨村是台江县民族旅游示范村，在州业务主管部门的大力支持下，项目建设规划在2003年8月中旬完成，并初步落实资金59万元。计划建设通村公路、停车场、长廊、踩鼓场、生态步道及旅游公厕等基础设施，并列入台江县2004年12件实事之一。到2005年年底，县委、县政府共投入资金近140万元，完成踩鼓场1150平方米，步行道长1400米，通村公路1.5公里，防洪堤350米，旅游接待木房4栋，村委活动室1栋，寨门1座，卫生改厕200户，并组织村干、农户32人次到郎德和南花村学习。已具备一定的旅游接待能力。

塘坝村　塘坝村处于施洞镇镇郊，北面是青绿平缓的清水江，南临千亩良田大坝，山坡上有数百亩的金秋梨林，有典型的山水田园风光。塘坝村是独木龙舟的发祥地，靠寨边的河岸，各建有一座宽4米、长28米，上盖青瓦的龙船棚，每年龙船节过后，把龙头撤下放到鼓主家，长的龙身放在龙船棚里。塘坝村妇女服饰以刺绣、银饰多，且风格艳丽、华贵而著名。盛装时，上穿大领对襟衣，前后贴满银片，襟边、托肩、袖口缀满精美刺绣，下着青布百褶裙，系缀满银片的围腰，穿绣花鞋，头戴银冠，颈挂很多项圈项链。全身银饰多达30～40件，重达5公斤。民间工艺主要有剪纸、刺绣和银饰，以其绚丽多彩、做工精细而闻名。塘坝村被列入台江县对外旅游开放村，在有关部门支持下，建了一栋很有特色的木瓦房，内有工艺展览室、接待室、村两委活动室等。此外，还建有旅游公厕、踩鼓场等。

塘龙村　塘龙村是著名的银匠村和刺绣村。台江县政府把塘龙作为旅游重点村，带动了该村刺绣、银饰工艺产业的发展。2003年，县政府把塘龙作为民族旅游示范村，总投资10万元，完成了踩鼓场、停车场管理房的建设，并已全部投入使用。

洋汪村　洋汪村有两个村民小组，72户375人，全是苗族。除3户是其他姓外，其余都姓张。该村是台拱镇的一个行政村，位于县城南面3公里的一个山坳里，320国道线从寨前经过，公路边就是清澈的翁你河。寨子三面绿树成荫，郁郁葱葱。该村虽距县城很近，但苗族古老的传统文化在这里仍然保持得完好，古色古香的苗家传统吊脚木楼、娓娓动听的苗歌曲调、令人叹为观止的苗族服饰、别具情趣的婚俗礼仪等，无不体现苗族传统文化的精华。2003年，县政府把洋汪列为民族旅游村寨建设，投入资金16万元，已修建好踩鼓场、莲花池、寨门等旅游设施。

三、南宫森林公园建设

南宫原始森林公园，有“龙盘虎踞”等观赏性较高的地文景观，有清澈秀丽的风景河段、山涧溪流，有雪景、雨凇、云海、雾海等壮丽的天象景观，更有至今还保持着本民族语言、特有的生产、生活方式和民族风情等原生性的苗族文化。公园自然景观之间和人文景观资源地域组合性好，分布较集中，民族风情多分布在公园主干道线上，并和自然景观相连。

为了加快地方经济和旅游业的发展，台江县在“十一五”期间，建成红阳至汪江19公里部标四级公路，建成红阳万亩草场至汪江6.8公里和至交密苗寨等省标四级公路。通过公路建设，公园道路基础设施得到改善，改变了红阳景区之间无公路的状况，使游客快速舒适地到达南宫森林公园的景区、景点。

森林公园内电力供应稳定，电源为国家电网，电能充足，使用和搭接比较方便。且有移动通信机站，通信网络覆盖主要景点，信号稳定，为发展森林旅游业提供了良好的通信条件。

台江县委、县政府高度重视南宫森林公园景区的旅游开发，在“上好山、留住水、舞好龙、跳好舞、搞好一条路”的经济发展总思路下，把旅游业作为台江县主要支柱产业新的经济增长以及后续经济发展主要支撑点的战略决策，突出了旅游业的发展地位和作用。在景区红阳沟红寨脚翁向南林美水幽处修建了红阳休闲山庄，开展相关的娱乐健身活动，作为游客到景区休闲、度假、避暑、娱乐及会议商务的场所。

在红阳草场开发建设骑马观光、赛马、草地滑轮、草地滑翔、登山、搭设帐篷野营等旅游活动。根据游客自身的动力技能，开辟初学、适应、刺激三级草地滑轮运动项目。在这里可以让游客充分享受到“北方滑雪、南方滑草”的康体健身运动，领略到清风扑面的乐趣。

交密苗族村寨民居建筑特色保存完好，周边生态环境优美。把交密苗族村寨作为乡村旅游开发。保持民居内外的布局、格局，在原有建筑布局的基础上，对周围环境进行整治，挖掘村寨的文化内涵，改造破损建筑，完善村寨内道路、给排水等基础设施，提高村民的现在素质，建成交密“苗族文化生态园”，把游客引进村子，游客可吃、玩、住在苗家，体验苗族的民俗风情和生活习俗。

2010年，南宫森林公园景区翁密河漂流、红阳万亩草场和百里阔叶林画廊观光项目已投入运营，并正在申报国家AAA级景区。

四、其他项目建设

2010 年，在进一步完善村寨旅游基础设施建设后，县委、县政府分别于 8 月 1 日和 9 月 11 日举行了反排民族旅游村和交宫民族旅游村的揭牌仪式。反排、红寨、交宫、阳芳、老屯、九摆、洋汪、塘坝等民族旅游村寨基本具备乡村旅游接待条件，已经投入运营。

住宿餐饮建设，投资 1000 多万元建设位于南宫森林公园内的台江金红阳生态园，已全面投入经营。投资 2000 万元的三星级酒店正在建设之中。

旅游公路建设，投资 3000 万元建设红阳坳至九摆、汪江至交密旅游公路大网络；为提高贵阳、凯里经高速公路至施洞古镇的可进入性，启动了台江县城经南省、老屯至施洞古镇旅游公路建设工程。

乡村旅游建设，投资 300 多万元实施了施洞镇偏寨村姊妹广场和停车场建设。

五、宾馆饭店建设

台江县城内宾馆、饭店总计有 122 家。其中旅馆、宾馆有 66 家，分布在县城解放西路的有张家旅馆、老崇刚宾馆、得胜旅馆、鑫萍旅馆、侯家旅馆；分布在萃文路的有农资招待所、祖江旅社、灯塔宾馆、后街时尚酒店、迎宾旅馆、平安旅馆、江都旅馆；分布在苗疆西大道的有鸿发酒店、张家旅馆、刘家旅馆、馨香酒楼、安然旅馆、便民旅馆、鑫悦旅馆、百姓旅馆；分布在苗疆东大道的有都市宾馆、龙门客栈、宜家旅社、邮政宾馆、新安旅馆、台江旅馆、明月招待所、香江旅馆、惠祥旅馆、南宫旅社、丽都旅馆、大塘旅馆、金凤彩宾馆、台盘旅社、鸿发旅社、杨家旅馆、鸿鑫旅社、盛泰旅社、明珠旅馆；分布在秀眉大道的有如意小客店、至诚酒店（原地税宾馆）、友谊旅馆、家缘旅馆、和谐宾馆、红豆杉宾馆、君悦宾馆、瑞吉旅社、白水洞宾馆、顺通旅馆、来生缘旅馆、海天商务宾馆、光明旅社、苗艺大酒店、皇朝大酒店、清静旅馆、四海通酒店；位于姊妹街的有世纪假日酒店等。饭店、饭馆有 56 家，分布在文昌西路的有建行招待所；分布在文昌路的有凯凯酒楼；分布在解放路的有兴旺酒楼、肖家酒楼；分布在姊妹街的有天缘酒店、苗岭鼎罐、来吧、福满楼、张老里牛肉、四川飘香、重庆山城老火锅、牛脚、反排人家、塔石正宗香羊瘪、红酸汤火锅、爆三肠、万家狗肉、湘玉楼、朝天辣牛肉；分布在秀眉大道的有世纪海鲜城、苗乡醉、榕江正宗香羊瘪；分布在红阳路的有饿人谷饭店、稻草香狗肉（向家狗肉馆）、老家哥狗肉馆；分布在苗疆东大道的有田火火大排牛杂火锅城、苗疆血浆鸭、吕半年家菜火锅城、大众麻辣烫、隆发快餐店、崇刚饭店、路友饭店、聚福楼、苗家山娃酸汤火锅、呱呱牛磨王、天天家常菜、好运牛杂王、霸王鳖总店、熊妹牛杂火锅、川丁百味饭店、霸王田鸡、来妈饭店、陈妹狗肉馆、南宫绿色土菜馆、塔石香羊瘪、王府饭店、朝天辣牛杂王、老地王河鱼、今朝红鱼府；分布在环城路的有滨江狗肉、翁利渔庄、滨江美食会所、滨江酒楼、藏毛牛朝天辣风味馆等。

第二节 旅游接待

2002 年，全县共接待旅游团队 81 个，到台江旅游人数 15.8 万人次，其中海外游客 2828 人次，主要是元宵节、姊妹节、国庆节、龙舟节及反排鼓藏节等各种民族节日的拉动。是年，旅游综合总收入 1107.8 万元，与上年同比增加 46.2%。

2004 年，全县共接待旅游团队 56 个，游客 106471 人次，其中海外游客 1778 人次，国内游客 104693 人次，主要是元宵节、姊妹节、龙舟节、鼓藏节等节日拉动的散客。是年，旅游综合总收入

786.05 万元，比上年同期增长 60.1%。

2005 年，全县共接待旅游团队 49 个，游客 85597 人次，其中海外游客 1542 人次，国内旅客 84055 人次。旅游综合总收入 460.68 万元。

2006 年，全县共接待旅游团队 43 个，游客 91850 人次，其中海外游客 1511 人次，国内旅客 90339 人次。旅游综合总收入 520.95 万元。

2007 年，全县共接待国内外游客 88732 人次，旅游综合总收入 843.3 万元。国外游客主要来自英国、美国、日本、加拿大等国家，国内游客主要来自北京、广东、浙江、四川、重庆、湖南等地。

2008 年姊妹节，是自 1998 年以来由政府正式参与对外推介姊妹节的十年大庆。县委、县政府高度重视，根据州委、州政府的要求，在充分总结台江县十年来办节经验教训的基础上，继续办好这一苗族传统盛大节日。3 月 21 日，县旅游局在贵阳召开了 2008 年姊妹节座谈会，会议邀请了省内各大旅行社负责人进行座谈，会上台江县领导向与会嘉宾介绍了 2008 年苗族姊妹节的情况，省旅游局领导也应邀出席了座谈会并进行了工作指导。为提高台江县旅游接待服务水平，县旅游局组织各相关部门在节前对全县的接待容量进行了摸底调查，并对宾馆、饭店的基础设施、卫生环境进行了大检查，对达不到要求的提出了整改意见。

为高质量搞好接待服务工作，县旅游局及时统计汇总各部门邀请嘉宾情况及各地游客动向，注重做好旅游咨询、投诉服务工作。姊妹节期间在主要活动地点设立了旅游咨询服务点，由青年志愿者向游客分发姊妹节活动日程、服务电话、活动示意图等宣传资料，及时解答游客问题，得到了广大游客的好评。

姊妹节开幕当天，进入和途经台江的各种大小车辆达 5686 辆，游客人数达 65488 人次，主要来自美国、英国、意大利、日本、以色列、新加坡等国家和中国台湾、香港、澳门、北京、上海、浙江、福建、广东、广西、湖南等地以及本省各地的游客。姊妹节期间，全县宾馆酒店和家庭旅馆全部爆满，苗家乐也以其实惠、独特的服务方式大受欢迎。

为了充分利用民族节日推介“苗家乐”，引导广大农户通过发展旅游业脱贫致富，县旅游局投入了大量精力，协同卫生、防疫、物价、消防、城管部门对县城及红寨村、老屯乡、施洞镇周边村寨进行了大规模的环境卫生整治工作。姊妹节期间，台江县苗家乐收入 86.96 万元，其中台拱 49.23 万元、老屯 8.61 万元、施洞 14.62 万元、台盘 14.5 万元。

“十一”前夕，为配合旅游发展大会在黔东南州召开，县政府组织各机关部门和乡镇、学校在旅游发展大会分会场——南宫森林公园风景区内红寨村开展了丰富多彩的全方位展示民族风情的活动，特别是苗族歌曲比赛吸引了众多的游客，提前拉开了黄金周的序幕，活动一直持续到黄金周的第一天。县旅游局全体职工假日期间坚守岗位，做到 24 小时有人值班，并向社会公布值班电话和投诉电话，及时受理游客投诉。节前，县旅游局为各旅游景点分发了旅游宣传折页，与各乡镇配合对重点“苗家乐”经营户进行培训、环境卫生大扫除和安全大检查，消除安全隐患，经营户备足了各种物资，以全新面貌迎接旅游发展大会和“十一”黄金周的到来。

是年，全县共接待游客 153183 人次（其中海外游客 7003 人次、国内游客 146180 人次），旅游综合总收入 2076.26 万元。

2009 年的元宵舞龙嘘花节异常火爆，来自各地的游客尽情分享台江难得的文化盛宴，共度激情难忘夜，感受盛世的和谐与欢乐。据不完全统计，元宵节期间到台江观赏舞龙嘘花和体验民族风情的游客有 3 万多人次，旅游总收入达 300 万元。

为了做好 2009 年的姊妹节接待工作，节前在姊妹节官方网站上对外公布了姊妹节服务电话和旅游咨询、投诉电话，准备各种旅游宣传画册、宣传折页等两万余份，在节日主要活动现场设立游客咨询服务台并在主要宾馆、饭店房间内放置宣传资料。2009 年的“苗家乐”依然非常火爆，宾客食、宿、游乐到农家，通过宾主互动，增强旅游情趣，让游人在农家直接感受原汁原味的苗家风情文化。全年共有游客5672人次食宿在农家，“苗家乐”经营总收入达62.5万元，广大农民切实感受到了发展旅游给他们带来的实惠。整个姊妹节期间，主要宾馆酒店客房入住率100%，旅游综合收入达1200万元。

台江苗族独木龙舟于6月刚刚在中国首届龙舟文化节拿了金奖归来，一年一度的传统民族节日——独木龙舟节又于6月17日（农历五月二十五日）在台江施洞拉开序幕。以施洞为中心的龙舟文化圈，以其独特的文化特征吸引了大批游客的到来，施洞镇共接待各地游客1万余人次，旅游综合收入100余万元。

7月18日，翁密河漂流旅游项目正式开漂，为黔东南夏日旅游又增添了一道亮丽的风景线。共接待游客3300人次，门票收入30余万元，旅游综合收入200余万元。“十一”黄金周共接待旅客3000余人次，旅游综合收入160余万元。

全年共接待游客88867人次（其中海外游客3319人次、国内游客85548人次），旅游综合总收入2206.52万元。游客主要来自美国、日本、英国、加拿大等国家以及北京、上海、广东、香港、澳门、台湾、浙江、四川、重庆、湖南以及本省其他地区，大量游客的涌入，活跃了台江县及周边地区的旅游市场，增加了旅游收入。

为做好2010年的节庆旅游接待工作，元宵节和姊妹节的前一个月，县旅游局在台江旅游网上对外公布了节日服务电话和旅游咨询、投诉电话，并准备各种旅游宣传画册、宣传折页等两万余份，在节日主要活动现场设立游客咨询服务台并在主要宾馆、饭店房间内放置宣传资料。使各大旅行社和广大游客可以很方便地直接与台江的宾馆、饭店和“苗家乐”接待负责人联系得以提前安排好食宿。由于前期工作到位，姊妹节期间没有发生一起旅游投诉事件。

元宵节期间，由旅游局牵头会同各相关部门举办了舞龙嘘花元宵狂欢夜，苗族歌、舞、服饰大赛，苗疆美食烹饪大赛，建筑物彩灯比赛和民间花灯大赛以及元宵猜灯谜活动。2010年的元宵节活动可以说是多年来最隆重、活动内容最多的一次，得到了广大的游客和群众一致好评，达到了弘扬民族传统文化、增加旅游收入和丰富广大群众春节文化生活的目的。元宵节期间，全县共接待游客6万余人次，旅游综合总收入300万元。

姊妹节期间，旅游局召开会议专门研究如何为游客提供优质服务，安排和布置相关工作，责任落实到人。认真做好资金保障和旅游咨询等工作，节日期间接听咨询电话1000余次，认真、热情地解答各地旅行社和游客的咨询；节日期间在人流量大的地点设置旅游服务咨询站，由青年志愿者为游客发放宣传资料和解答疑难问题，得到了广大游客的赞扬。姊妹节期间，全县共接待国内外游客7万人次，旅游收入1700多万元。

5月30日，翁密河漂流节在台江南宫乡翁密河起漂点拉开序幕，被誉为“矿泉水之漂”和“森林之漂”的翁密河漂流为黔东南夏日旅游增添了一道亮丽的风景线。2010年夏，共接待游客1万余人次，旅游综合收入300余万元。

独木龙舟节于7月6日（农历五月二十五日）在台江施洞拉开序幕。以施洞为中心的龙舟文化圈，以其独特的文化特征吸引了大批的游客到来，施洞镇共接待各地游客1万余人次，旅游综合收入100余万元。

2010年，大批的游客涌入台江，拉动了台江县及凯里、剑河等周边地区的旅游市场，客源主要来自美国、英国、日本、新加坡等国家和中国台湾、香港、澳门、北京、上海、浙江、福建、广东、广西、湖南等地以及本省各地。元宵节和姊妹期间，全县宾馆、酒店全部爆满，“苗家乐”也以其实惠、独特的服务方式大受欢迎。是年，台江县共接待游客16.3万人次（其中国外游客0.6万人次、国内游客15.7万人次），旅游综合总收入2600万元，创历史新高。

第十八篇

医药卫生

第一章　卫生医疗机构

第一节　县级机构

一、县人民医院

台江县人民医院始建于1951年8月，原位于建设东路（现文昌东路）。于2008年3月，搬迁至苗疆西大道51号。新医院住院综合楼，于2009年4月由国家投资1900万元修建而成，2010年12月竣工使用，总面积为8734.21平方米，是一所集医疗、教学、科研为一体的综合性公立医院。1991—2010年，先后担任院长的是乔德凤（主治医师）、吴春云（主治医师）、赵胜平（主治医师）、罗大标（副主任医师）、吴春云（副主任医师）；副院长是吴春云、徐幸福（主治医师）、赵胜平、王兴明（副主任医师）、唐克强（主治医师）。

1998年，县人民医院获二级乙等医院。到2010年，医院共有内设机构30个，其中行政后勤科室10个，临床及医技科室20个。行政后勤科室分别是办公室、医务科、护理部、财务科、总务科、设备科、预防保健科、感染科、信息科、医保合医办；临床及医技科室分别是门诊部、急诊科、内一科、内二科、内三科（感染科）、儿科（包括新生儿室）、妇产科、外一科、外二科、手术麻醉科、中医科、五官科（牙科、皮肤科）、放射科（普放室、CT室）、检验科、输血科、病理科、医技科（包括B超室、心电图室、胃镜室）、药剂科、供应室、体检中心。到2010年，县医院事业编制核定为117人，其中专业技术岗105人，床位215张；有正式职工107人，其中副高专业技术人员7人、中级专业技术职务26人，编外自聘87人。

二、县民族医院

台江县民族医院位于台江县丁字路口北侧，截至2010年，医院有编制5人，在编5人，编外聘请10人，其中正高专业技术人员1人、初级职称5人、无职称9人。

1994年3月12日，县科学技术委员会提议，县编制委员会批准成立“台江县苗族中草医药研究所”（台编字〔1994〕1号），编制3人，有医务人员3人，邰文通（主治医师）任所长，租用鸭场坝农行宿舍一楼两间房屋办公，开展中医及民族医药诊疗业务，业务场地35平方米。1997年3月25日，县政府任命龙千里（主治医师）接任所长（台人任〔1997〕8号），同年3月，苗族中草医药研究所搬迁到丁字路口原电影院侧楼和人大原一楼，分两处办公，业务场地增至600平方米。同年12月31日，县机构编制委员会批准，更名为“台江县苗族医药研究所”（台机编字〔1997〕15号），编制8人，由龙千里任所长，有正式职工5名，编外职工10名。2002年11月1日，县长办公会决定，将研究所划归县卫生局管理（台府纪〔2002〕10号），同月14日，县机构编制委员会办公室行文（台编办字〔2002〕124号），同意“台江县苗族医药研究所”更名为“台江县民族医院”，人员编制不变，由龙千里担任院长。医院有X光机、B超机、心电图机、双道智能血流机以及全套化验设备医疗器械等设备。2004年8月，民族医院搬迁至现办公地（即原建设银行大楼内），业务场地达2500平方米。民族医院开展创伤救护、内、外、妇、儿等常见病多发病临床诊治，还开展外科、妇产科的手术等业务，并在国家刊物上发表多篇民族医药论文，民族医药研究工作成绩显著。

三、县妇幼保健站

县妇幼保健站的职能是以妇女儿童保健为中心，保健与临床工作相结合医疗保健单位；指导全县基层妇幼保健工作，开展孕妇产期保健、集体儿童保健的健康体检及营养指导、散居儿童保健、妇女病的查治；开展计划生育手术服务、推广农村新法接生；接收妇女分娩等。

2001年3月，保健站从建设东路搬迁到苗疆东路望江楼对面。1991—2010年，职工由13人增至31人。至2010年，全站在编人员13人，具有高级职称医护人员0人，中级职称2人，初级职称11人；有医生9人，护理人员4人，行政后勤人员0人，具有大学本科学历1人，大专学历11人，中专学历1人。保健站历任站长是翟培先、龙太芝、张明花、郑德芝、满一虎、彭彩群、张蕾、姜文军。

四、台江卫校

1981年8月，台江县卫生职业培训班成立，培训在职卫生员两期47人，1984年停办。

1988年，为了加强台江基层卫生队伍建设，促进台江卫生事业发展，由州劳动部门安排劳动就业指标，台江自行组织教学的形式，重新开办台江卫校，学制三年，教师由县医院在职医生兼任，招生对象为县内初中、高中毕业生。学校设在台江县台拱镇解放东路老县医院内，属县卫生局管理，由县医院负责组织教学，使用的是贵州省统一教材。卫校开办的基础医学课有解剖学、生理学、病理学、药理学、生物与寄生虫等；开办的临床医学课主要有内科、外科、妇儿科、五官科等。

1989年，台江卫校开始招生，共办两届，共招学生104人。

1993年，由于州劳动部门不再安排劳动就业指标，台江卫校解散。

第一届（1989—1991年），有学生50人。教师：杨智塘（班主任）、龙千里、吴春云、赵胜平、龙俊、胡祥亮、张俊光、王文荣、邰文通、杨碧华、包贵平（后勤管理、不教学）等。

第二届（1991—1993年），有学生54人，毕业52人。教师：杨智塘（班主任）、吴春云、张俊光、胡祥亮、邰文通、邰文聪、张汉英、赵胜平、张合英、包贵平（后勤管理、不教学）等。

第二节　乡村机构

一、乡镇卫生院

1991年，有9个乡镇卫生院，即台拱、施洞、革东、南宫、台盘、排羊、革一、老屯、方召卫生院，共有职工108人，其中卫生技术人员96人，有床位90张。2003年6月，革东镇划给剑河县，革东镇卫生院随即划归剑河县管辖，9个乡镇卫生院变为2个镇、6个乡、8个卫生院，编制为148人，实有150人，其中副高级职称2人、中级职称14人、初级职称84人、高级技工3人、无职称47人；卫生技术人员中，具有执业（助理）医师29人、注册护士（师）36人、药剂师（士）5人、其他卫生技术人员80人；学历结构为本科22人、大专113人、中专及以下15人。截至2010年，全县乡镇卫生院占地总面积9030平方米，建筑面积8446平方米，核定编制床位195张，实际开放床位169张；主要有DR机5台、彩超6台、洗胃机2台、心电图机8台、全自动生化分析仪6台以及手术室简易设备等医疗设备；有4个乡镇卫生院能开展上腹部手术，4个乡镇卫生院能开展中医科、五官科等特色科室。

二、村级卫生室

20 世纪 60 年代末至 70 年代初，全县大部分生产大队都建有农村卫生室，“文化大革命”期间停办。直至 1988 年后，部分有条件的村通过群众集资等形式重新开办村卫生室，后通过国际卫生协作项目和政府的支持，村级卫生室陆续建立。截至 1996 年，全县 156 个行政村共建有卫生室 148 个。2007 年启动新型农村合医疗后，村级卫生室通过省州立项、利用国债资金、政府投入、慈善机构支助等，进一步得到巩固和提高。到 2010 年，全县村级卫生室覆盖面 100%。

第三节　民营机构

一、台江协和医院

台江协和医院于 2010 年 4 月投资建成，是台江县第一所由私人投资建成的私立医院。其办公地址设在台拱镇苗疆东大道（民政局大楼内）。该医院为一级综合医院，有床位 40 张，设有内科、外科、儿科、中医科、中西医结合科、医学检验科、医学影像科等科室；有医护人员 22 人，执业医师 4 人，其中副主任医师 1 人、主治医师 2 人、住院医师 1 人；有执业护士 5 人、医技人员 1 人、其他卫生技术人员 12 人。医院总投资 180 万元，注册资本金 150 万元。

二、个体诊所

改革开放后，个体诊所准入制逐步放开，县卫生行政主管部门按照上级卫生部门有关文件精神和《医疗机构管理条例》有关规定，对符合申办诊所条件的，准予在指定地点开办个体诊所，并按照规定加强监督管理。截至 2010 年，全县共有个体诊所（含中草医、妇幼、牙科）19 个，其中牙科诊所 3 个、中西医诊所 1 个、草医诊所 2 个、一般诊所 13 个。

第二章　疾病预防控制

第一节　疟疾防治

1991—2010年，台江县疟疾防治工作情况为：

1991年，完成常住人口发热血检4113张，流动人口发热血检147张，血检覆盖面为82%，覆盖率为73.01%。检出疟疾阳性1例，发病4例，与上年同期发病比下降33.33%。病人周边高危人群实服药4人，足量4人，足量率为100%。

1992年，完成常住人口发热血检4288张，完成联防任务指标要求，其中主动侦察血片4135张，流动人口发热血检153张，血检覆盖面为86.2%，覆盖率为72.3%。检出疟疾阳性1例，发病7例，与上年同期发病比上升75%。

1993年，完成常住人口发热血检4611张，完成联防任务指标要求，其中主动侦察血片4611张，流动人口发热血检157张，血检覆盖面为81.93%，覆盖率为70.79%。检出疟疾阳性1例，发病39例，与上年同期发病比上升457.14%。

1994年，完成联防任务指标要求，其中主动侦察血片4290张，流动人口发热血检162张，血检覆盖面为85%，覆盖率为74%。检出疟疾阳性1例。发病39例，与上年同期发病比相等。

1995年，完成主动侦察血片4298张，流动人口发热血检3680张，血检覆盖面为82%，覆盖率为78%。检出疟疾阳性0例，发病0例，与上年同期发病比下降390%。流动人口强化服药0人，假定性治疗0人。

1996年，完成联防任务指标要求，其中主动侦察血片510张，流动人口发热血检388张，血检覆盖面为83.2%，覆盖率为79.8%。检出疟疾阳性0例，发病0例。流动人口强化服药0人。

1997年，完成联防任务指标要求，其中主动侦察血片520张，流动人口发热血检389张，血检覆盖面为85%，覆盖率为80%。检出疟疾阳性0例，发病0例。流动人口强化服药0人。

1998年，完成联防任务指标要求，其中主动侦察血片534张，流动人口发热血检423张，血检覆盖面为88.2%，覆盖率为79.23%。检出疟疾阳性0例，发病0例，流动人口强化服药0人。

1999年，完成联防任务要求，其中主动侦察血检120张，流动人口发热血检423张，检出疟疾阳性病人0例，发病0例，流动人口强化服药0人。

2000年，血片任务数430张，完成常住人口发热血检510张，检出疟疾阳性患者0例，发病0例。

2001年，血片任务数442张，完成常住人口发热病人血检478张，血检覆盖面为100%，发热病人血检中检出疟疾阳性患者0例，发病0例。

2002年，完成常住人口发热病人血检520张，血检覆盖面为100%，发热病人血检中检出疟疾阳性患者0例，发病0例。

2003年，血片任务数630张，完成常住人口发热病人血检640张，血检覆盖面为100%，发热病人血检中检出疟疾阳性患者0例。

2004年，血片任务数640张，完成常住人口发热病人血检658张，血检覆盖面为100%，发热病人血检中检出疟疾阳性患者0例，发病0例。

2005年，血片任务数654张，完成常住人口发热病人血检701张，血检覆盖面为100%，发热病人血检中检出疟疾阳性患者0例，发病0例。

2006年，血片任务数657张，共完成血片检查660张，血检覆盖面为100%，发热病人血检中检出疟疾阳性患者0例，发病0例。

2007年，血片任务数530张，完成“四热”血片检查630张，血检覆盖面为100%，发热病人血检中检出疟疾阳性患者0例，发病0例。

2008年，血片任务数535张，完成“四热”血片检查638张，血检覆盖面为100%，发热病人血检中检出疟疾阳性患者0例，发病0例。

2009年，血片任务数538张，完成“四热”血片检查588张，占任务数的100%，检出阳性病0例。

2010年，血片任务数558张，共完成血片检查622张，占任务数的100%，检出阳性病0例。检出阳性病0例，发病0例。

第二节　计划免疫

1991—2010年，台江县计划免疫工作情况为：

1991年，完成冷链运转5次，基础免疫“四苗”接种率为92.62%，其中卡介苗接种率为94.01%，麻苗接种率为92.79%，脊灰苗接种率为93.85%，百白破接种率为89.82%。流脑疫苗接种0人，乙脑疫苗接种0人，伤寒苗接种0人次，钩体疫苗接种0人。计划免疫保偿完成0～3岁儿童入保300人。

1992年，完成冷链运转5次，基础免疫“四苗”接种率为91.69%，其中卡介苗接种率为90.72%，麻苗接种率为92.02%，脊灰苗接种率为94.98%，百白破接种率为89.05%。流脑疫苗接种0人，乙脑疫苗接种0人，伤寒苗接种0人次，钩体疫苗接种0人。计划免疫保偿完成0～3岁儿童入保325人。

1993年，完成冷链运转5次，基础免疫“四苗”接种率为92.26%，其中卡介苗接种率为91.79%，麻苗接种率为92.41%，脊灰苗接种率为93.45%，百白破接种率为91.39%。流脑疫苗接种0人，乙脑疫苗接种0人，伤寒苗接种0人次，钩体疫苗接种0人。计划免疫保偿完成0～3岁儿童入保330人。

1994年，完成冷链运转5次，基础免疫“四苗”接种率为81.10%，其中卡介苗接种率为75.65%，麻苗接种率为74.54%，脊灰苗接种率为86.36%，百白破接种率为87.84%。流脑疫苗接种0人，乙脑疫苗接种0人，伤寒苗接种0人次，钩体疫苗接种0人。计划免疫保偿完成0～3岁儿童入保339人。

1995年，完成冷链运转5次，基础免疫“四苗”接种率为89.13%，其中卡介苗接种率为88.36%，麻苗接种率为88.31%，脊灰苗接种率为89.69%，百白破接种率为90.14%。流脑疫苗接种0人，乙脑疫苗接种0人，伤寒苗接种0人次，钩体疫苗接种0人。计划免疫保偿完成0～3岁儿童入保341人。

1996年，完成冷链运转5次，基础免疫“四苗”接种率为88.33%，其中卡介苗接种率为82.23%，麻苗接种率为88.9%，脊灰苗接种率为89.93%，百白破接种率为92.26%。流脑疫苗接种0人，乙脑疫苗接种0人，伤寒苗接种0人次，钩体疫苗接种0人。计划免疫保偿完成0～3岁儿童入保349人。

1997年，完成冷链运转6次，“四苗”基础免疫接种率为84.59%，其中卡介苗接种率为84.27%，脊灰苗接种率为84.66%，百白破接种率为84.43%，麻苗接种率为85.03%。加强疫苗为：脊灰疫苗接种7064人，百白破苗7097人，麻苗2403人，白破二联1467人。完成流脑疫苗预防接种0人，乙脑疫苗接种0人。

1998年，完成冷链运转6次，“四苗”基础免疫接种率为90.13%，其中卡介苗接种率为87.77%，麻苗接种率为88.43%，脊灰苗接种率为91.89%，百白破接种率为92.43%。

1999年，完成冷链运转6次，“四苗”基础免疫接种率为84.87%，其中卡介苗接种率为94.77%，脊灰苗接种率为97.85%，百白破接种率为97.04%，麻苗接种率为96.05%。加强免疫情况为：脊灰苗2278人，百白破2227人，麻苗2334人，百白破二联2019人，完成流脑疫苗0人，乙脑疫苗0人，钩体疫苗0人。开展脊灰监测询问0个乡镇0人次和0个定点医院，完成询报0次，无AFP病例报告。

2000年，完成冷链运转6次，应建卡2371人，实建卡2259人，建卡率为95.28%。完成“四苗”基础免疫接种率为95.21%，其中卡介苗接种率为95.28%，脊灰苗接种率为98.43%，百白破接种率为97.55%，麻苗接种率为89.59%。

2001年，完成冷链运转6次，应建卡2589人，实建卡2449人，建卡率为94.59%。完成“四苗”基础免疫接种率96.96%，其中卡介苗接种率94.59%，脊灰苗接种率为98.6%，百白破接种率为98.71%，麻苗接种率为95.92%。按照省州主管部门要求，全县第一轮强化免疫应服苗7488人，实服6761人，服苗率达90.29%，服苗人数占总人口的3.21%，达到上级强化免疫要求。

2002年，完成冷链运转6次，全县应建卡2334人，实建2334人，建卡率为100%；应建证2334人，实建证2334人，建证率为100%。完成基础免疫卡介苗接种率为97.56%，脊灰苗接种率为99.06%，百白破接种率为98.96%，麻苗接种率为98.42%。加强免疫脊灰苗服苗率为95.56%，百白破接种率为96.21%，麻苗接种率为96.34%，白破二联接种率为95.09%。第一轮强化免疫服药率为95.21%，第二轮服药率为96.28%。

2003年，完成冷链运转6次，全县应建卡2097人，实建卡2097人，建卡率为100%；应建证2097人，实建证2097人，建证率100%。完成基础免疫卡介苗接种率为93.99%，脊灰苗接种率为99.34%，麻苗接种率为97.93%，百白破接种率为99.41%。加强免疫脊灰苗服苗率为91.25%，百白破接种率为92.11%，麻苗接种率为91.24%。白破二联应种1667人，实种1417人，接种率为85%。第一轮强化免疫应服8156人，实服7259人，服苗率为89%。

2004年，完成冷链运转6次，完成卡介苗接种率为98.10%，脊灰苗服苗率99.54%，百白破接种率99.40%，麻苗接种率99.62%。加强脊灰苗1931人，百白破1861人，苗麻2099人。第二轮强化服苗应服7228人，实服6779人，服药率为93.79%。完成乙脑疫苗接种0人。

2005年，完成冷链运转6次，卡介苗完成接种率92.90%，脊灰苗接种率为98.59%，百白破接种率为97.73%，麻苗接种率为96.87%；乙肝疫苗第一针接种1614人，第二针接种1706人，第三针接种1543人。完成脊灰苗强化免疫5113人，免疫率达94.05%。

2006年，开展冷链运转6次，完成卡介苗接种率为98.46%，脊灰苗接种率为96.12%，百白破接种率99.09%，麻苗97.79%。乙肝疫苗应种1078人，实种1036人，接种率为96.1%。完成脊灰苗强化免疫5229人，免疫率为95%。

2007年，根据《贵州省2007年计划免疫工作综合评审方案》，全县基础免疫“四苗”接种率为

95.78%，乙肝首针及时率为23.05%，加强免疫接种率为95.09%。入托和入学儿童接种证规范，10月通过省州审评，已获通过。

2008年，全县基础免疫“五苗”接种完成卡介苗91.98%，脊灰苗95.81%，百白破90.24%，麻苗91.33%，乙肝90.52%。10月，经省、州评审获通过。

2009年，完成冷链运转6次，卡介苗接种率97.81%，脊灰苗接种率95.44%，百白破接种率95.56%，麻苗接种率94.79%，乙肝疫苗接种率94.44%，其中乙肝24小时内及时接种758人，首针及时接种率为56.99%。2009年9月1日起，正式启动扩大国家免疫规划工作，将流脑疫苗、乙脑疫苗、麻腮风疫苗等纳入扩大免疫规划，对适龄儿童实行免费常规接种疫苗。

2010年，完成9次冷链运转，建卡率达100%。基础免疫卡介苗接种率为99.74%，脊灰苗接种率为100%，百白破接种率为100%，麻苗接种率为100%，乙肝接种率为99.63%。乙肝疫苗24小时内首针及时率为81.95%；A群流脑第一针实种1934人，接种率为100%；乙脑第一针应种1767人，实种1765人，接种率为99.89%。加强免疫脊灰苗接种率为99.94%，百白破接种率为100%，麻苗接种率为99.93%，百白破二联接种率为99.92%。A群流脑第2针接种率为99.94%，流脑A+C第一针接种率为99.92%，流脑A+C第2针接种率为100%，乙脑第二针接种率为99.79%，麻疹强化接种率为99.70%。对县医院和8个乡镇卫生院的AFP病例和麻疹病例进行主动搜索，共搜索门诊病例87588例，住院病例29196例，未发现AFP病例。完成乙肝疫苗查漏补种第一轮接种率为97.51%，第二轮为97.36%。

第三节　传染病防治

1991—2010年，台江县传染病防治工作情况为：

1991年，无甲类传染病发病，乙类传染病9种，总发病457例，死亡0例。其中炭疽6例，麻疹3例，菌痢279例，疟疾4例，乙肝27例，淋病2例，乙脑8例，伤寒128例。

1992年，发生乙类传染病9种，总发病448例。其中炭疽3例，麻疹31例，菌痢179例，疟疾7例，甲肝0例，乙肝36例，乙脑4例，伤寒188例。

1993年，发生乙类传染病10种，总发病299例。其中炭疽7例，麻疹42例，菌痢65例，霍乱1例，疟疾39例，乙肝27例，钩体0例，乙脑2例，伤寒116例。

1994年，发生乙类传染病10种，总发病375例。其中麻疹24例，菌痢230例，霍乱20例，疟疾39例，乙肝17例，淋病1例，乙脑2例，伤寒42例。

1995年，发生乙类传染病9种，总发病357例。其中炭疽6例，麻疹147例，菌痢77例，乙肝34例，钩体1例，淋病3例，乙脑8例，伤寒17例，肺结核64例。

1996年，发生乙类传染病9种，总发病726例。其中炭疽2例，麻疹376例，菌痢99例，疟疾69例，乙肝12例，淋病1例，乙脑6例，伤寒14例，肺结核147例。

1997年，发生乙类传染病10种，总发病404例。其中甲肝7例，乙肝10例，菌痢90例，伤寒98例，淋病5例，麻疹1例，钩体1例，疟疾21例，乙脑8例，肺结核163例。

1998年，发生乙类传染病11种，总发病848例。其中甲肝23例，乙肝10例，菌痢198例，霍乱258例，疟疾1例，乙脑3例，麻疹201例，肺结核154例。

1999年，发生乙类传染病13种，总发病484例，死亡2例。其中流脑1例（死亡0例），肺结核114例，甲肝6例，乙肝9例，痢疾256例，阿米巴1例，伤寒30例，淋病5例，麻疹62例。

2000年，发生乙类传染病13种，发病516例。其中麻疹40例，乙肝17例，甲肝6例，肝炎（未分型）2例，菌痢262例，伤寒8例，淋病19例，梅毒4例，流脑1例，乙脑10例，新生儿破伤风7例，结核140例。

2001年，发生乙类传染病14种，总发病1137例，死亡1例。其中甲肝5例，乙肝18例，菌痢214例，伤寒568例，淋病12例，麻疹168例，疟疾1例，肺结核148例，梅毒3例。

2002年，发生乙类传染病13种，总发病596例，死亡4例。其中甲肝3例，乙肝7例，菌利269例，伤寒49例，淋病10例，麻疹73例，疟疾1例，新生儿破伤风2例，肺结核176例，梅毒4例，乙脑1例，流脑1例。

2003年，发生乙类传染病12种，总发病698例，死亡1例。其中甲肝11例，乙肝17例，菌痢358例，阿米巴1例，伤寒54例，淋病26例，麻疹49例，肺结核172例，乙脑9例，流脑0例，未分型肝炎1例。

2002年11月至2003年3月，传染性非典型肺炎（以下简称"非典"），疫情主要发生在粤港两地；2003年3月以后，疫情向全国扩散。2003年年初，为阻止"非典"进入，成立县、乡两级"非典"防治领导小组，全力开展"非典"防治和宣传工作，加强发热门诊和医学留观站建设，全县共设发热门诊10个，留观病床28张，建医学隔离留观站1所，治疗留观病人42例，组织10个组在境内开展巡回检查。由于各项措施到位，全县境内未发生"非典"病例。"非典"防治期间，共开展各种宣传20余次，各类"非典"防治培训82人次。

2004年，发生传染病14种，其中乙类10种422例，死亡1例；丙类4种54例。

2005年，发生乙类传染病9种448例，丙类传染病3种123例，总发病571例。

2006年，发生乙类传染病13种463例，丙类2种20例，总发病483例，死亡7例。

2007年，重点加强对霍乱、伤寒、钩体、肝炎、乙脑、痢疾等急性传染病的防治，全年发生乙类传染病10种480例，丙类3种257例，总发病737例。

2008年，发生各种传染病17种427例，死亡2例。其中乙类传染病13种416例，丙类4种11例。

2009年，发生传染病16种599例，死亡2例。其中乙类传染病11种557例，丙类5种42例。认真做好甲型H1N1流感防控救治工作，成立台江县甲型H1N1流感防控领导小组和救治小组，制定《台江县甲型H1N1流感防控应急预案》。

2010年，共发生传染病16种400例，死亡1例。其中乙类传染病10种325例，死亡1例；丙类6种75例。

第四节 疫情管理

1991—2010年，台江县疫情管理工作情况为：

1991—1999年，严格执行疫情报告登记制度，明确专人专管，按时上报，定期督促检查。

2000年，采取不定期对各级医疗机构疫情管理和上报情况进行检查，并成立"救灾防疫应急分队"，加强肠道门诊管理和监测，控制夏、秋两季和洪灾后期重大疫情发生。

2001年，依法对各级医疗机构进行督促检查，防止重大疫情发生，在急性传染病流行的5～10个月，各级医疗机构加强肠道门诊管理，重点加强对霍乱、伤寒、钩体等传染病的防治。全年AFP监测旬报36次，霍乱零报告5～10个月共按时上报6份，各乡镇报告120份，未发现可疑病例。

2002年，为确保疫情工作科学、规范管理，县疾控中心于4月启动疫情信息网，使疾病报告信息能及时准确反馈。

2002—2005年，8个乡镇卫生院，每年每个卫生院应报疫情12次，实报12次，报告率为

100%。

2006—2007 年，采取以乡为单位，划片包干责任到人，县疾控中心开展对呼吸道传染病督导，继续加强对夏、秋季肠道传染病监测，实行疫情旬报制度和 24 小时疫情值班制。

2008 年，8 个乡镇卫生院实行网络直报。开展对县医院监测 12 次，对 8 个乡镇卫生院开展疫情自查，共查阅门诊日志 65248 例，发现漏报 5 例。

2009—2010 年，明确专人微机网上管理，健全县、乡、村疫情信息报告网络，规范疫情信息报告管理。按时上报疫情，杜绝漏报、迟报、瞒报。加大对各村寨的巡回检查和各级医疗机构肠道传染病管理，健全制度，重点加强对霍乱、伤寒、钩体、肝炎、脑炎、痢疾等急性传染病的防治。在 2010 年，县疾控中心开展传染病防治监督重点检查中，共检查各级各类医院 4 家，妇幼保健院 1 家，乡镇卫生院 8 家，门诊 4 家，村级卫生室 21 家，疾病控制机构 1 家。县内各级各类医院、疾病预防控制机构，对传染病疫情报告较好，设立有疫情管理部门及人员，传染病疫情报告、登记、培训、自查、奖惩等制度基本健全，疫情网络直报系统通畅。

第五节 慢性病防治

1991—2010 年，台江县慢性病防治工作情况为：

一、地方病防治

1991—1994 年，特别是 1994 年，国家规定 5 月 5 日为“防治碘缺乏病日”后，县疾控中心多次开展碘缺乏病科普宣传和培训，发放宣传资料 1250 份，接受咨询 2050 人次，刷永久性宣传标语 6 条，在各乡镇、街道培训卫生人员、防保人员 100 人次。

1995 年，开展地方病防治知识培训同时，进行碘盐监测 300 份。

1996 年，监测碘盐 300 份，合格 298 份；监测 8 个乡镇碘盐 200 份，合格 200 份，合格率为 100%；对居民户碘盐监测 20 个自然寨 100 份，合格 98 份。开展碘缺乏病宣传活动 8 次，共发放宣传资料 2 万份。

1997 年，开展碘盐监测 300 份，合格 292 份。

1998 年，开展碘盐监测 300 份，合格 294 份。

1999 年，共监测盐库碘盐 50 份，零售碘盐 100 份，居民户碘盐 150 份，经测定分析，均符合标准。全年地方病询诊 1200 人，发现轻度甲状腺肿大 10 例。

2000—2001 年，开展对城关及部分乡镇碘盐进行监测 300 份，监测结果均为合格。

2002—2003 年，碘监测采取以县城为中心，按东西南北中各方位采集抽样监测，居民户分别在 8 个乡镇 20 个村进行，共采集盐样 300 份，经测定分析，除两份不合格外，其余盐样碘含量均达到国家规定标准，盐库按每月采集一次，共 60 份，经测定全部合格。

2004 年，分别在不同方位 8 个乡镇开展碘盐抽样，共监测居民户食用盐含碘量 300 份，监测县盐业公司碘盐 60 份，经检验合格率为 100%。

2005—2008 年，开展乡、村和居民户食用碘盐进行抽样监测，其中 2006 年和 2008 年各监测 300 份居民户食用盐碘离子，2005 年合格率为 95%，2006 年合格率为 98%，2007 年合格率为 99%，2008 年合格率为 100%。

2009 年，完成 8 个乡镇 300 份居民食用盐碘离子监测，发现有两份不合格。

2010 年，对 300 份居民食用盐碘离子监测，分别有 4 份不合格。

二、肺结核防治

1991—2003 年，县、乡、村组织医务人员对 7 岁以下儿童接种卡介苗，共计 28832 人。

1992—2003 年，检查发现肺结核患者分别占传染病总发病数的 24.6%、31.4%、27.5%、18%、20.2%、40.3%、17.7%、34.8%、34.7%、12.8%、30.1%、24.8%。

2004 年 4 月后，正式启动肺结核免费项目，对肺结核患者实行免费治疗。

2004 年，全县初诊病例 448 例，查痰 383 人，拍胸片 383 张，发现病人 217 例（其中涂阳 122 例、重症涂阴 20 例，其他涂阴 75 例），病人登记治疗管理 181 例，全程督导 117 人，全程管理 64 人，全免费治疗 137 人。组织开展县乡村结核人员培训 659 人次，发放宣传资料共计 20000 余份。

2005 年，全县初诊病人 224 例，就诊照片 201 例，查痰 201 例，确诊 181 例，治疗 181 例，访视病人 66 例。共培训乡村结核督导人员 139 人次。结核病人分布在 8 个乡（镇）87 个村，发放宣传资料共计 10000 余份。对小学 122 例新生进行卡介苗接种质量监测。

2006 年，全县累计登记初诊病人 229 例，初诊应查痰 212 例，实查痰 213 例，查痰率 100.47%；检出涂阳病人 89 例（其中初治涂阳 76 例，完成全年任务 176.74%；复治涂阳 13 例，完成全年任务 118.2%），重症涂阴 15 例（完成全年任务 166.7%），免费初治涂阴 32 例，自费初治涂阴 61 例，自费复治涂阴 13 例，完成治疗涂阳病人 91 例，治愈 83 例，治愈率达 91.21%。超过 85% 指标。

2007 年，全年累计接诊初诊病人 249 人，初诊病人应查痰 230 人，实查痰 230 人，查痰率 100%。发现肺结核病人 230 例，其中涂阳 79 例（初治 68 例、复治 11 例），占全年任务数 143.6%，涂阳病人检出率为 34.3%。登记治疗管理 230 例，免费治愈病人 230 例，完成涂阳密切接触者调查 248 例，完成全年任务数的 150.3%。

2008 年，完成初诊病人登记 205 例，胸片异常 205 例，实际痰检 199 例，痰检率为 97%。发现确诊病人 198 例，发现涂阳肺结核病人 75 例，初治涂阳 72 例，复治涂阳 3 例，涂阴病人 123 例。各乡镇卫生院及医疗单位应转诊可疑病人 143 例，实转 15 例，转诊率为 10.5%。完成州下达涂阳病人接触者家庭成员调查任务的 76.5%。

2009 年，完成初诊病人登记 334 例，胸片异常 331 例，痰检 331 例，发现确诊病人 303 例。完成涂阳任务 81 例的 109.88%，新涂阳任务 65 例的 116.92%；完成免费涂阴 130 例任务的 164.62%。本县医疗机构登记率为 138 例，转诊率为 100%，结防机构追踪率为 100%，追踪到位率为 26.5%。培训县乡各类人员 362 人次，访视病人 48 例，对县级综合医院指导 12 次。

2010 年，共接诊病人 516 例，发现并登记治疗管理病人 327 例，其中初治涂阳 100 例，完成任务 135.13%；复治涂涂阳 19 例，完成任务 118.75%；重症治涂阴 31 例，完成任务 182.33%。新涂阳病人治愈率为 92.3%，总体到位率为 95.07%，追踪到位率为 84.48%，病人系统管理率为 95.85%。

三、麻风病防治

1991 年，县疾控中心发现 2 例新麻风病病例，并给予 WHO（世界卫生组织）提供 MDT（联合化疗）方案进行治疗 12～24 个月，同时对此 2 例新病人家属及周围密切接触者进行调查，未发现疑似麻风病例。

1992—1994 年，未发现新、复发病例，继续对 2 例现症病例进行治疗及随访观察。

1995 年，未发现新、复发病例，对 2 例现症病例给予判愈及愈后监测，愈后死亡 1 例。

1996 年，发现 1 例新麻风病病例，并给予 WHO 提供 MDT（联合化疗）方案进行治疗 12～24 个月，同时对此 1 例新病人家属及周围密切接触者进行调查，未发现疑似麻风病例。对 1 例判愈病例进行愈后监测。

1997 年，发现 1 例新麻风病病例，并给予 WHO 提供 MDT（联合化疗）方案进行治疗 12～24 个月，同时对此 1 例新病人家属及周围密切接触者进行调查，未发现疑似麻风病例。对 1996 年发现的 1 例现症病人，进行治疗及随访观察，对 1 例判愈病例进行愈后监测。

1998—2005 年，未发现新、复发病例，2 例现症病例进行治疗及随访观察，对 1 例判愈病例进行愈后监测。

2006 年，发现 1 例新麻风病病例，并给予 WHO 提供 MDT（联合化疗）方案进行治疗 12～24 个月，同时对此 1 例新病人家属及周围密切接触者进行调查，未发现疑似麻风病例。开展愈后存活麻风病人及畸残者进行现况基础调查，并登记落实管理 6 例及随访调查各 1 次。1 例现症病例给予判愈及愈后监测，1 例现症病例进行治疗及随访观察，1 例判愈病例进行愈后监测。

2007 年，未发现新、复发病例，2 例现症病例进行治疗及随访观察，2 例判愈病例进行愈后监测。“麻风节”宣传并发放 800 余份，接受咨询 1200 人次。

2008 年，未发现新、复发病例，1 例现症病例进行治疗及随访观察，1 例现症病例给予判愈及愈后监测，1 例判愈病例进行愈后监测，愈后死亡 1 例。乡镇报告疑似麻风线索 58 例，完成任务 145%，经过排查未发现麻风病例。完成麻风病病人及治愈者现况调查，发现存活 11 人，外迁 12 人，失访 8 人，死亡 28 人。“麻风节”宣传并发放 1230 余份。

2009 年，未发现新、复发病例，1 例现症病例进行治疗及随访观察，2 例判愈病例进行愈后监测。乡镇报告疑似麻风病线索 46 例，完成任务 115%，经过排查，未发现麻风病例。开展 1 例现症病例家属调查 6 人，病周调查 5 户 20 人，未发现疑似麻风病例。完成乡镇督导 3 轮次，培训县、乡、村医务人员 183 人次。“麻风节”宣传并发放 2000 余份，发放 5 例既往治愈病人自我护理包、换药包、防护鞋等。

2010 年，未发现新、复发病例，对 1 例现症病例，给予判愈及愈后监测，开展近 10 年麻风病人家属调查 6 人，病周调查 6 户 30 人，未发现疑似麻风病例。乡镇报告疑似麻风线索 43 例，完成任务 107%，经过排查未发现麻风病例。完成乡镇督导 4 轮次，访视既往治愈存活病人 6 人，培训县、乡、村医务人员 211 人次。开展“消除麻风歧视、共享和谐文明”的麻风节宣传活动，发放宣传材料 3000 余份，对 8 例既往治愈存活病人进行慰问，发放慰问金 800 元、棉被 8 床、食用油 40 公斤、冬衣 8 件、大米 120 公斤。

四、艾滋病防治

2004 年，报告首例艾滋病（HIV）感染者后，县疾控中心重视加强对 HIV / AIDS 监测。2004 年，开始对艾滋病开展防治工作。

2005—2006 年，配合上级业务主管部门开展艾滋病防治工作。

2007 年，县疾控中心正式成立艾防科，有专人负责，开展艾滋病防治宣传活动。

2008 年，对吸毒人员及娱乐场所高危人群采血进行 HIV 监测 661 人，阳性 0 人。

2009 年，对吸毒人员及高危人群 VCT 监测任务数 1845 人，实施完成羁押人员和吸毒高危人群检测 3 人。

2010 年，VCT（艾滋病自愿检测咨询服务）监测任务 11 人，实施完成 11548 人。检出 HIV 阳性 9 人，发廊、宾馆等发放安全套 0.2 万副。

第三章　妇幼保健

第一节　围产期保健与新法接生

一、围产期保健

基本情况　20世纪80年代末，卫生系统全面推行院（站）长负责制，把医疗、围产、妇女儿童保健、婚前保健和农村新法接生等项工作任务以责任状形式分解给区、镇、乡基层卫生单位，实行目标管理，而妇幼卫生工作主要以普及农村新法接生为重点铺开。1992年，实行撤区建镇并乡，使全县4个区、1个镇、28个乡（镇）组建为9个乡（镇），全年开展全县乡镇村级资源调查，制定普及新法接生制度，开展“三消毒”村级接生人员培训，开办接生员培训班2期160人。县保健站给每个参加培训人员配发2套接生包、部分脐带卷和1瓶碘酒。全县乡（镇）卫生院有妇幼保健人员9人，村接生员168人。

1993—1999年间，每年按照“逐步复训和村级更换人员培训”的培训方案，不断加强了村级接生人员的业务知识，特别是在正常分娩和难产的识别上，加大了培训力度。从2000年开始，启动了“降低孕产妇死亡和消除新生儿破伤风死亡”项目后，国家对孕产妇住院分娩有了补助，不再提倡家庭新法接生，而主张动员孕产妇进行住院分娩。从而使村级接生人员职能发生转变，由村级接生人员转变为村级保健人员，从为村级孕产妇科学接生转变为动员孕产妇进行住院分娩的宣传员，发生了质的改变，结束了长期村级接生员接生工作。

保健管理　20世纪90年代初，县保健站主要以开展普及新法接生宣传和培训工作，仅是在县城城关地区开展孕产妇系统管理和3岁以下儿童“4–2–1”系统管理，1995年贯彻执行《中华人民共和国母婴保健法》《九十年代儿童发展纲要》和《中国妇女发展纲要》，对产妇实行产前检查、产后访视，集中力量抢救高危产妇，以提高住院分娩率，降低新生儿和孕产妇死亡率。保健站主要以帮助乡镇卫生院开展产科建设，培训妇幼医务人员，筛查高危孕产妇，协助乡镇在乡镇所在地开展“3–2–1”儿童系统管理和孕产妇系统管理；组织人员到乡镇开展巡回医疗，免费义诊。

2001年后，加大开通“绿色通道”投入，提高住院分娩服务质量。在各乡镇设立公示牌，免费接运孕产妇到县妇幼保健站住院分娩，对危重病人及时接诊、转诊，并执行入院接生补助300元的承诺。2001年，全县产妇总数2945人，孕妇产前检查2390人，检查率81.15%；产后访视人数2405人，访视率为81.66%；孕产妇建卡人数为126人，建卡率为4.28%。住院分娩585人，住院分娩率19.86%，其中高危孕妇212人、孕产妇死亡6人、新生儿破伤风病发生3例。孕产妇保健要从2001年的4.28%逐年上升为19.41%、23.12%、27.92%、36.75%、43.95%、54.30%、70.20%、72.56%、88.43%。

二、新法接生

县保健站在2000年以前，一直提倡和推行的是新法接生工作，到2001年实施“降低孕产妇死亡和消除新生儿破伤风死亡”项目以来，大力提倡住院分娩，重点培训和复训乡镇卫生院产科技术人员，以确保母婴安全，提高优生率。2004 年，全县 156 个村配备有经县级培训考试合格并取得合格证的接生员 86 人，原村级接生员转变成为保健员，从事产前检查、产后访视、孕产妇儿童保健服务、妇科病防治、妇幼保健知识宣传教育等工作。全县孕产妇住院分娩全部实行限价标准，“降低孕产妇死亡和消除新生儿破伤风死亡”项目补助（以下简称“降消”项目）300 元，其余部分由新型农村合作医疗按比例报销，基本实行住院分娩不花钱的满意效果，新法接生率达 100%，孕产妇住院分娩率从 2001 年的 19.86% 逐年上升为 21.07%、22.72%、42.44%、54.89%、60.55%、73.90%、82.74%、82.90%、94.82%。

1991—2009 年新法接生与围产期保健情况统计一览表

表 18-1

年份	活产人数	新法接生		产前检查（人）	孕产妇管理系统人数	住院分娩人数	孕产妇死亡		婴儿死亡		
		人数	接生率（%）				人数	死亡率（/10万）	人数	死亡率（‰）	新生儿（人）
1991	2314	762	32.9	1391	15	168	7	351	161	69.6	97
1992	2210	855	38.7	1356	12	197	6	271	145	65.6	86
1993	1794	931	51.9	1120	33	169	4	223	109	60.8	52
1994	1891	1049	55.5	1232	35	187	6	317	81	42.8	30
1995	2033	1382	68.0	1305	40	213	6	295	73	35.9	25
1996	2238	1671	74.7	1522	43	227	6	268	140	62.6	88
1997	2523	1989	78.8	1796	51	245	6	241	120	47.6	64
1998	2101	1713	81.5	1576	47	233	5	238	43	20.5	21
1999	2265	1883	83.1	1747	52	272	5	221	63	27.8	35
2000	2261	1942	85.9	1791	56	253	4	176	60	26.5	37
2001	2925	2257	77.2	2390	126	585	6	203	88	30.1	44
2002	2467	2104	85.3	1883	481	522	3	121	62	25.1	22
2003	1762	1547	87.8	1539	409	402	1	56	55	31.2	27
2004	1541	1500	97.3	1307	122	654	1	65	30	19.5	23
2005	1223	1211	99.0	1010	445	673	0	0	21	17.2	14
2006	1356	1338	98.7	1134	596	821	0	0	32	23.6	15
2007	1431	1413	98.7	1275	777	1058	0	0	32	22.4	18
2008	1472	1462	99.3	1525	1034	1218	0	0	22	14.9	16
2009	1392	1391	99.9	1277	1010	1154	1	71	17	12.2	11
2010	1413	1413	100.0	1373	1257	1286	0	0	14	9.9	9

第二节　妇女病防治

1994 年，按照省、州要求，各县均要开展妇女疾病的查治工作。台江县保健站设立妇科病门诊，对妇女的常见病、多发病进行诊治。当年在城关地区对已婚妇女开展妇科疾病普查普治活动，参加检查人数 97 人，查出不同程度的宫颈糜烂 23 人，其他乳腺疾患 15 人，妇科疾病患病率 39.18%。1995 年以后，县妇幼保健站每两年都在城关地区开展一次已婚妇女妇科、内科疾病普查普治。

1995—2005年，全县累计普查妇女乳腺疾病1579人，查出患有乳腺疾病451人，患病率28.56%；患其他妇科病568人，患病率为35.97%；乙型肝炎表面抗原检测阳性8人，阳性率为0.51%。

2006—2010年，妇女门诊就诊24124人次，查出患有妇科疾病7441人，患病率为30.84%。其中，患有阴道炎3096人，占患病人数的41.61%；患有宫颈疾病2079人，占患病人数的27.94%；其他疾病占30.45%。

第三节　儿童保健

从1992年开始，县妇幼保健站常年在城关地区开展7周岁以下儿童健康体检、5岁以下儿童营养状况调查和生长发育监测，对儿童疾病进行调查分析和防治，县妇联、县计划生育局、县人民医院、县防疫站等部门配合县妇幼保健站开展优生优育、科学育儿、晚婚晚育、儿童常见病、传染病等宣传活动，采取图片展览、黑板报和开妇女座谈会、发放宣传单等形式宣传育儿知识。每年“六一”儿童节期间，县妇幼保健站与计划生育、防疫站等单位开展儿童游戏、为独生子女免费体检和驱虫等多种活动，广泛开展妇幼保健知识宣传教育。1995年，全县贯彻《九十年代儿童发展纲要》，县成立关心下一代工作委员会。同年，县卫生局举办儿童生长发育监测培训会，参加培训的有9个乡镇卫生院院长、儿科和妇幼保健医师共77人。是年有3个乡镇卫生院开展儿童生长发育监测工作。

1991—2010年儿童保健情况统计一览表

表18-2

<table>
<tr><th rowspan="3">年份</th><th rowspan="3">7周岁以下儿童人数</th><th rowspan="3">系统管理人数</th><th rowspan="3">5周岁以下儿童死亡人数</th><th colspan="6">5周岁以下儿童营养不良患病率</th></tr>
<tr><th rowspan="2">5周岁以下儿童人数</th><th rowspan="2">体检人数</th><th rowspan="2">低体重人数</th><th rowspan="2">发育迟缓人数</th><th colspan="2">患病率</th></tr>
<tr><th>低体重（%）</th><th>发育迟缓（%）</th></tr>
<tr><td>1991</td><td>18762</td><td>—</td><td>168</td><td>14176</td><td>—</td><td>—</td><td>—</td><td>—</td><td>—</td></tr>
<tr><td>1992</td><td>18586</td><td>17</td><td>149</td><td>13878</td><td>17</td><td>3</td><td>0</td><td>17.65</td><td>0</td></tr>
<tr><td>1993</td><td>18467</td><td>13</td><td>112</td><td>13625</td><td>13</td><td>3</td><td>1</td><td>23.08</td><td>7.69</td></tr>
<tr><td>1994</td><td>18364</td><td>32</td><td>85</td><td>13572</td><td>32</td><td>5</td><td>1</td><td>15.63</td><td>3.13</td></tr>
<tr><td>1995</td><td>18070</td><td>33</td><td>79</td><td>13474</td><td>33</td><td>4</td><td>0</td><td>12.12</td><td>0</td></tr>
<tr><td>1996</td><td>17011</td><td>39</td><td>145</td><td>12846</td><td>39</td><td>6</td><td>2</td><td>15.38</td><td>5.13</td></tr>
<tr><td>1997</td><td>16664</td><td>41</td><td>126</td><td>12298</td><td>41</td><td>6</td><td>2</td><td>14.63</td><td>4.88</td></tr>
<tr><td>1998</td><td>18184</td><td>52</td><td>52</td><td>13471</td><td>52</td><td>7</td><td>3</td><td>13.46</td><td>5.77</td></tr>
<tr><td>1999</td><td>20603</td><td>54</td><td>67</td><td>14119</td><td>54</td><td>5</td><td>1</td><td>9.26</td><td>1.85</td></tr>
<tr><td>2000</td><td>20769</td><td>72</td><td>74</td><td>14272</td><td>72</td><td>7</td><td>2</td><td>9.72</td><td>2.78</td></tr>
<tr><td>2001</td><td>18990</td><td>94</td><td>99</td><td>14427</td><td>94</td><td>10</td><td>3</td><td>10.64</td><td>3.19</td></tr>
<tr><td>2002</td><td>20875</td><td>115</td><td>77</td><td>15477</td><td>115</td><td>18</td><td>5</td><td>15.65</td><td>4.35</td></tr>
<tr><td>2003</td><td>16219</td><td>238</td><td>66</td><td>11871</td><td>238</td><td>23</td><td>7</td><td>9.66</td><td>2.94</td></tr>
<tr><td>2004</td><td>15928</td><td>375</td><td>36</td><td>11381</td><td>375</td><td>27</td><td>5</td><td>7.20</td><td>1.33</td></tr>
<tr><td>2005</td><td>15730</td><td>413</td><td>23</td><td>10932</td><td>413</td><td>31</td><td>11</td><td>7.51</td><td>2.66</td></tr>
<tr><td>2006</td><td>15593</td><td>572</td><td>36</td><td>11382</td><td>572</td><td>42</td><td>8</td><td>7.34</td><td>1.40</td></tr>
<tr><td>2007</td><td>15385</td><td>783</td><td>35</td><td>11403</td><td>783</td><td>53</td><td>14</td><td>6.77</td><td>1.79</td></tr>
<tr><td>2008</td><td>15721</td><td>681</td><td>24</td><td>11617</td><td>681</td><td>57</td><td>12</td><td>8.37</td><td>1.76</td></tr>
<tr><td>2009</td><td>15592</td><td>776</td><td>23</td><td>11694</td><td>776</td><td>55</td><td>11</td><td>7.09</td><td>1.42</td></tr>
<tr><td>2010</td><td>12239</td><td>7432</td><td>19</td><td>8385</td><td>4543</td><td>237</td><td>42</td><td>5.22</td><td>0.92</td></tr>
</table>

第四章　医疗　农合

第一节　县人民医院

一、门诊部

1991 年，门诊诊疗（含出诊、健康检查）31036 人次，日均诊疗量为 85 人次。其中，急诊 815 人次、内儿科 13071 人次、外科 8585 人次、妇产科 917 人次、五官科 547 人次、中医科 6021 人次、各类健康体检 1080 人次。设立了一个街道门诊。

1992 年，门诊诊疗（含出诊、健康检查）33662 人次，日均诊疗量为 92 人次。其中，急诊 315 人次、内儿科 11891 人次、外科 10048 人次、妇产科 2553 人次、五官科 1446 人次、中医科 5990 人次、各类健康体检 1419 人次。

1993 年，门诊诊疗（含出诊、健康检查）27050 人次，日均诊疗量为 74 人次。其中，急诊 315 人次、内儿科 11525 人次、外科 9907 人次、妇产科 542 人次、五官科 547 人次、中医科 2584 人次、各类健康体检 1630 人次。

1994 年，门诊诊疗（含出诊、健康检查）20771 人次，日均诊疗量为 57 人次。其中，急诊 353 人次、内儿科 7382 人次、外科 6008 人次、妇产科 401 人次、五官科 414 人次、中医科 1926 人次、各类健康体检 4287 人次。

1995 年，门诊诊疗（含出诊、健康检查）16779 人次，日均诊疗量 46 人次。其中，急诊 250 人次、内儿科 7245 人次、外科 6241 人次、妇产科 334 人次、五官科 281 人次、中医科 990 人次、各类健康体检 1438 人次。

1996 年，门诊诊疗（含出诊、健康检查）6657 人次，日均诊疗量为 18 人次。其中，急诊 161 人次、内儿科 1427 人次、外科 1174 人次、妇产科 148 人次、五官科 187 人次、中医科 2012 人次、各类健康体检 1548 人次。

1997 年，门诊诊疗（含出诊、健康检查）20059 人次，日均诊疗量为 55 人次。其中，内儿科 10755 人次、外妇科 6030 人次、五官科 125 人次、中医科 151 人次、急诊 691 人次、各类健康体检 2307 人次。

1998 年，门诊诊疗（含出诊、健康检查）10358 人次，日均诊疗量为 28 人次。其中，急诊 246 人次、内儿科 4742 人次、外科 1498 人次、妇产科 127 人次、五官科 375 人次、牙科 508 人次、中医科 806 人次、各类健康体检 2056 人次。7 月，恢复了急诊室 24 小时接诊，并对门诊部进行了维修。

1999 年，门诊诊疗（含出诊、健康检查）18032 人次，日均诊疗量为 49 人次。其中，急诊接诊 1800 人次、街道门诊 4700 人次、内科 5261 人次、儿科 1935 人次、外科 1144 人次、妇产科 146 人次、五官科 464 人次、牙科 498 人次、中医科 876 人次、各类健康体检 1208 人次。

2000 年，门诊诊疗（含出诊、健康检查）20355 人次，日均诊疗量为 56 人次。其中，急诊病人 1095 人次、内科 6613 人次、儿科 5768 人次、外科 687 人次、妇产科 1400 人次、五官科 977 人次、牙科 2315 人次、中医科 1500 人次。成立台江县人民医院产科急救中心。

2002 年，门诊诊疗（含出诊、健康检查）28396 人次，日均诊疗量为 78 人次。其中，门诊部 22883 人次、妇产科 500 人次、五官科 670 人次、牙科 715 人次、皮肤科 348 人次、中医科 3280 人次。

2003 年，门诊诊疗（含出诊、健康检查）27688 人次，日均诊疗量为 76 人次。其中，急诊科 1275 人次、内儿科 16493 人次、外科 3344 人次、妇产科 550 人次、五官科 600 人次、牙科 564 人次、皮肤科 512 人次、中医科 2500 人次、各类健康体检 1850 人次。自筹资金建立“非典”隔离区和简易门诊的建设。

2004 年，门诊诊疗（含出诊、健康检查）25327 人次，日均诊疗量为 69 人次。其中，120 急救中心和产科绿色通道接诊 265 人次、内儿科 14371 人次、外科 1650 人次、妇产科 1400 人次、五官科 1100 人次、牙科 720 人次、皮肤科 544 人次、中医科 2400 人次、各类健康体检 2877 人次。设置了温馨病房一间，满足不同病人的需求。

2005 年，门诊诊疗（含出诊、健康检查）26086 人次，日均诊疗量为 71 人次。其中，120 急救中心和产科绿色通道接诊 280 人次、内儿科 15692 人次、外科 2032 人次、妇产科 1200 人次、五官科 1500 人次、牙科 769 人次、皮肤科 450 人次、中医科 1675 人次、各类健康体检 2488 人次。

2006 年，门诊诊疗（含出诊、健康检查）30845 人次，日均诊疗量为 85 人次，较上年同期增长 18.24%。其中，120 急救中心接诊 306 人次、产科绿色通道接诊 80 人次、内儿科 23938 人次、外科 1106 人次、妇产科 900 人次、五官科 1897 人次、皮肤科 237 人次、中医科 936 人次、各类健康体检 1445 人次。

2007 年，新型农村合作医疗正式启动，门诊病人明显增加，门诊诊疗（含出诊、健康检查）34597 人次，日均诊疗量为 95 人次。其中，120 急救中心接诊 368 人次、产科绿色通道接诊 500 人次、内儿科 26218 人次、外科 1850 人次、妇产科 820 人次、五官科 1400 人次、皮肤科 400 人次、牙科 600 人次、中医科 1082 人次、各类健康体检 1359 人次。

2008 年，门诊诊疗（含出诊、健康检查）41386 人次，日均诊疗量为 113 人次。其中，门诊、急诊科 19776 人次、120 急救接诊 620 人次、产科绿色通道接诊 180 人次、内儿科 1500 余人次、外科 630 人次、妇产科 2400 余人次、五官科 1400 人次、皮肤科 820 人次、牙科 860 人次、中医科 800 余人次、健康体检 1200 人次、农合体检 11200 余人次。

2009 年，门诊诊疗（含出诊、健康检查）42851 人次，日均诊疗量为 117 人次。4 月，经省发改委评审通过住院综合楼建设项目，新项目建筑面积 8734 平方米，项目总投资 1900 万元。6 月，组建儿科住院病区并投入使用。9 月，参加全州“世界急救日”心肺复苏演练赛，取得第一名。

2010 年，门诊诊疗（含出诊、健康体检）44755 人次，日均诊疗量为 123 人次。其中，急诊科 15935 人次、120 接诊 794 人次、内科门诊 2191 人次、外科门诊 1315 人次、妇产科 3213 人次、皮肤科 1451 人次、中医科 1380 人次、牙科 1563 人次、五官科 1849 人次、儿科门诊 10097 人次、健康体检 4967 人次。

二、住院部

1991 年，开设床位 86 床，入院病人 1869 人次，出院病人 1869 人次，治愈率为 47.3%，好转率为 47.4%，死亡率为 1.6%，床位使用率为 42%。

1992 年，开设床位 86 床，入院病人 1693 人次，出院病人 1693 人次，治愈率为 52%，好转率为

41%，死亡率为 0.9%，床位使用率为 36%。

1993 年，开设床位 86 床，入院病人 1770 人次，出院病人 1770 人次，治愈率为 88%，好转率为 88%，死亡率为 1.3%，床位使用率为 32%。

1994 年，开设床位 100 床，入院病人 1382 人次，出院病人 1382 人次，治愈率 86%，好转率为 86%，死亡率为 1.7%，床位使用率为 26.4%。

1995 年，开设床位 100 床，出院病人 1247 人次，治愈率为 98%，好转率为 98%，床位使用率为 21.7%。

1996 年，开设床位 100 床，入院病人 997 人次，出院病人 1086 人次，治愈率为 96%，好转率为 96%，死亡率为 2.3%，床位使用率为 20%。

1997 年，开设床位 100 床，出院病人 1051 人次，治愈率为 97%，好转率为 98.5%，死亡率为 1.5%，床位使用率为 38.7%。

1998 年，开设床位 100 床，入院病人 674 人次，出院病人 733 人次，治愈率为 95.5%，好转率为 97.6%，死亡率为 2.2%，床位使用率为 11%。

1999 年，开设床位 100 床，入院病人 806 人次，治愈率为 90.23%，好转率为 93.25%，死亡率为 3.02%，床位使用率为 15.02%。

2000 年，开设床位 100 床，入院病人 881 人次，治愈率为 93%，好转率为 95%，死亡率为 2%，床位使用率为 17%。

2001 年，开设床位 100 床，入院病人 909 人次，治愈率为 93%，好转率为 95%，死亡率为 3%，床位使用率为 18%。

2002 年，开设床位 100 床，入院病人 948 人次，床位使用率为 10.12%。

2003 年，开设床位 100 床，入院病人 1260 人次，治愈率为 96.2%，好转率为 96.2%，死亡率为 0.84%，床位使用率为 20%。

2004 年，住院部分为内科、外科、妇产科和手术室，开设床位 102 床，入院病人 1303 人次，出院病人 1298 人次，治愈率为 95.6%，好转率为 95.6%，死亡率为 0.47%，床位使用率为 18.7%。

2005 年，住院部分为内科、外科、妇产科和手术室，开设床位 102 床，入院病人 1321 人次，出院病人 1320 人次，治愈率为 94.4%，好转率为 94.4%，死亡率为 0.3%，床位使用率为 60.85%。

2006 年，住院部分为内科、外科、妇产科和手术室，开设床位 102 床，入院病人 8098 人次，出院病人 8099 人次，治愈率为 94.18%，好转率为 94.18%，死亡率为 0.55%，床位使用率为 61.26%。

2007 年，住院部分为内科、外科、妇产科和手术室，开设床位 102 床，新型农村合作医疗正式启动，入院病人 8983 人次，出院病人 8981 人次，治愈率为 98.8%，好转率为 98.8%，死亡率为 0.8%，床位使用率为 70%。

2008 年，住院部分为内科、外科、妇产科、中医科、五官科和手术室，开设床位 155 床，入院病人 3200 人次，出院病人 3199 人次，治愈率为 98%，好转率为 98%，死亡率为 0.65%，床位使用率为 72%。

2009 年，住院部分为内科、外科、妇产科、儿科、中医科、五官科和手术室，开设床位 215 床，入院病人 7762 人次，出院病人 7760 人次，治愈率为 95%，好转率为 98%，死亡率为 0.07%，床位使用率为 72%。

2010 年，住院部分为内科、外科、妇产科、儿科、中医科、五官科和手术室，开设床位 215 床，入院病人 7416 人次，出院病人 7416 人次，治愈率为 96.5%，好转率为 98%，死亡率为 0.61%，床位使用率为 74%。

三、医技

检验　1996年，县人民医院购进意大利进口半自动生化分析仪、日产尿八项分析仪、HG3型K+Na+分析仪、血红蛋白分析仪等各1台；1997年，购进尿十项分析仪1台、购进全自动血钠、钾、氯、钙电解质分析仪、酶标仪、分析天平各1台，卫Ⅳ项目装配双目显微镜3台、冰箱1台；1999年，医院化验检查4152人次；2000年，医院各项检验3642人次，购进日产血球仪、半自动生化分析仪各1台；2001年，医院各项检验3722人次；2002年，医院各项检验4002人次，购进血凝分析仪1台；2003年，医院各项检验4645人次；2004年，医院各项检验6846人次，添置双通血凝仪1台；2005年，医院各项检验7191人次；2006年，医院各项检验8785人次；2007年，医院各项检验10102人次；2008年，医院各项检验14769人次，购置全自动血球仪1台；2009年，医院各项检验17821人次，省红十字会和中华慈善总会转赠36万元美国MD魅力1800全自动生化分析仪1台。2010年，医院各项检验34675人次。2010年1月底，县人民医院与贵阳金域医学检验所有限公司合作开展“病理检查”“性激素系列检查”“微量元素系列检查”等项目，填补台江县医院尚未开展的临床检验项目的空缺，更好地为居民提供全面优质的医疗检查。

放射检查　1994年，县人民医院有200～300毫安X光机各1台；1999年，医院放射检查1561人次；2000年，医院放射检查1987人次；2002年，医院摄片1777人次，透视557人次；2003年，医院摄片3678人次，透视1583人次；2004年，医院摄片3726人次，透视1468人次，添置放射科稳压器1台；2005年，医院摄片1334人次，透视372人次；2006年，医院摄片3593人次，透视656人次；2007年摄片3409人次；2008年摄片4520人次；2009年摄片6115人次，省红十字会项目办赠送德国原装进口机爱克华CR系统，填补了台江人民医院影像专业数字化设备的空缺。2010年，医院摄片7181人次，透视2521人次，特殊造影35例。

CT检查　2008年年底，州人民医院无偿赠送一台CT机（已用）；2009年，医院CT检查1634人次；2010年，医院CT检查3001人次；2011年3月，医院购置一台六排CT机，检查3588人次。

超声诊断仪（B超）检查　1994年，医院有日产B超机1台；1998年，购进日产岛津SOU305A大型B超机1台；1998年，B超检查647人次；1999年，B超检查1017人次、脑电图检查60人次，购进脑电地形图仪1台；2000年，B超检查1180人次、脑电图检查67人次；2002年，B超检查1638人次；2003年，B超检查1738人次；2004年，B超检查2829人次，购置B超工作站和稳压器；2005年，B超检查2870人次；2006年，B超检查3742人次；2007年，B超检查3968人次；2008年，B超检查6099人次；2009年，B超检查8065人次；2010年，B超检查9195人次。

胃镜检查　2000年，县人民医院购进纤维胃镜1台，并开展胃镜检查91人次；2001年，胃镜检查121人次；2002年，胃镜检查165人次；2003年，胃镜检查214人次；2004年，胃镜检查344人次，购置胃镜打印机1台；2005年，胃镜检查313人次；2006年，胃镜检查431人次；2007年，胃镜检查365人次；2008年，胃镜检查333人次；2008年，购进奥林巴斯电子胃镜一台；2009年，胃镜检查589人次；2010年，胃镜检查837人次。

心电检查　1994年，县人民医院有心电图机1台；1996年，购进心电监护仪、电脑胎心监护仪各1台；1997年，省卫Ⅳ项目办配送心电图机1台；1998年，心电图检查302人次；1999年，心电图检查282人次；2000年，心电图检查264人次；2002年，心电图检查283人次，购进胎心监护仪1台；2003年，心电图检查330人次；2004年，心电图检查626人次，购置心电监护仪；2005年，心电图检查934人次，添置多参数心电监护仪2台；2006年，心电图检查1178人次；2007年，心电图检查1622人次；2008年，心电图检查2188人次；2009年，心电图检查1851人次；2010年，心电图检查4467人次。

手术麻醉　1994 年，县人民医院有电子手术仪 1 台；1996 年，购进同步呼吸机 1 台和高频手术刀 1 台；1997 年，购进手术推车 1 台；1998 年，购进麻醉机 1 台；1991—1999 年，开展手术 550 例；2000 年，开展手术 104 例；2002 年，开展手术 121 例；2003 年，开展手术 191 例；2004 年，开展手术 236 例；2005 年，开展手术 639 例，添置高频电刀；2006 年，开展手术 374 例；2007 年，开展手术 264 例；2008 年，开展手术 530 例；2009 年，开展手术 592 例；2011 年，省红十字会和中华慈善总会转赠 6 万元 LDS-1A 型综合外科手术床 1 台；2010 年，开展手术 760 例。

台江县人民医院综合情况统计表

表 18-3

年度	职工人数	门（急）诊人数	住院人数	手术台次	检验人次	X 光人次	CT 人次	B 超人次	胃镜人次	业务收入（万元）
1991	83	31036	1869	59	1147	—	0	—	—	—
1992	83	33662	1693	—	—	—	0	—	—	—
1993	77	27050	1770	—	—	—	0	—	—	50.77
1994	80	20771	1382	135	—	—	0	—	—	50.98
1995	86	16779	1247	84	—	—	0	—	—	60.89
1996	89	6657	1086	104	—	—	0	—	—	63.71
1997	89	20059	1051	166	—	—	0	—	—	73.91
1998	90	10358	733	80	2056	—	0	647	—	100.82
1999	84	18032	806	132	4152	1561	0	1017	0	114.53
2000	95	20355	926	104	3642	1987	0	1180	91	111.29
2001	98	25627	931	121	3882	2107	0	1401	112	117.42
2002	97	28396	948	148	4002	2334	0	1638	165	144.11
2003	108	27688	1260	191	4645	3678	0	1738	214	169.18
2004	121	25327	1303	236	6846	3726	0	2829	344	249.97
2005	128	26086	1321	639	7191	1331	0	2870	313	300.05
2006	131	30845	8098	374	8785	3593	0	3742	431	300.11
2007	133	34597	8983	264	10102	3409	0	3968	365	322.70
2008	151	41386	3200	530	14769	4520	0	6099	333	576.00
2009	178	42851	7762	592	17821	6115	1634	8065	589	1103.86
2010	194	44755	7416	760	34675	9737	3001	9195	837	1504.00

四、台江县民族医院

台江县民族医院于 1994 年 3 月 12 日正式成立。当时的名称为“台江县苗族中草医药研究所”，1997 年 12 月，改称为“台江县苗族医药研究所”，到 2002 年 11 月 14 日正式更名为“台江县民族医院”。到 2010 年，医院一直靠租房开展业务，办公条件及就诊条件较差。但该院仍坚持“以民族医药为主，中西医结合为辅”的办院宗旨，在人才队伍建设方面，坚持从大专、本科医学院校和县内医疗卫生单位招录人员；同时安排在职人员自学和参加各种学术培训、交流活动，组织输送医务人员到上级医院进修学习，在医、教、研方面取都取得较好的成绩。运用中、西、苗医结合，在救治毒蛇咬伤、四肢骨折等方面独具特色。医院坚持不以营利为目的，社会效益第一为理念，坚持开展扶贫医疗，经常主动下乡免费为群众看病送药，赢得广大病患者及家属的好评，被苗族群众称为“苗族医院”。医院事迹曾被贵州电视台、《贵州日报》《贵州民族报》《黔东南日报》、台江电视台等新闻媒体报道。

台江县民族医院住院业务状况一览表

表 18-4

年份	开放床位	住院人次	实际占用总床日数	实际开放总床日数	床位使用率（%）	平均住院天数	出院人数	平均开放床位数	床位周转率（%）	治愈率（%）	好转率（%）	死亡率（‰）
1994	0	0	—	—	—	—	—	—	—	—	—	—
1995	0	0	—	—	—	—	—	—	—	—	—	—
1996	0	0	—	—	—	—	—	—	—	—	—	—
1997	20	276	2853	7300	39.1	10.3	266	20	13.3	91.2	95.4	0
1998	20	413	4621	7300	63.3	11.2	398	20	19.9	92.1	94.8	0
1999	20	589	5913	7300	81.0	10.0	578	20	28.9	90.7	95.2	1.7
2000	20	529	4879	7300	66.8	9.2	520	20	26.0	94.6	96.4	0
2001	20	594	6131	7300	84.0	10.3	581	20	29.1	89.9	95.7	0
2002	20	721	6814	7300	93.3	9.5	712	20	35.6	91.8	97.2	0
2003	20	819	5998	7300	82.2	7.3	809	20	40.5	90.7	96.5	0
2004	20	998	6279	7300	86.0	6.3	988	20	49.4	91.6	94.8	1.0
2005	25	1023	8233	9125	90.2	8.0	1011	25	40.4	93.1	97.2	0
2006	28	1245	9541	10220	93.4	7.7	1230	28	43.9	90.8	96.4	0
2007	30	1368	9567	10950	87.4	7.0	1350	30	45.0	92.5	95.7	0
2008	40	1652	11562	14600	79.2	7.0	1625	40	40.6	91.2	94.7	0
2009	40	1828	11231	14600	76.9	6.1	1792	40	44.8	92.4	95.2	0.5
2010	40	1123	10239	14600	70.1	9.1	1098	40	27.5	90.3	94.8	0

台江县民族医院门诊情况一览表

表 18-5　　单位：人

年份	内　科	外　科	儿　科	妇产科	中医科	皮肤科	五官科	日均诊疗量	总诊疗人次
1994	1131	350	429	131	890	154	46	9	3131
1995	1592	497	653	211	1001	213	89	12	4256
1996	1623	512	746	291	1203	301	101	13	4777
1997	3215	1560	1523	564	1984	462	198	26	9506
1998	3368	2130	1468	756	1892	423	201	28	10238
1999	3421	2380	1496	826	1540	385	194	28	10242
2000	3650	2981	1389	769	1249	401	208	29	10647
2001	3940	3201	1681	989	1354	429	311	33	11905
2002	4011	3681	1589	1347	1211	395	207	34	12441

续表 18-5 单位：人

年份	内　科	外　科	儿　科	妇产科	中医科	皮肤科	五官科	日均诊疗量	总诊疗人次
2003	4985	4013	1652	1424	1569	521	399	40	14563
2004	4896	4215	1597	1724	1610	413	346	41	14801
2005	4729	4211	1621	1698	1679	421	386	40	14745
2006	4941	4129	1598	1941	1351	324	295	40	14579
2007	4572	4094	1469	1896	1456	357	302	39	14146
2008	4230	3957	1239	1785	1311	218	296	36	13036
2009	4216	3967	1135	1649	1298	214	156	35	12635
2010	3756	2741	1239	1112	1023	152	105	28	10128

五、医技情况

检验　1997 年 3 月，中国人民解放军陆军四十四医院赠送民族医院单目显微镜 1 台、大型蒸馏水发生器 1 台。1997 年 8 月，医院购进血红蛋白仪、分光光度计、分析天平、振荡仪、恒温箱、冰箱、水浴箱、5 升蒸馏水发生器、砂滤缸、离心机、计算机双目平场摄像光学显微镜和计算机检验工作站等化验设备各 1 套。2004 年 3 月，购入半自动生化分析仪 1 台。利用上述设备开展常规化验、生化检验等，开展的幽门螺杆菌抗原测定、伤寒抗原测定、结核抗体测定、支原体培养 / 鉴定 / 药敏、癌胚抗原测定以及丙肝、丁肝、戊肝抗原测定等填补了台江县空白。

放射　1998 年 6 月，自购一台 100 毫安氟氯化钡 – 铕高速增感屏 X 光机，开展透视、造影、摄片等影像业务，极大地推动了医院的临床和科研工作。

超声　1998 年 6 月，自购一台韩国麦迪逊便携式 B 超仪和 1 套计算机超声工作站，成为县内首个运用计算机开展临床业务的医疗机构。2004 年，购入一台日本阿洛卡 SS620 大型推车式超声诊断仪和一套计算机超声工作站。2006 年，再购入一台日本阿洛卡 SS630 带腔内探头和心脏多普勒探头的大型推车式超声诊断仪和 1 套计算机超声工作站，填补直肠、阴道等腔内超声检查和心脏多普勒检查空白。2007 年 7 月，龙千里被中国超声医学工程学会吸收为“永久会员”。2008 年 7 月，龙千里、张文春两人参加贵阳市卫生局二维超声培训，经考试获得贵阳市卫生局颁发的贵阳市二维超声设备上岗合格证，医院成为台江县唯一拥有二维超声上岗的医疗机构。

心电图　1997 年 3 月，自购心电图机 1 台，开展 12 导联心电图检查。

血流图　2006 年 6 月，自购双道同步智能血流仪，填补县内血流检测空白。

手术室　1997 年 3 月，设立简易手术室，因经济困难，仅有简易手术床 1 台、落地式 7 孔无影灯 1 台、射灯 2 台、落地式血压计 1 台、电动吸引器 2 台、咽喉镜 1 套、负压止血仪 1 台、推车式供氧设备以及外科、骨科、妇产科常规手术器械，开展过胆囊摘除术、胃大部切除术、婴儿腹股沟斜疝嵌顿疝气修补术、四肢骨干骨折内固定术、卵巢囊肿切除术、宫外孕破裂清除术等。2003 年 2 月，购进头摇式万能手术床 1 台；2003 年 10 月，购进福田牌中型救护车 1 辆；2004 年 6 月，购进多功能大型呼吸机 1 台、大型双膜电动吸引器 1 台；2005 年 2 月，购进手术推车 1 部、高频电刀 1 台，并补充了手术器械，进一步充实了手术室设备和急诊急救手术条件，先后开展了先天性肛门闭锁再造术、开放性粉碎性胫骨骨折外固定支架固定术、巨大畸胎瘤切除术、开放性粉碎性额骨骨折修复术等一些难度较大的手术。

台江县民族医院综合情况一览表

表 18-6

年度	职工人数	门诊人次	住院人次	手术人次	检验人次	X光人次	超声人次	心电图人次	脑血流人次	医疗收入（万元）	药品收入（万元）	药品收入比例（%）	年收入（万元）	人均创收（万元）	患者平均花费（元）
1994	3	3131	0	0	0	0	0	0	0	1.53	3.54	69.82	5.07	1.69	16.19
1995	3	4256	0	0	0	0	0	0	0	1.98	4.17	67.80	6.15	2.05	14.45
1996	3	4777	0	0	0	0	0	0	0	2.03	4.21	67.47	6.24	2.08	13.06
1997	15	9506	276	35	698	325	213	81	0	15.32	13.28	46.43	28.60	1.91	29.24
1998	15	10238	413	51	978	466	425	103	0	16.89	14.98	47.00	31.87	2.12	29.92
1999	15	10242	589	62	1256	572	624	129	0	17.89	15.76	46.84	33.65	2.24	31.07
2000	15	10647	529	75	1324	810	765	138	0	18.56	16.12	46.48	34.68	2.31	31.03
2001	15	11905	594	88	1423	784	1008	142	0	19.27	15.82	45.08	35.09	2.34	28.07
2002	15	12441	721	91	1478	823	1023	156	0	19.79	15.98	44.67	35.77	2.38	27.18
2003	15	14563	819	101	1527	968	1034	154	0	20.31	14.32	41.35	34.63	2.31	22.51
2004	15	14801	998	109	1596	997	1045	167	0	23.76	18.67	44.00	42.43	2.83	26.86
2005	15	14745	1023	99	1567	846	1142	171	0	22.01	16.38	42.67	38.39	2.56	24.35
2006	15	14579	1245	102	1542	1008	1097	132	27	22.83	15.42	40.31	38.25	2.55	24.17
2007	15	14146	1368	106	1503	1123	1072	128	105	22.76	16.18	41.55	38.94	2.60	25.10
2008	15	13036	1652	98	1479	1346	1219	117	132	22.98	16.57	41.90	39.55	2.64	26.93
2009	15	12635	1828	72	1398	1567	1063	102	146	20.19	15.64	43.65	35.83	2.39	24.77
2010	15	10128	1123	35	1324	1023	985	82	103	19.98	15.98	44.44	35.96	2.46	32.85

六、科研情况

1997 年 11 月，台江县民族医院更名为台江县苗族医药研究所后，一边开展临床业务筹集科研经费，一边走村串寨为农户义诊，同时深入民间走访、收集民间单方验方，调查苗族民间医药。至 1999 年 12 月，民族医院医生已走遍施洞、老屯、台拱、革一、台盘 5 个乡（镇）的村寨，收集到许多有价值的苗族民间方药，后因经费困难，普查活动暂停。根据收集到的验方，加工成内服胶囊、外用膏药进行临床验证，取得满意的疗效。比较理想的如：接骨膏、跌打胶囊、胃痛胶囊、外阴感染用的冲洗剂等。根据验证的结果，部分进行了论文总结。截至 2010 年，在国家正式刊物发表或全国的学术会上交流 24 篇，其中有 4 篇发表在北大中文核心期刊，科研论文发表情况如下：

1.《基层防治老年急腹症的临床探讨》[M],《中华临床医学集成》，中国中医药出版社，1996 年 8 月，第 1 版，第 96～97 页。

2.《应用苗医折顶手法治疗长骨骨折移位》[J],《中国民族民间医药杂志》，1996 年，第 2 期，第 21～22 页。

3.《茴香酒红外线辐射治疗软组织疼痛的临床研究》[J],《中国民族民间医药杂志》，1997 年，第 1 期，第 6～8 页。

4.《茴香酒红外线辐射治疗骨折后期局部肿胀》[J],《中国骨伤》，1997 年，第 1 期，第 56 页。

5.《腕背伸位夹板固定治疗 Colles’骨折》[J],《中国民族民间医药杂志》，1997 年，第 6 期，第 16～18 页。

6.《儿童肱骨髁上骨折治疗的临床探讨》[J],《中国骨伤》，1999 年，第 4 期，第 40～41 页。

7.《胫骨下段骨折治疗探析》[J],《中国民族民间医药杂志》，1999 年，第 5 期，第 250～252 页。

8.《折耳根联合用药治疗婴幼儿上呼吸道感染临床观察》[J],《中国民族民间医药杂志》，2000 年，第 2 期，第 77～78 页。

9.《综合疗法治疗尖锐湿疣》[J],《中国民族民间医药杂志》，2001 年，第 2 期，第 89～91 页。

10.《止嗽散治疗顽固性咳嗽疗效验证》[J],《中国民族民间医药杂志》，2001 年，第 3 期，第 144～145 页。

11.《止嗽散治疗顽固性咳嗽 200 例》[J],《安徽中医临床杂志》，2001 年，第 4 期，第 301 页。

12.《腹部创伤基层救治 173 例分析》[J],《中国全科医学》，2001 年，第 5 期，第 400～401 页。

13.《氟氯化钡 - 铕高速增感屏在 X 线摄影中的应用》[J],《中国乡村医药》，2001 年，第 5 期，第 26～27 页。

14.《葛根芩连汤灌肠治疗婴幼儿轮状病毒性肠炎 80 例》[J],《中医药研究》，2001 年，第 5 期，第 20 页。

15.《穴位埋线与四联疗法治疗消化道溃疡》[C]，中国中西医结合学会第十三次全国消化系统疾病学术研讨会，2001 年 10 月。

16.《穴位埋线联合四联疗法治疗消化性溃疡 50 例》[J],《新医学》，2002 年，第 6 期，第 347～348 页。

17.《儿童急性颅脑伤的损伤特点及社区救治》[J],《中国全科医学》，2002 年，第 10 期，第 824～825 页。

18.《台江苗医接骨手法拾贝》[C]，2003 年全国苗医药学术研讨会，2003 年 11 月。

19.《道路交通事故伤的预防和院前救护》[J],《中国全科医学》，2005 年，第 2 期，第 131～132 页。

20.《浅说台江苗族医药现状与发展》[C]，苗族生计与健康学术研讨会，2005 年 11 月。

21.《保守治疗成人急性颅脑损伤 40 例临床分析》[J],《实用中西医结合临床》，2006 年，第 6 期，第 10～11 页。

22.《钢丝张力带加丝线环形缝合治疗髌骨骨折疗效评价》[J],《实用医学杂志》，2006 年，第 8 期，第 938～939 页。

23.《参芪扶正注射液治疗急性脑梗死临床观察》[J],《中国中医急症》，2006 年，第 11 期，第 1216～1218 页。

24.《再议小儿胫腓骨骨折的治疗》[C]，2009 年第十七届全国中西医结合骨伤科学术研讨会，2009 年 9 月。

第二节　乡（镇）卫生院

1991—1995 年，9 个乡（镇）卫生院门诊年均诊疗 124576 人次，年均住院病人 2869 人，治愈好转率为 85.6%，年均手术 273 例，开放床位 110 张。1996 年，9 个乡（镇）卫生院门诊诊疗共 170620 人次，平均每乡镇卫生院日均诊量 51.9 人次；入院治疗 3211 人，治愈好转率为 89.2%，医疗业务收入 164.8 万元，平均每个乡（镇）卫生院 8.24 万元；开放床位共 136 张，平均每个乡（镇）卫生院 36.8 张。1997 年，9 个乡（镇）卫生院门诊诊疗共 185647 人次，平均每个乡（镇）卫生院日诊量为 56.5 人次；入院治疗 3670 人，开展各种手术 385 次，业务收入 201.58 万元；开放床位 125 张，平均每个乡镇卫生院 13.9 张。1998—2010 年，县内各乡（镇）卫生院门诊诊疗人次共 187568 人次，平均每个乡（镇）卫生院日诊量为 57 人次；入院治疗 3587 人，平均每个乡（镇）卫生院日均有住院病人 0.5 人，治愈好转率为 87.5%；开放床位 160 张，业务收入 178.6 万元，平均每个乡（镇）卫生院年收入 19.8 万元，各乡（镇）业务总收入只相当于县医院的 75%。

第三节　新型农村合作医疗

2007 年 1 月 5 日，贵州省新型农村合作医疗工作领导小组办公室以黔合医办发〔2007〕1 号文件，明确台江县被列为 2007 年全省新型农村合作医疗新增试点县（全省共 37 个县）。按照省州人民政府有关文件通知要求，县人民政府召开了各级、各部门负责人会议，安排部署新型农村合作医疗试点启动各项工作，制定工作实施方案、成立组织机构和落实人员办公。

2007 年 4 月，县卫生局下文件明确首批新型农村合作医疗定点机构共 13 个，分别为 8 个乡镇卫生院、县医院、县民族医院、县疾控中心、县保健站、县计生站。加强人员培训。为尽快提高县、乡两级新型农村合作医疗机构人员的业务素质，县合医局分期分批组织县、乡新型农村合作医疗机构人员到省、州培训学习；县合医局举办 4 期专题培训班，共培训乡（镇）合医管理人员和各级定点医疗机构（含村级卫生室）人员 276 人次。全年参合农民就医 16002 人次，共发生医药费 525.87 万元，补偿金额 250.46 万元。其中门诊 10876 人次，医疗费用 42.44 万元，补偿费用 18.41 万元；住院 5126 人次，医疗费用 483.43 万元，补偿 232.05 万元，补偿率为 48.01%。建立健全各项制度，加强对资金使用监督管理，每季度将收支情况进行公示，并设立举报箱，公布举报电话。

2008 年，全县农民参合人数 93556 人，参合率为 86.83%，参合资金 842.01 万元。其中中央补助 374.22 万元；省级补助 318.09 万元；州级补助 28.07 万元；县级补助 28.07 万元；参合农民每人年缴纳 10 元，农民共缴纳 93.56 万元。全年共受益 69399 人次，发生医药费用 1380.36 万元，补偿金额 660.26 万元。其中门诊 62734 人次，医疗费用 158.75 万元，补偿费用 76.33 万元；住院 6665 人次，医疗费用 1221.61 万元，补偿费用 583.93 万元，补偿比例为 47.8%。加强业务培训，共举办 4 期专题培训班，共培训乡（镇）合管人员、各级医疗机构、村级卫生室相关业务人员 474 人次。

2009 年，全县农民参合人数 102594 人，参合率为 95.25%，参合资金 1025.92 万元。其中中央补助 410.37 万元，省级补助 348.81 万元，州级补助 30.78 万元，县级补助 30.78 万元，农民缴纳 205.18 万元，参合农民缴纳每人每年 20 元。全年受益 135207 人次，发生医疗费用 2013.31 万元，补偿金额 1073.72 万元。其中门诊 116685 人次，医疗费用 249.79 万元，补偿费用 100.92 万元；住院 18522 人次，医疗费用 1763.52 万元，补偿费用 972.8 万元，补偿率为 55.16%。

2010 年，全县农民参合人数 120090 人，参合率为 97.18%，参合资金共 1681.26 万元，其中中央补助 720.54 万元，省级补助 612.46 万元，州级补助 36.02 万元，县级补助 72.06 万元，农民缴纳 240.18 万元，参合农民缴纳每人每年 20 元。全年受益 170086 人次，发生医药费用 2634.21 万元，补偿金额 1567.45 万元。其中门诊 151287 人次，医疗费用 377.46 万元，补偿 213.85 万元，补偿率为 56.65%；住院 18799 人次，医疗费用 2256.75 万元，补偿费用 1353.6 万元，补偿率为 59.98%。

第五章　爱国卫生运动

第一节　卫生城市创建

卫生创建是指创建卫生城市（县城）的总称，简称为“创卫”。它包括创建州级、省级、国家级卫生城市（县城）。“创卫”是一个城市综合功能和文明程度的重要标志，是推动城市基础设施建设、加强城市管理、改变城市面貌、改善人居环境和投资环境，对提升城市品位、促进经济发展、提高人民生活水平具有重要意义。

1991—2000年间，台江卫生创建工作的开展还是比较滞后的，对于卫生创建工作，省、州、县也没有硬性指标要求，创建工作采取自愿原则开展，各级政府没有真正把卫生创建工作纳入议事日程，城区卫生基础设施建设投入少，环境卫生脏、乱、差较为突出。

2000年以后，全国爱卫会号召全县开展爱国卫生运动，推进卫生创建活动，改善城乡卫生环境，提升人居质量。在这一前提条件下，2001年3月，台江启动创建州级卫生县城和州级卫生村寨工作实施方案，要求各村寨创造条件，争创州级“卫生村寨”。通过开展卫生创建活动，到2010年，农村和城区卫生状况得到了明显好转，特别是城区市容市貌、卫生基础设施建设得到较大改观：县城道路硬化率达95%以上，街道清扫率达100%；卫生保洁人员由2001年的30人增加到90人，城区环境卫生做到全天保洁，垃圾日产日清，垃圾清运率达100%；县城绿化率达35.8%，人均绿化面积5.9平方米；饮食、制水、旅店等公共场所从业人员培训合格率达100%，健康体检率达100%，发证率达100%，“五病”（肝炎、肺结核、痢疾、伤寒、化脓性皮肤病）调离率达100%，未发生重大食物中毒事故；城区供水普及率达100%，出厂水和末梢水水质合格率90%以上；全县无甲、乙类传染病暴发疫情，无医院感染引起的传染病暴发疫情和死亡事故，“五苗”（卡介苗、脊灰疫苗、百白破三联疫苗、麻疹疫苗和乙肝疫苗）接种率均在95%以上；城区鼠密度控制在3.7%以下，灭蚊、蝇、蟑密度均不超过规定标准；居民健康知识知晓率达85%以上，卫生行为形成率达60%以上；农村自来水普及率达80%以上。

2001年12月，老屯乡望虎屯村被州政府命名为“州级卫生村寨”。2004年3月，台江县启动创建“州级卫生县城”活动，2004年12月台江县成功创建“州级卫生县城”。2005年，通过“省级卫生县城”达标验收。2008年11月，台拱镇大红寨村、排羊乡展里村获得“州级卫生村寨”称号。2010年12月，台江县方召乡反排村、南宫乡交宫村获得“州级卫生村寨”称号。

第二节　健康教育

20世纪90年代，台江县的健康教育工作得到开展，此前基本处于“空白”状况，无机构、无编制、无人员、无经费、无办公场所，健康教育工作主要由县卫生防疫站负责抓一些常规工作，仅做一些如拟定健康教育工作计划、工作总结、工作简报等，并未开展实质工作。2003 年 3 月，机构改革后，县卫生防疫站划分为 2 个单位，即台江县疾病预防控制中心和台江县卫生监督局。健康教育工作交由县卫生局负责，主要是开展以慢性病和地方病防治宣传为主，如结核病、高血压、糖尿病、碘缺乏病、地甲病等。同时，在社区、街道、学校、企业厂矿等人群密集场所进行健康教育知识宣传，引导群众倡导健康生活方式，提高对疾病自我保健能力。推进全民控烟工作，开展全民控烟宣传活动。每年组织开展“5·31”世界无烟日大型宣传活动，教育中小学生拒吸第一支烟，营造全社会控烟工作氛围，全面推进禁烟工作。

第三节　农村改水改厕

农村改水　农村改水主要是以改建自来水为主。通过改水，让群众吃上安全卫生水，能防治肠道传染病（如伤寒、副伤寒、痢疾、霍乱、甲型肝炎、脊灰等），防止氟骨病、地甲病、地方病性和砷中毒等。1991—2010 年，全县农村改水累计受益人口 11.4 万人，占农村总人口的 88.58%，其中，自来水受益人口 9.07 万人、其他 2.33 万人，用于改水累计投入资金 1548.44 万元，其中，国家 1252.03 万元、个人 280.48 万元、集体 15.93 万元。

农村改厕　农村改厕主要是以农户户厕改建为主。通过改建卫生厕所，能及时将粪便进行处理，杀死或减少粪便中的寄生虫卵、致病微生物，从而达到预防肠道传染病和寄生虫病的目的，同时又能增加肥源，提高肥效，促进农业生产的发展，是小康生活不可缺少的卫生设施，是文明程度的标志，是保护农民身心健康和小康生活中不可缺少的卫生设施。1991—2010 年的 20 年间，全县农村改厕累计 1.025 万座，占农村总户数的 37.68%，其中，三格式 0.35 万座、沼气式 0.375 万座、完整下水道水冲式 0.015 万座、其他 0.285 万座。累计用于农村改厕资金 956.33 万元，其中，国家 501.88 万元、个人 454.45 万元。

第四节　除“四害”工作

“四害”指苍蝇、蚊子、老鼠、蟑螂。它们传播多种疾病，给人们的生产、生活及身体健康带来极大的危害。因此，每年春、夏、秋季，根据“四害”的生活习性，有针对性地开展除“四害”活动，使“四害”密度得到有效控制。

1991—2010 年，为了加强对“四害”工作的领导，减少疾病发生，保护人民身体健康，县卫生局先后成立县除“四害”工作领导小组。1991—1997 年，成立了以张文英（时任副县长）为组长，各相关部门单位主要负责人为成员的“四害”工作领导小组；1998—2010 年，由于人事变动，县除“四害”工作领导小组调整为杨昌智（时任县副县长）为组长，相关成员单位主要负责人也作相应调整。

1991—2010 年，全县共投入除“四害”资金约 508.15 万元，购买除“四害”药品 30.7 吨，每年在城区开展除“四害”活动 2 次以上，主要以灭鼠活动为主，20 年来全县鼠密度控制在省州规定的标准范围内，除“四害”工作得到州爱卫办的肯定。

第六章　执法与监管

第一节　劳动卫生

1991—2010年，县卫生局在劳动卫生执法与监管工作中的情况为：

1991—1992年，卫生局对粉尘污染较严重的打米厂、麻纺厂等企业工人进行尘肺普查和车间有害物质的监测，并为企业工人建立了健康档基础数据平台，定期开展了健康检查。

1993年，对从事有尘（毒）作业工人健康检查，共检查120人，患病0人，患病率为零；对放射工作人员和医用X光机作了相关调查。

1994年，对从事有尘（毒）作业的新参加工作人员150人进行体检，患病者占0%。

1995—1998年，每年平均对从事有尘（毒）工人体检180余人次。后随着企业的竞争淘汰和改革改制，劳动密集型和粉尘污染重的国营及集体企业已改制撤销，工业卫生监管工作重点为驾驶、放射和新建的木材加工企业等。

1999年，根据流行病分析与职业工作有关规定，共完成机动车驾驶员体检185人，登记放射卫生工作10户，应用辐射源单位10户。

2001年，完成放射卫生人员体检登记和建立健康档案工作。

2002年，对10个单位的放射卫生人员进行体检。

2003年，对10个放射卫生人员进行体检登记。

2004年，培训企业厂矿职工防病知识240人次，检查企业厂矿12家，要求整改7家，它们存在的情况主要是：这些企业只图经济效益，未对在有毒、有害场所和岗位的工人做健康防护措施，也未有设置警示标志。建立健全各医疗单位放射卫生管理制度，在检查室设立警示标志。完成驾驶员体检任务和有关行业职工健康检查工作。

2005—2007年，主要加强产生污染对工人身体健康有害的企业进行检查，督促企业做好工人职业病预防健康体检260人次。

2008年，对14家企业进行监督检查，要求整改6家，并对各企业普遍存在的问题逐一提出整改意见，督促各企业加强对职工职业病的防治；督促各医疗卫生单位建立健全放射卫生规章制度，放射从业人员10人全部持证上岗。

2009年，对8家有放射资质的单位进行监督检查，要求整改8家，放射从业人员11人全部持证上岗。

2010年，根据州、县职业防治工作会议精神，制定《台江县职业病防治监督管理工作方案》，深入14家企业开展职病调查，共调查210人，与14家企业签订职业防治工作责任书，6户企业建立企业管理档案，为接触职业病危害作业岗位102人进行健康体检，建立企业个人健康档案6份，健康体检率达 100%。开展职业病联合检查 2 次，深入企业宣传预防职业病 2 次，接受咨询 300 余人，发放各种资料 300 余份。针对检查中发现存在的问题，下达整改意见书 14 份，立案查处 0 家企业。

第二节　卫生监督管理

公共场所：截至 2010 年，全县共有公共场所经营单位 167 户，量化达标授牌的公共场所单位 78 户（C 级），其中，旅店 66 户、浴室 2 户、理发店 5 户、美容店 5 户。根据《公共场所卫生管理条例》县卫生局对辖区内所有的公共场所服务行业进行全面监督检查，对公共场所经营单位卫生设施、卫生许可情况、从业人员健康证、公共物品消毒情况等进行重点检查。年均出动卫生监督员 130 人次，监督检查 350 户次。

食品卫生：截至 2010 年，全县餐饮服务单位 126 户，学校食堂 16 户，食品卫生量化分级管理达标授牌的餐饮单位 137 户，其中学校食堂 135 户（C 级）。为保障辖区广大人民群众的饮食安全，规范辖区餐饮服务业的市场经济秩序，县卫生局年均出动执法人员 300 人次，监督检查餐饮单位 570 户次。

学校卫生：切实加强学校食堂及周边食品安全检查工作，县卫生局年均出动车辆 28 台次、卫生监督员 100 人次，检查学校 130 户次。重点检查学校食堂的卫生管理制度、卫生许可证、食品生产经营加工环境、从业人员健康合格证明、餐具消毒情况、食品及其原料采购索证等方面。2010 年，检查取缔 3 户环境条件差的无证食品摊，责令整改 11 户，罚款 2 户。

放射卫生：1991—2010 年，全县共有 X 光机等放射机 8 台，其功率均为 200 毫安左右。从事放射人员 11 人，1991 年起，全县医疗机构有放射机构 8 个，取得放射卫生许可证 8 个，取得放射卫生职业许可证 11 人，防护设施合格单位 8 个。

第七章　医政药政管理

第一节　医政管理

医疗机构管理　根据《医疗机构管理条例》和《医疗机构基本标准》，县卫生局认真开展医疗机构执业许可证行政工作。严格医疗执业资格准入，一是严把医疗机构和执业人员的审查关，在医疗机构审批、执业人员注册中，严格按照法规规定审查，做到对不合格的机构，坚决不审批，不符合规定的人员，坚决不注册，把好打击非法行医的第一道关口；二是利用医疗机构年度校验和上网登记之机，审查、整改、规范不合法的行为，取缔不合法的机构。到 2010 年，共有医疗机构 192 家，其中，县级医疗机构及其门诊共有 5 家、乡镇卫生院及其门诊 11 家、村卫生室 148 家、计生服务机构 9 家、诊所 19 家。

医师执业注册管理　1991—2010 年，全县有执业医师 119 人（临床 96 人、口腔 2 人、公卫 15 人、中医 6 人），执业注册医生 29 人（临床 27 人、口腔 1 人、公卫 1 人）；2004 年，根据《乡村医生管理条例》和《贵州省乡村医生执业注册暂行办法》的有关规定，开始对乡村医生进行执业注册，至 2010 年共注册 136 人；2008 年，开始实行医师执业注册联网注册管理，当年医师变更执业注册 6 人，2009 年医师注册注册 10 人，变更注册 3 人，2010 年执业注册 9 人，变更注册 2 人。

护士执业注册管理　2010 年，全县开始实行护士执业注册联网注册管理。1993 年护士注册 2 人，1994 年护士注册 0 人，1995 年护士注册 11 人，1996 年护士注册 16 人，1998 年护士注册 3 人，1999 年护士注册 3 人，2000 年护士注册 1 人，2001 年护士注册 2 人，2002 年护士注册 8 人，2003 年护士注册 2 人，2004 年护士注册 10 人，2005 年护士注册 12 人，2007 年护士注册 14 人，2008 年护士注册 15 人，2009 年护士注册 36 人，2010 年护士注册 29 人。1991—2010 年，全县共有注册护士 164 人。

医疗事故处理　2010 年，制定了《台江县卫生系统重大医疗纠纷应急处置预案》，成立卫生系统医疗纠纷应急处置指挥部。1991—2010 年未发生医疗事故。

初级专业技术职务聘用　到 2010 年，聘用师级 35 人，士级 46 人。

高中级专业技术职务聘用　2005 年 12 月 29 日，根据《贵州省卫生厅人事厅关于 2005 年度全省卫生专业职务评审聘任工作的安排意见》（黔卫发〔2005〕100 号），卫生系统实行评聘分离 2005—2010 年，共聘用副高级职称 10 人，中级职称 29 人。

第二节　药政管理

1990 年 4 月，台江县药品检验所成立，专司药品监督管理工作。2002 年 2 月，县药品检验所划给州药品监督管理局管理，名称变更为“黔东南州药品监督管理局台江分局”，台江县药品质量监督由州药品监督局负责。

特殊药品管理　麻醉药品、精神药品、医疗用毒性药品、放射性药品等属于特殊管理药品。

县药品检验所为县卫生局内设的事业单位，依法对全县的特殊药品进行管理。台江仅有县人民医院和台拱镇卫生院具有特殊药品的购买和使用权，购买量须报经州卫生局医政科批准，而特殊药品的供应由州医药公司独家提供，只有具备中级以上专业技术职称的医生才具有开特殊药品处方权。1991—2010年，县药品检验所认真履行职责，依法对全县特殊药品进行严格管理监督，加之县内使用单位少、用量少，到2010年，县内未出现特殊药品超量使用、乱购乱用情况，也没有发现特殊药品在管理和使用上造成不良后果的现象。

药品质量管理　2002年9月起，县人民医院设置药剂科、各乡镇卫生院指定专职或兼职人员负责药品质量管理，县药检所对县城医疗机构、药店、药品经营公司每年开展4次日常监督检查和各类专项检查，对乡镇卫生院及诊所每年开展2次日常监督检查，村卫生室每两年全部检查一次，重点检查是否存在假、劣药品，无证药贩，药店超范围经营，诊所超范围使用药品的情况，并对存在问题的单位或个人进行处罚或取缔。

第十九篇

苗族风采

第一章　苗族节日

第一节　姊妹节

一、姊妹节的来源

苗族姊妹节是流传于清水江中游以台江施洞为中心的苗族传统节日，该节日与苗族传统的婚姻制度、婚姻习俗密切相关，节日以苗族男女青年为活动对象，以苗族男女青年恋爱婚姻为活动内容，有着特定的人群、以特别的食物作为节日活动的道具，用特殊的方式表达青年人交往感情，按固定的程序完成节日的全过程。

苗族姊妹节是黔东南苗族一个重要节日，当地人称为“吃姊妹饭”。“苗族姊妹节”是现代意译，“姊妹节”苗语称为“Nongx Gad Liangl”（弄嘎良，意为“吃了心饭”），意思为“再也没有什么想法了”，“Nongx（弄）”在苗语里是“吃”的意思，“Gad（嘎）”就是“饭”，“Liangl（良）”在这里有“了却心愿”的含义。“Nongx Gad Liangl”的意译就是“吃了却心愿的饭”，即吃了这次饭后，心愿已了，从此再不去为这个事牵挂。“Nongx Gad Liangl”在当地译成汉语叫“吃姊妹饭”。

20 世纪 90 年代后，台江县政府为宣传民族文化，打造民族节日文化，发展民族文化旅游事业，从“吃姊妹饭”引申为“姊妹饭节”，后又派生出了“苗族姊妹节”这个词。1998 年 4 月，台江县政府成功举办了第一届“贵州台江苗族姊妹节”，为了规范“姊妹节”的名称，在广泛征求苗族各界人士的意见以后，台江县人民政府正式将“Nongx gad liangl”活动命名为“姊妹节”，成为“Nongx gad liangl”活动的正式名称，从此，“苗族姊妹节”就成为这一地区苗族这个特殊节日活动的特定专有名词，并沿用至今。但在苗族内部仍然使用“Nongx Gad Liangl”（弄嘎良）。

关于姊妹节的起源主要有五种传说。

月九和英九传说　从前，施洞良田村的九寨有两姐妹月九和英九，两姐妹感情很好，长大出嫁后，因不能时常相见而难过伤心，为此，两姐妹想了一个办法便于每年到娘家一聚。她们各自到夫家去建议：寨上的许多小伙子不好找媳妇，我们可以帮他们创造一些条件，每年带他们到我娘家的寨子去结识姑娘。她俩的建议得到夫家的赞同，第二年的农历二月十五这天，姊妹两家夫妇各自带着寨中的小伙子来到娘家。为了方便姐妹俩叙旧，她们指点小伙子们去游方坡上与姑娘游方，又找来那些曾经在“游方坡”上与丈夫相识，甚至曾经相恋的已婚还未落夫家的女伴们陪伴丈夫，一起以歌抒发以往的情谊。这样的方式一年又一年相传下来，就形成了吃姊妹饭活动。

金党和窝久传说　施洞良田村九寨有非常要好的两姐妹，姐姐嫁到偏寨村，生有一男孩叫金党，妹妹嫁到黄泡村，生有一女儿叫窝久。金党和窝久每年都随父母去外婆家，长大后彼此产生了爱情。金党常常跑到黄泡与窝久相会，窝久就用她装针线的竹篮藏着饭悄悄送给金党吃。按苗族“还娘头”婚俗，窝久必须嫁到舅家，两人不可能结合，并且还要被寨老们处以“三个一百二”（即 120 斤肉、

120斤酒、120斤米）的处罚。金党与窝久的妈妈不忍心拆散他们，主动请两村的寨老来解决。寨老们也被金党与窝久的爱情感动，找了两寨不为同一房系为由，说服舅家，允许他们结成夫妻。窝久饭藏在竹篮里送给情人吃的方式便流传下来，这个故事也广为流传。

施洞有一个寨子的许多姑娘找不到男友而嫁不出去，而在革一的一个寨子又有好多小伙子找不到女友而单身。秋收后，寨上的老年妇女们看见姑娘们整天在家忧伤地绣花、织布，便给她们讲金党和窝久的故事，就教她们去田中捞鱼，煮糯米饭，然后邀请革一的小伙子们来吃。这样，两村的青年男女互相认识，并约定第二年农历二月十五日期间，再“gad liangl”一次。“gad liangl”就演变成为以青年男女交流感情、挑选情侣为主要内容的节日活动，于是便有了二月十五的姊妹节。

务格传说　相传剑河革东、五河一带的男孩很多，找媳妇不容易。五河村一小伙子好不容易在凯里本寨找到一个叫务格的姑娘。务格是个聪明热心的姑娘，一心想帮五寨后生解决找媳妇的问题。后来，她发现老屯、施洞等地年轻人是通过吃姊妹饭交友游方找到媳妇的，而且吃姊妹饭孔很闹热，还能踩鼓、唱歌、赛马等，决定也要在五河一带吃姊妹饭。于是，她跑到施洞的报摩山上用围腰包了一撮泥土到五河，与五河一带各寨的“理老”（管法制的人）商议，也要过姊妹节。大家觉得这个办法好，可以帮助年轻人找到意中人，为了不和施洞地区节日冲突，“理老”们就商议五河片区提前到二月十五日来过姊妹节。

仰和妮传说　相传哑优公、柳相婆到报摩坡一带开荒开田挖土，因路远，就叫女佣送饭。帮工里有两个青年很聪明，又会唱歌，干活也好。他俩一个叫阿九，一个叫今打，每次吃完饭，都站在报摩坡上一个唱飞歌，一个吹木叶，送饭的女佣听得入迷，就与他们对歌。仰和妮姊妹听到议论，就想看个究竟，跟着到报摩坡，姊妹俩听歌声动了心，见到阿九和今打，心里更欢喜。他们结伴，伴着木叶唱飞歌。从此以后，仰和妮两姊妹隔不几天就上山邀阿九、今打到报摩坡对歌，后渐渐产生了感情。一天，阿九摘一束黄花，今打摘了一束吹得好听的香木叶，分别送给仰和妮。两姊妹很高兴，第二天一早起床，为阿九、今打煮上苗家人最爱吃的糯米饭，错把阿九、今打送的黄花、香木叶放在糯米里一起蒸，天亮两姊妹就和打凯们送饭上山。阿九、今打打开一闻，喷喷香，一看，糯米饭白、黄、黑色都有。阿九、今打很高兴，吃得很开心。仰和妮返知道黄花和叶子把白糯米饭变成了黄、黑色的彩色饭，于是叫阿九、今打再摘些黄花和香木叶，把花和叶分别捶烂泡糯米，再来蒸，这次蒸熟的糯米饭，白的更白，黄的更是黄晶晶，黑的更是黑油油，两姊妹偿了偿，果真香喷喷，很好吃。阿九、今打和女佣们吃了都不住称赞，问仰妮姊妹俩，彩色糯米饭是怎么做成的，妮妹抢着说，是用阿九、今打哥俩摘的花和香木叶做的。今打说，两姊妹做的饭，就叫姊妹饭好了，花也就叫姊妹花，这叶子也就叫姊妹饭叶子吧。于是，姊妹饭就这样传开了，一直流传到现在。山中蚊子多，阿九、今打吃了姊妹饭以后，蚊子也不叮咬人了。吃姊妹饭蚊子不叮人的说法流传至今。

二、活动时间与分布

姊妹节活动时间以农历三月十五日至十七日为主要活动日期，有部分地区过农历二月十五至十七日。节日分布范围为清水江中上游和巴拉河下游沿岸各苗族村寨。在整个节日区域内主要有4个氏族支系70多个村寨过苗族姊妹节。一是以台江施洞为中心的方南（fangb nangl）支系，包括台江县的施洞、老屯两个乡（镇）的所有村寨和施秉县的双井、白洗、马号3个乡（镇）部分村寨；二是以剑河革东为中心的方翁（fangb ongb）支系，包括革东、柳川、岑松等乡（镇）的部分村寨；三是以台江县城为中心的方你（fangb nix）支系，主要为台拱镇的一些村寨；四是以台江革一为中心的方黎（fangb dlib）支系，主要为居住在革一地区的同支系苗族村寨。其中以台江施洞地区规模最大，也最具特色，代表性村寨有老屯村、偏寨村。

老屯村苗语称“Vangl Tent”，音译“阳屯”，是台江县老屯乡的一个村寨，位于台江县城西部，在巴拉河下游河畔，距离台江县城 30 公里。该村辖 2 个自然寨、6 个村民小组，共 179 户 763 人，其中男性 374 人，女性 389 人，苗族人口占 99%，主要以张姓和杨姓为主，另还有姜姓、黄姓等。

据老屯一带流传的民间故事叙述，老屯村还是姊妹节的发源地。所以每年农历三月十五日姊妹节，老屯一带村寨，还有施洞、良田、猫坡等地的苗族都集中在老屯踩鼓。姊妹节当天上午，老屯村要举行起鼓仪式，由村里一位寨老，携带香纸、酒、肉、蛋、五彩姊妹饭，两个姑娘抬着鼓，还有数名姑娘随同，到距老屯村寨子约 200 米的姊妹坡（“报嘎良”）举行起鼓仪式。寨老先烧香化纸，口念祭词，然后寨老发给在场每人一托姊妹饭。吃完后，寨老敲起鼓，大家围着寨老，随着鼓点踩五六圈，之后抬鼓下山，来到村里的踩鼓场，起鼓以后，大家才能踩鼓跳舞。

偏寨村　苗语称“Vangl Dliab”，音译“洋夏”，是台江县施洞镇的一个行政村，位于台江县西北面，清水江南岸，距县城 38 公里，距镇政府 1.5 公里，镇远至台江公路从村中穿过。2010 年，全村有偏寨、石家寨和杨家寨 3 个自然寨、8 个村民组，共 322 户 1523 人，是施洞镇最大的行政村。偏寨是苗族姊妹节活动的集中地，以偏寨为中心的“姊妹饭”活动十分热闹。据说施洞一带开始过姊妹节都在偏寨下游的一个屯卯寨过，但由于屯卯寨在山坳上，地势较高，人们觉得穿着盛装爬到屯卯寨踩鼓很不方便，后来才把屯卯寨搬到现在的杨家寨来。每年的农历三月十六日，施洞及巴拉河下游一带的苗族村寨，男女老少便集中到杨家寨河沙坝踩鼓场踩鼓，农历三月十七日，又聚集到偏寨（自然寨）的踩鼓场。

杨家寨是偏寨的一个自然寨，苗语叫“Nangl Hlinb”，音译“南林”，全寨有 90 多户，大部分都姓杨，只有几户姓廖，是后搬迁来的。杨家寨紧靠清水江，清水江从施洞上游流经这里，转了个小弯，在这里留下了一片河滩，这个河滩长约 2 公里，宽 100 多米，是杨家寨的天然踩鼓场。每年农历三月十六日，台江、施秉、剑河清水江沿岸村寨数万人汇集这里，成百上千的苗族姑娘、年轻妇女身着亮丽的盛装踩鼓、唱飞歌，还有赛马、斗牛、斗鸟等活动，每年都吸引不少海内外游客前来观看。

三、活动准备

节日前，各家各户都要做好准备工作。节日集会是展示苗族服饰的一个重要平台，服饰精美程度是苗族姑娘才艺的标杆。苗族姊妹节中的服饰直接近距离进入心仪男子的眼帘，成为被欣赏的一个条件，节日服饰的筹备也就显得十分重要，主要通过制布、绣衣、配备银饰来完成。

姊妹节特定食物的准备主要指“甜酒”和“五彩糯米饭”。甜酒即是糯米甜酒，须由母亲或女儿亲自酿制，酿制糯米甜酒的过程相当虔诚和讲究，所有器皿均要清洗干净，防止油污导致出酒率降低，对酿酒用的柴质、火候都有一定的要求，切忌用樟树柴，更不能用枫树柴。因为这一事项隐含着深刻的文化意义，是苗族人家用以寄托母亲或女儿们的美好愿望。如果女孩做的糯米甜酒发酵得好，酒多酒甜，预示着女孩在这个节日活动中能找到可心的情人；如果母亲发酵的甜酒好，就预示着母亲将有一个如意的女婿，事实上都是为祝愿女儿能获得一份美满的婚姻。五彩糯米饭亦称“姊妹饭”，是苗族姊妹节的特定食物，也是节日活动的特定“道具”，更是祭祀祖先的节日必备祭品。“五彩糯米饭”作为姊妹节祭祀中的祭品时，区别于实际活动中的“五彩糯米饭”，主要以黑色为主色调，约占 60%，这是苗族以黑为尊、以黑为美的文化传统所决定。准备“五彩糯米饭”，是苗族姑娘们在节日前三天的清晨，邀约上山采集“黑饭叶”（黑色染料植物，苗语称“ghab nex gad dlaib”），到河边采摘“黄饭花”（黄色染料植物，苗语称“bangx gad fangx”）。然后将新鲜的“黑饭叶”捣碎放入开水中浸泡出黑色液体，将“黄饭花”放在锅里煮出黄色液体，用于浸泡糯米，使色素渗透到糯米中而成黑色和黄色，再上甑蒸熟即成。“五彩糯米饭”清香扑鼻、色泽艳丽，最初仅为三色，20 世纪初叶，一种叫“品红”和“品绿”的食品添加剂流传到清水江苗族地区以后，被当地苗民广为运用到食品的染色中，也被用在姊妹饭制作上，于是“三色糯米饭”就变成了“五彩糯米饭”。

四、活动内容与过程

由于苗族传统姊妹节是一个时段性的节日，在集中过节的三天时间里，传统姊妹节活动包括姊妹节祭祀、迎宾活动，各种形式的捞鱼活动，青年人“游方”、踩鼓，各种方式的苗歌演绎，讨姊妹饭、讨腊肉等。除这三天节期活动，姊妹节的内容还包括节前的抬粑粑和节后的退篮子活动。

姊妹节祭祀是苗族崇拜的万物始祖“蝴蝶妈妈”、人类始祖“姜央兄妹”以及氏族房族的先祖们，祈求祖先保佑苗族后代能通过“Nongx gad liangl”活动找到意中人，实现人人能完婚，个个能成家，最终达到繁衍后代、民族兴旺的目的。迎宾活动为三天节期正式开始的标志，主方在寨门以酒以歌迎接客人的到来，客人入寨后必先到踩鼓场与主方一同踩鼓娱乐。“捞鱼”是青年男女借捞鱼打平伙之机以达到交际的目的，苗族人把这种共同进餐的形式称为“捞鱼打平伙”。捞鱼活动有几种方式，有未婚青年之间的“捞鱼打平伙”，有已婚者以“老庚”（ghab bul）名义的捞鱼活动，有姑妈走亲的捞鱼活动。其中，未婚青年之间的“捞鱼打平伙”并不在三天节期内进行，而是在农历正月到节期前进行，另外两种方式的捞鱼活动已逐渐成为姊妹节节期固定的活动内容和活动程序。青年人游方活动也是姊妹节的重头戏，游方是苗语“yex fangb”的音译，也叫“摇马郎”，指青年男女对歌、谈情说爱、寻找意中人的一项活动。在每一个苗族村寨都有一个固定的游方场所，叫“游方场”或“马郎坡”。在没有节日活动的日子里，游方多在晚上进行。苗族姊妹节的游方不受时间和地点的限制，无论白天还是晚上，无论寨边的游方场还是田间地头，青年男女们只要相约在一起，就可讨姊妹饭诉衷肠，就可送姊妹饭表情意，就要对山歌、唱情歌、说爱意。歌与舞是苗族姊妹节不可或缺的内容，“踩鼓”就是舞蹈的表现形式，是一项以集体舞为形式的群众性娱乐活动，也是苗族男女青年展示才智的又一大舞台，还是双方家庭对未来的媳妇或女婿进行才貌、人品、德行以及家庭经济状况的考察机会，在苗族的物质文化和精神文化生活中占有极其重要的地位。在踩鼓场上，精致的绣衣标志着姑娘们的心灵和手巧，满身的银饰代表了家庭的殷实和富足，芦笙与鼓点恰到好处地配合证明了小伙子的聪明与智慧，舞步的轻盈突出了姑娘的灵活和协调。“姊妹饭”也叫“五彩糯米饭”，是苗族姊妹节的主要食物和重要道具，以此形成的“讨姊妹饭”活动成为苗族姊妹节中最有实质意义的内容，是整个活动的主线。苗族是一个含蓄而浪漫的民族，除了歌表意、话表意外，还用物表意。苗族姊妹节就是一个用物表意的典范，姑娘们借象形、谐音、借喻、拟人等修饰手法将代表自己心意的树叶、花草、蔬菜等自然界的植物和农作物，悄悄地藏在“姊妹饭”里，表达着自己的祈盼和追求。小伙子根据这些姊妹饭里的信物来获取姑娘对自己情谊的信息，实质上是姑娘给小伙的一封“无字的情书”。讨腊肉是苗族姊妹节长三天的活动，主要流行于剑河县革东镇和岑松镇的苗族村寨，由女青年向男青年讨要，由有儿女亲家关系的女方向男方讨要，由姑妈向舅家讨要。在苗族人的字典里，“讨”并不是一种低下的行为，“讨”有“要”的含义，不是简单的讨要，需要付出一定的才智或财富代价，就好比接媳妇称为讨媳妇一样。姊妹节的讨腊肉是需要付出才智的，即讨要方要有足够的唱歌能耐才能有脸面地讨到腊肉，在这项活动中，那些不会唱或唱不了几首讨腊肉歌的，虽然也能得到一些腊肉，但感觉是酸涩和丢脸的。讨来的腊肉要在拿回家的当天吃掉，如果是姑娘们自己讨来的，就请送来的小伙子们一起吃；如果是儿女亲家的方式就要请同房族的共进；如果是外嫁的姑妈们讨回来的，就请夫家房族同吃；抬粑粑活动是在节期前开展，为青年男女之间交往的一项活动，即是相爱的青年男女把相爱的这件事通晓各自寨中人。相爱中的姑娘有了婚姻的愿望，示意小伙子到自己寨上来抬粑粑，抬去的粑粑需要分成若干份分给寨邻亲友，宣告他们的关系，事实上抬粑粑活动就是相爱的男女青年自主定亲的方式。退篮子是节期后的活动，“讨姊妹饭”时，姊妹饭是用篮子装着送给男方，饭里藏着姑娘的心思，男青年讨得后要根据姑娘的暗示筹备一些礼物，借退篮子再次相聚的机会，把礼物送给姑娘。这个活动也属于姊妹节的系列活动，借退篮子达到再次相聚联络感情的目的。

民间组织的竞技活动有斗鸟、斗牛、赛马、篮球、拔河、苗歌等比赛，斗鸟、斗牛、赛马为苗族传统竞技项目，多在纪年性、娱乐性、纪念性的全民参与的节日中开展，比如苗年、芦笙会、爬坡节等。苗族姊妹节虽然也是娱乐性节日，但传统的节日对象只限制在青年男女中，没有达到全民参与。因此，20 世纪初，这些项目都还没有列入姊妹节活动范畴。随着经济社会的发展，苗族社区渴望拥有更多的娱乐方式来丰富文化生活，中老年人也渐渐加入到姊妹节的活动中来，并在节日中组织开展传统竞技活动。而篮球、拔河、苗歌赛等是在文化交流过程中引进或创新的活动内容。

政府协助组织的节日表演和节日比赛活动内容主要有游行表演、服饰表演、划龙舟表演、跳芦笙、放陀螺、选姊妹花等。这些活动内容的开展是在政府的指导和组织下进行的，目的是为了扩大节日的影响面，提高苗族姊妹节的文化知名度。特别是近几年来，民族文化旅游的发展，姊妹节的空间逐渐扩大，节日参与者越来越多，身份也越来越复杂，活动方式与活动内容也在变化。

五、姊妹饭信物

施洞“姊妹节”活动中，女青年送给男青年的“姊妹饭”篮子中，借象形、谐音、借喻、拟人等修饰手法将自己的心思悄悄地埋藏在“姊妹饭”里，表达着自己的企盼和追求。一般情况下，在“姊妹饭”中隐藏的有自然界的植物和农作物两大类，而这两大类的不同品种表达着不同的意义，实质上是给男友的一封“无字的情书”。“姊妹节”活动中女青年隐藏的物事大致有这样几种：

椿芽　椿芽在苗语里称为“vob yangl”，音译“窝样”，“yangl”有“引”“接”的意思，寓意为请男青年尽快来迎亲，这是女青年托付终身的特有标志。

棉花　棉花是施洞女青年常用来送给男朋友的物件。在古苗语里，棉花称为“nenx”，音译“能”，现代苗语“nenx”是“思念”的意思。这里是借谐音表达女青年思念男青年的真实感情。

松针　松针是一种隐喻，有两层含义：其一是女方认为男方可以交往，希望男方多来，明年希望用针线来酬谢，这是表层的意义；其二是暗示男方寻找“穿针引线”的人，希望男方找人来提亲，“针”暗示“穿针引线”。

竹钩　竹钩是施洞女青年送给男友的“姊妹饭”里常用的物件，实际上表达的是三层含义：第一层含义是借象形之意暗示男青年用一把雨伞来酬谢，因为伞把像竹钩，因此竹钩也可以表示希望男方买雨伞酬谢；其二是用暗喻的方式表达“你已把我的心勾走了”的情感，表达的是女青年对男青年的依恋之情；其三是暗示男青年可以用“拐亲”的方式将自己拐走，实际上也是暗许终身的一种方式。

大米　大米是较少出现的物件。“大米”在苗语里称为“ghab hsad”（嘎洒），大米的“hsad”与错误的“hsad”系同音字，送大米有暗示男青年“表错情”的意义，意思是“我已有对象，你表错情了”。从表面看，这是一种暗示“我已有对象”或“我已结婚”的意思，但实际上所表达的内容还有“我不愿意和你交往”或因某种原因“我不能和你交往”的含义。至于是哪一种含义，还要看当时的具体情况而定。

树丫　树丫是不常见的物件，是表示“叉出去”的动作行为，表达的是“你是不受欢迎的人”或“把你叉出去”的意思，暗含“今后不要来找我了”的含义。

蓝靛草　蓝靛草是不常见的物件。在一般情况下，送蓝靓草在苗语里称为“vob niax”（窝那），这里的“niax”与苗语里的“niad”（笨、傻了、蒙了的意思）的谐音表达“我已经蒙了，请你拿主意”或者“我很笨，你看着办”的意思。当然，还有另外一层含义就是“你真笨”，但苗族女性一般是不会这样直白的，这种可能性一般是不存在的。

葱　葱在苗语里叫“congb，葱”，与“qiongb，穷”（意为自傲、自大）是谐音，“姊妹饭”篮子里藏几根葱，真正表达的是“你人有点自傲、自大”的意思，是女青年对男青年的评价，同时也暗示“我喜欢你，但你太自傲了”的意思，这是提醒男青年为人要内敛一些的含蓄表达。

含笑叶（含笑花） 含笑叶或含笑花是比较少见的一种物件。只在20世纪四五十年代施洞的方寨出现过。苗语称“含笑花”为“bangx dlab niel”（榜莎虐，意为哄鼓的花）。在藏含笑叶或含笑花时，一般表达的是三种意思：其一是通过调查，女青年确知男青年已婚或已有对象，用含笑叶或含笑花暗示“你已结婚，为什么还来哄我？”其二是试探男方“你到底是哄我还是真的喜欢我？”这是一种诘问式的暗示；第三种含义是“我真笨，明明知道你是哄我的，我还是暗暗喜欢你”。有自嘲的调侃味道。

辣椒 辣椒是施洞“姊妹节”女青年在送给男青年的“姊妹饭”篮子里常藏有的东西，当辣椒单独送出时，表达的意思是“你太厉害了，我玩不过你，断交吧”，或者含有“你像辣椒一样狠辣，不敢惹你”的意思。这实际上是断交的信号。但是，一旦辣椒和别的东西一起送出时表达的意义却完全不一样。例如：辣椒和椿芽放在一起，意思是“我父母已经把我许配给别人了，你要来接就快一点来吧”；当辣椒和松针放在一起时，表达的意思就变成了“你赶紧找人来穿针引线，不然就来不及了”；当辣椒和蓝靛叶放在一起时，表达的意思就变成了“人家根本对你没有意思，你瞎忙个啥？”

冬青叶 在施洞“姊妹节”活动中，几个女青年一起给某一位男青年送“姊妹饭”，同时在“姊妹饭”里暗藏冬青叶，是借苗族情歌中的“Nex niangb dliel guf det，Mangx cob liul deis bet? Mangx hlib dail deis not? Dliangx hveb lol xangs mait，Max xenb mongl vangs dit”（木叶长在树梢头，哥你哪片吹得响？哥你想的哪一位？请哥告诉妹，妹帮你去找）的问法探试男青年喜欢她们中的哪一位。

第二节 龙舟节

一、龙舟节的起源

龙舟节是台江县老屯乡巴拉河下游沿岸村寨和施洞镇清水江沿岸村寨的一个传统节日。每年农历五月二十四日至二十七日，在以施洞为中心，上下30余公里的清水江两岸，巴拉河下游老屯乡长滩村以下十多公里两岸六七十个寨子举行划龙舟比赛。

关于龙舟节的起源，传说很久以前，巴拉河下游住着一个名叫保的老人，人称“保公”。一天，他带着十来岁的独生子在河中打鱼，突然天空阴云密布、狂风大作、巨浪滔天，一条恶龙从江中涌出，将他的独生子拖进了河中，保公随即潜入河里救他的孩子。当他找到河中侧面的龙洞时，小孩已死，保公悲愤至极，决心杀死恶龙为子报仇。他游回岸上，找来火镰、火草包好，带着潜入龙洞，放火把龙洞烧了。龙洞着火，烟雾弥漫了九天九夜，天昏地暗。当时，正好有位妇女带着孩子摸黑到河边洗衣服，小孩拿着洗衣棒在河边划水，嘴里喊：咚咚多、咚咚多，天空渐渐烟消云散，放出了亮光。人们出来看见江中漂着一条被烧死的恶龙，纷纷前去抢分龙肉。胜秉发现最早，分得龙头（以后划龙船由他们开始，每年阴历五月初五起头象征性地开划龙舶）；施洞塘龙分得龙身（二十五日划龙船）；溶山得龙腰（二十六日划龙船）；施洞得龙尾（二十七日划龙船）；杨家寨去得晚了，只分得龙肠（杨家寨的龙染成青绿色，传说龙的肠子是绿色的）。

人们把龙肉吃了，过后龙托梦来说，我害老人的孩子我也赔命了，希望以后人们将我的形象制成模型，每年在江中划行几下，我的灵魂将为你们兴云播雨，保你们风调雨顺，五谷丰登。于是大家约定了每年的龙船节进行活动。

二、龙舟的制作

施洞龙船是由一根长约21米的“母龙”和两边各一根长约16米的“子龙”以及一节长2.6米的

龙头捆绑组合而成。母龙和子龙是用整棵树挖成槽形，因此又叫独木龙舟，制作龙身需要用杉树或泡桐树，龙头要用水柳木。

龙船制作首先是选树。选树是选其向阳、高大、笔直、无病害、无疤痕，没有遭受过雷击的杉树或泡桐树，并确定将其砍作母龙或子龙。

砍树制龙的时间是龙年十月下旬。选好吉日，准备一篮糯米饭、一只活鸭、一只公鸡、一条煮熟的刀头肉、三只煮熟的鱼、一尺青布、一小把丝线、一束麻线、一壶酒、香和纸钱，以及酒杯和碗碟。到树脚先祭树神，将青布、丝线捆在树脚，摆上酒肉，烧香烧纸，敬献鱼肉酒品，再杀鸡，将鸭血淋在树干上，然后由一名富贵双全又精通古规古理的长老向树祈祷老少平安，子孙繁荣昌盛。礼毕，由一名有福之人动手先砍第一刀，然后大家轮后砍树，将树砍倒向东方。

树很大，需五六十人齐心协力才能将树搬运。运树途中，沿途各寨亲友，都要以酒接龙木，放鞭炮并献上鸭、鹅、酒，将一段红绸布系在龙木上，宾主互相敬酒祝贺。龙木运到寨边，全寨男女老少都出来接龙，欢呼龙来了。

龙木运回后，寨子择节日动工制龙，先请祭师祭“嘎哈”，之后木匠师傅动手发墨，然后大家按照师傅的要求制作龙舟。龙舟制成雏形后，师傅再进行精雕细刻，制成活灵活现、色彩鲜艳的龙船。龙船制成后，还要举行祭龙，一般以鱼肉酒品与纸钱祭祖，全寨老少吃肉喝酒，唱酒歌，吹笙踩鼓庆贺，热烈尽兴。祭后将母子龙油漆放于龙船棚内。龙船棚为 8 排 7 间，长 26 米左右，宽 2.8 米左右，高 3.3 米左右，木质穿斗式抬梁结构，上盖小青瓦，每排柱脚离地面约 0.6 米处设圆形穿杠，供放存龙船母子龙身用，龙头存放在鼓藏头家。

三、龙船节活动

划龙船的村寨，一般一寨一条龙船，有大寨分为两三个大家族，每个家族各有一条龙船。有龙船的寨子或家族，每届（每划一次龙船为一届）之前先推选一名鼓头，鼓头是由有龙的寨子或一个家族推选出来，负责下一届划龙船事宜的组织事务以及任期内寨内或族内的各项社会事务。一条龙船体现一个苗族村寨的社会组织。

龙舟节来临之前，五月十八九日抬龙下水、二十三日将母子龙捆绑在一起，然后将龙头安装在母龙上。二十四日举行开划仪式，开划前鼓头家准备一只白公鸡、一壶酒。在河边置一方桌，设龙神位，桌脚边捆绑一根剥皮带杈的五倍子树干，于树干上捆一把张开的雨伞并系一条红布，挂一束白纸条，捆一把芭茅草，桌上放一升米、一条刀头肉、三碗酒，由祭师焚香烧钱纸敬献酒肉后唱道：我手拿只白公鸡、一坛米酒像蜂糖，这边山里呼一声，那边山里呼一声，恭请龙神、山神与地神，各处神仙齐下来，齐心协力护龙船，平安吉祥又顺利，赐福大家子孙发，多像鱼仔千千万。然后杀鸡，将血涂在五倍子树上，再扯一把翅膀羽毛夹在树杈上。将鸡煮熟，盛在桌上又念祭语祷词，祭毕，众人上龙船敲响锣鼓，将龙船在寨脚江中划一圈，接着前往比赛地点。

划龙船时，船上主要有鼓手、锣手和水手。鼓手及鼓头，是上一届龙船至下一届龙船期间，该龙船部落或氏族的首领。除组织亲领划龙船外，平时还处理该社团的各种事务。鼓头身穿锣缎长衫古礼服，外套镶黑边的绸背心，载着墨镜（墨镜是后来附加上去的，表示尊严），头戴特制的宽边草帽，坐在龙身的正前面，面向划龙船的水手们，按照一定的拍节击鼓。

锣手，在距鼓头三四尺处，挂着一面铜锣，锣手与鼓头相对而坐。锣手由一个十二三岁的男孩女装充当，他身上穿着少女盛装，佩戴项圈银链和着鼓头的鼓声击锣，鼓声锣声和谐悠扬。水手及桡手，是由 32 个年轻力壮而又有丰富的行船经验的选手充当。身着统一的民族新装，腰系银泡腰带，头戴马尾斗笠，笠边缀着长约 6 寸的燕尾银片。分别站立龙船两边子龙各厢中、每厢 4 个、每边 18 人，手持统一短桡片，动作一致地击水划龙船。此外龙船上还有一个撑篙手、一个舵手和一个负责放火铳与登记受赠礼品的人。

到了龙船集会点及赛区后，水手们划着龙船在江中来回游荡，向两岸观众展示龙船的精美、龙船上小伙子们的英俊潇洒以及他们娴熟的划龙船技能，同时也展示了鼓头所得礼物的丰厚。比赛时，水手们立于两边子船上，站立弯腰短挠击水划桨，每划动一次，嘴里喊着统一的口号，节奏一致。比赛可自由找对象组合，也可在当地的统一组织下竞赛。人们不是很计较竞赛胜负，因为施洞苗族划龙船原本是种祭祖神灵的活动，体育竞技仅在其次。划到中午便休息吃饭，龙船上司事及水手们在饭前由船中一位精通龙船理规的人先洒一点肉、饭到龙船上，表示让龙神及山水诸神先用餐，然后大家才进餐。饭后午休片刻，年轻水手们有的就上岸去找姑娘“游方”，两岸数万观众，热闹非凡。下午又开始比赛，赛后，远地的龙船先打道回程，而近处的一直坚持到天黑方散。

龙船节俗定于农历五月二十四日在以施洞为中心的清水江边的平寨、五月二十五日在塘龙、五月二十六日在巴拉河下游的老屯举行，五月二十七日分龙，分别在清水江边的施洞、旧州和廖洞举行。节日期间，施洞等地还举行赛球、赛歌、赛马、斗牛、吹笙、踩鼓以及年轻人“游方”（谈情说爱）、宾客宴饮娱乐等活动。

四、出龙仪式

在苗族龙舟节中，各寨龙舟出行的第一天都要举行庄严肃穆的出龙仪式，祈求神力保佑，使龙舟航行一帆风顺，平安无事，同时使全寨男女老少以至亲戚朋友安康无恙。

仪式开始前，鼓头、锣手以及划龙舟的人，都要按规定整齐列队。鼓头和锣手站在前面，其他桡手排成两个纵队，站在鼓头和锣手的后面。全寨其他来观看仪式的男女老少，都站在离桡手两三尺之后。鼓头和锣手的前面摆着一张长方形的小桌，小桌正中端放着装糯米的米斗，米斗中插着三柱点燃的香，米斗前面放着满满的三碗酒，桌子两头的脚分别拴着一只白公鸡和一只红公鸡，桌下燃着纸钱。仪式开始，全场肃立，寂静无声。这时，威风凛凛的老巫师，一手拿着一大把茅草，一手拿着盛满水的大木瓢，慢步走到队伍前，转过身来，面向队伍，用苗语高声而熟练地念起巫词：

年代起远古，有个老报公。
杀蛟杀河头，烧龙在江中。
蛟龙杀死后，天昏黑蒙蒙。
黑了八九天，各寨乱哄哄。
天黑实难熬，点火进山冲。
上山找虎骨，找青蛇蛋卜。
卜来又卜去，卜去若干骨。
卜来又卜去，卜中一条船。
划龙才天亮，踩鼓才年丰。
今用公鸡敬，敬我妹榜留。
敬我众该西，请求来出力。
保佑众乡亲，保佑众亲戚。
今用茅草扫，又用清水洗。
扫净大龙舟，洗净父兄弟。
不许白虎弄，不许鬼怪迷。
龙去像马奔，龙回牯牛稳。
一路无险阻，平安又风顺。

他一边念，一边用茅草蘸水，不断向人群抖洒。巫师念完巫词，将草把尖卷曲起来，捆紧，交给舵手插进船尾的小方洞里。然后向全船发出号令："父老兄弟们，出发！"随着巫师的号令，全船不约而同地整齐高喊："油嗬！"于是，鼓手和锣手先上船，桡手们提着划桨也纷纷上船。巫师看见大家做好准备，拿着事先准备好的菜刀，将两只公鸡杀了，并先后往仪式场摔击。站在船后的舵手，看见巫师杀了鸡，于是两脚用力，一摇船尾，全船震动起来。随着船身的震动，鼓手开始击鼓，锣手开始鸣锣，桡手们也整齐挥动划桨，将龙船往上游划去。划去百米左右，舵手将船头调转过来，桡手们用力将龙船向集中地划去。

五、活动中的忌讳

龙船是在大江大浪中行进的，特别注重安全，力求做到万无一失。为了安全起见，在苗族龙舟节活动中，有着不少的忌讳。

割茅草的忌讳　茅草是在出龙仪式中，巫师用来清扫龙船和龙船上所有的人，达到驱邪免灾的目的。因此，在割茅草这件事上，十分讲究。首先要严格选人，选的人，必须夫妻双双健在，有儿有女，德高望重，责任心强。割草的时间也讲究，必须在举行仪式的当天寅时上山，寅时回来，来去不能碰到人。有时碰到了，不能打招呼，别人打了招呼，也不能应答。草割回来后，将草捆好，直接往举行仪式的场地走，放在场地附近人畜看不到的地方。在举行仪式前，亲手交给巫师。

路过神山的忌讳　出龙仪式完毕，巫师将茅草卷起来，捆成一把，插进龙尾的方洞里，准备举行撒草仪式。如果神山在河边的寨子，必须在神山下举行。如果寨子的神山不在河边的，可以到龙船集中地举行，也可以选途中的某一个地方。例如榕山、岩脚两寨共祖，他们的神山在离本村七八里的一个深塘边上。因此他们每年龙船快到神山脚下时，鼓头停止击鼓，锣手停止鸣锣，船上所有的人都默不作声，划手们一律停止划船。在这庄严肃穆的气氛中，由站在船尾的舵手一人发话："父老兄弟们（指神）。快跟我们走吧，去为我们出力，保佑我们一路平安！"话毕，从船尾方洞里取出茅草把，然后一人一根地往前传递分发，一直传递到坐龙船最前头的篙手。传到篙手时，还有多少根，他就拿多少根。划手们如何拿草，也有规定。凡站在左边划的就用右手拿，相反，站在右边划的就用左手拿。茅草分发完后，由篙手指挥，当篙手将茅草向前抖动三下时，划手们就整齐地挥动划桨，用力将龙船往前划。划手们边划，还要边看篙手，当龙船驶出神山时，篙手将茅草左右晃动三下，鼓头、锣手和划手整齐地将手里的茅草往河里抛丢。在抛出手中茅草后，全船有力地高喊一声："油阿！"随着呼喊声，鼓头击鼓、锣手也相继鸣锣。于是龙船箭一般地向前奔驰。

龙船回来，过神山时，照样停鼓息锣，全船还是默不作声，划手们停下划桨，在鸦雀无声中还是由舵手发话："父老兄弟们（指神），你们回家去吧，明年再跟我们去。"话毕，篙手向前招手示意，于是全船人手又整齐用力地将龙船划出神山。龙船驶出神山，又开始击鼓鸣锣，大家可以讲话，也可以唱歌。

对"坐月婆"的忌讳　各寨每年的出龙仪式，"坐月婆"不能出来观看，"坐月婆"家里的人均不能上龙船，更不能划船。龙舟活动所需的用具，一律不能用"坐月婆"家的，否则就不吉利、不安全。龙舟节的这种忌讳至今仍然存在。

龙船上饮食的忌讳　凡在龙船上吃饭，一律用甑子蒸，但蒸饭时，一律不能盖甑盖。据说，如盖盖子，龙船在行进时，就会被迷雾阻挡视线，造成危险。饭蒸好了，只准将甑子抬出，不准移动甑脚，待龙船回到家后，才准将甑脚拿开。据说，动甑脚，龙船在行动中就不稳当，容易出事。在龙船上吃饭，一律不准泡菜汤。据说，在龙船上吃饭泡菜汤，就容易翻船。因此，为了安全起见，龙船上一律不准带碗筷，吃饭时，只准用手抓。为了方便吃饭，龙船上的饭，都是糯米。龙船上的菜，都是辣椒面炒肉，放上盐即可。龙船上的人们需要喝水，只能从龙船上下来用手捧水喝。龙船上可以吃酒，当客人敬酒时，必须先往龙身上滴几滴，才能喝，但喝酒不能过量。

第三节 舞龙嘘花节

一、节的来历

舞龙原是汉族习俗，起源于汉代，经历代而不衰。舞龙最初是作为祭祀祖先、祈求甘雨的一种仪式，后来逐渐成为一种文娱活动。到了唐宋时代，舞龙已是逢年过节时常见的表现形式。清雍正年间（1723—1735年），苗疆实行改土归流，在台江建立台拱厅，舞龙嘘花随之流传到台江并在民间开展起来。古志有载："苗人好舞龙灯，划龙舟。"龙本是苗族同胞自古崇拜的神圣图腾，苗族妇女在其精美的刺绣品中也多为龙的图案。在号称天下苗族第一县的台江，舞龙灯即是苗族同胞对龙的崇拜的具体见证，其蕴意可诠释为请龙神护佑风调雨顺，四季平安，五谷丰登，六畜兴旺。舞龙灯在台江传承已有几百年的历史。舞龙嘘花虽然以汉文化为源流入，然而几百年来，这种外来文化却与当地苗族文化十分融洽，并在当地得到了发扬光大，使之成为当代各族文化和谐共处的典范。

台江舞龙灯的时间是在春节过后，初三即开始制作龙灯，在初五或初七开始出笼，至正月十七日化龙后结束。舞龙灯的村寨主要分布在台拱镇的大部分村寨，施洞、老屯部分村寨，台盘屯上及大寨村，革一屯上及田坝村，排羊屯上及部分村寨。

二、龙灯种类

台江的龙灯主要有三种，即草龙、亮龙、硬龙。

草龙：所谓草龙就是用稻草扎成，由龙宝、龙头、龙身和龙尾组成。草龙只有一个龙宝，是独立的，龙头即稻草扎成的龙嘴巴，龙头、龙身和龙尾用稻草连接，龙身一般有三节或五节，龙宝、龙头、龙身和每节龙身都插一根1.5米长的木棒为把，供人扛举。夜晚扛龙灯拜年时在龙上都插有几柱点燃的香。草龙观赏性虽不强，但在众多种类中名气最大，民间认为它是真龙，上可通天，故民众敬之。

亮龙：亮龙亦称节节龙，由龙宝、龙头、龙身和龙尾组成，龙宝有绿、红两个，龙身有三节的、五节的、七节的，多的有十一节，龙头与龙身用一条棕索或布绞成的绳索连接，相距3米左右，便于龙头舞动；节与节相距1.5米，用彩布连接，龙身与龙尾也是用棕索或布绞成的绳索连接，相距3米左右。龙宝、龙头、龙身和每节龙身都插一根1.5米长的木棒为把，供人扛举。龙内点蜡烛或灯，明亮透彻。

硬龙：亦称硬颈龙，由龙宝和龙身组成，绿、红两个龙宝独立，龙头、龙身、龙尾相连，用3～5条篾条作脊背，用若干竹圈作龙身，连接整条龙。有的用红纸剪成龙鳞甲贴在龙身上，有的用一条长布化成鳞甲披在龙身上。龙长一般十余米，龙宝、龙身都插一根1.5米长的木棒为把，供人扛举。龙内点灯。

狮子灯：由罗汉、狮子组成。罗汉头戴面具，身穿白色大褂，长及脚。

花灯：花灯是由牌灯、故事灯、花灯等组成。

龙灯要有锣鼓，由班锣、钵和木鼓组成。钵根据打法分为头钵和二钵（过街调不分头，二钵，同时打）。因此锣鼓的敲打法有过街调法、几百次法、水波浪法等。锣鼓只能跟在龙后，不能在前。舞龙的村寨一般在腊月甚至在腊月之前就开始训练敲锣打鼓了。

三、出龙准备

春节过后的正月初三，要玩龙的寨子开始推举德高望重且儿女双全的人当龙头，由他全职负责组织编龙。编龙要请师傅并给师傅礼，在师傅的指导下，大家一起动手编扎。台江各个苗族村寨素有玩龙灯的传统，制作龙灯的手艺代代相传，堪称一绝。所制作的龙灯都神形兼备，惟妙惟肖，栩栩如生。在制作龙灯的同时，还要制作与之相配映的各种故事灯，故事灯多为“八仙过海”“西游记”“龙凤呈祥”等故事。

龙编好后，就举行亮灯仪式，很有讲究，也较为隆重。选择单日亮灯，一般在初七或初九，双日视为不吉利。亮灯时，在龙头前摆上刀头（几两重的四方形熟猪肉），一双筷子和三杯酒。大家到齐后，由龙头讲吉利话，祝词如下：

开光，开光，开眼光，眼看四方！
开光，开光，开耳光，耳听四方！
开光，开光，开口光，口吃四方！
开光，开光，开脚光，脚踏四方！
开光，开光，龙头龙尾亮堂堂！

念毕，从龙头至龙尾依次把灯点亮，人们各就各位，敲锣打鼓扛龙围绕本寨四门土地敬土地公、菩萨、水井神，保佑新年风调雨顺，人畜兴旺。敬完后，龙要归位（出发地），东西放回原处，在龙头下烧一炷香、放一碗水，意为不让龙干口，待次日龙灯出寨。

在苗家，出龙前先请龙出水，大家先把龙扛到河边、溪边，没有河流小溪的村寨也必须选择在井边举行。因为龙是生活在水里，没有水的地方是请不出龙神的。

四、龙灯拜年

龙灯拜年，一般先从本村本寨开始，然后到相邻或往来密切的村寨。村与村、寨与寨龙灯相互拜年要有字帖相邀或相告。通过龙灯拜年，村与村、寨与寨增进情谊，促进团结，有的结成龙亲家、龙兄弟，世代友好。

龙灯拜年每到一户，都由龙头高唱贺词，其他人附和。主人家则焚香烧纸钱祭祀祖先，祭祀龙神，及时端出自家酿造的清香米酒，满满地敬上龙头和其他龙把式，并给红包和燃放鞭炮以答谢龙神的恭贺，有亲戚关系的还在龙头上扎麻线或彩带。龙灯拜年的贺词没有固定的格式，也没有固定的辞章，都是由龙头视情况自编自唱。有的龙头编的贺词抑扬顿挫，词采隽永，朴质无华，大都喜闻乐见，唱得主人心花怒放，实为民间文学精品。

今晚扛龙到你家，
你家要送对粑粑，
你家发财又发展。
一年得十二个金宝，
一年得十二个银宝，
你家有九个男孩，
你家有七个女孩，
九个男孩九匹马，
七个女孩七银衣。
你家养鸡大如鹅，
你家养猪大如门。
……

吉利话语念完后，主人家会送 1～2 个糍粑和若干钱。

龙灯进村入户拜年时，有的村寨也备有花筒，等龙入户拜完年后，把龙灯放到宽敞的篮球场上，围圈舞耍，随便花筒嘘。花筒多的村寨将龙灯嘘得只剩骨架，所有人都安然无恙。

五、龙灯嘘花赛

台江的龙灯赛是在21世纪初开始的，县政府为了丰富元宵节活动内容，鼓励各村寨参与玩龙灯而举行的比赛活动。活动由龙灯协会组织，县财政资助，每年的比赛活动在正月十四日晚上举行。比赛分亮龙、硬龙两组，此外还进行花王赛。参赛者报名后抽签按顺序进入赛场，龙灯赛看哪条龙好看、故事花灯多、舞得好、锣鼓敲得整齐。花王赛是在龙灯赛过程中穿插的赛事，将花筒放在地上点燃，看哪个花筒出花好看、嘘得高就是花王。

元宵夜，县城举行舞火龙闹元宵活动，有数万人前来观看，上百条蛟龙群舞，数千筒嘘花对龙齐放，龙与火拼争搏击，蔚为壮观。嘘花是苗族人民用竹子作套筒，里面塞满火药、芒硝、炭末和铁粉，嘘花点燃后火焰喷射出，五光十色，呼呼作响，直嘘龙身和赤身光背的舞龙人，故外界称台江的元宵舞龙嘘花节是“世界上最疯狂的舞龙节”，是勇敢者的节日。

六、化龙

正月十六日，人们把嘘花烧烂的龙修复一新，再次鸣锣打鼓地进入本寨各家各户，然后用香纸和酒肉敬四门土地公、菩萨和水井神。正月十七日，是送龙神下海的日子，每支龙灯都要举行烧龙送龙神下海仪式，如同请龙神出海一样，人们将龙扛到河边，由巫师口念巫词一番，希望龙神保佑大家平平安安，并燃香、杀鸡，将龙烧掉，随即人们买酒买肉聚餐，亦称“吃龙肉”。至此，一年一度的舞龙嘘花圆满落下帷幕。

七、嘘花筒制作

嘘花多是用竹筒自制，在竹筒内填满用硝酸钾、硫黄、木炭等自配的火药以及铁砂、捣碎的玻璃碴等物，压紧后用泥封口而成嘘花筒。在火药中加入铁砂和捣碎的玻璃碴等物是为了让喷出的火花更红、更亮。这样的嘘花筒大者如碗口，小的也有成人的手腕粗，喷出的嘘花高有十余米，威力惊人。据说，最大的嘘花筒是用棕树挖空内心制成筒，装火药多，嘘花时间长，威力更大。正月二十一日夜元宵节舞龙嘘花开始，很多人家用麻袋装着嘘花，将一个个嘘花筒绑在木凳上，点燃后对着舞动的龙嘘花以祈求来年的好运。而大的嘘花筒要绑在长条木凳上，嘘花者将长条木凳扛在肩上点燃对着龙嘘花，就像一个土制的肩扛式地对空导弹，场面的惊险、刺激、火爆，不亲历者无法想象。这时候一定是嘘花越猛烈，舞龙者越奋勇，赤着上身迎着花火将一条长龙舞得上下翻飞，直至龙衣化成灰烬。

第四节　鼓藏节

鼓藏节是台江苗族人民祭祖的节日，一般按同宗的（基本上是以家族为单位）一个寨子或几个寨子每隔12年联合过一次。

鼓藏节的规模有大有小，有黑鼓藏和白鼓藏之分。方召一带过的是黑鼓藏，按家族杀水牯牛祭祖，其他地区过的是白鼓藏，家家户户杀猪祭祖。所以又叫祭祖节，苗语称“nongx jangd niel”。

一、黑鼓藏

黑鼓藏从迎龙起鼓、举鼓主、备祭祖牛到接双鼓、醒单鼓、制鼓、斗牛、宰牛、杀猪、送单鼓进石窟等要经历四年时间。

第一年子年举行迎龙起鼓、选举鼓主、接双鼓、醒单鼓、制单鼓等活动。迎龙起鼓在苗族称“dongx vongx bil”，音译“董勇必”，在届期农历二月初二上午进行。宗族每户自备一只熟鸡、3条熟鱼、一罐泡酒，集体共同筹备一只公鸡、一头小公猪、5条鲤鱼和数十斤泡酒为祭品。由一位精通民族历史和风俗习惯的巫师，率领全宗族的男女老少聚集“起鼓山”，由巫师主持祭祀仪式，请山神即位受献，并说一些感恩戴德的话。接着，礼乐师吹奏“起鼓”芦笙曲，并派人前往鼓窟敲上届存放的单鼓。礼仪毕，大家满怀激情地举酒祝贺，并在起鼓山尽情畅饮。

主持祭祖节的主要人物有5位，每届要轮换，不连选连任。本届祭祖节完毕，立即改选下届鼓主，筹备下届祭祖事务。鼓主条件是已婚男子，中等殷实人家，为人忠厚、诚实，父辈或祖辈是在上届祭祖节去世的。当鼓主是十分荣耀的事，又是一个庄严的职务。当选上了第一鼓主时，全宗族的男女老少就成群结队地吹芦笙到他家祝贺。鼓主一经选出，即总理全宗族事务，诸如社会道德、榔规、治安保卫和生活福利等。

在执行礼仪时，5位鼓主身着褐色家机布无领长衫，每人要穿3件，外面必须是蓝色或黑色，中层和内层黄白不论，忌用红色；头戴高顶帽，上尖下宽，高近一尺，外面蒙黑布，帽尖缀以麻做的彩顶，周围插野鸡毛；颈佩扭花银项圈、项链，腰系织锦银泡花带。5位鼓主手中各握有一把锋利的砍牛刀表示威严，“鼎往”给第一鼓主“嘎纽”打伞，“鼎播”给第二鼓主“嘎雄”打伞。礼乐师头戴圆盘高顶帽，糊黑色油纸，幅顶缀麻，插野鸡毛于周围，身穿褐色家机布长衫，腰束织锦带，不执砍牛刀。

鼓主主持祭祀大典，是件庄严的事，他们的一言一行，都关系着全宗族的幸福与安宁，有许多禁忌不能触犯，如犯忌，尔后宗族发生什么不幸，就要唯鼓主是问。凡属禁忌之事，第一鼓主尤其要严格遵守，这些禁忌有不苟言笑，不说不吉利的话，有些言词与不吉利事物相连，要改说隐语。如盐巴叫“秀”，与老虎同音，要改称“甜石头”（veb ghangb nangx）；辣子改称“果”（zaid）；酒改称“翁尚”（eb hsangt）；“水牛”改称“嘎弄”（ghab liongk）；“斗牛”改称“洗疆”（xix diangs）；吹牛改称“录尚”（luf hsangt）等。这些忌讳连成员也要注意，不能乱说。在宰牛之年，全氏族不能嫁女，但可接媳妇。鼓主走路要一步一步地走，不能疾行，避免跌倒。鼓主跌倒，视为宗族不吉。在连续四年的祭祖期间，各鼓主上坡做活，田间的乱石杂草，必须小心搬移于田坎，不能乱丢。鼓主不能游方、杀生、捕鸟、捉鱼，更不能上树、盖瓦。但宰牛祭祖时，第一鼓主可亲自宰自家的牛，举行祭祀仪式时，第三、第四鼓主可宰鸡、鸭，但必须在5位鼓主家里进行，其他场合不行。

接双鼓在苗语里叫“seik niel bongl”，新当选的鼓主于二月辰日到保管双鼓的人家将双鼓接回到自家存放。接双鼓的当天午饭后，5位鼓主和其他有关人员共数十人，要轮次到新选的5位鼓主家里吃酒、喝茶，意思是告诉祖宗，准备祭鼓。在5位鼓主家里喝酒之后，这一行人才一同去上届“嘎纽”（鼓主）家取礼服、礼帽等，接着又到保存双鼓的人家接双鼓。保存双鼓的主人要献上一只熟鸭，一升蒸好的糯米饭和一罐泡酒供大家享用。礼师致辞后，鸭子分为头及四肢共五股，“嘎纽”“嘎雄”各取一腿，“嘎套”取头，“鼎往”和“鼎播”各取一只翅膀。他们5人各吃一点后，由大家分吃，互相敬酒。吃毕，5位鼓主穿戴礼服、礼帽，打着伞，将双鼓接往新选的鼓主家存放。“嘎耶”吹着芦笙走在前头，礼师一路唱歌引道。沿途，家家户户的大人小孩全都出门并备酒、肉、糯米饭等祭品迎接，有的参加到接鼓行列。礼师每到一家为之祝颂，各家即向礼师敬酒、敬肉和糯米饭。当双鼓接到鼓主家安置妥当后，鼓主宰一只鸭子，蒸一簸箕糯米饭，拿出一罐泡酒，由礼师唱歌祭祖。祭毕，鸭子和饭分成两半，一半由5位鼓主分食，另一半由其他人分食。接双鼓的活动往往要搞到深夜，在大家兴尽酒醉之后才告结束。

醒单鼓在苗语里叫“hfaid niel hsangb”。每届祭祖节须作新的单鼓送到石窟里安放，醒鼓就是惊醒祖先，让他们知道，子孙们要宰牛祭祖了。醒单鼓要进行两次，一次是届期头年十月子日下午，第二次是次年（丑年）十月子日下午。进行时，5位鼓主都衣着礼服、礼帽，手拿一把砍牛刀，打着伞，带4名礼乐师和宗族老少一同前往历届藏鼓的石窟里举行醒鼓仪式。礼毕，把鸭头和四肢切给5位鼓主吃，剩余切给大家分吃。第二年即丑年再进行第二次醒单鼓，时间是十月子日下午。醒的仪式与第一次相同，此外还“引鼓下山”，由“鼎往”用青布带把央公、央婆（木雕像）背起走，沿途见到的事物告诉他们。去接央公、央婆时，要吹芦笙、唱赞歌。背到寨中时，各家早已备办酒肉到鼓场或路口迎接。“鼎往”在鼓场绕一圈后，把央公、央婆安放在“嘎纽”（鼓主）家中，随之开始打击“地刁鼓”（鼓点的一种），人们随鼓点翩翩起舞，欢乐至深夜。第二天、第三天，仍吹芦笙、击鼓、唱歌、跳舞，并开展斗牛活动。

第三年寅年举行审牛、号牛、制单鼓、宰牛祭祖等活动。审牛在苗语里叫“qeb nix”，在宰牛前的农历四月，要请一名洗礼师来审牛，看牛的毛旋是否适宜于祭祖，如眼角、眼下有了毛旋就不能宰，腹部或生殖器附近有毛旋也不能宰。认为适合用于祭祖的，还得根据毛旋的情况来决定要用什么供物才能把牛的魂魄引到祖先那里去。审牛时，洗礼师手执茅草刷牛全身，口中念念有词，将供物每样给牛吃喝一点，即算结束。审牛后，于当年五月牛主人要邀请他的女婿或姑舅来商议怎样砍牛，由谁来砍，如果大家同意了某人，就请他来“号牛”。号牛者要备礼物送牛主人，一般礼物有酒、粑粑、二丈红布、一只鸡和若干钱。其他亲友若来过节也须备办酒、粑粑、鸡等礼物，要在斗牛之后、宰牛前夕带到牛主人家。在五月寅日，派人把上年放在寨边的鼓树搬进寨子来制作，搬时，5位鼓主衣着礼服、礼帽，打伞、执砍牛刀于寨边迎鼓树进寨。在礼乐师致辞祭树之后，每个鼓主用砍牛刀在树上砍几下，再将少许木屑放在身上带回家（认为木屑是银片，带回去全宗族可致富）。之后，木匠才动手制鼓。鼓长165厘米，外围直径18厘米，内圆直径11厘米，两头抠通。单鼓制好后，须等到宰牛后的第13天（子日）才宰一头黑黄牛，用其皮蒙鼓，之后抬鼓到鼓主家存放。

宰牛祭祖活动最为热闹，全宗族的祭祖牛限于十月亥日的下半夜至清晨前宰完。依次序先宰鼓主的牛，宰杀宗族的牛。这一天主、客在一起，热闹非常，是祭祖节的一个高潮。砍牛时，由礼师先致祝词，然后才砍。鼓主的牛由鼓主自己用砍牛刀砍杀，以一刀砍死为吉利，宗族的牛由号牛的亲戚砍杀。砍牛者除得一肢牛腿外，还要与拉牛鼻者平分胸脯肉。对洗礼师要献牛肉1公斤，4名礼乐师也得适当的一份。牛头用来祭祖，牛肉则宴请宾朋。砍牛后，将牛剥好后运回家里向祖宗敬献。牛头、牛尾及四蹄“六件”，要放在牛圈上，牛的嘴里插三根巴茅草，表示它还活着。

砍牛后的第二天天未亮，各家要祭祖宗，主人致辞请祖宗先享用后，然后才宴请客人。祭祖后，鼓主要接各家祖宗到他家聚会，每家都有一人到鼓主家喝酒、吃肉，5位鼓主及礼师必须到，缺一不可。携带礼物前来祝贺的客人，被主人招待宴请之后，便陆续回去。回去时，可得到回礼肉一至两斤。第三天下午举行“赞牛角”活动，这一天各家把角额相连的牛头，拿去绑在鼓主家门口的一根枫木柱上。宰牛的各家，要备有酒肉、一升米和礼钱请礼师为之致赞词。礼师赞颂牛主人多子多孙、幸福繁荣，赞颂活动要到砍牛后的第六天才结束。之后各牛主人将牛角取回安放在自家堂屋当中。

取鸟笼仪式，苗语叫“dliex vel khangd”。事前以竹篾编成一只鸟笼放在坡上，由“嘎耶”吹芦笙引着穿礼服的鼓主和礼师们前往迎取。取时，“嘎耶”将一熟鸡蛋摆在笼边（象征姜央蛋），用脚拨蛋围着竹笼转3次，再将熟蛋向本寨方向踢去。然后用衣包一块四五斤重的石头放在笼内，一同带到鼓主家。他家房子的中柱地方，早已预置了一颗带有3个杈的树，竹鸟笼便放在树杈上。这时，取出笼内石头，另放进四五斤糯谷穗。到了晚上，青年们点起火把到鼓主家，一进门便将火把投在中柱上的竹编鸟笼内。此时，守候在鸟笼旁的人，随即用水将火扑灭或将火把反投出来，投掷火把的活动要连续进行三晚。其意是始祖“姜央”在笼内孵了很久不出壳，早孵出壳外的蛇于是衔着火去帮他增温，催促“姜央”快快出来。

过桥仪式在苗语里叫“jet dangk”，在第九天的申日早饭后进行，由“嘎当”将一高一矮两条凳安放在鼓主家里，代表两座桥。高凳是供祖先过的桥，凳上摆一只拔了毛，戴头帕、缀耳环、佩项圈，手脚戴银镯，像女子打扮一样的小猪作供物，矮凳是供后人过的桥。过桥时，五位鼓主的妻子各自穿着丈夫的礼服、礼帽，每人提着一只篮子，从一门像过桥一样依次通过矮凳，然后由另一门出去，象征出嫁。当她们过条凳时，鼓主请一名称作“固由”的老人手执盛有酒糟水的葫芦向她们洒去，而她们一个个撩起围腰表示接礼，这一仪式象征全宗族人丁兴旺。鼓主的妻子们出门后，由一名年长有福气的妇女领到“嘎两”家去，把鼓主女婿家送来的木桶打开，桶内置以整好的 7 只鸭子分给 5 位鼓主妻子每人一只，盛在篮子里。年长有福的妇女自取一只，另一只给主人“嘎两”。这时，“嘎两”即杀一只鸭子请她们喝酒，她们略喝一点便仍沿着原路再过一次矮凳回去，象征回娘家，然后脱去礼服，仪式便告结束。之后，两条高矮凳拿到山坳上架起，供行人歇脚。

“背水养鱼”由第一鼓主家的已婚女儿一人背水，第二鼓主家的已婚女儿一人取水，从河沟用水桶背 3 次水倒在第一鼓主家的一只捆在中柱上已放有 5 条活鱼（5 位鼓主一人捉来一条）的水缸内。取水者每次舀三瓢，背水的两个女儿在前，第一鼓主家的女婿跟在后，5 位男鼓主衣着礼服，打着伞跟她们身后走。背水结束，即将水桶放在中柱下。

捧“玉碗”饮酒，这是很隆重的一个仪式，人们都以一睹玉碗为荣。“玉碗”是本鼓社珍藏的一只酒碗，尊称“玉碗”。捧“玉碗”饮酒的时间是傍晚，先在保管玉碗的“嘎仰”家举行，由“嘎仰”与礼师二人共捧玉碗，唱歌致辞后共饮一碗酒，再次到鼓主家举行。礼师致辞后，每人用这玉碗各喝一碗酒，然后再把玉碗交给“嘻仰”秘密保存。其意以碗作证，同心合力，象征宗族人民团结牢不可破。

敬鼓，这是第 14 天的最后活动，各家各户前往鼓主家敬鼓。鼓主和礼师们穿礼服、戴礼帽领头踩鼓，吹木叶、唱歌，所有男女老幼都汇集在放鼓的房间尽情欢乐。鼓主家存放的单鼓、双鼓，人们逢节日都要去敲鼓、踩鼓取乐。

第四年卯年宰猪祭祖，时间在农历十月，宰猪祭祖活动与宰牛祭祖活动相同，但主祭地点改在“嘎雄”家。祭祖的供物是 5 件，即肝、肺、心、腰、肉，分成 5 包或 5 串，每包或每串应包括 5 件。清晨自家祭祖之后，就分别到 5 位鼓主家里依次喝酒吃肉，先从“嘎雄家”家开始，然后依次到其他鼓主家。

最后送鼓仪式是半夜把双鼓送到自愿保管的人家，接着送单鼓进石窟。在送鼓前，宗族各家必备酒肉到“嘎雄”家送鼓，鼓主、礼师乃至全宗族的老少，身着礼装、盛装在“嘎雄”家踩鼓，唱歌送鼓。送单鼓进洞窟之前，将两头的鼓皮剥去，分给鼓主“嘎雄”两家。在送鼓的当夜，全宗族各户已婚妇女、未婚的成年姐妹，要被请出寨外。她们到寨边的歇脚处聚集在一起，用歌质问哥弟们为什么要赶她们走。双方各据理由对答，哥弟们以能在家照顾父母为由，取得“说理至胜”而告结束。鼓送进鼓窟之后，全宗族的群众分别被鼓主们邀请参加最后一次聚餐。节日活动至此圆满完成。

二、白鼓藏

白鼓藏的选举鼓主、招龙起鼓、宰猪等要经历三年时间。在台江，过白鼓藏的地方有排羊乡九摆村、台拱镇展福村、台盘乡大寨村等，所祭的鼓都是铜鼓。九摆村虽是过白鼓藏，但也宰牛，不过只是第一、二鼓主家宰。

选举鼓藏头　在每一届鼓藏节结束后，同鼓社就召集大家聚在一起选举鼓藏头。入选鼓藏头的条件必须是在家族中有一定威望，儿女双全，三四代同堂，家中富裕的人。鼓藏头只能任一届，不能连任。

九摆过鼓藏节只是陆姓、李姓和龚姓过，所以鼓藏头也只能是从三姓中推选产生，而且只选三个鼓藏头，即第一鼓藏头、第二鼓藏头和第三鼓藏头。九摆自古以来形成了一个顺序，按陆、龚、李顺序轮流担任。一姓氏担任第一鼓藏头，另两姓就担任第二、第三鼓藏头。如上届龚姓当鼓藏头，陆姓当第二鼓藏头，李姓当第三鼓藏头。本届是陆姓为第一鼓藏头，李姓为第二鼓藏头，龚姓为第三鼓藏头。下一届就轮到李姓为第一鼓藏头，龚姓为第二鼓藏头，陆姓为第三鼓藏头。九摆的三姓鼓藏头就按这种顺序推选。第一鼓藏头的主要职责是管理鼓和芦笙，第二鼓藏头的主要职责是协助鼓藏头工作，第三鼓藏头的主要职责是祭祖时烧香纸、滴酒、掐祭品敬地鼓。

除 3 个鼓藏头外，陆、李、龚三姓还各推选 3 个助手，协助鼓藏头在鼓藏节活动中进行的各种活动，如准备工作、协调工作、治安管理等。

鼓藏头选出来后，就举行接鼓仪式，3 个新当选的鼓头都参加。接鼓主要是接一面铜鼓、一块代表地鼓的圆木板和一副芦笙。

招龙　鼓藏头接鼓后，休息四年，到申年才起鼓。起鼓一般是在农历二月举行，连续三年招龙。招龙用的祭物是三根竹、一头黑公猪、一只公鸭、两只红公鸡。三根竹子一根拿到招龙坡即养你坡栽，一根在半坡栽，另一根在土地菩萨前栽，表述人丁兴旺，发财发富。红公鸡一只拿到坡上宰，一只在寨边的土地菩萨前宰，猪、鸭也是在土地菩萨前祭祀。

招龙的前一天，用白纸剪很多纸花（苗话叫“liongx jongb”，代表桥梁和中介作用）和纸人（代表土地神灵）。招龙时，由一人牵着鸭在前面引路，祭师一路念招龙词，一些人吹芦笙，沿着本寨地界走，每到岔路口或山坳和山顶，就插几根纸花和纸人，以告诉神灵别走错路。在养你坡举行仪式，杀鸡敬酒祭祀后，把龙神引到寨边的土地菩萨里。然后宰猪、宰鸡、宰鸭祭祀。并将猪肉和香纸分给各家回家烧香纸敬祖先神灵。

起鼓　招龙仪式结束后，接着举行起鼓仪式。起鼓仪式是在鼓楼内举行，鼓藏头先在家杀只鸭子敬鼓，然后吹芦笙把鼓请出来，带到鼓楼，铜鼓挂在鼓楼中柱上。仪式由第三鼓藏头主持，用一圆盘地鼓盖住中柱旁的地鼓（鼓楼中柱边有一个直径约 10 厘米，深约 20 厘米的小洞，称“地鼓”），把两个木尖钉在地下，两个木尖相距约 150 米，与地鼓成一条直线，用一根竹棉条分两头拴在木尖上，离地约 10 厘米，再用一根高约 15 厘米的木棒撑在地鼓圆盘上，把竹棉条撑起。在竹条与鼓楼中柱间摆 12 个碗，里面盛有鱼、牛肉、猪肉、猪肝、糯米饭、酒等祭品，12 个人站在鼓主后面，由鼓主蹲下面对祭品，念一些祝福语，然后把祭品一一倒在中柱脚。第一鼓主手拿两根鼓棒在竹条上敲打几下，然后第二鼓主、第三鼓主一人把糯米饭分给参与祭祀的人吃，一人敬酒。祭毕，一人敲铜鼓，一人用木桶在铜鼓后接音。鼓主带头，参与祭祀的人围着中柱，妇女们身穿盛装，随着鼓点围着中柱翩翩起舞，一些妇女端起酒碗向在场的人逐一敬酒，一些分发糯米饭，表示将富贵、繁衍、吉祥分给大家。之后将铜鼓抬到踩鼓场中央挂在架子上敲打，才开始踩鼓活动。

迎送客　过鼓藏节之前，九摆陆、李、龚各家都通知自家的亲戚来参加过鼓藏节。宰猪当天，各家各户的亲戚汇集而来，亲戚们带来的礼物有酒、糯米饭或糯米、鸡、鸭、鱼和鞭炮等，此外还送礼钱若干。客人进寨时，到主人家门口即燃放鞭炮，鞭炮声此起彼伏。客人来到门口，主人家即到门口迎接，接客人挑来的礼物，有一人专门登记礼物及礼钱。在客人回去时，主人家都给姑爹、舅舅等主要亲戚每路送一只猪腿，约二三十斤。

踩鼓活动　宰猪当天寅日吃一天酒，第二天卯日再吃一天酒，第三天辰日就开始踩鼓活动。踩鼓活动在踩鼓场举行，铜鼓悬挂在中央的架子上，一人敲鼓，一人拿木桶接音，使铜鼓声音变成“咚咚唔！动咚唔！”的音调，年轻的妇女和姑娘身穿银饰盛装，头戴大银角，围着铜鼓翩翩起舞，中老年男子则身着长衫，头戴礼帽，也跟着踩鼓。九摆附近村寨的人也来参加踩鼓，踩鼓活动进行 7 天才结束。

送鼓上山　送鼓上山是鼓藏节的最后一年，这年农历十月，仍然进行起鼓仪式，之后进行踩鼓活动 11 天。活动结束后，就选举下一届的鼓藏头。新任鼓藏头接鼓后，将地鼓（一块圆木板）送到寨脚溪河边的藏鼓洞存放，并将一些刺蓬拦住洞口，不送人畜进去破坏，鼓藏节活动即到此结束。

台盘大寨和展福过鼓藏节基本相同。鼓藏节第一年起鼓，举办 3 天，第二年温鼓，举办 5 天，第三年举办 7 天。三年都要举行招龙仪式，分三路走，每路 12 人，敲锣打鼓吹芦笙，沿着本村的山界走。活动期间，还举行踩鼓、斗牛、踩芦笙、迎客、打篮球等活动。

九摆、大寨、展福鼓藏节也有不同之处，第一是九摆、大寨鼓藏头只任一届，而展福可连任；第二是活动时间有差别，九摆起鼓时间是申年，台盘大寨是亥年，展福是寅年；第三是九摆、大寨亲友来庆贺，回去时主人还送一腿猪肉，而展福只送糯米饭和糖。

第二章　服饰　银饰

第一节　苗族服饰

苗族由于所处的社会历史、自然地理、宗教信仰、风俗习惯和文化传统等诸多因素的影响，形成了迥异的审美观念、审美对象和审美情趣，创造了服饰造型独特、款式殊异、质地精良。它不只是一种实用品和艺术品，而且已构成丰富社会内涵的民族服饰文化。在绣衣的图案语言里，记录着人类起源的神话，记录着苗族先民悲壮的迁徙历史，是穿在身上的图腾，是用心血绣染出的民族情结记录在衣上的史书，一个民族的外部形象识别标志。因此，苗族服饰是无文字文明的重要载体，让人破译、解读、启悟。它涉及民俗生活的各个方面，保留着历朝历代乃至人类早期的服饰特征，是苗族艺术观的体现，是人类文化宝库中的瑰宝。

苗族服饰款式风格，大致可分为方你、方鸠、方翁、方南、方白、方秀、方黎、翁芒、后哨9种类型，男装简朴、女装繁华。男装有对襟或大襟右衽上衣两大类。中青年男子多着对襟上衣，老年男子多穿右衽长衫，包青布头帕；下着一尺许宽的大裤脚。近年来，大部分地区中青年男子多穿中山装。女装有右衽大襟和胸前交叉圆领，长袖服、短袖服、大袖服、小袖服、圆摆服、方摆服以及前摆长后摆和前摆短后摆等多种形式；下装有带裙、片裙、筒裙、裤裙、短裙、超短裙、百褶裙、羽毛裙等；裤子有长有短，裤脚有大有小，相差甚为特殊。每类有众多的样式，按年龄分，有童装、青壮年服装和老年服装；按生活礼仪分，有盛装、便装。盛装为节日、喜庆、社交之礼仪服饰，包括头饰、服饰、银饰、鞋袜，装扮十分讲究。除部分地区经过改进的女便装外，绝大部分地区的苗族妇女的盛装衣裙都保存着浓厚的民族特色。

一、方你型

幼女戴瓢形花帽，五六岁即蓄发穿耳，十六岁以后挽髻，按逆时针方向换成螺纹状发髻，置于头顶中央，髻后根部横插一油黄色半月形木梳，代笄约发，保持发髻稳固。便装时，包一块用浅蓝色方格布制成的长方形头帕，打结于梳子下方，很少露头发，耳戴圆形牛鼻或梅花形大耳环。盛装时，头包一块较硬的藏青色长方形头帕，讲究起角，起直线，帕的两角交叉于梳子上方，用针别住，起燕尾形，称为“富代给”。着银饰时，不包头帕，头戴银冠，前插银钗、银角（呈牛角状），右插银簪，后插银梳，头髻插满各种形状的凤鸟、花果等银花及珠链；颈戴两三只项圈（链泡泡项圈、犁索项圈、六方项圈、实心项圈、猴子链项圈、环锁丝链项圈）和项链，高齐下颚，甚至隐住嘴巴。胸前佩戴腰子形锁式“压领”，浮雕龙凤等图案。上装为大领半体衣（即胸前交叉式），袖短而大，卷袖，后摆略长于襟。袖、肩、领等部位用花饰。衣脚无花领略后倾，苗语称“沤坝”。老年妇女的便装，喜用平挑花，即以绿色丝线在蓝色或青色土布上挑绣叶子或小花朵，形成纹样规则的连续图案，以作衣袖等花饰。老年妇女盛装，喜着幅小粗花和数纱平挑有几何图案的新装。青年女子则穿大朵大花，构成密集的段子花纹、银文和“领各介”，在最好的自织纹布上，用编线卷积成的花衣等。花饰色彩以红绿色为主，喜红衣绿花，浅蓝衣菜花和亮铜片镶成的狗牙瓣，集编卷、缠绣、织花、平挑花、十字挑花、贴花等工艺于一身。银衣以数十件四方形、长方形、圆形的银肩片、银背角片、银泡、小银铃等在衣服相应部位纵横交错镶缀而成。银饰图案有人物、花草、飞禽走兽和几何图形，腰束银花腰带。裙子为桶形百褶裙比各地均长，盖及脚腕，无花饰。盛装时，有的于百褶裙外还套上片式绣花的带子裙，即“带裙”，苗语称“库达”。裙正方围有围裙帕，宽约 48 厘米，帕面饰有各种方块花鸟图案，多用几何纹样的织花或线条粗壮的绣花，老年人则用无花饰的素帕。首饰为空心镂花手钏、实心雕花手钏和犁索手钏等，一般戴两副以上。腿饰，老年妇女冬季均饰青土布裹腿，夏季饰家织青布或购买阴丹士林布缝制成的夹袜，袜后跟绣一长方形花草图案，袜尖及袜帮挑绣鸟类图纹。年轻女子无论冬夏，大多赤腿或穿商店买来的袜子。鞋有布鞋、胶鞋和草鞋，布鞋以青布或缎子作面，鞋帮绣花，鞋尖钩鼻，布壳纳底，无跟。草鞋为糯稻芯编织的平头无后跟的钩鼻无跟拖鞋。

方你型服饰主要分布在台拱镇的台拱、南省、番省、红阳、登交，老屯乡的坝场、报效、排略。

二、方鸠型

女子头髻的挽法与方你型相同。但头前方发髻翻出，形成一个宽面，便于插银角或罩头巾时成平面。平时裸头，古时包对角折叠的长方形青帕，与方你型差异不大。约在 1940 年前后，开始包白色长方形花帕（帕多系商店买来），包后发髻和梳子露在外面，两个帕角把耳盖住。盛装除花饰喜小幅小朵外，与方你型差异不大。便装为大襟左衽，并于襟的边缘和衣肩后部围钉一道栏杆花条，胸系花围腰，下着长裤，裤腿挑绣三道彩色花纹，工艺喜用十字挑花、贴花等，其余部分装饰与方你型相同。

方鸠型服饰源于雷山西江，民国后期，开始传入排羊等地区。中华人民共和国成立后，向境内南部、西部地区发展，主要分布于排羊乡，台盘乡的大寨、屯上、空寨、龙井、德眷、南瓦、南垌、交江、南江，南宫乡的交密、汪江、南宫、南牛、养开、交下等乡村。

三、方南型

女装复杂多样，讲究发式。常用几束假发参与真发挽髻，髻两边挽成两个圆圈，称为“鹰眼髻”。右边横插一根龙头形银簪，髻内插有银钎或银花，髻后插大银梳。便装以红、绿、蓝、白、青等棉纱参丝线织成长方形花格帕包头（包时顺边翻转折三四折，约宽二寸，由前额向反时针方向围头一圈余，两头交叉后，用巾头翻折插进额前接帖处扎紧）。包后发髻和梳子均露在外。盛装不围头巾，而围银花带。银花带极讲究，以银子打成螳螂、蝴蝶或马等立体纹样，然后编挑起来，钉在一块白布上，插银凤，饰二两左右的大耳环。上装为大领右衽短服，外形与方你型相似，但袖与衣襟均较方你型短些，色彩有红、蓝两种。便装以蓝色居多，而以深蓝色为主，适当以褐、紫红和黑等暗色与花纹的枝节相岔，或用于一些花纹中的小角上，在花纹的一些小角上或边缘等处有部分粉绿、淡黄、白、深蓝和紫红或玫瑰红等色，称为“欧涛”，意即亮衣。刺绣喜用散花线刺绣，有平挑花、织花、堆花等方法。图案有几何图形和各种动物、花卉等，绣时多采用水云纹。织时采用几何图案形。纹样中龙、凤、象和狮等占了重要的地位。花饰及银饰中，有“丹凤朝阳”“狮子滚绣球”“二龙戏珠”“松鹤并蒂”等类纹样。方翁型银饰最为富丽，饰法与方你型、方鸠型相同而比之丰盛。20 世纪 80 年代后，年轻女子在白布衬衣的肩、袖、领等部位绣上红、绿色化饰，缝制成夏便装。常服多穿长裤，并在前后各围一张织满花纹的围帕，与暗底暗花衣配套。盛装着百叠裙，裙身分为两段，下段短，并用夹层，打折也不一致。下段打两折，上段打三折，在上下段连接处嵌锡片，并用深红色丝线插围一路，裙高亮而无花（裙子不合缝，为后围腰式，苗语称“裤坝”），长齐小腿肚。夏季赤足或穿凉鞋，冬季穿胶鞋或绣花钩鼻布鞋（鞋帮且两瓣合成，用青色缎子或丝绒制成并绣以花纹）。很少穿草鞋。中华人民共和国成立后，清水江沿岸村寨的妇女便装时，除中老年妇女穿民族服饰外，年轻女子和儿童保留头饰，装束与汉族相同。方南型服饰主要分布在施洞、平兆、老屯，良田的黄泡、良田、景孝，四新的南哨、四新、旧州，坝场的阳屯等乡村。

四、方翁型

妇女头饰与方南型基本相同，将一块专制方形花格布帕顺边折后，朝顺时针方向（与方你型相反）包头一圈，把发髻大部分露在外面。但发髻挽得比方翁型大些，髻底略向后下拖。上装为大襟（无小领），左衽半体衣，较长，盖过臀部，领稍后倾。袖窄，冬季服饰袖较长，盖及手腕。在裙子与衣角相接处，挑有三路横向细窄的红、黄、青彩色水纹，上一路代表黄河，苗语称“翁仿”；中路代表长江，苗语称“翁育”；下路代表大西南，苗语称“翁方纳”，意即家乡（三路的变形图案则是山林、田园、牛羊、村庄、人物等，都与苗族古代迁徙史上的三大阶段，有着密切的关系）。裙子前面围有花裙帕，与裙同长，裙带有五彩丝穗。腿缠红，黄色编织的绑腿由踝部往上缠至膝部，呈环状形，并在缠齐小腿前留有一条五彩丝穗，看上去显得脚上的分量很重。脚穿绣花鞋，不拔鞋跟。女童装最具特色，夏季衣袖无花，在肩部横钉约两三厘米宽的两条纱绣花条，有的钉成十字形；冬季的夹衣有背部附以一块数纱绣成的几何纹样花块，约占有背部的三分之二，称为“欧降”，十五六岁后就不穿了。方翁型的便装与方南型区别不大，银饰没有方南型和方你型富丽，一般戴两三对手钏、两根银链和两根银项圈、一对耳环、一把银梳、一两只银雀。式样与方南型和方你型相同。刺绣主要采用挑花和织花的方法，纹样大都属几何图形。方翁型服饰是指以革东为代表的服饰，在台江主要分布在县城和南宫乡的交宫村。

五、方白型

男性老人留发，挽小髻，青年人多于头顶留一圈约0.2米的短发，喜包长约4.8米、宽约0.5米的长头巾，包时一圈圈地缠得整整齐齐，形如一个小斗笠。喜用银饰，有细条银链和手钏，腰挂银牙签。上装为无领大襟右衽短服，盖及肚脐，腰束自织的青、白相杂的花格腰带，长约2.7米。老年人裤脚很大，宽约0.4米，年轻人稍窄些，一般为0.27米至0.4米。冬季裹腿，夏季穿草鞋。中华人民共和国成立后，男子便装与汉族略同。

妇女挽云髻，头帕与围裙帕相同，只是花带窄些。包时，自额前向脑后将发髻包住，结扎于脑后，帕脚拖到背部。劳动时，将帕脚翻搭在发髻前方，带穗垂于额前。妇女上装为大襟右衽短服，无领无花，长盖过腹部；袖窄长及手腕，后摆较长，盖及裙子下缘，当后围帕用，称“尾巴衣”。裙子盖过膝部，无花。前附藏青色无花围裙帕，帕上方两角钉有一根花带束腰，打结于背后。除夏季外，一般都打裹腿，裹脚为藏青色窄布，长两尺许。平常穿草鞋或赤足，布鞋极少见。中华人民共和国成立后，已穿上胶鞋或凉鞋。方白型盛装时，不包头巾，发髻全露于外，佩戴银冠、银凤尾。耳缀鸡爪耳环或牛鼻索耳环。颈饰一两支泡丝项圈、项链。胸配银牌压领。服饰的特点是刺绣极少，衣裙均无花饰，较为简便，唯有丝织的花带作束腰的围裙帕和头帕之用。花带色彩主要是玫瑰红、粉绿、金黄、青、白等色，花纹全以白色出现。纹样大都属“蕨叶”“勾勾”和“窗子格”三类，与交下、巫脚等地花饰相似。方白型主要分布在巫脚的方白、翁书、松葩、细登等村寨。

六、方秀型

男性老人头饰均与方白型略同，年轻男子与方你型无大差异。女子挽盘髻，罩长方形青布头巾，呈上尖下宽三角形，髻后插弯月形木梳，耳环与方翁型相同。盛装不包头帕，银饰较少，头部饰的“银牌”与方白型相同。银梳与方你型相同，手钏、项圈、银链与各型无异。上装为纯青色大领右衽衣，衣襟为白布镶边，衣服基本无刺绣，只在岔口处和后摆的两角边缘以红、绿、黄三色丝线交叉挑些“狗牙瓣”，该型服饰与方白型相同。盛装时束花带五六根，显示其技艺。青色百褶裙长齐小腿，缠青色窄长土布裹腿，赤足或穿草鞋。中华人民共和国成立后，有的在袖口镶一块用蓝色丝线挑花的白布，穿时露在外面。方秀型服饰主要分布在方召和基甲、交汪、巫脚交、巫脚南、李子、黄毛等村寨。

七、方黎型

男装与各地类型大同小异。妇女头包宽约 10 厘米、长约 3 米的藏青土布，并在布的一边顺边叠成重叠的三道边，全帕折成宽 6 厘米左右，发不打髻，有的用网子套上，盘于头顶后即把头帕包住，从上而下又再向上缠绕，包好后约有 10 厘米高，有的头帕外方还打上一层网套。帕外端通常是绣有 3 厘米宽的花饰，并附上 67 厘米长的各色丝穗，作插头用。年轻女子便装多包从市场买来的花头帕。盛装不包头帕，插银簪、银笄，戴银冠、耳饰大花环或梅花形耳环。项圈系圆扣，由一细小的项圈把圆扣穿连起来，圆扣上有花纹与各型相异，独具特色。项链、手钏与各型相同。妇女上装为大领右衽半体衣，较长，盖及臀部；衣的前襟略长于后摆，但穿时拉齐，袖子比一般地区略大，宽约 21 厘米，穿时折一小折，衣脚附上一条约 10 厘米宽的织花，从前襟经岔口伸向后背，后背中央有一小段，领花一般宽 12 厘米左右，胸部花饰宽 15 厘米左右，领稍向后拖，倾斜度不如方你型大，该型刺绣较多，盛装与便装均有花饰。区别在于花饰多寡及工艺的粗细。中华人民共和国成立后，夏季便装不用刺绣，系从集市买青蓝布料按传统式样缝制而成。刺绣方法以“打子”为主，兼以“堆花”“挑花”和“织花”等为辅。纹样大多采用水云纹，内容以花草为主，鸟、蝶等次之。色彩以绿色和红色并重，黄色极少。着半长裙，盖及小腿肚。常服穿素裙，盛装裙脚附以一圈约 7 厘米宽的织花。便装围裙帕系青色布制成，无花饰；盛装为有花饰的缎子布料。冬季裹腿，系用藏青色窄布制成，较各型长（长约 4 米，宽约 1.5 厘米），包时讲究堆叠，鞋有花鞋、素鞋和草鞋。中华人民共和国成立后，多穿胶鞋和凉鞋。方黎型服饰主要分布在革一、大塘和台盘的平水、南尧、簑簸、棉花坪等乡村。

八、翁芒型

男装与各型大同小异。女子挽云髻，外缠长方形藏青色头巾，包法有两种：一种是顺边折，折后宽约 7 厘米，围头一圈，束于脑后，再用一根青棉线在帕外绕几圈，系紧头帕；另一种包法与方鸠型的交下、排羊等地相同，不同处为以青棉线系头帕。两种包法均让发髻和梳子露在外面，耳戴直径 45 厘米的圆圈耳环，环下吊有指头大的灯笼形或蝴蝶形银花。上衣为无领右衽短服，盖及腹部，袖窄，长及手腕。衣襟上戴铜扣，着细百褶短裙，裙脚至裙腰共长 30 厘米左右，周长 152 厘米左右，可围身一周。平时穿两条，盛装穿六七条，穿后衣服盖去大半，现出 10 厘米左右的裙脚，前围花裙帕，长约 50 厘米，宽 40 厘米。翁芒型花饰主要在围裙帕、腰带、裹腿、背带和童帽上，主要采取反面挑花正面看的挑花方法，以白色丝线或棉线在藏青色的土布上挑花。童帕采用贴花，花带、腰带和裹腿采用织花，现出彩色丝线花纹，纹样平常以条纹为主，附上一些小方块图案。腰带和花带偏重红色，裹腿偏重暗灰色，有冬夏之分，冬季的裹腿帕长约 190 厘米，宽约 35 厘米，只围一圈，包后均用花带捆扎；夏季的裹腿帕长约 110 厘米，宽 2.5 米，红色重，两端有很大的穗须，系于腿后，穗须下垂赤足或穿无跟草鞋。中华人民共和国成立后，有些少女的便装与方鸠型的交下略同。翁芒型服饰主要分布在交下的翁芒、白邦、岩板，南宫的大田角、掌皆归等村寨。

九、后哨型

男装与各地类型大同小异。老年妇女用青布裹头，中青年妇女先用一张深色暗花布或白布裹头，然后用明亮的紫色土布包裹，现用浅色的手绢从后往前捆扎，头顶露出发髻，髻上横插银簪。少女头戴平顶花帽，帽顶有折皱，帽中央留有大拇指般小孔，孔周留有数根寸许彩色丝线，帽子边缘绣有多道彩色花边，以红色为主。盛装头戴银帽银花，耳戴小耳环，胸挂数幅银项链，腰扎银带，首饰银镯。老年妇女上衣领襟相连，下着齐小腿折皱裙，前后各围两张青色土布围裙帕，冬天包青布裹腿。中青年及少女便装与盛装差异不大，上装领襟相连，胸襟交叉，腰系两张青色土布围裙帕，四根彩色带头垂吊于身后，长约尺许，下着百褶裙，裙脚绣有多道细窄红、黄、紫色花边，盛装穿绣花鞋或胶鞋，便装赤足或穿草鞋。后哨型服饰，仅有革一乡的后哨村穿着。

第二节　苗族银饰

银饰是苗族人民最喜爱的装饰品,《黔南识略》载:“苗族男子，项戴银圈一二围……女头必裹布，耳戴大环，项戴银圈一二围以至十余围不等……女子银花饰耳，耳垂大环，项戴银圈，以多者为富。”可见，苗族人民把银饰当作富有和美好的象征。

现在，除方召一带外，苗族男子已不佩戴银饰了，但银饰仍是苗族妇女钟爱的装饰品。苗族姑娘在过年跳芦笙或出嫁时，必定连同盛装一起全部佩戴起来，以显示自己的华美，平时一般只戴一对手镯和耳环。

一件银饰的制成要经过铸炼、捶打、编结、洗涤等过程。简单、小件的银饰制作快些，而雕花项圈或银帽则要花上五六天时间。若要制作银片则更为费工，得先将银条摊开成大张薄片，然后照所需要的再剪成小块，放在模子里压成粗形的花纹轮廓，再贴在松脂板上凿成细致的花纹。

苗族银饰造型美观大方，种类繁多，大约有 20 多种，主要有项圈、手镯、银衣、凤冠、耳环、银花等。苗族银饰从工艺上可分为粗件和细件两类，粗件用银较多，但一般不精工细制，如实心项圈、项链、手镯等。细件制作十分讲究，如银衣、银花、凤冠等。经过银匠巧夺天工的精心设计和加工，件件银饰各具特色。那重达三四斤的大项圈，是苗族青年男女结婚时的必备之物。尤其值得一提的是凤冠的工艺尤为精巧，它是由几百朵精致的四瓣圆形小花扎在半球形的银丝箍上，形成半球形冠。冠顶中央插有一只银凤鸟，凤鸟两边插有两只至四只形状各异的小银鸟。凤冠的正面，从上至下挂着三块长短不一的银牌，上面的银牌长度，以至两眉梢为宜，银牌的花纹是双凤朝阳，第二块银牌比上面的银牌稍长一些，第三块银牌最长，至两耳后与凤冠的尾带相连。每块银牌下都缀有银菱角，随着头部的摆动，会发出悦耳的声响。一件凤冠做工可谓精雕细凿，玲珑剔透，造型十分高雅华贵，体现出苗族人民精湛高超的银饰工艺。

苗族对银饰最重视，亦为最珍贵的金属装饰品，是苗族妇女服饰的重要组成部分，其服饰的精华，应当说是银饰。无论是从银饰的历史及民间传说、银饰的造型和花饰、银饰的加工工艺等各方面，均堪称苗族人民智慧的结晶，是灿烂的民族艺术百花园中的一朵奇葩。银饰的种类极多，计有头花、银冠、银角、银簪、银梳、耳环、项圈、项链、压领、围腰带链、银披肩、手镯、戒指及各式衣片、银铃等数十种。另外还有银衣，它主要是由无数的正方形、长方形、圆形的银片和银泡组成，每一小块又雕有细致的图案。小孩还有银帽、银衣等，因而一套盛装的银饰全重有十余公斤。银角最大的达一米。花纹布局对称均衡，图案有放射性的、球心的、单独的和连续的各种结构。造型大方自然，粗犷中见精细，形象概括又多样统一，是最具有苗族风格的装饰品。富有者，在节日集会上身穿银衣，头戴银冠，重达二三十斤。

工匠多为本民族男子。许多村寨设有专门的加工作坊，称为“银匠村”，祖祖辈辈以制作银饰为业。这些名不见经传的民间艺人，与千千万万目不识丁的农村妇女，在特定的环境中，继承发扬制作民族服饰的传统工艺，使这份闪闪发光的艺术精品成为研究贵州民族历史与文化的珍贵文物。银饰的制作，无论是粗活或细活，均经铸、炼、捶打、编结、洗涤等几个过程。所需要工具主要是风箱、铁锤、钳、丝眼板、凿、坩埚、铜埚、花纹模型等。这些工具尽属本民族银匠自制，只有少量的原料是外来，如洗料的酸磺和硼砂便是。

铸炼过程是将纹银放在坩埚内，于炉子上用风箱鼓风，高温溶化成液体后，就把它倒在长条状的糠槽内，使银水凝固，即取出来捶打。先捶成四方形的长条，再视制作什么而加工。如制银片便将它捶宽，制丝条即捶成圆形的细条，然后用丝眼板拉成各种粗细不同的银丝。每件银饰品，除了某些是单独由粗重的方条或圆柱构成外，大部分都是由细的方条、圆条和张片、细丝等相互结合而成。这些制品有如下几种。

方条和圆柱形：一般是用来制造比较粗重的样品，如项链、项圈、手镯等类。方南、方黎等地的银链，就是用直径 6 毫米的银条扣成，每根重 20 多两。各地的圆柱手镯，粗的部位直径有 1 厘米，每支有八两重。像这类粗活，制作较简单，需工不多。

扁形：一般是先将银条捶成扁平的条、块或片，然后制成饰品。如扁手镯、空心镯和空心项圈等。县境各地所用 3 厘米宽的空心项圈、2 厘米宽的扁形成镯，都凿有很细致的花纹（从背部打，花纹从正面突出来）费工相当大。方南型制的一只雕龙项圈，就要花五天时间，一双扁形镯也得花两天工。制空心项圈还得将银片凿成花卉或龙凤的纹样，然后焊柱形，经挽结后才成功。

张片：这类的形状比较复杂，也很细致，制作上需工很大。先将银条捶成大张薄片，然后照需要剪成小块，放在模子内压成雏形的花纹轮廓，再贴在松脂板上凿成细致的花纹。纹样有花卉、瓜果、昆虫、禽兽；形状有三角形、方形、圆形、半圆形等。响铃之类还经加工焊接，才成一空心的球体，草草类还在它的边缘焊上一圈细银丝。

丝：大体说来，丝有粗丝和细丝两种，粗丝可以单独构成一件饰品。如泡链（丝扭链）、泡项圈（丝扭项圈）等就是用粗丝扭结而成的。由细丝单独组成的饰品较少，它须与张片结合后才构成一个整体。如银雀凤、头围、响铃项圈、压领等细致饰品，无一不是丝、片等的结合体。丝的制作较快，有特制的丝眼板（钢质），板上有粗、细和方、圆等不同眼孔，可以拉出直径 4 毫米的粗丝，也可以拉出像电光纱般的细丝。

苗族银饰，各地大同小异不像服装那样，各有各的风格。各种手钏、项圈、链子式样，各地都使用，唯在数量上有所差异，只有头部银饰，地方的差异性比较大。

手钏、项圈、链子等都是较为粗糙的，一般只重视分量，不大讲究艺术价值。手钏有空心、实心、扁形、泡花等式样。项圈有泡花、空心、实心、六方、圆柱等式样。链子有猴子链、泡链等式样。在手钏和项圈中，只有空心的较为讲究，花工较多，往往以圈身作空心的龙身，而后钻过现出龙鳞。空心项圈还常作二龙抢宝的姿势，玲珑剔透。

用于头部的银饰，可说是饰品艺术的集中点，花纹细致，工艺繁杂。除了插针、耳柱（一般都是五两重一对，用细丝环绕成螺旋）外，纹样内容与刺绣略同。以全套来说，大致是银角、龙、凤、鸟、螳螂、瓜子片和花草等，其中又以动物（包括想象动物）为主，花草一般只占附属地位。

银角（有的称银扇），苗语称“给达你”（gib dak nix）。是节日场合中头部装饰最显眼的饰品。形似水牛角，用薄银片制成，两角钻有两条龙尾朝上，形成二龙抢宝，两角中间有指头宽的银片四五片或十多片薄片。方翁型用的较小，宽度只比头略宽。方你、方鸠两型用的很大，有肩膀那么宽。方白、东扛头上最大的饰品是横插在发髻的银牌。其中缀以树枝，枝叶和雀鸟，别具风味。

银帽，苗语称“么你”（mos nix）。主要部分做法为：把银子打成细花草或马钉在布上，把头围住即成。有的将银角、银凤、银鸟、银梳、银簪等插在发髻上，以示银饰众多。

银花，苗语称“榜你”（bangx nix）。制作过程为：把做好的银饰钉在最好的花衣上即成。用在银衣上的银饰大致是约5～8厘米宽的四方形或长方形银片，直径约10厘米的圆形银片或直径12厘米的半边圆银片，直径2厘米的银泡。在这些银片、银泡上面都钻有比较细致的花纹，通常为龙、鸟的浮雕，半边圆的银片上面附上带链的银响铃。衣摆下缘多半是钉上5个结合在一起的带链的瓜子片。

县境苗族九种服装类型的银饰，都各有专门的银匠制作，如翁芒、方白型服装银饰，多找剑河县或县内排羊的银匠制作。方黎型服装银饰由本地或施洞银匠制作。方你、方翁型服装银饰多请排羊银匠制作。方南型服装银饰由当地塘龙寨银匠制作。方秀型服装银饰主要找排羊银匠制作。总之，制作各种银饰的银匠，绝大多数都出自本县。

第三节　苗族刺绣

刺绣是苗族源远流长的手工艺术，是苗族服饰主要的装饰手段，是苗族女性文化的代表。黔东南苗族刺绣十分美丽，技法有14类，即平绣、挑花、堆绣、锁绣、贴布绣、打籽绣、破线绣、钉线绣、绉绣、辫绣、缠绣、马尾绣、锡绣、蚕丝绣。这些技法中又分若干的针法，如锁绣就有双针锁和单针锁，破线绣有破粗线和破细线。苗族刺绣使用不同的刺绣技法和针法，可以形成不同的构图风格。一件绣品不会只用单一的刺绣技法来完成，而是几种刺绣技法的集合体，这是苗族刺绣的一大特色。

苗族刺绣更是一种精致的传统技艺，苗族姑娘从五六岁起，就在长辈的指导下学习刺绣，一直要绣到出嫁前，亲手为自己做好嫁衣，这种习俗一直沿袭至今。

台江苗族刺绣与其生活的地理环境、历史文化、宗教信仰等诸多因素密切相关，刺绣纹样中，大量使用着“蝴蝶妈妈”“务么席”“姜央射日月”“天地”“黄河”“长江”“骏马飞渡”“江河波涛”“平原”“城池”“洞庭湖”等母题图案。这些图案均显示着苗族历史发展的轨迹，表示对祖先的崇敬与怀念，在某种意义上，它是苗族的文字，是苗族的史书。

刺绣主要用于苗族妇女服饰的装饰，用刺绣做成袖片花、领花、肩花、围腰花等。以红、绿、青为主色，写实与写意，形象与抽象相结合，大胆夸张，如龙头可以长出水牛的犄角，龙的尾巴可以是一只凤鸟头，牛的尾巴可以是一支摘枝花，花上还有蜂蝶，人头可生水牛的犄角，两臂可以是两只伸展的翅膀，蝴蝶身上是一个住人的宫殿，三条鱼相聚共一个鼻头，鸟的两只脚在一边等构图特征，别有风格，独具特色。

台江苗族刺绣种类齐全，按地域分，主要有台拱型、施洞型、革一型、排羊型和南宫型五大类。按技法分，主要有挑花、平绣、绉绣、辫绣、锁绣、数纱绣、破线绣、蚕丝绣等十余种。

挑花　挑花在苗语里称“ghat gangb”，音译“嘎刚”，是在苗族妇女普遍掌握的一种刺绣技法，使用广泛。挑花也称数纱绣，有平挑花和十字挑花。平挑即依据绣布经线或纬线运针，按构图的需要进退运针走线，针针进出于布纹纱眼中，其画面如织锦。十字挑花绣法依据绣布经纬线的结构，来回挑出十字交叉的构图单位，又在绣布经纬线中，以这种构图单位组合成所需图案。挑花不用剪纸作底样，一般依据另外的样品或凭记忆想象来绣。挑花有正面挑反面看和正面挑正面看手法，其图案多呈几何状，既对称均匀又千变万化，富有装饰性与观赏性。挑花针距与绣布的密度相连，花样与经纬线融为一体，绣品结实牢固耐磨经久不脱。苗绣挑花极普遍，台江后哨一带较典型。

平绣　苗语称“hot daos leel”，音译“贺刀勒”，是在布坯上描绘或贴好纸模后，以平针走线构图的一种方法。其特点是单针单线，针脚排列均匀，纹路平整光滑。苗族平绣往往与剪纸结合在一起，先将剪好的纸贴在选好作为绣地的布料上，然后来回走针将花样覆盖，即获得彩丝绣出的图纹，因而绣出的纹样有一定的厚度，呈现微微的浮雕状。在苗族刺绣中，平绣使用最多，工艺最为精熟。平绣流行地区广泛，台江县施洞区的苗族平绣较为突出，遍及服饰的各个部位。在苗族地区平绣的普及程度仅次于挑花，平绣多见围腰、花条裙、背带和鞋子上。

破线绣　苗语叫“dus hfed hnout”，音译“都胡讷”。流行于清水江流域施洞、老屯一带，属于平绣的一种，但由于比一般平绣更加细致独特，因而自成一种技法。具体绣法是，首先将每根丝线破散成更细的几根丝线，多的达 13 根，然后用上年秋天采摘的嫩皂角上浆（皂角树结的果实，具有皂化去污作用），上浆的目的是使丝线不起毛不易拉断。该道工序完后，就开始刺绣了。用此技法制作出的服饰非常精美。纹饰图案华丽富贵，图案内容极其丰富，都有一个完整的民间故事，苗族妇女身着此装，特别是一年一度的苗族姊妹节，极为壮观。破线绣在针法上，据所搜集的实物标本初步统计，有纳针、散针、平针、捆扎、补针、复针、套针等技法，特别是一大块画面上，为了避免平针运用带来的长距造成的绣线的松散，或在绣好后画面折叠时出现的绣线散乱，巧妙地在大块画面中增加了断面，或绣出动物的脊骨或绣出龙、鱼的鳞片，牛的毛旋等，即使画面更加有层次，更富装饰性，又使画面在刺绣时缩短走针，使绣线更牢贴在绣布上，边缘以锁绣盖住针脚，使之更加耐磨。因此，施洞一带的苗装，虽历经几十年甚至上百年，绣面仍然平整光滑，以手触之，细腻圆润。

辫绣　苗语称“hot daos”，音译“贺刀”。辫绣是台江苗族的一种特殊的刺绣技法，主要流行在台拱、排羊、台盘一带。具体绣法是先用 8 根，或 12 根，或 16 根的彩丝线分成四组，在专用的木质编带架上，用手工编成有一定宽度的辫带，再将编好的带子，按剪纸纹样贴在青布或彩缎上，按剪纸的轮廓，由外向里将辫带子订在纸样上，辫带的走向明显，呈较突出的浮雕感和肌理效果。体现出粗犷、朴实、厚重的艺术趣味。辫绣一般用作服饰上的袖片花、肩花和领花，这种技法非常细致，制作一对衣袖花需要三个月的时间。

绉绣　苗语称“hot hvek”，音译“货喝”。皱绣是台江台拱、排羊、台盘等地苗族在辫绣的基础上演变出来的一种刺绣技法。其方法是先编织丝辫，编法与辫绣的丝辫相同，再按照剪纸的轮廓，用丝辫折皱填图，由外向里，将丝辫折成小折，堆积满实，用同色丝线订上。每订一针，折皱一次丝辫，形成皱褶起花图案，使纹样呈较高的浮雕状，比辫绣的立体感更强，形成一种更粗犷、朴实而厚重的肌理效果，既经久耐用，又有一种特殊的美。绉绣只用作服饰上的袖片花。

锁绣　苗语称“hot hsoud”，音译“贺素”。锁绣是一种古老的刺绣种类，有单针法锁绣和双针法锁绣，单针锁绣用作边缘配花或锁边。单针法以一针一线运作，一针作一扣，反复行针作扣构成牢固的边缘图案或作填图显花，纹样明晰，构图质朴牢实。此绣法专门用于框套绣品的边，起着修饰作用，目的是使绣品边缘线条更规整、更流畅。所以，锁绣又叫“围边”“锁边”。形象又称“连环针”，即从绣片边缘的某一点起针，每两针抽针引线成一环，连续刺绣，环环相依。施洞一带的苗族妇女由于掌握了破线技艺，所以“锁边”出的绣品效果较为细腻。双针锁也称“绞线绣”，即在刺绣时用双针双线，一粗一细，细线出针时用粗线绕针作扣，细线来回穿插，形成一环扣一环的锁扣显花。台拱、排羊、革一一带常用双针锁绣作显花图案刺绣。锁绣绣品为苗族刺绣中的上品。能够掌握锁绣技法的妇女较少，方圆几个村寨也只有一两人，别人绣好的绣品，专门请她们锁边，锁绣的工时和价值往往比绣品的工时和价值要多、要高。锁绣以不开口、闭口、斜口，针距短小为上品。

缠绣　苗语称“hot vees”，音译“贺耶”，有的又称“两针绣”。其绣法是先用纸花贴在底布上，用两颗针隔着底布上下穿插，相互缠绕进行刺绣。这种绣法主要是绣衣袖花，绣一对衣袖花至少也需要三个月时间，苗族盛装的花纹边采用这种绣法。这种绣法难度较大，针迹有平行和相叠两种，很少有人掌握，服饰也不多见。

蚕丝绣　苗语称“hot gangbaol”，音译“货干阿”。蚕开始喂养时，放在簸箕里，待蚕吐丝时，再将蚕放在模板上面吐丝，一年丝层太薄，待第二年蚕吐丝时，又将蚕放在第一年的丝层上吐丝，经过四年至五年的时间，才能达到所用服饰的厚度（这也是鉴定服饰价值标准之一）。然后将其压紧，用植物染料染成各种颜色。蚕丝绣纹样以花、鸟、龙、鱼、飞蛾、罗丝纹、几何纹为主要内容，造型古朴、简练。这种技法费时费工，一名妇女在年轻时期只能制作一套服饰。十一二岁开始学习，十五六岁正式制作，到十七八岁才完工，可谓工程浩大。现该技法濒临绝迹。

短针绣　苗语称“hot laid jub”，音译“货来久”。是南宫乡交宫村苗族妇女的一种刺绣针法，也是平绣的一种绣法，其方法是先用笔在底布上绘出图案，以短线排列组成线条，若干的线条构成一幅图案，此针法绣出的龙、虎、狮等动物图案栩栩如生，色彩艳丽，能逼真地表现动物的毛发。绣品规格一般为 70 厘米 ×15 厘米的长条，主要用作围裙饰边、服装衣袖和小孩的帽子。

叠绣　苗语称“liangb sat”，音译“亮赛”。亦称堆花，是一种将拼贴和刺绣相结合的工艺，其做法是，先用浆了皂角水的彩色绸子剪成小三角形，再把小三角形的下两角向内折成带尾的小三角形，然后按花样把这些各种颜色的三角形，依照构思有序地一层压一层地堆绣成各种花鸟图案。这种绣法造型夸张，色彩斑斓，有点像刺绣工艺中的点彩派。百余年前还用此法作盛装的花饰，后因制作费工，故现已多为各种刺绣所代替。但在妇女盛装的领花、袖片的装饰中，各种彩色的、金银的小三角形构成的花边，还仍在使用。

打籽绣　苗语称“quk bob”，音译“秋波”。打籽绣是一种非常古老的绣种，分长线打籽绣和短线打籽绣，短线打籽绣用的多些。台江只有革一地区的苗族妇女还在盛行、传承这种绣法，这种绣法形如同缝补衣服收尾时打的死疙瘩。具体做法是，先将纸花贴在底布上，然后用针从底布背面刺上来，在针脚下绕圈打结再沿底布刺回去，针针相依，绣好后的绣品呈现许多小圆点，花纹就是由这样无数的小圆点组成，圆点大小取决于绕圈的圈数和丝线的粗细，绣品的质量以圆点圆滑为标准，能够做得好的绣工也是屈指可数。

锉纱绣　也叫“锉锦绣”，苗语称“hot bouf jenx”，音译“贺不景”，是苗族一种独特的刺绣技艺。具体用平绣方法绣制大朵花卉，然后在花卉的花瓣上以数纱的方式挑出图样，采用短针订线的技法在平绣花瓣上订出图纹，有较强的立体效果。一般订线绣的图案以几何纹和动物纹为主。

贴花　苗语称“seik bangx”，音译“奢榜”。贴花又称“贴布绣”，顾名思义就是把所绣的花纹图案贴在底布上。贴花分彩色和素色两种。把彩色缎子或棉布剪成所需刺绣的纹样，如青蛙、蝴蝶、牡丹、飞鸟等，将边缘滚好，然后贴在底布上订牢。贴花在多数情况下是与其他绣法结合一起运用，最常见的是平绣。素色贴花多用在服饰的裙边、领口、袖边、裤边、鞋口等部位，一般多用家织黑布剪成连续矮空的几何纹、如意纹、云纹等，具有强烈的装饰效果。台江苗族妇女多用此技法制作幼儿背带和鞋面。

织锦　苗语称“dlib bangx”，音译“丽榜”。即用织布机织出花纹图案，花纹多呈连续的几何图形，外部多用平行线条，内面多菱形、三角形或单线曲折等。境内织花各异，革东一带多用斗纹布，经线多半为深色，纬线用各色花线。县城郊区织法较简单，用土布机织，经线是各色花线，牵纱时提前布置好花纹，上机织后只照加一色纬线即成，所织的锦带大小不一，根据需要而定，大的可达 30 厘米左右，小的仅 1 厘米左右。锦带上的花纹较清晰，图案有菱形、方块、花草、动物等。

第三章　苗歌

第一节　飞歌

飞歌，是苗族歌曲的一种，流行于台江、剑河、凯里等一带。以台江施洞地区歌曲最为优美。飞歌的音调高亢嘹亮，豪迈奔放、明快，唱时声震山谷，有强烈的感染力。这山唱来那山能听，故名为飞歌。这种歌曲多为青年妇女所唱，有时青年男子也唱，独唱较少。

飞歌，多用在喜庆、迎送等大众场合，见物即兴，现编现唱。歌词内容以颂扬、感谢、鼓励一类为主，过苗年、划龙舟等节日喜庆活动，一般要唱飞歌。

飞歌的歌词，每首一般在三十句左右。一首歌中，常有三字句、五字句、七字句、八字句等，但多数是五字句。唱词为五言押调句式，歌词较短，一般四句至六句，大都演唱于山岗林野与田间地头，音调高昂，音域宽阔，气势雄浑，节奏舒展自由，旋律起伏性大，多用衬词和拖腔。乐句中在长音上应尽气息延长，句间可以任意休止，句内喜用滑音连续级进，句尾收腔惯用甩音，终止时附加一声高昂“阿哈”的呐喊声，显得热情奔放、豪爽。飞歌的曲调有大致固定的谱子，拍节的长短与快慢有大致固定的格式，但有时可以在原有的基础上进行发挥。在一首歌曲中开头较慢，第一句先快后慢，拖音渐高而长，第二句先快后慢，但拖音渐低而长，从第三句或第四句起，开始用中速唱下去，逐渐加快，唱到主要部分时，用快速连唱。高潮唱完之后，用渐慢渐拖音唱一小部分，即接近尾声了。唱到最后一两句时，拖音渐低而长，飞歌开头一两句，中间接近高潮前的几句，收尾的一两句，一般都有拖音。歌唱者可以尽情拖唱，拖音的长短，凭歌唱人一口气的长短而定。曲调在台拱、施洞、革东、革一、方白、交下等地各有差异。各地演唱的方式基本相同，有独唱、男女声对唱等。在夜深人静或在空旷山野演唱时，歌声可达数里，回音缭绕。

苗族飞歌在 20 世纪 50 年代就已开始开发，已故苗族著名歌唱家阿泡，于 1950 年到北京参加第一届国庆节观礼并演出。在怀仁堂庆祝国庆节晚宴上，她与同寨姊妹阿谷演唱了苗族飞歌《想念毛主席》，并受到党和国家领导人的亲切接见，她们的演唱也使几千年来的苗族飞歌第一次在首都北京飞扬，随后很快流传开来。

第二节　古歌

苗族古歌主要唱述的是人类起源、苗族迁徙史迹等。苗族古歌又称“苗族史诗”，由《开天辟地》《枫木歌》《洪水滔天》和《跋山涉水》四大部分组成，共 15000 多行。神秘的古歌从宇宙的诞生、人类和物种的起源，一直唱到苗族的大迁徙、苗族的社会制度和日常生产生活。它篇幅宏大，内容包罗万象。苗族古歌不仅是民间文化的宝库，是民族精神的标本，更是一个民族的心灵记忆，是世人认读这个民族的百科全书。苗族古歌是世界上为数不多的几部有影响的古歌之一，从已搜集到的资料和仍健在的民间传承艺人来看，苗族古歌的流传地主要在台江县。

苗族古歌在苗语里称“Hxak Lul Hxak Ghaot”。第一组《开天辟地》有四首，即《开天辟地》（《Qid Dab Xit Wix》）、《运金运银》（《Qab Nix Qab Jenb》）、《打柱撑天》（《Dib Nix Dangt Dongs》）、《铸日造月》（《Yux Hnab Dangt Hlat》），内容主要叙述天地日月、山川河流如何形成。第二组《枫木歌》由《寻找树种》（《Ted Dongt Daos Nius》）、《犁东耙西》（《Keeb Nangl Kak Jes》）、《蝴蝶妈妈》（《Mais Bangx Mais Lief》）、《十二个蛋》（《Jef Ob Laib Bod》）、《争当大哥》（《Xik Luf At Bed》）五首组成，内容主要叙述人类和万物的来历。第三组《洪水滔天》由《洪水滔天》（《Yangb Nangl Zaok Jes》）、《兄妹结婚》（《Dod Dieel At Kheet》）两首组成，内容主要叙述姜央与苗公的斗争和人类兴衰繁衍的过程。第四组《跋山涉水》只有一首，即《跋山涉水》（《Nangx Eb Jit Bil》），它叙述黔东南苗族由祖先从东部迁来的经过。

第三节　情歌

情歌在苗语里称“hxak vangt”，音译“夏昂”，“夏”即“歌”，“昂”即“青年人”，“夏昂”直译“青年人之歌”，音译“情歌”。情歌是叙述青年男女爱情生活的歌，如追求纯真爱情，主张恋爱结婚自由，反对封建包办婚姻等。在艺术上，语言优美流畅，比喻生动形象，大量使用比喻、拟人化等表现，浪漫主义色彩特别浓郁，是苗族民间文学中的珍品。台江苗族情歌非常丰富，可以说是浩如烟海，数不胜数，而且有层有次，有类有别。概而言之，苗族情歌有如下十大类，即“相见歌”“青春歌”“赞美歌”“相思歌”“求爱歌”“成双歌”“逃婚歌”“苦情歌”“离婚歌”以及“分别歌”。这些各类歌中，有些是代代相传，有些是即兴创作。每一类歌极为丰富，情歌能手对这十类歌都很精通，“游方”赛歌时，应对自如，在过去，有些后生出门去“游方”十天半月，回来时，带个新娘同时进屋，就是因擅长唱歌而赢得的，传为美谈。

苗族情歌形式，一般是五言，少数是长短句，押调方面，一般都押脚调，少数押交叉脚调或不严格的脚调，只求自然流畅。苗族情歌的唱法，有飞歌调（苗语称“hxak yangt”，音译“夏漾”，意即“高声唱的歌”），吟咏调（苗语称“hxak hveet”，音译“夏额”，意即“拖长声音唱歌”），宣叙调（苗语称“hxak dit”，音译“夏第”，意即“念唱的歌”）三种。这三种唱法，在曲调上各地又有不同，这在以后的“民间音乐”专节中加以介绍。

多声部情歌，流传于方召、反排等地，用叙述调与拖腔混合演唱，引子为单声部（男声或女声），接着用赞词和拖腔同时伴唱，形成男女二重唱，收到单声部与多声部交融演唱的艺术效果。

流传于县内方召地区的游方歌，男女声相和，起声不同步，具有自由模仿手法的因素，联合运用衬腔分声部唱法的复调形式，形成多声部唱腔，很有特色。方召情歌曲调优美动听，台江的民间歌手曾在 2001 年参加贵州省民歌大赛，荣获第一名。

流传于县内反排村的“夜歌”更是别具特色。一般是在夜深人静、男女依依惜别之时演唱，采用男女二重唱，甚至三重唱的多声部进行演唱，娓娓动人。反排夜歌在 2010 年 10 月参加中国南北民族歌王赛中，一举夺得“歌王奖”。夜歌必须是众多男女演唱时，才显出其优美旋律。

第四节 多声部情歌

一、历史渊源及分布

苗族没有自己的文字，多声部情歌起源于何时无文献可考。苗族是一个迁徙民族，大约在唐宋时期就迁徙到黔东南定居。据苗族特有的“子连父名制”记载，反排村的杨姓苗族定居在这里已经有45代人，按25年一代计算，已有1000多年的历史。由于反排一带“上山摸着天，下山到河边，说话听得见，见面要半天”的特殊地理环境，这里的青年男女相隔很远，见面很难，只好以高亢悠扬的歌声传递思念之情，逐步形成独具风格的多声部情歌曲调和演唱方式。据反排村85岁的老歌师杨亮今用“父子连名制”推算，他的28代先祖就是有名的多声部情歌歌师，由此推算，“台江苗族多声部情歌”的形成已有700多年历史。

多声部情歌主要流传在台江县的方召乡、南宫乡、革一乡境内。分布区域在方召乡的方召村、反排村、巫梭村，南宫乡的白邦村和革一乡的部分村寨。

二、多声部情歌演唱特征

苗族多声部情歌是流传在台江境内的无伴奏、无指挥的五声音阶民间复调音乐，具有明显的民族特色和地域特色，以宫、商、角、征、羽为主要音列，节拍多为2／4、3／4、6／8和复拍混合结构。苗族多声部情歌是一种以和声为主要形式的复调音乐，多为男女声两个声部，每个声部至少两人以上。演唱时，当男声部为主声部的时候，女声用赞词和拖腔伴唱和声形成复调；女声部为主声部时男声用大量的拖腔和颤音伴唱形成复调，体现出明显的民间复调音乐风格。苗族多声部情歌的演唱真假嗓交替使用，音域宽广，气息深厚，节拍自由，曲调委婉动听，大量使用长音和上、下滑音以及颤音，表达细腻的感情，需要很高的演唱技巧。苗族多声部情歌具有“调随词走”的特点，其旋律、节拍和速度往往随着歌词和演唱者感情的变化而变化，体现了苗族人民向往自由、追求无拘无束的精神生活的民族性格。苗族多声部情歌调式与苗族情歌歌词内容密不可分，根据苗族男女青年从相识、相恋、相爱到成婚的完整过程，用以表达男女青年爱慕之情的苗族多声部情歌曲调有“见面调”“赞美调”“单身调”“青春调”“求爱调”“相恋歌”“成婚歌”“逃婚歌”等不同的调式。苗族多声部情歌曲调与苗族情歌歌词浑然天成，苗族情歌歌词基本上是押调，讲究的是音调的和谐，苗族多声部情歌曲调与苗族情歌歌词配合得天衣无缝，体现了苗族人民杰出的音乐艺术天赋。

苗族多声部情歌旋律相对自由，在演唱过程中，随着演唱者感情和歌词的变化，节拍、曲调和旋律也在不断地发生细微变化，就是同一组合在不同时间演唱同一首歌，在旋律、节拍、速度等方面，第一次演唱与第二次演唱的效果是不一样的。

三、多声部情歌的内容及代表作

苗族多声部情歌歌词内容很多，根据青年男女从接触到相恋、相爱到成婚的过程，有“见面歌”“赞美歌”“单身歌”“青春歌”“求爱歌”“相恋歌”“分别歌”“成婚歌”“逃婚歌”等不同类型，根据歌词的类型用不同的曲调演唱。苗族多声部情歌的曲调大致有“见面调”“赞美调”“单身调”“青春调”“求爱调”“相恋歌”“成婚歌”“逃婚歌”等。

1996年，有关专家从中选出反排多声部情歌代表作《假如你是一朵花》《阳春三月好风光》和《要玩趁年轻》等推向舞台，多次参加省内外演唱比赛，反响强烈。2004年春节，在中央电视台举办的“中国西部民歌大赛”上，由台江苗族青年张本云、吴通林、唐龙、方绍宝、唐翁瓮等演唱的苗族多声部情歌《阳春三月好风光》夺得金奖。2006年7月，在中央电视台第十二届青年歌手电视大奖赛上，由台江苗族青年组合“朵蝶朵阿”演唱的《要玩趁年轻》获得优胜奖。姜柏搜集整理的苗族多声部情歌《但愿人成双》已收入《中国民歌集成》一书。

第四章　苗舞

第一节　反排木鼓舞

反排木鼓舞是苗族古老的传统舞蹈，具有悠久的历史，它曾是氏族、部落聚集祭鼓的一种祭祖性的集体舞蹈，随着祭鼓节习俗不断发展，广为流传。但由于苗族历史社会的发展，地理、自然条件不尽相同，其风俗各有差别。就台江而言，有的地区由于不过祭鼓节致使木鼓舞中断、失传，有的地区虽过祭鼓节，祭祖的却是铜鼓，木鼓被铜鼓取而代之。而方召乡方白村仍过祭鼓节并以鼓导舞，将木鼓舞的艺术继承和发扬光大。特别是在党的民族政策指引下，木鼓舞更像盛开的山花，越开越鲜艳。

反排木鼓舞这一祭祖舞蹈，是苗族人民从自身的劳动实践中不断提炼、加工创作出来的艺术珍品，是一种独具特色的集体舞蹈，是苗族丰富多彩舞蹈中的一个重要组成部分。1968 年 5 月，在贵阳举行的贵州省第二届少数民族传统体育运动会和 8 月在新疆乌鲁木齐举行的全国第三届少数民族传统体育运动会上，反排木鼓舞队的精彩表演深受观众和艺术界专家学者的欢迎，给人们留下了深刻的印象。1988 年，在省文化厅的组织下，反排村的男女青年随同贵州省少数民族歌舞演员，先后到北京、西安、深圳、广州等地演出，每到一地都深受欢迎，场场满座，声誉大增。1989 年 7 月，反排村青年万正文（男）、唐汪报（女）二人又被邀请参加由省文化厅组织，经文化部、省政府批准的“贵州省民族民间文化艺术团”，赴美国华盛顿参加国际艺术节，与西方迪斯科同台演出。

据苗族古歌叙述，苗族在西迁过程中，木鼓舞发挥了传递信息、团结人民，组织人民进行战斗和生产的号角作用。如“古歌”所叙，木鼓及木鼓舞的诞生，至今已有几千年的历史。可喜的是，千百年来，它不仅在苗族民间广为流传，晚辈们还能继承历代先辈的创作艺术，使之不断发扬光大。木鼓舞在舞姿上越来越精美，更为豪迈强健、生动活泼，既可自娱又能表演，充分体现了苗族人民对新生活的热爱和对美好未来的向往。

反排木鼓舞是一种踏四二拍舞步的群体性舞蹈。其特点是大幅度走动与优美舞蹈艺术的有机结合，舞蹈起来手脚开放，甩向同边，五体皆动，变化多样，粗犷奔放，潇洒和谐，气氛热烈，具有独特的彪悍性格。就其舞姿而言，舞蹈具有规范优美，层次分明，头、手、脚巧妙摆动与舞蹈的艺术技巧融为一体，舞蹈起来使人眼花缭乱。尤以头、手、脚的开合大，摆动幅度宽，动作灵活为最佳舞姿。其舞蹈动作可谓是“开有鲲鹏展翅之势，收有雄鹰护窝之威，跃如猿猴攀缘之捷，旋似鸽子翻身之速”。舞蹈以缓起、中渐、尾紧的方式逐级发展，环节紧凑，高潮起伏，给观众以丰富的联想和欢快的余味。

反排木鼓舞的鼓点繁多，击鼓的音律也各不相同，舞姿也是随着不同的鼓点而各有差异，有不少鼓点至今已经失传。现在常用的鼓点有五种，其依次名称为“略高斗”“高斗大”“略渣厦”“渣厦耨”“虾地福”（均为苗语音译）。

反排木鼓舞有 5 个自然章节，这 5 个章节的名称是依据它们的内在含意、动作或表现而起的。

又因其伴奏鼓点更显出舞蹈的古朴旷远，高峻深邃。观其舞姿、听其鼓声，无不令人追思远古先民们跋山涉水、战天斗地的生活景象。与此同时，在“击槽之乐”的鼓点声中人们的生活无不受原始思维即神话思维的支配。如“高斗舞”，意即斑鸠舞，这一节是整个木鼓舞的前奏曲，是表现先祖们由东方迁徙来时，跋山涉水、昼夜兼程的艰难情况。“高斗大舞”，是“高斗舞的延长”之意。舞蹈者每人手擎一把砍牛刀，随着舞蹈动作不停地晃动，表示为祖先披荆斩棘。“虾地福舞”，意即“虾”“黎”和“方”，两个苗族部落支系同行西迁到黔东南定居。“渣厦舞”即五支祖相依跋山涉水到西方来找好生活。五支祖相依迁徙到此定居时，重振鼓社、举鼓主、对民族始祖蝴蝶妈妈，父系始祖姜央和鼓社创业艰辛的历代祖先的怀念祭祀。

舞蹈动作是用身体中部为动力，带动四肢的协调运动，特点是踏二四拍，用手、脚、胯于同一拍节空间进行同边甩，交替进行。通过侧身顺走变换身体形态，要求头、肩、腰、臀各部之间的动律均稳定在一节拍时在空中统一进行，使人体在不协调运动中达到高度的和谐和统一，头、手、脚开合度大，摆动幅度宽。从整个舞蹈的编排来看，有一定的技法，一个动作有大有小，有向前、有后退、有转圈。木鼓舞是以圆形的队形体现，是团结的象征。木鼓舞刚劲有力，是力量的象征，也是生命力的流露和倾泻。

中华人民共和国成立以后，反排木鼓舞由于风格独特，获得了新生，得到了发展，赢得了荣誉，被誉为“东方迪斯科”。多年来，木鼓舞演出队的足迹踏遍祖国各地，甚至漂洋过海远涉美洲和欧洲。1990 年 10 月，反排木鼓舞应邀到中南海演出，受到了党和国家领导人的亲切接见，留下了一幅幅珍贵的照片，成为木鼓舞队员一生中最大的荣耀。反排木鼓舞现已经名扬中外，誉满全球，被列为第一批国家级非物质文化遗产名录。

第二节　芦笙舞

芦笙舞是台江苗族人民祭祖或节日、喜庆的主要舞蹈之一。但由于历史原因，相当一部分苗族村寨已失传，现尚保存芦笙舞蹈较好的有交下、翁忙、党道、南宫、反排、方召、革东、宝贡、台盘等地。芦笙与芦笙舞在台江苗族地区的历史源远流长，苗家人认为它是始祖母创造出来的，象征苗家人的母亲，它的声音也是母亲的声音。芦笙的创造和芦笙舞蹈的起源，传说均源于两位女性。相传远古时雷公山脚有一苗族姑娘长得很漂亮，一天，忽然被一野鸡精抢入洞穴中。在姑娘万般无奈之时，连续两天听见洞外有竹管声，姑娘在洞中用口哨和竹管声对吹，最后被这个吹竹管的青年男子寻声找到洞内，并将竹管交给这个女孩吹奏诱骗野鸡精，男孩趁机将野鸡精杀死，救出女孩。之后，便将那根救了女孩性命的竹管制成了芦笙，这是芦笙制作的传说。而芦笙舞蹈的起源，传说是某苗寨有一姑娘，名叫葛仰香，长得很漂亮，与一个穷苦青年相播相亲相爱，然而有一财主想霸占她。一天，葛仰香与相播相约远离他乡，被财主知道了，带家丁尾追二人。当追至一山崖时，相播摔下悬崖身亡，葛仰香为此悲愤不已，便在大年初一邀约同伴一起吹笙舞蹈，以悼相播在天之灵。当大家舞蹈至天黑时，葛仰香倒地，气绝身亡。后来，苗族人民为了纪念这两名男女青年的纯真爱情，每每在过年、过节吹笙舞蹈以示纪念。汉族史籍里也对苗族芦笙文化有着生动记载：“参差六竹管，长声黄钟涛，短声清微散，舞来随节旋，吹去别促缓，苗女共苗男，明月花满山。”迄今，三大方言的苗族，无论居住何处，仍以芦笙作为本民族文化的一种表现形式。

芦笙的舞曲及舞步，各地大同小异。芦笙舞曲内容可分为礼乐曲、叙事曲、进行曲、歌体曲与舞曲等。芦笙演奏与芦笙舞的形式可分为吹笙伴舞、吹笙领舞与吹笙自舞，前两者吹笙可以是七人、九人、十一人或更多人。吹笙伴舞及吹笙者不舞或在场中小舞，周围男女群众层层环绕舞蹈；吹笙领舞及吹笙者在前边吹边舞，男女群体结队绕圈踏声舞蹈，场面蔚为壮观；吹笙自舞指小集体、双个或单个吹笙者用小芦笙表演，亦吹亦舞，舞蹈动作高难，配合默契。芦笙舞蹈动作可概括为走、移、跨、转、立、踢、别、勾、翻等。芦笙舞动作表现或庄重肃穆，或节奏紧凑、动作激烈，或轻松明快、活跃敏捷，都因适用的不同而有异。芦笙曲与芦笙舞体现出苗族人民的各种文化形态。

第三节　踩鼓舞

一、踩木鼓舞

台江苗族木鼓舞，分布于全县各苗族村寨。但由于受历史的局限，有些村寨已基本失传，现存下来较突出的有反排木鼓舞和施洞、革东地区的木鼓舞。这两种舞蹈从木鼓的制作到鼓点敲击、舞蹈动作均有区别，各有千秋。反排木鼓的制作细而长，长度约一米；施洞、革东地区的木鼓则圆而大，俗称“皮鼓”。反排木鼓舞敲出的鼓点急时如雷鸣，缓时如滴水；而施洞、革东地区敲出的鼓点自始至终急如炒豆，响如溪流。反排木鼓舞动作特点是踏二四拍，其头、肩、腰、臀各部位的动律均稳定在一节拍时在空中统一进行，和谐统一。全身运动以胯为动力点，甩同边手。头、手、脚开合度大，整个舞蹈动作约模仿虫、鸟、鱼、兽、禽的动作，变化时动作粗犷豪迈、娇健敏捷、灵巧活泼。真谓是“并有魄鹏展翅之势，收有雄鹰护窝之威，跃如猿猴攀越之捷，旋似鹞子翻身之疾”的气势。反排木鼓舞主要有5个章节。这5个章节分别表现苗族祖先从东方迁徒来时昼夜兼程、跋山涉水、披荆斩棘，打猎御敌、开垦田土、共祭祖先的情景，显示了族人相亲相爱、团结互助、不忘历史的精神风貌。而施洞、革东地区跳木鼓时，由于大多是穿盛装、戴较重的银饰（5公斤至10公斤），因此舞蹈时手的摆动、脚的迈开、身子旋转动作都不大，只能用漫步、碎步轻微踩动，动作温柔。

二、踩铜鼓舞

铜鼓　铜鼓为苗族祭鼓节和一般节日时敲来跳舞的乐器。敲打之前，把铜鼓抬至舞场，用绳拴住鼓耳，悬于架上，先淋酒祭奠然后敲打。敲打者共两人，一人左右两手各持一棍，按照不同的节奏，一手横击鼓面（中心的太阳纹，发出“咚”、即“1”音，一般以“D”为鼓点标记）；一手竖敲鼓身，发出“卡”的和谐的响声。另一人拿一无耳木桶，当打鼓人敲打鼓面时，将桶口向铜鼓的敞口一送，把空气赶入鼓中，使“咚”音在鼓发出“咚嗡”的回声。如此来回操作，声波时短时长，铜鼓不停“咚翁！咚嗡！”地响，远近听了，都有一种奇特的美感。

铜鼓舞　苗语称“助略过”，是苗族祭典喜庆的舞蹈，以欢乐、轻盈的风格注目。铜鼓舞计有“略啥客”，即迎客舞；“略送客”，即送客舞；“略高斗”，即斑鸠舞；“略牙卡”，即喜鹊舞；“略恰刚”，即捞鱼虾舞；“略勒”，即荡漾舞等。现在除“略勒舞”有人会跳外，其他的铜鼓鼓点和舞步都已失传。

三、踩板凳舞

苗族板凳舞，主要流行于革一、后哨、大塘、台盘等地，是在走亲访友时，妇女们酒后随兴而起的一种舞蹈。舞蹈场地不限，或在某家里，或在寨坝上。这种舞蹈的伴奏乐器主要是板凳，因而得名板凳舞。舞蹈时有两种跳法，一是由一名妇女敲击板凳，其余妇女围圈用双手随节拍拍手，双脚轮换狂跳边歌边舞。另一种板凳舞蹈是参加舞蹈之人每人双手各持一把凳子，集中在较宽的坝子上，一起围着圈子转跳，舞蹈动作是先迈右脚，脚跟向外，前点两下，与此同时双手的板凳也击两下，之后收左脚，脚跟向内，前点两下，双手板凳也随即拍两下。如此反复几遍后，圆圈队形又逐渐转换为面对面并列两队形。舞蹈动作基本同前，舞时面对面，伸出右手持板凳相互击一下，又换左手相互击一下，两人在做这两个动作时，各自的右脚跟、左脚跟也互换点地。之后，面对面各自转身向外斜成“弓”字形击两下，与此同时两人臀部相撞，百褶裙子飞扬。如此反复几遍后，各人又边击板凳，双脚同时起跳如蛤蟆跳跃状，一边手击板凳，一边与其他舞蹈妇女用臀部东击西碰。如此反复狂舞，直到兴尽方休。

第二十篇

人物

第一章　人物传

按照修志生不入传的原则，本志录入已去世的曾在台江工作或台江籍正处级以上或有突出贡献、社会上有影响的人物，按出生时间先后排序。

肖洪春（1903—1996）

肖洪春　男，汉族，1903年生，贵州省铜仁市松桃人，与凯里党小组负责人李光庭同乡，儿时好友。1929年，肖洪春来到台拱做小生意谋生。1932年，肖洪春去湖南进麻耳草鞋，在湖南新晃凉伞镇休息时巧遇儿时好友李光庭，李光庭是中共党员，也正要到贵州开展革命工作，但苦于不熟悉道路，于是两人一路同行来到台拱。李光庭经常往返于凯里、台江之间开展地下革命工作。肖积极协助，只要李光庭向他布置任务，他便撂下买卖，尽心尽力去完成。当时李光庭给肖布置两个任务，一个是为李光庭、喻雷、王毅做向导，配合他们奔走台江、剑河、黄平、施秉、镇远、三穗等地抓民间武装，一个是肖本人独立抓武装，建立台江活动点。肖洪春为了革命，与李光庭、喻雷、王毅翻越于高山之巅，出入于深沟之壑，冬去春来，日复一日，年复一年，他们的足迹踏遍黔东南的山山水水。

1933年冬，李光庭来到台拱，深入民间了解群众疾苦，结识了一批进步青年，邀约肖洪春、宋天榜等18名进步青年在文昌宫聚会，结拜为兄弟。

1934年，肖洪春按照李光庭的布置，在台拱发展地下武装。当时台拱各地为反对国民党暴政统治，成立民间地方武装，如报效的吴正文、欧帮英有一支二三十人的武装，肖和他们相交很好，通过做思想工作把他们纳入地下革命武装之列。后被国民党台拱区长吴嵩高发觉，逮捕了吴正文等人，肖闻讯后回松桃老家避难。后肖在铜仁找到李光庭的姐夫家，打听到李光庭已打入王家烈的部队，肖便前往贵阳找李光庭，加入了国民党军。

1935年春，国民党在贵阳化龙桥成立下级军官收容队，经李光庭安排，肖在该队当一名军官，暗中做收容队的联系工作。同年7月19日，中共贵州地下党组织在贵阳遭到重大破坏，省工委书记林青和工委成员刘雪苇等人被捕入狱。已混入敌监狱当看守的共产党员董亮清，和林、刘商量营救行动，林为了掩护同志，决定营救刘雪苇出去，于8月营救刘越狱成功。敌大为震惊，杀害了林青，全城戒严，到处搜查共产党。秦天真、李光庭、肖洪春等在李光庭住处宅吉坝开会研究帮助被追捕的同志转移。会议安排肖洪春具体护送董亮清回凯里。

国民党中央军到贵州后，决定解散军官收容队，肖领取了回乡安置就业的证明和路费，仍穿着军装上路，还有一个国民党逃兵魏林（湖北人），他有织袜子手艺，想找个能安身的地方谋生。肖洪春、董亮清和魏林三人绕过龙里、贵定关卡，沿小路来到凯里，在朱玉成、唐明贤家住了一晚上，第二天，他们便来到台拱，在街上得胜桥租了龙家的房子，买得三台织袜机，以织袜为掩护，从事地下革命工作。1938年冬，肖洪春去镇远做生意，与李光庭相遇，李当时在镇远任连长，见到故友很高兴，便留肖洪春在连队当司务长。当时肖洪春已在台江成家，妻子还盼着他挣钱养家糊口。但在肖洪春的天平上，战友情谊的砝码重于夫妻恩爱，他不便推辞，便答应了李光庭的要求，跟随李光庭活动。不久，李光庭奉命去遵义接新兵，便带肖洪春一道出发。1939 年返回镇远，肖毕竟是有家室的人，离家时间长了思家心切。李便安排肖回台江与亲人团聚。就这样，肖告别了李光庭回到台江。1996 年肖洪春去世。享年 93 岁。

龙连生（1910—2000）

龙连生　男，苗族，1910 年 3 月生，原籍贵州省松桃县人，1937 年 7 月参加红军，在二师六团三营九连一排一班当战士，后任班长；1937 年 9 月参加平型关战役，在与敌人激战中，排长不幸牺牲，组织命令龙连生为代理排长。在战斗中，龙连生被一名日本兵向他打冷枪受伤，受伤后被抬到五河医院治疗，20 多天后又先后转到山西临汾、大宁、陕西等地疗养。后批准转回到台江修养。中华人民共和国成立后，先后在革东乡、县粮管所、县民政局工作。曾任过民兵连长、乡长等职务。2000 年 9 月龙连生去世。

张建中（1917—1995）

张建中　汉族，1917 年 1 月生，台江县人，中国建筑科学研究院建筑物理研究所教授，高级工程师。1943 年毕业于湖南大学工学院土木系，毕业后长期从事建筑设计工作。1949 年 10 月至 1952 年 8 月任长江水利委员会长江工程公司工程师，1952 年 9 月至 1956 年 6 月任建工部中南设计院工程师。1956 年 7 月由中南设计院调建筑科学研究院，着手组织建筑物理学科的研究工作，带领年轻人在研究院首先开创了建筑声学的研究领域，为建筑物理研究所的创建做出了不可磨灭的贡献，是建筑物理研究所创建人之一。

张建中曾任建筑物理研究所前身建筑物理研究室的建筑声学组组长、中国建筑学会建筑物理学术委员会委员、中国声学学会委员。在 1959 年国庆工程建设中，参加了人民大会堂的音质设计工作，取得了良好的音质效果。后开展了壳体建筑的声学和音质模型试验的研究课题。

20 世纪 60 年代初，张建中主持“多功能厅堂若干音质问题”大型课题的研究工作，总结了国内外厅堂音质研究的经验，曾获国家科委好评，不仅完成了科研任务，也培养了一批年轻的建筑声学工作者。张建中十分关心试验室的建设，建筑声学试验室的选址、设计、施工、验收、鉴定都凝聚着他的心血。当国内工程建设重点由公共建筑转向工业建筑时，张建中把自己的科研工作由厅堂音质领域扩展到通风消声领域。建筑物理研究所通风管道消声试验室的建设、系列消声器的研制以及标准的制定都留下了张建中的汗水。1995 年 6 月，因心肺病复发，抢救无效，张建中在北京去世，享年 78 岁。

王耀伦（1917—2005）

王耀伦　苗族，1917 年 9 月生，贵州台江人。台拱镇城关高小毕业，贵州省教育厅义务教育师资训练班结业，中央社会主义学院第四期结业。中华人民共和国成立前，王耀伦从事教育工作，曾任炉山县督学、台江县教育科科长。中华人民共和国成立后，1949 年 12 月参加革命工作。1950 年 1 月至 1951 年 10 月，任台江县建设科副科长、人民法院院长、人民法庭副审判长（兼）。其间，1951 年 6 月在第一届镇远专区各族各界人民代表大会上，当选为贵州省镇远专区人民政府委员。1951 年 11 月至 1956 年 6 月，任贵州省人民法院镇远分院副院长。其间，1952 年 4 月至 1953 年 3 月，任镇远专级机关三反人民法庭副审判长（兼）。1956 年 7 月至 1966 年 4 月，任黔东南苗族侗族自治州人民委员会委员、副州长。其间，1962 年 9 月至 1963 年 7 月，在中央社会主义学院第四期学习结业，在学习期间任班学委会委员。1966 年 5 月至 1976 年 10 月，在“文化大革命”中受到冲击。1977 年 10

月至1981年9月，任黔东南苗族侗族自治州革命委员会副主任。1981年10月至1985年10月，恢复自治州建制，任黔东南苗族侗族自治州人大常务委员、副州长。1986年4月至1987年12月，任黔东南苗族侗族自治州政协副主席。1988年1月至1992年12月，任第七届贵州省人大常务委员、副主任、民族委员会副主任委员（兼）。1993午1月至1997年12月，任第八届贵州省人大常务委员、副主任。其间，1996年4月至1997年12月，任省人大民族委员会主任委员。1998年1月至2002年9月，任第九届贵州省人大代表，第五届贵州省人大常务委员，第五届全国政协委员，第六届全国政协常务委员、民族组织员，第二、三届全国人大代表，第七届全国人大常务委员、民族委员会委员，中国西南民族研究学会顾问，贵州史学学会解放战争历史研究会顾问，贵州省苗学研究会顾问等职务。王耀伦的主要事迹，已先后入编《中国当代名人录》《中国人名大词典·现任党政军领导人物卷》《当代中国少数民族名人录》等。1999年6月退休，2005年5月王耀伦因病去世。

杨鲁民（1919—1996）

杨鲁民　汉族，1919年生，山东省东阿县人。1942年4月参加革命工作，1949年7月加入中国共产党，中学文化。参加革命工作后，历任山东阿县抗日政府总务会计、冀鲁豫第六专署财政科会计。1949年春，随军南下赣东北，任贵溪专署财政科行政科员。同年9月西进贵州后，历任镇远专署财政科行政科员、台江县财政所所长、台江县人民政府秘书兼人事科长、县粮食局局长、中共台江县委会委员兼财贸部部长、剑河涤纶厂厂长和党支部书记、台江县税务局局长、县供销合作社主任。1963年赴北京“中华全国供销合作社干部学校”学习，1964年2月学习结束后，回台江任供销社主任。在“文化大革命”中受到冲击。1972年8月后，任县粮食局负责人、县革委财贸办副主任兼粮食局局长、中共台江县委统战部部长。1983年离休，享受副地级待遇，1996年杨鲁民因病去世。

唐春芳（1919—2007）

唐春芳　苗名“Dangk Jux”，音译“当久”，台拱镇养旎（Vangx Nix）寨人，1919年9月出生。

唐春芳从1931年起，先后在台江县台雄小学、台拱两级小学、贵州省立青岩乡村师范、贵阳高级中学、国立贵州大学读书，是台江第一个苗族大学生。唐春芳历任边胞文化研究会会员、行行学术研究社社长、贵州省参议会《民意月刊》执行编委、贵定中学教务主任、贵阳市民族事务委员会宣传秘书、贵州少数民族文艺工作队队长、贵阳市民政局科员、贵州民族学院文工团创作员、中央民族学院文工团创作员、贵州省文联《山花》文艺月刊编辑、中国民间文艺家协会会员、贵州民间文学工作组组员、贵州民间文艺家协会副主席、中国人民政治协商会议贵州省第五届委员会委员。1985年退休后，仍担任以下各项社会职务，计有贵州历史文献研究会会员、贵州省政协文史资料委员会委员、贵州苗学研究会顾问、中国苗族文化丛书顾问、贵州史学学会解放战争历史研究会顾问、台江县张秀眉塑像纪念馆顾问、《台江县苗族史志》主编兼总纂。

唐春芳很早就从事民间文化研究，硕果累累。1936年，在贵州省立青岩乡村师范读书期间，就参加边胞文化研究会，开始搜集整理苗族民间文学。半个多世纪以来，他搜集翻译苗族各类民间文学，载于贵州民间文艺家协会编印的《民间文学资料》各集之中。他整理发表和出版苗族许多民间文学作品，对介绍苗族文化起很大的作用，受到国内外文艺界高度的评价。其代表作有：以他为首搜集整理的《苗族古歌》（贵州人民出版社1978年出版）荣获1983年中国民间文艺家协会民间文学优秀作品一等奖；他整理的苗族动话故事《为妈妈报仇》，荣获1954年贵州民间文学优秀作品一等奖，并为日本学者译成日文在日本发表；他搜集整理的苗族爱情叙事长诗《阿娇与金丹》，贵州人民出版社于1960年和1979年两度以单行本出版发行；他搜集整理的另一首苗族神话爱情叙事长诗《仰阿莎》，除在《山花》1960年6月号发表外，还被上海文艺出版社收入1980年《中国民间长诗》一书中出版；他搜集整理的苗族说唱文学《嘎百福歌》（专书），贵州民族出版社于1989年出版，被文艺界誉为苗族传统自我教育的百科全书和艺术画卷，以及苗族第一个曲艺范本。

唐春芳从事学术活动很早，1947年他还在贵州大学读书时，就向社会募捐筹款，成立行行学术研究社，自任社长，创办《行行月刊》，发行省内外。他在该刊发表一些苗族民间文学，初步对外介绍苗族文化。当年国民党举行全国人民代表大会代表和立法委员选举，他便撰写《论选举制度》一文在该刊发表，引证世界各国选举制度之优劣，建议国民党择其善者而从之，实行孙中山先生所倡导的民主宪政政治。1949年，他担任贵州省参议会主办的《贵州民意月刊》执行编委，连续在该刊发表《政治第一，民主第一》《论地方人作地方事》《论提高工资》三篇政论文章，引起当年舆论界的强烈反响。

唐春芳是贵州少数民族文艺工作的第一个带路人。由于爱好文艺，1950年，贵州省民族事务委员会任命他为贵州少数民族文艺工作队队长，物色少数民族歌舞演员，编创节目，赴京参加中华人民共和国第一届国庆节观礼和演出。多年来，他培养和辅导不少苗族文艺工作人才，台江县著名苗族歌手阿泡就是其中之一。

唐春芳用苗语苗文创作很多诗歌苗歌，苗歌在社会上广泛传唱。《歌唱民族区域自治》于1954年荣获文化部和中国文联联合举办的全国群众歌曲优秀作品二等奖。上海音乐唱片公司将这首歌曲灌成唱片，发行全国，这是贵州解放后灌制的第一张音乐唱片。1956年，国家为苗族创造文字以后，他用苗文进行苗族诗歌创作，在省、州、县苗文报刊发表。2000年，他将部分苗文诗歌辑成专集，起名《苗歌》，贵州民族出版社出版。他创作歌唱共产党和解放翻身喜悦的苗族新歌曲，如《花开满树枝》《盼红军、庆翻身》等深受苗族同胞喜爱传唱。

唐春芳是恢复苗族古代史面貌和给苗族祖先鸱尤正名的历史学家。研究苗族历史的人很多，但从来没有像唐春芳这样具有开创性的观点，更没有人诠释鸱尤之名是何含义。他撰写的《论苗族族称的含义及其来源》《论苗族的原始居地》《论东夷族就是苗族》《论苗族祖先鸱尤在中国历史上的功绩与地位》四篇论文在多家文学刊物上刊载转载。

唐春芳非常重视维护民族尊严。1997年年初，国家民委和中央电视台联合开办《中华民族》栏目，其宗旨是宣传各少数民族的新生活和促进民族团结。唐春芳觉得这一栏目的名称与其宗旨不相符，分别致函给国家民委和中央电视台，建议将该栏目改称“民族大家庭”“民族大团结”或“中国各民族”等。不久，该栏目更名为《民族大家庭》。同年年初，河南省电视台播放电视连续剧《炎黄二帝》，把炎黄塑造为推行“仁德”的“明君圣祖”，把苗族祖先鸱尤歪曲为“犯上作乱”“暴虐无道”的反面人物，完全违反历史真实，对苗族带有歧视性。唐春芳当即撰写《尊重历史真实，维护民族团结》的论文，全国人大代表张明达等将此事作为议案提出，经全国人大转宣传部和中央电视台，立即通知全国各个电视台，一律停止播放该电视剧。2007年3月，唐春芳在贵阳去世。

吴通发（1927—2008）

吴通发　苗族，1927年11月出生，台江县台拱镇南市塘人。1958年毕业于贵州民族学院民语系，长期在台江县文化部门工作，副研究馆员，曾任县文化科副科长、文化馆馆长等职。系省民间文艺家协会会员、省民族研究会会员、省苗学研究会理事、州民间文艺家协会理事、黔东南州民族研究会会员、台江县文协副主席、《台江苗族史志》副主编。

自从事民族、民俗学和民间文学遗产的抢救、搜集、翻译、整理等学科的研究工作以来，吴通发先后发表过《清水江畔的龙舟节》，苗族古歌《开天辟地》《运金运银》《迪雄和援榜》《阿葛玖》《张秀眉之歌》《大家笑哈哈》《台江苗族的传统习俗》,《嘎百福简述》《嘎百福溯源及表演形式》等130余篇计90余万字的民间文学作品和民俗文章。主要在《民间文学》、人民体育出版社、贵州民族出版社、《贵州民族研究》《山花》《南风》《贵州日报》等省内外21家报刊和出版单位刊载。此外，他还参与编写《县文化志》《苗族文物志》《民族村寨调查报告》《文物概况》。他编的《大家笑哈哈》获省歌曲创作三等奖、“贵州省五个一工程奖”、1996年中央电视台“全国MTV铜奖”、1996年“全国五个一工程奖”；曾作为贵州省的优秀创作节目拿到北京参加全国专业文艺调演、会演和国庆影礼；在全国少数民族专业调演时，在颐和园内被拍成彩色艺术纪录影片。同时被人民出版社收入《中国少数民族歌曲集》出版，并制成碟片发行，在社会上产生一定影响。《苗族曲艺嘎百福研究》获省苗学优秀作品三等奖，1993年获民族研究成果三等奖。《台江县苗族的传统习俗研究》获黔东南州社科优秀成果三等奖。《清水江龙舟研究》获“中华龙舟文化学术研讨会”荣誉证书。其个人在州“两奖”评选活动中获老有所为精英奖证书和奖品，1977—1985年连续16次被县、州、省评为“先进农村文艺工作者”“模范文物工作者”，并获奖品、奖状、奖金和全省通报表彰。生平收入《中国专家人才库》《中国世纪专家》《光辉岁月》中华儿女荣誉档案，人民画报《共青团专家成就博览》（世纪珍藏版）、《黔东南当代文化艺术家传略》《苗族人物》等辞书。吴通发退休后，仍从事苗族文化研究工作，参与编写《台江苗族志》。2008年2月29日，吴通发因病去世。

张明达（1928—2003）

张明达　苗名养九，1928年1月出生，台江县台拱镇张家寨人。1949年12月参加工作，历任孝弟乡副乡长、乡长，台拱区副区长，区法庭审判长，县教育科副科长，翠文小学校长，县报社编辑，县印刷厂副厂长，台江县第八届、第十届副县长，县第八、九、十、十二届人大代表，县九届人大常委会副主任，县政协第三届副主席，第四、五届常委，州政协第五、六、七届委员，州八届人大代表，省政协第六、七届常委，第八届全国人大代表。此外，在社会上还兼任县书法协会主席，县文联名誉主席，县工商联名誉会长，省、州书法协会会员，省州老年书画研究会会员，州书法协会顾问，中国书法艺术研究院艺术委员会理事，中国少数民族“双语”教学研究会会员，省、州苗学研究会会员。

1949年12月3日，台江解放初期，张明达积极参加剿匪斗争。曾在“文化大革命”时受到冲击。在担任副县长期间，张明达积极倡导开展苗文扫盲，苗汉“双语”文教学和苗族文化进课堂。1985年，台江开展节柴灶试点时，张明达号召全县推广，并积极指导开展工作，于1993年获“全国省柴节煤先进工作者”称号。1993年，他当选为第八届全国人大代表，在任五年期间，积极进言献策，共提建议案85件，其中较突出的是要求停播对苗族有不利影响的电视剧《炎黄二帝》，禁称“炎黄子孙”提案等得到中央有关部门采纳。积极参与筹建张秀眉塑像。张明达擅长书法，其作品多次参加全国、省、州展，并收入相关书籍。2003年5月，张明达因病去世，享年75岁。

张宪法（1929—2002）

张宪法　汉族，山东昌乐县人，1929年7月生，台江县供销社离休干部，享受副县级干部待遇。他因病医治无效，于2002年4月27日6时10分去世，享年73岁。

1948年11月，张宪法在山东昌乐县入伍，1949年2月在山东昌雄警卫团任警卫战士，同年8月加入中国共产党。1949年8月至1951年4月，在十八军五十三师一五七团二连任战士，先后任班长、排长；1956年5月至1958年5月，在成都军区干部学校学习；1958年5月，转业分配到台江县商业局工作；1959年至1961年，在剑河县商业局被服厂工作，任厂长；1962年2月至1964年12月，任台江县农资公司经理；1965年1月至1967年11月，调到台江县土产公司任指导员；1968年2月至1972年1月，调任台江县经贸委任副主任；1972年3月至1985年6月，调到台江县供销社任副主任；1985年7月，经组织批准离休。

张宪法自 1948 年参加革命工作以来，为党、为人民的革命事业辛勤工作了半个多世纪，特别是在解放初期的剿匪斗争中，立过二等功一次、三等功一次、四等功一次。张宪法到地方工作后，在担任县供销社副主任期间，为发展台江经济、保障城乡供给做了大量的工作。离休后，他仍然关心县供销事业的发展，开展调查研究，及时向单位领导提出建议，为建设新的供销事业发挥余热。还时常教育子女努力工作，跟着党走。他在病重住院期间，仍按期向党组织交纳党费。

欧绍钧（1929—1999）

欧绍钧　苗族，贵州省台江县台拱镇翁孟村人，中共党员，1929 年 6 月 28 日出生，1999 年 6 月 28 日去世。1955 年参加工作，先后到革东供销社、团县委、县体委等单位工作，曾任团县委副书记、县体委副主任等职。欧绍钧在任县体委副主任期间，于 1970 年在革东区武装部部长潘明安的介绍下发现了“革东女篮”，并通过努力组建了“革东女篮”。1972 年 1 月，他写了一篇《为革命锻炼身体》的文章，介绍“苗寨女篮”的成长经过，登在《贵州日报》上，得到各级领导的重视和支持。

1986 年 7 月，欧绍钧为教练、王绍根为领队（州农业局工会主席），带领 12 名革东女篮队员参加贵州省第二届农村“丰收杯”篮球赛，荣获第一名。同年 9 月，代表贵州省参加全国第一届农民“丰收杯”篮球赛，荣获精神文明运动队奖旗一面，“东风女篮”成为贵州省解放以来第一支打出省门，走向全国的农村女子篮球队，深受国家、省、州体委的赞扬和好评。

从 1970 年“东风女篮”建队后，曾五次派代表到北京出席体育工作会议。其中 1975 年部昌芝出席中华人民共和国第三届体育运动会，1978 年 1 月刘鼎英出席全国体育工作会，1979 年刘鼎英出席第四届全运会，在人民大会堂受到国家领导人接见并合影。

“东风女篮”建队 41 年中，先后更换了六代队员，其中，欧绍钧担任了第一代教练到第四代教练。1999 年 6 月，欧绍钧因病去世。

刘殿会（1930—2009）

刘殿会　汉族，1930 年出生，河北省张北县明喜营村人，小学文化。他于 1948 年 12 月参加中国人民解放军，1949 年 8 月入党。先后曾参加过淮海战役、渡江战役、解放中南和解放大西南战役，及贵州台江剿匪战斗。1950 年 5 月，他从部队转业到台江地方工作。最后从台江县人大常委会副主任、党组成员的岗位上光荣离休。

他离休后，1988 年 1 月经县委批准，还担任了台江县普法领导小组副组长、普法办公室主任等职。由于他积极工作，1989 年荣获省委宣传部、省司法厅颁发的“普法先进工作者”的荣誉证书，1990 年省委、省人民政府授予的“社会治安综合治理先进个人”的荣誉证书，1990 年州普法领导小组及省法制宣传教育领导小组分别授予的“普法先进个人”荣誉证书，1991 年州委、州政府授予的“两个文明建设、继续贡献先进个人”荣誉证书，1992 年公安部授予的“保卫干部”荣誉奖章。

1993 年，台江县关心下一代协会成立，刘殿会任副主席，还担任州关协理事。他担任台江县关心下一代协会副主席后，与离休干部范学林、曲兆堂组成报告团，深入城关的民中、二中、职中、一小、二小和施洞区、革东区的中小学校，排羊的中小学校，以及边远高寒的南宫、台盘等学校，对中小学师生进行革命传统教育和法制教育，讲述了他们自身的战斗经历，讲述了解放大军在三大战役和历次战斗的情况和在贵州、在台江剿灭土匪的战斗经过。他们还讲解了青少年必须遵纪守法的道理，要在校长和老师们辛勤培育下刻苦学习，做有理想、有道德、有文化、守纪律的“四有”学生。几年中，他们共作报告 108 次，受教育的中小学生有 23000 多人、社会青少年 4500 多人。此外，他还对公、检、法的干警进行了多次的革命传统教育，听课和受教育的干警达 230 人。1994 年 9 月，省关心下一代工作委员会给他颁发了“关心下一代工作先进个人”的荣誉证书。2009年6月，刘殿会因病去世。

欧德祥（1930—2003）

欧德祥　苗名栋彭，台江县台拱镇梅影村人，1930年10月出生，中共党员。1948年秋考取镇远师范，在镇远读书。1949年秋返回台江，同年12月台江解放时即参加工作，在20世纪50年代初他积极参加政府清匪斗争。1956—1960年，在中央民族学院学习期间，他和民族学院少数民族师生在中南海得到中央领导的接见和合影。大学毕业后回到台江（台江已合并于剑河县）参加家乡建设。

“文化大革命”时期，欧德祥遭到迫害。十一届三中全会后，他先后任县人大经委主任，县政协第一、二、三届副主席。1982年，他负责苗文推行工作，经过两年努力，培养出苗文教师300余人，为兴办苗文学校、苗文扫盲和苗汉双语教学奠定了基础。1988—1993年，他主编了《台江县志》。1993年10月，欧德祥退休，2003年10月28日病逝。

李应明（1933—1994）

李应明　苗族，台江县台拱镇翁脇村人，1933年3月12日生，大学本科文化，高级畜牧师。曾任台江县农牧局站长、副局长等职。系贵州中西兽医结合研究会会员、贵州省田径协会会员、台江县畜牧兽医学会副理事长。

李应明先后到泗柳保校、排羊小学、雷山西江镇小学读书，1948年回家参加生产劳动，加入村农民协会，任农协财粮委员。1952年9月，经土改工作队干部介绍，考上台江民族中学；1955年8月，初中毕业后考入贵阳农校；1958年9月至1963年2月在贵州省农学院读书。其间，积极参加体育活动，1958年10月参加贵州省马拉松冠军赛，获得第一名，成绩为2小时57分49秒；随后参加省集训班集训，同年11月，在北京举行的第一届全运会上，李应明代表贵州队参加马拉松比赛，成绩为2小时30分11秒，并荣获马拉松“运动健将”称号，被国家体委授予健将证书、证章及破全国纪录奖章。1959—1962年，在贵州参加各种体育运动中，李应明荣获七枚奖章和七张奖状。

1963年3月，李应明毕业于贵州农学院，同年4月被分配到台江县农业局工作。曾任农牧站站长、县农牧局副局长等职。1981年，他研制兽用肿节风注射液成功，被州政府授予四等奖和荣誉证书。1984—1985年，他下乡搞技术承包成功，1983年以防疫为主的预防法，促进生猪生产提高经济效益为课题的科研，荣获州农牧渔业攻关四等奖及荣誉证书，被推选为贵州省各界人士为四化服务先进代表并授予荣誉证书。1986年，被县人民政府评为劳动模范，并授予奖状及物资。1993年，李应明退休，1994年9月病逝。

王春德（1933—1992）

王春德　苗族，台江县台拱镇五寨翁约人。1933年4月22日生，王春德1956年毕业于中央民族学院语言专修科。1958年11月加入中国共产党。历任贵州省民族语文指导委员会研究组组长，中国科学院少数民族语言调查第二工作队秘书，中国科学院民族研究所语言室第一组秘书、语言室秘书、语言室副主任、副研究员、研究员、学术委员会委员，中国民族语言学会常务理事、副秘书长、秘书长等职。

王春德长期从事少数民族语言调查研究工作，著述很多，是一位知名的苗语专家。早年曾参加苗语普查和苗文创制工作，并且应地方邀请培训过苗文师资。他先后编写的集体著作有黔东方言《苗汉简明词典（初稿）》（1958年10月由贵州民族出版社出版）、《苗语调查报告（讨论稿）》（1960年4月贵州省民族语文指导委员会研究室油印）、《苗语简志》（王辅世主编，1985年由民族出版社出版）、

《苗语方言分布图》（《中国语言地图集》，1988 年由香港朗文公司出版）等。他独自撰写的《苗语语法纲要（黔东方言）》曾于 1977 年由民族研究所铅印成册，后来又经作者修改、补充，1986 年由光明日报出版社正式出版。他倾注了大量心血编写黔东方言《汉苗词典》，这部既有实用价值又有学术意义的专著，在贵州民族出版社的支持下，不久前刚刚问世，可惜王春德还没有来得及收到样书就与世长辞了。王春德发表的论文有《苗族黔东方言清鼻音声类的口音化》《谈谈苗语构词法》《关于苗语名词修饰物量词和名词补足形容词的问题》《古苗词声母 *mbr，在黔东方言的演变》等多篇。从语音、语法、词汇等方面对苗词黔东方言进行了研究。

王春德 30 多年来一面坚持科学研究，一面承担许多默默无闻的科研组织工作和社会工作。他作为出身于少数民族的民族语文研究工作者，怀着对民族语文事业诚挚的热爱，一心一意为发展少数民族文化教育事业而拼搏。他担任民族研究所语言室副主任以来，分工管理科研计划的实施，并且参与主持了"七五"国家重点项目"我国少数民族语言使用情况和文字问题调查研究"，并且承担了其中一个子课题的编辑工作。1991 年，他作为国家社会科学基金资助项目"中国少数民族语言方言研究"的负责人进行了大量的组织工作。先后担任中国民族语言学会副秘书长、秘书长职务，协助会长组织召开过 4 次全国性学术讨论会，为学会编辑了两部论文集。他在学会秘书处做的工作和他的务实精神受到会员广泛地称赞。

王春德一向认为培养年轻的民族语文工作者是自己义不容辞的责任。不但亲自带培刚刚走上科学岗位的大学毕业生，还应邀为中国社会科学院研究生院和中央民族学院研究生部讲授苗语课，多次参加硕士研究生的毕业论文答辩工作，为社会主义现代化事业做出了自己的贡献。1992 年 12 月 20 日，王春德去世，享年 59 岁。

杨通荣（1933—2007）

杨通荣　苗名可应，1933 年 6 月出生，贵州省台江县台盘乡大寨村人，中专文凭，中国共产党党员。1950 年 10 月至 1951 年 3 月，他在榕江民族干部学校学习，结业后分配到从江县工作。历任中共从江县委宣传部干事，从江县加榜片区任基层党委副书记，下江区区委委员，下江中学校长，加鸠区委书记，停洞区委书记，从江县人民政府副县长，政协从江县第二、第三届委员会常务副主席、党组书记、秘书长，县委统战部部长，政协黔东南州第六届、第七届委员会委员。1990 年 3 月，当选政协从江县第四届委员会主席、党组书记、中共从江县委委员。1995 年 6 月退休。

1978 年，在任中共加鸠区委书记期间，杨通荣深入调查了解全区大部分村寨人民的生产生活情况，号召所有干部要把党的关怀送到各族人民的实际生产生活中去，责成区供销社购买 2200 多头耕牛，分给缺乏耕牛的少数民族社队。还从外地调来相当数量白铁，并请来 6 位铁匠，打制了 5000 多件农具，满足农户缺乏农具的需要。区委对青黄不接时期部分缺粮人民的生活十分关心，委托供销部门收购议价木头 18 万立方米，运到加九岛销售，使缺粮农民顺利地度过了春荒。在任县委统战部部长期间，为统战人士和知识分子落实各个时期政治运动中造成的冤假错案，妥善处理了大量历史遗留问题，全县先后共落实统战政策 114 人件。杨通荣在加鸠区担任区委书记期间，积极鼓励群众开展民族文化活动，将"文化大革命"中被视为"四旧"的东西恢复起来，并亲自参加吹芦笙、打铜鼓、跳铜鼓舞、踩歌堂、斗牛等民间娱乐活动，深受群众拥戴。他在停洞任区委书记期间，认真领会党的十一届三中全会精神，在全县第一个率先实行土地承包责任制，耕地面积和公余粮征收任务按田、土面积承包到户，深受群众欢迎，调动了群众的生产积极性，全区各项任务都完成好，被评为先进单位。

杨通荣在任副县长期间，分管财贸、工业、建筑、交通工作，兼任从江县计划委员会党组书记和榕从公路副指挥长，积极解决公路占地问题，广辟财源，增加财政收入，保证财政收支平衡。杨通荣为从江的各项建设做出了很多贡献，得到了党和人民群众的赞扬。在主持政协工作期间，积极为加鸠区推广杂交水稻，解决温饱问题。全区的杂稻面积由原来的2554亩增加到8500亩，杂稻总产量由1048吨上升到4006吨。随着产量的逐年提高，回销粮逐年减少，全区每年少要返销粮40万～50万公斤，使该区基本摘掉了缺粮帽子。扶持岜沙村民发展种植业和养殖业，把发展杂交水稻、西瓜、柑橘、商品猪作为该村治穷致富的措施，发展柑橘380多亩，杂稻种植200多亩。1988年，该村猪肉上市量2.5万公斤，纯收入2.3万元，粮食总产141.398公斤，增产三倍多。从江政协被推选为黔东南州先进代表、先进智力支边单位，杨通荣被评为全省政协先进个人。《贵州日报》曾先后以《把党的关怀送到人民的心坎上——从江县加鸠区关心少数民族疾苦》《"倒请客"的效应》为题报道过他的工作事迹。

退休后，他还担任从江县关心下一代工作委员会常务副主任，关心少年身心的健康成长，继续为党和人民、为下一代奉献余热。2007年9月，杨通荣因病去世。

张克让（1933—1992）

张克让　汉族，1933年12月出生，陕西省临潼县人，中专文化。1949年12月参加工作，1950年加入中国共产主义青年团，1953年9月加入中国共产党。1949年12月任中国人民解放军四十九师一四七团警卫班班长。1949年年底，他返回贵州剿匪，荣立三等功。1953—1955年，他在昆明军校学习，任副班长。1955—1958年，在重庆第二步兵学校学习，任班长、副班长，曾荣获连队给予的四次嘉奖和一次物质奖励。1958年8月步校毕业后，历任贵州省安顺军分区排长，安顺公安支队直属一中队中队长。1962年，参加贵州省公安总队教导队骨干学习。1964年，任贵州省安顺公安支队轮训队副队长、队长。1969年4月至1971年6月，先后任贵州省凯里军分区独立营连长、副营长。1975年3月，参加贵州省军区干部培训。同年10月，任贵州省凯里军分区独立营营长。1978年4月，调任台江县人民武装部副部长。1982年1—4月，在贵州省公安厅干部转业学习，任副中队长。1982年4月，任贵州省黔东南州公安局三科副科长，兼收审所所长。1988年至1992年12月，任贵州省黔东南州公安局侦查科副局级侦查员等职。

张克让从1982年部队转业到地方工作后，曾多次被评为先进工作者。1991年8月，被评为黔东南州军转干部先进个人，并荣立三等功一次。1992年9月，首次被授予国家一级警督衔。1992年12月，张克让因病去世。

侯建波（1934—2008）

侯建波　苗名发秋，1934年出生，台江县排羊乡岩寨村人，中国共产党党员。绥阳中心小学毕业后，于1951年10月到镇远专区革命干校学习。1952年1月，任镇远县统计科科长。1958年8月，任黔东南大学秘书。1960年12月31日被录取到北京师范大学哲学系读研究生，硕士研究生学历。1965年分配到重庆市工作，曾任重庆市委组织部副部长。2008年，侯建波因病去世。

赵清云（1936—2000）

赵清云　苗名报来，1936年10月生，方召乡覃高堡人，主任医师，中共党员。1950年8月参加工作，先后任台江县公安队战士、文教科通讯班通讯员、税务局税务员，1952年加入青年团，1953年调台江县卫生院台盘卫生所任卫生员，1953年9月保送到都匀卫生干部进修班学习，此间赴平塘县扑灭疟疾，被评为"扑疟标兵"。1954年6月，赵清云在都匀加入中国共产党。同年10月，结业回台江担任巫脚民族卫生所副所长。1956年8月，考取贵阳助产学校医士助产专业，并任班主任、学生会主席。被贵阳市政府、青年团委授予"除四害优秀青年"称号。1958年8月，提前毕业考入贵阳医学专科学校。在校期间赵清云发明了多功能输液器。被贵州省卫生厅授予“技术革新标兵”称号。因学习成绩优异，他提前毕业就任医学专科学校马列主义教师、组织干事，继又荣获务川县“扑害灭病先进工作者”“医专先进工作者”、遵义专署和军分区“优秀民兵”称号。1960年8月，考入贵阳医学院医疗系深造，并任班主任、医学系学生党支部书记，连年保持“三好学生”和“优秀青年”荣誉。1964年8月，他被贵阳医学院挑选为领队赴四川医学院接受卫生部“关于云、贵、川、渝医学院校教学质量考核”。历经一年实习考核，成为贵阳医学院10人小组第一名，被卫生部授予“优秀实习生”称号。毕业后服从分配再次入伍到公安部队医院（后改368医院）任军区代理外科主任。1967年，赵清云受命带领中国医疗队援越抗美，在炮火纷飞的越南战场上，先后荣获二等功、三等功各一次，通令嘉奖两次。他三个月即学会了越语，不需翻译而调战地医院专管越南军民伤病员。受到越南国家主席胡志明和国防部长武元甲的接见。1969年回国，先后在7578部队、35048部队任卫生队队长，指导所属部队医疗工作。1979年又参加中越边境自卫还击战后方医院二级处理指导工作。1979年12月转业到贵阳市传染病院（现为贵阳市五医院），任医务科主任、院办公室主任兼政工科长、门诊部主任，相继晋升为主治医师、副主任医师、主任医师。2000年6月25日，赵清云病逝。

王秀盈（1937—2008）

王秀盈　苗族，1937年4月生，台江县台盘乡排内村人。1965年毕业于北京师范大学中文系，贵州民族大学副教授。

王秀盈多年以来从事苗族文学理论教学和中国民间文学基础理论教学工作，先后搜集整理苗族丧葬古歌《焚巾曲》专集，搜集整理苗族民间故事和民俗资料50余篇。1990年，他在参与贵阳市花溪民间故事和民间诗歌的搜集工作中，搜集整理花溪地区民间故事20余篇，搜集整理苗族、布依族民间诗歌30余首。这些作品，有的先后在《南风》（贵州省民间文艺家协会主办）、《民族艺术》（广西民间文艺家协会主办）等省级以上刊物发表，有的被选入少数民族民间文学丛书《苗族民间故事选》专集（1981年由上海文艺出版社出版），有的被选入中国民间文学集成《贵州苗族民间故事选》专集（1994年由西南交通大学出版社出版），有的被选入贵州民间文学精粹丛书《苗族古歌》专集（1997年由贵州人民出版社出版）。

王秀盈发表的学术论文有100余篇，其中，《苗族诗歌句末声律汉译浅谈》获1991年第四次全国民族翻译工作学术论文二等奖；《关于贵州少数民族文化走向世界的构思》获1992年首届贵州民族文化学术论文优秀奖；《川黔滇苗族民歌格律初探》获1992年贵州苗学研究学术论文二等奖；《苗族民间诗歌格律研究》获1995年第二次全国民族语文翻译优秀论文一等奖；《苗族历史与文化》中的《苗族民间文学》《苗族丧葬文化》《苗族音乐》《苗族建筑艺术》等专章（1996年由中央民族大学出版社出版），获1997年第三届中国民族图书三等奖，并任该书的副主编。他参与了《中国苗族文学丛书》三大方言大型编辑工作，并担任编委。现已出版《现当代小说选》黔滇、湘西两大方言集（贵州民族出版社出版），黔东方言专辑将出版。另有专著《苗族文学》即将出版，计60万字，分三册，是我国苗族的一部文学艺术专著。还编有《大学苗族语文（黔东方言）》上、下两册，计487页的八开大本，为贵州省“面向21世纪教学改革计划”重点项目。1998年，王秀盈入选《世界华人文学艺术界名人录》。2008年2月，因病去世。

王安江（1940—2008）

王安江　苗族，台江县台盘乡棉花坪村人，1940年10月生。王安江自幼热爱苗族古歌，从1968年开始，为收集苗族古歌，他不远万里，辗转贵州、湖南、广西、云南、江西、广东、湖北等省的苗族聚居区以及越南、缅甸等国家的苗族村落，终其一生收集记录了《开天辟地》《耕地育枫》

《跋山涉水》《运金运银》《歌唱四季》等近 60 万字 5 万余行的 12 部大型苗族古歌。由此成为 2006 年感动中国候选人，并被授予国家级民族文化苗族古歌传承人。此外，他收集的苗族古歌集《王安江版苗族古歌》已于 2008 年 6 月由贵州大学出版社出版。

潘昌枢（1942—2009）

潘昌枢　苗族，苗名引丁，1942 年 1 月生，台江县台拱镇排朗村人。1957 年城关高小毕业，以优异成绩考入台江民族中学。进入中学后，边参加学校勤工俭学边刻苦学习。

1962 年 6 月，潘昌枢应征入伍，到部队后，先后在连队里当过通讯员、“尖子班”副班长、连部文书、代理排长。当战士时，年年被广州军区评为“五好战士”。当兵四年就被提升为营部书记，后调团部任政治处书记、宣传干事，转业前在师政治部干部科任干事。

1976 年 4 月，转业到贵州省第二轻工业厅工作，组织上又让他下乡带知青。一年的知青生活结束后回机关工作，他先后任宣传干事、团工委书记、党组秘书等。1982 年 9 月，被选送到省委党校中青班学习深造两年；1984 年，从省委党校毕业后回省轻纺工业厅任副处长、处长、联防办主任。1990 年，他到从江县挂职，任县委副书记，协助县长抓经济工作，使从江县酒厂恢复生产，抓好县水泥厂和多金属矿厂的技改，使濒临倒闭的三家特困企业迅速恢复生机，全县工业企业每年为县里增加税收 100 多万元，受到人民群众和县委、县政府的好评。

1993 年，潘昌枢被省委任命为贵州省轻纺工业厅党组成员、纪检组组长。机构改革后，轻纺工业厅被撤销，组建贵州省轻纺行业管理办公室，潘昌枢任办公室党组书记、主任，还兼任贵州省轻纺集体工业联社主任、贵州省轻纺政研会会长、中国轻工业政研会和中国纺织业政研会常务理事等职。他在紧张的工作之余，利用节假日和业余时间学完大学本科经济管理专业。曾多次在中央、上海、云南、江西、贵州等省、市报纸杂志和军队报纸上发表过理论研究文章、调查报告、诗歌等。2009 年 2 月，潘昌枢因病去世。

刘昌明（1942—1996）

刘昌明　苗族，剑河县革东镇南薅村人，生于 1942 年 9 月 15 日。1959 年 6 月加入中国共产主义青年团，1960 年 3 月加入中国共产党，1963 年 9 月参加工作，任县农业局会计辅导员。1965 年 1 月，调革东供销社任会计；1965 年 5 月，调任革东公社党委委员、秘书；1965 年 12 月，调任中共台江县委组织部工作员；1967 年 5 月，任县革委组织组工作员；1970 年 9 月，调湘黔铁路台江民兵团政治处组织组工作；1971 年 12 月，铁路完工后回到台江县革委组织组工作；1973 年 3 月，任中共台江县委组织部干事；1980 年 4 月，调任台江县人事局副局长；1981 年，任县人事局局长；1982 年 10 月，任台江县劳动人事局局长；1984 年 5 月，调任中共台拱镇党委书记；1984 年 8 月，任中共台江县委委员、常委、县委组织部部长；1987 年 6 月，任中共台江县委委员、常委、副书记；1990 年 4 月，任中共台江县委委员、常委、副书记、台江县人民政府县长；1993 年 3 月至 1996 年 8 月，任中共台江县委委员、常委、书记。他曾当选中共贵州省第七次代表大会代表，中共黔东南州第五次代表大会代表，黔东南州第九届、第十届人民代表大会代表，台江县第十一届、第十二届人民代表大会代表。1996 年，刘昌明因病去世。

张钦庭（1944—1998）

张钦庭　汉族，1944 年 8 月生，江苏省赣榆县人。1970 年 7 月毕业于南京大学中文系，1979 年 10 月加入中国共产党。1972 年 8 月分配到台江工作，先后在县防疫站、县委宣传部、县委办工作，曾任县委办副主任、主任。1984 年 9 月至 1987 年 3 月，任中共台江县委委员、常委、副书记；1987

年4月至1992年3月，任中共台江县委书记，是台江县第十届、第十一届人大代表；1988年6月，当选为中共黔东南州届代表；1987年7月至1988年8月，当选为中共贵州省届代表；1990年9月，当选为中共黔东南州第五届代表、委员。在台江工作期间，他安心工作，努力学习，工作认真负责，勤勤恳恳、任劳任怨。特别是担任县委书记以后，他经常深入基层调查研究。张钦庭为人谦和，带领县委一班人勤奋工作，帮助一些机关单位和厂矿解决不少实际问题，使全县经济快速增长，群众生活逐年改善。在抓经济建设的同时，他注意抓精神文明建设，多次被评为先进工作者、优秀党员。

1992年，张钦庭调省民政厅工作，任基层政权建设处处长；1996年12月，任该厅助理巡视员、省勘界办主任。1998年，张钦庭因病去世。

张建武（1945—2001）

张建武，苗族，台江县台拱镇洋汪村人，生于1945年11月，1962年12月加入中国共产主义青年团，1972年1月加入中国共产党。1952年9月至1958年4月，在台江城关小学读书；1958年5月至1961年7月，在台江中学初中读书；1961年8月至1964年7月，在剑河中学高中部读书；1964年8月至1968年12月，在贵州大学农学院农学系本科毕业；1968年12月至1979年3月，为台江县农业水利局工资员；1979年4月至1980年4月，在台江县农业局农科所任所长；1980年4月至1984年1月，在台拱公社任党委副书记，管理委员会副主任、主任、助理农艺师；1984年2月至1993年3月，任台江县第九届、第十届、第十一届人民政府副县长；1993年3月至1998年2月，任第四届政协台江县委员会主席、党组书记，并当选为第三届残疾人队伍名誉主席；1998年2月至2001年4月，任台江县第十三届人大常委会主任、党组书记。他先后当选为共青团台江县第十一届代表大会代表，中共台江县委第四次、第六次、第七次、第八次党代表大会代表、县委委员，当选台江县第九届、第十届、第十一届、第十二届、第十三届人民代表大会代表，当选为黔东南苗族侗族自治州第八届政协委员会委员，当选为黔东南州第十一届人民代表大会代表、贵州省第九届人民代表大会代表。2001年4月，张建武因病去世。

欧光权（1949—2008）

欧光权　苗族，台江县台拱镇水井村人，1949年6月15日出生，1970年5月参加湘黔铁路建设，为铁路通讯员。1971年1月加入中国共产党。之后，欧光权先后在台江县委办公室、老屯乡政府、施洞区团委工作，1979年10月调入台江县公安部门工作。先后任施洞区党委员兼派出所所长、施洞区党委副书记兼派出所指导员、县公安打拐办主任等职，二级督警。1998年调看守所工作。在近40年的工作里，他多次获得县局和州局的表彰。从警29年中，欧光权每天都是第一个到单位，最后一个回家，他在施洞镇派出所、县“打拐”办工作期间，亲自或者协助别人到江苏等地解救多名被拐妇女，所作所为深受同行和当地群众的好评，于1998年获得省公安厅授予的“‘打拐’先进工作者”称号。

在看守所工作期间，他同样乐于助人。积极主动做好在押人员的思想工作，深受在押人员的称赞。虽然从领导岗位上退下来，他依然以一个党员民警的身份对自己高标准要求，积极履行自己的职责。别人有什么事情，叫他来顶一下班，他乐呵呵地接受，并且做得相当出色。

2008年1月12日以来，台江遭受50多年未遇的雪凝灾害。21日即欧光权牺牲当天，他已经连续值班24小时，上午8点钟就可以交班回家休息。无奈于雪凝冰冻天气影响，所里煤、菜、油、水等重要商品库存量不足。为了抗灾，所里的其他人准备到农村去采购食品，欧光权再次表现助人为乐的风范，主动提出临时加班，多值一天，以分担其他干警的工作事务。然而由于年岁已高，加之天寒地冻，欧光权在值班过程中，因为脑溢血突发而晕倒在岗位上，不幸牺牲。他的生命，就像一根燃尽的蜡烛一样，将最后一丝光和热都献给了党的事业，表现出了对党、对祖国、对人民、对公安事业至死不渝的热爱与忠诚。

欧光权虽然走了，但他的精神永远活在人们的心中！永远值得人们学习！为此，公安部、贵州省委、省政府于2月4日在省公安厅召开表彰学习欧光权先进事迹电视电话会议，追授欧光权为“全国公安系统二级英雄模范”“贵州省优秀共产党员”称号，全国总工会、贵州省总工会追授欧光权“全国五一劳动奖章”“贵州省五一劳动奖章”。

杨静（1957—2006）

杨静　苗族，1957年1月出生，贵州省清镇市人，大学文化，高级政工师，中共党员。1972年参加工作，曾先后担任麻江县宣威区食品站、国营谷硐饭店、麻江县饮食服务公司的会计，麻江县商业局秘书，中共贵州省委党校学员，麻江县人民政府办公室秘书、副主任，中共麻江县下司镇党委书记，麻江县人民政府副县长、党组副书记，其间曾挂任广西柳州市郊区人民政府区长助理。1997年7月至1999年5月，任贵州省凯里汽车运输总公司总经理、党委书记；1999年至2001年1月，任黔东南州旅游局局长、党组书记；2001年2月，任中共台江县委书记、中共黔东南州委委员。2002年3月至7月，他到中共中央党校进修学习，是中共贵州省第八次、第九次代表大会代表，黔东南州第九届、第十一届人民代表大会代表。

1992年，杨静在任中共麻江县下司镇党委书记期间，参与烤烟“七克工程课题”实施项目，被黔东南州人民政府授予科研成果三等奖。在任贵州省凯里汽车运输总公司总经理、党委书记期间，以党的十五大精神为指针，坚持国企改革，加强企业管理，提出“目前求生存，今后求发展”的工作思路，制定“主业精、多业兴”的发展规划，精简机构，裁减科室人员，推行车辆资产抵押经营责任制，实施资产重组，盘活存量资产等。在不到两年的时间里，使一个濒临破产倒闭、有3000多人的特困老大难国有企业起死回生，为企业的发展奠定了坚实的基础。在此期间，杨静被中共贵州省委授予“优秀企业思想政治工作者”称号，并当选为黔东南州“十佳优秀青年企业家”。在任黔东南州旅游局局长、党组书记期间，他完成全州旅游总体规划和各县市旅游发展规划，确立建设民族文化与生态旅游大州的发展思路，狠抓舞阳河国家级风景名胜区、苗族风情旅游区、侗族风情旅游区三条旅游精品线路的开发，为黔东南州旅游业的发展奠定了良好的基础。

2001年2月，杨静调任中共台江县委书记，经常深入基层、深入农户开展调查研究，督促检查指导工作。结合台江实际，在广泛讨论、科学论证的基础上，提出“三围绕、四产业、一示范”发展特色经济的总体思路，大力发展金秋梨、苦丁茶、民族文化与生态旅游和畜牧养殖业，使全县经济快速发展。2001年4月，杨静被中共贵州省委、省人民政府授予“全省党风廉政建设优秀领导干部”。

杨静在繁忙的党务政务之余，还勤于笔耕，并屡结硕果，进一步提高了自己的理论水平和执政能力。他先后在《中国乡镇企业报》《中国绿色产业报》《当代贵州》和《黔东南日报》等省内外报刊上发表《大力发展特色经济》《学习实践“三个代表”重要思想，大力发展台江特色经济》和《做学习型干部》等有影响的文章，对推动全县各项工作起到了积极的作用。2006年8月6日，杨静在出差兴义时因心脏病突发去世。

龙正洲（1958—1999）

龙正洲　苗族，1958年出生，台江县老屯乡长滩村人。生前任重庆市大渡口区人武部政工科科长，中校军衔。

1977年入伍，刚跨入军营，龙正洲就在笔记本的扉页上认认真真地写道：“我一定要好好学习，苦练本领，献身国防事业。”入伍第一年，就加入了中国共产党，并以优异的成绩考入了中国人民解放军西安陆军学院。毕业后，对越自卫还击战打响，龙正洲主动请缨参战。在老山前线，他率领一个排执行“军工”任务，冒着枪林弹雨，攀登崎岖山路，负责运送弹药，抢送伤员，随时随地面临牺牲的危险。龙正州在当时一则战地日记中写道：“世上有无数条路，有快捷的高速公路，也有平坦的柏油马路；有曲曲弯弯的乡村小路，也有坎坷不平的羊肠山道。有欢乐的路，也有痛苦的路；有染血的路，也有着火的路；有生路，也有死路……老山的路是艰难而曲折的生死路。走在这条路上，一不小心就会摔进万丈深渊，稍不留神就会挨炮中枪倒在血泊之中。然而，为了履行祖国和人民赋予我的神圣使命，一旦踏上了这条路，我便决心义无反顾！”

在前线，龙正洲在1986年3月25日的日记中写道：“妈妈，如果儿子在战斗中牺牲了，请您老人家不要过分悲伤和难过，要知道，儿是为正义战争而死的，是为祖国人民的尊严和安宁而牺牲的，这样的死是死得其所，是光荣的。妈妈，儿现在要说的话还有很多很多，但一时也难以说完。如果我死后，组织上会给您老人家一定的照顾，组织上给什么就收什么，千万不要向组织要这要那，切记切记。儿子是党员，又是军队干部，您老是军人家属，又是干部家属，在这方面要带个好头，要做战士家属的模范。再说，国家现在还不富裕，还有不少的困难，所以我死后，请您老一定要识大体，顾大局。”龙正洲把参战的种种后果都想到了，也想透了，放下了包袱，真正是视死如归。所以，在一系列战斗中，他都既英勇顽强，又机智果断，率领全排彻底打退敌军13次偷袭与进攻，歼敌数名，只身抢救了两名伤员，被评为“老山战地优秀共产党员”。

在22年的军营生活中，龙正洲八次更换工作岗位，他每到一个新的岗位，都勤奋学习，积极地工作，迅速地进入角色，迅速地发光发热。作为战士，他从难、从严、从实战出发进行刻苦训练，是团里的军事尖子。作为干部，他带领的连排参加团里的军事比赛，多次夺得冠军。调入人武部之后，他坚持学习《人武部工作有关规定》《人武知识手册》《民兵政治工作条例》等相关知识，深入调研，不耻下问，迅速实现了从野战部队到人武部工作的转变。在政工科人少事多的情况下，他经常利用休息时间加班写稿，宣传人武战线的新人新事新风尚，短短三年间，便先后在全国及地方各级报刊发稿120余篇，连续三年被重庆警备区和《大渡口报》评为优秀通讯员、新闻报道先进个人。龙正洲因工作成绩显著，1996年荣立了三等功。

龙正洲虽然身在异乡，但他的心时刻牵挂着家乡。1998年年初，闻之家乡有3个儿童无钱上学，当即汇去1000元，使3个儿童重返校园。不久，得知家乡修建“希望小学”因资金不足向社会募捐，龙正洲又寄去200元。龙正洲每次回台江老家都要带上大包衣物，将其捐献给贫困的乡亲。龙正洲乐于奉献他人，对自己却极为苛刻。他生前患有乙型肝炎、慢性浅表性胃炎和胆囊息肉等多种疾病。为了省钱，他从不轻易寻医购药。他妻子得知鹅岭有个肝病专家，只需2000元就可治好肝病，便力劝他前去医治，但他却一次又一次谢绝了妻子的好意。他四处捐款，却舍不得为自己买件毛衣。龙正洲牺牲后，他的岳母在为他送别时，摩挲着他那套补丁摞补丁的毛衣毛裤，哽咽着说：“儿啊，这些衣裤本不想让你带走，但怕你舍不得，还是让它伴你一道去吧！”

龙正洲入伍22年，先后3次被评为优秀共产党员，两次被评为国防教育先进个人，4次被评为新闻报道先进个人。1999年4月15日晚，龙正洲和妻子从岳父家中返回自己家时，路遇三名劫匪，他孤身一人与劫匪英勇搏斗，不幸壮烈牺牲，年仅41岁。重庆警备区党委特批准他为革命烈士，并追记二等功。

王文勇（1969—2006）

王文勇 苗族，大学本科文化，贵州省台江县台拱镇人，1969年8月27日出生，1987年9月考入武汉空军雷达学院指挥系学习并入伍。1991年毕业后，先后在河北唐山、平泉，天津塘沽等地雷达情报站工作、任职，历任学员、排长、副连长，雷达站副站长、站长，雷达旅情报站参谋、副站长等职。1993 年 8 月加入中国共产党。

2006 年 6 月 3 日，空军一架预警机在执行任务中在安徽省广德县柏垫镇姚村不幸失事，他与机上的空军军官和科技人员 40 人不幸遇难殉职。牺牲前为中国人民解放军 94710 部队战勤大队正营职雷达情报员，空军中校军衔。生前曾荣立三等功一次。事故发生后第二日，国家主席胡锦涛向遇难人员亲属发了唁电，2006 年 6 月 15 日在空军驻江苏某部举行追悼大会，中共中央总书记、国家主席、中央军委主席胡锦涛向遇难人员送了花圈。王文勇等 40 名空军军官和科技人员牺牲后，被追认为烈士，南京军区空军向空军遇难家属发放了“烈士纪念册”。王文勇骨灰运回贵州省台江县，安葬在革命烈士陵园内。

第二章　人物拾遗

包利 (1688—1736)

包利　男，台拱厅交上人（现台江县台拱镇大红寨村），生于清康熙二十七年（1688 年）五月五日，雍正十三年（1735 年）苗族起义领袖。雍正十三年（1735 年）二月，包利召集古州、清江、台拱等地苗民万余人歃血“议榔”，举行起义。包利与红银率部先后攻克古州、清江、台拱、旧州、余庆、八寨、丹江、青溪、思州、凯里、清平、镇远等府州厅县，清前军将领哈元生、张照、董芳、德希寿等被朝廷革职查办。八月，湖广总督张广泗，升任七省经略，再行增兵四万余人弹压苗疆。乾隆元年（1736 年）正月，张广泗令清将王无党、康世显等率大军进攻包利的交上大本营。三月，包利因受伤于乌糯箐被康世显俘获，起义失败。包利、红银起义虽然失败了，但它迫使清帝下诏“永免苗疆赋税”。

清雍正十年（1732 年）七月初六，镇远知府方显议准“开辟苗疆”后，率兵 2500 人至台拱立大营。方显以台拱险要，与丹江、清江为犄角，为镇远、施秉之藩篱，提议建城设治，并招募苗民筑城，激起公愤。包利与白党等首领集上九股 30 余寨，下九股 43 寨和高坡诸寨苗族农民，于台拱厅属台雄杀牛盟誓，公推白党、包利等为首领举行“反筑城斗争”。初六日，被招募的“民工”佯装集中工地施工，城仅筑数板，起义军从台雄突然发动进攻，筑城“民工”里应外合，占阳汪寨，杀通事郭英等，围攻台拱清军大营，毙外委张壁、把总苏风林、王贵等清兵清将多名。方显飞咨云贵总督高其倬请增兵两千进剿。义军先后攻占排略、宝贡等塘汛，击毙平越游击罗资衮、千总杨汉、尹成熙，把总高腾凤、王朝杰，外委刘清林、守备高本阳及大定协副将杨馥等清兵千余人。十一月中旬，朝廷命哈元生率兵进剿，调湘军副将母椿龄率兵 2000 人，广西副将王无党率千名清兵抵台拱。十二月，大雪封山，清军被迫停止进攻。义军退火莲花屯，筑莲花屯土城，纵深二里，宽五里许，四周以森林为屏障。分军驻扎阳辽、方召、交汪、巫脚等地。

清雍正十一年（1733 年）二月，贵州抚臣元展成进逼方召，黔西协副将康世显、台拱镇总兵纪龙两部攻陷义军交宫、交下、四登而上，清将霍升自清江合攻，各路义军退入莲花屯土城，与清军决一死战。三月二十五日，哈元生由台拱到方召坐镇指挥清军总攻莲花屯义军，双方激战竟日，反复厮杀。清军广西左江镇左营守备何英被击毙、千总秦登魁，把总关志湖及外委兵卒多人被义军打死。洞庭协副将何勉先陷交汪，王无党、康世显攻占莲花头屯、二屯、义军退御三屯山顶。清军何勉见峰北皆草屋，命士兵乘夜放火，烈焰冲天，战至二十八日，城防终被攻破。阵擒及捕搜义军千余人，白党及 109 人被解至贵阳杀害，起义失败。包利率部突围，退回交上建立包利营，隐藏于牛皮大箐（雷公山）深处。

清雍正十二年（1734 年）七月，包利与翁梭寨首领三兜（三元），翁密寨首领勾翁密三人结义，以贩叶烟为由，秘密潜往清江和古州八妹、高表等地联络，声称苗王出世，密谋反清，包利等因而被古州镇总兵韩勋捕捉。次年正月初，黎平府知府滕文炯提审，因证据不足，不得以释放包利等三人。二月，包利又与古州八妹寨红银以苗王出世相号召，在古州高表召集古州、清江、台拱等地苗民万余人歃血“议榔”，推包利为王，举行起义。包利与红银率部进攻古州，古州镇总兵韩勋带重兵至王岭汛阻击，义军被迫退回高表。遂此上清水江鸡摆尾建据点，并分两路大军抗击清军。一路由红银率领进攻清江，一路由包利率领进击台拱，先取台拱厅属方召汛，截断台拱援清江通道，败清军于莲花屯，清将郭占乾的两千余人被围歼，义军声势大振，顿增至两万余人。义军顺势攻下台拱厅城，官军退避镇远。义军以鸡摆尾、控拜、台雄为据点，分兵进击清军。包利、红银乘势攻取旧州、余庆、八寨，声势浩大，京师震动，兵部檄调粤、湖广、四川等省军伍联合围剿。五月，义军再取丹江、青溪两城，逼近思州。雍正闻奏，知照湖广倾全湘之兵于沅、辰、靖州一线，双重布防，警惕湘西苗民策应。六月，湘军进入镇远。七月，粤军直抵古州、八寨，滇、川、黔三军向凯里、清平集结，悉被义军击溃。雍正皇帝闻奏气得病倒床前，急诏将前军将领哈元生、张照、董芳、德希寿等革职查办，并逮赴京治罚。八月，朝廷将“从前经营古州（黎平）苗疆”的湖广总督张广泗，升任七省经略，从长沙调往镇远总理苗疆事务，调度军事，再行增兵四万余人弹压苗疆。十一月初三日，张广泗抵镇远。三十日，军分三路进攻台拱台雄、清江鸡摆尾、丹江控拜三处义军，切割义军控制区，使义军退守各寨，无法互相增援。十二月初一，派广西左江镇总兵王无党和黔西协副将康世显领兵5000人攻台拱、台雄包利主力，义军奋力反击，清军大败，广西抚标游击曾唯以下千把总和兵丁145名被击毙。张广泗严斥官军无能，命查明先退者究治。王无党弃义军大营，避其主力，分兵四路偷袭台雄上寨四座营垒，义军奋力拼杀，终以火力不济，营垒被陷。初四日，清军蜂拥而上，包利趁夜率主力突围至交上、交宫、汪江、南宫一带。初五日，清军攻占大德堡；十三日，董方、焦应林率5000官兵陷鸡摆尾入台拱；二十二日，滇骑兵参将哈尚德和曾长治4000官兵陷挂丁、控拜进入台拱。至此，清军三路大军完全集结于台拱一带，准备进行大规模进攻。

清乾隆元年（1736年）正月，张广泗巡视鸡摆尾、控拜、台雄一带军情，侦知包利率主力集结于交上、交工、汪江、南宫一带。便叫王无党至台拱面授机宜：“交上一寨，自恃寨大人悍，又逼近牛皮大箐，为铺逃之薮。因分布官兵五路进攻……”初四日，王无党、康世显等率大军由台雄出发，进攻交上。包利率众奋力反击，清军几攻不下。初七日，清军发动更大规模分五路进攻，义军拼死力拒，清军纵火烧寨，义军一面扑火，一面战斗，被烧死百余人。义军撤退又被惊马阻塞，死伤惨重。包利率余部突围入牛皮大箐，凭借山林与清军周旋。三月，张广泗部署八面围攻，阻断义军粮道和外援，包利陷于孤军作战，浴血奋战，终因受伤于乌糯箐被康世显俘获。五月。包利与先后被俘的红银、老能等40余名首领被解往省城贵阳，包利因伤势过重而半途牺牲，红银、老能等40余名首领在贵阳先后被凌迟处死。十月，义军余部被清军消灭，起义失败。

张朵久（1823—1875）

张朵久　台江县革一乡排生村养开苗寨人，生于清道光三年（1823年）四月，卒于光绪元年（1875年）九月。他是最早举起反抗清政府义旗的苗族农民起义军将领之一。

张朵久生长在一个较富有的财主家庭里，他很有同情心和正义感，往往看到许多穷苦农民没饭吃、没衣穿时，他总是出手相助。他的大姐嫁与张开格为妻，常与张开格联络。咸丰初年（1851年）他随张开格等70余名苗族兄弟去投靠白莲教教首刘白号（刘义顺）。

在白莲教刘白号营时，他们作战很勇敢，不断赢得胜仗，受到教首刘白号的赞赏。一天晚上，刘白号看到有几道神光连接到张朵久他们住的营房。于是，刘白号就摸到他们的营房，对张朵久等人摸测骨骼，知道张朵久有两颗心，是一个计谋高深的人。有天他从刘白号营回来时，获得了一个玉制兵符，现仍然由其后人张故耶保管。

清咸丰五年（1855年）三月十五日，他参加了展麻你杀牛盟誓起义。同治十一年（1872年）起义大军转移雷公山后，留下张朵久率部分义军驻守台拱厅城。义军被清军镇压后，张朵久只身逃回老家排生村养开苗寨躲藏，并在家中修建自己的房子，后来有人告密，清军就在他立新房子的那一天，将寨子团团包围准备捉拿他，但他由于发现得早，利用人熟地熟逃脱了清军的捉拿。他后逃亡到从江，光绪元年（1875年）九月清政府在清剿苗族农民起义残余人员时被抓获，处以五马分尸极刑，牺牲时52岁。

娃悟王（1824—1890）

娃悟王　台江县台盘乡平水村人，生于清道光四年（1824年）六月，卒于光绪十六年（1890年）十月，享年67岁。他家庭富裕，道光咸丰年初，他随同张开格、李鸿基、张朵久等去与白莲教教首刘白号聚义，被刘白号称为“天星下凡”的“福将”。咸丰五年（1855年）三月十五日，张开格等组织苗族义军会集在展麻你杀牛盟誓起义中，娃悟王自愿将自家的几万斤粮食献给义军保证后勤供给。在后来张秀眉领导的苗族人民反清的十八年斗争中，他一直担任后勤工作，为起义斗争做出了重要的贡献。

娃悟王本张姓，在兄弟姐妹中排行老幺。他的这个名字来历，有一段传奇的故事。据说他母亲52岁高龄时才生下他。他刚生下来时，因生母年事已高，且家中哥嫂一大群，哥嫂都生育了儿女，于是他母亲觉得自己年事高却还要生这个小孩感到很不好意思，便将刚生下的娃悟王用布包裹，装在簸箕里放到寨子背后坡自己家一丘水田鱼塘边。几天几夜不吃不喝，一个人在那里哭泣。到了晚间，人们都看到有一道神光由天上连接到他家的那丘田里去，一连几天晚上都是这样。这桩神奇的事情，很快就在寨子里传开了。本来，在娃悟王生下来时，家里的大媳妇也在前一个月刚生下一个小孩，并知道婆婆也刚生下一个小叔叔，但就不见婆婆生下来的婴儿在哪里，因碍于婆媳关系，也不好过问。后来大媳妇到她家的田边时看见了放在鱼塘边的娃悟王，于是就把婴儿抱回来与她的孩子一起喂养。娃悟王渐渐长大后，媳妇才把这事告诉了公婆和家人，大家都认为他命大一定是干大事的人。于是大家就给他取了一个名字叫“娃悟王”，“娃”，即盛装他的簸箕之意；“悟”，即苗语称“奶奶”或“婆婆”之意；“王”，即丢在鱼塘边之意。

清咸丰五年至咸丰八年（1855—1858年），娃悟王积极为义军筹集物资和粮食，保证军需供给，使义军抗清斗争节节胜利，势如破竹，先后攻克清平、台拱、清江、施秉、古州、黄平等厅、州、县及镇远府、卫两城，使苗疆连成一片。旋向西攻克都匀府城，前锋直达贵定之瓮城桥、龙里的云顶关。龙里、贵定告急，省城大震，清政府动摇。

在苗族义军张秀眉等人被俘、轰轰烈烈的苗族农民起义失败后，娃悟王侥幸逃脱清军的围剿潜回家中。清光绪十六年（1890年）10月，娃悟王病逝于家中，享年67岁。

欧直钦（1879—1926）

欧直钦　苗族，名福里丁，剑河县岑松镇温泉村内寨人。父亲在里丁耶有田产200余担，家道殷实，一心培养欧直钦读书。送至私塾，欧直钦聪敏，智慧超人，能背善写，受先生喜爱。乡党应酬，很快学会，文牍状纸皆通。因此常为他人书写诉讼禀帖，深得乡邻钦佩。宣统元年（1909年），任台拱厅署司爷。民国2年（1913年）改厅为县，欧直钦先后任东区团防局长、台拱县团防总局局长。后因社会混乱，长子武福被他人杀害，无心仕途，遂卸职居家耕田。

民国13年（1924年），广州国民政府大总统孙中山在香港召开建国会议，组建建国联军北伐。籍人李世荣受命为联军第十一军军长，回贵州家乡组建部队，派三穗孙熙伯在台拱、剑河一带招募部队，欧直钦响应北伐义举，招收苗族青年 200 余人赴锦屏参加军长宣誓就职，被委任为团长，展架人部胜江为营长。由于随去的大部分青年一不通汉话，二不懂文化，纷纷逃跑回家。李世荣又派欧直钦重返家乡重组队伍。7 月，欧直钦回到温泉，并带来三挑军服，30 余支枪。因军服、枪支都少，需要自己不断补充。遂一面向当地富户借钱借粮购买枪支，一面保护革东、内寨、岑松市场安全，不受强盗打劫。民国 15 年（1926 年），欧直钦知道部胜江应地方杨秀龙之邀，参加截击贵州军阀残部得枪 5 支，上门动员部交团部重新分配，部不从，双方发生争执，对欧怀恨在心。遂与区长王锡三和张云鹄等 18 家地方豪绅联名向黔东道（驻镇远）诬告欧直钦在乡间抢劫财物、私通匪劫，遂派李营长到台拱巡查。部知道李营长到台拱后，亲赴台拱会李，并得到李营长的赏识。经李、部密谋，通知欧直钦上门取枪。10 月的一天，时逢革东赶场，欧直钦维护市场收官后，不知李、部预谋，孤身闯入部宅，当场被捉住。直钦被捉后押往台拱，李、部考虑到直钦在台拱任职多年，朋友甚多，公开杀害不利，恐有劫法场之危险，于是将其解往锦屏暗杀。

吴云龙（1916—1941）

吴云龙　汉族，台江县城关人，生于民国 5 年（1916 年），童年时期在县城萃文小学就读。小学毕业后，考取镇远第八中学。后镇远八中改名为贵州省镇远师范学校，校长田伯平系中共地下党员，在校内秘密发展中共党组织，建立地下党支部，吸收先进知青入党。民国 26 年（1937 年）7 月抗日战争爆发，抗日的烽火燃遍了祖国各地，抗日的热潮一浪高过一浪。镇师地下党支部书记欧阳德风积极地进行革命活动，发展党员，壮大党的革命力量，并组织进步学生参加以党支部为核心的“读书会”，宣传共产党抗日的主张，坚决抵制和揭露国民党反动派“安内攘外”发动内战，消极抗日的政策。当时参加“读书会”的同学有台江的吴云龙、潘昌明、欧兴祥等人。吴云龙任“读书会”组长，“读书会”开展活动十分活跃，在校内外起到了很大的作用。在地下党支部书记欧阳德风的培养下，吴云龙交了入党申请书。民国 29 年（1940 年）冬，吴云龙、潘昌明、欧兴祥等师范毕业。经校党组织的努力和安排，调吴云龙任台江县萃文小学校长，潘昌明任台江县教育督学，并以此职为掩护，为党做地下工作。

由于叛徒的告密，民国 29 年（1940 年）12 月，潘昌明、欧兴祥两人被国民党县府逮捕入狱。不到数日将潘昌明杀害在县府侧边的水井旁。潘昌明被害的消息传出后，家人和亲友劝告吴云龙躲避，免遭暗害。吴云龙理直气壮地说：“我是一个青年学生，不做什么坏事，怕什么？”民国 29 年（1940 年）12 月 27 日深夜，吴云龙被国民党县府逮捕，次年的正月初五半夜被拉到西门城外杀害。遇难时，吴云龙年仅 24 岁。

第三章　人物名录

台江籍在县外任副县（团）级以上干部名录（1991—2010年）

表20-1

姓　名	性别	民族	籍　贯	职　务	备　注
刘晓凯	男	苗	台江	贵州省委常委、副省长	
杨学军	男	苗	台江	国防科工办原纪检书记	
张　林	女	侗	台江	黔东南州文化局局长	
熊志标	男	苗	台江	黔南州文化局局长	
王文敏	男	苗	台江	剑河县政协副主席	
王永丹	男	苗	台江	贵州省司法厅机关党委书记	
王渝飞	男	苗	台江	贵州省民宗经济建设处处长	
王德文	男	苗	台江	黔东南州文化局局长、省文化厅处长	
毛光荣	男	苗	台江	黔东南州委办副主任、州委机关工会主席	
龙必祥	男	汉	台江	云南保山军分区司令员	大校军衔
龙瑞泉	男	苗	台江	贵州公安厅治安总队副处长	
刘跃筑	女	苗	台江	贵州省歌舞团副团长	
刘　军	男	苗	台江	雷山县人武部副部长	中校军衔
李月成	男	苗	台江	黔南州政府州长	
李长芳	男	苗	台江	黔东南州教育学院副院长	
张文谷	男	苗	台江	贵州省老干服务中心副主任	正处级
张廷春	男	苗	台江	黔东南州广播电视局局长、总支书记	
张通仁	男	苗	台江	贵州省委机关党委办公室主任	副处级
张先识	男	苗	台江	黔东南州水电局党委书记、副局长	
张昌学	男	苗	台江	黔东南州人大民委副主任委员	正县级
李仁和	男	苗	台江	黔东南州政协文教卫社联委副主任	
李德坤	男	汉	施洞	贵州省总工会宣传部长、干校校长	
李通权	男	苗	台江	贵州省农业厅畜牧局副局长	
张爱国	男	苗	台江	黔东南州司法局局长、党组书记	

续表 20-1

姓　名	性别	民族	籍　贯	职　务	备　注
张爱华	男	苗	台江	黎平县人民法院院长	
吴通成	男	苗	台江	施秉县人武部政委	
杨成华	男	苗	台江	贵州省林科院副院长、台江挂职副县长	
杨通桥	男	苗	台江	贵定县人民政府副县长	

说明：在文中已列的名录，此处不再列

在台江工作荣获省部级以上劳动模范、先进工作者名录（1991—2010 年）

表 20-2

姓　名	所在单位及职务	获奖时间	授奖单位	荣誉称号
姬安荣	县公安局原局长	1990 年	公安部	全国公安先进个人
李先银	县公安局原政委	1991 年	国务院	全国民族团结先进个人
张　诚	台江县二中	1991 年	省政府	三十年教龄荣誉证书
王安维	台拱镇桃赖小学教师	1991 年 9 月	教育部	全国优秀教师
王文荣	台江县卫生药检所	1991 年 11 月	卫生部	霍乱防治先进工作者
杨灿煌	台江民族职中	—	省政府	全省优秀教师
			人事部、国家民委、中国科协	少数民族地区科技工作者
刘耀谊	台江民族中学	1993 年 3 月	省政府	中学特级教师
张明达	政协台江县委员会副主席	1993 年 10 月	国家计委、农业部	全国省柴节煤先进工作者
张　亮	县残联原理事长	1993 年	全国残联	全国残联先进个人
刘泽安	台江县计生局	1994 年	共青团中央	团中央表彰为新长征突击手
何明福、宋茂贵	台江县农牧局	1995 年 9 月	省政府	贵州省第四届科技兴农人才奖
王振伦	台江二中	1995 年 9 月	教育部、人事部	全国优秀教师
邰秀信	台拱镇登交小学	1995 年	省政府	全省优秀教师
张　诚	台江县水利局	1996 年、2001 年	省人民政府	全省水利工作先进个人
杨通发	台江县水利局	1997 年、1998 年	水利部、省政府	全国水利工作先进个人
欧光石	台江县教育局	1998 年 11 月	财政部	全国先进财务工作者
张庭珍	老屯乡岩脚村党支部书记	2000 年 4 月	国务院	全国劳动模范
蒲天福	台江县信访办主任	2001 年 9 月	国家信访局	全国优秀信访工作者
唐湘源	个体养殖户	2005 年 5 月	省政府	全省劳动模范
欧光权	台江县公安局	2008 年 4 月	省委、省政府	“抗凝冻、保民生”工作先进个人
杨礼旦	县林业局	2010 年 5 月	省政府	全省林业工作先进个人

台江籍在外工作获副高职称以上人员名录

表 20-3

姓名	性别	民族	任职单位及职务	职　称	学历	备　注
姬安龙	男	苗	贵州省民族研究院语言与文字研究所所长	研究员	博士	国家社科课题评审专家
李春贵	男	苗	广西科技大学计算机工程学院院长	教授	博士	
欧光习	男	苗	核工业北京地质研究院	研究员	硕士	
杨光亮	男	苗	石油与化学工业规划院副总工程师	教授高级工程师	硕士	

续表 20-3

姓名	性别	民族	任职单位及职务	职　称	学历	备　注
李望国	男	汉	广东白云学院副校长	研究员	硕士	
潘陆台	男	苗	贵阳中医学院民族医药研究所实验室主任	教授	—	
杨素兰	女	苗	贵阳百货大楼大型零售企业党委办公室主任	高级政工师	大专	
谢贵华	男	回	凯里学院外国语学院院长	教授	博士	
王家和	男	苗	凯里学院外国语学院副院长	教授	硕士	
曾东兰	女	回	凯里学院外语系教研室主任	副教授	—	
李　勇	男	苗	黔东南州广播电视大学	副教授	—	
严宏霖	男	汉	中国有色金属工业总公司	副主任医生	—	
朱江群	女	苗	—	国家二级演员	—	
王忠明	男	苗	贵州电视大学	副教授	—	
邰昌寿	男	苗	中国有色工程设计研究总院矿山分院	副总工程师	—	
张发清	男	苗	贵州民族大学	教授	—	

台江县获副高以上职称人员名录

表 20-4

姓名	性别	出生年月	职　称	全日制教育		在职教育		所在单位
				学历	毕业院校	学历	毕业院校	
卢启忠	男	—	特级教师	本科	—	—	—	民族中学
刘耀宜	男	—	特级教师	本科	—	—	—	民族中学
张德成	男	—	特级教师	中专	—	—	—	民族中学
李泽状	男	1958 年 6 月	特级教师	本科	台江师范	本科	贵州民族学院	民族中学
杨秀玉	男	—	高级教师	本科	—	—	—	民族中学
李学成	男	1971 年 8 月	高级教师	—	—	本科	贵州师范大学	民族中学
杨昌鹏	男	1968 年 12 月	高级教师	大专	黔东南师范专科学校	本科	贵州教育学院	民族中学
张忠豪	男	1961 年 8 月	高级教师	大专	黔东南师范专科学校	本科	贵州教育学院	民族中学
杨胜军	男	1970 年 11 月	高级教师	—	—	本科	贵州师范大学	民族中学
邰胜海	男	1973 年 9 月	高级教师	大专	黔东南师范专科学校	本科	贵州教育学院	民族中学
万新群	女	1965 年 10 月	高级教师	大专	黔东南师范专科学校	本科	贵州大学	民族中学
欧德忠	男	1970 年 5 月	高级教师	大专	黔东南师范专科学校	本科	贵州师范大学	民族中学
熊媛芝	女	1963 年 3 月	高级教师	大专	黔东南师范专科学校	本科	贵州师范大学	民族中学
龙边江	男	1964 年 10 月	高级教师	大专	黔东南师范专科学校	—	—	民族中学
胡　敏	男	1964 年 3 月	高级教师	大专	黔东南师范专科学校	本科	贵州教育学院	民族中学
龙启昌	男	1962 年 11 月	高级教师	中专	台江师范	本科	贵州师范大学	民族中学
刘泽掌	男	1964 年 10 月	高级教师	中专	台江师范	本科	贵州教育学院	民族中学
唐忠平	男	1965 年 9 月	高级教师	中专	台江师范	本科	贵州师范大学	民族中学
杨昌福	男	1964 年 5 月	高级教师	本科	贵州大学	—	—	民族中学
张国庆	男	1967 年 10 月	高级教师	中专	台江师范	本科	贵州教育学院	民族中学
邰　圭	男	1964 年 10 月	高级教师	大专	黔东南师范专科学校	本科	贵州教育学院	民族中学

续表 20-4

姓名	性别	出生年月	职　称	全日制教育		在职教育		所在单位
				学历	毕业院校	学历	毕业院校	
李封祥	男	1969 年 12 月	高级教师	大专	黔东南师范专科学校	本科	中央广播电视大学	民族中学
吴竹青	女	1966 年 1 月	高级教师	大专	黔东南师范专科学校	本科	贵州师范大学	民族中学
张鸿书	男	1970 年 6 月	高级教师	大专	黔东南师范专科学校	本科	贵州师范大学	民族中学
吴　勇	男	1970 年 3 月	高级教师	大专	黔东南师范专科学校	本科	贵州教育学院	民族中学
杨　玲	女	1968 年 12 月	高级教师	本科	贵州民学院	—	—	民族中学
王思琼	女	1971 年 12 月	高级教师	大专	黔东南师范专科学校	本科	贵州教育学院	民族中学
杨胜海	男	1969 年 8 月	高级教师	中专	台江师范	本科	贵州教育学院	民族中学
邰忠祥	男	1969 年 7 月	高级教师	本科	贵州师大	—	—	民族中学
黄　涛	男	1967 年 9 月	高级教师	大专	黔东南师范专科学校	本科	贵州教育学院	民族中学
王素英	女	1968 年 6 月	高级教师	大专	黔东南师范专科学校	本科	贵州师范大学	民族中学
杨　群	女	1972 年 5 月	高级教师	本科	贵州师范大学	—	—	民族中学
欧　盛	男	1969 年 3 月	高级教师	大专	铜仁师范专科学校	本科	贵州师范大学	民族中学
张胜洪	男	1972 年 5 月	高级教师	本科	贵州师范大学	—	—	民族中学
刘　明	男	1979 年 5 月	高级教师	本科	贵州民院	—	—	民族中学
刘跃富	男	1978 年 11 月	高级教师	本科	贵州师大	—	—	民族中学
李正福	男	1966 年 12 月	高级教师	中专	台江师范	本科	东北师范大学	第一中学
李儒学	男	1957 年 12 月	高级教师	大专	黔东南师范专科学校	—	—	第一中学
张德军	男	1968 年 8 月	高级教师	中专	凯里师范	本科	中央广播电视大学	第一中学
吴通顺	男	1966 年 2 月	高级教师	大专	黔东南师范专科学校	本科	贵州省委党校	第一中学
杜清华	男	1965 年 5 月	高级教师	大专	贵州农学院	本科	中央广播电视大学	第一中学
欧荣辉	男	1970 年 10 月	高级教师	大专	黔东南师范专科学校	—	—	第一中学
杨昌培	男	—	特级教师	本科	—	—	—	第二中学
杨　毅	男	1966 年 2 月	高级教师	本科	贵州民院	研究生	上海师范大学	第二中学
唐光学	男	1965 年 1 月	高级教师	中专	台江师范	大专	贵州教育学院	第二中学
苏　吉	男	1964 年 3 月	高级教师	大专	黔东南师范专科学校	—	—	第二中学
张文和	男	1961 年 3 月	高级教师	中专	台江师范	大专	黔东南州教育学院	第二中学
伍宏荣	女	1963 年 1 月	高级教师	大专	黔东南师范专科学校	—	—	第二中学
王振伦	男	1962 年 2 月	高级教师	中专	台江师范	大专	黔东南师范专科学校	第二中学
张明勇	男	1962 年 3 月	高级教师	中专	台江师范	大专	贵阳师范专科学校	第二中学
张本平	男	1971 年 2 月	高级教师	大专	黔东南师范专科学校	本科	贵州师范大学	第二中学
张本长	男	1974 年 11 月	高级教师	大专	黔东南师范专科学校	本科	中央广播电视大学	第二中学
吴　长	男	1974 年 3 月	高级教师	大专	黔东南师范专科学校	本科	中央广播电视大学	第二中学
欧　勇	男	1970 年 4 月	高级教师	中专	凯里师范	本科	中央广播电视大学	第二中学
欧义兰	女	1972 年 12 月	高级教师	中专	凯里师范	本科	贵州大学	第二中学
张宽王	男	1973 年 10 月	高级教师	大专	黔东南师范专科学校	本科	中央广播电视大学	第二中学
熊金江	男	1968 年 9 月	高级教师	中专	凯里师范	本科	中央广播电视大学	职业中学

续表 20-4

姓名	性别	出生年月	职 称	全日制教育		在职教育		所在单位
				学历	毕业院校	学历	毕业院校	
潘胜勇	男	1957 年 12 月	高级教师	本科	贵州师范大学	—	—	职业中学
黎传斌	男	1961 年 7 月	高级教师	大专	黔东南师范专科学校	本科	贵州教育学院	职业中学
姚元江	男	1967 年 9 月	高级教师	中专	凯里师范	本科	中央广播电视大学	职业中学
张秀林	男	1954 年 11 月	高级教师	大专	黔东南师范专科学校	—	—	职业中学
雷建军	男	1963 年 4 月	高级教师	大专	贵州农学院	本科	中央广播电视大学	职业中学
赵明珠	女	1975 年 10 月	高级教师	大专	黔东南师范专科学校	本科	中央广播电视大学	职业中学
唐光成	男	1971 年 6 月	高级教师	中专	凯里师范	本科	中央广播电视大学	南宫中学
廖　魁	男	1968 年 3 月	高级教师	大专	黔东南师范专科学校	本科	贵州教育学院	南宫中学
周绍清	男	1959 年 3 月	高级教师	中专	台江师范	—	—	南宫中学
韦昌兰	女	1971 年 12 月	高级教师	中专	凯里师范	本科	中央广播电视大学	南宫中学
杨航海	男	1972 年 2 月	高级教师	中专	黎平师范	本科	贵州教育学院	南宫中学
董成洲	男	1971 年 10 月	高级教师	中专	凯里师范	大专	贵州教育学院	南宫中学
邰昌文	男	1969 年 10 月	高级教师	大专	黔东南师范专科学校	本科	贵州师范大学	排羊九年制学校
李定标	男	1964 年 7 月	高级教师	中专	台江师范	大专	中央广播电视大学	排羊九年制学校
顾先祥	男	1966 年 10 月	高级教师	中专	台江师范	大专	贵州教育学院	排羊九年制学校
商有明	男	1967 年 10 月	高级教师	大专	贵州广播电视大学	—	—	排羊九年制学校
张　瑾	男	1975 年 1 月	高级教师	大专	黔东南师范专科学校	—	—	排羊九年制学校
熊光华	男	1966 年 10 月	高级教师	中专	凯里师范	本科	贵州师范大学	排羊九年制学校
杨胜德	男	1966 年 10 月	高级教师	大专	贵州广播电视大学	—	—	排羊九年制学校
王安俊	男	1962 年 11 月	高级教师	高中	台江高中	大专	贵州师范大学	排羊九年制学校
熊忠诚	男	1967 年 7 月	高级教师	中专	凯里师范	大专	贵州教育学院	排羊九年制学校
杨再深	男	1972 年 11 月	高级教师	中专	镇远师范	大专	贵州教育学院	施洞中学
张赤金	男	1967 年 9 月	高级教师	大专	黔东南师范专科学校	—	—	施洞中学
杨再文	男	1956 年 10 月	高级教师	大专	黔东南师范专科学校	—	—	施洞中学
欧玉铭	男	1970 年 6 月	高级教师	中专	凯里师范	大专	贵州教育学院	施洞中学
张德进	男	1959 年 9 月	高级教师	中专	台江师范	大专	贵州师范大学	施洞中学
张　凯	男	1972 年 11 月	高级教师	中专	凯里师范	大专	贵州教育学院	施洞中学
潘盛安	男	1967 年 11 月	高级教师	中专	台江师范	大专	贵州教育学院	施洞中学
张振华	男	1972 年 11 月	高级教师	中专	天柱师范	本科	—	革一中学
李长奎	男	1963 年 12 月	高级教师	中专	台江师范	大专	—	革一中学

续表 20-4

姓名	性别	出生年月	职　称	全日制教育		在职教育		所在单位
				学历	毕业院校	学历	毕业院校	
张　贤	男	1972 年 9 月	高级教师	中专	镇远师范	本科	—	革一中学
张荣志	男	1971 年 11 月	高级教师	中专	凯里师范	本科	—	革一中学
张永学	男	1974 年 1 月	高级教师	大专	黔东南师范专科学校	—	—	革一中学
张　瑜	男	1975 年 7 月	高级教师	大专	黔东南师范专科学校	—	—	革一中学
张明文	男	1969 年 10 月	高级教师	中专	凯里师范	大专	贵州大学	老屯中学
杨　峰	男	1964 年 5 月	高级教师	中专	凯里师范	本科	贵州师范大学	老屯中学
张贤江	男	1976 年 10 月	高级教师	中专	凯里师范	本科	贵州师范大学	台盘中学
陈胜海	男	1962 年 10 月	高级教师	中专	台江师范	大专	贵州教育学院	台盘中学
罗雪峰	男	1968 年 1 月	高级教师	中专	凯里师范	大专	贵州师范大学	台盘中学
张元超	男	1965 年 9 月	高级教师	高中	台江民族中学	大专	贵州广播电视大学	台盘中学
岑国梅	女	1970 年 4 月	高级教师	大专	贵州广播电视大学	本科	贵州师范大学	台盘中学
黄永贵	男	1958 年 12 月	高级教师	中专	省函授	大专	贵州教育学院	台盘中学
杨通凡	男	1957 年 1 月	高级教师	中专	台江师范	本科	贵州教育学院	台盘中学
万玉林	男	1965 年 12 月	高级教师	中专	台江师范	大专	贵州教育学院	台盘中学
张春生	男	1972 年 8 月	高级教师	大专	黔东南师范专科学校	—	—	台盘中学
张元洪	男	1967 年 9 月	高级教师	大专	黔东南师范专科学校	本科	贵州教育学院	台盘中学
杨昌齐	男	1964 年 10 月	高级教师	中专	天柱师范	大专	贵州教育学院	台盘中学
张志玺	男	1970 年 3 月	高级教师	大专	黔东南师范专科学校	—	—	台盘中学
杨荷香	女	1964 年 6 月	高级教师	高中	天柱民族中学	大专	凯里学院	台盘中学
李玉光	男	—	副主任医师	本科	—	—	—	卫生局
龙玉元	男	1969 年 12 月	副主任医师	中专	黔东南州卫生学校	大专	贵阳医学院	卫生系统
潘文学	男	1970 年 5 月	副主任医师	中专	黔东南州卫生学校	大专	中央广播电视大学	卫生系统
欧建中	男	1956 年 8 月	副主任医师	中专	贵州省医护学校	大专	—	疾控中心
龙千里	男	—	主任医师	本科	—	—	—	县医院
吴春云	男	1959 年 1 月	副主任医师	本科	遵义医学院	—	—	县医院
罗大标	男	1970 年 3 月	副主任医师	本科	贵阳医学院	—	—	县医院
熊永俊	男	—	副主任医师	本科	—	—	—	县医院
夏艳玉	女	—	副主任医师	本科	—	—	—	县医院
熊银昭	女	—	副主任医师	本科	—	—	—	县医院
王兴明	男	1964 年 9 月	副主任医师	本科	贵阳医学院	—	—	县医院
熊朝宇	男	1966 年 1 月	副主任医师	本科	贵阳中医学院	—	—	县医院
唐　亮	男	1965 年 9 月	副主任医师	大专	贵阳医学院	—	—	县医院
胡祥亮	男	1965 年 6 月	副主任医师	本科	遵义医学院	—	—	县医院
张　衡	男	1968 年 9 月	副主任医师	中专	黔东南州卫生学校	大专	遵义医学院	县医院
姚秀兰	女	1972 年 6 月	副主任医师	大专	遵义医学院临床医学	—	—	县医院
杨通发	男	1954 年 2 月	高级工程师	中专	贵州省水利电力学校	大专	黔东南州委党校	水利局

续表 20-4

姓名	性别	出生年月	职　称	全日制教育		在职教育		所在单位
				学历	毕业院校	学历	毕业院校	
李　芳	女	1974 年 11 月	高级工程师	大专	天津城建大学	本科	贵州工业大学	住建局
李应明	男	—	高级畜牧师	—	—	—	—	农业局
熊仁友	男	1963 年 4 月	高级农艺师	本科	九嶷山学院	研究生	贵州大学	农业局
罗康藻	男	1966 年 12 月	高级教师	大专	天柱英语教师培训班	本科	贵州师范大学	教育局
杨再英	女	1976 年 5 月	高级教师	大专	黔东南师范专科学校	本科	贵州师范大学	教育局
王家钟	男	1963 年 5 月	高级教师	中专	黔东南师范专科学校预科	大专	黔东南州教育学院	教育局
李枝平	男	1970 年 5 月	高级教师	中专	凯里师范	大专	贵阳师专	教育局
龙家炳	男	1964 年 12 月	高级教师	中专	天柱师范	本科	贵州师范大学	教育局
杨昌培	男	1977 年	高级教师	大专	黔东南师范专科学校	本科	贵州教育学院	民族中学
杨环柱	男	—	高级教师	高中	省立镇远中学	大学	贵阳师范学院	施洞中学
杨秀玉	男	1953 年 9 月	博士研究生	高中	炉山民族中学、镇远中学	大学	贵州大学	民族中学

附　录

台江革命遗址简介

2010年，县史志办根据上级工作部署，在全县范围内开展革命遗址普查，通过普查发现，台江现存的革命遗址有凯里党小组负责人李光庭到文昌宫开展革命活动遗址、红军长征时中央红军军委纵队偏寨驻地、报效红军渡口、施洞红军渡口、县城保卫战遗址、良田仰方会议遗址、共产党员革命烈士杨光文故居、革命烈士陵园等。

凯里党小组开展革命活动遗址

一、1933年春，中共地下党员李光庭在湖北参加策划兵变失败后，来到台江从事地下工作，以“结拜兄弟”的形式，在台江文昌宫召集台江人萧洪春、宋天榜等18名进步青年开会，喝生鸡血酒盟誓：“同生死，共患难，打富济贫，不倒穿花鞋（不叛变），不丢人卖客（不出卖朋友）。”他们在盟誓中提出“团结起来，打倒土豪劣绅，打倒贪官污吏，推翻封建势力”的革命目标。李光庭等以文昌宫为据点，经常在这里聚会，开展革命活动。

军委纵队驻地

二、1934年12月，毛泽东、朱德、周恩来等中央领导同志率领的中央红军经过黎平作短暂休整后，兵分两路继续西进。一路于12月20日，由红军三、五军团组成的左路纵队由剑河巫脸进入台江大田角，经交下、四登、展下，到达县城；后经南省、报效到施洞与总部会合。另一路是毛泽东等中央红军领导带领的军委纵队总部于12月24日从剑河柳川出发，沿清水江西进，26日来到施洞，在施洞偏寨村宿营。总部就住在石家寨石定录家，红军领导人毛泽东在此度过了他41岁生日。石定录家老房为两栋两层木房，长10米，宽16.7米，高6米。正面外墙为土墙，以前门口还有扇拱形大门，总政治部在这里驻扎时，门口有两个卫兵守卫。这栋木房墙壁上有三处还保留有毛笔写的标语，一楼内墙标语有些模糊，二楼外墙写的是“红军是工农的军队！红军政宣”“公买公卖，红宣”二楼内墙上写有：“打倒屠杀工农的国民党！中国工农红军万岁！”屋内还存有当年红军领导用过的马鞍、桌子、橱柜、洗脸盆等物。

三、报效红军渡口。1934年12月25日，由中央红军三、五军团离开台江县城，经南省到达报效。一路经由报效阶薅涉水过巴拉河，沿黄泡沟经黄泡、棉花坪到达南哨后搭浮桥过清水江出县境；一路由报效渡口渡过巴拉河后，翻越岩寨背后坡，经羊桃、大塘、江边渡清水江后向黄平谷陇前进。

报效红军渡口

四、施洞红军渡口。1934年，红军长征时曾两次由施洞口渡河北上。第一次是1934年10月，由任弼时、萧克统率的西征先遣队——红六军团，在清水江北岸的冰洞击散施秉常备队大队民团后，于30日由施洞口渡江，一路北走施秉，一路沿清水江北岸西走黄平。第二次是由红一、九军团、中央军委纵队组成的右路纵队主力，于12月22日到达偏寨、塘坝、施洞口一带后，24日开始搭浮桥由这里陆续过清水江。由一军团十五师和九军团组成的一部直接奔袭镇远；另一部以一军团二师为先锋，由清水江北岸向西挺进施秉和黄平。

施洞红军渡口

五、杨光文烈士故居。位于排羊乡岩寨村，房屋坐西朝东，长12.5米，宽6.5米，高6米，为三间两层两面倒水歇山顶式木结构建筑，青瓦覆盖。约建于清朝末年。杨光文少年时随父母旅居贵阳，入达德中学读书。在校期间，杨积极参加革命活动，上街游行，抵制日货运动。1942年杨考入贵州大学，其间积极加入中共秘密进步组织开展活动。1946年年初，中共南方局派杨前往四川垫江任女中教员，向学生灌输革命思想。他的活动引起特务们的注意，组织安排他回到重庆。1947年，国民党在重庆大肆搜捕革命志士，中共四川特委派杨光文、杜青回黔东南。杨在雷山中学以教书为掩护，创办油印小报《新观察》，宣传革命形势，经常行走于雷山与排羊之间，联络有志青年，计划组建武装组织发动武装起义。3月11日，国民党贵州省主席杨森密电雷山政治局，将杨光文等人密捕解省监禁，后经亲友活动，杨获释放。1948年冬，原达德中学同学安毅夫由上海回贵阳，组建中共贵州特别支部，杨在安的领导下开展学生运动和作民族上层人士工作。1949年5月，安毅夫介绍杨加入中共党组织。此时，

杨光文烈士故居

贵阳敌特实行大搜捕、大屠杀，6 月初，杨光文带部分革命志士向威宁转移，行至赫章时，杨光文被特务暗探发现被捕押回贵阳。1949 年 10 月 6 日，贵州解放前夕，杨光文殉难于贵阳。

六、台江县城保卫战遗址。位于原台江县城二炮台的古城垣，始建于雍正十一年（1733 年），乾隆初年竣工。咸丰六年（1856 年），台拱苗民起义军围攻县城时部分被毁。1950 年 4 月，土匪暴乱围攻台江县城，县人民政府及驻军凭借古城墙，展开了保卫县城的战斗。在这次保卫县城的战斗中，一些战士献出了宝贵的生命。1958 年“大跃进”期间，古城垣条石陆续拆用于修建县城房屋，1970 年后又被大量拆除用于修建翁你河河堤，部分被市民拆除作他用，古城垣遗址多处被毁。今仅存有一段长 200 米、高 3.5 米、宽 3 米，顶部人行道宽 2 米的在县城背后的坡顶。1985 年 12 月，古城垣被县人民政府列为县级文物保护单位。

台江县城保卫战遗址

七、阳芳会议会址。位于施洞镇良田村阳芳寨前的一个山坳上。1950 年 4 月初，土匪暴乱，围攻台江县城。台江县工委和县人民政府奉命撤离，移驻施洞口。5 月 18 日，县工委在阳芳召开第二届各族各界代表会议，县长王子奎在会上作了报告，宣传省委剿匪“坦白从宽，抗拒从严，立功受奖”政策，宣传党的剿匪政策及民族政策；号召群众武装起来和土匪开展斗争，积极配合解放军剿灭土匪等项决议。阳芳会议的召开，进一步宣传了党的剿匪政策和民族政策，发动群众，争取和团结民族上层进步人士，特别是成立了张平衡游击队，牵制了施洞西面的土匪势力，有效地保卫了移驻施洞的人民政权。

阳芳会议会址

八、台江革命烈士陵园。位于台江县城老街西侧，始建于 1952 年下半年。烈士陵园原为县城古城墙外的一座小土丘，1951 年年仅 39 岁的首任台江县人民政府县长王子奎因病去世，安葬在县城城墙外边的这座小土丘上。1952 年下半年，县委、县政府决定将这座小土丘建成烈士陵园，同时将红军长征过台江途中牺牲的和解放初剿匪战斗中牺牲的烈士遗骸迁入园内安埋。现陵园安葬烈士 37 名，其中无名红军烈士墓塚 23 座，解放初期剿匪和解放后各个建设时期的有姓名烈士墓塚 14 座。每年清明节，台江青少年学生及各界人士都前往烈士陵园扫墓、奠祭英灵，是台江县重要的爱国主义教育基地。

台江革命烈士陵园

苗疆百岁老人谱

姚子清，男，汉族，109周岁，生于1900年3月18日，现居住在台拱镇炮台路117号

吴凤珍，女，苗族，108周岁，生于1901年8月9日，现居住在施洞镇平兆村1组

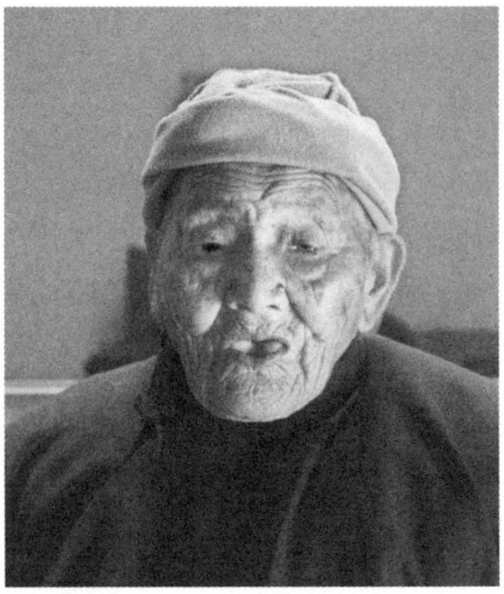

龙树英，女，苗族，108周岁，生于1901年10月27日，现居住在台拱镇萃文路20号

吴又秀，女，苗族，106周岁，生于1903年5月12日，现居住在革一乡后哨村4组

王春珍，女，苗族，104周岁，生于1905年9月2日，现居住在台拱镇张家村1组3-2号

杨牛送，女，苗族，102周岁，生于1907年10月22日，现居在住革一乡田坝村2组

李正芝，女，苗族，101周岁，生于1908年5月15日，现居住在排羊乡岩寨村2组

毛素英，女，汉族，100周岁，生于1909年7月6日，现居住在台拱镇东街村5组

文件选录

贵州省人民政府

黔府函〔2003〕29号

省人民政府关于变更台江县革东镇隶属关系的批复

黔东南苗族侗族自治州人民政府：

你州《关于要求将台江县革东镇行政区划调整给剑河县行政管辖的请示》（州府呈〔2002〕131号）收悉。省人民政府同意变更台江县革东镇隶属关系，将其划由剑河管辖，台江、剑河两行政区域界线作相应变更。请你州认真做好台江县革东镇行政区划调整有关工作，正确处理改革、发展、稳定关系，不断促进台江、剑河两县经济和社会全面发展。

贵州省人民政府

2003年2月20日

中共台江县委文件

台党发〔1991〕1号

中共台江县委
关于制定台江县国民经济和社会发展十年规划
和“八五”计划的意见

（1991年3月6日中共台江县第六届第三次全委会通过）

一、过去十年工作回顾

过去十年，在中央、省、州委的统一领导和部署下，按照建设有中国特色的社会主义和我国现代化建设分三步走的设想的要求。从我县实际出发，我们始终坚持以经济建设为中心，坚持四项基本原则。坚持改革开放，把解决农民温饱问题，引导农民脱贫致富作为经济的重点，坚持依靠科技、教育、文化的进步和发展，大力发展生产力，加强扶贫开发工作，促进了经济社会的发展，全县物质文明和精神文明建设都取得了显著的成就，为九十年代经济和社会的发展打下良好基础。

（一）农村随着家庭联产承包责任制的实行，农村经济得到稳定发展；城镇围绕企业体制改革，逐步形成以公有制为主体，各种经济成分共同发展的格局。十年改革，调动了全县各行各业各个方面的积极性，大大增强了经济发展的活力。

（二）国民经济持续增长。1990年全县社会总产值9080万元。按可比价格是1980年的1.7倍，平均每年增长5.7%，比1985年增长54.7%；国民生产总值由1985年的3405万元上升到1990的6500万元，增长110%；国民收入1990年6200万元，比1980年增长1.3倍，比1985年增长48.9%，“七五”期间年均增长8.3%；财政收入1990年463万元，比1980年的89万元增长4.2倍，年均增长

17.9%，比1985年的151万元增长2倍；粮食总产量由1980年的3005万公斤上升到1990的3633万公斤，增长20.9%；油菜籽产量由1980年的21万公斤上升到1990年的110万公斤。10年间，全县建成投产了一批新项目，生产能力和生产水平不断提高，为国民经济的进一步发展增添了后续力量。

（三）城乡人民消费水平明显提高，生活条件有较大改善。职工年平均工资由1980年的613元上升到1990年的1450万元。农民人均纯收入由1980年的48元上升到1990年的215元，经过扶贫工作，全县已有65%的人口基本解决温饱问题，城乡居住条件有了较大程度的改善，居民消费质量也有了很大提高。

1990年，全县社会商品零售额按可比价达2563万元，比1980年的1009万元增长1.5倍，城乡储蓄存款余额由1980年的46万元增加到1990年的1594万元，增长24.7倍。

（四）科技、教育、文化、卫生等事业取得了新的进展。科技体制改革，调动了科技人员为经济建设服务的积极性和创造性，获得了较大的经济成果，知识分子队伍不断壮大，全县获得高级职称13人、中级职称355人、初级职称1230人，教育事业在社会各方面的重视，支持和教育工作者的努力下，也取得了较大的进展，初等教育进一步普及，中等教育有了较大发展，为社会和高一级学校输送了大量人才，十年间，共输送大中专和技校生1310人。办学条件有所改善，职业教育、成人教育有了发展，各种文化设施和文化机构逐渐增加，电视广播覆盖率大幅度上升，城乡医疗条件、卫生状况逐步改善。

总之，八十年代台江的经济生活和社会生活发生了深刻的变化。经过全县人民努力奋斗取得的成就，更加坚定了我们兴台富民的信心。

二、今后十年和“八五”期间工作的指导思想和主要奋斗目标

（一）指导思想。《中共中央关于制定国民经济和社会发展十年规划和“八五”计划的建议》和《中共贵州省委关于制定贵州省国民经济和社会发展十年规划和“八五”计划的建议》，全面分析了国际国内和贵州形势。充分肯定了八十年代改革开放和现代化建设取得的巨大成就。提出了今后十年我国和贵州经济和社会发展的基本任务、主要奋斗目标、发展重点和方针政策，是指导当前和今后一个时期国民经济和社会发展的纲领性文件，为制定我县国民经济和社会发展十年规划和“八五”计划提供了重要依据，指明了前进方向。按照中央、省委关于制定十年规划和“八五”计划建议的要求，必须结合我县实际，制定具体计划和政策措施，保证中央、省委提出的各项方针、政策和任务的全面落实。争取在“八五”期间和整个九十年代经济和社会有更大发展，为下个世纪的进一步发展打好基础。

（二）主要奋斗目标，党的十三届七中全会号召全国人民为实现国民生产总值，到本世纪末比1980年翻两番的第二步战略目标而努力，这是全国人民的共同任务，从我县经济社会发展的现实基础出发，今后十年全县经济和社会发展的主要奋斗目标和要求是：在大力提高经济效益和经济素质的基础上，争取提前实现全县第二个翻番，本世纪末国民生产总值按1980年不变价达到9000万元以上，争取1亿元，平均每年增长7%以上；粮食总产量达到4500万公斤以上。“八五”期末，粮食总产量达4000万公斤，农民人均粮食250公斤以上，农村人均纯收入300元。到2000年，农民人均粮食300公斤以上，人均纯收入500元以上，多数农户达到宽裕生活，逐步向小康水平迈进；加快科技进步，大力发展教育事业，社会主义精神文明建设达到新的水平，社会主义民主和法制建设进一步健全。

（三）基本指导原则。20世纪90年代是我国社会主义现代化建设历史进程中非常关键的时期，也是振兴台江经济，为21世纪进一步发展打下良好基础的关键时期。这个时期的工作，直接关系到我县第二个战略目标的实现和下一个世纪的发展，面对如此艰巨的任务，我们必须在对县情进行再认识的基础上，进一步探索发展路子。只有这样，才能尽快地把资源优势变为经济优势，把潜力变实力，把希望变成现实，从台江实际出发，紧紧抓住国家经济结构调整，重点发展农业、能源、交通、原材料加工业，走以资源综合开发、加工增值为重点的振兴之路，为实现上述目标，今后十年和“八五”时期，必须坚持以下基本指导原则：

——继续解放思想，坚持改革开放，把改革开放作为我县摆脱贫困，实现兴台富民的根本途径。

——坚持国民经济长期持续、稳定、协调发展的方针，始终把提高经济效益作为全部经济工作的中心。

——进一步调整经济结构和产业结构，逐步建立起具有我县特色的经济结构和产业机构。

——坚持自力更生、艰苦奋斗、勤俭建国的方针，勤俭办一切事业。

——进一步巩固和发展各民族之间的平等、团结、互助的社会主义民族关系，促进各民族共同发展。

——坚持物质文明建设和精神文明建设一起抓的方针，大力加强思想政治工作。

——认真处理好治理整顿与经济发展的关系，继续把治理整顿的各项工作搞好。

三、经济建设和发展重点

我县是一个少数民族县，农村经济薄弱，发展不平衡，县直工业基础差，技术落后，今后十年和“八五”期间，我县经济建设的重点是大力发展农村经济和乡镇企业，加强县直工业的基础建设和技术改造，促进城乡经济全面发展。

（一）打好农业基础，大力抓好粮食生产。今后十年和“八五”期间，农业的发展要着眼于人口、粮食、生态良性循环的长远目标，搞好人口、粮食、生态综合治理，协调发展，要把解决当前温饱问题同中长期稳定发展目标紧紧结合起来，要集中力量逐步搞好三个“综合配套”，即稳定和完善综合配套的发展政策，加强综合配套的农业服务体系建设，提高综合配套的农业生产能力。

实现农业发展目标，必须采取若干重大政策措施；

——继续稳定农村家庭联产承包责任制，建立和完善充分结合的双层经营体制，健全和强化农业的社会化服务体系。

——增加对农业的投入，在农业基本建设中办实事、见效益。要抓好以治水改土为中心的农田基本建设，努力增加粮食稳产高产田土面积。水利是农业的命脉，是农业生产的基础设施，要以小型为主、配套为主、群众自办为主、管理为主，抓好水利建设。到“八五”期末，全县要完成300万元以上的水利建设投资，兴办蓄水、引水和提水工程，扩大旱涝保收面积，加快中低产田土的改造，建成全县人均半亩以上的稳产高产田土，努力提高单产和复种指数。尽快改变粮食生产坝区高产不稳产，高寒地区稳产不高产的落后状况，各级政府都要增加对农业的投入，要鼓励和引导农民增加对农业的资金投入，发动和组织农民投工投劳，加快农田基本建设的步伐。

——依靠科技、教育振兴农业，把发展农业的重点转移到提高农民素质、依靠科技进步的轨道上来，要通过各种渠道，有计划地向农民进行各个层次的农业科学技术培训，因地制宜地推广适用技术，努力培训乡土人才。

——切实加强土地管理，合理利用土地，建立和完善耕地占用补偿制，为农业和整个国民经济建设的发展提供土地保障。

（二）积极发展经济作物，要充分利用山地资源，坚持“稳定面积、主攻质量、提高单产”的方针，大力发展烤烟、油菜、花生等经济作物。“八五”期末，烤烟种植面积力争达1万亩，要有计划地发展水果、茶叶、药材等生产和提高相应的加工能力。“八五”期末，力争建成5000亩的茶叶生产基地，有计划地种植绿肥，大力使用农家肥料，借以保持和提高土地的肥力。

（三）大力发展林业生产。森林是我县的宝贵财富，根据我县的实际，林业生产以采取“以封为主、封造结合、适地适树、强化管理”的措施，重点抓好速生丰产用材林和经济林的建设。“八五”

期末，全县宜林荒山都要全部栽上树，建成两万亩大板基地。农村平均每户有1～2亩的经济林。到2000年，森林覆盖率达35%以上。争取恢复到50年代末的水平。要严格执行《中华人民共和国森林法》，续续稳定完善林业政策，严格禁止乱砍滥伐，节约使用木材；要加强村寨建设管理，农村建筑要提倡以石代木、以砖代木的建筑方式，切实加强对森林资源的保护；要继续巩固和发展节柴灶，大力推广沼气，到2000年基本实现沼气化。

（四）积极发展畜牧业。我县山多草茂，是发展畜牧业的有利条件，今后十年要逐步增加投入，改良草山草坡，加快畜牧业的发展步伐，要稳定发展生猪，大力发展草食牲畜。要建立和完善良种繁育体系、疫病防治体系、饲料加工体系、畜产品加工体系，加速饲料工业建设，提高牲畜的出栏率、商品率。

（五）大力发展乡镇企业。乡镇企业是农村经济发展的支柱，也是各级财政收入的重要来源，我县乡镇企业基础薄弱、发展缓慢。今后十年，要富裕农民、繁荣农村，各乡（镇）、村都要因地制宜选准项目，发展乡村工业，使乡镇企业健康、稳步、协调地发展。大办林场、茶场。利用我县农林产品原料比较丰富的优势开辟工副业生产门路，大力发展农副产品加工业、饲料加工业、采矿业、建筑业、饲食服务业，力争全县乡镇企业产值1995年实现1600万元，年均增长8%。

（六）加强交通能源建设。交通能源建设是发展我县城乡经济的重要条件。“八五”期间，要完成南市经红阳至东杠白道公路的建设；建成榕山大桥；完成县城至台盘、县城经方召至巫脚、老屯经坝场到宝贡100千伏输电线路的架设；新建记刀电站，争取修建台雄电站，创造条件做好报效岩寨电站的前期工作，为争取“九五”期间上马做好准备。加强城乡邮电通信建设，积极创造条件逐步发展农村通信事业。“八五”期间要完成县城自动电话的建设，力争实现乡乡通公路。村村基本用上电，努力改善人民群众的生产、生活条件，改变信息闭塞的落后状况。

（七）加强县直工业建设，改造现有工业结构。我县工业基础薄弱，设备落后，加工程度低。今后十年县直工业生产必须把提高经济效益放在首位，逐步实现向效益、向科学进步转化，提高企业生产技术水平。“八五”期间，要建成铅锌矿浮选厂。要采取有力措施，大力培养企业管理人才，通过技术改造，更新设备和强化管理，使现有企业生产达到设计能力和生产规模，实现产值翻番、利润翻番。与此同时，还要千方百计地利用我县的资源优势和外部条件，争取发展一批新项目。发展以木材为原料的系列木制产品加工业，通过加工和深加工，变原料为成品或半成品外销，实现增值，以我县现有木材、矿产资源进行开发和加工，大力发展建筑、建材业，努力实现“八五”计划。

（八）大力发展第三产业。第三产业的发展可以活跃城乡经济，促进产业结构合理化，提高国民经济整体效益和人民生活的质量，也是缓解就业矛盾的主要途径。我县第三产业发展较差、门类少、服务程度低，今后，要大力加强城乡市场经济，搞好服务设施，继续坚持多种经济成分并存的方针，大力发展个体经济。要大力发展为生产、生活服务的商业、饲食服务业，逐步提高第三产业在国民经济中的比例。

（九）积极做好财政贸易工作。疏通流通渠道，搞活商品贸易，是繁荣城乡市场、广辟财源的重要途径。商业、供销部门的承包，要坚持社会主义方向，要坚持有利于国家的利益、有利于调动职工积极性的原则，在总结第一轮承包的经验教训的基础上，进一步完善承包制度，充分发挥蓄水池、主渠道作用，加强队伍建设，制定优惠政策，鼓励和培养推销人员，搞好商品流通；财政、税务部门要积极开辟财源，努力增加财政收入。“八五”期末，争取全县社会商品零售额达8500万元以上，地方财政收入600万元以上。

四、精神文明建设的重点

（一）科学技术的发展要进一步贯彻“经济建设必须依靠科学技术，科学技术必须面向经济建设”的方针，把“科技兴台”和推动工农业生产技术进步作为科技工作的中心任务。科技工作要以开发研究和应用性研究为重点，大力推广工农业先进的生产技术，充分发挥科学技术作为第一生产力的作用，加快科技成果向现实生产力的转化。“八五”期间，县、乡、村都要建立农村技术培训中心、管理站、指导小组。农村逐步实现科普网络，争取每一户农户掌握1～2门适用技术，提高广大农民运用新技术的能力。制定优惠政策，鼓励科技人员下农村、下厂承包项目，促进科学技术在生产过程和生产领域中的应用，要继续深化科技体制改革，要切实采取有效措施，增加对科技的投资，加强科研单位、科技队伍的建设和管理。

（二）发展教育事业，提高各族人民素质，是兴台富民的根本大计，要继续贯彻教育必须为社会主义现代化服务，必须同生产劳动相结合，培养德、智、体全面发展的建设者和接班人的方针，进一步端正办学指导思想，把坚定正确的政治方向放在首位，全面提高教育者和被教育者的思想政治水平和业务素质。要逐步增加对教育的投资和改善办学条件，继续深化教育体制改革，加强师资队伍建设，提高教育质量和办学效益，在全县中小学要提倡和推广普通话，使教育适应经济、社会发展的需要。

加强基础教育，发展职业技术教育和成人教育，“八五”期末，要普及初等教育，到21世纪末力争普及九年制义务教育，通过多种形式，争取职业技术教育和成人教育得到较快发展，尽快实现基本无盲县，企业新增职工要接受必需的职前教育和岗位培训，不断提高企业职工队伍的技术和专业水平。

（三）进一步繁荣各项文化事业。新闻出版、文学艺术、广播、电视等文化事业是社会主义现代化建设的重要组成部分，要坚持党的基本路线，宣传党的主张，积极贯彻“双百”方针，坚持“二为”方向，坚定地把社会效益放在首位，要加强对书籍、报刊、音响市场的引导和管理。继续深入开展“扫黄”工作。要加强文化设施的建设，近期内要建成县图书馆、文化馆等文化活动场所。“八五”期间，要完成台拱镇、施洞镇、革东镇、革一、排羊、方召、南宫、老屯、台盘9个文化站的建设，促进城乡文化的发展，积极发展农村广播网，提高电视覆盖率，争取“八五”期末村村能看上电视。改善体育设施，大力开展群众性的体育活动，增强人民体质。

（四）尊重知识、尊重人才，发挥知识分子和各类人才在我县社会主义现代化建设中的重要作用。要继续完善和落实知识分子政策，努力改善知识分子的工作条件和生活条件，充分调动知识分子的积极性、创造性，努力做到人尽其才、才尽其用。

（五）加强环保工作，发展卫生事业，提高人民健康水平。卫生工作要坚持把重点放在农村，切实加强对乡、村卫生所（室）建设，做到乡有卫生所、村有卫生室，逐步改变农村缺医少药状况，坚持把预防保健，特别是妇幼保健作为提高人口素质的一项重要工作来抓，努力普及卫生知识，广泛开展爱国卫生运动，创建卫生单位、卫生城镇和卫生村寨。完成县城自来水改建工程，保护环境。保护人民身体健康，做好民政管理工作，建立和完善社会保障制度。

（六）积极开展文明单位和文明村寨创建活动。“八五”期间，县直各机关、企事业单位要有70%达文明单位标准；乡以上中小学要有80%达文明学校；每个乡（镇）及其所属机关单位要基本实现文明单位，每个乡（镇）要有40%的村实现文明村寨。

（七）有计划地做好集镇建设工作，今后要积极创造条件，逐步在文化比较先进、经济比较发达、人口较为密集的乡建立镇，加强集镇建设。

五、抓好计划生育，控制人口增长，提高人口素质

人口问题是关系到我县经济和社会发展全局的大问题，要加强领导，抓好计划生育基础工作，搞好县、乡、村计划生育服务工作，做好政策宣传，增强人口意识，提倡晚婚晚育，做到少生优生优育，实行目标管理责任制，坚持把控制人口、提高“人均占有量”作为考核各级党政领导政绩的一项重要内容。“八五”期末，人口自然增长率控制在12.5‰以内，总人口控制在15万人以内。要认真贯彻《中华人民共和国婚姻法》，禁止早婚早育、非法生育，保护妇女、儿童合法权益，对摧残、虐待妇女、儿童，打击报复计划生育干部的行为，要严厉打击，确保计划生育的顺利进行。

六、坚定不移地推进改革开放，深化经济体制改革

改革是社会主义制度的自我完善和发展，是为了发展生产力和促进社会全面进步，充分发挥社会主义制度的优越性。

——强化计划管理。随着经济体制改革的深化、经济结构的改善和市场的不断发展，要适当缩小指令性计划的范围，适当扩大指导性计划范围。计划工作的重点要放在全县经济活动的预测、规划、指导和调控。保持经济协调发展，主要运用经济杠杆对经济活动进行管理和调解。

——深化财税体制改革。坚持量力而行、收支平衡、不打赤字的原则。建立和完善乡镇和县级部门财政包干制度，强化税收管理，严格依法治税。

——进一步深化企业体制改革。要继续稳定、完善厂长（经理）责任制、企业内部经济责任制；坚持实行政企职责分开、所有权与经营权适当分离，进一步明确国家、企业、职工之间责、权、利关系，企业内部厂长（经理）、党组织、职代会之间的关系。围绕产业发展战略，扩大市场适销对路产品的生产规模，积极推行股份制，通过这些改革，推动企业技术进步、管理上水平和组织结构优化，提高企业的整体素质和经济效益。

——深化农村改革的重点。农村家庭联产承包责任制，作为农村的一项基本政策稳定不变，要在坚持土地集体所有制的基础上，实行土地有偿制度，让农民自觉增加对土地的投入，提高土地利用率，增加产出，在完善承包制的过程中，逐步加强集体经济，恢复公积金、公益金制度，壮大集体经济，建立健全乡村经济组织和农村社会化服务配套体系。

——制定住房改革政策，实行住房改革，创造条件，逐步改善职工住房条件。

——继续推进流通体制改革。供销社作为农村流通体制改革的重点，要适应农村商品经济发展的需求，成为农村经济的综合服务中心。

——搞好外引内联，扩大对外开放。为了保证我县经济和社会发展目标的实现，弥补资金、技术、管理经验和人才方面的不足，今后十年特别是“八五”期间，除继续执行上级有关优惠政策外，还要制定一些优惠政策，鼓励各级、各部门积极引进资金、技术和人才。本着“引进一个人才，搞一个产品，办一个工厂，带动一帮人”的精神，争取每年引进100万元资金开发新项目，增强经济发展后劲。在做好引进工作的同时，有组织、有领导地做好劳务输出，这不仅是富民的一条重要途径，而且也是解决城镇劳动就业的一条重要措施，县、乡都要建立劳务输出机构，做好劳务输出工作。

七、加强社会主义民主法治建设

（一）积极推行政治体制改革。加强社会主义民主政治建设，坚持和完善人民代表大会制度，坚持和完善中国共产党领导的多党合作和政治协商制度。建立健全民主决策、民主监督的程序和制度，支持和关心群众团体按照自己章程独立地开展工作，充分发挥他们的桥梁纽带作用。

（二）健全社会主义法制，促进社会稳定。坚持无产阶级专政，继续巩固和发展安定团结的政治局面，依法严厉打击严重刑事犯罪活动和严重经济犯罪活动，搞好社会治安综合治理，维护社会安定。要加强法制宣传教育，抓好第二个五年普法教育。全县各族人民都要从党和国家利益出发，自觉地维护安定团结的政治局面。

（三）加强人民武装力量建设。人民武装工作必须继续加强革命化、现代化、正规化建设，提高政治素质和军事素质，增强战斗力，切实加强民兵和预备役队伍建设，大力开展国防教育，增强全民国防意识。

八、加强和改善党的领导

（一）要实现十年规划和“八五”计划，党的领导是根本保证，要进一步加强和改善党的领导，搞好党的政治、思想、组织和作风建设，提高党的战斗力，全县共产党员都要认真学习马克思列宁主义、毛泽东思想，提高理论水平。增强工作中的原则性、系统性和预见性。要继承和发扬党的优良传统，坚持民主集中制的原则，改进工作作风和工作方法，保持同人民群众的血肉联系，增强党的凝聚力和战斗力，要大力加强党的干部队伍建设，按照德才兼备的原则，选拔和培养优秀干部，保证党的各级组织的领导权掌握在忠于党、忠于国家、忠于人民的人手里。认真抓好对广大党员的党的基本路线、基本理论的教育，切实加强和改进基层党组织建设，尤其是以“双带”为中心的农村党支部建设，完善以党支部为核心的村级组织建设。与此同时，进一步加强对群团工作的领导，充分发挥群团组织的积极作用。

（二）继续发扬党的三大作风和艰苦奋斗、勤俭建国的优良传统，扎扎实实地抓好党风、党纪和廉政建设。认真贯彻从严治党的方针，认真查处违纪案件，加强廉政制度建设，各行各业要把纠正行业不正之风作为党风和廉政建设的重要内容认真抓好。各级干部要牢固树立全心全意为人民服务的思想，转变作风，提高办事效率，做到勤政为民。

（三）大力加强思想政治工作，坚持把思想道德教育放在突出位置，深入持久地在干部群众中抓好爱国主义、社会主义、集体主义、法制法纪和科学文化教育，发扬长征精神，坚定信念，艰苦创业，无私奉献，团结奋进，为我县物质文明建设和精神文明建设做出新的贡献。

中共台江县委号召：全县共产党员、共青团员，全县各族人民、广大干部职工，进一步解放思想，团结奋斗、开拓前途，为胜利完成我县十年规划和“八五”计划而努力奋斗，为台江九十年代的发展创造出光辉的业绩。

中共台江县委文件

台党发〔1996〕3号

中共台江县委
中共台江县委关于制定台江县国民经济和社会发展“九五”计划和2010年远景目标的建议

（1996年3月23日中共台江县第七届委员会第四次全体会议通过）

从1996起到2010年，是我国全面实现社会主义现代化建设第二步战略目标，并向第三步战略目标迈出重大步伐的15年，是承前启后、继往开来的重要时期，同时也是我县实现兴台富民的关键时期。中共台江县第七届委员会第四次全体会议根据党的十四届五中全会、中共贵州省七届四次全委会议和中共黔东南州五届八次全委会议精神，在认真总结经验、全面分析形势的基础上，讨论制定了全县国民经济和社会　发展“九五”计划和2010年远景目标的问题，并通过如下建议。

一、经济和社会发展的指导思想、主要奋斗目标和基本方针

1.“八五”以来，我县国民经济和社会发展取得了较大成绩。“八五”以来，国民经济和社会事业稳步发展，预计国民生产总值年均增长5.6%。工业总产值、乡镇企业总产值、农民人均收入、财政收入等主要指标完成“八五”计划，农业总产值预计完成“八五”计划的99.7%；党的建设、民主法制建设、社会主义精神文明建设都有了新的加强，党风廉政建设和打击违法犯罪斗争成效明显，全县社会稳定，民族团结，科技、教育、卫生、计划生育等各项社会事业都取得了新的成绩。

2. 正确分析我县加快发展的有利条件和不利因素。今后一个时期，我县经济和社会发展的有利条件是：经济持续发展，政治稳定，民族团结，社会进步，为我县经济社会发展提供了良好的环境；正值党和国家支持和扶持中西部地区开发和发展，逐步缩小东西部经济发展差距和加大扶贫力度等重大战略举措，有利于促进我县加快发展、改变贫困面貌；我县区位优势明显，山地资源和劳动力资源丰富，发展潜力很大，有进一步开发利用、快速发展的条件。总之，未来15年是充满发展机遇的有利时期。在前进中我们也将面临一些问题和困难，主要是：农业基础薄弱，粮食产量低而不稳，农村贫困面大；国有企业有待转机改制，生产经营困难；乡镇企业和非国有经济发展滞后，规模小，比重低；地方财力薄弱，收支矛盾突出；市场发育缓慢，生产力低下，经济建设受到制约；社会主义精神文明建设和民主法制建设还有待进一步加强。这些困难和问题需要在今后深化改革和加快发展中，采取有力措施逐步加以解决。

3. 指导思想和主要奋斗目标。今后15年我县经济和社会发展的指导思想是：坚持以邓小平建设有中国特色社会主义理论为指导，坚持党的基本路线，坚持四项基本原则，深入贯彻“抓住机遇、深化改革、扩大开放、促进发展、保持稳定”的基本方针，正确处理改革、发展和稳定的关系；进一步解放思想，实事求是，把“三个有利于”作为检验各项工作的根本标准，抓紧建立和完善社会主义市场经济体制，努力转变经济增长方式；按照国家现代化建设分三步走的战略部署和国家产业政策要求，以我州被列为首批少数民族自治地方改革开放试验区为契机，抓住中央关于加快中西部发展、缩小东西部差距的战略机遇，进一步加大改革开放力度。创造条件加快资源优势转换为经济优势的步伐，提高我县国民经济增长的质量和效益；在加强物质文明建设的同时，努力抓好精神文明建设和民主法制建设，严格控制人口的过快增长，不断提高全县各族人民群众物质文化生活水平，促进我县经济持续、快速、健康发展和社会全面进步。

全县经济社会发展的总体构想是：全面深化改革，实施开放带动战略、科教兴台战略，加强农业和基础设施建设，开发山地资源，发展民族风情旅游，突出种养业、乡镇企业和个体私营经济，实现脱贫致富，促进兴台富民。

根据上述指导思想和总体构想，县委建议，“九五”期间，我县要以提前实现第二个经济翻番和稳定解决温饱、奔向小康为目标，努力加快经济发展。到2000年，人均国民生产总值比1980年翻2.1番；社会主义市场经济体制初步得到运转；全县人民群众基本脱贫并逐步富裕起来，向小康目标迈进。

到2010年，实现经济进一步加快发展，全县国民生产总值在2000年的基础上再翻一番；人民生活达到小康水平并进一步提高；社会主义精神文明建设和民主法制建设取得更加明显的进展，为实现第三步战略目标打下坚实的基础。

4. 今后15年的主要指标。（1）“九五”时期，国民生产总值（按可比价，下同）年均增长11.3%，力争更快一些；工农业总产值年均增长10.2%；乡镇企业总产值年均增长40%以上；财政收入按老口径，年均增长9%；2000年农民人均纯收入达800元；年均人口自然增长率控制在14.5‰以内。（2）2001—2010年，国民生产总值按可比价年均增长7.2%以上；年均人口自然增长率控制在13‰以内。到2010年，全县总人口人口控制在17.2万人以内。

5. 为实现今后15年经济和社会发展的奋斗目标，必须贯彻好以下基本方针：

坚持国民经济持续、快速、健康发展的方针。发展才是硬道理，我县解决问题和困难的关键所在还是要靠自己的发展壮大；要坚持讲效益、讲质量的稳步发展。防止经济出现大的波动，使国民经济以较快的速度增长。

坚持解放思想、实事求是。找准我县的经济增长点，走出一条适合我县经济快速发展的新路子。

坚持把农业放在国民经济的基础地位。要处理好农业和其他产业的关系，坚定不移地加强农业。在制定计划和部署经济工作时，首先要把农业和农村工作安排好。各级党政主要领导要亲自抓农业，各行各业都要为农村经济做出贡献，努力实现农业增产、农民增收，全面振兴农村经济。

坚持以改革为动力，促进生产力加快发展，推进社会全面进步。要把国有企业改革作为经济体制改革的中心环节，积极推进建立现代企业制度。要培育和发展市场体系，充分发挥市场对资源配置的基础性作用。同时要以更大的力度发展非国有经济。

创造条件大力推进经济增长方式转变，始终把提高经济效益和经济的整体素质作为经济工作的中心。

以我州被列为首批少数民族自治地方改革开放试验区为契机，进一步扩大对外开放，实施开放带动战略。要充分利用自己的资源优势，进一步扩大对外经济技术合作与交流。

坚持科技和教育优先发展，实施科教兴台战略，促进科技、教育与经济发展紧密结合。要努力提高经济发展中的科技含量；要努力致力于提高劳动者素质和人民的文化水平，在全县形成尊重知识、尊重人才的风尚，依靠科技兴台，促进社会的全面进步。

坚持执行计划生育政策，严格控制人口过快增长。必须坚持党政一把手亲自抓、负总责。努力实现“三为主”，推广“三结合”，把我县计划生育工作提高到一个新的水平。

坚持“两手抓，两手都要硬”的方针，加强精神文明建设、民主法制建设和党风廉政建设，实现两个文明的共同进步，经济和社会协调发展。

二、经济发展的主要任务和战略

6. 优化产业结构。着力加强农业，稳步提高粮食产量；大搞山地开发，以种植业和养殖业为突破口，带动农副产品加工业，促进县和乡镇工业发展；大力拓宽交通、通信、服务等第三产业，实现产业的合理调整。

7. 加强财源建设，促进地方财政增收。财政工作要把加快经济发展同加强财源建设结合起来，把抓好现有财源和培植新财源结合起来，加快后续财源建设，增强经济发展后劲。大力推进税制改革，加大财税工作力度，不断增强县级财力，促进各项事业发展。

8. 切实加强农业。今后 15 年，要把增加社会有效供给、增加农民收入和稳定脱贫奔小康为目标，总揽农业和农村工作全局，并实行党政一把手亲自抓。要通过各种政策措施兴农扶农，在“九五”期末，全县保灌面积 8.7 万亩，使农业向“高产、优质、高效”方向发展。在粮食生产年均增长 2% 以上的同时，加快种（植）养殖业的发展。

9. 发展优质、高效林业。要积极推进林业体制改革，继续贯彻执行“以营林为基础，营护并重，采育结合，综合开发，永续利用”的方针，实行发展、治理、保护、利用相结合，造、封、管、节相结合。要大力调整林种结构，继续发展和扩大森林后备资源，提高森林的社会、生态和经济效益。突出发展经济林木和果林木，“九五”期末，全县森林覆盖率达 47% 以上，金秋梨达 6 万亩，药用林木达 2 万亩。要上一批优质果木品种，使经济林木和果林木成为我县支柱产业，推动我县林业建设上一个新台阶。

10. 下大力气发展乡镇企业。要把发展、提高乡镇企业作为振兴我县经济的战略重点，以市场为导向，以人才、资源为依托，以效益为中心，以乡镇工业小区和小城镇为载体，以股份合作制为突破口，建立一把手经济，走发展、改革、完善、提高的路子。在“九五”期间，总产值年增 40%；2001—2010 年，年增 10% 以上，努力开创我县乡镇企业的新局面。

11. 加强基础设施建设。要大力加快县、乡、村交通、通信、能源、供水等基础设施的建设步伐，使基础设施发展滞后的状况有较大的改善。特别是要把加快交通建设放在突出位置，加快县境内 320 国道线、省道线的改造。鼓励、支持多渠道筹集财力、物力参加乡村公路、通信、能源建设，改善农村生产、生活的基本条件。

12. 进一步加快工业的发展。工业的发展要面向市场，着力调整产品结构、增加科技含量，提高产品档次，提高产品市场竞争能力。“九五”期间，工业产值年增17%；2001—2010年，年增10%。同时，要多方筹集资金，兴建、创建和发展投资少、见效快、效益高的工业企业。

13. 加快发展旅游业。要充分发挥我县民族风情旅游资源优势，加强旅游设施建设，改善旅游的软硬环境。要把张秀眉塑像、木鼓舞、芦笙舞和苗族传统文化以及县境内的自然景观开发为旅游景点；形成贵州东线旅游景区，推动我县旅游事业的发展。

14. 依靠科技进步和提高劳动者素质促进经济快速增长。要把推动工农业生产的技术进步作为科技发展中心任务来抓，大力推广先进适用技术，努力促进科技成果转化为现实生产力。到“九五”期末，科技进步对经济增长的贡献提高30%以上。

必须坚持把教育当作兴台寓民、脱贫致富奔小康的战略性任务和基础性工作抓紧抓好。到“九五”期末，适龄儿童入学率达98%以上。要大力发展各类职业教育，培养各类专业人才，提高全民文化素质，促进科技进步，加快经济发展。

15. 努力搞活商品流通。以建立社会主义市场经济体制为准则，以发展大市场、搞活大流通为发展方向，实行放活与调控相结合，引导消费与保障供给并重，加快培育和规范各类商品市场，大力发展周边贸易市场，使社会零售总额每年都有较大的增长。

16. 加强城乡和集镇建设。从我县实际出发，统筹规划，搞好城乡建设和管理，逐步形成以县城为龙头、以乡镇和集市为依托、以村为基础的城镇村体系，促进城乡协调发展和农村城镇化。

17. 加大扶贫工作力度。要充分认识扶贫工作的艰巨性和紧迫性，集中精力打好扶贫攻坚战。要多渠道筹措资金，不断增加扶贫资金投入比重。要把救济式扶贫转向开发式扶贫，走出自给自足的思想误区，投入到商品生产的社会潮流中去。要把扶贫的重点转向边远、落后、贫困的乡村，积极采用“公司＋集体＋农户”的发展模式，重点办好效益好、辐射力强、覆盖面大的扶贫项目，以项目带动扶贫。要加大科技扶贫力度，增大扶贫的科技含量，提高扶贫资金投入的回报率，下大力气解决好全县极贫人口的温饱问题。到“九五”期末，全县基本实现脱贫。

18. 为了实现上述主要任务，在制定全县“九五”计划和2010年远景目标中，必须体现中央、省和州有关方针政策。结合我县实际情况，尤其要注意体现：（1）千方百计广辟资金来源，合理确定投资总规模，集中资金力量确保重点项目和支柱产业的建设，提高资金使用效益，增强经济发展后劲。（2）切实搞好经济增长方式的转变，牢牢抓住。国家在“九五”时期支持和扶持中西部地区经济发展、资源开发和加大扶贫力度等重大战略举措，充分发挥资源优势，加快经济和社会事业的全面发展。（3）狠抓乡镇企业和个体、私营等非国有经济的发展，促进农民增收、财政增长。

三、进一步深化经济体制改革，促进经济快速发展

19. 积极而稳妥地全面推进经济体制改革。建立和完善社会主义市场经济体制是今后15年的战略任务。必须按照中央和省、州的要求，围绕全县经济和社会发展中的矛盾和问题，逐步深化改革，初步形成比较健全和完善的社会主义市场经济体制和运行机制，进一步解放和发展社会生产力。

20. 继续深化国有企业改革。以建立“产权清晰，权责明确，政企分开，管理科学”的现代企业制度为目标，把国有企业的改革同改组、改造和加强管理结合起来，逐步使企业成为真正的市场行为主体，成为自负盈亏、自我约束、自我发展的经济实体。

搞好配套改革，重点是加强企业中的国有资产管理，建立权责明确的国有资产管理、监督和运行体系，促进政企分开。

21. 积极培育和发展市场体系。要大力发展各类商品市场和要素市场，逐步建立开放、竞争、有序的市场体系，充分发挥市场在资源配置、产业导向和促进地方区域经济结构优化的基础性作用。

22. 积极开拓金融市场，搞活资金融通。要努力筹集资金，增加信贷规模，用好盘活存量资金，增强地方资金的投放能力，促进经济发展。

23. 积极推进社会保障制度改革。要加快养老、失业和医疗保险制度改革，初步形成社会保险、社会救济、社会福利、优抚安置和社会互助、个人储蓄积累保障相结合的多层次的社会保障制度。

24. 进一步转变政府职能。各级政府要按照政企分开和精简、统一、效能的原则进行改革，把不应由政府行使的职能逐步转给企业、市场和社会中介组织。建立适应社会主义市场经济要求，能够有效完成宏观调控目标的科学、精干、高效、职责明确的管理体制。

四、实施开放带动战略，加大对外开放力度

25. 进一步加大对外开放力度。继续认真贯彻落实省委、省政府《关于实施开放带动战略，打好扩大开放总体战的决定》，增强开放意识，以开放促发展、促开发、促稳定。各级党委、政府要增强扩大开放的紧迫感，在互惠互利、共同发展的前提下，加强统筹协调，积极改善投资环境，扩大开放程度，提高开放水平。

26. 创造条件，积极有效地引进资金。要采取必要的鼓励性政策和措施，加大招商引资力度，推动我县经济建设。要以优势资源为依托，突出重点，引进外来资金投向我县综合农业开发和基础设施建设。

27. 继续加强对外经济技术协作与交流。要在互惠互利、共同发展的前提下，采取多层次、多形式的联合，密切与相邻省、地（州、市）、县间的经济技术协作与交流，逐步建立和完善开放式的横向经济联系网络。

五、社会发展的主要任务和措施

28. 围绕兴台富民加快科学技术的发展。科学技术发展要继续贯彻执行“科学技术是第一生产力，经济建设必须依靠科学技术，科技工作必须面向经济建设”的方针，以科技兴台富民、脱贫致富奔小康和促进各行业技术进步为中心，着重做好科技成果的引进、推广和应用，加快科技成果转化为现实生产力的步伐。其主要措施是：（1）建立一支为经济建设服务的科技队伍，加强自身建设，不断提高科技人员的技术水平。（2）增加科技投入。县财政应确保对科技投入的一定比例。（3）加强对农业和各类生产适用技术的应用、推广以及有关技术项目课题的研究。（4）继续深化科技体制改革，一是使企业成为科技开发的主体；二是建立起县、乡（镇）、村三级科技管理、技术推广、技术培训服务体系；三是促进科技成果商品化。（5）加强科学技术普及工作，引导人民群众用科学战胜迷信、愚昧和贫穷。（6）加强对科技工作的领导，调动广大科技人员从事科技开发与研究的积极性。

29. 优先发展教育事业，培养各级各类人才。要认真贯彻落实“教育必须为社会主义现代化建设服务，必须与生产劳动相结合，培养德、智、体全面发展的建设者和接班人”的教育方针，力争到本世纪末初步建立起适应社会主义市场经济和社会发展需要、适合我县特点的教育体系的基本框架。其主要措施是：（1）认真贯彻执行《中国教育改革和发展纲要》《教育法》《教师法》等教育法律法规，树立依法办教、依法治教的观念。（2）深化教育体制改革，逐步形成以政府办学为主和社会各界参与办学相结合的办学体制。（3）增加教育投入，多渠道筹措教育经费，切实改善教育设施和教师待遇，创造较好的教学条件。（4）加强教师队伍建设，提高教学质量和办学效益。（5）要采取特殊政策扶持边远落后地区教育事业的发展，切实解决好边远贫困乡村教育设施、教师待遇、在校生辍学等问题。（5）积极发展民族教育，认真办好现有的民族中小学。在不通晓汉语的地方开展“双语文”教学。

30. 严格控制人口过快增长。要继续把计划生育工作放在非常重要的地位抓紧抓好，坚定不移地贯彻执行计划生育基本国策，依法管理计划生育，建立和完善县、乡（镇）、村计划生育服务体系，做到计划生育工作制度化、经常化，达到控制人口过快增长、提高人口素质的目的，使人口与经济和社会发展相适应，与环境保护、资源利用相协调。

31. 努力提高人民物质文化生活水平。要进一步丰富和提高全县城乡人民的物质文化生活水平，切实增加生活资料的有效供给。到本世纪末，城镇居民和农民消费结构有明显的改变，大中耐用消费品的社会拥有量不断提高。认真实施安居工程，加大住房改革力度，解决广大干部职工和城镇居民的住房困难。

32. 妥善安排就业，加强劳动保护。要大力发展形式多样的非国有经济，广辟就业门路，妥善安置新成长劳动力。继续推进劳动制度改革，培育劳动力市场，引导劳动力有序、合理流动。同时，要认真贯彻执行《中华人民共和国劳动法》，加强劳动保护，搞好安全生产。

33. 积极发展卫生保健事业。卫生事业要继续贯彻预防为主、依靠科技进步、动员全社会参与、中西医相结合、协调发展和为人民健康服务的方针，切实加强农村卫生和预防保健工作。“九五”期间，要多渠道筹集资金，完成县防疫站、县妇幼保健站和部分乡（镇）卫生院的改建、扩建任务。努力改善农村卫生状况，农村缺医少药状况得到明显改善。

34. 加强环境保护，促进经济、社会和资源的协调发展。要进一步增强环境保护意识，加强农业生态工程建设，注意防止工业污染问题，促进大气、水质的净化和农业生态环境的改善，促进经济建设、城乡建设和环境建设同步规划、同步实施、同步发展。

六、切实加强和改善党的领导，坚持“两手抓，两手都要硬”的方针

35. 把社会主义精神文明建设提高到更加突出的地位。精神文明要建设要形成有利于改革开放和社会主义现代化建设健康发展的舆论力量、价值观念、道德规范和文化标准，有利于抵抗各种腐朽思想的侵蚀；激发全县人民热爱家乡、建设家乡的巨大热情和坚定信心，振奋艰苦创业精神。精神文明建设的根本任务是培养有理想、有道德、有文化、有纪律的社会主义公民，提高全民族的思想道德和科学文化素质，搞好社会主义精神文明建设是各级各部门和全社会的长期共同任务，各级党组织都必须加强对精神文明建设的领导。

36. 继续加强思想建设。坚持不懈地用邓小平建建设有中国特色社会主义理论武装全党，教育广大党员、干部和全县各族人民，广泛、深入地开展马克思列宁主义、毛泽东思想和邓小平建设有中国特色社会主义理论的学习，树立正确的世界观、人生观、价值观，调动一切积极因素，为加快我县经济和社会发展打下坚实的思想基础。

37. 文化建设要不断满足全县各族人民的文化生活需要。广播电视、电影、文学艺术等文化事业要坚持“双百”方针，弘扬主旋律，促进社会的稳定、繁荣、文明、进步。“九五”期间，要多渠道筹集资金，完善县、乡（镇）两级文化活动设施的建设，新建台江有线电视台和部分乡（镇）地面卫星广播电视收转站，恢复《台江报》的出版。

38. 进一步发展体育运动。增强全民体育运动意识，推行全民健身计划，努力提高全县各族人民身体素质。

39. 进一步加强社会主义民主法制建设。要继续加强社会主义民主，健全社会主义法制，巩固和发展稳定的社会政治环境。进一步坚持和完善人民代表大会制度，坚持和完善中国共产党领导的多党合作和政治协商制度，进一步贯彻党的民族政策，促进各民族的全面进步和共同繁荣。

加强司法、执法、普法工作和社会治安综合治理，维护社会长期稳定，形成良好的社会秩序，保障人民群众安居乐业。加强政法队伍建设，努力改善技术装备，提高政法队伍的自身素质和执法能力，加强公安、武警部队和民兵队伍的建设，增强预防和处置突发事件的快速反应能力。加强全民国防教育，增强全民国防意识。

40. 切实加强和改善党的领导。为顺利实现我县国民经济和社会发展的各项任务，各级党委要充分发挥在建设有中国特色社会主义伟大事业中的坚强领导核心作用，遵循“一个中心，两个基本点”

的基本路线，切实加强党的建设。全县共产党员，特别是各级领导干部要认真学习马克思列宁主义、毛泽东思想，学习邓小平建设有中国特色社会主义理论和党的章程，坚持理论联系实际，努力提高发展社会主义市场经济和搞好现代化建设的能力和水平。必须进一步加强党的组织建设和加强政权建设，全面提高各级领导干部的政治素质和业务水平。坚持不懈地抓好党风廉政建设，继承和发扬党的优良传统和作风，充分调动全县广大干部、人民群众改革开放和发展经济的积极性，全面推动我县经济和社会事业向前发展。

中共台江县委号召：全县共产党员、广大干部和各族人民，在邓小平建设有中国特色社会主义理论和党的基本路线指引下，在以江泽民为核心的党中央领导下，团结起来，进一步解放思想，振奋精神，真抓实干，艰苦创业，迎难而上，为完成我县国民经济和社会发展“九五”计划和2010年远景目标、实现兴台富民而努力奋斗！

中共台江县委文件

台党发〔1997〕8号

中共台江县委　台江县人民政府
关于台江县县级党政机构改革的实施意见

根据州机构编制委员会《关于台江县县级机构改革方案的批复》(州编字〔1995〕048号文件)精神和县委、县政府的决定，现就县级党政群机构改革提出如下实施意见。

一、实施改革的基本原则

县级党政机构改革，要在县委、县政府的领导下，按照州编字〔1995〕048号文件提出的机构改革的指导思想、基本原则，认真做好定职能、定机构、定编制的工作。改革的具体原则如下。

（一）按照州编字〔1995〕048号文件规范机构规格、编制、称谓（党政机构设置另行文）和本县的实际进行。

（二）进一步划分和明确各部门的职能。一是参照州委、州政府各部门“三定”方案的职能配置，划分和确定县级党政各部门的职能。二是对现有的职能进行分解，抓好职能转变。涉农部门要从以行政管理为主逐步转向以科技开发服务为主，强化为农业产前、产中、产后服务功能。涉工、涉商部门要将《全民所有制工业企业转换经营机制条例》赋予企业的职责放给企业；属于市场调节的职能转给市场；属于辅助性、技术性、服务性的职能交给事业单位；属于乡镇的职能应下放给乡镇管理。这些部门原有的行政职能要适当集中，建立精干的行政机构，进行综合管理。同时，要加强用经济杠杆和法律的手段调控、监督社会经济活动的职能，加强为基层和企业服务的职能，把转变职能落到实处。

（三）理顺关系。一是理顺县、乡关系。县直部门要将属于乡镇的职责权限下放给乡镇，健全乡镇政府职能。设在乡镇的农机、农技、林业、经营管理、畜牧兽医、文化、广播电视等一些技术服务性的机构和人员，交由乡镇管理；土地管理、村镇建设、水利等专业性较强的机构和人员，由乡镇与县主管部门实行双重领导，原则上以乡镇管理为主；工商、税务、政法等具有经济监督检查职能的机构和人员，由县主管部门与乡镇实行双重领导，以县主管部门管理为主。二是理顺党政各部门之间的关系。为避免业务交叉、工作重复，将两家或多家分管的职能改为一家管，或改为由一家主管，明确主次关系，应撤并党政对口设置的机构，政府各工作部门之间的关系也要理顺，明确管理权限，切实解决那些长期存在的职能交叉问题。

（四）精简机构，规范机构的称谓、级别。主要是精简专业经济部门职能交叉、业务相近的机构。专业经济部门和技术服务管理机构大部分应改为经济实体或科技开发服务实体，退出行政机关序列；有些任务比较单一、工作量不大的机构应与有关部门合并；管口的中间层次机构应予撤销。非常设机构大部分应予撤销，少数非设不可的，应将具体工作任务，交相关的工作部门承担，一般不再单独设置办事机构，对外可保留委员会（领导小组）名义。

规范机构的称谓和级别。县委工作部门一般称部，县政府工作部门一般称局、部、办、委、局均为正科级建制，一般不设副科级的党政工作部门。县人民法院、县人民检察院为正科级建制，院长、检察长可配备副县级干部。县级党政机关的内设机构，一般称股、室、庭，均为正股级建制。

（五）改善干部队伍结构，妥善安置富余人员。切实改善机关人员结构，提高机关人员素质和工作效率。鼓励干部走出机关，创办第三产业、开发型经济实体或到企事业单位工作，逐步与院机关脱钩。严格执行离退休制度，清退机关临时聘用人员和借调人员，多层次、多渠道妥善分流富余人员。要把精简机构与改善干部队伍结构结合起来。在坚持干部“四化”方针的前提下，注重充实熟悉经济工作和真抓实干及干出突出成绩的干部。

（六）改革机关后勤管理体制。根据县级机关各部门的实际情况，对机关后勤服务工作逐步实行社会化服务，从行政管理职能分离出来，与机关在机构、编制、经费上分开，以为本部门服务为主，实行多种形式的承包经营责任制，面向社会开展有偿服务，逐步做到经费自理、独立核算。机关后勤服务机构的名称逐步改为机关服务中心，为事业单位，使用事业编制。按机关编制数的10%左右核定。人员经费一般列入财政差额预算管理，逐步向自收自支预算管理过渡。

二、党政机构的具体调整

按照州编字〔1995〕048号文件精神，县级原有党政工作部门65个，调整后，县级党政机构设置36个，比原有机构减少29个，精简44.62%。根据州批方案，全县共有行政编制336名，党委机关、政府机关、其他机关之间的人员编制分配比例为：17∶74∶9，经研究初步调整为使用行政编制368个。其中，县委（包括纪委）62名，占16.06%；政府262名，占67.9%；人大、政协、群团35名，占9.1%。据州批方案要求，保留机动编制18个，暂不作分配。

（一）党委机构的调整

1. 县离退休干部管理局更名为县委离退休干部工作局，由县委组织部管理。

2. 县机构编制委员会办公室为县机构编制委员会的常设办事机构，既是县委的机构，又是县政府的机构，列入县委序列，编制、经费、文件单列，挂靠县人事局。

3. 县委台湾工作办公室与县政府台湾事务办公室、县政府侨务办公室，实行一个机构，三块牌子，归口县委统战部管理。

4. 撤销县党史办公室，其工作职能并入县委办公室。

5. 县委设置的非常设机构，按照中发〔1993〕7号文件精神，改为议事机构，其具体工作由有关部门承担。

（二）政府工作机构的调整

1. 撤销县信访局，信访工作分别由县委办公室和县人民政府办公室承担，对外分别挂中共台江县委信访办公室和台江县人民政府信访办公室牌子。

2. 县商业局为县政府直属事业局，与县商业发展总公司实行一个机构两块牌子、两种职能的体制。

3. 撤销县经济体制改革委员会、县经济研究室，其工作职能由县人民政府办公室承担。

4. 撤销县外事办公室，其工作职能由县政府办公室承担，对外挂县外事办公室牌子。

5. 撤销县战备办公室，其工作职能由县人民政府办公室承担。

6. 撤销县安全生产委员会及其办公室，其工作职能并入县人事劳动局。

7. 县爱卫会工作职能由卫生局承担，实行一套班子、两块牌子。

8. 撤销县森林防火办公室，其工作职能并入县林业局。

9. 撤销县文化局、广播电视局，组建县文化广播电视局。

10. 撤销县经济委员会、县对外经济协作办公室，组建县经济贸易局。

11. 县城乡建设环境保护局更名为县建设局，其环保工作由国土局承担。

12. 撤销房改办，其工作职责由县建设局承担。

13. 撤销县农村经济委员会、县农业区划办公室，组建县农业办公室。

14. 县土地管理局更名为国土局，对外挂环境保护局和地质矿产局牌子。

15. 县计划委员会更名为县计划局。

16. 县教育委员会更名为县教育局。

17. 县科学技术委员会更名为县科学技术局。

18. 县计划生育委员会更名为县计划生育局。

19. 县民族事务委员会更名为县民族事务局。

20. 县扶贫开发办公室更名为县扶贫开发局。

21. 县农牧局更名为县农业局。

22. 县旅游局改为县旅游事业局，为县政府直属事业单位，受县政府委托，行使部分行政管理职能。

23. 县农业机械管理局改为县农业机械事业局，为县政府直属事业单位，受县政府委托，行使部分行政管理职能。

24. 县体育运动委员会改为县体育事业局，为县政府直属事业单位，受县政府委托，行使部分行政管理职能。

25. 县粮食局为县政府直属事业局，与县粮油贸易总公司实行一个机构、两块牌子、两种职能体制。

26. 县档案局与县档案馆合并，实行一个机构，两块牌子、两种职能的体制，为县政府直属的事业单位。

27. 县政府教育督导办公室归口县教育局管理。

28. 乡镇企业局的矿产管理工作由县国土局承担。

29. 撤销县志办公室，其工作职能并入县政府办公室。

30. 撤销县人事局、劳动局，合并为县人事劳动局。

县政府设置的各领导小组（委员会）等非常设机构，按照中发〔1993〕7号文件精神，除少数确需保留外，大部分予以撤销。保留的非常设机构改为议事协调机构或临时机构，具体工作由相关部门承担。

三、人大、政协、法院、检察院的机构改革

县人大、县政协的机构改革，根据中发〔1995〕7号文件和省发〔1996〕6号文件精神组织实施。

县人民法院、县人员检察院的机构改革，根据中央和省下发的机构改革方案，并遵循各自的组织法、加强和规范业务机构、精简行政和后勤机构的原则，组织实施。清理临时人员，着力提高现有的人员素质，严把进人关。

四、社团的机构改革

社团机构改革，尊重各自章程的规定，按照精干、高效的原则，改变社团机关化、行政化的倾向。理顺社团与党政部门之间的关系，把党政部门现有的那些应由社团承担的职能交给社团，未经党委和政府授权，社团不得行使行政职能。社团领导职务名称应与党政部门有所不同。社团机构的具体调整为：

1. 台江县总工会，为行政编制。

2. 共青团台江县委员会，为行政编制。

3. 台江县妇女联合会，为行政编制。

4. 台江县科学技术协会，为行政编制。

5. 台江县工商业联合会，为行政编制。

6. 台江县文学艺术界联合会，为事业编制。

7. 台江县残疾人联合会，为事业编制。

8. 撤销县老龄委员会，其工作职能由县离退休干部工作局承担，对外挂县老龄委员会牌子。

五、精干领导班子

县级党、政领导班子和部门领导班子的职数配备，按下列规定执行：

县委、县政府的工作部门设正职一人，副职一至两人，少数工作量大、人员编制较多的部门，其副职也不得超过三人。

县委、县政府工作部门的内部机构，原则上职能配正职或副职一人，个别人员较多的股、室，其正、副职领导不得超过两人。

六、积极做好人员分流工作

机关人员分流是机构改革工作的一个重点和难点。为了切实做好机构改革中人员分流工作，确保机构改革工作顺利进行，必须按照国家公务员暂行条例，中共贵州省委办公厅、贵州省人民政府办公厅关于转发省委组织部、省人事厅、省劳动局、省财政厅、省编委办《贵州省各级机构机构改革中人员分流若干问题的处理意见》的通知（省办发〔1995〕41 号文件）和州组、人、编、劳、财等单位文件执行，妥善分流机关富余人员。

七、搞好事业单位的机构改革

事业单位的改革，要有利于增强活力，有利于经济建设与社会事业协调发展，有利于减轻国家财政负担。改革的方向是行政、事业分开，推进事业单位的社会化。事业单位的机构改革，另拟订方案组织实施。

（八）机构改革的组织领导及方法步骤

县级机关机构改革是一项复杂的系统工程，涉及面广，政策性强，需要配套改革的内容较多，因此，必须加强领导，精心组织，统筹规划，分步实施，稳步推进。

（一）加强组织领导。县级机构改革的实施工作，要在县委、县政府的统一领导下，按照批准的“三定”方案组织实施。纪检（监察）、组织、机要、保密、人事、劳动、财政、档案管理等部门应当结合各自分管的业务工作，密切配合，积极妥善地处理好机构改革中涉及的各种问题，加强纪律监督，防止各种不良倾向的发生。要严格财经纪律，不得借机分钱分物，加强国有资产和文书档案的管理，防止流失，严肃保密纪律。

（二）分步组织实施。第一步，落实机构。第二步，配备领导班子。第三步，认真做好各部门的“三定”工作。设立的部门应就机构职能、内设机构领导职数、人员编制提出具体意见，并报县机构改革领导小组办公室（设在编委办公室）审定。解决好新旧机构职能的衔接，完善运行机制。第四步，把机构改革与干部人事制度改革结合起来，积极推行国家公务员制。建立健全各项管理制度，巩固机构改革成果，运用法律和经济手段，从根本上防止机构编制膨胀。

（三）认真好做思想政治工作。全体机关工作人员特别是各级领导干部，要顾全大局，增强组织纪律观念，正确对待机构改革中涉及的部门利益，摆正单位和个人利益得失，自觉服从组织安排。

（四）检查验收工作。县级机关机构改革的检查验收工作，先由各部门自查自验，再由县机构改革领导小组办公室对各部门的机构改革进行全面检查验收，并向县委、县政府写出书面报告。

中共台江县委员会通知

台党通〔1998〕3号

“贵州苗族姊妹饭节”实施方案

一、指导思想

为了贯彻落实县委提出的“上好山，留住水，舞好龙跳好舞，搞活一条路”的全县经济发展总思路，现计划借助明年的“姊妹饭”节，充分发挥旅游工作的综合性，以旅游搭台，经贸唱戏，同时，统一思想，整体推动，促进发展，树立台江新形象，使台江的经济在1998年上一个新的台阶。因此，将隆重举办“'98华夏城乡游”“贵州苗族姊妹饭节”活动，具体实施方案如下：

二、筹备措施

（一）第一阶段:（12月24日至30日）

1. 成立隆重举办“'98华夏城乡游”“贵州苗族姊妹饭节”活动筹划委员会，县委书记龙昌海任筹委会主任，四大班子领导及有关部门负责人为成员。

2. 为使各项工作责任明确，有条不紊，筹委会下设8个小组。

（1）办公室:（兼后勤接待组）

组长：杨光福（县委副书记）

副组长：周南生（县委常委、组织部部长）

成员单位：县委办、政府办、旅游事业局

（2）筹资组：

组长：潘亮（县政府代理县长）

成员单位：县金融系统、财贸系统

（3）宣传报道组：

组长：欧光辉（县委副书记）

副组长：潘昌基（县政协副主席）

成员单位：县委宣传部、文化广播电视局、民族事务局

（4）联络组：

组长：张建武（县政协主席）

副组长：张明达（县政协常委）

成员单位：县委办、人大办、政府办、政协办、旅游事业局、苗族刺绣厂

（5）建设组：

组长：姜学东（县政府副县长）

副组长：杨秀元（县人大副主任）

成员单位：台江公路段、县邮电局、电力局、台拱镇、施洞镇、建设局、交通局、工商局、工商联

（6）招商经贸组：

组长：龙云茂（县政府副县长）

成员单位：县计划局、经贸局、扶贫局、水电局、工商局、乡镇企业局、商业局、粮食局、供销社

（7）旅游服务组：

组长：张文英（县政府副县长）

成员单位：县旅游事业局、民族事务局、文化广播电视局、对台办

（8）保卫组：

组长：龙云茂（县政府副县长）

成员单位：政法系统各部门

3. 由计划局将该活动作为1998年的一个发展项目进行上报，内容主要有基础设施、山地资源开发及各种经济发展。

4. 上省报送实施方案和其他附加材料。

（二）第二阶段：（1998年1月1日至31日）

1. 开展苗族“姊妹饭”节和其他民俗风情街，以及台江县情、经济发展变化等摄影、摄像图片有奖征集活动。

2. 编制成套的文字、图片、录像资料，以供展出。

3. 由县委宣传部等有关单位组织举办“献爱心”活动。

4. 外联上级有关领导部门、台江籍、曾在台江工作过、贡献过的人员举行恳谈会，集思广益，同时，争取多方集资、捐资以助活动，扶持台江旅游事业工作。

5. 在贵阳举行有关部门参加的新闻发布会，增加宣传渠道，加大宣传力度。

（三）第三阶段：（1998年2月1日至28日）

1. 设立台江主会场，由筹委会组织实施。

2. 设立施洞分会场，由筹委会派员督查，施洞镇党委、政府具体组织筹备。

3. 主会场按元宵节盛况布置，各单位、各临街民居按规定自行筹备。

（四）第四阶段：（1998年3月1日至30日）

1. 由县委、县政府发邀请，邀请国家、省、州旅游局和有关部门，以及邻县有关部门届时参加活动。

2. 各部门分别发邀请，邀请县外各有关部门或对口单位届时参加活动。

3. 由工商局、工商联、商业部门，以及各生产经营企业发出邀请，邀请各有关商家和各类经营者，届时参加商贸活动。

4. 由宣传部、文化广播电视局组织大型文艺演出队和龙灯队。

5. 各主要进城路口搭临时宣传栏，标明活动期间各项活动的具体地点位置，以及其他宣传资料。

6. 工商、台拱镇负责进行商贸交易市场的安排布置。

7. 将省级文物保护景点“文昌宫”布置成台江社会、经济发展、民族风情、苗族服饰、剪纸、刺绣品的实物、图片和文字展厅。

（五）第五阶段：（1998年4月1日至10日）

1. 筹委会拟定标语口号，由各单位分别抄贴。

2. 筹委会对各项筹备措施进行检查。

（六）活动期间日程安排（1998年4月11日至12日，农历三月十五日至十六日）

1.1998年4月11日（农历三月十五日）：上午10时开始，在主会场台江举行开幕式，接着进行商贸交易活动和游览民族刺绣博物馆。

下午，进行经济工作情况汇报（由县委、县政府主要领导向上级有关部门领导汇报）。

晚上，观看以民间歌舞为主的大型文艺晚会，观赏新奇刺激的龙灯会。

2.1998年4月12日（农历三月十六日）：上午，游览民族风情古镇施洞，参加民族风情特别浓

郁的盛大“贵州苗族姊妹饭节”活动和正宗的龙舟节竞赛活动。

3. 活动期间，公安部门负责所有的安全措施工作；公路、交警、交通和农机部门负责道路的疏通和车辆的安置，除参加活动的车辆外，其他过往车辆均不许进城；工商、台拱镇、施洞镇负责各会场的商贸交易秩序管理；水、电部门负责保障正常的水电供给。

（七）被邀人员、旅游观光宾客的住宿和旅游线路安排

台江县是黔东南州的中心县城，320 国道穿越而过，距黔东南州府凯里仅 54 公里，交通极为便利，人员住宿除安置在台江外，还可安置在凯里。

台江县史称“苗疆腹地”，游客在县境内不仅可以欣赏到 8 种不同苗族、9 种不同服饰和半边独木吊脚楼群，以及各种精致的银饰品、苗族刺绣品，还可亲眼看到正宗的木鼓舞艺术和独木龙舟。大家在台江愉快的旅游观光后，通行便利的交通，可以从施洞到镇远、施秉去游览文物古迹和山水风光，同时，也可以到雷山去进行民族风情旅游。

（八）1998 年 4 月 1 日前要完成的其他工作

1. 完成 320 国道台江县城东南环绕 5.137 公里三级路面的改造，以及城内各新兴主道的建设。

2. 完善凯里至台江，台江至施洞，凯里至台盘、革一、施洞的公路，使之成为一条旅游热线。

3. 完成政府小型宾馆的建设。

4. 彻底清理县城翁你河段和贯城河。

5. 将电影院所处中心外置，改建成集贸市场。

6. 对建行招待所、青年服务公司、其他食宿店（点）进行必要的装修和完善服务设施等。

（九）解决活动期间费用开支 44 万元

三、要求

1. 各组要每周向领导小组办公室汇报反馈实施进度情况。

2. 旅游生产企业要以旅游商品为主进行促销。

3. 县内各商家、企业要积极参加商贸交易活动。

4. 保持环境优美、热情服务、微笑服务，共同树立台江新形象。

5. 凡参加“’98 华夏城乡游”“贵州苗族姊妹饭节”活动的外国团队，请与黔东南国际旅行社联系。

中共台江县委　台江县人民政府

1998 年 2 月 6 日

中共台江县委文件

台党发〔1998〕25 号

中共台江县委　台江县人民政府
关于加快我县黄金通道建设和发展有关政策的决定

为加快我县 320 国道第三产业经济发展，县委、县人民政府决定凡到我县 320 国道投资兴办饮食、旅社、文化、娱乐、游艺、修理、零售等第三产业，不论投资业主为县外、县内均享受下列优惠

政策。

一、在新区范围投资需要使用国有土地的，采取征地和建房同步，3年内付清土地使用费。

二、在县境320国道旁投资需要使用集体土地的，由国土部门在10天内办理土地征用手续，征地费可视其承受能力，在一年内分期付款。

三、需要使用木材的业主可到林政管理部门办理手续，建筑所需木材可到林区择购，由县林业部门同意办理采伐、运输证件，有关税费按最低标准计征。

四、开发320国道第三产业所取得的土地使用权和经营权，业主可以自主转让或出租。

五、业主子女随父母到县城需要就读，一律视为县城区内学生，学校必须接受安排入学就读。

六、业主可转为非农户口，转为非农业户口的县内业主所承包责任田承包权不变。

七、业主为县内机关干部，在320国道建房兴办第三产业的，愿意离岗从业，离岗期间可享受70%工资，其他待遇不变。

八、非经县人民政府批准，各行政事业收费单位不得对业务乱收有碍黄金通道建设和发展的各种费用。

九、业主建房时，只征收投资调节税或营业税的其中一项。

中共台江县委员会
台江县人民政府
1998年12月18日

中共台江县委文件

台党发〔1999〕4号

中共台江县委、台江县人民政府
关于推动农业产业化发展的决定

（1999年3月8日中共台江县八届二次全委扩大会议通过）

为了全面落实县第八次党代会确定的关于农业和农村工作的目标、任务和搞活“山、水、路、民”的经济发展总思路，适时调整农业产业结构，扩大规模效应，建立效益型、生态型农业，将农业推向产业化发展的轨道，从而充实县域经济，增大县域经济总量，提高全民生活水平，县委、县人民政府作出如下决定：

一、基本原则和要求

1.推动我县农业向产业化发展的基本原则：结合县情，因地制宜，分类指导，积极推进农业产业化，以产业化带动扶贫攻坚工作，以产业化推动县域经济的发展。

2.发展我县农业产业的总体要求：以市场为导向，以形成规模化商品基地建设为基础，以发展支柱产业为重点，以建设农型“龙头”企业为先导，以科学技术促进农业产业化建设为动力，以提高经济效益为中心，按照产供销、种养加、贸工农、经科教一体化的要求，实行区域化布局、专业化生产、一体化经营、社会化服务、企业化管理，形成市场牵动“龙头”、“龙头”带动基地，基地联结农户的生产经营体系，从而推动全县农村经济发展，实现全县经济总量和全民收入再上一个新的台阶。

二、目标、任务和要求

3. 农业产业化发展的目标：

（1）到 2002 年前，全县农业产业化将要有一个大的发展，建成多个具有相当规模的支柱产业基地，其优势产业逐步形成几个有一定规模的产业集团。每个产业建成 1 ～ 2 个牵动能力较强的加工型"龙头"企业，建立较为完善、充满活力的社会化服务体系，使全县农副产品商品率有大幅度提高，农业产业化经营提高的财政税收所占比重有一个大的突破。

（2）要打破行政区域界限，实行统一规划、科学布局，突出特色，围绕"龙头"建基地，连片开发建基地，坚持高起点、大规模、高效益，壮大支柱产业，提高专业化程度。

一是大力发展以优质高产为特征的粮油基地，突出科技含量和优质品种，提高单产，增加总量，建成 8 万亩水稻"高产工程"基地，建成 2 万亩高产油菜基地。

二是大力发展以名、特、优品牌为"龙头"的果品基地，依托县金秋梨开发公司和果品保鲜库，加大种植业"四个一"工程实施力度，重点扩大金秋梨、大扇形猕猴桃、大板栗等名优产品的种植规模，逐渐形成果品农型产业。在 2000 年建成几个优质果品基地，其中金秋梨 3 万亩以上，大扇形猕猴桃 0.8 万亩，大板栗 1.2 万亩；2003 年前优质果品基地建设规模要力争金秋梨种植面积达 6 万亩，其他经果林面积达 5 万亩，实现优质果品产量超亿公斤和产值超亿元的目标。

三是大力发展独具优势的绿色保健食品种植，扩大苦丁茶、绿茶、魔芋、辣椒的种植面积，逐步形成保健食品加工产业。到 2001 年全县发展苦丁茶、绿茶基地 1 万亩，到 2006 年产量达 0.5 万吨，实现产值 800 万元；到 2001 年完成魔芋种植 2 万亩，年产魔芋 1.7 万吨；发展优质辣椒基地 2 万亩，年产量达 3000 吨，实现产值 2100 万元。

四是大力发展以优质品种和传统品种相结合的畜牧水产业，促进"10113"工程的实施，争取每年出售肉牛 5000 头，出售肉羊 1 万只，实施水产养殖基地 100 亩，充分发挥我县丰富的草地、水面资源效应，使肉类总量有较大提高。

五是大力发展以林产品加工为依托的森工产业，以胶合板厂为"龙头"，带动和进一步壮大林业支柱产业，在 2002 年前建成速生丰产林 10 万亩。

六是大力发展以冰球子、银杏为主的中药材产业，在 2002 年前建设冰球子基地 2 万亩，2010 年前建成 4 万亩药材资源基地，其中银杏 2 万亩，杜仲、黄檗等药材 1 万亩。建成名、特、优农产品基地和多品种共生的立体型生态农业。

要防止重开发、轻管理，牢固树立质量第一的观念，要以科技为先导，要高起点、高标准、高质量和高效益建基地，务必建好一片、成效一片，形成高效益的农业产业基地。

要围绕各自的优势产业和主导产品，集中力量建设一批覆盖各主导农副产品加工、贮运的"龙头"企业，提高产品的质量和档次，创立新的品牌，增强产品的市场竞争力，发挥其对农业的牵动作用。

三、主要政策和措施

4. 充分发挥政府的调控功能，为发展农业产业化创造公开、公平、竞争的市场秩序。各级党委、政府和领导干部要从改变领导工作方式入手，办好示范工程，层层实施示范带动作用。各涉农部门和农村工作干部要把农业产业化作为工作重点，全力以赴，切实把工作做细做具体，要切实办好基地，发挥技术、管理、效益优势，培育一批覆盖不用区域、不同层次、不同类型的示范片。开展发展农业产业化经营的宣传、发动工作，加快我县发展农业产业化进程。

财政、计划、金融部门，对农业产业化经营发展项目、生产基地、产品加工、市场建设等要列出专项资金，重点给予支持。农业综合开发、扶贫开发等方面的资金要向产业化倾斜，水、电、路、通信等基础设施项目要集中投向产业基地，要支持和引导各行各业进入农业领域，参与产业化经营。

5. 要打破领域、行业、所有制界线，选准具有市场前景的主导产业和产品，建立商品生产基地，不搞面面俱到、“小而全”、低水平、无效益的重复建设。按照多轮启动的原则，选好“龙头”。“龙头”可以是企业、中介组织、其他经济组织，可以是不同形式所有制的经济实体，谁有能力谁当“龙头”。谁成“龙头”扶持谁。采取改、扩、联等形式搞活现有农型“龙头”企业，盘活存量资产，提高产品质量和档次。鼓励有条件的企业实行强强联合，向集团化方向发展，壮大企业整体实力，增强辐射功能。

6. 继续推行并进一步完善“政府 + 公司 + 基地 + 干部 + 农户”的开发模式，根据县情探索并按照“入社自愿、退社自由、民主管理、利润返还”的原则，组建以产业为牵动，能够在农民与市场之间架起桥梁，实现“小生产”与“大市场”对接的各类经济合作社，为农民提供产前、产中、产后服务，让农民购买生产资料放心，出卖产品欢心，搞大生产安心，从而建立起“龙头”与农民之间的利益共同体。使分散的农产品以产业化形式通过统一规划、统一技术、统一品牌、统一销售而构筑一个具有市场竞争力的统一完善的产业经济板块，从而引导、推动企业、农户由分散经营、粗放管理尽快走向集约化经营、产业化发展。

7. 加大对优质产品基地建设招商引资力度，敢于超越和突破，鼓励县外企业和个人到我县独资、合资、合作或委办、托办等其他形式开发我县优先发展产业项目，业主可以利用我县已建成的基地或相关资产作为项目申报配套资金或各类融资、贷款的抵押物。采取各种形式聘请县外优秀人才，引进先进的技术。优秀人才、先进技术和管理方式等无形资产，均可折价折股进入农业产业化经营，并按股受益。

县外企业个个人投资的优惠办法，在执行州委《关于进一步放宽政策改善投资环境的若干规定》（州党发〔1998〕10 号文件）的基础上，采取“一个项目一个具体政策”等更积极灵活的办法，让业主真正得到实惠，使我县的优质农产品生产能够借助外力得到一个大的发展。

8. 搞活产业化基地产权，允许产业基地入股、转让、买卖、抵押、继承，以加快产业基地产权流转，盘活土地资产，使土地流转向主导产业集中。

切实加强对山地资源的有效管理，严格执行土地法规政策，按照“十分珍惜，合理利用”土地的使用原则，对全县境内凡适合发展农业产业化基地的山地均列入发展县农业产业化基地规划用地。因基地建设而需要使用国有、农村集体所有、个体使用的土地，有关单位、农村集体或个人必须服从。因用地而产生的土地使用权问题，可以通过土地折价入股、租赁、拍卖等方式解决，必要时县、乡人民政府在保证农户既得到利益的前提下可以强制征用。

以土地入股的折价标准、土地租赁的租金标准，必须按照县人民政府的统一规定执行。

对在荒山、荒地和农业产业化种植规划用地上已开发基地的单位或个人，由县人民政府依照有关法律法规颁发土地使用权证和林木所有权证，体现“谁造谁有”的政策。

9. 加强对农业科技部门及人才的组织管理，鼓励农业科技部门涉农机关、单位和基层站、所向服务型实体转变，建立农业产业化科技服务保障体系。根据不同产业、不同项目分别采取项目承包、效益提高或年薪制等办法，鼓励和引导科技人员从效益角度搞科技，把科技人才的无形资产通过开展有偿服务变为有形资产，使知识经济具体化。

要确保农业产业化建设持续健康发展和增强农业产业发展后劲，还要加强人才的培养，办好职业技术学校、农业干校，对参与农业产业化建设的农民广泛开展相关适用技术的培训，不断增强农业的科技含量。

加大对农民的教育力度，让农民根据市场导向和本区域农产品生产趋势，自主决策，自觉按市场规律组织生产成为市场主体。要突出市场经济知识教育，突出素质教育，突出实用技术的培训，使广大农民熟悉市场，掌握市场经济知识，使之成为“智慧型”和“知识型”农户。

10. 加强农村基层组织建设，健全村级经合组织，引导和组织群众参与农业产业化建设，协调解决产业化过程中出现的矛盾和问题。

11. 下大力改善交通环境，改造低等级公路，连接断头公路，使本县通往外部的两条主要干线畅通无阻，基本形成适应本县经济发展的交通运输网络，使 80% 以上的村在 2010 年通公路。

21. 加大小城镇建设力度，培育农业产品的购销市场，使之与农业产业化建设有机地结合起来，力争在年内扩建台拱、革东、施洞农贸市场，使之上规模。两年内建好老屯、排羊、台盘、革一、方召、南宫农贸市场，并逐渐形成几个独具特色并能覆盖和辐射周边县份的专业批发市场。搞好“两城”建设，依托国道、省道发展第三产业，增大我县市场容量，激发商品交易活力，促进农业产业化经营。

13. 鼓励各机关、事业单位创办涉农型有利于促进我县农业产业化的经济实体。机关、事业单位干部和在职职工，创办、领办、承办具有一定规模的优质农产品产业基地，政治上享受挂职干部待遇，成绩突出的要提拔重用。创办非国有性质优质农业产业化基地 20 亩以上，愿意离岗三年从事基地开发、管理的，享受 70% 工资，其他待遇不变。

各部门要大力协调配合。业务和技术部门要从业务技术给予支持和倾斜，执纪执法部门必须保驾护航。

14. 实行发展农业产业化工作“一把手”负总责的目标责任制，明确责任，落实任务，层层签订责任状。全县各乡镇、县直部门向县委、县政府负总责。全县成立由县委、县政府领导及有关部门负责人组成的加快发展农业产业化领导小组，负责领导、检查、督促全县优质产品基地的建设工作。各乡、镇也要成立相应的工作小组，负责组织实施本行政区域内的发展农业产业化工作。

15. 各级干部要充分认识到加快农业产业化对加快我县人民群众脱贫致富、增加财税收入的重要意义，增强使命感和紧迫感，服从指挥，顾全大局，扎实做好此项工作。干部首先要干给群众看，然后带着群众干。组织人事部门要深入基层了解掌握各级干部在发展农业产业化中的表现，并作为表扬和提用领导干部的重要依据，批评和鞭策后进，对不称职的领导干部实行就地让位。

16. 进一步完善领导干部联系乡镇和县直部门联系村制度，把推进农业产业化工作作为联系乡镇、联系村工作的一项重要内容。根据全县的规划方案和各乡镇、各村实际，定目标任务，定工作进度，定质量标准，落实到单位，落实到个人，实行同步奖罚。

17. 本决定自印发之日起执行。

中共台江县委文件

台党发〔2003〕12 号

中共台江县委　台江县人民政府
关于实施“两基”攻坚的决定

为确保我县实现基本普及九年义务教育、基本扫除青壮年文盲（以下简称“两基”）的教育目标，根据《国务院关于基础教育改革与发展的决定》（国发〔2001〕21 号）和《中共贵州省委、贵州省人民政府关于实施“两基”攻坚的决定》（黔党发〔2001〕27号）文件精神，结合我县实际，特作如下决定：

一、充分认识实施“两基”攻坚的重要意义，百年大计，教育为本

近年来，我县教育工作虽取得了一定的成绩，但与全国、全省、全州平均水平相比，仍存在明显差距，属全省未实现“两基”的55个县（市）之一。目前，我县“两基”工作存在的突出问题是：教育基础设施建设滞后，教师缺编，师资力量薄弱，难以满足实现“普九”的需要；初中生辍学较严重，初中教育发展不平衡；教育经投入不足。

“两基”对于提高人民群众的文化素质，把人口负担转化为巨大的人力资源，提高社会生产力水平，推进我县经济、社会向前发展，加快富民兴县步伐都具有基础性、先导性和全局性的重要作用，是实现中华民族伟大复兴的奠基工程。全县各级党委、政府，各工作部门要从实践“三个代表”重要思想和讲政治的高度，统一思想，充分认识实现“两基”的重要意义，切实增强“两基”攻坚的紧迫感和责任感，把“两基”工作列入重要工作议事日程，作为年度工作的重要考核内容来抓，“一把手”要亲自抓。要进一步转变工作作风，要经常深入农村、学校进行调研和处理“两基”工作中的问题，为“两基”工作多办实事，举全县之力打好“两基”攻坚战，确保2005年我县如期实现“两基”目标。

二、指导思想和目标任务

（一）指导思想。以邓小平“教育要面向现代化、面向未来”和“三个代表”重要思想为指导，认真贯彻落实《国务院关于基础教育改革与发展的决定》和《国务院办公厅关于完善农村义务教育管理体制的通知》精神，坚持教育必须为社会主义现代化建设服务、为人民服务、为农村经济服务，着力培养德、智、体、美、劳全面发展的社会主义事业建设者和接班人。

（二）目标任务。2005年实现“两基”的目标：全县初等教育阶段适龄儿童入学率达98%以上，初等教育在校生年辍学率控制在2%以内，适龄残疾儿童少年入学率达60%以上，“普九”人口覆盖率和初中阶段入学率分别达100%和95%以上，初中在校生辍学率控制在3%以内，15周岁人口初等教育完成率达95%以上，17周岁人口初级中等教育完成率达80%以上，青壮年非文盲率达96%以上，15周岁人口文盲率控制在1%以内。

三、我县“两基”攻坚重点

（一）认真抓好中小学基础设施建设，解决“两基”攻坚必需的教学条件和教学设备。重点实施好第二期“国家贫困地区义务教育工程”“中小学危房改造工程”“希望工程”。将2004年“义教工程”提前到2003年实施，确保工程的进度和质量，并与我县“十五”期间学校布局高速规划相结合，通过合理的布局调整，达到扩大办学规模、优化教育资源、提高教育质量和办学效益的目的。加快完善中小学实验室、图书室及体育、艺术、卫生、劳动等设施。实施好“西部地区中小学现代远程教育扶贫示范工程”“贵州计算机教育工程”，建立县级中小学教师信息技术培训基地，提高计算机教育的普及率。

（二）解决“普九”问题。要大力发展初中教育，扩大初中办学规模，千方百计提高初中生的入学率、完成率，降低辍学率。特别要解决好贫困生、残疾儿童和女童的入学、辍学问题。

（三）加强教师队伍建设。根据“普九”需要，想方设法解决教师缺编问题。遵照省人民政府制定的中小学教职工编制标准，核定中小学教职工编制并充实教师队伍，采取从师范院校毕业生中选聘教师；把不能胜任高中、初中教学的教师分别调整到初中、小学任教；缓办能坚持教学工作教师的退休手续。通过“中小学教师继续教育工作”“西部地区中小学现代远程教育扶贫示范工程”“中升专、专升本”学习、课堂教学达标活动等渠道和途径，加快教师的培训、培养步伐，提高教师整体素质。

（四）解决好贫困生入学、辍学问题。将二期“义教工程”中助学金和免费提供教科书资金、社会各界的捐赠和赞助金、“希望工程”助学金等资金，用于我县特困生入学资助。大力提倡国家干部职工开展特困生“一帮一”助学活动；而辍学的学生，要对其采取“减、缓、免、补”等有效措施，及时使辍学学生复学。

四、实现“两基”攻坚的保障措施

按照中央明确的“实行在国务院领导下，由地方政府负责、分级管理，以县为主的义务教育管理体制”的精神，结合我县实际，采取如下措施：

（一）县人民政府对“两基”工作负总责，教育行政主管部门负责《攻坚方案》的具体实施，县人民政府负责制定全县“两基”攻坚计划和中小学布局调整指导意见，管理使用好中央的各项专款，筹措安排好“两基”攻坚专项资金，按照“三个增长”（中央和地方政府教育拨款的增长要高于财政经常性收入的增长，在校学生人数平均的教育费用逐步增长，保证学生人均公用经费逐年有所增长）的要求，通过调整财政支出结构和增加上级转移支付资金，增加教育经费投入；财政转移支付经费全部用于教育（不含教师工资）；依法足额征收、管理、使用城市、干部职工教育费附加；统筹、协调县部门履行“两基”工作职责。

（二）乡镇应承担相应的“两基”工作责任。按照州府通字〔2001〕16号文件精神，并结合农村税费改革的有关精神，完成相应的教育费附加任务数；负责治理校园周边环境，维护好学校治安、安全和正常教学秩序；负责适龄儿童、少年入学和动员辍学学生返校就读，组织村民接受扫盲教育和科技培训；负责按有关规定划拨新建、扩建校舍所需的土地；负责筹措资金，改善办学条件。

（三）建立健全以县、乡（镇）政府为主体的“两基”教育投入保障机制。“十五”期间，县政府设立“两基”专款，并纳入财政预算。实行县财政拨款为主渠道，乡镇筹一点，学校挤一点，各机关单位拿一点，社会团体和个人捐一点，争取国家和省、州补一点的办法：一是基础设施建设主要由县财政拨款、上级教育专款解决；二是教学仪器、图书配置资金由县直各单位为主，各乡镇支持解决；三是“两基”的表、卡、册、簿等资金采取“县财政拨一点、乡镇财政拿一点、学校挤一点”的办法解决；四是加大教育扶贫工作力度，2003年、2004年和2005年的财政扶贫资金重点安排中小学校舍建设，积极组织各类贷款发展教育；五是广泛宣传动员全县干部职工和人民群众积极捐资、集资，投工投劳、献工献料，以解决“两基”经费的不足。

（四）把中小学建设列入基础设施规划。对学校的基础建设、新建设和扩建校舍必需的用地，在土地管理、法律法规允许的范围内，优先予以解决并实行优惠政策，必须交纳的费用原则上由学校所在地政府予以解决；县城开发和农村小城镇建设规划预留学校用地，任何单位和个人不得侵占中小学校的校园设施、校舍等资产；将小城镇建设规划与学校布局调整结合起来，有计划地建设一批寄宿制中小学或寄宿班，以解决边远山区少年儿童入学问题。

（五）不断完善我县学校内部管理体制，建立健全激励机制。全面推行以“校长负责制、教职工聘任制、岗位责任制、结构工资制和目标管理”的“四制一目标”管理体制，充分体现优教优酬、多劳多得的分配原则，引入“能者上、平者让、庸者下”的竞争机制。

（六）进一步加大对教育法律法规和教育方针、政策的学习和宣传力度，提高广大群众的思想认识。县普法办要采取有效措施，加大对教育法律法规的宣传和普及力度，争取做到家喻户晓，营造一个良好的“两基”攻坚氛围。

（七）鼓励社会力量办学。按照“积极鼓励、大力支持、正确引导、加强管理”的要求，进一步解放思想、转变观念，改革中小学办学体制。支持和鼓励社会力量多渠道、多形式、多层次参与办学。在保证学生能正常入学的前提下，开展公办民营、公办私营的公办私立化学校办学试点工作。学校要认真贯彻执行党的教育方针，按国家的教学计划开齐课程、上足课时，教育教学质量要接受教育行政主管部门的监督评估，参加县、乡（镇）的统一考试和评比表彰。

（八）加强教育执法力度，依法治教。各乡镇要成立教育执法工作领导小组、控制学生辍学工作领导小组和推进“普九”工作领导小组，由乡镇主要领导任组长，分管领导任副组长，相关部门领导为成员，切实加强对“两基”工作的领导。学生辍学，由乡镇干部、村干部、学校领导、班主任、科任教师到辍学学生家中动员其复学，如动员三次仍不返复学的，由所在乡镇教育执法工作领导小组依法进行强制复学。

（九）坚持“学以致用”，培养乡土人才。在农村初中教育中积极渗透职业技术教育，试行“绿色证书”制度，使上不了高中的农村初中毕业生掌握一门或几门实用技术，以提高家长送子女读初中的积极性，切实提高农村初中入学率、完成率，降低辍学率。

五、加强领导，狠抓落实，确保“两基”攻坚顺利完成

各乡镇要把“两基”攻坚列入重要议事日程，成立由党政主要领导任组长、各有关职能部门负责人为成员的“两基”攻坚领导小组，将此项工作纳入政府的目标管理，作为考核党政主要领导政绩的重要内容。人大、政协要加强对“两基”工作的监督检查。各级政府要定期向同级人大汇报“两基”工作情况，并适时向政协通报，自觉接受人大、政协的检查与监督。

县政府教育督导室代表县委、县政府负责对各乡镇、县直各工作部门的“两基”工作进行督导检查、指导评估，负责对“两基”攻坚开展的情况及存在问题及时向县委、县政府汇报，并积极主动地力争解决。要切实做好“两基”督查验收工作，今年年底要接受县级督查验收的乡镇必须作好充分准备，在通过县级督查验收的基础上，继续创造条件按照“两基”目标任务作好迎接省、州督查验收的准备工作。教育行政部门和审计部门要严格执行各项制度，切实加强“两基”目标任务作好迎接省、州督查验收的准备工作。教育行政部门和审计部门要严格执行各项制度，切实加强“两基”经费使用情况的监督、审计，努力提高经费的使用效益。各级党委、政府，各单位和学校要充分发挥自己的职能作用，统一思想，通力协作，加大“两基”攻坚宣传力度，加快“两基”工作进程，为我县实现“两基”攻坚目标做出贡献。

中共台江县委员会
台江县人民政府
2003年5月20日

中共台江县委文件

台党发〔2009〕1号

中共台江县委关于大力推进农村改革发展的实施意见

［2009年1月19日县委第十届三次全体（扩大）会议通过］

为贯彻落实党的十七届三中全会、省委十届四次全会及州委八届五次全会精神，促进全县农村经济社会又好又快发展，加快全面建设小康社会步伐，根据《中共中央关于推进农村改革发展若干重大问题的决定》《中共贵州省委关于认真学习贯彻党的十七届三中全会精神大力推进农村改革发展的意见》《中共黔东南州委关于大力推进农村改革发展的实施意见》精神，现就大力推进我县农村改革发展提出如下实施意见。

一、充分认识推进农村改革发展的重大意义

党的十一届三中全会以来，全县各级各部门和各族人民共同努力，以科学发展观为指导，坚持统筹城乡经济社会发展，扎实推进社会主义新农村建设，农村经济快速发展，农民收入持续增长，基础设施不断改善，社会事业显著进步，基层民主政治建设和精神文明建设深入推进，农村发展活力明显增强。同时，我县农村改革发展还面临一些亟待解决的困难和问题，客观需要加快农村改革发展步伐，全面提高农村生产力水平。

当前，中央继续深入实施西部大开发和新阶段扶贫开发战略，采取积极的财政政策强力扩大内需，给全县农业农村发展带来了千载难逢的机遇。推进农村改革发展，不仅能促进农业增产、农民增收，也能促进农村政治文明、社会进步和文化繁荣；既是确保全县社会主义新农村建设顺利推进的客观要求，也是实现全面建设小康社会目标的客观要求。

二、继续推进改革创新，不断完善农村发展的体制机制

（一）创新农村土地管理制度。坚持以家庭承包经营为基础、统分结合的双层经营体制，保持现有土地承包关系长久不变。依法保障农民对承包土地的占有、使用、收益等权利，确保农民拥有充分而有保障的土地承包经营权。

建立健全土地承包经营权流转市场，按照依法有偿的原则，通过转包、出租、互换、转让、股份合作等形式，发展适度规模经营。改革征地制度，完善征地程序，实行农民利益优先的征地补偿原则，依法、合理制定征地综合补偿标准，解决好被征地农民的就业和住房问题，做好被征地农民社会保障工作，做到先补后征、先保后征，使被征地农民收入不降低、长远生计有保障。严格界定公益性和经营性建设用地，对在土地利用规划确定的城镇建设用地范围外占有农村集体土地建设的非公益性项目，鼓励农民依法通过土地入股等多种方式参与开发经营。逐步建立城乡统一的建设用地市场，对依法取得的农村集体经营性建设用地，必须通过统一有形的土地市场，以公开规范、严格依法的方式转让土地使用权，在符合规划的前提下与国有土地享有平等权益。

（二）加快推进集体林权制度改革。加快确权发证，加强林权纠纷调处，全面完成以“明晰产权”为核心的主体改革，进一步明晰林地的使用权和林木所有权，放活林地经营权，落实林木处置权，保障业主收益权，确立农民的经营主体地位，推动农村家庭承包经营制度从耕地向林地拓展和延伸。加快推进配套改革，抓紧建立审批程序简便的林木采伐管理制度、林地林木流转制度，完善公益林补偿制度，探索建立森林保险制度，进一步完善林业经营服务体系、森林资源保护体系和流转体系，促进工业生态建设和现代林业产业发展。

（三）创新农业投入保障机制。调整财政支出、固定资产投资、信贷投放结构，大幅度增加对农村基础设施建设和社会事业发展的投入，大幅度提高政府土地出让收益、耕地占用税新增收入用于农业的比例，大幅度增加对农村公益性建设项目的投入，多方筹措病险水库除险加固、生态建设等公益性建设项目配套资金，保证县级财政对农业投入增长幅度高于经常性收入增长幅度。优化支农资金使用办法，提高资金使用效益，鼓励和引导各种社会资本向现代农业和新农村建设集聚。不断增加农民种粮补贴，全面落实良种补贴、农机具购置补贴，完善与农业生产资料价格上涨挂钩的农资综合补贴动态调整机制。健全农产品价格保护制度，完善农产品市场调控体系和主要农产品价格形成机制，稳步提高粮食最低收购价，保持农产品价格合理水平。建立健全农村生态环境补偿机制，切实保护耕地、水域、森林等自然资源和农作物资源。

三、加强基础设施建设，不断夯实农业农村发展基础

（一）加快农村公路建设。加快建设连接交通大通道和干线公路的农村公路网，进一步提高通行能力和通达深度，修通“断头路”，加快旅游公路建设，启动村级公路硬化，力争完成村村通公路、乡乡通油路。鼓励有条件的地方加快农村通组公路建设。完善扶持农村客运交通发展的政策措施，大力发展农村客运，解决农民“出行难”的问题。继续建设农村乡（镇）客运站，改造农村公路渡口、码头以及渡改桥，实施农村公路危桥改造。探索建立多种形式的农村公路养护制度，逐步实现有路必养。

（二）加强农村水利建设。坚持走大中小微相结合、以中小水利设施为主，蓄引提排节相结合、以蓄节水为主的路子，大力实施农村饮水安全工程、“三小”工程，加快实施台雄水库配套与节水建设工程。加快推进清水江、巴拉河、翁你河、翁密河等大小河流灌区建设，积极实施中小河流域综合治理工程，加快节水灌溉设施配套建设。完善县乡防洪抗灾体系规划，加强台拱、施洞、老屯等重点乡镇防洪工程建设。进一步理顺水资源管理体制，推进小型农田水利设施产权制度改革。争取国家支持实施一批重点小型病险水库除险加固工程。完成农村人均0.5亩基本口粮建设规划并启动实施。

（三）促进农业可持续发展。严格按照省、州环境保护和生态建设规划的要求，制定并组织实施好本县的规划，深入实施天然林保护、退耕还林、防护林体系建设、野生动植物保护等生态工程，加快珍稀阔叶树种示范基地建设，加快实施旅游干线公路和重点旅游村寨绿化工程。加强农村能源建设，积极实施小水电代燃料工程和沼气工程，积极推广多户共建共用大中型沼气池的做法。加快实施农村电网改造工程，实现城乡同网同价。加大土壤肥力调查与监测工作力度，加强土地整治和农业综合开发工作；加快中低产田改造和水毁农田的恢复，加大土地复垦、整理力度，大力推广良种良肥良法，不断提高土壤肥力。

（四）加快新农村建设。按照“生产发展、生活宽裕、乡风文明、村容整洁、管理民主”的要求，整合资金重点抓好一批具有示范带动作用的村寨道路硬化工程，努力构建以连接大通道的主干环线为重点的互联畅通公路网络，深入开展“一户一技能”活动，因地制宜调整产业结构，发展特色高效种养业，使交官、展里、红阳、九摆、梅影、反排等省、州、县三级示范村的村容村貌彻底得到改观，带动和推进新农村建设蓬勃发展。认真总结推广成功经验，通过典型引路、示范推动，积极创新新农村发展模式，大力发展乡村旅游带动型、特色产业带动型、劳务输出带动型、商贸流通带动型、民族工艺品加工带动型新农村，探索具有台江特色的新农村建设路子。稳定增加农村居民的经营性、转移性、工资性和财政性收入，提高农民人均纯收入。

四、大力发展城郊农业，努力提升农村发展水平

（一）加快推进农业产业结构调整。着力推动特色农产品体系建设实现大突破，搞好产业发展规划和区域布局规划，科学确定重点发展产业和发展区域，形成优势突出、特色鲜明的产业带。切实抓好桑蚕、绿茶、山苍子、无公害蔬菜、中药材、草地畜牧业及特色养殖、劳务培训和银饰、刺绣等特色商品生产基地建设，努力改变我县特色农产品“品牌杂、规模小”的现状。大力发展以“菜篮子”工程、花卉苗木种植为重点的城郊经济。稳定粮食生产，确保粮食安全。着力推动农业产业化经营实现大突破，大力培育和引进一批有较强实力的农产品加工龙头企业，促进乡镇企业大发展大提高，加快优势产业的战略集中与重组，重点抓好茶叶、林产品品牌和加工资源的整合，实现农产品多层次、多环节的转化增值。积极发展农产品储运、保鲜，加快发展农村服务业，提高二、三产业在农村产业中的比重。

（二）加强农村市场建设。努力加强农村商品流通网络建设，新建和改造一批农家店和农村商品配送中心、农产品批发和农贸市场、农产品综合市场、专业批发市场、村级综合服务站。继续加强乡镇集贸市场建设，实行划行归市，加快实现“乡乡有综合市场、村村有农家店”目标。强化绿色通道建设，认真落实农产品运销环节收费减免政策，在道路、用油、金融等方面支持和鼓励运输大户，确保农产品运销畅通、成本低廉。支持发展农村专业协会和合作经济组织，鼓励发展农产品营销大户、经纪人、行业协会等多元化流通主体，充分发挥其在联结市场和农户间的桥梁作用。大力发展农资和农村日用消费品配送、连锁经营服务，不断增强农村消费市场功能。加强市场监管整顿和规范农村市场秩序，严格涉农价格和收费管理，严惩坑农害农行为。

（三）不断健全农业社会化服务体系。加强品种选育、高产栽培技术、优质无公害绿色有机生产、重要技术标准、病虫害和疫病防治、精深加工等领域的科技应用研究与推广。加快推广适应我县农业生产特点的农机新技术新机具，大力提高农业机械化水平。加强农业标准化和农产品质量安全工作，大力发展无公害农产品、绿色食品和有机食品，加大农产品注册商标、地理标志保护和质量认证力度。严格产地环境、投入品使用、生产过程、产品质量全程监控，切实落实农产品生产、收购、储运、加工、销售各环节的质量安全监管责任，杜绝不合格产品进入市场。大力实施信息助农工程，促进农业生产经营信息化。加快建立企业、基地、农户生产联营机制，探索实行土地股份制，继续支持发展农民专业合作社、专业技术协会、专业服务公司，充分发挥各类合作组织、经济组织在服务农业生产、维护农民权益方面的作用。大力培养致富带头人、科技带头人、经营带头人、经纪带头人等农村优秀乡土人才，不断增强组织农民参与市场经济活动的能力。

五、着力改变二元结构，加快城乡经济社会一体化建设进程

（一）加快城镇建设步伐。按照统筹城乡、布局合理、节约土地、功能完善、以大带小的原则，加强城乡规划建设，大力发展城市产业，引导农村工业向小城镇和各类园区集中，加快城镇化进程。加大县城及乡镇政府所在地污水处理、垃圾填埋等基础设施建设力度，不断扩大小城镇行政管理权限，形成城镇化和新农村建设互促共进机制。尽快在城乡规划、基础设施建设、产业布局、公共服务等方面取得突破，率先在城郊基本实现公交、供水、供电、煤气、通信等一体化，逐步改变城乡二元体制。充分发挥城镇对农村发展的带动作用，不断增强城镇辐射带动能力，通过城镇化的快速发展，使更多的农村融入城市发展辐射圈，使更多的农村产业融入城市产业体系，使更多的农民融入城市社会。通过加强城镇化建设，把县城建设成为“苗疆文化生态旅游城”，把台盘、革一两乡建设成为工贸型大镇，把施洞、老屯建设成为工艺品商贸型集镇，把南宫、排羊、方召建设成为旅游观光型集镇。

（二）大力发展县域经济。抢抓东部产业转移的历史机遇，引导各类要素加快向革一工业聚集区聚集，推动产品生产向产业发展转变，产业发展向集群式、区域化发展转变，提高产业聚集度和规模化发展水平。加大对骨干民营企业、成长型中小企业的扶持力度，引导和支持民营企业搞好结构调整、技术改造和组织创新，促进产业升级。鼓励符合条件的企业上市融资，多渠道解决中小企业“融资难”问题。积极发展非公有制经济，全面落实扶持中小企业、非公经济发展的各项优惠政策，鼓励农民自主创业，引导外出务工农民回乡创业，以创业带动就业。大力实施农业基地建设，积极推进结构调整，大力发展特色产业和劳动密集型产业，积极培植具有鲜明特色和较强市场竞争力的主导产业，不断延长产业链，扩大产业规模。做大做强现代旅游，大力开发新型旅游产品，积极培育特色旅游精品。

（三）统筹城乡公共服务。加快发展农村服务业和乡镇企业，形成产业布局合理、市场体系完善、政策制度一体、信息资源共享、交通体系完备的城乡经济共同体。统筹城乡公共服务，加快建立城乡统一的人力资源市场，逐步实现农民工在劳动报酬、社会保障、子女就学、卫生保健、住房租购等方面与城镇居民享有同等待遇。统筹城乡社会管理，着力推进以“两个统一”（城乡统一身份、统一户口）、“两个放宽”（放宽农村人口进城、放宽县外人口进入县内落户）为主要内容的户籍制度改革，尽快扩大城市规模，增强人口承载能力和就业容纳能力，使在城镇稳定就业和居住的农民有序转变为城镇居民，努力突破城乡二元结构，统筹城乡协调发展。

六、实施“手拉手”帮扶工程，深入推进扶贫开发工作

（一）形成“手拉手”帮扶互动机制。不断完善扶贫开发政策措施，创新工作机制和方法，继续采取开发式扶贫、搬迁式扶贫、参与式扶贫、救助式扶贫相结合的方式，实施以县直机关、干部结对帮扶，支部结对、党员帮扶等为主要内容的“手拉手”帮扶工程，使科技、资金、信息、项目直接帮扶到村到户。拓展扶贫开发领域，稳定解决贫困人口温饱问题，加快低收入人口的脱贫步伐。积极实施“春晖行动”计划，广泛动员和引导外出务工人员参与家乡扶贫开发工作。建立生态移民长效机制，结合退耕还林等生态建设，利用农村空置住房和土地，妥善安置居住在生存条件恶劣、自然资源贫乏村寨的特困人口。完善绩效考评机制，实行扶贫工作部门单位负责人负责制度，把扶贫开发的效果作为考核部门单位主要负责人政绩的重要依据。

（二）切实抓好村庄整治工作。以改善贫困农户基本生产生活条件为中心，以“大寨改小寨”工程和农村危房改造工程为载体，整合各类涉农资金，大力抓好村庄整治工作。要结合资源特点和文化条件，突出乡村特色、地方特色、民族特色和古村落、古民宅保护，科学做好村寨规划、宅基地规划管理和村寨道路建设，加快改水、改厕、改厨、改灶、改圈，切实搞好农村污水、垃圾治理，注重防止山洪、泥石流等灾害对村庄的危害，着力改变村容村貌，形成社会主义新农村建设的新亮点。强化灾害预测预警能力、抗灾能力和应急救援能力建设，完善灾害应急处置预案，建立预警、响应、防灾、救灾、灾后重建体系，加强农村消防基础设施建设，全面提高预防和处置农村火灾事故的能力。

（三）大力发展乡村旅游。把发展乡村旅游作为推动农村发展的重大战略举措来抓，逐步培育农村经济发展新的增长点。要以苗疆文化生态旅游城和南宫森林公园等景区景点的建设打造为中心，依托原生态苗族文化和自然风光等旅游资源，以新农村建设为契机，大力在城镇周边、景区附近、主要交通干线和民族村寨规范发展各种休闲山庄、乡村旅社和农家乐，规划建设一批民族村寨和名胜风景区，不断增加间接、直接从业人员人数，大力提高乡村旅游收入。充分发挥银饰、刺绣产业投资少、生产灵活、见效快的特点，充分发挥“中国苗族刺绣之乡”的品牌效应，结合我县旅游景区景点开发和旅游产业发展规划，进一步挖掘银饰、刺绣经济发展的空间和潜力，不断提升产品附加值，建成台拱、清水江流域旅游工艺产品加工经济带，将苗族银饰、刺绣生产加工业培育成我县的富民产业，把锦绣施洞古镇打造成“苗疆银都”。

七、坚持以人为本，全面加强农村社会公共事业

（一）大力发展农村文化和教育。建立稳定的农村文化投入保障机制，整合农村公共文化建设资源，推进乡村文化基础设施建设，继续实施广播电视“村村通”、农村电视进万家信息扶贫和农村广播无线覆盖等文化惠民工程。加强民族民间文化保护、传承，探索以原生态民族文化为依托的文化产业发展途径。加强农村文化市场管理。进一步加强农村体育基础设施建设，广泛开展农村体育健身活动。进一步巩固提高“两基”攻坚成果，健全农村义务教育经费保障机制，全面落实“两免一补”政策，健全贫困学生资助制度，积极开辟高校生源地贷款“绿色通道”，扩大农村义务教育阶段经济困难寄宿生生活费补助覆盖面。实行教师住房政府补贴制度，改善教师住房条件。加强农村现代远程教育。稳定农村教师队伍，大力实施农村教师素质提升工程，进一步加强农村中小学校长队伍和师资队伍建设。

（二）提高农村医疗卫生服务能力。加强对新型农村合作医疗管理机构的管理，巩固和发展新型农村合作医疗制度。坚持大病住院保障为主，兼顾门诊医疗保障，探索实行村卫生室首诊就医和双向转诊制度，做到小病不出村，规范医疗服务，减轻财政和农民负担。加强农村卫生人员教育培训，定向免费培养培训农村卫生人才，妥善解决乡村医生补贴问题。鼓励发展中医药服务及民族医药事业。抓好农村药品配送和监管，严格控制农村医疗价格水平。积极推行计生服务站和妇幼保健站、乡镇卫生院的整合试点工作，有效利用人才、资金、技术等资源。加强妇幼卫生保健，认真落实农村孕产妇住院分娩优惠政策。加强免疫规划，加大地方病、传染病及人畜共患病防治力度。继续实施农村计划生育家庭奖励扶助制度、少生快富工程，建立健全对农村自愿放弃政策内二孩生育家庭的奖励保障制度，帮助农村计生群众家庭优先解决生产致富、子女教育、养老保障等问题。继续实施出生人口缺陷干预工程，综合治理出生人口性别比偏高问题。强化基层基础工作，提高优质服务管理水平，完善群众自治机制，加强流动人口服务和管理。

（三）完善农村社会保障体系建设和加强社会管理。建立新型农村社会养老保险制度，完善农村最低生活保障制度，全面落实农村五保供养政策，完善农村受灾群众救助制度，落实好“双拥”及征兵工作、军烈属和伤残病退伍军人等优抚政策，发展社会福利和慈善事业，采取多种途径解决乡镇干部、农村教师的住房困难问题，认真做好外出务工返乡农民的就业和创业工作。做好农村信访工作，加强人民调解，及时排查化解矛盾纠纷。保障进城务工人员的合法权益，关心和帮助农村“留守儿童”“留守老人”。搞好社会治安综合治理，依法管理农村宗教事务，加强非政府组织监管，坚决取缔邪教组织，严厉打击黑恶势力。认真做好民族工作。

八、切实加强和改善党的领导，为推进农村改革发展提供坚强组织保证

强化党委统一领导、党政齐抓共管、农村工作综合部门组织协调、有关部门各负其责的农村工作领导体制和工作机制。扎实有效地开展深入学习实践科学发展观活动，加强乡镇党委的制度建设和自身建设，加强以党支部为核心的村级组织配套建设，发挥村委会、集体经济组织、共青团、妇代会、民兵和乡镇企业工会等组织的作用。加强对村级后备干部的培养，加大“一村一名大学生”工作推进力度，加大从优秀村干部中考录乡镇公务员和选任乡镇领导干部力度，探索建立稳定农村基层干部队伍的激励保障机制，加强对农村党员的教育和管理。深入开展反腐倡廉教育，依纪依法查处农村基层党员干部违纪违法案件，推进农村党风廉政建设扎实开展。

中共台江县委

2009 年 2 月 6 日

中共台江县委文件

台党发〔2009〕12 号

台江县招商引资若干优惠政策规定

第一条 为抢抓西部大开发的历史机遇，营造健康有序的投资环境，提高我县对内改革和对外开放水平，更好地吸引各种投资，促进我县经济社会又好又快发展，特制定本规定。

第二条 除国家法律和政策明令禁止或者限制的产业领域外，县内其他产业领域的招商引资全部放开。

重点鼓励开发工业地产、中药材深加工、旅游、高新技术、交通、能源、冶金、生态农业、农产品深加工、城镇基础设施、环保和出口创汇型产业，嫁接改造现有企业。

第三条 鼓励县内外单位和个人为我县招商引资牵线搭桥，欢迎投资者提出投资项目意向。

第四条 依法保护招商引资企业、招商引资单位和个人的合法权益，并对其实行优惠和奖励。

第五条 对企业使用土地的优惠：

（一）投资企业所需用地，可通过依法出让方式取得土地使用权。

（二）通过依法出让取得的土地使用权，在法律规定范围内，可依法转让、出租、抵押、赠予和继承。

（三）投资企业厂区周边涉及的连片生态林地、草地，在不改变土地现状的前提下，企业可采取出让、承包、租赁等方式获得土地使用权和管理权，使用期限为 30～50 年。

（四）在城镇规划区外符合我县土地利用总体规划，或者规划工业区的，土地使用权可以依法按协议出让方式提供。

（五）对符合国家产业政策、投资大、见效快、年纳税500万元以上、对地方经济发展有明显拉动作用的项目，选址符合我县土地利用总体规划的，可优先安排供地。

（六）用地情况特殊，需要特别处理的，可以结合实际需要，按“一事一议，特事特办”的方法，依法灵活办理。

第六条 对投资企业税收征收的优惠：

（一）2010年前经批准投资兴办的符合国家西部大开发产业政策目录项目的企业，自依法生产经营之日起，按西部大开发税收优惠政策，实行企业所得税三免两减半，或两免三减半，予以优惠。

（二）对投资规模在1000万元以上、产品科技含量高、经济效益显著、具有较强经济带动作用的企业，以及落户在革一工业聚集区的项目，在不违背国家政策的前提下，可采取“一企一策、特事特办”的办法，由县人民政府专项优惠。

第七条 对投资企业征收的各项规费，一律按最低下限收取。

第八条 各职能部门、公用事业单位应该根据各自职能，强化对招商引资投资者和企业的服务。

（一）县人民政府招商部门具体履行招商引资宣传、推介、联络、洽谈、咨询、协调等职能。

（二）属于县级权限范围内的行政审批事项，投资者提交完备申报资料，相关职能部门能够当场办结的应该当场办结，不能够当场办结的应该在3个工作日内予以办结；需多个部门审批的，首办部门在投资者将申报资料提交完备后，会同有关部门在7个工作日内予以办结。需由上级部门审批的事项，相关部门要及时予以告知，并协助办理。

（三）供水、供电、交通、广播电视、通信等单位要保障投资企业的正常供水、供电、交通、广播电视、通信等需要。供水、供电、交通、广播电视、通信等设施设备的安装、检修、改造等作业，可能影响企业正常运行的，有关作业单位必须在24小时前告知投资企业，并尽量缩小影响时间和范围。

（四）县内相关部门确需对投资企业进行可能影响其正常生产和营业的执法检查时，必须拟定检查方案，提前两天上报县委、县政府批准，并将检查结果以书面形式报告县委、县政府。投资者依法申请保护其合法人身、财产权益的，有关行政或者司法机关应该及时依法处理，并将案件处理情况报告县委、县政府。

（五）“外来投资者投诉中心”设在县监察局，依据急事急办、特事特办的要求受理投资者在建设、生产、经营过程中的各种投诉，并将处理结果答复投诉人。

（六）严禁向投资企业乱收费、乱摊派、乱罚款。对投资者举报的“三乱”，经查证属实的，该单位的违规所得由纪检、监察部门责令全部退还企业，并按有关规定追究该单位主管领导及直接责任人员的责任。

第九条 凡一次性引进社会捐款、赞助等民间资本的无偿资金10万元以上用于我县开发建设的，由受益单位按实际引入资金总额的4%奖励引资者。用于公益事业的，由县财政按引入资金总额的4%奖励引资者。

第十条 2011年12月底以前，凡引进县外资金到我县境内兴办商品生产、工业企业等生产性项目的，待项目建成投产后，参照黔东南府发〔2008〕44号文件精神，由县财政按照项目生产第一个实际年度产生的县级税收总额的30%一次性奖励引资者。

第十一条 引进商业贸易企业，由县财政按企业第一年（实际年度）纳税额的1.5%予以一次性奖励引资者。

第十二条 凡引进县外资金到我县境内开发旅游项目，待项目建成营业后，由县财政按项目所形成的固定资产总额的1.5%一次性奖励引资者。

第十三条 凡引进使用年限在1年（含1年）以上的无息贷款投入我县项目建设的，由受益单位按实际到位资金总额的 3.5% 一次性奖励引资者。

第十四条 县内外单位和个人为我县争取到国家计划外资金的，由县财政按实际到位资金的 4% 予以一次性奖励。年度内缴纳的增值税中的县级财政收入部分的 55%，以及缴纳的地方性税收中（不含企业所得税和个人所得税）的县级财政收入部分的 50% 的标准予以经济奖励，由该企业用于扩大再生产、技术改造或者环境保护。

第十九条 年纳税额在 50 万元以上的第三产业企业，在其正式生产经营后第一年至第三年，参照该企业在年度内缴纳的地方性税收中（不含企业所得税，企业所得税按国家优惠政策享受）的县级财政收入部分的 50% 予以经济奖励，由该企业用于扩大再生产、技术改造或者环境保护。

第二十条 交通、旅游、公共基础设施、高新技术以及落户于革一工业聚集区内的投资企业，在其正式生产经营后，参照该企业缴纳的城市基础设施配套费给予等额经济奖励，由该企业用于扩大再生产、技术改造或者环境保护。凡投资公共基础设施经营收费项目的，可以出让经营权 20～25 年。

第二十一条 在我县购置有房屋，且有稳定收入的外来投资者及其直系亲属可申请落户为我县常住居民，享受与我县公民同等的子女入学、升学、参军、就医、就业等待遇。

第二十二条 投资者对我县经济社会发展有突出贡献的，县委、县政府根据投资者的贡献程度，可以授予其适当的政治待遇和社会荣誉。国家另有规定的除外。

第二十三条 招商引资的投资企业、招商引资单位（含县内所有行政事业单位）和个人（含县内行政事业单位在职干部职工）申请奖励，需提供相关证明材料，经县政府招商部门会同审计、财政、发改等部门提出审核认定意见，报县府批准后，由县政府招商部门组织兑现。

第二十四条 本规定所指的投资者，包括本县行政区域内的投资单位和个人。

第二十五条 本规定自 2009 年 8 月 1 日起施行。但法律、法规、规章或者上级人民政府有更优惠政策的，从其规定。

本规定施行前已享受原有优惠政策待遇的，不再享受本规定的优惠政策待遇。

2007 年 3 月 28 日印发的《中共台江县委、台江县人民政府关于印发台江县招商引资的若干优惠政策规定的通知》（台党发〔2007〕10 号），自本规定施行之日起自行失效。

中共台江县委
台江县人民政府
2009 年 7 月 10 日

中共台江县委文件

台党发〔2010〕9 号

中共台江县委　台江县人民政府
关于县人民政府机构改革的实施意见

（2010 年 12 月 1 日）

根据《中共中央、国务院关于地方政府机构改革的意见》（中发〔2008〕12 号）、《中共贵州省委、贵州省人民政府关于市（自治州、地区）、县（市、区、特区）政府机构改革的指导意见》（黔党发

〔2009〕8号）、《中共黔东南州委办公室、黔东南州人民政府办公室关于印发〈台江县人民政府机构改革方案〉的通知》（黔东南党办发〔2010〕39号）的文件精神，按照省、州机构编制委员会的部署和要求，结合我县实际，现就县人民政府机构改革提出如下实施意见。

一、改革的指导思想和原则

（一）改革的指导思想。高举中国特色社会主义伟大旗帜，以邓小平理论和“三个代表”重要思想为指导，深入贯彻落实科学发展观，坚持以人为本、执政为民，把维护人民群众的根本利益作为改革的出发点和落脚点，着力解决制约我县经济社会发展的突出矛盾和问题，着力解决人民群众最关心、最直接、最现实的利益问题，努力建设人民满意的政府。

（二）改革的原则。在中央的统一领导下，围绕深化行政管理体制改革的总体目标，以转变政府职能为核心，按照精简、统一、效能的原则，理顺职责关系，明确和强化责任，优化政府组织结构，完善体制机制，推进依法行政，提高行政效能。

二、改革的主要任务

（一）转变政府职能。加快推进政企分开、政资分开、政事分开、政府与市场中介组织分开，把不该由政府管理的事项转移出去，进一步下放管理权限，深化行政审批制度，减少行政许可，从制度上更好地发挥市场在资源配置中的作用，更好地发挥公民和社会组织在社会公共事务管理中的作用。企业能决策的事，由企业决策；市场能解决的问题，由市场解决；宜于中介组织办的事，让中介组织充分发挥作用；基层能处理的问题，依靠基层处理。切实解决好政府职能越位、错位和缺位的问题。县人民政府在全面履行职责的基础上，要更加注重有效地贯彻实施中央、省、州方针政策和国家法律法规；更加注重对全县经济社会事务的统筹协调；更加注重社会管理和公共服务，着力解决民生问题；更加注重强化执行和执法监管职责，增强处置突发公共事件和社会治安综合治理的能力。切实改进直接面向基层和群众的“窗口”机构的服务与管理，健全办事制度和程序，公开办事依据，简化办事流程，转变管理方式和工作作风，积极推行电子政务，提高工作透明度和办事效率。

（二）理顺职责关系。切实解决部门职责交叉和关系不顺的问题。根据各部门履行职责的特点，结合实际，界定部门之间的职责分工，坚持一件事情原则上由一个部门负责，确需多个部门管理的事项，明确牵头部门，分清主办和协办的关系，建立健全部门间协调配合机制，形成工作合力。

（三）明确和强化责任。按照权责一致、有权必有责的要求，通过制定县政府各部门“三定”规定工作，在赋予部门职权的同时，明确其相应承担的责任。探索明确和强化责任的途径及方法，推进政务公开、绩效考评、行政问责，强化责任追究，着力解决权责脱节问题，增强政府的执行力和公信力。

（四）调整优化组织结构。按照精简、统一、效能的原则，适应台江经济社会发展要求，进一步整合优化政府组织结构，积极探索建立职能有机统一的大部门体制。加强对农业和农村工作的综合管理与统筹协调，建立职责明确、权责一致、运转协调的农业行政管理体制。加强对工业的统筹协调，推进信息化和工业化融合，加快走新型工业化道路。促进各种交通运输方式相互衔接，发挥整体优势和组合效率，加快形成城乡一体的综合交通运输体系。加强城乡建设规划统筹，加快建立住房保障体系。加强人力资源统一管理、合理流动和有效配置，整合人才市场与劳动力市场，完善就业、劳动权益和社会保障体系。整合医疗管理和药品管理职能，强化食品药品安全监管，落实食品安全综合监督责任。

全面清理和规范县人民政府议事协调机构，该撤销的坚决撤销，议事协调机构不设实体性办事机构，其工作职责交给相关职能部门承担。

三、机构设置

根据《中共贵州省委、贵州省人民政府关于市（自治州、地区）、县（市、区、特区）政府机构改革的指导意见》（黔党发〔2009〕8号）和《中共黔东南州委办公室、黔东南州人民政府办公室关于印发〈台江县人民政府机构改革方案〉的通知》（黔东南党办发〔2010〕39号）的文件精神，县人民政府设置工作部门22个，直属事业单位2个，其他机构1个。具体设置和调整如下：

（一）保留的机构

县人民政府办公室（信访局、法制办、国防教育办加挂人防办牌子、应急办、外事侨务办、政府督查室、政府教育督导室）、民族事务局（加挂宗教事务局牌子）、县公安局、县监察局（与县纪律检查委员会机关合署办公，列入县人民政府工作部门序列，不计入县人民政府机构个数）、县司法局、县统计局、县财政局、县民政局、县国土资源局、县水利局、县林业局（加挂园林绿化局牌子）、县环境保护局、县人口和计划生育局、县审计局、县安全生产监督管理局。

（二）调整的机构

1. 组建县发展改革和工业贸易局。将县发改局、县物价局、县招商局、县粮食局、县台盘工业办的职责和县经贸乡企局除农产品加工行政管理以外的职责，整合划入县发展改革和工业贸易局。不再保留县发改局、县物价局、县招商局、县经贸乡企局、县粮食局和县台盘工业办。

2. 组建县教育和科技局（加挂县知识产权局牌子）。将县教育局、县科技局的职责，整合划入县教育和科技局。不再保留县教育局、县科技局。

3. 组建县人力资源和社会保障局。将县人事局、县劳动和社会保障局的职责，整合划入县人力资源和社会保障局。不再保留县人事局、县劳动和社会保障局。

4. 组建县住房和城乡建设局。将县建设局、县城乡市政管理局客运以外的职责，整合划入县住房和城乡建设局。不再保留县建设局、县城乡市政管理局。

5. 组建县交通运输局。将县交通局与县城乡市政管理局指导和管理城市客运的职责，整合划入县交通运输局。不再保留县交通局。

6. 组建县农业和扶贫开发局。将县农业局、县农办、县畜牧兽医局、县农业机械服务中心、县扶贫办的职责整合划入县农业和扶贫开发局。不再保留县农业局、县农办、县畜牧兽医局、县农业机械服务中心、县扶贫办。将原县经贸乡企局的农产品加工行政管理职责整合划入县农业和扶贫开发局。

7. 组建县文体广电旅游局（加挂县新闻出版局、县版权局牌子）。将县文化体育广播电视局、县旅游局、县南宫森林公园风景管理处的职责，整合划入县文体广电旅游局。不再保留县文化体育广播电视局、县旅游局、县南宫森林公园风景管理处。

8. 组建县卫生和食品药品监督管理局。将县卫生局、原州管理的县食品药品监督管理局的职责，整合划入县卫生和食品药品监督管理局。不再保留县卫生局、县食品药品监督管理局。

9. 将县安全生产监督管理局由政府直属机构调整为政府工作部门。

10. 不再保留县山林田土纠纷调处办公室，其职责划入县林业局。

11. 不再保留县公产办（国投公司），其职责划入县财政局。

12. 将县史志办调整为党委部门管理系列。

（三）保留的县人民政府直属事业单位

对县直属事业单位进行清理和归并后，设置事业单位2个，为县人民政府直属正科级事业单位。

1. 县档案局（档案馆）。

2. 县水利水电工程局。将原水利局的水利水电移民办公室的职能整体划入。

（四）其他机构。保留县供销合作联社。

（五）清理和规范县人民政府议事协调机构的实体性办事机构。县农业办公室、县扶贫办公室整合到县农业和扶贫开发局，县山林田土纠纷办公室整合到县林业局。县编委办在审核各部门“三定”规定时要认真清理撤销县人民政府自定议事协调机构的实体性办事机构，将其日常工作交由相关职能部门承担。

县人民政府办公室、县人民政府组成部门为正科级建制。

鉴于2001年县人民政府机构改革后，各部门的职能均发生了一些变化，参照省、州重新核定各部门“三定”规定的做法，对县人民政府各部门“三定”规定重新核定下发。

四、部门领导职数、内设机构领导职数限额及人员编制

（一）县人民政府办公室和县人民政府组成部门领导职数。根据《中共贵州省委、贵州省人民政府关于市（自治州、地区）、县（市、区、特区）政府机构改革的指导意见》（黔党发〔2009〕8号）和州编办《关于县级政府机构改革有关问题的函》（州编办发电〔2010〕1号）文件精神，县人民政府工作部门行政编制总额不得突破。县人民政府工作部门领导职数原则上设正职1名，副职1名，工作量大、编制相对较多的部门，其副职可以配备2名。具体设置如下：

1. 县人民政府办公室：主任1名，副主任5名。
2. 县发展改革和工业贸易局：局长1名，副局长2名。
3. 县教育和科技局：局长1名，副局长2名。
4. 县民族事务局：局长1名，副局长1名。
5. 县公安局：局长1名，政委1名，副局长2名。
6. 县监察局：局长1名，副局长2名。
7. 县司法局：局长1名，副局长2名。
8. 县统计局：局长1名，副局长2名。
9. 县财政局：局长1名，副局长2名。
10. 县民政局：局长1名，副局长2名。
11. 县人力资源和劳动保障局：局长1名，副局长2名。
12. 县国土资源局：局长1名，副局长2名。
13. 县住房和城乡建设局：局长1名，副局长2名。
14. 县交通运输局：局长1名，副局长2名。
15. 县农业和扶贫开发局：局长1名，副局长2名。
16. 县水利局：局长1名，副局长2名。
17. 县林业局：局长1名，副局长2名。
18. 县环境保护局：局长1名，副局长2名。
19. 县文体广电旅游局：局长1名，副局长2名。
20. 县卫生和食品药品监督管理局：局长1名，副局长2名。
21. 县人口和计划生育局：局长1名，副局长2名。
22. 县审计局：局长1名，副局长2名。
23. 县安全生产监督管理局：局长1名，副局长1名。

县人民政府工作部门的机关党组织和纪检监察机构按规定设置。部门纪委书记、纪检组组长、专职纪检监察员、机关党委书记按有关规定配备。上述职务按部门副职配备。部门纪委书记、纪检组长、专职纪检监察员不占部门领导职数。

（二）内设机构领导职数限额。县人民政府各部门内设股室领导职数一般按机关行政编制数的30%核定。股室领导职数一般设1正或1正1副。4人以下股室一般设一名正职；5人以上的股室可设1正1副。

（三）人员编制。按照转变政府职能和大部门制的要求，县人民政府各部门在“三定”中要重新核定人员编制。工作职责变化不大的部门，要重点解决好机关人员行政事业混编问题；撤并、整合、重组的部门，人员编制一律上收，集中统一调配。县机构编制委员会办公室要遵循人员编制总量控制、不增加财政负担的原则，重新核定县人民政府各部门的人员编制。

五、撤并整合部门下属机构管理关系的调整

1. 原县发改局下属机构调整由县发展改革和工业贸易局管理。

2. 原县物价局下属机构调整由县发展改革和工业贸易局管理。

3. 原县招商引资局下属机构调整由县发展改革和工业贸易局管理。

4. 原县粮食局下属机构调整由县发展改革和工业贸易局管理。

5. 原县经贸乡企局下属机构调整由县发展改革和工业贸易局管理。

6. 原县台盘工业办下属机构调整由县发展改革和工业贸易局管理。

7. 原县教育局下属机构调整由县教育和科技局管理。

8. 原县科技局下属机构调整由县教育和科技局管理。

9. 原县公产办（国投公司）下属机构调整由县财政局管理。

10. 原县人事局下属机构调整由县人力资源和社会保障局管理。

11. 原县劳动和社会保障局下属机构调整由县人力资源和社会保障局管理。

12. 原县建设局下属机构调整由县住房和城乡建设局管理。

13. 原县市政管理局下属机构调整由县住房和城乡建设局管理。

14. 原县交通局下属机构调整由县交通运输局管理。

15. 原县农业局下属机构调整由县农业和扶贫开发局管理。

16. 原县农业机械服务中心下属机构调整由县农业和扶贫开发局管理。

17. 原县农业办公室下属机构调整由县农业和扶贫开发局管理。

18. 原县畜牧兽医局下属机构调整由县农业和扶贫开发局管理。

19. 原县文化体育广播电视局下属机构调整由县文体广电旅游局管理。

20. 原县旅游局下属机构调整由县文体广电旅游局管理。

21. 原县南宫森林公园风景管理处下属机构调整由县文化体育广播电视局管理。

22. 原县卫生局下属机构调整由县卫生和食品药品监督管理局管理。

23. 原县食品药品监督管理局下属机构调整由县卫生和食品药品监督管理局管理。

其他未涉及机构撤并整合以及职能调整部门下属机构的管理关系，在核定各部门“三定”规定时予以明确。

六、机关工勤编制核定

县人民政府各工作部门按行政编制数的 12%～15% 核定机关工勤人员编制。

七、方法步骤

按照省、州的部署，这次政府机构改革在县委、县人民政府的领导下，由县机构编制委员会办公室具体组织实施。

（一）认真做好“三定”规定的报批工作。县机构编制委员会办公室要切实履行职责，认真指导县人民政府各部门拟制“三定”规定，按时限完成“三定”规定的报批工作。涉及调整重组的县发展改革和工业贸易局、县教育和科技局、县人力资源和社会保障局、县住房和城乡建设局、县交通运输局、县农业和扶贫开发局、县文体广电旅游局、县卫生和食品药品监督管理局等部门，由县机构编制委员会办公室负责草拟其“三定”规定初稿，征求部门意见后报县编委会审议，由县人民政府审批印发，此项工作在 2010 年 12 月底前完成。其他部门的“三定”规定应及时报送县机构编制委员会办公室审核，经县编委会审议后，由县人民政府审批印发，此项工作在 2011 年上半年完成。

（二）严格按批准的“三定”规定实施改革工作。各部门的机构改革要严格按照县人民政府批准的“三定”规定组织实施，在规定的时限内完成。

（三）严格控制机构编制。县机构编制委员会办公室要严格按省里规定的机构限额和编制总额，对各部门的机构编制予以重新核定。撤销、整合部门的编制统一收回，新组建部门的人员编制重新核定。从严控制领导职数，严禁擅自增加内设机构、超职数配备领导干部、超编制进人。认真贯彻《中共中央办公厅、国务院办公厅关于进一步加强和完善机构编制管理严格控制机构编制的通知》（厅字〔2007〕2号）和《中共贵州省委办公厅、贵州省人民政府办公厅关于进一步加强和完善机构编制管理严格控制机构编制的通知》（黔委厅字〔2007〕35号）精神，严格机构编制审批程序和备案制度，加强对机构编制规定执行情况的监督检查，对违反规定的要严肃查处，限期纠正。

（四）切实做好人员安置工作。这次县人民政府机构改革涉及职能调整划转的范围广，撤并整合的部门多，需要安置的人员数量大。对撤并、整合部门的工作人员，按照“人随事走和调剂安置”的原则进行安排。对因职数、编制限制一时难以安排的干部，可采取暂时超职数安排等灵活措施解决，逐步消化。不能安排原相应级别职务的，保留原职级待遇。严格按照公务员法、干部任用条例等有关规定，由新组建的部门党组（党委）按干部管理权限妥善安排好股级及以下人员。组织人事部门要按照职责分工，加强对此项工作的指导。各部门要深入细致地做好机构改革中的思想政治工作，确保改革顺利推进；要严肃机构改革中的各项纪律，严禁突击提拔干部和突击进人，严防国有资产流失，保持作风不散、工作不断、秩序不乱，确保各项工作运转正常，确保经济社会稳定。

（五）认真做好机构改革的检查验收和总结工作。“三定”工作完成后，各部门要及时进行总结，2011年6月底前向县机构编制委员会办公室报送书面总结；县机构编制委员会办公室对各部门的机构改革进行检查验收，并向县委、县人民政府和州机构编制委员会办公室报告。

八、其他有关问题

（一）机构变更部门党组织设立的问题。调整重组部门党组织的设立，按照有关规定和程序，由县委组织部统筹研究后报县委审批。

（二）机构改革中的资产处置和档案移交问题。县人民政府办公室、县财政局要会同有关部门，严格按照机构改革中有关国有资产管理规定，认真做好相关部门经费、物资、房地产等资产的划转和处置工作，严防国有资产流失。机构变动部门要加强干部人事档案和其他文件档案资料的管理，认真做好清理、登记和移交工作，严防丢失、损坏和泄密，严禁私自更改档案内容和随意抽取档案资料，确保各类档案及文件资料完整保存和移交。

（三）新机构印章启用问题。新设立、组建和改变名称的部门，其印章由县机构编制委员会办公室统一按规定制发。新印章启用时，原印章立即作废并上交县机构编制委员会办公室统一销毁。

（四）机构挂牌问题。县人民政府新设立、组建和改变名称的部门，其机构牌子由各部门启用印章后按照有关规定自行制作。新设立和组建的部门应及时对外挂牌运转。新组建的机构未运转之前，原各部门领导班子要恪尽职守，认真抓好各项工作。

天宫文化遗址

为了解天宫文化遗址，2010年以来，本人曾以工作形式和个人行游方式，先后访了天宫文化遗址周边的台江红阳苗寨、交宫苗寨、四柳苗寨、翁腮苗寨、南刀苗寨、交密寨、交包寨、东老寨、东扛寨、展窝苗寨以及剑河昂英寨等村寨。走访中与当地知情人和老人交谈，摆故事，多方面了解相关天宫文化遗址信息；调查中多次邀请红阳苗寨村民一同前往实地调查，同时还请南刀村民当向导深入遗址腹地宿营多日调查，之后又查阅相关历史资料，对天宫文化遗址有了一个轮廓概念。

天宫，台江民间苗语称为“勇方嫎”。“勇”意为原野森林之地，“方嫎”意为天宫的地方，它

“山有连天之高，是雷电之源”，故称“勇方薅”，泛指雷公坪一带。

天宫文化遗址，由万亩草场文化遗址、黑水塘文化遗址、雷公坪文化遗址三部分连接组成。地处台江县境南部，于雷公山北麓山脉，由北向南纵深40余公里。北起台拱镇红阳寨、翁腮寨，东与南宫乡交宫寨、汪江寨、交密寨、石灰河寨等交界，西为排羊乡南刀村境内，南邻雷山县方祥乡、西江镇。文化遗址分布在低海拔1000米至高海拔1980米的地段上。以它独特的地理条件，呈现在文化遗址上有诸多特点。一是历史悠久；二是历史上苗疆腹地陆路的南北要道；三是历史上的军事要地和高地；四是地形、地貌多样性，既为高山斜坡、高山平地、高山沟谷、高山峡谷，又是高山湿地，水源丰富；五是植被类型多，既有高海拔的阔叶林、针叶林、竹林、灌丛及灌草丛等混交、混杂的原生林，又有低海拔（1000米以下）的次生林；六是土质宜种宜耕，自然土均为硅质黄棕壤，农耕水稻土为冲沟黑砂田，均由溪谷冲积物和坡积物母质发育而成，田土规模在万亩之上；七是动物种类多，在密林的深箐里有狗熊、猕猴、野猪、山羊、灵猫、野鸡、锦鸡、五步蛇、青竹彪、高山冷水鱼、林蛙等野生动物；八是四季气候变化明显，春来山花烂漫，夏日气候凉爽。正如清代徐家干在《苗疆闻见录》所说：“苗疆气候不同，时当伏暑亦只中午炎热，日既西去，寒复侵人，葛罗之属终夏可以不用，山野万木葱茏；秋季时有天高气爽，时现云山雾绕，赤叶红片山间；冬季时有冰挂雪凝诗韵群山，美轮美奂。”

天宫文化遗址，分布广，规模大，历史悠久，是苗族先民生产、生活过的遗址、遗迹。早在三四千年前，尧舜禹之时，以武力将“三苗”中的矔兜部落赶往南方，苗族先民开始迁徙湘黔川边界地区，秦汉以后大部分苗族都聚居在武陵郡地区，也就是说在两千多年前，苗族先民早在天宫文化遗址之地进行充分的开发。1780多年前三国时，诸葛亮为了建立和巩固蜀国，率兵南征时，就在雷公山建立了“雷公山诸葛台”（清代徐家干《苗疆闻见录》记载），对雷公山地区先民进行用兵管制。到清雍正十三年（1735年）二月，因台江红阳包利率兵起义抗清，被清七省经略兼贵州巡抚张广泗用兵镇压，镇压其间杀死和饿死苗族人民“不下三十万”（《苗族简史》记载）。“被烧毁的有一千二百二十四寨”，占（雷公山地区）总村寨的百分之七十五；被赦免的仅有三百八十八寨，占百分之二十五，“杀戮十之七八，数十百寨无一人”（民国《贵州通史·宦迹志·张广泗传》记载）。另有大批义勇军男女骨干及其家属，被强迫迁往他乡，“有一万三千六百多义军家属，被发配为奴。”（《苗族简史》记载）。从此，天宫文化遗址成了无人区，新中国成立后的20世纪50年代，南刀村以小组为生产单位，对早已荒废的沼泽筑坝蓄水养鱼，至今承包给毛胜荣兄弟继续养冷水鱼。

万亩草场文化遗址　位于天宫文化遗址北端，南北长10余公里，在海拔1000米至1600米多为阔叶林、竹林等混杂原生林；在1600米至1800米以上海拔多为灌丛和灌草丛。这里有千户汉民居住遗址、瓮翁往土城遗址、水上森林耕地遗址、天蛙谷耕地遗址、掌水坪军事要地遗址等。据初步考察，千户汉民居住遗址，是自明代以来，通过屯军等形式汉民族迁入此地遗留的。清徐家干在《苗疆闻见录》一书中记载：“其地有汉民变苗者，大约多江楚人。”黔东南新疆六厅之后记载，当时在台拱厅屯军有1786户汉民。也就是说，那时的汉民族就有大批居民住过此地。

瓮翁往土城遗址　相传清康熙十六年（1677年），吴世藩兵败逃匿于此，并在此开山建寨。雍正十三年（1735年），包利王起义时，与草场上的汉民联合，并将义军大本营设立于此。城池内现仍有甬道，城外有护城土壕、墙基、马圈等遗址。

天蛙谷水上森林稻土耕地遗址　天蛙谷稻土耕地遗址位于1800米高的蒿廊峰东面下沿100米处的高山沟谷上，沟谷长约1.5公里，谷宽20～100米，稻土面积约为10亩。遗址已被森林和水塘淹没覆盖。水上森林稻土耕地遗址，位于天蛙谷耕地遗址的沟谷下方海拔1000米处。沟谷长约2公里，谷宽50～100米，稻土面积约为300亩。两层稻土均被冲沟河砂和洪积物掩盖，稻土地表均为原生阔叶林和灌丛等所覆盖，因河床抬高，沟水从森林根部行走，故被人们称为水上森林。

掌水坪军事要地遗址　明朝吴三桂部曾逃匿居住于此，之后又是张秀眉义军抗清的战场。遗址曾为历史上陆路南北交通要道之一（从广西进入苗疆腹地的要道之一）。营地山峰最高海拔 1980 米，营地海拔 1700～1800 米，属高山沟谷、平地地貌，面积约为 5 平方公里，均被森林覆盖。深箐密林里有大量的稻土田块。

皆荣细民居和古耕地遗址　位于掌水坪南面，相距 1 公里，现存有相当数量的民宅基地和 100 多亩的古稻田遗迹。这些遗址遗迹已被高大灌木林覆盖。

黑水塘文化遗址　位于万亩草场文化遗址和雷公坪文化遗址中段。南北纵深十余公里，主要是高山峡谷、平地、湿地地貌，峡谷显条状南北延伸，宽处达 1000 余米，窄处 50 余米，海拔 1600～1700 米。古稻土是冲沟黑砂田土种，规模千亩以上连片。荒野后的田土，有一半冲击成水塘，由于是黑砂土底，眼看似黑水，故被人们称为黑水，又因水塘多块，又被称为“九眼塘”。一半未被水淹的田土，已长成合抱大的阔叶树木。

峡谷东北面从谷底至山顶均为阔叶林、竹林等的混杂覆盖；峡谷西北面从谷底至半山腰也均为原始森林，山腰以上为灌草丛。峡谷北面，“松秀柳”坡（海拔 1841 米）以北一条溪沟水向北分流；“松秀柳”坡以南有多条沟水汇成一条主溪向西南流到一块最深的黑水塘边，向西往下流入翁你河上游；在黑水塘西南角处又有一溪沟水也向南向西流入翁你河上游。

黑水塘文化遗址有多处遗址、遗迹。从掌水坪翻越秀眉坡后，第一处遗迹就是秀眉形塘，因张秀眉在雷公山抗清时，曾在此洗澡，便由此得名。一路往西南走就有：“陷脚沟”遗址，张秀眉义军在此抗清，被清军屠杀，悲壮十分；“松秀脚”坳，是雷山方祥和台江黑水塘路径分道点；“翁九炸”塘，“翁”是苗语称谓，意为塘或大田，“九炸”意为九家合开之田，从九家田中的生产关系我们可以看出父系氏族公社（闭塞之地保留的社会形态）生产合作、共同分配、共同享有的远古社会的信息；“翁牛夯”“翁炸嘎科”“翁展嘎科”均以人名命名，由此也浓浓地吐露出闭塞深山里的私有制社会信息；“翁炸菩萨”便是苗族远古的宗教文化在生产中的体现，“瓮翁奶”即黑水塘；“翁哥”古宅基地遗址，位于黑水塘西北面坡下两公里处，宅基地规模千户以上，现已被参天大树所覆盖，传说该古寨落曾有一位“银公”田土万千，犁田需要上千头牛才能完成，是方圆几十里的大户；“翁松”“翁窝挂”等田块或山塘均以地名加以称谓；“翁嘎南薅”有两块稻土最大的田块，每块约为 30 亩。“嘎南薅”称谓意为天边下游的地方。

雷公坪遗址　雷公坪苗语称为“方薅”，意为天宫之地，位于天宫文化遗址最南端，接黑水塘文化遗址地界往南七八公里，是台江南刀村与雷山县方祥乡、西江镇交界地，面积数万亩。核心平坝区 1000 亩以上，清徐家干在《苗疆见闻录》中有“雷公山之巅有地名诸葛台”之说。相传诸葛亮南征时在雷公坪建有诸葛台，又名点将台，地面以卵石铺成，面积 151 亩，用于练兵，台侧有碑曰“孔明碑”，有阴刻纹饰，毁于民国年间，现诸葛台尚在。雷公坪分为大小雷公坪，大在上，小在下，有羊肠小道通台江、雷山、榕江、剑河，历为交通要道。清咸丰、同治年间（1851—1874 年）张秀眉起义后期也扎营于此，并设有七道隘口。

雷公坪在通往黑水塘遗址的古道上，有一个“九十九凳坡”的山坳。“九十九凳坡”意为当时人们过往生产途中，曾在此置放木、石凳有九十九个，供休息纳凉，由此可见古时人烟之盛，生产、生活繁荣。沿雷公坪河溪沟两侧均为成片古稻土和耕地，在往“嘎南薅”的溪沟旁仍留有用条石砌成的古马厩遗址。

总之，天宫文化遗址，它集古人文化遗迹、遗址，高山深箐密林、高山湿地、高山丰富动植物于一体，是人们进行古人文科考、自然科考和徒步休闲旅游的胜地。

李美仁

编纂始末

台江县修志机构于2003年恢复成立，属政府正科级参公事业单位，实行“史”“志”合一，称“台江县史志办公室”，负责全县“党史研究”和“地方志编修”工作。2003年恢复县史志办时，编制6人，实有5人，张志发任史志办主任、县志主编，张廷振、熊跟东任副主任、副主编，2004年从台拱镇借调张天闻参加修志工作，同时聘请党校刘泽华、李家禄，县文联张少华为编辑，至2006年年底，修志工作仅完成篇目的设计，起止年限是1991年至2005年。2007年1月，熊克武调任史志办主任、主编，同年2月，召开全县二轮修志工作会议，王刚副县长在会上作讲话，二轮修志工作全面启动，并在全县全面铺开。

修志工作会议后，至2007年10月底，全县按时交稿的单位有73个，占64%，先交稿的单位下限至2006年年底。2008年，县政府调整常务副县长杨伟分管史志办工作，同时还明确县政府调研员欧阳中富具体联系史志工作，加强了对修志工作的领导。

我们在布置工作的同时，还指导并协助有关单位编写部门志，先后协助县武装部、县住建局、县交通局、县委统战部、县委宣传部、县纪委、县政府、县农业局、县工信局等单位编写部门志。

为了加快县志编修工作，主编、副主编和编辑明确任务，每个人都分纂篇目，同时联系指导涉该篇目的单位进行资料搜集工作。制定《台江县地方志部门资料完成情况表》张榜上墙，主要领导随时监督，进度一目了然。每个季度督查一次，并把督查情况报县政府分管领导，以便县政府分管领导在开会时督促。政府办还根据史志办督查情况先后两次发出督查通报，两次电话督查，要求各部门、乡镇抓紧完成。但是，有部分单位工作进度缓慢拖拉，至2010年年底也还有部分单位没有交稿。为了使修志断限完整，决定将下限延至2010年年底。所以，对先交稿的单位要求其再补充至2010年年底。

在县志修编过程中，为了服务全县中心工作，编辑人员经常被抽调下乡、驻村工作，副主编也不断地调整变化，有的调出，有的退休，使修志工作难以延续，工作进度缓慢。为此，史志办主任、主编熊克武主动承担了10多篇的分纂工作，其他主编、副主编每人分纂1篇至3篇。由于人事变动，县志编纂委员会成员也不断调整。

2014年5月，为了加快台江县志的编修进度，史志办请示县政府，经县政府县长办公会议研究，特拨5万元用来聘请退休人员张志发、张少华、张天闻以及州志办修志专家协助编写总纂。在州志办关心下，特派州志办修志专家调研员吴谋高、副调研员李元星参加县志总纂工作，使台江县志修编工作顺利进行。2014年9月完成了第一稿，召开县级审稿会后，对志稿再进行修改补充。2014年12月30日，在台江召开州级审稿会，与会专家对台江县志进行评审发言，在肯定的同时，提出了很好的修改建议，州志办主任吴寿昌代表州级评审专家宣布，《台江县志》通过州级审查。由于资料还不够完整，有的下限不齐，因此州级审稿会后，对所缺资料再要求各单位、各乡镇进行补充。同时，根据审稿会议大家提的修改建议，对篇目进行调整，增加《苗族风采》篇，充分体现天下苗族第一县台江的特色，最后形成 20 个篇目以及大事记、人物、附录。

2015 年 9 月初，修改好的《台江县志》终审稿报省方志办审阅，并于 9 月 21 日在省志办召开终审会。会议由省志办副主任黄远良主持，与会专家对《台江县志》给予肯定，认为《台江县志》内容完整，体例规范，资料翔实，结构严谨，行文流畅，能较好地把握好政治观、史实关、文字关，突出地方特色和民族特色。同时对志稿存在的一些不足之处提出了修改建议。会后，主编熊克武根据专家提出的意见再度进行修改，并多方征集图片，编辑彩页，2016 年 8 月底，形成完整的验收稿报省志办验收，10 月 12 日，省志办以黔档（志）通〔2016〕46 号文件《贵州省地方志编纂委员会办公室关于印发〈台江县志（1991—2010）〉验收意见书的通知》,《台江县志（1991—2010）》顺利通过验收，经过一个月的打磨后交由方志出版社编辑出版。

众人修志，众志成城。在省、州志办的精心指导下，在县委、县政府的领导下，在县人大、县政协的关心下，本轮修志得到全县各级各部门的大力支持，各部门编写人员提供资料，尤其是得到县档案局、县统计局等单位提供档案材料和相关数据，得到州志办修志专家吴谋高、李元星的亲临指导和参与总纂工作。正是上述领导、专家和各乡镇、各部门的重视和支持，才使《台江县志（1991—2010）》得以顺利完成，在此，谨表示诚挚的谢意！

毋庸讳言，虽然我们对《台江县志（1991－2010）》编纂工作尽心尽力，但因能力有限，业务水平参差不齐，志书的错漏之处在所难免，恳请读者以及后来的续修者批评指正。

台江县史志办公室

2015 年 10 月

出版说明

根据国务院办公厅颁发的《全国地方志事业发展规划纲要（2015—2020年）》规定，到2020年必须全面完成第二轮地方志书规划任务。为确保这一目标顺利实现，针对当前部分民族地区与贫困地区志书出版经费困难的情况，在中国地方志指导小组组长王伟光、常务副组长李培林的亲自倡议和领导下，自2015年8月起中国地方志指导小组办公室启动民族地区与贫困地区志书出版资助工程，对经国务院扶贫开发领导小组办公室认定的国家级贫困县（区、旗、县级市），中西部地区、少数民族边疆地区、经济欠发达地区存在出版经费困难的省市县三级综合志书进行出版资助。

民族地区与贫困地区志书出版资助工程既是地方志系统的政治工程，又是全国地方志事业协调发展的促进工程，对于推进第二轮地方志书规划任务按期完成，实现地方志事业区域发展平衡，促进民族地区与贫困地区基础文化建设，具有重要的政治意义和文化意义。2016年4月，该工程入选国家新闻出版广电总局实施的“十三五”国家重点图书、音像、电子出版物出版规划项目。

本书经民族地区与贫困地区志书出版资助工程领导小组批准，入选民族地区与贫困地区志书出版资助工程。

民族地区与贫困地区志书出版

资助工程领导小组办公室

2015年9月